KODEX

DES ÖSTERREICHISCHEN RECHTS

Herausgeber: em. o. Univ. Prof. Dr. Werner Doralt
Redaktion: Dr. Veronika Doralt

BÜRGERLICHES RECHT

bearbeitet von

Dr. Dietmar Dokalik
Bundesministerium für Justiz

LexisNexis®

Benützungsanleitung: Die Novellen sind nach dem Muster der Wiederverlautbarung in Kursivdruck jeweils am Ende eines Paragraphen, eines Absatzes oder einer Ziffer durch Angabe des Bundesgesetzblattes in Klammer ausgewiesen. Soweit nach Meinung des Bearbeiters ein Bedarf nach einem genauen Novellenausweis besteht, ist der geänderte Text zusätzlich durch Anführungszeichen hervorgehoben.

KODEX

DES ÖSTERREICHISCHEN RECHTS

VERFASSUNGSRECHT
PARLAMENTSRECHT
EUROPARECHT (EU-VERFASSUNGSRECHT)
VÖLKERRECHT
SCHIEDSVERFAHREN
BASISGESETZE ABGB und B-VG
BÜRGERLICHES RECHT
UNTERNEHMENSRECHT
ZIVILGERICHTLICHES VERFAHREN
INTERNATIONALES PRIVATRECHT
MEDIATION
STRAFRECHT
IT-STRAFRECHT
GERICHTSORGANISATION
ANWALTS- UND GERICHTSTARIFE
NOTARIATSRECHT
JUSTIZGESETZE
WOHNUNGSGESETZE
FINANZMARKTRECHT I
FINANZMARKTRECHT II
FINANZMARKTRECHT III
FINANZMARKTRECHT IV
FINANZMARKTRECHT V
VERSICHERUNGSRECHT I + II
COMPLIANCE FÜR UNTERNEHMEN
WIRTSCHAFTSGESETZE I + II
UNLAUTERER WETTBEWERB
TELEKOMMUNIKATION
WETTBEWERBS- und KARTELLRECHT
DATENSCHUTZ
ENERGIERECHT
IP-/IT-RECHT
VERGABEGESETZE
ARBEITSRECHT
EU-ARBEITSRECHT
ARBEITNEHMERSCHUTZ
SOZIALVERSICHERUNG I + II
SV DURCHFÜHRUNGSVORSCHRIFTEN
STEUERGESETZE
STEUER-ERLÄSSE I – IV
EU-STEUERRECHT
EStG – RICHTLINIENKOMMENTAR
LSt – RICHTLINIENKOMMENTAR
KStG – RICHTLINIENKOMMENTAR
UmGrStG – RICHTLINIENKOMMENTAR
UStG – RICHTLINIENKOMMENTAR
DOPPELBESTEUERUNGSABKOMMEN
ZOLLRECHT UND VERBRAUCHSTEUERN
RECHNUNGSLEGUNG UND PRÜFUNG
INTERNATIONALE RECHNUNGSLEGUNG
VERKEHRSRECHT
WEHRRECHT
ÄRZTERECHT
KRANKENANSTALTENGESETZE
LEBENSMITTELRECHT
VETERINÄRRECHT
UMWELTRECHT
EU-UMWELTRECHT
EU-CHEMIKALIENRECHT
CHEMIKALIENGESETZE
WASSERRECHT
ABFALLRECHT
SCHULGESETZE
UNIVERSITÄTSRECHT
INNERE VERWALTNG
BESONDERES VERWALTUNGSRECHT
ASYL- UND FREMDENRECHT
POLIZEIRECHT
VERWALTUNGSVERFAHRENSGESETZE
LANDESRECHT TIROL I + II
LANDESRECHT VORARLBERG
STEIERMÄRKISCHES GEMEINDERECHT

ISBN: 978-3-7007-8606-1

LexisNexis Verlag ARD ORAC GmbH & CoKG, 1020 Wien, Trabrennstraße 2A
Druck: CZECH PRINT CENTER a.s.

Eine kleine Stilkunde

„Einer plagt sich immer – der Autor oder der Leser"

Die ehemalige Präsidentin des OGH hat die bessere Verständlichkeit von Gerichtsentscheidungen eingemahnt. Eine Diplomarbeit über die Entscheidungen des VwGH und des VfGH bescheinigt ihnen eine „auffallend überdurchschnittliche Satzlänge"; durch die langen Nebensätze entstünden „lang gezogene Spannsatzrahmen mit einem beträchtlichen und unter Umständen verständnishemmenden Spannungsbogen" *(Judith Langthaler).*

Ein Richter meinte dazu, es sei ihm kein Gesetz bekannt, das ihm Verständlichkeit vorschreibe. Ein anderer, auch als Fachautor bekannter Jurist meinte, lange Sätze und Schachtelsätze seien Geschmacksache. Von einem früheren Legisten im BMF ist bekannt, dass er sich in Schachtelsätzen „baden" konnte.

Es geht aber nicht darum, welcher Stil dem Verfasser eines Textes gefällt, entscheidend ist vielmehr, dass der Leser den Text möglichst gut versteht – sei er ein Fachbeitrag, ein Schriftsatz an eine Behörde, ein Urteil oder ein Gesetz.

Gut verständliche Texte werden gelesen, schwer verständliche nicht. Schwer verständliche Gesetze können nicht leicht befolgt werden, sie werfen unnötige Streitfragen auf und verursachen unnötige Prozesse. Aufsätze mit schlechtem Stil verfehlen ihr Ziel, denn ihre Gedanken bleiben jedem verborgen, der die Mühe scheut, einen schwer verständlichen Text zu lesen.

Nicht nur Journalisten wissen: Wenn sich der Schreiber beim Schreiben nicht anstrengt, müsste sich der Leser beim Lesen anstrengen; doch die meisten Menschen legen den Text weg, bevor sie beginnen, sich anzustrengen.

Zwei Seiten der Medaille

So wie es zahllose Dialekte gibt, so hat auch jede wissenschaftliche Disziplin ihre eigene Sprache, weil die Bedürfnisse und die Ziele verschieden sind. Daher unterscheidet sich jede Fachsprache von der Umgangssprache.

Gerichtliche Entscheidungen sollen die nötige Distanz zu den Prozessparteien und zum Sachverhalt erkennen lassen; wissenschaftliche Abhandlungen schließen vom Sachverhalt auf allgemein Gültiges; und Normen müssen so abstrakt formuliert sein, dass keine Schlupflöcher bleiben.

Das ist jedoch nur die eine Seite der Medaille. Auf der anderen Seite müssen gerichtliche Entscheidungen die betroffenen Personen auch erreichen; wissenschaftliche Abhandlungen wollen überzeugen; und Normen wollen beachtet sein.

Wir wollen hier besonders auf einige Umstände hinweisen und Tipps geben, die diese Gratwanderung erleichtern sollen.

Den Stil verbessern – das heißt den Gedanken verbessern. *(Friedrich Nietzsche)*

Werner Doralt

Reinhard Hinger

1. Regel: Vermeiden Sie lange Sätze

Lange Sätze mit mehr als 50, gelegentlich sogar mit mehr als 100 Wörtern sind der häufigste Grund, dass ein Text schwer lesbar ist. Am einfachsten ist daher, um verständlich zu schreiben: lange Sätze vermeiden.

Als Beispiel hier ein Satz mit 133 Wörtern (aus einem OGH-Urteil):

Auch wenn es im dort entschiedenen Anlassfall darum ging, dass der Hilfe leistende Dritte vom „Täter" selbst (der seinen Pkw nach Verursachung eines Parkschadens am Kfz der Kl schuldhaft gegen das Abrollen auf einer abschüssigen Straße nicht ausreichend abgesichert hatte, sodass sein Gegner nach Bemerken, dass das Fahrzeug zu rollen begann, hinterherlief, um es zum Stehen zu bringen, und hiebei Sturzbedingt überrollt wurde) den Ersatz des bei seiner Eingriffshandlung erlittenen Schadens begehrte (und auch zugesprochen erhielt), während im vorliegenden Fall nicht der in der Gruppe der Hilfe Leistenden hineinfahrende und diese verletzende Lenker, sondern die

Vorwort

Die Neuauflage berücksichtigt die seit der Vorauflage kundgemachten Änderungen.

Hervorzuheben ist

• die Umsetzung der Richtlinie (EU) 2019/1152 mit der Novelle BGBl I 2024/11, die Änderungen u.a. im ABGB und im AngG brachte;

• das Haftungsrechts-Änderungsgesetz 2024 – HaftRÄG 2024, BGBl I 2024/33, mit dem ein neuer § 1319b ins ABGB eingefügt wurde („Baumhaftung“);

• die Grundbuchs-Novelle 2024 – GB-Nov 2024, BGBl I 2024/91, mit der im GUG Beschränkungen der Einsicht (§ 6b) und der Aufnahme (§ 6c) in die Urkundensammlung geregelt wurden;

• die Verbandsklagen-Richtlinie-Umsetzungs-Novelle – VRUN, BGBl I 2024/85, die eine Änderung des KSchG brachte;

• die Änderungen im WEG 2002, BGBl I 2024/92 („Balkonkraftwerke“) und

• die Änderungen im ZaDiG 2018 mit dem BGBl I 2024/112.

Außerdem wurde die Griffleiste umgestaltet, damit alle abgedruckten Gesetze auch in der Griffleiste zu finden sind (das war beispielsweise beim Fortpflanzungsmedizingesetz, das in Nummer 8 abgedruckt ist, bisher nicht der Fall). Das Landpachtgesetz und das Kleingartengesetz wurden unter der Nummer 16 zusammengefasst, sodass ab dem Grundbuchsgesetz alle unter einer Nummer zusammengefassten Gesetze eine Nummer vorrücken.

Wie immer nehme ich gerne Anregungen zu Änderungen oder Verbesserungen gerne entgegen: dietmar.dokalik@bmj.gv.at.

Wien, im August 2024 *Dietmar Dokalik*

den Hilfseinsatz auslösende Lenkerin (bzw für diese der Verband) in Anspruch genommen wird, so kann doch auch bei dieser Fallkonstellation die adäquate Verursachung dieses weiteren Folgeunfalls durch die Verursacherin des ersten Unfalls nicht ernsthaft in Zweifel gezogen werden.

Zählen Sie die Wörter in Ihren Sätzen: Ab 20 Wörtern sollten Sie an das Ende denken. Lösen Sie Nebensätze in selbständige Sätze auf. Statt zum Beispiel einen Nebensatz mit *weil* … anzufangen, können Sie einen neuen Hauptsatz mit *Denn* … einleiten.

Oft aber ist nicht allein die Länge das Problem, sondern es geht auch die sinnvolle Reihenfolge der Gedanken verloren. Zu viele eigenständige Informationen drängen sich in einen einzigen Satz und buhlen gleichsam um die Aufmerksamkeit der Leser, der dem Gedankengang des Schreibers nicht mehr folgen kann.

2. Regel: Vermeiden Sie Schachtelsätze

Verschachtelungen machen einen Satz dann besonders unverständlich, wenn der Satz lang ist und wenn mehrere Schachteln ineinander gepackt sind. Zum Überdruss schieben sich dann zwischen Subjekt und Prädikat lange Nebensätze.

Dazu ein erfundenes Beispiel:

Schachtelsätze, die noch dazu lang sind und, wozu man wegen der deutschen Grammatik oft verleitet wird, das Subjekt und das Prädikat, das besonders bei Verben mit Präfix, zum Beispiel „an binden" oder „dar stellen", noch dazu in sich geteilt werden kann, voneinander trennt, machen das Lesen schwer.

Und hier ein Beispiel aus dem realen Leben:

Schließlich ist noch die im Schrifttum vertretene Kritik an einer Entscheidung des erkennenden Senats zu erörtern, die sich mit der auch hier – wenngleich in anderem Sachzusammenhang – aufgeworfenen Frage befasst, ob und bejahendenfalls, inwieweit die Rechtsstellung eines (selbständigen) Gehilfen mit eigenem Verantwortungsbereich, um dessen Verschulden dem Schuldner einer Vertragsverbindlichkeit zurechnen zu können, voraussetzt, dass der Schuldner diesem Gehilfen, den er zur Erfüllung seiner Vertragspflicht heranzog, (fachliche) Weisungen erteilen kann.

Noch ein Beispiel, diesmal ein Gesetzestext (§ 12 Abs 1 Z 1 UStG - Vorsteuerabzug):

… Besteuert der Unternehmer nach vereinnahmten Entgelten (§ 17) – ausgenommen Unternehmen iS des § 17 Abs 1 zweiter Satz – und übersteigen die Umsätze nach § 1 Z 1 und 2 – hierbei bleiben die Umsätze aus Hilfsgeschäften einschließlich der Geschäftsveräußerung außer Ansatz – im vorangegangenen Veranlagungszeitraum 2,000.000 Euro nicht, ist zusätzliche Voraussetzung, dass die Zahlung geleistet worden ist …

Alternative:

… Versteuert der Unternehmer nach vereinnahmten Entgelten, muss außerdem die Zahlung geleistet sein; dies gilt nicht für Unternehmen, deren Umsätze im vorangegangenen Veranlagungsjahr 2,000.000 Euro überstiegen haben (wobei Umsätze von Hilfsgeschäften einschließlich der Geschäftsveräußerung außer Betracht bleiben) und für Unternehmungen iS des §17 Abs 1 zweiter Satz …

(Richtig heißt es überdies natürlich „**ver**steuert der Unternehmer …" und nicht „**be**steuert …".)

Eine naheliegende Überlegung hat diesen Satz entwirrt: Die Hauptaussage wurde an den Anfang gestellt, die Ausnahmen folgen ihr nach; vorher war die Reihenfolge umgekehrt. Als Ausnahmen gehören die „Unternehmen mit hohen Umsätzen" den „Versorgungsunternehmungen (§ 17 Abs 1 zweiter Satz)" vorangereiht, weil sie für den Normadressaten idR die wichtigere Ausnahme sind.

Ein weiteres bemerkenswertes Beispiel (§ 28a FinStrG) zeigt, dass selbst ein Satz mit „nur" rund 40 Wörtern absolut unverständlich sein kann:

Die Verbandsgeldbuße ist, sofern in den Tatbeständen nichts anderes bestimmt wird, jedoch nach der für die Finanzvergehen, für die der Verband verantwortlich ist, angedrohten Geldstrafe, unter den Voraussetzungen des § 15 Abs 2 jedoch nach dem 1,5-fachen dieser angedrohten Geldstrafe, zu bemessen.

Alternative:

Sofern in den Tatbeständen nichts anderes bestimmt wird, ist die Verbandsgeldbuße nach der Geldstrafe zu bemessen, die für die Finanzvergehen angedroht ist, für die der Verband verantwortlich ist. Unter den Voraussetzungen des § 15 Abs 2 erhöht sich die Geldstrafe um 50 %.

Oder noch einfacher:

… ist die Verbandsgeldbuße nach der Geldstrafe zu bemessen, die für den Täter angedroht ist.

(Zu weiteren Beispielen aus der FinStrG-Novelle 2010 siehe Doralt, RdW 2011, 506.)

Lange Schachtelsätze sind die häufigsten Kennzeichen von schwer verständlichen Texten. Wenn Sie lange Sätze und Schachtelsätze vermeiden, erhöhen Sie die Verständlichkeit erheblich.

3. Regel: Sparen Sie mit „dass"-Sätzen

Unnötige „dass"-Sätze machen den Text holprig und stören den Lesefluss – sie wirken „wie eine Hacke". Noch schlimmer sind Treppensätze mit mehreren „dass". Oft ist in juristischen Texten der Satz vor dem „dass" nur kurz, hat keine relevante Aussage und verstellt den Blick auf das Wesentliche; erst der folgende lange Nebensatz enthält die Hauptaussage.

Beispiele:

§ 20 EStG normiert, dass … (Alternative: *Nach § 20 EStG …*)

Der Autor vertritt die Auffassung, dass … (Alternativen: *Wie der Autor erklärt …; Der Autor kommt zu folgendem Ergebnis: …*)

Voraussetzung ist, dass … (Alternativen: *Das gilt nur, wenn …: Voraussetzungen sind: …*)

Es ist bekannt, dass es unzulässig ist, dass in öffentlichen Räumen geraucht wird. (Alternativen: *Es ist bekannt, dass in öffentlichen Räumen nicht …; Wie bekannt ist, darf in öffentlichen Räumen nicht …*)

Bemerkenswert ist, dass sich auch das Bezirksgericht für unzuständig erklärt hat. (Alternativen: *Bemerkenswerter Weise hat sich auch …; Im Übrigen hat sich auch das Bezirksgericht …*)

Die Rechtslage sieht nunmehr vor, dass … (Alternative: *Nach der neuen Rechtslage …*)

Der VwGH vertritt die Auffassung, dass … (1. Alternative: *Nach Auffassung des VwGH …;* 2. Alternative: *Wie der VwGH entschieden hat, …;* 3. Alternative: *Der VwGH kam zu folgendem Ergebnis: …*)

Besonders hässlich sind „dass, wenn"-Sätze, zum Beispiel:

Es gibt den Grundsatz, dass, wenn der Gesetzgeber unterschiedliche Begriffe verwendet, er auch Unterschiedliches meint. (Alternative: *Wenn der Gesetzgeber unterschiedliche Begriffe verwendet, meint er grundsätzlich auch Unterschiedliches.*)

Notwendig ist ein „dass"-Satz, wenn er eine wichtige Aussage enthält; dann wirkt er auch nicht holprig. Beispiel:

Der Kläger konnte nicht beweisen, dass …

Die Zeit verging so schnell, dass …

4. Regel: Verwenden Sie „da" und „weil" richtig

Der Begründungssatz wird grundsätzlich mit *da* eingeleitet, wenn er dem Satz mit der Folgeaussage vorangeht. Dagegen wird der Begründungssatz grundsätzlich mit *weil* eingeleitet, wenn er dem Satz mit der Folgeaussage nachgereiht ist. Diese Faustregel ergibt sich aus einer noch etwas subtileren Unterscheidung: Wenn der Umstand, der als Grund genannt wird, bekannt ist, passt *da*; wenn der Grund dem Leser oder Zuhörer neu ist, passt *weil.*

Beispiele:

Zwei Freunde stehen im Regen und einer sagt: ***Da** es heute regnet, nahm ich den Schirm.*

Der Beklagte sagt vor Gericht: *Ich habe die Urkunden zwar unterschrieben, habe sie aber nicht verstanden, **weil** ich nicht lesen kann.*

5. Regel: Achtung bei Verstärkerwörtern

Verstärkerwörter können auch abschwächen. Oft ist man versucht, eine Aussage mit einem Verstärkerwort zu betonen (zum Beispiel *sicher, sehr, genau, exakt, „völlig"* ...). Die beabsichtigte Verstärkung ist meist unnötig, weicht die Aussage auf und kann gegenteilig wirken.

Bekanntes Beispiel aus einer Stilfibel für eine Liebeserklärung:

Ich liebe dich sehr. (Kommentar überflüssig)

In Prozessbehauptungen kann ein sicher sogar gefährlich sein, weil es die Frage provoziert: **Wie** sicher?

Superlative Füllwörter könnten in Entscheidungen einerseits verletzen und weisen überdies auf Emotionen hin. Dadurch erwecken sie den Verdacht, dass der Autor fehlende Argumente durch eine drastische Wortwahl ersetzt hat; in diesem Fall haben sie nichts verstärkt, sondern vieles abgeschwächt.

6. Regel: Eher Zeitwörter als Hauptwörter verwenden

Das Hauptwort ist gegenüber dem Zeitwort trotz seines Namens schwach.

Der **Nominalstil** ist der größte Feind des guten Stils. Er verlängert unnötig, klingt oft seltsam und wirkt manchmal unfreiwillig komisch. Man kann auf Hauptwörter zwar nicht verzichten, denn formelhafte Begriffe sind gerade in juristischen Texten wichtig. Viele Substantivierungen sind jedoch **überflüssig**.

Wenn es regnet, dann regnet es; es „findet kein Regen statt". Wer einen Vertrag schließt, schließt einen Vertrag; es muss deshalb kein „Vertragsabschluss stattfinden".

Etwas übertrieben lässt sich behaupten, dass die Zeitwörter *erfolgen, durchführen, stattfinden* und *vornehmen* alle anderen Zeitwörter ersetzen könnten; man muss nur die passenden Hauptwörter daneben setzen (und Hauptwörter sind im Deutschen schnell gebildet – die richtige Endung genügt).

In der Theorie und mit Hilfe krasser Beispiele leuchtet das sofort ein:

Die Verliebung von Romeo und Julia erfolgte in Verona.

In der Praxis schleicht sich der Nominalstil jedoch oft ganz unbemerkt ein:

*Mit Beziehung auf den Bericht vom ***** wird mitgeteilt, dass sich im Rahmen der Prüfung der Regressfrage nach § 3 Abs 1 AHG in dieser Sache die Notwendigkeit der Vornahme ergänzender Erhebungen in Form der Einholung einer ergänzenden Stellungnahme des ***** ergeben hat.*

Weitere Beispiele:

Ich stelle den Antrag auf Einvernahme des N.N. als Zeugen. (Alternative: Ich beantrage, N.N. als Zeugen zu vernehmen.)

Die Behörde führt als Begründung an ... (Alternative: Die Behörde begründet ...)

Der Nominalstil stellt das Abstrakte in den Vordergrund und verstellt den Blick auf das, worauf es ankommt. Zwar muss der „Hauptdarsteller" einer Aussage nicht immer das grammatikalische Subjekt sein, doch wenn die Abweichung zu groß ist, wird ein Satz unverständlich und unnötig lang.

Beispiel:

Durch den in der Verfassung vorgegebenen Grundsatz der Trennung von Gerichtsbarkeit und Verwaltung sind organisatorische Berührungspunkte von vornherein ausgeschlossen, durch den völlig anderen inneren Aufbau ist auch eine Vergleichbarkeit der Strukturen nicht gegeben.

Subjekte dieses Satzes sind weder die Gerichtsbarkeit noch die Verwaltung noch die Bundesverfassung noch die Trennung der Gewalten. Die beiden Subjekte sind die „Berührungspunkte" und die „Vergleichbarkeit". Die Umstellung des Satzes macht deutlich, wie der Gedanke klarer präsentiert werden kann:

Die Verfassung trennt die Gerichtsbarkeit von der Verwaltung und schließt organisatorische Berührungspunkte aus. Ihre Strukturen sind wegen des völlig anderen inneren Aufbaus auch nicht vergleichbar.

7. Regel: Kündigen Sie Gegenmeinungen möglichst früh und ausdrücklich an

Beispiele:

Unbeschränkt Steuerpflichtige unterliegen mit ihren Welteinkommen der ESt. Beschränkt Steuerpflichtige unterliegen nur mit bestimmten Inlandseinkünften der ESt. (Alternative: ... *Dagegen unterliegen beschränkt Steuerpflichtige ...*)

Der Kläger erklärte, er habe gesehen, wie das Fahrzeug nach rechts abgebogen ist. Der Beklagte erklärte, er habe gesehen, wie das Fahrzeug links abgebogen ist. (Alternative: ... *Der Beklagte erklärte dagegen ... oder noch besser ... Dagegen erklärte der Beklagte ...*)

8. Regel: Verwenden Sie Tendenzwörter – aber richtig!

Tendenzwörter lassen das Positive oder Negative einer (bevorstehenden) Aussage erkennen und erleichtern das Lesen. Falsch angewendet erschweren sie aber das Verständnis.

Beispiele:

Die Wahrscheinlichkeit, in einer Lawine umzukommen, ist groß.

Die Gefahr, in einer Lawine umzukommen, ist groß (wohl besser!).

Falsch: *Die Chance, in einer Lawine umzukommen ...*

Die Möglichkeit, in der Lotterie zu gewinnen, ist gering. (besser: *Die Chance, ...*)

Die Chance, Opfer eines Terroranschlags zu werden ... (richtig: *Die Gefahr,...*)

Kosten höher als erhofft. – Die Aussage irritiert, hohe Kosten waren wohl nicht „erhofft"; gemeint ist: *Kosten höher als erwartet.*

Staatsschulden dreimal so hoch wie behauptet. (wohl besser: *„Staatsschulden dreimal so hoch wie angenommen ...*)

Insolvenzen: Österreich unter den Erwartungen. (gemeint wohl: *Österreich unter den Befürchtungen; oder: Österreich besser als erwartet.*)

9. Regel: Hauptaussagen voranstellen (im Hauptsatz), Spezifizierungen oder Ausnahmen nachstellen (in Nebensätzen)

Beispiele (§ 6 Z 5 EStG)

Einlagen sind wie folgt zu bewerten:

a) Wirtschaftsgüter und Derivate ... sind mit den Anschaffungskosten anzusetzen ...

b) Grundstücke ... sind mit den Anschaffungs- oder Herstellungskosten anzusetzen ...

c) Abweichend von lit b sind Gebäude ...

d) In allen übrigen Fällen ist der Teilwert im Zeitpunkt der Zuführung anzusetzen.

Alternative (die allgemeine Regel gehört vorangestellt):

Einlagen sind mit dem Teilwert im Zeitpunkt der Zuführung anzusetzen; davon bestehen folgende Ausnahmen:

a) ...

b) ...

c) ...

§ 8 Abs 4 Z 2 KStG (Mantelkauf):

Der Verlustabzug steht ab jenem Zeitpunkt nicht mehr zu, ab dem die Identität des Steuerpflichtigen infolge einer wesentlichen Änderung der organisatorischen und wirtschaftlichen Struktur im Zusammenhang mit einer wesentlichen Änderung der Gesellschafterstruktur auf entgeltlicher Grundlage nach dem Gesamtbild der Verhältnisse wirtschaftlich nicht mehr gegeben ist (Mantelkauf) ...

Der Satz hat mit 45 Wörtern bereits eine Überlänge und lässt sich übersichtlicher formulieren:

Der Verlustabzug steht ab jenem Zeitpunkt nicht mehr zu, ab dem die wirtschaftliche Identität des Steuerpflichtigen nicht mehr gegeben ist; das ist dann der Fall, wenn sich im Zusammenhang mit einer wesentlichen Änderung der Gesellschafterstruktur auf entgeltlicher Grundlage die organisatorische und wirtschaftliche Struktur nach dem Gesamtbild der Verhältnisse wesentlich geändert hat.

Die Hauptaussage ist vorangestellt, die Spezifizierungen sind nachgestellt.

10. Regel: Vermeiden Sie „ich" in wissenschaftlichen Arbeiten

Anstatt „ich" zu schreiben, ist es besser, unpersönliche Formulierungen zu verwenden. Das „ich" wirkt meist eitel, es schwächt ab und lenkt von der Sache ab.

Beispiele:

Ich habe in keinem Kommentar gefunden ... (Alternative: ... *In keinem Kommentar findet sich ...*)

Freilich räume ich durchaus ein ... (Alternative: ... *Freilich ist einzuräumen ...*)

... *glaube ich, sagen zu können ...* (Alternative: ... *lässt sich wohl sagen ... oder ... kann man wohl sagen ...*)

Ich halte es für unnötig ... (Alternative: *Es ist unnötig ...*)

Ungeachtet der Rechtsprechung lehne ich die Auffassung ab ... (Alternative: ... *Ungeachtet der Rechtsprechung ist die Auffassung abzulehnen ...*)

Stellen Sie nicht Ihre Person in den Vordergrund, sondern die Sache. Das „ich" benötigen Sie nur, wenn Sie den Leser direkt ansprechen wollen (zum Beispiel *Für Anregungen bin ich dankbar.*).

11. Regel: Machen Sie sich in Fachbeiträgen (wissenschaftlichen Auseinandersetzungen) nicht zum Richter

Mit Wörtern wie *unzutreffend* und *unrichtig* machen wir uns zum Richter über andere. Das steht uns nicht zu, wirkt überheblich und verletzend; auch wir hätten keine Freude, wenn jemand anderer unsere Meinung derart abqualifiziert, selbst und gerade dann nicht, wenn er Recht hat und wir einen Fehler gemacht haben. Das Gleiche gilt für die Zustimmung, für das „Lob". Auch wenn es freundlich klingt: Auch mit *zutreffend* und *richtig* maßen wir uns die Position des Richters an.

Seltsam wäre in der Seminararbeit eines Studenten: *Anders als das OLG geht der OGH zutreffend davon aus ...*

Was richtig oder falsch ist, überzeugt oder nicht überzeugt, soll der Leser anhand der Argumente entscheiden; für die Zustimmung genügt *ebenso* oder *ebenso bereits*. Für die gegenteilige Meinung genügt *anders*; dass Sie die andere Meinung nicht für richtig halten, ergibt sich bereits daraus, dass Sie sie nicht teilen.

Ebenso verletzend wie unnötig ist etwa die Bemerkung, ein Autor habe *übersehen* oder er *ignoriere* etwas. Inhaltsgleich aber nicht verletzend wäre der Hinweis: Der Autor *lässt außer Betracht* (oder noch besser ohne Namen zu nennen etwa: *Diese Auslegung lässt außer Betracht ...*)

Die Regel, wie man mit einer anderen Meinung umgehen soll, ohne den anderen zu verletzen, ist einfach und alt: „Was du nicht willst, das man dir tu', das füg' auch keinem ander'n zu."

12. Regel: Vermeiden Sie besonders hässliche Wörter (Unwörter)

Es gibt viele besonders hässliche Wörter, zum Beispiel *obig, oberstgerichtliche* und *seitens*. Der Vorrat an Unwörtern ist unerschöpflich.

Obig ist nicht nur hässlich, sondern dient meist nicht einmal der beabsichtigen Präzisierung. Wenn Sie *obig* verwenden (zum Beispiel *Wie obig erwähnt ...*), weiß der Leser genauso viel und genauso wenig, wie wenn Sie sich auf *wie erwähnt* beschränken.

Der Oberste Gerichtshof ist ein „Höchstgericht" und kein „Oberstgericht". Daher gibt es auch keine *oberstgerichtliche Entscheidung*. Besser wäre *höchstgerichtliche Entscheidung*. In der Regel ergibt sich aus dem Text, welches Gericht gemeint ist; wenn nicht, dann müssen wir das Gericht beim Namen nennen.

Das Wort *seitens* funktioniert wie eine Warnleuchte, denn es lässt sich nur in Passivkonstruktionen verwenden, was überleitet zur

13. Regel: Seien Sie sparsam mit dem Passiv

Dafür genügt ein kurzes Beispiel:

Seitens der klagenden Partei wurde vorgebracht …

Viel besser wäre hier: *Die klagende Partei brachte vor, …*

Das **Passiv** drückt manchmal mit Recht die nötige Distanz des Autors zum Geschehen aus (zum Beispiel in einem Urteil). Viel öfter hingegen – das heißt fast immer – entspringt es der Gedankenlosigkeit und macht einen Text langweilig, sperrig, holprig und zu lang.

14. Regel: Wohin mit Paragraphen, Geschäftszahlen und BGBl-Zahlen?

Paragraphen und Geschäftszahlen sind zwar wichtig, meist aber nur als Zusatzinformation. Wenn sie mitten im Satzstehen, muss der Leser sie trotzdem mitlesen; setzt man sie dagegen an den Schluss des Satzes oder Absatzes und in Klammer, dann kann der Leser diese Information überspringen und der Text ist flüssiger zu lesen.

Der VwGH hat in seiner Entscheidung vom 1.3.2002, 13/14/2001, Slg2193, erklärt, dass Aufwendungen für ein Arbeitszimmer, das den Mittelpunkt der Tätigkeit bildet, als Betriebsausgaben abzugsfähig sind.

Alternativen: *Der VwGH hat entschieden, dass … abzugsfähig sind (E 1.3.2002 …); Nach der Rechtsprechung des VwGH sind … abzugsfähig (E 1.3.2002 …); Aufwendungen für ein Arbeitszimmer sind als Betriebsausgaben abzugsfähig, wenn es den Mittelpunkt der Tätigkeit bildet (VwGH 1.3.2002 …).*

Nach § 1 EStG sind natürliche Personen mit Wohnsitz im Inland unbeschränkt steuerpflichtig.

Alternative: *Natürliche Personen mit Wohnsitz im Inland sind unbeschränkt steuerpflichtig (§ 1 EStG).*

Das mit BGBl I 2007/104 geänderte Gesetz hat nunmehr folgenden Wortlaut …

Alternative: *Das Gesetz wurde geändert und hat nunmehr folgenden Wortlaut … (BGBl I …)*

15. Regel: Wortwiederholungen vermeiden?

In der Schule haben wir gelernt, dass wir Wortwiederholungen vermeiden sollen.

In der Fachsprache ist dieser Grundsatz problematisch. Wortwiederholungen dienen oft der Präzisierung: Wenn man die Begriffe wechselt, wird die Aussage oft unpräzise und unklar. Der Kläger bleibt der Kläger. Eine andere Bezeichnung oder etwa der Name lockt den Leser auf eine falsche Fährte, weil er glaubt, es sei von einer anderen Person die Rede.

16. Regel: Achten Sie auf die Stellung der Informationen im Satz

Aus einer Presseaussendung:

Die Staatsanwaltschaft darf einzig und alleine in Österreich entscheiden, ob jemand angeklagt wird oder nicht.

Was ist hier gemeint? **Nur in Österreich** darf die Staatsanwaltschaft alleine entscheiden, ob …?

Exkurs: „Gendern" mit Blähsätzen

Dass dem Gesetzgeber vollkommen gleichgültig ist, ob ein Gesetz verständlich formuliert ist, zeigt § 41 Abs 1 ZahnärzteG:

Wenn eine Person… eine Schadenersatzforderung erhoben hat, so ist der Fortlauf der Verjährungsfrist von dem Tag an, an welchem der/die Schädiger/Schädigerin, sein/seine bzw. ihr/ihre bevollmächtigter/bevollmächtigte Vertreter/Vertreterin oder sein/ihr Haftpflichtversicherer oder der Rechtsträger jener Krankenanstalt, in welcher der/die genannte Angehörige des zahnärztlichen Berufs tätig war, schriftlich erklärt hat, zur Verhandlung über eine außergerichtliche Regelung der Angelegenheit bereit zu sein, gehemmt.

Zu dem Thema siehe übrigens: Gerlinde Ondrej, „Die Presse" Rechtspanorama, 10.1.2011.

Das Thema „Gendern" würde den Rahmen dieser Anmerkungen zum Stil aber sprengen. Das erwähnte Extrembeispiel soll kein Argument gegen eine gendergerechte Sprache sein.

Schlussbemerkung

Die Auswahl und die Reihenfolge dieser Vorschläge sind einigermaßen willkürlich und können auch selbst wieder kritisch hinterfragt werden. An Stilregeln muss man sich nicht sklavisch halten. Wichtig ist jedoch, ein Gefühl dafür zu entwickeln, ob ein Text für die Adressaten auch gut verständlich ist.

Es wäre schon ein Erfolg, wenn im einen oder der anderen der Wunsch entstünde, künftig das wichtigste Werkzeug der Jurisprudenz noch sorgfältiger zu behandeln: die Sprache. Es mag Zeit kosten, es macht aber auch kreative Freude!

Inhaltsverzeichnis

1. Allgemeines Bürgerliches Gesetzbuch

JGS 1811/946 idF

1 RGBl 1859/217
2 RGBl 1860/9
3 RGBl 1860/108
4 RGBl 1867/131
5 RGBl 1868/49
6 RGBl 1868/62
7 RGBl 1895/110
8 RGBl 1914/276
9 RGBl 1915/208
10 RGBl 1916/69
11 StGBl 1919/96
12 BGBl 1921/638
13 BGBl 1922/850
14 BGBl 1936/111
15 dRGBl 1938 I 807
16 dRGBl 1938 I 825
17 dRGBl 1938 I 923
18 dRGBl 1938 I 973
19 dRGBl 1939 I 1186
20 dRGBl 1939 I 2394
21 dRGBl 1943 I 80
22 dRGBl 1943 I 266
23 BGBl 1947/30
24 BGBl 1951/259
25 BGBl 1954/99 (JWG)
26 BGBl 1956/157
27 BGBl 1958/268
28 BGBl 1960/58
29 BGBl 1967/122
30 BGBl 1968/306
31 BGBl 1970/342
32 BGBl 1973/108
33 BGBl 1974/496
34 BGBl 1975/412
35 BGBl 1975/416
36 BGBl 1976/91
37 BGBl 1977/403
38 BGBl 1978/280
39 BGBl 1978/304 (IPR-Gesetz)
40 BGBl 1979/140 (KSchG)
41 BGBl 1982/370
42 BGBl 1983/136
43 BGBl 1983/566
44 BGBl 1985/196 (K)
45 BGBl 1986/97
46 BGBl 1988/179
47 BGBl 1989/162 (KindRÄG)
48 BGBl 1989/343 (WGN 1989)
49 BGBl 1989/656 (ErbRÄG 1989)
50 BGBl 1992/275 (FMedG)
51 BGBl 1993/502
52 BGBl 1995/25 (NamRÄG)
53 BGBl 1996/759 (GeSchG)
54 BGBl I 1997/6
55 BGBl I 1997/30 (GBNov 1997)
56 BGBl I 1997/140 (WGN 1997)
57 BGBl I 1999/125 (EheRÄG 1999)
58 BGBl I 1999/164
59 BGBl I 2000/44 (ARÄG 2000)
60 BGBl I 2000/135 (KindRÄG 2001)
61 BGBl I 2001/48 (GewRÄG)
62 BGBl I 2001/98 (2. Euro-JuBeG)
63 BGBl I 2002/71
64 BGBl I 2002/104 (SPG-Nov 2002)
65 BGBl I 2002/118 (ZinsRÄG)
66 BGBl I 2003/85 (VfGH)
67 BGBl I 2003/91 (ZivRÄG 2004)
68 BGBl I 2004/58 (FamErbRÄG 2004)
69 BGBl I 2004/77
70 BGBl I 2005/43
71 BGBl I 2005/51 (ZessRÄG)
72 BGBl I 2005/120 (HaRÄG)
73 BGBl I 2006/92 (SWRÄG 2006)
74 BGBl I 2006/113 (DRG 2006)
75 BGBl I 2008/100 (GB-Nov 2008)
76 BGBl I 2009/40 (2. GeSchG)
77 BGBl I 2009/52 (BudgetbegleitG 2009)
78 BGBl I 2009/75 (FamRÄG 2009)
79 BGBl I 2009/135 (EPG)
80 BGBl I 2010/28 (DaKRÄG)
81 BGBl I 2010/29 (IRÄG 2010)
82 BGBl I 2010/58 (IRÄ-BG)
83 BGBl I 2012/68 (VfGH)
84 BGBl I 2013/15 (KindNamRÄG 2013)
85 BGBl I 2013/50 (ZVG)
86 BGBl I 2013/145
87 BGBl I 2013/179 (AdRÄG 2013)
88 BGBl I 2014/33 (VRUG)
89 BGBl I 2014/83 (GesbR-RG)
90 BGBl I 2015/25 (VfGH)
91 BGBl I 2015/29 (VfGH)
92 BGBl I 2015/35 (FMedRÄG 2015)
93 BGBl I 2015/87 (ErbRÄG 2015)
94 BGBl I 2016/43 (APRÄG 2016)
95 BGBl I 2017/59 (2. ErwSchG)
96 BGBl I 2017/153
97 BGBl I 2017/161 (VfGH)
98 BGBl I 2018/58 (ErwSchAG-Justiz)
99 BGBl I 2018/100 (SV-OG)
100 BGBl I 2019/69 (HaftRÄG 2019)
101 BGBl I 2019/74
102 BGBl I 2019/105 (Gewaltschutzgesetz 2019)
103 BGBl I 2020/16 (2. COVID-19-Gesetz)
104 BGBl I 2020/131
105 BGBl I 2020/148 (HiNBG)
106 BGBl I 2021/86 (GREx)
107 BGBl I 2021/121
108 BGBl I 2021/175 (GRUG)
109 BGBl I 2022/145 (VfGH)
110 BGBl I 2023/30 (VfGH)
111 BGBl I 2023/38 (FundR-Nov 2023)

112 BGBl I 2023/115
113 BGBl I 2023/180 (AbAG 2023)
114 BGBl I 2023/182 (DSA-BegG)
115 BGBl I 2024/11
116 BGBl I 2024/33 (HaftRÄG 2024)

1/1. Außerstreitgesetz *(Auszug: §§ 81 - 185, 207m)*

1/2. Erwachsenenschutzvereinsgesetz

1/3. Gastwirtehaftungsgesetz

1/4. Tiermängelverordnung

1/5. Europäisches Fristenübereinkommen

GLIEDERUNG

STICHWORTVERZEICHNIS

(Die Zahlenangaben beziehen sich auf die Paragraphen)

Stichwortverzeichnis

Stichwortverzeichnis

Stichwortverzeichnis

Stichwortverzeichnis

Stichwortverzeichnis

Allgemeines bürgerliches Gesetzbuch

Kundmachung des allgemeinen bürgerlichen Gesetzbuches

(1) Aus der Betrachtung, daß die bürgerlichen Gesetze, um den Bürgern volle Beruhigung über den gesicherten Genuß ihrer Privatrechte zu verschaffen, nicht nur nach den allgemeinen Grundsätzen der Gerechtigkeit; sondern auch nach den besonderen Verhältnissen der Einwohner bestimmt, in einer ihnen verständlichen Sprache bekannt gemacht, und durch eine ordentliche Sammlung in stetem Andenken erhalten werden sollen, haben Wir seit dem Antritte Unserer Regierung unausgesetzt Sorge getragen, daß die schon von Unseren Vorfahren beschlossene und unternommene Abfassung eines vollständigen, einheimischen bürgerlichen Gesetzbuches ihrer Vollendung zugeführt werde.

(2) Der während Unserer Regierung von Unserer Hofkommission in Gesetzsachen zu stande gebrachte Entwurf ward, sowie ehedem der Entwurf des Gesetzbuches über Verbrechen und schwere Polizeiübertretungen, den in den verschiedenen Provinzen eigens aufgestellten Kommissionen zur Beurteilung mitgeteilt, in Galizien aber inzwischen schon in Anwendung gesetzt.

(3) Nachdem auf solche Art die Meinungen der Sachverständigen, und die aus der Anwendung eingeholten Erfahrungen zur Berichtigung dieses so wichtigen Zweiges der Gesetzgebung benützt worden sind; haben Wir nun beschlossen, dieses allgemeine bürgerliche Gesetzbuch für Unsere gesamten deutschen Erbländer kund zu machen, und zu verordnen, daß dasselbe mit dem 1. Januar 1812 zur Anwendung kommen solle.

(4) Dadurch wird das bis jetzt angenommene gemeine Recht, der am 1. November 1786 kundgemachte erste Teil des bürgerlichen Gesetzbuches, das für Galizien gegebene bürgerliche Gesetzbuch, samt allen auf die Gegenstände dieses allgemeinen bürgerlichen Rechtes sich beziehenden Gesetzen und Gewohnheiten, außer Wirksamkeit gesetzt.

(5) Wie Wir aber in dem Gesetzbuche selbst zur allgemeinen Vorschrift aufgestellt haben, daß die Gesetze nicht zurückwirken sollen; so soll auch dieses Gesetzbuch auf Handlungen, die dem Tage, an welchem es verbindliche Kraft erhält, vorhergegangen, und auf die nach den früheren Gesetzen bereits erworbenen Rechte keinen Einfluß haben; diese Handlungen mögen in zweiseitig verbindlichen Rechtsgeschäften, oder in solchen Willenserklärungen bestehen, die von dem Erklärenden noch eigenmächtig abgeändert, und nach den in dem gegenwärtigen Gesetzbuche enthaltenen Vorschriften eingerichtet werden könnten.

(6) [1]Daher ist auch eine schon vor der Wirksamkeit dieses Gesetzbuches angefangene Ersitzung oder Verjährung nach den älteren Gesetzen zu beurteilen. [1]Wollte sich jemand auf eine Ersitzung oder Verjährung berufen, die in dem neueren Gesetze auf eine kürzere Zeit als in den früheren Gesetzen bestimmt ist; so kann er auch diese kürzere Frist erst von dem Zeitpunkte, an welchem das gegenwärtige Gesetz verbindliche Kraft erhält, zu berechnen anfangen.

(7) [1]Die Vorschriften dieses Gesetzbuches sind zwar allgemein verbindlich; doch bestehen für den Militärstand und für die zum Militärkörper gehörigen Personen besondere, auf das Privatrecht sich beziehende Vorschriften, welche bei den von, oder mit ihnen vorzunehmenden Rechtsgeschäften, obschon in dem Gesetzbuche nicht ausdrücklich darauf hingewiesen worden ist, zu beobachten sind. [1]Handels- und Wechselgeschäfte werden nach den besonderen Handels- und Wechselgesetzen, insofern sie von den Vorschriften dieses Gesetzbuches abweichen, beurteilt.

(8) Auch bleiben die über politische, Kameral- oder Finanzgegenstände kundgemachten, die Privatrechte beschränkenden, oder näher bestimmenden Verordnungen, obschon in diesem Gesetzbuche sich darauf nicht ausdrücklich bezogen würde, in ihrer Kraft.

(9) Insbesondere sind die auf Geldzahlungen sich beziehenden Rechte und Verbindlichkeiten nach dem, über das zum Umlauf und zur gemeinen Landes- (Wiener) Währung bestimmte Geld, bereits erlassenen Patente vom 20. Hornung 1811, oder nach den noch zu erlassenden besonderen Gesetzen, und nur bei deren Ermanglung, nach den allgemeinen Vorschriften des Gesetzbuches zu beurteilen.

(10) Wir erklären zugleich den gegenwärtigen deutschen Text des Gesetzbuches als den Urtext, wonach die veranstalteten Übersetzungen in die verschiedenen Landessprachen Unserer Provinzen zu beurteilen sind.

Einleitung

Von den bürgerlichen Gesetzen überhaupt

Begriff des bürgerlichen Rechtes

§ 1. Der Inbegriff der Gesetze, wodurch die Privatrechte und Pflichten der Einwohner des

Staates unter sich bestimmt werden, macht das bürgerliche Recht in demselben aus.

§ 2. Sobald ein Gesetz gehörig kundgemacht worden ist, kann sich niemand damit entschuldigen, daß ihm dasselbe nicht bekannt geworden sei.

Anfang der Wirksamkeit der Gesetze

§ 3. Die Wirksamkeit eines Gesetzes und die daraus entspringenden rechtlichen Folgen nehmen [gleich nach der Kundmachung] ihren Anfang; es wäre denn, daß in dem kundgemachten Gesetze selbst der Zeitpunkt seiner Wirksamkeit weiter hinaus bestimmt würde.

[] *Gegenstandslos, nach § 11 BGBlG BGBl I 2005/100 mit Ablauf des Tages der Freigabe zur Abfrage*

Umfang des Gesetzes

§ 4. *(aufgehoben, BGBl 1978/304)*

§ 5. Gesetze wirken nicht zurück; sie haben daher auf vorhergegangene Handlungen und auf vorher erworbene Rechte keinen Einfluß.

Auslegung

§ 6. Einem Gesetze darf in der Anwendung kein anderer Verstand beigelegt werden, als welcher aus der eigentümlichen Bedeutung der Worte in ihrem Zusammenhange und aus der klaren Absicht des Gesetzgebers hervorleuchtet.

§ 7. [1]Läßt sich ein Rechtsfall weder aus den Worten, noch aus dem natürlichen Sinne eines Gesetzes entscheiden, so muß auf ähnliche, in den Gesetzen bestimmt entschiedene Fälle, und auf die Gründe anderer damit verwandten Gesetze Rücksicht genommen werden. [2]Bleibt der Rechtsfall noch zweifelhaft; so muß solcher mit Hinsicht auf die sorgfältig gesammelten und reiflich erwogenen Umstände nach den natürlichen Rechtsgrundsätzen entschieden werden.

§ 8. [1]Nur dem Gesetzgeber steht die Macht zu, ein Gesetz auf eine allgemein verbindliche Art zu erklären. [2]Eine solche Erklärung muß auf alle noch zu entscheidende Rechtsfälle angewendet werden, dafern der Gesetzgeber nicht hinzufügt, daß seine Erklärung bei Entscheidung solcher Rechtsfälle, welche die vor der Erklärung unternommenen Handlungen und angesprochenen Rechte zum Gegenstande haben, nicht bezogen werden solle.

Dauer des Gesetzes

§ 9. Gesetze behalten so lange ihre Kraft, bis sie von dem Gesetzgeber abgeändert oder ausdrücklich aufgehoben werden.

Andere Arten der Vorschriften, als:

a) Gewohnheiten

§ 10. Auf Gewohnheiten kann nur in den Fällen, in welchen sich ein Gesetz darauf beruft, Rücksicht genommen werden.

[b) Provinzialstatuten]

§ 11. [Nur jene Statuten einzelner Provinzen und Landesbezirke haben Gesetzeskraft, welche nach der Kundmachung dieses Gesetzbuches von dem Landesfürsten ausdrücklich bestätigt werden.]

[] *Gegenstandslos*

c) Richterliche Aussprüche

§ 12. Die in einzelnen Fällen ergangenen Verfügungen und die von Richter[stühle]n in besonderen Rechtsstreitigkeiten gefällten Urteile haben nie die Kraft eines Gesetzes, sie können auf andere Fälle oder auf andere Personen nicht ausgedehnt werden.

d) Privilegien

§ 13. Die einzelnen Personen oder auch ganzen Körpern verliehenen Privilegien und Befreiungen sind, insofern hierüber die politischen Verordnungen keine besondere Bestimmung enthalten, gleich den übrigen Rechten zu beurteilen.

Haupteinteilung des bürgerlichen Rechtes

§ 14. Die in dem bürgerlichen Gesetzbuche enthaltenen Vorschriften haben das Personenrecht, das Sachenrecht und die denselben gemeinschaftlich zukommenden Bestimmungen zum Gegenstande.

Erster Teil

Von dem Personenrechte

Erstes Hauptstück

Von den Rechten, welche sich auf persönliche Eigenschaften und Verhältnisse beziehen

Personenrechte

§ 15. Die Personenrechte beziehen sich teils auf persönliche Eigenschaften und Verhältnisse; teils gründen sie sich in dem Familienverhältnisse.

I. Aus dem Charakter der Persönlichkeit. Angeborne Rechte

§ 16. [1]Jeder Mensch hat angeborne, schon durch die Vernunft einleuchtende Rechte, und ist daher als eine Person zu betrachten. [2]Sklaverei oder Leibeigenschaft, und die Ausübung einer darauf sich beziehenden Macht wird in diesen Ländern nicht gestattet.

Rechtliche Vermutung derselben

§ 17. Was den angebornen natürlichen Rechten angemessen ist, dieses wird so lange als bestehend angenommen, als die gesetzmäßige Beschränkung dieser Rechte nicht bewiesen wird.

Wahrnehmung der Persönlichkeitsrechte

§ 17a. (1) Persönlichkeitsrechte sind im Kern nicht übertragbar.

(2) [1]In den Eingriff in ein Persönlichkeitsrecht kann nur eingewilligt werden, soweit dies nicht gegen die guten Sitten verstößt. [2]Die Einwilligung in den Eingriff in den Kernbereich eines Persönlichkeitsrechts kann nur vom entscheidungsfähigen Träger des Persönlichkeitsrechts selbst erteilt werden, soweit gesetzlich nichts anderes bestimmt ist.

(3) [1]Die Persönlichkeitsrechte einer Person wirken nach dem Tod in ihrem Andenken fort. Verletzungen des Andenkens können die mit dem Verstorbenen im ersten Grad Verwandten und der überlebende Ehegatte, eingetragene Partner oder Lebensgefährte Zeit ihres Lebens geltend machen, andere Verwandte in auf- oder absteigender Linie nur für zehn Jahre nach dem Ablauf des Todesjahres. [2]Jedenfalls zulässig sind im öffentlichen Interesse liegende Eingriffe zu Archivzwecken, zu wissenschaftlichen und zu künstlerischen Zwecken.

(BGBl I 2020/148, ab 1. 1. 2021)

Erwerbliche Rechte

§ 18. Jedermann ist unter den von den Gesetzen vorgeschriebenen Bedingungen fähig, Rechte zu erwerben.

Verfolgung der Rechte

§ 19. [1]Jedem, der sich in seinem Rechte gekränkt zu sein erachtet, steht es frei, seine Beschwerde vor der durch die Gesetze bestimmten Behörde anzubringen. [2]Wer sich aber mit Hintansetzung derselben der eigenmächtigen Hilfe bedient, oder, wer die Grenzen der Notwehr überschreitet, ist dafür verantwortlich.

Unterlassungs- und Beseitigungsanspruch

§ 20. (1) [1]Wer in einem Persönlichkeitsrecht verletzt worden ist oder eine solche Verletzung zu besorgen hat, kann auf Unterlassung und auf Beseitigung des widerrechtlichen Zustandes klagen. [2]Der Anspruch auf Unterlassung umfasst auch den Anspruch auf Beseitigung eines der Unterlassungsverpflichtung widerstreitenden Zustandes. [3]Unter den Voraussetzungen des § 17a Abs. 3 können auch die dort genannten Personen klagen.

(2) [1]Wird in einem Medium im Zusammenhang mit der Tätigkeit eines Arbeit- oder Dienstnehmers dieser in seinem Ansehen oder seiner Privatsphäre verletzt und ist dieses Verhalten geeignet, die Möglichkeiten des Arbeit- oder Dienstgebers, den Arbeit- oder Dienstnehmer einzusetzen, nicht unerheblich zu beeinträchtigen oder das Ansehen des Arbeit- oder Dienstgebers erheblich zu schädigen, so hat dieser unabhängig vom Anspruch des Arbeit- oder Dienstnehmers einen eigenen Anspruch auf Unterlassung und Beseitigung. [2]Entsprechendes gilt für ehrenamtlich Tätige und Organe einer Körperschaft. [3]Die Geltendmachung des Anspruchs des Arbeit- oder Dienstgebers ist nicht von der Zustimmung des Arbeit- oder Dienstnehmers abhängig. [4]Eine Pflicht zur gerichtlichen Geltendmachung für den Arbeit- oder Dienstgeber bezüglich die den Arbeit- oder Dienstnehmer betreffende Persönlichkeitsrechtsverletzung insbesondere aufgrund der arbeitsrechtlichen Fürsorgepflicht besteht nicht.

(3) [1]Bedient sich derjenige, der eine Verletzung eines Persönlichkeitsrechts begangen hat oder von dem eine solche Verletzung droht, hiezu der Dienste eines Vermittlers, so kann auch dieser auf Unterlassung und Beseitigung geklagt werden. [2]Anbieter von Vermittlungsdiensten nach Art. 4 der Verordnung (EU) 2022/2065 über einen Binnenmarkt für digitale Dienste und zur Änderung der Richtlinie 2000/31/EG (Gesetz über digitale Dienste), ABl. Nr. L 277 vom 27.10.2022, S. 1, gelten nicht als Vermittler im Sinne dieser Bestimmung. [3]Liegen beim Vermittler die Voraussetzun-

gen für einen Ausschluss der Verantwortlichkeit nach den Art. 5 und 6 der Verordnung (EU) 2022/2065 vor, kann er erst nach Abmahnung geklagt werden. *(BGBl I 2023/182)*

(BGBl I 2020/148, ab 1.1.2021, Abs 2 ist auf Fälle anzuwenden, in denen die verletzende Handlung nach dem 31.12.2020 gesetzt wurde.)

II. Personenrechte der Minderjährigen und sonstiger schutzberechtigter Personen

§ 21. (1) [1]Minderjährige und Personen, die aus einem anderen Grund als dem ihrer Minderjährigkeit alle oder einzelne ihrer Angelegenheiten selbst gehörig zu besorgen nicht vermögen, stehen unter dem besonderen Schutz der Gesetze. „[2]Sie heißen schutzberechtigte Personen.“ *(BGBl I 2017/59, ab 1. 7. 2018, s § 1503 Abs 9 Z 4)*

(2) Minderjährige sind Personen, die das achtzehnte Lebensjahr noch nicht vollendet haben; haben sie das vierzehnte Lebensjahr noch nicht vollendet, so sind sie unmündig. *(BGBl I 2000/135, ab 1. 7. 2001)*

(BGBl 1973/108)

§ 22. [1]Selbst ungeborne Kinder haben von dem Zeitpunkte ihrer Empfängnis an einen Anspruch auf den Schutz der Gesetze. [2]Insoweit es um ihre und nicht um die Rechte eines Dritten zu tun ist, werden sie als Geborne angesehen; ein totgebornes Kind aber wird in Rücksicht auf die ihm für den Lebensfall vorbehaltenen Rechte so betrachtet, als wäre es nie empfangen worden.

§ 23. [1]In zweifelhaftem Falle, ob ein Kind lebendig oder tot geboren worden sei, wird das erstere vermutet. [2]Wer das Gegenteil behauptet, muß es beweisen.

III. Handlungs- und Entscheidungsfähigkeit

§ 24. (1) [1]Handlungsfähigkeit ist die Fähigkeit einer Person, sich im jeweiligen rechtlichen Zusammenhang durch eigenes Handeln zu berechtigen und zu verpflichten. [2]Soweit nichts anderes bestimmt ist, setzt sie Entscheidungsfähigkeit voraus; im jeweiligen Zusammenhang können noch weitere Erfordernisse vorgesehen sein.

(2) [1]Entscheidungsfähig ist, wer die Bedeutung und die Folgen seines Handelns im jeweiligen Zusammenhang verstehen, seinen Willen danach bestimmen und sich entsprechend verhalten kann. [2]Dies wird im Zweifel bei Volljährigen vermutet.

(BGBl I 2017/59, ab 1. 7. 2018, s § 1503 Abs 9 Z 4)

§ 25. *(aufgehoben, dRGBl 1939 I 1186)*

IV. Aus dem Verhältnisse einer moralischen Person

§ 26. [1]Die Rechte der Mitglieder einer erlaubten Gesellschaft unter sich werden durch den Vertrag oder Zweck und die besondern für dieselben bestehenden Vorschriften bestimmt. [2]Im Verhältnisse gegen andere genießen erlaubte Gesellschaften in der Regel gleiche Rechte mit den einzelnen Personen. [3]Unerlaubte Gesellschaften haben als solche keine Rechte, weder gegen die Mitglieder, noch gegen andere, und sie sind unfähig, Rechte zu erwerben. [4]Unerlaubte Gesellschaften sind aber diejenigen, welche durch die politischen Gesetze insbesondere verboten werden, oder offenbar der Sicherheit, öffentlichen Ordnung oder den guten Sitten widerstreiten.

§ 27. Inwiefern Gemeinden in Rücksicht ihrer Rechte unter einer besonderen Vorsorge der öffentlichen Verwaltung stehen, ist in den politischen Gesetzen enthalten.

(In Vorarlberg für den selbständigen Wirkungsbereich der Länder aufgehoben durch § 92 Abs 2 lit a Vorarlberger GemeindeG LGBl 1965/45, Wv als § 100 LGBl 1985/40)

V. Aus dem Verhältnisse eines Staatsbürgers

§ 28. [1]Den vollen Genuß der bürgerlichen Rechte erwirbt man durch die Staatsbürgerschaft. [2][Die Staatsbürgerschaft in diesen [Erb]staaten ist Kindern eines österreichischen Staatsbürgers durch die Geburt eigen.]

[] *Gegenstandslos, s §§ 7, 7a und 8 StaatsbürgerschaftsG 1985 BGBl 311.*

§§ 29 bis 32. *(aufgehoben, RGBl 1860/108 und BGBl 1925/285)*

Rechte der Fremden

§ 33. [1]Den Fremden kommen überhaupt gleiche bürgerliche Rechte und Verbindlichkeiten mit den Eingebornen zu, wenn nicht zu dem Genusse dieser Rechte ausdrücklich die Eigenschaft eines Staatsbürgers erfordert wird. [2]Auch müssen die Fremden, um gleiches Recht mit den Eingebornen zu genießen, in zweifelhaften Fällen beweisen, daß der Staat, dem sie angehören, die hierländigen Staatsbürger in Rücksicht des Rechtes, wovon die Frage ist, ebenfalls wie die seinigen behandle.

§§ 34 bis 37. *(aufgehoben, BGBl 1978/304)*

§ 38. Die Gesandten, die öffentlichen Geschäftsträger und die in ihren Diensten stehenden Personen genießen die in dem Völkerrechte und in den öffentlichen Verträgen gegründeten Befreiungen.

VI. Personenrechte aus dem Religionsverhältnisse

§ 39. Die Verschiedenheit der Religion hat auf die Privatrechte keinen Einfluß, außer insofern dieses bei einigen Gegenständen durch die Gesetze insbesondere angeordnet wird.

VII. Aus dem Familienverhältnisse. Familie, Verwandtschaft und Schwägerschaft

§ 40. [1]Unter Familie werden die Stammeltern mit allen ihren Nachkommen verstanden. [2]Die Verbindung zwischen diesen Personen wird Verwandtschaft; die Verbindung aber, welche zwischen einem Ehegatten und den Verwandten des andern Ehegatten entsteht, Schwägerschaft genannt.

§ 41. [1]Die Grade der Verwandtschaft zwischen zwei Personen sind nach der Zahl der Zeugungen, mittels welcher in der geraden Linie eine derselben von der andern, und in der Seitenlinie beide von ihrem nächsten gemeinschaftlichen Stamme abhängen, zu bestimmen. [2]In welcher Linie und in welchem Grade jemand mit dem einen Ehegatten verwandt ist, in eben der Linie und in eben dem Grade ist er mit dem andern Ehegatten verschwägert.

§ 42. Unter dem Namen Eltern werden in der Regel ohne Unterschied des Grades alle Verwandte in der aufsteigenden; und unter dem Namen Kinder alle Verwandte in der absteigenden Linie begriffen.

VIII. Schutz des Namens

§ 43. Wird jemandem das Recht zur Führung seines Namens bestritten oder wird er durch unbefugten Gebrauch seines Namens (Decknamens) beeinträchtigt, so kann er auf Unterlassung und bei Verschulden auf Schadenersatz klagen.

(RGBl 1916/69)

Zweites Hauptstück

Von dem Eherechte

Begriff der Ehe

§ 44. [1]Die Familienverhältnisse werden durch den Ehevertrag gegründet. [2]In dem Ehevertrage erklären zwei Personen „ “ gesetzmäßig ihren Willen, in unzertrennlicher Gemeinschaft zu leben, Kinder zu zeugen, sie zu erziehen, und sich gegenseitigen Beistand zu leisten. *(BGBl I 2017/161 (VfGH), ab 1. 1. 2019)*

und des Eheverlöbnisses

§ 45. Ein Eheverlöbnis oder ein vorläufiges Versprechen, sich zu ehelichen, unter was für Umständen oder Bedingungen es gegeben oder erhalten worden, zieht keine rechtliche Verbindlichkeit nach sich, weder zur Schließung der Ehe selbst, noch zur Leistung desjenigen, was auf den Fall des Rücktrittes bedungen worden ist.

Rechtliche Wirkung des Rücktrittes vom Eheverlöbnisse

§ 46. Nur bleibt dem Teile, von dessen Seite keine gegründete Ursache zu dem Rücktritte entstanden ist, der Anspruch auf den Ersatz des wirklichen Schadens vorbehalten, welchen er aus diesem Rücktritte zu leiden beweisen kann.

§§ 47 bis 88. *(aufgehoben, dRGBl 1938 I 807)*

Persönliche Rechtswirkungen der Ehe

§ 89. Die persönlichen Rechte und Pflichten der Ehegatten im Verhältnis zueinander sind, soweit in diesem Hauptstück nicht anderes bestimmt ist, gleich.

(BGBl 1975/412)

§ 90. (1) Die Ehegatten sind einander zur umfassenden ehelichen Lebensgemeinschaft, besonders zum gemeinsamen Wohnen, sowie zur Treue, zur anständigen Begegnung und zum Beistand verpflichtet.

(2) Im Erwerb des anderen hat ein Ehegatte mitzuwirken, soweit ihm dies zumutbar, es nach den Lebensverhältnissen der Ehegatten üblich und nicht anderes vereinbart ist.

(3) [1]Jeder Ehegatte hat dem anderen in der Ausübung der Obsorge für dessen Kinder in angemessener Weise beizustehen. [2]Soweit es die Umstände erfordern, vertritt er ihn auch in den Obsorgeangelegenheiten des täglichen Lebens. *(BGBl I 2009/75, ab 1. 1. 2010)*

(BGBl I 1999/125, ab 1. 1. 2000)

§ 91. (1) Die Ehegatten sollen ihre eheliche Lebensgemeinschaft, besonders die Haushaltsführung, die Erwerbstätigkeit, die Leistung des Beistandes und die Obsorge, unter Rücksichtnahme aufeinander und auf das Wohl der Kinder mit dem Ziel voller Ausgewogenheit ihrer Beiträge einvernehmlich gestalten.

(2) [1]Von einer einvernehmlichen Gestaltung kann ein Ehegatte abgehen, wenn dem nicht ein wichtiges Anliegen des anderen oder der Kinder entgegensteht oder, auch wenn ein solches Anliegen vorliegt, persönliche Gründe des Ehegatten, besonders sein Wunsch nach Aufnahme einer

Erwerbstätigkeit, als gewichtiger anzusehen sind. [2]In diesen Fällen haben sich die Ehegatten um ein Einvernehmen über die Neugestaltung der ehelichen Lebensgemeinschaft zu bemühen.

(BGBl I 1999/125, ab 1. 1. 2000)

§ 92. (1) Verlangt ein Ehegatte aus gerechtfertigten Gründen die Verlegung der gemeinsamen Wohnung, so hat der andere diesem Verlangen zu entsprechen, es sei denn, er habe gerechtfertigte Gründe von zumindest gleichem Gewicht, nicht mitzuziehen.

(2) Ungeachtet des Abs. 1, kann ein Ehegatte vorübergehend gesondert Wohnung nehmen, solange ihm ein Zusammenleben mit dem anderen Ehegatten, besonders wegen körperlicher Bedrohung, unzumutbar oder dies aus wichtigen persönlichen Gründen gerechtfertigt ist.

(3) [1]In den Fällen der Abs. 1 und 2 kann jeder der Ehegatten vor oder auch nach der Verlegung der Wohnung oder der gesonderten Wohnungnahme die Entscheidung des Gerichtes beantragen. [2]Das Gericht hat im Verfahren außer Streitsachen festzustellen, ob das Verlangen auf Verlegung der gemeinsamen Wohnung oder die Weigerung mitzuziehen oder die gesonderte Wohnungnahme durch einen Ehegatten rechtmäßig war oder ist. [3]Es hat bei der Entscheidung auf die gesamten Umstände der Familie, besonders auf das Wohl der Kinder, Bedacht zu nehmen.

(BGBl 1975/412)

Name

§ 93. (1) [1]Die Ehegatten führen den von ihnen bestimmten gemeinsamen Familiennamen. [2]Mangels einer solchen Bestimmung behalten sie ihre bisherigen Familiennamen bei.

(2) [1]Zum gemeinsamen Familiennamen können die Verlobten oder Ehegatten einen ihrer Namen bestimmen. [2]Wird hiefür ein aus mehreren voneinander getrennten oder durch einen Bindestrich verbundenen Teilen bestehender Name herangezogen, so können der gesamte Name oder dessen Teile verwendet werden. [3]Sie können auch einen aus den Familiennamen beider gebildeten Doppelnamen zum gemeinsamen Familiennamen bestimmen; dabei dürfen sie insgesamt zwei Teile dieser Namen verwenden.

(3) Derjenige Ehegatte, dessen Familienname nicht gemeinsamer Familienname ist, kann auch schon vor Eheschließung bestimmen, dass er einen aus dem gemeinsamen Familiennamen und seinem Familiennamen gebildeten Doppelnamen führt, sofern nicht der gemeinsame Familienname bereits aus mehreren Teilen besteht; auch darf der Ehegatte, dessen Familienname aus mehreren Teilen besteht, nur einen dieser Teile verwenden.

(4) Ein Doppelname ist durch einen Bindestrich zwischen dessen einzelnen Teilen zu trennen.

(BGBl I 2013/15, ab 1. 2. 2013; auf Ehegatten anzuwenden, die die Ehe nach dem 31. 3. 2013 schließen; s auch § 1503 Abs 1 Z 5, zu Abs 2 auch Z 6)

§ 93a. (1) Ändert sich der Familienname eines Ehegatten, so kann eine erneute Bestimmung vorgenommen werden.

(2) Wird die Ehe aufgelöst, so können die Ehegatten jeden früher rechtmäßig geführten Familiennamen wieder annehmen.

(3) [1]Eine Person kann bestimmen, dass ihr Familienname dem Geschlecht angepasst wird, soweit dies der Herkunft der Person oder der Tradition der Sprache entspricht, aus der der Name stammt. [2]Sie kann auch bestimmen, dass eine auf das Geschlecht hinweisende Endung des Namens entfällt.

(BGBl I 2013/15, ab 1. 2. 2013; auf Ehegatten anzuwenden, die die Ehe nach dem 31. 3. 2013 schließen, s auch § 1503 Abs 1 Z 5)

§ 93b. Die Bestimmung oder Wiederannahme eines Familiennamens nach den §§ 93 und 93a ist nur einmalig zulässig.

(BGBl I 2013/15, ab 1. 2. 2013; auf Ehegatten anzuwenden, die die Ehe nach dem 31. 3. 2013 schließen, s auch § 1503 Abs 1 Z 5)

§ 93c. [1]Namensrechtliche Erklärungen sind dem Standesbeamten gegenüber in öffentlicher oder öffentlich beglaubigter Urkunde abzugeben. [2]Ihre Wirkungen treten ein, sobald sie dem Standesbeamten zukommen.

(BGBl I 2013/15, ab 1. 2. 2013; auf Ehegatten anzuwenden, die die Ehe nach dem 31. 3. 2013 schließen, s auch § 1503 Abs 1 Z 5)

Sonstige Wirkungen der Ehe

§ 94. (1) Die Ehegatten haben nach ihren Kräften und gemäß der Gestaltung ihrer ehelichen Lebensgemeinschaft zur Deckung der ihren Lebensverhältnissen angemessenen Bedürfnisse gemeinsam beizutragen.

(2) [1]Der Ehegatte, der den gemeinsamen Haushalt führt, leistet dadurch seinen Beitrag im Sinn des Abs. 1; er hat an den anderen einen Anspruch auf Unterhalt, wobei eigene Einkünfte angemessen zu berücksichtigen sind. [2]Dies gilt nach der Aufhebung des gemeinsamen Haushalts zugunsten des bisher Unterhaltsberechtigten weiter, sofern nicht die Geltendmachung des Unterhaltsanspruchs, besonders wegen der Gründe, die zur Aufhebung des gemeinsamen Haushalts geführt haben, ein Mißbrauch des

Rechtes wäre. [3]Ein Unterhaltsanspruch steht einem Ehegatten auch zu, soweit er seinen Beitrag nach Abs. 1 nicht zu leisten vermag.

(3) [1]„Auf Verlangen des unterhaltsberechtigten Ehegatten ist der Unterhalt auch bei aufrechter Haushaltsgemeinschaft ganz oder zum Teil in Geld zu leisten, soweit nicht ein solches Verlangen, insbesondere im Hinblick auf die zur Deckung der Bedürfnisse zur Verfügung stehenden Mittel, unbillig wäre.“[2]Auf den Unterhaltsanspruch an sich kann im vorhinein nicht verzichtet werden. *(BGBl I 1999/125, ab 1. 1. 2000)*

(BGBl 1975/412)

§ 95. [1]Die Ehegatten haben an der Führung des gemeinsamen Haushalts nach ihren persönlichen Verhältnissen, besonders unter Berücksichtigung ihrer beruflichen Belastung, mitzuwirken. [2]„Ist jedoch ein Ehegatte nicht erwerbstätig, so obliegt diesem die Haushaltsführung; der andere ist nach Maßgabe des § 91 zur Mithilfe verpflichtet.“ *(BGBl I 1999/125, ab 1. 1. 2000)*

(BGBl 1975/412)

§ 96. [1]Der Ehegatte, der den gemeinsamen Haushalt führt und keine Einkünfte hat, vertritt den anderen bei den Rechtsgeschäften des täglichen Lebens, die er für den gemeinsamen Haushalt schließt und die ein den Lebensverhältnissen der Ehegatten entsprechendes Maß nicht übersteigen. [2]Dies gilt nicht, wenn der andere Ehegatte dem Dritten zu erkennen gegeben hat, daß er von seinem Ehegatten nicht vertreten sein wolle. [3]Kann der Dritte aus den Umständen nicht erkennen, daß der handelnde Ehegatte als Vertreter auftritt, dann haften beide Ehegatten zur ungeteilten Hand.

(BGBl 1975/412)

§ 97. [1]Ist ein Ehegatte über die Wohnung, die der Befriedigung des dringenden Wohnbedürfnisses des anderen Ehegatten dient, verfügungsberechtigt, so hat dieser einen Anspruch darauf, daß der verfügungsberechtigte Ehegatte alles unterlasse und vorkehre, damit der auf die Wohnung angewiesene Ehegatte diese nicht verliere. [2]Dies gilt nicht, wenn das Handeln oder Unterlassen des verfügungsberechtigten Ehegatten durch die Umstände erzwungen wird.

(BGBl 1975/412)

§ 98. [1]Wirkt ein Ehegatte im Erwerb des anderen mit, so hat er Anspruch auf angemessene Abgeltung seiner Mitwirkung. [2]Die Höhe des Anspruchs richtet sich nach der Art und Dauer der Leistungen; die gesamten Lebensverhältnisse der Ehegatten, besonders auch die gewährten Unterhaltsleistungen, sind angemessen zu berücksichtigen.

(BGBl 1978/280)

§ 99. Ansprüche auf Abgeltung der Mitwirkung eines Ehegatten im Erwerb des anderen (§ 98) sind vererblich, unter Lebenden oder von Todes wegen übertragbar und verpfändbar, soweit sie durch Vertrag oder Vergleich anerkannt oder gerichtlich geltend gemacht worden sind.

(BGBl 1978/280)

§ 100. [1]Der § 98 berührt nicht vertragliche Ansprüche eines Ehegatten an den anderen aus einem Mit- oder Zusammenwirken im Erwerb. [2]Solche Ansprüche schließen einen Anspruch nach § 98 aus; bei einem Dienstverhältnis bleibt dem Ehegatten jedoch der Anspruch nach § 98 gewahrt, soweit er seine Ansprüche aus dem Dienstverhältnis übersteigt.

(BGBl 1978/280)

§§ 101 bis 106. *(aufgehoben, dRGBl 1938 I 807)*

§ 107. *(aufgehoben, BGBl 1975/412)*

§§ 108 und 109. *(aufgehoben, dRGBl 1938 I 807)*

§ 110. *(aufgehoben, BGBl 1975/412)*

§ 111. *(aufgehoben, dRGBl 1938 I 807)*

§§ 112 bis 114. *(aufgehoben, dRGBl 1939 I 1186)*

§§ 115 und 116. *(aufgehoben, dRGBl 1938 I 807)*

§§ 117 und 118. *(aufgehoben, BGBl 1975/412)*

§§ 119 und 120. *(aufgehoben, dRGBl 1938 I 807)*

§ 121. *(aufgehoben, BGBl 1975/412)*

§§ 122 bis 136. *(aufgehoben, dRGBl 1938 I 807)*

Drittes Hauptstück
Rechte zwischen Eltern und Kindern

Erster Abschnitt
Allgemeine Bestimmungen

Allgemeine Grundsätze

§ 137. (1) [1]Eltern und Kinder haben einander beizustehen und mit Achtung zu begegnen. [2]Die Rechte und Pflichten des Vaters und der Mutter sind, soweit nicht anderes bestimmt ist, gleich.

(2) [1]Eltern haben das Wohl ihrer minderjährigen Kinder zu fördern, ihnen Fürsorge, Geborgenheit und eine sorgfältige Erziehung zu gewähren. [2]Die Anwendung jeglicher Gewalt und die Zufügung körperlichen oder seelischen Leides sind unzulässig. [3]Soweit tunlich und möglich sollen die Eltern die Obsorge einvernehmlich wahrnehmen.

(BGBl I 2013/15, ab 1. 2. 2013)

Kindeswohl

§ 138. [1]In allen das minderjährige Kind betreffenden Angelegenheiten, insbesondere der Obsorge und der persönlichen Kontakte, ist das Wohl des Kindes (Kindeswohl) als leitender Gesichtspunkt zu berücksichtigen und bestmöglich zu gewährleisten. [2]Wichtige Kriterien bei der Beurteilung des Kindeswohls sind insbesondere

1. eine angemessene Versorgung, insbesondere mit Nahrung, medizinischer und sanitärer Betreuung und Wohnraum, sowie eine sorgfältige Erziehung des Kindes;

2. die Fürsorge, Geborgenheit und der Schutz der körperlichen und seelischen Integrität des Kindes;

3. die Wertschätzung und Akzeptanz des Kindes durch die Eltern;

4. die Förderung der Anlagen, Fähigkeiten, Neigungen und Entwicklungsmöglichkeiten des Kindes;

5. die Berücksichtigung der Meinung des Kindes in Abhängigkeit von dessen Verständnis und der Fähigkeit zur Meinungsbildung;

6. die Vermeidung der Beeinträchtigung, die das Kind durch die Um- und Durchsetzung einer Maßnahme gegen seinen Willen erleiden könnte;

7. die Vermeidung der Gefahr für das Kind, Übergriffe oder Gewalt selbst zu erleiden oder an wichtigen Bezugspersonen mitzuerleben;

8. die Vermeidung der Gefahr für das Kind, rechtswidrig verbracht oder zurückgehalten zu werden oder sonst zu Schaden zu kommen;

9. verlässliche Kontakte des Kindes zu beiden Elternteilen und wichtigen Bezugspersonen sowie sichere Bindungen des Kindes zu diesen Personen;

10. die Vermeidung von Loyalitätskonflikten und Schuldgefühlen des Kindes;

11. die Wahrung der Rechte, Ansprüche und Interessen des Kindes sowie

12. die Lebensverhältnisse des Kindes, seiner Eltern und seiner sonstigen Umgebung.

(BGBl I 2013/15, ab 1. 2. 2013)

§ 139. (1) Dritte dürfen in die elterlichen Rechte nur insoweit eingreifen, als ihnen dies durch die Eltern selbst, unmittelbar auf Grund des Gesetzes oder durch eine behördliche Verfügung gestattet ist.

(2) [1]Eine mit einem Elternteil und dessen minderjährigem Kind nicht nur vorübergehend im gemeinsamen Haushalt lebende volljährige Person, die in einem familiären Verhältnis zum Elternteil steht, hat alles den Umständen nach Zumutbare zu tun, um das Kindeswohl zu schützen. [2]Soweit es die Umstände erfordern, vertritt sie den Elternteil auch in Obsorgeangelegenheiten des täglichen Lebens.

(BGBl I 2013/15, ab 1. 2. 2013)

Zweiter Abschnitt
Abstammung des Kindes

a) Allgemeines

§ 140. Die nach diesem Gesetzbuch begründete Abstammung und deren Änderung sowie die Feststellung der Nichtabstammung wirken gegenüber jedermann.

(BGBl I 2013/15, ab 1. 2. 2013)

Handlungsfähigkeit in Abstammungsangelegenheiten

§ 141. (1) [1]Eine Person kann in Angelegenheiten ihrer Abstammung und der Abstammung von ihr rechtswirksam handeln, wenn sie entscheidungsfähig ist. [2]Im Zweifel wird das Vorliegen der Entscheidungsfähigkeit bei mündigen Minderjährigen vermutet.

(2) [1]Minderjährige bedürfen darüber hinaus der Zustimmung ihres gesetzlichen Vertreters. [2]Handelt der gesetzliche Vertreter selbst, so bedarf er der Zustimmung des Minderjährigen.

(3) [1]Ist eine Person in Angelegenheiten der Abstammung nicht entscheidungsfähig, so kann ihr gesetzlicher Vertreter für sie handeln. [2]Ist die vertretene Person volljährig, so gilt § 250 Abs. 2 sinngemäß. [3]Die Vaterschaft oder Elternschaft kann eine Person jedoch nur selbst anerkennen.

(4) [1]Der gesetzliche Vertreter hat sich vom Wohl der vertretenen Person leiten zu lassen. [2]Seine Vertretungshandlungen in Angelegenheiten der Abstammung bedürfen nicht der Genehmigung des Gerichts.

(BGBl I 2017/59, ab 1. 7. 2018, s § 1503 Abs 9 Z 4)

Rechtsnachfolge in Abstammungsangelegenheiten

§ 142. Nach dem Tod der betroffenen Person kann die Feststellung der Abstammung, deren Änderung oder die Feststellung der Nichtabstammung von den Rechtsnachfolgern oder gegen diese bewirkt werden.

(BGBl I 2013/15, ab 12. 1. 2013; ist, außer in vor dem 12. 1. 2013 anhängig gemachten gerichtlichen Verfahren auch auf Anerkenntnisse anzuwenden, die vor dem 12. 1. 2013 erklärt worden sind)

b) Abstammung von der Mutter

§ 143. Mutter ist die Frau, die das Kind geboren hat.

(BGBl I 2013/15, ab 1. 2. 2013)

c) Abstammung

Abstammung vom Vater und vom anderen Elternteil

§ 144. (1) Vater des Kindes ist der Mann,

1. der mit der Mutter im Zeitpunkt der Geburt des Kindes verheiratet oder in eingetragener Partnerschaft verbunden ist oder als Ehemann oder eingetragener Partner der Mutter nicht früher als 300 Tage vor der Geburt des Kindes verstorben ist oder

2. der die Vaterschaft vor oder nach der Geburt des Kindes anerkannt hat oder

3. dessen Vaterschaft gerichtlich festgestellt ist.

(2) Soweit Absatz 1 nicht anwendbar ist, ist anderer Elternteil die Frau oder andere Person,

1. die mit der Mutter im Zeitpunkt der Geburt des Kindes verheiratet oder in eingetragener Partnerschaft verbunden ist oder die als Ehepartner oder eingetragener Partner nicht früher als 300 Tage vor der Geburt des Kindes verstorben ist oder

2. die die Elternschaft vor oder nach der Geburt des Kindes anerkannt hat oder

3. deren Elternschaft gerichtlich festgestellt ist.

(3) [1]Auf den anderen Elternteil sind die auf den Vater und die Vaterschaft Bezug nehmenden Bestimmungen in diesem Gesetz und anderen bundesgesetzlichen Vorschriften sinngemäß anzuwenden. [2]Gelten im Verhältnis der Eltern zu ihrem Kind und zwischen den Eltern besondere Rechte und Pflichten, so kommen diese gleichermaßen zur Anwendung.

(4) Kommen nach Abs. 1 Z 1 oder Abs. 2 Z 1 mehrere Personen als Vater oder anderer Elternteil in Betracht, so ist Vater oder anderer Elternteil, wer mit der Mutter zuletzt die Ehe geschlossen oder die eingetragene Partnerschaft begründet hat.

(BGBl I 2023/180, ab 1. 1. 2024, s § 1503 Abs 23)

Anerkenntnis des Vaters und des anderen Elternteils

§ 145. (1) [1]Die Vaterschaft oder Elternschaft wird durch persönliche Erklärung in inländischer öffentlicher oder öffentlich-beglaubigter Urkunde anerkannt. „ “[2]Das Anerkenntnis wirkt ab dem Zeitpunkt der Erklärung, sofern die Urkunde oder ihre öffentlich-beglaubigte Abschrift „ “ dem Standesbeamten zukommt. *(BGBl I 2015/35; BGBl I 2023/180, ab 1. 1. 2024)*

(2) Das Anerkenntnis soll eine genaue Bezeichnung „der anerkennenden Person“, der Mutter und des Kindes, sofern es bereits geboren ist, enthalten. *(BGBl I 2023/180, ab 1. 1. 2024)*

(3) Für Zustimmungen zum Anerkenntnis gelten die Abs. 1 und 2 entsprechend.

(BGBl I 2013/15, ab 1. 2. 2013)

§ 146. (1) Das Kind oder die Mutter, sofern sie „entscheidungsfähig“ sowie am Leben ist, können gegen das Anerkenntnis innerhalb von zwei Jahren ab Kenntnis von dessen Rechtswirksamkeit bei Gericht Widerspruch erheben. *(BGBl I 2017/59, ab 1. 7. 2018, s § 1503 Abs 9 Z 4)*

(2) Der Lauf der Frist ist gehemmt, solange die zum Widerspruch berechtigte Person „minderjährig oder nicht entscheidungsfähig“ ist oder innerhalb des letzten Jahres der Frist durch ein unvorhergesehenes oder unabwendbares Ereignis am Widerspruch gehindert ist. *(BGBl I 2017/59, ab 1. 7. 2018, s § 1503 Abs 9 Z 4)*

(BGBl I 2013/15, ab 1. 2. 2013)

§ 147. (1) Steht zum Zeitpunkt der Anerkennung bereits die Vaterschaft eines anderen Mannes fest, so wird das Anerkenntnis erst rechtswirksam, sobald mit allgemein verbindlicher Wirkung festgestellt ist, dass der andere Mann nicht der Vater des betreffenden Kindes ist.

(2) [1]Ein zu einem Zeitpunkt, zu dem die Abstammung des Kindes von einem anderen Mann feststand, abgegebenes Vaterschaftsanerkenntnis wird jedoch rechtswirksam, wenn das Kind dem

Anerkenntnis in öffentlicher oder öffentlich beglaubigter Urkunde zustimmt. [2]Ist das Kind „minderjährig", so wird das Anerkenntnis überdies nur rechtswirksam, wenn die „entscheidungsfähige" Mutter selbst den Anerkennenden in der genannten Form als Vater bezeichnet. [3]Das Anerkenntnis wirkt ab dem Zeitpunkt seiner Erklärung, sofern die über diese Erklärung sowie über die Zustimmung zum Anerkenntnis und, falls erforderlich, über die Bezeichnung des Anerkennenden als Vater errichteten Urkunden oder ihre öffentlich-beglaubigten Abschriften dem Standesbeamten zukommen. *(BGBl I 2017/59, ab 1. 7. 2018, s § 1503 Abs 9 Z 4)*

(3) [1]Der Mann, der als Vater feststand, oder die Mutter, sofern sie „entscheidungsfähig" sowie am Leben ist und nicht nach Abs. 2 den Anerkennenden als Vater bezeichnet hat, kann gegen das Anerkenntnis bei Gericht Widerspruch erheben. [2]§ 146 gilt entsprechend. *(BGBl I 2017/59, ab 1. 7. 2018, s § 1503 Abs 9 Z 4)*

(4) Für die Zustimmung des minderjährigen Kindes ist der „Kinder- und Jugendhilfeträger" gesetzlicher Vertreter des Kindes. *(BGBl I 2017/59, ab 26. 4. 2017)*

(BGBl I 2013/15, ab 1. 2. 2013)

Gerichtliche Feststellung der Vaterschaft

§ 148. (1) [1]Als Vater hat das Gericht den Mann festzustellen, von dem das Kind abstammt. [2]Der Antrag kann vom Kind gegen den Mann oder von diesem gegen das Kind gestellt werden.

(2) [1]Auf Antrag des Kindes kann der Mann als Vater festgestellt werden, welcher der Mutter innerhalb von nicht mehr als 300 und nicht weniger als 180 Tagen vor der Geburt beigewohnt hat oder mit dessen Samen an der Mutter in diesem Zeitraum eine medizinisch unterstützte Fortpflanzung durchgeführt worden ist, es sei denn, er weist nach, dass das Kind nicht von ihm abstammt. [2]Eine solche Feststellung ist nach Ablauf von zwei Jahren nach dem Tod des Mannes nicht mehr möglich, es sei denn, das Kind weist nach, dass ihm der Beweis nach Abs. 1 aus Gründen auf Seiten des Mannes nicht gelingt.

(3) Ist an der Mutter innerhalb der im Abs. 2 genannten Frist eine medizinisch unterstützte Fortpflanzung mit dem Samen eines Dritten durchgeführt worden, so ist als Vater der Mann festzustellen, der dieser medizinisch unterstützten Fortpflanzung in Form eines Notariatsakts zugestimmt hat, es sei denn, er weist nach, dass das Kind nicht durch diese medizinisch unterstützte Fortpflanzung gezeugt worden ist.

(3a) Ist an der Mutter innerhalb der in Abs. 2 genannten Frist eine nicht-medizinisch unterstützte Fortpflanzung mit dem Samen eines Dritten durchgeführt worden, so ist als Vater der Mann festzustellen, der als Ehegatte oder eingetragener Partner dieser nicht-medizinisch unterstützten Fortpflanzung zugestimmt hat, es sei denn, er weist nach, dass das Kind nicht durch diese nicht-medizinisch unterstützte Fortpflanzung gezeugt worden ist. *(BGBl I 2023/180, ab 1. 1. 2024)*

(4) [1]Ein Dritter, dessen Samen für eine medizinisch unterstützte Fortpflanzung verwendet wird, kann nicht als Vater des mit seinem Samen gezeugten Kindes festgestellt werden. [2]Dritter ist, wer seinen Samen einer für medizinisch unterstützte Fortpflanzungen zugelassenen Krankenanstalt mit dem Willen überlässt, nicht selbst als Vater eines mit diesem Samen gezeugten Kindes festgestellt zu werden.

(5) Ein Dritter, dessen Samen für eine nicht-medizinisch unterstützte Fortpflanzung verwendet wird, kann nicht als Vater des mit seinem Samen gezeugten Kindes festgestellt werden, wenn die Person, die mit der Mutter verheiratet oder in eingetragener Partnerschaft verbunden ist, der nicht-medizinisch unterstützten Fortpflanzung zugestimmt hat. *(BGBl I 2023/180, ab 1. 1. 2024)*

(BGBl I 2013/15)

§ 149. (1) Der gesetzliche Vertreter hat dafür zu sorgen, dass die Vaterschaft festgestellt wird, es sei denn, dass die Feststellung der Vaterschaft für das Wohl des Kindes nachteilig ist oder die Mutter von ihrem Recht, den Namen des Vaters nicht bekanntzugeben, Gebrauch macht.

(2) Der „Kinder- und Jugendhilfeträger" hat die Mutter darauf aufmerksam zu machen, welche Folgen es hat, wenn die Vaterschaft nicht festgestellt wird. *(BGBl I 2017/59, ab 26. 4. 2017)*

(BGBl I 2013/15, ab 1. 2. 2013)

Vaterschaftsfeststellung bei bestehender Abstammung

§ 150. [1]Das Kind kann die Feststellung seiner Abstammung auch beantragen, wenn die Vaterschaft eines anderen Mannes bereits feststeht. [2]In einem solchen Fall hat die Feststellung der Abstammung die vom Gericht auszusprechende Wirkung, dass das Kind nicht vom anderen Mann abstammt.

(BGBl I 2013/15, ab 1. 2. 2013)

Feststellung der Nichtabstammung vom Ehemann der Mutter

§ 151. (1) Stammt ein Kind, das während der Ehe der Mutter oder vor Ablauf von 300 Tagen nach dem Tod des Ehemanns der Mutter geboren worden ist, nicht von diesem ab, so hat das Gericht dies auf Antrag festzustellen.

(2) Der Antrag kann vom Kind gegen den Mann und von diesem gegen das Kind gestellt werden.

(BGBl I 2013/15, ab 1. 2. 2013)

§ 152. Hat der Ehemann der Mutter einer medizinisch unterstützten Fortpflanzung mit dem Samen eines Dritten in Form eines Notariatsakts zugestimmt, so kann nicht die Feststellung begehrt werden, dass das mit dem Samen des Dritten gezeugte Kind nicht vom Ehemann der Mutter abstammt.

(BGBl I 2013/15, ab 1. 2. 2013; ist auf zu gerichtlichem Protokoll erklärte Zustimmungen entsprechend anzuwenden)

§ 152a. Hat die Person, die mit der Mutter zu den in § 144 Abs. 1 und 2 angegebenen Zeitpunkten verheiratet ist oder in eingetragener Partnerschaft lebt, einer nicht-medizinisch unterstützten Fortpflanzung mit dem Samen einer dritten Person zugestimmt, so kann nicht die Feststellung begehrt werden, dass das mit dem Samen des Dritten gezeugte Kind nicht von ihr abstammt.

(BGBl I 2023/180, ab 1. 1. 2024)

§ 153. (1) [1]Ein Antrag auf Feststellung, dass das Kind nicht vom Ehemann der Mutter abstammt, kann binnen zwei Jahren ab Kenntnis der hiefür sprechenden Umstände gestellt werden. [2]Diese Frist beginnt frühestens mit der Geburt des Kindes, im Fall einer Änderung der Abstammung frühestens mit der Wirksamkeit der Änderung. [3]Ein Antrag ist nicht zulässig, solange die Abstammung des Kindes von einem anderen Mann feststeht.

(2) Der Lauf der Frist ist gehemmt, solange die antragsberechtigte Person „minderjährig oder nicht entscheidungsfähig" ist oder innerhalb des letzten Jahres der Frist durch ein unvorhergesehenes oder unabwendbares Ereignis an der Antragstellung gehindert ist. *(BGBl I 2017/59, ab 1. 7. 2018, s § 1503 Abs 9 Z 4)*

(3) Später als 30 Jahre nach der Geburt des Kindes oder nach einer Änderung der Abstammung kann nur das Kind die Feststellung der Nichtabstammung begehren.

(BGBl I 2013/15, ab 1. 2. 2013)

Rechtsunwirksamerklärung des Vaterschaftsanerkenntnisses

§ 154. (1) Das Gericht hat das Anerkenntnis für rechtsunwirksam zu erklären

1. von Amts wegen, wenn

a) das Anerkenntnis oder – im Fall des § 147 Abs. 2 – die Zustimmung des Kindes oder die Bezeichnung des Anerkennenden als Vater durch die Mutter nicht den Formvorschriften entspricht oder

b) der Anerkennende oder – im Fall des § 147 Abs. 2 – die Mutter oder das Kind nicht entscheidungsfähig war oder der gesetzliche Vertreter des Kindes nicht zugestimmt hat, es sei denn, dass der Mangel der gesetzlichen Vertretung nachträglich behoben wurde oder dass der Anerkennende nach Erreichen der Entscheidungsfähigkeit sein Anerkenntnis gebilligt hat; *(BGBl I 2017/59, ab 1. 7. 2018, s § 1503 Abs 9 Z 4)*

2. aufgrund eines Widerspruchs, es sei denn, es ist erwiesen, dass das Kind vom Anerkennenden abstammt oder – wenn das Kind mit dem Samen eines Dritten gezeugt wurde – dass der Anerkennende dem zugestimmt hat, im Fall einer medizinisch unterstützten Fortpflanzung in Form eines Notariatsakts; *(BGBl I 2023/180, ab 1. 1. 2024)*

3. auf Antrag des Anerkennenden, wenn er beweist,

a) dass sein Anerkenntnis durch List, ungerechte und gegründete Furcht oder Irrtum darüber veranlasst worden ist, dass das Kind von ihm abstammt oder dass an der Mutter eine medizinisch unterstützte Fortpflanzung mit seinem Samen oder eine (nicht-)medizinisch unterstützte Fortpflanzung mit seiner Zustimmung mit dem Samen eines Dritten vorgenommen wurde oder *(BGBl I 2023/180, ab 1. 1. 2024)*

b) dass das Kind nicht von ihm abstammt und er erst nachträglich von Umständen Kenntnis erlangt hat, die für die Nichtabstammung des Kindes sprechen.

(2) [1]Der Antrag nach Abs. 1 Z 3 kann längstens bis zum Ablauf von zwei Jahren nach Entdeckung der Täuschung, des Irrtums oder der genannten Umstände oder nach Wegfall der Zwangslage erhoben werden. [2]Die Frist beginnt frühestens mit der Geburt des Kindes.

(BGBl I 2013/15, ab 1. 2. 2013)

Nicht-medizinisch unterstützte Fortpflanzung

§ 154a. (1) Eine nicht-medizinisch unterstützte Fortpflanzung ist die Anwendung von nicht von § 1 Abs. 2 FMedG, BGBl. Nr. 275/1992, erfassten Methoden zur Herbeiführung einer Schwangerschaft mit dem Samen einer dritten Person, die ihren Samen wissentlich zu diesem Zweck überlässt.

(2) Es ist ratsam, aber nicht zwingend notwendig, dass die Mutter und die zustimmende Person die Identität des Samenspenders kennen und dass sie diese oder Informationen zur Identifizierbarkeit schriftlich festhalten.

(3) Die § 16 und § 22 Abs. 1 Z 4 und Abs. 2 Z 1 sowie § 25 FMedG sind auf jede nicht-medi-

zinisch unterstützte Fortpflanzung sinngemäß anzuwenden.

(BGBl I 2023/180, ab 1. 1. 2024)

Dritter Abschnitt

Name

§ 155. (1) [1]Das Kind erhält den gemeinsamen Familiennamen der Eltern. [2]Es kann aber auch der Doppelname eines Elternteils (§ 93 Abs. 3) zum Familiennamen des Kindes bestimmt werden.

(2) [1]Führen die Eltern keinen gemeinsamen Familiennamen, so kann zum Familiennamen des Kindes der Familienname eines Elternteils bestimmt werden. [2]Wird hiefür ein aus mehreren voneinander getrennten oder durch einen Bindestrich verbundenen Teilen bestehender Name herangezogen, so können der gesamte Name oder dessen Teile verwendet werden. [3]Es kann auch ein aus den Familiennamen beider Elternteile gebildeter Doppelname bestimmt werden; dabei dürfen aber höchstens zwei Teile dieser Namen verwendet werden. [4]Ein Doppelname ist durch einen Bindestrich zwischen dessen einzelnen Teilen zu trennen.

(3) Mangels einer solchen Bestimmung erhält das Kind den Familiennamen der Mutter, auch wenn dieser ein Doppelname ist.

(BGBl I 2013/15, ab 1. 2. 2013; auf Kinder anzuwenden, deren Geburt oder Annahme an Kindesstatt nach dem 31. 3. 2013 beurkundet wird; s auch § 1503 Abs 1 Z 5; zu Abs 2 auch Z 6. § 139 in der Fassung des NamRÄG 1995 ist auf Kinder anzuwenden, deren Geburt vor dem 1. 4. 2013 beurkundet wird.)

§ 156. (1) [1]Den Familiennamen des Kindes bestimmt die mit der Pflege und Erziehung betraute Person. [2]Mehrere damit betraute Personen haben das Einvernehmen herzustellen; es genügt aber die Erklärung einer von ihnen, sofern sie versichert, dass die andere damit einverstanden ist oder das Einvernehmen nicht mit zumutbarem Aufwand erreicht werden kann.

(2) [1]„Entscheidungsfähige“ Personen bestimmen ihren Familiennamen selbst. [2]Die „Entscheidungsfähigkeit“ wird bei mündigen Minderjährigen vermutet. *(BGBl I 2017/59, ab 1. 7. 2018, s § 1503 Abs 9 Z 1, ab 1. 7. 2018, s § 1503 Abs 9 Z 4)*

(BGBl I 2013/15, ab 1. 2. 2013; auf Kinder anzuwenden, deren Geburt oder Annahme an Kindesstatt nach dem 31. 3. 2013 beurkundet wird; s auch § 1503 Abs 1 Z 5. § 139 in der Fassung des NamRÄG 1995 ist auf Kinder anzuwenden, deren Geburt vor dem 1. 4. 2013 beurkundet wird.)

§ 157. (1) Die Bestimmung eines Familiennamens nach § 155 ist nur einmalig zulässig.

(2) [1]Ändert sich der Familienname der Eltern oder eines Elternteils oder heiraten die Eltern einander, so kann der Familienname des Kindes erneut bestimmt werden. [2]Das Gleiche gilt bei Änderungen in der Person eines Elternteils, etwa bei einer Annahme an Kindesstatt oder bei einer Begründung oder Änderung der Abstammung des Kindes.

(3) Auf die Bestimmung des Familiennamens des Kindes sind die §§ 93a und 93c anzuwenden.

(BGBl I 2013/15, ab 1. 2. 2013; auf Kinder anzuwenden, deren Geburt oder Annahme an Kindesstatt nach dem 31. 3. 2013 beurkundet wird; s auch § 1503 Abs 1 Z 5. § 139 in der Fassung des NamRÄG 1995 ist auf Kinder anzuwenden, deren Geburt vor dem 1. 4. 2013 beurkundet wird.)

Vierter Abschnitt

Obsorge

Inhalt der Obsorge

§ 158. (1) Wer mit der Obsorge für ein minderjähriges Kind betraut ist, hat es zu pflegen und zu erziehen, sein Vermögen zu verwalten und es in diesen sowie allen anderen Angelegenheiten zu vertreten; Pflege und Erziehung sowie die Vermögensverwaltung umfassen auch die gesetzliche Vertretung in diesen Bereichen.

(2) [1]Solange ein Elternteil minderjährig ist, hat er nicht das Recht und die Pflicht, das Vermögen des Kindes zu verwalten und das Kind zu vertreten. [2]Ein volljähriger Elternteil muss, um sein Kind vertreten und dessen Vermögen verwalten zu können, über jene Entscheidungsfähigkeit verfügen, die ein Handeln in eigenen Angelegenheiten erfordert; § 181 ist sinngemäß anzuwenden. *(BGBl I 2017/59, ab 1. 7. 2018, s § 1503 Abs 9 Z 5)*

(BGBl I 2013/15, ab 1. 2. 2013)

Wohlverhaltensgebot

§ 159. Bei Ausübung der Rechte und Erfüllung der Pflichten nach diesem Hauptstück ist zur Wahrung des Kindeswohls alles zu unterlassen, was das Verhältnis des Minderjährigen zu anderen Personen, denen nach diesem Hauptstück das Kind betreffende Rechte und Pflichten zukommen, beeinträchtigt oder die Wahrnehmung von deren Aufgaben erschwert.

(BGBl I 2013/15, ab 1. 2. 2013)

Pflege, Erziehung und Bestimmung des Aufenthalts des Kindes

§ 160. (1) Die Pflege des minderjährigen Kindes umfasst besonders die Wahrnehmung des körperlichen Wohles und der Gesundheit sowie die unmittelbare Aufsicht, die Erziehung besonders die Entfaltung der körperlichen, geistigen, seelischen und sittlichen Kräfte, die Förderung der Anlagen, Fähigkeiten, Neigungen und Entwicklungsmöglichkeiten des Kindes sowie dessen Ausbildung in Schule und Beruf.

(2) Das Ausmaß der Pflege und Erziehung richtet sich nach den Lebensverhältnissen der Eltern.

(3) [1]Die Eltern haben in Angelegenheiten der Pflege und Erziehung auch auf den Willen des Kindes Bedacht zu nehmen, soweit dem nicht dessen Wohl oder ihre Lebensverhältnisse entgegenstehen. [2]Der Wille des Kindes ist umso maßgeblicher, je mehr es den Grund und die Bedeutung einer Maßnahme einzusehen und seinen Willen nach dieser Einsicht zu bestimmen vermag.

(BGBl I 2013/15, ab 1. 2. 2013)

§ 161. [1]Das minderjährige Kind hat die Anordnungen der Eltern zu befolgen. [2]Die Eltern haben bei ihren Anordnungen und deren Durchsetzung auf Alter, Entwicklung und Persönlichkeit des Kindes Bedacht zu nehmen.

(BGBl I 2013/15, ab 1. 2. 2013)

§ 162. (1) [1]Soweit die Pflege und Erziehung es erfordern, hat der hierzu berechtigte Elternteil auch das Recht, den Aufenthalt des Kindes zu bestimmen. [2]Hält sich das Kind woanders auf, so haben die Behörden und Organe des öffentlichen Sicherheitsdienstes auf Ersuchen eines berechtigten Elternteils bei der Ermittlung des Aufenthalts, notfalls auch bei der Zurückholung des Kindes mitzuwirken.

(2) Haben die Eltern vereinbart oder das Gericht bestimmt, welcher der obsorgeberechtigten Elternteile das Kind hauptsächlich in seinem Haushalt betreuen soll, so hat dieser Elternteil das alleinige Recht, den Wohnort des Kindes zu bestimmen.

(3) [1]Ist nicht festgelegt, in wessen Haushalt das Kind hauptsächlich betreut werden soll, so darf der Wohnort des Kindes nur mit Zustimmung beider Elternteile oder Genehmigung des Gerichts in das Ausland verlegt werden. [2]Das Gericht hat bei der Entscheidung über die Genehmigung sowohl das Kindeswohl zu beachten als auch die Rechte der Eltern auf Schutz vor Gewalt, Freizügigkeit und Berufsfreiheit zu berücksichtigen.

(BGBl I 2013/15, ab 1. 2. 2013)

§ 163. Weder ein minderjähriges Kind noch die Eltern können in eine medizinische Maßnahme, die eine dauernde Fortpflanzungsunfähigkeit des minderjährigen Kindes zum Ziel hat, einwilligen.

(BGBl I 2013/15, ab 1. 2. 2013)

Vermögensverwaltung

§ 164. (1) [1]Die Eltern haben das Vermögen eines minderjährigen Kindes mit der Sorgfalt ordentlicher Eltern zu verwalten. [2]„Sofern das Wohl des Kindes nichts anderes erfordert, haben sie es in seinem Bestand zu erhalten und nach Möglichkeit zu vermehren. [3]Für die Anlegung von Bargeld und Geld auf Zahlungskonten des Kindes, den Wechsel der Anlageform und die Veräußerung von dessen Vermögen gelten die §§ 215 bis 223 sinngemäß.“ *(BGBl I 2017/59, ab 1. 7. 2018, s § 1503 Abs 9 Z 6)*

(2) Aus dem Vermögen sind jedenfalls die Kosten der Verwaltung einschließlich der für die Erhaltung des Vermögens und den ordentlichen Wirtschaftsbetrieb nötigen Aufwendungen und die fälligen Zahlungen zu berichtigen; weiter auch die Kosten des Unterhalts, soweit das Kind nach den §§ 231 und 232 zur Heranziehung seines Vermögens verpflichtet ist oder die Bedürfnisse des Kindes nicht in anderer Weise gedeckt sind.

(BGBl I 2013/15, ab 1. 2. 2013)

§ 165. [1]Die Eltern haben über das Vermögen des minderjährigen Kindes dem Gericht Rechnung zu legen, soweit dies das Gericht aus besonderen Gründen verfügt; über die Erträgnisse jedoch nur, soweit sie nicht für den Unterhalt des Kindes verwendet worden sind. [2]Näheres wird in den Verfahrensgesetzen bestimmt.

(BGBl I 2018/58, ab 1. 8. 2018)

§ 166. [1]Wird einem minderjährigen Kind ein Vermögen zugewendet und ein Elternteil von der Verwaltung ausgeschlossen, so ist der andere Elternteil mit der Verwaltung betraut. [2]Sind beide Elternteile oder jener Elternteil, der mit der Obsorge allein betraut ist, ausgeschlossen, so hat das Gericht andere Personen mit der Verwaltung zu betrauen.

(BGBl I 2013/15, ab 1. 2. 2013)

Gesetzliche Vertretung des Kindes

§ 167. (1) Sind beide Eltern mit der Obsorge betraut, so ist jeder Elternteil für sich allein berechtigt und verpflichtet, das Kind zu vertreten; seine Vertretungshandlung ist selbst dann rechtswirksam, wenn der andere Elternteil mit ihr nicht einverstanden ist.

(2) [1]Vertretungshandlungen und Einwilligungen eines Elternteils, die die Änderung des Vornamens oder des Familiennamens, den Eintritt in eine Kirche oder Religionsgesellschaft und den Austritt aus einer solchen, die Übergabe in fremde Pflege, den Erwerb einer Staatsangehörigkeit oder den Verzicht auf eine solche, die vorzeitige Lösung eines Lehr-, Ausbildungs- oder Dienstvertrags und die Anerkennung der Vaterschaft zu einem unehelichen Kind betreffen, bedürfen zu ihrer Rechtswirksamkeit der Zustimmung des anderen obsorgebetrauten Elternteils. [2]Dies gilt nicht für die Entgegennahme von Willenserklärungen und Zustellstücken.

(3) [1]Vertretungshandlungen und Einwilligungen eines Elternteils in Vermögensangelegenheiten bedürfen zu ihrer Rechtswirksamkeit der Zustimmung des anderen obsorgebetrauten Elternteils und der Genehmigung des Gerichtes, sofern die Vermögensangelegenheit nicht zum ordentlichen Wirtschaftsbetrieb gehört. [2]Unter dieser Voraussetzung gehören dazu besonders die Veräußerung oder Belastung von Liegenschaften, die Gründung, der, auch erbrechtliche, Erwerb, die Umwandlung, Veräußerung oder Auflösung sowie die Änderung des Gegenstandes eines Unternehmens, der, auch erbrechtliche, Eintritt in eine oder die Umwandlung einer Gesellschaft oder Genossenschaft, der Verzicht auf ein Erbrecht, die unbedingte Annahme oder die Ausschlagung einer Erbschaft, die Annahme einer mit Belastungen verbundenen Schenkung oder die Ablehnung eines Schenkungsanbots, die Anlegung von Geld mit Ausnahme der in den §§ 216 und 217 geregelten Arten sowie die Erhebung einer Klage und alle verfahrensrechtlichen Verfügungen, die den Verfahrensgegenstand an sich betreffen. [3]Dies gilt nicht für die Entgegennahme von Willenserklärungen und Zustellstücken.

(BGBl I 2013/15, ab 1. 2. 2013)

§ 168. [1]Bedarf ein Rechtsgeschäft der Einwilligung des gesetzlichen Vertreters, der Zustimmung des anderen Elternteils oder der Genehmigung des Pflegschaftsgerichts, so ist bei deren Fehlen das volljährig gewordene Kind nur dann daraus wirksam verpflichtet, wenn es schriftlich erklärt, diese Verpflichtungen als rechtswirksam anzuerkennen. [2]Fordert der Gläubiger den volljährig Gewordenen auf, sich nach dem ersten Satz zu erklären, so hat er ihm dafür eine angemessene Frist zu setzen.

(BGBl I 2013/15, ab 1. 2. 2013)

§ 169. (1) In zivilgerichtlichen Verfahren ist nur ein obsorgebetrauter Elternteil allein zur Vertretung des Kindes berechtigt; solange sich die Eltern nicht auf den anderen Elternteil einigen oder das Gericht nach § 181 diesen oder einen Dritten als Vertreter bestimmt, ist Vertreter derjenige Elternteil, der die erste Verfahrenshandlung setzt.

(2) Die nach § 167 erforderliche Zustimmung des anderen Elternteils und Genehmigung des Gerichtes gelten für das ganze Verfahren.

(BGBl I 2013/15, ab 1. 2. 2013)

Handlungsfähigkeit des Kindes

§ 170. (1) Ein minderjähriges Kind kann ohne ausdrückliche oder stillschweigende Einwilligung seines gesetzlichen Vertreters rechtsgeschäftlich weder verfügen noch sich verpflichten.

(2) Nach erreichter Mündigkeit kann es jedoch über Sachen, die ihm zur freien Verfügung überlassen worden sind, und über sein Einkommen aus eigenem Erwerb so weit verfügen und sich verpflichten, als dadurch nicht die Befriedigung seiner Lebensbedürfnisse gefährdet wird.

(3) Schließt ein minderjähriges Kind ein Rechtsgeschäft, das von Minderjährigen seines Alters üblicherweise geschlossen wird und eine geringfügige Angelegenheit des täglichen Lebens betrifft, so wird dieses Rechtsgeschäft, auch wenn die Voraussetzungen des Abs. 2 nicht vorliegen, mit der Erfüllung der das Kind treffenden Pflichten rückwirkend rechtswirksam.

(BGBl I 2013/15, ab 1. 2. 2013)

§ 171. [1]Soweit nicht anderes bestimmt ist, kann sich ein mündiges minderjähriges Kind selbständig durch Vertrag zu Dienstleistungen verpflichten, ausgenommen zu Dienstleistungen auf Grund eines Lehr- oder sonstigen Ausbildungsvertrags. [2]Der gesetzliche Vertreter des Kindes kann das durch den Vertrag begründete Rechtsverhältnis aus wichtigen Gründen vorzeitig lösen.

(BGBl I 2013/15, ab 1. 2. 2013)

§ 172. [1]Hat das „entscheidungsfähige" Kind seine Meinung über seine Ausbildung den Eltern erfolglos vorgetragen, so kann es das Gericht anrufen. [2]Dieses hat nach sorgfältiger Abwägung der von den Eltern und dem Kind angeführten Gründe die zum Wohl des Kindes angemessenen Verfügungen zu treffen. *(BGBl I 2017/59, ab 1. 7. 2018, s § 1503 Abs 9 Z 4)*

(BGBl I 2013/15, ab 1. 2. 2013)

§ 173. (1) [1]Einwilligungen in medizinische Behandlungen kann das „entscheidungsfähige" Kind nur selbst erteilen; im Zweifel wird das Vorliegen dieser „Entscheidungsfähigkeit" bei mündigen Minderjährigen vermutet. [2]Mangelt es an der notwendigen „Entscheidungsfähigkeit", so ist die Zustimmung der Person erforderlich, die mit der gesetzlichen Vertretung bei Pflege und Erziehung betraut ist. *(BGBl I 2017/59, ab 1. 7. 2018, s § 1503 Abs 9 Z 4)*

(2) Willigt ein „entscheidungsfähiges" minderjähriges Kind in eine Behandlung ein, die gewöhnlich mit einer schweren oder nachhaltigen Beeinträchtigung der körperlichen Unversehrtheit oder der Persönlichkeit verbunden ist, so darf die Behandlung nur vorgenommen werden, wenn auch die Person zustimmt, die mit der gesetzlichen Vertretung bei Pflege und Erziehung betraut ist. *(BGBl I 2017/59, ab 1. 7. 2018, s § 1503 Abs 9 Z 4)*

(3) Die Einwilligung des „entscheidungsfähigen" Kindes sowie die Zustimmung der Person, die mit Pflege und Erziehung betraut ist, sind nicht erforderlich, wenn die Behandlung so dringend notwendig ist, dass der mit der Einholung der Einwilligung oder der Zustimmung verbundene Aufschub das Leben des Kindes gefährden würde oder mit der Gefahr einer schweren Schädigung der Gesundheit verbunden wäre. *(BGBl I 2017/59, ab 1. 7. 2018, s § 1503 Abs 9 Z 4)*

(BGBl I 2013/15, ab 1. 2. 2013)

§ 174. Ein verheiratetes minderjähriges Kind steht hinsichtlich seiner persönlichen Verhältnisse einem Volljährigen gleich, solange die Ehe dauert.

(BGBl I 2013/15, ab 1. 2. 2013)

§ 175. *(entfällt, BGBl I 2017/59, ab 1. 7. 2018, s § 1503 Abs 9 Z 7)*

Deliktsfähigkeit des Kindes

§ 176. Soweit einem minderjährigen Kind nicht bereits früher ein Verschulden zugerechnet werden kann (§ 1310), wird es mit der Erreichung der Mündigkeit nach den schadensersatzrechtlichen Bestimmungen „deliktsfähig". *(BGBl I 2017/59, ab 1. 7. 2018, s § 1503 Abs 9 Z 4)*

(BGBl I 2013/15, ab 1. 2. 2013)

Obsorge der Eltern

§ 177. (1) [1]Beide Elternteile sind mit der Obsorge betraut, wenn sie zum Zeitpunkt der Geburt des Kindes miteinander verheiratet sind. [2]Gleiches gilt ab dem Zeitpunkt der Eheschließung, wenn sie einander nach der Geburt des Kindes heiraten.

(2) [1]Sind die Eltern zum Zeitpunkt der Geburt des Kindes nicht miteinander verheiratet, so ist allein die Mutter mit der Obsorge betraut. [2]Die Eltern können aber vor dem Standesbeamten persönlich und unter gleichzeitiger Anwesenheit nach einer Belehrung über die Rechtsfolgen einmalig bestimmen, dass sie beide mit der Obsorge betraut sind, sofern die Obsorge nicht bereits gerichtlich geregelt ist. [3]Die Bestimmung wird wirksam, sobald beide Eltern persönlich vor dem Standesbeamten übereinstimmende Erklärungen abgegeben haben. [4]Innerhalb von acht Wochen ab ihrer Wirksamkeit kann die Bestimmung ohne Begründung durch einseitige Erklärung eines Elternteils gegenüber dem Standesbeamten widerrufen werden. [5]Vorher gesetzte Vertretungshandlungen bleiben davon unberührt.

(3) Die Eltern können weiters dem Gericht – auch in Abänderung einer bestehenden Regelung – eine Vereinbarung über die Betrauung mit der Obsorge vorlegen, wobei die Betrauung eines Elternteils allein oder beider Eltern vereinbart werden kann.

(4) [1]Sind beide Elternteile mit der Obsorge betraut und leben sie nicht in häuslicher Gemeinschaft, so haben sie festzulegen, bei welchem Elternteil sich das Kind hauptsächlich aufhalten soll. [2]Außerdem muss der Elternteil, in dessen Haushalt das Kind hauptsächlich betreut wird, vorbehaltlich des § 158 Abs. 2, mit der gesamten Obsorge betraut sein. [3]Im Fall des Abs. 3 kann die Obsorge des Elternteils, in dessen Haushalt das Kind nicht hauptsächlich betreut wird, auf bestimmte Angelegenheiten beschränkt sein.

(BGBl I 2013/15, ab 1. 2. 2013)

Obsorge bei Verhinderung eines Elternteils

§ 178. (1) [1]Ist ein Elternteil, der mit der Obsorge für das Kind gemeinsam mit dem anderen Elternteil betraut war, gestorben, ist sein Aufenthalt seit mindestens sechs Monaten unbekannt, kann die Verbindung mit ihm nicht oder nur mit unverhältnismäßig großen Schwierigkeiten hergestellt werden oder ist ihm die Obsorge ganz oder teilweise entzogen, so ist der andere Elternteil insoweit allein mit der Obsorge betraut. [2] Ist in dieser Weise der Elternteil, der mit der Obsorge allein betraut ist, betroffen, so hat das Gericht unter Beachtung des Wohles des Kindes zu entscheiden, ob der andere Elternteil oder ob und welches Großelternpaar (Großelternteil) oder Pflegeelternpaar (Pflegeelternteil) mit der Obsorge zu betrauen ist; Letzteres gilt auch, wenn beide Elternteile betroffen sind. [3]Die Regelungen über die Obsorge gelten dann für dieses Großelternpaar (diesen Großelternteil).

Fassung ab 1. 10. 2024 (BGBl I 2023/30):

(1) [1]Ist ein Elternteil, der mit der Obsorge für das Kind gemeinsam mit dem anderen Elternteil betraut war, gestorben, ist sein Aufenthalt seit mindestens sechs Monaten unbekannt, kann die Verbindung mit ihm nicht oder nur mit unverhältnismäßig großen Schwierigkeiten hergestellt werden oder ist ihm die Obsorge ganz oder teilweise entzogen, so ist der andere Elternteil insoweit allein mit der Obsorge betraut. [2] „ " *(BGBl I 2023/30 (VfGH), ab 1. 10. 2024)*

(2) Auf Antrag des Elternteiles, auf den die Obsorge nach Abs. 1 erster Satz übergegangen ist, hat das Gericht diesen Übergang festzustellen.

(3) Geht die Obsorge auf den anderen Elternteil über oder überträgt das Gericht die Obsorge, so sind, sofern sich der Übergang oder die Übertragung der Obsorge darauf bezieht, das Vermögen sowie sämtliche die Person des Kindes betreffenden Urkunden und Nachweise zu übergeben.

(BGBl I 2013/15, ab 1. 2. 2013)

Obsorge bei Auflösung der Ehe und der häuslichen Gemeinschaft

§ 179. (1) [1]Wird die Ehe oder die häusliche Gemeinschaft der Eltern aufgelöst, so bleibt die Obsorge beider Eltern aufrecht. [2]Sie können jedoch vor Gericht eine Vereinbarung schließen, wonach ein Elternteil allein mit der Obsorge betraut wird oder die Obsorge eines Elternteils auf bestimmte Angelegenheiten beschränkt wird.

(2) Im Fall einer Obsorge beider Eltern nach Auflösung der Ehe oder der häuslichen Gemeinschaft haben diese vor Gericht eine Vereinbarung darüber zu schließen, in wessen Haushalt das Kind hauptsächlich betreut wird.

(BGBl I 2013/15, ab 1. 2. 2013)

Änderung der Obsorge

§ 180. (1) [1]Sofern dies dem Wohl des Kindes entspricht, hat das Gericht eine vorläufige Regelung der elterlichen Verantwortung (Phase der vorläufigen elterlichen Verantwortung) zu treffen, wenn

1. nach Auflösung der Ehe oder der häuslichen Gemeinschaft der Eltern binnen angemessener Frist eine Vereinbarung nach § 179 nicht zustande kommt oder

2. ein Elternteil die Übertragung der alleinigen Obsorge an ihn oder seine Beteiligung an der Obsorge beantragt.

[2]Die Phase der vorläufigen elterlichen Verantwortung besteht darin, dass das Gericht einem mit der Obsorge betrauten Elternteil unter Aufrechterhaltung der bisherigen Obsorgeregelung für einen Zeitraum von sechs Monaten die hauptsächliche Betreuung des Kindes in seinem Haushalt aufträgt und dem anderen ein derart ausreichendes Kontaktrecht einräumt, dass er auch die Pflege und Erziehung des Kindes wahrnehmen kann. [3]Für diesen Zeitraum sind im Einvernehmen der Eltern oder auf gerichtliche Anordnung die Details des Kontaktrechts, der Pflege und Erziehung sowie der Unterhaltsleistung festzulegen.

(2) [1]Nach Ablauf des Zeitraums hat das Gericht auf der Grundlage der Erfahrungen in der Phase der vorläufigen elterlichen Verantwortung einschließlich der Leistung des gesetzlichen Unterhalts und nach Maßgabe des Kindeswohls über die Obsorge endgültig zu entscheiden. [2]Zum Zweck der Vorbereitung der Entscheidung kann das Gericht die Phase der vorläufigen elterlichen Verantwortung auch verlängern. [3]Wenn das Gericht beide Eltern mit der Obsorge betraut, hat es auch festzulegen, in wessen Haushalt das Kind hauptsächlich betreut wird.

(3) [1]Ist die Obsorge im Sinn des Abs. 2 endgültig geregelt, so kann jeder Elternteil, sofern sich die Verhältnisse maßgeblich geändert haben, bei Gericht eine Neuregelung der Obsorge beantragen. [2]Für die Änderung einer geregelten Obsorge gelten die Abs. 1 und 2 entsprechend.

(BGBl I 2013/15, ab 1. 2. 2013)

Entziehung oder Einschränkung der Obsorge

§ 181. (1) [1]Gefährden die Eltern durch ihr Verhalten das Wohl des minderjährigen Kindes, so hat das Gericht, von wem immer es angerufen wird, die zur Sicherung des Wohles des Kindes nötigen Verfügungen zu treffen. [2]Besonders darf das Gericht die Obsorge für das Kind ganz oder teilweise, auch gesetzlich vorgesehene Einwilligungs- und Zustimmungsrechte, entziehen. [3]Im Einzelfall kann das Gericht auch eine gesetzlich erforderliche Einwilligung oder Zustimmung ersetzen, wenn keine gerechtfertigten Gründe für die Weigerung vorliegen.

(2) [1]Solche Verfügungen können von einem Elternteil, etwa wenn die Eltern in einer wichtigen Angelegenheit des Kindes kein Einvernehmen erzielen, den sonstigen Verwandten in gerader aufsteigender Linie, den Pflegeeltern (einem Pflegeelternteil), dem „Kinder- und Jugendhilfeträger“ und dem mündigen Minderjährigen, von diesem jedoch nur in Angelegenheiten seiner Pflege und Erziehung, beantragt werden. [2]Andere Personen können solche Verfügungen anregen. *(BGBl I 2017/59, ab 26. 4. 2017)*

(3) Die gänzliche oder teilweise Entziehung der Pflege und Erziehung oder der Verwaltung des Vermögens des Kindes schließt die Entziehung der gesetzlichen Vertretung in dem jeweiligen Bereich mit ein; die gesetzliche Vertretung in diesen Bereichen kann für sich allein entzogen werden, wenn die Eltern oder der betreffende Elternteil ihre übrigen Pflichten erfüllen.

(4) Fordert das Gesetz die Einwilligung oder Zustimmung der mit Pflege und Erziehung betrauten Personen (Erziehungsberechtigten), so ist die Erklärung der mit der gesetzlichen Vertretung in diesem Bereich betrauten Person notwendig, aber auch hinreichend, sofern nicht Abweichendes bestimmt ist.

(BGBl I 2013/15, ab 1. 2. 2013)

§ 182. Durch eine Verfügung nach § 181 darf das Gericht die Obsorge nur so weit beschränken, als dies zur Sicherung des Wohles des Kindes nötig ist.

(BGBl I 2013/15, ab 1. 2. 2013)

Erlöschen der Obsorge

§ 183. (1) Die Obsorge für das Kind erlischt mit dem Eintritt seiner Volljährigkeit.

(2) Der gesetzliche Vertreter hat dem volljährig gewordenen Kind dessen Vermögen sowie sämtliche dessen Person betreffenden Urkunden und Nachweise zu übergeben.

(BGBl I 2013/15, ab 1. 2. 2013)

Pflegeeltern

§ 184. [1]Pflegeeltern sind Personen, die die Pflege und Erziehung des Kindes ganz oder teilweise besorgen und zu denen eine dem Verhältnis zwischen leiblichen Eltern und Kindern nahe kommende Beziehung besteht oder hergestellt werden soll. [2]Sie haben das Recht, in den die Person des Kindes betreffenden Verfahren Anträge zu stellen.

(BGBl I 2013/15, ab 1. 2. 2013)

§ 185. (1) [1]Das Gericht hat einem Pflegeelternpaar (Pflegeelternteil) auf seinen Antrag die Obsorge für das Kind ganz oder teilweise zu übertragen, wenn das Pflegeverhältnis nicht nur für kurze Zeit beabsichtigt ist und die Übertragung dem Wohl des Kindes entspricht. [2]Die Regelungen über die Obsorge gelten dann für dieses Pflegeelternpaar (diesen Pflegeelternteil).

(2) Sind die Eltern oder Großeltern mit der Obsorge betraut und stimmen sie der Übertragung nicht zu, so darf diese nur verfügt werden, wenn ohne sie das Wohl des Kindes gefährdet wäre.

(3) [1]Die Übertragung ist aufzuheben, wenn dies dem Wohl des Kindes entspricht. [2]Gleichzeitig hat das Gericht unter Beachtung des Wohles des Kindes auszusprechen, auf wen die Obsorge übergeht.

(4) [1]Das Gericht hat vor seiner Entscheidung die Eltern, den gesetzlichen Vertreter, weitere Erziehungsberechtigte, den „Kinder- und Jugendhilfeträger“ und jedenfalls das bereits zehnjährige Kind zu hören. [2]§ 196 Abs. 2 gilt sinngemäß. *(BGBl I 2017/59, ab 26. 4. 2017)*

(BGBl I 2013/15, ab 1. 2. 2013)

Fünfter Abschnitt

Sonstige Rechte und Pflichten

Persönliche Kontakte

§ 186. Jeder Elternteil eines minderjährigen Kindes hat mit dem Kind eine persönliche Beziehung einschließlich der persönlichen Kontakte (§ 187) zu pflegen.

(BGBl I 2013/15, ab 1. 2. 2013)

§ 187. (1) [1]Das Kind und jeder Elternteil haben das Recht auf regelmäßige und den Bedürfnissen des Kindes entsprechende persönliche Kontakte. [2]Die persönlichen Kontakte sollen das Kind und die Eltern einvernehmlich regeln. [3]Soweit ein solches Einvernehmen nicht erzielt wird, hat das Gericht auf Antrag des Kindes oder eines Elternteils diese Kontakte in einer dem Wohl des Kindes entsprechenden Weise zu regeln und die Pflichten festzulegen. [4]Die Regelung hat die Anbahnung und Wahrung des besonderen Naheverhältnisses zwischen Eltern und Kind sicherzustellen und soll möglichst sowohl Zeiten der Freizeit als auch die Betreuung im Alltag des Kindes umfassen. [5]Das Alter, die Bedürfnisse und die Wünsche des Kindes sowie die Intensität der bisherigen Beziehung sind besonders zu berücksichtigen.

(2) Das Gericht hat nötigenfalls die persönlichen Kontakte einzuschränken oder zu untersagen, insbesondere soweit dies aufgrund der Anwendung von Gewalt gegen das Kind oder eine wichtige Bezugsperson geboten erscheint oder der Elternteil, der mit dem minderjährigen Kind nicht im gemeinsamen Haushalt lebt, seine Verpflichtung aus § 159 nicht erfüllt.

(BGBl I 2013/15, ab 1. 2. 2013)

§ 188. (1) [1]Zwischen Enkeln und ihren Großeltern gilt § 187 entsprechend. [2]Die persönlichen Kontakte der Großeltern sind jedoch auch so weit einzuschränken oder zu untersagen, als sonst das Familienleben der Eltern (eines Elternteils) oder deren Beziehung zu dem Kind gestört würde.

(2) [1]Wenn persönliche Kontakte des minderjährigen Kindes mit einem hiezu bereiten Dritten dem Wohl des Kindes dienen, hat das Gericht auf Antrag des Kindes, eines Elternteils oder des Dritten, sofern dieser zu dem Kind in einem besonderen persönlichen oder familiären Verhältnis steht oder gestanden ist, die zur Regelung der persönlichen Kontakte nötigen Verfügungen zu treffen. [2]Solche Verfügungen hat es auf Antrag des „Kinder- und Jugendhilfeträgers“ oder von Amts wegen zu treffen, wenn ansonsten das Kindeswohl gefährdet wäre. *(BGBl I 2017/59, ab 26. 4. 2017, s § 1503 Abs 9 Z 2)*

(BGBl I 2013/15, ab 1. 2. 2013)

Informations-, Äußerungs- und Vertretungsrecht

§ 189. (1) [1]Ein nicht mit der Obsorge betrauter Elternteil

1. ist durch die mit der Obsorge betraute Person von wichtigen Angelegenheiten, insbesondere von beabsichtigten Maßnahmen nach § 167 Abs. 2 und 3, rechtzeitig zu verständigen und kann sich hiezu in angemessener Frist äußern,

2. hat den mit der Obsorge betrauten Elternteil in Angelegenheiten des täglichen Lebens zu vertreten sowie das Kind zu pflegen und zu erziehen, soweit das die Umstände erfordern und sich das Kind rechtmäßig bei ihm aufhält.

[2]Eine Äußerung nach Z 1 ist in jedem Fall zu berücksichtigen, wenn der darin ausgedrückte Wunsch dem Wohl des Kindes besser entspricht.

(2) [1]Wenn der nicht mit der Obsorge betraute Elternteil bei der Wahrnehmung seiner Rechte und Pflichten nach Abs. 1 das Wohl des Kindes gefährdet oder diese Rechte rechtsmissbräuchlich oder in einer für den anderen Elternteil oder das Kind nicht zumutbaren Weise in Anspruch nimmt, hat das Gericht diese Rechte auf Antrag, sofern das Wohl des Kindes gefährdet wird, auch von Amts wegen, einzuschränken oder zu entziehen. [2]Die Rechte nach Abs. 1 entfallen, wenn der mit der Obsorge nicht betraute Elternteil grundlos das Recht des Kindes auf persönliche Kontakte ablehnt.

(3) Finden trotz Bereitschaft des nicht mit der Obsorge betrauten Elternteils persönliche Kontakte mit dem Kind nicht regelmäßig statt, so steht ihm das Verständigungs- und Äußerungsrecht (Abs. 1 Z 1) auch in minderwichtigen Angelegenheiten zu, sofern es sich dabei nicht bloß um Angelegenheiten des täglichen Lebens handelt.

(4) Wenn der mit der Obsorge betraute Elternteil die Rechte des anderen nach Abs. 1 beharrlich verletzt, hat das Gericht auf Antrag, sofern das Wohl des Kindes gefährdet wird, auch von Amts wegen, die angemessenen Verfügungen zu treffen.

(5) Diese Bestimmung gilt sinngemäß auch für einen mit der Obsorge betrauten Elternteil.

(BGBl I 2013/15, ab 1. 2. 2013)

Vereinbarungen über die Obsorge, die persönlichen Kontakte und den Unterhalt

§ 190. (1) Die Eltern haben bei Vereinbarungen über die Obsorge, die persönlichen Kontakte sowie die Betreuung des Kindes das Wohl des Kindes bestmöglich zu wahren.

(2) [1]Die Bestimmung der Obsorge (§ 177 Abs. 2) und vor Gericht geschlossene Vereinbarungen nach Abs. 1 bedürfen zu ihrer Rechtswirksamkeit keiner gerichtlichen Genehmigung. [2]Das Gericht hat die Bestimmung der Obsorge und Vereinbarungen der Eltern aber für unwirksam zu erklären und zugleich eine davon abweichende Anordnung zu treffen, wenn ansonsten das Kindeswohl gefährdet wäre.

(3) Vor Gericht geschlossene Vereinbarungen über die Höhe gesetzlicher Unterhaltsleistungen bedürfen zur ihrer Rechtswirksamkeit keiner gerichtlichen Genehmigung und sind für den Unterhaltsverpflichteten verbindlich.

(BGBl I 2013/15, ab 1. 2. 2013)

Sechster Abschnitt

Annahme an Kindesstatt

§ 191. (1) [1]Eine Person kann ein Kind an Kindesstatt annehmen, wenn sie entscheidungsfähig ist. [2]Sie kann dabei nicht vertreten werden. [3]Durch die Annahme an Kindesstatt wird die Wahlkindschaft begründet. *(BGBl I 2017/59, ab 1. 7. 2018, s § 1503 Abs 9 Z 4)*

(2) „ “* [1]Ehegatten dürfen in der Regel nur gemeinsam annehmen. [2]Ausnahmen sind zulässig, wenn das leibliche Kind des anderen Ehegatten angenommen werden soll, wenn ein Ehegatte nicht annehmen kann, weil er die gesetzlichen Voraussetzungen hinsichtlich der „Entscheidungsfähigkeit“** oder des Alters nicht erfüllt, wenn sein Aufenthalt seit mindestens einem Jahr unbekannt ist, wenn die Ehegatten seit mindestens drei Jahren die eheliche Gemeinschaft aufgegeben haben oder wenn ähnliche und besonders gewichtige Gründe die Annahme durch nur einen der Ehegatten rechtfertigen. *(*BGBl I 2015/25 (VfGH), ab 1. 1. 2016; **BGBl I 2017/59, ab 1. 7. 2018, s § 1503 Abs 9 Z 4)*

(3) [1]Personen, denen die Sorge für das Vermögen des anzunehmenden Wahlkindes durch gerichtliche Verfügung anvertraut ist, können dieses so lange nicht annehmen, als sie nicht von dieser Pflicht entbunden sind. [2]Sie müssen vorher Rechnung gelegt und die Bewahrung des anvertrauten Vermögens nachgewiesen haben.

(BGBl I 2013/15, ab 1. 2. 2013)

Form; Eintritt der Wirksamkeit

§ 192. (1) [1]Die Annahme an Kindesstatt kommt durch schriftlichen Vertrag zwischen dem Annehmenden und dem Wahlkind und durch gerichtliche Bewilligung auf Antrag eines Vertragsteiles zustande. [2]Sie wird im Fall ihrer Bewilligung mit dem Zeitpunkt der vertraglichen Willenseinigung wirksam. [3]Stirbt der Annehmende nach diesem Zeitpunkt, so hindert dies die Bewilligung nicht.

(2) [1]Ein entscheidungsfähiges Wahlkind schließt den Vertrag selbst ab. [2]Im Zweifel wird das Vorliegen der Entscheidungsfähigkeit bei mündigen Minderjährigen auch in Angelegenhei-

ten der Annahme an Kindesstatt vermutet. *(BGBl I 2017/59, ab 1. 7. 2018, s § 1503 Abs 9 Z 4)*

(3) [1]Ist eine Person nicht entscheidungsfähig, so kann ihr gesetzlicher Vertreter für sie den Vertrag abschließen. [2]Verweigert der gesetzliche Vertreter die Einwilligung, so hat das Gericht sie auf Antrag des Annehmenden oder des Wahlkindes zu ersetzen, wenn keine gerechtfertigten Gründe für die Weigerung vorliegen. *(BGBl I 2017/59, ab 1. 7. 2018, s § 1503 Abs 9 Z 4)*

(4) [1]Der Vertreter hat sich vom Wohl der vertretenen Person leiten zu lassen. [2]Seine Vertretungshandlungen in Angelegenheiten der Annahme an Kindesstatt bedürfen nicht der Genehmigung des Gerichts. *(BGBl I 2017/59, ab 1. 7. 2018, s § 1503 Abs 9 Z 4)*

(BGBl I 2013/15, ab 1. 2. 2013)

Alter

§ 193. (1) Die Wahleltern müssen das fünfundzwanzigste Lebensjahr vollendet haben.

(2) Wahlvater und Wahlmutter müssen „ “ älter als das Wahlkind sein. *(BGBl I 2015/29 (VfGH), ab 1. 1. 2016)*

(BGBl I 2013/15, ab 1. 2. 2013)

Bewilligung

§ 194. (1) Die Annahme eines „minderjährigen“ Kindes ist zu bewilligen, wenn sie dessen Wohl dient und eine dem Verhältnis zwischen leiblichen Eltern und Kindern entsprechende Beziehung besteht oder hergestellt werden soll. Ist das Wahlkind „volljährig“, so ist die Annahme nur zu bewilligen, wenn die Antragsteller nachweisen, dass bereits ein enges, der Beziehung zwischen leiblichen Eltern und Kindern entsprechendes Verhältnis vorliegt, insbesondere wenn Wahlkind und Annehmender während fünf Jahren entweder in häuslicher Gemeinschaft gelebt oder einander in einer vergleichbar engen Gemeinschaft Beistand geleistet haben. *(BGBl I 2017/59, ab 1. 7. 2018, s § 1503 Abs 9 Z 4)*

(2) Die Bewilligung ist, außer bei Fehlen der Voraussetzungen des Abs. 1, zu versagen, wenn ein überwiegendes Anliegen eines leiblichen Kindes des Annehmenden entgegensteht, insbesondere dessen Unterhalt oder Erziehung gefährdet wäre; im übrigen sind wirtschaftliche Belange nicht zu beachten, außer der Annehmende handelt in der ausschließlichen oder überwiegenden Absicht, ein leibliches Kind zu schädigen.

(BGBl I 2013/15, ab 1. 2. 2013)

§ 195. (1) Die Bewilligung darf nur erteilt werden, wenn folgende Personen der Annahme zustimmen:

1. die Eltern des minderjährigen Wahlkindes;

2. der Ehegatte oder der eingetragene Partner des Annehmenden;

3. der Ehegatte oder der eingetragene Partner des Wahlkindes;

4. das nicht entscheidungsfähige volljährige Wahlkind; *(BGBl I 2017/59, ab 1. 7. 2018, s § 1503 Abs 9 Z 4)*

5. der gesetzliche Vertreter des minderjährigen Wahlkindes. *(BGBl I 2017/59, ab 1. 7. 2018, s § 1503 Abs 9 Z 4)*

(2) Das Zustimmungsrecht nach Abs. 1 entfällt, wenn die zustimmungsberechtigte Person als gesetzlicher Vertreter des Wahlkindes den Annahmevertrag geschlossen hat, wenn eine der in Abs. 1 Z 1 bis 4 genannten Personen zu einer Äußerung nicht nur vorübergehend unfähig ist oder wenn der Aufenthalt einer der in Abs. 1 Z 1 bis 3 genannten Personen seit mindestens sechs Monaten unbekannt ist. *(BGBl I 2017/59, ab 1. 7. 2018, s § 1503 Abs 9 Z 4)*

(3) Das Gericht hat die verweigerte Zustimmung einer der in Abs. 1 Z 1 bis 3 und 5 genannten Personen auf Antrag eines Vertragsteiles zu ersetzen, wenn keine gerechtfertigten Gründe für die Weigerung vorliegen. *(BGBl I 2017/59, ab 1. 7. 2018, s § 1503 Abs 9 Z 4)*

(BGBl I 2013/15, ab 1. 2. 2013)

§ 196. (1) Ein Recht auf Anhörung haben:

1. das nicht entscheidungsfähige minderjährige Wahlkind; *(BGBl I 2017/59, ab 1. 7. 2018, s § 1503 Abs 9 Z 4)*

2. die Eltern des volljährigen Wahlkindes;

3. die Pflegeeltern oder der Leiter des Heimes, in dem sich das Wahlkind befindet;

4. der „Kinder- und Jugendhilfeträger“. *(BGBl I 2017/59, ab 26. 4. 2017)*

(2) [1]Das Anhörungsrecht des in Abs. 1 genannten Wahlkindes entfällt, wenn es zu einer Äußerung nicht nur vorübergehend unfähig ist oder durch die Anhörung dessen Wohl gefährdet wäre. [2]Das Anhörungsrecht eines sonstigen im Abs. 1 genannten Berechtigten entfällt, wenn er als gesetzlicher Vertreter des Wahlkindes den Annahmevertrag geschlossen hat; ferner, wenn er nicht oder nur mit unverhältnismäßigen Schwierigkeiten gehört werden könnte. *(BGBl I 2017/59, ab 1. 7. 2018, s § 1503 Abs 9 Z 4)*

(BGBl I 2013/15, ab 1. 2. 2013)

Wirkungen

§ 197. (1) Zwischen dem Annehmenden und dessen Nachkommen einerseits und dem Wahlkind und dessen im Zeitpunkt des Wirksamwerdens der Annahme minderjährigen Nachkommen andererseits entstehen mit diesem Zeitpunkt die gleichen Rechte, wie sie durch die Abstammung begründet werden.

(2) Wird das Wahlkind durch Ehegatten als Wahleltern angenommen, so erlöschen mit den in § 198 bestimmten Ausnahmen die nicht bloß in der Verwandtschaft an sich (§ 40) bestehenden familienrechtlichen Beziehungen zwischen den leiblichen Eltern und deren Verwandten einerseits und dem Wahlkind und dessen im Zeitpunkt des Wirksamwerdens der Annahme minderjährigen Nachkommen andererseits mit diesem Zeitpunkt. *(BGBl I 2013/179, ab 1. 8. 2013, s § 1503 Abs 3)*

(3) Wird das Wahlkind nur durch einen Wahlvater (eine Wahlmutter) angenommen, so erlöschen die familienrechtlichen Beziehungen nach Maßgabe des Abs. 2 zum leiblichen Vater (zur leiblichen Mutter) und zu dessen (deren) Verwandten. Dem nicht verdrängten leiblichen Elternteil gegenüber hat das Gericht das Erlöschen auszusprechen, wenn dieser dem zustimmt. Das Erlöschen wirkt vom Zeitpunkt der Abgabe der Zustimmungserklärung an, frühestens jedoch vom Zeitpunkt des Wirksamwerdens der Annahme an. *(BGBl I 2013/179, ab 1. 8. 2013, s § 1503 Abs 3)*

(4) Nimmt ein Ehegatte, ein eingetragener Partner oder ein Lebensgefährte das Kind seines Ehegatten, eingetragenen Partners oder Lebensgefährten an, so erlöschen die familienrechtlichen Beziehungen nach Maßgabe des Abs. 2 lediglich zum anderen Elternteil und zu dessen Verwandten. *(BGBl I 2013/179, ab 1. 8. 2013, s § 1503 Abs 3)*

(BGBl I 2013/15, ab 1. 2. 2013)

§ 198. (1) Die im Familienrecht begründeten Pflichten der leiblichen Eltern und deren Verwandten zur Leistung des Unterhaltes und der Ausstattung gegenüber dem Wahlkind und dessen im Zeitpunkt des Wirksamwerdens der Annahme minderjährigen Nachkommen bleiben aufrecht.

(2) Das gleiche gilt für die Unterhaltspflicht des Wahlkindes gegenüber den leiblichen Eltern, sofern diese ihre Unterhaltspflicht gegenüber dem noch nicht vierzehn Jahre alten Kinde vor dessen Annahme an Kindesstatt nicht gröblich vernachlässigt haben.

(3) Die nach den Abs. 1 und 2 aufrecht bleibenden Pflichten stehen jedoch den durch die Annahme begründeten gleichen Pflichten im Range nach.

(BGBl I 2013/15, ab 1. 2. 2013)

§ 199. (1) Die im Erbrecht begründeten Rechte zwischen den leiblichen Eltern und deren Verwandten einerseits und dem Wahlkind und dessen im Zeitpunkt des Wirksamwerdens der Annahme minderjährigen Nachkommen andererseits bleiben aufrecht.

(2) Bei der gesetzlichen Erbfolge in das Vermögen des Wahlkindes in der zweiten Linie gehen die Wahleltern und deren Nachkommen einerseits den leiblichen Eltern und deren Nachkommen andererseits vor. *(BGBl I 2013/179, ab 1. 8. 2013, s § 1503 Abs 3)*

(3) Ist das Wahlkind nur durch eine Person angenommen worden und sind sowohl diese Person oder deren Nachkommen als auch der nicht verdrängte leibliche Elternteil oder dessen Nachkommen vorhanden, so fällt „die Verlassenschaft“ – ungeachtet eines allfälligen Erlöschens der familienrechtlichen Beziehungen nach § 197 Abs. 3 zweiter Satz – je zur Hälfte auf den Stamm der annehmenden Person und des nicht verdrängten leiblichen Elternteils. *(BGBl I 2013/179, ab 1. 8. 2013, s § 1503 Abs 3; BGBl I 2015/87, ab 1. 1. 2017, s § 1503 Abs 7 Z 2)*

(BGBl I 2013/15, ab 1. 2. 2013)

Widerruf und Aufhebung

§ 200. (1) Die gerichtliche Bewilligung ist vom Gericht mit rückwirkender Kraft zu widerrufen:

1. von Amts wegen oder auf Antrag eines Vertragsteiles, wenn beim Abschluss des Annahmevertrages der Annehmende nicht „entscheidungsfähig“ gewesen ist, außer er hat nach der Erlangung seiner „Entscheidungsfähigkeit“ zu erkennen gegeben, dass er die Wahlkindschaft fortsetzen wolle; *(BGBl I 2017/59, ab 1. 7. 2018, s § 1503 Abs 9 Z 4)*

2. von Amts wegen oder auf Antrag eines Vertragsteiles, wenn ein nicht „entscheidungsfähiges“ Wahlkind selbst den Annahmevertrag geschlossen hat, außer es hat der gesetzliche Vertreter oder nach Erlangung der „Entscheidungsfähigkeit“ das Wahlkind nachträglich zugestimmt oder das Gericht die verweigerte nachträgliche Zustimmung des gesetzlichen Vertreters im Sinne des „§ 192 Abs. 3“ ersetzt; *(BGBl I 2017/59, ab 1. 7. 2018, s § 1503 Abs 9 Z 4)*

3. von Amts wegen oder auf Antrag eines Vertragsteiles, wenn das Wahlkind durch mehr als eine Person angenommen worden ist, außer die Annehmenden sind im Zeitpunkt der Bewilligung miteinander verheiratet gewesen;

4. von Amts wegen oder auf Antrag eines Vertragsteiles, wenn der Annahmevertrag ausschließlich oder vorwiegend in der Absicht geschlossen worden ist, dem Wahlkind die Führung des Familiennamens des Wahlvaters oder der Wahlmutter zu ermöglichen oder den äußeren Schein einer Wahlkindschaft zur Verdeckung rechtswidriger geschlechtlicher Beziehungen zu schaffen;

5. auf Antrag eines Vertragsteiles, wenn der Annahmevertrag nicht schriftlich geschlossen worden ist und seit dem Eintritt der Rechtskraft

des Bewilligungsbeschlusses nicht mehr als fünf Jahre verstrichen sind.

(2) Hat einer der Vertragsteile den Widerrufsgrund (Abs. 1 Z 1 bis 3 und 5) bei Abschließung des Annahmevertrages nicht gekannt, so gilt in seinem Verhältnis zum anderen Vertragsteil der Widerruf insoweit als Aufhebung (§ 201), als er dies beansprucht.

(3) [1]Einem Dritten, der im Vertrauen auf die Gültigkeit der Annahme an Kindesstatt vor dem Widerruf Rechte erworben hat, kann nicht eingewendet werden, dass die Bewilligung widerrufen worden ist. [2]Zum Nachteil eines der Vertragsteile, der den Widerrufsgrund bei Abschließung des Annahmevertrages nicht gekannt hat, kann ein Dritter nicht die Wirkungen des Widerrufes beanspruchen.

(BGBl I 2013/15, ab 1. 2. 2013)

§ 201. (1) Die Wahlkindschaft ist vom Gericht aufzuheben:

1. wenn die Erklärung eines Vertragsteiles oder eines Zustimmungsberechtigten durch List oder ungerechte und gegründete Furcht veranlasst worden ist und der Betroffene die Aufhebung binnen Jahresfrist nach Entdeckung der Täuschung oder Wegfall der Zwangslage beantragt;

2. von Amts wegen, wenn die Aufrechterhaltung der Wahlkindschaft das Wohl des „minderjährigen oder nicht entscheidungsfähigen" Wahlkindes ernstlich gefährden würde; *(BGBl I 2017/59, ab 1. 7. 2018, s § 1503 Abs 9 Z 4)*

3. auf Antrag des Wahlkindes, wenn die Aufhebung nach Auflösung oder Nichtigerklärung der Ehe der Wahleltern oder des leiblichen Elternteils mit dem Wahlelternteil oder nach Auflösung oder Nichtigerklärung der eingetragenen Partnerschaft des leiblichen Elternteils mit dem Wahlelternteil oder nach dem Tode des Wahlvaters (der Wahlmutter) dem Wohle des Wahlkindes dient und nicht einem gerechtfertigten Anliegen des (der) von der Aufhebung betroffenen, wenn auch bereits verstorbenen Wahlvaters (Wahlmutter) widerspricht; *(BGBl I 2013/179, ab 1. 8. 2013, s § 1503 Abs 3)*

4. wenn der Wahlvater (die Wahlmutter) und das „ " Wahlkind die Aufhebung beantragen. *(BGBl I 2017/59, ab 1. 7. 2018, s § 1503 Abs 9 Z 4)*

(2) Besteht die Wahlkindschaft gegenüber einem Wahlvater und einer Wahlmutter, so darf die Aufhebung im Sinne des Abs. 1 nur beiden gegenüber bewilligt werden; die Aufhebung gegenüber einem von ihnen allein ist nur im Falle der Auflösung oder Nichtigerklärung ihrer Ehe zulässig.

(BGBl I 2013/15, ab 1. 2. 2013)

§ 202. (1) Mit dem Eintritt der Rechtskraft des Aufhebungsbeschlusses erlöschen die durch die Annahme zwischen dem Wahlvater (der Wahlmutter) und dessen (deren) Nachkommen einerseits und dem Wahlkind und dessen Nachkommen andererseits begründeten Rechtsbeziehungen.

(2) Mit diesem Zeitpunkt leben die familienrechtlichen Beziehungen zwischen den leiblichen Eltern und deren Verwandten einerseits und dem Wahlkind und dessen Nachkommen andererseits, soweit sie nach dem § 197 erloschen sind, wieder auf.

(3) *(entfällt, BGBl I 2017/59, ab 1. 7. 2018, s § 1503 Abs 9 Z 4)*

(BGBl I 2013/15, ab 1. 2. 2013)

§ 203. Ein Widerruf oder eine Aufhebung aus anderen als den in den §§ 200 und 201 angeführten Gründen ist unzulässig; ebenso eine vertragliche Einigung oder ein Rechtsstreit über die Anfechtung des Annahmevertrages.

(BGBl I 2013/15, ab 1. 2. 2013)

Viertes Hauptstück
Von der Obsorge einer anderen Person

§ 204. Soweit nach dem dritten Hauptstück weder Eltern noch Großeltern oder Pflegeeltern mit der Obsorge betraut sind oder betraut werden können und kein Fall des § 207 vorliegt, hat das Gericht unter Beachtung des Wohles des Kindes eine andere geeignete Person mit der Obsorge zu betrauen.

(BGBl I 2013/15, ab 1. 2. 2013)

Fassung ab 1. 10. 2024 (BGBl I 2023/30):
§ 204. Soweit nach dem dritten Hauptstück weder Eltern „ " mit der Obsorge betraut sind „ " und kein Fall des § 207 vorliegt, hat das Gericht unter Beachtung des Wohles des Kindes eine andere geeignete Person mit der Obsorge zu betrauen. *(BGBl I 2023/30 (VfGH), ab 1. 10. 2024)*

(BGBl I 2013/15, ab 1. 2. 2013)

„**§ 205.**" (1) [1]Bei der Auswahl einer anderen Person für die Obsorge ist besonders auf das Wohl des Kindes Bedacht zu nehmen. [2]Wünsche des Kindes und der Eltern, im Falle des „§ 166" des Zuwendenden, sind zu berücksichtigen, sofern sie dem Wohl des Kindes entsprechen. *(BGBl I 2013/15, ab 1. 2. 2013)*

(2) Mit der Obsorge dürfen nicht betraut werden

1. „im Sinn des § 21 Abs. 1 schutzberechtigte" Personen; *(BGBl I 2017/59, ab 1. 7. 2018, s § 1503 Abs 9 Z 4)*

2. Personen, von denen, besonders auch wegen der durch eine strafgerichtliche Verurteilung zutage getretenen Veranlagung oder Eigenschaft,

eine dem Wohl des minderjährigen Kindes förderliche Ausübung der Obsorge nicht zu erwarten ist.

(BGBl I 2000/135, ab 1. 7. 2001; BGBl I 2013/15)

„**§ 206.**“ (1) [1]Derjenige, den das Gericht mit der Obsorge betrauen will, hat alle Umstände, die ihn dafür ungeeignet erscheinen lassen, dem Gericht mitzuteilen. [2]Unterlässt er diese Mitteilung schuldhaft, so haftet er für alle dem minderjährigen Kind daraus entstehenden Nachteile.

(2) Eine besonders geeignete Person kann die Betrauung mit der Obsorge nur ablehnen, wenn ihr diese unzumutbar wäre.

(BGBl I 2000/135, ab 1. 7. 2001; BGBl I 2013/15)

Aufgaben des Kinder- und Jugendhilfeträgers

„**§ 207.**“* [1]Wird ein minderjähriges Kind im Inland gefunden und sind dessen Eltern unbekannt, so ist kraft Gesetzes der „Kinder- und Jugendhilfeträger“** mit der Obsorge betraut. [2]„Dies gilt für den Bereich der Vermögensverwaltung und der Vertretung auch, wenn ein Kind im Inland geboren wird und dessen unverheiratete Mutter minderjährig ist.“** *(*BGBl I 2013/15; **BGBl I 2017/59, Satz 1 ab 26. 4. 2017, Satz 2 ab 1. 7. 2018, s § 1503 Abs 9 Z 5)*

(BGBl I 2000/135, ab 1. 7. 2001)

„**§ 208.**“ (1) Der „Kinder- und Jugendhilfeträger“ hat, soweit es nach den Umständen geboten scheint, den gesetzlichen Vertreter eines im Inland geborenen Kindes innerhalb angemessener Frist nach der Geburt über die elterlichen Rechte und Pflichten, besonders über den Unterhaltsanspruch des Kindes, gegebenenfalls auch über die Feststellung der Vaterschaft, in Kenntnis zu setzen und ihm für die Wahrnehmung der Rechte des Kindes seine Hilfe anzubieten. *(BGBl I 2017/59, ab 26. 4. 2017)*

(2) Für die Festsetzung oder Durchsetzung der Unterhaltsansprüche des Kindes sowie gegebenenfalls in Abstammungsangelegenheiten ist der „Kinder- und Jugendhilfeträger“ Vertreter des Kindes, wenn die schriftliche Zustimmung des sonstigen gesetzlichen Vertreters vorliegt. *(BGBl I 2004/58, ab 1. 1. 2005; BGBl I 2017/59, ab 26. 4. 2017)*

(3) Für andere Angelegenheiten ist der „Kinder- und Jugendhilfeträger“** „Vertreter“* des Kindes, wenn er sich zur Vertretung bereit erklärt und die schriftliche Zustimmung des „sonstigen“* gesetzlichen Vertreters vorliegt. *(*BGBl I 2000/135, ab 1. 7. 2001, s Art XVIII § 2 KindRÄG 2001; **BGBl I 2017/59, ab 26. 4. 2017)*

(4) [1]Durch die Vertretungsbefugnis des „Kinder- und Jugendhilfeträgers“** wird die Vertretungsbefugnis des sonstigen gesetzlichen Vertreters nicht eingeschränkt, jedoch gilt „§ 169“* sinngemäß. [2]Der „Kinder- und Jugendhilfeträger“** und der sonstige gesetzliche Vertreter haben einander über ihre Vertretungshandlungen in Kenntnis zu setzen. *(*BGBl I 2013/15, ab 1. 2. 2013; **BGBl I 2017/59, ab 26. 4. 2017)*

(5) Die Vertretungsbefugnis des „Kinder- und Jugendhilfeträgers“** endet, wenn der „sonstige“* gesetzliche Vertreter seine Zustimmung schriftlich widerruft, der „Kinder- und Jugendhilfeträger“** seine Erklärung nach Abs. 3 zurücknimmt oder das Gericht den „Kinder- und Jugendhilfeträger“** auf dessen Antrag als „Vertreter“* enthebt, weil er zur Wahrung der Rechte und zur Durchsetzung der Ansprüche des Kindes nach Lage des Falles nichts mehr beizutragen vermag. *(*BGBl I 2000/135, ab 1. 7. 2001; **BGBl I 2017/59, ab 26. 4. 2017)*

(BGBl 1989/162; BGBl I 2013/15)

„**§ 209.**“** [1]Ist eine andere Person mit der Obsorge für einen Minderjährigen ganz oder teilweise zu betrauen und lassen sich dafür Verwandte oder andere nahe stehende oder sonst besonders geeignete Personen nicht finden, so hat das Gericht die Obsorge dem „Kinder- und Jugendhilfeträger“*** zu übertragen. [2]„Gleiches gilt, wenn einem Minderjährigen ein Kurator zu bestellen ist.“* *(*BGBl I 2004/58, ab 1. 1. 2005; **BGBl I 2013/15; ***BGBl I 2017/59, ab 26. 4. 2017)*

(BGBl I 2000/135, ab 1. 7. 2001)

„**§ 210.**“ (1) [1]Die „§§ 213, 224, 228, 229 und 230“*[1)] gelten für den „Kinder- und Jugendhilfeträger“** nicht. [2]Dieser ist vor der Anlegung des Vermögens eines Minderjährigen nur im Fall des „§ 220“* verpflichtet, die Zustimmung des Gerichtes einzuholen. *(BGBl I 2000/135, ab 1. 7. 2001; *BGBl I 2013/15, ab 1. 2. 2013; **BGBl I 2017/59, ab 26. 4. 2017)*

(2) [1]Der „Kinder- und Jugendhilfeträger“** bedarf „ “* zum Abschluß von Vereinbarungen über die Höhe gesetzlicher Unterhaltsleistungen nicht der Genehmigung des Gerichtes. [2]Vereinbarungen über die Leistung des Unterhalts eines Minderjährigen, die vor dem „Kinder- und Jugendhilfeträger“** oder von ihm geschlossen und von ihm beurkundet werden, haben die Wirkung eines gerichtlichen Vergleiches. *(*BGBl I 2004/58, ab 1. 1. 2005; **BGBl I 2017/59, ab 26. 4. 2017)*

(3) Der „Kinder- und Jugendhilfeträger“ hat Personen, die ein Kind pflegen und erziehen oder gesetzlich vertreten, über seine Vertretungstätigkeit bezüglich dieses Kindes Auskünfte zu ertei-

len, soweit das Wohl des Kindes hiedurch nicht gefährdet wird. *(BGBl I 2017/59, ab 26. 4. 2017)*

(BGBl 1989/162; BGBl I 2013/15)

---

[1] *Im BGBl unrichtig nur ein Paragrafenzeichen.*

„**§ 211.**“ (1) [1]Der „Kinder- und Jugendhilfeträger“ hat die zur Wahrung des Wohles eines Minderjährigen erforderlichen gerichtlichen Verfügungen im Bereich der Obsorge zu beantragen. [2]Bei Gefahr im Verzug kann er die erforderlichen Maßnahmen der Pflege und Erziehung vorläufig mit Wirksamkeit bis zur gerichtlichen Entscheidung selbst treffen; er hat diese Entscheidung unverzüglich, jedenfalls innerhalb von acht Tagen, zu beantragen. [3]Im Umfang der getroffenen Maßnahmen ist der „Kinder- und Jugendhilfeträger“ vorläufig mit der Obsorge betraut. *(BGBl I 2017/59, ab 26. 4. 2017, s § 1503 Abs 9 Z 2, ab 26. 4. 2017)*

(2) Eine einstweilige Verfügung „nach den „§§ 382b, 382c und 382d EO“**** sowie deren Vollzug“* kann der „Kinder- und Jugendhilfeträger“*** als Vertreter des Minderjährigen beantragen, wenn der sonstige gesetzliche Vertreter einen erforderlichen Antrag nicht unverzüglich gestellt hat; „§ 208 Abs. 4“** gilt hiefür entsprechend. *(*BGBl I 2009/40, ab 1. 6. 2009; **BGBl I 2013/15, ab 1. 2. 2013; ***BGBl I 2017/59, ab 26. 4. 2017; ****BGBl I 2021/86, ab 1. 7. 2021)*

(BGBl I 2000/135, ab 1. 7. 2001; BGBl I 2013/15)

„**§ 212.**“* [1]Sofern nicht anderes angeordnet ist, fallen die Aufgaben dem Bundesland als „Kinder- und Jugendhilfeträger“** zu, in dem das minderjährige Kind seinen gewöhnlichen Aufenthalt, mangels eines solchen im Inland seinen Aufenthalt hat. [2]Fehlt ein Aufenthalt im Inland, so ist, sofern das minderjährige Kind österreichischer Staatsbürger ist, für im Inland zu besorgende Aufgaben das Bundesland als „Kinder- und Jugendhilfeträger“** zuständig, in dem der Minderjährige seinen letzten Aufenthalt gehabt hat, dann dasjenige, in dem ein Elternteil seinen Aufenthalt hat oder zuletzt gehabt hat. [3]Wechselt das minderjährige Kind seinen Aufenthalt in ein anderes Bundesland, so kann der „Kinder- und Jugendhilfeträger“** seine Aufgaben dem anderen mit dessen Zustimmung übertragen. [4]Hievon ist das Gericht zu verständigen, wenn es mit den Angelegenheiten des minderjährigen Kindes bereits befasst war. *(*BGBl I 2013/15; **BGBl I 2017/59, ab 26. 4. 2017)*

(BGBl I 2000/135, ab 1. 7. 2001)

Besondere Pflichten und Rechte anderer mit der Obsorge betrauter Personen

a) in Angelegenheiten der Pflege und Erziehung

„**§ 213.**“ „(1)“* [1]Ist eine andere Person mit der Obsorge betraut, so hat sie, soweit nicht anderes bestimmt ist, in wichtigen, die Person des Kindes betreffenden Angelegenheiten, insbesondere in den Angelegenheiten des „§ 167 Abs. 2“**, die Genehmigung des Gerichtes einzuholen. [2]Ohne Genehmigung getroffene Maßnahmen oder Vertretungshandlungen sind unzulässig und unwirksam, sofern nicht Gefahr im Verzug vorliegt. *(*BGBl I 2006/92, ab 1. 7. 2007; **BGBl I 2013/15, ab 1. 2. 2013)*

(2) [1]Einer medizinischen Behandlung, die gewöhnlich mit einer schweren oder nachhaltigen Beeinträchtigung der körperlichen Unversehrtheit oder der Persönlichkeit verbunden ist, kann die mit der Obsorge betraute Person nur zustimmen, wenn ein vom behandelnden Arzt unabhängiger Arzt in einem ärztlichen Zeugnis bestätigt, dass das Kind nicht über die erforderliche „Entscheidungsfähigkeit“ verfügt und die Vornahme der Behandlung zur Wahrung seines Wohles erforderlich ist. [2]Wenn ein solches Zeugnis nicht vorliegt oder das Kind zu erkennen gibt, dass es die Behandlung ablehnt, bedarf die Zustimmung der Genehmigung des Gerichts. [3]Erteilt die mit der Obsorge betraute Person die Zustimmung zu einer medizinischen Behandlung nicht und wird dadurch das Wohl des Kindes gefährdet, so kann das Gericht die Zustimmung ersetzen oder die Obsorge an eine andere Person übertragen. *(BGBl I 2006/92, ab 1. 7. 2007; BGBl I 2017/59, ab 1. 7. 2018, s § 1503 Abs 9 Z 4)*

(BGBl I 2000/135; BGBl I 2013/15)

b) in Angelegenheiten der Vermögensverwaltung

Überwachung der Vermögensverwaltung

„**§ 214.**“ „(1)“* [1]Die mit der gesetzlichen Vertretung in Angelegenheiten der Vermögensverwaltung betraute Person hat bei Antritt der Obsorge nach gründlicher Erforschung des Vermögensstandes dem Gericht gegenüber das Vermögen im Einzelnen anzugeben und „– ausgenommen ein Kinder- und Jugendhilfeträger –“*** „in weiterer Folge“** Rechnung zu legen. [2]Das Gericht hat die Tätigkeit des gesetzlichen Vertreters zur Vermeidung einer Gefährdung des Wohls des „“*** Kindes zu überwachen und die dazu notwendigen Aufträge zu erteilen. [3]Näheres wird in den Verfahrensgesetzen bestimmt. *(*BGBl I 2006/92, ab 1. 7. 2007; **BGBl I 2017/59, ab 1. 7. 2018,* *s § 1503 Abs 9 Z 6; ***BGBl I 2018/58, ab 1. 8. 2018)*

(2) Auf Vertretungshandlungen und Einwilligungen in Vermögensangelegenheiten ist „§ 167 Abs. 3 und § 168" sinngemäß anzuwenden. *(BGBl I 2006/92, ab 1. 7. 2007; BGBl I 2013/15, ab 1. 2. 2013)*

(BGBl I 2000/135; BGBl I 2013/15)

Anlegung von Mündelgeld

Allgemeine Grundsätze

„**§ 215.**" (1) Soweit „Bargeld und Geld auf Zahlungskonten eines Kindes (Mündelgeld)" nicht, dem Gesetz entsprechend, für besondere Zwecke zu verwenden ist, ist es unverzüglich sicher und möglichst fruchtbringend durch Spareinlagen, den Erwerb von Wertpapieren (Forderungen), die Gewährung von „Krediten", den Erwerb von Liegenschaften oder in anderer Weise nach den folgenden Bestimmungen anzulegen. *(BGBl I 2017/59, ab 1. 7. 2018, s § 1503 Abs 9 Z 6)*

(2) Ist es wirtschaftlich zweckmäßig, so ist Mündelgeld auf mehrere dieser Arten anzulegen.

(BGBl 1977/403; BGBl I 2013/15)

Mündelsichere Spareinlagen

§ 216. Spareinlagen bei einem Kreditinstitut, das zur Entgegennahme von Spareinlagen berechtigt ist, sind zur Anlegung von Mündelgeld geeignet, wenn

1. die Spareinlagen auf den Namen des Kindes lauten und ausdrücklich die Bezeichnung „Mündelgeld" tragen, und

2. für die Verzinsung und Rückzahlung der Mündelspareinlagen ein vom Kreditinstitut gebildeter, jederzeit mit der jeweiligen Höhe solcher Einlagen übereinstimmender unbelasteter Deckungsstock haftet, und

3. der Deckungsstock ausschließlich in mündelsicheren Wertpapieren (§ 217), in Hypothekarforderungen mit gesetzmäßiger Sicherheit (§ 218), in Forderungen, für die der Bund oder ein Land haftet, oder in Bargeld besteht.

(BGBl I 2017/59, ab 1. 7. 2018, s § 1503 Abs 9 Z 6)

Mündelsichere Wertpapiere und Forderungen

„**§ 217.**" Der Erwerb folgender Wertpapiere und Forderungen ist zur Anlegung von Mündelgeld geeignet:

1. Teilschuldverschreibungen von Anleihen, für deren Verzinsung und Rückzahlung der Bund oder eines der Länder haftet;

2. Forderungen, die in das Hauptbuch der Staatsschuld eingetragen sind;

3. Pfandbriefe und Kommunalschuldverschreibungen der nach den gesetzlichen Vorschriften zur Ausgabe solcher Wertpapiere zugelassenen inländischen Kreditinstitute;

4. von einem inländischen Kreditinstitut ausgegebene Teilschuldverschreibungen, sofern das Kreditinstitut verpflichtet ist, die Ansprüche aus diesen Teilschuldverschreibungen vorzugsweise zu befriedigen und als Sicherheit für diese Befriedigung Forderungen des Kreditinstitutes, für das der Bund haftet, Wertpapiere oder Forderungen gemäß den Z. 1 bis 3 und 5 oder Bargeld zu bestellen, und dies auf den Teilschuldverschreibungen ausdrücklich ersichtlich gemacht ist;

5. sonstige Wertpapiere, sofern sie durch besondere gesetzliche Vorschriften zur Anlegung von Mündelgeld geeignet erklärt worden sind.

(BGBl 1977/403; BGBl I 2013/15)

Mündelsichere Kredite

„**§ 218.**" (1) [1]Kredite sind zur Anlegung von Mündelgeld geeignet, wenn zu ihrer Sicherstellung an einer inländischen Liegenschaft eine Hypothek bestellt wird und die Liegenschaft samt ihrem Zubehör während der Laufzeit des Kredites ausreichend feuerversichert ist. [2]Liegenschaften, deren Wert sich wegen eines darauf befindlichen Abbaubetriebs ständig und beträchtlich vermindert, sind nicht geeignet. *(BGBl I 2017/59, ab 1. 7. 2018, s § 1503 Abs 9 Z 6)*

(2) [1]„Es darf jedoch eine Liegenschaft nicht über die Hälfte des Verkehrswertes belastet werden."*[2]Bei Weingärten, Wäldern und anderen Liegenschaften, deren Ertrag auf ähnlichen dauernden Anpflanzungen beruht, ist die Belastungsgrenze ohne Berücksichtigung des Wertes der Kulturgattung vom Grundwert zu errechnen. [3]Ebenso ist bei industriell oder gewerblich genutzten Liegenschaften vom bloßen Grundwert auszugehen, doch sind von diesem die Kosten der Freimachung der Liegenschaft von industriell oder gewerblich genutzten Baulichkeiten abzuziehen. „ "** *(*BGBl I 2000/135, ab 1. 7. 2001; **BGBl I 2013/15, ab 1. 2. 2013)*

(BGBl 1977/403; BGBl I 2013/15)

Mündelsichere Liegenschaften

„**§ 219.**" (1) Der Erwerb inländischer Liegenschaften ist zur Anlegung von Mündelgeld geeignet, wenn sich ihr Wert nicht wegen eines darauf befindlichen Abbaubetriebs ständig und beträchtlich vermindert oder sie nicht ausschließlich oder überwiegend industriellen oder gewerblichen Zwecken dienen.

(2) Der Kaufpreis soll in der Regel den Verkehrswert nicht übersteigen.

(BGBl I 2000/135, ab 1. 7. 2001; BGBl I 2013/15)

Andere Anlageformen

§ 220. (1) [1]Eine andere Anlegung „von Mündelgeld" ist zulässig, wenn sie nach den Verhältnissen des Einzelfalls den Grundsätzen einer sicheren und wirtschaftlichen Vermögensverwaltung entspricht. [2]Dem Eintreten eines größeren Schadens durch Verwirklichung von „Risiken" ist tunlichst durch deren Streuung entgegenzuwirken. *(BGBl I 2017/59, ab 1. 7. 2018, s § 1503 Abs 9 Z 6)*

(2) [1]Bei Wertpapieren und Forderungen, die in den §§ 216 bis 218 nicht genannt sind, muss dafür vorgesorgt sein, dass sie laufend sachkundig auf ihre Sicherheit und Wirtschaftlichkeit hin verwaltet werden und ein Verkauf, falls er durch die Marktentwicklung geboten sein sollte, unverzüglich vorgenommen wird; die Haftung des Verwalters dem „ " Kind gegenüber muss gesichert sein. [2]Bei Einlagen, die eine regelmäßige Einzahlung voraussetzen, muss sichergestellt sein, dass diese aus dem Vermögen des „ " Kindes geleistet werden können. *(BGBl I 2017/59, ab 1. 7. 2018, s § 1503 Abs 9 Z 6)*

(3) Bei Liegenschaften, die im § 219 nicht genannt sind, muss ihr Erwerb dem „ " Kind mit Beziehung auf die gegenwärtige oder künftige Berufsausübung oder sonst zum „offenbaren" Vorteil gereichen; der Kaufpreis darf den Verkehrswert nicht übersteigen. *(BGBl I 2017/59, ab 1. 7. 2018, s § 1503 Abs 9 Z 6)*

(BGBl I 2013/15, ab 1. 2. 2013)

§ 221. Der gesetzliche Vertreter hat jedenfalls dann eine andere Anlegung von im Sinn des § 220 angelegtem Vermögen zu veranlassen, wenn ansonsten mit überwiegender Wahrscheinlichkeit damit zu rechnen ist, dass ein für das Kind unter Berücksichtigung seiner Lebensverhältnisse nicht unbeträchtliches Vermögen dauerhaft geschmälert werden wird und die Umschichtung dem Wohl des Kindes entspricht.

(BGBl I 2017/59, ab 1. 7. 2018, s § 1503 Abs 9 Z 6)

Veräußerung von beweglichem Vermögen

§ 222. Bewegliches Vermögen, außer Mündelgeld oder im Sinn der §§ 216 bis 220 veranlagtes Vermögen, darf nur soweit verwertet werden, als dies zur Befriedigung der gegenwärtigen oder zukünftigen Bedürfnisse des Kindes nötig ist oder sonst dem Wohl des Kindes entspricht.

(BGBl I 2017/59, ab 1. 7. 2018, s § 1503 Abs 9 Z 6)

Veräußerung von unbeweglichem Gut

§ 223. Ein unbewegliches Gut oder ein Anteil an einem solchen darf nur im Notfall oder zum offenbaren Vorteil des Kindes veräußert werden.

(BGBl I 2017/59, ab 1. 7. 2018, s § 1503 Abs 9 Z 6)

Entgegennahme von Zahlungen

§ 224. [1]Der gesetzliche Vertreter kann 10 000 Euro übersteigende Zahlungen an das Kind nur entgegennehmen und darüber quittieren, wenn er dazu vom Gericht im Einzelfall oder allgemein ermächtigt wurde oder eine gerichtliche Genehmigung des Wechsels der Anlageform vorliegt. [2]Fehlt eine solche Ermächtigung oder Genehmigung, so wird der Schuldner durch Zahlung an den Vertreter von seiner Schuld nur befreit, wenn das Gezahlte noch im Vermögen des Kindes vorhanden ist oder für dessen Zwecke verwendet wurde.

(BGBl I 2017/59, ab 1. 7. 2018, s § 1503 Abs 9 Z 6)

Änderungen in der Obsorge

„**§ 225.**"* Die Obsorge des „Kinder- und Jugendhilfeträgers"** („§ 207"*) endet, sofern der Umstand, der die Eltern von der Ausübung der Obsorge ausgeschlossen hat, weggefallen ist; im ersten Fall des „§ 207"* bedarf es hiezu jedoch der Übertragung der Obsorge an die Eltern durch das Gericht. *(*BGBl I 2013/15, ab 1. 2. 2013; **BGBl I 2017/59, ab 26. 4. 2017)*

(BGBl I 2000/135, ab 1. 7. 2001)

„**§ 226.**" Das Gericht hat die Obsorge an eine andere Person zu übertragen, wenn das Wohl des minderjährigen Kindes dies erfordert, insbesondere wenn die mit der Obsorge betraute Person ihre Verpflichtungen aus „§ 159" nicht erfüllt, einer der Umstände des „§ 205 Abs. 2" eintritt oder bekannt wird oder die Person, die bisher mit der Obsorge betraut war, stirbt. *(BGBl I 2013/15, ab 1. 2. 2013)*

(BGBl I 2000/135, ab 1. 7. 2001)

Haftung

„**§ 227.**" (1) Die nach „§ 204" mit der Obsorge betrauten Personen haften dem Kind gegenüber für jeden durch ihr Verschulden verursachten Schaden. *(BGBl I 2013/15, ab 1. 2. 2013)*

(2) Soweit sich die mit der Obsorge betraute Person zu ihrer Ausübung rechtmäßig anderer Personen bedient, haftet sie nur insoweit, als sie schuldhaft eine untüchtige oder gefährliche Person ausgewählt, deren Tätigkeit nur unzureichend überwacht oder die Geltendmachung von Ersatzansprüchen des minderjährigen Kindes gegen diese Personen schuldhaft unterlassen hat.

(BGBl I 2000/135, ab 1. 7. 2001; BGBl I 2013/15)

„**§ 228.**“* Der Richter kann die Ersatzpflicht nach „§ 227“* insoweit mäßigen oder ganz erlassen, als sie die mit der Obsorge betraute Person unter Berücksichtigung aller Umstände, insbesondere des Grades des Verschuldens oder eines besonderen Naheverhältnisses zwischen dem „ “** Kind und der mit der Obsorge betrauten Person, unbillig hart träfe. *(*BGBl I 2013/15, ab 1. 2. 2013; **BGBl I 2017/59, ab 1. 7. 2018, s § 1503 Abs 9 Z 6)*

(BGBl I 2000/135, ab 1. 7. 2001)

Entschädigung

„**§ 229.**“ (1) Der nach „§ 204“ mit der Obsorge betrauten Person gebührt unter Bedachtnahme auf Art und Umfang ihrer Tätigkeit und des damit gewöhnlich verbundenen Aufwands an Zeit und Mühe eine jährliche Entschädigung, soweit dadurch die Befriedigung der Lebensbedürfnisse des Kindes nicht gefährdet wird. *(BGBl I 2013/15, ab 1. 2. 2013)*

(2) [1]Sofern das Gericht nicht aus besonderen Gründen eine geringere Entschädigung für angemessen findet, beträgt sie fünf vom Hundert sämtlicher Einkünfte nach Abzug der hievon zu entrichtenden gesetzlichen Steuern und Abgaben. [2]Bezüge, die kraft besonderer gesetzlicher Anordnung zur Deckung bestimmter Aufwendungen dienen, sind nicht als Einkünfte zu berücksichtigen. [3]Übersteigt der Wert des Vermögens des „ “ Kindes „15 000 Euro“, so kann das Gericht überdies pro Jahr bis zu zwei vom Hundert des Mehrbetrags als Entschädigung gewähren, soweit sich die mit der Obsorge betraute Person um die Erhaltung des Vermögens oder dessen Verwendung zur Deckung von Bedürfnissen des Kindes besonders verdient gemacht hat. [4]Betrifft die Obsorge nur einen Teilbereich der Obsorge oder dauert die Tätigkeit der mit der Obsorge betrauten Person nicht ein volles Jahr, so vermindert sich der Anspruch auf Entschädigung entsprechend. *(BGBl I 2017/59, ab 1. 7. 2018, s § 1503 Abs 9 Z 6)*

(3) Bei besonders umfangreichen und erfolgreichen Bemühungen der mit der Obsorge betrauten Person kann das Gericht die Entschädigung auch höher als nach Abs. 2 erster Satz bemessen, jedoch nicht höher als zehn vom Hundert der Einkünfte.

(BGBl I 2000/135, ab 1. 7. 2001; BGBl I 2013/15)

Entgelt und Aufwandsersatz

„**§ 230.**“ (1) [1]Nützt die mit der Obsorge betraute Person für Angelegenheiten, deren Besorgung sonst einem Dritten übertragen werden müsste, ihre besonderen beruflichen Kenntnisse und Fähigkeiten, so hat sie hiefür einen Anspruch auf angemessenes Entgelt. [2]Dieser Anspruch besteht für die Kosten einer rechtsfreundlichen Vertretung jedoch nicht, soweit beim „ “ Kind die Voraussetzungen für die Bewilligung der Verfahrenshilfe gegeben sind oder diese Kosten nach gesetzlichen Vorschriften vom Gegner ersetzt werden. *(BGBl I 2017/59, ab 1. 7. 2018, s § 1503 Abs 9 Z 4)*

(2) Zur zweckentsprechenden Ausübung der Obsorge notwendige Barauslagen, tatsächliche Aufwendungen und die Kosten der Versicherung der Haftpflicht nach „§ 227“* sind der mit der Obsorge betrauten Person vom „ “** Kind jedenfalls zu erstatten, soweit sie nach gesetzlichen Vorschriften nicht unmittelbar von Dritten getragen werden. *(*BGBl I 2013/15, ab 1. 2. 2013; **BGBl I 2017/59, ab 1. 7. 2018, s § 1503 Abs 9 Z 4)*

(3) Ansprüche nach den Abs. 1 und 2 bestehen insoweit nicht, als durch sie die Befriedigung der Lebensbedürfnisse des Kindes gefährdet wäre.

(BGBl I 2000/135, ab 1. 7. 2001; BGBl I 2013/15)

Fünftes Hauptstück

Kindesunterhalt

§ 231. (1) Die Eltern haben zur Deckung der ihren Lebensverhältnissen angemessenen Bedürfnisse des Kindes unter Berücksichtigung seiner Anlagen, Fähigkeiten, Neigungen und Entwicklungsmöglichkeiten nach ihren Kräften anteilig beizutragen.

(2) [1]Der Elternteil, der den Haushalt führt, in dem er das Kind betreut, leistet dadurch seinen Beitrag. [2]Darüber hinaus hat er zum Unterhalt des Kindes beizutragen, soweit der andere Elternteil zur vollen Deckung der Bedürfnisse des Kindes nicht imstande ist oder mehr leisten müsste, als es seinen eigenen Lebensverhältnissen angemessen wäre.

(3) Der Anspruch auf Unterhalt mindert sich insoweit, als das Kind eigene Einkünfte hat oder unter Berücksichtigung seiner Lebensverhältnisse selbsterhaltungsfähig ist.

(4) Vereinbarungen, wonach sich ein Elternteil dem anderen gegenüber verpflichtet, für den Unterhalt des Kindes allein oder überwiegend aufzu-

kommen und den anderen für den Fall der Inanspruchnahme mit der Unterhaltspflicht schad- und klaglos zu halten, sind unwirksam, sofern sie nicht im Rahmen einer umfassenden Regelung der Folgen einer Scheidung vor Gericht geschlossen werden.

(BGBl I 2013/15, ab 1. 2. 2013)

§ 232. [1]Soweit die Eltern nach ihren Kräften zur Leistung des Unterhalts nicht imstande sind, schulden ihn die Großeltern nach den den Lebensverhältnissen der Eltern angemessenen Bedürfnissen des Kindes. [2]Im Übrigen gilt der § 231 sinngemäß; der Unterhaltsanspruch eines Enkels mindert sich jedoch auch insoweit, als ihm die Heranziehung des Stammes eigenen Vermögens zumutbar ist. [3]Überdies hat ein Großelternteil nur insoweit Unterhalt zu leisten, als er dadurch bei Berücksichtigung seiner sonstigen Sorgepflichten den eigenen angemessenen Unterhalt nicht gefährdet.

(BGBl I 2013/15, ab 1. 2. 2013)

§ 233. [1]Die Schuld eines Elternteils, dem Kind den Unterhalt zu leisten, geht bis zum Wert der Verlassenschaft auf seine Erben über. [2]„Auf den Anspruch des Kindes ist alles anzurechnen, was das Kind nach dem Verstorbenen“ durch eine vertragliche oder letztwillige Zuwendung, als gesetzlichen Erbteil, als Pflichtteil oder durch eine öffentlich-rechtliche oder privatrechtliche Leistung erhält. [3]Reicht der Wert der Verlassenschaft nicht aus, um dem Kind den geschuldeten Unterhalt bis zum voraussichtlichen Eintritt der Selbsterhaltungsfähigkeit zu sichern, so mindert sich der Anspruch des Kindes entsprechend. *(BGBl I 2015/87, ab 1. 1. 2017, s § 1503 Abs 7 Z 2)*

(BGBl I 2013/15, ab 1. 2. 2013)

§ 234. (1) Das Kind schuldet seinen Eltern und Großeltern unter Berücksichtigung seiner Lebensverhältnisse den Unterhalt, soweit der Unterhaltsberechtigte nicht imstande ist, sich selbst zu erhalten, und sofern er seine Unterhaltspflicht gegenüber dem Kind nicht gröblich vernachlässigt hat.

(2) [1]Die Unterhaltspflicht der Kinder steht der eines Ehegatten, eines früheren Ehegatten, von Vorfahren und von Nachkommen näheren Grades des Unterhaltsberechtigten im Rang nach. [2]Mehrere Kinder haben den Unterhalt anteilig nach ihren Kräften zu leisten.

(3) [1]Der Unterhaltsanspruch eines Eltern- oder Großelternteils mindert sich insoweit, als ihm die Heranziehung des Stammes eigenen Vermögens zumutbar ist. [2]Überdies hat ein Kind nur insoweit Unterhalt zu leisten, als es dadurch bei Berücksichtigung seiner sonstigen Sorgepflichten den eigenen angemessenen Unterhalt nicht gefährdet.

(BGBl I 2013/15, ab 1. 2. 2013)

Ansprüche im Zusammenhang mit der Geburt

§ 235. (1) Der Vater ist verpflichtet, der Mutter die Kosten der Entbindung sowie die Kosten ihres Unterhaltes für die ersten acht Wochen nach der Entbindung und, falls infolge der Entbindung weitere Auslagen notwendig werden, auch diese zu ersetzen.

(2) Die Forderung ist mit Ablauf von drei Jahren nach der Entbindung verjährt.

(BGBl I 2013/15, ab 1. 2. 2013)

§§ 236 bis 238. *(aufgehoben, BGBl I 2000/135, ab 1. 7. 2001)*

Sechstes Hauptstück

Von der Vorsorgevollmacht und der Erwachsenenvertretung

Erster Abschnitt

Allgemeine Bestimmungen

I. Teilnahme am Rechtsverkehr

Selbstbestimmung

§ 239. (1) Im rechtlichen Verkehr ist dafür Sorge zu tragen, dass volljährige Personen, die aufgrund einer psychischen Krankheit oder einer vergleichbaren Beeinträchtigung in ihrer Entscheidungsfähigkeit eingeschränkt sind, möglichst selbständig, erforderlichenfalls mit entsprechender Unterstützung, ihre Angelegenheiten selbst besorgen können.

(2) Unterstützung kann insbesondere durch die Familie, andere nahe stehende Personen, Pflegeeinrichtungen, Einrichtungen der Behindertenhilfe und soziale und psychosoziale Dienste, Gruppen von Gleichgestellten, Beratungsstellen oder im Rahmen eines betreuten Kontos oder eines Vorsorgedialogs geleistet werden.

(BGBl I 2017/59, ab 1. 7. 2018, s § 1503 Abs 9 Z 4, 10 und 15)

Nachrang der Stellvertretung

§ 240. (1) [1]Die in § 239 Abs. 1 genannten Personen nehmen nur dann durch einen Vertreter am Rechtsverkehr teil, wenn sie dies selbst vorsehen oder eine Vertretung zur Wahrung ihrer Rechte und Interessen unvermeidlich ist. [2]Sie können durch eine von ihnen bevollmächtigte Person (Vorsorgevollmacht) oder durch einen gewählten oder gesetzlichen oder gerichtlichen Erwachsenenvertreter vertreten werden.

(2) Soweit eine volljährige Person bei Besorgung ihrer Angelegenheiten entsprechend unterstützt wird oder selbst, besonders durch eine

Vorsorgevollmacht, für deren Besorgung im erforderlichen Ausmaß vorgesorgt hat, darf für sie kein Erwachsenenvertreter tätig werden.

(BGBl I 2017/59, ab 1. 7. 2018, s § 1503 Abs 9 Z 4, 10 und 15)

Selbstbestimmung trotz Stellvertretung

§ 241. (1) Ein Vorsorgebevollmächtigter oder Erwachsenenvertreter hat danach zu trachten, dass die vertretene Person im Rahmen ihrer Fähigkeiten und Möglichkeiten ihre Lebensverhältnisse nach ihren Wünschen und Vorstellungen gestalten kann, und sie, soweit wie möglich, in die Lage zu versetzen, ihre Angelegenheiten selbst zu besorgen.

(2) [1]Ein Vorsorgebevollmächtigter oder Erwachsenenvertreter hat die vertretene Person von beabsichtigten, ihre Person oder ihr Vermögen betreffenden Entscheidungen rechtzeitig zu verständigen und ihr die Möglichkeit zu geben, sich dazu in angemessener Frist zu äußern. [2]Die Äußerung der vertretenen Person ist zu berücksichtigen, es sei denn, ihr Wohl wäre hierdurch erheblich gefährdet.

(BGBl I 2017/59, ab 1. 7. 2018, s § 1503 Abs 9 Z 4, 10 und 15)

Handlungsfähigkeit

§ 242. (1) Die Handlungsfähigkeit einer vertretenen Person wird durch eine Vorsorgevollmacht oder eine Erwachsenenvertretung nicht eingeschränkt.

(2) [1]Soweit dies zur Abwendung einer ernstlichen und erheblichen Gefahr für die vertretene Person erforderlich ist, hat das Gericht im Wirkungsbereich der gerichtlichen Erwachsenenvertretung anzuordnen, dass die Wirksamkeit bestimmter rechtsgeschäftlicher Handlungen der vertretenen Person oder bestimmter Verfahrenshandlungen bei Verwaltungsbehörden und Verwaltungsgerichten wie nach § 865 Abs. 3 und Abs. 5 die Genehmigung des Erwachsenenvertreters und in den Fällen des § 258 Abs. 4 auch jene des Gerichts voraussetzt. [2]Der Genehmigungsvorbehalt bleibt ungeachtet der Übertragung einer Erwachsenenvertretung im Sinn des § 246 Abs. 3 Z 2 bestehen; er ist vom Gericht aufzuheben, wenn er nicht mehr erforderlich ist.

(3) Schließt eine volljährige Person, die nicht entscheidungsfähig ist, ein Rechtsgeschäft des täglichen Lebens, das ihre Lebensverhältnisse nicht übersteigt, so wird dieses – sofern in diesem Bereich kein Genehmigungsvorbehalt nach Abs. 2 angeordnet wurde – mit der Erfüllung der sie treffenden Pflichten rückwirkend rechtswirksam.

(BGBl I 2017/59, ab 1. 7. 2018, s § 1503 Abs 9 Z 4, 10, 12 und 15)

II. Auswahl und Dauer der Vertretung

Eignung

§ 243. (1) Als Vorsorgebevollmächtigter und Erwachsenenvertreter darf nicht eingesetzt werden, wer

1. schutzberechtigt im Sinn des § 21 Abs. 1 ist,

2. eine dem Wohl der volljährigen Person förderliche Ausübung der Vertretung nicht erwarten lässt, etwa wegen einer strafgerichtlichen Verurteilung, oder

3. in einem Abhängigkeitsverhältnis oder in einer vergleichbar engen Beziehung zu einer Einrichtung steht, in der sich die volljährige Person aufhält oder von der diese betreut wird.

(2) [1]Eine Person darf nur so viele Vorsorgevollmachten und Erwachsenenvertretungen übernehmen, wie sie unter Bedachtnahme auf die damit verbundenen Pflichten, insbesondere jene zur persönlichen Kontaktaufnahme, ordnungsgemäß besorgen kann. [2]Insgesamt darf eine Person – ausgenommen ein Erwachsenenschutzverein (§ 1 ErwSchVG) – nicht mehr als 15 Vorsorgevollmachten und Erwachsenenvertretungen übernehmen. [3]Ein Notar (Notariatskandidat) oder Rechtsanwalt (Rechtsanwaltsanwärter) kann diese Anzahl überschreiten, wenn er aufrecht in der Liste von zur Übernahme von Vorsorgevollmachten und gerichtlichen Erwachsenenvertretungen besonders geeigneten Rechtsanwälten oder Notaren eingetragen ist.

(3) Mehrere Erwachsenenvertreter können für eine Person nur mit jeweils unterschiedlichem Wirkungsbereich eingesetzt und im Österreichischen Zentralen Vertretungsverzeichnis eingetragen werden.

(BGBl I 2017/59, ab 1. 7. 2018, s § 1503 Abs 9 Z 4, 10 und 15)

Erwachsenenvertreter-Verfügung

§ 244. (1) [1]Eine Person kann in einer Erwachsenenvertreter-Verfügung jemanden bezeichnen, der für sie als Erwachsenenvertreter tätig oder nicht tätig werden soll. [2]Die verfügende Person muss hierfür fähig sein, die Bedeutung und Folgen einer Erwachsenenvertretung sowie der Verfügung in Grundzügen zu verstehen, ihren Willen danach zu bestimmen und sich entsprechend zu verhalten.

(2) [1]Die Erwachsenenvertreter-Verfügung muss schriftlich vor einem Notar, Rechtsanwalt oder Mitarbeiter eines Erwachsenenschutzvereins errichtet und im Österreichischen Zentralen Vertretungsverzeichnis eingetragen werden. [2]Hegt die eintragende Person Bedenken gegen das Vorliegen der Entscheidungsfähigkeit der verfügenden Person, so hat sie die Eintragung abzulehnen und bei begründeten Anhaltspunkten für eine Gefähr-

dung des Wohles der volljährigen Person unverzüglich das Pflegschaftsgericht zu verständigen.

(3) [1]Die verfügende Person kann die Erwachsenenvertreter-Verfügung jederzeit widerrufen. [2]Der Widerruf muss von einem Notar, Rechtsanwalt oder Mitarbeiter eines Erwachsenenschutzvereins im Österreichischen Zentralen Vertretungsverzeichnis eingetragen werden. [3]Die Eintragung hat auf Verlangen der vertretenen Person zu erfolgen. [4]Für den Widerruf genügt es, dass die verfügende Person zu erkennen gibt, dass die Verfügung nicht mehr gelten soll. [5]Auf diese Möglichkeiten kann sie nicht verzichten.

(BGBl I 2017/59, ab 1. 7. 2018, s § 1503 Abs 9 Z 4 und 10)

Beginn und Fortbestand

§ 245. (1) Eine Vorsorgevollmacht ist wirksam, wenn und soweit der Eintritt des Vorsorgefalls im Österreichischen Zentralen Vertretungsverzeichnis eingetragen ist.

(2) Eine gewählte oder gesetzliche Erwachsenenvertretung entsteht mit ihrer Eintragung im Österreichischen Zentralen Vertretungsverzeichnis.

(3) Eine gerichtliche Erwachsenenvertretung entsteht mit der Bestellung durch das Gericht.

(4) Solange die Vertretungsbefugnis eines Vorsorgebevollmächtigten oder Erwachsenenvertreters im Österreichischen Zentralen Vertretungsverzeichnis eingetragen ist, besteht sie fort, auch wenn die vertretene Person im Wirkungsbereich ihres Vertreters handlungsfähig ist oder ihre Handlungsfähigkeit erlangt.

(BGBl I 2017/59, ab 1. 7. 2018, s § 1503 Abs 9 Z 4, 10 und 15)

Änderung, Übertragung und Beendigung

§ 246. (1) [1]Die Vertretungsbefugnis des Vorsorgebevollmächtigten oder des Erwachsenenvertreters endet

1. mit dem Tod der vertretenen Person oder ihres Vertreters,

2. durch gerichtliche Entscheidung,

3. durch die Eintragung des Widerrufs oder der Kündigung einer Vorsorgevollmacht oder des Wegfalls des Vorsorgefalls im Österreichischen Zentralen Vertretungsverzeichnis,

4. durch die Eintragung des Widerrufs oder der Kündigung einer gewählten Erwachsenenvertretung im Österreichischen Zentralen Vertretungsverzeichnis,

5. bei einer gesetzlichen Erwachsenenvertretung durch die Eintragung des Widerspruchs der vertretenen Person oder ihres Vertreters im Österreichischen Zentralen Vertretungsverzeichnis oder mit dem Ablauf von drei Jahren, sofern sie nicht zuvor erneut eingetragen wird, oder

6. bei einer gerichtlichen Erwachsenenvertretung spätestens mit dem Ablauf von drei Jahren nach Beschlussfassung erster Instanz über die Bestellung, sofern sie nicht erneuert wird; die Änderung oder Übertragung der Erwachsenenvertretung verlängert diese Frist nicht.

[2]Für den Widerruf oder den Widerspruch der vertretenen Person genügt es, wenn sie zu erkennen gibt, dass sie nicht mehr vertreten sein will. [3]Auf diese Möglichkeiten kann sie nicht verzichten. [4]Die Eintragung des Widerrufs oder des Widerspruchs hat auf Verlangen der vertretenen Person oder ihres Vertreters zu erfolgen.

(2) Für die Änderung der Vertretungsbefugnis des Vorsorgebevollmächtigten oder Erwachsenenvertreters gilt § 245 sinngemäß.

(3) [1]Das Gericht hat

1. die Beendigung der Vorsorgevollmacht oder der gewählten oder gesetzlichen Erwachsenenvertretung anzuordnen und erforderlichenfalls einen gerichtlichen Erwachsenenvertreter zu bestellen, wenn der Vertreter nicht oder pflichtwidrig tätig wird oder es sonst das Wohl der vertretenen Person erfordert;

2. die gerichtliche Erwachsenenvertretung einer anderen Person zu übertragen, wenn der Vertreter verstorben ist, nicht die erforderliche Eignung aufweist oder durch die Vertretung unzumutbar belastet wird oder es sonst das Wohl der vertretenen Person erfordert;

3. die gerichtliche Erwachsenenvertretung zu beenden, wenn die übertragene Angelegenheit erledigt ist oder die Voraussetzungen für die Bestellung nach § 271 weggefallen sind; betrifft dies nur einen Teil der Angelegenheiten, so ist der Wirkungsbereich insoweit einzuschränken. [2]Erforderlichenfalls ist die gerichtliche Erwachsenenvertretung zu erweitern.

(4) § 178 Abs. 3, § 183 Abs. 2 und § 1025 gelten sinngemäß.

(BGBl I 2017/59, ab 1. 7. 2018, s § 1503 Abs 9 Z 4, 10, 15 und 17)

III. Besondere Rechte und Pflichten des Vertreters

Kontakte

§ 247. [1]Ein Erwachsenenvertreter hat mit der vertretenen Person in dem nach den Umständen des Einzelfalls erforderlichen Ausmaß persönlichen Kontakt zu halten. [2]Sofern ihm nicht ausschließlich Angelegenheiten übertragen worden sind, deren Besorgung vorwiegend Kenntnisse des Rechts oder der Vermögensverwaltung voraussetzen, soll der Kontakt mindestens einmal im Monat stattfinden.

(BGBl I 2017/59, ab 1. 7. 2018, s § 1503 Abs 9 Z 4 und 10)

Verschwiegenheitspflicht

§ 248. (1) Ein Vorsorgebevollmächtigter oder Erwachsenenvertreter ist, außer gegenüber dem Pflegschaftsgericht, zur Verschwiegenheit über alle ihm in Ausübung seiner Funktion anvertrauten oder bekannt gewordenen Tatsachen verpflichtet.

(2) [1]Ein Vorsorgebevollmächtigter oder Erwachsenenvertreter hat aber auf entsprechende Anfrage hin dem Ehegatten, eingetragenen Partner oder Lebensgefährten sowie den Eltern und Kindern der vertretenen Person über deren geistiges und körperliches Befinden und deren Wohnort sowie über seinen Wirkungsbereich Auskunft zu erteilen. [2]Dies gilt nicht, soweit die vertretene Person etwas anderes verfügt hat, oder zu erkennen gibt, dass sie eine solche Auskunftserteilung nicht will, oder diese ihrem Wohl widerspricht.

(3) Ein Vorsorgebevollmächtigter oder Erwachsenenvertreter ist weiters nicht zur Verschwiegenheit verpflichtet, soweit

1. ihn davon die insoweit entscheidungsfähige vertretene Person entbunden hat,

2. die vertretene Person zur Offenlegung verpflichtet ist oder

3. die Offenlegung zur Wahrung ihres Wohles erforderlich ist.

(BGBl I 2017/59, ab 1. 7. 2018, s § 1503 Abs 9 Z 4, 10 und 15)

Haftung und Aufwandersatz

§ 249. (1) [1]Ein Vorsorgebevollmächtigter oder Erwachsenenvertreter haftet der vertretenen Person für jeden durch sein Verschulden verursachten Schaden. [2]Das Gericht kann die Ersatzpflicht insoweit mäßigen oder ganz erlassen, als sie den Vertreter unter Berücksichtigung aller Umstände, insbesondere des Grades des Verschuldens oder seines besonderen Naheverhältnisses zur vertretenen Person, unbillig hart träfe.

(2) [1]Die zur zweckentsprechenden Ausübung der Vertretung notwendigen Barauslagen, die tatsächlichen Aufwendungen und die angemessenen Kosten einer zur Deckung der Haftung nach Abs. 1 abgeschlossenen Haftpflichtversicherung sind dem gewählten und gesetzlichen Erwachsenenvertreter von der vertretenen Person zu erstatten „, soweit sie nach gesetzlichen Vorschriften nicht unmittelbar von Dritten getragen werden; ist der einzelne Nachweis dem Erwachsenenvertreter nicht zumutbar, so ist ein angemessener Pauschalbetrag zu erstatten“. [2]Für den gerichtlichen Erwachsenenvertreter gilt § 276 Abs. 4. *(BGBl I 2018/58, ab 1. 8. 2018)*

(BGBl I 2017/59, ab 1. 7. 2018, s § 1503 Abs 9 Z 4, 10 und 15)

IV. Personensorge

Vertretung in personenrechtlichen Angelegenheiten

§ 250. (1) Ein Vorsorgebevollmächtigter oder Erwachsenenvertreter darf in Angelegenheiten, die in der Persönlichkeit der vertretenen Person oder deren familiären Verhältnissen gründen, nur dann tätig werden, wenn

1. diese von seinem Wirkungsbereich umfasst sind,

2. die vertretene Person nicht entscheidungsfähig ist,

3. nach dem Gesetz eine Stellvertretung nicht jedenfalls ausgeschlossen ist und

4. eine Vertretungshandlung zur Wahrung des Wohles der vertretenen Person erforderlich ist.

(2) Gibt die vertretene Person zu erkennen, dass sie die geplante Vertretungshandlung ablehnt, so hat diese bei sonstiger Rechtsunwirksamkeit zu unterbleiben, es sei denn, das Wohl der vertretenen Person wäre sonst erheblich gefährdet.

(3) In wichtigen Angelegenheiten der Personensorge hat ein Erwachsenenvertreter die Genehmigung des Gerichts einzuholen, sofern nicht Gefahr im Verzug vorliegt.

(4) Das Recht der vertretenen Person auf persönliche Kontakte zu anderen Personen sowie ihr Schriftverkehr dürfen vom Vorsorgebevollmächtigten oder Erwachsenenvertreter nur eingeschränkt werden, wenn sonst ihr Wohl erheblich gefährdet wäre.

(BGBl I 2017/59, ab 1. 7. 2018, s § 1503 Abs 9 Z 4, 10 und 15)

Bemühung um Betreuung

§ 251. [1]Ein Erwachsenenvertreter ist nicht zur Betreuung der vertretenen Person verpflichtet. [2]Ist sie aber nicht umfassend betreut, so hat er sich, unabhängig von seinem Wirkungsbereich, darum zu bemühen, dass ihr die gebotene medizinische und soziale Betreuung gewährt wird.

(BGBl I 2017/59, ab 1. 7. 2018, s § 1503 Abs 9 Z 4, 10 und 15)

Medizinische Behandlung

a) entscheidungsfähiger Personen

§ 252. (1) [1]In eine medizinische Behandlung kann eine volljährige Person, soweit sie entscheidungsfähig ist, nur selbst einwilligen. [2]Eine medizinische Behandlung ist eine von einem Arzt oder auf seine Anordnung hin vorgenommene diagnostische, therapeutische, rehabilitative, krankheitsvorbeugende oder geburtshilfliche Maßnahme an der volljährigen Person. [3]Auf diagnostische, therapeutische, rehabilitative, krankheitsvorbeugende, pflegerische oder geburtshilfliche Maßnahmen von Angehörigen anderer gesetzlich geregelter Gesundheitsberufe sind die §§ 252 bis 254 sinngemäß anzuwenden.

(2) [1]Hält der Arzt eine volljährige Person für nicht entscheidungsfähig, so hat er sich nachweislich um die Beiziehung von Angehörigen, anderen nahe stehenden Personen, Vertrauenspersonen und im Umgang mit Menschen in solchen schwierigen Lebenslagen besonders geübten Fachleuten zu bemühen, die die volljährige Person dabei unterstützen können, ihre Entscheidungsfähigkeit zu erlangen. [2]Soweit sie aber zu erkennen gibt, dass sie mit der beabsichtigten Beiziehung anderer und der Weitergabe von medizinischen Informationen nicht einverstanden ist, hat der Arzt dies zu unterlassen.

(3) Kann durch Unterstützung im Sinn des Abs. 2 die Entscheidungsfähigkeit der volljährigen Person hergestellt werden, so ist ihre Einwilligung in die medizinische Behandlung ausreichend, andernfalls ist nach § 253 vorzugehen.

(4) Von einer Aufklärung der von der Behandlung betroffenen Person oder ihrer Unterstützung im Sinn des Abs. 2 ist abzusehen, wenn mit der damit einhergehenden Verzögerung eine Gefährdung des Lebens, die Gefahr einer schweren Schädigung der Gesundheit oder starke Schmerzen verbunden wären.

(BGBl I 2017/59, ab 1. 7. 2018, s § 1503 Abs 9 Z 8)

b) nicht entscheidungsfähiger Personen

§ 253. (1) [1]Eine medizinische Behandlung an einer volljährigen Person, die nicht entscheidungsfähig ist, bedarf der Zustimmung ihres Vorsorgebevollmächtigten oder Erwachsenenvertreters, dessen Wirkungsbereich diese Angelegenheit umfasst. [2]Er hat sich dabei vom Willen der vertretenen Person leiten zu lassen. [3]Im Zweifel ist davon auszugehen, dass diese eine medizinisch indizierte Behandlung wünscht.

(2) Der Grund und die Bedeutung der medizinischen Behandlung sind auch einer im Behandlungszeitpunkt nicht entscheidungsfähigen Person zu erläutern, soweit dies möglich und ihrem Wohl nicht abträglich ist.

(3) [1]Die Zustimmung des Vorsorgebevollmächtigten oder Erwachsenenvertreters ist nicht erforderlich, wenn mit der damit einhergehenden Verzögerung eine Gefährdung des Lebens, die Gefahr einer schweren Schädigung der Gesundheit oder starke Schmerzen verbunden wären. [2]Dauert die medizinische Behandlung voraussichtlich auch nach Abwendung dieser Gefahrenmomente noch an, so ist sie zu beginnen und unverzüglich die Zustimmung des Vertreters zur weiteren Behandlung einzuholen bzw. das Gericht zur Bestellung eines Vertreters oder zur Erweiterung seines Wirkungsbereichs anzurufen.

(4) Hat die im Behandlungszeitpunkt nicht entscheidungsfähige Person die medizinische Behandlung in einer verbindlichen Patientenverfügung abgelehnt und gibt es keine Hinweise auf die Unwirksamkeit der Patientenverfügung, so muss die Behandlung ohne Befassung eines Vertreters unterbleiben.

(BGBl I 2017/59, ab 1. 7. 2018, s § 1503 Abs 9 Z 8)

§ 254. (1) Gibt eine nicht entscheidungsfähige Person ihrem Vorsorgebevollmächtigten oder Erwachsenenvertreter oder dem Arzt gegenüber zu erkennen, dass sie die medizinische Behandlung oder deren Fortsetzung ablehnt, so bedarf die Zustimmung des Vorsorgebevollmächtigten oder Erwachsenenvertreters zur Behandlung der Genehmigung des Gerichts.

(2) [1]Wenn der Vorsorgebevollmächtigte oder Erwachsenenvertreter der Behandlung einer nicht entscheidungsfähigen Person oder ihrer Fortsetzung nicht zustimmt und dadurch dem Willen der vertretenen Person nicht entspricht, so kann das Gericht die Zustimmung des Vertreters ersetzen oder einen anderen Vertreter bestellen. [2]Im Zweifel ist davon auszugehen, dass die vertretene Person eine medizinisch indizierte Behandlung wünscht.

(3) [1]Die Genehmigung oder Ersetzung der Zustimmung durch das Gericht oder die Bestellung eines anderen Vertreters ist nicht erforderlich, wenn mit der mit solchen Gerichtsverfahren einhergehenden Verzögerung eine Gefährdung des Lebens, die Gefahr einer schweren Schädigung der Gesundheit oder starke Schmerzen verbunden wären. [2]Dauert die medizinische Behandlung voraussichtlich auch nach Abwendung dieser Gefahrenmomente noch an, so ist sie zu beginnen und unverzüglich das Gericht anzurufen.

(BGBl I 2017/59, ab 1. 7. 2018, s § 1503 Abs 9 Z 8)

Sterilisation

§ 255. (1) Ein Vorsorgebevollmächtigter oder Erwachsenenvertreter darf einer medizinischen Maßnahme, die eine dauernde Fortpflanzungsunfähigkeit der vertretenen nicht entscheidungsfähigen Person zum Ziel hat, nicht zustimmen, es sei denn, dass sonst wegen eines dauerhaften körperlichen Leidens eine Gefährdung des Lebens oder die Gefahr einer schweren Schädigung der Gesundheit oder starker Schmerzen besteht.

(2) Die Zustimmung des Vorsorgebevollmächtigten oder Erwachsenenvertreters bedarf der gerichtlichen Genehmigung.

(BGBl I 2017/59, ab 1. 7. 2018, s § 1503 Abs 9 Z 8)

Forschung

§ 256. (1) Ebenso darf ein Vorsorgebevollmächtigter oder Erwachsenenvertreter einer medizinischen Forschung, die mit einer Beeinträchtigung der körperlichen Unversehrtheit oder der Persönlichkeit der vertretenen nicht entscheidungsfähigen Person verbunden ist, nicht zustimmen, es sei denn, dass diese für deren Gesundheit oder Wohlbefinden von unmittelbarem Nutzen sein kann. Die Zustimmung bedarf der gerichtlichen Genehmigung, außer es liegt eine befürwortende Stellungnahme einer für die jeweilige Krankenanstalt eingerichteten Ethikkommission vor. *(BGBl I 2018/58, ab 1. 8. 2018)*

(2) [1]Gibt eine nicht entscheidungsfähige Person ihrem Vorsorgebevollmächtigten oder Erwachsenenvertreter oder dem Arzt gegenüber zu erkennen, dass sie die Forschung oder deren Fortsetzung ablehnt, so hat diese zu unterbleiben, es sei denn, das Wohl der vertretenen Person wäre sonst erheblich gefährdet. [2]Die Zustimmung des gesetzlichen Vertreters bedarf diesfalls auch bei Vorliegen einer befürwortenden Stellungnahme einer Ethikkommission der gerichtlichen Genehmigung.

(BGBl I 2017/59, ab 1. 7. 2018, s § 1503 Abs 9 Z 8)

Änderung des Wohnortes

§ 257. (1) Über eine Änderung des Wohnortes kann eine volljährige Person, soweit sie entscheidungsfähig ist, nur selbst entscheiden.

(2) Ist sie nicht entscheidungsfähig, so hat der Vorsorgebevollmächtigte oder Erwachsenenvertreter, dessen Wirkungsbereich diese Angelegenheit umfasst, die Entscheidung zu treffen, sofern dies zur Wahrung des Wohles der vertretenen Person erforderlich ist.

(3) [1]Soll der Wohnort der vertretenen Person dauerhaft geändert werden, so bedarf es zuvor der gerichtlichen Genehmigung. [2]Bis zum Vorliegen der gerichtlichen Entscheidung kann der Wohnort der vertretenen Person geändert werden, sofern eine Rückkehr möglich ist.

(4) Abs. 3 gilt für den Vorsorgebevollmächtigten sinngemäß, sofern der Wohnort der vertretenen Person dauerhaft ins Ausland verlegt werden soll.

(BGBl I 2017/59, ab 1. 7. 2018, s § 1503 Abs 9 Z 8)

V. Vermögenssorge

§ 258. (1) Ist ein Erwachsenenvertreter mit der Verwaltung des Vermögens oder des Einkommens der vertretenen Person betraut, so hat er mit dem Einkommen und dem Vermögen ihre den persönlichen Lebensverhältnissen angemessenen Bedürfnisse zu befriedigen.

(2) [1]Bei der Erfüllung der Verpflichtung nach Abs. 1 hat der Erwachsenenvertreter auch dafür zu sorgen, dass der vertretenen Person die notwendigen finanziellen Mittel für Rechtsgeschäfte des täglichen Lebens zur Verfügung stehen, soweit ihr Wohl dadurch nicht gefährdet ist. [2]Dafür hat der Erwachsenenvertreter der vertretenen Person etwa das notwendige Bargeld zu überlassen oder den notwendigen Zugriff auf Zahlungskonten zu gewähren.

(3) Für die Anlegung von Bargeld und von Geld auf Zahlungskonten der vertretenen Person, die Veräußerung von beweglichem Vermögen und unbeweglichem Gut sowie die Entgegennahme von Zahlungen gelten die §§ 215 bis 224 sinngemäß.

(4) [1]Vertretungshandlungen eines Erwachsenenvertreters in Vermögensangelegenheiten bedürfen zu ihrer Rechtswirksamkeit der Genehmigung des Gerichtes, sofern die Vermögensangelegenheit nicht zum ordentlichen Wirtschaftsbetrieb gehört. [2]§ 167 Abs. 3 gilt sinngemäß.

(5) Ist ein Vorsorgebevollmächtigter mit der Verwaltung des Vermögens oder des Einkommens der vertretenen Person betraut, so gelten die §§ 215 bis 221, soweit dies in der Vorsorgevollmacht verfügt wurde.

(BGBl I 2017/59, ab 1. 7. 2018, s § 1503 Abs 9 Z 4, 10 und 15)

VI. Gerichtliche Kontrolle

§ 259. (1) [1]Ein Erwachsenenvertreter hat dem Gericht jährlich über die Gestaltung und Häufigkeit seiner persönlichen Kontakte mit der vertretenen Person, ihren Wohnort, ihr geistiges und körperliches Befinden und die für sie im vergangenen Jahr besorgten und im kommenden Jahr zu besorgenden Angelegenheiten zu berichten. [2]Näheres wird in den Verfahrensgesetzen bestimmt.

(2) [1]Ein Erwachsenenvertreter, der mit der Verwaltung des Vermögens oder des Einkommens der vertretenen Person betraut ist, hat dem Gericht bei Antritt der Vermögenssorge nach gründlicher Erforschung des Vermögensstandes das Vermögen im Einzelnen anzugeben und in weiterer Folge Rechnung zu legen. [2]Das Gericht hat seine Tätigkeit zur Vermeidung einer Gefährdung des Wohles der vertretenen Person zu überwachen und die dazu notwendigen Aufträge

zu erteilen. [3]Näheres wird in den Verfahrensgesetzen bestimmt.

(3) Ein Vorsorgebevollmächtigter oder Erwachsenenvertreter ist verpflichtet, die Vollmachtsurkunde sowie die nach § 140h NO erforderlichen ärztlichen Zeugnisse bis zur Beendigung seiner Vertretung aufzubewahren und auf Verlangen des Gerichts diesem zu übermitteln.

(4) Ist das Wohl einer vertretenen Person gefährdet, so hat das Gericht jederzeit von Amts wegen die zur Sicherung des Wohles nötigen Verfügungen zu treffen.

(BGBl I 2017/59, ab 1. 7. 2018, s § 1503 Abs 9 Z 4, 10 und 15)

Zweiter Abschnitt

Vorsorgevollmacht

Vollmacht für den Vorsorgefall

§ 260. [1]Eine Vorsorgevollmacht ist eine Vollmacht, die nach ihrem Inhalt dann wirksam werden soll, wenn der Vollmachtgeber die zur Besorgung der anvertrauten Angelegenheiten erforderliche Entscheidungsfähigkeit verliert. [2]Der Vollmachtgeber kann auch die Umwandlung einer bestehenden Vollmacht in eine Vorsorgevollmacht bei Eintritt des Vorsorgefalls anordnen.

(BGBl I 2017/59, ab 1. 7. 2018, s § 1503 Abs 9 Z 4 und 15)

Wirkungsbereich

§ 261. Die Vorsorgevollmacht kann für einzelne Angelegenheiten oder für Arten von Angelegenheiten erteilt werden.

(BGBl I 2017/59, ab 1. 7. 2018, s § 1503 Abs 9 Z 4 und 15)

Form

§ 262. (1) Die Vorsorgevollmacht ist vor einem Notar, einem Rechtsanwalt oder einem Erwachsenenschutzverein (§ 1 ErwSchVG) höchstpersönlich und schriftlich zu errichten.

(2) [1]Der Vollmachtgeber ist über

1. die Rechtsfolgen einer Vorsorgevollmacht,

2. die Möglichkeit, allgemein oder in bestimmten Angelegenheiten die Weitergabe der Vorsorgevollmacht zu untersagen oder eine gemeinsame Vertretung durch zwei oder mehrere Bevollmächtigte vorzusehen, sowie

3. die Möglichkeit des jederzeitigen Widerrufs

persönlich zu belehren. [2]Der Notar, der Rechtsanwalt oder der Mitarbeiter des Erwachsenenschutzvereins hat die Vornahme dieser Belehrung in der Vollmachtsurkunde zu dokumentieren.

(BGBl I 2017/59, ab 1. 7. 2018, s § 1503 Abs 9 Z 4 und 15)

Registrierung

§ 263. (1) [1]Die Vorsorgevollmacht und der Eintritt des Vorsorgefalls sind von einem Notar, einem Rechtsanwalt oder einem Erwachsenenschutzverein (§ 1 ErwSchVG) im Österreichischen Zentralen Vertretungsverzeichnis einzutragen. [2]Der Eintritt des Vorsorgefalls darf nur insoweit eingetragen werden, als der Vollmachtgeber die zur Besorgung der anvertrauten Angelegenheiten erforderliche Entscheidungsfähigkeit verloren hat.

(2) Hegt der Notar, der Rechtsanwalt oder der Mitarbeiter des Erwachsenenschutzvereins begründete Zweifel am Vorliegen der Entscheidungsfähigkeit des Vollmachtgebers im Zeitpunkt der Errichtung der Vorsorgevollmacht, am Eintritt des Vorsorgefalls oder an der Eignung des Bevollmächtigten, so hat er die Errichtung der Vorsorgevollmacht bzw. die Eintragung des Vorsorgefalls abzulehnen und bei begründeten Anhaltspunkten für eine Gefährdung des Wohles der volljährigen Person unverzüglich das Pflegschaftsgericht zu verständigen.

(3) [1]Erlangt die volljährige Person ihre Entscheidungsfähigkeit wieder, so ist dies auf ihr Verlangen oder jenes ihres Vertreters im Österreichischen Zentralen Vertretungsverzeichnis als Wegfall des Vorsorgefalls einzutragen. [2]Die Abs. 1 und 2 gelten sinngemäß.

(BGBl I 2017/59, ab 1. 7. 2018, s § 1503 Abs 9 Z 4 und 15)

Dritter Abschnitt

Gewählter Erwachsenenvertreter

Voraussetzungen

§ 264. Soweit eine volljährige Person ihre Angelegenheiten aufgrund einer psychischen Krankheit oder einer vergleichbaren Beeinträchtigung ihrer Entscheidungsfähigkeit nicht für sich selbst besorgen kann, dafür keinen Vertreter hat und eine Vorsorgevollmacht nicht mehr errichten kann, aber noch fähig ist, die Bedeutung und Folgen einer Bevollmächtigung in Grundzügen zu verstehen, ihren Willen danach zu bestimmen und sich entsprechend zu verhalten, kann sie eine oder mehrere ihr nahe stehende Personen als Erwachsenenvertreter zur Besorgung dieser Angelegenheiten auswählen.

(BGBl I 2017/59, ab 1. 7. 2018, s § 1503 Abs 9 Z 4)

Wirkungsbereich

§ 265. (1) Die volljährige Person und ihr gewählter Erwachsenenvertreter haben eine Vereinbarung (§ 1002) zu schließen und dabei die Vertretungsbefugnisse des Erwachsenenvertreters festzulegen.

(2) [1]Die Vereinbarung über die gewählte Erwachsenenvertretung kann – ausgenommen die Vertretung vor Gericht – vorsehen, dass der Erwachsenenvertreter nur im Einvernehmen mit der vertretenen Person rechtswirksam Vertretungshandlungen vornehmen kann. [2]Ebenso kann die Vereinbarung – ausgenommen die Vertretung vor Gericht – vorsehen, dass die vertretene Person selbst nur mit Genehmigung des Erwachsenenvertreters rechtswirksam Erklärungen abgeben kann.

(3) Die Vertretungsbefugnisse können einzelne Angelegenheiten oder Arten von Angelegenheiten betreffen.

(4) [1]Die Übertragung der Angelegenheiten umfasst, soweit nichts anderes vereinbart ist, immer auch die Vertretung vor Gericht. [2]In allen Fällen kann die Vertretungsbefugnis aber auch auf die Ausübung von Einsichts- und Auskunftsrechten beschränkt werden.

(BGBl I 2017/59, ab 1. 7. 2018, s § 1503 Abs 9 Z 4)

Form

§ 266. (1) Die Vereinbarung einer gewählten Erwachsenenvertretung muss höchstpersönlich und schriftlich vor einem Notar, einem Rechtsanwalt oder einem Erwachsenenschutzverein (§ 1 ErwSchVG) errichtet werden.

(2) [1]Vor dem Abschluss der Vereinbarung sind die volljährige Person und der Erwachsenenvertreter über das Wesen und die Folgen der Erwachsenenvertretung, die Möglichkeit des jederzeitigen Widerrufs sowie die Rechte und Pflichten des gewählten Erwachsenenvertreters persönlich zu belehren. [2]Der Notar, der Rechtsanwalt oder der Mitarbeiter des Erwachsenenschutzvereins hat die Vornahme dieser Belehrung in der Vereinbarung zu dokumentieren.

(BGBl I 2017/59, ab 1. 7. 2018, s § 1503 Abs 9 Z 4)

Registrierung

§ 267. (1) Die Vereinbarung über die gewählte Erwachsenenvertretung ist von einem Notar, einem Rechtsanwalt oder einem Erwachsenenschutzverein (§ 1 ErwSchVG) im Österreichischen Zentralen Vertretungsverzeichnis einzutragen.

(2) Hegt der Notar, der Rechtsanwalt oder der Mitarbeiter des Erwachsenenschutzvereins am Vorliegen der Voraussetzungen der gewählten Erwachsenenvertretung oder an der Eignung der Person, die als Erwachsenenvertreter eingetragen werden soll, begründete Zweifel, so hat er die Eintragung abzulehnen und bei begründeten Anhaltspunkten für eine Gefährdung des Wohles der volljährigen Person unverzüglich das Pflegschaftsgericht zu verständigen.

(BGBl I 2017/59, ab 1. 7. 2018, s § 1503 Abs 9 Z 4)

Vierter Abschnitt
Gesetzlicher Erwachsenenvertreter

Voraussetzungen

§ 268. (1) Eine volljährige Person kann in den in § 269 angeführten Angelegenheiten von einem oder mehreren nächsten Angehörigen vertreten werden, soweit sie

1. diese Angelegenheiten aufgrund einer psychischen Krankheit oder einer vergleichbaren Beeinträchtigung ihrer Entscheidungsfähigkeit nicht ohne Gefahr eines Nachteils für sich selbst besorgen kann,

2. dafür keinen Vertreter hat,

3. einen solchen nicht mehr wählen kann oder will und

4. der gesetzlichen Erwachsenenvertretung nicht vorab widersprochen hat und dies im Österreichischen Zentralen Vertretungsregister registriert wurde.

(2) Nächste Angehörige sind die Eltern und Großeltern, volljährige Kinder und Enkelkinder, Geschwister, Nichten und Neffen der volljährigen Person, ihr Ehegatte oder eingetragener Partner und ihr Lebensgefährte, wenn dieser mit ihr seit mindestens drei Jahren im gemeinsamen Haushalt lebt, sowie die von der volljährigen Person in einer Erwachsenenvertreter-Verfügung bezeichnete Person.

(BGBl I 2017/59, ab 1. 7. 2018, s § 1503 Abs 9 Z 4, 16 und 17)

Wirkungsbereich

§ 269. (1) Die Vertretungsbefugnisse können folgende Bereiche betreffen:

1. Vertretung in Verwaltungsverfahren und verwaltungsgerichtlichen Verfahren,

2. Vertretung in gerichtlichen Verfahren,

3. Verwaltung von Einkünften, Vermögen und Verbindlichkeiten,

4. Abschluss von Rechtsgeschäften zur Deckung des Pflege- und Betreuungsbedarfs,

5. Entscheidung über medizinische Behandlungen und Abschluss von damit im Zusammenhang stehenden Verträgen,

6. Änderung des Wohnortes und Abschluss von Heimverträgen,

7. Vertretung in nicht in Z 5 und 6 genannten personenrechtlichen Angelegenheiten sowie

8. Abschluss von nicht in Z 4 bis 6 genannten Rechtsgeschäften.

(2) Vom Wirkungsbereich der in Abs. 1 Z 3 bis 8 geregelten Angelegenheiten ist immer auch die Vertretung vor Gericht und die Befugnis mitumfasst, über laufende Einkünfte und das Vermögen der vertretenen Person insoweit zu verfügen, als diese zur Besorgung der Rechtsgeschäfte erforderlich ist.

(BGBl I 2017/59, ab 1. 7. 2018, s § 1503 Abs 9 Z 4)

Registrierung

§ 270. (1) Die gesetzliche Erwachsenenvertretung ist von einem Notar, einem Rechtsanwalt oder einem Erwachsenenschutzverein (§ 1 ErwSchVG) im Österreichischen Zentralen Vertretungsverzeichnis einzutragen.

(2) Hegt der Notar, der Rechtsanwalt oder der Mitarbeiter des Erwachsenenschutzvereins am Vorliegen der Voraussetzungen der gesetzlichen Erwachsenenvertretung oder an der Eignung der Person, die als Erwachsenenvertreter eingetragen werden soll, begründete Zweifel, so hat er die Eintragung abzulehnen und bei begründeten Anhaltspunkten für eine Gefährdung des Wohles der volljährigen Person unverzüglich das Pflegschaftsgericht zu verständigen.

(3) [1]Vor der Eintragung der gesetzlichen Erwachsenenvertretung sind der Erwachsenenvertreter und die volljährige Person über das Wesen und die Folgen der Erwachsenenvertretung, über die Möglichkeit des jederzeitigen Widerspruchs sowie über die Rechte und Pflichten des gesetzlichen Erwachsenenvertreters persönlich zu belehren. [2]Der Notar, der Rechtsanwalt oder der Mitarbeiter des Erwachsenenschutzvereins hat die Vornahme dieser Belehrung zu dokumentieren.

(BGBl I 2017/59, ab 1. 7. 2018, s § 1503 Abs 9 Z 4)

Fünfter Abschnitt

Gerichtlicher Erwachsenenvertreter

Voraussetzungen

§ 271. Einer volljährigen Person ist vom Gericht auf ihren Antrag oder von Amts wegen insoweit ein gerichtlicher Erwachsenenvertreter zu bestellen, als

1. sie bestimmte Angelegenheiten aufgrund einer psychischen Krankheit oder einer vergleichbaren Beeinträchtigung ihrer Entscheidungsfähigkeit nicht ohne Gefahr eines Nachteils für sich selbst besorgen kann,

2. sie dafür keinen Vertreter hat,

3. sie einen solchen nicht wählen kann oder will und

4. eine gesetzliche Erwachsenenvertretung nicht in Betracht kommt.

(BGBl I 2017/59, ab 1. 7. 2018, s § 1503 Abs 9 Z 4, 10 und 14)

Wirkungsbereich

§ 272. (1) Ein gerichtlicher Erwachsenenvertreter darf nur für einzelne oder Arten von gegenwärtig zu besorgenden und bestimmt zu bezeichnenden Angelegenheiten bestellt werden.

(2) [1]Nach Erledigung der übertragenen Angelegenheit ist die gerichtliche Erwachsenenvertretung einzuschränken oder zu beenden. [2]Darauf hat der Erwachsenenvertreter unverzüglich bei Gericht hinzuwirken.

(BGBl I 2017/59, ab 1. 7. 2018, s § 1503 Abs 9 Z 4 und 10)

Auswahl und Bestellung

§ 273. (1) Bei der Auswahl des gerichtlichen Erwachsenenvertreters ist auf die Bedürfnisse der volljährigen Person und deren Wünsche, die Eignung des Erwachsenenvertreters und auf die zu besorgenden Angelegenheiten Bedacht zu nehmen.

(2) [1]Eine Person, die das Gericht zum gerichtlichen Erwachsenenvertreter bestellen will, hat alle Umstände, die sie dafür ungeeignet erscheinen lassen, dem Gericht unverzüglich mitzuteilen. [2]Treten solche Umstände nach der Bestellung ein, so hat sie diese ebenso unverzüglich offen zu legen. [3]Unterlässt sie diese Mitteilung schuldhaft, so haftet sie für alle der volljährigen Person daraus entstehenden Nachteile.

(BGBl I 2017/59, ab 1. 7. 2018, s § 1503 Abs 9 Z 4 und 10)

§ 274. (1) Zum Erwachsenenvertreter ist vorrangig mit deren Zustimmung die Person zu bestellen, die aus einer Vorsorgevollmacht, einer Vereinbarung einer gewählten Erwachsenenvertretung oder einer Erwachsenenvertreter-Verfügung hervorgeht.

(2) Ist eine solche Person nicht verfügbar oder geeignet, so ist mit deren Zustimmung eine der volljährigen Person nahestehende und für die Aufgabe geeignete Person zu bestellen.

(3) Kommt eine solche Person nicht in Betracht, so ist mit dessen Zustimmung ein Erwachsenenschutzverein (§ 1 ErwSchVG) zu bestellen.

(4) Ist auch die Bestellung eines Erwachsenenschutzvereins nicht möglich, so ist – nach Maßgabe des § 275 – ein Notar (Notariatskandidat) oder Rechtsanwalt (Rechtsanwaltsanwärter) oder mit deren Zustimmung eine andere geeignete Person zu bestellen.

(5) Ein Notar (Notariatskandidat) oder Rechtsanwalt (Rechtsanwaltsanwärter) ist vor allem dann zu bestellen, wenn die Besorgung der Angelegenheiten vorwiegend Rechtskenntnisse erfordert, ein Erwachsenenschutzverein (§ 1 ErwSchVG) vor allem dann, wenn sonst besondere Anforderungen mit der Erwachsenenvertretung verbunden sind.

(BGBl I 2017/59, ab 1. 7. 2018, s § 1503 Abs 9 Z 4 und 11)

§ 275. [1]Ein Notar (Notariatskandidat) oder Rechtsanwalt (Rechtsanwaltsanwärter), der nicht aufrecht in der Liste von zur Übernahme von Vorsorgevollmachten und gerichtlichen Erwachsenenvertretungen besonders geeigneten Rechtsanwälten oder Notaren eingetragen ist, kann die Übernahme einer gerichtlichen Erwachsenenvertretung nur ablehnen, wenn

1. die Besorgung der Angelegenheiten nicht vorwiegend Rechtskenntnisse erfordert,

2. er nachweist, dass ein Notar (Notariatskandidat) oder Rechtsanwalt (Rechtsanwaltsanwärter), der in der Liste von zur Übernahme von Vorsorgevollmachten und gerichtlichen Erwachsenenvertretungen besonders geeigneten Rechtsanwälten oder Notaren aufrecht eingetragen ist, mit der Übernahme der Erwachsenenvertretung einverstanden wäre oder

3. ihm diese unter Berücksichtigung seiner persönlichen, familiären, beruflichen und sonstigen Verhältnisse nicht zugemutet werden kann.

[2]Dies wird bei mehr als fünf gerichtlichen Erwachsenenvertretungen vermutet.

(BGBl I 2017/59, ab 1. 7. 2018, s § 1503 Abs 9 Z 4 und 11)

Entschädigung, Entgelt und Aufwandersatz

§ 276. (1) [1]Dem gerichtlichen Erwachsenenvertreter gebührt eine jährliche Entschädigung zuzüglich der allenfalls zu entrichtenden Umsatzsteuer. [2]Die Entschädigung beträgt fünf Prozent sämtlicher Einkünfte der vertretenen Person nach Abzug der davon zu entrichtenden Steuern und Abgaben, wobei Bezüge, die kraft besonderer gesetzlicher Anordnung zur Deckung bestimmter Aufwendungen dienen, nicht als Einkünfte zu berücksichtigen sind. [3]Übersteigt der Wert des Vermögens der vertretenen Person 15 000 Euro, so sind darüber hinaus pro Jahr zwei Prozent des Mehrbetrags an Entschädigung zu gewähren. [4]Ist der gerichtliche Erwachsenenvertreter kürzer als ein volles Jahr tätig, so vermindert sich der Anspruch auf Entschädigung entsprechend.

(2) [1]Das Gericht hat die so berechnete Entschädigung zu mindern, wenn es dies aus besonderen Gründen, insbesondere wenn die Tätigkeit nach Art oder Umfang mit einem bloß geringen Aufwand an Zeit und Mühe verbunden ist oder die vertretene Person ein besonders hohes Vermögen hat, für angemessen hält. [2]Bei besonders umfangreichen und erfolgreichen Bemühungen des gerichtlichen Erwachsenenvertreters, insbesondere im ersten Jahr seiner Tätigkeit oder im Bereich der Personensorge, kann das Gericht die Entschädigung auch mit bis zu zehn Prozent der Einkünfte und bis zu fünf Prozent des Mehrbetrags vom Vermögen bemessen. [3]Dies gilt auch, wenn der gerichtliche Erwachsenenvertreter ausschließlich aufgrund der Art der ihm übertragenen Angelegenheit für eine besonders kurze Zeit tätig war und deshalb die nach Abs. 1 berechnete Entschädigung unangemessen niedrig ist. [4]Bei der Ermittlung des Wertes des Vermögens nach Abs. 1 sind Verbindlichkeiten ausnahmsweise außer Acht zu lassen, wenn die Tätigkeit des gerichtlichen Erwachsenenvertreters wegen der bestehenden Verbindlichkeiten mit einem besonderen Aufwand verbunden war.

(3) [1]Nützt der gerichtliche Erwachsenenvertreter für Angelegenheiten, deren Besorgung sonst einem Dritten entgeltlich übertragen werden müsste, seine besonderen beruflichen Kenntnisse und Fähigkeiten, so hat er hiefür einen Anspruch auf angemessenes Entgelt. [2]Dieser Anspruch besteht für die Kosten einer rechtsfreundlichen Vertretung jedoch nicht, soweit bei der vertretenen Person die Voraussetzungen für die Bewilligung der Verfahrenshilfe gegeben sind oder diese Kosten nach gesetzlichen Vorschriften vom Gegner ersetzt werden.

(4) [1]Die zur zweckentsprechenden Ausübung der gerichtlichen Erwachsenenvertretung notwendigen Barauslagen, die tatsächlichen Aufwendungen und die angemessenen Kosten einer zur Deckung der Haftung nach § 249 Abs. 1 abgeschlossenen Haftpflichtversicherung sind dem gerichtlichen Erwachsenenvertreter zu erstatten, soweit sie nach gesetzlichen Vorschriften nicht unmittelbar von Dritten getragen werden. [2]Ist der einzelne Nachweis dem gerichtlichen Erwachsenenvertreter nicht zumutbar, so ist ein angemessener Pauschalbetrag zu erstatten.

(BGBl I 2017/59, ab 1. 7. 2018, s § 1503 Abs 9 Z 4 und 13)

Siebentes Hauptstück
Von der Kuratel

Voraussetzungen

§ 277. (1) Kann eine Person ihre Angelegenheiten selbst nicht besorgen, weil sie

1. noch nicht gezeugt,
2. ungeboren,
3. abwesend oder
4. unbekannt ist,

können diese Angelegenheiten nicht durch einen anderen Vertreter wahrgenommen werden und sind hierdurch die Interessen dieser Person gefährdet, so ist für sie ein Kurator zu bestellen.

(2) [1]Ein Kurator ist auch dann zu bestellen, wenn die Interessen einer minderjährigen oder sonst im Sinn des § 21 Abs. 1 schutzberechtigten Person dadurch gefährdet sind, dass in einer bestimmten Angelegenheit ihre Interessen jenen ihres gesetzlichen Vertreters oder jenen einer ebenfalls von diesem vertretenen anderen minderjährigen oder sonst schutzberechtigten Person widerstreiten (Kollision). [2]Im zweiten Fall darf der gesetzliche Vertreter keine der genannten Personen vertreten und hat das Gericht für jede von ihnen einen Kurator zu bestellen.

(3) Im berechtigten Interesse einer dritten Person ist ein Kurator zu bestellen, wenn der Dritte ansonsten an der Durchsetzung seiner Rechte aus seinem Rechtsverhältnis mit einer abwesenden oder unbekannten Person dieser gegenüber gehindert wäre.

(BGBl I 2017/59, ab 1. 7. 2018, s § 1503 Abs 9 Z 18)

Wirkungsbereich

§ 278. Das Gericht hat den Kurator mit bestimmt zu bezeichnenden Angelegenheiten zu betrauen.

(BGBl I 2017/59, ab 1. 7. 2018, s § 1503 Abs 9 Z 18)

Auswahl und Bestellung

§ 279. (1) Bei der Auswahl des Kurators ist auf die Interessen der vertretenen Person, die Eignung des Kurators und die zu besorgenden Angelegenheiten Bedacht zu nehmen.

(2) Ein Notar (Notariatskandidat) oder Rechtsanwalt (Rechtsanwaltsanwärter) ist vor allem dann zu bestellen, wenn die Besorgung der Angelegenheiten vorwiegend Rechtskenntnisse erfordert.

(3) Mit der Kuratel dürfen solche Personen nicht betraut werden, die

1. schutzberechtigt im Sinn des § 21 Abs. 1 sind oder
2. eine förderliche Ausübung der Kuratel nicht erwarten lassen, etwa wegen einer strafgerichtlichen Verurteilung.

(4) [1]Zum Kurator kann auch eine juristische Person oder eine eingetragene Personengesellschaft bestellt werden. [2]Sie hat dem Gericht bekanntzugeben, wer sie bei Ausübung der Kuratel vertritt.

(BGBl I 2017/59, ab 1. 7. 2018, s § 1503 Abs 9 Z 18)

§ 280. (1) [1]Eine Person, die das Gericht zum Kurator bestellen will, hat alle Umstände, die sie dafür ungeeignet erscheinen lassen, dem Gericht unverzüglich mitzuteilen. [2]Treten solche Umstände nach der Bestellung ein, so hat sie diese ebenso unverzüglich offen zu legen. [3]Unterlässt sie diese Mitteilung schuldhaft, so haftet sie für alle der vertretenen Person daraus entstehenden Nachteile.

(2) Eine Person darf nur so viele Kuratelen übernehmen, wie sie unter Bedachtnahme auf die damit verbundenen Pflichten ordnungsgemäß besorgen kann.

(3) [1]Die vom Gericht in Aussicht genommene Person kann die Übernahme der Kuratel ablehnen, soweit sie nicht durch besondere gesetzliche Bestimmungen zur Übernahme verpflichtet ist. [2]Ein Notar oder Rechtsanwalt kann die Übernahme nur ablehnen, wenn ihm diese unter Berücksichtigung seiner persönlichen, familiären, beruflichen und sonstigen Verhältnisse nicht zugemutet werden kann. [3]Dies wird bei mehr als fünf Kuratelen vermutet.

(BGBl I 2017/59, ab 1. 7. 2018, s § 1503 Abs 9 Z 18)

Besondere Rechte und Pflichten des Kurators

§ 281. (1) [1]Der Kurator hat das Recht und die Pflicht, alle Tätigkeiten vorzunehmen, die zur Besorgung der übertragenen Angelegenheiten erforderlich sind. [2]Der Kurator hat dabei die Interessen der vertretenen Person bestmöglich zu wahren.

(2) Der Kurator kann sich bei der Besorgung der übertragenen Angelegenheiten vertreten lassen.

(3) In Vermögensangelegenheiten gelten § 258 Abs. 3 und 4 sowie § 259 Abs. 2 und 4 sinngemäß.

(BGBl I 2017/59, ab 1. 7. 2018, s § 1503 Abs 9 Z 18 und 19)

Verschwiegenheitspflicht und Haftung

§ 282. (1) [1]Der Kurator ist, außer gegenüber dem Gericht, zur Verschwiegenheit über alle ihm in Ausübung seiner Funktion anvertrauten oder bekannt gewordenen Tatsachen verpflichtet. [2]§ 248 Abs. 2 und 3 gelten sinngemäß.

(2) [1]Der Kurator haftet der vertretenen Person für jeden durch sein Verschulden verursachten Schaden. [2]Das Gericht kann die Ersatzpflicht insoweit mäßigen oder ganz erlassen, als sie den Kurator unter Berücksichtigung aller Umstände, insbesondere des Grades des Verschuldens oder seines besonderen Naheverhältnisses zur vertretenen Person, unbillig hart träfe.

(BGBl I 2017/59, ab 1. 7. 2018, s § 1503 Abs 9 Z 18 und 19)

Entschädigung, Entgelt und Aufwandersatz

§ 283. (1) [1]Dem Kurator gebührt eine angemessene jährliche Entschädigung zuzüglich der allenfalls zu entrichtenden Umsatzsteuer. [2]Die Entschädigung beträgt fünf Prozent des von der Kuratel erfassten Vermögens. „[3]Bei der Ermittlung des Wertes des Vermögens sind Verbindlichkeiten nicht zu berücksichtigen.“ [4]Ist der Kurator kürzer als ein volles Jahr tätig, so vermindert sich der Anspruch auf Entschädigung entsprechend. *(BGBl I 2018/58, ab 15. 8. 2018)*

(2) [1]Das Gericht hat die so berechnete Entschädigung zu mindern, wenn es dies aus besonderen Gründen, insbesondere wenn die Tätigkeit nach Art oder Umfang mit einem bloß geringen Aufwand an Zeit und Mühe verbunden ist oder die vertretene Person ein besonders hohes Vermögen hat, für angemessen hält. [2]Das Gericht kann die Entschädigung auch mit bis zu zehn Prozent des von der Kuratel erfassten Vermögens bemessen, wenn sich der Kurator um die Erhaltung oder Vermehrung des Vermögens besonders verdient gemacht oder er ausschließlich aufgrund der Art der ihm übertragenen Angelegenheit nur für eine besonders kurze Zeit tätig war und deshalb die nach Abs. 1 berechnete Entschädigung unangemessen niedrig ist. „ “ *(BGBl I 2018/58, ab 15. 8. 2018)*

(3) [1]Nützt der Kurator für Angelegenheiten, deren Besorgung sonst einem Dritten entgeltlich übertragen werden müsste, seine besonderen beruflichen Kenntnisse und Fähigkeiten, so hat er hiefür einen Anspruch auf angemessenes Entgelt. [2]Dieser Anspruch besteht für die Kosten einer rechtsfreundlichen Vertretung jedoch nicht, soweit bei der Person, für die der Kurator bestellt wurde, die Voraussetzungen für die Bewilligung der Verfahrenshilfe gegeben sind oder diese Kosten nach gesetzlichen Vorschriften vom Gegner ersetzt werden.

(4) [1]Die zur zweckentsprechenden Ausübung der Kuratel notwendigen Barauslagen, die tatsächlichen Aufwendungen und die angemessenen Kosten einer zur Deckung der Haftung nach § 282 Abs. 2 abgeschlossenen Haftpflichtversicherung sind dem Kurator zu erstatten, soweit sie nach gesetzlichen Vorschriften nicht unmittelbar von Dritten getragen werden. [2]Ist dem Kurator der einzelne Nachweis nicht zumutbar, so ist ein angemessener Pauschalbetrag zu erstatten.

(BGBl I 2017/59, ab 1. 7. 2018, s § 1503 Abs 9 Z 18 und 19)

Änderung und Beendigung der Kuratel

§ 284. (1) [1]Das Gericht hat die Kuratel auf Antrag des Kurators oder von Amts wegen einer anderen Person zu übertragen, wenn der Kurator stirbt, nicht die erforderliche Eignung aufweist oder durch die Kuratel unzumutbar belastet wird oder es sonst das Interesse der vertretenen Person aus anderen Gründen erfordert. [2]§ 178 Abs. 3 ist sinngemäß anzuwenden.

(2) [1]Das Gericht hat den Kurator auf Antrag oder von Amts wegen zu entheben, wenn die Voraussetzungen für seine Bestellung wegfallen; fallen diese Voraussetzungen nur für einen Teil der übertragenen Angelegenheiten weg, so ist der Wirkungskreis einzuschränken. [2]Der Wirkungskreis ist erforderlichenfalls zu erweitern. [3]Mit dem Tod der vertretenen Person erlischt die Kuratel. [4]§ 183 Abs. 2 ist sinngemäß anzuwenden.

(3) Das Gericht hat in angemessenen Zeitabständen zu prüfen, ob die Kuratel zu ändern oder zu beenden ist.

(BGBl I 2017/59, ab 1. 7. 2018, s § 1503 Abs 9 Z 18 und 19)

§§ 284a bis 284h. *(aufgehoben, BGBl I 2017/59, ab 1. 7. 2018, s § 1503 Abs 9 Z 17)*

Zweiter Teil

Von dem Sachenrechte

Von Sachen und ihrer rechtlichen Einteilung

Begriff von Sachen im rechtlichen Sinne

§ 285. Alles, was von der Person unterschieden ist, und zum Gebrauche der Menschen dient, wird im rechtlichen Sinne eine Sache genannt.

§ 285a. [1]Tiere sind keine Sachen; sie werden durch besondere Gesetze geschützt. [2]Die für Sachen geltenden Vorschriften sind auf Tiere nur insoweit anzuwenden, als keine abweichenden Regelungen bestehen.

(BGBl 1988/179)

Einteilung der Sachen nach Verschiedenheit des Subjektes, dem sie gehören

§ 286. [1]Die Sachen in dem Staatsgebiete sind entweder ein Staats- oder ein Privatgut. [2]Das letztere gehört einzelnen oder moralischen Personen, kleinern Gesellschaften, oder ganzen Gemeinden.

Freistehende Sachen; öffentliches Gut und Staatsvermögen

§ 287. [1]Sachen, welche allen Mitgliedern des Staates zur Zueignung überlassen sind, heißen freistehende Sachen. [2]Jene, die ihnen nur zum Gebrauche verstattet werden, als: Landstraßen, Ströme, Flüsse, Seehäfen und Meeresufer, heißen ein allgemeines oder öffentliches Gut. [3]Was zur Bedeckung der Staatsbedürfnisse bestimmt ist, als: das Münz- oder Post- und andere Regalien, Kammergüter, Berg- und Salzwerke, Steuern und Zölle, wird das Staatsvermögen genannt.

Gemeindegut; Gemeindevermögen;

§ 288. Auf gleiche Weise machen die Sachen, welche nach der Landesverfassung zum Gebrauche eines jeden Mitgliedes einer Gemeinde dienen, das Gemeindegut; diejenigen aber, deren Einkünfte zur Bestreitung der Gemeindeauslagen bestimmt sind, das Gemeindevermögen aus.

[Privatgut des Landesfürsten]

§ 289. [Auch dasjenige Vermögen des Landesfürsten, welches er nicht als Oberhaupt des Staates besitzt, wird als ein Privatgut betrachtet.]

[] *Gegenstandslos*

Allgemeine Vorschrift in Rücksicht dieser verschiedenen Arten der Güter

§ 290. [1]Die in diesem Privatrechte enthaltenen Vorschriften über die Art, wie Sachen rechtmäßig erworben, erhalten und auf andere übertragen werden können, sind in der Regel auch von den Verwaltern der Staats- und Gemeindegüter, oder des Staats- und Gemeindevermögens zu beobachten. [2]Die in Hinsicht auf die Verwaltung und den Gebrauch dieser Güter sich beziehenden Abweichungen und besondern Vorschriften sind in dem Staatsrechte und in den politischen Verordnungen enthalten.

Einteilung der Sachen nach dem Unterschiede ihrer Beschaffenheit

§ 291. Die Sachen werden nach dem Unterschiede ihrer Beschaffenheit eingeteilt: in körperliche und unkörperliche; in bewegliche und unbewegliche; in verbrauchbare und unverbrauchbare; in schätzbare und unschätzbare.

Körperliche und unkörperliche Sachen;

§ 292. Körperliche Sachen sind diejenigen, welche in die Sinne fallen; sonst heißen sie unkörperliche; z.B. das Recht zu jagen, zu fischen und alle andere Rechte.

bewegliche und unbewegliche

§ 293. [1]Sachen, welche ohne Verletzung ihrer Substanz von einer Stelle zur andern versetzt werden können, sind beweglich; im entgegengesetzten Falle sind sie unbeweglich. [2]Sachen, die an sich beweglich sind, werden im rechtlichen Sinne für unbeweglich gehalten, wenn sie vermöge des Gesetzes oder der Bestimmung des Eigentümers das Zugehör einer unbeweglichen Sache ausmachen.

Zugehör überhaupt;

§ 294. [1]Unter Zugehör versteht man dasjenige, was mit einer Sache in fortdauernde Verbindung gesetzt wird. [2]Dahin gehören nicht nur der Zuwachs einer Sache solange er von derselben nicht abgesondert ist; sondern auch die Nebensachen, ohne welche die Hauptsache nicht gebraucht werden kann, oder die das Gesetz, oder der Eigentümer zum fortdauernden Gebrauche der Hauptsache bestimmt hat.

insbesondere bei Grundstücken und Teichen;

§ 295. [1]Gras, Bäume, Früchte und alle brauchbare Dinge, welche die Erde auf ihrer Oberfläche hervorbringt, bleiben so lange ein unbewegliches Vermögen, als sie nicht von Grund und Boden abgesondert worden sind. [2]Selbst die Fische in einem Teiche, und das Wild in einem Walde werden erst dann ein bewegliches Gut, wenn der Teich gefischt, und das Wild gefangen oder erlegt worden ist.

§ 296. Auch das Getreide, das Holz, das Viehfutter und alle übrige, obgleich schon eingebrachte Erzeugnisse, sowie alles Vieh und alle zu einem liegenden Gute gehörige Werkzeuge und Gerätschaften werden insofern für unbewegliche Sachen gehalten, als sie zur Fortsetzung des ordentlichen Wirtschaftsbetriebes erforderlich sind.

und bei Gebäuden;

§ 297. Ebenso gehören zu den unbeweglichen Sachen diejenigen, welche auf Grund und Boden in der Absicht aufgeführt werden, daß sie stets darauf bleiben sollen, als: Häuser und andere Gebäude mit dem in senkrechter Linie darüber befindlichen Luftraume; ferner: nicht nur alles, was erd-, mauer-, niet- und nagelfest ist, als: Braupfannen, Branntweinkessel und eingezimmerte Schränke, sondern auch diejenigen Dinge, die zum anhaltenden Gebrauche eines Ganzen bestimmt sind: z.B. Brunneneimer, Seile, Ketten, Löschgeräte und dergleichen.

Maschinen

§ 297a. [1]Werden mit einer unbeweglichen Sache Maschinen in Verbindung gebracht, so gelten sie nicht als Zugehör, wenn mit Zustimmung des Eigentümers der Liegenschaft im öffentlichen Buch angemerkt wird, daß die Maschinen Eigentum eines anderen sind. [2]Werden sie als Ersatz an Stelle solcher Maschinen angebracht, die als Zugehör anzusehen waren, so ist zu dieser Anmerkung auch die Zustimmung der früher eingetragenen bücherlich Berechtigten erforderlich. [3]Die Anmerkung verliert mit Ablauf von fünf Jahren nach der Eintragung ihre Wirkung; durch das „Insolvenz- oder Zwangsversteigerungsverfahren" wird der Ablauf der Frist gehemmt. *(BGBl I 2010/58, ab 1. 8. 2010)*

(RGBl 1916/69)

Rechte sind insgemein als bewegliche Sachen anzusehen;

§ 298. Rechte werden den beweglichen Sachen beigezählt, wenn sie nicht mit dem Besitze einer unbeweglichen Sache verbunden, oder durch [die Landesverfassung][1)] für eine unbewegliche Sache erklärt sind.

1) Jetzt: Gesetz

auch die vorgemerkten Forderungen

§ 299. Schuldforderungen werden durch die Sicherstellung auf ein unbewegliches Gut nicht in ein unbewegliches Vermögen verwandelt.

Kellereigentum

§ 300. An Räumen und Bauwerken, die sich unter der Erdoberfläche der Liegenschaft eines anderen befinden und nicht der Fundierung von über der Erdoberfläche errichteten Bauwerken dienen, wie Kellern, Tiefgaragen und industriellen oder wirtschaftlichen Zwecken gewidmeten Stollen, kann mit Einwilligung des Liegenschaftseigentümers gesondert Eigentum begründet werden.

(BGBl I 2008/100, ab 1. 1. 2009)

Verbrauchbare und unverbrauchbare Sachen

§ 301. Sachen, welche ohne ihre Zerstörung oder Verzehrung den gewöhnlichen Nutzen nicht gewähren, heißen verbrauchbare; die von entgegengesetzter Beschaffenheit aber, unverbrauchbare Sachen.

Gesamtsache (universitas rerum)

§ 302. Ein Inbegriff von mehreren besondern Sachen, die als eine Sache angesehen, und mit einem gemeinschaftlichen Namen bezeichnet zu werden pflegen, macht eine Gesamtsache aus, und wird als ein Ganzes betrachtet.

Schätzbare und unschätzbare;

§ 303. [1]Schätzbare Sachen sind diejenigen, deren Wert durch Vergleichung mit andern zum Verkehre bestimmt werden kann; darunter gehören auch Dienstleistungen, Hand- und Kopfarbeiten. [2]Sachen hingegen, deren Wert durch keine Vergleichung mit andern im Verkehre befindlichen Sachen bestimmt werden kann, heißen unschätzbare.

Maßstab der gerichtlichen Schätzung

§ 304. [1]Der bestimmte Wert einer Sache heißt ihr Preis. [2]Wenn eine Sache vom Gerichte zu schätzen ist, so muß die Schätzung nach einer bestimmten Summe Geldes geschehen.

Ordentlicher und außerordentlicher Preis

§ 305. Wird eine Sache nach dem Nutzen geschätzt, den sie mit Rücksicht auf Zeit und Ort gewöhnlich und allgemein leistet, so fällt der ordentliche und gemeine Preis aus; nimmt man aber auf die besondern Verhältnisse und auf die in zufälligen Eigenschaften der Sache gegründete besondere Vorliebe desjenigen, dem der Wert ersetzt werden muß, Rücksicht, so entsteht ein außerordentlicher Preis.

Welcher bei gerichtlichen Schätzungen zur Richtschnur zu nehmen

§ 306. In allen Fällen, wo nichts anderes entweder bedungen, oder von dem Gesetze verordnet wird, muß bei der Schätzung einer Sache der gemeine Preis zur Richtschnur genommen werden.

Begriffe vom dinglichen und persönlichen Sachenrechte

§ 307. [1]Rechte, welche einer Person über eine Sache ohne Rücksicht auf gewisse Personen zustehen, werden dingliche Rechte genannt. [2]Rechte, welche zu einer Sache nur gegen gewisse Personen unmittelbar aus einem Gesetze, oder aus einer verbindlichen Handlung entstehen, heißen persönliche Sachenrechte.

§ 308. Dingliche Sachenrechte sind das Recht des Besitzes, des Eigentums, des Pfandes und der Dienstbarkeit.

(BGBl I 2015/87, ab 1. 1. 2017, s § 1503 Abs 7 Z 2)

Erste Abteilung des Sachenrechtes

Von den dinglichen Rechten

Erstes Hauptstück

Von dem Besitze

Inhaber. Besitzer

§ 309. [1]Wer eine Sache in seiner Macht oder Gewahrsame hat, heißt ihr Inhaber. [2]Hat der Inhaber einer Sache den Willen, sie als die seinige zu behalten, so ist er ihr Besitzer.

Erwerbung des Besitzes. Fähigkeit der Person zur Besitzerwerbung

§ 310. [1]„Kinder unter sieben Jahren sowie nicht entscheidungsfähige Personen können – außer in den Fällen des § 170 Abs. 3, § 242 Abs. 3 und § 865 Abs. 2 – Besitz nur durch ihren gesetzlichen Vertreter erwerben.“[2]Im übrigen ist die Fähigkeit zum selbständigen Besitzerwerb gegeben. *(BGBl I 2017/59, ab 1. 7. 2018, s § 1503 Abs 9 Z 4)*

(BGBl 1973/108)

Gegenstände des Besitzes

§ 311. Alle körperliche und unkörperliche Sachen, welche ein Gegenstand des rechtlichen Verkehres sind, können in Besitz genommen werden.

Arten der Besitzerwerbung;

§ 312. [1]Körperliche, bewegliche Sachen werden durch physische Ergreifung, Wegführung oder Verwahrung; unbewegliche aber durch Betretung, Verrainung, Einzäunung, Bezeichnung oder Bearbeitung in Besitz genommen. [2]In den Besitz unkörperlicher Sachen oder Rechte kommt man durch den Gebrauch derselben im eigenen Namen.

insbesondere von einem bejahenden, verneinenden, oder einem Verbotsrechte

§ 313. Der Gebrauch eines Rechtes wird gemacht, wenn jemand von einem andern etwas als eine Schuldigkeit fordert, und dieser es ihm leistet; ferner, wenn jemand die einem andern gehörige Sache mit dessen Gestattung zu seinem Nutzen anwendet; endlich, wenn auf fremdes Verbot ein anderer das, was er sonst zu tun befugt wäre, unterläßt.

Unmittelbare und mittelbare Erwerbungsart des Besitzes

§ 314. Den Besitz sowohl von Rechten, als von körperlichen Sachen erlangt man entweder unmittelbar, wenn man freistehender Rechte und Sachen; oder mittelbar, wenn man eines Rechtes, oder einer Sache, die einem andern gehört, habhaft wird.

Umfang der Erwerbung

§ 315. Durch die unmittelbare und durch die mittelbare eigenmächtige Besitzergreifung erhält man nur so viel in Besitz, als wirklich ergriffen, betreten, gebraucht, bezeichnet, oder in Verwahrung gebracht worden ist; bei der mittelbaren, wenn uns der Inhaber in seinem oder eines andern Namen ein Recht oder eine Sache überläßt, erhält man alles, was der vorige Inhaber gehabt und durch deutliche Zeichen übergeben hat, ohne daß es nötig ist, jeden Teil des Ganzen besonders zu übernehmen.

Rechtmäßiger; unrechtmäßiger Besitz

§ 316. [1]Der Besitz einer Sache heißt rechtmäßig, wenn er auf einem gültigen Titel, das ist, auf einem zur Erwerbung tauglichen Rechtsgrunde beruht. [2]Im entgegengesetzten Falle heißt er unrechtmäßig.

Haupttitel des rechtmäßigen Besitzes

§ 317. Der Titel liegt bei freistehenden Sachen in der angebornen Freiheit zu Handlungen, wodurch die Rechte anderer nicht verletzt werden; bei andern in dem Willen des vorigen Besitzers, oder in dem Ausspruche des Richters, oder endlich in dem Gesetze, wodurch jemandem[1)] das Recht zum Besitze erteilt wird.

[1)] In JGS „jemanden“

Der Inhaber hat noch keinen Titel;

§ 318. Dem Inhaber, der eine Sache nicht in seinem, sondern im Namen eines andern innehat, kommt noch kein Rechtsgrund zur Besitznahme dieser Sache zu.

und kann ihn nicht eigenmächtig erlangen

§ 319. Der Inhaber einer Sache ist nicht berechtigt, den Grund seiner Gewahrsame eigenmächtig zu verwechseln, und sich dadurch eines Titels anzumaßen; wohl aber kann derjenige, welcher bisher eine Sache in eigenem Namen rechtmäßig besaß, das Besitzrecht einem anderen überlassen und sie künftig in dessen Namen innehaben.

Wirkung des bloßen Titels

§ 320. [1]Durch einen gültigen Titel erhält man nur das Recht zum Besitze einer Sache, nicht den Besitz selbst. [2]Wer nur das Recht zum Besitze hat, darf sich im Verweigerungsfalle nicht eigenmächtig in den Besitz setzen; er muß ihn von dem ordentlichen Richter mit Anführung seines Titels im Wege Rechtens fordern.

Erforderung zum wirklichen Besitzrechte

§ 321. Wo sogenannte Landtafeln, [Stadt-] oder Grundbücher, oder andere dergleichen öffentliche Register eingeführt sind, wird der rechtmäßige Besitz eines dinglichen Rechtes auf unbewegliche Sachen nur durch die ordentliche Eintragung in diese öffentlichen Bücher erlangt.

[] *Gegenstandslos*

§ 322. [1]Ist eine bewegliche Sache nach und nach mehreren Personen übergeben worden; so gebührt das Besitzrecht derjenigen, welche sie in ihrer Macht hat. [2]Ist aber die Sache unbeweglich, und sind öffentliche Bücher eingeführt, so steht das Besitzrecht ausschließlich demjenigen zu, welcher als Besitzer derselben eingeschrieben ist.

Der Besitzer kann zur Angabe des Rechtsgrundes nicht aufgefordert werden

§ 323. Der Besitzer einer Sache hat die rechtliche Vermutung eines gültigen Titels für sich; er kann also zur Angabe desselben nicht aufgefordert werden.

§ 324. [1]Diese Aufforderung findet auch dann noch nicht statt, wenn jemand behauptet, daß der Besitz seines Gegners mit andern rechtlichen Vermutungen, z.B. mit der Freiheit des Eigentumes, sich nicht vereinbaren lasse. [2]In solchen Fällen muß der behauptende Gegner vor dem ordentlichen Richter klagen, und sein vermeintliches stärkeres Recht dartun. [3]Im Zweifel gebührt dem Besitzer der Vorzug.

Ausnahme

§ 325. Inwiefern der Besitzer einer Sache, deren Verkehr verboten; oder die entwendet zu sein scheint, den Titel seines Besitzes anzuzeigen verbunden sei, darüber entscheiden die Straf- und politischen Gesetze.

Redlicher und unredlicher Besitzer

§ 326. [1]Wer aus wahrscheinlichen Gründen die Sache, die er besitzt, für die seinige hält, ist ein redlicher Besitzer. [2]Ein unredlicher Besitzer ist derjenige, welcher weiß oder aus den Umständen vermuten muß, daß die in seinem Besitze befindliche Sache einem andern zugehöre. [3]Aus Irrtum in Tatsachen oder aus Unwissenheit der gesetzlichen Vorschriften kann man ein unrechtmäßiger (§ 316) und doch ein redlicher Besitzer sein.

Wie ein Mitbesitzer zum unredlichen oder unrechtmäßigen Besitzer werde

§ 327. Besitzt eine Person die Sache selbst, eine andere aber das Recht auf alle oder auf einige Nutzungen dieser Sache; so kann eine und dieselbe Person, wenn sie die Grenzen ihres Rechtes überschreitet, in verschiedenen Rücksichten ein redlicher und unredlicher, ein rechtmäßiger und unrechtmäßiger Besitzer sein.

Entscheidung über die Redlichkeit des Besitzes

§ 328. [1]Die Redlichkeit oder Unredlichkeit des Besitzes muß im Falle eines Rechtsstreites durch richterlichen Ausspruch entschieden werden. [2]Im Zweifel ist die Vermutung für die Redlichkeit des Besitzes.

Fortdauer des Besitzes. Rechte des redlichen Besitzes:

a) in Rücksicht der Substanz der Sache;

§ 329. Ein redlicher Besitzer kann schon allein aus dem Grunde des redlichen Besitzes die Sache, die er besitzt, ohne Verantwortung nach Belieben brauchen, verbrauchen, auch wohl vertilgen.

b) der Nutzungen;

§ 330. Dem redlichen Besitzer gehören alle aus der Sache entspringende Früchte, sobald sie von der Sache abgesondert worden sind; ihm gehören auch alle andere schon eingehobene Nutzungen, insofern sie während des ruhigen Besitzes bereits fällig gewesen sind.

c) des Aufwandes

§ 331. Hat der redliche Besitzer an die Sache entweder zur fortwährenden Erhaltung der Substanz einen notwendigen, oder, zur Vermehrung noch fortdauernder Nutzungen einen nützlichen Aufwand gemacht; so gebührt ihm der Ersatz nach dem gegenwärtigen Werte, insofern er den wirklich gemachten Aufwand nicht übersteigt.

§ 332. Von dem Aufwande, welcher nur zum Vergnügen und zur Verschönerung gemacht worden ist, wird nur so viel ersetzt, als die Sache dem gemeinen Werte nach wirklich dadurch gewonnen hat; doch hat der vorige Besitzer die Wahl, alles für sich wegzunehmen, was davon ohne Schaden der Substanz weggenommen werden kann.

Anspruch auf den Ersatz des Preises

§ 333. [1]Selbst der redliche Besitzer kann den Preis, welchen er seinem Vormanne für die ihm überlassene Sache gegeben hat, nicht fordern. [2]Wer aber eine fremde Sache, die der Eigentümer sonst schwerlich wieder erlangt haben würde, redlicher Weise an sich gelöst, und dadurch dem Eigentümer einen erweislichen Nutzen verschafft hat, kann eine angemessene Vergütung fordern.

§ 334. Ob einem redlichen Inhaber das Recht zustehe, seiner Forderung wegen die Sache zurückzubehalten, wird in dem Hauptstücke vom Pfandrechte bestimmt.

Verbindlichkeit des unredlichen Besitzers

§ 335. [1]Der unredliche Besitzer ist verbunden, nicht nur alle durch den Besitz einer fremden Sache erlangte Vorteile zurückzustellen; sondern auch diejenigen, welche der Verkürzte erlangt haben würde, und allen durch seinen Besitz entstandenen Schaden zu ersetzen. [2]In dem Falle, daß der unredliche Besitzer durch eine in den Strafgesetzen verbotene Handlung zum Besitze gelangt ist, erstreckt sich der Ersatz bis zum Werte der besondern Vorliebe.

§ 336. Hat der unredliche Besitzer einen Aufwand auf die Sache gemacht, so ist dasjenige anzuwenden, was in Rücksicht des von einem Geschäftsführer ohne Auftrag gemachten Aufwandes in dem Hauptstücke von der Bevollmächtigung verordnet ist.

Beurteilung der Redlichkeit des Besitzes einer Gemeinde

§ 337. [1]Der Besitz einer Gemeinde wird nach der Redlichkeit oder Unredlichkeit der im Namen der Mitglieder handelnden Machthaber beurteilt. [2]Immer müssen jedoch die unredlichen sowohl den redlichen Mitgliedern, als dem Eigentümer den Schaden ersetzen.

Inwiefern durch die Klage der Besitz unredlich werde

§ 338. Auch der redliche Besitzer, wenn er durch richterlichen Ausspruch zur Zurückstellung der Sache verurteilt wird, ist in Rücksicht des Ersatzes der Nutzungen und des Schadens, wie auch in Rücksicht des Aufwandes, von dem Zeitpunkte der ihm zugestellten Klage, gleich einem unredlichen Besitzer zu behandeln; doch haftet er für den Zufall, der die Sache bei dem Eigentümer nicht getroffen hätte, nur in dem Falle, daß er die Zurückgabe durch einen mutwilligen Rechtsstreit verzögert hat.

Rechtsmittel des Besitzers bei einer Störung seines Besitzes;

§ 339. [1]Der Besitz mag von was immer für einer Beschaffenheit sein, so ist niemand befugt, denselben eigenmächtig zu stören. [2]Der Gestörte hat das Recht, die Untersagung des Eingriffes, und den Ersatz des erweislichen Schadens gerichtlich zu fordern.

besonders durch eine Bauführung;

§ 340. Wird der Besitzer einer unbeweglichen Sache oder eines dinglichen Rechtes durch Führung eines neuen Gebäudes, Wasserwerkes, oder andern Werkes in seinen Rechten gefährdet, ohne daß sich der Bauführer nach Vorschrift der allgemeinen Gerichtsordnung gegen ihn geschützt hat; so ist der Gefährdete berechtigt, das Verbot einer solchen Neuerung vor Gericht zu fordern, und das Gericht ist verbunden, die Sache auf das schleunigste zu entscheiden.

§ 341. [1]Bis zur Entscheidung der Sache ist die Fortsetzung des Baues von dem Gerichte in der Regel nicht zu gestatten. [2]Nur bei einer nahen, offenbaren Gefahr, oder, wenn der Bauführer eine angemessene Sicherheit leistet, daß er die Sache in den vorigen Stand setzen, und den Schaden vergüten wolle, der Verbotsleger dagegen in dem letztern Falle keine ähnliche Sicherstellung für die Folgen seines Verbots leistet, ist die einstweilige Fortsetzung des Baues zu bewilligen.

§ 342. Was in den vorhergehenden Paragraphen in Rücksicht einer neuen Bauführung verordnet wird, ist auch auf die Niederreißung eines alten Gebäudes, oder andern Werkes anzuwenden.

und bei der Gefahr eines vorhandenen Baues

§ 343. Kann der Besitzer eines dinglichen Rechtes beweisen, daß ein bereits vorhandener fremder Bau oder eine andere fremde Sache dem Einsturze nahe sei, und ihm offenbarer Schaden drohe; so ist er befugt, gerichtlich auf Sicherstellung zu dringen, wenn anders die politische Behörde nicht bereits hinlänglich für die öffentliche Sicherheit gesorgt hat.

Rechtsmittel zur Erhaltung des Besitzstandes:

a) bei dringender Gefahr;

§ 344. [1]Zu den Rechten des Besitzes gehört auch das Recht, sich in seinem Besitze zu schützen, und in dem Falle, daß die richterliche Hilfe zu spät kommen würde, Gewalt mit angemessener Gewalt abzutreiben (§ 19). [2]Übrigens hat die politische Behörde für die Erhaltung der öffentlichen Ruhe, so wie das Strafgericht für die Bestrafung öffentlicher Gewalttätigkeiten, zu sorgen.

b) gegen den unechten Besitzer;

§ 345. Wenn sich jemand in den Besitz eindringt, oder durch List oder Bitte heimlich einschleicht, und das, was man ihm aus Gefälligkeit, ohne sich einer fortdauernden Verbindlichkeit zu unterziehen gestattet, in ein fortwährendes Recht zu verwandeln sucht; so wird der an sich unrechtmäßige und unredliche Besitz noch überdies unecht; in entgegengesetzten Fällen wird der Besitz für echt angesehen.

§ 346. [1]Gegen jeden unechten Besitzer kann sowohl die Zurücksetzung in die vorige Lage, als auch die Schadloshaltung eingeklagt werden. [2]Beides muß das Gericht nach rechtlicher Verhandlung, selbst ohne Rücksicht auf ein stärkeres Recht, welches der Geklagte auf die Sache haben könnte, verordnen.

c) beim Zweifel über die Echtheit des Besitzes;

§ 347. [1]Zeigt es sich nicht gleich auf der Stelle, wer sich in einem echten Besitze befinde, und inwiefern der eine oder der andere Teil auf gerichtliche Unterstützung Anspruch habe; so wird die im Streite verfangene Sache so lange der Gewahrsame des Gerichtes oder eines Dritten anvertraut, bis der Streit über den Besitz verhandelt und entschieden worden ist. [2]Der Sachfällige kann auch nach dieser Entscheidung die Klage aus einem vermeintlich stärkeren Rechte auf die Sache noch anhängig machen.

Verwahrungsmittel des Inhabers gegen mehrere zusammentreffende Besitzwerber

§ 348. [1]Wenn der bloße Inhaber von mehreren Besitzwerbern zugleich um die Übergabe der Sache angegangen wird, und sich einer darunter befindet, in dessen Namen die Sache aufbewahrt wurde; so wird sie vorzüglich diesem übergeben, und die Übergabe den übrigen bekanntgemacht. [2]Kommt dieser Umstand keinem zustatten, so wird die Sache der Gewahrsame des Richters oder eines Dritten anvertraut. [3]Der Richter hat die Rechtsgründe der Besitzwerber zu prüfen und darüber zu entscheiden.

Erlöschung des Besitzes:

a) körperlicher Sachen;

§ 349. Der Besitz einer körperlichen Sache geht insgemein verloren, wenn dieselbe ohne Hoffnung, wieder gefunden zu werden, in Verlust gerät; wenn sie freiwillig verlassen wird; oder, in fremden Besitz kommt.

b) der in die öffentlichen Bücher eingetragenen Rechte;

§ 350. Der Besitz derjenigen Rechte und unbeweglichen Sachen, welche einen Gegenstand der öffentlichen Bücher ausmachen, erlischt, wenn sie aus den landtäflichen, [Stadt-] oder Grundbüchern gelöscht; oder wenn sie auf den Namen eines andern eingetragen werden.

[] *Gegenstandslos*

c) anderer Rechte

§ 351. [1]Bei andern Rechten hört der Besitz auf, wenn der Gegenteil das, was er sonst geleistet hat, nicht mehr leisten zu wollen erklärt; wenn er die Ausübung des Rechtes eines andern nicht mehr duldet; oder wenn er das Verbot, etwas zu unterlassen, nicht mehr achtet, der Besitzer aber in allen diesen Fällen es dabei bewenden läßt, und die Erhaltung des Besitzes nicht einklagt. [2]Durch den bloßen Nichtgebrauch eines Rechtes geht der Besitz, außer den im Gesetze bestimmten Verjährungsfällen, nicht verloren.

§ 352. [1]Solange noch Hoffnung vorhanden ist, eine verlorene Sache zu erhalten, kann man sich durch den bloßen Willen in ihrem Besitze erhalten. [2]Die Abwesenheit des Besitzers oder die eintretende Unfähigkeit einen Besitz zu erwerben, heben den bereits erworbenen Besitz nicht auf.

Zweites Hauptstück
Von dem Eigentumsrechte

Begriff des Eigentumes. Eigentum im objektiven Sinne;

§ 353. Alles, was jemandem[1)] zugehöret, alle seine körperlichen und unkörperlichen Sachen, heißen sein Eigentum.

[1)] *In JGS „jemanden“*

im subjektiven

§ 354. Als ein Recht betrachtet, ist Eigentum das Befugnis, mit der Substanz und den Nutzungen einer Sache nach Willkür zu schalten, und jeden andern davon auszuschließen.

Objektive und subjektive Möglichkeit der Erwerbung des Eigentumes

§ 355. Alle Sachen sind insgemein Gegenstände des Eigentumsrechtes, und jedermann, den die Gesetze nicht ausdrücklich ausschließen, ist befugt, dasselbe durch sich selbst oder durch einen andern in seinem Namen zu erwerben.

§ 356. Wer also behauptet, daß der Person, die etwas erwerben will, in Rücksicht ihrer persönlichen Fähigkeit, oder in Rücksicht auf die Sache, die erworben werden soll, ein gesetzliches Hindernis entgegenstehe, dem liegt der Beweis ob.

§ 357. *(aufgehoben, BGBl I 2006/113, ab 25. 7. 2006)*

§ 358. Alle „ “ Arten der Beschränkungen durch das Gesetz oder durch den Willen des Eigentümers heben die Vollständigkeit des Eigentumes nicht auf. *(BGBl I 2006/113, ab 25. 7. 2006)*

§§ 359 und 360. *(aufgehoben, BGBl I 2006/113, ab 25. 7. 2006)*

Miteigentum

§ 361. [1]Wenn eine noch ungeteilte Sache mehrern Personen zugleich zugehört; so entsteht ein gemeinschaftliches Eigentum. [2]In Beziehung auf das Ganze werden die Miteigentümer für eine einzige Person angesehen; insoweit ihnen aber gewisse, obgleich unabgesonderte Teile angewiesen sind, hat jeder Miteigentümer das vollständige Eigentum des ihm gehörigen Teiles.

Rechte des Eigentümers

§ 362. Kraft des Rechtes, frei über sein Eigentum zu verfügen, kann der vollständige Eigentümer in der Regel seine Sache nach Willkür benützen oder unbenützt lassen; er kann sie vertilgen, ganz oder zum Teile auf andere übertragen, oder unbedingt sich derselben begeben, das ist, sie verlassen.

Beschränkungen derselben

§ 363. Eben diese Rechte genießen auch unvollständige, sowohl Ober- als Nutzungseigentümer; nur darf der eine nichts vornehmen, was mit dem Rechte des andern im Widerspruche steht.

§ 364. (1) [1]Überhaupt findet die Ausübung des Eigentumsrechtes nur insofern statt, als dadurch weder in die Rechte eines Dritten ein Eingriff geschieht, noch die in den Gesetzen zur Erhaltung und Beförderung des allgemeinen Wohles vorgeschriebenen Einschränkungen übertreten werden. [2]„Im Besonderen haben die Eigentümer benachbarter Grundstücke bei der Ausübung ihrer Rechte aufeinander Rücksicht zu nehmen.“ *(BGBl I 2003/91, ab 1. 7. 2004)*

(2) [1]Der Eigentümer eines Grundstückes kann dem Nachbarn die von dessen Grund ausgehenden Einwirkungen durch Abwässer, Rauch, Gase, Wärme, Geruch, Geräusch, Erschütterung und ähnliche insoweit untersagen, als sie das nach den örtlichen Verhältnissen gewöhnliche Maß überschreiten und die ortsübliche Benutzung des Grundstückes wesentlich beeinträchtigen. [2]Unmittelbare Zuleitung ist ohne besonderen Rechtstitel unter allen Umständen unzulässig.

(3) [1]Ebenso kann der Grundstückseigentümer einem Nachbarn die von dessen Bäumen oder anderen Pflanzen ausgehenden Einwirkungen durch den Entzug von Licht oder Luft insoweit untersagen, als diese das Maß des Abs. 2 überschreiten und zu einer unzumutbaren Beeinträchtigung der Benutzung des Grundstücks führen. [2]Bundes- und landesgesetzliche Regelungen über den Schutz von oder vor Bäumen und anderen Pflanzen, insbesondere über den Wald-, Flur-, Feld-, Ortsbild-, Natur- und Baumschutz, bleiben unberührt. *(BGBl I 2003/91, ab 1. 7. 2004)*

(RGBl 1916/69)

Zum obligatorischen Schlichtungsversuch vor Einbringung einer Klage s Art III ZivRÄG BGBl I 2003/91.

§ 364a. Wird jedoch die Beeinträchtigung durch eine Bergwerksanlage oder eine behördlich genehmigte Anlage auf dem nachbarlichen Grund in einer dieses Maß überschreitenden Weise verursacht, so ist der Grundbesitzer nur berechtigt, den Ersatz des zugefügten Schadens gerichtlich zu verlangen, auch wenn der Schaden durch Umstände verursacht wird, auf die bei der behördlichen Verhandlung keine Rücksicht genommen wurde.

(RGBl 1916/69)

§ 364b. Ein Grundstück darf nicht in der Weise vertieft werden, daß der Boden oder das Gebäude des Nachbars die erforderliche Stütze verliert, es sei denn, daß der Besitzer des Grundstückes für eine genügende anderweitige Befestigung Vorsorge trifft.

(RGBl 1916/69)

§ 364c. [1]Ein vertragsmäßiges oder letztwilliges Veräußerungs- oder Belastungsverbot hinsichtlich einer Sache oder eines dinglichen Rechtes verpflichtet nur den ersten Eigentümer, nicht aber seine Erben oder sonstigen Rechtsnachfolger. [2]Gegen Dritte wirkt es dann, wenn es zwischen Ehegatten, eingetragenen Partnern, Eltern und Kindern, Wahl- oder Pflegekindern oder deren

Ehegatten oder eingetragenen Partnern begründet und im öffentlichen Buche eingetragen wurde.

(BGBl I 2009/135, ab 1. 1. 2010)

§ 365. Wenn es das allgemeine Beste erheischt, muß ein Mitglied des Staates gegen eine angemessene Schadloshaltung selbst das vollständige Eigentum einer Sache abtreten.

Klagen aus dem Eigentumsrechte:

a) Eigentliche Eigentumsklage: wem und gegen wen sie gebühre?

§ 366. [1]Mit dem Rechte des Eigentümers, jeden andern von dem Besitze seiner Sache auszuschließen, ist auch das Recht verbunden, seine ihm vorenthaltene Sache von jedem Inhaber durch die Eigentumsklage gerichtlich zu fordern. [2]Doch steht dieses Recht demjenigen nicht zu, welcher eine Sache zur Zeit, da er noch nicht Eigentümer war, in seinem eigenen Namen veräußert, in der Folge aber das Eigentum derselben erlangt hat.

Gutgläubiger Erwerb

§ 367. (1) [1]Die Eigentumsklage gegen den rechtmäßigen und redlichen Besitzer einer beweglichen Sache ist abzuweisen, wenn er beweist, dass er die Sache gegen Entgelt in einer öffentlichen Versteigerung, von einem Unternehmer im gewöhnlichen Betrieb seines Unternehmens oder von jemandem erworben hat, dem sie der vorige Eigentümer anvertraut hatte. [2]In diesen Fällen erwirbt der rechtmäßige und redliche Besitzer das Eigentum. Der Anspruch des vorigen Eigentümers auf Schadenersatz gegen seinen Vertrauensmann oder gegen andere Personen bleibt unberührt.

(2) Ist die Sache mit dem Recht eines Dritten belastet, so erlischt dieses Recht mit dem Erwerb des Eigentums durch den rechtmäßigen und redlichen Besitzer, es sei denn, dass dieser in Ansehung dieses Rechtes nicht redlich ist.

(BGBl I 2005/120, ab 1. 1. 2007, auf nach dem 31. 12. 2006 abgeschlossene Rechtsgeschäfte anzuwenden. Auf davor abgeschlossene Rechtsgeschäfte sind die bisher geltenden Bestimmungen weiter anzuwenden)

§ 368. (1) [1]Der Besitzer ist redlich, wenn er weder weiß noch vermuten muss, dass die Sache nicht dem Veräußerer gehört. [2]Beim Erwerb von einem Unternehmer im gewöhnlichen Betrieb seines Unternehmens genügt der gute Glaube an die Befugnis des Veräußerers, über die Sache zu verfügen.

(2) Beweist der Eigentümer, dass der Besitzer aus der Natur der Sache, aus ihrem auffällig geringen Preis, aus den ihm bekannten persönlichen Eigenschaften seines Vormanns, aus dessen Unternehmen oder aus anderen Umständen einen gegründeten Verdacht hätte schöpfen müssen, so hat der Besitzer die Sache dem Eigentümer zu überlassen.

(BGBl I 2005/120, ab 1. 1. 2007, s Anm zu § 367)

Was dem Kläger zu beweisen obliege?

§ 369. Wer die Eigentumsklage übernimmt, muß den Beweis führen, daß der Geklagte die eingeklagte Sache in seiner Macht habe, und daß diese Sache sein Eigentum sei.

§ 370. Wer eine bewegliche Sache gerichtlich zurückfordert, muß sie durch Merkmale beschreiben, wodurch sie von allen ähnlichen Sachen gleicher Gattung ausgezeichnet wird.

§ 371. Sachen, die sich auf diese Art nicht unterscheiden lassen, wie bares Geld mit anderm baren Gelde vermengt, oder auf den Überbringer lautende Schuldbriefe, sind also in der Regel kein Gegenstand der Eigentumsklage; wenn nicht solche Umstände eintreten, aus denen der Kläger sein Eigentumsrecht beweisen kann, und aus denen der Geklagte wissen mußte, daß er die Sache sich zuzuwenden nicht berechtigt sei.

b) Eigentumsklage aus dem rechtlich vermuteten Eigentume des Klägers

Gegen welchen Besitzer diese Vermutung eintrete?

§ 372. Wenn der Kläger mit dem Beweise des erworbenen Eigentumes einer ihm vorenthaltenen Sache zwar nicht ausreicht, aber den gültigen Titel, und die echte Art, wodurch er zu ihrem Besitze gelangt ist, dargetan hat; so wird er doch in Rücksicht eines jeden Besitzers, der keinen, oder nur einen schwächern Titel seines Besitzes anzugeben vermag, für den wahren Eigentümer gehalten.

§ 373. Wenn also der Geklagte die Sache auf eine unredliche oder unrechtmäßige Weise besitzt; wenn er keinen oder nur einen verdächtigen Vormann anzugeben vermag; oder, wenn er die Sache ohne Entgelt, der Kläger aber gegen Entgelt erhalten hat; so muß er dem Kläger weichen.

§ 374. Haben der Geklagte und der Kläger einen gleichen Titel ihres echten Besitzes, so gebührt dem Geklagten kraft des Besitzes der Vorzug.

§ 375. Wer eine Sache in fremdem Namen besitzt, kann sich gegen die Eigentumsklage dadurch schützen, daß er seinen Vormann namhaft macht, und sich darüber ausweist.

Gesetzliche Folge:

a) der Ableugnung des Besitzes;

§ 376. Wer den Besitz einer Sache vor Gericht leugnet und dessen überwiesen wird, muß dem Kläger deswegen allein schon den Besitz abtreten; doch behält er das Recht, in der Folge seine Eigentumsklage anzustellen.

b) des vorgegebenen Besitzes;

§ 377. Wer eine Sache, die er nicht besitzt, zu besitzen vorgibt, und den Kläger dadurch irreführt, haftet für allen daraus entstehenden Schaden.

c) des aufgegebenen Besitzes der streitigen Sache

§ 378. Wer eine Sache im Besitze hatte, und nach zugestellter Klage fahren ließ, muß sie dem Kläger, wenn dieser sich nicht an den wirklichen Inhaber halten will, auf seine Kosten zurückverschaffen, oder den außerordentlichen Wert derselben ersetzen.

Was der Besitzer dem Eigentümer erstatte

§ 379. Was sowohl der redliche als unredliche Besitzer dem Eigentümer in Ansehung des entgangenen Nutzens, oder des erlittenen Schadens zu ersetzen habe, ist in dem vorigen Hauptstücke bestimmt worden.

Drittes Hauptstück

Von der Erwerbung des Eigentumes durch Zueignung

Rechtliche Erfordernisse der Erwerbung

§ 380. Ohne Titel und ohne rechtliche Erwerbungsart kann kein Eigentum erlangt werden.

Titel und Art der unmittelbaren Erwerbung: Die Zueignung

§ 381. [1]Bei freistehenden Sachen besteht der Titel in der angebornen Freiheit, sie in Besitz zu nehmen. [2]Die Erwerbungsart ist die Zueignung, wodurch man sich einer freistehenden Sache bemächtigt, in der Absicht, sie als die seinige zu behandeln.

§ 382. Freistehende Sachen können von allen Mitgliedern des Staates durch die Zueignung erworben werden, insofern diese Befugnis nicht durch politische Gesetze eingeschränkt ist, oder einigen Mitgliedern das Vorrecht der Zueignung zusteht.

1. durch den Tierfang;

§ 383. [1]Dieses gilt insbesondere von dem Tierfange. [2]Wem das Recht zu jagen oder zu fischen gebühre; wie der übermäßige Anwachs des Wildes gehemmt, und der vom Wilde verursachte Schaden ersetzt werde; wie der Honigraub, der durch fremde Bienen geschieht, zu verhindern sei; ist in den politischen Gesetzen festgesetzt. [3]Wie Wilddiebe zu bestrafen seien, wird in den Strafgesetzen bestimmt.

§ 384. [1]Häusliche Bienenschwärme und andere zahme oder zahm gemachte Tiere sind kein Gegenstand des freien Tierfanges, vielmehr hat der Eigentümer das Recht, sie auf fremdem Grunde zu verfolgen; doch soll er dem Grundbesitzer den ihm etwa verursachten Schaden ersetzen. [2]Im Falle, daß der Eigentümer des Mutterstockes den Schwarm durch zwei Tage nicht verfolgt hat; oder, daß ein zahm gemachtes Tier durch zweiundvierzig Tage von selbst ausgeblieben ist, kann sie auf gemeinem Grunde jedermann; auf dem seinigen der Grundeigentümer für sich nehmen, und behalten.

2. durch das Finden freistehender Sachen

§ 385. Keine Privatperson ist berechtigt, die dem Staate durch die politischen Verordnungen vorbehaltenen Erzeugnisse sich zuzueignen.

§ 386. [1]Bewegliche Sachen, welche der Eigentümer nicht mehr als die seinigen behalten will, und daher verläßt, kann sich jedes Mitglied des Staates eigen machen. [2]„Im Zweifel ist nicht zu vermuten, dass jemand sein Eigentum aufgeben wolle; daher darf kein Finder eine gefundene Sache für verlassen ansehen und sich diese zueignen.“ *(BGBl I 2002/104, ab 1. 2. 2003)*

§ 387. Inwiefern Grundstücke wegen gänzlicher Unterlassung ihres Anbaues, oder Gebäude wegen der unterlassenen Herstellung für verlassen anzusehen, oder einzuziehen seien, bestimmen die politischen Gesetze.

Vorschriften über das Finden

a) verlorener und vergessener Sachen

§ 388. (1) Verloren sind bewegliche, in niemandes Gewahrsame stehende Sachen, die ohne den

Willen des Inhabers aus seiner Gewalt gekommen sind.

(2) Vergessen sind bewegliche Sachen, die ohne den Willen des Inhabers an einem fremden, unter der Aufsicht eines anderen stehenden Ort zurückgelassen worden und dadurch in fremde Gewahrsame gekommen sind.

(BGBl I 2002/104, ab 1. 2. 2003)

§ 389. (1) Finder ist, wer eine verlorene oder vergessene Sache entdeckt und an sich nimmt.

(2) Verlustträger sind der Eigentümer und andere zur Innehabung der verlorenen oder vergessenen Sache berechtigte Personen.

(BGBl I 2002/104, ab 1. 2. 2003)

§ 390. Der Finder hat den Fund unverzüglich der zuständigen Fundbehörde (§ 14 Abs. 5 SPG) unter Abgabe der gefundenen Sache anzuzeigen und über alle für die Ausforschung eines Verlustträgers maßgeblichen Umstände Auskunft zu geben.

(BGBl I 2002/104, ab 1. 2. 2003)

§ 391. Die Pflichten nach § 390 bestehen nicht, wenn

1. der Finder die gefundene Sache einem Verlustträger vor der Anzeigeerstattung ausfolgt oder

2. der gemeine Wert der gefundenen Sache 10 Euro nicht übersteigt, es sei denn erkennbar, dass die Wiedererlangung der Sache für einen Verlustträger von erheblicher Bedeutung ist.

(BGBl I 2002/104, ab 1. 2. 2003)

§ 392. Der Finder hat gegen den, dem der Fundgegenstand ausgefolgt wird, Anspruch auf Finderlohn und auf Ersatz des notwendig und zweckmäßig gemachten Aufwandes.

(BGBl I 2002/104, ab 1. 2. 2003, nicht anzuwenden, wenn der Finder die verlorene oder vergessene Sache davor entdeckt und an sich genommen hat)

§ 393. (1) [1]Der Finderlohn beträgt bei verlorenen Sachen 10 vH, bei vergessenen Sachen 5 vH des gemeinen Wertes. [2]Übersteigt der gemeine Wert 2 000 Euro, so beträgt der Finderlohn in Rücksicht des Übermaßes die Hälfte dieser Hundertersätze.

(2) Bei unschätzbaren Sachen und solchen, deren Wiedererlangung für den Verlustträger von erheblicher Bedeutung ist, ist der Finderlohn nach billigem Ermessen festzulegen; hierbei ist auf die Grundsätze des Abs. 1, auf die dem Finder entstandene Mühe und auf den dem Verlustträger durch die Wiedererlangung der gefundenen Sache verschafften Vorteil Bedacht zu nehmen.

(BGBl I 2002/104, ab 1. 2. 2003, siehe Anm zu § 392)

§ 394. Ein Anspruch auf Finderlohn besteht nicht, wenn

1. die Sache von einer Person im Rahmen ihrer privat- oder öffentlich-rechtlichen, die Rettung der Sache umfassenden Pflicht gefunden worden ist oder

2. der Finder die in den §§ 390 und 391 enthaltenen Anordnungen schuldhaft verletzt hat oder

3. die vergessene Sache auch sonst ohne deren Gefährdung wiedererlangt worden wäre.

(BGBl I 2002/104, ab 1. 2. 2003, siehe Anm zu § 392)

§ 395. [1]„Wird die Sache innerhalb eines Jahres oder, wenn der gemeine Wert der Sache im Zeitpunkt des Fundes 100 Euro nicht übersteigt, innerhalb eines halben Jahres von keinem Verlustträger angesprochen, so erwirbt der Finder das Eigentum an der in seiner Gewahrsame befindlichen Sache mit Ablauf der Frist, an der abgegebenen Sache mit ihrer Ausfolgung an ihn.“ [2]Die Frist beginnt im Fall des § 391 Z 2 mit dem Zeitpunkt des Findens, sonst mit der Erstattung der Anzeige (§ 390). *(BGBl I 2023/38, ab 1. 5. 2023, auf Fundgegenstände anzuwenden, die ab diesem Zeitpunkt der Fundbehörde angezeigt werden)*

(BGBl I 2002/104, ab 1. 2. 2003, siehe Anm zu § 392)

§ 396. [1]Wer eine verlorene oder vergessene Sache entdeckt, sie aber nicht an sich nehmen kann, hat Anspruch auf die Hälfte des im § 393 bestimmten Finderlohnes, wenn er die Entdeckung einer im § 390 bezeichneten Stelle anzeigt und der Verlustträger die Sache dadurch wiedererlangt, es sei denn, dass dieser die Sache auch sonst ohne deren Gefährdung wiedererlangt hätte. [2]§ 394 Z 1 ist anzuwenden.

(BGBl I 2002/104, ab 1. 2. 2003, siehe Anm zu § 392)

b) verborgener Gegenstände

§ 397. (1) Werden vergrabene, eingemauerte oder sonst verborgene Sachen eines unbekannten Eigentümers entdeckt, so gilt sinngemäß das, was für die verlorenen Sachen bestimmt ist.

(2) Der Finderlohn ist auch dann nicht zu entrichten, wenn die Sache auch sonst ohne deren Gefährdung wiedererlangt worden wäre.

(BGBl I 2002/104, ab 1. 2. 2003, siehe Anm zu § 392)

c) eines Schatzes

§ 398. [1]Bestehen die entdeckten Sachen in Geld, Schmuck oder andern Kostbarkeiten, die so lange im Verborgenen gelegen haben, daß man ihren vorigen Eigentümer nicht mehr erfahren kann, dann heißen sie ein Schatz. [2]Die Entdeckung eines Schatzes ist von der Obrigkeit [der Landesstelle][1)] anzuzeigen.

---

1) Jetzt: dem Bundesdenkmalamt

§ 399. Von einem Schatz erhalten der Finder und der Eigentümer des Grundes je die Hälfte.

(BGBl I 2002/104, ab 1. 2. 2003)

§ 400. Wer sich dabei einer unerlaubten Handlung schuldig gemacht; wer ohne Wissen und Willen des Nutzungseigentümers den Schatz aufgesucht; oder den Fund verheimlicht hat; dessen Anteil soll dem Angeber; oder, wenn kein Angeber vorhanden ist, dem Staate zufallen.

§ 401. [1]Finden Arbeitsleute zufälliger Weise einen Schatz, so gebührt ihnen als Findern ein Dritteil[1)] davon. [2]Sind sie aber von dem Eigentümer ausdrücklich zur Aufsuchung eines Schatzes gedungen worden, so müssen sie sich mit ihrem ordentlichen Lohne begnügen.

---

1) Jetzt wohl: die Hälfte (s § 399)

3. von der Beute

§ 402. Über das Recht der Beute und der von dem Feinde zurückerbeuteten Sachen, sind die Vorschriften in den Kriegsgesetzen enthalten.

Von dem Rechte aus der Rettung einer fremden beweglichen Sache

§ 403. Wer eine fremde bewegliche Sache von dem unvermeidlichen Verluste oder Untergange rettet, ist berechtigt, von dem rückfordernden Eigentümer den Ersatz seines Aufwandes, und eine verhältnismäßige Belohnung von höchstens zehn von Hundert zu fordern.

Viertes Hauptstück

Von Erwerbung des Eigentumes durch Zuwachs

Zuwachs

§ 404. [1]Zuwachs heißt alles, was aus einer Sache entsteht, oder neu zu derselben kommt, ohne daß es dem Eigentümer von jemand andern übergeben worden ist. [2]Der Zuwachs wird durch Natur, durch Kunst, oder durch beide zugleich bewirkt.

I. Natürlicher Zuwachs:

a) an Naturprodukten;

b) Werfen der Tiere;

§ 405. Die natürlichen Früchte eines Grundes, nämlich solche Nutzungen, die er, ohne bearbeitet zu werden, hervorbringt, als: Kräuter, Schwämme und dergleichen, wachsen dem Eigentümer des Grundes, sowie alle Nutzungen, welche aus einem Tiere entstehen, dem Eigentümer des Tieres zu.

§ 406. Der Eigentümer eines Tieres, welches durch das Tier eines andern befruchtet wird, ist diesem keinen Lohn schuldig, wenn er nicht bedungen worden ist.

c) Inseln;

§ 407. [[1]Wenn in der Mitte eines Gewässers eine Insel entsteht, so sind die Eigentümer der nach der Länge derselben an beiden Ufern liegenden Grundstücke ausschließend befugt, die entstandene Insel in zwei gleichen Teilen sich zuzueignen, und nach Maß der Länge ihrer Grundstücke unter sich zu teilen. [2]Entsteht die Insel auf der einen Hälfte des Gewässers, so hat der Eigentümer des nähern Uferlandes allein darauf Anspruch. [3]Inseln auf schiffbaren Flüssen bleiben dem Staate vorbehalten.]

[] *Gegenstandslos, s § 4 Abs 1 WRG*

§ 408. Werden bloß durch die Austrocknung des Gewässers, oder durch desselben Teilung in mehrere Arme, Inseln gebildet, oder Grundstücke überschwemmt; so bleiben die Rechte des vorigen Eigentumes unverletzt.

d) vom verlassenen Wasserbette;

§ 409. Wenn ein Gewässer sein Bett verläßt, so haben vor allem die Grundbesitzer, welche durch den neuen Lauf des Gewässers Schaden leiden, das Recht, aus dem verlassenen Bette oder dessen Werte entschädigt zu werden.

§ 410. [Außer dem Falle einer solchen Entschädigung gehört das verlassene Bett, so wie von einer entstandenen Insel verordnet wird, den angrenzenden Uferbesitzern.]

[] *Gegenstandslos, s WRG*

e) vom Anspülen;

§ 411. Das Erdreich, welches ein Gewässer unmerklich an ein Ufer anspült, gehört dem Eigentümer des Ufers.

f) vom abgerissenen Lande

§ 412. Wird aber ein merklicher Erdteil durch die Gewalt des Flusses an ein fremdes Ufer gelegt; so verliert der vorige Besitzer sein Eigentumsrecht darauf nur in dem Falle, wenn er es in einer Jahresfrist nicht ausübt.

§ 413. [1]Jeder Grundbesitzer ist befugt, sein Ufer gegen das Ausreißen des Flusses zu befestigen. [2]Allein niemand darf solche Werke oder Pflanzungen anlegen, die den ordentlichen Lauf des Flusses verändern, oder die der Schifffahrt, den Mühlen, der Fischerei oder andern fremden Rechten nachteilig werden könnten. [3]Überhaupt können ähnliche Anlagen nur mit Erlaubnis der politischen Behörde gemacht werden.

II. Künstlicher Zuwachs durch Verarbeitung oder Vereinigung überhaupt;

§ 414. Wer fremde Sachen verarbeitet; wer sie mit den seinigen vereinigt, vermengt, oder vermischt, erhält dadurch noch keinen Anspruch auf das fremde Eigentum.

§ 415. [1]Können dergleichen verarbeitete Sachen in ihren vorigen Stand zurückgebracht; vereinigte, vermengte oder vermischte Sachen wieder abgesondert werden; so wird einem jeden Eigentümer das Seinige zurückgestellt, und demjenigen Schadloshaltung geleistet, dem sie gebührt. [2]Ist die Zurücksetzung in den vorigen Stand, oder die Absonderung nicht möglich, so wird die Sache den Teilnehmern gemein; doch steht demjenigen, mit dessen Sache der andere durch Verschulden die Vereinigung vorgenommen hat, die Wahl frei, ob er den ganzen Gegenstand gegen Ersatz der Verbesserung behalten, oder ihn dem andern ebenfalls gegen Vergütung überlassen wolle. [3]Der Schuld tragende Teilnehmer wird nach Beschaffenheit seiner redlichen oder unredlichen Absicht behandelt. [4]Kann aber keinem Teile ein Verschulden beigemessen werden, so bleibt dem, dessen Anteil mehr wert ist, die Auswahl vorbehalten.

§ 416. Werden fremde Materialien nur zur Ausbesserung einer Sache verwendet, so fällt die fremde Materie dem Eigentümer der Hauptsache zu, und dieser ist verbunden, nach Beschaffenheit seines redlichen oder unredlichen Verfahrens, dem vorigen Eigentümer der verbrauchten Materialien den Wert derselben zu bezahlen.

insbesondere bei einem Baue

§ 417. Wenn jemand auf eigenem Boden ein Gebäude aufführt, und fremde Materialien dazu verwendet hat, so bleibt das Gebäude zwar sein Eigentum; doch muß selbst ein redlicher Bauführer dem Beschädigten die Materialien, wenn er sie außer den im § 367 angeführten Verhältnissen an sich gebracht hat, nach dem gemeinen; ein unredlicher aber muß sie nach dem höchsten Preise, und überdies noch allen anderweitigen Schaden ersetzen.

§ 418. [1]Hat im entgegengesetzten Falle jemand mit eigenen Materialien, ohne Wissen und Willen des Eigentümers auf fremdem Grunde gebaut, so fällt das Gebäude dem Grundeigentümer zu. [2]Der redliche Bauführer kann den Ersatz der notwendigen und nützlichen Kosten fordern; der unredliche wird gleich einem Geschäftsführer ohne Auftrag behandelt. [3]Hat der Eigentümer des Grundes die Bauführung gewußt, und sie nicht sogleich dem redlichen Bauführer untersagt, so kann er nur den gemeinen Wert für den Grund fordern.

§ 419. [1]Ist das Gebäude auf fremdem Grunde, und aus fremden Materialien entstanden, so wächst auch in diesem Falle das Eigentum desselben dem Grundeigentümer zu. [2]Zwischen dem Grundeigentümer und dem Bauführer treten die nämlichen Rechte und Verbindlichkeiten, wie in dem vorstehenden Paragraphen[1)], ein, und der Bauführer muß dem vorigen Eigentümer der Materialien, nach Beschaffenheit seiner redlichen oder unredlichen Absicht, den gemeinen oder den höchsten Wert ersetzen.

[1)] in JGS „Paragraphe“

III. Vermischter Zuwachs

§ 420. [1]Was bisher wegen der mit fremden Materialien aufgeführten Gebäude bestimmt worden ist, gilt auch für die Fälle, wenn ein Feld mit fremden Samen besät, oder mit fremden Pflanzen besetzt worden ist. [2]Ein solcher Zuwachs gehört dem Eigentümer des Grundes, wenn anders die Pflanzen schon Wurzel geschlagen haben.

§ 421. [1]Das Eigentum eines Baumes wird nicht nach den Wurzeln, die sich in einem angrenzenden Grunde verbreiten, sondern nach dem Stamme bestimmt, der aus dem Grunde hervorragt. [2]Steht der Stamm auf den Grenzen mehrerer Eigentümer, so ist ihnen der Baum gemein.

§ 422. (1) [1]Jeder Eigentümer kann die in seinen Grund eindringenden Wurzeln eines fremden Baumes oder einer anderen fremden Pflanze aus seinem Boden entfernen und die über seinem Luftraum hängenden Äste abschneiden oder sonst benützen. [2]Dabei hat er aber fachgerecht vorzugehen und die Pflanze möglichst zu schonen. [3]Bundes- und landesgesetzliche Regelungen über den Schutz von oder vor Bäumen und anderen Pflanzen, insbesondere über den Wald-, Flur-, Feld-,

Ortsbild-, Natur- und Baumschutz, bleiben unberührt.

(2) [1]Die für die Entfernung der Wurzeln oder das Abschneiden der Äste notwendigen Kosten hat der beeinträchtigte Grundeigentümer zu tragen. [2]Sofern diesem aber durch die Wurzeln oder Äste ein Schaden entstanden ist oder offenbar droht, hat der Eigentümer des Baumes oder der Pflanze die Hälfte der notwendigen Kosten zu ersetzen.

(BGBl I 2003/91, ab 1. 7. 2004)

Fünftes Hauptstück

Von Erwerbung des Eigentumes durch Übergabe

Mittelbare Erwerbung

§ 423. Sachen, die schon einen Eigentümer haben, werden mittelbar erworben, indem sie auf eine rechtliche Art von dem Eigentümer auf einen andern übergehen.

Titel derselben

§ 424. Der Titel der mittelbaren Erwerbung liegt in einem Vertrage; in einer Verfügung auf den Todesfall; in dem richterlichen Ausspruche; oder, in der Anordnung des Gesetzes.

Mittelbare Erwerbungsart

§ 425. [1]Der bloße Titel gibt noch kein Eigentum. [2]Das Eigentum und alle dingliche Rechte überhaupt können, außer den in dem Gesetze bestimmten Fällen, nur durch die rechtliche Übergabe und Übernahme erworben werden.

Arten der Übergabe: 1. bei beweglichen Sachen:

a) körperliche Übergabe;

§ 426. Bewegliche Sachen können in der Regel nur durch körperliche Übergabe von Hand zu Hand an einen andern übertragen werden.

b) Übergabe durch Zeichen;

§ 427. Bei solchen beweglichen Sachen aber, welche ihrer Beschaffenheit nach keine körperliche Übergabe zulassen, wie bei Schuldforderungen, Frachtgütern, bei einem Warenlager oder einer andern Gesamtsache, gestattet das Gesetz die Übergabe durch Zeichen; indem der Eigentümer dem Übernehmer die Urkunden, wodurch das Eigentum dargetan wird, oder die Werkzeuge übergibt, durch die der Übernehmer in den Stand gesetzt wird, ausschließend den Besitz der Sache zu ergreifen; oder, indem man mit der Sache ein Merkmal verbindet, woraus jedermann deutlich erkennen kann, daß die Sache einem andern überlassen worden ist.

c) durch Erklärung

§ 428. Durch Erklärung wird die Sache übergeben, wenn der Veräußerer auf eine erweisliche Art seinen Willen an den Tag legt, daß er die Sache künftig im Namen des Übernehmers innehabe; oder, daß der Übernehmer die Sache, welche er bisher ohne ein dingliches Recht innehatte, künftig aus einem dinglichen Rechte besitzen solle.

Folge in Rücksicht der übersendeten,

§ 429. Wenn die Sache mit Willen des Übernehmers an einen anderen Ort als den Erfüllungsort übersendet wird, ist die Sache bereits mit ihrer Aushändigung an eine mit der Übersendung betraute Person übergeben, sofern die Art der Übersendung der getroffenen Vereinbarung, mangels einer solchen der Verkehrsübung entspricht.

(BGBl I 2014/33, ab 13. 6. 2014)

oder, an mehrere veräußerten Sachen

§ 430. Hat ein Eigentümer eben dieselbe bewegliche Sache an zwei verschiedene Personen, an eine mit, an die andere ohne Übergabe veräußert; so gebührt sie derjenigen, welcher sie zuerst übergeben worden ist; doch hat der Eigentümer dem verletzten Teile zu haften.

2. Bei unbeweglichen Sachen und Bauwerken

§ 431. [1]Zur Übertragung des Eigentumes unbeweglicher Sachen muß das Erwerbungsgeschäft in die dazu bestimmten öffentlichen Bücher eingetragen werden. [2]Diese Eintragung nennt man Einverleibung (Intabulation).

Insbesondere bei Erwerbung

a) durch Vertrag;

§ 432. Zu diesem Zwecke muß über das Erwerbungsgeschäft eine beglaubigte Urkunde in der zur Gültigkeit des Geschäftes vorgeschriebenen Form oder eine öffentliche Urkunde ausgefertigt werden.

(RGBl 1916/69)

§ 433. Die Urkunde muß die genaue Angabe der Personen, die das Eigentum übergeben und übernehmen; der Liegenschaft, die übergeben werden soll, mit ihren Bestandteilen; des Rechtsgrundes der Übergabe; ferner des Ortes und der Zeit des Vertragsschlusses enthalten; und es muß von dem Übergeber in dieser oder in einer besonderen Urkunde die ausdrückliche Erklärung abgegeben werden, daß er in die Einverleibung einwillige.

(RGBl 1916/69)

§ 434. [1]Zur Übertragung des Eigentums an Liegenschaften, die in keinem Grundbuche eingetragen sind, muß eine mit den Erfordernissen der §§ 432 und 433 versehene Urkunde bei Gericht hinterlegt werden. [2]An die Stelle der Bewilligung der Einverleibung tritt die Erklärung der Einwilligung zur Hinterlegung der Urkunde.

(RGBl 1916/69)

§ 435. Dasselbe gilt auch für die Übertragung des Eigentums an Bauwerken, die auf fremdem Grund in der Absicht aufgeführt sind, daß sie nicht stets darauf bleiben sollen, soferne sie nicht Zugehör eines Baurechtes sind.

(RGBl 1916/69)

b) durch Urteil und andere gerichtliche Urkunden;

§ 436. Wenn das Eigentum unbeweglicher Sachen oder eines Bauwerkes zufolge rechtskräftigen Urteils, gerichtlicher Teilung oder Einantwortung einer Erbschaft übertragen werden soll, ist ebenfalls die Einverleibung (§§ 431 bis 433) oder die Hinterlegung der Urkunde (§§ 434, 435) erforderlich.

(RGBl 1916/69)

oder c) durch Vermächtnis

§ 437. Ebenso ist es, um das Eigentum eines vermachten unbeweglichen Gutes oder eines Bauwerkes zu erwerben, notwendig, daß die Sache dem Vermächtnisnehmer gemäß §§ 431 bis 435 übergeben werde.

(RGBl 1916/69)

Bedingte Aufzeichnung in das öffentliche Buch; oder Vormerkung

§ 438. [1]Wenn derjenige, welcher das Eigentum einer unbeweglichen Sache anspricht, darüber zwar eine glaubwürdige, aber nicht mit allen in den [§§ 434 und 435][1)] zur Einverleibung vorgeschriebenen Erfordernissen versehene Urkunde besitzt; so kann er doch, damit ihm niemand ein Vorrecht abgewinne, die bedingte Eintragung in das öffentliche Buch bewirken, welche Vormerkung (Pränotation) genannt wird. [2]Dadurch erhält er ein bedingtes Eigentumsrecht, und er wird, sobald er zu Folge richterlichen Ausspruches die Vormerkung gerechtfertigt hat, von der Zeit des nach gesetzlicher Ordnung eingereichten Vormerkungsgesuches, für den wahren Eigentümer gehalten.

1) Jetzt: §§ 432 und 433

§ 439. [Die geschehene Vormerkung muß sowohl demjenigen, der sie bewirkt hat, als auch seinem Gegner durch Zustellung zu eigenen Handen bekannt gemacht werden.] Der Vormerkungswerber muß binnen vierzehn Tagen, vom Tage der erhaltenen Zustellung, die ordentliche Klage zum Erweise des Eigentumsrechtes einreichen; widrigenfalls soll die bewirkte Vormerkung auf Ansuchen des Gegners gelöscht werden.

[] *Gegenstandslos, s §§ 118 ff GBG*

Vorschrift über die Kollision der Einverleibungen

§ 440. Hat der Eigentümer eben dieselbe unbewegliche Sache zwei verschiedenen Personen überlassen; so fällt sie derjenigen zu, welche früher die Einverleibung angesucht hat.

Folge der Erwerbung:

a) in Rücksicht des Besitzes;

§ 441. Sobald die Urkunde über das Eigentumsrecht in das öffentliche Buch eingetragen ist, tritt der neue Eigentümer in den rechtmäßigen Besitz.

b) der damit verbundenen Rechte;

§ 442. [1]Wer das Eigentum einer Sache erwirbt, erlangt auch die damit verbundenen Rechte. [2]Rechte, die auf die Person des Übergebers eingeschränkt sind, kann er nicht übergeben. [3]Überhaupt kann niemand einem andern mehr Recht abtreten, als er selbst hat.

c) Lasten

§ 443. [1]Mit dem Eigentume unbeweglicher Sachen werden auch die darauf haftenden, in den öffentlichen Büchern angemerkten Lasten übernommen. [2]Wer diese Bücher nicht einsieht, leidet in allen Fällen für seine Nachlässigkeit. [3]Andere Forderungen und Ansprüche, die jemand an den vorigen Eigentümer hat, gehen nicht auf den neuen Erwerber über.

Erlöschung des Eigentumsrechtes

§ 444. [1]Das Eigentum überhaupt kann durch den Willen des Eigentümers; durch das Gesetz, und durch richterlichen Ausspruch verloren gehen. [2]Das Eigentum der unbeweglichen Sachen aber wird nur durch die Löschung aus den öffentlichen Büchern aufgehoben.

Ausdehnung dieser Vorschriften auf andere dingliche Rechte

§ 445. Nach den in diesem Hauptstücke über die Erwerbungs- und Erlöschungsart des Eigentumsrechtes unbeweglicher Sachen gegebenen Vorschriften hat man sich auch bei den übrigen, auf unbewegliche Sachen sich beziehenden, dinglichen Rechten zu verhalten.

Form und Vorsichten der Einverleibungen

§ 446. Auf was Art und mit welchen Vorsichten überhaupt bei Einverleibung dinglicher Rechte vorzugehen sei, ist in den über die Einrichtung der Landtafeln und Grundbücher bestehenden besondern Anordnungen enthalten.

Sechstes Hauptstück

Von dem Pfandrechte

Begriff von dem Pfandrechte und Pfande

§ 447. [1]Das Pfandrecht ist das dingliche Recht, welches dem Gläubiger eingeräumt wird, aus einer Sache, wenn die Verbindlichkeit zur bestimmten Zeit nicht erfüllt wird, die Befriedigung zu erlangen. [2]Die Sache, worauf dem Gläubiger dieses Recht zusteht, heißt überhaupt ein Pfand.

Arten des Pfandes

§ 448. [1]Als Pfand kann jede Sache dienen, die im Verkehre steht. [2]Ist sie beweglich, so wird sie Handpfand, oder ein Pfand in enger Bedeutung genannt; ist sie unbeweglich, so heißt sie eine Hypothek oder ein Grundpfand.

Titel des Pfandrechtes

§ 449. [1]Das Pfandrecht bezieht sich zwar immer auf eine gültige Forderung, aber nicht jede Forderung gibt einen Titel zur Erwerbung des Pfandrechtes. [2]Dieser gründet sich auf das Gesetz; auf einen richterlichen Ausspruch; auf einen Vertrag; oder den letzten Willen des Eigentümers.

§ 450. [1]Die Fälle, in welchen das Gesetz jemandem[1)] das Pfandrecht einräumt, sind am gehörigen Orte dieses Gesetzbuches und bei dem Verfahren in Konkursfällen angegeben. [2]Inwiefern das Gericht ein Pfandrecht einräumen könne, bestimmt die Gerichtsordnung. [3]Soll durch die Einwilligung des Schuldners oder eines Dritten, der seine Sache für ihn verhaftet, das Pfandrecht erworben werden; so dienen die Vorschriften von Verträgen und Vermächtnissen zur Richtschnur.

[1)] In JGS „jemanden“

Erwerbungsart des Pfandrechtes:

a) durch körperliche Übergabe;

b) durch Einverleibung oder gerichtliche Urkundenhinterlegung;

§ 451. (1) [1]Um das Pfandrecht wirklich zu erwerben, muß der mit einem Titel versehene Gläubiger die verpfändete Sache, wenn sie beweglich ist, in Verwahrung nehmen; und, wenn sie unbeweglich ist, seine Forderung auf die zur Erwerbung des Eigentumes liegender Güter vorgeschriebene Art einverleiben lassen. [2]Der Titel allein gibt nur ein persönliches Recht zu der Sache, aber kein dingliches Recht auf die Sache.

(2) [1]Das Pfandrecht an bücherlich nicht eingetragenen Liegenschaften (§ 434) oder an Bauwerken (§ 435) wird durch die gerichtliche Hinterlegung einer beglaubigten Pfandbestellungsurkunde erworben. [2]Die Urkunde muß die genaue Angabe des Pfandgegenstandes und der Forderung mit einer ziffermäßig bestimmten Geldsumme, bei einer verzinslichen Forderung auch die Höhe der Zinsen; ferner die ausdrückliche Zustimmung des Verpfänders zu der gerichtlichen Hinterlegung enthalten.

(RGBl 1916/69)

c) durch symbolische Übergabe;

§ 452. [1]Bei Verpfändung derjenigen beweglichen Sachen, welche keine körperliche Übergabe von Hand zu Hand zulassen, muß man sich, wie bei der Übertragung des Eigentumes (§ 427), solcher Zeichen bedienen, woraus jedermann die Verpfändung leicht erfahren kann. [2]Wer diese Vorsicht unterläßt, haftet für die nachteiligen Folgen.

d) durch die Vormerkung

§ 453. [1]Findet die Einverleibung einer Forderung in die öffentlichen Bücher wegen Mangels gesetzmäßiger Förmlichkeit in der Urkunde nicht statt; so kann sich der Gläubiger vormerken (pränotieren) lassen. [2]Durch diese Vormerkung erhält er ein bedingtes Pfandrecht, welches, wenn die Forderung auf die oben §§ 438 und 439 angeführte Art gerechtfertigt worden ist, von dem Zeitpunkte des nach gesetzlicher Ordnung eingereichten Vormerkungsgesuches in ein unbedingtes übergeht.

Erwerbung eines Afterpfandes

§ 454. Der Pfandinhaber kann sein Pfand, insoweit er ein Recht darauf hat, einem Dritten wieder verpfänden, und insofern wird es zum Afterpfande, wenn zugleich letzterer sich dasselbe übergeben, oder die Afterverpfändung auf das Pfandrecht in die öffentlichen Bücher eintragen läßt.

§ 455. Wird der Eigentümer von der weiteren Verpfändung benachrichtigt; so kann er seine Schuld nur mit Willen dessen, der das Afterpfand hat, dem Gläubiger abführen, oder er muß sie gerichtlich hinterlegen, sonst bleibt das Pfand dem Inhaber des Afterpfandes verhaftet.

Verpfändung einer fremden Sache

§ 456. (1) [1]Wird eine bewegliche Sache von jemandem verpfändet, dem sie nicht gehört und der darüber auch nicht verfügen kann, so hat der Eigentümer zwar in der Regel das Recht, sie zurückzufordern. [2]In solchen Fällen, in denen die Eigentumsklage gegen einen rechtmäßigen und redlichen Besitzer abzuweisen ist (§§ 367 und 368), ist er aber verpflichtet, den Pfandbesitzer schadlos zu halten oder das Pfand fahren zu lassen und sich mit dem Schadenersatzanspruch gegen den Verpfänder oder dritte Personen zu begnügen.

(2) Ist die Sache mit dem Recht eines Dritten belastet, so geht das Pfandrecht des rechtmäßigen und redlichen Pfandbesitzers diesem Recht vor, es sei denn, dass der Pfandbesitzer in Ansehung dieses Rechtes nicht redlich ist (§ 368).

(BGBl I 2005/120, ab 1. 1. 2007, s Anm zu § 367)

Objektiver Umfang des Pfandrechtes

§ 457. [1]Das Pfandrecht erstreckt sich auf alle zu dem freien Eigentume des Verpfänders gehörige Teile, auf Zuwachs und Zugehör des Pfandes, folglich auch auf die Früchte, insolange sie noch nicht abgesondert oder bezogen sind. [2]Wenn also ein Schuldner einem Gläubiger sein Gut, und einem andern später die Früchte desselben verpfändet; so ist die spätere Verpfändung nur in Rücksicht auf die schon abgesonderten und bezogenen Früchte wirksam.

Rechte und Verbindlichkeiten des Pfandgläubigers:

a) bei Entdeckung eines unzureichenden Pfandes;

§ 458. Wenn der Wert eines Pfandes durch Verschulden des Pfandgebers, oder wegen eines erst offenbar gewordenen Mangels der Sache zur Bedeckung der Schuld nicht mehr zureichend gefunden wird; so ist der Gläubiger berechtigt, von dem Pfandgeber ein anderes angemessenes Pfand zu fordern.

b) vor dem Verfalle;

§ 459. [1]Ohne Bewilligung des Pfandgebers darf der Gläubiger das Pfandstück nicht benützen; er muß es vielmehr genau bewahren, und, wenn es durch sein Verschulden in Verlust gerät, dafür haften. [2]Geht es ohne sein Verschulden verloren, so verliert er deswegen seine Forderung nicht.

§ 460. Hat der Gläubiger das Pfand weiter verpfändet; so haftet er selbst für einen solchen Zufall, wodurch das Pfand bei ihm nicht zu Grunde gegangen oder verschlimmert worden wäre.

§ 460a. (1) [1]Wenn eine bewegliche körperliche Sache einschließlich eines Inhaber- oder Orderpapiers als Pfand zu verderben oder erheblich und dauernd so an Wert zu verlieren droht, dass die Sicherheit des Pfandgläubigers gefährdet wird, kann dieser das Pfand bereits vor der Fälligkeit seiner Forderung gemäß den §§ 466a bis 466d außergerichtlich verwerten. [2]Der Pfandgläubiger hat dem Pfandgeber tunlichst die Gelegenheit zur Leistung einer anderweitigen Sicherheit einzuräumen.

(2) [1]Der Erlös tritt an die Stelle des Pfandes. [2]Auf Verlangen des Pfandgebers ist der Erlös zu hinterlegen.

(BGBl I 2005/120, ab 1. 1. 2007, s Anm zu § 367)

c) nach dem Verfalle der Forderung

§ 461. [1]Wird der Pfandgläubiger nach Verlauf der bestimmten Zeit nicht befriedigt; so ist er befugt, die Feilbietung des Pfandes gerichtlich zu verlangen. [2]Das Gericht hat dabei nach Vorschrift der Gerichtsordnung zu verfahren.

§ 462. Vor der Feilbietung des Gutes ist jedem darauf eingetragenen Pfandgläubiger die Einlösung der Forderung, wegen welcher die Feilbietung angesucht worden, zu gestatten.

§ 463. Schuldner haben kein Recht, bei Versteigerung einer von ihnen verpfändeten Sache mitzubieten.

§ 464. Wird der Schuldbetrag aus dem Pfande nicht gelöst, so ersetzt der Schuldner das Fehlende; ihm fällt aber auch das zu, was über den Schuldbetrag gelöst wird.

§ 465. Inwiefern ein Pfandgläubiger sich an sein Pfand zu halten schuldig; oder, auf ein anderes Vermögen seines Schuldners zu greifen berechtigt sei, bestimmt die Gerichtsordnung.

§ 466. Hat der Schuldner während der Verpfändungszeit das Eigentum der verpfändeten Sache auf einen andern übertragen; so steht dem Gläubiger frei, erst sein persönliches Recht gegen den Schuldner, und dann seine volle Befriedigung an der verpfändeten Sache zu suchen.

d) außergerichtliche Pfandverwertung

§ 466a. (1) Der Pfandgläubiger kann sich aus einer beweglichen körperlichen Sache (§ 460a Abs. 1), die ihm verpfändet worden ist oder an der er ein gesetzliches Pfandrecht erworben hat, auch durch den Verkauf der Sache befriedigen.

(2) Der Pfandgläubiger hat bei der Verwertung der Sache angemessen auf die Interessen des Pfandgebers Bedacht zu nehmen.

(3) [1]Der Pfandgläubiger und der Pfandgeber können abweichende Arten der außergerichtlichen Pfandverwertung vereinbaren. [2]Besondere Vorschriften über die außergerichtliche Verwertung von Sicherheiten bleiben unberührt.

(BGBl I 2005/120, ab 1. 1. 2007, s Anm zu § 367)

§ 466b. (1) [1]Der Pfandgläubiger hat dem Pfandgeber nach Eintritt der Fälligkeit der gesicherten Forderung den Verkauf der Sache anzudrohen, soweit dies nicht untunlich ist. [2]Er hat dabei die Höhe der ausstehenden Forderung anzugeben. [3]Der Verkauf darf erst einen Monat nach dessen Androhung oder, wenn diese untunlich war, nach Eintritt der Fälligkeit stattfinden. [4]Besteht an der Sache ein anderes Pfandrecht, so hat der Gläubiger den Verkauf auch dem anderen Pfandgläubiger anzudrohen. [5]Diesem ist die Einlösung der Forderung zu gestatten (§ 462).

(2) Der Verkauf ist im Wege einer öffentlichen Versteigerung durch einen dazu befugten Unternehmer zu bewirken.

(3) [1]Zeit und Ort der Versteigerung sind unter allgemeiner Bezeichnung des Pfandes öffentlich bekannt zu machen. [2]Der Pfandgeber und Dritte, denen Rechte am Pfand zustehen, sind hievon zu benachrichtigen.

(4) [1]Sachen mit einem Börsen- oder Marktpreis dürfen zu diesem Preis vom Pfandgläubiger auch aus freier Hand verkauft werden. [2]Wertpapiere, die einen Börsen- oder Marktpreis haben, sowie Sparurkunden dürfen nur aus freier Hand zu ihrem Preis oder Wert verkauft werden.

(BGBl I 2005/120, ab 1. 1. 2007, s Anm zu § 367)

§ 466c. (1) [1]Das Pfand darf nur mit der Bestimmung verkauft werden, dass der Erwerber den Kaufpreis sofort zu entrichten hat. [2]Wird die Sache dem Erwerber vor der Entrichtung des Preises übergeben, so gilt auch der Kaufpreis als dem Pfandgläubiger übergeben.

(2) Der Pfandgläubiger hat den Pfandgeber vom Verkauf des Pfandes und von dessen Ergebnis unverzüglich zu verständigen.

(3) [1]Mit dem Verkauf erlöschen die Pfandrechte an der Sache selbst. [2]Das Gleiche gilt für andere dingliche Rechte, sofern diese nicht allen Pfandrechten im Rang vorgehen.

(4) [1]Der Kaufpreis gebührt dem Pfandgläubiger nach Maßgabe seines Ranges im Ausmaß der gesicherten Forderung und der angemessenen Kosten einer zweckentsprechenden Verwertung. [2]Im Übrigen tritt der Anspruch des Pfandgebers auf Herausgabe des Mehrbetrags an die Stelle des Pfandes.

(5) Wenn der Pfandgläubiger und der Pfandgeber eine abweichende Art der Pfandverwertung vereinbaren und am Pfand einem Dritten ein Recht zusteht, das durch die Verwertung erlischt, so bedarf die Vereinbarung zu ihrer Wirksamkeit der Zustimmung des Dritten.

(BGBl I 2005/120, ab 1. 1. 2007, s Anm zu § 367)

§ 466d. Wenn der Pfandgläubiger die Sache außergerichtlich als Pfand verwertet, genügt für die Redlichkeit des Erwerbers (§§ 367 und 368) der gute Glaube in die Befugnis des Pfandgläubigers, über die Sache zu verfügen.

(BGBl I 2005/120, ab 1. 1. 2007, s Anm zu § 367)

§ 466e. (1) Besteht das Pfandrecht an einem Inhaber- oder Orderpapier, so ist der Pfandgläubiger berechtigt, eine etwa erforderliche Kündigung vorzunehmen und die Forderung aus dem Wertpapier einzuziehen.

(2) [1]Ist die Forderung aus dem verpfändeten Papier bereits fällig, so kann der Pfandgläubiger diese auch dann einziehen, wenn die gesicherte Forderung noch nicht fällig ist. [2]In diesem Fall erwirbt der Pfandgläubiger ein Pfandrecht an der erhaltenen Leistung. [3]Besteht die Leistung in Geld, so hat der Pfandgläubiger den erhaltenen Betrag nach den Bestimmungen über die Anlegung von Mündelgeld zu veranlagen.

(BGBl I 2005/120, ab 1. 1. 2007, s Anm zu § 367)

Erlöschung des Pfandrechtes

§ 467. Wenn die verpfändete Sache zerstört wird; wenn sich der Gläubiger seines Rechtes darauf gesetzmäßig begibt; oder, wenn er sie dem

Schuldner ohne Vorbehalt zurückstellt; so erlischt zwar das Pfandrecht, aber die Schuldforderung besteht noch.

§ 468. Das Pfandrecht erlischt ferner mit der Zeit, auf welche es eingeschränkt war, folglich auch mit dem zeitlichen Rechte des Pfandgebers auf die verpfändete Sache; wenn anders dieser Umstand dem Gläubiger bekannt war, oder aus den öffentlichen Büchern bekannt sein konnte.

§ 469. [1]Durch Tilgung der Schuld hört das Pfandrecht auf. [2]Der Pfandgeber ist aber die Schuld nur gegen dem zu tilgen verbunden, daß ihm das Pfand zugleich zurückgestellt werde. [3]Zur Aufhebung einer Hypothek ist die Tilgung der Schuld allein nicht hinreichend. [4]Ein Hypothekargut bleibt so lange verhaftet, bis die Schuld aus den öffentlichen Büchern gelöscht ist. [5]Bis dahin kann der Eigentümer des Gutes auf Grund einer Quittung oder einer anderen, das Erlöschen der Pfandschuld dartuenden Urkunde das Pfandrecht auf eine neue Forderung übertragen, die den Betrag der eingetragenen Pfandforderung nicht übersteigt.

(RGBl 1916/69)

§ 469a. [1]Bei Bestellung des Pfandrechtes kann auf dieses Verfügungsrecht nicht verzichtet werden. [2]„Ist jedoch im öffentlichen Buch ein der Hypothek im Rang nachfolgendes oder ihr gleichrangiges, rechtsgeschäftlich bestelltes Recht eingetragen, so kann der Eigentümer über die Hypothek nur dann verfügen, wenn er sich das Verfügungsrecht gegenüber dem Buchberechtigten vertraglich vorbehalten hat und dieser Vorbehalt im öffentlichen Buch bei der Hypothek angemerkt ist.“ *(BGBl I 1997/30, ab 1. 1. 1998, gilt unter der Voraussetzung, daß der Antrag auf Eintragung des der Hypothek im Rang nachfolgenden oder ihr gleichrangigen Rechts nach dem 31. 12. 1997 beim Grundbuchsgericht eingelangt ist. Auf Anträge auf Anmerkung der Löschungsverpflichtung nach § 469a aF, die vor dem 1. 1. 1998 beim Grundbuchsgericht einlangen, ist §469a aF anzuwenden. Anmerkungen der Löschungsverpflichtung nach § 469a aF kommt weiterhin die in der angeführten Bestimmung vorgesehene Rechtswirkung zu. Satz 2 aF lautete: „Verpflichtet sich der Eigentümer einem andern gegenüber, eine bestimmte Hypothek löschen zu lassen, so kann er über die Hypothek nicht verfügen, wenn diese Verpflichtung im öffentlichen Buch bei der Hypothek angemerkt ist.“)*

(RGBl 1916/69)

§ 470. [1]Wird nach Tilgung der Schuld (§ 469) oder eingetretener Vereinigung (§ 1446), bevor das Pfandrecht bücherlich gelöscht oder die Liegenschaft oder das Pfandrecht übertragen worden ist, das Hypothekargut zwangsweise versteigert oder dessen Zwangsverwaltung bewilligt, so ist bei Verteilung des Erlöses auf dieses Pfandrecht keine Rücksicht zu nehmen. [2]Nur insoweit die durch das Pfandrecht gesicherte Forderung gegen einen Dritten noch fortbesteht oder dem Eigentümer der Ersatz für deren Tilgung gebührt (§ 1358), wird der darauf entfallende Teil dem Eigentümer zugewiesen.

(RGBl 1916/69)

Von dem Retentionsrechte

§ 471. (1) Wer zur Herausgabe einer Sache verpflichtet ist, kann sie zur Sicherung seiner fälligen Forderungen wegen des für die Sache gemachten Aufwandes oder des durch die Sache ihm verursachten Schadens mit der Wirkung zurückbehalten, daß er zur Herausgabe nur gegen die Zug um Zug zu bewirkende Gegenleistung verurteilt werden kann.

(2) Die Ausübung des Zurückbehaltungsrechtes kann durch Sicherheitsleistung abgewendet werden; Sicherheitsleistung durch Bürgen ist ausgeschlossen.

(RGBl 1916/69)

Siebentes Hauptstück

Von Dienstbarkeiten (Servituten)

Begriff des Rechtes der Dienstbarkeit

§ 472. [1]Durch das Recht der Dienstbarkeit wird ein Eigentümer verbunden, zum Vorteile eines andern in Rücksicht seiner Sache etwas zu dulden oder zu unterlassen. [2]Es ist ein dingliches, gegen jeden Besitzer der dienstbaren Sache wirksames Recht.

Einteilung der Dienstbarkeiten in Grunddienstbarkeiten und persönliche;

§ 473. Wird das Recht der Dienstbarkeit mit dem Besitze eines Grundstückes zu dessen vorteilhafteren oder bequemeren Benützung verknüpft; so entsteht eine Grunddienstbarkeit; außer dem ist die Dienstbarkeit persönlich.

in Feld- und Haus-Servituten

§ 474. [1]Grunddienstbarkeiten setzen zwei Grundbesitzer voraus, deren einem als Verpflichteten das dienstbare; dem andern als Berechtigten das herrschende Gut gehört. [2]Das herrschende Grundstück ist entweder zur Landwirtschaft oder zu einem andern Gebrauche bestimmt; daher unterscheidet man auch die Feld- und Haus-Servituten.

Gewöhnlichere Arten:

a) der Haus-Servituten;

§ 475. (1) Die Haus-Servituten sind gewöhnlich:

1. das Recht, eine Last seines Gebäudes auf ein fremdes Gebäude zu setzen;

2. einen Balken oder Sparren in eine fremde Wand einzufügen;

3. ein Fenster in der fremden Wand zu öffnen; es sei des Lichtes oder der Aussicht wegen;

4. ein Dach oder einen Erker über des Nachbars Luftraum zu bauen;

5. den Rauch durch des Nachbars Schornstein zu führen;

6. die Dachtraufe auf fremden Grund zu leiten;

7. Flüssigkeiten auf des Nachbars Grund zu gießen oder durchzuführen.

(2) Durch diese und ähnliche Haus-Servituten wird ein Hausbesitzer befugt, etwas auf dem Grunde seines Nachbars vorzunehmen, was dieser dulden muß.

§ 476. [1]Durch andere Haus-Servituten wird der Besitzer des dienstbaren Grundes verpflichtet, etwas zu unterlassen, was ihm sonst zu tun frei stand. [2]Dergleichen sind:

8. sein Haus nicht zu erhöhen;

9. es nicht niedriger zu machen;

10. dem herrschenden Gebäude Licht und Luft;

11. oder Aussicht nicht zu benehmen;

12. die Dachtraufe seines Hauses von dem Grunde des Nachbars, dem sie zur Bewässerung seines Gartens oder zur Füllung seiner Zisterne, oder auf eine andere Art nützlich sein kann, nicht abzuleiten.

b) der Feld-Servituten

§ 477. Die vorzüglichen Feld-Servituten sind:

1. das Recht, einen Fußsteig, Viehtrieb oder Fahrweg auf fremdem[1)] Grund und Boden zu halten;

2. das Wasser zu schöpfen, das Vieh zu tränken, das Wasser ab- und herzuleiten;

3. das Vieh zu hüten und zu weiden;

4. Holz zu fällen, verdorrte Äste und Reiser zu sammeln, Eicheln zu lesen, Laub zu rechen;

5. zu jagen, zu fischen, Vögel zu fangen;

6. Steine zu brechen, Sand zu graben, Kalk zu brennen.

Arten der persönlichen Dienstbarkeiten

§ 478. Die persönlichen Servituten sind: der nötige Gebrauch einer Sache; die Fruchtnießung; und die Wohnung.

Unregelmäßige und Schein-Servituten

§ 479. [1]Es können aber auch Dienstbarkeiten, welche an sich Grunddienstbarkeiten sind, der Person allein; oder, es können Begünstigungen, die ordentlicher Weise Servituten sind, nur bloß auf Widerrufen zugestanden werden. [2]Die Abweichungen von der Natur einer Servitut werden jedoch nicht vermutet; wer sie behauptet, dem liegt der Beweis ob.

Erwerbung des Rechtes der Dienstbarkeit. Titel zur Erwerbung

§ 480. Der Titel zu einer Servitut ist auf einem Vertrage; auf einer letzten Willenserklärung; auf einem bei der Teilung gemeinschaftlicher Grundstücke erfolgten Rechtsspruche; oder endlich, auf Verjährung gegründet.

Erwerbungsart

§ 481. (1) Das dingliche Recht der Dienstbarkeit kann an Gegenständen, die in den öffentlichen Büchern eingetragen sind, nur durch die Eintragung in diese erworben werden.

(2) An bücherlich nicht eingetragenen Liegenschaften (§ 434) oder an Bauwerken (§ 435) wird das dingliche Recht durch die gerichtliche Hinterlegung einer über die Einräumung der Dienstbarkeit errichteten beglaubigten Urkunde; auf andere Sachen aber durch die oben (§§ 426 bis 428) angegebenen Arten der Übergabe erworben.

(RGBl 1916/69)

Rechtsverhältnis bei den Dienstbarkeiten. Allgemeine Vorschriften über das Recht der Dienstbarkeit

§ 482. Alle Servituten kommen darin überein, daß der Besitzer der dienstbaren Sache in der Regel nicht verbunden ist, etwas zu tun; sondern nur einem andern die Ausübung eines Rechtes zu gestatten, oder das zu unterlassen, was er als Eigentümer sonst zu tun berechtigt wäre.

§ 483. [1]Daher muß auch der Aufwand zur Erhaltung und Herstellung der Sache, welche zur Dienstbarkeit bestimmt ist, in der Regel von dem Berechtigten getragen werden. [2]Wenn aber diese Sache auch von dem Verpflichteten benützt wird; so muß er verhältnismäßig zu dem Aufwande beitragen, und nur durch die Abtretung derselben

---

[1)] *In JGS „fremden"*

an den Berechtigten kann er sich, auch ohne dessen Beistimmung, von dem Beitrage befreien.

§ 484. Der Besitzer des herrschenden Gutes kann zwar sein Recht auf die ihm gefällige Art ausüben; doch dürfen Servituten nicht erweitert, sie müssen vielmehr, insoweit es ihre Natur und der Zweck der Bestellung gestattet, eingeschränkt werden.

§ 485. [1]Keine Servitut läßt sich eigenmächtig von der dienstbaren Sache absondern, noch auf eine andere Sache oder Person übertragen. [2]Auch wird jede Servitut insofern für unteilbar gehalten, als das auf dem Grundstücke haftende Recht durch Vergrößerung, Verkleinerung oder Zerstücklung desselben, abgesehen von dem im § 847 bezeichneten Falle, weder verändert noch geteilt werden kann.

(RGBl 1916/69)

§ 486. Ein Grundstück kann mehrern Personen zugleich dienstbar sein, wenn anders die ältern Rechte eines Dritten nicht darunter leiden.

Anwendung auf die Grunddienstbarkeiten; insbesondere auf das Recht, eine Last, einen Balken auf fremdem Gebäude zu haben, oder den Rauch durchzuführen

§ 487. [1]Nach den hier aufgestellten Grundsätzen sind die Rechtsverhältnisse bei den besondern Arten der Servituten zu bestimmen. [2]Wer also die Last des benachbarten Gebäudes zu tragen; die Einfügung des fremden Balkens an seiner Wand; oder, den Durchzug des fremden Rauches in seinem Schornsteine zu dulden hat; der muß verhältnismäßig zur Erhaltung der dazu bestimmten Mauer, Säule, Wand oder des Schornsteines beitragen. [3]Es kann ihm aber nicht zugemutet werden, daß er das herrschende Gut unterstützen oder den Schornstein des Nachbars ausbessern lasse.

Fensterrecht

§ 488. [1]Das Fensterrecht gibt nur auf Licht und Luft Anspruch; die Aussicht muß besonders bewilligt werden. [2]Wer kein Recht zur Aussicht hat, kann angehalten werden, das Fenster zu vergittern. [3]Mit dem Fensterrechte ist die Schuldigkeit verbunden, die Öffnung zu verwahren; wer diese Verwahrung vernachlässigt, haftet für den daraus entstehenden Schaden.

Recht der Dachtraufe

§ 489. [1]Wer das Recht der Dachtraufe besitzt, kann das Regenwasser auf das fremde Dach frei oder durch Rinnen abfließen lassen; er kann auch sein Dach erhöhen; doch muß er solche Vorkehrungen treffen, daß dadurch die Dienstbarkeit nicht lästiger werde. [2]Ebenso muß er häufig gefallenen Schnee zeitig hinwegräumen, wie auch die zum Abflusse bestimmten Rinnen unterhalten.

Recht der Ableitung des Regenwassers

§ 490. Wer das Recht hat, das Regenwasser von dem benachbarten Dache auf seinen Grund zu leiten, hat die Obliegenheit, für Rinnen, Wasserkästen und andere dazu gehörige Anstalten die Auslagen allein zu bestreiten.

§ 491. Erfordern die abzuführenden Flüssigkeiten Gräben und Kanäle; so muß sie der Eigentümer des herrschenden Grundes errichten; er muß sie auch ordentlich decken und reinigen, und dadurch die Last des dienstbaren Grundes erleichtern.

Recht des Fußsteiges, Viehtriebes und Fahrweges

§ 492. [1]Das Recht des Fußsteiges begreift das Recht in sich, auf diesem Steige zu gehen, sich von Menschen tragen, oder andere Menschen zu sich kommen zu lassen. [2]Mit dem Viehtriebe ist das Recht, einen Schiebkarren zu gebrauchen; und, mit dem Fahrwege das Recht, mit einem oder mehreren Zügen zu fahren, verbunden.

§ 493. Hingegen kann, ohne besondere Bewilligung, das Recht zu gehen, nicht auf das Recht, zu reiten, oder sich durch Tiere tragen zu lassen; weder das Recht des Viehtriebes auf das Recht, schwere Lasten über den dienstbaren Grund zu schleifen; noch das Recht zu fahren, auf das Recht, frei gelassenes Vieh darüber zu treiben, ausgedehnt werden.

§ 494. Zur Erhaltung des Weges, der Brücken und Stege tragen verhältnismäßig alle Personen oder Grundbesitzer, denen der Gebrauch derselben zusteht, folglich auch der Besitzer des dienstbaren Grundes, so weit bei, als er davon Nutzen zieht.

Raum hierzu

§ 495. [1]Der Raum für diese drei Servituten muß dem nötigen Gebrauche und den Umständen des Ortes angemessen sein. [2]Werden Wege und Steige durch Überschwemmung oder durch einen andern Zufall unbrauchbar; so muß, bis zu der Herstellung in den vorigen Stand, wenn nicht schon die politische Behörde eine Vorkehrung getroffen hat, ein neuer Raum angewiesen werden.

Recht, Wasser zu schöpfen

§ 496. Mit dem Rechte, fremdes Wasser zu schöpfen, wird auch der Zugang zu demselben gestattet.

Recht der Wasserleitung

§ 497. [1]Wer das Recht hat, Wasser von fremdem Grunde auf den seinigen; oder, von seinem Grunde auf fremden zu leiten, ist auch berechtigt, die dazu nötigen Röhren, Rinnen und Schleusen auf eigene Kosten anzulegen. [2]Das nicht zu überschreitende Maß dieser Anlagen wird durch das Bedürfnis des herrschenden Grundes festgesetzt.

Weiderecht

§ 498. [1]Ist bei Erwerbung des Weiderechtes die Gattung und die Anzahl des Triebviehes; ferner die Zeit und das Maß des Genusses nicht bestimmt worden; so ist der ruhige dreißigjährige Besitz zu schützen. [2]In zweifelhaften Fällen dienen folgende Vorschriften zur Richtschnur.

Gesetzliche Bestimmung:

a) über die Gattung des Triebviehes;

§ 499. [1]Das Weiderecht erstreckt sich, insoweit die politischen, und im Forstwesen gegebenen Verordnungen nicht entgegenstehen, auf jede Gattung von Zug-, Rind- und Schafvieh, aber nicht auf Schweine und Federvieh; ebensowenig in waldigen Gegenden auf Ziegen. [2]Unreines, ungesundes und fremdes Vieh ist stets von der Weide ausgeschlossen.

b) dessen Anzahl;

§ 500. [1]Hat die Anzahl des Triebviehes während der letzten dreißig Jahre abgewechselt; so muß aus dem Triebe der drei ersten Jahre die Mittelzahl angenommen werden. [2]Erhellt auch diese nicht; so ist teils auf den Umfang, teils auf die Beschaffenheit der Weide billige Rücksicht zu nehmen, und dem Berechtigten wenigstens nicht gestattet, daß er mehr Vieh auf der fremden Weide halte, als er mit dem auf dem herrschenden Grunde erzeugten Futter durchwintern kann. [3]Säugevieh wird nicht zur bestimmten Anzahl gerechnet.

c) Triftzeit;

§ 501. Die Triftzeit wird zwar überhaupt durch den in jeder Feldmarke eingeführten unangefochtenen Gebrauch bestimmt: allein in keinem Falle darf der vermöge politischer Bestimmungen geordnete Wirtschaftsbetrieb durch die Behütung verhindert, oder erschwert werden.

d) Maß des Genusses

§ 502. [1]Der Genuß des Weiderechtes erstreckt sich auf keine andere Benutzung. [2]Der Berechtigte darf weder Gras mähen, noch in der Regel den Eigentümer des Grundstückes von der Mitweide ausschließen, am wenigsten aber die Substanz der Weide verletzen. [3]Wenn ein Schade zu befürchten ist, muß er sein Vieh von einem Hirten hüten lassen.

Anwendung dieser Bestimmungen auf andere Servituten

§ 503. [1]Was bisher in Rücksicht auf das Weiderecht vorgeschrieben worden, ist verhältnismäßig auch auf die Rechte des Tierfanges, des Holzschlages, des Steinbrechens und die übrigen Servituten anzuwenden. [2]Glaubt jemand diese Rechte auf das Miteigentum gründen zu können; so sind die darüber entstehenden Streitigkeiten nach den, in dem Hauptstücke von der Gemeinschaft des Eigentumes, enthaltenen Grundsätzen zu entscheiden.

Persönliche Dienstbarkeiten; insbesondere:

1. das Recht des Gebrauches;

§ 504. Die Ausübung persönlicher Servituten wird, wenn nichts anderes verabredet worden ist, nach folgenden Grundsätzen bestimmt: Die Servitut des Gebrauches besteht darin, daß jemand befugt ist, eine fremde Sache, ohne Verletzung der Substanz, bloß zu seinem Bedürfnisse zu benützen.

Bestimmung in Rücksicht der Nutzungen;

§ 505. Wer also das Gebrauchsrecht einer Sache hat, der darf, ohne Rücksicht auf sein übriges Vermögen, den seinem Stande, seinem Gewerbe, und seinem Hauswesen angemessenen Nutzen davon ziehen.

§ 506. [1]Das Bedürfnis ist nach dem Zeitpunkte der Bewilligung des Gebrauches zu bestimmen. [2]Nachfolgende Veränderungen in dem Stande oder Gewerbe des Berechtigten geben keinen Anspruch auf einen ausgedehnteren Gebrauch.

der Substanz;

§ 507. Der Berechtigte darf die Substanz der ihm zum Gebrauche bewilligten Sache nicht verändern; er darf auch das Recht an keinen andern übertragen.

und der Lasten;

§ 508. [1]Alle Benützungen, die sich ohne Störung des Gebrauchsberechtigten aus der Sache schöpfen lassen, kommen dem Eigentümer zustatten. [2]Dieser ist aber verbunden, alle ordentlichen[1)] und außerordentlichen[2)], auf der Sache haftenden[3)] Lasten zu tragen, und sie auf seine Kosten in gutem Stande zu erhalten. [3]Nur wenn die Kosten denjenigen Nutzen übersteigen, der dem Eigentümer übrig bleibt, muß der Berechtigte den Überschuß tragen, oder vom Gebrauche abstehen.

1) In JGS „ordentliche"
2) In JGS „außerordentliche"
3) In JGS „haftende"

2. der Fruchtnießung

§ 509. Die Fruchtnießung ist das Recht eine fremde Sache, mit Schonung der Substanz ohne alle Einschränkung zu genießen.

Inwiefern sie sich auf verbrauchbare Sachen erstrecken könne

§ 510. [1]Verbrauchbare Sachen sind an sich selbst kein Gegenstand des Gebrauches oder der Fruchtnießung, sondern nur ihr Wert. [2]Mit dem baren Gelde kann der Berechtigte nach Belieben verfügen. [3]Wird aber ein bereits anliegendes Kapital zum Fruchtgenusse oder Gebrauche bewilligt; so kann der Berechtigte nur die Zinsen fordern.

Rechte und Verbindlichkeiten des Fruchtnießers

§ 511. [1]Der Fruchtnießer hat ein Recht auf den vollen, sowohl gewöhnlichen als ungewöhnlichen Ertrag; ihm gehört daher auch die mit Beobachtung der bestehenden Bergwerksordnung erhaltene reine Ausbeute von Bergwerksanteilen, und das forstmäßig geschlagene Holz. [2]Auf einen Schatz, welcher in dem zur Fruchtnießung bestimmten Grunde gefunden wird, hat er keinen Anspruch.

Insbesondere:

a) in Rücksicht der auf der Sache haftenden Lasten;

§ 512. [1]Als ein reiner Ertrag kann aber nur das angesehen werden, was nach Abzug aller nötigen Auslagen übrig bleibt. [2]Der Fruchtnießer übernimmt also alle Lasten, welche zur Zeit der bewilligten Fruchtnießung mit der dienstbaren Sache verbunden waren, mithin auch die Zinsen der darauf eingetragenen Kapitalien. [3]Auf ihn fallen alle ordentlichen[1)] und außerordentlichen[2)], von der Sache zu leistenden[3)] Schuldigkeiten, insofern sie aus den während der Dauer der Fruchtnießung gezogenen Nutzungen bestritten werden können; er trägt auch die Kosten, ohne welche die Früchte nicht erzielt werden.

1) In JGS „ordentliche"
2) In JGS „außerordentliche"
3) In JGS „leistende"

b) der Erhaltung der Sache;

§ 513. [1]Der Fruchtnießer ist verbunden, die dienstbare Sache als ein guter Haushälter in dem Stande, in welchem er sie übernommen hat, zu erhalten, und aus dem Ertrage die Ausbesserungen, Ergänzungen und Herstellungen zu besorgen. [2]Wird dessen ungeachtet der Wert der dienstbaren Sache bloß durch den rechtmäßigen Genuß ohne Verschulden des Fruchtnießers verringert; so ist er dafür nicht verantwortlich.

c) der Bauführungen;

§ 514. Wenn der Eigentümer Bauführungen, die durch das Alter des Gebäudes, oder durch einen Zufall notwendig gemacht werden, auf Anzeige des Fruchtnießers auf seine Kosten besorgt; ist ihm der Fruchtnießer, nach Maß der dadurch verbesserten Fruchtnießung, die Zinsen des verwendeten Kapitals zu vergüten schuldig.

§ 515. Kann oder will der Eigentümer dazu sich nicht verstehen; so ist der Fruchtnießer berechtigt, entweder den Bau zu führen, und nach geendigter Fruchtnießung, gleich einem redlichen Besitzer, den Ersatz zu fordern; oder, für die durch Unterbleibung des Baues vermißte Fruchtnießung, eine angemessene Vergütung zu verlangen.

§ 516. Bauführungen, welche nicht notwendig, obgleich sonst zur Vermehrung des Ertrages gedeihlich sind, ist der Fruchtnießer nicht verbunden, ohne vollständige Entschädigung, zu gestatten.

d) der Meliorationskosten

§ 517. Was der Fruchtnießer ohne Einwilligung des Eigentümers zur Vermehrung fortdauernder Nutzungen verwendet hat, kann er zurücknehmen; eine Vergütung der aus der Verbesserung noch bestehenden Nutzungen aber kann er nur fordern; insofern sie ein Geschäftsführer ohne Auftrag zu fordern berechtigt ist.

Beweismittel darüber

§ 518. [1]Zur Erleichterung des Beweises der gegenseitigen Forderungen, sollen der Eigentümer und der Fruchtnießer eine beglaubte Beschreibung aller dienstbaren Sachen aufnehmen lassen. [2]Ist sie unterlassen worden; so wird vermutet, daß der Fruchtnießer die Sache samt allen zur ordentlichen Benützung derselben erforderlichen Stücken in brauchbarem Zustande von mittlerer Beschaffenheit erhalten habe.

Zuteilung der Nutzungen bei Erlöschung der Fruchtnießung

§ 519. [1]Nach geendigter Fruchtnießung gehören die noch stehenden Früchte dem Eigentümer; doch muß er die auf deren Erzielung verwendeten Kosten dem Fruchtnießer oder dessen Erben, gleich einem redlichen Besitzer, ersetzen. [2]Auf andere Nutzungen haben der Fruchtnießer oder dessen Erben den Anspruch nach Maß der Dauer der Fruchtnießung.

Inwiefern der Gebrauchsberechtigte oder der Fruchtnießer zur Sicherstellung verbunden sei

§ 520. [1]In der Regel kann der Eigentümer von dem Gebrauchsberechtigten oder Fruchtnießer nur bei einer sich äußernden Gefahr die Sicherstellung der Substanz verlangen. [2]Wird sie nicht geleistet; so soll die Sache entweder dem Eigentümer gegen eine billige Abfindung überlassen, oder nach Umständen in gerichtliche Verwaltung gegeben werden.

3. Dienstbarkeit der Wohnung

§ 521. [1]Die Servitut der Wohnung ist das Recht, die bewohnbaren Teile eines Hauses zu seinem Bedürfnisse zu benützen. [2]Sie ist also eine Servitut des Gebrauches von dem Wohngebäude. [3]Werden aber jemandem[1)] alle bewohnbaren[2)] Teile des Hauses, mit Schonung der Substanz, ohne Einschränkung zu genießen überlassen; so ist es eine Fruchtnießung des Wohngebäudes. [4]Hiernach sind die oben gegebenen Vorschriften auf das rechtliche Verhältnis zwischen dem Berechtigten und dem Eigentümer anzuwenden.

---

1) In JGS „jemanden"
2) In JGS „bewohnbare"

§ 522. In jedem Falle behält der Eigentümer das Recht, über alle Teile des Hauses, die nicht zur eigentlichen Wohnung gehören, zu verfügen; auch darf ihm die nötige Aufsicht über sein Haus nicht erschwert werden.

Klagerecht in Rücksicht der Servituten

§ 523. [1]In Ansehung der Servituten findet ein doppeltes Klagerecht statt. [2]Man kann gegen den Eigentümer das Recht der Servitut behaupten; oder, der Eigentümer kann sich über die Anmaßung einer Servitut beschweren. [3]Im ersten Falle muß der Kläger die Erwerbung der Servitut oder wenigstens den Besitz derselben als eines dinglichen Rechtes, im zweiten Falle muß er die Anmaßung der Servitut in seiner Sache beweisen.

Erlöschung der Dienstbarkeiten. Im allgemeinen

§ 524. Die Servituten erlöschen im allgemeinen auf diejenigen Arten, wodurch nach dem dritten und vierten Hauptstücke des dritten Teiles Rechte und Verbindlichkeiten überhaupt aufgehoben werden.

Besondere Anordnung bei deren Erlöschung:

a) durch den Untergang des dienstbaren oder herrschenden Grundes;

§ 525. Der Untergang des dienstbaren oder des herrschenden Grundes stellt zwar die Dienstbarkeit ein; sobald aber der Grund, oder das Gebäude wieder in den vorigen Stand gesetzt ist, erhält die Servitut wieder ihre vorige Kraft.

b) durch Vereinigung;

§ 526. [1]Wenn das Eigentum des dienstbaren und des herrschenden Grundes in einer Person vereinigt wird, hört die Dienstbarkeit von selbst auf. [2]Wird aber in der Folge einer dieser vereinigten Gründe wieder veräußert, ohne daß inzwischen in den öffentlichen Büchern die Dienstbarkeit gelöscht worden; so ist der neue Besitzer des herrschenden Grundes befugt, die Servitut auszuüben.

c) durch Zeitverlauf

§ 527. Hat das bloß zeitliche Recht desjenigen, der die Servitut bestellt hat, oder die Zeit, auf welche sie beschränkt worden ist, dem Servitutsinhaber aus öffentlichen Büchern, oder auf eine andere Art bekannt sein können; so hört nach Verlauf dieser Zeit die Servitut von selbst auf.

§ 528. Eine Servitut, welche jemandem[1)] bis zur Zeit, da ein Dritter ein bestimmtes Alter erreicht, verliehen wird, erlischt erst zu der bestimmten Zeit, obschon der Dritte vor diesem Alter verstorben ist.

---

1) In JGS „jemanden"

Erlöschung der persönlichen Servituten insbesondere

§ 529. [1]Persönliche Servituten hören mit dem Tode auf. [2]Werden sie ausdrücklich auf die Erben ausgedehnt; so sind im Zweifel nur die ersten gesetzlichen Erben darunter verstanden. [3]Das einer Familie verliehene Recht aber geht auf alle Mitglieder derselben über. [4]Die von einer Gemeinde oder einer andern moralischen Person erworbene persönliche Servitut dauert so lange, als die moralische Person besteht.

Unanwendbarkeit auf beständige Renten

§ 530. Beständige jährliche Renten sind keine persönliche Servitut, und können also ihrer Natur nach auf alle Nachfolger übertragen werden.

Achtes Hauptstück
Vom Erbrecht allgemein

I. Begriffe

Verlassenschaft

§ 531. Die Rechte und Verbindlichkeiten eines Verstorbenen bilden, soweit sie nicht höchstpersönlicher Art sind, dessen Verlassenschaft.

(BGBl I 2015/87, ab 1. 1. 2017, s § 1503 Abs 7 Z 2)

Erbrecht

§ 532. [1]Das Erbrecht ist das absolute Recht, die ganze Verlassenschaft oder einen bestimmten Teil davon zu erwerben. [2]Diejenige Person, der das Erbrecht gebührt, wird Erbe genannt.

(BGBl I 2015/87, ab 1. 1. 2017, s § 1503 Abs 7 Z 2)

Erbrechtstitel

§ 533. Das Erbrecht gründet sich auf einen Erbvertrag, auf den letzten Willen des Verstorbenen oder auf das Gesetz.

(BGBl I 2015/87, ab 1. 1. 2017, s § 1503 Abs 7 Z 2)

Mehrere Berufungsgründe

§ 534. Die angeführten Erbrechtstitel können auch nebeneinander bestehen, sodass einem Erben ein bestimmter Teil der Verlassenschaft aus dem letzten Willen, einem anderen ein Teil aus dem Erbvertrag und einem dritten ein Teil aus dem Gesetz gebühren können.

(BGBl I 2015/87, ab 1. 1. 2017, s § 1503 Abs 7 Z 2)

Unterschied zwischen Erbschaft und Vermächtnis

§ 535. [1]Wird einer Person nicht ein Erbteil, der sich auf die ganze Verlassenschaft bezieht, sondern eine bestimmte Sache, eine oder mehrere Sachen einer Gattung, ein Betrag oder ein Recht zugedacht, so ist das Zugedachte, auch wenn sein Wert einen erheblichen Teil der Verlassenschaft ausmacht, ein Vermächtnis. [2]Diejenige Person, der es hinterlassen wurde, ist nicht Erbe, sondern Vermächtnisnehmer.

(BGBl I 2015/87, ab 1. 1. 2017, s § 1503 Abs 7 Z 2)

II. Entstehung des Erbrechts

Erbanfall

§ 536. (1) Der Erbe erwirbt das Erbrecht (Erbanfall) mit dem Tod des Verstorbenen (Erbfall) oder mit dem Eintritt einer aufschiebenden Bedingung (§§ 696 und 703).

(2) Wenn ein möglicher Erbe vor dem Erbanfall verstirbt, erwirbt er kein Erbrecht; es kann daher auch nicht auf seine Erben übergehen.

(BGBl I 2015/87, ab 1. 1. 2017, s § 1503 Abs 7 Z 2)

Vererblichkeit des Erbrechts

§ 537. (1) Wenn der Erbe den Verstorbenen überlebt hat, geht das Erbrecht auch vor Einantwortung der Erbschaft auf seine Erben (Erbeserben) über, es sei denn, dass der Verstorbene dies ausgeschlossen hat, die Erbschaft ausgeschlagen wurde oder das Erbrecht auf eine andere Art erloschen ist.

(2) Die Erbeserben gehen Anwachsungsberechtigten (§ 560) jedenfalls und Ersatzerben (§ 604) dann vor, wenn der Erbe nach Abgabe seiner Erbantrittserklärung verstirbt.

(BGBl I 2015/87, ab 1. 1. 2017, s § 1503 Abs 7 Z 2)

Erbfähigkeit

§ 538. Erbfähig ist, wer rechtsfähig und erbwürdig ist.

(BGBl I 2015/87, ab 1. 1. 2017, s § 1503 Abs 7 Z 2)

Gründe für die Erbunwürdigkeit

§ 539. Wer gegen den Verstorbenen oder die Verlassenschaft eine gerichtlich strafbare Handlung begangen hat, die nur vorsätzlich begangen werden kann und mit mehr als einjähriger Freiheitsstrafe bedroht ist, ist erbunwürdig, sofern der

Verstorbene nicht zu erkennen gegeben hat, dass er ihm verziehen hat.

(BGBl I 2015/87, ab 1. 1. 2017, s § 1503 Abs 7 Z 2)

§ 540. [1]Wer absichtlich die Verwirklichung des wahren letzten Willens des Verstorbenen vereitelt oder zu vereiteln versucht hat, etwa indem er ihn zur Erklärung des letzten Willens gezwungen oder arglistig verleitet, ihn an der Erklärung oder Änderung des letzten Willens gehindert oder einen bereits errichteten letzten Willen unterdrückt hat, ist erbunwürdig, sofern der Verstorbene nicht zu erkennen gegeben hat, dass er ihm verziehen hat. [2]Er haftet für jeden einem Dritten dadurch zugefügten Schaden.

(BGBl I 2015/87, ab 1. 1. 2017, s § 1503 Abs 7 Z 2)

§ 541. Wer

1. gegen den Ehegatten, eingetragenen Partner oder Lebensgefährten des Verstorbenen oder gegen dessen Verwandte in gerader Linie eine gerichtlich strafbare Handlung begangen hat, die nur vorsätzlich begangen werden kann und mit mehr als einjähriger Freiheitsstrafe bedroht ist,

2. dem Verstorbenen in verwerflicher Weise schweres seelisches Leid zugefügt hat oder

3. sonst gegenüber dem Verstorbenen seine Pflichten aus dem Rechtsverhältnis zwischen Eltern und Kindern gröblich vernachlässigt hat,

ist erbunwürdig, wenn der Verstorbene aufgrund seiner Testierunfähigkeit, aus Unkenntnis oder aus sonstigen Gründen nicht in der Lage war, ihn zu enterben, und er auch nicht zu erkennen gegeben hat, dass er ihm verziehen hat.

(BGBl I 2015/87, ab 1. 1. 2017, s § 1503 Abs 7 Z 2)

Eintrittsrecht bei Erbunwürdigkeit

§ 542. Bei gesetzlicher Erbfolge treten die Nachkommen der erbunwürdigen Person an deren Stelle, auch wenn diese den Verstorbenen überlebt hat.

(BGBl I 2015/87, ab 1. 1. 2017, s § 1503 Abs 7 Z 2)

Beurteilung der Erbfähigkeit

§ 543. (1) [1]Die Erbfähigkeit muss im Zeitpunkt des Erbanfalls vorliegen. [2]Eine später erlangte Erbfähigkeit ist unbeachtlich und berechtigt daher nicht, anderen das zu entziehen, was ihnen bereits rechtmäßig zugekommen ist.

(2) Wer nach dem Erbanfall eine gerichtlich strafbare Handlung gegen die Verlassenschaft im Sinn des § 539 begeht oder die Verwirklichung des wahren letzten Willens des Verstorbenen vereitelt oder zu vereiteln versucht (§ 540), verliert nachträglich seine Erbfähigkeit.

(BGBl I 2015/87, ab 1. 1. 2017, s § 1503 Abs 7 Z 2)

§§ 544 und 545. *(aufgehoben, BGBl I 2015/87, ab 1. 1. 2017)*

Verlassenschaft als juristische Person

§ 546. Mit dem Tod setzt die Verlassenschaft als juristische Person die Rechtsposition des Verstorbenen fort.

(BGBl I 2015/87, ab 1. 1. 2017, s § 1503 Abs 7 Z 2)

Gesamtrechtsnachfolge

§ 547. Mit der Einantwortung folgt der Erbe der Rechtsposition der Verlassenschaft nach; dasselbe gilt mit Übergabebeschluss für die Aneignung durch den Bund.

(BGBl I 2015/87, ab 1. 1. 2017, s § 1503 Abs 7 Z 2)

Verbindlichkeiten

§ 548. [1]Verbindlichkeiten, die der Verstorbene aus seinem Vermögen zu leisten gehabt hätte, übernimmt sein Erbe. [2]Geldstrafen gehen nicht auf den Erben über.

(BGBl I 2015/87, ab 1. 1. 2017, s § 1503 Abs 7 Z 2)

Begräbniskosten

§ 549. Zu den auf einer Verlassenschaft haftenden Lasten gehören auch die Kosten für ein ortsübliches und den Lebensverhältnissen sowie dem Vermögen des Verstorbenen angemessenes Begräbnis.

(BGBl I 2015/87, ab 1. 1. 2017, s § 1503 Abs 7 Z 2)

Erbengemeinschaft

§ 550. [1]Mehrere Erben bilden in Ansehung ihres gemeinschaftlichen Erbrechts eine Erbengemeinschaft. [2]Der Anteil eines dieser Miterben richtet sich nach seiner Erbquote. [3]Im Übrigen sind die Bestimmungen des Fünfzehnten und Sechzehnten Hauptstücks entsprechend anzuwenden.

(BGBl I 2015/87, ab 1. 1. 2017, s § 1503 Abs 7 Z 2)

Erbverzicht

§ 551. (1) [1]Wer über sein Erbrecht gültig verfügen kann, kann auch durch Vertrag mit dem Verstorbenen im Voraus darauf verzichten. [2]Der Vertrag bedarf zu seiner Gültigkeit der Aufnahme eines Notariatsakts oder der Beurkundung durch gerichtliches Protokoll; die Aufhebung des Vertrags bedarf der Schriftform.

(2) Soweit nichts anderes vereinbart ist, erstreckt sich ein solcher Verzicht auch auf den Pflichtteil und auf die Nachkommen.

(BGBl I 2015/87, ab 1. 1. 2017, s § 1503 Abs 7 Z 2 und 3)

Neuntes Hauptstück

Gewillkürte Erbfolge

I. Grundsätze

Letztwillige Verfügung

§ 552. (1) [1]Mit einer letztwilligen Verfügung wird das Schicksal der künftigen Verlassenschaft auf den Todesfall geregelt. [2]Eine letztwillige Verfügung kann jederzeit widerrufen werden.

(2) Wird über die Erbfolge verfügt, so liegt ein Testament vor. Es können aber auch sonstige letztwillige Verfügungen getroffen werden, insbesondere über Vermächtnisse, Auflagen oder die Einsetzung von Testamentsvollstreckern.

(BGBl I 2015/87, ab 1. 1. 2017, s § 1503 Abs 7 Z 2)

Auslegung letztwilliger Verfügungen

§ 553. [1]Wörter sind nach ihrer gewöhnlichen Bedeutung auszulegen, außer der Verstorbene hat mit gewissen Ausdrücken einen besonderen Sinn verbunden. [2]Maßgeblich ist der wahre Wille des Verstorbenen, der im Wortlaut der Verfügung zumindest angedeutet sein muss. [3]Die Auslegung soll so erfolgen, dass der vom Verstorbenen angestrebte Erfolg eintritt und dass die letztwillige Verfügung als solche zumindest teilweise aufrecht bleiben kann. [4]Die §§ 681 bis 683 sind anzuwenden.

(BGBl I 2015/87, ab 1. 1. 2017, s § 1503 Abs 7 Z 2)

Einsetzung eines einzigen Erben

§ 554. [1]Hat der Verstorbene nur eine Person unbestimmt, also ohne ihren Erbteil festzulegen, als Erben eingesetzt, so erhält sie die gesamte Verlassenschaft. [2]Hat er einer Person nur einen bestimmten Erbteil zugedacht, so fällt der übrige Teil an die gesetzlichen Erben.

(BGBl I 2015/87, ab 1. 1. 2017, s § 1503 Abs 7 Z 2)

Einsetzung mehrerer Erben

§ 555. Hat der Verstorbene mehrere Personen unbestimmt als Erben eingesetzt, so erben sie zu gleichen Teilen.

(BGBl I 2015/87, ab 1. 1. 2017, s § 1503 Abs 7 Z 2)

§ 556. [1]Hat der Verstorbene mehrere Personen als Erben zu bestimmten, die Verlassenschaft nicht erschöpfenden Erbteilen eingesetzt, so fällt der übrige Teil an die gesetzlichen Erben. [2]Hat der Verstorbene die Erben zur gesamten Verlassenschaft berufen, so schließt dies im Zweifel das gesetzliche Erbrecht aus, selbst wenn der Verstorbene sich verrechnet oder die Erbstücke unvollständig aufgezählt hat.

(BGBl I 2015/87, ab 1. 1. 2017, s § 1503 Abs 7 Z 2)

Bestimmte und unbestimmte Einsetzung nebeneinander

§ 557. Hat der Verstorbene nur den Anteil eines oder mehrerer Erben bestimmt, die Anteile der übrigen Erben aber nicht, so erhalten diese den Rest zu gleichen Teilen.

(BGBl I 2015/87, ab 1. 1. 2017, s § 1503 Abs 7 Z 2)

§ 558. Wenn danach für einen unbestimmt eingesetzten Erben nichts übrig bleibt, muss für ihn von sämtlichen bestimmten Teilen der anderen Erben verhältnismäßig so viel abgezogen werden, dass er den gleichen Anteil erhält wie der am geringsten bedachte Erbe.

(BGBl I 2015/87, ab 1. 1. 2017, s § 1503 Abs 7 Z 2)

Erbeinsetzung mehrerer Personen zu unbestimmten Anteilen

§ 559. [1]Sind unter mehreren unbestimmt eingesetzten Erben auch solche Personen, die nach der gesetzlichen Erbfolge als eine Person anzusehen sind (etwa die Kinder des einen Bruders gegenüber dem anderen Bruder des Verstorbenen), so gelten sie im Zweifel auch bei testamentarischer Einsetzung als eine Person. [2]Hat der Verstorbene als Erben bestimmbare Personen eingesetzt, so wird vermutet, dass er sie nebeneinander zu einzelnen Anteilen als Erben einsetzen wollte. [3]Wird eine Mehrheit unbestimmbarer Personen eingesetzt, so ist sie im Zweifel als eine Person zu betrachten.

(BGBl I 2015/87, ab 1. 1. 2017, s § 1503 Abs 7 Z 2)

Anwachsung

§ 560. (1) [1]Wenn der Verstorbene über die gesamte Verlassenschaft verfügt und mehrere Erben eingesetzt hat, einer der Erben aber von seinem Erbrecht keinen Gebrauch machen kann oder will und für diesen kein Ersatzerbe bestimmt ist, wächst der frei gewordene Teil im Zweifel den übrigen eingesetzten Erben im Verhältnis ihrer Erbteile an. [2]Gleiches gilt, wenn die Einsetzung eines von mehreren Erben unwirksam ist.

(2) Kommt es zu keiner Anwachsung, so fällt der frei gewordene Teil an die gesetzlichen Erben.

(BGBl I 2015/87, ab 1. 1. 2017, s § 1503 Abs 7 Z 2)

§§ 561 und 562. *(aufgehoben, BGBl I 2015/87, ab 1. 1. 2017)*

§ 563. Wer den frei gewordenen Erbteil erhält, übernimmt auch die damit verknüpften Lasten, soweit sie nicht in höchstpersönlichen Verpflichtungen des eingesetzten Erben bestehen.

(BGBl I 2015/87, ab 1. 1. 2017, s § 1503 Abs 7 Z 2)

II. Anforderungen an den letzten Willen

Höchstpersönliche Willenserklärung

§ 564. [1]Man kann seinen letzten Willen nur selbst erklären, den Erben nur selbst einsetzen und diese Erklärungen nicht einer dritten Person überlassen. [2]Auch genügt die bloße Bejahung des Vorschlags einer dritten Person nicht.

(BGBl I 2015/87, ab 1. 1. 2017, s § 1503 Abs 7 Z 2)

Bestimmtheit und Mangelfreiheit

§ 565. Der letzte Wille muss bestimmt, mit Überlegung, ernst sowie frei von Drohung, List und wesentlichem Irrtum erklärt werden.

(BGBl I 2015/87, ab 1. 1. 2017, s § 1503 Abs 7 Z 2)

Testierfähigkeit

§ 566. Testierfähig ist, wer die Bedeutung und die Folgen seiner letztwilligen Verfügung verstehen und sich entsprechend verhalten kann.

(BGBl I 2015/87, ab 1. 1. 2017, s § 1503 Abs 7 Z 2)

§ 567. Hat der Verstorbene seinen letzten Willen in einem die Testierfähigkeit ausschließenden Zustand erklärt, etwa unter dem Einfluss einer psychischen Krankheit oder im Rausch, so ist die letztwillige Verfügung ungültig.

(BGBl I 2015/87, ab 1. 1. 2017, s § 1503 Abs 7 Z 2)

§ 568. Wer behauptet, dass ein sonst nach § 566 testierunfähiger Verstorbener bei Erklärung des letzten Willens testierfähig war (lichter Augenblick), hat dies zu beweisen.

(BGBl I 2015/87, ab 1. 1. 2017, s § 1503 Abs 7 Z 2)

Alter

§ 569. [1]Unmündige Personen sind testierunfähig. [2]Mündige Minderjährige können – ausgenommen im Notfall (§ 584) – nur mündlich vor Gericht oder Notar testieren. [3]Das Gericht oder der Notar hat sich davon zu überzeugen, dass die Erklärung des letzten Willens frei und überlegt erfolgt. [4]Die Erklärung des letzten Willens und das Ergebnis der Erhebungen sind in einem Protokoll festzuhalten.

(BGBl I 2015/87, ab 1. 1. 2017, s § 1503 Abs 7 Z 2)

Wesentlicher Irrtum

§ 570. [1]Ein wesentlicher Irrtum des Verstorbenen macht die Anordnung ungültig. [2]Der Irrtum ist insbesondere wesentlich, wenn der Verstorbene die bedachte Person oder die zugewendete Sache verfehlt hat.

(BGBl I 2015/87, ab 1. 1. 2017, s § 1503 Abs 7 Z 2)

Falsche Bezeichnung

§ 571. Wenn sich zeigt, dass der Verstorbene die bedachte Person oder die zugewendete Sache nur unrichtig benannt oder beschrieben hat, ist die Verfügung gültig.

(BGBl I 2015/87, ab 1. 1. 2017, s § 1503 Abs 7 Z 2)

Motivirrtum

§ 572. Auch wenn sich der vom Verstorbenen angegebene Beweggrund als falsch herausstellt, bleibt die Verfügung gültig, es sei denn, dass sein Wille einzig und allein auf diesem irrigen Beweggrund beruht hat.

(BGBl I 2015/87, ab 1. 1. 2017, s § 1503 Abs 7 Z 2)

§ 573. *(aufgehoben, BGBl I 2015/87, ab 1. 1. 2017)*

§ 574. *(aufgehoben, RGBl 1867/131)*

Zeitpunkt für die Beurteilung der Gültigkeit

§ 575. Die Voraussetzungen der Gültigkeit einer letztwilligen Verfügung müssen bei deren Errichtung vorliegen.

(BGBl I 2015/87, ab 1. 1. 2017, s § 1503 Abs 7 Z 2)

§ 576. [1]Eine anfänglich ungültige letztwillige Verfügung wird durch den späteren Wegfall des Hindernisses nicht gültig. [2]Wird in diesem Fall keine neue Verfügung getroffen, so tritt die gesetzliche Erbfolge ein.

(BGBl I 2015/87, ab 1. 1. 2017, s § 1503 Abs 7 Z 2)

III. Form der letztwilligen Verfügung

Arten

§ 577. Eine letztwillige Verfügung kann nach Maßgabe der folgenden Bestimmungen außergerichtlich oder gerichtlich, schriftlich oder mündlich und schriftlich mit oder ohne Zeugen errichtet werden.

(BGBl I 2015/87, ab 1. 1. 2017, s § 1503 Abs 7 Z 5)

Eigenhändige Verfügung

§ 578. [1]Wer schriftlich ohne Zeugen letztwillig verfügen will, muss die Verfügung eigenhändig schreiben und eigenhändig mit seinem Namen unterschreiben. [2]Die Beisetzung von Ort und Datum der Errichtung ist zwar nicht notwendig, aber ratsam.

(BGBl I 2015/87, ab 1. 1. 2017, s § 1503 Abs 7 Z 5)

Fremdhändige Verfügung

§ 579. (1) Eine von ihm nicht eigenhändig geschriebene letztwillige Verfügung muss der Verfügende in Gegenwart von drei gleichzeitig anwesenden Zeugen eigenhändig unterschreiben und mit einem eigenhändig geschriebenen Zusatz versehen, dass die Urkunde seinen letzten Willen enthält.

(2) [1]Die Zeugen, deren Identität aus der Urkunde hervorgehen muss, haben auf der Urkunde mit einem auf ihre Eigenschaft als Zeugen hinweisenden und eigenhändig geschriebenen Zusatz zu unterschreiben. [2]Den Inhalt der letztwilligen Verfügung müssen sie nicht kennen.

(BGBl I 2015/87, ab 1. 1. 2017, s § 1503 Abs 7 Z 5)

§ 580. (1) [1]Wenn der letztwillig Verfügende nicht schreiben kann, muss er statt der Unterschrift und des eigenhändigen Zusatzes sein Handzeichen in Gegenwart der in § 579 genannten Zeugen eigenhändig setzen und ausdrücklich vor ihnen erklären, dass die Urkunde sein letzter Wille ist. [2]Die Anführung des Namens des letztwillig Verfügenden durch einen Zeugen ist zwar nicht notwendig, aber ratsam.

(2) Wer nicht lesen kann, muss sich die fremdhändige Verfügung von einem Zeugen in Gegenwart der beiden anderen Zeugen, die den Inhalt eingesehen haben, vorlesen lassen und bekräftigen, dass dieser seinem Willen entspricht.

(BGBl I 2015/87, ab 1. 1. 2017, s § 1503 Abs 7 Z 5)

Gerichtliche Verfügung

§ 581. (1) Eine letztwillige Verfügung kann auch vor Gericht schriftlich oder mündlich errichtet werden.

(2) [1]Die schriftliche Verfügung muss der Verfügende eigenhändig unterschreiben und dem Gericht persönlich übergeben. [2]Das Gericht hat ihn darüber zu belehren, dass die Verfügung eigenhändig unterschrieben sein muss, die Verfügung gerichtlich zu versiegeln und auf dem Umschlag anzumerken, wessen letzter Wille darin enthalten ist. [3]Über die Amtshandlung ist ein Protokoll aufzunehmen. [4]Die letztwillige Verfügung ist gegen Ausstellung einer Empfangsbestätigung gerichtlich zu hinterlegen.

(3) Will der letztwillig Verfügende seinen letzten Willen mündlich erklären, so ist über die Erklärung ein Protokoll aufzunehmen und dieses versiegelt zu hinterlegen.

(BGBl I 2015/87, ab 1. 1. 2017, s § 1503 Abs 7 Z 5)

§ 582. (1) [1]Das Gericht, das die schriftliche oder mündliche Erklärung des letzten Willens aufnimmt, muss zumindest aus zwei Gerichtsbediensteten bestehen, wobei eine Person an diesem Gericht als Richter tätig sein muss. [2]Der zweite Gerichtsbedienstete kann durch zwei andere Zeugen ersetzt werden.

(2) Im Notfall kann sich das Gericht zu der Person begeben, die eine letztwillige Verfügung errichten will, und seinen letzten Willen zu Protokoll nehmen.

(BGBl I 2015/87, ab 1. 1. 2017, s § 1503 Abs 7 Z 5)

Notarielle Verfügung

§ 583. [1]Eine letztwillige Verfügung kann weiters vor zwei Notaren oder vor einem Notar und zwei Zeugen schriftlich oder mündlich errichtet werden. [2]Die §§ 67 und 70 bis 75 Notariatsordnung sind anzuwenden.

(BGBl I 2015/87, ab 1. 1. 2017, s § 1503 Abs 7 Z 5)

Nottestament

§ 584. (1) [1]Droht aus Sicht des letztwillig Verfügenden unmittelbar die begründete Gefahr, dass er stirbt oder die Testierfähigkeit verliert, bevor er seinen letzten Willen auf andere Weise zu erklären vermag, so kann er seinen letzten Willen in Gegenwart von zwei Zeugen fremdhändig (§ 579) oder mündlich erklären. [2]Eine solche mündliche letztwillige Verfügung muss durch die übereinstimmenden Aussagen der Zeugen bestätigt werden, widrigenfalls diese Erklärung des letzten Willens ungültig ist.

(2) [1]Ein so erklärter letzter Wille verliert drei Monate nach Wegfall der Gefahr seine Gültigkeit und gilt als nicht errichtet. [2]Im Zweifel ist damit auch der durch das Nottestament erfolgte Widerruf einer früheren letztwilligen Verfügung (§§ 713 und 714) aufgehoben.

(BGBl I 2015/87, ab 1. 1. 2017, s § 1503 Abs 7 Z 5)

Verweisende Verfügung

§ 585. [1]Eine Verfügung des Verstorbenen durch Verweis auf einen Zettel oder auf eine andere Urkunde ist nur wirksam, wenn eine solche Urkunde alle Gültigkeitserfordernisse einer letztwilligen Verfügung erfüllt. [2]Sonst können derartige schriftliche Bemerkungen des Verstorbenen nur zur Auslegung seines Willens herangezogen werden.

(BGBl I 2015/87, ab 1. 1. 2017, s § 1503 Abs 7 Z 5)

Gemeinschaftliche letztwillige Verfügungen

§ 586. (1) In der Regel gilt ein und dieselbe schriftliche letztwillige Verfügung nur für einen Verstorbenen.

(2) [1]Allerdings können Ehegatten oder eingetragene Partner in einem Testament einander gegenseitig oder andere Personen als Erben einsetzen. [2]Ein solches Testament ist widerruflich. [3]Aus dem Widerruf der gegenseitigen Erbeinsetzung durch einen Teil kann auf den Widerruf dieser Erbeinsetzung durch den anderen geschlossen werden.

(BGBl I 2015/87, ab 1. 1. 2017, s § 1503 Abs 7 Z 5)

Zeugen

§ 587. [1]Unmündige Minderjährige, Personen, die auf Grund einer körperlichen oder geistigen Beeinträchtigung nicht fähig sind, entsprechend der jeweiligen Testamentsform einen letzten Willen zu bezeugen, sowie Personen, die die Sprache des letztwillig Verfügenden nicht verstehen, können nicht Zeugen letztwilliger Verfügungen sein. [2]Mündige Minderjährige können nur Zeugen eines Nottestaments sein.

(BGBl I 2015/87, ab 1. 1. 2017, s § 1503 Abs 7 Z 5)

§ 588. (1) Ein Erbe oder Vermächtnisnehmer ist für die ihm zugedachte Zuwendung kein fähiger Zeuge, ebenso wenig sein Ehegatte, eingetragener Partner oder Lebensgefährte, seine Eltern, Kinder, Geschwister sowie die Eltern, Kinder und Geschwister des Ehegatten, eingetragenen Partners oder Lebensgefährten des Erben oder Vermächtnisnehmers.

(2) Zeugnisunfähig sind auch gesetzliche Vertreter, „ “ vertretungsbefugte Organe, Gesellschafter, Machthaber und Dienstnehmer bedachter Personen oder rechtsfähiger Gesellschaften. *(BGBl I 2018/58, ab 1. 8. 2018)*

(BGBl I 2015/87, ab 1. 1. 2017, s § 1503 Abs 7 Z 5)

§ 589. Die Bestimmungen über die Fähigkeit und Unbefangenheit der Zeugen sind auch auf die Gerichtsbediensteten und Notare anzuwenden, die den letzten Willen aufnehmen.

(BGBl I 2015/87, ab 1. 1. 2017, s § 1503 Abs 7 Z 5)

Ausgeschlossenheit des Verfassers

§ 590. Der Verfasser einer nicht vom letztwillig Verfügenden handschriftlich geschriebenen Erklärung kann zugleich Zeuge sein, ist aber, wenn der Verfügende nicht lesen kann, vom Vorlesen des letzten Willens ausgeschlossen.

(BGBl I 2015/87, ab 1. 1. 2017, s § 1503 Abs 7 Z 5)

§ 591. Für den bedachten Verfasser einer letztwilligen Verfügung und ihm nahestehende bedachte Personen oder Gesellschaften gilt § 588 entsprechend.

(BGBl I 2015/87, ab 1. 1. 2017, s § 1503 Abs 7 Z 5)

§§ 592 und 593. *(aufgehoben, RGBl 1914/276 bzw RGBl 1860/9)*

§§ 594 bis 597. *(aufgehoben, BGBl I 2015/87, ab 1. 1. 2017)*

§§ 598 bis 600. *(aufgehoben, BGBl I 2004/58, ab 1. 1. 2005; s Anm zu § 568)*

Formungültige letztwillige Verfügungen

§ 601. Wurde bei Errichtung einer letztwilligen Verfügung eine zwingende Formvorschrift nicht eingehalten, so ist die letztwillige Verfügung ungültig.

(BGBl I 2015/87, ab 1. 1. 2017, s § 1503 Abs 7 Z 2)

IV. Vereinbarungen von Todes wegen

Erbverträge

§ 602. [1]Erbverträge können nur zwischen Ehegatten, eingetragenen Partnern sowie Personen, die sich verlobt oder die eingetragene Partnerschaft versprochen haben, gültig geschlossen werden. [2]Die Vorschriften hierüber sind im Achtundzwanzigsten Hauptstück enthalten.

(BGBl I 2015/87, ab 1. 1. 2017, s § 1503 Abs 7 Z 2)

Schenkung auf den Todesfall

§ 603. [1]Eine Schenkung auf den Todesfall ist auch nach dem Tod des Geschenkgebers als Vertrag anzusehen, wenn er sich kein Widerrufsrecht vertraglich vorbehalten hat und der Vertrag als Notariatsakt aufgenommen wurde. [2]Die Bestimmungen des Achtzehnten Hauptstücks von Schenkungen und § 1253 sind anzuwenden.

(BGBl I 2015/87, ab 1. 1. 2017, s § 1503 Abs 7 Z 5)

Zehntes Hauptstück

Von der Ersatz- und Nacherbschaft

Ersatzerbschaft

§ 604. (1) Für den Fall, dass der eingesetzte oder gesetzliche Erbe die Erbschaft nicht erlangt, können ein Ersatzerbe, und wenn auch dieser sie nicht erlangt, ein zweiter oder auch noch weitere Ersatzerben berufen werden.

(2) Ersatzerben gehen Anwachsungsberechtigten (§ 560) jedenfalls vor.

(BGBl I 2015/87, ab 1. 1. 2017, s § 1503 Abs 7 Z 2)

Vermutete Ersatzerbschaft

§ 605. Es wird vermutet, dass der Verstorbene die Nachkommen eingesetzter Kinder zu Ersatzerben einsetzen wollte.

(BGBl I 2015/87, ab 1. 1. 2017, s § 1503 Abs 7 Z 2)

Rechte und Pflichten des Ersatzerben

§ 606. Die Rechte und Pflichten des Erben kommen auch dem an seine Stelle tretenden Ersatzerben zu, sofern sie nicht nach dem ausdrücklichen Willen des Verstorbenen oder nach den Umständen des Falles allein die Person des Erben betreffen. Für einschränkende Bedingungen gilt § 702.

(BGBl I 2015/87, ab 1. 1. 2017, s § 1503 Abs 7 Z 2)

Gegenseitige Ersatzerbschaft

§ 607. [1]Sind allein Miterben gegenseitig zu Ersatzerben berufen, so wird vermutet, dass der Verstorbene die in der Einsetzung bestimmten Teile auch auf die Ersatzerbschaft ausdehnen wollte. [2]Ist aber in der Ersatzerbschaft außer den Miterben auch eine andere Person zum Ersatzerben berufen, so fällt der frei gewordene Erbteil allen zu gleichen Teilen zu.

(BGBl I 2015/87, ab 1. 1. 2017, s § 1503 Abs 7 Z 2)

Nacherbschaft

§ 608. (1) [1]Der letztwillig Verfügende kann einen Erben so einsetzen, dass dieser erst nach einem anderen Erben erbt. [2]Der Nacherbe ist im Zweifel auch Ersatzerbe.

(2) Hat der Verstorbene nichts anderes verfügt, so tritt der Nacherbfall mit dem Tod des Vorerben ein.

(BGBl I 2015/87, ab 1. 1. 2017, s § 1503 Abs 7 Z 2)

Nacherbschaft auf den Überrest

§ 609. Eine Nacherbschaft auf den Überrest liegt vor, wenn der Nacherbe nach dem Willen des Verstorbenen nur das erhalten soll, was beim Ableben des Vorerben noch übrig ist.

(BGBl I 2015/87, ab 1. 1. 2017, s § 1503 Abs 7 Z 2)

Umdeutung von Testieranordnungen

§ 610. (1) Hat der letztwillig Verfügende dem Erben verboten oder zugunsten einer bestimmten Person geboten, über die Verlassenschaft zu testieren, so ist dies im Zweifel in eine Nacherbschaft auf den Überrest umzudeuten, und zwar im Fall des Verbots zugunsten der gesetzlichen Erben, im Fall des Gebots zugunsten der bestimmten Person.

(2) Das Verbot, eine Sache zu veräußern, schließt im Zweifel das Recht, darüber letztwillig zu verfügen, nicht aus.

(BGBl I 2015/87, ab 1. 1. 2017, s § 1503 Abs 7 Z 2)

Nacherbschaft bei Zeitgenossen

§ 611. [1]Wenn die Nacherben Zeitgenossen des letztwillig Verfügenden sind, kann er sie ohne zahlenmäßige Beschränkung als Nacherben einsetzen. [2]Zeitgenossen sind natürliche Personen, die zum Zeitpunkt der Errichtung der Nacherbschaft bereits gezeugt (§ 22) oder geboren sind.

(BGBl I 2015/87, ab 1. 1. 2017, s § 1503 Abs 7 Z 2)

Einschränkung der Nacherbschaft

§ 612. Sind die Nacherben im Zeitpunkt der Errichtung der letztwilligen Verfügung noch keine Zeitgenossen des Verfügenden, so ist die Nacherbschaft bei Geld und anderen beweglichen Sachen auf zwei Nacherbfälle, bei unbeweglichen Sachen auf einen Nacherbfall beschränkt.

(BGBl I 2015/87, ab 1. 1. 2017, s § 1503 Abs 7 Z 2)

Rechte des Vorerben

§ 613. (1) Bis zum Eintritt der Nacherbschaft kommt dem eingesetzten Vorerben das eingeschränkte Eigentumsrecht mit den Rechten und Verbindlichkeiten eines Fruchtnießers zu.

(2) Verfügungen über Sachen der von der Nacherbschaft erfassten Verlassenschaft sind mit der Zustimmung des Nacherben zulässig, sonst nur zur Erfüllung von Verbindlichkeiten der Verlassenschaft, zur Vermeidung von Schäden an derselben oder soweit sie im Rahmen der ordentlichen Verwaltung erfolgen.

(3) Erlangt der Vorerbe durch die Verfügung über eine Sache der von der Nacherbschaft erfassten Verlassenschaft Geld oder eine andere Sache, so wird diese Ersatzsache im Zweifel Teil der Verlassenschaft.

(4) Ist jedoch die angeordnete Nacherbschaft eine solche auf den Überrest, so kann der Vorerbe wie jeder Eigentümer über Sachen der Verlassenschaft unter Lebenden verfügen.

(BGBl I 2015/87, ab 1. 1. 2017, s § 1503 Abs 7 Z 2)

Auslegung einer Ersatz- oder Nacherbschaft

§ 614. [1]Ist eine Ersatz- oder Nacherbschaft undeutlich ausgedrückt, so ist sie auf eine solche Art auszulegen, dass die Freiheit des Erben, über das Eigentum zu verfügen, am wenigsten eingeschränkt wird. [2]Dies gilt auch für die Frage, ob überhaupt eine Ersatz- oder Nacherbschaft angeordnet wurde.

(BGBl I 2015/87, ab 1. 1. 2017, s § 1503 Abs 7 Z 2)

Erlöschen der Ersatz- und Nacherbschaft

§ 615. (1) [1]Eine Ersatzerbschaft erlischt im Zweifel, sobald der eingesetzte Erbe die Erbschaft angetreten hat. [2]Eine Nacherbschaft erlischt, wenn kein berufener Nacherbe mehr vorhanden ist oder wenn sie unter einer aufschiebenden Bedingung errichtet wurde, die endgültig nicht eintreten kann.

(2) Das Recht eines Nacherben geht im Zweifel auch dann auf seine Erben über (§ 537 Abs. 1), wenn er den Eintritt des Nacherbfalls nicht erlebt.

(BGBl I 2015/87, ab 1. 1. 2017, s § 1503 Abs 7 Z 2)

§ 616. (1) Ist für eine vermeintlich testierunfähige Person ein Nacherbe bestimmt, so ist die Nacherbschaft im Zweifel ungültig, wenn diese Person im Zeitpunkt der Errichtung der letztwilligen Verfügung testierfähig war.

(2) [1]Ist für eine tatsächlich testierunfähige Person ein Nacherbe bestimmt, so erlischt die Nacherbschaft im Zweifel, wenn diese Person die Testierfähigkeit später erlangt. [2]Die Nacherbschaft lebt nicht wieder auf, wenn sie später wieder testierunfähig wird.

(BGBl I 2015/87, ab 1. 1. 2017, s § 1503 Abs 7 Z 2)

§ 617. Die von einem letztwillig Verfügenden seinem Kind in einem Zeitpunkt angeordnete Ersatz- oder Nacherbschaft, in dem dieses noch keine Kinder hatte, erlischt im Zweifel, wenn es später doch erbfähige Kinder hinterlassen hat.

(BGBl I 2015/87, ab 1. 1. 2017, s § 1503 Abs 7 Z 2)

§§ 618 bis 645. *Gegenstandslos seit der Aufhebung aller Familienfideikommisse und sonstigen gebundenen Vermögen durch dRGBl 1938 I 825*

§ 646. *(aufgehoben, BGBl I 2015/87, ab 1. 1. 2017)*

Elftes Hauptstück
Vermächtnisse

I. Grundsätze

Berufung zum Vermächtnisnehmer

§ 647. (1) Ein Vermächtnis (§ 535) gründet sich auf einen Erb- oder Vermächtnisvertrag, auf den gültig erklärten Willen des Verstorbenen oder auf das Gesetz.

(2) Die Bestimmungen über die Vererblichkeit des Erbrechts (§ 537) und die Erbfähigkeit (§§ 538 bis 543) sowie über die Ausschlagung der Erbschaft (§§ 803 ff.) sind entsprechend anzuwenden.

(BGBl I 2015/87, ab 1. 1. 2017, s § 1503 Abs 7 Z 2)

Erbe und Vermächtnisnehmer

§ 648. (1) [1]Einem Erben kann auch ein Vermächtnis zugedacht werden. [2]Insoweit wird der Erbe als Vermächtnisnehmer behandelt. [3]Im Zweifel ist ein solches Vermächtnis nicht auf den Anteil des begünstigten Erben anzurechnen und belastet alle Erben nach ihrer Erbquote (Vorausvermächtnis).

(2) Wenn die Anrechnung des Vermächtnisses auf den Erbteil ausdrücklich angeordnet wurde oder sich aus der Auslegung des letzten Willens ergibt (Hineinvermächtnis), liegt darin im Zweifel eine Teilungsanordnung.

(3) [1]Übersteigt der Wert des Hineinvermächtnisses den letztwillig zugedachten Erbteil, so erhöht sich im Zweifel der Erbteil dieses Erben entsprechend. [2]Im selben Ausmaß vermindern sich die Erbteile der übrigen eingesetzten Erben verhältnismäßig. [3]Im Zweifel kommt es auf den Wert des Hineinvermächtnisses im Zeitpunkt der Errichtung der letztwilligen Verfügung an.

(BGBl I 2015/87, ab 1. 1. 2017, s § 1503 Abs 7 Z 2)

Vermächtnisschuldner

§ 649. (1) Aufgrund des Vermächtnisses erwirbt der Vermächtnisnehmer eine Forderung gegen die Verlassenschaft und nach der Einantwortung gegen die Erben.

(2) [1]Im Zweifel haften die Erben zur ungeteilten Hand. [2]Sie haben im Zweifel untereinander im Verhältnis ihrer Erbteile zur Leistung des Vermächtnisses beizutragen, selbst wenn die Sache eines Miterben vermacht worden ist. [3]Die Leistung des Vermächtnisses kann aber auch einem Miterben allein oder einem Vermächtnisnehmer aufgetragen werden.

(BGBl I 2015/87, ab 1. 1. 2017, s § 1503 Abs 7 Z 2)

Untervermächtnis

§ 650. [1]Ein Vermächtnisnehmer kann sich von der vollständigen Erfüllung des ihm aufgetragenen weiteren Vermächtnisses nicht mit der Begründung befreien, dass es den Wert des ihm zugedachten Vermächtnisses übersteigt. [2]Nimmt er das Vermächtnis nicht an, so muss derjenige, dem es zufällt, das Untervermächtnis erfüllen oder das ihm zugefallene Vermächtnis dem darauf gewiesenen Untervermächtnisnehmer herausgeben.

(BGBl I 2015/87, ab 1. 1. 2017, s § 1503 Abs 7 Z 2)

Verteilungsvermächtnis

§ 651. [1]Wer ein Vermächtnis einer gewissen Personengruppe, etwa seinen Verwandten, seinen Dienstnehmern oder bedürftigen Menschen, zukommen lassen will, kann die Verteilung, welchen Personen was zukommen soll, dem Erben oder einem Dritten überlassen. [2]Ist dazu nichts bestimmt, so kann der Erbe die Verteilung vornehmen.

(BGBl I 2015/87, ab 1. 1. 2017, s § 1503 Abs 7 Z 2)

Ersatz- und Nachvermächtnis

§ 652. Es kann auch ein Ersatz- oder Nachvermächtnis angeordnet werden; die Bestimmungen des Zehnten Hauptstücks sind darauf sinngemäß anzuwenden.

(BGBl I 2015/87, ab 1. 1. 2017, s § 1503 Abs 7 Z 2)

Gegenstand eines Vermächtnisses

§ 653. (1) Jede Sache, die im Verkehr steht, vererblich ist und den Inhalt einer selbstständigen Forderung bilden kann, kann Gegenstand eines Vermächtnisses sein.

(2) Ist die vermachte Sache verpfändet oder sonst wie belastet, so hat der Vermächtnisnehmer auch die darauf haftenden Lasten zu übernehmen.

(BGBl I 2015/87, ab 1. 1. 2017, s § 1503 Abs 7 Z 2)

Unmöglichkeit

§ 654. [1]Ist die Leistung des Vermächtnisses ohne Verschulden des Vermächtnisschuldners oder eines Dritten unmöglich, so erhält der Vermächtnisnehmer keinen Ersatz. [2]Werden aber verkehrsfähige Sachen vermacht, die der Vermächtnisnehmer aus rechtlichen Gründen nicht erwerben kann, so gebührt ihm der Verkehrswert.

(BGBl I 2015/87, ab 1. 1. 2017, s § 1503 Abs 7 Z 2)

§ 655. *(aufgehoben, BGBl I 2015/87, ab 1. 1. 2017)*

II. Arten von Vermächtnissen

1. Gattungsvermächtnisse

§ 656. [1]Wenn eine oder mehrere Sachen einer Gattung ohne eine nähere Bestimmung vermacht werden und sich mehrere solche Sachen in der Verlassenschaft befinden, kann die Wahl dem Erben, einem Dritten oder dem Vermächtnisnehmer überlassen werden. [2]Im Zweifel steht dem Erben die Wahl zu. [3]Der Erbe und der Dritte müssen ein Stück wählen, das unter Beachtung des letzten Willens den Bedürfnissen des Vermächtnisnehmers entspricht. [4]Der Vermächtnisnehmer kann auch das beste Stück wählen.

(BGBl I 2015/87, ab 1. 1. 2017, s § 1503 Abs 7 Z 2)

§ 657. [1]Wenn eine oder mehrere Sachen einer Gattung nach dem Willen des Verstorbenen dessen Eigentum entstammen sollen, sich aber nicht in der Verlassenschaft befinden, ist das Vermächtnis ungültig. [2]Finden sie sich nicht in der bestimmten Zahl, so muss sich der Vermächtnisnehmer mit den vorhandenen begnügen.

(BGBl I 2015/87, ab 1. 1. 2017, s § 1503 Abs 7 Z 2)

§ 658. (1) Wenn hingegen solche Sachen nach dem Willen des Verstorbenen nicht ausdrücklich aus seinem Eigentum stammen sollen und sich nicht in der Verlassenschaft befinden, muss sie der Erbe dem Vermächtnisnehmer in einer dessen Bedürfnissen entsprechenden Eigenschaft verschaffen.

(2) Ein Geldvermächtnis verpflichtet den Erben zur Zahlung der bestimmten Summe ohne Rücksicht darauf, ob Bargeld in der Verlassenschaft vorhanden ist oder nicht.

(BGBl I 2015/87, ab 1. 1. 2017, s § 1503 Abs 7 Z 2)

§ 659. Kann oder will der Dritte oder der wahlberechtigte Vermächtnisnehmer nicht wählen, so hat das Gericht das Vermächtnis mit Rücksicht auf die Bedürfnisse des Vermächtnisnehmers zu bestimmen.

(BGBl I 2015/87, ab 1. 1. 2017)

2. Vermächtnis einer bestimmten Sache

§ 660. (1) [1]Der Vermächtnisnehmer kann die Erfüllung des Vermächtnisses einer bestimmten Sache nicht zugleich in Natur und dem Wert nach verlangen, auch wenn der Verstorbene ihm diese Sache mehrfach, sei dies in einer oder in mehreren letztwilligen Verfügungen, vermacht hat. [2]Andere Vermächtnisse, die eine Sache derselben Art oder denselben Betrag betreffen, gebühren dem Vermächtnisnehmer im Zweifel so oft, wie sie der Verstorbene wiederholt hat.

(2) Wie beim Gattungsvermächtnis kann auch einem Erben, Vermächtnisnehmer oder Dritten die Wahl überlassen werden, aus mehreren bestimmten Sachen auszuwählen.

(BGBl I 2015/87, ab 1. 1. 2017, s § 1503 Abs 7 Z 2)

§ 661. [1]Das Vermächtnis ist ungültig, wenn die vermachte Sache im Zeitpunkt der Errichtung der letztwilligen Verfügung schon im Eigentum des Vermächtnisnehmers stand. [2]Hat er sie später erworben, so gebührt ihm der Verkehrswert. [3]Wenn er sie aber vom Verstorbenen vor dessen Tod unentgeltlich erhalten hat, gilt das Vermächtnis als aufgehoben.

(BGBl I 2015/87, ab 1. 1. 2017, s § 1503 Abs 7 Z 2)

3. Vermächtnis einer fremden Sache

§ 662. (1) Das Vermächtnis einer fremden Sache, die weder dem Vermächtnisgeber noch dem Erben noch dem Vermächtnisnehmer, der sie einem Dritten leisten soll, gehört, ist unwirksam. Gebührt diesen Personen ein Anteil oder Recht an der Sache, so umfasst das Vermächtnis nur diesen Anteil oder dieses Recht.

(2) Wenn der Verstorbene ausdrücklich angeordnet hat, dass eine bestimmte fremde Sache gekauft und dem Vermächtnisnehmer geleistet werden soll (Verschaffungsvermächtnis) und der Eigentümer diese Sache nicht um den Verkehrswert veräußern will, ist dem Vermächtnisnehmer dieser Wert zu leisten.

(BGBl I 2015/87, ab 1. 1. 2017, s § 1503 Abs 7 Z 2)

4. Vermächtnis einer Forderung

§ 663. Das Vermächtnis einer Forderung, die der Verstorbene gegen den Vermächtnisnehmer hatte (Befreiungsvermächtnis), verpflichtet den Erben, die Forderung samt den rückständigen Zinsen zu erlassen.

(BGBl I 2015/87, ab 1. 1. 2017, s § 1503 Abs 7 Z 2)

§ 664. Hat der Verstorbene dem Vermächtnisnehmer eine Forderung vermacht, die ihm gegen einen Dritten zustand (Forderungsvermächtnis), so muss der Erbe die Forderung samt den rückständigen und weiter laufenden Zinsen dem Vermächtnisnehmer abtreten.

(BGBl I 2015/87, ab 1. 1. 2017, s § 1503 Abs 7 Z 2)

§ 665. Das Vermächtnis der Schuld, die der Verstorbene dem Vermächtnisnehmer gegenüber zu erfüllen hatte (Schuldvermächtnis), bewirkt, dass der Erbe die vom Verstorbenen bestimmte oder vom Vermächtnisnehmer ausgewiesene Schuld anerkennen und sie, ohne Rücksicht auf die mit der Schuld verbundenen Bedingungen oder Fristen, längstens binnen der zur Leistung der übrigen Vermächtnisse bestimmten Frist erfüllen muss.

(BGBl I 2015/87, ab 1. 1. 2017, s § 1503 Abs 7 Z 2)

§ 666. [1]Das Befreiungsvermächtnis umfasst im Zweifel nicht die erst nach Errichtung des Vermächtnisses entstandenen Schulden. [2]Hat der Verstorbene durch ein Vermächtnis ein Pfandrecht oder eine Bürgschaft erlassen, so folgt daraus nicht, dass er auch die Schuld erlassen hat. [3]Hat er die Zahlungsfristen verlängert, so müssen die Zinsen weiter bezahlt werden.

(BGBl I 2015/87, ab 1. 1. 2017, s § 1503 Abs 7 Z 2)

§ 667. Wenn der Verstorbene einer Person den gleichen Betrag vermacht hat, den er ihr geschuldet hat, wird nicht vermutet, dass er die Schuld mit dem Vermächtnis erfüllen wollte.

(BGBl I 2015/87, ab 1. 1. 2017, s § 1503 Abs 7 Z 2)

§ 668. *(aufgehoben, BGBl I 2015/87, ab 1. 1. 2017)*

§§ 669 bis 671. *(aufgehoben samt Überschrift, BGBl I 2009/75, ab 1. 1. 2010)*

5. Vermächtnis des Unterhalts oder der Ausbildung

§ 672. (1) [1]Das Vermächtnis des Unterhalts umfasst im Zweifel Nahrung, Kleidung, Wohnung, die nötige Ausbildung und die übrigen Bedürfnisse des Vermächtnisnehmers. [2]Das Ausmaß richtet sich im Zweifel nach den bisherigen Lebensverhältnissen des Vermächtnisnehmers.

(2) [1]Das Unterhaltsvermächtnis gewährt im Zweifel Unterhalt bis zur Selbsterhaltungsfähigkeit des Vermächtnisnehmers, wenn dieser im Zeitpunkt der Errichtung des Vermächtnisses nicht selbsterhaltungsfähig war. [2]Das einem selbsterhaltungsfähigen Vermächtnisnehmer eingeräumte Unterhaltsvermächtnis gewährt im Zweifel Unterhalt bis zum Lebensende.

(BGBl I 2015/87, ab 1. 1. 2017, s § 1503 Abs 7 Z 2)

§ 673. [1]Das Vermächtnis der Ausbildung umfasst im Zweifel alle Kosten einer den Fähigkeiten und Neigungen des Vermächtnisnehmers entsprechenden Ausbildung nach denselben Grundsätzen, wie sie für die Verpflichtung von Eltern gegenüber ihren Kindern gelten. [2]Die Kosten des notwendigen Lebensunterhalts sind im Zweifel insoweit mit umfasst, als dem Vermächtnisnehmer wegen seiner Ausbildung eine Erwerbstätigkeit nicht zuzumuten ist.

(BGBl I 2015/87, ab 1. 1. 2017, s § 1503 Abs 7 Z 2)

6. Vermächtnis der Möbel und des Hausrats

§ 674. [1]Unter den Möbeln oder der Einrichtung werden nur die zum gewöhnlichen Gebrauch der Wohnung, unter dem Hausrat die zur Führung des Haushalts erforderlichen Sachen verstanden. [2]Sachen zum Betrieb eines Unternehmens fallen im Zweifel nicht darunter.

(BGBl I 2015/87, ab 1. 1. 2017, s § 1503 Abs 7 Z 2)

7. Vermächtnis eines Behältnisses

§ 675. Wenn der Verstorbene ein Behältnis vermacht hat, das nicht für sich selbst besteht (etwa eine Schublade), so wird vermutet, dass nur diejenigen Sachen erfasst sind, die sich bei seinem Ableben darin befinden und zu deren Aufbewahrung das Behältnis seiner Natur nach bestimmt oder vom Verstorbenen gewöhnlich verwendet worden ist.

(BGBl I 2015/87, ab 1. 1. 2017, s § 1503 Abs 7 Z 2)

§ 676. Besteht das Behältnis dagegen für sich selbst (etwa ein Kasten), so hat der Vermächtnisnehmer im Zweifel nur auf das Behältnis, nicht aber auf die darin befindlichen Sachen Anspruch.

(BGBl I 2015/87, ab 1. 1. 2017, s § 1503 Abs 7 Z 2)

8. Pflegevermächtnis

§ 677. (1) Einer dem Verstorbenen nahe stehenden Person, die diesen in den letzten drei Jahren vor seinem Tod mindestens sechs Monate in nicht bloß geringfügigem Ausmaß gepflegt hat, gebührt dafür ein gesetzliches Vermächtnis, soweit nicht eine Zuwendung gewährt oder ein Entgelt vereinbart wurde.

(2) Pflege ist jede Tätigkeit, die dazu dient, einer pflegebedürftigen Person soweit wie möglich die notwendige Betreuung und Hilfe zu sichern sowie die Möglichkeit zu verbessern, ein selbstbestimmtes, bedürfnisorientiertes Leben zu führen.

(3) Nahe stehend sind Personen aus dem Kreis der gesetzlichen Erben des Verstorbenen, deren Ehegatte, eingetragener Partner oder Lebensgefährte und deren Kinder sowie der Lebensgefährte des Verstorbenen und dessen Kinder.

(BGBl I 2015/87, ab 1. 1. 2017, s § 1503 Abs 7 Z 2)

§ 678. (1) Die Höhe des Vermächtnisses richtet sich nach Art, Dauer und Umfang der Leistungen.

(2) [1]Das Vermächtnis gebührt jedenfalls neben dem Pflichtteil, neben anderen Leistungen aus der Verlassenschaft nur dann nicht, wenn der Verstorbene das verfügt hat. [2]Das Vermächtnis kann nur bei Vorliegen eines Enterbungsgrundes entzogen werden.

(BGBl I 2015/87, ab 1. 1. 2017, s § 1503 Abs 7 Z 2)

§§ 679 und 680. *(aufgehoben, BGBl I 2015/87, ab 1. 1. 2017)*

9. Auslegung bestimmter Begriffe

a) Kinder

§ 681. Unter dem Wort Kinder werden, wenn der Verstorbene die Kinder eines anderen bedacht hat, nur dessen Söhne und Töchter, wenn er aber seine eigenen Kinder bedacht hat, auch die an deren Stelle tretenden Nachkommen verstanden, die beim Ableben des Verstorbenen schon gezeugt waren.

(BGBl I 2015/87, ab 1. 1. 2017, s § 1503 Abs 7 Z 2)

b) Verwandte

§ 682. [1]Ein ohne nähere Bestimmung für die Verwandten ausgesetztes Vermächtnis wird den nach der gesetzlichen Erbfolge nächsten Verwandten zugewendet. [2]§ 555 ist sinngemäß anzuwenden.

(BGBl I 2015/87, ab 1. 1. 2017, s § 1503 Abs 7 Z 2)

c) Dienstnehmer

§ 683. Hat der Verstorbene seinen Dienstnehmern ein Vermächtnis hinterlassen und sie bloß durch das Dienstverhältnis bezeichnet, so wird vermutet, dass es diejenigen erhalten sollen, die im Zeitpunkt seines Ablebens in einem Dienstverhältnis zu ihm stehen.

(BGBl I 2015/87, ab 1. 1. 2017, s § 1503 Abs 7 Z 2)

III. Erwerb von Vermächtnissen

Anfallstag und Erwerbsvoraussetzungen bei Vermächtnissen

§ 684. (1) Der Vermächtnisnehmer erwirbt in der Regel (§ 699) mit dem Tod des Vermächtnisgebers für sich und seine Nachfolger das Recht auf das Vermächtnis.

(2) Das Eigentum an der vermachten Sache wird nach den Bestimmungen des Fünften Hauptstücks über den Erwerb des Eigentums erlangt.

(BGBl I 2015/87, ab 1. 1. 2017, s § 1503 Abs 7 Z 2)

Fälligkeit des Vermächtnisses

§ 685. [1]Das Vermächtnis ist im Zweifel sogleich mit dem Tod des Vermächtnisgebers zu erfüllen. [2]Geldvermächtnisse und Vermächtnisse von Sachen, die sich nicht in der Verlassenschaft befinden, können erst nach Ablauf eines Jahres nach dem Tod des Vermächtnisgebers geltend gemacht werden.

(BGBl I 2015/87, ab 1. 1. 2017, s § 1503 Abs 7 Z 2)

§ 686. [1]Beim Vermächtnis von Sachen aus der Verlassenschaft gebühren dem Vermächtnisnehmer auch die seit dem Tod des Vermächtnisgebers laufenden Zinsen und entstandenen Nutzungen sowie jeder andere Zuwachs. [2]Er trägt hingegen alle auf dem Vermächtnis haftenden Lasten und selbst den Verlust, wenn es ohne Verschulden eines Dritten gemindert oder die Leistung gänzlich unmöglich wird.

(BGBl I 2015/87, ab 1. 1. 2017, s § 1503 Abs 7 Z 2)

§ 687. [1]Wenn der Verstorbene dem Vermächtnisnehmer ein Rentenvermächtnis, also einen bestimmten, jährlich, monatlich oder sonst in periodischen Zeiträumen zu leistenden Betrag vermacht hat, erhält der Vermächtnisnehmer ein Recht auf den ganzen Betrag für den Zeitraum, dessen Anfang er erlebt hat. [2]Den Betrag selbst kann er jedoch erst mit Ende des Zeitraums fordern. [3]Der erste Zeitraum beginnt mit dem Tod des Vermächtnisgebers.

(BGBl I 2015/87, ab 1. 1. 2017, s § 1503 Abs 7 Z 2)

Recht des Vermächtnisnehmers auf Sicherstellung

§ 688. In allen Fällen, in denen ein Gläubiger von einem Schuldner Sicherstellung fordern kann, kann auch ein Vermächtnisnehmer die Sicherstellung seines Vermächtnisses verlangen.

(BGBl I 2015/87, ab 1. 1. 2017, s § 1503 Abs 7 Z 2)

Wem ein frei gewordenes Vermächtnis zufällt

§ 689. [1]Ein Vermächtnis, das der Vermächtnisnehmer nicht annehmen kann oder will, fällt dem Nachberufenen zu (§ 652). [2]Wenn kein Nachberufener vorhanden ist und das gesamte Vermächtnis mehreren Personen zugedacht worden ist, wächst der Anteil, den einer von ihnen nicht erhält, den übrigen Vermächtnisnehmern zu. [3]Außer diesen beiden Fällen bleibt ein frei gewordenes Vermächtnis in der Verlassenschaft.

(BGBl I 2015/87, ab 1. 1. 2017, s § 1503 Abs 7 Z 2)

Recht des Erben, wenn die Lasten die Verlassenschaft erschöpfen

§ 690. [1]Wenn die gesamte Verlassenschaft durch Vermächtnisse erschöpft ist, kann der beschränkt haftende Erbe nur die Vergütung seiner zum Besten der Verlassenschaft gemachten Auslagen und eine seinen Bemühungen angemessene Belohnung fordern. [2]Will er die Verlassenschaft nicht selbst verwalten, so muss er die Bestellung eines Kurators beantragen.

(BGBl I 2015/87, ab 1. 1. 2017, s § 1503 Abs 7 Z 2)

§ 691. Können nicht alle Vermächtnisnehmer aus der Verlassenschaft befriedigt werden, so wird das Vermächtnis des Unterhalts vor allen anderen entrichtet; diesem Vermächtnisnehmer gebührt der Unterhalt mit dem Erbfall.

(BGBl I 2015/87, ab 1. 1. 2017, s § 1503 Abs 7 Z 2)

Recht des Erben, wenn die Lasten die Verlassenschaft übersteigen

§ 692. [1]Reicht die Verlassenschaft nicht zur Zahlung der Schulden und anderer pflichtmäßiger Auslagen sowie zur Leistung aller Vermächtnisse aus, so erleiden die Vermächtnisnehmer bei beschränkter Haftung der Erben (§ 802) einen verhältnismäßigen Abzug. [2]Der beschränkt haftende Erbe kann, so lange eine solche Gefahr besteht, die Vermächtnisse auch nur gegen Sicherstellung leisten.

(BGBl I 2015/87, ab 1. 1. 2017, s § 1503 Abs 7 Z 2)

§ 693. Haben die Vermächtnisnehmer die Vermächtnisse bereits empfangen, so wird der verhältnismäßige Abzug nach dem Wert, den das Vermächtnis zum Zeitpunkt des Empfangs hatte, und den daraus gezogenen Nutzungen bestimmt.

(BGBl I 2015/87, ab 1. 1. 2017, s § 1503 Abs 7 Z 2)

§ 694. Der Vermächtnisnehmer kann zur Vermeidung einer Zahlung an die Verlassenschaft das Vermächtnis oder den in § 693 angeführten Wert und die bezogenen Nutzungen in die Verlassenschaft zurückstellen; in Rücksicht auf die Verbesserungen und Verschlechterungen wird er als ein redlicher Besitzer behandelt.

(BGBl I 2015/87, ab 1. 1. 2017, s § 1503 Abs 7 Z 2)

Zwölftes Hauptstück

Von der Einschränkung und Aufhebung des letzten Willens

I. Allgemeines

§ 695. [1]Der letztwillig Verfügende kann die Rechte der Erben oder Vermächtnisnehmer einschränken, etwa durch eine Bedingung, eine Befristung oder eine Auflage, sowie seine Beweggründe und den Zweck seiner Anordnung schildern. [2]Er kann seine letztwillige Verfügung auch ändern oder ganz aufheben.

(BGBl I 2015/87, ab 1. 1. 2017, s § 1503 Abs 7 Z 2)

II. Arten der Einschränkung

1. Bedingung

§ 696. [1]Eine Bedingung ist ein ungewisses Ereignis, von dem ein Recht abhängig gemacht wird. [2]Die Bedingung ist bejahend oder verneinend, je nachdem, ob sie sich auf den Eintritt oder Nichteintritt des Ereignisses bezieht. [3]Sie ist aufschiebend, wenn das zugedachte Recht erst nach ihrer Erfüllung wirksam wird, und auflösend, wenn das zugedachte Recht bei ihrem Eintritt verloren geht.

(BGBl I 2015/87, ab 1. 1. 2017, s § 1503 Abs 7 Z 2)

a) Unverständliche und gesetz- oder sittenwidrige Bedingungen

§ 697. Unverständliche, unbestimmte sowie gesetz- oder sittenwidrige Bedingungen gelten als nicht beigesetzt.

(BGBl I 2015/87, ab 1. 1. 2017, s § 1503 Abs 7 Z 2)

b) Unmögliche Bedingungen

§ 698. [1]Die Anordnung, durch die einer Person unter einer aufschiebenden unmöglichen Bedingung ein Recht zukommen soll, ist ungültig, selbst wenn die Erfüllung der Bedingung erst in der Folge unmöglich und die Unmöglichkeit dem Verstorbenen bekannt geworden war. [2]Eine auflösende unmögliche Bedingung ist als nicht beigesetzt anzusehen.

(BGBl I 2015/87, ab 1. 1. 2017, s § 1503 Abs 7 Z 2)

c) Mögliche und erlaubte Bedingungen

§ 699. Sind die Bedingungen möglich und erlaubt, so kann das davon abhängende Recht nur durch ihre genaue Erfüllung erworben werden, mögen sie vom Zufall oder vom Willen des bedachten Erben, Vermächtnisnehmers oder eines Dritten abhängen.

(BGBl I 2015/87, ab 1. 1. 2017, s § 1503 Abs 7 Z 2)

§ 700. *(aufgehoben, BGBl I 2015/87, ab 1. 1. 2017)*

d) Erfüllung der Bedingung zu Lebzeiten des Verstorbenen

§ 701. Ist die im letzten Willen vorgeschriebene Bedingung schon zu Lebzeiten des Verstorbenen erfüllt worden, so muss sie nach dessen Tod nur dann neuerlich erfüllt werden, wenn sie in einer Handlung des Erben oder Vermächtnisnehmers besteht, die von ihm wiederholt werden kann.

(BGBl I 2015/87, ab 1. 1. 2017, s § 1503 Abs 7 Z 2)

e) Keine Erfüllung der Bedingung durch Nachberufene

§ 702. Eine den Erben oder Vermächtnisnehmer einschränkende Bedingung ist ohne ausdrückliche Erklärung des Verstorbenen nicht auf den von diesem nachberufenen Erben oder Vermächtnisnehmer auszudehnen.

(BGBl I 2015/87, ab 1. 1. 2017, s § 1503 Abs 7 Z 2)

f) Wirkung einer möglichen aufschiebenden Bedingung

§ 703. Um eine unter einer aufschiebenden Bedingung zugedachte Verlassenschaft zu erwerben, muss die bedachte Person den Eintritt der Bedingung erleben und in diesem Zeitpunkt erbfähig sein.

(BGBl I 2015/87, ab 1. 1. 2017, s § 1503 Abs 7 Z 2)

§ 704. *(aufgehoben, BGBl I 2015/87, ab 1. 1. 2017)*

2. Befristung

§ 705. [1]Ist der Eintritt des Ereignisses, auf das der Verstorbene das zugedachte Recht „eingeschränkt“ hat, gewiss, so geht das zugedachte Recht wie andere unbedingte Rechte auch auf die Erben der bedachten Person über. [2]In einem solchen Fall wird nur die Übergabe bis zum gesetzten Termin aufgeschoben. *(BGBl I 2017/59, ab 2. 1. 2017, s § 1503 Abs 9 Z 3)*

(BGBl I 2015/87, ab 1. 1. 2017, s § 1503 Abs 7 Z 2)

§ 706. [1]Ein unmöglicher Anfangstermin macht die Anordnung ungültig. [2]Ein unmöglicher Endtermin gilt als nicht beigesetzt. Wenn sich der Verstorbene in der Berechnung der Zeit geirrt hat, ist die Befristung nach seinem mutmaßlichen Willen zu bestimmen.

(BGBl I 2015/87, ab 1. 1. 2017, s § 1503 Abs 7 Z 2)

Vorberechtigung

§ 707. [1]Solange das Recht des Erben wegen einer noch nicht erfüllten Bedingung oder wegen einer Befristung in Schwebe bleibt, gelten zwischen dem gesetzlichen und dem eingesetzten Erben im Hinblick auf den einstweiligen Besitz und Genuss der Verlassenschaft die gleichen Rechte und Pflichten wie bei der Nacherbschaft. [2]Dies gilt sinngemäß für das Verhältnis zwischen dem Erben und dem bedingt oder befristet bedachten Vermächtnisnehmer.

(BGBl I 2015/87, ab 1. 1. 2017, s § 1503 Abs 7 Z 2)

Nachberechtigung

§ 708. Wer eine Erbschaft oder ein Vermächtnis unter einer verneinenden oder auflösenden Bedingung oder nur auf eine gewisse Zeit erhält, hat gegen den, dem die Erbschaft oder das Vermächtnis bei Eintritt der Bedingung oder des bestimmten Zeitpunktes zufällt, die gleichen Rechte und Pflichten, die einem Vorerben oder Vorvermächtnisnehmer gegen den Nacherben oder Nachvermächtnisnehmer zukommen (§§ 613 und 652).

(BGBl I 2015/87, ab 1. 1. 2017, s § 1503 Abs 7 Z 2)

3. Auflage

§ 709. Hat der Verstorbene die Verlassenschaft einer Person unter einer Auflage zugewendet, so muss der Belastete die Auflage möglichst genau erfüllen.

(BGBl I 2015/87, ab 1. 1. 2017, s § 1503 Abs 7 Z 2)

§ 710. Wenn der Belastete die Auflage aus seinem Alleinverschulden nicht oder nicht vollständig erfüllt hat, ist die Auflage im Zweifel als auflösende Bedingung (§ 696) zu behandeln.

(BGBl I 2015/87, ab 1. 1. 2017, s § 1503 Abs 7 Z 2)

§ 711. Ob der Verstorbene mit der Schilderung der Beweggründe oder des Zwecks seiner Verfügung eine Verpflichtung auferlegen wollte oder seine Erklärung nur ein Rat, ein Wunsch oder eine Bitte ist, dessen oder deren Nichteinhaltung keinen Nachteil bewirkt, ist durch Auslegung zu ermitteln.

(BGBl I 2015/87, ab 1. 1. 2017, s § 1503 Abs 7 Z 2)

Strafvermächtnis und Bestreitungsverbot

§ 712. (1) Die Anordnung des Verstorbenen, dass der Erbe einem Dritten ein Vermächtnis entrichten soll, wenn er eine Auflage nicht befolgt, ist insoweit gültig, als die Auflage möglich und erlaubt ist.

(2) Eine Anordnung des Verstorbenen, mit der er dem Erben oder Vermächtnisnehmer unter angedrohter Entziehung eines Vorteils verboten hat, den letzten Willen zu bestreiten, ist insoweit unwirksam, als nur die Echtheit oder der Sinn der letztwilligen Verfügung und die Auslegung des Bestreitungsverbots angefochten, sittenwidrige oder gesetzlich verbotene Anordnungen bekämpft oder Verstöße gegen zwingende Formvorschriften eingewendet werden.

(BGBl I 2015/87, ab 1. 1. 2017, s § 1503 Abs 7 Z 2)

III. Aufhebung letztwilliger Verfügungen

1. durch Errichtung eines späteren Testaments

§ 713. (1) [1]Ein früheres Testament wird durch ein späteres gültiges Testament nicht nur in der Erbeinsetzung, sondern auch in den übrigen Anordnungen aufgehoben, sofern der Verstorbene in der späteren Verfügung nicht zu erkennen gegeben hat, dass die frühere ganz oder zum Teil weiter bestehen soll. [2]Dies gilt auch dann, wenn der Erbe im späteren Testament nur zu einem Teil der Erbschaft berufen wurde. [3]Der übrig bleibende Teil fällt nicht den im früheren Testament eingesetzten, sondern den gesetzlichen Erben zu.

(2) Frühere letztwillige Verfügungen ohne Erbeinsetzung (§ 552 Abs. 2) werden im Zweifel nur durch ein späteres Testament, mit dem über die gesamte Verlassenschaft verfügt wird, aufgehoben.

(BGBl I 2015/87, ab 1. 1. 2017, s § 1503 Abs 7 Z 2)

oder einer sonstigen späteren letztwilligen Verfügung

§ 714. Durch eine spätere letztwillige Verfügung ohne Erbeinsetzung werden frühere Vermächtnisse oder andere letztwillige Verfügungen ohne Erbeinsetzung nur insoweit aufgehoben, als sie ihr widersprechen.

(BGBl I 2015/87, ab 1. 1. 2017, s § 1503 Abs 7 Z 2)

§ 715. [1]Kann nicht festgestellt werden, welche von mehreren letztwilligen Verfügungen früher oder später errichtet wurde, so gelten alle, soweit sie nebeneinander bestehen können. [2]Die Bestimmungen des Sechzehnten Hauptstücks gelten entsprechend.

(BGBl I 2015/87, ab 1. 1. 2017, s § 1503 Abs 7 Z 2)

Unbeachtlichkeit der früher erklärten Unabänderlichkeit

§ 716. Die Erklärung in einer letztwilligen Verfügung, wonach jede spätere letztwillige Verfügung überhaupt oder dann unwirksam sein soll, wenn sie nicht in einer besonderen Form errichtet oder besonders gekennzeichnet wird, gilt als nicht beigesetzt.

(BGBl I 2015/87, ab 1. 1. 2017, s § 1503 Abs 7 Z 2)

2. durch Widerruf

a) Allgemeines

§ 717. Will der letztwillig Verfügende seine Verfügung aufheben, ohne eine neue zu errichten, so muss er sie ausdrücklich oder stillschweigend widerrufen.

(BGBl I 2015/87, ab 1. 1. 2017, s § 1503 Abs 7 Z 2)

§ 718. Der Widerruf kann nur im Zustand der Testierfähigkeit gültig erfolgen.

(BGBl I 2015/87, ab 1. 1. 2017, s § 1503 Abs 7 Z 2)

b) Ausdrücklicher Widerruf

§ 719. Der ausdrückliche Widerruf einer letztwilligen Verfügung kann nur in einer solchen Form erfolgen, die zur Errichtung einer letztwilligen Verfügung nötig ist.

(BGBl I 2015/87, ab 1. 1. 2017, s § 1503 Abs 7 Z 2)

§ 720. *(aufgehoben, BGBl I 2015/87, ab 1. 1. 2017)*

c) Stillschweigender Widerruf

§ 721. [1]Wer seine letztwillige Verfügung zerstört, etwa indem er sie zerreißt, zerschneidet, verbrennt oder die Unterschrift oder den ganzen Inhalt durchstreicht, widerruft sie. [2]Wenn von mehreren gleichlautenden Urkunden nur eine zerstört wird, so ist daraus im Zweifel nicht auf einen Widerruf der letztwilligen Verfügung zu schließen.

(BGBl I 2015/87, ab 1. 1. 2017, s § 1503 Abs 7 Z 2)

§ 722. Wenn die Urkunde nur zufällig zerstört wird oder verloren geht, bleibt der letzte Wille wirksam, sofern der Zufall oder Verlust und der Inhalt der Urkunde bewiesen werden.

(BGBl I 2015/87, ab 1. 1. 2017, s § 1503 Abs 7 Z 2)

§ 723. [1]Hat der Verstorbene eine spätere letztwillige Verfügung zerstört, eine frühere Verfügung aber unversehrt gelassen, so tritt im Zweifel diese frühere Anordnung wieder in Kraft. [2]Eine frühere mündliche Verfügung, ausgenommen die mündliche gerichtliche oder mündliche notarielle Verfügung, lebt dadurch aber nicht wieder auf.

(BGBl I 2015/87, ab 1. 1. 2017, s § 1503 Abs 7 Z 2)

d) Vermuteter Widerruf

§ 724. (1) Der Widerruf eines Vermächtnisses wird vermutet, wenn der Verstorbene

1. die vermachte Forderung eingetrieben oder sonst zum Erlöschen gebracht hat,

2. die zugedachte Sache veräußert und nicht wieder zurück erhalten hat oder

3. die Sache derart umgestaltet hat, dass sie ihre vorige Gestalt und Bezeichnung verliert.

(2) Wenn aber der Schuldner die Forderung aus eigenem Antrieb berichtigt hat, die Veräußerung des Vermächtnisses auf gerichtliche oder behördliche Anordnung erfolgt ist oder die Sache ohne Einwilligung des Verstorbenen umgestaltet worden ist, bleibt das Vermächtnis wirksam.

(BGBl I 2015/87, ab 1. 1. 2017, s § 1503 Abs 7 Z 2)

3. durch Verlust der Angehörigenstellung

§ 725. (1) [1]Mit Auflösung der Ehe, der eingetragenen Partnerschaft oder der Lebensgemeinschaft zu Lebzeiten des Verstorbenen werden davor errichtete letztwillige Verfügungen, soweit sie den früheren Ehegatten, eingetragenen Partner oder Lebensgefährten betreffen, aufgehoben, es sei denn, dass der Verstorbene ausdrücklich das Gegenteil angeordnet hat. [2]Das Gleiche gilt für die Aufhebung der Abstammung oder den Widerruf oder die Aufhebung der Adoption, auch wenn sie nach dem Erbfall erfolgt, für letztwillige Verfügungen zugunsten des früheren Angehörigen.

(2) [1]Die letztwillige Anordnung wird im Zweifel auch dann aufgehoben, wenn der Verstorbene oder die letztwillig bedachte Person das gerichtliche Verfahren zur Auflösung der Ehe oder eingetragenen Partnerschaft oder zum Widerruf oder zur Aufhebung der Adoption eingeleitet hat. [2]Das Gleiche gilt auch für den Fall, dass der Verstorbene das gerichtliche Abstammungsverfahren eingeleitet hat, wenn sich in der Folge herausstellt, dass der vermeintliche Angehörige tatsächlich nicht vom Verstorbenen abstammt.

(BGBl I 2015/87, ab 1. 1. 2017, s § 1503 Abs 7 Z 2)

4. durch Ausfall des eingesetzten Erben

§ 726. [1]Wenn weder ein Erbe noch ein Nacherbe die Erbschaft annehmen will oder kann, fällt das Erbrecht auf die gesetzlichen Erben. [2]Diese sind verpflichtet, die übrigen Verfügungen des Verstorbenen zu befolgen.

(BGBl I 2015/87, ab 1. 1. 2017, s § 1503 Abs 7 Z 2)

Dreizehntes Hauptstück
Von der gesetzlichen Erbfolge

I. Grundsätze

Fälle der gesetzlichen Erbfolge

§ 727. Wenn der Verstorbene seinen letzten Willen nicht gültig erklärt oder nicht über sein gesamtes Vermögen verfügt hat oder wenn die eingesetzten Erben die Verlassenschaft nicht annehmen können oder wollen, kommt es ganz oder zum Teil zur gesetzlichen Erbfolge.

(BGBl I 2015/87, ab 1. 1. 2017, s § 1503 Abs 7 Z 2)

§ 728. [1]Mangels einer gültigen Erklärung des letzten Willens fällt die gesamte Verlassenschaft den gesetzlichen Erben zu. [2]Hat der Verstorbene über einen Teil seines Vermögens nicht gültig verfügt, so kommt allein dieser den gesetzlichen Erben zu.

(BGBl I 2015/87, ab 1. 1. 2017, s § 1503 Abs 7 Z 2)

Verkürzter Pflichtteil und Folgen einer Enterbung

§ 729. (1) Ist eine pflichtteilsberechtigte Person durch eine letztwillige Verfügung verkürzt worden, so kann sie sich auf das Gesetz berufen und den ihr gebührenden Pflichtteil fordern.

(2) Hat der Verstorbene die gänzliche oder teilweise Entziehung des Pflichtteils verfügt, so wird vermutet, dass er der enterbten Person auch deren gesetzlichen Erbteil entziehen wollte.

(3) Bei gesetzlicher Erbfolge erben die Nachkommen der enterbten Person an deren Stelle, auch wenn diese den Verstorbenen überlebt hat.

(BGBl I 2015/87, ab 1. 1. 2017, s § 1503 Abs 7 Z 2)

Gesetzliche Erben

§ 730. Gesetzliche Erben sind die in nächster Linie mit dem Verstorbenen Verwandten und sein Ehegatte oder eingetragener Partner.

(BGBl I 2015/87, ab 1. 1. 2017, s § 1503 Abs 7 Z 2)

II. Gesetzliches Erbrecht der Verwandten

§ 731. (1) Zur ersten Linie gehören diejenigen Verwandten, die vom Verstorbenen abstammen, also seine Kinder und deren Nachkommen.

(2) Zur zweiten Linie gehören die Eltern des Verstorbenen und deren Nachkommen, also seine Geschwister und deren Nachkommen.

(3) Zur dritten Linie gehören die Großeltern des Verstorbenen und deren Nachkommen, also seine Onkel und Tanten und deren Nachkommen.

(4) In der vierten Linie sind nur die Urgroßeltern des Verstorbenen zur Erbfolge berufen.

(BGBl I 2015/87, ab 1. 1. 2017, s § 1503 Abs 7 Z 2)

1. Linie: Kinder

§ 732. [1]Wenn der Verstorbene Kinder hat, fällt ihnen die gesamte Verlassenschaft zu, mögen sie zu seinen Lebzeiten oder nach seinem Tod geboren sein. [2]Mehreren Kindern fällt die Verlassenschaft zu gleichen Teilen zu. [3]Enkel von noch lebenden Kindern und Urenkel von noch lebenden Enkeln haben kein Recht zur Erbfolge.

(BGBl I 2015/87, ab 1. 1. 2017, s § 1503 Abs 7 Z 2)

§ 733. Wenn ein Nachkomme des Verstorbenen vor ihm gestorben ist und seinerseits Nachkommen hinterlassen hat, fällt der Anteil, der dem verstorbenen Nachkommen gebührt hätte, dessen Kindern zu gleichen Teilen zu.

(BGBl I 2015/87, ab 1. 1. 2017, s § 1503 Abs 7 Z 2)

§ 734. [1]Auf diese Art wird eine Verlassenschaft nicht nur dann geteilt, wenn Enkel von verstorbenen Kindern mit noch lebenden Kindern oder entferntere Nachkommen mit näheren Nachkommen des Verstorbenen zusammen treffen, sondern auch dann, wenn die Verlassenschaft bloß zwischen Enkeln von verschiedenen Kindern oder zwischen Urenkeln von verschiedenen Enkeln zu teilen ist. [2]Es können also die von jedem Kind hinterlassenen Enkel und die von jedem Enkel hinterlassenen Urenkel nie mehr und nie weniger erhalten, als das verstorbene Kind oder der verstorbene Enkel erhalten hätte, wenn es oder er am Leben geblieben wäre.

(BGBl I 2015/87, ab 1. 1. 2017, s § 1503 Abs 7 Z 2)

2. Linie: Eltern und ihre Nachkommen

§ 735. [1]Ist kein Nachkomme des Verstorbenen vorhanden, so fällt die Verlassenschaft den mit ihm in zweiter Linie Verwandten, also seinen Eltern und deren Nachkommen zu. [2]Leben noch beide Eltern, so gebührt ihnen die ganze Verlassenschaft zu gleichen Teilen. [3]Ist ein Elternteil verstorben, so treten dessen Nachkommen in sein Recht ein. [4]Die Hälfte, die dem Verstorbenen gebührt hätte, wird nach den §§ 732 bis 734 geteilt.

(BGBl I 2015/87, ab 1. 1. 2017, s § 1503 Abs 7 Z 2)

§ 736. [1]Wenn beide Eltern des Verstorbenen verstorben sind, wird die eine Hälfte der Verlassenschaft, die dem einen Elternteil zugefallen wäre, unter dessen Nachkommen, die andere Hälfte aber unter den Nachkommen des anderen nach den §§ 732 bis 734 geteilt. [2]Haben die Eltern nur gemeinsame Kinder oder deren Nachkommen hinterlassen, so teilen diese die beiden Hälften unter sich gleich. [3]Sind aber außer diesen noch Kinder nur eines Elternteils vorhanden, so erhalten diese und deren Nachkommen nur den ihnen von der Hälfte gebührenden Anteil.

(BGBl I 2015/87, ab 1. 1. 2017, s § 1503 Abs 7 Z 2)

§ 737. [1]Hat ein verstorbener Elternteil des Verstorbenen keine Nachkommen hinterlassen, so fällt die gesamte Verlassenschaft dem anderen noch lebenden Elternteil zu. [2]Ist auch dieser verstorben, so wird die gesamte Verlassenschaft unter seinen Kindern und Nachkommen nach den bereits angeführten Grundsätzen verteilt.

(BGBl I 2015/87, ab 1. 1. 2017, s § 1503 Abs 7 Z 2)

3. Linie: Großeltern und ihre Nachkommen

§ 738. [1]Sind die Eltern des Verstorbenen ohne Nachkommen verstorben, so fällt die Verlassenschaft der dritten Linie, also den Großeltern und ihren Nachkommen zu. [2]Die Verlassenschaft wird dann in zwei gleiche Teile geteilt. [3]Die eine Hälfte gebührt den Eltern des einen Elternteils des Verstorbenen und ihren Nachkommen, die andere den Eltern des anderen und ihren Nachkommen.

(BGBl I 2015/87, ab 1. 1. 2017, s § 1503 Abs 7 Z 2)

§ 739. [1]Jede dieser Hälften wird unter den Großeltern der einen und der anderen Seite, wenn sie beide noch leben, gleich geteilt. [2]Ist ein Großelternteil oder sind beide Großeltern von der einen oder anderen Seite gestorben, so wird die dieser Seite zugefallene Hälfte zwischen den Kindern und Nachkommen dieser Großeltern nach den Grundsätzen geteilt, nach denen in der zweiten Linie die ganze Verlassenschaft zwischen den Kindern und Nachkommen der Eltern des Verstorbenen geteilt wird (§§ 735 bis 737).

(BGBl I 2015/87, ab 1. 1. 2017, s § 1503 Abs 7 Z 2)

§ 740. Sind von der Seite eines Elternteils beide Großeltern ohne Nachkommen verstorben, so fällt den von der anderen Seite noch lebenden Großeltern oder nach deren Tod deren Kindern und Nachkommen die gesamte Verlassenschaft zu.

(BGBl I 2015/87, ab 1. 1. 2017, s § 1503 Abs 7 Z 2)

4. Linie: Urgroßeltern

§ 741. (1) [1]Nach gänzlichem Ausfall der dritten Linie sind die Urgroßeltern des Verstorbenen zur gesetzlichen Erbfolge berufen. [2]Auf die Großeltern des einen Elternteils des Verstorbenen entfällt die eine Hälfte der Verlassenschaft, auf die Großeltern des anderen Elternteils die andere Hälfte. [3]Jede Hälfte der Verlassenschaft teilen sich die beiden Großelternpaare zu gleichen Teilen. [4]Ist ein Teil eines Großelternpaares nicht vorhanden, so fällt das auf diesen Teil entfallende Achtel der Verlassenschaft an den überlebenden Teil dieses Großelternpaares. [5]Fehlt ein Großelternpaar, so ist zu seinem Viertel das andere Großelternpaar desselben Elternteiles des Verstorbenen berufen.

(2) Fehlen die Großelternpaare des einen Elternteils des Verstorbenen, so sind zu der auf sie entfallenden Verlassenschaftshälfte die Großelternpaare des anderen Elternteils in demselben Ausmaß wie zu der ihnen unmittelbar zufallenden Verlassenschaftshälfte berufen.

(BGBl I 2015/87, ab 1. 1. 2017, s § 1503 Abs 7 Z 2)

Mehrfache Verwandtschaft

§ 742. Wenn jemand mit dem Verstorbenen mehrfach verwandt ist, genießt er von jeder Seite das Erbrecht, das ihm als einem Verwandten von dieser Seite gebührt.

(BGBl I 2015/87, ab 1. 1. 2017, s § 1503 Abs 7 Z 2)

Ausschluss von entfernten Verwandten

§ 743. Auf diese vier Linien der Verwandtschaft (§ 731) wird die gesetzliche Erbfolge eingeschränkt.

(BGBl I 2015/87, ab 1. 1. 2017, s § 1503 Abs 7 Z 2)

III. Gesetzliches Erbrecht des Ehegatten und eingetragenen Partners

§ 744. (1) [1]Der Ehegatte oder eingetragene Partner des Verstorbenen ist neben Kindern des Verstorbenen und deren Nachkommen zu einem Drittel der Verlassenschaft, neben Eltern des Verstorbenen zu zwei Dritteln der Verlassenschaft und in den übrigen Fällen zur Gänze gesetzlicher Erbe. [2]Ist ein Elternteil vorverstorben, so fällt auch dessen Anteil dem Ehegatten oder dem eingetragenen Partner zu.

(2) Auf den Erbteil des Ehegatten oder eingetragenen Partners ist alles anzurechnen, was er durch Ehe- oder Partnerschaftspakt oder Erbvertrag aus dem Vermögen des Verstorbenen erhält.

(BGBl I 2015/87, ab 1. 1. 2017, s § 1503 Abs 7 Z 2)

Gesetzliches Vorausvermächtnis

§ 745. (1) Sofern der Ehegatte oder eingetragene Partner nicht rechtmäßig enterbt worden ist, gebühren ihm als gesetzliches Vorausvermächtnis das Recht, in der Ehe- oder Partnerschaftswohnung weiter zu wohnen, und die zum ehelichen oder partnerschaftlichen Haushalt gehörenden beweglichen Sachen, soweit sie zu dessen Fortführung entsprechend den bisherigen Lebensverhältnissen erforderlich sind.

(2) [1]Dem Lebensgefährten des Verstorbenen steht ein solches gesetzliches Vermächtnis zu, sofern er mit dem Verstorbenen als dessen Lebensgefährte zumindest in den letzten drei Jahren im gemeinsamen Haushalt gelebt hat und der Verstorbene im Zeitpunkt des Todes weder verheiratet war noch in einer eingetragenen Partnerschaft gelebt hat. [2]Die in Abs. 1 erwähnten Rechte enden ein Jahr nach dem Tod des Verstorbenen.

(BGBl I 2015/87, ab 1. 1. 2017, s § 1503 Abs 7 Z 2)

Auflösung der Ehe oder Partnerschaft

§ 746. (1) Nach Auflösung der Ehe oder eingetragenen Partnerschaft zu Lebzeiten des Verstorbenen steht dem früheren Ehegatten oder eingetragenen Partner weder ein gesetzliches Erbrecht noch das gesetzliche Vorausvermächtnis zu.

(2) [1]Das gesetzliche Erbrecht und das gesetzliche Vorausvermächtnis stehen dem überlebenden Ehegatten oder eingetragenen Partner auch dann nicht zu, wenn in einem im Zeitpunkt des Erbfalls anhängigen Verfahren über die Auflösung der Ehe oder eingetragenen Partnerschaft eine Vereinbarung über die Aufteilung des Gebrauchsvermögens und der Ersparnisse für den Fall der Rechtskraft der Auflösungsentscheidung vorliegt. [2]Eine solche Vereinbarung gilt im Zweifel auch für die Auflösung der Ehe oder eingetragenen Partnerschaft durch den Tod eines Ehegatten oder eingetragenen Partners.

(BGBl I 2015/87, ab 1. 1. 2017, s § 1503 Abs 7 Z 2)

Anspruch auf Unterhalt

§ 747. [1]Der Ehegatte oder eingetragene Partner hat, außer in den Fällen der §§ 746 und 777, gegen die Verlassenschaft und nach Einantwortung gegen die Erben bis zum Wert der Verlassenschaft einen Anspruch auf Unterhalt nach den sinngemäß anzuwendenden Grundsätzen des § 94 oder des § 12 EPG, solange er nicht wieder eine Ehe oder eingetragene Partnerschaft eingeht. [2]Auf diesen Anspruch ist alles anzurechnen, was der Ehegatte oder eingetragene Partner nach dem Verstorbenen durch vertragliche oder letztwillige Zuwendung, als gesetzlichen Erbteil, als Pflichtteil und durch öffentlich-rechtliche oder privatrechtliche Leistung erhält, desgleichen eigenes Vermögen des Ehegatten oder eingetragenen Partners sowie Erträgnisse einer von ihm tatsächlich ausgeübten oder einer solchen Erwerbstätigkeit, die von ihm den Umständen nach erwartet werden kann.

(BGBl I 2015/87, ab 1. 1. 2017, s § 1503 Abs 7 Z 2)

IV. Außerordentliches Erbrecht und Aneignung durch den Bund

Außerordentliches Erbrecht des Lebensgefährten

§ 748. (1) Gelangt kein gesetzlicher Erbe zur Verlassenschaft, so fällt dem Lebensgefährten des Verstorbenen die ganze Erbschaft zu, sofern er mit dem Verstorbenen als dessen Lebensgefährte zumindest in den letzten drei Jahren vor dem Tod des Verstorbenen im gemeinsamen Haushalt gelebt hat.

(2) Vom Erfordernis eines gemeinsamen Haushalts ist dann abzusehen, wenn diesem erhebliche Gründe, etwa gesundheitlicher oder beruflicher Art, entgegenstanden, ansonsten aber eine für Lebensgefährten typische besondere Verbundenheit bestand.

(BGBl I 2015/87, ab 1. 1. 2017, s § 1503 Abs 7 Z 2)

Außerordentliches Erbrecht der Vermächtnisnehmer

§ 749. Gelangt weder ein gesetzlicher Erbe noch der Lebensgefährte des Verstorbenen zur Verlassenschaft, so werden die vom Verstorbenen bedachten Vermächtnisnehmer verhältnismäßig als Erben betrachtet.

(BGBl I 2015/87, ab 1. 1. 2017, s § 1503 Abs 7 Z 2)

Aneignung durch den Bund

§ 750. (1) Wenn kein zur Erbfolge Berechtigter vorhanden ist und auch sonst niemand die Verlassenschaft erwirbt, hat der Bund das Recht, sie sich anzueignen.

(2) Soweit eine Verlassenschaft, die sich im Zeitpunkt des Todes des Verstorbenen in Österreich befindet, weder auf einen durch Verfügung von Todes wegen eingesetzten Erben oder Ver-

mächtnisnehmer noch auf eine natürliche Person als gesetzlicher Erbe übergeht, hat der Bund das Recht, sie sich anzueignen, auch wenn sich die Erbfolge nicht nach österreichischem Recht richtet.

(BGBl I 2015/87, Abs 1 ab 1. 1. 2017, Abs. 2 ab 17. 8. 2015, s § 1503 Abs. 7 Z 2 und 6)

Abweichungen von der allgemeinen Erbfolge

§ 751. Abweichungen von der in diesem Hauptstück bestimmten gesetzlichen Erbfolge, insbesondere für land- und forstwirtschaftliche Betriebe, sind gesondert geregelt.

(BGBl I 2015/87, ab 1. 1. 2017, s § 1503 Abs 7 Z 2)

V. Anrechnung beim Erbteil

§ 752. [1]Bei der gewillkürten und bei der gesetzlichen Erbfolge muss sich der Erbe eine Schenkung unter Lebenden (§ 781) anrechnen lassen, wenn der „Verstorbene" das letztwillig angeordnet oder mit dem Geschenknehmer vereinbart hat. [2]Dieser Vertrag und seine Aufhebung bedürfen der Schriftform, bei Abschluss erst nach erfolgter Schenkung aber der Formvorschriften für einen Erbverzicht. *(BGBl I 2017/59, ab 2. 1. 2017, s § 1503 Abs 9 Z 3)*

(BGBl I 2015/87, ab 1. 1. 2017, s § 1503 Abs 7 Z 7)

§ 753. [1]Bei der gesetzlichen Erbfolge der Kinder muss sich ein Kind auf Verlangen eines anderen Kindes eine Schenkung unter Lebenden (§ 781) anrechnen lassen, es sei denn, dass der Verstorbene die Schenkung aus Einkünften ohne Schmälerung des Stammvermögens gemacht hat oder den Erlass dieser Anrechnung letztwillig verfügt oder mit dem Geschenknehmer vereinbart hat. [2]Dieser Vertrag und seine Aufhebung bedürfen der Schriftform.

(BGBl I 2015/87, ab 1. 1. 2017, s § 1503 Abs 7 Z 7)

§ 754. [1]Einem Nachkommen wird nicht nur das, was er selbst, sondern auch das, was seine Vorfahren, an deren Stelle er tritt, auf solche Art empfangen haben, auf den Erbteil angerechnet. [2]Auch wer einen Erbteil im Wege der Anwachsung erhält (§ 560), hat sich Schenkungen an denjenigen, dessen frei gewordenen Erbteil er übernimmt, anrechnen zu lassen.

(BGBl I 2015/87, ab 1. 1. 2017, s § 1503 Abs 7 Z 2)

Rechenmethode

§ 755. (1) [1]Das bei der Anrechnung zu berücksichtigende Vermögen ist auf den Zeitpunkt zu bewerten, in dem die Schenkung wirklich gemacht wurde. [2]Dieser Wert ist sodann auf den Todeszeitpunkt nach einem von der Statistik Austria verlautbarten Verbraucherpreisindex aufzuwerten und der Verlassenschaft hinzuzurechnen.

(2) [1]Von dem Erbteil des anrechnungspflichtigen Erben ist das anzurechnende Vermögen abzuziehen. [2]Der anrechnungspflichtige Erbe ist nicht zur Herausgabe seines Geschenks verpflichtet.

(BGBl I 2015/87, ab 1. 1. 2017, s § 1503 Abs 7 Z 2)

Vierzehntes Hauptstück

Vom Pflichtteil und der Anrechnung auf den Pflichtteil

I. Allgemeines

1. Pflichtteilsberechtigung

§ 756. Der Pflichtteil ist der Anteil am Wert des Vermögens des Verstorbenen, der dem Pflichtteilsberechtigten zukommen soll.

(BGBl I 2015/87, ab 1. 1. 2017, s § 1503 Abs 7 Z 2)

§ 757. Pflichtteilsberechtigt sind die Nachkommen sowie der Ehegatte oder eingetragene Partner des Verstorbenen.

(BGBl I 2015/87, ab 1. 1. 2017, s § 1503 Abs 7 Z 2)

§ 758. (1) Einer in § 757 angeführten Person steht ein Pflichtteil zu, wenn ihr bei gesetzlicher Erbfolge ein Erbrecht zustünde, sie nicht enterbt wurde und nicht auf den Pflichtteil verzichtet worden ist.

(2) [1]Den Nachkommen einer „erbunfähigen, enterbten oder vorverstorbenen Person" steht ein Pflichtteil zu, wenn sie die Voraussetzungen des Abs. 1 erfüllen. [2]Der Verzicht auf den Pflichtteil und die Ausschlagung der Erbschaft erstrecken sich im Zweifel auch auf die Nachkommen. [3]Die Nachkommen eines vorverstorbenen Pflichtteilsberechtigten, dessen Pflichtteil gemindert worden ist, müssen sich mit dem geminderten Pflichtteil begnügen, wenn auch für sie die Voraussetzungen für die Minderung vorliegen (§ 776 Abs. 1 und 2). *(BGBl I 2017/59, ab 2. 1. 2017, s § 1503 Abs 9 Z 3)*

(3) Eine in ihrem Pflichtteil verkürzte Person kann sich auch dann auf ihre Pflichtteilsberechtigung stützen, wenn ihr ein Erbrecht aus einem

Erbvertrag, einem letzten Willen oder dem Gesetz gebührt.

(BGBl I 2015/87, ab 1. 1. 2017, s § 1503 Abs 7 Z 2)

2. Höhe

§ 759. Als Pflichtteil gebührt jeder pflichtteilsberechtigten Person die Hälfte dessen, was ihr nach der gesetzlichen Erbfolge zustünde.

(BGBl I 2015/87, ab 1. 1. 2017, s § 1503 Abs 7 Z 2)

§ 760. (1) Wenn einer der in § 757 angeführten Personen infolge Pflichtteilsverzichtes oder Ausschlagung der Erbschaft kein Pflichtteil zusteht, erhöht dies im Zweifel die Pflichtteile der anderen Pflichtteilsberechtigten nicht.

(2) Wenn aber einer der in § 757 angeführten Personen aus anderen Gründen kein oder nur ein geminderter Pflichtteil zusteht und an ihrer Stelle auch keine Nachkommen den Pflichtteil erhalten, erhöhen sich die Pflichtteile der anderen Pflichtteilsberechtigten anteilig; die §§ 733 und 734 sind anzuwenden.

(BGBl I 2015/87, ab 1. 1. 2017, s § 1503 Abs 7 Z 2)

3. Erfüllungsarten

Leistung und Deckung des Pflichtteils

§ 761. (1) [1]Der Pflichtteil ist in Geld zu leisten. [2]Er kann aber auch durch eine Zuwendung auf den Todesfall des Verstorbenen (§ 780) oder eine Schenkung unter Lebenden (§ 781) gedeckt werden.

(2) Wenn der Verstorbene jemanden auf den Pflichtteil gesetzt hat, wird vermutet, dass er ihm einen Geldanspruch und nicht ein Vermächtnis zuwenden wollte.

(BGBl I 2015/87, ab 1. 1. 2017, s § 1503 Abs 7 Z 2)

Bedingungen und Belastungen

§ 762. Haften einer Zuwendung oder Schenkung im Sinn der §§ 780 und 781 Bedingungen oder Belastungen an, die der Verwertung des zugewendeten Vermögens entgegenstehen, so hindert dies nicht deren Eignung zur Pflichtteilsdeckung; ein dadurch fehlender oder verminderter Nutzen ist aber bei der Bewertung der Zuwendung oder Schenkung zu berücksichtigen.

(BGBl I 2015/87, ab 1. 1. 2017, s § 1503 Abs 7 Z 2)

Geldpflichtteil

§ 763. Soweit der Pflichtteil durch eine Zuwendung oder Schenkung im Sinn der §§ 780 und 781 nicht oder nicht voll gedeckt wird, kann der Pflichtteilsberechtigte den Pflichtteil selbst oder dessen Ergänzung in Geld fordern.

(BGBl I 2015/87, ab 1. 1. 2017, s § 1503 Abs 7 Z 2)

4. Pflichtteilsschuldner

§ 764. (1) Der Pflichtteilsanspruch ist von der Verlassenschaft und nach der Einantwortung von den Erben zu erfüllen.

(2) Wenn der Pflichtteil durch eine Zuwendung oder Schenkung im Sinn der §§ 780 und 781 nicht oder nicht voll gedeckt wird, haben neben den Erben auch die Vermächtnisnehmer höchstens bis zum Wert der Verlassenschaft zu seiner Bedeckung verhältnismäßig beizutragen, nicht jedoch der Ehegatte oder eingetragene Partner mit dem gesetzlichen Vorausvermächtnis, der Lebensgefährte mit einem solchen gesetzlichen Vermächtnis und der Begünstigte aus einem Pflegevermächtnis.

(BGBl I 2015/87, ab 1. 1. 2017, s § 1503 Abs 7 Z 2)

5. Anfall und Fälligkeit

§ 765. (1) Der Pflichtteilsberechtigte erwirbt den Anspruch für sich und seine Nachfolger mit dem Tod des Verstorbenen.

(2) Den Geldpflichtteil kann der Pflichtteilsberechtigte erst ein Jahr nach dem Tod des Verstorbenen fordern.

(BGBl I 2015/87, ab 1. 1. 2017, s § 1503 Abs 7 Z 2)

Stundung

§ 766. (1) [1]Der letztwillig Verfügende kann die Stundung des Pflichtteilsanspruchs auf höchstens fünf Jahre nach seinem Tod oder die Zahlung in Teilbeträgen innerhalb dieses Zeitraums anordnen. [2]Ebenso kann er die Deckung des Pflichtteils durch eine Zuwendung ganz oder zum Teil auf diesen Zeitraum erstrecken.

(2) [1]In den Fällen des Abs. 1 kann der Pflichtteilsberechtigte den gesamten oder restlichen Geldpflichtteil erst mit Ende dieses Zeitraums fordern, es sei denn, dass ihn dies unter Berücksichtigung aller Umstände unbillig hart träfe. [2]Die Interessen und die Vermögenslage des Pflichtteilsschuldners sind angemessen zu berücksichtigen.

(3) In besonders berücksichtigungswürdigen Fällen kann der in Abs. 1 genannte Zeitraum auf

insgesamt höchstens zehn Jahre durch das Gericht verlängert werden.

(BGBl I 2015/87, ab 1. 1. 2017, s § 1503 Abs 7 Z 2)

§ 767. (1) [1]Der Pflichtteilsanspruch ist auf Verlangen eines Pflichtteilsschuldners auch gerichtlich zu stunden, soweit diesen die Erfüllung unter Berücksichtigung aller Umstände unbillig hart träfe. [2]Dies kann insbesondere der Fall sein, wenn er mangels ausreichenden anderen Vermögens die Wohnung, die ihm zur Befriedigung seines dringenden Wohnbedürfnisses dient, oder ein Unternehmen, das seine wirtschaftliche Lebensgrundlage darstellt, veräußern müsste. [3]Ebenso ist der Geldpflichtteilsanspruch auf Verlangen eines Pflichtteilsschuldners zu stunden, wenn dessen sofortige Entrichtung den Fortbestand eines Unternehmens erheblich gefährdet. [4]Die Interessen des Pflichtteilsberechtigten sind angemessen zu berücksichtigen.

(2) Das Gericht kann den Pflichtteilsanspruch auf höchstens fünf Jahre nach dem Tod des Verstorbenen stunden oder die Zahlung in Teilbeträgen innerhalb dieses Zeitraums bewilligen.

(3) In besonders berücksichtigungswürdigen Fällen kann der in Abs. 2 genannte Zeitraum auf insgesamt höchstens zehn Jahre durch das Gericht verlängert werden.

(BGBl I 2015/87, ab 1. 1. 2017, s § 1503 Abs 7 Z 2)

Sicherstellung des Pflichtteilsanspruchs und Anpassung einer Stundungsregelung

§ 768. [1]Das Gericht kann auf Antrag die Sicherstellung des Pflichtteilsanspruchs anordnen und bei einer erheblichen Änderung der Umstände eine Stundungsregelung ändern oder aufheben. [2]Der Pflichtteilsschuldner und der Pflichtteilsberechtigte haben einander über eine wesentliche Änderung der Umstände unverzüglich zu informieren.

(BGBl I 2015/87, ab 1. 1. 2017, s § 1503 Abs 7 Z 2)

II. Ausschluss von der Pflichtteilsberechtigung

1. Enterbung

Allgemeines

§ 769. Enterbung ist die gänzliche oder teilweise Entziehung des Pflichtteils durch letztwillige Verfügung.

(BGBl I 2015/87, ab 1. 1. 2017, s § 1503 Abs 7 Z 2)

Enterbungsgründe

§ 770. Ein Pflichtteilsberechtigter kann enterbt werden, wenn er

1. gegen den Verstorbenen eine gerichtlich strafbare Handlung begangen hat, die nur vorsätzlich begangen werden kann und mit mehr als einjähriger Freiheitsstrafe bedroht ist,

2. gegen den Ehegatten, eingetragenen Partner, Lebensgefährten oder Verwandten in gerader Linie, die Geschwister des Verstorbenen und deren Kinder, Ehegatten, eingetragenen Partner oder Lebensgefährten sowie die Stiefkinder des Verstorbenen eine gerichtlich strafbare Handlung begangen hat, die nur vorsätzlich begangen werden kann und mit mehr als einjähriger Freiheitsstrafe bedroht ist,

3. absichtlich die Verwirklichung des wahren letzten Willens des Verstorbenen vereitelt oder zu vereiteln versucht hat (§ 540),

4. dem Verstorbenen in verwerflicher Weise schweres seelisches Leid zugefügt hat,

5. sonst seine familienrechtlichen Pflichten gegenüber dem Verstorbenen gröblich vernachlässigt hat, oder

6. wegen einer oder mehrerer mit Vorsatz begangener strafbarer Handlungen zu einer lebenslangen oder zwanzigjährigen Freiheitsstrafe verurteilt worden ist.

(BGBl I 2015/87, ab 1. 1. 2017, s § 1503 Abs 7 Z 2)

Enterbung aus guter Absicht

§ 771. Wenn auf Grund der Verschuldung oder des verschwenderischen Lebensstils eines Pflichtteilsberechtigten die Gefahr besteht, dass der ihm gebührende Pflichtteil ganz oder größtenteils seinen Kindern entgehen wird, kann ihm der Pflichtteil zugunsten seiner Kinder entzogen werden.

(BGBl I 2015/87, ab 1. 1. 2017, s § 1503 Abs 7 Z 2)

Art der Erklärung und Ursächlichkeit des Grundes

§ 772. (1) Die Enterbung kann ausdrücklich oder stillschweigend durch Übergehung in der letztwilligen Verfügung erfolgen.

(2) Der Enterbungsgrund muss für die Enterbung durch den Verstorbenen ursächlich gewesen sein.

(BGBl I 2015/87, ab 1. 1. 2017, s § 1503 Abs 7 Z 2)

Widerruf der Enterbung und Verzeihung

§ 773. (1) Die Enterbung kann widerrufen werden, und zwar ausdrücklich oder stillschweigend durch die nachträgliche letztwillige Bedenkung des vorher Enterbten oder durch den Widerruf der letztwilligen Verfügung, welche die Enterbung anordnet.

(2) Konnte der Verstorbene die Enterbung auf Grund fehlender Testierfähigkeit nicht mehr widerrufen, so ist die Enterbung unwirksam, wenn der Verstorbene zu erkennen gegeben hat, dass er dem Enterbten verziehen hat.

(BGBl I 2015/87, ab 1. 1. 2017, s § 1503 Abs 7 Z 2)

Beweislast

§ 774. (1) Das Vorliegen eines Enterbungsgrundes muss der Pflichtteilsschuldner beweisen.

(2) Bei Vorliegen eines Enterbungsgrundes wird vermutet, dass dieser für die ausdrückliche oder stillschweigende Enterbung ursächlich war.

(BGBl I 2015/87, ab 1. 1. 2017, s § 1503 Abs 7 Z 2)

Enterbung ohne Grund und Übergehung

§ 775. (1) Hat der Verstorbene den Pflichtteilsberechtigten wegen eines bestimmten Verhaltens, das keinen Enterbungsgrund darstellt, ausdrücklich oder stillschweigend enterbt, so wird vermutet, dass er ihn auf den Pflichtteil setzen und nicht mit einem Erbteil bedenken wollte.

(2) [1]Wenn der Verstorbene Kinder und deren Nachkommen hatte, von deren Geburt er bei Errichtung einer letztwilligen Verfügung nicht wusste, wird vermutet, dass er ihnen letztwillig etwas zukommen lassen wollte. [2]Hatte er daneben noch andere Kinder, so wird vermutet, dass er das ihm nicht bekannte Kind zumindest gleich bedacht hätte wie das am mindesten bedachte Kind. [3]Wenn das ihm nicht bekannte Kind sein einziges war, gilt die letztwillige Verfügung als widerrufen, es sei denn, dass der Verstorbene diese Verfügung auch in Kenntnis von seinem Kind errichtet hätte.

(BGBl I 2015/87, ab 1. 1. 2017, s § 1503 Abs 7 Z 2)

2. Pflichtteilsminderung

§ 776. (1) Der Verfügende kann den Pflichtteil letztwillig auf die Hälfte mindern, wenn er und der Pflichtteilsberechtigte zu keiner Zeit oder zumindest über einen längeren Zeitraum vor dem Tod des Verfügenden nicht in einem Naheverhältnis standen, wie es zwischen solchen Familienangehörigen gewöhnlich besteht.

(2) Das Recht auf Pflichtteilsminderung steht nicht zu, wenn der Verstorbene den Kontakt grundlos gemieden oder berechtigten Anlass für den fehlenden Kontakt gegeben hat.

(3) Die §§ 773 und 774 gelten sinngemäß für die Pflichtteilsminderung; die Pflichtteilsminderung kann auch stillschweigend durch Übergehung in der letztwilligen Verfügung angeordnet worden sein.

(BGBl I 2015/87, ab 1. 1. 2017, s § 1503 Abs 7 Z 2)

3. Notwendiger Unterhalt des Pflichtteilsberechtigten

§ 777. Selbst wenn ein Pflichtteilsberechtigter erbunwürdig oder enterbt worden ist, steht ihm doch stets der notwendige Unterhalt zu.

(BGBl I 2015/87, ab 1. 1. 2017, s § 1503 Abs 7 Z 2)

III. Pflichtteilsermittlung

1. Ermittlung und Berechnung des Pflichtteils

§ 778. (1) Auf Antrag eines Pflichtteilsberechtigten wird zur Ermittlung des Pflichtteils die gesamte Verlassenschaft genau beschrieben und geschätzt.

(2) [1]Die Schätzung hat auf den Todestag des Verstorbenen abzustellen. [2]Bis zur Erfüllung des Geldpflichtteils stehen dem Pflichtteilsberechtigten die gesetzlichen Zinsen zu.

(BGBl I 2015/87, ab 1. 1. 2017, s § 1503 Abs 7 Z 2)

§ 779. (1) Schulden und andere Lasten, die schon zu Lebzeiten des Verstorbenen auf dem Vermögen hafteten, werden von der Verlassenschaft ebenso abgezogen wie alle nach dem Erbfall und vor der Einantwortung entstandenen und mit der Besorgung, Verwaltung und Abhandlung der Verlassenschaft verbundenen Kosten.

(2) Der Pflichtteil wird aber ohne Rücksicht auf Vermächtnisse und andere aus dem letzten Willen entspringende Lasten berechnet.

(BGBl I 2015/87, ab 1. 1. 2017, s § 1503 Abs 7 Z 2)

2. Anrechnung von Zuwendungen auf den Todesfall

§ 780. (1) Alles, was der Pflichtteilsberechtigte als Erbteil, Vermächtnis oder nach dem Erbfall als Begünstigter einer vom Verstorbenen errichteten Privatstiftung oder vergleichbaren Vermögensmasse erhält, wird auf den Geldpflichtteil angerechnet, also von diesem abgezogen.

(2) Zuwendungen auf den Todesfall sind auf den Zeitpunkt des Todes des Verstorbenen zu bewerten.

(BGBl I 2015/87, ab 1. 1. 2017, s § 1503 Abs 7 Z 2)

3. Hinzu- und Anrechnung von Schenkungen unter Lebenden

§ 781. (1) Schenkungen, die der Pflichtteilsberechtigte oder auch ein Dritter vom Verstorbenen zu dessen Lebzeiten oder auf den Todesfall erhalten hat, sind der Verlassenschaft nach Maßgabe der folgenden Bestimmungen hinzuzurechnen und auf einen allfälligen Geldpflichtteil des Geschenknehmers anzurechnen.

(2) Als Schenkung in diesem Sinn gelten auch

1. die Ausstattung eines Kindes,

2. ein Vorschuss auf den Pflichtteil,

3. die Abfindung für einen Erb- oder Pflichtteilsverzicht,

4. die Vermögenswidmung an eine Privatstiftung,

5. die Einräumung der Stellung als Begünstigter einer Privatstiftung, soweit ihr der Verstorbene sein Vermögen gewidmet hat, sowie

6. jede andere Leistung, die nach ihrem wirtschaftlichen Gehalt einem unentgeltlichen Rechtsgeschäft unter Lebenden gleichkommt.

(BGBl I 2015/87, ab 1. 1. 2017, s § 1503 Abs 7 Z 2)

Schenkungen an nicht pflichtteilsberechtigte Personen

§ 782. (1) Auf Verlangen eines Pflichtteilsberechtigten sind Schenkungen, die der Verstorbene in den letzten beiden Jahren vor seinem Tod an Personen, die nicht dem Kreis der Pflichtteilsberechtigten angehören (§ 757), wirklich gemacht hat, bei der Berechnung der Verlassenschaft hinzuzurechnen.

(2) Dieses Recht steht einem Nachkommen nur bei Schenkungen zu, die der Verstorbene zu einer Zeit gemacht hat, zu der er ein pflichtteilsberechtigtes Kind gehabt hat, dem Ehegatten oder eingetragenen Partner nur bei Schenkungen, die während seiner Ehe oder eingetragenen Partnerschaft mit dem Verstorbenen gemacht worden sind.

(BGBl I 2015/87, ab 1. 1. 2017, s § 1503 Abs 7 Z 2)

Schenkungen an Pflichtteilsberechtigte

§ 783. (1) [1]Auf Verlangen eines Pflichtteilsberechtigten oder eines Erben sind Schenkungen an Personen, die dem Kreis der Pflichtteilsberechtigten angehören (§ 757), der Verlassenschaft hinzuzurechnen und auf den Pflichtteil der beschenkten Person oder derjenigen Person, die an deren Stelle tritt, anzurechnen. [2]Ein Geschenknehmer, der im Zeitpunkt der Schenkung allgemein zum Kreis der pflichtteilsberechtigten Personen gehörte (§ 757) und dem deshalb kein Pflichtteil zukommt, weil er auf seinen Pflichtteil verzichtet hat oder die Erbschaft ausgeschlagen hat, kann ebenfalls die Hinzu- und Anrechnung von Schenkungen an Pflichtteilsberechtigte verlangen.

(2) Die Hinzu- und Anrechnung kann auch ein Vermächtnisnehmer verlangen, soweit er zur Pflichtteilserfüllung beizutragen hat oder einen verhältnismäßigen Abzug erleidet.

(BGBl I 2015/87, ab 1. 1. 2017, s § 1503 Abs 7 Z 2)

Ausnahmen

§ 784. Schenkungen, die der Verstorbene aus Einkünften ohne Schmälerung des Stammvermögens, zu gemeinnützigen Zwecken, in Entsprechung einer sittlichen Pflicht oder aus Gründen des Anstandes gemacht hat, sind weder hinzunoch anzurechnen, sofern der Verstorbene und der Geschenknehmer nichts anderes vereinbart haben.

(BGBl I 2015/87, ab 1. 1. 2017, s § 1503 Abs 7 Z 2)

§ 785. [1]Schenkungen an einen Pflichtteilsberechtigten sind auf dessen Pflichtteil insoweit nicht anzurechnen, als der Verstorbene den Erlass dieser Anrechnung letztwillig verfügt oder mit ihm vereinbart hat. [2]In einem solchen Fall ist die von der Anrechnung befreite Zuwendung bei der Ermittlung des Pflichtteils dieses von der Anrechnung befreiten Pflichtteilsberechtigten nicht hinzuzurechnen. [3]Der Vertrag über den Erlass der Anrechnung bedarf der Schriftform; die Aufhebung dieses Vertrags bedarf der Formvorschriften für einen Pflichtteilsverzicht.

(BGBl I 2015/87, ab 1. 1. 2017, s § 1503 Abs 7 Z 7)

Auskunftsanspruch

§ 786. Wer berechtigt ist, die Hinzurechnung bestimmter Schenkungen zu verlangen, hat in Bezug auf diese einen Auskunftsanspruch gegen die Verlassenschaft, die Erben und den Geschenknehmer.

(BGBl I 2015/87, ab 1. 1. 2017, s § 1503 Abs 7 Z 2)

Rechenmethode

§ 787. (1) [1]Eine Schenkung, die der Verlassenschaft nach den vorstehenden Bestimmungen hinzugerechnet wird, ist ihr rechnerisch hinzuzuschlagen. [2]Von der dadurch vergrößerten Verlassenschaft sind die Pflichtteile zu ermitteln.

(2) Von einem auf solche Art und Weise vergrößerten Pflichtteil ist die Schenkung an den pflichtteilsberechtigten Geschenknehmer, soweit sie auf seinen Pflichtteil anzurechnen ist, abzuziehen.

(BGBl I 2015/87, ab 1. 1. 2017, s § 1503 Abs 7 Z 2)

Bewertung der Schenkung

§ 788. [1]Die geschenkte Sache ist auf den Zeitpunkt zu bewerten, in dem die Schenkung wirklich gemacht wurde. [2]Dieser Wert ist sodann auf den Todeszeitpunkt nach einem von der Statistik Austria verlautbarten Verbraucherpreisindex anzupassen.

(BGBl I 2015/87, ab 1. 1. 2017, s § 1503 Abs 7 Z 2)

IV. Haftung des Geschenknehmers

§ 789. (1) [1]Wenn bei Bestimmung der Pflichtteile Schenkungen hinzu- oder angerechnet werden, die Verlassenschaft aber zur Deckung der Pflichtteile nicht ausreicht, kann der verkürzte Pflichtteilsberechtigte vom Geschenknehmer die Zahlung des Fehlbetrags verlangen. [2]Dies gilt nicht für die Ausstattung, die ein Kind erhalten hat, soweit es auf diese nach § 1220 einen Anspruch hatte.

(2) Mehrere Geschenknehmer haften für den Ausfall am Pflichtteil anteilig im Verhältnis des Wertes ihrer Geschenke.

(3) Bezahlt der Geschenknehmer den Fehlbetrag oder den Anteil, für den er nach Abs. 2 einzustehen hat, nicht, so haftet er nur mit der zugewendeten Sache.

(BGBl I 2015/87, ab 1. 1. 2017, s § 1503 Abs 7 Z 2)

§ 790. (1) Besitzt der Geschenknehmer die zugewendete Sache oder ihren Wert nicht mehr oder hat sich ihr Wert vermindert, so haftet er mit seinem gesamten Vermögen, wenn er diesen Verlust unredlich zugelassen hat.

(2) Auf den Anspruch auf Zahlung des Fehlbetrags sind §§ 766 bis 768 über die Stundung des Pflichtteils sinngemäß anzuwenden.

(BGBl I 2015/87, ab 1. 1. 2017, s § 1503 Abs 7 Z 2)

§ 791. (1) Ein pflichtteilsberechtigter Geschenknehmer (§ 758) haftet einem anderen verkürzten Pflichtteilsberechtigten nur insoweit, als er infolge der Schenkung mehr als den ihm bei Berücksichtigung der hinzuzurechnenden Schenkungen gebührenden Pflichtteil erhalten hat.

(2) [1]Ist der Geschenknehmer vorverstorben, hat er auf seinen Pflichtteil verzichtet oder die Erbschaft ausgeschlagen, so steht ihm oder seinen Erben die Haftungsfreistellung in Höhe seines hypothetischen Pflichtteils, der zum Todeszeitpunkt des Verstorbenen zu berechnen ist, zu. [2]Die Schenkung ist selbst dann hinzuzurechnen, wenn der Verstorbene die Anrechnung auf den Pflichtteil erlassen hat.

(3) Soweit der Geschenknehmer oder dessen Erbe eine Haftungsbeschränkung bereits geltend gemacht hat, kann eine Person, der der Pflichtteil anstelle des Pflichtteilsberechtigten zufällt oder deren Pflichtteil durch den Wegfall des Pflichtteilsberechtigten erhöht wird, keine weitere solche Haftungsbeschränkung geltend machen.

(BGBl I 2015/87, ab 1. 1. 2017, s § 1503 Abs 7 Z 2)

§ 792. Wenn der Geschenknehmer im Zeitpunkt der Schenkung nicht zum Kreis der pflichtteilsberechtigten Personen gehörte (§ 757), haftet er nicht, wenn der Verstorbene die Schenkung mehr als zwei Jahre vor seinem Tod wirklich gemacht hat.

(BGBl I 2015/87, ab 1. 1. 2017, s § 1503 Abs 7 Z 2)

§§ 793 bis 796. *(aufgehoben, BGBl I 2015/87, ab 1. 1. 2017)*

Fünfzehntes Hauptstück

Erwerb einer Erbschaft

I. Voraussetzungen für den Erwerb einer Erbschaft

Einantwortungsprinzip

§ 797. (1) [1]Niemand darf eine Erbschaft eigenmächtig in Besitz nehmen. [2]Der Erwerb einer Erbschaft erfolgt in der Regel nach Durchführung des Verlassenschaftsverfahrens durch die Einantwortung der Verlassenschaft, das ist die Übergabe in den rechtlichen Besitz der Erben.

(2) [1]Wie weit das Gericht nach einem Todesfall von Amts wegen vorzugehen hat und welche Fristen und Sicherungsmittel bei der Abhandlung zu beachten sind, bestimmen die Verfahrensgesetze. [2]Sie regeln auch, wie ein Erbe oder Gläubiger Ansprüche gegen die Verlassenschaft geltend machen kann.

(BGBl I 2015/87, ab 1. 1. 2017, s § 1503 Abs 7 Z 8)

Überlassung der Verlassenschaft

§ 798. [1]Überlässt das Gericht eine überschuldete Verlassenschaft an Zahlungs statt, so bildet der Überlassungsbeschluss den Titel zum Erwerb. [2]Das Gleiche gilt für die gerichtlich erteilte Ermächtigung, Verlassenschaftsvermögen zu übernehmen.

(BGBl I 2015/87, ab 1. 1. 2017, s § 1503 Abs 7 Z 8)

Nachweis des Rechtstitels; Erbantrittserklärung

§ 799. Wer eine Erbschaft erwerben will, muss dem Gericht den Rechtstitel (Erbvertrag, letztwillige Verfügung oder Gesetz) nachweisen und ausdrücklich erklären, die Erbschaft anzutreten.

(BGBl I 2015/87, ab 1. 1. 2017, s § 1503 Abs 7 Z 8)

Bedingte und unbedingte Erbantrittserklärung

§ 800. Die Erbantrittserklärung kann unbedingt oder bedingt, also unter dem Vorbehalt der Errichtung eines Inventars, abgegeben werden.

(BGBl I 2015/87, ab 1. 1. 2017, s § 1503 Abs 7 Z 8)

Wirkung der unbedingten Erbantrittserklärung

§ 801. Die unbedingte Erbantrittserklärung bewirkt, dass der Erbe persönlich allen Gläubigern des Verstorbenen für ihre Forderungen und allen Vermächtnisnehmern für ihre Vermächtnisse haftet, selbst wenn die Verlassenschaft zur Deckung dieser Lasten nicht hinreicht.

(BGBl I 2015/87, ab 1. 1. 2017, s § 1503 Abs 7 Z 8)

Wirkung der bedingten Erbantrittserklärung

§ 802. [1]Wird die Erbschaft mit Vorbehalt des Inventars angetreten, so hat das Gericht auf Kosten der Verlassenschaft ein Inventar zu errichten. [2]Ein solcher Erbe haftet den Gläubigern und Vermächtnisnehmern nur so weit, als die Verlassenschaft für ihre und auch seine eigenen Forderungen, das Erbrecht ausgenommen, hinreicht.

(BGBl I 2015/87, ab 1. 1. 2017, s § 1503 Abs 7 Z 8)

Berechtigung zum Antritt oder zur Ausschlagung der Erbschaft

§ 803. (1) Letztwillige Anordnungen, wonach der Erbe die Erbschaft nur unbedingt antreten darf oder bei Abgabe einer bedingten Erbantrittserklärung oder bei Antragstellung auf Inventarisierung der Verlassenschaft verliert, sind ungültig und gelten als nicht beigesetzt.

(2) Auf das Recht, eine Erbschaft bedingt oder unbedingt anzutreten, sie auszuschlagen oder die Errichtung eines Inventars zu verlangen, kann im Voraus nicht verzichtet werden.

(BGBl I 2015/87, ab 1. 1. 2017, s § 1503 Abs 7 Z 8)

§ 804. Auch ein Pflichtteilsberechtigter kann die Errichtung des Inventars beantragen.

(BGBl I 2015/87, ab 1. 1. 2017, s § 1503 Abs 7 Z 8)

§ 805. Der Erbe kann die Erbschaft auch ausschlagen.

(BGBl I 2015/87, ab 1. 1. 2017, s § 1503 Abs 7 Z 8)

§ 806. Der Erbe kann weder die Ausschlagung noch seine Erbantrittserklärung widerrufen noch seine unbedingte in eine bedingte Erbantrittserklärung ändern und sich die Errichtung des Inventars vorbehalten.

(BGBl I 2015/87, ab 1. 1. 2017, s § 1503 Abs 7 Z 8)

§ 807. [1]Wenn auch nur ein Miterbe eine bedingte Erbantrittserklärung abgibt, so ist ein Inventar zu errichten, das der Verlassenschaftsabhandlung zu Grunde zu legen ist. [2]Nach Errichtung eines Inventars genießt auch ein Erbe, der eine unbedingte Erbantrittserklärung abgegeben hat, die damit verbundene Haftungsbeschränkung.

(BGBl I 2015/87, ab 1. 1. 2017, s § 1503 Abs 7 Z 8)

§ 808. (1) [1]Wird eine Person zum Erben eingesetzt, der auch ohne letztwillige Verfügung das Erbrecht ganz oder zum Teil gebührt hätte, so ist sie nicht befugt, sich auf die gesetzliche Erbfolge zu berufen, wenn dadurch vom Verstorbenen getroffene Anordnungen unausgeführt blieben. [2]In einem solchen Fall muss sie die Erbschaft entweder aus dem letzten Willen antreten oder sie zur Gänze ausschlagen.

(2) Eine pflichtteilsberechtigte Person kann die Erbschaft nicht unter dem Vorbehalt ihres Pflichtteiles ausschlagen.

(BGBl I 2015/87, ab 1. 1. 2017, s § 1503 Abs 7 Z 8)

Übertragung des Erbrechts

§ 809. Stirbt der Erbe, bevor er die angefallene Erbschaft angetreten oder ausgeschlagen hat, so treten seine Erben in das Recht, die Erbschaft anzunehmen oder auszuschlagen, ein (§ 537).

(BGBl I 2015/87, ab 1. 1. 2017, s § 1503 Abs 7 Z 8)

II. Vorkehrungen vor Einantwortung

1. Verwaltung

§ 810. (1) [1]Der Erbe, der bei Antretung der Erbschaft sein Erbrecht hinreichend ausweist, hat das Recht, das Verlassenschaftsvermögen zu benützen, zu verwalten und die Verlassenschaft zu vertreten, solange das Verlassenschaftsgericht nichts anderes anordnet. [2]Trifft dies auf mehrere Personen zu, so üben sie dieses Recht gemeinsam aus, soweit sie nichts anderes vereinbaren.

(2) [1]Verwaltungs- und Vertretungshandlungen vor Abgabe von Erbantrittserklärungen zur gesamten Verlassenschaft sowie alle Veräußerungen von Gegenständen aus dem Verlassenschaftsvermögen bedürfen der Genehmigung des Verlassenschaftsgerichts, wenn sie nicht zum ordentlichen Wirtschaftsbetrieb gehören. [2]Die Genehmigung ist zu versagen, wenn die Handlung für die Verlassenschaft offenbar nachteilig wäre.

(3) Ist nach der Aktenlage die Errichtung eines Inventars zu erwarten, so dürfen Vermögensgegenstände, deren Veräußerung nicht zum ordentlichen Wirtschaftsbetrieb gehört, erst veräußert werden, nachdem sie in ein Inventar (Teilinventar) aufgenommen worden sind.

(BGBl I 2004/58, ab 1. 1. 2005, s Art IV § 3 Z 3 FamErbRÄG)

2. Sicherstellung oder Befriedigung der Gläubiger

§ 811. Die Gläubiger können die Befriedigung oder Sicherstellung ihrer Forderungen gegen die Verlassenschaft bereits vor Abgabe einer Erbantrittserklärung verlangen und zur Vertretung der Verlassenschaft die Bestellung eines Kurators beantragen.

(BGBl I 2015/87, ab 1. 1. 2017, s § 1503 Abs 7 Z 8)

3. Absonderung der Verlassenschaft vom Vermögen des Erben

§ 812. (1) Wenn die Forderung eines Gläubigers der Verlassenschaft durch Vermengung der Verlassenschaft mit dem Vermögen des Erben gefährdet wäre, kann der Gläubiger vor der Einantwortung beantragen, dass ein seiner Forderung entsprechender Teil der Verlassenschaft vom Vermögen des Erben abgesondert, vom Gericht verwahrt oder von einem Kurator verwaltet wird, bis sein Anspruch berichtigt ist.

(2) In einem solchen Fall haftet der Erbe den Separationsgläubigern auch nach Abgabe einer unbedingten Erbantrittserklärung nur mit der abgesonderten Verlassenschaft, den übrigen Gläubigern aber wie ein bedingt erbantrittserklärter Erbe.

(3) [1]Die Absonderung kann durch eine angemessene Sicherheitsleistung des Erben, die auch der Verlassenschaft entnommen werden kann, abgewendet oder aufgehoben werden. [2]Die Absonderung ist weiters von Amts wegen oder auf Antrag aufzuheben, wenn sie zu Unrecht bewilligt wurde, ihre Voraussetzungen weggefallen sind oder die Separationsgläubiger ihre Ansprüche nicht ohne Verzug gehörig betreiben.

(BGBl I 2015/87, ab 1. 1. 2017, s § 1503 Abs 7 Z 8)

4. Aufforderung der Verlassenschaftsgläubiger

§ 813. [1]Der Erbe oder Verlassenschaftskurator kann zur Feststellung des Schuldenstandes beantragen, dass mit Edikt alle Gläubiger aufgefordert werden, ihre Forderungen binnen einer zu bestimmenden angemessenen Frist anzumelden. [2]Dieses Edikt hat den Hinweis zu enthalten, dass bis zum Ablauf der Frist mit der Befriedigung der Gläubiger innegehalten werden kann.

(BGBl I 2015/87, ab 1. 1. 2017, s § 1503 Abs 7 Z 8)

Wirkung der Aufforderung oder ihrer Unterlassung

§ 814. [1]Die gerichtliche Aufforderung bewirkt, dass den Gläubigern, die ihre Forderung nicht fristgerecht angemeldet haben, gegen die Verlassenschaft kein weiterer Anspruch zusteht, wenn sie durch Befriedigung der angemeldeten Forderungen erschöpft ist. [2]Das gilt nicht, soweit die Forderung pfandrechtlich gesichert ist.

(BGBl I 2015/87, ab 1. 1. 2017, s § 1503 Abs 7 Z 8)

§ 815. Wenn der Erbe die Aufforderung unterlässt oder nur einige Gläubiger befriedigt, ohne auf die Rechte der anderen Rücksicht zu nehmen, und deshalb einige Gläubiger wegen Überschuldung der Verlassenschaft unbefriedigt bleiben, haftet der Erbe diesen Gläubigern, ungeachtet einer bedingten Erbantrittserklärung, mit seinem ganzen Vermögen für denjenigen Betrag, den sie bei gehöriger Aufforderung oder Befriedigung erhalten hätten.

(BGBl I 2015/87, ab 1. 1. 2017, s § 1503 Abs 7 Z 8)

5. Nachweis über die Erfüllung des letzten Willens

Testamentsvollstrecker

§ 816. [1]Der Verstorbene kann letztwillig einen Vollstrecker seines letzten Willens ernennen. [2]Übernimmt der Testamentsvollstrecker diese Aufgabe, so hat er entweder als Machthaber die Anordnungen des Verstorbenen selbst zu vollziehen oder deren Einhaltung zu überwachen und den säumigen Erben zur Vollziehung derselben zu veranlassen.

(BGBl I 2015/87, ab 1. 1. 2017, s § 1503 Abs 7 Z 8)

Nachweis der Testamentserfüllung

§ 817. Ist kein Testamentsvollstrecker ernannt oder nimmt dieser seine Ernennung nicht an, so hat der Erbe dem Gericht nachzuweisen, dass er den Willen des Verstorbenen möglichst erfüllt oder Sicherheit geleistet hat.

(BGBl I 2015/87, ab 1. 1. 2017, s § 1503 Abs 7 Z 8)

§ 818. *(aufgehoben, BGBl I 2015/87, ab 1. 1. 2017)*

III. Einantwortung und ihre Folgen

Einantwortung

§ 819. [1]Sobald die Erbantrittserklärungen abgegeben wurden, die Erben und ihre Quoten feststehen und die übrigen Voraussetzungen erfüllt sind, wird den Erben die Erbschaft eingeantwortet und die Abhandlung beendet. [2]Die Erben haben ihr durch die Einantwortung begründetes Eigentum an unbeweglichen Sachen in die öffentlichen Bücher eintragen zu lassen (§ 436).

(BGBl I 2015/87, ab 1. 1. 2017, s § 1503 Abs 7 Z 8)

Haftung mehrerer Erben

§ 820. [1]Mehrere Erben, die eine Erbschaft unbedingt angetreten haben, haften Erbschaftsgläubigern und Vermächtnisnehmern zur ungeteilten Hand. [2]Im Verhältnis zueinander haften sie nach dem Verhältnis ihrer Erbteile.

(BGBl I 2015/87, ab 1. 1. 2017, s § 1503 Abs 7 Z 8)

§ 821. [1]Wenn ein Inventar errichtet wurde und die Schuld teilbar ist, haftet jeder Miterbe persönlich nur für denjenigen Teil einer Forderung, der seiner Erbquote entspricht. [2]Ist die Schuld unteilbar, so haften die Erben trotz Inventarisierung zur ungeteilten Hand, insgesamt jedoch höchstens bis zum Wert der eingeantworteten Verlassenschaft.

(BGBl I 2015/87, ab 1. 1. 2017, s § 1503 Abs 7 Z 8)

§ 822. *(aufgehoben, BGBl I 2015/87, ab 1. 1. 2017)*

Erbschafts- und Aneignungsklage

§ 823. (1) [1]Auch nach Einantwortung kann der Erwerber der Verlassenschaft von jeder Person, die ein besseres oder gleichwertiges Erbrecht behauptet, auf Herausgabe der Erbschaft oder des seiner Berechtigung entsprechenden Teils der Erbschaft belangt werden. [2]Das Eigentum an einzelnen Erbschaftstücken wird aber nicht mit der Erbschafts-, sondern mit der Eigentumsklage geltend gemacht.

(2) Der Bund kann in sinngemäßer Anwendung des Abs. 1 gegen den eingeantworteten Erben das Recht, sich die Verlassenschaft anzueignen, geltend machen.

(BGBl I 2015/87, ab 1. 1. 2017, s § 1503 Abs 7 Z 8)

Wirkung der Erbschafts- und Aneignungsklage

§ 824. [1]Wenn der Beklagte ganz oder zum Teil zur Herausgabe der Verlassenschaft verurteilt wird, sind die Ansprüche auf die Zurückstellung der von ihm gezogenen Früchte oder auf die Vergütung der von ihm getätigten Aufwendungen und Kosten nach denjenigen Grundsätzen zu beurteilen, die für den redlichen oder unredlichen Besitzer im Hauptstück vom Besitz festgesetzt sind. [2]Ein dritter redlicher Erwerber ist für die in der Zwischenzeit erworbenen Erbstücke niemandem verantwortlich.

(BGBl I 2015/87, ab 1. 1. 2017, s § 1503 Abs 7 Z 8)

Sechzehntes Hauptstück

Von der Gemeinschaft des Eigentumes und anderer dinglichen Rechte

Ursprung einer Gemeinschaft

§ 825. [1]So oft das Eigentum der nämlichen Sache, oder ein und dasselbe Recht mehreren Personen ungeteilt zukommt; besteht eine Gemeinschaft. [2]Sie gründet sich auf eine zufällige Ereignung; auf ein Gesetz; auf eine letzte Willenserklärung, oder auf einen Vertrag.

§ 826. [1]Nach Verschiedenheit der Quellen, aus denen eine Gemeinschaft entspringt, erhalten auch die Rechte und Pflichten der Teilhaber ihre nähere

Bestimmung. [2]„Für eine bloße Miteigentumsgemeinschaft gelten die Bestimmungen des siebenundzwanzigsten Hauptstücks nur dann, wenn die Miteigentümer ausdrücklich vereinbaren, als Gesellschafter einer Gesellschaft bürgerlichen Rechts zusammenwirken zu wollen.“ *(BGBl I 2014/83, ab 1. 1. 2015)*

§ 827. Wer einen Anteil an einer gemeinschaftlichen Sache anspricht, der muß sein Recht, wenn es von den übrigen Teilnehmern widersprochen wird, beweisen.

Gemeinschaftliche Rechte der Teilhaber

§ 828. (1) [1]Solange alle Teilhaber einverstanden sind, stellen sie nur eine Person vor, und haben das Recht, mit der gemeinschaftlichen Sache nach Belieben zu schalten. [2]Sobald sie uneinig sind, kann kein Teilhaber in der gemeinschaftlichen Sache eine Veränderung vornehmen, wodurch über den Anteil des andern verfügt würde.

(2) Eine gerichtliche oder vertraglich vereinbarte Benützungsregelung zwischen den Teilhabern einer unbeweglichen Sache wirkt auch für deren Rechtsnachfolger, wenn sie im Grundbuch angemerkt ist. *(BGBl I 2002/71, ab 1. 7. 2002)*

Rechte des Teilhabers auf seinen Anteil

§ 829. [1]Jeder Teilhaber ist vollständiger Eigentümer seines Anteiles. [2]Insofern er die Rechte seiner Mitgenossen nicht verletzt, kann er denselben, oder die Nutzungen davon willkürlich und unabhängig verpfänden, vermachen, oder sonst veräußern (§ 361).

§ 830. [1]Jeder Teilhaber ist befugt, auf Ablegung der Rechnung und auf Verteilung des Ertrages zu dringen. [2]Er kann in der Regel auch die Aufhebung der Gemeinschaft verlangen; doch nicht zur Unzeit, oder zum Nachteile der übrigen. [3]Er muß sich daher einen, den Umständen angemessenen, nicht wohl vermeidlichen Aufschub gefallen lassen.

§ 831. Hat sich ein Teilhaber zur Fortsetzung der Gemeinschaft verbunden, so kann er zwar vor Verlauf der Zeit nicht austreten; allein diese Verbindlichkeit wird, wie andere Verbindlichkeiten, aufgehoben, und erstreckt sich nicht auf die Erben, wenn diese nicht selbst dazu eingewilligt haben.

§ 832. [1]Auch die Anordnung eines Dritten, wodurch eine Sache zur Gemeinschaft bestimmt wird, muß zwar von den ersten Teilhabern, nicht auch von ihren Erben befolgt werden. [2]Eine Verbindlichkeit zu einer immerwährenden Gemeinschaft kann nicht bestehen.

Rechte der Teilhaber in der gemeinschaftlichen Sache:

a) In Rücksicht des Hauptstammes;

§ 833. [1]Der Besitz und die Verwaltung der gemeinschaftlichen Sache kommt allen Teilhabern insgesamt zu. [2]In Angelegenheiten, welche nur die ordentliche Verwaltung und Benützung des Hauptstammes betreffen, entscheidet die Mehrheit der Stimmen, welche nicht nach den Personen, sondern nach Verhältnis der Anteile der Teilnehmer gezählt werden.

§ 834. Bei wichtigen Veränderungen aber, welche zur Erhaltung oder besseren Benützung des Hauptstammes vorgeschlagen werden, können die Überstimmten Sicherstellung für künftigen Schaden; oder, wenn diese verweigert wird, den Austritt aus der Gemeinschaft verlangen.

§ 835. [1]Wollen sie nicht austreten; oder geschähe der Austritt zur Unzeit; so soll das Los, ein Schiedsmann, oder, wofern sie sich darüber nicht einhellig vereinigen, der Richter entscheiden, ob die Veränderung unbedingt oder gegen Sicherstellung stattfinden soll oder nicht. [2]Diese Arten der Entscheidung treten auch bei gleichen Stimmen der Mitglieder ein.

§ 836. Ist ein Verwalter der gemeinschaftlichen Sachen zu bestellen; so entscheidet über dessen Auswahl die Mehrheit der Stimmen, und in deren Abgang der Richter.

§ 837. [1]Der Verwalter des gemeinschaftlichen Gutes wird als ein Machthaber angesehen. [2]Er ist einerseits verbunden, ordentliche Rechnung abzulegen; andererseits aber befugt, alle nützlich gemachte Auslagen in Abrechnung zu bringen. [3]Dieses gilt auch in dem Falle, daß ein Teilgenosse ein gemeinschaftliches Gut ohne Auftrag der übrigen Teilnehmer verwaltet.

§ 838. Wird die Verwaltung mehreren überlassen; so entscheidet auch unter ihnen die Mehrheit der Stimmen.

§ 838a. Streitigkeiten zwischen den Teilhabern über die mit der Verwaltung und Benützung der gemeinschaftlichen Sache unmittelbar zusammenhängenden Rechte und Pflichten sind im Verfahren außer Streitsachen zu entscheiden.

(BGBl I 2004/58, ab 1. 1. 2005; anzuwenden, wenn die Sache nach dem 31. 12. 2004 anhängig wurde)

b) der Nutzungen und Lasten;

§ 839. [1]Die gemeinschaftlichen Nutzungen und Lasten werden nach Verhältnis der Anteile ausgemessen. [2]Im Zweifel wird jeder Anteil gleich groß angesehen; wer das Gegenteil behauptet, muß es beweisen.

§ 840. [1]Ordentlicher Weise sind die erzielten Nutzungen in Natur zu teilen. [2]Ist aber diese Verteilungsart nicht tunlich; so ist jeder berechtigt, auf die öffentliche Feilbietung zu dringen. [3]Der gelöste Wert wird den Teilhabern verhältnismäßig entrichtet.

c) der Teilung

§ 841. [1]Bei der nach aufgehobener Gemeinschaft vorzunehmenden Teilung der gemeinschaftlichen Sache gilt keine Mehrheit der Stimmen. [2]Die Teilung muß zur Zufriedenheit eines jeden Sachgenossen vorgenommen werden. [3]Können sie nicht einig werden; so entscheidet das Los, oder ein Schiedsmann, oder, wenn sie sich über die Bestimmung der einen oder andern dieser Entscheidungsarten nicht einhellig vereinigen, der Richter.

§ 842. Ein Schiedsmann oder der Richter entscheidet auch, ob bei der Teilung liegender Gründe oder Gebäude ein Teilgenosse, zur Benützung seines Anteiles, einer Servitut bedürfe, und unter welcher Bedingung sie ihm zu verwilligen sei.

§ 843. Kann eine gemeinschaftliche Sache entweder gar nicht, oder nicht ohne beträchtliche Verminderung des Wertes geteilt werden; so ist sie, und zwar, wenn auch nur ein Teilgenosse es verlangt, vermittelst gerichtlicher Feilbietung zu verkaufen, und der Kaufschilling unter die Teilhaber zu verteilen.

§ 844. [1]Servituten, Grenzzeichen und die zum gemeinschaftlichen Gebrauche nötigen Urkunden sind keiner Teilung fähig. [2]Die Urkunden werden, wenn sonst nichts im Wege steht, bei dem ältesten Teilhaber niedergelegt. [3]Die übrigen erhalten auf ihre Kosten beglaubigte Abschriften. [4]Die Grunddienstbarkeiten bestehen mangels Vereinbarung zugunsten aller Teile fort; jedoch darf die Dienstbarkeit dadurch nicht erweitert oder für das dienstbare Gut beschwerlicher werden. [5]Kommt die Ausübung der Dienstbarkeit nur einzelnen Teilen zugute, so erlischt das Recht hinsichtlich der übrigen Teile.

(RGBl 1916/69)

§ 845. Bei Teilungen der Grundstücke sind die gegenseitigen Grenzen durch entsprechende Grenzzeichen auf eine deutliche und unwandelbare Art zu bezeichnen.

(BGBl 1968/306)

§ 846. [1]Über die gemachte Teilung sind Urkunden zu errichten. [2]Ein Teilhaber einer unbeweglichen Sache erhält auch erst dadurch ein dingliches Recht auf seinen Anteil, daß die darüber errichtete Urkunde den öffentlichen Büchern einverleibt wird (§ 436).

§ 847. [1]Die bloße Teilung was immer für eines gemeinschaftlichen Gutes kann einem Dritten nicht zum Nachteile gereichen; alle ihm zustehenden Pfand-, Servituts- und anderen dinglichen Rechte werden nach wie vor der Teilung ausgeübt. [2]Trifft jedoch die Ausübung einer Grunddienstbarkeit nur ein Teilstück, so erlischt das Recht hinsichtlich der übrigen Teile.

(RGBl 1916/69)

§ 848. [1]Auch persönliche Rechte, die einem Dritten gegen eine Gemeinschaft zustehen, haben ungeachtet des erfolgten Austrittes ihre vorige Kraft. [2]Ebenso kann derjenige, welcher an eine Gemeinschaft schuldig ist, die Zahlung nicht an einzelne Teilnehmer entrichten. [3]Solche Schulden müssen an die ganze Gemeinschaft oder an jenen, der sie ordentlich vorstellt, abgetragen werden.

(RGBl 1916/69)

§ 848a. [1]Gewährt eine Dienstbarkeit oder eine andere dingliche Last einen Anspruch auf Nutzungen, so kann bei Teilung des herrschenden Grundstückes jeder Berechtigte und bei Teilung des belasteten Grundstückes jeder Belastete eine gerichtliche Regelung der Ausübung begehren. [2]Die Ausübung ist mit Rücksicht auf die Natur und Zweckbestimmung des Rechtes sowie auf das Größenverhältnis und die wirtschaftliche Besonderheit der einzelnen Liegenschaftsteile ohne Erschwerung der Last so zu regeln, wie es allen Interessen billigerweise entspricht.

(RGBl 1916/69)

§ 849. Was bisher von der Gemeinschaft überhaupt bestimmt worden ist, läßt sich auch auf die einer Familie, als einer Gemeinschaft, zustehenden Rechte und Sachen, z.B. Stiftungen, [Fideikommisse] u. dgl. anwenden.

[] *Gegenstandslos, s Anm zu §§ 618 bis 645*

Erneuerung und Berichtigung der Grenzen

§ 850. [1]Wenn die Grenzzeichen zwischen zwei Grundstücken durch was immer für Umstände so verletzt worden sind, daß sie ganz unkenntlich werden könnten, oder wenn die Grenzen wirklich unkennbar oder streitig sind, so hat jeder der Nachbarn das Recht, die gerichtliche Erneuerung oder Berichtigung der Grenze zu verlangen. [2]Zu diesem Behufe sind die Nachbarn zu einer Verhandlung im Verfahren außer Streitsachen mit dem Bedeuten zu laden, daß trotz Ausbleibens des Geladenen die Grenze festgesetzt und vermarkt werden wird.

(RGBl 1915/208)

§ 851. (1) [1]Sind die Grenzen wirklich unkennbar geworden oder streitig, so werden sie nach dem letzten ruhigen Besitzstande festgesetzt. [2]Läßt sich dieser nicht feststellen, so hat das Gericht die streitige Fläche nach billigem Ermessen zu verteilen.

(2) Jeder Partei bleibt es vorbehalten, ihr besseres Recht im Prozeßweg geltend zu machen. *(BGBl 1958/268)*

(RGBl 1915/208)

§ 852. Die wichtigsten Behelfe bei einer Grenzberichtigung sind: die Ausmessung und Beschreibung, oder auch die Abzeichnung des streitigen Grundes; dann, die sich darauf beziehenden öffentlichen Bücher und andere Urkunden; endlich, die Aussagen sachkundiger Zeugen, und das von Sachverständigen nach vorgenommenem Augenscheine gegebene Gutachten.

§ 853. (1) [1]Die Kosten des Verfahrens sind von den Nachbarn nach Maß ihrer Grenzlinien zu bestreiten. [2]Der Antragsteller hat die Kosten des Verfahrens zu tragen, wenn sich aus der Verhandlung ergibt, daß die Grenzerneuerung oder Grenzberichtigung nicht notwendig war, weil die Grenze nicht bestritten oder hinlänglich kenntlich gewesen ist, oder weil die anderen Beteiligten zur außergerichtlichen Vermarkung bereit waren. „“ *(BGBl I 2004/58, ab 1. 1. 2005; anzuwenden, wenn die Sache nach dem 31. 12. 2004 anhängig wurde)*

(2) Wenn das Verfahren durch Störung des ruhigen Besitzes veranlaßt wurde, kann das Gericht die Kosten ganz oder teilweise der Partei auferlegen, die den Streit veranlaßt hat.

(RGBl 1915/208)

§ 853a. Für Grenzen von Grundstücken, die im Grenzkataster enthalten sind, finden die Bestimmungen der §§ 850 bis 853 keine Anwendung.

(BGBl 1968/306)

Vermutete Gemeinschaft

§ 854. Erdfurchen, Zäune, Hecken, Planken, Mauern, Privatbäche, Kanäle, Plätze und andere dergleichen Scheidewände, die sich zwischen benachbarten Grundstücken befinden, werden für ein gemeinschaftliches Eigentum angesehen; wenn nicht Wappen, Auf- oder Inschriften, oder andere Kennzeichen und Behelfe das Gegenteil beweisen.

§ 855. [1]Jeder Mitgenosse kann eine gemeinschaftliche Mauer auf seiner Seite bis zur Hälfte in der Dicke benützen, auch Blindtüren und Wandschränke dort anbringen, wo auf der entgegengesetzten Seite noch keine angebracht sind. [2]Doch darf das Gebäude durch einen Schornstein[1)], Feuerherd oder andere Anlagen nicht in Gefahr gesetzt, und der Nachbar auf keine Art in dem Gebrauche seines Anteiles gehindert werden.

[1)] In JGS „Schorstein“

§ 856. [1]Alle Miteigentümer tragen zur Erhaltung solcher gemeinschaftlichen Scheidewände verhältnismäßig bei. [2]Wo sie doppelt vorhanden sind; oder das Eigentum geteilt ist, bestreitet jeder die Unterhaltungskosten für das, was ihm allein gehört.

§ 857. [1]Ist die Stellung einer Scheidewand von der Art, daß die Ziegel, Latten oder Steine nur auf einer Seite vorlaufen oder abhängen; oder sind die Pfeiler, Säulen, Ständer, Bachställe auf einer Seite eingegraben; so ist im Zweifel auf dieser Seite das ungeteilte Eigentum der Scheidewand, wenn nicht aus einer beiderseitigen Belastung, Einfügung, aus andern Kennzeichen, oder sonstigen Beweisen das Gegenteil erhellt. [2]Auch derjenige wird für den ausschließenden Besitzer einer Mauer gehalten, welcher eine in der Richtung gleich fortlaufende Mauer von gleicher Höhe und Dicke unstreitig besitzt.

§ 858. [1]In der Regel ist der ausschließende Besitzer nicht schuldig, seine verfallene Mauer oder Planke neu aufzuführen; nur dann muß er sie in gutem Stande erhalten, wenn durch die Öffnung für den Grenznachbar Schaden zu befürchten stünde. [2]Es ist aber jeder Eigentümer verbunden, auf der rechten Seite seines Haupteinganges für die nötige Einschließung seines Raumes, und für die Abteilung von dem fremden Raume zu sorgen.

Zweite Abteilung
Von den persönlichen Sachenrechten

Siebzehntes Hauptstück
Von Verträgen und Rechtsgeschäften überhaupt

Grund der persönlichen Sachenrechte

§ 859. Die persönlichen Sachenrechte, vermöge welcher eine Person einer andern zu einer Leistung verbunden ist, gründen sich unmittelbar auf ein Gesetz; oder auf ein Rechtsgeschäft; oder auf eine erlittene Beschädigung.

(RGBl 1916/69)

Auslobung

§ 860. [1]Die nicht an bestimmte Personen gerichtete Zusage einer Belohnung für eine Leistung oder einen Erfolg (Auslobung) wird durch die öffentliche Bekanntmachung verbindlich. [2]Eine Auslobung, die eine Preisbewerbung zum Gegenstande hat, ist nur gültig, wenn in der Bekanntmachung eine Frist für die Bewerbung bestimmt ist.

(RGBl 1916/69)

§ 860a. [1]Bis zur Vollendung der Leistung kann die Auslobung in derselben Form, in welcher sie bekannt gemacht war, oder einer gleich wirksamen Form, oder durch besondere Mitteilung widerrufen werden, wenn anders darauf in der Bekanntmachung nicht ausdrücklich oder durch Bestimmung einer Frist verzichtet ist. [2]Der Widerruf ist aber unwirksam gegenüber demjenigen, der die Leistung im Hinblick auf die Auslobung vollbracht hat, wenn er dartut, daß der Widerruf ihm zu dieser Zeit ohne sein Verschulden nicht bekannt geworden war.

(RGBl 1916/69)

§ 860b. Ist die Leistung von mehreren Personen vollbracht worden, so gebührt, falls nicht aus der Auslobung ein anderer Wille hervorgeht, die Belohnung demjenigen, der die Leistung zuerst vollbracht hat, und bei gleichzeitiger Vollendung allen zu gleichen Teilen.

(RGBl 1916/69)

Abschließung des Vertrages

§ 861. [1]Wer sich erklärt, daß er jemandem[1)] sein Recht übertragen, das heißt, daß er ihm etwas gestatten, etwas geben, daß er für ihn etwas tun, oder seinetwegen etwas unterlassen wolle, macht ein Versprechen; nimmt aber der andere das Versprechen gültig an, so kommt durch den übereinstimmenden Willen beider Teile ein Vertrag zustande. [2]Solange die Unterhandlungen dauern, und das Versprechen noch nicht gemacht, oder weder zum voraus, noch nachher angenommen ist, entsteht kein Vertrag.

[1)] In JGS „jemanden"

§ 862. [1]Das Versprechen (Antrag) muß innerhalb der vom Antragsteller bestimmten Frist angenommen werden. [2]In Ermanglung einer solchen muß der einem Anwesenden oder mittels Fernsprechers von Person zu Person gemachte Antrag sogleich, der sonst einem Abwesenden gemachte Antrag längstens bis zu dem Zeitpunkte angenommen werden, in welchem der Antragsteller unter der Voraussetzung, daß sein Antrag rechtzeitig angekommen sei, bei rechtzeitiger und ordnungsmäßiger Absendung der Antwort deren Eintreffen erwarten darf; widrigenfalls ist der Antrag erloschen. [3]Vor Ablauf der Annahmefrist kann der Antrag nicht zurückgenommen werden. [4]Er erlischt auch nicht, wenn ein Teil während der Annahmefrist stirbt oder handlungsunfähig wird, sofern nicht ein anderer Wille des Antragstellers aus den Umständen hervorgeht.

(RGBl 1916/69)

§ 862a. [1]Als rechtzeitig gilt die Annahme, wenn die Erklärung innerhalb der Annahmefrist dem Antragsteller zugekommen ist. [2]Trotz ihrer Verspätung kommt jedoch der Vertrag zustande, wenn der Antragsteller erkennen mußte, daß die Annahmeerklärung rechtzeitig abgesendet wurde, und gleichwohl seinen Rücktritt dem andern nicht unverzüglich anzeigt.

(RGBl 1916/69)

§ 863. (1) Man kann seinen Willen nicht nur ausdrücklich durch Worte und allgemein angenommene Zeichen; sondern auch stillschweigend durch solche Handlungen erklären, welche mit Überlegung aller Umstände keinen vernünftigen Grund, daran zu zweifeln, übrig lassen.

(2) In bezug auf die Bedeutung und Wirkung von Handlungen und Unterlassungen ist auf die im redlichen Verkehr geltenden Gewohnheiten und Gebräuche Rücksicht zu nehmen.

(RGBl 1916/69)

§ 864. (1) Ist eine ausdrückliche Erklärung der Annahme nach der Natur des Geschäftes oder der Verkehrssitte nicht zu erwarten, so kommt der Vertrag zustande, wenn dem Antrag innerhalb der hierfür bestimmten oder den Umständen angemessenen Frist tatsächlich entsprochen worden ist.

(2) [1]Das Behalten, Verwenden oder Verbrauchen einer Sache, die dem Empfänger ohne seine Veranlassung übersandt worden ist, gilt nicht als

Annahme eines Antrags. [2]Der Empfänger ist nicht verpflichtet, die Sache zu verwahren oder zurückzuleiten, er darf sich ihrer auch entledigen. [3]Muß ihm jedoch nach den Umständen auffallen, daß die Sache irrtümlich an ihn gelangt ist, so hat er in angemessener Frist dies dem Absender mitzuteilen oder die Sache an den Absender zurückzuleiten. *(BGBl I 1997/6, ab 1. 1. 1997, nicht anzuwenden auf Verträge und andere Schuldverhältnisse, die davor abgeschlossen oder begründet worden sind.)*

(RGBl 1916/69)

§ 864a. Bestimmungen ungewöhnlichen Inhaltes in Allgemeinen Geschäftsbedingungen oder Vertragsformblättern, die ein Vertragsteil verwendet hat, werden nicht Vertragsbestandteil, wenn sie dem anderen Teil nachteilig sind und er mit ihnen auch nach den Umständen, vor allem nach dem äußeren Erscheinungsbild der Urkunde, nicht zu rechnen brauchte; es sei denn, der eine Vertragsteil hat den anderen besonders darauf hingewiesen.

(BGBl 1979/140)

Erfordernisse eines gültigen Vertrages:

1. Fähigkeiten der Personen

§ 865. (1) [1]Geschäftsfähigkeit ist die Fähigkeit einer Person, sich durch eigenes Handeln rechtsgeschäftlich zu berechtigen und zu verpflichten. [2]Sie setzt voraus, dass die Person entscheidungsfähig ist und wird bei Volljährigen vermutet; bei Minderjährigen sind die §§ 170 und 171, bei Volljährigen ist der § 242 Abs. 2 zu beachten.

(2) Ein bloß zu ihrem Vorteil gemachtes Versprechen kann jede Person annehmen.

(3) [1]Rechtsgeschäftliches Handeln von nicht geschäftsfähigen Volljährigen ist zur Gänze unwirksam, es sei denn, sie haben für das betreffende Rechtsgeschäft einen vertretungsbefugten Vorsorgebevollmächtigten oder Erwachsenenvertreter. [2]In diesem Fall ist das rechtsgeschäftliche Handeln mit Genehmigung des Vertreters und gegebenenfalls auch des Gerichts wirksam. Abs. 2 und § 242 Abs. 3 bleiben unberührt.

(4) [1]Rechtsgeschäftliches Handeln von Minderjährigen unter sieben Jahren ist zur Gänze unwirksam. [2]Bei anderen Minderjährigen ist das rechtsgeschäftliche Handeln mit Genehmigung ihres Vertreters und gegebenenfalls auch des Gerichts wirksam. [3]Abs. 2 sowie die §§ 170 und 171 bleiben unberührt.

(5) Bis die nach Abs. 3 und 4 erforderlichen Genehmigungen erteilt werden, ist der andere Teil an seine Vertragserklärung gebunden, er kann aber für die Erteilung der Genehmigung durch den Vertreter eine angemessene Frist setzen.

(BGBl I 2017/59, ab 1. 7. 2018, s § 1503 Abs 9 Z 4)

§ 866. *(aufgehoben, BGBl I 2000/135, ab 1. 7. 2001)*

§ 867. Was zur Gültigkeit eines Vertrages mit einer unter der besondern Vorsorge der öffentlichen Verwaltung stehenden Gemeinde (§ 27), oder ihren einzelnen Gliedern und Stellvertretern erfordert werde, ist aus der Verfassung derselben und den politischen Gesetzen zu entnehmen (§ 290).[1)]

---

1) Siehe Anm zu § 27

§ 868. *(aufgehoben, RGBl 1867/131)*

2. Wahre Einwilligung

§ 869. [1]Die Einwilligung in einen Vertrag muß frei, ernstlich, bestimmt und verständlich erklärt werden. [2]Ist die Erklärung unverständlich, ganz unbestimmt, oder erfolgt die Annahme unter anderen Bestimmungen, als unter welchen das Versprechen geschehen ist; so entsteht kein Vertrag. [3]Wer sich, um einen andern zu bevorteilen, undeutlicher Ausdrücke bedient, oder eine Scheinhandlung unternimmt, leistet Genugtuung.

§ 870. Wer von dem anderen Teile durch List oder durch ungerechte und gegründete Furcht [(§ 55)] zu einem Vertrage veranlaßt worden, ist ihn zu halten nicht verbunden.

(RGBl 1916/69)

[] *Gegenstandslos, § 55 aufgehoben durch EheG*

§ 871. (1) War ein Teil über den Inhalt der von ihm abgegebenen oder dem anderen zugegangenen Erklärung in einem Irrtum befangen, der die Hauptsache oder eine wesentliche Beschaffenheit derselben betrifft, worauf die Absicht vorzüglich gerichtet und erklärt wurde, so entsteht für ihn keine Verbindlichkeit, falls der Irrtum durch den anderen veranlaßt war, oder diesem aus den Umständen offenbar auffallen mußte oder noch rechtzeitig aufgeklärt wurde.

(2) Ein Irrtum eines Teiles über einen Umstand, über den ihn der andere nach geltenden Rechtsvorschriften aufzuklären gehabt hätte, gilt immer als Irrtum über den Inhalt des Vertrages und nicht bloß als solcher über den Bewegungsgrund oder den Endzweck (§ 901). *(BGBl 1979/140)*

(RGBl 1916/69)

§ 872. Betrifft aber der Irrtum weder die Hauptsache, noch eine wesentliche Beschaffenheit derselben, sondern einen Nebenumstand; so bleibt der Vertrag, insofern beide Teile in den Hauptgegenstand gewilligt, und den Nebenumstand nicht als vorzügliche Absicht erklärt haben, noch immer gültig: allein dem Irregeführten ist von dem Urheber des Irrtumes die angemessene Vergütung zu leisten.

§ 873. [1]Ebendiese Grundsätze sind auch auf den Irrtum in der Person desjenigen, welchem ein Versprechen gemacht worden ist, anzuwenden; insofern ohne den Irrtum der Vertrag entweder gar nicht, oder doch nicht auf solche Art errichtet worden wäre. [2]„Als Irrtum in der Person gilt jedenfalls der Irrtum über das Vorhandensein einer erforderlichen verwaltungsrechtlichen Befugnis zur Erbringung der Leistung." *(BGBl 1979/140)*

§ 874. In jedem Falle muß derjenige, welcher einen Vertrag durch List oder ungerechte Furcht bewirkt hat, für die nachteiligen Folgen Genugtuung leisten.

§ 875. [1]Ist einer der Vertragschließenden von einem Dritten durch List oder durch ungerechte und gegründete Furcht zu einem Vertrage bewogen; oder zu einer irrtümlichen Erklärung veranlaßt worden; so ist der Vertrag gültig. [2]Nur in dem Falle, daß der andere Teil an der Handlung des Dritten teilnahm oder von derselben offenbar wissen mußte, kommen die §§ 870 bis 874 zur Anwendung.

(RGBl 1916/69)

§ 876. Die vorstehenden Bestimmungen (§§ 869 bis 875) finden entsprechende Anwendung auf sonstige Willenserklärungen, welche einer anderen Person gegenüber abzugeben sind.

(RGBl 1916/69)

§ 877. Wer die Aufhebung eines Vertrages aus Mangel der Einwilligung verlangt, muß dagegen auch alles zurückstellen, was er aus einem solchen Vertrage zu seinem Vorteile erhalten hat.

3. Möglichkeit und Erlaubtheit

§ 878. [1]Was geradezu unmöglich ist, kann nicht Gegenstand eines gültigen Vertrages werden. [2]Ist Mögliches und Unmögliches zugleich bedungen, so bleibt der Vertrag in ersterem Teile gültig, wenn anders aus dem Vertrage nicht hervorgeht, daß kein Punkt von dem anderen abgesondert werden könne. [3]Wer bei Abschließung des Vertrages die Unmöglichkeit kannte oder kennen mußte, hat dem anderen Teile, falls von diesem nicht dasselbe gilt, den Schaden zu ersetzen, den er durch das Vertrauen auf die Gültigkeit des Vertrages erlitten hat.

(RGBl 1916/69)

§ 879. (1) Ein Vertrag, der gegen ein gesetzliches Verbot oder gegen die guten Sitten verstößt, ist nichtig.

(2) Insbesondere sind folgende Verträge nichtig:

1. wenn etwas für die Unterhandlung eines Ehevertrages bedungen wird;

1a. wenn etwas für die Vermittlung einer medizinisch unterstützten Fortpflanzung bedungen wird; *(BGBl 1992/275, ab 1. 7. 1992)*

2. wenn ein Rechtsfreund eine ihm anvertraute Streitsache ganz oder teilweise an sich löst oder sich einen bestimmten Teil des Betrages versprechen läßt, der der Partei zuerkannt wird;

3. wenn eine Erbschaft oder ein Vermächtnis, die man von einer dritten Person erhofft, noch bei Lebzeiten derselben veräußert wird;

4. wenn jemand den Leichtsinn, die Zwangslage, Verstandesschwäche, Unerfahrenheit oder Gemütsaufregung eines anderen dadurch ausbeutet, daß er sich oder einem Dritten für eine Leistung eine Gegenleistung versprechen oder gewähren läßt, deren Vermögenswert zu dem Werte der Leistung in auffallendem Mißverhältnisse steht.

(3) Eine in Allgemeinen Geschäftsbedingungen oder Vertragsformblättern enthaltene Vertragsbestimmung, die nicht eine der beiderseitigen Hauptleistungen festlegt, ist jedenfalls nichtig, wenn sie unter Berücksichtigung aller Umstände des Falles einen Teil gröblich benachteiligt. *(BGBl 1979/140)*

(RGBl 1916/69)

§ 880. Wird der Gegenstand, worüber ein Vertrag geschlossen worden, vor dessen Übergabe dem Verkehre entzogen; so ist es ebensoviel, als wenn man den Vertrag nicht geschlossen hätte.

§ 880a. Hat jemand einem andern eine Leistung eines Dritten versprochen, so gilt dies als Zusage seiner Verwendung bei dem Dritten; ist er aber für den Erfolg eingestanden, so haftet er für volle Genugtuung, wenn die Leistung des Dritten ausbleibt.

(RGBl 1916/69)

Verträge zugunsten Dritter

§ 881. (1) Hat sich jemand eine Leistung an einen Dritten versprechen lassen, so kann er fordern, daß an den Dritten geleistet werde.

(2) [1]Ob und in welchem Zeitpunkt auch der Dritte unmittelbar das Recht erwirbt, vom Versprechenden Erfüllung zu fordern, ist aus der

Vereinbarung und der Natur und dem Zwecke des Vertrages zu beurteilen. [2]Im Zweifel erwirbt der Dritte dieses Recht, wenn die Leistung hauptsächlich ihm zum Vorteile gereichen soll.

(3) Das Recht auf die bei einer Gutsabtretung vom Übernehmer zugunsten eines Dritten versprochenen Leistungen gilt mangels anderer Vereinbarung dem Dritten als mit der Übergabe des Gutes erworben.

(RGBl 1916/69)

§ 882. (1) Weist der Dritte das aus dem Vertrag erworbene Recht zurück, so gilt das Recht als nicht erworben.

(2) Einwendungen aus dem Vertrage stehen dem Versprechenden auch gegen den Dritten zu.

(RGBl 1916/69)

Form der Verträge

§ 883. [1]Ein Vertrag kann mündlich oder schriftlich; vor Gerichte oder außerhalb desselben; mit oder ohne Zeugen errichtet werden. [2]Diese Verschiedenheit der Form macht, außer den im Gesetze bestimmten Fällen, in Ansehung der Verbindlichkeit keinen Unterschied.

§ 884. Haben die Parteien für einen Vertrag die Anwendung einer bestimmten Form vorbehalten, so wird vermutet, daß sie vor Erfüllung dieser Form nicht gebunden sein wollen.

(RGBl 1916/69)

§ 885. Ist zwar noch nicht die förmliche Urkunde, aber doch ein Aufsatz über die Hauptpunkte errichtet und von den Parteien unterfertigt worden (Punktation), so gründet auch schon ein solcher Aufsatz diejenigen Rechte und Verbindlichkeiten, welche darin ausgedrückt sind.

(RGBl 1916/69)

§ 886. [1]Ein Vertrag, für den Gesetz oder Parteiwille Schriftlichkeit bestimmt, kommt durch die Unterschrift der Parteien oder, falls sie des Schreibens unkundig oder wegen Gebrechens unfähig sind, durch Beisetzung ihres gerichtlich oder notariell beglaubigten Handzeichens oder Beisetzung des Handzeichens vor zwei Zeugen, deren einer den Namen der Partei unterfertigt, zustande. [2]Der schriftliche Abschluß des Vertrages wird durch gerichtliche oder notarielle Beurkundung ersetzt. [3]Eine Nachbildung der eigenhändigen Unterschrift auf mechanischem Wege ist nur da genügend, wo sie im Geschäftsverkehr üblich ist.

(RGBl 1916/69)

§ 887. *(aufgehoben, RGBl 1916/69)*

Gemeinschaftliche Verbindlichkeit oder Berechtigung

§ 888. Wenn zwei oder mehrere Personen jemandem[1)] eben dasselbe Recht zu einer Sache versprechen, oder es von ihm annehmen; so wird sowohl die Forderung, als die Schuld nach den Grundsätzen der Gemeinschaft des Eigentumes geteilt.

[1)] In JGS „jemanden"

§ 889. Außer den in dem Gesetze bestimmten Fällen haftet also aus mehrern Mitschuldnern einer teilbaren Sache jeder nur für seinen Anteil, und ebenso muß von mehrern Mitgenossen einer teilbaren Sache, jeder sich mit dem ihm gebührenden Teile begnügen.

§ 890. [1]Betrifft es hingegen unteilbare Sachen; so kann ein Gläubiger, wenn er der einzige ist, solche von einem jeden Mitschuldner fordern. [2]Wenn aber mehrere Gläubiger und nur ein Schuldner da sind; so ist dieser die Sache einem einzelnen Mitgläubiger, ohne Sicherstellung herauszugeben, nicht verpflichtet; er kann auf die Übereinkunft aller Mitgläubiger dringen, oder die gerichtliche Verwahrung der Sache verlangen.

Korrealität

§ 891. [1]Versprechen mehrere Personen ein und dasselbe Ganze zur ungeteilten Hand dergestalt, daß sich einer für alle, und alle für einen ausdrücklich verbinden; so haftet jede einzelne Person für das Ganze. [2]Es hängt dann von dem Gläubiger ab, ob er von allen, oder von einigen Mitschuldnern das Ganze, oder nach von ihm gewählten Anteilen; oder ob er es von einem einzigen fordern wolle. [3]Selbst nach erhobener Klage bleibt ihm, wenn er von derselben absteht, diese Wahl vorbehalten; und, wenn er von einem oder dem andern Mitschuldner nur zum Teile befriedigt wird; so kann er das Rückständige von den übrigen fordern.

§ 892. Hat hingegen einer mehrern Personen eben dasselbe Ganze zugesagt, und sind diese ausdrücklich berechtigt worden, es zur ungeteilten Hand fordern zu können; so muß der Schuldner das Ganze demjenigen dieser Gläubiger entrichten, der ihn zuerst darum angeht.

§ 893. Sobald ein Mitschuldner dem Gläubiger das Ganze entrichtet hat, darf dieser von den übrigen Mitschuldnern nichts mehr fordern; und sobald ein Mitgläubiger von dem Schuldner ganz befriedigt worden ist, haben die übrigen Mitgläubiger keinen Anspruch mehr.

§ 894. Ein Mitschuldner kann dadurch, daß er mit dem Gläubiger lästigere Bedingungen eingeht, den übrigen keinen Nachteil zuziehen, und die Nachsicht oder Befreiung, welche ein Mitschuldner für seine Person erhält, kommt den übrigen nicht zustatten.

§ 895. [1]Wie weit aus mehrern Mitgläubigern, welchen eben dasselbe Ganze zur ungeteilten Hand zugesagt worden ist, derjenige, welcher die ganze Forderung für sich erhalten hat, den übrigen Gläubigern hafte, muß aus den besondern, zwischen den Mitgläubigern bestehenden, rechtlichen Verhältnissen bestimmt werden. [2]Besteht kein solches Verhältnis; so ist einer dem andern keine Rechenschaft schuldig.

§ 896. [1]Ein Mitschuldner zur ungeteilten Hand, welcher die ganze Schuld aus dem Seinigen abgetragen hat, ist berechtigt, auch ohne geschehene Rechtsabtretung, von den übrigen den Ersatz, und zwar, wenn kein anderes besonderes Verhältnis unter ihnen besteht, zu gleichen Teilen zu fordern. [2]War einer aus ihnen unfähig, sich zu verpflichten, oder ist er unvermögend, seiner Verpflichtung Genüge zu leisten; so muß ein solcher ausfallender Anteil ebenfalls von allen Mitverpflichteten übernommen werden. [3]Die erhaltene Befreiung eines Mitverpflichteten kann den übrigen bei der Forderung des Ersatzes nicht nachteilig sein (§ 894).

Nebenbestimmungen bei Verträgen:

1. Bedingungen;

§ 897. In Ansehung der Bedingungen bei Verträgen gelten überhaupt die nämlichen Vorschriften, welche über die den Erklärungen des letzten Willens beigesetzten Bedingungen aufgestellt worden sind.

§ 898. Verabredungen unter solchen Bedingungen, welche bei einem letzten Willen für nicht beigesetzt angesehen werden, sind ungültig.

§ 899. Ist die in einem Vertrage vorgeschriebene Bedingung schon vor dem Vertrage eingetroffen; so muß sie nach dem Vertrage nur dann wiederholt werden, wenn sie in einer Handlung dessen, der das Recht erwerben soll, besteht, und von ihm wiederholt werden kann.

§ 900. Ein unter einer aufschiebenden Bedingung zugesagtes Recht geht auch auf die Erben über.

2. Bewegungsgrund;

§ 901. [1]Haben die Parteien den Bewegungsgrund, oder den Endzweck ihrer Einwilligung ausdrücklich zur Bedingung gemacht; so wird der Bewegungsgrund oder Endzweck wie eine andere Bedingung angesehen. [2]Außerdem haben dergleichen Äußerungen auf die Gültigkeit entgeltlicher Verträge keinen Einfluß. [3]Bei den unentgeltlichen aber sind die bei den letzten Anordnungen gegebenen Vorschriften anzuwenden.

3. Zeit, Ort und Art der Erfüllung;

§ 902. (1) Eine durch Vertrag oder Gesetz bestimmte Frist ist vorbehaltlich anderer Festsetzung so zu berechnen, daß bei einer nach Tagen bestimmten Frist der Tag nicht mitgezählt wird, in welchen das Ereignis fällt, von dem der Fristenlauf beginnt.[1)]

(2) Das Ende einer nach Wochen, Monaten oder Jahren bestimmten Frist fällt auf denjenigen Tag der letzten Woche oder des letzten Monats, welcher nach seiner Benennung oder Zahl dem Tage des Ereignisses entspricht, mit dem der Lauf der Frist beginnt, wenn aber dieser Tag in dem letzten Monat fehlt, auf den letzten Tag dieses Monats.

(3) Unter einem halben Monate sind fünfzehn Tage zu verstehen, unter der Mitte eines Monats der fünfzehnte dieses Monats.

(RGBl 1916/69)

1) Siehe Fristenübk.

§ 903. [1]Ein Recht, dessen Erwerbung an einen bestimmten Tag gebunden ist, wird mit dem Anfang dieses Tages erworben. [2]Die Rechtsfolgen der Nichterfüllung einer Verbindlichkeit oder eines Versäumnisses treten erst mit dem Ablauf des letzten Tages der Frist ein. [3]Fällt der für die Abgabe einer Erklärung oder für eine Leistung bestimmte letzte Tag auf einen Sonntag oder anerkannten Feiertag[1)], so tritt an dessen Stelle, vorbehaltlich gegenteiliger Vereinbarung, der nächstfolgende Werktag.

(RGBl 1916/69)

1) Siehe Fristenübk.

§ 904. [1]Ist keine gewisse Zeit für die Erfüllung des Vertrages bestimmt worden; so kann sie sogleich, nämlich ohne unnötigen Aufschub, gefordert werden. [2]Hat der Verpflichtete die Erfüllungszeit seiner Willkür vorbehalten; so muß man entweder seinen Tod abwarten, und sich an die Erben halten; oder, wenn es um eine bloß persönliche, nicht vererbliche, Pflicht zu tun ist, die Erfüllungszeit von dem Richter nach Billigkeit festsetzen lassen. [3]Letzteres findet auch dann statt, wenn der

Verpflichtete die Erfüllung, nach Möglichkeit, oder Tunlichkeit versprochen hat. [4]Übrigens müssen die Vorschriften, welche oben (§§ 704–706) in Rücksicht der den letzten Anordnungen beigerückten Zeitbestimmung gegeben werden, auch hier angewendet werden.

§ 905. (1) [1]Kann der Erfüllungsort weder aus der Verabredung noch aus der Natur oder dem Zwecke des Geschäftes bestimmt werden, so ist an dem Orte zu leisten, wo der Schuldner zur Zeit des Vertragsabschlusses seinen Wohnsitz hatte, oder, wenn die Verbindlichkeit im Betriebe des gewerblichen oder geschäftlichen Unternehmens des Schuldners entstand, am Orte der Niederlassung. [2]„Für das Maß und das Gewicht ist der Ort der Erfüllung maßgeblich." *(BGBl I 2013/50, ab 16. 3. 2013, s § 1503 Abs 2 Z 1)*

„(2)" Aus der Übernahme der Kosten der Versendung durch den Schuldner allein folgt noch nicht, dass der Ort, an den die Versendung zu erfolgen hat, für den Schuldner als Erfüllungsort zu gelten hat. *(BGBl I 2005/120, ab 1. 1. 2007, s Anm zu § 367; BGBl I 2013/50)*

(3) Die Gefahr für eine mit Willen des Gläubigers an einen anderen Ort als den Erfüllungsort übersendete Sache geht mit dem Zeitpunkt der Übergabe (§ 429) an den Gläubiger über. *(BGBl I 2014/33, ab 13. 6. 2014)*

(RGBl 1916/69)

„**§ 905a.**" Wird eine nur der Gattung nach bestimmte Sache geschuldet, so ist diese in mittlerer Art und Güte zu leisten. *(BGBl I 2013/50)*

(BGBl I 2005/120, ab 1. 1. 2007, s Anm zu § 367)

§ 906. (1) [1]Kann das Versprechen auf mehrere Arten erfüllt werden, so hat der Schuldner die Wahl. [2]Er kann aber von der einmal getroffenen Wahl für sich allein nicht abgehen.

(2) [1]Hat der Gläubiger die Wahl und ist er mit ihr in Verzug, so kann der Schuldner die Wahl an Stelle des Gläubigers treffen oder nach den §§ 918 und 919 vorgehen. [2]Wenn er die Wahl an Stelle des Gläubigers trifft, hat er diesen davon zu verständigen und ihm zugleich eine angemessene Frist zur Vornahme einer anderen Wahl zu setzen. [3]Trifft der Gläubiger keine solche Wahl, so ist die Wahl des Schuldners maßgebend. [4]In jedem Fall gebührt dem Schuldner der Ersatz des Schadens.

(BGBl I 2005/120, ab 1. 1. 2007, s Anm zu § 367)

§ 907. [1]Wird ein Vertrag ausdrücklich mit Vorbehalt der Wahl geschlossen, und dieselbe durch zufälligen Untergang eines oder mehrerer Wahlstücke vereitelt; so ist der Teil, dem die Wahl zusteht, an den Vertrag nicht gebunden. [2]Unterläuft aber ein Verschulden des Verpflichteten; so muß er dem Berechtigten für die Vereitlung der Wahl haften.

§ 907a. (1) [1]Eine Geldschuld ist am Wohnsitz oder an der Niederlassung des Gläubigers zu erfüllen, indem der Geldbetrag dort übergeben oder auf ein vom Gläubiger bekanntgegebenes Bankkonto überwiesen wird. [2]Haben sich nach der Entstehung der Forderung der Wohnsitz oder die Niederlassung des Gläubigers oder dessen Bankverbindung geändert, so trägt der Gläubiger eine dadurch bewirkte Erhöhung der Gefahr und der Kosten für die Erfüllung.

(2) [1]Wird eine Geldschuld durch Banküberweisung erfüllt, so hat der Schuldner den Überweisungsauftrag so rechtzeitig zu erteilen, dass der geschuldete Betrag bei Fälligkeit auf dem Konto des Gläubigers wertgestellt ist. [2]Wenn der Fälligkeitstermin nicht schon im Vorhinein bestimmt ist, sondern die Fälligkeit erst durch Erbringung der Gegenleistung, Rechnungsstellung, Zahlungsaufforderung oder einen gleichartigen Umstand ausgelöst wird, hat der Schuldner den Überweisungsauftrag ohne unnötigen Aufschub nach Eintritt des für die Fälligkeit maßgeblichen Umstands zu erteilen. [3]Der Schuldner trägt die Gefahr für die Verzögerung oder das Unterbleiben der Gutschrift auf dem Konto des Gläubigers, soweit die Ursache dafür nicht beim Bankinstitut des Gläubigers liegt.

(BGBl I 2013/50, ab 16. 3. 2013, s § 1503 Abs 2 Z 1)

„**§ 907b.**" (1) Ist eine in ausländischer Währung ausgedrückte Geldschuld im Inland zu zahlen, so kann die Zahlung in inländischer Währung erfolgen, es sei denn, dass die Zahlung in ausländischer Währung ausdrücklich bedungen worden ist.

(2) [1]Die Umrechnung erfolgt nach dem zur Zeit der Zahlung am Zahlungsort maßgeblichen Kurswert. [2]Wenn der Schuldner die Zahlung verzögert, hat der Gläubiger die Wahl zwischen dem bei Fälligkeit und dem zur Zeit der Zahlung maßgeblichen Kurswert.

(BGBl I 2005/120, ab 1. 1. 2007, s Anm zu § 367; BGBl I 2013/50)

4. Angeld;

§ 908. [1]Was bei Abschließung eines Vertrages voraus gegeben wird, ist, außer dem Falle einer besondern Verabredung, nur als ein Zeichen der Abschließung, oder als eine Sicherstellung für die Erfüllung des Vertrages zu betrachten, und heißt Angeld. [2]Wird der Vertrag durch Schuld einer Partei nicht erfüllt; so kann die schuldlose

Partei das von ihr empfangene Angeld behalten, oder den doppelten Betrag des von ihr gegebenen Angeldes zurückfordern. [3]Will sie sich aber damit nicht begnügen, so kann sie auf die Erfüllung; oder, wenn diese nicht mehr möglich ist, auf den Ersatz dringen.

5. Reugeld;

§ 909. [1]Wird bei Schließung eines Vertrages ein Betrag bestimmt, welchen ein oder der andere Teil in dem Falle, daß er von dem Vertrage vor der Erfüllung zurücktreten will, entrichten muß; so wird der Vertrag gegen Reugeld geschlossen. [2]In diesem Falle muß entweder der Vertrag erfüllt, oder das Reugeld bezahlt werden. [3]Wer den Vertrag auch nur zum Teile erfüllt; oder das, was von dem andern auch nur zum Teile zur Erfüllung geleistet worden ist, angenommen hat, kann selbst gegen Entrichtung des Reugeldes nicht mehr zurücktreten.

§ 910. [1]Wenn ein Angeld gegeben, und zugleich die[1)] Befugnis des Rücktrittes ohne Bestimmung eines besondern Reugeldes bedungen wird; so vertritt das Angeld die Stelle des Reugeldes. [2]Im Falle des Rücktrittes verliert also der Geber das Angeld; oder der Empfänger stellt das Doppelte zurück.

1) In JGS „das“

§ 911. Wer nicht durch bloßen Zufall, sondern durch sein Verschulden an der Erfüllung des Vertrages verhindert wird, muß ebenfalls das Reugeld entrichten.

6. Nebengebühren

§ 912. [1]Der Gläubiger ist von seinem Schuldner außer der Hauptschuld zuweilen auch Nebengebühren zu fordern berechtigt. [2]Sie bestehen in dem Zuwachse, und in den Früchten der Hauptsache; in den bestimmten oder in den Zögerungszinsen; oder in dem Ersatze des verursachten Schadens; oder dessen, was dem andern daran liegt, daß die Verbindlichkeit nicht gehörig erfüllt worden; endlich in dem Betrage, welchen ein Teil sich auf diesen Fall bedungen hat.

§ 913. [1]Inwieweit mit einem dinglichen Rechte das Recht auf den Zuwachs, oder auf die Früchte verbunden sei, ist in dem ersten und vierten Hauptstücke des zweiten Teiles bestimmt worden. [2]Wegen eines bloß persönlichen Rechtes hat der Berechtigte noch keinen Anspruch auf Nebengebühren. [3]Inwieweit dem Gläubiger ein Recht auf diese zukomme, ist teils aus den besonderen Arten und Bestimmungen der Verträge; teils aus dem Hauptstücke von dem Rechte des Schadenersatzes und der Genugtuung zu entnehmen.

Auslegungsregeln bei Verträgen

§ 914. Bei Auslegung von Verträgen ist nicht an dem buchstäblichen Sinne des Ausdrucks zu haften, sondern die Absicht der Parteien zu erforschen und der Vertrag so zu verstehen, wie es der Übung des redlichen Verkehrs entspricht.

(RGBl 1916/69)

§ 915. Bei einseitig verbindlichen Verträgen wird im Zweifel angenommen, daß sich der Verpflichtete eher die geringere als die schwerere Last auflegen wollte; bei zweiseitig verbindlichen wird eine undeutliche Äußerung zum Nachteile desjenigen erklärt, der sich derselben bedient hat (§ 869).

§ 916. (1) [1]Eine Willenserklärung, die einem anderen gegenüber mit dessen Einverständnis zum Schein abgegeben wird, ist nichtig. [2]Soll dadurch ein anderes Geschäft verborgen werden, so ist dieses nach seiner wahren Beschaffenheit zu beurteilen.

(2) Einem Dritten, der im Vertrauen auf die Erklärung Rechte erworben hat, kann die Einrede des Scheingeschäftes nicht entgegengesetzt werden.

(RGBl 1916/69)

Allgemeine Bestimmungen über entgeltliche Verträge und Geschäfte

§ 917. Bei einem entgeltlichen Vertrage werden entweder Sachen mit Sachen, oder Handlungen, worunter auch die Unterlassungen gehören, mit Handlungen, oder endlich Sachen mit Handlungen und Handlungen mit Sachen vergolten.

(RGBl 1916/69)

§ 917a. [1]Ist zum Schutz eines Vertragspartners gesetzlich bestimmt, daß kein höheres oder kein niedrigeres als ein bestimmtes Entgelt vereinbart werden darf, so ist eine Entgeltvereinbarung soweit unwirksam, als sie dieses Höchstmaß überbeziehungsweise dieses Mindestmaß unterschreitet. [2]Im zweiten Fall gilt das festgelegte Mindestentgelt als vereinbart.

(BGBl 1979/140)

§ 918. (1) Wenn ein entgeltlicher Vertrag von einem Teil entweder nicht zur gehörigen Zeit, am gehörigen Ort oder auf die bedungene Weise erfüllt wird, kann der andere entweder Erfüllung und Schadenersatz wegen der Verspätung begehren oder unter Festsetzung einer angemessenen Frist zur Nachholung den Rücktritt vom Vertrag erklären.

(2) Ist die Erfüllung für beide Seiten teilbar, so kann wegen Verzögerung einer Teilleistung der Rücktritt nur hinsichtlich der einzelnen oder auch aller noch ausstehenden Teilleistungen erklärt werden.

(RGBl 1916/69)

§ 919. [1]Ist die Erfüllung zu einer festbestimmten Zeit oder binnen einer festbestimmten Frist bei sonstigem Rücktritt bedungen, so muß der Rücktrittsberechtigte, wenn er auf der Erfüllung bestehen will, das nach Ablauf der Zeit dem andern ohne Verzug anzeigen; unterläßt er dies, so kann er später nicht mehr auf der Erfüllung bestehen. [2]Dasselbe gilt, wenn die Natur des Geschäftes oder der dem Verpflichteten bekannte Zweck der Leistung entnehmen läßt, daß die verspätete Leistung oder, im Falle der Verspätung einer Teilleistung, die noch übrigen Leistungen für den Empfänger kein Interesse haben.

(RGBl 1916/69)

§ 920. [1]Wird die Erfüllung durch Verschulden des Verpflichteten oder einen von ihm zu vertretenden Zufall vereitelt, so kann der andere Teil entweder Schadenersatz wegen Nichterfüllung fordern oder vom Vertrage zurücktreten. [2]Bei teilweiser Vereitlung steht ihm der Rücktritt zu, falls die Natur des Geschäftes oder der dem Verpflichteten bekannte Zweck der Leistung entnehmen läßt, daß die teilweise Erfüllung für ihn kein Interesse hat.

(RGBl 1916/69)

§ 921. [1]Der Rücktritt vom Vertrage läßt den Anspruch auf Ersatz des durch verschuldete Nichterfüllung verursachten Schadens unberührt. [2]Das bereits empfangene Entgelt ist auf solche Art zurückzustellen oder zu vergüten, daß kein Teil aus dem Schaden des anderen Gewinn zieht.

(RGBl 1916/69)

Gewährleistung

§ 922. (1) [1]Wer einem anderen eine Sache gegen Entgelt überlässt, leistet Gewähr, dass sie dem Vertrag entspricht. [2]Er haftet also dafür, dass die Sache die bedungenen oder gewöhnlich vorausgesetzten Eigenschaften hat, dass sie seiner Beschreibung, einer Probe oder einem Muster entspricht und dass sie der Natur des Geschäftes oder der getroffenen Verabredung gemäß verwendet werden kann.

(2) [1]Ob die Sache dem Vertrag entspricht, ist auch danach zu beurteilen, was der Übernehmer auf Grund der über sie gemachten öffentlichen Äußerungen des Übergebers oder des Herstellers, vor allem in der Werbung und in den der Sache beigefügten Angaben, erwarten kann; das gilt auch für öffentliche Äußerungen einer Person, die die Sache in den Europäischen Wirtschaftsraum eingeführt hat oder die sich durch die Anbringung ihres Namens, ihrer Marke oder eines anderen Kennzeichens an der Sache als Hersteller bezeichnet. [2]Solche öffentlichen Äußerungen binden den Übergeber jedoch nicht, wenn er sie weder kannte noch kennen konnte, wenn sie beim Abschluss des Vertrags berichtigt waren oder wenn sie den Vertragsabschluss nicht beeinflusst haben konnten.

(BGBl I 2001/48, ab 1. 1. 2002, auf Verträge anzuwenden, die nach dem 31. 12. 2001 geschlossen werden)

Fälle der Gewährleistung

§ 923. Wer also der Sache Eigenschaften beilegt, die sie nicht hat und die ausdrücklich oder vermöge der Natur des Geschäftes stillschweigend bedungen worden sind; wer ungewöhnliche Mängel, oder Lasten derselben verschweigt; wer eine nicht mehr vorhandene, oder eine fremde Sache als die seinige veräußert; wer fälschlich vorgibt, daß die Sache zu einem bestimmten Gebrauche tauglich; oder daß sie auch von den gewöhnlichen Mängeln und Lasten frei sei; der hat, wenn das Widerspiel hervorkommt, dafür zu haften.

Vermutung der Mangelhaftigkeit

§ 924. [1]Der Übergeber leistet Gewähr für Mängel, die bei der Übergabe vorhanden sind. [2]Dies wird bis zum Beweis des Gegenteils vermutet, wenn der Mangel innerhalb von sechs Monaten nach der Übergabe hervorkommt. [3]Die Vermutung tritt nicht ein, wenn sie mit der Art der Sache oder des Mangels unvereinbar ist.

(BGBl I 2001/48, ab 1. 1. 2002, s Anm zu § 922)

§ 925. Durch Verordnung wird bestimmt, inwiefern die Vermutung eintritt, daß ein Tier schon vor der Übergabe krank gewesen ist, wenn innerhalb bestimmter Fristen gewisse Krankheiten und Mängel hervorkommen.[1)]

(RGBl 1916/69)

[1)] Siehe V BGBl 1972/472

§ 926. Von der rechtlichen Vermutung, daß der Mangel schon vor der Übergabe des Tieres vorhanden war, kann aber der Übernehmer nur dann Gebrauch machen, wenn er dem Übergeber oder in dessen Abwesenheit dem Gemeindevorsteher sogleich von dem bemerkten Fehler Nachricht gibt oder das Tier durch einen Sachverständigen untersuchen läßt oder die gerichtliche Beweisaufnahme zur Sicherung des Beweises beantragt.

(RGBl 1916/69)

§ 927. [1]Vernachlässigt der Übernehmer diese Vorsicht, so liegt ihm der Beweis ob, daß das Tier schon vor der Übergabe mangelhaft war. [2]Immer steht aber auch dem Übergeber der Beweis offen, daß der gerügte Mangel erst nach der Übergabe eingetreten sei.

(RGBl 1916/69)

§ 928. [1]Fallen die Mängel einer Sache in die Augen oder sind die auf der Sache haftenden Lasten aus den öffentlichen Büchern zu ersehen, so findet außer dem Falle arglistigen Verschweigens des Mangels oder einer ausdrücklichen Zusage, daß die Sache von allen Fehlern und Lasten frei sei, keine Gewährleistung statt (§ 443). [2]Schulden und Rückstände, welche auf der Sache haften, müssen stets vertreten werden.

(RGBl 1916/69)

§ 929. Wer eine fremde Sache wissentlich an sich bringt, hat ebensowenig Anspruch auf eine Gewährleistung, als derjenige, welcher ausdrücklich darauf Verzicht getan hat.

§ 930. Werden Sachen in Pausch und Bogen, nämlich so, wie sie stehen und liegen, ohne Zahl, Maß und Gewicht übergeben; so ist der Übergeber, außer dem Falle, daß eine von ihm fälschlich vorgegebene, oder von dem Empfänger bedungene Beschaffenheit mangelt, für die daran entdeckten Fehler nicht verantwortlich.

Bedingung der Gewährleistung

§ 931. [1]Wenn der Übernehmer wegen eines von einem Dritten auf die Sache erhobenen Anspruches von der Gewährleistung Gebrauch machen will, so muß er seinem Vormann den Streit verkündigen. [2]Unterläßt er dies, so verliert er zwar noch nicht das Recht der Schadloshaltung, aber sein Vormann kann ihm alle wider den Dritten unausgeführt gebliebenen Einwendungen entgegensetzen und sich dadurch von der Entschädigung in dem Maße befreien, als erkannt wird, daß diese Einwendungen, wenn von ihnen der gehörige Gebrauch gemacht worden wäre, eine andere Entscheidung gegen den Dritten veranlaßt haben würden.

(RGBl 1916/69)

Rechte aus der Gewährleistung

§ 932. (1) Der Übernehmer kann wegen eines Mangels entweder die Verbesserung (Nachbesserung oder Nachtrag des Fehlenden) oder den Austausch der Sache verlangen oder den Preis mindern oder den Vertrag auflösen. *(BGBl I 2021/175, ab 1. 1. 2022, s § 1503 Abs 20)*

(2) [1]Zunächst kann der Übernehmer nur die Verbesserung oder den Austausch der Sache verlangen, es sei denn, dass die Verbesserung oder der Austausch unmöglich ist oder für den Übergeber, verglichen mit der anderen Abhilfe, mit einem unverhältnismäßig hohen Aufwand verbunden wäre. [2]Ob dies der Fall ist, richtet sich auch nach dem Wert der mangelfreien Sache, der Schwere des Mangels und den mit der anderen Abhilfe für den Übernehmer verbundenen Unannehmlichkeiten.

(3) Die Verbesserung oder der Austausch ist in angemessener Frist und mit möglichst geringen Unannehmlichkeiten für den Übernehmer zu bewirken, wobei die Art der Sache und der mit ihr verfolgte Zweck zu berücksichtigen sind. „Die Kosten der Verbesserung oder des Austausches hat der Übergeber zu tragen.“ *(BGBl I 2021/175, ab 1. 1. 2022, s § 1503 Abs 20)*

(4) [1]Sind sowohl die Verbesserung als auch der Austausch unmöglich oder für den Übergeber mit einem unverhältnismäßig hohen Aufwand verbunden, so hat der Übernehmer das Recht auf Preisminderung oder, sofern es sich nicht um einen geringfügigen Mangel handelt, das Recht auf „Auflösung des Vertrags“. [2]Dasselbe gilt, wenn der Übergeber die Verbesserung oder den Austausch verweigert oder nicht in angemessener Frist vornimmt, wenn diese Abhilfen für den Übernehmer mit erheblichen Unannehmlichkeiten verbunden wären oder wenn sie ihm aus triftigen, in der Person des Übergebers liegenden Gründen unzumutbar sind. *(BGBl I 2021/175, ab 1. 1. 2022, s § 1503 Abs 20)*

(BGBl I 2001/48, ab 1. 1. 2002, s Anm zu § 922)

§ 932a. Während des Rechtsstreites über die Aufhebung des Vertrages wegen eines Viehmangels hat das Gericht auf Antrag einer der Parteien, sobald die Besichtigung nicht mehr erforderlich ist, durch einstweilige Verfügung den gerichtlichen Verkauf des Tieres und die gerichtliche Hinterlegung des Erlöses anzuordnen.

(RGBl 1916/69)

Gewährleistungsfrist; Verjährung

§ 933. (1) [1]Der Übergeber leistet Gewähr für jeden Mangel, der bei Übergabe der Sache vorliegt und innerhalb von zwei Jahren, bei einer unbeweglichen Sache innerhalb von drei Jahren nach diesem Zeitpunkt hervorkommt. [2]Bei Rechtsmängeln leistet der Übergeber Gewähr, wenn der Mangel bei Übergabe der Sache vorliegt. *(BGBl I 2021/175, ab 1. 1. 2022, s § 1503 Abs 20)*

(2) [1]Bei Viehmängeln beträgt die Frist sechs Wochen. [2]Sie beginnt bei Mängeln, für die eine Vermutungsfrist besteht, erst nach deren Ablauf.

(3) [1]Die Rechte des Übernehmers aus der Gewährleistung sowie die Ansprüche aus einer Preisminderung oder Vertragsauflösung verjähren drei Monate nach Ablauf der Gewährleistungsfrist. [2]Im Fall von Rechtsmängeln tritt die Verjährung zwei Jahre, bei einer unbeweglichen Sache drei Jahre nach dem Zeitpunkt ein, zu dem der Mangel dem Übernehmer bekannt wird. [3]Wenn der Übernehmer dem Übergeber den Mangel innerhalb der Verjährungsfrist anzeigt, kann er den Mangel zeitlich unbeschränkt durch Einrede gegen die Entgeltforderung des Übergebers geltend machen. *(BGBl I 2021/175, ab 1. 1. 2022, s § 1503 Abs 20)*

(4) Die Parteien können eine Verkürzung oder Verlängerung der in Abs. 1 bis 3 vorgesehenen Fristen vereinbaren. *(BGBl I 2021/175, ab 1. 1. 2022, s § 1503 Abs 20)*

(BGBl I 2001/48, ab 1. 1. 2002, s Anm zu § 922)

Schadenersatz

§ 933a. (1) Hat der Übergeber den Mangel verschuldet, so kann der Übernehmer auch Schadenersatz fordern.

(2) [1]Wegen des Mangels selbst kann der Übernehmer auch als Schadenersatz zunächst nur die Verbesserung oder den Austausch verlangen. [2]Er kann jedoch Geldersatz verlangen, wenn sowohl die Verbesserung als auch der Austausch unmöglich ist oder für den Übergeber mit einem unverhältnismäßig hohen Aufwand verbunden wäre. [3]Dasselbe gilt, wenn der Übergeber die Verbesserung oder den Austausch verweigert oder nicht in angemessener Frist vornimmt, wenn diese Abhilfen für den Übernehmer mit erheblichen Unannehmlichkeiten verbunden wären oder wenn sie ihm aus triftigen, in der Person des Übergebers liegenden Gründen unzumutbar sind.

(3) Nach Ablauf von zehn Jahren ab der Übergabe der Sache obliegt für einen Ersatzanspruch wegen der Mangelhaftigkeit selbst und wegen eines durch diese verursachten weiteren Schadens dem Übernehmer der Beweis des Verschuldens des Übergebers.

(BGBl I 2001/48, ab 1. 1. 2002, s Anm zu § 922)

Rückgriff des gewährleistungspflichtigen Übergebers

§ 933b. (1) [1]Hat ein Unternehmer einem Verbraucher Gewähr geleistet, so kann er von seinem Vormann, sofern auch dieser Unternehmer ist, auch nach Ablauf der Fristen des § 933 die Gewährleistung fordern. [2]Dasselbe gilt für frühere Übergeber im Verhältnis zu ihren Vormännern, wenn sie selbst wegen der Gewährleistungsrechte des letzten Übernehmers ihrem Nachmann Gewähr geleistet haben. [3]Der Anspruch ist mit den dem Übergeber aus dessen Gewährleistungspflicht entstandenen Nachteilen beschränkt.

(2) Hat der Übergeber durch Verbesserung oder Austausch Gewähr geleistet, so umfasst sein Anspruch nach Abs. 1 auch den Ersatz des ihm durch die Verbesserung oder den Austausch entstandenen Aufwands, sofern er unverzüglich nach Bekanntgabe des Mangels durch den Übernehmer seinen Vormann zur Herstellung des mangelfreien Zustands aufgefordert hat und der Vormann dieser Aufforderung nicht innerhalb einer angemessenen Frist nachgekommen ist.

(3) [1]Ansprüche nach Abs. 1 verjähren drei Monate nach Erfüllung der eigenen Gewährleistungspflicht, spätestens aber fünf Jahre, nachdem der Rückgriffspflichtige seine Leistung erbracht hat. [2]Die Verjährung wird durch eine Streitverkündigung für die Dauer des Rechtsstreits gehemmt.

(4) Eine Vereinbarung, mit der ein Anspruch nach Abs. 1 ausgeschlossen oder beschränkt wird, ist nur verbindlich, wenn sie im Einzelnen ausgehandelt worden ist und den Übergeber unter Berücksichtigung aller Umstände des Falles nicht gröblich benachteiligt.

(BGBl I 2021/175, ab 1. 1. 2022, s § 1503 Abs 20)

Schadloshaltung wegen Verkürzung über die Hälfte

§ 934. [1]Hat bei zweiseitig verbindlichen Geschäften ein Teil nicht einmal die Hälfte dessen, was er dem andern gegeben hat, von diesem an dem gemeinen Werte erhalten; so räumt das Gesetz dem verletzten Teile das Recht ein, die Aufhebung und die Herstellung in den vorigen Stand zu fordern. [2]Dem andern Teile steht aber bevor, das Geschäft dadurch aufrecht zu erhalten, daß er den Abgang bis zum gemeinen Werte zu ersetzen bereit ist. [3]Das Mißverhältnis des Wertes wird nach dem Zeitpunkte des geschlossenen Geschäftes bestimmt.

§ 935. „Die Anwendung des § 934 kann vertraglich nicht ausgeschlossen werden; er ist jedoch dann nicht anzuwenden, wenn jemand erklärt hat", die Sache aus besonderer Vorliebe um einen außerordentlichen Wert zu übernehmen; wenn er, obgleich ihm der wahre Wert bekannt war, sich dennoch zu dem unverhältnismäßigen Werte verstanden hat; ferner, wenn aus dem Verhältnisse der Personen zu vermuten ist, daß sie einen, aus einem entgeltlichen und unentgeltlichen vermischten Vertrag schließen wollten; wenn sich der eigentliche Wert nicht mehr erheben läßt; endlich, wenn die Sache von dem Gerichte versteigert worden ist. *(BGBl 1979/140)*

Von der Verabredung eines künftigen Vertrages

§ 936. [1]Die Verabredung, künftig erst einen Vertrag schließen zu wollen, ist nur dann verbindlich, wenn sowohl die Zeit der Abschließung, als die wesentlichen Stücke des Vertrages bestimmt, und die Umstände inzwischen nicht dergestalt verändert worden sind, daß dadurch der ausdrücklich bestimmte, oder aus den Umständen hervorleuchtende Zweck vereitelt, oder das Zutrauen des einen oder andern Teiles verloren wird. [2]Überhaupt muß auf die Vollziehung solcher Zusagen längstens in einem Jahre nach dem bedungenen Zeitpunkte gedrungen werden; widrigenfalls ist das Recht erloschen.

Von dem Verzicht auf Einwendungen

§ 937. Allgemeine, unbestimmte Verzichtleistungen auf Einwendungen gegen die Gültigkeit eines Vertrages sind ohne Wirkung.

Achtzehntes Hauptstück
Von Schenkungen

Schenkung

§ 938. Ein Vertrag, wodurch eine Sache jemandem[1)] unentgeltlich überlassen wird, heißt eine Schenkung.

[1)] In JGS „jemanden“

Inwiefern eine Verzichtleistung eine Schenkung sei

§ 939. Wer auf ein gehofftes, oder wirklich angefallenes, oder zweifelhaftes Recht Verzicht tut, ohne es einem andern ordentlich abzutreten, oder dasselbe dem Verpflichteten mit dessen Einwilligung zu erlassen, ist für keinen Geschenkgeber anzusehen.

Belohnende Schenkung

§ 940. Es verändert die Wesenheit der Schenkung nicht, wenn sie aus Erkenntlichkeit; oder in Rücksicht auf die Verdienste des Beschenkten; oder als eine besondere Belohnung desselben gemacht worden ist; nur darf er vorher kein Klagerecht darauf gehabt haben.

§ 941. Hat der Beschenkte ein Klagerecht auf die Belohnung gehabt, entweder, weil sie unter den Parteien schon bedungen, oder durch das Gesetz vorgeschrieben war; so hört das Geschäft auf, eine Schenkung zu sein, und ist als ein entgeltlicher Vertrag anzusehen.

Wechselseitige Schenkungen

§ 942. Sind Schenkungen vorher dergestalt bedungen, daß der Schenkende wieder beschenkt werden muß; so entsteht keine wahre Schenkung im Ganzen; sondern nur in Ansehung des übersteigenden Wertes.

Form des Schenkungsvertrages,

§ 943. [1]Aus einem bloß mündlichen, ohne wirkliche Übergabe geschlossenen Schenkungsvertrage erwächst dem Geschenknehmer kein Klagerecht. [2]Dieses Recht muß durch eine schriftliche Urkunde begründet werden.

und Maß einer Schenkung

§ 944. [1]Ein unbeschränkter Eigentümer kann mit Beobachtung der gesetzlichen Vorschriften auch sein ganzes gegenwärtiges Vermögen verschenken. [2]Ein Vertrag aber, wodurch das künftige Vermögen verschenkt wird, besteht nur insoweit, als er die Hälfte dieses Vermögens nicht übersteigt.

Inwiefern der Geber für das Geschenkte hafte

§ 945. Wer wissentlich eine fremde Sache verschenkt, und dem Geschenknehmer diesen Umstand verschweigt, haftet für die nachteiligen Folgen.

Unwiderruflichkeit der Schenkungen

§ 946. Schenkungsverträge dürfen in der Regel nicht widerrufen werden.

Ausnahmen:

1. Wegen Dürftigkeit;

§ 947. [1]Gerät der Geschenkgeber in der Folge in solche Dürftigkeit, daß es ihm an dem nötigen Unterhalte gebricht; so ist er befugt, jährlich von dem geschenkten Betrage die gesetzlichen Zinsen, insoweit die geschenkte Sache, oder derselben Wert noch vorhanden ist, und ihm der nötige Unterhalt mangelt, von dem Beschenkten zu fordern, wenn sich anders dieser nicht selbst in gleich dürftigen Umständen befindet. [2]Aus mehreren Geschenknehmern ist der frühere nur insoweit verbunden, als die Beiträge der spätern zum Unterhalte nicht zureichen.

2. Undankes;

§ 948. [1]Wenn der Beschenkte sich gegen seinen Wohltäter eines groben Undankes schuldig macht, kann die Schenkung widerrufen werden. [2]Unter grobem Undanke wird eine Verletzung am Leibe, an Ehre, an Freiheit oder am Vermögen verstanden, welche von der Art ist, daß gegen den Verletzer von Amts wegen, oder auf Verlangen des Verletzten nach dem Strafgesetze verfahren werden kann.

§ 949. Der Undank macht den Undankbaren für seine Person zum unredlichen Besitzer, und gibt selbst dem Erben des Verletzten, insofern der letztere den Undank nicht verziehen hat, und noch etwas von dem Geschenke in Natur oder Werte vorhanden ist, ein Recht zur Widerrufungsklage auch gegen den Erben des Verletzers.

3. Verkürzung des schuldigen Unterhaltes;

§ 950. [1]Wer jemandem[1)] den Unterhalt zu reichen schuldig ist, kann dessen Recht durch Beschenkung eines Dritten nicht verletzen. [2]Der auf solche Art Verkürzte ist befugt, den Beschenkten um die Ergänzung desjenigen zu belangen, was ihm der Schenkende nun nicht mehr zu leisten vermag. [3]Bei mehreren Geschenknehmern ist die obige (§ 947) Vorschrift anzuwenden.

[1)] in JGS „jemanden"

§§ 951 und 952. *(aufgehoben, BGBl I 2015/87, ab 1. 1. 2017)*

[5. der Gläubiger;]

§ 953. [[1]Unter eben dieser (§ 952) Beschränkung können auch diejenigen Geschenke zurückgefordert werden, wodurch die zur Zeit der Schenkung schon vorhandenen Gläubiger verkürzt worden sind. [2]Auf Gläubiger, deren Forderungen jünger sind, als die Schenkung, erstreckt sich dieses Recht nur dann, wenn der Beschenkte eines hinterlistigen Einverständnisses überwiesen werden kann.]

[] *Gegenstandslos, s §§ 438 bis 453 EO und §§ 27 bis 43 IO*

6. wegen nachgeborner Kinder

§ 954. [1]Dadurch, daß einem kinderlosen Geschenkgeber nach geschlossenem Schenkungsvertrage Kinder geboren werden, erwächst weder ihm, noch den nachgebornen Kindern das Recht, die Schenkung zu widerrufen. [2]Doch kann er, oder das nachgeborne Kind, im Notfalle sowohl gegen den Beschenkten, als gegen dessen Erben das oben angeführte Recht auf die gesetzlichen Zinsen des geschenkten Betrages geltend machen (§ 947).

Welche Schenkungen auf die Erben nicht übergehen

§ 955. Hat der Geschenkgeber dem Beschenkten eine Unterstützung in gewissen Fristen zugesichert, so erwächst für die Erben derselben weder ein Recht, noch eine Verbindlichkeit; es müßte denn in dem Schenkungsvertrage ausdrücklich anders bedungen worden sein.

§ 956. *(aufgehoben, BGBl I 2015/87, ab 1. 1. 2017)*

Neunzehntes Hauptstück

Von dem Verwahrungsvertrage

Verwahrungsvertrag

§ 957. [1]Wenn jemand eine fremde Sache in seine Obsorge übernimmt; so entsteht ein Verwahrungsvertrag. [2]Das angenommene Versprechen, eine fremde, noch nicht übergebene Sache in die Obsorge zu übernehmen, macht zwar den versprechenden Teil verbindlich; es ist aber noch kein Verwahrungsvertrag.

§ 958. Durch den Verwahrungsvertrag erwirbt der Übernehmer weder Eigentum, noch Besitz, noch Gebrauchsrecht; er ist bloßer Inhaber mit der Pflicht, die ihm anvertraute Sache vor Schaden zu sichern.

Wann er in einen Darlehens- oder Leihvertrag;

§ 959. Wird dem Verwahrer auf sein Verlangen, oder durch freiwilliges Anerbieten des Hinterlegers der Gebrauch gestattet; so hört im ersten Falle der Vertrag gleich nach der Verwilligung; im zweiten aber von dem Augenblicke, da das Anerbieten angenommen, oder von der hinterlegten Sache wirklich Gebrauch gemacht worden ist, auf, ein Verwahrungsvertrag zu sein; er wird bei verbrauchbaren Sachen in einen Darlehens-,[1)] bei unverbrauchbaren in einen Leihvertrag umgeändert, und es treten die damit verbundenen Rechte und Pflichten ein.

[1)] In JGS „Darleihens-"

oder in eine Bevollmächtigung übergehe

§ 960. [1]Es können bewegliche und unbewegliche Sachen in Obsorge gegeben werden. [2]Wird aber dem Übernehmer zugleich ein anderes, auf die anvertraute Sache sich beziehendes Geschäft aufgetragen; so wird er als ein Gewalthaber angesehen.

Pflichten und Rechte des Verwahrers;

§ 961. Die Hauptpflicht des Verwahrers ist: die ihm anvertraute Sache durch die bestimmte Zeit sorgfältig zu bewahren, und nach Verlauf derselben dem Hinterleger in eben dem Zustande, in welchem er sie übernommen hat, und mit allem Zuwachse zurückzustellen.

§ 962. [1]Der Verwahrer muß dem Hinterleger auf Verlangen die Sache auch noch vor Verlauf der Zeit zurückstellen, und kann nur den Ersatz des ihm etwa verursachten Schadens begehren. [2]Er kann hingegen die ihm anvertraute Sache nicht früher zurückgeben; es wäre denn, daß ein unvorhergesehener Umstand ihn außer Stand setzte, die Sache mit Sicherheit oder ohne seinen eigenen Nachteil zu verwahren.

§ 963. Ist die Verwahrungszeit weder ausdrücklich bestimmt worden, noch sonst aus Nebenumständen abzunehmen; so kann die Verwahrung nach Belieben aufgekündet werden.

§ 964. Der Verwahrer haftet dem Hinterleger für den aus der Unterlassung der pflichtmäßigen Obsorge verursachten Schaden, aber nicht für den Zufall; selbst dann nicht, wenn er die anvertraute, obschon kostbarere Sache, mit Aufopferung seiner eigenen hätte retten können.

§ 965. Hat aber der Verwahrer von der hinterlegten Sache Gebrauch gemacht; hat er sie ohne Not und ohne Erlaubnis des Hinterlegers einem Dritten in Verwahrung gegeben; oder die Zurückstellung verzögert, und die Sache leidet einen Schaden, welchem sie bei dem Hinterleger nicht ausgesetzt gewesen wäre; so kann er keinen Zufall vorschützen, und die Beschädigung wird ihm zugerechnet.

§ 966. [[1]Wenn Sachen verschlossen oder versiegelt hinterlegt, und in der Folge das Schloß oder Siegel verletzt worden; so ist der Hinterleger, wenn er einen Abgang behauptet, zur Beschwörung seines Schadens, insofern derselbe nach seinem Stande, Gewerbe, Vermögen und den übrigen Umständen wahrscheinlich ist, nach Vorschrift der Gerichtsordnung zuzulassen; es wäre denn, daß der Verwahrer beweisen könnte, daß die Verletzung des Schlosses oder Siegels ohne sein Verschulden geschehen sei. [2]Das Nämliche hat auch dann zu gelten, wenn sämtliche auf solche Art hinterlegte Sachen in Verlust geraten sind.]

[] *Gegenstandslos, s § 272 ZPO*

und des Hinterlegers

§ 967. [1]Der Hinterleger ist verpflichtet, dem Verwahrer den schuldbarer Weise zugefügten Schaden, und die zur Erhaltung der verwahrten Sache, oder zur Vermehrung der fortdauernden Nutzungen verwendeten Kosten zu ersetzen. [2]Hat der Verwahrer im Notfalle, um das hinterlegte Gut zu retten, seine eigenen Sachen aufgeopfert; so kann er einen angemessenen Ersatz fordern. [3]Die wechselseitigen Forderungen des Verwahrers und Hinterlegers einer beweglichen Sache können aber nur binnen dreißig Tagen von Zeit der Zurückstellung angebracht werden.

Sequester

§ 968. [1]Wird eine in Anspruch genommene Sache von den streitenden Parteien oder vom Gerichte jemandem[1)] in Verwahrung gegeben; so heißt der Verwahrer, Sequester. [2]Die Rechte und Verbindlichkeiten des Sequesters werden nach den hier festgesetzten Grundsätzen beurteilt.

[1)] In JGS „jemanden“

Ob dem Verwahrer ein Lohn gebühre

§ 969. Ein Lohn kann für die Aufbewahrung nur dann gefordert werden, wenn er ausdrücklich, oder nach dem Stande des Aufbewahrers stillschweigend bedungen worden ist.

Gastaufnahme

§ 970. (1) [1]Gastwirte, die Fremde beherbergen, haften als Verwahrer für die von den aufgenommenen Gästen eingebrachten Sachen, sofern sie nicht beweisen, daß der Schaden weder durch sie oder einen ihrer Leute verschuldet noch durch fremde, in dem Hause aus- und eingehende Personen verursacht ist. [2]Hat bei der Entstehung des Schadens ein Verschulden des Beschädigten mitgewirkt, so hat der Richter nach den Umständen zu entscheiden, ob und in welcher Höhe ein Ersatz gebührt.[1)]

(2) [1]Als eingebracht gelten die Sachen, die dem Wirte oder einem seiner Leute übergeben oder an einen von diesen angewiesenen oder hierzu bestimmten Ort gebracht sind. [2]Ebenso haften Unternehmer, die Stallungen und Aufbewahrungsräume halten, für die bei ihnen eingestellten Tiere und Fahrzeuge und die auf diesen befindlichen Sachen.

(3) Den Wirten werden gleichgehalten die Besitzer von Badeanstalten in Rücksicht auf die üblicherweise eingebrachten Sachen der Badegäste.

(RGBl 1916/69)

[1)] Siehe BG BGBl 1921/638 idF BGBl 1989/343

§ 970a. [1]Ablehnung der Haftung durch Anschlag ist ohne rechtliche Wirkung. [2]Für Kostbarkeiten, Geld und Wertpapiere haftet der Gastwirt nur bis zum Betrage von „550 Euro", es sei denn, daß er diese Sachen in Kenntnis ihrer Beschaffenheit zur Aufbewahrung übernommen hat oder daß der Schaden von ihm selbst oder seinen Leuten verschuldet ist. *(BGBl I 2001/98, ab 1. 1. 2002, anzuwenden auf Schadensereignisse, die sich nach dem 31. 12. 2001 ereignet haben)*

(RGBl 1916/69)

§ 970b. [1]Der Ersatzanspruch aus der Gastaufnahme erlischt, wenn der Beschädigte nach erlangter Kenntnis von dem Schaden nicht ohne Verzug dem Wirte die Anzeige macht. [2]Dies gilt jedoch nicht, wenn die Sachen vom Wirte zur Aufbewahrung übernommen waren.

(RGBl 1916/69)

§ 970c. Den im § 970 bezeichneten Personen steht das Recht zu, zur Sicherung ihrer Forderungen aus der Beherbergung und Verpflegung sowie ihrer Auslagen für die Gäste die eingebrachten Sachen zurückzuhalten.

(RGBl 1916/69)

Zwanzigstes Hauptstück
Von dem Leihvertrage

Leihvertrag

§ 971. [1]Wenn jemandem[1)] eine unverbrauchbare Sache bloß zum unentgeltlichen Gebrauche auf eine bestimmte Zeit übergeben wird; so entsteht ein Leihvertrag. [2]Der Vertrag, wodurch man jemandem eine Sache zu leihen verspricht, ohne sie zu übergeben, ist zwar verbindlich, aber noch kein Leihvertrag.

1) In JGS „jemanden"

Rechte und Pflichten des Entlehners:

1. in Rücksicht des Gebrauches;

§ 972. [1]Der Entlehner erwirbt das Recht, den ordentlichen oder näher bestimmten Gebrauch von der Sache zu machen. [2]Nach Verlauf der Zeit ist er verpflichtet, eben dieselbe Sache zurückzustellen.

2. der Zurückstellung;

§ 973. Wenn keine Zeit zur Zurückgabe festgesetzt, wohl aber die Absicht des Gebrauches bestimmt worden ist; so ist der Entlehner verbunden, mit dem Gebrauche nicht zu zögern, und die Sache so bald als möglich zurückzugeben.

§ 974. Hat man weder die Dauer, noch die Absicht des Gebrauches bestimmt; so entsteht kein wahrer Vertrag, sondern ein unverbindliches Bittleihen (Prekarium), und der Verleiher kann die entlehnte Sache nach Willkür zurückfordern.

§ 975. Bei einem Streite über die Dauer des Gebrauches muß der Entlehner das Recht auf den längeren Gebrauch beweisen.

§ 976. Wenngleich die verlehnte Sache vor Verlauf der Zeit und vor geendigtem Gebrauche dem Verleiher selbst unentbehrlich wird; so hat er ohne ausdrückliche Verabredung doch kein Recht, die Sache früher zurückzunehmen.

§ 977. Der Entlehner ist zwar in der Regel berechtigt, die entlehnte Sache auch vor der bestimmten Zeit zurückzugeben; fällt aber die frühere Zurückgabe dem Verleiher beschwerlich; so kann sie wider seinen Willen nicht stattfinden.

3. der Beschädigung;

§ 978. Wenn der Entlehner die geliehene Sache anders gebraucht, als es bedungen war, oder den Gebrauch derselben eigenmächtig einem Dritten gestattet; so ist er dem Verleiher verantwortlich, und dieser auch berechtigt, die Sache sogleich zurückzufordern.

§ 979. Wird die geliehene Sache beschädigt, oder zu Grunde gerichtet; so muß der Entlehner nicht nur den zunächst durch sein Verschulden verursachten, sondern auch den zufälligen Schaden, den er durch eine widerrechtliche Handlung veranlaßt hat, so wie der Verwahrer einer Sache ersetzen (§ 965).

§ 980. Dadurch, daß der Entlehner für ein verlornes Lehnstück den Wert erlegt, hat er noch kein Recht, dasselbe, wenn es wieder gefunden wird, gegen den Willen des Eigentümers für sich zu behalten, wenn dieser bereit ist, den empfangenen Wert zurückzugeben.

4. der Erhaltungskosten

§ 981. [1]Die mit dem Gebrauche ordentlicher Weise verbundenen Kosten muß der Entlehner selbst bestreiten. [2]Die außerordentlichen Erhaltungskosten hat er zwar, dafern er die Sache dem Verleiher nicht zur eigenen Besorgung überlassen kann oder will, inzwischen vorzuschießen; doch werden sie ihm gleich einem redlichen Besitzer vergütet.

Beschränkung der wechselseitigen Klagen

§ 982. Wenn der Verleiher nach der Zurücknahme des Lehnstückes dessen Mißbrauch, oder übertriebene Abnutzung innerhalb dreißig Tagen nicht gerügt; oder, wenn der Entlehner nach der Zurückgabe von den auf die Sache verwendeten außerordentlichen Kosten binnen eben diesem Zeitraume keine Meldung gemacht hat; so ist die Klage erloschen.

Einundzwanzigstes Hauptstück

Von dem Darlehensvertrage[1)]

[1)] In JGS „Darleihensvertrag"

Darlehensvertrag

§ 983. [1]Im Darlehensvertrag verpflichtet sich der Darlehensgeber, dem Darlehensnehmer vertretbare Sachen mit der Bestimmung zu übergeben, dass der Darlehensnehmer über die Sachen nach seinem Belieben verfügen kann. [2]Der Darlehensnehmer ist verpflichtet, dem Darlehensgeber spätestens nach Vertragsende ebenso viele Sachen derselben Gattung und Güte zurückzugeben.

(BGBl I 2010/28, ab 11. 6. 2010; auf Kreditverträge anzuwenden, die nach dem 10. 6. 2010 geschlossen werden)

Arten des Darlehensvertrags

§ 984. (1) [1]Gegenstand eines Darlehensvertrags können Geld oder andere vertretbare Sachen sein. [2]Ein Darlehen kann entweder unentgeltlich oder gegen Entgelt gewährt werden. Wenn die Parteien nichts über ein Entgelt vereinbaren, gilt der Darlehensvertrag im Zweifel als entgeltlich.

(2) Ein unentgeltlicher Darlehensvertrag ohne Übergabe der Sachen ist nur wirksam, wenn der Darlehensgeber seine Vertragserklärung schriftlich abgibt.

(BGBl I 2010/28, ab 11. 6. 2010; auf Kreditverträge anzuwenden, die nach dem 10. 6. 2010 geschlossen werden)

Steigerung und Minderung des Werts

§ 985. [1]Der Darlehensnehmer hat, sofern nichts anderes vereinbart ist, bei der Rückgabe der Sachen einen in der Zwischenzeit eingetretenen Wertverlust nicht auszugleichen. [2]Gleichermaßen kann er sich auch nicht auf eine Wertsteigerung zur Minderung seiner Rückgabepflicht berufen.

(BGBl I 2010/28, ab 11. 6. 2010; auf Kreditverträge anzuwenden, die nach dem 10. 6. 2010 geschlossen werden)

Dauer und Auflösung des Darlehensvertrags

§ 986. (1) Der Darlehensvertrag kann auf eine im Voraus bestimmte oder auf unbestimmte Zeit geschlossen werden.

(2) Ein auf unbestimmte Zeit geschlossener Darlehensvertrag kann von jedem Vertragsteil unter Einhaltung einer einmonatigen Kündigungsfrist gekündigt werden.

(3) Ein auf bestimmte Zeit geschlossener Darlehensvertrag endet durch Zeitablauf.

(BGBl I 2010/28, ab 11. 6. 2010; auf Kreditverträge anzuwenden, die nach dem 10. 6. 2010 geschlossen werden)

Außerordentliche Kündigung des Darlehensvertrags

§ 987. Jeder Vertragsteil kann den Darlehensvertrag jederzeit ohne Einhaltung einer Kündigungsfrist kündigen, wenn ihm die Aufrechterhaltung des Vertrags aus wichtigen Gründen unzumutbar ist.

(BGBl I 2010/28, ab 11. 6. 2010; auf Kreditverträge anzuwenden, die nach dem 10. 6. 2010 geschlossen werden)

Kreditvertrag

§ 988. [1]Der entgeltliche Darlehensvertrag über Geld heißt Kreditvertrag; dazu zählt auch ein Vertrag, mit dem ein Geldbetrag zum Abruf zur Verfügung gestellt wird. [2]Die Parteien dieses Vertrags heißen Kreditgeber und Kreditnehmer. [3]Das Entgelt besteht in der Regel in den vom Kreditnehmer zu zahlenden Zinsen; für diese gilt § 1000 Abs. 1.

(BGBl I 2010/28, ab 11. 6. 2010; auf Kreditverträge anzuwenden, die nach dem 10. 6. 2010 geschlossen werden)

Befristung und Ende des Kreditvertrags

§ 989. (1) Beim Kreditvertrag kann sich eine bestimmte Vertragsdauer nicht bloß aus der datumsmäßigen Festlegung eines Endtermins ergeben, sondern auch aus den Vereinbarungen über den Kreditbetrag sowie über die Art der Rückzahlung des Kredits und die zu leistenden Zinsen.

(2) Nach Ende des Kreditvertrags hat der Kreditnehmer den Kreditbetrag samt den noch zu leistenden Zinsen zurückzuzahlen.

(BGBl I 2010/28, ab 11. 6. 2010; auf Kreditverträge anzuwenden, die nach dem 10. 6. 2010 geschlossen werden)

Unwirksame Vereinbarungen über das Kündigungsrecht des Kreditgebers

§ 990. Vereinbarungen, durch die dem Kreditgeber ein nicht an sachlich gerechtfertigte Gründe geknüpftes Recht zur vorzeitigen Kündigung eines auf bestimmte Zeit geschlossenen und seinerseits schon erfüllten Kreditvertrags eingeräumt wird, sind nicht wirksam.

(BGBl I 2010/28, ab 11. 6. 2010; auf Kreditverträge anzuwenden, die nach dem 10. 6. 2010 geschlossen werden)

Verweigerung der Kreditauszahlung

§ 991. Der Kreditgeber kann die Auszahlung des Kreditbetrags verweigern, wenn sich nach Vertragsabschluss Umstände ergeben, die eine Verschlechterung der Vermögenslage des Kreditnehmers oder eine Entwertung bedungener Sicherheiten in einem solchen Ausmaß erweisen, dass die Rückzahlung des Kredits oder die Entrichtung der Zinsen selbst bei Verwertung der Sicherheiten gefährdet sind.

(BGBl I 2010/28, ab 11. 6. 2010; auf Kreditverträge anzuwenden, die nach dem 10. 6. 2010 geschlossen werden)

§ 992. *(aufgehoben samt Überschrift, BGBl I 2010/28, ab 11. 6. 2010)*

§§ 993 bis 998. *(aufgehoben, RGBl 1868/62)*

§ 999. *(aufgehoben samt Überschrift, BGBl I 2010/28, ab 11. 6. 2010)*

Zinsen und Zinseszinsen

§ 1000. (1) An Zinsen, die ohne Bestimmung der Höhe vereinbart worden sind oder aus dem Gesetz gebühren, sind, sofern gesetzlich nicht anderes bestimmt ist, vier vom Hundert auf ein Jahr zu entrichten.[1)]

(2) [1]Der Gläubiger einer Geldforderung kann Zinsen von Zinsen verlangen, wenn die Parteien dies ausdrücklich vereinbart haben. [2]Sonst kann er, sofern fällige Zinsen eingeklagt werden, Zinseszinsen vom Tag der Streitanhängigkeit an fordern. [3]Wurde über die Höhe der Zinseszinsen keine Vereinbarung getroffen, so sind ebenfalls vier vom Hundert auf ein Jahr zu entrichten.

(3) Haben die Parteien über die Frist zur Zahlung der Zinsen keine Vereinbarung getroffen, so sind diese bei der Zurückzahlung des Kapitals oder, sofern der Vertrag auf mehrere Jahre abgeschlossen worden ist, jährlich zu zahlen.

(BGBl I 2002/118, ab 1. 8. 2002)

[1)] Zur Höhe der gesetzlichen Zinsen für Forderungen im Zusammenhang mit einem Arbeitsverhältnis s § 49a ASGG

§ 1001. *(aufgehoben samt Überschrift, BGBl I 2010/28, ab 11. 6. 2010)*

Zweiundzwanzigstes Hauptstück

Von der Bevollmächtigung und andern Arten der Geschäftsführung

Bevollmächtigungsvertrag

§ 1002. Der Vertrag, wodurch jemand ein ihm aufgetragenes Geschäft im Namen des andern zur Besorgung übernimmt, heißt Bevollmächtigungsvertrag.

§ 1003. Personen, welche zur Besorgung bestimmter Geschäfte öffentlich bestellt worden, sind schuldig, über einen darauf sich beziehenden Auftrag ohne Zögerung gegen den Auftragenden sich ausdrücklich zu erklären, ob sie denselben annehmen oder nicht; widrigenfalls bleiben sie dem Auftragenden für den dadurch veranlaßten Nachteil verantwortlich.

Einteilung der Bevollmächtigung in eine unentgeltliche oder entgeltliche;

§ 1004. Wird für die Besorgung eines fremden Geschäftes entweder ausdrücklich, oder nach dem Stande des Geschäftsträgers auch nur stillschweigend eine Belohnung bedungen; so gehört der Vertrag zu den entgeltlichen, außer dem aber zu den unentgeltlichen.

mündliche oder schriftliche;

§ 1005. [1]Bevollmächtigungsverträge können mündlich oder schriftlich geschlossen werden. [2]Die von dem Gewaltgeber dem Gewalthaber hierüber ausgestellte Urkunde wird Vollmacht genannt.

allgemeine oder besondere;

§ 1006. [1]Es gibt allgemeine und besondere Vollmachten, je nachdem jemandem[1)] die Besorgung aller, oder nur einiger Geschäfte anvertraut wird. [2]Die besonderen Vollmachten können bloß gerichtliche oder bloß außergerichtliche Geschäfte überhaupt; oder sie können einzelne Angelegenheiten der einen oder der andern Gattung zum Gegenstande haben.

1) In JGS „jemanden"

unumschränkte oder beschränkte

§ 1007. 1Vollmachten werden entweder mit unumschränkter oder mit beschränkter Freiheit zu handeln erteilet. 2Durch die erstere wird der Gewalthaber berechtigt, das Geschäft nach seinem besten Wissen und Gewissen zu leiten; durch die letztere aber werden ihm die Grenzen, wie weit, und die Art, wie er dasselbe betreiben soll, vorgeschrieben.

§ 1008. 1Folgende Geschäfte: wenn im Namen eines andern Sachen veräußert, oder entgeltlich übernommen; Anleihen oder Darlehen[1] geschlossen; Geld oder Geldeswert erhoben; Prozesse anhängig gemacht; [Eide aufgetragen, angenommen oder zurückgeschoben], oder Vergleiche getroffen werden sollen, erfordern eine besondere, auf diese Gattungen der Geschäfte lautende Vollmacht. 2Wenn aber eine Erbschaft unbedingt angenommen oder ausgeschlagen; Gesellschaftsverträge errichtet; Schenkungen gemacht; die[2] Befugnis, einen Schiedsrichter zu wählen, eingeräumt, oder Rechte unentgeltlich aufgegeben werden sollen; ist eine besondere, auf das einzelne Geschäft ausgestellte Vollmacht notwendig. 3Allgemeine, selbst unbeschränkte Vollmachten sind in diesen Fällen nur hinreichend, wenn die Gattung des Geschäftes in der Vollmacht ausgedrückt worden ist.

[] *Gegenstandslos*

1) In JGS „Darleihen"
2) In JGS „das"

Rechte und Verbindlichkeiten des Gewalthabers;

§ 1009. 1Der Gewalthaber ist verpflichtet, das Geschäft seinem Versprechen und der erhaltenen Vollmacht gemäß, emsig und redlich zu besorgen, und allen aus dem Geschäfte entspringenden Nutzen dem Machtgeber zu überlassen. 2Er ist, ob er gleich eine beschränkte Vollmacht hat, berechtigt, alle Mittel anzuwenden, die mit der Natur des Geschäftes notwendig verbunden, oder der erklärten Absicht des Machtgebers gemäß sind. 3Überschreitet er aber die Grenzen der Vollmacht; so haftet er für die Folgen.

§ 1010. 1Trägt der Gewalthaber das Geschäft ohne Not einem Dritten auf; so haftet er ganz allein für den Erfolg. 2Wird ihm aber die Bestellung eines Stellvertreters in der Vollmacht ausdrücklich gestattet, oder durch die Umstände unvermeidlich; so verantwortet er nur ein bei der Auswahl der Person begangenes Verschulden.

§ 1011. Wird mehreren Bevollmächtigten zugleich ein Geschäft aufgetragen; so ist die Mitwirkung aller zur Gültigkeit des Geschäftes, und Verpflichtung des Machtgebers notwendig; wenn nicht ausdrücklich einem oder mehreren aus ihnen die volle Befugnis in der Vollmacht erteilt worden ist.

§ 1012. Der Gewalthaber ist schuldig, dem Machtgeber den durch sein Verschulden verursachten Schaden zu ersetzen, und die bei dem Geschäfte vorkommenden Rechnungen, sooft dieser es verlangt, vorzulegen.

§ 1013. 1Gewalthaber sind, außer dem im § 1004 enthaltenen Falle, nicht befugt, ihrer Bemühung wegen eine Belohnung zu fordern. 2Es ist ihnen nicht erlaubt, ohne Willen des Machtgebers in Rücksicht auf die Geschäftsverwaltung von einem Dritten Geschenke anzunehmen. 3Die erhaltenen werden [zur Armenkasse][1] eingezogen.

1) Jetzt: Fürsorgeverband

des Gewaltgebers;

§ 1014. Der Gewaltgeber ist verbunden, dem Gewalthaber allen zur Besorgung des Geschäftes notwendig oder nützlich gemachten Aufwand, selbst bei fehlgeschlagenem Erfolge, zu ersetzen, und ihm auf Verlangen zur Bestreitung der baren Auslagen auch einen angemessenen Vorschuß zu leisten; er muß ferner allen durch sein Verschulden entstandenen, oder mit der Erfüllung des Auftrages verbundenen Schaden vergüten.

§ 1015. Leidet der Gewalthaber bei der Geschäftsführung nur zufälligerweise Schaden; so kann er in dem Falle, daß er das Geschäft unentgeltlich zu besorgen übernahm, einen solchen Betrag fordern, welcher ihm bei einem entgeltlichen Vertrage zur Vergütung der Bemühung nach dem höchsten Schätzungswerte gebührt haben würde.

§ 1016. Überschreitet der Gewalthaber die Grenzen seiner Vollmacht; so ist der Gewaltgeber nur insofern verbunden, als er das Geschäft genehmigt, oder den aus dem Geschäfte entstandenen Vorteil sich zuwendet.

in Rücksicht eines Dritten;

§ 1017. 1Insofern der Gewalthaber nach dem Inhalte der Vollmacht den Gewaltgeber vorstellt, kann er ihm Rechte erwerben und Verbindlichkeiten auflegen. [2]Hat er also innerhalb der Grenzen der offenen Vollmacht mit einem Dritten einen Vertrag geschlossen; so kommen die dadurch gegründeten Rechte und Verbindlichkeiten dem Gewaltgeber und dem Dritten; nicht aber dem Gewalthaber zu. [3]Die dem Gewalthaber erteilte geheime Vollmacht hat auf die Rechte des Dritten keinen Einfluß.

§ 1018. Auch in dem Falle, daß der Gewaltgeber einen solchen Gewalthaber, der sich selbst zu verbinden unfähig ist, aufgestellt hat, sind die innerhalb der Grenzen der Vollmacht geschlossenen Geschäfte sowohl für den Gewaltgeber, als für den Dritten verbindlich.

§ 1019. [1]Ist der Gewalthaber zu dem von ihm geschlossenen Geschäft nicht oder nicht ausreichend bevollmächtigt, so ist er, wenn der Gewaltgeber weder das Geschäft genehmigt noch sich den aus dem Geschäft entstandenen Vorteil zuwendet (§ 1016), dem anderen Teil zum Ersatz des Schadens verpflichtet, den dieser im Vertrauen auf die Vertretungsmacht erleidet. [2]Der Gewalthaber haftet jedoch nicht über den Betrag des Interesses hinaus, das der andere Teil an der Wirksamkeit des Vertrages hat.

(BGBl I 2005/120, ab 1. 1. 2007, s Anm zu § 367)

Auflösung des Vertrages durch den Widerruf;

§ 1020. [1]Es steht dem Machtgeber frei, die Vollmacht nach Belieben zu widerrufen; doch muß er dem Gewalthaber nicht nur die in der Zwischenzeit gehabten Kosten und den sonst erlittenen Schaden ersetzen; sondern auch einen der Bemühung angemessenen Teil der Belohnung entrichten. [2]Dieses findet auch dann statt, wenn die Vollendung des Geschäftes durch einen Zufall verhindert worden ist.

die Aufkündung;

§ 1021. [1]Auch der Machthaber kann die angenommene Vollmacht aufkünden. [2]Wenn er sie aber vor Vollendung des ihm insbesondere aufgetragenen, oder vermöge der allgemeinen Vollmacht angefangenen Geschäftes aufkündet; so muß er, dafern nicht ein unvorhergesehenes und unvermeidliches Hindernis eingetreten ist, allen daraus entstandenen Schaden ersetzen.

den Tod;

§ 1022. [1]In der Regel wird die Vollmacht sowohl durch den Tod des Gewaltgebers als des Gewalthabers aufgehoben. [2]Läßt sich aber das angefangene Geschäft ohne offenbaren Nachteil der Erben nicht unterbrechen, oder erstreckt sich die Vollmacht selbst auf den Sterbefall des Gewaltgebers; so hat der Gewalthaber das Recht und die Pflicht, das Geschäft zu vollenden.

§ 1023. Die von einem Körper (Gemeinschaft) ausgestellten und übernommenen Vollmachten werden durch die Erlöschung der Gemeinschaft aufgehoben.

oder ein Insolvenzverfahren

§ 1024. [1]Wird über das Vermögen des Machtgebers das Insolvenzverfahren eröffnet, so sind Vertretungshandlungen des Machthabers ab der Bekanntmachung der Insolvenzeröffnung nicht rechtswirksam. [2]Durch die Eröffnung des Insolvenzverfahrens über das Vermögen des Machthabers erlischt dessen Vollmacht.

(BGBl I 2010/58, ab 1. 8. 2010)

Inwiefern die Verbindlichkeit fortdauere

§ 1025. Wird die Vollmacht durch Widerruf, Aufkündung, oder durch den Tod des Gewaltgebers oder Gewalthabers aufgehoben; so müssen doch die Geschäfte, welche keinen Aufschub leiden, so lange fortgesetzt werden, bis von dem Machtgeber oder dessen Erben eine andere Verfügung getroffen worden ist, oder füglich getroffen werden konnte.

§ 1026. Auch bleiben die mit einem Dritten, dem die Aufhebung der Vollmacht ohne sein Verschulden unbekannt war, geschlossenen Verträge verbindlich, und der Gewaltgeber kann sich nur bei dem Gewalthaber, der die Aufhebung verschwiegen hat, wegen seines Schadens erholen.

Stillschweigende Bevollmächtigung der Dienstpersonen

§ 1027. Die in diesem Hauptstücke enthaltenen Vorschriften haben auch ihre Anwendung auf die Eigentümer einer Handlung, eines Schiffes, Kaufladens oder andern Gewerbes, welche die Verwaltung einem Faktor, Schiffer, Ladendiener oder andern Geschäftsträgern anvertrauen.

§ 1028. Die Rechte solcher Geschäftsführer sind vorzüglich aus der Urkunde ihrer Bestellung, dergleichen unter Handelsleuten die[1)] ordentlich kundgemachte Befugnis der Unterzeichnung (Firma) ist, zu beurteilen.

1) In JGS „das"

§ 1029. „(1)" [1]Ist die Vollmacht nicht schriftlich gegeben worden; so wird ihr Umfang aus dem Gegenstande, und aus der Natur des Geschäftes beurteilt. [2]Wer einem andern eine Verwaltung anvertraut hat, von dem wird vermutet, daß er ihm auch die Macht eingeräumt habe, alles dasjenige zu tun, was die Verwaltung selbst erfordert und was gewöhnlich damit verbunden ist (§ 1009). *(BGBl I 2005/120, ab 1. 1. 2007)*

(2) Der Überbringer einer Quittung gilt als ermächtigt, die Leistung zu empfangen, sofern nicht dem Leistenden bekannte Umstände der Annahme einer solchen Ermächtigung entgegenstehen. *(BGBl I 2005/120, ab 1. 1. 2007, s Anm zu § 367)*

§ 1030. Gestattet der Eigentümer einer Handlung, oder eines Gewerbes seinem Diener oder Lehrlinge, Waren im Laden oder außer demselben zu verkaufen; so wird vermutet, daß sie bevollmächtigt seien, die Bezahlung zu empfangen, und Quittungen dagegen auszustellen.

§ 1031. Die Vollmacht, Waren im Namen des Eigentümers zu verkaufen, erstreckt sich aber nicht auf das Recht, in seinem Namen Waren einzukaufen; auch dürfen Fuhrleute weder den Wert der ihnen anvertrauten Güter beziehen, noch Geld darauf anleihen, wenn es nicht ausdrücklich in Frachtbriefen bestimmt worden ist.

§ 1032. [1]Dienstgeber und Familienhäupter sind nicht verbunden, das, was von ihren Dienstpersonen oder andern Hausgenossen in ihrem Namen auf Borg genommen wird, zu bezahlen. [2]Der Borger muß in solchen Fällen den gemachten Auftrag erweisen.

§ 1033. Besteht aber zwischen dem Borgnehmer und dem Borggeber ein ordentliches Einschreibebuch, worin die ausgeborgten Sachen aufgezeichnet werden; so gilt die Vermutung, daß der Überbringer dieses Buches bevollmächtigt sei, die Ware auf Borg zu nehmen.

Gesetzliche Vertretung

§ 1034. (1) Als gesetzlicher Vertreter einer Person wird bezeichnet:

1. wer für ein minderjähriges Kind im Rahmen der Obsorge oder sonst im Einzelfall gesetzlich mit dessen Vertretung betraut ist;

2. ein Vorsorgebevollmächtigter, sobald die Vorsorgevollmacht wirksam ist (§ 245 Abs. 1);

3. ein gewählter und ein gesetzlicher Erwachsenenvertreter nach der Registrierung im Österreichischen Zentralen Vertretungsverzeichnis sowie ein gerichtlicher Erwachsenenvertreter und

4. ein Kurator (§ 277).

(2) Sofern nichts anderes angeordnet ist, wird eine durch Gerichtsentscheidung angeordnete gesetzliche Vertretung mit Rechtskraft der Entscheidung wirksam.

(BGBl I 2017/59, ab 1. 7. 2018, s § 1503 Abs 9 Z 4)

Geschäftsführung ohne Auftrag;

§ 1035. [1]Wer weder durch ausdrücklichen oder stillschweigenden Vertrag, noch vom Gerichte, noch aus dem Gesetze die[1)] Befugnis erhalten hat, darf der Regel nach sich in das Geschäft eines andern nicht mengen. [2]Hätte er sich dessen angemaßt; so ist er für alle Folgen verantwortlich.

[1)] In JGS „das“

im Notfalle;

§ 1036. Wer, obgleich unberufen, ein fremdes Geschäft zur Abwendung eines bevorstehenden Schadens besorgt, dem ist derjenige, dessen Geschäft er besorgt hat, den notwendigen und zweckmäßig gemachten Aufwand zu ersetzen schuldig; wenngleich die Bemühung ohne Verschulden fruchtlos geblieben ist (§ 403).

oder zum Nutzen des anderen;

§ 1037. [1]Wer fremde Geschäfte bloß, um den Nutzen des andern zu befördern, übernehmen will, soll sich um dessen Einwilligung bewerben. [2]Hat der Geschäftsführer zwar diese Vorschrift unterlassen, aber das Geschäft auf seine Kosten zu des andern klarem, überwiegenden Vorteile geführt; so müssen ihm von diesem die darauf verwendeten Kosten ersetzt werden.

§ 1038. Ist aber der überwiegende Vorteil nicht klar; oder hat der Geschäftsführer eigenmächtig so wichtige Veränderungen in einer fremden Sache vorgenommen, daß die Sache dem andern zu dem Zwecke, wozu er sie bisher benützte, unbrauchbar wird, so ist dieser zu keinem Ersatze verbunden; er kann vielmehr verlangen, daß der Geschäftsführer auf eigene Kosten die Sache in den vorigen Stand zurücksetze, oder, wenn das nicht möglich ist, ihm volle Genugtuung leiste.

§ 1039. Wer ein fremdes Geschäft ohne Auftrag auf sich genommen hat, muß es bis zur Vollendung fortsetzen, und gleich einem Bevollmächtigten genaue Rechnung darüber ablegen.

gegen den Willen des anderen

§ 1040. Wenn jemand gegen den gültig erklärten Willen des Eigentümers sich eines fremden Geschäftes anmaßt, oder den rechtmäßigen Bevollmächtigten durch eine solche Einmengung an der Besorgung des Geschäftes verhindert; so verantwortet er nicht nur den hieraus erwachsenen Schaden und entgangenen Gewinn, sondern er verliert auch den gemachten Aufwand, insofern er nicht in Natur zurückgenommen werden kann.

Verwendung einer Sache zum Nutzen des anderen

§ 1041. Wenn ohne Geschäftsführung eine Sache zum Nutzen eines andern verwendet worden ist; kann der Eigentümer sie in Natur, oder, wenn dies nicht mehr geschehen kann, den Wert verlangen, den sie zur Zeit der Verwendung gehabt hat, obgleich der Nutzen in der Folge vereitelt worden ist.

§ 1042. Wer für einen andern einen Aufwand macht, den dieser nach dem Gesetze selbst hätte machen müssen, hat das Recht, den Ersatz zu fordern.

§ 1043. [1]Hat jemand in einem Notfalle, um einen größern Schaden von sich und andern abzuwenden, sein Eigentum aufgeopfert; so müssen ihn alle, welche daraus Vorteil zogen, verhältnismäßig entschädigen. [2]Die ausführlichere Anwendung dieser Vorschrift auf Seegefahren ist ein Gegenstand der Seegesetze.

§ 1044. Die Verteilung der Kriegsschäden wird nach besondern Vorschriften von den politischen Behörden bestimmt.

Dreiundzwanzigstes Hauptstück
Von dem Tauschvertrage

Tausch

§ 1045. [1]Der Tausch ist ein Vertrag, wodurch eine Sache gegen eine andere Sache überlassen wird. [2]Die wirkliche Übergabe ist nicht zur Errichtung; sondern nur zur Erfüllung des Tauschvertrages, und zur Erwerbung des Eigentumes notwendig.

§ 1046. Das Geld ist kein Gegenstand des Tauschvertrages; doch lassen sich Gold und Silber als eine Ware, und selbst als Münzsorten insoweit vertauschen, als sie nur gegen andere Münzsorten, goldene nämlich gegen silberne, kleinere gegen größere Stücke verwechselt werden sollen.

Rechte und Pflichten der Tauschenden;

§ 1047. Tauschende sind vermöge des Vertrages verpflichtet, die vertauschten Sachen der Verabredung gemäß mit ihren Bestandteilen und mit allem Zugehöre zu rechter Zeit, am gehörigen Ort und in eben dem Zustand, in welchem sie sich bei Schließung des Vertrages befunden haben, zum freien Besitz zu übergeben und zu übernehmen.

(RGBl 1916/69)

insbesondere in Rücksicht der Gefahr;

§ 1048. Ist eine Zeit bedungen, zu welcher die Übergabe geschehen soll, und wird in der Zwischenzeit entweder die vertauschte bestimmte Sache durch Verbot außer Verkehr gesetzt, oder zufälligerweise ganz, oder doch über die Hälfte am Werte zu Grunde gerichtet, so ist der Tausch für nicht geschlossen anzusehen.

§ 1049. [1]Andere in dieser Zwischenzeit durch Zufall erfolgte Verschlimmerungen der Sache und Lasten gehen auf die Rechnung des Besitzers. [2]Sind jedoch Sachen in Pausch und Bogen behandelt worden; so trägt der Übernehmer den zufälligen Untergang einzelner Stücke, wenn anders hierdurch das Ganze nicht über die Hälfte am Werte verändert worden ist.

und der Nutzungen vor der Übergabe

§ 1050. [1]Dem Besitzer gebühren die Nutzungen der vertauschten Sache bis zur bedungenen Zeit der Übergabe. [2]Von dieser Zeit an gebühren sie, samt dem Zuwachse, dem Übernehmer, obgleich die Sache noch nicht übergeben worden ist.

§ 1051. Ist keine Zeit zur Übergabe der bestimmten Sache bedungen, und fällt keinem Teile ein Versehen zur Last; so sind die obigen Vorschriften wegen Gefahr und Nutzungen (§§ 1048–1050) auf den Zeitpunkt der Übergabe selbst anzuwenden; insofern die Parteien nicht etwas anderes festgesetzt haben.

§ 1052. [1]Wer auf die Übergabe dringen will, muß seine Verbindlichkeit erfüllt haben oder sie zu erfüllen bereit sein. [2]Auch der zur Vorausleistung Verpflichtete kann seine Leistung bis zur Bewirkung oder Sicherstellung der Gegenleistung verweigern, wenn diese durch schlechte Vermögensverhältnisse des anderen Teiles gefährdet ist, die ihm zur Zeit des Vertragsabschlusses nicht bekannt sein mußten.

(RGBl 1916/69)

Vierundzwanzigstes Hauptstück
Von dem Kaufvertrage

Kaufvertrag

§ 1053. [1]Durch den Kaufvertrag wird eine Sache um eine bestimmte Summe Geldes einem andern überlassen. [2]Er gehört, wie der Tausch, zu den Titeln ein Eigentum zu erwerben. [3]Die Erwerbung erfolgt erst durch die Übergabe des Kaufgegenstandes. [4]Bis zur Übergabe behält der Verkäufer das Eigentumsrecht.

Erfordernisse des Kaufvertrages

§ 1054. [1]Wie die Einwilligung des Käufers und Verkäufers beschaffen sein müsse, und welche Sachen gekauft und verkauft werden dürfen, dieses wird nach den Regeln der Verträge überhaupt bestimmt. [2]Der Kaufpreis muß in barem[1)] Gelde bestehen, und darf weder unbestimmt, noch gesetzwidrig sein.

[1)] In JGS „im baren“

Der Kaufpreis muß

a) in barem Gelde bestehen;

§ 1055. Wird eine Sache teils gegen Geld, teils gegen eine andere Sache veräußert; so wird der Vertrag, je nachdem der Wert am Gelde mehr oder weniger, als der gemeine Wert der gegebenen Sache beträgt, zum Kaufe oder Tausche, und bei gleichem Werte der Sache, zum Kaufe gerechnet.

b) bestimmt;

§ 1056. [1]Käufer und Verkäufer können die Festsetzung des Preises auch einer dritten bestimmten Person überlassen. [2]Wird von dieser in dem bedungenen Zeitraume nichts festgesetzt; oder will im Falle, daß kein Zeitraum bedungen worden ist, ein Teil vor der Bestimmung des Preises zurücktreten; so wird der Kaufvertrag als nicht geschlossen angesehen.

§ 1057. [1]Wird die Bestimmung des Preises mehreren Personen überlassen, so entscheidet die Mehrheit der Stimmen. [2]Fallen die Stimmen so verschieden aus, daß der Preis nicht einmal durch wirkliche Mehrheit der Stimmen festgesetzt wird; so ist der Kauf für nicht eingegangen zu achten.

§ 1058. [1]Auch der Wert, welcher bei einer frühern Veräußerung bedungen worden ist, kann zur Bestimmung des Preises dienen. [2]Hat man den ordentlichen Marktpreis zum Grunde gelegt, so wird der mittlere Marktpreis des Ortes, und der Zeit, wo und in welcher der Vertrag erfüllt werden muß, angenommen.

c) nicht gesetzwidrig sein

§ 1059. *(aufgehoben, BGBl 1979/140)*

§ 1060. [1]Außer diesem Falle kann der Kauf sowohl von dem Käufer als Verkäufer nur wegen Verletzung über die Hälfte bestritten werden (§§ 934–935). [2]Diese Beschwerde findet auch dann statt, wenn der Ausspruch des Kaufpreises einem Dritten überlassen worden ist.

Pflichten des Verkäufers,

§ 1061. Der Verkäufer ist schuldig, die Sache bis zur Zeit der Übergabe sorgfältig zu verwahren und sie dem Käufer nach eben den Vorschriften zu übergeben, welche oben bei dem Tausche (§ 1047) aufgestellt worden sind.

und des Käufers

§ 1062. Der Käufer hingegen ist verbunden, die Sache sogleich, oder zur bedungenen Zeit zu übernehmen, zugleich aber auch das Kaufgeld bar abzuführen; widrigenfalls ist der Verkäufer ihm die Übergabe der Sache zu verweigern berechtigt.

§ 1063. Wird die Sache dem Käufer von dem Verkäufer, ohne das Kaufgeld zu erhalten, übergeben; so ist die Sache auf Borg verkauft, und das Eigentum derselben geht gleich auf den Käufer über.

§ 1063a. Die Kosten der Übergabe der verkauften Ware, insbesondere die Kosten des Messens und des Wägens, fallen dem Verkäufer zur Last, die Kosten der Abnahme und der Versendung der Sache an einen anderen Ort als den Erfüllungsort aber dem Käufer.

(BGBl I 2005/120, ab 1. 1. 2007, s Anm zu § 367)

§ 1063b. [1]Wenn dem Käufer beim Kauf einer beweglichen Sache die nähere Bestimmung der Form, des Maßes oder ähnlicher Verhältnisse vorbehalten ist, ist er verpflichtet, die vorbehaltene Bestimmung zu treffen. [2]Im Übrigen gilt § 906 Abs. 2 sinngemäß.

(BGBl I 2005/120, ab 1. 1. 2007, s Anm zu § 367)

Gefahr und Nutzen des Kaufgegenstandes

§ 1064. In Rücksicht der Gefahr und Nutzungen einer zwar gekauften, aber noch nicht übergebenen Sache gelten die nämlichen Vorschriften, die bei dem Tauschvertrage gegeben worden sind (§§ 1048 – 1051).

Kauf einer gehofften Sache

§ 1065. Wenn Sachen, die noch zu erwarten stehen, gekauft werden; so sind die in dem

Hauptstücke von gewagten Geschäften gegebenen Anordnungen anzuwenden.

Allgemeine Vorschrift

§ 1066. In allen bei einem Kaufvertrage vorkommenden Fällen, welche in dem Gesetze nicht ausdrücklich entschieden werden, sind die in den Hauptstücken von Verträgen überhaupt, und von dem Tauschvertrage insbesondere aufgestellten Vorschriften anzuwenden.

Besondere Arten oder Nebenverträge eines Kaufvertrages

§ 1067. Besondere Arten oder Nebenverträge eines Kaufvertrages sind: der Vorbehalt des Wiederkaufes, des Rückverkaufes, des Vorkaufes; der Verkauf auf die Probe; der Verkauf mit Vorbehalt eines bessern Käufers; und der Verkaufsauftrag.

Verkauf mit Vorbehalt des Wiederkaufes

§ 1068. [1]Das Recht, eine verkaufte Sache wieder einzulösen, heißt das Recht des Wiederkaufes. [2]Ist dieses Recht dem Verkäufer überhaupt und ohne nähere Bestimmung eingeräumt, so wird von einer Seite das Kaufstück in einem nicht verschlimmerten Zustande; von der andern Seite aber das erlegte Kaufgeld zurückgegeben, und die inzwischen beiderseits aus dem Gelde und der Sache gezogenen Nutzungen bleiben gegeneinander aufgehoben.

§ 1069. Hat der Käufer das Kaufstück aus dem Seinigen verbessert; oder zu dessen Erhaltung außerordentliche Kosten verwendet, so gebührt ihm gleich einem redlichen Besitzer der Ersatz; er haftet aber auch dafür, wenn durch sein Verschulden der Wert verändert, oder die Zurückgabe vereitelt worden ist.

§ 1070. [1]Der Vorbehalt des Wiederkaufes findet nur bei unbeweglichen Sachen statt und gebührt dem Verkäufer nur für seine Lebenszeit. [2]Er kann sein Recht weder auf die Erben noch auf einen anderen übertragen. [3]Ist das Recht in die öffentlichen Bücher einverleibt, so kann die Sache auch einem Dritten abgefordert werden und dieser wird nach Beschaffenheit seines redlichen oder unredlichen Besitzes behandelt.

(RGBl 1916/69)

Kauf mit Vorbehalt des Rückverkaufes

§ 1071. [1]Den nämlichen Beschränkungen unterliegt das von dem Käufer ausbedungene Recht, die Sache dem Verkäufer wieder zurückzuverkaufen; und es sind auf dasselbe die für den Wiederkauf erteilten Vorschriften anzuwenden. [2]Ist aber die Bedingung des Wiederverkaufs oder Wiederkaufs verstellt, und eigentlich, um ein Pfandrecht oder ein Borggeschäft zu verbergen, gebraucht worden, so tritt die Vorschrift des § 916 ein.

Vorbehalt des Vorkaufsrechts

§ 1072. Wer eine Sache mit der Bedingung verkauft, daß der Käufer, wenn er solche wieder verkaufen will, ihm die Einlösung anbieten soll, der hat das Vorkaufsrecht.

§ 1073. [1]Das Vorkaufsrecht ist in der Regel ein persönliches Recht. [2]In Rücksicht auf unbewegliche Güter kann es durch Eintragung in die öffentlichen Bücher in ein dingliches verwandelt werden.

§ 1074. Auch kann das Vorkaufsrecht weder einem Dritten abgetreten, noch auf die Erben des Berechtigten übertragen werden.

§ 1075. [1]Der Berechtigte muß bewegliche Sachen binnen vierundzwanzig Stunden; unbewegliche aber binnen dreißig Tagen, nach der geschehenen Anbietung, wirklich einlösen. [2]Nach Verlauf dieser Zeit ist das Vorkaufsrecht erloschen.

§ 1076. Das Vorkaufsrecht hat im Falle einer gerichtlichen Feilbietung der mit diesem Rechte belasteten Sachen keine andere Wirkung, als daß der den öffentlichen Büchern einverleibte Berechtigte zur Feilbietung insbesondere vorgeladen werden muß.

§ 1077. [1]Der zur Einlösung Berechtigte muß,[1)] außer dem Falle einer andern Verabredung, den vollständigen Preis, welcher von einem Dritten angeboten worden ist, entrichten. [2]Kann er die außer dem gewöhnlichen Kaufpreise angebotenen Nebenbedingungen nicht erfüllen, und lassen sie sich auch durch einen Schätzungswert nicht ausgleichen; so kann das Vorkaufsrecht nicht ausgeübt werden.

[1)] In JGS steht der Beistrich vor „muß“

§ 1078. Das Vorkaufsrecht läßt sich auf andere Veräußerungsarten ohne eine besondere Verabredung nicht ausdehnen.

§ 1079. [1]Hat der Besitzer dem Berechtigten die Einlösung nicht angeboten, so muß er ihm für allen Schaden haften. [2]Im Falle eines dinglichen Vorkaufsrechtes kann die veräußerte Sache dem Dritten abgefordert werden, und dieser wird nach Beschaffenheit seines redlichen oder unredlichen Besitzes behandelt.

Kauf auf die Probe

§ 1080. [1]Der Kauf auf die Probe ist unter der im Belieben des Käufers stehenden Bedingung geschlossen, daß er die Ware genehmige. [2]Die Bedingung ist im Zweifel eine aufschiebende; der Käufer ist vor der Genehmigung an den Kauf nicht gebunden, der Verkäufer hört auf, gebunden zu sein, wenn der Käufer bis zum Ablaufe der Probezeit nicht genehmigt.

(RGBl 1916/69)

§ 1081. Ist die Sache zum Zwecke der Besichtigung oder Probe bereits übergeben, so gilt Stillschweigen des Käufers bis nach Ablauf der Probezeit als Genehmigung.

(RGBl 1916/69)

§ 1082. Ist bei einem Kauf auf Probe keine Probezeit vereinbart worden, so kann der Verkäufer dem Käufer eine angemessene Frist als Probezeit setzen.

(BGBl I 2005/120, ab 1. 1. 2007, s Anm zu § 367)

Verkauf mit Vorbehalt eines besseren Käufers

§ 1083. Wird das Kaufgeschäft mit dem Vorbehalte verabredet, daß der Verkäufer, wenn sich binnen einer bestimmten Zeit ein besserer Käufer meldet, denselben vorzuziehen befugt sei; so bleibt in dem Falle, daß das Kaufstück nicht übergeben worden, die Wirklichkeit des Vertrages bis zum Eintritte der Bedingung aufgeschoben.

§ 1084. [1]Ist das Kaufstück übergeben worden, so ist der Kaufvertrag abgeschlossen; er wird aber durch den Eintritt der Bedingung wieder aufgelöst. [2]Bei dem Mangel einer ausdrücklichen Zeitbestimmung wird der bei dem Kaufe auf die Probe angenommene Zeitraum vermutet.

§ 1085. [1]Ob der neue Käufer besser sei, beurteilt der Verkäufer. [2]Er kann den zweiten Käufer, wenn der erste auch noch mehr zahlen wollte, vorziehen. [3]Bei der Auflösung des Vertrages heben sich die Nutzungen der Sache und des Geldes gegeneinander auf. [4]In Rücksicht der Verbesserungen oder Verschlimmerungen wird der Käufer gleich einem redlichen Besitzer behandelt.

Verkaufsauftrag

§ 1086. Wenn jemand seine bewegliche Sache einem anderen für einen gewissen Preis zum Verkaufe übergibt, mit der Bedingung, daß ihm der Übernehmer binnen einer festgesetzten Zeit entweder das bestimmte Kaufgeld liefern oder die Sache zurückstellen soll; so ist der Übergeber vor Verlauf der Zeit die Sache zurückzufordern nicht berechtigt; der Übernehmer aber muß nach deren Ablauf das bestimmte Kaufgeld entrichten.

§ 1087. [1]Während der festgesetzten Zeit bleibt der Übergeber Eigentümer. [2]Der Übernehmer haftet ihm für den durch sein Verschulden verursachten Schaden, und es werden ihm bei Zurückstellung der Sache nur solche Kosten vergütet, die dem Übergeber zum Nutzen gereichen.

§ 1088. [1]Ist die Sache unbeweglich; oder ist der Preis, oder die Zahlungsfrist nicht bestimmt; so wird der Übernehmer wie ein Gewalthaber angesehen. [2]In keinem Falle kann die zum Verkaufe anvertraute Sache dem Dritten, welcher sie von dem Übernehmer redlicherweise an sich gebracht hat, abgefordert werden (§ 367).

§ 1089. Auch bei gerichtlichen Verkäufen finden die über Verträge, und den Tausch- und Kaufvertrag insbesondere aufgestellten Vorschriften in der Regel statt; insofern nicht in diesem Gesetze, oder in der Gerichtsordnung eigene Anordnungen enthalten sind.

Fünfundzwanzigstes Hauptstück

Von Bestand-, [Erbpacht- und Erbzins]verträgen

Bestandvertrag

§ 1090. Der Vertrag, wodurch jemand den Gebrauch einer unverbrauchbaren Sache auf eine gewisse Zeit und gegen einen bestimmten Preis erhält, heißt überhaupt Bestandvertrag.

[] *Gegenstandslos*

I. Miet- und Pachtvertrag

§ 1091. [1]Der Bestandvertrag wird, wenn sich die in Bestand gegebene Sache ohne weitere Bearbeitung gebrauchen läßt, ein Mietvertrag; wenn sie aber nur durch Fleiß und Mühe benützt werden kann, ein Pachtvertrag genannt. [2]Werden durch einen Vertrag Sachen von der ersten und zweiten Art zugleich in Bestand gegeben; so ist der Vertrag nach der Beschaffenheit der Hauptsache zu beurteilen.

Erfordernisse

§ 1092. [1]Miet- und Pachtverträge können über die nämlichen Gegenstände und auf die nämliche Art, als der Kaufvertrag geschlossen werden. [2]Der Miet- und Pachtzins wird, wenn keine andere Übereinkunft getroffen worden ist, wie das Kaufgeld entrichtet.

§ 1093. Der Eigentümer kann sowohl seine beweglichen und unbeweglichen Sachen, als seine Rechte in Bestand geben; er kann aber auch in den Fall kommen, den Gebrauch seiner eigenen Sache, wenn er einem Dritten gebührt, in Bestand zu nehmen.

Wirkung

§ 1094. Sind die vertragschließenden Teile über das Wesentliche des Bestandes, nämlich über die Sache und den Preis, übereingekommen; so ist der Vertrag vollkommen abgeschlossen, und der Gebrauch der Sache für gekauft anzusehen.

§ 1095. Wenn ein Bestandvertrag in die öffentlichen Bücher eingetragen ist; so ist das Recht des Bestandnehmers als ein dingliches Recht zu betrachten, welches sich auch der nachfolgende Besitzer auf die noch übrige Zeit gefallen lassen muß.

Wechselseitige Rechte:

1. In Hinsicht auf Überlassung, Erhaltung, Benützung;

§ 1096. (1) [1]Vermieter und Verpächter sind verpflichtet, das Bestandstück auf eigene Kosten in brauchbarem Stande zu übergeben und zu erhalten und die Bestandinhaber in dem bedungenen Gebrauche oder Genusse nicht zu stören. [2]Ist das Bestandstück bei der Übergabe derart mangelhaft oder wird es während der Bestandzeit ohne Schuld des Bestandnehmers derart mangelhaft, daß es zu dem bedungenen Gebrauche nicht taugt, so ist der Bestandnehmer für die Dauer und in dem Maße der Unbrauchbarkeit von der Entrichtung des Zinses befreit. [3]Auf diese Befreiung kann bei der Miete unbeweglicher Sachen im voraus nicht verzichtet werden.

(2) Der Pächter hat die gewöhnlichen Ausbesserungen der Wirtschaftsgebäude nur insoweit selbst zu tragen, als sie mit den Materialien des Gutes und den Diensten, die er nach der Beschaffenheit des Gutes zu fordern berechtigt ist, bestritten werden können.

(RGBl 1916/69)

Siehe auch Art 4 WRN 2015

§ 1097. [1]Werden Ausbesserungen nötig, welche dem Bestandgeber obliegen, so ist der Bestandnehmer bei sonstigem Schadenersatz verpflichtet, dem Bestandgeber ohne Verzug Anzeige zu machen. [2]Der Bestandnehmer wird als ein Geschäftsführer ohne Auftrag betrachtet, wenn er auf das Bestandstück einen dem Bestandgeber obliegenden Aufwand (§ 1036) oder einen nützlichen Aufwand (§ 1037) gemacht hat; er muß aber den Ersatz längstens binnen sechs Monaten nach Zurückstellung des Bestandstückes gerichtlich fordern, sonst ist die Klage erloschen.

(RGBl 1916/69)

§ 1098. Mieter und Pächter sind berechtigt, die Miet- und Pachtstücke dem Vertrage gemäß durch die bestimmte Zeit zu gebrauchen und zu benützen, oder auch in Afterbestand zu geben, wenn es ohne Nachteil des Eigentümers geschehen kann und im Vertrage nicht ausdrücklich untersagt worden ist.

(RGBl 1916/69)

2. Lasten;

§ 1099. [1]Bei Vermietungen trägt alle Lasten und Abgaben der Vermieter. [2]Bei eigentlichen Pachtungen, wenn sie in Pausch und Bogen geschehen, übernimmt der Pächter, mit Ausschluß der eingetragenen Hypothekarlasten, alle übrige; wird aber die Pachtung nach einem Anschlage geschlossen, so trägt er jene Lasten, welche von dem Ertrage abgezogen worden sind, oder bloß von den Früchten, und nicht von dem Grunde selbst entrichtet werden müssen.

3. Zins

§ 1100. [1]Ist nichts anderes vereinbart oder ortsüblich, so ist der Zins, wenn eine Sache auf ein oder mehrere Jahre in Bestand genommen wird, halbjährlich, bei einer kürzeren Bestandzeit hingegen nach Verlauf derselben zu entrichten. [2]„Bei der Raummiete ist der Zins monatlich, und zwar jeweils am Fünften des Monats, zu entrichten.“ *(BGBl I 2013/50, ab 16. 3. 2013, s § 1503 Abs 2 Z 2)*

(RGBl 1916/69)

§ 1101. (1) [1]Zur Sicherstellung des Bestandzinses hat der Vermieter einer unbeweglichen Sache das Pfandrecht an den eingebrachten, dem Mieter oder seinen mit ihm in gemeinschaftlichem Haushalte lebenden Familienmitgliedern gehörigen Einrichtungsstücken und Fahrnissen, soweit sie nicht der Pfändung entzogen sind. [2]Das Pfandrecht erlischt, wenn die Gegenstände vor ihrer pfandweisen Beschreibung entfernt werden, es sei denn, daß dies infolge einer gerichtlichen Verfügung geschieht und der Vermieter binnen drei Tagen nach dem Vollzuge sein Recht bei Gericht anmeldet.

(2) Zieht der Mieter aus oder werden Sachen verschleppt, ohne daß der Zins entrichtet oder sichergestellt ist, so kann der Vermieter die Sachen auf eigene Gefahr zurückbehalten, doch muß er binnen drei Tagen um die pfandweise Beschreibung ansuchen oder die Sachen herausgeben.

(3) Dem Verpächter eines Grundstückes steht in gleichem Umfange und mit gleicher Wirkung das Pfandrecht an dem auf dem Pachtgute vorhandenen Vieh und den Wirtschaftsgerätschaften und den darauf noch befindlichen Früchten zu.

(RGBl 1916/69)

§ 1102. [1]Der Bestandgeber kann sich zwar die Vorausbezahlung des Bestandzinses bedingen. [2]Hat aber der Bestandnehmer mehr als eine Fristzahlung voraus geleistet, so kann er dieselbe einem später eingetragenen Gläubiger oder neuen Eigentümer nur dann entgegensetzen, wenn sie in dem öffentlichen Buch ersichtlich gemacht ist.

(RGBl 1916/69)

Zins in Früchten

§ 1103. Wenn der Eigentümer sein Gut mit der Bedingung überläßt, daß der Übernehmer die Wirtschaft betreiben, und dem Übergeber einen auf die ganze Nutzung sich beziehenden Teil, z.B. ein Dritteil oder die Hälfte der Früchte geben solle; so entsteht kein Pacht-, sondern ein Gesellschaftsvertrag, welcher nach den darüber aufgestellten Regeln beurteilt wird.

Fälle und Bedingungen einer Erlassung des Zinses

§ 1104. Wenn die in Bestand genommene Sache wegen außerordentlicher Zufälle, als Feuer, Krieg oder Seuche, großer Überschwemmungen, Wetterschläge, oder wegen gänzlichen Mißwachses gar nicht gebraucht oder benutzt werden kann, so ist der Bestandgeber zur Wiederherstellung nicht verpflichtet, doch ist auch kein Miet- oder Pachtzins zu entrichten.

(RGBl 1916/69)

§ 1105. [1]Behält der Mieter trotz eines solchen Zufalls einen beschränkten Gebrauch des Mietstückes, so wird ihm auch ein verhältnismäßiger Teil des Mietzinses erlassen. [2]Dem Pächter gebührt ein Erlaß an dem Pachtzinse, wenn durch außerordentliche Zufälle die Nutzungen des nur auf ein Jahr gepachteten Gutes um mehr als die Hälfte des gewöhnlichen Ertrages gefallen sind. [3]Der Verpächter ist so viel zu erlassen schuldig, als durch diesen Abfall an dem Pachtzinse mangelt.

(RGBl 1916/69)

§ 1106. [1]Hat der Bestandnehmer unbestimmt alle Gefahren auf sich genommen; so werden darunter nur die Feuer-, Wasserschäden und Wetterschläge verstanden. [2]Andere außerordentliche Unglücksfälle kommen nicht auf seine Gefahr. [3]Verbindet er sich aber ausdrücklich, auch alle andere außerordentliche Unglücksfälle zu tragen; so wird deswegen noch nicht vermutet, daß er auch für den zufälligen Untergang des ganzen Pachtstückes haften wolle.

§ 1107. [1]Wird der Gebrauch oder Genuß des Bestandstückes nicht wegen dessen Beschädigung oder sonst entstandener Unbrauchbarkeit, sondern aus einem dem Bestandnehmer zugestoßenen Hindernisse oder Unglücksfalle vereitelt, oder waren zur Zeit der Beschädigung die Früchte von dem Grunde schon abgesondert, so fällt die widrige Ereignung dem Bestandnehmer allein zur Last. [2]Er muß den Zins doch entrichten. [3]Der Bestandgeber muß sich aber den ersparten Aufwand und die Vorteile, die er durch anderweitige Verwertung des Bestandstückes erlangt, anrechnen.

(RGBl 1916/69)

§ 1108. Behauptet der Pächter den Erlaß des ganzen Pachtzinses oder eines Teiles davon entweder aus dem Vertrage oder aus dem Gesetze; so muß er dem Verpächter ohne Zeitverlust den geschehenen Unglücksfall anzeigen, und die Begebenheit, wenn sie nicht landkundig ist, gerichtlich, oder wenigstens durch zwei sachkundige Männer erheben lassen; ohne diese Vorsicht wird er nicht angehört.

4. Zurückstellung;

§ 1109. [1]Nach geendigtem Bestandvertrage muß der Bestandnehmer die Sache dem etwa errichteten Inventarium gemäß oder doch in dem Zustand, in welchem er sie übernommen hat, gepachtete Grundstücke aber mit Rücksicht auf die Jahreszeit, in welcher die[1)] Pacht geendigt worden ist, in gewöhnlicher wirtschaftlicher Kultur zurückstellen. [2]Weder ein Zurückbehaltungsrecht oder die Einwendung der Kompensation noch selbst des früheren Eigentumsrechtes kann ihn vor der Zurückstellung schützen.

(RGBl 1916/69)

---

1) Im RGBl „der"

§ 1110. Wenn bei dem Bestandvertrage kein Inventarium errichtet worden ist; so tritt die nämliche Vermutung, wie bei der Fruchtnießung (§ 518) ein.

§ 1111. [1]Wird das Miet- oder Pachtstück beschädigt, oder durch Mißbrauch abgenützt; so haften Mieter und Pächter sowohl für ihr eigenes, als des Afterbestandnehmers Verschulden, nicht aber für den Zufall. [2]Doch muß der Bestandgeber den Ersatz aus dieser Haftung längstens binnen einem Jahre nach Zurückstellung des Bestandstückes gerichtlich fordern; sonst ist das Recht erloschen.

5. Auflösung des Bestandvertrages:

a) durch Untergang der Sache;

§ 1112. [1]Der Bestandvertrag löst sich von selbst auf, wenn die bestandene Sache zu Grunde geht. [2]Geschieht dies aus Verschulden des einen Teiles, so gebührt dem andern Ersatz; geschieht es durch einen Unglücksfall, so ist kein Teil dem andern dafür verantwortlich.

b) Verlauf der Zeit;

§ 1113. Der Bestandvertrag erlischt auch durch den Verlauf der Zeit, welcher ausdrücklich oder stillschweigend, entweder durch den nach einem gewissen Zeitraume ausgemessenen Zins, wie bei sogenannten Tag-, Wochen- und Monatszimmern, oder durch die erklärte, oder aus den Umständen hervorleuchtende Absicht des Bestandnehmers bedungen worden ist.

Wenn keine Erneuerung geschieht;

§ 1114. [1]Der Bestandvertrag kann aber nicht nur ausdrücklich; sondern auch stillschweigend erneuert werden. [2]Ist in dem Vertrage eine vorläufige Aufkündigung bedungen worden; so wird der Vertrag durch die Unterlassung der gehörigen Aufkündigung stillschweigend erneuert. [3]Ist keine Aufkündigung bedungen worden; so geschieht eine stillschweigende Erneuerung, wenn der Bestandnehmer nach Verlauf der Bestandzeit fortfährt, die Sache zu gebrauchen oder zu benützen, und der Bestandgeber es dabei bewenden läßt.

§ 1115. [1]Die stillschweigende Erneuerung des Bestandvertrages geschieht unter den nämlichen Bedingungen, unter welchen er vorher geschlossen war. [2]Doch erstreckt sie sich bei Pachtungen nur auf ein Jahr; wenn aber der ordentliche Genuß erst in einem späteren Zeitraume erfolgen kann, auf eine so lange Zeit, als notwendig ist, um die Nutzungen einmal beziehen zu können. [3]Mietungen, wofür man den Zins erst nach einem ganzen oder halben Jahre zu bezahlen pflegt, werden auf ein halbes Jahr; alle kürzere Mietungen aber auf diejenige Zeit stillschweigend erneuert, welche vorher durch den Bestandvertrag bestimmt war. [4]Von wiederholten Erneuerungen gilt das Nämliche, was hier in Rücksicht der ersten Erneuerung vorgeschrieben ist.

c) Aufkündigung;

§ 1116. Insofern die Dauer eines Bestandvertrages weder ausdrücklich, noch stillschweigend, noch durch besondere Vorschriften bestimmt ist, muß derjenige, welcher den Vertrag aufheben will, dem andern die Pachtung sechs Monate;[1)] die Mietung einer unbeweglichen Sache vierzehn Tage;[1)] und einer beweglichen vierundzwanzig Stunden vorher aufkündigen, als die Abtretung erfolgen soll.

---

1) Siehe § 560 ZPO

§ 1116a. [1]Durch den Tod eines der vertragschließenden Teile wird der Bestandvertrag nicht aufgehoben. [2]Wohnungsmieten können jedoch, wenn der Mieter stirbt, ohne Rücksicht auf die vereinbarte Dauer sowohl von den Erben des Mieters wie von dem Vermieter unter Einhaltung der gesetzlichen Kündigungsfrist gelöst werden.

(RGBl 1916/69)

§ 1117. [1]Der Bestandnehmer ist berechtigt, auch vor Verlauf der bedungenen Zeit von dem Vertrag ohne Kündigung abzustehen, wenn das Bestandstück in einem Zustand übergeben oder ohne seine Schuld in einen Zustand geraten ist, der es zu dem bedungenen Gebrauch untauglich macht, oder wenn ein beträchtlicher Teil durch Zufall auf eine längere Zeit entzogen oder unbrauchbar wird. [2]Aus dem Grunde der Gesundheitsschädlichkeit gemieteter Wohnräume steht dieses Recht dem Mieter auch dann zu, wenn er im Vertrage darauf verzichtet oder die Beschaffenheit der Räume beim Vertragsabschluß gekannt hat.

(RGBl 1916/69)

§ 1118. [1]Der Bestandgeber kann seinerseits die frühere Aufhebung des Vertrages fordern, wenn der Bestandnehmer der Sache einen erheblichen nachteiligen Gebrauch davon macht; wenn er nach geschehener Einmahnung mit der Bezahlung des Zinses dergestalt säumig ist, daß er mit Ablauf des Termins den rückständigen Bestandzins nicht vollständig entrichtet hat; oder, wenn ein vermietetes Gebäude neu aufgeführt werden muß. [2]Eine nützlichere Bauführung ist der Mieter zu seinem Nachteile zuzulassen nicht schuldig, wohl aber notwendige Ausbesserungen.

§ 1119. Wenn dem Vermieter die Notwendigkeit der neuen Bauführung schon zur Zeit des geschlossenen Vertrages bekannt sein mußte; oder, wenn die Notwendigkeit der durch längere Zeit fortzusetzenden Ausbesserungen aus Vernachlässigung der kleinern Ausbesserungen entstanden ist; so muß dem Mieter für den vermißten Gebrauch eine angemessene Entschädigung geleistet werden.

d) Veräußerung der Sache

§ 1120. [1]Hat der Eigentümer das Bestandstück an einen andern veräußert, und ihm bereits übergeben; so muß der Bestandinhaber, wenn sein Recht nicht in die öffentlichen Bücher eingetragen ist (§ 1095), nach der gehörigen Aufkündigung dem neuen Besitzer weichen. [2]Er ist aber berechtigt, von dem Bestandgeber in Rücksicht auf den erlittenen Schaden, und entgangenen Nutzen eine vollkommene Genugtuung zu fordern.

§ 1121. [1]Bei einer zwangsweisen gerichtlichen Veräußerung ist das Bestandrecht, wenn es in die öffentlichen Bücher eingetragen ist, gleich einer Dienstbarkeit zu behandeln. [2]Hat der Ersteher das Bestandrecht nicht zu übernehmen, so muß ihm der Bestandnehmer nach gehöriger Aufkündigung weichen.

(RGBl 1916/69)

§ § 1122 bis 1150. *(aufgehoben samt Überschrift, BGBl I 2006/113, ab 25. 7. 2006)*

Sechsundzwanzigstes Hauptstück
Von Verträgen über Dienstleistungen

Dienst- und Werkvertrag

§ 1151. (1) Wenn jemand sich auf eine gewisse Zeit zur Dienstleistung für einen anderen verpflichtet, so entsteht ein Dienstvertrag; wenn jemand die Herstellung eines Werkes gegen Entgelt übernimmt, ein Werkvertrag.

(2) Insoweit damit eine Geschäftsbesorgung (§ 1002) verbunden ist, müssen auch die Vorschriften über den Bevollmächtigungsvertrag beobachtet werden.

(RGBl 1916/69)

§ 1152. Ist im Vertrage kein Entgelt bestimmt und auch nicht Unentgeltlichkeit vereinbart, so gilt ein angemessenes Entgelt als bedungen.

(RGBl 1916/69)

1. Dienstvertrag

§ 1153. [1]Wenn sich aus dem Dienstvertrage oder aus den Umständen nichts anderes ergibt, hat der Dienstnehmer die Dienste in eigener Person zu leisten und ist der Anspruch auf die Dienste nicht übertragbar. [2]Soweit über Art und Umfang der Dienste nichts vereinbart ist, sind die den Umständen nach angemessenen Dienste zu leisten.

(RGBl 1916/69)

Anspruch auf das Entgelt

§ 1154. (1) Wenn nichts anderes vereinbart oder bei Diensten der betreffenden Art üblich ist, ist das Entgelt nach Leistung der Dienste zu entrichten.

(2) [1]Ist das Entgelt nach Monaten oder kürzeren Zeiträumen bemessen, so ist es am Schlusse des einzelnen Zeitraumes; ist es nach längeren Zeiträumen bemessen, am Schlusse eines jeden Kalendermonats zu entrichten. [2]Ein nach Stunden, nach Stück oder Einzelleistungen bemessenes Entgelt ist für die schon vollendeten Leistungen am Schlusse einer jeden Kalenderwoche, wenn es sich jedoch um Dienste höherer Art handelt, am Schlusse eines jeden Kalendermonats zu entrichten.

(3) In jedem Falle wird das bereits verdiente Entgelt mit der Beendigung des Dienstverhältnisses fällig.

(RGBl 1916/69)

§ 1154a. Der nach Stück oder Einzelleistungen entlohnte Dienstnehmer kann einen den geleisteten Diensten und seinen Auslagen entsprechenden Vorschuß vor Fälligkeit des Entgelts verlangen.

(RGBl 1916/69)

§ 1154b. (1) [1]Der Dienstnehmer behält seinen Anspruch auf das Entgelt, wenn er nach Antritt des Dienstes durch Krankheit oder Unglücksfall an der Dienstleistung verhindert ist, ohne dies vorsätzlich oder durch grobe Fahrlässigkeit verschuldet zu haben, bis zur Dauer von sechs Wochen. [2]Der Anspruch auf das Entgelt erhöht sich auf die Dauer von acht Wochen, wenn das Dienstverhältnis fünf Jahre, von zehn Wochen, wenn es 15 Jahre und von zwölf Wochen, wenn es 25 Jahre ununterbrochen gedauert hat. [3]Durch jeweils weitere vier Wochen behält der Dienstnehmer den Anspruch auf das halbe Entgelt.

(2) Bei wiederholter Dienstverhinderung durch Krankheit (Unglücksfall) innerhalb eines Arbeitsjahres besteht ein Anspruch auf Fortzahlung des Entgelts nur insoweit, als die Dauer des Anspruchs gemäß Abs. 1 noch nicht erschöpft ist.

(3) [1]Wird ein Dienstnehmer durch Arbeitsunfall oder Berufskrankheit im Sinne der Vorschriften über die gesetzliche Unfallversicherung an der Leistung seiner Dienste verhindert, ohne dass er die Verhinderung vorsätzlich oder durch grobe Fahrlässigkeit herbeigeführt hat, so behält er seinen Anspruch auf das Entgelt ohne Rücksicht auf andere Zeiten einer Dienstverhinderung bis zur Dauer von acht Wochen. [2]Der Anspruch auf das Entgelt erhöht sich auf die Dauer von zehn Wochen, wenn das Dienstverhältnis 15 Jahre ununterbrochen gedauert hat. [3]Bei wiederholten Dienstverhinderungen, die im unmittelbaren ursächlichen Zusammenhang mit einem Arbeitsunfall oder einer Berufskrankheit stehen, besteht ein Anspruch auf Fortzahlung des Entgelts innerhalb eines Dienstjahres nur insoweit, als die Dauer des Anspruchs nach dem ersten oder zweiten Satz noch nicht erschöpft ist. [4]Ist ein Dienstnehmer

gleichzeitig bei mehreren Dienstgebern beschäftigt, so entsteht ein Anspruch nach diesem Absatz nur gegenüber jenem Dienstgeber, bei dem die Dienstverhinderung im Sinne dieses Absatzes eingetreten ist; gegenüber den anderen Dienstgebern entstehen Ansprüche nach Abs. 1.

(4) Kur- und Erholungsaufenthalte, Aufenthalte in Heil- und Pflegeanstalten, Rehabilitationszentren und Rekonvaleszentenheimen, die wegen eines Arbeitsunfalles oder einer Berufskrankheit von einem Träger der Sozialversicherung, dem Bundesministerium für soziale Sicherheit und Generationen gemäß § 12 Abs. 4 Opferfürsorgegesetz, einem Bundesamt für Soziales und Behindertenwesen oder einer Landesregierung auf Grund eines Behindertengesetzes auf deren Rechnung bewilligt oder angeordnet werden, sind einer Dienstverhinderung gemäß Abs. 3 gleichzuhalten.

(5) Der Dienstnehmer behält ferner den Anspruch auf das Entgelt, wenn er durch andere wichtige, seine Person betreffende Gründe ohne sein Verschulden während einer verhältnismäßig kurzen Zeit an der Dienstleistung verhindert wird.

(6) Ist der Dienstnehmer nach Antritt des Dienstverhältnisses wegen eines Einsatzes als freiwilliges Mitglied einer Katastrophenhilfsorganisation, eines Rettungsdienstes oder einer freiwilligen Feuerwehr bei einem Großschadensereignis nach § 3 Z 2 lit. b des Katastrophenfondsgesetzes, BGBl. Nr. 201/1996 oder als Mitglied eines Bergrettungsdienstes an der Dienstleistung verhindert, so hat er unbeschadet seiner Ansprüche nach Abs. 5 einen Anspruch auf Fortzahlung des Entgelts, wenn das Ausmaß und die Lage der Dienstfreistellung mit dem Dienstgeber vereinbart wird. *(BGBl I 2019/74, ab 1. 9. 2019)*

(7) Der Ablauf von laufenden gesetzlichen, kollektivvertraglichen und vertraglichen Verjährungs- und Verfallsfristen betreffend Ansprüche aus dem Dienstverhältnis, die der Dienstnehmer zu Beginn einer Dienstverhinderung nach Abs. 5 wegen Krankheit oder Unfall eines nahen Angehörigen bereits erworben hat, bleibt bis zum Ablauf von zwei Wochen nach Ende dieser Dienstverhinderung gehemmt. *(BGBl I 2023/115, ab 1. 11. 2023)*

(BGBl I 2000/44)

§ 1155. (1) Auch für Dienstleistungen, die nicht zustande gekommen sind, gebührt dem Dienstnehmer das Entgelt, wenn er zur Leistung bereit war und durch Umstände, die auf Seite des Dienstgebers liegen, daran verhindert worden ist; er muß sich jedoch anrechnen, was er infolge Unterbleibens der Dienstleistung erspart oder durch anderweitige Verwendung erworben oder zu erwerben absichtlich versäumt hat.

(2) Wurde er infolge solcher Umstände durch Zeitverlust bei der Dienstleistung verkürzt, so gebührt ihm angemessene Entschädigung.

(3) und (4) *(außer Kraft getreten, BGBl I 2020/16, ab 1. 1. 2021)*

(RGBl 1916/69)

Erlöschen der Ansprüche

§ 1156. [1]Die dem Dienstgeber „nach § 1154b“ obliegenden Verpflichtungen erlöschen, wenn das Dienstverhältnis infolge Ablaufes der Zeit, für die es eingegangen wurde, oder infolge einer früheren Kündigung oder einer Entlassung endet, die nicht durch die Erkrankung oder sonstige die Person des Dienstnehmers betreffende wichtige Gründe im Sinne des § 1154b verursacht ist. [2]Wird der Dienstnehmer wegen der Verhinderung entlassen oder wird ihm während der Verhinderung gekündigt, so bleibt die dadurch herbeigeführte Beendigung des Dienstverhältnisses in Ansehung der bezeichneten Ansprüche außer Betracht. *(BGBl I 2000/44, s § 1164)*

(RGBl 1916/69)

§ 1156a. *(aufgehoben, BGBl I 2000/44, ab 8. 7. 2000)*

Fürsorgepflicht des Dienstgebers

§ 1157. (1) Der Dienstgeber hat die Dienstleistungen so zu regeln und bezüglich der von ihm beizustellenden oder beigestellten Räume und Gerätschaften auf seine Kosten dafür zu sorgen, daß Leben und Gesundheit des Dienstnehmers, soweit es nach der Natur der Dienstleistung möglich ist, geschützt werden.

(2) Ist der Dienstnehmer in die Hausgemeinschaft des Dienstgebers aufgenommen, so hat dieser in Ansehung des Wohn- und Schlafraumes, der Verpflegung sowie der Arbeits- und Erholungszeit die mit Rücksicht auf Gesundheit, Sittlichkeit und Religion des Dienstnehmers erforderlichen Anordnungen zu treffen.

(RGBl 1916/69)

Endigung des Dienstverhältnisses

§ 1158. (1) Das Dienstverhältnis endet mit dem Ablaufe der Zeit, für die es eingegangen wurde.

(2) Ein auf Probe oder nur für die Zeit eines vorübergehenden Bedarfes vereinbartes Dienstverhältnis kann während des ersten Monates von beiden Teilen jederzeit gelöst werden.

(3) Ein für die Lebenszeit einer Person oder für länger als fünf Jahre vereinbartes Dienstverhältnis kann von dem Dienstnehmer nach Ablauf von fünf Jahren unter Einhaltung einer Kündigungsfrist von sechs Monaten gelöst werden.

(4) *(entfällt, BGBl I 2017/153, ab 1. 10. 2021, s § 1503 Abs 19)*

(RGBl 1916/69)

Kündigung

§ 1159. (1) Ist das Dienstverhältnis ohne Zeitbestimmung eingegangen oder fortgesetzt worden, so kann es durch Kündigung nach folgenden Bestimmungen gelöst werden.

(2) Mangels einer für den Dienstnehmer günstigeren Vereinbarung kann der Dienstgeber das Dienstverhältnis mit Ablauf eines jeden Kalendervierteljahres durch vorgängige Kündigung lösen. Die Kündigungsfrist beträgt sechs Wochen und erhöht sich nach dem vollendeten zweiten Dienstjahr auf zwei Monate, nach dem vollendeten fünften Dienstjahr auf drei, nach dem vollendeten fünfzehnten Dienstjahr auf vier und nach dem vollendeten fünfundzwanzigsten Dienstjahr auf fünf Monate. Durch Kollektivvertrag können für Branchen, in denen Saisonbetriebe im Sinne des § 53 Abs. 6 des Arbeitsverfassungsgesetzes, BGBl. Nr. 22/1974 überwiegen, abweichende Regelungen festgelegt werden.

(3) Die Kündigungsfrist kann durch Vereinbarung nicht unter die im Absatz 2 bestimmte Dauer herabgesetzt werden; jedoch kann vereinbart werden, dass die Kündigungsfrist am Fünfzehnten oder am Letzten des Kalendermonats endigt.

(4) Mangels einer für ihn günstigeren Vereinbarung kann der Dienstnehmer das Dienstverhältnis mit dem letzten Tage eines Kalendermonats unter Einhaltung einer einmonatigen Kündigungsfrist lösen. Diese Kündigungsfrist kann durch Vereinbarung bis zu einem halben Jahr ausgedehnt werden; doch darf die vom Dienstgeber einzuhaltende Frist nicht kürzer sein als die mit dem Dienstnehmer vereinbarte Kündigungsfrist. Durch Kollektivvertrag können für Branchen, in denen Saisonbetriebe im Sinne des § 53 Abs. 6 des Arbeitsverfassungsgesetzes, BGBl. Nr. 22/1974 überwiegen, abweichende Regelungen festgelegt werden.

(5) Ist das Dienstverhältnis nur für die Zeit eines vorübergehenden Bedarfes vereinbart, so kann es während des ersten Monats von beiden Teilen jederzeit unter Einhaltung einer einwöchigen Kündigungsfrist gelöst werden.

(BGBl I 2017/153, ab 1. 10. 2021, s § 1503 Abs 19)

§§ 1159a bis 1159c. *(entfallen, BGBl I 2017/153, ab 1. 10. 2021, s § 1503 Abs 19)*

Freizeit während der Kündigungsfrist

§ 1160. (1) Bei Kündigung durch den Dienstgeber ist dem Dienstnehmer während der Kündigungsfrist auf sein Verlangen wöchentlich mindestens ein Fünftel der regelmäßigen wöchentlichen Arbeitszeit ohne Schmälerung des Entgelts freizugeben.

(2) Ansprüche nach Abs. 1 bestehen nicht, wenn der Dienstnehmer einen Anspruch auf eine Pension aus der gesetzlichen Pensionsversicherung hat, sofern eine Bescheinigung über die vorläufige Krankenversicherung vom Pensionsversicherungsträger ausgestellt wurde.

„(3)“ Durch Kollektivvertrag können abweichende Regelungen getroffen werden. *(BGBl I 2018/100, der bisherige Abs 3 ist ab 23. 12. 2018 entfallen)*

(BGBl I 2000/44, ab 8. 7. 2000)

Insolvenzverfahren

§ 1161. Welche Wirkungen die Eröffnung des Insolvenzverfahrens über das Vermögen des Dienstgebers auf das Dienstverhältnis hat, bestimmt die Insolvenzordnung.

(BGBl I 2010/58, ab 1. 8. 2010)

Vorzeitige Auflösung

§ 1162. Das Dienstverhältnis kann, wenn es für bestimmte Zeit eingegangen wurde, vor Ablauf dieser Zeit, sonst aber ohne Einhaltung einer Kündigungsfrist von jedem Teile aus wichtigen Gründen gelöst werden.

(RGBl 1916/69)

§ 1162a. [1]Wenn der Dienstnehmer ohne wichtigen Grund vorzeitig austritt, kann der Dienstgeber entweder dessen Wiedereintritt zur Dienstleistung nebst Schadenersatz oder Schadenersatz wegen Nichterfüllung des Vertrages verlangen. [2]Wird der Dienstnehmer wegen eines Verschuldens vorzeitig entlassen, so hat er Schadenersatz wegen Nichterfüllung des Vertrages zu leisten. [3]Für die schon bewirkten Leistungen, deren Entgelt noch nicht fällig ist, steht dem Dienstnehmer ein Anspruch auf den entsprechenden Teil des Entgelts nur insoweit zu, als sie nicht durch die vorzeitige Auflösung des Dienstverhältnisses für den Dienstgeber ihren Wert ganz oder zum größten Teil eingebüßt haben.

(RGBl 1916/69)

§ 1162b. [1]Wenn der Dienstgeber den Dienstnehmer ohne wichtigen Grund vorzeitig entläßt oder wenn ihn ein Verschulden an dem vorzeitigen Austritte des Dienstnehmers trifft, behält dieser, unbeschadet weitergehenden Schadenersatzes, seine vertragsgemäßen Ansprüche auf das Entgelt für den Zeitraum, der bis zur Beendigung des Dienstverhältnisses durch Ablauf der Vertragszeit oder durch ordnungsmäßige Kündigung hätte verstreichen müssen, unter Anrechnung dessen, was er infolge des Unterbleibens der Dienstleistung erspart oder durch anderweitige Verwendung erworben oder zu erwerben absichtlich versäumt hat. [2]Soweit jedoch der oben genannte Zeitraum drei Monate nicht übersteigt, kann der Dienstnehmer das ganze für diese Zeit gebührende Entgelt ohne Abzug sofort fordern.

(RGBl 1916/69)

§ 1162c. Trifft beide Teile ein Verschulden an der vorzeitigen Lösung des Dienstverhältnisses, so hat der Richter nach freiem Ermessen zu entscheiden, ob und in welcher Höhe ein Ersatz gebührt.

(RGBl 1916/69)

§ 1162d. Ansprüche wegen vorzeitigen Austrittes oder vorzeitiger Entlassung im Sinne der §§ 1162a und 1162b müssen bei sonstigem Ausschlusse binnen sechs Monaten nach Ablauf des Tages, an dem sie erhoben werden konnten, gerichtlich geltend gemacht werden.

(RGBl 1916/69)

Zeugnis

§ 1163. (1) [1]Bei Beendigung des Dienstverhältnisses ist dem Dienstnehmer auf sein Verlangen ein schriftliches Zeugnis über die Dauer und Art der Dienstleistung auszustellen. [2]Verlangt der Dienstnehmer während der Dauer des Dienstverhältnisses ein Zeugnis, so ist ihm ein solches auf seine Kosten auszustellen. [3]Eintragungen und Anmerkungen im Zeugnisse, durch die dem Dienstnehmer die Erlangung einer neuen Stellung erschwert wird, sind unzulässig.

(2) Zeugnisse des Dienstnehmers, die sich in Verwahrung des Dienstgebers befinden, sind dem Dienstnehmer auf Verlangen jederzeit auszufolgen.

(RGBl 1916/69)

Zwingende Vorschriften

§ 1164. (1) Die Berechtigungen des Dienstnehmers, die sich aus den Bestimmungen der §§ 1154 Abs. 3, „1154b", 1156 bis 1159b, 1160 und 1162a bis 1163 ergeben, können durch den Dienstvertrag oder durch Normen der kollektiven Rechtsgestaltung nicht aufgehoben oder beschränkt werden. *(BGBl I 2019/74, ab 1. 9. 2019)*

(2) Die §§ 1154b, 1156 und 1164 in der Fassung des Bundesgesetzes BGBl. I Nr. 44/2000 sind auf Dienstverhinderungen anzuwenden, die in nach dem 31. Dezember 2000 begonnenen Arbeitsjahren eingetreten sind.

(3) [1]Die verlängerte Anspruchsdauer nach § 1154b Abs. 1 in der Fassung des Bundesgesetzes BGBl. I Nr. 44/2000 bewirkt keine Verlängerung einer in Normen der kollektiven Rechtsgestaltung oder Dienstverträgen vorgesehenen längeren Anspruchsdauer. [2]Sehen Normen der kollektiven Rechtsgestaltung oder Dienstverträge einen zusätzlichen Anspruch im Anschluss an den Anspruch nach § 1154b Abs. 1 vor, wird die Gesamtdauer der Ansprüche nicht verlängert.

(4) Im Zeitpunkt des Inkrafttretens des Bundesgesetzes BGBl. I Nr. 44/2000 für die Dienstnehmer günstigere Regelungen in Dienstverträgen oder in Normen der kollektiven Rechtsgestaltung werden durch die Neuregelung des Bundesgesetzes BGBl. I Nr. 44/2000 nicht berührt.

(BGBl I 2000/44)

Dienstzettel für das freie Dienstverhältnis

§ 1164a. (1) [1]Liegt ein freies Dienstverhältnis (§ 4 Abs. 4 Allgemeines Sozialversicherungsgesetz, BGBl. Nr. 189/1955, in der jeweils geltenden Fassung) vor, so hat der Dienstgeber dem freien Dienstnehmer unverzüglich nach dessen Beginn eine schriftliche Aufzeichnung über die wesentlichen Rechte und Pflichten aus dem freien Dienstvertrag (Dienstzettel) auszuhändigen oder nach Wahl des freien Dienstnehmers in elektronischer Form zu übermitteln. [2]Solche Aufzeichnungen sind von Stempel- und unmittelbaren Gebühren befreit. [3]Der Dienstzettel hat folgende Angaben zu enthalten:

1. Name und Anschrift des Dienstgebers, Sitz des Unternehmens,

2. Name und Anschrift des freien Dienstnehmers,

3. Beginn des freien Dienstverhältnisses,

4. bei freien Dienstverhältnissen auf bestimmte Zeit das Ende des freien Dienstverhältnisses,

5. Dauer der Kündigungsfrist, Kündigungstermin,

6. vorgesehene Tätigkeit und eine kurze Beschreibung dieser Tätigkeit,

7. Entgelt, Fälligkeit und Art der Auszahlung des Entgelts,

8. Name und Anschrift des Trägers der Sozialversicherung und der Betrieblichen Vorsorgekasse (BV-Kasse) des freien Dienstnehmers.

(2) Hat der freie Dienstnehmer seine Tätigkeit länger als einen Monat im Ausland zu verrichten, so hat der vor seiner Abreise auszuhändigende Dienstzettel oder schriftliche freie Dienstvertrag zusätzlich folgende Angaben zu enthalten:

1. der Staat, in dem die Tätigkeit erbracht werden soll und deren voraussichtliche Dauer,

2. die Währung, in der das Entgelt auszuzahlen ist,

3. allenfalls Bedingungen für die Rückführung nach Österreich,

4. allfällige zusätzliche Vergütung für die Auslandstätigkeit,

5. allfälliger Aufwandersatz und

6. einen Hinweis auf die Website des Staates, in dem die Tätigkeit erbracht wird, nach Art. 5 Abs. 2 der Richtlinie 2014/67/EU zur Durchsetzung der Richtlinie 96/71/EG über die Entsendung von Arbeitnehmern im Rahmen der Erbringung von Dienstleistungen und zur Änderung der Verordnung (EU) Nr. 1024/2012 über die Verwaltungszusammenarbeit mit Hilfe des Binnenmarkt-Informationssystems.

(3) Keine Verpflichtung zur Aushändigung eines Dienstzettels besteht, wenn

1. ein schriftlicher freier Dienstvertrag ausgehändigt wurde, der alle in Abs. 1 und 2 genannten Angaben enthält, oder

2. bei Auslandstätigkeit die in Abs. 2 genannten Angaben in anderen schriftlichen Unterlagen enthalten sind.

(4) Jede Änderung der Angaben gemäß Abs. 1 und 2 ist dem freien Dienstnehmer unverzüglich, spätestens jedoch am Tag ihres Wirksamwerdens schriftlich mitzuteilen, es sei denn, die Änderung erfolgte durch Änderung von Gesetzen.

(5) [1]Hat das freie Dienstverhältnis bereits am 1. Juli 2004 bestanden, so ist dem freien Dienstnehmer auf sein Verlangen binnen zwei Monaten ein Dienstzettel gemäß Abs. 1 auszuhändigen. [2]Eine solche Verpflichtung des Dienstgebers besteht nicht, wenn ein früher ausgestellter Dienstzettel oder ein schriftlicher Vertrag über das freie Dienstverhältnis alle nach diesem Bundesgesetz erforderlichen Angaben enthält.

(6) Die Bestimmungen der Abs. 1 bis 5 können durch den freien Dienstvertrag weder aufgehoben noch beschränkt werden.

(BGBl I 2024/11, gilt für ab 28. 3. 2024 abgeschlossene freie Dienstverträge)

2. Werkvertrag

§ 1165. Der Unternehmer ist verpflichtet, das Werk persönlich auszuführen oder unter seiner persönlichen Verantwortung ausführen zu lassen.

(RGBl 1916/69)

§ 1166. Hat derjenige, der die Verfertigung einer Sache übernommen hat, den Stoff dazu zu liefern, so ist der Vertrag im Zweifel als Kaufvertrag; liefert aber der Besteller den Stoff, im Zweifel als Werkvertrag zu betrachten.

(RGBl 1916/69)

Gewährleistung

§ 1167. Bei Mängeln des Werkes kommen die für entgeltliche Verträge überhaupt geltenden Bestimmungen (§§ 922 bis 933b) zur Anwendung.

(BGBl I 2001/48, ab 1. 1. 2002, auf Verträge anzuwenden, die nach dem 31. 12. 2001 geschlossen werden)

Vereitlung der Ausführung

§ 1168. (1) [1]Unterbleibt die Ausführung des Werkes, so gebührt dem Unternehmer gleichwohl das vereinbarte Entgelt, wenn er zur Leistung bereit war und durch Umstände, die auf Seite des Bestellers liegen, daran verhindert worden ist; er muß sich jedoch anrechnen, was er infolge Unterbleibens der Arbeit erspart oder durch anderweitige Verwendung erworben oder zu erwerben absichtlich versäumt hat. [2]Wurde er infolge solcher Umstände durch Zeitverlust bei der Ausführung des Werkes verkürzt, so gebührt ihm angemessene Entschädigung.

(2) Unterbleibt eine zur Ausführung des Werkes erforderliche Mitwirkung des Bestellers, so ist der Unternehmer auch berechtigt, ihm zur Nachholung eine angemessene Frist zu setzen mit der Erklärung, daß nach fruchtlosem Verstreichen der Frist der Vertrag als aufgehoben gelte.

(RGBl 1916/69)

§ 1168a. [1]Geht das Werk vor seiner Übernahme durch einen bloßen Zufall zugrunde, so kann der Unternehmer kein Entgelt verlangen. [2]Der Verlust des Stoffes trifft denjenigen Teil, der ihn beigestellt hat. [3]Mißlingt aber das Werk infolge offenbarer Untauglichkeit des vom Besteller gegebenen Stoffes oder offenbar unrichtiger Anweisungen des Bestellers, so ist der Unternehmer für den Schaden verantwortlich, wenn er den Besteller nicht gewarnt hat.

(RGBl 1916/69)

Fürsorgepflicht

§ 1169. Die Bestimmungen des § 1157, mit Ausnahme der die Regelung der Dienstleistungen und die Arbeits- und Erholungszeit betreffenden, finden auf den Werkvertrag sinngemäße Anwendung.

(RGBl 1916/69)

Entrichtung des Entgelts

§ 1170. [1]In der Regel ist das Entgelt nach vollendetem Werk zu entrichten. [2]Wird aber das Werk in gewissen Abteilungen verrichtet oder sind Auslagen damit verbunden, die der Unternehmer nicht auf sich genommen hat, so ist dieser befugt, einen verhältnismäßigen Teil des Entgelts und den Ersatz der gemachten Auslagen schon vorher zu fordern.

(RGBl 1916/69)

§ 1170a. (1) Ist dem Vertrage ein Kostenvoranschlag unter ausdrücklicher Gewährleistung für seine Richtigkeit zugrunde gelegt, so kann der Unternehmer auch bei unvorhergesehener Größe oder Kostspieligkeit der veranschlagten Arbeiten keine Erhöhung des Entgelts fordern.

(2) [1]Ist ein Voranschlag ohne Gewährleistung zugrunde gelegt und erweist sich eine beträchtliche Überschreitung als unvermeidlich, so kann der Besteller unter angemessener Vergütung der vom Unternehmer geleisteten Arbeit vom Vertrage zurücktreten. [2]Sobald sich eine solche Überschreitung als unvermeidlich herausstellt, hat der Unternehmer dies dem Besteller unverzüglich anzuzeigen, widrigenfalls er jeden Anspruch wegen der Mehrarbeiten verliert.

(RGBl 1916/69)

Sicherstellung bei Bauverträgen

§ 1170b. (1) [1]Der Unternehmer eines Bauwerks, einer Außenanlage zu einem Bauwerk oder eines Teils hievon kann vom Besteller ab Vertragsabschluss für das noch ausstehende Entgelt eine Sicherstellung bis zur Höhe eines Fünftels des vereinbarten Entgelts, bei Verträgen, die innerhalb von drei Monaten zu erfüllen sind, aber bis zur Höhe von zwei Fünfteln des vereinbarten Entgelts, verlangen. [2]Dieses Recht kann nicht abbedungen werden. [3]Als Sicherstellung können Bargeld, Bareinlagen, Sparbücher, Bankgarantien oder Versicherungen dienen. [4]Die Kosten der Sicherstellung hat der Sicherungsnehmer zu tragen, soweit sie pro Jahr zwei von Hundert der Sicherungssumme nicht übersteigen. [5]Die Kostentragungspflicht entfällt, wenn die Sicherheit nur mehr wegen Einwendungen des Bestellers gegen den Entgeltanspruch aufrechterhalten werden muss und die Einwendungen sich als unbegründet erweisen.

(2) [1]Sicherstellungen nach Abs. 1 sind binnen angemessener, vom Unternehmer festzusetzender Frist zu leisten. [2]Kommt der Besteller dem Verlangen des Unternehmers auf Leistung einer Sicherstellung nicht, nicht ausreichend oder nicht rechtzeitig nach, so kann der Unternehmer seine Leistung verweigern und unter Setzung einer angemessenen Nachfrist die Vertragsaufhebung erklären (§ 1168 Abs. 2).

(3) Abs. 1 und 2 gelten nicht, wenn der Werkbesteller eine juristische Person des öffentlichen Rechts oder ein Verbraucher im Sinne des § 1 Abs. 1 Z 2 und Abs. 3 KSchG ist.

(BGBl I 2005/120, ab 1. 1. 2007, s Anm zu § 367)

Erlöschen durch Tod

§ 1171. [1]Ein Werkvertrag über Arbeiten, bei denen es auf die besonderen persönlichen Eigenschaften des Unternehmers ankommt, erlischt durch dessen Tod und seine Erben können nur den Preis für den zubereiteten brauchbaren Stoff und einen dem Werte der geleisteten Arbeit angemessenen Teil des Entgelts fordern. [2]Stirbt der Besteller, so bleiben die Erben an den Vertrag gebunden.

(RGBl 1916/69)

3. Verlagsvertrag

§ 1172. Durch den Verlagsvertrag verpflichtet sich der Urheber eines Werkes der Literatur, der Tonkunst oder der bildenden Künste oder sein Rechtsnachfolger, das Werk einem anderen zur Vervielfältigung und Verbreitung für eigene Rechnung zu überlassen, dieser (der Verleger) dagegen, das Werk zu vervielfältigen und die Vervielfältigungsstücke zu verbreiten.

(BGBl 1936/111)

§ 1173. [1]Wurde über die Anzahl der Auflagen nichts bestimmt, so ist der Verleger nur zu einer Auflage berechtigt. [2]Vor dem Absatze der Auflage darf der Urheber über das Werk nur dann anderweitig verfügen, wenn er dem Verleger eine angemessene Schadloshaltung leistet.

(RGBl 1916/69)

4. Leistung zu unerlaubtem Zweck

§ 1174. (1) [1]Was jemand wissentlich zur Bewirkung einer unmöglichen oder unerlaubten Handlung gegeben hat, kann er nicht wieder zurückfordern. [2]Inwiefern es der Fiskus einzuziehen berechtigt sei, bestimmen die politischen Verordnungen. [3]Ist aber etwas zur Verhinderung einer unerlaubten Handlung demjenigen, der diese Handlung begehen wollte, gegeben worden, so findet die Zurückforderung statt.

(2) Ein zum Zweck eines verbotenen Spieles gegebenes Darlehen kann nicht zurückgefordert werden.

(RGBl 1916/69)

Siebenundzwanzigstes Hauptstück
Von der Gesellschaft bürgerlichen Rechts

1. Abschnitt
Allgemeine Bestimmungen

Begriff und Rechtsnatur der Gesellschaft bürgerlichen Rechts

§ 1175. (1) [1]Schließen sich zwei oder mehrere Personen durch einen Vertrag zusammen, um durch eine bestimmte Tätigkeit einen gemeinsamen Zweck zu verfolgen, so bilden sie eine Gesellschaft. [2]Sofern sie keine andere Gesellschaftsform wählen, bilden sie eine Gesellschaft bürgerlichen Rechts im Sinn dieses Hauptstücks.

(2) Die Gesellschaft bürgerlichen Rechts ist nicht rechtsfähig.

(3) Sie kann jeden erlaubten Zweck verfolgen und jede erlaubte Tätigkeit zum Gegenstand haben.

(4) Die Bestimmungen dieses Hauptstücks sind auch auf andere Gesellschaften anzuwenden, soweit für diese keine besonderen Vorschriften bestehen und die Anwendung dieser Bestimmungen auch unter Berücksichtigung der für die jeweilige Gesellschaft geltenden Grundsätze angemessen ist.

(BGBl I 2014/83, ab 1. 1. 2015, s § 1503 Abs 5 Z 1)

Innen- und Außengesellschaft

§ 1176. (1) [1]Die Gesellschafter können die Gesellschaft auf ihr Verhältnis untereinander beschränken (Innengesellschaft) oder gemeinschaftlich im Rechtsverkehr auftreten (Außengesellschaft). [2]Ist der Gegenstand der Gesellschaft der Betrieb eines Unternehmens oder führen die Gesellschafter einen gemeinsamen Gesellschaftsnamen (§ 1177), so wird vermutet, dass die Gesellschafter eine Außengesellschaft vereinbaren wollten.

(2) Haben die Gesellschafter in den Fällen des Abs. 1 zweiter Satz eine Außengesellschaft vertraglich ausgeschlossen, so kann dieser Umstand einem Dritten nur entgegengehalten werden, wenn dieser wusste oder hätte wissen müssen, dass es sich bloß um eine Innengesellschaft handelt.

(BGBl I 2014/83, ab 1. 1. 2015, s § 1503 Abs 5 Z 1)

Gesellschaftsname

§ 1177. (1) [1]Wenn die Gesellschafter unter einem gemeinsamen Namen auftreten, muss dieser auf das Bestehen einer solchen Gesellschaft hindeuten, zur Kennzeichnung der Gesellschaft geeignet sein und Unterscheidungskraft besitzen. [2]Er darf über die Verhältnisse der Gesellschaft nicht in die Irre führen.

(2) Wer in Angelegenheiten der Gesellschaft für alle Gesellschafter gemeinsam auftritt, hat jedem, der ein rechtliches Interesse daran hat, die Identität und die Anschrift der Gesellschafter offenzulegen.

(BGBl I 2014/83, ab 1. 1. 2015, s § 1503 Abs 5 Z 1)

Gesellschaftsvermögen

§ 1178. (1) Zum Gesellschaftsvermögen gehören das der Gesellschaft gewidmete Eigentum, die sonstigen gesellschaftsbezogenen Sachenrechte, die gesellschaftsbezogenen Vertragsverhältnisse, Forderungen und Verbindlichkeiten und die gesellschaftsbezogenen Immaterialgüterrechte sowie der jeweils daraus verschaffte Nutzen, die daraus gewonnenen Früchte und alles, was an Stelle bestehender Vermögenswerte zufließt.

(2) [1]Vom Gesellschaftsvermögen zu unterscheiden ist das sonstige Vermögen der einzelnen Gesellschafter. [2]Gegen eine Forderung, die zum Gesellschaftsvermögen gehört, kann der Schuldner nicht mit einer ihm gegen einen einzelnen Gesellschafter zustehenden Forderung aufrechnen.

(BGBl I 2014/83, ab 1. 1. 2015, s § 1503 Abs 5 Z 1)

Einbringung des Gesellschaftsvermögens

§ 1179. (1) [1]Der Gesellschaftsvertrag ist ein Titel für die Bildung und den Erwerb von Gesellschaftsvermögen. [2]Dessen Einbringung bedarf der jeweils allgemein erforderlichen Übergabe oder Verfügung.

(2) [1]Wenn nach dem Gesellschaftsvertrag das ganze Vermögen einzubringen ist, so ist darunter nur das gegenwärtige zu verstehen. [2]Soll aber auch das künftige Vermögen eingebracht werden, so ist darunter nicht das geerbte oder das geschenkte zu verstehen.

(BGBl I 2014/83, ab 1. 1. 2015, s § 1503 Abs 5 Z 1)

Vermögensordnung

§ 1180. (1) Soweit nichts anderes vereinbart ist, stehen körperliche Sachen, die von Gesellschaftern in das Gesellschaftsvermögen übertragen oder für das Gesellschaftsvermögen (§ 1178 Abs. 1) erworben worden sind, im Miteigentum der Gesellschafter; unkörperliche Sachen, insbesondere schuldrechtliche Forderungen, sind den Gesellschaftern zur gesamten Hand zugeordnet.

(2) Im Gesellschaftsvertrag können der Gesellschaft Sachen auch bloß zum Gebrauch zur Ver-

fügung gestellt oder im Innenverhältnis so behandelt werden, als ob sie allen gemeinsam gehörten.

(BGBl I 2014/83, ab 1. 1. 2015, s § 1503 Abs 5 Z 1)

2. Abschnitt

Rechtsverhältnisse der Gesellschafter untereinander

Gestaltungsfreiheit

§ 1181. Die Rechtsverhältnisse der Gesellschafter untereinander richten sich nach dem Gesellschaftsvertrag; die Vorschriften dieses Abschnitts finden nur insoweit Anwendung, als nicht durch den Gesellschaftsvertrag anderes bestimmt ist.

(BGBl I 2014/83, ab 1. 1. 2015, s § 1503 Abs 5 Z 1)

Gesellschaftsanteil und Beiträge der Gesellschafter

§ 1182. (1) [1]Der Gesellschaftsanteil ist die Summe der gesellschaftsvertraglichen Rechte und Pflichten eines Gesellschafters gegenüber allen übrigen Gesellschaftern. [2]Ein Gesellschafter kann nicht ohne Zustimmung aller Gesellschafter über seinen Gesellschaftsanteil verfügen.

(2) [1]Das Ausmaß der Kapitalbeteiligung der Gesellschafter an der Gesellschaft bestimmt sich nach dem Verhältnis des Wertes der vereinbarten Einlagen (Kapitalanteil). [2]Im Zweifel sind die Gesellschafter zu gleichen Teilen beteiligt. [3]Soweit nichts anderes vereinbart ist, sind die Gesellschafter im gleichen Ausmaß zur Mitwirkung an der Förderung des Gesellschaftszwecks verpflichtet.

(3) [1]Der Beitrag eines Gesellschafters kann sich auch auf die Leistung von Diensten beschränken (Arbeitsgesellschafter). [2]Einem solchen Gesellschafter kann im Gesellschaftsvertrag eine Beteiligungsquote zuerkannt werden, so als ob er einen Kapitalanteil geleistet hätte. [3]Andernfalls steht ihm für seine Mitwirkung bloß ein angemessener Betrag des Jahresgewinns zu (§ 1195 Abs. 4).

(BGBl I 2014/83, ab 1. 1. 2015, s § 1503 Abs 5)

Verzinsungspflicht

§ 1183. (1) Ein Gesellschafter, der seine Geldeinlage nicht zur rechten Zeit einzahlt, eingenommenes Gesellschaftsgeld nicht zur rechten Zeit an das Gesellschaftsvermögen abführt oder unbefugt Geld aus dem Gesellschaftsvermögen entnimmt, hat Zinsen von dem Tag an zu entrichten, an dem die Zahlung oder die Ablieferung hätte geschehen sollen oder die Herausnahme des Geldes erfolgt ist.

(2) Die Geltendmachung eines weiteren Schadens ist nicht ausgeschlossen.

(BGBl I 2014/83, ab 1. 1. 2015, s § 1503 Abs 5)

Nachschuss

§ 1184. (1) Die Gesellschafter sind nicht verpflichtet, Nachschüsse zur vertraglich zugesagten Einlage zu leisten.

(2) [1]Auch ohne Vereinbarung im Gesellschaftsvertrag können die Gesellschafter mit Stimmenmehrheit (§ 1192 Abs. 2) die Leistung von Nachschüssen im Verhältnis ihrer Kapitalanteile beschließen, wenn die Fortführung der Gesellschaft sonst nicht möglich wäre. [2]Ein Gesellschafter, der dem Beschluss nicht zugestimmt hat und den Nachschuss nicht leistet, kann innerhalb angemessener Frist aus der Gesellschaft austreten oder aufgrund einer Klage der übrigen Gesellschafter vom Gericht aus der Gesellschaft ausgeschlossen werden. [3]Auf das Austrittsrecht kann im Vorhinein nicht verzichtet werden. [4]Für die Auseinandersetzung mit dem ausgetretenen oder ausgeschlossenen Gesellschafter und für die Ermittlung seiner Beteiligung an schwebenden Geschäften ist der Zeitpunkt der Beschlussfassung über die Nachschusspflicht maßgeblich.

(BGBl I 2014/83, ab 1. 1. 2015, s § 1503 Abs 5)

Ersatz für Aufwendungen und Verluste, Herausgabepflicht

§ 1185. (1) [1]Macht der Gesellschafter in den Gesellschaftsangelegenheiten Aufwendungen, die er den Umständen nach für erforderlich halten darf, oder erleidet er unmittelbar durch seine Geschäftsführung oder aus Gefahren, die mit ihr untrennbar verbunden sind, Verluste in seinem sonstigen Vermögen, so sind ihm, wenn er nicht sogleich Ersatz aus dem Gesellschaftsvermögen erhält, die übrigen Gesellschafter entsprechend ihrem Anteil zum Ersatz verpflichtet. [2]Aufgewendetes Geld ist von der Zeit der Aufwendungen an zu verzinsen.

(2) Für die Aufwendungen, die zur Erledigung der Gesellschaftsangelegenheiten nötig sind und nicht aus dem Gesellschaftsvermögen getragen werden können, kann ein Gesellschafter von den übrigen Gesellschaftern entsprechend ihrem Anteil verhältnismäßig einen Vorschuss verlangen.

(3) Ein Gesellschafter hat alles, was er zur Führung der Geschäfte erhält und was er aus der Geschäftsführung erlangt, an das Gesellschaftsvermögen abzuführen.

(BGBl I 2014/83, ab 1. 1. 2015, s § 1503 Abs 5)

Mitwirkung, Interessenwahrung und Gleichbehandlung

§ 1186. (1) Die Gesellschafter haben an der gesellschaftlichen Willensbildung und den zu treffenden Maßnahmen nach Kräften und mit gebotener Sorgfalt mitzuwirken, den Gesellschaftszweck redlich zu fördern und alles zu unterlassen, was den Gesellschaftsinteressen schadet.

(2) Die Gesellschafter sind unter gleichen Voraussetzungen gleich zu behandeln.

(BGBl I 2014/83, ab 1. 1. 2015, s § 1503 Abs 5)

Verbot schädlicher Nebengeschäfte

§ 1187. [1]Die Gesellschafter dürfen kein der Gesellschaft schädliches Nebengeschäft unternehmen. [2]Für unternehmerisch tätige Gesellschaften gelten überdies die unternehmensrechtlichen Vorschriften über Wettbewerbsverbote und deren Rechtsfolgen.

(BGBl I 2014/83, ab 1. 1. 2015, s § 1503 Abs 5)

Durchsetzung von Gesellschaftsansprüchen

§ 1188. [1]Die Erfüllung gesellschaftsbezogener Verpflichtungen eines Gesellschafters kann von jedem Gesellschafter zugunsten aller Gesellschafter gemeinsam eingefordert werden. [2]Davon abweichende Vereinbarungen sind unwirksam.

(BGBl I 2014/83, ab 1. 1. 2015, s § 1503 Abs 5)

Geschäftsführung

§ 1189. (1) Zur Führung der Geschäfte der Gesellschaft sind alle Gesellschafter berechtigt und verpflichtet.

(2) Überträgt der Gesellschaftsvertrag die Geschäftsführung einem einzelnen Gesellschafter oder mehreren Gesellschaftern, so sind die übrigen Gesellschafter von der Geschäftsführung ausgeschlossen.

(3) [1]Die Geschäfte sind so sorgfältig zu führen, wie es Art und Umfang der Gesellschaft erfordern. [2]Die geschäftsführenden Gesellschafter sind verpflichtet, über das Gesellschaftsvermögen, insbesondere über die Einnahmen und Ausgaben, die notwendigen Aufzeichnungen zu führen und soweit erforderlich ein Rechnungswesen einzurichten.

(4) [1]Ein Gesellschafter darf im Zweifel die Führung der Geschäfte nicht einem Dritten übertragen. [2]Ist die Übertragung gestattet, so hat er nur ein ihm bei der Übertragung zur Last fallendes Verschulden zu vertreten. [3]Das Verschulden eines Gehilfen hat er in gleichem Umfang zu vertreten wie eigenes Verschulden.

(BGBl I 2014/83, ab 1. 1. 2015, s § 1503 Abs 5)

Geschäftsführung durch mehrere Gesellschafter, Weisungsgebundenheit

§ 1190. (1) Steht die Geschäftsführung allen oder mehreren Gesellschaftern zu, so ist im Rahmen der gewöhnlichen Geschäfte jeder von ihnen allein zu handeln berechtigt; widerspricht jedoch ein anderer geschäftsführender Gesellschafter der Vornahme einer Handlung, so muss diese unterbleiben.

(2) Ist im Gesellschaftsvertrag bestimmt, dass die Gesellschafter, denen die Geschäftsführung zusteht, nur zusammen handeln können, so bedarf es für jedes Geschäft der Zustimmung aller geschäftsführenden Gesellschafter, es sei denn, dass Gefahr im Verzug ist.

(3) [1]Ist ein Gesellschafter an die Weisungen der übrigen Gesellschafter gebunden, so kann er von den ihm erteilten Weisungen abweichen, wenn er den Umständen nach annehmen darf, dass die übrigen Gesellschafter bei Kenntnis der Sachlage die Abweichung billigen würden. [2]Er hat die Abweichung den übrigen Gesellschaftern anzuzeigen und ihre Entscheidung abzuwarten, wenn nicht Gefahr im Verzug ist.

(BGBl I 2014/83, ab 1. 1. 2015, s § 1503 Abs 5)

Umfang der Geschäftsführungsbefugnis

§ 1191. (1) Die Befugnis zur Geschäftsführung erstreckt sich auf alle Handlungen, die der gewöhnliche Geschäftsbetrieb der Gesellschaft mit sich bringt.

(2) Zur Vornahme von Handlungen, die darüber hinausgehen (außergewöhnliche Geschäfte), ist ein einstimmiger Beschluss aller Gesellschafter erforderlich.

(3) [1]Zur Einräumung einer Vollmacht gemäß § 1008 bedarf es der Zustimmung aller geschäftsführenden Gesellschafter, es sei denn, dass Gefahr im Verzug ist. [2]Der Widerruf einer solchen Vollmacht kann von jedem der zur Erteilung oder zur Mitwirkung bei der Erteilung befugten Gesellschafter erfolgen.

(BGBl I 2014/83, ab 1. 1. 2015, s § 1503 Abs 5)

Gesellschafterbeschlüsse

§ 1192. (1) Gesellschafterbeschlüsse erfordern die Zustimmung aller zur Mitwirkung bei der Beschlussfassung berufenen Gesellschafter.

(2) [1]Hat nach dem Gesellschaftsvertrag die Mehrheit der Stimmen zu entscheiden, so bestimmt sie sich nach den abgegebenen gültigen Stimmen. [2]Das Stimmgewicht entspricht den Beteiligungsverhältnissen. [3]Sind nicht alle Gesellschafter am Kapital beteiligt, wird die Mehrheit nach Köpfen berechnet. [4]Arbeitsgesellschafter, denen der Gesellschaftsvertrag einen am Wert

ihrer Arbeit orientierten Kapitalanteil zubilligt, gelten als am Kapital beteiligt.

(BGBl I 2014/83, ab 1. 1. 2015, s § 1503 Abs 5)

Entziehung und Kündigung der Geschäftsführungsbefugnis

§ 1193. (1) Die Befugnis eines Gesellschafters zur Geschäftsführung kann einem Gesellschafter aufgrund einer Klage aller übrigen Gesellschafter durch gerichtliche Entscheidung entzogen werden, wenn ein wichtiger Grund vorliegt; ein solcher Grund ist insbesondere grobe Pflichtverletzung oder Unfähigkeit zur ordnungsgemäßen Geschäftsführung.

(2) [1]Ein Gesellschafter kann seine Befugnis zur Geschäftsführung kündigen, wenn ein wichtiger Grund vorliegt. [2]Auf dieses Recht kann nicht verzichtet werden. [3]Die Geschäftsführung darf nur in der Art gekündigt werden, dass die Gesellschafter für die Führung der Geschäfte anderweitig Vorsorge treffen können, es sei denn, dass der wichtige Grund auch die unzeitige Kündigung rechtfertigt.

(BGBl I 2014/83, ab 1. 1. 2015, s § 1503 Abs 5)

Kontrollrechte der Gesellschafter

§ 1194. (1) [1]Ein geschäftsführender Gesellschafter ist verpflichtet, jedem anderen Gesellschafter die erforderlichen Nachrichten zu geben, auf Verlangen über den Stand der Geschäfte Auskunft zu erteilen und Rechenschaft abzulegen. [2]Ein Gesellschafter kann sich, auch wenn er von der Geschäftsführung ausgeschlossen ist, von den Angelegenheiten der Gesellschaft persönlich unterrichten, die Aufzeichnungen der Gesellschaft einsehen und sich aus ihnen eine Abrechnung anfertigen oder die Vorlage einer solchen Abrechnung fordern.

(2) Eine Vereinbarung, durch die dieses Recht ausgeschlossen oder beschränkt wird, ist unwirksam.

(BGBl I 2014/83, ab 1. 1. 2015, s § 1503 Abs 5)

Gewinn und Verlust

§ 1195. (1) Am Schluss jedes Geschäftsjahres wird auf Grund einer Jahresabrechnung der Gewinn oder Verlust ermittelt und der Anteil jedes Gesellschafters daran berechnet.

(2) [1]Sofern alle Gesellschafter in gleichem Ausmaß zur Mitwirkung verpflichtet sind, wird der Gewinn und Verlust eines Geschäftsjahres den Gesellschaftern im Verhältnis ihrer Kapitalanteile zugewiesen (§ 1182 Abs. 2). [2]Enthält der Gesellschaftsvertrag eine abweichende Bestimmung nur über den Anteil am Gewinn oder über den Anteil am Verlust, so gilt sie im Zweifel für Gewinn und Verlust.

(3) Sind die Gesellschafter nicht in gleichem Ausmaß zur Mitwirkung verpflichtet, so ist dies bei der Zuweisung des Gewinns angemessen zu berücksichtigen.

(4) [1]Einem Arbeitsgesellschafter, dem für seine Dienste keine Beteiligung an der Gesellschaft gewährt wird, ist ein den Umständen nach angemessener Betrag des Jahresgewinns zuzuweisen. [2]Der diesen Betrag übersteigende Teil des Jahresgewinns wird sodann den Gesellschaftern im Verhältnis ihrer Beteiligung zugewiesen.

(5) Die Gesellschafterstellung steht der Vereinbarung eines Entgelts für der Gesellschaft geleistete Dienste nicht entgegen.

(BGBl I 2014/83, ab 1. 1. 2015, s § 1503 Abs 5)

Gewinnausschüttung und Entnahmen

§ 1196. (1) [1]Jeder Gesellschafter hat Anspruch auf Auszahlung seines Gewinnanteils. [2]Der Anspruch kann nicht geltend gemacht werden, soweit die Auszahlung zum offenbaren Schaden der Gesellschaft gereicht, die Gesellschafter etwas anderes beschließen oder der Gesellschafter vereinbarungswidrig seine Einlage nicht geleistet hat.

(2) Im Übrigen ist ein Gesellschafter nicht befugt, ohne Einwilligung der anderen Gesellschafter Entnahmen zu tätigen.

(BGBl I 2014/83, ab 1. 1. 2015, s § 1503 Abs 5)

3. Abschnitt

Rechtsverhältnisse zu Dritten

Vertretung

§ 1197. (1) Wenn der Gesellschaftsvertrag einer Außengesellschaft nichts anderes vorsieht, deckt sich die Befugnis zur Vertretung aller Gesellschafter in Gesellschaftsangelegenheiten mit der Befugnis zur Geschäftsführung.

(2) [1]Bei einer unternehmerisch tätigen Außengesellschaft werden alle Gesellschafter aus dem Handeln eines Gesellschafters im Namen der Gesellschaft auch dann berechtigt und verpflichtet, wenn dieser Gesellschafter nicht, nicht allein oder nur beschränkt vertretungsbefugt war, der Dritte den Mangel der Vertretungsbefugnis aber weder kannte noch kennen musste. [2]Dasselbe gilt für nicht unternehmerisch tätige Außengesellschaften, wenn sich die Gesellschafter als Unternehmer an der Gesellschaft beteiligen.

(3) Bei Gesamtvertretung genügt die Abgabe einer gesellschaftsbezogenen Willenserklärung gegenüber einem der zur Mitwirkung an der

Vertretung befugten Gesellschafter (passive Einzelvertretung).

(4) Wer, ohne Gesellschafter zu sein, mit der Vertretung in Gesellschaftsangelegenheiten betraut wird, vertritt die Gesellschafter nach Maßgabe der erteilten Vollmacht.

(BGBl I 2014/83, ab 1. 1. 2015, s § 1503 Abs 5 Z 1)

Entziehung der Vertretungsmacht

§ 1198. Die Vertretungsmacht kann einem Gesellschafter aufgrund einer Klage aller übrigen Gesellschafter durch gerichtliche Entscheidung entzogen werden, wenn ein wichtiger Grund vorliegt; ein solcher Grund ist insbesondere grobe Pflichtverletzung oder Unfähigkeit zur ordnungsgemäßen Vertretung der Gesellschaft.

(BGBl I 2014/83, ab 1. 1. 2015, s § 1503 Abs 5 Z 1)

Haftung der Gesellschafter

§ 1199. (1) Für gesellschaftsbezogene Verbindlichkeiten gegenüber Dritten haften die Gesellschafter als Gesamtschuldner, wenn mit diesen nichts anderes vereinbart ist.

(2) Aus Rechtsgeschäften, die ein Gesellschafter auf Rechnung der Gesellschaft, aber im eigenen Namen abschließt, wird er allein dem Dritten gegenüber berechtigt und verpflichtet.

(BGBl I 2014/83, ab 1. 1. 2015, s § 1503 Abs 5 Z 1)

Einwendungen des Gesellschafters

§ 1200. (1) Wird ein Gesellschafter wegen einer gesellschaftsbezogenen Verbindlichkeit in Anspruch genommen, so kann er Einwendungen, die nicht in seiner Person begründet sind, nur insoweit geltend machen, als sie von den Gesellschaftern gemeinsam erhoben werden können.

(2) Der Gesellschafter kann die Befriedigung des Gläubigers verweigern, solange den Gesellschaftern gemeinsam das Recht zusteht, das ihrer Verbindlichkeit zugrunde liegende Rechtsgeschäft anzufechten oder ihre Verbindlichkeit durch Aufrechnung mit einer fälligen Forderung zu erfüllen.

(BGBl I 2014/83, ab 1. 1. 2015, s § 1503 Abs 5 Z 1)

4. Abschnitt

Gesellschafternachfolge

Rechtsübergang

§ 1201. (1) [1]Sofern nichts anderes vereinbart wurde, gehen zum Zeitpunkt des Eintritts oder Ausscheidens eines Gesellschafters sowie zum Zeitpunkt des Gesellschafterwechsels durch Rechtsgeschäft unter Lebenden die gesellschaftsbezogenen, nicht höchstpersönlichen Rechtsverhältnisse im Verhältnis der Beteiligungen von den bisherigen Gesellschaftern auf den eintretenden Gesellschafter, vom ausscheidenden auf die verbleibenden Gesellschafter oder beim Gesellschafterwechsel vom ausscheidenden auf den eintretenden Gesellschafter über (Gesellschafternachfolge). [2]Für gesellschaftsbezogene Verbindlichkeiten bestellte Sicherheiten bleiben für diese Verbindlichkeiten aufrecht. [3]Der ausscheidende Gesellschafter haftet nach Maßgabe des § 1202 Abs. 2 für die gesellschaftsbezogenen Verbindlichkeiten weiter.

(2) [1]Bei Sachen des Gesellschaftsvermögens, die im Miteigentum der Gesellschafter stehen, gilt die Übergabe als vollzogen, sobald der Eintritt, Austritt oder Wechsel wirksam geworden ist. [2]Bücherliche Rechte sind nach den dafür geltenden Vorschriften zu übertragen.

(3) [1]Ein Dritter kann der im Zuge einer Gesellschafternachfolge von Gesetzes wegen eintretenden Übernahme seines Vertragsverhältnisses binnen dreier Monate nach Verständigung davon durch einen Gesellschafter gegenüber dem ausscheidenden, dem eintretenden oder einem anderen vom Vertragsverhältnis erfassten Gesellschafter widersprechen; in der Verständigung ist auf das Widerspruchsrecht hinzuweisen. [2]Dies gilt auch für den Besteller einer für gesellschaftsbezogene Verbindlichkeiten gewährten Sicherheit. [3]Im Fall eines wirksamen Widerspruchs besteht das Vertragsverhältnis auch noch mit dem ausgeschiedenen Gesellschafter fort.

(4) [1]Wurde dem Dritten nicht nachweislich mitgeteilt, ob das Vertragsverhältnis vom Erwerber übernommen wurde, oder kann der Dritte dieser Übernahme noch widersprechen, so kann er sowohl gegenüber dem ausscheidenden als auch gegenüber dem nachfolgenden Gesellschafter auf das Vertragsverhältnis bezogene Erklärungen abgeben und seine Verbindlichkeiten erfüllen. [2]Dies gilt auch für den Besteller einer für gesellschaftsbezogene Verbindlichkeiten gewährten Sicherheit.

(BGBl I 2014/83, ab 1. 1. 2015, s § 1503 Abs 5 Z 1)

Haftung des eintretenden und des ausscheidenden Gesellschafters

§ 1202. (1) Der eintretende Gesellschafter haftet nur insofern für vor seinem Eintritt begründete gesellschaftsbezogene Verbindlichkeiten, als er jenen gesellschaftsbezogenen Rechtsverhältnissen beitritt, auf denen die Verbindlichkeiten beruhen.

(2) [1]Der ausscheidende Gesellschafter haftet für gesellschaftsbezogene Verbindlichkeiten gegenüber Dritten, die vor seinem Ausscheiden aus der Gesellschaft begründet wurden, auch dann weiter, wenn er aus dem Rechtsverhältnis ausgeschieden ist (§ 1201 Abs. 3). [2]Soweit der Dritte einer Entlassung des Ausscheidenden aus der Haftung nicht zustimmt, haftet dieser für die Verbindlichkeiten nur, soweit sie innerhalb von fünf Jahren nach seinem Ausscheiden fällig werden. [3]Ansprüche daraus verjähren innerhalb der für die jeweilige Verbindlichkeit geltenden Verjährungsfrist, längstens jedoch innerhalb von drei Jahren.

(BGBl I 2014/83, ab 1. 1. 2015, s § 1503 Abs 5 Z 1)

Auseinandersetzung mit dem ausscheidenden Gesellschafter

§ 1203. (1) [1]Dem ausscheidenden Gesellschafter sind die Sachen, die er den Gesellschaftern zur Benutzung überlassen hat, zurückzugeben. [2]Für eine durch Zufall abhanden gekommene oder verschlechterte Sache kann er keinen Ersatz verlangen.

(2) [1]Dem ausscheidenden Gesellschafter ist in Geld auszuzahlen, was er bei der Auseinandersetzung erhielte, wenn die Gesellschaft zur Zeit seines Ausscheidens aufgelöst worden wäre. [2]Der Wert des Gesellschaftsvermögens ist, soweit erforderlich, durch Schätzung zu ermitteln.

(3) [1]Der ausscheidende Gesellschafter ist von den gesellschaftsbezogenen Verbindlichkeiten zu befreien, für die er den Gläubigern haftet. [2]Ist eine Schuld noch nicht fällig, so können ihm die anderen Gesellschafter Sicherheit leisten, statt ihn zu befreien.

(4) Verbleibt dem ausscheidenden Gesellschafter eine Verbindlichkeit aus dem Gesellschaftsverhältnis, so ist er verpflichtet, einen Ausgleich in entsprechender Höhe an die Gesellschafter zu zahlen.

(BGBl I 2014/83, ab 1. 1. 2015, s § 1503 Abs 5)

Beteiligung des Ausscheidenden an schwebenden Geschäften

§ 1204. (1) [1]Der ausgeschiedene Gesellschafter nimmt am Gewinn und am Verlust teil, der sich aus den zur Zeit seines Ausscheidens schwebenden Geschäften ergibt. [2]Die übrigen Gesellschafter sind berechtigt, diese Geschäfte so zu beenden, wie es ihnen am vorteilhaftesten erscheint.

(2) Der ausgeschiedene Gesellschafter kann am Schluss jedes Geschäftsjahres Rechenschaft über die inzwischen beendeten Geschäfte, Auszahlung des ihm gebührenden Betrags und Auskunft über den Stand der noch schwebenden Geschäfte verlangen.

(BGBl I 2014/83, ab 1. 1. 2015, s § 1503 Abs 5)

Fortsetzung mit den Erben

§ 1205. (1) [1]Ist im Gesellschaftsvertrag bestimmt, dass im Fall des Todes eines Gesellschafters die Gesellschaft mit seinen Erben fortgesetzt werden soll, so besteht sie nach dem Tod dieses Gesellschafters mit seiner Verlassenschaft und nach deren Einantwortung mit den Erben fort. [2]Jeder Erbe kann sein Verbleiben in der Gesellschaft davon abhängig machen, dass ihm unter Belassung des bisherigen Gewinnanteils die Stellung eines Kommanditisten in einer neu zu gründenden Kommanditgesellschaft (§ 1206) eingeräumt und der auf ihn fallende Teil der Einlage des „Verstorbenen" als seine Kommanditeinlage anerkannt wird. *(BGBl I 2015/87, ab 1. 1. 2017)*

(2) Nehmen die übrigen Gesellschafter einen dahingehenden Antrag des Erben nicht an, so ist dieser befugt, ohne Einhaltung einer Kündigungsfrist sein Ausscheiden aus der Gesellschaft zu erklären.

(3) [1]Die in Abs. 1 und 2 bezeichneten Rechte können von den Erben nur innerhalb einer Frist von drei Monaten nach der Einantwortung der Verlassenschaft geltend gemacht werden. [2]Ist ein Erbe geschäftsunfähig und ist für ihn kein gesetzlicher Vertreter bestellt, so läuft diese Frist erst ab der Bestellung eines solchen oder ab dem Eintritt der Geschäftsfähigkeit des Erben.

(4) Scheidet innerhalb der Frist des Abs. 3 der Erbe aus der Gesellschaft aus oder wird innerhalb der Frist die Gesellschaft aufgelöst oder dem Erben die Stellung eines Kommanditisten eingeräumt, so haftet er für die bis dahin entstandenen gesellschaftsbezogenen Verbindlichkeiten nur nach Maßgabe der die Haftung des Erben für „Verbindlichkeiten der Verlassenschaft" betreffenden Vorschriften. *(BGBl I 2015/87, ab 1. 1. 2017)*

(5) Der Gesellschaftsvertrag kann die Anwendung der Vorschriften der Abs. 1 bis 4 nicht ausschließen; es kann jedoch für den Fall, dass der Erbe sein Verbleiben von der Einräumung der Stellung eines Kommanditisten abhängig macht, sein Gewinnanteil anders als der des „Verstorbenen" bestimmt werden. *(BGBl I 2015/87, ab 1. 1. 2017)*

(BGBl I 2014/83, ab 1. 1. 2015, s § 1503 Abs 5)

5. Abschnitt

Umwandlung

Umwandlung in eine offene Gesellschaft oder Kommanditgesellschaft

§ 1206. (1) [1]Die Gesellschafter können die Errichtung einer offenen Gesellschaft oder einer Kommanditgesellschaft und zugleich die Einbringung des der Gesellschaft gewidmeten Vermögens in die offene Gesellschaft oder Kommanditgesellschaft beschließen. [2]In diesem Fall geht das der Gesellschaft gewidmete Vermögen einschließlich aller Rechte und Pflichten mit der Eintragung der offenen Gesellschaft oder Kommanditgesellschaft im Firmenbuch im Weg der Gesamtrechtsnachfolge auf diese Gesellschaft über. [3]Bücherliche Rechte sind nach den dafür geltenden Vorschriften zu übertragen.

(2) [1]Die Umwandlung erfordert einen einstimmigen Gesellschafterbeschluss. [2]Die Gesellschafter legen fest, ob die Gesellschaft in eine offene Gesellschaft oder in eine Kommanditgesellschaft umgewandelt werden soll. [3]Sie bestimmen die für die Eintragung erforderlichen Merkmale der neuen Gesellschaft.

(3) [1]Der Umwandlungsbeschluss enthält das von den geschäftsführenden Gesellschaftern aufgestellte Verzeichnis des Gesellschaftsvermögens (§ 1178 Abs. 1). [2]Was im Vermögensverzeichnis nicht angeführt ist, verbleibt den Gesellschaftern wie bisher.

(BGBl I 2014/83, ab 1. 1. 2015, s § 1503 Abs 5 Z 1)

Wirkung gegenüber Dritten

§ 1207. (1) Die Gesellschafter haften nach der Umwandlung für die vorher begründeten Verbindlichkeiten auch als Gesellschafter bürgerlichen Rechts weiter.

(2) Solange ein Dritter von der Umwandlung nicht verständigt wurde und sie ihm auch sonst nicht bekannt geworden ist, kann er seine Leistung mit schuldbefreiender Wirkung so erbringen, als würde die Gesellschaft bürgerlichen Rechts noch bestehen.

(BGBl I 2014/83, ab 1. 1. 2015, s § 1503 Abs 5 Z 1)

6. Abschnitt

Auflösung

Auflösungsgründe

§ 1208. Die Gesellschaft wird aufgelöst:

1. durch den Ablauf der Zeit, für die sie eingegangen ist;

2. durch Beschluss der Gesellschafter;

3. durch die rechtskräftige Eröffnung des Konkursverfahrens über das Vermögen eines Gesellschafters, durch die Abänderung der Bezeichnung Sanierungsverfahren in Konkursverfahren oder durch die rechtskräftige Nichteröffnung oder Aufhebung des Insolvenzverfahrens mangels kostendeckenden Vermögens;

4. durch Kündigung oder durch gerichtliche Entscheidung;

5. durch den Tod eines Gesellschafters, sofern sich aus dem Gesellschaftsvertrag nichts anderes ergibt.

(BGBl I 2014/83, ab 1. 1. 2015, s § 1503 Abs 5)

Kündigung durch einen Gesellschafter

§ 1209. (1) Die Kündigung der Gesellschaft durch einen Gesellschafter kann, wenn die Gesellschaft für unbestimmte Zeit eingegangen ist, nur für den Schluss eines Geschäftsjahres erfolgen; sie muss mindestens sechs Monate vor diesem Zeitpunkt stattfinden.

(2) [1]Eine Vereinbarung, durch die das Kündigungsrecht ausgeschlossen oder in anderer Weise als durch angemessene Verlängerung der Kündigungsfrist erschwert wird, ist nichtig. [2]„Dies gilt nicht für Innengesellschaften (§ 1176 Abs. 1).“ *(BGBl I 2016/43, ab 1. 7. 2016, s § 1503 Abs 8)*

(BGBl I 2014/83, ab 1. 1. 2015, s § 1503 Abs 5)

Auflösung durch gerichtliche Entscheidung

§ 1210. (1) Aufgrund der Klage eines Gesellschafters kann die Auflösung der Gesellschaft vor dem Ablauf der für ihre Dauer bestimmten Zeit oder bei einer für unbestimmte Zeit eingegangenen Gesellschaft ohne Kündigung durch gerichtliche Entscheidung ausgesprochen werden, wenn ein wichtiger Grund vorliegt.

(2) Ein solcher Grund ist insbesondere vorhanden, wenn ein anderer Gesellschafter eine ihm nach dem Gesellschaftsvertrag obliegende wesentliche Verpflichtung vorsätzlich oder aus grober Fahrlässigkeit verletzt oder wenn die Erfüllung einer solchen Verpflichtung unmöglich wird.

(3) Eine Vereinbarung, durch die das Recht des Gesellschafters, die Auflösung der Gesellschaft zu verlangen, ausgeschlossen oder diesen Vorschriften zuwider beschränkt wird, ist nichtig.

(BGBl I 2014/83, ab 1. 1. 2015, s § 1503 Abs 5)

Gesellschaft auf Lebenszeit, Befristung

§ 1211. Eine Gesellschaft, die für die Lebenszeit eines Gesellschafters eingegangen ist oder nach dem Ablauf der für ihre Dauer bestimmten Zeit stillschweigend fortgesetzt wird, steht im

Sinn der §§ 1209 und 1210 einer für unbestimmte Zeit eingegangen Gesellschaft gleich.

(BGBl I 2014/83, ab 1. 1. 2015, s § 1503 Abs 5)

§ 1212. *(entfällt, BGBl I 2021/86, ab 1. 7. 2021)*

Ausschluss statt Auflösung

§ 1213. (1) [1]Tritt in der Person eines Gesellschafters ein Umstand ein, der nach § 1210 für jeden der übrigen Gesellschafter das Recht begründet, die Auflösung der Gesellschaft zu verlangen, so kann vom Gericht aufgrund einer Klage aller übrigen Gesellschafter anstatt der Auflösung der Ausschluss dieses Gesellschafters aus der Gesellschaft ausgesprochen werden. [2]Der Ausschließungsklage steht nicht entgegen, dass nach dem Ausschluss nur ein Gesellschafter verbleibt.

(2) Für die Auseinandersetzung zwischen den verbleibenden Gesellschaftern und dem ausgeschlossenen Gesellschafter ist die Vermögenslage der Gesellschaft in dem Zeitpunkt maßgeblich, in dem die Klage auf Ausschließung erhoben wird.

(BGBl I 2014/83, ab 1. 1. 2015, s § 1503 Abs 5)

Fortsetzungsbeschluss

§ 1214. (1) [1]Die Gesellschafter können bei Auflösung der Gesellschaft deren Fortsetzung beschließen. [2]In den Fällen des § 1208 Z 3, 4 oder 5, der Kündigung der Gesellschaft „nach § 339 Abs. 1 EO“ und der Auflösung der Gesellschaft durch das Gericht (§ 1210 Abs. 1) steht dieses Recht den übrigen Gesellschaftern zu. [3]In diesen Fällen scheidet der Gesellschafter, in dessen Person der Auflösungsgrund eingetreten ist, infolge des Fortsetzungsbeschlusses aus der Gesellschaft aus. *(BGBl I 2021/86, ab 1. 7. 2021)*

(2) Im Fall der Kündigung „nach § 339 Abs. 1 EO“ scheidet der betreffende Gesellschafter mit dem Ende des Geschäftsjahres aus der Gesellschaft aus; in den übrigen Fällen mit dem Wirksamwerden des Beschlusses. *(BGBl I 2021/86, ab 1. 7. 2021)*

(3) Im Fall der Eröffnung des Konkursverfahrens über das Vermögen eines Gesellschafters ist Abs. 1 mit der Maßgabe anzuwenden, dass eine Erklärung gegenüber dem Masseverwalter zu erfolgen hat und der Schuldner mit dem Zeitpunkt der Konkurseröffnung als aus der Gesellschaft ausgeschieden gilt.

(BGBl I 2014/83, ab 1. 1. 2015, s § 1503 Abs 5)

Übergang des Gesellschaftsvermögens

§ 1215. (1) [1]Verbleibt nur noch ein Gesellschafter, so erlischt die Gesellschaft ohne Liquidation. [2]Das Gesellschaftsvermögen geht im Weg der Gesamtrechtsnachfolge auf diesen über. [3]Bücherliche Rechte sind nach den dafür geltenden Vorschriften zu übertragen.

(2) Der ausscheidende Gesellschafter ist gemäß §§ 1203 und 1204 abzufinden.

(BGBl I 2014/83, ab 1. 1. 2015, s § 1503 Abs 5 Z 1)

Bekanntgabe der Auflösung der Außengesellschaft

§ 1216. Die Auflösung einer Außengesellschaft ist, soweit möglich, den Vertragspartnern, Gläubigern und Schuldnern mitzuteilen sowie auf verkehrsübliche Weise bekannt zu machen.

(BGBl I 2014/83, ab 1. 1. 2015, s § 1503 Abs 5 Z 1)

7. Abschnitt

Liquidation

Nachwirkung des Gesellschaftsvertrages

§ 1216a. (1) [1]Trotz Auflösung der Gesellschaft bestehen die gesellschaftsvertraglichen Rechte und Pflichten der Gesellschafter zueinander soweit fort, als dies für die Liquidation erforderlich ist und sich aus den folgenden Bestimmungen nichts anderes ergibt. [2]Gesellschaftsbezogene Rechtsverhältnisse der Gesellschafter zu Dritten werden in ihrem Fortbestand durch die Auflösung und Liquidation der Gesellschaft nur dann berührt, wenn dies mit dem Dritten vereinbart wurde.

(2) [1]Die Gesellschafter können anstelle der Liquidation eine andere Art der Auseinandersetzung vereinbaren. [2]Ist die Gesellschaft durch Kündigung „nach § 339 Abs. 1 EO“ oder durch die Eröffnung des Konkursverfahrens über das Vermögen eines Gesellschafters aufgelöst, so kann die Liquidation nur mit Zustimmung des „Verwalters“ oder des Masseverwalters unterbleiben. *(BGBl I 2021/86, ab 1. 7. 2021)*

(BGBl I 2014/83, ab 1. 1. 2015, s § 1503 Abs 5 Z 1)

Bestellung der Liquidatoren

§ 1216b. (1) [1]Nach der Auflösung der Gesellschaft haben, sofern der Gesellschaftsvertrag nicht anderes bestimmt, die Gesellschafter als Liquidatoren das Gesellschaftsvermögen abzuwickeln. [2]Mehrere Erben eines Gesellschafters haben einen gemeinsamen Vertreter zu bestellen. [3]Ist über das Vermögen eines Gesellschafters das Konkursverfahren oder das Sanierungsverfahren eröffnet und dem Gesellschafter die Eigenverwaltung entzogen, so tritt der Insolvenzverwalter an die Stelle des Gesellschafters.

(2) [1]Auf Antrag eines Beteiligten kann aus wichtigen Gründen die Ernennung von Liquidatoren durch das Gericht erfolgen, in dessen Sprengel einer der Gesellschafter seinen Wohnsitz oder Sitz hat. [2]Das Gericht kann in einem solchen Fall Personen zu Liquidatoren ernennen, die nicht zu den Gesellschaftern gehören. [3]Als Beteiligter gilt außer den Gesellschaftern auch der „Verwalter", durch den die Kündigung der Gesellschaft erfolgt ist. *(BGBl I 2021/86, ab 1. 7. 2021)*

(3) Die Abberufung von Liquidatoren geschieht durch einstimmigen Beschluss der Beteiligten; sie kann auf Antrag eines Beteiligten aus wichtigen Gründen auch durch das Gericht erfolgen.

(4) Die Gesellschafter sind verpflichtet, die Liquidation und die Liquidatoren soweit möglich den Vertragspartnern, Gläubigern und Schuldnern mitzuteilen sowie auf ortsübliche Weise bekannt zu machen.

(BGBl I 2014/83, ab 1. 1. 2015, s § 1503 Abs 5 Z 1)

Rechte und Pflichten der Liquidatoren

§ 1216c. (1) [1]Die Liquidatoren haben die laufenden Geschäfte zu beenden, die gesellschaftsbezogenen Forderungen einzuziehen und die Gesellschaftsgläubiger zu befriedigen. [2]Zur Beendigung schwebender Geschäfte können die Liquidatoren auch neue Geschäfte eingehen.

(2) [1]Den Gesellschaftern sind die Gegenstände, die sie der Gesellschaft zur Benutzung überlassen haben, zurückzugeben. [2]Für einen durch Zufall abhanden gekommenen oder verschlechterten Gegenstand gebührt ihnen gegenüber den anderen Gesellschaftern kein Ersatz.

(BGBl I 2014/83, ab 1. 1. 2015, s § 1503 Abs 5 Z 1)

Handeln der Liquidatoren

§ 1216d. [1]Die Liquidatoren vertreten die Gesellschafter gerichtlich und außergerichtlich als Gesamtvertreter, sofern die Gesellschafter nicht einvernehmlich etwas anderes vereinbaren. [2]Die Liquidatoren können einzelne von ihnen zur Vornahme bestimmter Geschäfte oder bestimmter Arten von Geschäften ermächtigen. [3]Jeder Liquidator ist alleine befugt, gesellschaftsbezogene Erklärungen entgegenzunehmen.

(BGBl I 2014/83, ab 1. 1. 2015, s § 1503 Abs 5 Z 1)

Aufteilung und Ausgleich unter den Gesellschaftern

§ 1216e. (1) Das nach Berücksichtigung der Schulden verbleibende Gesellschaftsvermögen ist nach dem Verhältnis der Beteiligung der Gesellschafter unter Berücksichtigung ihrer Guthaben und Verbindlichkeiten aus dem Gesellschaftsverhältnis unter die Gesellschafter zu verteilen.

(2) [1]Das während der Liquidation entbehrliche Geld wird vorläufig verteilt. [2]Zur Deckung noch nicht fälliger oder streitiger Verbindlichkeiten sowie zur Sicherung der den Gesellschaftern bei der Schlussverteilung zukommenden Beträge ist das Erforderliche zurückzubehalten. [3]§ 1196 Abs. 1 ist während der Liquidation nicht anzuwenden.

(3) Entsteht über die Verteilung des Gesellschaftsvermögens Streit unter den Gesellschaftern, so haben die Liquidatoren die Verteilung bis zur Entscheidung des Streites auszusetzen.

(4) [1]Reicht das Gesellschaftsvermögen zur Deckung der Guthaben von Gesellschaftern aus dem Gesellschaftsverhältnis nicht aus, so sind die übrigen Gesellschafter ihnen gegenüber verpflichtet, für den Betrag im Verhältnis ihrer Verbindlichkeiten aus dem Gesellschaftsverhältnis aufzukommen. [2]Kann von einem Gesellschafter der auf ihn entfallende Betrag nicht erlangt werden, so wird der Ausfall auf die übrigen Gesellschafter wie ein Verlust verteilt.

(BGBl I 2014/83, ab 1. 1. 2015, s § 1503 Abs 5 Z 1)

Achtundzwanzigstes Hauptstück

Von den Ehepakten und dem Anspruch auf Ausstattung

Ehepakte

§ 1217. „(1)" [1]Ehepakte heißen diejenigen Verträge, welche in der Absicht auf die eheliche Verbindung über das Vermögen geschlossen werden. [2]Sie haben vorzüglich die Gütergemeinschaft und den Erbvertrag zum Gegenstand. *(BGBl I 2009/135, ab 1. 1. 2010)*

(2) Die Bestimmungen dieses Hauptstücks sind auf eingetragene Partner sinngemäß anzuwenden. *(BGBl I 2009/135, ab 1. 1. 2010)*

(BGBl I 2009/75, ab 1. 1. 2010)

§§ 1218 und 1219. *(aufgehoben, BGBl I 2009/75, ab 1. 1. 2010)*

Ausstattung

§ 1220. Besitzt ein Kind kein eigenes, zu einer angemessenen Ausstattung hinlängliches Vermögen, so sind Eltern oder Großeltern nach der

Reihenfolge und nach den Grundsätzen, nach denen sie für den Unterhalt der Kinder zu sorgen haben, verpflichtet, den Kindern oder Enkelkindern bei ihrer Verehelichung eine Ausstattung zu geben oder dazu verhältnismäßig beizutragen.

(BGBl I 2009/75, ab 1. 1. 2010)

§ 1221. Berufen sich Eltern oder Großeltern auf ihr Unvermögen zur Bestellung einer angemessenen Ausstattung, so hat das Gericht auf Antrag des Ausstattungsberechtigten, jedoch ohne strenge Untersuchung des Vermögensstands, darüber zu entscheiden.

(BGBl I 2009/75, ab 1. 1. 2010)

§ 1222. Wenn ein Kind ohne Wissen oder gegen den Willen seiner Eltern geheiratet hat und das Gericht die Ursache der Missbilligung begründet findet, sind die Eltern selbst in dem Falle, dass sie in der Folge die Ehe genehmigen, nicht schuldig, ihm eine Ausstattung zu geben.

(BGBl I 2009/75, ab 1. 1. 2010)

§ 1223. Hat ein Kind seine Ausstattung schon erhalten und sie, wenn auch ohne sein Verschulden, verloren, so ist es nicht mehr – selbst nicht bei Eingehung einer weiteren Ehe – berechtigt, eine neue zu fordern.

(BGBl I 2009/75, ab 1. 1. 2010)

§§ 1224 bis 1232. *(aufgehoben, BGBl I 2009/75, ab 1. 1. 2010)*

Gütergemeinschaft

§ 1233. [1]Die eheliche Verbindung allein begründet noch keine Gemeinschaft der Güter zwischen den Eheleuten. [2]Dazu wird ein besonderer Vertrag erfordert, dessen Umfang und rechtliche Form nach den §§ 1177 und 1178 des vorigen Hauptstückes beurteilt wird.

§ 1234. [1]Die Gütergemeinschaft unter Ehegatten wird in der Regel nur auf den Todesfall verstanden. [2]Sie gibt dem Ehegatten das Recht auf die Hälfte dessen, was von den der Gemeinschaft wechselseitig unterzogenen Gütern nach Ableben des andern Ehegatten noch vorhanden sein wird.

§ 1235. Bei einer Gemeinschaft, die sich auf das ganze Vermögen bezieht, sind vor der Teilung alle Schulden ohne Ausnahme; bei einer Gemeinschaft aber, die bloß das gegenwärtige, oder bloß das künftige Vermögen zum Gegenstande hat, nur diejenigen Schulden abzuziehen, die zum Nutzen des gemeinschaftlichen Gutes verwendet worden sind.

§ 1236. [1]Besitzt ein Ehegatte ein unbewegliches Gut, und wird das Recht des andern Ehegatten zur Gemeinschaft in die öffentlichen Bücher eingetragen; so erhält dieser durch die Eintragung auf die Hälfte der Substanz des Gutes ein dingliches Recht, vermöge dessen der eine Ehegatte über diese Hälfte keine Anordnung machen kann; auf die Nutzungen aber während der Ehe erhält er durch die Einverleibung keinen Anspruch. [2]Nach dem Tode des Ehegatten gebührt dem überlebenden Teile sogleich das freie Eigentum seines Anteiles. [3]Doch kann eine solche Einverleibung den auf das Gut früher eingetragenen Gläubigern nicht zum Nachteile gereichen.

Gesetzlicher ehelicher Güterstand

§ 1237. Haben Eheleute über die Verwendung ihres Vermögens keine besondere Übereinkunft getroffen; so behält jeder Ehegatte sein voriges Eigentumsrecht, und auf das, was ein jeder Teil während der Ehe erwirbt, und auf was immer für eine Art überkommt, hat der andere „ solange die Ehe besteht,“** keinen Anspruch. „ “* *(*BGBl 1978/280; **BGBl I 2009/75, ab 1. 1. 2010)*

§§ 1238 bis 1241. *(aufgehoben, BGBl 1978/280)*

§ 1242. *(aufgehoben, BGBl I 2009/75, ab 1. 1. 2010)*

§ 1243. *(aufgehoben, BGBl 1975/412)*

§§ 1244 und 1245. *(aufgehoben, BGBl I 2009/75, ab 1. 1. 2010)*

Schenkungen unter Ehegatten und Verlobten

§ 1246. Die Gültigkeit oder Ungültigkeit der Schenkungen zwischen Ehegatten wird nach den für die Schenkungen überhaupt bestehenden Gesetzen beurteilt.

§ 1247. [1]Was ein Mann seiner Ehegattin an Schmuck, Edelsteinen und andern Kostbarkeiten zum Putze gegeben hat, wird im Zweifel nicht für gelehnt; sondern für geschenkt angesehen. [2]Wenn aber ein verlobter Teil dem andern, oder auch ein Dritter dem einen oder andern Teile in Rücksicht auf die künftige Ehe etwas zusichert oder schenkt; so kann, wenn die Ehe ohne Verschulden des Geschenkgebers nicht erfolgt, die Schenkung widerrufen werden.

§ 1248. *(aufgehoben, BGBl I 2015/87, ab 1. 1. 2017)*

Erbverträge

§ 1249. [1]Zwischen Ehegatten kann auch ein Erbvertrag, wodurch die künftige Erbschaft oder ein Teil derselben versprochen und das Versprechen angenommen wird, geschlossen werden (§ 602). [2]Ein solcher Vertrag muss als Notariatsakt und mit allen Erfordernissen eines schriftlichen Testamentes errichtet werden.

(BGBl I 2015/87, ab 1. 1. 2017, s § 1503 Abs 7 Z 2)

§ 1250. *(aufgehoben, BGBl I 2015/87, ab 1. 1. 2017)*

Bedingungen

§ 1251. Die Bestimmungen über Bedingungen bei Verträgen sind auch auf Erbverträge anzuwenden.

(BGBl I 2015/87, ab 1. 1. 2017, s § 1503 Abs 7 Z 2)

Wirkungen des Erbvertrags

§ 1252. [1]Ein Erbvertrag hindert einen Vertragspartner nicht, zu Lebzeiten über sein Vermögen nach Belieben zu verfügen. [2]Aus dem Erbvertrag entstehende Rechte setzen den Tod eines Vertragsteils voraus und können vor Erbanfall nicht auf andere übertragen werden. [3]Aufgrund der künftigen Erbschaft kann keine Sicherstellung gefordert werden.

(BGBl I 2015/87, ab 1. 1. 2017, s § 1503 Abs 7 Z 2)

§ 1253. [1]Durch den Erbvertrag kann ein Vertragspartner auf das Recht zu testieren nicht gänzlich verzichten. [2]Ein reines Viertel, das weder durch Pflichtteile noch durch andere Forderungen belastet sein darf, muss zur freien letztwilligen Verfügung stehen. [3]Hat der Verstorbene darüber nicht verfügt, so fällt dieses Viertel nicht dem Vertragserben, auch wenn ihm im Erbvertrag die ganze Verlassenschaft versprochen wurde, sondern den gesetzlichen Erben zu.

(BGBl I 2015/87, ab 1. 1. 2017, s § 1503 Abs 7 Z 2)

§ 1254. [1]Ein Erbvertrag kann nicht einseitig widerrufen, aber aus vertragsrechtlichen Gründen entkräftet werden. [2]Die Rechte von Pflichtteilsberechtigten bleiben vom Erbvertrag unberührt.

(BGBl I 2015/87, ab 1. 1. 2017, s § 1503 Abs 7 Z 2)

§§ 1255 bis 1261. *(aufgehoben, BGBl I 2009/75, ab 1. 1. 2010)*

§ 1262. Ist zwischen den Ehegatten eine Gemeinschaft der Güter bedungen; so hört dieselbe durch den Konkurs des einen oder des andern Ehegatten auf, und das zwischen ihnen gemeinschaftliche Vermögen wird, wie bei dem Tode, geteilt.

§§ 1263 und 1264. *(aufgehoben, BGBl I 2009/75, ab 1. 1. 2010)*

Nichtigerklärung der Ehe

§ 1265. [1]Wird eine Ehe für ungültig erklärt: so zerfallen auch die Ehepakte; das Vermögen kommt, insofern es vorhanden ist, in den vorigen Stand zurück. [2]Der schuldtragende Teil hat aber dem schuldlosen Teile Entschädigung zu leisten „ “. *(BGBl I 2009/75, ab 1. 1. 2010)*

Scheidung oder Aufhebung der Ehe

§ 1266. [1]Im Fall einer Scheidung oder Aufhebung der Ehe mit gleichteiligem oder ohne Verschulden oder einer Scheidung im Einvernehmen sind die Ehepakte für beide Teile erloschen, sofern keine andere Vereinbarung getroffen wurde. [2]Ansonsten gebührt dem schuldlosen oder minderschuldigen Ehegatten nicht nur volle Genugtuung, sondern ab dem Zeitpunkt der Scheidung alles dasjenige, was ihm in den Ehepakten auf den Fall des Überlebens bedungen worden ist. [3]Das Vermögen, worüber eine Gütergemeinschaft bestanden hat, wird wie im Falle des Todes geteilt, und das Recht aus einem Erbvertrag bleibt dem Schuldlosen oder Minderschuldigen auf den Todesfall vorbehalten. „ “ *(BGBl I 2015/87, ab 1. 1. 2017, s § 1503 Abs 7 Z 2)*

(BGBl I 2009/75, ab 1. 1. 2010)

Neunundzwanzigstes Hauptstück

Von den Glücksverträgen

Glücksverträge

§ 1267. [1]Ein Vertrag, wodurch die Hoffnung eines noch ungewissen Vorteiles versprochen und angenommen wird, ist ein Glücksvertrag. [2]Er gehört, je nachdem etwas dagegen versprochen wird oder nicht, zu den entgeltlichen oder unentgeltlichen Verträgen.

§ 1268. Bei Glücksverträgen findet das Rechtsmittel wegen Verkürzung über die Hälfte des Wertes nicht statt.

Arten der Glücksverträge:

§ 1269. Glücksverträge sind: die Wette; das Spiel und das Los; alle über gehoffte Rechte, oder über künftige noch unbestimmte Sachen errichtete Kauf- und andere Verträge; ferner, die Leibrenten; die gesellschaftlichen Versorgungsanstalten; endlich die Versicherungs- und Bodmereiverträge.

1. die Wette;

§ 1270. [1]Wenn über ein beiden Teilen noch unbekanntes Ereignis ein bestimmter Preis zwischen ihnen für denjenigen, dessen Behauptung der Erfolg entspricht, verabredet wird; so entsteht eine Wette. [2]Hatte der gewinnende Teil von dem Ausgange Gewißheit, und verheimlichte er sie dem andern Teile; so macht er sich einer Arglist schuldig, und die Wette ist ungültig. [3]Der verlierende Teil aber, dem der Ausgang vorher bekannt war, ist als ein Geschenkgeber anzusehen.

§ 1271. [1]Redliche und sonst erlaubte Wetten sind insoweit verbindlich, als der bedungene Preis nicht bloß versprochen; sondern wirklich entrichtet, oder hinterlegt worden ist. [2]Gerichtlich kann der Preis nicht gefordert werden.

2. das Spiel;

§ 1272. [1]Jedes Spiel ist eine Art von Wette. [2]Die für Wetten festgesetzten Rechte gelten auch für Spiele. [3]Welche Spiele überhaupt, oder für besondere Klassen verboten; wie Personen, die verbotene Spiele treiben, und diejenigen, die ihnen dazu Unterschleif geben, zu bestrafen sind, bestimmen die politischen Gesetze.

3. Los;

§ 1273. [1]Ein zwischen Privatpersonen auf eine Wette oder auf ein Spiel abzielendes Los wird nach den für Wetten und Spiele festgesetzten Vorschriften beurteilt. [2]Soll aber eine Teilung, eine Wahl, oder eine Streitigkeit durch das Los entschieden werden; so treten dabei die Rechte der übrigen Verträge ein.

§ 1274. Staatslotterien sind nicht nach der Eigenschaft der Wette und des Spieles; sondern nach den jedes Mal darüber kundgemachten Planen, zu beurteilen.

4. Hoffnungskauf;

§ 1275. Wer für ein bestimmtes Maß von einem künftigen Erträgnisse einen verhältnismäßigen Preis verspricht, schließt einen ordentlichen Kaufvertrag.

§ 1276. Wer die künftigen Nutzungen einer Sache in Pausch und Bogen; oder wer die Hoffnung derselben in einem bestimmten Preise kauft, errichtet einen Glücksvertrag; er trägt die Gefahr der ganz vereitelten Erwartung; es gebühren ihm aber auch alle ordentliche erzielte Nutzungen.

[insbesondere eines Kuxes;]

§ 1277. [[1]Der Anteil an einem Bergwerke heißt Kux. [2]Der Kauf eines Kuxes gehört zu den gewagten Verträgen. [3]Der Verkäufer haftet nur für die Richtigkeit des Kuxes, und der Käufer hat sich nach den Gesetzen über den Bergbau zu benehmen].

[] *Gegenstandslos wegen Auflösung der bergrechtlichen Gewerkschaften durch das BergG*

Erbschaftskauf

§ 1278. (1) [1]Der Käufer einer vom Verkäufer angetretenen oder ihm wenigstens angefallenen Erbschaft tritt nicht allein in die Rechte, sondern auch in die Verbindlichkeiten des Verkäufers als Erben ein, soweit diese nicht höchstpersönlich sind. [2]Wenn dem Kauf kein Inventar zugrunde gelegt wird, ist auch der Erbschaftskauf ein Glücksvertrag.

(2) Der Erbschaftskauf bedarf zu seiner Gültigkeit eines Notariatsakts oder der Beurkundung durch gerichtliches Protokoll.

(BGBl I 2015/87, ab 1. 1. 2017, s § 1503 Abs 7 Z 2)

§ 1279. [1]Auf Sachen, die dem Verkäufer nicht als Erben, sondern aus einem anderen Grund, etwa als Vorausvermächtnis, als Ersatz- oder Nacherbschaft oder als Schuldforderung aus der Verlassenschaft gebühren und ihm auch ohne Erbrecht gebührt hätten, hat der Erbschaftskäufer keinen Anspruch. [2]Dagegen erhält er alles, was der Erbschaft selbst zuwächst, insbesondere durch den Ausfall eines Vermächtnisnehmers, eines Miterben oder auf was immer für eine andere Art, soweit der Verkäufer darauf Anspruch gehabt hätte.

(BGBl I 2015/87, ab 1. 1. 2017, s § 1503 Abs 7 Z 2)

§ 1280. [1]Alles, was der Erbe aus dem Erbrecht erhält, wie etwa die bezogenen Früchte und Forderungen, zählt zur Verlassenschaft. [2]Alle Aufwendungen, die er selbst für den Antritt der Erbschaft oder für die Verlassenschaft gemacht hat, werden hingegen von der Verlassenschaft abgezogen. [3]Dazu gehören die bezahlten Schulden, die schon abgeführten Vermächtnisse, Steuern, Abgaben und Gerichtsgebühren und, wenn nicht ausdrücklich etwas anderes vereinbart wurde, auch die Begräbniskosten.

(BGBl I 2015/87, ab 1. 1. 2017, s § 1503 Abs 7 Z 2)

§ 1281. Sofern der Verkäufer die Verlassenschaft vor der Übergabe verwaltet hat, haftet er dem Käufer dafür wie ein anderer Verwalter.

(BGBl I 2015/87, ab 1. 1. 2017, s § 1503 Abs 7 Z 2)

§ 1282. [1]Die Erbschaftsgläubiger und Vermächtnisnehmer können sich mit ihren Ansprüchen sowohl an den Käufer der Erbschaft als auch an den Erben selbst halten. [2]Ihre Rechte werden so wie jene der Erbschaftsschuldner durch den Verkauf der Erbschaft nicht geändert. [3]Die Erbantrittserklärung des Verkäufers gilt auch für den Käufer.

(BGBl I 2015/87, ab 1. 1. 2017, s § 1503 Abs 7 Z 2)

§ 1283. [1]Wurde dem Verkauf der Erbschaft ein Inventar zugrunde gelegt, so haftet der Verkäufer für dasselbe. [2]Andernfalls haftet er für die Richtigkeit seines Erbrechts, wie er es angegeben hat, und für jeden dem Käufer durch sein Verschulden zugefügten Schaden.

(BGBl I 2015/87, ab 1. 1. 2017, s § 1503 Abs 7 Z 2)

5. Leibrente;

§ 1284. Wird jemandem[1)] für Geld, oder gegen eine für Geld geschätzte Sache auf die Lebensdauer einer gewissen Person eine bestimmte jährliche Entrichtung versprochen; so ist es ein Leibrentenvertrag.

[1)] In JGS „jemanden"

§ 1285. [1]Die Dauer der Leibrente kann von dem Leben des einen oder andern Teiles, oder auch eines Dritten abhängen. [2]Sie wird im Zweifel vierteljährig vorhinein entrichtet; und nimmt in allen Fällen mit dem Leben desjenigen, auf dessen Kopf sie beruht, ihr Ende.

§ 1286. [1]Weder die Gläubiger, noch die Kinder desjenigen, welcher sich eine Leibrente bedingt, sind berechtigt, den Vertrag umzustoßen. [2]Doch steht den erstern frei, ihre Befriedigung aus den Leibrenten zu suchen; den letztern aber, die Hinterlegung eines entbehrlichen Teiles der Rente zu fordern, um sich den ihnen nach dem Gesetze gebührenden Unterhalt darauf versichern zu lassen.

6. gesellschaftliche Versorgungsanstalten;

§ 1287. Der Vertrag, wodurch vermittelst einer Einlage ein gemeinschaftlicher Versorgungsfonds für die Mitglieder, ihre Gattinnen oder Waisen errichtet wird, ist aus der Natur und dem Zwecke einer solchen Anstalt, und den darüber festgesetzten Bedingungen, zu beurteilen.

7. Versicherungsvertrag;

§ 1288. [1]Wenn jemand die Gefahr des Schadens, welcher einen andern ohne dessen Verschulden treffen könnte, auf sich nimmt, und ihm gegen einen gewissen Preis den bedungenen Ersatz zu leisten verspricht; so entsteht der Versicherungsvertrag. [2]Der Versicherer haftet dabei für den zufälligen Schaden, und der Versicherte für den versprochenen Preis.

§ 1289. [1]Der gewöhnliche Gegenstand dieses Vertrages sind Waren, die zu Wasser oder zu Lande verführt werden. [2]Es können aber auch andere Sachen, z.B. Häuser und Grundstücke gegen Feuer-, Wasser- und andere Gefahren versichert werden.

§ 1290. [1]Ereignet sich der zufällige Schade, wofür die Entschädigung versichert worden ist; so muß der Versicherte, wenn kein unüberwindliches Hindernis dazwischen kommt, oder nichts anderes verabredet worden ist, dem Versicherer, wenn sie sich im nämlichen Orte befinden, binnen drei Tagen, sonst aber in derjenigen Zeitfrist davon Nachricht geben, welche zur Bekanntmachung der Annahme eines von einem Abwesenden gemachten Versprechens bestimmt worden ist (§ 862). [2]Unterläßt er die Anzeige; kann er den Unfall nicht erweisen; oder kann der Versicherer beweisen, daß der Schade aus Verschulden des Versicherten entstanden ist; so hat dieser auch keinen Anspruch auf die versicherte Summe.

§ 1291. Wenn der Untergang der Sache dem Versicherten; oder der gefahrlose Zustand derselben dem Versicherer zur Zeit des geschlossenen Vertrages schon bekannt war; so ist der Vertrag ungültig.

8. Bodmerei- und Seeassekuranzen

§ 1292. Die Bestimmungen in Rücksicht der Versicherungen zur See; sowie die Vorschriften über den Bodmereivertrag sind ein Gegenstand der Seegesetze.

Dreißigstes Hauptstück

Von dem Rechte des Schadensersatzes und der Genugtuung

Schade

§ 1293. [1]Schade heißt jeder Nachteil, welcher jemandem[1)] an Vermögen, Rechten oder seiner Person zugefügt worden ist. [2]Davon unterscheidet sich der Entgang des Gewinnes, den jemand nach dem gewöhnlichen Laufe der Dinge zu erwarten hat.

[1)] *In JGS „jemanden"*

Quellen der Beschädigung

§ 1294. [1]Der Schade entspringt entweder aus einer widerrechtlichen Handlung, oder Unterlassung eines andern; oder aus einem Zufalle. [2]Die widerrechtliche Beschädigung wird entweder willkürlich, oder unwillkürlich zugefügt. [3]Die willkürliche Beschädigung aber gründet sich teils in einer bösen Absicht, wenn der Schade mit Wissen und Willen; teils in einem Versehen, wenn er aus schuldbarer Unwissenheit, oder aus Mangel der gehörigen Aufmerksamkeit, oder des gehörigen Fleißes verursacht worden ist. [4]Beides wird ein Verschulden genannt.

Von der Verbindlichkeit zum Schadensersatze:

1. Von dem Schaden aus Verschulden;

§ 1295. (1) Jedermann ist berechtigt, von dem Beschädiger den Ersatz des Schadens, welchen dieser ihm aus Verschulden zugefügt hat, zu fordern; der Schade mag durch Übertretung einer Vertragspflicht oder ohne Beziehung auf einen Vertrag verursacht worden sein.

(2) Auch wer in einer gegen die guten Sitten verstoßenden Weise absichtlich Schaden zufügt, ist dafür verantwortlich, jedoch falls dies in Ausübung eines Rechtes geschah, nur dann, wenn die Ausübung des Rechtes offenbar den Zweck hatte, den anderen zu schädigen.

(RGBl 1916/69)

§ 1296. Im Zweifel gilt die Vermutung, daß ein Schade ohne Verschulden eines andern entstanden sei.

§ 1297. [1]Es wird aber auch vermutet, daß jeder, welcher den Verstandesgebrauch besitzt, eines solchen Grades des Fleißes und der Aufmerksamkeit fähig sei, welcher bei gewöhnlichen Fähigkeiten angewendet werden kann. [2]Wer bei Handlungen, woraus eine Verkürzung der Rechte eines andern entsteht, diesen Grad des Fleißes oder der Aufmerksamkeit unterläßt, macht sich eines Versehens schuldig.

§ 1298. [1]Wer vorgibt, daß er an der Erfüllung seiner vertragsmäßigen oder gesetzlichen Verbindlichkeit ohne sein Verschulden verhindert worden sei, dem liegt der Beweis ob. „[2]Soweit er auf Grund vertraglicher Vereinbarung nur für grobe Fahrlässigkeit haftet, muß er auch beweisen, daß es an dieser Voraussetzung fehlt." *(BGBl I 1997/6, ab 1. 1. 1997; nicht anzuwenden auf Verträge und Schuldverhältnisse, die davor abgeschlossen oder begründet worden sind)*

insbesondere a) der Sachverständigen,

§ 1299. [1]Wer sich zu einem Amte, zu einer Kunst, zu einem Gewerbe oder Handwerke öffentlich bekennt; oder wer ohne Not freiwillig ein Geschäft übernimmt, dessen Ausführung eigene Kunstkenntnisse, oder einen nicht gewöhnlichen Fleiß erfordert, gibt dadurch zu erkennen, daß er sich den notwendigen Fleiß und die erforderlichen, nicht gewöhnlichen, Kenntnisse zutraue; er muß daher den Mangel derselben vertreten. [2]Hat aber derjenige, welcher ihm das Geschäft überließ, die Unerfahrenheit desselben gewußt; oder bei gewöhnlicher Aufmerksamkeit wissen können, so fällt zugleich dem letzteren ein Versehen zur Last.

§ 1300. [1]Ein Sachverständiger ist auch dann verantwortlich, wenn er gegen Belohnung in Angelegenheiten seiner Kunst oder Wissenschaft aus Versehen einen nachteiligen Rat erteilt. [2]Außer diesem Falle haftet ein Ratgeber nur für den Schaden, welchen er wissentlich durch Erteilung des Rates dem andern verursacht hat.

oder b) mehrerer Teilnehmer

§ 1301. Für einen widerrechtlich zugefügten Schaden können mehrere Personen verantwortlich werden, indem sie gemeinschaftlich, unmittelbarer oder mittelbarer Weise, durch Verleiten, Drohen, Befehlen, Helfen, Verhehlen u. dgl.; oder, auch nur durch Unterlassung der besonderen Verbindlichkeit das Übel zu verhindern, dazu beigetragen haben.

§ 1302. [1]In einem solchen Falle verantwortet, wenn die Beschädigung in einem Versehen gegründet ist, und die Anteile sich bestimmen lassen, jeder nur den durch sein Versehen verursachten Schaden. [2]Wenn aber der Schade vorsätzlich zugefügt worden ist; oder, wenn die Anteile der Einzelnen an der Beschädigung sich nicht bestimmen lassen; so haften alle für einen, und einer für alle; doch bleibt demjenigen, welcher den Schaden ersetzt hat, der Rückersatz gegen die übrigen vorbehalten.

§ 1303. Inwieweit mehrere Mitschuldner bloß aus der unterlassenen Erfüllung ihrer Verbindlichkeit zu haften haben, ist aus der Beschaffenheit des Vertrages zu beurteilen.

§ 1304. Wenn bei einer Beschädigung zugleich ein Verschulden von Seite des Beschädigten eintritt; so trägt er mit dem Beschädiger den Schaden verhältnismäßig; und wenn sich das Verhältnis nicht bestimmen läßt, zu gleichen Teilen.

2. aus dem Gebrauche des Rechtes;

§ 1305. Wer von seinem Rechte innerhalb der rechtlichen Schranken (§ 1295, Absatz 2) Gebrauch macht, hat den für einen anderen daraus entspringenden Nachteil nicht zu verantworten.

(RGBl 1916/69)

3. aus einer schuldlosen oder unwillkürlichen Handlung;

§ 1306. Den Schaden, welchen jemand ohne Verschulden oder durch eine unwillkürliche Handlung verursacht hat, ist er in der Regel zu ersetzen nicht schuldig.

§ 1306a. Wenn jemand im Notstand einen Schaden verursacht, um eine unmittelbar drohende Gefahr von sich oder anderen abzuwenden, hat der Richter unter Erwägung, ob der Beschädigte die Abwehr aus Rücksicht auf die dem anderen drohende Gefahr unterlassen hat, sowie des Verhältnisses der Größe der Beschädigung zu dieser Gefahr oder endlich des Vermögens des Beschädigers und des Beschädigten zu erkennen, ob und in welchem Umfange der Schaden zu ersetzen ist.

(RGBl 1916/69)

§ 1307. [1]Wenn sich jemand aus eigenem Verschulden in einen Zustand der Sinnesverwirrung oder in einen Notstand versetzt hat, so ist auch der in demselben verursachte Schade seinem Verschulden zuzuschreiben. [2]Eben dieses gilt auch von einem Dritten, der durch sein Verschulden diese Lage bei dem Beschädiger veranlaßt hat.

(RGBl 1916/69)

§ 1308. Wenn Personen, die den Gebrauch der Vernunft nicht haben, oder Unmündige jemanden beschädigen, der durch irgendein Verschulden hierzu selbst Veranlassung gegeben hat, so kann er keinen Ersatz ansprechen.

(BGBl I 1999/164, ab 18. 8. 1999)

§ 1309. Außer diesem Falle gebührt ihm der Ersatz von denjenigen Personen, denen der Schade wegen Vernachlässigung der ihnen über solche Personen anvertrauten Obsorge beigemessen werden kann.

§ 1310. Kann der Beschädigte auf solche Art den Ersatz nicht erhalten; so soll der Richter mit Erwägung des Umstandes, ob dem Beschädiger, ungeachtet er gewöhnlich seines Verstandes nicht mächtig ist, in dem bestimmten Falle nicht dennoch ein Verschulden zur Last liege; oder, ob der Beschädigte aus Schonung des Beschädigers die Verteidigung unterlassen habe; oder endlich, mit Rücksicht auf das Vermögen des Beschädigers und des Beschädigten; auf den ganzen Ersatz, oder doch einen billigen Teil desselben erkennen.

4. durch Zufall;

§ 1311. [1]Der bloße Zufall trifft denjenigen, in dessen Vermögen oder Person er sich ereignet. [2]Hat aber jemand den Zufall durch ein Verschulden veranlaßt; hat er ein Gesetz, das den zufälligen Beschädigungen vorzubeugen sucht, übertreten; oder, sich ohne Not in fremde Geschäfte gemengt; so haftet er für allen Nachteil, welcher außer dem nicht erfolgt wäre.

§ 1312. [1]Wer in einem Notfalle jemandem[1)] einen Dienst geleistet hat, dem wird der Schade, welchen er nicht verhütet hat, nicht zugerechnet; es wäre denn, daß er einen andern, der noch mehr geleistet haben würde, durch seine Schuld daran verhindert hätte. [2]Aber auch in diesem Falle kann er den sicher verschafften Nutzen gegen den verursachten Schaden in Rechnung bringen.

[1)] *In JGS „jemanden“*

5. durch fremde Handlungen;

§ 1313. [1]Für fremde, widerrechtliche Handlungen, woran jemand keinen Teil genommen hat, ist er in der Regel auch nicht verantwortlich. [2]Selbst in den Fällen, wo die Gesetze das Gegenteil anordnen, bleibt ihm der Rückersatz gegen den Schuldtragenden vorbehalten.

§ 1313a. Wer einem andern zu einer Leistung verpflichtet ist, haftet ihm für das Verschulden seines gesetzlichen Vertreters sowie der Personen, deren er sich zur Erfüllung bedient, wie für sein eigenes.

(RGBl 1916/69)

§ 1314. Wer eine Dienstperson ohne Zeugnis aufnimmt oder wissentlich eine durch ihre Leibes- oder Gemütsbeschaffenheit gefährliche Person im Dienste behält oder ihr Aufenthalt gibt, haftet dem Hausherrn und den Hausgenossen für den Ersatz des durch die gefährliche Beschaffenheit dieser Personen verursachten Schadens.

(RGBl 1916/69)

§ 1315. Überhaupt haftet derjenige, welcher sich einer untüchtigen oder wissentlich einer gefährlichen Person zur Besorgung seiner Angelegenheiten bedient, für den Schaden, den sie in dieser Eigenschaft einem Dritten zufügt.

(RGBl 1916/69)

§ 1316. Gastwirte, die Fremde beherbergen, sowie die anderen in § 970 bezeichneten Personen, ferner „ “ Fuhrleute haften für den Schaden, welchen ihre eigenen oder die von ihnen zugewiesenen Dienstpersonen an den eingebrachten oder übernommenen Sachen einem Gast oder Reisenden in ihrem Hause, ihrer Anstalt oder ihrem Fahrzeuge verursachen. *(dRGBl 1939 I 2394)*

(RGBl 1916/69)

§ 1317. Inwiefern bei öffentlichen Versendungsanstalten für den Schaden eine Haftung übernommen werde, bestimmen die besonderen Vorschriften.

§ 1318. Wird jemand durch das Herabfallen einer gefährlich aufgehängten oder gestellten Sache; oder, durch Herauswerfen oder Herausgießen aus einer Wohnung beschädigt; so haftet derjenige, aus dessen Wohnung geworfen oder gegossen worden, oder die Sache herabgefallen ist, für den Schaden.

6. durch ein Bauwerk;

§ 1319. Wird durch Einsturz oder Ablösung von Teilen eines Gebäudes oder eines anderen auf einem Grundstück aufgeführten Werkes jemand verletzt oder sonst ein Schaden verursacht, so ist der Besitzer des Gebäudes oder Werkes zum Ersatze verpflichtet, wenn die Ereignung die Folge der mangelhaften Beschaffenheit des Werkes ist und er nicht beweist, daß er alle zur Abwendung der Gefahr erforderliche Sorgfalt angewendet habe.

(RGBl 1916/69)

6a. durch einen Weg;

§ 1319a. (1) [1]Wird durch den mangelhaften Zustand eines Weges ein Mensch getötet, an seinem Körper oder an seiner Gesundheit verletzt oder eine Sache beschädigt, so haftet derjenige für den Ersatz des Schadens, der für den ordnungsgemäßen Zustand des Weges als Halter verantwortlich ist, sofern er oder einer seiner Leute den Mangel vorsätzlich oder grobfahrlässig verschuldet hat. [2]Ist der Schaden bei einer unerlaubten, besonders auch widmungswidrigen, Benützung des Weges entstanden und ist die Unerlaubtheit dem Benützer entweder nach der Art des Weges oder durch entsprechende Verbotszeichen, eine Abschrankung oder eine sonstige Absperrung des Weges erkennbar gewesen, so kann sich der Geschädigte auf den mangelhaften Zustand des Weges nicht berufen.

(2) [1]Ein Weg im Sinn des Abs. 1 ist eine Landfläche, die von jedermann unter den gleichen Bedingungen für den Verkehr jeder Art oder für bestimmte Arten des Verkehres benützt werden darf, auch wenn sie nur für einen eingeschränkten Benützerkreis bestimmt ist; zu einem Weg gehören auch die in seinem Zug befindlichen und dem Verkehr dienenden Anlagen, wie besonders Brücken, Stützmauern, Futtermauern, Durchlässe, Gräben und Pflanzungen. [2]Ob der Zustand eines Weges mangelhaft ist, richtet sich danach, was nach der Art des Weges, besonders nach seiner Widmung, für seine Anlage und Betreuung angemessen und zumutbar ist.

(3) Ist der mangelhafte Zustand durch Leute des Haftpflichtigen verschuldet worden, so haften auch sie nur bei Vorsatz oder grober Fahrlässigkeit.

(BGBl 1975/416)

6b. durch einen Baum

§ 1319b. (1) Wird durch das Umstürzen eines Baumes oder durch das Herabfallen von Ästen ein Mensch getötet oder an seinem Körper oder seiner Gesundheit verletzt oder eine Sache beschädigt, so haftet der Halter des Baumes für den Ersatz des Schadens, wenn er diesen durch Vernachlässigen der erforderlichen Sorgfalt bei der Prüfung und Sicherung des Baumes verursacht hat.

(2) [1]Die Sorgfaltspflichten des Baumhalters hängen insbesondere vom Standort und der damit verbundenen Gefahr, von der Größe, dem Wuchs und dem Zustand des Baumes sowie von der Zumutbarkeit von Prüfungs- und Sicherungsmaßnahmen ab. [2]Besteht an einem möglichst naturbelassenen Zustand eines Baumes ein besonderes Interesse, wie etwa bei einem Naturdenkmal, in Nationalparks oder sonstigen Schutzgebieten oder wegen der Bedeutung des Baumes für die natürliche Umgebung, so ist das bei der Beurteilung der dem Baumhalter zumutbaren Maßnahmen angemessen zu berücksichtigen.

(3) Auf einen Schadenersatzanspruch nach dieser Bestimmung sind die allgemeinen Regelungen über die Beweislast anzuwenden.

(4) § 176 Forstgesetz 1975 bleibt unberührt.

(BGBl I 2024/33, auf Schadensereignisse anzuwenden, die nach dem 30. April 2024 eintreten)

7. durch ein Tier

§ 1320. „(1)“ [1]Wird jemand durch ein Tier beschädigt, so ist derjenige dafür verantwortlich, der es dazu angetrieben, gereizt oder zu verwahren vernachlässigt hat. [2]Derjenige, der das Tier hält, ist verantwortlich, wenn er nicht beweist, daß er für die erforderliche Verwahrung oder Beaufsichtigung gesorgt hatte. *(BGBl I 2019/69)*

(2) [1]In der Alm- und Weidewirtschaft kann der Halter bei Beurteilung der Frage, welche Verwahrung erforderlich ist, auf anerkannte Standards der Tierhaltung zurückgreifen. [2]Andernfalls hat er die im Hinblick auf die ihm bekannte Gefährlichkeit der Tiere, die ihm zumutbaren Möglichkeiten zur Vermeidung solcher Gefahren und die erwartbare Eigenverantwortung anderer Personen gebotenen Maßnahmen zu ergreifen. [3]Die erwartbare Eigenverantwortung der Besucher von Almen und Weiden richtet sich nach den durch die Alm- und Weidewirtschaft drohenden Gefahren, der Verkehrsübung und anwendbaren Verhaltensregeln. *(BGBl I 2019/69, ab 24. 7. 2019, s § 1503 Abs 12)*

(RGBl 1916/69)

§ 1321. [1]Wer auf seinem Grund und Boden fremdes Vieh antrifft, ist deswegen noch nicht berechtigt, es zu töten. [2]Er kann es durch anpassende Gewalt verjagen; oder, wenn er dadurch Schaden gelitten hat, das Recht der Privatpfändung über so viele Stücke Viehes ausüben, als zu seiner Entschädigung hinreicht. [3]Doch muß er binnen acht Tagen sich mit dem Eigentümer abfinden, oder seine Klage vor den Richter bringen; widrigenfalls aber das gepfändete Vieh zurückstellen.

§ 1322. Das gepfändete Vieh muß auch zurückgestellt werden, wenn der Eigentümer eine andere angemessene Sicherheit leistet.

Arten des Schadenersatzes

§ 1323. [1]Um den Ersatz eines verursachten Schadens zu leisten, muß alles in den vorigen Stand zurückversetzt, oder, wenn dieses nicht tunlich ist, der Schätzungswert vergütet werden. [2]Betrifft der Ersatz nur den erlittenen Schaden, so wird er eigentlich eine Schadloshaltung; wofern er sich aber auch auf den entgangenen Gewinn, und die Tilgung der verursachten Beleidigung erstreckt, volle Genugtuung genannt.

§ 1324. [1]In dem Falle eines aus böser Absicht, oder aus einer auffallenden Sorglosigkeit verursachten Schadens; ist der Beschädigte volle Genugtuung; in den übrigen Fällen aber nur die eigentliche Schadloshaltung zu fordern berechtigt. [2]Hiernach ist in den Fällen, wo im Gesetze der allgemeine Ausdruck: Ersatz, vorkommt, zu beurteilen, welche Art des Ersatzes zu leisten sei.

Insbesondere 1. bei Verletzungen an dem Körper;

§ 1325. Wer jemanden an seinem Körper verletzt, bestreitet die Heilungskosten des Verletzten, ersetzt ihm den entgangenen, oder, wenn der Beschädigte zum Erwerb unfähig wird, auch den künftig entgehenden Verdienst; und bezahlt ihm auf Verlangen überdies ein den erhobenen Umständen angemessenes Schmerzengeld.

§ 1326. Ist die verletzte Person durch die Mißhandlung verunstaltet worden; so muß zumal, wenn sie weiblichen Geschlechtes ist, insofern auf diesen Umstand Rücksicht genommen werden, als ihr besseres Fortkommen dadurch verhindert werden kann.

§ 1327. Erfolgt aus einer körperlichen Verletzung der Tod, so müssen nicht nur alle Kosten, sondern auch den Hinterbliebenen, für deren Unterhalt der Getötete nach dem Gesetze zu sorgen hatte, das, was ihnen dadurch entgangen ist, ersetzt werden.

(RGBl 1916/69)

1a. an der geschlechtlichen Selbstbestimmung

§ 1328. Wer jemanden durch eine strafbare Handlung oder sonst durch Hinterlist, Drohung oder Ausnutzung eines Abhängigkeits- oder Autoritätsverhältnisses zur Beiwohnung oder sonst zu geschlechtlichen Handlungen mißbraucht, hat ihm den erlittenen Schaden und den entgangenen Gewinn zu ersetzen sowie eine angemessene Entschädigung für die erlittene Beeinträchtigung zu leisten.

(BGBl 1996/759, ab 1. 1. 1997, auf Tathandlungen anzuwenden, die nach dem 31. 12. 1996 gesetzt worden sind)

1b. am Recht auf Wahrung der Privatsphäre

§ 1328a. (1) [1]Wer rechtswidrig und schuldhaft in die Privatsphäre eines Menschen eingreift oder Umstände aus der Privatsphäre eines Menschen offenbart oder verwertet, hat ihm den dadurch entstandenen Schaden zu ersetzen. [2]Bei erheblichen Verletzungen der Privatsphäre, etwa wenn Umstände daraus in einer Weise verwertet werden, die geeignet ist, den Menschen in der Öffentlichkeit bloßzustellen, umfasst der Ersatzanspruch auch eine Entschädigung für die erlittene persönliche Beeinträchtigung.

(2) [1]Abs. 1 ist nicht anzuwenden, sofern eine Verletzung der Privatsphäre nach besonderen Bestimmungen zu beurteilen ist. [2]Die Verantwortung für Verletzungen der Privatsphäre durch Medien richtet sich „bei Dazwischentreten eines medienrechtlich Verantwortlichen“ allein nach

den Bestimmungen des Mediengesetzes, BGBl. Nr. 314/1981, in der jeweils geltenden Fassung. *(BGBl I 2020/148, ab 1.1.2021, Abs 2 ist auf Fälle anzuwenden, in denen die verletzende Handlung nach dem 31.12.2020 gesetzt wurde.)*

(BGBl I 2003/91, ab 1. 1. 2004, auf Schäden anzuwenden, die danach verursacht wurden)

2. an der persönlichen Freiheit;

§ 1329. [1]Wer jemanden durch gewaltsame Entführung, durch Privatgefangennehmung oder vorsätzlich durch einen widerrechtlichen Arrest seiner Freiheit beraubt, ist verpflichtet, dem Verletzten die vorige Freiheit zu verschaffen und volle Genugtuung zu leisten. [2]Kann er ihm die Freiheit nicht mehr verschaffen, so muß er den Hinterbliebenen, wie bei der Tötung, Ersatz leisten.

(RGBl 1916/69)

3. an der Ehre;

§ 1330. (1) Wenn jemandem durch Ehrenbeleidigung ein wirklicher Schade oder Entgang des Gewinnes verursacht worden ist, so ist er berechtigt, den Ersatz zu fordern.

(2) [1]Dies gilt auch, wenn jemand Tatsachen verbreitet, die den Kredit, den Erwerb oder das Fortkommen eines anderen gefährden und deren Unwahrheit er kannte oder kennen mußte. [2]In diesem Falle kann auch der Widerruf und die Veröffentlichung desselben verlangt werden. [3]Für eine nicht öffentlich vorgebrachte Mitteilung, deren Unwahrheit der Mitteilende nicht kennt, haftet er nicht, wenn er oder der Empfänger der Mitteilung an ihr ein berechtigtes Interesse hatte.

(RGBl 1916/69)

4. an dem Vermögen

§ 1331. Wird jemand an seinem Vermögen vorsätzlich oder durch auffallende Sorglosigkeit eines andern beschädigt; so ist er auch den entgangenen Gewinn, und wenn der Schade vermittelst einer durch ein Strafgesetz verbotenen Handlung, oder aus Mutwillen und Schadenfreude verursacht worden ist, den Wert der besondern Vorliebe zu fordern berechtigt.

§ 1332. Der Schade, welcher aus einem mindern Grade des Versehens oder der Nachlässigkeit verursacht worden ist, wird nach dem gemeinen Werte, den die Sache zur Zeit der Beschädigung hatte, ersetzt.

§ 1332a. Wird ein Tier verletzt, so gebühren die tatsächlich aufgewendeten Kosten der Heilung oder der versuchten Heilung auch dann, wenn sie den Wert des Tieres übersteigen, soweit auch ein verständiger Tierhalter in der Lage des Geschädigten diese Kosten aufgewendet hätte.

(BGBl 1988/179)

Besonders durch die Verzögerung der Zahlung

Gesetzliche Zinsen und weitere Schäden

§ 1333. (1) Der Schaden, den der Schuldner seinem Gläubiger durch die Verzögerung der Zahlung einer Geldforderung zugefügt hat, wird durch die gesetzlichen Zinsen (§ 1000 Abs. 1) vergütet.

„(2)“ Der Gläubiger kann außer den gesetzlichen Zinsen auch den Ersatz anderer, vom Schuldner verschuldeter und ihm erwachsener Schäden geltend machen, insbesondere die notwendigen Kosten zweckentsprechender außergerichtlicher Betreibungs- oder Einbringungsmaßnahmen, soweit diese in einem angemessenen Verhältnis zur betriebenen Forderung stehen. *(BGBl I 2005/120, ab 1. 1. 2007)*

(BGBl I 2002/118, ab 1. 8. 2002)

§ 1334. [1]Eine Verzögerung fällt einem Schuldner zur Last, wenn er den durch Gesetz oder Vertrag bestimmten Zahlungstag nicht einhält. [2]Sofern die Parteien nicht anderes vereinbart haben, hat der Schuldner seine Leistung bei vertragsgemäßer Erbringung der Gegenleistung ohne unnötigen Aufschub nach der Erfüllung durch den Gläubiger oder, wenn die Parteien ein solches Verfahren vereinbart haben, nach der Abnahme oder Überprüfung der Leistung des Gläubigers oder, wenn die Forderung der Höhe nach noch nicht feststeht, nach dem Eingang der Rechnung oder einer gleichwertigen Zahlungsaufforderung zu erbringen. [3]Ist die Zahlungszeit sonst nicht bestimmt, so trägt der Schuldner die Folgen der Zahlungsverzögerung, wenn er sich nach dem Tag der gerichtlichen oder außergerichtlichen Einmahnung nicht mit dem Gläubiger abgefunden hat.

(BGBl I 2002/118, ab 1. 8. 2002)

§ 1335. [1]Hat der Gläubiger die Zinsen ohne gerichtliche Einmahnung bis auf den Betrag der Hauptschuld steigen lassen, so erlischt das Recht, vom Kapital weitere Zinsen zu fordern „ “. [2]Vom Tag der Streitanhängigkeit an können jedoch neuerdings Zinsen verlangt werden. *(BGBl I 2005/120, ab 1. 1. 2007, s Anm zu § 367)*

(BGBl I 2002/118, ab 1. 8. 2002)

Bedingung des Vergütungsbetrages[1)]

(Konventionalstrafe)

[1)] *Irrtümlich „Vergütungsvertrag“*

§ 1336. (1) [1]Die vertragschließenden Teile können eine besondere Übereinkunft treffen, daß auf den Fall des entweder gar nicht oder nicht auf gehörige Art oder zu spät erfüllten Versprechens „ " ein bestimmter Geld- oder anderer Betrag entrichtet werden solle (§ 912). [2]Der Schuldner erlangt mangels besonderer Vereinbarung nicht das Recht, sich durch Bezahlung des Vergütungsbetrages von der Erfüllung zu befreien. [3]Wurde die Konventionalstrafe für die Nichteinhaltung der Erfüllungszeit oder des Erfüllungsortes versprochen, so kann sie neben der Erfüllung gefordert werden. *(BGBl I 2005/120, ab 1. 1. 2007, s Anm zu § 367)*

(2) In allen Fällen ist der Vergütungsbetrag, wenn er vom Schuldner als übermäßig erwiesen wird, von dem Richter, allenfalls nach Einvernehmung von Sachverständigen, zu mäßigen.

(3) [1]Der Gläubiger kann neben einer Konventionalstrafe den Ersatz eines diese übersteigenden Schadens geltend machen. [2]Ist der Schuldner ein Verbraucher im Sinne des § 1 Abs. 1 Z 2 und Abs. 3 KSchG, so muss dies im Einzelnen ausgehandelt werden. *(BGBl I 2005/120, ab 1. 1. 2007, s Anm zu § 367)*

(RGBl 1916/69)

Verbindlichkeit der Erben des Beschädigers

§ 1337. Die Verbindlichkeit zum Ersatze des Schadens, und des entgangenen Gewinnes, oder zur Entrichtung des bedungenen Vergütungsbetrages haftet auf dem Vermögen, und geht auf die Erben über.

Rechtsmittel der Entschädigung

§ 1338. [1]Das Recht zum Schadenersatze muß in der Regel, wie jedes andere Privatrecht, bei dem ordentlichen Richter angebracht werden. [2]Hat der Beschädiger zugleich ein Strafgesetz übertreten; so trifft ihn auch die verhängte Strafe. [3]Die Verhandlung über den Schadenersatz aber gehört auch in diesem Falle, insofern sie nicht durch die Strafgesetze dem Strafgerichte oder der politischen Behörde aufgetragen ist, zu dem Zivilgerichte.

§ 1339. *(aufgehoben, BGBl 1974/496)*

§ 1340. [1]Diese Behörden haben in dem Falle, daß sich die Entschädigung unmittelbar bestimmen läßt, sogleich darüber nach den in diesem Hauptstücke erteilten Vorschriften zu erkennen. [2]Wenn aber der Ersatz des Schadens nicht unmittelbar bestimmt werden kann, ist in dem Erkenntnisse überhaupt auszudrücken, daß dem Beschädigten die Entschädigung im Wege Rechtens zu suchen vorbehalten bleibe. [3]Dieser Weg ist auch in Kriminalfällen dem Beschädigten [, und in andern Fällen beiden Teilen] dann vorbehalten, wenn sie mit der von der Strafbehörde erfolgten Bestimmung des Ersatzes sich nicht befriedigen wollten.

[] *Gegenstandslos*

§ 1341. [1]Gegen das Verschulden eines Richters beschwert man sich bei der höhern Behörde. [2]Diese untersucht und beurteilt die Beschwerde von Amts wegen.

Dritter Teil

Von den gemeinschaftlichen Bestimmungen der Personen- und Sachenrechte

Erstes Hauptstück

Von Befestigung der Rechte und Verbindlichkeiten

Gemeinschaftliche Bestimmungen der Rechte

§ 1342. Sowohl Personenrechte als Sachenrechte, und daraus entspringende Verbindlichkeiten können gleichförmig befestigt, umgeändert und aufgehoben werden.

Arten der Befestigung eines Rechtes;

§ 1343. Die rechtlichen Arten der Sicherstellung einer Verbindlichkeit und der Befestigung eines Rechtes, durch welche dem Berechtigten ein neues Recht eingeräumt wird, sind: die Verpflichtung eines Dritten für den Schuldner, und die Verpfändung.

I. durch Verpflichtung eines Dritten

§ 1344. Ein Dritter kann sich dem Gläubiger für den Schuldner auf dreierlei Art verpflichten: einmal, wenn er mit Einwilligung des Gläubigers die Schuld als Alleinzahler übernimmt; dann, wenn er der Verbindlichkeit als Mitschuldner beitritt; endlich, wenn er sich für die Befriedigung des Gläubigers auf den Fall verbindet, daß der erste Schuldner die Verbindlichkeit nicht erfülle.

§ 1345. Wenn jemand mit Einwilligung des Gläubigers die ganze Schuld eines andern übernimmt; so geschieht keine Befestigung, sondern eine Umänderung der Verbindlichkeit, wovon in dem folgenden Hauptstücke gehandelt wird.

a) Als Bürge;

§ 1346. (1) [1]Wer sich zur Befriedigung des Gläubigers auf den Fall verpflichtet, daß der erste Schuldner die Verbindlichkeit nicht erfülle, wird ein Bürge, und das zwischen ihm und dem Gläubiger getroffene Übereinkommen ein Bürgschaftsvertrag genannt. [2]Hier bleibt der erste Schuldner noch immer der Hauptschuldner, und der Bürge kommt nur als Nachschuldner hinzu.

(2) Zur Gültigkeit des Bürgschaftsvertrages ist erforderlich, daß die Verpflichtungserklärung des Bürgen schriftlich abgegeben wird.

(RGBl 1916/69)

b) als Mitschuldner;

§ 1347. Wenn jemand, ohne die den Bürgen zustatten kommende Bedingung, einer Verbindlichkeit als Mitschuldner beitritt; so entsteht eine Gemeinschaft mehrerer Mitschuldner, deren rechtliche Folgen nach den in dem Hauptstücke von Verträgen überhaupt gegebenen Vorschriften zu beurteilen sind (§§ 888–896).

Entschädigungsbürge

§ 1348. Wer dem Bürgen auf den Fall, daß derselbe durch seine Bürgschaft zu Schaden kommen sollte, Entschädigung zusagt, heißt Entschädigungsbürge.

Wer sich verbürgen könne

§ 1349. Fremde Verbindlichkeiten kann ohne Unterschied des Geschlechtes jedermann auf sich nehmen, dem die freie Verwaltung seines Vermögens zusteht.

Für welche Verbindlichkeiten

§ 1350. Eine Bürgschaft kann nicht nur über Summen und Sachen, sondern auch über erlaubte Handlungen und Unterlassungen in Beziehung auf den Vorteil oder Nachteil, welcher aus denselben für den Sichergestellten entstehen kann, geleistet werden.

§ 1351. Verbindlichkeiten, welche nie zu Recht bestanden haben, oder schon aufgehoben sind, können weder übernommen, noch bekräftigt werden.

§ 1352. Wer sich für eine Person verbürgt, die sich vermöge ihrer persönlichen Eigenschaft nicht verbinden kann, ist, obschon ihm diese Eigenschaft unbekannt war, gleich einem ungeteilten Mitschuldner verpflichtet (§ 896).

Umfang der Bürgschaft

§ 1353. [1]Die Bürgschaft kann nicht weiter ausgedehnt werden, als sich der Bürge ausdrücklich erklärt hat. [2]Wer sich für ein zinsbares Kapital verbürgt, haftet nur für jene rückständigen Zinsen, welche der Gläubiger noch nicht einzutreiben berechtigt war.

§ 1354. Von der Einwendung, wodurch ein Schuldner nach Vorschrift der Gesetze die Beibehaltung eines Teiles seines Vermögens zu seinem Unterhalte zu fordern berechtigt ist, kann der Bürge nicht Gebrauch machen.

Wirkung

§ 1355. Der Bürge kann in der Regel erst dann belangt werden, wenn der Hauptschuldner auf des Gläubigers gerichtliche oder außergerichtliche Einmahnung seine Verbindlichkeit nicht erfüllt hat.

§ 1356. Der Bürge kann aber, selbst wenn er sich ausdrücklich nur für den Fall verbürgt hat, daß der Hauptschuldner zu zahlen unvermögend sei, zuerst belangt werden, „wenn über das Vermögen des Hauptschuldners das Insolvenzverfahren eröffnet wurde oder wenn der Hauptschuldner zu der Zeit,“ als die Zahlung geleistet werden sollte, unbekannten Aufenthaltes, und der Gläubiger keiner Nachlässigkeit zu beschuldigen ist. *(BGBl I 2010/58, ab 1. 8. 2010)*

§ 1357. Wer sich als Bürge und Zahler verpflichtet hat, haftet als ungeteilter Mitschuldner für die ganze Schuld; es hängt von der Willkür des Gläubigers ab, ob er zuerst den Hauptschuldner, oder den Bürgen oder beide zugleich belangen wolle (§ 891).

§ 1358. [1]Wer eine fremde Schuld bezahlt, für die er persönlich oder mit bestimmten Vermögensstücken haftet, tritt in die Rechte des Gläubigers und ist befugt, von dem Schuldner den Ersatz der bezahlten Schuld zu fordern. [2]Zu diesem Ende ist der befriedigte Gläubiger verbunden, dem Zahler alle vorhandenen Rechtsbehelfe und Sicherungsmittel auszuliefern.

(RGBl 1916/69)

§ 1359. [1]Haben für den nämlichen ganzen Betrag mehrere Personen Bürgschaft geleistet; so haftet jede für den ganzen Betrag. [2]Hat aber eine von ihnen die ganze Schuld abgetragen; so gebührt ihr gleich dem Mitschuldner (§ 896) das Recht des Rückersatzes gegen die übrigen.

§ 1360. Wenn dem Gläubiger vor, oder bei Leistung der Bürgschaft noch außer derselben von dem Hauptschuldner, oder einem Dritten ein Pfand gegeben wird; so steht ihm zwar noch immer frei, den Bürgen der Ordnung nach (§ 1355) zu belangen; aber er ist nicht befugt, zu dessen Nachteil sich des Pfandes zu begeben.

§ 1361. Hat der Bürge oder Zahler den Gläubiger befriedigt, ohne sich mit dem Hauptschuldner einzuverstehen; so kann dieser alles gegen jene einwenden, was er gegen den Gläubiger hätte einwenden können.

§ 1362. Der Bürge kann von dem Entschädigungsbürgen nur dann Entschädigung verlangen, wenn er sich den Schaden nicht durch sein eigenes Verschulden zugezogen hat.

Arten der Erlöschung der Bürgschaft

§ 1363. [1]Die Verbindlichkeit des Bürgen hört verhältnismäßig mit der Verbindlichkeit des Schuldners auf. [2]Hat sich der Bürge nur auf eine gewisse Zeit verpflichtet; so haftet er nur für diesen Zeitraum. [3]Die Entlassung eines Mitbürgen kommt diesem zwar gegen den Gläubiger; aber nicht gegen die übrigen Mitbürgen zustatten (§ 896).

§ 1364. [1]Durch den Verlauf der Zeit, binnen welcher der Schuldner hätte zahlen sollen, wird der Bürge, wenn auch der Gläubiger auf die Befriedigung nicht gedrungen hat, noch nicht von seiner Bürgschaft befreit; allein er ist befugt, von dem Schuldner, wenn er mit dessen Einwilligung Bürgschaft geleistet hat, zu verlangen, daß er ihm Sicherheit verschaffe. [2]Auch der Gläubiger ist dem Bürgen insoweit verantwortlich, als dieser wegen dessen Saumseligkeit in Eintreibung der Schuld an Erholung des Ersatzes zu Schaden kommt.

§ 1365. Wenn gegen den Schuldner eine gegründete[1)] Besorgnis der Zahlungsunfähigkeit oder der Entfernung aus den [Erb]ländern, für welche dieses Gesetzbuch vorgeschrieben ist, eintritt; so steht dem Bürgen das Recht zu, von dem Schuldner die Sicherstellung der verbürgten Schuld zu verlangen.

[] *Gegenstandslos*

[1)] *In JGS „ein gegründetes"*

§ 1366. Wenn das verbürgte Geschäft beendigt ist; so kann die Abrechnung und die Aufhebung der Bürgschaft gefordert werden.

§ 1367. Ist der Bürgschaftsvertrag weder durch eine Hypothek, noch durch ein Faustpfand befestigt; so erlischt er binnen drei Jahren nach dem Tode des Bürgen, wenn der Gläubiger in der Zwischenzeit unterlassen hat, von dem Erben die verfallene Schuld gerichtlich oder außergerichtlich einzumahnen.

II. Durch Pfandvertrag

§ 1368. [1]Pfandvertrag heißt derjenige Vertrag, wodurch der Schuldner, oder ein anderer anstatt seiner auf eine Sache dem Gläubiger das Pfandrecht wirklich einräumt, folglich ihm das bewegliche Pfandstück übergibt, oder das unbewegliche durch die Pfandbücher verschreibt. [2]Der Vertrag, ein Pfand übergeben zu wollen, ist noch kein Pfandvertrag.

Wirkung des Pfandvertrages

§ 1369. [1]Was bei Verträgen überhaupt Rechtens ist, gilt auch bei dem Pfandvertrage; er ist zweiseitig verbindlich. [2]Der Pfandnehmer muß das Handpfand wohl verwahren, und es dem Verpfänder, sobald dieser die Befriedigung leistet, zurückgeben. [3]Betrifft es eine Hypothek; so muß der befriedigte Gläubiger den Verpfänder in den Stand setzen, die Löschung der Verbindlichkeit aus den Hypothekenbüchern bewirken zu können. [4]Die mit dem Pfandbesitze verknüpften Rechte und Verbindlichkeiten des Pfandgebers und Pfandnehmers sind im sechsten Hauptstücke des zweiten Teiles bestimmt worden.

§ 1370. [1]Der Handpfandnehmer ist verbunden, dem Pfandgeber einen Pfandschein auszustellen, und darin die unterscheidenden Kennzeichen des Pfandes zu beschreiben. [2]Auch können die wesentlichen Bedingungen des Pfandvertrages in dem Pfandscheine angeführt werden.

Unerlaubte Bedingungen

§ 1371. [1]Alle der Natur des Pfand- und Darlehensvertrages[1)] entgegenstehende Bedingungen und Nebenverträge sind ungültig. [2]Dahin gehören die Verabredungen: daß nach der Verfallzeit der Schuldforderung das Pfandstück dem Gläubiger zufalle; daß er es nach Willkür, oder in einem schon im voraus bestimmten Preise veräußern, oder für sich behalten könne; daß der Schuldner das Pfand niemals einlösen, oder ein liegendes Gut keinem andern verschreiben, oder daß der Gläubiger nach der Verfallzeit die Veräußerung des Pfandes nicht verlangen dürfe.

[1)] *In JGS „Darleihensvertrages"*

§ 1372. [1]Der Nebenvertrag, daß dem Gläubiger die Fruchtnießung der verpfändeten Sache zustehen solle, ist ohne rechtliche Wirkung. [2]Ist dem Gläubiger der bloße Gebrauch eines beweglichen Pfandstückes eingeräumt worden (§ 459), so muß diese Benützung auf eine dem Schuldner unschädliche Art geschehen.

Auf welche Art in der Regel Sicherstellung zu leisten ist

§ 1373. [1]Wer verbunden ist, eine Sicherstellung zu leisten, muß diese Verbindlichkeit durch ein Handpfand, oder durch eine Hypothek erfüllen. [2]Nur in dem Falle, daß er ein Pfand zu geben außer Stande ist, werden taugliche Bürgen angenommen.

§ 1374. [1]Niemand ist verpflichtet, eine Sache, die zur Sicherstellung dienen soll, in einem höheren Wert als der Hälfte ihres Verkehrswertes zum Pfand anzunehmen. [2]Wer ein angemessenes Vermögen besitzt und im Inland geklagt werden kann, ist ein tauglicher Bürge.

(BGBl I 2000/135, ab 1. 7. 2001)

Zweites Hauptstück

Von Umänderung der Rechte und Verbindlichkeiten

Umänderung der Rechte und Verbindlichkeiten:

§ 1375. [1]Es hängt von dem Willen des Gläubigers und des Schuldners ab, ihre gegenseitigen willkürlichen Rechte und Verbindlichkeiten umzuändern. [2]Die Umänderung kann ohne, oder mit Hinzukunft einer dritten Person, und zwar entweder eines neuen Gläubigers, oder eines neuen Schuldners geschehen.

1. durch Novation;

§ 1376. Die Umänderung ohne Hinzukunft einer dritten Person findet statt, wenn der Rechtsgrund, oder wenn der Hauptgegenstand einer Forderung verwechselt wird, folglich die alte Verbindlichkeit in eine neue übergeht.

§ 1377. [1]Eine solche Umänderung heißt Neuerungsvertrag (Novation). [2]Vermöge dieses Vertrages hört die vorige Hauptverbindlichkeit auf, und die neue nimmt zugleich ihren Anfang.

§ 1378. Die mit der vorigen Hauptverbindlichkeit verknüpften Bürgschafts-, Pfand- und anderen Rechte erlöschen durch den Neuerungsvertrag, wenn die Teilnehmer nicht durch ein besonderes Einverständnis hierüber etwas anderes festgesetzt haben.

§ 1379. [1]Die näheren Bestimmungen, wo, wann und wie eine schon vorhandene Verbindlichkeit erfüllt werden soll, und andere Nebenbestimmungen, wodurch in Rücksicht auf den Hauptgegenstand oder Rechtsgrund keine Umänderung geschieht, sind ebensowenig als ein Neuerungsvertrag anzusehen, als die bloße Ausstellung eines neuen Schuldscheines, oder einer anderen dahin gehörigen Urkunde. [2]Auch kann eine solche Abänderung in den Nebenbestimmungen einem Dritten, welcher derselben nicht beigezogen worden ist, keine neue Last auflegen. [3]Im Zweifel wird die alte Verbindlichkeit nicht für aufgelöst gehalten, solange sie mit der neuen noch wohl bestehen kann.

2. Vergleich

§ 1380. [1]Ein Neuerungsvertrag, durch welchen streitige, oder zweifelhafte Rechte dergestalt bestimmt werden, daß jede Partei sich wechselseitig etwas zu geben, zu tun, oder zu unterlassen verbindet, heißt Vergleich. [2]Der Vergleich gehört zu den zweiseitig verbindlichen Verträgen, und wird nach eben denselben Grundsätzen beurteilt.

§ 1381. Wer dem Verpflichteten mit dessen Einwilligung ein unstreitiges oder zweifelhaftes Recht unentgeltlich erläßt, macht eine Schenkung (§ 939).

Ungültigkeit eines Vergleiches in Rücksicht des Gegenstandes;

§ 1382. [1]Es gibt zweifelhafte Fälle, welche durch einen Vergleich nicht beigelegt werden dürfen. [2]Dahin gehört der zwischen Eheleuten über die Gültigkeit ihrer Ehe entstandene Streit. [3]Diesen kann nur der durch das Gesetz bestimmte Gerichtsstand entscheiden.

§ 1383. [1]Über den Inhalt einer letzten Anordnung kann vor deren Bekanntmachung kein Vergleich errichtet werden. [2]Die hierüber entstandene Wette wird nach den Grundsätzen von Glücksverträgen beurteilt.

§ 1384. Vergleiche über Gesetzübertretungen sind nur in Hinsicht auf die Privatgenugtuung gültig; die gesetzmäßige Untersuchung und Bestrafung kann dadurch bloß dann abgewendet werden, wenn die Übertretungen von der Art sind, daß die Behörde nur auf Verlangen der Parteien ihr Amt zu handeln angewiesen ist.

oder anderer Mängel

§ 1385. Ein Irrtum kann den Vergleich nur insoweit ungültig machen, als er die Wesenheit der Person, oder des Gegenstandes betrifft.

§ 1386. Aus dem Grunde einer Verletzung über die Hälfte kann ein redlich errichteter Vergleich nicht angefochten werden.

§ 1387. Ebensowenig können neu gefundene Urkunden, wenn sie auch den gänzlichen Mangel eines Rechtes auf Seite einer Partei entdeckten, einen redlich eingegangenen Vergleich entkräften.

§ 1388. Ein offenbarer Rechnungsverstoß, oder ein Fehler, welcher bei dem Abschlusse eines Vergleiches in dem Summieren oder Abziehen begangen wird, schadet keinem der vertragmachenden Teile.

Umfang des Vergleiches

§ 1389. [1]Ein Vergleich, welcher über eine besondere Streitigkeit geschlossen worden ist, erstreckt sich nicht auf andere Fälle. [2]Selbst allgemeine, auf alle Streitigkeiten überhaupt lautende Vergleiche sind auf solche Rechte nicht anwendbar, die geflissentlich verheimlicht worden sind, oder auf welche die sich vergleichenden Parteien nicht denken konnten.

Wirkung in Rücksicht der Nebenverbindlichkeiten

§ 1390. [1]Bürgen und Pfänder, welche zur Sicherheit des ganzen noch streitigen Rechtes gegeben worden sind, haften auch für den Teil, der durch den Vergleich bestimmt worden ist. [2]Doch bleiben dem Bürgen und einem dritten Verpfänder, welche dem Vergleiche nicht beigestimmt haben, alle Einwendungen gegen den Gläubiger vorbehalten, welche ohne geschlossenen Vergleich der Forderung hätten entgegengesetzt werden können.

§ 1391. Der Vertrag, wodurch Parteien zur Entscheidung streitiger Rechte einen Schiedsrichter bestellen, erhält seine Bestimmung in der Gerichtsordnung.

3. Zession

§ 1392. [1]Wenn eine Forderung von einer Person an die andere übertragen, und von dieser angenommen wird; so entsteht die Umänderung des Rechtes mit Hinzukunft eines neuen Gläubigers. [2]Eine solche Handlung heißt Abtretung (Zession), und kann mit, oder ohne Entgelt geschlossen werden.

Gegenstände der Zession

§ 1393. [1]Alle veräußerlichen[1)] Rechte sind ein Gegenstand der Abtretung. [2]Rechte, die der Person ankleben, folglich mit ihr erlöschen, können nicht abgetreten werden. [3]Schuldscheine, die auf den Überbringer lauten, werden schon durch die Übergabe abgetreten, und bedürfen nebst dem Besitze keines andern Beweises der Abtretung.

[1)] In JGS „veräußerliche“

Wirkung

§ 1394. Die Rechte des Übernehmers sind mit den Rechten des Überträgers in Rücksicht auf die überlassene Forderung eben dieselben.

§ 1395. [1]Durch den Abtretungsvertrag entsteht nur zwischen dem Überträger (Zedent) und dem Übernehmer der Forderung (Zessionar); nicht aber zwischen dem letzten und dem übernommenen Schuldner (Zessus) eine neue Verbindlichkeit. [2]Daher ist der Schuldner, solange ihm der Übernehmer nicht bekannt wird, berechtigt, den ersten Gläubiger zu bezahlen, oder sich sonst mit ihm abzufinden.

§ 1396. [1]Dieses kann der Schuldner nicht mehr, sobald ihm der Übernehmer bekannt gemacht worden ist; allein es bleibt ihm das Recht, seine Einwendungen gegen die Forderung anzubringen. [2]Hat er die Forderung gegen den redlichen Übernehmer für richtig erkannt; so ist er verbunden, denselben als seinen Gläubiger zu befriedigen.

Zessionsverbot

§ 1396a. (1) [1]Eine Vereinbarung, dass eine Geldforderung zwischen Unternehmern aus unternehmerischen Geschäften nicht abgetreten werden darf (Zessionsverbot), ist nur verbindlich, wenn sie im Einzelnen ausgehandelt worden ist und den Gläubiger unter Berücksichtigung aller Umstände des Falles nicht gröblich benachteiligt. [2]Auch ein solches Zessionsverbot steht der Wirksamkeit einer Abtretung aber nicht entgegen; sobald die Abtretung und der Übernehmer dem Schuldner bekannt gemacht worden sind, kann dieser nicht mehr mit schuldbefreiender Wirkung an den Überträger leisten, es sei denn, dass ihm dabei nur leichte Fahrlässigkeit zur Last fällt.

(2) [1]Rechte des Schuldners gegen den Überträger wegen der Verletzung eines verbindlichen Zessionsverbots bleiben unberührt, sie können aber gegen die Forderung nicht eingewendet werden. [2]Der Übernehmer haftet dem Schuldner nicht allein deshalb, weil er das Zessionsverbot gekannt hat.

„(3)“ Die Abs. „1 und 2“ gelten nicht für Zessionsverbote, die zwischen einer juristischen Person des öffentlichen Rechts oder einer von dieser gegründeten Einrichtung und einem Förderungswerber vereinbart werden. *(BGBl I 2005/120, ab 1. 1. 2007)*

(BGBl I 2005/51, ab 1. 6. 2005; Zessionsverbote, die davor vereinbart worden sind, bleiben

zwischen dem Schuldner und dem Gläubiger weiter verbindlich. Sie stehen aber der Wirksamkeit der Abtretung einer nachher entstandenen Forderung nicht entgegen. Auf solche Abtretungen sind Abs 1 letzter Halbsatz und Abs 2 anzuwenden; der auch erwähnte Abs 3 aF wurde aufgehoben)

Haftung des Zedenten

§ 1397. [1]Wer eine Forderung ohne Entgelt abtritt, also verschenkt, haftet nicht weiter für dieselbe. [2]Kommt aber die Abtretung auf eine entgeltliche Art zustande; so haftet der Überträger dem Übernehmer sowohl für die Richtigkeit, als für die Einbringlichkeit der Forderung, jedoch nie für mehr, als er von dem Übernehmer erhalten hat.

§ 1398. [1]Insofern der Übernehmer über die Einbringlichkeit der Forderung aus den öffentlichen Pfandbüchern sich belehren konnte, gebührt ihm in Rücksicht der Uneinbringlichkeit keine Entschädigung. [2]Auch für eine zur Zeit der Abtretung einbringliche, und durch einen bloßen Zufall oder durch Versehen des Übernehmers uneinbringlich gewordene Forderung haftet der Überträger nicht.

§ 1399. Ein Versehen dieser Art begeht der Übernehmer, wenn er die Forderung zur Zeit, als sie aufgekündigt werden kann, nicht aufkündigt, oder nach verfallener Zahlungsfrist nicht eintreibt; wenn er dem Schuldner nachsieht; wenn er die noch mögliche Sicherheit zu rechter Zeit sich zu verschaffen versäumt, oder die gerichtliche Exekution zu betreiben unterläßt.

4. Anweisung (Assignation)

§ 1400. [1]Durch die Anweisung auf eine Leistung eines Dritten wird der Empfänger der Anweisung (Assignatar) zur Einhebung der Leistung bei dem Angewiesenen (Assignat) und der letztere zur Leistung an ersteren für Rechnung des Anweisenden (Assignant) ermächtigt. [2]Einen unmittelbaren Anspruch erlangt der Anweisungsempfänger gegen den Angewiesenen erst, wenn die Erklärung des Angewiesenen über die Annahme der Anweisung ihm zugekommen ist.

(RGBl 1916/69)

§ 1401. (1) [1]Insoweit der Angewiesene das zu Leistende dem Anweisenden bereits schuldet, ist er diesem gegenüber verpflichtet, der Anweisung Folge zu leisten. [2]Wenn durch die Anweisung eine Schuld des Anweisenden bei dem Empfänger, der die Anweisung angenommen hat, getilgt werden soll, ist der Empfänger verpflichtet, den Angewiesenen zur Leistung aufzufordern.

(2) Will der Empfänger von der Anweisung keinen Gebrauch machen oder verweigert der Angewiesene die Annahme oder die Leistung, so hat der Empfänger dies dem Anweisenden ohne Verzug anzuzeigen.

(3) Die Tilgung der Schuld erfolgt, wenn nichts anderes vereinbart ist, erst durch die Leistung.

(RGBl 1916/69)

§ 1402. Hat der Angewiesene die Anweisung dem Empfänger gegenüber angenommen, so kann er diesem nur solche Einwendungen entgegensetzen, welche die Gültigkeit der Annahme betreffen oder sich aus dem Inhalte der Anweisung oder aus seinen persönlichen Beziehungen zum Empfänger ergeben.

(RGBl 1916/69)

§ 1403. (1) [1]Solange der Angewiesene die Anweisung noch nicht dem Empfänger gegenüber angenommen hat, kann sie der Anweisende widerrufen. [2]Besteht zwischen dem Anweisenden und dem Angewiesenen kein anderer Rechtsgrund, so gelten für das Rechtsverhältnis zwischen beiden die Vorschriften über den Bevollmächtigungsvertrag; die Anweisung erlischt jedoch nicht durch den Tod des Anweisenden oder Angewiesenen. [3]Inwiefern die Aufhebung der Anweisung auch gegenüber dem Empfänger rechtswirksam ist, bestimmt sich nach dem zwischen diesem und dem Anweisenden obwaltenden Rechtsverhältnis.

(2) Der Anspruch des Empfängers gegen den Angewiesenen verjährt in drei Jahren.

(RGBl 1916/69)

5. Schuldübernahme

§ 1404. [1]Wer einem Schuldner verspricht, die Leistung an dessen Gläubiger zu bewirken (Erfüllungsübernahme), haftet dem Schuldner dafür, daß der Gläubiger ihn nicht in Anspruch nehme. [2]Dem Gläubiger erwächst daraus unmittelbar kein Recht.

(RGBl 1916/69)

§ 1405. [1]Wer einem Schuldner erklärt, seine Schuld zu übernehmen (Schuldübernahme), tritt als Schuldner an dessen Stelle, wenn der Gläubiger einwilligt. [2]Bis diese Einwilligung erfolgt oder falls sie verweigert wird, haftet er wie bei Erfüllungsübernahme (§ 1404). [3]Die Einwilligung des Gläubigers kann entweder dem Schuldner oder dem Übernehmer erklärt werden.

(RGBl 1916/69)

§ 1406. (1) Auch ohne Vereinbarung mit dem Schuldner kann ein Dritter durch Vertrag mit dem Gläubiger die Schuld übernehmen.

(2) Im Zweifel ist aber die dem Gläubiger erklärte Übernahme als Haftung neben dem bisherigen Schuldner, nicht an dessen Stelle zu verstehen.

(RGBl 1916/69)

§ 1407. (1) [1]Die Verbindlichkeiten des Übernehmers sind mit den Verbindlichkeiten des bisherigen Schuldners in Rücksicht auf die übernommene Schuld ebendieselben. [2]Der Übernehmer kann dem Gläubiger die aus dem Rechtsverhältnis zwischen diesem und dem bisherigen Schuldner entspringenden Einwendungen entgegensetzen.

(2) [1]Die Nebenrechte der Forderung werden durch den Schuldnerwechsel nicht berührt. [2]Bürgen und von dritten Personen bestellte Pfänder haften jedoch nur dann fort, wenn der Bürge oder Verpfänder dem Schuldnerwechsel zugestimmt hat.

(RGBl 1916/69)

§ 1408. [1]Übernimmt bei Veräußerung einer Liegenschaft der Erwerber ein auf ihr haftendes Pfandrecht, so ist dies im Zweifel als Schuldübernahme zu verstehen. [2]Der Veräußerer kann, nach vollzogener Übertragung des Eigentums, den Gläubiger zur Annahme des neuen Schuldners an seiner Stelle schriftlich mit der Wirkung auffordern, daß die Einwilligung als erteilt gilt, wenn sie nicht binnen sechs Monaten versagt wird. [3]Auf diese Wirkung muß in der Aufforderung ausdrücklich hingewiesen sein.

(RGBl 1916/69)

§ 1409. (1) [1]Übernimmt jemand ein Vermögen oder ein Unternehmen, so ist er unbeschadet der fortdauernden Haftung des Veräußerers den Gläubigern aus den zum Vermögen oder Unternehmen gehörigen Schulden, die er bei der Übergabe kannte oder kennen mußte, unmittelbar verpflichtet. [2]Er wird aber von der Haftung insoweit frei, als er an solchen Schulden schon so viel berichtigt hat, wie der Wert des übernommenen Vermögens oder Unternehmens beträgt.

(2) Ist jedoch ein naher Angehöriger des Veräußerers (§ 32 „IO“) der Übernehmer, so trifft ihn diese Verpflichtung, soweit er nicht beweist, daß ihm die Schulden bei der Übergabe weder bekannt waren noch bekannt sein mußten. *(BGBl 1982/370; BGBl I 2010/29, ab 1. 7. 2010)*

(3) Entgegenstehende Vereinbarungen zwischen Veräußerer und Übernehmer zum Nachteile der Gläubiger sind diesen gegenüber unwirksam.

(RGBl 1916/69)

§ 1409a. Wer ein Vermögen oder ein Unternehmen „im Weg eines Zwangsvollstreckungsverfahrens, eines Insolvenzverfahrens oder einer Überwachung des Schuldners durch einen Treuhänder der Gläubiger“ erwirbt, haftet nicht nach § 1409 Abs. 1 und 2. *(BGBl I 2010/58, ab 1. 8. 2010)*

(BGBl 1982/370)

§ 1410. Wird der Eintritt des neuen Schuldners an Stelle des bisherigen Schuldners in der Weise verabredet, daß an die Stelle des aufgehobenen Schuldverhältnisses eine Verpflichtung des neuen Schuldners aus selbständigem Rechtsgrunde oder unter Änderung des Hauptgegenstandes der Forderung gesetzt wird, so treten nicht die Wirkungen der Schuldübernahme, sondern eines Neuerungsvertrages (§§ 1377, 1378) ein.

(RGBl 1916/69)

Drittes Hauptstück
Von Aufhebung der Rechte und Verbindlichkeiten

Aufhebung der Rechte und Verbindlichkeiten

§ 1411. Rechte und Verbindlichkeiten stehen in einem solchen Zusammenhange, daß mit Erlöschung des Rechtes die Verbindlichkeit, und mit Erlöschung der letzteren das Recht aufgehoben wird.

1. Durch die Zahlung

§ 1412. Die Verbindlichkeit wird vorzüglich durch die Zahlung, das ist: durch die Leistung dessen, was man zu leisten schuldig ist, aufgelöst (§ 469).

Wie die Zahlung zu leisten;

§ 1413. [1]Gegen seinen Willen kann weder der Gläubiger gezwungen werden, etwas anderes anzunehmen, als er zu fordern hat, noch der Schuldner etwas anderes zu leisten, als er zu leisten verbunden ist. [2]Dieses gilt auch von der Zeit, dem Orte und der Art, die Verbindlichkeit zu erfüllen.

§ 1414. Wird, weil der Gläubiger und der Schuldner einverstanden sind, oder weil die Zahlung selbst unmöglich ist, etwas anderes an Zahlungs Statt gegeben; so ist die Handlung als ein entgeltliches Geschäft zu betrachten.

§ 1415. [1]Der Gläubiger ist nicht schuldig, die Zahlung einer Schuldpost teilweise, oder auf Abschlag anzunehmen. [2]Sind aber verschiedene Posten zu zahlen; so wird diejenige für abgetragen gehalten, welche der Schuldner mit Einwilligung des Gläubigers tilgen zu wollen, sich ausdrücklich erklärt hat.

§ 1416. Wird die Willensmeinung des Schuldners bezweifelt, oder von dem Gläubiger widersprochen; so sollen zuerst die Zinsen, dann das Kapital, von mehreren Kapitalien aber dasjenige, welches schon eingefordert, oder wenigstens fällig ist, und nach diesem dasjenige, welches schuldig zu bleiben dem Schuldner am meisten beschwerlich fällt, abgerechnet werden.

wann;

§ 1417. [1]Wenn die Zahlungsfrist auf keine Art bestimmt ist; so tritt die Verbindlichkeit, die Schuld zu zahlen, erst mit dem Tage ein, an welchem die Einmahnung geschehen ist (§ 904). [2]„Für die Zahlungsfrist bei Erfüllung einer Geldschuld durch Banküberweisung gilt § 907a Abs. 2.“ *(BGBl I 2013/50, ab 16. 3. 2013, s § 1503 Abs 2 Z 1)*

§ 1418. [1]In gewissen Fällen wird die Zahlungsfrist durch die Natur der Sache bestimmt. [2]Alimente werden wenigstens auf einen Monat voraus bezahlt. [3]Stirbt der Verpflegte während dieser Zeit; so sind dessen Erben nicht schuldig, etwas von der Vorausbezahlung zurückzugeben.

§ 1419. Hat der Gläubiger gezögert, die Zahlung anzunehmen; so fallen die widrigen Folgen auf ihn.

§ 1420. Wenn der Ort und die Art der Leistung nicht bestimmt sind, so müssen die oben „(§ 905 Abs. 1 und 2, § 906, § 907a Abs. 1, § 907b)“aufgestellten Vorschriften angewendet werden. *(BGBl I 2014/33, ab 13. 6. 2014)*

(RGBl 1916/69)

von wem;

§ 1421. [1]Auch eine Person, die sonst unfähig ist, ihr Vermögen zu verwalten, kann eine richtige und verfallene Schuld rechtmäßig abtragen, und sich ihrer Verbindlichkeit entledigen. [2]Hätte sie aber eine noch ungewisse, oder nicht verfallene Schuld abgetragen, „ so „ist ihr gesetzlicher Vertreter“** berechtigt, das Geleistete zurückzufordern.“* *(*BGBl I 2000/135, ab 1. 7. 2001; **BGBl I 2017/59, ab 1. 7. 2018, s § 1503 Abs 9 Z 4)*

§ 1422. Wer die Schuld eines anderen, für die er nicht haftet (§ 1358), bezahlt, kann vor oder bei der Zahlung vom Gläubiger die Abtretung seiner Rechte verlangen; hat er dies getan, so wirkt die Zahlung als Einlösung der Forderung.

(RGBl 1916/69)

§ 1423. [1]Wird die Einlösung mit Einverständnis des Schuldners angeboten, so muß der Gläubiger die Zahlung annehmen; doch hat er außer dem Falle des Betruges für die Einbringlichkeit und Richtigkeit der Forderung nicht zu haften. [2]Ohne Einwilligung des Schuldners kann dem Gläubiger von einem Dritten in der Regel (§ 462) die Zahlung nicht aufgedrängt werden.

(RGBl 1916/69)

an wen

§ 1424. [1]Der Schuldbetrag muß dem Gläubiger oder dessen zum Empfange geeigneten Machthaber, oder demjenigen geleistet werden, den das Gericht als Eigentümer der Forderung erkannt hat. [2]Was jemand an eine Person bezahlt hat, die ihr Vermögen nicht selbst verwalten darf, ist er insoweit wieder zu zahlen verbunden, als das Bezahlte nicht wirklich vorhanden, oder zum Nutzen des Empfängers verwendet worden ist.

Gerichtliche Hinterlegung der Schuld

§ 1425. [1]Kann eine Schuld aus dem Grunde, weil der Gläubiger unbekannt, abwesend, oder mit dem Angebotenen unzufrieden ist, oder aus andern wichtigen Gründen nicht bezahlt werden; so steht dem Schuldner bevor, die abzutragende Sache bei dem Gerichte zu hinterlegen; oder wenn sie dazu nicht geeignet ist, die gerichtliche Einleitung zu deren Verwahrung anzusuchen. [2]Jede dieser Handlungen, wenn sie rechtmäßig geschehen und dem Gläubiger bekannt gemacht worden ist, befreit den Schuldner von seiner Verbindlichkeit, und wälzt die Gefahr der geleisteten Sache auf den Gläubiger.

Quittungen

§ 1426. [1]Der Zahler ist in allen Fällen berechtigt, von dem Befriedigten eine Quittung, nämlich ein schriftliches Zeugnis der erfüllten Verbindlichkeit, zu verlangen. [2]In der Quittung muß der Name des Schuldners und des Gläubigers, sowie der Ort, die Zeit und der Gegenstand der getilgten Schuld ausgedrückt, und sie muß von dem Gläubiger, oder dessen Machthaber unterschrieben werden. [3]„Die Kosten der Quittung hat, wenn nichts anderes vereinbart ist, der Gläubiger zu tragen.“ *(RGBl 1916/69)*

§ 1427. Eine Quittung über das bezahlte Kapital gründet die Vermutung, daß auch die Zinsen davon bezahlt worden seien.

§ 1428. [1]Besitzt der Gläubiger von dem Schuldner einen Schuldschein; so ist er nebst Ausstellung einer Quittung verbunden, denselben zurückzugeben, oder die allenfalls geleistete Abschlagszahlung auf dem Schuldschein selbst abschreiben zu lassen. [2]Der zurückerhaltene Schuldschein ohne Quittung gründet für den Schuldner die rechtliche Vermutung der geleisteten Zahlung; er schließt aber den Gegenbeweis nicht aus. [3]Ist der Schuldschein, welcher zurückgegeben werden soll, in Verlust geraten; so ist der Zahlende berechtigt, Sicherstellung zu fordern, oder den Betrag gerichtlich zu hinterlegen, und zu verlangen, daß der Gläubiger die Tötung des Schuldscheines der Gerichtsordnung gemäß bewirke.

§ 1429. Eine Quittung, die der Gläubiger dem Schuldner für eine abgetragene neuere Schuldpost ausgestellt hat, beweist zwar nicht, daß auch andere ältere Posten abgetragen worden seien: wenn es aber gewisse Gefälle, Renten, oder solche Zahlungen betrifft, welche, wie Geld-, Grund-, Haus- oder Kapitalszinsen, aus eben demselben Titel und zu einer gewissen Zeit geleistet werden sollen; so wird vermutet, daß derjenige, welcher sich mit der Quittung des letzt verfallenen Termines ausweist, auch die früher verfallenen berichtigt habe.

§ 1430. Ebenso wird von Handels- und Gewerbsleuten, welche mit ihren Abnehmern (Kunden) zu gewissen Fristen die Rechnungen abzuschließen pflegen, vermutet, daß ihnen, wenn sie über die Rechnung aus einer späteren Frist quittiert haben, auch die früheren Rechnungen bezahlt seien.

Zahlung einer Nichtschuld

§ 1431. Wenn jemandem[1)] aus einem Irrtume, wäre es auch ein Rechtsirrtum, eine Sache oder eine Handlung geleistet worden, wozu er gegen den Leistenden kein Recht hat; so kann in der Regel im ersten Falle die Sache zurückgefordert, im zweiten aber ein dem verschafften Nutzen angemessener Lohn verlangt werden.

[1)] *In JGS „jemanden“*

§ 1432. Doch können Zahlungen einer verjährten, oder einer solchen Schuld, welche nur aus Mangel der Förmlichkeiten ungültig ist, oder zu deren Eintreibung das Gesetz bloß das Klagerecht versagt, ebensowenig zurückgefordert werden, als wenn jemand eine Zahlung leistet, von der er weiß, daß er sie nicht schuldig ist.

§ 1433. Diese Vorschrift (§ 1432) kann aber auf den Fall, in dem eine minderjährige, eine nicht geschäftsfähige volljährige oder eine andere Person bezahlt hat, die nicht frei über ihr Eigentum verfügen kann, nicht angewendet werden.

(BGBl I 2017/59, ab 1. 7. 2018, s § 1503 Abs 9 Z 4)

§ 1434. [1]Die Zurückstellung des Bezahlten kann auch dann begehrt werden, wenn die Schuldforderung auf was immer für eine Art noch ungewiß ist; oder wenn sie noch von der Erfüllung einer beigesetzten Bedingung abhängt. [2]Die Bezahlung einer richtigen und unbedingten Schuld kann aber deswegen nicht zurückgefordert werden, weil die Zahlungsfrist noch nicht verfallen ist.

§ 1435. Auch Sachen, die als eine wahre Schuldigkeit gegeben worden sind, kann der Geber von dem Empfänger zurückfordern, wenn der rechtliche Grund, sie zu behalten, aufgehört hat.

§ 1436. War jemand verbunden, aus zwei Sachen nur eine nach seiner Willkür zu geben, und hat er aus Irrtum beide gegeben; so hängt es von ihm ab, die eine oder die andere zurückzufordern.

§ 1437. „[1]“Der Empfänger einer bezahlten Nichtschuld wird als ein redlicher oder unredlicher Besitzer angesehen, je nachdem er den Irrtum des Gebers gewußt hat, oder aus den Umständen vermuten mußte, oder nicht. „[2]Von einem minderjährigen oder nicht geschäftsfähigen volljährigen Empfänger kann der Geber das irrtümlich Bezahlte (§ 1431) nur insoweit zurückfordern, als es beim Empfänger wirklich vorhanden oder zum Nutzen des Empfängers verwendet worden ist.“ *(BGBl I 2017/59, ab 1. 7. 2018, s § 1503 Abs 9 Z 4)*

2. Kompensation

§ 1438. Wenn Forderungen gegenseitig zusammentreffen, die richtig, gleichartig und so beschaffen sind, daß eine Sache, die dem einen als Gläubiger gebührt, von diesem auch als Schuldner dem andern entrichtet werden kann; so entsteht, insoweit die Forderungen sich gegeneinander ausgleichen, eine gegenseitige Aufhebung der Verbindlichkeiten (Kompensation), welche schon für sich die gegenseitige Zahlung bewirkt.

§ 1439. [1]Zwischen einer richtigen und nicht richtigen, sowie zwischen einer fälligen und noch nicht fälligen Forderung findet die Kompensation nicht statt. [2]Inwiefern gegen eine „Insolvenzmasse“ die Kompensation stattfinde, wird in der „Insolvenzordnung“ bestimmt. *(BGBl I 2010/58, ab 1. 8. 2010)*

§ 1440. [1]Ebenso lassen sich Forderungen, welche ungleichartige oder bestimmte und unbestimmte Sachen zum Gegenstande haben, gegeneinander nicht aufheben. [2]Eigenmächtig oder listig entzogene, entlehnte, in Verwahrung oder in Bestand genommene Stücke sind überhaupt kein Gegenstand der Zurückbehaltung oder der Kompensation.

(RGBl 1916/69)

§ 1441. [1]Ein Schuldner kann seinem Gläubiger dasjenige nicht in Aufrechnung bringen, was dieser einem Dritten und der Dritte dem Schuldner zu zahlen hat. [2]Selbst eine Summe, die jemand an eine Staatskasse zu fordern hat, kann gegen eine Zahlung, die er an eine andere Staatskasse leisten muß, nicht abgerechnet werden.

§ 1442. Wenn eine Forderung allmählich auf mehrere übertragen wird; so kann der Schuldner zwar die Forderung, welche er zur Zeit der Abtretung an den ersten Inhaber derselben hatte, sowie auch jene, die ihm gegen den letzten Inhaber zusteht, in Abrechnung bringen; nicht aber auch diejenige, welche ihm an einen der Zwischeninhaber zustand.

§ 1443. Gegen eine den öffentlichen Büchern einverleibte Forderung kann die Einwendung der Kompensation einem Zessionar nur dann entgegengesetzt werden, wenn die Gegenforderung ebenfalls, und zwar bei der Forderung selbst eingetragen, oder dem Zessionar bei Übernehmung der letztern bekannt gemacht worden ist.

3. Entsagung

§ 1444. In allen Fällen, in welchen der Gläubiger berechtigt ist, sich seines Rechtes zu begeben, kann er demselben auch zum Vorteile seines Schuldners entsagen, und hierdurch die Verbindlichkeit des Schuldners aufheben.

4. Vereinigung

§ 1445. [1]Sooft auf was immer für eine Art das Recht mit der Verbindlichkeit in einer Person vereinigt wird, erlöschen beide; außer, wenn es dem Gläubiger noch frei steht, eine Absonderung seiner Rechte zu verlangen (§§ 802 und 812), oder wenn Verhältnisse von ganz verschiedener Art eintreten. [2]Daher wird durch die Nachfolge des Schuldners in die Verlassenschaft seines Gläubigers in den Rechten der Erbschaftsgläubiger, der Miterben oder „Vermächtnisnehmer“, und durch die Beerbung des Schuldners und Bürgen in den Rechten des Gläubigers nichts geändert. *(BGBl I 2017/59, ab 2. 1. 2017, s § 1503 Abs 9 Z 3)*

§ 1446. [1]Rechte und Verbindlichkeiten, welche den öffentlichen Büchern einverleibt sind, werden durch die Vereinigung nicht aufgehoben, bis die Löschung aus den öffentlichen Büchern erfolgt ist (§ 526). [2]Bis dahin kann das eingetragene Pfandrecht vom Eigentümer oder im Wege der Zwangsvollstreckung auf einen Dritten übertragen werden (§§ 469 bis 470).

(RGBl 1916/69)

5. Untergang der Sache

§ 1447. [1]Der zufällige gänzliche Untergang einer bestimmten Sache hebt alle Verbindlichkeit, selbst die, den Wert derselben zu vergüten, auf. [2]Dieser Grundsatz gilt auch für diejenigen Fälle, in welchen die Erfüllung der Verbindlichkeit, oder die Zahlung einer Schuld durch einen andern Zufall unmöglich wird. [3]In jedem Falle muß aber der Schuldner das, was er um die Verbindlichkeit in Erfüllung zu bringen, erhalten hat, zwar gleich einem redlichen Besitzer, jedoch auf solche Art zurückstellen oder vergüten, daß er aus dem Schaden des andern keinen Gewinn zieht.

6. Tod

§ 1448. Durch den Tod erlöschen nur solche Rechte und Verbindlichkeiten, welche auf die Person eingeschränkt sind, oder die bloß persönliche Handlungen des Verstorbenen betreffen.

7. Verlauf der Zeit

§ 1449. [1]Rechte und Verbindlichkeiten erlöschen auch durch den Verlauf der Zeit, worauf sie durch einen letzten Willen, Vertrag, richterlichen Ausspruch, oder durch das Gesetz beschränkt sind. [2]Auf welche Art sie durch die von dem Gesetze bestimmte Verjährung aufgehoben werden, wird in dem folgenden Hauptstücke festgesetzt.

Von der Einsetzung in den vorigen Stand

§ 1450. [1]Die bürgerlichen Gesetze, nach welchen widerrechtliche Handlungen und Geschäfte, wenn die Verjährung nicht im Wege steht, unmittelbar bestritten werden können, gestatten keine Einsetzung in den vorigen Stand. [2]Die zum gerichtlichen Verfahren gehörigen Fälle der Einsetzung in den vorigen Stand, sind in der Gerichtsordnung bestimmt.

Viertes Hauptstück
Von der Verjährung und Ersitzung

Verjährung

§ 1451. Die Verjährung ist der Verlust eines Rechtes, welches während der von dem Gesetze bestimmten Zeit nicht ausgeübt worden ist.

Ersitzung

§ 1452. Wird das verjährte Recht vermöge des gesetzlichen Besitzes zugleich auf jemand andern übertragen; so heißt es ein ersessenes Recht, und die Erwerbungsart Ersitzung.

Wer verjähren und ersitzen kann

§ 1453. Jeder, der sonst zu erwerben fähig ist, kann auch ein Eigentum oder andere Rechte durch Ersitzung erwerben.

Gegen wen

§ 1454. [1]Die Verjährung und Ersitzung kann gegen alle Privatpersonen, welche ihre Rechte selbst auszuüben fähig sind, stattfinden. [2]Gegen „Minderjährige und volljährige Personen, wenn diese aufgrund einer psychischen Krankheit oder einer vergleichbaren Beeinträchtigung ihrer Entscheidungsfähigkeit an der Durchsetzung ihrer Rechte gehindert sind;“ gegen Kirchen, Gemeinden und andere moralische Körper; gegen Verwalter des öffentlichen Vermögens und gegen diejenigen, welche ohne ihr Verschulden abwesend sind, wird sie nur unter den unten (§§ 1494, 1472 und 1475) folgenden Beschränkungen gestattet. *(BGBl I 2017/59, ab 1. 7. 2018, s § 1503 Abs 9 Z 4)*

Welche Gegenstände

§ 1455. [1]Was sich erwerben läßt, kann auch ersessen werden. [2]Sachen hingegen, welche man vermöge ihrer wesentlichen Beschaffenheit, oder vermöge der Gesetze nicht besitzen kann; ferner Sachen und Rechte, welche schlechterdings unveräußerlich sind, sind kein Gegenstand der Ersitzung.

§ 1456. Aus diesem Grunde können weder die dem Staat[soberhaupte] als solchem allein zukommenden Rechte, z.B. das Recht, Zölle anzulegen, Münzen zu prägen, Steuern auszuschreiben, und andere Hoheitsrechte (Regalien) durch Ersitzung erworben, noch die diesen Rechten entsprechenden Schuldigkeiten verjährt werden.

[] *Gegenstandslos*

§ 1457. Andere dem Staat[soberhaupte] zukommende, doch nicht ausschließend vorbehaltene Rechte, z.B. auf Waldungen, Jagden, Fischereien u. dgl., können zwar überhaupt von andern Staatsbürgern, doch nur binnen einem längeren als dem gewöhnlichen Zeitraume (§ 1472) ersessen werden.

[] *Gegenstandslos*

§ 1458. [1]Die Rechte eines Ehegatten, eines eingetragenen Partners, der Eltern, eines Kindes und andere Personenrechte sind kein Gegenstand der Ersitzung. [2]Doch kommt denjenigen, welche dergleichen Rechte redlicher Weise ausüben, die schuldlose Unwissenheit zur einstweiligen Behauptung und Ausübung ihrer vermeinten Rechte zustatten.

(BGBl I 2009/135, ab 1. 1. 2010)

§ 1459. [1]Die Rechte eines Menschen über seine Handlungen und über sein Eigentum, z.B. eine Ware da oder dort zu kaufen, seine Wiesen oder sein Wasser zu benutzen, unterliegen, außer dem Falle, daß das Gesetz mit der binnen einem Zeitraume unterlassenen Ausübung ausdrücklich den Verlust derselben verknüpft, keiner Verjährung. [2]Hat aber eine Person der andern die Ausübung eines solchen Rechtes untersagt, oder sie daran verhindert; so fängt der Besitz des Untersagungsrechtes von Seite der einen gegen die Freiheit der andern von dem Augenblicke an, als sich diese dem Verbote, oder der Verhinderung gefügt hat, und es wird dadurch, wenn alle übrigen[1)] Erfordernisse eintreffen, die Verjährung oder die Ersitzung bewirkt (§§ 313 und 351).

[1)] *In JGS „übrige“*

Erfordernisse zur Ersitzung: 1. Besitz;

§ 1460. Zur Ersitzung wird nebst der Fähigkeit der Person und des Gegenstandes erfordert: daß jemand die Sache oder das Recht, die auf diese Art erworben werden sollen, wirklich besitze; daß sein Besitz rechtmäßig, redlich und echt sei, und durch die ganze von dem Gesetze bestimmte Zeit fortgesetzt werde (§§ 309, 316, 326 und 345).

und zwar a) ein rechtmäßiger;

§ 1461. [1]Jeder Besitz, der sich auf einen solchen Titel gründet, welcher zur Übernahme des Eigentumes, wenn solches dem Übergeber gebührt hätte, hinlänglich gewesen wäre, ist rechtmäßig und zur Ersitzung hinreichend. [2]Dergleichen sind, z.B. das Vermächtnis, die Schenkung, das Darlehen[1)], der Kauf und Verkauf, der Tausch, die Zahlung, usw.

[1)] *In JGS „Darleihen“*

§ 1462. [1]Verpfändete, geliehene, in Verwahrung, oder zur Fruchtnießung gegebene Sachen können von Gläubigern, Entlehnern und Verwahrern oder Fruchtnießern, aus Mangel eines rechtmäßigen Titels, niemals ersessen werden. [2]Ihre Erben stellen die „Verstorbenen" vor, und haben nicht mehr Titel als dieselben. [3]Nur dem dritten rechtmäßigen Besitzer kann die Ersitzungszeit zustatten kommen. *(BGBl I 2015/87, ab 1. 1. 2017)*

b) redlicher;

§ 1463. [1]Der Besitz muß redlich sein. [2]Die Unredlichkeit des vorigen Besitzers hindert aber einen redlichen Nachfolger oder Erben nicht, die Ersitzung von dem Tage seines Besitzes anzufangen (§ 1493).

c) echter

§ 1464. [1]Der Besitz muß auch echt sein. [2]Wenn jemand sich einer Sache mit Gewalt oder List bemächtigt, oder in den Besitz heimlich einschleicht, oder eine Sache nur bittweise besitzt; so kann weder er selbst, noch können seine Erben dieselbe verjähren.

2. Verlauf der Zeit

§ 1465. [1]Zur Ersitzung und Verjährung ist auch der in dem Gesetze vorgeschriebene Verlauf der Zeit notwendig. [2]Außer dem, durch die Gesetze für einige besondere Fälle festgesetzten Zeitraume, wird hier das in allen übrigen Fällen zur Ersitzung oder Verjährung nötige Zeitmaß überhaupt bestimmt. [3]Es kommt dabei sowohl auf die Verschiedenheit der Rechte und der Sachen, als der Personen an.

Ersitzungszeit. Ordentliche;

§ 1466. Das Eigentumsrecht, dessen Gegenstand eine bewegliche Sache ist, wird durch einen dreijährigen rechtlichen Besitz ersessen.

§ 1467. *(aufgehoben, RGBl 1916/69)*

§ 1468. Wo noch keine ordentlichen öffentlichen Bücher eingeführt sind, und die Erwerbung unbeweglicher Sachen aus den Gerichtsakten und andern Urkunden zu erweisen ist, oder wenn die Sache auf den Namen desjenigen, der die Besitzrechte darüber ausübt, nicht eingetragen ist; wird die Ersitzung erst nach dreißig Jahren vollendet.

§ 1469. *(aufgehoben, RGBl 1916/69)*

§ 1470. Wo noch keine ordentlichen öffentlichen Bücher bestehen, oder ein solches Recht denselben nicht einverleibt ist, kann es der redliche Inhaber erst nach dreißig Jahren ersitzen.

§ 1471. Bei Rechten, die selten ausgeübt werden können, z.B. bei dem Rechte, eine Pfründe zu vergeben, oder jemanden bei Herstellung einer Brücke zum Beitrage anzuhalten, muß derjenige, welcher die Ersitzung behauptet, nebst einem Verlaufe von dreißig Jahren, zugleich erweisen, daß der Fall zur Ausübung binnen dieser Zeit wenigstens dreimal sich ergeben, und er jedesmal dieses Recht ausgeübt habe.

außerordentliche

§ 1472. [1]Gegen den Fiskus, das ist, gegen die Verwalter der Staatsgüter und des Staatsvermögens, insoweit die Verjährung Platz greift (§§ 287, [289] und 1456 – 1457), ferner gegen die Verwalter der Güter der Kirchen, Gemeinden und anderer erlaubten Körper, reicht die gemeine ordentliche Ersitzungszeit nicht zu. [2]Der Besitz beweglicher Sachen, [sowie auch der Besitz der unbeweglichen, oder der darauf ausgeübten Dienstbarkeiten und anderer Rechte, wenn sie auf den Namen des Besitzers den öffentlichen Büchern einverleibt sind,] muß durch sechs Jahre fortgesetzt werden. [3]Rechte solcher Art, die auf den Namen des Besitzers in die öffentlichen Bücher nicht einverleibt sind, und alle übrige Rechte lassen sich gegen den Fiskus und die hier angeführten begünstigten Personen nur durch den Besitz von vierzig Jahren erwerben.

[] *Gegenstandslos; letzteres wegen der Aufhebung der §§ 1467 und 1469*

§ 1473. [1]Wer mit einer von dem Gesetze in Ansehung der Verjährungszeit begünstigten Person in Gemeinschaft steht, dem kommt die nämliche Begünstigung zustatten. [2]Begünstigungen der längeren Verjährungsfrist haben auch gegen andere, darin ebenfalls begünstigte Personen ihre Wirkung.

§ 1474. *(aufgehoben, BGBl I 2006/113, ab 25. 7. 2006)*

§ 1475. [1]Der Aufenthalt des Eigentümers außer [der Provinz],[1)] in welcher sich die Sache befindet, steht der ordentlichen Ersitzung und Verjährung insoweit entgegen, daß die Zeit einer willkürlichen und schuldlosen Abwesenheit nur zur Hälfte, folglich ein Jahr nur für sechs Monate gerechnet wird. [2]Doch soll auf kurze Zeiträume der Abwesenheit, welche durch kein volles Jahr ununterbrochen gedauert haben, nicht Bedacht genommen, und überhaupt die Zeit nie weiter als bis auf dreißig Jahre zusammen ausgedehnt werden.

[3]Schuldbare Abwesenheit genießt keine Ausnahme von der ordentlichen Verjährungszeit.

[1)] Jetzt: dem Bundesland

§ 1476. Auch derjenige, welcher eine bewegliche Sache unmittelbar von einem unechten, oder von einem unredlichen Besitzer an sich gebracht hat, oder seinen Vormann anzugeben nicht vermag; muß den Verlauf der sonst ordentlichen Ersitzungszeit doppelt abwarten.

§ 1477. [1]Wer die Ersitzung auf einen Zeitraum von dreißig oder vierzig Jahren stützt, bedarf keiner Angabe des rechtmäßigen Titels. [2]Die gegen ihn erwiesene Unredlichkeit des Besitzes schließt aber auch in diesem längeren Zeitraume die Ersitzung aus.

Verjährungszeit. Allgemeine

§ 1478. [1]Insofern jede Ersitzung eine Verjährung in sich begreift, werden beide mit den vorgeschriebenen Erfordernissen in einem Zeitraume vollendet. [2]Zur eigentlichen Verjährung aber ist der bloße Nichtgebrauch eines Rechtes, das an sich schon hätte ausgeübt werden können, durch dreißig Jahre hinlänglich.

§ 1479. Alle Rechte gegen einen Dritten, sie mögen den öffentlichen Büchern einverleibt sein oder nicht, erlöschen also in der Regel längstens durch den dreißigjährigen Nichtgebrauch, oder durch ein so lange Zeit beobachtetes Stillschweigen.

§ 1480. Forderungen von rückständigen jährlichen Leistungen, insbesondere Zinsen, Renten, Unterhaltsbeiträgen, Ausgedingsleistungen, sowie zur Kapitalstilgung vereinbarten Annuitäten erlöschen in drei Jahren; das Recht selbst wird durch einen Nichtgebrauch von dreißig Jahren verjährt.

(RGBl 1916/69)

Ausnahmen

§ 1481. Die in dem Familien- und überhaupt in dem Personenrechte gegründeten Verbindlichkeiten, z.B. den Kindern den unentbehrlichen Unterhalt zu verschaffen, sowie diejenigen, welche dem oben (§ 1459) angeführten Rechte, mit seinem Eigentume frei zu schalten, zusagen, z.B. die Verbindlichkeit, die Teilung einer gemeinschaftlichen Sache oder die Grenzbestimmung vornehmen zu lassen, können nicht verjährt werden.

§ 1482. [1]Auf gleiche Weise wird derjenige, welcher ein Recht auf einem fremden Grunde in Ansehung des Ganzen oder auf verschiedene beliebige Arten ausüben konnte, bloß dadurch, daß er es durch noch so lange Zeit nur auf einem Teile des Grundes oder nur auf eine bestimmte Weise ausübte, in seinem Rechte nicht eingeschränkt; sondern die Beschränkung muß durch Erwerbung oder Ersitzung des Untersagungs- oder Hinderungsrechtes bewirkt werden (§ 351). [2]Ebendieses ist auch auf den Fall anzuwenden, wenn jemand ein gegen alle Mitglieder einer Gemeinde zustehendes Recht bisher nur gegen gewisse Mitglieder derselben ausgeübt hat.

§ 1483. [1]Solange der Gläubiger das Pfand in Händen hat, kann ihm die unterlassene Ausübung des Pfandrechtes nicht eingewendet und das Pfandrecht nicht verjährt werden. [2]Auch das Recht des Schuldners sein Pfand einzulösen, bleibt unverjährt. [3]Insofern aber die Forderung den Wert des Pfandes übersteigt, kann sie inzwischen durch Verjährung erlöschen.

§ 1484. Zur Verjährung solcher Rechte, die nur selten ausgeübt werden können, wird erfordert, daß während der Verjährungszeit von dreißig Jahren von drei Gelegenheiten, ein solches Recht auszuüben, kein Gebrauch gemacht worden sei (§ 1471).

§ 1485. (1) In Rücksicht der in dem § 1472 begünstigten Personen werden, wie zur Ersitzung, also auch zur Verjährung, vierzig Jahre erfordert.

(2) Die allgemeine Regel, daß ein Recht wegen des Nichtgebrauches erst nach Verlauf von dreißig oder vierzig Jahren verloren gehe, ist nur auf diejenigen Fälle anwendbar, für welche das Gesetz nicht einen kürzeren Zeitraum ausgemessen hat (§ 1465).

(RGBl 1916/69)

Besondere Verjährungszeit

§ 1486. In drei Jahren sind verjährt: die Forderungen

1. für Lieferung von Sachen oder Ausführung von Arbeiten oder sonstige Leistungen in einem gewerblichen, kaufmännischen oder sonstigen geschäftlichen Betriebe;

2. für Lieferung land- und forstwirtschaftlicher Erzeugnisse in einem Betriebe der Land- und Forstwirtschaft;

3. für die Übernahme zur Beköstigung, Pflege, Heilung, zur Erziehung oder zum Unterricht durch Personen, die sich damit befassen, oder in Anstalten, die diesem Zwecke dienen;

4. von Miet- und Pachtzinsen;

5. der Dienstnehmer wegen des Entgelts und des Auslagenersatzes aus den Dienstverträgen von Hilfsarbeitern, Taglöhnern, Dienstboten und allen Privatbediensteten, sowie der Dienstgeber

wegen der auf solche Forderungen gewährten Vorschüsse;

6. der Ärzte, Tierärzte, Hebammen, der Privatlehrer, der Rechtsanwälte, Notare, Patentanwälte und aller anderen zur Besorgung gewisser Angelegenheiten öffentlich bestellten Personen wegen Entlohnung ihrer Leistungen und Ersatzes ihrer Auslagen, sowie der Parteien wegen der Vorschüsse an diese Personen;

7. von Ausstattungen. *(BGBl I 2009/75, ab 1. 1. 2010)*

(RGBl 1916/69)

§ 1486a. Der Anspruch eines Ehegatten auf Abgeltung seiner Mitwirkung im Erwerb des anderen (§ 98) verjährt in „sechs" Jahren vom Ende des Monats, in dem die Leistung erbracht worden ist. *(BGBl I 1999/125, ab 1. 1. 2000)*

(BGBl 1978/280)

§ 1487. [1]Die Rechte, „ " eine Schenkung wegen Undankbarkeit des Beschenkten zu widerrufen „ "; einen entgeltlichen Vertrag wegen Verletzung über die Hälfte aufzuheben, oder die vorgenommene Teilung eines gemeinschaftlichen Gutes zu bestreiten; und die Forderung wegen einer bei dem Vertrage unterlaufenen Furcht oder eines Irrtums, wobei sich der andere vertragmachende Teil keiner List schuldig gemacht hat, müssen binnen drei Jahren geltend gemacht werden. [2]Nach Verlauf dieser Zeit sind sie verjährt. *(BGBl I 2015/87, ab 1. 1. 2017)*

(RGBl 1916/69)

Verjährung erbrechtlicher Ansprüche

§ 1487a. (1) [1]Das Recht, eine Erklärung des letzten Willens umzustoßen, den Geldpflichtteil zu fordern, letztwillige Bedingungen oder Belastungen von Zuwendungen anzufechten, nach erfolgter Einantwortung ein besseres oder gleiches Recht geltend zu machen, den Geschenknehmer wegen Verkürzung des Pflichtteils in Anspruch zu nehmen oder sonstige Rechte aus einem Geschäft von Todes wegen zu fordern, muss binnen drei Jahren ab Kenntnis der für das Bestehen des Anspruchs maßgebenden Tatsachen gerichtlich geltend gemacht werden. [2]Unabhängig von dieser Kenntnis verjähren diese Rechte dreißig Jahre nach dem Tod des Verstorbenen.

(2) Abs. 1 gilt sinngemäß für die Aneignung durch den Bund.

(BGBl I 2015/87, ab 1. 1. 2017, s § 1503 Abs 7 Z 9)

§ 1488. Das Recht der Dienstbarkeit wird durch den Nichtgebrauch verjährt, wenn sich der verpflichtete Teil der Ausübung der Servitut widersetzt, und der Berechtigte durch drei aufeinander folgende Jahre sein Recht nicht geltend gemacht hat.

§ 1489. [1]Jede Entschädigungsklage ist in drei Jahren von der Zeit an verjährt, zu welcher der Schade und die Person des Beschädigers dem Beschädigten bekannt wurde, der Schade mag durch Übertretung einer Vertragspflicht oder ohne Beziehung auf einen Vertrag verursacht worden sein. [2]Ist dem Beschädigten der Schade oder die Person des Beschädigers nicht bekannt geworden oder ist der Schade „aus einer oder mehreren gerichtlich strafbaren Handlungen, die nur vorsätzlich begangen werden können und mit mehr als einjähriger Freiheitsstrafe bedroht sind", entstanden, so erlischt das Klagerecht nur nach dreißig Jahren. *(BGBl 1974/496)*

(RGBl 1916/69)

§ 1490. *(entfällt, BGBl I 2023/182, mit Ablauf des 16. 2. 2024)*

§ 1491. [1]Einige Rechte sind von den Gesetzen auf eine noch kürzere Zeit eingeschränkt. [2]Hierüber kommen die Vorschriften an den Orten, wo diese Rechte abgehandelt werden, vor.

§ 1492. Wie lange das Wechselrecht einem Wechsel[briefe][1)] zustatten komme, ist in der [Wechselordnung][2)] bestimmt.

---

1) Jetzt: „Wechsel"
2) Jetzt: „Wechselgesetz"

Einrechnung der Verjährungszeit des Vorfahrers

§ 1493. [1]Wer eine Sache von einem rechtmäßigen und redlichen Besitzer redlich übernimmt, der ist als Nachfolger berechtigt, die Ersitzungszeit seines Vorfahrers mit einzurechnen (§ 1463). [2]Ebendieses gilt auch von der Verjährungszeit. [3]Bei einer Ersitzung von dreißig oder vierzig Jahren findet diese Einrechnung auch ohne einen rechtmäßigen Titel, und bei der eigentlichen Verjährung selbst ohne guten Glauben, oder schuldlose Unwissenheit statt.

Hemmung der Verjährung

§ 1494. (1) Ist eine volljährige Person aufgrund einer psychischen Krankheit oder einer vergleichbaren Beeinträchtigung ihrer Entscheidungsfähigkeit an der Durchsetzung ihrer Rechte gehindert, so beginnt die Ersitzungs- oder Verjährungszeit erst zu laufen, wenn sie die Entscheidungsfähigkeit wieder erlangt oder ein gesetzlicher Vertreter die Rechte wahrnehmen kann.

(2) Gegen eine minderjährige Person beginnt die Ersitzungs- und Verjährungszeit so lange nicht zu laufen, als sie keinen gesetzlichen Vertreter hat oder ihr gesetzlicher Vertreter an der Wahrnehmung ihrer Rechte gehindert ist. „Unabhängig davon beginnt die Frist nach § 1489 Satz 2 zweiter Fall vor Vollendung des achtzehnten Lebensjahres des Geschädigten nicht zu laufen.“ *(BGBl I 2019/105, ab 1. 1. 2020, s § 1503 Abs 13)*

(3) Die einmal angefangene Ersitzungs- oder Verjährungszeit läuft zwar fort; sie kann aber nie früher als zwei Jahre nach Wegfall der Hindernisse enden.

(BGBl I 2017/59, ab 1. 7. 2018, s § 1503 Abs 9 Z 20)

§ 1495. [1]„Auch zwischen Ehegatten oder eingetragenen Partnern sowie zwischen gesetzlichen Vertretern (§ 1034) und den von ihnen Vertretenen kann, solange die Ehe, die eingetragene Partnerschaft oder das Vertretungsverhältnis andauert, die Ersitzung oder Verjährung weder anfangen noch fortgesetzt werden“[2]Das gilt nicht für die Ansprüche eines Ehegatten oder eines eingetragenen Partners auf Abgeltung der Mitwirkung im Erwerb des anderen Teils, doch wird die Verjährung so lange gehemmt, als zwischen den Ehegatten oder eingetragenen Partnern ein gerichtliches Verfahren zur Entscheidung über einen Anspruch auf Abgeltung anhängig ist und gehörig fortgesetzt wird. *(BGBl I 2017/59, ab 1. 7. 2018, s § 1503 Abs 9 Z 20)*

(BGBl I 2009/135, ab 1. 1. 2010)

§ 1496. Durch Abwesenheit in Zivil- oder Kriegsdiensten, oder durch gänzlichen Stillstand der Rechtspflege, z.B. in Pest- oder Kriegszeiten, wird nicht nur der Anfang, sondern solange dieses Hindernis dauert, auch die Fortsetzung der Ersitzung oder Verjährung gehemmt.

Unterbrechung der Verjährung

§ 1497. [1]Die Ersitzung sowohl, als die Verjährung wird unterbrochen, wenn derjenige, welcher sich auf dieselbe berufen will, vor dem Verlaufe der Verjährungszeit entweder ausdrücklich oder stillschweigend das Recht des andern anerkannt hat, oder, wenn er von dem Berechtigten belangt, und die Klage gehörig fortgesetzt wird. [2]Wird aber die Klage durch einen rechtskräftigen Spruch für unstatthaft erklärt; so ist die Verjährung für ununterbrochen zu halten.

Wirkung der Ersitzung oder Verjährung

§ 1498. Wer eine Sache oder ein Recht ersessen hat, kann gegen den bisherigen Eigentümer bei dem Gerichte die Zuerkennung des Eigentumes ansuchen, und das zuerkannte Recht, wofern es einen Gegenstand der öffentlichen Bücher ausmacht, den letzteren einverleiben lassen.

§ 1499. Auf gleiche Art kann nach Verlauf der Verjährung der Verpflichtete die Löschung seiner in den öffentlichen Büchern eingetragenen Verbindlichkeit, oder die Nichtigerklärung des dem Berechtigten bisher zugestandenen Rechtes und der darüber ausgestellten Urkunden erwirken.

§ 1500. Das aus der Ersitzung oder Verjährung erworbene Recht kann aber demjenigen, welcher im Vertrauen auf die öffentlichen Bücher noch vor der Einverleibung desselben eine Sache oder ein Recht an sich gebracht hat, zu keinem Nachteile gereichen.

§ 1501. Auf die Verjährung ist, ohne Einwendung der Parteien, von Amts wegen kein Bedacht zu nehmen.

Entsagung oder Verlängerung der Verjährung

§ 1502. Der Verjährung kann weder im voraus entsagt, noch kann eine längere Verjährungsfrist, als durch die Gesetze bestimmt ist, bedungen werden.

Fünftes Hauptstück

Inkrafttreten und Übergangsbestimmungen ab 1. Februar 2013

§ 1503. „(1)“ Für das Inkrafttreten des Kindschafts- und Namensrechts-Änderungsgesetzes 2013, BGBl. I Nr. 15/2013[1)], gilt Folgendes:

1. Das Kindschafts- und Namensrechts-Änderungsgesetz 2013[2)] tritt, soweit im Folgenden nichts anderes bestimmt ist, mit 1. Februar 2013 in Kraft.

2. Die §§ 93 bis 93c in der Fassung dieses Bundesgesetzes sind auf Ehegatten anzuwenden, die die Ehe nach dem 31. März 2013 schließen.

3. Die §§ 148 Abs. 3 und 152 in der Fassung dieses Bundesgesetzes sind auf zu gerichtlichem Protokoll erklärte Zustimmungen entsprechend anzuwenden.

4. [1]Die §§ 155 bis 157 in der Fassung dieses Bundesgesetzes sind auf Kinder anzuwenden, deren Geburt oder Annahme an Kindesstatt nach dem 31. März 2013 beurkundet wird. [2]§ 139 in der Fassung des NamRÄG 1995, BGBl. Nr. 25/1995, ist auf Kinder anzuwenden, deren Geburt vor dem 1. April 2013 beurkundet wird.

5. [1]Ehegatten, die die Ehe vor dem 1. April 2013 geschlossen haben, können ihre Namen ab dem 1. September 2013 nach den Regeln dieses Bundesgesetzes bestimmen. [2]Gleichermaßen können für Kinder, deren Geburt oder Annahme an Kindesstatt vor diesem Zeitpunkt beurkundet

worden ist, die Namen ab dem 1. September 2013 nach den Regeln dieses Bundesgesetzes bestimmt werden.

6. Unbeschadet der Z 6[3] sind die §§ 93 Abs. 2 und 155 Abs. 2 in der Fassung dieses Bundesgesetzes anzuwenden, wenn die Änderung des Familiennamens des Ehegatten oder der Eltern oder eines Elternteils nach dem 31. März 2013 beurkundet wird.

7. Rechte und Pflichten zum Gebrauch eines Namens, die auf Grund eines vor dem 1. April 2013 erfolgten namensrechtlich bedeutsamen Ereignisses erworben oder entstanden sind, bleiben unberührt.

8. [1]§ 142 samt Überschrift in der Fassung dieses Bundesgesetzes ist, außer in vor dem auf die Kundmachung folgenden Tag anhängig gemachten gerichtlichen Verfahren auch auf Anerkenntnisse anzuwenden, die vor dem Inkrafttreten des § 142 erklärt worden sind. [2]§ 142 tritt mit dem auf die Kundmachung dieses Bundesgesetzes im Bundesgesetzblatt folgenden Tag[4] in Kraft.

9. Verordnungen zur Durchführung dieses Bundesgesetzes können ab dem auf die Kundmachung im Bundesgesetzblatt folgenden Tag an erlassen werden; sie treten frühestens mit 1. Februar 2013 in Kraft.[5]
(BGBl I 2013/50)

(2) 1. [1]Die §§ 905, 907a, 1417 und 1420 in der Fassung des Zahlungsverzugsgesetzes, BGBl. I Nr. 50/2013, sowie die Änderung der Paragraphenbezeichnung des bisherigen § 905a in § 907b und des bisherigen § 905b in § 905a durch dieses Bundesgesetz treten mit 16. März 2013 in Kraft. [2]Die genannten Bestimmungen sind in der Fassung des Zahlungsverzugsgesetzes auf Rechtsverhältnisse anzuwenden, die ab dem 16. März 2013 begründet werden. [3]Auf Rechtsverhältnisse, die vor dem 16. März 2013 begründet wurden, sind die bisherigen Bestimmungen weiter anzuwenden; wenn solche früher begründeten Rechtsverhältnisse jedoch wiederholte Geldleistungen vorsehen, gelten die neuen Bestimmungen für diejenigen Zahlungen, die ab dem 16. März 2013 fällig werden.

2. § 1100 in der Fassung des Zahlungsverzugsgesetzes, BGBl. I Nr. 50/2013, tritt mit 16. März 2013 in Kraft und ist in dieser Fassung auch auf Verträge anzuwenden, die vor diesem Zeitpunkt geschlossen wurden.
(BGBl I 2013/50)

(3) [1]§§ 197, 199 und 201 in der Fassung des Adoptionsrechts-Änderungsgesetzes 2013, BGBl. I Nr. 179/2013, treten mit 1. August 2013 in Kraft. [2]Sie sind in dieser Fassung auch auf Annahmen an Kindes statt anzuwenden, bei denen der schriftliche Vertrag vor dem 31. Juli 2013 geschlossen wurde. *(BGBl I 2013/179)*

(4) Die §§ 429, 905 und 1420 in der Fassung des Verbraucherrechte-Richtlinie-Umsetzungsgesetzes, BGBl. I Nr. 33/2014, treten mit 13. Juni 2014 in Kraft. *(BGBl I 2014/33)*

(5) Für das Inkrafttreten des GesbR-Reformgesetzes, BGBl. I Nr. 83/2014, gilt Folgendes:

1. [1]§ 826 und die §§ 1175 bis 1216e in der Fassung des GesbR-Reformgesetzes treten mit 1. Jänner 2015 in Kraft. [2]Soweit im Folgenden nichts anderes bestimmt ist, sind auf Sachverhalte, die sich vor diesem Zeitpunkt ereignet haben, die bisher geltenden Bestimmungen des 27. Hauptstücks des zweiten Teils weiter anzuwenden.

2. Unbeschadet des Vorrangs gesellschaftsvertraglicher Vereinbarungen (§ 1181 in der Fassung des GesbR-Reformgesetzes) gelten die §§ 1182 bis 1196, die §§ 1203 bis 1205, die §§ 1208 bis 1211, § 1213 und § 1214 Abs. 1 in der Fassung des GesbR-Reformgesetzes ab 1. Juli 2016 für Gesellschaften bürgerlichen Rechts, die vor dem 1. Jänner 2015 gebildet wurden, wenn bis zum Ablauf des 30. Juni 2016 keiner der Gesellschafter gegenüber den übrigen Gesellschaftern erklärt, die Anwendung des zuvor geltenden Rechts beibehalten zu wollen.

3. Ab 1. Jänner 2022 gelten die §§ 1182 bis 1196, die §§ 1203 bis 1205, die §§ 1208 bis 1211, § 1213 und § 1214 Abs. 1 in der Fassung des GesbR-Reformgesetzes unbeschadet des Vorrangs gesellschaftsvertraglicher Vereinbarungen (§ 1181 in der Fassung des GesbR-Reformgesetzes) jedenfalls auch für Gesellschaften bürgerlichen Rechts, die vor dem 1. Jänner 2015 gebildet wurden.
(BGBl I 2014/83)

(6) §§ 144 und 145 Abs. 1 in der Fassung des Fortpflanzungsmedizinrechts-Änderungsgesetzes 2015, BGBl. I Nr. 35/2015, treten mit 1. Jänner 2015 in Kraft und sind auf ab dem 1. Jänner 2015 geborene und im Wege medizinisch unterstützter Fortpflanzung gezeugte Kinder anzuwenden. *(BGBl I 2015/35)*

(7) Für das Inkrafttreten des Erbrechts-Änderungsgesetzes 2015, BGBl. I Nr. 87/2015 (ErbRÄG 2015), gilt Folgendes:

1. Die §§ 199, 233, 269, 308, 531 bis 543, 546 bis 560, 563 bis 572, 575 bis 591, 601 bis 617, 647 bis 654, 656 bis 667, 672 bis 678, 681 bis 699, 701 bis 703, 705 bis 719, 721 bis 749, 750 Abs. 1, die §§ 751 bis 792, 797 bis 809, die Überschriften vor § 810, die §§ 811 bis 817, 819 bis 821, 823, 824, 1205, 1249, 1251 bis 1254, 1278 bis 1283, 1462, 1487 und 1487a samt Überschriften in der Fassung des ErbRÄG 2015 und der Entfall der §§ 544, 545, 561, 562, 573, 594 bis 597, 646, 655, 668, 679, 680, 700, 704, 720, 793 bis 796, 818, 822, 951, 952, 956, 1248, 1250 und 1266 letzter Satz samt Überschriften treten mit 1. Jänner 2017 in Kraft.

2. Soweit im Folgenden nichts anderes bestimmt ist, sind die nach Z 1 mit 1. Jänner 2017 in Kraft tretenden Bestimmungen anzuwenden,

wenn der Verstorbene nach dem 31. Dezember 2016 verstorben ist.

3. § 551 Abs. 1 in der Fassung des ErbRÄG 2015 ist auf nach dem 31. Dezember 2016 vorgenommene Aufhebungen von Erbverzichten anzuwenden.

4. a) Anordnungen der Gerichte nach § 568 in der bis 31. Dezember 2016 geltenden Fassung, wonach eine Person unter Sachwalterschaft nur mündlich vor Gericht oder Notar testieren kann, verlieren mit 1. Jänner 2017 ihre Gültigkeit.

b) [1]Gleiches gilt insoweit für die vor dem 1. Jänner 2005 erlassenen gerichtlichen Beschlüsse über die Bestellung eines Sachwalters, mit denen die Einschränkung der Testierfreiheit der behinderten Person verbunden war. [2]Art. IV § 8 Familien- und Erbrechts-Änderungsgesetz 2004, BGBl. I Nr. 58/2004, wird mit Ablauf des 31. Dezember 2016 aufgehoben.

c) Die auf Grundlage der in lit. a und b genannten Bestimmungen errichteten letztwilligen Verfügungen bleiben aufrecht.

5. Die §§ 577 bis 591 und 603 in der Fassung des ErbRÄG 2015 sind auf letztwillige Verfügungen und Schenkungen auf den Todesfall anzuwenden, die nach dem 31. Dezember 2016 errichtet wurden.

6. § 750 Abs. 2 in der Fassung des ErbRÄG 2015 tritt mit 17. August 2015 in Kraft und ist anzuwenden, wenn der Verstorbene an oder nach diesem Tag gestorben ist.

7. Die §§ 752 und 753 sowie § 785 in der Fassung des ErbRÄG 2015 sind auf nach dem 31. Dezember 2016 vorgenommene Anrechnungsvereinbarungen und Anrechnungsaufhebungen anzuwenden.

8. Die §§ 797 bis 809, 811 bis 817, 819 bis 821, 823, 824 in der Fassung des ErbRÄG 2015 sind anzuwenden, wenn das Verlassenschaftsverfahren nach dem 31. Dezember 2016 anhängig gemacht worden ist.

9. [1]§ 1487a in der Fassung des ErbRÄG 2015 ist ab dem 1. Jänner 2017 auf das Recht, eine Erklärung des letzten Willens umzustoßen, den Geldpflichtteil zu fordern, letztwillige Bedingungen oder Belastungen von Zuwendungen anzufechten, nach erfolgter Einantwortung ein besseres oder gleichwertiges Recht geltend zu machen, den Geschenknehmer wegen Verkürzung des Pflichtteils in Anspruch zu nehmen oder sonstige Rechte aus einem Geschäft von Todes wegen zu fordern, anzuwenden, wenn dieses Recht am 1. Jänner 2017 nach dem bis dahin geltenden Recht nicht bereits verjährt ist. [2]Der Lauf der in § 1487a vorgesehenen kenntnisabhängigen Frist beginnt in solchen Fällen mit dem 1. Jänner 2017. *(BGBl I 2015/87)*

(8) [1]§ 1209 in der Fassung des Bundesgesetzes BGBl. I Nr. 43/2016 tritt mit 1. Juli 2016 in Kraft. [2]Abs. 5 ist auch auf dessen nunmehrige Fassung anzuwenden. *(BGBl I 2016/43)*

(9) Für das Inkrafttreten des 2. Erwachsenenschutz-Gesetzes, BGBl. I Nr. 59/2017 (2. ErwSchG), gilt Folgendes:

1. Die §§ 21, 24, 141, 146, 147 Abs. 1 bis 3[6)], 153, 154, 156, 158, 164, 172, 173, 176, 191, 192, 194 bis 196 Abs. 1 Z 1 und Abs. 2, 200 bis 202, 205, 207 zweiter Satz, 213 bis 216, 218, 220 bis 224, 228 bis 230, 239 bis 284, 310, 865, 1034, 1421, 1433, 1437, 1454, 1494 und 1495 samt Überschriften und die Überschriften vor §§ 142, 217, 218 und 219 in der Fassung des 2. ErwSchG sowie der Entfall des § 175 und der §§ 284a bis 284h samt Überschriften treten mit 1. Juli 2018 in Kraft.

2. Die §§ 147 Abs. 4, 149, 181, 185, 188, 196 Abs. 1 Z 4, 207 erster Satz bis 212 und 225 in der Fassung des Art. 1 Z 8 treten mit dem auf die Kundmachung dieses Bundesgesetzes folgenden Tag in Kraft.

3. Die §§ 705, 752, 758 und 1445 in der Fassung des 2. ErwSchG treten mit 2. 1. 2017 in Kraft; Abs. 7 in der Fassung des Erbrechts-Änderungsgesetzes 2015, BGBl. I Nr. 87/2015, bleibt ansonsten unberührt.

4. Soweit im Folgenden nichts anderes bestimmt ist, sind die nach Z 1 mit 1. Juli 2018 in Kraft tretenden Bestimmungen auf Sachverhalte anzuwenden, die sich nach dem 30. Juni 2018 ereignen oder über diesen Zeitpunkt hinaus andauern.

5. Die §§ 158 und 207 in der Fassung des 2. ErwSchG sind auf die Ausübung und Betrauung mit der Obsorge nach dem 30. Juni 2018 anzuwenden.

6. Die §§ 164, 214 bis 224 sowie 228 und 229 in der Fassung des 2. ErwSchG sind nach dem 30. Juni 2018 auf die Verwaltung von Vermögen anzuwenden.

7. Die Aufhebung des § 175 in der Fassung des 2. ErwSchG ist auch in gerichtlichen Verfahren anzuwenden, die am 1. Juli 2018 noch anhängig sind; Anordnungen der Gerichte nach § 175 in der bis 30. Juni 2018 geltenden Fassung verlieren mit 1. Juli 2018 ihre Gültigkeit.

8. [1]Die §§ 252 bis 256 in der Fassung des 2. ErwSchG sind auf medizinische Behandlungen, Sterilisationen und Forschungen anzuwenden, die nach dem 30. Juni 2018 begonnen oder abgebrochen werden. [2]§ 257 in der Fassung des 2. ErwSchG ist anzuwenden, wenn die Wohnortänderung nach dem 30. Juni 2018 erfolgt.

9. Bei der Auswahl des gerichtlichen Erwachsenenvertreters ist auf Sachwalterverfügungen im Sinn des § 279 Abs. 1 in der bis zum 2. ErwSchG geltenden Fassung auch nach dem 30. Juni 2018 Bedacht zu nehmen.

10. [1]Sachwalter, die vor dem 1. Juli 2018 bestellt wurden, sind nach dem 30. Juni 2018 gerichtliche Erwachsenenvertreter. [2]Für sie gelten die Vorschriften des sechsten Hauptstücks des ersten Teils in der Fassung des 2. ErwSchG, soweit in den Z 11 bis 14 nichts anderes bestimmt ist.

11. Die §§ 274 und 275 in der Fassung des 2. ErwSchG sind – außer in einem Erneuerungsverfahren nach Z 14 – auf gerichtliche Erwachsenenvertreter im Sinn der Z 10 nicht anzuwenden.

12. [1]Bis zum 30. Juni 2019 besteht im Fall einer gerichtlichen Erwachsenenvertretung im Sinn der Z 10 auch ohne gerichtliche Anordnung im gesamten Wirkungsbereich des ehemaligen Sachwalters und nunmehrigen gerichtlichen Erwachsenenvertreters ein Genehmigungsvorbehalt im Sinn des § 242 Abs. 2 in der Fassung des 2. ErwSchG. [2]Nach dem 30. Juni 2019 besteht für Personen, für die vor dem 1. Juli 2018 ein Sachwalter bestellt worden ist, nur ein Genehmigungsvorbehalt, wenn und soweit er gerichtlich angeordnet wird.

13. [1]Stellen gerichtliche Erwachsenenvertreter im Sinn der Z 10 nach dem 30. Juni 2018 einen Antrag auf Gewährung von Entgelt, Entschädigung oder Aufwandersatz, so ist dieser Anspruch nach § 276 in der Fassung des 2. ErwSchG zu beurteilen, wenn zumindest die Hälfte des Abrechnungszeitraumes nach dem 30. Juni 2018 liegt. [2]Liegt mehr als die Hälfte des Abrechnungszeitraumes vor dem 30. Juni 2018, so ist § 276 in der Fassung bis zum 30. Juni 2018 anzuwenden.

14. [1]Das Gericht hat nach dem 30. Juni 2018 unter sinngemäßer Anwendung des § 278 Abs. 3 in der bis zum 2. ErwSchG geltenden Fassung für alle gerichtlichen Erwachsenenvertretungen im Sinn der Z 10 von Amts wegen ein Erneuerungsverfahren einzuleiten. [2]Eine gerichtliche Erwachsenenvertretung im Sinn der Z 10 endet jedenfalls mit 1. Jänner 2024, es sei denn, es wurde davor ein Erneuerungsverfahren eingeleitet; diesfalls bleibt die Erwachsenenvertretung bis zur rechtskräftigen Entscheidung über die Erneuerung aufrecht.

15. [1]Vorsorgevollmachten, die vor dem 1. Juli 2018 wirksam errichtet worden sind, behalten ihre Gültigkeit. [2]Der Eintritt des Vorsorgefalls kann für diese nach dem 30. Juni 2018 nur nach Maßgabe des § 263 in der Fassung des 2. ErwSchG im Österreichischen Zentralen Vertretungsverzeichnis eingetragen werden. [3]Auf solche Vorsorgevollmachten sind die Vorschriften des sechsten Hauptstücks des ersten Teils in der Fassung des 2. ErwSchG anzuwenden. [4]Vorsorgevollmachten, deren Wirksamwerden vor dem 1. Juli 2018 im Österreichischen Zentralen Vertretungsverzeichnis registriert wurden, sind so zu behandeln, als wäre die Registrierung nach diesem Zeitpunkt erfolgt.

16. [1]Als gesetzlicher Erwachsenenvertreter kommt eine Person nicht in Betracht, gegen die sich ein vor dem 1. Juli 2018 im Österreichischen Vertretungsverzeichnis eingetragener Widerspruch gegen die Vertretungsbefugnis nächster Angehöriger richtet. [2]Personen, die in vor dem 1. Juli 2018 errichteten Sachwalterverfügungen genannt wurden, gelten nicht als nächste Angehörige im Sinn des § 268 Abs. 2 letzter Fall in der Fassung des 2. ErwSchG.

17. [1]Vertretungsbefugnisse nächster Angehöriger, die vor dem 1. Juli 2018 registriert worden sind, bleiben bestehen und enden spätestens mit Ablauf des 30. Juni 2021. [2]Auf solche Angehörigenvertretungen sind nach dem 30. Juni 2018 weiterhin die §§ 284b bis 284e in der bis zum 2. ErwSchG geltenden Fassung sowie zusätzlich § 246 Abs. 3 in der Fassung des 2. ErwSchG anzuwenden.

18. Die §§ 277 bis 284 in der Fassung des 2. ErwSchG sind anzuwenden, wenn ein Kurator nach dem 30. Juni 2018 bestellt wird.

19. [1]Kuratoren, die vor dem 1. Juli 2018 bestellt worden sind, bleiben wirksam bestellt. [2]Auf ihre Rechte und Pflichten sind nach dem 30. Juni 2018 die §§ 281 bis 284 in der Fassung des 2. ErwSchG anzuwenden. [3]Z 13 gilt sinngemäß.

20. Die §§ 1494 und 1495 in der Fassung des 2. ErwSchG sind anzuwenden, wenn eine Ersitzungs- und Verjährungszeit am 1. Juli 2018 noch nicht geendet hat oder nach dem 30. Juni 2018 zu laufen beginnt.
(BGBl I 2017/59)

(10) § 1164 Abs. 1 in der Fassung des Bundesgesetzes, BGBl. I Nr. 153/2017, tritt mit 1. Juli 2018 in Kraft. Mit Ablauf des 30. Juni 2018 tritt § 1154b Abs. 6 außer Kraft. § 1159 in der Fassung des Bundesgesetzes, BGBl. I Nr. 153/2017, tritt mit 1. Jänner 2021 in Kraft und ist auf Beendigungen anzuwenden, die nach dem 31. Dezember 2020 ausgesprochen werden. Mit diesem Zeitpunkt treten auch § 1158 Abs. 4 und § 1159a bis § 1159c dieses Bundesgesetzes sowie § 77 der Gewerbeordnung 1859, RGBl. Nr. 227/1859, außer Kraft. Sie sind jedoch weiterhin auf Beendigungen anzuwenden, die vor dem 1. Jänner 2021 ausgesprochen wurden. *(BGBl I 2017/153)*

(11) §§ 165, 214, 249, 256 und 588 in der Fassung des Bundesgesetzes BGBl. I Nr. 58/2018, treten mit 1. August 2018 in Kraft. *(BGBl I 2018/58)*

(12) § 1320 in der Fassung des Bundesgesetzes BGBl. I Nr. 69/2019 tritt mit dem der Kundmachung folgenden Tag in Kraft. Die Bestimmung ist in dieser Fassung auf schädigende Ereignisse anzuwenden, die nach diesem Zeitpunkt eintreten. Der Bundesminister für Verfassung, Reformen, Deregulierung und Justiz hat dem Nationalrat drei Jahre nach dem Inkrafttreten dieser Regelung

einen Bericht über deren Auswirkungen vorzulegen. *(BGBl I 2019/69)*

„(13)“ Die §§ 1154b Abs. 6 und 1164 in der Fassung des Bundesgesetzes BGBl. I Nr. 74/2019 treten mit 1. September 2019 in Kraft. *(BGBl I 2019/74; BGBl I 2021/175)*

„(14)“ § 211 Abs. 2 in der Fassung des Gewaltschutzgesetzes 2019, BGBl. I Nr. 105/2019, tritt mit dem der Kundmachung folgenden Tag in Kraft[8]. § 1494 Abs. 2 in der Fassung dieses Bundesgesetzes tritt mit 01.01.2020 in Kraft und ist auf alle Schadenersatzansprüche anzuwenden, die zu diesem Zeitpunkt noch nicht verjährt sind. *(BGBl I 2019/105; BGBl I 2021/175)*

„(15)“ § 1155 Abs. 3 und 4 in der Fassung des Bundesgesetzes BGBl. I Nr. 16/2020 „ “ treten rückwirkend mit dem 15. März 2020 in Kraft und mit 31. Dezember 2020 außer Kraft. *(BGBl I 2020/16; BGBl I 2021/175)*

„(16)“ [1]Abweichend von Abs. 10 tritt § 1159 in der Fassung des Bundesgesetzes „ “ BGBl. I Nr. 153/2017 „ “ mit 1. Juli 2021 in Kraft und ist auf Beendigungen anzuwenden, die nach dem 30. Juni 2021 ausgesprochen werden. [2]Mit diesem Zeitpunkt treten auch § 1158 Abs. 4 und § 1159a bis § 1159c dieses Bundesgesetzes sowie § 77 der Gewerbeordnung 1859, RGBl. Nr. 227/1859, außer Kraft. [3]Sie sind jedoch weiterhin auf Beendigungen anzuwenden, die vor dem 1. Juli 2021 ausgesprochen wurden. [4]Dies gilt auch für die Verlängerung der Kündigungsfristen in den Landarbeitsordnungen der Bundesländer und in Vorarlberg im Land- und Forstarbeitsgesetz, die zum Zeitpunkt des Inkrafttretens dieses Bundesgesetzes in Kraft sind, soweit in diesen die Änderung der Kündigungsfristen durch das Bundesgesetz BGBl. I Nr. 153/2017 nachvollzogen wurde. *(BGBl I 2020/131; BGBl I 2021/175)*

„(17)“ [1]§ 17a, § 20 und § 1328a Abs. 2 in der Fassung des Bundesgesetzes BGBl. I Nr. 148/2020 „ “ treten mit 1. Jänner 2021 in Kraft. [2]§ 20 Abs. 2 und § 1328a Abs. 2 sind auf Fälle anzuwenden, in denen die verletzende Handlung nach dem 31. Dezember 2020 gesetzt wurde. *(BGBl I 2020/148; BGBl I 2021/175)*

(18) [1]§ 211, § 1214 Abs. 1 und 2, § 1216a Abs. 2 und § 1216b Abs. 2 in der Fassung des Bundesgesetzes Gesamtreform des Exekutionsrechts – GREx, BGBl. I Nr. 86/2021, treten mit 1. Juli 2021 in Kraft. § 1212 tritt mit Ablauf des 30. Juni 2021 außer Kraft. *(BGBl I 2021/86)*

(19) [1]Abweichend von Abs. 15 tritt § 1159 in der Fassung des Bundesgesetzes, BGBl. I Nr. 153/2017, mit 1. Oktober 2021 in Kraft und ist auf Beendigungen anzuwenden, die nach dem 30. September 2021 ausgesprochen werden. [2]Mit diesem Zeitpunkt treten auch § 1158 Abs. 4 und § 1159a bis § 1159c dieses Bundesgesetzes sowie § 77 der Gewerbeordnung 1859, RGBl. Nr. 227/1859, außer Kraft. [3]Sie sind jedoch weiterhin auf Beendigungen anzuwenden, die vor dem 1. Oktober 2021 ausgesprochen wurden. *(BGBl I 2021/121)*

(20) Die §§ 932, 933 samt Überschrift, 933b samt Überschrift und 1503 in der Fassung des Bundesgesetzes BGBl. I Nr. 175/2021 treten mit 1. Jänner 2022 in Kraft und sind in dieser Fassung auf Verträge anzuwenden, die nach dem 31. Dezember 2021 geschlossen werden. *(BGBl I 2021/175)*

(21) § 395 in der Fassung des Bundesgesetzes BGBl. I Nr. 38/2023 tritt mit 1. Mai 2023 in Kraft und ist auf alle Fundgegenstände anzuwenden, die ab diesem Zeitpunkt der Fundbehörde angezeigt werden. *(BGBl I 2023/38)*

(22) § 1154b Abs. 7 in der Fassung des Bundesgesetzes BGBl. I Nr. 115/2023, tritt mit 1. November 2023 in Kraft und findet auf Dienstverhinderungen Anwendung, die ab diesem Inkrafttreten erfolgen. *(BGBl I 2023/115)*

(23) Für das Inkrafttreten des Abstammungsrechts-Anpassungsgesetzes 2023, BGBl. I Nr. 180/2023 (AbAG 2023), gilt Folgendes:

1. Die §§ 144, 145, § 148 Abs. 3a und 5, § 152a, § 154 Abs. 1 Z 2 und Z 3 lit. a, § 154a samt Überschriften in der Fassung des AbAG 2023 treten mit 1. Jänner 2024 in Kraft.

2. Soweit nichts anderes bestimmt ist, bleiben vor dem 1. Jänner 2024 bestehende Abstammungsverhältnisse durch das Inkrafttreten des AbAG 2023 unberührt.

3. § 144 Abs. 2 Z 2 ist auch auf vor dem 1. Jänner 2024 geborene Kinder anzuwenden.

4. Die Wirksamkeit eines Anerkenntnisses nach § 144 Abs. 1 Z 2 und Abs. 2 Z 2 ist nach den Bestimmungen in der Fassung des AbAG 2023 zu beurteilen, wenn die Urkunde über die Bezeichnung der anerkennenden Person dem Standesbeamten nach dem Zeitpunkt des Inkrafttretens zukommt.

(BGBl I 2023/180)

(24) § 20 Abs. 3 in der Fassung des DSA-Begleitgesetzes, BGBl. I Nr. 182/2023, tritt mit 17. Februar 2024 in Kraft. § 1490 tritt mit Ablauf des 16. Februar 2024 außer Kraft. Die anzuwendenden Bestimmungen in der Fassung des DSA-Begleitgesetzes wirken nicht auf Ansprüche zurück, die mit Ablauf des 16. Februar 2024 unter Anwendung des § 1490 in der bis dahin geltenden Fassung bereits verjährt sind. *(BGBl I 2023/182)*

(25) § 1164a in der Fassung des Bundesgesetzes BGBl. I Nr. 11/2024 tritt mit dem auf die Kundmachung folgenden Tag in Kraft[9] und gilt für ab diesem Zeitpunkt abgeschlossene freie Dienstverträge. *(BGBl I 2024/11)*

(25)[10] § 1319b in der Fassung des Bundesgesetzes BGBl. I Nr. 33/2024 tritt mit 1. Mai 2024 in Kraft und ist in dieser Fassung auf Schadensereignisse anzuwenden, die nach dem 30. April 2024 eintreten. *(BGBl I 2024/33)*

(BGBl I 2013/15)

---

[1] *Im BGBl fehlt „Nr.“.*
[2] *Im BGBl irrtümlich „-gesetzes“.*
[3] *Richtig wohl: Z 7.*
[4] *Am 12. 1. 2013.*
[5] *V wurde nicht erlassen.*
[6] *§ 147 Abs 1 wurde nicht geändert.*
[8] *Kundmachung am 29. 10. 2019.*
[9] *Kundmachung am 27. 3. 2024.*
[10] *Richtig wohl: Abs. 26*

1/1. Außerstreitgesetz

(Auszug)

BGBl I 2003/111 idF

1 BGBl I 2006/8 (GIN 2006)
2 BGBl I 2006/92 (SWRÄG 2006)
3 BGBl I 2009/30 (ZVN 2009)
4 BGBl I 2009/52 (BudgetbegleitG 2009)
5 BGBl I 2009/75 (FamRÄG 2009)
6 BGBl I 2009/137
7 BGBl I 2010/29 (IRÄG 2010)
8 BGBl I 2010/58 (IRÄ-BG)
9 BGBl I 2013/15 (KindNamRÄG 2013)
10 BGBl I 2013/158 (ErwSchG)
11 BGBl I 2015/87 (ErbRÄG 2015)
12 BGBl I 2017/59 (2. ErwSchG)
13 BGBl I 2017/130 (KindRückG 2017)
14 BGBl I 2018/58 (ErwSchAG-Justiz)
15 BGBl I 2019/38 (ZZRÄG 2019)
16 BGBl I 2022/147 (UbG-IPRG-Nov 2022)
17 BGBl I 2023/77 (ZVN 2023)
18 BGBl I 2024/91 (GB-Nov 2024)

STICHWORTVERZEICHNIS

(Die Zahlenangaben beziehen sich auf die Paragraphen)

Bundesgesetz über das gerichtliche Verfahren in Rechtsangelegenheiten außer Streitsachen (Außerstreitgesetz – AußStrG)

II. Hauptstück
Verfahren in Ehe-, Kindschafts- und Erwachsenenschutzangelegenheiten

1. Abschnitt
Abstammung

Anerkennung der Vaterschaft

§ 81. (1) Über die Anerkennung der Vaterschaft und über damit zusammenhängende Erklärungen hat das Gericht eine Niederschrift aufzunehmen.

(2) Die Niederschrift über die Anerkennung hat zu enthalten

1. die ausdrückliche Anerkennung der Vaterschaft,

2. Vor- und Familiennamen, Tag und Ort der Geburt, Staatsangehörigkeit, Beruf, Anschrift und Zugehörigkeit zu einer gesetzlich anerkannten Kirche oder Religionsgesellschaft des Anerkennenden sowie tunlichst einen Hinweis auf die Eintragung in dessen Geburtenbuch und

3. – soweit bekannt – Vor- und Familiennamen, Tag und Ort der Geburt, Staatsangehörigkeit, Beruf und Anschrift des Kindes und der Mutter sowie tunlichst einen Hinweis auf die Eintragung in deren Geburtenbuch.

(3) Das Gericht hat Ausfertigungen der von ihm beurkundeten Erklärungen oder der ihm zur Weiterleitung übergebenen beglaubigten Erklärungen der zuständigen Personenstandsbehörde zu übermitteln.

(4) Die vorstehenden Regelungen gelten für die Anerkennung der Mutterschaft entsprechend, soweit diese nach ausländischem Recht in Betracht kommt.

Besondere Verfahrensbestimmungen in Abstammungsverfahren

§ 82. (1) Verfahren über die Abstammung werden, sofern nichts anderes angeordnet ist, nur auf Antrag eingeleitet.

(2) In Verfahren über die Abstammung sind jedenfalls das Kind, die Person, deren Elternschaft durch das Verfahren begründet, beseitigt oder wieder begründet werden kann, und der andere Elternteil des Kindes, sofern er „entscheidungsfähig" sowie am Leben ist, Parteien. *(BGBl I 2017/59)*

(3) In Verfahren über die Abstammung minderjähriger Kinder bleiben bei Entscheidungen über die Verfahrenshilfe die Unterhaltsansprüche des minderjährigen Kindes außer Betracht. *(BGBl I 2006/8)*

§ 83. (1) In Abstammungsverfahren ist mündlich zu verhandeln.

(2) Ein Antrag ist von Amts wegen als ohne Verzicht auf den Anspruch zurückgenommen zu erklären, soweit das Begehren auf andere Weise als durch Entscheidung des Gerichtes, insbesondere durch Anerkennung der Abstammung, erfüllt wurde und sich der Antragsteller nach Belehrung nicht dagegen ausspricht. Betrifft das Verfahren die Feststellung einer Nichtabstammung, so hat das Gericht den Antrag auf Verlangen des Antragsgegners als ohne Verzicht auf den Anspruch zurückgenommen zu erklären, wenn der Antragsteller zur mündlichen Verhandlung nicht erscheint. Auf diese Rechtsfolge ist der Antragsteller in der Ladung hinzuweisen.

(3) Vergleiche oder Entscheidungen auf Grund eines Anerkenntnisses sind unzulässig. § 17 ist nur so weit anzuwenden, als es im Interesse der Feststellung der Abstammung eines minderjährigen Kindes liegt.

(4) In Verfahren über die Abstammung minderjähriger Kinder sind Kosten nicht zu ersetzen.

(5) Im Abstammungsverfahren beträgt die Frist nach „§ 74 Abs. 5" 30 Jahre. Entscheidungen in der Sache sind immer zu begründen. Wird durch die Entscheidung die Abstammung festgestellt, so hat sie tunlichst die Angaben des § 81 Abs. 2 Z 2 und 3 zu enthalten. *(BGBl I 2009/30)*

Behandlung mehrerer Anträge

§ 84. (1) Verfahren, die die Abstammung desselben Kindes betreffen, sind tunlichst zu verbinden und durch eine einzige Entscheidung zu erledigen.

(2) Setzt die Feststellung einer Abstammung nach dem anzuwendenden materiellen Recht die Feststellung der Nichtabstammung von einer anderen Person voraus, so

1. ist eine Verbindung nach Abs. 1 nur zulässig, wenn der Antrag auf Feststellung der Abstammung vor der Entscheidung erster Instanz über die Feststellung der Nichtabstammung gestellt worden ist;

2. hat das Gericht die Partei, welche die Feststellung der Abstammung begehrt, ohne dass ein Antrag auf Feststellung der Nichtabstammung gestellt wurde, über die Rechtslage zu belehren und das Verfahren erforderlichenfalls auf längstens zwei Jahre zu unterbrechen;

3. wird der Beschluss, mit dem die Feststellung ausgesprochen wird, nicht vor der Rechtskraft des Beschlusses, mit dem die Nichtabstammung ausgesprochen wird, wirksam.

(3) Werden mehrere Personen auf Feststellung der Abstammung zum selben Kind in Anspruch genommen und kann nach dem anzuwendenden materiellen Recht nur die Abstammung von einer von ihnen festgestellt werden, so hat das Gericht den Beschluss über die Feststellung der Abstammung von einer Person mit der Abweisung der Anträge auf Feststellung der Abstammung von den anderen Personen zu verbinden. Der Beschluss über die Abweisung der Anträge kann nur gemeinsam mit dem Beschluss über die Feststellung mit Rechtsmitteln und Abänderungsanträgen bekämpft und rechtskräftig werden.

Mitwirkungspflichten

§ 85. (1) Soweit es zur Feststellung der Abstammung erforderlich ist, haben die Parteien und alle Personen, die nach den Ergebnissen des Verfahrens zur Aufklärung des Sachverhalts beitragen können, bei der Befundaufnahme durch einen vom Gericht bestellten Sachverständigen, insbesondere an der notwendigen Gewinnung von Gewebeproben, Körperflüssigkeiten und Blutproben, mitzuwirken.

(2) Die Pflicht zur Mitwirkung besteht nicht, soweit diese mit einer ernsten oder dauernden Gefahr für Leben oder Gesundheit verbunden wäre. Vor einer Befundaufnahme hat das Gericht die zur Mitwirkung aufgeforderten Personen über die Weigerungsgründe zu belehren und zur Äußerung aufzufordern. Über die Weigerung ist mit besonderem, selbständig anfechtbaren Beschluss zu entscheiden. Im Fall einer rechtmäßigen Weigerung hat das Gericht eine nicht mit der angeführten Gefahr verbundene Methode der Abstammungsuntersuchung anzuordnen.

(3) Zur Gewinnung von Gewebeproben mit Methoden, bei denen die körperliche Integrität nicht verletzt wird, hat das Gericht erforderlichenfalls die zwangsweise Vorführung und die Anwendung angemessenen unmittelbaren Zwanges anzuordnen. Dabei sind die Organe der öffentlichen Sicherheit zur Hilfeleistung verpflichtet. Die Kosten der Vorführung und des Zwanges sind von der mitwirkungspflichtigen Person zu ersetzen.

(4) Soweit die erforderlichen Beweise nicht nach den vorstehenden Absätzen erbracht werden können und besondere gesetzliche Bestimmungen nicht entgegenstehen, kann das Gericht von jedermann die Herausgabe notwendiger Gewebeproben, Körperflüssigkeiten und Blutproben der in Abs. 1 genannten Personen, auch wenn diese bereits verstorben sind, verlangen.

2. Abschnitt

Annahme an Kindes statt

Zustimmungserklärungen

§ 86. (1) Erklärungen über die Zustimmung zur Annahme an Kindes statt sind persönlich vor Gericht abzugeben. Wäre dies mit unverhältnismäßigen Schwierigkeiten oder Kosten verbunden oder ist ein gerichtliches Verfahren noch nicht eingeleitet, so kann die Zustimmung in öffentlicher oder öffentlich beglaubigter Urkunde erklärt werden.

(2) Eine Bevollmächtigung zur Abgabe der Erklärung über die Zustimmung ist in öffentlicher oder öffentlich beglaubigter Urkunde zulässig.

(3) Die Zustimmungserklärung nach Abs. 1 und die Vollmacht nach Abs. 2 haben das Wahlkind und den Annehmenden bestimmt zu bezeichnen. Wird auf die Mitteilung des Namens und des Wohnorts des Annehmenden und auf die Zustellung des Bewilligungsbeschlusses verzichtet (§ 88 Abs. 1), entfällt die Bezeichnung des Annehmenden.

(4) Wird ein solcher Verzicht in einer schriftlichen Erklärung nach Abs. 1 oder in einer Vollmacht nach Abs. 2 abgegeben, so bedarf es dazu einer öffentlichen Urkunde. Eine Zustimmungserklärung, die einen solchen Verzicht enthält, kann überdies persönlich vor Gericht abgegeben werden. Dabei ist der Verzichtende über die Folgen seiner Erklärung zu belehren.

§ 87. (1) Eine Zustimmung kann bis zur Entscheidung erster Instanz (§ 40) schriftlich oder vor Gericht widerrufen werden.

(2) Ist ein Verfahren über die Bewilligung der Annahme bereits anhängig, so ist der Widerruf einer Zustimmungserklärung bei Gericht anzubringen. Wurde die Zustimmung vor einer die Adoption vermittelnden Stelle abgegeben oder dieser übergeben, so kann der Widerruf auch dieser gegenüber erklärt werden. Diese Stelle ist zur unverzüglichen Weiterleitung des Widerrufs an das Gericht verpflichtet.

(3) Zustimmungserklärungen bleiben wirksam, solange sie nicht widerrufen wurden, und können auch einem weiteren Verfahren zugrundegelegt werden.

Inkognitoadoption

§ 88. (1) Die Vertragsteile können durch übereinstimmenden Antrag die Bewilligung der Annahme eines Minderjährigen von der Bedingung abhängig machen, dass alle oder einzelne der Zustimmungs- und Anhörungsberechtigten, ausgenommen der „Kinder- und Jugendhilfeträger“, auf die Mitteilung des Namens und des Wohnorts des Annehmenden und auf die Zustellung des Bewilligungsbeschlusses verzichten. *(BGBl I 2017/59)*

(2) Auf Verlangen des Verzichtenden sind ihm die persönlichen und wirtschaftlichen Verhältnisse des Annehmenden allgemein zu beschreiben.

(3) Die Beschlussausfertigung, die den Verzichtenden zugestellt wird, darf keinen Hinweis auf den Namen oder den Wohnort des Annehmenden enthalten.

(4) Tritt die Bedingung nach Abs. 1 nicht ein, so ist der Antrag abzuweisen.

Bewilligung

§ 89. „(1)" Der Bewilligungsbeschluss hat über § 39 hinaus zu enthalten:

1. den Ausspruch über die Bewilligung der Annahme an Kindes statt;

2. den Ausspruch über das Erlöschen der Rechtsbeziehungen des Wahlkindes zu einem leiblichen Elternteil und über den Zeitpunkt, mit dem dieses Erlöschen wirksam wird, sofern eine Einwilligung in dieses Erlöschen vorliegt;

3. Vor- und Familiennamen der Wahleltern und des Wahlkindes, Tag und Ort deren Geburt, Staatsangehörigkeit, Zugehörigkeit zu einer gesetzlich anerkannten Kirche oder Religionsgesellschaft sowie einen Hinweis auf die entsprechenden Eintragungen in den Personenstandsbüchern;

4. den Tag des Wirksamwerdens der Annahme;

5. auf Antrag sonstige Angaben, die zur vollständigen Erfassung der Annahme an Kindes statt durch ausländische Personenstandsbehörden erforderlich sind.
(BGBl I 2013/15)

(2) Im Anwendungsbereich des Haager Übereinkommens über den Schutz von Kindern und die Zusammenarbeit auf dem Gebiet der internationalen Adoption, BGBl. III Nr. 145/1999, ist in den Beschluss auch die Bescheinigung aufzunehmen, dass die Adoption gemäß den Bestimmungen dieses Übereinkommens zustande gekommen ist, insbesondere wann und vom wem die Zustimmungen der Zentralen Behörden zur Fortsetzung des Adoptionsverfahrens erteilt worden sind; das Gericht hat zu diesem Zweck eine Äußerung des zuständigen Amts der Landesregierung einzuholen. *(BGBl I 2013/15)*

Besondere Verfahrensbestimmungen

§ 90. (1) Vor der Bewilligung der Annahme eines minderjährigen Kindes sind zu hören

1. das minderjährige Kind unter sinngemäßer Anwendung des § 105 und

2. der „Kinder- und Jugendhilfeträger". *(BGBl I 2017/59)*

(2) Im Verfahren über die Annahme an Kindes statt ist ein Abänderungsantrag nicht zulässig und werden Kosten nicht ersetzt. § 104 ist sinngemäß anzuwenden.

(3) Das Gericht hat auf geeignete Weise zu ermitteln, ob die Annahme dem Wohl des minderjährigen Wahlkindes entspricht. Zu diesem Zweck hat es auch eine Auskunft aus dem Strafregister über die Wahleltern und gegebenenfalls über Personen in deren engem familiären Umfeld einzuholen. *(BGBl I 2009/75)*

§ 91. Bei der Aufhebung der Annahme an Kindes statt sind die §§ 88 und 90 Abs. 2 entsprechend anzuwenden.

2a. Abschnitt

Anerkennung ausländischer Entscheidungen über die Annahme an Kindes statt

Anerkennung und Verweigerungsgründe

§ 91a. (1) Eine ausländische Entscheidung über die Annahme an Kindes statt wird in Österreich anerkannt, wenn sie rechtskräftig ist und kein Grund zur Verweigerung der Anerkennung vorliegt. Die Anerkennung kann als Vorfrage selbständig beurteilt werden, ohne dass es eines besonderen Verfahrens bedarf.

(2) Die Anerkennung der Entscheidung ist zu verweigern, wenn

1. sie dem Kindeswohl oder anderen Grundwertungen der österreichischen Rechtsordnung (ordre public) offensichtlich widerspricht;

2. das rechtliche Gehör einer der Parteien nicht gewahrt wurde, es sei denn, sie ist mit der Entscheidung offenkundig einverstanden;

3. die Entscheidung mit einer österreichischen oder einer früheren, die Voraussetzungen für eine Anerkennung in Österreich erfüllenden Entscheidung unvereinbar ist;

4. die erkennende Behörde bei Anwendung österreichischen Rechts international nicht zuständig gewesen wäre.

(3) Die Anerkennung ist weiters jederzeit auf Antrag jeder Person zu verweigern, deren Zustimmungsrechte nach dem anzuwendenden Recht nicht gewahrt wurden, insbesondere weil sie keine Möglichkeit hatte, sich am Verfahren des Ursprungsstaats zu beteiligen.

(BGBl I 2009/75)

Verfahren der Anerkennung

§ 91b. (1) Die Anerkennung der Entscheidung in einem selbständigen Verfahren kann beantragen, wer ein rechtliches Interesse daran hat.

(2) Dem Antrag sind eine Ausfertigung der Entscheidung und ein Nachweis ihrer Rechtskraft nach dem Recht des Ursprungsstaats anzuschließen. Wenn sich eine Partei, die die Anerkennung nicht beantragt hat, in das Verfahren des Ursprungsstaats nicht eingelassen hat, ist überdies der Nachweis der Zustellung des Schriftstücks, das ihrer Einbeziehung in das Verfahren diente, oder eine Urkunde vorzulegen, aus der sich ergibt, dass diese Partei mit der ausländischen Entscheidung offenkundig einverstanden ist.

(3) Das Gericht hat die Wahleltern und das Wahlkind, nicht aber sonstige am ausländischen Verfahren über die Annahme an Kindes statt beteiligte Personen in das Verfahren einzubeziehen.

(4) Richtet sich ein Rekurs gegen eine Entscheidung erster Instanz, so beträgt die Frist für Rekurs und Rekursbeantwortung einen Monat. Befindet sich der gewöhnliche Aufenthalt einer Partei, die die Anerkennung nicht beantragt hat, im Ausland, und stellt ein Rekurs oder eine Rekursbeantwortung ihre erste Möglichkeit dar, sich am Verfahren zu beteiligen, so beträgt die Frist für den Rekurs oder die Rekursbeantwortung für sie zwei Monate.

(BGBl I 2009/75)

Antrag auf Nichtanerkennung

§ 91c. Die §§ 91a und 91b sind auf Anträge, mit denen die Nichtanerkennung ausländischer Entscheidungen über eine Annahme an Kindes statt geltend gemacht wird, entsprechend anzuwenden.

(BGBl I 2009/75)

Vorrang des Völkerrechts

§ 91d. Die §§ 91a bis 91c sind nicht anzuwenden, soweit nach Völkerrecht Anderes bestimmt ist.

(BGBl I 2009/75)

3. Abschnitt

Legitimation durch den Bundespräsidenten

§ 92. *(entfällt, BGBl I 2013/15)*

4. Abschnitt

Eheangelegenheiten

Besondere Verfahrensbestimmungen

§ 93. (1) In Verfahren über die Scheidung im Einvernehmen, über die Abgeltung der Mitwirkung eines Ehegatten im Erwerb des anderen sowie über die Aufteilung des ehelichen Gebrauchsvermögens und der ehelichen Ersparnisse (Eheangelegenheiten) können sich die Parteien nur durch einen Rechtsanwalt vertreten lassen. Die Vertretung beider Parteien durch denselben Rechtsanwalt ist unzulässig.

(2) Im Verfahren über die Scheidung im Einvernehmen sind nur die Ehegatten Parteien.

(3) In das Verfahren nach § 98 EheG ist der Kreditgeber tunlichst erst durch die Zustellung der Entscheidung erster Instanz einzubeziehen.

(4) Ist ein Recht an einer bücherlich zu übertragenden Sache Gegenstand einer Vereinbarung über die Scheidungsfolgen oder einer Entscheidung in Eheangelegenheiten, so ist für die Eintragung im Grundbuch von Amts wegen eine gesonderte Ausfertigung über diese Vereinbarung über die Scheidungsfolgen oder über diese Entscheidung in Eheangelegenheiten herzustellen. *(BGBl I 2024/91, ab 1. 9. 2024)*

§ 94. (1) In Eheangelegenheiten ist mündlich zu verhandeln.

(2) Erscheint im Verfahren über die Scheidung im Einvernehmen ein Antragsteller zur mündlichen Verhandlung nicht, so ist der Antrag von Amts wegen als zurückgenommen zu erklären.

(3) Den Antrag auf Scheidung im Einvernehmen kann jeder Ehegatte bis zum Eintritt der Rechtskraft des Scheidungsbeschlusses (§ 43) zurücknehmen. Die Zurücknahme des Antrags hat die Folge, dass ein schon ergangener Scheidungsbeschluss wirkungslos wird; dies hat das Gericht erster Instanz mit Beschluss festzustellen. Gleiches gilt, wenn ein Ehegatte vor Eintritt der Rechtskraft des Scheidungsbeschlusses stirbt.

Regelung der Scheidungsfolgen

§ 95. (1) Ist eine Partei im Verfahren über die Scheidung im Einvernehmen nicht durch einen Rechtsanwalt vertreten und hat sie keine Beratung über die gesamten Scheidungsfolgen, einschließlich der sozialversicherungsrechtlichen Folgen und der Voraussetzungen eines Ausspruchs über die Haftung für Kredite, in Anspruch genommen, so hat das Gericht auf entsprechende Beratungsangebote und allgemein auf die Nachteile hinzuweisen, die durch ungenügende Kenntnisse über diese Folgen entstehen können. Der Partei ist Gelegenheit zur Einholung einer Beratung zu geben. Eine neuerliche Erstreckung aus diesem Grund ist unzulässig. Das Gericht hat die nächste Verhandlung für einen Termin tunlichst innerhalb von sechs Wochen anzuberaumen. *(BGBl I 2009/75)*

(1a) Vor Abschluss oder Vorlage einer Regelung der Scheidungsfolgen bei Gericht haben die Parteien zu bescheinigen, dass sie sich über die spezifischen aus der Scheidung resultierenden Bedürfnisse ihrer minderjährigen Kinder bei einer geeigneten Person oder Einrichtung haben beraten lassen. *(BGBl I 2013/15)*

(2) Legen die Ehegatten keine Vereinbarung vor, mit der sie die Scheidungsfolgen regeln, so hat sie das Gericht zur Schließung einer solchen anzuleiten „; § 30 Abs. 2 ist anzuwenden“. Solange die Vereinbarung über die Scheidungsfolgen nicht schriftlich vorliegt, ist ein Verzicht auf die Zurücknahme des Scheidungsantrags oder auf Rechtsmittel gegen den Beschluss auf Ehescheidung wirkungslos. *(BGBl I 2023/77, ab 14. 7. 2023)*

(3) Verliert ein Ehegatte durch die Scheidung offenbar den Schutz der gesetzlichen Krankenversicherung, so hat das Gericht, sofern dieser Ehegatte zustimmt und seine Sozialversicherungsnummer mitteilt, nach Rechtskraft des Beschlusses auf Scheidung den zuständigen Krankenversicherungsträger im Weg des Dachverbandes*) der Österreichischen Sozialversicherungsträger automationsunterstützt zu verständigen. Die Verständigung hat Vor- und Familiennamen, Tag der Geburt, Anschrift sowie die Sozialversicherungsnummer des Ehegatten zu enthalten. Der Versicherungsträger hat dem Ehegatten Informationen über die sozialversicherungsrechtlichen Folgen der Eheauflösung und die Möglichkeit der Fortsetzung des Versicherungsschutzes zu übermitteln.

---

*) *Seit 1.1.2020 (BGBl I 2018/100: § 720 ASVG).*

Beschluss auf Scheidung

§ 96. (1) Der Beschluss auf Scheidung hat zu enthalten:

1. Vor- und Familiennamen, Tag und Ort der Geburt, Staatsangehörigkeit, Beruf und Wohnort der Ehegatten;

2. den Tag der Eheschließung und die Behörde, vor der die Ehe geschlossen worden ist, samt einem Hinweis auf die diesbezügliche Eintragung im Ehebuch;

3. auf Antrag einer Partei sonstige Angaben, die zur vollständigen Erfassung der Ehescheidung durch ausländische Personenstandsbehörden erforderlich sind.

(2) Der Beschluss ist zu begründen.

(3) Der Scheidungsausspruch hat die Wirkung, dass die Ehe mit Eintritt der Rechtskraft des Beschlusses aufgelöst ist.

(4) Haben die Ehegatten einen Ausspruch nach § 98 EheG beantragt, so ist dieser tunlichst mit dem Beschluss auf Scheidung zu verbinden.

(5) Auf Antrag ist den Parteien eine Ausfertigung des Beschlusses auf Scheidung ohne Begründung und ohne Ausspruch nach Abs. 4 auszustellen.

5. Abschnitt

Anerkennung ausländischer Entscheidungen über den Bestand einer Ehe

Anerkennung und Verweigerungsgründe

§ 97. (1) Eine ausländische Entscheidung über die Trennung ohne Auflösung des Ehebandes, die Ehescheidung oder die Ungültigerklärung einer Ehe sowie über die Feststellung des Bestehens oder Nichtbestehens einer Ehe wird in Österreich anerkannt, wenn sie rechtskräftig ist und kein Grund zur Verweigerung der Anerkennung vorliegt. Die Anerkennung kann als Vorfrage selbständig beurteilt werden, ohne dass es eines besonderen Verfahrens bedarf.

(2) Die Anerkennung der Entscheidung ist zu verweigern, wenn

1. sie den Grundwertungen der österreichischen Rechtsordnung (ordre public) offensichtlich widerspricht;

2. das rechtliche Gehör eines der Ehegatten nicht gewahrt wurde, es sei denn, er ist mit der Entscheidung offenkundig einverstanden;

3. die Entscheidung mit einer österreichischen oder einer früheren die Voraussetzungen für eine Anerkennung in Österreich erfüllenden Entscheidung unvereinbar ist, mit der die betreffende Ehe getrennt, geschieden, für ungültig erklärt oder das Bestehen oder Nichtbestehen der Ehe festgestellt worden ist;

4. die erkennende Behörde bei Anwendung österreichischen Rechts international nicht zuständig gewesen wäre.

Verfahren der Anerkennung

§ 98. (1) Die Anerkennung der Entscheidung in einem selbständigen Verfahren kann beantragen, wer ein rechtliches Interesse daran hat. Der Staatsanwalt ist zur Antragstellung befugt, wenn die Entscheidung auf einen den §§ 21 bis 25 des Ehegesetzes vergleichbaren Nichtigkeitsgrund gegründet ist.

(2) Dem Antrag sind eine Ausfertigung der Entscheidung und ein Nachweis ihrer Rechtskraft nach dem Recht des Ursprungsstaats anzuschließen. Im Fall der Nichteinlassung des Antragsgegners in das Verfahren des Ursprungsstaats ist überdies der Nachweis der Zustellung des verfahrenseinleitenden Schriftstücks oder eine Urkunde vorzulegen, aus der sich ergibt, dass die säumige Partei mit der ausländischen Entscheidung offenkundig einverstanden ist.

(3) Das Gericht kann den Antragsgegner auch erst durch die Zustellung der Entscheidung in das Verfahren einbeziehen.

(4) Richtet sich ein Rekurs gegen eine Entscheidung erster Instanz, so beträgt die Frist für Rekurs

und Rekursbeantwortung einen Monat. Befindet sich der gewöhnliche Aufenthalt des Antragsgegners im Ausland und stellt ein Rekurs oder eine Rekursbeantwortung seine erste Möglichkeit dar, sich am Verfahren zu beteiligen, so beträgt die Frist für den Rekurs oder die Rekursbeantwortung für ihn zwei Monate.

Antrag auf Nichtanerkennung

§ 99. Die §§ 97 und 98 sind auf Anträge, mit denen die Nichtanerkennung ausländischer Entscheidungen über den Bestand einer Ehe geltend gemacht wird, entsprechend anzuwenden.

Vorrang des Völkerrechts

§ 100. Die §§ 97 bis 99 sind nicht anzuwenden, soweit nach Völkerrecht oder in Rechtsakten der Europäischen Gemeinschaften Anderes bestimmt ist.

6. Abschnitt
Unterhalt

Besondere Verfahrensbestimmungen

§ 101. (1) Die Parteien können sich in Verfahren über Unterhaltsansprüche zwischen „ “** Kindern und ihren Eltern, deren Streitwert an Geld oder Geldeswert „5 000 Euro“* übersteigt, nur durch einen Rechtsanwalt vertreten lassen. *(* BGBl I 2009/52; ** BGBl I 2013/15)*

(2) In Verfahren über Unterhaltsansprüche eines minderjährigen Kindes findet ein Kostenersatz nicht statt.

(3) Hängt der Unterhaltsanspruch vom Ergebnis eines Abstammungsverfahrens ab, so kann ein Antrag auf Unterhalt gestellt werden, wenn spätestens gleichzeitig ein auf Einleitung des Abstammungsverfahrens zielender Antrag bei Gericht eingebracht wird. Über den Unterhaltsantrag ist nicht vor rechtskräftiger Beendigung des Abstammungsverfahrens zu entscheiden.

(4) Die Verpflichtung zur Leistung noch nicht fälligen Unterhalts ist zulässig, wenn die Unterhaltspflicht bereits verletzt wurde oder verletzt zu werden droht.

(5) In Verfahren über die Bemessung, Durchsetzung und Hereinbringung des gesetzlichen Unterhalts Minderjähriger bleiben bei Entscheidungen über die Verfahrenshilfe die Unterhaltsansprüche des minderjährigen Kindes außer Betracht. *(BGBl I 2006/8)*

Auskunftspflichten

§ 102. (1) Personen, deren Einkommen oder Vermögen für die Entscheidung über den gesetzlichen Unterhalt zwischen in gerader Linie verwandten Personen von Belang ist, haben dem Gericht hierüber Auskunft zu geben und die Überprüfung von deren Richtigkeit zu ermöglichen.

(2) Das Gericht kann auch das Arbeitsmarktservice, die in Betracht kommenden Träger der Sozialversicherung und andere Sozialleistungen gewährende Stellen um Auskunft über Beschäftigungs- oder Versicherungsverhältnisse oder über Einkommen von Personen ersuchen, deren Einkommen für die Entscheidung über den gesetzlichen Unterhalt zwischen in gerader Linie verwandten Personen von Belang ist. Kommt jemand den Pflichten nach Abs. 1 nicht nach, so kann auch dessen Dienstgeber um Auskunft ersucht werden. Steht die Unterhaltspflicht dem Grunde nach fest und kann das Gericht die Höhe des Unterhalts nicht auf andere Weise feststellen, so kann es auch die Finanzämter um Auskunft ersuchen.

(3) Die Auskunftsersuchen nach Abs. 1 und Abs. 2 erster und zweiter Satz stehen auch dem „Kinder- und Jugendhilfeträger“ als gesetzlichem Vertreter „des minderjährigen Kindes“ zu. *(BGBl I 2017/59)*

(4) Die Auskunftsersuchen sind so zu gestalten, dass dem Auskunftspflichtigen die rasche, vollständige und nachvollziehbare Beantwortung ermöglicht wird. Die Ersuchten sind zur Auskunftserteilung verpflichtet.

§ 103. Hat eine auskunftspflichtige Person ihre Pflicht grob schuldhaft nicht erfüllt, so kann sie das Gericht auf Antrag nach billigem Ermessen zum Ersatz der dadurch entstandenen zusätzlichen Verfahrenskosten verpflichten. Hierauf ist der Auskunftspflichtige im Auskunftsersuchen hinzuweisen.

7. Abschnitt
Regelung der Obsorge und der persönlichen Kontakte

Besondere Verfahrensfähigkeit Minderjähriger

§ 104. (1) Minderjährige, die das vierzehnte Lebensjahr vollendet haben, können in Verfahren über Pflege und Erziehung oder über „die persönlichen Kontakte“ selbständig vor Gericht handeln. Soweit die Verständnisfähigkeit des Minderjährigen dies erfordert, hat das Gericht – spätestens anlässlich der Befragung – dafür zu sorgen, dass dieser seine Verfahrensrechte wirksam wahrnehmen kann; auf bestehende Beratungsmöglichkeiten ist er hinzuweisen. *(BGBl I 2013/15)*

(2) Die Befugnis des gesetzlichen Vertreters des Minderjährigen, auch in dessen Namen Verfahrenshandlungen zu setzen, bleibt unberührt. Stimmen Anträge, die der Minderjährige und der

gesetzliche Vertreter gestellt haben, nicht überein, so sind bei der Entscheidung alle Anträge inhaltlich zu berücksichtigen.

(3) Entbehrt ein Minderjähriger, der das vierzehnte Lebensjahr vollendet hat, im Revisionsrekursverfahren vor dem Obersten Gerichtshof einer Vertretung nach § 6, so ist ihm auf Antrag die Verfahrenshilfe durch Beigebung eines Rechtsanwalts ohne vorherige Prüfung der vermögensrechtlichen Voraussetzungen zu bewilligen. Nach Abschluss des Revisionsrekursverfahrens sind die Voraussetzungen für die Verfahrenshilfe zu prüfen und über eine allfällige Nachzahlung endgültig zu entscheiden.

Kinderbeistand

§ 104a. (1) In Verfahren über die Obsorge oder über „die persönlichen Kontakte" ist Minderjährigen unter 14 Jahren, bei besonderem Bedarf mit deren Zustimmung auch Minderjährigen unter 16 Jahren, ein Kinderbeistand zu bestellen, wenn es im Hinblick auf die Intensität der Auseinandersetzung zwischen den übrigen Parteien zur Unterstützung des Minderjährigen geboten ist und dem Gericht geeignete Personen zur Verfügung stehen. Das Gericht kann zum Kinderbeistand nur vom Bundesministerium für Justiz oder in dessen Auftrag von der Justizbetreuungsagentur namhaft gemachte Personen bestellen. Namhaft gemacht werden können nur Personen, die insbesondere nach ihrem Beruf, ihrer beruflichen Erfahrung im Umgang mit Kindern und Jugendlichen und ihrer Ausbildung für diese Tätigkeit geeignet sind. *(BGBl I 2013/15)*

(2) Der Kinderbeistand hat mit dem Minderjährigen den erforderlichen Kontakt zu pflegen und ihn über den Gang des Verfahrens zu informieren. Er ist zur Verschwiegenheit über die ihm in Ausübung seiner Funktion anvertrauten oder bekannt gewordenen Tatsachen verpflichtet. Im Einvernehmen mit dem Minderjährigen hat er dessen Meinung dem Gericht gegenüber zu äußern.

(3) Der Kinderbeistand hat das Recht auf Akteneinsicht. Er ist von allen Terminen zu verständigen. Er darf an allen mündlichen Verhandlungen teilnehmen und den Minderjährigen zu Beweisaufnahmen außerhalb der mündlichen Verhandlung auf dessen Wunsch begleiten. Alle Anträge der Parteien sind ihm zu übersenden; von weiteren Personensorgeverfahren ist er durch Übersendung des verfahrenseinleitenden Antrags zu informieren.

(4) Für die Ablehnung des Kinderbeistands gelten die Bestimmungen über die Ablehnung eines Sachverständigen sinngemäß.

(5) Die Bestellung endet mit der rechtskräftigen Erledigung der Sache. Das Gericht kann den Kinderbeistand vorher entheben, wenn dies das Wohl des Minderjährigen erfordert. Im zeitlichen Zusammenhang mit der rechtskräftigen Erledigung der Sache hat der Kinderbeistand mit dem Minderjährigen das Verfahren und dessen Ergebnisse abschließend zu besprechen. Wird während der Bestellung eines Kinderbeistands ein weiteres in Abs. 1 erster Satz genanntes Verfahren denselben Minderjährigen betreffend anhängig, so verlängert sich die Bestellung des Kinderbeistands längstens bis zum Abschluss dieses weiteren Verfahrens.

(6) Das Bundesministerium für Justiz und die Stelle, die den Kinderbeistand namhaft gemacht hat, können die Namhaftmachung eines Kinderbeistands aus wichtigen Gründen widerrufen. Liegt ein solcher Grund vor, hat ihn das Gericht zu entheben und unter den Voraussetzungen des Abs. 1 einen anderen zu bestellen.

(BGBl I 2009/137)

Befragung Minderjähriger

§ 105. (1) Das Gericht hat Minderjährige in Verfahren über Pflege und Erziehung oder „die persönlichen Kontakte"* persönlich zu hören. Der Minderjährige kann auch durch den „Kinder- und Jugendhilfeträger"** „, die Familiengerichtshilfe"*, durch Einrichtungen der Jugendgerichtshilfe oder in anderer geeigneter Weise, etwa durch Sachverständige, gehört werden, wenn er das zehnte Lebensjahr noch nicht vollendet hat, wenn dies seine Entwicklung oder sein Gesundheitszustand erfordert oder wenn sonst eine Äußerung der ernsthaften und unbeeinflussten Meinung des Minderjährigen nicht zu erwarten ist. *(*BGBl I 2013/15; **BGBl I 2017/59)*

(2) Die Befragung hat zu unterbleiben, soweit durch sie oder durch einen damit verbundenen Aufschub der Verfügung das Wohl des Minderjährigen gefährdet wäre oder im Hinblick auf die Verständnisfähigkeit des Minderjährigen offenbar eine überlegte Äußerung zum Verfahrensgegenstand nicht zu erwarten ist.

Befragung des Kinder- und Jugendhilfeträgers

§ 106. Der „Kinder- und Jugendhilfeträger"** kann vor Verfügungen über Pflege und Erziehung oder über „die persönlichen Kontakte"* gehört werden. *(*BGBl I 2013/15; **BGBl I 2017/59)*

(BGBl I 2009/75)

Familiengerichtshilfe

§ 106a. (1) Die Familiengerichtshilfe unterstützt das Gericht auf dessen Auftrag bei der Sammlung der Entscheidungsgrundlagen, der Anbahnung einer gütlichen Einigung und der Information der Parteien in Verfahren über die Obsorge oder die persönlichen Kontakte.

(2) Die Familiengerichtshilfe ist berechtigt, Personen, die über die Lebensumstände eines minderjährigen Kindes Auskünfte erteilen könnten, zu laden und zu befragen, sowie unmittelbaren Kontakt mit dem Kind herzustellen. Personen, in deren Obhut das Kind steht, sind verpflichtet, einen solchen Kontakt zu dulden. Gegen Personen, die ihre Pflicht zur Mitwirkung an Erhebungen der Familiengerichtshilfe verletzen, kann das Gericht angemessene Zwangsmittel nach § 79 Abs. 2 anordnen. § 20 Abs. 1 erster Satz ist bei Erhebungen der Familiengerichtshilfe nicht anzuwenden.

(3) Die Sicherheitsbehörden, Staatsanwaltschaften, Gerichte sowie Einrichtungen zur Unterrichtung, Betreuung und Behandlung minderjähriger Personen haben den bei der Familiengerichtshilfe tätigen Personen die erforderlichen Auskünfte zu erteilen und Einsicht in die Akten und Aufzeichnungen zu gewähren; den „Kinder- und Jugendhilfeträger" trifft nur die Pflicht zur Auskunftserteilung. Die bei der Familiengerichtshilfe tätigen Personen sind, außer wenn sie eine amtliche Mitteilung zu machen haben, jedermann gegenüber zur Verschwiegenheit über die in Ausübung ihrer Tätigkeit gemachten, im Interesse eines Beteiligten geheim zu haltenden Wahrnehmungen verpflichtet. *(BGBl I 2017/59)*

(4) Die bei der Familiengerichtshilfe tätigen Personen erstatten dem Gericht schriftlich oder in der mündlichen Verhandlung Bericht. Für die Ablehnung einer bei der Familiengerichtshilfe tätigen Person gelten die Bestimmungen über die Ablehnung eines Sachverständigen sinngemäß.

(BGBl I 2013/15)

§ 106b. In Verfahren zur Regelung oder zwangsweisen Durchsetzung des Rechts auf persönliche Kontakte kann das Gericht die Familiengerichtshilfe als Besuchsmittler einsetzen. Als solcher hat sie sich mit den Eltern über die konkrete Ausübung der persönlichen Kontakte zu verständigen und bei Konflikten zwischen diesen zu vermitteln. Sie hat das Recht, bei der Vorbereitung der persönlichen Kontakte zu dem Elternteil, der mit dem Kind nicht im gemeinsamen Haushalt lebt, bei der Übergabe des Kindes an diesen und bei der Rückgabe des Kindes durch diesen anwesend zu sein. Sie hat dem Gericht auf dessen Ersuchen über ihre Wahrnehmungen bei der Durchführung der persönlichen Kontakte schriftlich oder in der mündlichen Verhandlung zu berichten.

(BGBl I 2013/15)

§ 106c. (1) Die Bundesministerin für Justiz wird ermächtigt, nach Maßgabe der budgetären, organisatorischen, technischen und personellen Möglichkeiten sowie unter Bedachtnahme auf die wirtschaftliche Vertretbarkeit mit Verordnung anzuordnen, für welche Bezirksgerichte eine Familiengerichtshilfe eingerichtet wird. Soweit es möglich und erforderlich ist, sind der Familiengerichtshilfe im Gerichtsgebäude die nötigen Räumlichkeiten und Telekommunikationseinrichtungen unentgeltlich zur Verfügung zu stellen.

(2) Für jene Bezirksgerichte in Wien, für die keine Familiengerichtshilfe eingerichtet ist, fungiert die Wiener Jugendgerichtshilfe (§ 49 Abs. 1 Jugendgerichtsgesetz 1988) als Familiengerichtshilfe.

(3) Bei Wahrnehmung ihrer Aufgaben stehen die in der Familiengerichtshilfe tätigen Personen den Beamten im Sinne des § 74 Abs. 1 Z 4 StGB gleich. Sie sind mit einem Dienstausweis des Bundes auszustatten.

(BGBl I 2013/15)

Besondere Verfahrensbestimmungen

§ 107. (1) Im Verfahren über die Obsorge oder die persönlichen Kontakte

1. können sich die Parteien nur durch einen Rechtsanwalt vertreten lassen;

2. ist den Parteien auf Antrag eine Ausfertigung der Entscheidung ohne Begründung oder eine Urkunde, in der der Umfang der Betrauung mit der Obsorge umschrieben ist, auszustellen;

2a. ist § 31 Abs. 6 auf die Anhörung des Kinder- und Jugendhilfeträgers und die Erstattung und Erörterung von Berichten der Familiengerichtshilfe sinngemäß anzuwenden. *(BGBl I 2023/77, ab 14. 7. 2023)*

3. können angefochtene Beschlüsse auch zu Ungunsten der anfechtenden Partei abgeändert werden, wenn dies das Wohl des betroffenen Minderjährigen verlangt;

4. findet ein Abänderungsverfahren nicht statt.

(2) Das Gericht hat die Obsorge und die Ausübung des Rechts auf persönliche Kontakte nach Maßgabe des Kindeswohls, insbesondere zur Aufrechterhaltung der verlässlichen Kontakte und zur Schaffung von Rechtsklarheit, auch vorläufig einzuräumen oder zu entziehen. Dies kann besonders nach Auflösung der Ehe oder der häuslichen Gemeinschaft der Eltern erforderlich sein (§ 180 Abs. 1 Z 1 ABGB). Dieser Entscheidung kommt vorläufige Verbindlichkeit und Vollstreckbarkeit zu, sofern das Gericht diese nicht ausschließt. Im Übrigen gilt § 44 sinngemäß.

(3) Das Gericht hat die zur Sicherung des Kindeswohls erforderlichen Maßnahmen anzuordnen, soweit dadurch nicht Interessen einer Partei, deren Schutz das Verfahren dient, gefährdet oder Belange der übrigen Parteien unzumutbar beeinträchtigt werden. Als derartige Maßnahmen kommen insbesondere in Betracht

1. der verpflichtende Besuch einer Familien-, Eltern- oder Erziehungsberatung;

2. die Teilnahme an einem Erstgespräch über Mediation oder über ein Schlichtungsverfahren;

3. die Teilnahme an einer Beratung oder Schulung zum Umgang mit Gewalt und Aggression;

4. das Verbot der Ausreise mit dem Kind und

5. die Abnahme der Reisedokumente des Kindes.

(4) Das Gericht kann zur Durchführung von Maßnahmen nach Abs. 3, die auf den Fortgang des Verfahrens Einfluss haben können, mit dem Verfahren, erforderlichenfalls auch mehrfach, innehalten. Im Übrigen gilt § 29 entsprechend.

(5) In Verfahren über die Obsorge und die persönlichen Kontakte findet ein Kostenersatz nicht statt.

(BGBl I 2013/15)

Besondere Entscheidungen bei vom Kinder- und Jugendhilfeträger gesetzten Maßnahmen

§ 107a. (1) In Verfahren über einen Antrag des „Kinder- und Jugendhilfeträgers" nach § 211 Abs. 1 zweiter Satz ABGB hat das Gericht auf Antrag des Kindes oder der Person, in deren Obsorge eingegriffen wurde, unverzüglich, tunlichst binnen vier Wochen, auszusprechen, ob die Maßnahme des „Kinder- und Jugendhilfeträgers" unzulässig oder vorläufig zulässig ist. Ein solcher Antrag muss binnen vier Wochen nach Beginn der Maßnahme gestellt werden. Erklärt das Gericht die Maßnahme für unzulässig, so kommt dieser Entscheidung vorläufige Verbindlichkeit und Vollstreckbarkeit zu, sofern das Gericht diese nicht ausschließt; im Übrigen gilt § 44 sinngemäß. Die Frist für den Rekurs, mit dem die Unzulässigerklärung der Maßnahme angefochten wird, beträgt drei Tage. Gegen die vorläufige Zulässigerklärung ist ein Rechtsmittel nicht zulässig. *(BGBl I 2017/59)*

(2) Hat der „Kinder- und Jugendhilfeträger" die Maßnahme beendet, so hat das Gericht auf Antrag des Kindes oder der Person, in deren Obsorge eingegriffen wurde, auszusprechen, ob die Maßnahme unzulässig war. Ein solcher Antrag muss binnen drei Monaten nach Beendigung der Maßnahme gestellt werden. *(BGBl I 2017/59)*

(BGBl I 2013/15)

Besondere Entscheidungen im Verfahren über das Recht auf persönliche Kontakte

§ 108. Lehnt ein Minderjähriger, der das vierzehnte Lebensjahr bereits vollendet hat, ausdrücklich die Ausübung der persönlichen Kontakte ab und bleiben eine Belehrung über die Rechtslage und darüber, dass die Anbahnung oder Aufrechterhaltung des Kontakts mit beiden Elternteilen grundsätzlich seinem Wohl entspricht, sowie der Versuch einer gütlichen Einigung erfolglos, so ist der Antrag auf Regelung der persönlichen Kontakte ohne weitere inhaltliche Prüfung abzuweisen und von der Fortsetzung der Durchsetzung abzusehen.

(BGBl I 2013/15)

Vereinbarungen über Obsorge und persönliche Kontakte

§ 109. „(1)" Das Gericht hat über Vereinbarungen über die Obsorge oder über „die persönlichen Kontakte" eine Niederschrift aufzunehmen. „ " Soweit dadurch der Verfahrensgegenstand inhaltlich erledigt wurde, ist das Verfahren ohne weiteres beendet. *(BGBl I 2013/15)*

(2) Das Gericht, das die Niederschrift aufgenommen hat, hat eine Ausfertigung der Niederschrift einer Vereinbarung nach Abs. 1 dem für die Entscheidung über die Obsorge oder über die persönlichen Kontakte zuständigen Gericht zu übermitteln. *(BGBl I 2013/15)*

(3) Der Standesbeamte hat das für die Entscheidung über die Obsorge zuständige Gericht unter Anschluss der Erklärungen der Eltern schriftlich über eine Bestimmung der Obsorge (§ 177 Abs. 2 ABGB) zu informieren. *(BGBl I 2013/15)*

Durchsetzung von Regelungen der Obsorge oder des Rechts auf persönliche Kontakte

§ 110. (1) Die zwangsweise Durchsetzung einer Regelung der Obsorge oder des Rechts auf persönliche Kontakte hat nur dann zu erfolgen, wenn

1. eine gerichtliche Entscheidung vorliegt;

2. eine Vereinbarung vor Gericht geschlossen wurde oder

3. die Obsorge vor dem Standesbeamten bestimmt worden ist.

(BGBl I 2013/15)

(2) Eine Vollstreckung nach der Exekutionsordnung ist ausgeschlossen. Das Gericht hat auf Antrag oder von Amts wegen angemessene Zwangsmittel nach § 79 Abs. 2 anzuordnen. Regelungen, die die persönlichen Kontakte betreffen, sind auch gegen den Willen des Elternteils durchzusetzen, der mit dem Minderjährigen nicht im gemeinsamen Haushalt lebt. Regelungen, die die Obsorge betreffen, kann das Gericht auch durch Anwendung angemessenen unmittelbaren Zwanges vollziehen. *(BGBl I 2013/15)*

(3) Das Gericht kann von der Fortsetzung der Durchsetzung auch von Amts wegen nur absehen, wenn und solange sie das Wohl des Minderjährigen gefährdet.

(4) Wenn es das Wohl des betroffenen Minderjährigen verlangt, kann das Gericht bei der Durchsetzung der gerichtlichen oder gerichtlich genehmigten Regelung der Obsorge den „Kinder-

und Jugendhilfeträger" oder die Jugendgerichtshilfe um Unterstützung, insbesondere um die vorübergehende Betreuung des Minderjährigen, ersuchen. Unmittelbarer Zwang zur Durchsetzung der gerichtlichen Regelung darf jedoch ausschließlich durch Gerichtsorgane ausgeübt werden; diese können die Organe des öffentlichen Sicherheitsdiensts beiziehen. *(BGBl I 2017/59)*

Besuchsbegleitung

§ 111. Wenn es das Wohl des Minderjährigen verlangt, kann das Gericht eine geeignete und dazu bereite Person zur Unterstützung bei der Ausübung des Rechts auf „persönliche Kontakte" heranziehen (Besuchsbegleitung). In einem Antrag auf Besuchsbegleitung ist eine geeignete Person oder Stelle (Besuchsbegleiter) namhaft zu machen. Die in Aussicht genommene Person oder Stelle ist am Verfahren zu beteiligen; ihre Aufgaben und Befugnisse hat das Gericht zumindest in den Grundzügen festzulegen. Zwangsmaßnahmen gegen den Besuchsbegleiter sind nicht zulässig. *(BGBl I 2013/15)*

7a. Abschnitt

Verfahren nach dem Haager Kindesentführungsübereinkommen

Anträge in das Ausland

§ 111a. (1) Ein Antrag auf Rückführung eines Kindes oder auf Ausübung des Rechts auf Kontakt mit dem Kind, der vom Bundesministerium für Justiz als Zentrale Behörde im Sinn des Art. 6 des Übereinkommens vom 25. Oktober 1980, BGBl. Nr. 512/1988, über die zivilrechtlichen Aspekte internationaler Kindesentführung (im Folgenden: HKÜ) an eine ausländische Zentrale Behörde übermittelt werden soll, ist vom Antragsteller beim Pflegschaftsgericht schriftlich anzubringen oder zu Protokoll zu geben. § 434 Abs. 2 ZPO ist sinngemäß anzuwenden.

(2) Sind der Antrag und die beizufügenden sonstigen Schriftstücke im Hinblick auf Art. 24 Abs. 1 HKÜ zu übersetzen, so sind bei Vorliegen eines Antrags auf Bewilligung der Verfahrenshilfe hinsichtlich der Gebühren der Dolmetscher die §§ 63 ff ZPO anzuwenden. Nach der Bewilligung der Verfahrenshilfe hat das Gericht die Herstellung der erforderlichen Übersetzungen zu veranlassen.

(3) Ein Verlangen der antragstellenden Partei auf Beistellung einer psychosozialen Prozessbegleitung in Österreich während des Verfahrens über den Antrag auf Rückführung eines Kindes ist an die in Frage kommende Einrichtung weiterzuleiten. § 73b ZPO ist sinngemäß anzuwenden, wobei die Bereitstellung psychosozialer Prozessbegleitung während dieses Verfahrens kein vorangegangenes Strafverfahren voraussetzt.

(BGBl I 2017/130)

§ 111b. (1) Das Gericht hat den Antrag vordringlich zu behandeln. Es hat zu prüfen, ob der Antrag und die Beilagen den Erfordernissen des Art. 8 HKÜ entsprechen, ob die nach Art. 24 Abs. 1 HKÜ erforderlichen Übersetzungen sowie die im Art. 28 HKÜ genannte Vollmacht für die ausländische Zentrale Behörde angeschlossen sind, und sodann den Antrag und die Beilagen unverzüglich dem Bundesministerium für Justiz vorzulegen.

(2) Ist eine im Art. 8 Abs. 2 lit. f HKÜ genannte Bescheinigung erforderlich, so ist sie vom Bundesministerium für Justiz in Form eines Gesetzeszeugnisses auszustellen.

(3) Sind die Voraussetzungen des Art. 3 HKÜ offensichtlich nicht gegeben, so hat das Gericht den Antrag, sofern er nicht verbessert werden kann, ohne weiteres Verfahren zurückzuweisen.

(BGBl I 2017/130)

Anträge aus dem Ausland

§ 111c. (1) Aus dem Ausland einlangende Anträge auf Rückführung eines Kindes sind vordringlich zu behandeln.

(2) Wenn der Aufenthalt eines Kindes unter 16 Jahren unbekannt ist, aber Anhaltspunkte dafür vorliegen, dass es sich in Österreich aufhält, hat das Bundesministerium für Justiz als Zentrale Behörde anlässlich eines Rückführungsantrags alle erforderlichen Maßnahmen zur Aufenthaltsermittlung zu treffen. Es ist zu diesem Zweck befugt, die Sicherheitsbehörden um die Mitwirkung an der Ermittlung des Aufenthaltes zu ersuchen und eine Abfrage beim zentralen Melderegister sowie beim Dachverband[*)] der österreichischen Sozialversicherungsträger zu tätigen.

(3) Sofern nicht die Voraussetzungen nach Art. 9 HKÜ vorliegen, hat das Bundesministerium für Justiz einen aus dem Ausland einlangenden Antrag samt Beilagen auf Kosten des Bundes übersetzen zu lassen (Art. 24 Abs. 1 HKÜ) und sodann an das zuständige Bezirksgerichts zu übersenden.

(4) Der zur Durchführung des Verfahrens zuständige Richter hat zugunsten des Antragstellers ohne Rücksicht darauf, ob die im § 63 Abs. 1 ZPO vorgesehenen Voraussetzungen vorliegen, die Verfahrenshilfe, bei bisher Unvertretenen einschließlich der Beigebung eines Rechtsanwalts, zu bewilligen (§ 64 Abs. 1 ZPO). Entbehrt die gegnerische Partei einer Vertretung, so ist ihr auf Antrag die Verfahrenshilfe durch Beigebung eines Rechtsanwalts ohne vorherige Prüfung der vermögensrechtlichen Voraussetzungen zu bewilligen.

Nach Abschluss des Verfahrens sind die Voraussetzungen für die Verfahrenshilfe zu prüfen und über eine allfällige Nachzahlung endgültig zu entscheiden.

(5) Das Gericht hat bei Bemühungen um eine gütliche Einigung im Interesse des Kindeswohls (§ 13), bei der tunlichst beide Elternteile bei Gericht erscheinen sollen, die besondere Dringlichkeit des Verfahrens zu beachten. Über den Antrag ist unverzüglich zu entscheiden, sofern eine gerichtliche Entscheidung nicht durch die freiwillige sofortige Rückführung des Kindes oder durch die Zurückziehung des Antrags entbehrlich wird. Die Anordnung der Rückführung ist mit der Anordnung ihrer zwangsweisen Durchsetzung, unter Setzung einer Erfüllungsfrist, zu verbinden, sofern die zwangsweise Durchsetzung nicht noch von fehlenden Nachweisen bestimmter Voraussetzungen abhängt. Dieser Entscheidung kommt vorläufige Verbindlichkeit und Vollstreckbarkeit zu, sofern das Gericht diese nicht insbesondere ausschließt, weil sonst das Kindeswohl nach den konkreten Umständen des Einzelfalls gefährdet wäre. Im Übrigen gilt § 44 sinngemäß.

(6) Zur Sicherung der Zwecke des HKÜ hat das Gericht erster Instanz in jeder Lage des Rückführungsverfahrens Maßnahmen zu setzen, um das Recht zum persönlichen Kontakt des zurückgelassenen Elternteils mit dem Kind bis zur endgültigen Entscheidung über die Rückführung des Kindes und deren Durchsetzung zu gewährleisten, soweit dem das Kindeswohl nicht entgegensteht.

(7) Das Gericht kann bei der Durchführung einer Rückführung des Kindes oder eines Beschlusses zur Regelung des Rechts auf Kontakt den Kinder- und Jugendhilfeträger um Mitwirkung im Interesse des Kindes ersuchen.

(8) Das Gericht hat dem Bundesministerium für Justiz unmittelbar über alle wichtigen Maßnahmen und über das Ergebnis des Verfahrens zu berichten. Hat das Gericht innerhalb von sechs Wochen nach Einlangen des Antrages bei ihm keine Entscheidung getroffen, so hat es dem Bundesministerium für Justiz unverzüglich über die Gründe für die Verzögerung zu berichten. Das Bundesministerium für Justiz kann auch den zur Vertretung des Antragstellers bestellten Rechtsanwalt (Abs. 4) um Bekanntgabe des Verfahrensstandes ersuchen.

(BGBl I 2017/130)

---

*) *Seit 1.1.2020 (BGBl I 2018/100: § 720 ASVG).*

§ 111d. (1) Im Übrigen sind die Bestimmungen des 7. Abschnitts sinngemäß auch auf Verfahren nach dem HKÜ anzuwenden. Es ist tunlichst ein Kinderbeistand (§ 104a) zu bestellen.

(2) Wurde ein selbständiger Beschluss zur Anordnung der zwangsweisen Durchsetzung gefasst, so kommt diesem jedenfalls vorläufige Verbindlichkeit und Vollstreckbarkeit zu. Im Übrigen gilt § 44 sinngemäß, wobei die Aberkennung der vorläufigen Verbindlichkeit und Vollstreckbarkeit anzuordnen ist, wenn sonst das Kindeswohl nach den konkreten Umständen des Einzelfalls gefährdet wäre. Einwendungen gegen die Vollstreckung des Beschlusses sind nur noch zu berücksichtigen, soweit die nun eingewendeten Umstände im Verfahren zur Anordnung der Rückführung noch nicht geprüft wurden oder soweit nachträglich Umstände eingetreten sind, die das Wohl des Kindes gefährden.

(BGBl I 2017/130)

§ 111e. Wird dem Antragsgegner während des im Inland anhängigen Rückführungsverfahrens von der zuständigen Behörde im ersuchenden Staat das Recht zur Bestimmung des Aufenthalts für das widerrechtlich verbrachte oder zurückgehaltene Kind zwar rechtswirksam, jedoch bloß vorläufig oder nicht rechtskräftig zugewiesen, so ist das Rückführungsverfahren gemäß § 25 Abs. 2 Z 1 zu unterbrechen. Wird dem Antragsgegner das Aufenthaltsbestimmungsrecht endgültig und rechtskräftig zugewiesen, ist das Rückführungsverfahren einzustellen.

(BGBl I 2017/130)

§ 111f. Die aufgrund dieses Abschnittes vorzunehmenden Datenverarbeitungen erfüllten die Voraussetzungen des Art. 35 Abs. 10 der Verordnung (EU) 2016/679 zum Schutz natürlicher Personen bei der Verarbeitung personenbezogener Daten, zum freien Datenverkehr und zur Aufhebung der Richtlinie 95/46/EG (Datenschutz-Grundverordnung), ABl. Nr. L 119 vom 4.5.2016 S. 1, für einen Entfall der Datenschutz-Folgenabschätzung.

(BGBl I 2017/130)

8. Abschnitt

Vollstreckbarerklärung ausländischer Entscheidungen über die Regelung der Obsorge und das Recht auf persönlichen Verkehr

Vollstreckbarerklärung

§ 112. (1) Ausländische gerichtliche Entscheidungen über die Regelung der Obsorge und das Recht auf „persönliche Kontakte" können nur vollstreckt werden, wenn sie vom Gericht für Österreich für vollstreckbar erklärt wurden. Dabei sind gerichtliche Vergleiche und vollstreckbare öffentliche Urkunden gerichtlichen Entscheidungen gleichzuhalten. *(BGBl I 2013/15)*

(2) Eine ausländische Entscheidung ist für vollstreckbar zu erklären, wenn sie nach dem Recht des Ursprungsstaats vollstreckbar ist und kein Grund für die Verweigerung der Vollstreckbarerklärung vorliegt.

Verweigerungsgründe

§ 113. (1) Die Vollstreckbarerklärung ist zu verweigern, wenn

1. sie dem Kindeswohl oder anderen Grundwertungen der österreichischen Rechtsordnung (ordre public) offensichtlich widerspricht;

2. das rechtliche Gehör des Antragsgegners im Ursprungsstaat nicht gewahrt wurde, es sei denn, er ist mit der Entscheidung offenkundig einverstanden;

3. die Entscheidung mit einer späteren österreichischen oder einer späteren ausländischen Obsorge- oder Besuchsrechtsentscheidung, die die Voraussetzungen für eine Vollstreckbarerklärung in Österreich erfüllt, unvereinbar ist;

4. die erkennende Behörde bei Anwendung österreichischen Rechts für die Entscheidung international nicht zuständig gewesen wäre.

(2) Die Vollstreckbarerklärung ist weiters auf Antrag jener Person zu verweigern, der die Obsorge für das Kind zukommt, wenn sie keine Möglichkeit hatte, sich am Verfahren des Ursprungsstaats zu beteiligen.

Verfahren der Vollstreckbarerklärung

§ 114. (1) Dem Antrag auf Vollstreckbarerklärung sind eine Ausfertigung der Entscheidung und ein Nachweis, dass sie nach dem Recht des Ursprungsstaats vollstreckbar ist und dass sie zugestellt wurde, anzuschließen. Im Fall der Nichteinlassung des Antragsgegners in das Verfahren des Ursprungsstaats ist überdies der Nachweis der Zustellung des verfahrenseinleitenden Schriftstücks oder eine Urkunde, aus der sich ergibt, dass die säumige Partei mit der ausländischen Entscheidung offenkundig einverstanden ist, vorzulegen.

(2) Das Gericht kann die anderen Beteiligten auch erst durch Zustellung der Entscheidung in das Verfahren einbeziehen und von der Anhörung des betroffenen Kindes absehen.

(3) Richtet sich ein Rekurs gegen eine Entscheidung erster Instanz, so beträgt die Frist für Rekurs und Rekursbeantwortung einen Monat. Befindet sich der gewöhnliche Aufenthalt des Antragsgegners im Ausland und stellt ein Rekurs oder eine Rekursbeantwortung seine erste Möglichkeit dar, sich am Verfahren zu beteiligen, so beträgt die Frist für den Rekurs oder die Rekursbeantwortung für ihn zwei Monate.

(4) Ist die ausländische Entscheidung nach den Vorschriften des Ursprungsstaats noch nicht rechtskräftig, so kann auf Antrag des Antragsgegners das Verfahren zur Vollstreckbarerklärung bis zum Eintritt der Rechtskraft unterbrochen werden. Erforderlichenfalls kann dem Antragsgegner eine Frist für die Bekämpfung der ausländischen Entscheidung gesetzt werden.

(5) Die Vollstreckung kann zugleich mit der Vollstreckbarerklärung beantragt werden. Das Gericht hat über beide Anträge zugleich zu entscheiden.

(6) Ein Kostenersatz findet nicht statt.

Anerkennung

§ 115. Auf Anträge, mit denen die Anerkennung oder Nichtanerkennung gerichtlicher Entscheidungen über die Regelung der Obsorge und des Rechts auf „persönliche Kontakte" geltend gemacht wird, sind die vorstehenden Bestimmungen sinngemäß anzuwenden. *(BGBl I 2013/15)*

Vorrang des Völkerrechts

§ 116. Die §§ 112 bis 115 sind nicht anzuwenden, soweit nach Völkerrecht oder in Rechtsakten der Europäischen Gemeinschaften Anderes bestimmt ist.

9. Abschnitt

Erwachsenenschutzverfahren

I. Verfahrensrechte der betroffenen Person

§ 116a. (1) Die betroffene Person kann in Erwachsenenschutzverfahren unabhängig von ihrer Verfahrensfähigkeit Verfahrenshandlungen vornehmen. Stimmen ihre Anträge nicht mit jenen ihres Vertreters überein, so sind bei der Entscheidung alle Anträge inhaltlich zu berücksichtigen.

(2) Der betroffenen Person sind sämtliche Beschlüsse zuzustellen. Die Zustellung des Beschlusses über die Bestellung eines Erwachsenenvertreters hat zu eigenen Handen zu erfolgen; der Rechtsbeistand im Verfahren hat ihr dessen Inhalt in geeigneter Weise zu erläutern.

(3) Kann die betroffene Person den Zustellvorgang oder den Inhalt der Entscheidung auch nicht annähernd begreifen, so ist die Zustellung wirksam, wenn die Ausfertigung des Beschlusses auf eine Weise in den körperlichen Nahebereich der betroffenen Person gelangt, dass sie sich bei Erhalt ohne ihre psychische Krankheit oder eine vergleichbare Beeinträchtigung ihrer Entscheidungsfähigkeit Kenntnis vom Inhalt des Beschlusses verschaffen könnte.

(4) Will die betroffene Person Beschlüsse anfechten, so genügt es, dass aus dem Schriftstück

deutlich hervorgeht, dass sie mit der Entscheidung nicht einverstanden ist.

(BGBl I 2017/59)

II. Bestellung eines gerichtlichen Erwachsenenvertreters

Verfahrenseinleitung

§ 117. (1) Das Verfahren über die Bestellung eines gerichtlichen Erwachsenenvertreters für eine Person ist einzuleiten, wenn sie selbst die Bestellung beantragt oder von Amts wegen, etwa auf Grund einer Mitteilung.

(2) Ist die Person noch minderjährig, so kann das Verfahren frühestens drei Monate vor Erreichen der Volljährigkeit eingeleitet werden; die Bestellung eines gerichtlichen Erwachsenenvertreters wird nicht vor Eintritt der Volljährigkeit wirksam.

(BGBl I 2017/59)

Befassung des Erwachsenenschutzvereins

§ 117a. (1) Liegen konkrete und begründete Anhaltspunkte für die Notwendigkeit der Bestellung eines gerichtlichen Erwachsenenvertreters vor, so hat das Gericht zunächst den Erwachsenenschutzverein (§ 1 ErwSchVG) mit der Abklärung (§ 4a ErwSchVG) zu beauftragen. Es hat Auszüge aus dem Grundbuch und dem Firmenbuch, eine Übersicht über die anhängigen Gerichtsverfahren und über den sozialversicherungsrechtlichen Status (Versicherungsdatenauszug, zuständiger Versicherungsträger) sowie allenfalls weitere erforderliche Unterlagen beizuschaffen und dem Auftrag beizulegen.

(2) Die betroffene Person ist unverzüglich von der Befassung des Erwachsenenschutzvereins zu verständigen.

(BGBl I 2017/59)

Erstanhörung

§ 118. (1) Setzt das Gericht das Verfahren fort, so hat es sich einen persönlichen Eindruck von der vom Verfahren betroffenen Person zu verschaffen. Es hat sie über Grund und Zweck des Verfahrens, die Aufgaben eines Rechtsbeistands im Verfahren und die Möglichkeit, einen solchen selbst zu wählen, zu unterrichten und Gelegenheit zur Stellungnahme zu geben.

(2) Ist das Erscheinen der betroffenen Person vor Gericht unmöglich, untunlich oder ihrem Wohl abträglich, so hat das Gericht sie aufzusuchen. Eine zwangsweise Vorführung der betroffenen Person ist nicht zulässig.

(3) Kann sich das Gericht wegen aus dem Aufenthalt der betroffenen Person resultierender unverhältnismäßiger Schwierigkeiten oder Kosten keinen persönlichen Eindruck von der betroffenen Person verschaffen, so kann die Erstanhörung im Weg der Rechtshilfe erfolgen.

(4) Das Gericht kann die Erstanhörung unter Verwendung geeigneter technischer Kommunikationsmittel zur Wort- und Bildübertragung durchführen und der Anhörung beizuziehende Personen teilnehmen lassen, wenn die Gesundheit einer am Verfahren beteiligten Person durch ihre persönliche Teilnahme aufgrund einer allgemein vorherrschenden Krisensituation ernstlich gefährdet wäre und die Gefährdung nicht anders abgewendet werden kann. *(BGBl I 2023/77, ab 14. 7. 2023)*

(BGBl I 2017/59)

Rechtsbeistand im Verfahren

§ 119. Ist das Verfahren auf Grund der Ergebnisse der Erstanhörung fortzusetzen, so hat das Gericht für einen Rechtsbeistand der betroffenen Person im Verfahren zu sorgen. Hat sie keinen geeigneten gesetzlichen oder selbstgewählten Vertreter, so hat das Gericht für sie mit sofortiger Wirksamkeit einen Vertreter für das Verfahren zu bestellen. Er ist zu entheben, sobald die betroffene Person einen anderen geeigneten Vertreter gewählt und dem Gericht bekannt gegeben hat.

(BGBl I 2017/59)

Einstweiliger Erwachsenenvertreter

§ 120. (1) Erfordert es das Wohl der betroffenen Person, so hat ihr das Gericht zur Besorgung dringender Angelegenheiten längstens für die Dauer des Verfahrens einen einstweiligen Erwachsenenvertreter mit sofortiger Wirksamkeit zu bestellen.

(2) Ein einstweiliger Erwachsenenvertreter kann erst nach Abklärung durch den Erwachsenenschutzverein und Durchführung der Erstanhörung bestellt werden, es sei denn, dass sonst ein erheblicher und unwiederbringlicher Nachteil für die betroffene Person zu befürchten ist. Die Abklärung und die Erstanhörung sind unverzüglich nachzuholen.

(3) Ein einstweiliger Erwachsenenvertreter kann auch für denselben Wirkungsbereich wie ein bereits eingesetzter Vertreter bestellt werden. Ansonsten gelten für die einstweilige Erwachsenenvertretung die Regelungen über die gerichtliche Erwachsenenvertretung. Die einstweilige Erwachsenenvertretung ist im Österreichischen Zentralen Vertretungsverzeichnis einzutragen. „§ 123 – ausgenommen Abs. 1 Z 4 und 5 – und § 126 sind sinngemäß anzuwenden.“ *(BGBl I 2018/58, ab 1. 8. 2018)*

(BGBl I 2017/59)

Sachverständigengutachten

§ 120a. Das Gericht hat einen Sachverständigen zu bestellen, wenn es dies für erforderlich hält oder die betroffene Person dies beantragt. Der Sachverständige hat ein schriftliches Gutachten zu erstatten. Das Gericht hat das Gutachten der betroffenen Person und ihrem Rechtsbeistand (§ 119) zu übermitteln. Findet eine mündliche Verhandlung statt, so hat die Übermittlung rechtzeitig vor dieser zu erfolgen. „§ 31 Abs. 6 ist unter der Voraussetzung anzuwenden, dass die betroffene Person die Erörterung des Gutachtens unter Verwendung technischer Kommunikationsmittel begreifen kann.“ *(BGBl I 2023/77, ab 14. 7. 2023)*

(BGBl I 2017/59)

Mündliche Verhandlung

§ 121. (1) Über die Bestellung eines gerichtlichen Erwachsenenvertreters hat das Gericht mündlich zu verhandeln, wenn dies das Gericht für erforderlich hält oder die betroffene Person dies beantragt.

(2) Zur mündlichen Verhandlung sind die betroffene Person, ihr Rechtsbeistand (§ 119), ihr einstweiliger Erwachsenenvertreter sowie die Person, die zum Erwachsenenvertreter bestellt werden soll, zu laden.

(3) Ist das Erscheinen der betroffenen Person vor Gericht unmöglich, untunlich oder ihrem Wohl abträglich, so hat das Gericht die mündliche Verhandlung an dem Ort durchzuführen, an dem sich die betroffene Person befindet. Gelingt dies nicht oder gefährdet die Teilnahme an der Verhandlung das Wohl der betroffenen Person, so kann das Gericht auch ohne sie verhandeln.

(4) Bei der mündlichen Verhandlung sind die für die Feststellung des Sachverhalts erforderlichen Beweise aufzunehmen. Wenn dies die betroffene Person beantragt oder das Gericht für erforderlich hält, haben ein Mitarbeiter des Erwachsenenschutzvereins die Abklärung und der Sachverständige das Gutachten in der mündlichen Verhandlung vorzutragen. Bei entsprechenden Hinweisen kann auch ein informierter Mitarbeiter des Trägers der Sozial- oder Behindertenhilfe beigezogen werden.

(5) Sofern eine rechtsunkundige Person zum gerichtlichen Erwachsenenvertreter bestellt werden soll, ist sie über die Grundzüge der Erwachsenenvertretung zu informieren.

(6) Das Gericht kann die mündliche Verhandlung unter Verwendung geeigneter technischer Kommunikationsmittel zur Wort- und Bildübertragung durchführen, auf diese Weise Beweise in der mündlichen Verhandlung oder außerhalb dieser aufnehmen und sonst der Verhandlung beizuziehende Personen teilnehmen lassen, wenn die Gesundheit einer am Verfahren beteiligten Person durch ihre persönliche Teilnahme aufgrund einer allgemein vorherrschenden Krisensituation ernstlich gefährdet wäre und die Gefährdung nicht anders abgewendet werden kann. § 18 Abs. 2 ist nicht anzuwenden. *(BGBl I 2023/77, ab 14. 7. 2023)*

(BGBl I 2017/59)

Einstellung

§ 122. (1) Gelangt das Gericht zum Ergebnis, dass ein gerichtlicher Erwachsenenvertreter nicht zu bestellen ist, so hat es das Verfahren in jeder Lage einzustellen.

(2) Ein Beschluss über die Einstellung ist nur dann zu fassen, wenn

1. die betroffene Person von der Anregung (§ 117) oder dem Verfahren bereits Kenntnis erlangt hat oder

2. ein Gericht oder eine Behörde die Verfahrenseinleitung angeregt hat.

(3) Im Beschluss über die Einstellung oder mit gesondertem Beschluss kann das Gericht auch aussprechen, dass die Voraussetzungen für die Errichtung einer Vorsorgevollmacht, für die Eintragung des Eintritts des Vorsorgefalls oder für die Eintragung einer gewählten oder gesetzlichen Erwachsenenvertretung im Österreichischen Zentralen Vertretungsverzeichnis vorliegen. Gegebenenfalls kann es auch die Beendigung einer Vorsorgevollmacht oder einer gesetzlichen oder gewählten Erwachsenenvertretung anordnen.

(4) Gerichte oder Behörden, die die Einleitung des Verfahrens angeregt haben, sowie der Erwachsenenschutzverein, der die Abklärung vorgenommen hat, sind von der Einstellung zu verständigen; dabei ist der Schutz des Privat- oder Familienlebens der betroffenen Person zu gewährleisten.

(BGBl I 2017/59)

Bestellung

§ 123. (1) Der Beschluss über die Bestellung des gerichtlichen Erwachsenenvertreters hat zu enthalten:

1. den Ausspruch, dass für die betroffene Person ein gerichtlicher Erwachsenenvertreter bestellt wird;

2. die Umschreibung der Angelegenheiten, die der Erwachsenenvertreter zu besorgen hat;

3. die Bezeichnung der Person des Erwachsenenvertreters;

4. den konkreten Zeitpunkt, in dem die Erwachsenenvertretung endet, wenn nicht zuvor ein Erneuerungsverfahren eingeleitet wird (§ 128) und

5. den Ausspruch über die Kosten.

(2) Im Beschluss über die Bestellung eines gerichtlichen Erwachsenenvertreters oder mit gesondertem Beschluss kann das Gericht auch einen Genehmigungsvorbehalt (§ 242 Abs. 2 ABGB) und die Beendigung einer Vorsorgevollmacht oder einer gesetzlichen oder gewählten Erwachsenenvertretung anordnen. Gegebenenfalls kann es auch aussprechen, dass für nicht von der gerichtlichen Erwachsenenvertretung umfasste Angelegenheiten die Voraussetzungen für die Errichtung einer Vorsorgevollmacht, für die Eintragung des Eintritts des Vorsorgefalls oder für die Eintragung einer gewählten oder gesetzlichen Erwachsenenvertretung im Österreichischen Zentralen Vertretungsverzeichnis vorliegen.

(3) Der Beschluss über die Bestellung eines gerichtlichen Erwachsenenvertreters ist für die betroffene Person möglichst verständlich zu begründen.

(BGBl I 2017/59)

Kosten

§ 124. Bei Bestellung eines gerichtlichen Erwachsenenvertreters sind die dem Bund erwachsenen Kosten der betroffenen Person aufzuerlegen, soweit dadurch nicht ihr notwendiger Unterhalt oder der ihrer Familie, für die sie zu sorgen hat, gefährdet wird. Im Übrigen hat der Bund die Kosten endgültig zu tragen.

(BGBl I 2017/59)

Wirksamwerden der Bestellung eines Erwachsenenvertreters

§ 125. Dem Beschluss, mit dem der gerichtliche Erwachsenenvertreter bestellt wird (§ 123 Abs. 1), kann keine vorläufige Wirksamkeit zuerkannt werden.

(BGBl I 2017/59)

Verständigungspflichten

§ 126. (1) Von der Bestellung des gerichtlichen Erwachsenenvertreters sind auf geeignete Weise diejenigen Personen und Stellen zu verständigen, die nach den aktenkundigen Ergebnissen des Verfahrens, insbesondere nach den Angaben des Erwachsenenvertreters, ein begründetes Interesse daran haben. Von der Beendigung einer Vorsorgevollmacht oder einer gesetzlichen oder gewählten Erwachsenenvertretung ist der von der Beendigung betroffene Vertreter zu verständigen.

(2) Das Gericht hat zu veranlassen, dass die Anordnung eines Genehmigungsvorbehalts in die öffentlichen Bücher und Register eingetragen wird, wenn der Genehmigungsvorbehalt die in dem betreffenden Buch oder Register eingetragenen Rechte umfasst. Darüber hinaus hat es die Bestellung des gerichtlichen Erwachsenenvertreters im Österreichischen Zentralen Vertretungsverzeichnis einzutragen. *(BGBl I 2018/58, ab 1. 8. 2018)*

(BGBl I 2017/59)

Angehörige

§ 127. (1) Von der Einleitung des Verfahrens über die Bestellung eines gerichtlichen Erwachsenenvertreters sind der Ehegatte, eingetragene Partner oder Lebensgefährte, die Eltern und volljährigen Kinder der betroffenen Person sowie die in einer Erwachsenenvertreter-Verfügung bezeichnete Person (§ 244 Abs. 1 ABGB) zu verständigen, soweit die betroffene Person nichts anderes verfügt hat oder zu erkennen gibt, dass sie eine solche Verständigung nicht will.

(2) Ergibt sich unter solchen Angehörigen im Rahmen der Abklärung durch den Erwachsenenschutzverein kein Einvernehmen über die Person des zu bestellenden Erwachsenenvertreters, so hat das Gericht diese Angehörigen zu hören.

(3) Einem Angehörigen im Sinn des Abs. 1, dessen Verständigung die betroffene Person nicht abgelehnt hat, steht gegen den Beschluss über die Bestellung eines gerichtlichen Erwachsenenvertreters im Hinblick auf die Person des gerichtlichen Erwachsenenvertreters der Rekurs zu.

(4) Kann die Abgabestelle eines Angehörigen im Sinn des Abs. 1 nicht mit geringfügigem Aufwand ermittelt werden oder ist er zu einer Äußerung nicht nur vorübergehend unfähig, so ist dieser Angehörige wie eine nicht aktenkundige Partei zu behandeln und von einer Verständigung desselben abzusehen.

(BGBl I 2017/59)

III. Änderung, Übertragung, Erneuerung und Beendigung der gerichtlichen Erwachsenenvertretung

§ 128. (1) Die Vorschriften für das Verfahren zur Bestellung eines gerichtlichen Erwachsenenvertreters sind auch auf das Verfahren über die Erweiterung, Einschränkung, Übertragung, Erneuerung und Beendigung der gerichtlichen Erwachsenenvertretung anzuwenden, soweit im Folgenden nichts anderes bestimmt ist. Bei einer Einschränkung oder Beendigung der gerichtlichen Erwachsenenvertretung hat stets der Bund die Kosten endgültig zu tragen. § 125 gilt nur für den Beschluss über die Erweiterung der gerichtlichen Erwachsenenvertretung.

(2) Das Gericht hat die in Abs. 1 genannten Verfahren auch auf Antrag des gerichtlichen Erwachsenenvertreters einzuleiten. Diesem kommen die Aufgaben des Rechtsbeistands im Verfahren (§ 119) zu. Im Verfahren über die Übertragung der gerichtlichen Erwachsenenvertretung kann das Gericht erforderlichenfalls einen vom bishe-

rigen gerichtlichen Erwachsenenvertreter verschiedenen Vertreter für das Verfahren bestellen.

(3) Das Gericht hat im Verfahren

1. über die Erneuerung der Erwachsenenvertretung und

2. zur Erweiterung der gerichtlichen Erwachsenenvertretung, wenn diese auf die Zustimmung zu einzelnen oder Arten von medizinischen Behandlungen, die Entscheidung über eine dauerhafte Änderung des Wohnortes oder auf einzelne oder Arten von Angelegenheiten des außerordentlichen Wirtschaftsbetriebes erweitert werden soll,

den Erwachsenenschutzverein mit der Abklärung zu beauftragen und sich einen persönlichen Eindruck von der betroffenen Person zu verschaffen. In allen anderen Verfahren kann sich das Gericht, wenn es das für erforderlich hält, einen persönlichen Eindruck von der betroffenen Person verschaffen, einen Sachverständigen bestellen oder eine mündliche Verhandlung durchführen sowie, ausgenommen im Verfahren über die Übertragung der gerichtlichen Erwachsenenvertretung, den Erwachsenenschutzverein mit der Abklärung beauftragen.

(4) Das Gericht hat die betroffene Person und den gerichtlichen Erwachsenenvertreter zumindest ein halbes Jahr vor dem in § 123 Abs. 1 Z 4 genannten Zeitpunkt über die bevorstehende Beendigung der Erwachsenvertretung zu informieren und auf die Möglichkeit einer Erneuerung hinzuweisen. Wurde vor dem in § 123 Abs. 1 Z 4 genannten Zeitpunkt ein Antrag auf Erneuerung gestellt oder das Verfahren über die Erneuerung von Amts wegen mit Beschluss eingeleitet, so bleibt die Bestellung des gerichtlichen Erwachsenenvertreters bis zur rechtskräftigen Entscheidung über die Erneuerung aufrecht. Über das Einbringen des Antrags ist eine Bestätigung auszustellen. Unterbleibt eine Erneuerung der gerichtlichen Erwachsenenvertretung, so hat das Gericht deren Beendigung durch Beschluss festzustellen.

(5) Das Gericht hat die Änderung, Übertragung, „Einleitung des Erneuerungsverfahrens," Erneuerung und Beendigung der gerichtlichen Erwachsenenvertretung im Österreichischen Zentralen Vertretungsverzeichnis einzutragen. *(BGBl I 2018/58, ab 1. 8. 2018)*

(BGBl I 2017/59)

IV. Anordnung oder Aufhebung eines Genehmigungsvorbehalts

§ 129. Vor Anordnung eines Genehmigungsvorbehalts (§ 242 Abs. 2 ABGB) muss sich das Gericht einen persönlichen Eindruck von der betroffenen Person verschaffen, vor der Aufhebung eines Genehmigungsvorbehalts nur dann, wenn es dies für erforderlich hält. Wenn dies das Gericht für erforderlich hält, hat es den Erwachsenenschutzverein mit der Abklärung zu beauftragen, einen Sachverständigen zu bestellen oder mündlich zu verhandeln. § 120 Abs. 2 und § 126 gelten sinngemäß.

(BGBl I 2017/59)

V. Berichtspflicht und Auskunftsrechte

§ 130. (1) Im Rahmen der Kontrolle der Erwachsenenvertretung im Sinn des § 259 Abs. 1 ABGB hat der Erwachsenenvertreter dem Gericht binnen vier Wochen nach Beginn seiner Vertretungsbefugnis einen Bericht über die Lebenssituation der vertretenen Person vorzulegen.

(2) Das Gericht kann dem Erwachsenenvertreter auch einen Auftrag zu einem solchen Bericht erteilen. Soweit dadurch kein Nachteil für die vertretene Person zu besorgen ist, kann das Gericht die Verpflichtung zum Lebenssituationsbericht auch einschränken.

(3) Das Gericht hat jeder Person, die ein rechtliches Interesse glaubhaft macht, auf schriftliche Anfrage über die Person eines Vorsorgebevollmächtigten oder Erwachsenenvertreters und – soweit dies dem Gericht bekannt ist – über dessen Wirkungsbereich Auskunft zu erteilen.

(BGBl I 2017/59)

VI. Gerichtliche Kontrolle von Rechtshandlungen in der Personensorge

§ 131. (1) Im Verfahren über

1. die Genehmigung der Zustimmung des Vorsorgebevollmächtigten oder Erwachsenenvertreters zu einer medizinischen Behandlung der betroffenen Person,

2. die Ersetzung der von einem solchen Vertreter verweigerten Zustimmung sowie

3. die Genehmigung der Zustimmung des Erwachsenenvertreters oder Vorsorgebevollmächtigten zu einer Forschung an der betroffenen Person, die diese ablehnt,

hat das Gericht zur Vertretung der betroffenen Person den Erwachsenenschutzverein (§ 1 ErwSchVG), soweit er nicht bereits Erwachsenenvertreter der betroffenen Person ist, zum besonderen Rechtsbeistand im Verfahren zu bestellen. Das Gericht hat überdies einen Sachverständigen beizuziehen. Das Verfahren ist auch dann fortzusetzen, wenn die medizinische Behandlung zwischenzeitig beendet worden ist.

(2) Im Verfahren über die Genehmigung der Entscheidung des Erwachsenenvertreters oder Vorsorgebevollmächtigten über eine dauerhafte Änderung des Wohnortes hat sich das Gericht einen persönlichen Eindruck von der betroffenen Person zu machen und, wenn die betroffene Person zu erkennen gibt, dass sie ihren Wohnort nicht ändern will, den Erwachsenenschutzverein (§ 1 ErwSchVG) mit der Abklärung (§ 4b ErwSchVG)

zu beauftragen. Ergeben sich bereits im Rahmen der Abklärung nach §§ 117a bzw. 128 Abs. 3 Anhaltspunkte für die ablehnende Haltung der betroffenen Person, so ist das Gericht zu verständigen und mit dessen Einvernehmen sogleich die ergänzende Abklärung vorzunehmen. Den persönlichen Eindruck von der betroffenen Person kann das Gericht diesfalls im Rahmen der Erstanhörung nach § 118 gewinnen.

(3) Im Verfahren über die Genehmigung der Zustimmung zu einer medizinischen Maßnahme, die eine dauernde Fortpflanzungsunfähigkeit der betroffenen Person zum Ziel hat, hat das Gericht den Erwachsenenschutzverein (§ 1 ErwSchVG), soweit er nicht bereits Erwachsenenvertreter der betroffenen Person ist, zum besonderen Rechtsbeistand im Verfahren zu bestellen. Das Gericht hat dem Verfahren außerdem zwei voneinander unabhängige Sachverständige beizuziehen.

(4) Das Gericht hat die in den Abs. 1 bis 3 genannten Verfahren auf Antrag der vertretenen Person und des Vorsorgebevollmächtigten oder Erwachsenenvertreters sowie von Amts wegen, etwa auf Grund der Mitteilung einer behandelnden Person oder eines Trägers der Sozial- oder Behindertenhilfe, einzuleiten. „Die Zulässigkeit der Verwendung geeigneter technischer Kommunikationsmittel zur Wort- und Bildübertragung ist nach § 118 Abs. 4, § 120a und § 121 Abs. 6 zu beurteilen." Die dem Bund erwachsenen Kosten sind der betroffenen Person aufzuerlegen, soweit dadurch nicht ihr notwendiger Unterhalt oder der ihrer Familie, für die sie zu sorgen hat, gefährdet wird. Im Übrigen hat der Bund die Kosten endgültig zu tragen. *(BGBl I 2023/77, ab 14. 7. 2023)*

(BGBl I 2017/59)

9a. Abschnitt

Anerkennung, Vollstreckbarerklärung und Vollstreckung ausländischer Entscheidungen zum Schutz der Person oder des Vermögens Erwachsener

Anwendungsbereich

§ 131a. Dieser Abschnitt regelt

1. das Verfahren und die Voraussetzungen zur Anerkennung und Vollstreckbarerklärung von Entscheidungen zum Schutz von Erwachsenen aus einem Staat, der nicht Vertragsstaat des Übereinkommens über den internationalen Schutz von Erwachsenen ist, insbesondere über

a) die Bestellung, Umbestellung oder Enthebung eines endgültigen oder einstweiligen gesetzlichen Vertreters für Erwachsene sowie die Änderung dessen Wirkungskreises,

b) den Entzug oder die Einschränkung ihrer Geschäftsfähigkeit wegen einer psychischen Krankheit oder vergleichbaren Beeinträchtigung der Entscheidungsfähigkeit,

c) ihre Vermögensangelegenheiten, soweit sie in den Wirkungskreis des gesetzlichen Vertreters fallen, wie die Überwachung und Sicherung des Vermögens sowie die Gewährung von Entgelt, Entschädigung für persönliche Bemühungen und Aufwandersatz eines gesetzlichen Vertreters, oder

d) die pflegschaftsgerichtliche Genehmigung von Handlungen eines gesetzlichen Vertreters,

2. das Verfahren zur Anerkennung und Vollstreckbarerklärung von Maßnahmen zum Schutz von Erwachsenen nach dem Übereinkommen über den internationalen Schutz von Erwachsenen sowie die Durchsetzung solcher Maßnahmen zum Schutz der Person.

(BGBl I 2017/59)

Voraussetzungen der Anerkennung und Anerkennungsverweigerungsgründe

§ 131b. (1) Die Voraussetzungen der Anerkennung einer Maßnahme zum Schutz eines Erwachsenen „(§ 131a Z 2)" richten sich nach dem Übereinkommen über den internationalen Schutz von Erwachsenen. *(BGBl I 2017/59)*

(2) Eine Entscheidung „zum Schutz eines Erwachsenen (§ 131a Z 1)" wird in Österreich anerkannt, wenn kein Grund zur Verweigerung der Anerkennung vorliegt. *(BGBl I 2017/59)*

(3) Die Anerkennung kann als Vorfrage selbständig beurteilt werden, ohne dass es eines besonderen Verfahrens bedarf.

(4) Die Anerkennung der Entscheidung „zum Schutz eines Erwachsenen (§ 131a Z 1)" ist zu verweigern, wenn *(BGBl I 2017/59)*

1. sie den Grundwertungen der österreichischen Rechtsordnung (ordre public) offensichtlich widerspricht oder

2. das rechtliche Gehör der betroffenen Person nicht gewahrt wurde oder

3. die Entscheidung mit einer späteren österreichischen Maßnahme zum Schutz eines Erwachsenen „(§ 131a Z 2)"** oder einer späteren Entscheidung „zum Schutz eines Erwachsenen (§ 131a Z 1)"*, die die Voraussetzungen für eine Anerkennung in Österreich erfüllt, unvereinbar ist oder *(*BGBl I 2017/59; **BGBl I 2022/147, ab 1. 9. 2022)*

4. die erkennende Behörde bei Anwendung österreichischen Rechts für die Entscheidung international nicht zuständig gewesen wäre.

(BGBl I 2013/158)

Verfahren der Anerkennung

§ 131c. (1) Die Anerkennung einer Entscheidung „zum Schutz eines Erwachsenen (§ 131a

Z 1)“ und einer Maßnahme zum Schutz eines Erwachsenen „(§ 131a Z 2)“ in einem selbständigen Verfahren kann beantragen, wer ein rechtliches Interesse daran hat. *(BGBl I 2017/59)*

(2) Dem Antrag sind eine Ausfertigung der Entscheidung, ein Nachweis ihrer Rechtskraft oder vorläufigen Wirksamkeit sowie ein Nachweis über die Wahrung des rechtlichen Gehörs der betroffenen Person anzuschließen. Das Gericht kann sich mit gleichwertigen Urkunden begnügen oder die Parteien von der Vorlage der Urkunden befreien, wenn es eine weitere Klärung nicht für erforderlich hält.

(3) Richtet sich ein Rekurs gegen eine Entscheidung erster Instanz, so beträgt die Frist für Rekurs und Rekursbeantwortung einen Monat. Befindet sich der gewöhnliche Aufenthalt einer Partei im Ausland und stellt ein Rekurs oder eine Rekursbeantwortung ihre erste Möglichkeit dar, sich am Verfahren zu beteiligen, so beträgt die Frist für den Rekurs oder die Rekursbeantwortung für sie zwei Monate.

(4) Ein Kostenersatz findet nicht statt.

(5) Ist die ausländische Entscheidung „zum Schutz eines Erwachsenen (§ 131a Z 1)“ oder die Maßnahme zum Schutz eines Erwachsenen „(§ 131a Z 2)“ nach den Vorschriften des Ursprungsstaats noch nicht rechtskräftig, so kann auf Antrag einer Partei das Verfahren zur Anerkennung bis zum Eintritt der Rechtskraft unterbrochen werden. Erforderlichenfalls kann einer Partei eine Frist für die Bekämpfung der ausländischen Entscheidung gesetzt werden. *(BGBl I 2017/59)*

(6) Die Verständigungspflichten des § 126 Abs. 1 und 2 sowie des § 128 Abs. 1 sind in Verfahren über die Anerkennung entsprechender Entscheidungen anzuwenden. „§ 130 Abs. 3“ sowie § 128 Abs. 1 sind in Verfahren über die Anerkennung und die Nichtanerkennung entsprechender Entscheidungen anzuwenden. *(BGBl I 2017/59)*

(BGBl I 2013/158)

Antrag auf Nichtanerkennung

§ 131d. Die §§ 131b und 131c sind auf Anträge, mit denen die Nichtanerkennung geltend gemacht wird, entsprechend anzuwenden.

(BGBl I 2013/158)

Vollstreckbarerklärung

§ 131e. (1) Entscheidungen „zum Schutz eines Erwachsenen (§ 131a Z 1)“ und Maßnahmen zum Schutz Erwachsener „(§ 131a Z 2)“ können nur vollstreckt werden, wenn sie vom Gericht für Österreich für vollstreckbar erklärt wurden. *(BGBl I 2017/59)*

(2) Die Voraussetzungen der Vollstreckbarerklärung einer Maßnahme zum Schutz Erwachsener „(§ 131a Z 2)“ richten sich nach dem Übereinkommen über den internationalen Schutz von Erwachsenen. *(BGBl I 2017/59)*

(3) Eine Entscheidung „zum Schutz eines Erwachsenen (§ 131a Z 1)“ ist für vollstreckbar zu erklären, wenn sie nach dem Recht des Ursprungsstaats vollstreckbar ist und kein Grund für die Verweigerung der Vollstreckbarerklärung vorliegt. Für die Verweigerung der Vollstreckbarerklärung gilt § 131b Abs. 4 sinngemäß. *(BGBl I 2017/59)*

(BGBl I 2013/158)

Verfahren der Vollstreckbarerklärung

§ 131f. (1) Dem Antrag auf Vollstreckbarerklärung sind neben den in § 131c Abs. 2 genannten Urkunden ein Nachweis über die Vollstreckbarkeit der Entscheidung nach dem Recht des Ursprungsstaats anzuschließen.

(2) Für das weitere Verfahren zur Vollstreckbarerklärung gilt § 131c Abs. 3 bis 6 sinngemäß.

(3) Die Vollstreckung kann, soweit eine solche im Verfahren außer Streitsachen erfolgt, zugleich mit der Vollstreckbarerklärung beantragt werden. Das Gericht hat über beide Anträge zugleich zu entscheiden.

(BGBl I 2013/158)

Durchsetzung ausländischer Maßnahmen zum Schutz eines Erwachsenen

§ 131g. (1) Soweit eine ausländische Maßnahme zum Schutz der Person eines Erwachsenen „(§ 131a Z 2)“ zwangsweise durchzusetzen ist, ist eine Vollstreckung nach der Exekutionsordnung, RGBl. Nr. 79/1896, ausgeschlossen. *(BGBl I 2017/59)*

(2) Das Gericht hat auf Antrag oder von Amts wegen angemessene Zwangsmittel nach § 79 Abs. 2 anzuordnen. Das Gericht kann Entscheidungen, die nicht das Recht auf persönliche Kontakte betreffen, auch durch Anwendung angemessenen unmittelbaren Zwanges vollziehen.

(3) Das Gericht kann von der Fortsetzung der Durchsetzung auch von Amts wegen nur absehen, wenn und solange sie das Wohl des schutzbedürftigen Erwachsenen gefährdet.

(4) Ein Kostenersatz findet nicht statt.

(BGBl I 2013/158)

10. Abschnitt
Vermögensrechte von Personen unter gesetzlicher Vertretung

Genehmigung von Rechtshandlungen in der Vermögenssorge

§ 132. „(1)“* Das Gericht darf in seiner Entscheidung über die Genehmigung der Rechtshandlung „einer vertretenen Person“** dieser keine inhaltlich abweichende Fassung geben. Das Gericht kann auch eine bestimmte, erst geplante Rechtshandlung genehmigen oder aussprechen, dass eine Rechtshandlung keiner gerichtlichen Genehmigung bedarf. Der Beschluss über die Genehmigung der Rechtshandlung ist immer zu begründen. Beruht die Versagung der Genehmigung auf mehreren Gründen, so sind sie alle in der Begründung anzuführen. Auf Antrag hat das Gericht auf der Urkunde über die Rechtshandlung ohne Beifügung einer Begründung zu bestätigen, dass es die Genehmigung erteilt hat oder die Rechtshandlung keiner Genehmigung bedarf. *(*BGBl I 2013/15; **BGBl I 2017/59)*

(2) Zur Beurteilung der Sicherheit und Wirtschaftlichkeit der Anlegung von Mündelgeld (§§ 215 bis 220 ABGB) sowie des Erfordernisses eines Wechsels der Anlageform (§ 221 ABGB) hat das Gericht einen Sachverständigen beizuziehen. *(BGBl I 2017/59)*

Aufsicht über die Verwaltung des Vermögens

§ 133. (1) Bestehen Anhaltspunkte dafür, dass „eine vertretene Person“ ein nennenswertes Vermögen hat, so hat das Gericht dieses von Amts wegen zu erforschen. Hat demnach „die vertretene Person“ nennenswertes Vermögen, so hat das Gericht dessen Verwaltung mit dem Ziel zu überwachen, eine Gefährdung des Wohles „der vertretenen Person“ hintanzuhalten. *(BGBl I 2017/59)*

(2) Sind mit der Verwaltung des Vermögens im Rahmen der Obsorge Eltern, Großeltern oder Pflegeeltern und im Rahmen der Erwachsenenvertretung nächste Angehörige im Sinn des § 268 Abs. 2 ABGB betraut, so hat das Gericht die Verwaltung des Vermögens nur zu überwachen, wenn eine unbewegliche Sache zum Vermögen gehört oder der Wert des Vermögens oder der Jahreseinkünfte 15 000 Euro wesentlich übersteigt. *(BGBl I 2017/59)*

(3) In jedem Fall hat das Gericht die Verwaltung auch nicht nennenswerten Vermögens zu überwachen, wenn dies zur Abwehr einer unmittelbar drohenden Gefahr für das Wohl der vertretenen Person erforderlich ist. Unter diesen Voraussetzungen hat das Gericht auch die Verwaltungstätigkeit eines Kinder- und Jugendhilfeträgers sowie eines Erwachsenenschutzvereins (§ 1 ErwSchVG) zu überwachen. *(BGBl I 2017/59)*

(4) Zur Erforschung des Vermögens und zur Überwachung seiner Verwaltung, einschließlich zu seiner Sicherung, kann das Gericht insbesondere dem gesetzlichen Vertreter Aufträge erteilen, Auskünfte von Kreditunternehmen oder von gemäß § 102 auskunftspflichtigen Personen einholen, eine Schätzung, die Sperre von Guthaben sowie die gerichtliche Verwahrung von Urkunden und Fahrnissen anordnen sowie einstweilige Vorkehrungen treffen.

Pflegschaftsrechnung

§ 134. Im Rahmen der Überwachung der Verwaltung des Vermögens hat der gesetzliche Vertreter gegenüber dem Gericht zum Ablauf des ersten vollen Jahres der Überwachung (Antrittsrechnung), danach in angemessenen Zeitabständen von höchstens drei Jahren (laufende Rechnung) sowie nach Beendigung der Vermögensverwaltung (Schlussrechnung) Rechnung zu legen. Dazu hat das Gericht dem gesetzlichen Vertreter die erforderlichen Aufträge zu erteilen; bei der laufenden Rechnung und der Schlussrechnung hat dies jeweils mit der Entscheidung über die letzte Rechnung zu geschehen.

§ 135. (1) Eltern, Großeltern und Pflegeeltern sowie ein Kinder- und Jugendhilfeträger sind im Rahmen der Obsorge gegenüber dem Gericht zur „ “ Rechnungslegung nur verpflichtet, soweit das Gericht dies aus besonderen Gründen verfügt. „ “ *(BGBl I 2018/58, ab 1. 8. 2018)*

(2) Nächste Angehörige im Sinn des § 268 Abs. 2 ABGB sowie ein Erwachsenenschutzverein (§ 1 ErwSchVG) sind im Rahmen der Erwachsenenvertretung gegenüber dem Gericht zur laufenden Rechnungslegung nur verpflichtet, soweit das Gericht dies aus besonderen Gründen verfügt. Die Verpflichtung anderer gesetzlicher Vertreter zur laufenden Rechnung kann das Gericht einschränken, soweit dadurch kein Nachteil für die vertretene Person zu besorgen ist. *(BGBl I 2018/58, ab 1. 8. 2018)*

(3) Selbst wenn der gesetzliche Vertreter dem Gericht gegenüber von der Rechnungslegung befreit ist, bleibt er verpflichtet, Belege über die Verwaltung nennenswerten Vermögens zu sammeln, sie bis zur Beendigung der Vermögensverwaltung aufzubewahren und dem Gericht den Erwerb unbeweglicher Sachen oder eine Überschreitung des Wertes von 15 000 Euro mitzuteilen.

(4) Zur Abwehr einer Gefährdung des Wohles der vertretenen Person hat das Gericht einem gesetzlichen Vertreter einen besonderen Auftrag zur Rechnungslegung zu erteilen.

(BGBl I 2017/59)

Inhalt und Beilagen der Rechnung

§ 136. (1) In der Rechnung ist zuerst das Vermögen „der vertretenen Person“, wie es am Anfang des Rechnungszeitraums vorhanden war, auszuweisen. Sodann sind die Veränderungen des Stammvermögens, die Einkünfte und Ausgaben und schließlich der Stand des Vermögens am Ende des Rechnungszeitraums anzugeben. Die Rechnung ist leicht nachvollziehbar zu gestalten. *(BGBl I 2017/59)*

(2) Soweit nach anderen Vorschriften ein Jahresabschluss aufzustellen oder eine Abgabenerklärung abzugeben ist, hat der gesetzliche Vertreter in der Rechnung darauf hinzuweisen und diese Unterlagen, soweit bereits verfügbar, der Rechnung anzuschließen. Andere Belege, zu deren Sammlung und Aufbewahrung der gesetzliche Vertreter verpflichtet ist (§ 135 Abs. 4), sind nur auf Verlangen des Gerichtes vorzulegen.

(3) Ist der gesetzliche Vertreter nur zur Antritts- und zur Schlussrechnung verpflichtet, so darf sich die Rechnung auf die Darstellung des Vermögensstandes am Anfang beziehungsweise am Ende des Rechnungszeitraums beschränken.

Bestätigung der Rechnung, Entschädigung

§ 137. (1) Ergeben sich keine Bedenken gegen die Richtigkeit und Vollständigkeit der Rechnung, so hat sie das Gericht zu bestätigen. Sonst ist der gesetzliche Vertreter aufzufordern, die Rechnung entsprechend zu ergänzen oder zu berichtigen; misslingt dies, so ist die Bestätigung zu versagen. Soweit das Vermögen oder die Einkünfte nicht gesetzmäßig angelegt oder gesichert erscheinen, hat das Gericht die erforderlichen Maßnahmen nach § 133 Abs. 4 zu treffen.

(2) Zugleich mit der Entscheidung oder „– bei Befreiung von der Rechnungslegung –“ unabhängig davon hat das Gericht über Anträge des gesetzlichen Vertreters auf Gewährung von Entschädigung, Entgelt und Aufwandersatz zu entscheiden und die Ansprüche der Höhe nach zu bestimmen. Auf Antrag hat das Gericht die zur Befriedigung dieser Ansprüche aus den Einkünften oder dem Vermögen der vertretenen Person notwendigen Verfügungen zu treffen, wobei der gesetzliche Vertreter nur soweit zur Entnahme der Beträge zu ermächtigen oder die vertretene Person zur Leistung der Beträge zu verpflichten ist, als die vertretene Person die Zahlung ohne Beeinträchtigung ihres notwendigen Unterhalts (§ 63 Abs. 1 ZPO) bestreiten kann. Ist der gesetzliche Vertreter nicht mit der Verwaltung des Vermögens und des Einkommens betraut, so hat das Gericht die vertretene Person unter Setzung einer angemessenen Frist dazu aufzufordern, ein Vermögensbekenntnis (§ 66 Abs. 1 ZPO) beizubringen und erforderlichenfalls nach § 66 Abs. 2 zweiter und dritter Satz ZPO vorzugehen. Kommt die vertretene Person der Aufforderung nicht nach, so hat das Gericht auf Antrag oder von Amts wegen die Höhe des Betrages nach freier Überzeugung festzusetzen. Beantragt der gesetzliche Vertreter Vorschüsse auf Entgelt, Entschädigung oder Aufwandersatz, so hat sie ihm das Gericht zu gewähren, soweit er bescheinigt, dass dies die ordnungsgemäße Vermögensverwaltung fördert. *(BGBl I 2017/59; BGBl I 2018/58, ab 1. 8. 2018)*

(3) Die Entscheidung über die Rechnung beschränkt nicht das Recht „der vertretenen Person“, Ansprüche, die sich aus der Vermögensverwaltung ergeben, auf dem streitigen Rechtsweg geltend zu machen. *(BGBl I 2017/59)*

Beendigung der Vermögensverwaltung, Schlussrechnung

§ 138. (1) Für den Inhalt der Schlussrechnung sowie für die Entscheidung darüber gelten die §§ 136 und 137 sinngemäß. Das Gericht hat „der vertretenen Person“, soweit dies erforderlich ist, den Inhalt der Schlussrechnung verständlich zu machen. *(BGBl I 2017/59)*

(2) Mit der Beendigung der Vermögensverwaltung hat das Gericht erforderlichenfalls dem gesetzlichen Vertreter mit vollstreckbarem Beschluss die Übergabe des Vermögens an „die vertretene Person“ oder an einen anderen gesetzlichen Vertreter aufzutragen. *(BGBl I 2017/59)*

(3) Nach dem Ende der Minderjährigkeit oder Erwachsenenvertretung ist die zuvor vertretene Person aufzufordern, Vermögen, das sich in gerichtlicher Verwahrung befindet, zu übernehmen. Dabei ist sie auf die Vorschriften über die Einziehung gerichtlicher Verwahrnisse hinzuweisen. Maßnahmen nach § 133 Abs. 4 sind aufzuheben, sofern die zuvor vertretene Person nicht deren befristete Aufrechterhaltung zur Abwehr sonst drohender Gefahren verlangt. Das Gericht hat dafür zu sorgen, dass eine Anmerkung der Minderjährigkeit, die Bestellung eines Erwachsenenvertreters oder die Anordnung eines Genehmigungsvorbehalts in den öffentlichen Büchern und Registern gelöscht wird. *(BGBl I 2017/59)*

Besondere Verfahrensbestimmungen

§ 139. (1) Der vertretenen Person sind sämtliche Beschlüsse zuzustellen. § 116a Abs. 1, 3 und 4 AußStrG gilt sinngemäß, für minderjährige Personen ab Vollendung des 14. Lebensjahres. *(BGBl I 2017/59)*

(2) Ein Kostenersatz und ein Abänderungsverfahren finden nicht statt.

11. Abschnitt
Sonstige Bestimmungen

Schutz des Privat- und Familienlebens

§ 140. (1) Mündliche Verhandlungen sind nicht öffentlich. Das Gericht kann, wenn sich keine Partei dagegen ausspricht, die Öffentlichkeit herstellen, soweit keine Umstände des Privat- und Familienlebens erörtert werden und dies mit dem Wohl „der vertretenen Person"** vereinbar ist. An den nichtöffentlichen Teilen des Beweisverfahrens können neben den im § 19 Abs. 5 genannten Personen auch die gesetzlichen Vertreter des Minderjährigen sowie die Vertreter des „Kinder- und Jugendhilfeträgers"** „, der Familiengerichtshilfe"* und der Jugendgerichtshilfe teilnehmen. *(*BGBl I 2013/15; **BGBl I 2017/59)*

(2) Mitteilungen über Umstände des Privat- und Familienlebens, an deren Geheimhaltung ein begründetes Interesse einer Partei oder eines Dritten besteht, dürfen, soweit deren Kenntnis ausschließlich durch das Verfahren vermittelt wurde, nicht veröffentlicht werden (§ 301 Abs. 1 StGB).

(3) Soweit es das Wohl eines Minderjährigen verlangt, hat das Gericht überdies Personen zur Geheimhaltung (§ 301 Abs. 2 zweiter Fall StGB) bestimmter Tatsachen, von denen sie ausschließlich durch das Verfahren Kenntnis erlangt haben, zu verpflichten. Dieser Beschluss ist selbständig anfechtbar.

Vertraulichkeit der Daten

§ 141. (1) Auskünfte über Einkommens- und Vermögensverhältnisse der vertretenen Person sowie Informationen zu deren Gesundheitszustand darf das Gericht nur dieser und ihrem gesetzlichen Vertreter erteilen. Nach dem Tod der vertretenen Person dürfen Erben und erbantrittserklärten Personen (§ 157) Auskünfte über die Einkommens- und Vermögensverhältnisse der verstorbenen Person und – soweit dies der Durchsetzung ihres letzten Willens dient – über Informationen zu ihrem Gesundheitszustand erteilt werden.

(2) Im Rahmen der Amtshilfe darf das Gericht Auskünfte über Einkommens- und Vermögensverhältnisse der vertretenen Person und Informationen zu deren Gesundheitszustand nur erteilen, wenn

1. die Auskünfte zur Aufklärung einer vorsätzlich begangenen Straftat oder eines Vergehens, das in die Zuständigkeit des Landesgerichts fällt, erforderlich sind oder

2. die vertretene Person gesetzlich zur Mitwirkung an einem behördlichen Verfahren verpflichtet ist, die gewünschten Auskünfte für die angegebenen Zwecke erforderlich sind und die Behörde die Informationen nicht mit zumutbarem Aufwand auf andere Weise erhalten kann.

Das ersuchte Gericht und die ersuchende Stelle haben das Geheimhaltungsinteresse der vertretenen Person zu wahren. Das ersuchte Gericht hat die vertretene Person und ihren gesetzlichen Vertreter über die erteilten Auskünfte zu informieren. Im Fall der Z 1 darf diese Verständigung solange unterbleiben, als sonst der Zweck der Ermittlungen gefährdet wäre.

(BGBl I 2017/59)

Bevollmächtigung

§ 142. In Verfahren nach diesem Hauptstück, die in einem gemeinschaftlichen Gerichtsakt zusammengefasst sind, haben alle weiteren Zustellungen an einen als Bevollmächtigten namhaft gemachten Rechtsanwalt oder Notar zu geschehen, soweit die Bevollmächtigung nicht eindeutig beschränkt ist.

III. Hauptstück
Verlassenschaftsverfahren

1. Abschnitt
Vorverfahren

Einleitung des Verfahrens

§ 143. (1) Das Verlassenschaftsverfahren ist von Amts wegen einzuleiten, sobald ein Todesfall durch eine öffentliche Urkunde oder sonst auf unzweifelhafte Weise bekannt wird.

(2) Befindet sich die Verlassenschaft ausschließlich im Ausland oder besteht für bewegliches Vermögen im Inland die Abhandlungszuständigkeit nach Art. 10 Abs. 2 oder Art. 11 der Verordnung (EU) Nr. 650/2012 über die Zuständigkeit, das anzuwendende Recht, die Anerkennung und Vollstreckung öffentlicher Urkunden in Erbsachen sowie zur Einführung eines Europäischen Nachlasszeugnisses (im Folgenden: EuErbVO), ABl. Nr. L vom 27.7.2012 S. 107, so ist die Abhandlung nur auf Antrag einer Partei einzuleiten, die ihre Erbenstellung bescheinigt. Ergibt sich, dass dem Antragsteller keine Erbberechtigung zukommt und ist das Verfahren nicht auf Grund anderer Anträge fortzusetzen, so ist es mit Beschluss einzustellen. *(BGBl I 2015/87)*

Eingaben

§ 144. (1) Eingaben im Verlassenschaftsverfahren sind – außer bei schriftlicher Abhandlungspflege (§ 3 GKoärG) – an den Gerichtskommissär zu richten, doch gelten sie auch dann als rechtzeitig, wenn sie innerhalb der Frist an das Gericht statt an den Gerichtskommissär gerichtet worden sind.

(2) Rechtsmittel, Rechtsmittelbeantwortungen und sonstige Anbringen, die auf eine Entscheidung durch das Gericht zielen, sind an das Gericht zu richten. Solches Anbringen gilt auch dann als rechtzeitig, wenn es innerhalb der Frist statt an das Gericht an den Gerichtskommissär gerichtet worden ist.

(3) Der Gerichtskommissär hat den Akt unverzüglich dem Gericht vorzulegen, wenn es dies verlangt oder eine Entscheidung des Gerichtes erforderlich ist.

Todesfallaufnahme

§ 145. (1) Der Gerichtskommissär (§ 2 GKoärG) hat die Todesfallaufnahme zu errichten. Dazu hat er alle Umstände zu erheben, die für die Verlassenschaftsabhandlung und allfällige pflegschaftsgerichtliche Maßnahmen erforderlich sind.

(2) Die Todesfallaufnahme hat zu umfassen:

1. Vor- und Familiennamen, Familienstand, Staatsangehörigkeit, Beschäftigung, Tag und Ort der Geburt und des Todes des Verstorbenen, seinen letzten Wohnsitz oder gewöhnlichen Aufenthaltsort und alle übrigen für die Zuständigkeit erheblichen Umstände;

2. das hinterlassene Vermögen samt Rechten und Verbindlichkeiten;

3. die Begräbniskosten und die Person, die sie allenfalls vorgestreckt hat;

4. die Urkunden über letztwillige Anordnungen (Testamente, „sonstige letztwillige Verfügungen") und deren Widerruf, Vermächtnis-, Erb- und Pflichtteilsverträge, Erb- und Pflichtteilsverzichtsverträge und deren Aufhebung sowie den Vor- und Familiennamen und die Anschrift der Zeugen mündlicher letztwilliger Verfügungen; *(BGBl I 2015/87)*

5. Vor- und Familiennamen, Anschrift und Tag der Geburt der gesetzlichen und der auf Grund einer letztwilligen Verfügung berufenen Erben;

6. Vor- und Familiennamen, Anschrift und Tag der Geburt derjenigen, deren gesetzlicher Vertreter der Verstorbene war.

(3) *(entfällt, BGBl I 2015/87)*

Erhebungen und Registereintragungen

§ 145a. (1) Umfang und Wert des hinterlassenen Vermögens sind auf einfache Weise und ohne weitwendige Erhebungen, tunlichst ohne Beiziehung eines Sachverständigen, zu ermitteln. Dies kann insbesondere auf folgende Weise erfolgen:

1. durch Befragung von Auskunftspersonen;

2. durch Abfragen im Grundbuch und Firmenbuch und, soweit erforderlich, in anderen öffentlichen Registern und Datenbanken.

(2) Der Gerichtskommissär hat eine Abfrage des Österreichischen Zentralen Testamentsregisters und des Testamentsregisters der österreichischen Rechtsanwälte durchzuführen und das Ergebnis zu dokumentieren.

(3) Der Gerichtskommissär hat die Beendigung einer Vorsorgevollmacht oder Erwachsenenvertretung, die im Österreichischen Zentralen Vertretungsverzeichnis für den Verstorbenen, sei es als Vertretener oder Vertreter, eingetragen ist, zu registrieren. *(BGBl I 2017/59)*

(BGBl I 2015/87)

§ 146. (1) Der Gerichtskommissär kann zum Zweck der Erhebungen die Wohnung, das Geschäftslokal und Schrankfächer des Verstorbenen, seine Schränke und sonstigen Behältnisse schonend öffnen. Dazu sind zwei volljährige Personen, vorzugsweise Angehörige, Mitbewohner oder Nachbarn des Verstorbenen, als Vertrauenspersonen beizuziehen; diese sind zur Hilfeleistung verpflichtet.

(2) Findet der Gerichtskommissär Fremdgelder, Kassenschlüssel, Schriftstücke oder Akten, die sich auf die Tätigkeit des Verstorbenen im öffentlichen Dienst beziehen, so hat er diese ohne nähere Einsicht sicherzustellen und der Dienstbehörde zu übergeben.

(3) Der Gerichtskommissär hat den Tod von Personen, die aus öffentlichen Kassen fortlaufende Zahlungen erhalten haben, der auszahlenden Stelle unverzüglich zu melden, wenn diese nicht schon offenkundig Kenntnis davon hat.

(4) Unterlag der Verstorbene einem Amts- oder Berufsgeheimnis, so ist der Gerichtskommissär verpflichtet, alles zu unterlassen, was die dadurch geschützten Geheimhaltungsinteressen beeinträchtigen oder gefährden könnte.

Sicherung der Verlassenschaft

§ 147. (1) Besteht die Gefahr, dass Vermögensbestandteile der Verlassenschaftsabhandlung entzogen werden, oder sind die vermutlichen Erben, nahen Angehörigen oder Mitbewohner zur Verwahrung nicht fähig oder doch nicht bereit, so hat der Gerichtskommissär die Verlassenschaft auf geeignete Weise zu sichern.

(2) Als Sicherungsmaßnahme kommt neben dem Versperren insbesondere die Versiegelung der Verlassenschaft oder ihre Verwahrung beim Gerichtskommissär oder einem Verwahrer in Betracht. Die Kosten der Sicherung hat die Verlassenschaft zu tragen.

(3) Dritte Personen, insbesondere Angehörige und Mitbewohner des Verstorbenen, haben, auch wenn sie die Verlassenschaft verwahren, jede Verfügung über sie zu unterlassen.

(4) Ist im Sinn des Art. 3 Abs. 2 EuErbVO ein ausländisches Gericht zuständig, so sind zur Sicherung von Verlassenschaftsvermögen, das sich in Österreich befindet, die Abs. 1 und 2 sowie § 146 Abs. 1 entsprechend anzuwenden. *(BGBl I 2015/87)*

Freigabe

§ 148. (1) Der Gerichtskommissär kann – ungeachtet allfälliger Maßnahmen zur Sicherung der Verlassenschaft – die zur Berichtigung der Kosten eines einfachen Begräbnisses erforderlichen Beträge ausfolgen oder freigeben.

(2) Ist unbestritten oder durch unbedenkliche Urkunden erwiesen, dass einem Dritten an Gegenständen, die anscheinend zur Verlassenschaft zählen, ein Recht zusteht, so kann er dieses auch während des Verlassenschaftsverfahrens ausüben.

Sperren

§ 149. Sofern die Rechtsgrundlagen eines Vertrages zwischen einem Kreditinstitut und dem Verstorbenen vorsehen, dass nach dessen Tod hinsichtlich bestimmter Verfügungen, insbesondere Kontoauszahlungen oder Zutritt zu einem Schrankfach, eine Sperre eintritt, kann der Gerichtskommissär die Freigabe (§ 148) erklären; diese Erklärung bedarf keiner Genehmigung des Gerichtes.

Ausfolgungsverfahren

§ 150. Im Fall des Art. 10 Abs. 2 EuErbVO hat das Gericht das im Inland gelegene bewegliche Vermögen auf Antrag einer Person, die auf Grund einer Erklärung der Heimatbehörde des Verstorbenen oder der Behörde des Staates, in dem der Verstorbene seinen letzten gewöhnlichen Aufenthalt hatte, zur Übernahme berechtigt ist, mit Beschluss auszufolgen, wenn eine Abhandlung unterbleibt.

(BGBl I 2015/87)

Übermittlung und Übernahme letztwilliger Verfügungen

§ 151. Wer vom Tod einer Person erfährt, deren Urkunden über letztwillige Anordnungen (Testamente, „sonstige letztwillige Verfügungen“) und deren Widerruf, Vermächtnis-, Erb- und Pflichtteilsverträge, Erb- und Pflichtteilsverzichtsverträge und deren Aufhebung sowie Aufzeichnungen über eine mündliche Erklärung des letzten Willens sich bei ihm befinden, ist verpflichtet, diese Urkunden unverzüglich dem Gerichtskommissär zu übermitteln, selbst wenn das Geschäft seiner Ansicht nach unwirksam, gegenstandslos oder widerrufen sein sollte. *(BGBl I 2015/87)*

§ 152. (1) Der Gerichtskommissär hat Urkunden über letztwillige Anordnungen (Testamente, „sonstige letztwillige Verfügungen“) und deren Widerruf, Vermächtnis-, Erb- und Pflichtteilsverträge, Erb- und Pflichtteilsverzichtsverträge und deren Aufhebung oder sonstige Erklärungen auf den Todesfall zu übernehmen und in einem Übernahmeprotokoll alle für die Beurteilung der Echtheit und Gültigkeit allenfalls bedeutenden Umstände, wie etwa, ob das Schriftstück verschlossen war und ob ihm äußere Mängel anhafteten, anzuführen. *(BGBl I 2015/87)*

(2) Eine beglaubigte Abschrift der Urkunde ist zum Verlassenschaftsakt zu nehmen. Der Tag der Aufnahme in den Akt ist auf der Abschrift zu vermerken. Den Parteien und jenen, die nach der Aktenlage auf Grund des Gesetzes zur Erbfolge berufen wären, sind unbeglaubigte Abschriften zuzustellen.

(3) Die Urschrift ist bei Gericht zu verwahren, soweit sich aus § 111 Abs. 2 NO nichts anderes ergibt.

(4) Wird das Vorliegen einer mündlichen Erklärung des letzten Willens behauptet, so hat der Gerichtskommissär die Zeugen über den Inhalt der Erklärung und über die Umstände, von denen ihre Gültigkeit abhängt, zu befragen und dies im Übernahmeprotokoll anzuführen.

Unterbleiben der Abhandlung

§ 153. (1) Sind Aktiven der Verlassenschaft nicht vorhanden oder übersteigen sie nicht den Wert von 5 000 Euro oder tritt die Rechtsnachfolge nach dem maßgebenden Recht von Gesetzes wegen ein und sind keine Eintragungen in die öffentlichen Bücher erforderlich, so unterbleibt die Abhandlung, wenn kein Antrag auf Fortsetzung des Verlassenschaftsverfahrens gestellt wird. Einer Verständigung bedarf es nicht.

(2) Ist auf die Rechtsnachfolge von Todes wegen österreichisches Recht anzuwenden, so hat das Gericht auf Antrag denjenigen, deren Anspruch nach der Aktenlage bescheinigt ist, die Ermächtigung zu erteilen, das Verlassenschaftsvermögen ganz oder zu bestimmten Teilen zu übernehmen, dazu gehörende Rechte geltend zu machen oder aufzugeben, über erhaltene Leistungen rechtswirksam zu quittieren und Löschungserklärungen auszustellen.

(BGBl I 2015/87)

Überlassung an Zahlungs statt

§ 154. (1) Ist auf die Rechtsnachfolge von Todes wegen österreichisches Recht anzuwenden, so hat das Gericht die Aktiven einer überschuldeten Verlassenschaft auf Antrag den Gläubigern zu überlassen, wenn nicht schon eine unbedingte Erbantrittserklärung oder ein Antrag auf Überlassung als erblos vorliegt und kein Verlassenschaftsinsolvenzverfahren eröffnet wurde. *(BGBl I 2015/87)*

(2) Das Vermögen ist zu verteilen:

1. zunächst in sinngemäßer Anwendung der §§ 46 und 47 „IO"; *(BGBl I 2010/29)*

2. sodann an den „gesetzlichen Vertreter" des Verstorbenen, soweit ihm beschlussmäßig Beträge zuerkannt wurden; *(BGBl I 2017/59; BGBl I 2019/38, ab 23. 5. 2019)*

3. schließlich an alle übrigen Gläubiger, jeweils im Verhältnis der Höhe ihrer unbestrittenen oder durch unbedenkliche Urkunden bescheinigten Forderungen.

§ 155. (1) Übersteigt der Wert der Aktiven voraussichtlich „5 000 Euro", so hat der Gerichtskommissär vor der Überlassung an Zahlungs statt die aktenkundigen Gläubiger und jene aktenkundigen Personen, die als Erben oder „Pflichtteilsberechtigte" in Frage kommen, zu verständigen, soweit deren Aufenthalt bekannt ist, und ihnen Gelegenheit zur Äußerung zu geben. *(BGBl I 2015/87)*

(2) Übersteigt der Wert der Aktiven voraussichtlich „25 000 Euro", so sind die Verlassenschaftsgläubiger „aufzufordern" (§ 174). *(BGBl I 2015/87)*

(3) Der Beschluss auf Überlassung an Zahlungs statt hat zu enthalten:

1. die Gegenstände, die übergeben werden;

2. Vor- und Familiennamen sowie Anschrift der Personen, denen die Gegenstände an Zahlungs statt überlassen werden;

3. welche Forderungen dadurch berichtigt werden sollen;

4. allenfalls zur bücherlichen Durchführung erforderliche sonstige Angaben.

2. Abschnitt

Verlassenschaftsabhandlung

Vertretungsvorsorge

§ 156. (1) Zur Durchführung der Abhandlung hat das Verlassenschaftsgericht über die Bestellung von Kuratoren in den Fällen des § 5 Abs. 2 Z 1 lit. a und Z 2 lit. a sowie für die Verlassenschaft von Amts wegen oder auf Antrag zu entscheiden. Ist der Aufenthalt bekannter Erben oder „Pflichtteilsberechtigter" unbekannt, so hat das Verlassenschaftsgericht für sie einen Kurator im Sinne des § 5 Abs. 2 Z 2 lit. b zu bestellen. *(BGBl I 2015/87)*

(2) Ist die Bestellung eines Verlassenschaftskurators erforderlich und hat der Verstorbene in seinem letzten Willen eine Person zur Vertretung der Verlassenschaft bestimmt, so ist diese tunlichst zum Verlassenschaftskurator zu bestellen.

(3) Bedarf ein Minderjähriger oder „eine sonst schutzberechtigte Person" eines gesetzlichen Vertreters, so ist für dessen Bestellung durch das Pflegschaftsgericht zu sorgen. *(BGBl I 2018/58, ab 1. 8. 2018)*

Erbantrittserklärung

§ 157. (1) Der Gerichtskommissär hat die nach der Aktenlage als Erben in Frage kommenden Personen nachweislich aufzufordern, zu erklären, ob und wie sie die Erbschaft antreten oder ob sie diese ausschlagen wollen. Die Aufforderung hat einen Hinweis auf die Rechtsfolgen des Abs. 3 und – soweit diese Personen nicht von einem Rechtsanwalt oder Notar vertreten sind – eine Belehrung über die Rechtsfolgen der Abgabe der unbedingten und bedingten Erbantrittserklärung sowie über die Möglichkeit der Antragstellung nach § 184 Abs. 3 zu enthalten.

(2) Zur Abgabe der Erbantrittserklärung ist den als Erben in Frage kommenden Personen eine angemessene Frist von mindestens 4 Wochen zu setzen. Aus erheblichen Gründen kann ihnen auch eine Bedenkzeit eingeräumt werden, die insgesamt ein Jahr nicht überschreiten darf.

(3) Versäumt eine solche Person die Frist, so ist sie dem weiteren Verfahren nicht mehr beizuziehen, solange sie die Erklärung nicht nachholt. Versäumt der gesetzliche Vertreter „einer schutzberechtigten Person" die Frist, so ist das Pflegschaftsgericht zu verständigen. *(BGBl I 2018/58, ab 1. 8. 2018)*

(4) Wird keine Erbantrittserklärung abgegeben, so ist – sofern dies nicht schon geschehen ist – zur Vorbereitung des Verfahrens nach § 184 ein Verlassenschaftskurator zu bestellen.

Unbekannte Erben und Pflichtteilsberechtigte

§ 158. (1) Sind keine Erben bekannt oder bestehen nach der Aktenlage Anhaltspunkte dafür, dass neben den bekannten Personen noch andere als Erben oder „Pflichtteilsberechtigte" in Betracht kommen, so hat sie der Gerichtskommissär durch öffentliche Bekanntmachung aufzufordern, ihre Ansprüche binnen sechs Monaten geltend zu machen. *(BGBl I 2015/87)*

(2) Wird diese Frist versäumt, so kann die Verlassenschaft ohne Rücksicht auf die Ansprüche der unbekannten Erben oder „Pflichtteilsberechtigten" den bekannten Erben eingeantwortet oder für erblos erklärt werden. Auf diese Rechtsfolge ist in der Bekanntmachung hinzuweisen. *(BGBl I 2015/87)*

§ 159. (1) Die Erbantrittserklärung hat zu enthalten:

1. Vor- und Familiennamen, Tag der Geburt und Anschrift des Erbansprechers;

2. die Berufung auf einen Erbrechtstitel;

3. die ausdrückliche Erklärung, die Erbschaft anzutreten;

4. die ausdrückliche Erklärung, ob dies unbedingt oder mit dem Vorbehalt der Rechtswohltat des Inventars (bedingte Erbantrittserklärung) geschehe.

(2) Ist dies im Zeitpunkt der Abgabe der Erklärung möglich, so ist auch die Erbquote anzugeben.

(3) Die Erklärung ist vom Erbansprecher oder seinem ausgewiesenen Vertreter eigenhändig zu unterschreiben.

Widersprechende Erbantrittserklärungen

§ 160. Stehen Erbantrittserklärungen im Widerspruch zu einander oder zu einer Erklärung der Finanzprokuratur (§ 184), so hat der Gerichtskommissär darauf hinzuwirken, dass das Erbrecht zwischen den Parteien anerkannt wird; gelingt dies nicht, so hat er den Akt dem Gericht vorzulegen.

Einwände mit Bezug auf die in einer öffentlichen Urkunde beurkundeten Rechtsgeschäfte oder Rechtsverhältnisse und Bestreitung des Erbrechts bei fremdem Erbstatut

§ 160a. Für das Verfahren zur Entscheidung über Einwände mit Bezug auf die in einer öffentlichen Urkunde beurkundeten Rechtsgeschäfte oder Rechtsverhältnisse nach Art. 59 Abs. 3 EuErbVO sowie über Einwände gegen den Erbrechtstitel, wenn das Erbstatut fremdes Recht ist, sind die §§ 161 bis 163 entsprechend anzuwenden.

(BGBl I 2015/87)

Entscheidung über das Erbrecht

§ 161. (1) Das Gericht hat im Rahmen des Vorbringens der Parteien und ihrer Beweisanbote das Erbrecht der Berechtigten festzustellen und die übrigen Erbantrittserklärungen abzuweisen. Darüber kann mit gesondertem Beschluss (§ 36 Abs. 2) oder mit dem Einantwortungsbeschluss entschieden werden.

(2) Auch während des Verfahrens über das Erbrecht sind all jene Abhandlungsmaßnahmen weiterzuführen, die von der Feststellung des Erbrechts unabhängig sind.

§ 162. Im Verfahren über das Erbrecht ist mündlich zu verhandeln. Die Parteien können sich nur durch einen Rechtsanwalt vertreten lassen; übersteigt der Wert der Aktiven der Verlassenschaft voraussichtlich „5 000 Euro“, so müssen sie sich durch einen Rechtsanwalt vertreten lassen. Stellt sich im Verfahren heraus, dass der Wert der Aktiven diesen Betrag übersteigt, so hat das Gericht dies den Parteien bekannt zu geben und ihnen zur Bevollmächtigung eines Vertreters eine Frist zu setzen. *(BGBl I 2009/52)*

§ 163. (1) Vereinbaren die Parteien vor dem Gericht Ruhen des Verfahrens über das Erbrecht oder treten andere Fälle der §§ 25 bis 29 ein, so hat das Gericht den Gerichtskommissär davon zu verständigen.

(2) Setzen die Parteien das Verfahren über das Erbrecht nach Ablauf der Ruhensfrist nicht fort, so hat das Gericht sie zur Stellung geeigneter Anträge innerhalb einer zu bestimmenden Frist aufzufordern. Versäumt ein Erbansprecher diese Frist, so ist das Verlassenschaftsverfahren ohne Berücksichtigung seiner Erbantrittserklärung fortzusetzen. Auf diese Rechtsfolge ist er im Aufforderungsbeschluss hinzuweisen.

§ 164. Gibt eine Partei erst nach Feststellung des Erbrechts, aber bevor das Gericht an den Beschluss über die Einantwortung gebunden ist, eine Erbantrittserklärung ab, so ist neuerlich im Sinne der §§ 160 bis 163 vorzugehen, wobei auch eine Abweisung der Erbantrittserklärung, die Grundlage der früheren Entscheidung über das Erbrecht war, zulässig ist. Später sind erbrechtliche Ansprüche nur noch mit Klage geltend zu machen.

Inventar

§ 165. (1) Ein Inventar ist zu errichten,

1. wenn eine bedingte Erbantrittserklärung abgegeben wurde;

2. wenn Personen, die als „Pflichtteilsberechtigte“ in Frage kommen, minderjährig sind oder aus anderen Gründen einen gesetzlichen Vertreter benötigen; *(BGBl I 2015/87)*

3. wenn die Absonderung der Verlassenschaft (§ 812 ABGB) bewilligt wurde;

4. soweit auf eine Nacherbschaft Bedacht zu nehmen ist oder letztwillig eine Privatstiftung errichtet wurde;

5. wenn die Verlassenschaft dem Staat als erblos zufallen könnte (§ 184);

6. soweit eine dazu berechtigte Person oder der Verlassenschaftskurator dies beantragt „;“ *(BGBl I 2015/87)*

7. wenn das Erbstatut die Haftung des Erben auf den Wert der Verlassenschaft beschränkt oder der Erbe durch Erklärung die Haftung darauf beschränkt. *(BGBl I 2015/87)*

(2) In den Fällen des Abs. 1 Z 1 sind von Amts wegen die Verlassenschaftsgläubiger „aufzufordern“ (§ 174). *(BGBl I 2015/87)*

§ 166. (1) Das Inventar dient als vollständiges Verzeichnis der Verlassenschaft (§ 531 ABGB), nämlich aller körperlichen Sachen und aller vererblichen Rechte und Verbindlichkeiten des Verstorbenen und ihres Wertes im Zeitpunkt seines Todes.

(2) Wird die Behauptung bestritten, dass eine Sache zum Verlassenschaftsvermögen zählt, so hat das Gericht darüber zu entscheiden, ob diese Sache in das Inventar aufgenommen beziehungsweise ausgeschieden wird. Befand sich die Sache zuletzt im Besitz des Verstorbenen, so ist sie nur dann auszuscheiden, wenn durch unbedenkliche Urkunden bewiesen wird, dass sie nicht zum Verlassenschaftsvermögen zählt.

(3) Zur Feststellung der „Zugehörigkeit zur Verlassenschaft" sind Dritte verpflichtet, Zutritt zu den strittigen Gegenständen zu gewähren und deren Besichtigung und Beschreibung zu gestatten. *(BGBl I 2015/87)*

§ 167. (1) Bewegliche Sachen sind mit dem Verkehrswert zu bewerten. Der Bewertung von Hausrat, Gebrauchsgegenständen und anderen beweglichen Sachen offensichtlich geringen Wertes können die unbestrittenen und unbedenklichen Angaben aller Parteien zugrunde gelegt werden, wenn nicht der Gerichtskommissär oder das Gericht Bedenken gegen diese Bewertung hat oder das Interesse „einer schutzberechtigten Person" oder andere besondere Umstände die Beiziehung eines Sachverständigen erfordern. *(BGBl I 2018/58, ab 1. 8. 2018)*

(2) Unbewegliche Sachen sind grundsätzlich mit ihrem dreifachen Einheitswert, beantragt dies aber eine Partei oder ist es im Interesse „einer schutzberechtigten Person" erforderlich, nach dem Liegenschaftsbewertungsgesetz zu bewerten. *(BGBl I 2018/58, ab 1. 8. 2018)*

(3) Schulden sind mit ihren ziffernmäßigen Rückständen samt Nebengebühren zum Todestag anzuführen, sofern dies ohne weitläufige Erhebungen und großen Zeitverlust möglich ist.

Verfahren zur Errichtung des Inventars

§ 168. (1) Bei der Errichtung des Inventars hat der Gerichtskommissär die gleichen Befugnisse wie bei der Todesfallaufnahme (§ 146 Abs. 1). „Den Pflichtteilsberechtigten steht es frei, der Schätzung beizuwohnen und sich dazu zu äußern." *(BGBl I 2015/87)*

(2) Zum Zweck der Errichtung eines Inventars kann der Gerichtskommissär Sachverständige auch außerhalb des Sprengels des Verlassenschaftsgerichts beiziehen und die Parteien zur direkten Zahlung der Gebühren auffordern. Werden die Gebühren direkt entrichtet, so unterbleibt ein Beschluss über die Bestimmung der Gebühren.

(3) Die Kosten der Errichtung eines Inventars trägt die Verlassenschaft.

§ 169. Das Inventar ist den Parteien ohne Zustellnachweis zu übermitteln. Einer Annahme zu Gericht bedarf es nicht.

Vermögenserklärung

§ 170. Ist kein Inventar zu errichten, so hat der Erbe das Verlassenschaftsvermögen nach allen Bestandteilen wie in einem Inventar zu beschreiben und zu bewerten und die Richtigkeit und Vollständigkeit der Erklärung durch seine oder seines Vertreters Unterschrift zu bekräftigen. Der Erklärende ist auf die strafrechtlichen Folgen einer wahrheitswidrigen Erklärung hinzuweisen. Die Vermögenserklärung tritt in der Abhandlung an die Stelle des Inventars.

Benützung, Verwaltung und Vertretung der Verlassenschaft

§ 171. Jede Änderung der Art der Vertretung der Verlassenschaft (§ 810 ABGB) wird mit dem Zeitpunkt wirksam, mit dem sie dem Gericht oder dem Gerichtskommissär von allen vertretungsbefugten Erbansprechern angezeigt wird.

§ 172. Auf Verlangen hat der Gerichtskommissär den Berechtigten eine Amtsbestätigung über ihre Vertretungsbefugnis (§ 810 ABGB) auszustellen.

§ 173. (1) Einigen sich die Personen, denen gemeinschaftlich die Rechte nach § 810 ABGB zukommen, über die Art der Vertretung oder einzelne Vertretungshandlungen nicht oder ist ein Verfahren über das Erbrecht einzuleiten (§§ 160 ff), so hat das Verlassenschaftsgericht erforderlichenfalls einen Verlassenschaftskurator zu bestellen. Die Vertretungsbefugnis anderer Personen endet mit der Bestellung des Verlassenschaftskurators.

(2) Ändern sich die Vertretungsverhältnisse während des Verfahrens, so hat der Gerichtskommissär die dadurch überholten Amtsbestätigungen von den Empfängern abzufordern.

Rechte der Gläubiger

§ 174. (1) Wird bei „Aufforderung" der Verlassenschaftsgläubiger (§§ 813 bis 815 ABGB) eine mündliche Verhandlung anberaumt, so hat der Gerichtskommissär deren Termin öffentlich bekannt zu machen und die vermutlichen Erben, „Pflichtteilsberechtigten" sowie allenfalls bestellte Verlassenschaftskuratoren und Testamentsvollstrecker zu laden. *(BGBl I 2015/87)*

(2) Der Gerichtskommissär hat in der Verhandlung auf die Herstellung von Einvernehmen über die angemeldeten Forderungen hinzuwirken.

Pflegeleistungen

§ 174a. Macht eine Person ein Pflegevermächtnis (§§ 677 und 678 ABGB) geltend, so hat der Gerichtskommissär auf die Herstellung des Einvernehmens über die Erfüllung des Vermächtnisses hinzuwirken. Zur Vorbereitung des Einigungsversuchs hat der Gerichtskommissär die nötigen Informationen und Unterlagen für das vom Verstorbenen bezogene Pflegegeld von den zuständigen Trägern einzuholen.

(BGBl I 2015/87)

§ 175. Über einen Antrag auf Absonderung der Verlassenschaft (§ 812 ABGB) hat das Gericht zu entscheiden. Es kann den Erben schon vor Beschlussfassung über den Antrag die Verwaltung und Benützung des Verlassenschaftsvermögens entziehen und einen Kurator bestellen. Einem bereits bestellten Verlassenschaftskurator kommen nach Bewilligung dieses Antrags die Rechte und Pflichten eines Separationskurators zu.

Zur Einantwortung erforderliche Nachweise

§ 176. (1) Alle Personen, denen an der Verlassenschaft andere erbrechtliche Ansprüche zustehen als die eines Erben, sind vor der Einantwortung nachweislich von diesen zu verständigen.

(2) Stehen „schutzberechtigten Personen" Ansprüche nach Abs. 1 zu, die noch nicht erfüllt sind, so ist vor Einantwortung Sicherheit zu leisten (§ 56 ZPO). Diese kann auch beim Gerichtskommissär hinterlegt werden. Wird die Sicherheit trotz fristgebundener Aufforderung nicht erlegt, so hat das Verlassenschaftsgericht den Erlag mit Beschluss aufzutragen. *(BGBl I 2018/58, ab 1. 8. 2018)*

(3) Die Sicherheit kann auch aus dem Verlassenschaftsvermögen gestellt werden.

Einantwortung

§ 177. Stehen die Erben und ihre Quoten fest und ist die Erfüllung der übrigen Voraussetzungen nachgewiesen, so hat das Gericht den Erben die Verlassenschaft einzuantworten (§ 797 ABGB).

§ 178. (1) Der Beschluss über die Einantwortung hat zu enthalten:

1. die Bezeichnung der Verlassenschaft durch Vor- und Familiennamen des Verstorbenen, den Tag seiner Geburt und seines Todes und seinen letzten Wohnsitz;

2. die Bezeichnung der Erben durch Vor- und Familiennamen, Tag der Geburt und Anschrift;

3. den Erbrechtstitel, die Erbquoten und den Hinweis auf ein allfälliges Erbteilungsübereinkommen;

4. die Art der abgegebenen Erbantrittserklärung (§ 800 ABGB).

(2) Weiters ist gegebenenfalls aufzunehmen:

1. jede Beschränkung der Rechte der Erben durch „Nacherbschaften" oder gleichgestellte Anordnungen (§§ 707 bis 709 ABGB); *(BGBl I 2015/87)*

2. jeder Grundbuchskörper, auf dem auf Grund der Einantwortung die Grundbuchsordnung herzustellen sein wird; dabei ist anzugeben, ob diejenigen, denen eingeantwortet wird, zum Kreis der gesetzlichen Erben zählen.

(3) Gleichzeitig mit der Einantwortung sollen auch alle übrigen noch offenen Verfahrenshandlungen, insbesondere die Aufhebung von Sperren, Sicherstellungen (§ 176 Abs. 2) und die Bestimmung von Gebühren, vorgenommen werden.

(4) Wer glaubhaft macht, dass es sonst zu einer Beeinträchtigung der Privatsphäre des „Verstorbenen"* oder der Parteien käme, kann die gesonderte Ausfertigung der Anordnungen verlangen. „Über eine Anordnung nach Abs. 2 Z 2 ist von Amts wegen eine gesonderte Ausfertigung herzustellen."** *(*BGBl I 2015/87; **BGBl I 2024/91, ab 1. 9. 2024)*

(5) Der Einantwortungsbeschluss ist den Parteien, bei „schutzberechtigten"** Erben, „Pflichtteilsberechtigten"* oder Vermächtnisnehmern auch dem Pflegschaftsgericht und auf Antrag auch anderen Personen, die ein rechtliches Interesse daran dartun, insbesondere Gläubigern, zuzustellen. *(*BGBl I 2015/87; **BGBl I 2018/58, ab 1. 8. 2018)*

(6) Enthält der Einantwortungsbeschluss eine Begründung zur Erbrechtsfeststellung, so hat die für Personen, die nicht Partei des Feststellungsverfahrens waren, bestimmte Ausfertigung insoweit keine Begründung zu enthalten.

(7) Auf Antrag ist den Parteien auch eine Amtsbestätigung (§ 186 Abs. 1) mit den Angaben nach Abs. 1 auszustellen.

§ 179. Eine mit der Bestätigung der Rechtskraft versehene Ausfertigung des Einantwortungsbeschlusses reicht zur Überwindung einer Sperre (§ 149) aus.

§ 180. (1) Die Parteien können bereits vor Erlassung des Einantwortungsbeschlusses auf Rechtsmittel gegen einen ihren Anträgen entsprechenden Beschluss verzichten; die ihren Anträgen entsprechenden Anordnungen können dann sogleich in Vollzug gesetzt werden.

(2) Nach Rechtskraft der Einantwortung findet kein Abänderungsverfahren statt.

Übereinkommen über die Erbteilung, die Pflegeleistungen und die Stundung des Pflichtteils

§ 181. (1) Mehrere Erben können vor der Einantwortung ihre Vereinbarung über die Erbteilung oder die Benützung der Verlassenschaftsgegenstände auch beim Gerichtskommissär zu Protokoll geben. „Das Gleiche gilt für Vereinbarungen über Pflegeleistungen und für Vereinbarungen über die Stundung des Pflichtteils (§§ 766 ff. ABGB).“ Derartigen Vereinbarungen kommt die Wirkung eines vor Gericht geschlossenen Vergleichs zu. *(BGBl I 2015/87)*

(2) Sind „schutzberechtigte Personen“ beteiligt, so bedarf die Vereinbarung der Genehmigung durch das Pflegschaftsgericht. *(BGBl I 2018/58, ab 1. 8. 2018)*

(3) Die vorstehenden Bestimmungen gelten sinngemäß auch für auf die Verlassenschaft bezogene Vereinbarungen mit sonstigen am Verlassenschaftsverfahren beteiligten Personen.

Verfahren bei ausländischem Erbstatut

§ 181a. Richten sich der Erbschaftserwerb und die Haftung für Schulden der Verlassenschaft nach fremdem Recht, so sind die Bestimmungen über die Erbantrittserklärung und über die Einantwortung nur insoweit anzuwenden, als es der Schutz der Rechte der Beteiligten und der Rechtsübergang nach dem maßgebenden Erbrecht erfordern.

(BGBl I 2015/87)

Europäisches Nachlasszeugnis

§ 181b. (1) Soweit nicht in der EuErbVO geregelt, ist das Europäische Nachlasszeugnis nach den Bestimmungen dieses Bundesgesetzes auszustellen.

(2) Der Gerichtskommissär hat den Antrag auf Ausstellung des Europäischen Nachlasszeugnisses dem Gericht vorzulegen, wenn er der Ansicht ist, dass die Rechtsstellung, deren Bestätigung beantragt wird, nicht besteht.

(BGBl I 2015/87)

3. Abschnitt
Verfahren außerhalb der Abhandlung

Verfahren nach Rechtskraft der Einantwortung

§ 182. (1) Über Anträge auf Eintragungen in das Grundbuch, die auf Grund der Einantwortung erforderlich werden, hat das Grundbuchsgericht zu entscheiden.

(2) Stellen die Berechtigten innerhalb angemessener, ein Jahr nicht erheblich übersteigender Frist nach Rechtskraft des Einantwortungsbeschlusses keinen Antrag, so hat der Gerichtskommissär an ihrer Stelle die geeigneten Anträge beim Grundbuchsgericht einzubringen.

(3) Erwerben Personen Rechte auf bücherlich zu übertragende Sachen nicht auf Grund der Einantwortung, sondern als Vermächtnisnehmer oder rechtsgeschäftlich, so hat das Verlassenschaftsgericht auf deren Antrag und mit Zustimmung aller Erben mit Beschluss zu bestätigen, dass sie in den öffentlichen Büchern als Eigentümer eingetragen werden können. Für Bestätigungen zur Eintragung in das Firmenbuch gilt dies ebenso.

(4) Richtet sich der Erwerb von bücherlich zu übertragenden Sachen auf Grund der EuErbVO nach fremdem Recht, so gelten die Abs. 1 und 2 entsprechend. *(BGBl I 2015/87)*

Verfahren zur Anpassung eines ausländischen Erbrechtstitels

§ 182a. Über den Antrag einer Person, die in Österreich ein dem österreichischen Recht unbekanntes dingliches Recht geltend machen will, das ihr nach dem auf die Rechtsnachfolge von Todes wegen anzuwendenden Recht zusteht, ist mit Beschluss nach Art. 31 EuErbVO zu entscheiden.

(BGBl I 2015/87)

Änderungen der Abhandlungsgrundlagen

§ 183. (1) Werden Vermögenswerte erst nach Beendigung des Verlassenschaftsverfahrens bekannt, so hat der Gerichtskommissär die Parteien, denen dies noch nicht bekannt ist, davon zu verständigen.

(2) Hat das Verfahren mit Einantwortung geendet, so hat der Gerichtskommissär das Inventar zu ergänzen beziehungsweise die Erben aufzufordern ihre Vermögenserklärung zu ergänzen. Einer Ergänzung des Einantwortungsbeschlusses bedarf es in der Regel nicht, doch ist § 178 Abs. 2 anzuwenden.

(3) Ist bisher eine Verlassenschaftsabhandlung unterblieben, so ist neuerlich, auf Grundlage der nunmehr ergänzten Gesamtwerte, im Sinne der §§ 153 ff zu entscheiden.

(4) Werden Urkunden im Sinne des § 151 nach Beendigung des Verlassenschaftsverfahrens vorgefunden, so ist neuerlich nach § 152 vorzugehen.

Erblose Verlassenschaft

§ 184. (1) „Nach Ablauf der nach § 157 Abs. 2 gesetzten Frist und Errichtung des Inventars ist die Verlassenschaft, soweit sie sich der Bund aneignet, auf Antrag der Finanzprokuratur zu übergeben.“ Auf ihren Antrag ist, wenn dies bisher unterblieben ist, eine Schätzung (§ 167) von Vermögensgegenständen vorzunehmen. *(BGBl I 2015/87)*

(2) Der Übergabebeschluss hat sinngemäß die nach § 178 erforderlichen Angaben zu enthalten.

(3) Vor Fassung dieses Beschlusses ist das Inventar jenen Personen zuzustellen, die zur Abgabe einer Erbantrittserklärung aufgefordert worden waren, aber nur einen Antrag auf Zustellung des Inventars gestellt hatten.

Anerkennung von Entscheidungen nach der EuErbVO

§ 184a. Über einen Antrag auf Feststellung, dass eine Entscheidung im Sinn des Art. 3 Abs. 1 lit. g EuErbVO anzuerkennen ist (Art. 39 Abs. 2 EuErbVO), ist nach den Bestimmungen dieses Bundesgesetzes zu entscheiden, soweit das Verfahren nicht durch die Art. 45 bis 58 EuErbVO geregelt ist.

(BGBl I 2015/87)

Allgemeine Anordnungen

§ 185. Im Verlassenschaftsverfahren findet – außer im Verfahren über das Erbrecht – kein Ersatz von Vertretungskosten und keine öffentliche Verhandlung statt.

VI. Hauptstück
Schluss- und Übergangsbestimmungen

Inkrafttreten und Übergangsbestimmung zum Bundesgesetz BGBl. I Nr. 59/2017

§ 207m. (1) Die §§ 4, 6 Abs. 2, 13, 19, 20, 82, 102 Abs. 3, 116a bis 131c, 131e, 131g, 132, 132a, 133 bis 141, 145a und 154 samt Überschriften sowie die Überschrift des 10. Abschnittes in der Fassung des 2. Erwachsenenschutz-Gesetzes, BGBl. I Nr. 59/2017 (2. ErwSchG), treten, soweit im Folgenden nichts anderes bestimmt ist, mit 1. Juli 2018 in Kraft und sind auf Verfahren anzuwenden, die nach dem 30. Juni 2018 anhängig sind oder anhängig werden.

(2) Die §§ 6 Abs. 3, 88, 90, 102 Abs. 3, 105, 106, 106a, 107a, 110, 133 Abs. 3, 135 Abs. 1 und 140 in der Fassung des Art. 6 Z 3 2. ErwSchG treten mit dem auf die Kundmachung dieses Bundesgesetzes folgenden Tag in Kraft.

(3) Ein im Zeitpunkt des Inkrafttretens des 2. ErwSchG anhängiges Verfahren über die Bestellung eines Sachwalters ist nach den §§ 116a bis 126 in der Fassung des 2. ErwSchG in erster Instanz fortzusetzen; ein in höherer Instanz anhängiges Verfahren ist – wenn noch Entscheidungsgrundlagen fehlen – dem Erstgericht zu überweisen und von diesem so fortzusetzen, als ob das Rechtsmittelgericht die Entscheidung aufgehoben und das Verfahren an die erste Instanz zurückverwiesen hätte. Es liegt im Ermessen des Gerichts, ob es den Erwachsenenschutzverein (§ 1 ErwSchVG) mit einer Abklärung im Sinn des § 117a beauftragt. Ist ein einstweiliger Sachwalter bestellt, so ist er mit Inkrafttreten des 2. ErwSchG einstweiliger Erwachsenenvertreter.

(4) Für im Zeitpunkt des Inkrafttretens des 2. ErwSchG anhängige Verfahren auf Änderung, Übertragung oder Beendigung der Sachwalterschaft gilt Abs. 3 sinngemäß.

(BGBl I 2017/59)

1/2. Erwachsenenschutzvereinsgesetz

BGBl 1990/156 idF

1 BGBl I 2001/98 (2. Euro-JuBeG)
2 BGBl I 2006/92 (SWRÄG 2006)
3 BGBl I 2017/59 (2. ErwSchG)
4 BGBl I 2018/58 (ErwSchAG-Justiz)

STICHWORTVERZEICHNIS

(Die Zahlenangaben beziehen sich auf die Paragraphen)

„Bundesgesetz über Erwachsenenschutzvereine (Erwachsenenschutzvereinsgesetz – ErwSchVG)“

(BGBl I 2017/59)

Eignung eines Vereins

§ 1. (1) Der Bundesminister für Justiz hat die Eignung eines Vereins, als Erwachsenenschutzverein tätig zu werden, somit

1. zum gerichtlichen Erwachsenenvertreter bestellt zu werden,

2. Beratung im Sinn des § 4 zu erteilen,

3. im Auftrag der Gerichte Abklärungen im Sinn der §§ 4a und 4b durchzuführen,

4. nach § 4c bei der Errichtung von Vorsorgevollmachten, Erwachsenenvertreter-Verfügungen sowie Vereinbarungen über eine gewählte Erwachsenenvertretung mitzuwirken,

5. nach § 4d Eintragungen im Österreichischen Zentralen Vertretungsverzeichnis vorzunehmen,

6. in Erwachsenenschutzverfahren nach § 119 AußStrG als Rechtsbeistand, nach § 120 AußStrG als einstweiliger Erwachsenenvertreter bzw. nach § 131 AußStrG als besonderer Rechtsbeistand bestellt zu werden,

7. gemäß § 13 Abs. 1 UbG Patientenanwälte oder

8. gemäß § 8 Abs. 3 HeimAufG Bewohnervertreter namhaft zu machen,

mit Verordnung festzustellen, soweit noch kein Verein für einen bestimmten sachlichen und räumlichen Tätigkeitsbereich zuständig ist. *(BGBl I 2017/59, ab 1. 7. 2018, s § 11 Abs 3)*

(2) Eine solche Verordnung kann nur mit Zustimmung des betreffenden Vereins erlassen werden.

(3) In der Verordnung ist der sachliche und räumliche Tätigkeitsbereich des Vereins anzuführen.

(BGBl I 2006/92, ab 1. 7. 2007)

§ 1a. Stellt ein Verein einen Antrag auf Feststellung seiner Eignung und sieht der Bundesminister für Justiz keinen Anlass, eine Verordnung im Sinn des § 1 zu erlassen, so ist der Antrag mit Bescheid abzuweisen.

(BGBl I 2017/59, ab 1. 7. 2018)

§ 2. Die Eignung eines Vereins kann nur festgestellt werden, wenn er

1. nicht auf Gewinn gerichtet ist und sein Zweck ausschließlich in der Wahrnehmung der in diesem Bundesgesetz umschriebenen Aufgaben besteht,

2. finanziell solide und auf Dauer angelegt ist,

3. organschaftliche Vertreter hat, die zuverlässig sind sowie über langjährige Erfahrung im Umgang mit psychisch kranken oder sonst in ihrer Entscheidungsfähigkeit vergleichbar beeinträchtigten Menschen verfügen,

4. über eine professionelle, an den Erfordernissen eines zeitgemäßen Qualitätsmanagements ausgerichtete Organisation und eine entsprechende Infrastruktur verfügt,

5. mindestens fünf hauptberufliche Vollzeitkapazitäten beschäftigt,

6. dafür Sorge trägt, dass die ihm übertragenen Aufgaben entsprechend den gesetzlichen Vorschriften und den allgemein anerkannten fachlichen Standards zum Wohl der Betroffenen wahrgenommen werden,

7. sicher stellt, dass im Bereich der gerichtlichen Erwachsenenvertretung, bei der Beratung und bei der Abklärung auf Ersuchen des Gerichts sowie als Patientenanwälte und als Bewohnervertreter nur Personen tätig werden, die für diese Tätigkeit persönlich und fachlich geeignet sind, und

8. gewährleistet, dass diese Mitarbeiter spezifisch fachlich aus- und fortgebildet sowie angeleitet und beaufsichtigt werden.

(BGBl I 2017/59, ab 1. 7. 2018)

§ 3. (1) Ein Verein, dessen Eignung gemäß § 1 festgestellt worden ist, hat entsprechend seinem sachlichen und räumlichen Tätigkeitsbereich hauptberufliche Mitarbeiter auszubilden und bekannt zu geben oder namhaft zu machen, sie fortzubilden, anzuleiten und zu überwachen. Der Verein kann auch geeignete ehrenamtlich tätige Personen als mit der Wahrnehmung der gerichtlichen Erwachsenenvertretung betraute Person bekannt geben, wenn er sicherstellt, dass sie entsprechend angeleitet und überwacht werden. Zur Erfüllung seiner Aufgaben können auf Wunsch der betroffenen Person und nach Verfügbarkeit Personen aus Gruppen Gleichgestellter beigezogen werden.

(2) Ein Verein, dessen Eignung, zum gerichtlichen Erwachsenenvertreter bestellt zu werden, festgestellt worden ist, soll vornehmlich gerichtliche Erwachsenenvertretungen für Personen übernehmen, die auf Grund ihrer Persönlichkeit, ihres Verhaltens, der Art ihrer Krankheit bzw. ihrer Beeinträchtigung, ihrer Lebensumstände oder der zu besorgenden Angelegenheiten einer besonders qualifizierten professionellen Unterstützung und Vertretung bedürfen.

(3) Der Verein, der zum gerichtlichen Erwachsenenvertreter bestellt wurde, hat dem Gericht die mit der Wahrnehmung der Erwachsenenvertretung betraute Person bekannt zu geben und dieser eine Urkunde über ihre Betrauung und ihren Wirkungsbereich auszustellen. Der Verein darf nur Personen bekannt geben, die das Wohl und die Interessen der Betroffenen in unabhängiger Weise wahren können. Gleiches gilt für die Namhaftmachung von Patientenanwälten und Bewohnervertretern.

(4) Der Verein kann die Bekanntmachung oder Namhaftmachung widerrufen. Widerruft der Verein die Bekanntmachung, so hat er dem Gericht eine andere mit der Wahrnehmung der Erwachsenenvertretung betraute Person bekannt zu geben.

(5) Zustellungen an den Verein als gerichtlichen Erwachsenenvertreter sind an die jeweils bekanntgegebene Abgabestelle des Vereins zu bewirken.

(6) Der Verein kann als gerichtlicher Erwachsenenvertreter in gerichtlichen und behördlichen Verfahren durch die Person vertreten werden, die er dem Gericht als mit der Wahrnehmung der Erwachsenenvertretung betraut (Abs. 3) bekannt gegeben hat.

(BGBl I 2017/59, ab 1. 7. 2018)

Beratung

§ 4. (1) Der Verein hat nach Maßgabe seiner Möglichkeiten die betroffene Person sowie sonstige Personen oder Stellen über die Vorsorgevollmacht und die verschiedenen Formen der Erwachsenenvertretung sowie deren Alternativen zu informieren.

(2) Der Verein hat nach Maßgabe seiner Möglichkeiten die betroffene Person über ihre Rechte zu belehren und nahestehende und sonstige geeignete Personen, die als Erwachsenenvertreter tätig sind, sowie Vorsorgebevollmächtigte bei der Wahrnehmung ihrer Aufgaben zu beraten.

(3) Werden dem Verein begründete Anhaltspunkte für eine Gefährdung des Wohles der betroffenen Person bekannt, so hat er unverzüglich das Pflegschaftsgericht zu informieren.

(BGBl I 2017/59, ab 1. 7. 2018)

Abklärung im Auftrag des Gerichts

§ 4a. (1) Der Verein hat im Auftrag des Gerichts insbesondere abzuklären,

1. welche konkreten Angelegenheiten zu besorgen sind,

2. wie die Fähigkeiten der betroffenen Person, ihre Angelegenheiten im Rechtsverkehr selbstbestimmt wahrzunehmen, eingeschätzt werden, allenfalls unter Anschluss von aktuellen Unterlagen zum Gesundheitszustand der betroffenen Person,

3. ob der betroffenen Person Unterstützung im Sinn des § 239 Abs. 2 ABGB, die sie bei der Ausübung ihrer Handlungsfähigkeit benötigt, geleistet wird,

4. wie das persönliche und soziale Umfeld der betroffenen Person beschaffen ist,

5. ob es mögliche Alternativen zur Erwachsenenvertretung gibt,

6. ob die Möglichkeit einer gewählten oder gesetzlichen Erwachsenenvertretung gegeben ist,

7. ob Gründe für eine Einstellung oder Fortsetzung des Verfahrens zur Bestellung eines gerichtlichen Erwachsenenvertreters bzw. zu seiner Erneuerung gegeben sind,

8. ob nahestehende Personen als gerichtliche Erwachsenenvertreter in Frage kommen und

9. ob es allenfalls Anhaltspunkte dafür gibt, einen Genehmigungsvorbehalt zur Abwendung einer ernstlichen und erheblichen Gefahr für die vertretene Person anzuordnen.

(2) Der Verein hat dem Gericht über das Ergebnis der Abklärung ehestens, tunlichst aber binnen fünf Wochen, zu berichten.

(3) Der Verein hat zu Beginn der Abklärung einen für die betroffene Person tätigen Träger der Sozial- oder Behindertenhilfe von der Befassung zu verständigen, es sei denn, dieser hat die Bestellung eines gerichtlichen Erwachsenenvertreters angeregt. Diesem ist die Möglichkeit einzuräumen, binnen sieben Tagen zur Erforderlichkeit der gerichtlichen Erwachsenenvertretung Stellung zu nehmen. Auf eine allfällige Stellungnahme ist – außer bei besonderer Dringlichkeit der Abklärung – im Bericht Bezug zu nehmen und die Stellungnahme dem Bericht beizulegen.

(4) Wenn nach Auffassung des Vereins bei der Abklärung Unterstützung zur Selbstbestimmung zu einer Alternative zur Erwachsenenvertretung führen kann, so ist das Gericht darüber zu informieren. Im Einverständnis mit diesem und mit Zustimmung der betroffenen Person kann der Verein nach Maßgabe der Möglichkeiten diese Frage erweitert abklären und über deren Ergebnis nach spätestens drei Monaten berichten. Im Einverständnis mit dem Gericht und mit Zustimmung der betroffenen Person kann diese Frist im Einzelfall um weitere drei Monate verlängert werden.

(5) Im Erneuerungsverfahren ist der bereits erstattete Bericht zugrunde zu legen. Es ist insbesondere abzuklären, aus welchen Gründen die Erwachsenenvertretung nicht beendet werden kann.

(BGBl I 2017/59, ab 1. 7. 2018)

§ 4b. Der Verein hat im Auftrag des Gerichts im Verfahren über die Genehmigung der Entscheidung des Erwachsenenvertreters oder Vorsorgebevollmächtigten über eine dauerhafte Änderung des Wohnortes ehestens, tunlichst aber binnen fünf Wochen, insbesondere abzuklären, warum die vertretene Person die Wohnortveränderung ablehnt und ob es Alternativen zu der von der betroffenen Person abgelehnten Wohnortänderung gibt.

(BGBl I 2017/59, ab 1. 7. 2018)

Errichtung einer Erwachsenenvertreter-Verfügung, einer Vereinbarung über eine gewählte Erwachsenenvertretung oder einer Vorsorgevollmacht

§ 4c. (1) Vor dem Verein können nach Maßgabe seiner Möglichkeiten Erwachsenenvertreter-Verfügungen, Vereinbarungen über die gewählte Erwachsenenvertretung und durch rechtskundige Mitarbeiter auch Vorsorgevollmachten errichtet werden.

(2) Die Mitwirkung an der Errichtung einer Vorsorgevollmacht hat der Verein außer in den in § 263 Abs. 2 ABGB genannten Gründen auch dann abzulehnen, wenn

1. der Vollmachtgeber Unternehmen, Stiftungen[1], oder Liegenschaften oder im Ausland befindliche sonstige Vermögenswerte zum Gegenstand machen möchte oder

2. sonst besondere Rechtskenntnisse erforderlich sind.

(3) Der Verein hat die Identität der beteiligten Personen an Hand eines amtlichen Lichtbildausweises zu überprüfen, sie umfassend über die mögliche Gestaltung der Urkunden über die Erwachsenenvertreter-Verfügung, Vorsorgevollmacht oder gewählte Erwachsenenvertretung und deren Rechtswirkungen ersönlich zu belehren und sich zu vergewissern, dass sie die Tragweite und die Auswirkungen ihrer Verfügung verstanden haben. Zum Nachweis der Erfüllung dieser Pflichten ist die Urkunde auch von demjenigen Mitarbeiter des Vereins zu unterfertigen, der die Kontrolle und Beratung durchgeführt hat.

(BGBl I 2017/59, ab 1. 7. 2018)

---

[1] *Im BGBl wurde hier irrtümlich ein Beistrich gesetzt.*

Registrierung einer Vorsorgevollmacht oder Erwachsenenvertretung

§ 4d. Der Verein hat Erwachsenenvertreter-Verfügungen, Vorsorgevollmachten und Vereinbarungen über die gewählte Erwachsenenvertretung, wenn sie vor ihm errichtet worden sind, jedenfalls, ansonsten nach Maßgabe seiner Möglichkeiten im Österreichischen Zentralen Vertretungsverzeichnis einzutragen; nach Maßgabe seiner Möglichkeiten hat er überdies den Eintritt des Vorsorgefalls bei einer Vorsorgevollmacht, die gesetzliche Erwachsenenvertretung sowie die nach § 140h Abs. 2 Z 1 bis 4 und 6 NO vorgesehenen Eintragungen zu registrieren. Dabei sind die Regelungen des § 140h Abs. 4 bis 7 NO zu beachten. Über jede Erklärung, die der Verein registriert, ist ein Vermerk anzufertigen und aufzubewahren, der Angaben über die Person, das Datum und den Inhalt der Erklärung enthält. Die Aufbewahrungspflicht endet mit dem Tod der vertretenen Person.

(BGBl I 2017/59, ab 1. 7. 2018)

Kosten

§ 4e. Der Verein hat der betroffenen Person, soweit dadurch die Befriedigung ihrer Lebensbedürfnisse nicht gefährdet wird,

1. für die Errichtung einer Vorsorgevollmacht den Betrag von 75 Euro,
2. für die Registrierung einer Vorsorgevollmacht den Betrag von 10 Euro,
3. für die Registrierung des Eintritts des Vorsorgefalls bei einer Vorsorgevollmacht den Betrag von 10 Euro,
4. für die Errichtung einer Erwachsenenvertreter-Verfügung oder einer Vereinbarung über die gewählte Erwachsenenvertretung den Betrag von 50 Euro,
5. für die Registrierung einer Erwachsenenvertreter-Verfügung oder einer Vereinbarung über die gewählte Erwachsenenvertretung den Betrag von 10 Euro,
6. für die Registrierung einer gesetzlichen Erwachsenenvertretung den Betrag von 50 Euro und
7. für die Vornahme eines Hausbesuchs im Zuge einer der in den Z 1 bis 6 genannten Handlungen einen Zuschlag von 25 Euro,

jeweils zuzüglich allfälliger Barauslagen für die Registrierung in Rechnung zu stellen.

(BGBl I 2017/59, ab 1. 7. 2018)

Aufsicht

§ 5. (1) Der Bundesminister für Justiz hat einen Verein, dessen Eignung gemäß § 1 festgestellt worden ist, fachlich zu beaufsichtigen.

(2) Der Verein hat dem Bundesminister für Justiz und den von ihm beauftragten Organen die erforderlichen Aufklärungen zu geben sowie deren Überprüfung einschließlich der Einsicht in die über die Pflegebefohlenen geführten Aufzeichnungen zu ermöglichen.

(3) Nimmt der Bundesminister für Justiz wahr, dass ein Verein seine Aufgaben trotz vorheriger Mahnung nicht oder nur unzureichend erfüllt oder dass die Voraussetzungen nach § 2 nicht gegeben sind, so ist mit Bescheid die Eignung, als Erwachsenenschutzverein tätig zu werden, zu widerrufen. *(BGBl I 2017/59, ab 1. 7. 2018, s § 11 Abs 3)*

(4) Nach Rechtskraft des Bescheides nach Abs. 3 hat der Bundesminister für Justiz in Abänderung der nach § 1 Abs. 1 erlassenen Verordnung festzustellen, dass die Eignung des Vereins nicht mehr gegeben ist. *(BGBl I 2017/59, ab 1. 7. 2018, s § 11 Abs 3)*

(5) Eine Feststellung im Sinn der Abs. 3 und 4 kann auch nur hinsichtlich bestimmter sachlicher oder räumlicher Tätigkeitsbereiche getroffen werden. *(BGBl I 2017/59, ab 1. 7. 2018, s § 11 Abs 3)*

(6) Nach Kundmachung der Verordnung nach Abs. 4 hat das Gericht innerhalb angemessener Frist die von diesem Verein übernommenen gerichtlichen Erwachsenenvertretungen von Amts wegen einer anderen Person zu übertragen. *(BGBl I 2017/59, ab 1. 7. 2018, s § 11 Abs 3)*

Verschwiegenheitspflicht

§ 6. (1) Die Mitarbeiter und Organe des Vereins sind, außer gegenüber dem Pflegschafts-, Unterbringungs- und Heimaufenthaltsgericht, zur Verschwiegenheit über alle ihnen ausschließlich aus dieser Tätigkeit bekannt gewordenen Tatsachen verpflichtet, soweit die Geheimhaltung im Interesse des Betroffenen erforderlich ist. Für mit der Wahrnehmung der gerichtlichen Erwachsenenvertretung betraute Mitarbeiter gilt § 248 Abs. 2 und 3 ABGB sinngemäß. *(BGBl I 2017/59, ab 1. 7. 2018)*

(2) Wer entgegen Abs. 1 Tatsachen offenbart oder verwertet und dadurch ein berechtigtes Interesse des Betroffenen verletzt, ist vom Gericht mit Freiheitsstrafe bis zu sechs Monaten oder mit Geldstrafe bis zu 360 Tagessätzen zu bestrafen.

(3) Der Täter ist nicht zu bestrafen, wenn die Offenbarung oder Verwertung nach Inhalt und Form durch ein öffentliches oder ein berechtigtes privates Interesse gerechtfertigt ist.

(BGBl I 2006/92, ab 1. 7. 2007)

Datenverarbeitung

§ 6a. Die Vereine sind ermächtigt, alle zur Erfüllung der gesetzlich übertragenen Aufgaben erforderlichen Daten, einschließlich der personenbezogenen Daten, zu verarbeiten.

(BGBl I 2018/58, ab 1. 8. 2018)

Bericht

§ 7. Die Vereine haben dem Bundesminister für Justiz jährlich zum 30. April über ihre Tätigkeit, ihre Erfahrungen und Wahrnehmungen im vergangenen Kalenderjahr zu berichten.

Förderung

§ 8. (1) Der Bundesminister für Justiz hat den Vereinen den Aufwand, der mit den in diesem Bundesgesetz vorgesehenen Leistungen im Zusammenhang steht, im Rahmen der jeweils im Bundesfinanzgesetz für diese Zwecke verfügbaren Geldmittel zu ersetzen. Dabei ist eine ausreichende Versorgung der Betroffenen mit gerichtlichen Erwachsenenvertretern, Patientenanwälten und Bewohnervertretern sicherzustellen. *(BGBl I 2017/59, ab 1. 7. 2018)*

(2) Der Verein hat sich dem Bund gegenüber zu verpflichten, über die widmungsgemäße Verwendung der Geldmittel alljährlich Bericht zu erstatten, Rechnung zu legen und zum Zweck der Überwachung der widmungsgemäßen Verwendung der Mittel Organen des Bundes die Überprüfung der Durchführung durch Einsicht in die Bücher und Belege sowie durch Besichtigung an Ort und Stelle zu gestatten und ihnen die erforderlichen Auskünfte zu erteilen. Der Verein hat sich weiter zu verpflichten, bei nicht widmungsgemäßer Verwendung der Geldmittel oder Nichteinhaltung der angeführten Verpflichtungen die Mittel dem Bund zurückzuzahlen, wobei der zurückzuzahlende Betrag für die Zeit von der Auszahlung bis zur Rückzahlung mit drei Prozentpunkten über dem jeweils geltenden Basiszinssatz pro Jahr zu verzinsen ist.

(BGBl I 2006/92, ab 1. 7. 2007)

§ 9. Ein Verein kann mit ehrenamtlich tätigen Personen (§ 3 Abs. 1 zweiter Satz) vereinbaren, dass er ihnen Entschädigung sowie Ersatz der Barauslagen und Reisekosten leistet; § 12 Abs. 4 Bewährungshilfegesetz ist sinngemäß anzuwenden.

(BGBl I 2017/59, ab 1. 7. 2018)

§ 10. Von einem Verein namhaft gemachte Personen, die mit der Wahrnehmung der gerichtlichen Erwachsenenvertretung betraut sind, haben den vertretenen Personen gegenüber keinen Anspruch auf Ersatz der Entschädigung und des Aufwandes. Diese Ansprüche stehen dem Verein zu.

(BGBl I 2017/59, ab 1. 7. 2018)

Inkrafttreten

§ 11. (1) Dieses Bundesgesetz tritt mit 1. Jänner 1991 in Kraft.

(2) Verordnungen gemäß § 1 können von dem auf die Kundmachung dieses Bundesgesetzes folgenden Tag an erlassen werden. Sie dürfen jedoch frühestens mit 1. Jänner 1991 in Kraft treten.

(3) §§ 1 bis 10 sowie die Überschrift vor § 11 in der Fassung des 2. Erwachsenenschutz-Gesetzes, BGBl. I Nr. 59/2017 (2. ErwSchG), treten mit 1. Juli 2018 in Kraft und sind nach dem 30. Juni 2018 anzuwenden. Bescheide und Verordnungen nach den §§ 1 und 5 in der Fassung des 2. ErwSchG können von dem auf die Kundmachung dieses Bundesgesetzes folgenden Tag an erlassen werden. Sie dürfen jedoch frühestens mit 1. Juli 2018 in Kraft treten. Bis zur Erlassung einer Verordnung nach § 1 in der Fassung des 2. Erwachsenenschutz-Gesetzes bleibt die Verordnung über die Feststellung der Eignung von Vereinen, zum Sachwalter bestellt zu werden sowie Patientenanwälte und Bewohnervertreter namhaft zu machen, BGBl. II Nr. 117/2007, mit der Maßgabe in Geltung, dass die Feststellung der Eignung, gemäß § 279 Abs. 3 und Abs. 4 ABGB zum Sachwalter bestellt zu werden, die in § 1 Abs. 1 Z 1 bis 6 aufgezählten Aufgaben umfasst. *(BGBl I 2017/59)*

(4) § 6a in der Fassung des Bundesgesetzes BGBl. I Nr. 58/2018, tritt mit 1. August 2018 in Kraft. *(BGBl I 2018/58)*

§ 12. *(aufgehoben, BGBl I 2006/92, ab 1. 7. 2007)*

§ 13. Art. IX des Bundesgesetzes über die Sachwalterschaft für behinderte Personen tritt mit Inkrafttreten dieses Bundesgesetzes außer Kraft.

§ 14. Mit der Vollziehung dieses Bundesgesetzes ist – unbeschadet der Zuständigkeit des Bundesministers für Inneres nach dem Vereinsrecht – der Bundesminister für Justiz betraut, hinsichtlich der §§ 8 und 12 im Einvernehmen mit dem Bundesminister für Finanzen.

1/3. Gastwirtehaftungsgesetz

1/3. Bundesgesetz vom 16. November 1921 über die Haftung der Gastwirte und anderer Unternehmer, BGBl 1921/638 idF

1 BGBl 1989/343 (WGN 1989)
2 BGBl I 1997/140 (WGN 1997)
3 BGBl I 2001/98 (2. Euro-JuBeG)

Bundesgesetz vom 16. November 1921 über die Haftung der Gastwirte und anderer Unternehmer

§ 1. (1) Die im § 970, Absatz 1 und 3, a.b.G.B. den Gastwirten und Badeanstaltsbesitzern auferlegte Haftung wird bis auf weiteres auf den Höchstbetrag von „1 100 Euro“ beschränkt, es sei denn, daß die Sachen dem Unternehmer besonders zur Aufbewahrung übergeben worden sind oder daß der Schaden von ihm selbst oder seinen Leuten verschuldet ist. *(BGBl I 2001/98, ab 1. 1. 2002, anzuwenden auf Schadensereignisse, die sich nach dem 31. 12. 2001 ereignet haben)*

(2) Auf die Haftung von Unternehmern, die Stallungen und Aufbewahrungsräume halten, für die bei ihnen eingestellten Tiere und Fahrnisse und die auf diesen befindlichen Sachen (§ 970, Absatz 2, a.b.G.B.) findet die Vorschrift des Absatzes 1 keine Anwendung.

§ 2. *(betrifft ABGB)*

§ 3. Vereinbarungen, wodurch die Haftung unter das in den §§ 1 und 2 genannte Maß herabgesetzt werden soll, sind unwirksam.

§ 4. (1) Dieses Gesetz tritt mit dem Beginne des vierzehnten auf seine Kundmachung folgenden Tages in Kraft. Es gilt nur für die nach seinem Inkrafttreten eingebrachten Sachen.

(2) Mit dem Vollzuge dieses Gesetzes ist der Bundesminister für Justiz betraut; er ist ermächtigt, mit Zustimmung des Hauptausschusses des Nationalrates im Verordnungswege die in diesem Gesetz aufgestellten Höchstbeträge herabzusetzen oder zu erhöhen und den Zeitpunkt festzusetzen, mit dem dieses Gesetz außer Wirksamkeit tritt.

1/4. Tiermängelverordnung

BGBl 1972/472

Verordnung des Bundesministers für Justiz vom 28. November 1972 über die Vermutungsfristen bei Tiermängeln

Auf Grund des § 925 des allgemeinen bürgerlichen Gesetzbuchs, JGS Nr. 946/1811, in der Fassung des § 118 der Kaiserlichen Verordnung über die dritte Teilnovelle zum allgemeinen bürgerlichen Gesetzbuch, RGBl. Nr. 69/1916, wird verordnet:

§ 1. Die Vermutung, daß ein Tier schon vor der Übergabe krank gewesen ist, tritt bei den in der Anlage angeführten Tierarten ein, wenn die dort angeführten Krankheiten und Mängel innerhalb der bei der betreffenden Krankheit oder dem betreffenden Mangel angeführten Frist hervorkommen.

§ 2. (1) Diese Verordnung tritt mit 1. Jänner 1973 in Kraft; mit Ablauf des 31. Dezember 1972 verliert die Verordnung des Justizministers im Einvernehmen mit dem Ackerbauminister vom 10. November 1916, RGBl. Nr. 384, über die Vermutungsfristen bei Viehmängel ihre Wirksamkeit.

(2) Diese Verordnung gilt nicht, wenn ein Tier schon vor dem 1. Jänner 1973 übergeben worden ist. In diesem Fall richtet sich die Frist nach der Verordnung des Justizministers im Einvernehmen mit dem Ackerbauminister vom 10. November 1916, RGBl. Nr. 384.

Anlage

Pferd, Esel, Maulesel, Maultier

1. Dämpfigkeit .... 14 Tage
2. Dummkoller .... 14 Tage
3. Aufsetzkoppen .... 14 Tage
4. Freikoppen .... 7 Tage
5. Kehlkopfpfeifen .... 7 Tage
6. Innere Augenentzündung .... 7 Tage

Rind

1. Leukose .... 150 Tage
2. Tuberkulose .... 21 Tage
3. Finnen .... 21 Tage
4. Lungenwurmseuche .... 21 Tage
5. Scheidenvorfall .... 14 Tage
6. Zungenschlagen .... 14 Tage

Schaf

1. Allgemeine, durch Parasiten bedingte Wassersucht .... 21 Tage
2. Räude .... 7 Tage

Ziege

Tuberkulose .... 21 Tage

Schwein

1. Leukose .... 60 Tage
2. Finnen .... 21 Tage
3. Muskeltrichinen .... 7 Tage
4. Grabmilbenräude (Sárkoptesräude) .... 7 Tage

Kaninchen

1. Myxomatose .... 10 Tage
2. Ohrräude .... 7 Tage

Huhn

1. Marek'sche Krankheit .... 28 Tage
2. Leukose .... 21 Tage
3. Zitterkrankheit (Aviäre Encephalomyelitis) .... 10 Tage
4. Geflügelpocken (Pockendiphteroid) .... 7 Tage
5. Atypische Geflügelpest (Newcastle Krankheit) .... 5 Tage

1/5. Europäisches Fristenübereinkommen

BGBl 1983/254

Europäisches Übereinkommen über die Berechnung von Fristen samt Erklärung der Republik Österreich

(Übersetzung)

EUROPÄISCHES ÜBEREINKOMMEN ÜBER DIE BERECHNUNG VON FRISTEN

Die Mitgliedstaaten des Europarats, die dieses Übereinkommen unterzeichnet haben,

in der Erwägung, daß es das Ziel des Europarats ist, eine engere Verbindung zwischen seinen Mitgliedern herzustellen, insbesondere durch die Annahme gemeinsamer Rechtsvorschriften,

in der Überzeugung, daß die Vereinheitlichung der Vorschriften über die Berechnung von Fristen sowohl für innerstaatliche als auch für internationale Zwecke zur Erreichung dieses Zieles beitragen wird,

haben folgendes vereinbart:

Artikel 1

(1) Dieses Übereinkommen ist auf die Berechnung von Fristen auf dem Gebiet des Zivil-, Handels- und Verwaltungsrechts einschließlich des diese Gebiete betreffenden Verfahrensrechts anzuwenden, soweit diese Fristen festgesetzt worden sind

a) durch Gesetz, von einem Gericht oder einer Verwaltungsbehörde,

b) von einem Schiedsorgan, wenn dieses die Art der Fristenberechnung nicht bestimmt hat,

c) von den Parteien, wenn die Berechnungsart von ihnen nicht ausdrücklich oder stillschweigend vereinbart worden ist und sich auch nicht aus anwendbaren Bräuchen oder aus Gepflogenheiten, die sich zwischen den Parteien gebildet haben, ergibt.

Das Übereinkommen ist jedoch nicht auf Fristen anzuwenden, die zurückberechnet werden.

(2) Jede Vertragspartei kann, abweichend von Absatz 1, bei der Hinterlegung ihrer Ratifikations-, Annahme- oder Beitrittsurkunde oder jederzeit danach durch eine an den Generalsekretär des Europarats gerichtete Notifikation erklären, daß sie die Anwendung aller oder einzelner Bestimmungen des Übereinkommens auf alle oder einzelne Fristen auf dem Gebiet des Verwaltungsrechts ausschließt. Jede Vertragspartei kann die von ihr abgegebene Erklärung jederzeit durch eine an den Generalsekretär des Europarats gerichtete Notifikation ganz oder teilweise zurücknehmen; diese Notifikation wird am Tag ihres Eingangs wirksam.

Artikel 2

Im Sinn dieses Übereinkommens bedeutet der Ausdruck „dies a quo" den Tag, an dem die Frist zu laufen beginnt, und der Ausdruck „dies ad quem" den Tag, an dem die Frist abläuft.

Artikel 3

(1) Fristen, die in Tagen, Wochen, Monaten oder Jahren ausgedrückt sind, laufen von Mitternacht des dies a quo bis Mitternacht des dies ad quem.

(2) Absatz 1 schließt jedoch nicht aus, daß eine Handlung, die vor Ablauf einer Frist vorzunehmen ist, am dies ad quem nur während der gewöhnlichen Amts- oder Geschäftsstunden vorgenommen werden kann.

Artikel 4

(1) Ist eine Frist in Wochen ausgedrückt, so ist der dies ad quem der Tag der letzten Woche, der dem dies a quo im Namen entspricht.

(2) Ist eine Frist in Monaten oder Jahren ausgedrückt, so ist der dies ad quem der Tag des letzten Monats oder des letzten Jahres, der nach seiner Zahl dem dies a quo entspricht, oder, wenn ein entsprechender Tag fehlt, der letzte Tag des letzten Monats.

(3) Ist eine Frist in Monaten und Tagen oder Bruchteilen von Monaten ausgedrückt, so sind zuerst die ganzen Monate und danach die Tage oder Bruchteile der Monate zu zählen; für die Berechnung von Bruchteilen von Monaten ist davon auszugehen, daß ein Monat aus 30 Tagen besteht.

Artikel 5

Samstage, Sonntage und gesetzliche Feiertage werden bei der Berechnung einer Frist mitgezählt. Fällt jedoch der dies ad quem einer Frist, vor deren Ablauf eine Handlung vorzunehmen ist, auf einen Samstag, Sonntag, gesetzlichen Feiertag oder einen Tag, der wie ein gesetzlicher Feiertag behandelt wird, so wird die Frist dahin verlängert, daß sie den nächstfolgenden Werktag einschließt.

Artikel 6

Vorbehalte zu diesem Übereinkommen sind nicht zulässig.

Artikel 7

Dieses Übereinkommen berührt nicht bereits geschlossene oder noch zu schließende zwei- oder mehrseitige Verträge, Übereinkommen oder Vereinbarungen oder die zu ihrer Anwendung erlassenen Vorschriften, die auf bestimmten Rechtsgebieten die in diesem Übereinkommen behandelten Fragen regeln.

SCHLUSSBESTIMMUNGEN

Artikel 8

(1) Dieses Übereinkommen liegt für die Mitgliedstaaten des Europarats zur Unterzeichnung auf. Es bedarf der Ratifikation oder der Annahme. Die Ratifikations- oder Annahmeurkunden werden beim Generalsekretär des Europarats hinterlegt.

(2) Dieses Übereinkommen tritt drei Monate nach Hinterlegung der dritten Ratifikations- oder Annahmeurkunde in Kraft.

(3) Für jeden Unterzeichnerstaat, der das Übereinkommen später ratifiziert oder annimmt, tritt es drei Monate nach Hinterlegung seiner Ratifikations- oder Annahmeurkunde in Kraft.

Artikel 9

Jede Vertragspartei kann die Maßnahmen ergreifen, die sie bezüglich der Anwendung dieses Übereinkommens auf Fristen für geeignet hält, die zu dem Zeitpunkt laufen, in dem das Übereinkommen für diese Vertragspartei in Kraft tritt.

Artikel 10

(1) Nach Inkrafttreten dieses Übereinkommens kann das Ministerkomitee des Europarats jeden Nichtmitgliedstaat einladen, dem Übereinkommen beizutreten.

(2) Der Beitritt geschieht durch Hinterlegung einer Beitrittsurkunde beim Generalsekretär des Europarats und wird drei Monate nach ihrer Hinterlegung wirksam.

Artikel 11

Jede Vertragspartei hat bei der Hinterlegung ihrer Ratifikations-, Annahme- oder Beitrittsurkunde durch eine an den Generalsekretär des Europarats gerichtete Notifikation anzugeben, welche Tage in ihrem Hoheitsgebiet oder in einem Teil desselben gesetzliche Feiertage sind oder im Sinn des Artikels 5 wie solche behandelt werden. Jede Änderung bezüglich der in dieser Notifikation enthaltenen Angaben ist dem Generalsekretär des Europarats gleichfalls zu notifizieren.

Artikel 12

(1) Jede Vertragspartei kann bei der Unterzeichnung oder bei der Hinterlegung ihrer Ratifikations-, Annahme- oder Beitrittsurkunde das oder die Hoheitsgebiete bezeichnen, auf die dieses Übereinkommen anzuwenden ist.

(2) Jede Vertragspartei kann bei der Hinterlegung ihrer Ratifikations-, Annahme- oder Beitrittsurkunde oder jederzeit danach durch eine an den Generalsekretär des Europarats gerichtete Erklärung dieses Übereinkommen auf jedes weitere in der Erklärung bezeichnete Hoheitsgebiet ausdehnen, dessen internationale Beziehungen sie wahrnimmt oder für das sie Vereinbarungen treffen kann.

(3) Jede nach Absatz 2 abgegebene Erklärung kann für jedes darin bezeichnete Hoheitsgebiet nach dem in Artikel 13 festgelegten Verfahren zurückgenommen werden.

Artikel 13

(1) Dieses Übereinkommen bleibt auf unbegrenzte Zeit in Kraft.

(2) Jede Vertragspartei kann dieses Übereinkommen durch eine an den Generalsekretär des Europarats gerichtete Notifikation für sich kündigen.

(3) Die Kündigung wird sechs Monate nach Eingang der Notifikation beim Generalsekretär wirksam.

Artikel 14

Der Generalsekretär des Europarats notifiziert den Mitgliedstaaten des Rates und jedem Staat, der diesem Übereinkommen beigetreten ist,

a) jede Unterzeichnung,

b) jede Hinterlegung einer Ratifikations-, Annahme- oder Beitrittsurkunde,

c) jeden Zeitpunkt des Inkrafttretens dieses Übereinkommens nach seinem Artikel 8,

d) jede nach Artikel 1 Absatz 2 eingegangene Notifikation,

e) jede nach Artikel 11 eingegangene Notifikation,

f) jede nach Artikel 12 Absätze 2 und 3 eingegangene Erklärung,

g) jede nach Artikel 13 eingegangene Notifikation und den Zeitpunkt, zu dem die Kündigung wirksam wird.

Zu Urkund dessen haben die hierzu gehörig Bevollmächtigten dieses Übereinkommen unterzeichnet.

Geschehen zu Basel am 16. Mai 1972 in englischer und französischer Sprache, wobei jeder Wortlaut gleichermaßen authentisch ist, in einer Urschrift, die im Archiv des Europarats hinterlegt wird. Der Generalsekretär des Europarats übermittelt jedem Unterzeichnerstaat und jedem beitretenden Staat eine beglaubigte Abschrift.

Vertragsstaaten: Liechtenstein BGBl 1983/254, BGBl III 2021/58; Luxemburg BGBl 1985/65; Schweiz BGBl 1983/254, BGBl III 2012/6, BGBl III 2020/128.

(Übersetzung)

ERKLÄRUNG
der Republik Österreich gemäß Artikel 1 Absatz 2 des Europäischen Übereinkommens über die Berechnung von Fristen

„Die Anwendung des Artikels 3 Absatz 1 und des Artikels 5 auf Fristen in Angelegenheiten

– der Wahlen zu den allgemeinen Vertretungskörpern und den gesetzlichen beruflichen Interessenvertretungen, und

– der Volksabstimmungen und Volksbegehren

wird ausgeschlossen."

Die vom Bundespräsidenten unterzeichnete und vom Bundeskanzler gegengezeichnete Ratifikationsurkunde wurde am 11. August 1982 beim Generalsekretär des Europarats hinterlegt; das Übereinkommen tritt gemäß seinem Art. 8 Abs. 2 am 28. April 1983 in Kraft.

Nach Mitteilungen des Generalsekretärs des Europarats haben auch Liechtenstein und die Schweiz das Übereinkommen ratifiziert.

Anläßlich der Hinterlegung der Ratifikationsurkunde wurden gemäß Art. 11 folgende Feiertage notifiziert:

1. Jänner
6. Jänner
Karfreitag
Ostermontag
1. Mai
Christi Himmelfahrt
Pfingstmontag
Fronleichnam
15. August
26. Oktober
1. November
8. Dezember
25. Dezember
26. Dezember

Die von Liechtenstein, der Schweiz (nach Kantonen) und Luxemburg gem Art 11 notifizierten Feiertage sind nicht abgedruckt; zu Liechtenstein s BGBl III 2021/58, zur Schweiz s BGBl III 2020/128.

2. Internationales Privatrechts-Gesetz

BGBl 1978/304 idF

1 BGBl I 1998/119
2 BGBl I 1999/18
3 BGBl I 2000/135 (KindRÄG 2001)
4 BGBl I 2003/117 (FinSG)
5 BGBl I 2004/58 (FamErbRÄG 2004)
6 BGBl I 2009/109
7 BGBl I 2009/135 (EPG)
8 BGBl I 2011/21
9 BGBl I 2013/158 (ErwSchG)
10 BGBl I 2015/87 (ErbRÄG 2015)
11 BGBl I 2018/58 (ErwSchAG-Justiz)
12 BGBl I 2019/72
13 BGBl I 2022/147 (UbG-IPRG-Nov 2022)

2/1. Rom I - Verordnung

2/2. Rom II - Verordnung

2/3. Rom III - Verordnung

2/4. EU-Erbrechtsverordnung

2/5. Europäische Fristenverordnung

2/6. EU-Güterstandsverordnung

GLIEDERUNG

STICHWORTVERZEICHNIS

(Die Zahlenangaben beziehen sich auf die Paragraphen)

Bundesgesetz vom 15. Juni 1978 über das internationale Privatrecht (IPR-Gesetz)

Abschnitt 1

Allgemeine Bestimmungen

Grundsatz der stärksten Beziehung

§ 1. (1) Sachverhalte mit Auslandsberührung sind in privatrechtlicher Hinsicht nach der Rechtsordnung zu beurteilen, zu der die stärkste Beziehung besteht.

(2) Die in diesem Bundesgesetz enthaltenen besonderen Regelungen über die anzuwendende Rechtsordnung (Verweisungsnormen) sind als Ausdruck dieses Grundsatzes anzusehen.

Ermittlung der für die Anknüpfung maßgebenden Voraussetzungen

§ 2. Die für die Anknüpfung an eine bestimmte Rechtsordnung maßgebenden tatsächlichen und rechtlichen Voraussetzungen sind von Amts wegen festzustellen, soweit nicht nach verfahrensrechtlichen Vorschriften in einem der Rechtswahl zugänglichen Sachgebiet (§§ 19, 35 Abs. 1) tatsächliches Parteivorbringen für wahr zu halten ist.

Anwendung fremden Rechtes

§ 3. Ist fremdes Recht maßgebend, so ist es von Amts wegen und wie in seinem ursprünglichen Geltungsbereich anzuwenden.

Ermittlung fremden Rechtes

§ 4. (1) Das fremde Recht ist von Amts wegen zu ermitteln. Zulässige Hilfsmittel hiefür sind auch die Mitwirkung der Beteiligten, Auskünfte des Bundesministeriums für Justiz und Sachverständigengutachten.

(2) Kann das fremde Recht trotz eingehendem Bemühen innerhalb angemessener Frist nicht ermittelt werden, so ist das österreichische Recht anzuwenden.

Rück- und Weiterverweisung

§ 5. (1) Die Verweisung auf eine fremde Rechtsordnung umfaßt auch deren Verweisungsnormen.

(2) Verweist die fremde Rechtsordnung zurück, so sind die österreichischen Sachnormen (Rechtsnormen mit Ausnahme der Verweisungsnormen) anzuwenden; im Fall der Weiterverweisung sind unter Beachtung weiterer Verweisungen die Sachnormen der Rechtsordnung maßgebend, die ihrerseits nicht mehr verweist bzw. auf die erstmals zurückverwiesen wird.

(3) Besteht eine fremde Rechtsordnung aus mehreren Teilrechtsordnungen, so ist die Teilrechtsordnung anzuwenden, auf die die in der fremden Rechtsordnung bestehenden Regeln verweisen. Mangels solcher Regeln ist die Teilrechtsordnung maßgebend, zu der die stärkste Beziehung besteht.

Vorbehaltsklausel (ordre public)

§ 6. Eine Bestimmung des fremden Rechtes ist nicht anzuwenden, wenn ihre Anwendung zu einem Ergebnis führen würde, das mit den Grundwertungen der österreichischen Rechtsordnung unvereinbar ist. An ihrer Stelle ist erforderlichenfalls die entsprechende Bestimmung des österreichischen Rechtes anzuwenden.

Statutenwechsel

§ 7. Die nachträgliche Änderung der für die Anknüpfung an eine bestimmte Rechtsordnung maßgebenden Voraussetzungen hat auf bereits vollendete Tatbestände keinen Einfluß.

Form

§ 8. Die Form einer Rechtshandlung ist nach demselben Recht zu beurteilen wie die Rechtshandlung selbst; es genügt jedoch die Einhaltung der Formvorschriften des Staates, in dem die Rechtshandlung vorgenommen wird.

Personalstatut einer natürlichen Person

§ 9. (1) Das Personalstatut einer natürlichen Person ist das Recht des Staates, dem die Person angehört. Hat eine Person neben einer fremden Staatsangehörigkeit auch die österreichische Staatsbürgerschaft, so ist diese maßgebend. Für andere Mehrstaater ist die Staatsangehörigkeit des Staates maßgebend, zu dem die stärkste Beziehung besteht.

(2) Ist eine Person staatenlos oder kann ihre Staatsangehörigkeit nicht geklärt werden, so ist ihr Personalstatut das Recht des Staates, in dem sie den gewöhnlichen Aufenthalt hat.

(3) Das Personalstatut einer Person, die Flüchtling im Sinn der für Österreich geltenden internationalen Übereinkommen ist oder deren Beziehungen zu ihrem Heimatstaat aus vergleichbar schwerwiegenden Gründen abgebrochen sind, ist das Recht des Staates, in dem sie ihren Wohnsitz, mangels eines solchen ihren gewöhnlichen Aufenthalt hat; eine Verweisung dieses Rechtes auf das Recht des Heimatstaates (§ 5) ist unbeachtlich.

Personalstatut einer juristischen Person

§ 10. Das Personalstatut einer juristischen Person oder einer sonstigen Personen- oder Vermögensverbindung, die Träger von Rechten und Pflichten sein kann, ist das Recht des Staates, in dem der Rechtsträger den tatsächlichen Sitz seiner Hauptverwaltung hat.

Rechtswahl

§ 11. (1) Eine Rechtswahl der Parteien (§§ 19, 35 Abs. 1) bezieht sich im Zweifel nicht auf die Verweisungsnormen der gewählten Rechtsordnung.

(2) Eine in einem anhängigen Verfahren bloß schlüssig getroffene Rechtswahl ist unbeachtlich.

(3) Die Rechtsstellung Dritter wird durch eine nachträgliche Rechtswahl nicht beeinträchtigt.

Abschnitt 2
Personenrecht

Rechts- und Handlungsfähigkeit

§ 12. Die Rechts- und Handlungsfähigkeit einer Person sind nach deren Personalstatut zu beurteilen.

Name

§ 13. (1) Die Führung des Namens einer Person ist nach deren jeweiligem Personalstatut zu beurteilen, auf welchem Grund auch immer der Namenserwerb beruht.

(2) Der Schutz des Namens ist nach dem Recht des Staates zu beurteilen, in dem die Verletzungshandlung gesetzt wird.

Todeserklärung und Beweisführung des Todes

§ 14. Die Voraussetzungen, die Wirkungen und die Aufhebung einer Todeserklärung oder einer Beweisführung des Todes sind nach dem letzten bekannten Personalstatut des Verschollenen zu beurteilen.

Schutz Erwachsener

§ 15. (1) Soweit nicht das Haager Übereinkommen über den internationalen Schutz von Erwachsenen vom 13. Januar 2000 anzuwenden ist, richtet sich der Schutz der Person und des Vermögens eines Erwachsenen, der aufgrund einer Beeinträchtigung oder der Unzulänglichkeit seiner persönlichen Fähigkeiten nicht in der Lage ist, seine Interessen zu schützen (schutzberechtigter Erwachsener), nach den folgenden Regelungen.

(2) Die Voraussetzungen, die Wirkungen und die Beendigung der Vertretung eines schutzberechtigten Erwachsenen von Gesetzes wegen, mit oder ohne Registrierungserfordernis, sind nach dem Recht des Staates zu beurteilen, in dem der Erwachsene im Zeitpunkt der Entstehung dieser Vertretung seinen gewöhnlichen Aufenthalt hatte.

(3) Die Voraussetzungen, die Wirkungen und die Beendigung von gerichtlichen oder behördlichen Maßnahmen zum Schutz der Person und des Vermögens eines schutzberechtigten Erwachsenen sind nach seinem Personalstatut zu beurteilen.

(4) Die Bedingungen der Ausübung einer Vertretung im Sinne des Abs. 2 oder der Durchführung einer Maßnahme im Sinne des Abs. 3 sind nach dem Recht des Staates zu beurteilen, in dem sie ausgeübt bzw. durchgeführt wird

(BGBl I 2022/147, ab 1. 9. 2022; s § 50 Abs. 9)

Abschnitt 3
Familienrecht

A. Eherecht

Form der Eheschließung

§ 16. (1) Die Form einer Eheschließung im Inland ist nach den inländischen Formvorschriften zu beurteilen.

(2) Die Form einer Eheschließung im Ausland ist nach dem Personalstatut jedes der Verlobten zu beurteilen; es genügt jedoch die Einhaltung der Formvorschriften des Ortes der Eheschließung.

Voraussetzungen der Eheschließung

§ 17. (1) Die Voraussetzungen der Eheschließung sowie die der Ehenichtigkeit und der Aufhebung sind für jeden der Verlobten nach seinem Personalstatut zu beurteilen.

(1a) Sieht das nach dem Personalstatut berufene Recht eines oder beider Verlobten die Eheschließung wegen des Geschlechts eines oder beider Verlobten nicht vor, so sind die Voraussetzungen des Abs. 1 nach dem Recht des Staates zu beurteilen, in dem die Ehe begründet wird. *(BGBl I 2019/72, ab 1. 8. 2019)*

(2) Ist durch eine für den österreichischen Rechtsbereich wirksame Entscheidung eine Ehe für nichtig erklärt, aufgehoben, geschieden oder als nicht bestehend festgestellt worden, so darf nicht allein deshalb eine neue Eheschließung untersagt oder eine neue Ehe für nichtig erklärt werden, weil die Entscheidung nach dem Personalstatut eines oder beider Verlobten bzw. Ehegatten nicht anerkannt wird. Dies gilt sinngemäß im Fall der Todeserklärung oder der Beweisführung des Todes.

Persönliche Rechtswirkungen der Ehe

§ 18. (1) Die persönlichen Rechtswirkungen einer Ehe sind zu beurteilen

1. nach dem gemeinsamen, mangels eines solchen nach dem letzten gemeinsamen Personalstatut der Ehegatten, sofern es einer von ihnen beibehalten hat,

2. sonst nach dem Recht des Staates, in dem beide Ehegatten ihren gewöhnlichen Aufenthalt haben, mangels eines solchen nach dem Recht des Staates, in dem beide ihren letzten gewöhnlichen Aufenthalt gehabt haben, sofern ihn einer von ihnen beibehalten hat.

(2) Ist eine Ehe nicht für den Bereich des im Abs. 1 bezeichnetes Rechtes, wohl aber für den österreichischen Rechtsbereich zustande gekommen, so sind die persönlichen Rechtswirkungen nach österreichischem Recht zu beurteilen. Haben jedoch die Eheleute eine stärkere Beziehung zu einem dritten Staat, nach dessen Recht die Ehe ebenfalls Wirkungen entfaltet, so ist statt des österreichischen Rechtes das Recht dieses Staates maßgebend.

Ehegüterrecht

§ 19. Das Ehegüterrecht ist nach dem Recht zu beurteilen, das die Parteien ausdrücklich bestimmen, mangels einer solchen Rechtswahl nach dem zur Zeit der Eheschließung für die persönlichen Rechtswirkungen der Ehe maßgebenden Recht.

Ehescheidung

§ 20. (1) Die Voraussetzungen und die Wirkungen der Scheidung einer Ehe sind nach dem für die persönlichen Rechtswirkungen der Ehe maßgebenden Recht im Zeitpunkt der Ehescheidung zu beurteilen.

(2) Kann nach diesem Recht die Ehe auf Grund der geltend gemachten Tatsachen nicht geschieden werden oder liegt keiner der Anknüpfungspunkte des § 18 vor, so ist die Scheidung nach dem Personalstatut des klagenden Ehegatten im Zeitpunkt der Ehescheidung zu beurteilen.

B. Kindschaftsrecht

Eheliche Abstammung

§ 21. Die Voraussetzungen der Ehelichkeit eines Kindes und deren Bestreitung sind nach dem Personalstatut zu beurteilen, das die Ehegatten im Zeitpunkt der Geburt des Kindes oder, wenn die Ehe vorher aufgelöst worden ist, im Zeitpunkt der Auflösung gehabt haben. „Bei verschiedenem Personalstatut der Ehegatten ist das Personalstatut des Kindes zum Zeitpunkt der Geburt maßgebend.“ *(BGBl I 2000/135, ab 1. 7. 2001)*

Legitimation

§ 22. *(aufgehoben, BGBl I 2000/135, ab 1. 7. 2001)*

§ 23. Die Voraussetzungen der Legitimation eines unehelichen Kindes durch Ehelicherklärung sind nach dem Personalstatut des Vaters zu beurteilen; wird die Ehelicherklärung erst nach dem Tod des Vaters beantragt, so nach dem Personalstatut des Vaters im Zeitpunkt seines Todes. Ist nach dem Personalstatut des Kindes die Zustimmung des Kindes oder eines Dritten, zu dem das Kind in einem familienrechtlichen Verhältnis steht, erforderlich, so ist insoweit auch dieses Recht maßgebend.

Wirkungen der Ehelichkeit und der Legitimation

§ 24. Die Wirkungen der Ehelichkeit und der Legitimation eines Kindes sind nach dessen Personalstatut zu beurteilen.

Uneheliche Abstammung und deren Wirkungen

§ 25. (1) Die Voraussetzungen der Feststellung und der Anerkennung der Vaterschaft zu einem unehelichen Kind sind nach dessen Personalstatut im Zeitpunkt der Geburt zu beurteilen. Sie sind jedoch nach einem späteren Personalstatut des Kindes zu beurteilen, wenn die Feststellung bzw. Anerkennung nach diesem, nicht aber nach dem Personalstatut im Zeitpunkt der Geburt zulässig ist. Das Recht, nach dem die Vaterschaft festgestellt oder anerkannt worden ist, ist auch für deren Bestreitung maßgebend.

(2) Die Wirkungen der Unehelichkeit eines Kindes sind nach dessen Personalstatut zu beurteilen.

(3) Die mit der Schwangerschaft und der Entbindung zusammenhängenden Ansprüche der Mutter gegen den Vater des unehelichen Kindes sind nach dem Personalstatut der Mutter zu beurteilen.

Annahme an Kindes Statt

§ 26. (1) Die Voraussetzungen der Annahme an Kindesstatt und der Beendigung der Wahlkindschaft sind nach dem Personalstatut jedes Annehmenden und dem Personalstatut des Kindes zu beurteilen. „Hat das Kind im Zeitpunkt, zu dem der Vertrag über die Annahme an Kindesstatt geschlossen wurde, das 18. Lebensjahr noch nicht vollendet, so ist sein Personalstatut nur hinsichtlich der Zustimmung des Kindes oder eines Dritten, zu dem das Kind in einem familienrechtlichen Verhältnis steht, maßgebend.“ *(BGBl I 2004/58, ab 1. 7. 2004; BGBl I 2022/147, ab 1. 9. 2022)*

(2) Die Wirkungen der Annahme an Kindes Statt sind nach dem Personalstatut des Annehmenden, bei Annahme durch Ehegatten nach dem für die persönlichen Rechtswirkungen der Ehe maßgebenden Recht, nach dem Tod eines der Ehegatten nach dem Personalstatut des anderen Ehegatten zu beurteilen.

C. Obsorge einer anderen Person und Kuratel

§ 27. (1) Die Voraussetzungen für die Anordnung und die Beendigung sowie die Wirkungen der Obsorge, soweit dies nicht in den §§ 24 und 25 geregelt ist, oder einer Kuratel sind nach dem Personalstatut der schutzberechtigten Person zu beurteilen.

(2) Die sonstigen mit den in Abs. 1 genannten Angelegenheiten verbundenen Fragen, soweit sie die Führung an sich betreffen, sind nach dem Recht des Staates zu beurteilen, dessen Behörden das Verfahren führen.

(BGBl I 2018/58, ab 1. 8. 2018)

D. Partnerschaftsrecht

Voraussetzungen und Wirksamkeit der eingetragenen Partnerschaft

§ 27a. Die Voraussetzungen, die Nichtigkeit einer eingetragenen Partnerschaft und ihre Auflösung wegen Mängeln bei ihrer Begründung sind nach dem Recht des Staates zu beurteilen, in dem sie begründet wird.

(BGBl I 2009/135, ab 1. 1. 2010)

Persönliche Rechtswirkungen der eingetragenen Partnerschaft

§ 27b. Die persönlichen Wirkungen der eingetragenen Partnerschaft sind zu beurteilen

1. nach dem Recht des Staates, in dem die eingetragenen Partner ihren gemeinsamen gewöhnlichen Aufenthalt haben, mangels eines solchen nach dem Recht des Staates, in dem beide ihren letzten gewöhnlichen Aufenthalt gehabt haben, sofern ihn einer von ihnen beibehalten hat;

2. nach dem gemeinsamen, mangels eines solchen nach dem letzten gemeinsamen Personalstatut der eingetragenen Partner, sofern es einer von ihnen beibehalten hat, wenn die Voraussetzungen für die Anwendung des in Z 1 bestimmten Rechts nicht vorliegen oder soweit dieses Recht die persönlichen Rechtswirkungen der eingetragenen Partnerschaft nicht regelt;

3. sonst nach österreichischem Recht; dieses ist auch anzuwenden, soweit das nach Z 2 maßgebende Recht die persönlichen Rechtswirkungen der eingetragenen Partnerschaft nicht regelt.

(BGBl I 2009/135, ab 1. 1. 2010)

Güterrecht der eingetragenen Partnerschaft

§ 27c. Das Güterrecht der eingetragenen Partnerschaft ist nach dem Recht zu beurteilen, das die Parteien ausdrücklich bestimmen, mangels einer solchen Rechtswahl nach dem Recht des Staates, in dem die eingetragene Partnerschaft begründet worden ist.

(BGBl I 2009/135, ab 1. 1. 2010)

Auflösung der eingetragenen Partnerschaft

§ 27d. (1) Die Voraussetzungen und die Wirkungen der Auflösung der eingetragenen Partnerschaft aus anderen als den in § 27a genannten Gründen sind zu beurteilen

1. nach dem Recht des Staates, in dem die eingetragenen Partner im Zeitpunkt der Auflösung ihren gemeinsamen gewöhnlichen Aufenthalt haben, mangels eines solchen nach dem Recht des Staates, in dem beide davor ihren letzten gewöhnlichen Aufenthalt gehabt haben, sofern ihn einer von ihnen beibehalten hat;

2. nach dem im Zeitpunkt der Auflösung gemeinsamen, mangels eines solchen nach dem davor letzten gemeinsamen Personalstatut der eingetragenen Partner, sofern es einer von ihnen beibehalten hat, wenn die Voraussetzungen für die Anwendung des in Z 1 bestimmten Rechts nicht vorliegen oder wenn die eingetragene Partnerschaft nach diesem Recht auf Grund der geltend gemachten Tatsachen nicht aufgelöst werden kann;

3. sonst nach österreichischem Recht; dieses ist auch anzuwenden, wenn nach dem nach Z 2 maßgebenden Recht die eingetragene Partnerschaft auf Grund der geltend gemachten Tatsachen nicht aufgelöst werden kann.

(BGBl I 2009/135, ab 1. 1. 2010)

Abschnitt 4
Erbrecht

§§ 28 bis 30. *(aufgehoben, BGBl I 2015/87, ab 17. 8. 2015 ist die EuErbVO anwendbar, s § 50 Abs 7)*

Abschnitt 5
Sachenrecht

Allgemeine Regel

§ 31. (1) Der Erwerb und der Verlust dinglicher Rechte an körperlichen Sachen einschließlich des Besitzes sind nach dem Recht des Staates zu beurteilen, in dem sich die Sachen bei Vollendung des dem Erwerb oder Verlust zugrunde liegenden Sachverhalts befinden.

(2) Die rechtliche Gattung der Sachen und der Inhalt der im Abs. 1 genannten Rechte sind nach dem Recht des Staates zu beurteilen, in dem sich die Sachen befinden.

Verhältnis zu anderen Verweisungsnormen

§ 32. Für dingliche Rechte an einer unbeweglichen Sache ist der § 31 auch dann maßgebend, wenn diese Rechte in den Anwendungsbereich einer anderen inländischen Verweisungsnorm fallen.

Verkehrsmittel

§ 33. (1) Dingliche Rechte an den in einem Register eingetragenen Wasser- und Luftfahrzeugen sind, vorbehaltlich des Abs. 2, nach dem Recht des Registerstaates zu beurteilen; für Eisenbahnfahrzeuge ist das Recht des Staates maßgebend, in dem das Eisenbahnunternehmen, in dessen Betrieb die Fahrzeuge eingesetzt sind, den tatsächlichen Sitz seiner Hauptverwaltung hat.

(2) Für gesetzliche oder zwangsweise begründete Pfandrechte oder gesetzliche Zurückbehaltungsrechte zur Sicherung von Ansprüchen auf Ersatz der durch das Fahrzeug verursachten Schäden oder der Aufwendungen für dieses gilt der § 31.

Im Effektengiro übertragbare Wertpapiere

§ 33a. (1) Die Rechtsnatur und der Inhalt dinglicher Rechte an im Effektengiro übertragbaren Wertpapieren (§ 3 Abs. 1 Z 7 des Finanzsicherheiten-Gesetzes – FinSG, BGBl. I Nr. 117/2003) sowie der Erwerb dinglicher Rechte daran einschließlich des Besitzes sind nach den Sachnormen des Staates zu beurteilen, in dem das maßgebliche Konto (§ 3 Abs. 1 Z 8 FinSG) geführt wird.

(2) Nach dem im Abs. 1 bezeichneten Recht ist zudem zu beurteilen,

1. ob das Eigentum oder sonstige dingliche Rechte an im Effektengiro übertragbaren Wertpapieren durch das Eigentum oder durch sonstige dingliche Rechte eines Dritten verdrängt werden oder diesem gegenüber nachrangig sind oder ein gutgläubiger Erwerb eingetreten ist;

2. ob und welche Schritte zur Verwertung von im Effektengiro übertragbaren Wertpapieren nach Eintritt des Verwertungs- oder Beendigungsfalls (§ 3 Abs. 1 Z 12 FinSG) erforderlich sind.

(BGBl I 2003/117, ab 1. 12. 2003)

Abschnitt 6

Immaterialgüterrechte

§ 34. (1) Das Entstehen, der Inhalt und das Erlöschen von Immaterialgüterrechten sind nach dem Recht des Staates zu beurteilen, in dem eine Benützungs- oder Verletzungshandlung gesetzt wird.

(2) Für Immaterialgüterrechte, die mit der Tätigkeit eines Arbeitnehmers im Rahmen seines Arbeitsverhältnisses zusammenhängen, ist für das Verhältnis zwischen dem Arbeitgeber und dem Arbeitnehmer die für das Arbeitsverhältnis geltende Verweisungsnorm „ “ maßgebend. *(BGBl I 2009/109, ab 18. 11. 2009)*

Abschnitt 7

Schuldrecht

Vertragliche Schuldverhältnisse

§ 35. (1) Vertragliche Schuldverhältnisse, die nicht in den Anwendungsbereich der Verordnung (EG) Nr. 593/2008 über das auf vertragliche Schuldverhältnisse anzuwendende Recht (Rom I), ABl. Nr. L 177 vom 4. Juli 2008, S. 6, fallen, sind nach dem Recht zu beurteilen, das die Parteien ausdrücklich oder schlüssig bestimmen (§ 11).

(2) Ist für ein solches Schuldverhältnis eine Rechtswahl nicht wirksam getroffen, so ist es nach dem Recht des Staates zu beurteilen, in dem diejenige Partei ihren gewöhnlichen Aufenthalt hat, die die für den Vertrag charakteristische Leistung zu erbringen hat. Schließt diese Partei den Vertrag als Unternehmer, so ist statt des gewöhnlichen Aufenthalts die Niederlassung maßgebend, in deren Rahmen der Vertrag geschlossen wird.

(3) Ergibt sich aus der Gesamtheit der Umstände, dass das vertragliche Schuldverhältnis eine offensichtlich engere Verbindung zu einem anderen als dem nach Abs. 2 bestimmten Staat aufweist, so ist das Recht dieses anderen Staates anzuwenden.

(BGBl I 2009/109, ab 18. 11. 2009, s § 50 Abs 4)

Erweiterte Rechtswahl für bestimmte Versicherungsverträge

§ 35a. (1) Die Parteien eines Versicherungsvertrages, für den Art. 7 Abs. 3 der Verordnung (EG) Nr. 593/2008 Rechtswahlmöglichkeiten eröffnet, können in den Fällen des Art. 7 Abs. 3 lit. a, b und e der Verordnung jedes andere Recht ausdrücklich oder schlüssig bestimmen.

(2) Übt der Versicherer seine Tätigkeit in dem Staat aus, in dem der Versicherungsnehmer seinen gewöhnlichen Aufenthalt hat, oder richtet er seine Tätigkeit auf irgend eine Weise auf diesen Staat oder auf mehrere Staaten einschließlich dieses Staates aus, so darf die Rechtswahl nach Abs. 1 nicht dazu führen, dass dem Versicherungsnehmer der Schutz entzogen wird, der ihm durch diejeni-

gen Bestimmungen gewährt wird, von denen nach dem Recht, das mangels Rechtswahl anzuwenden wäre, nicht durch Vereinbarung abgewichen werden darf.

(BGBl I 2009/109, ab 18. 11. 2009)

§§ 36 bis 45. *(aufgehoben, BGBl I 1998/119, ab 1. 12. 1998, s § 50 Abs 2)*

§§ 46 und 47. *(aufgehoben, BGBl I 2009/109, ab 18. 11. 2009, s § 50 Abs 4)*

Außervertragliche Schadenersatzansprüche

§ 48. (1) Außervertragliche Schadenersatzansprüche, die nicht in den Anwendungsbereich der Verordnung (EG) Nr. 864/2007 über das auf außervertragliche Schuldverhältnisse anzuwendende Recht (Rom II), ABl. Nr. L 199 vom 31. Juli 2007, S. 40, fallen, sind nach dem Recht zu beurteilen, das die Parteien ausdrücklich oder schlüssig bestimmen (§ 11).

(2) Ist für ein solches Schuldverhältnis eine Rechtswahl nicht wirksam getroffen, so ist es nach dem Recht des Staates zu beurteilen, in dem das den Schaden verursachende Verhalten gesetzt worden ist. Besteht für die Beteiligten jedoch eine stärkere Beziehung zum Recht ein und desselben Staates, so ist dieses Recht maßgebend.

(BGBl I 2009/109, ab 18. 11. 2009, s § 50 Abs 4)

Gewillkürte Stellvertretung

§ 49. (1) Die Voraussetzungen und die Wirkungen der gewillkürten Stellvertretung im Verhältnis des Geschäftsherrn und des Stellvertreters zum Dritten sind nach dem Recht zu beurteilen, das der Geschäftsherr in einer für den Dritten erkennbaren Weise bestimmt hat.

(2) Ist das anzuwendende Recht nicht bestimmt worden, so ist das Recht des Staates maßgebend, in dem der Stellvertreter nach dem dem Dritten erkennbaren Willen des Geschäftsherrn tätig werden soll; ist der Stellvertreter für mehrere Geschäfte bestellt worden, so nach dem Recht des Staates, in dem er nach dem dem Dritten erkennbaren Willen des Geschäftsherrn regelmäßig tätig werden soll.

(3) Versagt auch die im Abs. 2 vorgesehene Anknüpfung, so ist das Recht des Staates maßgebend, in dem der Stellvertreter tätig wird.

Abschnitt 8

Schlußbestimmungen

§ 50. (1) Dieses Bundesgesetz tritt mit 1. Jänner 1979 in Kraft.

(2) § 35 und § 53 Abs. 2 in der Fassung des Bundesgesetzes BGBl. I Nr. 119/1998 sowie die Aufhebung der §§ 36 bis 45 durch dieses Bundesgesetz treten mit 1. Dezember 1998 in Kraft und sind auf Schuldverhältnisse anzuwenden, die nach dem 30. November 1998 entstanden sind. *(BGBl I 2009/109, ab 18. 11. 2009)*

(3) § 33a in der Fassung des Bundesgesetzes BGBl. I Nr. 117/2003 tritt mit 1. Dezember 2003 in Kraft. *(BGBl I 2003/117)*

(4) Auf außervertragliche Schadenersatzansprüche aus einem Ereignis, das nach dem 11. Jänner 2009 eingetreten ist, ist § 48 in der Fassung des Bundesgesetzes BGBl. I Nr. 109/2009 anzuwenden; § 48 Abs. 2 in der Fassung des Bundesgesetzes BGBl. Nr. 109/1978 ist auf solche Schadenersatzansprüche nicht mehr anzuwenden. Die §§ 46 und 47 sind nicht anzuwenden, wenn das Ereignis, welches das außervertragliche Schuldverhältnis begründet, nach dem 11. Jänner 2009 eingetreten ist. Auf Verträge, die nach dem 17. Dezember 2009 geschlossen werden, ist § 35 in der Fassung des Bundesgesetzes BGBl. I Nr. 109/2009 anzuwenden; § 53 Abs. 2 ist auf solche Verträge nicht mehr anzuwenden. *(BGBl I 2009/109)*

(5) Die §§ 27a bis 27d in der Fassung des Bundesgesetzes BGBl. I Nr. 135/2009 treten mit 1. Jänner 2010 in Kraft. *(BGBl I 2009/135)*

(6) § 15 in der Fassung des Bundesgesetzes BGBl. I Nr. 158/2013 tritt mit 1. November 2013 in Kraft. *(BGBl I 2013/158)*

(7) Die Aufhebung der §§ 28 bis 30 tritt mit 17. August 2015 in Kraft. Sie sind jedoch weiterhin anzuwenden, sofern der Verstorbene vor dem 17. August 2015 gestorben ist und soweit die EuErbVO nicht das maßgebende Recht bestimmt. *(BGBl I 2015/87)*

(8) §§ 26 und 27 in der Fassung des Bundesgesetzes BGBl. I Nr. 58/2018, treten mit 1. August 2018 in Kraft. *(BGBl I 2018/58)*

(9) Die §§ 15 und 26 in der Fassung des Bundesgesetzes BGBl. I Nr. 147/2022, treten mit 1. September 2022 in Kraft. Ist die Vertretung eines Erwachsenen von Gesetzes wegen vor dem Inkrafttreten dieser Bestimmung entstanden, so ist diese wirksam, wenn die Voraussetzungen nach dem in § 15 Abs. 2 bezeichneten Recht oder nach dem zum Zeitpunkt ihrer Entstehung anzuwendenden Recht erfüllt sind. Die Wirkungen und die Beendigung einer vor dem Inkrafttreten dieser Bestimmung entstandenen Vertretung eines Erwachsenen von Gesetzes wegen sind nach dem in § 15 Abs. 2 bezeichneten Recht zu beurteilen; soweit dieses Recht die Wirkungen oder die Beendigung der Vertretung eines Erwachsenen von Gesetzes wegen nicht regelt, ist jenes Recht anzuwenden, nach dem die Vertretung wirksam entstanden ist. *(BGBl I 2022/147)*

§ 51. (1) Mit dem Inkrafttreten dieses Bundesgesetzes verlieren alle Bestimmungen, die in diesem Bundesgesetz geregelte Gegenstände betreffen, vorbehaltlich der §§ 52 und 53, ihre Wirksamkeit. Dazu gehören besonders

1. der Buchstabe a des Patentes vom 16. September 1785, JGS 468,

2. die §§ 4, 34 bis 37 und 300 ABGB,

3. der § 22 zweiter Satz des Gesetzes über das gerichtliche Verfahren in Rechtsangelegenheiten außer Streitsachen (Außerstreitgesetz),

4. der § 271 Abs. 2 ZPO, soweit er die Ermittlung fremden Rechtes betrifft,

5. der § 14 der Entmündigungsordnung,

6. der § 49 des Schauspielergesetzes,

7. der § 1 Abs. 2 des Gesetzes vom 15. November 1940 über Rechte an eingetragenen Schiffen und Schiffsbauwerken,

8. die §§ 6 bis 13 und 15 bis 18 der 4. Durchführungsverordnung zum Ehegesetz,

9. der § 12 des Todeserklärungsgesetzes 1950.

(2) Gleichzeitig entfallen

1. im § 23 Abs. 3 erster Satz Außerstreitgesetz die Worte „nach inländischen Gesetzen",

2. im § 24 Abs. 1 Außerstreitgesetz die Worte „nach den österreichischen Gesetzen",

3. im § 25 Außerstreitgesetz die Worte „und nach österreichischen Gesetzen",

4. im § 140 Abs. 1 zweiter Satz Außerstreitgesetz die Worte „nach den hierländigen Gesetzen".

§ 52. Durch dieses Bundesgesetz bleiben folgende Rechtsvorschriften unberührt:

1. die §§ 94 bis 100 des Urheberrechtsgesetzes,

2. die Art. 91 bis 98 des Wechselgesetzes 1955,

3. die Art. 60 bis 66 des Scheckgesetzes 1955,

4. das Bundesgesetz vom 30. Oktober 1958 über die Anwendung des österreichischen Rechtes im Sinn des Art. 2 des Übereinkommens vom 24. Oktober 1956 über das auf Unterhaltsverpflichtungen gegenüber Kindern anwendbare Recht,

5. der § 4 und der § 5 Abs. 1 Z. 2 und Abs. 2 des Kartellgesetzes,

6. der § 34 des Schiffahrtsanlagengesetzes.

§ 53. „(1)" Bestimmungen zwischenstaatlicher Vereinbarungen werden durch dieses Bundesgesetz nicht berührt. *(BGBl I 2011/21)*

(2) Nach dem Inkrafttreten des Übereinkommens vom 19. Oktober 1996 über die Zuständigkeit, das anzuwendende Recht, die Anerkennung, Vollstreckung und Zusammenarbeit auf dem Gebiet der elterlichen Verantwortung und der Maßnahmen zum Schutz von Kindern besteht die elterliche Verantwortung, die das bis zu diesem Zeitpunkt maßgebende Recht kraft Gesetzes einer Person zugewiesen hat, fort; die Zuweisung der elterlichen Verantwortung kraft Gesetzes an eine Person, die diese Verantwortung zum Zeitpunkt des Inkrafttretens dieses Übereinkommens nicht bereits hat, bestimmt sich nach dem nach Art. 16 Abs. 1 dieses Übereinkommens maßgebenden Recht. *(BGBl I 2011/21)*

§ 54. Mit der Vollziehung dieses Bundesgesetzes ist der Bundesminister für Justiz betraut.

2/1. Rom I - Verordnung

2/1. Verordnung über das auf vertragliche Schuldverhältnisse anzuwendende Recht, ABl L 177 vom 4. 7. 2008, S 6 idF

1 ABl L 309 vom 24. 11. 2009, S 87

STICHWORTVERZEICHNIS

(Die Zahlenangaben beziehen sich auf die Artikel; Zahlen in Klammern auf die Erwägungsgründe)

Verordnung (EG) Nr. 593/2008 des Europäischen Parlaments und des Rates vom 17. Juni 2008 über das auf vertragliche Schuldverhältnisse anzuwendende Recht (Rom I)

DAS EUROPÄISCHE PARLAMENT UND DER RAT DER EUROPÄISCHEN UNION –

gestützt auf den Vertrag zur Gründung der Europäischen Gemeinschaft, insbesondere auf Artikel 61 Buchstabe c und Artikel 67 Absatz 5, zweiter Gedankenstrich,

auf Vorschlag der Kommission,

nach Stellungnahme des Europäischen Wirtschafts- und Sozialausschusses[1],

gemäß dem Verfahren des Artikels 251 des Vertrags[2],

in Erwägung nachstehender Gründe:

(1) Die Gemeinschaft hat sich zum Ziel gesetzt, einen Raum der Freiheit, der Sicherheit und des Rechts zu erhalten und weiterzuentwickeln. Zur schrittweisen Schaffung dieses Raums muss die Gemeinschaft im Bereich der justiziellen Zusammenarbeit in Zivilsachen, die einen grenzüberschreitenden Bezug aufweisen, Maßnahmen erlassen, soweit sie für das reibungslose Funktionieren des Binnenmarkts erforderlich sind.

(2) Nach Artikel 65 Buchstabe b des Vertrags schließen diese Maßnahmen solche ein, die die Vereinbarkeit der in den Mitgliedstaaten geltenden Kollisionsnormen und Vorschriften zur Vermeidung von Kompetenzkonflikten fördern.

(3) Auf seiner Tagung vom 15. und 16. Oktober 1999 in Tampere hat der Europäische Rat den Grundsatz der gegenseitigen Anerkennung von Urteilen und anderen Entscheidungen von Justizbehörden als Eckstein der justiziellen Zusammenarbeit in Zivilsachen unterstützt und den Rat und die Kommission ersucht, ein Maßnahmenprogramm zur Umsetzung dieses Grundsatzes anzunehmen.

(4) Der Rat hat am 30. November 2000 ein gemeinsames Maßnahmenprogramm der Kommission und des Rates zur Umsetzung des Grundsatzes der gegenseitigen Anerkennung gerichtlicher Entscheidungen in Zivil- und Handelssachen verabschiedet[3]. Nach dem Programm können Maßnahmen zur Harmonisierung der Kollisionsnormen dazu beitragen, die gegenseitige Anerkennung gerichtlicher Entscheidungen zu vereinfachen.

(5) In dem vom Europäischen Rat am 5. November 2004 angenommenen Haager Programm[4] wurde dazu aufgerufen, die Beratungen über die Regelung der Kollisionsnormen für vertragliche Schuldverhältnisse („Rom I") energisch voranzutreiben.

(6) Um den Ausgang von Rechtsstreitigkeiten vorhersehbarer zu machen und die Sicherheit in Bezug auf das anzuwendende Recht sowie den freien Verkehr gerichtlicher Entscheidungen zu fördern, müssen die in den Mitgliedstaaten geltenden Kollisionsnormen im Interesse eines reibungslos funktionierenden Binnenmarkts unabhängig von dem Staat, in dem sich das Gericht befindet, bei dem der Anspruch geltend gemacht wird, dasselbe Recht bestimmen.

(7) Der materielle Anwendungsbereich und die Bestimmungen dieser Verordnung sollten mit der Verordnung (EG) Nr. 44/2001 des Rates vom 22. Dezember 2000 über die gerichtliche Zuständigkeit und die Anerkennung und Vollstreckung von Entscheidungen in Zivil- und Handelssachen („Brüssel I")[5] und der Verordnung (EG) Nr. 864/2007 des Europäischen Parlaments und des Rates vom 11. Juli 2007 über das auf außervertragliche Schuldverhältnisse anzuwendende Recht („Rom II")[6] im Einklang stehen.

(8) Familienverhältnisse sollten die Verwandtschaft in gerader Linie, die Ehe, die Schwägerschaft und die Verwandtschaft in der Seitenlinie umfassen. Die Bezugnahme in Artikel 1 Absatz 2 auf Verhältnisse, die mit der Ehe oder anderen Familienverhältnissen vergleichbare Wirkungen entfalten, sollte nach dem Recht des Mitgliedstaats, in dem sich das angerufene Gericht befindet, ausgelegt werden.

(9) Unter Schuldverhältnisse aus Wechseln, Schecks, Eigenwechseln und anderen handelbaren Wertpapieren sollten auch Konnossemente fallen, soweit die Schuldverhältnisse aus dem Konnossement aus dessen Handelbarkeit entstehen.

(10) Schuldverhältnisse, die aus Verhandlungen vor Abschluss eines Vertrags entstehen, fallen unter Artikel 12 der Verordnung (EG) Nr.

[1] *ABl. C 318 vom 23.12.2006, S. 56.*

[2] *Stellungnahme des Europäischen Parlaments vom 29. November 2007 (noch nicht im Amtsblatt veröffentlicht) und Beschluss des Rates vom 5. Juni 2008.*

Zu Abs. 4:

[3] *ABl. C 12 vom 15.1.2001, S. 1.*

Zu Abs. 5:

[4] *ABl. C 53 vom 3.3.2005, S. 1.*

Zu Abs. 7:

[5] *ABl. L 12 vom 16.1.2001, S. 1. Zuletzt geändert durch die Verordnung (EG) Nr. 1791/2006 (ABl. L 363 vom 20.12.2006, S. 1).*

[6] *ABl. L 199 vom 31.7.2007, S. 40.*

864/2007. Sie sollten daher vom Anwendungsbereich dieser Verordnung ausgenommen werden.

(11) Die freie Rechtswahl der Parteien sollte einer der Ecksteine des Systems der Kollisionsnormen im Bereich der vertraglichen Schuldverhältnisse sein.

(12) Eine Vereinbarung zwischen den Parteien, dass ausschließlich ein Gericht oder mehrere Gerichte eines Mitgliedstaats für Streitigkeiten aus einem Vertrag zuständig sein sollen, sollte bei der Feststellung, ob eine Rechtswahl eindeutig getroffen wurde, einer der zu berücksichtigenden Faktoren sein.

(13) Diese Verordnung hindert die Parteien nicht daran, in ihrem Vertrag auf ein nichtstaatliches Regelwerk oder ein internationales Übereinkommen Bezug zu nehmen.

(14) Sollte die Gemeinschaft in einem geeigneten Rechtsakt Regeln des materiellen Vertragsrechts, einschließlich vertragsrechtlicher Standardbestimmungen, festlegen, so kann in einem solchen Rechtsakt vorgesehen werden, dass die Parteien entscheiden können, diese Regeln anzuwenden.

(15) Wurde eine Rechtswahl getroffen und sind alle anderen Elemente des Sachverhalts in einem anderen als demjenigen Staat belegen, dessen Recht gewählt wurde, so sollte die Rechtswahl nicht die Anwendung derjenigen Bestimmungen des Rechts dieses anderen Staates berühren, von denen nicht durch Vereinbarung abgewichen werden kann. Diese Regel sollte unabhängig davon angewandt werden, ob die Rechtswahl zusammen mit einer Gerichtsstandsvereinbarung getroffen wurde oder nicht. Obwohl keine inhaltliche Änderung gegenüber Artikel 3 Absatz 3 des Übereinkommens von 1980 über das auf vertragliche Schuldverhältnisse anzuwendende Recht[7] („Übereinkommen von Rom") beabsichtigt ist, ist der Wortlaut der vorliegenden Verordnung so weit wie möglich an Artikel 14 der Verordnung (EG) Nr. 864/2007 angeglichen.

(16) Die Kollisionsnormen sollten ein hohes Maß an Berechenbarkeit aufweisen, um zum allgemeinen Ziel dieser Verordnung, nämlich zur Rechtssicherheit im europäischen Rechtsraum, beizutragen. Dennoch sollten die Gerichte über ein gewisses Ermessen verfügen, um das Recht bestimmen zu können, das zu dem Sachverhalt die engste Verbindung aufweist.

(17) Soweit es das mangels einer Rechtswahl anzuwendende Recht betrifft, sollten die Begriffe „Erbringung von Dienstleistungen" und „Verkauf beweglicher Sachen" so ausgelegt werden wie bei der Anwendung von Artikel 5 der Verordnung (EG) Nr. 44/2001, soweit der Verkauf beweglicher Sachen und die Erbringung von Dienstleistungen unter jene Verordnung fallen. Franchiseverträge und Vertriebsverträge sind zwar Dienstleistungsverträge, unterliegen jedoch besonderen Regeln.

(18) Hinsichtlich des mangels einer Rechtswahl anzuwendenden Rechts sollten unter multilateralen Systemen solche Systeme verstanden werden, in denen Handel betrieben wird, wie die geregelten Märkte und multilateralen Handelssysteme im Sinne des Artikels 4 der Richtlinie 2004/39/EG des Europäischen Parlaments und des Rates vom 21. April 2004 über Märkte für Finanzinstrumente[8], und zwar ungeachtet dessen, ob sie sich auf eine zentrale Gegenpartei stützen oder nicht.

(19) Wurde keine Rechtswahl getroffen, so sollte das anzuwendende Recht nach der für die Vertragsart spezifizierten Regel bestimmt werden. Kann der Vertrag nicht einer der spezifizierten Vertragsarten zugeordnet werden oder sind die Bestandteile des Vertrags durch mehr als eine der spezifizierten Vertragsarten abgedeckt, so sollte der Vertrag dem Recht des Staates unterliegen, in dem die Partei, welche die für den Vertrag charakteristische Leistung zu erbringen hat, ihren gewöhnlichen Aufenthalt hat. Besteht ein Vertrag aus einem Bündel von Rechten und Verpflichtungen, die mehr als einer der spezifizierten Vertragsarten zugeordnet werden können, so sollte die charakteristische Leistung des Vertrags nach ihrem Schwerpunkt bestimmt werden.

(20) Weist ein Vertrag eine offensichtlich engere Verbindung zu einem anderen als dem in Artikel 4 Absätze 1 und 2 genannten Staat auf, so sollte eine Ausweichklausel vorsehen, dass das Recht dieses anderen Staats anzuwenden ist. Zur Bestimmung dieses Staates sollte unter anderem berücksichtigt werden, ob der betreffende Vertrag in einer sehr engen Verbindung zu einem oder mehreren anderen Verträgen steht.

(21) Kann das bei Fehlen einer Rechtswahl anzuwendende Recht weder aufgrund der Zuordnung des Vertrags zu einer der spezifizierten Vertragsarten noch als das Recht des Staates bestimmt werden, in dem die Partei, die die für den Vertrag charakteristische Leistung zu erbringen hat, ihren gewöhnlichen Aufenthalt hat, so sollte der Vertrag dem Recht des Staates unterliegen, zu dem er die engste Verbindung aufweist. Bei der Bestimmung dieses Staates sollte unter ande-

Zu Abs. 15:

[7] ABl. C 334 vom 30.12.2005, S. 1.

Zu Abs. 18:

[8] ABl. L 145 vom 30.4.2004, S. 1. Zuletzt geändert durch die Richtlinie 2008/10/EG (ABl. L 76 vom 19.3.2008, S. 33).

rem berücksichtigt werden, ob der betreffende Vertrag in einer sehr engen Verbindung zu einem oder mehreren anderen Verträgen steht.

(22) In Bezug auf die Auslegung von „Güterbeförderungsverträgen" ist keine inhaltliche Abweichung von Artikel 4 Absatz 4 Satz 3 des Übereinkommens von Rom beabsichtigt. Folglich sollten als Güterbeförderungsverträge auch Charterverträge für eine einzige Reise und andere Verträge gelten, die in der Hauptsache der Güterbeförderung dienen. Für die Zwecke dieser Verordnung sollten der Begriff „Absender" eine Person bezeichnen, die mit dem Beförderer einen Beförderungsvertrag abschließt, und der Begriff „Beförderer" die Vertragspartei, die sich zur Beförderung der Güter verpflichtet, unabhängig davon, ob sie die Beförderung selbst durchführt.

(23) Bei Verträgen, bei denen die eine Partei als schwächer angesehen wird, sollte die schwächere Partei durch Kollisionsnormen geschützt werden, die für sie günstiger sind als die allgemeinen Regeln.

(24) Insbesondere bei Verbraucherverträgen sollte die Kollisionsnorm es ermöglichen, die Kosten für die Beilegung von Rechtsstreitigkeiten zu senken, die häufig einen geringen Streitwert haben, und der Entwicklung des Fernabsatzes Rechnung zu tragen. Um die Übereinstimmung mit der Verordnung (EG) Nr. 44/2001 zu wahren, ist zum einen als Voraussetzung für die Anwendung der Verbraucherschutznorm auf das Kriterium der ausgerichteten Tätigkeit zu verweisen und zum anderen auf die Notwendigkeit, dass dieses Kriterium in der Verordnung (EG) Nr. 44/2001 und der vorliegenden Verordnung einheitlich ausgelegt wird, wobei zu beachten ist, dass eine gemeinsame Erklärung des Rates und der Kommission zu Artikel 15 der Verordnung (EG) Nr. 44/2001 ausführt, „dass es für die Anwendung von Artikel 15 Absatz 1 Buchstabe c nicht ausreicht, dass ein Unternehmen seine Tätigkeiten auf den Mitgliedstaat, in dem der Verbraucher seinen Wohnsitz hat, oder auf mehrere Staaten – einschließlich des betreffenden Mitgliedstaats –, ausrichtet, sondern dass im Rahmen dieser Tätigkeiten auch ein Vertrag geschlossen worden sein muss." Des Weiteren heißt es in dieser Erklärung, „dass die Zugänglichkeit einer Website allein nicht ausreicht, um die Anwendbarkeit von Artikel 15 zu begründen; vielmehr ist erforderlich, dass diese Website auch den Vertragsabschluss im Fernabsatz anbietet und dass tatsächlich ein Vertragsabschluss im Fernabsatz erfolgt ist, mit welchem Mittel auch immer. Dabei sind auf einer Website die benutzte Sprache oder die Währung nicht von Bedeutung."

(25) Die Verbraucher sollten dann durch Regelungen des Staates ihres gewöhnlichen Aufenthalts geschützt werden, von denen nicht durch Vereinbarung abgewichen werden kann, wenn der Vertragsschluss darauf zurückzuführen ist, dass der Unternehmer in diesem bestimmten Staat eine berufliche oder gewerbliche Tätigkeit ausübt. Der gleiche Schutz sollte gewährleistet sein, wenn ein Unternehmer zwar keine beruflichen oder gewerblichen Tätigkeiten in dem Staat, in dem der Verbraucher seinen gewöhnlichen Aufenthalt hat, ausübt, seine Tätigkeiten aber – unabhängig von der Art und Weise, in der dies geschieht – auf diesen Staat oder auf mehrere Staaten, einschließlich dieses Staates, ausrichtet und der Vertragsschluss auf solche Tätigkeiten zurückzuführen ist.

(26) Für die Zwecke dieser Verordnung sollten Finanzdienstleistungen wie Wertpapierdienstleistungen und Anlagetätigkeiten und Nebendienstleistungen nach Anhang I Abschnitt A und Abschnitt B der Richtlinie 2004/39/EG, die ein Unternehmer für einen Verbraucher erbringt, sowie Verträge über den Verkauf von Anteilen an Organismen für gemeinsame Anlagen in Wertpapieren, selbst wenn sie nicht unter die Richtlinie 85/611/EWG des Rates vom 20. Dezember 1985 zur Koordinierung der Rechts- und Verwaltungsvorschriften betreffend bestimmte Organismen für gemeinsame Anlagen in Wertpapieren (OGAW)[9] fallen, Artikel 6 der vorliegenden Verordnung unterliegen. Daher sollten, wenn die Bedingungen für die Ausgabe oder das öffentliche Angebot bezüglich übertragbarer Wertpapiere oder die Zeichnung oder der Rückkauf von Anteilen an Organismen für gemeinsame Anlagen in Wertpapieren erwähnt werden, darunter alle Aspekte fallen, durch die sich der Emittent bzw. Anbieter gegenüber dem Verbraucher verpflichtet, nicht aber diejenigen Aspekte, die mit der Erbringung von Finanzdienstleistungen im Zusammenhang stehen.

(27) Es sollten verschiedene Ausnahmen von der allgemeinen Kollisionsnorm für Verbraucherverträge vorgesehen werden. Eine solche Ausnahme, bei der die allgemeinen Regeln nicht gelten, sollten Verträge sein, die ein dingliches Recht an unbeweglichen Sachen oder die Miete oder Pacht unbeweglicher Sachen zum Gegenstand haben, mit Ausnahme von Verträgen über Teilzeitnutzungsrechte an Immobilien im Sinn der Richtlinie 94/47/EG des Europäischen Parlaments und des Rates vom 26. Oktober 1994 zum Schutz der Erwerber im Hinblick auf bestimmte Aspekte von Verträgen über den Erwerb von Teilzeitnutzungsrechten an Immobilien[10].

Zu Abs. 26:

[9] ABl. L 375 vom 31.12.1985, S. 3. Zuletzt geändert durch die Richtlinie 2008/18/EG des Europäischen Parlaments und des Rates (ABl. L 76 vom 19.3.2008, S. 42).

Zu Abs. 27:

[10] ABl. L 280 vom 29.10.1994, S. 83.

(28) Es muss sichergestellt werden, dass Rechte und Verpflichtungen, die ein Finanzinstrument begründen, nicht der allgemeinen Regel für Verbraucherverträge unterliegen, da dies dazu führen könnte, dass für jedes der ausgegebenen Instrumente ein anderes Recht anzuwenden wäre, wodurch ihr Wesen verändert würde und ihr fungibler Handel und ihr fungibles Angebot verhindert würden. Entsprechend sollte auf das Vertragsverhältnis zwischen dem Emittenten bzw. dem Anbieter und dem Verbraucher bei Ausgabe oder Angebot solcher Instrumente nicht notwendigerweise die Anwendung des Rechts des Staates des gewöhnlichen Aufenthalts des Verbrauchers zwingend vorgeschrieben sein, da die Einheitlichkeit der Bedingungen einer Ausgabe oder eines Angebots sichergestellt werden muss. Gleiches sollte bei den multilateralen Systemen, die von Artikel 4 Absatz 1 Buchstabe h erfasst werden, gelten, in Bezug auf die gewährleistet sein sollte, dass das Recht des Staates des gewöhnlichen Aufenthalts des Verbrauchers nicht die Regeln berührt, die auf innerhalb solcher Systeme oder mit dem Betreiber solcher Systeme geschlossene Verträge anzuwenden sind.

(29) Werden für die Zwecke dieser Verordnung Rechte und Verpflichtungen, durch die die Bedingungen für die Ausgabe, das öffentliche Angebot oder das öffentliche Übernahmeangebot bezüglich übertragbarer Wertpapiere festgelegt werden, oder die Zeichnung oder der Rückkauf von Anteilen an Organismen für gemeinsame Anlagen in Wertpapieren genannt, so sollten darunter auch die Bedingungen für die Zuteilung von Wertpapieren oder Anteilen, für die Rechte im Falle einer Überzeichnung, für Ziehungsrechte und ähnliche Fälle im Zusammenhang mit dem Angebot sowie die in den Artikeln 10, 11, 12 und 13 geregelten Fälle fallen, so dass sichergestellt ist, dass alle relevanten Vertragsaspekte eines Angebots, durch das sich der Emittent bzw. Anbieter gegenüber dem Verbraucher verpflichtet, einem einzigen Recht unterliegen.

(30) Für die Zwecke dieser Verordnung bezeichnen die Begriffe „Finanzinstrumente" und „übertragbare Wertpapiere" diejenigen Instrumente, die in Artikel 4 der Richtlinie 2004/39/EG genannt sind.

(31) Die Abwicklung einer förmlichen Vereinbarung, die als ein System im Sinne von Artikel 2 Buchstabe a der Richtlinie 98/26/EG des Europäischen Parlaments und des Rates vom 19. Mai 1998 über die Wirksamkeit von Abrechnungen in Zahlungs- sowie Wertpapierliefer- und -abrechnungssystemen[11] ausgestaltet ist, sollte von dieser Verordnung unberührt bleiben.

(32) Wegen der Besonderheit von Beförderungsverträgen und Versicherungsverträgen sollten besondere Vorschriften ein angemessenes Schutzniveau für zu befördernde Personen und Versicherungsnehmer gewährleisten. Deshalb sollte Artikel 6 nicht im Zusammenhang mit diesen besonderen Verträgen gelten.

(33) Deckt ein Versicherungsvertrag, der kein Großrisiko deckt, mehr als ein Risiko, von denen mindestens eines in einem Mitgliedstaat und mindestens eines in einem dritten Staat belegen ist, so sollten die besonderen Regelungen für Versicherungsverträge in dieser Verordnung nur für die Risiken gelten, die in dem betreffenden Mitgliedstaat bzw. den betreffenden Mitgliedstaaten belegen sind.

(34) Die Kollisionsnorm für Individualarbeitsverträge sollte die Anwendung von Eingriffsnormen des Staates, in den der Arbeitnehmer im Einklang mit der Richtlinie 96/71/EG des Europäischen Parlaments und des Rates vom 16. Dezember 1996 über die Entsendung von Arbeitnehmern im Rahmen der Erbringung von Dienstleistungen[12] entsandt wird, unberührt lassen.

(35) Den Arbeitnehmern sollte nicht der Schutz entzogen werden, der ihnen durch Bestimmungen gewährt wird, von denen nicht oder nur zu ihrem Vorteil durch Vereinbarung abgewichen werden darf.

(36) Bezogen auf Individualarbeitsverträge sollte die Erbringung der Arbeitsleistung in einem anderen Staat als vorübergehend gelten, wenn von dem Arbeitnehmer erwartet wird, dass er nach seinem Arbeitseinsatz im Ausland seine Arbeit im Herkunftsstaat wieder aufnimmt. Der Abschluss eines neuen Arbeitsvertrags mit dem ursprünglichen Arbeitgeber oder einem Arbeitgeber, der zur selben Unternehmensgruppe gehört wie der ursprüngliche Arbeitgeber, sollte nicht ausschließen, dass der Arbeitnehmer als seine Arbeit vorübergehend in einem anderen Staat verrichtend gilt.

(37) Gründe des öffentlichen Interesses rechtfertigen es, dass die Gerichte der Mitgliedstaaten unter außergewöhnlichen Umständen die Vorbehaltsklausel („ordre public") und Eingriffsnormen anwenden können. Der Begriff „Eingriffsnormen" sollte von dem Begriff „Bestimmungen, von denen nicht durch Vereinbarung abgewichen werden kann", unterschieden und enger ausgelegt werden.

(38) Im Zusammenhang mit der Übertragung der Forderung sollte mit dem Begriff „Verhältnis" klargestellt werden, dass Artikel 14 Absatz 1 auch auf die dinglichen Aspekte des Vertrags zwischen

Zu Abs. 31:
[11] *ABl. L 166 vom 11.6.1998, S. 45.*

Zu Abs. 34:
[12] *ABl. L 18 vom 21.1.1997, S. 1.*

Zedent und Zessionar anwendbar ist, wenn eine Rechtsordnung dingliche und schuldrechtliche Aspekte trennt. Allerdings sollte mit dem Begriff „Verhältnis" nicht jedes beliebige möglicherweise zwischen dem Zedenten und dem Zessionar bestehende Verhältnis gemeint sein. Insbesondere sollte sich der Begriff nicht auf die der Übertragung einer Forderung vorgelagerten Fragen erstrecken. Vielmehr sollte er sich ausschließlich auf die Aspekte beschränken, die für die betreffende Übertragung einer Forderung unmittelbar von Bedeutung sind.

(39) Aus Gründen der Rechtssicherheit sollte der Begriff „gewöhnlicher Aufenthalt", insbesondere im Hinblick auf Gesellschaften, Vereine und juristische Personen, eindeutig definiert werden. Im Unterschied zu Artikel 60 Absatz 1 der Verordnung (EG) Nr. 44/2001, der drei Kriterien zur Wahl stellt, sollte sich die Kollisionsnorm auf ein einziges Kriterium beschränken, da es für die Parteien andernfalls nicht möglich wäre, vorherzusehen, welches Recht auf ihren Fall anwendbar ist.

(40) Die Aufteilung der Kollisionsnormen auf zahlreiche Rechtsakte sowie Unterschiede zwischen diesen Normen sollten vermieden werden. Diese Verordnung sollte jedoch die Möglichkeit der Aufnahme von Kollisionsnormen für vertragliche Schuldverhältnisse in Vorschriften des Gemeinschaftsrechts über besondere Gegenstände nicht ausschließen.
Diese Verordnung sollte die Anwendung anderer Rechtsakte nicht ausschließen, die Bestimmungen enthalten, die zum reibungslosen Funktionieren des Binnenmarkts beitragen sollen, soweit sie nicht in Verbindung mit dem Recht angewendet werden können, auf das die Regeln dieser Verordnung verweisen. Die Anwendung der Vorschriften im anzuwendenden Recht, die durch die Bestimmungen dieser Verordnung berufen wurden, sollte nicht die Freiheit des Waren- und Dienstleistungsverkehrs, wie sie in den Rechtsinstrumenten der Gemeinschaft wie der Richtlinie 2000/31/EG des Europäischen Parlaments und des Rates vom 8. Juni 2000 über bestimmte rechtliche Aspekte der Dienste der Informationsgesellschaft, insbesondere des elektronischen Geschäftsverkehrs, im Binnenmarkt („Richtlinie über den elektronischen Geschäftsverkehr")[13] ausgestaltet ist, beschränken.

(41) Um die internationalen Verpflichtungen, die die Mitgliedstaaten eingegangen sind, zu wahren, darf sich die Verordnung nicht auf internationale Übereinkommen auswirken, denen ein oder mehrere Mitgliedstaaten zum Zeitpunkt der Annahme dieser Verordnung angehören. Um den Zugang zu den Rechtsakten zu erleichtern, sollte die Kommission anhand der Angaben der Mitgliedstaaten ein Verzeichnis der betreffenden Übereinkommen im *Amtsblatt der Europäischen Union* veröffentlichen.

(42) Die Kommission wird dem Europäischen Parlament und dem Rat einen Vorschlag unterbreiten, nach welchen Verfahren und unter welchen Bedingungen die Mitgliedstaaten in Einzel- und Ausnahmefällen in eigenem Namen Übereinkünfte mit Drittländern über sektorspezifische Fragen aushandeln und abschließen dürfen, die Bestimmungen über das auf vertragliche Schuldverhältnisse anzuwendende Recht enthalten.

(43) Da das Ziel dieser Verordnung auf Ebene der Mitgliedstaaten nicht ausreichend verwirklicht werden kann und daher wegen des Umfangs und der Wirkungen der Verordnung besser auf Gemeinschaftsebene zu verwirklichen ist, kann die Gemeinschaft im Einklang mit dem in Artikel 5 des Vertrags niedergelegten Subsidiaritätsprinzip tätig werden. Entsprechend dem ebenfalls in diesem Artikel festgelegten Grundsatz der Verhältnismäßigkeit geht diese Verordnung nicht über das zur Erreichung ihres Ziels erforderliche Maß hinaus.

(44) Gemäß Artikel 3 des Protokolls über die Position des Vereinigten Königreichs und Irlands im Anhang zum Vertrag über die Europäische Union und im Anhang zum Vertrag zur Gründung der Europäischen Gemeinschaft beteiligt sich Irland an der Annahme und Anwendung dieser Verordnung.

(45) Gemäß den Artikeln 1 und 2 und unbeschadet des Artikels 4 des Protokolls über die Position des Vereinigten Königreichs und Irlands im Anhang zum Vertrag über die Europäische Union und zum Vertrag zur Gründung der Europäischen Gemeinschaft beteiligt sich das Vereinigte Königreich nicht an der Annahme dieser Verordnung, die für das Vereinigte Königreich nicht bindend oder anwendbar ist.

(46) Gemäß den Artikeln 1 und 2 des Protokolls über die Position Dänemarks im Anhang zum Vertrag über die Europäische Union und dem Vertrag zur Gründung der Europäischen Gemeinschaft beteiligt sich Dänemark nicht an der Annahme dieser Verordnung, die für Dänemark nicht bindend oder anwendbar ist –

HABEN FOLGENDE VERORDNUNG ERLASSEN:

Zu Abs. 40:
[13] *ABl. L 178 vom 17.7.2000, S. 1.*

KAPITEL I
ANWENDUNGSBEREICH

Artikel 1
Anwendungsbereich

(1) Diese Verordnung gilt für vertragliche Schuldverhältnisse in Zivil- und Handelssachen, die eine Verbindung zum Recht verschiedener Staaten aufweisen.
Sie gilt insbesondere nicht für Steuer- und Zollsachen sowie verwaltungsrechtliche Angelegenheiten.

(2) Vom Anwendungsbereich dieser Verordnung ausgenommen sind:

a) der Personenstand sowie die Rechts-, Geschäfts- und Handlungsfähigkeit von natürlichen Personen, unbeschadet des Artikels 13;

b) Schuldverhältnisse aus einem Familienverhältnis oder aus Verhältnissen, die nach dem auf diese Verhältnisse anzuwendenden Recht vergleichbare Wirkungen entfalten, einschließlich der Unterhaltspflichten;

c) Schuldverhältnisse aus ehelichen Güterständen, aus Güterständen aufgrund von Verhältnissen, die nach dem auf diese Verhältnisse anzuwendenden Recht mit der Ehe vergleichbare Wirkungen entfalten, und aus Testamenten und Erbrecht;

d) Verpflichtungen aus Wechseln, Schecks, Eigenwechseln und anderen handelbaren Wertpapieren, soweit die Verpflichtungen aus diesen anderen Wertpapieren aus deren Handelbarkeit entstehen;

e) Schieds- und Gerichtsstandsvereinbarungen;

f) Fragen betreffend das Gesellschaftsrecht, das Vereinsrecht und das Recht der juristischen Personen, wie die Errichtung durch Eintragung oder auf andere Weise, die Rechts- und Handlungsfähigkeit, die innere Verfassung und die Auflösung von Gesellschaften, Vereinen und juristischen Personen sowie die persönliche Haftung der Gesellschafter und der Organe für die Verbindlichkeiten einer Gesellschaft, eines Vereins oder einer juristischen Person;

g) die Frage, ob ein Vertreter die Person, für deren Rechnung er zu handeln vorgibt, Dritten gegenüber verpflichten kann, oder ob ein Organ einer Gesellschaft, eines Vereins oder einer anderen juristischen Person diese Gesellschaft, diesen Verein oder diese juristische Person gegenüber Dritten verpflichten kann;

h) die Gründung von „Trusts" sowie die dadurch geschaffenen Rechtsbeziehungen zwischen den Verfügenden, den Treuhändern und den Begünstigten;

i) Schuldverhältnisse aus Verhandlungen vor Abschluss eines Vertrags;

j) Versicherungsverträge aus von anderen Einrichtungen als den in Artikel 2 der Richtlinie 2002/83/EG des Europäischen Parlaments und des Rates vom 5. November 2002 über Lebensversicherungen[1] genannten Unternehmen durchgeführten Geschäften, deren Zweck darin besteht, den unselbstständig oder selbstständig tätigen Arbeitskräften eines Unternehmens oder einer Unternehmensgruppe oder den Angehörigen eines Berufes oder einer Berufsgruppe im Todes- oder Erlebensfall oder bei Arbeitseinstellung oder bei Minderung der Erwerbstätigkeit oder bei arbeitsbedingter Krankheit oder Arbeitsunfällen Leistungen zu gewähren.

(3) Diese Verordnung gilt unbeschadet des Artikels 18 nicht für den Beweis und das Verfahren.

(4) Im Sinne dieser Verordnung bezeichnet der Begriff „Mitgliedstaat" die Mitgliedstaaten, auf die diese Verordnung anwendbar ist. In Artikel 3 Absatz 4 und Artikel 7 bezeichnet der Begriff jedoch alle Mitgliedstaaten.

Artikel 2
Universelle Anwendung

Das nach dieser Verordnung bezeichnete Recht ist auch dann anzuwenden, wenn es nicht das Recht eines Mitgliedstaats ist.

KAPITEL II
EINHEITLICHE KOLLISIONSNORMEN

Artikel 3
Freie Rechtswahl

(1) Der Vertrag unterliegt dem von den Parteien gewählten Recht. Die Rechtswahl muss ausdrücklich erfolgen oder sich eindeutig aus den Bestimmungen des Vertrags oder aus den Umständen des Falles ergeben. Die Parteien können die Rechtswahl für ihren ganzen Vertrag oder nur für einen Teil desselben treffen.

(2) Die Parteien können jederzeit vereinbaren, dass der Vertrag nach einem anderen Recht zu beurteilen ist als dem, das zuvor entweder aufgrund einer früheren Rechtswahl nach diesem Artikel oder aufgrund anderer Vorschriften dieser Verordnung für ihn maßgebend war. Die Formgültigkeit des Vertrags im Sinne des Artikels 11 und Rechte Dritter werden durch eine nach Vertragsschluss erfolgende Änderung der Bestimmung des anzuwendenden Rechts nicht berührt.

(3) Sind alle anderen Elemente des Sachverhalts zum Zeitpunkt der Rechtswahl in einem anderen als demjenigen Staat belegen, dessen Recht gewählt wurde, so berührt die Rechtswahl der Parteien nicht die Anwendung derjenigen

---

Zu Artikel 1:

[1] ABl. L 345 vom 19.12.2002, S. 1. Zuletzt geändert durch die Richtlinie 2008/19/EG (ABl. L 76 vom 19.3.2008, S. 44).

Bestimmungen des Rechts dieses anderen Staates, von denen nicht durch Vereinbarung abgewichen werden kann.

(4) Sind alle anderen Elemente des Sachverhalts zum Zeitpunkt der Rechtswahl in einem oder mehreren Mitgliedstaaten belegen, so berührt die Wahl des Rechts eines Drittstaats durch die Parteien nicht die Anwendung der Bestimmungen des Gemeinschaftsrechts – gegebenenfalls in der von dem Mitgliedstaat des angerufenen Gerichts umgesetzten Form –, von denen nicht durch Vereinbarung abgewichen werden kann.

(5) Auf das Zustandekommen und die Wirksamkeit der Einigung der Parteien über das anzuwendende Recht finden die Artikel 10, 11 und 13 Anwendung.

Artikel 4
Mangels Rechtswahl anzuwendendes Recht

(1) Soweit die Parteien keine Rechtswahl gemäß Artikel 3 getroffen haben, bestimmt sich das auf den Vertrag anzuwendende Recht unbeschadet der Artikel 5 bis 8 wie folgt:

a) Kaufverträge über bewegliche Sachen unterliegen dem Recht des Staates, in dem der Verkäufer seinen gewöhnlichen Aufenthalt hat.

b) Dienstleistungsverträge unterliegen dem Recht des Staates, in dem der Dienstleister seinen gewöhnlichen Aufenthalt hat.

c) Verträge, die ein dingliches Recht an unbeweglichen Sachen sowie die Miete oder Pacht unbeweglicher Sachen zum Gegenstand haben, unterliegen dem Recht des Staates, in dem die unbewegliche Sache belegen ist.

d) Ungeachtet des Buchstabens c unterliegt die Miete oder Pacht unbeweglicher Sachen für höchstens sechs aufeinander folgende Monate zum vorübergehenden privaten Gebrauch dem Recht des Staates, in dem der Vermieter oder Verpächter seinen gewöhnlichen Aufenthalt hat, sofern der Mieter oder Pächter eine natürliche Person ist und seinen gewöhnlichen Aufenthalt in demselben Staat hat.

e) Franchiseverträge unterliegen dem Recht des Staates, in dem der Franchisenehmer seinen gewöhnlichen Aufenthalt hat.

f) Vertriebsverträge unterliegen dem Recht des Staates, in dem der Vertriebshändler seinen gewöhnlichen Aufenthalt hat.

g) Verträge über den Kauf beweglicher Sachen durch Versteigerung unterliegen dem Recht des Staates, in dem die Versteigerung abgehalten wird, sofern der Ort der Versteigerung bestimmt werden kann.

h) Verträge, die innerhalb eines multilateralen Systems geschlossen werden, das die Interessen einer Vielzahl Dritter am Kauf und Verkauf von Finanzinstrumenten im Sinne von Artikel 4 Absatz 1 Nummer 17 der Richtlinie 2004/39/EG nach nicht diskretionären Regeln und nach Maßgabe eines einzigen Rechts zusammenführt oder das Zusammenführen fördert, unterliegen diesem Recht.

(2) Fällt der Vertrag nicht unter Absatz 1 oder sind die Bestandteile des Vertrags durch mehr als einen der Buchstaben a bis h des Absatzes 1 abgedeckt, so unterliegt der Vertrag dem Recht des Staates, in dem die Partei, welche die für den Vertrag charakteristische Leistung zu erbringen hat, ihren gewöhnlichen Aufenthalt hat.

(3) Ergibt sich aus der Gesamtheit der Umstände, dass der Vertrag eine offensichtlich engere Verbindung zu einem anderen als dem nach Absatz 1 oder 2 bestimmten Staat aufweist, so ist das Recht dieses anderen Staates anzuwenden.

(4) Kann das anzuwendende Recht nicht nach Absatz 1 oder 2 bestimmt werden, so unterliegt der Vertrag dem Recht des Staates, zu dem er die engste Verbindung aufweist.

Artikel 5
Beförderungsverträge

(1) Soweit die Parteien in Bezug auf einen Vertrag über die Beförderung von Gütern keine Rechtswahl nach Artikel 3 getroffen haben, ist das Recht des Staates anzuwenden, in dem der Beförderer seinen gewöhnlichen Aufenthalt hat, sofern sich in diesem Staat auch der Übernahmeort oder der Ablieferungsort oder der gewöhnliche Aufenthalt des Absenders befindet. Sind diese Voraussetzungen nicht erfüllt, so ist das Recht des Staates des von den Parteien vereinbarten Ablieferungsorts anzuwenden.

(2) Soweit die Parteien in Bezug auf einen Vertrag über die Beförderung von Personen keine Rechtswahl nach Unterabsatz 2 getroffen haben, ist das anzuwendende Recht das Recht des Staates, in dem die zu befördernde Person ihren gewöhnlichen Aufenthalt hat, sofern sich in diesem Staat auch der Abgangsort oder der Bestimmungsort befindet. Sind diese Voraussetzungen nicht erfüllt, so ist das Recht des Staates anzuwenden, in dem der Beförderer seinen gewöhnlichen Aufenthalt hat.
Als auf einen Vertrag über die Beförderung von Personen anzuwendendes Recht können die Parteien im Einklang mit Artikel 3 nur das Recht des Staates wählen,

a) in dem die zu befördernde Person ihren gewöhnlichen Aufenthalt hat oder

b) in dem der Beförderer seinen gewöhnlichen Aufenthalt hat oder

c) in dem der Beförderer seine Hauptverwaltung hat oder

d) in dem sich der Abgangsort befindet oder

e) in dem sich der Bestimmungsort befindet.

(3) Ergibt sich aus der Gesamtheit der Umstände, dass der Vertrag im Falle fehlender Rechts-

wahl eine offensichtlich engere Verbindung zu einem anderen als dem nach Absatz 1 oder 2 bestimmten Staat aufweist, so ist das Recht dieses anderen Staates anzuwenden.

Artikel 6
Verbraucherverträge

(1) Unbeschadet der Artikel 5 und 7 unterliegt ein Vertrag, den eine natürliche Person zu einem Zweck, der nicht ihrer beruflichen oder gewerblichen Tätigkeit zugerechnet werden kann („Verbraucher"), mit einer anderen Person geschlossen hat, die in Ausübung ihrer beruflichen oder gewerblichen Tätigkeit handelt („Unternehmer"), dem Recht des Staates, in dem der Verbraucher seinen gewöhnlichen Aufenthalt hat, sofern der Unternehmer

a) seine berufliche oder gewerbliche Tätigkeit in dem Staat ausübt, in dem der Verbraucher seinen gewöhnlichen Aufenthalt hat, oder

b) eine solche Tätigkeit auf irgend einer Weise auf diesen Staat oder auf mehrere Staaten, einschließlich dieses Staates, ausrichtet

und der Vertrag in den Bereich dieser Tätigkeit fällt.

(2) Ungeachtet des Absatzes 1 können die Parteien das auf einen Vertrag, der die Anforderungen des Absatzes 1 erfüllt, anzuwendende Recht nach Artikel 3 wählen. Die Rechtswahl darf jedoch nicht dazu führen, dass dem Verbraucher der Schutz entzogen wird, der ihm durch diejenigen Bestimmungen gewährt wird, von denen nach dem Recht, das nach Absatz 1 mangels einer Rechtswahl anzuwenden wäre, nicht durch Vereinbarung abgewichen werden darf.

(3) Sind die Anforderungen des Absatzes 1 Buchstabe a oder b nicht erfüllt, so gelten für die Bestimmung des auf einen Vertrag zwischen einem Verbraucher und einem Unternehmer anzuwendenden Rechts die Artikel 3 und 4.

(4) Die Absätze 1 und 2 gelten nicht für:

a) Verträge über die Erbringung von Dienstleistungen, wenn die dem Verbraucher geschuldeten Dienstleistungen ausschließlich in einem anderen als dem Staat erbracht werden müssen, in dem der Verbraucher seinen gewöhnlichen Aufenthalt hat;

b) Beförderungsverträge mit Ausnahme von Pauschalreiseverträgen im Sinne der Richtlinie 90/314/EWG des Rates vom 13. Juni 1990 über Pauschalreisen[1)];

c) Verträge, die ein dingliches Recht an unbeweglichen Sachen oder die Miete oder Pacht unbeweglicher Sachen zum Gegenstand haben, mit Ausnahme der Verträge über Teilzeitnutzungsrechte an Immobilien im Sinne der Richtlinie 94/47/EG;

d) Rechte und Pflichten im Zusammenhang mit einem Finanzinstrument sowie Rechte und Pflichten, durch die die Bedingungen für die Ausgabe oder das öffentliche Angebot und öffentliche Übernahmeangebote bezüglich übertragbarer Wertpapiere und die Zeichnung oder den Rückkauf von Anteilen an Organismen für gemeinsame Anlagen in Wertpapieren festgelegt werden, sofern es sich dabei nicht um die Erbringung von Finanzdienstleistungen handelt;

e) Verträge, die innerhalb der Art von Systemen geschlossen werden, auf die Artikel 4 Absatz 1 Buchstabe h Anwendung findet.

Artikel 7
Versicherungsverträge

(1) Dieser Artikel gilt für Verträge nach Absatz 2, unabhängig davon, ob das gedeckte Risiko in einem Mitgliedstaat belegen ist, und für alle anderen Versicherungsverträge, durch die Risiken gedeckt werden, die im Gebiet der Mitgliedstaaten belegen sind. Er gilt nicht für Rückversicherungsverträge.

(2) Versicherungsverträge, die Großrisiken im Sinne von Artikel 5 Buchstabe d der Ersten Richtlinie 73/239/EWG des Rates vom 24. Juli 1973 zur Koordinierung der Rechts- und Verwaltungsvorschriften betreffend die Aufnahme und Ausübung der Tätigkeit der Direktversicherung (mit Ausnahme der Lebensversicherung)[1)] decken, unterliegen dem von den Parteien nach Artikel 3 der vorliegenden Verordnung gewählten Recht.

Soweit die Parteien keine Rechtswahl getroffen haben, unterliegt der Versicherungsvertrag dem Recht des Staats, in dem der Versicherer seinen gewöhnlichen Aufenthalt hat. Ergibt sich aus der Gesamtheit der Umstände, dass der Vertrag eine offensichtlich engere Verbindung zu einem anderen Staat aufweist, ist das Recht dieses anderen Staates anzuwenden.

(3) Für Versicherungsverträge, die nicht unter Absatz 2 fallen, dürfen die Parteien nur die folgenden Rechte im Einklang mit Artikel 3 wählen:

a) das Recht eines jeden Mitgliedstaats, in dem zum Zeitpunkt des Vertragsschlusses das Risiko belegen ist;

b) das Recht des Staates, in dem der Versicherungsnehmer seinen gewöhnlichen Aufenthalt hat;

Zu Artikel 6:

[1)] ABl. L 158 vom 23.6.1990, S. 59.

Zu Artikel 7:

[1)] ABl. L 228 vom 16.8.1973, S. 3. Zuletzt geändert durch die Richtlinie 2005/68/EG des Europäischen Parlaments und des Rates (ABl. L 323 vom 9.12.2006, S. 1).

c) bei Lebensversicherungen das Recht des Mitgliedstaats, dessen Staatsangehörigkeit der Versicherungsnehmer besitzt;

d) für Versicherungsverträge, bei denen sich die gedeckten Risiken auf Schadensfälle beschränken, die in einem anderen Mitgliedstaat als dem Mitgliedstaat, in dem das Risiko belegen ist, eintreten können, das Recht jenes Mitgliedstaats;

e) wenn der Versicherungsnehmer eines Vertrags im Sinne dieses Absatzes eine gewerbliche oder industrielle Tätigkeit ausübt oder freiberuflich tätig ist und der Versicherungsvertrag zwei oder mehr Risiken abdeckt, die mit dieser Tätigkeit in Zusammenhang stehen und in unterschiedlichen Mitgliedstaaten belegen sind, das Recht eines betroffenen Mitgliedstaats oder das Recht des Staates des gewöhnlichen Aufenthalts des Versicherungsnehmers.

Räumen in den Fällen nach den Buchstaben a, b oder e die betreffenden Mitgliedstaaten eine größere Wahlfreiheit bezüglich des auf den Versicherungsvertrag anwendbaren Rechts ein, so können die Parteien hiervon Gebrauch machen.

Soweit die Parteien keine Rechtswahl gemäß diesem Absatz getroffen haben unterliegt der Vertrag dem Recht des Mitgliedstaats, in dem zum Zeitpunkt des Vertragsschlusses das Risiko belegen ist.

(4) Die folgenden zusätzlichen Regelungen gelten für Versicherungsverträge über Risiken, für die ein Mitgliedstaat eine Versicherungspflicht vorschreibt:

a) Der Versicherungsvertrag genügt der Versicherungspflicht nur, wenn er den von dem die Versicherungspflicht auferlegenden Mitgliedstaat vorgeschriebenen besonderen Bestimmungen für diese Versicherung entspricht. Widerspricht sich das Recht des Mitgliedstaats, in dem das Risiko belegen ist, und dasjenige des Mitgliedstaats, der die Versicherungspflicht vorschreibt, so hat das letztere Vorrang.

b) Ein Mitgliedstaat kann abweichend von den Absätzen 2 und 3 vorschreiben, dass auf den Versicherungsvertrag das Recht des Mitgliedstaats anzuwenden ist, der die Versicherungspflicht vorschreibt.

(5) Deckt der Vertrag in mehr als einem Mitgliedstaat belegene Risiken, so ist für die Zwecke von Absatz 3 Unterabsatz 3 und Absatz 4 der Vertrag als aus mehreren Verträgen bestehend anzusehen, von denen sich jeder auf jeweils nur einen Mitgliedstaat bezieht.

(6) Für die Zwecke dieses Artikels bestimmt sich der Staat, in dem das Risiko belegen ist, nach Artikel 2 Buchstabe d der Zweiten Richtlinie 88/357/EWG des Rates vom 22. Juni 1988 zur Koordinierung der Rechts- und Verwaltungsvorschriften für die Direktversicherung (mit Ausnahme der Lebensversicherung) und zur Erleichterung der tatsächlichen Ausübung des freien Dienstleistungsverkehrs[1], und bei Lebensversicherungen ist der Staat, in dem das Risiko belegen ist, der Staat der Verpflichtung im Sinne von Artikel 1 Absatz 1 Buchstabe g der Richtlinie 2002/83/EG.

Artikel 8
Individualarbeitsverträge

(1) Individualarbeitsverträge unterliegen dem von den Parteien nach Artikel 3 gewählten Recht. Die Rechtswahl der Parteien darf jedoch nicht dazu führen, dass dem Arbeitnehmer der Schutz entzogen wird, der ihm durch Bestimmungen gewährt wird, von denen nach dem Recht, das nach den Absätzen 2, 3 und 4 des vorliegenden Artikels mangels einer Rechtswahl anzuwenden wäre, nicht durch Vereinbarung abgewichen werden darf.

(2) Soweit das auf den Arbeitsvertrag anzuwendende Recht nicht durch Rechtswahl bestimmt ist, unterliegt der Arbeitsvertrag dem Recht des Staates, in dem oder andernfalls von dem aus der Arbeitnehmer in Erfüllung des Vertrags gewöhnlich seine Arbeit verrichtet. Der Staat, in dem die Arbeit gewöhnlich verrichtet wird, wechselt nicht, wenn der Arbeitnehmer seine Arbeit vorübergehend in einem anderen Staat verrichtet.

(3) Kann das anzuwendende Recht nicht nach Absatz 2 bestimmt werden, so unterliegt der Vertrag dem Recht des Staates, in dem sich die Niederlassung befindet, die den Arbeitnehmer eingestellt hat.

(4) Ergibt sich aus der Gesamtheit der Umstände, dass der Vertrag eine engere Verbindung zu einem anderen als dem in Absatz 2 oder 3 bezeichneten Staat aufweist, ist das Recht dieses anderen Staates anzuwenden.

Artikel 9
Eingriffsnormen

(1) Eine Eingriffsnorm ist eine zwingende Vorschrift, deren Einhaltung von einem Staat als so entscheidend für die Wahrung seines öffentlichen Interesses, insbesondere seiner politischen, sozialen oder wirtschaftlichen Organisation, angesehen wird, dass sie ungeachtet des nach Maßgabe dieser Verordnung auf den Vertrag anzuwendenden Rechts auf alle Sachverhalte anzuwenden ist, die in ihren Anwendungsbereich fallen.

(2) Diese Verordnung berührt nicht die Anwendung der Eingriffsnormen des Rechts des angerufenen Gerichts.

(3) Den Eingriffsnormen des Staates, in dem die durch den Vertrag begründeten Verpflichtungen erfüllt werden sollen oder erfüllt worden sind,

---

[1] ABl. L 172 vom 4.7.1988, S. 1. Zuletzt geändert durch die Richtlinie 2005/14/EG des Europäischen Parlaments und des Rates (ABl. L 149 vom 11.6.2005, S. 14).

kann Wirkung verliehen werden, soweit diese Eingriffsnormen die Erfüllung des Vertrags unrechtmäßig werden lassen. Bei der Entscheidung, ob diesen Eingriffsnormen Wirkung zu verleihen ist, werden Art und Zweck dieser Normen sowie die Folgen berücksichtigt, die sich aus ihrer Anwendung oder Nichtanwendung ergeben würden.

Artikel 10
Einigung und materielle Wirksamkeit

(1) Das Zustandekommen und die Wirksamkeit des Vertrags oder einer seiner Bestimmungen beurteilen sich nach dem Recht, das nach dieser Verordnung anzuwenden wäre, wenn der Vertrag oder die Bestimmung wirksam wäre.

(2) Ergibt sich jedoch aus den Umständen, dass es nicht gerechtfertigt wäre, die Wirkung des Verhaltens einer Partei nach dem in Absatz 1 bezeichneten Recht zu bestimmen, so kann sich diese Partei für die Behauptung, sie habe dem Vertrag nicht zugestimmt, auf das Recht des Staates ihres gewöhnlichen Aufenthalts berufen.

Artikel 11
Form

(1) Ein Vertrag, der zwischen Personen geschlossen wird, die oder deren Vertreter sich zum Zeitpunkt des Vertragsschlusses in demselben Staat befinden, ist formgültig, wenn er die Formerfordernisse des auf ihn nach dieser Verordnung anzuwendenden materiellen Rechts oder die Formerfordernisse des Rechts des Staates, in dem er geschlossen wird, erfüllt.

(2) Ein Vertrag, der zwischen Personen geschlossen wird, die oder deren Vertreter sich zum Zeitpunkt des Vertragsschlusses in verschiedenen Staaten befinden, ist formgültig, wenn er die Formerfordernisse des auf ihn nach dieser Verordnung anzuwendenden materiellen Rechts oder die Formerfordernisse des Rechts eines der Staaten, in denen sich eine der Vertragsparteien oder ihr Vertreter zum Zeitpunkt des Vertragsschlusses befindet, oder die Formerfordernisse des Rechts des Staates, in dem eine der Vertragsparteien zu diesem Zeitpunkt ihren gewöhnlichen Aufenthalt hatte, erfüllt.

(3) Ein einseitiges Rechtsgeschäft, das sich auf einen geschlossenen oder zu schließenden Vertrag bezieht, ist formgültig, wenn es die Formerfordernisse des materiellen Rechts, das nach dieser Verordnung auf den Vertrag anzuwenden ist oder anzuwenden wäre, oder die Formerfordernisse des Rechts des Staates erfüllt, in dem dieses Rechtsgeschäft vorgenommen worden ist oder in dem die Person, die das Rechtsgeschäft vorgenommen hat, zu diesem Zeitpunkt ihren gewöhnlichen Aufenthalt hatte.

(4) Die Absätze 1, 2 und 3 des vorliegenden Artikels gelten nicht für Verträge, die in den Anwendungsbereich von Artikel 6 fallen. Für die Form dieser Verträge ist das Recht des Staates maßgebend, in dem der Verbraucher seinen gewöhnlichen Aufenthalt hat.

(5) Abweichend von den Absätzen 1 bis 4 unterliegen Verträge, die ein dingliches Recht an einer unbeweglichen Sache oder die Miete oder Pacht einer unbeweglichen Sache zum Gegenstand haben, den Formvorschriften des Staates, in dem die unbewegliche Sache belegen ist, sofern diese Vorschriften nach dem Recht dieses Staates

a) unabhängig davon gelten, in welchem Staat der Vertrag geschlossen wird oder welchem Recht dieser Vertrag unterliegt, und

b) von ihnen nicht durch Vereinbarung abgewichen werden darf.

Artikel 12
Geltungsbereich des anzuwendenden Rechts

(1) Das nach dieser Verordnung auf einen Vertrag anzuwendende Recht ist insbesondere maßgebend für

a) seine Auslegung,

b) die Erfüllung der durch ihn begründeten Verpflichtungen,

c) die Folgen der vollständigen oder teilweisen Nichterfüllung dieser Verpflichtungen, in den Grenzen der dem angerufenen Gericht durch sein Prozessrecht eingeräumten Befugnisse, einschließlich der Schadensbemessung, soweit diese nach Rechtsnormen erfolgt,

d) die verschiedenen Arten des Erlöschens der Verpflichtungen sowie die Verjährung und die Rechtsverluste, die sich aus dem Ablauf einer Frist ergeben,

e) die Folgen der Nichtigkeit des Vertrags.

(2) In Bezug auf die Art und Weise der Erfüllung und die vom Gläubiger im Falle mangelhafter Erfüllung zu treffenden Maßnahmen ist das Recht des Staates, in dem die Erfüllung erfolgt, zu berücksichtigen.

Artikel 13
Rechts-, Geschäfts- und Handlungsunfähigkeit

Bei einem zwischen Personen, die sich in demselben Staat befinden, geschlossenen Vertrag kann sich eine natürliche Person, die nach dem Recht dieses Staates rechts-, geschäfts- und handlungsfähig wäre, nur dann auf ihre sich nach dem Recht eines anderen Staates ergebende Rechts-, Geschäfts- und Handlungsunfähigkeit berufen, wenn die andere Vertragspartei bei Vertragsschluss diese Rechts-, Geschäfts- und Handlungsunfähigkeit kannte oder infolge von Fahrlässigkeit nicht kannte.

Artikel 14
Übertragung der Forderung

(1) Das Verhältnis zwischen Zedent und Zessionar aus der Übertragung einer Forderung gegen eine andere Person („Schuldner") unterliegt dem Recht, das nach dieser Verordnung auf den Vertrag zwischen Zedent und Zessionar anzuwenden ist.

(2) Das Recht, dem die übertragene Forderung unterliegt, bestimmt ihre Übertragbarkeit, das Verhältnis zwischen Zessionar und Schuldner, die Voraussetzungen, unter denen die Übertragung dem Schuldner entgegengehalten werden kann, und die befreiende Wirkung einer Leistung durch den Schuldner.

(3) Der Begriff „Übertragung" in diesem Artikel umfasst die vollkommene Übertragung von Forderungen, die Übertragung von Forderungen zu Sicherungszwecken sowie von Pfandrechten oder anderen Sicherungsrechten an Forderungen.

Artikel 15
Gesetzlicher Forderungsübergang

Hat eine Person („Gläubiger") eine vertragliche Forderung gegen eine andere Person („Schuldner") und ist ein Dritter verpflichtet, den Gläubiger zu befriedigen, oder hat er den Gläubiger aufgrund dieser Verpflichtung befriedigt, so bestimmt das für die Verpflichtung des Dritten gegenüber dem Gläubiger maßgebende Recht, ob und in welchem Umfang der Dritte die Forderung des Gläubigers gegen den Schuldner nach dem für deren Beziehung maßgebenden Recht geltend zu machen berechtigt ist.

Artikel 16
Mehrfache Haftung

Hat ein Gläubiger eine Forderung gegen mehrere für dieselbe Forderung haftende Schuldner und ist er von einem der Schuldner ganz oder teilweise befriedigt worden, so ist für das Recht dieses Schuldners, von den übrigen Schuldnern Ausgleich zu verlangen, das Recht maßgebend, das auf die Verpflichtung dieses Schuldners gegenüber dem Gläubiger anzuwenden ist. Die übrigen Schuldner sind berechtigt, diesem Schuldner diejenigen Verteidigungsmittel entgegenzuhalten, die ihnen gegenüber dem Gläubiger zugestanden haben, soweit dies gemäß dem auf ihre Verpflichtung gegenüber dem Gläubiger anzuwendenden Recht zulässig wäre.

Artikel 17
Aufrechnung

Ist das Recht zur Aufrechnung nicht vertraglich vereinbart, so gilt für die Aufrechnung das Recht, dem die Forderung unterliegt, gegen die aufgerechnet wird.

Artikel 18
Beweis

(1) Das nach dieser Verordnung für das vertragliche Schuldverhältnis maßgebende Recht ist insoweit anzuwenden, als es für vertragliche Schuldverhältnisse gesetzliche Vermutungen aufstellt oder die Beweislast verteilt.

(2) Zum Beweis eines Rechtsgeschäfts sind alle Beweisarten des Rechts des angerufenen Gerichts oder eines der in Artikel 11 bezeichneten Rechte, nach denen das Rechtsgeschäft formgültig ist, zulässig, sofern der Beweis in dieser Art vor dem angerufenen Gericht erbracht werden kann.

KAPITEL III

SONSTIGE VORSCHRIFTEN

Artikel 19
Gewöhnlicher Aufenthalt

(1) Für die Zwecke dieser Verordnung ist der Ort des gewöhnlichen Aufenthalts von Gesellschaften, Vereinen und juristischen Personen der Ort ihrer Hauptverwaltung.
Der gewöhnliche Aufenthalt einer natürlichen Person, die im Rahmen der Ausübung ihrer beruflichen Tätigkeit handelt, ist der Ort ihrer Hauptniederlassung.

(2) Wird der Vertrag im Rahmen des Betriebs einer Zweigniederlassung, Agentur oder sonstigen Niederlassung geschlossen oder ist für die Erfüllung gemäß dem Vertrag eine solche Zweigniederlassung, Agentur oder sonstigen Niederlassung verantwortlich, so steht der Ort des gewöhnlichen Aufenthalts dem Ort gleich, an dem sich die Zweigniederlassung, Agentur oder sonstige Niederlassung befindet.

(3) Für die Bestimmung des gewöhnlichen Aufenthalts ist der Zeitpunkt des Vertragsschlusses maßgebend.

Artikel 20
Ausschluss der Rück- und Weiterverweisung

Unter dem nach dieser Verordnung anzuwendenden Recht eines Staates sind die in diesem Staat geltenden Rechtsnormen unter Ausschluss derjenigen des Internationalen Privatrechts zu verstehen, soweit in dieser Verordnung nichts anderes bestimmt ist.

Artikel 21
Öffentliche Ordnung im Staat des angerufenen Gerichts

Die Anwendung einer Vorschrift des nach dieser Verordnung bezeichneten Rechts kann nur versagt werden, wenn ihre Anwendung mit der öffentlichen Ordnung („ordre public") des Staates des angerufenen Gerichts offensichtlich unvereinbar ist.

Artikel 22
Staaten ohne einheitliche Rechtsordnung

(1) Umfasst ein Staat mehrere Gebietseinheiten, von denen jede eigene Rechtsnormen für vertragliche Schuldverhältnisse hat, so gilt für die Bestimmung des nach dieser Verordnung anzuwendenden Rechts jede Gebietseinheit als Staat.

(2) Ein Mitgliedstaat, in dem verschiedene Gebietseinheiten ihre eigenen Rechtsnormen für vertragliche Schuldverhältnisse haben, ist nicht verpflichtet, diese Verordnung auf Kollisionen zwischen den Rechtsordnungen dieser Gebietseinheiten anzuwenden.

Artikel 23
Verhältnis zu anderen Gemeinschaftsrechtsakten

Mit Ausnahme von Artikel 7 berührt diese Verordnung nicht die Anwendung von Vorschriften des Gemeinschaftsrechts, die in besonderen Bereichen Kollisionsnormen für vertragliche Schuldverhältnisse enthalten.

Artikel 24
Beziehung zum Übereinkommen von Rom

(1) Diese Verordnung tritt in den Mitgliedstaaten an die Stelle des Übereinkommens von Rom, außer hinsichtlich der Hoheitsgebiete der Mitgliedstaaten, die in den territorialen Anwendungsbereich dieses Übereinkommens fallen und für die aufgrund der Anwendung von Artikel 299 des Vertrags diese Verordnung nicht gilt.

(2) Soweit diese Verordnung die Bestimmungen des Übereinkommens von Rom ersetzt, gelten Bezugnahmen auf dieses Übereinkommen als Bezugnahmen auf diese Verordnung.

Artikel 25
Verhältnis zu bestehenden internationalen Übereinkommen

(1) Diese Verordnung berührt nicht die Anwendung der internationalen Übereinkommen, denen ein oder mehrere Mitgliedstaaten zum Zeitpunkt der Annahme dieser Verordnung angehören und die Kollisionsnormen für vertragliche Schuldverhältnisse enthalten.

(2) Diese Verordnung hat jedoch in den Beziehungen zwischen den Mitgliedstaaten Vorrang vor den ausschließlich zwischen zwei oder mehreren Mitgliedstaaten geschlossenen Übereinkommen, soweit diese Bereiche betreffen, die in dieser Verordnung geregelt sind.

Artikel 26
Verzeichnis der Übereinkommen

(1) Die Mitgliedstaaten übermitteln der Kommission bis spätestens 17. Juni 2009 die Übereinkommen nach Artikel 25 Absatz 1. Kündigen die Mitgliedstaaten nach diesem Stichtag eines dieser Übereinkommen, so setzen sie die Kommission davon in Kenntnis.

(2) Die Kommission veröffentlicht im *Amtsblatt der Europäischen Union* innerhalb von sechs Monaten nach Erhalt der in Absatz 1 genannten Übermittlung

a) ein Verzeichnis der in Absatz 1 genannten Übereinkommen;

b) die in Absatz 1 genannten Kündigungen.

Artikel 27
Überprüfungsklausel

(1) Die Kommission legt dem Europäischen Parlament, dem Rat und dem Europäischen Wirtschafts- und Sozialausschuss bis spätestens 17. Juni 2013 einen Bericht über die Anwendung dieser Verordnung vor. Diesem Bericht werden gegebenenfalls Vorschläge zur Änderung der Verordnung beigefügt. Der Bericht umfasst:

a) eine Untersuchung über das auf Versicherungsverträge anzuwendende Recht und eine Abschätzung der Folgen etwaiger einzuführender Bestimmungen und

b) eine Bewertung der Anwendung von Artikel 6, insbesondere hinsichtlich der Kohärenz des Gemeinschaftsrechts im Bereich des Verbraucherschutzes.

(2) Die Kommission legt dem Europäischen Parlament, dem Rat und dem Europäischen Wirtschafts- und Sozialausschuss bis 17. Juni 2010 einen Bericht über die Frage vor, ob die Übertragung einer Forderung Dritten entgegengehalten werden kann, und über den Rang dieser Forderung gegenüber einem Recht einer anderen Person. Dem Bericht wird gegebenenfalls ein Vorschlag zur Änderung dieser Verordnung sowie eine Folgenabschätzung der einzuführenden Bestimmungen beigefügt.

Artikel 28
Zeitliche Anwendbarkeit

Diese Verordnung wird auf Verträge angewandt, die ab dem 17. Dezember 2009 geschlossen werden.

(ABl L 309 vom 24. 11. 2009, S 87)

KAPITEL IV

SCHLUSSBESTIMMUNGEN

Artikel 29
Inkrafttreten und Anwendbarkeit

Diese Verordnung tritt am zwanzigsten Tag nach ihrer Veröffentlichung im *Amtsblatt der Europäischen Union* in Kraft.
Sie gilt ab 17. Dezember 2009, mit Ausnahme des Artikels 26, der ab dem 17. Juni 2009 gilt.

2/2. Rom II - Verordnung

2/2. Verordnung über das auf außervertragliche Schuldverhältnisse anzuwendende Recht, ABl L 199 vom 31. 7. 2007, S 40 idF

1 ABl L 310 vom 9. 11. 2012, S 52 (Berichtigung)

STICHWORTVERZEICHNIS

(Die Zahlenangaben beziehen sich auf die Artikel; Zahlen in Klammern auf die Erwägungsgründe)

Verordnung (EG) Nr. 864/2007 des Europäischen Parlaments und des Rates vom 11. Juli 2007 über das auf außervertragliche Schuldverhältnisse anzuwendende Recht („Rom II")

DAS EUROPÄISCHE PARLAMENT UND DER RAT DER EUROPÄISCHEN UNION –

gestützt auf den Vertrag zur Gründung der Europäischen Gemeinschaft, insbesondere auf Artikel 61 Buchstabe c und Artikel 67,

auf Vorschlag der Kommission,

nach Stellungnahme des Europäischen Wirtschafts- und Sozialausschusses[1]

gemäß dem Verfahren des Artikels 251 des Vertrags, aufgrund des vom Vermittlungsausschuss am 25. Juni 2007 gebilligten gemeinsamen Entwurfs[2],

in Erwägung nachstehender Gründe:

(1) Die Gemeinschaft hat sich zum Ziel gesetzt, einen Raum der Freiheit, der Sicherheit und des Rechts zu erhalten und weiterzuentwickeln. Zur schrittweisen Schaffung eines solchen Raums muss die Gemeinschaft im Bereich der justiziellen Zusammenarbeit in Zivilsachen, die einen grenzüberschreitenden Bezug aufweisen, Maßnahmen erlassen, soweit sie für das reibungslose Funktionieren des Binnenmarkts erforderlich sind.

(2) Nach Artikel 65 Buchstabe b des Vertrags schließen diese Maßnahmen auch solche ein, die die Vereinbarkeit der in den Mitgliedstaaten geltenden Kollisionsnormen und Vorschriften zur Vermeidung von Kompetenzkonflikten fördern.

(3) Auf seiner Tagung vom 15. und 16. Oktober 1999 in Tampere hat der Europäische Rat den Grundsatz der gegenseitigen Anerkennung von Urteilen und anderen Entscheidungen von Justizbehörden als Eckstein der justiziellen Zusammenarbeit in Zivilsachen unterstützt und den Rat und die Kommission ersucht, ein Maßnahmenprogramm zur Umsetzung dieses Grundsatzes anzunehmen.

(4) Der Rat hat am 30. November 2000 ein gemeinsames Maßnahmenprogramm der Kommission und des Rates zur Umsetzung des Grundsatzes der gegenseitigen Anerkennung gerichtlicher Entscheidungen in Zivil- und Handelssachen[3] angenommen. Nach dem Programm können Maßnahmen zur Harmonisierung der Kollisionsnormen dazu beitragen, die gegenseitige Anerkennung gerichtlicher Entscheidungen zu vereinfachen.

(5) In dem vom Europäischen Rat am 5. November 2004 angenommenen Haager Programm[4] wurde dazu aufgerufen, die Beratungen über die Regelung der Kollisionsnormen für außervertragliche Schuldverhältnisse („Rom II") energisch voranzutreiben.

(6) Um den Ausgang von Rechtsstreitigkeiten vorhersehbarer zu machen und die Sicherheit in Bezug auf das anzuwendende Recht sowie den freien Verkehr gerichtlicher Entscheidungen zu fördern, müssen die in den Mitgliedstaaten geltenden Kollisionsnormen im Interesse eines reibungslos funktionierenden Binnenmarkts unabhängig von dem Staat, in dem sich das Gericht befindet, bei dem der Anspruch geltend gemacht wird, dieselben Verweisungen zur Bestimmung des anzuwendenden Rechts vorsehen.

(7) Der materielle Anwendungsbereich und die Bestimmungen dieser Verordnung sollten mit der Verordnung (EG) Nr. 44/2001 des Rates vom 22. Dezember 2000 über die gerichtliche Zuständigkeit und die Anerkennung und Vollstreckung von Entscheidungen in Zivil- und Handelssachen[5] (Brüssel I) und den Instrumenten, die das auf vertragliche Schuldverhältnisse anzuwendende Recht zum Gegenstand haben, in Einklang stehen.

(8) Diese Verordnung ist unabhängig von der Art des angerufenen Gerichts anwendbar.

(9) Forderungen aufgrund von „acta iure imperii" sollten sich auch auf Forderungen gegen im Namen des Staates handelnde Bedienstete und auf die Haftung für Handlungen öffentlicher Stellen erstrecken, einschließlich der Haftung amtlich ernannter öffentlicher Bediensteter. Sie sollten daher vom Anwendungsbereich dieser Verordnung ausgenommen werden.

(10) Familienverhältnisse sollten die Verwandtschaft in gerader Linie, die Ehe, die Schwägerschaft und die Verwandtschaft in der Seitenlinie umfassen. Die Bezugnahme in Artikel 1 Absatz

[1] ABl. C 241 vom 28.9.2004, S. 1.

[2] Stellungnahme des Europäischen Parlaments vom 6. Juli 2005 (ABl. C 157 E vom 6.7.2006, S. 371), Gemeinsamer Standpunkt des Rates vom 25. September 2006 (ABl. C 289 E vom 28.11.2006, S. 68) und Standpunkt des Europäischen Parlaments vom 18. Januar 2007 (noch nicht im Amtsblatt veröffentlicht). Legislative Entschließung des Europäischen Parlaments vom 10. Juli 2007 und Beschluss des Rates vom 28. Juni 2007.

Zu Abs. 4:

[3] ABl. C 12 vom 15.1.2001, S. 1.

Zu Abs. 5:

[4] ABl. C 53 vom 3.3.2005, S. 1.

Zu Abs. 7:

[5] ABl. L 12 vom 16.1.2001, S. 1. Zuletzt geändert durch die Verordnung (EG) Nr. 1791/2006 (ABl. L 363 vom 20.12.2006, S. 1).

2 auf Verhältnisse, die mit der Ehe oder anderen Familienverhältnissen vergleichbare Wirkungen entfalten, sollte nach dem Recht des Mitgliedstaats, in dem sich das angerufene Gericht befindet, ausgelegt werden.

(11) Der Begriff des außervertraglichen Schuldverhältnisses ist von Mitgliedstaat zu Mitgliedstaat verschieden definiert. Im Sinne dieser Verordnung sollte der Begriff des außervertraglichen Schuldverhältnisses daher als autonomer Begriff verstanden werden. Die in dieser Verordnung enthaltenen Regeln des Kollisionsrechts sollten auch für außervertragliche Schuldverhältnisse aus Gefährdungshaftung gelten.

(12) Das anzuwendende Recht sollte auch für die Frage gelten, wer für eine unerlaubte Handlung haftbar gemacht werden kann.

(13) Wettbewerbsverzerrungen im Verhältnis zwischen Wettbewerbern aus der Gemeinschaft sind vermeidbar, wenn einheitliche Bestimmungen unabhängig von dem durch sie bezeichneten Recht angewandt werden.

(14) Das Erfordernis der Rechtssicherheit und die Notwendigkeit, in jedem Einzelfall Recht zu sprechen, sind wesentliche Anforderungen an einen Rechtsraum. Diese Verordnung bestimmt die Anknüpfungskriterien, die zur Erreichung dieser Ziele am besten geeignet sind. Deshalb sieht diese Verordnung neben einer allgemeinen Regel Sonderregeln und, in bestimmten Fällen, eine „Ausweichklausel" vor, die ein Abweichen von diesen Regeln erlaubt, wenn sich aus der Gesamtheit der Umstände ergibt, dass die unerlaubte Handlung eine offensichtlich engere Verbindung mit einem anderen Staat aufweist. Diese Gesamtregelung schafft einen flexiblen Rahmen kollisionsrechtlicher Regelungen. Sie ermöglicht es dem angerufenen Gericht gleichfalls, Einzelfälle in einer angemessenen Weise zu behandeln.

(15) Zwar wird in nahezu allen Mitgliedstaaten bei außervertraglichen Schuldverhältnissen grundsätzlich von der lex loci delicti commissi ausgegangen, doch wird dieser Grundsatz in der Praxis unterschiedlich angewandt, wenn sich Sachverhaltselemente des Falles über mehrere Staaten erstrecken. Dies führt zu Unsicherheit in Bezug auf das anzuwendende Recht.

(16) Einheitliche Bestimmungen sollten die Vorhersehbarkeit gerichtlicher Entscheidungen verbessern und einen angemessenen Interessenausgleich zwischen Personen, deren Haftung geltend gemacht wird, und Geschädigten gewährleisten. Die Anknüpfung an den Staat, in dem der Schaden selbst eingetreten ist (lex loci damni), schafft einen gerechten Ausgleich zwischen den Interessen der Person, deren Haftung geltend gemacht wird, und der Person, die geschädigt wurde, und entspricht der modernen Konzeption der zivilrechtlichen Haftung und der Entwicklung der Gefährdungshaftung.

(17) Das anzuwendende Recht sollte das Recht des Staates sein, in dem der Schaden eintritt, und zwar unabhängig von dem Staat oder den Staaten, in dem bzw. denen die indirekten Folgen auftreten könnten. „Daher sollte bei Personen- oder Sachschäden der Staat, in dem der Schaden eintritt, der Staat sein, in dem die Verletzung erlitten beziehungsweise die Sache beschädigt wurde." *(ABl L 310 vom 9. 11. 2012, S 52)*

(18) Als allgemeine Regel in dieser Verordnung sollte die „lex loci damni" nach Artikel 4 Absatz 1 gelten. Artikel 4 Absatz 2 sollte als Ausnahme von dieser allgemeinen Regel verstanden werden; durch diese Ausnahme wird eine besondere Anknüpfung für Fälle geschaffen, in denen die Parteien ihren gewöhnlichen Aufenthalt in demselben Staat haben. Artikel 4 Absatz 3 sollte als „Ausweichklausel" zu Artikel 4 Absätze 1 und 2 betrachtet werden, wenn sich aus der Gesamtheit der Umstände ergibt, dass die unerlaubte Handlung eine offensichtlich engere Verbindung mit einem anderen Staat aufweist.

(19) Für besondere unerlaubte Handlungen, bei denen die allgemeine Kollisionsnorm nicht zu einem angemessenen Interessenausgleich führt, sollten besondere Bestimmungen vorgesehen werden.

(20) Die Kollisionsnorm für die Produkthaftung sollte für eine gerechte Verteilung der Risiken einer modernen, hochtechnisierten Gesellschaft sorgen, die Gesundheit der Verbraucher schützen, Innovationsanreize geben, einen unverfälschten Wettbewerb gewährleisten und den Handel erleichtern. Die Schaffung einer Anknüpfungsleiter stellt, zusammen mit einer Vorhersehbarkeitsklausel, im Hinblick auf diese Ziele eine ausgewogene Lösung dar. Als erstes Element ist das Recht des Staates zu berücksichtigen, in dem die geschädigte Person beim Eintritt des Schadens ihren gewöhnlichen Aufenthalt hatte, sofern das Produkt in diesem Staat in den Verkehr gebracht wurde. Die weiteren Elemente der Anknüpfungsleiter kommen zur Anwendung, wenn das Produkt nicht in diesem Staat in Verkehr gebracht wurde, unbeschadet von Artikel 4 Absatz 2 und der Möglichkeit einer offensichtlich engeren Verbindung mit einem anderen Staat.

(21) Die Sonderregel nach Artikel 6 stellt keine Ausnahme von der allgemeinen Regel nach Artikel 4 Absatz 1 dar, sondern vielmehr eine Präzisierung derselben. Im Bereich des unlauteren Wettbewerbs sollte die Kollisionsnorm die Wettbewerber, die Verbraucher und die Öffentlichkeit schützen und das reibungslose Funktionieren der Marktwirtschaft sicherstellen. Durch eine Anknüpfung an das Recht des Staates, in dessen Gebiet

die Wettbewerbsbeziehungen oder die kollektiven Interessen der Verbraucher beeinträchtigt worden sind oder beeinträchtigt zu werden drohen, können diese Ziele im Allgemeinen erreicht werden.

(22) Außervertragliche Schuldverhältnisse, die aus einem den Wettbewerb einschränkenden Verhalten nach Artikel 6 Absatz 3 entstanden sind, sollten sich auf Verstöße sowohl gegen nationale als auch gegen gemeinschaftliche Wettbewerbsvorschriften erstrecken. Auf solche außervertraglichen Schuldverhältnisse sollte das Recht des Staates anzuwenden sein, in dessen Gebiet sich die Einschränkung auswirkt oder auszuwirken droht. Wird der Markt in mehr als einem Staat beeinträchtigt oder wahrscheinlich beeinträchtigt, so sollte der Geschädigte seinen Anspruch unter bestimmten Umständen auf das Recht des Mitgliedstaats des angerufenen Gerichts stützen können.

(23) Für die Zwecke dieser Verordnung sollte der Begriff der Einschränkung des Wettbewerbs Verbote von Vereinbarungen zwischen Unternehmen, Beschlüssen von Unternehmensvereinigungen und abgestimmten Verhaltensweisen, die eine Verhinderung, Einschränkung oder Verfälschung des Wettbewerbs in einem Mitgliedstaat oder innerhalb des Binnenmarktes bezwecken oder bewirken, sowie das Verbot der missbräuchlichen Ausnutzung einer beherrschenden Stellung in einem Mitgliedstaat oder innerhalb des Binnenmarktes erfassen, sofern solche Vereinbarungen, Beschlüsse, abgestimmte Verhaltensweisen oder Missbräuche nach den Artikeln 81 und 82 des Vertrags oder dem Recht eines Mitgliedstaats verboten sind.

(24) „Umweltschaden" sollte eine nachteilige Veränderung einer natürlichen Ressource, wie Wasser, Boden oder Luft, eine Beeinträchtigung einer Funktion, die eine natürliche Ressource zum Nutzen einer anderen natürlichen Ressource oder der Öffentlichkeit erfüllt, oder eine Beeinträchtigung der Variabilität unter lebenden Organismen umfassen.

(25) Im Falle von Umweltschäden rechtfertigt Artikel 174 des Vertrags, wonach ein hohes Schutzniveau erreicht werden sollte, und der auf den Grundsätzen der Vorsorge und Vorbeugung, auf dem Grundsatz, Umweltbeeinträchtigungen vorrangig an ihrem Ursprung zu bekämpfen, sowie auf dem Verursacherprinzip beruht, in vollem Umfang die Anwendung des Grundsatzes der Begünstigung des Geschädigten. Die Frage, wann der Geschädigte die Wahl des anzuwendenden Rechts zu treffen hat, sollte nach dem Recht des Mitgliedstaats des angerufenen Gerichts entschieden werden.

(26) Bei einer Verletzung von Rechten des geistigen Eigentums gilt es, den allgemein anerkannten Grundsatz der lex loci protectionis zu wahren. Im Sinne dieser Verordnung sollte der Ausdruck „Rechte des geistigen Eigentums" dahin interpretiert werden, dass er beispielsweise Urheberrechte, verwandte Schutzrechte, das Schutzrecht sui generis für Datenbanken und gewerbliche Schutzrechte umfasst.

(27) Die exakte Definition des Begriffs „Arbeitskampfmaßnahmen", beispielsweise Streikaktionen oder Aussperrung, ist von Mitgliedstaat zu Mitgliedstaat verschieden und unterliegt den innerstaatlichen Vorschriften der einzelnen Mitgliedstaaten. Daher wird in dieser Verordnung grundsätzlich davon ausgegangen, dass das Recht des Staates anzuwenden ist, in dem die Arbeitskampfmaßnahmen ergriffen wurden, mit dem Ziel, die Rechte und Pflichten der Arbeitnehmer und der Arbeitgeber zu schützen.

(28) Die Sonderbestimmung für Arbeitskampfmaßnahmen nach Artikel 9 lässt die Bedingungen für die Durchführung solcher Maßnahmen nach nationalem Recht und die im Recht der Mitgliedstaaten vorgesehene Rechtsstellung der Gewerkschaften oder der repräsentativen Arbeitnehmerorganisationen unberührt.

(29) Für Schäden, die aufgrund einer anderen Handlung als aus unerlaubter Handlung, wie ungerechtfertigter Bereicherung, Geschäftsführung ohne Auftrag oder Verschulden bei Vertragsverhandlungen, entstanden sind, sollten Sonderbestimmungen vorgesehen werden.

(30) Der Begriff des Verschuldens bei Vertragsverhandlungen ist für die Zwecke dieser Verordnung als autonomer Begriff zu verstehen und sollte daher nicht zwangsläufig im Sinne des nationalen Rechts ausgelegt werden. Er sollte die Verletzung der Offenlegungspflicht und den Abbruch von Vertragsverhandlungen einschließen. Artikel 12 gilt nur für außervertragliche Schuldverhältnisse, die in unmittelbarem Zusammenhang mit den Verhandlungen vor Abschluss eines Vertrags stehen. So sollten in den Fällen, in denen einer Person während der Vertragsverhandlungen ein Personenschaden zugefügt wird, Artikel 4 oder andere einschlägige Bestimmungen dieser Verordnung zur Anwendung gelangen.

(31) Um den Grundsatz der Parteiautonomie zu achten und die Rechtssicherheit zu verbessern, sollten die Parteien das auf ein außervertragliches Schuldverhältnis anzuwendende Recht wählen können. Die Rechtswahl sollte ausdrücklich erfolgen oder sich mit hinreichender Sicherheit aus den Umständen des Falles ergeben. Bei der Prüfung, ob eine solche Rechtswahl vorliegt, hat das Gericht den Willen der Parteien zu achten. Die Möglichkeit der Rechtswahl sollte zum Schutz der schwächeren Partei mit bestimmten Bedingungen versehen werden.

(32) Gründe des öffentlichen Interesses rechtfertigen es, dass die Gerichte der Mitgliedstaaten unter außergewöhnlichen Umständen die Vorbehaltsklausel (ordre public) und Eingriffsnormen anwenden können. Insbesondere kann die Anwendung einer Norm des nach dieser Verordnung bezeichneten Rechts, die zur Folge haben würde, dass ein unangemessener, über den Ausgleich des entstandenen Schadens hinausgehender Schadensersatz mit abschreckender Wirkung oder Strafschadensersatz zugesprochen werden könnte, je nach der Rechtsordnung des Mitgliedstaats des angerufenen Gerichts als mit der öffentlichen Ordnung („ordre public") dieses Staates unvereinbar angesehen werden.

(33) Gemäß den geltenden nationalen Bestimmungen über den Schadensersatz für Opfer von Straßenverkehrsunfällen sollte das befasste Gericht bei der Schadensberechnung für Personenschäden in Fällen, in denen sich der Unfall in einem anderem Staat als dem des gewöhnlichen Aufenthalts des Opfers ereignet, alle relevanten tatsächlichen Umstände des jeweiligen Opfers berücksichtigen, insbesondere einschließlich tatsächlicher Verluste und Kosten für Nachsorge und medizinische Versorgung.

(34) Zur Wahrung eines angemessenen Interessenausgleichs zwischen den Parteien müssen, soweit dies angemessen ist, die Sicherheits- und Verhaltensregeln des Staates, in dem die schädigende Handlung begangen wurde, selbst dann beachtet werden, wenn auf das außervertragliche Schuldverhältnis das Recht eines anderen Staates anzuwenden ist. Der Begriff „Sicherheits- und Verhaltensregeln" ist in dem Sinne auszulegen, dass er sich auf alle Vorschriften bezieht, die in Zusammenhang mit Sicherheit und Verhalten stehen, einschließlich beispielsweise der Straßenverkehrssicherheit im Falle eines Unfalls.

(35) Die Aufteilung der Kollisionsnormen auf zahlreiche Rechtsakte sowie Unterschiede zwischen diesen Normen sollten vermieden werden. Diese Verordnung schließt jedoch die Möglichkeit der Aufnahme von Kollisionsnormen für außervertragliche Schuldverhältnisse in Vorschriften des Gemeinschaftsrechts in Bezug auf besondere Gegenstände nicht aus.

Diese Verordnung sollte die Anwendung anderer Rechtsakte nicht ausschließen, die Bestimmungen enthalten, die zum reibungslosen Funktionieren des Binnenmarkts beitragen sollen, soweit sie nicht in Verbindung mit dem Recht angewendet werden können, auf das die Regeln dieser Verordnung verweisen. Die Anwendung der Vorschriften im anzuwendenden Recht, die durch die Bestimmungen dieser Verordnung berufen wurden, sollte nicht die Freiheit des Waren- und Dienstleistungsverkehrs, wie sie in den Rechtsinstrumenten der Gemeinschaft wie der Richtlinie 2000/31/EG des Europäischen Parlaments und des Rates vom 8. Juni 2000 über bestimmte rechtliche Aspekte der Dienste der Informationsgesellschaft, insbesondere des elektronischen Geschäftsverkehrs, im Binnenmarkt („Richtlinie über den elektronischen Geschäftsverkehr")[6] ausgestaltet ist, beschränken.

(36) Um die internationalen Verpflichtungen, die die Mitgliedstaaten eingegangen sind, zu wahren, darf sich die Verordnung nicht auf internationale Übereinkommen auswirken, denen ein oder mehrere Mitgliedstaaten zum Zeitpunkt der Annahme dieser Verordnung angehören. Um den Zugang zu den Rechtsakten zu erleichtern, sollte die Kommission anhand der Angaben der Mitgliedstaaten ein Verzeichnis der betreffenden Übereinkommen im *Amtsblatt der Europäischen Union* veröffentlichen.

(37) Die Kommission wird dem Europäischen Parlament und dem Rat einen Vorschlag unterbreiten, nach welchen Verfahren und unter welchen Bedingungen die Mitgliedstaaten in Einzel– und Ausnahmefällen in eigenem Namen Übereinkünfte mit Drittländern über sektorspezifische Fragen aushandeln und abschließen dürfen, die Bestimmungen über das auf außervertragliche Schuldverhältnisse anzuwendende Recht enthalten.

(38) Da das Ziel dieser Verordnung auf Ebene der Mitgliedstaaten nicht ausreichend verwirklicht werden kann und daher wegen des Umfangs und der Wirkungen der Verordnung besser auf Gemeinschaftsebene zu verwirklichen ist, kann die Gemeinschaft im Einklang mit dem in Artikel 5 des Vertrags niedergelegten Subsidiaritätsprinzip tätig werden. Entsprechend dem ebenfalls in diesem Artikel festgelegten Grundsatz der Verhältnismäßigkeit geht diese Verordnung nicht über das für die Erreichung dieses Ziels erforderliche Maß hinaus.

(39) Gemäß Artikel 3 des Protokolls über die Position des Vereinigten Königreichs und Irlands im Anhang zum Vertrag über die Europäische Union und im Anhang zum Vertrag zur Gründung der Europäischen Gemeinschaft beteiligen sich das Vereinigte Königreich und Irland an der Annahme und Anwendung dieser Verordnung.

(40) Gemäß den Artikeln 1 und 2 des dem Vertrag über die Europäische Union und dem Vertrag zur Gründung der Europäischen Gemeinschaft beigefügten Protokolls über die Position Dänemarks beteiligt sich Dänemark nicht an der Annahme dieser Verordnung, die für Dänemark nicht bindend oder anwendbar ist –

Zu Abs. 35:

[6] *ABl. L 178 vom 17.7.2000, S. 1.*

HAT FOLGENDE VERORDNUNG ERLASSEN:

KAPITEL I

ANWENDUNGSBEREICH

Artikel 1
Anwendungsbereich

(1) Diese Verordnung gilt für außervertragliche Schuldverhältnisse in Zivil- und Handelssachen, die eine Verbindung zum Recht verschiedener Staaten aufweisen. Sie gilt insbesondere nicht für Steuer- und Zollsachen, verwaltungsrechtliche Angelegenheiten oder die Haftung des Staates für Handlungen oder Unterlassungen im Rahmen der Ausübung hoheitlicher Rechte („acta iure imperii").

(2) Vom Anwendungsbereich dieser Verordnung ausgenommen sind

a) außervertragliche Schuldverhältnisse aus einem Familienverhältnis oder aus Verhältnissen, die nach dem auf diese Verhältnisse anzuwendenden Recht vergleichbare Wirkungen entfalten, einschließlich der Unterhaltspflichten;

b) außervertragliche Schuldverhältnisse aus ehelichen Güterständen, aus Güterständen aufgrund von Verhältnissen, die nach dem auf diese Verhältnisse anzuwendenden Recht mit der Ehe vergleichbare Wirkungen entfalten, und aus Testamenten und Erbrecht;

c) außervertragliche Schuldverhältnisse aus Wechseln, Schecks, Eigenwechseln und anderen handelbaren Wertpapieren, sofern die Verpflichtungen aus diesen anderen Wertpapieren aus deren Handelbarkeit entstehen;

d) außervertragliche Schuldverhältnisse, die sich aus dem Gesellschaftsrecht, dem Vereinsrecht und dem Recht der juristischen Personen ergeben, wie die Errichtung durch Eintragung oder auf andere Weise, die Rechts- und Handlungsfähigkeit, die innere Verfassung und die Auflösung von Gesellschaften, Vereinen und juristischen Personen, die persönliche Haftung der Gesellschafter und der Organe für die Verbindlichkeiten einer Gesellschaft, eines Vereins oder einer juristischen Person sowie die persönliche Haftung der Rechnungsprüfer gegenüber einer Gesellschaft oder ihren Gesellschaftern bei der Pflichtprüfung der Rechnungslegungsunterlagen;

e) außervertragliche Schuldverhältnisse aus den Beziehungen zwischen den Verfügenden, den Treuhändern und den Begünstigten eines durch Rechtsgeschäft errichteten „Trusts";

f) außervertragliche Schuldverhältnisse, die sich aus Schäden durch Kernenergie ergeben;

g) außervertragliche Schuldverhältnisse aus der Verletzung der Privatsphäre oder der Persönlichkeitsrechte, einschließlich der Verleumdung.

(3) Diese Verordnung gilt unbeschadet der Artikel 21 und 22 nicht für den Beweis und das Verfahren.

(4) Im Sinne dieser Verordnung bezeichnet der Begriff „Mitgliedstaat" jeden Mitgliedstaat mit Ausnahme Dänemarks.

Artikel 2
Außervertragliche Schuldverhältnisse

(1) Im Sinne dieser Verordnung umfasst der Begriff des Schadens sämtliche Folgen einer unerlaubten Handlung, einer ungerechtfertigten Bereicherung, einer Geschäftsführung ohne Auftrag („Negotiorum gestio") oder eines Verschuldens bei Vertragsverhandlungen („Culpa in contrahendo").

(2) Diese Verordnung gilt auch für außervertragliche Schuldverhältnisse, deren Entstehen wahrscheinlich ist.

(3) Sämtliche Bezugnahmen in dieser Verordnung auf

a) ein schadensbegründendes Ereignis gelten auch für schadensbegründende Ereignisse, deren Eintritt wahrscheinlich ist, und

b) einen Schaden gelten auch für Schäden, deren Eintritt wahrscheinlich ist.

Artikel 3
Universelle Anwendung

Das nach dieser Verordnung bezeichnete Recht ist auch dann anzuwenden, wenn es nicht das Recht eines Mitgliedstaats ist.

KAPITEL II

UNERLAUBTE HANDLUNGEN

Artikel 4
Allgemeine Kollisionsnorm

(1) Soweit in dieser Verordnung nichts anderes vorgesehen ist, ist auf ein außervertragliches Schuldverhältnis aus unerlaubter Handlung das Recht des Staates anzuwenden, in dem der Schaden eintritt, unabhängig davon, in welchem Staat das schadensbegründende Ereignis oder indirekte Schadensfolgen eingetreten sind.

(2) Haben jedoch die Person, deren Haftung geltend gemacht wird, und die Person, die geschädigt wurde, zum Zeitpunkt des Schadenseintritts ihren gewöhnlichen Aufenthalt in demselben Staat, so unterliegt die unerlaubte Handlung dem Recht dieses Staates.

(3) Ergibt sich aus der Gesamtheit der Umstände, dass die unerlaubte Handlung eine offensichtlich engere Verbindung mit einem anderen als dem in den Absätzen 1 oder 2 bezeichneten Staat aufweist, so ist das Recht dieses anderen Staates anzuwenden. Eine offensichtlich engere Verbindung mit einem anderen Staat könnte sich insbe-

sondere aus einem bereits bestehenden Rechtsverhältnis zwischen den Parteien – wie einem Vertrag – ergeben, das mit der betreffenden unerlaubten Handlung in enger Verbindung steht.

Artikel 5
Produkthaftung

(1) Unbeschadet des Artikels 4 Absatz 2 ist auf ein außervertragliches Schuldverhältnis im Falle eines Schadens durch ein Produkt folgendes Recht anzuwenden:

a) das Recht des Staates, in dem die geschädigte Person beim Eintritt des Schadens ihren gewöhnlichen Aufenthalt hatte, sofern das Produkt in diesem Staat in Verkehr gebracht wurde, oder anderenfalls

b) das Recht des Staates, in dem das Produkt erworben wurde, falls das Produkt in diesem Staat in Verkehr gebracht wurde, oder anderenfalls

c) das Recht des Staates, in dem der Schaden eingetreten ist, falls das Produkt in diesem Staat in Verkehr gebracht wurde.

Jedoch ist das Recht des Staates anzuwenden, in dem die Person, deren Haftung geltend gemacht wird, ihren gewöhnlichen Aufenthalt hat, wenn sie das Inverkehrbringen des Produkts oder eines gleichartigen Produkts in dem Staat, dessen Recht nach den Buchstaben a, b oder c anzuwenden ist, vernünftigerweise nicht voraussehen konnte.

(2) Ergibt sich aus der Gesamtheit der Umstände, dass die unerlaubte Handlung eine offensichtlich engere Verbindung mit einem anderen als dem in Absatz 1 bezeichneten Staat aufweist, so ist das Recht dieses anderen Staates anzuwenden. Eine offensichtlich engere Verbindung mit einem anderen Staat könnte sich insbesondere aus einem bereits bestehenden Rechtsverhältnis zwischen den Parteien – wie einem Vertrag – ergeben, das mit der betreffenden unerlaubten Handlung in enger Verbindung steht.

Artikel 6
Unlauterer Wettbewerb und den freien Wettbewerb einschränkendes Verhalten

(1) Auf außervertragliche Schuldverhältnisse aus unlauterem Wettbewerbsverhalten ist das Recht des Staates anzuwenden, in dessen Gebiet die Wettbewerbsbeziehungen oder die kollektiven Interessen der Verbraucher beeinträchtigt worden sind oder wahrscheinlich beeinträchtigt werden.

(2) Beeinträchtigt ein unlauteres Wettbewerbsverhalten ausschließlich die Interessen eines bestimmten Wettbewerbers, ist Artikel 4 anwendbar.

(3) a) Auf außervertragliche Schuldverhältnisse aus einem den Wettbewerb einschränkenden Verhalten ist das Recht des Staates anzuwenden, dessen Markt beeinträchtigt ist oder wahrscheinlich beeinträchtigt wird.

b) Wird der Markt in mehr als einem Staat beeinträchtigt oder wahrscheinlich beeinträchtigt, so kann ein Geschädigter, der vor einem Gericht im Mitgliedstaat des Wohnsitzes des Beklagten klagt, seinen Anspruch auf das Recht des Mitgliedstaats des angerufenen Gerichts stützen, sofern der Markt in diesem Mitgliedstaat zu den Märkten gehört, die unmittelbar und wesentlich durch das den Wettbewerb einschränkende Verhalten beeinträchtigt sind, das das außervertragliche Schuldverhältnis begründet, auf welches sich der Anspruch stützt; klagt der Kläger gemäß den geltenden Regeln über die gerichtliche Zuständigkeit vor diesem Gericht gegen mehr als einen Beklagten, so kann er seinen Anspruch nur dann auf das Recht dieses Gerichts stützen, wenn das den Wettbewerb einschränkende Verhalten, auf das sich der Anspruch gegen jeden dieser Beklagten stützt, auch den Markt im Mitgliedstaat dieses Gerichts unmittelbar und wesentlich beeinträchtigt.

(4) Von dem nach diesem Artikel anzuwendenden Recht kann nicht durch eine Vereinbarung gemäß Artikel 14 abgewichen werden.

Artikel 7
Umweltschädigung

Auf außervertragliche Schuldverhältnisse aus einer Umweltschädigung oder einem aus einer solchen Schädigung herrührenden Personen- oder Sachschaden ist das nach Artikel 4 Absatz 1 geltende Recht anzuwenden, es sei denn, der Geschädigte hat sich dazu entschieden, seinen Anspruch auf das Recht des Staates zu stützen, in dem das schadensbegründende Ereignis eingetreten ist.

Artikel 8
Verletzung von Rechten des geistigen Eigentums

(1) Auf außervertragliche Schuldverhältnisse aus einer Verletzung von Rechten des geistigen Eigentums ist das Recht des Staates anzuwenden, für den der Schutz beansprucht wird.

(2) Bei außervertraglichen Schuldverhältnissen aus einer Verletzung von gemeinschaftsweit einheitlichen Rechten des geistigen Eigentums ist auf Fragen, die nicht unter den einschlägigen Rechtsakt der Gemeinschaft fallen, das Recht des Staates anzuwenden, in dem die Verletzung begangen wurde.

(3) Von dem nach diesem Artikel anzuwendenden Recht kann nicht durch eine Vereinbarung nach Artikel 14 abgewichen werden.

Artikel 9
Arbeitskampfmaßnahmen

Unbeschadet des Artikels 4 Absatz 2 ist auf außervertragliche Schuldverhältnisse in Bezug auf die Haftung einer Person in ihrer Eigenschaft als Arbeitnehmer oder Arbeitgeber oder der Organisationen, die deren berufliche Interessen vertreten, für Schäden, die aus bevorstehenden oder durchgeführten Arbeitskampfmaßnahmen entstanden sind, das Recht des Staates anzuwenden, in dem die Arbeitskampfmaßnahme erfolgen soll oder erfolgt ist.

KAPITEL III

UNGERECHTFERTIGTE BEREICHERUNG, GESCHÄFTSFÜHRUNG OHNE AUFTRAG UND VERSCHULDEN BEI VERTRAGSVERHANDLUNGEN

Artikel 10
Ungerechtfertigte Bereicherung

(1) Knüpft ein außervertragliches Schuldverhältnis aus ungerechtfertigter Bereicherung, einschließlich von Zahlungen auf eine nicht bestehende Schuld, an ein zwischen den Parteien bestehendes Rechtsverhältnis – wie einen Vertrag oder eine unerlaubte Handlung – an, das eine enge Verbindung mit dieser ungerechtfertigten Bereicherung aufweist, so ist das Recht anzuwenden, dem dieses Rechtsverhältnis unterliegt.

(2) Kann das anzuwendende Recht nicht nach Absatz 1 bestimmt werden und haben die Parteien zum Zeitpunkt des Eintritts des Ereignisses, das die ungerechtfertigte Bereicherung zur Folge hat, ihren gewöhnlichen Aufenthalt in demselben Staat, so ist das Recht dieses Staates anzuwenden.

(3) Kann das anzuwendende Recht nicht nach den Absätzen 1 oder 2 bestimmt werden, so ist das Recht des Staates anzuwenden, in dem die ungerechtfertigte Bereicherung eingetreten ist.

(4) Ergibt sich aus der Gesamtheit der Umstände, dass das außervertragliche Schuldverhältnis aus ungerechtfertigter Bereicherung eine offensichtlich engere Verbindung mit einem anderen als dem in den Absätzen 1, 2 und 3 bezeichneten Staat aufweist, so ist das Recht dieses anderen Staates anzuwenden.

Artikel 11
Geschäftsführung ohne Auftrag

(1) Knüpft ein außervertragliches Schuldverhältnis aus Geschäftsführung ohne Auftrag an ein zwischen den Parteien bestehendes Rechtsverhältnis – wie einen Vertrag oder eine unerlaubte Handlung – an, das eine enge Verbindung mit dieser Geschäftsführung ohne Auftrag aufweist, so ist das Recht anzuwenden, dem dieses Rechtsverhältnis unterliegt.

(2) Kann das anzuwendende Recht nicht nach Absatz 1 bestimmt werden und haben die Parteien zum Zeitpunkt des Eintritts des schadensbegründenden Ereignisses ihren gewöhnlichen Aufenthalt in demselben Staat, so ist das Recht dieses Staates anzuwenden.

(3) Kann das anzuwendende Recht nicht nach den Absätzen 1 oder 2 bestimmt werden, so ist das Recht des Staates anzuwenden, in dem die Geschäftsführung erfolgt ist.

(4) Ergibt sich aus der Gesamtheit der Umstände, dass das außervertragliche Schuldverhältnis aus Geschäftsführung ohne Auftrag eine offensichtlich engere Verbindung mit einem anderen als dem in den Absätzen 1, 2 und 3 bezeichneten Staat aufweist, so ist das Recht dieses anderen Staates anzuwenden.

Artikel 12
Verschulden bei Vertragsverhandlungen

(1) Auf außervertragliche Schuldverhältnisse aus Verhandlungen vor Abschluss eines Vertrags, unabhängig davon, ob der Vertrag tatsächlich geschlossen wurde oder nicht, ist das Recht anzuwenden, das auf den Vertrag anzuwenden ist oder anzuwenden gewesen wäre, wenn er geschlossen worden wäre.

(2) Kann das anzuwendende Recht nicht nach Absatz 1 bestimmt werden, so ist das anzuwendende Recht

a) das Recht des Staates, in dem der Schaden eingetreten ist, unabhängig davon, in welchem Staat das schadensbegründende Ereignis oder indirekte Schadensfolgen eingetreten sind, oder,

b) wenn die Parteien zum Zeitpunkt des Eintritts des schadensbegründenden Ereignisses ihren gewöhnlichen Aufenthalt in demselben Staat haben, das Recht dieses Staates, oder,

c) wenn sich aus der Gesamtheit der Umstände ergibt, dass das außervertragliche Schuldverhältnis aus Verhandlungen vor Abschluss eines Vertrags eine offensichtlich engere Verbindung mit einem anderen als dem in den Buchstaben a oder b bezeichneten Staat aufweist, das Recht dieses anderen Staates.

Artikel 13
Anwendbarkeit des Artikels 8

Auf außervertragliche Schuldverhältnisse aus einer Verletzung von Rechten des geistigen Eigentums ist für die Zwecke dieses Kapitels Artikel 8 anzuwenden.

KAPITEL IV

FREIE RECHTSWAHL

Artikel 14
Freie Rechtswahl

(1) Die Parteien können das Recht wählen, dem das außervertragliche Schuldverhältnis unterliegen soll:

a) durch eine Vereinbarung nach Eintritt des schadensbegründenden Ereignisses;

oder

b) wenn alle Parteien einer kommerziellen Tätigkeit nachgehen, auch durch eine vor Eintritt des schadensbegründenden Ereignisses frei ausgehandelte Vereinbarung.

Die Rechtswahl muss ausdrücklich erfolgen oder sich mit hinreichender Sicherheit aus den Umständen des Falles ergeben und lässt Rechte Dritter unberührt.

(2) Sind alle Elemente des Sachverhalts zum Zeitpunkt des Eintritts des schadensbegründenden Ereignisses in einem anderen als demjenigen Staat belegen, dessen Recht gewählt wurde, so berührt die Rechtswahl der Parteien nicht die Anwendung derjenigen Bestimmungen des Rechts dieses anderen Staates, von denen nicht durch Vereinbarung abgewichen werden kann.

(3) Sind alle Elemente des Sachverhalts zum Zeitpunkt des Eintritts des schadensbegründenden Ereignisses in einem oder mehreren Mitgliedstaaten belegen, so berührt die Wahl des Rechts eines Drittstaats durch die Parteien nicht die Anwendung – gegebenenfalls in der von dem Mitgliedstaat des angerufenen Gerichts umgesetzten Form – der Bestimmungen des Gemeinschaftsrechts, von denen nicht durch Vereinbarung abgewichen werden kann.

KAPITEL V
GEMEINSAME VORSCHRIFTEN

Artikel 15
Geltungsbereich des anzuwendenden Rechts

Das nach dieser Verordnung auf außervertragliche Schuldverhältnisse anzuwendende Recht ist insbesondere maßgebend für

a) den Grund und den Umfang der Haftung einschließlich der Bestimmung der Personen, die für ihre Handlungen haftbar gemacht werden können;

b) die Haftungsausschlussgründe sowie jede Beschränkung oder Teilung der Haftung;

c) das Vorliegen, die Art und die Bemessung des Schadens oder der geforderten Wiedergutmachung;

d) die Maßnahmen, die ein Gericht innerhalb der Grenzen seiner verfahrensrechtlichen Befugnisse zur Vorbeugung, zur Beendigung oder zum Ersatz des Schadens anordnen kann;

e) die Übertragbarkeit, einschließlich der Vererbbarkeit, des Anspruchs auf Schadenersatz oder Wiedergutmachung;

f) die Personen, die Anspruch auf Ersatz eines persönlich erlittenen Schadens haben;

g) die Haftung für die von einem anderen begangenen Handlungen;

h) die Bedingungen für das Erlöschen von Verpflichtungen und die Vorschriften über die Verjährung und die Rechtsverluste, einschließlich der Vorschriften über den Beginn, die Unterbrechung und die Hemmung der Verjährungsfristen und der Fristen für den Rechtsverlust.

Artikel 16
Eingriffsnormen

Diese Verordnung berührt nicht die Anwendung der nach dem Recht des Staates des angerufenen Gerichts geltenden Vorschriften, die ohne Rücksicht auf das für das außervertragliche Schuldverhältnis maßgebende Recht den Sachverhalt zwingend regeln.

Artikel 17
Sicherheits- und Verhaltensregeln

Bei der Beurteilung des Verhaltens der Person, deren Haftung geltend gemacht wird, sind faktisch und soweit angemessen die Sicherheits- und Verhaltensregeln zu berücksichtigen, die an dem Ort und zu dem Zeitpunkt des haftungsbegründenden Ereignisses in Kraft sind.

Artikel 18
Direktklage gegen den Versicherer des Haftenden

Der Geschädigte kann seinen Anspruch direkt gegen den Versicherer des Haftenden geltend machen, wenn dies nach dem auf das außervertragliche Schuldverhältnis oder nach dem auf den Versicherungsvertrag anzuwendenden Recht vorgesehen ist.

Artikel 19
Gesetzlicher Forderungsübergang

Hat eine Person („der Gläubiger”) aufgrund eines außervertraglichen Schuldverhältnisses eine Forderung gegen eine andere Person („den Schuldner”) und hat ein Dritter die Verpflichtung, den Gläubiger zu befriedigen, oder befriedigt er den Gläubiger aufgrund dieser Verpflichtung, so bestimmt das für die Verpflichtung des Dritten gegenüber dem Gläubiger maßgebende Recht, ob und in welchem Umfang der Dritte die Forderung des Gläubigers gegen den Schuldner nach dem für deren Beziehungen maßgebenden Recht geltend zu machen berechtigt ist.

Artikel 20
Mehrfache Haftung

Hat ein Gläubiger eine Forderung gegen mehrere für dieselbe Forderung haftende Schuldner und ist er von einem der Schuldner vollständig oder teilweise befriedigt worden, so bestimmt sich der Anspruch dieses Schuldners auf Ausgleich durch die anderen Schuldner nach dem Recht, das auf die Verpflichtung dieses Schuldners gegenüber dem Gläubiger aus dem außervertraglichen Schuldverhältnis anzuwenden ist.

Artikel 21
Form

Eine einseitige Rechtshandlung, die ein außervertragliches Schuldverhältnis betrifft, ist formgültig, wenn sie die Formerfordernisse des für das betreffende außervertragliche Schuldverhältnis maßgebenden Rechts oder des Rechts des Staates, in dem sie vorgenommen wurde, erfüllt.

Artikel 22
Beweis

(1) Das nach dieser Verordnung für das außervertragliche Schuldverhältnis maßgebende Recht ist insoweit anzuwenden, als es für außervertragliche Schuldverhältnisse gesetzliche Vermutungen aufstellt oder die Beweislast verteilt.

(2) Zum Beweis einer Rechtshandlung sind alle Beweisarten des Rechts des angerufenen Gerichts oder eines der in Artikel 21 bezeichneten Rechte, nach denen die Rechtshandlung formgültig ist, zulässig, sofern der Beweis in dieser Art vor dem angerufenen Gericht erbracht werden kann.

KAPITEL VI

SONSTIGE VORSCHRIFTEN

Artikel 23
Gewöhnlicher Aufenthalt

(1) Für die Zwecke dieser Verordnung ist der Ort des gewöhnlichen Aufenthalts von Gesellschaften, Vereinen und juristischen Personen der Ort ihrer Hauptverwaltung.
Wenn jedoch das schadensbegründende Ereignis oder der Schaden aus dem Betrieb einer Zweigniederlassung, einer Agentur oder einer sonstigen Niederlassung herrührt, steht dem Ort des gewöhnlichen Aufenthalts der Ort gleich, an dem sich diese Zweigniederlassung, Agentur oder sonstige Niederlassung befindet.

(2) Im Sinne dieser Verordnung ist der gewöhnliche Aufenthalt einer natürlichen Person, die im Rahmen der Ausübung ihrer beruflichen Tätigkeit handelt, der Ort ihrer Hauptniederlassung.

Artikel 24
Ausschluss der Rück- und Weiterverweisung

Unter dem nach dieser Verordnung anzuwendenden Recht eines Staates sind die in diesem Staat geltenden Rechtsnormen unter Ausschluss derjenigen des Internationalen Privatrechts zu verstehen.

Artikel 25
Staaten ohne einheitliche Rechtsordnung

(1) Umfasst ein Staat mehrere Gebietseinheiten, von denen jede für außervertragliche Schuldverhältnisse ihre eigenen Rechtsnormen hat, so gilt für die Bestimmung des nach dieser Verordnung anzuwendenden Rechts jede Gebietseinheit als Staat.

(2) Ein Mitgliedstaat, in dem verschiedene Gebietseinheiten ihre eigenen Rechtsnormen für außervertragliche Schuldverhältnisse haben, ist nicht verpflichtet, diese Verordnung auf Kollisionen zwischen den Rechtsordnungen dieser Gebietseinheiten anzuwenden.

Artikel 26
Öffentliche Ordnung im Staat des angerufenen Gerichts

Die Anwendung einer Vorschrift des nach dieser Verordnung bezeichneten Rechts kann nur versagt werden, wenn ihre Anwendung mit der öffentlichen Ordnung („ordre public") des Staates des angerufenen Gerichts offensichtlich unvereinbar ist.

Artikel 27
Verhältnis zu anderen Gemeinschaftsrechtsakten

Diese Verordnung berührt nicht die Anwendung von Vorschriften des Gemeinschaftsrechts, die für besondere Gegenstände Kollisionsnormen für außervertragliche Schuldverhältnisse enthalten.

Artikel 28
Verhältnis zu bestehenden internationalen Übereinkommen

(1) Diese Verordnung berührt nicht die Anwendung der internationalen Übereinkommen, denen ein oder mehrere Mitgliedstaaten zum Zeitpunkt der Annahme dieser Verordnung angehören und die Kollisionsnormen für außervertragliche Schuldverhältnisse enthalten.

(2) Diese Verordnung hat jedoch in den Beziehungen zwischen den Mitgliedstaaten Vorrang vor den ausschließlich zwischen zwei oder mehreren Mitgliedstaaten geschlossenen Übereinkommen, soweit diese Bereiche betreffen, die in dieser Verordnung geregelt sind.

KAPITEL VII

SCHLUSSBESTIMMUNGEN

Artikel 29
Verzeichnis der Übereinkommen

(1) Die Mitgliedstaaten übermitteln der Kommission spätestens 11. Juli 2008 die Übereinkommen gemäß Artikel 28 Absatz 1. Kündigen die Mitgliedstaaten nach diesem Stichtag eines dieser Übereinkommen, so setzen sie die Kommission davon in Kenntnis.

(2) Die Kommission veröffentlicht im Amtsblatt der Europäischen Union innerhalb von sechs Monaten nach deren Erhalt

i) ein Verzeichnis der in Absatz 1 genannten Übereinkommen;

ii) die in Absatz 1 genannten Kündigungen.

Artikel 30
Überprüfungsklausel

(1) Die Kommission legt dem Europäischen Parlament, dem Rat und dem Europäischen Wirtschafts- und Sozialausschuss bis spätestens 20. August 2011 einen Bericht über die Anwendung dieser Verordnung vor. Diesem Bericht werden gegebenenfalls Vorschläge zur Anpassung der Verordnung beigefügt. Der Bericht umfasst:

i) eine Untersuchung über Auswirkungen der Art und Weise, in der mit ausländischem Recht in den verschiedenen Rechtsordnungen umgegangen wird, und darüber, inwieweit die Gerichte in den Mitgliedstaaten ausländisches Recht aufgrund dieser Verordnung in der Praxis anwenden;

ii) eine Untersuchung der Auswirkungen von Artikel 28 der vorliegenden Verordnung im Hinblick auf das Haager Übereinkommen vom 4. Mai 1971 über das auf Verkehrsunfälle anzuwendende Recht.

(2) Die Kommission legt dem Europäischen Parlament, dem Rat und dem Europäischen Wirtschafts- und Sozialausschuss bis spätestens 31. Dezember 2008 eine Untersuchung zum Bereich des auf außervertragliche Schuldverhältnisse aus der Verletzung der Privatsphäre oder der Persönlichkeitsrechte anzuwendenden Rechts vor, wobei die Regeln über die Pressefreiheit und die Meinungsfreiheit in den Medien sowie die kollisionsrechtlichen Aspekte im Zusammenhang mit der Richtlinie 95/46/EG des Europäischen Parlaments und des Rates vom 24. Oktober 1995 zum Schutz natürlicher Personen bei der Verarbeitung personenbezogener Daten und zum freien Datenverkehr[1] zu berücksichtigen sind.

Artikel 31
Zeitliche Anwendbarkeit

Diese Verordnung wird auf schadensbegründende Ereignisse angewandt, die nach ihrem Inkrafttreten eintreten.

Artikel 32
Zeitpunkt des Beginns der Anwendung

Diese Verordnung gilt ab dem 11. Januar 2009, mit Ausnahme des Artikels 29, der ab dem 11. Juli 2008 gilt.

Zu Artikel 30:
[1] ABl. L 281 vom 23.11.1995, S. 31.

2/3. Rom III - Verordnung

2/3. Verordnung im Bereich des auf die Ehescheidung und Trennung ohne Auflösung des Ehebandes anzuwendenden Rechts, ABl L 343 vom 29. 12. 2010, S 10

STICHWORTVERZEICHNIS

(Die Zahlenangaben beziehen sich auf die Artikel)

Verordnung (EU) Nr. 1259/2010 des Rates vom 20. Dezember 2010 zur Durchführung einer Verstärkten Zusammenarbeit im Bereich des auf die Ehescheidung und Trennung ohne Auflösung des Ehebandes anzuwendenden Rechts („Rom III")

DER RAT DER EUROPÄISCHEN UNION –

gestützt auf den Vertrag über die Arbeitsweise der Europäischen Union, insbesondere auf Artikel 81 Absatz 3,

gestützt auf den Beschluss 2010/405/EU des Rates vom 12. Juli 2010 über die Ermächtigung zu einer Verstärkten Zusammenarbeit im Bereich des auf die Ehescheidung und Trennung ohne Auflösung des Ehebandes anzuwendenden Rechts[1],

auf Vorschlag der Europäischen Kommission,

nach Zuleitung des Entwurfs des Gesetzgebungsakts an die nationalen Parlamente,

nach Stellungnahme des Europäischen Parlaments,

nach Stellungnahme des Europäischen Wirtschafts- und Sozialausschusses,

gemäß einem besonderen Gesetzgebungsverfahren,

in Erwägung nachstehender Gründe:

(1) Die Union hat sich zum Ziel gesetzt, einen Raum der Freiheit, der Sicherheit und des Rechts, in dem der freie Personenverkehr gewährleistet ist, zu erhalten und weiterzuentwickeln. Zum schrittweisen Aufbau eines solchen Raums muss die Union im Bereich der justiziellen Zusammenarbeit in Zivilsachen, die einen grenzüberschreitenden Bezug aufweisen, Maßnahmen erlassen, insbesondere wenn dies für das reibungslose Funktionieren des Binnenmarkts erforderlich ist.

(2) Nach Artikel 81 des Vertrags über die Arbeitsweise der Europäischen Union fallen darunter auch Maßnahmen, die die Vereinbarkeit der in den Mitgliedstaaten geltenden Kollisionsnormen sicherstellen sollen.

(3) Die Kommission nahm am 14. März 2005 ein Grünbuch über das anzuwendende Recht und die gerichtliche Zuständigkeit in Scheidungssachen an. Auf der Grundlage dieses Grünbuchs fand eine umfassende öffentliche Konsultation zu möglichen Lösungen für die Probleme statt, die bei der derzeitigen Sachlage auftreten können.

(4) Am 17. Juli 2006 legte die Kommission einen Vorschlag für eine Verordnung zur Änderung der Verordnung (EG) Nr. 2201/2003 des Rates[2] im Hinblick auf die Zuständigkeit in Ehesachen und zur Einführung von Vorschriften betreffend das anwendbare Recht in diesem Bereich vor.

Zur Präambel:

[1] ABl. L 189 vom 22.7.2010, S. 12.

Zu Abs. 4:

[2] Verordnung (EG) Nr. 2201/2003 des Rates vom 27. November 2003 über die Zuständigkeit und die Anerkennung und Vollstreckung von Entscheidungen in Ehesachen und in Verfahren betreffend die elterliche Verantwortung und zur Aufhebung der Verordnung (EG) Nr. 1347/2000 (ABl. L 338 vom 23.12.2003, S. 1).

(5) Auf seiner Tagung vom 5./6. Juni 2008 in Luxemburg stellte der Rat fest, dass es keine Einstimmigkeit für diesen Vorschlag gab und es unüberwindbare Schwierigkeiten gab, die damals und in absehbarer Zukunft eine einstimmige Annahme unmöglich machen. Er stellte fest, dass die Ziele der Verordnung unter Anwendung der einschlägigen Bestimmungen der Verträge nicht in einem vertretbaren Zeitraum verwirklicht werden können.

(6) In der Folge teilten Belgien, Bulgarien, Deutschland, Griechenland, Spanien, Frankreich, Italien, Lettland, Luxemburg, Ungarn, Malta, Österreich, Portugal, Rumänien und Slowenien der Kommission mit, dass sie die Absicht hätten, untereinander im Bereich des anzuwendenden Rechts in Ehesachen eine Verstärkte Zusammenarbeit zu begründen. Am 3. März 2010 zog Griechenland seinen Antrag zurück.

(7) Der Rat hat am 12. Juli 2010 den Beschluss 2010/405/EU über die Ermächtigung zu einer Verstärkten Zusammenarbeit im Bereich des auf die Ehescheidung und Trennung ohne Auflösung des Ehebandes anzuwendenden Rechts erlassen.

(8) Gemäß Artikel 328 Absatz 1 des Vertrags über die Arbeitsweise der Europäischen Union steht eine Verstärkte Zusammenarbeit bei ihrer Begründung allen Mitgliedstaaten offen, sofern sie die in dem hierzu ermächtigenden Beschluss gegebenenfalls festgelegten Teilnahmevoraussetzungen erfüllen. Dies gilt auch zu jedem anderen Zeitpunkt, sofern sie neben den genannten Voraussetzungen auch die in diesem Rahmen bereits erlassenen Rechtsakte beachten. Die Kommission und die an einer Verstärkten Zusammenarbeit teilnehmenden Mitgliedstaaten stellen sicher, dass die Teilnahme möglichst vieler Mitgliedstaaten gefördert wird. Diese Verordnung sollte in allen ihren Teilen verbindlich sein und gemäß den Verträgen unmittelbar nur in den teilnehmenden Mitgliedstaaten gelten.

(9) Diese Verordnung sollte einen klaren, umfassenden Rechtsrahmen im Bereich des auf die Ehescheidung und Trennung ohne Auflösung des Ehebandes anzuwendenden Rechts in den teilnehmenden Mitgliedstaaten vorgeben, den Bürgern in Bezug auf Rechtssicherheit, Berechenbarkeit und Flexibilität sachgerechte Lösungen garantieren und Fälle verhindern, in denen ein Ehegatte alles daran setzt, die Scheidung zuerst einzureichen, um sicherzugehen, dass sich das Verfahren nach einer Rechtsordnung richtet, die seine Interessen seiner Ansicht nach besser schützt.

(10) Der sachliche Anwendungsbereich und die Bestimmungen dieser Verordnung sollten mit der Verordnung (EG) Nr. 2201/2003 im Einklang stehen. Er sollte sich jedoch nicht auf die Ungültigerklärung einer Ehe erstrecken.
Diese Verordnung sollte nur für die Auflösung oder die Lockerung des Ehebandes gelten. Das nach den Kollisionsnormen dieser Verordnung bestimmte Recht sollte für die Gründe der Ehescheidung und Trennung ohne Auflösung des Ehebandes gelten.
Vorfragen wie die Rechts- und Handlungsfähigkeit und die Gültigkeit der Ehe und Fragen wie die güterrechtlichen Folgen der Ehescheidung oder der Trennung ohne Auflösung des Ehebandes, den Namen, die elterliche Verantwortung, die Unterhaltspflicht oder sonstige mögliche Nebenaspekte sollten nach den Kollisionsnormen geregelt werden, die in dem betreffenden teilnehmenden Mitgliedstaat anzuwenden sind.

(11) Um den räumlichen Geltungsbereich dieser Verordnung genau abzugrenzen, sollte angegeben werden, welche Mitgliedstaaten sich an der Verstärkten Zusammenarbeit beteiligen.

(12) Diese Verordnung sollte universell gelten, d. h. kraft ihrer einheitlichen Kollisionsnormen sollte das Recht eines teilnehmenden Mitgliedstaats, eines nicht teilnehmenden Mitgliedstaats oder das Recht eines Drittstaats zur Anwendung kommen können.

(13) Für die Anwendung dieser Verordnung sollte es unerheblich sein, welches Gericht angerufen wird. Soweit zweckmäßig, sollte ein Gericht als gemäß der Verordnung (EG) Nr. 2201/2003 angerufen gelten.

(14) Um den Ehegatten die Möglichkeit zu bieten, das Recht zu wählen, zu dem sie einen engen Bezug haben, oder um, in Ermangelung einer Rechtswahl, dafür zu sorgen, dass dieses Recht auf ihre Ehescheidung oder Trennung ohne Auflösung des Ehebandes angewendet wird, sollte dieses Recht auch dann zum Tragen kommen, wenn es nicht das Recht eines teilnehmenden Mitgliedstaats ist. Ist das Recht eines anderen Mitgliedstaats anzuwenden, könnte das mit der Entscheidung 2001/470/EG des Rates vom 28. Mai 2001 über die Einrichtung eines Europäischen Justiziellen Netzes für Zivil- und Handelssachen[3)] eingerichtete Netz den Gerichten dabei helfen, sich mit dem ausländischen Recht vertraut zu machen.

(15) Eine erhöhte Mobilität der Bürger erfordert gleichermaßen mehr Flexibilität und mehr

Zu Abs. 14:
[3)] *ABl. L 174 vom 27.6.2001, S. 25.*

Rechtssicherheit. Um diesem Ziel zu entsprechen, sollte diese Verordnung die Parteiautonomie bei der Ehescheidung und Trennung ohne Auflösung des Ehebandes stärken und den Parteien in gewissen Grenzen die Möglichkeit geben, das in ihrem Fall anzuwendende Recht zu bestimmen.

(16) Die Ehegatten sollten als auf die Ehescheidung oder Trennung ohne Auflösung des Ehebandes anzuwendendes Recht das Recht eines Landes wählen können, zu dem sie einen besonderen Bezug haben, oder das Recht des Staates des angerufenen Gerichts. Das von den Ehegatten gewählte Recht muss mit den Grundrechten vereinbar sein, wie sie durch die Verträge und durch die Charta der Grundrechte der Europäischen Union anerkannt werden.

(17) Für die Ehegatten ist es wichtig, dass sie vor der Rechtswahl auf aktuelle Informationen über die wesentlichen Aspekte sowohl des innerstaatlichen Rechts als auch des Unionsrechts und der Verfahren bei Ehescheidung und Trennung ohne Auflösung des Ehebandes zugreifen können. Um den Zugang zu entsprechenden sachdienlichen, qualitativ hochwertigen Informationen zu gewährleisten, werden die Informationen, die der Öffentlichkeit auf der durch die Entscheidung 2001/470/EG des Rates eingerichteten Website zur Verfügung stehen, regelmäßig von der Kommission aktualisiert.

(18) Diese Verordnung sieht als wesentlichen Grundsatz vor, dass beide Ehegatten ihre Rechtswahl in voller Sachkenntnis treffen. Jeder Ehegatte sollte sich genau über die rechtlichen und sozialen Folgen der Rechtswahl im Klaren sein. Die Rechte und die Chancengleichheit der beiden Ehegatten dürfen durch die Möglichkeit einer einvernehmlichen Rechtswahl nicht beeinträchtigt werden. Die Richter in den teilnehmenden Mitgliedstaaten sollten daher wissen, dass es darauf ankommt, dass die Ehegatten ihre Rechtswahlvereinbarung in voller Kenntnis der Rechtsfolgen schließen.

(19) Regeln zur materiellen Wirksamkeit und zur Formgültigkeit sollten festgelegt werden, so dass die von den Ehegatten in voller Sachkenntnis zu treffende Rechtswahl erleichtert und das Einvernehmen der Ehegatten geachtet wird, damit Rechtssicherheit sowie ein besserer Zugang zur Justiz gewährleistet werden. Was die Formgültigkeit anbelangt, sollten bestimmte Schutzvorkehrungen getroffen werden, um sicherzustellen, dass sich die Ehegatten der Tragweite ihrer Rechtswahl bewusst sind. Die Vereinbarung über die Rechtswahl sollte zumindest der Schriftform bedürfen und von beiden Parteien mit Datum und Unterschrift versehen werden müssen. Sieht das Recht des teilnehmenden Mitgliedstaats, in dem beide Ehegatten zum Zeitpunkt der Rechtswahl ihren gewöhnlichen Aufenthalt haben, zusätzliche Formvorschriften vor, so sollten diese eingehalten werden. Beispielsweise können derartige zusätzliche Formvorschriften in einem teilnehmenden Mitgliedstaat bestehen, in dem die Rechtswahlvereinbarung Bestandteil des Ehevertrags ist. Haben die Ehegatten zum Zeitpunkt der Rechtswahl ihren gewöhnlichen Aufenthalt in verschiedenen teilnehmenden Mitgliedstaaten, in denen unterschiedliche Formvorschriften vorgesehen sind, so würde es ausreichen, dass die Formvorschriften eines dieser Mitgliedstaaten eingehalten werden. Hat zum Zeitpunkt der Rechtswahl nur einer der Ehegatten seinen gewöhnlichen Aufenthalt in einem teilnehmenden Mitgliedstaat, in dem zusätzliche Formvorschriften vorgesehen sind, so sollten diese Formvorschriften eingehalten werden.

(20) Eine Vereinbarung zur Bestimmung des anzuwendenden Rechts sollte spätestens bei Anrufung des Gerichts geschlossen und geändert werden können sowie gegebenenfalls sogar im Laufe des Verfahrens, wenn das Recht des Staates des angerufenen Gerichts dies vorsieht. In diesem Fall sollte es genügen, wenn die Rechtswahl vom Gericht im Einklang mit dem Recht des Staates des angerufenen Gerichts zu Protokoll genommen wird.

(21) Für den Fall, dass keine Rechtswahl getroffen wurde, sollte diese Verordnung im Interesse der Rechtssicherheit und Berechenbarkeit und um zu vermeiden, dass ein Ehegatte alles daran setzt, die Scheidung zuerst einzureichen, um sicherzugehen, dass sich das Verfahren nach einer Rechtsordnung richtet, die seine Interessen seiner Ansicht nach besser schützt, harmonisierte Kollisionsnormen einführen, die sich auf Anknüpfungspunkte stützen, die einen engen Bezug der Ehegatten zum anzuwendenden Recht gewährleisten. Die Anknüpfungspunkte sollten so gewählt werden, dass sichergestellt ist, dass die Verfahren, die sich auf die Ehescheidung oder die Trennung ohne Auflösung des Ehebandes beziehen, nach einer Rechtsordnung erfolgen, zu der die Ehegatten einen engen Bezug haben.

(22) Wird in dieser Verordnung hinsichtlich der Anwendung des Rechts eines Staates auf die Staatsangehörigkeit als Anknüpfungspunkt verwiesen, so wird die Frage, wie in Fällen der mehrfachen Staatsangehörigkeit zu verfahren ist, weiterhin nach innerstaatlichem Recht geregelt, wobei die allgemeinen Grundsätze der Europäischen Union uneingeschränkt zu achten sind.

(23) Wird das Gericht angerufen, damit eine Trennung ohne Auflösung des Ehebandes in eine

Ehescheidung umgewandelt wird, und haben die Parteien keine Rechtswahl getroffen, so sollte das Recht, das auf die Trennung ohne Auflösung des Ehebandes angewendet wurde, auch auf die Ehescheidung angewendet werden. Eine solche Kontinuität würde den Parteien eine bessere Berechenbarkeit bieten und die Rechtssicherheit stärken. Sieht das Recht, das auf die Trennung ohne Auflösung des Ehebandes angewendet wurde, keine Umwandlung der Trennung ohne Auflösung des Ehebandes in eine Ehescheidung vor, so sollte die Ehescheidung in Ermangelung einer Rechtswahl durch die Parteien nach den Kollisionsnormen erfolgen. Dies sollte die Ehegatten nicht daran hindern, die Scheidung auf der Grundlage anderer Bestimmungen dieser Verordnung zu beantragen

(24) In bestimmten Situationen, in denen das anzuwendende Recht eine Ehescheidung nicht zulässt oder einem der Ehegatten aufgrund seiner Geschlechtszugehörigkeit keinen gleichberechtigten Zugang zu einem Scheidungs- oder Trennungsverfahren gewährt, sollte jedoch das Recht des angerufenen Gerichts maßgebend sein. Der *Ordre-public*-Vorbehalt sollte hiervon jedoch unberührt bleiben.

(25) Aus Gründen des öffentlichen Interesses sollte den Gerichten der teilnehmenden Mitgliedstaaten in Ausnahmefällen die Möglichkeit gegeben werden, die Anwendung einer Bestimmung des ausländischen Rechts zu versagen, wenn ihre Anwendung in einem konkreten Fall mit der öffentlichen Ordnung (*Ordre public*) des Staates des angerufenen Gerichts offensichtlich unvereinbar wäre. Die Gerichte sollten jedoch den *Ordre-public*-Vorbehalt nicht mit dem Ziel anwenden dürfen, eine Bestimmung des Rechts eines anderen Staates auszuschließen, wenn dies gegen die Charta der Grundrechte der Europäischen Union und insbesondere gegen deren Artikel 21 verstoßen würde, der jede Form der Diskriminierung untersagt.

(26) Wird in der Verordnung darauf Bezug genommen, dass das Recht des teilnehmenden Mitgliedstaats, dessen Gericht angerufen wird, Scheidungen nicht vorsieht, so sollte dies so ausgelegt werden, dass im Recht dieses teilnehmenden Mitgliedstaats das Rechtsinstitut der Ehescheidung nicht vorhanden ist. In solch einem Fall sollte das Gericht nicht verpflichtet sein, aufgrund dieser Verordnung eine Scheidung auszusprechen. Wird in der Verordnung darauf Bezug genommen, dass nach dem Recht des teilnehmenden Mitgliedstaats, dessen Gericht angerufen wird, die betreffende Ehe für die Zwecke eines Scheidungsverfahrens nicht als gültig angesehen wird, so sollte dies unter anderem so ausgelegt werden, dass im Recht dieses teilnehmenden Mitgliedstaats eine solche Ehe nicht vorgesehen ist. In einem solchen Fall sollte das Gericht nicht verpflichtet sein, eine Ehescheidung oder eine Trennung ohne Auflösung des Ehebandes nach dieser Verordnung auszusprechen.

(27) Da es Staaten und teilnehmende Mitgliedstaaten gibt, in denen die in dieser Verordnung geregelten Angelegenheiten durch zwei oder mehr Rechtssysteme oder Regelwerke erfasst werden, sollte es eine Vorschrift geben, die festlegt, inwieweit diese Verordnung in den verschiedenen Gebietseinheiten dieser Staaten und teilnehmender Mitgliedstaaten Anwendung findet oder inwieweit diese Verordnung auf verschiedene Kategorien von Personen dieser Staaten und teilnehmender Mitgliedstaaten Anwendung findet.

(28) In Ermangelung von Regeln zur Bestimmung des anzuwendenden Rechts sollten Parteien, die das Recht des Staates wählen, dessen Staatsangehörigkeit eine der Parteien besitzt, zugleich das Recht der Gebietseinheit angeben, das sie vereinbart haben, wenn der Staat, dessen Recht gewählt wurde, mehrere Gebietseinheiten umfasst und jede Gebietseinheit ihr eigenes Rechtssystem oder eigene Rechtsnormen für Ehescheidung hat.

(29) Da die Ziele dieser Verordnung, nämlich die Sicherstellung von mehr Rechtssicherheit, einer besseren Berechenbarkeit und einer größeren Flexibilität in Ehesachen mit internationalem Bezug und damit auch die Erleichterung der Freizügigkeit in der Europäischen Union, auf Ebene der Mitgliedstaaten allein nicht ausreichend verwirklicht werden können und daher wegen ihres Umfangs und ihrer Wirkungen besser auf Unionsebene zu erreichen sind, kann die Union im Einklang mit dem in Artikel 5 des Vertrags über die Europäische Union niedergelegten Subsidiaritätsprinzip gegebenenfalls im Wege einer Verstärkten Zusammenarbeit tätig werden. Entsprechend dem in demselben Artikel genannten Verhältnismäßigkeitsprinzip geht diese Verordnung nicht über das für die Erreichung dieser Ziele erforderliche Maß hinaus.

(30) Diese Verordnung wahrt die Grundrechte und achtet die Grundsätze, die mit der Charta der Grundrechte der Europäischen Union anerkannt wurden, namentlich Artikel 21, wonach jede Diskriminierung insbesondere wegen des Geschlechts, der Rasse, der Hautfarbe, der ethnischen oder sozialen Herkunft, der genetischen Merkmale, der Sprache, der Religion oder der Weltanschauung, der politischen oder sonstigen Anschauung, der Zugehörigkeit zu einer nationalen Minderheit, des Vermögens, der Geburt, einer Behinderung, des Alters oder der sexuellen Ausrichtung verboten ist. Bei der Anwendung dieser

Verordnung sollten die Gerichte der teilnehmenden Mitgliedstaaten diese Rechte und Grundsätze achten –

HAT FOLGENDE VERORDNUNG ERLASSEN:

VERORDNUNG (EU) Nr. 1259/2010 DES RATES vom 20. Dezember 2010 zur Durchführung einer Verstärkten Zusammenarbeit im Bereich des auf die Ehescheidung und Trennung ohne Auflösung des Ehebandes anzuwendenden Rechts

KAPITEL I

ANWENDUNGSBEREICH, VERHÄLTNIS ZUR VERORDNUNG (EG) Nr. 2201/2003, BEGRIFFSBESTIMMUNGEN UND UNIVERSELLE ANWENDUNG

Artikel 1
Anwendungsbereich

(1) Diese Verordnung gilt für die Ehescheidung und die Trennung ohne Auflösung des Ehebandes in Fällen, die eine Verbindung zum Recht verschiedener Staaten aufweisen.

(2) Diese Verordnung gilt nicht für die folgenden Regelungsgegenstände, auch wenn diese sich nur als Vorfragen im Zusammenhang mit einem Verfahren betreffend die Ehescheidung oder Trennung ohne Auflösung des Ehebandes stellen:

a) die Rechts- und Handlungsfähigkeit natürlicher Personen,

b) das Bestehen, die Gültigkeit oder die Anerkennung einer Ehe,

c) die Ungültigerklärung einer Ehe,

d) die Namen der Ehegatten,

e) die vermögensrechtlichen Folgen der Ehe,

f) die elterliche Verantwortung,

g) Unterhaltspflichten,

h) Trusts und Erbschaften.

Artikel 2
Verhältnis zur Verordnung (EG) Nr. 2201/2003

Diese Verordnung lässt die Anwendung der Verordnung (EG) Nr. 2201/2003 unberührt.

Artikel 3
Begriffsbestimmungen

Für die Zwecke dieser Verordnung bezeichnet der Begriff:

1. „teilnehmender Mitgliedstaat" einen Mitgliedstaat, der auf der Grundlage des Beschlusses 2010/405/EU des Rates vom 12. Juli 2010 oder auf der Grundlage eines gemäß Artikel 331 Absatz 1 Unterabsatz 2 oder 3 des Vertrags über die Arbeitsweise der Europäischen Union angenommenen Beschlusses an der Verstärkten Zusammenarbeit im Bereich des auf die Ehescheidung und Trennung ohne Auflösung des Ehebandes anzuwendenden Rechts teilnimmt;

2. „Gericht" alle Behörden der teilnehmenden Mitgliedstaaten, die für Rechtssachen zuständig sind, die in den Anwendungsbereich dieser Verordnung fallen.

Artikel 4
Universelle Anwendung

Das nach dieser Verordnung bezeichnete Recht ist auch dann anzuwenden, wenn es nicht das Recht eines teilnehmenden Mitgliedstaats ist.

KAPITEL II

EINHEITLICHE VORSCHRIFTEN ZUR BESTIMMUNG DES AUF DIE EHESCHEIDUNG UND TRENNUNG OHNE AUFLÖSUNG DES EHEBANDES ANZUWENDENDEN RECHTS

Artikel 5
Rechtswahl der Parteien

(1) Die Ehegatten können das auf die Ehescheidung oder die Trennung ohne Auflösung des Ehebandes anzuwendende Recht durch Vereinbarung bestimmen, sofern es sich dabei um das Recht eines der folgenden Staaten handelt:

a) das Recht des Staates, in dem die Ehegatten zum Zeitpunkt der Rechtswahl ihren gewöhnlichen Aufenthalt haben, oder

b) das Recht des Staates, in dem die Ehegatten zuletzt ihren gewöhnlichen Aufenthalt hatten, sofern einer von ihnen zum Zeitpunkt der Rechtswahl dort noch seinen gewöhnlichen Aufenthalt hat, oder

c) das Recht des Staates, dessen Staatsangehörigkeit einer der Ehegatten zum Zeitpunkt der Rechtswahl besitzt, oder

d) das Recht des Staates des angerufenen Gerichts.

(2) Unbeschadet des Absatzes 3 kann eine Rechtswahlvereinbarung jederzeit, spätestens jedoch zum Zeitpunkt der Anrufung des Gerichts, geschlossen oder geändert werden.

(3) Sieht das Recht des Staates des angerufenen Gerichts dies vor, so können die Ehegatten die Rechtswahl vor Gericht auch im Laufe des Verfahrens vornehmen. In diesem Fall nimmt das Gericht die Rechtswahl im Einklang mit dem Recht des Staates des angerufenen Gerichts zu Protokoll.

Artikel 6
Einigung und materielle Wirksamkeit

(1) Das Zustandekommen und die Wirksamkeit einer Rechtswahlvereinbarung oder einer ihrer Bestimmungen bestimmen sich nach dem Recht, das nach dieser Verordnung anzuwenden wäre, wenn die Vereinbarung oder die Bestimmung wirksam wäre.

(2) Ergibt sich jedoch aus den Umständen, dass es nicht gerechtfertigt wäre, die Wirkung des Verhaltens eines Ehegatten nach dem in Absatz 1 bezeichneten Recht zu bestimmen, so kann sich dieser Ehegatte für die Behauptung, er habe der Vereinbarung nicht zugestimmt, auf das Recht des Staates berufen, in dem er zum Zeitpunkt der Anrufung des Gerichts seinen gewöhnlichen Aufenthalt hat.

Artikel 7
Formgültigkeit

(1) Die Rechtswahlvereinbarung nach Artikel 5 Absätze 1 und 2 bedarf der Schriftform, der Datierung sowie der Unterzeichnung durch beide Ehegatten. Elektronische Übermittlungen, die eine dauerhafte Aufzeichnung der Vereinbarung ermöglichen, erfüllen die Schriftform.

(2) Sieht jedoch das Recht des teilnehmenden Mitgliedstaats, in dem beide Ehegatten zum Zeitpunkt der Rechtswahl ihren gewöhnlichen Aufenthalt hatten, zusätzliche Formvorschriften für solche Vereinbarungen vor, so sind diese Formvorschriften anzuwenden.

(3) Haben die Ehegatten zum Zeitpunkt der Rechtswahl ihren gewöhnlichen Aufenthalt in verschiedenen teilnehmenden Mitgliedstaaten und sieht das Recht beider Staaten unterschiedliche Formvorschriften vor, so ist die Vereinbarung formgültig, wenn sie den Vorschriften des Rechts eines dieser Mitgliedstaaten genügt.

(4) Hat zum Zeitpunkt der Rechtswahl nur einer der Ehegatten seinen gewöhnlichen Aufenthalt in einem teilnehmenden Mitgliedstaat und sind in diesem Staat zusätzliche Formanforderungen für diese Art der Rechtswahl vorgesehen, so sind diese Formanforderungen anzuwenden.

Artikel 8
In Ermangelung einer Rechtswahl anzuwendendes Recht

Mangels einer Rechtswahl gemäß Artikel 5 unterliegen die Ehescheidung und die Trennung ohne Auflösung des Ehebandes:

a) dem Recht des Staates, in dem die Ehegatten zum Zeitpunkt der Anrufung des Gerichts ihren gewöhnlichen Aufenthalt haben, oder anderenfalls

b) dem Recht des Staates, in dem die Ehegatten zuletzt ihren gewöhnlichen Aufenthalt hatten, sofern dieser nicht vor mehr als einem Jahr vor Anrufung des Gerichts endete und einer der Ehegatten zum Zeitpunkt der Anrufung des Gerichts dort noch seinen gewöhnlichen Aufenthalt hat, oder anderenfalls

c) dem Recht des Staates, dessen Staatsangehörigkeit beide Ehegatten zum Zeitpunkt der Anrufung des Gerichts besitzen, oder anderenfalls

d) dem Recht des Staates des angerufenen Gerichts.

Artikel 9
Umwandlung einer Trennung ohne Auflösung des Ehebandes in eine Ehescheidung

(1) Bei Umwandlung einer Trennung ohne Auflösung des Ehebandes in eine Ehescheidung ist das auf die Ehescheidung anzuwendende Recht das Recht, das auf die Trennung ohne Auflösung des Ehebandes angewendet wurde, sofern die Parteien nicht gemäß Artikel 5 etwas anderes vereinbart haben.

(2) Sieht das Recht, das auf die Trennung ohne Auflösung des Ehebandes angewendet wurde, jedoch keine Umwandlung der Trennung ohne Auflösung des Ehebandes in eine Ehescheidung vor, so findet Artikel 8 Anwendung, sofern die Parteien nicht gemäß Artikel 5 etwas anderes vereinbart haben.

Artikel 10
Anwendung des Rechts des Staates des angerufenen Gerichts

Sieht das nach Artikel 5 oder Artikel 8 anzuwendende Recht eine Ehescheidung nicht vor oder gewährt es einem der Ehegatten aufgrund seiner Geschlechtszugehörigkeit keinen gleichberechtigten Zugang zur Ehescheidung oder Trennung ohne Auflösung des Ehebandes, so ist das Recht des Staates des angerufenen Gerichts anzuwenden.

Artikel 11
Ausschluss der Rück- und Weiterverweisung

Unter dem nach dieser Verordnung anzuwendenden Recht eines Staates sind die in diesem Staat geltenden Rechtsnormen unter Ausschluss derjenigen des Internationalen Privatrechts zu verstehen.

Artikel 12
Öffentliche Ordnung (*Ordre public*)

Die Anwendung einer Vorschrift des nach dieser Verordnung bezeichneten Rechts kann nur versagt werden, wenn ihre Anwendung mit der öffentlichen Ordnung (*Ordre public*) des Staates des angerufenen Gerichts offensichtlich unvereinbar ist.

Artikel 13
Unterschiede beim nationalen Recht

Nach dieser Verordnung sind die Gerichte eines teilnehmenden Mitgliedstaats, nach dessen Recht die Ehescheidung nicht vorgesehen ist oder die betreffende Ehe für die Zwecke des Scheidungsverfahrens nicht als gültig angesehen wird, nicht verpflichtet, eine Ehescheidung in Anwendung dieser Verordnung auszusprechen.

Artikel 14
Staaten mit zwei oder mehr Rechtssystemen – Kollisionen hinsichtlich der Gebiete

Umfasst ein Staat mehrere Gebietseinheiten, von denen jede ihr eigenes Rechtssystem oder ihr eigenes Regelwerk für die in dieser Verordnung geregelten Angelegenheiten hat, so gilt Folgendes:

a) Jede Bezugnahme auf das Recht dieses Staates ist für die Bestimmung des nach dieser Verordnung anzuwendenden Rechts als Bezugnahme auf das in der betreffenden Gebietseinheit geltende Recht zu verstehen;

b) jede Bezugnahme auf den gewöhnlichen Aufenthalt in diesem Staat ist als Bezugnahme auf den gewöhnlichen Aufenthalt in einer Gebietseinheit zu verstehen;

c) jede Bezugnahme auf die Staatsangehörigkeit betrifft die durch das Recht dieses Staates bezeichnete Gebietseinheit oder, mangels einschlägiger Vorschriften, die durch die Parteien gewählte Gebietseinheit oder, mangels einer Wahlmöglichkeit, die Gebietseinheit, zu der der Ehegatte oder die Ehegatten die engste Verbindung hat bzw. haben.

Artikel 15
Staaten mit zwei oder mehr Rechtssystemen — Kollisionen hinsichtlich der betroffenen Personengruppen

In Bezug auf einen Staat, der für die in dieser Verordnung geregelten Angelegenheiten zwei oder mehr Rechtssysteme oder Regelwerke hat, die für verschiedene Personengruppen gelten, ist jede Bezugnahme auf das Recht des betreffenden Staates als Bezugnahme auf das Rechtssystem zu verstehen, das durch die in diesem Staat in Kraft befindlichen Vorschriften bestimmt wird. Mangels solcher Regeln ist das Rechtssystem oder das Regelwerk anzuwenden, zu dem der Ehegatte oder die Ehegatten die engste Verbindung hat bzw. haben.

Artikel 16
Nichtanwendung dieser Verordnung auf innerstaatliche Kollisionen

Ein teilnehmender Mitgliedstaat, in dem verschiedene Rechtssysteme oder Regelwerke für die in dieser Verordnung geregelten Angelegenheiten gelten, ist nicht verpflichtet, diese Verordnung auf Kollisionen anzuwenden, die allein zwischen diesen verschiedenen Rechtssystemen oder Regelwerken auftreten.

KAPITEL III
SONSTIGE BESTIMMUNGEN

Artikel 17
Informationen der teilnehmenden Mitgliedstaaten

(1) Die teilnehmenden Mitgliedstaaten teilen bis spätestens zum 21. September 2011 der Kommission ihre nationalen Bestimmungen, soweit vorhanden, betreffend Folgendes mit:

a) die Formvorschriften für Rechtswahlvereinbarungen gemäß Artikel 7 Absätze 2 bis 4, und

b) die Möglichkeit, das anzuwendende Recht gemäß Artikel 5 Absatz 3 zu bestimmen.

Die teilnehmenden Mitgliedstaaten teilen der Kommission alle späteren Änderungen dieser Bestimmungen mit.

(2) Die Kommission macht die nach Absatz 1 übermittelten Informationen auf geeignetem Wege, insbesondere auf der Website des Europäischen Justiziellen Netzes für Zivil- und Handelssachen, öffentlich zugänglich.

Artikel 18
Übergangsbestimmungen

(1) Diese Verordnung gilt nur für gerichtliche Verfahren und für Vereinbarungen nach Artikel 5, die ab dem 21. Juni 2012 eingeleitet beziehungsweise geschlossen wurden.
Eine Rechtswahlvereinbarung, die vor dem 21. Juni 2012 geschlossen wurde, ist ebenfalls wirksam, sofern sie die Voraussetzungen nach den Artikeln 6 und 7 erfüllt.

(2) Diese Verordnung lässt Rechtswahlvereinbarungen unberührt, die nach dem Recht eines teilnehmenden Mitgliedstaats geschlossen wurden, dessen Gerichtsbarkeit vor dem 21. Juni 2012 angerufen wurde.

Artikel 19
Verhältnis zu bestehenden internationalen Übereinkommen

(1) Unbeschadet der Verpflichtungen der teilnehmenden Mitgliedstaaten gemäß Artikel 351 des Vertrags über die Arbeitsweise der Europäi-

schen Union lässt diese Verordnung die Anwendung internationaler Übereinkommen unberührt, denen ein oder mehrere teilnehmende Mitgliedstaaten zum Zeitpunkt der Annahme dieser Verordnung oder zum Zeitpunkt der Annahme des Beschlusses gemäß Artikel 331 Absatz 1 Unterabsatz 2 oder 3 des Vertrags über die Arbeitsweise der Europäischen Union angehören und die Kollisionsnormen für Ehescheidung oder Trennung ohne Auflösung des Ehebandes enthalten.

(2) Diese Verordnung hat jedoch im Verhältnis zwischen den teilnehmenden Mitgliedstaaten Vorrang vor ausschließlich zwischen zwei oder mehreren von ihnen geschlossenen Übereinkommen, soweit diese Bereiche betreffen, die in dieser Verordnung geregelt sind.

Artikel 20
Revisionsklausel

(1) Die Kommission legt dem Europäischen Parlament, dem Rat und dem Europäischen Wirtschafts- und Sozialausschuss spätestens zum 31. Dezember 2015 und danach alle fünf Jahre einen Bericht über die Anwendung dieser Verordnung vor. Dem Bericht werden gegebenenfalls Vorschläge zur Anpassung dieser Verordnung beigefügt.

(2) Die teilnehmenden Mitgliedstaaten übermitteln der Kommission zu diesem Zweck sachdienliche Angaben betreffend die Anwendung dieser Verordnung durch ihre Gerichte.

KAPITEL IV

SCHLUSSBESTIMMUNGEN

Artikel 21
Inkrafttreten und Geltungsbeginn

Diese Verordnung tritt am Tag nach ihrer Veröffentlichung im *Amtsblatt der Europäischen Union* in Kraft.
Sie gilt ab dem 21. Juni 2012, mit Ausnahme des Artikels 17, der ab dem 21. Juni 2011 gilt.

Für diejenigen teilnehmenden Mitgliedstaaten, die aufgrund eines nach Artikel 331 Absatz 1 Unterabsatz 2 oder Unterabsatz 3 des Vertrags über die Arbeitsweise der Europäischen Union angenommenen Beschlusses an der Verstärkten Zusammenarbeit teilnehmen, gilt diese Verordnung ab dem in dem betreffenden Beschluss angegebenen Tag.

Diese Verordnung ist in allen ihren Teilen verbindlich und gilt gemäß den Verträgen unmittelbar in den teilnehmenden Mitgliedstaaten.

Geschehen zu Brüssel am 20. Dezember 2010.

Im Namen des Rates

Die Präsidentin

J. SCHAUVLIEGEDE

2/4. EU-Erbrechtsverordnung

2/4. Verordnung über die Zuständigkeit, das anzuwendende Recht, die Anerkennung und Vollstreckung von Entscheidungen und die Annahme und Vollstreckung öffentlicher Urkunden in Erbsachen sowie zur Einführung eines Europäischen Nachlasszeugnisses, ABl L 201 vom 27. 7. 2012, S 107 idF

1 ABl L 344 vom 14. 12. 2012, S 3
2 ABl L 41 vom 12. 2. 2013, S 16
3 ABl L 60 vom 2. 3. 2013, S 140
4 ABl L 363 vom 18. 12. 2014, S 186

STICHWORTVERZEICHNIS

(Die Zahlenangaben beziehen sich auf die Artikel)

Verordnung (EU) Nr. 650/2012 über die Zuständigkeit, das anzuwendende Recht, die Anerkennung und Vollstreckung von Entscheidungen und die Annahme und Vollstreckung öffentlicher Urkunden in Erbsachen sowie zur Einführung eines Europäischen Nachlasszeugnisses

DAS EUROPÄISCHE PARLAMENT UND DER RAT DER EUROPÄISCHEN UNION –

gestützt auf den Vertrag über die Arbeitsweise der Europäischen Union, insbesondere auf Artikel 81 Absatz 2,

auf Vorschlag der Europäischen Kommission,

nach Stellungnahme des Europäischen Wirtschafts- und Sozialausschusses[1],

gemäß dem ordentlichen Gesetzgebungsverfahren[2],

in Erwägung nachstehender Gründe:

(1) Die Union hat sich zum Ziel gesetzt, einen Raum der Freiheit, der Sicherheit und des Rechts, in dem der freie Personenverkehr gewährleistet ist, zu erhalten und weiterzuentwickeln. Zum schrittweisen Aufbau eines solchen Raums hat die Union im Bereich der justiziellen Zusammenarbeit in Zivilsachen, die einen grenzüberschreitenden Bezug aufweisen, Maßnahmen zu erlassen, insbesondere wenn dies für das reibungslose Funktionieren des Binnenmarkts erforderlich ist.

(2) Nach Artikel 81 Absatz 2 Buchstabe c des Vertrags über die Arbeitsweise der Europäischen Union können zu solchen Maßnahmen unter anderem Maßnahmen gehören, die die Vereinbarkeit der in den Mitgliedstaaten geltenden Kollisionsnormen und der Vorschriften zur Vermeidung von Kompetenzkonflikten sicherstellen sollen.

Zur Präambel:

[1] ABl. C 44 vom 11.2.2011, S. 148.

[2] Standpunkt des Europäischen Parlaments vom 13. März 2012 (noch nicht im Amtsblatt veröffentlicht) und Beschluss des Rates vom 7. Juni 2012.

(3) Auf seiner Tagung vom 15. und 16. Oktober 1999 in Tampere hat der Europäische Rat den Grundsatz der gegenseitigen Anerkennung von Urteilen und anderen Entscheidungen von Justizbehörden als Eckstein der justiziellen Zusammenarbeit in Zivilsachen unterstützt und den Rat und die Kommission ersucht, ein Maßnahmenprogramm zur Umsetzung dieses Grundsatzes anzunehmen.

(4) Am 30. November 2000 wurde ein gemeinsames Maßnahmenprogramm der Kommission und des Rates zur Umsetzung des Grundsatzes der gegenseitigen Anerkennung gerichtlicher Entscheidungen in Zivil- und Handelssachen[3] verabschiedet. In diesem Programm sind Maßnahmen zur Harmonisierung der Kollisionsnormen aufgeführt, die die gegenseitige Anerkennung gerichtlicher Entscheidungen vereinfachen sollen; ferner ist darin die Ausarbeitung eines Rechtsinstruments zum Testaments- und Erbrecht vorgesehen.

(5) Am 4. und 5. November 2004 hat der Europäische Rat auf seiner Tagung in Brüssel ein neues Programm mit dem Titel „Haager Programm zur Stärkung von Freiheit, Sicherheit und Recht in der Europäischen Union"[4] angenommen. Danach soll ein Rechtsinstrument zu Erbsachen erlassen werden, das insbesondere Fragen des Kollisionsrechts, der Zuständigkeit, der gegenseitigen Anerkennung und Vollstreckung von Entscheidungen in Erbsachen sowie die Einführung eines Europäischen Nachlasszeugnisses betrifft.

(6) Der Europäische Rat hat auf seiner Tagung vom 10. und 11. Dezember 2009 in Brüssel ein neues mehrjähriges Programm mit dem Titel „Das Stockholmer Programm – Ein offenes und sicheres Europa im Dienste und zum Schutz der Bürger"[5] angenommen. Darin hat der Europäische Rat festgehalten, dass der Grundsatz der gegensei-

Zu Abs. 4:

[3] ABl. C 12 vom 15.1.2001, S. 1.

Zu Abs. 5:

[4] ABl. C 53 vom 3.3.2005, S. 1.

Zu Abs. 6:

[5] ABl. C 115 vom 4.5.2010, S. 1.

tigen Anerkennung auf Bereiche ausgeweitet werden sollte, die bisher noch nicht abgedeckt sind, aber den Alltag der Bürger wesentlich prägen, z. B. Erb- und Testamentsrecht, wobei gleichzeitig die Rechtssysteme einschließlich der öffentlichen Ordnung (ordre public) und die nationalen Traditionen der Mitgliedstaaten in diesem Bereich zu berücksichtigen sind.

(7) Die Hindernisse für den freien Verkehr von Personen, denen die Durchsetzung ihrer Rechte im Zusammenhang mit einem Erbfall mit grenzüberschreitendem Bezug derzeit noch Schwierigkeiten bereitet, sollten ausgeräumt werden, um das reibungslose Funktionieren des Binnenmarkts zu erleichtern. In einem europäischen Rechtsraum muss es den Bürgern möglich sein, ihren Nachlass im Voraus zu regeln. Die Rechte der Erben und Vermächtnisnehmer sowie der anderen Personen, die dem Erblasser nahestehen, und der Nachlassgläubiger müssen effektiv gewahrt werden.

(8) Um diese Ziele zu erreichen, bedarf es einer Verordnung, in der die Bestimmungen über die Zuständigkeit, das anzuwendende Recht, die Anerkennung – oder gegebenenfalls die Annahme –, Vollstreckbarkeit und Vollstreckung von Entscheidungen, öffentlichen Urkunden und gerichtlichen Vergleichen sowie zur Einführung eines Europäischen Nachlasszeugnisses zusammengefasst sind.

(9) Der Anwendungsbereich dieser Verordnung sollte sich auf alle zivilrechtlichen Aspekte der Rechtsnachfolge von Todes wegen erstrecken, und zwar auf jede Form des Übergangs von Vermögenswerten, Rechten und Pflichten von Todes wegen, sei es im Wege der gewillkürten Erbfolge durch eine Verfügung von Todes wegen oder im Wege der gesetzlichen Erbfolge.

(10) Diese Verordnung sollte weder für Steuersachen noch für verwaltungsrechtliche Angelegenheiten öffentlich-rechtlicher Art gelten. Daher sollte das innerstaatliche Recht bestimmen, wie beispielsweise Steuern oder sonstige Verbindlichkeiten öffentlich-rechtlicher Art berechnet und entrichtet werden, seien es vom Erblasser im Zeitpunkt seines Todes geschuldete Steuern oder Erbschaftssteuern jeglicher Art, die aus dem Nachlass oder von den Berechtigten zu entrichten sind. Das innerstaatliche Recht sollte auch bestimmen, ob die Freigabe des Nachlassvermögens an die Berechtigten nach dieser Verordnung oder die Eintragung des Nachlassvermögens in ein Register nur erfolgt, wenn Steuern gezahlt werden.

(11) Diese Verordnung sollte nicht für Bereiche des Zivilrechts gelten, die nicht die Rechtsnachfolge von Todes wegen betreffen. Aus Gründen der Klarheit sollte eine Reihe von Fragen, die als mit Erbsachen zusammenhängend betrachtet werden könnten, ausdrücklich vom Anwendungsbereich dieser Verordnung ausgenommen werden.

(12) Dementsprechend sollte diese Verordnung nicht für Fragen des ehelichen Güterrechts, einschließlich der in einigen Rechtsordnungen vorkommenden Eheverträge, soweit diese keine erbrechtlichen Fragen regeln, und des Güterrechts aufgrund von Verhältnissen, die mit der Ehe vergleichbare Wirkungen entfalten, gelten. Die Behörden, die mit einer bestimmten Erbsache nach dieser Verordnung befasst sind, sollten allerdings je nach den Umständen des Einzelfalls die Beendigung des ehelichen oder sonstigen Güterstands des Erblassers bei der Bestimmung des Nachlasses und der jeweiligen Anteile der Berechtigten berücksichtigen.

(13) Fragen im Zusammenhang mit der Errichtung, Funktionsweise oder Auflösung von Trusts sollten auch vom Anwendungsbereich dieser Verordnung ausgenommen werden. Dies sollte nicht als genereller Ausschluss von Trusts verstanden werden. Wird ein Trust testamentarisch oder aber kraft Gesetzes im Rahmen der gesetzlichen Erbfolge errichtet, so sollte im Hinblick auf den Übergang der Vermögenswerte und die Bestimmung der Berechtigten das nach dieser Verordnung auf die Rechtsnachfolge von Todes wegen anzuwendende Recht gelten.

(14) Rechte und Vermögenswerte, die auf andere Weise als durch Rechtsnachfolge von Todes wegen entstehen oder übertragen werden, wie zum Beispiel durch unentgeltliche Zuwendungen, sollten ebenfalls vom Anwendungsbereich dieser Verordnung ausgenommen werden. Ob unentgeltliche Zuwendungen oder sonstige Verfügungen unter Lebenden mit dinglicher Wirkung vor dem Tod für die Zwecke der Bestimmung der Anteile der Berechtigten im Einklang mit dem auf die Rechtsnachfolge von Todes wegen anzuwendenden Recht ausgeglichen oder angerechnet werden sollten, sollte sich jedoch nach dem Recht entscheiden, das nach dieser Verordnung auf die Rechtsnachfolge von Todes wegen anzuwenden ist.

(15) Diese Verordnung sollte die Begründung oder den Übergang eines Rechts an beweglichen oder unbeweglichen Vermögensgegenständen im Wege der Rechtsnachfolge von Todes wegen nach Maßgabe des auf die Rechtsnachfolge von Todes wegen anzuwendenden Rechts ermöglichen. Sie sollte jedoch nicht die abschließende Anzahl (Numerus Clausus) der dinglichen Rechte berühren, die das innerstaatliche Recht einiger Mitglied-

staaten kennt. Ein Mitgliedstaat sollte nicht verpflichtet sein, ein dingliches Recht an einer in diesem Mitgliedstaat belegenen Sache anzuerkennen, wenn sein Recht dieses dingliche Recht nicht kennt.

(16) Damit die Berechtigten jedoch die Rechte, die durch Rechtsnachfolge von Todes wegen begründet worden oder auf sie übergegangen sind, in einem anderen Mitgliedstaat geltend machen können, sollte diese Verordnung die Anpassung eines unbekannten dinglichen Rechts an das in der Rechtsordnung dieses anderen Mitgliedstaats am ehesten vergleichbare dingliche Recht vorsehen. Bei dieser Anpassung sollten die mit dem besagten dinglichen Recht verfolgten Ziele und Interessen und die mit ihm verbundenen Wirkungen berücksichtigt werden. Für die Zwecke der Bestimmung des am ehesten vergleichbaren innerstaatlichen dinglichen Rechts können die Behörden oder zuständigen Personen des Staates, dessen Recht auf die Rechtsnachfolge von Todes wegen anzuwenden war, kontaktiert werden, um weitere Auskünfte zu der Art und den Wirkungen des betreffenden dinglichen Rechts einzuholen. In diesem Zusammenhang könnten die bestehenden Netze im Bereich der justiziellen Zusammenarbeit in Zivil- und Handelssachen sowie die anderen verfügbaren Mittel, die die Erkenntnis ausländischen Rechts erleichtern, genutzt werden.

(17) Die in dieser Verordnung ausdrücklich vorgesehene Anpassung unbekannter dinglicher Rechte sollte andere Formen der Anpassung im Zusammenhang mit der Anwendung dieser Verordnung nicht ausschließen.

(18) Die Voraussetzungen für die Eintragung von Rechten an beweglichen oder unbeweglichen Vermögensgegenständen in einem Register sollten aus dem Anwendungsbereich dieser Verordnung ausgenommen werden. Somit sollte das Recht des Mitgliedstaats, in dem das Register (für unbewegliches Vermögen das Recht der belegenen Sache (lex rei sitae)) geführt wird, bestimmen, unter welchen gesetzlichen Voraussetzungen und wie die Eintragung vorzunehmen ist und welche Behörden wie etwa Grundbuchämter oder Notare dafür zuständig sind zu prüfen, dass alle Eintragungsvoraussetzungen erfüllt sind und die vorgelegten oder erstellten Unterlagen vollständig sind bzw. die erforderlichen Angaben enthalten. Insbesondere können die Behörden prüfen, ob es sich bei dem Recht des Erblassers an dem Nachlassvermögen, das in dem für die Eintragung vorgelegten Schriftstück erwähnt ist, um ein Recht handelt, das als solches in dem Register eingetragen ist oder nach dem Recht des Mitgliedstaats, in dem das Register geführt wird, anderweitig nachgewiesen wird. Um eine doppelte Erstellung von Schriftstücken zu vermeiden, sollten die Eintragungsbehörden diejenigen von den zuständigen Behörden in einem anderen Mitgliedstaat erstellten Schriftstücke annehmen, deren Verkehr nach dieser Verordnung vorgesehen ist. Insbesondere sollte das nach dieser Verordnung ausgestellte Europäische Nachlasszeugnis im Hinblick auf die Eintragung des Nachlassvermögens in ein Register eines Mitgliedstaats ein gültiges Schriftstück darstellen. Dies sollte die an der Eintragung beteiligten Behörden nicht daran hindern, von der Person, die die Eintragung beantragt, diejenigen zusätzlichen Angaben oder die Vorlage derjenigen zusätzlichen Schriftstücke zu verlangen, die nach dem Recht des Mitgliedstaats, in dem das Register geführt wird, erforderlich sind, wie beispielsweise Angaben oder Schriftstücke betreffend die Zahlung von Steuern. Die zuständige Behörde kann die Person, die die Eintragung beantragt, darauf hinweisen, wie die fehlenden Angaben oder Schriftstücke beigebracht werden können.

(19) Die Wirkungen der Eintragung eines Rechts in einem Register sollten ebenfalls vom Anwendungsbereich dieser Verordnung ausgenommen werden. Daher sollte das Recht des Mitgliedstaats, in dem das Register geführt wird, dafür maßgebend sein, ob beispielsweise die Eintragung deklaratorische oder konstitutive Wirkung hat. Wenn also zum Beispiel der Erwerb eines Rechts an einer unbeweglichen Sache nach dem Recht des Mitgliedstaats, in dem das Register geführt wird, die Eintragung in einem Register erfordert, damit die Wirkung erga omnes von Registern sichergestellt wird oder Rechtsgeschäfte geschützt werden, sollte der Zeitpunkt des Erwerbs dem Recht dieses Mitgliedstaats unterliegen.

(20) Diese Verordnung sollte den verschiedenen Systemen zur Regelung von Erbsachen Rechnung tragen, die in den Mitgliedstaaten angewandt werden. Für die Zwecke dieser Verordnung sollte der Begriff „Gericht“ daher breit gefasst werden, so dass nicht nur Gerichte im eigentlichen Sinne, die gerichtliche Funktionen ausüben, erfasst werden, sondern auch Notare oder Registerbehörden in einigen Mitgliedstaaten, die in bestimmten Erbsachen gerichtliche Funktionen wie Gerichte ausüben, sowie Notare und Angehörige von Rechtsberufen, die in einigen Mitgliedstaaten in einer bestimmten Erbsache aufgrund einer Befugnisübertragung durch ein Gericht gerichtliche Funktionen ausüben. Alle Gerichte im Sinne dieser Verordnung sollten durch die in dieser Verordnung festgelegten Zuständigkeitsregeln gebunden sein. Der Begriff „Gericht“ sollte hingegen nicht die nichtgerichtlichen Behörden eines Mitgliedstaats erfassen, die nach innerstaatlichem Recht befugt sind, sich mit Erbsachen zu befassen, wie in den meisten Mitgliedstaaten die

Notare, wenn sie, wie dies üblicherweise der Fall ist, keine gerichtlichen Funktionen ausüben.

(21) Diese Verordnung sollte es allen Notaren, die für Erbsachen in den Mitgliedstaaten zuständig sind, ermöglichen, diese Zuständigkeit auszuüben. Ob die Notare in einem Mitgliedstaat durch die Zuständigkeitsregeln dieser Verordnung gebunden sind, sollte davon abhängen, ob sie von der Bestimmung des Begriffs „Gericht" im Sinne dieser Verordnung erfasst werden.

(22) Die in den Mitgliedstaaten von Notaren in Erbsachen errichteten Urkunden sollten nach dieser Verordnung verkehren. Üben Notare gerichtliche Funktionen aus, so sind sie durch die Zuständigkeitsregeln gebunden, und die von ihnen erlassenen Entscheidungen sollten nach den Bestimmungen über die Anerkennung, Vollstreckbarkeit und Vollstreckung von Entscheidungen verkehren. Üben Notare keine gerichtliche Zuständigkeit aus, so sind sie nicht durch die Zuständigkeitsregeln gebunden, und die öffentlichen Urkunden, die von ihnen errichtet werden, sollten nach den Bestimmungen über öffentliche Urkunden verkehren.

(23) In Anbetracht der zunehmenden Mobilität der Bürger sollte die Verordnung zur Gewährleistung einer ordnungsgemäßen Rechtspflege in der Union und einer wirklichen Verbindung zwischen dem Nachlass und dem Mitgliedstaat, in dem die Erbsache abgewickelt wird, als allgemeinen Anknüpfungspunkt zum Zwecke der Bestimmung der Zuständigkeit und des anzuwendenden Rechts den gewöhnlichen Aufenthalt des Erblassers im Zeitpunkt des Todes vorsehen. Bei der Bestimmung des gewöhnlichen Aufenthalts sollte die mit der Erbsache befasste Behörde eine Gesamtbeurteilung der Lebensumstände des Erblassers in den Jahren vor seinem Tod und im Zeitpunkt seines Todes vornehmen und dabei alle relevanten Tatsachen berücksichtigen, insbesondere die Dauer und die Regelmäßigkeit des Aufenthalts des Erblassers in dem betreffenden Staat sowie die damit zusammenhängenden Umstände und Gründe. Der so bestimmte gewöhnliche Aufenthalt sollte unter Berücksichtigung der spezifischen Ziele dieser Verordnung eine besonders enge und feste Bindung zu dem betreffenden Staat erkennen lassen.

(24) In einigen Fällen kann es sich als komplex erweisen, den Ort zu bestimmen, an dem der Erblasser seinen gewöhnlichen Aufenthalt hatte. Dies kann insbesondere der Fall sein, wenn sich der Erblasser aus beruflichen oder wirtschaftlichen Gründen – unter Umständen auch für längere Zeit – in einen anderen Staat begeben hat, um dort zu arbeiten, aber eine enge und feste Bindung zu seinem Herkunftsstaat aufrechterhalten hat. In diesem Fall könnte – entsprechend den jeweiligen Umständen – davon ausgegangen werden, dass der Erblasser seinen gewöhnlichen Aufenthalt weiterhin in seinem Herkunftsstaat hat, in dem sich in familiärer und sozialer Hinsicht sein Lebensmittelpunkt befand. Weitere komplexe Fälle können sich ergeben, wenn der Erblasser abwechselnd in mehreren Staaten gelebt hat oder auch von Staat zu Staat gereist ist, ohne sich in einem Staat für längere Zeit niederzulassen. War der Erblasser ein Staatsangehöriger eines dieser Staaten oder hatte er alle seine wesentlichen Vermögensgegenstände in einem dieser Staaten, so könnte seine Staatsangehörigkeit oder der Ort, an dem diese Vermögensgegenstände sich befinden, ein besonderer Faktor bei der Gesamtbeurteilung aller tatsächlichen Umstände sein.

(25) In Bezug auf die Bestimmung des auf die Rechtsnachfolge von Todes wegen anzuwendenden Rechts kann die mit der Erbsache befasste Behörde in Ausnahmefällen – in denen der Erblasser beispielsweise erst kurz vor seinem Tod in den Staat seines gewöhnlichen Aufenthalts umgezogen ist und sich aus der Gesamtheit der Umstände ergibt, dass er eine offensichtlich engere Verbindung zu einem anderen Staat hatte – zu dem Schluss gelangen, dass die Rechtsnachfolge von Todes wegen nicht dem Recht des gewöhnlichen Aufenthalts des Erblassers unterliegt, sondern dem Recht des Staates, zu dem der Erblasser offensichtlich eine engere Verbindung hatte. Die offensichtlich engste Verbindung sollte jedoch nicht als subsidiärer Anknüpfungspunkt gebraucht werden, wenn sich die Feststellung des gewöhnlichen Aufenthaltsorts des Erblassers im Zeitpunkt seines Todes als schwierig erweist.

(26) Diese Verordnung sollte ein Gericht nicht daran hindern, Mechanismen gegen die Gesetzesumgehung wie beispielsweise gegen die fraude à la loi im Bereich des Internationalen Privatrechts anzuwenden.

(27) Die Vorschriften dieser Verordnung sind so angelegt, dass sichergestellt wird, dass die mit der Erbsache befasste Behörde in den meisten Situationen ihr eigenes Recht anwendet. Diese Verordnung sieht daher eine Reihe von Mechanismen vor, die dann greifen, wenn der Erblasser für die Regelung seines Nachlasses das Recht eines Mitgliedstaats gewählt hat, dessen Staatsangehöriger er war.

(28) Einer dieser Mechanismen sollte darin bestehen, dass die betroffenen Parteien eine Gerichtsstandsvereinbarung zugunsten der Gerichte des Mitgliedstaats, dessen Recht gewählt wurde, schließen können. Abhängig insbesondere vom

Gegenstand der Gerichtsstandsvereinbarung müsste von Fall zu Fall bestimmt werden, ob die Vereinbarung zwischen sämtlichen von dem Nachlass betroffenen Parteien geschlossen werden müsste oder ob einige von ihnen sich darauf einigen könnten, eine spezifische Frage bei dem gewählten Gericht anhängig zu machen, sofern die diesbezügliche Entscheidung dieses Gerichts die Rechte der anderen Parteien am Nachlass nicht berühren würde.

(29) Wird ein Verfahren in einer Erbsache von einem Gericht von Amts wegen eingeleitet, was in einigen Mitgliedstaaten der Fall ist, sollte dieses Gericht das Verfahren beenden, wenn die Parteien vereinbaren, die Erbsache außergerichtlich in dem Mitgliedstaat des gewählten Rechts einvernehmlich zu regeln. Wird ein Verfahren in einer Erbsache nicht von einem Gericht von Amts wegen eröffnet, so sollte diese Verordnung die Parteien nicht daran hindern, die Erbsache außergerichtlich, beispielsweise vor einem Notar, in einem Mitgliedstaat ihrer Wahl einvernehmlich zu regeln, wenn dies nach dem Recht dieses Mitgliedstaats möglich ist. Dies sollte auch dann der Fall sein, wenn das auf die Rechtsnachfolge von Todes wegen anzuwendende Recht nicht das Recht dieses Mitgliedstaats ist.

(30) Um zu gewährleisten, dass die Gerichte aller Mitgliedstaaten ihre Zuständigkeit in Bezug auf den Nachlass von Personen, die ihren gewöhnlichen Aufenthalt im Zeitpunkt ihres Todes nicht in einem Mitgliedstaat hatten, auf derselben Grundlage ausüben können, sollte diese Verordnung die Gründe, aus denen diese subsidiäre Zuständigkeit ausgeübt werden kann, abschließend und in einer zwingenden Rangfolge aufführen.

(31) Um insbesondere Fällen von Rechtsverweigerung begegnen zu können, sollte in dieser Verordnung auch eine Notzuständigkeit (forum necessitatis) vorgesehen werden, wonach ein Gericht eines Mitgliedstaats in Ausnahmefällen über eine Erbsache entscheiden kann, die einen engen Bezug zu einem Drittstaat aufweist. Ein solcher Ausnahmefall könnte gegeben sein, wenn ein Verfahren sich in dem betreffenden Drittstaat als unmöglich erweist, beispielsweise aufgrund eines Bürgerkriegs, oder wenn von einem Berechtigten vernünftigerweise nicht erwartet werden kann, dass er ein Verfahren in diesem Staat einleitet oder führt. Die Notzuständigkeit sollte jedoch nur ausgeübt werden, wenn die Erbsache einen ausreichenden Bezug zu dem Mitgliedstaat des angerufenen Gerichts aufweist.

(32) Im Interesse der Erben und Vermächtnisnehmer, die ihren gewöhnlichen Aufenthalt in einem anderen als dem Mitgliedstaat haben, in dem der Nachlass abgewickelt wird oder werden soll, sollte diese Verordnung es jeder Person, die nach dem auf die Rechtsnachfolge von Todes wegen anzuwendenden Recht dazu berechtigt ist, ermöglichen, Erklärungen über die Annahme oder Ausschlagung einer Erbschaft, eines Vermächtnisses oder eines Pflichtteils oder zur Begrenzung ihrer Haftung für Nachlassverbindlichkeiten vor den Gerichten des Mitgliedstaats ihres gewöhnlichen Aufenthalts in der Form abzugeben, die nach dem Recht dieses Mitgliedstaats vorgesehen ist. Dies sollte nicht ausschließen, dass derartige Erklärungen vor anderen Behörden dieses Mitgliedstaats, die nach nationalem Recht für die Entgegennahme von Erklärungen zuständig sind, abgegeben werden. Die Personen, die von der Möglichkeit Gebrauch machen möchten, Erklärungen im Mitgliedstaat ihres gewöhnlichen Aufenthalts abzugeben, sollten das Gericht oder die Behörde, die mit der Erbsache befasst ist oder sein wird, innerhalb einer Frist, die in dem auf die Rechtsnachfolge von Todes wegen anzuwendenden Recht vorgesehen ist, selbst davon in Kenntnis setzen, dass derartige Erklärungen abgegeben wurden.

(33) Eine Person, die ihre Haftung für die Nachlassverbindlichkeiten begrenzen möchte, sollte dies nicht durch eine entsprechende einfache Erklärung vor den Gerichten oder anderen zuständigen Behörden des Mitgliedstaats ihres gewöhnlichen Aufenthalts tun können, wenn das auf die Rechtsnachfolge von Todes wegen anzuwendende Recht von ihr verlangt, vor dem zuständigen Gericht ein besonderes Verfahren, beispielsweise ein Verfahren zur Inventarerrichtung, zu veranlassen. Eine Erklärung, die unter derartigen Umständen von einer Person im Mitgliedstaat ihres gewöhnlichen Aufenthalts in der nach dem Recht dieses Mitgliedstaats vorgeschriebenen Form abgegeben wurde, sollte daher für die Zwecke dieser Verordnung nicht formell gültig sein. Auch sollten die verfahrenseinleitenden Schriftstücke für die Zwecke dieser Verordnung nicht als Erklärung angesehen werden.

(34) Im Interesse einer geordneten Rechtspflege sollten in verschiedenen Mitgliedstaaten keine Entscheidungen ergehen, die miteinander unvereinbar sind. Hierzu sollte die Verordnung allgemeine Verfahrensvorschriften nach dem Vorbild anderer Rechtsinstrumente der Union im Bereich der justiziellen Zusammenarbeit in Zivilsachen vorsehen.

(35) Eine dieser Verfahrensvorschriften ist die Regel zur Rechtshängigkeit, die zum Tragen kommt, wenn dieselbe Erbsache bei verschiedenen Gerichten in verschiedenen Mitgliedstaaten anhängig gemacht wird. Diese Regel bestimmt,

welches Gericht sich weiterhin mit der Erbsache zu befassen hat.

(36) Da Erbsachen in einigen Mitgliedstaaten von nichtgerichtlichen Behörden wie z. B. Notaren geregelt werden können, die nicht an die Zuständigkeitsregeln dieser Verordnung gebunden sind, kann nicht ausgeschlossen werden, dass in derselben Erbsache eine außergerichtliche einvernehmliche Regelung und ein Gerichtsverfahren beziehungsweise zwei außergerichtliche einvernehmliche Regelungen in Bezug auf dieselbe Erbsache jeweils in verschiedenen Mitgliedstaaten parallel eingeleitet werden. In solchen Fällen sollte es den beteiligten Parteien obliegen, sich, sobald sie Kenntnis von den parallelen Verfahren erhalten, untereinander über das weitere Vorgehen zu einigen. Können sie sich nicht einigen, so müsste das nach dieser Verordnung zuständige Gericht sich mit der Erbsache befassen und darüber befinden.

(37) Damit die Bürger die Vorteile des Binnenmarkts ohne Einbußen bei der Rechtssicherheit nutzen können, sollte die Verordnung ihnen im Voraus Klarheit über das in ihrem Fall anwendbare Erbstatut verschaffen. Es sollten harmonisierte Kollisionsnormen eingeführt werden, um einander widersprechende Ergebnisse zu vermeiden. Die allgemeine Kollisionsnorm sollte sicherstellen, dass der Erbfall einem im Voraus bestimmbaren Erbrecht unterliegt, zu dem eine enge Verbindung besteht. Aus Gründen der Rechtssicherheit und um eine Nachlassspaltung zu vermeiden, sollte der gesamte Nachlass, d. h. das gesamte zum Nachlass gehörende Vermögen diesem Recht unterliegen, unabhängig von der Art der Vermögenswerte und unabhängig davon, ob diese in einem anderen Mitgliedstaat oder in einem Drittstaat belegen sind.

(38) Diese Verordnung sollte es den Bürgern ermöglichen, durch die Wahl des auf die Rechtsnachfolge von Todes wegen anwendbaren Rechts ihren Nachlass vorab zu regeln. Diese Rechtswahl sollte auf das Recht eines Staates, dem sie angehören, beschränkt sein, damit sichergestellt wird, dass eine Verbindung zwischen dem Erblasser und dem gewählten Recht besteht, und damit vermieden wird, dass ein Recht mit der Absicht gewählt wird, die berechtigten Erwartungen der Pflichtteilsberechtigten zu vereiteln.

(39) Eine Rechtswahl sollte ausdrücklich in einer Erklärung in Form einer Verfügung von Todes wegen erfolgen oder sich aus den Bestimmungen einer solchen Verfügung ergeben. Eine Rechtswahl könnte als sich durch eine Verfügung von Todes wegen ergebend angesehen werden, wenn z. B. der Erblasser in seiner Verfügung Bezug auf spezifische Bestimmungen des Rechts des Staates, dem er angehört, genommen hat oder das Recht dieses Staates in anderer Weise erwähnt hat.

(40) Eine Rechtswahl nach dieser Verordnung sollte auch dann wirksam sein, wenn das gewählte Recht keine Rechtswahl in Erbsachen vorsieht. Die materielle Wirksamkeit der Rechtshandlung, mit der die Rechtswahl getroffen wird, sollte sich jedoch nach dem gewählten Recht bestimmen, d. h. ob davon auszugehen ist, dass die Person, die die Rechtswahl trifft, verstanden hat, was dies bedeutet, und dem zustimmt. Das Gleiche sollte für die Rechtshandlung gelten, mit der die Rechtswahl geändert oder widerrufen wird.

(41) Für die Zwecke der Anwendung dieser Verordnung sollte die Bestimmung der Staatsangehörigkeit oder der Mehrfachstaatsangehörigkeit einer Person vorab geklärt werden. Die Frage, ob jemand als Angehöriger eines Staates gilt, fällt nicht in den Anwendungsbereich dieser Verordnung und unterliegt dem innerstaatlichen Recht, gegebenenfalls auch internationalen Übereinkommen, wobei die allgemeinen Grundsätze der Europäischen Union uneingeschränkt zu achten sind.

(42) Das zur Anwendung berufene Erbrecht sollte für die Rechtsnachfolge von Todes wegen vom Eintritt des Erbfalls bis zum Übergang des Eigentums an den zum Nachlass gehörenden Vermögenswerten auf die nach diesem Recht bestimmten Berechtigten gelten. Es sollte Fragen im Zusammenhang mit der Nachlassverwaltung und der Haftung für die Nachlassverbindlichkeiten umfassen. Bei der Begleichung der Nachlassverbindlichkeiten kann abhängig insbesondere von dem auf die Rechtsnachfolge von Todes wegen anzuwendenden Recht eine spezifische Rangfolge der Gläubiger berücksichtigt werden.

(43) Die Zuständigkeitsregeln dieser Verordnung können in einigen Fällen zu einer Situation führen, in der das für Entscheidungen in Erbsachen zuständige Gericht nicht sein eigenes Recht anwendet. Tritt diese Situation in einem Mitgliedstaat ein, nach dessen Recht die Bestellung eines Nachlassverwalters verpflichtend ist, sollte diese Verordnung es den Gerichten dieses Mitgliedstaats, wenn sie angerufen werden, ermöglichen, nach einzelstaatlichem Recht einen oder mehrere solcher Nachlassverwalter zu bestellen. Davon sollte eine Entscheidung der Parteien, die Rechtsnachfolge von Todes wegen außergerichtlich in einem anderen Mitgliedstaat gütlich zu regeln, in dem dies nach dem Recht dieses Mitgliedstaates möglich ist, unberührt bleiben. Zur Gewährleistung einer reibungslosen Abstimmung zwischen dem auf die Rechtsnachfolge von Todes

wegen anwendbaren Recht und dem Recht des Mitgliedstaats, das für das bestellende Gericht gilt, sollte das Gericht die Person(en) bestellen, die berechtigt wäre(n), den Nachlass nach dem auf die Rechtsnachfolge von Todes wegen anwendbaren Recht zu verwalten, wie beispielsweise den Testamentsvollstrecker des Erblassers oder die Erben selbst oder, wenn das auf die Rechtsnachfolge von Todes wegen anwendbare Recht es so vorsieht, einen Fremdverwalter. Die Gerichte können jedoch in besonderen Fällen, wenn ihr Recht es erfordert, einen Dritten als Verwalter bestellen, auch wenn dies nicht in dem auf die Rechtsnachfolge von Todes wegen anzuwendenden Recht vorgesehen ist. Hat der Erblasser einen Testamentsvollstrecker bestellt, können dieser Person ihre Befugnisse nicht entzogen werden, es sei denn, das auf die Rechtsnachfolge von Todes wegen anwendbare Recht ermöglicht das Erlöschen seines Amtes.

(44) Die Befugnisse, die von den in dem Mitgliedstaat des angerufenen Gerichts bestellten Verwaltern ausgeübt werden, sollten diejenigen Verwaltungsbefugnisse sein, die sie nach dem auf die Rechtsnachfolge von Todes wegen anwendbaren Recht ausüben dürfen. Wenn also beispielsweise der Erbe als Verwalter bestellt wird, sollte er diejenigen Befugnisse zur Verwaltung des Nachlasses haben, die ein Erbe nach diesem Recht hätte. Reichen die Verwaltungsbefugnisse, die nach dem auf die Rechtsfolge von Todes wegen anwendbaren Recht ausgeübt werden dürfen, nicht aus, um das Nachlassvermögen zu erhalten oder die Rechte der Nachlassgläubiger oder anderer Personen zu schützen, die für die Verbindlichkeiten des Erblassers gebürgt haben, kann bzw. können der bzw. die in dem Mitgliedstaat des angerufenen Gerichts bestellte bzw. bestellten Nachlassverwalter ergänzend diejenigen Verwaltungsbefugnisse ausüben, die hierfür in dem Recht dieses Mitgliedstaates vorgesehen sind. Zu diesen ergänzenden Befugnissen könnte beispielsweise gehören, die Liste des Nachlassvermögens und der Nachlassverbindlichkeiten zu erstellen, die Nachlassgläubiger vom Eintritt des Erbfalls zu unterrichten und sie aufzufordern, ihre Ansprüche geltend zu machen, sowie einstweilige Maßnahmen, auch Sicherungsmaßnahmen, zum Erhalt des Nachlassvermögens zu ergreifen. Die von einem Verwalter aufgrund der ergänzenden Befugnisse durchgeführten Handlungen sollten im Einklang mit dem für die Rechtsnachfolge von Todes wegen anwendbaren Recht in Bezug auf den Übergang des Eigentums an dem Nachlassvermögen, einschließlich aller Rechtsgeschäfte, die die Berechtigten vor der Bestellung des Verwalters eingingen, die Haftung für die Nachlassverbindlichkeiten und die Rechte der Berechtigten, gegebenenfalls einschließlich des Rechts, die Erbschaft anzunehmen oder auszuschlagen, stehen. Solche Handlungen könnten beispielsweise nur dann die Veräußerung von Vermögenswerten oder die Begleichung von Verbindlichkeiten nach sich ziehen, wenn dies nach dem auf die Rechtsnachfolge von Todes wegen anwendbaren Recht zulässig wäre. Wenn die Bestellung eines Fremdverwalters nach dem auf die Rechtsnachfolge von Todes wegen anwendbaren Recht die Haftung der Erben ändert, sollte eine solche Änderung der Haftung respektiert werden.

(45) Diese Verordnung sollte nicht ausschließen, dass Nachlassgläubiger, beispielsweise durch einen Vertreter, gegebenenfalls weitere nach dem innerstaatlichen Recht zur Verfügung stehende Maßnahmen im Einklang mit den einschlägigen Rechtsinstrumenten der Union treffen, um ihre Rechte zu sichern.

(46) Diese Verordnung sollte die Unterrichtung potenzieller Nachlassgläubiger in anderen Mitgliedstaaten, in denen Vermögenswerte belegen sind, über den Eintritt des Erbfalls ermöglichen. Im Rahmen der Anwendung dieser Verordnung sollte daher die Möglichkeit in Erwägung gezogen werden, einen Mechanismus einzurichten, gegebenenfalls über das Europäische Justizportal, um es potenziellen Nachlassgläubigern in anderen Mitgliedstaaten zu ermöglichen, Zugang zu den einschlägigen Informationen zu erhalten, damit sie ihre Ansprüche anmelden können.

(47) Wer in einer Erbsache Berechtigter ist, sollte sich jeweils nach dem auf die Rechtsnachfolge von Todes wegen anzuwendenden Erbrecht bestimmen. Der Begriff „Berechtigte" würde in den meisten Rechtsordnungen Erben und Vermächtnisnehmer sowie Pflichtteilsberechtigte erfassen; allerdings ist beispielsweise die Rechtsstellung der Vermächtnisnehmer nicht in allen Rechtsordnungen die gleiche. In einigen Rechtsordnungen kann der Vermächtnisnehmer einen unmittelbaren Anteil am Nachlass erhalten, während nach anderen Rechtsordnungen der Vermächtnisnehmer lediglich einen Anspruch gegen die Erben erwerben kann.

(48) Im Interesse der Rechtssicherheit für Personen, die ihren Nachlass im Voraus regeln möchten, sollte diese Verordnung eine spezifische Kollisionsvorschrift bezüglich der Zulässigkeit und der materiellen Wirksamkeit einer Verfügung von Todes wegen festlegen. Um eine einheitliche Anwendung dieser Vorschrift zu gewährleisten, sollte diese Verordnung die Elemente auflisten, die zur materiellen Wirksamkeit zu rechnen sind. Die Prüfung der materiellen Wirksamkeit einer Verfügung von Todes wegen kann zu dem Schluss führen, dass diese Verfügung rechtlich nicht besteht.

(49) Ein Erbvertrag ist eine Art der Verfügung von Todes wegen, dessen Zulässigkeit und Anerkennung in den Mitgliedstaaten unterschiedlich ist. Um die Anerkennung von auf der Grundlage eines Erbvertrags erworbenen Nachlassansprüchen in den Mitgliedstaaten zu erleichtern, sollte diese Verordnung festlegen, welches Recht die Zulässigkeit solcher Verträge, ihre materielle Wirksamkeit und ihre Bindungswirkungen, einschließlich der Voraussetzungen für ihre Auflösung, regeln soll.

(50) Das Recht, dem die Zulässigkeit und die materielle Wirksamkeit einer Verfügung von Todes wegen und bei Erbverträgen die Bindungswirkungen nach dieser Verordnung unterliegen, sollte nicht die Rechte einer Person berühren, die nach dem auf die Rechtsnachfolge von Todes wegen anzuwendenden Recht pflichtteilsberechtigt ist oder ein anderes Recht hat, das ihr von der Person, deren Nachlass betroffen ist, nicht entzogen werden kann.

(51) Wird in dieser Verordnung auf das Recht Bezug genommen, das auf die Rechtsnachfolge der Person, die eine Verfügung von Todes wegen errichtet hat, anwendbar gewesen wäre, wenn sie an dem Tag verstorben wäre, an dem die Verfügung errichtet, geändert oder widerrufen worden ist, so ist diese Bezugnahme zu verstehen als Bezugnahme entweder auf das Recht des Staates des gewöhnlichen Aufenthalts der betroffenen Person an diesem Tag oder, wenn sie eine Rechtswahl nach dieser Verordnung getroffen hat, auf das Recht des Staates, dessen Staatsangehörigkeit sie an diesem Tag besaß.

(52) Diese Verordnung sollte die Formgültigkeit aller schriftlichen Verfügungen von Todes wegen durch Vorschriften regeln, die mit denen des Haager Übereinkommens vom 5. Oktober 1961 über das auf die Form letztwilliger Verfügungen anzuwendende Recht in Einklang stehen. Bei der Bestimmung der Formgültigkeit einer Verfügung von Todes wegen nach dieser Verordnung sollte die zuständige Behörde ein betrügerisch geschaffenes grenzüberschreitendes Element, mit dem die Vorschriften über die Formgültigkeit umgangen werden sollen, nicht berücksichtigen.

(53) Für die Zwecke dieser Verordnung sollten Rechtsvorschriften, welche die für Verfügungen von Todes wegen zugelassenen Formen mit Beziehung auf bestimmte persönliche Eigenschaften der Person, die eine Verfügung von Todes wegen errichtet, wie beispielsweise ihr Alter, beschränken, als zur Form gehörend angesehen werden. Dies sollte nicht dahin gehend ausgelegt werden, dass das nach dieser Verordnung auf die Formgültigkeit einer Verfügung von Todes wegen anzuwendende Recht bestimmten sollte, ob ein Minderjähriger fähig ist, eine Verfügung von Todes wegen zu errichten. Dieses Recht sollte lediglich bestimmen, ob eine Person aufgrund einer persönlichen Eigenschaft, wie beispielsweise der Minderjährigkeit, von der Errichtung einer Verfügung von Todes wegen in einer bestimmten Form ausgeschlossen werden sollte.

(54) Bestimmte unbewegliche Sachen, bestimmte Unternehmen und andere besondere Arten von Vermögenswerten unterliegen im Belegenheitsmitgliedstaat aufgrund wirtschaftlicher, familiärer oder sozialer Erwägungen besonderen Regelungen mit Beschränkungen, die die Rechtsnachfolge von Todes wegen in Bezug auf diese Vermögenswerte betreffen oder Auswirkungen auf sie haben. Diese Verordnung sollte die Anwendung dieser besonderen Regelungen sicherstellen. Diese Ausnahme von der Anwendung des auf die Rechtsnachfolge von Todes wegen anzuwendenden Rechts ist jedoch eng auszulegen, damit sie der allgemeinen Zielsetzung dieser Verordnung nicht zuwiderläuft. Daher dürfen weder Kollisionsnormen, die unbewegliche Sachen einem anderen als dem auf bewegliche Sachen anzuwendenden Recht unterwerfen, noch Bestimmungen, die einen größeren Pflichtteil als den vorsehen, der in dem nach dieser Verordnung auf die Rechtsnachfolge von Todes wegen anzuwendenden Recht festgelegt ist, als besondere Regelungen mit Beschränkungen angesehen werden, die die Rechtsnachfolge von Todes wegen in Bezug auf bestimmte Vermögenswerte betreffen oder Auswirkungen auf sie haben.

(55) Um eine einheitliche Vorgehensweise in Fällen sicherzustellen, in denen es ungewiss ist, in welcher Reihenfolge zwei oder mehr Personen, deren Rechtsnachfolge von Todes wegen verschiedenen Rechtsordnungen unterliegen würde, gestorben sind, sollte diese Verordnung eine Vorschrift vorsehen, nach der keine der verstorbenen Personen Anspruch auf den Nachlass der anderen hat.

(56) In einigen Fällen kann es einen erbenlosen Nachlass geben. Diese Fälle werden in den verschiedenen Rechtsordnungen unterschiedlich geregelt. So kann nach einigen Rechtsordnungen der Staat – unabhängig davon, wo die Vermögenswerte belegen sind – einen Erbanspruch geltend machen. Nach anderen Rechtsordnungen kann der Staat sich nur die Vermögenswerte aneignen, die in seinem Hoheitsgebiet belegen sind. Diese Verordnung sollte daher eine Vorschrift enthalten, nach der die Anwendung des auf die Rechtsnachfolge von Todes wegen anzuwendenden Rechts nicht verhindern sollte, dass ein Mitgliedstaat sich das in seinem Hoheitsgebiet belegene Nachlass-

vermögen nach seinem eigenen Recht aneignet. Um sicherzustellen, dass diese Vorschrift nicht nachteilig für die Nachlassgläubiger ist, sollte jedoch eine Bestimmung hinzugefügt werden, nach der die Nachlassgläubiger berechtigt sein sollten, aus dem gesamten Nachlassvermögen, ungeachtet seiner Belegenheit, Befriedigung ihrer Forderungen zu suchen.

(57) Die in dieser Verordnung festgelegten Kollisionsnormen können dazu führen, dass das Recht eines Drittstaats zur Anwendung gelangt. In derartigen Fällen sollte den Vorschriften des Internationalen Privatrechts dieses Staates Rechnung getragen werden. Falls diese Vorschriften die Rück- und Weiterverweisung entweder auf das Recht eines Mitgliedstaats oder aber auf das Recht eines Drittstaats, der sein eigenes Recht auf die Erbsache anwenden würde, vorsehen, so sollte dieser Rück- und Weiterverweisung gefolgt werden, um den internationalen Entscheidungseinklang zu gewährleisten. Die Rück- und Weiterverweisung sollte jedoch in den Fällen ausgeschlossen werden, in denen der Erblasser eine Rechtswahl zugunsten des Rechts eines Drittstaats getroffen hatte.

(58) Aus Gründen des öffentlichen Interesses sollte den Gerichten und anderen mit Erbsachen befassten zuständigen Behörden in den Mitgliedstaaten in Ausnahmefällen die Möglichkeit gegeben werden, Bestimmungen eines ausländischen Rechts nicht zu berücksichtigen, wenn deren Anwendung in einem bestimmten Fall mit der öffentlichen Ordnung (ordre public) des betreffenden Mitgliedstaats offensichtlich unvereinbar wäre. Die Gerichte oder andere zuständige Behörden sollten allerdings die Anwendung des Rechts eines anderen Mitgliedstaats nicht ausschließen oder die Anerkennung – oder gegebenenfalls die Annahme – oder die Vollstreckung einer Entscheidung, einer öffentlichen Urkunde oder eines gerichtlichen Vergleichs aus einem anderen Mitgliedstaat aus Gründen der öffentlichen Ordnung (ordre public) nicht versagen dürfen, wenn dies gegen die Charta der Grundrechte der Europäischen Union, insbesondere gegen das Diskriminierungsverbot in Artikel 21, verstoßen würde.

(59) Diese Verordnung sollte in Anbetracht ihrer allgemeinen Zielsetzung, nämlich der gegenseitigen Anerkennung der in den Mitgliedstaaten ergangenen Entscheidungen in Erbsachen, unabhängig davon, ob solche Entscheidungen in streitigen oder nichtstreitigen Verfahren ergangen sind, Vorschriften für die Anerkennung, Vollstreckbarkeit und Vollstreckung von Entscheidungen nach dem Vorbild anderer Rechtsinstrumente der Union im Bereich der justiziellen Zusammenarbeit in Zivilsachen vorsehen.

(60) Um den verschiedenen Systemen zur Regelung von Erbsachen in den Mitgliedstaaten Rechnung zu tragen, sollte diese Verordnung die Annahme und Vollstreckbarkeit öffentlicher Urkunden in einer Erbsache in sämtlichen Mitgliedstaaten gewährleisten.

(61) Öffentliche Urkunden sollten in einem anderen Mitgliedstaat die gleiche formelle Beweiskraft wie im Ursprungsmitgliedstaat oder die damit am ehesten vergleichbare Wirkung entfalten. Die formelle Beweiskraft einer öffentlichen Urkunde in einem anderen Mitgliedstaat oder die damit am ehesten vergleichbare Wirkung sollte durch Bezugnahme auf Art und Umfang der formellen Beweiskraft der öffentlichen Urkunde im Ursprungsmitgliedstaat bestimmt werden. Somit richtet sich die formelle Beweiskraft einer öffentlichen Urkunde in einem anderen Mitgliedstaat nach dem Recht des Ursprungsmitgliedstaats.

(62) Die „Authentizität" einer öffentlichen Urkunde sollte ein autonomer Begriff sein, der Aspekte wie die Echtheit der Urkunde, die Formerfordernisse für die Urkunde, die Befugnisse der Behörde, die die Urkunde errichtet, und das Verfahren, nach dem die Urkunde errichtet wird, erfassen sollte. Der Begriff sollte ferner die von der betreffenden Behörde in der öffentlichen Urkunde beurkundeten Vorgänge erfassen, wie z. B. die Tatsache, dass die genannten Parteien an dem genannten Tag vor dieser Behörde erschienen sind und die genannten Erklärungen abgegeben haben. Eine Partei, die Einwände mit Bezug auf die Authentizität einer öffentlichen Urkunde erheben möchte, sollte dies bei dem zuständigen Gericht im Ursprungsmitgliedstaat der öffentlichen Urkunde nach dem Recht dieses Mitgliedstaats tun.

(63) Die Formulierung „die in einer öffentlichen Urkunde beurkundeten Rechtsgeschäfte oder Rechtsverhältnisse" sollte als Bezugnahme auf den in der öffentlichen Urkunde niedergelegten materiellen Inhalt verstanden werden. Bei dem in einer öffentlichen Urkunde beurkundeten Rechtsgeschäft kann es sich etwa um eine Vereinbarung zwischen den Parteien über die Verteilung des Nachlasses, um ein Testament oder einen Erbvertrag oder um eine sonstige Willenserklärung handeln. Bei dem Rechtsverhältnis kann es sich etwa um die Bestimmung der Erben und sonstiger Berechtigter nach dem auf die Rechtsnachfolge von Todes wegen anzuwendenden Recht, ihre jeweiligen Anteile und das Bestehen eines Pflichtteils oder um jedes andere Element, das nach dem auf die Rechtsnachfolge von Todes wegen anzuwendenden Recht bestimmt wurde, handeln. Eine Partei, die Einwände mit Bezug auf die in einer öffentlichen Urkunde beurkundeten Rechtsgeschäfte oder Rechtsverhältnisse erhe-

ben möchte, sollte dies bei den nach dieser Verordnung zuständigen Gerichten tun, die nach dem auf die Rechtsnachfolge von Todes wegen anzuwendenden Recht über die Einwände entscheiden sollten.

(64) Wird eine Frage mit Bezug auf die in einer öffentlichen Urkunde beurkundeten Rechtsgeschäfte oder Rechtsverhältnisse als Vorfrage in einem Verfahren bei einem Gericht eines Mitgliedstaats vorgebracht, so sollte dieses Gericht für die Entscheidung über diese Vorfrage zuständig sein.

(65) Eine öffentliche Urkunde, gegen die Einwände erhoben wurden, sollte in einem anderen Mitgliedstaat als dem Ursprungsmitgliedstaat keine formelle Beweiskraft entfalten, solange die Einwände anhängig sind. Betreffen die Einwände nur einen spezifischen Umstand mit Bezug auf die in einer öffentlichen Urkunde beurkundeten Rechtsgeschäfte oder Rechtsverhältnisse, so sollte die öffentliche Urkunde in Bezug auf den angefochtenen Umstand keine Beweiskraft in einem anderen Mitgliedstaat als dem Ursprungsmitgliedstaat entfalten, solange die Einwände anhängig sind. Eine öffentliche Urkunde, die aufgrund eines Einwands für ungültig erklärt wird, sollte keine Beweiskraft mehr entfalten.

(66) Wenn einer Behörde im Rahmen der Anwendung dieser Verordnung zwei nicht miteinander zu vereinbarende öffentliche Urkunden vorgelegt werden, so sollte sie die Frage, welcher Urkunde, wenn überhaupt, Vorrang einzuräumen ist, unter Berücksichtigung der Umstände des jeweiligen Falls beurteilen. Geht aus diesen Umständen nicht eindeutig hervor, welche Urkunde, wenn überhaupt, Vorrang haben sollte, so sollte diese Frage von den gemäß dieser Verordnung zuständigen Gerichten oder, wenn die Frage als Vorfrage im Laufe eines Verfahrens vorgebracht wird, von dem mit diesem Verfahren befassten Gericht geklärt werden. Im Falle einer Unvereinbarkeit zwischen einer öffentlichen Urkunde und einer Entscheidung sollten die Gründe für die Nichtanerkennung von Entscheidungen nach dieser Verordnung berücksichtigt werden.

(67) Eine zügige, unkomplizierte und effiziente Abwicklung einer Erbsache mit grenzüberschreitendem Bezug innerhalb der Union setzt voraus, dass die Erben, Vermächtnisnehmer, Testamentsvollstrecker oder Nachlassverwalter in der Lage sein sollten, ihren Status und/oder ihre Rechte und Befugnisse in einem anderen Mitgliedstaat, beispielsweise in einem Mitgliedstaat, in dem Nachlassvermögen belegen ist, einfach nachzuweisen. Zu diesem Zweck sollte diese Verordnung die Einführung eines einheitlichen Zeugnisses, des Europäischen Nachlasszeugnisses (im Folgenden „das Zeugnis"), vorsehen, das zur Verwendung in einem anderen Mitgliedstaat ausgestellt wird. Das Zeugnis sollte entsprechend dem Subsidiaritätsprinzip nicht die innerstaatlichen Schriftstücke ersetzen, die gegebenenfalls in den Mitgliedstaaten für ähnliche Zwecke verwendet werden.

(68) Die das Zeugnis ausstellende Behörde sollte die Formalitäten beachten, die für die Eintragung von unbeweglichen Sachen in dem Mitgliedstaat, in dem das Register geführt wird, vorgeschrieben sind. Diese Verordnung sollte hierfür einen Informationsaustausch zwischen den Mitgliedstaaten über diese Formalitäten vorsehen.

(69) Die Verwendung des Zeugnisses sollte nicht verpflichtend sein. Das bedeutet, dass die Personen, die berechtigt sind, das Zeugnis zu beantragen, nicht dazu verpflichtet sein sollten, dies zu tun, sondern dass es ihnen freistehen sollte, die anderen nach dieser Verordnung zur Verfügung stehenden Instrumente (Entscheidung, öffentliche Urkunde und gerichtlicher Vergleich) zu verwenden. Eine Behörde oder Person, der ein in einem anderen Mitgliedstaat ausgestelltes Zeugnis vorgelegt wird, sollte jedoch nicht verlangen können, dass statt des Zeugnisses eine Entscheidung, eine öffentliche Urkunde oder ein gerichtlicher Vergleich vorgelegt wird.

(70) Das Zeugnis sollte in dem Mitgliedstaat ausgestellt werden, dessen Gerichte nach dieser Verordnung zuständig sind. Es sollte Sache jedes Mitgliedstaats sein, in seinen innerstaatlichen Rechtsvorschriften festzulegen, welche Behörden – Gerichte im Sinne dieser Verordnung oder andere für Erbsachen zuständige Behörden wie beispielsweise Notare – für die Ausstellung des Zeugnisses zuständig sind. Es sollte außerdem Sache jedes Mitgliedstaats sein, in seinen innerstaatlichen Rechtsvorschriften festzulegen, ob die Ausstellungsbehörde andere zuständige Stellen an der Ausstellung beteiligen kann, beispielsweise Stellen, vor denen eidesstattliche Versicherungen abgegeben werden können. Die Mitgliedstaaten sollten der Kommission die einschlägigen Angaben zu ihren Ausstellungsbehörden mitteilen, damit diese Angaben der Öffentlichkeit zugänglich gemacht werden.

(71) Das Zeugnis sollte in sämtlichen Mitgliedstaaten dieselbe Wirkung entfalten. Es sollte zwar als solches keinen vollstreckbaren Titel darstellen, aber Beweiskraft besitzen, und es sollte die Vermutung gelten, dass es die Sachverhalte zutreffend ausweist, die nach dem auf die Rechtsnachfolge von Todes wegen anzuwendenden Recht oder einem anderen auf spezifische Sachverhalte anzuwendenden Recht festgestellt wurden, wie

beispielsweise die materielle Wirksamkeit einer Verfügung von Todes wegen. Die Beweiskraft des Zeugnisses sollte sich nicht auf Elemente beziehen, die nicht durch diese Verordnung geregelt werden, wie etwa die Frage des Status oder die Frage, ob ein bestimmter Vermögenswert dem Erblasser gehörte oder nicht. Einer Person, die Zahlungen an eine Person leistet oder Nachlassvermögen an eine Person übergibt, die in dem Zeugnis als zur Entgegennahme dieser Zahlungen oder dieses Vermögens als Erbe oder Vermächtnisnehmer berechtigt bezeichnet ist, sollte ein angemessener Schutz gewährt werden, wenn sie im Vertrauen auf die Richtigkeit der in dem Zeugnis enthaltenen Angaben gutgläubig gehandelt hat. Der gleiche Schutz sollte einer Person gewährt werden, die im Vertrauen auf die Richtigkeit der in dem Zeugnis enthaltenen Angaben Nachlassvermögen von einer Person erwirbt oder erhält, die in dem Zeugnis als zur Verfügung über das Vermögen berechtigt bezeichnet ist. Der Schutz sollte gewährleistet werden, wenn noch gültige beglaubigte Abschriften vorgelegt werden. Durch diese Verordnung sollte nicht geregelt werden, ob der Erwerb von Vermögen durch eine dritte Person wirksam ist oder nicht.

(72) Die zuständige Behörde sollte das Zeugnis auf Antrag ausstellen. Die Ausstellungsbehörde sollte die Urschrift des Zeugnisses aufbewahren und dem Antragsteller und jeder anderen Person, die ein berechtigtes Interesse nachweist, eine oder mehrere beglaubigte Abschriften ausstellen. Dies sollte einen Mitgliedstaat nicht daran hindern, es im Einklang mit seinen innerstaatlichen Regelungen über den Zugang der Öffentlichkeit zu Dokumenten zu gestatten, dass Abschriften des Zeugnisses der Öffentlichkeit zugängig gemacht werden. Diese Verordnung sollte Rechtsbehelfe gegen Entscheidungen der ausstellenden Behörde, einschließlich der Entscheidungen, die Ausstellung eines Zeugnisses zu versagen, vorsehen. Wird ein Zeugnis berichtigt, geändert oder widerrufen, sollte die ausstellende Behörde die Personen unterrichten, denen beglaubigte Abschriften ausgestellt wurden, um eine missbräuchliche Verwendung dieser Abschriften zu vermeiden.

(73) Um die internationalen Verpflichtungen, die die Mitgliedstaaten eingegangen sind, zu wahren, sollte sich diese Verordnung nicht auf die Anwendung internationaler Übereinkommen auswirken, denen ein oder mehrere Mitgliedstaaten zum Zeitpunkt der Annahme dieser Verordnung angehören. Insbesondere sollten die Mitgliedstaaten, die Vertragsparteien des Haager Übereinkommens vom 5. Oktober 1961 über das auf die Form letztwilliger Verfügungen anzuwendende Recht sind, in Bezug auf die Formgültigkeit von Testamenten und gemeinschaftlichen Testamenten anstelle der Bestimmungen dieser Verordnung weiterhin die Bestimmungen jenes Übereinkommens anwenden können. Um die allgemeinen Ziele dieser Verordnung zu wahren, muss die Verordnung jedoch im Verhältnis zwischen den Mitgliedstaaten Vorrang vor ausschließlich zwischen zwei oder mehreren Mitgliedstaaten geschlossenen Übereinkommen haben, soweit diese Bereiche betreffen, die in dieser Verordnung geregelt sind.

(74) Diese Verordnung sollte nicht verhindern, dass die Mitgliedstaaten, die Vertragsparteien des Übereinkommens vom 19. November 1934 zwischen Dänemark, Finnland, Island, Norwegen und Schweden mit Bestimmungen des Internationalen Privatrechts über Rechtsnachfolge von Todes wegen, Testamente und Nachlassverwaltung sind, weiterhin spezifische Bestimmungen jenes Übereinkommens in der geänderten Fassung der zwischenstaatlichen Vereinbarung zwischen den Staaten, die Vertragsparteien des Übereinkommens sind, anwenden können.

(75) Um die Anwendung dieser Verordnung zu erleichtern, sollten die Mitgliedstaaten verpflichtet werden, über das mit der Entscheidung 2001/470/EG des Rates[6)] eingerichtete Europäische Justizielle Netz für Zivil- und Handelssachen bestimmte Angaben zu ihren erbrechtlichen Vorschriften und Verfahren zu machen. Damit sämtliche Informationen, die für die praktische Anwendung dieser Verordnung von Bedeutung sind, rechtzeitig im *Amtsblatt der Europäischen Union* veröffentlicht werden können, sollten die Mitgliedstaaten der Kommission auch diese Informationen vor dem Beginn der Anwendung der Verordnung mitteilen.

(76) Um die Anwendung dieser Verordnung zu erleichtern und um die Nutzung moderner Kommunikationstechnologien zu ermöglichen, sollten Standardformblätter für die Bescheinigungen, die im Zusammenhang mit einem Antrag auf Vollstreckbarerklärung einer Entscheidung, einer öffentlichen Urkunde oder eines gerichtlichen Vergleichs und mit einem Antrag auf Ausstellung eines Europäischen Nachlasszeugnisses vorzulegen sind, sowie für das Zeugnis selbst vorgesehen werden.

(77) Die Berechnung der in dieser Verordnung vorgesehenen Fristen und Termine sollte nach Maßgabe der Verordnung (EWG, Euratom) Nr. 1182/71 des Rates vom 3. Juni 1971 zur Festle-

Zu Abs. 75:

[6)] ABl. L 174 vom 27.6.2001, S. 25.

gung der Regeln für die Fristen, Daten und Termine[7] erfolgen.

(78) Um einheitliche Bedingungen für die Durchführung dieser Verordnung gewährleisten zu können, sollten der Kommission in Bezug auf die Erstellung und spätere Änderung der Bescheinigungen und Formblätter, die die Vollstreckbarerklärung von Entscheidungen, gerichtlichen Vergleichen und öffentlichen Urkunden und das Europäische Nachlasszeugnis betreffen, Durchführungsbefugnisse übertragen werden. Diese Befugnisse sollten im Einklang mit der Verordnung (EU) Nr. 182/2011 des Europäischen Parlaments und des Rates vom 16. Februar 2011 zur Festlegung der allgemeinen Regeln und Grundsätze, nach denen die Mitgliedstaaten die Wahrnehmung der Durchführungsbefugnisse durch die Kommission kontrollieren[8], ausgeübt werden.

(79) Für den Erlass von Durchführungsrechtsakten zur Erstellung und anschließenden Änderung der in dieser Verordnung vorgesehenen Bescheinigungen und Formblätter sollte das Beratungsverfahren nach Artikel 4 der Verordnung (EU) Nr. 182/2011 herangezogen werden.

(80) Da die Ziele dieser Verordnung, nämlich die Sicherstellung der Freizügigkeit und der Möglichkeit für europäische Bürger, ihren Nachlass in einem Unions-Kontext im Voraus zu regeln, sowie der Schutz der Rechte der Erben und Vermächtnisnehmer, der Personen, die dem Erblasser nahestehen, und der Nachlassgläubiger auf Ebene der Mitgliedstaaten nicht ausreichend verwirklicht werden können und daher wegen des Umfangs und der Wirkungen dieser Verordnung besser auf Unionsebene zu verwirklichen sind, kann die Union im Einklang mit dem in Artikel 5 des Vertrags über die Europäische Union niedergelegten Subsidiaritätsprinzip tätig werden. Entsprechend dem in demselben Artikel genannten Grundsatz der Verhältnismäßigkeit geht diese Verordnung nicht über das für die Erreichung dieser Ziele erforderliche Maß hinaus.

(81) Diese Verordnung steht im Einklang mit den Grundrechten und Grundsätzen, die mit der Charta der Grundrechte der Europäischen Union anerkannt wurden. Bei der Anwendung dieser Verordnung müssen die Gerichte und anderen zuständigen Behörden der Mitgliedstaaten diese Rechte und Grundsätze achten.

Zu Abs. 77:

[7] *ABl. L 124 vom 8.6.1971, S. 1.*

Zu Abs. 78:

[8] *ABl. L 55 vom 28.2.2011, S. 13.*

(82) Gemäß den Artikeln 1 und 2 des dem Vertrag über die Europäische Union und dem Vertrag über die Arbeitsweise der Europäischen Union beigefügten Protokolls Nr. 21 über die Position des Vereinigten Königreichs und Irlands hinsichtlich des Raums der Freiheit, der Sicherheit und des Rechts beteiligen sich diese Mitgliedstaaten nicht an der Annahme dieser Verordnung und sind weder durch diese gebunden noch zu ihrer Anwendung verpflichtet. Dies berührt jedoch nicht die Möglichkeit für das Vereinigte Königreich und Irland, gemäß Artikel 4 des genannten Protokolls nach der Annahme dieser Verordnung mitzuteilen, dass sie die Verordnung anzunehmen wünschen.

(83) Gemäß den Artikeln 1 und 2 des dem Vertrag über die Europäische Union und dem Vertrag über die Arbeitsweise der Europäischen Union beigefügten Protokolls Nr. 22 über die Position Dänemarks beteiligt sich Dänemark nicht an der Annahme dieser Verordnung und ist weder durch diese Verordnung gebunden noch zu ihrer Anwendung verpflichtet –

HABEN FOLGENDE VERORDNUNG ERLASSEN:

KAPITEL 1

ANWENDUNGSBEREICH UND BEGRIFFSBESTIMMUNGEN

Artikel 1
Anwendungsbereich

(1) Diese Verordnung ist auf die Rechtsnachfolge von Todes wegen anzuwenden. Sie gilt nicht für Steuer- und Zollsachen sowie verwaltungsrechtliche Angelegenheiten.

(2) Vom Anwendungsbereich dieser Verordnung ausgenommen sind:

a) der Personenstand sowie Familienverhältnisse und Verhältnisse, die nach dem auf diese Verhältnisse anzuwendenden Recht vergleichbare Wirkungen entfalten;

b) die Rechts-, Geschäfts- und Handlungsfähigkeit von natürlichen Personen, unbeschadet des Artikels 23 Absatz 2 Buchstabe c und des Artikels 26;

c) Fragen betreffend die Verschollenheit oder die Abwesenheit einer natürlichen Person oder die Todesvermutung;

d) Fragen des ehelichen Güterrechts sowie des Güterrechts aufgrund von Verhältnissen, die nach dem auf diese Verhältnisse anzuwendenden Recht mit der Ehe vergleichbare Wirkungen entfalten;

e) Unterhaltspflichten außer derjenigen, die mit dem Tod entstehen;

f) die Formgültigkeit mündlicher Verfügungen von Todes wegen;

g) Rechte und Vermögenswerte, die auf andere Weise als durch Rechtsnachfolge von Todes wegen begründet oder übertragen werden, wie unentgeltliche Zuwendungen, Miteigentum mit Anwachsungsrecht des Überlebenden (joint tenancy), Rentenpläne, Versicherungsverträge und ähnliche Vereinbarungen, unbeschadet des Artikels 23 Absatz 2 Buchstabe i;

h) Fragen des Gesellschaftsrechts, des Vereinsrechts und des Rechts der juristischen Personen, wie Klauseln im Errichtungsakt oder in der Satzung einer Gesellschaft, eines Vereins oder einer juristischen Person, die das Schicksal der Anteile verstorbener Gesellschafter beziehungsweise Mitglieder regeln;

i) die Auflösung, das Erlöschen und die Verschmelzung von Gesellschaften, Vereinen oder juristischen Personen;

j) die Errichtung, Funktionsweise und Auflösung eines Trusts;

k) die Art der dinglichen Rechte und

l) jede Eintragung von Rechten an beweglichen oder unbeweglichen Vermögensgegenständen in einem Register, einschließlich der gesetzlichen Voraussetzungen für eine solche Eintragung, sowie die Wirkungen der Eintragung oder der fehlenden Eintragung solcher Rechte in einem Register.

Artikel 2
Zuständigkeit in Erbsachen innerhalb der Mitgliedstaaten

Diese Verordnung berührt nicht die innerstaatlichen Zuständigkeiten der Behörden der Mitgliedstaaten in Erbsachen.

Artikel 3
Begriffsbestimmungen

(1) Für die Zwecke dieser Verordnung bezeichnet der Ausdruck

a) „Rechtsnachfolge von Todes wegen" jede Form des Übergangs von Vermögenswerten, Rechten und Pflichten von Todes wegen, sei es im Wege der gewillkürten Erbfolge durch eine Verfügung von Todes wegen oder im Wege der gesetzlichen Erbfolge;

b) „Erbvertrag" eine Vereinbarung, einschließlich einer Vereinbarung aufgrund gegenseitiger Testamente, die mit oder ohne Gegenleistung Rechte am künftigen Nachlass oder künftigen Nachlässen einer oder mehrerer an dieser Vereinbarung beteiligter Personen begründet, ändert oder entzieht;

c) „gemeinschaftliches Testament" ein von zwei oder mehr Personen in einer einzigen Urkunde errichtetes Testament;

d) „Verfügung von Todes wegen" ein Testament, ein gemeinschaftliches Testament oder einen Erbvertrag;

e) „Ursprungsmitgliedstaat" den Mitgliedstaat, in dem die Entscheidung ergangen, der gerichtliche Vergleich gebilligt oder geschlossen, die öffentliche Urkunde errichtet oder das Europäische Nachlasszeugnis ausgestellt worden ist;

f) „Vollstreckungsmitgliedstaat" den Mitgliedstaat, in dem die Vollstreckbarerklärung oder Vollstreckung der Entscheidung, des gerichtlichen Vergleichs oder der öffentlichen Urkunde betrieben wird;

g) „Entscheidung" jede von einem Gericht eines Mitgliedstaats in einer Erbsache erlassene Entscheidung ungeachtet ihrer Bezeichnung einschließlich des Kostenfestsetzungsbeschlusses eines Gerichtsbediensteten;

h) „gerichtlicher Vergleich" einen von einem Gericht gebilligten oder vor einem Gericht im Laufe eines Verfahrens geschlossenen Vergleich in einer Erbsache;

i) „öffentliche Urkunde" ein Schriftstück in Erbsachen, das als öffentliche Urkunde in einem Mitgliedstaat förmlich errichtet oder eingetragen worden ist und dessen Beweiskraft

i) sich auf die Unterschrift und den Inhalt der öffentlichen Urkunde bezieht und

ii) durch eine Behörde oder eine andere vom Ursprungsmitgliedstaat hierzu ermächtigte Stelle festgestellt worden ist.

(2) Im Sinne dieser Verordnung bezeichnet der Begriff „Gericht" jedes Gericht und alle sonstigen Behörden und Angehörigen von Rechtsberufen mit Zuständigkeiten in Erbsachen, die gerichtliche Funktionen ausüben oder in Ausübung einer Befugnisübertragung durch ein Gericht oder unter der Aufsicht eines Gerichts handeln, sofern diese anderen Behörden und Angehörigen von Rechtsberufen ihre Unparteilichkeit und das Recht der Parteien auf rechtliches Gehör gewährleisten und ihre Entscheidungen nach dem Recht des Mitgliedstaats, in dem sie tätig sind,

a) vor einem Gericht angefochten oder von einem Gericht nachgeprüft werden können und

b) vergleichbare Rechtskraft und Rechtswirkung haben wie eine Entscheidung eines Gerichts in der gleichen Sache.

Die Mitgliedstaaten teilen der Kommission nach Artikel 79 die in Unterabsatz 1 genannten sonstigen Behörden und Angehörigen von Rechtsberufen mit.

KAPITEL II
ZUSTÄNDIGKEIT

Artikel 4
Allgemeine Zuständigkeit

Für Entscheidungen in Erbsachen sind für den gesamten Nachlass die Gerichte des Mitgliedstaats zuständig, in dessen Hoheitsgebiet der Erblasser im Zeitpunkt seines Todes seinen gewöhnlichen Aufenthalt hatte.

Artikel 5
Gerichtsstandsvereinbarung

(1) Ist das vom Erblasser nach Artikel 22 zur Anwendung auf die Rechtsnachfolge von Todes wegen gewählte Recht das Recht eines Mitgliedstaats, so können die betroffenen Parteien vereinbaren, dass für Entscheidungen in Erbsachen ausschließlich ein Gericht oder die Gerichte dieses Mitgliedstaats zuständig sein sollen.

(2) Eine solche Gerichtsstandsvereinbarung bedarf der Schriftform und ist zu datieren und von den betroffenen Parteien zu unterzeichnen. Elektronische Übermittlungen, die eine dauerhafte Aufzeichnung der Vereinbarung ermöglichen, sind der Schriftform gleichgestellt.

Artikel 6
Unzuständigerklärung bei Rechtswahl

Ist das Recht, das der Erblasser nach Artikel 22 zur Anwendung auf die Rechtsnachfolge von Todes wegen gewählt hat, das Recht eines Mitgliedstaats, so verfährt das nach Artikel 4 oder Artikel 10 angerufene Gericht wie folgt:

a) Es kann sich auf Antrag einer der Verfahrensparteien für unzuständig erklären, wenn seines Erachtens die Gerichte des Mitgliedstaats des gewählten Rechts in der Erbsache besser entscheiden können, wobei es die konkreten Umstände der Erbsache berücksichtigt, wie etwa den gewöhnlichen Aufenthalt der Parteien und den Ort, an dem die Vermögenswerte belegen sind, oder

b) es erklärt sich für unzuständig, wenn die Verfahrensparteien nach Artikel 5 die Zuständigkeit eines Gerichts oder der Gerichte des Mitgliedstaats des gewählten Rechts vereinbart haben.

Artikel 7
Zuständigkeit bei Rechtswahl

Die Gerichte eines Mitgliedstaats, dessen Recht der Erblasser nach Artikel 22 gewählt hat, sind für die Entscheidungen in einer Erbsache zuständig, wenn

a) sich ein zuvor angerufenes Gericht nach Artikel 6 in derselben Sache für unzuständig erklärt hat,

b) die Verfahrensparteien nach Artikel 5 die Zuständigkeit eines Gerichts oder der Gerichte dieses Mitgliedstaats vereinbart haben oder

c) die Verfahrensparteien die Zuständigkeit des angerufenen Gerichts ausdrücklich anerkannt haben.

Artikel 8
Beendigung des Verfahrens von Amts wegen bei Rechtswahl

Ein Gericht, das ein Verfahren in einer Erbsache von Amts wegen nach Artikel 4 oder nach Artikel 10 eingeleitet hat, beendet das Verfahren, wenn die Verfahrensparteien vereinbart haben, die Erbsache außergerichtlich in dem Mitgliedstaat, dessen Recht der Erblasser nach Artikel 22 gewählt hat, einvernehmlich zu regeln.

Artikel 9
Zuständigkeit aufgrund rügeloser Einlassung

(1) Stellt sich in einem Verfahren vor dem Gericht eines Mitgliedstaats, das seine Zuständigkeit nach Artikel 7 ausübt, heraus, dass nicht alle Parteien dieses Verfahrens der Gerichtstandsvereinbarung angehören, so ist das Gericht weiterhin zuständig, wenn sich die Verfahrensparteien, die der Vereinbarung nicht angehören, auf das Verfahren einlassen, ohne den Mangel der Zuständigkeit des Gerichts zu rügen.

(2) Wird der Mangel der Zuständigkeit des in Absatz 1 genannten Gerichts von Verfahrensparteien gerügt, die der Vereinbarung nicht angehören, so erklärt sich das Gericht für unzuständig. In diesem Fall sind die nach Artikel 4 oder Artikel 10 zuständigen Gerichte für die Entscheidung in der Erbsache zuständig.

Artikel 10
Subsidiäre Zuständigkeit

(1) Hatte der Erblasser seinen gewöhnlichen Aufenthalt im Zeitpunkt seines Todes nicht in einem Mitgliedstaat, so sind die Gerichte eines Mitgliedstaats, in dem sich Nachlassvermögen befindet, für Entscheidungen in Erbsachen für den gesamten Nachlass zuständig, wenn

a) der Erblasser die Staatsangehörigkeit dieses Mitgliedstaats im Zeitpunkt seines Todes besaß, oder, wenn dies nicht der Fall ist,

b) der Erblasser seinen vorhergehenden gewöhnlichen Aufenthalt in dem betreffenden Mitgliedstaat hatte, sofern die Änderung dieses gewöhnlichen Aufenthalts zum Zeitpunkt der Anrufung des Gerichts nicht länger als fünf Jahre zurückliegt.

(2) Ist kein Gericht in einem Mitgliedstaat nach Absatz 1 zuständig, so sind dennoch die Gerichte des Mitgliedstaats, in dem sich Nachlassvermögen

befindet, für Entscheidungen über dieses Nachlassvermögen zuständig.

Artikel 11
Notzuständigkeit (forum necessitatis)

Ist kein Gericht eines Mitgliedstaats aufgrund anderer Vorschriften dieser Verordnung zuständig, so können die Gerichte eines Mitgliedstaats in Ausnahmefällen in einer Erbsache entscheiden, wenn es nicht zumutbar ist oder es sich als unmöglich erweist, ein Verfahren in einem Drittstaat, zu dem die Sache einen engen Bezug aufweist, einzuleiten oder zu führen.
Die Sache muss einen ausreichenden Bezug zu dem Mitgliedstaat des angerufenen Gerichts aufweisen.

Artikel 12
Beschränkung des Verfahrens

(1) Umfasst der Nachlass des Erblassers Vermögenswerte, die in einem Drittstatt[1] belegen sind, so kann das in der Erbsache angerufene Gericht auf Antrag einer der Parteien beschließen, über einen oder mehrere dieser Vermögenswerte nicht zu befinden, wenn zu erwarten ist, dass seine Entscheidung in Bezug auf diese Vermögenswerte in dem betreffenden Drittstatt[1] nicht anerkannt oder gegebenenfalls nicht für vollstreckbar erklärt wird.

(2) Absatz 1 berührt nicht das Recht der Parteien, den Gegenstand des Verfahrens nach dem Recht des Mitgliedstaats des angerufenen Gerichts zu beschränken.

Artikel 13
Annahme oder Ausschlagung der Erbschaft, eines Vermächtnisses oder eines Pflichtteils

Außer dem gemäß dieser Verordnung für die Rechtsnachfolge von Todes wegen zuständigen Gericht sind die Gerichte des Mitgliedstaats, in dem eine Person ihren gewöhnlichen Aufenthalt hat, die nach dem auf die Rechtsnachfolge von Todes wegen anzuwendenden Recht vor einem Gericht eine Erklärung über die Annahme oder Ausschlagung der Erbschaft, eines Vermächtnisses oder eines Pflichtteils oder eine Erklärung zur Begrenzung der Haftung der betreffenden Person für die Nachlassverbindlichkeiten abgeben kann, für die Entgegennahme solcher Erklärungen zuständig, wenn diese Erklärungen nach dem Recht dieses Mitgliedstaats vor einem Gericht abgegeben werden können.

Zu Artikel 12:
[1] Richtig: Drittstaat.

Artikel 14
Anrufung eines Gerichts

Für die Zwecke dieses Kapitels gilt ein Gericht als angerufen

a) zu dem Zeitpunkt, zu dem das verfahrenseinleitende Schriftstück oder ein gleichwertiges Schriftstück bei Gericht eingereicht worden ist, vorausgesetzt, dass der Kläger es in der Folge nicht versäumt hat, die ihm obliegenden Maßnahmen zu treffen, um die Zustellung des Schriftstücks an den Beklagten zu bewirken,

b) falls die Zustellung vor Einreichung des Schriftstücks bei Gericht zu bewirken ist, zu dem Zeitpunkt, zu dem die für die Zustellung verantwortliche Stelle das Schriftstück erhalten hat, vorausgesetzt, dass der Kläger es in der Folge nicht versäumt hat, die ihm obliegenden Maßnahmen zu treffen, um das Schriftstück bei Gericht einzureichen, oder

c) falls das Gericht das Verfahren von Amts wegen einleitet, zu dem Zeitpunkt, zu dem der Beschluss über die Einleitung des Verfahrens vom Gericht gefasst oder, wenn ein solcher Beschluss nicht erforderlich ist, zu dem Zeitpunkt, zu dem die Sache beim Gericht eingetragen wird.

Artikel 15
Prüfung der Zuständigkeit

Das Gericht eines Mitgliedstaats, das in einer Erbsache angerufen wird, für die es nach dieser Verordnung nicht zuständig ist, erklärt sich von Amts wegen für unzuständig.

Artikel 16
Prüfung der Zulässigkeit

(1) Lässt sich der Beklagte, der seinen gewöhnlichen Aufenthalt im Hoheitsgebiet eines anderen Staates als des Mitgliedstaats hat, in dem das Verfahren eingeleitet wurde, auf das Verfahren nicht ein, so setzt das zuständige Gericht das Verfahren so lange aus, bis festgestellt ist, dass es dem Beklagten möglich war, das verfahrenseinleitende Schriftstück oder ein gleichwertiges Schriftstück so rechtzeitig zu empfangen, dass er sich verteidigen konnte oder dass alle hierzu erforderlichen Maßnahmen getroffen wurden.

(2) Anstelle des Absatzes 1 des vorliegenden Artikels findet Artikel 19 der Verordnung (EG) Nr. 1393/2007 des Europäischen Parlaments und des Rates vom 13. November 2007 über die Zustellung gerichtlicher und außergerichtlicher Schriftstücke in Zivil- oder Handelssachen in den Mitgliedstaaten (Zustellung von Schriftstücken)[1] Anwendung, wenn das verfahrenseinleitende

Zu Artikel 16:
[1] ABl. L 324 vom 10.12.2007, S. 79.

Schriftstück oder ein gleichwertiges Schriftstück nach der genannten Verordnung von einem Mitgliedstaat in einen anderen zu übermitteln war.

(3) Ist die Verordnung (EG) Nr. 1393/2007 nicht anwendbar, so gilt Artikel 15 des Haager Übereinkommens vom 15. November 1965 über die Zustellung gerichtlicher und außergerichtlicher Schriftstücke im Ausland in Zivil- und Handelssachen, wenn das verfahrenseinleitende Schriftstück oder ein gleichwertiges Schriftstück nach Maßgabe dieses Übereinkommens ins Ausland zu übermitteln war.

Artikel 17
Rechtshängigkeit

(1) Werden bei Gerichten verschiedener Mitgliedstaaten Verfahren wegen desselben Anspruchs zwischen denselben Parteien anhängig gemacht, so setzt das später angerufene Gericht das Verfahren von Amts wegen aus, bis die Zuständigkeit des zuerst angerufenen Gerichts feststeht.

(2) Sobald die Zuständigkeit des zuerst angerufenen Gerichts feststeht, erklärt sich das später angerufene Gericht zugunsten dieses Gerichts für unzuständig.

Artikel 18
Im Zusammenhang stehende Verfahren

(1) Sind bei Gerichten verschiedener Mitgliedstaaten Verfahren, die im Zusammenhang stehen, anhängig, so kann jedes später angerufene Gericht das Verfahren aussetzen.

(2) Sind diese Verfahren in erster Instanz anhängig, so kann sich jedes später angerufene Gericht auf Antrag einer Partei auch für unzuständig erklären, wenn das zuerst angerufene Gericht für die betreffenden Verfahren zuständig ist und die Verbindung der Verfahren nach seinem Recht zulässig ist.

(3) Verfahren stehen im Sinne dieses Artikels im Zusammenhang, wenn zwischen ihnen eine so enge Beziehung gegeben ist, dass eine gemeinsame Verhandlung und Entscheidung geboten erscheint, um zu vermeiden, dass in getrennten Verfahren widersprechende Entscheidungen ergehen.

Artikel 19
Einstweilige Maßnahmen einschließlich Sicherungsmaßnahmen

Die im Recht eines Mitgliedstaats vorgesehenen einstweiligen Maßnahmen einschließlich Sicherungsmaßnahmen können bei den Gerichten dieses Staates auch dann beantragt werden, wenn für die Entscheidung in der Hauptsache nach dieser Verordnung die Gerichte eines anderen Mitgliedstaats zuständig sind.

KAPITEL III
ANZUWENDENDES RECHT

Artikel 20
Universelle Anwendung

Das nach dieser Verordnung bezeichnete Recht ist auch dann anzuwenden, wenn es nicht das Recht eines Mitgliedstaats ist.

Artikel 21
Allgemeine Kollisionsnorm

(1) Sofern in dieser Verordnung nichts anderes vorgesehen ist, unterliegt die gesamte Rechtsnachfolge von Todes wegen dem Recht des Staates, in dem der Erblasser im Zeitpunkt seines Todes seinen gewöhnlichen Aufenthalt hatte.

(2) Ergibt sich ausnahmsweise aus der Gesamtheit der Umstände, dass der Erblasser im Zeitpunkt seines Todes eine offensichtlich engere Verbindung zu einem anderen als dem Staat hatte, dessen Recht nach Absatz 1 anzuwenden wäre, so ist auf die Rechtsnachfolge von Todes wegen das Recht dieses anderen Staates anzuwenden.

Artikel 22
Rechtswahl

(1) Eine Person kann für die Rechtsnachfolge von Todes wegen das Recht des Staates wählen, dem sie im Zeitpunkt der Rechtswahl oder im Zeitpunkt ihres Todes angehört.
Eine Person, die mehrere Staatsangehörigkeiten besitzt, kann das Recht eines der Staaten wählen, denen sie im Zeitpunkt der Rechtswahl oder im Zeitpunkt ihres Todes angehört.

(2) Die Rechtswahl muss ausdrücklich in einer Erklärung in Form einer Verfügung von Todes wegen erfolgen oder sich aus den Bestimmungen einer solchen Verfügung ergeben.

(3) Die materielle Wirksamkeit der Rechtshandlung, durch die die Rechtswahl vorgenommen wird, unterliegt dem gewählten Recht.

(4) Die Änderung oder der Widerruf der Rechtswahl muss den Formvorschriften für die Änderung oder den Widerruf einer Verfügung von Todes wegen entsprechen.

Artikel 23
Reichweite des anzuwendenden Rechts

(1) Dem nach Artikel 21 oder Artikel 22 bezeichneten Recht unterliegt die gesamte Rechtsnachfolge von Todes wegen.

(2) Diesem Recht unterliegen insbesondere:

a) die Gründe für den Eintritt des Erbfalls sowie dessen Zeitpunkt und Ort;

b) die Berufung der Berechtigten, die Bestimmung ihrer jeweiligen Anteile und etwaiger ihnen vom Erblasser auferlegter Pflichten sowie die Bestimmung sonstiger Rechte an dem Nachlass, einschließlich der Nachlassansprüche des überlebenden Ehegatten oder Lebenspartners;

c) die Erbfähigkeit;

d) die Enterbung und die Erbunwürdigkeit;

e) der Übergang der zum Nachlass gehörenden Vermögenswerte, Rechte und Pflichten auf die Erben und gegebenenfalls die Vermächtnisnehmer, einschließlich der Bedingungen für die Annahme oder die Ausschlagung der Erbschaft oder eines Vermächtnisses und deren Wirkungen;

f) die Rechte der Erben, Testamentsvollstrecker und anderer Nachlassverwalter, insbesondere im Hinblick auf die Veräußerung von Vermögen und die Befriedigung der Gläubiger, unbeschadet der Befugnisse nach Artikel 29 Absätze 2 und 3;

g) die Haftung für die Nachlassverbindlichkeiten;

h) der verfügbare Teil des Nachlasses, die Pflichtteile und andere Beschränkungen der Testierfreiheit sowie etwaige Ansprüche von Personen, die dem Erblasser nahe stehen, gegen den Nachlass oder gegen den Erben;

i) die Ausgleichung und Anrechnung unentgeltlicher Zuwendungen bei der Bestimmung der Anteile der einzelnen Berechtigten und

j) die Teilung des Nachlasses.

Artikel 24
Verfügungen von Todes wegen außer Erbverträgen

(1) Die Zulässigkeit und die materielle Wirksamkeit einer Verfügung von Todes wegen mit Ausnahme eines Erbvertrags unterliegen dem Recht, das nach dieser Verordnung auf die Rechtsnachfolge von Todes wegen anzuwenden wäre, wenn die Person, die die Verfügung errichtet hat, zu diesem Zeitpunkt verstorben wäre.

(2) Ungeachtet des Absatzes 1 kann eine Person für die Zulässigkeit und die materielle Wirksamkeit ihrer Verfügung von Todes wegen das Recht wählen, das sie nach Artikel 22 unter den darin genannten Bedingungen hätte wählen können.

(3) Absatz 1 gilt für die Änderung oder den Widerruf einer Verfügung von Todes wegen mit Ausnahme eines Erbvertrags entsprechend. Bei Rechtswahl nach Absatz 2 unterliegt die Änderung oder der Widerruf dem gewählten Recht.

Artikel 25
Erbverträge

(1) Die Zulässigkeit, die materielle Wirksamkeit und die Bindungswirkungen eines Erbvertrags, der den Nachlass einer einzigen Person betrifft, einschließlich der Voraussetzungen für seine Auflösung, unterliegen dem Recht, das nach dieser Verordnung auf die Rechtsnachfolge von Todes wegen anzuwenden wäre, wenn diese Person zu dem Zeitpunkt verstorben wäre, in dem der Erbvertrag geschlossen wurde.

(2) Ein Erbvertrag, der den Nachlass mehrerer Personen betrifft, ist nur zulässig, wenn er nach jedem der Rechte zulässig ist, die nach dieser Verordnung auf die Rechtsnachfolge der einzelnen beteiligten Personen anzuwenden wären, wenn sie zu dem Zeitpunkt verstorben wären, in dem der Erbvertrag geschlossen wurde.
Die materielle Wirksamkeit und die Bindungswirkungen eines Erbvertrags, der nach Unterabsatz 1 zulässig ist, einschließlich der Voraussetzungen für seine Auflösung, unterliegen demjenigen unter den in Unterabsatz 1 genannten Rechten, zu dem er die engste Verbindung hat.

(3) Ungeachtet der Absätze 1 und 2 können die Parteien für die Zulässigkeit, die materielle Wirksamkeit und die Bindungswirkungen ihres Erbvertrags, einschließlich der Voraussetzungen für seine Auflösung, das Recht wählen, das die Person oder eine der Personen, deren Nachlass betroffen ist, nach Artikel 22 unter den darin genannten Bedingungen hätte wählen können.

Artikel 26
Materielle Wirksamkeit einer Verfügung von Todes wegen

(1) Zur materiellen Wirksamkeit im Sinne der Artikel 24 und 25 gehören:

a) die Testierfähigkeit der Person, die die Verfügung von Todes wegen errichtet;

b) die besonderen Gründe, aufgrund deren die Person, die die Verfügung errichtet, nicht zugunsten bestimmter Personen verfügen darf oder aufgrund deren eine Person kein Nachlassvermögen vom Erblasser erhalten darf;

c) die Zulässigkeit der Stellvertretung bei der Errichtung einer Verfügung von Todes wegen;

d) die Auslegung der Verfügung;

e) Täuschung, Nötigung, Irrtum und alle sonstigen Fragen in Bezug auf Willensmängel oder Testierwillen der Person, die die Verfügung errichtet.

(2) Hat eine Person nach dem nach Artikel 24 oder 25 anzuwendenden Recht die Testierfähigkeit erlangt, so beeinträchtigt ein späterer Wechsel des anzuwendenden Rechts nicht ihre Fähigkeit zur Änderung oder zum Widerruf der Verfügung.

Artikel 27
Formgültigkeit einer schriftlichen Verfügung von Todes wegen

(1) Eine schriftliche Verfügung von Todes wegen ist hinsichtlich ihrer Form wirksam, wenn diese:

a) dem Recht des Staates entspricht, in dem die Verfügung errichtet oder der Erbvertrag geschlossen wurde,

b) dem Recht eines Staates entspricht, dem der Erblasser oder mindestens eine der Personen, deren Rechtsnachfolge von Todes wegen durch einen Erbvertrag betroffen ist, entweder im Zeitpunkt der Errichtung der Verfügung bzw. des Abschlusses des Erbvertrags oder im Zeitpunkt des Todes angehörte,

c) dem Recht eines Staates entspricht, in dem der Erblasser oder mindestens eine der Personen, deren Rechtsnachfolge von Todes wegen durch einen Erbvertrag betroffen ist, entweder im Zeitpunkt der Errichtung der Verfügung oder des Abschlusses des Erbvertrags oder im Zeitpunkt des Todes den Wohnsitz hatte,

d) dem Recht des Staates entspricht, in dem der Erblasser oder mindestens eine der Personen, deren Rechtsnachfolge von Todes wegen durch einen Erbvertrag betroffen ist, entweder im Zeitpunkt der Errichtung der Verfügung oder des Abschlusses des Erbvertrags oder „im Zeitpunkt des Todes seinen/ihren" gewöhnlichen Aufenthalt hatte, oder *(ABl L 363 vom 18. 12. 2014, S 186)*

e) dem Recht des Staates entspricht, in dem sich unbewegliches Vermögen befindet, soweit es sich um dieses handelt.

Ob der Erblasser oder eine der Personen, deren Rechtsnachfolge von Todes wegen durch einen Erbvertrag betroffen ist, in einem bestimmten Staat ihren Wohnsitz hatte, regelt das in diesem Staat geltende Recht.

(2) Absatz 1 ist auch auf Verfügungen von Todes wegen anzuwenden, durch die eine frühere Verfügung geändert oder widerrufen wird. Die Änderung oder der Widerruf ist hinsichtlich ihrer Form auch dann gültig, wenn sie den Formerfordernissen einer der Rechtsordnungen entsprechen, nach denen die geänderte oder widerrufene Verfügung von Todes wegen nach Absatz 1 gültig war.

(3) Für die Zwecke dieses Artikels werden Rechtsvorschriften, welche die für Verfügungen von Todes wegen zugelassenen Formen mit Beziehung auf das Alter, die Staatsangehörigkeit oder andere persönliche Eigenschaften des Erblassers oder der Personen, deren Rechtsnachfolge von Todes wegen durch einen Erbvertrag betroffen ist, beschränken, als zur Form gehörend angesehen. Das Gleiche gilt für Eigenschaften, welche die für die Gültigkeit einer Verfügung von Todes wegen erforderlichen Zeugen besitzen müssen.

Artikel 28
Formgültigkeit einer Annahme- oder Ausschlagungserklärung

Eine Erklärung über die Annahme oder die Ausschlagung der Erbschaft, eines Vermächtnisses oder eines Pflichtteils oder eine Erklärung zur Begrenzung der Haftung des Erklärenden ist hinsichtlich ihrer Form wirksam, wenn diese den Formerfordernissen entspricht

a) des nach den Artikeln 21 oder 22 auf die Rechtsnachfolge von Todes wegen anzuwendenden Rechts oder

b) des Rechts des Staates, in dem der Erklärende seinen gewöhnlichen Aufenthalt hat.

Artikel 29
Besondere Regelungen für die Bestellung und die Befugnisse eines Nachlassverwalters in bestimmten Situationen

(1) Ist die Bestellung eines Verwalters nach dem Recht des Mitgliedstaats, dessen Gerichte nach dieser Verordnung für die Entscheidungen in der Erbsache zuständig sind, verpflichtend oder auf Antrag verpflichtend und ist das auf die Rechtsnachfolge von Todes wegen anzuwendende Recht ausländisches Recht, können die Gerichte dieses Mitgliedstaats, wenn sie angerufen werden, einen oder mehrere Nachlassverwalter nach ihrem eigenen Recht unter den in diesem Artikel festgelegten Bedingungen bestellen.
Der/die nach diesem Absatz bestellte(n) Verwalter ist/sind berechtigt, das Testament des Erblassers zu vollstrecken und/oder den Nachlass nach dem auf die Rechtsnachfolge von Todes wegen anzuwendenden Recht zu verwalten. Sieht dieses Recht nicht vor, dass eine Person Nachlassverwalter ist, die kein Berechtigter ist, können die Gerichte des Mitgliedstaats, in dem der Verwalter bestellt werden muss, einen Fremdverwalter nach ihrem eigenen Recht bestellen, wenn dieses Recht dies so vorsieht und es einen schwerwiegenden Interessenskonflikt zwischen den Berechtigten oder zwischen den Berechtigten und den Nachlassgläubigern oder anderen Personen, die für die Verbindlichkeiten des Erblassers gebürgt haben, oder Uneinigkeit zwischen den Berechtigten über die Verwaltung des Nachlasses gibt oder wenn es sich um einen aufgrund der Art der Vermögenswerte schwer zu verwaltenden Nachlasses handelt.
Der/die nach diesem Absatz bestellte(n) Verwalter ist/sind die einzige(n) Person(en), die befugt ist/sind, die in den Absätzen 2 oder 3 genannten Befugnisse auszuüben.

(2) Die nach Absatz 1 bestellte(n) Person(en) üben die Befugnisse zur Verwaltung des Nachlas-

ses aus, die sie nach dem auf die Rechtsnachfolge von Todes wegen anzuwendenden Recht ausüben dürfen. Das bestellende Gericht kann in seiner Entscheidung besondere Bedingungen für die Ausübung dieser Befugnisse im Einklang mit dem auf die Rechtsnachfolge von Todes wegen anzuwendenden Recht festlegen.
Sieht das auf die Rechtsnachfolge von Todes wegen anzuwendende Recht keine hinreichenden Befugnisse vor, um das Nachlassvermögen zu erhalten oder die Rechte der Nachlassgläubiger oder anderer Personen zu schützen, die für die Verbindlichkeiten des Erblassers gebürgt haben, so kann das bestellende Gericht beschließen, es dem/den Nachlassverwalter(n) zu gestatten, ergänzend diejenigen Befugnisse, die hierfür in seinem eigenen Recht vorgesehen sind, auszuüben und in seiner Entscheidung besondere Bedingungen für die Ausübung dieser Befugnisse im Einklang mit diesem Recht festlegen.
Bei der Ausübung solcher ergänzenden Befugnisse hält/halten der/die Verwalter das auf die Rechtsnachfolge von Todes wegen anzuwendende Recht in Bezug auf den Übergang des Eigentums an dem Nachlassvermögen, die Haftung für die Nachlassverbindlichkeiten, die Rechte der Berechtigten, gegebenenfalls einschließlich des Rechts, die Erbschaft anzunehmen oder auszuschlagen, und gegebenenfalls die Befugnisse des Vollstreckers des Testaments des Erblassers ein.

(3) Ungeachtet des Absatzes 2 kann das nach Absatz 1 einen oder mehrere Verwalter bestellende Gericht ausnahmsweise, wenn das auf die Rechtsnachfolge von Todes wegen anzuwendende Recht das Recht eines Drittstaats ist, beschließen, diesen Verwaltern alle Verwaltungsbefugnisse zu übertragen, die in dem Recht des Mitgliedstaats vorgesehen sind, in dem sie bestellt werden.
Bei der Ausübung dieser Befugnisse respektieren die Nachlassverwalter jedoch insbesondere die Bestimmung der Berechtigten und ihrer Nachlassansprüche, einschließlich ihres Anspruchs auf einen Pflichtteil oder ihres Anspruchs gegen den Nachlass oder gegenüber den Erben nach dem auf die Rechtsnachfolge von Todes wegen anzuwendenden Recht.

Artikel 30
Besondere Regelungen mit Beschränkungen, die die Rechtsnachfolge von Todes wegen in Bezug auf bestimmte Vermögenswerte betreffen oder Auswirkungen auf sie haben

Besondere Regelungen im Recht eines Staates, in dem sich bestimmte unbewegliche Sachen, Unternehmen oder andere besondere Arten von Vermögenswerten befinden, die die Rechtsnachfolge von Todes wegen in Bezug auf jene Vermögenswerte aus wirtschaftlichen, familiären oder sozialen Erwägungen beschränken oder berühren, finden auf die Rechtsnachfolge von Todes wegen Anwendung, soweit sie nach dem Recht dieses Staates unabhängig von dem auf die Rechtsnachfolge von Todes wegen anzuwendenden Recht anzuwenden sind.

Artikel 31
Anpassung dinglicher Rechte

Macht eine Person ein dingliches Recht geltend, das ihr nach dem auf die Rechtsnachfolge von Todes wegen anzuwendenden Recht zusteht, und kennt das Recht des Mitgliedstaats, in dem das Recht geltend gemacht wird, das betreffende dingliche Recht nicht, so ist dieses Recht soweit erforderlich und möglich an das in der Rechtsordnung dieses Mitgliedstaats am ehesten vergleichbare Recht anzupassen, wobei die mit dem besagten dinglichen Recht verfolgten Ziele und Interessen und die mit ihm verbundenen Wirkungen zu berücksichtigen sind.

Artikel 32
Kommorienten

Sterben zwei oder mehr Personen, deren jeweilige Rechtsnachfolge von Todes wegen verschiedenen Rechten unterliegt, unter Umständen, unter denen die Reihenfolge ihres Todes ungewiss ist, und regeln diese Rechte diesen Sachverhalt unterschiedlich oder gar nicht, so hat keine der verstorbenen Personen Anspruch auf den Nachlass des oder der anderen.

Artikel 33
Erbenloser Nachlass

Ist nach dem nach dieser Verordnung auf die Rechtsnachfolge von Todes wegen anzuwendenden Recht weder ein durch Verfügung von Todes wegen eingesetzter Erbe oder Vermächtnisnehmer für die Nachlassgegenstände noch eine natürliche Person als gesetzlicher Erbe vorhanden, so berührt die Anwendung dieses Rechts nicht das Recht eines Mitgliedstaates oder einer von diesem Mitgliedstaat für diesen Zweck bestimmten Einrichtung, sich das im Hoheitsgebiet dieses Mitgliedstaates belegene Nachlassvermögen anzueignen, vorausgesetzt, die Gläubiger sind berechtigt, aus dem gesamten Nachlass Befriedigung ihrer Forderungen zu suchen.

Artikel 34
Rück- und Weiterverweisung

(1) Unter dem nach dieser Verordnung anzuwendenden Recht eines Drittstaats sind die in diesem Staat geltenden Rechtsvorschriften einschließlich derjenigen seines Internationalen Privatrechts zu verstehen, soweit diese zurück- oder weiterverweisen auf:

a) das Recht eines Mitgliedstaats oder

b) das Recht eines anderen Drittstaats, der sein eigenes Recht anwenden würde.

(2) Rück- und Weiterverweisungen durch die in Artikel 21 Absatz 2, Artikel 22, Artikel 27, Artikel 28 Buchstabe b und Artikel 30 genannten Rechtsordnungen sind nicht zu beachten.

Artikel 35
Öffentliche Ordnung (ordre public)

Die Anwendung einer Vorschrift des nach dieser Verordnung bezeichneten Rechts eines Staates darf nur versagt werden, wenn ihre Anwendung mit der öffentlichen Ordnung (ordre public) des Staates des angerufenen Gerichts offensichtlich unvereinbar ist.

Artikel 36
Staaten mit mehr als einem Rechtssystem – Interlokale Kollisionsvorschriften

(1) Verweist diese Verordnung auf das Recht eines Staates, der mehrere Gebietseinheiten umfasst, von denen jede eigene Rechtsvorschriften für die Rechtsnachfolge von Todes wegen hat, so bestimmen die internen Kollisionsvorschriften dieses Staates die Gebietseinheit, deren Rechtsvorschriften anzuwenden sind.

(2) In Ermangelung solcher internen Kollisionsvorschriften gilt:

a) jede Bezugnahme auf das Recht des in Absatz 1 genannten Staates ist für die Bestimmung des anzuwendenden Rechts aufgrund von Vorschriften, die sich auf den gewöhnlichen Aufenthalt des Erblassers beziehen, als Bezugnahme auf das Recht der Gebietseinheit zu verstehen, in der der Erblasser im Zeitpunkt seines Todes seinen gewöhnlichen Aufenthalt hatte;

b) jede Bezugnahme auf das Recht des in Absatz 1 genannten Staates ist für die Bestimmung des anzuwendenden Rechts aufgrund von Bestimmungen, die sich auf die Staatsangehörigkeit des Erblassers beziehen, als Bezugnahme auf das Recht der Gebietseinheit zu verstehen, zu der der Erblasser die engste Verbindung hatte;

c) jede Bezugnahme auf das Recht des in Absatz 1 genannten Staates ist für die Bestimmung des anzuwendenden Rechts aufgrund sonstiger Bestimmungen, die sich auf andere Anknüpfungspunkte beziehen, als Bezugnahme auf das Recht der Gebietseinheit zu verstehen, in der sich der einschlägige Anknüpfungspunkt befindet.

3) Ungeachtet des Absatzes 2 ist jede Bezugnahme auf das Recht des in Absatz 1 genannten Staates für die Bestimmung des anzuwendenden Rechts nach Artikel 27 in Ermangelung interner Kollisionsvorschriften dieses Staates als Bezugnahme auf das Recht der Gebietseinheit zu verstehen, zu der der Erblasser oder die Personen, deren Rechtsnachfolge von Todes wegen durch den Erbvertrag betroffen ist, die engste Verbindung hatte.

Artikel 37
Staaten mit mehr als einem Rechtssystem – Interpersonale Kollisionsvorschriften

Gelten in einem Staat für die Rechtsnachfolge von Todes wegen zwei oder mehr Rechtssysteme oder Regelwerke für verschiedene Personengruppen, so ist jede Bezugnahme auf das Recht dieses Staates als Bezugnahme auf das Rechtssystem oder das Regelwerk zu verstehen, das die in diesem Staat geltenden Vorschriften zur Anwendung berufen. In Ermangelung solcher Vorschriften ist das Rechtssystem oder das Regelwerk anzuwenden, zu dem der Erblasser die engste Verbindung hatte.

Artikel 38
Nichtanwendung dieser Verordnung auf innerstaatliche Kollisionen

Ein Mitgliedstaat, der mehrere Gebietseinheiten umfasst, von denen jede ihre eigenen Rechtsvorschriften für die Rechtsnachfolge von Todes wegen hat, ist nicht verpflichtet, diese Verordnung auf Kollisionen zwischen den Rechtsordnungen dieser Gebietseinheiten anzuwenden.

KAPITEL IV

ANERKENNUNG, VOLLSTRECKBARKEIT UND VOLLSTRECKUNG VON ENTSCHEIDUNGEN

Artikel 39
Anerkennung

(1) Die in einem Mitgliedstaat ergangenen Entscheidungen werden in den anderen Mitgliedstaaten anerkannt, ohne dass es hierfür eines besonderen Verfahrens bedarf.

(2) Bildet die Frage, ob eine Entscheidung anzuerkennen ist, als solche den Gegenstand eines Streites, so kann jede Partei, welche die Anerkennung geltend macht, in dem Verfahren nach den Artikeln 45 bis 58 die Feststellung beantragen, dass die Entscheidung anzuerkennen ist.

(3) Wird die Anerkennung in einem Rechtsstreit vor dem Gericht eines Mitgliedstaats, dessen Entscheidung von der Anerkennung abhängt, verlangt, so kann dieses Gericht über die Anerkennung entscheiden.

Artikel 40
Gründe für die Nichtanerkennung einer Entscheidung

Eine Entscheidung wird nicht anerkannt, wenn

a) die Anerkennung der öffentlichen Ordnung (ordre public) des Mitgliedstaats, in dem sie geltend gemacht wird, offensichtlich widersprechen würde;

b) dem Beklagten, der sich auf das Verfahren nicht eingelassen hat, das verfahrenseinleitende Schriftstück oder ein gleichwertiges Schriftstück nicht so rechtzeitig und in einer Weise zugestellt worden ist, dass er sich verteidigen konnte, es sei denn, der Beklagte hat die Entscheidung nicht angefochten, obwohl er die Möglichkeit dazu hatte;

c) sie mit einer Entscheidung unvereinbar ist, die in einem Verfahren zwischen denselben Parteien in dem Mitgliedstaat, in dem die Anerkennung geltend gemacht wird, ergangen ist;

d) sie mit einer früheren Entscheidung unvereinbar ist, die in einem anderen Mitgliedstaat oder in einem Drittstaat in einem Verfahren zwischen denselben Parteien wegen desselben Anspruchs ergangen ist, sofern die frühere Entscheidung die notwendigen Voraussetzungen für ihre Anerkennung in dem Mitgliedstaat, in dem die Anerkennung geltend gemacht wird, erfüllt.

Artikel 41
Ausschluss einer Nachprüfung in der Sache

Die in einem Mitgliedstaat ergangene Entscheidung darf keinesfalls in der Sache selbst nachgeprüft werden.

Artikel 42
Aussetzung des Anerkennungsverfahrens

Das Gericht eines Mitgliedstaats, vor dem die Anerkennung einer in einem anderen Mitgliedstaat ergangenen Entscheidung geltend gemacht wird, kann das Verfahren aussetzen, wenn im Ursprungsmitgliedstaat gegen die Entscheidung ein ordentlicher Rechtsbehelf eingelegt worden ist.

Artikel 43
Vollstreckbarkeit

Die in einem Mitgliedstaat ergangenen und in diesem Staat vollstreckbaren Entscheidungen sind in einem anderen Mitgliedstaat vollstreckbar, wenn sie auf Antrag eines Berechtigten dort nach dem Verfahren der Artikel 45 bis 58 für vollstreckbar erklärt worden sind.

Artikel 44
Bestimmung des Wohnsitzes

Ist zu entscheiden, ob eine Partei für die Zwecke des Verfahrens nach den Artikeln 45 bis 58 im Hoheitsgebiet des Vollstreckungsmitgliedstaats einen Wohnsitz hat, so wendet das befasste Gericht sein eigenes Recht an.

Artikel 45
Örtlich zuständiges Gericht

(1) Der Antrag auf Vollstreckbarerklärung ist an das Gericht oder die zuständige Behörde des Vollstreckungsmitgliedstaats zu richten, die der Kommission von diesem Mitgliedstaat nach Artikel 78 mitgeteilt wurden.

(2) Die örtliche Zuständigkeit wird durch den Ort des Wohnsitzes der Partei, gegen die die Vollstreckung erwirkt werden soll, oder durch den Ort, an dem die Vollstreckung durchgeführt werden soll, bestimmt.

Artikel 46
Verfahren

(1) Für das Verfahren der Antragstellung ist das Recht des Vollstreckungsmitgliedstaats maßgebend.

(2) Von dem Antragsteller kann nicht verlangt werden, dass er im Vollstreckungsmitgliedstaat über eine Postanschrift oder einen bevollmächtigten Vertreter verfügt.

(3) Dem Antrag sind die folgenden Schriftstücke beizufügen:

a) eine Ausfertigung der Entscheidung, die die für ihre Beweiskraft erforderlichen Voraussetzungen erfüllt;

b) die Bescheinigung, die von dem Gericht oder der zuständigen Behörde des Ursprungsmitgliedstaats unter Verwendung des nach dem Beratungsverfahren nach Artikel 81 Absatz 2 erstellten Formblatts ausgestellt wurde, unbeschadet des Artikels 47.

Artikel 47
Nichtvorlage der Bescheinigung

(1) Wird die Bescheinigung nach Artikel 46 Absatz 3 Buchstabe b nicht vorgelegt, so kann das Gericht oder die sonst befugte Stelle eine Frist bestimmen, innerhalb deren die Bescheinigung vorzulegen ist, oder sich mit einer gleichwertigen Urkunde begnügen oder von der Vorlage der Bescheinigung absehen, wenn kein weiterer Klärungsbedarf besteht.

(2) Auf Verlangen des Gerichts oder der zuständigen Behörde ist eine Übersetzung der Schriftstücke vorzulegen. Die Übersetzung ist von einer Person zu erstellen, die zur Anfertigung von Übersetzungen in einem der Mitgliedstaaten befugt ist.

Artikel 48
Vollstreckbarerklärung

Sobald die in Artikel 46 vorgesehenen Förmlichkeiten erfüllt sind, wird die Entscheidung unverzüglich für vollstreckbar erklärt, ohne dass eine Prüfung nach Artikel 40 erfolgt. Die Partei, gegen die die Vollstreckung erwirkt werden soll, erhält in diesem Abschnitt des Verfahrens keine Gelegenheit, eine Erklärung abzugeben.

Artikel 49
Mitteilung der Entscheidung über den Antrag auf Vollstreckbarerklärung

(1) Die Entscheidung über den Antrag auf Vollstreckbarerklärung wird dem Antragsteller unverzüglich in der Form mitgeteilt, die das Recht des Vollstreckungsmitgliedstaats vorsieht.

(2) Die Vollstreckbarerklärung und, soweit dies noch nicht geschehen ist, die Entscheidung werden der Partei, gegen die die Vollstreckung erwirkt werden soll, zugestellt.

Artikel 50
Rechtsbehelf gegen die Entscheidung über den Antrag auf Vollstreckbarerklärung

(1) Gegen die Entscheidung über den Antrag auf Vollstreckbarerklärung kann jede Partei einen Rechtsbehelf einlegen.

(2) Der Rechtsbehelf wird bei dem Gericht eingelegt, das der betreffende Mitgliedstaat der Kommission nach Artikel 78 mitgeteilt hat.

(3) Über den Rechtsbehelf wird nach den Vorschriften entschieden, die für Verfahren mit beiderseitigem rechtlichem Gehör maßgebend sind.

(4) Lässt sich die Partei, gegen die die Vollstreckung erwirkt werden soll, auf das Verfahren vor dem mit dem Rechtsbehelf des Antragstellers befassten Gericht nicht ein, so ist Artikel 16 auch dann anzuwenden, wenn die Partei, gegen die die Vollstreckung erwirkt werden soll, ihren Wohnsitz nicht im Hoheitsgebiet eines Mitgliedstaats hat.

(5) Der Rechtsbehelf gegen die Vollstreckbarerklärung ist innerhalb von 30 Tagen nach ihrer Zustellung einzulegen. Hat die Partei, gegen die die Vollstreckung erwirkt werden soll, ihren Wohnsitz im Hoheitsgebiet eines anderen Mitgliedstaats als dem, in dem die Vollstreckbarerklärung ergangen ist, so beträgt die Frist für den Rechtsbehelf 60 Tage und beginnt mit dem Tag, an dem die Vollstreckbarerklärung ihr entweder in Person oder in ihrer Wohnung zugestellt worden ist. Eine Verlängerung dieser Frist wegen weiter Entfernung ist ausgeschlossen.

Artikel 51
Rechtsbehelf gegen die Entscheidung über den Rechtsbehelf

Gegen die über den Rechtsbehelf ergangene Entscheidung kann nur der Rechtsbehelf eingelegt werden, den der betreffende Mitgliedstaat der Kommission nach Artikel 78 mitgeteilt hat.

Artikel 52
Versagung oder Aufhebung einer Vollstreckbarerklärung

Die Vollstreckbarerklärung darf von dem mit einem Rechtsbehelf nach Artikel 50 oder Artikel 51 befassten Gericht nur aus einem der in Artikel 40 aufgeführten Gründe versagt oder aufgehoben werden. Das Gericht erlässt seine Entscheidung unverzüglich.

Artikel 53
Aussetzung des Verfahrens

Das nach Artikel 50 oder Artikel 51 mit dem Rechtsbehelf befasste Gericht setzt das Verfahren auf Antrag des Schuldners aus, wenn die Entscheidung im Ursprungsmitgliedstaat wegen der Einlegung eines Rechtsbehelfs vorläufig nicht vollstreckbar ist.

Artikel 54
Einstweilige Maßnahmen einschließlich Sicherungsmaßnahmen

(1) Ist eine Entscheidung nach diesem Abschnitt anzuerkennen, so ist der Antragsteller nicht daran gehindert, einstweilige Maßnahmen einschließlich Sicherungsmaßnahmen nach dem Recht des Vollstreckungsmitgliedstaats in Anspruch zu nehmen, ohne dass es einer Vollstreckbarerklärung nach Artikel 48 bedarf.

(2) Die Vollstreckbarerklärung umfasst von Rechts wegen die Befugnis, Maßnahmen zur Sicherung zu veranlassen.

(3) Solange die in Artikel 50 Absatz 5 vorgesehene Frist für den Rechtsbehelf gegen die Vollstreckbarerklärung läuft und solange über den Rechtsbehelf nicht entschieden ist, darf die Zwangsvollstreckung in das Vermögen des Schuldners nicht über Maßnahmen zur Sicherung hinausgehen.

Artikel 55
Teilvollstreckbarkeit

(1) Ist durch die Entscheidung über mehrere Ansprüche erkannt worden und kann die Vollstreckbarerklärung nicht für alle Ansprüche erteilt werden, so erteilt das Gericht oder die zuständige

Behörde sie für einen oder mehrere dieser Ansprüche.

(2) Der Antragsteller kann beantragen, dass die Vollstreckbarerklärung nur für einen Teil des Gegenstands der Entscheidung erteilt wird.

Artikel 56
Prozesskostenhilfe

Ist dem Antragsteller im Ursprungsmitgliedstaat ganz oder teilweise Prozesskostenhilfe oder Kosten- und Gebührenbefreiung gewährt worden, so genießt er im Vollstreckbarerklärungsverfahren hinsichtlich der Prozesskostenhilfe oder der Kosten- und Gebührenbefreiung die günstigste Behandlung, die das Recht des Vollstreckungsmitgliedstaats vorsieht.

Artikel 57
Keine Sicherheitsleistung oder Hinterlegung

Der Partei, die in einem Mitgliedstaat die Anerkennung, Vollstreckbarerklärung oder Vollstreckung einer in einem anderen Mitgliedstaat ergangenen Entscheidung beantragt, darf wegen ihrer Eigenschaft als Ausländer oder wegen Fehlens eines inländischen Wohnsitzes oder Aufenthalts im Vollstreckungsmitgliedstaat eine Sicherheitsleistung oder Hinterlegung, unter welcher Bezeichnung es auch sei, nicht auferlegt werden.

Artikel 58
Keine Stempelabgaben oder Gebühren

Im Vollstreckungsmitgliedstaat dürfen in Vollstreckbarerklärungsverfahren keine nach dem Streitwert abgestuften Stempelabgaben oder Gebühren erhoben werden.

KAPITEL V

ÖFFENTLICHE URKUNDEN UND GERICHTLICHE VERGLEICHE

Artikel 59
Annahme öffentlicher Urkunden

(1) Eine in einem Mitgliedstaat errichtete öffentliche Urkunde hat in einem anderen Mitgliedstaat die gleiche formelle Beweiskraft wie im Ursprungsmitgliedstaat oder die damit am ehesten vergleichbare Wirkung, sofern dies der öffentlichen Ordnung (ordre public) des betreffenden Mitgliedstaats nicht offensichtlich widersprechen würde.
Eine Person, die eine öffentliche Urkunde in einem anderen Mitgliedstaat verwenden möchte, kann die Behörde, die die öffentliche Urkunde im Ursprungsmitgliedstaat errichtet, ersuchen, das nach dem Beratungsverfahren nach Artikel 81 Absatz 2 erstellte Formblatt auszufüllen, das die formelle Beweiskraft der öffentlichen Urkunde in ihrem Ursprungsmitgliedstaat beschreibt.

(2) Einwände mit Bezug auf die Authentizität einer öffentlichen Urkunde sind bei den Gerichten des Ursprungsmitgliedstaats zu erheben; über diese Einwände wird nach dem Recht dieses Staates entschieden. Eine öffentliche Urkunde, gegen die solche Einwände erhoben wurden, entfaltet in einem anderen Mitgliedstaat keine Beweiskraft, solange die Sache bei dem zuständigen Gericht anhängig ist.

(3) Einwände mit Bezug auf die in einer öffentlichen Urkunde beurkundeten Rechtsgeschäfte oder Rechtsverhältnisse sind bei den nach dieser Verordnung zuständigen Gerichten zu erheben; über diese Einwände wird nach dem nach Kapitel III anzuwendenden Recht entschieden. Eine öffentliche Urkunde, gegen die solche Einwände erhoben wurden, entfaltet in einem anderen als dem Ursprungsmitgliedstaat hinsichtlich des bestrittenen Umstands keine Beweiskraft, solange die Sache bei dem zuständigen Gericht anhängig ist.

(4) Hängt die Entscheidung des Gerichts eines Mitgliedstaats von der Klärung einer Vorfrage mit Bezug auf die in einer öffentlichen Urkunde beurkundeten Rechtsgeschäfte oder Rechtsverhältnisse in Erbsachen ab, so ist dieses Gericht zur Entscheidung über diese Vorfrage zuständig.

Artikel 60
Vollstreckbarkeit öffentlicher Urkunden

(1) Öffentliche Urkunden, die im Ursprungsmitgliedstaat vollstreckbar sind, werden in einem anderen Mitgliedstaat auf Antrag eines Berechtigten nach dem Verfahren der Artikel 45 bis 58 für vollstreckbar erklärt.

(2) Für die Zwecke des Artikels 46 Absatz 3 Buchstabe b stellt die Behörde, die die öffentliche Urkunde errichtet hat, auf Antrag eines Berechtigten eine Bescheinigung unter Verwendung des nach dem Beratungsverfahren nach Artikel 81 Absatz 2 erstellten Formblatts aus.

(3) Die Vollstreckbarerklärung wird von dem mit einem Rechtsbehelf nach Artikel 50 oder Artikel 51 befassten Gericht nur versagt oder aufgehoben, wenn die Vollstreckung der öffentlichen Urkunde der öffentlichen Ordnung (ordre public) des Vollstreckungsmitgliedstaats offensichtlich widersprechen würde.

Artikel 61
Vollstreckbarkeit gerichtlicher Vergleiche

(1) Gerichtliche Vergleiche, die im Ursprungsmitgliedstaat vollstreckbar sind, werden in einem anderen Mitgliedstaat auf Antrag eines Berechtigten nach dem Verfahren der Artikel 45 bis 58 für vollstreckbar erklärt.

(2) Für die Zwecke des Artikels 46 Absatz 3 Buchstabe b stellt das Gericht, das den Vergleich gebilligt hat oder vor dem der Vergleich geschlossen wurde, auf Antrag eines Berechtigten eine Bescheinigung unter Verwendung des nach dem Beratungsverfahren nach Artikel 81 Absatz 2 erstellten Formblatts aus.

(3) Die Vollstreckbarerklärung wird von dem mit einem Rechtsbehelf nach Artikel 50 oder Artikel 51 befassten Gericht nur versagt oder aufgehoben, wenn die Vollstreckung des gerichtlichen Vergleichs der öffentlichen Ordnung (ordre public) des Vollstreckungsmitgliedstaats offensichtlich widersprechen würde.

KAPITEL VI
EUROPÄISCHES NACHLASSZEUGNIS

Artikel 62
Einführung eines Europäischen Nachlasszeugnisses

(1) Mit dieser Verordnung wird ein Europäisches Nachlasszeugnis (im Folgenden „Zeugnis“) eingeführt, das zur Verwendung in einem anderen Mitgliedstaat ausgestellt wird und die in Artikel 69 aufgeführten Wirkungen entfaltet.

(2) Die Verwendung des Zeugnisses ist nicht verpflichtend.

(3) Das Zeugnis tritt nicht an die Stelle der innerstaatlichen Schriftstücke, die in den Mitgliedstaaten zu ähnlichen Zwecken verwendet werden. Nach seiner Ausstellung zur Verwendung in einem anderen Mitgliedstaat entfaltet das Zeugnis die in Artikel 69 aufgeführten Wirkungen jedoch auch in dem Mitgliedstaat, dessen Behörden es nach diesem Kapitel ausgestellt haben.

Artikel 63
Zweck des Zeugnisses

(1) Das Zeugnis ist zur Verwendung durch Erben, durch Vermächtnisnehmer mit unmittelbarer Berechtigung am Nachlass und durch Testamentsvollstrecker oder Nachlassverwalter bestimmt, die sich in einem anderen Mitgliedstaat auf ihre Rechtsstellung berufen oder ihre Rechte als Erben oder Vermächtnisnehmer oder ihre Befugnisse als Testamentsvollstrecker oder Nachlassverwalter ausüben müssen.

(2) Das Zeugnis kann insbesondere als Nachweis für einen oder mehrere der folgenden speziellen Aspekte verwendet werden:

a) die Rechtsstellung und/oder die Rechte jedes Erben oder gegebenenfalls Vermächtnisnehmers, der im Zeugnis genannt wird, und seinen jeweiligen Anteil am Nachlass;

b) die Zuweisung eines bestimmten Vermögenswerts oder bestimmter Vermögenswerte des Nachlasses an die in dem Zeugnis als Erbe(n) oder gegebenenfalls als Vermächtnisnehmer genannte(n) Person(en);

c) die Befugnisse der in dem Zeugnis genannten Person zur Vollstreckung des Testaments oder Verwaltung des Nachlasses.

Artikel 64
Zuständigkeit für die Erteilung des Zeugnisses

Das Zeugnis wird in dem Mitgliedstaat ausgestellt, dessen Gerichte nach den Artikeln 4, 7, 10 oder 11 zuständig sind. Ausstellungsbehörde ist

a) ein Gericht im Sinne des Artikels 3 Absatz 2 oder

b) eine andere Behörde, die nach innerstaatlichem Recht für Erbsachen zuständig ist.

Artikel 65
Antrag auf Ausstellung eines Zeugnisses

(1) Das Zeugnis wird auf Antrag jeder in Artikel 63 Absatz 1 genannten Person (im Folgenden „Antragsteller“) ausgestellt.

(2) Für die Vorlage eines Antrags kann der Antragsteller das nach dem Beratungsverfahren nach Artikel 81 Absatz 2 erstellte Formblatt verwenden.

(3) Der Antrag muss die nachstehend aufgeführten Angaben enthalten, soweit sie dem Antragsteller bekannt sind und von der Ausstellungsbehörde zur Beschreibung des Sachverhalts, dessen Bestätigung der Antragsteller begehrt, benötigt werden; dem Antrag sind alle einschlägigen Schriftstücke beizufügen, und zwar entweder in Urschrift oder in Form einer Abschrift, die die erforderlichen Voraussetzungen für ihre Beweiskraft erfüllt, unbeschadet des Artikels 66 Absatz 2:

a) Angaben zum Erblasser: Name (gegebenenfalls Geburtsname), Vorname(n), Geschlecht, Geburtsdatum und -ort, Personenstand, Staatsangehörigkeit, Identifikationsnummer (sofern vorhanden), Anschrift im Zeitpunkt seines Todes, Todesdatum und -ort;

b) Angaben zum Antragsteller: Name (gegebenenfalls Geburtsname), Vorname(n), Geschlecht, Geburtsdatum und -ort, Personenstand, Staatsangehörigkeit, Identifikationsnummer (sofern vorhanden), Anschrift und etwaiges Verwandtschafts- oder Schwägerschaftsverhältnis zum Erblasser;

c) Angaben zum etwaigen Vertreter des Antragstellers: Name (gegebenenfalls Geburtsname), Vorname(n), Anschrift und Nachweis der Vertretungsmacht;

d) Angaben zum Ehegatten oder Partner des Erblassers und gegebenenfalls zu(m) ehemaligen Ehegatten oder Partner(n): Name (gegebenenfalls Geburtsname), Vorname(n), Geschlecht, Geburtsdatum und -ort, Personenstand, Staatsangehörigkeit, Identifikationsnummer (sofern vorhanden) und Anschrift;

e) Angaben zu sonstigen möglichen Berechtigten aufgrund einer Verfügung von Todes wegen und/oder nach gesetzlicher Erbfolge: Name und Vorname(n) oder Name der Körperschaft, Identifikationsnummer (sofern vorhanden) und Anschrift;

f) den beabsichtigten Zweck des Zeugnisses nach Artikel 63;

g) Kontaktangaben des Gerichts oder der sonstigen zuständigen Behörde, das oder die mit der Erbsache als solcher befasst ist oder war, sofern zutreffend;

h) den Sachverhalt, auf den der Antragsteller gegebenenfalls die von ihm geltend gemachte Berechtigung am Nachlass und/ oder sein Recht zur Vollstreckung des Testaments des Erblassers und/oder das Recht zur Verwaltung von dessen Nachlass gründet;

i) eine Angabe darüber, ob der Erblasser eine Verfügung von Todes wegen errichtet hatte; falls weder die Urschrift noch eine Abschrift beigefügt ist, eine Angabe darüber, wo sich die Urschrift befindet;

j) eine Angabe darüber, ob der Erblasser einen Ehevertrag oder einen Vertrag in Bezug auf ein Verhältnis, das mit der Ehe vergleichbare Wirkungen entfaltet, geschlossen hatte; falls weder die Urschrift noch eine Abschrift des Vertrags beigefügt ist, eine Angabe darüber, wo sich die Urschrift befindet;

k) eine Angabe darüber, ob einer der Berechtigten eine Erklärung über die Annahme oder die Ausschlagung der Erbschaft abgegeben hat;

l) eine Erklärung des Inhalts, dass nach bestem Wissen des Antragstellers kein Rechtsstreit in Bezug auf den zu bescheinigenden Sachverhalt anhängig ist;

m) sonstige vom Antragsteller für die Ausstellung des Zeugnisses für nützlich erachtete Angaben.

Artikel 66
Prüfung des Antrags

(1) Nach Eingang des Antrags überprüft die Ausstellungsbehörde die vom Antragsteller übermittelten Angaben, Erklärungen, Schriftstücke und sonstigen Nachweise. Sie führt von Amts wegen die für diese Überprüfung erforderlichen Nachforschungen durch, soweit ihr eigenes Recht dies vorsieht oder zulässt, oder fordert den Antragsteller auf, weitere Nachweise vorzulegen, die sie für erforderlich erachtet.

(2) Konnte der Antragsteller keine Abschriften der einschlägigen Schriftstücke vorlegen, die die für ihre Beweiskraft erforderlichen Voraussetzungen erfüllen, so kann die Ausstellungsbehörde entscheiden, dass sie Nachweise in anderer Form akzeptiert.

(3) Die Ausstellungsbehörde kann – soweit ihr eigenes Recht dies vorsieht und unter den dort festgelegten Bedingungen – verlangen, dass Erklärungen unter Eid oder durch eidesstattliche Versicherung abgegeben werden.

(4) Die Ausstellungsbehörde unternimmt alle erforderlichen Schritte, um die Berechtigten von der Beantragung eines Zeugnisses zu unterrichten. Sie hört, falls dies für die Feststellung des zu bescheinigenden Sachverhalts erforderlich ist, jeden Beteiligten, Testamentsvollstrecker oder Nachlassverwalter und gibt durch öffentliche Bekanntmachung anderen möglichen Berechtigten Gelegenheit, ihre Rechte geltend zu machen.

(5) Für die Zwecke dieses Artikels stellt die zuständige Behörde eines Mitgliedstaats der Ausstellungsbehörde eines anderen Mitgliedstaats auf Ersuchen die Angaben zur Verfügung, die insbesondere im Grundbuch, in Personenstandsregistern und in Registern enthalten sind, in denen Urkunden oder Tatsachen erfasst werden, die für die Rechtsnachfolge von Todes wegen oder den ehelichen Güterstand oder einen vergleichbaren Güterstand des Erblassers erheblich sind, sofern die zuständige Behörde nach innerstaatlichem Recht befugt wäre, diese Angaben einer anderen inländischen Behörde zur Verfügung zu stellen.

Artikel 67
Ausstellung des Zeugnisses

(1) Die Ausstellungsbehörde stellt das Zeugnis unverzüglich nach dem in diesem Kapitel festgelegten Verfahren aus, wenn der zu bescheinigende Sachverhalt nach dem auf die Rechtsnachfolge von Todes wegen anzuwendenden Recht oder jedem anderen auf einen spezifischen Sachverhalt anzuwendenden Recht feststeht. Sie verwendet das nach dem Beratungsverfahren nach Artikel 81 Absatz 2 erstellte Formblatt.
Die Ausstellungsbehörde stellt das Zeugnis insbesondere nicht aus,

a) wenn Einwände gegen den zu bescheinigenden Sachverhalt anhängig sind oder

b) wenn das Zeugnis mit einer Entscheidung zum selben Sachverhalt nicht vereinbar wäre.

(2) Die Ausstellungsbehörde unternimmt alle erforderlichen Schritte, um die Berechtigten von der Ausstellung des Zeugnisses zu unterrichten.

Artikel 68
Inhalt des Nachlasszeugnisses

Das Zeugnis enthält folgende Angaben, soweit dies für die Zwecke, zu denen es ausgestellt wird, erforderlich ist:

a) die Bezeichnung und die Anschrift der Ausstellungsbehörde;

b) das Aktenzeichen;

c) die Umstände, aus denen die Ausstellungsbehörde ihre Zuständigkeit für die Ausstellung des Zeugnisses herleitet;

d) das Ausstellungsdatum;

e) Angaben zum Antragsteller: Name (gegebenenfalls Geburtsname), Vorname(n), Geschlecht, Geburtsdatum und -ort, Personenstand, Staatsangehörigkeit, Identifikationsnummer (sofern vorhanden), Anschrift und etwaiges Verwandtschafts- oder Schwägerschaftsverhältnis zum Erblasser;

f) Angaben zum Erblasser: Name (gegebenenfalls Geburtsname), Vorname(n), Geschlecht, Geburtsdatum und -ort, Personenstand, Staatsangehörigkeit, Identifikationsnummer (sofern vorhanden), Anschrift im Zeitpunkt seines Todes, Todesdatum und -ort;

g) Angaben zu den Berechtigten: Name (gegebenenfalls Geburtsname), Vorname(n) und Identifikationsnummer (sofern vorhanden);

h) Angaben zu einem vom Erblasser geschlossenen Ehevertrag oder, sofern zutreffend, einem vom Erblasser geschlossenen Vertrag im Zusammenhang mit einem Verhältnis, das nach dem auf dieses Verhältnis anwendbaren Recht mit der Ehe vergleichbare Wirkungen entfaltet, und Angaben zum ehelichen Güterstand oder einem vergleichbaren Güterstand;

i) das auf die Rechtsnachfolge von Todes wegen anzuwendende Recht sowie die Umstände, auf deren Grundlage das anzuwendende Recht bestimmt wurde;

j) Angaben darüber, ob für die Rechtsnachfolge von Todes wegen die gewillkürte oder die gesetzliche Erbfolge gilt, einschließlich Angaben zu den Umständen, aus denen sich die Rechte und/oder Befugnisse der Erben, Vermächtnisnehmer, Testamentsvollstrecker oder Nachlassverwalter herleiten;

k) sofern zutreffend, in Bezug auf jeden Berechtigten Angaben über die Art der Annahme oder der Ausschlagung der Erbschaft;

l) den Erbteil jedes Erben und gegebenenfalls das Verzeichnis der Rechte und/oder Vermögenswerte, die einem bestimmten Erben zustehen;

m) das Verzeichnis der Rechte und/oder Vermögenswerte, die einem bestimmten Vermächtnisnehmer zustehen;

n) die Beschränkungen ihrer Rechte, denen die Erben und gegebenenfalls die Vermächtnisnehmer nach dem auf die Rechtsnachfolge von Todes wegen anzuwendenden Recht und/oder nach Maßgabe der Verfügung von Todes wegen unterliegen;

o) die Befugnisse des Testamentsvollstreckers und/oder des Nachlassverwalters und die Beschränkungen dieser Befugnisse nach dem auf die Rechtsnachfolge von Todes wegen anzuwendenden Recht und/oder nach Maßgabe der Verfügung von Todes wegen.

Artikel 69
Wirkungen des Zeugnisses

(1) Das Zeugnis entfaltet seine Wirkungen in allen Mitgliedstaaten, ohne dass es eines besonderen Verfahrens bedarf.

(2) Es wird vermutet, dass das Zeugnis die Sachverhalte, die nach dem auf die Rechtsnachfolge von Todes wegen anzuwendenden Recht oder einem anderen auf spezifische Sachverhalte anzuwendenden Recht festgestellt wurden, zutreffend ausweist. Es wird vermutet, dass die Person, die im Zeugnis als Erbe, Vermächtnisnehmer, Testamentsvollstrecker oder Nachlassverwalter genannt ist, die in dem Zeugnis genannte Rechtsstellung und/oder die in dem Zeugnis aufgeführten Rechte oder Befugnisse hat und dass diese Rechte oder Befugnisse keinen anderen als den im Zeugnis aufgeführten Bedingungen und/oder Beschränkungen unterliegen.

(3) Wer auf der Grundlage der in dem Zeugnis enthaltenen Angaben einer Person Zahlungen leistet oder Vermögenswerte übergibt, die in dem Zeugnis als zur Entgegennahme derselben berechtigt bezeichnet wird, gilt als Person, die an einen zur Entgegennahme der Zahlungen oder Vermögenswerte Berechtigten geleistet hat, es sei denn, er wusste, dass das Zeugnis inhaltlich unrichtig ist, oder ihm war dies infolge grober Fahrlässigkeit nicht bekannt.

(4) Verfügt eine Person, die in dem Zeugnis als zur Verfügung über Nachlassvermögen berechtigt bezeichnet wird, über Nachlassvermögen zugunsten eines anderen, so gilt dieser andere, falls er auf der Grundlage der in dem Zeugnis enthaltenen Angaben handelt, als Person, die von einem zur Verfügung über das betreffende Vermögen Berechtigten erworben hat, es sei denn, er wusste, dass das Zeugnis inhaltlich unrichtig ist, oder ihm war dies infolge grober Fahrlässigkeit nicht bekannt.

(5) Das Zeugnis stellt ein wirksames Schriftstück für die Eintragung des Nachlassvermögens in das einschlägige Register eines Mitgliedstaats dar, unbeschadet des Artikels 1 Absatz 2 Buchstaben k und l.

Artikel 70
Beglaubigte Abschriften des Zeugnisses

(1) Die Ausstellungsbehörde bewahrt die Urschrift des Zeugnisses auf und stellt dem Antragsteller und jeder anderen Person, die ein berechtigtes Interesse nachweist, eine oder mehrere beglaubigte Abschriften aus.

(2) Die Ausstellungsbehörde führt für die Zwecke des Artikels 71 Absatz 3 und des Artikels 73 Absatz 2 ein Verzeichnis der Personen, denen beglaubigte Abschriften nach Absatz 1 ausgestellt wurden.

(3) Die beglaubigten Abschriften sind für einen begrenzten Zeitraum von sechs Monaten gültig, der in der beglaubigten Abschrift jeweils durch ein Ablaufdatum angegeben wird. In ordnungsgemäß begründeten Ausnahmefällen kann die Ausstellungsbehörde abweichend davon eine längere Gültigkeitsfrist beschließen. Nach Ablauf dieses Zeitraums muss jede Person, die sich im Besitz einer beglaubigten Abschrift befindet, bei der Ausstellungsbehörde eine Verlängerung der Gültigkeitsfrist der beglaubigten Abschrift oder eine neue beglaubigte Abschrift beantragen, um das Zeugnis zu den in Artikel 63 angegebenen Zwecken verwenden zu können.

Artikel 71
Berichtigung, Änderung oder Widerruf des Zeugnisses

(1) Die Ausstellungsbehörde berichtigt das Zeugnis im Falle eines Schreibfehlers auf Verlangen jedweder Person, die ein berechtigtes Interesse nachweist, oder von Amts wegen.

(2) Die Ausstellungsbehörde ändert oder widerruft das Zeugnis auf Verlangen jedweder Person, die ein berechtigtes Interesse nachweist, oder, soweit dies nach innerstaatlichem Recht möglich ist, von Amts wegen, wenn feststeht, dass das Zeugnis oder einzelne Teile des Zeugnisses inhaltlich unrichtig sind.

(3) Die Ausstellungsbehörde unterrichtet unverzüglich alle Personen, denen beglaubigte Abschriften des Zeugnisses gemäß Artikel 70 Absatz 1 ausgestellt wurden, über eine Berichtigung, eine Änderung oder einen Widerruf des Zeugnisses.

Artikel 72
Rechtsbehelfe

(1) Entscheidungen, die die Ausstellungsbehörde nach Artikel 67 getroffen hat, können von einer Person, die berechtigt ist, ein Zeugnis zu beantragen, angefochten werden.
Entscheidungen, die die Ausstellungsbehörde nach Artikel 71 und Artikel 73 Absatz 1 Buchstabe a getroffen hat, können von einer Person, die ein berechtigtes Interesse nachweist, angefochten werden.
Der Rechtsbehelf ist bei einem Gericht des Mitgliedstaats der Ausstellungsbehörde nach dem Recht dieses Staates einzulegen.

(2) Führt eine Anfechtungsklage nach Absatz 1 zu der Feststellung, dass das ausgestellte Zeugnis nicht den Tatsachen entspricht, so ändert die zuständige Behörde das Zeugnis oder widerruft es oder sorgt dafür, dass die Ausstellungsbehörde das Zeugnis berichtigt, ändert oder widerruft.
Führt eine Anfechtungsklage nach Absatz 1 zu der Feststellung, dass die Versagung der Ausstellung nicht gerechtfertigt war, so stellen die zuständigen Justizbehören das Zeugnis aus oder stellen sicher, dass die Ausstellungsbehörde den Fall erneut prüft und eine neue Entscheidung trifft.

Artikel 73
Aussetzung der Wirkungen des Zeugnisses

(1) Die Wirkungen des Zeugnisses können ausgesetzt werden

a) von der Ausstellungsbehörde auf Verlangen einer Person, die ein berechtigtes Interesse nachweist, bis zur Änderung oder zum Widerruf des Zeugnisses nach Artikel 71 oder

b) von dem Rechtsmittelgericht auf Antrag einer Person, die berechtigt ist, eine von der Ausstellungsbehörde nach Artikel 72 getroffene Entscheidung anzufechten, während der Anhängigkeit des Rechtsbehelfs.

(2) Die Ausstellungsbehörde oder gegebenenfalls das Rechtsmittelgericht unterrichtet unverzüglich alle Personen, denen beglaubigte Abschriften des Zeugnisses nach Artikel 70 Absatz 1 ausgestellt worden sind, über eine Aussetzung der Wirkungen des Zeugnisses.
Während der Aussetzung der Wirkungen des Zeugnisses dürfen keine weiteren beglaubigten Abschriften des Zeugnisses ausgestellt werden.

KAPITEL VII

ALLGEMEINE UND SCHLUSSBESTIMMUNGEN

Artikel 74
Legislation oder ähnliche Förmlichkeiten

Im Rahmen dieser Verordnung bedarf es hinsichtlich Urkunden, die in einem Mitgliedstaat ausgestellt werden, weder der Legalisation noch einer ähnlichen Förmlichkeit.

Artikel 75
Verhältnis zu bestehenden internationalen Übereinkommen

(1) Diese Verordnung lässt die Anwendung internationaler Übereinkommen unberührt, denen ein oder mehrere Mitgliedstaaten zum Zeitpunkt der Annahme dieser Verordnung angehören und die Bereiche betreffen, die in dieser Verordnung geregelt sind.
Insbesondere wenden die Mitgliedstaaten, die Vertragsparteien des Haager Übereinkommens vom 5. Oktober 1961 über das auf die Form letztwilliger Verfügungen anzuwendende Recht sind, in Bezug auf die Formgültigkeit von Testa-

menten und gemeinschaftlichen Testamenten anstelle des Artikels 27 dieser Verordnung weiterhin die Bestimmungen dieses Übereinkommens an.

(2) Ungeachtet des Absatzes 1 hat diese Verordnung jedoch im Verhältnis zwischen den Mitgliedstaaten Vorrang vor ausschließlich zwischen zwei oder mehreren von ihnen geschlossenen Übereinkünften, soweit diese Bereiche betreffen, die in dieser Verordnung geregelt sind.

(3) Diese Verordnung steht der Anwendung des Übereinkommens vom 19. November 1934 zwischen Dänemark, Finnland, Island, Norwegen und Schweden mit Bestimmungen des Internationalen Privatrechts über Rechtsnachfolge von Todes wegen, Testamente und Nachlassverwaltung in der geänderten Fassung der zwischenstaatlichen Vereinbarung zwischen diesen Staaten vom 1. Juni 2012 durch die ihm angehörenden Mitgliedstaaten nicht entgegen, soweit dieses Übereinkommen Folgendes vorsieht:

a) Vorschriften über die verfahrensrechtlichen Aspekte der Nachlassverwaltung im Sinne der in dem Übereinkommen enthaltenen Begriffsbestimmung und die diesbezügliche Unterstützung durch die Behörden der dem Übereinkommen angehörenden Staaten und

b) vereinfachte und beschleunigte Verfahren für die Anerkennung und Vollstreckung von Entscheidungen in Erbsachen.

Artikel 76
Verhältnis zur Verordnung (EG) Nr. 1346/2000 des Rates

Diese Verordnung lässt die Anwendung der Verordnung (EG) Nr. 1346/2000 des Rates vom 29. Mai 2000 über Insolvenzverfahren[1] unberührt.

Artikel 77
Informationen für die Öffentlichkeit

Die Mitgliedstaaten übermitteln der Kommission eine kurze Zusammenfassung ihrer innerstaatlichen erbrechtlichen Vorschriften und Verfahren, einschließlich Informationen zu der Art von Behörde, die für Erbsachen zuständig ist, sowie zu der Art von Behörde, die für die Entgegennahme von Erklärungen über die Annahme oder die Ausschlagung der Erbschaft, eines Vermächtnisses oder eines Pflichtteils zuständig ist, damit die betreffenden Informationen der Öffentlichkeit im Rahmen des Europäischen Justiziellen Netzes für Zivil- und Handelssachen zur Verfügung gestellt werden können.
Die Mitgliedstaaten stellen auch Merkblätter bereit, in denen alle Urkunden und/oder Angaben aufgeführt sind, die für die Eintragung einer in ihrem Hoheitsgebiet belegenen unbeweglichen Sache im Regelfall erforderlich sind.
Die Mitgliedstaaten halten die Informationen stets auf dem neuesten Stand.

Artikel 78
Informationen zu Kontaktdaten und Verfahren

(1) „Die Mitgliedstaaten teilen der Kommission bis zum 16. November 2014 mit:“ *(ABl L 60 vom 2. 3. 2013, S 140)*

a) die Namen und Kontaktdaten der für Anträge auf Vollstreckbarerklärung gemäß Artikel 45 Absatz 1 und für Rechtsbehelfe gegen Entscheidungen über derartige Anträge gemäß Artikel 50 Absatz 2 zuständigen Gerichte oder Behörden;

b) die in Artikel 51 genannten Rechtsbehelfe gegen die Entscheidung über den Rechtsbehelf;

c) die einschlägigen Informationen zu den Behörden, die für die Ausstellung des Zeugnisses nach Artikel 64 zuständig sind, und

d) die in Artikel 72 genannten Rechtsbehelfe.

Die Mitgliedstaaten unterrichten die Kommission über spätere Änderungen dieser Informationen.

(2) Die Kommission veröffentlicht die nach Absatz 1 übermittelten Informationen im *Amtsblatt der Europäischen Union*, mit Ausnahme der Anschriften und sonstigen Kontaktdaten der unter Absatz 1 Buchstabe a genannten Gerichte und Behörden.

(3) Die Kommission stellt der Öffentlichkeit alle nach Absatz 1 übermittelten Informationen auf andere geeignete Weise, insbesondere über das Europäische Justizielle Netz für Zivil- und Handelssachen, zur Verfügung.

Artikel 79
Erstellung und spätere Änderung der Liste der in Artikel 3 Absatz 2 vorgesehenen Informationen

(1) Die Kommission erstellt anhand der Mitteilungen der Mitgliedstaaten die Liste der in Artikel 3 Absatz 2 genannten sonstigen Behörden und Angehörigen von Rechtsberufen.

(2) Die Mitgliedstaaten teilen der Kommission spätere Änderungen der in dieser Liste enthaltenen Angaben mit. Die Kommission ändert die Liste entsprechend.

(3) Die Kommission veröffentlicht die Liste und etwaige spätere Änderungen im *Amtsblatt der Europäischen Union*.

(4) Die Kommission stellt der Öffentlichkeit alle nach den Absätzen 1 und 2 mitgeteilten Informationen auf andere geeignete Weise, insbesondere über das Europäische Justizielle Netz für Zivil- und Handelssachen, zur Verfügung.

Zu Artikel 76:
[1] ABl. L 160 vom 30.6.2000, S. 1.

Artikel 80
Erstellung und spätere Änderung der Bescheinigungen und der Formblätter nach den Artikeln 46, 59, 60, 61, 65 und 67

Die Kommission erlässt Durchführungsrechtsakte zur Erstellung und späteren Änderung der Bescheinigungen und der Formblätter nach den Artikeln 46, 59, 60, 61, 65 und 67. Diese Durchführungsrechtsakte werden nach dem in Artikel 81 Absatz 2 genannten Beratungsverfahren angenommen.

Artikel 81
Ausschussverfahren

(1) Die Kommission wird von einem Ausschuss unterstützt. Dieser Ausschuss ist ein Ausschuss im Sinne der Verordnung (EU) Nr. 182/2011.

(2) Wird auf diesen Absatz Bezug genommen, so gilt Artikel 4 der Verordnung (EU) Nr. 182/2011.

Artikel 82
Überprüfung

Die Kommission legt dem Europäischen Parlament, dem Rat und dem Europäischen Wirtschafts- und Sozialausschuss bis 18. August 2025 einen Bericht über die Anwendung dieser Verordnung vor, der auch eine Evaluierung der etwaigen praktischen Probleme enthält, die in Bezug auf die parallele außergerichtliche Beilegung von Erbstreitigkeiten in verschiedenen Mitgliedstaaten oder eine außergerichtliche Beilegung in einem Mitgliedstaat parallel zu einem gerichtlichen Vergleich in einem anderen Mitgliedstaat aufgetreten sind. Dem Bericht werden gegebenenfalls Änderungsvorschläge beigefügt.

Artikel 83
Übergangsbestimmungen

(1) Diese Verordnung findet auf die Rechtsnachfolge von Personen Anwendung, die am 17. August 2015 oder danach verstorben sind.

(2) Hatte der Erblasser das auf seine Rechtsnachfolge von Todes wegen anzuwendende Recht vor dem 17. August 2015 gewählt, so ist diese Rechtswahl wirksam, wenn sie die Voraussetzungen des Kapitels III erfüllt oder wenn sie nach den zum Zeitpunkt der Rechtswahl geltenden Vorschriften des Internationalen Privatrechts in dem Staat, in dem der Erblasser seinen gewöhnlichen Aufenthalt hatte, oder in einem Staat, dessen Staatsangehörigkeit er besaß, wirksam ist.

(3) Eine vor dem 17. August 2015 errichtete Verfügung von Todes wegen ist zulässig sowie materiell und formell wirksam, wenn sie die Voraussetzungen des Kapitels III erfüllt oder wenn sie nach den zum Zeitpunkt der Errichtung der Verfügung geltenden Vorschriften des Internationalen Privatrechts in dem Staat, in dem der Erblasser seinen gewöhnlichen Aufenthalt hatte, oder in einem Staat, dessen Staatsangehörigkeit er besaß, oder in dem Mitgliedstaat, dessen Behörde mit der Erbsache befasst ist, zulässig sowie materiell und formell wirksam ist. *(ABl L 41 vom 12. 2. 2013, S 16)*

(4) Wurde eine Verfügung von Todes wegen vor dem 17. August 2015 nach dem Recht errichtet, welches der Erblasser gemäß dieser Verordnung hätte wählen können, so gilt dieses Recht als das auf die Rechtsfolge von Todes wegen anzuwendende gewählte Recht.

Artikel 84
Inkrafttreten

Diese Verordnung tritt am zwanzigsten Tag nach ihrer Veröffentlichung im *Amtsblatt der Europäischen Union* in Kraft.
Sie gilt ab dem 17. August 2015, „mit Ausnahme der Artikel 77 und 78, die ab dem 16. November 2014 gelten“ , und der Artikel 79, 80 und 81, die ab dem 5. Juli 2012 gelten.
(ABl L 344 vom 14. 12. 2012, S 3)

Diese Verordnung ist in allen ihren Teilen verbindlich und gilt gemäß den Verträgen unmittelbar in den Mitgliedstaaten.

2/5. Verordnung zur Festlegung der Regeln für die Fristen, Daten und Termine

ABl L 124 vom 8. 6. 1971, S 1

Verordnung (EWG, EURATOM) Nr. 1182/71 des Rates vom 3. Juni 1971 zur Festlegung der Regeln für die Fristen, Daten und Termine

Artikel 1

Diese Verordnung gilt, soweit nichts anderes bestimmt ist, für die Rechtsakte, die der Rat und die Kommission auf Grund des Vertrages zur Gründung der Europäischen Wirtschaftsgemeinschaft oder des Vertrages zur Gründung der Europäischen Atomgemeinschaft erlassen haben bzw. erlassen werden.

KAPITEL I

Fristen

Artikel 2

(1) Für die Anwendung dieser Verordnung sind die Feiertage zu berücksichtigen, die als solche in dem Mitgliedstaat oder in dem Organ der Gemeinschaften vorgesehen sind, bei dem eine Handlung vorgenommen werden soll.
Zu diesem Zweck übermittelt jeder Mitgliedstaat der Kommission die Liste der Tage, die nach seinen Rechtsvorschriften als Feiertage vorgesehen sind. Die Kommission veröffentlicht im *Amtsblatt der Europäischen Gemeinschaften* die von den Mitgliedstaaten übermittelten Listen, die durch Angabe der in den Organen der Gemeinschaften als Feiertage vorgesehenen Tage ergänzt worden sind.

(2) Für die Anwendung dieser Verordnung sind als Arbeitstage alle Tage außer Feiertagen, Sonntagen und Sonnabenden zu berücksichtigen.

Artikel 3

(1) Ist für den Anfang einer nach Stunden bemessenen Frist der Zeitpunkt maßgebend, in welchem ein Ereignis eintritt oder eine Handlung vorgenommen wird, so wird bei der Berechnung dieser Frist die Stunde nicht mitgerechnet, in die das Ereignis oder die Handlung fällt.
Ist für den Anfang einer nach Tagen, Wochen, Monaten oder Jahren bemessenen Frist der Zeitpunkt maßgebend, in welchem ein Ereignis eintritt oder eine Handlung vorgenommen wird, so wird bei der Berechnung dieser Frist der Tag nicht mitgerechnet, in den das Ereignis oder die Handlung fällt.

(2) Vorbehaltlich der Absätze 1 und 4 gilt folgendes:

a) Eine nach Stunden bemessene Frist beginnt am Anfang der ersten Stunde und endet mit Ablauf der letzten Stunde der Frist.

b) Eine nach Tagen bemessene Frist beginnt am Anfang der ersten Stunde des ersten Tages und endet mit Ablauf der letzten Stunde des letzten Tages der Frist.

c) Eine nach Wochen, Monaten oder Jahren bemessene Frist beginnt am Anfang der ersten Stunde des ersten Tages der Frist und endet mit Ablauf der letzten Stunde des Tages der letzten Woche, des letzten Monats oder des letzten Jahres, der dieselbe Bezeichnung oder dieselbe Zahl wie der Tag des Fristbeginns trägt. Fehlt bei einer nach Monaten oder Jahren bemessenen Frist im letzten Monat der für ihren Ablauf maßgebende Tag, so endet die Frist mit Ablauf der letzten Stunde des letzten Tages dieses Monats.

d) Umfaßt eine Frist Monatsbruchteile, so wird bei der Berechnung der Monatsbruchteile ein Monat von dreißig Tagen zugrunde gelegt.

(3) Die Fristen umfassen die Feiertage, die Sonntage und die Sonnabende, soweit diese nicht ausdrücklich ausgenommen oder die Fristen nach Arbeitstagen bemessen sind.

(4) Fällt der letzte Tag einer nicht nach Stunden bemessenen Frist auf einen Feiertag, einen Sonntag oder einen Sonnabend, so endet die Frist mit Ablauf der letzten Stunde des folgenden Arbeitstags.
Diese Bestimmung gilt nicht für Fristen, die von einem bestimmten Datum oder einem bestimmten Ereignis an rückwirkend berechnet werden.

(5) Jede Frist von zwei oder mehr Tagen umfaßt mindestens zwei Arbeitstage.

KAPITEL II

Daten und Termine

Artikel 4

(1) Artikel 3, mit Ausnahme der Absätze 4 und 5, gilt vorbehaltlich der Bestimmungen dieses Artikels für die Fristen des Inkrafttretens, des Wirksamwerdens, des Anwendungsbeginns, des Ablaufs der Geltungsdauer, des Ablaufs der Wirksamkeit und des Ablaufs der Anwendbarkeit

der Rechtsakte des Rates oder der Kommission oder einzelner Bestimmungen dieser Rechtsakte.

(2) Rechtsakte des Rates oder der Kommission oder einzelne Bestimmungen dieser Rechtsakte, für deren Inkrafttreten, deren Wirksamwerden oder deren Anwendungsbeginn ein bestimmtes Datum festgesetzt worden ist, treten mit Beginn der ersten Stunde des diesem Datum entsprechenden Tages in Kraft bzw. werden dann wirksam oder angewandt.
Unterabsatz 1 gilt auch dann, wenn die vorgenannten Rechtsakte oder Bestimmungen binnen einer bestimmten Anzahl von Tagen nach dem Eintritt eines Ereignisses oder der Vornahme einer Handlung in Kraft treten, wirksam werden oder angewandt werden sollen.

(3) Rechtsakte des Rates oder der Kommission oder einzelne Bestimmungen dieser Rechtsakte, deren Geltungsdauer, Wirksamkeit oder Anwendbarkeit zu einem bestimmten Zeitpunkt enden, treten mit Ablauf der letzten Stunde des diesem Zeitpunkt entsprechenden Tages außer Kraft bzw. werden dann unwirksam oder nicht mehr angewandt.
Unterabsatz 1 gilt auch dann, wenn die vorgenannten Rechtsakte oder Bestimmungen binnen einer bestimmten Anzahl von Tagen nach dem Eintritt eines Ereignisses oder der Vornahme einer Handlung außer Kraft treten, unwirksam werden oder nicht mehr angewandt werden sollen.

Artikel 5

(1) Artikel 3, mit Ausnahme der Absätze 4 und 5, gilt vorbehaltlich der Bestimmungen dieses Artikels, wenn eine Handlung in Durchführung eines Rechtsaktes des Rates oder der Kommission zu einem bestimmten Zeitpunkt vorgenommen werden kann oder muß.

(2) Kann oder muß eine Handlung in Durchführung eines Rechtsaktes des Rates oder der Kommission an einem bestimmten Datum vorgenommen werden, so kann oder muß dies zwischen dem Beginn der ersten Stunde und dem Ablauf der letzten Stunde des diesem Datum entsprechenden Tages geschehen.
Unterabsatz 1 gilt auch dann, wenn eine Handlung in Durchführung eines Rechtsaktes des Rates oder der Kommission binnen einer bestimmten Anzahl von Tagen nach dem Eintritt eines Ereignisses oder der Vornahme einer anderen Handlung vorgenommen werden kann oder muß.

Artikel 6

Diese Verordnung tritt am 1. Juli 1971 in Kraft.

Diese Verordnung ist in allen ihren Teilen verbindlich und gilt unmittelbar in jedem Mitgliedstaat.

Geschehen zu Luxemburg am 3. Juni 1971.

Im Namen des Rates
Der Präsident
R. PLEVEN

2/6. EU-Güterstandsverordnung

ABl L 183, 1 vom 8. 7. 2016 idF

1 ABl L 113, 62 vom 29. 4. 2017 **2** ABl L 167, 36 vom 4. 7. 2018

Ab 29. 1. 2019 (Art 70), anwendbar in Schweden, Belgien, Griechenland, Kroatien, Slowenien, Spanien, Frankreich, Portugal, Italien, Malta, Luxemburg, Deutschland, Tschechien, Niederlande, Österreich, Bulgarien, Finnland, Zypern (Beschluss (EU) 2016/954 des Rates vom 9. 6. 2016, ABl L 159/16). Beachte die im Wesentlichen gleichlautende Verordnung (EU) 2016/1104 vom 24. Juni 2016 zur Durchführung einer Verstärkten Zusammenarbeit im Bereich der Zuständigkeit, des anzuwendenden Rechts und der Anerkennung und Vollstreckung von Entscheidungen in Fragen güterrechtlicher Wirkungen eingetragener Partnerschaften, ABl L 183, 30 (hier nicht abgedruckt).

Verordnung (EU) 2016/1103 DES RATES vom 24. Juni 2016 zur Durchführung einer Verstärkten Zusammenarbeit im Bereich der Zuständigkeit, des anzuwendenden Rechts und der Anerkennung und Vollstreckung von Entscheidungen in Fragen des ehelichen Güterstands

DER RAT DER EUROPÄISCHEN UNION –

gestützt auf den Vertrag über die Arbeitsweise der Europäischen Union, insbesondere auf Artikel 81 Absatz 3,

gestützt auf den Beschluss (EU) 2016/954 des Rates vom 9. Juni 2016 zur Ermächtigung zu einer Verstärkten Zusammenarbeit im Bereich der Zuständigkeit, des anzuwendenden Rechts und der Anerkennung und Vollstreckung von Entscheidungen in Fragen der Güterstände internationaler Paare (eheliche Güterstände und vermögensrechtliche Wirkungen eingetragener Partnerschaften)[1],

auf Vorschlag der Europäischen Kommission,

nach Zuleitung des Entwurfs des Gesetzgebungsakts an die nationalen Parlamente, nach Stellungnahme des Europäischen Parlaments,[2]

gemäß einem besonderen Gesetzgebungsverfahren,

in Erwägung nachstehender Gründe:

(1) Die Union hat sich zum Ziel gesetzt, einen Raum der Freiheit, der Sicherheit und des Rechts, in dem der freie Personenverkehr gewährleistet ist, zu erhalten und weiterzuentwickeln. Zum schrittweisen Aufbau eines solchen Raums hat die Union im Bereich der justiziellen Zusammenarbeit in Zivilsachen, die einen grenzüberschreitenden Bezug aufweisen, Maßnahmen zu erlassen, insbesondere wenn dies für das reibungslose Funktionieren des Binnenmarkts erforderlich ist.

(2) Nach Artikel 81 Absatz 2 Buchstabe c des Vertrags über die Arbeitsweise der Europäischen Union (AEUV) können zu solchen Maßnahmen unter anderem Maßnahmen gehören, die die Vereinbarkeit der in den Mitgliedstaaten geltenden Kollisionsnormen und Vorschriften zur Vermeidung von Kompetenzkonflikten sicherstellen sollen.

(3) Auf seiner Tagung vom 15./16. Oktober 1999 in Tampere hatte der Europäische Rat den Grundsatz der gegenseitigen Anerkennung von Urteilen und anderen Entscheidungen von Justizbehörden als Eckstein der justiziellen Zusammenarbeit in Zivilsachen unterstützt und den Rat und die Kommission ersucht, ein Maßnahmenprogramm zur Umsetzung dieses Grundsatzes anzunehmen.

(4) Am 30. November 2000 wurde daraufhin ein für die Kommission und den Rat gleichermaßen geltendes Maßnahmenprogramm zur Umsetzung des Grundsatzes der gegenseitigen Anerkennung gerichtlicher Entscheidungen in Zivil- und Handelssachen[3] angenommen. Dieses Programm weist Maßnahmen zur Harmonisierung der Kollisionsnormen als Maßnahmen aus, die die gegenseitige Anerkennung gerichtlicher Entscheidungen erleichtern können, und stellt die Ausarbeitung eines Rechtsinstruments zu Fragen des ehelichen Güterstands in Aussicht.

(5) Am 4./5. November 2004 nahm der Europäische Rat auf seiner Tagung in Brüssel ein neues Programm mit dem Titel „Haager Programm zur Stärkung von Freiheit, Sicherheit und Recht in der Europäischen Union"[4] an. Darin ersuchte der Rat die Kommission um Vorlage eines Grünbuchs über das Kollisionsrecht im Bereich des ehelichen Güterstands, einschließlich der Frage der Zuständigkeit und der gegenseitigen Anerkennung. Dem Programm zufolge sollte auch ein Rechtsakt in diesem Bereich erlassen werden.

(6) Am 17. Juli 2006 nahm die Kommission daraufhin ein Grünbuch zu den Kollisionsnormen im Güterrecht sowie zur gerichtlichen Zuständigkeit und der gegenseitigen Anerkennung an. Auf der Grundlage dieses Grünbuchs fand eine umfassende Konsultation zu den Problemen statt, die sich in Europa bei der güterrechtlichen Auseinan-

[1] *ABl. L 159 vom 16.6.2016, S. 16.*

[2] *Stellungnahme vom 23. Juni 2016 (noch nicht im Amtsblatt veröffentlicht).*

Zu Abs. 4:

[3] *ABl. C 12 vom 15.1.2001, S. 1.*

Zu Abs. 5:

[4] *ABl. C 53 vom 3.3.2005, S. 1.*

dersetzung für Paare stellen, sowie zu den rechtlichen Lösungsmöglichkeiten.

(7) Auf seiner Tagung vom 10./11. Dezember 2009 in Brüssel nahm der Europäische Rat ein neues mehrjähriges Programm mit dem Titel „Das Stockholmer Programm – Ein offenes und sicheres Europa im Dienste und zum Schutz der Bürger"[5)] an. Darin hielt der Europäische Rat fest, dass der Grundsatz der gegenseitigen Anerkennung auf Bereiche ausgeweitet werden sollte, die bisher noch nicht erfasst sind, aber den Alltag der Bürger wesentlich prägen, z. B. das Ehegüterrecht, wobei gleichzeitig die Rechtssysteme einschließlich der öffentlichen Ordnung (*ordre public*) und die nationalen Traditionen der Mitgliedstaaten in diesem Bereich zu berücksichtigen sind.

(8) In ihrem „Bericht über die Unionsbürgerschaft 2010 – Weniger Hindernisse für die Ausübung von Unionsbürgerrechten" vom 27. Oktober 2010 kündigte die Kommission die Vorlage eines Legislativvorschlags an, der Hindernisse für die Freizügigkeit und insbesondere die Schwierigkeiten überwinden soll, mit denen Paare bei der Verwaltung ihres Vermögens oder bei dessen Teilung konfrontiert sind.

(9) Am 16. März 2011 nahm die Kommission einen Vorschlag für eine Verordnung des Rates über die Zuständigkeit, das anzuwendende Recht, die Anerkennung und die Vollstreckung von Entscheidungen im Bereich des Ehegüterrechts und einen Vorschlag für eine Verordnung des Rates über die Zuständigkeit, das anzuwendende Recht, die Anerkennung und die Vollstreckung von Entscheidungen im Bereich des Güterrechts eingetragener Partnerschaften an.

(10) Auf seiner Tagung vom 3. Dezember 2015 stellte der Rat fest, dass für die beiden Verordnungsvorschläge zu den ehelichen Güterständen und den Güterständen eingetragener Partnerschaften keine Einstimmigkeit erzielt werden konnte und innerhalb eines vertretbaren Zeitraums die mit einer Zusammenarbeit in diesem Bereich angestrebten Ziele von der Union in ihrer Gesamtheit nicht verwirklicht werden können.

(11) Zwischen Dezember 2015 und Februar 2016 richteten Belgien, Bulgarien, die Tschechische Republik, Deutschland, Griechenland, Spanien, Frankreich, Kroatien, Italien, Luxemburg, Malta, die Niederlande, Österreich, Portugal, Slowenien, Finnland und Schweden Anträge an die Kommission, in denen sie ihren Wunsch bekundeten, untereinander eine Verstärkte Zusammenarbeit im Bereich der Güterstände internationaler Paare, insbesondere im Bereich der Zuständigkeit, des anzuwendenden Rechts, der Anerkennung und Vollstreckung von Entscheidungen in Fragen der ehelichen Güterstände und der Güterstände eingetragener Partnerschaften, begründen zu wollen, und die Kommission um Vorlage eines entsprechenden Vorschlags an den Rat baten. Zypern hat mit Schreiben an die Kommission im März 2016 seinen Wunsch zum Ausdruck gebracht, an dieser Verstärkten Zusammenarbeit teilzunehmen; Zypern hat diesen Wunsch später während der Arbeiten des Rates bestätigt.

(12) Am 9. Juni 2016 erließ der Rat den Beschluss (EU) 2016/954 über die Ermächtigung zu dieser Verstärkten Zusammenarbeit.

(13) Gemäß Artikel 328 Absatz 1 AEUV steht eine Verstärkte Zusammenarbeit bei ihrer Begründung allen Mitgliedstaaten offen, sofern sie die in dem hierzu ermächtigenden Beschluss gegebenenfalls festgelegten Teilnahmevoraussetzungen erfüllen. Das gilt auch zu jedem anderen Zeitpunkt, sofern sie neben den genannten Voraussetzungen auch die in diesem Rahmen bereits erlassenen Rechtsakte beachten. Die Kommission und die an einer Verstärkten Zusammenarbeit teilnehmenden Mitgliedstaaten sollten dafür sorgen, dass die Teilnahme möglichst vieler Mitgliedstaaten gefördert wird. Diese Verordnung sollte nur in den Mitgliedstaaten in allen ihren Teilen verbindlich sein und unmittelbar gelten, die kraft des Beschlusses (EU) 2016/954 oder kraft eines gemäß Artikel 331 Absatz 1 Unterabsatz 2 oder 3 AEUV erlassenen Beschlusses an der Verstärkten Zusammenarbeit im Bereich der Gerichtszuständigkeit, des anzuwendenden Rechts und der Anerkennung und Vollstreckung von Entscheidungen in Fragen der Güterstände internationaler Paare (eheliche Güterstände und Güterstände eingetragener Partnerschaften) teilnehmen.

(14) Diese Verordnung sollte gemäß Artikel 81 AEUV auf eheliche Güterstände mit grenzüberschreitendem Bezug Anwendung finden.

(15) Damit für verheiratete Paare Rechtssicherheit in Bezug auf ihr Vermögen und ein gewisses Maß an Vorhersehbarkeit in Bezug auf das anzuwendende Recht gegeben ist, sollten alle Regelungen, welche auf die ehelichen Güterstände anzuwenden sind, in einem einzigen Rechtsinstrument erfasst werden.

(16) Um diese Ziele zu erreichen, sollten in dieser Verordnung die Bestimmungen über die Gerichtszuständigkeit, das anzuwendende Recht, die Anerkennung – oder gegebenenfalls die An-

Zu Abs. 7:

[5)] ABl. C 115 vom 4.5.2010, S. 1.

nahme –, die Vollstreckbarkeit und die Vollstreckung von Entscheidungen, öffentlichen Urkunden und gerichtlichen Vergleichen zusammengefasst werden.

(17) Der Begriff „Ehe", der sich nach dem nationalen Recht der Mitgliedstaaten bestimmt, wird in dieser Verordnung nicht definiert.

(18) Der Anwendungsbereich dieser Verordnung sollte sich auf alle zivilrechtlichen Aspekte der ehelichen Güterstände erstrecken und sowohl die Verwaltung des Vermögens der Ehegatten im Alltag betreffen als auch die güterrechtliche Auseinandersetzung, insbesondere infolge der Trennung des Paares oder des Todes eines Ehegatten. Für die Zwecke dieser Verordnung sollte der Begriff „ehelicher Güterstand" autonom ausgelegt werden und er sollte nicht nur Regelungen umfassen, von denen die Ehegatten nicht abweichen dürfen, sondern auch fakultative Regelungen, die sie nach Maßgabe des anzuwendenden Rechts vereinbaren können, sowie die Auffangregelungen des anzuwendenden Rechts. Dieser Begriff schließt nicht nur vermögensrechtliche Regelungen ein, die bestimmte einzelstaatliche Rechtsordnungen speziell und ausschließlich für die Ehe vorsehen, sondern auch sämtliche vermögensrechtlichen Verhältnisse, die zwischen den Ehegatten und in ihren Beziehungen gegenüber Dritten direkt infolge der Ehe oder der Auflösung des Eheverhältnisses gelten.

(19) Aus Gründen der Klarheit sollte eine Reihe von Fragen, die als mit dem ehelichen Güterstand zusammenhängend betrachtet werden könnten, ausdrücklich vom Anwendungsbereich dieser Verordnung ausgenommen werden.

(20) Dementsprechend sollte diese Verordnung nicht für Fragen der allgemeinen Rechts-, Geschäfts- und Handlungsfähigkeit der Ehegatten gelten; dieser Ausschluss sollte sich jedoch nicht auf die spezifischen Befugnisse und Rechte eines oder beider Ehegatten – weder im Verhältnis untereinander noch gegenüber Dritten – im Zusammenhang mit dem Vermögen erstrecken, da diese Befugnisse und Rechte in den Anwendungsbereich dieser Verordnung fallen sollten.

(21) Diese Verordnung sollte nicht für andere Vorfragen wie das Bestehen, die Gültigkeit oder die Anerkennung einer Ehe gelten, die weiterhin dem nationalen Recht der Mitgliedstaaten, einschließlich ihrer Vorschriften des Internationalen Privatrechts, unterliegen.

(22) Die Unterhaltspflichten im Verhältnis der Ehegatten untereinander sind Gegenstand der Verordnung (EG) Nr. 4/2009 des Rates[6] und sollten daher vom Anwendungsbereich der vorliegenden Verordnung ausgenommen werden; das gilt auch für Fragen der Rechtsnachfolge nach dem Tod eines Ehegatten, da diese in der Verordnung (EU) Nr. 650/2012 des Europäischen Parlaments und des Rates[7] geregelt sind.

(23) Fragen im Zusammenhang mit der Berechtigung, Ansprüche gleich welcher Art auf Alters- oder Erwerbsunfähigkeitsrente, die während der Ehe erworben wurden und die während der Ehe zu keinem Renteneinkommen geführt haben, zwischen den Ehegatten zu übertragen oder anzupassen, sollten vom Anwendungsbereich dieser Verordnung ausgenommen werden, wobei die in den Mitgliedstaaten bestehenden spezifischen Systeme zu berücksichtigen sind. Allerdings sollte diese Ausnahme eng ausgelegt werden. Somit sollte diese Verordnung insbesondere die Frage der Kategorisierung von Rentenansprüchen, der während der Ehe an einen der Ehegatten bereits ausgezahlten Beträge und des eventuell zu gewährenden Ausgleichs bei mit gemeinsamem Vermögen finanzierten Rentenversicherungen regeln.

(24) Diese Verordnung sollte die sich aus dem ehelichen Güterstand ergebende Begründung oder Übertragung eines Rechts an beweglichen oder unbeweglichen Vermögensgegenständen nach Maßgabe des auf den ehelichen Güterstand anzuwendenden Rechts ermöglichen. Sie sollte jedoch nicht die abschließende Anzahl (*Numerus clausus*) der dinglichen Rechte berühren, die das nationale Recht einiger Mitgliedstaaten kennt. Ein Mitgliedstaat sollte nicht verpflichtet sein, ein dingliches Recht an einer in diesem Mitgliedstaat belegenen Sache anzuerkennen, wenn sein Recht dieses dingliche Recht nicht kennt.

(25) Damit die Ehegatten jedoch die Rechte, die durch den ehelichen Güterstand begründet worden oder auf sie übergegangen sind, in einem anderen Mitgliedstaat ausüben können, sollte diese Verordnung die Anpassung eines unbekannten dinglichen Rechts an das in der Rechtsord-

Zu Abs. 22:

[6] Verordnung (EG) Nr. 4/2009 des Rates vom 18. Dezember 2008 über die Zuständigkeit, das anwendbare Recht, die Anerkennung und Vollstreckung von Entscheidungen und die Zusammenarbeit in Unterhaltssachen (ABl. L 7 vom 10.1.2009, S. 1).

[7] Verordnung (EU) Nr. 650/2012 des Europäischen Parlaments und des Rates vom 4. Juli 2012 über die Zuständigkeit, das anzuwendende Recht, die Anerkennung und Vollstreckung von Entscheidungen und die Annahme und Vollstreckung öffentlicher Urkunden in Erbsachen sowie zur Einführung eines Europäischen Nachlasszeugnisses (ABl. L 201 vom 27.7.2012, S. 107).

nung dieses anderen Mitgliedstaats am ehesten vergleichbare Recht vorsehen. Bei dieser Anpassung sollten die mit dem besagten dinglichen Recht verfolgten Ziele und Interessen und die mit ihm verbundenen Wirkungen berücksichtigt werden. Für die Zwecke der Bestimmung des am ehesten vergleichbaren dinglichen Rechts können die Behörden oder zuständigen Personen des Staates, dessen Recht auf den ehelichen Güterstand Anwendung findet, kontaktiert werden, um weitere Auskünfte zu der Art und den Wirkungen des betreffenden Rechts einzuholen. In diesem Zusammenhang könnten die bestehenden Netze im Bereich der justiziellen Zusammenarbeit in Zivil- und Handelssachen sowie die anderen verfügbaren Mittel, die die Erkenntnis ausländischen Rechts erleichtern, genutzt werden.

(26) Die in dieser Verordnung ausdrücklich vorgesehene Anpassung unbekannter dinglicher Rechte sollte andere Formen der Anpassung im Zusammenhang mit der Anwendung dieser Verordnung nicht ausschließen.

(27) Die Voraussetzungen für die Eintragung von Rechten an beweglichen oder unbeweglichen Vermögensgegenständen in ein Register sollten vom Anwendungsbereich dieser Verordnung ausgenommen werden. Somit sollte das Recht des Mitgliedstaats, in dem das Register geführt wird (für unbewegliches Vermögen das Recht der belegenen Sache (*lex rei sitae*), bestimmen, unter welchen gesetzlichen Voraussetzungen und wie die Eintragung vorzunehmen ist und welche Behörden wie etwa Grundbuchämter oder Notare dafür zuständig sind zu prüfen, dass alle Eintragungsvoraussetzungen erfüllt sind und die vorgelegten oder erstellten Unterlagen vollständig sind beziehungsweise die erforderlichen Angaben enthalten. Insbesondere können die Behörden prüfen, ob es sich bei dem Recht eines Ehegatten an dem Vermögensgegenstand, der in dem für die Eintragung vorgelegten Schriftstück erwähnt ist, um ein Recht handelt, das als solches in dem Register eingetragen ist oder nach dem Recht des Mitgliedstaats, in dem das Register geführt wird, anderweitig nachgewiesen wird. Um eine doppelte Erstellung von Schriftstücken zu vermeiden, sollten die Eintragungsbehörden diejenigen von den zuständigen Behörden in einem anderen Mitgliedstaat erstellten Schriftstücke annehmen, deren Verkehr nach dieser Verordnung vorgesehen ist. Dies sollte die an der Eintragung beteiligten Behörden nicht daran hindern, von der Person, die die Eintragung beantragt, diejenigen zusätzlichen Angaben oder die Vorlage derjenigen zusätzlichen Schriftstücke zu verlangen, die nach dem Recht des Mitgliedstaats, in dem das Register geführt wird, erforderlich sind, wie beispielsweise Angaben oder Schriftstücke betreffend die Zahlung von Steuern. Die zuständige Behörde kann die Person, die die Eintragung beantragt, darauf hinweisen, wie die fehlenden Angaben oder Schriftstücke beigebracht werden können.

(28) Die Wirkungen der Eintragung eines Rechts in ein Register sollten ebenfalls vom Anwendungsbereich dieser Verordnung ausgenommen werden. Daher sollte das Recht des Mitgliedstaats, in dem das Register geführt wird, dafür maßgebend sein, ob beispielsweise die Eintragung deklaratorische oder konstitutive Wirkung hat. Wenn also zum Beispiel der Erwerb eines Rechts an einer unbeweglichen Sache nach dem Recht des Mitgliedstaats, in dem das Register geführt wird, die Eintragung in ein Register erfordert, damit die Wirkung erga omnes von Registern sichergestellt wird oder Rechtsgeschäfte geschützt werden, sollte der Zeitpunkt des Erwerbs dem Recht dieses Mitgliedstaats unterliegen.

(29) Diese Verordnung sollte den verschiedenen Systemen zur Regelung des ehelichen Güterstands Rechnung tragen, die in den Mitgliedstaaten angewandt werden. Für die Zwecke dieser Verordnung sollte der Begriff „Gericht" daher weit gefasst werden, sodass nicht nur Gerichte im engeren Sinne, die gerichtliche Funktionen ausüben, erfasst werden, sondern beispielsweise in einigen Mitgliedstaaten auch Notare, die in bestimmten Fragen des ehelichen Güterstands gerichtliche Funktionen ausüben, sowie Notare und Angehörige von Rechtsberufen, die in einigen Mitgliedstaaten bei der Regelung eines ehelichen Güterstands aufgrund einer Befugnisübertragung durch ein Gericht gerichtliche Funktionen ausüben. Alle Gerichte im Sinne dieser Verordnung sollten durch die in dieser Verordnung festgelegten Zuständigkeitsregeln gebunden sein. Der Begriff „Gericht" sollte hingegen nicht die nichtgerichtlichen Behörden eines Mitgliedstaats erfassen, die, wie in den meisten Mitgliedstaaten die Notariate, nach nationalem Recht befugt sind, sich mit Fragen des ehelichen Güterstands zu befassen, wenn sie, wie es in der Regel der Fall ist, keine gerichtlichen Funktionen ausüben.

(30) Diese Verordnung sollte es allen Notaren, die für Fragen des ehelichen Güterstands in den Mitgliedstaaten zuständig sind, ermöglichen, diese Zuständigkeit auszuüben. Ob die Notare in einem Mitgliedstaat durch die Zuständigkeitsregeln dieser Verordnung gebunden sind, sollte davon abhängen, ob sie unter den Begriff „Gericht" im Sinne dieser Verordnung fallen.

(31) Die in den Mitgliedstaaten von Notaren in Fragen des ehelichen Güterstands errichteten Urkunden sollten nach Maßgabe dieser Verordnung verkehren. Üben Notare gerichtliche Funktionen aus, so sollten sie durch die Zuständigkeits-

regeln dieser Verordnung gebunden sein, und die von ihnen erlassenen Entscheidungen sollten nach den Bestimmungen dieser Verordnung über die Anerkennung, Vollstreckbarkeit und Vollstreckung von Entscheidungen verkehren. Üben Notare keine gerichtlichen Funktionen aus, so sollten sie nicht durch diese Zuständigkeitsregeln gebunden sein, und die von ihnen errichteten öffentlichen Urkunden sollten nach den Bestimmungen dieser Verordnung über öffentliche Urkunden verkehren.

(32) Um der zunehmenden Mobilität von Paaren während ihres Ehelebens Rechnung zu tragen und eine geordnete Rechtspflege zu erleichtern, sollten die Zuständigkeitsvorschriften in dieser Verordnung den Bürgern die Möglichkeit geben, miteinander zusammenhängende Verfahren vor den Gerichten desselben Mitgliedstaats verhandeln zu lassen. Hierzu sollte mit dieser Verordnung angestrebt werden, die Zuständigkeit für den ehelichen Güterstand in dem Mitgliedstaat zu bündeln, dessen Gerichte berufen sind, über die Rechtsnachfolge von Todes wegen nach einem Ehegatten gemäß Verordnung (EU) Nr. 650/2012 oder die Ehescheidung, die Trennung ohne Auflösung des Ehebands oder die Ungültigerklärung einer Ehe gemäß der Verordnung (EG) Nr. 2201/2003 des Rates[8] zu befinden.

(33) In der vorliegenden Verordnung sollte vorgesehen werden, dass in den Fällen, in denen ein Verfahren über die Rechtsnachfolge von Todes wegen nach einem Ehegatten bei einem gemäß der Verordnung (EU) Nr. 650/2012 angerufenen Gericht eines Mitgliedstaats anhängig ist, die Gerichte dieses Mitgliedstaats auch für Entscheidungen über Fragen des ehelichen Güterstands zuständig sind, die mit dem Nachlass im Zusammenhang stehen.

(34) Ebenso sollten Fragen des ehelichen Güterstands, die sich im Zusammenhang mit einem Verfahren ergeben, das bei einem mit einer Ehescheidung, einer Trennung ohne Auflösung des Ehebands oder der Ungültigerklärung einer Ehe gemäß der Verordnung (EG) Nr. 2201/2003 befassten Gericht eines Mitgliedstaats anhängig ist, in die Zuständigkeit der Gerichte dieses Mitgliedstaats fallen, es sei denn, die Zuständigkeit für Entscheidungen über Ehescheidung, Trennung ohne Auflösung des Ehebands oder Ungültigerklärung der Ehe darf nur auf spezielle Zuständigkeitsregeln gestützt werden. In solchen Fällen sollte eine Bündelung der Zuständigkeit der Zustimmung der Ehegatten bedürfen.

(35) Stehen Fragen des ehelichen Güterstands nicht im Zusammenhang mit einem bei einem Gericht eines Mitgliedstaats anhängigen Verfahren über die Rechtsnachfolge von Todes wegen nach einem Ehegatten oder über Ehescheidung, Trennung ohne Auflösung des Ehebands oder Ungültigerklärung der Ehe, so sollte in dieser Verordnung eine Rangfolge der Anknüpfungspunkte vorgesehen werden, anhand deren die Zuständigkeit bestimmt wird, wobei erster Anknüpfungspunkt der gemeinsame gewöhnliche Aufenthalt der Ehegatten zum Zeitpunkt der Anrufung des Gerichts sein sollte. Diese Anknüpfungspunkte sollen die zunehmende Mobilität der Bürger widerspiegeln und eine wirkliche Verbindung zwischen den Ehegatten und dem Mitgliedstaat, in dem die Zuständigkeit ausgeübt wird, gewährleisten.

(36) Im Interesse einer größeren Rechtssicherheit, einer besseren Vorhersehbarkeit des anzuwendenden Rechts und einer größeren Entscheidungsfreiheit der Parteien sollte es diese Verordnung den Parteien unter bestimmten Voraussetzungen ermöglichen, eine Gerichtsstandsvereinbarung zugunsten der Gerichte des Mitgliedstaats, dessen Recht anzuwenden ist, oder der Gerichte des Mitgliedstaats, in dem die Ehe geschlossen wurde, zu schließen.

(37) Für die Zwecke dieser Verordnung und zur Erfassung aller möglichen Sachverhalte sollte der Mitgliedstaat der Eheschließung der Mitgliedstaat sein, vor dessen Behörden die Ehe geschlossen wurde.

(38) Die Gerichte eines Mitgliedstaats können feststellen, dass nach ihrem Internationalen Privatrecht die betreffende Ehe für die Zwecke eines Verfahrens über den ehelichen Güterstand nicht anerkannt werden kann. In solchen Fällen kann es ausnahmsweise erforderlich sein, die durch diese Verordnung begründete Zuständigkeit abzulehnen. Die Gerichte sollten rasch handeln, und die betroffene Partei sollte die Möglichkeit haben, die Rechtssache in jedem anderen Mitgliedstaat, dessen gerichtliche Zuständigkeit aufgrund eines Anknüpfungspunkts begründet ist, anhängig zu machen, wobei es nicht auf die Rangfolge der Zuständigkeitskriterien ankommt und zugleich die Parteiautonomie zu wahren ist. Jedes nach einer Unzuständigkeitserklärung angerufene Gericht, das nicht ein Gericht des Mitgliedstaats ist, in dem die Ehe geschlossen wurde, darf sich unter denselben Bedingungen ebenfalls ausnahmsweise

Zu Abs. 32:

[8] *Verordnung (EG) Nr. 2201/2003 des Rates vom 27. November 2003 über die Zuständigkeit und die Anerkennung und Vollstreckung von Entscheidungen in Ehesachen und in Verfahren betreffend die elterliche Verantwortung und zur Aufhebung der Verordnung (EG) Nr. 1347/2000 (ABl. L 338 vom 23.12.2003, S. 1).*

für unzuständig erklären. Eine Kombination der verschiedenen Zuständigkeitsregeln sollte jedoch gewährleisten, dass die Parteien jede Möglichkeit haben, ein Gericht eines Mitgliedstaats anzurufen, das sich zu dem Zweck, ihrem ehelichen Güterstand Wirkung zu verleihen, für zuständig erklärt.

(39) Diese Verordnung sollte die Parteien nicht daran hindern, den Rechtsstreit außergerichtlich, beispielsweise vor einem Notar, in einem Mitgliedstaat ihrer Wahl einvernehmlich zu regeln, wenn das nach dem Recht dieses Mitgliedstaats möglich ist. Das sollte auch dann der Fall sein, wenn das auf den ehelichen Güterstand anzuwendende Recht nicht das Recht dieses Mitgliedstaats ist.

(40) Um zu gewährleisten, dass die Gerichte aller Mitgliedstaaten ihre Zuständigkeit in Fragen des ehelichen Güterstands auf derselben Grundlage ausüben können, sollten die Gründe, aus denen diese subsidiäre Zuständigkeit ausgeübt werden kann, in dieser Verordnung abschließend geregelt werden.

(41) Um insbesondere Fällen von Rechtsverweigerung begegnen zu können, sollte in dieser Verordnung auch eine Notzuständigkeit (*forum necessitatis*) vorgesehen werden, wonach ein Gericht eines Mitgliedstaats in besonderen Ausnahmefällen über einen ehelichen Güterstand entscheiden kann, der einen engen Bezug zu einem Drittstaat aufweist. Ein solcher Ausnahmefall könnte gegeben sein, wenn sich ein Verfahren in dem betreffenden Drittstaat als unmöglich erweist, beispielsweise wegen eines Bürgerkriegs, oder wenn von einem Ehegatten vernünftigerweise nicht erwartet werden kann, dass er ein Verfahren in diesem Staat einleitet oder führt. Die Zuständigkeit, die auf *forum necessitatis* gründet, sollte jedoch nur ausgeübt werden, wenn die Sache eine ausreichende Verbindung zu dem Mitgliedstaat des angerufenen Gerichts aufweist.

(42) Im Interesse einer geordneten Rechtspflege sollte vermieden werden, dass in den Mitgliedstaaten Entscheidungen ergehen, die miteinander unvereinbar sind. Hierzu sollte die Verordnung allgemeine Verfahrensvorschriften nach dem Vorbild anderer Rechtsinstrumente der Union im Bereich der justiziellen Zusammenarbeit in Zivilsachen vorsehen. Eine dieser Verfahrensvorschriften ist die Regel zur Rechtshängigkeit, die zum Tragen kommt, wenn dieselbe Güterrechtssache bei Gerichten in verschiedenen Mitgliedstaaten anhängig gemacht wird. Diese Regel bestimmt, welches Gericht sich weiterhin mit der Güterrechtssache zu befassen hat.

(43) Damit die Bürger die Vorteile des Binnenmarkts ohne Einbußen bei der Rechtssicherheit nutzen können, sollte diese Verordnung den Ehegatten im Voraus Klarheit über das in ihrem Fall anzuwendende Ehegüterrecht verschaffen. Es sollten daher harmonisierte Kollisionsnormen eingeführt werden, um einander widersprechende Ergebnisse zu vermeiden. Die allgemeine Kollisionsnorm sollte sicherstellen, dass der eheliche Güterstand einem im Voraus bestimmbaren Recht unterliegt, zu dem eine enge Verbindung besteht. Aus Gründen der Rechtssicherheit und um eine Aufspaltung des ehelichen Güterstands zu vermeiden, sollte das anzuwendende Recht den ehelichen Güterstand insgesamt, d. h. das gesamte zum Güterstand gehörende Vermögen, erfassen, unabhängig von der Art der Vermögenswerte und unabhängig davon, ob diese in einem anderen Mitgliedstaat oder in einem Drittstaat belegen sind.

(44) Das nach dieser Verordnung bestimmte Recht sollte auch dann Anwendung finden, wenn es nicht das Recht eines Mitgliedstaats ist.

(45) Um Ehegatten die Verwaltung ihres Vermögens zu erleichtern, sollte ihnen diese Verordnung erlauben, unter den Rechtsordnungen, zu denen sie aufgrund ihres gewöhnlichen Aufenthalts oder ihrer Staatsangehörigkeit eine enge Verbindung haben, unabhängig von der Art oder Belegenheit des Vermögens das auf ihren ehelichen Güterstand anzuwendende Recht zu wählen. Diese Wahl kann jederzeit vor der Ehe, zum Zeitpunkt der Eheschließung oder während der Ehe erfolgen.

(46) Im Interesse der Sicherheit des Rechtsverkehrs und um zu verhindern, dass sich das auf den ehelichen Güterstand anzuwendende Recht ändert, ohne dass die Ehegatten davon unterrichtet werden, sollte ein Wechsel des auf den ehelichen Güterstand anzuwendenden Rechts nur nach einem entsprechenden ausdrücklichen Antrag der Parteien möglich sein. Dieser von den Ehegatten beschlossene Wechsel sollte nicht rückwirkend gelten, es sei denn, sie haben das ausdrücklich vereinbart. Auf keinen Fall dürfen dadurch die Rechte Dritter verletzt werden.

(47) Es sollten Regeln zur materiellen Wirksamkeit und zur Formgültigkeit einer Vereinbarung über die Rechtswahl festgelegt werden, die es den Ehegatten erleichtern, ihre Rechtswahl in voller Sachkenntnis zu treffen, und die gewährleisten, dass die einvernehmliche Rechtswahl der Ehegatten im Interesse der Rechtssicherheit sowie eines besseren Rechtsschutzes respektiert wird. Was die Formgültigkeit anbelangt, sollten bestimmte Schutzvorkehrungen getroffen werden, um sicherzustellen, dass sich die Ehegatten der Tragweite ihrer Rechtswahl bewusst sind. Die Vereinbarung über die Rechtswahl sollte zumin-

dest der Schriftform bedürfen und von beiden Parteien mit Datum und Unterschrift versehen werden müssen. Sieht das Recht des Mitgliedstaats, in dem beide Ehegatten zum Zeitpunkt der Rechtswahl ihren gewöhnlichen Aufenthalt haben, zusätzliche Formvorschriften vor, so sollten diese eingehalten werden. Haben die Ehegatten zum Zeitpunkt der Rechtswahl ihren gewöhnlichen Aufenthalt in verschiedenen Mitgliedstaaten, in denen unterschiedliche Formvorschriften vorgesehen sind, so sollte es ausreichen, dass die Formvorschriften eines dieser Mitgliedstaaten eingehalten werden. Hat zum Zeitpunkt der Rechtswahl nur einer der Ehegatten seinen gewöhnlichen Aufenthalt in einem Mitgliedstaat, in dem zusätzliche Formvorschriften vorgesehen sind, so sollten diese Formvorschriften eingehalten werden.

(48) Eine Vereinbarung über den ehelichen Güterstand ist eine Art der Verfügung über das Vermögen, die in den Mitgliedstaaten nicht in gleichem Maße zulässig ist und anerkannt wird. Um die Anerkennung von auf der Grundlage einer Vereinbarung über den ehelichen Güterstand erworbenen Güterstandsrechten in den Mitgliedstaaten zu erleichtern, sollten Vorschriften über die Formgültigkeit einer Vereinbarung über den ehelichen Güterstand festgelegt werden. Die Vereinbarung sollte zumindest der Schriftform bedürfen und datiert und von beiden Parteien unterzeichnet werden. Die Vereinbarung sollte jedoch auch zusätzliche Anforderungen an die Formgültigkeit erfüllen, die in dem auf den ehelichen Güterstand anzuwendenden Recht, das nach dieser Verordnung bestimmt wurde, und in dem Recht des Mitgliedstaats, in dem die Ehegatten ihren gewöhnlichen Aufenthalt haben, vorgesehen sind. In dieser Verordnung sollte ferner festgelegt werden, nach welchem Recht sich die materielle Wirksamkeit einer solchen Vereinbarung richtet.

(49) Wird keine Rechtswahl getroffen, so sollte diese Verordnung im Hinblick auf die Vereinbarkeit von Rechtssicherheit und Vorhersehbarkeit des anzuwendenden Rechts mit den tatsächlichen Lebensumständen des Paares die Einführung harmonisierter Kollisionsnormen vorsehen, die sich auf eine Rangfolge der Anknüpfungspunkte stützen, anhand deren sich das auf das gesamte Vermögen der Ehegatten anzuwendende Recht bestimmen lässt. So sollte der erste gemeinsame gewöhnliche Aufenthalt der Ehegatten kurz nach der Eheschließung erster Anknüpfungspunkt noch vor der gemeinsamen Staatsangehörigkeit der Ehegatten zum Zeitpunkt der Eheschließung sein. Ist keiner dieser Anknüpfungspunkte gegeben oder liegen Fälle vor, in denen bei Fehlen eines ersten gemeinsamen gewöhnlichen Aufenthalts die Ehegatten zum Zeitpunkt der Eheschließung jeweils eine doppelte gemeinsame Staatsangehörigkeit haben, sollte drittens an das Recht des Staates angeknüpft werden, zu dem die Ehegatten die engste Verbindung haben. Bei Anwendung des letztgenannten Kriteriums sollten alle Umstände berücksichtigt werden, und es sollte klargestellt werden, dass für diese Verbindung der Zeitpunkt der Eheschließung maßgebend ist.

(50) Wird in dieser Verordnung auf die Staatsangehörigkeit als Anknüpfungspunkt verwiesen, so handelt es sich bei der Frage nach der Behandlung einer Person mit mehrfacher Staatsangehörigkeit um eine Vorfrage, die nicht in den Anwendungsbereich dieser Verordnung fällt; sie sollte sich weiterhin nach nationalem Recht, einschließlich der anwendbaren Übereinkommen, richten, wobei die allgemeinen Grundsätze der Union uneingeschränkt einzuhalten sind. Diese Behandlung sollte keine Auswirkung auf die Gültigkeit einer Rechtswahl haben, die nach dieser Verordnung getroffen wurde.

(51) In Bezug auf die Bestimmung des auf den ehelichen Güterstand anzuwendenden Rechts sollte das Gericht eines Mitgliedstaats bei fehlender Rechtswahl und fehlender Vereinbarung über den ehelichen Güterstand auf Antrag eines Ehegatten in Ausnahmefällen – wenn die Ehegatten sich im Staat ihres gewöhnlichen Aufenthalts für einen langen Zeitraum niedergelassen haben – feststellen können, dass das Recht dieses Staates angewandt werden kann, sofern sich die Ehegatten auf dieses Recht vertraut haben. Auf keinen Fall dürfen dadurch die Rechte Dritter verletzt werden.

(52) Das zur Anwendung auf den ehelichen Güterstand berufene Recht sollte diesen Güterstand angefangen bei der Einteilung des Vermögens eines oder beider Ehegatten in verschiedene Kategorien während der Ehe und nach ihrer Auflösung bis hin zur Vermögensauseinandersetzung regeln. Es sollte auch die Auswirkungen des ehelichen Güterstands auf ein Rechtsverhältnis zwischen einem Ehegatten und Dritten einschließen. Allerdings darf das auf den ehelichen Güterstand zur Regelung solcher Wirkungen anzuwendende Recht einem Dritten von einem Ehegatten nur dann entgegengehalten werden, wenn das Rechtsverhältnis zwischen diesem Ehegatten und dem Dritten zu einem Zeitpunkt entstanden ist, zu dem der Dritte Kenntnis von diesem Recht hatte oder hätte haben müssen.

(53) Aus Gründen des öffentlichen Interesses wie der Wahrung der politischen, sozialen oder wirtschaftlichen Ordnung eines Mitgliedstaats sollte es gerechtfertigt sein, dass die Gerichte und andere zuständige Behörden der Mitgliedstaaten die Möglichkeit erhalten, in Ausnahmefällen auf

der Grundlage von Eingriffsnormen Ausnahmeregelungen anzuwenden. Dementsprechend sollte der Begriff „Eingriffsnormen" Normen von zwingender Natur wie zum Beispiel die Normen zum Schutz der Familienwohnung umfassen. Diese Ausnahme von der Anwendung des auf den ehelichen Güterstand anzuwendenden Rechts ist jedoch eng auszulegen, damit sie der allgemeinen Zielsetzung dieser Verordnung nicht zuwiderläuft.

(54) Aus Gründen des öffentlichen Interesses sollte außerdem den Gerichten und anderen mit Fragen des ehelichen Güterstands befassten zuständigen Behörden in den Mitgliedstaaten in Ausnahmefällen die Möglichkeit gegeben werden, Bestimmungen eines ausländischen Rechts nicht zu berücksichtigen, wenn deren Anwendung in einem bestimmten Fall mit der öffentlichen Ordnung (*ordre public*) des betreffenden Mitgliedstaats offensichtlich unvereinbar wäre. Die Gerichte oder andere zuständige Behörden sollten allerdings nicht aus Gründen der öffentlichen Ordnung (*ordre public*) die Anwendung des Rechts eines anderen Mitgliedstaats ausschließen oder die Anerkennung – oder gegebenenfalls die Annahme – oder die Vollstreckung einer Entscheidung, einer öffentlichen Urkunde oder eines gerichtlichen Vergleichs aus einem anderen Mitgliedstaat versagen dürfen, wenn das gegen die Charta der Grundrechte der Europäischen Union (im Folgenden „Charta"), insbesondere gegen Artikel 21 über den Grundsatz der Nichtdiskriminierung, verstoßen würde.

(55) Da es Staaten gibt, in denen die in dieser Verordnung behandelten Fragen durch zwei oder mehr Rechtssysteme oder Regelwerke geregelt werden, sollte festgelegt werden, inwieweit diese Verordnung in den verschiedenen Gebietseinheiten dieser Staaten Anwendung findet.

(56) Diese Verordnung sollte in Anbetracht ihrer allgemeinen Zielsetzung, nämlich der gegenseitigen Anerkennung der in den Mitgliedstaaten ergangenen Entscheidungen in Fragen des ehelichen Güterstands, Vorschriften für die Anerkennung, Vollstreckbarkeit und Vollstreckung von Entscheidungen nach dem Vorbild anderer Rechtsinstrumente der Union im Bereich der justiziellen Zusammenarbeit in Zivilsachen vorsehen.

(57) Um den verschiedenen Systemen zur Regelung von Fragen des ehelichen Güterstands in den Mitgliedstaaten Rechnung zu tragen, sollte diese Verordnung die Annahme und Vollstreckbarkeit den ehelichen Güterstand betreffender öffentlicher Urkunden in sämtlichen Mitgliedstaaten gewährleisten.

(58) Öffentliche Urkunden sollten in einem anderen Mitgliedstaat die gleiche formelle Beweiskraft wie im Ursprungsmitgliedstaat oder die damit am ehesten vergleichbare Wirkung entfalten. Die formelle Beweiskraft einer öffentlichen Urkunde in einem anderen Mitgliedstaat oder die damit am ehesten vergleichbare Wirkung sollte durch Bezugnahme auf Art und Umfang der formellen Beweiskraft der öffentlichen Urkunde im Ursprungsmitgliedstaat bestimmt werden. Somit richtet sich die formelle Beweiskraft einer öffentlichen Urkunde in einem anderen Mitgliedstaat nach dem Recht des Ursprungsmitgliedstaats.

(59) Die „Authentizität" einer öffentlichen Urkunde sollte ein autonomer Begriff sein, der Aspekte wie die Echtheit der Urkunde, die Formerfordernisse für die Urkunde, die Befugnisse der Behörde, die die Urkunde errichtet, und das Verfahren, nach dem die Urkunde errichtet wird, erfassen sollte. Der Begriff sollte ferner die von der betreffenden Behörde in der öffentlichen Urkunde beurkundeten Vorgänge erfassen, wie z. B. die Tatsache, dass die genannten Parteien an dem genannten Tag vor dieser Behörde erschienen sind und die genannten Erklärungen abgegeben haben. Eine Partei, die Einwände in Bezug auf die Authentizität einer öffentlichen Urkunde erheben möchte, sollte dies bei dem zuständigen Gericht im Ursprungsmitgliedstaat der öffentlichen Urkunde nach dem Recht dieses Mitgliedstaats tun.

(60) Die Formulierung „die in einer öffentlichen Urkunde beurkundeten Rechtsgeschäfte oder Rechtsverhältnisse" sollte als Bezugnahme auf den in der öffentlichen Urkunde niedergelegten materiellen Inhalt verstanden werden. Eine Partei, die Einwände in Bezug auf die in einer öffentlichen Urkunde beurkundeten Rechtsgeschäfte oder Rechtsverhältnisse erheben möchte, sollte dies bei den nach dieser Verordnung zuständigen Gerichten tun, die nach dem auf den ehelichen Güterstand anzuwendenden Recht über die Einwände entscheiden sollten.

(61) Wird eine Frage in Bezug auf die in einer öffentlichen Urkunde beurkundeten Rechtsgeschäfte oder Rechtsverhältnisse als Vorfrage in einem Verfahren bei einem Gericht eines Mitgliedstaats vorgebracht, so sollte dieses Gericht für die Entscheidung über diese Vorfrage zuständig sein.

(62) Eine öffentliche Urkunde, gegen die Einwände erhoben wurden, sollte in einem anderen Mitgliedstaat als dem Ursprungsmitgliedstaat keine formelle Beweiskraft entfalten, solange die Einwände anhängig sind. Betreffen die Einwände nur einen spezifischen Umstand mit Bezug auf die in einer öffentlichen Urkunde beurkundeten

Rechtsgeschäfte oder Rechtsverhältnisse, so sollte die öffentliche Urkunde in Bezug auf den angefochtenen Umstand keine Beweiskraft in einem anderen Mitgliedstaat als dem Ursprungsmitgliedstaat entfalten, solange die Einwände anhängig sind. Eine öffentliche Urkunde, die aufgrund eines Einwands für ungültig erklärt wird, sollte keine Beweiskraft mehr entfalten.

(63) Wenn einer Behörde im Rahmen der Anwendung dieser Verordnung zwei nicht miteinander zu vereinbarende öffentliche Urkunden vorgelegt werden, sollte sie die Frage, welcher Urkunde gegebenenfalls Vorrang einzuräumen ist, unter Berücksichtigung der Umstände des jeweiligen Falls beurteilen. Geht aus diesen Umständen nicht eindeutig hervor, welche Urkunde gegebenenfalls Vorrang haben sollte, so sollte diese Frage von den nach dieser Verordnung zuständigen Gerichten oder, wenn die Frage als Vorfrage im Laufe eines Verfahrens vorgebracht wird, von dem mit diesem Verfahren befassten Gericht geklärt werden. Im Falle einer Unvereinbarkeit zwischen einer öffentlichen Urkunde und einer Entscheidung sollten die Gründe für die Nichtanerkennung von Entscheidungen nach dieser Verordnung berücksichtigt werden.

(64) Die Anerkennung und Vollstreckung einer Entscheidung über den ehelichen Güterstand nach Maßgabe dieser Verordnung sollte in keiner Weise die Anerkennung der Ehe implizieren, die dem ehelichen Güterstand, der Anlass zu der Entscheidung gegeben hat, zugrunde liegt.

(65) Das Verhältnis zwischen dieser Verordnung und den bilateralen oder multilateralen Übereinkünften, denen die Mitgliedstaaten angehören, sollte bestimmt werden.

(66) Diese Verordnung sollte die Mitgliedstaaten, die Vertragsparteien des Übereinkommens vom 6. Februar 1931 zwischen Dänemark, Finnland, Island, Norwegen und Schweden mit Bestimmungen des Internationalen Privatrechts über Eheschließung, Adoption und Vormundschaft in der Fassung von 2006, des Übereinkommens vom 19. November 1934 zwischen Dänemark, Finnland, Island, Norwegen und Schweden mit Bestimmungen des Internationalen Privatrechts über Rechtsnachfolge von Todes wegen, Testamente und Nachlassverwaltung in der Fassung vom Juni 2012 und des Übereinkommens vom 11. Oktober 1977 zwischen Dänemark, Finnland, Island, Norwegen und Schweden über die Anerkennung und Vollstreckung von Entscheidungen in Zivilsachen sind, nicht daran hindern, weiterhin spezifische Bestimmungen jener Übereinkommen anzuwenden, soweit diese Übereinkommen vereinfachte und zügigere Verfahren für die Anerkennung und Vollstreckung von Entscheidungen in Fragen des ehelichen Güterstands vorsehen.

(67) Um die Anwendung dieser Verordnung zu erleichtern, sollten die Mitgliedstaaten verpflichtet werden, über das mit der Entscheidung 2001/470/EG des Rates[9)] eingerichtete Europäische Justizielle Netz für Zivil- und Handelssachen bestimmte Angaben über ihre den ehelichen Güterstand betreffenden Vorschriften und Verfahren zu machen. Damit sämtliche Informationen, die für die praktische Anwendung dieser Verordnung von Bedeutung sind, rechtzeitig im *Amtsblatt der Europäischen Union* veröffentlicht werden können, sollten die Mitgliedstaaten der Kommission auch diese Informationen vor dem Beginn der Anwendung der Verordnung mitteilen.

(68) Um die Anwendung dieser Verordnung zu erleichtern und um die Nutzung moderner Kommunikationstechnologien zu ermöglichen, sollten auch Standardformulare für die Bescheinigungen, die im Zusammenhang mit einem Antrag auf Vollstreckbarerklärung einer Entscheidung, einer öffentlichen Urkunde oder eines gerichtlichen Vergleichs vorzulegen sind, vorgeschrieben werden.

(69) Die Berechnung der in dieser Verordnung vorgesehenen Fristen und Termine sollte nach Maßgabe der Verordnung (EWG, Euratom) Nr. 1182/71 des Rates[10)] erfolgen.

(70) Um einheitliche Bedingungen für die Durchführung dieser Verordnung gewährleisten zu können, sollten der Kommission in Bezug auf die Erstellung und spätere Änderung der Bescheinigungen und Formblätter, welche die Vollstreckbarerklärung von Entscheidungen, gerichtlichen Vergleichen und öffentlichen Urkunden betreffen, Durchführungsbefugnisse übertragen werden. Diese Befugnisse sollten nach Maßgabe der Verordnung (EU) Nr. 182/2011 des Europäischen Parlaments und des Rates[11)] ausgeübt werden.

Zu Abs. 67:

[9)] Entscheidung 2001/470/EG des Rates vom 28. Mai 2001 über die Einrichtung eines Europäischen Justiziellen Netzes für Zivil- und Handelssachen (ABl. L 174 vom 27.6.2001, S. 25).

Zu Abs. 69:

[10)] Verordnung (EWG, Euratom) Nr. 1182/71 des Rates vom 3. Juni 1971 zur Festlegung der Regeln für die Fristen, Daten und Termine (ABl. L 124 vom 8.6.1971, S. 1).

Zu Abs. 70:

[11)] Verordnung (EU) Nr. 182/2011 des Europäischen Parlaments und des Rates vom 16. Februar 2011 zur Festlegung der allgemeinen Regeln und Grundsätze, nach denen die Mitgliedstaaten die Wahrnehmung der Durchführungsbefugnisse durch die Kommission kontrollieren (ABl. L 55 vom 28.2.2011, S. 13).

(71) Für den Erlass von Durchführungsrechtsakten zur Erstellung und späteren Änderung der in dieser Verordnung vorgesehenen Bescheinigungen und Formulare sollte das Beratungsverfahren herangezogen werden.

(72) Die Ziele dieser Verordnung, nämlich die Freizügigkeit innerhalb der Union und die Möglichkeit für Ehegatten, ihre vermögensrechtlichen Beziehungen untereinander sowie gegenüber Dritten während ihres Ehelebens und zum Zeitpunkt der Auseinandersetzung ihres Vermögens zu regeln, sowie bessere Vorhersehbarkeit des anzuwendenden Rechts und eine größere Rechtssicherheit, können von den Mitgliedstaaten nicht ausreichend verwirklicht werden, und sind vielmehr wegen des Umfangs und der Wirkungen dieser Verordnung besser auf Unionsebene – gegebenenfalls im Wege einer Verstärkten Zusammenarbeit der Mitgliedstaaten – zu verwirklichen. Im Einklang mit dem in Artikel 5 des Vertrags über die Europäische Union verankerten Subsidiaritätsprinzip kann die Union tätig werden. Entsprechend dem in demselben Artikel genannten Grundsatz der Verhältnismäßigkeit geht diese Verordnung nicht über das für die Verwirklichung dieser Ziele erforderliche Maß hinaus.

(73) Diese Verordnung steht im Einklang mit den Grundrechten und Grundsätzen, die mit der Charta anerkannt wurden, namentlich die Artikel 7, 9, 17, 21 und 47, die das Recht auf Achtung des Privat- und Familienlebens, das nach nationalem Recht geschützte Recht, eine Ehe einzugehen und eine Familie zu gründen, das Eigentumsrecht, den Grundsatz der Nichtdiskriminierung sowie das Recht auf einen wirksamen Rechtsbehelf und ein faires Verfahren betreffen. Bei der Anwendung dieser Verordnung sollten die Gerichte und anderen zuständigen Behörden der Mitgliedstaaten diese Rechte und Grundsätze achten –

HAT FOLGENDE VERORDNUNG ERLASSEN:

KAPITEL I

ANWENDUNGSBEREICH UND BEGRIFFSBESTIMMUNGEN

Artikel 1
Anwendungsbereich

(1) Diese Verordnung findet auf die ehelichen Güterstände Anwendung.

Sie gilt nicht für Steuer- und Zollsachen sowie verwaltungsrechtliche Angelegenheiten.

(2) Vom Anwendungsbereich dieser Verordnung ausgenommen sind

a) die Rechts-, Geschäfts- und Handlungsfähigkeit der Ehegatten;

b) das Bestehen, die Gültigkeit oder die Anerkennung einer Ehe;

c) die Unterhaltspflichten;

d) die Rechtsnachfolge nach dem Tod eines Ehegatten;

e) die soziale Sicherheit;

f) die Berechtigung, Ansprüche auf Alters- oder Erwerbsunfähigkeitsrente, die während der Ehe erworben wurden und die während der Ehe zu keinem Renteneinkommen geführt haben, im Falle der Ehescheidung, der Trennung ohne Auflösung des Ehebands oder der Ungültigerklärung der Ehe zwischen den Ehegatten zu übertragen oder anzupassen;

g) die Art der dinglichen Rechte an Vermögen und

h) jede Eintragung von Rechten an beweglichen oder unbeweglichen Vermögensgegenständen in ein Register, einschließlich der gesetzlichen Voraussetzungen für eine solche Eintragung, sowie die Wirkungen der Eintragung oder der fehlenden Eintragung solcher Rechte in ein Register.

Artikel 2
Zuständigkeit für Fragen des ehelichen Güterstands innerhalb der Mitgliedstaaten

Diese Verordnung berührt nicht die Zuständigkeit der Behörden der Mitgliedstaaten für Fragen des ehelichen Güterstands.

Artikel 3
Begriffsbestimmungen

(1) Im Sinne dieser Verordnung bezeichnet der Ausdruck

a) „ehelicher Güterstand" sämtliche vermögensrechtlichen Regelungen, die zwischen den Ehegatten und in ihren Beziehungen zu Dritten aufgrund der Ehe oder der Auflösung der Ehe gelten;

b) „Vereinbarung über den ehelichen Güterstand" jede Vereinbarung zwischen Ehegatten oder künftigen Ehegatten, mit der sie ihren ehelichen Güterstand regeln;

c) „öffentliche Urkunde" ein den ehelichen Güterstand betreffendes Schriftstück, das als öffentliche Urkunde in einem Mitgliedstaat förmlich errichtet oder eingetragen worden ist und dessen Beweiskraft

i) sich auf die Unterschrift und den Inhalt der öffentlichen Urkunde bezieht und

ii) durch eine Behörde oder eine andere vom Ursprungsmitgliedstaat hierzu ermächtigte Stelle festgestellt worden ist;

d) „Entscheidung" jede von einem Gericht eines Mitgliedstaats über einen ehelichen Güterstand erlassene Entscheidung ohne Rücksicht auf ihre Bezeichnung, einschließlich des Kostenfestsetzungsbeschlusses eines Gerichtsbediensteten;

e) „gerichtlicher Vergleich" einen von einem Gericht gebilligten oder vor einem Gericht im Laufe eines Verfahrens geschlossenen Vergleich über den ehelichen Güterstand;

f) „Ursprungsmitgliedstaat" den Mitgliedstaat, in dem die Entscheidung ergangen, die öffentliche Urkunde errichtet oder der gerichtliche Vergleich gebilligt oder geschlossen worden ist;

g) „Vollstreckungsmitgliedstaat" den Mitgliedstaat, in dem die Anerkennung und/oder Vollstreckung der Entscheidung, der öffentlichen Urkunde oder des gerichtlichen Vergleichs betrieben wird.

(2) Im Sinne dieser Verordnung bezeichnet der Ausdruck „Gericht" jedes Gericht und alle anderen Behörden und Angehörigen von Rechtsberufen mit Zuständigkeiten in Fragen des ehelichen Güterstands, die gerichtliche Funktionen ausüben oder in Ausübung einer Befugnisübertragung durch ein Gericht oder unter der Aufsicht eines Gerichts handeln, sofern diese anderen Behörden und Angehörigen von Rechtsberufen ihre Unparteilichkeit und das Recht der Parteien auf rechtliches Gehör gewährleisten und ihre Entscheidungen nach dem Recht des Mitgliedstaats, in dem sie tätig sind,

a) vor einem Gericht angefochten oder von einem Gericht nachgeprüft werden können und

b) vergleichbare Rechtskraft und Rechtswirkung haben wie eine Entscheidung eines Gerichts in der gleichen Sache.

Die Mitgliedstaaten teilen der Kommission nach Artikel 64 die in Unterabsatz 1 genannten sonstigen Behörden und Angehörigen von Rechtsberufen mit.

KAPITEL II

GERICHTLICHE ZUSTÄNDIGKEIT

Artikel 4
Zuständigkeit im Fall des Todes eines Ehegatten

Wird ein Gericht eines Mitgliedstaats im Zusammenhang mit der Rechtsnachfolge von Todes wegen eines Ehegatten nach der Verordnung (EU) Nr. 650/2012 angerufen, so sind die Gerichte dieses Staates auch für Entscheidungen über den ehelichen Güterstand in Verbindung mit diesem Nachlass zuständig.

Artikel 5
Zuständigkeit im Fall der Ehescheidung, Trennung ohne Auflösung des Ehebands oder Ungültigerklärung einer Ehe

(1) Wird ein Gericht eines Mitgliedstaats zur Entscheidung über eine Ehescheidung, Trennung ohne Auflösung des Ehebands oder Ungültigerklärung der Ehe nach der Verordnung (EG) Nr. 2201/2003 angerufen, so sind unbeschadet des Absatzes 2 die Gerichte dieses Staates auch für Fragen des ehelichen Güterstands in Verbindung mit diesem Antrag zuständig.

(2) Die Zuständigkeit für Fragen des ehelichen Güterstands nach Absatz 1 unterliegt der Vereinbarung der Ehegatten, wenn das Gericht, das mit dem Antrag auf Ehescheidung, Trennung ohne Auflösung des Ehebands oder Ungültigerklärung der Ehe angerufen wird,

a) das Gericht eines Mitgliedstaats ist, in dem der Antragsteller nach Artikel 3 Absatz 1 Buchstabe a fünfter Gedankenstrich der Verordnung (EG) Nr. 2201/2003 seinen gewöhnlichen Aufenthalt hat und sich dort seit mindestens einem Jahr unmittelbar vor der Antragstellung aufgehalten hat,

b) das Gericht eines Mitgliedstaats ist, dessen Staatsangehörigkeit der Antragsteller nach Artikel 3 Absatz 1 Buchstabe a sechster Gedankenstrich der Verordnung (EG) Nr. 2201/2003 besitzt und in dem der Antragsteller seinen gewöhnlichen Aufenthalt hat und sich dort seit mindestens sechs Monaten unmittelbar vor der Antragstellung aufgehalten hat,

c) nach Artikel 5 der Verordnung (EG) Nr. 2201/2003 in Fällen der Umwandlung einer Trennung ohne Auflösung des Ehebands in eine Ehescheidung angerufen wird oder

d) nach Artikel 7 der Verordnung (EG) Nr. 2201/2003 in Fällen angerufen wird, in denen ihm eine Restzuständigkeit zukommt.

(3) Wird eine Vereinbarung nach Absatz 2 des vorliegenden Artikels geschlossen, bevor das Gericht zur Entscheidung über den ehelichen Güterstand angerufen wird, so muss die Vereinbarung den Anforderungen des Artikels 7 Absatz 2 entsprechen.

Artikel 6
Zuständigkeit in anderen Fällen

In Fällen, in denen kein Gericht eines Mitgliedstaats gemäß Artikel 4 oder Artikel 5 zuständig ist, oder in anderen als den in diesen Artikeln geregelten Fällen sind für Entscheidungen über Fragen des ehelichen Güterstands die Gerichte des Mitgliedstaats zuständig,

a) in dessen Hoheitsgebiet die Ehegatten zum Zeitpunkt der Anrufung des Gerichts ihren gewöhnlichen Aufenthalt haben oder anderenfalls

b) in dessen Hoheitsgebiet die Ehegatten zuletzt ihren gewöhnlichen Aufenthalt hatten, sofern einer von ihnen zum Zeitpunkt der Anrufung des Gerichts dort noch seinen gewöhnlichen Aufenthalt hat, oder anderenfalls

c) in dessen Hoheitsgebiet der Antragsgegner zum Zeitpunkt der Anrufung des Gerichts seinen gewöhnlichen Aufenthalt hat oder anderenfalls

d) dessen Staatsangehörigkeit beide Ehegatten zum Zeitpunkt der Anrufung des Gerichts besitzen.

Artikel 7
Gerichtsstandsvereinbarung

(1) In den Fällen des Artikels 6 können die Parteien vereinbaren, dass die Gerichte des Mitgliedstaats, dessen Recht nach Artikel 22 oder Artikel 26 Absatz 1 Buchstabe a oder b anzuwenden ist, oder die Gerichte des Mitgliedstaats, in dem die Ehe geschlossen wurde, für Entscheidungen über Fragen ihres ehelichen Güterstands ausschließlich zuständig sind.

(2) Die in Absatz 1 genannte Vereinbarung bedarf der Schriftform, ist zu datieren und von den Parteien zu unterzeichnen. Elektronische Übermittlungen, die eine dauerhafte Aufzeichnung der Vereinbarung ermöglichen, sind der Schriftform gleichgestellt.

Artikel 8
Zuständigkeit aufgrund rügeloser Einlassung

(1) Sofern das Gericht eines Mitgliedstaats, dessen Recht nach Artikel 22 oder Artikel 26 Absatz 1 Buchstabe a oder b anzuwenden ist, nicht bereits nach anderen Vorschriften dieser Verordnung zuständig ist, wird es zuständig, wenn sich der Beklagte vor ihm auf das Verfahren einlässt. Dies gilt nicht, wenn der Beklagte sich einlässt, um den Mangel der Zuständigkeit geltend zu machen, oder in den Fällen des Artikels 4 oder des Artikels 5 Absatz 1.

(2) Bevor sich das Gericht nach Absatz 1 für zuständig erklärt, stellt es sicher, dass der Beklagte über sein Recht, die Unzuständigkeit des Gerichts geltend zu machen, und über die Folgen der Einlassung oder Nichteinlassung auf das Verfahren belehrt wird.

Artikel 9
Alternative Zuständigkeit

(1) Wenn ein Gericht eines Mitgliedstaats, das nach Artikel 4, 6, 7 oder 8 zuständig ist, feststellt, dass nach seinem Internationalen Privatrecht die streitgegenständliche Ehe für die Zwecke eines Verfahrens über den ehelichen Güterstand nicht anerkannt wird, kann es sich ausnahmsweise für unzuständig erklären. Beschließt das Gericht, sich für unzuständig zu erklären, so tut es das unverzüglich.

(2) Erklärt sich ein Gericht, das nach Artikel 4 oder 6 zuständig ist, für unzuständig und vereinbaren die Parteien, die Zuständigkeit den Gerichten eines anderen Mitgliedstaats nach Artikel 7 zu übertragen, so sind die Gerichte dieses anderen Mitgliedstaats für Entscheidungen über den ehelichen Güterstand zuständig.

In anderen Fällen sind für Entscheidungen über den ehelichen Güterstand die Gerichte eines anderen Mitgliedstaats nach Artikel 6 oder 8 oder die Gerichte des Mitgliedstaats zuständig, in dem die Ehe geschlossen wurde.

(3) Dieser Artikel findet keine Anwendung, wenn die Parteien eine Ehescheidung, eine Trennung ohne Auflösung des Ehebands oder eine Ungültigerklärung der Ehe erwirkt haben, die im Mitgliedstaat des angerufenen Gerichts anerkannt werden kann.

Artikel 10
Subsidiäre Zuständigkeit

Ist kein Gericht eines Mitgliedstaats nach den Artikeln 4, 5, 6, 7 oder 8 zuständig oder haben sich alle Gerichte nach Artikel 9 für unzuständig erklärt und ist kein Gericht nach Artikel 9 Absatz 2 zuständig, so sind die Gerichte eines Mitgliedstaats zuständig, in dessen Hoheitsgebiet unbewegliches Vermögen eines oder beider Ehegatten belegen ist; in diesem Fall ist das angerufene Gericht nur für Entscheidungen über dieses unbewegliche Vermögen zuständig.

Artikel 11
Notzuständigkeit (forum necessitatis)

Ist kein Gericht eines Mitgliedstaats nach den Artikeln 4, 5, 6, 7, 8 oder 10 zuständig oder haben sich alle Gerichte nach Artikel 9 für unzuständig erklärt und ist kein Gericht eines Mitgliedstaats nach Artikel 9 Absatz 2 und Artikel 10 zuständig, so können die Gerichte eines Mitgliedstaats ausnahmsweise über den ehelichen Güterstand entscheiden, wenn es nicht zumutbar ist oder es sich als unmöglich erweist, ein Verfahren in einem Drittstaat, zu dem die Sache einen engen Bezug aufweist, einzuleiten oder zu führen.

Die Sache muss einen ausreichenden Bezug zu dem Mitgliedstaat des angerufenen Gerichts aufweisen.

Artikel 12
Widerklagen

Das Gericht, bei dem ein Verfahren aufgrund der Artikel 4, 5, 6, 7, 8, des Artikels 9 Absatz 2, des Artikels 10 oder des Artikels 11 anhängig ist, ist auch für eine Widerklage zuständig, sofern diese in den Anwendungsbereich dieser Verordnung fällt.

Artikel 13
Beschränkung des Verfahrens

(1) Umfasst der Nachlass des Erblassers, der unter die Verordnung (EU) Nr. 650/2012 fällt, Vermögenswerte, die in einem Drittstaat belegen sind, so kann das in der Güterrechtssache angerufene Gericht auf Antrag einer der Parteien beschließen, über einen oder mehrere dieser Vermögenswerte nicht zu befinden, wenn zu erwarten ist, dass seine Entscheidung über diese Vermögenswerte in dem betreffenden Drittstaat nicht anerkannt oder gegebenenfalls nicht für vollstreckbar erklärt wird.

(2) Absatz 1 berührt nicht das Recht der Parteien, den Gegenstand des Verfahrens nach dem Recht des Mitgliedstaats des angerufenen Gerichts zu beschränken.

Artikel 14
Anrufung eines Gerichts

Für die Zwecke dieses Kapitels gilt ein Gericht als angerufen

a) zu dem Zeitpunkt, zu dem das verfahrenseinleitende Schriftstück oder ein gleichwertiges Schriftstück bei Gericht eingereicht worden ist, vorausgesetzt, der Antragsteller hat es in der Folge nicht versäumt, die ihm obliegenden Maßnahmen zu treffen, um die Zustellung des Schriftstücks an den Antragsgegner zu bewirken,

b) falls die Zustellung vor Einreichung des Schriftstücks bei Gericht zu bewirken ist, zu dem Zeitpunkt, zu dem die für die Zustellung verantwortliche Stelle das Schriftstück erhalten hat, vorausgesetzt, der Antragsteller hat es in der Folge nicht versäumt, die ihm obliegenden Maßnahmen zu treffen, um das Schriftstück bei Gericht einzureichen, oder,

c) falls das Gericht das Verfahren von Amts wegen einleitet, zu dem Zeitpunkt, zu dem der Beschluss über die Einleitung des Verfahrens vom Gericht gefasst oder, wenn ein solcher Beschluss nicht erforderlich ist, zu dem Zeitpunkt, zu dem die Sache beim Gericht eingetragen worden ist.

Artikel 15
Prüfung der Zuständigkeit

Das Gericht eines Mitgliedstaats, das in einer Güterrechtssache angerufen wird, für die es nach dieser Verordnung nicht zuständig ist, erklärt sich von Amts wegen für unzuständig.

Artikel 16
Prüfung der Zulässigkeit

(1) Lässt sich der Beklagte, der seinen gewöhnlichen Aufenthalt in einem anderen Staat als dem Mitgliedstaat hat, in dem die Klage erhoben wurde, auf das Verfahren nicht ein, so setzt das nach dieser Verordnung zuständige Gericht das Verfahren so lange aus, bis festgestellt ist, dass es dem Beklagten möglich war, das verfahrenseinleitende Schriftstück oder ein gleichwertiges Schriftstück so rechtzeitig zu empfangen, dass er sich verteidigen konnte oder dass alle hierzu erforderlichen Maßnahmen getroffen wurden.

(2) Anstelle des Absatzes 1 des vorliegenden Artikels findet Artikel 19 der Verordnung (EG) Nr. 1393/2007 des Europäischen Parlaments und des Rates[1] Anwendung, wenn das verfahrenseinleitende Schriftstück oder ein gleichwertiges Schriftstück nach der genannten Verordnung von einem Mitgliedstaat in einen anderen zu übermitteln war.

(3) Ist die Verordnung (EG) Nr. 1393/2007 nicht anwendbar, so gilt Artikel 15 des Haager Übereinkommens vom 15. November 1965 über die Zustellung gerichtlicher und außergerichtlicher Schriftstücke im Ausland in Zivil- und Handelssachen, wenn das verfahrenseinleitende Schriftstück oder ein gleichwertiges Schriftstück nach Maßgabe dieses Übereinkommens ins Ausland zu übermitteln war.

Artikel 17
Rechtshängigkeit

(1) Werden bei Gerichten verschiedener Mitgliedstaaten Verfahren wegen desselben Anspruchs zwischen denselben Parteien anhängig gemacht, so setzt jedes später angerufene Gericht das Verfahren von Amts wegen aus, bis die Zuständigkeit des zuerst angerufenen Gerichts feststeht.

(2) In den in Absatz 1 genannten Fällen teilt das in der Rechtssache angerufene Gericht auf Antrag eines anderen angerufenen Gerichts diesem unverzüglich mit, wann es angerufen wurde.

(3) Sobald die Zuständigkeit des zuerst angerufenen Gerichts feststeht, erklärt sich das später angerufene Gericht zugunsten dieses Gerichts für unzuständig.

Artikel 18
Im Zusammenhang stehende Verfahren

(1) Sind bei Gerichten verschiedener Mitgliedstaaten Verfahren, die im Zusammenhang stehen,

---

Zu Artikel 16:

[1] Verordnung (EG) Nr. 1393/2007 des Europäischen Parlaments und des Rates vom 13. November 2007 über die Zustellung gerichtlicher und außergerichtlicher Schriftstücke in Zivil- oder Handelssachen in den Mitgliedstaaten (Zustellung von Schriftstücken) und zur Aufhebung der Verordnung (EG) Nr. 1348/2000 des Rates (ABl. L 324 vom 10.12.2007, S. 79).

anhängig, so kann jedes später angerufene Gericht das Verfahren aussetzen.

(2) Sind die in Absatz 1 genannten Verfahren in erster Instanz anhängig, so kann sich jedes später angerufene Gericht auf Antrag einer Partei auch für unzuständig erklären, wenn das zuerst angerufene Gericht für die betreffenden Verfahren zuständig ist und die Verbindung der Verfahren nach seinem Recht zulässig ist.

(3) Für die Zwecke dieses Artikels gelten Verfahren als im Zusammenhang stehend, wenn zwischen ihnen eine so enge Beziehung gegeben ist, dass eine gemeinsame Verhandlung und Entscheidung geboten erscheint, um zu vermeiden, dass in getrennten Verfahren widersprechende Entscheidungen ergehen.

Artikel 19
Einstweilige Maßnahmen einschließlich Sicherungsmaßnahmen

Die im Recht eines Mitgliedstaats vorgesehenen einstweiligen Maßnahmen einschließlich Sicherungsmaßnahmen können bei den Gerichten dieses Staates auch dann beantragt werden, wenn für die Entscheidung in der Hauptsache nach dieser Verordnung die Gerichte eines anderen Mitgliedstaats zuständig sind.

KAPITEL III

ANZUWENDENDES RECHT

Artikel 20
Universelle Anwendung

Das nach dieser Verordnung bezeichnete Recht ist auch dann anzuwenden, wenn es nicht das Recht eines Mitgliedstaats ist.

Artikel 21
Einheit des anzuwendenden Rechts

Das gesamte Vermögen der Ehegatten unterliegt ungeachtet seiner Belegenheit dem gemäß Artikel 22 oder 26 auf den ehelichen Güterstand anzuwendenden Recht.

Artikel 22
Rechtswahl

(1) Die Ehegatten oder künftigen Ehegatten können das auf ihren ehelichen Güterstand anzuwendende Recht durch Vereinbarung bestimmen oder ändern, sofern es sich dabei um das Recht eines der folgenden Staaten handelt:

a) das Recht des Staates, in dem die Ehegatten oder künftigen Ehegatten oder einer von ihnen zum Zeitpunkt der Rechtswahl ihren/seinen gewöhnlichen Aufenthalt haben/hat, oder

b) das Recht eines Staates, dessen Staatsangehörigkeit einer der Ehegatten oder künftigen Ehegatten zum Zeitpunkt der Rechtswahl besitzt.

(2) Sofern die Ehegatten nichts anderes vereinbaren, gilt eine während der Ehe vorgenommene Änderung des auf den ehelichen Güterstand anzuwendenden Rechts nur für die Zukunft.

(3) Eine rückwirkende Änderung des anzuwendenden Rechts nach Absatz 2 darf die Ansprüche Dritter, die sich aus diesem Recht ableiten, nicht beeinträchtigen.

Artikel 23
Formgültigkeit der Rechtswahlvereinbarung

(1) Eine Vereinbarung nach Artikel 22 bedarf der Schriftform, ist zu datieren und von beiden Ehegatten zu unterzeichnen. Elektronische Übermittlungen, die eine dauerhafte Aufzeichnung der Vereinbarung ermöglicht, sind der Schriftform gleichgestellt.

(2) Sieht das Recht des Mitgliedstaats, in dem beide Ehegatten zum Zeitpunkt der Rechtswahl ihren gewöhnlichen Aufenthalt haben, zusätzliche Formvorschriften für Vereinbarungen über den ehelichen Güterstand vor, so sind diese Formvorschriften anzuwenden.

(3) Haben die Ehegatten zum Zeitpunkt der Rechtswahl ihren gewöhnlichen Aufenthalt in verschiedenen Mitgliedstaaten und sieht das Recht beider Staaten unterschiedliche Formvorschriften für Vereinbarungen über den ehelichen Güterstand vor, so ist die Vereinbarung formgültig, wenn sie den Vorschriften des Rechts eines dieser Mitgliedstaaten genügt.

(4) Hat zum Zeitpunkt der Rechtswahl nur einer der Ehegatten seinen gewöhnlichen Aufenthalt in einem Mitgliedstaat und sind in diesem Staat zusätzliche Formvorschriften für Vereinbarungen über den ehelichen Güterstand vorgesehen, so sind diese Formvorschriften anzuwenden.

Artikel 24
Einigung und materielle Wirksamkeit

(1) Das Zustandekommen und die Wirksamkeit einer Rechtswahlvereinbarung oder einer ihrer Bestimmungen bestimmen sich nach dem Recht, das nach Artikel 22 anzuwenden wäre, wenn die Vereinbarung oder die Bestimmung wirksam wäre.

(2) Ein Ehegatte kann sich jedoch für die Behauptung, er habe der Vereinbarung nicht zugestimmt, auf das Recht des Staates berufen, in dem er zum Zeitpunkt der Anrufung des Gerichts seinen gewöhnlichen Aufenthalt hat, wenn sich aus den Umständen ergibt, dass es nicht angemessen wäre, die Wirkung seines Verhaltens nach dem in Absatz 1 bezeichneten Recht zu bestimmen.

Artikel 25
Formgültigkeit einer Vereinbarung über den ehelichen Güterstand

(1) Die Vereinbarung über den ehelichen Güterstand bedarf der Schriftform, ist zu datieren und von beiden Ehegatten zu unterzeichnen. Elektronische Übermittlungen, die eine dauerhafte Aufzeichnung der Vereinbarung ermöglichen, sind der Schriftform gleichgestellt.

(2) Sieht das Recht des Mitgliedstaats, in dem beide Ehegatten zum Zeitpunkt der Vereinbarung ihren gewöhnlichen Aufenthalt haben, zusätzliche Formvorschriften für Vereinbarungen über den ehelichen Güterstand vor, so sind diese Formvorschriften anzuwenden.

Haben die Ehegatten zum Zeitpunkt der Vereinbarung ihren gewöhnlichen Aufenthalt in verschiedenen Mitgliedstaaten, und sieht das Recht beider Staaten unterschiedliche Formvorschriften für Vereinbarungen über den ehelichen Güterstand vor, so ist die Vereinbarung formgültig, wenn sie den Vorschriften des Rechts eines dieser Mitgliedstaaten genügt.

Hat zum Zeitpunkt der Vereinbarung nur einer der Ehegatten seinen gewöhnlichen Aufenthalt in einem Mitgliedstaat und sind in diesem Staat zusätzliche Formvorschriften für Vereinbarungen über den ehelichen Güterstand vorgesehen, so sind diese Formvorschriften anzuwenden.

(3) Sieht das auf den ehelichen Güterstand anzuwendende Recht zusätzliche Formvorschriften vor, so sind diese Formvorschriften anzuwenden.

Artikel 26
Mangels Rechtswahl der Parteien anzuwendendes Recht

(1) Mangels einer Rechtswahlvereinbarung nach Artikel 22 unterliegt der eheliche Güterstand dem Recht des Staates,

a) in dem die Ehegatten nach der Eheschließung ihren ersten gemeinsamen gewöhnlichen Aufenthalt haben, oder anderenfalls

b) dessen Staatsangehörigkeit beide Ehegatten zum Zeitpunkt der Eheschließung besitzen, oder anderenfalls

c) mit dem die Ehegatten unter Berücksichtigung aller Umstände zum Zeitpunkt der Eheschließung gemeinsam am engsten verbunden sind.

(2) Besitzen die Ehegatten zum Zeitpunkt der Eheschließung mehr als eine gemeinsame Staatsangehörigkeit, findet nur Absatz 1 Buchstaben a und c Anwendung.

(3) Ausnahmsweise kann das Gericht, das für Fragen des ehelichen Güterstands zuständig ist, auf Antrag eines der Ehegatten entscheiden, dass das Recht eines anderen Staates als des Staates, dessen Recht nach Absatz 1 Buchstabe a anzuwenden ist, für den ehelichen Güterstand gilt, sofern der Antragsteller nachweist, dass

a) die Ehegatten ihren letzten gemeinsamen gewöhnlichen Aufenthalt in diesem anderen Staat über einen erheblich längeren Zeitraum als in dem in Absatz 1 Buchstabe a bezeichneten Staat hatten und

b) beide Ehegatten auf das Recht dieses anderen Staates bei der Regelung oder Planung ihrer vermögensrechtlichen Beziehungen vertraut hatten.

Das Recht dieses anderen Staates gilt ab dem Zeitpunkt der Eheschließung, es sei denn, ein Ehegatte ist damit nicht einverstanden. In diesem Fall gilt das Recht dieses anderen Staates ab Begründung des letzten gemeinsamen gewöhnlichen Aufenthalts in diesem anderen Staat.

Die Anwendung des Rechts des anderen Staates darf die Rechte Dritter, die sich auf das nach Absatz 1 Buchstabe a anzuwendende Recht gründen, nicht beeinträchtigen.

Dieser Absatz gilt nicht, wenn die Ehegatten vor der Begründung ihres letzten gemeinsamen gewöhnlichen Aufenthalts in diesem anderen Staat eine Vereinbarung über den ehelichen Güterstand getroffen haben.

Artikel 27
Reichweite des anzuwendenden Rechts

Das nach dieser Verordnung auf den ehelichen Güterstand anzuwendende Recht regelt unter anderem

a) die Einteilung des Vermögens eines oder beider Ehegatten in verschiedene Kategorien während und nach der Ehe;

b) die Übertragung von Vermögen von einer Kategorie in die andere;

c) die Haftung des einen Ehegatten für die Verbindlichkeiten und Schulden des anderen;

d) die Befugnisse, Rechte und Pflichten eines oder beider Ehegatten in Bezug auf das Vermögen;

e) die Auflösung des ehelichen Güterstands und die Teilung, Aufteilung oder Abwicklung des Vermögens;

f) die Wirkungen des ehelichen Güterstands auf ein Rechtsverhältnis zwischen einem Ehegatten und Dritten und

g) die materielle Wirksamkeit einer Vereinbarung über den ehelichen Güterstand.

Artikel 28
Wirkungen gegenüber Dritten

(1) Ungeachtet des Artikels 27 Buchstabe f darf ein Ehegatte in einer Streitigkeit zwischen einem Dritten und einem oder beiden Ehegatten das für den ehelichen Güterstand maßgebende

Recht dem Dritten nicht entgegenhalten, es sei denn, der Dritte hatte Kenntnis von diesem Recht oder hätte bei gebührender Sorgfalt davon Kenntnis haben müssen.

(2) Es wird davon ausgegangen, dass der Dritte Kenntnis von dem auf den ehelichen Güterstand anzuwendenden Recht hat, wenn

a) dieses Recht das Recht des Staates ist,

i) dessen Recht auf das Rechtsgeschäft zwischen einem Ehegatten und dem Dritten anzuwenden ist,

ii) in dem der vertragschließende Ehegatte und der Dritte ihren gewöhnlichen Aufenthalt haben oder

iii) in dem die Vermögensgegenstände – im Fall von unbeweglichem Vermögen – belegen sind,

oder

b) ein Ehegatte die geltenden Anforderungen an die Publizität oder Registrierung des ehelichen Güterstands eingehalten hat, die vorgesehen sind im Recht des Staates,

i) dessen Recht auf das Rechtsgeschäft zwischen einem Ehegatten und dem Dritten anzuwenden ist,

ii) in dem der vertragschließende Ehegatte und der Dritte ihren gewöhnlichen Aufenthalt haben oder

iii) in dem die Vermögensgegenstände – im Fall von unbeweglichem Vermögen – belegen sind.

(3) Kann ein Ehegatte das auf seinen ehelichen Güterstand anzuwendende Recht einem Dritten nach Absatz 1 nicht entgegenhalten, so unterliegen die Wirkungen des ehelichen Güterstands gegenüber dem Dritten dem Recht des Staates,

a) dessen Recht auf das Rechtsgeschäft zwischen einem Ehegatten und dem Dritten anzuwenden ist oder

b) in dem die Vermögensgegenstände – im Fall von unbeweglichem Vermögen – belegen sind oder, im Fall eingetragener Vermögenswerte oder im Fall von Rechten, in dem diese Vermögenswerte oder Rechte eingetragen sind.

Artikel 29
Anpassung dinglicher Rechte

Macht eine Person ein dingliches Recht geltend, das ihr nach dem auf den ehelichen Güterstand anzuwendenden Recht zusteht, und kennt das Recht des Mitgliedstaats, in dem das Recht geltend gemacht wird, das betreffende dingliche Recht nicht, so ist dieses Recht soweit erforderlich und möglich an das in der Rechtsordnung dieses Mitgliedstaats am ehesten vergleichbare Recht anzupassen, wobei die mit dem besagten dinglichen Recht verfolgten Ziele und Interessen und die mit ihm verbundenen Wirkungen zu berücksichtigen sind.

Artikel 30
Eingriffsnormen

(1) Diese Verordnung berührt nicht die Anwendung der Eingriffsnormen des Rechts des angerufenen Gerichts.

(2) Eine Eingriffsnorm ist eine Vorschrift, deren Einhaltung von einem Mitgliedstaat als so entscheidend für die Wahrung seines öffentlichen Interesses, insbesondere seiner politischen, sozialen oder wirtschaftlichen Ordnung, angesehen wird, dass sie ungeachtet des nach Maßgabe dieser Verordnung auf den ehelichen Güterstand anzuwendenden Rechts auf alle Sachverhalte anzuwenden ist, die in ihren Anwendungsbereich fallen.

Artikel 31
Öffentliche Ordnung (ordre public)

Die Anwendung einer Vorschrift des nach dieser Verordnung bestimmten Rechts eines Staates darf nur versagt werden, wenn ihre Anwendung mit der öffentlichen Ordnung (*ordre public*) des Staates des angerufenen Gerichts offensichtlich unvereinbar ist.

Artikel 32
Ausschluss der Rück- und Weiterverweisung

Unter dem nach dieser Verordnung anzuwendenden Recht eines Staates sind die in diesem Staat geltenden Rechtsnormen mit Ausnahme seines Internationalen Privatrechts zu verstehen.

Artikel 33
Staaten mit mehr als einem Rechtssystem – interlokale Kollisionsvorschriften

(1) Verweist diese Verordnung auf das Recht eines Staates, der mehrere Gebietseinheiten umfasst, von denen jede eigene Rechtsvorschriften für eheliche Güterstände hat, so bestimmen die internen Kollisionsvorschriften dieses Staates die Gebietseinheit, deren Rechtsvorschriften anzuwenden sind.

(2) In Ermangelung solcher internen Kollisionsvorschriften gilt:

a) Jede Bezugnahme auf das Recht des in Absatz 1 genannten Staates ist für die Bestimmung des anzuwendenden Rechts aufgrund von Vorschriften, die sich auf den gewöhnlichen Aufenthalt der Ehegatten beziehen, als Bezugnahme auf das Recht der Gebietseinheit zu verstehen, in der die Ehegatten ihren gewöhnlichen Aufenthalt haben.

b) Jede Bezugnahme auf das Recht des in Absatz 1 genannten Staates ist für die Bestimmung des anzuwendenden Rechts aufgrund von Vorschriften, die sich auf die Staatsangehörigkeit der Ehegatten beziehen, als Bezugnahme auf das Recht der Gebietseinheit zu verstehen, zu der die Ehegatten die engste Verbindung haben.

c) Jede Bezugnahme auf das Recht des in Absatz 1 genannten Staates ist für die Bestimmung des anzuwendenden Rechts aufgrund sonstiger Bestimmungen, die sich auf andere Anknüpfungspunkte beziehen, als Bezugnahme auf das Recht der Gebietseinheit zu verstehen, in der sich der einschlägige Anknüpfungspunkt befindet.

Artikel 34
Staaten mit mehr als einem Rechtssystem – interpersonale Kollisionsvorschriften

Gelten in einem Staat für die ehelichen Güterstände zwei oder mehr Rechtssysteme oder Regelwerke für verschiedene Personengruppen, so ist jede Bezugnahme auf das Recht dieses Staates als Bezugnahme auf das Rechtssystem oder das Regelwerk zu verstehen, das die in diesem Staat geltenden Vorschriften zur Anwendung berufen. In Ermangelung solcher Vorschriften ist das Rechtssystem oder das Regelwerk anzuwenden, zu dem die Ehegatten die engste Verbindung haben.

Artikel 35
Nichtanwendung dieser Verordnung auf innerstaatliche Kollisionen

Ein Mitgliedstaat, der mehrere Gebietseinheiten umfasst, von denen jede ihre eigenen Rechtsvorschriften für eheliche Güterstände hat, ist nicht verpflichtet, diese Verordnung auf Kollisionen zwischen den Rechtsordnungen dieser Gebietseinheiten anzuwenden.

KAPITEL IV
ANERKENNUNG, VOLLSTRECKBARKEIT UND VOLLSTRECKUNG VON ENTSCHEIDUNGEN

Artikel 36
Anerkennung

(1) Die in einem Mitgliedstaat ergangenen Entscheidungen werden in den anderen Mitgliedstaaten anerkannt, ohne dass es hierfür eines besonderen Verfahrens bedarf.

(2) Jede Partei, die die Anerkennung einer Entscheidung zu einem zentralen Element des Streitgegenstands macht, kann in den Verfahren der Artikel 44 bis 57 die Anerkennung der Entscheidung beantragen.

(3) Hängt der Ausgang eines Verfahrens vor dem Gericht eines Mitgliedstaats von der Entscheidung über die inzidente Frage der Anerkennung ab, so ist dieses Gericht für die Entscheidung über die Anerkennung zuständig.

Artikel 37
Gründe für die Nichtanerkennung

Eine Entscheidung wird nicht anerkannt, wenn

a) die Anerkennung der öffentlichen Ordnung (*ordre public*) des Mitgliedstaats, in dem sie beantragt wird, offensichtlich widersprechen würde;

b) dem Beklagten, der sich auf das Verfahren nicht eingelassen hat, das verfahrenseinleitende Schriftstück oder ein gleichwertiges Schriftstück nicht so rechtzeitig und in einer Weise zugestellt worden ist, dass er sich verteidigen konnte, es sei denn, der Beklagte hat die Entscheidung nicht angefochten, obwohl er die Möglichkeit dazu hatte;

c) sie mit einer Entscheidung unvereinbar ist, die in einem Verfahren zwischen denselben Parteien in dem Mitgliedstaat, in dem die Anerkennung beantragt wird, ergangen ist;

d) sie mit einer früheren Entscheidung unvereinbar ist, die in einem anderen Mitgliedstaat oder in einem Drittstaat in einem Verfahren zwischen denselben Parteien wegen desselben Anspruchs ergangen ist, sofern die frühere Entscheidung die notwendigen Voraussetzungen für ihre Anerkennung in dem Mitgliedstaat, in dem die Anerkennung geltend gemacht wird, erfüllt.

Artikel 38
Grundrechte

Artikel 37 dieser Verordnung ist von den Gerichten und anderen zuständigen Behörden der Mitgliedstaaten unter Beachtung der in der Charta anerkannten Grundrechte und Grundsätze anzuwenden, insbesondere des Grundsatzes der Nichtdiskriminierung in Artikel 21 der Charta.

Artikel 39
Ausschluss der Nachprüfung der Zuständigkeit des Gerichts des Ursprungsmitgliedstaats

(1) Die Zuständigkeit des Gerichts des Ursprungsmitgliedstaats darf nicht nachgeprüft werden.

(2) Das Kriterium der öffentlichen Ordnung (*ordre public*) in Artikel 37 findet keine Anwendung auf die Zuständigkeitsvorschriften in den Artikeln 4 bis 11.

Artikel 40
Ausschluss der Nachprüfung in der Sache

Die in einem Mitgliedstaat ergangene Entscheidung darf keinesfalls in der Sache selbst nachgeprüft werden.

Artikel 41
Aussetzung des Anerkennungsverfahrens

Das Gericht eines Mitgliedstaats, vor dem die Anerkennung einer in einem anderen Mitgliedstaat ergangenen Entscheidung geltend gemacht wird, kann das Verfahren aussetzen, wenn im Ursprungsmitgliedstaat gegen die Entscheidung ein ordentlicher Rechtsbehelf eingelegt worden ist.

Artikel 42
Vollstreckbarkeit

Die in einem Mitgliedstaat ergangenen und in diesem Staat vollstreckbaren Entscheidungen sind in einem anderen Mitgliedstaat vollstreckbar, wenn sie auf Antrag eines Berechtigten dort nach den Verfahren der Artikel 44 bis 57 für vollstreckbar erklärt worden sind.

Artikel 43
Bestimmung des Wohnsitzes

Ist zu entscheiden, ob eine Partei für die Zwecke des Verfahrens nach den Artikeln 44 bis 57 im Hoheitsgebiet des Vollstreckungsmitgliedstaats einen Wohnsitz hat, so wendet das befasste Gericht sein innerstaatliches Recht an.

Artikel 44
Örtlich zuständiges Gericht

(1) Der Antrag auf Vollstreckbarerklärung ist an das Gericht oder die zuständige Behörde des Vollstreckungsmitgliedstaats zu richten, die der Kommission nach Artikel 64 von diesem Mitgliedstaat mitgeteilt wurden.

(2) Die örtliche Zuständigkeit wird durch den Ort des Wohnsitzes der Partei, gegen die die Vollstreckung erwirkt werden soll, oder durch den Ort, an dem die Vollstreckung durchgeführt werden soll, bestimmt.

Artikel 45
Verfahren

(1) Für das Verfahren der Antragstellung ist das Recht des Vollstreckungsmitgliedstaats maßgebend.

(2) Von dem Antragsteller kann nicht verlangt werden, dass er im Vollstreckungsmitgliedstaat über eine Postanschrift oder einen bevollmächtigten Vertreter verfügt.

(3) Dem Antrag sind die folgenden Schriftstücke beizufügen:

a) eine Ausfertigung der Entscheidung, die die für die Feststellung ihrer Beweiskraft erforderlichen Voraussetzungen erfüllt;

b) die Bescheinigung, die von dem Gericht oder der zuständigen Behörde des Ursprungsmitgliedstaats unter Verwendung des – nach dem Beratungsverfahren nach Artikel 67 Absatz 2 erstellten – Formulars ausgestellt wurde, unbeschadet des Artikels 46.

Artikel 46
Nichtvorlage der Bescheinigung

(1) Wird die Bescheinigung nach Artikel 45 Absatz 3 Buchstabe b nicht vorgelegt, so kann das Gericht oder die sonst befugte Stelle eine Frist bestimmen, innerhalb deren die Bescheinigung vorzulegen ist, oder eine gleichwertige Urkunde akzeptieren oder von der Vorlage der Bescheinigung absehen, wenn es bzw. sie keinen weiteren Klärungsbedarf sieht.

(2) Auf Verlangen des Gerichts oder der zuständigen Behörde ist eine Übersetzung oder Transkription der Schriftstücke vorzulegen. Die Übersetzung ist von einer Person zu erstellen, die zur Anfertigung von Übersetzungen in einem der Mitgliedstaaten befugt ist.

Artikel 47
Vollstreckbarerklärung

Sobald die in Artikel 45 vorgesehenen Förmlichkeiten erfüllt sind, wird die Entscheidung unverzüglich für vollstreckbar erklärt, ohne dass eine Prüfung nach Artikel 37 erfolgt. Die Partei, gegen die die Vollstreckung erwirkt werden soll, erhält in diesem Abschnitt des Verfahrens keine Gelegenheit, eine Erklärung abzugeben.

Artikel 48
Mitteilung der Entscheidung über den Antrag auf Vollstreckbarerklärung

(1) Die Entscheidung über den Antrag auf Vollstreckbarerklärung wird dem Antragsteller unverzüglich nach dem Verfahren mitgeteilt, das das Recht des Vollstreckungsmitgliedstaats vorsieht.

(2) Die Vollstreckbarerklärung und, soweit dies noch nicht geschehen ist, die Entscheidung werden der Partei, gegen die die Vollstreckung erwirkt werden soll, zugestellt.

Artikel 49
Rechtsbehelf gegen die Entscheidung über den Antrag auf Vollstreckbarerklärung

(1) Gegen die Entscheidung über den Antrag auf Vollstreckbarerklärung kann jede Partei einen Rechtsbehelf einlegen.

(2) Der Rechtsbehelf wird bei dem Gericht eingelegt, das der betreffende Mitgliedstaat der Kommission nach Artikel 64 mitgeteilt hat.

(3) Über den Rechtsbehelf wird nach den Vorschriften entschieden, die für Verfahren mit beiderseitigem rechtlichem Gehör maßgebend sind.

(4) Lässt sich die Partei, gegen die die Vollstreckung erwirkt werden soll, auf das Verfahren vor dem mit dem Rechtsbehelf des Antragstellers befassten Gericht nicht ein, so ist Artikel 16 auch dann anzuwenden, wenn die Partei, gegen die die Vollstreckung erwirkt werden soll, in keinem Mitgliedstaat einen Wohnsitz hat.

(5) Der Rechtsbehelf gegen die Vollstreckbarerklärung ist innerhalb von 30 Tagen nach ihrer Zustellung einzulegen. Hat die Partei, gegen die die Vollstreckung erwirkt werden soll, ihren Wohnsitz im Hoheitsgebiet eines anderen Mitgliedstaats als dem, in dem die Vollstreckbarerklärung ergangen ist, so beträgt die Frist für den Rechtsbehelf 60 Tage und beginnt mit dem Tag, an dem die Vollstreckbarerklärung ihr entweder persönlich oder in ihrer Wohnung zugestellt worden ist. Eine Verlängerung dieser Frist wegen weiter Entfernung ist ausgeschlossen.

Artikel 50
Rechtsbehelf gegen die Entscheidung über den Rechtsbehelf

Gegen die über den Rechtsbehelf ergangene Entscheidung kann ein Rechtsbehelf nur nach dem Verfahren eingelegt werden, das der betreffende Mitgliedstaat der Kommission nach Artikel 64 mitgeteilt hat.

Artikel 51
Versagung oder Aufhebung einer Vollstreckbarerklärung

Die Vollstreckbarerklärung darf von dem mit einem Rechtsbehelf nach Artikel 49 oder 50 befassten Gericht nur aus einem der in Artikel 37 aufgeführten Gründe versagt oder aufgehoben werden. Das Gericht erlässt seine Entscheidung unverzüglich.

Artikel 52
Aussetzung des Verfahrens

Das nach Artikel 49 oder 50 mit dem Rechtsbehelf befasste Gericht setzt das Verfahren auf Antrag der Partei, gegen die die Vollstreckung erwirkt werden soll, aus, wenn die Entscheidung im Ursprungsmitgliedstaat wegen der Einlegung eines Rechtsbehelfs vorläufig nicht vollstreckbar ist.

Artikel 53
Einstweilige Maßnahmen einschließlich Sicherungsmaßnahmen

(1) Ist eine Entscheidung nach diesem Kapitel anzuerkennen, so ist der Antragsteller nicht daran gehindert, einstweilige Maßnahmen einschließlich Sicherungsmaßnahmen nach dem Recht des Vollstreckungsmitgliedstaats in Anspruch zu nehmen, ohne dass es einer Vollstreckbarerklärung nach Artikel 47 bedarf. *(ABl L 167, 36 vom 4. 7. 2018)*

(2) Die Vollstreckbarerklärung umfasst von Rechts wegen die Befugnis, alle Sicherungsmaßnahmen zu veranlassen.

(3) Solange die in Artikel 49 Absatz 5 vorgesehene Frist für den Rechtsbehelf gegen die Vollstreckbarerklärung läuft und solange über den Rechtsbehelf nicht entschieden ist, darf die Zwangsvollstreckung in das Vermögen der Partei, gegen welche die Vollstreckung erfolgen soll, nicht über Sicherungsmaßnahmen hinausgehen.

Artikel 54
Teilvollstreckbarkeit

(1) Ist durch die Entscheidung über mehrere Ansprüche erkannt worden, und kann die Vollstreckbarerklärung nicht für alle Ansprüche erteilt werden, so erteilt das Gericht oder die zuständige Behörde sie für einen oder mehrere dieser Ansprüche.

(2) Der Antragsteller kann beantragen, dass die Vollstreckbarerklärung nur für einen Teil des Gegenstands der Entscheidung erteilt wird.

Artikel 55
Prozesskostenhilfe

Ist dem Antragsteller im Ursprungsmitgliedstaat ganz oder teilweise Prozesskostenhilfe oder Kosten- oder Gebührenbefreiung gewährt worden, so genießt er im Vollstreckbarerklärungsverfahren hinsichtlich der Prozesskostenhilfe oder der Kosten- oder Gebührenbefreiung die günstigste Behandlung, die das Recht des Vollstreckungsmitgliedstaats vorsieht.

Artikel 56
Keine Sicherheitsleistung oder Hinterlegung

Der Partei, die in einem Mitgliedstaat die Anerkennung, Vollstreckbarerklärung oder Vollstreckung einer in einem anderen Mitgliedstaat ergangenen Entscheidung beantragt, darf wegen ihrer

Eigenschaft als Ausländer oder wegen Fehlens eines inländischen Wohnsitzes oder Aufenthalts im Vollstreckungsmitgliedstaat keine Sicherheitsleistung oder Hinterlegung, unter welcher Bezeichnung es auch sei, auferlegt werden.

Artikel 57
Keine Stempelabgaben oder Gebühren

Im Vollstreckungsmitgliedstaat dürfen in Vollstreckbarerklärungsverfahren keine nach dem Streitwert abgestuften Stempelabgaben oder Gebühren erhoben werden.

KAPITEL V
ÖFFENTLICHE URKUNDEN UND GERICHTLICHE VERGLEICHE

Artikel 58
Annahme öffentlicher Urkunden

(1) Eine in einem Mitgliedstaat errichtete öffentliche Urkunde hat in einem anderen Mitgliedstaat die gleiche formelle Beweiskraft wie im Ursprungsmitgliedstaat oder die damit am ehesten vergleichbare Wirkung, sofern das der öffentlichen Ordnung (*ordre public*) des betreffenden Mitgliedstaats nicht offensichtlich widerspricht.

Eine Person, die eine öffentliche Urkunde in einem anderen Mitgliedstaat verwenden möchte, kann die Behörde, die die öffentliche Urkunde im Ursprungsmitgliedstaat errichtet, ersuchen, das nach dem Beratungsverfahren nach Artikel 67 Absatz 2 erstellte Formblatt auszufüllen, das die formelle Beweiskraft der öffentlichen Urkunde im Ursprungsmitgliedstaat beschreibt.

(2) Einwände gegen die Authentizität einer öffentlichen Urkunde sind bei den Gerichten des Ursprungsmitgliedstaats zu erheben; über diese Einwände wird nach dem Recht dieses Staates entschieden. Eine öffentliche Urkunde, gegen die solche Einwände erhoben wurden, entfaltet in einem anderen Mitgliedstaat keine Beweiskraft, solange die Sache bei dem zuständigen Gericht anhängig ist.

(3) Einwände gegen die in einer öffentlichen Urkunde beurkundeten Rechtsgeschäfte oder Rechtsverhältnisse sind bei den nach dieser Verordnung zuständigen Gerichten zu erheben; über diese Einwände wird nach dem nach Kapitel III anzuwendenden Recht entschieden. Eine öffentliche Urkunde, gegen die solche Einwände erhoben wurden, entfaltet in einem anderen als dem Ursprungsmitgliedstaat hinsichtlich des bestrittenen Umstands keine Beweiskraft, solange die Sache bei dem zuständigen Gericht anhängig ist.

(4) Hängt der Ausgang eines Verfahrens vor dem Gericht eines Mitgliedstaats von der Klärung einer Vorfrage im Zusammenhang mit den in einer öffentlichen Urkunde beurkundeten Rechtsgeschäften oder Rechtsverhältnissen betreffend den ehelichen Güterstand ab, so ist dieses Gericht für die Entscheidung über diese Vorfrage zuständig.

Artikel 59
Vollstreckbarkeit öffentlicher Urkunden

(1) Öffentliche Urkunden, die im Ursprungsmitgliedstaat vollstreckbar sind, werden in einem anderen Mitgliedstaat auf Antrag eines Berechtigten nach den Verfahren der Artikel 44 bis 57 für vollstreckbar erklärt.

(2) Für die Zwecke des Artikels 45 Absatz 3 Buchstabe b stellt die Behörde, die die öffentliche Urkunde errichtet hat, auf Antrag eines Berechtigten eine Bescheinigung unter Verwendung des nach dem Beratungsverfahren nach Artikel 67 Absatz 2 erstellten Formblattes aus.

(3) Die Vollstreckbarerklärung wird von dem mit einem Rechtsbehelf nach Artikel 49 oder 50 befassten Gericht nur versagt oder aufgehoben, wenn die Vollstreckung der öffentlichen Urkunde der öffentlichen Ordnung (*ordre public*) des Vollstreckungsmitgliedstaats offensichtlich widersprechen würde.

Artikel 60
Vollstreckbarkeit gerichtlicher Vergleiche

(1) Gerichtliche Vergleiche, die im Ursprungsmitgliedstaat vollstreckbar sind, werden in einem anderen Mitgliedstaat auf Antrag eines Berechtigten nach den Verfahren der Artikel 44 bis 57 für vollstreckbar erklärt.

(2) Für die Zwecke des Artikels 45 Absatz 3 Buchstabe b stellt das Gericht, das den Vergleich gebilligt hat oder vor dem der Vergleich geschlossen wurde, auf Antrag eines Berechtigten eine Bescheinigung unter Verwendung des nach dem Beratungsverfahren nach Artikel 67 Absatz 2 erstellten Formblattes aus.

(3) Die Vollstreckbarerklärung wird von dem mit einem Rechtsbehelf nach Artikel 49 oder 50 befassten Gericht nur versagt oder aufgehoben, wenn die Vollstreckung des gerichtlichen Vergleichs der öffentlichen Ordnung (*ordre public*) des Vollstreckungsmitgliedstaats offensichtlich widersprechen würde.

KAPITEL VI
ALLGEMEINE UND SCHLUSSBESTIMMUNGEN

Artikel 61
Legalisation oder ähnliche Förmlichkeiten

Im Rahmen dieser Verordnung bedarf es für Urkunden, die in einem Mitgliedstaat ausgestellt werden, weder der Legalisation noch einer ähnlichen Förmlichkeit.

Artikel 62
Verhältnis zu bestehenden internationalen Übereinkünften

(1) Diese Verordnung lässt unbeschadet der Verpflichtungen der Mitgliedstaaten nach Artikel 351 AEUV die Anwendung bilateraler oder multilateraler Übereinkünfte unberührt, denen ein oder mehrere Mitgliedstaaten zum Zeitpunkt des Erlasses dieser Verordnung oder eines Beschlusses nach Artikel 331 Absatz 1 Unterabsatz 2 oder 3 AEUV angehören und die Bereiche betreffen, die in dieser Verordnung geregelt sind.

(2) Ungeachtet des Absatzes 1 hat diese Verordnung im Verhältnis zwischen den Mitgliedstaaten Vorrang vor untereinander geschlossenen Übereinkünften, soweit diese Übereinkünfte Bereiche betreffen, die in dieser Verordnung geregelt sind.

(3) Diese Verordnung steht der Anwendung des Übereinkommens vom 6. Februar 1931 zwischen Dänemark, Finnland, Island, Norwegen und Schweden mit Bestimmungen des Internationalen Privatrechts über Eheschließung, Adoption und Vormundschaft in der Fassung von 2006, des Übereinkommens vom 19. November 1934 zwischen Dänemark, Finnland, Island, Norwegen und Schweden mit Bestimmungen des Internationalen Privatrechts über Rechtsnachfolge von Todes wegen, Testamente und Nachlassverwaltung in der Fassung von Juni 2012 und des Übereinkommens vom 11. Oktober 1977 zwischen Dänemark, Finnland, Island, Norwegen und Schweden über die Anerkennung und Vollstreckung von Entscheidungen in Zivilsachen durch die ihnen angehörenden Mitgliedstaaten nicht entgegen, soweit sie vereinfachte und zügigere Verfahren für die Anerkennung und Vollstreckung von Entscheidungen in Fragen des ehelichen Güterstands vorsehen.

Artikel 63
Informationen für die Öffentlichkeit

Die Mitgliedstaaten übermitteln der Kommission eine kurze Zusammenfassung ihrer nationalen Vorschriften und Verfahren betreffend die ehelichen Güterstände, einschließlich Informationen zu der Art von Behörde, die für Fragen des ehelichen Güterstands zuständig ist, und zu den Wirkungen gegenüber Dritten gemäß Artikel 28, damit die betreffenden Informationen der Öffentlichkeit im Rahmen des Europäischen Justiziellen Netzes für Zivil- und Handelssachen zur Verfügung gestellt werden können.

Die Mitgliedstaaten halten die Informationen stets auf dem neuesten Stand.

Artikel 64
Angaben zu Kontaktdaten und Verfahren

(1) Die Mitgliedstaaten teilen der Kommission bis zum 29. April 2018 Folgendes mit:

a) die für Anträge auf Vollstreckbarerklärung gemäß Artikel 44 Absatz 1 und für Rechtsbehelfe gegen Entscheidungen über derartige Anträge gemäß Artikel 49 Absatz 2 zuständigen Gerichte oder Behörden;

b) die in Artikel 50 genannten Rechtsbehelfe gegen die Entscheidung über den Rechtsbehelf.

Die Mitgliedstaaten unterrichten die Kommission über spätere Änderungen dieser Informationen.

(2) Die Kommission veröffentlicht die nach Absatz 1 übermittelten Angaben im *Amtsblatt der Europäischen Union*, mit Ausnahme der Anschriften und sonstigen Kontaktdaten der in Absatz 1 Buchstabe a genannten Gerichte und Behörden.

(3) Die Kommission stellt der Öffentlichkeit alle nach Absatz 1 übermittelten Angaben auf geeignete Weise, insbesondere über das Europäische Justizielle Netz für Zivil- und Handelssachen, zur Verfügung.

Artikel 65
Erstellung und spätere Änderung der Liste der in Artikel 3 Absatz 2 vorgesehenen Informationen

(1) Die Kommission erstellt anhand der Mitteilungen der Mitgliedstaaten die Liste der in Artikel 3 Absatz 2 genannten anderen Behörden und Angehörigen von Rechtsberufen.

(2) Die Mitgliedstaaten teilen der Kommission spätere Änderungen der in dieser Liste enthaltenen Angaben mit. Die Kommission ändert die Liste entsprechend.

(3) Die Kommission veröffentlicht die Liste und etwaige spätere Änderungen im *Amtsblatt der Europäischen Union.*

(4) Die Kommission stellt der Öffentlichkeit alle nach den Absätzen 1 und 2 mitgeteilten Angaben auf andere geeignete Weise, insbesondere über das Europäische Justizielle Netz für Zivil- und Handelssachen, zur Verfügung.

Artikel 66
Erstellung und spätere Änderung der Bescheinigungen und der Formblätter nach Artikel 45 Absatz 3 Buchstabe b und den Artikeln 58, 59 und 60

Die Kommission erlässt Durchführungsrechtsakte zur Erstellung und späteren Änderung der Bescheinigungen und der Formblätter nach Artikel 45 Absatz 3 Buchstabe b und den Artikeln 58, 59 und 60. Diese Durchführungsrechtsakte werden nach dem in Artikel 67 Absatz 2 genannten Beratungsverfahren erlassen.

Artikel 67
Ausschussverfahren

(1) Die Kommission wird von einem Ausschuss unterstützt. Dieser Ausschuss ist ein Ausschuss im Sinne der Verordnung (EU) Nr. 182/2011.

(2) Wird auf diesen Absatz Bezug genommen, so gilt Artikel 4 der Verordnung (EU) Nr. 182/2011.

Artikel 68
Überprüfungsklausel

(1) Die Kommission legt dem Europäischen Parlament, dem Rat und dem Europäischen Wirtschafts- und Sozialausschuss bis zum 29. Januar 2027 einen Bericht über die Anwendung dieser Verordnung vor. Dem Bericht werden gegebenenfalls Vorschläge zur Änderung dieser Verordnung beigefügt.

(2) Die Kommission legt dem Europäischen Parlament, dem Rat und dem Europäischen Wirtschafts- und Sozialausschuss bis zum 29. Januar 2024 einen Bericht über die Anwendung der Artikel 9 und 38 dieser Verordnung vor. In diesem Bericht wird insbesondere bewertet, inwieweit die genannten Artikel den Zugang zur Justiz sichergestellt haben.

(3) Für die Zwecke der in den Absätzen 1 und 2 genannten Berichte übermitteln die Mitgliedstaaten der Kommission sachdienliche Angaben zu der Anwendung dieser Verordnung durch ihre Gerichte.

Artikel 69
Übergangsbestimmungen

(1) Diese Verordnung ist vorbehaltlich der Absätze 2 und 3 nur auf Verfahren, öffentliche Urkunden und gerichtliche Vergleiche anzuwenden, die am 29. Januar 2019 oder danach eingeleitet, förmlich errichtet oder eingetragen beziehungsweise gebilligt oder geschlossen worden sind.

(2) Ist das Verfahren im Ursprungsmitgliedstaat vor dem 29. Januar 2019 eingeleitet worden, so werden an oder nach diesem Tag ergangene Entscheidungen nach Maßgabe des Kapitels IV anerkannt und vollstreckt, soweit die angewandten Zuständigkeitsvorschriften mit denen des Kapitels II übereinstimmen. *(ABl L 113, 62 vom 29. 4. 2017)*

(3) Kapitel III gilt nur für Ehegatten, die am 29. Januar 2019 oder danach die Ehe eingegangen sind oder eine Rechtswahl des auf ihren Güterstand anzuwendenden Rechts getroffen haben. *(ABl L 113, 62 vom 29. 4. 2017)*

Artikel 70
Inkrafttreten

(1) Diese Verordnung tritt am zwanzigsten Tag nach ihrer Veröffentlichung im *Amtsblatt der Europäischen Union* in Kraft.

(2) Diese Verordnung gilt in den Mitgliedstaaten, die an der durch Beschluss (EU) 2016/954 begründeten Verstärkten Zusammenarbeit im Bereich der Zuständigkeit, des anzuwendenden Rechts und der Anerkennung und Vollstreckung von Entscheidungen in Fragen der Güterstände internationaler Paare (eheliche Güterstände und Güterstände eingetragener Partnerschaften) teilnehmen.

Sie gilt ab 29. Januar 2019, mit Ausnahme der Artikel 63 und 64, die ab 29. April 2018 gelten, und der Artikel 65, 66 und 67, die ab 29. Juli 2016 gelten. Für diejenigen Mitgliedstaaten, die sich aufgrund eines nach Artikel 331 Absatz 1 Unterabsatz 2 oder Unterabsatz 3 AEUV angenommenen Beschlusses der Verstärkten Zusammenarbeit anschließen, gilt diese Verordnung ab dem in dem betreffenden Beschluss angegebenen Tag.

Diese Verordnung ist in allen ihren Teilen verbindlich und gilt gemäß den Verträgen unmittelbar in den teilnehmenden Mitgliedstaaten.

Geschehen zu Luxemburg am 24. Juni 2016.

Im Namen des Rates

Der Präsident

A.G. KOENDERS

Siehe auch die Durchführungsverordnung (EU) 2018/1935 der Kommission vom 7. Dezember 2018 zur Festlegung der Formblätter nach Maßgabe der Verordnung (EU) 2016/1103 des Rates zur Durchführung einer Verstärkten Zusammenarbeit im Bereich der Zuständigkeit, des anzuwendenden Rechts und der Anerkennung und Vollstreckung von Entscheidungen in Fragen des ehelichen Güterstands (ABl. L 314 vom 11.12.2018, S. 14–33)

3. Todeserklärungsgesetz

3. Todeserklärungsgesetz 1950 (WV), BGBl 1951/23 idF

1 BGBl 1978/304 (IPR-Gesetz)
2 BGBl 1983/135
3 BGBl I 2003/112 (AußStr-BegleitG)

GLIEDERUNG

STICHWORTVERZEICHNIS

(Die Zahlenangaben beziehen sich auf die Paragraphen)

Todeserklärungsgesetz 1950

Abschnitt I.

Voraussetzungen der Todeserklärung. Lebens- und Todesvermutungen

(§§ 1 bis 11 des Gesetzes über die Verschollenheit, die Todeserklärung und die Feststellung der Todeszeit vom 4. Juli 1939, Deutsches RGBl. I S. 1186:)

§ 1. (1) Verschollen ist, wessen Aufenthalt während längerer Zeit unbekannt ist, ohne daß Nachrichten darüber vorliegen, ob er in dieser Zeit noch gelebt hat oder gestorben ist, sofern nach den Umständen hiedurch ernstliche Zweifel an seinem Fortleben begründet werden.

(2) Verschollen ist nicht, wessen Tod nach den Umständen nicht zweifelhaft ist.

§ 2. Ein Verschollener kann unter den Voraussetzungen der §§ 3 bis 7 im Aufgebotsverfahren für tot erklärt werden.

§ 3. (1) Die Todeserklärung ist zulässig, wenn seit dem Ende des Jahres, in dem der Verschollene nach den vorhandenen Nachrichten noch gelebt hat, zehn Jahre oder, wenn der Verschollene zur Zeit der Todeserklärung das achtzigste Lebensjahr vollendet hätte, fünf Jahre verstrichen sind.

(2) Vor dem Ende des Jahres, in dem der Verschollene das fünfundzwanzigste Lebensjahr vollendet hätte, darf er nach Abs. 1 nicht für tot erklärt werden.

§ 4. (1) Wer als Angehöriger einer bewaffneten Macht an einem Kriege, einem kriegsähnlichen Unternehmen oder einem besonderen Einsatz teilgenommen hat, während dieser Zeit im Gefahrgebiet vermißt worden und seitdem verschollen ist, kann für tot erklärt werden, wenn seit dem Ende des Jahres, in dem der Friede geschlossen, der besondere Einsatz für beendigt erklärt oder der Krieg oder das kriegsähnliche Unternehmen ohne Friedensschluß tatsächlich beendigt ist, ein Jahr verstrichen ist.

(2) Ist der Verschollene unter Umständen vermißt, die eine hohe Wahrscheinlichkeit seines Todes begründen, so wird die im Abs. 1 bestimmte Jahresfrist von dem Zeitpunkt ab berechnet, in dem er vermißt worden ist.

(3) Den Angehörigen einer bewaffneten Macht steht gleich, wer sich bei ihr aufgehalten hat.

(4) Wann der Fall eines besonderen Einsatzes vorliegt und wann er beendigt ist, bestimmt das Bundesministerium für Justiz im Einvernehmen mit dem Bundesministerium für Inneres. (§ 3 Abs. 2 des Behörden-Überleitungsgesetzes vom 20. Juli 1945, StGBl. Nr. 94, in der Fassung der zweiten Behörden-Überleitungsgesetz-Novelle vom 18. Jänner 1946, BGBl. Nr. 64.)

§ 5. (1) Wer bei einer Fahrt auf See, insbesondere infolge Untergangs des Schiffes, verschollen ist, kann für tot erklärt werden, wenn seit dem Untergang des Schiffes oder dem sonstigen die Verschollenheit begründenden Ereignis sechs Monate verstrichen sind.

(2) Ist der Untergang des Schiffes, der die Verschollenheit begründet haben soll, nicht feststellbar, so beginnt die Frist von sechs Monaten (Abs. 1) erst ein Jahr nach dem letzten Zeitpunkt, zu dem das Schiff nach den vorhandenen Nachrichten noch nicht untergegangen war; das Gericht kann diesen Zeitraum von einem Jahr bis auf drei Monate verkürzen, wenn nach anerkannter seemännischer Erfahrung wegen der Beschaffenheit und Ausrüstung des Schiffes, im Hinblick auf die Gewässer, durch welche die Fahrt führen sollte, oder aus sonstigen Gründen anzunehmen ist, daß das Schiff schon früher untergegangen ist.

§ 6. Wer bei einem Fluge, insbesondere infolge Zerstörung des Luftfahrzeugs, verschollen ist, kann für tot erklärt werden, wenn seit der Zerstörung des Luftfahrzeugs oder dem sonstigen die Verschollenheit begründenden Ereignis oder, wenn diese Ereignisse nicht feststellbar sind, seit dem letzten Zeitpunkt, zu dem der Verschollene nach den vorhandenen Nachrichten noch gelebt hat, drei Monate verstrichen sind.

§ 7. Wer unter anderen als den in den §§ 4 bis 6 bezeichneten Umständen in eine Lebensgefahr gekommen und seitdem verschollen ist, kann für tot erklärt werden, wenn seit dem Zeitpunkt, in dem die Lebensgefahr beendigt ist oder ihr Ende nach den Umständen erwartet werden konnte, ein Jahr verstrichen ist.

§ 8. Liegen bei einem Verschollenen die Voraussetzungen sowohl des § 4 als auch der §§ 5 oder 6 vor, so ist nur der § 4 anzuwenden.

§ 9. (1) Die Todeserklärung begründet die Vermutung, daß der Verschollene in dem im Beschluß festgestellten Zeitpunkt gestorben ist.

(2) Als Zeitpunkt des Todes ist der Zeitpunkt festzustellen, der nach dem Ergebnis der Ermittlungen der wahrscheinlichste ist.

(3) Läßt sich ein solcher Zeitpunkt nicht angeben, so ist als Zeitpunkt des Todes festzustellen:

a) in den Fällen des § 3 das Ende des fünften Jahres oder, wenn der Verschollene das achtzigste Lebensjahr vollendet hätte, des dritten Jahres nach dem letzten Jahre, in dem der Verschollene den vorhandenen Nachrichten zufolge noch gelebt hat;

b) in den Fällen des § 4 der Zeitpunkt, in dem der Verschollene vermißt worden ist;

c) in den Fällen der §§ 5 und 6 der Zeitpunkt, in dem das Schiff untergegangen, das Luftfahrzeug zerstört oder das sonstige die Verschollenheit begründende Ereignis eingetreten oder – falls dies nicht feststellbar ist – der Verschollene zuerst vermißt worden ist;

d) in den Fällen des § 7 der Beginn der Lebensgefahr.

(4) Ist die Todeszeit nur dem Tage nach festgestellt, so gilt das Ende des Tages als Zeitpunkt des Todes.

§ 10. Solange ein Verschollener nicht für tot erklärt ist, wird vermutet, daß er bis zu dem im § 9 Abs. 3, 4 genannten Zeitpunkt weiter lebt oder gelebt hat.

§ 11. Kann nicht bewiesen werden, daß von mehreren gestorbenen oder für tot erklärten Menschen der eine den anderen überlebt hat, so wird vermutet, daß sie gleichzeitig gestorben sind.

Abschnitt II.

Inländische Gerichtsbarkeit

§ 12. Die inländische Gerichtsbarkeit zur Todeserklärung eines Verschollenen ist gegeben, wenn

1. er in dem letzten Zeitpunkt, in dem er nach den vorhandenen Nachrichten noch gelebt hat, österreichischer Staatsbürger gewesen ist oder

2. er Vermögen im Inland hat oder

3. die Tatsache seines Todes für ein im Inland zu beurteilendes Recht oder Rechtsverhältnis erheblich ist oder

4.[1] der Antrag auf Todeserklärung vom Ehegatten des Verschollenen gestellt wird und dieser Ehegatte entweder österreichischer Staatsbürger ist oder seinen gewöhnlichen Aufenthalt im Inland hat und zur Zeit der Eheschließung mit dem Verschollenen österreichischer Staatsbürger gewesen ist.

(BGBl 1983/135)

---

[1] § 12 ist nach § 43 Abs 1 Z 18 EPG auf eingetragene Partner sinngemäß anzuwenden.

Abschnitt III.

Todeserklärung

(§§ 1, 2, 3, 4, 6, § 8 Abs. 1 und 2 des Gesetzes vom 16. Februar 1883, RGBl. Nr. 20, betreffend das Verfahren zum Zwecke der Todeserklärung und der Beweisführung des Todes, in der Fassung des Gesetzes vom 31. März 1918, RGBl. Nr. 129:)

§ 13. Zur Todeserklärung eines Verschollenen ist das Bezirksgericht zuständig, in dessen Sprengel der Verschollene seinen letzten gewöhnlichen Aufenthalt im Inland hatte, sonst das Bezirksgericht Innere Stadt Wien.

(BGBl I 2003/112, ab 1. 1. 2005; s § 27a Abs 2)

§ 14. Soweit in diesem Gesetz nicht etwas anderes verfügt wird, sind in dem Verfahren über das Ansuchen um eine Todeserklärung die allgemeinen Anordnungen über das gerichtliche Verfahren in Rechtsangelegenheiten außer Streitsachen in Anwendung zu bringen.

§ 15. (1) Alle für die richterliche Beurteilung maßgebenden tatsächlichen Verhältnisse sind durch eine amtliche Untersuchung zu ermitteln.

(2) In Beziehung auf die Benützung von Beweismitteln und auf die Würdigung der Beweise ist das Gericht an gesetzliche Regeln nicht gebunden.

(3) Die Partei, welche das Ansuchen um Todeserklärung gestellt hat, und andere Personen können erforderlichenfalls auch eidlich vernommen werden.

§ 16. Wenn zu besorgen ist, daß die Feststellung von Tatsachen, welche für die Erwirkung einer Todeserklärung von Einfluß sein können, bei längerem Aufschub unmöglich gemacht oder erheblich erschwert würde, so kann diese Feststellung noch vor dem Ansuchen um Todeserklärung bei demjenigen Bezirksgericht begehrt werden, in dessen Sprengel die zum Zwecke der Feststellung nötigen Erhebungen vorzunehmen sind.

§ 17. (1) Wird eine Todeserklärung angesucht, so hat das Gericht zur Vertretung des Verschollenen in dem Verfahren einen Kurator zu bestellen; das Gericht kann jedoch davon absehen, wenn nach den Umständen des Falles eine Vertretung des Verschollenen in dem Verfahren entbehrlich ist.

(2) Dem Kurator obliegt insbesondere, die zur Auffindung des Verschollenen geeigneten Nachforschungen zu pflegen.

§ 18. (1) Erachtet das Gericht das Vorhandensein der gesetzlichen Erfordernisse der Todeserklärung als in einer für die Einleitung des weiteren Verfahrens ausreichenden Weise dargetan, so hat es ein Edikt zu erlassen. In das Edikt ist insbesondere aufzunehmen:

a) die Bezeichnung dessen, welcher das Ansuchen um Todeserklärung gestellt hat;

b) die Aufforderung an den Verschollenen, sich bis zum Ablauf der Ediktalfrist (Abs. 4) zu melden, widrigenfalls er für tot erklärt werden könne;

c) die Aufforderung an alle, dem Gerichte oder, wenn ein Kurator bestellt ist, diesem bis zum Ablauf der Ediktalfrist (Abs. 4) Nachrichten über den Verschollenen zu geben.

(2) Zugleich ist anzukündigen, daß die Entscheidung über das Gesuch um Todeserklärung nach Ablauf der Ediktalfrist (Abs. 4) erfolgen werde.

(3) Der Inhalt des Edikts ist in die Ediktsdatei aufzunehmen. Im Übrigen ist § 117 Abs. 2 ZPO sinngemäß anzuwenden. *(BGBl I 2003/112, ab 1. 1. 2005; s § 27a Abs 3)*

(4) Der Tag, an dem die Ediktalfrist endet, ist in dem Edikt anzugeben und so zu bestimmen, dass nach der Aufnahme des Edikts in die Ediktsdatei mindestens sechs Wochen und, wenn nicht besondere Gründe vorliegen, höchstens ein Jahr verstreichen muss; die Ediktalfrist kann von Amts wegen verlängert werden. *(BGBl I 2003/112, ab 1. 1. 2005; s § 27a Abs 3)*

(§ 56 Abs. 3 des Gesetzes vom 4. Juli 1939, Deutsches RGBl. I S. 1186.)

§ 19. (1) Nach Ablauf der in dem Edikte bestimmten Frist entscheidet das Gericht auf erneutes Ansuchen über das Begehren um Todeserklärung.

(2) Wird die Todeserklärung ausgesprochen, so ist auch der Tag des vermuteten Todes anzugeben.

§ 20. Das Ansuchen um eine Todeserklärung kann auch von der Staatsanwaltschaft gestellt werden; ihr ist vor der Bekanntmachung des Edikts und vor der Entscheidung in jedem Falle Gelegenheit zur Äußerung zu geben.

(§ 56 Abs. 2 des Gesetzes vom 4. Juli 1939, Deutsches RGBl. I S. 1186.)

Abschnitt IV.

Beweisführung des Todes

(§ 10 des Gesetzes vom 16. Februar 1883, RGBl. Nr. 20, betreffend das Verfahren zum Zwecke der Todeserklärung und der Beweisführung des Todes, in der Fassung des Gesetzes vom 31. März 1918, RGBl. Nr. 129:)

§ 21. (1) Wenn der Beweis des Todes eines Verschollenen nicht durch öffentliche Urkunden herzustellen ist, so kann bei dem in § 13 bezeichneten Gerichte der Beweis des Todes geführt und der Ausspruch erwirkt werden, daß dieser Beweis als hergestellt anzusehen ist.

(2) Auf das Verfahren finden die Bestimmungen des § 13 Abs. 2 und der §§ 14 bis 16 Anwendung.

(3) Findet das Gericht das Ansuchen um Beweisführung des Todes zur Einleitung des weiteren Verfahrens geeignet, so hat es ein Edikt zu erlassen, auf welches die Bestimmungen des § 18 mit der Änderung Anwendung finden, daß die Ediktalfrist nach Ermessen des Gerichtes, jedoch nicht auf kürzere Zeit als drei Monate festzusetzen ist.

(4) Gleichzeitig mit dem Erlassen des Edikts hat das Gericht einen Kurator zu bestellen; das Gericht kann jedoch davon absehen, wenn nach den Umständen des Falles eine Vertretung des Verschollenen in dem Verfahren entbehrlich ist.

(5) Die Aufnahme der Beweise kann vor dem Ablauf der Ediktalfrist stattfinden.

(6) Vor der Entscheidung hat das Gericht die Parteien über die Ergebnisse der Beweisführung zu vernehmen.

(7) Wird der Beweis des Todes als hergestellt erkannt, so ist in der Entscheidung der Tag anzugeben, von welchem bewiesen ist, daß er der Todestag ist, beziehungsweise, daß der Verschollene ihn nicht überlebt hat, in dem letzteren Falle hat dieser Tag als Todestag zu gelten.

§ 22. Das Ansuchen kann auch von der Staatsanwaltschaft gestellt werden; ihr ist vor der Bekanntmachung des Edikts und vor der Entscheidung in jedem Falle Gelegenheit zur Äußerung zu geben.

(§ 57 des Gesetzes vom 4. Juli 1939, Deutsches RGBl. I S. 1186.)

Abschnitt V.

Aufhebung und Berichtigung der Todeserklärung oder der Beweisführung des Todes

(§§ 10a, 10b und 10c des Gesetzes vom 16. Februar 1883, RGBl. Nr. 20, betreffend das Verfahren zum Zwecke der Todeserklärung und der Beweisführung des Todes, in der Fassung des Gesetzes vom 31. März 1918, RGBl. Nr. 129:)

§ 23. (1) Ist der Verschollene nach der Todeserklärung noch am Leben oder ist er an einem anderen Tag als an dem in der Todeserklärung angegebenen vermuteten Todestag (§ 19) gestorben, so kann der für tot Erklärte oder wer sonst an der Aufhebung oder Berichtigung der Todeserklärung ein rechtliches Interesse hat, ferner in Wahrung öffentlicher Interessen die Staatsanwaltschaft bei dem Gerichte, das die Todeserklärung in erster Instanz ausgesprochen hat, die Aufhebung oder Berichtigung der Todeserklärung beantragen.

(2) Das Gericht (§ 13 Abs. 2) entscheidet über den Antrag unter Beobachtung der Vorschriften der §§ 14 und 15 durch Beschluß.

(3) Der Staatsanwaltschaft ist vor der Entscheidung in jedem Falle Gelegenheit zur Äußerung zu geben.

(4) Die Aufhebung oder Berichtigung der Todeserklärung wirkt für und gegen alle Beteiligten.

(Zu Abs. 1 und 3: § 56 Abs. 2 des Gesetzes vom 4. Juli 1939, Deutsches RGBl. I S. 1186.)

§ 24. (1) Wenn der für tot Erklärte persönlich vor Gericht erscheint und die Aufhebung der Todeserklärung verlangt, so hat das Gericht, falls die Identität des Antragstellers mit dem für tot Erklärten unzweifelhaft feststeht, ohne weiteres Verfahren die Aufhebung der Todeserklärung auszusprechen.

(2) Im unmittelbaren Anschluß daran ist durch das für die Verlassenschaftsabhandlung zuständige Gericht die Wiedereinführung des Antragstellers in den Besitz des auf Grund der Todeserklärung an andere Personen gelangten Vermögens unter Berücksichtigung der Vorschrift des § 2 Abs. 2 Z. 7 des Patentes vom 9. August 1854, RGBl. Nr. 208, in Verfahren außer Streitsachen[1] zu ordnen.

(3) Ebenso hat das Gericht zu veranlassen, daß die etwa eingesetzte Vormundschaft über Kinder des für tot Erklärten aufgehoben und diesem die väterliche Gewalt[2] wiedergegeben werde.

---

[1] *Jetzt: AußStrG; eine Verweisung auf den Rechtsweg kennt dieses Gesetz nicht mehr.*

[2] *Jetzt: Obsorge (s § 158 ABGB)*

§ 25. Die Bestimmungen der §§ 23 und 24 sind sinngemäß anzuwenden, wenn ein Verschollener nach der Entscheidung, mittels der der Beweis seines Todes als hergestellt erkannt worden ist, noch am Leben ist oder an einem anderen Tage, als der nach der Entscheidung als Todestag zu gelten hat (§ 21), gestorben ist.

Abschnitt VI.

Inkrafttreten. Übergangs- und Schlußvorschriften

§ 26. (1) Die Bestimmungen dieses Gesetzes, die dem Gesetz vom 16. Februar 1883, RGBl. Nr. 20, betreffend das Verfahren zum Zwecke der Todeserklärung und der Beweisführung des Todes, entsprechen, sind am 1. März 1883 in Wirksamkeit getreten und es sind die in diesem Zeitpunkt bestehenden gesetzlichen Bestimmungen, soweit sie Gegenstände desselben abweichend regelten, außer Kraft getreten.

(2) Die durch das Gesetz vom 31. März 1918, RGBl. Nr. 129, über Änderungen des Gesetzes vom 16. Februar 1883, RGBl. Nr. 20, betreffend das Verfahren zum Zwecke der Todeserklärung und der Beweisführung des Todes, vorgenommenen Änderungen sind am 20. April 1918 in Kraft getreten. Sie finden auch auf ein Verfahren Anwendung, das an diesem Tage bereits anhängig war. Die Aufhebung oder Berichtigung einer Todeserklärung oder der Beweisführung des Todes nach den §§ 23 bis 25 ist zulässig, auch wenn die Todeserklärung oder die Entscheidung über die Beweisführung des Todes an diesem Tage bereits rechtskräftig war.

TEG

(Artikel II des Gesetzes vom 31. März 1918, RGBl. Nr. 129.)

§ 27. (1) Die Bestimmungen dieses Gesetzes, die dem Gesetz über die Verschollenheit, die Todeserklärung und die Feststellung der Todeszeit vom 4. Juli 1939, Deutsches RGBl. I S. 1186, entsprechen, sind am 15. Juli 1939 in Kraft getreten.

(2) Vom gleichen Zeitpunkte ab sind aufgehoben worden:

a) die §§ 24, 25, 112 bis 114, 277 und 278 Satz 1 des allgemeinen bürgerlichen Gesetzbuchs;

b) das Gesetz über die Todeserklärung von in dem gegenwärtigen Krieg Vermißten vom 31. März 1918, RGBl. Nr. 128, nebst der Verordnung vom 8. April 1918, RGBl. Nr. 134.
(Zu Abs. 1 und 2: § 55 des Gesetzes vom 4. Juli 1939, Deutsches RGBl. I S. 1186.)

(3) Soweit in anderen Gesetzen auf die aufgehobenen Vorschriften (Abs. 2) verwiesen ist, treten die entsprechenden Vorschriften dieses Gesetzes an ihre Stelle. *(§ 46 Abs. 3 des Gesetzes vom 4. Juli 1939, Deutsches RGBl. I S. 1186.)*

(4) Am 15. Juli 1939 anhängige Verfahren zum Zwecke der Todeserklärung und der Beweisführung des Todes sind nach den bis dahin geltenden Vefahrensvorschriften zu Ende zu führen. *(§ 58 des Gesetzes vom 4. Juli 1939, Deutsches RGBl. I S. 1186.)*

§ 27a. (1) Die §§ 13 und 18 in der Fassung des Bundesgesetzes BGBl. I Nr. 112/2003 treten mit 1. Jänner 2005 in Kraft.

(2) § 13 in der im Abs. 1 genannten Fassung ist auf Verfahren anzuwenden, bei denen der verfahrenseinleitende Antrag nach dem 31. Dezember 2004 eingebracht worden ist.

(3) § 18 in der im Abs. 1 genannten Fassung ist anzuwenden, wenn das Datum der bekannt zu machenden Entscheidung nach dem 31. Dezember 2004 liegt. Auf alle vor diesem Datum ergangenen Edikte sind die bisher in Geltung gestandenen Vorschriften über die Bekanntmachung weiter anzuwenden.

(BGBl I 2003/112)

§ 28. (1) [Von der Einschaltung des Edikts (§ 18 Abs. 3) in die für amtliche Kundmachungen bestimmte Zeitung kann abgesehen werden, wenn es sich um einen Fall der Kriegsverschollenheit (§ 4) auf Grund des zweiten Weltkrieges handelt. *(Verordnung vom 17. Januar 1942, Deutsches RGBl. I S. 31.)*]

[] Gegenstandslos. Eine Kundmachung in Zeitungen ist im § 18 nicht mehr vorgesehen.

(2) Soll ein Verschollener, der an dem zweiten Weltkrieg als Angehöriger der bewaffneten Macht des Deutschen Reiches oder eines mit ihm verbündeten oder befreundeten Staates teilgenommen oder sich bei ihr aufgehalten hat, auf Grund des § 4 Abs. 2 für tot erklärt werden, so ist von dem Erlaß eines Edikts (§18) abzusehen. Das Verfahren richtet sich nach den §§ 13 bis 17, 19 Abs. 2, §§ 23 und 24. Nach Eingang des Antrages ist in jedem Falle der Staatsanwaltschaft, vor der Entscheidung dem Antragsteller und der Staatsanwaltschaft Gelegenheit zur Äußerung zu geben. *(Zweite Verordnung vom 20. Januar 1943, Deutsches RGBl. I S . 66, in der Fassung der Berichtigung vom 2. April 1943, Deutsches RGBl. I S. 182.)*

§ 29. Mit der Vollziehung dieses Gesetzes ist das Bundesministerium für Justiz, im Falle des § 4 Abs. 4 im Einvernehmen mit dem Bundesministerium für Inneres, betraut.

4. Ehegesetz

dRGBl 1938 807 (Kundmachung GBlÖ 1938/244) idF

1 StGBl 1945/31
2 BGBl 1973/108
3 BGBl 1975/412
4 BGBl 1976/331
5 BGBl 1977/403
6 BGBl 1978/280
7 BGBl 1978/303
8 BGBl 1983/136
9 BGBl 1983/566
10 BGBl 1985/481
11 BGBl 1992/275 (FMedG)
12 BGBl 1995/25 (NamRÄG)
13 BGBl I 1999/125 (EheRÄG 1999)
14 BGBl I 2000/135 (KindRÄG 2001)
15 BGBl I 2003/29 (ZivMediatG)
16 BGBl I 2003/112 (AußStr-BegleitG)
17 BGBl I 2004/52 (VfGH)
18 BGBl I 2006/92 (SWRÄG 2006)
19 BGBl I 2009/75 (FamRÄG 2009)
20 BGBl I 2009/135 (EPG)
21 BGBl I 2013/15 (KindNamRÄG 2013)
22 BGBl I 2017/59 (2. ErwSchG)

4/1. (Erste) Verordnung zur Durchführung und Ergänzung des Gesetzes zur Vereinheitlichung des Rechts der Eheschließung und der Ehescheidung [im Lande Österreich und im übrigen Reichsgebiet]

4/2. Eingetragene Partnerschaft-Gesetz

GLIEDERUNG

STICHWORTVERZEICHNIS
zum EheG und zur 1. DVEheG

(Die Zahlenangaben beziehen sich, wenn nichts anderes angegeben, auf die Paragraphen des EheG)

Gesetz zur Vereinheitlichung des Rechts der Eheschließung und der Ehescheidung [im Lande Österreich und im übrigen Reichsgebiet] vom 6. Juli 1938.

Erster Abschnitt

Recht der Eheschließung

A. Ehefähigkeit

§ 1. (1) Ehefähig ist, wer volljährig und entscheidungsfähig ist.

(2) Das Gericht hat eine Person, die das 16. Lebensjahr vollendet hat, auf ihren Antrag für ehefähig zu erklären, wenn der künftige Ehegatte volljährig ist und sie für diese Ehe reif erscheint; die minderjährige Person bedarf zur Eingehung der Ehe der Zustimmung des gesetzlichen Vertreters. Verweigert dieser die Zustimmung, so hat das Gericht sie auf Antrag der minderjährigen Person, die ihrer bedarf, zu ersetzen, wenn keine gerechtfertigten Gründe für die Weigerung vorliegen.

(BGBl I 2017/59, ab 1. 7. 2018, anzuwenden, wenn die Ehe nach dem 30. Juni 2018 begründet wird)

§§ 2 und 3. *(aufgehoben samt Überschrift, BGBl I 2017/59, ab 1. 7. 2018)*

B. Eheverbote

§§ 4 und 5. *(aufgehoben, StGBl 1945/31)*

Verwandtschaft

§ 6. Eine Ehe darf nicht geschlossen werden zwischen Blutsverwandten gerader Linie und zwischen voll- oder halbbürtigen Geschwistern, gleichgültig ob die Blutsverwandtschaft auf ehelicher oder unehelicher Geburt beruht.

§ 7. *(aufgehoben, BGBl 1983/566)*

Doppelehe

§ 8. Niemand darf eine Ehe eingehen, bevor seine frühere Ehe für nichtig erklärt oder aufgelöst worden ist.

§ 9. Eine Person darf keine Ehe eingehen, bevor ihre eingetragene Partnerschaft für nichtig erklärt oder aufgelöst worden ist.

(BGBl I 2009/135, ab 1. 1. 2010)

Annahme an Kindes Statt

§ 10. Eine Ehe soll nicht geschlossen werden zwischen einem angenommenen Kinde und seinen Abkömmlingen einerseits und dem Annehmenden andererseits, solange das durch die Annahme begründete Rechtsverhältnis besteht.

§§ 11 bis 14. *(aufgehoben, BGBl 1983/566)*

C. Eheschließung

§ 15. (1) Eine Ehe kommt nur zustande, wenn die Eheschließung vor einem Standesbeamten stattgefunden hat.

(2) Als Standesbeamter im Sinne des Abs. 1 gilt auch, wer, ohne Standesbeamter zu sein, das Amt eines Standesbeamten öffentlich ausgeübt und die „Eintragung der Ehe in das Ehebuch oder das Zentrale Personenstandsregister durchgeführt oder veranlasst" hat. *(BGBl I 2017/59, ab 1. 7. 2018)*

§ 16. *(aufgehoben, BGBl 1983/566)*

Form der Eheschließung

§ 17. (1) Die Ehe wird dadurch geschlossen, daß die Verlobten vor dem Standesbeamten persönlich und bei gleichzeitiger Anwesenheit erklären, die Ehe miteinander eingehen zu wollen.

(2) Die Erklärungen können nicht unter einer Bedingung oder einer Zeitbestimmung abgegeben werden.

§§ 18 und 19. *(aufgehoben, BGBl 1983/566)*

D. Nichtigkeit der Ehe

I. Nichtigkeitsgründe

§ 20. Eine Ehe ist nur in den Fällen nichtig, in denen dies in den §§ 21 bis 25 dieses Gesetzes bestimmt ist.

(BGBl 1983/566)

Mangel der Form

§ 21. (1) Eine Ehe ist nichtig, wenn die Eheschließung nicht in der durch § 17 vorgeschriebenen Form stattgefunden hat.

(2) Die Ehe ist jedoch als von Anfang an gültig anzusehen, wenn die Ehegatten nach der Eheschließung fünf Jahre oder, falls einer von ihnen vorher verstorben ist, bis zu dessen Tode, jedoch mindestens drei Jahre, als Ehegatten miteinander gelebt haben, es sei denn, daß bei Ablauf der fünf Jahre oder zur Zeit des Todes des einen Ehegatten die Nichtigkeitsklage erhoben ist.

Mangel der Ehefähigkeit

§ 22. (1) Eine Ehe ist nichtig, wenn einer der Ehegatten zur Zeit der Eheschließung nicht ehefähig war und nicht der Aufhebungsgrund des § 35 vorliegt.

(2) Die Ehe ist jedoch als von Anfang an gültig anzusehen, wenn der Ehegatte nach Eintritt der Ehefähigkeit zu erkennen gibt, dass er die Ehe fortsetzen will.

(BGBl I 2017/59, ab 1. 7. 2018, anzuwenden, wenn die Ehe nach dem 30. Juni 2018 begründet wird)

Namensehe und Staatsangehörigkeitsehe

§ 23. (1) Eine Ehe ist nichtig, wenn sie ausschließlich oder vorwiegend zu dem Zweck geschlossen ist, der Frau die Führung des Familiennamens des Mannes oder den Erwerb der Staatsangehörigkeit des Mannes zu ermöglichen, ohne daß die eheliche Lebensgemeinschaft begründet werden soll.

(2) Die Ehe ist jedoch als von Anfang an gültig anzusehen, wenn die Ehegatten nach der Eheschließung fünf Jahre oder, falls einer von ihnen vorher verstorben ist, bis zu seinem Tode, jedoch mindestens drei Jahre, als Ehegatten miteinander gelebt haben, es sei denn, daß bei Ablauf der fünf Jahre oder zur Zeit des Todes des einen Ehegatten die Nichtigkeitsklage erhoben ist.

Doppelehe

§ 24. Eine Ehe ist nichtig, wenn ein Teil zur Zeit ihrer Schließung mit einer dritten Person in gültiger Ehe oder eingetragener Partnerschaft lebte.

(BGBl I 2009/135, ab 1. 1. 2010)

Verwandtschaft

§ 25. Eine Ehe ist nichtig, wenn sie dem Verbot des § 6 zuwider zwischen Blutsverwandten geschlossen ist.

(BGBl 1983/566)

§ 26. *(aufgehoben, BGBl 1983/566)*

II. Berufung auf die Nichtigkeit

§ 27. Niemand kann sich auf die Nichtigkeit einer Ehe berufen, solange nicht die Ehe durch gerichtliches Urteil für nichtig erklärt worden ist.

Begehren der Nichtigerklärung

§ 28. (1) Ist eine Ehe auf Grund des § 22 Abs. 1 nichtig, so kann einer der beiden Ehegatten die Nichtigerklärung begehren. Ist eine Ehe auf Grund des § 23 Abs. 1 nichtig, so kann nur der Staatsanwalt die Nichtigerklärung begehren.

(2) In allen übrigen Fällen der Nichtigkeit können der Staatsanwalt und jeder der Ehegatten, im Fall des § 24 auch der frühere Ehegatte oder eingetragene Partner die Nichtigerklärung begehren. Ist die Ehe aufgelöst, so kann nur der Staatsanwalt die Nichtigerklärung begehren.

(3) Sind beide Ehegatten verstorben, so kann die Nichtigerklärung nicht mehr begehrt werden.

(BGBl I 2017/59, ab 1. 7. 2018)

§ 29. (1) Die Nichtigerklärung kann ein Ehegatte nur selbst begehren, wenn er dafür entscheidungsfähig ist.

(2) Fehlt ihm diese Fähigkeit, so kann ihn ein gesetzlicher Vertreter dabei nur vertreten, wenn die Vertretungshandlung zur Wahrung seines Wohles erforderlich ist. Gibt der Ehegatte aber zu erkennen, dass er die vom gesetzlichen Vertreter geplante Vertretungshandlung ablehnt, so hat diese zu unterbleiben, es sei denn, sein Wohl wäre sonst erheblich gefährdet.

(BGBl I 2017/59, ab 1. 7. 2018)

§ 30. *(aufgehoben, BGBl 1977/403)*

III. Folgen der Nichtigkeit

Vermögensrechtliche Beziehungen der Ehegatten

§ 31. (1) Hat auch nur einer der Ehegatten die Nichtigkeit der Ehe bei der Eheschließung nicht gekannt, so finden auf das Verhältnis der Ehegatten in vermögensrechtlicher Beziehung die im Falle der Scheidung geltenden Vorschriften entsprechende Anwendung. Dabei ist ein Ehegatte, dem die Nichtigkeit der Ehe bei der Eheschließung bekannt war, wie ein für schuldig erklärter Ehegatte zu behandeln.

(2) Ein Ehegatte, der die Nichtigkeit der Ehe bei der Eheschließung nicht gekannt hat, kann binnen sechs Monaten, nachdem die Ehe rechtskräftig für nichtig erklärt ist, dem anderen Ehegatten erklären, daß es für ihr Verhältnis in vermögensrechtlicher Beziehung bei den Folgen der Nichtigkeit bewenden solle. Gibt er eine solche Erklärung ab, so findet die Vorschrift des Abs. 1 keine Anwendung.

Schutz gutgläubiger Dritter

§ 32. Einem Dritten gegenüber können aus der Nichtigkeit der Ehe Einwendungen gegen ein zwischen ihm und einem der Ehegatten vorgenommenes Rechtsgeschäft oder gegen ein zwischen ihnen ergangenes rechtskräftiges Urteil nur hergeleitet werden, wenn die Ehe bereits zur Zeit der Vornahme des Rechtsgeschäfts oder zur Zeit des Eintritts der Rechtshängigkeit für nichtig erklärt oder die Nichtigkeit dem Dritten bekannt war.

E. Aufhebung der Ehe

I. Allgemeine Vorschriften

§ 33. Die Aufhebung einer Ehe kann nur in den Fällen der §§ 35 bis 39 und 44 dieses Gesetzes begehrt werden.

§ 34. Die Ehe wird durch gerichtliches Urteil aufgehoben. Sie ist mit der Rechtskraft des Urteils aufgelöst.

II. Aufhebungsgründe

Mangel der Zustimmung des gesetzlichen Vertreters

§ 35. Ein Ehegatte kann die Aufhebung der Ehe begehren, wenn er zur Zeit der Eheschließung minderjährig war und sein gesetzlicher Vertreter nicht die Zustimmung zur Eheschließung erteilt hat, außer es hat dieser oder der Ehegatte nach Erlangung der Volljährigkeit nachträglich zugestimmt oder das Gericht die verweigerte nachträgliche Zustimmung des gesetzlichen Vertreters ersetzt.

(BGBl I 2017/59, ab 1. 7. 2018)

Irrtum über die Eheschließung oder über die Person des anderen Ehegatten

§ 36. (1) Ein Ehegatte kann Aufhebung der Ehe begehren, wenn er bei der Eheschließung nicht gewußt hat, daß es sich um eine Eheschließung handelt, oder wenn er dies zwar gewußt hat, aber eine Erklärung, die Ehe eingehen zu wollen, nicht hat abgeben wollen. Das gleiche gilt, wenn der Ehegatte sich in der Person des anderen Ehegatten geirrt hat.

(2) Die Aufhebung ist ausgeschlossen, wenn der Ehegatte nach Entdeckung des Irrtums zu erkennen gegeben hat, daß er die Ehe fortsetzen will.

Irrtum über Umstände, die die Person des anderen Ehegatten betreffen

§ 37. (1) Ein Ehegatte kann Aufhebung der Ehe begehren, wenn er sich bei der Eheschließung über solche die Person des anderen Ehegatten betreffende Umstände geirrt hat, die ihn bei Kenntnis der Sachlage und bei richtiger Würdigung des Wesens der Ehe von der Eingehung der Ehe abgehalten hätten.

(2) Die Aufhebung ist ausgeschlossen, wenn der Ehegatte nach Entdeckung des Irrtums zu erkennen gegeben hat, daß er die Ehe fortsetzen will, oder wenn sein Verlangen nach Aufhebung der Ehe mit Rücksicht auf die bisherige Gestaltung des ehelichen Lebens der Ehegatten sittlich nicht gerechtfertigt erscheint.

Arglistige Täuschung

§ 38. (1) Ein Ehegatte kann Aufhebung der Ehe begehren, wenn er zur Eingehung der Ehe durch arglistige Täuschung über solche Umstände bestimmt worden ist, die ihn bei Kenntnis der Sachlage und bei richtiger Würdigung des Wesens der Ehe von der Eingehung der Ehe abgehalten hätten.

(2) Die Aufhebung ist ausgeschlossen, wenn die Täuschung von einem Dritten ohne Wissen des anderen Ehegatten verübt worden ist, oder wenn der Ehegatte nach Entdeckung der Täuschung zu erkennen gegeben hat, daß er die Ehe fortsetzen will.

(3) Auf Grund einer Täuschung über Vermögensverhältnisse kann die Aufhebung der Ehe nicht begehrt werden.

Drohung

§ 39. (1) Ein Ehegatte kann Aufhebung der Ehe begehren, wenn er zur Eingehung der Ehe widerrechtlich durch Drohung bestimmt worden ist.

(2) Die Aufhebung ist ausgeschlossen, wenn der Ehegatte nach Aufhören der durch die Dro-

hung begründeten Zwangslage zu erkennen gegeben hat, daß er die Ehe fortsetzen will.

III. Erhebung der Aufhebungsklage

Begehren der Aufhebung

§ 39a. (1) Die Aufhebung der Ehe kann ein Ehegatte nur selbst begehren, wenn er dafür entscheidungsfähig ist.

(2) Fehlt ihm diese Fähigkeit, so kann ihn ein gesetzlicher Vertreter dabei nur vertreten, wenn die Vertretungshandlung zur Wahrung seines Wohles erforderlich ist. Gibt der Ehegatte aber zu erkennen, dass er die vom gesetzlichen Vertreter geplante Vertretungshandlung ablehnt, so hat diese zu unterbleiben, es sei denn, sein Wohl wäre sonst erheblich gefährdet.

(BGBl I 2017/59, ab 1. 7. 2018)

Klagefrist

§ 40. (1) Die Aufhebungsklage kann nur binnen eines Jahres erhoben werden.

(2) Die Frist beginnt im Fall des § 35 mit dem Zeitpunkt, in welchem die Eingehung oder die Bestätigung der Ehe dem gesetzlichen Vertreter bekannt wird oder der Ehegatte entscheidungsfähig wird, in den Fällen der §§ 36 bis 38 mit dem Bekanntwerden des Irrtums oder der Täuschung, im Fall des § 39 mit dem Ende der Zwangslage. *(BGBl I 2017/59, ab 1. 7. 2018)*

(3) Der Lauf der Frist ist gehemmt, solange der klageberechtigte Ehegatte innerhalb der letzten sechs Monate der Klagefrist durch einen unabwendbaren Zufall an der Erhebung der Aufhebungsklage gehindert ist.

(4) Hat ein klageberechtigter Ehegatte, der „nicht entscheidungsfähig“ ist, keinen gesetzlichen Vertreter, so endet die Klagefrist nicht vor dem Ablauf von sechs Monaten nach dem Zeitpunkt, von dem an der Ehegatte die Aufhebungsklage selbständig erheben kann „ “. *(BGBl I 2017/59, ab 1. 7. 2018)*

Versäumung der Klagefrist durch den gesetzlichen Vertreter

§ 41. Hat der gesetzliche Vertreter eines „nicht entscheidungsfähigen“ Ehegatten die Aufhebungsklage nicht rechtzeitig erhoben, so kann der Ehegatte selbst innerhalb von sechs Monaten seit dem Wegfall der „Entscheidungsunfähigkeit“ die Aufhebungsklage erheben. *(BGBl I 2017/59, ab 1. 7. 2018)*

IV. Folgen der Aufhebung

§ 42. (1) Die Folgen der Aufhebung einer Ehe bestimmen sich nach den Vorschriften über die Folgen der Scheidung.

(2) In den Fällen der §§ 35 bis 37 ist der Ehegatte als schuldig anzusehen, der den Aufhebungsgrund bei Eingehung der Ehe kannte, in den Fällen der §§ 38 und 39 der Ehegatte, von dem oder mit dessen Wissen die Täuschung oder die Drohung verübt worden ist.

F. Wiederverheiratung im Falle der Todeserklärung

§ 43. (1) Geht ein Ehegatte, nachdem der andere Ehegatte für tot erklärt worden ist, eine neue Ehe ein, so ist die neue Ehe nicht deshalb nichtig, weil der für tot erklärte Ehegatte noch lebt, es sei denn, daß beide Ehegatten bei der Eheschließung wissen, daß er die Todeserklärung überlebt hat.

(2) Mit der Schließung der neuen Ehe wird die frühere Ehe aufgelöst. Sie bleibt auch dann aufgelöst, wenn die Todeserklärung aufgehoben wird.

§ 44. (1) Lebt der für tot erklärte Ehegatte noch, so kann sein früherer Ehegatte die Aufhebung der neuen Ehe begehren, es sei denn, daß er bei der Eheschließung wußte, daß der für tot erklärte Ehegatte die Todeserklärung überlebt hat.

(2) Macht der frühere Ehegatte von dem ihm nach Abs. 1 zustehenden Recht Gebrauch und wird die neue Ehe aufgehoben, so kann er zu Lebzeiten seines Ehegatten aus der früheren Ehe eine neue Ehe nur mit diesem eingehen. Im übrigen bestimmen sich die Folgen der Aufhebung nach § 42.

G. Wiederverheiratung nach Auflösung der Vorehe durch eine ausländische Entscheidung

§ 45. Geht ein Ehegatte nach Auflösung seiner Ehe durch eine ausländische Entscheidung eine neue Ehe ein, so ist die neue Ehe nicht deswegen nichtig, weil die Voraussetzungen für eine Anerkennung der ausländischen Entscheidung nicht gegeben sind. Dies gilt nicht, wenn beide Gatten der neuen Ehe bei ihrer Eheschließung wussten, dass die ausländische Entscheidung im Inland nicht anerkannt werden kann.

(BGBl I 2003/112, ab 1. 1. 2005)

Zweiter Abschnitt

Recht der Ehescheidung

A. Allgemeine Vorschriften

§ 46. Die Ehe wird durch „gerichtliche Entscheidung“ geschieden. Sie ist mit der Rechtskraft „der Entscheidung“ aufgelöst. Die Voraussetzungen, unter denen die Scheidung begehrt werden kann, ergeben sich aus den nachstehenden Vorschriften. *(BGBl 1978/280)*

§ 47. (1) Die Scheidung kann ein Ehegatte nur selbst begehren, wenn er dafür entscheidungsfähig ist.

(2) Fehlt ihm diese Fähigkeit, so kann ihn ein gesetzlicher Vertreter dabei nur vertreten, wenn die Vertretungshandlung zur Wahrung seines Wohles erforderlich ist. Gibt der Ehegatte aber zu erkennen, dass er die vom gesetzlichen Vertreter geplante Vertretungshandlung ablehnt, so hat diese zu unterbleiben, es sei denn, sein Wohl wäre sonst erheblich gefährdet.

(BGBl I 2017/59, ab 1. 7. 2018)

B. Ehescheidungsgründe

I. Scheidung wegen Verschuldens (Eheverfehlungen)

§ 48. *(aufgehoben, BGBl I 1999/125)*

§ 49. Ein Ehegatte kann Scheidung begehren, wenn der andere durch eine „ “ schwere Eheverfehlung oder durch ehrloses oder unsittliches Verhalten die Ehe schuldhaft so tief zerrüttet hat, daß die Wiederherstellung einer ihrem Wesen entsprechenden Lebensgemeinschaft nicht erwartet werden kann. „Eine schwere Eheverfehlung liegt insbesondere vor, wenn ein Ehegatte die Ehe gebrochen oder dem anderen körperliche Gewalt oder schweres seelisches Leid zugefügt hat.“ Wer selbst eine Verfehlung begangen hat, kann die Scheidung nicht begehren, wenn nach der Art seiner Verfehlung, insbesondere wegen des Zusammenhangs der Verfehlung des anderen Ehegatten mit seinem eigenen Verschulden sein Scheidungsbegehren bei richtiger Würdigung des Wesens der Ehe sittlich nicht gerechtfertigt ist. *(BGBl I 1999/125, ab 1. 1. 2000)*

II. Scheidung aus anderen Gründen

Ehezerrüttendes Verhalten ohne Verschulden

§ 50. Ein Ehegatte kann die Scheidung begehren, wenn die Ehe infolge eines Verhaltens des anderen Ehegatten, das nicht als Eheverfehlung betrachtet werden kann, weil es auf einer psychischen Krankheit oder einer vergleichbaren Beeinträchtigung beruht, so tief zerrüttet ist, dass die Wiederherstellung einer dem Wesen der Ehe entsprechenden Lebensgemeinschaft nicht erwartet werden kann.

(BGBl I 2017/59, ab 1. 7. 2018)

§ 51. *(aufgehoben samt Überschrift, BGBl I 2017/59, ab 1. 7. 2018)*

Ansteckende oder ekelerregende Krankheit

§ 52. Ein Ehegatte kann Scheidung begehren, wenn der andere an einer schweren ansteckenden oder ekelerregenden Krankheit leidet und ihre Heilung oder die Beseitigung der Ansteckungsgefahr in absehbarer Zeit nicht erwartet werden kann.

§ 53. *(aufgehoben, StGBl 1945/31)*

Vermeidung von Härten

§ 54. In den Fällen „der §§ 50 und 52“** darf die Ehe nicht geschieden werden, wenn das Scheidungsbegehren sittlich nicht gerechtfertigt ist. Dies ist in der Regel dann anzunehmen, wenn die Auflösung der Ehe den anderen Ehegatten außergewöhnlich hart treffen würde. Ob dies der Fall ist, richtet sich nach den Umständen, namentlich auch nach der Dauer der Ehe, dem Lebensalter der Ehegatten und dem Anlaß der Erkrankung „ “*. *(*StGBl 1945/31; **BGBl I 2017/59, ab 1. 7. 2018)*

Auflösung der häuslichen Gemeinschaft

§ 55. (1) Ist die häusliche Gemeinschaft der Ehegatten seit drei Jahren aufgehoben, so kann jeder Ehegatte wegen tiefgreifender unheilbarer Zerrüttung der Ehe deren Scheidung begehren. Dem Scheidungsbegehren ist nicht stattzugeben, wenn das Gericht zur Überzeugung gelangt, daß die Wiederherstellung einer dem Wesen der Ehe entsprechenden Lebensgemeinschaft zu erwarten ist. *(BGBl 1978/280)*

(2) Dem Scheidungsbegehren ist auf Verlangen des beklagten Ehegatten auch dann nicht stattzugeben, wenn der Ehegatte, der die Scheidung begehrt, die Zerrüttung allein oder überwiegend verschuldet hat und den beklagten Ehegatten die Scheidung härter träfe als den klagenden Ehegatten die Abweisung des Scheidungsbegehrens. Bei dieser Abwägung ist auf alle Umstände des Falles, besonders auf die Dauer der ehelichen Lebensgemeinschaft, das Wohl der Kinder sowie auch auf die Dauer der Aufhebung der häuslichen Gemeinschaft, Bedacht zu nehmen. *(BGBl 1978/280)*

(3) Dem Scheidungsbegehren ist jedenfalls stattzugeben, wenn die häusliche Gemeinschaft der Ehegatten seit sechs Jahren aufgehoben ist. *(BGBl 1978/303)*

Einvernehmen

§ 55a. (1) Ist die eheliche Lebensgemeinschaft der Ehegatten seit mindestens einem halben Jahr aufgehoben, gestehen beide die unheilbare Zerrüttung des ehelichen Verhältnisses zu und besteht zwischen ihnen Einvernehmen über die Scheidung, so können sie die Scheidung gemeinsam begehren.

(2) Die Ehe darf nur geschieden werden, wenn die Ehegatten eine schriftliche Vereinbarung über die Betreuung ihrer Kinder oder die Obsorge, die Ausübung des Rechtes auf persönliche Kontakte und die Unterhaltspflicht hinsichtlich ihrer gemeinsamen Kinder sowie ihre unterhaltsrechtlichen Beziehungen und die gesetzlichen vermögensrechtlichen Ansprüche im Verhältnis zueinander für den Fall der Scheidung vor Gericht schließen. *(BGBl I 2013/15, ab 1. 2. 2013)*

(3) Einer Vereinbarung nach Abs. 2 bedarf es nicht, soweit über diese Gegenstände bereits eine rechtskräftige gerichtliche Entscheidung vorliegt. Daß die für eine solche Vereinbarung allenfalls erforderliche gerichtliche Genehmigung noch nicht vorliegt, ist für den Ausspruch der Scheidung nicht zu beachten.

(BGBl 1978/280)

C. Ausschluß des Scheidungsrechts

Verzeihung

§ 56. Das Recht auf Scheidung wegen Verschuldens besteht nicht, wenn sich aus dem Verhalten des verletzten Ehegatten ergibt, daß er die Verfehlung des anderen verziehen oder sie als ehezerstörend nicht empfunden hat.

Fristablauf

§ 57. (1) Das Recht auf Scheidung wegen Verschuldens erlischt, wenn der Ehegatte nicht binnen sechs Monaten die Klage erhebt. Die Frist beginnt mit der Kenntnis des Scheidungsgrundes. Sie läuft nicht, solange die häusliche Gemeinschaft der Ehegatten aufgehoben ist. Fordert der schuldige Ehegatte den anderen auf, die Gemeinschaft herzustellen oder die Klage auf Scheidung zu erheben, so läuft die Frist vom Empfang der Aufforderung an.

(2) Die Scheidung ist nicht mehr zulässig, wenn seit dem Eintritt des Scheidungsgrundes zehn Jahre verstrichen sind. „ “ *(StGBl 1945/31)*

(3) *(aufgehoben, BGBl I 2000/135, ab 1. 7. 2001)*

(4) Für die Sechs- und die Dreimonatsfrist gilt § 40 Abs. 3 und 4 entsprechend.

§ 58. *(aufgehoben, StGBl 1945/31)*

Nachträgliche Geltendmachung von Scheidungsgründen bei Scheidung wegen Verschuldens [und wegen Unfruchtbarkeit]

§ 59. (1) Nach Ablauf der in den §§ 57 [und 58] bezeichneten Fristen kann während eines Scheidungsstreites ein Scheidungsgrund noch geltend gemacht werden, wenn die Frist bei der Klageerhebung noch nicht verstrichen war.

(2) Eheverfehlungen, auf die eine Scheidungsklage nicht mehr gegründet werden kann, können nach Ablauf der Fristen des § 57 zur Unterstützung einer auf andere Eheverfehlungen gegründeten Scheidungsklage geltend gemacht werden.

[] *Gegenstandslos*

D. Schuldausspruch

Bei Scheidung wegen Verschuldens

§ 60. (1) Wird die Ehe wegen Verschuldens des Beklagten geschieden, so ist dies im Urteil auszusprechen.

(2) Hat der Beklagte Widerklage erhoben und wird die Ehe wegen Verschuldens beider Ehegatten geschieden, so sind beide für schuldig zu erklären. Ist das Verschulden des einen Ehegatten erheblich schwerer als das des anderen, so ist zugleich auszusprechen, daß seine Schuld überwiegt.

(3) Auch ohne Erhebung einer Widerklage ist auf Antrag des Beklagten die Mitschuld des Klägers auszusprechen, wenn die Ehe wegen einer Verfehlung des Beklagten geschieden wird und dieser zur Zeit der Erhebung der Klage oder später auf Scheidung wegen Verschuldens hätte klagen können. Hatte der Beklagte bei der Klagserhebung das Recht, die Scheidung wegen Verschuldens des Klägers zu begehren, bereits verloren, so ist dem Antrag gleichwohl stattzugeben, wenn dies der Billigkeit enstpricht. Abs. 2 Satz 2 „ “ gelten entsprechend. *(BGBl I 2000/135, ab 1. 7. 2001)*

Bei Scheidung aus anderen Gründen

§ 61. (1) Wird die Ehe auf Klage und Widerklage geschieden und trifft nur einen Ehegatten ein Verschulden, so ist dies im Urteil auszusprechen.

(2) Wird die Ehe lediglich auf Grund „der §§ 50 und 52“** geschieden und hätte der Beklag-

te zur Zeit der Erhebung der Klage oder später auf Scheidung wegen Verschuldens des Klägers klagen können, so ist auch ohne Erhebung einer Widerklage auf Antrag des Beklagten auszusprechen, daß den Kläger ein Verschulden trifft. Hatte der Beklagte bei der Klageerhebung das Recht, die Scheidung wegen Verschuldens des Klägers zu begehren, bereits verloren, so ist dem Antrag gleichwohl stattzugeben, wenn dies der Billigkeit entspricht. „ "** *(*BGBl I 2000/135, ab 1. 7. 2001; **BGBl I 2017/59, ab 1. 7. 2018)*

(3) Wird die Ehe nach § 55 geschieden und hat der Kläger die Zerrüttung allein oder überwiegend verschuldet, so ist dies auf Antrag des Beklagten im Urteil auszusprechen. *(BGBl 1978/280)*

E. Folgen der Scheidung

I. Name der geschiedenen Frau

Grundsatz

§ 62. Die geschiedene Frau[1] behält den Familiennamen des Mannes.

[1] § 62 gilt sinngemäß für den geschiedenen Ehemann (BGBl 1975/412).

§§ 63 bis 65. *(aufgehoben, BGBl 1995/25, ab 1. 5. 1995)*

II. Unterhalt

a) Unterhaltspflicht bei Scheidung wegen Verschuldens

§ 66. Der allein oder überwiegend schuldige Ehegatte hat dem anderen, soweit dessen Einkünfte aus Vermögen und die Erträgnisse einer Erwerbstätigkeit, die von ihm den Umständen nach erwartet werden kann, nicht ausreichen, den nach den Lebensverhältnissen der Ehegatten angemessenen Unterhalt zu gewähren.

(BGBl 1978/280)

§ 67. (1) Würde der allein oder überwiegend schuldige Ehegatte durch Gewährung des im § 66 bestimmten Unterhalts bei Berücksichtigung seiner sonstigen Verpflichtungen den eigenen angemessenen Unterhalt gefährden, so braucht er nur so viel zu leisten, als es mit Rücksicht auf die Bedürfnisse und die Vermögens- und Erwerbsverhältnisse der geschiedenen Ehegatten der Billigkeit entspricht. „Hat der Verpflichtete einem minderjährigen unverheirateten Kind oder einem neuen Ehegatten oder eingetragenen Partner Unterhalt zu gewähren, so sind auch die Bedürfnisse und die wirtschaftlichen Verhältnisse dieser Personen zu berücksichtigen." *(BGBl I 2009/135, ab 1. 1. 2010)*

(2) Ein Ehegatte ist unter den Voraussetzungen des Abs. 1 von der Unterhaltspflicht ganz befreit, wenn der andere den Unterhalt aus dem Stamm seines Vermögens bestreiten kann. *(BGBl 1978/280)*

§ 68. Sind beide Ehegatten schuld an der Scheidung, trägt aber keiner die überwiegende Schuld, so kann dem Ehegatten, der sich nicht selbst unterhalten kann, ein Beitrag zu seinem Unterhalt zugebilligt werden, wenn und soweit dies mit Rücksicht auf die Bedürfnisse und die Vermögens- und Erwerbsverhältnisse des anderen Ehegatten „ " der Billigkeit entspricht. Die Beitragspflicht kann zeitlich beschränkt werden. § 67 Abs. 1 Satz 2 findet entsprechende Anwendung. *(BGBl I 1999/125, ab 1. 1. 2000)*

§ 68a. (1) Soweit und solange einem geschiedenen Ehegatten auf Grund der Pflege und Erziehung eines gemeinsamen Kindes unter Berücksichtigung dessen Wohles nicht zugemutet werden kann, sich selbst zu erhalten, hat ihm der andere unabhängig vom Verschulden an der Scheidung Unterhalt nach dessen Lebensbedarf zu gewähren. Die Unzumutbarkeit der Selbsterhaltung wird vermutet, solange das Kind das fünfte Lebensjahr noch nicht vollendet hat. Wird der Unterhaltsanspruch gerichtlich festgesetzt, so ist er jeweils entsprechend zu befristen, über das fünfte Lebensjahr des jüngsten Kindes hinaus jeweils auf längstens drei Jahre. Ist auf Grund der besonderen Umstände des Falles, insbesondere einer besonderen Betreuungsbedürftigkeit des Kindes, nicht abzusehen, wann der geschiedene Ehegatte in der Lage sein wird, sich selbst zu erhalten, so kann das Gericht von einer Befristung absehen.

(2) Hat sich ein Ehegatte während der Ehe auf Grund der einvernehmlichen Gestaltung der ehelichen Lebensgemeinschaft der Haushaltsführung sowie gegebenenfalls der Pflege und Erziehung eines gemeinsamen Kindes oder der Betreuung eines Angehörigen eines der Ehegatten gewidmet und kann ihm auf Grund des dadurch bedingten Mangels an Erwerbsmöglichkeiten, etwa wegen mangelnder beruflicher Aus- oder Fortbildung, der Dauer der ehelichen Lebensgemeinschaft, seines Alters oder seiner Gesundheit, nicht zugemutet werden, sich ganz oder zum Teil selbst zu erhalten, so hat ihm insoweit der andere Ehegatte unabhängig vom Verschulden an der Scheidung den Unterhalt nach dessen Lebensbedarf zu gewähren. Wird der Unterhaltsanspruch gerichtlich festgesetzt, so hat ihn das Gericht jeweils auf längstens drei Jahre zu befristen, wenn erwartet werden kann, daß der geschiedene Ehegatte danach in der Lage sein wird, seinen Unterhalt,

insbesondere durch eine zumutbare Erwerbstätigkeit, zu sichern.

(3) Der Unterhaltsanspruch nach Abs. 1 oder 2 vermindert sich oder besteht nicht, soweit die Gewährung des Unterhalts unbillig wäre, weil der Bedürftige einseitig besonders schwerwiegende Eheverfehlungen begangen oder seine Bedürftigkeit grob schuldhaft herbeigeführt hat oder ein gleich schwerwiegender Grund vorliegt, im Fall des Abs. 2 auch, weil die Ehe nur kurz gedauert hat. Je gewichtiger diese Gründe sind, desto eher ist vom Bedürftigen zu verlangen, seinen Unterhalt durch die Erträgnisse einer anderen als einer zumutbaren Erwerbstätigkeit oder aus dem Stamm seines Vermögens zu decken.

(4) § 67 Abs. 1 findet entsprechende Anwendung.

(BGBl I 1999/125, ab 1. 1. 2000)

b) Unterhaltspflicht bei Scheidung aus anderen Gründen

§ 69. (1) Ist die Ehe allein aus einem der in den „§§ 50 und 52“ bezeichneten Gründe geschieden und enthält das Urteil einen Schuldausspruch, so finden die Vorschriften der §§ 66 und 67 entsprechende Anwendung. *(BGBl I 2017/59, ab 1. 7. 2018)*

(2) Ist die Ehe nach § 55 geschieden worden und enthält das Urteil den Ausspruch nach § 61 Abs. 3, so gilt für den Unterhaltsanspruch des beklagten Ehegatten auch nach der Scheidung der § 94 ABGB. Der Unterhaltsanspruch umfaßt jedenfalls auch den Ersatz der Beiträge zur freiwilligen Versicherung des beklagten Ehegatten in der gesetzlichen Krankenversicherung. „Bei der Bemessung des Unterhaltsanspruchs ist die Unterhaltspflicht des Verpflichteten für einen neuen Ehegatten oder eingetragenen Partner nicht zu berücksichtigen, es sei denn, dies ist bei Abwägung aller Umstände, besonders des Lebensalters und der Gesundheit des früheren und des neuen Ehegatten oder eingetragenen Partners, der Dauer ihres gemeinsamen Haushalts mit dem Verpflichteten und des Wohles ihrer Kinder, aus Gründen der Billigkeit geboten.“ *(BGBl 1978/280; BGBl I 2009/135, ab 1. 1. 2010)*

(3) Enthält das Urteil keinen Schuldausspruch, so hat der Ehegatte, der die Scheidung verlangt hat, dem anderen Unterhalt zu gewähren, wenn und soweit dies mit Rücksicht auf die Bedürfnisse und die Vermögens- und Erwerbsverhältnisse der geschiedenen Ehegatten und der nach § 71 unterhaltspflichtigen Verwandten des Berechtigten der Billigkeit entspricht. § 67 Abs. 1 Satz 2 und Abs. 2 findet entsprechende Anwendung.

§ 69a. (1) Der auf Grund einer Vereinbarung nach § 55 a Abs. 2 geschuldete Unterhalt ist einem gesetzlichen Unterhalt gleichzuhalten, soweit er den Lebensverhältnissen der Ehegatten angemessen ist.

(2) Mangels einer rechtswirksamen Vereinbarung über die unterhaltsrechtlichen Beziehungen der Ehegatten im Fall einer Scheidung im Einvernehmen hat ein Ehegatte dem anderen Unterhalt zu gewähren, soweit dies mit Rücksicht auf die Bedürfnisse und die Vermögens- und Erwerbsverhältnisse der geschiedenen Ehegatten und der nach § 71 unterhaltspflichtigen Verwandten des Berechtigten der Billigkeit entspricht; § 67 Abs. 1 Satz 2 und Abs. 2 findet entsprechende Anwendung. *(BGBl I 1999/125, ab 1. 1. 2000)*

(BGBl 1978/280)

§ 69b. § 68a ist entsprechend anzuwenden, wenn die Ehe aus einem der in den „§§ 50, 52“ und 55 bezeichneten Gründe geschieden worden ist oder es im Fall einer Scheidung im Einvernehmen an einer wirksamen Vereinbarung über die unterhaltsrechtlichen Beziehungen der Ehegatten fehlt. *(BGBl I 2017/59, ab 1. 7. 2018)*

(BGBl I 1999/125, ab 1. 1. 2000)

c) Art der Unterhaltsgewährung

§ 70. (1) Der Unterhalt ist durch Zahlung einer Geldrente zu gewähren. Die Rente ist monatlich im voraus zu entrichten. Der Verpflichtete hat Sicherheit zu leisten, wenn die Gefahr besteht, daß er sich seiner Unterhaltspflicht zu entziehen sucht. Die Art der Sicherheitsleistung bestimmt sich nach den Umständen.

(2) Statt der Rente kann der Berechtigte eine Abfindung in Kapital verlangen, wenn ein wichtiger Grund vorliegt und der Verpflichtete dadurch nicht unbillig belastet wird.

(3) Der Verpflichtete schuldet den vollen Monatsbetrag auch dann, wenn der Berechtigte im Lauf des Monats stirbt.

§ 71. (1) Der unterhaltspflichtige geschiedene Ehegatte haftet vor den Verwandten des Berechtigten. Soweit jedoch der Verpflichtete bei Berücksichtigung seiner sonstigen Verpflichtungen den eigenen angemessenen Unterhalt gefährden würde, haften die Verwandten vor dem geschiedenen Ehegatten. Soweit einem geschiedenen Ehegatten ein Unterhaltsanspruch gegen den anderen Ehegatten nicht zusteht, haben die Verwandten des Berechtigten nach den allgemeinen Vorschriften über die Unterhaltspflicht den Unterhalt zu gewähren.

(2) Die Verwandten haften auch, wenn die Rechtsverfolgung gegen den unterhaltspflichtigen Ehegatten im Inland ausgeschlossen oder erheblich erschwert ist. In diesem Falle geht der Anspruch gegen den Ehegatten auf den Verwandten

über, der den Unterhalt gewährt hat. Der Übergang kann nicht zum Nachteil des Unterhaltsberechtigten geltend gemacht werden.

§ 72. Für die Vergangenheit kann der Berechtigte Erfüllung oder Schadenersatz wegen Nichterfüllung erst von der Zeit an fordern, in der der Unterhaltspflichtige in Verzug gekommen oder der Unterhaltsanspruch rechtshängig geworden ist „ “. *(BGBl I 2004/52 (VfGH), ab 1. 8. 2004)*

d) Begrenzung und Wegfall des Unterhaltsanspruchs

Selbstverschuldete Bedürftigkeit

§ 73. (1) Ein Unterhaltsberechtigter, der infolge sittlichen Verschuldens bedürftig ist, kann nur den notdürftigen Unterhalt verlangen.

(2) Ein Mehrbedarf, der durch grobes Verschulden des Berechtigten herbeigeführt ist, begründet keinen Anspruch auf erhöhten Unterhalt.

Verwirkung

§ 74. Der Berechtigte verwirkt den Unterhaltsanspruch, wenn er sich nach der Scheidung einer schweren Verfehlung gegen den Verpflichteten schuldig macht oder gegen dessen Willen einen ehrlosen oder unsittlichen Lebenswandel führt.

Wiederverheiratung oder Begründung einer eingetragenen Partnerschaft des Berechtigten

§ 75. Die Unterhaltspflicht erlischt mit der Wiederverheiratung oder Begründung einer eingetragenen Partnerschaft des Berechtigten.

(BGBl I 2009/135, ab 1. 1. 2010)

§ 76. *(in Österreich nicht anzuwenden, s § 107)*

Tod des Berechtigten

§ 77. (1) Der Unterhaltsanspruch erlischt mit dem Tode des Berechtigten. Nur soweit er auf Erfüllung oder Schadenersatz wegen Nichterfüllung für die Vergangenheit gerichtet ist oder sich auf Beträge bezieht, die beim Tode des Berechtigten fällig sind, bleibt er auch nachher bestehen.

(2) Der Verpflichtete hat die Bestattungskosten zu tragen, soweit dies der Billigkeit entspricht und die Kosten nicht von den Erben zu erlangen sind.

Tod des Verpflichteten

§ 78. (1) Mit dem Tode des Verpflichteten geht die Unterhaltspflicht auf die Erben als Nachlaßverbindlichkeit über.

(2) Der Erbe haftet ohne die Beschränkungen des § 67. Der Berechtigte muß sich jedoch die Herabsetzung der Rente auf einen Betrag gefallen lassen, der bei Berücksichtigung der Verhältnisse des Erben und der Ertragsfähigkeit des Nachlasses der Billigkeit entspricht.

(3) Eine nach § 68 einem Ehegatten auferlegte Beitragspflicht erlischt mit dem Tode des Verpflichteten.

e) Beitrag zum Unterhalt der Kinder

§ 79. *(in Österreich nicht anzuwenden, s § 107)*

f) Unterhaltsverträge

§ 80. Die Ehegatten können über die Unterhaltspflicht für die Zeit nach der Scheidung der Ehe Vereinbarungen treffen. Ist eine Vereinbarung dieser Art vor Rechtskraft des Scheidungsurteils getroffen worden, so ist sie nicht schon deshalb nichtig, weil sie die Scheidung erleichtert oder ermöglicht hat; sie ist jedoch nichtig, wenn die Ehegatten im Zusammenhang mit der Vereinbarung einen nicht oder nicht mehr bestehenden Scheidungsgrund geltend gemacht hatten oder wenn sich anderweitig aus dem Inhalt der Vereinbarung oder aus sonstigen Umständen des Falles ergibt, daß sie den guten Sitten widerspricht.

III. Aufteilung des ehelichen Gebrauchsvermögens und der ehelichen Ersparnisse

Gegenstand der Aufteilung

§ 81. (1) Wird die Ehe geschieden, aufgehoben oder für nichtig erklärt, so sind das eheliche Gebrauchsvermögen und die ehelichen Ersparnisse unter die Ehegatten aufzuteilen. Bei der Aufteilung sind die Schulden, die mit dem ehelichen Gebrauchsvermögen und den ehelichen Ersparnissen in einem inneren Zusammenhang stehen, in Anschlag zu bringen.

(2) Eheliches Gebrauchsvermögen sind die beweglichen oder unbeweglichen körperlichen Sachen, die während aufrechter ehelicher Lebensgemeinschaft dem Gebrauch beider Ehegatten gedient haben; hierzu gehören auch der Hausrat und die Ehewohnung.

(3) Eheliche Ersparnisse sind Wertanlagen, gleich welcher Art, die die Ehegatten während aufrechter ehelicher Lebensgemeinschaft ange-

sammelt haben und die ihrer Art nach üblicherweise für eine Verwertung bestimmt sind.

(BGBl 1978/280)

§ 82. (1) Der Aufteilung unterliegen nicht Sachen (§ 81), die

1. ein Ehegatte in die Ehe eingebracht, von Todes wegen erworben oder ihm ein Dritter geschenkt hat,

2. dem persönlichen Gebrauch eines Ehegatten allein oder der Ausübung seines Berufes dienen,

3. zu einem Unternehmen gehören oder

4. Anteile an einem Unternehmen sind, außer es handelt sich um bloße Wertanlagen.

(2) Die Ehewohnung, die ein Ehegatte in die Ehe eingebracht oder von Todes wegen erworben oder die ihm ein Dritter geschenkt hat, ist in die Aufteilung dann einzubeziehen, „wenn dies vereinbart wurde," wenn der andere Ehegatte auf ihre Weiterbenützung zur Sicherung seiner Lebensbedürfnisse angewiesen ist oder wenn ein gemeinsames Kind an ihrer Weiterbenützung einen berücksichtigungswürdigen Bedarf hat. Gleiches gilt für den Hausrat, wenn der andere Ehegatte auf seine Weiterbenützung zur Sicherung seiner Lebensbedürfnisse angewiesen ist. *(BGBl I 1999/125, ab 1. 1. 2000; BGBl I 2009/75, ab 1. 1. 2010)*

(BGBl 1978/280)

Aufteilungsgrundsätze

§ 83. (1) Die Aufteilung ist nach Billigkeit vorzunehmen. Dabei ist besonders auf Gewicht und Umfang des Beitrags jedes Ehegatten zur Anschaffung des ehelichen Gebrauchsvermögens und zur Ansammlung der ehelichen Ersparnisse sowie auf das Wohl der Kinder Bedacht zu nehmen; weiter auf Schulden, die mit dem ehelichen Lebensaufwand zusammenhängen, soweit sie nicht ohnedies nach § 81 in Anschlag zu bringen sind.

(2) Als Beitrag sind auch die Leistung des Unterhalts, die Mitwirkung im Erwerb, soweit sie nicht anders abgegolten worden ist, die Führung des gemeinsamen Haushalts, die Pflege und Erziehung gemeinsamer Kinder und jeder sonstige eheliche Beistand zu werten.

(BGBl 1978/280)

§ 84. Die Aufteilung soll so vorgenommen werden, daß sich die Lebensbereiche der geschiedenen Ehegatten künftig möglichst wenig berühren.

Gerichtliche Aufteilung

§ 85. Soweit sich die Ehegatten über die Aufteilung ehelichen Gebrauchsvermögens und ehelicher Ersparnisse nicht einigen, hat hierüber auf Antrag das Gericht zu entscheiden.

(BGBl 1978/280)

Gerichtliche Anordnungen

§ 86. (1) Bei der Aufteilung ehelichen Gebrauchsvermögens kann das Gericht die Übertragung von Eigentum an beweglichen körperlichen Sachen oder eines Anwartschaftsrechts darauf und die Übertragung von Eigentum und sonstigen Rechten an unbeweglichen körperlichen Sachen von einem auf den anderen Ehegatten sowie die Begründung von dinglichen Rechten oder schuldrechtlichen Rechtsverhältnissen zugunsten des einen Ehegatten an unbeweglichen körperlichen Sachen des anderen anordnen.

(2) Steht eheliches Gebrauchsvermögen im Eigentum eines Dritten, so darf das Gericht die Übertragung von Rechten und Pflichten, die sich auf die Sache beziehen, nur mit Zustimmung des Eigentümers anordnen.

(BGBl 1978/280)

§ 87. (1) Für die Ehewohnung kann das Gericht, wenn sie kraft Eigentums oder eines anderen dinglichen Rechtes eines oder beider Ehegatten benützt wird, die Übertragung des Eigentums oder des dinglichen Rechtes von einem auf den anderen Ehegatten oder die Begründung eines schuldrechtlichen Rechtsverhältnisses zugunsten eines Ehegatten anordnen. Die Übertragung des Eigentums oder eines dinglichen Rechts an einer Ehewohnung nach § 82 Abs. 2 können die Ehegatten durch Vereinbarung ausschließen. *(BGBl I 2009/75, ab 1. 1. 2010)*

(2) Sonst kann das Gericht ohne Rücksicht auf eine Regelung durch Vertrag oder Satzung anordnen, daß ein Ehegatte an Stelle des anderen in das der Benützung der Ehewohnung zugrunde liegende Rechtsverhältnis eintritt oder das bisher gemeinsame Rechtsverhältnis allein fortsetzt.

(BGBl 1978/280)

§ 88. (1) Wird die Ehewohnung auf Grund eines Dienstverhältnisses benützt oder das Rechtsverhältnis daran im Zusammenhang mit einem Dienstverhältnis begründet, so darf das Gericht eine Anordnung hinsichtlich der Benützung einer solchen Wohnung nur mit Zustimmung des Dienstgebers oder des für die Vergabe der Dienstwohnung zuständigen Rechtsträgers treffen, wenn

1. die Zuweisung der Wohnung deswegen, weil sie überwiegend der Erfüllung der Dienstpflicht

dient, wesentliche Interessen des Dienstgebers verletzen könnte oder

2. die Wohnung unentgeltlich oder gegen ein bloß geringfügiges, wesentlich unter dem ortsüblichen Maß liegendes Entgelt benützt wird oder

3. die Wohnung vom Dientsgeber als Teil des Entgelts für die geleisteten Dienste zur Verfügung gestellt wird.

(2) Wird die Ehewohnung nach Abs. 1 dem Ehegatten zugesprochen, der nicht der Dienstnehmer ist, so hat das Gericht ein angemessenes Benützungsentgelt festzusetzen. Das Wohnrecht dieses Ehegatten besteht nur so lange, als er sich nicht wieder verheiratet „oder eine eingetragene Partnerschaft begründet", und kann von ihm nicht auf andere Personen übergehen oder übertragen werden. *(BGBl I 2009/135, ab 1. 1. 2010)*

(BGBl 1978/280)

§ 89. Bei der Aufteilung ehelicher Ersparnisse kann das Gericht die Übertragung von Vermögenswerten, gleich welcher Art, von einem auf den anderen Ehegatten und die Begründung eines schuldrechtlichen Benützungsrechts an einer Wohnung zugunsten eines Ehegatten anordnen.

(BGBl 1978/280)

§ 90. (1) Die Übertragung des Eigentums an unbeweglichen Sachen oder die Begründung von dinglichen Rechten daran darf nur angeordnet werden, wenn eine billige Regelung in anderer Weise nicht erzielt werden kann.

(2) Für gemeinsames Wohnungseigentum der Ehegatten kann das Gericht nur die Übertragung des Anteils eines Ehegatten am Mindestanteil und gemeinsamen Wohnungseigentum auf den anderen anordnen.

(BGBl 1978/280)

Ausgleich von Benachteiligungen

§ 91. (1) Hat ein Ehegatte ohne ausdrückliche oder stillschweigende Zustimmung des anderen frühestens zwei Jahre vor Einbringung der Klage auf Scheidung, Aufhebung oder Nichtigerklärung der Ehe oder, wenn die eheliche Lebensgemeinschaft vor Einbringung der Klage aufgehoben worden ist, frühestens zwei Jahre vor dieser Aufhebung eheliches Gebrauchsvermögen oder eheliche Ersparnisse in einer Weise verringert, die der Gestaltung der Lebensverhältnisse der Ehegatten während der ehelichen Lebensgemeinschaft widerspricht, so ist der Wert des Fehlenden in die Aufteilung einzubeziehen.

(2) Wurde eheliches Gebrauchsvermögen oder wurden eheliche Ersparnisse in ein Unternehmen, an dem einem oder beiden Ehegatten ein Anteil zusteht, eingebracht oder für ein solches Unternehmen sonst verwendet, so ist der Wert des Eingebrachten oder Verwendeten in die Aufteilung einzubeziehen. Bei der Aufteilung ist jedoch zu berücksichtigen, inwieweit jedem Ehegatten durch die Einbringung oder Verwendung Vorteile entstanden sind und inwieweit die eingebrachten oder verwendeten ehelichen Ersparnisse aus den Gewinnen des Unternehmens stammten. Der Bestand des Unternehmens darf durch die Aufteilung nicht gefährdet werden. *(BGBl I 1999/125, ab 1. 1. 2000)*

(3) Gehört eine körperliche Sache, die während aufrechter ehelicher Lebensgemeinschaft dem Gebrauch beider Ehegatten gedient hat, zu einem Unternehmen, an dem einem oder beiden Ehegatten ein Anteil zusteht, und bleibt nach Scheidung, Aufhebung oder Nichtigerklärung der Ehe nur einem Ehegatten der Gebrauch dieser Sache erhalten, so hat das Gericht dies bei der Aufteilung ehelichen Gebrauchsvermögens und ehelicher Ersparnisse zugunsten des anderen Ehegatten angemessen zu berücksichtigen.

(BGBl 1978/280)

Schulden

§ 92. Bezüglich der im § 81 Abs. 1 und im § 83 Abs. 1 genannten Schulden kann das Gericht bestimmen, welcher Ehegatte im Innenverhältnis zu ihrer Zahlung verpflichtet ist.

(BGBl 1978/280)

Durchführung der Aufteilung

§ 93. In seiner Entscheidung hat das Gericht auch die zu ihrer Durchführung nötigen Anordnungen zu treffen und die näheren Umstände, besonders in zeitlicher Hinsicht, für deren Erfüllung zu bestimmen. Sind mit der Durchführung der Entscheidung Aufwendungen verbunden, so hat das Gericht nach billigem Ermessen zu entscheiden, welcher Ehegatte sie zu tragen hat.

(BGBl 1978/280)

Ausgleichszahlung

§ 94. (1) Soweit eine Aufteilung nach den vorstehenden Bestimmungen nicht erzielt werden kann, hat das Gericht einem Ehegatten eine billige Ausgleichszahlung an den anderen aufzuerlegen.

(2) Das Gericht kann eine Stundung der Ausgleichszahlung oder deren Entrichtung in Teilbeträgen, tunlich gegen Sicherstellung, anordnen, wenn dies für den Ausgleichspflichtigen wirtschaftlich notwendig und dem Ausgleichsberechtigten zumutbar ist.

(BGBl 1978/280)

Erlöschen des Aufteilungsanspruchs

§ 95. Der Anspruch auf Aufteilung ehelichen Gebrauchsvermögens und ehelicher Ersparnisse erlischt, wenn er nicht binnen einem Jahr nach Eintritt der Rechtskraft der Scheidung, Aufhebung oder Nichtigerklärung der Ehe durch Vertrag oder Vergleich anerkannt oder gerichtlich geltend gemacht wird.

(BGBl 1978/280)

Übergang des Aufteilungsanspruchs

§ 96. Der Anspruch auf Aufteilung ehelichen Gebrauchsvermögens und ehelicher Ersparnisse ist vererblich, unter Lebenden oder von Todes wegen übertragbar und verpfändbar, soweit er durch Vertrag oder Vergleich anerkannt oder gerichtlich geltend gemacht worden ist.

(BGBl 1978/280)

Verträge

§ 97. (1) Vereinbarungen, die im Voraus die Aufteilung ehelicher Ersparnisse oder die Aufteilung der Ehewohnung regeln, bedürfen zu ihrer Rechtswirksamkeit der Form eines Notariatsaktes. Vereinbarungen, die im Voraus die Aufteilung des übrigen ehelichen Gebrauchsvermögens regeln, bedürfen der Schriftform.

(2) Von einer im Voraus geschlossenen Vereinbarung über die Aufteilung der ehelichen Ersparnisse und des ehelichen Gebrauchsvermögens mit Ausnahme der Ehewohnung kann das Gericht bei der Aufteilung nur abweichen, soweit die Vereinbarung in einer Gesamtbetrachtung des in die Aufteilung einzubeziehenden Vermögens im Zeitpunkt der Aufteilungsentscheidung einen Teil unbillig benachteiligt, sodass ihm die Zuhaltung unzumutbar ist.

(3) Von einer im Voraus geschlossenen Vereinbarung über die Nutzung der Ehewohnung durch einen Ehegatten kann das Gericht bei der Aufteilung nur abweichen, soweit der andere Ehegatte oder ein gemeinsames Kind seine Lebensbedürfnisse nicht hinreichend decken kann oder eine deutliche Verschlechterung seiner Lebensverhältnisse hinnehmen müsste.

(4) Weicht das Gericht von einer im Voraus geschlossenen Vereinbarung ab, ist insbesondere auf die Gestaltung der ehelichen Lebensverhältnisse, die Dauer der Ehe sowie darauf Bedacht zu nehmen, inwieweit der Vereinbarung eine rechtliche Beratung vorangegangen ist und in welcher Form sie geschlossen wurde.

(5) Die Abs. 1 bis 4 gelten nicht für solche Vereinbarungen, die die Ehegatten im Zusammenhang mit dem Verfahren auf Scheidung, Aufhebung oder Nichtigerklärung der Ehe geschlossen haben.

(BGBl I 2009/75, ab 1. 1. 2010)

Haftung für Kredite

EheG EPG

§ 98. (1) Entscheidet das Gericht (§ 92) oder vereinbaren die Ehegatten („§ 97 Abs. 5“, gegebenenfalls § 55 a Abs. 2), wer von beiden im Innenverhältnis zur Zahlung von Kreditverbindlichkeiten, für die beide haften, verpflichtet ist, so hat das Gericht auf Antrag mit Wirkung für den Gläubiger auszusprechen, daß derjenige Ehegatte, der im Innenverhältnis zur Zahlung verpflichtet ist, Hauptschuldner, der andere Ausfallsbürge wird. Dieser Antrag muß in der Frist nach § 95 gestellt werden. *(BGBl I 2009/75, ab 1. 1. 2010)*

(2) Der Ausfallsbürge nach Abs. 1 kann – vorbehaltlich des § 1356 ABGB – nur wegen des Betrags belangt werden, der vom Hauptschuldner nicht in angemessener Frist hereingebracht werden kann, obwohl der Gläubiger gegen ihn nach Erwirkung eines Exekutionstitels

1. Fahrnis- oder Gehaltsexekution und

2. Exekution auf eine dem Gläubiger bekannte Liegenschaft des Hauptschuldners, die offensichtlich für die Forderung Deckung bietet, geführt sowie

3. Sicherheiten, die dem Gläubiger zur Verfügung stehen, verwertet hat.

Müßte der Exekutionstitel im Ausland erwirkt oder müßten die angeführten Exekutionsmaßnahmen im Ausland durchgeführt werden, bedarf es ihrer nicht, soweit sie dem Gläubiger nicht möglich oder nicht zumutbar sind.

(3) Überdies kann der Bürge, dem der Rechtsstreit gegen den Hauptschuldner rechtzeitig verkündet worden ist (§ 21 ZPO), dem Gläubiger Einwendungen, die nicht in seiner Person begründet sind, nur entgegenhalten, soweit sie auch der Hauptschuldner erheben kann.

(BGBl 1985/481)

IV. Mediation

§ 99. *(aufgehoben, BGBl I 2003/29, ab 1. 5. 2004)*

Dritter Abschnitt

Sondervorschriften für das Land Österreich

A. Standesbeamte

§ 100. *(aufgehoben, BGBl 1983/566)*

B. Ergänzungsvorschriften

§ 101. *(aufgehoben, BGBl 1983/566)*

§ 102. *(aufgehoben, BGBl I 2017/59, ab 1. 7. 2018)*

§ 103. *(aufgehoben, BGBl 1977/403)*

§ 104. § 43 Abs. 2 Satz 2 gilt für den Fall, daß die Todeserklärung durch gerichtlichen Beschluß aufgehoben oder berichtigt wird.

§ 105. *(aufgehoben, BGBl 1983/566)*

§ 106. *(aufgehoben, StGBl 1945/31)*

§ 107. Die §§ 76 und 79 sind nicht anzuwenden.

(BGBl I 2003/112, ab 1. 1. 2005)

C. Verfahrensvorschriften

§ 108. *(aufgehoben, BGBl 1983/566)*

D. Übergangsbestimmungen

I. Trennung der Ehe dem Bande nach

§ 109. Die Trennung der Ehe dem Bande nach gemäß den bisherigen Gesetzen gilt als Scheidung der Ehe nach den Vorschriften dieses Gesetzes. Der Trennung der Ehe dem Bande nach steht die richterliche Lösung einer Ehe nach dem bisherigen burgenländischen Eherecht und die vollstreckbar erklärte kirchliche Verfügung über die Nachsicht von einer nicht vollzogenen Ehe gleich.

§ 110. Ein Urteil, das auf Grund des bisherigen Rechts ergangen ist, steht in einem Scheidungsverfahren nach diesem Gesetz der Geltendmachung solcher Tatsachen nicht entgegen, die nach früherem Recht eine Trennung der Ehe dem Bande nach nicht rechtfertigten.

§ 111. (1) Für die Leistung des Unterhalts getrennter Ehegatten gelten, wenn darüber nichts vereinbart worden ist, für die Zukunft die Vorschriften dieses Gesetzes über den Unterhalt geschiedener Ehegatten. Dabei ist der im Trennungsurteil enthaltene Schuldausspruch zugrunde zu legen. Die bezeichneten Vorschriften gelten nicht, wenn beide Ehegatten für schuldig erklärt sind. Sind beide Ehegatten für schuldig erklärt und wurde das Trennungsverfahren auf Antrag beider Ehegatten eingeleitet, so hat ein Ehegatte dem anderen Unterhalt zu gewähren, wenn und soweit dies mit Rücksicht auf die Bedürfnisse und die Vermögens- und Erwerbsverhältnisse der geschiedenen Ehegatten und der nach § 71 unterhaltspflichtigen Verwandten der Billigkeit entspricht. § 67 Abs. 1 Satz 2 und Abs. 2 ist entsprechend anzuwenden. Ein vor Inkrafttreten dieses Gesetzes ergangenes Urteil steht einer neuen Regelung des Unterhalts nicht entgegen.

(2) Die Vorschriften des Abs. 1 gelten auch für vollstreckbar erklärte kirchliche Verfügungen über die Nachsicht von einer nicht vollzogenen Ehe. Ist eine Entscheidung über das Verschulden noch nicht gefällt worden, so steht sie den Gerichten zu, die über vermögensrechtliche Ansprüche zu entscheiden haben.

§§ 112 und 113. *(überholt)*

II. Scheidung der Ehe von Tisch und Bett

§ 114. Die Wirkung der Scheidung einer Ehe von Tisch und Bett wird durch das Inkrafttreten dieses Gesetzes nicht berührt. Der Scheidung der Ehe von Tisch und Bett steht die Trennung der Ehe von Tisch und Bett nach dem bisherigen burgenländischen Eherecht gleich.

§ 115. (1) Jeder Ehegatte einer von Tisch und Bett geschiedenen Ehe kann den Antrag stellen, daß die Scheidung der Ehe im Sinne dieses Gesetzes ausgesprochen werde. Zuständig ist das Bezirksgericht, in dessen Sprengel einer der Ehegatten seinen allgemeinen Gerichtsstand in Streitsachen im Lande Österreich hat; wenn es an einem solchen fehlt, das Bezirksgericht Innere Stadt in Wien. Eine Klage auf Scheidung der Ehe nach den Vorschriften dieses Gesetzes ist ausgeschlossen.

(2) Über den Antrag ist nach den Vorschriften des Verfahrens außer Streitsachen zu verhandeln und zu entscheiden. Dem Antrag ist stattzugeben, wenn feststeht, daß die Ehegatten sich nicht wieder vereinigt haben. Eine Prüfung des Verschuldens findet nicht statt. Der stattgebende Beschluß steht einem Scheidungsurteil im Sinne dieses Gesetzes gleich. Eine Ausfertigung des Beschlusses ist dem [Amte des Reichsstatthalters in Österreich][1)] zu übermitteln. Dieses veranlaßt die Anmerkung im Eheregister (Trauungsmatrik).

(3) In Ansehung der Vermögensverhältnisse bleibt es bei der anläßlich der Scheidung von Tisch und Bett getroffenen Regelung. Jedoch gelten für die Leistung des Unterhalts der nicht einverständlich von Tisch und Bett geschiedenen Ehegatten, wenn darüber nichts vereinbart worden ist, für die Zukunft die Vorschriften dieses Gesetzes. Dabei ist der im Scheidungsurteil enthaltene Schuldausspruch zugrunde zu legen. Ein vor Inkrafttreten dieses Gesetzes ergangenes Urteil steht

einer neuen Regelung des Unterhalts nicht entgegen.

(4) Der nicht aus seinem Verschulden von Tisch und Bett geschiedene Ehegatte behält das gesetzliche Erbrecht. Dem Ehegatten aus einer späteren Ehe steht es nur zu, wenn ein Ehegatte aus der früheren Ehe nicht vorhanden oder wenn er nicht erbberechtigt ist.

(5) An einem kraft Gesetzes, Satzung oder Vertrags einem Ehegatten zustehenden Anspruch (Anwartschaft) auf einen Versorgungsgenuß wird nichts geändert. Ein Verzicht auf den Versorgungsgenuß ist wirksam, wenn er dem eigenen Ehegatten oder dessen Ehegatten aus der späteren Ehe oder der Stelle gegenüber erklärt worden ist, die zur Anweisung der Dienst- und Ruhebezüge des eigenen Ehegatten berufen ist; einer ausdrücklichen Annahme des Verzichts bedarf es nicht.

[1] *Jetzt: Bundesministerium für Inneres.*

§ 116. Die Feststellung eines Ehebruchs in einem Urteil auf Scheidung der Ehe von Tisch und Bett hat die gleiche Wirkung wie nach § 9[1] die Feststellung eines Ehebruchs in einem Scheidungsurteil.

[1] *§ 9 EheG wurde aufgehoben.*

§ 117. *(überholt)*

III. Ungültigerklärung der Ehe

§ 118. (1) Die Gültigkeit einer vor Inkrafttreten dieses Gesetzes geschlossenen Ehe bestimmt sich nach den bisherigen Gesetzen. Für die vor dem 1. Mai 1934 vor einem Priester der katholischen Kirche geschlossenen Ehen gelten ausschließlich die Vorschriften, die vor diesem Tage in Kraft standen. Sie sind auch maßgebend, wenn die Ehegatten einer vor dem staatlichen Trauungsorgan abgeschlossenen Ehe ihre Eheerklärung nach dem 30. April 1934 vor einem katholischen Priester erneuert haben.

(2) Ist der Ungültigkeitsgrund einem der Gründe gleichartig, die nach diesem Gesetz die Aufhebung der Ehe rechtfertigen, so finden jedoch die Bestimmungen dieses Gesetzes über die Aufhebung der Ehe Anwendung. Die Frist für die Klage auf Aufhebung endet frühestens ein Jahr nach Inkrafttreten dieses Gesetzes.

(3) Eine nach den bisherigen Gesetzen ungültige Ehe ist als von Anfang an gültig anzusehen, wenn die Ehegatten am 1. April 1938 noch als Ehegatten miteinander gelebt haben und der Grund, auf dem die Ungültigkeit beruht, nach den Vorschriften dieses Gesetzes weder zur Nichtigerklärung noch zur Aufhebung der Ehe führen könnte.

§ 119. Wurde vor Inkrafttreten dieses Gesetzes eine Ehe für ungültig erklärt, wurden ihr die bürgerlichen Rechtswirkungen aberkannt oder wurde eine kirchliche Ungültigkeitsentscheidung für vollstreckbar erklärt, so gilt dies als Nichtigerklärung im Sinne dieses Gesetzes. § 31 ist nicht anzuwenden.

§ 120. *(überholt)*

IV. Besondere Bestimmungen über die mit Nachsicht vom Ehehindernis des Ehebandes geschlossenen Ehen

§ 121. (1) Eine mit Nachsicht vom Ehehindernis des Ehebandes geschlossene und nicht bereits rechtskräftig für ungültig erklärte Ehe gilt als eine von Anfang an gültige Ehe, es sei denn, daß auf Grund eines vor dem 1. Jänner 1939 gestellten Antrags gerichtlich festgestellt wird, daß die Ehegatten am 1. April 1938 nicht mehr als Ehegatten miteinander gelebt haben. In diesem Falle ist die Ehe für nichtig zu erklären. Ist ein Ehegatte vor dem 1. April 1938 gestorben, so tritt an die Stelle dieses Tages der Todestag des Ehegatten. Der Nichtigerklärung steht nicht entgegen, daß die Ehe vor Inkrafttreten dieses Gesetzes von den Gerichten etwa für gültig erklärt worden sein sollte.

(2) und (3) *(überholt)*

§ 122. (1) Wird in der Frist des § 121 ein Antrag nicht gestellt oder wird er rechtskräftig abgewiesen, so gilt die frühere Ehe, von deren Bande Nachsicht erteilt wurde, mit der Eingehung der späteren Ehe als im Sinne dieses Gesetzes geschieden.

(2) Ist die frühere Ehe, von deren Bande Nachsicht erteilt worden ist, von Tisch und Bett geschieden, so finden die Vorschriften des § 115 Abs. 3 bis 5 Anwendung. Diese Vorschriften sind sinngemäß in den Fällen anzuwenden, in denen die frühere Ehe, von deren Bande Nachsicht erteilt wurde, nicht von Tisch und Bett geschieden war. Für die Leistung des Unterhalts gelten in diesen Fällen, soweit darüber nichts vereinbart worden ist, für die Zukunft die Vorschriften dieses Gesetzes. Die Entscheidung steht den Gerichten zu, die über vermögensrechtliche Ansprüche zu entscheiden haben, wobei für die Frage des Verschuldens maßgebend ist, welcher der Ehegatten einen Tatbestand gesetzt hat, der als Scheidungsgrund in Betracht käme. Wird die Schuldlosigkeit beider Ehegatten festgestellt, so gilt § 111 Abs. 1 Satz 4 und 5 sinngemäß.

§§ 123 bis 126. *(überholt)*

§ 127. Ist eine Ehe, die mit Nachsicht vom Ehehindernis des Ehebandes geschlossen worden ist, wegen dieses Hindernisses für nichtig erklärt worden, so sind die Ehegatten, wenn darüber nichts vereinbart worden ist, unter denselben Voraussetzungen zum Unterhalt verpflichtet, wie wenn die Ehe gültig geschlossen und geschieden worden wäre. Für die Zeit vor Inkrafttreten dieses Gesetzes kann auf Grund dieser Vorschrift ein Unterhalt nicht begehrt werden. Das Gericht, das über die vermögensrechtlichen Ansprüche zu entscheiden hat, hat festzustellen, ob sich ein Ehegatte während der Dauer der Ehe eines Verhaltens schuldig gemacht hat, das als Scheidungsgrund anzusehen wäre, wenn die Ehe gültig wäre. § 111 Abs. 1 Satz 4 und 5 gilt sinngemäß.

V. Aufhebung bisheriger Vorschriften

§ 128. Vorschriften des österreichischen Rechts, die Gegenstände betreffen, die in diesem Gesetz geregelt sind, verlieren mit dem Inkrafttreten dieses Gesetzes ihre Wirksamkeit.

Vierter Abschnitt

Schlußbestimmungen

§ 129. Dieses Gesetz tritt am 1. August 1938 in Kraft. Die Vorschriften des § 112 Abs. 2 und 3, des § 117 Abs. 2, des § 120 Abs. 2 und des § 121 Abs. 3 treten mit dem auf die Verkündung folgenden Tage in Kraft.

§ 130. (1) Wo auf Vorschriften verwiesen wird, die durch dieses Gesetz oder die auf Grund dieses Gesetzes ergangenen Bestimmungen aufgehoben oder geändert werden, erhält die Verweisung ihren Inhalt aus den entsprechenden neuen Vorschriften.

(2) Einer Verweisung steht es gleich, wenn die Anwendbarkeit der im Abs. 1 bezeichneten Vorschriften stillschweigend vorausgesetzt wird.

Inkrafttreten und Übergangsbestimmungen ab 1. Juli 2018

§ 131. Für das Inkrafttreten des 2. Erwachsenenschutz-Gesetzes, BGBl. I Nr. 59/2017 (2. ErwSchG), gilt Folgendes:

1. Die §§ 1, 15, 22, 28, 29, 35, 39a, 40, 41, 47, 50, 54, 61, 69 und 69b samt Überschriften, die Überschrift vor § 31 und der Entfall der §§ 2, 3, 51 und 102 samt Überschriften in der Fassung des 2. ErwSchG treten mit 1. Juli 2018 in Kraft.

2. §§ 1 und 22 in der Fassung des 2. ErwSchG sind anzuwenden, wenn die Ehe nach dem 30. Juni 2018 begründet wird. Die §§ 28, 29, 35, 39a, 40, 41, 47, 50, 54, 61, 69 und 69b in dieser Fassung sind auf Verfahren anzuwenden, in denen der verfahrenseinleitende Schriftsatz nach dem 30. Juni 2018 bei Gericht eingebracht wurde.

(BGBl I 2017/59)

4/1. 1. Durchführungsverordnung

dRGBl 1938 I 302 (Kundmachung GBlÖ 1938/302) idF

1 dRGBl 1941 I 654
2 StGBl 1945/31
3 BGBl 1973/108
4 BGBl 1975/412
5 BGBl 1976/331
6 BGBl 1977/403
7 BGBl 1978/280
8 BGBl 1983/566

Verordnung zur Durchführung und Ergänzung des Gesetzes zur Vereinheitlichung des Rechts der Eheschließung und der Ehescheidung [im Lande Österreich und im übrigen Reichsgebiet]

1. Befreiung von Ehevoraussetzungen und Eheverboten

§§ 1 bis 12. *(aufgehoben, BGBl 1973/108 und BGBl 1983/566)*

II. Weitere Durchführungsbestimmungen

Wiederholung der Eheschließung

§ 13. Das Verbot der Doppelehe (§ 8 des Ehegesetzes) steht einer Wiederholung der Eheschließung nicht entgegen, wenn die Ehegatten Zweifel an der Gültigkeit oder an dem Fortbestand ihrer Ehe hegen.

§§ 14 und 15. *(aufgehoben, StGBl 1945/31 und BGBl 1976/331)*

Vermögensrechtliche Beziehungen der Ehegatten aus einer nichtigen Ehe

§ 16. Soweit auf die vermögensrechtlichen Beziehungen der Ehegatten aus einer für nichtig erklärten Ehe die im Falle der Scheidung geltenden Vorschriften entsprechende Anwendung finden (§ 31 Abs. 1 des Ehegesetzes), kann im Falle des „§ 69 Abs. 3" des Ehegesetzes jeder Ehegatte Unterhalt ohne Rücksicht darauf verlangen, wer die Nichtigkeitsklage erhoben hatte. *(BGBl 1983/566)*

Schuldausspruch im Aufhebungsurteil

§ 17. Wird die Ehe aufgehoben und ist ein Ehegatte im Sinne des § 42 Abs. 2 des Ehegesetzes oder des § 19 Abs. 2 dieser Verordnung als schuldig anzusehen, so ist dies im Urteil auszusprechen.

Zusammentreffen von Aufhebungs- und Scheidungsbegehren

§ 18. Wird in demselben Rechtsstreit Aufhebung und Scheidung der Ehe begehrt und sind die Begehren begründet, so ist nur auf Aufhebung der Ehe zu erkennen. Die Schuld eines Ehegatten, welche das Scheidungsbegehren oder einen Schuldantrag gegenüber diesem Begehren rechtfertigt, ist im Schuldausspruch (§ 17 dieser Verordnung, §§ 60 und 61 des Ehegesetzes) zu berücksichtigen. Ist hiernach jeder der Ehegatten als schuldig anzusehen, so sind beide für schuldig zu erklären. Ist das Verschulden des einen Ehegatten erheblich schwerer als das des anderen, so ist zugleich auszusprechen, daß seine Schuld überwiegt.

Wiederverheiratung im Falle der Todeserklärung

§ 19. (1) In den Fällen des § 44 des Ehegesetzes kann die Aufhebung der Ehe nur binnen eines Jahres begehrt werden. Die Frist beginnt mit dem Zeitpunkt, in dem der Ehegatte aus der früheren Ehe Kenntnis davon erlangt hat, daß der für tot erklärte Ehegatte noch lebt.

(2) Soweit sich in den Fällen des § 44 des Ehegesetzes die Folgen der Aufhebung nach den Vorschriften über die Folgen der Scheidung bestimmen, ist der beklagte Ehegatte als schuldig anzusehen, wenn er bei der Eheschließung gewußt hat, daß der für tot erklärte Ehegatte die Todeserklärung überlebt hat.

§§ 20 bis 48. *(aufgehoben, BGBl 1983/566)*

VI. Sondervorschriften für das Land Österreich

A. Durchführungsvorschriften zum Ehegesetz

§ 49. *(aufgehoben, StGBl 1945/31)*

§ 50. Ob ein Kind aus einer vor Inkrafttreten des Ehegesetzes für ungültig erklärten Ehe unehelich ist oder als ehelich gilt, bestimmt sich nach den bisherigen Gesetzen.

§ 51. Wer das Recht, die Scheidung der Ehe zu begehren, durch Verzeihung oder durch Fristablauf verloren hat, kann allein aus der Tatsache, die das Scheidungsrecht begründet hat, ein Recht, die Herstellung der ehelichen Gemeinschaft zu verweigern, nicht herleiten.

§ 52. War für eine Ehe bisher das im Burgenland geltende Eherecht maßgebend und konnte ein nach diesem Recht bestehender Grund zur Nichtigerklärung oder zur Lösung der Ehe im Zeitpunkt des Inkrafttretens des Ehegesetzes wegen Ablaufs der Klagefrist nicht mehr geltend gemacht werden, so hat es dabei sein Bewenden. Ein Grund zur Lösung der Ehe, der einem Grunde gleichartig ist, der nach den Vorschriften des Ehegesetzes die Scheidung der Ehe rechtfertigt, kann jedoch zur Unterstützung einer nach dem Ehegesetz erhobenen Scheidungsklage geltend gemacht werden.

§ 53. Soweit, abgesehen von den Fällen des § 111, die Vorschriften des Ehegesetzes über den Unterhalt geschiedener Ehegatten für maßgebend erklärt sind (§ 115 Abs. 3, § 122 Abs. 2 und § 127), sind sie nicht anzuwenden, wenn beide Ehegatten für schuldig erklärt sind oder wenn festgestellt wird, daß jeder Ehegatte sich während der Dauer der früheren Ehe oder der mit Nachsicht vom Ehehindernis des Ehebandes geschlossenen, wegen dieses Hindernisses für nichtig erklärten Ehe eines Verhaltens schuldig gemacht hat, das als Eheverfehlung im Sinne des Ehegesetzes anzusehen wäre.

§ 54. (1) Die Aufhebung einer vor Inkrafttreten des Ehegesetzes geschlossenen Ehe kann auch aus den Gründen des Ehegesetzes begehrt werden, soweit nach den bisherigen Gesetzen ein Ungültigkeitsgrund, der gemäß § 118 Abs. 2 des Ehegesetzes die Aufhebung der Ehe begründen würde, nicht gegeben ist. Die Frist für die Klage auf Aufhebung endet in diesem Falle frühestens ein Jahr nach Inkrafttreten des Ehegesetzes.

(2) Abs. 1 gilt nicht für den Aufhebungsgrund des § 35 des Ehegesetzes.

§ 55. Eine Klage auf Nichtigerklärung einer vor Inkrafttreten des Ehegesetzes geschlossenen Ehe wegen eines Ungültigkeitsgrundes des bisherigen Rechts, der nach den Vorschriften des Ehegesetzes weder zur Nichtigerklärung noch zur Aufhebung der Ehe führen könnte, kann nur vom Staatsanwalt oder mit seiner Genehmigung eingebracht oder fortgeführt werden. § 118 Abs. 3 des Ehegesetzes bleibt unberührt.

§ 56. (1) Steht der Gültigkeit einer vor Inkrafttreten des Ehegesetzes geschlossenen Ehe ein Ehehindernis entgegen, so kann von diesem Befreiung erteilt werden, wenn sie nach den bisherigen Gesetzen oder nach den Bestimmungen des Ehegesetzes zulässig wäre oder nach diesem Gesetz ein Eheverbot mit Nichtigkeitsfolge nicht vorliegen würde. Wird die Befreiung erteilt, so ist die Ehe als von Anfang an gültig anzusehen.

(2) Über die Befreiung entscheidet, wenn der Mann seinen Wohnsitz oder in Ermangelung eines Wohnsitzes seinen Aufenthalt [im Lande] Österreich hat, der Präsident des Oberlandesgerichts, in dessen Sprengel der Wohnsitz oder Aufenthalt gelegen ist. Hat nur die Ehefrau Wohnsitz oder Aufenthalt [im Lande] Österreich, so bestimmt sich die Zuständigkeit nach ihrem Wohnsitz oder Aufenthalt. Hat keiner der Beteiligten Wohnsitz oder Aufenthalt [im Lande] Österreich, so ist der Präsident des Oberlandesgerichts Wien zuständig. § 11 Abs. 1 Satz 1 und Abs. 2 findet Anwendung. Ich[1)] behalte mir vor, in Fällen bestimmter Art selbst zu entscheiden oder im Einzelfall die Entscheidung an mich zu ziehen.

[1)] *Jetzt: Der Bundesminister für Justiz*

§ 57. *(aufgehoben, BGBl 1983/566)*

§ 58. Ist auf Grund einer Nachsicht vom Ehehindernis des Ehebandes nach dem 1. April 1938 eine Ehe geschlossen worden, so gilt sie als eine von Anfang an gültige Ehe.

(Satz 2 gegenstandslos)

§ 59. (1) *(betrifft Änderung des ABGB)*

(2) *(überholt)*

B. Ergänzungsvorschriften zu den Abschnitten I bis V dieser Verordnung

§§ 60 bis 81a. *(aufgehoben, StGBl 1945/31, BGBl 1973/108 und 1983/566)*

§ 82. (1) Die Nichtigkeitsklage des Staatsanwalts ist gegen beide Ehegatten und, wenn einer von ihnen verstorben ist, gegen den überlebenden Ehegatten zu richten. Die Nichtigkeitsklage des einen Ehegatten ist gegen den anderen Ehegatten zu richten.

(2) Im Falle der Doppelehe ist die Nichtigkeitsklage des Ehegatten der früheren Ehe gegen beide Ehegatten der späteren Ehe zu richten.

§ 83. Im Verfahren über eine Nichtigkeitsklage kann der Staatsanwalt, auch wenn er die Klage nicht erhoben hat, den Rechtsstreit betreiben, insbesondere selbständig Anträge stellen und Rechtsmittel einlegen.

§ 84. Hat der Staatsanwalt die Nichtigkeitsklage zu Lebzeiten beider Ehegatten erhoben, so findet, wenn ein Ehegatte stirbt, „§ 460 Z 8 ZPO“ keine Anwendung. Das Verfahren wird gegen den überlebenden Ehegatten fortgesetzt. *(BGBl 1983/566)*

§ 85. In den Fällen, in denen der als Partei auftretende Staatsanwalt unterliegt, sind Kostenersätze dem Staate aufzuerlegen (§§ 40 ff. der österreichischen Zivilprozeßordnung).

§ 86. (1) Zur Mitwirkung in Ehesachen ist der Staatsanwalt am Sitze des Prozeßgerichts zuständig, in Wien der Staatsanwalt beim Landesgericht für Strafsachen Wien.

(2) *(aufgehoben, BGBl 1977/403)*

VII. Inkrafttreten, Übergangsvorschriften

§ 87. (1) Diese Verordnung tritt, soweit nicht etwas anderes bestimmt ist, am 1. August 1938 in Kraft. Mit dem gleichen Zeitpunkt treten außer Kraft ... die Vorschriften des österreichischen Rechts, die Gegenstände betreffen, die in dieser Verordnung geregelt sind. *(ausgelassene Worte und Abs. 2 gegenstandslos)*

§§ 88 bis 90. *(Durch Zeitablauf gegenstandslos)*

4/2. Eingetragene Partnerschaft-Gesetz

BGBl I 2009/135 idF

1 BGBl I 2010/29 (IRÄG 2010; Begriffersetzung)
2 BGBl I 2013/179 (AdRÄG 2013)
3 BGBl I 2015/25 (VfGH)
4 BGBl I 2017/59 (2. ErwSchG)
5 BGBl I 2017/161 (VfGH)
6 BGBl I 2021/86 (GREx)

STICHWORTVERZEICHNIS

Bundesgesetz über die eingetragene Partnerschaft (Eingetragene Partnerschaft-Gesetz - EPG)

1. Abschnitt

Allgemeine Bestimmungen

Geltungsbereich

§ 1. Dieses Bundesgesetz regelt die Begründung, die Wirkungen und die Auflösung der eingetragenen Partnerschaft „ “ (im Folgenden „eingetragene Partnerschaft“). *(BGBl I 2017/161 (VfGH), ab 1. 1. 2019)*

Wesen der eingetragenen Partnerschaft

§ 2. Eine eingetragene Partnerschaft können nur zwei Personen „ “ begründen (eingetragene Partner). Sie verbinden sich damit zu einer Lebensgemeinschaft auf Dauer mit gegenseitigen Rechten und Pflichten. *(BGBl I 2017/161 (VfGH), ab 1. 1. 2019)*

§ 3. Aus dem Versprechen, eine eingetragene Partnerschaft begründen zu wollen, kann nicht geklagt werden.

2. Abschnitt

Begründung der eingetragenen Partnerschaft

Partnerschaftsfähigkeit

§ 4. Eine eingetragene Partnerschaft kann begründen, wer volljährig und entscheidungsfähig ist.

(BGBl I 2017/59, ab 1. 7. 2018, anzuwenden, wenn die eingetragene Partnerschaft nach dem 30. 6. 2018 begründet wird)

Begründungshindernisse

§ 5. (1) Eine eingetragene Partnerschaft darf nicht begründet werden

1. *(aufgehoben, BGBl I 2017/161, (VfGH), ab 1. 1. 2019)*

2. mit einer Person, die bereits verheiratet ist oder mit einer anderen Person eine noch aufrechte eingetragene Partnerschaft begründet hat;

3. zwischen Verwandten in gerader Linie und zwischen voll- oder halbbürtigen Geschwistern sowie zwischen einem an Kindesstatt angenommenen Kind und seinen Abkömmlingen einerseits und dem Annehmenden andererseits, solange das durch die Annahme begründete Rechtsverhältnis besteht.

(2) Das Verbot des Abs. 1 Z 2 steht einer Wiederholung der Begründung der eingetragenen Partnerschaft nicht entgegen, wenn die eingetragenen Partner Zweifel an der Gültigkeit oder dem

Fortbestand ihrer eingetragenen Partnerschaft hegen.

Form der Begründung

§ 6. (1) Eine eingetragene Partnerschaft kann nur unter persönlicher und gleichzeitiger Anwesenheit beider Partner vor der im Personenstandsgesetz, BGBl. Nr. 162/1987, als sachlich zuständig bezeichneten Behörde begründet werden.

(2) Die gemäß Abs. 1 zuständige Behörde protokolliert die Erklärungen der beiden Partner, eine eingetragene Partnerschaft begründen zu wollen, wodurch die eingetragene Partnerschaft zustande kommt. Die Behörde lässt das Protokoll von beiden unterschreiben.

(3) Die eingetragene Partnerschaft kann nicht unter einer Bedingung oder Zeitbestimmung begründet werden.

3. Abschnitt
Wirkungen der eingetragenen Partnerschaft

Namen

§ 7. Die eingetragenen Partner behalten ihren bisherigen Namen bei.

Rechte und Pflichten

§ 8. (1) Die persönlichen Rechte und Pflichten der eingetragenen Partner im Verhältnis zueinander sind, soweit in diesem Bundesgesetz nichts anderes bestimmt ist, gleich.

(2) Die eingetragenen Partner sind einander zur umfassenden partnerschaftlichen Lebensgemeinschaft und Vertrauensbeziehung, besonders zum gemeinsamen Wohnen, zur anständigen Begegnung und zum Beistand, verpflichtet.

(3) Die eingetragenen Partner sollen ihre Lebensgemeinschaft unter Rücksichtnahme aufeinander mit dem Ziel voller Ausgewogenheit ihrer Beiträge einvernehmlich gestalten. Von einer einvernehmlichen Gestaltung kann ein eingetragener Partner abgehen, wenn dem nicht ein wichtiges Anliegen des anderen entgegensteht oder, auch wenn ein solches Anliegen vorliegt, persönliche Gründe des einen Partners als gewichtiger anzusehen sind.

(4) *(aufgehoben, BGBl I 2015/25, (VfGH), ab 1. 1. 2016)*

Wohnen

§ 9. (1) Ist ein eingetragener Partner über die Wohnung, die der Befriedigung des dringenden Wohnbedürfnisses des anderen dient, verfügungsberechtigt, so hat dieser einen Anspruch darauf, dass der Verfügungsberechtigte alles unterlässt und vorkehrt, damit der auf die Wohnung Angewiesene diese nicht verliert. Dies gilt nicht, wenn das Handeln oder Unterlassen des Verfügungsberechtigten durch die Umstände erzwungen wird.

(2) Verlangt ein eingetragener Partner aus gerechtfertigten Gründen die Verlegung der gemeinsamen Wohnung, so hat der andere diesem Verlangen zu entsprechen, es sei denn, er habe gerechtfertigte Gründe von zumindest gleichem Gewicht, nicht mitzuziehen.

(3) Ein eingetragener Partner kann vorübergehend gesondert Wohnung nehmen, solange ihm ein Zusammenleben mit dem anderen, besonders wegen körperlicher Bedrohung, unzumutbar oder dies aus wichtigen persönlichen Gründen gerechtfertigt ist.

(4) In den Fällen der Abs. 1 und 2 kann jeder der eingetragenen Partner vor oder auch nach der Verlegung der Wohnung oder der gesonderten Wohnungnahme die Entscheidung des Gerichtes beantragen. Das Gericht hat im Verfahren außer Streitsachen festzustellen, ob das Verlangen auf Verlegung der gemeinsamen Wohnung oder die Weigerung mitzuziehen oder die gesonderte Wohnungnahme durch einen eingetragenen Partner rechtmäßig war oder ist. Es hat bei der Entscheidung auf die gesamten Umstände der eingetragenen Partnerschaft Bedacht zu nehmen.

Gesetzliche Vertretungsmacht

§ 10. Der eingetragene Partner, der den gemeinsamen Haushalt führt und keine Einkünfte hat, vertritt den anderen bei den Rechtsgeschäften des täglichen Lebens, die er für den gemeinsamen Haushalt schließt und die ein den Lebensverhältnissen beider Teile entsprechendes Maß nicht übersteigen. Dies gilt nicht, wenn der andere dem Dritten zu erkennen gegeben hat, dass er von seinem eingetragenen Partner nicht vertreten sein wolle. Kann der Dritte aus den Umständen nicht erkennen, dass der handelnde eingetragene Partner vertretend auftritt, dann haften beide zur ungeteilten Hand.

Mitwirkung im Erwerb

§ 11. (1) Ein eingetragener Partner hat im Erwerb des anderen mitzuwirken, soweit dies zumutbar, es nach den Lebensverhältnissen beider üblich und nichts anderes vereinbart ist.

(2) Für die Mitwirkung besteht ein Anspruch auf angemessene Abgeltung. Die Höhe des Anspruchs richtet sich nach der Art und Dauer der Leistungen; die gesamten Lebensverhältnisse der eingetragenen Partner, besonders auch die gewährten Unterhaltsleistungen, sind angemessen zu berücksichtigen.

(3) Ansprüche auf Abgeltung der Mitwirkung im Erwerb sind vererblich, unter Lebenden oder

von Todes wegen übertragbar und verpfändbar, soweit sie durch Vertrag anerkannt oder gerichtlich geltend gemacht worden sind. Der Anspruch auf Abgeltung verjährt in sechs Jahren vom Ende des Monats, in dem die Leistung erbracht worden ist.

(4) Die Abs. 2 und 3 berühren nicht vertragliche Ansprüche aus einem Mit- oder Zusammenwirken im Erwerb. Solche Ansprüche schließen einen Anspruch nach Abs. 2 aus; bei einem Dienstverhältnis bleibt dem eingetragenen Partner jedoch der Anspruch nach Abs. 2 gewahrt, soweit dieser die Ansprüche aus dem Dienstverhältnis übersteigt.

Unterhalt

§ 12. (1) Die eingetragenen Partner haben nach ihren Kräften und gemäß der Gestaltung ihrer Lebensgemeinschaft zur Deckung der ihren Lebensverhältnissen angemessenen Bedürfnisse gemeinsam beizutragen.

(2) Wer den gemeinsamen Haushalt führt, leistet dadurch den Beitrag nach Abs. 1; bei dem dadurch entstehenden Anspruch auf Unterhalt sind eigene Einkünfte angemessen zu berücksichtigen. Dies gilt nach der Aufhebung des gemeinsamen Haushalts zugunsten des bisher Unterhaltsberechtigten weiter, sofern nicht die Geltendmachung des Unterhaltsanspruchs, besonders wegen der Gründe, die zur Aufhebung des gemeinsamen Haushalts geführt haben, ein Missbrauch des Rechts wäre. Ein Unterhaltsanspruch steht einem eingetragenen Partner auch zu, soweit er seinen Beitrag nach Abs. 1 nicht zu leisten vermag.

(3) Auf Verlangen des Unterhaltsberechtigten ist der Unterhalt auch bei aufrechter Haushaltsgemeinschaft ganz oder zum Teil in Geld zu leisten, soweit nicht ein solches Verlangen, insbesondere im Hinblick auf die zur Deckung der Bedürfnisse zur Verfügung stehenden Mittel, unbillig wäre. Auf den Unterhaltsanspruch an sich kann im Vorhinein nicht verzichtet werden.

4. Abschnitt

Auflösung der eingetragenen Partnerschaft

Gründe der Auflösung

§ 13. „(1)" Die eingetragene Partnerschaft wird durch den Tod oder die Todeserklärung eines eingetragenen Partners oder durch eine gerichtliche Auflösungsentscheidung aufgelöst. *(BGBl I 2017/59, ab 1. 7. 2018)*

(2) Die Auflösung kann ein eingetragener Partner nur selbst begehren, wenn er dafür entscheidungsfähig ist. Fehlt ihm diese Fähigkeit, so kann ihn ein gesetzlicher Vertreter dabei nur vertreten, wenn die Vertretungshandlung zur Wahrung seines Wohles erforderlich ist. Gibt der eingetragene Partner aber zu erkennen, dass er die vom gesetzlichen Vertreter geplante Vertretungshandlung ablehnt, so hat diese zu unterbleiben, es sei denn, sein Wohl wäre sonst erheblich gefährdet. *(BGBl I 2017/59, ab 1. 7. 2018)*

Auflösung wegen Willensmängeln

§ 14. (1) Ein eingetragener Partner kann mit Klage die Auflösung der eingetragenen Partnerschaft begehren, wenn er

1. zur Zeit der Begründung oder im Fall des § 19 Abs. 2 Z 2 zur Zeit der Bestätigung in der Partnerschaftsfähigkeit beschränkt war; *(BGBl I 2017/59, ab 1. 7. 2018, auf Verfahren anzuwenden, in denen der verfahrenseinleitende Schriftsatz nach dem 30. 6. 2018 bei Gericht eingebracht wurde)*

2. bei der Begründung nicht wusste, dass es sich um die Begründung einer eingetragenen Partnerschaft handelt, oder dies zwar wusste, aber eine Erklärung, die eingetragene Partnerschaft begründen zu wollen, nicht abgeben wollte;

3. sich in der Person des anderen irrte;

4. sich bei der Begründung der eingetragenen Partnerschaft über solche die Person des anderen betreffende Umstände irrte, die ihn bei Kenntnis der Sachlage und bei richtiger Würdigung des Wesens der eingetragenen Partnerschaft von der Begründung abgehalten hätten;

5. zur Begründung der eingetragenen Partnerschaft mit Wissen des anderen durch arglistige Täuschung über solche Umstände, ausgenommen solche über Vermögensverhältnisse, bestimmt wurde, die ihn bei Kenntnis der Sachlage und bei richtiger Würdigung des Wesens der eingetragenen Partnerschaft von der Begründung abgehalten hätten, oder

6. zur Begründung der eingetragenen Partnerschaft widerrechtlich durch Drohung bestimmt wurde.

(2) Die Auflösung ist ausgeschlossen, wenn

1. der eingetragene Partner nach Wegfall des Irrtums oder der Zwangslage oder nach der Entdeckung der Täuschung oder nach Erlangung der „Partnerschaftsfähigkeit" zu erkennen gegeben hat, dass er die eingetragene Partnerschaft dennoch fortsetzen will; *(BGBl I 2017/59, ab 1. 7. 2018, auf Verfahren anzuwenden, in denen der verfahrenseinleitende Schriftsatz nach dem 30. 6. 2018 bei Gericht eingebracht wurde)*

2. *(entfällt, BGBl I 2017/59, ab 1. 7. 2018, auf Verfahren anzuwenden, in denen der verfahrenseinleitende Schriftsatz nach dem 6. Juni 2018 bei Gericht eingebracht wurde)*

3. im Fall des Abs. 1 Z 4 das Verlangen mit Rücksicht auf die Gestaltung der bisherigen Lebensgemeinschaft sittlich nicht gerechtfertigt erscheint.

(3) *(entfällt, BGBl I 2017/59, ab 1. 7. 2018, auf Verfahren anzuwenden, in denen der verfahrenseinleitende Schriftsatz nach dem 30. 6. 2018 bei Gericht eingebracht wurde)*

(4) Die Auflösungsklage nach Abs. 1 kann nur binnen eines Jahres erhoben werden. Die Frist beginnt in den Fällen des Abs. 1 Z 1 mit dem Zeitpunkt, in dem die Begründung oder die Bestätigung der eingetragenen Partnerschaft dem gesetzlichen Vertreter bekannt wird oder der eingetragene Partner die „Partnerschaftsfähigkeit" erlangt, in den Fällen des Abs. 1 Z 2 bis 5 mit dem Zeitpunkt, in dem er den Irrtum oder die Täuschung entdeckt, im Fall des Abs. 1 Z 6 mit dem Zeitpunkt, in dem die Zwangslage aufhört. *(BGBl I 2017/59, ab 1. 7. 2018, auf Verfahren anzuwenden, in denen der verfahrenseinleitende Schriftsatz nach dem 30. 6. 2018 bei Gericht eingebracht wurde3)*

(5) Der Lauf der Frist ist gehemmt, solange der klageberechtigte Teil innerhalb der letzten sechs Monate der Klagefrist durch einen unabwendbaren Zufall an der Erhebung der Auflösungsklage gehindert ist. Hat ein nicht entscheidungsfähiger klageberechtigter Teil keinen gesetzlichen Vertreter, so endet die Klagefrist nicht vor dem Ablauf von sechs Monaten nach dem Zeitpunkt, von dem an er die Auflösungsklage selbständig erheben kann oder in dem der Mangel der Vertretung aufhört. Hat der gesetzliche Vertreter eines nicht entscheidungsfähigen Teils die Auflösungsklage nicht rechtzeitig erhoben, so kann der eingetragene Partner selbst innerhalb von sechs Monaten nach dem Erlangen der Entscheidungsfähigkeit die Auflösungsklage erheben. *(BGBl I 2017/59, ab 1. 7. 2018, auf Verfahren anzuwenden, in denen der verfahrenseinleitende Schriftsatz nach dem 30. 6. 2018 bei Gericht eingebracht wurde)*

Auflösung wegen Verschuldens oder wegen Zerrüttung

§ 15. (1) Ein eingetragener Partner kann mit Klage die Auflösung der eingetragenen Partnerschaft begehren, wenn der andere Teil durch eine schwere Verfehlung die eingetragene Partnerschaft schuldhaft so tief zerrüttet hat, dass die Wiederherstellung einer ihrem Wesen entsprechenden Lebensgemeinschaft nicht erwartet werden kann. Eine schwere Verfehlung liegt insbesondere vor, wenn ein eingetragener Partner dem anderen körperliche Gewalt oder schweres seelisches Leid zugefügt hat. Wer selbst eine Verfehlung begangen hat, kann die Auflösung der eingetragenen Partnerschaft nicht begehren, wenn nach der Art der Verfehlung, insbesondere wegen des Zusammenhangs der Verfehlung des anderen Teils mit dem eigenen Verschulden, das Auflösungsbegehren bei richtiger Würdigung des Wesens der eingetragenen Partnerschaft sittlich nicht gerechtfertigt ist.

(2) Ein eingetragener Partner kann mit Klage die Auflösung der eingetragenen Partnerschaft begehren, wenn

1. die eingetragene Partnerschaft infolge eines Verhaltens des anderen, das nicht als schuldhafte Verfehlung betrachtet werden kann, weil es auf einer psychischen Krankheit oder einer vergleichbaren Beeinträchtigung seiner Entscheidungsfähigkeit beruht, so tief zerrüttet ist, dass die Wiederherstellung einer dem Wesen der eingetragenen Partnerschaft entsprechenden Lebensgemeinschaft nicht erwartet werden kann, oder

2. der andere an einer schweren ansteckenden oder ekelerregenden Krankheit leidet und deren Heilung oder die Beseitigung der Ansteckungsgefahr in absehbarer Zeit nicht erwartet werden kann.

(BGBl I 2017/59, ab 1. 7. 2018, auf Verfahren anzuwenden, in denen der verfahrenseinleitende Schriftsatz nach dem 30. 6. 2018 bei Gericht eingebracht wurde)

(3) Ist die häusliche Gemeinschaft der eingetragenen Partner seit drei Jahren aufgehoben, so kann jeder Teil wegen tiefgreifender unheilbarer Zerrüttung der eingetragenen Partnerschaft deren Auflösung mit Klage begehren. Dem Begehren ist jedenfalls stattzugeben.

(4) In den Fällen des Abs. 2 darf die eingetragene Partnerschaft nicht aufgelöst werden, wenn das Auflösungsbegehren sittlich nicht gerechtfertigt ist. Dies ist in der Regel dann anzunehmen, wenn die Auflösung den anderen außergewöhnlich hart träfe. Ob dies der Fall ist, richtet sich nach den Umständen, namentlich auch nach der Dauer der eingetragenen Partnerschaft, dem Lebensalter beider und dem Anlass der Erkrankung.

(5) Ist die Lebensgemeinschaft der eingetragenen Partner seit mindestens einem halben Jahr aufgehoben, gestehen beide die unheilbare Zerrüttung des partnerschaftlichen Verhältnisses zu und besteht zwischen ihnen Einvernehmen über die Auflösung der eingetragenen Partnerschaft, so können sie die Auflösung gemeinsam beantragen. Die eingetragene Partnerschaft darf nur aufgelöst werden, wenn beide eine schriftliche Vereinbarung über ihre unterhaltsrechtlichen Beziehungen und die gesetzlichen vermögensrechtlichen Ansprüche im Verhältnis zueinander für den Fall der Auflösung dem Gericht unterbreiten oder vor Gericht schließen.

Ausschluss der Auflösung

§ 16. (1) Das Recht auf Auflösung der eingetragenen Partnerschaft wegen Verschuldens (§ 15 Abs. 1) besteht nicht, wenn sich aus dem Verhalten des verletzten eingetragenen Partners ergibt, dass er die Verfehlung des anderen verziehen oder sie nicht als die eingetragene Partnerschaft zerstörend empfunden hat.

(2) Das Recht auf Auflösung der eingetragenen Partnerschaft wegen Verschuldens erlischt, wenn die Klage nicht binnen sechs Monaten erhoben wird. Die Frist beginnt mit der Kenntnis des Auflösungsgrundes. Sie läuft nicht, solange die häusliche Gemeinschaft der eingetragenen Partner aufgehoben ist. Fordert der schuldige eingetragene Partner den anderen auf, die Gemeinschaft herzustellen oder die Klage auf Auflösung der eingetragenen Partnerschaft zu erheben, so läuft die Frist vom Empfang der Aufforderung an. Die Auflösung ist nicht mehr zulässig, wenn seit dem Eintritt des Auflösungsgrundes zehn Jahre verstrichen sind. Für die Sechsmonatsfrist gilt § 14 Abs. 5 entsprechend.

(3) Nach Ablauf der im Abs. 2 bezeichneten Fristen kann während eines Auflösungsstreites ein Auflösungsgrund noch geltend gemacht werden, wenn die Frist bei der Klageerhebung noch nicht verstrichen war. Verfehlungen, auf die eine Auflösungsklage nicht mehr gegründet werden kann, können nach Ablauf der Fristen zur Unterstützung einer auf andere Verfehlungen gegründeten Klage geltend gemacht werden.

Schuldausspruch bei Auflösung wegen Verschuldens

§ 17. (1) Wird die eingetragene Partnerschaft wegen Verschuldens der beklagten Partei aufgelöst, so ist dies im Urteil auszusprechen.

(2) Hat die beklagte Partei Widerklage erhoben und wird die eingetragene Partnerschaft wegen Verschuldens beider Teile aufgelöst, so sind beide für schuldig zu erklären. Ist das Verschulden des einen Teiles erheblich schwerer als das des anderen, so ist zugleich auszusprechen, dass seine Schuld überwiegt.

(3) Auch ohne Erhebung einer Widerklage ist auf Antrag der beklagten Partei die Mitschuld der klagenden Partei auszusprechen, wenn die eingetragene Partnerschaft wegen einer Verfehlung der beklagten Partei aufgelöst wird und diese zur Zeit der Erhebung der Klage oder später auf Auflösung wegen Verschuldens hätte klagen können. Hatte die beklagte Partei bei der Klageerhebung das Recht, die Auflösung wegen Verschuldens der klagenden Partei zu begehren, bereits verloren, so ist dem Antrag gleichwohl stattzugeben, wenn dies der Billigkeit entspricht. Abs. 2 Satz 2 gilt entsprechend.

Schuldausspruch bei Auflösung wegen Willensmängeln oder Zerrüttung

§ 18. (1) Wird die eingetragene Partnerschaft nach § 15 Abs. 2 oder 3 auf Klage und Widerklage aufgelöst und trifft nur einen Teil ein Verschulden, so ist dies im Urteil auszusprechen.

(2) Wird die eingetragene Partnerschaft lediglich auf Grund des § 15 Abs. 2 aufgelöst und hätte die beklagte Partei zur Zeit der Erhebung der Klage oder später auf Auflösung wegen Verschuldens der klagenden Partei klagen können, so ist auch ohne Erhebung einer Widerklage auf Antrag der beklagten Partei auszusprechen, dass die klagende Partei ein Verschulden trifft. Hatte die beklagte Partei bei der Klageerhebung das Recht, die Auflösung wegen Verschuldens der klagenden Partei zu begehren, bereits verloren, so ist dem Antrag gleichwohl stattzugeben, wenn dies der Billigkeit entspricht.

(3) Wird die eingetragene Partnerschaft nach § 15 Abs. 3 aufgelöst und hat die klagende Partei die Zerrüttung allein oder überwiegend verschuldet, so ist dies auf Antrag der beklagten Partei im Urteil auszusprechen.

(4) Wird die eingetragene Partnerschaft aus den Gründen des § 14 Abs. 1 aufgelöst, so ist in den Fällen der Z 1 bis 4 derjenige eingetragene Partner als schuldig zu erklären, der den Auflösungsgrund bei Begründung der eingetragenen Partnerschaft kannte, in den Fällen der Z 5 und 6 derjenige eingetragene Partner, von dem oder mit dessen Wissen die Täuschung oder die Drohung verübt worden ist.

(5) Wird in demselben Rechtsstreit Auflösung aus Gründen des § 14 und des § 15 begehrt, so ist die Schuld des eingetragenen Partners, die das Auflösungsbegehren nach § 15 oder einen Schuldantrag gegenüber diesem Begehren rechtfertigt, im Schuldausspruch zu berücksichtigen.

5. Abschnitt

Nichtigkeit der eingetragenen Partnerschaft

§ 19. (1) Eine eingetragene Partnerschaft ist nur in den Fällen nichtig, in denen dies in den folgenden Absätzen bestimmt ist. Niemand kann sich auf die Nichtigkeit einer eingetragenen Partnerschaft berufen, solange diese nicht durch gerichtliches Urteil für nichtig erklärt worden ist. Einer dritten Person gegenüber können aus der Nichtigkeit der eingetragenen Partnerschaft Einwendungen gegen ein zwischen der dritten Person und einem eingetragenen Partner vorgenommenes Rechtsgeschäft oder gegen ein zwischen ihnen ergangenes rechtskräftiges Urteil nur hergeleitet werden, wenn die eingetragene Partnerschaft bereits zur Zeit der Vornahme des Rechtsgeschäfts oder zur Zeit des Eintritts der Rechtshängigkeit für nichtig erklärt oder die Nichtigkeit der dritten Person bekannt war.

(2) Eine eingetragene Partnerschaft ist nichtig, wenn

1. ihre Begründung nicht in der durch § 6 Abs. 2 und 3 vorgeschriebenen Form stattgefunden hat; sie ist jedoch als von Anfang an gültig

anzusehen, wenn beide eingetragenen Partner nach ihrer Begründung fünf Jahre oder, falls einer von ihnen vorher verstorben ist, bis zu dessen Tod, jedoch mindestens drei Jahre, als eingetragene Partner miteinander gelebt haben, es sei denn, dass bei Ablauf der fünf Jahre oder zur Zeit des Todes des einen Teils die Nichtigkeitsklage erhoben ist;

2. ein eingetragener Partner bei Begründung der eingetragenen Partnerschaft nicht partnerschaftsfähig war; die eingetragene Partnerschaft ist jedoch als von Anfang an gültig anzusehen, wenn er nach Erlangen dieser Fähigkeit zu erkennen gibt, die eingetragene Partnerschaft fortsetzen zu wollen; *(BGBl I 2017/59, ab 1. 7. 2018, auf Verfahren anzuwenden, in denen der verfahrenseinleitende Schriftsatz nach dem 30. 6. 2018 bei Gericht eingebracht wurde)*

3. ein eingetragener Partner zur Zeit ihrer Begründung mit einer dritten Person in gültiger Ehe oder in gültiger eingetragener Partnerschaft lebte;

4. sie den Verboten des § 5 Abs. 1 Z 3 zuwider zwischen Verwandten begründet worden ist, oder

5. sie ausschließlich oder vorwiegend zu dem Zweck begründet worden ist, dem einen eingetragenen Partner die Führung des Namens des anderen oder den Erwerb der Staatsangehörigkeit des anderen zu ermöglichen, ohne dass die partnerschaftliche Lebensgemeinschaft begründet werden soll; sie ist jedoch als von Anfang an gültig anzusehen, wenn beide eingetragenen Partner nach ihrer Begründung fünf Jahre oder, falls einer von ihnen vorher verstorben ist, bis zu dessen Tod, jedoch mindestens drei Jahre, als eingetragene Partner miteinander gelebt haben, es sei denn, dass bei Ablauf der fünf Jahre oder zur Zeit des Todes des einen Teils die Nichtigkeitsklage erhoben ist.

(3) Die Nichtigkeit kann jeder eingetragene Partner oder „– ausgenommen im Fall des Abs. 2 Z 2 –" die Staatsanwaltschaft, im Fall des Abs. 2 Z 3 auch der frühere Ehegatte oder eingetragene Partner, durch Klage geltend machen. Ist die eingetragene Partnerschaft aufgelöst, so kann nur die Staatsanwaltschaft die Nichtigkeitsklage erheben. Sind beide eingetragenen Partner verstorben, so kann eine Nichtigkeitsklage nicht mehr erhoben werden. *(BGBl I 2017/59, ab 1. 7. 2018, auf Verfahren anzuwenden, in denen der verfahrenseinleitende Schriftsatz nach dem 30. 6. 2018 bei Gericht eingebracht wurde)*

(4) Die Nichtigkeitsklage der Staatsanwaltschaft ist gegen beide eingetragenen Partner und, wenn einer von ihnen verstorben ist, gegen den überlebenden Teil zu richten. Die Nichtigkeitsklage des einen eingetragenen Partners ist gegen den anderen zu richten. Für den Fall, dass zur Zeit der Begründung der eingetragenen Partnerschaft ein eingetragener Partner mit einer dritten Person in gültiger Ehe oder eingetragener Partnerschaft lebte, ist die Nichtigkeitsklage des ersten Ehegatten oder eingetragenen Partners gegen beide Teile der späteren Ehe bzw. eingetragenen Partnerschaft zu richten.

(5) Begründet ein eingetragener Partner nach Auflösung einer Ehe oder eingetragenen Partnerschaft durch eine ausländische Entscheidung eine neue eingetragene Partnerschaft, so ist die neue eingetragene Partnerschaft nicht deswegen nichtig, weil die Voraussetzungen für eine Anerkennung der ausländischen Entscheidung nicht gegeben sind. Dies gilt nicht, wenn beide Teile der neuen eingetragenen Partnerschaft bei ihrer Begründung wussten, dass die ausländische Entscheidung im Inland nicht anerkannt werden kann.

6. Abschnitt
Folgen der Auflösung oder der Nichtigkeit

Unterhalt

§ 20. (1) Der allein oder überwiegend schuldige eingetragene Partner hat dem anderen, soweit dessen Einkünfte aus Vermögen und die Erträgnisse einer Erwerbstätigkeit, die von ihm den Umständen nach erwartet werden kann, nicht ausreichen, den nach den Lebensverhältnissen der eingetragenen Partner angemessenen Unterhalt zu gewähren.

(2) Wenn der allein oder überwiegend schuldige eingetragene Partner durch Gewährung des in Abs. 1 bestimmten Unterhalts bei Berücksichtigung seiner sonstigen Verpflichtungen den eigenen angemessenen Unterhalt gefährdet, braucht er nur so viel zu leisten, als es mit Rücksicht auf die Bedürfnisse und die Vermögens- und Erwerbsverhältnisse beider Teile der Billigkeit entspricht. Hat der Verpflichtete einem Kind, einem neuen Ehegatten oder einem neuen eingetragenen Partner Unterhalt zu gewähren, so sind auch die Bedürfnisse und die wirtschaftlichen Verhältnisse dieser Personen zu berücksichtigen. Ein eingetragener Partner ist bei Gefährdung des eigenen angemessenen Unterhalts von der Unterhaltspflicht ganz befreit, wenn der andere den Unterhalt aus dem Stamm seines Vermögens bestreiten kann.

(3) Sind beide eingetragenen Partner schuldig, trägt aber keiner die überwiegende Schuld, so kann dem eingetragenen Partner, der sich nicht selbst erhalten kann, ein Beitrag zu seinem Unterhalt zugebilligt werden, wenn und soweit dies mit Rücksicht auf die Bedürfnisse und die Vermögens- und Erwerbsverhältnisse sowie Unterhaltspflichten des anderen Teils der Billigkeit entspricht. Die Beitragspflicht kann zeitlich beschränkt werden.

(4) Hat sich ein eingetragener Partner während eingetragener Partnerschaft auf Grund ihrer einvernehmlichen Gestaltung der Haushaltsführung oder der Betreuung eines Angehörigen eines der

eingetragenen Partner gewidmet und kann ihm auf Grund des dadurch bedingten Mangels an Erwerbsmöglichkeiten, etwa wegen mangelnder beruflicher Aus- oder Fortbildung, der Dauer der eingetragenen Partnerschaft, seines Alters oder seiner Gesundheit, nicht zugemutet werden, sich ganz oder zum Teil selbst zu erhalten, so hat ihm insoweit der andere Teil unabhängig vom Verschulden den Unterhalt nach dessen Lebensbedarf zu gewähren. Wird der Unterhaltsanspruch gerichtlich festgesetzt, so hat ihn das Gericht jeweils auf längstens drei Jahre zu befristen, wenn erwartet werden kann, dass der bedürftige eingetragene Partner danach in der Lage sein wird, seinen Unterhalt, insbesondere durch eine zumutbare Erwerbstätigkeit, zu sichern. Der Unterhaltsanspruch vermindert sich oder besteht nicht, soweit die Gewährung des Unterhalts unbillig wäre, weil der bedürftige eingetragene Partner einseitig besonders schwerwiegende Verfehlungen begangen oder seine Bedürftigkeit grob schuldhaft herbeigeführt hat oder ein gleich schwerwiegender Grund vorliegt oder weil die eingetragene Partnerschaft nur kurz gedauert hat. Je gewichtiger diese Gründe sind, desto eher ist vom bedürftigen eingetragenen Partner zu verlangen, seinen Unterhalt durch die Erträgnisse einer anderen als einer zumutbaren Erwerbstätigkeit oder aus dem Stamm seines Vermögens zu decken. Abs. 2 erster und zweiter Satz gilt entsprechend.

§ 21. (1) Enthält das Urteil keinen Schuldausspruch, so hat der eingetragene Partner, der die Auflösung der eingetragenen Partnerschaft verlangt hat, dem anderen Unterhalt zu gewähren, wenn und soweit dies mit Rücksicht auf die Bedürfnisse und die Vermögens- und Erwerbsverhältnisse beider Teile und der unterhaltspflichtigen Verwandten des berechtigten eingetragenen Partners der Billigkeit entspricht. § 20 Abs. 2 gilt entsprechend.

(2) Der auf Grund einer Vereinbarung nach § 15 Abs. 5 geschuldete Unterhalt ist einem gesetzlichen Unterhalt gleichzuhalten, soweit er den Lebensverhältnissen beider eingetragener Partner angemessen ist. Mangels einer rechtswirksamen Vereinbarung über die unterhaltsrechtlichen Beziehungen beider Teile im Fall einer Auflösung nach § 15 Abs. 5 hat ein eingetragener Partner dem anderen Unterhalt zu gewähren, soweit dies mit Rücksicht auf die Bedürfnisse und die Vermögens- und Erwerbsverhältnisse beider Teile und der unterhaltspflichtigen Verwandten des berechtigten Teils der Billigkeit entspricht. § 20 Abs. 2 gilt entsprechend.

(3) Ein unterhaltsberechtigter eingetragener Partner, der infolge eigenen Verschuldens bedürftig ist, kann nur den notdürftigen Unterhalt verlangen. Ein Mehrbedarf, der durch grobes Verschulden des unterhaltsberechtigten eingetragenen Partners herbeigeführt ist, begründet keinen Anspruch auf erhöhten Unterhalt.

§ 22. (1) Der Unterhalt ist durch Zahlung einer Geldrente zu gewähren. Die Rente ist monatlich im Voraus zu entrichten. Der Verpflichtete hat Sicherheit zu leisten, wenn die Gefahr besteht, dass er sich seiner Unterhaltspflicht zu entziehen sucht. Die Art der Sicherheitsleistung bestimmt sich nach den Umständen.

(2) Statt der Rente kann der Berechtigte eine Abfindung in Kapital verlangen, wenn ein wichtiger Grund vorliegt und der Verpflichtete dadurch nicht unbillig belastet wird.

(3) Der Verpflichtete schuldet den vollen Monatsbetrag auch dann, wenn der Berechtigte im Lauf des Monats stirbt.

(4) Der Verpflichtete haftet vor den Verwandten des anderen. Soweit er jedoch bei Berücksichtigung seiner sonstigen Verpflichtungen den eigenen angemessenen Unterhalt gefährdete, haften die Verwandten vor ihm. Soweit einem eingetragenen Partner kein Unterhaltsanspruch gegen den anderen zusteht, haben ihm seine Verwandten nach den allgemeinen Vorschriften über die Unterhaltspflicht den Unterhalt zu gewähren. Die Verwandten haften auch, wenn die Rechtsverfolgung gegen den Verpflichteten im Inland ausgeschlossen oder erheblich erschwert ist. In diesem Falle geht der Anspruch gegen den Verpflichteten auf den Verwandten über, der den Unterhalt gewährt hat. Der Übergang kann nicht zum Nachteil des Berechtigten geltend gemacht werden.

(5) Für die Vergangenheit kann der Berechtigte Erfüllung oder Schadenersatz wegen Nichterfüllung erst von der Zeit an fordern, in der der Verpflichtete in Verzug gekommen oder der Unterhaltsanspruch rechtshängig geworden ist.

§ 23. (1) Die Unterhaltspflicht erlischt mit der Schließung einer Ehe oder der Begründung einer neuen eingetragenen Partnerschaft des Berechtigten.

(2) Der Berechtigte verwirkt den Unterhaltsanspruch, wenn er sich nach der Auflösung der eingetragenen Partnerschaft einer schweren Verfehlung gegen den Verpflichteten schuldig macht oder gegen dessen Willen einen ehrlosen oder unsittlichen Lebenswandel führt.

(3) Der Unterhaltsanspruch erlischt mit dem Tod des Berechtigten. Nur soweit er auf Erfüllung oder Schadenersatz wegen Nichterfüllung für die Vergangenheit gerichtet ist oder sich auf Beträge bezieht, die beim Tod des Berechtigten fällig sind, bleibt er auch nachher bestehen. Der Verpflichtete hat die Bestattungskosten zu tragen, soweit dies der Billigkeit entspricht und die Kosten nicht von den Erben zu erlangen sind.

(4) Mit dem Tod des Verpflichteten geht die Unterhaltspflicht auf die Erben als Nachlassverbindlichkeit über. Der Erbe haftet ohne die Beschränkungen des § 20 Abs. 2. Der Berechtigte muss sich jedoch die Herabsetzung der Rente auf einen Betrag gefallen lassen, der bei Berücksichtigung der Verhältnisse des Erben und der Ertragsfähigkeit des Nachlasses der Billigkeit entspricht. Eine Beitragspflicht nach § 20 Abs. 3 erlischt mit dem Tod des Verpflichteten.

(5) Die eingetragenen Partner können über die Unterhaltspflicht für die Zeit nach der Auflösung der eingetragenen Partnerschaft Vereinbarungen treffen. Ist eine Vereinbarung dieser Art vor Rechtskraft der Auflösungsentscheidung getroffen worden, so ist sie nicht schon deshalb nichtig, weil sie die Auflösung erleichtert oder ermöglicht hat; sie ist jedoch nichtig, wenn die eingetragenen Partner im Zusammenhang mit der Vereinbarung einen nicht oder nicht mehr bestehenden Auflösungsgrund geltend gemacht haben oder wenn sich anderweitig aus dem Inhalt der Vereinbarung oder aus sonstigen Umständen des Falles ergibt, dass sie den guten Sitten widerspricht.

Aufteilung des Gebrauchsvermögens und der Ersparnisse

Gegenstand der Aufteilung

§ 24. (1) Wird die eingetragene Partnerschaft, außer im Fall des Todes oder der Todeserklärung, aufgelöst oder für nichtig erklärt, so sind das partnerschaftliche Gebrauchsvermögen und die partnerschaftlichen Ersparnisse zwischen beiden eingetragenen Partnern aufzuteilen. Bei der Aufteilung sind die Schulden, die mit dem Gebrauchsvermögen und den Ersparnissen in einem inneren Zusammenhang stehen, in Anschlag zu bringen.

(2) Partnerschaftliches Gebrauchsvermögen sind die beweglichen oder unbeweglichen körperlichen Sachen, die während aufrechter Lebensgemeinschaft dem Gebrauch beider Teile gedient haben; hierzu gehören auch der Hausrat und die gemeinsame Wohnung.

(3) Partnerschaftliche Ersparnisse sind Wertanlagen, gleich welcher Art, die beide Teile während aufrechter Lebensgemeinschaft angesammelt haben und die ihrer Art nach üblicherweise für eine Verwertung bestimmt sind.

§ 25. (1) Der Aufteilung unterliegen nicht Sachen (§ 24), die

1. ein Teil in die eingetragene Partnerschaft eingebracht, von Todes wegen erworben oder ihm ein Dritter geschenkt hat,

2. dem persönlichen Gebrauch eines Teils allein oder der Ausübung seines Berufes dienen,

3. zu einem Unternehmen gehören oder

4. Anteile an einem Unternehmen sind, außer es handelt sich um bloße Wertanlagen.

(2) Die partnerschaftliche Wohnung, die ein Teil in die eingetragene Partnerschaft eingebracht oder von Todes wegen erworben oder die ihm ein Dritter geschenkt hat, ist in die Aufteilung dann einzubeziehen, wenn dies vereinbart wurde oder wenn der andere Teil auf ihre Weiterbenützung zur Sicherung seiner Lebensbedürfnisse angewiesen ist. Gleiches gilt für den Hausrat, wenn der andere Teil auf seine Weiterbenützung zur Sicherung seiner Lebensbedürfnisse angewiesen ist.

Aufteilungsgrundsätze

§ 26. (1) Die Aufteilung ist nach Billigkeit vorzunehmen. Dabei ist besonders auf Gewicht und Umfang des Beitrags jedes eingetragenen Partners zur Anschaffung des Gebrauchsvermögens und zur Ansammlung der Ersparnisse Bedacht zu nehmen; weiter auf Schulden, die mit dem gemeinsamen Lebensaufwand zusammenhängen, soweit sie nicht ohnedies nach § 24 in Anschlag zu bringen sind.

(2) Als Beitrag sind auch die Leistung des Unterhalts, die Mitwirkung im Erwerb, soweit sie nicht anders abgegolten worden ist, die Führung des gemeinsamen Haushalts und jeder sonstige Beistand zu werten.

§ 27. Die Aufteilung soll so vorgenommen werden, dass sich die Lebensbereiche beider Teile künftig möglichst wenig berühren.

Gerichtliche Aufteilung

§ 28. Soweit sich die eingetragenen Partner über die Aufteilung des Gebrauchsvermögens und der Ersparnisse nicht einigen, hat hierüber auf Antrag das Gericht zu entscheiden.

Gerichtliche Anordnungen

§ 29. (1) Bei der Aufteilung des Gebrauchsvermögens kann das Gericht die Übertragung von Eigentum an beweglichen körperlichen Sachen oder eines Anwartschaftsrechts darauf und die Übertragung von Eigentum und sonstigen Rechten an unbeweglichen körperlichen Sachen von einem auf den anderen eingetragenen Partner sowie die Begründung von dinglichen Rechten oder schuldrechtlichen Rechtsverhältnissen zugunsten des einen eingetragenen Partners an unbeweglichen körperlichen Sachen des anderen anordnen.

(2) Steht Gebrauchsvermögen im Eigentum einer dritten Person, so darf das Gericht die Übertragung von Rechten und Pflichten, die sich auf die Sache beziehen, nur mit Zustimmung des Eigentümers anordnen.

§ 30. Für die partnerschaftliche Wohnung kann das Gericht, wenn sie kraft Eigentums oder eines anderen dinglichen Rechtes eines oder beider Teile benützt wird, die Übertragung des Eigentums oder des dinglichen Rechtes von einem auf den anderen eingetragenen Partner oder die Begründung eines schuldrechtlichen Rechtsverhältnisses zugunsten eines eingetragenen Partners anordnen. Die Übertragung des Eigentums oder eines dinglichen Rechts an einer partnerschaftlichen Wohnung nach § 25 Abs. 2 können die eingetragenen Partner durch Vereinbarung ausschließen.

§ 31. (1) Wird die Wohnung auf Grund eines Dienstverhältnisses benützt oder das Rechtsverhältnis daran im Zusammenhang mit einem Dienstverhältnis begründet, so darf das Gericht eine Anordnung über die Benützung einer solchen Wohnung nur mit Zustimmung des Dienstgebers oder des für die Vergabe der Dienstwohnung zuständigen Rechtsträgers treffen, wenn

1. die Zuweisung der Wohnung deswegen, weil sie überwiegend der Erfüllung der Dienstpflicht dient, wesentliche Interessen des Dienstgebers verletzen könnte, oder

2. die Wohnung unentgeltlich oder gegen ein bloß geringfügiges, wesentlich unter dem ortsüblichen Maß liegendes Entgelt benützt wird oder

3. die Wohnung vom Dienstgeber als Teil des Entgelts für die geleisteten Dienste zur Verfügung gestellt wird.

(2) Wird die Wohnung nach Abs. 1 dem eingetragenen Partner zugesprochen, der nicht der Dienstnehmer ist, so hat das Gericht ein angemessenes Benützungsentgelt festzusetzen. Das Wohnrecht dieses eingetragenen Partners besteht nur so lange, als er sich nicht verheiratet oder wieder eine eingetragene Partnerschaft begründet, und kann von ihm nicht auf andere Personen übergehen oder übertragen werden.

§ 32. Bei der Aufteilung der Ersparnisse kann das Gericht die Übertragung von Vermögenswerten, gleich welcher Art, von einem auf den anderen eingetragenen Partner und die Begründung eines schuldrechtlichen Benützungsrechts an einer Wohnung zugunsten eines eingetragenen Partners anordnen.

§ 33. (1) Die Übertragung des Eigentums an unbeweglichen Sachen oder die Begründung von dinglichen Rechten daran darf nur angeordnet werden, wenn eine billige Regelung in anderer Weise nicht erzielt werden kann.

(2) Für gemeinsames Wohnungseigentum der eingetragenen Partner kann das Gericht nur die Übertragung des Anteils eines eingetragenen Partners am Mindestanteil und gemeinsamen Wohnungseigentum auf den anderen anordnen.

Ausgleich von Benachteiligungen

§ 34. (1) Hat ein eingetragener Partner ohne ausdrückliche oder stillschweigende Zustimmung des anderen frühestens zwei Jahre vor Einbringung der Klage oder des Antrags auf Auflösung der eingetragenen Partnerschaft oder, wenn die Lebensgemeinschaft vor Einbringung der Klage oder des Antrags aufgehoben worden ist, frühestens zwei Jahre vor dieser Aufhebung Gebrauchsvermögen oder Ersparnisse in einer Weise verringert, die der Gestaltung der Lebensverhältnisse beider Teile während der Lebensgemeinschaft widerspricht, so ist der Wert des Fehlenden in die Aufteilung einzubeziehen.

(2) Wurden Gebrauchsvermögen oder Ersparnisse in ein Unternehmen, an dem einem oder beiden eingetragenen Partnern ein Anteil zusteht, eingebracht oder für ein solches Unternehmen sonst verwendet, so ist der Wert des Eingebrachten oder Verwendeten in die Aufteilung einzubeziehen. Bei der Aufteilung ist jedoch zu berücksichtigen, inwieweit jedem eingetragenen Partner durch die Einbringung oder Verwendung Vorteile entstanden sind und inwieweit die eingebrachten oder verwendeten Ersparnisse aus den Gewinnen des Unternehmens stammten. Der Bestand des Unternehmens darf durch die Aufteilung nicht gefährdet werden.

(3) Gehört eine körperliche Sache, die während aufrechter Lebensgemeinschaft dem Gebrauch beider eingetragener Partner gedient hat, zu einem Unternehmen, an dem einem oder beiden eingetragenen Partnern ein Anteil zusteht, und bleibt nach Auflösung der eingetragenen Partnerschaft nur einem von ihnen der Gebrauch dieser Sache erhalten, so hat das Gericht dies bei der Aufteilung des Gebrauchsvermögens und der Ersparnisse zugunsten des anderen angemessen zu berücksichtigen.

Schulden

§ 35. Bezüglich der in § 24 Abs. 1 und in § 26 Abs. 1 genannten Schulden kann das Gericht bestimmen, welcher Teil im Innenverhältnis zu ihrer Zahlung verpflichtet ist.

Durchführung der Aufteilung

§ 36. In seiner Entscheidung hat das Gericht auch die zu ihrer Durchführung nötigen Anordnungen zu treffen und die näheren Umstände, besonders in zeitlicher Hinsicht, für deren Erfüllung zu bestimmen. Sind mit der Durchführung der Entscheidung Aufwendungen verbunden, so hat das Gericht nach billigem Ermessen zu entscheiden, welcher eingetragene Partner sie zu tragen hat.

Ausgleichszahlung

§ 37. (1) Soweit eine Aufteilung nach den vorstehenden Bestimmungen nicht erzielt werden kann, hat das Gericht einem eingetragenen Partner eine billige Ausgleichszahlung an den anderen aufzuerlegen.

(2) Das Gericht kann eine Stundung der Ausgleichszahlung oder deren Entrichtung in Teilbeträgen, tunlich gegen Sicherstellung, anordnen, wenn dies für den ausgleichspflichtigen eingetragenen Partner wirtschaftlich notwendig und dem Ausgleichsberechtigten zumutbar ist.

Erlöschen des Aufteilungsanspruchs

§ 38. Der Anspruch auf Aufteilung des Gebrauchsvermögens und der Ersparnisse erlischt, wenn er nicht binnen einem Jahr nach Eintritt der Rechtskraft der Auflösung der eingetragenen Partnerschaft durch Vertrag oder Vergleich anerkannt oder gerichtlich geltend gemacht wird.

Übergang des Aufteilungsanspruchs

§ 39. Der Anspruch auf Aufteilung des Gebrauchsvermögens und der Ersparnisse ist vererblich, unter Lebenden oder von Todes wegen übertragbar und verpfändbar, soweit er durch Vertrag oder Vergleich anerkannt oder gerichtlich geltend gemacht worden ist.

Verträge

§ 40. (1) Vereinbarungen, die im Voraus die Aufteilung der Ersparnisse oder die Aufteilung der Wohnung regeln, bedürfen zu ihrer Rechtswirksamkeit der Form eines Notariatsaktes. Vereinbarungen, die im Voraus die Aufteilung des übrigen Gebrauchsvermögens regeln, bedürfen der Schriftform.

(2) Von einer im Voraus geschlossenen Vereinbarung über die Aufteilung der Ersparnisse und des Gebrauchsvermögens mit Ausnahme der Wohnung kann das Gericht bei der Aufteilung nur abweichen, soweit die Vereinbarung in einer Gesamtbetrachtung des in die Aufteilung einzubeziehenden Vermögens im Zeitpunkt der Aufteilungsentscheidung einen Teil unbillig benachteiligt, sodass ihm die Zuhaltung unzumutbar ist.

(3) Von einer im Voraus geschlossenen Vereinbarung über die Nutzung der Wohnung durch einen Partner kann das Gericht bei der Aufteilung nur abweichen, soweit der andere Partner seine Lebensbedürfnisse nicht hinreichend decken kann oder eine deutliche Verschlechterung seiner Lebensverhältnisse hinnehmen müsste.

(4) Weicht das Gericht von einer im Voraus geschlossenen Vereinbarung ab, so ist insbesondere auf die Gestaltung der partnerschaftlichen Lebensverhältnisse, die Dauer der Partnerschaft sowie darauf Bedacht zu nehmen, inwieweit der Vereinbarung eine rechtliche Beratung vorangegangen ist und in welcher Form sie geschlossen wurde.

(5) Die Abs. 1 bis 4 gelten nicht für Vereinbarungen, die die eingetragenen Partner im Zusammenhang mit dem Verfahren auf Auflösung oder Nichtigerklärung der eingetragenen Partnerschaft geschlossen haben.

Haftung für Kredite

§ 41. (1) Entscheidet das Gericht (§ 35) oder vereinbaren die eingetragenen Partner (§ 40 Abs. 5, gegebenenfalls § 15 Abs. 5), wer von ihnen im Innenverhältnis zur Zahlung von Kreditverbindlichkeiten, für die beide haften, verpflichtet ist, so hat das Gericht auf Antrag mit Wirkung für den Gläubiger auszusprechen, dass derjenige eingetragene Partner, der im Innenverhältnis zur Zahlung verpflichtet ist, Hauptschuldner, der andere Ausfallsbürge wird. Dieser Antrag muss in der Frist nach § 38 gestellt werden.

(2) Der Ausfallsbürge nach Abs. 1 kann – vorbehaltlich des § 1356 ABGB – nur wegen des Betrags belangt werden, der vom Hauptschuldner nicht in angemessener Frist hereingebracht werden kann, obwohl der Gläubiger gegen ihn nach Erwirkung eines Exekutionstitels

1. Fahrnis- oder Gehaltsexekution und

2. Exekution auf eine dem Gläubiger bekannte Liegenschaft des Hauptschuldners, die offensichtlich für die Forderung Deckung bietet, geführt sowie

3. Sicherheiten, die dem Gläubiger zur Verfügung stehen, verwertet hat.

Müsste der Exekutionstitel im Ausland erwirkt oder müssten die angeführten Exekutionsmaßnahmen im Ausland durchgeführt werden, bedarf es ihrer nicht, soweit sie dem Gläubiger nicht möglich oder nicht zumutbar sind.

(3) Überdies kann der Bürge, dem der Rechtsstreit gegen den Hauptschuldner rechtzeitig verkündet worden ist (§ 21 ZPO), dem Gläubiger Einwendungen, die nicht in seiner Person begründet sind, nur entgegenhalten, soweit sie auch der Hauptschuldner erheben kann.

Folgen der Nichtigkeit

§ 42. (1) Wird die eingetragene Partnerschaft für nichtig erklärt, so fallen alle ihre Wirkungen auf die persönlichen Verhältnisse der eingetragenen Partner zum Zeitpunkt der Begründung der eingetragenen Partnerschaft weg.

(2) Hat auch nur einer der eingetragenen Partner die Nichtigkeit der eingetragenen Partnerschaft bei deren Begründung nicht gekannt, so finden auf ihr Verhältnis in vermögensrechtlicher Beziehung die im Fall der gerichtlichen Auflösung geltenden Vorschriften entsprechende Anwendung. Dabei ist ein eingetragener Partner, dem die Nichtigkeit der eingetragenen Partnerschaft bei der Begründung bekannt war, wie ein für schuldig erklärter Teil zu behandeln.

(3) Ein eingetragener Partner, dem die Nichtigkeit der eingetragenen Partnerschaft bei der Begründung nicht bekannt war, kann binnen sechs Monaten, nachdem die eingetragene Partnerschaft rechtskräftig für nichtig erklärt wurde, dem anderen Teil erklären, dass es für ihr Verhältnis in vermögensrechtlicher Beziehung bei den Folgen der Nichtigkeit bleiben solle. Gibt er eine solche Erklärung ab, so findet Abs. 2 keine Anwendung.

(4) Im Fall des Abs. 2 ist für den Unterhaltsanspruch nach § 21 Abs. 1 nicht ausschlaggebend, welcher eingetragene Partner die Nichtigkeitsklage erhoben hat.

7. Abschnitt

Sinngemäß anwendbares Bundesrecht

§ 43. (1) Folgende, für Ehegatten, Ehesachen oder Eheangelegenheiten maßgebende Bestimmungen in der jeweils geltenden Fassung sind auf eingetragene Partner, Partnersachen oder Partnerangelegenheiten sinngemäß anzuwenden:

1. §§ 2 und 4 der Anfechtungsordnung, RGBl. Nr. 337/1914;

2. §§ 93 bis 98 und 99 Außerstreitgesetz, BGBl. I Nr. 111/2003;

3. §§ 382 bis 382i Exekutionsordnung, RGBl. Nr. 79/1896; *(BGBl I 2021/86)*

4. § 4 Firmenbuchgesetz, BGBl. Nr. 10/1991;

5. § 26 Gerichtsorganisationsgesetz, RGBl. Nr. 217/1896;

6. § 6a GmbH-Gesetz, RGBl. Nr. 58/1906;

7. §§ 3, 10, 14, 15 Kleingartengesetz, BGBl. Nr. 6/1959;

8. §§ 28, 32, 56 „Insolvenzordnung“, RGBl. Nr. 337/1914; *(BGBl I 2010/29, ab 1. 7. 2010)*

9. § 25a Konsumentenschutzgesetz, BGBl. Nr. 140/1979;

10. §§ 12, 14, 46 Mietrechtsgesetz, BGBl. Nr. 520/1981;

11. § 1 Notariatsaktsgesetz, RGBl. Nr. 76/1871;

12. §§ 33, 36f und 60 Notariatsordnung, RGBl. Nr. 75/1871;

13. § 28 Notariatstarifgesetz; BGBl. Nr. 576/1973;

14. § 15 Privatstiftungsgesetz, BGBl. Nr. 694/1993;

15. §§ 8f, 21c und 50 Rechtsanwaltsordnung, BGBl. Nr. 96/1868;

16. §§ 9 und 10 Rechtsanwaltstarifgesetz, BGBl. Nr. 189/1969;

17. §§ 6, 72, 99, 100 Strafvollzugsgesetz, BGBl. Nr. 1969/144;

18. § 12 Todeserklärungsgesetz 1950, BGBl. Nr. 23/1951;

19. § 25 Übernahmegesetz, BGBl. Nr. 127/1998;

20. § 28 Unterbringungsgesetz, BGBl. Nr. 155/1990;

21. § 36 Unternehmensgesetzbuch, dRGBl. S 219/1897;

22. §§ 55, 75, 77 Urheberrechtsgesetz, BGBl. Nr. 520/1981;

23. § 177 Versicherungsvertragsgesetz 1958, BGBl. Nr. 2/1959;

24. §§ 3, 13, 15 Wohnungseigentumsgesetz 2002, BGBl. I Nr. 70/2002;

25. §§ 29, 45a, 57, 321, 322, 460, 483a, 502 Zivilprozessordnung, RGBl. Nr. 113/1895;

26. die Regelungen des Gerichtsgebührengesetzes, BGBl. Nr. 501/1984, über die Gebühren für das Verfahren über den Ehegattenunterhalt und für die in § 49 Abs. 2 Z 2a und 2b JN angeführten Streitigkeiten aus dem Eheverhältnis, für das Verfahren über die Aufteilung des ehelichen Gebrauchsvermögens und der ehelichen Ersparnisse, für das Verfahren der Scheidung einer Ehe nach § 55a EheG, für das Verfahren zur Anerkennung oder Nichtanerkennung ausländischer Eheentscheidungen, für das Verfahren über die Abgeltung der Mitwirkung des Ehegatten im Erwerb des anderen und für das Verfahren über die Rechtmäßigkeit gesonderter Wohnungnahme „;“ *(BGBl I 2013/179)*

27. die jeweiligen, die gemeinsamen Kinder betreffenden ehe- und kindschaftsrechtlichen Bestimmungen, die die Gestaltung der ehelichen Lebensgemeinschaft sowie die Voraussetzungen und Folgen der Auflösung oder Scheidung der Ehe regeln. *(BGBl I 2013/179, ab 1. 8. 2013)*

(2) Die bundesgesetzlichen Sonderbestimmungen über das bäuerliche Erbrecht, die für Eheangelegenheiten oder Ehegatten anwendbar sind, sind auf eingetragene Partnerschaften oder eingetragene Partner sinngemäß anzuwenden.

(3) Bundesgesetzliche Bestimmungen, die auch auf eingetragene Partner anzuwenden sind und die Schwägerschaft betreffen, gelten in den für die Schwägerschaft maßgeblichen Linien und Graden auch für die Verwandten des eingetragenen Partners.

8. Abschnitt

Übergangs- und Schlussbestimmungen

§ 44. Bei allen personenbezogenen Bezeichnungen gilt die gewählte Form für beide Geschlechter.

§ 45. „(1)" Dieses Bundesgesetz tritt mit 1. Jänner 2010 in Kraft. *(BGBl I 2013/179)*

(2) §§ 8 und 43 in der Fassung des Adoptionsrechts-Änderungsgesetzes 2013, BGBl. I Nr. 179/2013, treten mit 1. August 2013 in Kraft. *(BGBl I 2013/179)*

(3) Die §§ 4 samt Überschrift, 13, 14, 15 und 19 in der Fassung des 2. Erwachsenenschutz-Gesetzes, BGBl. I Nr. 59/2017 (2. ErwSchG), treten mit 1. Juli 2018 in Kraft. § 4 in der Fassung des 2. ErwSchG ist anzuwenden, wenn die eingetragene Partnerschaft nach dem 30. Juni 2018 begründet wird. Die §§ 14, 15 und 19 in der Fassung des 2. ErwSchG sind auf Verfahren anzuwenden, in denen der verfahrenseinleitende Schriftsatz nach dem 30. Juni 2018 bei Gericht eingebracht wurde. *(BGBl I 2017/59)*

(4) § 43 Abs. 1 Z 3 in der Fassung des Bundesgesetzes Gesamtreform des Exekutionsrechts – GREx, BGBl. I Nr. 86/2021, tritt mit 1. Juli 2021 in Kraft. *(BGBl I 2021/86)*

§ 46. Soweit in diesem Bundesgesetz auf andere Bundesgesetze verwiesen wird, sind diese in ihrer jeweils geltenden Fassung anzuwenden.

§ 47. Mit der Vollziehung dieses Bundesgesetzes ist die Bundesministerin für Justiz, hinsichtlich des § 6 im Einvernehmen mit der Bundesministerin für Inneres, betraut.

PStG NÄG

5/1. Personenstandsgesetz 2013

BGBl I 2013/16 idF

1 BGBl I 2013/161 (VwGAnpG-Inneres)
2 BGBl I 2014/40 (BudgetbegleitG 2014)
3 BGBl I 2014/80
4 BGBl I 2016/120
5 BGBl I 2018/32
6 BGBl I 2018/56 (FrÄG 2018)
7 BGBl I 2018/104
8 BGBl I 2023/160
9 BGBl I 2023/181

STICHWORTVERZEICHNIS

(Die Zahlenangaben beziehen sich auf die Paragraphen)

Bundesgesetz über die Regelung des Personenstandswesens (Personenstandsgesetz 2013 – PStG 2013)

1. HAUPTSTÜCK
ALLGEMEINER TEIL

1. Abschnitt
Allgemeines

Personenstand und Personenstandsfall

§ 1. (1) Personenstand im Sinne dieses Bundesgesetzes ist die sich aus den Merkmalen des Familienrechts ergebende Stellung einer Person innerhalb der Rechtsordnung einschließlich ihres Namens.

(2) Personenstandsfälle sind Geburt, Eheschließung, Begründung einer eingetragenen Partnerschaft und Tod.

Personenstandsdaten

§ 2. (1) Personenstandsdaten einer Person sind:

1. allgemeine Personenstandsdaten (Daten zum Personenkern);

2. besondere Personenstandsdaten sowie

3. sonstige Personenstandsdaten.

(2) Allgemeine Personenstandsdaten sind:

1. Namen;

2. Tag und Ort der Geburt;

3. Geschlecht;

4. Familienstand (ledig, verheiratet, in eingetragener Partnerschaft lebend, geschieden, Ehe aufgehoben, Ehe für nichtig erklärt, aufgelöste eingetragene Partnerschaft, eingetragene Partnerschaft für nichtig erklärt, verwitwet, hinterbliebener eingetragener Partner);

5. akademische Grade und Standesbezeichnungen;

6. Tag und Ort des Todes;

7. Bereichsspezifisches Personenkennzeichen (bPK-ZP gemäß §§ 9 ff des E-Government-Gesetzes – E-GovG, BGBl. I Nr. 10/2004);

8. Staatsangehörigkeit.

(3) Besondere Personenstandsdaten zur Geburt sind:

1. allgemeine Personenstandsdaten der Eltern;

2. Datum und Ort der Eheschließung der Eltern.

(4) Besondere Personenstandsdaten zur Eheschließung sind:

1. Datum und Ort der Eheschließung;

2. Grund und Datum der Auflösung und Nichtigerklärung der Ehe;

3. allgemeine Personenstandsdaten des Ehegatten.

(5) Besondere Personenstandsdaten zur Begründung einer eingetragenen Partnerschaft sind:

1. Datum und Ort der Begründung der eingetragenen Partnerschaft;

2. Grund und Datum der Auflösung und Nichtigerklärung der eingetragenen Partnerschaft;

3. allgemeine Personenstandsdaten des eingetragenen Partners.

(6) Besondere Personenstandsdaten bei einem Sterbefall sind:

1. allgemeine Personenstandsdaten des Ehegatten;

2. allgemeine Personenstandsdaten des eingetragenen Partners;

3. allgemeine Personenstandsdaten der Kinder des Verstorbenen, sofern diese bekannt sind. *(BGBl I 2016/120, ab 1. 4. 2017)*

„(7)“ Sonstige Personenstandsdaten sind alle Informationen, die von einer Personenstandsbehörde für eine ordnungsgemäße Vollziehung benötigt werden. *(BGBl I 2016/120, ab 1. 4. 2017)*

2. Abschnitt

Personenstandsbehörde und Aufgaben der Behörde

Behörden und Aufgaben der Behörden

§ 3. (1) Die in diesem Bundesgesetz geregelten Personenstandsangelegenheiten einschließlich des Matrikenwesens sind, soweit in diesem Bundesgesetz nicht anderes bestimmt wird, von den Gemeinden im übertragenen Wirkungsbereich zu besorgen.

(2) Unter „Personenstandsbehörde“[1] ist „ „“** die Gemeinde“*, unter „Standesbeamter“[1] das Organ der Gemeinde oder des Gemeindeverbandes (§ 5 Abs. 1) zu verstehen, das die Aufgaben nach Abs. 1 besorgt, oder der von dem Organ dazu herangezogene Organwalter (Abs. 3). *(*BGBl I 2013/161, ab 1. 1. 2014; **BGBl I 2016/120, ab 1. 4. 2017)*

(3) Das Organ der Gemeinde (des Gemeindeverbandes) hat sich bei Besorgung der Aufgaben nach Abs. 1 eines Bediensteten, der die für die Besorgung dieser Aufgaben notwendigen Fachkenntnisse besitzt und die nach landesgesetzlichen Vorschriften erforderlichen Dienstprüfungen abgelegt hat, zu bedienen, wenn es nicht selbst fachkundig und geprüft ist.

(4) und (5) *(entfallen, BGBl I 2016/120, ab 1. 4. 2017)*

[1] *Hervorhebung des Gesetzgebers.*

PStG NÄG

Rechtszug

§ 4. Über Beschwerden gegen Bescheide nach diesem Bundesgesetz entscheidet das Landesverwaltungsgericht. „Gegen Erkenntnisse und Beschlüsse der Landesverwaltungsgerichte über Beschwerden nach diesem Bundesgesetz steht dem Bundesminister für Inneres das Recht zu, beim Verwaltungsgerichtshof Revision zu erheben.“ *(BGBl I 2016/120, ab 1. 4. 2017)*

(BGBl I 2013/161, ab 1. 1. 2014)

Standesamtsverbände

§ 5. (1) Gemeinden können zur Besorgung der ihnen nach § 3 übertragenen Aufgaben durch Verordnung des Landeshauptmannes zu einem Gemeindeverband (Standesamtsverband) vereinigt werden, wenn dadurch eine bessere Führung der Verwaltungsgeschäfte gewährleistet ist. Vor der Erlassung der Verordnung sind die beteiligten Gemeinden anzuhören.

(2) Die Verordnung hat jedenfalls zu bestimmen:

1. die verbandsangehörigen Gemeinden;

2. die Bezeichnung des Standesamtsverbandes unter Hinweis auf seinen Sitz;

3. den Sitz des Standesamtsverbandes.

(3) Werden Gemeinden, die nicht demselben Verwaltungsbezirk angehören, zu einem Standesamtsverband vereinigt, ist in der Verordnung zu bestimmen, welcher Bezirksverwaltungsbehörde die Aufgaben nach diesem Bundesgesetz obliegen.

(4) Als Tag des Inkrafttretens der Verordnung ist der Beginn eines Kalenderjahres festzulegen.

(5) Ein Standesamtsverband nach Abs. 1 und ein Staatsbürgerschaftsverband nach § 47 Abs. 1 und 3 des Staatsbürgerschaftsgesetzes 1985 – StbG, BGBl. Nr. 311, kann im Rahmen eines zusammengeschlossenen Standesamts- und Staatsbürgerschaftsverbandes geführt werden. Dieser führt die Bezeichnung Standesamts- und Staatsbürgerschaftsverband unter Hinweis auf seinen Sitz.

Auflösung und Umbildung

§ 6. Der Landeshauptmann kann durch Verordnung die Auflösung eines Standesamtsverbandes oder die Aufnahme (das Ausscheiden) einer Gemeinde in einen (aus einem) Standesamtsverband anordnen, wenn dadurch eine bessere Führung der Verwaltungsgeschäfte gewährleistet ist. Dabei ist auf die Grundsätze der Sparsamkeit, Wirtschaftlichkeit und Zweckmäßigkeit Bedacht zu nehmen.

3. Abschnitt
Mitwirkungspflichten von ordentlichen Gerichten und sonstigen Behörden

Ordentliche Gerichte

§ 7. (1) „Ordentliche“ Gerichte haben nach Maßgabe der technischen Möglichkeiten in elektronisch weiterverarbeitbarer Form an die Personenstandsbehörde am Sitz des „ordentlichen“ Gerichtes zu übermitteln:

1. die Feststellung und Anerkennung der Vaterschaft „oder Elternschaft“ zu einem Kind; *(BGBl I 2023/181, ab 1. 1. 2024)*

2. die Feststellung der Unwirksamkeit eines „Anerkenntnisses der Vaterschaft oder Elternschaft“ oder einer Entscheidung gemäß Z 1; *(BGBl I 2023/181, ab 1. 1. 2024)*

3. die Feststellung oder Anerkennung der Mutterschaft zu einem Kind;

4. die Feststellung der Nichtabstammung „von jener Person, die mit der Mutter verheiratet ist oder in eingetragener Partnerschaft lebt“; *(BGBl I 2023/181, ab 1. 1. 2024)*

5. die Annahme an Kindes statt, deren Widerruf und Aufhebung, die Anerkennung einer ausländischen Entscheidung über die Annahme an Kindes statt;

6. die Todeserklärung und die Beweisführung des Todes eines Kindes, deren Berichtigung und Aufhebung;

7. die Anerkennung einer ausländischen Entscheidung, durch die eine Ehe geschieden, aufgehoben, für nichtig erklärt oder durch die das Bestehen oder Nichtbestehen einer Ehe festgestellt worden ist oder durch die eine eingetragene Partnerschaft aufgelöst oder für nichtig erklärt worden ist;

8. eine Entscheidung, durch die eine Ehe geschieden, aufgehoben, für nichtig erklärt oder durch die das Bestehen oder Nichtbestehen einer Ehe festgestellt worden ist;

9. eine Entscheidung durch die eine eingetragene Partnerschaft aufgehoben oder für nichtig erklärt oder das Bestehen oder Nichtbestehen einer eingetragenen Partnerschaft festgestellt worden ist.

(BGBl I 2013/161, ab 1. 1. 2014)

(2) Obsorgebeschlüsse „und vor Gericht geschlossene oder genehmigte Vereinbarungen über die Obsorge“ sind nach Maßgabe der technischen Möglichkeiten in elektronischer Form an die Personenstandsbehörde am Ort der Eintragung der Geburt zu übermitteln. *(BGBl I 2016/120, ab 1. 4. 2017)*

(3) Nach Maßgabe der technischen Möglichkeiten „können ordentliche Gerichte“* ihrer Verpflichtung nach § 92 der Verordnung des Bundesministeriums für Justiz vom 9. Mai 1951, womit die Geschäftsordnung „für die ordentlichen Gerichte“* I. und II. Instanz (Geo.) teilweise geändert und neu verlautbart wird, BGBl. Nr. 264/1951, Informationen an die Bundesanstalt Statistik Österreich zu übermitteln, im Wege des Zentralen Personenstandsregisters (ZPR) nachkommen. Daten werden ausschließlich zur Weiterübermittlung in verschlüsselter Form „bereitgestellt“**. *(*BGBl I 2013/161, ab 1. 1. 2014; **BGBl I 2018/32, ab 25. 5. 2018)*

Sonstige Mitteilungspflichten

§ 8. (1) Verwaltungsbehörden und „ordentliche“* Gerichte haben Vorgänge, die eine Eintragung nach diesem Bundesgesetz erforderlich machen, der nach ihrem Sitz zuständigen Personenstandsbehörde nach Maßgabe der technischen Möglichkeiten in elektronisch weiterverarbeitbarer Form im Wege des Datenfernverkehrs „zu übermitteln“**. *(*BGBl I 2013/161, ab 1. 1. 2014; **BGBl I 2018/32, ab 25. 5. 2018)*

(2) Verwaltungsbehörden und „ordentliche“* Gerichte haben Zweifel an der Richtigkeit einer Personenstandsurkunde oder einer Eintragung der zuständigen Personenstandsbehörde nach Maßgabe der technischen Möglichkeiten in elektronisch weiterverarbeitbarer Form „zu übermitteln“**. *(*BGBl I 2013/161, ab 1. 1. 2014; **BGBl I 2018/32, ab 25. 5. 2018)*

2. HAUPTSTÜCK
PERSONENSTANDSFALL

1. Abschnitt
Geburt

Anzeige der Geburt

§ 9. (1) Die Anzeige der Geburt hat spätestens eine Woche nach der Geburt im Datenfernverkehr durch Übermittlung an ein vom „Auftragsverarbeiter“ des ZPR bezeichnetes Service (Arbeitsspeicher) zu erfolgen. Liegen die technischen Voraussetzungen dafür nicht vor, ist die Anzeige an die Personenstandsbehörde am Ort der Geburt zu richten. *(BGBl I 2018/32, ab 25. 5. 2018)*

(2) Die Anzeige der Geburt obliegt der Reihe nach:

1. dem Leiter der Krankenanstalt, in der das Kind geboren worden ist;

2. dem Arzt oder der Hebamme, die bei der Geburt anwesend waren;

3. dem Vater „oder dem anderen Elternteil" oder der Mutter, wenn sie dazu innerhalb der Anzeigefrist (Abs. 1) imstande sind; *(BGBl I 2023/181, ab 1. 1. 2024)*

4. der Behörde oder Sicherheitsdienststelle, die Ermittlungen über die Geburt durchführt;

5. sonstigen Personen, die von der Geburt auf Grund eigener Wahrnehmung Kenntnis haben.

(3) Die Anzeige hat alle Angaben zu enthalten, die für Eintragungen (§ 11) benötigt werden.

(4) Nach Maßgabe der technischen Möglichkeiten können Anzeigen auch im Wege des Datenfernverkehrs unter Inanspruchnahme der „Funktion Elektronischer Identitätsnachweis (E-ID) gemäß den §§ 4 ff E-GovG" durchgeführt werden. Die nähere Ausgestaltung der technischen Vorgänge bei Vornahme der Anzeige unter Inanspruchnahme der „Funktion E-ID" werden durch Verordnung des Bundesministers für Inneres festgelegt. *(BGBl I 2023/160, ab 5. 12. 2023 [BGBl II 2023/340])*

(5) Nach Maßgabe der technischen Möglichkeiten können der Bundesanstalt Statistik Österreich „personenbezogene Daten", die gemäß § 8 Abs. 1 des Hebammengesetzes – HebG, BGBl. Nr. 310/1994, der Personenstandsbehörde ausschließlich zur Weiterübermittlung „bereitgestellt" werden, im Wege des ZPR in verschlüsselter Form „zu statistischen Zwecken" übermittelt werden. Die Leiter der Krankenanstalten gemäß Abs. 2 Z 1 haben diese „personenbezogenen Daten" auf diesem Wege der Bundesanstalt zu übermitteln, wenn die technischen Voraussetzungen hierfür vorliegen. *(BGBl I 2018/32, ab 25. 5. 2018)*

(6) Liegen die technischen Voraussetzungen dafür nicht vor und erfolgt die „Bereitstellung" nicht in elektronisch weiterverarbeiteter Form, muss auch die Anzeige gemäß Abs. 1 in Papierform übermittelt werden. *(BGBl I 2018/32, ab 25. 5. 2018)*

Eintragung der Geburt

§ 10. (1) Die Eintragung erfolgt bei der Personenstandsbehörde am Ort der Geburt.

(2) Lässt sich der Ort der Geburt einer aufgefundenen Person nicht ermitteln, gilt als Geburtsort der Ort der Auffindung.

(3) Lässt sich der Ort der Geburt einer in einem Verkehrsmittel geborenen Person nicht ermitteln, gilt als Geburtsort der Ort, an dem die Person aus dem Verkehrsmittel gebracht wird.

Inhalt der Eintragung - Geburt

§ 11. (1) Über die allgemeinen und besonderen Personenstandsdaten des Kindes hinaus sind einzutragen:

1. der Zeitpunkt der Geburt des Kindes;

2. die Wohnorte der Eltern und gegebenenfalls Angaben nach § 37 Abs. 2 zweiter Satz;

3. Informationen, die darüber hinaus für die Vornamensgebung maßgeblich sind sowie

4. die allgemeinen Personenstandsdaten der gemäß § 67 Abs. 1 Z 1 Erklärenden oder die Bezeichnung des „Kinder- und Jugendhilfeträgers" nach § 147 Abs. 4 des Allgemeinen bürgerlichen Gesetzbuches – ABGB, JGS Nr. 946/1811. *(BGBl I 2018/56)*

PStG NÄG

(2) Darüber hinaus sind Veränderungen im Personenstand oder der Staatsangehörigkeit des Kindes und „ " Veränderungen des Namens eines Elternteils darzustellen. *(BGBl I 2016/120, ab 1. 4. 2017)*

(3) Aus der Änderungseintragung müssen die Rechtswirkungen des Vorganges auf den Personenstand und, wenn notwendig, der Tag des Eintrittes der Rechtswirkungen hervorgehen.

(4) Soweit auch das Religionsbekenntnis „von den Betroffenen von sich aus" bekannt gegeben wird, haben die Personenstandsbehörden dies gemäß Abs. 1 zu verarbeiten. *(BGBl I 2018/32, ab 25. 5. 2018)*

(5) Soweit ein Obsorgebeschluss „oder eine vor Gericht geschlossene oder genehmigte Vereinbarung über die Obsorge"** durch ein „ordentliches"* Gericht mitgeteilt wird (§ 7 Abs. 2) oder eine Obsorgeerklärung durch die Personenstandsbehörde beurkundet wird (§ 67 Abs. 5), haben die Personenstandsbehörden dies gemäß Abs. 1 zu verarbeiten. *(*BGBl I 2013/161, ab 1. 1. 2014; **BGBl I 2016/120, ab 1. 4. 2017)*

Anmeldung durch die Personenstandsbehörde

§ 12. „(1)"** Anstelle einer Anmeldung gemäß § 3 Abs. 1 des Meldegesetzes 1991 – MeldeG, BGBl. Nr. 9/1992, kann anlässlich der Eintragung einer Geburt gemäß § 10 unter Anschluss eines entsprechend vollständig ausgefüllten Meldezettels das Kind im Wege der Personenstandsbehörde und bereits vor Unterkunftnahme angemeldet werden. Die Personenstandsbehörde hat diesfalls für die für den Wohnsitz zuständige Meldebehörde die Meldedaten dem Bundesminister für Inneres im Wege eines Änderungszugriffes auf das Zentrale Melderegister (ZMR – § 16 MeldeG) zu „übermitteln"*. § 3 Abs. 4 sowie § 4a MeldeG gelten sinngemäß, wobei an die Stelle des Anmeldevermerks Amtssiegel und Unterschrift des Standesbeamten treten. *(*BGBl I 2018/32, ab 25. 5. 2018; **BGBl I 2018/104, ab 1. 3. 2019)*

(2) Darüber hinaus kann die Mutter anlässlich der Eintragung der Geburt gemäß § 10 unter Verwendung der Funktion „E-ID"* (§§ 4 ff E-GovG) die Anmeldung des Kindes im Wege der Personenstandsbehörde vornehmen. „Dasselbe gilt für den Vater oder anderen Elternteil, sofern auch diesem gemäß § 177 Abs. 1 ABGB die Ob-

sorge zukommt.“** Zu diesem Zweck ist der Bundesminister für Inneres berechtigt, die aufrechten Wohnsitze der Eltern im Datenfernverkehr im Wege des ZMR abzufragen und dem Elternteil zu übermitteln sowie mithilfe des ZPR für die jeweilige Personenstandsbehörde zu prüfen, ob der Betroffene als Elternteil des Kindes eingetragen ist. § 3 Abs. 2 dritter und letzter Satz MeldeG gilt. *(BGBl I 2018/104, ab 1. 3. 2019; *BGBl I 2023/160, ab 5. 12. 2023 [BGBl II 2023/340]; **BGBl I 2023/181, ab 1. 1. 2024)*

Vornamensgebung

§ 13. (1) Vor der Eintragung der Vornamen des Kindes haben die dazu berechtigten Personen schriftlich zu erklären, welche Vornamen sie dem Kind gegeben haben. Sind die Vornamen von den Eltern einvernehmlich zu geben, genügt die Erklärung eines Elternteiles, wenn darin versichert wird, dass der andere Elternteil damit einverstanden ist.

(2) Bei Kindern des im § 35 Abs. 2 genannten Personenkreises darf zumindest der erste Vorname dem Geschlecht des Kindes nicht widersprechen; Bezeichnungen, die nicht als Vornamen gebräuchlich oder dem Wohl des Kindes abträglich sind, dürfen nicht eingetragen werden.

(3) Stimmen die Erklärungen mehrerer zur Vornamensgebung berechtigter Personen nicht überein oder wurde innerhalb von 40 Tagen ab dem Zeitpunkt der Geburt bei der Personenstandsbehörde, die die Eintragung vornimmt, keine Erklärung abgegeben, hat die Personenstandsbehörde vor der Eintragung der Vornamen das Pflegschaftsgericht zu verständigen. Das gleiche gilt, wenn keine Vornamen oder solche gegeben werden, die nach Ansicht der Personenstandsbehörde als dem Abs. 2 widersprechend nicht eingetragen werden können.

(4) Die Mutter ist berechtigt, den Vornamen ihres Kindes unter Verwendung der Funktion „E-ID“* (§§ 4 ff E-GovG) zu bestimmen. „Dasselbe gilt für den Vater oder anderen Elternteil, sofern auch diesem gemäß § 177 Abs. 1 ABGB die Obsorge zukommt.“** Der Bundesminister für Inneres darf für die jeweilige Personenstandsbehörde mithilfe des ZPR prüfen, ob der Betroffene als Elternteil des Kindes eingetragen ist. *(BGBl I 2018/104, ab 1. 3. 2019; *BGBl I 2023/160, ab 5. 12. 2023 [BGBl II 2023/340]; **BGBl I 2023/181, ab 1. 1. 2024)*

2. Abschnitt
Eheschließung

Ermittlung der Ehefähigkeit

§ 14. Die Personenstandsbehörde hat vor der Eheschließung die Ehefähigkeit der Verlobten auf Grund der vorgelegten Urkunden in einer mündlichen Verhandlung zu ermitteln; hierüber ist eine Niederschrift aufzunehmen.

Erklärungen und Nachweise - Ehe

§ 15. (1) Die Verlobten haben Erklärungen über die Ehefähigkeit und allenfalls vorhandene gemeinsame voreheliche Kinder abzugeben. Weiters sind Urkunden und sonstige Dokumente vorzulegen, die für die Beurteilung der Ehefähigkeit und für Eintragungen benötigt werden.

(2) Von der Vorlage von Urkunden kann abgesehen werden, wenn die Verlobten glaubhaft machen, dass sie die Urkunden nicht oder nur mit erheblichen Schwierigkeiten beschaffen können, und die Ehefähigkeit und die für Eintragungen notwendigen Angaben auf andere Weise ermittelt werden können.

Mündliche Verhandlung - Ehe

§ 16. (1) Bei der mündlichen Verhandlung müssen beide Verlobte anwesend sein.

(2) Kann einem Verlobten das Erscheinen zur mündlichen Verhandlung nicht zugemutet und die Ehefähigkeit der Verlobten auch in seiner Abwesenheit ermittelt werden, ist die mündliche Verhandlung ohne ihn durchzuführen.

(3) Treffen die Voraussetzungen des Abs. 2 auf beide Verlobte zu, hat die mündliche Verhandlung zu entfallen.

(4) In den Fällen der Abs. 2 und 3 hat der betreffende Verlobte die für die Ermittlung der Ehefähigkeit und für Eintragungen erforderlichen Erklärungen über die Ehefähigkeit und allenfalls vorhandene gemeinsame voreheliche Kinder schriftlich abzugeben.

Ehefähigkeitszeugnis

§ 17. (1) Die Personenstandsbehörde hat einer im § 35 Abs. 2 angeführten Person auf Antrag ein Ehefähigkeitszeugnis auszustellen. Vorher ist die Ehefähigkeit des Antragstellers in gleicher Weise wie für das Eingehen der Ehe im Inland zu ermitteln.

(2) Im Ehefähigkeitszeugnis ist zu bescheinigen, dass die darin angeführten Verlobten die Ehe schließen können.

(3) Das Ehefähigkeitszeugnis gilt für sechs Monate gerechnet vom Tag der Ausstellung.

(4) Kommt es in einem Verfahren zur Eheschließung zu keiner Trauung innerhalb von sechs Monaten nach Feststellung der Ehefähigkeit, ist das Verfahren ohne Weiteres einzustellen. Gleiches gilt, wenn ein Verlobter eine Eheschließung mit einem anderen Partner oder ein Partnerschaftswerber die Begründung einer eingetragenen Partnerschaft mit einer anderen Person beantragt.

Trauung

§ 18. (1) Die Personenstandsbehörde hat die Trauung in einer Form und an einem Ort vorzunehmen, die der Bedeutung der Ehe entsprechen.

(2) Der Standesbeamte hat die Verlobten in Gegenwart von zwei Zeugen einzeln und nacheinander zu fragen, ob sie die Ehe miteinander eingehen wollen, und nach Bejahung der Frage auszusprechen, dass sie rechtmäßig verbundene Eheleute sind.

(3) Die Trauung kann ohne oder mit nur einem Zeugen vorgenommen werden, wenn beide Verlobte dies erklären.

(4) Über die Erklärung ist in Anwesenheit der Verlobten und allenfalls der Zeugen (des Zeugen) eine Niederschrift aufzunehmen, die von den Ehegatten, allenfalls den Zeugen (dem Zeugen), einem allenfalls zugezogenen Dolmetscher und dem Standesbeamten zu unterschreiben ist.

(5) In die Niederschrift sind aufzunehmen:

1. die Familiennamen und die Vornamen der Verlobten, ihr Wohnort, der Tag und der Ort ihrer Geburt;

2. die Ehekonsenserklärung;

3. der Tag und der Ort der Eheschließung;

4. „Familiennamen“ sowie Vornamen der Zeugen (des Zeugen) und Dolmetscher, wenn beigezogen. *(BGBl I 2016/120, ab 1. 4. 2017)*

Örtliche Zuständigkeit - Ehe

§ 19. (1) Sowohl die Ermittlung der Ehefähigkeit als auch die Eheschließung kann[1)] bei jeder Personenstandsbehörde im Bundesgebiet vorgenommen werden.

(2) Werden mit der Ermittlung der Ehefähigkeit und der Eheschließung unterschiedliche Personenstandsbehörden befasst, so hat die Personenstandsbehörde, vor der die Ehe geschlossen wird, die Ehefähigkeit der Verlobten nur bei berechtigten Zweifeln nochmals zu prüfen.

---

1) Richtig: können.

Inhalt der Eintragung - Ehe

§ 20. (1) Über die allgemeinen und besonderen Personenstandsdaten hinaus sind einzutragen:

1. die Wohnorte der Verlobten;

2. die Ehekonsenserklärung;

3. die „Familiennamen“ und die Vornamen der Zeugen, wenn beigezogen; *(BGBl I 2016/120, ab 1. 4. 2017)*

4. die Erklärungen der Verlobten über die eigene Namensführung und „ “ sonstige namensrechtliche Feststellungen; *(BGBl I 2016/120, ab 1. 4. 2017)*

5. die „allgemeinen“ Personenstandsdaten der Eltern der Eheschließenden; *(BGBl I 2023/160)*

6. die letzte frühere sowie erste spätere Eheschließungen und eingetragene Partnerschaften sowie

7. Angaben zu §§ 1 und 3 des Ehegesetzes, dRGBl. I S 807/1938.

(2) Mit der Eintragung der Eheschließung ist auch eine Eintragung nach § „11“ Abs. 2 vorzunehmen. *(BGBl I 2013/161)*

(3) Darüber hinaus sind Veränderungen im Personenstand oder der Staatsangehörigkeit sowie Veränderungen des „Familiennamens“ eines „Ehegatten“ darzustellen. Nach Eintragung der Auflösung oder Nichtigkeit der Ehe sind Änderungen nur über namensrechtliche Vorgänge im Zusammenhang mit der Ehe, deren Auflösung oder Nichtigerklärung einzutragen. *(BGBl I 2016/120, ab 1. 4. 2017)*

(4) Aus der Änderungseintragung müssen die Rechtswirkungen des Vorganges auf den Personenstand und, wenn notwendig, der Tag des Eintrittes der Rechtswirkungen hervorgehen.

(5) Soweit die Verlobten „von sich aus“ ein Religionsbekenntnis bekannt geben, haben die Personenstandsbehörden dies gemäß Abs. 1 zu verarbeiten. *(BGBl I 2018/32, ab 25. 5. 2018)*

3. Abschnitt

Eingetragene Partnerschaft

Ermittlung der Fähigkeit, eine eingetragene Partnerschaft zu begründen

§ 21. Die Personenstandsbehörde hat vor der Begründung einer eingetragenen Partnerschaft die Fähigkeit der Partnerschaftswerber, diese zu begründen, auf Grund der vorgelegten Urkunden in einer mündlichen Verhandlung zu ermitteln; hierüber ist eine Niederschrift aufzunehmen.

Erklärungen und Nachweise - Eingetragene Partnerschaft

§ 22. (1) Die Partnerschaftswerber haben die Erklärungen über die Fähigkeit, eine eingetragene Partnerschaft begründen zu können, abzugeben und die Urkunden und sonstigen Dokumente vorzulegen, die für die Beurteilung der Fähigkeit, eine eingetragene Partnerschaft zu begründen, und für Eintragungen benötigt werden.

(2) Von der Vorlage von Urkunden kann abgesehen werden, wenn die Partnerschaftswerber glaubhaft machen, dass sie die Urkunden nicht oder nur mit erheblichen Schwierigkeiten beschaffen können, und die Fähigkeit, eine eingetragene Partnerschaft zu begründen, und die für Eintragungen notwendigen Angaben auf andere Weise ermittelt werden können.

Mündliche Verhandlung - Eingetragene Partnerschaft

§ 23. (1) Bei der mündlichen Verhandlung müssen beide Partnerschaftswerber anwesend sein.

(2) Kann einem Partnerschaftswerber das Erscheinen zur mündlichen Verhandlung nicht zugemutet und die Fähigkeit der Partnerschaftswerber, eine eingetragene Partnerschaft zu begründen, auch in seiner Abwesenheit ermittelt werden, ist die mündliche Verhandlung ohne ihn durchzuführen.

(3) Treffen die Voraussetzungen des Abs. 2 auf beide Partnerschaftswerber zu, hat die mündliche Verhandlung zu entfallen.

(4) In den Fällen der Abs. 2 und 3 hat der betreffende Partnerschaftswerber die für die Ermittlung der Fähigkeit, eine eingetragene Partnerschaft zu begründen, und für Eintragungen erforderlichen Erklärungen schriftlich abzugeben.

Bestätigung der Fähigkeit, eine eingetragene Partnerschaft zu begründen

§ 24. (1) Die „Personenstandsbehörde" hat einer im § 35 Abs. 2 angeführten Person auf Antrag eine Bestätigung der Fähigkeit, eine eingetragene Partnerschaft zu begründen, auszustellen. Vorher ist die Fähigkeit des Antragstellers, eine eingetragene Partnerschaft zu begründen, in gleicher Weise wie für das Begründen einer eingetragenen Partnerschaft im Inland zu ermitteln. *(BGBl I 2016/120, ab 1. 4. 2017)*

(2) In der Bestätigung der Fähigkeit, eine eingetragene Partnerschaft zu begründen, ist zu bescheinigen, dass die darin angeführten Partnerschaftswerber die eingetragene Partnerschaft begründen können.

(3) Die Bestätigung der Fähigkeit, eine eingetragene Partnerschaft zu begründen, gilt für sechs Monate, gerechnet vom Tag der Ausstellung.

Begründung der eingetragenen Partnerschaft

§ 25. (1) Der Beamte der „Personenstandsbehörde"** hat in Anwesenheit beider Partnerschaftswerber „ "* eine Niederschrift über die Begründung der eingetragenen Partnerschaft aufzunehmen, die von den Partnerschaftswerbern, einem allenfalls zugezogenen Dolmetscher und dem Beamten zu unterschreiben ist. Damit gilt die eingetragene Partnerschaft als begründet. *(* BGBl I 2014/40, ab 13. 6. 2014; ** BGBl I 2016/120, ab 1. 4. 2017)*

(2) In die Niederschrift sind aufzunehmen:

1. die Familiennamen und die Vornamen der Partnerschaftswerber, ihr Wohnort, der Tag und der Ort ihrer Geburt;

2. die Zustimmung der beiden Partnerschaftswerber zur Begründung der eingetragenen Partnerschaft;

3. der Tag und der Ort der Begründung der eingetragenen Partnerschaft;

4. „Familiennamen" sowie Vornamen der Dolmetscher, wenn beigezogen. *(BGBl I 2016/120, ab 1. 4. 2017)*

(3) „Die §§ 93, 93a und 93b ABGB sowie § 18 Abs. 1 bis 3 gelten sinngemäß." Wurden Zeugen beigezogen, sind auch diese in die Niederschrift aufzunehmen. *(BGBl I 2014/40, ab 13. 6. 2014; BGBl I 2016/120, ab 1. 4. 2017)*

Örtliche Zuständigkeit - Eingetragene Partnerschaft

§ 26. (1) Sowohl die Ermittlung der Fähigkeit, eine eingetragene Partnerschaft begründen zu können, als auch die Begründung der eingetragenen Partnerschaft kann[1] bei jeder „Personenstandsbehörde" im Bundesgebiet vorgenommen werden. *(BGBl I 2016/120, ab 1. 4. 2017)*

(2) Werden mit der Ermittlung der Fähigkeit, eine eingetragene Partnerschaft begründen zu können, und der Begründung der eingetragenen Partnerschaft unterschiedliche „Personenstandsbehörden" befasst, so hat die „Personenstandsbehörde", vor der die eingetragene Partnerschaft begründet wird, die Fähigkeit, eine eingetragene Partnerschaft zu begründen, nur bei berechtigten Zweifeln nochmals zu prüfen. *(BGBl I 2016/120, ab 1. 4. 2017)*

[1] *Richtig: können.*

Inhalt der Eintragung - Eingetragene Partnerschaft

§ 27. (1) Über die allgemeinen und besonderen Personenstandsdaten hinaus sind einzutragen:

1. die Wohnorte der Partnerschaftswerber;

2. die „allgemeinen" Personenstandsdaten der Eltern der Partnerschaftswerber; *(BGBl I 2018/32, ab 25. 5. 2018)*

3. die letzte frühere sowie erste spätere Eheschließungen und eingetragene Partnerschaften sowie

4. Angaben nach § 4 Abs. 2 und 3 des Eingetragene Partnerschaft-Gesetzes – EPG, BGBl. I[1] Nr. 135/2009.

(2) Darüber hinaus sind Veränderungen im Personenstand oder der Staatsangehörigkeit sowie Veränderungen des „Familiennamens" eines Partnerschaftswerbers darzustellen. Nach Eintragung der Auflösung oder Nichtigerklärung der eingetragenen Partnerschaft sind Änderungen nur im Zusammenhang mit namensrechtlichen Vor-

gängen nach „§§ 93, 93a und 93b ABGB" einzutragen. *(BGBl I 2016/120, ab 1. 4. 2017)*

(3) Aus der Änderungseintragung müssen die Rechtswirkungen des Vorganges auf den Personenstand und, wenn notwendig, der Tag des Eintrittes der Rechtswirkungen hervorgehen.

(4) Soweit die Partnerschaftswerber „von sich aus" ein Religionsbekenntnis bekannt geben, haben die Personenstandsbehörden dies gemäß Abs. 1 zu verarbeiten. *(BGBl I 2018/32, ab 25. 5. 2018)*

---

[1]) *Im BGBl fehlt der Hinweis auf den ersten Teil des BGBl, I.*

4. Abschnitt

Todesfall und Todeserklärungen

Anzeige des Todes

§ 28. (1) Die Anzeige des Todes hat spätestens am auf den Todesfall folgenden Werktag im Datenfernverkehr durch Übermittlung an ein vom „Auftragsverarbeiter" des ZPR bezeichnetes Service (Arbeitsspeicher) zu erfolgen. Liegen die technischen Voraussetzungen dafür nicht vor, ist die Anzeige an die Personenstandsbehörde am Ort des Todes zu richten. *(BGBl I 2018/32, ab 25. 5. 2018)*

(2) Die Anzeige des Todes obliegt der Reihe nach:

1. dem Leiter der Krankenanstalt, in der die Person gestorben ist;

2. dem Arzt, der die Totenbeschau vorgenommen hat;

3. der Behörde oder der Sicherheitsdienststelle, die Ermittlungen über den Tod durchführt;

4. dem Ehegatten oder sonstigen Familienangehörigen oder dem eingetragenen Partner;

5. dem letzten Unterkunftgeber;

6. sonstigen Personen, die vom Tod auf Grund eigener Wahrnehmungen Kenntnis haben.

(3) Die Anzeige hat nach Möglichkeit alle Angaben zu enthalten, die für Eintragungen benötigt werden.

(4) Nach Maßgabe der technischen Möglichkeiten können Anzeigen auch im Wege des Datenfernverkehrs unter Inanspruchnahme der „Funktion E-ID gemäß den §§ 4 ff E-GovG" durchgeführt werden. Die nähere Ausgestaltung der technischen Vorgänge bei Vornahme der Anzeige unter Inanspruchnahme der „Funktion E-ID" werden durch Verordnung des Bundesministers für Inneres festgelegt. *(BGBl I 2023/160, ab 5. 12. 2023 [BGBl II 2023/340])*

(5) Nach Maßgabe der technischen Möglichkeiten können „zu statistischen Zwecken" der Bundesanstalt Statistik Österreich Daten zur Todesursache, die Vornahme einer Obduktion sowie Angaben zur Müttersterblichkeit, die ausschließlich zur Weiterübermittlung „bereitgestellt" werden, im Wege des ZPR in verschlüsselter Form übermittelt werden. Die Leiter der Krankenanstalten gemäß Abs. 2 Z 1 haben diese Daten auf diesem Wege der Bundesanstalt zu übermitteln, wenn die technischen Voraussetzungen hierfür vorliegen. *(BGBl I 2018/32, ab 25. 5. 2018)*

(6) Liegen die technischen Voraussetzungen dafür nicht vor und erfolgt die Bekanntgabe nicht in elektronisch weiterverarbeiteter Form, muss auch die Anzeige gemäß Abs. 1 in Papierform übermittelt werden.

Eintragung des Todes

§ 29. (1) Die Eintragung des Todesfalles einschließlich der Totgeburt erfolgt bei jener Personenstandsbehörde, bei der die Eintragung zuerst begehrt wird. Wurde innerhalb von 14 Tagen nach dem Zeitpunkt des Todes keine Eintragung begehrt, ist die Personenstandsbehörde am Ort des Todes zuständig.

(2) Lässt sich der Ort des Todes einer aufgefundenen Person nicht ermitteln, gilt als Sterbeort der Ort der Auffindung.

(3) Lässt sich der Ort des Todes einer in einem Verkehrsmittel gestorbenen Person nicht ermitteln, gilt als Sterbeort der Ort, an dem die Person aus dem Verkehrsmittel gebracht wird.

Inhalt der Eintragung - Tod

§ 30. Über die allgemeinen „und besonderen" Personenstandsdaten hinaus sind einzutragen: *(BGBl I 2016/120, ab 1. 4. 2017)*

1. der letzte Wohnort;

2. der Zeitpunkt und Ort des Todes;

3. gegebenenfalls Angaben nach § 37 Abs. 2 zweiter Satz;

4. die letzte Eheschließung; *(BGBl I 2016/120, ab 1. 4. 2017)*

5. die letzte begründete eingetragene Partnerschaft; *(BGBl I 2016/120, ab 1. 4. 2017)*

6. bei Todeserklärungen das „ordentliche" Gericht sowie der Tag und das Aktenzeichen der Entscheidung sowie *(BGBl I 2013/161, ab 1. 1. 2014)*

7. das Religionsbekenntnis, soweit dieses bekannt gegeben wird.

Abmeldung durch die Personenstandsbehörde

§ 31. Personenstandsbehörden haben eine verstorbene Person, sofern diese nicht schon abgemeldet ist, im Zusammenhang mit der Anzeige oder Eintragung des Todes bei der Meldebehörde abzumelden. In diesem Fall hat die Personenstandsbehörde für die zuständige Meldebehörde die Meldedaten dem Bundesminister für Inneres im Wege eines Änderungszugriffes auf das ZMR zu „übermitteln“. *(BGBl I 2018/32, ab 25. 5. 2018)*

Inhalt der Eintragung bei Totgeburten

§ 32. (1) Wurde ein Kind tot geboren, sind über die allgemeinen Personenstandsdaten hinaus einzutragen:

1. die allenfalls von den Eltern vorgesehenen und bekannt gegebenen Namen;
2. die „Familiennamen“ der Eltern; *(BGBl I 2016/120, ab 1. 4. 2017)*
3. die Vornamen der Eltern sowie
4. die Wohnorte der Eltern.

(2) Einzutragen ist auch der Vorname und Familienname der Person, die die Vaterschaft oder Elternschaft zu dem Kind vor dessen Geburt anerkannt hat oder die Eintragung als Vater oder anderer Elternteil nach der Geburt des Kindes begehrt, wenn die Mutter innerhalb von 14 Tagen danach keinen Widerspruch erhebt, sowie der Vor- und Familienname der Person, die mit Einverständnis der Mutter die Eintragung als Vater oder anderer Elternteil begehrt. *(BGBl I 2023/181, ab 1. 1. 2024)*

Todeserklärung

§ 33. Das „ordentliche“ Gericht hat jede Entscheidung über den Beweis des Todes oder die Todeserklärung der Personenstandsbehörde am Sitz des „ordentlichen“ Gerichtes nach Maßgabe der technischen Möglichkeiten in elektronisch weiterverarbeitbarer Form zu übermitteln. *(BGBl I 2013/161, ab 1. 1. 2014)*

5. Abschnitt

Personen ungeklärter Herkunft

§ 34. (1) Kann die Personenstandsbehörde die Herkunft einer Person, die in ihrem Amtsbereich ihren gewöhnlichen Aufenthalt hat, nicht feststellen, hat sie das wahrscheinliche Alter und das Geschlecht der Person sowie die sonstigen Ergebnisse ihrer Ermittlungen dem Landeshauptmann mitzuteilen.

(2) Der Landeshauptmann hat der mitteilenden Personenstandsbehörde, sobald das Verfahren nach § 66 abgeschlossen ist, im Wege des ZPR anzuzeigen:

1. den Familiennamen und den Vornamen;
2. den Tag und den Ort der Geburt sowie
3. das Geschlecht.

(3) In der Anzeige nach Abs. 2 ist der Tag der Geburt anzugeben, der vom Landeshauptmann für die Zwecke der Eintragung bestimmt wird. Sofern der Geburtsort nicht bekannt ist, ist als Ort der Geburt die Gemeinde anzuführen, in der die Personenstandsbehörde ihren Sitz hat.

3. HAUPTSTÜCK

EINTRAGUNG DES PERSONENSTANDSFALLES UND PERSONENSTANDSREGISTER

1. Abschnitt

Eintragung des Personenstandsfalles

Pflicht zur Eintragung

§ 35. (1) Jeder im Inland eingetretene Personenstandsfall sowie Änderungen, Ergänzungen und Berichtigungen des Personenstandes sind einzutragen.

(2) Ein im Ausland eingetretener Personenstandsfall ist einzutragen, wenn der Personenstandsfall betrifft:

1. einen österreichischen Staatsbürger;
2. einen Staatenlosen oder eine Person ungeklärter Staatsangehörigkeit, wenn sie ihren gewöhnlichen Aufenthalt im Inland haben;
3. eine Person, die Flüchtling im Sinne der Konvention über die Rechtsstellung der Flüchtlinge, BGBl. Nr. 55/1955, und des Protokolls über die Rechtsstellung der Flüchtlinge, BGBl. Nr. 78/1974, ist, wenn sie ihren Wohnsitz, mangels eines solchen ihren gewöhnlichen Aufenthalt im Inland hat oder eine Person, deren Beziehungen zu ihrem Heimatstaat aus vergleichbar schwerwiegenden Gründen abgebrochen sind, wenn sie ihren Wohnsitz, mangels eines solchen ihren gewöhnlichen Aufenthalt im Inland hat und eine Eintragung beantragt. *(BGBl I 2023/160, ab 1. 9. 2024)*

(3) Tritt im Ausland „ein Personenstandsfall oder“ eine Änderung nach diesem Bundesgesetz verarbeiteter allgemeiner Personenstandsdaten ein, haben hinsichtlich Minderjähriger der gesetzliche Vertreter „oder ein Elternteil“, ansonsten der Betroffene die Personenstandsbehörde zu informieren. *(BGBl I 2016/120, ab 1. 4. 2017)*

(4) Auf Geburten und Todesfälle, die sich auf einem zur Führung der Flagge der Republik Österreich berechtigten Seeschiff auf hoher See ereignen, ist Abs. 2 anzuwenden; die Einschränkung auf die in diesem Absatz angeführten Personen entfällt.

(5) Die in Abs. 2, 3 und 4 angeführten Personenstandsfälle sind von jener Personenstandsbehörde einzutragen, bei der diese bekannt gegeben werden. „Mitteilungen im Wege einer österreichischen Vertretungsbehörde haben an jene Personenstandsbehörde zu ergehen, bei der beim Betroffenen oder bei einem Elternteil des Betroffe-

nen ein Anknüpfungspunkt im Inland (Hauptwohnsitz, Personenstandsfall) besteht. Besteht ein derartiger Anknüpfungspunkt nicht, hat die Mitteilung an die Gemeinde Wien zu ergehen.“ *(BGBl I 2016/120, ab 1. 4. 2017; BGBl I 2023/160, ab 23. 12. 2023)*

(6) Anlässlich der Eintragung der Geburt können die Personenstandsbehörden für die zuständige Staatsbürgerschaftsevidenzstelle die Eintragung der Staatsbürgerschaft der Kinder in das Zentrale Staatsbürgerschaftsregister (ZSR) gemäß § 56a StbG vornehmen. Diesfalls sind sie auch ermächtigt, jenen Staatsbürgerschaftsnachweise auszustellen.

Grundlage der Eintragung

§ 36. (1) Eintragungen sind auf Grund von Anzeigen, Anträgen, Erklärungen, Mitteilungen und von Amts wegen vorzunehmen. Diese Dokumente sind bei jener Behörde aufzubewahren, die die Amtshandlung führt.

(2) Vor der Eintragung ist der maßgebliche Sachverhalt von Amts wegen zu ermitteln. Ist dies im Wege des ZPR nicht möglich, sind hiezu Personenstandsurkunden und andere geeignete Urkunden heranzuziehen. Eintragungen, die nicht auf Grundlage geeigneter Urkunden erfolgen, sind entsprechend zu kennzeichnen.

(3) Eintragungen im Ausland erfolgter Personenstandsfälle sind ohne weiteres Verfahren vorzunehmen, wenn die zugrunde liegenden ausländischen Urkunden keinen Anlass zu Zweifel bezüglich ihrer Richtigkeit „und Vollständigkeit“ aufkommen lassen „ “. „Die Eintragungen erfolgen nach österreichischem Recht.“ *(BGBl I 2016/120, ab 1. 4. 2017)*

(4) Sofern der Betroffene die Ausstellung einer österreichischen Urkunde beantragt, gelten Abs. 2 und 3. *(BGBl I 2016/120, ab 1. 4. 2017)*

(5) Personen, die Beweismittel besitzen oder Auskünfte erteilen können, die zur Eintragung benötigt werden, sind verpflichtet, nach Aufforderung diese Beweismittel vorzulegen oder die verlangten Auskünfte zu geben.

(6) Ist die Geburt oder der Tod einer Person nicht vom Leiter einer Krankenanstalt angezeigt worden, darf der Personenstandsfall nur eingetragen werden, wenn eine von einem Arzt oder einer Hebamme ausgestellte Geburtsbestätigung (eine ärztliche Todesbestätigung) vorliegt oder die Geburt (der Tod) auf Grund anderer Umstände nicht zweifelhaft ist. Zur Ausstellung der Geburtsbestätigung ist der Arzt oder die Hebamme, die bei oder nach der Geburt Beistand geleistet haben, zur Ausstellung der Todesbestätigung der Arzt, der die Totenbeschau vorgenommen hat, verpflichtet. Soweit der Arzt oder die Hebamme nicht selbst nach § 9 oder § 28 anzeigepflichtig sind, haben sie die Bestätigung dem Anzeigepflichtigen zu übergeben. Ist dieser dem Arzt oder der Hebamme nicht bekannt, haben sie die Bestätigung der Personenstandsbehörde zu übermitteln, die die Geburt oder den Tod einzutragen hat.

(7) Auf Antrag der Mutter oder des Vaters „oder des anderen Elternteils jeweils“ mit Einverständnis der Mutter können auch zu Fehlgeburten (§ 8 Abs. 1 Z 3 HebG) die Daten gemäß § 57a als sonstige Personenstandsdaten (§ 2 Abs. 7) der Mutter eingetragen werden, wenn eine ärztliche Bestätigung vorgelegt wird, die den Tag und – soweit feststellbar – das Geschlecht einer Fehlgeburt beinhaltet. „Als sonstige Personenstandsdaten (§ 2 Abs. 7) der Mutter sind darüber hinaus auch der Vorname und Familienname der Person einzutragen, die mit Einverständnis der Mutter die Eintragung als Vater oder anderer Elternteil begehrt.“ *(BGBl I 2016/120, ab 1. 4. 2017; BGBl I 2023/181, ab 1. 1. 2024)*

Nähere Angaben

§ 37. (1) Die Person und das für die Eintragung maßgebliche Ereignis sind durch nähere Angaben eindeutig zu bestimmen.

(2) Die Person ist jedenfalls durch „Familiennamen“ und Vornamen zu bestimmen. Ein Doppelname nach § 93 Abs. 2 ABGB ist anzuführen, wenn eine Verpflichtung zu dessen Führung besteht; weiters ist anzuführen, welcher Name als gemeinsamer Familienname „ “ geführt wird. Akademische Grade sowie Standesbezeichnungen sind auf Verlangen einzutragen, wenn ein solcher Anspruch nach inländischen Rechtsvorschriften besteht. *(BGBl I 2016/120, ab 1. 4. 2017)*

(3) Das Ereignis ist durch die Angabe der Zeit und des Ortes zu bestimmen.

Namen

§ 38. (1) Namen sind aus der für die Eintragung herangezogenen Urkunde und sonstigen Dokumenten buchstaben- und zeichengetreu zu übernehmen. Sind in der Urkunde andere als lateinische Schriftzeichen verwendet worden, „ist eine Übersetzung beizubringen. Treten Widersprüche oder Zweifel an der Richtigkeit der Übersetzung auf, sind die Regeln für die Transliteration anzuwenden.“ *(BGBl I 2023/160, ab 23. 12. 2023)*

(2) „Sind Namen aufgrund ausländischer Rechtsvorschriften nicht in Vor- und Familiennamen trennbar, sind Namen sowohl als Vor- als auch als Familiennamen einzutragen.“ Darüber hinaus dürfen insbesondere Namenszusätze als sonstige Namen eingetragen werden. *(BGBl I 2023/160, ab 23. 12. 2023)*

(2a) Auf Verlangen einer Person im Sinne des § 35 Abs. 2 Z 1 bis 3 sind Namen, die aufgrund ausländischer Rechtsvorschriften nicht in Vor- und Familiennamen trennbar sind, vor dem Standesbeamten in öffentlicher Urkunde abweichend von Abs. 2 in der von der Person bestimmten Weise einzutragen. Beim Familiennamen dürfen aber höchstens zwei Teile verwendet werden. Darüber hinaus kann die betroffene Person im Rahmen einer solchen Namensbestimmung erklären, dass nicht verwendete Teile ihres ursprünglichen Namens entfallen. § 156 ABGB gilt. *(BGBl I 2023/160, ab 23. 12. 2023)*

(3) Zur Ermittlung des durch Abstammung erworbenen Familiennamens sind, soweit die Person, auf die sich die Eintragung bezieht, nicht anderes beantragt, nur die Urkunden der Person heranzuziehen, von der der Familienname unmittelbar abgeleitet wird.

(4) Ist für den Familiennamen „ " einer Person oder der Person, von der der Familienname abgeleitet wird, oder für den Vornamen einer Person eine vom rechtmäßigen Familiennamen abweichende Schreibweise gebräuchlich geworden, ist auf ihren Antrag der Familienname „ " oder Vorname in der gebräuchlich gewordenen Schreibweise einzutragen. Der Antrag bedarf der Zustimmung des Ehegatten, wenn dieser den gleichen Familiennamen führt. *(BGBl I 2016/120, ab 1. 4. 2017)*

(5) Die Eintragung des Namens nach Abs. 4 ist für alle weiteren dieselbe Person betreffenden Eintragungen maßgebend. Das gleiche gilt für die Schreibweise des Familiennamens des Ehegatten, der dem Antrag nach Abs. 4 zugestimmt hat, und des zur Zeit der Eintragung minderjährigen Kindes, wenn es seinen Familiennamen vom Antragsteller ableitet.

(6) Die Mutter ist berechtigt, den Familiennamen ihres Kindes bis zum vollendeten ersten Lebensjahr unter Verwendung der Funktion „E-ID"* (§§ 4 ff E-GovG) zu bestimmen. „Dasselbe gilt für den Vater oder anderen Elternteil, sofern auch diesem gemäß § 177 Abs. 1 ABGB die Obsorge zukommt."** Der Bundesminister für Inneres darf für die jeweilige Personenstandsbehörde mithilfe des ZPR prüfen, ob der Betroffene als Elternteil des Kindes eingetragen ist. *(BGBl I 2018/104, ab 1. 3. 2019; *BGBl I 2023/160, ab 5. 12. 2023 [BGBl II 2023/340]; **BGBl I 2023/181, ab 1. 1. 2024)*

Verfahrenshinweise

§ 39. Verfahrenshinweise bilden das zu einem Personenstandsfall geführte Verfahren ab und begründen keinen Beweis im Sinne des § 292 Abs. 1 der Zivilprozessordnung – ZPO, RGBl. Nr. 113/1895.

Abschluss der Eintragung

§ 40. (1) Die Eintragung ist ohne unnötigen Aufschub vorzunehmen. Ist eine vollständige Eintragung innerhalb angemessener Frist nicht möglich, ist sie unvollständig durchzuführen.

(2) Die Eintragung ist durch die Freigabe im ZPR abzuschließen.

(3) Die Eintragung zu den allgemeinen und besonderen Personenstandsdaten begründet vollen Beweis im Sinne des § 292 Abs. 1 ZPO, soweit es sich nicht um die Staatsangehörigkeit handelt.

Änderung und Ergänzung

§ 41. (1) Die Personenstandsbehörde hat eine Eintragung zu ändern, wenn sie nach der Eintragung unrichtig geworden ist.

(2) Die Personenstandsbehörde hat eine unvollständige Eintragung zu ergänzen, sobald der vollständige Sachverhalt ermittelt worden ist.

(3) Bei einer Namens- oder Geschlechtsänderung, die gemäß § 11 Abs. 1a MeldeG von der Personenstandsbehörde im Wege eines Änderungszugriffes auf das Zentrale Melderegister übermittelt wird, hat die Personenstandsbehörde der betroffenen Person eine Ausfertigung aus dem Zentralen Melderegister, auf der entweder die aufrechten Anmeldungen aus dem Gesamtdatensatz in aktualisierter Form oder – auf Verlangen der Person – die zuletzt geänderten Meldedaten ausgewiesen sind, auszufolgen oder „zu übermitteln". *(BGBl I 2016/120, ab 1. 4. 2017; BGBl I 2018/32, ab 25. 5. 2018)*

Berichtigung

§ 42. (1) Eine Eintragung ist zu berichtigen, wenn sie bereits zur Zeit der Eintragung unrichtig gewesen ist.

(2) Die Berichtigung erfolgt durch jene Personenstandsbehörde, die die unrichtige Eintragung vorgenommen hat.

(3) Die Berichtigung kann „ "* unter Wahrung des rechtlichen Gehörs „auf Antrag oder"** von Amts wegen vorgenommen werden. *(*BGBl I 2018/32, ab 25. 5. 2018; **BGBl I 2018/104, ab 1. 3. 2019)*

(4) Offenkundige Schreibfehler kann jede Personenstandsbehörde auch ohne Einbindung des Betroffenen berichtigen.

(5) Jedwede Berichtigung ist dem Betroffenen mitzuteilen.

2. Abschnitt

Personenstandsregister

Allgemeines

§ 43. (1) Die Personenstandsbehörden dürfen personenbezogene Daten nur „verarbeiten", wenn dies zur Erfüllung der ihnen übertragenen Aufgaben erforderlich und nicht unverhältnismäßig ist. *(BGBl I 2018/32, ab 25. 5. 2018)*

(2) Die Behörden sind ermächtigt, bei Verfahren, die sie nach diesem Bundesgesetz zu führen haben, automationsunterstützte Datenverarbeitung einzusetzen.

Zentrales Personenstandsregister (ZPR)

§ 44. (1) Die Personenstandsbehörden sind als gemeinsam Verantwortliche gemäß Art. 4 Z 7 in Verbindung mit Art. 26 Abs. 1 der Verordnung (EU) 2016/679 zum Schutz natürlicher Personen bei der Verarbeitung personenbezogener Daten, zum freien Datenverkehr und zur Aufhebung der Richtlinie 95/46/EG (Datenschutz-Grundverordnung), ABl. Nr. L 119 vom 4.5.2016 S. 1, (im Folgenden: DSGVO) ermächtigt, allgemeine und besondere Personenstandsdaten für die Wahrnehmung der ihnen nach diesem Bundesgesetz übertragenen Aufgaben gemeinsam in der Art zu verarbeiten, dass jeder Verantwortliche auch auf jene Daten in der Datenverarbeitung Zugriff hat, die dieser von den anderen Verantwortlichen zur Verfügung gestellt wurden (Zentrales Personenstandsregister – ZPR).

(1a) Die Erfüllung von Informations-, Auskunfts-, Berichtigungs-, Löschungs- und sonstigen Pflichten nach den Bestimmungen der DSGVO gegenüber dem Betroffenen obliegt jedem Verantwortlichen hinsichtlich jener Daten, die im Zusammenhang mit den von ihm geführten Verfahren oder den von ihm gesetzten Maßnahmen verarbeitet werden. Nimmt ein Betroffener unter Nachweis seiner Identität ein Recht nach der DSGVO gegenüber einem gemäß dem ersten Satz unzuständigen Verantwortlichen wahr, ist er an den zuständigen Verantwortlichen zu verweisen.

(2) Im zentralen Personenstandsregister können Zeitpunkt und Ort des Todes einer Person abgefragt werden, wenn der Anfragende die Person durch die Namen sowie zumindest ein weiteres Merkmal im Hinblick auf alle im ZPR verarbeiteten Gesamtdatensätze eindeutig bestimmen kann. Wird ein bPK für die Verwendung im privaten Bereich zur Identifizierung des Betroffenen angegeben, so muss der Anfragende auch seine eigene Stammzahl zum Zwecke der Überprüfung der Richtigkeit des bPK zur Verfügung stellen. Die für die Abfrage zu entrichtenden Kosten sind vom Bundesminister für Inneres im Einvernehmen mit dem Bundesminister für Finanzen durch Verordnung festzulegen. „Diese Abfrage ist von sonstigen Gebühren und Verwaltungsabgaben befreit.“ *(BGBl I 2018/104, ab 1. 3. 2019)*

(3) Der Bundesminister für Inneres übt die Funktion des Auftragsverarbeiters gemäß Art. 4 Z 8 in Verbindung mit Art. 28 Abs. 1 DSGVO aus. Er ist in dieser Funktion verpflichtet, die Datenschutzpflichten gemäß Art. 28 Abs. 3 lit. a bis h DSGVO wahrzunehmen. In dieser Funktion hat er datenqualitätssichernde Maßnahmen zu setzen, wie insbesondere Hinweise auf eine mögliche Identität zweier ähnlicher Datensätze oder die Schreibweise von Adressen zu geben. Zudem ist er berechtigt, weitere Auftragsverarbeiter in Anspruch zu nehmen.

(4) Eine Vereinbarung zur Kostenbeteiligung der anderen Gebietskörperschaften im Ausmaß der zu erwartenden Nutzung durch diese ist zulässig.

(5) Protokolldaten über tatsächlich durchgeführte Verarbeitungsvorgänge, wie insbesondere Änderungen, Abfragen und Übermittlungen, sind drei Jahre lang aufzubewahren.

(6) Hinsichtlich der Verarbeitung personenbezogener Daten nach diesem Bundesgesetz besteht kein Widerspruchsrecht gemäß Art. 21 DSGVO sowie kein Recht auf Einschränkung der Verarbeitung gemäß Art. 18 DSGVO. Darüber sind die Betroffenen in geeigneter Weise zu informieren.

(BGBl I 2018/32, ab 25. 5. 2018)

Lokales Personenstandsregister (LPR)

§ 45. (1) Die Personenstandsbehörden dürfen Personenstandsdaten zur Erfüllung der ihnen übertragenen Aufgaben in einem lokalen Personenstandsregister, das im Rahmen des ZPR geführt wird, verarbeiten.

(2) Die Übermittlung sonstiger Personenstandsdaten an andere als Personenstandsbehörden ist nur aufgrund einer ausdrücklichen gesetzlichen Regelung zulässig.

(3) Das Religionsbekenntnis einer Person darf nur „bereitgestellt“ werden:

1. jener gesetzlich anerkannten Kirche oder Religionsgesellschaft oder eingetragenen religiösen Bekenntnisgemeinschaft, zu der sich der Betroffene bekannt hat, und

2. Behörden im Zusammenhang mit der Vollziehung des Gesetzes vom 25. Mai 1868, wodurch die interconfessionellen Verhältnisse der Staatsbürger in den darin angegebenen Beziehungen geregelt werden, RGBl. Nr. 49/1868, idF. dRGBl. I S 384/1939.

Darüber hinaus darf das Religionsbekenntnis nur noch zu statistischen Zwecken nach dem Bundesstatistikgesetz 2000, BGBl. I Nr. 163/1999, an Organe der Bundesstatistik oder an nach landesgesetzlichen Vorschriften dazu berufenen Organen übermittelt werden. „Die Daten sind so zu übermitteln, dass sie für den Empfänger pseudonymisierte Daten sind und der Empfänger die Identität des Betroffenen mit rechtlich zulässigen Mitteln nicht bestimmen kann.“ *(BGBl I 2018/32, ab 25. 5. 2018)*

(4) Die Protokollierungsregelungen des § 44 Abs. 5 finden auch auf das Lokale Personenstands-

register Anwendung. *(BGBl I 2018/32, ab 25. 5. 2018)*

4. HAUPTSTÜCK

VERARBEITUNG DER PERSONENSTANDSDATEN, PERSONENSTANDSURKUNDEN UND BESTÄTIGUNGEN

1. Abschnitt

Verarbeitung der personenbezogenen Daten des ZPR

Allgemeines

§ 46. (1) Die Personenstandsbehörden sind berechtigt, Auskünfte aus dem ZPR zu erteilen. *(BGBl I 2018/32, ab 25. 5. 2018)*

(2) Der Bundesminister für Inneres hat die Auswählbarkeit der Personenstandsdaten aus der gesamten Menge der gespeicherten Daten nach Namen der Eingetragenen vorzusehen. *(BGBl I 2018/32, ab 25. 5. 2018)*

(3) Für Zwecke der ordnungsgemäßen Führung der „personenbezogenen Daten" kann die Auswählbarkeit auch nach anderen Kriterien vorgenommen werden. Darüber hinaus kann für die Zwecke „der Sicherheitspolizei, der Strafrechtspflege oder, soweit dies gesetzlich vorgesehen ist", die Auswählbarkeit aus der gesamten Menge aller im ZPR verarbeiteten Daten auch nach anderen als in Abs. 2 genannten Kriterien vorgesehen werden (Verknüpfungsanfrage). *(BGBl I 2018/32, ab 25. 5. 2018)*

(4) Personenstandsdaten, die im ZPR verarbeitet werden, sind 120 Jahre nach dem eingetragenen Sterbedatum des Betroffenen zu löschen. Danach sind sie dem Österreichischen Staatsarchiv zu „übermitteln". *(BGBl I 2018/32, ab 25. 5. 2018)*

ZPR Abfrage

§ 47. (1) „Der Personenkern (§ 2 Abs. 2) sowie Vornamen der Eltern und frühere Namen stehen, soweit dies zur Besorgung einer ihr gesetzlich übertragenen Aufgabe erforderlich ist, jeder Behörde im Wege des Datenfernverkehrs zur Verfügung, wenn sie die betroffene Person nach dem Namen und allenfalls einem weiteren Merkmal bestimmen kann."* „Dabei steht jeder Behörde im Wege des Datenfernverkehrs auch das verschlüsselte bereichsspezifische Personenkennzeichen „zur Person" (vbPK-ZP) der Eltern zur Verfügung, sofern die Daten der Eltern bereits im ZPR erfasst wurden."*** Einrichtungen des Bundes, der Länder und der Gemeinden, sowie die Sozialversicherungsträger und die gesetzlichen Interessensvertretungen haben in einem Verfahren die entsprechenden Daten des Personenkerns unter Berücksichtigung des Abs. 3 zu „verarbeiten"**. *(*BGBl I 2016/120, ab 1. 4. 2017; **BGBl I 2018/32, ab 25. 5. 2018; ***BGBl I 2023/160, ab 23. 12. 2023)*

(2) Über die Fälle des Abs. 1 hinaus kann den „ordentlichen" Gerichten, Gerichtskommissären im Sinne des Gerichtskommissärsgesetzes (GKG), BGBl. Nr. 343/1970, Körperschaften öffentlichen Rechts und Behörden auf deren Verlangen eine Abfrage im ZPR in der Weise eröffnet werden, dass sie, soweit dies zur Besorgung einer ihrer gesetzlich übertragenen Aufgabe erforderlich ist, besondere Personenstandsdaten (§ 2 Abs. 1 Z 2) bestimmter Personen im Datenfernverkehr ermitteln können. *(BGBl I 2013/161, ab 1. 1. 2014)*

(3) Treten bei einer Abfrage Zweifel an der Richtigkeit der im ZPR verarbeiteten Daten auf, ist jeder gemäß Abs. 1 und 2 Abfrageberechtigte verpflichtet, die Personenstandsbehörde unverzüglich im Wege des ZPR darüber in Kenntnis zu setzen.

(4) Für Abfragen aus dem ZPR ist seitens des Abfragenden sicherzustellen, dass

1. in seinem Bereich ausdrücklich festgelegt wird, wer unter welchen Voraussetzungen eine Abfrage durchführen darf,

2. abfrageberechtigte Mitarbeiter über ihre nach Datenschutzvorschriften bestehenden Pflichten belehrt werden,

3. entsprechende Regelungen über die Abfrageberechtigungen und den Schutz vor Einsicht und „Verarbeitung" der Personenstandsdaten durch Unbefugte getroffen werden, *(BGBl I 2018/32, ab 25. 5. 2018)*

4. durch technische oder programmgesteuerte Vorkehrungen Maßnahmen gegen unbefugte Abfragen ergriffen werden,

5. Aufzeichnungen geführt werden, damit tatsächlich durchgeführte „Verarbeitungsvorgänge" im Hinblick auf ihre Zulässigkeit im notwendigen Ausmaß nachvollzogen werden können, *(BGBl I 2018/32, ab 25. 5. 2018)*

6. Maßnahmen zum Schutz vor unberechtigtem Zutritt zu Räumlichkeiten, von denen aus Abfragen durchgeführt werden können, ergriffen werden und

7. eine Dokumentation über die nach Z 1 bis 6 getroffenen Maßnahmen geführt wird.

(5) Auf Verlangen des Betroffenen kann unter Verwendung der Funktion „E-ID (§§ 4 ff E-GovG)" im ZPR abgefragt werden, ob dessen personenbezogene Daten im ZPR bereits nacherfasst wurden. Diesfalls sind dem Betroffenen folgende zu ihm im ZPR verarbeiteten Daten im Wege des Datenfernverkehrs zu übermitteln: *(BGBl I 2023/160, ab 5. 12. 2023 [BGBl II 2023/340])*

1. der Personenkern (§ 2 Abs. 2) sowie

2. die besonderen Personenstandsdaten zur Eheschließung (§ 2 Abs. 4) sowie zur Begründung einer eingetragenen Partnerschaft (§ 2 Abs. 5). *(BGBl I 2018/104, ab 1. 3. 2019)*

Übermittlung im Wege des ZPR

§ 48. (1) Den Kinder- und Jugendhilfeträgern sind von Personen bis zum vollendeten 21. Lebensjahr folgende Daten „zu übermitteln“:

1. Geburt;

2. Tod;

3. Anerkennung der Vaterschaft, Elternschaft oder Mutterschaft zu einem Kind;

5. Feststellung der Nichtabstammung „von jener Person, die mit der Mutter verheiratet ist oder in eingetragener Partnerschaft lebt“; *(BGBl I 2023/181, ab 1. 1. 2024)*

6. Änderungen des Vor- und Familiennamens. *(BGBl I 2016/120, ab 1. 4. 2017; BGBl I 2018/32, ab 25. 5. 2018)*

(2) Dem Hauptverband der österreichischen Sozialversicherungsträger und dem Bundesminister für Finanzen sind folgende Daten „zu übermitteln“:

1. Geburt;

2. Eheschließung;

3. Begründung der eingetragenen Partnerschaft;

4. Tod;

5. Totgeburt;

6. Anerkennung der Vaterschaft, Elternschaft oder Mutterschaft zu einem minderjährigen Kind; *(BGBl I 2023/181, ab 1. 1. 2024)*

7. Feststellung der Nichtabstammung von jener Person, die mit der Mutter verheiratet ist oder in eingetragener Partnerschaft lebt; *(BGBl I 2023/181, ab 1. 1. 2024)*

8. Annahme an Kindes statt;

9. Änderung des „Familiennamens“** einer Person als Wirkung eines Vorgangs nach „Z 7 und 8“*; *(*BGBl I 2013/161; **BGBl I 2016/120, ab 1. 4. 2017)*

10. Nichtigerklärung der Ehe und die Feststellung des Nichtbestehens der Ehe;

11. Nichtigerklärung der eingetragenen Partnerschaft und die Feststellung des Nichtbestehens der eingetragenen Partnerschaft;

12. Auflösung der Ehe (Tod, Scheidung und Aufhebung);

13. Auflösung der eingetragenen Partnerschaft (Tod, Auflösung);

14. Wiederannahme eines (des) früheren Familiennamens.
(BGBl I 2018/32, ab 25. 5. 2018)

(3) Dem Arbeitsmarktservice „werden Daten nach Abs. 2 insofern übermittelt“, als sie sich auf einen Anspruchsberechtigten nach dem Arbeitslosenversicherungsgesetz 1977 „(AlVG)“, BGBl. Nr. 609, oder dem Ausländerbeschäftigungsgesetz „(AuslBG)“, BGBl. Nr. 218/1975, beziehen. *(BGBl I 2018/32, ab 25. 5. 2018)*

(4) Den Sicherheitsbehörden sind Daten zu allen Änderungen von Namen von Personen, die das 14. Lebensjahr vollendet haben, sowie zum Tod einer Person im Wege des Bundesministers für Inneres als Auftragsverarbeiter gemäß § 57 und § 75 des Sicherheitspolizeigesetzes (SPG), BGBl. Nr. 566/1991, zu übermitteln, um diese mit den Daten dieser Datenverarbeitungen automatisiert abzugleichen und im Bedarfsfall für die jeweiligen Verantwortlichen zu aktualisieren. *(BGBl I 2018/32, ab 25. 5. 2018)*

(4a) Dem Strafregisteramt der Landespolizeidirektion Wien sind Daten zu allen Änderungen von Namen von Personen, die das 14. Lebensjahr vollendet haben, sowie zum Tod einer Person im Wege des Bundesministers für Inneres als Auftragsverarbeiter gemäß § 1 Abs. 3 des Strafregistergesetzes 1968, BGBl. Nr. 277/1968, zu übermitteln, um diese mit den Daten dieser Datenverarbeitungen automatisiert abzugleichen und im Bedarfsfall für die jeweiligen Verantwortlichen zu aktualisieren. *(BGBl I 2018/32, ab 25. 5. 2018)*

(5) Den Führerscheinbehörden sind die Daten zum Tod einer Person, die das 15. Lebensjahr vollendet hat, „zu übermitteln“. *(BGBl I 2018/32, ab 25. 5. 2018)*

(6) Der Wählerevidenz ist die Wiederannahme eines (des) früheren „Familiennamens“, wenn die Person, deren „Familienname“ sich geändert hat, österreichischer Staatsbürger oder nichtösterreichischer Unionsbürger ist und das 14. Lebensjahr vollendet hat, zu übermitteln. *(BGBl I 2016/120, ab 1. 4. 2017)*

(7) Den Passbehörden sind die Daten zum Tod einer Person „zu übermitteln“. *(BGBl I 2018/32, ab 25. 5. 2018)*

(8) Den Militärkommanden sind folgende Daten „zu übermitteln“: *(BGBl I 2018/32, ab 25. 5. 2018)*

1. Eheschließung „oder eingetragene Partnerschaft“, wenn der Mann österreichischer Staatsbürger ist, das Jahr, in dem er das 65. Lebensjahr vollendet, noch nicht abgelaufen ist, und sich sein „Familienname“ geändert hat; *(BGBl I 2016/120, ab 1. 4. 2017)*

2. Tod, wenn der verstorbene Mann österreichischer Staatsbürger war, das 17. Lebensjahr vollendet hat, und das Jahr, in dem er das 51. Lebensjahr vollendet, noch nicht abgelaufen ist;

3. Änderung des „Familiennamens“** einer Person als Wirkung eines Vorgangs nach Abs. 2 „Z 7 und 8“*, wenn der Mann österreichischer Staatsbürger ist, das 17. Lebensjahr vollendet hat, und das Jahr, in dem er das 65. Lebensjahr

PStG NÄG

vollendet, noch nicht abgelaufen ist; *(*BGBl I 2013/161; **BGBl I 2016/120, ab 1. 4. 2017)*

4. Wiederannahme eines (des) früheren „Familiennamens", wenn die Person, deren „Familienname" sich geändert hat, männlichen Geschlechts und österreichischer Staatsbürger ist, das 17. Lebensjahr vollendet hat, und das Jahr, in dem sie das 65. Lebensjahr vollendet, noch nicht abgelaufen ist; *(BGBl I 2016/120, ab 1. 4. 2017)*

5. eine Eintragung nach „§ 38 Abs. 4 oder 5"*, wenn der Antragsteller, der Ehegatte oder das minderjährige Kind männlichen Geschlechts und österreichischer Staatsbürger ist, das 17. Lebensjahr vollendet hat, und das Jahr, in dem er das 65. Lebensjahr vollendet, noch nicht abgelaufen ist „;"** *(*BGBl I 2013/161; **BGBl I 2016/120, ab 1. 4. 2017)*

6. Namensänderung infolge einer Geschlechtsänderung, wenn der Mann österreichischer Staatsbürger ist, das 17. Lebensjahr vollendet hat und das Jahr, in dem er das 65. Lebensjahr vollendet, noch nicht abgelaufen ist. *(BGBl I 2016/120, ab 1. 4. 2017)*

(9) Den mit dem Vollzug des Asylgesetzes 2005 „(AsylG 2005)", BGBl. I Nr. 100/2005, des Fremdenpolizeigesetzes 2005 „(FPG)", BGBl. I Nr. 100/2005, und des Niederlassungs- und Aufenthaltsgesetzes „(NAG)", BGBl. I Nr. 100/2005 betrauten Behörden sind die Daten zur Ermittlung der Fähigkeit, eine Ehe oder eine eingetragene Partnerschaft zu begründen, in den Fällen „zu übermitteln", in denen wenigstens einer der Verlobten oder Partnerschaftswerber ein Drittstaatsangehöriger ist. *(BGBl I 2018/32, ab 25. 5. 2018)*

„(10)" Eine Änderung von Daten gemäß § 2 Abs. 2 im ZPR wird automatisch dem ZSR „übermittelt" und aktualisiert. *(BGBl I 2018/32, ab 25. 5. 2018)*

„(11)" Eine Änderung von Daten gemäß § 2 Abs. 2 im ZPR wird mit Ausnahme des Sterbedatums dem ZMR „übermittelt" und aktualisiert. Ist im ZMR kein Datensatz vorhanden, ist eine Aktualisierung im Ergänzungsregister natürlicher Personen vorzunehmen. *(BGBl I 2018/32, ab 25. 5. 2018)*

„(12)" Die in den Abs. 1 bis 11 vorgesehene Übermittlung von Daten darf nur erfolgen, wenn und sobald dies für die jeweilige Stelle zur Erfüllung einer gesetzlichen Aufgabe erforderlich ist. In den gemäß Abs. 1, 2, 3, 5, 7, 8, 9, 10 und 11 genannten Fällen erfolgt sie periodisch auf elektronischem Weg in geeigneter Form. Im Übrigen sind Übermittlungen nur zulässig, wenn hierfür eine ausdrückliche gesetzliche Ermächtigung besteht. *(BGBl I 2018/32)*

Übermittlungen an ordentliche Gerichte

§ 49. Die Daten zum Tod einer Person sind „im Anlassfall"** jenen „ordentlichen"* Gerichten „zu übermitteln"**, die aufgrund von Gesetzen mit Verlassenschaftsangelegenheiten befasst sind. *(*BGBl I 2013/161, ab 1. 1. 2014; **BGBl I 2018/32, ab 25. 5. 2018)*

Änderungsdienst

§ 50. Der Bundesminister für Inneres kann, soweit zulässigerweise eine personenbezogene Datenverarbeitung geführt wird, auf Verlangen die Änderungen dieser Daten gegen Kostenersatz insofern übermitteln, als die jeweiligen verschlüsselten bPK der geänderten Datensätze bekannt gegeben werden. Werden bPK für die Verwendung im privaten Bereich bekannt gegeben, können die Daten zum Tod einer Person gegen Kostenersatz übermittelt werden. § 48 bleibt unberührt.

(BGBl I 2018/32, ab 25. 5. 2018)

Statistische Erhebungen

§ 51. (1) Die Personenstandsbehörde hat der Bundesanstalt Statistik Österreich unter Verwendung des verschlüsselten bereichsspezifischen Personenkennzeichens „Amtliche Statistik" (bPK-AS) Daten

1. ohne Namen der Betroffenen für die Erstellung der Statistiken über Geburten, Eheschließungen und Auflösungen von Ehen sowie Begründungen und Auflösungen von eingetragenen Partnerschaften sowie

2. mit Namen der Betroffenen für die Erstellung von Statistiken über Todesfälle und Todesursachen

„zu übermitteln". *(BGBl I 2018/32, ab 25. 5. 2018)*

(2) Die Bundesanstalt Statistik Österreich hat auf Grund der von den Personenstandsbehörden gemäß Abs. 1 mitzuteilenden Daten, ergänzt um Informationen über die höchste abgeschlossene Ausbildung der Person durch Heranziehung von Daten des Bildungsstandardregisters gemäß „§ 19 des Bildungsdokumentationsgesetzes 2020 (BilDokG 2020), BGBl. I Nr. 20/2021", Statistiken über Geburten, Eheschließungen, Begründungen von eingetragenen Partnerschaften und Todesfälle zu erstellen und den Ländern und Gemeinden aus diesen Statistiken die diese betreffenden Personenstandsdaten in anonymisierter Form unentgeltlich zur Verfügung zu stellen. *(BGBl I 2023/160, ab 23. 12. 2023)*

2. Abschnitt
Auskunft, Personenstandsurkunden und Beauskunftungen

Auskunft

§ 52. (1) Soweit kein überwiegendes schutzwürdiges Interesse der Personen, auf die sich die Eintragung bezieht, entgegensteht, steht das Recht auf Auskunft über Personenstandsdaten und aus Schriftstücken, die die Grundlage der Eintragung und späterer Veränderungen sowie der Ermittlung der Ehefähigkeit und der Fähigkeit, eine eingetragene Partnerschaft zu begründen, sowie auf Ausstellung von Personenstandsurkunden „ “ zu: *(BGBl I 2016/120, ab 1. 4. 2017)*

1. Personen, auf die sich die Eintragung bezieht, sowie sonstigen Personen, deren Personenstand durch die Eintragung berührt wird;

2. Personen, die ein rechtliches Interesse daran glaubhaft machen.

(2) Die sich aus Abs. 1 Z 1 und 2 ergebenden Rechte sind im Fall des § 88 Außerstreitgesetzes „(AußStrG)“, BGBl. I Nr. 111/2003, oder einer sonstigen Inkognitoadoption auf die Wahleltern und das Wahlkind, das das 14. Lebensjahr vollendet hat, beschränkt. *(BGBl I 2018/32, ab 25. 5. 2018)*

(3) Die Personenstandsbehörde hat auf Antrag wöchentliche Verzeichnisse der beurkundeten Personenstandsfälle zu übermitteln. Geburten dürfen in die Verzeichnisse nur mit ausdrücklicher schriftlicher Zustimmung des gesetzlichen Vertreters des Kindes, Eheschließungen mit der beider Ehegatten, Begründungen von eingetragenen Partnerschaften mit der beider eingetragener Partner aufgenommen werden. Die Angaben in den Verzeichnissen sind auf den Tag und den Ort des Ereignisses sowie auf den „Familiennamen“, die Vornamen und die Wohngemeinde zu beschränken. *(BGBl I 2016/120, ab 1. 4. 2017)*

(4) Soweit für die Zwecke der §§ 7 f DSG personenbezogene Daten von mehr als einem Verantwortlichen zu übermitteln sind, kommt diese Aufgabe dem Bundesminister für Inneres als Auftragsverarbeiter zu. *(BGBl I 2018/32, ab 25. 5. 2018)*

(4a) Soweit personenbezogene Daten zu wissenschaftlichen oder historischen Forschungszwecken oder statistischen Zwecken übermittelt werden, kommt dem Betroffenen das Recht gemäß Art. 15 DSGVO nicht zu. *(BGBl I 2018/32, ab 25. 5. 2018)*

(5) Einschränkungen des Rechts auf Einsicht, die sich aus Abs. 1 ergeben, gelten nach Ablauf der folgenden Fristen als aufgehoben:

1. 100 Jahre seit der Eintragung der Geburt oder

2. 75 Jahre seit Eintragung der Eheschließung oder Eintragung der Begründung der eingetragenen Partnerschaft „,“ sofern die Eintragung nicht eine lebende Person betrifft „,“ oder *(BGBl I 2013/161, die Novellierungsanordnung verlangt wohl irrtümlich eine Änderung des – nicht existierenden – Abs 2 Z 5 statt des Abs 5 Z 2)*

3. „30 Jahre“ seit Eintragung des Todes. *(BGBl I 2018/32, ab 25. 5. 2018)*

Personenstandsurkunde

§ 53. (1) Personenstandsurkunden sind „Registerauszüge“ aus dem ZPR. Soweit kein schutzwürdiges Interesse entgegensteht und in den nachfolgenden Bestimmungen nichts anderes bestimmt ist, geben diese den wesentlichen aktuellen Inhalt der Eintragung wieder. „Auf Antrag können Personenstandsurkunden mit den Daten zu einem bestimmten Zeitpunkt erstellt und gefertigt werden. Dieser Zeitpunkt ist auf der Urkunde ersichtlich zu machen.“ *(BGBl I 2016/120, ab 1. 4. 2017)*

(2) Auf Antrag kann eine Personenstandsurkunde mit dem Religionsbekenntnis ausgestellt werden, sofern dieses für die jeweilige Eintragung bekannt gegeben wurde. *(BGBl I 2016/120, ab 1. 4. 2017)*

(3) Die Personenstandsbehörden haben auszustellen:

1. Geburtsurkunden;

2. Heiratsurkunden;

3. Partnerschaftsurkunden;

4. Urkunden über Todesfälle.

(4) Im Ausland können Personenstandsurkunden „, Registerauszüge, Ehefähigkeitszeugnisse sowie Bestätigungen über die Fähigkeit, eine eingetragene Partnerschaft begründen zu können,“ auch von den österreichischen Vertretungsbehörden ausgestellt werden. Zu diesem Zwecke sind sie ermächtigt, die erforderlichen Personenstandsdaten zu ermitteln. *(BGBl I 2016/120, ab 1. 4. 2017)*

(5) Auf Antrag sind Personenstandsurkunden mit bestimmten förmlichen Gestaltungsmerkmalen auszustellen, deren Erscheinungsbild durch Verordnung des Bundesministers für Inneres festzulegen ist.

(6) Auf Verlangen sind „ “ Personenstandsurkunden von der Bezirksverwaltungsbehörde und dem Landeshauptmann zu beglaubigen. Rechtsvorschriften über allfällige weitere Beglaubigungen bleiben unberührt. *(BGBl I 2016/120, ab 1. 4. 2017)*

(7) Der Bundesminister für Inneres ist ermächtigt vorzusehen, dass die Echtheit der aus dem ZPR ausgestellten Urkunden mit Hilfe eines Codes überprüft werden kann. Abgesehen von den in Abs. 5 genannten Fällen ist die Urkunde mit der Amtssignatur des „Bundesministers für Inne-

res“ zu versehen. *(BGBl I 2018/32, ab 25. 5. 2018)*

Geburtsurkunde

§ 54. (1) Die Geburtsurkunde hat zu enthalten:

1. die Namen des Kindes;

2. das Geschlecht des Kindes;

3. den Zeitpunkt und Ort der Geburt des Kindes;

4. den Namen der Eltern;

5. das Datum der Ausstellung;

6. die Namen des Standesbeamten.

(2) Auf Antrag ist eine Geburtsurkunde auszustellen, die nur die Angaben nach § 54 Abs. 1 Z 1 bis 3 enthält.

Heiratsurkunde

§ 55. (1) Die Heiratsurkunde hat zu enthalten:

1. die Namen der Ehegatten, ihr Geschlecht, den Tag und Ort ihrer Geburt;

2. den Tag und den Ort der Eheschließung;

3. *(entfällt, BGBl I 2016/120, ab 1. 4. 2017)*

4. die Auflösung oder Nichtigerklärung der Ehe;

5. namensrechtliche Vorgänge im Zusammenhang mit der Ehe, deren Auflösung oder Nichtigerklärung;

6. das Datum der Ausstellung;

7. die Namen des Standesbeamten.

(2) Bei der Angabe der Familiennamen vor der Eheschließung sind Änderungen, die nach der Eheschließung eingetreten sind, nicht zu berücksichtigen; das gilt nicht für Änderungen, die auf die Zeit vor der Eheschließung zurückwirken.

Partnerschaftsurkunde

§ 56. Die Partnerschaftsurkunde hat zu enthalten:

1. die Namen der Partner, ihr Geschlecht, den Tag und Ort ihrer Geburt;

2. den Tag und den Ort der Begründung der eingetragenen Partnerschaft;

3. die Auflösung oder Nichtigerklärung der eingetragenen Partnerschaft;

4. das Datum der Ausstellung;

5. die Namen des Beamten.

Urkunden über Todesfälle

§ 57. (1) Die Sterbeurkunde hat zu enthalten:

1. die Namen des Verstorbenen;

2. das Geschlecht des Verstorbenen;

3. den Tag und Ort der Geburt des Verstorbenen;

4. den letzten Wohnort des Verstorbenen;

5. den Zeitpunkt und Ort des Todes;

6. die letzte Eheschließung und die allgemeinen Personenstandsdaten des Ehegatten, ausgenommen jene gemäß § 2 Abs. 2 Z 6 bis 8, wenn der Verstorbene zum Zeitpunkt des Todes verheiratet war; *(BGBl I 2016/120, ab 1. 4. 2017)*

7. die letzte begründete eingetragene Partnerschaft und die allgemeinen Personenstandsdaten des eingetragenen Partners, ausgenommen jene gemäß § 2 Abs. 2 Z 6 bis 8, wenn der Verstorbene zum Zeitpunkt des Todes in einer eingetragenen Partnerschaft lebte; *(BGBl I 2016/120, ab 1. 4. 2017)*

8. das Datum der Ausstellung;

9. die Namen des Standesbeamten;

10. im Falle einer Todeserklärung das „ordentliche“ Gericht, den Tag und das Aktenzeichen der Todeserklärung. *(BGBl I 2013/161, ab 1. 1. 2014)*

(2) „Die Urkunde über Totgeburten“ hat zu enthalten: *(BGBl I 2016/120, ab 1. 4. 2017)*

1. allenfalls von den Eltern bekannt gegebene Namen;

2. das Geschlecht des Kindes;

3. Zeitpunkt und Ort der Geburt des Kindes;

4. die Namen der Eltern;

5. das Datum der Ausstellung;

6. die Namen des Standesbeamten.

(3) Für Personen, deren (mutmaßlicher) Tod aufgrund einer Todeserklärung eingetragen ist, wird nur eine Auskunft über die Eintragung ausgestellt.

Urkunden über Fehlgeburten

§ 57a. Die Urkunde über Fehlgeburten hat zu enthalten:

1. allenfalls von der Mutter oder allenfalls vom Vater oder dem anderen Elternteil (§ 36 Abs. 7) bekannt gegebene Namen; *(BGBl I 2023/181, ab 1. 1. 2024)*

2. allenfalls das Geschlecht des Kindes;

3. den Tag und allenfalls Ort der Fehlgeburt des Kindes;

4. die Namen der Mutter und allenfalls des Vaters oder anderen Elternteils (§ 36 Abs. 7); *(BGBl I 2023/181, ab 1. 1. 2024)*

5. das Datum der Ausstellung;

6. die Namen des Standesbeamten.

(BGBl I 2016/120, ab 1. 4. 2017)

Sonstige Auszüge

§ 58. (1) Die Behörde hat auf Grund der im ZPR enthaltenen „personenbezogenen Daten" auf Antrag eines gemäß § 52 Auskunftsberechtigten zu beauskunften: *(BGBl I 2018/32, ab 25. 5. 2018)*

1. seine Daten zu einem oder mehreren Personenstandsfällen (Teilauszug) oder

2. seine Daten zu allen im ZPR eingetragenen Personenstandsfällen (Gesamtauszug) „oder" *(BGBl I 2023/160)*

3. der Umstand, dass der Tod einer Person noch nicht im ZPR eingetragen wurde (Lebensbestätigung). *(BGBl I 2023/160, ab 23. 12. 2023)*

(2) Nach Maßgabe der technischen Möglichkeiten kann eine Beauskunftung auch im Datenfernverkehr aus dem ZPR unter der Verwendung der Funktion der „E-ID"*** (§§ 4 ff E-GovG) verlangt und erteilt werden. Diesfalls ist der „Registerauszug"* mit der Amtssignatur des „Bundesministers für Inneres"** zu versehen. *(*BGBl I 2016/120, ab 1. 4. 2017; **BGBl I 2018/32, ab 25. 5. 2018; ***BGBl I 2023/160, ab 5. 12. 2023 [BGBl II 2023/340])*

(3) Der Bundesminister für Inneres ist ermächtigt, den Kostenersatz für Registerauszüge im Sinne des Abs. 2 mit Verordnung festzulegen. Diese Registerauszüge sind von sonstigen Gebühren und Verwaltungsabgaben befreit. *(BGBl I 2018/104, ab 1. 3. 2019)*

5. HAUPTSTÜCK

AUFBEWAHRUNG, NACHERFASSUNG, ALTMATRIKEN, SONSTIGE BESTIMMUNGEN

1. Abschnitt

Aufbewahrung der Akten

§ 59. (1) Alle Schriftstücke, die die Grundlage der Eintragung und späterer Veränderungen sowie der Ermittlung der Ehefähigkeit und der Fähigkeit, eine eingetragene Partnerschaft zu begründen, gebildet haben, sind bei jener Personenstandsbehörde aufzubewahren, die die Eintragung vorgenommen hat. Urkunden sind, soweit sie nicht nur für die Eintragung oder die Ermittlung der Ehefähigkeit oder der Fähigkeit, eine eingetragene Partnerschaft zu begründen, ausgestellt wurden, den Personen, die sie vorgelegt haben, zurückzugeben.

(2) Schriftstücke gemäß Abs. 1 sind so aufzubewahren, dass sie vor Beschädigung, Verlust oder Vernichtung gesichert sind. Die Bestimmungen archivgesetzlicher Regelungen bleiben unberührt.

(3) Anstelle der Schriftstücke gemäß Abs. 1 können auch Mikrofilme oder elektronische Informationsträger aufbewahrt werden.

2. Abschnitt

Nacherfassung und Aufbewahrung der Bücher

Aufbewahrung der Bücher

§ 60. (1) Die bis zum Zeitpunkt der Aufnahme des ZPR geführten Personenstandsbücher verbleiben bei den Personenstandsbehörden. Soweit Personenstandsbücher bereits bei Bezirksverwaltungsbehörden verwahrt werden, verbleiben sie dort. Die Personenstandsbücher sind so aufzubewahren, dass sie vor Beschädigung, Verlust oder Vernichtung gesichert sind. Die Bestimmungen archivgesetzlicher Regelungen bleiben unberührt.

(2) Ab dem Zeitpunkt des Inkrafttretens dieses Bundesgesetzes dürfen keine Eintragungen in die Personenstandsbücher vorgenommen werden.

Aufbau des ZPR

§ 61. (1) Ab 1. April 2013 wird das ZPR im Rahmen eines Aufbaubetriebes geführt. Die Personenstandsbehörden können nach Maßgabe der technischen und organisatorischen Möglichkeiten Personenstandsdaten dem Bundeminister für Inneres „übermitteln". *(BGBl I 2018/32, ab 25. 5. 2018)*

(2) Soweit „personenbezogene Daten"** nicht bereits im Rahmen des Aufbaubetriebes im ZPR erfasst wurden, sind sie grundsätzlich anlassbezogen im ZPR nachzuerfassen, soweit sie zur Erledigung eines Personenstandsfalles notwendig sind „."* Darüber hinaus kann unabhängig vom Vorliegen eines Personenstandsfalles eine Nacherfassung erfolgen. Sofern eine Person, die in Österreich bereits einmal einen Personenstandsfall hatte, dies verlangt, ist jedenfalls nachzuerfassen. Soweit dies insbesondere im Hinblick auf einen einheitlichen Abschluss der Nacherfassung erforderlich ist, kann der Bundesminister für Inneres Näheres über die Vorgangsweise, den Umfang und den endgültigen oder vorläufigen Abschluss der Nacherfassung durch Verordnung festlegen. *(*BGBl I 2013/161, ab 25. 5. 2018; **BGBl I 2018/32, ab 25. 5. 2018)*

(3) Mit dem durch die Verordnung festgelegten Zeitpunkt des Abschlusses der Nacherfassung entfällt die Verpflichtung zur Eintragung in das Standarddokumentenregister gemäß § 17 Abs. 1 E-GovG.

(4) Soweit dies für eine ordnungsgemäße Überleitung der von der Führung der Personenstandsbücher hin zur ausschließlich automationsunterstützten Verarbeitung von Personenstandsdaten erforderlich ist, kann der Bundesminister für Inneres durch Verordnung anordnen, dass die

Personenstandsbücher für einen bestimmten, ein Jahr nicht übersteigenden Zeitraum weiter nach den Bestimmungen des Personenstandsgesetzes, BGBl. Nr. 60/1983, in der Fassung des Bundesgesetzes BGBl. I Nr. 135/2009 „,“ zu führen sind. *(BGBl I 2018/32, ab 25. 5. 2018)*

(5) Soweit dies für die Gewährleistung der Richtigkeit und Vollständigkeit der Personenstandsdaten des ZPR im Rahmen der Nacherfassung erforderlich ist, dürfen die Daten des ZMR herangezogen werden. Zu diesem Zweck sind die Meldebehörden auch berechtigt, die allgemeinen Personenstandsdaten oder Teile davon für den Vergleich mit den in ihren Melderegistern verarbeiteten Daten zu verwenden und die Berichtigung oder Ergänzung durch die zuständige Behörde in die Wege zu leiten. Ebenso sind die Personenstandsbehörden berechtigt, die Identitätsdaten (§ 1 Abs. 5a MeldeG) gemeldeter Menschen zu diesem Zweck zu „verarbeiten“. *(BGBl I 2018/32, ab 25. 5. 2018)*

(6) Wird im Rahmen des Abgleichs gemäß „Abs. 5“* deutlich, dass Änderungen von Meldedaten erforderlich sind, erfolgt eine Änderung der akademischen Grade und Standesbezeichnungen im ZMR nur, sofern durch die Personenstandsbehörde akademische Grade und Standesbezeichnungen erfasst wurden. Eine automatische Aktualisierung des Familiennamens im ZMR hat im Anwendungsbereich des § 74 erst nach Durchführung eines Ermittlungsverfahrens zu erfolgen. Falls es durch die Nacherfassung zu einer Änderung der Daten im ZMR kommt, ist dem Betroffenen eine Ausfertigung der geänderten Meldedaten „zu übermitteln“**. *(*BGBl I 2013/161; **BGBl I 2018/32, ab 25. 5. 2018)*

(7) *(aufgehoben, BGBl I 2018/32, ab 25. 5. 2018)*

3. Abschnitt

Altmatriken

Aufbewahrung und Fortführung

§ 62. (1) Die von den gesetzlich anerkannten Kirchen und Religionsgesellschaften im staatlichen Auftrag vor dem 1. August 1938 zur Beurkundung der Eheschließungen und die vor dem 1. Jänner 1939 zur Beurkundung der Geburten und Todesfälle geführten Personenstandsbücher sowie alle von den Verwaltungsbehörden vor dem 1. Jänner 1939 geführten Personenstandsbücher (Altmatriken) sind von den gesetzlich anerkannten Kirchen und Religionsgesellschaften sowie den Verwaltungsbehörden, bei denen sie sich am Tag des Inkrafttretens dieses Bundesgesetzes befinden, aufzubewahren und fortzuführen.

(2) Die Aufbewahrung und Fortführung der vor dem 1. August 1938 geführten Militär-Matriken (Heeres-Matriken) obliegt dem Österreichischen Staatsarchiv.

Ausstellung von Urkunden

§ 63. (1) Die Verwahrer der Altmatriken (§ 62) haben auf Grund der Eintragungen in diesen Altmatriken Personenstandsurkunden und Abschriften auszustellen sowie Einsicht in die Altmatriken zu gewähren. „Für die Einsichtsgewährung in Altmatriken sind keine Bundesverwaltungsabgaben zu entrichten.“ *(BGBl I 2023/160, ab 23. 12. 2023)*

(2) Die nach Abs. 1 ausgestellten Personenstandsurkunden und Abschriften aus den Altmatriken haben die gleiche Beweiskraft wie die von den Personenstandsbehörden ausgestellten Personenstandsurkunden und Abschriften aus den Personenstandsbüchern.

(3) Die Organe der gesetzlich anerkannten Kirchen und Religionsgesellschaften können für die Ausstellung von Personenstandsurkunden und Abschriften aus den Altmatriken „ “ Gebühren in der Höhe der Bundesverwaltungsabgaben verlangen, die von den Personenstandsbehörden für gleichartige Amtshandlungen eingehoben werden. Diese Gebühren können auf Grund eines Rückstandsausweises der gesetzlich anerkannten Kirchen und Religionsgesellschaften im Verwaltungsweg eingebracht werden, wenn die Vollstreckbarkeit von der Bezirksverwaltungsbehörde bestätigt wird. *(BGBl I 2023/160, ab 23. 12. 2023)*

4. Abschnitt

Sonstige Bestimmungen

Rechtsauskunft des Landeshauptmannes

§ 64. Soweit es zur Beurteilung einer Rechtsfrage erforderlich ist, können die Personenstandsbehörden eine Rechtsauskunft des Landeshauptmannes einholen.

Anerkennung ausländischer Entscheidungen

§ 65. Treten in einem Verfahren Zweifel an der Anerkennungsfähigkeit einer ausländischen Entscheidung über die Auflösung einer Ehe oder die Auflösung einer eingetragenen Partnerschaft auf, so kann der Partei, die sich darauf beruft, die Vorlage einer gerichtlichen Entscheidung über die Anerkennung (§§ 97 bis 100 AußStrG) aufgetragen werden.

Namensfestsetzung

§ 66. (1) Kann die Herkunft und der Name einer Person nicht ermittelt werden, hat der Landeshauptmann einen gebräuchlichen Familiennamen und Vornamen festzusetzen.

(2) Das gleiche gilt für den „Familiennamen“, wenn eine im § 35 Abs. 2 angeführte Person bekannter Herkunft keinen „Familiennamen“ hat oder dieser nicht ermittelt werden kann. Ist die Person unter einem Namen bekannt, ist dieser auf Antrag als „Familienname“ festzusetzen. *(BGBl I 2016/120, ab 1. 4. 2017)*

(3) Zuständig ist der Landeshauptmann, in dessen Amtsbereich die Person ihren gewöhnlichen Aufenthalt hat. Hat sie keinen gewöhnlichen Aufenthalt im Inland, ist der Landeshauptmann von Wien zuständig.

(4) Der Landeshauptmann hat die Festsetzung nach Abs. 1 und 2 zu widerrufen, sobald die Herkunft oder der Name (Abs. 1) oder der „Familienname“ (Abs. 2) der Person ermittelt worden ist. *(BGBl I 2016/120, ab 1. 4. 2017)*

Befugnis zur Beurkundung und Beglaubigung

§ 67. (1) Der Standesbeamte hat zu beurkunden, zu beglaubigen und einzutragen:

1. die Erklärung über die Anerkennung der Vaterschaft „oder Elternschaft“ und damit im Zusammenhang stehende Erklärungen; *(BGBl I 2023/181, ab 1. 1. 2024)*

2. die Zustimmung des gesetzlichen Vertreters zur Eheschließung einer minderjährigen Person; *(BGBl I 2018/56, ab 15. 8. 2018)*

3. die Erklärungen der Verlobten über die Namensführung in der Ehe;

4. *(entfällt, BGBl I 2016/120, ab 1. 4. 2017)*

5. die Erklärung, durch die ein Ehegatte, dessen Ehe aufgelöst ist, einen früheren Familiennamen wieder annimmt;

6. Erklärungen, die für den Eintritt namensrechtlicher Wirkungen bei einem Kind oder Ehegatten in gesetzlich vorgesehenen Fällen erforderlich sind;

7. Erklärungen zur Bestimmung des Vor- und Familiennamens nach § 38 Abs. 2a sowie *(BGBl I 2023/160, ab 23. 12. 2023)*

8. sonstige Erklärungen, die für die vollständige Eintragung eines Personenstandsfalles erforderlich sind. *(BGBl I 2023/160, ab 23. 12. 2023)*

(2) *(entfällt, BGBl I 2018/56, ab 15. 8. 2018)*

(3) Die österreichischen Vertretungsbehörden im Ausland können die im Abs. 1 angeführten Erklärungen auch elektronisch beglaubigen oder beurkunden und an die zuständige Personenstandsbehörde übermitteln. Diesfalls gelten sie als öffentliche Urkunden. *(BGBl I 2016/120, ab 1. 4. 2017)*

(4) In anderen Rechtsvorschriften eingeräumte Befugnisse der „ordentlichen“ Gerichte, Verwaltungsbehörden und Notare zur Beurkundung und Beglaubigung der im Abs. 1 Z 1 bis 7 und Abs. 2 angeführten Erklärungen bleiben unberührt. *(BGBl I 2013/161, ab 1. 1. 2014)*

(5) Die Personenstandsbehörde „ “** hat Obsorgeerklärungen (§ 177 Abs. 2 ABGB) zu beurkunden „und einzutragen“**. Diese sind dem „ordentlichen“* Gericht am Wohnort des Kindes mitzuteilen. *(*BGBl I 2013/161, ab 1. 1. 2014; **BGBl I 2016/120, ab 1. 4. 2017)*

PStG NÄG

Entgegennahme und Eintragung von Erklärungen

§ 68. (1) Werden die im § 67 Abs. 1 Z 1 und 3 bis 6 angeführten Erklärungen nicht vor dem Standesbeamten abgegeben, so sind sie diesem in öffentlicher oder öffentlich beglaubigter Urkunde zu übermitteln. „Die Übermittlung von Erklärungen oder Urkunden kann auch in elektronischer Form erfolgen.“ *(BGBl I 2016/120, ab 1. 4. 2017)*

(2) *(entfällt, BGBl I 2016/120, ab 1. 4. 2017)*

(3) Zuständig für die Entgegennahme und Eintragung der im § 67 Abs. 1 Z 1 und 3 bis 6 angeführten Erklärungen ist jene Personenstandsbehörde, die die Erklärung beurkundet oder beglaubigt hat. Wurde die Erklärung nicht vor einem Standesbeamten abgegeben, so obliegt die Entgegennahme und Eintragung der Personenstandsbehörde am Sitz des „ordentlichen“ Gerichtes, der Behörde oder der mit öffentlichem Glauben versehenen Person. *(BGBl I 2013/161, ab 1. 1. 2014)*

(4) Für Erklärungen im Falle des § 67 Abs. 3 gilt die Zuständigkeit gemäß § 35 Abs. 5. *(BGBl I 2016/120, ab 1. 4. 2017)*

(5) Die Personenstandsbehörde, bei der die Eintragung vorgenommen wird, hat die Widerspruchsberechtigten vom Anerkenntnis der Vaterschaft „oder Elternschaft“ zu verständigen und auf ihr Widerspruchsrecht hinzuweisen. *(BGBl I 2023/181, ab 1. 1. 2024)*

(6) Die Personenstandsbehörde, die ein schwebend unwirksames „Anerkenntnis der Vaterschaft oder Elternschaft“ gemäß § 147 Abs. 1 ABGB entgegengenommen hat, hat die Zustimmungsberechtigten nach § 147 Abs. 2 und 4 ABGB über das „Anerkenntnis der Vaterschaft oder Elternschaft“ zu informieren und auf ihr Zustimmungsrecht hinzuweisen. *(BGBl I 2023/181, ab 1. 1. 2024)*

Echtheit von Unterschriften

§ 69. Schriftliche Anbringen bedürfen, soweit für sie nicht besondere Formerfordernisse nach diesem Bundesgesetz oder nach anderen Rechtsvorschriften bestehen, keiner Beglaubigung der Unterschrift. Hat der Beamte jedoch Zweifel an der Echtheit der Unterschrift und erfordert die Wichtigkeit der Anzeige oder des sonstigen Anbringens eine Klärung, kann er eine Beglaubigung der Unterschrift verlangen, wenn der Zweifel nicht anders behoben werden kann.

Sprache und Schrift

§ 70. Die Eintragung und die Ausstellung von Urkunden, Auskünften und sonstigen „Registerauszügen“ haben in deutscher Sprache unter Verwendung lateinischer Schriftzeichen und arabischer Ziffern zu erfolgen. Bestimmungen in zwischenstaatlichen Übereinkommen über die Ausstellung mehrsprachiger Urkunden und die Bestimmungen des Volksgruppengesetzes – VoGrG, BGBl. Nr. 396/1976, bleiben unberührt. *(BGBl I 2016/120, ab 1. 4. 2017)*

6. HAUPTSTÜCK

STRAF-, ÜBERGANGS- UND SCHLUSSBESTIMMUNGEN

1. Abschnitt

Aufbewahrung der Akten

Strafbestimmungen

§ 71. (1) Eine Verwaltungsübertretung begeht, wenn die Tat nicht den Tatbestand einer in die Zuständigkeit der „ordentlichen“ Gerichte fallenden strafbaren Handlung bildet,

1. wer einer Pflicht nach den §§ 9, 28, 36 Abs. 5 und 6 sowie hinsichtlich einer Änderung des Namens oder Familienstandes der Betroffenen der Pflicht nach § 35 Abs. 3 nicht nachkommt oder in einer Anzeige, einem Antrag, einer Erklärung oder Auskunft einer Verwaltungsbehörde, die mit der Vollziehung dieses Bundesgesetzes betraut ist, vorsätzlich unwahre oder unvollständige Angaben macht;

2. wer eine Personenstandsurkunde (§ 53), sonstige Auszüge (§ 58) oder eine Auskunft (§ 52) gegenüber einer Verwaltungsbehörde zum Beweis seines derzeitigen Personenstandes verwendet, obwohl ihm bekannt ist oder bekannt sein müsste, dass die Urkunde bereits zur Zeit ihrer Ausstellung unrichtig war oder nach ihrer Ausstellung unrichtig geworden ist.
(BGBl I 2013/161, ab 1. 1. 2014)

(2) Eine Verwaltungsübertretung nach Abs. 1 ist mit Geldstrafe bis zu 218 Euro, eine solche nach Abs. 1 Z 2 auch mit dem Verfall der Urkunde zu bestrafen.

(3) Bezieht sich die Urkunde unmittelbar auf den Täter, ist der Verfall auch dann zu verfügen, wenn sie nicht in dessen Eigentum steht.

(4) Die Durchführung der Verwaltungsstrafverfahren obliegt den Bezirksverwaltungsbehörden.

2. Abschnitt

Übergangs- und Schlussbestimmungen

Inkrafttretens- und Übergangsbestimmungen

§ 72. (1) § 61 Abs. 1 tritt mit 1. April 2013 in Kraft. Dieses Bundesgesetz tritt mit Ausnahme von § 5 Abs. 5 und § 72 Abs. 3 mit 1. November 2013 in Kraft. § 72 Abs. 3 tritt mit Ablauf des Tages der Kundmachung dieses Bundesgesetzes, § 5 Abs. 5 mit 1. Jänner 2013 in Kraft. Das Personenstandsgesetz – PStG, BGBl. Nr. 60/1983, tritt mit Ablauf des 31. Oktober 2013 außer Kraft. Für die Aufbewahrung und Fortführung der Altmatriken, Einsicht in Altmatriken sowie Ausstellung von Urkunden aus Altmatriken gemäß §§ 62 und 63 ist das Personenstandsgesetz, BGBl. Nr. 60/1983, in der Fassung des Bundesgesetzes BGBl. I Nr. 135/2009, „ausgenommen § 41 Abs. 4“ weiterhin anzuwenden. Für die Anwendung des § 177 Abs. 2 ABGB gelten die §§ 7 Abs. 2 und 67 Abs. 5 ab 1. Februar 2013. *(BGBl I 2013/161)*

(2) Verordnungen aufgrund dieses Bundesgesetzes in seiner jeweiligen Fassung können bereits von dem Tag an erlassen werden, der der Kundmachung des jeweiligen Bundesgesetzes folgt; sie treten jedoch frühestens gleichzeitig mit diesem Bundesgesetz in Kraft.

„(3)“ Daten aus dem Standarddokumentenregister gemäß § 17 Abs. 1 E-GovG können in das ZPR übernommen werden. *(BGBl I 2018/32, ab 18. 5. 2018)*

„(4)“ Auf Grundlage des § 5 Abs. 5, § 60 und § 63 des Personenstandsgesetzes, BGBl. Nr. 60/1983, erlassene Verordnungen, die bei Inkrafttreten dieses Bundesgesetzes in Geltung stehen, gelten als entsprechende Verordnungen im Sinne des §§ 5, 6 und 59 dieses Bundesgesetzes. *(BGBl I 2018/32, ab 18. 5. 2018)*

„(5)“ § 20 Abs. 2, § 25, § 48 Abs. 1, 2, 8 und 13, § 52, § 61 Abs. 2 und 6, § 72 Abs. 1, § 73 samt Überschrift sowie § 79 Z 1 in der Fassung des Bundesgesetzes BGBl. I Nr. 161/2013 treten mit 1. November 2013, § 3 Abs. 2 und 4, § 4, § 7 Abs. 1 und 3 samt Überschrift, § 8 Abs. 1 und 2, § 11 Abs. 5, § 30 Z 6, § 33, § 47 Abs. 2, § 49 samt Überschrift, § 57 Abs. 1 Z 10, § 67 Abs. 4 und 5, § 68 Abs. 3, § 71 Abs. 1 und die Überschrift des 3. Abschnitts des 1. Hauptstücks sowie die Einträge im Inhaltsverzeichnis zu den §§ 7, 49, 73 und der Überschrift des 3. Abschnitts des 1. Hauptstücks in der Fassung des Bundesgesetzes BGBl. I Nr. 161/2013 treten mit 1. Jänner 2014 in Kraft; wobei die Anordnungen des Bundesgesetzes BGBl. I Nr. 161/2013 so zu verstehen sind, dass sie sich auf jene Fassung der Bestimmungen dieses Bundesgesetzes beziehen, die sie durch das Personenstandsgesetz 2013 – PStG 2013, BGBl. I

Nr. 16/2013, erhalten würden. *(BGBl I 2013/161; BGBl I 2018/32, ab 18. 5. 2018)*

„(6)" § 61 Abs. 7 tritt mit 1. November 2014 in Kraft. *(BGBl I 2014/80; BGBl I 2018/32, ab 18. 5. 2018)*

„(7)" Die Bezirksverwaltungsbehörden haben die im Zeitraum von 1. Jänner 2010 bis 31. Oktober 2014 angelegten Partnerschaftsbücher und die dazu angelegten Akten an die Personenstandsbehörde am Sitz der Bezirksverwaltungsbehörde zu übergeben. *(BGBl I 2016/120, ab 1. 4. 2017; BGBl I 2018/32, ab 18. 5. 2018)*

„(8)" § 2 Abs. 6 und 7, § 3 Abs. 2, § 4, § 7 Abs. 2, § 11 Abs. 2 und 5, § 18 Abs. 5 Z 4, § 20 Abs. 1 Z 3 und 4, § 20 Abs. 3, § 24 Abs. 1, § 25 Abs. 1, § 25 Abs. 2 Z 4, § 25 Abs. 3, § 26 Abs. 1 und 2, § 27 Abs. 2, § 30, § 32 Abs. 1 Z 2 und Abs. 2, § 35 Abs. 3 und 5, § 36 Abs. 3, 4 und 7, § 37 Abs. 2, § 38 Abs. 4, § 41 Abs. 3, § 47 Abs. 1, § 48 Abs. 1, § 48 Abs. 2 Z 9, § 48 Abs. 4 und 6, § 48 Abs. 8 Z 1 und 3 bis 6, § 52 Abs. 1 und 3, § 53 Abs. 1, 2, 4 und 6, § 57a samt Überschrift und Eintrag im Inhaltsverzeichnis, § 57 Abs. 1 Z 6 und 7, § 57 Abs. 2, § 58 Abs. 2, § 66 Abs. 2 und 4, § 67 Abs. 2, 3 und 5, § 68 Abs. 1 und 4, § 70, § 72 Abs. 8 sowie § 79 Z 2 in der Fassung des Bundesgesetzes BGBl. I Nr. 120/2016 treten mit 1. April 2017 in Kraft, gleichzeitig treten § 3 Abs. 4 und 5, § 55 Abs. 1 Z 3, § 67 Abs. 1 Z 4 und § 68 Abs. 2 außer Kraft. *(BGBl I 2016/120; BGBl I 2018/32, ab 18. 5. 2018)*

(9) § 7 Abs. 3, § 8, § 9 Abs. 1, 5 und 6, § 11 Abs. 4, § 12, § 20 Abs. 5, § 27 Abs. 1 Z 2 und Abs. 4, § 28 Abs. 1 und 5, § 31, § 41 Abs. 3, § 42 Abs. 3, § 43 Abs. 1, § 44 samt Überschrift, § 45 Abs. 3 und 4, die Überschrift zum 4. Hauptstück samt Eintrag im Inhaltsverzeichnis, die Überschrift zum 1. Abschnitt des 4. Hauptstücks samt Eintrag im Inhaltsverzeichnis, § 46, § 47 Abs. 1 und 4 Z 3 und 5, die Überschrift zu § 48 samt Eintrag im Inhaltsverzeichnis, § 48 Abs. 1 bis 5 sowie 7 bis 12, § 49, § 50 samt Überschrift, § 51 Abs. 1, § 52 Abs. 2, 4, 4a und 5, § 53 Abs. 7, § 58 sowie § 61 Abs. 1, 2, 4, 5 und 6 in der Fassung des Materien-Datenschutz-Anpassungsgesetzes 2018, BGBl. I Nr. 32/2018, treten mit 25. Mai 2018 in Kraft; gleichzeitig tritt § 61 Abs. 7 außer Kraft. § 72 Abs. 3 bis 8 in der Fassung des genannten Bundesgesetzes tritt mit dem auf die Kundmachung folgenden Tag in Kraft. *(BGBl I 2018/32)*

(10) § 11 Abs. 1 Z 4 sowie § 67 Abs. 1 Z 2 in der Fassung des Bundesgesetzes BGBl. I Nr. 56/2018 treten mit Ablauf des Tages der Kundmachung in Kraft. Gleichzeitig tritt § 67 Abs. 2 außer Kraft. *(BGBl I 2018/56)*

(11) § 12, § 13 Abs. 4, § 38 Abs. 6, § 42 Abs. 3, § 44 Abs. 2 letzter Satz, § 47 Abs. 5 sowie § 58 Abs. 3 in der Fassung des Bundesgesetzes BGBl. I Nr. 104/2018 treten mit 1. März 2019 in Kraft. *(BGBl I 2018/104)*

(12) § 9 Abs. 4, § 12 Abs. 2, § 13 Abs. 4, § 28 Abs. 4, § 38 Abs. 6, § 47 Abs. 5 sowie § 58 Abs. 2 in der Fassung des Bundesgesetzes BGBl. I Nr. 160/2023 treten mit dem vom Bundesminister für Inneres gemäß § 24 Abs. 6 letzter Satz E-GovG kundzumachenden Zeitpunkt in Kraft.[1] § 20 Abs. 1 Z 5, § 35 Abs. 5, § 38 Abs. 1 bis 2a, § 47 Abs. 1, § 51 Abs. 2, § 58 Abs. 1 Z 2 und 3, § 63 Abs. 1 und 3, § 67 Abs. 1 Z 7 und 8 sowie § 79 Z 2 in der Fassung des Bundesgesetzes BGBl. I Nr. 160/2023 treten mit Ablauf des Tages der Kundmachung in Kraft. § 35 Abs. 2 Z 3 in der Fassung des Bundesgesetzes BGBl. I Nr. 160/2023 tritt mit 1. September 2024 in Kraft. *(BGBl I 2023/160)*

(13) § 7 Abs. 1 Z 1, 2 und 4, § 9 Abs. 2 Z 3, § 12 Abs. 2, § 13 Abs. 4, § 32 Abs. 2, § 36 Abs. 7, § 38 Abs. 6, § 48 Abs. 1 Z 5, § 48 Abs. 2 Z 6 und 7, § 57a Z 1 und 4, § 67 Abs. 1 Z 1 und § 68 Abs. 5 und 6 in der Fassung des Bundesgesetzes BGBl. I Nr. 181/2023 treten mit 1. Jänner 2024 in Kraft. *(BGBl I 2023/181)*

---

[1] *Gemäß der Kundmachung BGBl II 2023/340 ist das der 5. Dezember 2023.*

Mitteilungsverpflichtungen der ordentlichen Gerichte

§ 73. „Ordentliche" Gerichte können bis zum 1. Jänner 2016 die in § 7 Abs. 1 Z „1 bis 6" genannten Mitteilungen an die Personenstandsbehörde, die bislang das Geburtenbuch führte, und Mitteilungen gemäß § 7 Abs. 1 Z „7 bis 9" an die Personenstandsbehörde, die bislang das Ehe- oder das Partnerschaftsbuch führte, übermitteln. *(BGBl I 2013/161, ab 1. 1. 2014)*

Namensgebrauch

§ 74. Auf Grund einer vor dem 1. Mai 1995 erfolgten Geburt oder geschlossenen Ehe erworbene Rechte und entstandene Pflichten zum Gebrauch eines Namens bleiben unberührt.

Wiederannahme des Geschlechtsnamens

§ 75. § 93a ABGB in der ab dem 1. Mai 1995 geltenden Fassung gilt für die Wiederannahme des Geschlechtsnamens entsprechend.

Anzeigepflichten und zwischenstaatliche Übereinkommen

§ 76. Die in anderen Rechtsvorschriften enthaltenen Bestimmungen über Anzeigepflichten an die Personenstandsbehörde sowie die vor Inkrafttreten dieses Bundesgesetzes kundgemachten zwischenstaatlichen Übereinkommen in Angelegenheiten des Personenstandswesens werden durch dieses Bundesgesetz nicht berührt.

Sprachliche Gleichbehandlung

§ 77. Soweit in diesem Bundesgesetz auf natürliche Personen bezogene Bezeichnungen nur in männlicher Form angeführt sind, beziehen sie sich auf Frauen und Männer in gleicher Weise. Bei der Anwendung der Bezeichnung auf bestimmte natürliche Personen ist die jeweils geschlechtsspezifische Form zu verwenden.

Verweisungen

§ 78. (1) Verweisungen in diesem Bundesgesetz auf andere Bundesgesetze sind als Verweisungen auf die jeweils geltende Fassung zu verstehen, insoweit nicht ausdrücklich anderes bestimmt ist.

(2) Sofern in anderen Bundesgesetzen auf Bestimmungen des Personenstandsgesetzes, BGBl. Nr. 60/1983, verwiesen wird, treten an deren Stelle die entsprechenden Bestimmungen dieses Bundesgesetzes.

Vollziehung

§ 79. Mit der Vollziehung dieses Bundesgesetzes sind betraut

1. hinsichtlich der §§ 1, 7, „8,“13, 14 bis 18, 21 bis 25, „33“, „ “ 49, „ “ 65, 67 Abs. 1, 4 und 5, 68 und 74 der Bundesminister für Inneres im Einvernehmen mit dem Bundesminister für Justiz, *(BGBl I 2013/161)*

2. hinsichtlich der § 53 Abs. 4 und § 67 Abs. 3 der Bundesminister für „europäische und internationale Angelegenheiten“ im Einvernehmen mit dem Bundesminister für Inneres und dem Bundesminister für Justiz, *(BGBl I 2016/120, ab 1. 4. 2017; BGBl I 2023/160)*

3. hinsichtlich des § 62 Abs. 2 der Bundeskanzler,

4. hinsichtlich des § 44 Abs. 2 der Bundesminister für Inneres im Einvernehmen mit dem Bundeminister für Finanzen,

5. hinsichtlich aller übrigen Bestimmungen der Bundesminister für Inneres.

5/2. Namensänderungsgesetz

BGBl 1988/195 idF

1 BGBl 1995/25 (NamRÄG)
2 BGBl I 2009/135 (EPG)
3 BGBl I 2012/37 (VfGH)
4 BGBl I 2013/15 (KindNamRÄG 2013)
5 BGBl I 2013/16 (PStG 2013)
6 BGBl I 2013/161 (VwGAnpG-Inneres)
7 BGBl I 2016/120
8 BGBl I 2017/59 (2. ErwSchG)
9 BGBl I 2018/100 (SV-OG, Begriffersetzung)
10 BGBl I 2019/105 (Gewaltschutzgesetz 2019)
11 BGBl I 2023/160

STICHWORTVERZEICHNIS

(Die Zahlenangaben beziehen sich auf die Paragraphen)

Bundesgesetz vom 22. März 1988 über die Änderung von Familiennamen und Vornamen (Namensänderungsgesetz – NÄG)

Antrag auf Namensänderung

§ 1. (1) Eine Änderung „des Namens (§ 38 Abs. 2 PStG 2013)“** ist auf Antrag[1] zu bewilligen, wenn ein „ “* Grund im Sinn des § 2 vorliegt, § 3 der Bewilligung nicht entgegensteht und die Namensänderung betrifft *(*BGBl 1995/25, ab 1. 5. 1995; **BGBl I 2016/120, ab 1. 4. 2017)*

1. einen österreichischen Staatsbürger;

2. einen Staatenlosen oder eine Person ungeklärter Staatsangehörigkeit, wenn sie ihren gewöhnlichen Aufenthalt im Inland haben;

3. eine Person, die Flüchtling im Sinne der Konvention über die Rechtsstellung der Flüchtlinge, BGBl. Nr. 55/1955, und des Protokolls über die Rechtsstellung der Flüchtlinge, BGBl. Nr. 78/1974, ist oder deren Beziehungen zu ihrem Heimatstaat aus vergleichbar schwerwiegenden Gründen abgebrochen sind, wenn sie ihren Wohnsitz, mangels eines solchen ihren gewöhnlichen Aufenthalt im Inland hat. *(BGBl I 2023/160, ab 1. 9. 2024)*

(2) Der Antragsteller muss – außer in den Fällen der Abs. 3 und 4 – entscheidungsfähig sein. Die Entscheidungsfähigkeit wird bei mündigen Minderjährigen vermutet. *(BGBl I 2017/59, ab 1. 7. 2018, s § 11 Abs. 8)*

(3) Den Antrag einer nicht entscheidungsfähigen minderjährigen Person hat die mit der Pflege und Erziehung betraute Person (der Erziehungsberechtigte) einzubringen. *(BGBl I 2017/59, ab 1. 7. 2018, s § 11 Abs. 8)*

(4) Der Antrag einer volljährigen nicht entscheidungsfähigen Person ist durch ihren gesetzlichen Vertreter einzubringen und zu bewilligen, wenn dies zur Wahrung ihres Wohles erforderlich ist. Gibt die vertretene Person zu erkennen, dass sie die vom gesetzlichen Vertreter angestrebte Namensänderung ablehnt, so hat sie zu unterbleiben, es sei denn, ihr Wohl wäre sonst erheblich gefährdet. *(BGBl I 2017/59, ab 1. 7. 2018, s § 11 Abs. 8)*

---
[1] *Siehe auch NÄV BGBl II 1997/387.*

Voraussetzungen der Bewilligung

§ 2. (1) Ein „ “ Grund für die Änderung des Familiennamens liegt vor, wenn

1. der bisherige Familienname lächerlich oder anstößig wirkt;

2. der bisherige Familienname schwer auszusprechen oder zu schreiben ist;

3. der Antragsteller ausländischer Herkunft ist und einen Familiennamen erhalten will, der ihm die Einordnung im Inland erleichtert und der Antrag innerhalb von zwei Jahren nach dem Erwerb der österreichischen Staatsbürgerschaft gestellt wird;

4. der Antragsteller den Familiennamen erhalten will, den er bisher in gutem Glauben, dazu berechtigt zu sein, geführt hat;

5. der Antragsteller einen Familiennamen erhalten will, den er früher zu Recht geführt hat; *(BGBl 1995/25, ab 1. 5. 1995)*

6. die Vor- und Familiennamen sowie der Tag der Geburt des Antragstellers mit den entsprechenden Daten einer anderen Person derart übereinstimmen, daß es zu Verwechslungen der Personen kommen kann; *(BGBl 1995/25, ab 1. 5. 1995)*

7. der Antragsteller nach bereits erfolgter Namensbestimmung (§ 93b ABGB) einen Familiennamen nach §§ 93 bis 93c des Allgemeinen bürgerlichen Gesetzbuches – ABGB, JGS Nr. 946/1811 erhalten will; *(BGBl I 2013/15, ab 1. 4. 2013)*

7a. *(entfällt, BGBl I 2016/120, ab 1. 4. 2017)*

8. der Antragsteller nach bereits erfolgter Namensbestimmung (§ 157 Abs. 1 ABGB) einen Familiennamen nach § 155 ABGB erhalten will; *(BGBl I 2013/15, ab 1. 4. 2013)*

9. der Antragsteller einen § 155 ABGB entsprechenden Familiennamen der Person erhalten will, der die Obsorge für ihn zukommt oder in deren Pflege er sich befindet und das Pflegeverhältnis nicht nur für kurze Zeit beabsichtigt ist; *(BGBl I 2013/15, ab 1. 4. 2013)*

9a. der Antragsteller, der neben der österreichischen Staatsbürgerschaft eine weitere Staatsangehörigkeit besitzt, einen Familiennamen erhalten will, den er nach einem anderen Personalstatut bereits rechtmäßig führt und Ziel der Namensänderung ist, nach den beiden Heimatrechten denselben Namen zu führen; *(BGBl I 2013/15)*

10. der Antragsteller glaubhaft macht, daß die Änderung des Familiennamens notwendig ist, um unzumutbare Nachteile in wirtschaftlicher Hinsicht oder in seinen sozialen Beziehungen zu vermeiden und diese Nachteile auf andere Weise nicht abgewendet werden können;

10a. der Antragsteller glaubhaft macht, Opfer im Sinne des § 65 Z 1 lit. a Strafprozessordnung – StPO, BGBl. Nr. 631/1975, zu sein und dass eine Änderung des Familiennamens Straftaten im Sinne des § 65 Z 1 lit. a StPO vorbeugen kann; *(BGBl I 2019/105, ab 1. 3. 2020)*

11. der Antragsteller aus sonstigen Gründen einen anderen Familiennamen wünscht. *(BGBl 1995/25, ab 1. 5. 1995)*
(BGBl 1995/25, ab 1. 5. 1995)

(2) „Die in „Abs. 1 Z 1 bis 6, 9a, 10 „, 10a“*** und 11“** angeführten Gründe gelten auch für die Änderung von Vornamen;“* ein „ “* Grund liegt weiter vor, wenn

1. das minderjährige Wahlkind andere als die bei der Geburt gegebenen Vornamen erhalten soll und der Antrag innerhalb von zwei Jahren nach der Bewilligung der Annahme an Kindesstatt oder dem Erwerb der österreichischen Staatsbürgerschaft eingebracht wird;

2. der Antragsteller nach Änderung seiner Religionszugehörigkeit einen zur nunmehrigen Religionsgemeinschaft in besonderer Beziehung stehenden Vornamen erhalten oder einen zur früheren Religionsgemeinschaft in besonderer Beziehung stehenden Vornamen ablegen will und der Antrag innerhalb von zwei Jahren nach der Änderung der Religionszugehörigkeit eingebracht wird;

3. ein Vorname nicht dem Geschlecht des Antragstellers entspricht.

*(*BGBl 1995/25, ab 1. 5. 1995; **BGBl I 2013/15, ab 1. 4. 2013; ***BGBl I 2019/105, ab 1. 3. 2020)*

(3) Sonstige Namen (§ 38 Abs. 2 PStG 2013) können auf Antrag aus dem aktuellen Namen entfernt werden. *(BGBl I 2016/120, ab 1. 4. 2017)*

Versagung der Bewilligung

§ 3. (1) Die Änderung des Familiennamens oder Vornamens darf nicht bewilligt werden, wenn

1. die Änderung des Familiennamens die Umgehung von Rechtsvorschriften ermöglichen würde;

2. der beantragte Familienname lächerlich, anstößig oder für die Kennzeichnung von Personen im Inland nicht gebräuchlich ist;

3. der beantragte Familienname von einer anderen Person rechtmäßig geführt wird, der ein berechtigtes Interesse am Ausschluß des Antragstellers von der Führung des gleichen Familiennamens zukommt; „dies gilt nicht in den Fällen des § 2 Abs. 1 Z 5 und 7 bis 9;“ *(BGBl 1995/25, ab 1. 5. 1995)*

4. der[1)] beantragte Familienname aus mehreren Namen zusammengesetzt ist; *(BGBl 1995/25, ab 1. 5. 1995)*

5. die beantragte Änderung des Familiennamens nach § 2 Abs. 1 Z 1 bis 3, 6, 10 und 11 oder des Vornamens nach § 2 Abs. 2, gegebenenfalls in Verbindung mit § 2 Abs. 1 Z 1 bis 3, 6, 10 und 11, dazu führen würde, daß eine Verwechslungsfähigkeit mit einer anderen Person im Sinn des § 2 Abs. 1 Z 6 eintritt; *(BGBl 1995/25, ab 1. 5. 1995)*

6. die beantragte Änderung des Familiennamens oder Vornamens dem Wohl einer hievon betroffenen, „minderjährigen oder nicht entscheidungsfähigen“ Person abträglich ist; *(BGBl 1995/25, ab 1. 5. 1995; BGBl I 2017/59, ab 1. 7. 2018, s § 11 Abs. 8)*

7. der beantragte Vorname nicht gebräuchlich ist oder als erster Vorname nicht dem Geschlecht des Antragstellers entspricht; *(BGBl 1995/25, ab 1. 5. 1995)*

8. der Antragsteller die Änderung eines Familiennamens oder Vornamens beantragt, den er durch eine Namensänderung auf Grund eines von ihm selbst gestellten Antrags innerhalb der letzten zehn Jahre erhalten hat; dies gilt nicht, wenn die Namensänderung nach „§ 2 Abs. 1 Z 5 bis 9a“* „oder 10a“** erfolgen soll. *(BGBl 1995/25, ab 1. 5. 1995; *BGBl I 2013/15, ab 1. 4. 2013; **BGBl I 2019/105, ab 1. 3. 2020)*

PStG NÄG

(2) Die Namensänderung ist jedoch zulässig, wenn

1. im Fall des Abs. 1 Z 4 eine Namensänderung nach § 2 Abs. 1 Z 5, 7 bis 9a beantragt wird; *(BGBl I 2013/161, ab 1. 8. 2013)*

2. im Fall des Abs. 1 Z 5 der Antragsteller aus besonders gewichtigen Gründen einen bestimmten Familiennamen wünscht.

(BGBl 1995/25, ab 1. 5. 1995)

[1)] *Im BGBl irrtümlich „Der“.*

Anhörungen

§ 4. (1) Vor der Bewilligung eines Antrags einer minderjährigen entscheidungsfähigen Person ist deren Erziehungsberechtigter anzuhören. *(BGBl I 2017/59, ab 1. 7. 2018, s § 11 Abs. 8)*

(2) Soweit tunlich hat die Behörde vor der Bewilligung „Minderjährige ab dem vollendeten 10. Lebensjahr“, für die ein Antrag auf Änderung ihres Familiennamens oder Vornamens eingebracht wurde, anzuhören. *(BGBl I 2017/59, ab 1. 7. 2018, s § 11 Abs. 8)*

(3) Hat das anhörungsberechtigte Kind seinen Wohnsitz oder gewöhnlichen Aufenthalt im Inland, so ist es mündlich bei der nach § 7 zuständigen Bezirksverwaltungsbehörde oder bei der von dieser um die Vernehmung des Berechtigten ersuchten Bezirksverwaltungsbehörde anzuhören. In den übrigen Fällen kann die Anhörung schriftlich oder mündlich erfolgen. *(BGBl I 2017/59, ab 1. 7. 2018, s § 11 Abs. 8)*

(BGBl 1995/25, ab 1. 5. 1995)

Ermittlungen

§ 5. Die Behörde kann zur Ermittlung von Personen mit gleichen oder verwechslungsfähigen Familiennamen, Vornamen und Tagen der Geburt sowie von Parteien nach § 8 Abs. 1 Z 2 Anfragen an den „Dachverband der Sozialversicherungsträger“ richten und auch die Bekanntgabe jener Daten verlangen, die die Behörde zur Kontaktaufnahme mit den betreffenden Personen benötigt. Der „Dachverband der Sozialversicherungsträger“ ist zur Auskunftserteilung aus den bei ihm vorhandenen Daten verpflichtet und hat allenfalls die Stellen bekanntzugeben, bei denen weitere Daten vorhanden sein könnten. Diese Stellen sind ebenfalls zur Auskunftserteilung verpflichtet. *(BGBl I 2018/100, ab 1. 1. 2020, Begriffsersetzung)*

(BGBl 1995/25, ab 1. 5. 1995)

Verwaltungsabgaben- und gebührenfreie Namensänderungen

§ 6. Änderungen des Familiennamens oder Vornamens, ausgenommen solche nach § 2 Abs. 1 Z 11, gegebenenfalls in Verbindung mit Abs. 2 erster Halbsatz, sind von den Verwaltungsabgaben und Gebühren des Bundes befreit.

(BGBl 1995/25, ab 1. 5. 1995)

Zuständigkeit

§ 7. „(1)" Die Bewilligung der Änderung des Familiennamens und des Vornamens obliegt der Bezirksverwaltungsbehörde, in deren örtlichen Wirkungsbereich der Antragsteller seinen Wohnsitz, mangels eines solchen seinen gewöhnlichen Aufenthalt hat. Hat der Antragsteller weder einen Wohnsitz noch einen gewöhnlichen Aufenthalt im Inland, ist die Bezirksverwaltungsbehörde zuständig, in deren örtlichen Wirkungsbereich der Antragsteller seinen letzten Wohnsitz im Inland hatte. Ergibt sich auch danach keine Zuständigkeit, ist der Magistrat der Stadt Wien als Bezirksverwaltungsbehörde zuständig. *(BGBl I 2013/161, ab 1. 1. 2014)*

(2) Über Beschwerden gegen Bescheide nach diesem Bundesgesetz entscheidet das Landesverwaltungsgericht. *(BGBl I 2013/161, ab 1. 1. 2014)*

Parteien

§ 8. (1) Die Stellung einer Partei kommt in einem Verfahren auf Änderung des Familiennamens oder Vornamens jedenfalls zu

1. dem Antragsteller;

2. der Person, die im Sinn des § 3 Abs. 1 Z 3 in ihren berechtigten Interessen berührt ist.

(2) Lassen sich Parteien nach Abs. 1 Z 2 nicht nach § 5 ermitteln, ist eine mündliche Verhandlung anzuberaumen und im Sinn des § 41 AVG bekanntzumachen.

(BGBl 1995/25, ab 1. 5. 1995)

Übermittlungen

§ 9. Die Behörde hat die Änderung eines Familiennamens oder eines Vornamens im Wege des Zentralen Personenstandsregisters (ZPR)[1)] zur Verfügung zu stellen

1. allen Verwaltungsbehörden und Gerichten, für die die Kenntnis davon eine wesentliche Voraussetzung für die Wahrnehmung der ihnen gesetzlich übertragenen Aufgaben bildet;

2. dem „Dachverband der Sozialversicherungsträger". *(BGBl I 2018/100, ab 1. 1. 2020, Begriffsersetzung)*

(BGBl I 2013/16, ab 1. 11. 2013)

[1)] *Im BGBl irrtümlich: Zentrales.*

§ 9a. *(entfällt, BGBl I 2016/120, ab 1. 4. 2017)*

Schluß- und Übergangsbestimmungen

§ 10. (1) Mit dem Inkrafttreten dieses Bundesgesetzes verlieren folgende Rechtsvorschriften, soweit sie zu diesem Zeitpunkt noch in Geltung gestanden sind, ihre Wirksamkeit:

1. die Verordnung über die Einführung von namensrechtlichen Vorschriften im Lande Österreich und in den sudetendeutschen Gebieten vom 24. Jänner 1939, deutsches RGBl. I S 81;

2. Das Gesetz über die Änderung von Familiennamen und Vornamen vom 5. Jänner 1938, deutsches RGBl. I S 9;

3. die Erste Verordnung zur Durchführung des Gesetzes über die Änderung von Familiennamen und Vornamen vom 7. Jänner 1938, deutsches RGBl. I S 12.

(2) Verfahren, die vor dem Inkrafttreten dieses Bundesgesetzes eingeleitet wurden, sind nach den in Abs. 1 angeführten Rechtsvorschriften fortzusetzen.

(2a) Verfahren, die vor dem 1. Mai 1995 eingeleitet worden sind, sind nur auf Antrag des Antragstellers und der Personen, auf die sich die Wirkung der Namensänderung erstreckt, nach den bisher geltenden Vorschriften fortzuführen. *(BGBl 1995/25)*

(3) Zwischenstaatliche Übereinkommen auf dem Gebiet des Namensrechts werden durch dieses Bundesgesetz nicht berührt.

§ 11. (1) Dieses Bundesgesetz tritt am 1. Juli 1988 in Kraft.

(2) Ferner treten in Kraft:
der § 1 Abs. 1, die §§ 2, 3 Abs. 1 Z 3 bis 8 und Abs. 2, die §§ 4 bis 6, 8, 9, 10 Abs. 2a, die §§ 11 und 12 in der Fassung des Bundesgesetzes BGBl. Nr. 25/1995 mit 1. Mai 1995.

(2a) Die §§ 2 Abs. 1 Z 7a, 3 Abs. 2 Z 1 lit. c sowie 9a in der Fassung des Bundesgesetzes BGBl. I Nr. 135/2009 treten mit 1. Jänner 2010 in Kraft. *(BGBl I 2009/135)*

(3) Verordnungen zur Durchführung dieses Bundesgesetzes können von dem der Kundmachung dieses Bundesgesetzes folgenden Tag an erlassen werden. Sie treten frühestens mit diesem Bundesgesetz in Kraft.

(4) Verordnungen zur Durchführung des Bundesgesetzes BGBl. Nr. 25/1995 können von dem der Kundmachung des genannten Bundesgesetzes

folgenden Tag an erlassen werden. Sie treten frühestens mit 1. Mai 1995 in Kraft.

(5) Die §§ 2 und 3 in der Fassung des Kindschafts- und Namensrechts-Änderungsgesetzes 2013, BGBl. I Nr. 15/2013 treten mit 1. April 2013 in Kraft. *(BGBl I 2013/15)*

„(6)“ Der § 9 samt Überschrift in der Fassung des Bundesgesetzes BGBl. I Nr. 16/2013 tritt mit 1. November 2013 in Kraft. *(BGBl I 2013/16; BGBl I 2013/161)*

(7) § 3 Abs. 2 Z 1 in der Fassung des Bundesgesetzes BGBl. I Nr. 161/2013 tritt mit Ablauf des Tages der Kundmachung, frühestens jedoch mit 1. April 2013 in Kraft (wobei die Z 5 des Artikel 8 des Kindschafts- und Namensrechts-Änderungsgesetz 2013 gleichzeitig entfällt). § 7 in der Fassung des Bundesgesetzes BGBl. I Nr. 161/2013 tritt mit 1. Jänner 2014 in Kraft. *(BGBl I 2013/161)*

(8) § 1 Abs. 1 und § 2 Abs. 3 in der Fassung des Bundesgesetzes BGBl. I Nr. 120/2016 treten mit 1. April 2017 in Kraft, gleichzeitig treten § 2 Abs. 1 Z 7a und § 9a außer Kraft. *(BGBl I 2016/120)*

„(9)“ §§ 1, 3 und 4 samt Überschrift in der Fassung des 2. Erwachsenenschutz-Gesetzes, BGBl. I Nr. 59/2017, treten mit 1. Juli 2018 in Kraft und sind anzuwenden, wenn der Antrag nach dem 30. Juni 2018 eingebracht wurde. *(BGBl I 2017/59; BGBl I 2019/105)*

(10) § 2 Abs. 1 Z 10a und Abs. 2, § 3 Abs. 1 Z 8 und § 11 Abs. 9 in der Fassung BGBl. I Nr. 105/2019 treten mit 1. März 2020 in Kraft. *(BGBl I 2019/105)*

(11) § 1 Abs. 1 Z 3 in der Fassung des Bundesgesetzes BGBl. I Nr. 160/2023 tritt mit 1. September 2024 in Kraft. *(BGBl I 2023/160)*

(BGBl 1995/25)

§ 12. Mit der Vollziehung dieses Bundesgesetzes sind betraut

1. hinsichtlich der §§ 5, 9 Z 2 der Bundesminister für Inneres im Einvernehmen mit dem Bundesminister für Arbeit und Soziales;

2. hinsichtlich des § 6, soweit er die Befreiung von den Verwaltungsabgaben des Bundes betrifft, die Bundesregierung, im übrigen der Bundesminister für Finanzen im Einvernehmen mit dem Bundesminister für Inneres;

3. hinsichtlich der übrigen Bestimmungen der Bundesminister für Inneres.

(BGBl 1995/25, ab 1. 5. 1995)

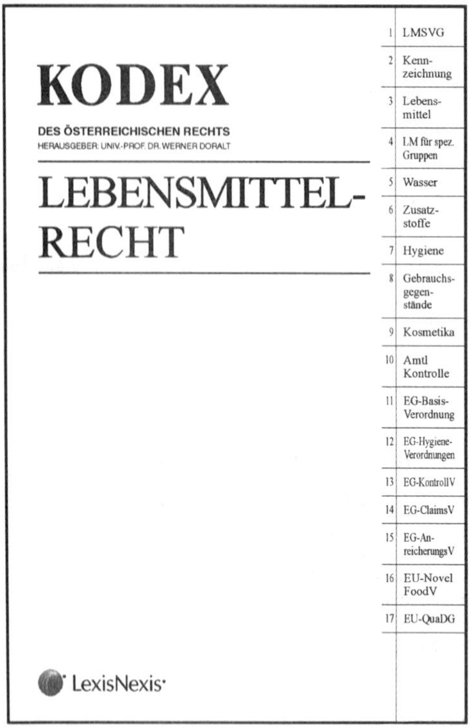
KODEX
DES ÖSTERREICHISCHEN RECHTS
HERAUSGEBER: UNIV.-PROF. DR. WERNER DORALT
LEBENSMITTEL-
RECHT
LexisNexis
1 LMSVG
2 Kenn-zeichnung
3 Lebens-mittel
4 LM für spez. Gruppen
5 Wasser
6 Zusatz-stoffe
7 Hygiene
8 Gebrauchs-gegen-stände
9 Kosmetika
10 Amtl Kontrolle
11 EG-Basis-Verordnung
12 EG-Hygiene-Verordnungen
13 EG-KontrollV
14 EG-ClaimsV
15 EG-An-reicherungsV
16 EU-Novel FoodV
17 EU-QuaDG

KODEX
DES ÖSTERREICHISCHEN RECHTS
HERAUSGEBER: UNIV.-PROF. DR. WERNER DORALT
GESUNDHEITS-
BERUFE
LexisNexis
1 GuKG
GuK-AV
GuK-TAV
FH-GuK-AV
GuK-SV
GuK-LFV
PA-PFA-AV
GuK-WV
GuK-BAV
GuK-AusweisV
GBR-BAV
GuK-EWRV
Art. 15a-B-VG-V
SozbetrB
2 HebG
Heb-AV
FH-Heb-AV
HebAV
Heb-EWRV 2008
HebGSV
Heb-GWO
3 KTG
KT-AV
4 MABG
MAB-AV
TT-AV
TT-AkkV
5 MMHmG
MMHm-AV
MMHm-ZV
Hm-BerufsausweisV
6 MTD-G
FH-MTD-AV
V-RFS-MTD
MTD-AusweisV
7 MTF-SHD-G
8 MuthG
9 Psychologen G
EWR-PsychologenG
EWR-PsychologenV
PsychotherapieG
EWR-Psychotherapie G
EWR-Psychotherapie V
10 SanG
San-AV
SanAFV
11 ZÄG
ZASS-VO
BAG
Lehre ZfAO
12 GBRG

KODEX
DES ÖSTERREICHISCHEN RECHTS
HERAUSGEBER: UNIV.-PROF. DR. WERNER DORALT
POLIZEI-
RECHT
LexisNexis
1 SPG + Ven
2 PStSG
3 WaffGebrG
4 BKA-G
5 BAK-G
6 PolKG EU-PolKG
7 Sonstige
8 StGB VbVG
9 NebenG
10 StPO JGG
11 StRegG TilgG
12 Sonstige
13 EGVG + Sonstige
14 AVG
15 VStG VVG + VwGVG
16 ZustellG
17 MeldeG + DV
18 PassG + DV
19 BFA-G + DV BFA-VG + DV
20 FPG + DV
21 NAG + DV
22 AsylG + DV
23 GrekoG
24 SDÜ + Sonstige
25 AuslBG
26 WaffG + Ven
27 KriegsmatG + V
28 PyroTG + DV
29 SprG + Ven
30 MedienG
31 VersammlG
32 StVO + Ven
33 FSG + DV
34 KFG + Ven
35 Sonstige
36 B-VG
37 EMRK + ZP StGG HausRG PersFrG
38 Sonstige
39 ABGB
40 AHG, OrgHG PolBEG
41 ASVG
42 BDG + Ven

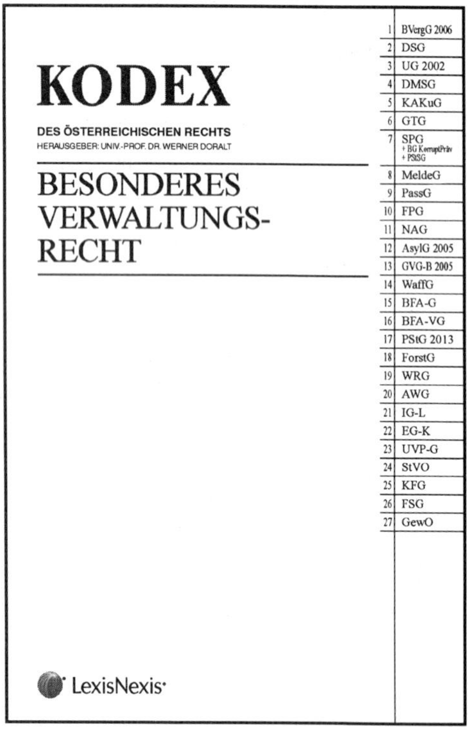
KODEX
DES ÖSTERREICHISCHEN RECHTS
HERAUSGEBER: UNIV.-PROF. DR. WERNER DORALT
BESONDERES
VERWALTUNGS-
RECHT
LexisNexis
1 BVergG 2006
2 DSG
3 UG 2002
4 DMSG
5 KAKuG
6 GTG
7 SPG + BG KorruptPräv + PStSG
8 MeldeG
9 PassG
10 FPG
11 NAG
12 AsylG 2005
13 GVG-B 2005
14 WaffG
15 BFA-G
16 BFA-VG
17 PStG 2013
18 ForstG
19 WRG
20 AWG
21 IG-L
22 EG-K
23 UVP-G
24 StVO
25 KFG
26 FSG
27 GewO

6/1. Unterbringungsgesetz

BGBl 1990/155 idF

1 BGBl 1991/45
2 BGBl I 1997/12
3 BGBl I 2010/18 (Ub-HeimAuf-Nov 2010)
4 BGBl I 2017/59 (2. ErwSchG)
5 BGBl I 2017/131 (GRUG 2017)
6 BGBl I 2022/147 (UbG-IPRG-Nov 2022)
7 BGBl I 2023/77 (ZVN 2023)

GLIEDERUNG

STICHWORTVERZEICHNIS

(Die Zahlenangaben beziehen sich auf die Paragraphen)

„Bundesgesetz über die Unterbringung psychisch kranker Personen in Krankenanstalten (Unterbringungsgesetz – UbG)“

(BGBl I 2022/147, ab 1. 7. 2023)

1. Abschnitt

Allgemeine Bestimmungen

Schutz der Persönlichkeitsrechte

§ 1. (1) Die Persönlichkeitsrechte psychisch Kranker, die in eine Krankenanstalt aufgenommen werden, sind besonders zu schützen. Die Menschenwürde psychisch Kranker ist unter allen Umständen zu achten und zu wahren.

(2) Beschränkungen von Persönlichkeitsrechten sind nur zulässig, soweit sie im Verfassungsrecht, in diesem Bundesgesetz oder in anderen gesetzlichen Vorschriften ausdrücklich vorgesehen sind.

Geltungsbereich und Begriffsbestimmungen

§ 2. (1) Dieses Bundesgesetz gilt für in Österreich befindliche Krankenanstalten und Abteilungen für Psychiatrie sowie für Kinder- und Jugendpsychiatrie, in denen Personen in einem geschlossenen Bereich angehalten oder sonst Beschränkungen ihrer Bewegungsfreiheit unterworfen werden.

(2) In Wahrnehmung der Befugnisse zur Einschränkung des Rechts auf persönliche Freiheit und anderer Persönlichkeitsrechte nach diesem Bundesgesetz unterstehen der Träger der Krankenanstalt[1)] und der mit der Führung der psychiatrischen Abteilung betraute Arzt sowie die Bediensteten der Abteilung der Aufsicht und den Weisungen des Landeshauptmanns und sind diesem auf dessen Verlangen zur jederzeitigen Information verpflichtet. § 60 Abs. 2 und 3 KAKuG, BGBl. Nr. 1/1957, gilt sinngemäß.

(3) Im Sinn dieses Bundesgesetzes bedeutet:

1. Patient: die Person, die in einer psychiatrischen Abteilung untergebracht ist;

2. psychiatrische Abteilung: eine Krankenanstalt für Psychiatrie oder eine Abteilung für Psychiatrie oder Kinder- und Jugendpsychiatrie;

3. Unterbringung: die Anhaltung von Patienten in einem geschlossenen Bereich oder sonstige Beschränkungen der Bewegungsfreiheit von Patienten;

4. Abteilungsleiter: der mit der Führung der psychiatrischen Abteilung betraute Facharzt oder sein Vertreter;

5. Facharzt: ein Facharzt für Psychiatrie, für Psychiatrie und Neurologie, für Neurologie und Psychiatrie oder für Psychiatrie und Psychotherapeutische Medizin;

6. Facharzt für Kinder- und Jugendpsychiatrie: ein Facharzt für Kinder- und Jugendpsychiatrie, für Kinder- und Jugendpsychiatrie und Psychotherapeutische Medizin, für Kinder- und Jugendheilkunde mit einer anerkannten ergänzenden speziellen Ausbildung in Kinder- und Jugendpsychiatrie oder ein Facharzt im Sinn der Z 5 mit einer solchen Ausbildung;

7. Verein: der für die Namhaftmachung von Patientenanwälten nach der Lage der psychiatrischen Abteilung örtlich zuständige Verein im Sinn des § 1 ErwSchVG, BGBl. Nr. 156/1990;

8. Patientenanwalt: die vom Verein dem ärztlichen Leiter der Krankenanstalt und dem Vorsteher des Bezirksgerichts als Patientenanwalt schriftlich namhaft gemachte sowie jede nach § 43 bestellte Person;

9. gewählter Vertreter: ein vom Patienten nach § 16 selbst gewählter Vertreter;

10. gesetzlicher Vertreter: ein Vorsorgebevollmächtigter, sobald der Eintritt des Vorsorgefalls im Österreichischen Zentralen Vertretungsverzeichnis (ÖZVV) eingetragen ist, ein gewählter oder gesetzlicher Erwachsenenvertreter nach der Registrierung im ÖZVV oder ein gerichtlicher Erwachsenenvertreter, jeweils mit entsprechendem Wirkungsbereich, oder ein Erziehungsberechtigter;

11. Erziehungsberechtigter: eine im Rahmen der Obsorge oder sonst im Einzelfall im Bereich der Pflege und Erziehung vertretungsbefugte Person;

12. Vertreter: Patientenanwalt, gewählter Vertreter und gesetzlicher Vertreter;

13. Vertrauensperson: eine vom Patienten zur Unterstützung der Meinungsbildung nach § 16a namhaft gemachte Person;

14. Angehörige: die Eltern und Großeltern, volljährige Kinder und Enkelkinder, Geschwister, Nichten und Neffen, Ehegatte oder eingetragener Partner oder Lebensgefährte, wenn dieser mit der betroffenen Person seit mindestens drei Jahren im gemeinsamen Haushalt lebt, sowie die von der

betroffenen Person in einer Erwachsenenvertreter-Verfügung bezeichnete Person;

15. besondere Heilbehandlung: eine medizinische Behandlung, die gewöhnlich mit einer schweren oder nachhaltigen Beeinträchtigung der körperlichen Unversehrtheit oder der Persönlichkeit verbunden ist.

(BGBl I 2022/147, ab 1. 7. 2022, s auch § 42 Abs 5 Z 2)

---

1) Im BGBl irrtümlich: Krankanstalt

2. Abschnitt

Voraussetzungen der Unterbringung

§ 3. In einer „psychiatrischen Abteilung“ darf nur untergebracht werden, wer *(BGBl I 2010/18, ab 1. 7. 2010)*

1. an einer psychischen Krankheit leidet und im Zusammenhang damit sein Leben oder seine Gesundheit oder das Leben oder die Gesundheit anderer ernstlich und erheblich gefährdet und

2. nicht in anderer Weise, insbesondere außerhalb einer „psychiatrischen Abteilung“, ausreichend ärztlich behandelt oder betreut werden kann. *(BGBl I 2010/18, ab 1. 7. 2010)*

3. Abschnitt

Unterbringung auf Verlangen

Verlangen

§ 4. (1) Eine Person, bei der die Voraussetzungen der Unterbringung vorliegen, darf auf ihr eigenes Verlangen nur dann untergebracht werden, wenn sie entscheidungsfähig ist. Eine nicht entscheidungsfähige Person darf weder auf ihr Verlangen noch auf Verlangen ihres Vertreters untergebracht werden. *(BGBl I 2022/147, ab 1. 7. 2023, s auch § 42 Abs 5 Z 2)*

(2) Das Verlangen muss vor der Unterbringung eigenhändig schriftlich gestellt werden. Dies hat in Gegenwart des Abteilungsleiters zu geschehen. *(BGBl I 2022/147, ab 1. 7. 2023, s auch § 42 Abs 5 Z 2)*

(3) Das Verlangen kann jederzeit widerrufen werden. Dazu genügt es, dass die Person zu erkennen gibt, dass sie nicht mehr untergebracht sein will. Auf dieses Recht des Widerrufs hat der Abteilungsleiter den Aufnahmewerber vor der Aufnahme hinzuweisen. Ein Verzicht darauf ist unwirksam. *(BGBl I 2017/59, ab 1. 7. 2018, s § 42 Abs 4 Z 2)*

§ 5. *(entfällt, BGBl I 2022/147, ab 1. 7. 2023)*

Aufnahmeuntersuchung, Belehrung und Verständigung

§ 6. (1) Der Abteilungsleiter hat den Aufnahmewerber zu untersuchen. Dieser darf nur aufgenommen werden, wenn nach dem ärztlichen Zeugnis des Abteilungsleiters die Voraussetzungen der Unterbringung sowie die „Entscheidungsfähigkeit“ (§ 4 Abs. 1) vorliegen. *(BGBl I 2017/59, ab 1. 7. 2018)*

(2) Das Ergebnis der Untersuchung ist in der Krankengeschichte oder, wenn die Voraussetzungen der Unterbringung nicht vorliegen, auf sonst geeignete Weise zu dokumentieren. Das ärztliche Zeugnis ist der Dokumentation als Bestandteil anzuschließen. *(BGBl I 2022/147, ab 1. 7. 2023, s auch § 42 Abs 5 Z 2)*

(3) Der Abteilungsleiter hat den aufgenommenen „Patienten“ auf die Einrichtung des Patientenanwalts sowie auf die Möglichkeiten einer Vertretung (§ 14 Abs. 3) und Auskunftserteilung (§ 15 Abs. 2) durch diesen hinzuweisen. *(BGBl I 2022/147, ab 1. 7. 2023)*

(4) Der Abteilungsleiter hat von der Unterbringung unverzüglich den Vertreter des Patienten und dessen Vertrauensperson sowie einen Angehörigen, der mit ihm im gemeinsamen Haushalt lebt oder für ihn sorgt, oder die Einrichtung, die ihn umfassend betreut, zu verständigen. Der Verständigung des Vertreters ist eine maschinschriftliche Ausfertigung des ärztlichen Zeugnisses nach Abs. 1 anzuschließen. *(BGBl I 2022/147, ab 1. 7. 2023, s auch § 42 Abs 5 Z 2)*

(BGBl I 2010/18, ab 1. 7. 2010)

Dauer der Unterbringung auf Verlangen

§ 7. Die Unterbringung auf Verlangen darf nur sechs Wochen, auf erneutes Verlangen aber insgesamt längstens zehn Wochen dauern; für das erneute Verlangen gelten die §§ 3 bis 6 sinngemäß. Eine Verlängerung der Unterbringung über diese Fristen hinaus ist nicht zulässig.

4. Abschnitt

Unterbringung ohne Verlangen

Ärztliche Untersuchung und Bescheinigung

§ 8. (1) Eine Person darf gegen oder ohne ihren Willen nur dann in eine psychiatrische Abteilung gebracht werden, wenn sie ein im öffentlichen Sanitätsdienst stehender Arzt, ein Polizeiarzt oder ein vom Landeshauptmann ermächtigter Arzt untersucht und bescheinigt, dass die Voraussetzungen der Unterbringung vorliegen.

(2) Der Bundesminister für Soziales, Gesundheit, Pflege und Konsumentenschutz hat mit Verordnung die fachlichen und persönlichen Voraussetzungen für eine Ermächtigung zur Durch-

führung der in § 8 Abs. 1 genannten Untersuchung und Bescheinigung sowie für die Entziehung der Ermächtigung festzulegen. In Wahrnehmung der Aufgaben dieses Bundesgesetzes unterstehen die ermächtigten Ärzte der Aufsicht und den Weisungen des Landeshauptmanns und sind diesem auf dessen Verlangen zur jederzeitigen Information verpflichtet.

(3) Der in Abs. 1 genannte Arzt hat nachweislich abzuklären, ob die betroffene Person in anderer Weise als durch Unterbringung ausreichend medizinisch behandelt oder betreut werden kann; dazu kann, soweit dies zweckmäßig und verhältnismäßig ist, insbesondere

1. ein Gespräch mit der betroffenen Person, mit anwesenden Angehörigen oder sonst nahestehenden Personen sowie mit von der betroffenen Person namhaft gemachten Personen,

2. ein Gespräch mit dem behandelnden Arzt oder dem betreuenden Dienst oder

3. die Beiziehung eines mit öffentlichen Mitteln geförderten Krisendienstes, wenn ein solcher regional zur Verfügung steht, dienen.

(4) Der Arzt hat in der Bescheinigung leserlich seine Kontaktdaten und weiters im Einzelnen die Gründe anzuführen, aus denen er das Vorliegen einer psychischen Krankheit und einer daraus resultierenden Gefährdung im Sinn des § 3 Z 1 annimmt sowie darzulegen, weshalb diese Gefährdung nur durch Aufnahme in einer psychiatrischen Abteilung abgewendet werden kann.

(BGBl I 2022/147, ab 1. 7. 2023, s auch § 42 Abs 5 Z 2)

Vorführung durch die Organe des öffentlichen Sicherheitsdienstes

§ 9. (1) Die Organe des öffentlichen Sicherheitsdienstes sind verpflichtet, eine Person, bei der sie aus besonderen Gründen die Voraussetzungen des § 3 Z 1 für gegeben erachten, zur Untersuchung zu einem Arzt im Sinn des § 8 Abs. 1 zu bringen oder diesen der Amtshandlung beizuziehen.

(2) Bescheinigt der Arzt das Vorliegen der Voraussetzungen der Unterbringung, so haben die Organe des öffentlichen Sicherheitsdienstes die betroffene Person in eine psychiatrische Abteilung zu bringen oder die Verbringung zu veranlassen. Wird eine solche Bescheinigung nicht ausgestellt, so darf die betroffene Person nicht länger angehalten werden.

(3) Die Organe des öffentlichen Sicherheitsdienstes können die betroffene Person auch ohne Untersuchung und Bescheinigung im Sinn des § 8 in eine psychiatrische Abteilung bringen, wenn

1. die Beiziehung eines Arztes nach § 8 Abs. 1 für die betroffene Person, insbesondere wegen der damit verbundenen Wartezeit oder Wegstrecken, unzumutbar ist,

2. sie von einem Facharzt oder einem Facharzt für Kinder- und Jugendpsychiatrie beigezogen werden, der nachvollziehbar im Rahmen seiner Behandlung oder Betreuung der betroffenen Person die Voraussetzungen des § 3 für gegeben erachtet,

3. sie von einem Notarzt beigezogen werden, der nachvollziehbar im Rahmen seiner Behandlung der betroffenen Person die Voraussetzungen des § 3 für gegeben erachtet,

4. ein ohne Verlangen untergebrachter Patient nicht länger als sieben Tage der psychiatrischen Abteilung eigenmächtig ferngeblieben ist und der Abteilungsleiter die Voraussetzungen des § 3 weiterhin für gegeben erachtet,

5. ein ohne Verlangen untergebrachter Patient nicht länger als sieben Tage in einer anderen Abteilung oder in einer anderen Krankenanstalt behandelt wurde und nun nicht freiwillig in die psychiatrische Abteilung zurückkehrt, obwohl der Abteilungsleiter die Voraussetzungen des § 3 weiterhin für gegeben erachtet, oder

6. Gefahr im Verzug vorliegt.

(4) Die Organe des öffentlichen Sicherheitsdienstes haben die notwendigen Vorkehrungen zur Abwehr von Gefahren zu treffen, unter möglichster Schonung der betroffenen Person vorzugehen und erforderlichenfalls den örtlichen Rettungsdienst beizuziehen. Sie sind ermächtigt, die Vorführung mit unmittelbarer Zwangsgewalt durchzusetzen. Die psychiatrische Abteilung, in die die betroffene Person gebracht werden soll, ist vom Rettungsdienst vorab zu verständigen. Wird kein Rettungsdienst beigezogen, so haben die vorführenden Organe des öffentlichen Sicherheitsdienstes die psychiatrische Abteilung vorab zu verständigen.

(5) Die Organe des öffentlichen Sicherheitsdienstes sind – wenn die betroffene Person nach entsprechender Belehrung nicht widerspricht – ermächtigt, von deren Vorführung in die psychiatrische Abteilung einen Angehörigen, der mit ihr im gemeinsamen Haushalt lebt oder für sie sorgt, zu verständigen. Die betroffene Person hat das Recht, dass auf ihr Verlangen unverzüglich ein Angehöriger, ein gewählter Vertreter, ein gesetzlicher Vertreter oder eine von ihr namhaft gemachte Person von der Amtshandlung verständigt wird.

(6) Die Organe des öffentlichen Sicherheitsdienstes sind verpflichtet, in einem Bericht über die Amtshandlung die Gründe, die zur Annahme des Vorliegens einer psychischen Krankheit sowie einer damit im Zusammenhang stehenden Gefährdung geführt haben, bei Gefährdung anderer, ob gegebenenfalls ein Betretungs- und Annäherungsverbot gemäß § 38a Abs. 1 SPG oder eine einstweilige Verfügung nach §§ 382b, 382c oder 382d EO, RGBl. Nr. 79/1896, erlassen wurde, die vor-

führende Sicherheitsdienststelle und die Sicherheitsbehörde, der die Amtshandlung zuzurechnen ist, anzuführen.

(BGBl I 2022/147, ab 1. 7. 2023, s auch § 42 Abs 5 Z 2)

Aufnahmeuntersuchung, Belehrung und Verständigung

§ 10. (1) Der Abteilungsleiter hat die betroffene Person unverzüglich zu untersuchen. Zur Abklärung, ob die betroffene Person in anderer Weise als durch Unterbringung ausreichend medizinisch behandelt oder betreut werden kann, hat er in sinngemäßer Anwendung des § 8 Abs. 3 die erforderlichen Erhebungen durchzuführen. Die betroffene Person muss aufgenommen werden, wenn nach seinem ärztlichen Zeugnis die Voraussetzungen der Unterbringung vorliegen.

(2) Der Abteilungsleiter hat den aufgenommenen Patienten ehestens über die Gründe der Unterbringung zu unterrichten. Er hat von der Unterbringung unverzüglich den Vertreter des Patienten und dessen Vertrauensperson sowie einen Angehörigen, der mit ihm im gemeinsamen Haushalt lebt oder für ihn sorgt, oder die Einrichtung, die ihn umfassend betreut, zu verständigen. Der Verständigung des Vertreters ist eine Ausfertigung des ärztlichen Zeugnisses nach Abs. 1 anzuschließen.

(3) Verlangt dies der Patient, sein Vertreter oder der Abteilungsleiter, so hat ein weiterer Facharzt den Patienten spätestens am Vormittag des auf das Verlangen folgenden Werktags zu untersuchen und ein zweites ärztliches Zeugnis über das Vorliegen der Voraussetzungen der Unterbringung zu erstellen, es sei denn, dass die Anhörung (§ 19) bereits stattgefunden hat oder die Unterbringung bereits aufgehoben worden ist (§ 32); auf dieses Recht hat der Abteilungsleiter den Patienten hinzuweisen. Liegen die Voraussetzungen der Unterbringung nach dem zweiten ärztlichen Zeugnis nicht (mehr) vor, so ist die Unterbringung sogleich aufzuheben. Eine maschinschriftliche Ausfertigung des zweiten ärztlichen Zeugnisses ist dem Vertreter unverzüglich zu übermitteln. Der Samstag gilt nicht als Werktag.

(4) Das Ergebnis der Untersuchungen ist in der Krankengeschichte oder, wenn die Voraussetzungen der Unterbringung nicht vorliegen, auf sonst geeignete Weise zu dokumentieren. Die ärztlichen Zeugnisse sind der Dokumentation in maschinschriftlicher Ausfertigung anzuschließen.

(5) Wird die betroffene Person nicht aufgenommen, so hat sich der Abteilungsleiter nachweislich um eine angemessene soziale und psychiatrische Betreuung derselben zu bemühen, soweit er eine solche für erforderlich hält.

(6) Der Abteilungsleiter hat vom Umstand, dass die betroffene Person nicht aufgenommen wird, ihren Vertreter und eine von ihr namhaft gemachte Person zu verständigen. Im Fall eines Erwachsenenvertreters ist dieser unabhängig von seinem Wirkungsbereich zu verständigen, es sei denn die betroffene Person ist schon umfassend betreut. Wenn die betroffene Person nach entsprechender Belehrung nicht widerspricht, hat der Abteilungsleiter einen Angehörigen, der mit ihr im gemeinsamen Haushalt lebt oder für sie sorgt, oder die Einrichtung, die sie umfassend betreut, zu verständigen.

(BGBl I 2022/147, ab 1. 7. 2023, s auch § 42 Abs 5 Z 2)

§ 11. „§ 10 ist auch anzuwenden, wenn“ *(BGBl I 2022/147, ab 1. 7. 2023)*

1. bei einem sonst in die „psychiatrische Abteilung“* aufgenommenen, in seiner Bewegungsfreiheit nicht beschränkten „Menschen“** Grund für die Annahme besteht, „dass“** die Voraussetzungen der Unterbringung vorliegen, oder *(*BGBl I 2010/18, ab 1. 7. 2010; **BGBl I 2022/147, ab 1. 7. 2023)*

2. ein auf Verlangen Untergebrachter das Verlangen widerruft oder nach Ablauf von sechs Wochen nicht erneut erklärt oder die zulässige Gesamtdauer der Unterbringung auf Verlangen abgelaufen ist und jeweils Grund für die Annahme besteht, „dass“ die Voraussetzungen der Unterbringung weiterhin vorliegen. *(BGBl I 2022/147, ab 1. 7. 2023)*

5. Abschnitt

Gerichtliche Überprüfung

Zuständigkeit des Gerichtes und Verfahren

§ 12. (1) Zur Besorgung der nach diesem Bundesgesetz dem Gericht übertragenen Aufgaben ist das Bezirksgericht zuständig, in dessen Sprengel die „psychiatrische Abteilung“* liegt. Dies gilt auch bei „Patienten“**, hinsichtlich deren ein Pflegschaftsverfahren bei einem anderen Gericht anhängig ist. *(*BGBl I 2010/18, ab 1. 7. 2010; **BGBl I 2022/147, ab 1. 7. 2023)*

(2) Das Gericht entscheidet im Verfahren außer Streitsachen. „Soweit im Folgenden nichts anderes bestimmt wird, sind auf das Verfahren die allgemeinen Bestimmungen des Außerstreitgesetzes „, BGBl. I Nr. 111/2003,“** anzuwenden. § 116a Abs. 1, 3 und 4 AußStrG gilt sinngemäß, für minderjährige „Patienten“** ab Vollendung des 14. Lebensjahres.“* *(*BGBl I 2017/59, ab 1. 7. 2018, s § 42 Abs 4 Z 3; **BGBl I 2022/147, ab 1. 7. 2023)*

Vertretung des Patienten

§ 13. (1) Der „Patient“** wird nach Maßgabe der folgenden Bestimmungen von dem für die

Namhaftmachung von Patientenanwälten nach der Lage der psychiatrischen Abteilung örtlich zuständigen Verein im Sinn des § 1 „ErwSchVG"* (im Folgenden Verein) vertreten. Dieser hat dem ärztlichen Leiter der Krankenanstalt und dem Vorsteher des zuständigen Bezirksgerichts schriftlich in ausreichender Zahl Patientenanwälte namhaft zu machen, die zuvor von ihm ausgebildet und für die besonderen Verhältnisse in Unterbringungssachen geschult wurden. Ihnen kommt die Ausübung der Vertretungsbefugnisse des Vereins zu. *(* BGBl I 2017/59, ab 1. 7. 2018, s § 42 Abs 4 Z 2; **BGBl I 2022/147, ab 1. 7. 2023)*

(2) Der Vorsteher des Bezirksgerichts hat den Namen und die Büroadresse jedes Patientenanwalts in der Ediktsdatei kundzumachen. Wenn der Verein die Namhaftmachung eines Patientenanwalts widerruft, hat der Vorsteher des Bezirksgerichts die Kundmachung zu berichtigen.

„(3)" Zustellungen, Mitteilungen und Verständigungen an den Verein sind an die jeweils als Büroadresse bekanntgegebene Abgabestelle zu bewirken. *(BGBl I 2022/147)*

(BGBl I 2010/18, ab 1. 7. 2010, zu Abs 1 s § 42 Abs 3 Satz 2)

§ 14. (1) Der Verein wird mit der Aufnahme eines ohne Verlangen untergebrachten Patienten kraft Gesetzes dessen Vertreter und vertritt diesen in dem in diesem Bundesgesetz vorgesehenen gerichtlichen Verfahren und bei der Wahrnehmung der insbesondere in den §§ 33 bis 39 verankerten Rechte.

(2) Der Verein kann vom Patienten zur Vertretung bei der Wahrung der aus diesem Bundesgesetz erwachsenen Rechte auch vor den Verwaltungsgerichten und anderen Behörden bevollmächtigt werden.

(3) Die Vertretungsbefugnis des Patientenanwalts bleibt nach der Aufhebung der Unterbringung und nach dem Tod des Patienten für Vertretungshandlungen, die sich auf Sachverhalte während der Unterbringung beziehen, aufrecht.

(4) Durch die in den Abs. 1 bis 3 genannten Vertretungsbefugnisse werden die Handlungsfähigkeit des Patienten und die Vertretungsbefugnis eines sonstigen Vertreters nicht beschränkt.

(5) Der Abteilungsleiter hat dafür zu sorgen, dass der Patient nachweislich Auskunft darüber erhält, wer sein Patientenanwalt ist, und dass er sich mit diesem vertraulich besprechen kann. Die Auskunft ist auch dem gesetzlichen Vertreter und der Vertrauensperson des Patienten und auf Verlangen des Patienten auch dessen Angehörigen zu erteilen.

(6) Auch einem auf Verlangen untergebrachten Patienten ist auf sein Ersuchen die Möglichkeit zu geben, sich mit dem Patientenanwalt vertraulich zu besprechen. Hegt der Patientenanwalt Zweifel an der Wirksamkeit des Verlangens nach Unterbringung, so hat er dies dem Abteilungsleiter mitzuteilen. Mit Zustimmung des Patienten vertritt er diesen namens seines Vereins bei der Wahrnehmung der in den §§ 33 bis 39 verankerten Rechte; Abs. 4 gilt sinngemäß.

(BGBl I 2022/147, ab 1. 7. 2023, s auch § 42 Abs 5 Z 2 und 3)

§ 15. (1) Der Patientenanwalt hat den Patienten über beabsichtigte Vertretungshandlungen und sonstige wichtige Angelegenheiten oder Maßnahmen zu unterrichten und den Wünschen des Patienten zu entsprechen, soweit dessen Wohl hierdurch nicht erheblich gefährdet ist und dies dem Patientenanwalt zumutbar ist. *(BGBl I 2022/147, ab 1. 7. 2023, s auch § 42 Abs 5 Z 2 und 3)*

(2) Ein Patientenanwalt hat in die psychiatrische Abteilung aufgenommenen Patienten sowie deren Vertretern „, Angehörigen und Vertrauenspersonen" auf ihr jeweiliges Ersuchen die nötigen allgemeinen Auskünfte über die Unterbringung oder den Aufenthalt in einer psychiatrischen Abteilung zu erteilen. *(BGBl I 2010/18, ab 1. 7. 2010; BGBl I 2022/147, ab 1. 7. 2023, s auch § 42 Abs 5 Z 2 und 3)*

§ 16. (1) Der Patient kann auch selbst einen Vertreter wählen, und zwar durch Erteilung einer Vollmacht; dieser gewählte Vertreter hat das Gericht von der Bevollmächtigung und der Beendigung des Vollmachtsverhältnisses zu verständigen.

(2) Die Vertretungsbefugnis des Vereins bleibt trotz Bevollmächtigung eines gewählten Vertreters im Sinn des Abs. 1 aufrecht.

(3) Von der Begründung oder der Beendigung des Vollmachtsverhältnisses eines Patienten hat das Gericht den Verein und den Abteilungsleiter zu verständigen.

(BGBl I 2022/147, ab 1. 7. 2023, s auch § 42 Abs 5 Z 2 und 3)

Unterstützung des Patienten durch eine Vertrauensperson

§ 16a. (1) Der Patient hat das Recht, dem Abteilungsleiter jederzeit eine Vertrauensperson namhaft zu machen. Diese hat die Aufgabe, den Patienten in seiner Meinungsbildung zu unterstützen; Vertretungsbefugnisse kommen ihr nicht zu.

(2) Der Abteilungsleiter hat dafür zu sorgen, dass der Patient über sein Recht auf Namhaftmachung einer Vertrauensperson möglichst frühzeitig und nachweislich informiert wird.

(BGBl I 2022/147, ab 1. 7. 2023, s auch § 42 Abs 5 Z 3)

Verständigung des Gerichtes

§ 17. Wird eine Person ohne Verlangen in eine psychiatrische Abteilung aufgenommen (§§ 10 und 11), so hat der Abteilungsleiter hievon unverzüglich das Gericht zu verständigen. Der Verständigung ist eine maschinschriftliche Ausfertigung des ärztlichen Zeugnisses (§ 10 Abs. 1) anzuschließen. Ein gemäß § 10 Abs. 3 erstelltes zweites ärztliches Zeugnis ist dem Gericht unverzüglich in maschinschriftlicher Ausfertigung zu übermitteln.

(BGBl I 2010/18, ab 1. 7. 2010, s § 42 Abs 3 Satz 3)

Gegenstand des Verfahrens

§ 18. Über die Zulässigkeit der Unterbringung des „Patienten" in den Fällen der §§ 10 und 11 hat das Gericht nach Prüfung der Voraussetzungen der Unterbringung zu entscheiden. *(BGBl I 2022/147, ab 1. 7. 2023)*

Anhörung des Patienten

§ 19. (1) Das Gericht hat sich binnen vier Tagen ab Kenntnis von der Unterbringung einen persönlichen Eindruck vom Patienten in der psychiatrischen Abteilung zu verschaffen. Es hat ihn über Grund und Zweck des Verfahrens zu unterrichten und hiezu zu hören. Sofern dies im Rahmen der Behandlung vertretbar ist, hat der Abteilungsleiter dafür zu sorgen, dass der Patient nicht unter einer die Anhörung beeinträchtigenden medizinischen Behandlung steht.

(2) Das Gericht hat Einsicht in die Krankengeschichte zu nehmen sowie den Abteilungsleiter, den Patientenanwalt und – sofern sie in der psychiatrischen Abteilung anwesend sind – den gewählten Vertreter, den gesetzlichen Vertreter, die Vertrauensperson und einen Angehörigen des Patienten zu hören.

(3) Das Gericht kann der Anhörung des Patienten einen nicht der Krankenanstalt angehörenden Facharzt als Sachverständigen beiziehen. Dem Patienten, seinem Vertreter sowie dem Abteilungsleiter ist Gelegenheit zu geben, Fragen zu stellen.

(4) Das Gericht kann die Anhörung unter Verwendung geeigneter technischer Kommunikationsmittel zur Wort- und Bildübertragung durchführen und auf diese Weise der Anhörung beizuziehende Personen teilnehmen lassen, wenn die Gesundheit einer am Verfahren beteiligten Person durch ihre persönliche Teilnahme aufgrund einer allgemein vorherrschenden Krisensituation ernstlich gefährdet wäre und die Gefährdung nicht anders abgewendet werden kann. *(BGBl I 2023/77, ab 14. 7. 2023)*

(BGBl I 2022/147, ab 1. 7. 2023, s auch § 42 Abs 5 Z 3)

§ 20. (1) Gelangt das Gericht bei der Anhörung zum Ergebnis, „dass" die Voraussetzungen der Unterbringung vorliegen, so hat es diese vorläufig bis zur Entscheidung nach § 26 Abs. 1 für zulässig zu erklären und eine mündliche Verhandlung anzuberaumen, die spätestens innerhalb von 14 Tagen nach der Anhörung stattzufinden hat. *(BGBl I 2022/147, ab 1. 7. 2023)*

(2) Gelangt das Gericht hingegen zum Ergebnis, dass die Voraussetzungen der Unterbringung nicht vorliegen, so hat es diese für unzulässig zu erklären. In diesem Fall ist die Unterbringung sogleich aufzuheben, es sei denn, der Abteilungsleiter erklärt, dass er gegen den Beschluss Rekurs erhebt, und das Gericht erkennt diesem Rekurs sogleich aufschiebende Wirkung zu. Die Verweigerung der aufschiebenden Wirkung lässt das Rekursrecht unberührt. Der Rekurs ist jedenfalls innerhalb von drei Tagen auszuführen. *(BGBl I 2010/18, ab 1. 7. 2010)*

(3) Abgesehen von dem in Abs. 2 vorgesehenen Rekurs ist ein abgesondertes Rechtsmittel nicht zulässig.

§ 21. *(entfällt, BGBl I 2022/147, ab 1. 7. 2023)*

Mündliche Verhandlung

§ 22. (1) Zur Vorbereitung der mündlichen Verhandlung hat das Gericht einen oder mehrere, auf Verlangen des Patienten oder seines Vertreters aber jedenfalls einen zweiten Sachverständigen (§ 19 Abs. 3) zu bestellen. Der Sachverständige hat den Patienten unverzüglich zu untersuchen, die Krankengeschichte einzusehen und ein schriftliches Gutachten über das Vorliegen der Voraussetzungen der Unterbringung zu erstatten. Das Gutachten ist für den Patienten möglichst verständlich zu begründen.

(2) Das Gericht hat die Ladung zur mündlichen Verhandlung sowie den Beschluss auf Bestellung des Sachverständigen dem Patienten, dessen Vertreter, dem Sachverständigen und dem Abteilungsleiter sowie – auf Verlangen des Patienten – dessen Vertrauensperson zuzustellen.

(3) Der Sachverständige hat sein Gutachten dem Gericht, dem Patienten, dessen Vertreter und dem Abteilungsleiter sowie – auf Verlangen des Patienten – dessen Vertrauensperson rechtzeitig vor der mündlichen Verhandlung zu übermitteln.

(BGBl I 2022/147, ab 1. 7. 2023, s auch § 42 Abs 5 Z 3)

§ 23. (1) Erforderlichenfalls hat das Gericht weitere Ermittlungen über das Vorliegen der Voraussetzungen der Unterbringung durchzuführen. „Es kann auch dem Patienten nahestehende Personen sowie sonstige Personen und Stellen, die dessen medizinische Behandlung oder Betreuung außerhalb der psychiatrischen Abteilung bisher übernommen haben oder zukünftig übernehmen könnten, hören oder deren schriftliche Äußerungen einholen.“ *(BGBl I 2022/147, ab 1. 7. 2023, s auch § 42 Abs 5 Z 3)*

(2) Auf Ersuchen des Gerichtes haben auch die Sicherheitsbehörden einzelne Ermittlungen über das Vorliegen der Voraussetzungen der Unterbringung durchzuführen.

§ 24. Der Abteilungsleiter hat vor Beginn der mündlichen Verhandlung dem Gericht die Krankengeschichte zugänglich zu machen und dafür zu sorgen, dass der Patient an der mündlichen Verhandlung teilnehmen kann. Dabei ist auch darauf zu achten, dass andere Patienten die Verhandlung tunlichst nicht wahrnehmen können.

(BGBl I 2022/147, ab 1. 7. 2023, s auch § 42 Abs 5 Z 3)

§ 25. (1) Die mündliche Verhandlung ist nicht öffentlich. Auf Verlangen des Patienten oder seines Vertreters ist die Öffentlichkeit jedenfalls herzustellen. § 140 Abs. 2 und 3 AußStrG ist anzuwenden. *(BGBl I 2022/147, ab 1. 7. 2023)*

(2) Das Gericht hat auch erschienene Auskunftspersonen zu vernehmen. Dem „Patienten“, seinem Vertreter sowie dem Abteilungsleiter ist Gelegenheit zu geben, zu den für die Entscheidung wesentlichen Umständen Stellung zu nehmen sowie Fragen an die Auskunftspersonen und an den Sachverständigen zu stellen. *(BGBl I 2022/147, ab 1. 7. 2023)*

(3) Das Gericht kann die mündliche Verhandlung unter Verwendung geeigneter technischer Kommunikationsmittel zur Wort- und Bildübertragung durchführen, auf diese Weise Beweise in der mündlichen Verhandlung oder außerhalb dieser aufnehmen und sonst der Verhandlung beizuziehende Personen teilnehmen lassen, wenn die Gesundheit einer am Verfahren beteiligten Person durch ihre persönliche Teilnahme aufgrund einer allgemein vorherrschenden Krisensituation ernstlich gefährdet wäre und die Gefährdung nicht anders abgewendet werden kann. § 18 Abs. 2 AußStrG ist nicht anzuwenden. *(BGBl I 2023/77, ab 14. 7. 2023)*

Beschluss

§ 26. (1) Am Schluss der mündlichen Verhandlung hat das Gericht über die Zulässigkeit der Unterbringung zu entscheiden. Der Beschluss ist in der mündlichen Verhandlung in Gegenwart des Patienten zu verkünden, zu begründen und diesem möglichst verständlich zu erläutern. *(BGBl I 2022/147, ab 1. 7. 2023, s auch § 42 Abs 5 Z 3)*

(2) Erklärt das Gericht die Unterbringung für zulässig, so hat es hiefür zugleich eine Frist festzusetzen; diese darf drei Monate ab Beginn der Unterbringung nicht übersteigen.

(3) Erklärt das Gericht die Unterbringung für unzulässig, so ist diese sogleich aufzuheben, es sei denn, der Abteilungsleiter erklärt, dass er gegen den Beschluss Rekurs erhebt und das Gericht erkennt diesem Rekurs sogleich aufschiebende Wirkung zu. Die Verweigerung der aufschiebenden Wirkung lässt das Rekursrecht unberührt. *(BGBl I 2010/18, ab 1. 7. 2010)*

Zustellung

§ 27. „Das Gericht hat, wenn die Unterbringung noch andauert, den Beschluss innerhalb von sieben Tagen schriftlich auszufertigen.“* Der „Beschluss“** ist dem „Patienten“**, dessen Vertreter sowie dem Abteilungsleiter mit Zustellnachweis zuzustellen. *(*BGBl I 2010/18, ab 1. 7. 2010, s § 42 Abs 3 Satz 4; **BGBl I 2022/147, ab 1. 7. 2023)*

Rechtsmittel

§ 28. (1) Gegen den Beschluss, mit dem die Unterbringung für zulässig erklärt wird, können der Patient und sein Vertreter innerhalb von 14 Tagen ab Zustellung Rekurs erheben. *(BGBl I 2022/147, ab 1. 7. 2023, s auch § 42 Abs 5 Z 3)*

(2) Gegen den Beschluss, mit dem die Unterbringung für unzulässig erklärt wird, kann der Abteilungsleiter innerhalb von sieben Tagen Rekurs erheben. Im Falle einer nach § 26 Abs. 3 zuerkannten aufschiebenden Wirkung hat das Gericht erster Instanz unmittelbar nach Einlangen des Rekurses des Abteilungsleiters zu prüfen, ob dem Rekurs weiter aufschiebende Wirkung zukommt. Gegen diese Entscheidung ist ein abgesondertes Rechtsmittel nicht zulässig. *(BGBl I 2010/18, ab 1. 7. 2010, s § 42 Abs 3 Satz 5)*

(3) Das Recht zur Rekursbeantwortung kommt nur dem „Patienten“ und seinem Vertreter gegen Rechtsmittel des Leiters der Einrichtung zu. Die Rekursbeantwortung ist innerhalb von sieben Tagen ab Zustellung des Rechtsmittels einzubringen. *(BGBl I 2010/18, ab 1. 7. 2010, s § 42 Abs 3 Satz 5; BGBl I 2022/147, ab 1. 7. 2023)*

§ 29. (1) Das Gericht zweiter Instanz hat, sofern der „Patient“ noch untergebracht ist, innerhalb von vierzehn Tagen ab Einlangen der Akten zu entscheiden. *(BGBl I 2022/147, ab 1. 7. 2023)*

(2) Das Gericht hat das Verfahren selbst zu ergänzen oder neu durchzuführen, soweit es dies für erforderlich hält. Einen persönlichen Eindruck vom „Patienten“* darf es sich auch durch ein Mitglied des Senates verschaffen. „§ 25 Abs. 3 ist sinngemäß anzuwenden.“** *(*BGBl I 2022/147, ab 1. 7. 2023; **BGBl I 2023/77, ab 14. 7. 2023)*

(3) Beschließt das Gericht zweiter Instanz, die Unterbringung für unzulässig zu erklären, so hat es, sofern die Unterbringung noch aufrecht ist,

unverzüglich den Abteilungsleiter und den Patientenanwalt zu verständigen. Die Unterbringung ist in diesem Fall sogleich aufzuheben. *(BGBl I 2010/18, ab 1. 7. 2010, s § 42 Abs 3 Satz 6)*

§ 29a. Im Revisionsrekursverfahren gelten die §§ 28 Abs. 3 und 29 Abs. 3 sinngemäß.

(BGBl I 2010/18, ab 1. 7. 2010, s § 42 Abs 3 Satz 5 und 6)

Weitere Unterbringung

§ 30. (1) Wird die Unterbringung nicht spätestens mit Ablauf der festgesetzten Frist aufgehoben, so hat das Gericht erneut, erforderlichenfalls auch mehrmals, über die Zulässigkeit der Unterbringung zu entscheiden. Die Frist, für die eine weitere Unterbringung für zulässig erklärt wird, darf jeweils sechs Monate nicht übersteigen.

(2) Über ein Jahr hinaus darf eine weitere Unterbringung nur für zulässig erklärt werden, wenn dies auf Grund der übereinstimmenden Gutachten zweier Sachverständiger (§ 19 Abs. 3), die tunlichst im bisherigen Verfahren noch nicht herangezogen worden sind, aus besonderen medizinischen Gründen erforderlich ist. In diesem Fall darf die Unterbringung jeweils für längstens ein Jahr für zulässig erklärt werden.

(2a) Wurde die weitere Unterbringung bereits einmal gemäß Abs. 2 über ein Jahr hinaus für zulässig erklärt, so reicht für eine weitere Verlängerung der Unterbringung ein Gutachten eines Sachverständigen im Sinn des Abs. 2 aus. Das Recht des „Patienten" und seines Vertreters, nach § 22 Abs. 1 die Bestellung eines zweiten Sachverständigen zu verlangen, bleibt unberührt. *(BGBl I 2010/18, ab 1. 7. 2010; BGBl I 2022/147, ab 1. 7. 2023)*

(3) Der Abteilungsleiter hat spätestens vier Tage vor dem Ablauf der vom Gericht festgesetzten Frist dem Gericht mitzuteilen, aus welchen Gründen er die weitere Unterbringung für erforderlich hält.

(4) Die §§ 19 bis 29 sind sinngemäß anzuwenden.

6. Abschnitt

Aufhebung der Unterbringung

§ 31. (1) Vor Ablauf der festgesetzten Fristen ist über die Zulässigkeit der Unterbringung zu entscheiden, wenn „der Patient oder sein Vertreter" dies beantragt oder das Gericht begründete Bedenken gegen das weitere Vorliegen der Voraussetzungen der Unterbringung hegt. *(BGBl I 2022/147, ab 1. 7. 2023, s auch § 42 Abs 5 Z 3)*

(2) Die §§ 22 bis 29 sind sinngemäß anzuwenden.

§ 32. (1) Der behandelnde Arzt hat das weitere Vorliegen der Unterbringungsvoraussetzungen in der Krankengeschichte zumindest wöchentlich, sollte aber die Unterbringung bereits über sechs Monate andauern, zumindest monatlich zu dokumentieren.

(2) Unbeschadet der Fälle, in denen das Gericht die Unterbringung des Patienten für nicht oder für nicht mehr zulässig erklärt, hat der Abteilungsleiter die Unterbringung jederzeit aufzuheben, wenn deren Voraussetzungen nicht mehr vorliegen.

(3) Der Abteilungsleiter hat die Unterbringung außerdem aufzuheben, wenn

1. ein ohne Verlangen untergebrachter Patient der Abteilung eigenmächtig ferngeblieben ist und seit Bekanntwerden dieses Umstandes 24 Stunden vergangen sind,

2. ein Patient länger als 24 Stunden außerhalb der psychiatrischen Abteilung behandelt wurde, oder

3. in den Fällen der Z 1 und 2 zwar noch nicht 24 Stunden vergangen sind, eine rechtzeitige Rückführung bis zur gerichtlichen Entscheidung nach den §§ 20 oder 26 Abs. 1 aber nicht möglich ist.

(BGBl I 2022/147, ab 1. 7. 2023, s auch § 42 Abs 5 Z 2)

§ 32a. Bei der Prüfung, ob die Unterbringung fortzusetzen oder aufzuheben ist, ist abzuwägen, ob die Dauer und Intensität der Freiheitsbeschränkung im Verhältnis zur erforderlichen Gefahrenabwehr angemessen sind. Dabei ist zu berücksichtigen, ob durch eine zeitlich begrenzte Fortführung der Unterbringung, insbesondere durch einen zu erwartenden und nur im Rahmen der Unterbringung erreichbaren Behandlungsfortschritt, die Wahrscheinlichkeit wesentlich verringert werden kann, dass der „Patient" in absehbarer Zeit nach der Aufhebung der Unterbringung neuerlich in seiner Freiheit beschränkt werden muss. *(BGBl I 2022/147, ab 1. 7. 2023)*

(BGBl I 2010/18, ab 1. 7. 2010)

§ 32b. (1) Der Abteilungsleiter hat bis zur Aufhebung der Unterbringung mit dem Patienten ein Gespräch darüber zu führen, welche Behandlungen und Maßnahmen seine Situation während der Unterbringung verbessert haben, wie er sich seinen Alltag nach der Entlassung aus der psychiatrischen Abteilung vorstellt und auf welche Art und Weise in einer neuerlichen Gefährdungssituation vorgegangen werden soll. Dem Patienten ist die Möglichkeit anzubieten, das Gespräch in Anwesenheit einer von ihm benannten Person durchzuführen.

(2) Auf Verlangen des Patienten ist von diesem und dem Abteilungsleiter für den Fall einer erneuten stationären Behandlung in der konkreten psychiatrischen Abteilung ein Behandlungsplan festzulegen; dieser kann etwa Absprachen zu Medikamenten und deren Verabreichung, Hinweise, wie Beschränkungen in Krisensituationen vermieden werden können, Angaben zur ambulanten Behandlung sowie Kontaktwünsche enthalten. Der Behandlungsplan ist in der Krankengeschichte zu dokumentieren und dem Patienten in Kopie auszufolgen.

(3) Der Abteilungsleiter hat sich nachweislich um eine angemessene soziale und psychiatrische Betreuung des Patienten zu bemühen, soweit er eine solche nach dessen Entlassung für erforderlich hält.

(4) Der Abteilungsleiter hat von der Aufhebung der Unterbringung unverzüglich das Gericht, den Vertreter und die Vertrauensperson des Patienten zu verständigen. Im Fall eines Erwachsenenvertreters ist dieser unabhängig von seinem Wirkungsbereich zu verständigen, es sei denn die betroffene Person ist schon umfassend betreut. Wenn der Patient nach entsprechender Belehrung nicht widerspricht, hat der Abteilungsleiter auch einen Angehörigen, der mit ihm im gemeinsamen Haushalt lebt oder für ihn sorgt, oder die Einrichtung, die ihn umfassend betreut, zu verständigen.

(BGBl I 2022/147, ab 1. 7. 2023, s auch § 42 Abs 5 Z 2)

7. Abschnitt

Beschränkungen und Behandlungen

Beschränkungen der Bewegungsfreiheit

§ 33. (1) Beschränkungen des Patienten in seiner Bewegungsfreiheit sind nach Art, Umfang und Dauer nur insoweit zulässig, als sie im Einzelfall zur Abwehr einer Gefahr im Sinn des § 3 Z 1 sowie zur medizinischen Behandlung oder Betreuung unerlässlich sind und zu ihrem Zweck nicht außer Verhältnis stehen.

(2) Im Allgemeinen darf die Bewegungsfreiheit des Patienten nur auf mehrere Räume oder auf bestimmte räumliche Bereiche beschränkt werden.

(3) Beschränkungen der Bewegungsfreiheit auf einen Raum oder innerhalb eines Raumes sind vom behandelnden Arzt jeweils besonders anzuordnen, in der Krankengeschichte unter Angabe des Grundes zu dokumentieren und unverzüglich dem Vertreter des Patienten mitzuteilen. Auf Verlangen des Patienten, seines Vertreters oder des Abteilungsleiters hat das Gericht über die Zulässigkeit einer solchen Beschränkung unverzüglich zu entscheiden.

(BGBl I 2022/147, ab 1. 7. 2023, s auch § 42 Abs 5 Z 2)

Kontakte zur Außenwelt

§ 34. (1) Der Briefverkehr des Patienten allgemein sowie dessen Kontakte mit seinem Vertreter dürfen nicht eingeschränkt werden.

(2) Das Recht des Patienten, mit Personen außerhalb der psychiatrischen Abteilung anders als in Form von Briefen zu kommunizieren und von ihnen Besuche zu empfangen, darf nur eingeschränkt werden, soweit dies zur Abwehr einer Gefahr im Sinn des § 3 Z 1 oder zum Schutz der Rechte anderer Personen in der psychiatrischen Abteilung unerlässlich ist und die Einschränkung zu ihrem Zweck nicht außer Verhältnis steht. Der behandelnde Arzt hat die Einschränkung besonders anzuordnen, in der Krankengeschichte unter Angabe des Grundes zu dokumentieren sowie unverzüglich dem Patienten und dessen Vertreter mitzuteilen. Auf Verlangen des Patienten, seines Vertreters oder des Abteilungsleiters hat das Gericht über die Zulässigkeit einer solchen Einschränkung unverzüglich zu entscheiden.

(BGBl I 2022/147, ab 1. 7. 2023, s auch § 42 Abs 5 Z 2)

Beschränkung sonstiger Rechte

§ 34a. Beschränkungen sonstiger Rechte des Patienten während der Unterbringung, insbesondere Beschränkungen der Rechte auf Gebrauch persönlicher Gegenstände und Ausgang ins Freie, sind, soweit nicht besondere Vorschriften bestehen, nur insoweit zulässig, als sie zur Abwehr einer Gefahr im Sinn des § 3 Z 1 oder zum Schutz der Rechte anderer Personen in der psychiatrischen Abteilung unerlässlich sind und zu ihrem Zweck nicht außer Verhältnis stehen. Sie sind in der Krankengeschichte unter Angabe des Grundes zu dokumentieren und unverzüglich dem Patienten und dessen Vertreter mitzuteilen. Auf Verlangen des Patienten, seines Vertreters oder des Abteilungsleiters hat das Gericht über die Zulässigkeit einer solchen Beschränkung unverzüglich zu entscheiden.

(BGBl I 2022/147, ab 1. 7. 2023, s auch § 42 Abs 5 Z 2)

Medizinische Behandlung

§ 35. (1) Der Patient darf nur nach den Grundsätzen und anerkannten Methoden der medizinischen Wissenschaft behandelt werden. Diese Behandlung, sei sie auch nicht psychiatrischer Art, ist nur insoweit zulässig, als sie zu ihrem Zweck nicht außer Verhältnis steht.

(2) Der Grund und die Bedeutung der medizinischen Behandlung sind, soweit dies möglich und seinem Wohl nicht abträglich ist, dem Patienten, weiters, wenn vorhanden, dem gewählten oder gesetzlichen Vertreter und auf Verlangen des Patientenanwalts auch diesem zu erläutern.

(3) Hält der Arzt den Patienten für nicht entscheidungsfähig, so hat er sich nachweislich um die Beiziehung von Angehörigen, anderen nahestehenden Personen, Vertrauenspersonen und im Umgang mit Menschen in solchen schwierigen Lebenslagen besonders geübten Fachleuten zu bemühen, die den Patienten dabei unterstützen können, seine Entscheidungsfähigkeit zu erlangen. Soweit der Patient aber zu erkennen gibt, dass er mit der beabsichtigten Beiziehung anderer Personen und der Weitergabe von medizinischen Informationen nicht einverstanden ist, hat der Arzt dies zu unterlassen.

(BGBl I 2022/147, ab 1. 7. 2023, s auch § 42 Abs 5 Z 2)

§ 36. (1) Soweit der Patient entscheidungsfähig ist, darf er nur mit seiner Einwilligung behandelt werden; eine besondere Heilbehandlung darf nur mit seiner schriftlichen Einwilligung durchgeführt werden.

(2) Soweit der Patient nicht entscheidungsfähig ist und einen gewählten oder gesetzlichen Vertreter hat, darf er nur mit Zustimmung seines Vertreters behandelt werden; eine besondere Heilbehandlung darf nur mit schriftlicher Zustimmung des Vertreters durchgeführt werden.

(3) Soweit der Patient nicht entscheidungsfähig ist und keinen gewählten oder gesetzlichen Vertreter hat, darf er ohne Einwilligung und Zustimmung behandelt werden; von der Behandlung ist unverzüglich der Patientenanwalt zu verständigen.

(BGBl I 2022/147, ab 1. 7. 2023, s auch § 42 Abs 5 Z 2)

§ 36a. (1) Das Gericht hat vor einer Behandlung über deren Zulässigkeit zu entscheiden,

1. wenn in den Fällen des § 36 Abs. 2 und 3 eine besondere Heilbehandlung vorgenommen werden soll,

2. wenn in den Fällen des § 36 Abs. 2 der gewählte oder gesetzliche Vertreter der medizinischen Behandlung nicht zustimmt und dadurch dem Willen des Patienten nicht entspricht oder

3. wenn der Patient dies nach entsprechender Belehrung verlangt sowie auf Verlangen seines Vertreters oder des Abteilungsleiters.

(2) Erklärt das Gericht die Behandlung für zulässig, so ersetzt es im Fall des Abs. 1 Z 2 damit die Zustimmung des Vertreters.

(BGBl I 2022/147, ab 1. 7. 2023, s auch § 42 Abs 5 Z 2 und 3)

§ 37. Die Aufklärung, Unterstützung und Einwilligung des Patienten, die Verständigung und Zustimmung seines Vertreters sowie die gerichtliche Entscheidung sind nicht erforderlich, wenn mit der damit einhergehenden Verzögerung der medizinischen Behandlung für den Patienten eine Gefährdung des Lebens, die Gefahr einer schweren Schädigung der Gesundheit oder starke Schmerzen verbunden wären. Über die Notwendigkeit und Dringlichkeit einer Behandlung entscheidet der Abteilungsleiter. Dieser hat den Vertreter nachträglich von der Behandlung zu verständigen.

(BGBl I 2022/147, ab 1. 7. 2023, s auch § 42 Abs 5 Z 2)

Behandlung außerhalb der psychiatrischen Abteilung

§ 37a. Muss eine medizinische Behandlung nicht psychiatrischer Art an einem untergebrachten Patienten außerhalb einer psychiatrischen Abteilung durchgeführt werden, so bleibt die Unterbringung bei Fortbestand der Voraussetzungen des § 3 Z 1 nach Maßgabe des § 32 Abs. 3 Z 2 und 3 für die Zeit der Behandlung aufrecht.

(BGBl I 2022/147, ab 1. 7. 2023, s auch § 42 Abs 5 Z 2)

Verfahren bei Beschränkungen und Behandlungen

§ 38. (1) Vor der Entscheidung über die Zulässigkeit einer Beschränkung der Bewegungsfreiheit, der Einschränkung der Kontakte zur Außenwelt, der Beschränkung eines sonstigen Rechts und über die Zulässigkeit einer medizinischen Behandlung hat sich das Gericht in einer Tagsatzung an Ort und Stelle einen persönlichen Eindruck vom Patienten und dessen Lage zu verschaffen. Zur Tagsatzung hat das Gericht den Vertreter des Patienten und den Abteilungsleiter zu laden; es kann auch einen Sachverständigen (§ 19 Abs. 3) beiziehen. „§ 25 Abs. 3 ist sinngemäß anzuwenden.“ *(BGBl I 2023/77, ab 14. 7. 2023)*

(2) Die Entscheidung des Gerichtes ist in der Niederschrift über die Tagsatzung zu beurkunden; sie ist nur auf Verlangen des Patienten, seines Vertreters oder des Abteilungsleiters innerhalb von sieben Tagen auszufertigen und dem Patienten, seinem Vertreter und dem Abteilungsleiter zuzustellen. § 26 Abs. 1 und 3 sowie die §§ 28 und 29 sind anzuwenden.

(3) Einem in der Tagsatzung angemeldeten Rekurs gegen den Beschluss, mit dem über die Zulässigkeit einer Behandlung nach „§ 36a“ entschieden wird, kommt aufschiebende Wirkung zu, sofern das Gericht nichts anderes bestimmt. *(BGBl I 2023/77, ab 14. 7. 2023)*

(BGBl I 2022/147, ab 1. 7. 2023, s auch § 42 Abs 5 Z 3)

8. Abschnitt
Nachträgliche Überprüfung

§ 38a. (1) Auf Antrag des Patienten oder seines Vertreters hat das Gericht nachträglich über die Zulässigkeit der Unterbringung, der Beschränkung der Bewegungsfreiheit, der Einschränkung der Kontakte zur Außenwelt, der Beschränkung eines sonstigen Rechts oder der medizinischen Behandlung zu entscheiden, auch wenn die Unterbringung bereits aufgehoben oder die Beschränkung, Einschränkung oder Behandlung bereits beendet wurde und seit dem Ende der Unterbringung nicht mehr als drei Jahre vergangen sind. Auf Antrag des Vertreters hat das Gericht darüber auch dann zu entscheiden, wenn der Patient während oder bis zu einem Monat nach Aufhebung der Unterbringung verstorben ist. *(BGBl I 2022/147, ab 1. 7. 2023, s auch § 42 Abs 5 Z 3)*

(2) Über Anträge nach Abs. 1 ist mündlich zu verhandeln. Zur Tagsatzung hat das Gericht den „Patienten“, seinen Vertreter und den Abteilungsleiter zu laden. Es kann auch einen Sachverständigen beiziehen (§ 19 Abs. 3). Der Abteilungsleiter hat dem Gericht die Krankengeschichte vorzulegen. § 25 gilt entsprechend. *(BGBl I 2022/147, ab 1. 7. 2023)*

(3) § 28 Abs. 1 gilt sinngemäß. Gegen den Beschluss, mit dem eine Unterbringung, eine Beschränkung der Bewegungsfreiheit, eine „Einschränkung der Kontakte zur Außenwelt[1)]“, eine Beschränkung eines sonstigen Rechts oder eine „medizinische“ Behandlung für unzulässig erklärt wird, kann der Abteilungsleiter innerhalb von 14 Tagen ab Zustellung Rekurs erheben. *(BGBl I 2022/147, ab 1. 7. 2023)*

(BGBl I 2010/18, ab 1. 7. 2010)

---

1) Infolge eines Redaktionsversehens finden sich auch die Worte „mit der Außenwelt“ im Gesetzestext.

9. Abschnitt
Datenschutz

Einsicht in die Krankengeschichte

§ 39. Der Patient und sein Vertreter haben das Recht auf Einsicht in die Krankengeschichte.

(BGBl I 2022/147, ab 1. 7. 2023, s auch § 42 Abs 5 Z 4)

Datenverarbeitung im Rahmen der ärztlichen Untersuchung

§ 39a. (1) Die in § 8 Abs. 1 genannten Ärzte sind ermächtigt, den in § 8 Abs. 3 genannten Personen und Stellen die zur Abklärung, ob die betroffene Person in anderer Weise als durch Unterbringung ausreichend medizinisch behandelt oder betreut werden kann, erforderlichen Informationen zur Identität der betroffenen Person sowie über ihre Krankheit und ihren Betreuungsbedarf zu übermitteln.

(2) Die in § 8 Abs. 3 Z 1 genannten Personen sind zur Geheimhaltung der nach Abs. 1 erhaltenen Informationen über die Krankheit der betroffenen Person und ihren Betreuungsbedarf verpflichtet. Die in § 8 Abs. 3 Z 2 und 3 genannten Stellen dürfen diese Informationen nur zur Abklärung, ob die Betreuung übernommen werden kann, sowie zur Betreuung der betroffenen Person verarbeiten und müssen diese, wenn sie die Betreuung nicht übernehmen, unverzüglich löschen.

(BGBl I 2022/147, ab 1. 7. 2023, s auch § 42 Abs 5 Z 4)

Datenverarbeitung durch die Sicherheitsbehörden

§ 39b. (1) Die die Amtshandlung nach § 9 durchführenden Organe des öffentlichen Sicherheitsdienstes dürfen dem in § 8 Abs. 1 genannten Arzt und dem in § 9 Abs. 4 genannten örtlichen Rettungsdienst die erforderlichen Informationen zur Identität der betroffenen Person übermitteln sowie über ihre Wahrnehmungen im Zuge der Amtshandlung berichten. Sie haben den Bericht im Sinn des § 9 Abs. 6 sowie die Bescheinigung im Sinn des § 8 unverzüglich dem Abteilungsleiter zur Aufnahme in die Krankengeschichte zu übermitteln.

(2) Der Bericht sowie die Bescheinigung dürfen weiters für ein den Patienten betreffendes gerichtliches Unterbringungs-, Erwachsenenschutz-, Pflegschafts- oder Strafverfahren, ein gerichtliches Strafverfahren im Zusammenhang mit der Amtshandlung nach § 9 sowie für die Überprüfung der Rechtmäßigkeit und Ordnungsmäßigkeit der Amtshandlung verarbeitet werden.

(3) Die Sicherheitsbehörde, der die Amtshandlung nach § 9 zuzurechnen ist, darf Informationen über das Vorliegen einer psychischen Krankheit der betroffenen Person und einer damit im Zusammenhang stehenden ernstlichen und erheblichen Gefährdung des Lebens oder der Gesundheit anderer den bezüglich der betroffenen Person zur Prüfung der Verlässlichkeit für den Bereich des Waffen-, Schieß-, Munitions- und Sprengmittelwesens oder des Luftfahrt- oder Eisenbahnwesens zuständigen Behörden übermitteln, wenn

1. die Information über ein das Leben und die Gesundheit anderer gefährdendes Verhalten ohne den Hinweis auf das Vorliegen einer psychischen Krankheit zur Prüfung der Eignung bzw. Verlässlichkeit der betroffenen Person nicht ausreichend erscheint und

2. sie vom Gericht die Mitteilung erhalten haben, dass die Unterbringung nach § 20 Abs. 1 für zulässig erklärt worden ist.

(4) Die Sicherheitsbehörde, der die Amtshandlung nach § 9 zuzurechnen ist, darf Informationen über das Vorliegen einer psychischen Krankheit der betroffenen Person und einer damit im Zusammenhang stehenden ernstlichen und erheblichen Gefährdung des Lebens oder der Gesundheit anderer Personen der zur Prüfung der Eignung für den Bereich des Führerscheinwesens zuständigen Behörde übermitteln, wenn diese Gefahr beim Lenken eines Kraftfahrzeuges auf einer Straße mit öffentlichem Verkehr aufgetreten ist und zusätzlich die Voraussetzungen des Abs. 3 Z 1 und 2 gegeben sind.

(5) Die Mitteilungen dürfen von den nach Abs. 3 und 4 informierten Behörden nur zur Beurteilung der Eignung bzw. Verlässlichkeit verwendet werden.

(BGBl I 2022/147, ab 1. 7. 2023, s auch § 42 Abs 5 Z 4)

Datenverarbeitung durch den Abteilungsleiter

§ 39c. (1) Für die Datenverarbeitung durch den Abteilungsleiter im Rahmen der Abklärung bei der Aufnahmeuntersuchung, ob die betroffene Person in anderer Weise als durch Unterbringung ausreichend medizinisch behandelt oder betreut werden kann, ist § 39a anzuwenden.

(2) Der Abteilungsleiter hat der Verständigung des Gerichts nach § 17

1. die ärztliche Bescheinigung nach § 8,

2. den Bericht der Organe des öffentlichen Sicherheitsdienstes über die Amtshandlung nach § 9 Abs. 6,

3. eine maschinschriftliche Ausfertigung des ärztlichen Zeugnisses (§ 10 Abs. 1) sowie allenfalls

4. eine[1] maschinschriftliche Ausfertigung des zweiten ärztlichen Zeugnisses (§ 10 Abs. 3)

anzuschließen.

(3) Im Rahmen seiner Bemühung um eine angemessene soziale und psychiatrische Betreuung des Patienten außerhalb der psychiatrischen Abteilung (§§ 10 Abs. 5 und „32b Abs. 3“) kann der Abteilungsleiter mit Einwilligung des Patienten Angehörigen und Einrichtungen, die ihn betreuen können, die zur Beurteilung der Betreuungsübernahme erforderlichen Informationen zur Identität des Patienten sowie über dessen Krankheit und Betreuungsbedarf erteilen. Verfügt der Patient nicht über die erforderliche Entscheidungsfähigkeit, so ist die Zustimmung seines gewählten oder gesetzlichen Vertreters einzuholen. Die Einrichtungen dürfen diese Informationen nur zur Abklärung, ob die Betreuung übernommen werden kann, sowie zur Betreuung des Patienten verarbeiten und müssen diese, wenn sie die Betreuung nicht übernehmen, unverzüglich löschen. *(BGBl I 2023/77, ab 14. 7. 2023)*

(4) Wenn einem Abteilungsleiter nach § 9 Abs. 6 ein Betretungs- und Annäherungsverbot gemäß § 38a Abs. 1 SPG oder eine einstweilige Verfügung nach §§ 382b, 382c und 382d EO mitgeteilt wurde, hat er die vorführende oder die nächste Sicherheitsdienststelle von dem Umstand, dass die betroffene Person nicht untergebracht wird, unverzüglich zu verständigen.

(5) Der Abteilungsleiter hat die vorführende oder die nächste Sicherheitsdienststelle von dem Umstand, dass die betroffene Person nicht untergebracht wird, überdies dann unverzüglich zu verständigen, wenn er annimmt, dass die betroffene Person das Leben oder die Gesundheit anderer gegenwärtig und erheblich gefährdet; dies hat er in der Verständigung darzulegen.

(6) § 80 Abs. 1 StPO bleibt unberührt.

(BGBl I 2022/147, ab 1. 7. 2023, s auch § 42 Abs 5 Z 4)

---
[1] *Im BGBl irrtümlich: ein*

§ 39d. (1) Der Abteilungsleiter hat von der Aufhebung der Unterbringung unverzüglich die vorführende oder die nächste Sicherheitsdienststelle zu verständigen, wenn

1. die Voraussetzungen des § 39c Abs. 4 und 5 vorliegen oder

2. der Patient der Abteilung eigenmächtig ferngeblieben ist und der Abteilungsleiter die Voraussetzungen des § 3 weiterhin für gegeben erachtet oder

3. der Patient außerhalb der psychiatrischen Abteilung behandelt wurde, der Abteilungsleiter die Voraussetzungen des § 3 weiterhin für gegeben erachtet und der Patient nicht freiwillig in die psychiatrische Abteilung zurückkehrt.

(2) Der Abteilungsleiter hat in der Verständigung zu begründen, weshalb er annimmt, dass die Voraussetzungen des § 39c Abs. 5 oder des § 3 vorliegen. Nimmt der Abteilungsleiter an, dass die Voraussetzungen des § 39c Abs. 5 oder des § 3 nicht mehr vorliegen, so hat er hievon die Sicherheitsdienststelle zu verständigen.

(BGBl I 2022/147, ab 1. 7. 2023, s auch § 42 Abs 5 Z 4)

Datenverarbeitung durch das Gericht

§ 39e. (1) Das Gericht hat Einsicht in den Akt nach Maßgabe des § 219 Abs. 1 und 4 ZPO, RGBl. Nr. 113/1895, in der Fassung des BGBl. I Nr. 109/2018, zu gewähren.

(2) Im Rahmen der Amtshilfe darf das Gericht nur Auskünfte über den Gesundheitszustand des Patienten für ein den Patienten betreffendes gerichtliches Unterbringungs- Erwachsenenschutz- Pflegschafts- oder Strafverfahren, ein gerichtliches Strafverfahren im Zusammenhang mit der Amtshandlung nach § 9 sowie für die Überprü-

fung der Rechtmäßigkeit und Ordnungsmäßigkeit der Amtshandlung erteilen.

(3) Das Gericht hat von der vorläufigen Zulässigkeit der Unterbringung (§ 20 Abs. 1) die Sicherheitsbehörde, der die Amtshandlung der Vorführung zuzurechnen ist (§ 9), zu verständigen.

(4) Beschlüsse, mit denen das Gericht eine Unterbringung, eine Bewegungseinschränkung, eine Einschränkung des Verkehrs mit der Außenwelt oder eine Beschränkung anderer Rechte für unzulässig erklärt, hat es dem Bundesminister für Soziales, Gesundheit, Pflege und Konsumentenschutz in pseudonymisierter Form zu übermitteln. Diese Beschlüsse dürfen vom Bundesminister nur zur Erfüllung seiner Aufsichtspflicht gegenüber den Anstaltsträgern (§ 2 Abs. 2) verwendet werden.

(BGBl I 2022/147, ab 1. 7. 2023, s auch § 42 Abs 5 Z 4)

Speicherung und Löschung der Daten

§ 39f. (1) Die in § 8 Abs. 1 genannten Ärzte, die Sicherheitsbehörden, denen die Amtshandlungen nach § 9 zuzurechnen sind, sowie die nach § 39b Abs. 3 und 4 informierten Behörden dürfen die Aufzeichnungen über die genannten Amtshandlungen sowie die Bescheinigungen im Sinn des § 8 nur in einer Weise speichern, dass die Aufzeichnungen und Bescheinigungen nicht, auch nicht erleichtert, nach einem auf die psychische Krankheit oder die Unterbringung hindeutenden Merkmal aufgefunden werden können.

(2) Die Aufzeichnungen und Bescheinigungen sind, soweit sie nicht Bestandteil der Krankengeschichte oder der Gerichtsakten geworden sind, nach drei Jahren, sollte zu diesem Zeitpunkt ein Verfahren zur Überprüfung der Amtshandlung anhängig sein, nach dessen Abschluss, unverzüglich zu löschen.

(3) Die in § 8 Abs. 3 Z 2 und 3 genannten Stellen haben die nach dieser Bestimmung erhaltenen personenbezogenen Daten über die Krankheit und den Betreuungsbedarf der betroffenen Person, deren Betreuung sie übernommen haben, spätestens bei Beendigung der Betreuung zu löschen. Sonstige Aufbewahrungs- und Löschungspflichten, denen die in § 8 Abs. 3 Z 2 und 3 genannten Stellen unterliegen, bleiben unberührt.

(BGBl I 2022/147, ab 1. 7. 2023, s auch § 42 Abs 5 Z 4)

10. Abschnitt

Besondere Bestimmungen für die Unterbringung Minderjähriger

Allgemeines

§ 40. Soweit im Folgenden nicht anderes bestimmt ist, sind auf die Unterbringung Minderjähriger die bisherigen Abschnitte anzuwenden.

(BGBl I 2022/147, ab 1. 7. 2023, s auch § 42 Abs 5 Z 2)

Voraussetzungen der Unterbringung

§ 40a. (1) Im Rahmen der Abklärung des Arztes (§ 8 Abs. 1), ob ein Minderjähriger in anderer Weise ausreichend medizinisch behandelt oder betreut werden kann (§ 8 Abs. 3), kann, soweit dies zweckmäßig und verhältnismäßig ist, auch der Kinder- und Jugendhilfeträger angehört werden.

(2) Der Abteilungsleiter hat im Zuge der Abklärung der Unterbringungsvoraussetzungen den Minderjährigen einschließlich seiner Familie mit seinen Problemen und seinem Lebensraum kennenzulernen; soweit zweckmäßig und verhältnismäßig hat er hierbei den Kinder- und Jugendhilfeträger anzuhören.

(BGBl I 2022/147, ab 1. 7. 2023, s auch § 42 Abs 5 Z 2)

Besondere Verfahrensfähigkeit

§ 40b. (1) Mündige Minderjährige können in Verfahren über die Zulässigkeit der Unterbringung, der Beschränkung der Bewegungsfreiheit, der Einschränkung der Kontakte zur Außenwelt, der Beschränkung eines sonstigen Rechts oder der medizinischen Behandlung selbständig vor Gericht handeln.

(2) Die Befugnis des Vertreters des Minderjährigen, auch in dessen Namen Verfahrenshandlungen zu setzen, bleibt unberührt. Stimmen Anträge, die der Minderjährige und der Vertreter gestellt haben, nicht überein, so sind bei der Entscheidung alle Anträge inhaltlich zu berücksichtigen.

(BGBl I 2022/147, ab 1. 7. 2023)

Unterbringung ohne Verlangen

§ 40c. (1) Verlangt dies der Minderjährige oder sein Vertreter, so hat ein Facharzt für Kinder- und Jugendpsychiatrie den aufgenommenen Minderjährigen zu untersuchen und ein zweites ärztliches Zeugnis über das Vorliegen der Voraussetzungen der Unterbringung zu erstellen.

(2) Das Gericht kann zur Abklärung der Behandlungs- und Betreuungsmöglichkeiten des Minderjährigen außerhalb der psychiatrischen

Abteilung den Träger der Kinder- und Jugendhilfe anhören.

(3) § 19 Abs. 3 gilt mit der Maßgabe, dass das Gericht der Anhörung des Minderjährigen tunlichst einen Facharzt für Kinder- und Jugendpsychiatrie beizuziehen hat.

(4) Auf Verlangen des Minderjährigen, dessen Vertreters oder des Abteilungsleiters hat das Gericht als zweiten Sachverständigen im Sinn des § 22 Abs. 1 tunlichst einen Facharzt für Kinder- und Jugendpsychiatrie zu bestellen.

(BGBl I 2022/147, ab 1. 7. 2023, s auch § 42 Abs 5 Z 2)

Medizinische Behandlung

§ 40d. (1) Soweit der Minderjährige entscheidungsfähig ist, darf er nur mit seiner Einwilligung behandelt werden; im Zweifel wird das Vorliegen dieser Entscheidungsfähigkeit bei mündigen Minderjährigen vermutet. Eine besondere Heilbehandlung darf nur mit seiner schriftlichen Einwilligung durchgeführt werden; zusätzlich ist die schriftliche Zustimmung des Erziehungsberechtigten erforderlich.

(2) Soweit der Minderjährige nicht entscheidungsfähig ist, darf er nur mit Zustimmung seines Erziehungsberechtigten behandelt werden; eine besondere Heilbehandlung darf nur mit schriftlicher Zustimmung des Erziehungsberechtigten durchgeführt werden.

(3) Wenn der Minderjährige dies nach entsprechender Belehrung verlangt sowie auf Verlangen seines Vertreters oder des Abteilungsleiters hat das Gericht vor der Behandlung über deren Zulässigkeit zu entscheiden. *(BGBl I 2023/77, ab 14. 7. 2023)*

(4) Das Gericht hat „außerdem“ vor der Behandlung über deren Zulässigkeit zu entscheiden, wenn der Erziehungsberechtigte der Behandlung des nicht entscheidungsfähigen Minderjährigen nicht zustimmt und dadurch dessen Wohl gefährdet. *(BGBl I 2023/77, ab 14. 7. 2023)*

(BGBl I 2022/147, ab 1. 7. 2023)

Krankenhaustypische Beschränkungen

§ 40e. (1) Maßnahmen, denen Minderjährige aufgrund ihres Alters in Krankenanstalten typischerweise unterworfen werden und die nicht in Beschränkungen der Bewegungsfreiheit auf einen Raum oder innerhalb eines Raumes bestehen, gelten nicht als Beschränkungen im Sinn der §§ 33 bis 34a.

(2) Beschränkungen im Sinn des Abs. 1 sind in der Krankengeschichte unter Angabe des Grundes zu dokumentieren und binnen 72 Stunden ab Durchführung der Beschränkung dem Erziehungsberechtigten des Minderjährigen mitzuteilen.

(BGBl I 2022/147, ab 1. 7. 2023, s auch § 42 Abs 5 Z 2)

Datenverarbeitung

§ 40f. (1) Der Arzt (§ 8 Abs. 1), der Abteilungsleiter und das Gericht sind ermächtigt, dem Erziehungsberechtigten und dem Kinder- und Jugendhilfeträger für die Betreuung des Minderjährigen „erforderliche“ Informationen zur Identität der betroffenen Person sowie über die Krankheit des Minderjährigen und dessen Betreuungsbedarf zu erteilen. „ “ *(BGBl I 2023/77, ab 14. 7. 2023)*

(2) Der Abteilungsleiter hat im Rahmen seiner Bemühung um eine angemessene soziale und psychiatrische Betreuung des Minderjährigen außerhalb der psychiatrischen Abteilung (§ 10 Abs. 5 und § 32b Abs. 1), soweit dies zweckmäßig und verhältnismäßig ist, den Kinder- und Jugendhilfeträger anzuhören.

(BGBl I 2022/147, ab 1. 7. 2023, s auch § 42 Abs 5 Z 4)

§ 40g. (1) Soweit dies zweckmäßig und verhältnismäßig ist, hat der Abteilungsleiter mit Zustimmung des Erziehungsberechtigten oder, soweit der Minderjährige entscheidungsfähig ist, mit dessen Einwilligung mit der Schule, dem Kindergarten oder einer anderen Betreuungseinrichtung des Minderjährigen die für dessen weitere Betreuung erforderlichen Rahmenbedingungen zu erörtern und dazu Informationen über dessen Krankheit und Betreuungsbedarf zu erteilen.

(2) Die in Abs. 1 genannten Einrichtungen dürfen diese Informationen nur zur Betreuung des Minderjährigen verarbeiten und müssen diese, soweit sie personenbezogene Daten enthalten, spätestens nach Beendigung der Betreuung löschen. Sonstige Aufbewahrungs- und Löschungspflichten bleiben unberührt.

(BGBl I 2022/147, ab 1. 7. 2023, s auch § 42 Abs 5 Z 4)

11. Abschnitt

Schlussbestimmungen

Kosten

„**§ 40h.**“ Die Kosten des gerichtlichen Verfahrens trägt der Bund. *(BGBl I 2022/147)*

Bekanntgabe der Anstalt

§ 41. Der ärztliche Leiter einer Krankenanstalt, für die die Bestimmungen dieses Bundesgesetzes gelten (§ 2), hat dies dem Vorsteher des Bezirksgerichts, in dessen Sprengel die „psychiatrische

Abteilung“ liegt, unverzüglich bekanntzugeben. *(BGBl I 2010/18, ab 1. 7. 2010)*

Übergangsbestimmungen

§ 42. (1) Dieses Bundesgesetz tritt mit 1. Jänner 1991 in Kraft.

(2) Die §§ 39a, 39b, 44 und 47 in der Fassung des Bundesgesetzes BGBl. I Nr. 12/1997 treten mit 1. Juli in Kraft. *(BGBl I 1997/12)*

(3) Die §§ 2, 3, 4, 5, 6, 8, 9, 10, 11, 12, 13, 14, 15, 16, 17, 19, 20, 21, 25, 26, 27, 28, 29, 29a, 30, 32, 32a, 33, 34, 34a, 35, 36, 37, 38, 38a, 39 und 41 sowie 43 und 47 in der Fassung des Bundesgesetzes BGBl. I Nr. 18/2010 treten mit 1. Juli 2010 in Kraft. Mit diesem Zeitpunkt tritt der jeweils örtlich zuständige Verein im Sinn des § 13 Abs. 1 als Vertreter eines „Patienten“ an die Stelle des diesen bis dahin vertretenden Patientenanwalts. Die §§ 10 und 17 in der Fassung des Bundesgesetzes BGBl. I Nr. 18/2010 sind anzuwenden, wenn das Aufnahmeverfahren in der psychiatrischen Abteilung nach dem 30. Juni 2010 begonnen hat. § 27 in der Fassung des Bundesgesetzes BGBl. I Nr. 18/2010 ist anzuwenden, wenn der Beschluss nach dem 30. Juni 2010 verkündet wurde. § 28 und § 29a erster Fall in der Fassung des Bundesgesetzes BGBl. I Nr. 18/2010 sind anzuwenden, wenn der angefochtene Beschluss nach dem 30. Juni 2010 ergangen ist. § 29 Abs. 3 und § 29a zweiter Fall in der Fassung des Bundesgesetzes BGBl. I Nr. 18/2010 sind anzuwenden, wenn das Gericht den Beschluss, die Unterbringung für unzulässig zu erklären, nach dem 30. Juni 2010 fasst. § 32 in der Fassung des Bundesgesetzes BGBl. I Nr. 18/2010 ist auch auf Unterbringungen anzuwenden, die vor dem 1. Juli 2010 begonnen haben, doch beginnen die in dieser Bestimmung festgelegten Fristen frühestens am 1. Juli 2010 zu laufen. *(BGBl I 2010/18; BGBl I 2022/147, ab 1. 7. 2023)*

(4) Für das Inkrafttreten des 2. Erwachsenenschutz-Gesetzes, BGBl. I Nr. 59/2017 (2. ErwSchG), gilt Folgendes:

1. Die §§ 4, 5, 6, 12, 13, 21, 35, 36, 37 und 39a in der Fassung des 2. ErwSchG treten mit 1. Juli 2018 in Kraft.

2. Die §§ 4, 5, 13 und 35 bis 37 in der Fassung des 2. ErwSchG sind auf Unterbringungen und medizinische Behandlungen anzuwenden, die nach dem 30. Juni 2018 begonnen werden.

3. Die §§ 12 und 21 in der Fassung des 2. ErwSchG sind auf Verfahren anzuwenden, die nach dem 30. Juni 2018 anhängig werden.

4. § 39a in der Fassung des 2. ErwSchG ist auf Offenbarungen und Verwertungen nach dem 30. Juni 2018 anzuwenden.
(BGBl I 2017/59)

(5) Für das Inkrafttreten der UbG-IPRG-Novelle 2022, BGBl. I Nr. 147/2022, gilt Folgendes:

1. Der Titel des Gesetzes, die Überschrift „1. Abschnitt Allgemeine Bestimmungen“, § 2 samt Überschrift, die Überschriften „2. Abschnitt Voraussetzungen der Unterbringung“ und „3. Abschnitt Unterbringung auf Verlangen“, § 4 Abs. 1 und 2 sowie § 6 Abs. 2, 3 und 4 samt Überschrift, die Überschrift vor § 7, die Überschrift „4. Abschnitt Unterbringung ohne Verlangen“, §§ 8 bis 10 samt Überschriften, § 11, die Überschrift „5. Abschnitt Gerichtliche Überprüfung“, § 12, § 13 Abs. 1 und 3 samt Überschrift, §§ 14 bis 16, § 16a samt Überschrift, § 18, § 19 samt Überschrift, 20 Abs. 1, § 22 samt Überschrift, §§ 23 Abs. 1, 24, 25 Abs. 1 und 2, § 26 Abs. 1 samt Überschrift, §§ 27, 28 Abs. 1 und 3, § 29 Abs. 1 und 2, § 30 Abs. 2a, die Überschrift „6. Abschnitt Aufhebung der Unterbringung“, § 31 Abs. 1 samt Überschrift, § 32 samt Überschrift, §§ 32a und 32b, die Überschrift „7. Abschnitt Beschränkungen und Behandlungen“, § 33, § 34 samt Überschrift, § 34a, § 35 samt Überschrift, §§ 36 bis 37, § 37a samt Überschrift, § 38, die Überschrift „8. Abschnitt Nachträgliche Überprüfung“, § 38a, die Überschrift „9. Abschnitt Datenschutz“, § 39, §§ 39a bis 39c samt Überschrift, § 39d, §§ 39e und 39f samt Überschriften, die Überschrift „10. Abschnitt Besondere Bestimmungen für die Unterbringung Minderjähriger“, § 40, §§ 40a bis 40f samt Überschriften, § 40g, die Überschrift „11. Abschnitt Schlussbestimmungen“, § 40h, § 42 samt Überschrift, § 43 sowie § 47 samt Überschrift treten mit 1. Juli 2023 in Kraft. §§ 5, 13 Abs. 3, §§ 21 und 25 Abs. 3 treten mit Ablauf des 30. Juni 2023 außer Kraft.

2. Die §§ 2, 4, 6, 8 bis 11, §§ 13 bis 16, §§ 32 bis 37a, §§ 40, 40a, 40c, 40d Abs. 1 bis 3 und 40e sind auf Unterbringungen, Beschränkungen und Behandlungen anzuwenden, die nach dem 30. Juni 2023 begonnen werden.

3. Die §§ 12 bis 16a, §§ 18 bis 20, 22 bis 31, §§ 36a, 38, 38a und 40b, §§ 40d Abs. 4 sowie 40h sind auf Verfahren anzuwenden, die nach dem 30. Juni 2023 anhängig werden.

4. Die §§ 39 bis 39f, §§ 40f und 40g sind auf Datenverarbeitungen nach dem 30. Juni 2023 anzuwenden.
(BGBl I 2022/147)

(6) § 19 Abs. 4, § 25 Abs. 3, § 29 Abs. 2, § 38 Abs. 1 und 3, § 39c Abs. 3, § 40d Abs. 3 und 4 und § 40f Abs. 1 in der Fassung des Bundesgesetzes BGBl. I. Nr. 77/2023 treten mit 14. Juli 2023 in Kraft und die Paragrafenüberschrift vor § 31 in der Fassung des Bundesgesetzes BGBl. I. Nr. 77/2023 tritt mit 14. Juli 2023 außer Kraft. *(BGBl I 2023/77)*

§ 43. (1) Solange einem Gericht nicht in ausreichender Anzahl von einem geeigneten Verein namhaft gemachte Patientenanwälte zur Verfügung stehen, hat der Vorsteher dieses Gerichtes eine oder mehrere andere geeignete und bereite Personen zu Patientenanwälten allgemein zu bestellen. „§ 6 „ErwSchVG“** gilt sinngemäß.“* *(*BGBl I 2010/18, ab 1. 7. 2010; **BGBl I 2022/147, ab 1. 7. 2023)*

(2) Ist dies nicht möglich, so hat das Gericht für einen ohne Verlangen untergebrachten „Patienten“**, der keinen gewillkürten Vertreter hat, einen Patientenanwalt zu bestellen; dieser kann ein Angehöriger des „Patienten“**, ein Gerichtsbediensteter oder eine sonstige geeignete Person sein. Gleiches gilt, wenn ein auf Verlangen untergebrachter „Patient“** der Bestellung eines Patientenanwalts zur Wahrnehmung der in den §§ 33 bis 39 verankerten Rechte zustimmt. „§ 6 „ErwSchVG“** gilt sinngemäß.“* *(*BGBl I 2010/18, ab 1. 7. 2010; **BGBl I 2022/147, ab 1. 7. 2023)*

(3) Der nach Abs. 1 bestellte Patientenanwalt hat Anspruch auf Ersatz der Reise- und Aufenthaltskosten, der notwendigen Barauslagen und auf Abgeltung des Zeitaufwandes in der in § 18 Abs. 1 GebAG 1975, BGBl. Nr. 136, angeführten Höhe. Über den Gebührenanspruch entscheidet jeweils der Vorsteher des Bezirksgerichts. Die Beträge sind am Ende jedes Kalendervierteljahres auszuzahlen.

(4) Der nach Abs. 2 bestellte Patientenanwalt hat Anspruch auf Ersatz der Reise- und Aufenthaltskosten entsprechend den für Zeugen geltenden Bestimmungen des GebAG 1975 sowie der notwendigen Barauslagen. Über seinen Gebührenanspruch hat das Gericht zu entscheiden. Die §§ 39 bis 42 GebAG 1975 sind sinngemäß anzuwenden.

§ 44. (1) Bescheinigungen nach § 8 dieses Bundesgesetzes, die vor dem Inkrafttreten des Bundesgesetzes BGBl. I Nr. 12/1997 ausgestellt worden sind, und Bescheinigungen nach § 49 Abs. 1 Krankenanstaltengesetz, BGBl. Nr. 27/1958, in der vor dem Inkrafttreten des Bundesgesetzes BGBl. Nr. 157/1990 geltenden Fassung sowie Aufzeichnungen über damit im Zusammenhang stehende Amtshandlungen sind spätestens drei Jahre nach Inkrafttreten des Bundesgesetzes BGBl. I Nr. 12/1997, sollte zu diesem Zeitpunkt ein Verfahren zur Überprüfung der Amtshandlung anhängig sein, nach dessen Abschluß, unverzüglich zu vernichten.

(2) Evidenzen, die eine, wenn auch nur erleichterte, Auffindbarkeit der Bescheinigungen und Aufzeichnungen nach Abs. 1 nach einem auf die psychische Erkrankung oder die Unterbringung hindeutenden Merkmal ermöglichen würden, sind spätestens sechs Monate nach Inkrafttreten des Bundesgesetzes BGBl. I Nr. 12/1997 völlig zu vernichten.

(BGBl I 1997/12)

§ 45. *(aufgehoben, BGBl I 1997/12)*

§ 46. Unberührt bleiben insbesondere

1. die Vorschriften über die Zulässigkeit von Zwangsmaßnahmen aus Gründen der öffentlichen Sicherheit oder der Strafverfolgung,

2. die strafrechtlichen Vorschriften über die mit Freiheitsentziehung verbundenen vorbeugenden Maßnahmen bei geistig abnormen und entwöhnungsbedürftigen Rechtsbrechern und

3. die Vorschriften über den Vollzug der Freiheitsstrafe und der mit Freiheitsentziehung verbundenen vorbeugenden Maßnahmen.

Vollziehung, Verweise

§ 47. (1) Mit der Vollziehung sind betraut:

1. hinsichtlich der §§ 1, § 2 Abs. 1 und 3, § 3, § 30 Abs. 3 und §§ 33 bis 37a sowie 40d, 40e und 40f, soweit sie von den Gerichten anzuwenden sind, die Bundesministerin für Justiz im Einvernehmen mit dem Bundesminister für Soziales, Gesundheit, Pflege und Konsumentenschutz, soweit sie von den Krankenanstalten anzuwenden sind, der Bundesminister für Soziales, Gesundheit, Pflege und Konsumentenschutz im Einvernehmen mit der Bundesministerin für Justiz;

2. hinsichtlich der § 2 Abs. 2, §§ 4 bis 7, 10, 11, 16a, 17 sowie der §§ 32 bis 32b, 39, 39c, 39d und 40, 40a Abs. 2, 40b, 40g und 41 der Bundesminister für Soziales, Gesundheit, Pflege und Konsumentenschutz;

3. hinsichtlich der §§ 8, 9, 39a, 39b, 39f, 40a Abs. 1, 40c und 44 der Bundesminister für Inneres, soweit sich diese Bestimmungen aber auf einen Polizeiarzt beziehen, im Einvernehmen mit dem Bundesminister für Soziales, Gesundheit, Pflege und Konsumentenschutz, soweit sich diese Bestimmungen aber auf einen im öffentlichen Sanitätsdienst stehenden Arzt beziehen, der Bundesminister für Soziales, Gesundheit, Pflege und Konsumentenschutz im Einvernehmen mit dem Bundesminister für Inneres, soweit sich diese Bestimmungen aber auf einen vom Landeshauptmann ermächtigten Arzt beziehen, der Bundesminister für Soziales, Gesundheit, Pflege und Konsumentenschutz;

4. hinsichtlich der §§ 12 bis 16 und 18 bis 29a, § 30 Abs. 1, 2 und 2a, § 31 sowie der §§ 38, 38a und 39e die Bundesministerin für Justiz, hinsichtlich des § 23 Abs. 2 im Einvernehmen mit dem Bundesminister für Inneres und hinsichtlich der §§ 40h und 43 im Einvernehmen mit dem Bundesminister für Finanzen.

(2) Verweise auf andere Bundesgesetze beziehen sich auf deren jeweils letzte Fassung.

(BGBl I 2022/147, ab 1. 7. 2023)

6/2. Heimaufenthaltsgesetz

BGBl I 2004/11 idF

1 BGBl I 2006/94
2 BGBl I 2010/18 (Ub-HeimAuf-Nov 2010)
3 BGBl I 2017/59 (2. ErwSchG)
4 BGBl I 2023/77 (ZVN 2023)

GLIEDERUNG

STICHWORTVERZEICHNIS

Bundesgesetz über den Schutz der persönlichen Freiheit während des Aufenthalts in Heimen und anderen Pflege- und Betreuungseinrichtungen (Heimaufenthaltsgesetz – HeimAufG)

1. Abschnitt
Allgemeine Bestimmungen

Schutz der persönlichen Freiheit

§ 1. (1) Die persönliche Freiheit von Menschen, die aufgrund des Alters, einer Behinderung oder einer Krankheit der Pflege oder Betreuung bedürfen, ist besonders zu schützen. Ihre Menschenwürde ist unter allen Umständen zu achten und zu wahren. Die mit der Pflege oder Betreuung betrauten Menschen sind zu diesem Zweck besonders zu unterstützen.

(2) Freiheitsbeschränkungen sind nur dann zulässig, soweit sie im Verfassungsrecht, in diesem Bundesgesetz oder in anderen gesetzlichen Vorschriften ausdrücklich vorgesehen sind.

Geltungsbereich

§ 2. (1) Dieses Bundesgesetz regelt allein die Voraussetzungen und die Überprüfung von Freiheitsbeschränkungen in Alten- und Pflegeheimen, Behindertenheimen sowie in anderen Einrichtungen, in denen wenigstens drei psychisch kranke oder geistig behinderte Menschen ständig betreut oder gepflegt werden können. In Krankenanstalten ist dieses Bundesgesetz nur auf Personen anzuwenden, die dort wegen ihrer psychischen Krankheit oder geistigen Behinderung der ständigen Pflege oder Betreuung bedürfen.

(2) Dieses Bundesgesetz ist „ “ auf Krankenanstalten oder Abteilungen für Psychiatrie sowie auf Anstalten für geistig abnorme und entwöhnungsbedürftige Rechtsbrecher nicht anzuwenden. *(BGBl I 2006/94; BGBl I 2017/59, ab 1. 7. 2018, s § 22 Abs 3 Satz 2)*

(3) Im Übrigen gilt dieses Bundesgesetz nicht für die Aufnahme, die Pflege und Betreuung, die Behandlung und den Umgang mit sonstigen Persönlichkeitsrechten der Bewohner von Alten- und Pflegeheimen sowie anderen Einrichtungen.

Freiheitsbeschränkung

§ 3. (1) Eine Freiheitsbeschränkung im Sinn dieses Bundesgesetzes liegt vor, wenn eine Ortsveränderung einer betreuten oder gepflegten Person (im Folgenden Bewohner) gegen oder ohne ihren Willen mit physischen Mitteln, insbesondere durch mechanische, elektronische oder medikamentöse Maßnahmen, oder durch deren Androhung unterbunden wird.

(1a) Eine alterstypische Freiheitsbeschränkung an einem Minderjährigen ist keine Freiheitsbeschränkung im Sinn dieses Bundesgesetzes. *(BGBl I 2017/59, ab 1. 7. 2018, s § 22 Abs 3 Satz 2)*

(2) Eine Freiheitsbeschränkung liegt nicht vor, wenn der „entscheidungsfähige“ Bewohner einer Unterbindung der Ortsveränderung, insbesondere im Rahmen eines Vertrages über die ärztliche Behandlung, zugestimmt hat. „Diese Zustimmung kann nur der Bewohner selbst erteilen.“ *(BGBl I 2017/59, ab 1. 7. 2018, s § 22 Abs 3 Satz 2)*

2. Abschnitt
Voraussetzungen einer Freiheitsbeschränkung

Zulässigkeitsvoraussetzungen

§ 4. Eine Freiheitsbeschränkung darf nur vorgenommen werden, wenn

1. der Bewohner psychisch krank oder geistig behindert ist und im Zusammenhang damit sein Leben oder seine Gesundheit oder das „Leben oder die Gesundheit“ anderer ernstlich und erheblich gefährdet, *(BGBl I 2010/18)*

2. sie zur Abwehr dieser Gefahr unerlässlich und geeignet sowie in ihrer Dauer und Intensität im Verhältnis zur Gefahr angemessen ist sowie

3. diese Gefahr nicht durch andere Maßnahmen, insbesondere schonendere Betreuungs- oder Pflegemaßnahmen, abgewendet werden kann.

Vornahme einer Freiheitsbeschränkung

§ 5. (1) Eine Freiheitsbeschränkung darf nur auf Grund der Anordnung einer dazu befugten Person vorgenommen werden. Anordnungsbefugt sind

1. für Freiheitsbeschränkungen durch medikamentöse oder sonstige dem Arzt gesetzlich vorbehaltene Maßnahmen und alle damit in unmittelbarem Zusammenhang erforderlichen Freiheitsbeschränkungen ein Arzt;

2. für Freiheitsbeschränkungen durch Maßnahmen im Rahmen der Pflege ein mit der Anordnung derartiger freiheitsbeschränkender Maßnahmen von der Einrichtung betrauter Angehöriger des gehobenen Dienstes für Gesundheits- und Krankenpflege und

3. für Freiheitsbeschränkungen durch Maßnahmen im Rahmen der Betreuung in Einrichtungen der Behindertenhilfe „und in Einrichtungen zur Pflege und Erziehung Minderjähriger“ die mit der pädagogischen Leitung betraute Person und deren Vertreter. *(BGBl I 2017/59, ab 1. 7. 2018, s § 22 Abs 3 Satz 2)*

(BGBl I 2010/18, ab 1. 7. 2010, s § 22 Abs 2 Satz 2)

(2) Sofern der Bewohner länger als 48 Stunden dauernd oder über diesen Zeitraum hinaus wiederholt in seiner Freiheit beschränkt wird, hat der Leiter der Einrichtung unverzüglich ein ärztliches Gutachten, ein ärztliches Zeugnis (§ 55 Ärztegesetz 1998) oder sonstige ärztliche Aufzeichnungen (§ 51 Ärztegesetz 1998) darüber einzuholen, dass der Bewohner psychisch krank oder geistig behindert ist und im Zusammenhang damit sein Leben oder seine Gesundheit oder das Leben oder die Gesundheit anderer ernstlich und erheblich gefährdet. Diese ärztlichen Dokumente müssen im Zeitpunkt der Vornahme der Freiheitsbeschränkung aktuell sein. *(BGBl I 2010/18, ab 1. 7. 2010, s § 22 Abs 2 Satz 2)*

(3) Eine Freiheitsbeschränkung darf nur unter Einhaltung fachgemäßer Standards und unter möglichster Schonung des Bewohners durchgeführt werden.

(4) Eine Freiheitsbeschränkung ist sofort aufzuheben, wenn deren Voraussetzungen nicht mehr vorliegen.

Dokumentation

§ 6. (1) Der Grund, die Art, der Beginn und die Dauer der Freiheitsbeschränkung sind schriftlich zu dokumentieren. Ärztliche Zeugnisse und der Nachweis über die notwendigen Verständigungen sind diesen Aufzeichnungen anzuschließen.

(2) Ebenso sind der Grund, die Art, der Beginn und die Dauer einer mit dem Willen des Bewohners vorgenommenen Einschränkung seiner persönlichen Freiheit festzuhalten.

Aufklärung und Verständigung

§ 7. (1) Die anordnungsbefugte Person hat den Bewohner über den Grund, die Art, den Beginn und die voraussichtliche Dauer der Freiheitsbeschränkung auf geeignete, seinem Zustand entsprechende Weise aufzuklären. Zudem hat sie von der Freiheitsbeschränkung, von deren Aufhebung und von einer mit dem Willen des Bewohners vorgenommenen Einschränkung seiner persönlichen Freiheit unverzüglich den Leiter der Einrichtung zu verständigen.

(2) Der Leiter der Einrichtung hat von der Freiheitsbeschränkung und von deren Aufhebung unverzüglich den Vertreter und die Vertrauensperson des Bewohners zu verständigen und diesen Gelegenheit zur Stellungnahme einzuräumen. Diese Personen sind auch von einer mit dem Willen des Bewohners vorgenommenen Einschränkung seiner persönlichen Freiheit sowie deren Aufhebung unverzüglich zu verständigen. *(BGBl I 2010/18)*

(3) Bei der Kommunikation sind nach Maßgabe der technischen Möglichkeiten der Einrichtung hinreichende Maßnahmen zur Datensicherheit zu treffen. *(BGBl I 2010/18)*

3. Abschnitt

Vertretung

Bewohnervertreter

§ 8. (1) Die Bevollmächtigung durch den Bewohner, ihn bei der Wahrnehmung seines Rechtes auf persönliche Freiheit zu vertreten, bedarf der Schriftform und muss sich ausdrücklich auf die Wahrnehmung dieses Rechtes beziehen. Der Vertreter darf nicht in einem Abhängigkeitsverhältnis oder in einer anderen engen Beziehung zur Einrichtung stehen. *(BGBl I 2017/59, ab 1. 7. 2018, s § 22 Abs 3 Satz 2)*

(2) Darüber hinaus wird auch der für die Namhaftmachung von Bewohnervertretern nach der Lage der Einrichtung örtlich zuständige Verein „(§ 1 ErwSchVG)“ kraft Gesetzes Vertreter des Bewohners, sobald eine Freiheitsbeschränkung vorgenommen oder in Aussicht gestellt wird. Durch diese Vertretungsbefugnis werden die Geschäftsfähigkeit des Bewohners und die Vertretungsbefugnis eines anderen Vertreters nicht berührt. *(BGBl I 2010/18; BGBl I 2017/59, ab 1. 7. 2018, s § 22 Abs 3 Satz 2)*

(3) Der Verein hat dem Träger der Einrichtung und dem Vorsteher des zuständigen Bezirksgerichts eine oder mehrere von ihm ausgebildete und für die besonderen Verhältnisse im Pflegebereich geschulte Personen namhaft zu machen, denen die Ausübung der Vertretungsbefugnisse zukommt (Bewohnervertreter). Der Vorsteher des Bezirksgerichts hat den Namen und die Büroadresse des Bewohnervertreters in der Ediktsdatei kundzumachen. Wenn der Verein die Namhaftmachung eines Bewohnervertreters widerruft, hat der Vorsteher des Bezirksgerichts die Kundmachung zu berichtigen.

(4) „Der nach Abs. 1 bevollmächtigte Vertreter“ hat von der Begründung oder Beendigung der Vollmacht den Leiter der Einrichtung und - sofern ein gerichtliches Verfahren anhängig ist – auch das Gericht unverzüglich zu verständigen. *(BGBl I 2017/59, ab 1. 7. 2018, s § 22 Abs 3 Satz 2)*

Befugnisse und Pflichten des Vertreters

§ 9. (1) Die für eine Einrichtung namhaft gemachten Bewohnervertreter sind insbesondere berechtigt, die Einrichtung unangemeldet zu besuchen, sich vom Bewohner einen persönlichen Eindruck zu verschaffen, mit der anordnungsbefugten Person und Bediensteten der Einrichtung das Vorliegen der Voraussetzungen der Freiheitsbeschränkung zu besprechen, die Interessenvertreter der Bewohner der Einrichtung zu befragen und in dem zur Wahrnehmung ihrer Aufgaben erforderlichen Umfang Einsicht in die Pflegedokumentation, die Krankengeschichte und andere Aufzeichnungen über den Bewohner zu nehmen. „Diese Rechte stehen auch dem sonstigen Vertreter des Bewohners zu, sofern diese Angelegenheit in seinen Wirkungsbereich fällt, bei minderjährigen Bewohnern dem gesetzlichen Vertreter im Bereich der Pflege und Erziehung." Bei der Wahrnehmung seiner Rechte hat der Bewohnervertreter oder sonstige „ " Vertreter auf die Erfordernisse des Betriebs der Einrichtung Bedacht zu nehmen. *(BGBl I 2010/18; BGBl I 2017/59, ab 1. 7. 2018)*

(2) Der Leiter der Einrichtung hat dafür zu sorgen, dass der Bewohner in geeigneter Weise Auskunft über den Bewohnervertreter erhält und sich mit diesem oder „seinem sonstigen" Vertreter ungestört besprechen kann. *(BGBl I 2017/59, ab 1. 7. 2018, s § 22 Abs 3 Satz 2)*

(3) Der Bewohnervertreter ist befugt, den für die Aufsicht über die Einrichtung oder zur Bearbeitung von Beschwerden zuständigen Behörden die von ihm in Ausübung seiner Tätigkeit gemachten Wahrnehmungen mitzuteilen. Er hat diesen Behörden insoweit Auskünfte zu erteilen, als dies für die Besorgung der ihnen zukommenden Aufgaben erforderlich ist.

Verhältnis zum Vertretenen

§ 10. (1) Der Bewohnervertreter hat den Bewohner über die beabsichtigten Vertretungshandlungen und sonstige wichtige Angelegenheiten auf geeignete, dessen Zustand entsprechende Weise aufzuklären. Er hat den Wünschen des Bewohners zu entsprechen, soweit diese dessen Wohl nicht offenbar abträglich und dem Bewohnervertreter zumutbar sind.

(2) Der Bewohnervertreter ist zur Verschwiegenheit über die von ihm in Ausübung seiner Tätigkeit gemachten Wahrnehmungen verpflichtet, soweit die Geheimhaltung im Interesse des Bewohners erforderlich ist und nicht diesen selbst eine Auskunftspflicht trifft. Diese Verschwiegenheitspflicht gilt nicht gegenüber dem Gericht, dem Verein, dem Vertreter und der Vertrauensperson des Bewohners sowie gegenüber den in § 9 Abs. 3 genannten Behörden. Ihre Verletzung ist wie die Verletzung von Berufsgeheimnissen (§ 121 des Strafgesetzbuchs, BGBl. Nr. 60/1974) zu bestrafen.

4. Abschnitt
Gerichtliche Überprüfung

Antrag auf Überprüfung

§ 11. (1) Der Bewohner, sein Vertreter, seine Vertrauensperson und der Leiter der Einrichtung sind berechtigt, einen Antrag auf gerichtliche Überprüfung einer Freiheitsbeschränkung zu stellen. Sofern der Antrag nicht von der Vertrauensperson des Bewohners gestellt wird, sind deren Name und Adresse im Antrag anzugeben.

(2) Zur Überprüfung einer Freiheitsbeschränkung ist das Bezirksgericht zuständig, in dessen Sprengel die Einrichtung liegt.

(3) Soweit im Folgenden nichts anderes bestimmt wird, sind auf das Verfahren die allgemeinen Bestimmungen des Außerstreitgesetzes anzuwenden. § 116a Abs. 1, 3 und 4 AußStrG gilt sinngemäß, für minderjährige Bewohner ab Vollendung des 14. Lebensjahres. *(BGBl I 2017/59, ab 1. 7. 2018, s § 22 Abs 3 Satz 3)*

(4) Die Kosten des gerichtlichen Verfahrens trägt der Bund.

Anhörung des Bewohners

§ 12. (1) Das Gericht hat sich binnen sieben Tagen ab dem Einlangen des Antrags einen persönlichen Eindruck vom Bewohner in der Einrichtung zu verschaffen. „Es hat ihn über Grund und Zweck des Verfahrens zu unterrichten und hiezu zu hören, die Krankengeschichte, die Pflegedokumentation und andere Aufzeichnungen über ihn einzusehen sowie seine Vertreter, seine Vertrauensperson, den Leiter der Einrichtung, die Person, die die Freiheitsbeschränkung angeordnet hat, sowie erforderlichenfalls auch den Arzt, der das Dokument im Sinn des § 5 Abs. 2 errichtet hat, und andere zur Verfügung stehende Auskunftspersonen zu hören." Auch kann das Gericht der Anhörung des Bewohners einen nicht der Einrichtung angehörenden und von dieser unabhängigen Sachverständigen beiziehen. *(BGBl I 2010/18)*

(2) Das Gericht kann die Anhörung mit einer mündlichen Verhandlung (§ 14) verbinden.

(3) Das Gericht kann die Anhörung unter Verwendung geeigneter technischer Kommunikationsmittel zur Wort- und Bildübertragung durchführen und auf diese Weise der Anhörung beizuziehende Personen teilnehmen lassen, wenn die Gesundheit einer am Verfahren beteiligten Person durch ihre persönliche Teilnahme aufgrund einer allgemein vorherrschenden Krisensituation ernstlich gefährdet wäre und die Gefährdung nicht anders abgewendet werden kann. *(BGBl I 2023/77, ab 14. 7. 2023)*

Erste Entscheidung

§ 13. (1) Hat das Gericht die Anhörung nicht mit einer mündlichen Verhandlung verbunden, so hat es am Schluss der Anhörung über die vorläufige Zulässigkeit der Freiheitsbeschränkung zu entscheiden. Gelangt das Gericht zum Ergebnis, dass die Voraussetzungen der Freiheitsbeschränkung vorliegen, so hat es diese vorläufig bis zur Entscheidung nach § 15 Abs. 1 für zulässig zu erklären und eine mündliche Verhandlung anzuberaumen, die spätestens innerhalb von 14 Tagen nach der Anhörung stattzufinden hat. Gegen diese Entscheidung ist ein abgesondertes Rechtsmittel nicht zulässig.

(2) Gelangt das Gericht hingegen zum Ergebnis, dass die Voraussetzungen der Freiheitsbeschränkung nicht vorliegen, so hat es diese für unzulässig zu erklären. In diesem Fall ist die Freiheitsbeschränkung sofort aufzuheben, es sei denn, dass der Leiter der Einrichtung in der Anhörung gegen diesen Beschluss einen Rekurs anmeldet und dass das Gericht diesem Rekurs sogleich aufschiebende Wirkung zuerkennt. „Die Verweigerung der aufschiebenden Wirkung lässt das Rekursrecht unberührt." Der Rekurs ist innerhalb von drei Tagen auszuführen. *(BGBl I 2010/18)*

Mündliche Verhandlung

§ 14. (1) Das Gericht hat zur mündlichen Verhandlung in der Einrichtung den Bewohner, seine Vertreter, seine Vertrauensperson, den Leiter der Einrichtung, die Person, die die Freiheitsbeschränkung angeordnet hat, sowie erforderlichenfalls auch den Arzt, der das Dokument im Sinn des § 5 Abs. 2 ausgestellt hat, und andere zur Verfügung stehende Auskunftspersonen zu laden. *(BGBl I 2010/18)*

(2) Der Leiter der Einrichtung hat dafür zu sorgen, dass der Bewohner an der Verhandlung teilnehmen kann. Das Gericht und alle in der Verhandlung anwesenden Personen haben darauf zu achten, dass die Verhandlung unter möglichster Schonung des Bewohners durchgeführt wird und von anderen Bewohnern tunlichst nicht wahrgenommen werden kann. Für die mündliche Verhandlung gilt § 19 AußStrG. Das Gericht kann die Öffentlichkeit auch ausschließen, wenn es das Interesse des Bewohners erfordert. Auf Verlangen des Bewohners oder seines Vertreters ist die Öffentlichkeit jedenfalls auszuschließen. *(BGBl I 2010/18)*

(3) Das Gericht hat der mündlichen Verhandlung einen nicht der Einrichtung angehörenden und von dieser unabhängigen Sachverständigen beizuziehen. Den Parteien ist Gelegenheit zu geben, Fragen an den Sachverständigen zu stellen.

(4) Das Gericht kann die mündliche Verhandlung unter Verwendung geeigneter technischer Kommunikationsmittel zur Wort- und Bildübertragung auch außerhalb der Einrichtung durchführen, auf diese Weise Beweise aufnehmen und sonst der Verhandlung beizuziehende Personen teilnehmen lassen, wenn die Gesundheit einer am Verfahren beteiligten Person durch ihre persönliche Teilnahme aufgrund einer allgemein vorherrschenden Krisensituation ernstlich gefährdet wäre und die Gefährdung nicht anders abgewendet werden kann. § 18 Abs. 2 AußStrG ist nicht anzuwenden. *(BGBl I 2023/77, ab 14. 7. 2023)*

Beschluss

§ 15. (1) Das Gericht hat am Schluss der mündlichen Verhandlung über die Zulässigkeit der Freiheitsbeschränkung zu entscheiden. Der Beschluss ist in der mündlichen Verhandlung zu verkünden, zu begründen und dem Bewohner in geeigneter, seinem Zustand entsprechender Weise zu erläutern.

(2) Erklärt das Gericht die Freiheitsbeschränkung für zulässig, so hat es hiefür im Beschluss eine bestimmte, sechs Monate nicht übersteigende Frist zu setzen und die näheren Umstände sowie das zulässige Ausmaß der Freiheitsbeschränkung unter möglichster Schonung des Bewohners genau zu bestimmen. „Es kann die Zulässigkeit einer Freiheitsbeschränkung erforderlichenfalls auch an Auflagen knüpfen." *(BGBl I 2010/18)*

(3) Erklärt das Gericht die Freiheitsbeschränkung für unzulässig, so ist diese sofort aufzuheben, es sei denn, dass der Leiter der Einrichtung in der Verhandlung gegen diesen Beschluss einen Rekurs anmeldet und dass das Gericht diesem Rekurs sogleich aufschiebende Wirkung zuerkennt. „Die Verweigerung der aufschiebenden Wirkung lässt das Rekursrecht unberührt." *(BGBl I 2010/18)*

(4) Das Gericht hat, wenn die Freiheitsbeschränkung noch andauert, den Beschluss innerhalb von sieben Tagen schriftlich auszufertigen. Der Beschluss ist unverzüglich dem Bewohner, seinem Vertreter, seiner Vertrauensperson sowie dem Leiter der Einrichtung zuzustellen.

Rechtsmittel

§ 16. (1) Gegen den Beschluss, mit dem eine Freiheitsbeschränkung für zulässig erklärt wird, können der Bewohner, sein Vertreter und seine Vertrauensperson innerhalb von 14 Tagen ab Zustellung Rekurs erheben.

(2) Gegen den Beschluss, mit dem eine Freiheitsbeschränkung für unzulässig erklärt wird, kann der Leiter der Einrichtung innerhalb von sieben Tagen ab Zustellung Rekurs erheben. Das Gericht erster Instanz hat unmittelbar nach Einlangen des Rekurses zu entscheiden, ob die dem Rekurs nach § 15 Abs. 3 zuerkannte aufschiebende Wirkung weiter besteht. Gegen diese Entscheidung ist ein abgesondertes Rechtsmittel nicht zulässig.

(3) Das Recht zur „Rekursbeantwortung" steht nur dem Bewohner, seinem Vertreter und seiner Vertrauensperson gegen Rechtsmittel des Leiters der Einrichtung zu. Die „Rekursbeantwortung"

ist innerhalb von sieben Tagen ab Zustellung des Rechtsmittels einzubringen. *(BGBl I 2010/18)*

Rekursverfahren

§ 17. (1) Das Rekursgericht hat, wenn die Freiheitsbeschränkung noch andauert, innerhalb von 14 Tagen ab dem Einlangen der Akten zu entscheiden.

(2) Das Rekursgericht hat das Verfahren selbst zu ergänzen oder neu durchzuführen, soweit es dies für erforderlich hält. Es kann sich auch durch ein einzelnes Mitglied des Senats einen persönlichen Eindruck vom Bewohner verschaffen. „§ 14 Abs. 4 gilt entsprechend." *(BGBl I 2023/77, ab 14. 7. 2023)*

(3) Beschließt das Rekursgericht, die Freiheitsbeschränkung für unzulässig zu erklären, so hat es, sofern diese noch aufrecht ist, unverzüglich den Leiter der Einrichtung sowie den Bewohnervertreter (§ 8 Abs. 2) zu verständigen. Die Freiheitsbeschränkung ist in diesem Fall sogleich aufzuheben. *(BGBl I 2010/18, ab 1. 7. 2010, s § 22 Abs 2 Satz 3)*

Revisionsrekursverfahren

§ 17a. Im Revisionsrekursverfahren gelten § 16 Abs. 3 und § 17 Abs. 3 sinngemäß.

(BGBl I 2010/18)

Aufhebung der Freiheitsbeschränkung

§ 18. (1) Vor Ablauf der gerichtlich festgesetzten Frist über die Dauer der Freiheitsbeschränkung hat das Gericht neuerlich über die Zulässigkeit der Freiheitsbeschränkung zu entscheiden, wenn dies der Bewohner, sein Vertreter oder seine Vertrauensperson beantragt.

(2) Auch eine gerichtlich für zulässig erklärte Freiheitsbeschränkung ist sofort aufzuheben, wenn deren Voraussetzungen nicht mehr vorliegen. Von der Aufhebung ist neben den in § 7 Abs. 1 und 2 genannten Personen auch das Gericht unverzüglich zu verständigen.

Länger dauernde Freiheitsbeschränkung

§ 19. (1) Beabsichtigt die anordnungsbefugte Person, die Freiheitsbeschränkung nicht mit dem Ablauf der gerichtlich festgesetzten Frist aufzuheben, so hat sie hievon rechtzeitig unter Angabe der Gründe für die länger dauernde Freiheitsbeschränkung den Leiter der Einrichtung sowie in sinngemäßer Anwendung des § 7 Abs. 1 erster Satz den Bewohner zu verständigen. Der Leiter der Einrichtung hat hievon spätestens 14 Tage vor Ablauf der Frist die Vertreter und die Vertrauensperson des Bewohners unter Angabe der Gründe zu verständigen. *(BGBl I 2010/18)*

(2) Stellt der Vertreter des Bewohners nicht erneut einen Antrag auf Überprüfung, so hat er dies dem Gericht vor Ablauf der Frist unter Angabe der Gründe mitzuteilen. In diesem Fall kann das Gericht von Amts wegen ein Verfahren einleiten, wenn es dennoch Zweifel an der Zulässigkeit der länger dauernden Freiheitsbeschränkung hegt. Auf das Verfahren zur Überprüfung einer länger dauernden Freiheitsbeschränkung sind die §§ 11 bis 18 anzuwenden.

(3) Im Beschluss, mit dem eine länger dauernde Freiheitsbeschränkung für zulässig erklärt wird, kann das Gericht eine Frist festsetzen, die ein Jahr nicht übersteigt.

Nachträgliche Überprüfung

§ 19a. (1) Auf Antrag des Bewohners oder seines Vertreters hat das Gericht nachträglich über die Zulässigkeit der Freiheitsbeschränkung zu entscheiden, wenn diese bereits vor einer Antragstellung nach § 11 aufgehoben wurde.

(2) Über Anträge nach Abs. 1 ist mündlich zu verhandeln. Zur Tagsatzung hat das Gericht den Bewohner, seine Vertreter, seine Vertrauensperson, den Leiter der Einrichtung und die Person, die die Freiheitsbeschränkung angeordnet hat, zu laden. Es kann auch einen Sachverständigen beiziehen (§ 14 Abs. 3). Der Leiter der Einrichtung hat dem Gericht das ärztliche Dokument im Sinn des § 5 Abs. 2, die Krankengeschichte, die Pflegedokumentation und sonstige Aufzeichnungen über den Bewohner vorzulegen. „§ 14 Abs. 2 und 4 gilt entsprechend." *(BGBl I 2023/77, ab 14. 7. 2023)*

(3) Gegen den Beschluss, mit dem eine Freiheitsbeschränkung für zulässig erklärt wird, können der Bewohner und sein Vertreter, gegen den Beschluss, mit dem eine Freiheitsbeschränkung für unzulässig erklärt wird, kann der Leiter der Einrichtung innerhalb von 14 Tagen ab Zustellung Rekurs erheben.

(BGBl I 2010/18)

5. Abschnitt

Schlussbestimmungen

Verweisungen

§ 20. Soweit in diesem Bundesgesetz auf andere Bundesgesetze verwiesen wird, sind diese in ihrer jeweils geltenden Fassung anzuwenden.

Personenbezogene Bezeichnungen

§ 21. Bei allen personenbezogenen Bezeichnungen gilt die gewählte Form für beide Geschlechter.

In-Kraft-Treten

§ 22. „(1)" Dieses Bundesgesetz tritt mit 1. Juli 2005 in Kraft. *(BGBl I 2010/18)*

(2) Die §§ 4, 5, 7, 8, 9, 12, 13, 14, 15, 16, 17, 17a, 19 und 19a in der Fassung des Bundesgesetzes BGBl. I Nr. 18/2010 treten mit 1. Juli 2010 in Kraft. § 5 Abs. 1 und 2 in der Fassung des Bundesgesetzes BGBl. I Nr. 18/2010 ist auf Freiheitsbeschränkungen anzuwenden, die nach dem 30. Juni 2010 vorgenommen werden; die Bestimmung ist nicht auf Freiheitsbeschränkungen anzuwenden, die bereits davor vorgenommen wurden und bereits beendet sind oder weiterhin andauern. Die §§ 17 Abs. 3 und 17a zweiter Fall in der Fassung des Bundesgesetzes BGBl. I Nr. 18/2010 sind anzuwenden, wenn das Gericht den Beschluss, die Freiheitsbeschränkung für unzulässig zu erklären, nach dem 30. Juni 2010 fasst. *(BGBl I 2010/18)*

(3) Die §§ 2, 3, 5, 8, 9 und 11 in der Fassung des 2. Erwachsenenschutz-Gesetzes, BGBl. I Nr. 59/2017 (2. ErwSchG), treten mit 1. Juli 2018 in Kraft. Die §§ 2, 3, 5, 8 und 9 in der Fassung des 2. ErwSchG sind auf Freiheitsbeschränkungen anzuwenden, die nach dem 30. Juni 2018 vorgenommen werden oder am 1. Juli 2018 noch andauern; diese Bestimmungen sind nicht auf Freiheitsbeschränkungen anzuwenden, die bereits davor vorgenommen und beendet wurden. § 11 in der Fassung des 2. ErwSchG ist anzuwenden, wenn das Verfahren nach dem 30. Juni 2018 bei Gericht anhängig wird. *(BGBl I 2017/59)*

(4) Die § 12 Abs. 3, § 14 Abs. 4, § 17 Abs. 2 und § 19a Abs. 2 in der Fassung des Bundesgesetzes BGBl. I. Nr. 77/2023 treten mit 14. Juli 2023 in Kraft. *(BGBl I 2023/77, ab 14. 7. 2023)*

Übergangsbestimmungen

§ 23. (1) Die Bestimmungen dieses Bundesgesetzes sind auch auf Freiheitsbeschränkungen anzuwenden, die vor seinem In-Kraft-Treten vorgenommen worden sind und weiterhin andauern.

(2) Sofern ein Verein keinen Bewohnervertreter namhaft macht, hat der Vorsteher des Bezirksgerichts für die in seinem Sprengel gelegenen Einrichtungen geeignete und dazu bereite Personen zu Bewohnervertretern zu bestellen. Diesen Personen kommen die Rechte und Pflichten des Vereins und des Bewohnervertreters zu. Der Vorsteher des Bezirksgerichts hat die Namen und Adressen dieser Personen in der Ediktsdatei kundzumachen.

(3) Ein nach Abs. 2 bestellter Bewohnervertreter hat Anspruch auf Ersatz der Reise- und Aufenthaltskosten sowie der notwendigen Barauslagen und auf Abgeltung des Zeitaufwands in der in § 18 Abs. 1 des Gebührenanspruchsgesetzes 1975, BGBl. Nr. 136, angeführten Höhe. Über den Gebührenanspruch entscheidet der Vorsteher des Bezirksgerichts. Die Beträge sind am Ende jedes Kalendervierteljahres auszuzahlen.

Haftung und Rückersatz

§ 24. (1) Der Bund haftet nach Maßgabe des Amtshaftungsgesetzes, BGBl. Nr. 20/1949, für den Schaden am Vermögen oder an der Person, den ein Bediensteter oder Beauftragter einer Einrichtung in Vollziehung dieses Bundesgesetzes durch ein rechtswidriges Verhalten wem immer schuldhaft zugefügt hat. Der Bedienstete oder Beauftragte haftet dem Geschädigten nicht.

(2) Der Träger der Einrichtung haftet dem Bund für die nach Abs. 1 erbrachten Leistungen, sofern der Schaden vorsätzlich oder grob fahrlässig verursacht worden ist. „Dies gilt insbesondere auch, wenn der Schaden auf ein Organisationsverschulden zurückzuführen ist." *(BGBl I 2017/59)*

(3) Der Träger der Einrichtung kann vom Bediensteten oder Beauftragten für die nach Abs. 2 erbrachten Leistungen Rückersatz begehren, sofern dieser den Schaden vorsätzlich oder grob fahrlässig verursacht hat. Auf diesen Anspruch und seine Geltendmachung sind die Bestimmungen des Amtshaftungsgesetzes über den Rückersatz anzuwenden.

Vollziehung

§ 25. Mit der Vollziehung dieses Bundesgesetzes sind hinsichtlich der §§ 1 bis 7 und des § 23 Abs. 1, soweit diese Bestimmung sich auf die § § 1 bis 7 bezieht, der Bundesminister für Gesundheit und Frauen, hinsichtlich der übrigen Bestimmungen der Bundesminister für Justiz betraut.

6/3. Patientenverfügungs-Gesetz

BGBl I 2006/55 idF

1 BGBl I 2018/59 (ErwSchAG BMASGK)
2 BGBl I 2018/100 (SV-OG, Begriffersetzung)
3 BGBl I 2019/12 (PatVG-Novelle 2018)
4 BGBl I 2024/105

GLIEDERUNG

STICHWORTVERZEICHNIS

Bundesgesetz über Patientenverfügungen (Patientenverfügungs-Gesetz – PatVG)

Der Nationalrat hat beschlossen:

1. Abschnitt

Allgemeine Bestimmungen

Anwendungsbereich

§ 1. (1) Dieses Bundesgesetz regelt die Voraussetzungen und die Wirksamkeit von Patientenverfügungen.

(2) Eine Patientenverfügung kann den Willen eines Patienten, eine medizinische Behandlung abzulehnen, verbindlich festlegen (§ 6). Im Übrigen ist jede vorliegende Patientenverfügung der Ermittlung des Patientenwillens zu Grunde zu legen (§ 8). *(BGBl I 2019/12, ab 16.1.2019)*

(3) Die Voraussetzungen, das Bestehen, der Umfang, die Wirkungen, die Änderung und die Beendigung einer Patientenverfügung richten sich für Behandlungen in Österreich nach österreichischem Recht. *(BGBl I 2019/12, ab 16.1.2019)*

Begriffe

§ 2. (1) Eine Patientenverfügung im Sinn dieses Bundesgesetzes ist eine Willenserklärung, mit der ein Patient eine medizinische Behandlung ablehnt und die dann wirksam werden soll, wenn er im Zeitpunkt der Behandlung „nicht entscheidungsfähig" ist. *(BGBl I 2018/59, ab 1. 7. 2018)*

(2) Patient im Sinn dieses Bundesgesetzes ist eine Person, die eine Patientenverfügung errichtet, gleichgültig, ob sie im Zeitpunkt der Errichtung erkrankt ist oder nicht.

(3) Register im Sinn dieses Bundesgesetzes ist ein Verzeichnis, das ungeachtet seiner technischen Umsetzung der Aufnahme von Patientenverfügungen dient. Datenspeicher (§ 2 Z 7 des Gesundheitstelematikgesetzes 2012 [GTelG 2012], BGBl. I Nr. 111/2012) und Verweisregister (§ 2 Z 13 GTelG 2012) sind keine Register im Sinn dieses Bundesgesetzes. *(BGBl I 2019/12, ab 16.1.2019)*

Höchstpersönliches Recht, Fähigkeit der Person

§ 3. Eine Patientenverfügung kann nur höchstpersönlich errichtet werden. Der Patient muss bei Errichtung einer Patientenverfügung „entscheidungsfähig" sein. *(BGBl I 2018/59, ab 1. 7. 2018)*

2. Abschnitt

Verbindliche Patientenverfügung

Inhalt

§ 4. In einer verbindlichen Patientenverfügung müssen die medizinischen Behandlungen, die Gegenstand der Ablehnung sind, konkret beschrieben sein oder eindeutig aus dem Gesamtzusammenhang der Verfügung hervorgehen. Aus der Patientenverfügung muss zudem hervorgehen, dass der Patient die Folgen der Patientenverfügung zutreffend einschätzt.

Aufklärung

§ 5. Der Errichtung einer verbindlichen Patientenverfügung muss eine umfassende ärztliche Aufklärung einschließlich einer Information über Wesen und Folgen der Patientenverfügung für die medizinische Behandlung vorangehen. Der aufklärende Arzt hat die Vornahme der Aufklärung und das Vorliegen der „Entscheidungsfähigkeit" des Patienten unter Angabe seines Namens und seiner Anschrift durch eigenhändige Unterschrift zu dokumentieren und dabei auch darzulegen, dass und aus welchen Gründen der Patient die Folgen der Patientenverfügung zutreffend einschätzt, etwa weil sie sich auf eine Behandlung bezieht, die mit einer früheren oder aktuellen Krankheit des Patienten oder eines nahen Angehörigen zusammenhängt. *(BGBl I 2018/59, ab 1. 7. 2018)*

Errichtung

§ 6. (1) Eine Patientenverfügung ist verbindlich, wenn sie schriftlich unter Angabe des Datums

1. vor einem Rechtsanwalt oder

2. vor einem Notar oder

3. vor einem rechtskundigen Mitarbeiter der Patientenvertretungen (§ 11e des Krankenanstalten- und Kuranstaltengesetzes, BGBl. Nr. 1/1957) oder

4. nach Maßgabe technischer und personeller Möglichkeiten vor einem rechtskundigen Mitarbeiter eines Erwachsenenschutzvereins

errichtet worden ist und der Patient über die Folgen einer verbindlichen Patientenverfügung sowie die Möglichkeit des jederzeitigen Widerrufs belehrt worden ist.

(2) Die in Abs. 1 genannten Personen haben die Vornahme dieser Belehrung in der Patientenverfügung durch eigenhändige Unterschrift sowie unter Angabe ihres Namens und ihrer Anschrift zu dokumentieren und nach Maßgabe einer Verordnung der Bundesministerin für Arbeit, Soziales, Gesundheit und Konsumentenschutz gemäß

§ 14d ab technischer Verfügbarkeit die Patientenverfügung – sofern der Patient nicht widerspricht – in ELGA zur Verfügung zu stellen. In einer Verordnung gemäß § 14d ist festzulegen, in welcher Weise eine Zurverfügungstellung, allenfalls unter Einbindung der ELGA-Ombudsstelle gemäß § 17 GTelG 2012, zu erfolgen hat.

(BGBl I 2019/12, ab 16.1.2019)

Erneuerung

§ 7. (1) Eine verbindliche Patientenverfügung verliert nach Ablauf von acht Jahren ab der Errichtung ihre Verbindlichkeit, sofern der Patient nicht eine kürzere Frist bestimmt hat. Sie kann nach entsprechender ärztlicher Aufklärung gemäß § 5 erneuert werden, wodurch die Frist von acht Jahren oder eine vom Patienten kürzer bestimmte Frist neu zu laufen beginnt.

(2) Sofern die Erneuerung bei einer in § 6 Abs. 1 genannten Person erfolgt, sind die Erfordernisse gemäß § 6 Abs. 1 und 2 anzuwenden.

(3) Einer Erneuerung ist es gleichzuhalten, wenn einzelne Inhalte der Patientenverfügung nachträglich geändert bzw. ergänzt werden. In diesem Fall ist gemäß Abs. 1 und 2 vorzugehen. Mit jeder nachträglichen Änderung beginnt die in Abs. 1 genannte Frist für die gesamte Patientenverfügung neu zu laufen.

(4) Sofern eine Patientenverfügung in einem Register erfasst wurde, ist ein Rechtsanwalt oder Notar verpflichtet, nach Maßgabe der technischen Möglichkeiten und unter Berücksichtigung der spezialgesetzlichen Regelungen für das jeweilige Register, auch eine ihm zur Kenntnis gebrachte erneuerte, geänderte oder ergänzte Patientenverfügung in diesem Register zu vermerken und es ist überdies gemäß § 6 Abs. 2 vorzugehen.

(5) Eine Patientenverfügung verliert nicht ihre Verbindlichkeit, solange sie der Patient mangels Entscheidungsfähigkeit nicht erneuern kann.

(BGBl I 2019/12, ab 16.1.2019, zu Abs 1 s § 18a)

3. Abschnitt
Bedeutung anderer Patientenverfügungen

Voraussetzungen

§ 8. Eine Patientenverfügung, die nicht alle Voraussetzungen der §§ 4 bis 7 erfüllt, ist dennoch der Ermittlung des Patientenwillens zu Grunde zu legen.

(BGBl I 2019/12, ab 16.1.2019)

Berücksichtigung

§ 9. Eine Patientenverfügung gemäß § 8 ist bei der Ermittlung des Patientenwillens umso mehr zu berücksichtigen, je mehr sie die Voraussetzungen einer verbindlichen Patientenverfügung erfüllt. Dabei ist insbesondere zu berücksichtigen,

1. inwieweit der Patient die Krankheitssituation, auf die sich die Patientenverfügung bezieht, sowie deren Folgen im Errichtungszeitpunkt einschätzen konnte,

2. wie konkret die medizinischen Behandlungen, die Gegenstand der Ablehnung sind, beschrieben sind,

3. wie umfassend eine der Errichtung vorangegangene ärztliche Aufklärung war,

4. inwieweit die Verfügung von den Formvorschriften für eine verbindliche Patientenverfügung abweicht,

5. wie lange die letzte Erneuerung zurückliegt und

6. wie häufig die Patientenverfügung erneuert wurde.

(BGBl I 2019/12, ab 16.1.2019)

4. Abschnitt
Gemeinsame Bestimmungen

Unwirksamkeit

§ 10. (1) Eine Patientenverfügung ist unwirksam, wenn

1. sie nicht frei und ernstlich erklärt oder durch Irrtum, List, Täuschung oder physischen oder psychischen Zwang veranlasst wurde,

2. ihr Inhalt strafrechtlich nicht zulässig ist oder

3. der Stand der medizinischen Wissenschaft sich im Hinblick auf den Inhalt der Patientenverfügung seit ihrer Errichtung wesentlich geändert hat.

(2) Eine Patientenverfügung verliert ihre Wirksamkeit, wenn sie der Patient selbst widerruft oder zu erkennen gibt, dass sie nicht mehr wirksam sein soll.

Sonstige Inhalte

§ 11. Der Wirksamkeit einer Patientenverfügung steht es nicht entgegen, dass darin weitere Anmerkungen des Patienten, insbesondere die Benennung einer konkreten Vertrauensperson, die Ablehnung des Kontakts zu einer bestimmten Person oder die Verpflichtung zur Information einer bestimmten Person, enthalten sind.

Notfälle

§ 12. Dieses Bundesgesetz lässt medizinische Notfallversorgung unberührt, sofern der mit der Suche nach einer Patientenverfügung verbundene Zeitaufwand das Leben oder die Gesundheit des Patienten ernstlich gefährdet.

Pflichten des Patienten

§ 13. Der Patient kann durch eine Patientenverfügung die ihm allenfalls aufgrund besonderer Rechtsvorschriften auferlegten Pflichten, sich einer Behandlung zu unterziehen, nicht einschränken.

Dokumentation

§ 14. (1) Der aufklärende und der behandelnde Arzt haben Patientenverfügungen in die Krankengeschichte oder, wenn sie außerhalb einer Krankenanstalt errichtet wurden, in die ärztliche Dokumentation aufzunehmen.

(2) Stellt ein Arzt im Zuge der Aufklärung nach § 5 fest, dass der Patient nicht über die zur Errichtung einer Patientenverfügung erforderlichen „Entscheidungsfähigkeit" verfügt, so hat er dies, gegebenenfalls im Rahmen der Krankengeschichte, zu dokumentieren. *(BGBl I 2018/59, ab 1. 7. 2018)*

(3) Ein Patient kann eine Patientenverfügung an die ELGA-Ombudsstelle gemäß § 17 GTelG 2012 zur Speicherung in ELGA gemäß § 14a übermitteln. Sofern der Patient ELGA-Teilnehmer ist, wird die Patientenverfügung in ELGA gespeichert. *(BGBl I 2019/12, ab 16.1.2019)*

Verarbeitung in ELGA

§ 14a. (1) Die Verarbeitung von Patientenverfügungen in ELGA gemäß den Abs. 3 bis 5 ist

1. zulässig, sofern

a) der Patient ELGA-Teilnehmer im Sinn des 4. Abschnittes des GTelG 2012 ist,

b) kein gültiger Widerspruch gemäß § 15 Abs. 2 2. Satz GTelG 2012, der sich auf alle Arten von ELGA-Gesundheitsdaten bezieht, besteht und

c) die Voraussetzungen gemäß § 14 Abs. 1 und 2a GTelG 2012 erfüllt sind und

2. verpflichtend

a) nach Maßgabe der technischen Verfügbarkeit sowie

b) entsprechend dem in § 14d Z 3 festgelegten Zeitpunkt.

(2) Die Anwendung von § 2d Abs. 2 Z 3 Forschungsorganisationsgesetz (FOG), BGBl. Nr. 341/1981, ist für in ELGA zur Verfügung gestellte Patientenverfügungen ausgeschlossen.

(3) Ein Patient gemäß Abs. 1 Z 1 lit. a hat das Recht, von der ELGA-Ombudsstelle die Speicherung einer neuen Patientenverfügung, einer aktuellen Version einer erneuerten, geänderten bzw. ergänzten Patientenverfügung oder den Widerruf einer Patientenverfügung sowie die Aufnahme von Verweisen in ELGA zu verlangen.

(4) Eine in § 6 Abs. 1 genannte Person hat entsprechend § 6 Abs. 2 die neue Patientenverfügung, die aktuelle Version einer erneuerten, geänderten bzw. ergänzten Patientenverfügung oder den Widerruf einer Patientenverfügung zur

1. Speicherung sowie

2. Aufnahme von Verweisen

in ELGA zur Verfügung zu stellen. Dies gilt auf Verlangen des Patienten auch für Patientenverfügungen gemäß § 8.

(5) Ein ELGA-Gesundheitsdiensteanbieter hat, unter Berücksichtigung des § 13 Abs. 7 GTelG 2012, die jeweils aktuelle Version der Patientenverfügung ausschließlich in

1. ELGA entsprechend seiner Rechte gemäß § 13 Abs. 2 GTelG 2012 und § 21 Abs. 2 GTelG 2012 sowie

2. der gemäß § 14 Abs. 1 geführten Dokumentation

zu erheben.

(BGBl I 2019/12, ab 16.1.2019)

Speicherung in ELGA

§ 14b. (1) Die Speicherung einer neuen Patientenverfügung, einer aktuellen Version einer erneuerten, geänderten bzw. ergänzten Patientenverfügung oder der Widerruf sowie die Aufnahme von Verweisen in ELGA sind nur zulässig, wenn das Datum der Errichtung bekannt ist und auch in ELGA zur Verfügung gestellt wird.

(2) Abweichend von § 20 Abs. 3 GTelG 2012 haben die Auftragsverarbeiter (Art. 4 Z 8 DSGVO), die Datenspeicher und Verweisregister betreiben, die in ELGA zur Verfügung gestellten Patientenverfügungen zehn Jahre nach dem Sterbedatum des an ELGA teilnehmenden Patienten, sofern das Sterbedatum bekannt ist, automatisch zu löschen.

(3) Der „Dachverband der Sozialversicherungsträger" hat zu Zwecken des Abs. 2 die Sterbedaten von Patienten, die ELGA-Teilnehmer sind, den Auftragsverarbeitern (Art. 4 Z 8 DSGVO), die Datenspeicher und Verweisregister betreiben, rechtzeitig bekannt zu geben. *(BGBl I 2018/100, ab 1. 1. 2020, Begriffersetzung)*

(4) Elektronische Verweise auf in ELGA zur Verfügung gestellte Patientenverfügungen sind

1. abweichend von § 20 Abs. 5 Z 1 GTelG 2012 nur mit dem bPK-GH des Patienten gemäß § 14a Abs. 1 Z 1 lit. a sowie

2. abweichend von § 20 Abs. 5 Z 2 GTelG 2012 mit einer eindeutigen Kennung des für die Aufnahme der Patientenverfügung in ELGA Verantwortlichen,

zu speichern.

(BGBl I 2019/12, ab 16.1.2019)

Grundsätze der Datenverarbeitung

§ 14c. (1) Die in diesem Bundesgesetz, insbesondere in § 14a, vorgesehene Verarbeitung von Patientenverfügungen in ELGA ist eine zulässige Verarbeitung von ELGA-Gesundheitsdaten im Sinn des § 14 GTelG 2012.

(2) Hinsichtlich Patientenverfügungen finden die Rechte gemäß § 16 Abs. 1 Z 2 lit. a GTelG 2012 sowie § 21 Abs. 3 Z 1 GTelG 2012 keine Anwendung.

(3) Bei der Speicherung von Patientenverfügungen im Wege der ELGA-Ombudsstelle (§ 14a Abs. 4) ist entgegen § 22 Abs. 2 Z 5 GTelG 2012 der Name jener natürlichen Person zu protokollieren, die die Aufnahme der Patientenverfügung im Wege der ELGA-Ombudsstelle tatsächlich verlangt hat.

(BGBl I 2019/12, ab 16.1.2019)

Technische Spezifikation und Umsetzung

§ 14d. Die Bundesministerin für Arbeit, Soziales, Gesundheit und Konsumentenschutz kann im Sinn des „§ 28a GTelG 2012" mit Verordnung Folgendes festlegen:

1. die Struktur, das Format sowie die Standards gemäß § 27 Abs. 7, 8 und 9 GTelG 2012, die für

a) Patientenverfügungen in ELGA, sowie

b) die Schnittstellen zur Aufnahme von Patientenverfügungen gemäß § 14a Abs. 4, die

zu verwenden sind, wobei international anerkannte Standards, die wirtschaftliche Vertretbarkeit sowie der Stand der technischen Möglichkeiten hinsichtlich des Detaillierungsgrades der Strukturen bei den betroffenen ELGA-Gesundheitsdiensteanbietern zu berücksichtigen sind,

2. die näheren technischen Modalitäten der Zurverfügungstellung gemäß § 14a Abs. 4 durch die in § 6 Abs. 1 genannten Personen sowie

3. den jeweiligen Zeitpunkt, ab dem die Patientenverfügungen in ELGA gemäß § 14a bzw. § 13 Abs. 2 GTelG 2012 zu speichern bzw. zu erheben sind.

(BGBl I 2019/12, ab 16.1.2019; BGBl I 2024/105, ab 20. 7. 2024)

Verwaltungsstrafbestimmung zum Schutz vor Missbrauch

§ 15. Wer den Zugang zu Einrichtungen der Behandlung, Pflege oder Betreuung oder den Erhalt solcher Leistungen davon abhängig macht, dass eine Patientenverfügung errichtet oder dies unterlassen wird, begeht, sofern die Tat nicht mit gerichtlicher Strafe bedroht ist, eine Verwaltungsübertretung und ist mit Geldstrafe bis zu 25 000 Euro, im Wiederholungsfall bis zu 50 000 Euro, zu bestrafen.

5. Abschnitt

Schlussbestimmungen

Personenbezogene Bezeichnungen

§ 16. Bei allen personenbezogenen Bezeichnungen gilt die gewählte Form für beide Geschlechter.

Verweisungen

§ 17. Soweit in diesem Bundesgesetz auf andere Bundesgesetze verwiesen wird, sind diese in ihrer jeweils geltenden Fassung anzuwenden.

In-Kraft-Treten

§ 18. „(1)" Dieses Bundesgesetz tritt mit dem auf den Monat seiner Kundmachung folgenden Monatsersten in Kraft.[1] Patientenverfügungen, die zu diesem Zeitpunkt bereits errichtet sind, sind hinsichtlich ihrer Wirksamkeit nach diesem Bundesgesetz zu beurteilen. *(BGBl I 2018/59)*

(2) § 2 Abs. 1, § 3, § 5, § 7 Abs. 3 und § 14 Abs. 2 dieses Bundesgesetzes in der Fassung BGBl. I Nr. 59/2018 treten mit 1. Juli 2018 in Kraft. *(BGBl I 2018/59)*

„(3)" § 1 Abs. 2 und 3, § 2 Abs. 3, die §§ 6 bis 9, § 14 Abs. 3 und die §§ 14a bis 14d sowie § 18a samt Überschriften und die Überschrift des dritten Abschnitts in der Fassung der PatVG-Novelle 2018, BGBl. I Nr. 12/2019, treten mit dem der Kundmachung folgenden Tag in Kraft[2]. *(BGBl I 2019/12; BGBl I 2024/105)*

(4) § 14d in der Fassung des Bundesgesetzes BGBl. I Nr. 105/2024 tritt mit dem der Kundmachung folgenden Tag in Kraft[3]. *(BGBl I 2024/105)*

---

[1] *Am 1. 6. 2006.*
[2] *Am 16. 1. 2019.*
[3] *Am 20. 7. 2024.*

Übergangsbestimmung

§ 18a. Die Frist des § 7 Abs. 1 gilt auch für Patientenverfügungen, die zum Zeitpunkt des Inkrafttretens der PatVG-Novelle 2018, BGBl. I Nr. 12/2019, bereits errichtet waren.

(BGBl I 2019/12, ab 16.1.2019)

Vollziehung

§ 19. Mit der Vollziehung dieses Bundesgesetzes ist die Bundesministerin für Gesundheit und Frauen im Einvernehmen mit der Bundesministerin für Justiz betraut.

6/4. Sterbeverfügungsgesetz

BGBl I 2021/242

GLIEDERUNG

STICHWORTVERZEICHNIS

Bundesgesetz über die Errichtung von Sterbeverfügungen (Sterbeverfügungsgesetz – StVfG)

1. Abschnitt

Allgemeine Bestimmungen

Anwendungsbereich, Zweck

§ 1. (1) Dieses Bundesgesetz regelt die Voraussetzungen und die Wirksamkeit von Sterbeverfügungen zum Nachweis eines dauerhaften, freien und selbstbestimmten Entschlusses zur Selbsttötung.

(2) Eine Sterbeverfügung kann nur wirksam errichtet werden, wenn die sterbewillige Person ihren gewöhnlichen Aufenthalt in Österreich hat oder österreichische Staatsangehörige ist.

(3) Die Voraussetzungen, die Wirkungen und die Beendigung einer Sterbeverfügung richten sich nach österreichischem Recht.

Freiwilligkeit der Mitwirkung, Benachteiligungsverbot

§ 2. (1) Keine natürliche oder juristische Person ist verpflichtet, eine Hilfeleistung (§ 3 Z 4), wie etwa die Abgabe des Präparats (§ 3 Z 9) durch eine Apothekerin bzw. einen Apotheker, zu erbringen, eine ärztliche Aufklärung (§ 7) durchzuführen oder an der Errichtung einer Sterbeverfügung mitzuwirken. Ein darauf gerichtetes vertragliches Leistungsversprechen kann nicht gerichtlich geltend gemacht werden.

(2) Keine natürliche oder juristische Person darf wegen einer solchen Hilfeleistung, einer ärztlichen Aufklärung oder der Mitwirkung an der Errichtung einer Sterbeverfügung oder der Weigerung, eine Hilfeleistung zu erbringen, eine ärztliche Aufklärung durchzuführen oder an der Errichtung einer Sterbeverfügung mitzuwirken, in welcher Art immer benachteiligt werden.

Begriffsbestimmungen

§ 3. Im Sinne dieses Bundesgesetzes bedeuten die Begriffe:

1. „Sterbeverfügung“: eine Willenserklärung, mit der eine sterbewillige Person ihren dauerhaften, freien und selbstbestimmten Entschluss festhält, ihr Leben selbst zu beenden;

2. „sterbewillige Person“: eine Person, die ihr Leben selbst beenden will;

3. „Hilfe leistende Person“: eine volljährige und entscheidungsfähige Person, die bereit ist, die sterbewillige Person bei der Durchführung der lebensbeendenden Maßnahme zu unterstützen;

4. „Hilfeleistung“: die physische Unterstützung der sterbewilligen Person bei der Durchführung lebensbeendender Maßnahmen; die ärztliche Aufklärung oder die Mitwirkung an der Errichtung einer Sterbeverfügung ist keine Hilfeleistung;

5. „ärztliche Personen“: selbstständig berufsberechtigte Ärztinnen und Ärzte;

6. „dokumentierende Person“: ein Notar bzw. eine Notarin oder ein rechtskundiger Mitarbeiter bzw. eine rechtskundige Mitarbeiterin der Patientenvertretungen (§ 11e des Krankenanstalten- und Kuranstaltengesetzes), vor dem bzw. der die Sterbeverfügung errichtet wird;

7. „für die Aufbewahrung verantwortliche Person“: der dokumentierende Notar bzw. die dokumentierende Notarin oder die Patientenvertretung (§ 11e des Krankenanstalten- und Kuranstaltengesetzes), deren rechtskundiger Mitarbeiter bzw. rechtskundige Mitarbeiterin die Sterbeverfügung dokumentiert hat;

8. „terminale Phase“: wenn die Krankheit ein Stadium erreicht hat, in dem sie nach medizinischem Ermessen voraussichtlich innerhalb von sechs Monaten zum Tod führen wird;

9. „Präparat“: eine für die sterbewillige Person tödliche Dosis Natrium-Pentobarbital oder ein anderes, durch Verordnung gemäß § 11 Abs. 6 festgelegtes Mittel, das in entsprechender Dosis das Leben beendet;

10. „Identifikationsdaten“: Vor- und Familienname, Geburtsdatum, Geschlecht, Staatsangehörigkeit; die Identifikationsdaten werden unter Zuhilfenahme des bereichsspezifischen Personenkennzeichens Gesundheit verarbeitet.

Zu den zulässigen Präparaten s die Sterbeverfügungs-Präparate-V BGBl II 2022/16.

Höchstpersönlichkeit

§ 4. Eine Sterbeverfügung kann nur höchstpersönlich errichtet werden.

2. Abschnitt

Sterbeverfügung

Inhalt

§ 5. (1) In einer Sterbeverfügung ist der Entschluss der sterbewilligen Person festzuhalten, ihr Leben selbst zu beenden. Sie hat auch die ausdrückliche Erklärung zu enthalten, dass dieser Entschluss frei und selbstbestimmt nach ausführlicher Aufklärung gefasst wurde.

(2) In der Sterbeverfügung können auch eine oder mehrere Hilfe leistende Personen angegeben werden. Auf Wunsch der sterbewilligen Person kann die dokumentierende Person auch nach der Errichtung weitere Hilfe leistende Personen in die Sterbeverfügung aufnehmen oder solche Personen streichen.

Voraussetzungen

§ 6. (1) Die sterbewillige Person muss sowohl im Zeitpunkt der Aufklärung (§ 7) als auch im Zeitpunkt der Errichtung der Sterbeverfügung (§ 8) volljährig und entscheidungsfähig sein. Die Entscheidungsfähigkeit muss zweifelsfrei gegeben sein.

(2) Der Entschluss der sterbewilligen Person, ihr Leben zu beenden, muss frei und selbstbestimmt, insbesondere frei von Irrtum, List, Täuschung, physischem oder psychischem Zwang und Beeinflussung durch Dritte gefasst werden.

(3) Eine Sterbeverfügung kann nur eine Person errichten, die

1. an einer unheilbaren, zum Tod führenden Krankheit (§ 120 Z 1 ASVG) oder

2. an einer schweren, dauerhaften Krankheit (§ 120 Z 1 ASVG) mit anhaltenden Symptomen leidet, deren Folgen die betroffene Person in ihrer gesamten Lebensführung dauerhaft beeinträchtigen;

wobei die Krankheit einen für die betroffene Person nicht anders abwendbaren Leidenszustand mit sich bringt.

(4) Die Hilfe leistende Person darf nicht mit der Person ident sein, die die Aufklärung (§ 7) leistet oder die Sterbeverfügung dokumentiert (§ 8).

Aufklärung

§ 7. (1) Der Errichtung einer Sterbeverfügung hat eine Aufklärung durch zwei ärztliche Personen voranzugehen, von denen eine eine palliativmedizinische Qualifikation aufzuweisen hat, und die unabhängig voneinander bestätigen, dass die sterbewillige Person entscheidungsfähig ist und einen im Sinne des § 6 Abs. 2 freien und selbstbestimmten Entschluss geäußert hat.

(2) Die Aufklärung hat zumindest folgende Inhalte zu umfassen:

1. die im konkreten Fall möglichen Behandlungs- oder Handlungsalternativen, insbesondere Hospizversorgung und palliativmedizinische Maßnahmen, sowie einen Hinweis auf die Möglichkeit der Errichtung einer Patientenverfügung oder auf andere Vorsorgeinstrumente, insbesondere Vorsorgevollmacht und Vorsorgedialog (§ 239 Abs. 2 ABGB, JGS Nr. 946/1811, in der Fassung des Bundesgesetzes BGBl. I Nr. 59/2017),

2. die Dosierung des Präparats (§ 3 Z 9) und die für die Verträglichkeit des Präparats notwendige Begleitmedikation,

3. Art der Einnahme des Präparats (§ 3 Z 9), Auswirkungen und mögliche Komplikationen bei der Einnahme des Präparats und dass mit einer Patientenverfügung lebensrettende Behandlungen abgelehnt werden können,

4. einen Hinweis auf konkrete Angebote für ein psychotherapeutisches Gespräch sowie für suizidpräventive Beratung[1)] und

5. einen Hinweis auf allfällige weitere im konkreten Fall zielführende Beratungsangebote.

(3) Die ärztliche Person hat ein Dokument mit dem wesentlichen Inhalt der von ihr vorgenommenen Aufklärung zu errichten, wobei nicht jede ärztliche Person über sämtliche in Abs. 2 angeführten Inhalte aufklären muss, und darauf mit Unterschrift die Bestätigung nach Abs. 1 zu treffen. Eine ärztliche Person, die über die Behandlungsalternativen aufklärt (Abs. 2 Z 1), hat das Vorliegen einer Krankheit im Sinne des § 6 Abs. 3 Z 1 oder Z 2 und einer glaubwürdigen Erklärung der betroffenen Person über einen für sie nicht anders abwendbaren Leidenszustand zu bestätigen; eine ärztliche Person hat die genaue Dosierungsanordnung (Abs. 2 Z 2) zu treffen. Das Dokument hat den Vor- und Familiennamen und das Geburtsdatum der sterbewilligen Person, den Vor- und Familiennamen und die Anschrift der ärztlichen Person und das Datum der Aufklärung zu enthalten und ist der sterbewilligen Person auszufolgen. Die Dokumentation kann auch im Wege einer Online-Schnittstelle zum Sterbeverfügungsregister erfolgen, die durch einen Code vor unbefugtem Zugriff zu schützen ist, sodass Zugriff nur diejenigen Personen erlangen, denen die sterbewillige Person den Code bekannt gibt. Die eingegebenen Daten dürfen längstens 30 Jahre aufbewahrt werden. Berufs- und krankenanstaltsrechtliche Bestimmungen über die ärztliche Dokumentation bleiben unberührt.

(4) Wenn sich im Rahmen der ärztlichen Aufklärung ein Hinweis darauf ergibt, dass bei der sterbewilligen Person eine krankheitswertige psychische Störung vorliegt, deren Folge der Wunsch zur Beendigung ihres Lebens sein könnte, ist vor der Bestätigung nach Abs. 1 eine Abklärung dieser Störung einschließlich einer Beratung durch eine Fachärztin bzw. einen Facharzt für Psychiatrie und Psychotherapeutische Medizin oder eine klinische Psychologin bzw. einen klinischen Psychologen zu veranlassen.

UbG
HeimAufG
PatVG StVfG

---

1) Im BGBl wurde nach dem Wort „Beratung“ irrtümlich ein Beistrich gesetzt.

Errichtung

§ 8. (1) Eine Sterbeverfügung kann wirksam frühestens zwölf Wochen nach der ersten ärztlichen Aufklärung (§ 7) errichtet werden. Hat eine ärztliche Person bestätigt, dass die sterbewillige Person an einer unheilbaren, zum Tod führenden Erkrankung leidet und in die terminale Phase (§ 3 Z 8) eingetreten ist, so ist eine Errichtung nach zwei Wochen zulässig. Wird eine Sterbeverfügung nicht innerhalb eines Jahres nach der zweiten ärztlichen Aufklärung errichtet, so muss die sterbewillige Person eine neuerliche Bestätigung einer ärztlichen Person nach § 7 Abs. 1 dritter Halbsatz beibringen, die ein Jahr gültig ist.

(2) Die Sterbeverfügung ist schriftlich vor einer dokumentierenden Person (§ 3 Z 6) zu errichten, nachdem diese die Dokumentation über die ärztliche Aufklärung (§ 7 Abs. 3) wiedergegeben hat, und über rechtliche Aspekte, wie die mögliche Errichtung einer Patientenverfügung oder Vorsorgevollmacht, die Errichtung einer letztwilligen Verfügung, die strafrechtlichen Grenzen der Hilfeleistung und weitere Rechtsfolgen belehrt hat. Die dokumentierende Person hat vor der Errichtung durch Einsichtnahme in das Sterbeverfügungsregister (§ 9 Abs. 2) zu überprüfen, ob bereits eine Sterbeverfügung für diese sterbewillige Person errichtet wurde. Ist eine vorhergehende Sterbeverfügung noch gültig, so muss sie vor Errichtung einer neuen Sterbeverfügung widerrufen werden.

(3) Die dokumentierende Person hat unter Angabe ihres Namens und ihrer Anschrift sowie des Datums der Errichtung auf dem Dokument der Sterbeverfügung Folgendes schriftlich zu bestätigen:

1. Vor- und Familienname, Geburtsdatum, Staatsangehörigkeit und Anschrift des gewöhnlichen Aufenthalts der sterbewilligen Person und die Tatsache, dass diese ihren im Sinn des § 6

Abs. 2 freien und selbstbestimmten Entschluss bekräftigt hat;

2. dass die Entscheidungsfähigkeit der sterbewilligen Person ärztlich bestätigt wurde und kein Hinweis darauf vorliegt, dass sie im Zeitpunkt der Errichtung beeinträchtigt wäre;

3. dass eine den zeitlichen Anforderungen des Abs. 1 entsprechende Aufklärung mit dem notwendigen Inhalt des § 7 Abs. 2 vorliegt.

In das Dokument ist auch die Dosierungsanordnung (§ 7 Abs. 2 Z 2) aufzunehmen. Bei Zweifeln an der Entscheidungsfähigkeit ist die Dokumentation der Errichtung abzulehnen.

(4) Im Falle des Verlusts oder Diebstahls des Präparats kann die sterbewillige Person vor der dokumentierenden Person verlangen, dass auf einer gültigen Sterbeverfügung oder auf einer aus diesem Anlass neu errichteten Sterbeverfügung vermerkt wird, dass neuerlich ein Präparat ausgefolgt werden kann. Die dokumentierende Person hat diesen Vermerk zu erteilen, wenn kein Zweifel an der Zuverlässigkeit der sterbewilligen Person besteht, und an das Sterbeverfügungsregister (§ 9 Abs. 2) zu melden.

Dokumentation und Sterbeverfügungsregister

§ 9. (1) Die dokumentierende Person hat das Original der Sterbeverfügung der sterbewilligen Person auszuhändigen. Die für die Aufbewahrung verantwortliche Person (§ 3 Z 7) hat eine Abschrift der Sterbeverfügung für die in § 10 Abs. 3 und 4 geregelte Dauer aufzubewahren und den Sicherheitsbehörden oder den Strafverfolgungsbehörden, die wegen eines Delikts gegen Leib und Leben zum Nachteil der sterbewilligen Person ermitteln, Auskunft über die Sterbeverfügung zu geben.

(2) Der für das Gesundheitswesen zuständige Bundesminister hat ein elektronisches Sterbeverfügungsregister unter Zuhilfenahme eines bereichsspezifischen Personenkennzeichens zu führen. Er darf die ihm gemäß Abs. 3 und 4 sowie § 7 Abs. 3, § 8 Abs. 4 und § 11 Abs. 1 gemeldeten Daten zur Sicherstellung der nachvollziehbaren Einhaltung der Bestimmungen dieses Bundesgesetzes, insbesondere der Verhinderung eines unzulässigen mehrfachen Bezugs von Präparaten durch dieselbe sterbewillige Person, sowie zur Gewinnung von Erkenntnissen über die Inanspruchnahme der Sterbeverfügung für statistische und wissenschaftliche Analysen und Untersuchungen, die keine personenbezogenen Ergebnisse zum Ziel haben, verarbeiten. § 7 Abs. 5 des Datenschutzgesetzes, BGBl. I Nr. 165/1999, in der Fassung des Bundesgesetzes BGBl. I Nr. 120/2017, ist anzuwenden. Datenschutzrechtlich Verantwortlicher für das Sterbeverfügungsregister und die darin vorgenommenen Eintragungen ist der für das Gesundheitswesen zuständige Bundesminister.

(3) Die dokumentierende Person hat unmittelbar nach der Errichtung einer Sterbeverfügung folgende Informationen an das Sterbeverfügungsregister zu melden:

1. Identifikationsdaten der sterbewilligen Person;

2. Identifikationsdaten der in der Sterbeverfügung angegebenen Hilfe leistenden Person(en);

3. Datum der Aufklärungsgespräche und der Errichtung der Sterbeverfügung;

4. Identifikationsdaten der aufklärenden ärztlichen Personen;

5. Identifikationsdaten des Facharztes bzw. der Fachärztin für Psychiatrie und Psychotherapeutische Medizin oder der klinischen Psychologin bzw. des klinischen Psychologen bei einer Abklärung nach § 7 Abs. 4;

6. die Dosierungsanordnung (§ 7 Abs. 2 Z 2);

7. allfälliges Vorliegen einer terminalen Phase (§ 8 Abs. 1);

8. Identifikationsdaten der dokumentierenden Person.

(4) Die Totenbeschauärztinnen und Totenbeschauärzte haben eine gesonderte Meldung an den Verantwortlichen für das Register nach Abs. 2 zu erstatten, wenn Hinweise vorliegen, dass der Tod in einem unmittelbaren oder mittelbaren kausalen Zusammenhang mit der Einnahme eines Präparats steht. Die Meldung über den Todesfall hat folgende Informationen zu umfassen:

1. Identifikationsdaten der verstorbenen Person;

2. Datum und Ort des Todes;

3. falls bekannt, ob eine Sterbeverfügung errichtet wurde, und falls bekannt, Datum der Errichtung;

4. allfällige Anordnung einer Leichenöffnung oder Obduktion;

5. meldende Totenbeschauärztin oder -arzt;

6. Datum der Meldung.

Unwirksamkeit, Widerrufbarkeit

§ 10. (1) Außer im Fall der Nichteinhaltung einer in diesem Bundesgesetz vorgesehenen Wirksamkeitsvoraussetzungen ist eine Sterbeverfügung auch dann unwirksam, wenn ihr Inhalt strafrechtlich nicht zulässig ist.

(2) Eine Sterbeverfügung verliert ihre Wirksamkeit, wenn die sterbewillige Person sie widerruft oder zu erkennen gibt, dass sie nicht mehr wirksam sein soll, sowie nach Ablauf eines Jahres nach ihrer Errichtung.

(3) Die für die Aufbewahrung verantwortliche Person hat die Abschrift der Sterbeverfügung (§ 9 Abs. 1) zu vernichten:

1. fünf Jahre nach Ablauf der Jahresfrist (Abs. 2), wenn kein Präparat (§ 11) bezogen wurde; dies hat die für die Aufbewahrung verantwortliche Person durch Einsichtnahme in das Sterbeverfügungsregister zu überprüfen;

2. ansonsten 10 Jahre nach ihrer Errichtung.

(4) Auf Wunsch der sterbewilligen Person hat die für die Aufbewahrung verantwortliche Person die Abschrift der Sterbeverfügung (§ 9 Abs. 1) bei Widerruf oder nach Ablauf der Jahresfrist (Abs. 2) nur dann zu vernichten, wenn

1. noch kein Präparat (§ 11) bezogen wurde oder das bezogene Präparat nachweislich zurückgegeben wurde, was die für die Aufbewahrung verantwortliche Person durch Einsichtnahme in das Sterbeverfügungsregister zu überprüfen hat, und

2. auch das Original der Sterbeverfügung nachweislich vernichtet wurde oder dessen Wirksamkeit abgelaufen ist.

(5) Die für die Aufbewahrung verantwortliche Person hat die Vernichtung der Abschrift der Sterbeverfügung an den Verantwortlichen für das Register nach § 9 Abs. 2 unter Angabe des Datums eines allfälligen Widerrufs zu melden, welcher die darauf bezogenen Daten zu löschen hat.

Präparat

§ 11. (1) Ein Präparat (§ 3 Z 9) darf nur von einer öffentlichen Apotheke in der in der Sterbeverfügung angegebenen Dosierung samt der erforderlichen Begleitmedikation an die sterbewillige oder eine in der Sterbeverfügung namentlich genannte Hilfe leistende Person nach Vorlage einer wirksamen Sterbeverfügung abgegeben werden. Die Abgabe und eine allfällige Zurückgabe sind an das Sterbeverfügungsregister unter Angabe des Datums, der abgebenden Apotheke und der Identifikationsdaten der abgebenden Person zu melden.

(2) Vor der Abgabe hat die Apothekerin bzw. der Apotheker zu überprüfen:

1. die Identität der Person, die das Präparat abholen möchte, anhand eines amtlichen Lichtbildausweises;

2. ob für die sterbewillige Person bereits die Abgabe eines Präparats aufgrund der vorgelegten oder einer früheren Sterbeverfügung eingetragen worden ist, durch Einsichtnahme in das Sterbeverfügungsregister.

(3) Wurde für eine Sterbeverfügung der sterbewilligen Person bereits ein Präparat abgeben, so ist die Abgabe eines weiteren Präparats nur zulässig, wenn das zuerst abgegebene Präparat gleichzeitig zurückgegeben wird oder die Sterbeverfügung einen Vermerk nach § 8 Abs. 4 enthält. Wurde mit Hilfe eines Vermerks nach § 8 Abs. 4 ein neues Präparat bezogen, ist ein wiedererlangtes Präparat der Apotheke zur Entsorgung zurückzugeben.

(4) Die sterbewillige Person und die Hilfe leistende Person, der das Präparat ausgefolgt wurde, haben das Präparat durch geeignete, den jeweiligen Umständen entsprechende Maßnahmen gegen eine unbefugte Entnahme zu sichern. Im Fall einer Aufgabe ihres Sterbewillens hat die sterbewillige Person das Präparat bei der Apotheke zurückzugeben. Die Apothekerin bzw. der Apotheker hat zurückgegebene Präparate zu entsorgen.

(5) Befindet sich in der Verlassenschaft eines Verstorbenen ein Präparat, so ist dies von jedem, der das Präparat auffindet, unverzüglich der Bezirksverwaltungsbehörde als Gesundheitsbehörde anzuzeigen. Die Behörde hat die zur Vernichtung erforderlichen Anordnungen zu treffen.

(6) Der für das Gesundheitswesen zuständige Bundesminister kann mit Verordnung

1. andere Präparate als Natrium-Pentobarbital als zulässiges Präparat bestimmen, wenn solche Präparate nach dem Stand der Medizin belastende Begleiterscheinungen für den Patienten minimieren oder wenn die Verfügbarkeit von Natrium-Pentobarbital eingeschränkt oder nicht mehr gegeben ist;

2. die Applikationsform und die Dosis, in der das Präparat verlässlich letal wirkt, festlegen;

3. die für die Verträglichkeit des Präparats nach dem Stand der Medizin notwendige Begleitmedikation regeln.

(7) Die Österreichische Apothekerkammer hat auf Anfrage den dokumentierenden Personen diejenigen Apotheken in der Nähe der sterbewilligen Person bekannt zu geben, bei denen diese das Präparat beziehen kann. Zusätzlich hat die Österreichische Apothekerkammer dem für das Gesundheitswesen zuständigen Bundesminister zum 30. Juni des jeweiligen Jahres die zur Abgabe bereiten Apotheken zu nennen.

Werbeverbot und Verbot wirtschaftlicher Vorteile

§ 12. (1) Es ist verboten, mit der Hilfeleistung zu werben. Das Werbeverbot umfasst Werbung, die eigene oder fremde Hilfeleistung oder Mittel, Gegenstände oder Verfahren, die zur Selbsttötung geeignet sind, unter Hinweis auf diese Eignung anbietet, ankündigt oder anpreist.

(2) Es ist zulässig, eine sterbewillige Person auf die Möglichkeit der Errichtung einer Sterbeverfügung nach diesem Bundesgesetz hinzuweisen. Jedenfalls zulässig ist der Hinweis

1. von ärztlichen Personen und der Österreichischen Ärztekammer darauf, dass sie eine Aufklärung nach § 7 anbieten bzw. wo eine Aufklärung angeboten wird;

2. von dokumentierenden Personen, der Österreichischen Notariatskammer und den Patientenvertretungen darauf, dass sie eine Dokumentation von Sterbeverfügungen vornehmen bzw. wo eine Sterbeverfügung errichtet werden kann, oder

3. von Apotheken und der Österreichischen Apothekerkammer darauf, dass sie ein Präparat unter den Bedingungen des § 11 abgeben bzw. welche Apotheken das Präparat abgeben.

(3) Es ist verboten, sterbewilligen Personen eine Hilfeleistung anzubieten oder diese durchzuführen, wenn man sich oder einem Dritten dafür wirtschaftliche Vorteile versprechen lässt oder annimmt, die über den Ersatz des nachgewiesenen Aufwands hinausgehen.

Verwaltungsstrafbestimmung

§ 13. Wer den Verboten gemäß § 12 Abs. 1 oder Abs. 3 zuwiderhandelt, begeht eine Verwaltungsübertretung und ist mit einer Geldstrafe bis zu 30 000 Euro, im Wiederholungsfall bis zu 60 000 Euro, zu bestrafen. Im Fall des Verbotes gemäß § 12 Abs. 1 ist auch der Versuch strafbar.

3. Abschnitt

Schlussbestimmungen

Inkrafttreten

§ 14. Dieses Bundesgesetz tritt mit 1. Jänner 2022 in Kraft.

Vollziehung

§ 15. Mit der Vollziehung sind hinsichtlich des § 9 Abs. 2 bis 4 und des § 11 der Bundesminister für Soziales, Gesundheit, Pflege und Konsumentenschutz, hinsichtlich der übrigen Bestimmungen dieses Bundesgesetzes die Bundesministerin für Justiz im Einvernehmen mit dem Bundesminister für Soziales, Gesundheit, Pflege und Konsumentenschutz betraut.

7/1. Unterhaltsvorschußgesetz

BGBl 1985/451 (WV) idF

1 BGBl 1987/645
2 BGBl 1989/162 (KindRÄG)
3 BGBl 1989/654 (RRAG)
4 BGBl 1991/628 (EO-Nov 1991)
5 BGBl 1996/757 (BRZ GmbH)
6 BGBl I 1997/140 (WGN 1997)
7 BGBl I 2000/135 (KindRÄG 2001)
8 BGBl I 2001/98 (2. Euro-JuBeG)
9 BGBl I 2003/112 (AußStr-BegleitG)
10 BGBl I 2009/75 (FamRÄG 2009)
11 BGBl I 2010/58 (IRÄ-BG)
12 BGBl I 2015/156 (GGN 2015)

STICHWORTVERZEICHNIS

(Die Zahlenangaben beziehen sich auf die Paragraphen)

Stichwortverzeichnis

Bundesgesetz über die Gewährung von Vorschüssen auf den Unterhalt von Kindern (Unterhaltsvorschußgesetz 1985 – UVG)

Anwendungsbereich

§ 1. Der Bund hat auf den gesetzlichen Unterhalt minderjähriger Kinder nach diesem Bundesgesetz Vorschüsse zu gewähren.

Siehe Art XVIII § 5 KindRÄG 2001.

Voraussetzungen

§ 2. (1) Anspruch auf Vorschüsse haben minderjährige Kinder, die ihren gewöhnlichen Aufenthalt im Inland haben und entweder österreichische Staatsbürger oder staatenlos sind. Hat derjenige, mit dem das Kind im gemeinsamen Haushalt lebt, in Erfüllung seiner Dienstpflicht gegenüber einer inländischen öffentlich-rechtlichen Körperschaft seinen Aufenthalt im Ausland, so ist für die Vollziehung dieses Bundesgesetzes anzunehmen, daß das Kind seinen gewöhnlichen Aufenthalt im Sprengel seines „ “ Pflegschaftsgerichts hat. *(BGBl 1980/278, Art. I Z 1; BGBl I 2003/112, ab 1. 1. 2005)*

(2) Ein Anspruch auf Vorschüsse besteht nicht, wenn das Kind

1. mit dem Unterhaltsschuldner im gemeinsamen Haushalt lebt oder

2. auf Grund einer Maßnahme der Sozialhilfe oder der vollen Erziehung nach dem öffentlichen Jugendwohlfahrtsrecht in einer Pflegefamilie, in einem Heim oder in einer sonstigen Einrichtung untergebracht ist. *(BGBl 1989/162)*

§ 3. Vorschüsse sind zu gewähren, wenn

1. für den gesetzlichen Unterhaltsanspruch ein im Inland vollstreckbarer Exekutionstitel besteht und

2. der Unterhaltsschuldner nach Eintritt der Vollstreckbarkeit den laufenden Unterhaltsbeitrag nicht zur Gänze leistet sowie das Kind glaubhaft macht (§ 11 Abs. 2), einen Exekutionsantrag nach § 294a EO oder, sofern der Unterhaltsschuldner offenbar keine Gehaltsforderung oder keine andere in fortlaufenden Bezügen bestehende Forderung hat, einen Exekutionsantrag auf bewegliche körperliche Sachen unter Berücksichtigung von § 372 EO eingebracht zu haben; lebt der Unterhaltsschuldner im Ausland und muss im Ausland Exekution geführt werden, so hat das Kind glaubhaft zu machen (§ 11 Abs. 2), einen Antrag auf Vollstreckung nach dem Übereinkommen über die Geltendmachung von Unterhaltsansprüchen im Ausland, BGBl. Nr. 316/1969, dem Auslandsunterhaltsgesetz, BGBl. Nr. 160/1990, einen vergleichbaren Antrag bei der im Inland zur Bearbeitung zuständigen Behörde oder einen Antrag, mit dem entsprechende Vollstreckungsmaßnahmen unmittelbar im Ausland eingeleitet werden sollen, eingebracht zu haben. *(BGBl I 2009/75, ab 1. 1. 2010, s § 37 Abs 2)*

§ 4. Vorschüsse sind auch zu gewähren, wenn

1. zwar die Voraussetzungen des § 3 Z 1 gegeben sind, aber die Führung einer Exekution nach § 3 Z 2 aussichtslos scheint, besonders weil im Inland ein Drittschuldner oder ein Vermögen, dessen Verwertung einen die laufenden Unterhaltsbeiträge deckenden Ertrag erwarten läßt, nicht bekannt ist;

2. die Festsetzung des Unterhaltsbeitrags überhaupt oder, falls der Exekutionstitel im Sinn des § 3 Z 1, gerechnet vom Zeitpunkt der Erlassung, älter als drei Jahre ist, die Erhöhung des Unterhaltsbeitrags aus Gründen auf Seite des Unterhaltsschuldners nicht gelingt, außer dieser ist nach seinen Kräften offenbar zu einer Unterhaltsleistung beziehungsweise einer höheren Unterhaltsleistung nicht imstande;

3. dem Unterhaltsschuldner auf Grund einer Anordnung in einem strafgerichtlichen Verfahren länger als einen Monat im Inland die Freiheit entzogen wird und er deshalb seine Unterhaltspflicht nicht erfüllen kann;

4. die Abstammung eines Kindes in erster Instanz festgestellt und ein Antrag auf Unterhaltsfestsetzung bereits eingebracht worden ist oder für den Fall der Feststellung der Abstammung des Kindes ein gerichtlicher Unterhaltsvergleich geschlossen worden ist. *(BGBl I 2003/112, ab 1. 1. 2005)*

5. *(aufgehoben, BGBl I 2009/75, ab 1. 1. 2010, s § 37 Abs 3)*

(BGBl. Nr. 278/1980, Art. I Z 3)

Höhe

§ 5. (1) Die Vorschüsse sind, sofern im folgenden nicht anderes bestimmt ist, jeweils in der beantragten Höhe bis zu dem im Exekutionstitel festgesetzten Unterhaltsbeitrag zu gewähren. „ “ *(BGBl I 2003/112, ab 1. 1. 2005)*

(2) Ein Fremdwährungsbetrag ist auf Inlandswährung „ “ umzurechnen; maßgebend ist der Geldkurs an dem der Bewilligung vorangegangenen Werktag. *(BGBl I 2001/98, ab 1. 1. 2002)*

(3) Lautet der Exekutionstitel auf den Bruchteil der Bezüge des Unterhaltsschuldners aus einem Dienst- oder Arbeitsverhältnis, so hat das Gericht, gegebenenfalls auf Grund der Akten über die vorangegangene Exekution auf das Arbeitseinkommen, festzustellen, welcher Geldbetrag der Gewährung von Vorschüssen zugrunde zu legen ist.

(4) Im Fall des § 4 Z 4 sind die Vorschüsse höchstens in der im Antrag auf Unterhaltsfestsetzung begehrten oder in der im Unterhaltsvergleich

vereinbarten Höhe zu gewähren. *(BGBl I 2003/112, ab 1. 1. 2005)*

(BGBl. Nr. 278/1980, Art. I Z 4)

§ 6. (1) Die Vorschüsse dürfen monatlich den Richtsatz für pensionsberechtigte Halbwaisen nach § 293 Abs. 1 Buchstabe c bb erster Fall ASVG, vervielfacht mit dem jeweiligen Anpassungsfaktor (§ 108f ASVG), nicht übersteigen.

(2) „In den Fällen des § 4 Z 2, 3 und 4 sind, vorbehaltlich der „§ 5 Abs. 4 und § 7"**," einem Kind monatlich *(*BGBl I 2003/112, ab 1. 1. 2005; **BGBl I 2009/75, ab 1. 1. 2010)*

1. bis zum Ende des vor Vollendung des 6. Lebensjahrs liegenden Monats „fünfunddreißig Prozent", *(BGBl I 2009/75, ab 1. 1. 2010, s § 37 Abs 4)*

2. ab diesem Zeitpunkt bis zum Ende des vor Vollendung des 14. Lebensjahrs liegenden Monats die Hälfte und

3. ab diesem Zeitpunkt „fünfundsechzig Prozent"** des im Abs. 1 festgesetzten Höchstbetrags, jeweils aufgerundet auf volle „Eurobeträge"*, zu gewähren. *(*BGBl I 2001/98, ab 1. 1. 2002; **BGBl I 2009/75, ab 1. 1. 2010, s § 37 Abs 5)*

(BGBl. Nr. 278/1980, Art. I Z 5)

Versagen der Vorschüsse

§ 7. (1) Das Gericht hat die Vorschüsse ganz oder teilweise zu versagen, soweit

1. in den Fällen der §§ 3 und 4 Z 1 sich aus der Aktenlage ergibt, dass die im Exekutionstitel festgesetzte Unterhaltspflicht nicht (mehr) besteht oder, der gesetzlichen Unterhaltspflicht nicht entsprechend, zu hoch festgesetzt ist; *(BGBl I 2009/75, ab 1. 1. 2010, s § 37 Abs 6)*

2. in den Fällen des „§ 4 Z 2 bis 4" das Kind eigene Einkünfte hat oder unter Berücksichtigung seiner Lebensverhältnisse selbsterhaltungsfähig ist. *(BGBl I 2003/112, ab 1. 1. 2005)*

(2) Werden einem Kind Vorschüsse nach den §§ 3 oder 4 Z 1, 2 oder 4 gewährt und wird dem Unterhaltsschuldner die Freiheit im Sinn des § 4 Z 3 entzogen, so ist dies kein Grund, die bisher gewährten Vorschüsse zu versagen; wird dem Unterhaltsschuldner aber für länger als sechs Monate die Freiheit entzogen, so sind nach Ablauf dieser Zeit von Amts wegen anstelle der bisher gewährten Vorschüsse solche nach § 4 Z 3 zu gewähren, soweit ein entsprechender Antrag nicht bereits früher gestellt worden ist. „Der Beschluss, mit dem Vorschüsse nach den §§ 3 oder 4 Z 1, 2 oder 4 gewährt wurden, ist mit der Beendigung der Freiheitsentziehung auf Antrag oder, falls das Gericht hievon verständigt wurde, von Amts wegen ohne Prüfung der Voraussetzungen der Gewährung wieder in Geltung zu setzen, wenn das Kind zu diesem Zeitpunkt noch minderjährig ist; der Zeitraum, für den die Vorschüsse gewährt wurden, ist dabei um die Dauer der Vorschussgewährung nach § 4 Z 3 zu verlängern." *(BGBl I 2009/75, ab 1. 1. 2010, s § 37 Abs 7)*

(3) Vorschüsse dürfen nicht deshalb versagt werden, weil die Unterhaltspflicht eines sonst Unterhaltspflichtigen besteht.

(BGBl. Nr. 278/1980, Art. I Z 6)

Beginn und Dauer

§ 8. Die Vorschüsse sind vom Beginn des Monats, in dem das Kind dies beantragt, für die Dauer des voraussichtlichen Vorliegens der Voraussetzungen, jedoch jeweils längstens für „fünf"** Jahre zu gewähren. Vorschüsse nach § 4 Z 4 dürfen einem Kind nur bis zur rechtskräftigen Beendigung des „Verfahrens zur Feststellung der Abstammung des Kindes"* gewährt werden. *(*BGBl I 2003/112, ab 1. 1. 2005; **BGBl I 2009/75, ab 1. 1. 2010, s § 37 Abs 2)*

(BGBl. Nr. 278/1980, Art. I Z 7)

Vertretung

§ 9. (1) Wer zur Durchsetzung der Unterhaltsansprüche des Kindes berufen ist, hat dieses auch bei Stellung des Antrags auf Gewährung von Vorschüssen auf den gesetzlichen Unterhalt und in dem gerichtlichen Verfahren darüber zu vertreten.

(2) Der Jugendwohlfahrtsträger wird mit der Zustellung des Beschlusses, mit dem Vorschüsse gewährt werden, „alleiniger gesetzlicher Vertreter" des minderjährigen Kindes zur Durchsetzung der Unterhaltsansprüche. *(BGBl 1989/162; BGBl I 2000/135, ab 1. 7. 2001)*

(3) Die Einstellung der Vorschüsse ist kein Grund zur Beendigung der „Vertretung"* nach Abs. 2. „Im Fall der Vorschussgewährung bloß nach § 4 Z 2 oder 3 ist der Jugendwohlfahrtsträger zu entheben, wenn er zur Durchsetzung des Unterhaltsanspruchs des Kindes nach der Lage des Falles nichts beizutragen vermag und keine Rückstände aus Vorschüssen nach § 3 oder § 4 Z 1 oder 4 bestehen."** *(BGBl 1989/162; *BGBl I 2000/135, ab 1. 7. 2001; **BGBl I 2009/75, ab 1. 1. 2010, s § 37 Abs 6)*

Zuständigkeit

§ 10. Über die Gewährung von Vorschüssen hat das „ " Pflegschaftsgericht im Verfahren außer Streitsachen zu entscheiden. *(BGBl I 2000/135, ab 1. 7. 2001)*

Besondere Verfahrensbestimmungen

§ 10a. In Verfahren nach diesem Bundesgesetz findet ein Kostenersatz nicht statt.

(BGBl I 2009/75, ab 1. 1. 2010, s § 37 Abs 2 und 8)

Antrag

§ 11. (1) Die Vorschüsse sind nur auf Antrag zu gewähren.

(2) Soweit der Antragsteller die Voraussetzungen der Gewährung von Vorschüssen nicht auf Grund der „ “ Pflegschaftsakten, durch Urkunden oder sonst auf einfache Weise nachweisen kann, sind diese Voraussetzungen durch eine der Wahrheit entsprechende Erklärung des Vertreters glaubhaft zu machen; der Vertreter ist auf die strafrechtlichen Folgen einer wahrheitswidrigen Erklärung hinzuweisen. *(BGBl I 2000/135, ab 1. 7. 2001)*

§ 12. Der Unterhaltsschuldner „und der Präsident des Oberlandesgerichts sind“ nur zu hören, wenn dadurch Zweifel über das Vorliegen der Voraussetzungen geklärt werden können und das Verfahren nicht verzögert wird. *(BGBl I 2009/75, ab 1. 1. 2010, s § 37 Abs 2)*

Bewilligung

§ 13. (1) In dem Beschluß, mit dem die Vorschüsse bewilligt werden, ist

1. die Höhe des monatlichen Vorschusses und der Zeitraum zu bestimmen, für den die Vorschüsse gewährt werden „; richtet sich die Höhe der Vorschüsse nach § 6 Abs. 2, so ist anstelle der Bestimmung eines festen Betrages auszusprechen, dass der monatliche Vorschuss in der jeweiligen Höhe nach § 6 Abs. 2 gewährt wird,“ *(BGBl I 2009/75, ab 1. 1. 2010, s § 37 Abs 6)*

2. der Zahlungsempfänger und gegebenenfalls diejenige Person, in deren Pflege und Erziehung sich das Kind befindet, zu bezeichnen, *(BGBl I 2009/75, ab 1. 1. 2010, s § 37 Abs 6)*

3. die Auszahlung der Vorschüsse durch den Präsidenten des Oberlandesgerichts zu verfügen,

4. dem Unterhaltsschuldner aufzutragen, die der gesetzlichen Regelung der Rückzahlung der Vorschüsse entsprechenden Zahlungen zu leisten, *(BGBl. Nr. 278/1980, Art. I Z 9)*

5. „dem Jugendwohlfahrtsträger“* als gesetzlichem Vertreter des Kindes, ausgenommen in den Fällen der Vorschußgewährung nach „§ 4 Z 2 oder 3“**, aufzutragen, die bevorschußten Unterhaltsbeiträge einzutreiben und, soweit eingebracht, monatlich dem Präsidenten des Oberlandesgerichts zu überweisen, *(*BGBl 1989/162; **BGBl I 2009/75, ab 1. 1. 2010, s § 37 Abs 6)*

6. dem Unterhaltsschuldner die Zahlung der Pauschalgebühr nach § 24 binnen 14 Tagen aufzutragen.

(2) Außerdem ist in dem Beschluss auf die Mitteilungspflicht nach § 21 und die Ersatzpflicht nach § 22 zu verweisen. Falls sich die Höhe der Vorschüsse nach § 6 Abs. 2 richtet, ist darauf hinzuweisen, dass der Präsident des Oberlandesgerichtes die Höhe der Vorschüsse dem jeweils aktuellen Richtsatz nach § 6 Abs. 1 und dem Alter des Kindes ohne weitere Antragstellung anzupassen hat. *(BGBl I 2009/75, ab 1. 1. 2010, s § 37 Abs 6)*

UVG AUG

§ 14. Der Beschluß, mit dem die Vorschüsse bewilligt werden, ist dem Kind, dem Jugendwohlfahrtsträger, soweit er das Kind nicht ohnedies vertritt, dem Unterhaltsschuldner, dem Präsidenten des Oberlandesgerichts „, dem Zahlungsempfänger und gegebenenfalls derjenigen Person, in deren Pflege und Erziehung sich das Kind befindet,“ zuzustellen. *(BGBl I 2009/75, ab 1. 1. 2010, s § 37 Abs 6)*

(BGBl 1989/162)

Rechtsmittel

§ 15. (1) Beschlüsse im Verfahren über die Gewährung von Vorschüssen können von den Beteiligten nur mit Rekurs angefochten werden. Der Bund übt sein Rekursrecht durch den Präsidenten des Oberlandesgerichts aus.

(2) Der Rekurs kann nicht auf Umstände gestützt werden, die den Grund oder die Höhe des Unterhaltsanspruchs des Kindes betreffen, es sei denn, daß solche Umstände Tatbestandsmerkmale des „§ 4 Z 2, 3 oder 4“ oder des § 7 Abs. 1 sind. *(BGBl I 2003/112, ab 1. 1. 2005)*

(3) *(aufgehoben, BGBl I 1997/140, ab 1. 1. 1998)*

(BGBl. Nr. 278/1980, Art. I Z 11)

Vollzug

§ 16. (1) Der Beschluß, mit dem das Gericht die Vorschüsse bewilligt, ist sogleich zu vollziehen.

(2) „Wird gegen den Bewilligungsbeschluss Rekurs erhoben, so hat das Erstgericht oder das Rekursgericht, soweit durch die vorgetragenen Einwendungen begründete Bedenken an der Richtigkeit der angefochtenen Entscheidung bestehen, unverzüglich mit Beschluss anzuordnen, dass mit dem Vollzug bis zum Eintritt der Rechtskraft des Bewilligungsbeschlusses innegehalten wird.“ Gegen diese Anordnung ist ein Rechtsmittel unzulässig. *(BGBl I 2009/75, ab 1. 1. 2010, s § 37 Abs 9)*

(3) Das die Innehaltung anordnende Gericht hat hievon umgehend den Präsidenten des Ober-

landesgerichts zu verständigen. Gleiches gilt, wenn das Rekursgericht den Antrag auf Vorschußgewährung abweist.

(BGBl. Nr. 278/1980, Art. I Z 12)

§ 17. (1) Der Präsident des Oberlandesgerichts hat auf Grund des Bewilligungsbeschlusses die Vorschüsse jeweils am Ersten eines jeden Monats im voraus auszuzahlen. *(BGBl. Nr. 278/1980, Art. I Z 13)*

(2) Die Vorschüsse sind demjenigen auszuzahlen, der das Kind pflegt und erzieht, sofern der gesetzliche Vertreter zum Wohl des Kindes nicht anderes beantragt.

Weitergewährung der Vorschüsse

§ 18. (1) Das Gericht hat die Vorschüsse für längstens jeweils „fünf" weitere Jahre zu gewähren, wenn *(BGBl I 2009/75, ab 1. 1. 2010, s § 37 Abs 2)*

1. dies das Kind spätestens innerhalb von drei Monaten nach Ablauf des Monats, für den der letzte Vorschuß gezahlt wird, beantragt und

2. keine Bedenken dagegen bestehen, daß die Voraussetzungen der Gewährung der Vorschüsse, ausgenommen die des § 3 Z 2, weiter gegeben sind.

(2) Die Weitergewährung der Vorschüsse ist zu versagen, wenn es wahrscheinlich ist, daß die laufenden Unterhaltsbeiträge künftig im Weg freiwilliger Zahlungen oder der Exekution vom Unterhaltsschuldner voll eingehen werden.

Änderung der Vorschüsse

§ 19. (1) Wird der Unterhaltsbeitrag herabgesetzt oder tritt ein Fall des § 7 Abs. 1 ein, ohne daß es zur gänzlichen Versagung der Vorschüsse käme, so hat das Gericht auf Antrag oder von Amts wegen die Vorschüsse entsprechend herabzusetzen. Die Herabsetzung ist, gegebenenfalls rückwirkend, mit dem auf den Eintritt des Herabsetzungsgrundes folgenden Monatsersten anzuordnen; zugleich hat das Gericht unter Berücksichtigung der Bedürfnisse des Kindes die Einbehaltung zu Unrecht ausgezahlter Beträge, soweit notwendig in Teilbeträgen, von künftig fällig werdenden Vorschüssen anzuordnen.

(2) Wird der Unterhaltsbeitrag erhöht, so hat das Gericht von Amts wegen oder auf Antrag die Vorschüsse bis zum Ende des im zuletzt gefaßten Beschluß über die Gewährung oder Weitergewährung bestimmten Zeitraums zu erhöhen; die Erhöhung ist mit dem auf das Wirksamwerden der Unterhaltserhöhung folgenden Monatsersten, fällt die Erhöhung auf einen Monatsersten, mit diesem anzuordnen.

(3) Als Änderung der Vorschüsse im Sinn von Abs. 1 und 2 gilt auch, wenn die Vorschüsse zunächst auf Grund des § 4 Z 4 oder einer einstweiligen Verfügung gewährt werden und danach der Unterhaltsbeitrag (endgültig) festgesetzt wird. *(BGBl I 2009/75, ab 1. 1. 2010, s § 37 Abs 10)*

„(4)" Für die Innehaltung gilt § 16 sinngemäß. *(BGBl I 2009/75, ab 1. 1. 2010)*

(BGBl. Nr. 278/1980, Art. I Z 14)

Einstellung der Vorschüsse

§ 20. (1) Die Vorschüsse sind einzustellen

1. auf Antrag des Kindes (§ 9 Abs. 1),

2. auf Antrag des Unterhaltsschuldners, wenn er nachweist, daß er alle fälligen Unterhaltsbeiträge gezahlt und den Unterhaltsbeitrag für die kommenden zwei Monate entweder gleichfalls gezahlt oder zugunsten des Kindes gerichtlich erlegt hat (§ 1425 ABGB),

3. auf Antrag eines sonst Unterhaltspflichtigen, wenn er nachweist, daß er die Unterhaltsbeiträge des Unterhaltsschuldners regelmäßig voll leistet, oder

4. auf Antrag oder von Amts wegen, wenn

a) eine der Voraussetzungen der Gewährung der Vorschüsse, ausgenommen die des § 3 Z 2, wegfällt,

b) nach § 7 Abs. 1 die Vorschüsse zur Gänze zu versagen sind oder *(BGBl I 2003/112)*

c) im Fall des § 4 Z 4 der Antrag auf Unterhaltsfestsetzung zurückgenommen wird oder der Unterhaltsvergleich seine Wirkung verliert. *(BGBl I 2003/112, ab 1. 1. 2005)*

(2) Die Einstellung ist, gegebenenfalls rückwirkend, mit Ablauf des Monats anzuordnen, in dem der Einstellungsgrund eingetreten ist. Für die Innehaltung gilt § 16 sinngemäß. *(BGBl. Nr. 278/1980, Art. I Z 15)*

Mitteilungspflicht

§ 21. Der gesetzliche Vertreter des Kindes und diejenige Person, in deren Pflege und Erziehung sich das Kind befindet, der Zahlungsempfänger sowie der Unterhaltsschuldner haben dem Gericht unverzüglich den Eintritt jedes Grundes für die Herabsetzung oder Einstellung der Vorschüsse mitzuteilen.

(BGBl I 2009/75, ab 1. 1. 2010)

Ersatz zu Unrecht gewährter Vorschüsse

§ 22. (1) Für Vorschüsse, die aufgrund eines im Rechtsmittelverfahren geänderten oder aufgehobenen Beschlusses oder entgegen einer Herabsetzung oder Einstellung der Vorschüsse zu Unrecht gezahlt und nicht nach § 19 Abs. 1 letzter Halbsatz einbehalten worden sind, haften der gesetzliche Vertreter des Kindes und diejenige Person, in deren Pflege und Erziehung sich das Kind befindet, der Zahlungsempfänger sowie der Unterhaltsschuldner zur ungeteilten Hand, jedoch nur derjenige, der die Gewährung der Vorschüsse durch unrichtige Angaben in der Erklärung (§ 11 Abs. 2) oder durch Verletzung der Mitteilungspflicht (§ 21) vorsätzlich oder grob fahrlässig veranlasst oder die Vorschüsse vorsätzlich oder grob fahrlässig für den Unterhalt des Kindes verbraucht hat. *(BGBl I 2009/75, ab 1. 1. 2010, s § 37 Abs 11)*

(2) Hilfsweise hat das Kind die zu Unrecht gewährten Vorschüsse zurückzuzahlen, soweit diese nicht gemäß Abs. 1 hereingebracht werden können und nicht für den Unterhalt des Kindes verbraucht worden sind. *(BGBl I 2009/75, ab 1. 1. 2010, s § 37 Abs 11)*

„(3)" Die Ersatzpflicht besteht insoweit nicht, als dadurch der laufende Unterhalt des Kindes gefährdet wird. *(BGBl I 2009/75, ab 1. 1. 2010)*

„(4)" Die Ersatzpflicht erlischt drei Jahre nach Auszahlung der Vorschüsse. *(BGBl I 2009/75, ab 1. 1. 2010)*

§ 23. Werden die Unterhaltsvorschüsse herabgesetzt oder eingestellt, keine Beträge nach § 19 Abs. 1 letzter Halbsatz einbehalten und ergibt sich aus der Aktenlage, daß ein Anspruch auf Ersatz zu Unrecht gewährter Vorschüsse nicht besteht, so ist dies von Amts wegen im Beschluß über die Herabsetzung oder Einstellung der Vorschüsse auszusprechen. Sonst hat, unabhängig vom Alter des Kindes, das „ " Pflegschaftsgericht über den Ersatz zu Unrecht gewährter Vorschüsse auf Antrag des Präsidenten des Oberlandesgerichts im Verfahren außer Streitsachen zu entscheiden. *(BGBl I 2000/135, ab 1. 7. 2001)*

(BGBl. Nr. 278/1980, Art. I Z 16)

Gebühren

§ 24. Für Entscheidungen über die Gewährung oder Weitergewährung von Vorschüssen hat der Unterhaltsschuldner eine Pauschalgebühr in Höhe des gewährten (weitergewährten) monatlichen Vorschussbetrags, für das Verfahren über die Erhöhung der Vorschüsse eine Pauschalgebühr in Höhe des rechtskräftig gewährten monatlichen Erhöhungsbetrags zu entrichten, „erhebt ein volljähriger Unterhaltsschuldner in solchen Verfahren ein Rechtsmittel, so hat er in zweiter Instanz 27,40 Euro und in dritter Instanz 41,10 Euro Pauschalgebühren zu entrichten. Den volljährigen Rechtsmittelwerber trifft die Zahlungspflicht nur dann, wenn sein Rechtsmittel oder zumindest eines seiner Rechtsmittel auch nur zum Teil erfolglos geblieben sind; ist er hingegen mit seinen Begehren zur Gänze durchgedrungen, entfällt eine Gebührenpflicht. § 3 GGG ist sinngemäß anzuwenden." Verfahrenshilfe zur einstweiligen Befreiung von der Entrichtung der Pauschalgebühren kann wirksam noch bis zur Beendigung des Verfahrens über die Vorschreibung der Gebühr beantragt werden. Im Übrigen sind die Beteiligten des Verfahrens auf Gewährung, Weitergewährung, Änderung oder Einstellung von Vorschüssen von der Pflicht zur Entrichtung von sonstigen Gebühren und Kosten befreit. *(BGBl I 2015/156, ab 1. 1. 2016)*

(BGBl I 2009/75, ab 1. 1. 2010, s § 37 Abs 2)

§ 25. *(aufgehoben, BGBl 1991/628)*

Rückzahlung der Vorschüsse

§ 26. (1) Vorschüsse nach den „§§ 3 und 4 Z 1 und 4" hat das Kind insoweit zurückzuzahlen, als diese Beträge vom Unterhaltsschuldner hereingebracht werden. *(BGBl 1987/645; BGBl I 2009/75, ab 1. 1. 2010, s § 37 Abs 3)*

(2) Der Unterhaltsschuldner hat ab Zustellung des Beschlusses an ihn die Unterhaltsbeiträge an „den Jugendwohlfahrtsträger" zu zahlen. *(BGBl 1989/162)*

(3) Die Pflicht des Unterhaltsschuldners zur Leistung der Unterhaltsbeiträge verjährt insoweit nicht, als auf sie Vorschüsse gewährt worden sind.

(BGBl. Nr. 278/1980, Art. I Z 17)

§ 27. (1) Aus den hereingebrachten Unterhaltsbeiträgen hat „der Jugendwohlfahrtsträger"* zunächst die Forderung des Kindes auf laufende Unterhaltsbeiträge, soweit auf sie keine Vorschüsse gewährt werden, dann „ "** die Forderung des Bundes auf Rückzahlung der Vorschüsse und schließlich die Forderung des Kindes auf „ "** rückständige Unterhaltsbeiträge zu befriedigen. *(*BGBl 1989/162; **BGBl I 2009/75, ab 1. 1. 2010, s § 37 Abs 2)*

(2) Der Jugendwohlfahrtsträger hat die von ihm hereingebrachten Unterhaltsbeiträge, soweit aus ihnen die Forderung des Bundes auf Rückzahlung der Vorschüsse zu befriedigen ist, monatlich dem Präsidenten des Oberlandesgerichts samt einer den Unterhaltsschuldner betreffenden Aufstellung zu übermitteln. Sind die gewährten Vorschüsse zur Gänze zurückgezahlt oder ist die gesetzliche Vertretung des Jugendwohlfahrtsträgers beendet, so hat dieser dem Präsidenten des Oberlandesgerichts eine Schlußabrechnung zu übersenden. *(BGBl 1989/162)*

(3) Nimmt der Präsident des Oberlandesgerichts wahr, daß der Jugendwohlfahrtsträger „seine"** Pflicht zur Einbringung der bevorschußten Unterhaltsbeiträge ungenügend erfüllt, so hat er das „ "* Pflegschaftsgericht zu benachrichtigen. *(BGBl 1989/162; *BGBl I 2003/112, ab 1. 1. 2005; **BGBl I 2009/75, ab 1. 1. 2010)*

§ 28. (1) Vorschüsse nach § 4 Z 2 hat der Unterhaltsschuldner unmittelbar dem Bund zu Handen des Präsidenten des Oberlandesgerichts zurückzuzahlen, soweit er nicht nachweist, daß er nach seinen Lebensverhältnissen außerstande gewesen ist, dem Kind Unterhaltsbeiträge bis zur Höhe der jeweils gewährten Vorschüsse zu leisten.

(2) Der Beschluss über die Gewährung der Vorschüsse nach § 4 Z 2 gilt als Exekutionstitel. Im Exekutionsantrag hat der Präsident des Oberlandesgerichtes die Höhe des zu vollstreckenden Anspruchs nach § 6 Abs. 2 ziffernmäßig anzugeben; die Beträge sind nachvollziehbar darzulegen. Eines Nachweises nach § 10 EO hinsichtlich der Beträge nach § 6 Abs. 2 bedarf es nicht. Ein für den Zeitraum der Vorschussgewährung allenfalls bestehender Exekutionstitel auf Leistung des Unterhalts erlischt insoweit. *(BGBl I 2009/75, ab 1. 1. 2010, s § 37 Abs 12)*

(3) Einwendungen gegen die Rückzahlungspflicht hat der Unterhaltsschuldner, unabhängig vom Alter des Kindes, ausschließlich beim „ “ Pflegschaftsgericht geltend zu machen. Dieses entscheidet im Verfahren außer Streitsachen. *(BGBl I 2000/135, ab 1. 7. 2001)*

(4) Die Geltendmachung von Einwendungen gilt als Grund für die Aufschiebung einer Exekution im Sinn des § 42 EO; § 44 Abs. 1 und 2 EO ist nicht anzuwenden. Soweit den Einwendungen rechtskräftig stattgegeben wird, ist die Exekution einzustellen.

(BGBl. Nr. 278/1980, Art. I Z 17)

§ 29. (1) Vorschüsse nach § 4 Z 3 hat der Unterhaltsschuldner unmittelbar dem Bund zu Handen des Präsidenten des Oberlandesgerichts zurückzuzahlen, soweit dies nach den Einkommens- und Vermögensverhältnissen des Unterhaltsschuldners unter Berücksichtigung seiner Sorgepflichten und unter Beachtung der Zwecke des Strafvollzugs (§ 20 Abs. 1 StVG) aus Gründen der Billigkeit geboten scheint und seine wirtschaftliche Fähigkeit zur Schadensgutmachung nicht beeinträchtigt.

(2) Über die Pflicht zur Rückzahlung entscheidet, unabhängig vom Alter des Kindes, das „ “ Pflegschaftsgericht auf Antrag des Präsidenten des Oberlandesgerichts im Verfahren außer Streitsachen. *(BGBl I 2000/135, ab 1. 7. 2001)*

(BGBl. Nr. 278/1980, Art. I Z 17)

Übergang der Unterhaltsforderungen auf den Bund

§ 30. Mit Beendigung der gesetzlichen Vertretung „des Jugendwohlfahrtsträgers“ gehen die noch nicht eingebrachten Unterhaltsforderungen des Kindes von Gesetzes wegen für die Zeit, für die die Vorschüsse bewilligt worden sind, und im Ausmaß der noch nicht zurückgezahlten Vorschüsse auf den Bund über; die Unterhaltsbeiträge sind bis zur Höhe der gewährten Vorschüsse an den Präsidenten des Oberlandesgerichts zu erbringen; sonst geleistete Zahlungen befreien nicht von der Schuld. *(BGBl 1989/162)*

Eintreibung durch den Bund

§ 31. (1) Soweit der Unterhaltsschuldner keine schuldbefreienden Zahlungen leistet, hat der Präsident des Oberlandesgerichts die Forderung zwangsweise hereinzubringen.

(2) Der Bund tritt von Gesetzes wegen mit Beendigung der gesetzlichen Vertretung durch „den Jugendwohlfahrtsträger“* bis zur Höhe der gewährten Vorschüsse in anhängige „Exekutions- oder Insolvenzverfahren“** gegen den Unterhaltsschuldner sowie in einen allenfalls anhängigen Rechtsstreit gegen den Drittschuldner anstelle des Kindes ein. *(* BGBl 1989/162; ** BGBl I 2010/58, ab 1. 8. 2010)*

(3) Führen sowohl der Bund als auch das Kind, dieses wegen einer nicht auf den Bund übergegangenen Unterhaltsforderung, auf denselben Gegenstand Exekution, so gilt für die Befriedigung ihrer Forderungen die Rangordnung des § 27 Abs. 1.

(4) Der Präsident des Oberlandesgerichts kann die Finanzprokuratur ersuchen, den Bund in gerichtlichen Verfahren zu vertreten.

(BGBl. Nr. 278/1980, Art. I Z 18)

§ 31a. Mit dem Tod des Unterhaltsschuldners geht dessen Pflicht zur Leistung der Unterhaltsbeiträge, auf die Vorschüsse gewährt worden sind, sowie zur Rückzahlung der Vorschüsse an den Bund bis zum Wert der Verlassenschaft auf die Erben über. Diese Pflicht steht jedoch der zur Leistung des Unterhalts nach § 142 ABGB im Rang nach.

(BGBl. Nr. 278/1980, Art. I Z 19)

§ 32. (1) Der Präsident des Oberlandesgerichts hat die im „§ 102 Abs. 1 und Abs. 2 erster und zweiter Satz AußStrG“ dem Gericht eingeräumten Auskunftsrechte, ausgenommen das in dessen Abs. 2 letzter Satz genannte Recht. *(BGBl 1989/162; BGBl I 2003/112, ab 1. 1. 2005)*

(2) Für den Präsidenten des Oberlandesgerichts gelten – soweit ihm ein Kostenersatzanspruch zusteht – die Regelungen nach dem Bundesgesetz vom 22. Mai 1969, BGBl. Nr. 190, über die Bestimmung der Kosten, die einem durch die Bezirksverwaltungsbehörde vertretenen Minderjährigen in gerichtlichen Verfahren zu ersetzen sind, „einschließlich dessen § 1 Abs. 3“ sinngemäß. *(BGBl I 1997/140, ab 1. 1. 1998; BGBl I 2001/98, ab 1. 1. 2002)*

§ 33. (1) Beeinträchtigt die Durchsetzung des Anspruchs des Bundes an den Unterhaltsschuldner dessen wirtschaftliche Fähigkeit, die Unterhaltsbeiträge an den Bund oder künftig unmittelbar an das Kind zu leisten, so kann mit dem Unterhaltsschuldner die Erfüllung seiner Zahlungspflicht in Teilbeträgen unter Vorbehalt des Rechtes vereinbart werden, im Fall des Ausbleibens einer Teilzahlung die sofortige Entrichtung aller noch aushaftenden Teilzahlungen zu fordern (Terminsverlust). Reicht dies nicht aus, so kann die Erfüllung der auf den Bund übergegangenen Unterhaltsforderungen längstens bis zu „acht" Jahren gestundet werden. Als letztes Mittel der Abhilfe kann im Einvernehmen mit dem „Bundesminister für Wirtschaft, Familie und Jugend" sowie mit Zustimmung des Bundesministers für Finanzen auf die Forderung ganz oder teilweise verzichtet werden. *(BGBl I 2009/75, ab 1. 1. 2010) (BGBl Nr. 278/1980, Art. I Z 20; BGBl. Nr. 617/1983, Art. III Z 1)*

(2) Der Unterhaltsschuldner hat keinen Rechtsanspruch auf Zahlungserleichterungen nach Abs. 1.

Örtliche Zuständigkeit des Oberlandesgerichts

§ 34. Als das in diesem Bundesgesetz genannte Oberlandesgericht ist dasjenige zuständig, in dessen Sprengel das „ " Pflegschaftsgericht liegt. *(BGBl I 2003/112, ab 1. 1. 2005)*

Automationsunterstützter Datenverkehr

§ 34a. (1) Zum Zweck der Aus- und Rückzahlung der Unterhaltsvorschüsse sowie der Auskunftserteilung an Verfahrensbeteiligte dürfen folgende Daten zwischen den Präsidenten der Oberlandesgerichte und den Jugendwohlfahrtsträgern mittels maschinell lesbarer Datenträger oder im Weg der Datenfernverarbeitung übermittelt oder direkt abgefragt werden:

1. die Bezeichnung des Falles,

2. Rolle, Name, akademischer Titel, Geburtsdatum, Geburtsort, Geschlecht, Staatsbürgerschaft, Beruf, Anschrift, Sozialversicherungsnummer, Kontodaten und allenfalls Datum des Todes der in der Verfahrensautomation Justiz erfassten Verfahrensbeteiligten,

3. die Bezeichnung des Vorganges, die Höhe des Betrages und der jeweils aushaftende Vorschussbetrag, Kontostand und Kontobewegungen, Auszahlungsinformationen sowie Verzichte und Abschreibungen einschließlich solcher bei Übergenüssen,

4. die Daten der Beschlüsse im Verfahren über die Gewährung von Vorschüssen.

(2) Zur Übermittlung oder Abfrage nach dem Abs. 1 kann die Bundesrechenzentrum GmbH herangezogen werden.

(3) Dem Jugendwohlfahrtsträger und dem Pflegschaftsgericht ist zum Zweck der Wahrnehmung ihrer Aufgaben nach diesem Bundesgesetz elektronische Einsicht in die jeweiligen Falldaten, einschließlich der Anspruchs- und Personendaten sowie der Daten zu Aus- und Rückzahlungsbewegungen der Vorschusszahlungen, die in den elektronischen Datenbanken der UV-Anwendung des Präsidenten des Oberlandesgerichtes gespeichert sind, nach Maßgabe der technischen Möglichkeiten sowie unter Bedachtnahme auf eine einfache und sparsame Verwaltung und eine ausreichende Sicherung vor Missbrauch durch dritte Personen zu gewähren.

(BGBl I 2009/75, ab 1. 1. 2010)

§ 34b. (1) Soweit das für die Erfüllung der Aufgaben nach diesem Bundesgesetz erforderlich ist, ist der Präsident des Oberlandesgerichtes befugt, in der Verfahrensautomation Justiz Daten abzufragen, insbesondere den Unterhaltsschuldner betreffende Unterhalts-, Insolvenz- und Verlassenschaftsverfahren.

(2) Von den gemäß Abs. 1 abgefragten Daten dürfen den Jugendwohlfahrtsträgern die Bezeichnung des Gerichts, die Aktenzahl und die Bezeichnung eines am Verfahren beteiligten Jugendwohlfahrtsträgers mittels maschinell lesbarer Datenträger oder im Weg der Datenfernverarbeitung übermittelt oder zur direkten Abfrage bereitgestellt werden.

(3) Zur Übermittlung oder Abfrage nach dem Abs. 2 kann die Bundesrechenzentrum GmbH herangezogen werden.

(BGBl I 2009/75, ab 1. 1. 2010)

§ 35. *Entfällt samt Überschrift; Art. III der Kundmachung*

Vollziehung

§ 36. (1) Mit der Vollziehung dieses Bundesgesetzes ist, soweit Abs. 2 nicht anderes bestimmt, der Bundesminister für Justiz betraut.

(2) Mit der Vollziehung sind betraut:

1. des § 17 Abs. 1 und des § 33 der Bundesminister für Justiz im Zusammenwirken mit dem „Bundesminister für Wirtschaft, Familie und Jugend" und mit dem Bundesminister für Finanzen, *(BGBl I 2009/75, ab 1. 1. 2010)*

2. des § 32 hinsichtlich der Auskunftserteilung durch die Träger der Sozialversicherung der „Bundesminister für Arbeit, Soziales und Konsumentenschutz" im Einvernehmen mit dem Bundesminister für Justiz und *(BGBl I 2009/75, ab 1. 1. 2010)*

3. des § 34a Abs. 2 der Bundesminister für Justiz im Einvernehmen mit dem Bundesminister für Finanzen.

(BGBl 1989/162)

Inkrafttreten und Übergangsbestimmungen

§ 37. (1) Die §§ 3, 4, 6, 7, 8, 9, 10a, 12, 13, 14,16, 18, 19, 21, 22, 24, 26, 27, 28, 33, 34a, 34b und 36 in der Fassung des Bundesgesetzes BGBl. I Nr. 75/2009 treten mit 1. Jänner 2010 in Kraft.

(2) Die §§ 3 Z 2, 8, 10a, 12, 18 Abs. 1, 24 und 27 Abs. 1 in der Fassung des Bundesgesetzes BGBl. I Nr. 75/2009 sind auf Verfahren nach diesem Bundesgesetz anzuwenden, für die der verfahrenseinleitende Antrag nach dem 31. Dezember 2009 bei Gericht eingelangt ist oder die nach dem 31. Dezember 2009 von Amts wegen eingeleitet worden sind.

(3) Die §§ 4 Z 5 und 26 Abs. 1 sind in der bisher geltenden Fassung für Verfahren weiter anzuwenden, für die der verfahrenseinleitende Antrag vor dem 1. Jänner 2010 bei Gericht eingelangt ist. Solange Rückstände aus Vorschüssen nach § 4 Z 5 bestehen, ist der Jugendwohlfahrtsträger im Fall der Vorschussgewährung bloß nach § 4 Z 2 oder 3 nicht zu entheben (§ 9 Abs. 3).

(4) Der Präsident des Oberlandesgerichtes hat mit 1. Jänner 2010 die Unterhaltsvorschüsse für alle zu diesem Zeitpunkt wirksamen Gewährungsbeschlüsse in den Fällen des § 4 Z 2, 3 und 4 mit dem erhöhten Betrag des § 6 Abs. 2 Z 1 in der Fassung des Bundesgesetzes BGBl. I Nr. 75/2009 auszuzahlen.

(5) § 6 Abs. 2 Z 3 ist in der bisher geltenden Fassung weiter anzuwenden, wenn das Kind am 1. Jänner 2010 das 14. Lebensjahr bereits vollendet hat.

(6) Die §§ 7 Abs. 1 Z 1, 9 Abs. 3, 13 Abs. 1 und 2 und 14 sind in der bisher geltenden Fassung weiter anzuwenden, wenn die jeweilige erstinstanzliche Entscheidung vor dem 1. Jänner 2010 getroffen wurde.

(7) § 7 Abs. 2 ist in der bisher geltenden Fassung weiter anzuwenden, wenn die Beendigung der Freiheitsentziehung vor dem 1. Jänner 2010 erfolgt ist.

(8) § 10a in der Fassung des Bundesgesetzes BGBl. I Nr. 75/2009 ist für alle Verfahren nach diesem Bundesgesetz anzuwenden, für die der verfahrenseinleitende Antrag nach dem 31. Dezember 2009 bei Gericht eingelangt ist.

(9) § 16 Abs. 2 ist in der bisher geltenden Fassung weiter anzuwenden, wenn der Rekurs vor dem 1. Jänner 2010 bei Gericht eingelangt ist.

(10) § 19 Abs. 3 in der Fassung des Bundesgesetzes BGBl. I Nr. 75/2009 ist auf Verfahren anzuwenden, in denen der Antrag auf Vorschussgewährung auf Grund des § 4 Z 4 oder einer einstweiligen Verfügung nach dem 31. Dezember 2009 bei Gericht eingelangt ist.

(11) § 22 in der Fassung des Bundesgesetzes BGBl. I Nr. 75/2009 ist auf Handlungen und Unterlassungen anzuwenden, die nach dem 31. Dezember 2009 vorgenommen worden sind.

(12) § 28 Abs. 2 in der Fassung des Bundesgesetzes BGBl. I Nr. 75/2009 ist auf Verfahren anzuwenden, für die der Exekutionsantrag durch den Präsidenten des Oberlandesgerichtes nach dem 31. Dezember 2009 bei Gericht eingelangt ist.

(13) § 24 in der Fassung der Gerichtsgebühren-Novelle 2015, BGBl. I Nr. 156/2015 tritt mit 1. Jänner 2016 in Kraft und ist auf Fälle anzuwenden, in denen das Rechtsmittel nach dem 31. Dezember 2015 erhoben wird. *(BGBl I 2015/156)*

(BGBl I 2009/75)

7/2. Unterhaltsschutzgesetz

7/2. Unterhaltsschutzgesetz 1985 (WV), BGBl 1985/452 idF

1 BGBl 1991/628 (EO-Nov 1991)

Bundesgesetz über den Schutz des gesetzlichen Anspruches auf Unterhalt (Unterhaltsschutzgesetz 1985)

Haftung für fremde Unterhaltsschulden

§ 1. Geht jemand, der gesetzlich zur Leistung von Unterhalt verpflichtet ist, keinem Erwerb nach, der ihm die Erfüllung dieser Pflicht ermöglichen würde, und gewährt ihm ein Dritter in Kenntnis dieser Pflicht Unterhalt, ohne seinerseits hiezu gesetzlich verpflichtet zu sein, so haftet der Dritte dem Unterhaltsberechtigten als Bürge und Zahler für die Unterhaltsschulden, die auf die Zeit der Unterhaltsgewährung entfallen.

§ 2. *(aufgehoben, BGBl 1991/628)*

Schlußbestimmungen

§ 3. Wo in anderen Bundesgesetzen die §§ 2 oder 3 des Bundesgesetzes vom 4. Februar 1925, BGBl. Nr. 69, über den Schutz des gesetzlichen Unterhaltsanspruches angeführt sind, tritt an die Stelle dieser Anführung die der entsprechenden Bestimmung des vorliegenden Bundesgesetzes.

§ 4. Mit der Vollziehung dieses Bundesgesetzes ist der Bundesminister für Justiz betraut.

Gliederung, Stichwortverzeichnis

7/3. Auslandsunterhaltsgesetz 2014

BGBl I 2014/34 idF

1 BGBl I 2017/130 (KindRückG 2017)

GLIEDERUNG

STICHWORTVERZEICHNIS

(Die Zahlenangaben beziehen sich auf die Paragraphen)

Bundesgesetz über die Geltendmachung und Durchsetzung von Unterhaltsansprüchen mit Auslandsbezug (Auslandsunterhaltsgesetz 2014 – AUG 2014)

1. Abschnitt

Allgemeines

Anwendungsbereich

§ 1. (1) Dieses Bundesgesetz regelt das Verfahren zur Geltendmachung und Durchsetzung von Unterhaltsansprüchen mit Auslandsbezug. Für den Bereich der Europäischen Union führt es die Bestimmungen der Verordnung (EG) Nr. 4/2009 über die Zuständigkeit, das anwendbare Recht, die Anerkennung und Vollstreckung von Entscheidungen und die Zusammenarbeit in Unterhaltssachen, ABl. L Nr. 7 vom 10. Jänner 2009 S. 1 (im Folgenden EU-Unterhaltsverordnung), näher aus.

(2) Die Bestimmungen dieses Bundesgesetzes lassen Anträge, die Personen in einem anderen Staat als dem ihres gewöhnlichen Aufenthalts unmittelbar stellen, unberührt.

Bestimmung der Zentralen Behörde

§ 2. Zur Wahrnehmung der Aufgaben, die sich für Zentrale Behörden oder Empfangsstellen aus der EU-Unterhaltsverordnung, aus dem Übereinkommen vom 20. Juni 1956 über die Geltendmachung von Unterhaltsansprüchen im Ausland, BGBl. Nr. 316/1969 (im Folgenden New Yorker Unterhaltsübereinkommen), aus dem Haager Übereinkommen vom 23. November 2007 über die internationale Geltendmachung der Unterhaltsansprüche von Kindern und anderen Familienangehörigen, ABl. L Nr. 192 vom 22. Juli 2011 S. 51 (im Folgenden Haager Unterhaltsübereinkommen), und aus anderen vergleichbaren Übereinkommen ergeben, wird das Bundesministerium für Justiz bestimmt.

Aufgaben der Zentralen Behörde

§ 3. (1) Das Bundesministerium für Justiz hat als Zentrale Behörde über die ihm in der EU-Unterhaltsverordnung zugewiesenen Aufgaben hinaus mit den anderen Zentralen Behörden zusammenzuarbeiten, die Zusammenarbeit der zuständigen Gerichte und Behörden zur Verwirklichung der Ziele der grenzüberschreitenden Unterhaltsdurchsetzung zu fördern und so weit wie möglich nach Lösungen für Schwierigkeiten zu suchen, die bei der Anwendung der entsprechenden Rechtsvorschriften auftreten.

(2) Das Bundesministerium für Justiz verkehrt mit den im Ausland dafür bestimmten Stellen unmittelbar.

2. Abschnitt

Durchsetzung von Unterhaltsansprüchen

Verfahrensarten

§ 4. (1) Ansprüche aus Unterhaltsbeziehungen kann eine Person (Antragsteller) gegen eine andere (Antragsgegner) nach dem in diesem Bundesgesetz vorgesehenen Verfahren geltend machen, wenn

1. sich der Antragsteller im Inland aufhält und der Antragsgegner der Gerichtsbarkeit eines Staates unterliegt, mit dem die Gegenseitigkeit verbürgt ist (Abs. 3), oder der Antragsteller sich in einem solchen Staat aufhält und der Antragsgegner der inländischen Gerichtsbarkeit unterliegt (Gegenseitigkeitsverfahren), oder

2. dies nach der EU-Unterhaltsverordnung, dem New Yorker Unterhaltsübereinkommen oder dem Haager Unterhaltsübereinkommen vorgesehen ist.

(2) Antragsteller im Sinn dieses Bundesgesetzes ist auch eine öffentliche Aufgaben wahrnehmende Stelle, die die Rückerstattung der einem Unterhaltsberechtigten erbrachten Leistungen begehrt, wenn sie nach dem für sie maßgeblichen Recht die Rückerstattung vom Antragsgegner verlangen kann. Dies gilt nicht im Verhältnis zu Staaten, die ausschließlich Vertragsstaaten des New Yorker Unterhaltsübereinkommens sind.

(3) Die Gegenseitigkeit im Sinn des Abs. 1 Z 1 ist mit Staaten verbürgt, in denen eine diesem Bundesgesetz entsprechende Rechtsvorschrift in Kraft steht und der Bundesminister für Justiz dies durch Verordnung feststellt. Die Verordnung kann die Gegenseitigkeit gegebenenfalls auf bestimmte Unterhaltsansprüche oder bestimmte Arten von Unterhaltstiteln beschränken. Die Voraussetzungen der Vollstreckung von Unterhaltstiteln, die in einem solchen Staat erlassen oder errichtet worden sind, sind nach den §§ 80 und 81 EO,[1] RGBl. Nr. 79/1896, zu beurteilen.

(4) Eine Unterhaltsentscheidung, die in einem Staat, mit dem die Gegenseitigkeit verbürgt ist (Abs. 3), ohne Anhörung des Antragsgegners vorläufig und vorbehaltlich der Bestätigung durch das ersuchte Gericht ergangen ist, ist als Antrag auf Erlassung einer Entscheidung (§ 6 Abs. 1 Z 3 und 4) zu werten.

(5) Teilstaaten und Provinzen von Bundesstaaten sind für Zwecke dieses Bundesgesetzes Staaten gleichzuhalten, wenn sie für die in diesem Bundesgesetz geregelten Angelegenheiten zuständig sind.

---

[1] *Jetzt: §§ 407 und 408 EO.*

Übermittlung von Anträgen über die Zentralen Behörden

§ 5. Anträge nach diesem Bundesgesetz sind über die Zentrale Behörde des Staates, in dem sich der Antragsteller aufhält, der Zentralen Behörde des ersuchten Staates zu übermitteln.

Antragsarten

§ 6. (1) Wer Unterhaltsansprüche in einem anderen Staat geltend machen will, kann

1. die Anerkennung oder die Anerkennung und Vollstreckbarerklärung einer Entscheidung,

2. die Vollstreckung einer im ersuchten Staat ergangenen oder anerkannten Entscheidung,

3. die Erlassung einer Entscheidung im ersuchten Staat, einschließlich, soweit erforderlich, der Feststellung der Abstammung, wenn darüber noch keine Entscheidung vorliegt,

4. die Erlassung einer Entscheidung im ersuchten Staat, wenn die Anerkennung und Vollstreckbarerklärung einer in einem anderen Staat ergangenen Entscheidung nicht möglich ist,

5. die Änderung einer im ersuchten Staat ergangenen Entscheidung oder

6. die Änderung einer in einem anderen Staat ergangenen Entscheidung

beantragen.

(2) Eine Person, gegen die eine Unterhaltsentscheidung vorliegt (verpflichtete Person), kann

1. die Anerkennung einer Entscheidung, die die Aussetzung oder Einschränkung der Vollstreckung einer früheren Entscheidung im ersuchten Staat bewirkt,

2. die Änderung einer im ersuchten Staat ergangenen Entscheidung oder

3. die Änderung einer in einem anderen Staat ergangenen Entscheidung

beantragen.

Antragserfordernisse

§ 7. (1) Ein Antrag in das Ausland ist beim Bezirksgericht, in dessen Sprengel der Antragsteller seinen Aufenthalt hat, schriftlich einzubringen oder zu Protokoll zu geben. Die Bestimmungen über die Zuständigkeit und das Verfahren zur Protokollierung richten sich nach den für das Verfahren außer Streitsachen geltenden Bestimmungen. Soweit für seine Einbringung die Verwendung eines Formblatts vorgeschrieben ist, ist dieses zu verwenden. Dem Kinder- und Jugendhilfeträger steht es in geeigneten Fällen offen, unmittelbar mit dem Bundesministerium für Justiz zu verkehren.

(2) Soweit sich aus den in § 4 genannten Bestimmungen nichts anderes ergibt, muss ein solcher Antrag mindestens folgende Angaben enthalten:

1. eine Erklärung über die Art des Antrags (§ 6 Abs. 1 und 2),

2. den Namen und die Kontaktdaten des Antragstellers, einschließlich seiner Anschrift und seines Geburtsdatums,

3. den Namen und, sofern bekannt, die Anschrift sowie das Geburtsdatum des Antragsgegners,

4. den Namen und das Geburtsdatum jeder Person, für die Unterhalt verlangt wird,

5. die Gründe, auf die sich der Antrag stützt,[1] und

6. Angaben über das Konto, auf das Unterhaltsleistungen überwiesen werden sollen.

(3) Der Antragsteller kann von der Angabe seiner persönlichen Anschrift (Abs. 2 Z 2) absehen, wenn er ein schutzwürdiges Geheimhaltungsinteresse dartut und einen Zustellungsbevollmächtigten namhaft macht, sofern das Recht des ersuchten Mitgliedstaates nicht vorschreibt, dass der Antragsteller für die Zwecke des Verfahrens seine persönliche Anschrift angibt.

(4) Soweit das erforderlich ist, hat der Antragsteller weiters

1. die ihm bekannten finanziellen Verhältnisse der berechtigten Person,

2. die ihm bekannten finanziellen Verhältnisse der verpflichteten Person, einschließlich des Namens und der Anschrift ihres Arbeitgebers, sowie der Art und Lage ihrer Vermögensgegenstände, und

3. die ihm bekannten Informationen über den Aufenthaltsort des Antragsgegners

anzugeben.

(5) Dem Antrag sind alle erforderlichen Angaben oder schriftlichen Belege, gegebenenfalls auch Unterlagen zum Nachweis des Anspruchs des Antragstellers auf Prozesskostenhilfe, beizufügen.

(6) Sind der Antrag oder die Beilagen mit einer Übersetzung in eine fremde Sprache zu versehen und beantragt der Antragsteller die Bewilligung der Verfahrenshilfe, so hat das Gericht nach Bewilligung der Verfahrenshilfe die Herstellung der erforderlichen Übersetzungen zu veranlassen.

---

[1] Im BGBl fehlt der Beistrich.

Behandlung von Anträgen in das Ausland

§ 8. (1) Wenn dem Antrag notwendige Angaben, Erklärungen oder Beilagen fehlen, hat das Gericht den Antragsteller unter Setzung einer angemessenen Frist zur Verbesserung aufzufordern. Lässt er diese Frist ungenützt verstreichen, so ist der Antrag von Amts wegen als zurückgenommen zu erklären. § 17 Satz 3 und 4 AußStrG, BGBl. I Nr. 111/2003, sind sinngemäß anzuwenden.

(2) In Gegenseitigkeitsverfahren (§ 4 Abs. 1 Z 1) hat das Gericht zu prüfen, ob in dem Antrag und den beigeschlossenen sonstigen Unterlagen Umstände dargetan werden, aus denen geschlossen werden kann, dass den Antragsgegner eine Unterhaltsverpflichtung gegenüber dem Antragsteller trifft (§ 6 Abs. 1) beziehungsweise ein Interesse des Antragstellers an einer Entscheidung im Sinn des § 6 Abs. 2 vorliegt, und der Antrag daher in dem im ersuchten Staat vorgesehenen Verfahren zu behandeln ist. Über das positive Ergebnis dieser Prüfung hat das Gericht eine Bestätigung auszustellen und in eine Amtssprache des ersuchten Staates übersetzen zu lassen. Anschließend hat es den Antrag samt den beizufügenden sonstigen Unterlagen und Übersetzungen – mit je drei beglaubigten Abschriften – unmittelbar dem Bundesministerium für Justiz vorzulegen.

(3) Das Bundesministerium für Justiz hat nach Einlangen des Antrags sicherzustellen, dass der Antrag alle Schriftstücke und Angaben umfasst, die für seine Prüfung notwendig sind. Anschließend hat es den Antrag der Zentralen Behörde oder Empfangsstelle des ersuchten Staates zu übermitteln.

(4) Das Bundesministerium für Justiz hat den Fortgang der ordnungsgemäßen Erledigung des Antrags im Ausland zu verfolgen.

Behandlung von Anträgen aus dem Ausland

§ 9. (1) Das Bundesministerium für Justiz hat als Vertreter des Antragstellers kraft Gesetzes alle Befugnisse, die sich aus § 31 Abs. 1 ZPO, RGBl. Nr. 112/1896, ergeben. Es hat die bei ihm eingelangten Anträge nach § 6 unverzüglich an das für die Geltendmachung des Anspruches „(Abs. 2)" oder für die Bewilligung der Exekution „(Abs. 3)" zuständige Gericht zu übersenden. *(BGBl I 2017/130, ab 1. 9. 2017)*

(2) Soll ein österreichischer Unterhaltstitel geschaffen werden, so hat das zur Durchführung des Verfahrens zuständige Gericht die Beigebung eines Rechtsanwalts, im Fall der Bewilligung der Verfahrenshilfe eines Rechtsanwalts zur Verfahrenshilfe, zum Zweck der Geltendmachung des Anspruchs und der Vertretung des Antragstellers im Verfahren einschließlich aller anschließenden Verfahren zur Durchsetzung des Anspruchs (Exekution einschließlich einer Drittschuldnerklage, Anmeldung in einem Insolvenzverfahren oder Verlassenschaftsverfahren und ähnliches) zu beschließen. Die Auswahl des Rechtsanwalts obliegt dem Ausschuss der Rechtsanwaltskammer. Der Rechtsanwalt bedarf keiner Vollmacht und ist, auch in Fällen der Verfahrenshilfe, zu allen in § 31 ZPO angeführten Prozesshandlungen und zur Empfangnahme der Unterhaltszahlungen ermächtigt. Die vereinnahmten Geldbeträge hat er unter Berücksichtigung von gerichtlich bestimmten Kosten sowie von bankmäßigen Überweisungsspesen und unter Beachtung der einschlägigen devisenrechtlichen Vorschriften an den Antragsteller zu überweisen, sofern die ausländische Zentrale Behörde oder Übermittlungsstelle keine andere Vorgangsweise erbeten hat. Die Kosten des Rechtsanwalts hat der Antragsteller vorläufig selbst zu tragen, sofern ihm nicht die Verfahrenshilfe bewilligt worden ist. Gehen Zahlungen des Schuldners ein, so dürfen höchstens 25 v. H. dieser Beträge zur Abdeckung der Kosten des Vertreters einbehalten werden.

(3) Kann auf Grund der Unterlagen der Anspruch ohne Durchführung eines Verfahrens nach „Abs. 2" im Inland vollstreckt werden, so hat das zur Bewilligung der Exekution zuständige Gericht zur Vertretung des Antragstellers die Beigebung eines Rechtsanwalts, im Fall der Bewilligung der Verfahrenshilfe eines Rechtsanwalts zur Verfahrenshilfe zu beschließen (Abs. 2), „sofern für den Antragsteller nicht bereits ein zu einem früheren Zeitpunkt bestellter oder beauftragter Rechtsanwalt im Inland einschreitet." *(BGBl I 2017/130, ab 1. 9. 2017)*

(4) Soweit dies zur Unterhaltsdurchsetzung erforderlich ist, hat das Gericht den Antragsgegner über die Abstammung zu befragen, ein allfälliges Anerkenntnis der Vaterschaft zu protokollieren sowie die Beschaffung genetischen Materials zu ermöglichen. Sofern österreichische Gerichte für die Feststellung der Abstammung zuständig sind, umfasst die Beigabe des Rechtsanwalts auch dessen Befugnis zur Vertretung des Antragstellers in einem Abstammungsverfahren.

(5) Das Gericht hat dem Bundesministerium für Justiz unmittelbar und unverzüglich über die von ihm getroffenen Maßnahmen, über den Fortgang des Verfahrens und über dessen Ergebnis zu berichten. Das Bundesministerium für Justiz kann auch den zur Vertretung des Antragstellers bestellten Rechtsanwalt um Bekanntgabe des Verfahrensstandes ersuchen.

(6) Das Bundesministerium für Justiz hat die ersuchende Zentrale Behörde oder ausländische Übermittlungsstelle vom Stand des Verfahrens in angemessenen Zeitabständen unmittelbar zu verständigen.

Verfahrenshilfe

§ 10. (1) In Gegenseitigkeitsverfahren (§ 4 Abs. 1 Z 1) hat das Gericht einem im Ausland aufhältigen Antragsteller nach § 6 Abs. 1 ohne Rücksicht auf die Voraussetzungen des § 63 Abs. 1 ZPO die Verfahrenshilfe einschließlich der Beigebung eines Rechtsanwalts zu bewilligen, sofern für ihn nicht bereits zu einem früheren

Zeitpunkt ein Rechtsanwalt im Inland bestellt oder beauftragt worden ist.

(2) In Verfahren über Unterhaltspflichten aus einer Eltern-Kind-Beziehung hat das Gericht einem im Ausland aufhältigen Antragsteller nach § 6 Abs. 1, der das 21. Lebensjahr noch nicht vollendet hat, ohne Rücksicht auf seine Einkommens- und Vermögensverhältnisse Verfahrenshilfe einschließlich der Beigebung eines Rechtsanwalts zu gewähren, sofern er den Antrag über die Zentrale Behörde eines Mitgliedstaats der Europäischen Union oder eines Vertragsstaats des Haager Unterhaltsübereinkommens gestellt hat und der Antrag – außer in Anerkennungs-, Vollstreckbarerklärungs- oder Vollstreckungsverfahren (§ 6 Abs. 1 Z 1 und 2) – nicht offenbar mutwillig oder aussichtslos ist.

(3) Ist einer Partei in demjenigen Staat, in dem die Entscheidung ergangen, der gerichtliche Vergleich geschlossen oder gebilligt oder die öffentliche Urkunde ausgestellt worden ist, ganz oder teilweise Prozesskostenhilfe oder Kosten- und Gebührenbefreiung gewährt worden, so hat ihr das Gericht in Anerkennungs-, Vollstreckbarerklärungs- oder Vollstreckungsverfahren (§ 6 Abs. 1 Z 1 und 2) ohne Rücksicht auf die Voraussetzungen des § 63 Abs. 1 ZPO in entsprechendem Umfang Verfahrenshilfe zu gewähren.

(4) Hat eine Partei in dem in Abs. 3 genannten Staat ein unentgeltliches Verfahren vor einer in Anhang X der EU-Unterhaltsverordnung aufgezählten Verwaltungsbehörde in Anspruch genommen, so hat ihr das Gericht in Anerkennungs-, Vollstreckbarerklärungs- oder Vollstreckungsverfahren (§ 6 Abs. 1 Z 1 und 2) ohne Rücksicht auf ihre Einkommens- und Vermögensverhältnisse und die Aussichten ihres Antrags Verfahrenshilfe zu gewähren, sofern sie eine von der zuständigen Behörde des ersuchenden Staats erstellte Urkunde vorlegt, mit der bescheinigt wird, dass sie die wirtschaftlichen Voraussetzungen erfüllt, um ganz oder teilweise Prozesskostenhilfe oder Kosten- und Gebührenbefreiung in Anspruch nehmen zu können.

§ 11. (1) Im Übrigen sind Anträge auf Bewilligung der Verfahrenshilfe nach den §§ 63 ff. ZPO zu beurteilen. Die Begünstigungen umfassen auch die Befreiung von der Tragung der Kosten für die Erklärung des Drittschuldners (§ 302 EO).

(2) Auf Verfahren zur Gewährung der Verfahrenshilfe nach § 10 sind die §§ 68, 71 sowie 72 Abs. 2 und Abs. 2a ZPO nicht anzuwenden.

Besondere Vorschriften für öffentliche Aufgaben wahrnehmende ausländische Stellen

§ 12. Stellt eine öffentliche Aufgaben wahrnehmende ausländische Stelle einen Antrag und wird sie bei der Durchsetzung des Unterhaltsanspruchs von der Einbringungsstelle beim Oberlandesgericht Wien vertreten, so bedarf es dazu keines Nachweises einer Bevollmächtigung.

Befreiungen und Begünstigungen

§ 13. (1) Antragsteller, die nicht österreichische Staatsbürger sind, sind in Verfahren nach diesem Bundesgesetz von der Pflicht zur Sicherheitsleistung für Prozesskosten befreit.

(2) Bestimmungen, nach denen Bevollmächtigte oder gesetzliche Vertreter für Gerichtsgebühren und Ausfertigungskosten haften, sind nicht anzuwenden.

(3) Für die Tätigkeit des Bundesministeriums für Justiz und für die Geltendmachung des Unterhaltsanspruchs beim Gericht in Gegenseitigkeitsverfahren gemäß den §§ 4 Abs. 1 Z 1, 6 Abs. 1 sind weder Gerichts- noch sonstige Gebühren zu entrichten.

3. Abschnitt

Ergänzende Bestimmungen

Durchführung besonderer Maßnahmen

§ 14. (1) Angemessene besondere Maßnahmen im Sinne des Art. 51 Abs. 2 lit. b, c, g, h, i und j der EU-Unterhaltsverordnung und des Art. 6 Abs. 2 lit. b, c, g, h, i und j des Haager Unterhaltsübereinkommens können auch ergriffen werden, wenn noch kein Antrag nach § 6 anhängig gemacht worden ist. Das Bundesministerium für Justiz als ersuchte Zentrale Behörde trifft erforderlichenfalls angemessene Maßnahmen, um einem potenziellen Antragsteller bei der Einreichung eines Antrags nach § 6 oder bei der Entscheidung behilflich zu sein, ob ein solcher Antrag gestellt werden soll.

(2) Das Bundesministerium für Justiz als ersuchte Zentrale Behörde übermittelt die Anschrift des potenziellen Antragsgegners im ersuchten Mitgliedstaat an die ersuchende Zentrale Behörde. Im Rahmen eines Ersuchens im Hinblick auf die Anerkennung, die Vollstreckbarerklärung oder die Vollstreckung wird nur angegeben, ob überhaupt Einkommen oder Vermögen der verpflichteten Person in Österreich vorhanden ist.

Auskunft über Beschäftigungs- oder Versicherungsverhältnisse

§ 15. (1) Das Bundesministerium für Justiz kann sich zur Ermittlung der für den Unterhaltsanspruch maßgebenden Tatsachen der Maßnahmen bedienen, die den Gerichten nach den §§ 102, 103 AußStrG eingeräumt sind.

(2) Wenn die Benachrichtigung der von der Erhebung der Informationen betroffenen Person

über die Übermittlung dieser Informationen die Gefahr birgt, dass damit die wirksame Geltendmachung des Unterhaltsanspruchs beeinträchtigt wird, kann die Benachrichtigung um höchstens 90 Tage ab dem Tag, an dem die Informationen der ersuchten Zentralen Behörde übermittelt wurden, aufgeschoben werden.

Überweisung von Geldbeträgen

§ 16. Sind zur Erfüllung von Unterhaltsansprüchen oder zur Zahlung von Verfahrenskosten nach dem New Yorker Unterhaltsübereinkommen Geldbeträge in einen dem Übereinkommen angehörenden Staat zu überweisen, so gilt hiefür Art. 10 dieses Übereinkommens.

Rechtshilfeersuchen

§ 17. Für die Erledigung eines Rechtshilfeersuchens, das an ein inländisches Gericht gestellt wird und aus dem sich ergibt, dass es ein bei einem ausländischen Gericht eingeleitetes Verfahren betrifft, auf das das New Yorker Unterhaltsübereinkommen anzuwenden ist, sind die sonst für den Rechtshilfeverkehr bestehenden Vorschriften mit folgenden Besonderheiten anzuwenden:

1. Das ersuchte Gericht hat die beteiligte Empfangs- oder Übermittlungsstelle sowie die Parteien von Zeit und Ort der durchzuführenden Rechtshilfehandlung unmittelbar mit eingeschriebenem Brief rechtzeitig zu verständigen.

2. Kann einem Rechtshilfeersuchen nicht innerhalb von vier Monaten nach seinem Einlangen bei dem ersuchten Gericht entsprochen werden, so ist dem Bundesministerium für Justiz unter Anführung der Gründe, gegebenenfalls unter Anschluss der Akten, zu berichten. Das Bundesministerium für Justiz hat hievon die ersuchende Behörde zu verständigen.

3. Für die Erledigung eines Rechtshilfeersuchens darf das ersuchte Gericht von der ersuchenden Behörde keine Gebühren und Kosten verlangen.

4. Die Rechtshilfe kann nur verweigert werden, wenn die Echtheit des Ersuchens nicht feststeht oder durch sie die Hoheitsrechte oder die staatliche Sicherheit gefährdet würden.

Exekution von Bruchteilstiteln

§ 18. Zur Exekution von Unterhaltstiteln, die den hereinzubringenden Betrag durch einen Bruchteil des Einkommens oder auf andere Weise ausdrücken, die zwar im Ursprungsstaat, nicht aber in Österreich vollstreckbar wäre, bedarf es einer ergänzenden Entscheidung, die den hereinzubringenden Betrag zahlenmäßig festlegt (§ 7 EO).[1)]

[1)] Siehe § 405 EO.

Übergangs- und Schlussbestimmungen

§ 19. (1) Dieses Bundesgesetz tritt mit 1. August 2014 in Kraft.

(2) Dieses Bundesgesetz schließt die Anwendung anderer zwischenstaatlicher Vereinbarungen oder Übungen, nach denen Unterhaltsansprüche geltend gemacht werden können, nicht aus.

(3) Mit 31. Juli 2014 treten außer Kraft:

1. das Bundesgesetz vom 22. Jänner 1969 zur Durchführung des Übereinkommens vom 20. Juni 1956 über die Geltendmachung von Unterhaltsansprüchen im Ausland, BGBl Nr. 317/1969 in der Fassung des Bundesgesetzes BGBl. Nr. 377/1986;

2. das Bundesgesetz vom 1. März 1990 zur Geltendmachung von Unterhaltsansprüchen im Verkehr mit ausländischen Staaten (Auslandsunterhaltsgesetz), BGBl Nr. 160/1990 in der Fassung des Bundesgesetzes BGBl. I Nr. 112/2003.

(4) Verordnungen auf der Grundlage des in Abs. 3 Z 2 genannten Auslandsunterhaltsgesetzes (Gegenseitigkeitsverordnungen) bleiben in Kraft und gelten als auf Grundlage dieses Bundesgesetzes erlassen.

(5) Für Fälle, in denen das Ersuchen vor dem 1. August 2014 bei der Zentralen Behörde eingelangt ist, sind weiterhin die Bestimmungen des in Abs. 3 Z 2 genannten Auslandsunterhaltsgesetzes anzuwenden.

(6) § 9 Abs. 1 und 3 in der Fassung des KindRückG 2017 BGBl. I Nr. 130/2017 tritt mit 1. September 2017 in Kraft. *(BGBl I 2017/130)*

§ 20. (1) Soweit in diesem Bundesgesetz auf andere Bundesgesetze verwiesen wird, sind diese in der jeweils geltenden Fassung anzuwenden.

(2) Soweit in Bundesgesetzen auf die mit Abs. 3 aufgehobenen Bundesgesetze verwiesen wird, ist dies als Verweisung auf dieses Bundesgesetz zu verstehen.

§ 21. (1) Mit der Vollziehung dieses Bundesgesetzes ist, soweit der Abs. 2 nicht anderes bestimmt, der Bundesminister für Justiz, hinsichtlich des § 16 im Einvernehmen mit dem Bundesminister für Finanzen betraut.

(2) Mit der Vollziehung des § 15 ist hinsichtlich der Auskunftserteilung durch die Träger der Sozialversicherung der Bundesminister für Arbeit, Soziales und Konsumentenschutz im Einvernehmen mit dem Bundesminister für Justiz betraut.

Sprachliche Gleichbehandlung

§ 22. Soweit sich die in diesem Bundesgesetz verwendeten Bezeichnungen auf natürliche Personen beziehen, gilt die gewählte Form für beide Geschlechter.

8/1. Bundes-Kinder- und Jugendhilfegesetz 2013

BGBl I 2013/69 idF

1 BGBl I 2018/32
2 BGBl I 2019/14
3 BGBl I 2019/105 (Gewaltschutzgesetz 2019)

STICHWORTVERZEICHNIS

(Die Zahlenangaben beziehen sich auf die Paragraphen)

Bundesgesetz über die Grundsätze für Hilfen für Familien und Erziehungshilfen für Kinder und Jugendliche (Bundes-Kinder- und Jugendhilfegesetz 2013 – B-KJHG 2013)

Inhaltsverzeichnis

*Die **§§ 1 bis 36** sind aufgrund Art 12 (1) B-VG iVm Art 151 (63) Z 4 und 5 idF BGBl I 2019/14 und der Vereinbarung gemäß Artikel 15a B-VG über die Kinder- und Jugendhilfe ab 1. 1. 2020 außer Kraft getreten.*

2. Teil (Unmittelbar anzuwendendes Bundesrecht)

Mitteilungen bei Verdacht der Kindeswohlgefährdung

§ 37. (1) Ergibt sich in Ausübung einer beruflichen Tätigkeit der begründete Verdacht, dass Kinder oder Jugendliche misshandelt, gequält, vernachlässigt oder sexuell missbraucht werden oder worden sind oder ihr Wohl in anderer Weise erheblich gefährdet ist, und kann diese konkrete erhebliche Gefährdung eines bestimmten Kindes oder Jugendlichen anders nicht verhindert werden, ist von folgenden Einrichtungen unverzüglich schriftlich Mitteilung an den örtlich zuständigen Kinder- und Jugendhilfeträger zu erstatten:

1. Gerichten, Behörden und Organen der öffentlichen Aufsicht;

2. Einrichtungen zur Betreuung oder zum Unterricht von Kindern und Jugendlichen;

3. Einrichtungen zur psychosozialen Beratung;

4. privaten Einrichtungen der Kinder- und Jugendhilfe;

5. Kranken- und Kuranstalten;

6. Einrichtungen der Hauskrankenpflege;

(1a) Ergibt sich in Ausübung einer beruflichen Tätigkeit im Rahmen der Geburt oder der Geburtsanmeldung in einer Krankenanstalt der begründete Verdacht, dass das Wohl eines Kindes, dessen Mutter Opfer von weiblicher Genitalverstümmelung geworden ist, erheblich gefährdet ist, und kann diese konkrete erhebliche Gefährdung des Kindes anders nicht verhindert werden, ist von der Krankenanstalt unverzüglich schriftlich Mitteilung an den örtlich zuständigen Kinder- und Jugendhilfeträger zu erstatten. *(BGBl I 2019/105, ab 1. 1. 2020)*

(2) Die Entscheidung über die Mitteilung „gemäß Abs. 1 und 1a" ist erforderlichenfalls im Zusammenwirken von zumindest zwei Fachkräften zu treffen. *(BGBl I 2019/105, ab 1. 1. 2020)*

(3) Die Mitteilungspflicht gemäß Abs. 1 trifft auch:

1. Personen, die freiberuflich die Betreuung oder den Unterricht von Kindern und Jugendlichen übernehmen;

2. von der Kinder- und Jugendhilfe beauftragte freiberuflich tätige Personen;

3. Angehörige gesetzlich geregelter Gesundheitsberufe, sofern sie ihre berufliche Tätigkeit nicht in einer im Abs. 1 genannten Einrichtung ausüben.

(4) Die schriftliche Mitteilung hat jedenfalls Angaben über alle relevanten Wahrnehmungen und daraus gezogenen Schlussfolgerungen sowie Namen und Adressen der betroffenen Kinder und Jugendlichen und der mitteilungspflichtigen Person zu enthalten.

(5) Berufsrechtliche Vorschriften zur Verschwiegenheit stehen der Erfüllung der Mitteilungspflicht gemäß Abs. 1 und Abs. 3 nicht entgegen.

Amtshilfe

§ 38. Die Organe des Bundes, der Länder, der Gemeindeverbände, der Gemeinden und die Träger der Sozialversicherung sind im Rahmen ihres gesetzmäßigen Wirkungsbereiches dem Kinder- und Jugendhilfeträger bei der Erfüllung seiner Aufgaben zur Hilfe verpflichtet.

Mitteilungen zur Ermittlung von Einkommensverhältnissen

§ 39. Wirkt eine gegenüber Kindern, Jugendlichen und jungen Erwachsenen unterhaltspflichtige Person an der Ermittlung ihrer Einkommens- und Vermögensverhältnisse nicht ausreichend mit, so haben die Träger der Sozialversicherung, das Arbeitsmarktservice sowie die Arbeitgeber und Arbeitgeberinnen auf Ersuchen des Kinder- und Jugendhilfeträgers im Einzelfall über das Versicherungs- und Beschäftigungsverhältnis sowie Geldleistungen aufgrund von Arbeitslosigkeit Auskunft zu geben.

Datenverarbeitung

§ 40. (1) Der Kinder- und Jugendhilfeträger ist ermächtigt, folgende personenbezogenen Daten von Kindern, Jugendlichen und jungen Erwachsenen, mit ihnen verwandten oder verschwägerten Personen, Personen, die mit ihnen im gemeinsamen Haushalt leben, Bezugspersonen sowie ganz oder teilweise mit der Obsorge für die Kinder und Jugendlichen betrauten Personen zum Zweck der Abklärung von Kindeswohlgefährdungen, Gewährung von Erziehungshilfen, Hilfen für junge Erwachsene, oder Sozialen Diensten und Mitwirkung an der Adoption zu „verarbeiten", soweit dies im überwiegenden berechtigten Interesse der Kinder, Jugendlichen und jungen Erwachsenen erforderlich ist: *(BGBl I 2018/32, ab 25. 5. 2018)*

1. Name, ehemalige Namen, Geburtsdatum, Geburtsort, Geschlecht, Adresse, Telefonnummern, e- Mail-Adressen, Faxnummern, Familienstand, Gesundheitsdaten, Daten über strafrechtliche Verurteilungen, Ausbildung und Beschäftigung, bereichsspezifisches Personenkennzeichen, Sozialversicherungsnummer, Melderegisterzahl, Staatsangehörigkeit, Art der Beziehung „, Video- und Bildmaterial, in dessen Herstellung die betroffene Person eingewilligt hat"; *(BGBl I 2018/32, ab 25. 5. 2018)*

2. Art, Umfang und Ergebnisse der Gefährdungsabklärung;

3. Art, Umfang, Grund und Verlauf der Erziehungshilfe, der Hilfe für junge Erwachsene und der Sozialen Dienste.

(2) Der Kinder- und Jugendhilfeträger ist ermächtigt, folgende „personenbezogene" Daten von Kindern, Jugendlichen und jungen Erwachsenen, ihnen zum Unterhalt verpflichteten Personen sowie nahen Angehörigen zur Wahrnehmung der Rechtsvertretung und Obsorge sowie zum Zweck des Kostenersatzes der vollen Erziehung, der Berechnung des Pflegebeitrages gemäß § 20 Abs. 4 und der Abrechnung der Entgelte für soziale Dienste zu „verarbeiten": *(BGBl I 2018/32, ab 25. 5. 2018)*

1. Name, ehemalige Namen, Geburtsdatum, Geburtsort, Geschlecht, Adresse, Telefonnummern, e- Mail-Adressen, Faxnummern, Familienstand, Ausbildung und Beschäftigung, bereichsspezifisches Personenkennzeichen, Sozialversicherungsnummer, Melderegisterzahl, Staatsangehörigkeit, familienrechtliche Beziehung;

2. Einkommen, Sozial- und Familienleistungen, Angaben über Dienstgeber oder Dienstgeberin, Vermögen, Verbindlichkeiten und Bankverbindung;

3. zur Wahrnehmung der Rechtsvertretung und Obsorge erforderliche Daten, wie insbesondere im Abstammungs- und Unterhaltsverfahren, Verfahren nach dem AsylG 2005, nach dem FPG 2005 und nach dem NAG.

(3) Der Kinder- und Jugendhilfeträger ist ermächtigt, folgende personenbezogene Daten von Kindern, Jugendlichen, mit ihnen verwandten oder verschwägerten Personen, Personen, die mit ihnen im gemeinsamen Haushalt leben, Bezugspersonen sowie ganz oder teilweise mit der Obsorge für die Kinder und Jugendlichen betrauten Personen zum Zweck der Stellungnahme an Zivil- und Strafgerichte zu „verarbeiten", soweit dies im überwiegenden berechtigten Interesse der

Kinder und Jugendlichen erforderlich ist: *(BGBl I 2018/32, ab 25. 5. 2018)*

1. Name, ehemalige Namen, Geburtsdatum, Geburtsort, Geschlecht, Adresse, Telefonnummern, e-Mail-Adressen, Faxnummern, Familienstand, Gesundheitsdaten, Daten über strafrechtliche Verurteilungen, Ausbildung und Beschäftigung, bereichsspezifisches Personenkennzeichen, Sozialversicherungsnummer, Melderegisterzahl, Staatsangehörigkeit, Art der Beziehung „, Video- und Bildmaterial, in dessen Herstellung die betroffene Person eingewilligt hat"; *(BGBl I 2018/32, ab 25. 5. 2018)*

2. Daten, die zur Beurteilung des Kindeswohles oder zur Ermittlung des Kindeswillens erforderlich sind.

(4) Der Kinder- und Jugendhilfeträger ist ermächtigt, zum Zweck der Abklärung von Kindeswohlgefährdungen und Gewährung von Erziehungshilfen Sonderauskünfte gemäß § 9a StrRegG in Bezug auf Elternteile und sonstige natürliche Personen, die Kinder und Jugendliche nicht nur vorübergehend im gemeinsamen Haushalt betreuen, bei der Bundespolizeidirektion Wien einzuholen und diese „personenbezogenen" Daten zu „verarbeiten". *(BGBl I 2018/32, ab 25. 5. 2018)*

„(5)" Der Kinder- und Jugendhilfeträger ist berechtigt, „personenbezogene" Daten gemäß Abs. 1 bis 3 an andere Kinder- und Jugendhilfeträger, Gerichte sowie Einrichtungen und Personen, die in der Begutachtung, Betreuung und Behandlung Kinder und Jugendlicher tätig sind oder tätig werden sollen, im Einzelfall zu übermitteln, sofern dies im überwiegenden berechtigten Interesse der Kinder, Jugendlichen und jungen Erwachsenen erforderlich ist. *(BGBl I 2018/32, ab 25. 5. 2018)*

„(6)" Die gemäß Abs. 1 bis 3 verarbeiteten „personenbezogenen" Daten dürfen Gerichten nur soweit übermittelt werden, als diese zur Durchführung der jeweiligen Verfahren erforderlich sind und das Kindeswohl oder Verschwiegenheitspflichten der Weitergabe der „personenbezogenen" Daten nicht entgegenstehen. *(BGBl I 2018/32, ab 25. 5. 2018)*

(7) Der Kinder- und Jugendhilfeträger ist berechtigt, personenbezogene Daten gemäß Abs. 1 zum Zweck der Überprüfung des Anspruchs auf Familienbeihilfe an die Finanzverwaltung zu übermitteln. *(BGBl I 2018/32, ab 25. 5. 2018)*

(8) Die verarbeiteten „personenbezogenen" Daten dürfen nur so lange aufbewahrt werden als es für die Zwecke, für die sie verarbeitet wurden, erforderlich ist. *(BGBl I 2018/32, ab 25. 5. 2018)*

Befreiung von der Pflicht zur Entrichtung öffentlicher Abgaben

§ 41. Eingaben an den Kinder- und Jugendhilfeträger, Beurkundungen und Ausfertigungen, die vom Kinder- und Jugendhilfeträger errichtet und beurkundet werden, sowie Vereinbarungen gemäß § 42 sind von Stempel- und Rechtsgebühren sowie sonstigen Verwaltungsabgaben des Bundes befreit.

Vereinbarungen mit dem Kinder- und Jugendhilfeträger

§ 42. Vereinbarungen über den Ersatz von Kosten der vollen Erziehung und der Betreuung von jungen Erwachsenen, die zwischen den Ersatzpflichtigen und dem Kinder- und Jugendhilfeträger geschlossen werden, haben die Wirkung eines gerichtlichen Vergleiches.

Gerichtliches Verfahren zur Festlegung des Kostenersatzes

§ 43. Soweit eine Vereinbarung über den Ersatz von Kosten der vollen Erziehung und der Betreuung von jungen Erwachsenen nicht zustande kommt, entscheidet über entstandene wie künftig laufend entstehende Kosten, auch vor Fälligkeit des Ersatzanspruchs, auf Antrag des Kinder- und Jugendhilfeträgers das Pflegschaftsgericht im Verfahren außer Streitsachen. Die Regelungen über das Unterhaltsverfahren sind dabei anzuwenden. Ein Ersatz der Verfahrenskosten findet nicht statt.

Befugnis zur Beurkundung und Beglaubigung

§ 44. (1) Erklärungen über die Anerkennung der Vaterschaft sowie damit im Zusammenhang stehende Erklärungen hat jeder Kinder- und Jugendhilfeträger zu beurkunden und zu beglaubigen.

(2) Der Kinder- und Jugendhilfeträger hat Ausfertigungen der von ihm beurkundeten Erklärungen über die Anerkennung der Vaterschaft sowie damit im Zusammenhang stehende Erklärungen und der ihm dafür übergebenen beglaubigten Erklärungen der zuständigen Personenstandsbehörde zu übermitteln.

(3) Erklärungen über die Zustimmung zur Adoption von Kindern und Jugendlichen und damit im Zusammenhang stehende Erklärungen hat jeder Kinder- und Jugendhilfeträger zu beurkunden und zu beglaubigen. Hat ein Kinder- und Jugendhilfeträger eine solche Zustimmung beurkundet, so hat er auch ihren Widerruf zu beurkunden. Auf Ersuchen des zuständigen Kinder- und Jugendhilfeträgers oder des Gerichts ist diesen eine beglaubigte Abschrift der Erklärung zu übermitteln.

Mitfinanzierung des Bundes bei Forschung und Statistik

§ 45. Bei bundesweit bedeutsamen Vorhaben kann der Bund entsprechende Forschungsarbeiten und statistische Erhebungen einleiten und mitfinanzieren. Dabei ist eine Zusammenarbeit mit allen Kinder- und Jugendhilfeträgern anzustreben.

Zweckzuschüsse des Bundes

§ 46. (1) Der Bund gewährt den Ländern für Zwecke der Kinder- und Jugendhilfe in den Jahren 2013 und 2014 jährlich einen Zuschuss in der Höhe von 3,9 Millionen Euro. Dieser Betrag wird wie folgt auf die Länder aufgeteilt:

Burgenland:	120.120 Euro
Kärnten:	247.260 Euro
Niederösterreich:	758.160 Euro
Oberösterreich:	688.350 Euro
Salzburg:	256.230 Euro
Steiermark:	524.160 Euro
Tirol:	342.810 Euro
Vorarlberg:	195.780 Euro
Wien:	767.130 Euro

(2) Die Auszahlung erfolgt durch das Bundesministerium für Wirtschaft, Familie und Jugend jeweils im März, erstmals mit dem Monat, in dem das jeweilige Ausführungsgesetz in Kraft getreten ist, auf das vom Land bekannt gegebene Konto.

(3) Tritt das jeweilige Ausführungsgesetz nach dem 31.12.2013 in Kraft, gebühren nur Zweckzuschüsse für das Jahr 2014.

3. Teil (Schlussbestimmungen)

Inkrafttreten

§ 47. (1) Dieses Bundesgesetz tritt mit 1. Mai 2013 in Kraft.

(2) Das Jugendwohlfahrtsgesetz, BGBl. Nr. 161/1989, zuletzt geändert durch Bundesgesetzblatt BGBl. I Nr. 47/2007 tritt mit Ablauf des 30. April 2013 außer Kraft.

(3) Die Ausführungsgesetze der Länder sind innerhalb eines Jahres, gerechnet vom Tag des Inkrafttretens dieses Bundesgesetzes zu erlassen.

(4) Das Inhaltsverzeichnis, § 8 samt Überschrift, § 9 Abs. 4 sowie § 40 samt Überschrift in der Fassung des Materien-Datenschutz-Anpassungsgesetzes 2018, BGBl. I Nr. 32/2018, treten mit 25. Mai 2018 in Kraft. *(BGBl I 2018/32)*

(5) § 37 Abs. 1a und 2 in der Fassung des BGBl. I Nr. 105/2019 treten mit 1. Jänner 2020 in Kraft. *(BGBl I 2019/14)*

8/2. Religiöse Kindererziehung

8/2. Bundesgesetz über die religiöse Kindererziehung 1985 (WV), BGBl 1985/155

STICHWORTVERZEICHNIS

(Die Zahlenangaben beziehen sich auf die Paragraphen)

Bundesgesetz über die religiöse Kindererziehung 1985

§ 1. Über die religiöse Erziehung eines Kindes bestimmt die freie Einigung der Eltern, soweit ihnen die Pflege und Erziehung zustehen. Die Einigung ist jederzeit widerruflich und wird durch den Tod eines Ehegatten gelöst.

(BGBl. Nr. 403/1977, Art. IV Z 1)

§ 2. (1) Besteht eine solche Einigung nicht oder nicht mehr, so gelten auch für die religiöse Erziehung die Vorschriften des ABGB über die Pflege und Erziehung. *(dRGBl. 1939 I S 384, § 2 Abs. 1; BGBl. Nr. 403/1977, Art. IV Z 2)*

(2) Es kann jedoch während bestehender Ehe von keinem Elternteil ohne die Zustimmung des anderen bestimmt werden, daß das Kind in einem anderen als dem zur Zeit der Eheschließung gemeinsamen Bekenntnis oder in einem anderen Bekenntnis als bisher erzogen, oder daß ein Kind vom Religionsunterricht abgemeldet werden soll.

(3) Wird die Zustimmung nicht erteilt, so kann die Vermittlung oder Entscheidung des Vormundschaftsgerichts beantragt werden. Für die Entscheidung sind, auch soweit ein Fall des § 176 ABGB[1] nicht vorliegt, die Zwecke der Erziehung maßgebend. Vor der Entscheidung sind die Ehegatten sowie erforderlichenfalls Verwandte, Verschwägerte und die Lehrer des Kindes zu hören, wenn es ohne erhebliche Verzögerung oder unverhältnismäßige Kosten geschehen kann. Das Kind ist zu hören, wenn es das zehnte Jahr vollendet hat. *(dRGBl. 1939 I S 384, § 2 Abs. 1 und 2; BGBl. Nr. 403/1977, Art. IV Z 3)*

[1] *Jetzt: § 181 ABGB.*

§ 3. (1) Stehen dem Vater oder der Mutter die Pflege und Erziehung neben einem dem Kind bestellten Vormund oder Sachwalter zu, so geht bei einer Meinungsverschiedenheit über die Bestimmung des religiösen Bekenntnisses, in dem das Kind erzogen werden soll, die Meinung des Vaters oder der Mutter vor, es sei denn, daß dem Vater oder der Mutter das Recht der religiösen Erziehung auf Grund des § 176 ABGB[1] entzogen ist. *(dRGBl. 1939 I S 384, § 2 Abs. 1; BGBl. Nr. 403/1977, Art. IV Z 4)*

(2) Stehen die Pflege und Erziehung eines Kindes einem Vormund oder Sachwalter allein zu, so hat dieser auch über die religiöse Erziehung des Kindes zu bestimmen. Er bedarf dazu der Genehmigung des Vormundschaftsgerichts. Vor der Genehmigung sind die Eltern sowie erforderlichenfalls Verwandte, Verschwägerte und die Lehrer des Kindes zu hören, wenn es ohne erhebliche Verzögerung oder unverhältnismäßige Kosten geschehen kann. Auch ist das Kind zu hören, wenn es das zehnte Lebensjahr vollendet hat. Weder der Vormund noch der Sachwalter können eine schon erfolgte Bestimmung über die religiöse Erziehung ändern. *(dRGBl. 1939 I S 384, § 2 Abs. 2; BGBl. Nr. 403/1977, Art. IV Z 5)*

[1] *Jetzt: § 181 ABGB.*

§ 4. Verträge über die religiöse Erziehung eines Kindes sind ohne bürgerliche Wirkung.

§ 5. Nach der Vollendung des vierzehnten Lebensjahrs steht dem Kind die Entscheidung darüber zu, zu welchem religiösen Bekenntnis es sich halten will. Hat das Kind das zwölfte Lebensjahr vollendet, so kann es nicht gegen seinen Willen in einem anderen Bekenntnis als bisher erzogen werden.

§ 6. Die vorstehenden Bestimmungen sind auf die Erziehung der Kinder in einer nicht bekenntnismäßigen Weltanschauung entsprechend anzuwenden.

§ 7. Für Streitigkeiten aus diesem Gesetz ist das Vormundschaftsgericht[1)] zuständig. Ein Einschreiten von Amts wegen findet dabei nicht statt, es sei denn, daß die Voraussetzungen der §§ 176 und 177 ABGB[2)] vorliegen.

(dRGBl. 1939 I S 384, § 2 Abs. 1; BGBl. Nr. 403/1977, Art. IV Z 6)

---

1) Jetzt: Pflegschaftsgericht.
2) Jetzt: §§ 180 und 181 ABGB.

8/3. Fortpflanzungsmedizingesetz

BGBl I 1992/275 idF

1 BGBl I 2001/98
2 BGBl I 2004/163 (FMedGNov 2004)
3 BGBl I 2008/49
4 BGBl I 2009/135 (EPG)
5 BGBl I 2010/111 (BudgetbegleitG 2011)
6 BGBl I 2014/4 (VfGH)
7 BGBl I 2015/35 (FMedRÄG 2015)
8 BGBl I 2018/37 (2. Materien-Datenschutz-Anpassungsgesetz 2018)
9 BGBl I 2018/58 (ErwSchAG-Justiz)

STICHWORTVERZEICHNIS

(Die Zahlenangaben beziehen sich auf die Paragraphen)

Bundesgesetz, mit dem Regelungen über die medizinisch unterstützte Fortpflanzung getroffen werden (Fortpflanzungsmedizingesetz – FMedG)

Inhaltsverzeichnis

Fortpflanzungsmedizingesetz (FMedG)

1. Abschnitt

Allgemeines

Begriffsbestimmungen

§ 1. (1) Medizinisch unterstützte Fortpflanzung im Sinn dieses Bundesgesetzes ist die Anwendung medizinischer Methoden zur Herbeiführung einer Schwangerschaft auf andere Weise als durch Geschlechtsverkehr.

(2) Methoden der medizinisch unterstützten Fortpflanzung im Sinn des Abs. 1 sind insbesondere

1. das Einbringen von Samen in die Geschlechtsorgane einer Frau,

2. die Vereinigung von Eizellen mit Samenzellen außerhalb des Körpers einer Frau,

3. das Einbringen von entwicklungsfähigen Zellen in die Gebärmutter oder den Eileiter einer Frau und

4. das Einbringen von Eizellen oder von Eizellen mit Samen in die Gebärmutter oder den Eileiter einer Frau.

(3) Als entwicklungsfähige Zellen sind befruchtete Eizellen und daraus entwickelte Zellen anzusehen.

(4) Präimplantationsdiagnostik im Sinn dieses Bundesgesetzes ist jede Methode zur genetischen Untersuchung entwicklungsfähiger Zellen vor deren Einbringen in den Körper einer Frau sowie zur genetischen Untersuchung anderer nach Abschluss der Befruchtung der Eizelle entstehender Zellen. *(BGBl I 2015/35, ab 24. 2. 2015, s § 26 Abs 3)*

2. Abschnitt

Zulässigkeitsvoraussetzungen bei medizinisch unterstützter Fortpflanzung, Präimplantationsdiagnostik und Zellentnahme

Medizinisch unterstützte Fortpflanzung

§ 2. (1) Eine medizinisch unterstützte Fortpflanzung ist nur in einer Ehe, in einer eingetragenen Partnerschaft oder in einer Lebensgemeinschaft zulässig.

(2) Eine medizinisch unterstützte Fortpflanzung ist ferner nur zulässig, wenn

1. nach dem Stand der Wissenschaft und Erfahrung alle anderen möglichen und den Ehegatten oder Lebensgefährten zumutbaren Behandlungen zur Herbeiführung einer Schwangerschaft durch Geschlechtsverkehr erfolglos gewesen oder aussichtslos sind oder

2. ein Geschlechtsverkehr zur Herbeiführung einer Schwangerschaft den Ehegatten oder Lebensgefährten wegen der ernsten Gefahr der Übertragung einer schweren Infektionskrankheit auf Dauer nicht zumutbar ist oder

3. eine Schwangerschaft bei einer von zwei miteinander in eingetragener Partnerschaft oder Lebensgemeinschaft lebenden Frauen herbeigeführt werden soll oder

4. sie zum Zweck einer nach § 2a zulässigen Präimplantationsdiagnostik vorgenommen werden muss.

(3) Wenn nach dem Stand der medizinischen Wissenschaft und Erfahrung mehrere aussichtsreiche und zumutbare Methoden zur Auswahl stehen, darf zunächst nur diejenige angewendet werden, die mit geringeren gesundheitlichen Beeinträchtigungen und Gefahren für die beteiligten Personen verbunden ist und bei der weniger entwicklungsfähige Zellen entstehen. Das Kindeswohl ist dabei zu berücksichtigen.

(BGBl I 2015/35, ab 24. 2. 2015, s § 26 Abs 3)

Präimplantationsdiagnostik

§ 2a. (1) Eine Präimplantationsdiagnostik ist nur zulässig, wenn

1. nach drei oder mehr Übertragungen entwicklungsfähiger Zellen keine Schwangerschaft herbeigeführt werden konnte und Grund zur Annahme besteht, dass dies auf die genetische Disposition der entwicklungsfähigen Zellen und nicht auf andere Ursachen zurückzuführen ist, oder

2. zumindest drei ärztlich nachgewiesene Fehl- oder Totgeburten spontan eintraten und diese mit hoher Wahrscheinlichkeit ihre Ursache in der genetischen Disposition des Kindes hatten oder

3. auf Grund der genetischen Disposition zumindest eines Elternteils die ernste Gefahr besteht, dass es zu einer Fehl- oder Totgeburt oder zu einer Erbkrankheit des Kindes kommt.

(2) Eine Erbkrankheit im Sinn des Abs. 1 Z 3 liegt vor, wenn das Kind während der Schwangerschaft oder nach der Geburt derart erkrankt, dass es

1. nur durch den ständigen Einsatz moderner Medizintechnik oder den ständigen Einsatz anderer, seine Lebensführung stark beeinträchtigender medizinischer oder pflegerischer Hilfsmittel am Leben erhalten werden kann oder

2. schwerste Hirnschädigungen aufweist oder

3. auf Dauer an nicht wirksam behandelbaren schwersten Schmerzen leiden wird

und darüber hinaus die Ursache dieser Krankheit nicht behandelt werden kann.

(3) Wenn nach dem Stand der medizinischen Wissenschaft und Erfahrung mehrere Untersuchungsmethoden zur Auswahl stehen, um eine Schwangerschaft herbeizuführen oder um auszuschließen, dass die ernste Gefahr einer Fehl- oder Totgeburt oder einer Erbkrankheit besteht, darf zunächst nur diejenige Untersuchung vorgenommen werden, die in einem früheren Stadium ansetzt oder die weniger invasiv ist.

(4) Im Rahmen der Präimplantationsdiagnostik dürfen nur die nach dem Stand der medizinischen Wissenschaft und Erfahrung im Sinn des Abs. 1 Z 1 zur Herbeiführung einer Schwangerschaft, im Sinn des Abs. 1 Z 2 zur Vermeidung einer Fehl- oder Totgeburt oder im Sinn des Abs. 1 Z 3 zur Vermeidung einer Fehl- oder Totgeburt oder einer Erbkrankheit unabdingbar erforderlichen Untersuchungen durchgeführt werden. Die Bestimmung des Geschlechts durch Präimplantationsdiagnostik ist nur zulässig, wenn die Erbkrankheit geschlechtsabhängig ist.

(5) Einrichtungen, in denen im Rahmen der Präimplantationsdiagnostik gemäß Abs. 1 genetische Analysen durchgeführt werden, bedürfen insbesondere für die von ihnen in Aussicht genommenen Untersuchungsmethoden, den Untersuchungsinhalt und den Untersuchungsumfang einer Zulassung gemäß § 68 Abs. 3 GTG unter Einbindung des wissenschaftlichen Ausschusses für Genanalyse und Gentherapie gemäß § 88 Abs. 2 Z 2a GTG.

(BGBl I 2015/35, ab 24. 2. 2015, s § 26 Abs 3)

Zellentnahme und -aufbewahrung

§ 2b. (1) Samen, Eizellen sowie Hoden- und Eierstockgewebe dürfen auch für eine künftige medizinisch unterstützte Fortpflanzung entnommen und aufbewahrt werden, wenn ein körperliches Leiden oder dessen dem Stand der medizinischen Wissenschaft und Erfahrung entsprechende Behandlung eine ernste Gefahr bewirkt, dass eine Schwangerschaft nicht mehr durch Geschlechtsverkehr herbeigeführt werden kann.

(2) Eizellen, die für eine dritte Person verwendet werden sollen, dürfen nur vom vollendeten 18. bis zum vollendeten 30. Lebensjahr entnommen werden.

(BGBl I 2015/35, ab 24. 2. 2015, s § 26 Abs 3)

Verwendung der entnommenen Zellen

§ 3. (1) Für eine medizinisch unterstützte Fortpflanzung dürfen außer in den in Abs. 2 und

3 geregelten Fällen nur die Eizellen und der Samen der Ehegatten, eingetragenen Partner oder Lebensgefährten verwendet werden.

(2) Der Samen einer dritten Person darf ausnahmsweise dann verwendet werden, wenn der des Ehegatten oder Lebensgefährten nicht fortpflanzungsfähig ist oder eine medizinisch unterstützte Fortpflanzung in einer eingetragenen Partnerschaft oder Lebensgemeinschaft von zwei Frauen vorgenommen werden soll.

(3) Die Eizellen einer dritten Person dürfen ausnahmsweise dann verwendet werden, wenn die der Frau, bei der die Schwangerschaft herbeigeführt werden soll, nicht fortpflanzungsfähig sind und diese Frau zum Zeitpunkt des Behandlungsbeginns das 45. Lebensjahr noch nicht vollendet hat.

(BGBl I 2015/35, ab 24. 2. 2015, s § 26 Abs 3)

3. Abschnitt
Verfahrensvorschriften

Befugnis

§ 4. (1) Eine medizinisch unterstützte Fortpflanzung darf nur von einem zur selbständigen Berufsausübung berechtigten Facharzt für Frauenheilkunde und Geburtshilfe durchgeführt werden.

(2) Eine medizinisch unterstützte Fortpflanzung darf nur in einer hiefür zugelassenen Krankenanstalt durchgeführt werden; die Methode nach § 1 Abs. 2 Z 1 darf jedoch auch in einer Ordinationsstätte eines Facharztes für Frauenheilkunde und Geburtshilfe angewendet werden, sofern dabei der Samen des Ehegatten oder Lebensgefährten verwendet wird.

(3) Eine Präimplantationsdiagnostik darf nur in einer nach § 68 Abs. 3 GTG zugelassenen Einrichtung durchgeführt werden, die von der Einrichtung, in der die medizinisch unterstützte Fortpflanzung vorgenommen wird, organisatorisch, personell und finanziell unabhängig ist. *(BGBl I 2015/35, ab 24. 2. 2015, s § 26 Abs 3)*

§ 5. (1) Der ärztliche Leiter einer Krankenanstalt und der Facharzt haben die Absicht, in der Krankenanstalt bzw. Ordinationsstätte Methoden nach § 1 Abs. 2 Z 1 mit dem Samen des Ehegatten oder Lebensgefährten anzuwenden, dem Landeshauptmann zu melden. Über die Meldung ist auf Antrag eine Bestätigung zu erteilen.

(2) Der ärztliche Leiter einer Krankenanstalt, in der die Durchführung anderer medizinisch unterstützter Fortpflanzungen beabsichtigt ist, hat beim Landeshauptmann die Zulassung hiefür zu beantragen. Die Zulassung ist zu erteilen, wenn auf Grund der personellen und sachlichen Ausstattung „und des Vorliegens der rechtlichen Befugnisse" eine dem Stand der medizinischen Wissenschaft und Erfahrung entsprechende Durchführung der medizinisch unterstützten Fortpflanzungen gewährleistet ist. Weiters muß die Möglichkeit zu einer ausreichenden psychologischen Beratung und einer psychotherapeutischen Betreuung gegeben sein. *(BGBl I 2008/49, ab 20. 3. 2008)*

(3) Der Landeshauptmann hat die Zulassung zu widerrufen, wenn deren Voraussetzungen nicht mehr gegeben sind. Er hat ferner die Zulassung zu widerrufen bzw. die Anwendung der Methode nach § 1 Abs. 2 Z 1 mit dem Samen des Ehegatten oder Lebensgefährten zu untersagen, wenn die Bestimmungen dieses Bundesgesetzes schwerwiegend oder trotz Ermahnung wiederholt verletzt worden sind.

Freiwilligkeit der Mitwirkung

Benachteiligungsverbot

§ 6. (1) Kein Arzt ist verpflichtet, eine medizinisch unterstützte Fortpflanzung oder eine Präimplantationsdiagnostik durchzuführen oder daran mitzuwirken. Dies gilt auch für Angehörige der weiteren gesetzlich geregelten Gesundheitsberufe.

(2) Niemand darf wegen der Durchführung einer den Bestimmungen dieses Bundesgesetzes entsprechenden medizinisch unterstützten Fortpflanzung oder Präimplantationsdiagnostik, der Mitwirkung daran oder wegen der Weigerung, eine solche medizinisch unterstützte Fortpflanzung oder Präimplantationsdiagnostik durchzuführen oder daran mitzuwirken, in welcher Art immer benachteiligt werden.

(BGBl I 2015/35, ab 24. 2. 2015, s § 26 Abs 3)

Beratung

§ 7. (1) Der Arzt hat spätestens 14 Tage vor einer medizinisch unterstützten Fortpflanzung die Ehegatten, eingetragenen Partner oder Lebensgefährten oder eine dritte Person, der Eizellen entnommen werden, in einer für medizinische Laien verständlichen Sprache insbesondere über folgende Umstände aufzuklären und zu beraten:

1. die verschiedenen Ursachen der Unfruchtbarkeit,

2. die Methode, deren Erfolgsaussichten und Unsicherheiten sowie die Tragweite des Eingriffs,

3. die möglichen Folgen und Gefahren der Behandlung für die Frau und das gewünschte Kind,

4. die im Rahmen des Eingriffs angewendeten Medizinprodukte und Arzneimittel sowie deren Nebenwirkungen,

5. die mit dem Eingriff verbundenen Unannehmlichkeiten und Komplikationen,

6. die allenfalls erforderlichen Nachbehandlungen und möglichen Spätfolgen, insbesondere die Auswirkungen auf die Fertilität der Frau, und

7. die mit dem Eingriff zusammenhängenden Kosten einschließlich zu erwartender Folgekosten.

Ein allfälliger Verzicht auf diese ärztliche Aufklärung ist rechtsunwirksam.

(2) Der Arzt hat den Ehegatten, eingetragenen Partnern oder Lebensgefährten oder dritten Personen, deren Samen oder Eizellen verwendet werden, eine psychologische Beratung oder eine psychotherapeutische Betreuung vorzuschlagen und sie auf die Möglichkeit hinzuweisen, andere unabhängige Beratungseinrichtungen zu konsultieren.

(3) Die Beratung oder Betreuung der Ehegatten, eingetragenen Partner oder Lebensgefährten soll sich insbesondere auf die für die Eltern und das Kind mit der Verwendung von Samen oder Eizellen dritter Personen verbundenen Herausforderungen beziehen.

(4) Einer medizinisch unterstützten Fortpflanzung hat eine eingehende Beratung der eingetragenen Partner oder Lebensgefährten durch einen Notar über die rechtlichen Folgen der Zustimmung (§ 8) voranzugehen; bei Ehegatten gilt das nur dann, wenn der Samen oder die Eizellen einer dritten Person verwendet werden sollen.

(BGBl I 2015/35, ab 24. 2. 2015, s § 26 Abs 3)

Zustimmung

§ 8. (1) Eine medizinisch unterstützte Fortpflanzung darf nur mit Zustimmung der Ehegatten, eingetragenen Partner oder Lebensgefährten durchgeführt werden. Die Zustimmung bedarf bei Lebensgefährten oder bei Verwendung des Samens oder der Eizellen einer dritten Person der Form eines Notariatsakts.

(2) Die Ehegatten, eingetragenen Partner oder Lebensgefährten können die Zustimmung nur höchstpersönlich erteilen. Sie müssen hierfür „entscheidungsfähig“ sein. *(BGBl I 2018/58, ab 1. 8. 2018)*

(3) Die Erklärung hat zu enthalten:

1. die ausdrückliche Zustimmung zur medizinisch unterstützten Fortpflanzung;

2. erforderlichenfalls die Zustimmung zur Verwendung des Samens oder der Eizellen einer dritten Person;

3. Namen, Geburtstag und -ort, Staatsangehörigkeit und Wohnort der Ehegatten, eingetragenen Partner oder Lebensgefährten sowie

4. den Zeitraum, in dem die medizinisch unterstützte Fortpflanzung vorgenommen werden darf.

(4) Die Zustimmung zur medizinisch unterstützten Fortpflanzung kann dem Arzt gegenüber von jedem Ehegatten, eingetragenen Partner oder Lebensgefährten bis zum Einbringen des Samens, der Eizellen oder der entwicklungsfähigen Zellen in den Körper der Frau widerrufen werden. Der Widerruf bedarf keiner bestimmten Form und ist ungeachtet des Verlusts der Einsichts- und Urteilsfähigkeit wirksam; der Arzt hat den Widerruf schriftlich festzuhalten und hierüber auf Verlangen eine Bestätigung auszustellen.

(5) Die Zustimmung beider Ehegatten, eingetragenen Partner oder Lebensgefährten darf zum Zeitpunkt des Einbringens von Samen, Eizellen oder entwicklungsfähigen Zellen in den Körper der Frau nicht älter als zwei Jahre sein.

(BGBl I 2015/35, ab 24. 2. 2015, s § 26 Abs 3)

4. Abschnitt

Verwendung, Untersuchung und Behandlung von Zellen

Allgemeine Bestimmungen

§ 9. (1) Entwicklungsfähige Zellen dürfen – soweit in § 2a nichts anderes geregelt ist – nicht für andere Zwecke als für medizinisch unterstützte Fortpflanzungen verwendet werden.

(2) Entwicklungsfähige Zellen dürfen nur insoweit untersucht und behandelt werden, als dies nach dem Stand der medizinischen Wissenschaft und Erfahrung zur Herbeiführung einer Schwangerschaft oder zur Durchführung einer Präimplantationsdiagnostik nach § 2a erforderlich ist. Das Gleiche gilt für Samen und Eizellen, die für medizinisch unterstützte Fortpflanzungen verwendet werden sollen.

(3) Eingriffe in die Keimzellbahn sind unzulässig. Dies gilt, außer in den in § 2a geregelten Fällen, auch für genetische Untersuchungen der entwicklungsfähigen Zellen vor deren Einbringen in den Körper einer Frau.

(BGBl I 2015/35, ab 24. 2. 2015, s § 26 Abs 4)

§ 10. Bei der Vereinigung von Eizellen mit Samenzellen außerhalb des Körpers einer Frau dürfen nur so viele Eizellen befruchtet und in der Folge eingebracht werden, wie nach dem Stand der medizinischen Wissenschaft und Erfahrung innerhalb eines Zyklus der behandelten Frau für eine aussichtsreiche und zumutbare medizinisch unterstützte Fortpflanzung notwendig sind.

(BGBl I 2015/35, ab 24. 2. 2015, s § 26 Abs 4)

Besondere Bestimmungen bei der Verwendung von Samen und Eizellen dritter Personen

§ 11. Eine medizinisch unterstützte Fortpflanzung mit dem Samen oder den Eizellen dritter Personen darf nur in einer zugelassenen Krankenanstalt (§ 5 Abs. 2) vorgenommen werden. Samen oder Eizellen dürfen für eine medizinisch unterstützte Fortpflanzung nur einer solchen Krankenanstalt zur Verfügung gestellt werden. Die Krankenanstalt hat sowohl die Personen, deren Samen oder Eizellen verwendet werden sollen, als auch deren Samen oder Eizellen vor deren Verwendung zu untersuchen.

(BGBl I 2015/35, ab 24. 2. 2015, s § 26 Abs 4)

§ 12. Die Untersuchung der dritten Personen und ihres Samens oder ihrer Eizellen hat sicherzustellen, dass der Samen oder die Eizellen nach dem jeweiligen Stand der medizinischen Wissenschaft und Erfahrung fortpflanzungsfähig sind und durch deren Verwendung keine gesundheitlichen Gefahren für die Frau oder das gewünschte Kind entstehen können.

(BGBl I 2015/35, ab 24. 2. 2015, s § 26 Abs 4)

§ 13. (1) Samen und Eizellen dritter Personen dürfen für eine medizinisch unterstützte Fortpflanzung nur verwendet werden, wenn diese Personen das 18. Lebensjahr vollendet haben und einer solchen Verwendung und der Erteilung von Auskünften nach § 20 der Krankenanstalt gegenüber schriftlich zugestimmt haben.

(2) Die Personen, deren Samen oder Eizellen verwendet werden sollen, können die Zustimmung nur höchstpersönlich erteilen und müssen hierfür „entscheidungsfähig" sein. Die Zustimmung kann jederzeit der Krankenanstalt gegenüber mit der Wirkung widerrufen werden, dass jede weitere Verwendung unzulässig ist. Der Widerruf bedarf keiner bestimmten Form und ist ungeachtet des Verlusts der „Entscheidungsfähigkeit" wirksam; die Krankenanstalt hat ihn schriftlich festzuhalten und auf Verlangen darüber eine Bestätigung auszustellen. *(BGBl I 2018/58, ab 1. 8. 2018)*

(BGBl I 2015/35, ab 24. 2. 2015, s § 26 Abs 4)

§ 14. (1) Für Zwecke der medizinisch unterstützten Fortpflanzung dürfen dritte Personen ihren Samen oder ihre Eizellen stets nur derselben Krankenanstalt zur Verfügung stellen. Darauf hat sie die Krankenanstalt besonders hinzuweisen.

(2) Samen oder Eizellen dritter Personen dürfen für medizinisch unterstützte Fortpflanzungen in höchstens drei Ehen, eingetragenen Partnerschaften oder Lebensgemeinschaften verwendet werden.

(3) Samen verschiedener Männer und Eizellen verschiedener Frauen dürfen für eine medizinisch unterstützte Fortpflanzung nicht verwendet werden.

(BGBl I 2015/35, ab 24. 2. 2015, s § 26 Abs 4)

§ 15. (1) Die Krankenanstalt hat über dritte Personen, die Samen oder Eizellen zur Verfügung stellen, folgende Aufzeichnungen zu führen:

1. Namen, Geburtstag und -ort, Staatsangehörigkeit und Wohnort;

2. Namen ihrer Eltern;

3. Zeitpunkt der Überlassung des Samens oder der Eizellen und

4. die Ergebnisse der nach § 12 durchgeführten Untersuchungen.

(2) Die Krankenanstalt hat ferner darüber Aufzeichnungen zu führen, für welche Ehen, eingetragene Partnerschaften oder Lebensgemeinschaften der Samen oder die Eizellen verwendet worden sind.

(3) Die Aufzeichnungen gemäß Abs. 1 und 2 sind von der Krankenanstalt 30 Jahre lang aufzubewahren. Nach Ablauf dieser Frist oder bei früherer Auflösung der Krankenanstalt sind diese Unterlagen dem Landeshauptmann zu übermitteln; dieser hat sie auf Dauer aufzubewahren. *(BGBl I 2018/37, ab 25. 5. 2018)*

(BGBl I 2015/35, ab 24. 2. 2015, s § 26 Abs 4)

Kommerzialisierungs- und Vermittlungsverbot

§ 16. (1) Die Überlassung von Samen oder Eizellen für eine medizinisch unterstützte Fortpflanzung darf nicht Gegenstand eines entgeltlichen Rechtsgeschäfts sein. Die Vereinbarung oder die Annahme einer Aufwandsentschädigung gilt als entgeltliches Rechtsgeschäft, wenn und soweit die Aufwandsentschädigung über die nachgewiesenen Barauslagen, die im Zusammenhang mit der medizinischen Behandlung bei der Überlassung von Samen oder Eizellen getätigt wurden, hinausgeht.

(2) Die Vermittlung

1. von entwicklungsfähigen Zellen,

2. von Samen und Eizellen für eine medizinisch unterstützte Fortpflanzung und

3. von Personen, die bereit sind, Samen, Eizellen oder entwicklungsfähige Zellen für eine medizinisch unterstützte Fortpflanzung zu überlassen oder in sich einbringen zu lassen,

ist unzulässig. Ebenso ist jede Werbung für die Überlassung oder Vermittlung von Samen, Eizellen oder entwicklungsfähigen Zellen unzulässig.

(BGBl I 2015/35, ab 24. 2. 2015, s § 26 Abs 4)

Aufbewahrung

§ 17. (1) Samen, Eizellen, entwicklungsfähige Zellen sowie Hoden- und Eierstockgewebe, die für eine medizinisch unterstützte Fortpflanzung verwendet werden sollen, dürfen nur in einer nach § 5 Abs. 2 zugelassenen Krankenanstalt, Samen auch durch einen Facharzt für Frauenheilkunde und Geburtshilfe, der eine Meldung gemäß § 5 Abs. 1 erstattet hat, entnommen und bis auf Widerruf oder bis zum Tod der Person, von der sie stammen, aufbewahrt werden. Entwicklungsfähige Zellen dürfen jedoch höchstens zehn Jahre in einer nach § 5 Abs. 2 zugelassenen Krankenanstalt aufbewahrt werden. Die Aufbewahrung hat dem jeweiligen Stand der Wissenschaft und Technik zu entsprechen.

(2) Die Überlassung von Samen, Eizellen sowie Hoden- und Eierstockgewebe gemäß Abs. 1 ist nur mit schriftlicher Zustimmung der Person, von der sie stammen, und die Überlassung entwicklungsfähiger Zellen nur mit schriftlicher Zustimmung beider Ehegatten, eingetragenen Partner oder Lebensgefährten zulässig. Die Zustimmung kann nur höchstpersönlich und im Zustand der „Entscheidungsfähigkeit" erteilt werden. § 3 bleibt unberührt. *(BGBl I 2018/58, ab 1. 8. 2018)*

(BGBl I 2015/35, ab 24. 2. 2015, s § 26 Abs 4)

5. Abschnitt

Dokumentations- und Auskunftspflichten

Aufzeichnungen

§ 18. (1) Der Arzt, der eine medizinisch unterstützte Fortpflanzung durchführt, hat

1. Namen,
2. Geburtstag und -ort,
3. Staatsangehörigkeit und
4. Wohnort

der Ehegatten, eingetragenen Partner oder Lebensgefährten sowie hiervon getrennt der dritten Person, deren Samen oder Eizellen verwendet werden, schriftlich aufzuzeichnen. Zugleich sind die Gründe für die Behandlung, die eingesetzte Methode (§ 1 Abs. 2) und deren Ergebnisse aufzuzeichnen.

(2) Weiters hat der Arzt schriftliche Aufzeichnungen über das Vorliegen der Voraussetzungen für die medizinisch unterstützte Fortpflanzung, über die Ursache, das medizinische Verfahren und die Methode der Behandlung, deren Verlauf und Dauer sowie die nach dem Stand der medizinischen Wissenschaft und Erfahrung für die Schwangerschaft, die Geburt und die gesundheitliche Entwicklung des gewünschten Kindes wesentlichen Umstände zu führen.

(3) Diese Aufzeichnungen und die Zustimmungen nach § 8 Abs. 1 sowie § 13 Abs. 1 sind von der Krankenanstalt, der Einrichtung oder vom Facharzt in der Ordinationsstätte 30 Jahre lang aufzubewahren. Nach Ablauf dieser Frist oder bei früherer Auflösung der Krankenanstalt oder Ordinationsstätte sind diese Unterlagen dem Landeshauptmann zu übermitteln; dieser hat sie auf Dauer aufzubewahren.

(BGBl I 2015/35, ab 24. 2. 2015, s § 26 Abs 4)

Datenverarbeitung

§ 19. (1) Der Arzt ist zu der nach § 18 vorgesehenen Verarbeitung personenbezogener Daten unter Einhaltung der Verordnung (EU) Nr. 679/2016 zum Schutz natürlicher Personen bei der Verarbeitung personenbezogener Daten, zum freien Datenverkehr und zur Aufhebung der Richtlinie 95/46/EG (Datenschutz-Grundverordnung), ABl. Nr. L 119 vom 27.04.2016 S. 1 (im Folgenden: DSGVO) sowie des Datenschutzgesetzes (im Folgenden: DSG), BGBl. I Nr. 165/1999, ermächtigt.

(2) Krankenanstalten sind ermächtigt, die nach § 15 erforderlichen personenbezogenen Daten unter Einhaltung der DSGVO sowie des DSG zu verarbeiten.

(3) Hinsichtlich der Verarbeitung personenbezogener Daten nach diesem Bundesgesetz sind die Rechte und Pflichten gemäß Art. 13, 14, 18 und 21 DSGVO ausgeschlossen.

(4) Werden Daten gemäß § 15 und § 18 zu wissenschaftlichen oder historischen Forschungszwecken oder statistischen Zwecken weiterverarbeitet, hat die Weiterverarbeitung in pseudonymisierter Form zu erfolgen, wenn auf diese Weise die Zwecke erreicht werden können. Soweit der Personenbezug für die Verwirklichung des Zwecks unerlässlich ist, können die Rechte der Betroffenen gemäß Art. 15, 16, 18 und 21 DSGVO vom Verantwortlichen insofern ausgeschlossen werden, als diese Rechte die Verwirklichung der spezifischen Zwecke unmöglich machen oder ernsthaft beeinträchtigen würden.

(BGBl I 2018/37, ab 25. 5. 2018)

Auskunft

§ 20. (1) Die Aufzeichnungen über dritte Personen, die Samen oder Eizellen zur Verfügung gestellt haben, sowie deren genetische Daten sind vertraulich zu behandeln. *(BGBl I 2015/35, ab 24. 2. 2015, s § 26 Abs 3)*

(2) Dem mit dem Samen oder den Eizellen einer dritten Person gezeugten Kind ist auf dessen Verlangen nach Vollendung des 14. Lebensjahres Einsicht in die Aufzeichnungen nach § 15 Abs. 1 zu gewähren und daraus Auskunft zu erteilen. Zum Wohl des Kindes ist in medizinisch begründeten Ausnahmefällen der Person, die mit der gesetzlichen Vertretung für die Pflege und Erziehung betraut ist, Einsicht und Auskunft zu erteilen. *(BGBl I 2015/35, ab 24. 2. 2015, s § 26 Abs 3)*

(3) Den Gerichten und Verwaltungsbehörden steht das Einsichts- und Auskunftsrecht zu, soweit dies zur Erfüllung ihrer Aufgaben in Vollziehung dieses Bundesgesetzes unentbehrlich ist.

Statistik

§ 21. (1) Die ärztlichen Leiter der Krankenanstalten, in denen medizinisch unterstützte Fortpflanzungen durchgeführt werden, haben jährlich spätestens zum 31. März des jeweils folgenden Kalenderjahres der Gesundheit Österreich GmbH auf elektronischem Weg die in Abs. 2 genannten, nicht personenbezogenen Daten zu melden. Die Gesundheit Österreich GmbH hat jeweils bis 30. September eine Auswertung dieser Daten vorzunehmen.

(2) Für die Auswertung gemäß Abs. 1 sind folgende Daten nicht personenbezogen zu erheben:

1. Anzahl der Paare, die eine medizinisch unterstützte Fortpflanzung in Anspruch genommen haben sowie Anzahl der Anwendungen, gegliedert nach den in § 1 Abs. 2 angeführten Methoden (einschließlich Überlassung von Samen und Eizellen) und nach Alter, Anzahl der aufbewahrten Samenspenden, Eizellen und entwicklungsfähigen Zellen,

2. Anzahl der durch medizinisch unterstützte Fortpflanzung herbeigeführten Schwangerschaften sowie Anzahl und Art der Geburten,

3. Anzahl der Paare, die eine medizinisch unterstützte Fortpflanzung zum Zweck der Präimplantationsdiagnostik in Anspruch genommen haben, aufgegliedert nach den Zulassungsvoraussetzungen des § 2a Abs. 1 Z 1, 2 und 3 und

4. Erbkrankheiten, die im Rahmen der Präimplantationsdiagnostik festgestellt wurden.

(3) Die Gesundheit Österreich GmbH hat die Auswertung gemäß Abs. 1 und die im Genanalyseregister gemäß § 79 Abs. 1 Z 1 GTG verzeichneten Einrichtungen, welche PID durchführen samt den in § 79 Abs. 2 GTG genannten Angaben und Untersuchungen sowie alle im Gentechnikbuch enthaltenen spezifische Informationen zur PID im Rahmen eines Berichts dem Bundesministerium für Gesundheit und Frauen und dem Bundesministerium für Justiz zur Verfügung zu stellen und auf der Homepage der Gesundheit Österreich GmbH zu veröffentlichen.

(BGBl I 2015/35, ab 24. 2. 2015, s § 26 Abs 3 und 6)

6. Abschnitt

Strafbestimmungen[1)]

[1)] *Die Überschrift wurde aufgrund eines Redaktionsversehens eingefügt, obwohl es sie schon gab.*

§ 22. (1) Wer

1. ohne Arzt zu sein, eine medizinisch unterstützte Fortpflanzung durchführt,

2. seinen Samen oder seine Eizellen entgegen § 11 zweiter Satz oder § 14 Abs. 1 zur Verfügung stellt, *(BGBl I 2015/35, ab 24. 2. 2015, s § 26 Abs 5)*

3. Samen, Eizellen oder entwicklungsfähige Zellen entgegen den §§ 9, 10 oder § 14 Abs. 3 verwendet, untersucht oder behandelt oder anderen Personen für eine solche Verwendung, Untersuchung oder Behandlung überlässt, *(BGBl I 2015/35, ab 24. 2. 2015, s § 26 Abs 5)*

4. Samen oder Eizellen entgegen § 16 Abs. 1 entgeltlich überlässt bzw. entgegen nimmt oder Samen, Eizellen, entwicklungsfähige Zellen oder Personen entgegen § 16 Abs. 2 vermittelt, *(BGBl I 2015/35, ab 24. 2. 2015, s § 26 Abs 5)*

begeht eine Verwaltungsübertretung.

(2) Eine Verwaltungsübertretung nach Abs. 1 ist zu ahnden

1. in den Fällen der Z 1, 3 und 4 mit Geldstrafe bis zu „50 000 Euro", bei Uneinbringlichkeit mit Ersatzfreiheitsstrafe bis zu 14 Tagen; *(BGBl I 2015/35, ab 24. 2. 2015, s § 26 Abs 5)*

2. im Fall der Z 2 mit Geldstrafe bis zu „10 000 Euro", bei Uneinbringlichkeit mit Ersatzfreiheitsstrafe bis zu einer Woche. *(BGBl I 2015/35, ab 24. 2. 2015, s § 26 Abs 5)*

§ 23. (1) Wer als Arzt

1. eine medizinisch unterstützte Fortpflanzung oder Präimplantationsdiagnostik durchführt

a) die nach den §§ 2 bis 3 unzulässig ist,

b) ohne Vorliegen der in § 4 festgelegten Voraussetzungen und Erfordernisse,

c) unter Verletzung der Meldepflicht des § 5 Abs. 1,

d) ohne Aufklärung und Beratung der Ehegatten, eingetragenen Partner oder Lebensgefährten gemäß § 7 oder

e) ohne Vorliegen der nach § 8 Abs. 1 oder § 13 Abs. 1 erforderlichen Zustimmungen, *(BGBl I 2015/35, ab 24. 2. 2015, s § 26 Abs 5)*

2. eine medizinisch unterstützte Fortpflanzung mit dem Samen oder den Eizellen dritter Personen entgegen § 11 erster und dritter Satz durchführt, *(BGBl I 2015/35, ab 24. 2. 2015, s § 26 Abs 5)*

3. die nach § 12 erforderlichen Untersuchungen unterläßt,

4. Samen oder Eizellen entgegen § 14 Abs. 2 verwendet oder *(BGBl I 2015/35, ab 24. 2. 2015, s § 26 Abs 5)*

5. seiner Aufzeichnungs- oder Aufbewahrungspflicht nach § 18 nicht nachkommt,

begeht eine Verwaltungsübertretung.

(2) Eine Verwaltungsübertretung nach Abs. 1 ist zu ahnden

1. in den Fällen der Z 1 bis 4 mit Geldstrafe bis zu „50 000 Euro", bei Uneinbringlichkeit mit Ersatzfreiheitsstrafe bis zu 14 Tagen; *(BGBl I 2015/35, ab 24. 2. 2015, s § 26 Abs 5)*

2. im Fall der Z 5 mit Geldstrafe bis zu „10 000 Euro", bei Uneinbringlichkeit mit Ersatzfreiheitsstrafe bis zu einer Woche. *(BGBl I 2015/35, ab 24. 2. 2015, s § 26 Abs 5)*

§ 24. Wer im Rahmen seiner Tätigkeit für eine Krankenanstalt

1. es verabsäumt, die nach § 12 erforderlichen Untersuchungen durchzuführen oder die in § 14 Abs. 1 vorgesehene Belehrung zu erteilen,

2. Samen oder Eizellen einer dritten Person entgegen nimmt, obwohl er weiß, dass diese ihre Samen oder ihre Eizellen schon einer anderen Krankenanstalt zur Verfügung gestellt hat,

3. entgegen § 15 Aufzeichnungen nicht oder nur unzureichend führt,

4. die Vorgaben für die Aufbewahrung gemäß § 17 Abs. 1 oder die Zustimmungserfordernisse des § 17 Abs. 2 missachtet,

5. die Aufbewahrungspflicht gemäß § 18 Abs. 3 oder die Berichtspflicht gemäß § 21 Abs. 1 verletzt oder

6. entgegen § 20 Abs. 2 Einsicht in die Aufzeichnungen nach § 15 Abs. 1 gewährt oder daraus Auskunft erteilt,

begeht eine Verwaltungsübertretung und ist mit Geldstrafe bis zu 5 000 Euro, bei Uneinbringlichkeit mit Ersatzfreiheitsstrafe bis zu drei Tagen zu bestrafen.

(BGBl I 2015/35, ab 24. 2. 2015, s § 26 Abs 5)

§ 25. (1) Eine Verwaltungsübertretung nach den vorstehenden Bestimmungen liegt nur vor, sofern die Tat nicht den Tatbestand einer in die Zuständigkeit der Gerichte fallenden strafbaren Handlung bildet.

(2) Der Versuch ist strafbar.

(3) Ein für die Straftat erhaltenes Entgelt ist für verfallen zu erklären. Ist ein Verfall des Entgelts nicht möglich, so ist über den Täter eine Verfallsersatzstrafe in der Höhe des erhaltenen Entgelts zu verhängen. Stünde die Verfallsersatzstrafe zur Bedeutung der Tat oder zu dem den Täter treffenden Vorwurf außer Verhältnis, so ist von ihrer Verhängung ganz oder teilweise abzusehen.

(4) Für die Untersuchung und Bestrafung von Verwaltungsübertretungen nach den vorstehenden Bestimmungen ist „ " der Landeshauptmann zuständig. *(BGBl I 2015/35, ab 24. 2. 2015, s § 26 Abs 5)*

7. Abschnitt

Schluss- und Übergangsbestimmungen

In- und Außerkrafttreten

§ 26. (1) Dieses Bundesgesetz tritt mit 1. Juli 1992 in Kraft.

(2) § 1 Abs. 4, §§ 2, 2a, 2b, 3, § 4 Abs. 3, §§ 6 bis 18, § 20 Abs. 1 und 2, § 21, § 22 Abs. 1 Z 2, 3 und 4 und Abs. 2, § 23 Abs. 1 Z 1, 2 und 4 und Abs. 2, § 24, § 25 Abs. 4, § 26, § 27 und § 28 samt Überschriften sowie das Inhaltsverzeichnis und die Abschnittsüberschriften in der Fassung des Fortpflanzungsmedizinrechts-Änderungsgesetzes 2015, BGBl. I Nr. 35/2015, treten mit dem auf die Kundmachung folgenden Tag in Kraft.

(3) §§ 1 Abs. 4, 2, 2a, 2b, 3, § 4 Abs. 3, §§ 6 bis 8, § 20 Abs. 1 und 2 sowie § 21 in der Fassung des Fortpflanzungsmedizinrechts-Änderungsgesetzes 2015, BGBl. I Nr. 35/2015, sind auf medizinisch unterstützte Fortpflanzungen, die Präimplantationsdiagnostik und die Entnahme von Samen und Eizellen anzuwenden, die ab dem Inkrafttreten durchgeführt werden.

(4) §§ 9 bis 18 in der Fassung des Fortpflanzungsmedizinrechts-Änderungsgesetzes 2015, BGBl. I Nr. 35/2015, sind auch auf vor dem Inkrafttreten begonnene Aufbewahrungen, Verwendungen, Untersuchungen und Behandlungen von Samen, Eizellen und entwicklungsfähigen Zellen anzuwenden.

(5) Die §§ 22, 23, 24 und 25 in der Fassung des Fortpflanzungsmedizinrechts-Änderungsgesetzes 2015, BGBl. I Nr. 35/2015, sind auf strafbare Handlungen anzuwenden, die nach dem Inkrafttreten begangen werden.

(6) § 19 tritt mit 30. Juni 2016 außer Kraft. Die Meldungen nach § 21 Abs. 1 sind erstmals für das Jahr 2016 zu erstatten.

(7) Das Inhaltsverzeichnis, § 15 Abs. 3 sowie § 19 samt Überschrift in der Fassung des 2. Materien-Datenschutz-Anpassungsgesetzes, BGBl. I Nr. 37/2018, treten mit 25. Mai 2018 in Kraft. *(BGBl I 2018/37)*

(7)[1)] Die §§ 8, 13 und 17 in der Fassung des Bundesgesetzes BGBl. I Nr. 58/2018, treten mit 1. August 2018 in Kraft. *(BGBl I 2018/58)*

(BGBl I 2015/35)

[1)] *Redaktionsfehler: gemeint wohl: (8)*

Verweisungen

§ 27. (1) Soweit in diesem Bundesgesetz auf Bestimmungen anderer Bundesgesetze verwiesen wird, sind diese in der jeweils geltenden Fassung anzuwenden.

(2) Durch dieses Bundesgesetz werden das

1. Gentechnikgesetz – GTG, BGBl. Nr. 510/1994 und das

2. Gewebesicherheitsgesetz – GSG, BGBl. I Nr. 49/2008,

nicht berührt.

(BGBl I 2015/35)

Vollziehung

§ 28. Mit der Vollziehung dieses Bundesgesetzes sind der Bundesminister für Justiz und die Bundesministerin für Gesundheit betraut.

(BGBl I 2015/35)

9. Notwegegesetz

RGBl 1896/140 idF

1 RGBl 1913/7
2 BGBl 1985/81 (VfGH)
3 BGBl I 2003/112 (AußStr-BegleitG)

GLIEDERUNG

STICHWORTVERZEICHNIS

(Die Zahlenangaben beziehen sich auf die Paragraphen)

Gesetz vom 7. Juli 1896, betreffend die Einräumung von Notwegen

I. Abschnitt

Anspruch auf Einräumung eines Notwegs

§ 1. (1) Für eine Liegenschaft, welche der für die Zwecke einer ordentlichen Bewirtschaftung oder Benützung nötigen Wegeverbindung mit dem öffentlichen Wegenetze entbehrt, sei es, daß eine Wegeverbindung gänzlich mangelt oder daß sie unzulänglich erscheint, kann der Eigentümer in jenen Fällen, in denen für die Befriedigung des Wegebedürfnisses nicht die Voraussetzungen der Enteignung oder unentgeltlichen Gestattung nach § 365 ABGB oder nach sonstigen hiefür erlassenen Gesetzen eintreten, die gerichtliche Einräumung eines Notweges über fremde Liegenschaften nach Maßgabe dieses Gesetzes begehren.

(2) Für die Anwendung dieses Gesetzes wird unter dem Ausdrucke „Wegeverbindung" eine Weganlage (ein gebahnter Weg), wie auch eine ohne den Bestand einer Weganlage ausgeübte Wegegerechtigkeit verstanden.

(3) *(aufgehoben, RGBl 1913/7)*

§ 2. (1) Das Begehren um Einräumung eines Notweges ist unzulässig, wenn der Vorteil des Notweges nicht die Nachteile überwiegt, welche durch denselben den zu belastenden Liegenschaften insgesamt erwachsen, ferner, wenn der Mangel der Wegeverbindung auf eine nach dem Inkrafttreten dieses Gesetzes eingetretene auffallende Sorglosigkeit des Grundeigentümers zurückzuführen ist.

(2) Zur Erzielung einer kürzeren als der bestehenden Wegeverbindung wird ein Notweg nicht gewährt.

§ 3. Der Notweg besteht in der Servitut des Fußsteiges, Viehtriebes oder Fahrweges, oder in der Erweiterung solcher bereits bestehender Wegerechte; insbesondere kann als Notweg auch die Mitbenützung eines vorhandenen Privatweges oder die Herstellung einer Weganlage über fremden Grund und Boden bewilligt werden.

§ 4. (1) Für die Art, den Umfang und die Richtung des Notweges und die näheren Modalitäten seiner Benützung ist das Bedürfnis der notleidenden Liegenschaft maßgebend. Zugleich ist jedoch darauf Rücksicht zu nehmen, daß einerseits die fremden Liegenschaften möglichst wenig belastet und deren Eigentümer möglichst wenig belästigt, anderseits dem wegebedürftigen Eigentümer möglichst geringe Auslagen verursacht werden; insbesondere sind die Fälle der Bewilligung einer Weganlage möglichst einzuschränken.

(2) Der Notweg kann nur insoweit eingeräumt werden, als durch denselben die regelmäßige Bewirtschaftung oder Benützung der zu belastenden Liegenschaft nicht unmöglich gemacht oder erheblich beeinträchtigt wird.

(3) Die Einräumung eines Notweges durch Gebäude, geschlossene Hofräume und bei Wohnhäusern befindliche, zur Verhinderung des Zutrittes fremder Personen eingefriedete Gärten, ferner über solche Grundstücke, welche aus öffentlichen Rücksichten die Benützung als Notweg nicht gestatten, ist ausgeschlossen.

§ 5. (1) Der des Notweges bedürftige Grundeigentümer hat für allen Schaden, welcher durch die Einräumung des Notweges den mit demselben belasteten Liegenschaften etwa zugefügt wird, eine angemessene Entschädigung in einem Kapitalbetrage zu leisten.

(2) Der bezügliche Entschädigungsanspruch kommt dem Eigentümer der belasteten Liegenschaft gegen den wegebedürftigen Eigentümer unmittelbar zu. Andere an dieser Liegenschaft Berechtigte (Nutzungsberechtigte, Bestandnehmer usw.) sind mit ihren Entschädigungsansprüchen, sofern es sich nicht um dingliche Rechte handelt, zu deren Befriedigung das Entschädigungskapital zu dienen hat (§ 22), an den Eigentümer derselben gewiesen; bei der Feststellung der Entschädigung ist auch auf diejenigen Nachteile Rücksicht zu nehmen, welche diese Berechtigten durch die Einräumung des Notweges erleiden.

§ 6. Wird die Mitbenützung eines fremden Privatweges eingeräumt, so sind die hiedurch verursachten Mehrauslagen der Wegerhaltung in den Entschädigungsbetrag einzubeziehen.

§ 7. Wenn es auf die Herstellung einer Weganlage ankommt, ist der Eigentümer der zu belastenden Liegenschaft berechtigt, zu verlangen, daß der wegebedürftige Eigentümer den für den Notweg erforderlichen Grund in sein Eigentum übernehme. In solchem Falle ist bei der Feststellung des Einlösungspreises nicht nur auf den Wert des abzutretenden Grundes, sondern auch auf die Wertverminderung, welche der dem betreffenden Eigentümer verbleibende Teil seines Grundbesitzes erleidet, insbesondere auch auf die durch die Abtretung etwa bewirkten Erschwernisse in der Bewirtschaftung des übrigen Grundbesitzes Rücksicht zu nehmen.

§ 8. Der Anspruch auf Einräumung eines Notweges unterliegt nicht der Verjährung.

II. Abschnitt
Verfahren

§ 9. (1) Das Verfahren auf Einräumung eines Notwegs ist auf Antrag des Eigentümers der notleidenden Liegenschaft einzuleiten.

(2) Für das Verfahren ist das Bezirksgericht zuständig, in dessen Sprengel sich die notleidende Liegenschaft befindet.

(3) Sofern in diesem Bundesgesetz nichts anderes bestimmt wird, richtet sich das Verfahren nach den allgemeinen Bestimmungen des Außerstreitgesetzes.

(BGBl I 2003/112, ab 1. 1. 2005, s § 29 Abs 2)

§ 10. (1) Der Antrag hat zu enthalten:

1. Angaben über die Art und die Lage des beanspruchten Notwegs,
2. die Einlagezahl, die Grundstücksnummer und die Benützungsart der betroffenen Liegenschaften,
3. die Namen, Anschriften und Geburtsdaten der Eigentümer dieser Liegenschaften sowie
4. die Gründe des Begehrens.

(2) Für mehrere Liegenschaften, bei denen ein gleichartiger Bedarf nach einem Notweg besteht, kann dessen Einräumung in einem Antrag begehrt werden.

(BGBl I 2003/112, ab 1. 1. 2005, s § 29 Abs 2)

§ 11. (1) Das Gericht hat von Amts wegen die Anmerkung der Einleitung des Verfahrens auf Einräumung eines Notwegs im Grundbuch auf der in Anspruch genommenen und der notleidenden Liegenschaft anzuordnen; dies gilt auch für den Fall der Einbeziehung einer weiteren Liegenschaft in das Verfahren (§ 12 Abs. 2).

(2) Das Gericht hat über den Antrag mündlich zu verhandeln. Zur Tagsatzung sind alle Parteien zu laden.

(3) Zur Frage, ob und inwieweit der Einräumung eines Notwegs öffentliche Rücksichten entgegenstehen (§ 4 Abs. 3), hat das Gericht eine Stellungnahme der Bezirksverwaltungsbehörde, in deren Sprengel sich die notleidende Liegenschaft befindet, einzuholen und diese zur mündlichen Verhandlung zu laden. Die Bezirksverwaltungsbehörde hat, wenn sie nicht selbst zur Wahrung der öffentlichen Rücksichten berufen ist, unverzüglich die zuständige Verwaltungsbehörde zu verständigen.

(BGBl I 2003/112, ab 1. 1. 2005, s § 29 Abs 2)

§ 12. (1) Das Gericht hat alle für die Begründung des Notwegs, für dessen Gestaltung und für die Feststellung der Entschädigung maßgebenden Verhältnisse unter Beiziehung eines mit den örtlichen und wirtschaftlichen Verhältnissen vertrauten Sachverständigen zu erheben.

(2) In das Verfahren können auch Liegenschaften, die der Antragsteller in seinem Antrag nicht in Anspruch genommen hat, einbezogen werden, sofern deren Belastung zur zweckmäßigen Gestaltung des Notwegs erforderlich ist. Den Eigentümern dieser Liegenschaften sind der Antrag und die bisherigen Verfahrensergebnisse wie eine Klage zuzustellen.

(BGBl I 2003/112, ab 1. 1. 2005, s § 29 Abs 2)

§ 13. (1) Das Gericht hat über die Einräumung des Notwegs, über dessen Gestaltung sowie über die zu leistende Entschädigung und die Leistungsfrist (§ 14) zu entscheiden. Zugleich hat das Gericht über den Ersatz der Kosten durch den Eigentümer der notleidenden Liegenschaft (§ 25) abzusprechen.

(2) Das Gericht hat den Notweg im Beschluss genau, allenfalls auch unter Bezugnahme auf eine Situationsskizze, darzustellen.

(3) Erstreckt sich der Notweg über mehrere Liegenschaften, die im Eigentum verschiedener Personen stehen oder zu verschiedenen Grundstückskörpern gehören, so ist die Entschädigung für jede Liegenschaft gesondert zu bestimmen.

(BGBl I 2003/112, ab 1. 1. 2005, s § 29 Abs 2)

§ 14. Die Leistungsfrist für die Zahlung der Entschädigung beträgt vier Wochen ab Rechtskraft des Beschlusses. Sofern dies aber für den Eigentümer der notleidenden Liegenschaft eine besondere Härte nach sich zieht, kann das Gericht auf seinen Antrag die Leistungsfrist auf bis zu drei Jahre ab Rechtskraft des Beschlusses verlängern. In diesem Fall hat das Gericht eine angemessene Verzinsung der Entschädigung festzusetzen.

(BGBl I 2003/112, ab 1. 1. 2005, s § 29 Abs 2)

§ 15. Nach Ablauf von vier Wochen nach Rechtskraft des Beschlusses über die Einräumung des Notwegs hat das Gericht von Amts wegen die Eintragung des Notwegs in das Grundbuch zu veranlassen. Die Eintragung des Notwegs ist jedoch sogleich nach Rechtskraft des Beschlusses zu veranlassen, wenn dafür keine Entschädigung bestimmt worden ist.

(BGBl I 2003/112, ab 1. 1. 2005, s § 29 Abs 2)

§ 16. Sofern dem Gericht nicht innerhalb von vier Wochen nach Rechtskraft des Beschlusses die Berichtigung oder Hinterlegung (§ 22) der Entschädigung samt Zinsen nachgewiesen wird, hat es zugleich mit der Eintragung des Notwegs von Amts wegen die Eintragung eines Pfandrechts für die Entschädigung samt Zinsen auf der notleidenden Liegenschaft zu veranlassen. Dabei ist der einzutragende Betrag als eine aus Anlass der gerichtlichen Einräumung eines Notwegs bestimmte Entschädigung zu bezeichnen. Auch ist die Liegenschaft, auf der dieser Notweg eingeräumt wird, mit Einlagezahl und Grundstücksnummer anzuführen.

(BGBl I 2003/112, ab 1. 1. 2005, s § 29 Abs 2)

§ 17. Erlangt das Gericht während des Verfahrens Kenntnis von Änderungen der Eigentumsverhältnisse an den betroffenen Liegenschaften, so hat es die neuen Eigentümer vom Verfahren zu verständigen. Diesen sind der Antrag und die bisherigen Verfahrensergebnisse wie eine Klage zuzustellen. Die neuen Eigentümer können an Stelle ihrer Rechtsvorgänger mit Zustimmung der Parteien in das Verfahren eintreten.

(BGBl I 2003/112, ab 1. 1. 2005, s § 29 Abs 2)

§ 18. Die durch den Beschluss des Gerichtes geschaffene Rechtslage ist auch für die Rechtsnachfolger der im Beschluss genannten Parteien verbindlich. Dies gilt auch dann, wenn die Rechtsnachfolger das Eigentum auf Grund einer gerichtlichen Versteigerung erworben haben.

(BGBl I 2003/112, ab 1. 1. 2005, s § 29 Abs 2)

§ 19. Der grundbücherlichen Eintragung eines Notwegs und eines Pfandrechts für die vom Gericht bestimmte Entschädigung (§§ 15 und 16) steht ein mittlerweile eingetretener Wechsel im Eigentum der betroffenen Liegenschaften nicht entgegen.

(BGBl I 2003/112, ab 1. 1. 2005, s § 29 Abs 2)

§ 20. Notwegedienstbarkeiten sind im Fall der Zwangsversteigerung der belasteten Liegenschaft vom Ersteher ohne Anrechnung auf das Meistbot zu übernehmen.

(BGBl I 2003/112, ab 1. 1. 2005, s § 29 Abs 2)

§ 21. Dem pfandrechtlich sichergestellten Entschädigungsbetrage gebührt der Vorrang vor allen anderen auf dem Pfandobjekte haftenden Forderungen nach den „ “ Steuern und sonstigen öffentlichen Abgaben. *(BGBl I 2003/112, ab 1. 1. 2005)*

§ 22. (1) Die Leistung der Entschädigung hat auch außer den im § 1425 ABGB bezeichneten Fällen durch gerichtlichen Erlag bei der Realinstanz zu erfolgen, wenn an der mit dem Notwege belasteten Liegenschaft dingliche Rechte dritter Personen bestehen.

(2) Die Notwendigkeit des gerichtlichen Erlages entfällt jedoch, wenn und insoweit diese dinglichen Rechte ungeachtet der durch die Einräumung des Notweges verursachten Wertverminderung der betreffenden Liegenschaft derart ungefährdet bleiben, daß die Hypotheken die dem § 1374 ABGB entsprechende Sicherheit behalten, andere Rechte aber eine Gefährdung ihrer Sicherheit offenbar nicht erleiden können.

(3) Dem zur Führung der öffentlichen Bücher berufenen Gerichte steht zu, auf Ansuchen des Eigentümers der Liegenschaft eine Bestätigung über den Bestand der erforderten Sicherheit auf Grund seiner durch eine vorgenommene Untersuchung gewonnenen Überzeugung zu erteilen.

(4) Die erlegte Entschädigungssumme ist zur Befriedigung der Ansprüche der dinglich Berechtigten (Abs. 1) in sinngemäßer Anwendung der Bestimmungen über die Verteilung des bei einer zwangsweisen Versteigerung erzielten Kaufpreises zu verwenden, es sei denn, daß die Gläubiger auf diese Verwendung verzichten; im letzteren Falle ist die erlegte Entschädigungssumme oder der von den Gläubigern nicht in Anspruch genommene Teilbetrag derselben dem berechtigten Grundeigentümer auszufolgen.

§ 23. Wenn für eine Liegenschaft ein Notweg auf Grund dieses Gesetzes eingeräumt worden ist, so kann in der Folge eine Erweiterung des bestehenden Notweges oder die Einräumung eines neuen Notweges nach diesem Gesetze nur insoweit begehrt werden, als die betreffenden tatsächlichen Verhältnisse mittlerweile eine Veränderung in wichtiger Beziehung erfahren haben.

§ 24. (1) Wird eine auf Grund dieses Gesetzes eingeräumte Notwegeservitut in der Folge entbehrlich, so hat das Gericht auf Ansuchen der einen oder anderen Partei nach vorgenommener Prüfung der Sachlage hierüber ein Erkenntnis zu fällen und mit sorgfältiger Bedachtnahme auf alle maßgebenden Verhältnisse nach Billigkeit zu bestimmen, ob dem Eigentümer des herrschenden Gutes ein Teil des seinerzeit entrichteten Entschädigungskapitales und in welcher Höhe von dem Eigentümer der dienstbaren Liegenschaft zurückzuerstatten sei. In solchen Fällen finden die für das Verfahren wegen Einräumung eines Notweges getroffenen Bestimmungen sinngemäße Anwendung.

(2) In gleicher Weise ist auf Ansuchen des Eigentümers der mit der Notwegeservitut belasteten Liegenschaft vorzugehen, wenn diese Liegenschaft durch Bauführung, Kulturänderung u.dgl. eine solche Veränderung erfahren soll, welche den Fortbestand der Servitut im Sinne des Abs. 2 oder 3 des § 4 als unstatthaft erscheinen läßt. Die Notwegeservitut ist aufzuheben, wenn die beabsichtigte Veränderung der Liegenschaft glaubhaft gemacht wird, und ist die Aufhebung der Servitut an geeignete Vorsichten wegen wirklicher Vornahme der bezüglichen Veränderung zu knüpfen.

(3) Anstatt der aufgehobenen Wegeservitut ist auf Verlangen des wegebedürftigen Eigentümers zugleich ein anderer Notweg festzustellen.

§ 25. (1) Die zur zweckentsprechenden Rechtsverfolgung oder -verteidigung notwendigen Kosten des Verfahrens zur Einräumung oder Erweiterung eines Notwegs sind einschließlich der Kosten der rechtsfreundlichen Vertretung vom Eigentümer des notleidenden Grundstücks zu ersetzen. *(BGBl I 2003/112, ab 1. 1. 2005, s § 29 Abs 2)*

(2) Die durch Intervention der Verwaltungsbehörden wegen Wahrung der öffentlichen Rücksichten (§ 4 Abs. 3) etwa erwachsenen Kosten fallen nicht dem Grundeigentümer zur Last.

(3) In den im § 24 vorgesehenen Fällen der späteren Aufhebung einer Notwegeservitut hat das Gericht mit Rücksichtnahme auf den Vorteil, welcher jeder Partei nach dem Ergebnisse des Verfahrens erwächst, über die Tragung der Kosten durch die Parteien nach Billigkeit zu erkennen.

§ 26. Die auf Grund dieses Bundesgesetzes ergangenen Beschlüsse sind nach den Bestimmungen der Exekutionsordnung zu vollstrecken.

(BGBl I 2003/112, ab 1. 1. 2005, s § 29 Abs 2)

§ 27. Die gerichtlich erlegte Entschädigung ist von der Entrichtung der Verwahrungsgebühr befreit.

III. Abschnitt

Schlussbestimmungen

§ 28. (1) Dieses Gesetz tritt mit dem Tage der Kundmachung in Wirksamkeit.

(2) Mit der Vollziehung dieses Bundesgesetzes ist der Bundesminister für Justiz betraut. *(BGBl I 2003/112)*

§ 29. (1) Die Überschrift zu § 1, die §§ 9 bis 20 samt Überschrift, die §§ 21, 25, 26 und 28 samt Überschrift in der Fassung des Bundesgesetzes BGBl. I Nr. 112/2003 treten mit 1. Jänner 2005 in Kraft.

(2) Die §§ 9 bis 20, 25 und 26 sind in der im Abs. 1 genannten Fassung auf Verfahren anzuwenden, bei denen der verfahrenseinleitende Antrag nach dem 31. Dezember 2004 eingebracht worden ist. Zu diesem Zeitpunkt bereits anhängige Verfahren sind nach den bis dahin geltenden Bestimmungen zu Ende zu führen.

(BGBl I 2003/112)

10. Eisenbahn-Enteignungsentschädigungsgesetz

BGBl 1954/71 (WV) idF

1 BGBl 1970/20
2 BGBl 1975/137
3 BGBl 1995/297
4 BGBl I 1998/156 (VfGH)
5 BGBl I 2003/112 (AußStr-BegleitG)
6 BGBl I 2010/111 (BudgetbegleitG 2011)

STICHWORTVERZEICHNIS

(Die Zahlenangaben beziehen sich auf die Paragraphen)

Eisenbahn-Enteignungsentschädigungsgesetz - EisbEG

§ 1. Die Ausübung des Enteignungsrechtes steht in dem vollen durch § 365 ABGB. zugelassenen Umfange jedem Eisenbahnunternehmen insoweit zu, als die Gemeinnützigkeit des Unternehmens von der hiezu berufenen staatlichen Verwaltungsbehörde anerkannt ist.

I. Gegenstand und Umfang der Enteignung

§ 2. (1) Das Enteignungsrecht kann zu einer dauernden oder vorübergehenden Enteignung nur insoweit ausgeübt werden, als es die Herstellung und der Betrieb der Eisenbahn notwendig machen.

(2) Es umfaßt insbesondere das Recht:

1. auf Abtretung von Grundstücken;

2. auf Überlassung von Quellen und anderen Privatgewässern;

3. auf Einräumung von Servituten und anderen dinglichen Rechten an unbeweglichen Sachen, sowie auf Abtretung, Einschränkung oder Aufhebung derartiger und solcher Rechte, deren Ausübung an einen bestimmten Ort gebunden ist;

4. auf Duldung von Vorkehrungen, die die Ausübung des Eigentumsrechtes oder eines anderen Rechtes an einem Grundstück oder an einem Bergbau einschränken.

(3) Das Enteignungsrecht kann auch in Beziehung auf das Zugehör eines Gegenstandes der Enteignung ausgeübt werden.

§ 3. (1) Unter der im § 2 bezeichneten Voraussetzung kann die dauernde oder vorübergehende Abtretung von Grundstücken insoweit begehrt werden, als es zur Herstellung der Bahn, der Bahnhöfe, der an der Bahn und an den Bahnhöfen für Zwecke des Eisenbahnbetriebes zu errichtenden Gebäude oder zu sonstigen Anlagen, deren Herstellung dem Eisenbahnunternehmen obliegt, dann zur Unterbringung des beim Bau zu entfernenden Erdmateriales und Schuttes, endlich zur Gewinnung des notwendigen Schüttungs-, Rohstein- und Schottermateriales erforderlich ist.

(2) Das Recht, die Abtretung eines Grundstückes zu einer vorübergehenden Benützung zu begehren, erstreckt sich nicht auf Gebäude und Wohnräume, noch auf solche Grundstücke, deren Substanz durch die beabsichtigte Benützung voraussichtlich wesentlich und dauernd verändert würde.

(3) Der Eigentümer eines zur vorübergehenden Benützung überlassenen Grundstückes ist berechtigt zu begehren, daß das Eisenbahnunternehmen das Grundstück an sich löse, wenn die Benützung länger als sechs Monate nach der Betriebseröffnung oder, falls die Abtretung zur Benützung erst nach der Betriebseröffnung stattfand, länger als zwei Jahre dauert.

II. Gegenstand und Umfang der Entschädigung

§ 4. (1) Das Eisenbahnunternehmen ist verpflichtet, den Enteigneten für alle durch die Enteignung verursachten vermögensrechtlichen

Nachteile gemäß § 365 ABGB. schadlos zu halten.

(2) Als Enteigneter ist jeder anzusehen, dem der Gegenstand der Enteignung gehört, oder dem an einem Gegenstande der Enteignung ein mit dem Eigentume eines anderen Gegenstandes verbundenes dingliches Recht zusteht.

§ 5. Bei der Ermittlung der Entschädigung ist auch auf die Nachteile Rücksicht zu nehmen, die Nutzungsberechtigte, Gebrauchsberechtigte oder Bestandnehmer durch die Enteignung erleiden, und deren Vergütung dem Enteigneten obliegt, sofern der als Ersatz für den Gegenstand der Enteignung zu leistende Betrag nicht zur Befriedigung der gegen den Enteigneten zustehenden Entschädigungsansprüche zu dienen hat.

§ 6. Wird nur ein Teil eines Grundbesitzes enteignet, so ist bei der Ermittlung der Entschädigung nicht nur auf den Wert des abzutretenden Grundstückes, sondern auch auf die Verminderung des Wertes, die der zurückbleibende Teil des Grundbesitzes erleidet, Rücksicht zu nehmen.

§ 7. (1) Bei der Ermittlung der Entschädigung ist auf Verhältnisse keine Rücksicht zu nehmen, die ersichtlich in der Absicht hervorgerufen worden sind, sie als Grundlage für die Erhöhung der Ansprüche auf Entschädigung zu benützen.

(2) Der Wert der besonderen Vorliebe, dann eine Werterhöhung, die der Gegenstand der Enteignung infolge der Anlage der Eisenbahn erfährt, bleiben bei der Berechnung der Entschädigung außer Betracht.

(3) Im Enteignungsverfahren hat der Enteignungsgegner Anspruch auf Ersatz der zur zweckentsprechenden Rechtsverteidigung notwendigen Kosten seiner rechtsfreundlichen Vertretung und sachverständigen Beratung. Dem Enteignungsgegner gebührt voller Kostenersatz, soweit der Enteignungsantrag ab- oder zurückgewiesen oder in einem nicht nur geringfügigen Umfang zurückgezogen wird. In allen anderen Fällen gebührt dem Enteignungsgegner eine Pauschalvergütung in Höhe von 1,5 vH der festgesetzten Enteignungsentschädigung, mindestens aber 500 Euro und höchstens 7 500 Euro. *(BGBl I 2010/111, ab 1. 1. 2011, auf Verfahren anzuwenden, bei denen der Antrag auf Enteignung nach dem 31. 12. 2010 bei der Behörde eingelangt ist)*

§ 8. (1) Die Entschädigung ist in barem Gelde zu leisten. Sie geschieht bei dauernder Enteignung durch Zahlung eines Kapitalbetrages, bei vorübergehender Enteignung durch Zahlung einer Rente.

(2) Wenn jedoch infolge einer vorübergehenden Enteignung eine bei der Bestimmung der Rente nicht berücksichtigte Wertverminderung eintritt, ist dafür nach dem Aufhören der vorübergehenden Enteignung durch Zahlung eines Kapitalbetrages Ersatz zu leisten.

§ 9. (1) Insoweit ein zu leistender Kapitalsbetrag nicht vollständig ermittelt werden kann, weil der abzuschätzende Nachteil sich nicht von vornherein bestimmen läßt, ist jede Partei berechtigt, in angemessenen Zeitabschnitten von mindestens einem Jahre die „Festsetzung" der für die in der Zwischenzeit erkennbar gewordenen Nachteile gebührenden Entschädigung zu begehren. *(BGBl I 2003/112, ab 1. 1. 2005, s § 48 Abs 3)*

(2) Nach Ablauf eines Zeitraums von drei Jahren ab der Aufnahme des Betriebs der Eisenbahn oder nach dem Aufhören einer vorübergehenden Enteignung kann die endgültige Festsetzung des zu leistenden Kapitalsbetrags begehrt werden. *(BGBl I 2003/112, ab 1. 1. 2005, s § 48 Abs 3)*

§ 10. (1) Das Eisenbahnunternehmen hat für alle Entschädigungen, die es nach dem Vollzug einer Enteignung zu leisten hat (§§ 8 und 9), auf Verlangen des zu Enteignenden Sicherheit zu leisten.

(2) Der Bund, die Länder und Unternehmen, für die diese Körperschaften unmittelbar haften oder für die sie die Kosten der Herstellung der Eisenbahn auf Grund gesetzlicher Verpflichtungen zu tragen haben, sind von der Verpflichtung zur Sicherheitsleistung befreit.

(3) Der Antrag auf Leistung einer Sicherheit kann bis zum Schluss der mündlichen Verhandlung über die Enteignung gestellt werden.

(4) Die Art und die Höhe der Sicherheit hat die Behörde (§ 11 Abs. 2) im Enteignungsbescheid festzusetzen.

(5) Gegen die Entscheidung der Behörde über die Sicherheit ist eine Berufung unzulässig. Es steht beiden Streitteilen frei, binnen drei Monaten nach der Zustellung des Enteignungsbescheides eine Entscheidung des Landesgerichts (§ 18 Abs. 2) über die Sicherheit zu beantragen. Mit der Anrufung des Gerichtes tritt der verwaltungsbehördliche Bescheid außer Kraft. Die §§ 22 bis 26 über das gerichtliche Verfahren über die Festsetzung der Entschädigung sind anzuwenden.

(BGBl I 2003/112, ab 1. 1. 2005, s § 48 Abs 3)

III. Enteignungsverfahren

A. Verfahren vor derVerwaltungsbehörde

§ 11. (1) Der Gegenstand und der Umfang der Enteignung sowie die Höhe der Entschädigung wer- den auf Grund der maßgeblichen tatsächlichen Verhältnisse und unter Berücksichtigung der Ergebnisse einer mündlichen Verhandlung festgesetzt.

(2) Zuständig für das Enteignungsverfahren ist die nach § 12 des Eisenbahngesetzes 1957, BGBl. Nr. 60, für die Erteilung der eisenbahnrechtlichen Baugenehmigung zuständige Behörde. Wenn über die eisenbahnrechtliche Baubewilligung in einem konzentrierten Genehmigungsverfahren nach dem Umweltverträglichkeitsprüfungsgesetz 2000, BGBl. Nr. 697/1993, entschieden wird, ist jene Behörde zuständig, die ohne Durchführung einer Umweltverträglichkeitsprüfung für die Erteilung der eisenbahnrechtlichen Baubewilligung nach § 12 des Eisenbahngesetzes 1957 zuständig wäre.

(BGBl I 2003/112, ab 1. 1. 2005, s § 48 Abs 3)

§ 12. (1) Das Eisenbahnunternehmen hat „der Behörde" die nach Katastralgemeinden getrennt zu verfassenden Grundeinlösungspläne und Verzeichnisse der in Anspruch genommenen Grundstücke und Rechte vorzulegen. *(BGBl I 2003/112, ab 1. 1. 2005, s § 48 Abs 3)*

(2) Diese Verzeichnisse haben zu enthalten: die Namen und Wohnorte der zu Enteignenden, den Gegenstand der Enteignung, bei Grundstücken die Nummer des Grundeinlösungsplanes, wenn das Grundstück einen Gegenstand des Grundbuches bildet, die Bezeichnung der Grundbuchseinlage, bei öffentlichem Gute die Zahl des bezüglichen Verzeichnisses, ferner die Katastralbezeichnung, die „Benützungsart", das Gesamtflächenausmaß und das Ausmaß der beanspruchten Fläche. Für jede Katastralgemeinde ist ein besonderes Verzeichnis anzulegen, in dem auch das Bezirksgericht anzugeben ist, in dessen Sprengel die betreffende Gemeinde liegt. *(BGBl. Nr. 277/1925, Artikel 52 Z. I.) (BGBl I 2003/112, ab 1. 1. 2005, s § 48 Abs 3)*

(3) Die Behörde hat auf Grund der Grundeinlösungspläne und Verzeichnisse eine mündliche Enteignungsverhandlung anzuberaumen. *(BGBl I 2003/112, ab 1. 1. 2005, s § 48 Abs 3)*

§ 13. (1) Die Behörde hat die Einleitung des Verfahrens dem zuständigen Grundbuchsgericht anzuzeigen. Das Grundbuchsgericht hat die Einleitung des Verfahrens im Grundbuch anzumerken. Diese Anmerkung hat zur Folge, dass der Enteignungsbescheid gegenüber jeder Person wirkt, zu deren Gunsten im Rang nach der Anmerkung ein bücherliches Recht eingetragen wird.

(2) Die Behörde hat mindestens 14 Tage vor der Enteignungsverhandlung durch Anschlag in der betreffenden Gemeinde, in mindestens einer im Bundesland weitverbreiteten Tageszeitung sowie im Internet folgende Angaben kundzumachen:

1. die durch die beantragte Enteignung berührten Katastralgemeinden;

2. den Ort und die Zeit der möglichen Einsichtnahme in die Grundeinlösungspläne und die Verzeichnisse der in Anspruch genommenen Grundstücke und Rechte;

3. den Ort und den Zeitpunkt der Enteignungsverhandlung und

4. einen Hinweis auf die Möglichkeit zur Abgabe einer Stellungnahme.

(3) Die Grundeinlösungspläne und Verzeichnisse der in Anspruch genommenen Grundstücke und Rechte sind vor der Enteignungsverhandlung mindestens 14 Tage in der betreffenden Gemeinde zur allgemeinen Einsicht aufzulegen.

(BGBl I 2003/112, ab 1. 1. 2005, s § 48 Abs 3)

§ 14. (1) Zur mündlichen Verhandlung sind die Parteien und die Gemeinden, in deren Sprengel die in Anspruch genommenen Grundstücke und Rechte liegen, zu laden.

(2) Das den Gemeinden in Abs. 1 eingeräumte Recht fällt in deren eigenen Wirkungsbereich.

(BGBl I 2003/112, ab 1. 1. 2005, s § 48 Abs 3)

§ 15. Wird das Enteignungsbegehren zurückgezogen, kommt ein zulässiges Übereinkommen (§ 22 Abs. 2 und 3) über die Entschädigung zustande oder erklärt der zu Enteignende seine Bereitschaft mit der Enteignung, so ist die Zurückziehung, der Inhalt des Übereinkommens oder die Bereitschaft des zu Enteignenden in der Niederschrift gesondert festzuhalten.

(BGBl I 2003/112, ab 1. 1. 2005, s § 48 Abs 3)

§ 16. In der Enteignungsverhandlung ist auch die Höhe der infolge der Enteignung zu leistenden Entschädigung auf Grund einer Bewertung durch Sachverständige zu ermitteln und zu erörtern. Die Heranziehung allgemein beeideter und gerichtlich zertifizierter Sachverständiger ist auch dann zulässig, wenn die Voraussetzungen des § 52 Abs. 2 AVG, BGBl. Nr. 51/1991, nicht vorliegen.

(BGBl I 2003/112, ab 1. 1. 2005, s § 48 Abs 3)

§ 17. (1) Die Behörde hat mit schriftlichem Bescheid den Gegenstand und den Umfang der Enteignung festzusetzen. Der Enteignungsbescheid bezieht sich auf die im Enteignungsplan dargestellten Flächen, deren Ausmaße im zugehörigen Verzeichnis (§ 12), unbeschadet der genaueren Vermessung in der Natur, ausgewiesen sind.

(2) Im Enteignungsbescheid ist auch über die Entschädigung unter Hinweis auf die Leistungsfrist (§ 33) abzusprechen. Liegt darüber ein zulässiges Übereinkommen (§ 22 Abs. 2 und 3) vor, so ist die Entschädigung nach diesem Übereinkommen festzusetzen. Andernfalls ist die Entschädigung auf Grund der Ergebnisse der durchgeführten Erhebungen nach den Bestimmungen dieses Bundesgesetzes festzusetzen. Die §§ 27 und 32 über den Vorbehalt verschiedener Ausführungen

der Anlage sowie § 30 Abs. 2 über die gesonderte Bestimmung der Nachteile dritter Personen sind anzuwenden. Soweit die Entschädigung nicht im Vorhinein festgesetzt werden kann (§ 9 Abs. 1), ist auch dies im Bescheid auszusprechen.

(BGBl I 2003/112, ab 1. 1. 2005, s § 48 Abs 3)

§ 18. (1) Gegen den Bescheid der Behörde kann im Verwaltungsrechtsweg Berufung erhoben werden. Eine Berufung gegen die Entscheidung über die Entschädigung ist aber unzulässig. Dem Enteigneten und dem Eisenbahnunternehmen steht es frei, binnen drei Monaten nach Eintritt der Rechtskraft des Enteignungsbescheides die Festsetzung der Entschädigung bei dem zuständigen Landesgericht (Abs. 2) zu begehren. Mit der Anrufung des Gerichtes tritt die verwaltungsbehördliche Entscheidung über die Entschädigung außer Kraft.

(2) Für die Entscheidung über die Entschädigung ist in erster Instanz das mit der Ausübung der Gerichtsbarkeit in bürgerlichen Rechtssachen betraute Landesgericht zuständig, in dessen Sprengel der Gegenstand der Enteignung liegt.

(3) Auf das Recht zur Anrufung des Gerichtes sind die Parteien im Enteignungsbescheid hinzuweisen.

(BGBl I 2003/112, ab 1. 1. 2005, s § 48 Abs 3)

§ 19. Nach dem Eintritt der Rechtskraft eines Enteignungsbescheides sind die Personen, gegen die die Enteignung wirksam ist, verpflichtet, sich jeder über die Fortsetzung des ordentlichen Wirtschaftsbetriebes hinausgehenden Veränderung an dem Gegenstande der Enteignung zu enthalten, sofern nicht etwas anderes vereinbart worden ist, oder soweit es sich nicht um Verfügungen handelt, die zur Erhaltung des Gegenstandes der Enteignung notwendig und unaufschiebbar sind.

§ 20. Wird das Enteignungsverfahren zur Gänze, hinsichtlich der in Anspruch genommenen Liegenschaft oder hinsichtlich eines verbücherten Rechts eingestellt, so hat die Behörde davon das Grundbuchsgericht zu verständigen. Das Gericht hat die Anmerkung der Einleitung des Enteignungsverfahrens (§ 13 Abs. 1) zu löschen.

(BGBl I 2003/112, ab 1. 1. 2005, s § 48 Abs 3)

§ 21. *(aufgehoben, BGBl I 2003/112, ab 1. 1. 2005)*

B. Festsetzung der Entschädigung durch das Gericht

§ 22. (1) Sofern sich das Eisenbahnunternehmen und der Enteignete über die Entschädigung nicht einigen können, hat diese das Gericht festzusetzen. *(BGBl I 2003/112, ab 1. 1. 2005, s § 48 Abs 3)*

(2) Als zulässig ist ein solches Übereinkommen nur dann anzusehen, wenn es an dritten Personen fehlt, denen ein Anspruch auf Befriedigung aus der Entschädigung auf Grund ihrer dinglichen Rechte zusteht, oder wenn diese dritten Personen ihre Zustimmung zu dem Übereinkommen in einer öffentlichen oder legalisierten Urkunde erklärt haben.

(3) Die Notwendigkeit der Erklärung dieser Zustimmung entfällt, wenn es sich um die teilweise Abtretung eines Grundbuchkörpers handelt und wenn ungeachtet der Abtretung eine Hypothek die dem § 1374 ABGB. entsprechende gesetzliche Sicherheit behält, andere dingliche Rechte aber eine Gefährdung ihrer Sicherheit offenbar nicht erleiden können.

(4) Das Grundbuchsgericht ist berufen, auf Ansuchen einer Partei eine Bestätigung über den Bestand der erforderlichen Sicherheit auf Grund der durch eine Untersuchung gewonnenen Überzeugung zu erteilen.

§ 23. (1) Dem Antrag auf gerichtliche Festsetzung der Entschädigung ist eine Kopie des Enteignungsbescheides anzuschließen.

(2) Hat das Eisenbahnunternehmen die Entschädigung vorbehaltlos gezahlt, so gilt die im Bescheid festgesetzte Entschädigung als von ihm anerkannt.

(3) Der Antrag auf gerichtliche Festsetzung der Entschädigung kann ohne Zustimmung des Antragsgegners nicht zurückgezogen werden. Bei Zurückziehung aller Anträge gilt die im Enteignungsbescheid festgelegte Entschädigung als vereinbart.

(BGBl I 2003/112, ab 1. 1. 2005, s § 48 Abs 3)

§ 24. (1) Soweit in diesem Bundesgesetz nicht etwas anderes bestimmt ist, richtet sich das gerichtliche Verfahren nach den allgemeinen Bestimmungen des Außerstreitgesetzes.

(2) Das Gericht hat über den Antrag mündlich zu verhandeln.

(BGBl I 2003/112, ab 1. 1. 2005, s § 48 Abs 3)

§ 25. (1) Das Gericht hat dem Verfahren einen oder, wenn die besonderen Verhältnisse dies erfordern, auch mehrere Sachverständige beizuziehen.

(2) Erstreckt sich die an den Enteigneten zu leistende Entschädigung auch auf die Vergütung der Nachteile von dritten Personen (§ 5), so ist der auf die Vergütung dieser Nachteile entfallende Betrag gesondert zu ermitteln.

(BGBl I 2003/112, ab 1. 1. 2005, s § 48 Abs 3)

§ 26. Auf Begehren beider Parteien kann die „Festsetzung" der Entschädigung auf Objekte ausgedehnt werden, die nicht den Gegenstand eines Enteignungsbescheides bilden, wenn beide Parteien einverstanden sind, diese Objekte der Enteignung zu unterziehen. *(BGBl I 2003/112, ab 1. 1. 2005, s § 48 Abs 3)*

§ 27. Erachtet das Eisenbahnunternehmen, daß durch Ausführung einer oder der anderen Anlage, zu deren Herstellung es nicht verpflichtet ist, der Anspruch auf Entschädigung erheblich herabgemindert würde, so kann das Eisenbahnunternehmen sich die Auswahl unter mehreren Arten der Ausführung dieser Anlage vorbehalten und begehren, daß die Entschädigung mit Rücksicht auf jede der von ihm bezeichneten Arten der Ausführung „festgesetzt" werde. *(BGBl I 2003/112, ab 1. 1. 2005, s § 48 Abs 3)*

§ 28. *(aufgehoben, BGBl I 2003/112, ab 1. 1. 2005)*

§ 29. (1) Wenn das Eisenbahnunternehmen und der Enteignete sich über die zu leistende Entschädigung einigen, ist diese Vereinbarung, falls die im § 22 bezeichneten Voraussetzungen eines zulässigen Übereinkommens vorliegen, zu Protokoll zu nehmen.

(2) Liegen die im § 22 bezeichneten Voraussetzungen nicht vor, so kann die Vereinbarung nur dann protokolliert werden, wenn der vereinbarte Betrag nicht hinter dem zurückbleibt, der von den Sachverständigen angegeben wird oder der im Falle einer Verschiedenheit der Gutachten den Durchschnitt der angegebenen Beträge bildet.

(3) Eine mit Beachtung der vorstehenden Bestimmungen protokollierte Vereinbarung hat die Wirkung eines gerichtlichen Vergleiches.

§ 30. (1) Das Gericht hat die Entschädigung mit Beschluss unter Hinweis auf die Leistungsfrist (§ 33) festzusetzen. Im Fall des § 25 Abs. 2 ist der auf die Vergütung der Nachteile dritter Personen entfallende Betrag gesondert zu bestimmen.

(2) Zugleich hat das Gericht in seinem Beschluss die Kosten des gerichtlichen Verfahrens (§ 44) zu bestimmen oder auszusprechen, dass die Kostenbestimmung einem gesonderten Beschluss nach Rechtskraft des Beschlusses über die Entschädigung vorbehalten bleibt.

(3) Die Frist für Rechtsmittel gegen den Beschluss über die Entschädigung und für deren Beantwortung beträgt vier Wochen.

(BGBl I 2003/112, ab 1. 1. 2005, s § 48 Abs 3)

§ 31. (1) Wenn eine Partei der Ansicht ist, daß die für die „Festsetzung" der Entschädigung maßgebenden tatsächlichen Verhältnisse bei den „nach den bisherigen Erhebungen" nicht vollständig oder nicht richtig dargestellt worden seien, kann sie vor dem Ablauf der für den Rekurs gegen die gerichtliche Entscheidung über die Entschädigung bestimmten Frist bei dem Gericht, das diese Erhebungen angeordnet hat, um die Vornahme eines Augenscheines ansuchen. *(BGBl I 2003/112, ab 1. 1. 2005, s § 48 Abs 3)*

(2) Dem Gesuch ist, wenn darin die festzustellenden Tatsachen oder Zustände genau angegeben sind, stattzugeben.

(3) Bei der Anordnung und Vornahme des Augenscheines ist nach den Bestimmungen der Zivilprozeßordnung betreffend die Sicherung von Beweisen vorzugehen. *(§§ 384 bis 389 ZPO)*

(4) Wird das Ansuchen vor Ablauf von acht Tagen nach der Zustellung „der Entscheidung über die Entschädigung" eingebracht, so kann das Gericht auf Ansuchen dem Besitzer des in Augenschein zu nehmenden Gegenstandes auftragen, sich jeder die Vornahme des Augenscheines erschwerenden Veränderung bis zu seiner Beendigung zu enthalten. *(BGBl I 2003/112, ab 1. 1. 2005, s § 48 Abs 3)*

(5) Ein gegen die Anordnung des Augenscheines oder gegen die Erteilung des oben erwähnten Auftrages ergriffener Rekurs hat keine aufschiebende Wirkung.

§ 32. (1) Macht das Eisenbahnunternehmen von dem ihm im § 27 vorbehaltenen Recht, die Ausführung einer Anlage auf verschiedene Weise zu begehren, Gebrauch, so hat das Gericht über die Entschädigung mit Rücksicht auf jede der vorgeschlagenen Arten der Ausführung zu entscheiden und dem Eisenbahnunternehmen die Auswahl vorzubehalten. Wenn das Eisenbahnunternehmen nicht binnen drei Monaten nach der Zustellung dieser Entscheidung bei Gericht die Erklärung abgibt, für welche Art der Ausführung es sich entscheidet, kann der Enteignete begehren, daß dem Eisenbahnunternehmen gegenüber die Annahme gelte, daß es sich für die Art der Ausführung entschieden habe, für die der höchste Entschädigungsbetrag ermittelt worden ist.

(2) Das Gericht hat auf Ansuchen einer Partei das Ergebnis der Auswahl unter Angabe des zu leistenden Entschädigungsbetrages mit Beschluß auszusprechen.

C. Leistung der Entschädigung

§ 33. Die Leistungsfrist für die vom Eisenbahnunternehmen zu leistende Entschädigung (§§ 8 und 9) beträgt 14 Tage. Die Frist beginnt mit dem ungenützten Ablauf der dreimonatigen Frist zur Anrufung des Gerichtes (§ 18 Abs. 1), mit der Rechtskraft der gerichtlichen Entscheidung über die Entschädigung oder - sofern die Parteien nicht etwas anderes vereinbart haben – mit dem Abschluss eines gerichtlichen Vergleichs. Kommt das Eisenbahnunternehmen seiner Verpflichtung nicht innerhalb der Leistungsfrist nach, so hat es die gesetzlichen Verzugszinsen vom Beginn der Leistungsfrist an zu vergüten.

(BGBl I 2003/112, ab 1. 1. 2005, s § 48 Abs 3)

§ 34. (1) Die Entschädigung wird auch außer den im § 1425 ABGB. bezeichneten Fällen durch Gerichtserlag geleistet, wenn und insoweit der Entschädigungsbetrag zur Befriedigung der dritten Personen auf Grund ihrer dinglichen Rechte zustehenden Ansprüche zu dienen hat. Die Notwendigkeit des in diesem Falle vorzunehmenden gerichtlichen Erlages entfällt jedoch dann, wenn in der den Vorschriften des § 22 entsprechenden Weise dargetan wird, daß die Sicherheit der diesen dritten Personen zustehenden dinglichen Rechte ungeachtet der Enteignung ungefährdet bleibt.

(2) Die Ansprüche dieser dritten Personen werden nach den Bestimmungen über die Verteilung des bei einer zwangsweisen Versteigerung erzielten Kaufpreises befriedigt. Der Erlag der Entschädigung ist, wenn es sich um den Gegenstand eines öffentlichen Buches handelt, von Amts wegen bücherlich anzumerken.

(3) Dieser Anmerkung kommen die mit der Anmerkung der Erteilung des Zuschlages verbundenen Wirkungen zu. *(§ 183 Abs. 3 EO.)*

IV. Vollzug der Enteignung

Rechte und Pflichten des Eisenbahnunternehmens und des Enteigneten

§ 35. (1) Die Enteignung ist vollzogen, wenn das Eisenbahnunternehmen mit ausdrücklicher oder stillschweigender Zustimmung des Enteigneten oder im Zwangswege gegen seinen Willen in den Besitz des enteigneten Gegenstandes (§ 2) gelangt ist. Der zwangsweise Vollzug der Enteignung setzt einen rechtskräftigen oder nach § 40 Abs. 2 erlassenen Enteignungsbescheid oder eine nach § 26 getroffene Vereinbarung voraus und steht der Bezirksverwaltungsbehörde zu. *(BGBl. Nr. 277/1925, Artikel 52 Z. VII.)*

(2) Der Vollzug ist auf Antrag des Eisenbahnunternehmens zu bewilligen, wenn es die im rechtskräftigen Enteignungsbescheid festgesetzte Entschädigung geleistet oder gerichtlich hinterlegt und die in diesem Bescheid festgesetzte Sicherheit geleistet hat. *(BGBl I 2003/112, ab 1. 1. 2005, s § 48 Abs 3)*

(3) Der Vollzug der Enteignung wird dadurch nicht gehindert, daß deren Gegenstand von dem, gegen den die Enteignung eingeleitet worden war, an einen Dritten übergegangen ist, oder daß sich andere diesen Gegenstand betreffende rechtliche Veränderungen ergeben haben.

(4) Der zwangsweise Vollzug kann durch die Anrufung des Gerichtes zur Entscheidung über die zu leistende Entschädigung oder zur Entscheidung über die Art und die Höhe der Sicherheitsleistung nicht aufgehalten werden. *(BGBl I 2003/112, ab 1. 1. 2005, s § 48 Abs 3)*

§ 36. Kommt das Eisenbahnunternehmen seiner Verpflichtung nicht innerhalb der Leistungsfrist (§ 33) nach, so kann der Enteignete die zwangsweise Leistung der Entschädigung samt Verzugszinsen oder der Sicherheit nach den Bestimmungen der Exekutionsordnung, RGBl. Nr. 79/1896, begehren.

(BGBl I 2003/112, ab 1. 1. 2005, s § 48 Abs 3)

Rückübereignung

§ 37. (1) Wird der Enteignungsgegenstand ganz oder teilweise nicht für den Enteignungszweck verwendet, so kann der Enteignete nach Ablauf der für die Bauausführung und Betriebseröffnung festgelegten oder verlängerten Frist oder – wenn keine solche Frist festgelegt worden ist – nach Ablauf von drei Jahren nach Eintritt der Rechtskraft des Enteignungsbescheides bei der Behörde die Rückübereignung des Enteignungsgegenstandes oder seines Teils beantragen. Der Anspruch erlischt, wenn ihn der Enteignete nicht innerhalb eines Jahres ab dem Zugang einer Aufforderung durch das Eisenbahnunternehmen bei der Behörde geltend macht, spätestens aber zehn Jahre nach Rechtskraft des Enteignungsbescheids.

(2) Im Bescheid über die Rückübereignung ist auch über einen angemessenen Rückersatz der Enteignungsentschädigung unter Anrechnung des Wertes zwischenzeitlich begründeter dinglicher und obligatorischer Rechte abzusprechen. Bei unbilligen Härten ist für die Leistung des Rückersatzes unter Bedachtnahme auf die wirtschaftliche Leistungsfähigkeit des Enteigneten Ratenzahlung zu bewilligen. Mit Rechtskraft des Rückübereignungsbescheides und vollständiger Leistung oder Sicherstellung des Rückersatzes sind die früheren Rechte des Enteigneten wiederhergestellt.

(3) Die dinglich oder obligatorisch Berechtigten, deren Rechte am Enteignungsgegenstand durch die Enteignung erloschen sind, sind von der Einleitung des Rückübereignungsverfahrens zu verständigen. Soweit sie nicht amtlich bekannt sind, hat die Verständigung durch eine öffentliche Bekanntmachung in zumindest einer im Bundesland weitverbreiteten Tageszeitung und im Internet sowie durch Anschlag in der betreffenden Gemeinde zu erfolgen. Wenn sie innerhalb von drei Monaten nach ihrer Verständigung die Wiederherstellung ihrer Rechte beantragen, so sind ihnen diese in sinngemäßer Anwendung der

Abs. 1 und 2 gegen den Rückersatz der empfangenen Entschädigung im Bescheid insoweit wieder zuzuerkennen, als ihnen zwischenzeitlich begründete andere dingliche oder obligatorische Rechte nicht widersprechen.

(4) Auf die Festsetzung des Rückersatzes der Entschädigung ist § 18 Abs. 1 über die Anrufung des Gerichtes anzuwenden. Die Behörde hat die Herstellung des rechtmäßigen Grundbuchstandes zu veranlassen.

(5) Bis zum Erlöschen des Rückübereignungsanspruchs ist die Veräußerung des Enteignungsgegenstandes unzulässig, es sei denn, dass der Enteignete auf seinen Anspruch verzichtet. Eine entgegen dieser Bestimmung vorgenommene Veräußerung ist nichtig. Für Schäden, die dem gutgläubigen Erwerber durch eine derartige Veräußerung entstehen, hat das Eisenbahnunternehmen volle Genugtuung zu leisten.

(BGBl I 2003/112, ab 1. 1. 2005, s § 48 Abs 3)

§ 38. (1) Das Eisenbahnunternehmen hat für den Schaden, der dadurch entsteht, daß es eine Enteignung nicht in Vollzug setzen ließ, Ersatz zu leisten.

(2) Auf den Ersatz dieses Schadens kann es auf dem ordentlichen Rechtswege belangt werden.

V. Verfahren im Falle von Betriebsstörungen

§ 39. Wenn bei einer im Betriebe stehenden Eisenbahn zur Beseitigung oder Verhütung einer Betriebsunterbrechung dringende Vorkehrungen zu treffen sind, die die Ausübung des Enteignungsrechtes notwendig machen, kann – ohne der Entscheidung „der zuständigen Behörde“ über die definitiven Vorkehrungen vorzugreifen – ein abgekürztes Verfahren unter Anwendung der folgenden Bestimmungen stattfinden. *(BGBl I 2003/112, ab 1. 1. 2005, s § 48 Abs 3)*

§ 40. (1) Die Einleitung der Verhandlung zum Zweck der Festsetzung des Gegenstandes der Enteignung und der Höhe der Entschädigung ist bei der nach § 11 Abs. 2 zuständigen Behörde zu beantragen. *(BGBl I 2003/112, ab 1. 1. 2005, s § 48 Abs 3)*

(2) Dieser bestimmt den Leiter der unter Zuziehung der Parteien vorzunehmenden Verhandlung. Der Leiter hat unmittelbar nach deren Beendigung den Enteignungsbescheid zu erlassen.

(3) Eine gegen diesen Bescheid ergriffene Berufung hat keine aufschiebende Wirkung. „Im Übrigen sind auf das Verfahren die §§ 17 bis 20 anzuwenden.“ *(BGBl I 2003/112, ab 1. 1. 2005, s § 48 Abs 3)*

§ 41. Auf das gerichtliche Verfahren über die Festsetzung der Entschädigung und auf deren Leistung sind die §§ 22 bis 35 anzuwenden.

(BGBl I 2003/112, ab 1. 1. 2005, s § 48 Abs 3)

VI. Vorarbeiten

§ 42. Nicht mehr geltend.

(Artikel 2 Z. 5 der Kundmachung.)

VII. Schlußbestimmungen

§ 43. (1) Die im Enteignungsverfahren erlassenen Bescheide (§§ 18 und 37) „sind mit Zustellnachweis zuzustellen. Die Zustellung an einen Ersatzempfänger ist zulässig.“ *(BGBl I 2010/111, ab 1. 5. 2011, anzuwenden, wenn das zuzustellende Schriftstück nach dem 30. 4. 2011 abgefertigt wird)*

(2) *Aufgehoben; (EGVG. 1950, BGBl Nr. 172, Art. III Abs. 1; AVG. 1950, BGBl. Nr. 172, § 11)*

§ 44. (1) Die Kosten des Enteignungsverfahrens und der gerichtlichen Feststellung der Entschädigung sind, soweit sie nicht durch ein ungerechtfertigtes Einschreiten einer Partei hervorgerufen wurden, vom Eisenbahnunternehmen zu bestreiten.

(2) Im gerichtlichen Verfahren zur Feststellung der Entschädigung hat der Enteignete auf der Grundlage des von ihm ersiegten Entschädigungsbetrages Anspruch auf Ersatz der zur zweckentsprechenden Rechtsverfolgung oder Rechtsverteidigung notwendigen, durch das Gerichtsverfahren verursachten Kosten seiner rechtsfreundlichen Vertretung und sachverständigen Beratung. Als ersiegter Entschädigungsbetrag ist die Differenz zwischen dem gerichtlich zugesprochenen Entschädigungsbetrag und jenem Betrag anzusehen, den der Enteignungswerber zu leisten offenkundig bereit war. § 41 Abs. 1 zweiter Satz, Abs. 2 und Abs. 3 ZPO ist anzuwenden.

(BGBl 1995/297, ab 5. 5. 1995)

§ 45. Die Ausfolgung der infolge der Anordnungen dieses Gesetzes vorgenommenen gerichtlichen Erläge ist von der Entrichtung der Verwahrungsgebühr befreit.

§ 46. Soweit in diesem Bundesgesetz auf Bestimmungen anderer Bundesgesetze verwiesen wird, sind diese in ihrer jeweils geltenden Fassung anzuwenden.

(BGBl I 2003/112, ab 1. 1. 2005, s § 48 Abs 3)

§ 47. (1) Wenn die Ausübung des Enteignungsrechtes nach § 1 dieses Gesetzes einem Straßenbahnunternehmen eingeräumt wird, ist die von diesem Unternehmen angelegte Bahn nicht als eine solche anzusehen, die nach § 1 des Gesetzes vom 19. Mai 1874, RGBl. Nr. 70, in die Eisenbahnbücher aufzunehmen wäre.

(2) Auf Eisenbahnen, für deren Herstellung und Betrieb die Ausübung des Enteignungsrechtes auf Grund „des Mineralrohstoffgesetzes, BGBl. I Nr. 38/1999" zusteht, finden die Bestimmungen dieses Gesetzes keine Anwendung. *(BGBl I 2003/112, ab 1. 1. 2005, s § 48 Abs 3)*

§ 48. (1) Dieses Gesetz ist in seinem ursprünglichen Wortlaut am 27. Mai 1878, die durch die Bestimmungen des Verwaltungsentlastungsgesetzes vom 21. Juli 1925, BGBl. Nr. 277, bewirkten Änderungen sind am 1. September 1925 in Kraft getreten. *(RGBl. Nr. 113/1869, § 6; BGBl. Nr. 277/1925, Art. 65)*

(2) Die §§ 9, 10, 11 (samt Überschriften), 12 bis 18, 20, 22 (samt Überschrift), 23 bis 27, 30, 31, 33 (samt Überschrift), 35 bis 37 (samt Überschrift), 39 bis 41 sowie die §§ 46, 47 und 49, die Überschriften vor den §§ 11 und 22 und die Aufhebung der §§ 21 und 28 in der Fassung des Bundesgesetzes BGBl. I Nr. 112/2003 treten mit 1. Jänner 2005 in Kraft. *(BGBl I 2003/112)*

(3) Die §§ 9 bis 18, 20, 22, 23 bis 27, 30, 31, 33, 35 bis 37, 39, 40 und 41 sowie die §§ 46, 47 und 49 in der im Abs. 2 genannten Fassung sind auf Verfahren anzuwenden, bei denen der Antrag auf Enteignung nach dem 31. Dezember 2004 bei der Behörde eingelangt ist. Verfahren, bei denen der Antrag auf Enteignung vor diesem Zeitpunkt eingelangt ist, sind nach den bisher geltenden Vorschriften zu Ende zu führen. *(BGBl I 2003/112)*

(4) § 7 Abs. 3 in der Fassung des Budgetbegleitgesetzes 2011, BGBl. I Nr. 111/2010, tritt mit 1. Jänner 2011 in Kraft. § 43 Abs. 1 in der Fassung des genannten Bundesgesetzes tritt mit 1. Mai 2011 in Kraft. Der § 7 Abs. 3 in der Fassung des Budgetbegleitgesetzes 2011 ist auf Verfahren anzuwenden, bei denen der Antrag auf Enteignung nach dem 31. Dezember 2010 bei der Behörde eingelangt ist. Verfahren, bei denen der Antrag auf Enteignung vor diesem Zeitpunkt eingelangt ist, sind nach den bisher geltenden Vorschriften zu Ende zu führen. § 43 ist in der Fassung des Budgetbegleitgesetzes 2011 anzuwenden, wenn das zuzustellende Schriftstück nach dem 30. April 2011 abgefertigt wird. *(BGBl I 2010/111)*

§ 49. Mit der Vollziehung dieses Bundesgesetzes sind der Bundesminister für Verkehr, Innovation und Technologie sowie der Bundesminister für Justiz betraut.

(BGBl I 2003/112, ab 1. 1. 2005, s § 48 Abs 3)

11. UN-Kaufrechtsübereinkommen

BGBl 1988/96

STICHWORTVERZEICHNIS

(Die Zahlenangaben beziehen sich auf die Artikel)

UN-KaufR

Stichwortverzeichnis

ÜBEREINKOMMEN DER VEREINTEN NATIONEN ÜBER VERTRÄGE ÜBER DEN INTERNATIONALEN WARENKAUF

DIE VERTRAGSTAATEN DIESES ÜBEREINKOMMENS,

IM HINBLICK AUF die allgemeinen Ziele der Entschließungen, die von der Sechsten Außerordentlichen Tagung der Generalversammlung der Vereinten Nationen über die Errichtung einer neuen Weltwirtschaftsordnung angenommen worden sind,

IN DER ERWÄGUNG, daß die Entwicklung des internationalen Handels auf der Grundlage der Gleichberechtigung und des gegenseitigen Nutzens ein wichtiges Element zur Förderung freundschaftlicher Beziehungen zwischen den Staaten ist,

IN DER MEINUNG, daß die Annahme einheitlicher Bestimmungen, die auf Verträge über den internationalen Warenkauf Anwendung finden und die verschiedenen Gesellschafts-, Wirtschafts- und Rechtsordnungen berücksichtigen, dazu beitragen würde, die rechtlichen Hindernisse im internationalen Handel zu beseitigen und seine Entwicklung zu fördern,

HABEN folgendes VEREINBART:

Teil I

ANWENDUNGSBEREICH UND ALLGEMEINE BESTIMMUNGEN

Kapitel I

ANWENDUNGSBEREICH

Artikel 1

(1) Dieses Übereinkommen ist auf Kaufverträge über Waren zwischen Parteien anzuwenden, die ihre Niederlassung in verschiedenen Staaten haben,

a) wenn diese Staaten Vertragsstaaten sind oder

b) wenn die Regeln des internationalen Privatrechts zur Anwendung des Rechts eines Vertragsstaats führen.

(2) Die Tatsache, daß die Parteien ihre Niederlassung in verschiedenen Staaten haben, wird nicht berücksichtigt, wenn sie sich nicht aus dem Vertrag, aus früheren Geschäftsbeziehungen oder aus Verhandlungen oder Auskünften ergibt, die vor oder bei Vertragsabschluß zwischen den Parteien geführt oder von ihnen erteilt worden sind.

(3) Bei Anwendung dieses Übereinkommens wird weder berücksichtigt, welche Staatsangehörigkeit die Parteien haben, noch ob sie Kaufleute oder Nichtkaufleute sind oder ob der Vertrag handelsrechtlicher oder zivilrechtlicher Art ist.

Artikel 2

Dieses Übereinkommen findet keine Anwendung auf den Kauf

a) von Ware für den persönlichen Gebrauch oder den Gebrauch in der Familie oder im Haushalt, es sei denn, daß der Verkäufer vor oder bei Vertragsabschluß weder wußte noch wissen mußte, daß die Ware für einen solchen Gebrauch gekauft wurde,

b) bei Versteigerungen,

c) auf Grund von Zwangsvollstreckungs- oder anderen gerichtlichen Maßnahmen,

d) von Wertpapieren oder Zahlungsmitteln,

e) von Seeschiffen, Binnenschiffen, Luftkissenfahrzeugen oder Luftfahrzeugen,

f) von elektrischer Energie.

Artikel 3

(1) Den Kaufverträgen stehen Verträge über die Lieferung herzustellender oder zu erzeugender Ware gleich, es sei denn, daß der Besteller einen wesentlichen Teil der für die Herstellung oder Erzeugung notwendigen Stoffe selbst zur Verfügung zu stellen hat.

(2) Dieses Übereinkommen ist auf Verträge nicht anzuwenden, bei denen der überwiegende Teil der Pflichten der Partei, welche die Ware liefert, in der Ausführung von Arbeiten oder anderen Dienstleistungen besteht.

Artikel 4

Dieses Übereinkommen regelt ausschließlich den Abschluß des Kaufvertrages und die aus ihm erwachsenden Rechte und Pflichten des Verkäufers und des Käufers. Soweit in diesem Übereinkommen nicht ausdrücklich etwas anderes bestimmt ist, betrifft es insbesondere nicht

a) die Gültigkeit des Vertrages oder einzelner Vertragsbestimmungen oder die Gültigkeit von Bräuchen,

b) die Wirkungen, die der Vertrag auf das Eigentum an der verkauften Ware haben kann.

Artikel 5

Dieses Übereinkommen findet keine Anwendung auf die Haftung des Verkäufers für den durch die Ware verursachten Tod oder die Körperverletzung einer Person.

Artikel 6

Die Parteien können die Anwendung dieses Übereinkommens ausschließen oder, vorbehaltlich des Artikels 12, von seinen Bestimmungen abweichen oder deren Wirkung ändern.

Kapitel II
ALLGMEINE BESTIMMUNGEN

Artikel 7

(1) Bei der Auslegung dieses Übereinkommens sind sein internationaler Charakter und die Notwendigkeit zu berücksichtigen, seine einheitliche Anwendung und die Wahrung des guten Glaubens im internationalen Handel zu fördern.

(2) Fragen, die in diesem Übereinkommen geregelte Gegenstände betreffen, aber in diesem Übereinkommen nicht ausdrücklich entschieden werden, sind nach den allgemeinen Grundsätzen, die diesem Übereinkommen zugrundeliegen, oder mangels solcher Grundsätze nach dem Recht zu entscheiden, das nach den Regeln des internationalen Privatrechts anzuwenden ist.

Artikel 8

(1) Für die Zwecke dieses Übereinkommens sind Erklärungen und das sonstige Verhalten einer Partei nach deren Willen auszulegen, wenn die andere Partei diesen Willen kannte oder darüber nicht in Unkenntnis sein konnte.

(2) Ist Absatz 1 nicht anwendbar, so sind Erklärungen und das sonstige Verhalten einer Partei so auszulegen, wie eine vernünftige Person der gleichen Art wie die andere Partei sie unter den gleichen Umständen aufgefaßt hätte.

(3) Um den Willen einer Partei oder die Auffassung festzustellen, die eine vernünftige Person gehabt hätte, sind alle erheblichen Umstände zu berücksichtigen, insbesondere die Verhandlungen zwischen den Parteien, die zwischen ihnen entstandenen Gepflogenheiten, die Bräuche und das spätere Verhalten der Parteien.

Artikel 9

(1) Die Parteien sind an die Bräuche, mit denen sie sich einverstanden erklärt haben, und an die Gepflogenheiten gebunden, die zwischen ihnen entstanden sind.

(2) Haben die Parteien nichts anderes vereinbart, so wird angenommen, daß sie sich in ihrem Vertrag oder bei seinem Abschluß stillschweigend auf Bräuche bezogen haben, die sie kannten oder kennen mußten und die im internationalen Handel den Parteien von Verträgen dieser Art in dem betreffenden Geschäftszweig weithin bekannt sind und von ihnen regelmäßig beachtet werden.

Artikel 10

Für die Zwecke dieses Übereinkommens ist,

a) falls eine Partei mehr als eine Niederlassung hat, die Niederlassung maßgebend, die unter Berücksichtigung der vor oder bei Vertragsabschluß den Parteien bekannten oder von ihnen in Betracht gezogenen Umstände die engste Beziehung zu dem Vertrag und zu seiner Erfüllung hat;

b) falls eine Partei keine Niederlassung hat, ihr gewöhnlicher Aufenthalt maßgebend.

Artikel 11

Der Kaufvertrag braucht nicht schriftlich geschlossen oder nachgewiesen zu werden und unterliegt auch sonst keinen Formvorschriften. Er kann auf jede Weise bewiesen werden, auch durch Zeugen.

Artikel 12

Die Bestimmungen der Artikel 11 und 29 oder des Teils II dieses Übereinkommens, die für den Abschluß eines Kaufvertrages, seine Änderung oder Aufhebung durch Vereinbarung oder für ein Angebot, eine Annahme oder eine sonstige Willenserklärung eine andere als die schriftliche Form gestatten, gelten nicht, wenn eine Partei ihre Niederlassung in einem Vertragsstaat hat, der eine Erklärung nach Artikel 96 abgegeben hat. Die Parteien dürfen von dem vorliegenden Artikel weder abweichen noch seine Wirkung ändern.

Artikel 13

Für die Zwecke dieses Übereinkommens umfaßt der Ausdruck „schriftlich“ auch Mitteilungen durch Telegramm oder Fernschreiben.

Teil II
ABSCHLUSS DES VERTRAGES

Artikel 14

(1) Der an eine oder mehrere bestimmte Personen gerichtete Vorschlag zum Abschluß eines Vertrages stellt ein Angebot dar, wenn er bestimmt genug ist und den Willen des Anbietenden zum Ausdruck bringt, im Falle der Annahme gebunden zu sein. Ein Vorschlag ist bestimmt genug, wenn er die Ware bezeichnet und ausdrücklich oder stillschweigend die Menge und den Preis festsetzt oder deren Festsetzung ermöglicht.

(2) Ein Vorschlag, der nicht an eine oder mehrere bestimmte Personen gerichtet ist, gilt nur als Aufforderung, ein Angebot abzugeben, wenn nicht die Person, die den Vorschlag macht, das Gegenteil deutlich zum Ausdruck bringt.

Artikel 15

(1) Ein Angebot wird wirksam, sobald es dem Empfänger zugeht.

(2) Ein Angebot kann, selbst wenn es unwiderruflich ist, zurückgenommen werden, wenn die Rücknahmeerklärung dem Empfänger vor oder gleichzeitig mit dem Angebot zugeht.

Artikel 16

(1) Bis zum Abschluß des Vertrages kann ein Angebot widerrufen werden, wenn der Widerruf dem Empfänger zugeht, bevor dieser eine Annahmeerklärung abgesandt hat.

(2) Ein Angebot kann jedoch nicht widerrufen werden,

a) wenn es durch Bestimmung einer festen Frist zur Annahme oder auf andere Weise zum Ausdruck bringt, daß es unwiderruflich ist, oder

b) wenn der Empfänger vernünftigerweise darauf vertrauen konnte, daß das Angebot unwiderruflich ist und er im Vertrauen auf das Angebot gehandelt hat.

Artikel 17

Ein Angebot erlischt, selbst wenn es unwiderruflich ist, sobald dem Anbietenden eine Ablehnung zugeht.

Artikel 18

(1) Eine Erklärung oder ein sonstiges Verhalten des Empfängers, das eine Zustimmung zum Angebot ausdrückt, stellt eine Annahme dar. Schweigen oder Untätigkeit allein stellen keine Annahme dar.

(2) Die Annahme eines Angebots wird wirksam, sobald die Äußerung der Zustimmung dem Anbietenden zugeht. Sie wird nicht wirksam, wenn die Äußerung der Zustimmung dem Anbietenden nicht innerhalb der von ihm gesetzten Frist oder, bei Fehlen einer solchen Frist, innerhalb einer angemessenen Frist zugeht; dabei sind die Umstände des Geschäfts einschließlich der Schnelligkeit der vom Anbietenden gewählten Übermittlungsart zu berücksichtigen. Ein mündliches Angebot muß sofort angenommen werden, wenn sich aus den Umständen nichts anderes ergibt.

(3) Äußert jedoch der Empfänger auf Grund des Angebots, der zwischen den Parteien entstandenen Gepflogenheiten oder der Bräuche seine Zustimmung durch eine Handlung, die sich zum Beispiel auf die Absendung der Ware oder die Bezahlung des Preises bezieht, ohne den Anbietenden davon zu unterrichten, so ist die Annahme zum Zeitpunkt der Handlung wirksam, sofern diese innerhalb der in Absatz 2 vorgeschriebenen Frist vorgenommen wird.

Artikel 19

(1) Eine Antwort auf ein Angebot, die eine Annahme darstellen soll, aber Ergänzungen, Einschränkungen oder sonstige Änderungen enthält, ist eine Ablehnung des Angebots und stellt ein Gegenangebot dar.

(2) Eine Antwort auf ein Angebot, die eine Annahme darstellen soll, aber Ergänzungen oder Abweichungen enthält, welche die Bedingungen des Angebots nicht wesentlich ändern, stellt jedoch eine Annahme dar, wenn der Anbietende das Fehlen der Übereinstimmung nicht unverzüglich mündlich beanstandet oder eine entsprechende Mitteilung absendet. Unterläßt er dies, so bilden die Bedingungen des Angebots mit den in der Annahme enthaltenen Änderungen den Vertragsinhalt.

(3) Ergänzungen oder Abweichungen, die sich insbesondere auf Preis, Bezahlung, Qualität und Menge der Ware, auf Ort und Zeit der Lieferung, auf den Umfang der Haftung der einen Partei gegenüber der anderen oder auf die Beilegung von Streitigkeiten beziehen, werden so angesehen, als änderten sie die Bedingungen des Angebots wesentlich.

Artikel 20

(1) Eine vom Anbietenden in einem Telegramm oder einem Brief gesetzte Annahmefrist beginnt mit Aufgabe des Telegramms oder mit dem im Brief angegebenen Datum oder, wenn kein Datum angegeben ist, mit dem auf dem Umschlag angegebenen Datum zu laufen. Eine vom Anbietenden telefonisch, durch Fernschreiben oder eine andere sofortige Übermittlungsart gesetzte Annahmefrist beginnt zu laufen, sobald das Angebot dem Empfänger zugeht.

(2) Gesetzliche Feiertage oder arbeitsfreie Tage, die in die Laufzeit der Annahmefrist fallen, werden bei der Fristberechnung mitgezählt. Kann jedoch die Mitteilung der Annahme am letzten Tag der Frist nicht an die Anschrift des Anbietenden zugestellt werden, weil dieser Tag am Ort der Niederlassung des Anbietenden auf einen gesetzlichen Feiertag oder arbeitsfreien Tag fällt, so verlängert sich die Frist bis zum ersten darauffolgenden Arbeitstag.

Artikel 21

(1) Eine verspätete Annahme ist dennoch als Annahme wirksam, wenn der Anbietende unverzüglich den Annehmenden in diesem Sinne mündlich unterrichtet oder eine entsprechende schriftliche Mitteilung absendet.

(2) Ergibt sich aus dem eine verspätete Annahme enthaltenden Brief oder anderen Schriftstück, daß die Mitteilung nach den Umständen, unter denen sie abgesandt worden ist, bei normaler Beförderung dem Anbietenden rechtzeitig zugegangen wäre, so ist die verspätete Annahme als Annahme wirksam, wenn der Anbietende nicht unverzüglich den Annehmenden mündlich davon unterrichtet, daß er sein Angebot als erloschen betrachtet, oder eine entsprechende schriftliche Mitteilung absendet.

Artikel 22

Eine Annahme kann zurückgenommen werden, wenn die Rücknahmeerklärung dem Anbietenden vor oder in dem Zeitpunkt zugeht, in dem die Annahme wirksam geworden wäre.

Artikel 23

Ein Vertrag ist in dem Zeitpunkt geschlossen, in dem die Annahme eines Angebots nach diesem Übereinkommen wirksam wird.

Artikel 24

Für die Zwecke dieses Teils des Übereinkommens „geht" ein Angebot, eine Annahmeerklärung oder sonstige Willenserklärung dem Empfänger „zu", wenn sie ihm mündlich gemacht wird oder wenn sie auf anderem Weg ihm persönlich, an seiner Niederlassung oder Postanschrift oder, wenn diese fehlen, an seinem gewöhnlichen Aufenthaltsort zugestellt wird.

Teil III
WARENKAUF

Kapitel I
ALLGEMEINE BESTIMMUNGEN

Artikel 25

Eine von einer Partei begangene Vertragsverletzung ist wesentlich, wenn sie für die andere Partei solchen Nachteil zur Folge hat, daß ihr im wesentlichen entgeht, was sie nach dem Vertrag hätte erwarten dürfen, es sei denn, daß die vertragsbrüchige Partei diese Folge nicht vorausgesehen hat und eine vernünftige Person der gleichen Art diese Folge unter den gleichen Umständen auch nicht vorausgesehen hätte.

Artikel 26

Eine Erklärung, daß der Vertrag aufgehoben wird, ist nur wirksam, wenn sie der anderen Partei mitgeteilt wird.

Artikel 27

Soweit in diesem Teil des Übereinkommens nicht ausdrücklich etwas anderes bestimmt wird, nimmt bei einer Anzeige, Aufforderung oder sonstigen Mitteilung, die eine Partei gemäß diesem Teil mit den nach den Umständen geeigneten Mitteln macht, eine Verzögerung oder ein Irrtum bei der Übermittlung der Mitteilung oder deren Nichteintreffen dieser Partei nicht das Recht, sich auf die Mitteilung zu berufen.

Artikel 28

Ist eine Partei nach diesem Übereinkommen berechtigt, von der anderen Partei die Erfüllung einer Verpflichtung zu verlangen, so braucht ein Gericht eine Entscheidung auf Erfüllung in Natur nur zu fällen, wenn es dies auch nach seinem eigenen Recht bei gleichartigen Kaufverträgen täte, die nicht unter dieses Übereinkommen fallen.

Artikel 29

(1) Ein Vertrag kann durch bloße Vereinbarung der Parteien geändert oder aufgehoben werden.

(2) Enthält ein schriftlicher Vertrag eine Bestimmung, wonach jede Änderung oder Aufhebung durch Vereinbarung schriftlich zu erfolgen hat, so darf er nicht auf andere Weise geändert oder aufgehoben werden. Eine Partei kann jedoch auf Grund ihres Verhaltens davon ausgeschlossen sein, sich auf eine solche Bestimmung zu berufen, soweit die andere Partei sich auf dieses Verhalten verlassen hat.

Kapitel II
PFLICHTEN DES VERKÄUFERS

Artikel 30

Der Verkäufer ist nach Maßgabe des Vertrages und dieses Übereinkommens verpflichtet, die Ware zu liefern, die sie betreffenden Dokumente zu übergeben und das Eigentum an der Ware zu übertragen.

Abschnitt I
Lieferung der Ware und Übergabe der Dokumente

Artikel 31

Hat der Verkäufer die Ware nicht an einem anderen bestimmten Ort zu liefern, so besteht seine Lieferpflicht in folgendem:

a) Erfordert der Kaufvertrag eine Beförderung der Ware, so hat sie der Verkäufer dem ersten Beförderer zur Übermittlung an den Käufer zu übergeben;

b) bezieht sich der Vertrag in Fällen, die nicht unter Buchstabe a fallen, auf bestimmte Ware oder auf gattungsmäßig bezeichnete Ware, die aus einem bestimmten Bestand zu entnehmen ist, oder auf herzustellende oder zu erzeugende Ware und wußten die Parteien bei Vertragsabschluß, daß die Ware sich an einem bestimmten Ort befand oder dort herzustellen oder zu erzeugen war, so hat der Verkäufer die Ware dem Käufer an diesem Ort zur Verfügung zu stellen;

c) in den anderen Fällen hat der Verkäufer die Ware dem Käufer an dem Ort zur Verfügung zu stellen, an dem der Verkäufer bei Vertragsabschluß seine Niederlassung hatte.

Artikel 32

(1) Übergibt der Verkäufer nach dem Vertrag oder diesem Übereinkommen die Ware einem Beförderer und ist die Ware nicht deutlich durch daran angebrachte Kennzeichen oder durch Beförderungsdokumente oder auf andere Weise dem Vertrag zugeordnet, so hat der Verkäufer dem Käufer die Versendung anzuzeigen und dabei die Ware im einzelnen zu bezeichnen.

(2) Hat der Verkäufer für die Beförderung der Ware zu sorgen, so hat er die Verträge zu schließen, die zur Beförderung an den festgesetzten Ort mit den nach den Umständen angemessenen Beförderungsmitteln und zu den für solche Beförderungen üblichen Bedingungen erforderlich sind.

(3) Ist der Verkäufer nicht zum Abschluß einer Transportversicherung verpflichtet, so hat er dem Käufer auf dessen Verlangen alle ihm verfügbaren, zum Abschluß einer solchen Versicherung erforderlichen Auskünfte zu erteilen.

Artikel 33

Der Verkäufer hat die Ware zu liefern,

a) wenn ein Zeitpunkt im Vertrag bestimmt ist oder auf Grund des Vertrages bestimmt werden kann, zu diesem Zeitpunkt,

b) wenn ein Zeitraum im Vertrag bestimmt ist oder auf Grund des Vertrages bestimmt werden kann, jederzeit innerhalb dieses Zeitraums, sofern sich nicht aus den Umständen ergibt, daß der Käufer den Zeitpunkt zu wählen hat, oder

c) in allen anderen Fällen innerhalb einer angemessenen Frist nach Vertragsabschluß.

Artikel 34

Hat der Verkäufer Dokumente zu übergeben, die sich auf die Ware beziehen, so hat er sie zu dem Zeitpunkt, an dem Ort und in der Form zu übergeben, die im Vertrag vorgesehen sind. Hat der Verkäufer die Dokumente bereits vorher übergeben, so kann er bis zu dem für die Übergabe vorgesehenen Zeitpunkt jede Vertragswidrigkeit der Dokumente beheben, wenn die Ausübung dieses Rechts dem Käufer nicht unzumutbare Unannehmlichkeiten oder unverhältnismäßige Kosten verursacht. Der Käufer behält jedoch das Recht, Schadenersatz nach diesem Übereinkommen zu verlangen.

Abschnitt II

Vertragsmäßigkeit der Ware und Rechte oder Ansprüche Dritter

Artikel 35

(1) Der Verkäufer hat Ware zu liefern, die in Menge, Qualität und Art sowie hinsichtlich Verpackung oder Behältnis den Anforderungen des Vertrages entspricht.

(2) Haben die Parteien nichts anderes vereinbart, so entspricht die Ware dem Vertrag nur,

a) wenn sie sich für die Zwecke eignet, für die Ware der gleichen Art gewöhnlich gebraucht wird;

b) wenn sie sich für einen bestimmten Zweck eignet, der dem Verkäufer bei Vertragsabschluß ausdrücklich oder auf andere Weise zur Kenntnis gebracht wurde, sofern sich nicht aus den Umständen ergibt, daß der Käufer auf die Sachkenntnis und das Urteilsvermögen des Verkäufers nicht vertraute oder vernünftigerweise nicht vertrauen konnte;

c) wenn sie die Eigenschaften einer Ware besitzt, die der Verkäufer dem Käufer als Probe oder Muster vorgelegt hat;

d) wenn sie in der für Ware dieser Art üblichen Weise oder, falls es eine solche Weise nicht gibt, in einer für die Erhaltung und den Schutz der Ware angemessenen Weise verpackt ist.

(3) Der Verkäufer haftet nach Absatz 2 Buchstaben a bis d nicht für eine Vertragswidrigkeit der Ware, wenn der Käufer bei Vertragsabschluß diese Vertragswidrigkeit kannte oder darüber nicht in Unkenntnis sein konnte.

Artikel 36

(1) Der Verkäufer haftet nach dem Vertrag und diesem Übereinkommen für eine Vertragswidrigkeit, die im Zeitpunkt des Übergangs der Gefahr auf den Käufer besteht, auch wenn die Vertragswidrigkeit erst nach diesem Zeitpunkt offenbar wird.

(2) Der Verkäufer haftet auch für eine Vertragswidrigkeit, die nach dem in Absatz 1 angegebenen Zeitpunkt eintritt und auf die Verletzung einer seiner Pflichten zurückzuführen ist, einschließlich der Verletzung einer Garantie dafür, daß die Ware für eine bestimmte Zeit für den üblichen Zweck oder für einen bestimmten Zweck geeignet blei-

ben oder besondere Eigenschaften oder Merkmale behalten wird.

Artikel 37

Bei vorzeitiger Lieferung der Ware behält der Verkäufer bis zu dem für die Lieferung festgesetzten Zeitpunkt das Recht, fehlende Teile nachzuliefern, eine fehlende Menge auszugleichen, für nicht vertragsgemäße Ware Ersatz zu liefern oder die Vertragswidrigkeit der gelieferten Ware zu beheben, wenn die Ausübung dieses Rechts dem Käufer nicht unzumutbare Unannehmlichkeiten oder unverhältnismäßige Kosten verursacht. Der Käufer behält jedoch das Recht, Schadenersatz nach diesem Übereinkommen zu verlangen.

Artikel 38

(1) Der Käufer hat die Ware innerhalb einer so kurzen Frist zu untersuchen oder untersuchen zu lassen, wie es die Umstände erlauben.

(2) Erfordert der Vertrag eine Beförderung der Ware, so kann die Untersuchung bis nach dem Eintreffen der Ware am Bestimmungsort aufgeschoben werden.

(3) Wird die Ware vom Käufer umgeleitet oder von ihm weiterversandt, ohne daß er ausreichend Gelegenheit hatte, sie zu untersuchen, und kannte der Verkäufer bei Vertragsabschluß die Möglichkeit einer solchen Umleitung oder Weiterversendung oder mußte er sie kennen, so kann die Untersuchung bis nach dem Eintreffen der Ware an ihrem neuen Bestimmungsort aufgeschoben werden.

Artikel 39

(1) Der Käufer verliert das Recht, sich auf eine Vertragswidrigkeit der Ware zu berufen, wenn er sie dem Verkäufer nicht innerhalb einer angemessenen Frist nach dem Zeitpunkt, in dem er sie festgestellt hat oder hätte feststellen müssen, anzeigt und dabei die Art der Vertragswidrigkeit genau bezeichnet.

(2) Der Käufer verliert in jedem Fall das Recht, sich auf die Vertragswidrigkeit der Ware zu berufen, wenn er sie nicht spätestens innerhalb von zwei Jahren, nachdem ihm die Ware tatsächlich übergeben worden ist, dem Verkäufer anzeigt, es sei denn, daß diese Frist mit einer vertraglichen Garantiefrist unvereinbar ist.

Artikel 40

Der Verkäufer kann sich auf die Artikel 38 und 39 nicht berufen, wenn die Vertragswidrigkeit auf Tatsachen beruht, die er kannte oder über die er nicht in Unkenntnis sein konnte und die er dem Käufer nicht offenbart hat.

Artikel 41

Der Verkäufer hat Ware zu liefern, die frei von Rechten oder Ansprüchen Dritter ist, es sei denn, daß der Käufer eingewilligt hat, die mit einem solchen Recht oder Anspruch belastete Ware anzunehmen. Beruhen jedoch solche Rechte oder Ansprüche auf gewerblichem oder anderem geistigen Eigentum, so regelt Artikel 42 die Verpflichtung des Verkäufers.

Artikel 42

(1) Der Verkäufer hat Ware zu liefern, die frei von Rechten oder Ansprüchen Dritter ist, die auf gewerblichem oder anderem geistigen Eigentum beruhen und die der Verkäufer bei Vertragsabschluß kannte oder über die er nicht in Unkenntnis sein konnte, vorausgesetzt, das Recht oder der Anspruch beruht auf gewerblichem oder anderem geistigen Eigentum

a) nach dem Recht des Staates, in dem die Ware weiterverkauft oder in dem sie in anderer Weise verwendet wird, wenn die Parteien bei Vertragsabschluß in Betracht gezogen haben, daß die Ware dort weiterverkauft oder verwendet wird, oder

b) in jedem anderen Falle nach dem Recht des Staates, in dem der Käufer seine Niederlassung hat.

(2) Die Verpflichtung des Verkäufers nach Absatz 1 erstreckt sich nicht auf Fälle,

a) in denen der Käufer im Zeitpunkt des Vertragsabschlusses das Recht oder den Anspruch kannte oder darüber nicht in Unkenntnis sein konnte, oder

b) in denen das Recht oder der Anspruch sich daraus ergibt, daß der Verkäufer sich nach technischen Zeichnungen, Entwürfen, Formeln oder sonstigen Angaben gerichtet hat, die der Käufer zur Verfügung gestellt hat.

Artikel 43

(1) Der Käufer kann sich auf Artikel 41 oder 42 nicht berufen, wenn er dem Verkäufer das Recht oder den Anspruch des Dritten nicht innerhalb einer angemessenen Frist nach dem Zeitpunkt, in dem er davon Kenntnis erlangt hat oder hätte erlangen müssen, anzeigt und dabei genau bezeichnet, welcher Art das Recht oder der Anspruch des Dritten ist.

(2) Der Verkäufer kann sich nicht auf Absatz 1 berufen, wenn er das Recht oder den Anspruch des Dritten und seine Art kannte.

Artikel 44

Ungeachtet des Artikels 39 Absatz 1 und des Artikels 43 Absatz 1 kann der Käufer den Preis nach Artikel 50 herabsetzen oder Schadenersatz, außer für entgangenen Gewinn, verlangen, wenn er eine vernünftige Entschuldigung dafür hat, daß er die erforderliche Anzeige unterlassen hat.

Abschnitt III

Rechtsbehelfe des Käufers wegen Vertragsverletzung durch den Verkäufer

Artikel 45

(1) Erfüllt der Verkäufer eine seiner Pflichten nach dem Vertrag oder diesem Übereinkommen nicht, so kann der Käufer

a) die in Artikel 46 bis 52 vorgesehenen Rechte ausüben;

b) Schadenersatz nach Artikel 74 bis 77 verlangen.

(2) Der Käufer verliert das Recht, Schadenersatz zu verlangen, nicht dadurch, daß er andere Rechtsbehelfe ausübt.

(3) Übt der Käufer einen Rechtsbehelf wegen Vertragsverletzung aus, so darf ein Gericht oder Schiedsgericht dem Verkäufer keine zusätzliche Frist gewähren.

Artikel 46

(1) Der Käufer kann vom Verkäufer Erfüllung seiner Pflichten verlangen, es sei denn, daß der Käufer einen Rechtsbehelf ausgeübt hat, der mit diesem Verlangen unvereinbar ist.

(2) Ist die Ware nicht vertragsgemäß, so kann der Käufer Ersatzlieferung nur verlangen, wenn die Vertragswidrigkeit eine wesentliche Vertragsverletzung darstellt und die Ersatzlieferung entweder zusammen mit einer Anzeige nach Artikel 39 oder innerhalb einer angemessenen Frist danach verlangt wird.

(3) Ist die Ware nicht vertragsgemäß, so kann der Käufer den Verkäufer auffordern, die Vertragswidrigkeit durch Verbesserung zu beheben, es sei denn, daß dies unter Berücksichtigung aller Umstände unzumutbar ist. Verbesserung muß entweder zusammen mit einer Anzeige nach Artikel 39 oder innerhalb einer angemessenen Frist danach verlangt werden.

Artikel 47

(1) Der Käufer kann dem Verkäufer eine angemessene Nachfrist zur Erfüllung seiner Pflichten setzen.

(2) Der Käufer kann vor Ablauf dieser Frist keinen Rechtsbehelf wegen Vertragsverletzung ausüben, außer wenn er vom Verkäufer die Anzeige erhalten hat, daß dieser seine Pflichten nicht innerhalb der so gesetzten Frist erfüllen wird. Der Käufer behält jedoch das Recht, Schadenersatz wegen verspäteter Erfüllung zu verlangen.

Artikel 48

(1) Vorbehaltlich des Artikels 49 kann der Verkäufer einen Mangel in der Erfüllung seiner Pflichten auch nach dem Liefertermin auf eigene Kosten beheben, wenn dies keine unzumutbare Verzögerung nach sich zieht und dem Käufer weder unzumutbare Unannehmlichkeiten noch Ungewißheit über die Erstattung seiner Auslagen durch den Verkäufer verursacht. Der Käufer behält jedoch das Recht, Schadenersatz nach diesem Übereinkommen zu verlangen.

(2) Fordert der Verkäufer den Käufer auf, ihm mitzuteilen, ob er die Erfüllung annehmen will, und entspricht der Käufer der Aufforderung nicht innerhalb einer angemessenen Frist, so kann der Verkäufer innerhalb der in seiner Aufforderung angegebenen Frist erfüllen. Der Käufer kann vor Ablauf dieser Frist keinen Rechtsbehelf ausüben, der mit der Erfüllung durch den Verkäufer unvereinbar ist.

(3) Zeigt der Verkäufer dem Käufer an, daß er innerhalb einer bestimmten Frist erfüllen wird, so wird vermutet, daß die Anzeige eine Aufforderung an den Käufer nach Absatz 2 enthält, seine Entscheidung mitzuteilen.

(4) Eine Aufforderung oder Anzeige des Verkäufers nach Absatz 2 oder 3 ist nur wirksam, wenn der Käufer sie erhalten hat.

Artikel 49

(1) Der Käufer kann die Aufhebung des Vertrages erklären,

a) wenn die Nichterfüllung einer dem Verkäufer nach dem Vertrag oder diesem Übereinkommen obliegenden Pflicht eine wesentliche Vertragsverletzung darstellt oder

b) wenn im Falle der Nichtlieferung der Verkäufer die Ware nicht innerhalb der vom Käufer nach Artikel 47 Absatz 1 gesetzten Nachfrist liefert oder wenn er erklärt, daß er nicht innerhalb der so gesetzten Frist liefern wird.

(2) Hat der Verkäufer die Ware geliefert, so verliert jedoch der Käufer sein Recht, die Aufhebung des Vertrages zu erklären, wenn er

a) im Falle der verspäteten Lieferung die Aufhebung nicht innerhalb einer angemessenen Frist erklärt, nachdem er erfahren hat, daß die Lieferung erfolgt ist, oder

b) im Falle einer anderen Vertragsverletzung als verspäteter Lieferung die Aufhebung nicht innerhalb einer angemessenen Frist erklärt,

i) nachdem er die Vertragsverletzung kannte oder kennen mußte,

ii) nachdem eine vom Käufer nach Artikel 47 Absatz 1 gesetzte Nachfrist abgelaufen ist oder nachdem der Verkäufer erklärt hat, daß er seine Pflichten nicht innerhalb der Nachfrist erfüllen wird, oder

iii) nachdem eine vom Verkäufer nach Artikel 48 Absatz 2 gesetzte Frist abgelaufen ist oder nachdem der Käufer erklärt hat, daß er die Erfüllung nicht annehmen wird.

Artikel 50

Ist die Ware nicht vertragsgemäß, so kann der Käufer unabhängig davon, ob der Kaufpreis bereits gezahlt worden ist oder nicht, den Preis in dem Verhältnis herabsetzen, in dem der Wert, den die tatsächlich gelieferte Ware im Zeitpunkt der Lieferung hatte, zu dem Wert steht, den vertragsgemäße Ware zu diesem Zeitpunkt gehabt hätte. Behebt jedoch der Verkäufer nach Artikel 37 oder 48 einen Mangel in der Erfüllung seiner Pflichten oder weigert sich der Käufer, Erfüllung durch den Verkäufer nach den genannten Artikeln anzunehmen, so kann der Käufer den Preis nicht herabsetzen.

Artikel 51

(1) Liefert der Verkäufer nur einen Teil der Ware oder ist nur ein Teil der gelieferten Ware vertragsgemäß, so gelten für den Teil, der fehlt oder der nicht vertragsgemäß ist, die Artikel 46 bis 50.

(2) Der Käufer kann nur dann die Aufhebung des gesamten Vertrages erklären, wenn die unvollständige oder nicht vertragsgemäße Lieferung eine wesentliche Vertragsverletzung darstellt.

Artikel 52

(1) Liefert der Verkäufer die Ware vor dem festgesetzten Zeitpunkt, so steht es dem Käufer frei, sie anzunehmen oder die Annahme zu verweigern.

(2) Liefert der Verkäufer eine größere als die vereinbarte Menge, so kann der Käufer die zuviel gelieferte Menge annehmen oder ihre Annahme verweigern. Nimmt der Käufer die zuviel gelieferte Menge ganz oder teilweise an, so hat er sie entsprechend dem vertraglichen Preis zu bezahlen.

Kapitel III

PFLICHTEN DES KÄUFERS

Artikel 53

Der Käufer ist nach Maßgabe des Vertrages und dieses Übereinkommens verpflichtet, den Kaufpreis zu zahlen und die Ware anzunehmen.

Abschnitt I

Zahlung des Kaufpreises

Artikel 54

Zur Pflicht des Käufers, den Kaufpreis zu zahlen, gehört es auch, die Maßnahmen zu treffen und die Förmlichkeiten zu erfüllen, die der Vertrag oder Rechtsvorschriften erfordern, damit Zahlung geleistet werden kann.

Artikel 55

Ist ein Vertrag gültig geschlossen worden, ohne daß er den Kaufpreis ausdrücklich oder stillschweigend festsetzt oder dessen Festsetzung ermöglicht, so wird mangels gegenteiliger Anhaltspunkte vermutet, daß die Parteien sich stillschweigend auf den Kaufpreis bezogen haben, der bei Vertragsabschluß allgemein für derartige Ware berechnet wurde, die in dem betreffenden Geschäftszweig unter vergleichbaren Umständen verkauft wurde.

Artikel 56

Ist der Kaufpreis nach dem Gewicht der Ware festgesetzt, so bestimmt er sich im Zweifel nach dem Nettogewicht.

Artikel 57

(1) Ist der Käufer nicht verpflichtet, den Kaufpreis an einem anderen bestimmten Ort zu zahlen, so hat er ihn dem Verkäufer wie folgt zu zahlen:

a) am Ort der Niederlassung des Verkäufers oder,

b) wenn die Zahlung gegen Übergabe der Ware oder von Dokumenten zu leisten ist, an dem Ort, an dem die Übergabe stattfindet.

(2) Der Verkäufer hat alle mit der Zahlung zusammenhängenden Mehrkosten zu tragen, die durch einen Wechsel seiner Niederlassung nach Vertragsabschluß entstehen.

Artikel 58

(1) Ist der Käufer nicht verpflichtet, den Kaufpreis zu einer bestimmten Zeit zu zahlen, so hat er den Preis zu zahlen, sobald ihm der Verkäufer entweder die Ware oder die Dokumente, die zur Verfügung darüber berechtigen, nach dem Vertrag und diesem Übereinkommen zur Verfügung gestellt hat. Der Verkäufer kann die Übergabe der Ware oder der Dokumente von der Zahlung abhängig machen.

(2) Erfordert der Vertrag eine Beförderung der Ware, so kann der Verkäufer sie mit der Maßgabe versenden, daß die Ware oder die Dokumente, die zur Verfügung darüber berechtigen, dem

Käufer nur gegen Zahlung des Kaufpreises zu übergeben sind.

(3) Der Käufer ist nicht verpflichtet, den Kaufpreis zu zahlen, bevor er Gelegenheit gehabt hat, die Ware zu untersuchen, es sei denn, die von den Parteien vereinbarten Lieferungs- oder Zahlungsmodalitäten bieten hierzu keine Gelegenheit.

Artikel 59

Der Käufer hat den Kaufpreis zu dem Zeitpunkt, der in dem Vertrag festgesetzt oder nach dem Vertrag und diesem Übereinkommen bestimmbar ist, zu zahlen, ohne daß es einer Aufforderung oder der Einhaltung von Förmlichkeiten seitens des Verkäufers bedarf.

Abschnitt II

Annahme

Artikel 60

Die Pflicht des Käufers zur Annahme besteht darin,

a) alle Handlungen vorzunehmen, die vernünftigerweise von ihm erwartet werden können, damit dem Verkäufer die Lieferung ermöglicht wird, und

b) die Ware zu übernehmen.

Abschnitt III

Rechtsbehelfe des Verkäufers wegen Vertragsverletzung durch den Käufer

Artikel 61

(1) Erfüllt der Käufer eine seiner Pflichten nach dem Vertrag oder diesem Übereinkommen nicht, so kann der Verkäufer

a) die in Artikel 62 bis 65 vorgesehenen Rechte ausüben;

b) Schadenersatz nach Artikel 74 bis 77 verlangen.

(2) Der Verkäufer verliert das Recht, Schadenersatz zu verlangen, nicht dadurch, daß er andere Rechtsbehelfe ausübt.

(3) Übt der Verkäufer einen Rechtsbehelf wegen Vertragsverletzung aus, so darf ein Gericht oder Schiedsgericht dem Käufer keine zusätzliche Frist gewähren.

Artikel 62

Der Verkäufer kann vom Käufer verlangen, daß er den Kaufpreis zahlt, die Ware annimmt sowie seine sonstigen Pflichten erfüllt, es sei denn, daß der Verkäufer einen Rechtsbehelf ausgeübt hat, der mit diesem Verlangen unvereinbar ist.

Artikel 63

(1) Der Verkäufer kann dem Käufer eine angemessene Nachfrist zur Erfüllung seiner Pflichten setzen.

(2) Der Verkäufer kann vor Ablauf dieser Frist keinen Rechtsbehelf wegen Vertragsverletzung ausüben, außer wenn er vom Käufer die Anzeige erhalten hat, daß dieser seine Pflichten nicht innerhalb der so gesetzten Frist erfüllen wird. Der Verkäufer verliert dadurch jedoch nicht das Recht, Schadenersatz wegen verspäteter Erfüllung zu verlangen.

Artikel 64

(1) Der Verkäufer kann die Aufhebung des Vertrages erklären,

a) wenn die Nichterfüllung einer dem Käufer nach dem Vertrag oder diesem Übereinkommen obliegenden Pflicht eine wesentliche Vertragsverletzung darstellt, oder

b) wenn der Käufer nicht innerhalb der vom Verkäufer nach Artikel 63 Absatz 1 gesetzten Nachfrist seine Pflicht zur Zahlung des Kaufpreises oder zur Annahme der Ware erfüllt oder wenn er erklärt, daß er dies nicht innerhalb der so gesetzten Frist tun wird.

(2) Hat der Käufer den Kaufpreis gezahlt, so verliert jedoch der Verkäufer sein Recht, die Aufhebung des Vertrages zu erklären, wenn er

a) im Falle verspäteter Erfüllung durch den Käufer die Aufhebung nicht erklärt, bevor er erfahren hat, daß erfüllt worden ist, oder

b) im Falle einer anderen Vertragsverletzung als verspäteter Erfüllung durch den Käufer die Aufhebung nicht innerhalb einer angemessenen Zeit erklärt,

i) nachdem der Verkäufer die Vertragsverletzung kannte oder kennen mußte, oder

ii) nachdem eine vom Verkäufer nach Artikel 63 Absatz 1 gesetzte Nachfrist abgelaufen ist, oder nachdem der Käufer erklärt hat, daß er seine Pflichten nicht innerhalb der Nachfrist erfüllen wird.

Artikel 65

(1) Hat der Käufer nach dem Vertrag die Form, die Maße oder andere Merkmale der Ware näher zu bestimmen und nimmt er diese Spezifizierung nicht zu dem vereinbarten Zeitpunkt oder innerhalb einer angemessenen Frist nach Eingang einer Aufforderung durch den Verkäufer vor, so kann der Verkäufer unbeschadet aller ihm zustehenden sonstigen Rechte die Spezifizierung nach den Bedürfnissen des Käufers, soweit ihm diese bekannt sind, selbst vornehmen.

(2) Nimmt der Verkäufer die Spezifizierung selbst vor, so hat er dem Käufer deren Einzelhei-

ten mitzuteilen und ihm eine angemessene Frist zu setzen, innerhalb deren der Käufer eine abweichende Spezifizierung vornehmen kann. Macht der Käufer nach Eingang einer solchen Mitteilung von dieser Möglichkeit innerhalb der so gesetzten Frist keinen Gebrauch, so ist die vom Verkäufer vorgenommene Spezifizierung verbindlich.

Kapitel IV

ÜBERGANG DER GEFAHR

Artikel 66

Untergang oder Beschädigung der Ware nach Übergang der Gefahr auf den Käufer befreit diesen nicht von der Pflicht, den Kaufpreis zu zahlen, es sei denn, daß der Untergang oder die Beschädigung auf eine Handlung oder Unterlassung des Verkäufers zurückzuführen ist.

Artikel 67

(1) Erfordert der Kaufvertrag eine Beförderung der Ware und ist der Verkäufer nicht verpflichtet, sie an einem bestimmten Ort zu übergeben, so geht die Gefahr auf den Käufer über, sobald die Ware gemäß dem Kaufvertrag dem ersten Beförderer zur Übermittlung an den Käufer übergeben wird. Hat der Verkäufer dem Beförderer die Ware an einem bestimmten Ort zu übergeben, so geht die Gefahr erst auf den Käufer über, wenn die Ware dem Beförderer an diesem Ort übergeben wird. Ist der Verkäufer befugt, die Dokumente, die zur Verfügung über die Ware berechtigen, zurückzubehalten, so hat dies keinen Einfluß auf den Übergang der Gefahr.

(2) Die Gefahr geht jedoch erst auf den Käufer über, wenn die Ware eindeutig dem Vertrag zugeordnet ist, sei es durch an der Ware angebrachte Kennzeichen, durch Beförderungsdokumente, durch eine Anzeige an den Käufer oder auf andere Weise.

Artikel 68

Wird Ware, die sich auf dem Transport befindet, verkauft, so geht die Gefahr im Zeitpunkt des Vertragsabschlusses auf den Käufer über. Die Gefahr wird jedoch bereits im Zeitpunkt der Übergabe der Ware an den Beförderer, der die Dokumente über den Beförderungsvertrag ausgestellt hat, von dem Käufer übernommen, falls die Umstände diesen Schluß nahelegen. Wenn dagegen der Verkäufer bei Abschluß des Kaufvertrages wußte oder wissen mußte, daß die Ware untergegangen oder beschädigt war und er dies dem Käufer nicht offenbart hat, geht der Untergang oder die Beschädigung zu Lasten des Verkäufers.

Artikel 69

(1) In den durch Artikel 67 und 68 nicht geregelten Fällen geht die Gefahr auf den Käufer über, sobald er die Ware übernimmt oder, wenn er sie nicht rechtzeitig übernimmt, in dem Zeitpunkt, in dem ihm die Ware zur Verfügung gestellt wird und er durch Nichtannahme eine Vertragsverletzung begeht.

(2) Hat jedoch der Käufer die Ware an einem anderen Ort als einer Niederlassung des Verkäufers zu übernehmen, so geht die Gefahr über, sobald die Lieferung fällig ist und der Käufer Kenntnis davon hat, daß ihm die Ware an diesem Ort zur Verfügung steht.

(3) Betrifft der Vertrag Ware, die ihm noch nicht zugeordnet ist, so gilt sie erst dann als dem Käufer zur Verfügung gestellt, wenn sie eindeutig dem Vertrag zugeordnet worden ist.

Artikel 70

Hat der Verkäufer eine wesentliche Vertragsverletzung begangen, so berühren die Artikel 67, 68 und 69 nicht die dem Käufer wegen einer solchen Verletzung zustehenden Rechtsbehelfe.

Kapitel V

GEMEINSAME BESTIMMUNGEN ÜBER DIE PFLICHTEN DES VERKÄUFERS UND DES KÄUFERS

Abschnitt I

Vorweggenommene Vertragsverletzung und Verträge über aufeinanderfolgende Lieferungen

Artikel 71

(1) Eine Partei kann die Erfüllung ihrer Pflichten aussetzen, wenn sich nach Vertragsabschluß herausstellt, daß die andere Partei einen wesentlichen Teil ihrer Pflichten nicht erfüllen wird

a) wegen eines schwerwiegenden Mangels ihrer Fähigkeit, den Vertrag zu erfüllen, oder ihrer Kreditwürdigkeit oder

b) wegen ihres Verhaltens bei der Vorbereitung der Erfüllung oder bei der Erfüllung des Vertrages.

(2) Hat der Verkäufer die Ware bereits abgesandt, bevor sich die in Absatz 1 bezeichneten Gründe herausstellen, so kann er sich der Übergabe der Ware an den Käufer widersetzen, selbst wenn der Käufer ein Dokument hat, das ihn berechtigt, die Ware zu erlangen. Der vorliegende Absatz betrifft nur die Rechte auf die Ware im Verhältnis zwischen Käufer und Verkäufer.

(3) Setzt eine Partei vor oder nach der Absendung der Ware die Erfüllung aus, so hat sie dies der anderen Partei sofort anzuzeigen; sie hat die Erfüllung fortzusetzen, wenn die andere Partei für die Erfüllung ihrer Pflichten ausreichende Gewähr gibt.

Artikel 72

(1) Ist schon vor dem für die Vertragserfüllung festgesetzten Zeitpunkt offensichtlich, daß eine Partei eine wesentliche Vertragsverletzung begehen wird, so kann die andere Partei die Aufhebung des Vertrages erklären.

(2) Wenn es die Zeit erlaubt und es nach den Umständen vernünftig ist, hat die Partei, welche die Aufhebung des Vertrages erklären will, dies der anderen Partei anzuzeigen, um ihr zu ermöglichen, für die Erfüllung ihrer Pflichten ausreichende Gewähr zu geben.

(3) Absatz 2 ist nicht anzuwenden, wenn die andere Partei erklärt hat, daß sie ihre Pflichten nicht erfüllen wird.

Artikel 73

(1) Sieht ein Vertrag aufeinanderfolgende Lieferungen von Ware vor und begeht eine Partei durch Nichterfüllung einer eine Teillieferung betreffenden Pflicht eine wesentliche Vertragsverletzung in bezug auf diese Teillieferung, so kann die andere Partei die Aufhebung des Vertrages in bezug auf diese Teillieferung erklären.

(2) Gibt die Nichterfüllung einer eine Teillieferung betreffenden Pflicht durch eine der Parteien der anderen Partei triftigen Grund zu der Annahme, daß eine wesentliche Vertragsverletzung in bezug auf künftige Teillieferungen zu erwarten ist, so kann die andere Partei innerhalb angemessener Frist die Aufhebung des Vertrages für die Zukunft erklären.

(3) Ein Käufer, der den Vertrag in bezug auf eine Lieferung als aufgehoben erklärt, kann gleichzeitig die Aufhebung des Vertrages in bezug auf bereits erhaltene Lieferungen oder in bezug auf künftige Lieferungen erklären, wenn diese Lieferungen wegen des zwischen ihnen bestehenden Zusammenhangs nicht mehr für den Zweck verwendet werden können, den die Parteien im Zeitpunkt des Vertragsabschlusses in Betracht gezogen haben.

Abschnitt II

Schadenersatz

Artikel 74

Als Schadenersatz für die durch eine Partei begangene Vertragsverletzung ist der der anderen Partei infolge der Vertragsverletzung entstandene Verlust, einschließlich des entgangenen Gewinns, zu ersetzen. Dieser Schadenersatz darf jedoch den Verlust nicht übersteigen, den die vertragsbrüchige Partei bei Vertragsabschluß als mögliche Folge der Vertragsverletzung vorausgesehen hat oder unter Berücksichtigung der Umstände, die sie kannte oder kennen mußte, hätte voraussehen müssen.

Artikel 75

Ist der Vertrag aufgehoben und hat der Käufer einen Deckungskauf oder der Verkäufer einen Deckungsverkauf in angemessener Weise und innerhalb eines angemessenen Zeitraums nach der Aufhebung vorgenommen, so kann die Partei, die Schadenersatz verlangt, den Unterschied zwischen dem im Vertrag vereinbarten Preis und dem Preis des Deckungskaufs oder des Deckungsverkaufs sowie jeden weiteren Schadenersatz nach Artikel 74 verlangen.

Artikel 76

(1) Ist der Vertrag aufgehoben und hat die Ware einen Marktpreis, so kann die Schadenersatz verlangende Partei, wenn sie keinen Deckungskauf oder Deckungsverkauf nach Artikel 75 vorgenommen hat, den Unterschied zwischen dem im Vertrag vereinbarten Preis und dem Marktpreis zur Zeit der Aufhebung sowie jeden weiteren Schadenersatz nach Artikel 74 verlangen. Hat jedoch die Partei, die Schadenersatz verlangt, den Vertrag aufgehoben, nachdem sie die Ware übernommen hat, so gilt der Marktpreis zur Zeit der Übernahme und nicht der Marktpreis zur Zeit der Aufhebung.

(2) Als Marktpreis im Sinne von Absatz 1 ist maßgebend der Marktpreis, der an dem Ort gilt, an dem die Lieferung der Ware hätte erfolgen sollen, oder, wenn dort ein Marktpreis nicht besteht, der an einem angemessenen Ersatzort geltende Marktpreis; dabei sind Unterschiede in den Kosten der Beförderung der Ware zu berücksichtigen.

Artikel 77

Die Partei, die sich auf eine Vertragsverletzung beruft, hat alle den Umständen nach angemessenen Maßnahmen zur Verringerung des aus der Vertragsverletzung folgenden Verlusts, einschließlich des entgangenen Gewinns, zu treffen. Versäumt sie dies, so kann die vertragsbrüchige Partei Herabsetzung des Schadenersatzes in Höhe des Betrags verlangen, um den der Verlust hätte verringert werden sollen.

Abschnitt III

Zinsen

Artikel 78

Versäumt eine Partei, den Kaufpreis oder einen anderen fälligen Betrag zu zahlen, so hat die andere Partei für diese Beträge Anspruch auf Zinsen, unbeschadet eines Schadenersatzanspruchs nach Artikel 74.

Abschnitt IV

Befreiungen

Artikel 79

(1) Eine Partei hat für die Nichterfüllung einer ihrer Pflichten nicht einzustehen, wenn sie beweist, daß die Nichterfüllung auf einem außerhalb ihres Einflußbereichs liegenden Hinderungsgrund beruht und daß von ihr vernünftigerweise nicht erwartet werden konnte, den Hinderungsgrund bei Vertragsabschluß in Betracht zu ziehen oder den Hinderungsgrund oder seine Folgen zu vermeiden oder zu überwinden.

(2) Beruht die Nichterfüllung einer Partei auf der Nichterfüllung durch einen Dritten, dessen sie sich zur völligen oder teilweisen Vertragserfüllung bedient, so ist diese Partei von der Haftung nur befreit,

a) wenn sie nach Absatz 1 befreit ist und

b) wenn der Dritte selbst ebenfalls nach Absatz 1 befreit wäre, sofern Absatz 1 auf ihn Anwendung fände.

(3) Die in diesem Artikel vorgesehene Befreiung gilt für die Zeit, während der der Hinderungsgrund besteht.

(4) Die Partei, die nicht erfüllt, hat den Hinderungsgrund und seine Auswirkung auf ihre Fähigkeit zu erfüllen der anderen Partei mitzuteilen. Erhält die andere Partei die Mitteilung nicht innerhalb einer angemessenen Frist, nachdem die nicht erfüllende Partei den Hinderungsgrund kannte oder kennen mußte, so haftet sie für den aus diesem Nichterhalt entstehenden Schaden.

(5) Dieser Artikel hindert die Parteien nicht, ein anderes als das Recht auszuüben, Schadenersatz nach diesem Übereinkommen zu verlangen.

Artikel 80

Eine Partei kann sich auf die Nichterfüllung von Pflichten durch die andere Partei nicht berufen, soweit diese Nichterfüllung durch ihre Handlung oder Unterlassung verursacht wurde.

Abschnitt V

Wirkungen der Aufhebung

Artikel 81

(1) Die Aufhebung des Vertrages befreit beide Parteien von ihren Vertragspflichten, mit Ausnahme etwaiger Schadenersatzpflichten. Die Aufhebung berührt nicht Bestimmungen des Vertrages über die Beilegung von Streitigkeiten oder sonstige Bestimmungen des Vertrages, welche die Rechte und Pflichten der Parteien nach Vertragsaufhebung regeln.

(2) Hat eine Partei den Vertrag ganz oder teilweise erfüllt, so kann sie ihre Leistung von der anderen Partei zurückfordern. Sind beide Parteien zur Rückgabe verpflichtet, so sind die Leistungen Zug um Zug zurückzugeben.

Artikel 82

(1) Der Käufer verliert das Recht, die Aufhebung des Vertrages zu erklären oder vom Verkäufer Ersatzlieferung zu verlangen, wenn es ihm unmöglich ist, die Ware im wesentlichen in dem Zustand zurückzugeben, in dem er sie erhalten hat.

(2) Absatz 1 findet keine Anwendung,

a) wenn die Unmöglichkeit, die Ware zurückzugeben oder sie im wesentlichen in dem Zustand zurückzugeben, in dem der Käufer sie erhalten hat, nicht auf einer Handlung oder Unterlassung des Käufers beruht,

b) wenn die Ware ganz oder teilweise infolge der in Artikel 38 vorgesehenen Untersuchung untergegangen oder verschlechtert worden ist, oder

c) wenn der Käufer die Ware ganz oder teilweise im normalen Geschäftsverkehr verkauft oder der normalen Verwendung entsprechend verbraucht oder verändert hat, bevor er die Vertragswidrigkeit entdeckt hat oder hätte entdecken müssen.

Artikel 83

Der Käufer, der nach Artikel 82 das Recht verloren hat, die Aufhebung des Vertrages zu erklären oder vom Verkäufer Ersatzlieferung zu verlangen, behält alle anderen Rechtsbehelfe, die ihm nach dem Vertrag und diesem Übereinkommen zustehen.

Artikel 84

(1) Hat der Verkäufer den Kaufpreis zurückzuzahlen, so hat er außerdem vom Tag der Zahlung an auf den Betrag Zinsen zu zahlen.

(2) Der Käufer schuldet dem Verkäufer den Gegenwert aller Vorteile, die er aus der Ware oder einem Teil der Ware gezogen hat,

a) wenn er die Ware ganz oder teilweise zurückgeben muß oder

b) wenn es ihm unmöglich ist, die Ware ganz oder teilweise zurückzugeben oder sie ganz oder teilweise im wesentlichen in dem Zustand zurückzugeben, in dem er sie erhalten hat, er aber dennoch die Aufhebung des Vertrages erklärt oder vom Verkäufer Ersatzlieferung verlangt hat.

Abschnitt VI

Erhaltung der Ware

Artikel 85

Nimmt der Käufer die Ware nicht rechtzeitig an oder versäumt er, falls Zahlung des Kaufpreises und Lieferung der Ware Zug um Zug erfolgen sollen, den Kaufpreis zu zahlen, und hat der Verkäufer die Ware noch in Besitz oder ist er sonst in der Lage, über sie zu verfügen, so hat der Verkäufer die den Umständen angemessenen Maßnahmen zu ihrer Erhaltung zu treffen. Er ist berechtigt, die Ware zurückzubehalten, bis ihm der Käufer seine angemessenen Aufwendungen erstattet hat.

Artikel 86

(1) Hat der Käufer die Ware empfangen und beabsichtigt er, ein nach dem Vertrag oder diesem Übereinkommen bestehendes Zurückweisungsrecht auszuüben, so hat er die den Umständen angemessenen Maßnahmen zu ihrer Erhaltung zu treffen. Er ist berechtigt, die Ware zurückzubehalten, bis ihm der Verkäufer seine angemessenen Aufwendungen erstattet hat.

(2) Ist die dem Käufer zugesandte Ware ihm am Bestimmungsort zur Verfügung gestellt worden und übt er das Recht aus, sie zurückzuweisen, so hat er sie für Rechnung des Verkäufers in Besitz zu nehmen, sofern dies ohne Zahlung des Kaufpreises und ohne unzumutbare Unannehmlichkeiten oder unverhältnismäßige Kosten möglich ist. Dies gilt nicht, wenn der Verkäufer oder eine Person, die befugt ist, die Ware für Rechnung des Verkäufers in Obhut zu nehmen, am Bestimmungsort anwesend ist. Nimmt der Käufer die Ware nach diesem Absatz in Besitz, so werden seine Rechte und Pflichten durch Absatz 1 geregelt.

Artikel 87

Eine Partei, die Maßnahmen zur Erhaltung der Ware zu treffen hat, kann die Ware auf Kosten der anderen Partei in den Lagerräumen eines Dritten einlagern, sofern daraus keine unverhältnismäßigen Kosten entstehen.

Artikel 88

(1) Eine Partei, die nach Artikel 85 oder 86 zur Erhaltung der Ware verpflichtet ist, kann sie auf jede geeignete Weise verkaufen, wenn die andere Partei die Inbesitznahme oder die Rücknahme der Ware oder die Zahlung des Kaufpreises oder der Erhaltungskosten ungebührlich hinauszögert, vorausgesetzt, daß sie der anderen Partei ihre Verkaufsabsicht in vernünftiger Weise angezeigt hat.

(2) Ist die Ware einer raschen Verschlechterung ausgesetzt oder würde ihre Erhaltung unverhältnismäßige Kosten verursachen, so hat die Partei, der nach Artikel 85 oder 86 die Erhaltung der Ware obliegt, sich in angemessener Weise um ihren Verkauf zu bemühen. Soweit möglich, hat sie der anderen Partei ihre Verkaufsabsicht anzuzeigen.

(3) Hat eine Partei die Ware verkauft, so kann sie aus dem Erlös des Verkaufs den Betrag behalten, der den angemessenen Kosten der Erhaltung und des Verkaufs der Ware entspricht. Den Überschuß schuldet sie der anderen Partei.

Teil IV

SCHLUSSBESTIMMUNGEN

Artikel 89

Der Generalsekretär der Vereinten Nationen wird hiermit zum Depositar dieses Übereinkommens bestimmt.

Artikel 90

Dieses Übereinkommen geht bereits geschlossenen oder in Zukunft zu schließenden internationalen Vereinbarungen, die Bestimmungen über in diesem Übereinkommen geregelte Gegenstände enthalten, nicht vor, sofern die Parteien ihre Niederlassung in Vertragsstaaten einer solchen Vereinbarung haben.

Artikel 91

(1) Dieses Übereinkommen liegt in der Schlußsitzung der Konferenz der Vereinten Nationen über Verträge über den internationalen Warenkauf zur Unterzeichnung auf und liegt dann bis 30. September 1981 am Sitz der Vereinten Nationen in New York für alle Staaten zur Unterzeichnung auf.

(2) Dieses Übereinkommen bedarf der Ratifikation, Annahme oder Genehmigung durch die Unterzeichnerstaaten.

(3) Dieses Übereinkommen steht allen Staaten, die nicht Unterzeichnerstaaten sind, von dem Tag an zum Beitritt offen, an dem es zur Unterzeichnung aufgelegt wird.

(4) Die Ratifikations-, Annahme-, Genehmigungs- und Beitrittsurkunden werden beim Generalsekretär der Vereinten Nationen hinterlegt.

Artikel 92

(1) Ein Vertragsstaat kann bei der Unterzeichnung, der Ratifikation, der Annahme, der Genehmigung oder dem Beitritt erklären, daß Teil II dieses Übereinkommens für ihn nicht verbindlich ist oder daß Teil III dieses Übereinkommens für ihn nicht verbindlich ist.

(2) Ein Vertragsstaat, der eine Erklärung nach Absatz 1 zu Teil II oder Teil III dieses Übereinkommens abgegeben hat, ist hinsichtlich solcher Gegenstände, die durch den Teil geregelt werden, auf den sich die Erklärung bezieht, nicht als Vertragsstaat im Sinne des Artikels 1 Absatz 1 zu betrachten.

Artikel 93

(1) Ein Vertragsstaat, der zwei oder mehr Gebietseinheiten umfaßt, in denen nach seiner Verfassung auf die in diesem Übereinkommen geregelten Gegenstände unterschiedliche Rechtsordnungen angewendet werden, kann bei der Unterzeichnung, der Ratifikation, der Annahme, der Genehmigung oder dem Beitritt erklären, daß dieses Übereinkommen sich auf alle seine Gebietseinheiten oder nur auf eine oder mehrere derselben erstreckt; er kann seine Erklärung jederzeit durch eine neue Erklärung ändern.

(2) Die Erklärungen sind dem Depositar zu notifizieren und haben ausdrücklich anzugeben, auf welche Gebietseinheiten das Übereinkommen sich erstreckt.

(3) Erstreckt sich das Übereinkommen auf Grund einer Erklärung nach diesem Artikel auf eine oder mehrere, jedoch nicht auf alle Gebietseinheiten eines Vertragsstaates und liegt die Niederlassung einer Partei in diesem Staat, so wird diese Niederlassung im Sinne dieses Übereinkommens nur dann als in einem Vertragsstaat gelegen betrachtet, wenn sie in einer Gebietseinheit liegt, auf die sich das Übereinkommen erstreckt.

(4) Gibt ein Vertragsstaat keine Erklärung nach Absatz 1 ab, so erstreckt sich das Übereinkommen auf alle Gebietseinheiten dieses Staates.

Artikel 94

(1) Zwei oder mehr Vertragsstaaten, welche gleiche oder einander sehr nahekommende Rechtsvorschriften für Gegenstände haben, die in diesem Übereinkommen geregelt werden, können jederzeit erklären, daß das Übereinkommen auf Kaufverträge und ihren Abschluß keine Anwendung findet, wenn die Parteien ihre Niederlassung in diesen Staaten haben. Solche Erklärungen können als gemeinsame oder als aufeinander bezogene einseitige Erklärungen abgegeben werden.

(2) Hat ein Vertragsstaat für Gegenstände, die in diesem Übereinkommen geregelt werden, Rechtsvorschriften, die denen eines oder mehrerer Nichtvertragsstaaten gleich sind oder sehr nahekommen, so kann er jederzeit erklären, daß das Übereinkommen auf Kaufverträge oder ihren Abschluß keine Anwendung findet, wenn die Parteien ihre Niederlassung in diesen Staaten haben.

(3) Wird ein Staat, auf den sich eine Erklärung nach Absatz 2 bezieht, Vertragsstaat, so hat die Erklärung von dem Tag an, an dem das Übereinkommen für den neuen Vertragsstaat in Kraft tritt, die Wirkung einer nach Absatz 1 abgegebenen Erklärung, vorausgesetzt, daß der neue Vertragsstaat sich einer solchen Erklärung anschließt oder eine darauf bezogene einseitige Erklärung abgibt.

Artikel 95

Jeder Staat kann bei der Hinterlegung seiner Ratifikations-, Annahme-, Genehmigungs- oder Beitrittsurkunde erklären, daß Artikel 1 Absatz 1 Buchstabe b für ihn nicht verbindlich ist.

Artikel 96

Ein Vertragsstaat, nach dessen Rechtsvorschriften Kaufverträge schriftlich zu schließen oder nachzuweisen sind, kann jederzeit eine Erklärung nach Artikel 12 abgeben, daß die Bestimmungen der Artikel 11 und 29 oder des Teils II dieses Übereinkommens, die für den Abschluß eines Kaufvertrages, seine Änderung oder Aufhebung durch Vereinbarung oder für ein Angebot, eine Annahme oder eine sonstige Willenserklärung eine andere als die schriftliche Form gestatten, nicht gelten, wenn eine Partei ihre Niederlassung in diesem Staat hat.

Artikel 97

(1) Erklärungen, die nach diesem Übereinkommen bei der Unterzeichnung abgegeben werden, bedürfen der Bestätigung bei der Ratifikation, Annahme oder Genehmigung.

(2) Erklärungen und Bestätigungen von Erklärungen bedürfen der Schriftform und sind dem Depositar zu notifizieren.

(3) Eine Erklärung wird gleichzeitig mit dem Inkrafttreten dieses Übereinkommens für den betreffenden Staat wirksam. Eine Erklärung, die dem Depositar nach diesem Inkrafttreten notifi-

ziert wird, tritt jedoch am ersten Tag des Monats in Kraft, der auf einen Zeitabschnitt von sechs Monaten nach ihrem Eingang beim Depositar folgt. Aufeinander bezogene einseitige Erklärungen nach Artikel 94 werden am ersten Tag des Monats wirksam, der auf einen Zeitabschnitt von sechs Monaten nach Eingang der letzten Erklärung beim Depositar folgt.

(4) Ein Staat, der eine Erklärung nach diesem Übereinkommen abgibt, kann sie jederzeit durch eine an den Depositar gerichtete schriftliche Notifikation zurücknehmen. Eine solche Rücknahme wird am ersten Tag des Monats wirksam, der auf einen Zeitabschnitt von sechs Monaten nach Eingang der Notifikation beim Depositar folgt.

(5) Die Rücknahme einer nach Artikel 94 abgegebenen Erklärung macht eine von einem anderen Staat nach Artikel 94 abgegebene, darauf bezogene Erklärung von dem Tag an unwirksam, an dem die Rücknahme wirksam wird.

Artikel 98

Vorbehalte sind nur zulässig, soweit sie in diesem Übereinkommen ausdrücklich für zulässig erklärt werden.

Artikel 99

(1) Vorbehaltlich des Absatzes 6 tritt dieses Übereinkommen am ersten Tag des Monats in Kraft, der auf einen Zeitabschnitt von zwölf Monaten nach Hinterlegung der zehnten Ratifikations-, Annahme-, Genehmigungs- oder Beitrittsurkunde einschließlich einer Urkunde, die eine nach Artikel 92 abgegebene Erklärung enthält, folgt.

(2) Wenn ein Staat dieses Übereinkommen nach Hinterlegung der zehnten Ratifikations-, Annahme-, Genehmigungs- oder Beitrittsurkunde ratifiziert, annimmt, genehmigt oder ihm beitritt, tritt dieses Übereinkommen mit Ausnahme des ausgeschlossenen Teils für diesen Staat vorbehaltlich des Absatzes 6 am ersten Tag des Monats in Kraft, der auf einen Zeitabschnitt von zwölf Monaten nach Hinterlegung seiner Ratifikations-, Annahme-, Genehmigungs- oder Beitrittsurkunde folgt.

(3) Ein Staat, der dieses Übereinkommen ratifiziert, annimmt, genehmigt oder ihm beitritt und Vertragsstaat des Haager Übereinkommens vom 1. Juli 1964 zur Einführung eines Einheitlichen Gesetzes über den Abschluß von internationalen Kaufverträgen über bewegliche Sachen (Haager Abschlußübereinkommen von 1964) oder des Haager Übereinkommens vom 1. Juli 1964 zur Einführung eines Einheitlichen Gesetzes über den internationalen Kauf beweglicher Sachen (Haager Kaufrechtsübereinkommen von 1964) ist, kündigt gleichzeitig das Haager Kaufrechtsübereinkommen von 1964 oder das Haager Abschlußübereinkommen von 1964 oder gegebenenfalls beide Übereinkommen, indem er der Regierung der Niederlande die Kündigung notifiziert.

(4) Ein Vertragsstaat des Haager Kaufrechtsübereinkommens von 1964, der das vorliegende Übereinkommen ratifiziert, annimmt, genehmigt oder ihm beitritt und nach Artikel 92 erklärt oder erklärt hat, daß Teil II dieses Übereinkommens für ihn nicht verbindlich ist, kündigt bei der Ratifikation, der Annahme, der Genehmigung oder dem Beitritt das Haager Kaufrechtsübereinkommen von 1964, indem er der Regierung der Niederlande die Kündigung notifiziert.

(5) Ein Vertragsstaat des Haager Abschlußübereinkommens von 1964, der das vorliegende Übereinkommen ratifiziert, annimmt, genehmigt oder ihm beitritt und nach Artikel 92 erklärt oder erklärt hat, daß Teil III dieses Übereinkommens für ihn nicht verbindlich ist, kündigt bei der Ratifikation, der Annahme, der Genehmigung oder dem Beitritt das Haager Abschlußübereinkommen von 1964, indem er der Regierung der Niederlande die Kündigung notifiziert.

(6) Für die Zwecke dieses Artikels werden Ratifikationen, Annahmen, Genehmigungen und Beitritte bezüglich dieses Übereinkommens, die von Vertragsstaaten des Haager Abschlußübereinkommens von 1964 oder des Haager Kaufrechtsübereinkommens von 1964 vorgenommen werden, erst wirksam, nachdem die erforderlichen Kündigungen durch diese Staaten bezüglich der genannten Übereinkommen selbst wirksam geworden sind. Der Depositar dieses Übereinkommens setzt sich mit der Regierung der Niederlande als Depositar der Übereinkommen von 1964 in Verbindung, um die hierfür notwendige Koordinierung sicherzustellen.

Artikel 100

(1) Dieses Übereinkommen findet auf den Abschluß eines Vertrages nur Anwendung, wenn das Angebot zum Vertragsabschluß an oder nach dem Tag gemacht wird, an dem das Übereinkommen für die in Artikel 1 Absatz 1 Buchstabe a genannten Vertragsstaaten oder den in Artikel 1 Absatz 1 Buchstabe b genannten Vertragsstaat in Kraft tritt.

(2) Dieses Übereinkommen findet nur auf Verträge Anwendung, die an oder nach dem Tag geschlossen werden, an dem das Übereinkommen für die in Artikel 1 Absatz 1 Buchstabe a genannten Vertragsstaaten oder den in Artikel 1 Absatz 1 Buchstabe b genannten Vertragsstaat in Kraft tritt.

Artikel 101

(1) Ein Vertragsstaat kann dieses Übereinkommen oder dessen Teil II oder Teil III durch eine

an den Depositar gerichtete schriftliche Notifikation kündigen.

(2) Eine Kündigung wird am ersten Tag des Monats wirksam, der auf einen Zeitabschnitt von zwölf Monaten nach Eingang der Notifikation beim Depositar folgt. Ist in der Notifikation eine längere Kündigungsfrist angegeben, so wird die Kündigung nach Ablauf dieser längeren Frist nach Eingang der Notifikation beim Depositar wirksam.

GESCHEHEN zu Wien am 11. April 1980 in einer Urschrift in arabischer, chinesischer, englischer, französischer, russischer und spanischer Sprache, wobei jeder Wortlaut gleichermaßen verbindlich ist.

ZU URKUND DESSEN haben die unterzeichneten, hierzu von ihren Regierungen gehörig befugten Bevollmächtigten dieses Übereinkommen unterschrieben.

Die vom Bundespräsidenten unterzeichnete und vom Bundeskanzler gegengezeichnete Ratifikationsurkunde wurde am 29. Dezember 1987 beim Generalsekretär der Vereinten Nationen hinterlegt; das Übereinkommen tritt gemäß seinem Art. 99 Abs. 2 mit 1. Jänner 1989 in Kraft.

Nach Mitteilungen des Generalsekretärs der Vereinten Nationen haben folgende weitere Staaten das Übereinkommen ratifiziert bzw. sind ihm beigetreten:[1)]

Ägypten, Argentinien, China, Frankreich, Italien, Jugoslawien, Lesotho, Sambia, Syrien, Ungarn[2)] und die Vereinigten Staaten.

Anläßlich der Hinterlegung ihrer Ratifikations- bzw. Beitrittsurkunden haben folgende Staaten Erklärungen abgegeben:

gemäß Art. 95: China,[3)] Vereinigte Staaten;
gemäß Art. 96: Argentinien, China[4)].

---

1) Weitere Mitglieder: Albanien (BGBl III 2010/1), Aserbaidschan (BGBl III 2016/88), Australien (BGBl 1988/550), Bahrain (BGBl III 2013/270), Belgien (BGBl III 1997/20), Benin (BGBl III 2011/123), Bosnien-Herzegowina (BGBl 1994/542), Brasilien (BGBl III 2013/78), Bulgarien (BGBl 1991/108), Burundi (BGBl III 1999/6), Chile (BGBl 1990/303), Costa Rica (BGBl III 2017/118), Dänemark (BGBl 1989/261, s auch BGBl III 2012/110 und BGBl III 2014/89 [DFB]), Deutschland (BGBl 1990/303), Dominikanische Republik (BGBl III 2010/62), Ecuador (BGBl 1992/264), El Salvador (BGBl III 2007/71), Estland (BGBl 1993/843, s auch BGBl III 2005/178 und BGBl III 2017/217), Fidschi (BGBl III 2017/82), Finnland (BGBl 1988/175, s auch BGBl III 2012/99 und BGBl III 2014/89 [DFB]), Gabun (BGBl III 2005/178), Georgien (BGBl 1995/12), Grenadinen (BGBl III 2000/193), Griechenland (BGBl III 1998/63), Guatemala (BGBl III 2019/230), Guinea (BGBl 1991/302), Guyana (BGBl III 2014/181), Honduras (BGBl III 2002/245, Irak (BGBl 1990/505), Island (BGBl III 2001/147, s auch BGBl III 2005/178), Israel (BGBl III 2002/55), Japan (BGBl III 2008/95), Jugoslawien (BGBl III 2001/108), Kamerun (BGBl III 2017/170), Kanada (BGBl 1991/456, s auch BGBl 1992/783 und BGBl III 2005/178), Kirgisistan (BGBl III 2005/178), Kolumbien (BGBl III 2001/221), Kongo (BGBl III 2014/111), Republik Korea (BGBl III 2005/178), Demokratische Volksrepublik Korea (BGBl III 2019/52), Kroatien (BGBl III 1998/132), Kuba (BGBl 1995/136), Demokratische Volksrepublik Laos (BGBl III 2019/150), Lettland (BGBl III 1998/1, s auch BGBl III 2012/177), Libanon (BGBl III 2008/163), Liberia (BGBl III 2005/178), Liechtenstein (BGBl III 2019/70), Litauen (BGBl 1995/420, BGBl III 2013/303), Luxemburg (BGBl III 1998/84), Madagaskar (BGBl III 2014/181), Mauretanien (BGBl III 1999/208), Nordmazedonien (BGBl III 2007/71), Mexiko (BGBl 1988/175), Moldau (BGBl 1995/136), Mongolei (BGBl III 1998/49), Montenegro (BGBl III 2007/71), Neuseeland (BGBl 1995/136), Niederlande (BGBl 1991/302), Norwegen (BGBl 1989/235, BGBl III 2014/88, BGBl III 2014/89 [DFB]), Palästina (BGBl III 2018/3), Paraguay (BGBl III 2006/75), Peru (BGBl III 1999/164), Polen (BGBl 1995/608), Portugal (BGBl III 2020/161), Ruanda (BGBl III 2023/156), Rumänien (BGBl 1991/456), Russische Föderation (BGBl 1994/124), San Marino (BGBl III 2012/55), Saudi-Arabien (BGBl III 2023/136; ohne Teil III [Art 92 Abs 1]), Schweden (BGBl 1988/175, s auch BGBl III 2012/99 und BGBl III 2014/89 [DFB]), Schweiz (BGBl 1990/303), Singapur (BGBl 1995/420), Slowakei (BGBl 1994/124), Slowenien (BGBl 1994/358), Spanien (BGBl 1991/108), St. Vincent (BGBl III 2000/193), Tschechien (BGBl 1994/168, s auch BGBl III 2017/217), Türkei (BGBl III 2010/63), Uganda (BGBl 1992/264), Ukraine (BGBl 1990/303), Uruguay (BGBl III 2005/178), Usbekistan (BGBl III 1997/79), Vietnam (BGBl III 2016/4),Weißrußland (BGBl 1990/303), Zypern (BGBl III 2005/178).

2) Siehe auch BGBl 1988/175 und III 2015/99.

3) Die Erklärung gilt nicht für Hongkong (BGBl III 2022/89).

4) China hat seine gemäß Art. 96 abgegebene Erklärung am 16. Jänner 2013 zurückgezogen (BGBl III 2013/23).

12. Wohnungseigentumsgesetz

12. Wohnungseigentumsgesetz 2002, BGBl I 2002/70 idF

1 BGBl I 2002/114 (DFB)
2 BGBl I 2003/113 (WohnAußStrBeglG)
3 BGBl I 2005/120 (HaRÄG)
4 BGBl I 2006/124 (WRN 2006)
5 BGBl I 2009/25 (WRN 2009)
6 BGBl I 2010/29 (IRÄG 2010; Begriffersetzung)
7 BGBl I 2010/58 (IRÄ-BG)
8 BGBl I 2010/111 (BudgetbegleitG 2011)
9 BGBl I 2012/30 (GB-Nov 2012)
10 BGBl I 2014/100 (WRN 2015)
11 BGBl I 2015/87 (ErbRÄG 2015)
12 BGBl I 2018/58 (ErwSchAG-Justiz)
13 BGBl I 2020/81 (GB-Nov 2020)
14 BGBl I 2021/222 (WEG-Nov 2022)
15 BGBl I 2024/92

GLIEDERUNG

STICHWORTVERZEICHNIS

(Die Zahlenangaben beziehen sich auf die Paragraphen)

Stichwortverzeichnis

Stichwortverzeichnis

Bundesgesetz über das Wohnungseigentum (Wohnungseigentumsgesetz 2002 – WEG 2002)

1. Abschnitt

Regelungsgegenstand und Begriffsbestimmungen

Regelungsgegenstand

§ 1. Dieses Bundesgesetz regelt die Rechtsform des Wohnungseigentums, insbesondere die Voraussetzungen, die Begründung, den Erwerb und das Erlöschen von Wohnungseigentum, die Rechte und Pflichten der Wohnungseigentümer und Wohnungseigentumsbewerber, des Wohnungseigentumsorganisators und des Verwalters, die Verwaltung der Liegenschaft, die Eigentümergemeinschaft, die Ausschließung von Wohnungseigentümern, das vorläufige Wohnungseigentum des Alleineigentümers der Liegenschaft und das wohnungseigentumsrechtliche Außerstreitverfahren.

Begriffsbestimmungen

§ 2. (1) Wohnungseigentum ist das dem Miteigentümer einer Liegenschaft oder einer Eigentümerpartnerschaft eingeräumte dingliche Recht, ein Wohnungseigentumsobjekt ausschließlich zu nutzen und allein darüber zu verfügen. Vorläufiges Wohnungseigentum ist das nach den Regelungen im 10. Abschnitt beschränkte Wohnungseigentum, das unter den dort umschriebenen Voraussetzungen vom Alleineigentümer einer Liegenschaft begründet werden kann.

(2) Wohnungseigentumsobjekte sind Wohnungen, sonstige selbständige Räumlichkeiten und Abstellplätze für Kraftfahrzeuge (wohnungseigentumstaugliche Objekte), an denen Wohnungseigentum begründet wurde. Eine Wohnung ist ein baulich abgeschlossener, nach der Verkehrsauffassung selbständiger Teil eines Gebäudes, der nach seiner Art und Größe geeignet ist, der Befriedigung eines individuellen Wohnbedürfnisses von Menschen zu dienen. Eine sonstige selbständige Räumlichkeit ist ein baulich abgeschlossener, nach der Verkehrsauffassung selbständiger Teil eines Gebäudes, dem nach seiner Art und Größe eine erhebliche wirtschaftliche Bedeutung zukommt, wie etwa ein selbständiger Geschäftsraum oder eine Garage. Ein Abstellplatz für ein Kraftfahrzeug ist eine – etwa durch Bodenmarkierung – deutlich abgegrenzte Bodenfläche, die ausschließlich zum Abstellen eines Kraftfahrzeugs gewidmet und dazu nach ihrer Größe, Lage und Beschaffenheit geeignet ist „; eine Stellfläche etwa aus Metall, die zu einer technischen Vorrichtung zur Platz sparenden Unterbringung von Kraftfahrzeugen gehört, ist einer Bodenfläche gleichzuhalten.“ *(BGBl I 2006/124, ab 1. 10. 2006)*

WEG

(3) Zubehör-Wohnungseigentum ist das mit dem Wohnungseigentum verbundene Recht, andere, mit dem Wohnungseigentumsobjekt baulich nicht verbundene Teile der Liegenschaft, wie etwa Keller- oder Dachbodenräume, Hausgärten oder Lagerplätze, ausschließlich zu nutzen. Diese rechtliche Verbindung setzt voraus, dass das Zubehörobjekt ohne Inanspruchnahme anderer Wohnungseigentums- oder Zubehörobjekte zugänglich und deutlich abgegrenzt ist.

(4) Allgemeine Teile der Liegenschaft sind solche, die der allgemeinen Benützung dienen oder deren Zweckbestimmung einer ausschließli chen Benützung entgegensteht.

(5) Wohnungseigentümer ist ein Miteigentümer der Liegenschaft, dem Wohnungseigentum an einem darauf befindlichen Wohnungseigentumsobjekt zukommt. Alle Wohnungseigentümer bilden zur Verwaltung der Liegenschaft die Eigentümergemeinschaft; sie ist eine juristische Person mit Rechtsfähigkeit in dem durch „§ 18 Abs. 1 und 2“ umschriebenen Umfang. *(BGBl I 2006/124, ab 1. 10. 2006)*

(6) Wohnungseigentumsbewerber ist derjenige, dem schriftlich, sei es auch bedingt oder befristet, von einem Wohnungseigentumsorganisator die Einräumung von Wohnungseigentum an einem bestimmt bezeichneten wohnungseigentumstaug-

lichen Objekt zugesagt wurde. Wohnungseigentumsorganisator ist sowohl der Eigentümer oder außerbücherliche Erwerber der Liegenschaft als auch jeder, der mit dessen Wissen die organisatorische Abwicklung des Bauvorhabens oder – bei bereits bezogenen Gebäuden – der Wohnungseigentumsbegründung durchführt oder an dieser Abwicklung in eigener Verantwortlichkeit beteiligt ist. Miteigentumsbewerber ist derjenige, dem im Fall der Begründung von vorläufigem Wohnungseigentum schriftlich, sei es auch bedingt oder befristet, vom (früheren) Alleineigentümer die Einräumung von Miteigentum an der Liegenschaft und der Erwerb von Wohnungseigentum an einem bestimmt bezeichneten Wohnungseigentumsobjekt zugesagt wurde.

(7) Die Nutzfläche ist die gesamte Bodenfläche eines Wohnungseigentumsobjekts abzüglich der Wandstärken sowie der im Verlauf der Wände befindlichen Durchbrechungen und Ausnehmungen. Treppen, offene Balkone und Terrassen sowie Zubehörobjekte im Sinne des Abs. 3 sind bei der Berechnung der Nutzfläche nicht zu berücksichtigen; für Keller- und Dachbodenräume gilt dies jedoch nur, soweit sie ihrer Ausstattung nach nicht für Wohn- oder Geschäftszwecke geeignet sind.

(8) Der Nutzwert ist die Maßzahl, mit der der Wert eines Wohnungseigentumsobjekts im Verhältnis zu den Werten der anderen Wohnungseigentumsobjekte der Liegenschaft bezeichnet wird. Er ergibt sich aus der Nutzfläche des Objekts und aus Zuschlägen oder Abstrichen für werterhöhende oder wertvermindernde Eigenschaften desselben.

(9) Der Mindestanteil ist jener Miteigentumsanteil an der Liegenschaft, der zum Erwerb von Wohnungseigentum an einem Wohnungseigentumsobjekt erforderlich ist. Er entspricht dem Verhältnis des Nutzwerts des Objekts zur Summe der Nutzwerte aller Wohnungseigentumsobjekte der Liegenschaft.

(10) Die Eigentümerpartnerschaft ist die Rechtsgemeinschaft zweier natürlicher Personen, die gemeinsam Wohnungseigentümer eines Wohnungseigentumsobjekts sind.

2. Abschnitt

Begründung und Erwerb von Wohnungseigentum

Begründung von Wohnungseigentum; Titel, Zustimmung, Beschränkung

§ 3. (1) Das Wohnungseigentum kann begründet werden auf Grundlage

1. einer schriftlichen Vereinbarung aller Miteigentümer (Wohnungseigentumsvertrag),

2. einer gerichtlichen Entscheidung über eine Klage nach § 43,

3. einer gerichtlichen Entscheidung in einem Verfahren zur Aufhebung einer Miteigentumsgemeinschaft oder

4. einer gerichtlichen Aufteilung des ehelichen Gebrauchsvermögens und der ehelichen Ersparnisse (§§ 81 bis 98 Ehegesetz).[1)]

(2) Die Begründung von Wohnungseigentum ist nur zulässig, wenn sie sich auf alle wohnungseigentumstauglichen Objekte bezieht, die nach der Widmung der Miteigentümer als Wohnungseigentumsobjekte vorgesehen sind. *(BGBl I 2006/124, ab 1. 10. 2006)*

(3) An allgemeinen Teilen der Liegenschaft kann Wohnungseigentum nicht begründet werden.

(4) Wenn für jeden der künftigen Wohnungseigentümer bereits vor der Wohnungseigentumsbegründung entweder das Miteigentum an einem Anteil der Liegenschaft einverleibt oder die Anmerkung der Einräumung von Wohnungseigentum an einem Anteil eingetragen ist, kann mit Zustimmung aller dieser Miteigentümer und Wohnungseigentumsbewerber sowie der Buchberechtigten die zur Schaffung der erforderlichen Miteigentumsanteile (§ 2 Abs. 9) notwendige Veränderung der bestehenden Miteigentumsanteile durch Berichtigung in sinngemäßer Anwendung des § 136 Abs. 1 GBG 1955 geschehen. Die Zustimmung von Buchberechtigten, die im Rang nach einer Anmerkung der Einräumung von Wohnungseigentum eingetragen sind, ist für die Berichtigung jedoch nicht erforderlich. Soweit zu Gunsten eines Wohnungseigentumsbewerbers die Anmerkung der Einräumung des Wohnungseigentums eingetragen ist, ist die Berichtigung im Rang der Zusage vorzunehmen. Bücherliche Rechte, die auf den Miteigentumsanteilen lasten, beziehen sich ohne weiteres auf die berichtigten Miteigentumsanteile. *(BGBl I 2012/30, ab 1. 5. 2012, anzuwenden, wenn der Antrag auf Einverleibung des Wohnungseigentums nach dem 30. 4. 2012 gestellt wird)*

(Zu Abs 1 Z 3 s § 56 Abs 3)

[1)] *Nach § 43 Abs 1 Z 24 EPG auf eingetragene Partner sinngemäß anzuwenden.*

Wirkung der Wohnungseigentumsbegründung auf ein bestehendes Mietverhältnis

§ 4. (1) Mit der Begründung von Wohnungseigentum an einem vermieteten wohnungseigentumstauglichen Objekt geht die Rechtsstellung des Vermieters auf den Wohnungseigentümer über, dem das Wohnungseigentum an diesem Objekt zukommt.

(2) Soweit der Hauptmieter des Wohnungseigentumsobjekts Geldansprüche aus dem Mietverhältnis, die noch aus der Zeit vor der Begründung des Wohnungseigentums an dem von ihm gemieteten Objekt herrühren, gegen den Woh-

nungseigentümer auch durch Exekution nicht hereinbringen kann, haftet die Eigentümergemeinschaft für den Ausfall.

(3) Der Hauptmieter des Wohnungseigentumsobjekts kann mietrechtliche Ansprüche, die sich auf die allgemeinen Teile der Liegenschaft oder auf die Liegenschaft als Gesamtheit beziehen, ungeachtet der Rechtsstellung des Wohnungseigentümers als Vermieter auch gegen die Eigentümergemeinschaft geltend machen.

(Siehe § 56 Abs 5)

Erwerb des Wohnungseigentums

§ 5. (1) Das Wohnungseigentum kann von jedem Miteigentümer erworben werden, dessen Anteil „dem Mindestanteil entspricht“. Zwei natürliche Personen, deren Miteigentumsanteile je „dem halben Mindestanteil entsprechen“ , können als Eigentümerpartnerschaft gemeinsam Wohnungseigentum erwerben (§ 13). *(BGBl I 2006/124, ab 1. 10. 2006)*

(2) Wohnungseigentum an einem Abstellplatz für ein Kraftfahrzeug kann bis zum Ablauf von drei Jahren nach Begründung von Wohnungseigentum an der Liegenschaft nur von einer Person oder Eigentümerpartnerschaft erworben werden, der Wohnungseigentum an einer Wohnung oder einem selbständigen Geschäftsraum der Liegenschaft (Bedarfsobjekte) zukommt; dabei kann ein Wohnungseigentümer mehrerer Bedarfsobjekte schon während der dreijährigen Frist eine entsprechende Mehrzahl von Abstellplätzen erwerben. Darüber hinaus kann der Wohnungseigentümer eines Bedarfsobjekts während der dreijährigen Frist mehrere Abstellplätze nur erwerben, soweit die Zahl der auf der Liegenschaft vorhandenen und als Wohnungseigentumsobjekte gewidmeten Abstellplätze die Zahl der Bedarfsobjekte übersteigt; bei der Berechnung der überzähligen Abstellplätze ist der schriftlich erklärte Verzicht eines Wohnungseigentümers auf den ihm vorzubehaltenden Abstellplatz zu berücksichtigen. Nach Ablauf der dreijährigen Frist können auch andere Personen Wohnungseigentum an einem Abstellplatz erwerben. Die Beschränkungen des ersten und zweiten Satzes gelten nicht für denjenigen Wohnungseigentumsorganisator, der im Wohnungseigentumsvertrag als Hauptverantwortlicher für die Wohnungseigentumsbegründung und den Abverkauf der Wohnungseigentumsobjekte bezeichnet ist; dies kann je Liegenschaft nur eine einzige Person sein. *(BGBl I 2006/124, ab 1. 10. 2006, s auch § 58 Abs 2)*

(3) Das Wohnungseigentum wird durch die Einverleibung in das Grundbuch erworben. Es ist im Eigentumsblatt auf dem Mindestanteil einzutragen; bei einer Eigentümerpartnerschaft sind die Anteile der Partner am Mindestanteil („§ 13 Abs. 2“*) zu verbinden. „Die Eintragung des Wohnungseigentums an einem Wohnungseigentumsobjekt erstreckt sich auch auf dessen Zubehörobjekte nach § 2 Abs. 3, soweit sich deren Zuordnung zum Wohnungseigentumsobjekt aus dem Wohnungseigentumsvertrag (§ 3 Abs. 1 Z 1) oder der gerichtlichen Entscheidung (§ 3 Abs. 1 Z 2 bis 4) jeweils im Zusammenhalt mit der Nutzwertermittlung oder -festsetzung eindeutig ergibt.“** Wird auf einer Liegenschaft das Wohnungseigentum einverleibt, so ist in der Aufschrift des Gutsbestandsblatts das Wort „Wohnungseigentum” einzutragen. *(*BGBl I 2006/124, ab 1. 10. 2006; **BGBl I 2014/100, ab 1. 1. 2015, s § 58c Abs 1)*

(4) Die Übertragung eines Zubehörobjekts von einem Wohnungseigentumsobjekt an ein anderes bedarf zu ihrer Wirksamkeit nicht der Zustimmung der übrigen Wohnungseigentümer. *(BGBl I 2014/100, ab 1. 1. 2015, s § 58c Abs 2)*

(Zu Abs 2 s § 56 Abs 6)

WEG

Grundlagen für die Einverleibung des Wohnungseigentums

§ 6. (1) Dem Antrag auf Einverleibung sind jedenfalls beizulegen

1. die schriftliche Vereinbarung der Miteigentümer nach § 3 Abs. 1 Z 1 oder die gerichtliche Entscheidung nach § 3 Abs. 1 Z 2 bis 4,

2. die Bescheinigung der Baubehörde oder das Gutachten eines für den Hochbau zuständigen Ziviltechnikers oder eines allgemein beeideten und gerichtlich zertifizierten Sachverständigen für das Hochbau- oder das Immobilienwesen über den Bestand an „wohnungseigentumstauglichen Objekten“, *(BGBl I 2006/124, ab 1. 10. 2006)*

3. das Nutzwertgutachten (§ 9 Abs. 1) oder die rechtskräftige Entscheidung über die gerichtliche Nutzwertfestsetzung (§ 9 Abs. 2).

(2) Die Bescheinigung oder das Gutachten gemäß Abs. 1 Z 2 darf schon auf Grund der behördlich bewilligten Baupläne auf Antrag eines Miteigentümers oder eines Wohnungseigentumsbewerbers ausgestellt werden; der Verfasser eines solches Gutachtens hat der zuständigen Baubehörde eine Ausfertigung des Gutachtens zu übermitteln.

3. Abschnitt

Nutzfläche, Nutzwert, Mindestanteil

Berechnung der Nutzfläche

§ 7. Die Nutzfläche ist in Quadratmetern auszudrücken. Sie ist auf Grund des behördlich genehmigten Bauplans zu berechnen. Ist dies jedoch nicht möglich oder wird eine Abweichung des Bauplans vom Naturmaß des jeweiligen Wohnungseigentumsobjekts um mehr als 3 vH erwiesen, so ist dessen Nutzfläche nach dem Naturmaß zu berechnen.

Berechnung des Nutzwerts

§ 8. (1) Der Nutzwert ist in einer ganzen Zahl auszudrücken, wobei Teilbeträge unter 0,5 abgerundet und ab 0,5 aufgerundet werden. Er ist aus der Nutzfläche und aus Zuschlägen oder Abstrichen für Umstände zu berechnen, die nach der Verkehrsauffassung den Wert des Wohnungseigentumsobjekts erhöhen oder vermindern, wie etwa dessen Zweckbestimmung, Stockwerkslage, Lage innerhalb eines Stockwerks oder dessen Ausstattung mit offenen Balkonen, Terrassen und Zubehörobjekten im Sinne des § 2 Abs. 3 „." *(BGBl I 2006/124, ab 1. 10. 2006)*

(2) Zuschläge für die Ausstattung mit Zubehörobjekten im Sinne des § 2 Abs. 3 „sowie mit offenen Balkonen und Terrassen" sind in einer ganzen Zahl auszudrücken; es gilt die Rundungsbestimmung des Abs. 1 erster Satz; der Zuschlag ist jedoch mindestens mit der Zahl Eins anzusetzen. Sonstige werterhöhende oder wertvermindernde Unterschiede, die insgesamt nur einen Zuschlag oder Abstrich von nicht mehr als 2 vH rechtfertigen würden, sind zu vernachlässigen. *(BGBl I 2006/124, ab 1. 10. 2006, s auch § 58 Abs 3)*

(3) Der Nutzwert eines Abstellplatzes für ein Kraftfahrzeug darf dessen Nutzfläche „- außer zur Berücksichtigung von Zubehörobjekten -" rechnerisch nicht übersteigen. Bei seiner Berechnung ist neben den in Abs. 1 genannten Umständen auch zu berücksichtigen, ob der Abstellplatz in einem Gebäude oder im Freien liegt, letzterenfalls ob er überdacht ist. *(BGBl I 2006/124, ab 1. 10. 2006)*

Ermittlung und Änderung der Nutzwerte

§ 9. (1) Die Nutzwerte sind durch das Gutachten eines für den Hochbau zuständigen Ziviltechnikers oder eines allgemein beeideten und gerichtlich zertifizierten Sachverständigen für das Hochbau- oder das Immobilienwesen zu ermitteln.

(2) Auf Antrag sind die Nutzwerte vom Gericht insbesondere dann abweichend vom Nutzwertgutachten (Abs. 1) festzusetzen, wenn

1. das Gutachten gegen zwingende Grundsätze der Nutzwertberechnung verstößt,

2. das Gutachten bei einem Wohnungseigentumsobjekt um mehr als 3 vH von den tatsächlichen Gegebenheiten abweicht,

3. sich der Nutzwert eines Wohnungseigentumsobjekts durch eine gegenüber den Grundlagen der Nutzwertermittlung abweichende Bauführung um mehr als 3 vH ändert,

4. sich der Nutzwert eines Wohnungseigentumsobjekts nach Vollendung der Bauführung durch bauliche Vorgänge auf der Liegenschaft wesentlich ändert oder

5. sich die Nutzwerte durch Änderungen im Bestand räumlich unmittelbar aneinandergrenzender Wohnungseigentumsobjekte oder durch die Übertragung von Zubehörobjekten im Sinne des § 2 Abs. 3 ändern.

(3) Abs. 2 gilt entsprechend auch für eine gerichtliche Neufestsetzung der Nutzwerte abweichend von einer bereits früher ergangenen Nutzwertfestsetzung durch das Gericht.

(4) In den Entscheidungen über die gerichtliche Nutzwertfestsetzung ist auch festzustellen, inwieweit sich durch sie die Summe der Nutzwerte aller Wohnungseigentumsobjekte der Liegenschaft ändert.

(5) In den Fällen des Abs. 2 Z 5 sind die Nutzwerte der von der Änderung oder Übertragung betroffenen Wohnungseigentumsobjekte so festzusetzen, dass ihre Summe gleich bleibt. Bei der Übertragung eines Zubehörobjekts ist eine Nutzwertfestsetzung entbehrlich, wenn sich der Nutzwert des Zubehörobjekts zweifelsfrei aus der früheren Nutzwertermittlung ergibt. *(BGBl I 2006/124, ab 1. 10. 2006)*

(6) Die Nutzwerte können auch ohne gerichtliche Entscheidung abweichend vom Nutzwertgutachten (Abs. 1) oder von einer gerichtlichen Nutzwertfestsetzung (Abs. 2 oder 3) festgesetzt werden, indem ein neues Nutzwertgutachten eingeholt wird und sämtliche Wohnungseigentümer den Ergebnissen dieses Gutachtens öffentlich beglaubigt schriftlich zustimmen. *(BGBl I 2006/124, ab 1. 10. 2006)*

Recht zum Antrag auf gerichtliche Nutzwertfestsetzung; Änderung der Miteigentumsanteile

§ 10. (1) Die gerichtliche Nutzwertfestsetzung kann in den Fällen des § 9 Abs. 2 Z 1 bis 4 von jedem Miteigentümer und Wohnungseigentumsbewerber, in den Fällen des § 9 Abs. 2 Z 5 nur gemeinsam von den von der Änderung oder Übertragung betroffenen Wohnungseigentümern beantragt werden.

(2) Die gerichtliche Nutzwertfestsetzung kann im Fall des § 9 Abs. 2 Z 2 nur innerhalb eines Jahres ab Rechtskraft der Bewilligung der Einverleibung von Wohnungseigentum und in den Fällen des § 9 Abs. 2 Z 3 und 4 nur innerhalb eines Jahres ab Vollendung der Bauführung beantragt werden. Für einen Wohnungseigentumsbewerber beginnt im Fall des § 9 Abs. 2 Z 2 die Antragsfrist erst mit der Verständigung von der Einverleibung des Wohnungseigentums.

(3) Sollen auf Grund einer gerichtlichen (§ 9 Abs. 2 und 3) oder einvernehmlichen (§ 9 Abs. 6) Nutzwertfestsetzung die Miteigentumsanteile geändert werden, so kann dies bei bereits einverleibtem Wohnungseigentum durch Berichtigung in sinngemäßer Anwendung des § 136 Abs. 1 GBG 1955 geschehen. Wenn die Berichtigung bei keinem der Miteigentumsanteile zu einer Än-

derung von mehr als 10 vH führt, ist sie auf Antrag auch nur eines der von der Änderung betroffenen Miteigentümer vorzunehmen; einer Zustimmung der übrigen Miteigentümer oder Buchberechtigten bedarf es in diesem Fall nicht. Wird hingegen ein Miteigentumsanteil durch die Berichtigung um mehr als 10 vH geändert, so ist die Berichtigung nur mit Zustimmung aller Miteigentümer und derjenigen Buchberechtigten zulässig, die Rechte an einem Miteigentumsanteil haben, der durch die Berichtigung kleiner wird. Bücherliche Rechte, die auf den Miteigentumsanteilen lasten, beziehen sich ohne weiteres auf die berichtigten Miteigentumsanteile. *(BGBl I 2012/30, ab 1. 5. 2012, anzuwenden, wenn im Fall einer gerichtlichen Nutzwertfestsetzung das darüber geführte Verfahren nach dem 30. 4. 2012 geendet hat oder im Fall einer einvernehmlichen Nutzwertfestsetzung das neue Gutachten nach dem 30. 4. 2012 erstattet wurde)*

(4) Liegen die im vorstehenden Absatz genannten Voraussetzungen einer Berichtigung in sinngemäßer Anwendung des § 136 Abs. 1 GBG 1955 nicht vor, so haben die Miteigentümer zur Änderung der Miteigentumsanteile entsprechend einer gerichtlichen oder einvernehmlichen Nutzwertfestsetzung gegenseitig Miteigentumsanteile in einem solchen Ausmaß zu übernehmen und zu übertragen, dass jedem Wohnungseigentümer der nun für sein Wohnungseigentumsobjekt erforderliche Mindestanteil zukommt. Mangels vereinbarter Unentgeltlichkeit ist für die übernommenen Miteigentumsanteile ein angemessenes Entgelt zu entrichten. Die durch die einzelne Übertragung entstehenden Kosten und Abgaben hat der Miteigentümer zu tragen, dem ein Miteigentumsanteil übertragen wird. *(BGBl I 2012/30, ab 1. 5. 2012, anzuwenden, wenn im Fall einer gerichtlichen Nutzwertfestsetzung das darüber geführte Verfahren nach dem 30. 4. 2012 geendet hat oder im Fall einer einvernehmlichen Nutzwertfestsetzung das neue Gutachten nach dem 30. 4. 2012 erstattet wurde)*

Verbindung mit dem Mindestanteil

§ 11. (1) Das Wohnungseigentum ist mit dem Mindestanteil untrennbar verbunden. Es kann nur mit diesem zusammen beschränkt, belastet, veräußert, von Todes wegen übertragen und der Zwangsvollstreckung unterworfen werden.

(2) Bücherliche Eintragungen auf dem Mindestanteil erstrecken sich auch dann auf das Wohnungseigentum, wenn sie dem Wohnungseigentum im Rang vorangehen.

(3) Im Fall der Zwangsversteigerung eines Miteigentumsanteils sind die durch das Wohnungseigentum bewirkten Beschränkungen vom Ersteher ohne Rücksicht auf den bücherlichen Rang und ohne Anrechnung auf das Meistbot zu übernehmen.

Unteilbarkeit des Mindestanteils

§ 12. (1) Der mit dem Wohnungseigentum untrennbar verbundene Mindestanteil darf, solange das Wohnungseigentum besteht, außer im Fall einer Eigentümerpartnerschaft (§ 2 Abs. 10, § 13), nicht geteilt werden.

(2) Würde nach dem Tod des Wohnungseigentümers nach den Ergebnissen des Verlassenschaftsverfahrens der mit dem Wohnungseigentum verbundene Mindestanteil mehr als zwei natürlichen Personen oder zwei natürlichen Personen zu unterschiedlichen Anteilen oder zum Teil einer juristischen Person „oder einer eingetragenen Personengesellschaft“ zufallen und kommt es auch nicht zur Bildung einer „eingetragenen Personengesellschaft“, die den Mindestanteil erwirbt, so hat das Verlassenschaftsgericht eine öffentliche Feilbietung des Mindestanteils und des damit verbundenen Wohnungseigentums durch Versteigerung vorzunehmen. *(BGBl I 2005/120, ab 1. 1. 2007)*

WEG

(3) Hat trotz der Anordnung des Abs. 2 eine Personenmehrheit ohne Bildung einer Eigentümerpartnerschaft durch Rechtsnachfolge von Todes wegen Eigentum am Mindestanteil erworben, so kann deren Eigentum nicht im Grundbuch einverleibt werden. „Wird ein Antrag auf Einverleibung des Eigentumsrechts gestellt, so hat das Grundbuchsgericht den Antrag abzuweisen, die Antragsteller auf die Unmöglichkeit der begehrten Einverleibung hinzuweisen und ihnen eine angemessene Frist dafür einzuräumen, um stattdessen den Erwerb des Mindestanteils durch eine einzelne Person oder durch eine Eigentümerpartnerschaft zu beantragen.“ Wenn diese Frist ungenützt verstreicht, hat das Grundbuchsgericht eine öffentliche Feilbietung nach Abs. 2 vorzunehmen. *(BGBl I 2015/87; BGBl I 2020/81, ab 1. 10. 2020, s § 58f)*

4. Abschnitt

Eigentümerpartnerschaft

Gemeinsames Wohnungseigentum der Partner

§ 13. (1) Für die Eigentümerpartnerschaft gelten, soweit im Folgenden keine besonderen Regelungen getroffen werden, die Bestimmungen des 16. Hauptstücks des Zweiten Teils des ABGB.

(2) Zur Begründung einer Eigentümerpartnerschaft müssen die Partner Eigentümer je eines halben Mindestanteils (im Folgenden „Anteil am Mindestanteil” genannt) sein; ihre Anteile am Mindestanteil dürfen nicht verschieden belastet sein. Das Gleiche gilt, wenn ein Wohnungseigentümer einer anderen Person unter gleichzeitiger Begründung des gemeinsamen Wohnungseigentums den dazu erforderlichen Anteil am Mindestanteil überträgt.

(3) Durch das gemeinsame Wohnungseigentum der Partner werden ihre Anteile am Mindestanteil so verbunden, dass sie, solange die Eigentümerpartnerschaft besteht, nicht getrennt und nur gemeinsam beschränkt, belastet „ “* oder der Zwangsvollstreckung unterworfen werden dürfen. Die Zwangsvollstreckung auf Grund eines Exekutionstitels, der bloß gegen einen der Partner besteht, ist nur im Weg des mit der Pfändung des Anspruchs auf Aufhebung des gemeinsamen Wohnungseigentums zu verbindenden Antrags auf Zwangsversteigerung des gesamten Mindestanteils und des damit verbundenen gemeinsamen Wohnungseigentums zulässig. In diesem Exekutionsverfahren ist der Partner, gegen den kein Exekutionstitel besteht, Beteiligter; er kann zur Wahrung seiner Rechte alle Rechtsmittel erheben, wie wenn er selbst Verpflichteter wäre; überdies kann er gegen diese Exekution Widerspruch erheben (§ 37 der Exekutionsordnung), wenn sich die Exekution auf das Wohnungseigentumsobjekt bezieht, das ihm zur Befriedigung seines dringenden Wohnbedürfnisses dient. „Unter der selben Voraussetzung hat ein Partner „im Fall eines Insolvenzverfahrens über das Vermögen des anderen Partners“*** das Recht auf Aussonderung von dessen halbem Mindestanteil (§ 44 „IO“**). Jeder der Partner darf seinen Anteil am Mindestanteil nur mit Zustimmung des anderen Partners veräußern.“* *(*BGBl I 2006/124, ab 1. 10. 2006; **BGBl I 2010/29, ab 1. 7. 2010; ***BGBl I 2010/58, ab 1. 8. 2010)*

(4) Die Partner haften für alle Verbindlichkeiten aus ihrem gemeinsamen Wohnungseigentum zur ungeteilten Hand. Sie dürfen über das gemeinsame Wohnungseigentum und die Nutzung des im gemeinsamen Wohnungseigentum stehenden Wohnungseigentumsobjekts nur gemeinsam verfügen.

(5) Die mit ihrem gemeinsamen Wohnungseigentum verbundenen Befugnisse zur Mitwirkung an der Entscheidungsfindung in der Eigentümergemeinschaft (Äußerungs- und Stimmrecht sowie Minderheitsrechte bei der Willensbildung der Eigentümergemeinschaft) stehen den Partnern nur gemeinsam zu.

(6) Der vertragliche Ausschluss einer Klage auf Aufhebung der Eigentümerpartnerschaft (§ 830 ABGB) bedarf der Schriftform und ist nur für drei Jahre ab Abschluss der jeweiligen Ausschlussvereinbarung rechtswirksam. Ausnahmsweise kann ein solcher Aufhebungsausschluss auch für längere Zeit oder unbefristet vereinbart werden, wenn für einen der Partner eine bloß dreijährige Bindung aus triftigen Gründen, etwa wegen seines hohen Alters, unzumutbar wäre. Eine Ausschlussvereinbarung kann schriftlich beliebig oft wiederholt werden. Sind die Partner Ehegatten[1)] und dient ihr Wohnungseigentumsobjekt wenigstens einem von ihnen zur Befriedigung seines dringenden Wohnbedürfnisses, so ist während der Ehe die Aufhebungsklage des anderen unzulässig. Dient das gemeinsame Wohnungseigentumsobjekt einem minderjährigen Partner zur Befriedigung seines dringenden Wohnbedürfnisses, so ist während dessen Minderjährigkeit die Aufhebungsklage des anderen unzulässig. *(BGBl I 2006/124, ab 1. 10. 2006, s auch § 58 Abs 5)*

---

1) Nach § 43 Abs 1 Z 24 EPG auf eingetragene Partner sinngemäß anzuwenden.

Wohnungseigentum der Partner im Todesfall

§ 14. (1) Beim Tod eines Partners gilt für den Anteil des Verstorbenen - unter Ausschluss sonstigen Erwerbs von Todes wegen, aber vorbehaltlich einer abweichenden Vereinbarung nach Abs. 5 - Folgendes:

1. Der Anteil des Verstorbenen am Mindestanteil und gemeinsamen Wohnungseigentum geht von Gesetzes wegen unmittelbar ins Eigentum des überlebenden Partners über.

2. Der Eigentumsübergang tritt jedoch nicht ein, wenn der überlebende Partner innerhalb einer vom Verlassenschaftsgericht festzusetzenden angemessenen Frist entweder auf ihn verzichtet oder gemeinsam mit den Erben des Verstorbenen unter Zustimmung der Pflichtteilsberechtigten eine Vereinbarung schließt, auf Grund derer der Anteil des Verstorbenen einer anderen Person zukommt.

3. Verzichtet der überlebende Partner auf den Eigentumsübergang, so hat das Verlassenschaftsgericht eine öffentliche Feilbietung des gesamten Mindestanteils und des damit verbundenen Wohnungseigentums durch Versteigerung vorzunehmen.

4. Solange die Möglichkeit des Verzichts besteht, sind die Rechte des überlebenden Partners am Anteil des Verstorbenen auf jene eines Verwalters (§ 837 ABGB) beschränkt.

5. Erwirbt der überlebende Partner den Anteil des Verstorbenen nach Z 1 oder geht dieser Anteil auf Grund einer Vereinbarung nach Z 2 auf eine andere Person über, so gilt für die Eintragung in das Grundbuch § 182 Abs. 3 AußStrG sinngemäß.

(2) Der überlebende Partner, der den Anteil des Verstorbenen am Mindestanteil und Wohnungseigentum gemäß Abs. 1 Z 1 erwirbt, hat der Verlassenschaft nach dem Verstorbenen die Hälfte des Verkehrswerts (§ 2 Abs. 2 LBG) des Mindestanteils zu bezahlen (Übernahmspreis). Eine einvernehmliche Bestimmung des Übernahmspreises ist nur zulässig, wenn kein Inventar zu errichten ist und soweit dadurch nicht in Rechte von Gläubigern oder Pflichtteilsberechtigten des Verstorbenen eingegriffen wird.

(3) Ist der überlebende Partner ein Pflichtteilsberechtigter des Verstorbenen und war Gegen-

stand des gemeinsamen Wohnungseigentums eine Wohnung, die dem Überlebenden zur Befriedigung seines dringenden Wohnbedürfnisses dient, so gilt Abs. 2 nicht. Wenn aber noch ein anderer Pflichtteilsberechtigter vorhanden ist, hat der überlebende Partner ein Viertel des Verkehrswerts des Mindestanteils an die Verlassenschaft nach dem Verstorbenen zu bezahlen. Wenn zwar kein anderer Pflichtteilsberechtigter vorhanden ist, die Verlassenschaft jedoch ohne eine Zahlung des überlebenden Partners überschuldet wäre, hat der Überlebende bis zur Höhe eines Viertels des Verkehrswerts des Mindestanteils den zur Deckung der „Verbindlichkeiten der Verlassenschaft“ erforderlichen Betrag an die Verlassenschaft zu bezahlen. Abs. 2 zweiter Satz gilt entsprechend. Ist dem überlebenden Partner die sofortige Zahlung dieses verminderten Übernahmspreises nach seinen Verhältnissen, insbesondere seinem Vermögen, seinem Einkommen, seinen Sorgepflichten sowie seinen Aufwendungen für die Wohnung und zur Aufrechterhaltung einer angemessenen Lebenshaltung, nicht zumutbar, so hat das Verlassenschaftsgericht mangels einer anders lautenden Vereinbarung auf Antrag die Zahlungspflicht bis zu einer Frist von höchstens fünf Jahren hinauszuschieben oder die Zahlung in Teilbeträgen innerhalb dieses Zeitraums zu bewilligen; in beiden Fällen ist eine angemessene Verzinsung festzusetzen. *(BGBl I 2015/87, ab 17. 8. 2015)*

(4) Die in Abs. 2 und 3 bestimmte Zahlungspflicht des überlebenden Partners kann durch letztwillige Verfügung des anderen Partners oder Schenkung auf den Todesfall erlassen werden.

(5) 1. Die Partner können durch eine vor einem Notar oder unter anwaltlicher Mitwirkung schriftlich geschlossene Vereinbarung bestimmen, dass anstelle des gesetzlichen Eigentumsübergangs nach Abs. 1 Z 1 der Anteil des Verstorbenen am Mindestanteil und gemeinsamen Wohnungseigentum einer anderen natürlichen Person zukommt. Der durch eine solche Vereinbarung Begünstigte erwirbt durch den Erbfall nicht unmittelbar Eigentum am halben Mindestanteil, sondern erhält damit erst einen Anspruch auf dessen Übereignung. Er hat diesen Anspruch innerhalb einer vom Verlassenschaftsgericht festzusetzenden angemessenen Frist durch Anmeldung im Verlassenschaftsverfahren gegen „die Verlassenschaft“*** des Verstorbenen geltend zu machen. Der Begünstigte hat „im Fall einer „Insolvenz der Verlassenschaft“**“*** das Recht auf Aussonderung des halben Mindestanteils (§ 44 „IO“*), sofern Gegenstand des gemeinsamen Wohnungseigentums eine Wohnung ist, die ihm zur Befriedigung seines dringenden Wohnbedürfnisses dient. Der Begünstigte hat für die Übereignung des Anteils des Verstorbenen am Mindestanteil den Übernahmspreis nach Abs. 2 an die Verlassenschaft nach dem Verstorbenen zu bezahlen; wenn beim Begünstigten aber die in Abs. 3 erster Satz genannten Voraussetzungen entsprechend vorliegen, gilt für ihn Abs. 3; für die Erlassung der Zahlungspflicht des Begünstigten durch letztwillige Verfügung oder Schenkung auf den Todesfall gilt Abs. 4. *(* BGBl I 2010/29, ab 1. 7. 2010; ** BGBl I 2010/58, ab 1. 8. 2010; *** BGBl I 2015/87, ab 17. 8. 2015)*

2. Unterlässt der Begünstigte die fristgerechte Verfolgung seines Anspruchs, so tritt der Eigentumsübergang nach Abs. 1 Z 1 mit der Rechtsfolge des Abs. 2 oder 3 ein. Gleiches gilt, wenn der Begünstigte den Erbfall nicht erlebt. Wenn der Begünstigte nach dem Erbfall, aber vor seiner Eintragung im Grundbuch stirbt, gilt für den Anspruch des Begünstigten die Regelung des Abs. 1 Z 1 entsprechend.

(6) In den Fällen des Abs. 3 und 5 Z 1 vierter und fünfter Satz gelten die dort vorgesehenen Begünstigungen auch für einen im gemeinsamen Wohnungseigentum der Partner stehenden Abstellplatz für ein Kraftfahrzeug, der von den Partnern zur einheitlichen Benützung zusammen mit der Wohnung gewidmet war.

(7) Wird eine Verlassenschaft im Ausland abgehandelt, so kommen die dem Verlassenschaftsgericht in den voranstehenden Absätzen zugewiesenen Aufgaben und Befugnisse dem Grundbuchsgericht zu. *(BGBl I 2015/87, ab 17. 8. 2015, s § 58d)*

(BGBl I 2006/124, ab 1. 10. 2006, s auch § 58 Abs 6)

Eigentümerpartnerschaft von Ehegatten bei Nichtigerklärung, Aufhebung oder Scheidung der Ehe

§ 15. „(1)“ Einigen sich im Fall der Nichtigerklärung, Aufhebung oder Scheidung der Ehe die bisherigen Ehegatten nicht über die Aufhebung ihrer Eigentümerpartnerschaft, so steht dem Begehren eines von ihnen auf Aufhebung der Partnerschaft (§ 830 ABGB) nach Ablauf eines Jahres seit dem Eintritt der Rechtskraft der Auflösung der Ehe der Einwand der Unzeit oder des Nachteils nicht entgegen. *(BGBl I 2006/124, ab 1. 10. 2006)*

(2) Ist im Zeitpunkt des Todes eines der beiden bisherigen Ehegatten ein Verfahren zur Aufteilung des ehelichen Gebrauchsvermögens und der ehelichen Ersparnisse anhängig und gehört auch das gemeinsame Wohnungseigentumsobjekt zum Gegenstand dieses Verfahrens, so gehen die darüber im Aufteilungsverfahren getroffenen Anordnungen den Regelungen des § 14 vor. *(BGBl I 2006/124, ab 1. 10. 2006)*

WEG

5. Abschnitt
Nutzung der Wohnungseigentumsobjekte und der allgemeinen Teile der Liegenschaft

Nutzung, Änderung und Erhaltung des Wohnungseigentumsobjekts

§ 16. (1) Die Nutzung des Wohnungseigentumsobjekts kommt dem Wohnungseigentümer zu.

(2) Der Wohnungseigentümer ist zu Änderungen (einschließlich Widmungsänderungen) an seinem Wohnungseigentumsobjekt auf seine Kosten berechtigt. Die Änderungen bedürfen der Zustimmung aller anderen Wohnungseigentümer, sofern die Beeinträchtigung schutzwürdiger Interessen anderer Wohnungseigentümer möglich ist. Unter den folgenden Voraussetzungen darf eine Zustimmung nicht verweigert und kann eine nicht erteilte Zustimmung gerichtlich ersetzt werden:

1. Die Änderung darf weder eine Schädigung des Hauses noch eine Beeinträchtigung schutzwürdiger Interessen der anderen Wohnungseigentümer, besonders auch keine Beeinträchtigung der äußeren Erscheinung des Hauses, noch eine Gefahr für die Sicherheit von Personen, des Hauses oder von anderen Sachen zur Folge haben.

2. Werden für eine solche Änderung auch allgemeine Teile der Liegenschaft in Anspruch genommen, so muss die Änderung überdies entweder der Übung des Verkehrs entsprechen oder einem wichtigen Interesse des Wohnungseigentümers dienen. Für die Einbeziehung oder den Einbau einer Wasserentnahmestelle oder eines Klosetts in das Innere des Wohnungseigentumsobjekts, für die Errichtung von Strom-, Gas-, Wasser- oder Fernsprechleitungen, Beheizungsanlagen und ähnlichen Einrichtungen sowie für die barrierefreie Ausgestaltung eines Wohnungseigentumsobjekts oder von allgemeinen Teilen der Liegenschaft darf aus diesem Grund die Zustimmung jedenfalls nicht verweigert werden; das Gleiche gilt für die Anbringung einer Vorrichtung zum Langsamladen eines elektrisch betriebenen Fahrzeugs, „einer Photovoltaikanlage am Balkon oder an der Terrasse zur Versorgung des Wohnungseigentumsobjekts“ sowie von nach dem Stand der Technik notwendigen Einrichtungen für den Rundfunkempfang und den Empfang digitaler Dienstleistungen, sofern der Anschluss an eine bestehende Einrichtung nicht möglich oder nicht zumutbar ist. *(BGBl I 2024/92, ab 1. 9. 2024)*

3. Werden für eine solche Änderung auch Wohnungseigentums- oder Zubehörobjekte anderer Wohnungseigentümer in Anspruch genommen, so muss überdies der betroffene Wohnungseigentümer der Änderung nur zustimmen, wenn sie keine wesentliche und dauernde Beeinträchtigung seines Wohnungseigentums zur Folge hat und sie ihm bei billiger Abwägung aller Interessen zumutbar ist. Der Wohnungseigentümer, der die Änderung durchführt, hat den beeinträchtigten Wohnungseigentümer angemessen zu entschädigen.
(BGBl I 2021/222, ab 1. 1. 2022)

(3) Ist eine behördliche Bewilligung für Änderungen erforderlich, die die anderen Wohnungseigentümer nach Abs. 2 dulden müssen, so dürfen diese eine für die Erlangung der Bewilligung allenfalls erforderliche Mitwirkung nicht verweigern. *(BGBl I 2021/222, ab 1. 1. 2022)*

(4) Abs. 2 Z 1 und Abs. 3 gelten sinngemäß auch für Änderungen im Bestand räumlich unmittelbar aneinandergrenzender Wohnungseigentumsobjekte sowie für die Übertragung von Zubehörobjekten. *(BGBl I 2021/222, ab 1. 1. 2022)*

(5) In den Fällen der barrierefreien Ausgestaltung eines Wohnungseigentumsobjekts oder von allgemeinen Teilen der Liegenschaft, der Anbringung einer Vorrichtung zum Langsamladen eines elektrisch betriebenen Fahrzeugs, der Anbringung einer Solaranlage an einem als Reihenhaus oder Einzelgebäude errichteten Wohnungseigentumsobjekt, „der Anbringung einer steckerfertigen Photovoltaik-Kleinsterzeugungsanlage am Balkon oder an der Terrasse,“ der Anbringung von sich in das Erscheinungsbild des Hauses harmonisch einfügenden Vorrichtungen zur Beschattung eines Wohnungseigentumsobjekts sowie des Einbaus von einbruchsicheren Türen gilt die Zustimmung eines Wohnungseigentümers als erteilt, wenn er von der geplanten Änderung durch Übersendung auf die in § 24 Abs. 5 bestimmte Weise verständigt worden ist und der Änderung nicht innerhalb von zwei Monaten nach Zugang der Verständigung widerspricht. In der Verständigung muss die geplante Änderung klar und verständlich beschrieben und müssen die Rechtsfolgen des Unterbleibens eines Widerspruchs genannt werden. Ein Widerspruch muss dem die Änderung anstrebenden Wohnungseigentümer auf Papier oder in dauerhaft speicherbarer elektronischer Form übermittelt werden. Eine wesentliche und dauernde Beeinträchtigung seines Wohnungseigentums- oder Zubehörobjekts muss ein Wohnungseigentümer allerdings auch dann nicht dulden, wenn er einen Widerspruch unterlassen hat. *(BGBl I 2021/222, ab 1. 1. 2022; BGBl I 2024/92, ab 1. 9. 2024)*

(6) Hat eine Änderung, für die auch allgemeine Teile der Liegenschaft in Anspruch genommen wurden (Abs. 2 Z 2), im Weiteren höhere Kosten für die Erhaltung dieser allgemeinen Teile zur Folge, so hat der Wohnungseigentümer die durch seine Änderung verursachten Mehrkosten zu tragen. *(BGBl I 2021/222, ab 1. 1. 2022)*

(7) Der Wohnungseigentümer hat das Wohnungseigentumsobjekt und die dafür bestimmten Einrichtungen, insbesondere die Strom-, Gas- und

Wasserleitungen sowie die Beheizungs- und sanitären Anlagen, auf seine Kosten so zu warten und in Stand zu halten, dass den anderen Wohnungseigentümern kein Nachteil erwächst. Er hat ferner das Betreten und die Benützung des Wohnungseigentumsobjekts zu gestatten, soweit dies zur Erhaltung der allgemeinen Teile der Liegenschaft oder zur Behebung ernster Schäden des Hauses erforderlich ist; für die vermögensrechtlichen Nachteile, die er dadurch erleidet, ist er von der Eigentümergemeinschaft angemessen zu entschädigen. *(BGBl I 2021/222, ab 1. 1. 2022)*

(8) Ein Wohnungseigentümer, der in seiner Garage oder an seinem Abstellplatz für ein Kraftfahrzeug eine einzelne Vorrichtung zum Laden eines elektrisch betriebenen Fahrzeugs angebracht hat, muss deren Nutzung nach Inbetriebnahme einer gemeinsamen Elektro-Ladeanlage unterlassen, wenn die Eigentümergemeinschaft dies auf Grundlage eines darüber gefassten Beschlusses von ihm verlangt und die elektrische Versorgung der Liegenschaft durch eine Beteiligung an der gemeinsamen Anlage besser genützt werden kann als durch die weitere Nutzung der Einzelladestation; diese Unterlassungspflicht tritt aber frühestens fünf Jahre nach Errichtung der Einzelladestation ein. *(BGBl I 2021/222, ab 1. 1. 2022, s auch § 58g Abs 3)*

Benützungsregelung

§ 17. (1) Sämtliche Wohnungseigentümer können schriftlich eine Vereinbarung über die Benützung der verfügbaren allgemeinen Teile der Liegenschaft treffen.

(2) Jeder Wohnungseigentümer kann eine gerichtliche Regelung über die Benützung der verfügbaren allgemeinen Teile der Liegenschaft oder die gerichtliche Abänderung einer bestehenden Regelung aus wichtigen Gründen beantragen. Im erstgenannten Fall kann während des Verfahrens über den Antrag mit einer Mehrheit von zwei Dritteln der Anteile eine vorläufige Benützungsregelung beschlossen werden.

(3) Die Benützungsregelung wird durch den Wechsel eines Wohnungseigentümers nicht berührt. Sie ist bei Festsetzung durch das Gericht von Amts wegen, sonst, sofern die Unterschrift auch nur eines Wohnungseigentümers öffentlich beglaubigt ist, auf Antrag dieses oder eines anderen Wohnungseigentümers im Grundbuch ersichtlich zu machen.

6. Abschnitt

Eigentümergemeinschaft, Verwalter, Vorzugspfandrecht

Rechtsfähigkeit und Vertretung der Eigentümergemeinschaft

§ 18. (1) Die Eigentümergemeinschaft kann in Angelegenheiten der Verwaltung der Liegenschaft Rechte erwerben und Verbindlichkeiten eingehen sowie klagen und geklagt werden. Für Klagen gegen die Eigentümergemeinschaft ist das Gericht örtlich zuständig, in dessen Sprengel die Liegenschaft gelegen ist. Bei diesem Gericht kann auch ein Wohnungseigentümer von der Eigentümergemeinschaft geklagt werden. Forderungen gegen die Eigentümergemeinschaft können gegen die einzelnen Wohnungseigentümer nur nach Maßgabe des „Abs. 4 zweiter Satz“ und nur durch gesonderte Klagsführung geltend gemacht werden. *(BGBl I 2006/124, ab 1. 10. 2006)*

(2) Die Wohnungseigentümer können der Eigentümergemeinschaft aus ihrem Miteigentum erfließende Unterlassungsansprüche sowie die Liegenschaft betreffende Gewährleistungs- und Schadenersatzansprüche abtreten, wodurch die Eigentümergemeinschaft diese Ansprüche erwirbt und in eigenem Namen geltend machen kann. Unterlässt die Eigentümergemeinschaft die Geltendmachung eines ihr abgetretenen Anspruchs und droht dadurch eine Frist für die Anspruchsverfolgung abzulaufen, so kann der betreffende Wohnungseigentümer den Anspruch für die Eigentümergemeinschaft geltend machen. *(BGBl I 2006/124, ab 1. 10. 2006)*

(3) Die Eigentümergemeinschaft wird vertreten:

1. wenn ein Verwalter bestellt ist,

a) durch den Verwalter,

b) in Fragen des rechtlichen Verhältnisses zwischen der Eigentümergemeinschaft und dem Verwalter durch die nach Miteigentumsanteilen zu berechnende Mehrheit der Wohnungseigentümer,

c) bei Bestellung eines Eigentümervertreters nach § 22 in dem von der Interessenkollision betroffenen Geschäftsbereich nur durch den Eigentümervertreter;

2. wenn kein Verwalter bestellt ist,

a) durch die nach Miteigentumsanteilen zu berechnende Mehrheit der Wohnungseigentümer,

b) bei Bestellung eines vorläufigen Verwalters nach § 23 nur durch diesen.
(BGBl I 2006/124, ab 1. 10. 2006)

„(4)“ Ein gegen die Eigentümergemeinschaft ergangener Exekutionstitel kann nur in die Rücklage (§ 31) oder in die von den Wohnungseigentümern geleisteten oder geschuldeten Zahlungen für Aufwendungen (§ 32) vollstreckt werden. Soweit die Forderung durch eine solche Exekution nicht hereingebracht werden kann, haften die Wohnungseigentümer für den Ausfall im Verhältnis ihrer Miteigentumsanteile. *(BGBl I 2006/124, ab 1. 10. 2006)*

Bestellung eines Verwalters

§ 19. Die Eigentümergemeinschaft kann eine natürliche oder juristische Person zum Verwalter bestellen. „Name und Anschrift des Verwalters sind bei Bestellung durch das Gericht von Amts wegen, sonst auf Grund einer Urkunde über die Bestellung zum Verwalter, sofern die Unterschriften auch nur eines Wohnungseigentümers sowie des Verwalters darauf öffentlich beglaubigt sind, auf Antrag dieses oder eines anderen Wohnungseigentümers oder des Verwalters im Grundbuch ersichtlich zu machen.“ *(BGBl I 2006/124, ab 1. 10. 2006)*

Aufgaben und Befugnisse des Verwalters

§ 20. (1) Der Verwalter ist verpflichtet, die gemeinschaftsbezogenen Interessen aller Wohnungseigentümer zu wahren und Weisungen der Mehrheit der Wohnungseigentümer „(§ 24 Abs. 4)“ zu befolgen, soweit diese nicht gesetzwidrig sind. Dem Verwalter steht die Verwaltung der Liegenschaft und dabei insbesondere auch die nach außen unbeschränkbare Vertretung der Eigentümergemeinschaft zu; im Rahmen dieser Vertretung ist er auch zur Bestellung eines berufsmäßigen Parteienvertreters befugt. *(BGBl I 2021/222, ab 1. 7. 2022)*

(2) Der Verwalter hat den Wohnungseigentümern bis spätestens zum Ende der laufenden Abrechnungsperiode auf die in § 24 Abs. 5 beschriebene Weise eine Vorausschau zur Kenntnis zu bringen, in der die in absehbarer Zeit notwendigen, über die laufende Instandhaltung hinausgehenden Erhaltungsarbeiten und die in Aussicht genommenen Verbesserungsarbeiten, die dafür erforderlichen Beiträge zur Rücklage sowie die sonst vorhersehbaren Aufwendungen, vor allem die Bewirtschaftungskosten, und die sich daraus ergebenden Vorauszahlungen bekannt zu geben sind.

(3) Der Verwalter hat den Wohnungseigentümern nach den Regelungen des § 34 eine ordentliche und richtige Abrechnung sowie gegebenenfalls nach den Regelungen des Heizkostenabrechnungsgesetzes die Abrechnung über die Heiz- und Warmwasserkosten zu legen.

(3a) Soweit nichts anderes vereinbart oder beschlossen wird, hat der Verwalter dafür zu sorgen, dass ein höchstens zehn Jahre alter Energieausweis nach § 2 Z 3 EAVG für das gesamte Gebäude vorhanden ist, und jedem Wohnungseigentümer auf Verlangen und gegen Ersatz der Kopierkosten eine Ablichtung desselben zur Verfügung zu stellen. *(BGBl I 2009/25, ab 1. 1. 2009)*

(4) Beabsichtigt der Verwalter den Abschluss eines Rechtsgeschäfts mit einer Person, die mit ihm durch ein familiäres oder wirtschaftliches Naheverhältnis verbunden ist, so hat er die Wohnungseigentümer auf dieses Naheverhältnis hinzuweisen. Der Verwalter hat für Erhaltungsarbeiten, die über die laufende Instandhaltung hinausgehen, und für größere Verbesserungsarbeiten mindestens drei Angebote einzuholen. „Wenn für solche Arbeiten eine Kreditfinanzierung in Aussicht genommen ist, kann der Verwalter den Wohnungseigentümern die unmittelbare Zahlung des auf ihren Miteigentumsanteil entfallenden Teils der an sich erforderlichen Kreditsumme ermöglichen. Macht ein Wohnungseigentümer von dieser Möglichkeit Gebrauch, so sind die Aufwendungen für die – dadurch vermindert notwendige – Kreditfinanzierung ausschließlich von den anderen Wohnungseigentümern zu tragen.“ *(BGBl I 2021/222, ab 1. 1. 2022)*

(5) Der Verwalter hat rückständige Zahlungen eines Wohnungseigentümers auf die Aufwendungen für die Liegenschaft einzumahnen und nötigenfalls Klage nach § 27 Abs. 2 binnen der dort genannten Frist zu erheben und die Anmerkung der Klage zu beantragen.

(6) Der Verwalter hat alle die Eigentümergemeinschaft betreffenden Ein- und Auszahlungen entweder über ein für jeden Wohnungseigentümer einsehbares Eigenkonto der Eigentümergemeinschaft oder über ein ebenso einsehbares Anderkonto durchzuführen. *(BGBl I 2006/124, ab 1. 10. 2006)*

(7) Der Verwalter hat auf Verlangen jedem Wohnungseigentümer Auskunft über den Inhalt des Verwaltungsvertrags, besonders über die Entgeltvereinbarungen und den Umfang der vereinbarten Leistungen, und im Fall einer schriftlichen Willensbildung (§ 24 Abs. 1) über das Stimmverhalten der anderen Wohnungseigentümer zu geben. *(BGBl I 2021/222, ab 1. 1. 2022)*

(8) Weiters hat der Verwalter jedem Wohnungseigentümer, der dies zur Verständigung der anderen Wohnungseigentümer im Zusammenhang mit der Ausübung von Rechten und Gestaltungsmöglichkeiten, die sich aus dem Wohnungseigentum ergeben, von ihm verlangt, Auskunft über die Namen und die Zustellanschriften der anderen Wohnungseigentümer zu geben; E-Mail-Adressen dürfen nur mit der Einwilligung des betreffenden Wohnungseigentümers mitgeteilt werden. Der Wohnungseigentümer darf die mitgeteilten Daten ausschließlich für die genannten Verständigungszwecke verwenden. Ein Wohnungseigentümer kann dem Verwalter die Weitergabe seiner Zustellanschrift nur dann untersagen, wenn er ihm gleichzeitig eine andere inländische Anschrift oder eine E-Mail-Adresse bekannt gibt, über die

er verständigt und die an andere Wohnungseigentümer weitergegeben werden kann. *(BGBl I 2021/222, ab 1. 1. 2022)*

(9) Die dem Verwalter als Machthaber nach dem 22. Hauptstück des Zweiten Teils des ABGB auferlegten Verbindlichkeiten können weder aufgehoben noch beschränkt werden. *(BGBl I 2021/222, ab 1. 1. 2022)*

(10) Wenn der Verwalter seine Pflichten grob verletzt, kann die Eigentümergemeinschaft – neben allfälligen Schadenersatzansprüchen – auch eine Herabsetzung des mit dem Verwalter vereinbarten Entgelts nach Maßgabe der mit dem Pflichtverstoß einhergehenden Minderung des Nutzens aus der Verwaltertätigkeit verlangen. *(BGBl I 2021/222, ab 1. 1. 2022)*

Auflösung und Verlängerung des Verwaltungsvertrags

§ 21. (1) Wurde der Verwalter auf unbestimmte Zeit bestellt, so können sowohl die Eigentümergemeinschaft als auch der Verwalter den Verwaltungsvertrag unter Einhaltung einer Frist von drei Monaten zum Ende jeder Abrechnungsperiode (§ 34 Abs. 2) kündigen.

(2) Wurde der Verwalter auf bestimmte, mehr als dreijährige Zeit bestellt, so können sowohl die Eigentümergemeinschaft als auch der Verwalter nach Ablauf von drei Jahren den Verwaltungsvertrag ohne Angabe von Gründen unter Einhaltung einer Frist von drei Monaten zum Ende jeder Abrechnungsperiode (§ 34 Abs. 2) kündigen.

(3) Im Übrigen kann der Verwaltungsvertrag jederzeit aus wichtigen Gründen von der Eigentümergemeinschaft gekündigt oder bei grober Verletzung der Pflichten des Verwalters auf Antrag eines Wohnungseigentümers vom Gericht aufgelöst werden; bei Auflösung durch das Gericht ist die Wiederbestellung des Verwalters unzulässig.

(4) Nach Auflösung des Verwaltungsvertrags durch das Gericht ist die Ersichtlichmachung des Verwalters im Grundbuch von Amts wegen zu löschen. Wird der Verwaltungsvertrag auf andere Art aufgelöst, so ist die Ersichtlichmachung des Verwalters auf Grund einer Urkunde über die Kündigung oder die sonstige Auflösung des Vertrags auf Antrag eines Wohnungseigentümers oder des Verwalters im Grundbuch zu löschen; die Urkunde muss bei Auflösung durch den Verwalter dessen öffentlich beglaubigte Unterschrift, ansonsten die öffentlich beglaubigte Unterschrift eines Wohnungseigentümers tragen. *(BGBl I 2006/124, ab 1. 10. 2006)*

(5) Die Regelungen der vorstehenden Absätze können nicht vertraglich abbedungen werden.

(6) Wird ein auf bestimmte Zeit geschlossener Verwaltungsvertrag nach Ablauf der Vertragsdauer stillschweigend verlängert (§ 863 ABGB), so gilt dies als Verlängerung auf unbestimmte Zeit.

Eigentümervertreter

§ 22. (1) Die Eigentümergemeinschaft kann aus dem Kreis der Wohnungseigentümer eine natürliche Person mit deren Zustimmung zum Eigentümervertreter bestellen. Der Eigentümervertreter vertritt die Eigentümergemeinschaft gegenüber dem bestellten Verwalter, soweit dieser die Belange der Gemeinschaft wegen widerstreitender eigener Interessen – wie etwa im Fall einer gerichtlichen oder außergerichtlichen Auseinandersetzung zwischen ihm und der Gemeinschaft – nicht ausreichend wahrnehmen kann, sowie in dem von der Interessenkollision betroffenen Geschäftsbereich auch gegenüber Dritten. Die Funktion des Eigentümervertreters endet spätestens zwei Jahre nach seiner Bestellung; eine Wiederbestellung ist jedoch zulässig.

(2) Der Eigentümervertreter hat Weisungen der Mehrheit der Wohnungseigentümer „(§ 24 Abs. 4)“ zu befolgen, soweit diese nicht gesetzwidrig sind. Im Rahmen der Vertretung der Eigentümergemeinschaft ist er auch zur Bestellung eines berufsmäßigen Parteienvertreters befugt. Für die Ersichtlichmachung des Eigentümervertreters im Grundbuch und deren Löschung gelten § 19 zweiter Satz und § 21 Abs. 4 entsprechend. *(BGBl I 2021/222, ab 1. 7. 2022)*

Vorläufiger Verwalter

§ 23. Ist kein Verwalter bestellt, so kann sowohl ein Wohnungseigentümer als auch ein Dritter, der ein berechtigtes Interesse an einer wirksamen Vertretung der Eigentümergemeinschaft hat, die gerichtliche Bestellung eines vorläufigen Verwalters beantragen. Bis zu dieser Entscheidung gilt der im Grundbuch erstgenannte Wohnungseigentümer als Zustellbevollmächtigter. Die Vertretungsbefugnis des vorläufigen Verwalters endet mit der Bestellung eines Verwalters durch die Gemeinschaft.

Beschlüsse der Eigentümergemeinschaft

§ 24. (1) Zur Willensbildung in der Eigentümergemeinschaft dient vornehmlich die Eigentümerversammlung, doch können Beschlüsse auch – allenfalls ergänzend zu den in einer Eigentümerversammlung abgegebenen Erklärungen – auf andere Weise, etwa auf schriftlichem Weg, zustande kommen. Ein Beschluss ist – mit der sich aus Abs. 6 ergebenden Einschränkung – erst wirksam, nachdem allen Wohnungseigentümern Gelegenheit zur Äußerung gegeben worden ist; bis dahin ist ein Wohnungseigentümer an seine bereits abgegebene Erklärung nicht gebunden.

(2) Die Wohnungseigentümer können ihr Äußerungs- und Stimmrecht entweder persönlich oder durch einen Vertreter ausüben. Weist der für den Wohnungseigentümer Einschreitende seine Vertretungsbefugnis nicht durch eine darauf ge-

richtete, höchstens drei Jahre alte, schriftliche Vollmacht „oder durch eine dieses Einschreiten umfassende Vorsorgevollmacht „oder eine gewählte Erwachsenenvertretung“**“* nach, so ist sein Handeln nur wirksam, wenn es vom Wohnungseigentümer nachträglich binnen 14 Tagen schriftlich genehmigt wird. *(*BGBl I 2009/25, ab 1. 4. 2009; **BGBl I 2018/58, ab 1. 8. 2018)*

(3) Ist Gegenstand der beabsichtigten Beschlussfassung ein Rechtsgeschäft, Rechtsverhältnis oder Rechtsstreit mit einem Wohnungseigentümer oder mit einer Person, mit der dieser durch ein familiäres oder wirtschaftliches Naheverhältnis verbunden ist, so steht diesem Wohnungseigentümer kein Stimmrecht zu.

(4) Für die Mehrheit der Stimmen der Wohnungseigentümer ist entweder die Mehrheit aller Miteigentumsanteile oder die Mehrheit von zwei Dritteln der abgegebenen Stimmen, ebenfalls berechnet nach dem Verhältnis der Miteigentumsanteile, erforderlich. Im zweitgenannten Fall muss die Mehrheit überdies zumindest ein Drittel aller Miteigentumsanteile erreichen. Bei Stimmengleichheit kann jeder Wohnungseigentümer die nach pflichtgemäßem Ermessen zu treffende Entscheidung des Gerichts beantragen. Wer den Wohnungseigentümern einen Vorschlag für einen Beschluss zur Abstimmung unterbreitet, hat darin über die gesetzlichen Regelungen über die Stimmenmehrheit zu informieren und darauf hinzuweisen, dass demnach ein auch mehrheitliches Unterbleiben der Stimmabgabe eine wirksame Beschlussfassung nicht jedenfalls verhindert. *(BGBl I 2021/222, ab 1. 7. 2022, s auch § 58g Abs 4)*

(5) Beschlüsse der Eigentümergemeinschaft sind jedem Wohnungseigentümer sowohl durch Anschlag an einer für alle Wohnungseigentümer deutlich sichtbaren Stelle des Hauses (bei mehreren Häusern oder mehreren Stiegenhäusern an einer entsprechenden Mehrzahl solcher Stellen) als auch durch Übersendung schriftlich zur Kenntnis zu bringen. Eine Übersendung an den Wohnungseigentümer einer Wohnung oder sonstigen selbständigen Räumlichkeit hat an die Anschrift seines Wohnungseigentumsobjekts oder an eine andere von ihm bekannt gegebene inländische Zustellanschrift zu erfolgen. Eine Übersendung an den Wohnungseigentümer eines Abstellplatzes für Kraftfahrzeuge hat an eine von ihm bekannt zu gebende inländische Zustellanschrift zu erfolgen. Dem übersendeten Beschluss ist ein Hinweis darauf beizufügen, dass für den Beginn der Frist zur Anfechtung des Beschlusses dessen Anschlag im Haus maßgeblich ist; zugleich ist der Tag des Anschlags und das sich daraus ergebende Ende der Frist bekannt zu geben. „Jeder Wohnungseigentümer kann verlangen, dass die Übersendung von Beschlüssen an ihn nicht auf dem Postweg, sondern durch elektronische Übermittlung geschieht.“ *(BGBl I 2006/124, ab 1. 10. 2006)*

(6) Jeder Wohnungseigentümer kann innerhalb eines Monats ab Anschlag eines Beschlusses der Eigentümergemeinschaft entsprechend Abs. 5 mit einem gegen die übrigen Wohnungseigentümer zu richtenden Antrag verlangen, dass die Rechtsunwirksamkeit des Beschlusses wegen formeller Mängel, Gesetzwidrigkeit oder Fehlens der erforderlichen Mehrheit gerichtlich festgestellt wird. Beschlüsse in Angelegenheiten der außerordentlichen Verwaltung können überdies nach § 29 angefochten werden.

(7) Die den Wohnungseigentümern zustehenden Befugnisse zur Mitwirkung an der Entscheidungsfindung in der Eigentümergemeinschaft (Äußerungs- und Stimmrecht sowie Minderheitsrechte bei der Willensbildung der Eigentümergemeinschaft) können nicht vertraglich abbedungen werden.

(Zu Abs 6 s § 56 Abs 9)

Eigentümerversammlung

§ 25. (1) Soweit nichts anderes vereinbart oder mit einer Mehrheit von zwei Dritteln der Anteile beschlossen wird, hat der Verwalter alle zwei Jahre eine Eigentümerversammlung einzuberufen. Tag und Zeitpunkt der Eigentümerversammlung sind so zu wählen, dass voraussichtlich möglichst viele Wohnungseigentümer daran teilnehmen können. Darüber hinaus können mindestens drei Wohnungseigentümer, die zusammen mindestens ein Viertel der Anteile haben, vom Verwalter schriftlich unter Angabe eines wichtigen Grundes dafür die Einberufung der Eigentümerversammlung verlangen. Das Recht jedes Wohnungseigentümers, auf das Zustandekommen einer Eigentümerversammlung auch ohne Tätigwerden des Verwalters hinzuwirken, bleibt davon unberührt.

(2) Die Einberufung der Eigentümerversammlung und die dabei zur Beschlussfassung anstehenden Gegenstände sind jedem Wohnungseigentümer mindestens zwei Wochen vor dem Versammlungstermin schriftlich auf die in § 24 Abs. 5 beschriebene Weise zur Kenntnis zu bringen.

(2a) Der Verwalter kann Wohnungseigentümern die Möglichkeit zur Teilnahme an der Eigentümerversammlung im Wege elektronischer Kommunikation, etwa durch eine Videokonferenzverbindung, einräumen. *(BGBl I 2021/222, ab 1. 1. 2022)*

(3) Der Verwalter hat über die Teilnehmer an und über das Geschehen bei der Eigentümerversammlung, insbesondere über die Ergebnisse von Abstimmungen und gefasste Beschlüsse, eine Niederschrift aufzunehmen und jedem Wohnungseigentümer auf die in § 24 Abs. 5 beschriebene Weise zur Kenntnis zu bringen. Hat eine Abstimmung keine „Mehrheit der Stimmen (§ 24 Abs. 4)“** für oder gegen einen Vorschlag ergeben, so hat der Verwalter zur Herbeiführung eines

Beschlusses die bei der Versammlung nicht erschienenen und auch nicht rechtswirksam vertretenen Wohnungseigentümer zugleich mit der Bekanntmachung der Niederschrift aufzufordern, sich zu dieser Frage ihm gegenüber innerhalb einer zu bestimmenden Frist „ “* zu äußern. *(*BGBl I 2006/124, ab 1. 10. 2006; **BGBl I 2021/222, ab 1. 7. 2022)*

Gemeinschaftsordnung

§ 26. (1) Sämtliche Wohnungseigentümer können eine Vereinbarung über die Einrichtung bestimmter Funktionen innerhalb der Eigentümergemeinschaft oder über die Willensbildung treffen. Eine solche Vereinbarung ist rechtswirksam, wenn sie schriftlich geschlossen wird und soweit sie nicht zwingenden Grundsätzen dieses Bundesgesetzes widerspricht. Die mit einer solchen Funktion betrauten Wohnungseigentümer können nicht mit Vertretungsbefugnis ausgestattet werden.

(2) Die Gemeinschaftsordnung wird durch den Wechsel eines Wohnungseigentümers nicht berührt. Sie ist, sofern die Unterschrift auch nur eines Wohnungseigentümers öffentlich beglaubigt ist, auf Antrag dieses oder eines anderen Wohnungseigentümers im Grundbuch ersichtlich zu machen.

Gesetzliches Vorzugspfandrecht

§ 27. (1) An jedem Miteigentumsanteil besteht in dem durch § 216 Abs. 1 Z 3 der Exekutionsordnung bestimmten Ausmaß ein gesetzliches Vorzugspfandrecht zu Gunsten

1. der Forderungen der Eigentümergemeinschaft gegen den Eigentümer des Anteils und

2. der Rückgriffsforderungen eines anderen Wohnungseigentümers

a) aus der Inanspruchnahme von dessen Haftung nach „§ 18 Abs. 4 zweiter Satz“ , *(BGBl I 2006/124, ab 1. 10. 2006)*

b) aus dessen Zahlung auf Verbindlichkeiten des Eigentümers des Anteils, die mit der Verwaltung der Liegenschaft zusammenhängen, oder

c) aus dessen Zahlung auf Verbindlichkeiten, die mit der Verwaltung der Liegenschaft zusammenhängen und für die dieser mit den übrigen Wohnungseigentümern zur ungeteilten Hand haftet.

(2) Das Vorzugspfandrecht kommt dem Forderungsberechtigten nur zu, wenn er die Forderung samt dem Pfandrecht innerhalb von sechs Monaten mit Klage geltend macht und die Anmerkung der Klage im Grundbuch beim Miteigentumsanteil des Beklagten beantragt.

(3) Die durch das Vorzugspfandrecht besicherte Forderung ist im Fall einer Zwangsversteigerung des Miteigentumsanteils durch Barzahlung zu berichtigen, soweit sie in der Verteilungsmasse (§ 215 der Exekutionsordnung) Deckung findet, ansonsten aber vom Ersteher ohne Anrechnung auf das Meistbot zu übernehmen.

7. Abschnitt
Verwaltung der Liegenschaft

Ordentliche Verwaltung

§ 28. (1) In Angelegenheiten der ordentlichen Verwaltung der Liegenschaft entscheidet – unbeschadet der Rechte des einzelnen Wohnungseigentümers nach § 30 – die Mehrheit der Wohnungseigentümer „(§ 24 Abs. 4)“. Zu diesen Angelegenheiten gehören insbesondere: *(BGBl I 2021/222, ab 1. 7. 2022)*

1. die ordnungsgemäße Erhaltung der allgemeinen Teile der Liegenschaft im Sinne des § 3 MRG, einschließlich der baulichen Veränderungen, die über den Erhaltungszweck nicht hinausgehen, und der Behebung ernster Schäden des Hauses in einem Wohnungseigentumsobjekt,

2. die Bildung einer angemessenen Rücklage (§ 31),

3. die Aufnahme eines Darlehens zur Deckung der durch die Rücklage nicht gedeckten Kosten einer in längeren als einjährigen Abständen wiederkehrenden Arbeit zur ordnungsgemäßen Erhaltung,

4. die angemessene Versicherung der Liegenschaft,

5. die Bestellung des Verwalters und die Auflösung des Verwaltungsvertrags,

6. die Bestellung und Abberufung eines Eigentümervertreters,

7. die Erlassung und Änderung der Hausordnung,

8. die Vermietung der verfügbaren allgemeinen, aber einer abgesonderten Benützung zugänglichen Teile der Liegenschaft, an eine Person, die nicht Wohnungseigentümer ist, „ “ *(BGBl I 2009/25, ab 1. 1. 2009)*

9. die Aufkündigung der nach Z 8 geschlossenen Mietverträge „und“ *(BGBl I 2009/25, ab 1. 1. 2009)*

10. die Erstellung und Vorrätighaltung eines Energieausweises nach § 2 Z 3 EAVG für das gesamte Gebäude. *(BGBl I 2009/25, ab 1. 1. 2009)*

(2) Die Eigentümergemeinschaft kann ungeachtet anderer gesetzlicher oder vertraglicher Regelungen Mietverträge über nicht im Wohnungseigentum stehende Abstellplätze für Kraftfahrzeuge unter Einhaltung einer Frist von drei Monaten kündigen, sobald bei einer Person, der Wohnungseigentum an einer Wohnung oder sonstigen selbständigen Räumlichkeit der Liegenschaft zukommt, ein Bedarf nach einem Abstellplatz ent-

steht. Bei einem Mietvertrag mit einem Wohnungseigentümer gilt dies nur dann, soweit dieser mehr als einen Abstellplatz gemietet hat und der Bedarf des anderen Wohnungseigentümers bei Abwägung der beiderseitigen Interessen schwerer wiegt.

Außerordentliche Verwaltung

§ 29. (1) Über Veränderungen an den allgemeinen Teilen der Liegenschaft, die über die in § 28 genannten Angelegenheiten hinausgehen, wie etwa nützliche Verbesserungen oder sonstige über die Erhaltung hinausgehende bauliche Veränderungen, entscheidet die Mehrheit der Wohnungseigentümer „(§ 24 Abs. 4)“, doch kann jeder der Überstimmten mit einem gegen die übrigen Wohnungseigentümer zu richtenden Antrag die gerichtliche Aufhebung des Mehrheitsbeschlusses verlangen. Die Antragsfrist beträgt drei Monate, bei unterbliebener Verständigung des Wohnungseigentümers von der beabsichtigten Beschlussfassung und von ihrem Gegenstand (§ 25 Abs. 2) hingegen sechs Monate und beginnt mit dem Anschlag des Beschlusses im Haus gemäß § 24 Abs. 5. *(BGBl I 2021/222, ab 1. 7. 2022)*

(2) Das Gericht hat den Mehrheitsbeschluss aufzuheben, wenn

1. die Veränderung den Antragsteller übermäßig beeinträchtigen würde oder

2. die Kosten der Veränderung – unter Berücksichtigung auch der in absehbarer Zeit anfallenden Erhaltungsarbeiten – nicht aus der Rücklage gedeckt werden könnten.

(3) Eine Aufhebung des Mehrheitsbeschlusses aus dem Grund des Abs. 2 Z 2 hat nicht stattzufinden, wenn der nicht gedeckte Kostenanteil von der beschließenden Mehrheit getragen wird oder wenn es sich um eine Verbesserung handelt, die auch unter Berücksichtigung der fehlenden Kostendeckung in der Rücklage allen Wohnungseigentümern eindeutig zum Vorteil gereicht.

(4) Würde die Veränderung nur zu einer Beeinträchtigung des Antragstellers führen, die finanziell ausgeglichen werden kann, so hat das Gericht auszusprechen, dass die Veränderung nur gegen Entrichtung einer ziffernmäßig festzusetzenden angemessenen Entschädigung vorgenommen werden darf.

(5) Im Übrigen gelten für Angelegenheiten der außerordentlichen Verwaltung die §§ 834 und 835 ABGB.

(6) Unbeschadet seiner unbeschränkbaren Vertretungsbefugnis (§ 20 Abs. 1) darf der Verwalter Maßnahmen der außerordentlichen Verwaltung nur auf Grund eines Beschlusses nach Abs. 1 durchführen.

Minderheitsrechte und Anzeigepflicht des einzelnen Wohnungseigentümers

§ 30. (1) Jeder Wohnungseigentümer kann – über die Rechte zur Anfechtung von Beschlüssen nach § 24 Abs. 6 und § 29 hinaus – mit einem gegen die übrigen Wohnungseigentümer „ , im Fall der Z 5 aber gegen den Verwalter“ zu richtenden Antrag die Entscheidung des Gerichts darüber verlangen, dass

1. Arbeiten im Sinne des § 28 Abs. 1 Z 1 binnen einer angemessenen Frist durchgeführt werden,

2. eine angemessene Rücklage gebildet oder der bereits festgelegte Beitrag zur Bildung der Rücklage angemessen erhöht oder gemindert wird,

3. ihm die Entrichtung des auf ihn entfallenden Teils der durch die Rücklage nicht gedeckten Kosten einer in längeren als einjährigen Abständen wiederkehrenden Erhaltungsarbeit in angemessenen, den Verteilungszeitraum von zehn Jahren nicht übersteigenden Monatsraten gegen „ “ Zahlung der ortsüblichen Hypothekarzinsen gestattet wird, soweit ihm die sofortige Entrichtung des auf ihn entfallenden Teilbetrags der Erhaltungsarbeit unmöglich oder unzumutbar ist, *(BGBl I 2006/124, ab 1. 10. 2006)*

4. eine angemessene Feuerversicherung und Haftpflichtversicherung abgeschlossen wird,

5. dem Verwalter bei Verstößen gegen § 20 Abs. 2 bis 7 die Einhaltung dieser Pflichten aufgetragen oder der Verwaltungsvertrag wegen grober Verletzung der Pflichten des Verwalters aufgelöst wird (§ 21 Abs. 3), *(BGBl I 2006/124, ab 1. 10. 2006)*

6. ein Verwalter (§§ 19 ff.) oder ein vorläufiger Verwalter (§ 23) bestellt wird, *(BGBl I 2006/124, ab 1. 10. 2006)*

7. jene Bestimmungen der Hausordnung aufgehoben oder geändert werden, die seine schutzwürdigen Interessen verletzen oder ihm bei billigem Ermessen unzumutbar sind,

8. die Unwirksamkeit jener Bestimmungen einer Gemeinschaftsordnung festgestellt wird, die § 26 widersprechen, und *(BGBl I 2006/124, ab 1. 10. 2006)*

9. – sofern er Wohnungseigentümer einer Wohnung oder sonstigen selbständigen Räumlichkeit ist – ein nach § 28 Abs. 1 Z 8 über einen Kraftfahrzeug-Abstellplatz geschlossener Mietvertrag wegen eines bei ihm vorliegenden Bedarfs gekündigt wird.
(BGBl I 2006/124, ab 1. 10. 2006)

(2) Wenn ein einzelner Wohnungseigentümer die „Mehrheit der Stimmen (§ 24 Abs. 4)“ hat und zum unverhältnismäßigen Nachteil eines anderen Wohnungseigentümers Maßnahmen trifft oder unterlässt beziehungsweise dem Verwalter

aufträgt oder untersagt, kann der andere dagegen mit einem gegen den Mehrheitseigentümer zu richtenden Antrag – im Fall einer bereits getroffenen oder aufgetragenen Maßnahme innerhalb von drei Monaten ab deren Erkennbarkeit – das Gericht anrufen, auch wenn es sich nur um eine Maßnahme der ordentlichen Verwaltung (§ 28 Abs. 1) handelt. Das Gericht kann dem Mehrheitseigentümer die Unterlassung beabsichtigter, die Rücknahme bereits getroffener oder die Durchführung verabsäumter Maßnahmen auftragen. „Der Stimmenmehrheit (§ 24 Abs. 4) eines einzelnen Wohnungseigentümers ist es gleichzuhalten, wenn mehrere Personen, die miteinander durch ein familiäres oder wirtschaftliches Naheverhältnis verbunden sind, über die Mehrheit der Stimmen im Sinn des § 24 Abs. 4 verfügen.“ *(BGBl I 2021/222, ab 1. 7. 2022)*

(3) Jeder Wohnungseigentümer hat Schäden an den allgemeinen Teilen der Liegenschaft und ernste Schäden des Hauses in einem Wohnungseigentumsobjekt bei sonstiger Schadenersatzpflicht ohne Verzug dem Verwalter oder dem vorläufigen Verwalter anzuzeigen, sofern dieser nicht bereits Kenntnis von dem Schaden hat. Bei Gefahr im Verzug darf jeder Wohnungseigentümer auch ohne Zustimmung der übrigen Wohnungseigentümer die zur Abwehr notwendigen Maßnahmen treffen.

Rücklage

§ 31. (1) Die Wohnungseigentümer haben eine angemessene Rücklage zur Vorsorge für künftige Aufwendungen (§ 32) zu bilden. Bei der Festlegung der Beiträge zur Bildung der Rücklage ist auf die voraussichtliche Entwicklung der Aufwendungen, darunter insbesondere auch auf künftige Aufwendungen zur thermischen Sanierung oder energietechnischen Verbesserung des Gebäudes, Bedacht zu nehmen. Die monatlichen Beiträge zur Rücklage dürfen insgesamt jenen Geldbetrag, der sich aus der Multiplikation der Nutzfläche aller Wohnungseigentumsobjekte mit dem Betrag von 0,90 Euro ergibt, nur dann ausnahmsweise unterschreiten, wenn ein Gesamtbetrag in dieser Höhe – entweder wegen des besonderen Ausmaßes der bereits vorhandenen Rücklage oder wegen einer erst kurz zurückliegenden Neuerrichtung oder durchgreifenden Sanierung des Gebäudes – zur Bildung einer angemessenen Rücklage nicht erforderlich ist oder wenn im Fall einer Reihen- oder Einzelhausanlage die Wohnungseigentümer die Erhaltungspflicht nach § 28 Abs. 1 Z 1 vertraglich übernommen haben. Der Beitrag des einzelnen Wohnungseigentümers richtet sich nach § 32. *(BGBl I 2021/222, ab 1. 7. 2022)*

(2) Die Rücklage ist für die Deckung von Aufwendungen zu verwenden. Sie ist entweder auf einem für jeden Wohnungseigentümer einsehbaren Eigenkonto der Eigentümergemeinschaft oder auf einem ebenso einsehbaren Anderkonto fruchtbringend anzulegen. *(BGBl I 2006/124, ab 1. 10. 2006)*

(3) Bei Beendigung eines Verwaltungsvertrags hat der Verwalter ohne Verzug über die Rücklage Rechnung zu legen und den Überschuss an den neuen Verwalter oder bei Fehlen eines solchen an die Eigentümergemeinschaft herauszugeben. Wird der Verwaltungsvertrag durch das Gericht aufgelöst, so ist dem Verwalter die Herausgabe des festgestellten Überschusses binnen 14 Tagen bei Zwangsvollstreckung aufzutragen.

(4) Für abweichende Abrechnungseinheiten und gesondert abzurechnende Anlagen (§ 32 Abs. 6) können gesonderte Rücklagen gebildet werden.

(5) Ab dem 1. Jänner 2024 vermindert oder erhöht sich der in Abs. 1 angeführte Betrag von 0,90 Euro jedes zweite Jahr in dem Maß, das sich aus der Veränderung des von der Bundesanstalt Statistik Österreich verlautbarten Indexwerts des Verbraucherpreisindex 2020 für den Monat Juni des jeweiligen Vorjahrs gegenüber dem Indexwert 102,6 (Indexwert für den Monat Juni 2021) ergibt. Bei der Berechnung des neuen Betrags sind Beträge, die einen halben Cent nicht übersteigen, auf den nächstniedrigeren ganzen Cent abzurunden und Beträge, die einen halben Cent übersteigen, auf den nächsthöheren ganzen Cent aufzurunden. Der neue Betrag gilt jeweils ab dem 1. Jänner des betreffenden Jahres. Die Wirtschaftskammer Österreich hat den neuen Betrag bis spätestens Ende November des jeweiligen Vorjahrs auf der Homepage des Fachverbandes der Immobilien- und Vermögenstreuhänder zu veröffentlichen. *(BGBl I 2021/222, ab 1. 7. 2022)*

Aufteilung der Aufwendungen

§ 32. (1) Die Aufwendungen für die Liegenschaft einschließlich der Beiträge zur Rücklage sind von den Wohnungseigentümern nach dem Verhältnis ihrer Miteigentumsanteile bei Ende der Abrechnungsperiode zu tragen. Besteht aber ein vor Wohnungseigentumsbegründung über ein wohnungseigentumstaugliches Objekt geschlossener Hauptmiet- oder Nutzungsvertrag (§ 1 Abs. 1 MRG, § 13 WGG) nach diesem Zeitpunkt weiter, so sind – soweit nichts anderes rechtswirksam vereinbart ist – nur die Beiträge zur Rücklage sowie die Kosten für die Erhaltung und Verbesserung nach der Regelung des ersten Satzes, die übrigen Aufwendungen jedoch nach dem Aufteilungsschlüssel zu tragen, der für das vor Wohnungseigentumsbegründung eingegangene Hauptmiet- oder Nutzungsverhältnis maßgeblich ist; hinsichtlich der diesem Aufteilungsschlüssel unterliegenden Aufwendungen kann jeder Wohnungseigentümer eine Überprüfung der Aufteilung gemäß § 37 MRG beziehungsweise § 22 WGG beantragen.

(2) Sämtliche Wohnungseigentümer können einen von der Regelung des Abs. 1 abweichenden Aufteilungsschlüssel oder eine von der Liegenschaft abweichende Abrechnungseinheit festlegen; für die nur diese abweichende Abrechnungseinheit betreffenden Angelegenheiten kann auch eine von der Liegenschaft abweichende Abstimmungseinheit festgelegt werden. Solche Vereinbarungen bedürfen zu ihrer Rechtswirksamkeit der Schriftform; sie werden frühestens für die ihrem Abschluss nachfolgende Abrechnungsperiode wirksam.

(3) Wenn einzelne Aufwendungen vom Verbrauch abhängig sind und die Anteile der Wohnungseigentumsobjekte am Gesamtverbrauch mit wirtschaftlich vernünftigem Kostenaufwand durch Messvorrichtungen ermittelt werden können, können die Wohnungseigentümer mit einer Mehrheit von zwei Dritteln der Anteile eine Aufteilung dieser Aufwendungen nach den Verbrauchsanteilen festlegen; dieser Beschluss wird frühestens für die ihm nachfolgende Abrechnungsperiode wirksam. Bei Vorliegen eines solchen Beschlusses hat jeder Wohnungseigentümer die Erfassung der Verbrauchsanteile in seinem Objekt zu dulden. Konnten trotz zumutbarer Bemühungen Verbrauchsanteile nicht erfasst werden, so sind sie, sofern dies dem Stand der Technik entspricht, durch rechnerische Verfahren zu ermitteln; die Nutzfläche, für die auf diese Weise die Verbrauchsanteile ermittelt werden, darf 20 vH nicht übersteigen. Der Teil der Aufwendungen, der dem auf die allgemeinen Teile der Liegenschaft entfallenden Verbrauchsanteil zuzuordnen ist, ist nach dem Schlüssel des Abs. 1 aufzuteilen.

(4) Können bei Gemeinschaftsanlagen die Energiekosten den Benützern zugeordnet werden, so kann die Mehrheit der Wohnungseigentümer „(§ 24 Abs. 4)“ festlegen, dass diese Energiekosten in pauschalierter Form (zum Beispiel durch Münzautomaten) von den Benützern eingehoben werden. Diese Entgelte sind in der Abrechnung als Einnahmen auszuweisen. *(BGBl I 2021/222, ab 1. 7. 2022)*

(5) Das Gericht kann bei einer wesentlichen Änderung der Nutzungsmöglichkeit seit einer Vereinbarung nach Abs. 2 oder bei erheblich unterschiedlichen Nutzungsmöglichkeiten den Aufteilungsschlüssel auf Antrag eines Wohnungseigentümers nach billigem Ermessen neu festsetzen. Eine solche Festsetzung ist ab der der Antragstellung nachfolgenden Abrechnungsperiode wirksam.

(6) Das Gericht kann auf Antrag eines Wohnungseigentümers eine von der Liegenschaft abweichende Abrechnungseinheit festsetzen, wenn auf der Liegenschaft mehr als fünfzig Wohnungseigentumsobjekte oder eine gesondert abzurechnende Anlage, wie etwa eine Waschküche, ein Personenaufzug oder eine gemeinsame Wärmeversorgungsanlage, vorhanden sind. Eine solche Festsetzung ist ab der der Antragstellung nachfolgenden Abrechnungsperiode wirksam. Mit der Festsetzung einer abweichenden Abrechnungseinheit kann auch die Einrichtung einer von der Liegenschaft abweichenden Abstimmungseinheit für die nur diese Abrechnungseinheit betreffenden Angelegenheiten verbunden werden.

(7) Durch den Wechsel eines Wohnungseigentümers werden der Aufteilungsschlüssel, die Abrechnungseinheit und die Abstimmungseinheit nicht berührt.

(8) Von der Regelung des Abs. 1 abweichende Aufteilungsschlüssel sowie von der Liegenschaft abweichende Abrechnungs- und Abstimmungseinheiten sind bei Festsetzung durch das Gericht von Amts wegen, sonst, sofern die Unterschrift auch nur eines Wohnungseigentümers öffentlich beglaubigt ist, auf Antrag dieses oder eines anderen Wohnungseigentümers im Grundbuch ersichtlich zu machen.

(9) Mangels anderslautender Vereinbarung sind die den Wohnungseigentümern vorgeschriebenen Vorauszahlungen auf die Aufwendungen für die Liegenschaft am Fünften eines jeden Kalendermonats fällig.

(10) Soweit die Eigentümergemeinschaft ihre Umsätze steuerpflichtig behandelt, hat jeder Wohnungseigentümer die auf sein Wohnungseigentumsobjekt nach der jeweiligen Nutzungsart entfallende Umsatzsteuer zu entrichten.

Verteilung der Erträgnisse

§ 33. (1) Erträgnisse aus Wohnungseigentumsobjekten stehen dem Wohnungseigentümer allein zu.

(2) Erträgnisse aus den allgemeinen Teilen der Liegenschaft stehen allen Wohnungseigentümern nach dem Verhältnis ihrer Miteigentumsanteile zu.

(3) Wenn für die Tragung der Kosten, die für die Errichtung allgemeiner Teile der Liegenschaft anfallen, ein vom Verhältnis der Miteigentumsanteile abweichender Schlüssel vereinbart wird, können sämtliche Wohnungseigentümer festlegen, dass die aus diesen allgemeinen Teilen erzielten Erträgnisse entsprechend diesem Schlüssel verteilt werden, soweit diese Festlegung dem § 38 Abs. 1 nicht widerspricht. Für eine solche Festlegung gilt § 32 Abs. 2 zweiter Satz, 7 und 8 entsprechend. Im Übrigen können die Regelungen der vorstehenden Absätze nicht vertraglich abbedungen werden.

(Siehe § 56 Abs 12)

Abrechnung

§ 34. (1) Die Abrechnung ist innerhalb von sechs Monaten nach Ablauf der Abrechnungsperiode jedem Wohnungseigentümer „auf die in § 24 Abs. 5 bestimmte Weise zu übersenden“. Sodann ist den Wohnungseigentümern in geeigneter Weise Einsicht in die Belege – bei Belegen auf Datenträgern Einsicht in Ausdrucke der Belege – zu gewähren. Wenn ein Wohnungseigentümer dies verlangt, sind für ihn gegen Kostenersatz Kopien (weitere Ausdrucke) der Belege anzufertigen. Der Anspruch der Wohnungseigentümer auf Rechnungslegung verjährt in drei Jahren ab dem Ende der Abrechnungsfrist. *(BGBl I 2021/222, ab 1. 1. 2022)*

(2) Abrechnungsperiode ist das Kalenderjahr. Eine davon abweichende Abrechnungsperiode kann entweder durch schriftliche Vereinbarung aller Wohnungseigentümer oder auf Antrag eines Wohnungseigentümers aus wichtigen Gründen durch das Gericht festgesetzt werden. Die vereinbarte Festsetzung ist frühestens ab der der Vereinbarung, die gerichtliche ab der der Antragstellung nachfolgenden Abrechnungsperiode wirksam. Durch den Wechsel eines Wohnungseigentümers wird die Abrechnungsperiode nicht berührt. Die abweichende Abrechnungsperiode ist bei Festsetzung durch das Gericht von Amts wegen, sonst, sofern die Unterschrift auch nur eines Wohnungseigentümers öffentlich beglaubigt ist, auf Antrag dieses oder eines anderen Wohnungseigentümers im Grundbuch ersichtlich zu machen.

(3) Wird die Abrechnung nicht gehörig gelegt oder die Einsicht in die Belege nicht gewährt oder werden die verlangten Kopien oder Ausdrucke der Belege trotz Kostenerlags nicht angefertigt, so ist der Verwalter auf Antrag eines Wohnungseigentümers vom Gericht unter Androhung einer Geldstrafe bis zu 6 000 Euro dazu zu verhalten. Die Geldstrafe ist zu verhängen, wenn dem Auftrag ungerechtfertigterweise nicht entsprochen wird; eine solche Geldstrafe kann auch wiederholt verhängt werden. „Besteht der Mangel der Abrechnung nur in einer inhaltlichen Unrichtigkeit, so hat sich die gerichtliche Entscheidung auf die Feststellung der Unrichtigkeit sowie des sich aus der Richtigstellung ergebenden Überschuss- oder Fehlbetrags zu beschränken.“ *(BGBl I 2006/124, ab 1. 10. 2006)*

(4) Soweit nichts anderes vereinbart oder beschlossen wird, ist ein sich aus der Abrechnung zu Gunsten eines Wohnungseigentümers ergebender Überschussbetrag auf dessen künftige Vorauszahlungen auf die Aufwendungen für die Liegenschaft gutzuschreiben. Ergibt sich aus der Abrechnung ein Fehlbetrag zu Lasten eines Wohnungseigentümers, so hat dieser den Fehlbetrag innerhalb von zwei Monaten ab der Rechnungslegung nachzuzahlen. Im Fall des Wechsels eines Wohnungseigentümers ist derjenige zur Nachzahlung verpflichtet, der im Zeitpunkt von deren Fälligkeit Wohnungseigentümer ist.

(5) Der Bundesminister für Justiz kann durch Verordnung ÖNORMEN bezeichnen, die in besonderem Maß als Grund- und Vorlage für eine ordentliche Abrechnung geeignet sind.

(Zu Abs 1 s § 56 Abs 10)

8. Abschnitt
Beendigung von Wohnungs- und Miteigentum

Erlöschen des Wohnungseigentums; Aufhebung der Gemeinschaft des Eigentums

§ 35. (1) Das Wohnungseigentum erlischt durch den Untergang des Gegenstands des Wohnungseigentums oder durch die Einverleibung der Löschung auf Grund eines Verzichts des Wohnungseigentümers; die Einverleibung der Löschung auf Grund eines Verzichts bedarf der Zustimmung der Wohnungseigentümer und der Buchberechtigten, deren Rechte den Mindestanteil belasten.

(2) Die Gemeinschaft des Eigentums an der Liegenschaft kann erst aufgehoben werden, nachdem das auf der Liegenschaft erworbene Wohnungseigentum erloschen ist.

Ausschließung von Wohnungseigentümern

§ 36. (1) Ein Wohnungseigentümer ist auf Klage der Mehrheit der übrigen Wohnungseigentümer aus der Gemeinschaft auszuschließen, wenn er

1. seinen Pflichten aus der Gemeinschaft nicht nachkommt, insbesondere die ihm obliegenden Zahlungen auch nicht bis zum Schluss der dem erstinstanzlichen Urteil vorangehenden Verhandlung leistet,

2. von seinem Wohnungseigentumsobjekt oder den allgemeinen Teilen der Liegenschaft einen die Interessen der übrigen Wohnungseigentümer empfindlich schädigenden Gebrauch macht oder

3. durch sein rücksichtsloses, anstößiges oder sonst grob ungehöriges Verhalten den Mitbewohnern das Zusammenwohnen verleidet oder sich gegenüber einem Wohnungseigentümer oder einer im Haus wohnenden Person einer strafbaren Handlung gegen das Eigentum, die Sittlichkeit oder die körperliche Sicherheit schuldig macht, sofern es sich nicht um den Umständen nach geringfügige Fälle handelt.

(2) Ist im Fall des Abs. 1 Z 1 strittig, welche Zahlungen der beklagte Wohnungseigentümer zu leisten hat, so ist darüber abgesondert zu verhandeln und mit Beschluss zu entscheiden. Zahlt der beklagte Wohnungseigentümer vor Schluss der dem erstinstanzlichen Urteil vorangehenden Verhandlung den geschuldeten Betrag, so ist die Klage abzuweisen; der beklagte Wohnungseigen-

tümer hat jedoch die Kosten des Verfahrens zu ersetzen, soweit ihn ohne Zahlung eine Kostenersatzpflicht getroffen hätte.

(3) In den Fällen des Abs. 1 Z 2 und 3 steht dem Verhalten des auszuschließenden Wohnungseigentümers das Verhalten seines Ehegatten und der anderen mit ihm zusammenwohnenden Familienangehörigen sowie der Personen gleich, die sein Wohnungseigentumsobjekt oder die von ihm sonst benützten allgemeinen Teile der Liegenschaft mit seiner Zustimmung oder Duldung benützen, sofern er es unterlässt, die ihm mögliche Abhilfe zu schaffen.

(4) Die Ausschlussklage ist im Grundbuch anzumerken; diese Anmerkung hat die Rechtsfolge des § 61 Abs. 2 GBG 1955. Nach Ablauf von drei Monaten nach dem Eintritt der Rechtskraft des Urteils kann auf Antrag eines Wohnungseigentümers die Versteigerung des Miteigentumsanteils und des damit verbundenen Wohnungseigentums nach den Bestimmungen der Exekutionsordnung über die Zwangsversteigerung durchgeführt werden.

(5) Findet ein durch ein Verhalten nach Abs. 1 Z 2 oder 3 unmittelbar beeinträchtigter Wohnungseigentümer, der für dieses Verhalten keinen Anlass gegeben hat, nicht die Unterstützung der Mehrheit zur Ausschließung des Wohnungseigentümers, der das Verhalten an den Tag gelegt oder zu vertreten (Abs. 3) hat, so kann der beeinträchtigte Wohnungseigentümer den betreffenden Wohnungseigentümer auf Unterlassung dieses Verhaltens klagen. Wird das Verhalten trotz eines der Klage stattgebenden Urteils und einer darauf gegründeten Zwangsvollstreckung beharrlich fortgesetzt, so steht sodann die Klage auf Ausschließung auch dem beeinträchtigten Wohnungseigentümer zu.

(6) In den Fällen des Abs. 1 Z 2 und 3 sind Personen, die mit dem auszuschließenden Wohnungseigentümer durch ein familiäres oder wirtschaftliches Naheverhältnis verbunden sind, bei der Versteigerung des Miteigentumsanteils vom Bieten ausgeschlossen (§ 180 der Exekutionsordnung).

9. Abschnitt

Schutz des Wohnungseigentumsbewerbers

Annahmeverbot; Ansprüche des Wohnungseigentumsbewerbers

§ 37. (1) Vor Eintragung der Anmerkung der Einräumung von Wohnungseigentum (§ 40 Abs. 2) werden die mit dem Wohnungseigentumsbewerber vereinbarten Zahlungen nicht fällig; der Wohnungseigentumsorganisator darf sie vor Fälligkeit weder fordern noch annehmen. Der Wohnungseigentumsbewerber kann alle Zahlungen, die entgegen diesem Verbot angenommen worden, zurückfordern. Der Wohnungseigentumsorganisator hat die angenommenen Beträge ab dem Zahlungstag mit einem den jeweiligen Basiszinssatz (§ 1 Abs. 1 1. Euro-JuBeG) um sechs Prozentpunkte übersteigenden Zinssatz zu verzinsen.

(2) Hat der Wohnungseigentumsbewerber einem der Wohnungseigentumsorganisatoren die zahlenmäßig bestimmt vereinbarten, bis zur Vollendung der Bauführung zu entrichtenden Beträge an Grund-, Bau- und sonstigen Kosten bezahlt, so hat er gegen den verfügungsberechtigten Wohnungseigentumsorganisator den Anspruch,

1. dass ihm das zugesagte wohnungseigentumstaugliche Objekt zur Nutzung übergeben wird, sobald es beziehbar ist, und

2. dass nach Vollendung der Bauführung am Haus, in dem sich das zugesagte wohnungseigentumstaugliche Objekt befindet, ohne Verzug die für die Einverleibung seines Eigentumsrechts am Mindestanteil und „für die – allenfalls noch durchzuführende – Begründung von Wohnungseigentum an allen dafür gewidmeten wohnungseigentumstauglichen Objekten“ erforderlichen Urkunden errichtet und Anträge gestellt werden. *(BGBl I 2006/124, ab 1. 10. 2006)*

(3) Überdies haben die Wohnungseigentumsorganisatoren

1. vor oder mit der Zusage der Einräumung des Wohnungseigentums dem Wohnungseigentumsbewerber bestimmt zu erklären, ob ein Nutzwertgutachten (§ 9 Abs. 1) oder eine Entscheidung über die gerichtliche Nutzwertfestsetzung (§ 9 Abs. 2) vorliegt und welches Verhältnis sich daraus zur Summe der Nutzwerte aller wohnungseigentumstauglichen Objekte der Liegenschaft ergibt,

2. den Wohnungseigentumsbewerber in allen Verfahren zur gerichtlichen Nutzwertfestsetzung zu benennen und

3. die Miteigentümer und die Wohnungseigentumsbewerber, die noch nicht Miteigentümer sind, ohne Verzug von der Vollendung der Bauführung zu verständigen.

(4) Vor oder mit der Zusage der Einräumung des Wohnungseigentums an Teilen eines Hauses, dessen Baubewilligung zum Zeitpunkt der Zusage älter als 20 Jahre ist, haben die Wohnungseigentumsorganisatoren dem Wohnungseigentumsbewerber ein Gutachten eines für den Hochbau zuständigen Ziviltechnikers oder eines allgemein beeideten und gerichtlich zertifizierten Sachverständigen für das Hochbauwesen über den Bauzustand der allgemeinen Teile des Hauses, insbesondere über in absehbarer Zeit notwendig werdende Erhaltungsarbeiten, zu übergeben. Das Gutachten darf zum Zeitpunkt der Zusage nicht älter als ein Jahr sein und ist in den Kaufvertrag über den Liegenschaftsanteil, an dem Wohnungseigentum erworben werden soll, einzubeziehen; mit seiner

Einbeziehung gilt der darin beschriebene Bauzustand als bedungene Eigenschaft (§ 922 Abs. 1 ABGB). Wird in den Kaufvertrag kein solches Gutachten einbezogen, so gilt ein Erhaltungszustand des Hauses als vereinbart, der in den nächsten zehn Jahren keine größeren Erhaltungsarbeiten erfordert.

(5) Sobald eine Zusage der Einräumung des Wohnungseigentums im Grundbuch angemerkt ist und zumindest ein Wohnungseigentumsbewerber Miteigentum erworben hat, gelten für die Verwaltung der Liegenschaft und die Rechte der Miteigentümer die §§ 16 bis 34, 36 und 52. Ein Wohnungseigentumsbewerber, der noch nicht Miteigentümer, zu dessen Gunsten aber eine solche Zusage angemerkt ist, hat ab Bezug des wohnungseigentumstauglichen Objekts die Rechte nach § 16 und § 52 Abs. 1 Z 2 sowie den Anspruch auf Rechnungslegung gemäß § 34. Weiters hat ein solcher Wohnungseigentumsbewerber ab dem Zeitpunkt, zu dem sein späterer Miteigentumsanteil – insbesondere durch ein bereits vorliegendes Nutzwertgutachten – bekannt ist, die Rechte eines Miteigentümers, sofern zumindest ein anderer Wohnungseigentumsbewerber bereits Miteigentum erworben hat.

(6) Die Regelungen der vorstehenden Absätze können nicht vertraglich abbedungen werden.

(Zu Abs 1 s § 56 Abs 11)

Rechtsunwirksame Vereinbarungen

§ 38. (1) Rechtsunwirksam sind Vereinbarungen oder Vorbehalte, die geeignet sind, die dem Wohnungseigentumsbewerber oder Wohnungseigentümer zustehenden Nutzungs- oder Verfügungsrechte aufzuheben oder unbillig zu beschränken, wie insbesondere

1. von Wohnungseigentumsorganisatoren vereinbarte Mietverträge oder Nutzungsvorbehalte über Teile der Liegenschaft, die sich nur als Zubehörobjekte im Sinn des § 2 Abs. 3 eignen oder an denen Wohnungseigentum nicht bestehen kann (§ 3 Abs. 3),

2. Vereinbarungen oder Vorbehalte über die Vergabe oder Durchführung von künftigen Instandhaltungs- oder Verbesserungsarbeiten oder Vermittlungsaufträge jeder Art,

3. Vereinbarungen über Vorkaufs- und Wiederkaufsrechte,

4. Vereinbarungen über Beschränkungen der nach den §§ 918 bis 924, 932, 933, 933a und 934 ABGB zustehenden Rechte oder

5. Vereinbarungen über Konventionalstrafen oder Reugelder.

(2) Die Rechtsunwirksamkeit erstreckt sich auch auf den daraus begünstigten Dritten, es sei denn, dass ihm die Absicht, auf der Liegenschaft Wohnungseigentum zu begründen, weder bekannt war noch bekannt sein musste.

Rücktritt des Wohnungseigentumsorganisators

§ 39. Macht der Wohnungseigentumsorganisator seinen Rücktritt wegen Zahlungsverzugs mit Klage geltend und ist die Höhe der vom Wohnungseigentumsbewerber oder Wohnungseigentümer noch zu leistenden Zahlungen strittig, so ist darüber abgesondert zu verhandeln und mit Beschluss zu entscheiden. Zahlt der Wohnungseigentumsbewerber oder Wohnungseigentümer vor Schluss der dem erstinstanzlichen Urteil vorangehenden Verhandlung den geschuldeten Betrag, so ist die Klage abzuweisen; der Wohnungseigentumsbewerber oder Wohnungseigentümer hat jedoch dem Kläger die Kosten des Verfahrens zu ersetzen, soweit ihn ohne Zahlung eine Kostenersatzpflicht getroffen hätte.

Grundbücherliche Sicherung des Wohnungseigentumsbewerbers

WEG

§ 40. (1) Auf Antrag des Liegenschaftseigentümers ist im Grundbuch anzumerken, dass für die Begründung von Wohnungseigentum die Verpfändung bis zu einem bestimmten Betrag vorbehalten wird (Anmerkung der vorbehaltenen Verpfändung).

(2) Auf Antrag des Wohnungseigentumsbewerbers oder des Wohnungseigentumsorganisators ist die Zusage der Einräumung des Wohnungseigentums im Grundbuch anzumerken (Anmerkung der Einräumung von Wohnungseigentum). Ist der Wohnungseigentumsorganisator nicht alleiniger Liegenschaftseigentümer, so ist dazu die Zustimmung des alleinigen Eigentümers beziehungsweise aller (anderen) Miteigentümer der Liegenschaft erforderlich; einer öffentlichen Beglaubigung dieser Zustimmungserklärungen bedarf es nicht. In der Anmerkung sind der Wohnungseigentumsbewerber und die Bezeichnung des wohnungseigentumstauglichen Objekts anzuführen. Die Anmerkung kann auf Grund eines Rechtsgeschäfts unter Lebenden oder von Todes wegen mit Rang wahrender Wirkung an den Erwerber des Rechts auf Einräumung des Wohnungseigentums übertragen werden (Anmerkung der Übertragung des Rechts auf Wohnungseigentumseinräumung); diese Anmerkung erfolgt auf Antrag des bisherigen oder des neuen Wohnungseigentumsbewerbers mit Zustimmung des jeweils anderen.

(3) Gleichzeitig mit der erstmaligen Eintragung einer Anmerkung nach Abs. 1 oder 2 sind in der Aufschrift des Gutsbestandsblatts die Worte „Wohnungseigentum in Vorbereitung" einzutragen.

(4) Wird an dem in der Anmerkung der Einräumung von Wohnungseigentum angeführten wohnungseigentumstauglichen Objekt Wohnungseigentum begründet, so kann der eingetragene Wohnungseigentumsbewerber die Einverleibung seines Eigentums am Mindestanteil und des

Wohnungseigentums im Rang dieser Anmerkung auch dann verlangen, wenn die Liegenschaft nach der Anmerkung einem Dritten übertragen oder belastet wurde. § 57 Abs. 1 GBG 1955 ist entsprechend anzuwenden. Von der Löschung sind jedoch folgende Eintragungen ausgenommen:

1. Veräußerungsverbote gemäß § 49 des Wohnbauförderungsgesetzes 1984 oder nach den landesgesetzlichen Vorschriften für die Wohnbauförderung und Wohnhaussanierung,

2. Eintragungen, zu deren Übernahme sich der Wohnungseigentumsbewerber gegenüber dem Liegenschaftseigentümer verpflichtet hat, und

3. Pfandrechte im Rang einer Anmerkung der vorbehaltenen Verpfändung, sofern diese der Anmerkung der Einräumung von Wohnungseigentum im Rang vorging, bis zum angemerkten Betrag.

(5) Die Anmerkung der vorbehaltenen Verpfändung darf, wenn im Rang danach eine Anmerkung der Einräumung von Wohnungseigentum und nach dieser ein Pfandrecht eingetragen ist, nur mit Zustimmung des Pfandgläubigers gelöscht werden. Die Anmerkung der Einräumung von Wohnungseigentum darf vor den in Abs. 4 genannten Eintragungen nur mit Zustimmung des eingetragenen Wohnungseigentumsbewerbers gelöscht werden.

Zustimmung zur Nachfinanzierung

§ 41. (1) Ist zwischen Wohnungseigentumsorganisator und Wohnungseigentumsbewerber schriftlich vereinbart, dass der Wohnungseigentumsorganisator dem Wohnungseigentumsbewerber Kostensteigerungen (Bau- einschließlich der Finanzierungskosten, jedoch nicht Grundbeschaffungskosten) in Rechnung stellen darf, so ist dieser verpflichtet, einer zusätzlichen Hypothekardarlehensaufnahme zur Finanzierung der Bauvollendung über den bereits eingetragenen oder vorbehaltenen (§ 40 Abs. 1) Pfandbetrag hinaus zuzustimmen. Die Höhe des zusätzlichen Pfandbetrags hat das Gericht in entsprechender Anwendung des § 273 ZPO festzusetzen. Den beiderseitigen Ansprüchen wird durch diese Entscheidung nicht vorgegriffen.

(2) Wenn über das Vermögen des Wohnungseigentumsorganisators ein Insolvenzverfahren eröffnet wurde oder die Voraussetzungen für die Eröffnung eines Konkursverfahrens vorliegen oder ein Insolvenzverfahren nur mangels kostendeckenden Vermögens nicht eröffnet wurde, entscheidet darüber, ob der Aufnahme zusätzlicher Hypothekardarlehen zur Finanzierung der Bauvollendung zugestimmt wird, die nach Köpfen berechnete Mehrheit der Wohnungseigentumsbewerber. *(BGBl I 2010/58, ab 1. 8. 2010)*

Rangordnung für die beabsichtigte Einräumung von Wohnungseigentum

§ 42. (1) Ist auf einer Liegenschaft zumindest eine Anmerkung der Einräumung von Wohnungseigentum (§ 40 Abs. 2) eingetragen oder das Miteigentum an einem Anteil auf Grund eines Vertrags einverleibt, der Anspruch auf eine derartige Anmerkung gibt, so ist auf Antrag des nach § 12 BTVG bestellten Treuhänders im Grundbuch die unbefristete Rangordnung für die beabsichtigte Einräumung von Wohnungseigentum anzumerken. In dieser Anmerkung ist der Treuhänder anzugeben. Der Antragsteller hat seine Bestellung zum Treuhänder durch eine beglaubigte Bestätigung des Bauträgers oder durch einen Gerichtsbeschluss nachzuweisen. Ist der Bauträger nicht Liegenschaftseigentümer (Bauberechtigter), so ist überdies eine beglaubigte Erklärung des Liegenschaftseigentümers (Bauberechtigten) über seine Zustimmung zur Eintragung dieser Anmerkung vorzulegen; in der Zustimmungserklärung muss der Bauträger angegeben sein.

(2) Die Anmerkung hat folgende Rechtswirkungen:

1. Soweit für wohnungseigentumstaugliche Objekte noch keine Wohnungseigentumsbewerber vorhanden sind, übt der Treuhänder die Rechte aus, die Wohnungseigentumsbewerbern nach § 41 Abs. 2 und § 44 zustehen würden.

2. Wohnungseigentumsbewerber können die Anmerkung der Einräumung von Wohnungseigentum im Rang der Anmerkung der Rangordnung verlangen.

(3) Die Anmerkung kann nur auf Antrag des Treuhänders gelöscht werden.

(4) Im Fall des § 7 Abs. 6 Z 3 BTVG ist anstelle eines Treuhänders der Bauträger, der zugleich Liegenschaftseigentümer (Bauberechtigter) ist, unter den in Abs. 1 erster Satz genannten Voraussetzungen antragsberechtigt. Der Antrag bedarf der Beglaubigung. Der Bauträger hat die Gewährung der Förderung durch Vorlage der schriftlichen Förderungszusicherung (§ 7 Abs. 6 Z 3 lit. a BTVG) nachzuweisen. In der Anmerkung ist das Vorliegen einer öffentlichen Förderung im Sinne des § 7 Abs. 6 Z 3 BTVG anzugeben.

(5) Die Anmerkung nach Abs. 4 hat nur die Rechtswirkung des Abs. 2 Z 2.

(6) Die Anmerkung nach Abs. 4 kann nur auf Antrag des Bauträgers mit einer beglaubigten Zustimmungserklärung jener Wohnungseigentumsbewerber gelöscht werden, für die eine Anmerkung der Einräumung von Wohnungseigentum eingetragen ist.

Klage auf Einverleibung des Eigentumsrechts

§ 43. (1) Sind die Wohnungseigentumsorganisatoren mit der Stellung der Anträge oder der Errichtung der Urkunden (§ 37 Abs. 2 Z 2) säumig, so kann der Wohnungseigentumsbewerber den Liegenschaftseigentümer auf die Einwilligung in die Einverleibung seines Eigentums am Mindestanteil und „in die Begründung von Wohnungseigentum an allen dafür gewidmeten wohnungseigentumstauglichen Objekten" bei dem Bezirksgericht klagen, in dessen Sprengel die Liegenschaft gelegen ist. „Ist die Wohnungseigentumsbegründung an allen wohnungseigentumstauglichen Objekten nicht möglich, etwa weil nicht jedem Miteigentümer ein Objekt zugewiesen werden kann, so kann im Urteil über die Klage entgegen der Bestimmung des § 3 Abs. 2 ausnahmsweise die Einverleibung von Wohnungseigentum nur an dem dem Kläger zugesagten Objekt vorgesehen werden." *(BGBl I 2006/124, ab 1. 10. 2006, s auch § 58 Abs 7)*

(2) Sind die für die Bestimmung des Mindestanteils maßgebenden Nutzwerte noch nicht ermittelt oder wird bescheinigt, dass die Voraussetzungen für eine gerichtliche Nutzwertfestsetzung vorliegen, so kann sich der Kläger die bestimmte Angabe des von ihm beanspruchten Mindestanteils bis zur Ermittlung oder Festsetzung der Nutzwerte vorbehalten. In diesem Fall hat das Gericht den Parteien mit Beschluss aufzutragen, einen Ziviltechniker oder Sachverständigen (§ 9 Abs. 1) mit der Erstattung eines Nutzwertgutachtens zu betrauen beziehungsweise die Einleitung des Verfahrens zur gerichtlichen Nutzwertfestsetzung zu beantragen, und zugleich das Verfahren über die Klage zu unterbrechen. Das unterbrochene Verfahren ist nach Vorliegen des Nutzwertgutachtens beziehungsweise nach rechtskräftiger Entscheidung über die gerichtliche Nutzwertfestsetzung auf Antrag wieder aufzunehmen.

(3) Der Kläger kann die Anmerkung der Klage im Grundbuch verlangen. Die Anmerkung hat zur Folge, dass das über die Klage ergehende Urteil auch gegen die Personen wirkt, die erst nach dem Einlangen des Gesuchs um die Streitanmerkung beim Grundbuchsgericht bücherliche Rechte erlangt haben. § 65 GBG 1955 ist mit der Maßgabe anzuwenden, dass die Einverleibung des Eigentums am Mindestanteil und des Wohnungseigentums im Rang der Streitanmerkung vorzunehmen und alle nach der Streitanmerkung auf dem Mindestanteil vorgenommenen Eintragungen zu löschen sind.

(4) Wenn zu Gunsten des Wohnungseigentumsbewerbers eine Anmerkung nach § 40 Abs. 2 oder eine Streitanmerkung nach Abs. 3 eingetragen ist, hat im Fall der Zwangsversteigerung der Liegenschaft der Ersteher sowie im Fall der Verwertung der Liegenschaft in der Insolvenz des Liegenschaftseigentümers der Ersteher oder Erwerber die dem Wohnungseigentumsbewerber auf Grund dieser Anmerkungen zustehenden Rechte nach Maßgabe des § 150 der Exekutionsordnung zu übernehmen. *(BGBl I 2006/124, ab 1. 10. 2006, s auch § 58 Abs 8)*

(5) Wird auf Grund einer Klage nach Abs. 1 Wohnungseigentum an allen dafür gewidmeten wohnungseigentumstauglichen Objekten begründet, so hindert dies nachfolgende Anmerkungen der Einräumung von Wohnungseigentum (§ 40 Abs. 2) nicht. *(BGBl I 2006/124, ab 1. 10. 2006)*

Fortsetzung der Bauführung bei Insolvenz

§ 44. Wenn über das Vermögen des Wohnungseigentumsorganisators ein Insolvenzverfahren eröffnet wurde oder die Voraussetzungen für die Eröffnung eines Konkursverfahrens vorliegen oder ein Insolvenzverfahren nur mangels kostendeckenden Vermögens nicht eröffnet wurde, entscheidet darüber, ob das Bauvorhaben von einem anderen Wohnungseigentumsorganisator durchgeführt wird, die nach Köpfen berechnete Mehrheit der Wohnungseigentumsbewerber.

(BGBl I 2010/58, ab 1. 8. 2010)

10. Abschnitt

Vorläufiges Wohnungseigentum des Alleineigentümers

Begründung von vorläufigem Wohnungseigentum

§ 45. (1) Der Alleineigentümer einer Liegenschaft kann vorläufiges Wohnungseigentum auf Grundlage einer schriftlichen Errichtungserklärung (Wohnungseigentumsstatut) begründen. Das Wohnungseigentumsstatut tritt dabei an die Stelle des Wohnungseigentumsvertrags.

(2) Das Wohnungseigentumsstatut hat zu enthalten:

1. die Bezeichnung der Liegenschaft,

2. die Bezeichnung der wohnungseigentumstauglichen Objekte, an denen vorläufiges Wohnungseigentum begründet werden soll, nach ihrer Art (Wohnung, sonstige selbständige Räumlichkeit oder Kraftfahrzeug-Abstellplatz) und ihrer Lage,

3. die Erklärung des Alleineigentümers der Liegenschaft, an diesen Objekten vorläufiges Wohnungseigentum begründen zu wollen, und

4. die Nutzflächen und Nutzwerte der wohnungseigentumstauglichen Objekte, an denen vorläufiges Wohnungseigentum begründet werden soll.

(3) Die Begründung von vorläufigem Wohnungseigentum ist nur zulässig, wenn sie sich auf alle wohnungseigentumstauglichen Objekte bezieht, die nach der Widmung des Alleineigentümers als Wohnungseigentumsobjekte vorgesehen sind. *(BGBl I 2006/124, ab 1. 10. 2006)*

(4) Das vorläufige Wohnungseigentum des Alleineigentümers wird durch die Einverleibung in das Grundbuch begründet; dabei ist in der Aufschrift des Gutsbestandsblatts die Bezeichnung „Vorläufiges Wohnungseigentum" einzutragen. Die Regelungen des § 6 sind mit der Maßgabe anzuwenden, dass anstelle der schriftlichen Vereinbarung der Miteigentümer das Wohnungseigentumsstatut vorzulegen ist.

Wohnungseigentum an einem Abstellplatz für Kraftfahrzeuge

§ 46. Die dreijährige Frist nach § 5 Abs. 2 beginnt im Fall des vorläufigen Wohnungseigentums erst mit dem Erwerb von Miteigentum durch eine vom bisherigen Alleineigentümer verschiedene und mit diesem nicht durch ein familiäres oder wirtschaftliches Naheverhältnis verbundene Person.

Ermittlung und gerichtliche Festsetzung der Nutzwerte

§ 47. Die Regelungen der §§ 9 und 10 gelten für das vorläufige Wohnungseigentum mit der Maßgabe, dass das in § 10 Abs. 1 jedem Miteigentümer eingeräumte Antragsrecht dem Alleineigentümer und das in dieser Bestimmung den Wohnungseigentumsbewerbern eingeräumte Antragsrecht den Miteigentumsbewerbern (§ 2 Abs. 6) zukommt. Die einjährige Frist nach § 10 Abs. 2 beginnt vor dem Erwerb von Miteigentum durch eine vom bisherigen Alleineigentümer verschiedene und mit diesem nicht durch ein familiäres oder wirtschaftliches Naheverhältnis verbundene Person jedenfalls nicht zu laufen.

Nicht anwendbare Regelungen über das Wohnungseigentum

§ 48. Für das vorläufige Wohnungseigentum des Alleineigentümers gelten insbesondere folgende Regelungen der übrigen Abschnitte dieses Bundesgesetzes nicht:

1. die Bestimmung des § 4 über die Wirkung der Wohnungseigentumsbegründung auf ein bestehendes Mietverhältnis,

2. die Regelungen des 4. Abschnitts über die Eigentümerpartnerschaft,

3. die Regelungen des 6. Abschnitts über die Eigentümergemeinschaft, den Verwalter und das Vorzugspfandrecht,

4. die Regelungen des 7. Abschnitts über die Verwaltung der Liegenschaft,

5. die Bestimmung des § 36 über die Ausschließung von Wohnungseigentümern,

6. die Bestimmung des § 52 über das wohnungseigentumsrechtliche Außerstreitverfahren mit Ausnahme der Regelungen über die Nutzwertfestsetzung.

Rechtsunwirksamkeit von Festlegungen

§ 49. (1) Über die Dauer des vorläufigen Wohnungseigentums hinausreichende Festlegungen des Alleineigentümers der Liegenschaft – auf welche Weise immer sie getroffen werden – über die folgenden Angelegenheiten sind unwirksam, dies insbesondere mit der Rechtsfolge, dass Miteigentumsbewerber und spätere Wohnungseigentümer daran nicht gebunden sind:

1. Benützungsregelung (§ 17),

2. Gemeinschaftsordnung (§ 26),

3. Höhe der Rücklage (§ 31),

4. Versicherung der Liegenschaft (§ 28 Abs. 1 Z 4),

5. Hausordnung (§ 28 Abs. 1 Z 7),

6. Vermietung der allgemeinen Teile der Liegenschaft (§ 28 Abs. 1 Z 8 und 9),

7. Bestellung eines Verwalters und Inhalt des Verwaltungsvertrags (§§ 19, 20, § 28 Abs. 1 Z 5),

8. Aufnahme von Darlehen zur Erhaltung der Liegenschaft (§ 28 Abs. 1 Z 3),

9. abweichende Aufteilungsschlüssel, abweichende Abrechnungseinheiten und abweichende Abstimmungseinheiten (§ 32 Abs. 2),

10. verbrauchsabhängige Abrechnung (§ 32 Abs. 3),

11. benützungsabhängige Einhebung der Energiekosten für Gemeinschaftsanlagen (§ 32 Abs. 4),

12. Verteilung der Erträgnisse (§ 33),

13. Rechnungslegung (§ 34),

14. abweichende Abrechnungsperioden (§ 34 Abs. 2),

15. Vorgangsweise bei Überschüssen und Fehlbeträgen aus der Abrechnung (§ 34 Abs. 4).

(2) Abs. 1 gilt entsprechend für Festlegungen einer Eigentümergemeinschaft, die nur aus dem Wohnungseigentumsorganisator und einer mit diesem durch ein familiäres oder wirtschaftliches Naheverhältnis verbundenen Person besteht.

Rechte von Miteigentumsbewerbern

§ 50. Die im 9. und 11. Abschnitt den Wohnungseigentumsbewerbern eingeräumten Rechte kommen bei vorläufigem Wohnungseigentum des Alleineigentümers den Miteigentumsbewerbern zu.

Übergehen in Wohnungseigentum

§ 51. Sobald eine andere Person als der Alleineigentümer Miteigentum an der Liegenschaft erwirbt, geht das vorläufige Wohnungseigentum – unbeschadet der Unwirksamkeit von Festlegungen gemäß § 49 – in Wohnungseigentum über. Jeder Wohnungseigentümer kann die dem entsprechende Berichtigung des Grundbuchsstandes beantragen.

11. Abschnitt
Verfahrens- und gebührenrechtliche Bestimmungen

Wohnungseigentumsrechtliches Außerstreitverfahren

§ 52. (1) Über die Anträge in den folgenden Angelegenheiten entscheidet das für Zivilrechtssachen zuständige Bezirksgericht, in dessen Sprengel die Liegenschaft gelegen ist, im Verfahren außer Streitsachen:

1. Nutzwertfestsetzung (§ 9 Abs. 2) und Nutzwertneufestsetzung (§ 9 Abs. 3);

2. Zustimmung zu Änderungen (§ 16 Abs. 2 bis 5) und Duldung von Erhaltungsarbeiten einschließlich der Entschädigung eines dadurch beeinträchtigten Wohnungseigentümers (§ 16 Abs. 7); *(BGBl I 2021/222, ab 1. 1. 2022)*

3. Minderheitsrechte des einzelnen Wohnungseigentümers (§ 30 Abs. 1 und 2) einschließlich der sonstigen Angelegenheiten der Wohnungseigentümer der Liegenschaft, über die nach dem 16. Hauptstück des Zweiten Teils des ABGB im Verfahren außer Streitsachen zu entscheiden ist, wie etwa Benützungsregelungen (§ 17);

4. Rechtswirksamkeit eines Beschlusses der Eigentümergemeinschaft (§ 24 Abs. 6);

5. Aufhebung eines Beschlusses der Eigentümergemeinschaft über eine zur außerordentlichen Verwaltung zählende Veränderung an den allgemeinen Teilen der Liegenschaft (§ 29);

6. Durchsetzung der Pflichten des Verwalters mit Ausnahme der Herabsetzung des Entgelts (§ 20 Abs. 1 bis 8, § 31 Abs. 3); *(BGBl I 2021/222, ab 1. 1. 2022)*

7. Festsetzung einer abweichenden Abrechnungsperiode (§ 34 Abs. 2);

8. Bestellung eines vorläufigen Verwalters (§ 23), Rechtswirksamkeit einer Kündigung oder gerichtliche Auflösung des Verwaltungsvertrags (§ 21);

9. Zulässigkeit eines vereinbarten oder Festsetzung eines abweichenden Aufteilungsschlüssels oder einer abweichenden Abrechnungs- oder Abstimmungseinheit (§ 32 Abs. 2, 5 und 6), verbrauchsabhängige Aufteilung von Aufwendungen (§ 32 Abs. 3), benützungsabhängige Einhebung von Energiekosten bei Gemeinschaftsanlagen (§ 32 Abs. 4);

10. Zustimmung zur Nachfinanzierung (§ 41);

11. Fortsetzung der Bauführung bei Insolvenz (§ 44).

(2) In den in Abs. 1 angeführten Verfahren gelten die allgemeinen Bestimmungen über das gerichtliche Verfahren in Rechtsangelegenheiten außer Streitsachen mit den in § 37 Abs. 3 Z 1, 6, 8, 10 bis 19 sowie Abs. 4 MRG genannten und den folgenden Besonderheiten:

1. Den Wohnungseigentümern und dem Verwalter kommt insoweit Parteistellung zu, als ihre Interessen durch die Entscheidung über den Antrag unmittelbar berührt werden können „; dem Verwalter kommt überdies auch dann Parteistellung zum, wenn Gegenstand des Verfahrens ein Verhalten des Verwalters ist.“ *(BGBl I 2006/124, ab 1. 10. 2006)*

2. In Verfahren nach Abs. 1 Z 1 kommt überdies – unbeschadet weiterer Rechte nach § 37 Abs. 5 – den Wohnungseigentumsbewerbern, die dem Gericht vom Antragsteller bekannt gegeben oder sonst bekannt wurden, Parteistellung zu.

3. Für die Beiziehung von im Antrag nicht namentlich genannten Wohnungseigentümern reicht es aus, wenn sie zu einem Zeitpunkt, zu dem dies noch zulässig ist, Sachvorbringen erstatten können.

WEG

4. Zustellungen an mehr als sechs Wohnungseigentümer können durch Anschlag im Sinne des § 24 Abs. 5 vorgenommen werden. Der Anschlag darf frühestens nach 30 Tagen abgenommen werden. Die Zustellung des verfahrenseinleitenden Antrags gilt mit Ablauf dieser Frist als vollzogen, spätere Zustellungen hingegen schon mit dem Anschlag. Die Gültigkeit der Zustellung wird dadurch, dass der Anschlag noch vor Ablauf dieser Frist abgerissen oder beschädigt wurde, nicht berührt. Der verfahrenseinleitende Antrag ist überdies einem vom Gericht zu bestimmenden Wohnungseigentümer „mit Zustellnachweis“ zuzustellen. „Die Zustellung an einen Ersatzempfänger ist zulässig.“ *(BGBl I 2010/111, ab 1. 5. 2011, anzuwenden, wenn das zuzustellende Schriftstück nach dem 30. 4. 2011 abgefertigt wird)*

5. Einem Antrag auf gerichtliche Nutzwertfestsetzung (§ 9 Abs. 2) oder Nutzwertneufestsetzung (§ 9 Abs. 3) sind die Unterlagen beizufügen, aus denen sich die Notwendigkeit der Nutzwertfest- oder -neufestsetzung und – soweit dies urkundlich belegbar ist – die Rechtzeitigkeit des Antrags ergeben.

6. „In erster und zweiter Instanz können die Parteien selbst vor Gericht handeln und sich durch jede Person vertreten lassen, die volljährig und geschäftsfähig ist und für die in keinem Bereich ein gerichtlicher Erwachsenenvertreter bestellt oder eine gewählte oder gesetzliche Erwachsenenvertretung oder Vorsorgevollmacht wirksam ist.“ In dritter Instanz müssen sich die Parteien entweder durch einen Rechtsanwalt oder Notar oder durch einen Interessenvertreter vertreten lassen. Interessenvertreter ist ein Funktionär oder Angestellter eines Vereins, zu dessen satzungsmäßigen Zwecken der Schutz und die Vertretung der Interessen von Wohnungseigentümern und Wohnungs-

eigentumsbewerbern gehören und der sich regelmäßig mit der Beratung seiner Mitglieder in Wohnungseigentumsangelegenheiten in mehr als zwei Bundesländern befasst; er ist zur Vertretung von Parteien in allen Instanzen befugt. *(BGBl I 2018/58, ab 1. 8. 2018, auf Verfahren anzuwenden, die nach dem 31. Juli 2018 anhängig sind oder anhängig werden)*
(BGBl I 2003/113, ab 1. 1. 2005; auch auf Verfahren anzuwenden, die davor anhängig geworden sind; Z 6 anzuwenden, wenn das Datum der angefochtenen Entscheidung nach dem 31. 12. 2004 liegt)

(3) In den durch Kundmachung gemäß § 39 Abs. 2 und § 50 MRG bestimmten Gemeinden kann ein Verfahren auf Nutzwertfestsetzung (§ 9 Abs. 2) oder Nutzwertneufestsetzung (§ 9 Abs. 3) bei Gericht nur eingeleitet werden, wenn die Sache vorher bei der Gemeinde anhängig gemacht wurde; diesbezüglich gelten „neben Abs. 2" auch § 39 Abs. 3 bis 5 und § 40 MRG. *(BGBl I 2003/113, ab 1. 1. 2005)*

Gerichtsgebühren

§ 53. Für die in § 52 Abs. 1 genannten Verfahren ist die in der Tarifpost 12 lit. c Z 6 GGG bestimmte Pauschalgebühr zu entrichten.

12. Abschnitt
Schluss- und Übergangsbestimmungen

In-Kraft-Treten

§ 54. (1) Dieses Bundesgesetz tritt mit 1. Juli 2002 in Kraft.

(2) § 20 Abs. 6 tritt abweichend von Abs. 1 mit 1. Jänner 2003 in Kraft.

Außer-Kraft-Treten

§ 55. Das Wohnungseigentumsgesetz 1975, BGBl. Nr. 417, zuletzt geändert durch das Bundesgesetz BGBl. I Nr. 98/2001, tritt mit Ablauf des 30. Juni 2002 außer Kraft. Die Übergangsregelungen des § 29 Abs. 1 bis 3 des Wohnungseigentumsgesetzes 1975 gelten jedoch für die davon erfassten Rechtsverhältnisse weiter.

Übergangsbestimmungen

§ 56. (1) Wurde vor dem 1. Juli 2002 ein Abstellplatz für ein Kraftfahrzeug gemäß § 1 Abs. 2 WEG 1975 mit einer Wohnung oder sonstigen selbständigen Räumlichkeit verbunden, so bleibt diese Verbindung weiterhin gültig. „In den Fällen des § 14 Abs. 3 und 5 Z 1 vierter Satz gelten die dort vorgesehenen Begünstigungen auch für einen Abstellplatz für ein Kraftfahrzeug, der gemäß § 1 Abs. 2 WEG 1975 mit der Wohnung verbunden ist. Die Begründung von selbständigem Wohnungseigentum an einem im Zubehör-Wohnungseigentum stehenden Abstellplatz für ein Kraftfahrzeug bedarf nicht der Zustimmung der anderen Miteigentümer; eine Nutzwertfestsetzung gemäß § 9 Abs. 2, 3 oder 6 ist entbehrlich, wenn sich der Nutzwert des Abstellplatzes zweifelsfrei aus der früheren Nutzwertermittlung ergibt." *(BGBl I 2006/124, ab 27. 7. 2006)*

(2) Wurde vor dem 1. Juli 2002 selbständiges Wohnungseigentum entgegen der Bestimmung des § 1 Abs. 2 WEG 1975 an einem Abstellplatz für Kraftfahrzeuge oder entgegen der Bestimmung des § 1 Abs. 3 WEG 1975 an einer Substandardwohnung begründet, gilt dieses selbständige Wohnungseigentum nach dem 30. Juni 2002 als wirksam begründet, sofern die Wohnungseigentumsbegründung nach der nunmehrigen Rechtslage gültig wäre.

(3) § 3 Abs. 1 Z 3 dieses Bundesgesetzes ist auf Verfahren anzuwenden, die nach dem 30. Juni 2002 eingeleitet werden. Für früher eingeleitete Verfahren gilt § 2 Abs. 2 Z 2 WEG 1975 weiter und ist die Möglichkeit der Begründung von Wohnungseigentum noch anhand der bisherigen Rechtslage zu beurteilen.

(4) Wurde vor dem 1. Juli 2002 Wohnungseigentum – jedoch nicht an allen wohnungseigentumstauglichen Objekten der Liegenschaft – begründet, so ist nach dem 30. Juni 2002 die weitere Begründung von Wohnungseigentum nur zulässig, wenn sie sich auf alle restlichen Wohnungen und sonstigen selbständigen Räumlichkeiten der Liegenschaft sowie auf alle restlichen Abstellplätze für Kraftfahrzeuge bezieht, die nach der Widmung der Miteigentümer als Wohnungseigentumsobjekte vorgesehen sind.

(5) § 4 dieses Bundesgesetzes ist in Verfahren anzuwenden, die nach dem 30. Juni 2002 eingeleitet werden. In früher eingeleiteten Verfahren ist weiterhin die bisherige Rechtslage anzuwenden.

(6) Bei Liegenschaften, an denen schon vor dem 1. Juli 2002 Wohnungseigentum ganz oder teilweise begründet wurde, beginnt die dreijährige Frist nach § 5 Abs. 2 erst mit 1. Juli 2002 zu laufen.

(7) Wurde bei einem Haus, für das die Baubewilligung vor dem 1. Jänner 1985 erteilt wurde, in einem vor dem 1. Juli 2002 eingeleiteten Verfahren die Nutzfläche gemäß § 6 Abs. 2 WEG 1975 nach dem Naturmaß berechnet, so bleibt die der Entscheidung zugrunde gelegte Nutzflächenberechnung weiter gültig.

(8) Soweit in anderen Rechtsvorschriften auf das gemeinsame Wohnungseigentum von Ehegatten Bezug genommen wird, ist darunter ab dem 1. Juli 2002 die Eigentümerpartnerschaft im Sinne des 4. Abschnitts dieses Bundesgesetzes zu verstehen.

(9) § 24 Abs. 6 dieses Bundesgesetzes ist auf Beschlüsse der Eigentümergemeinschaft anzuwen-

den, soweit sie nach dem 30. Juni 2002 bekannt gemacht werden. Soweit Beschlüsse früher bekannt gemacht wurden, gilt § 13b Abs. 4 WEG 1975 weiter.

(10) § 34 Abs. 1 letzter Satz dieses Bundesgesetzes ist auch auf Rechnungslegungsansprüche anzuwenden, die vor dem 1. Juli 2002 fällig geworden sind; in diesen Fällen beginnt die dreijährige Verjährungsfrist aber erst mit 1. Juli 2002 zu laufen.

(11) § 37 Abs. 1 dieses Bundesgesetzes ist auf Zahlungen anzuwenden, die nach dem 30. Juni 2002 geleistet werden. Für früher geleistete Zahlungen gilt § 23 Abs. 1a WEG 1975 weiter.

(12) Besteht die Eigentümergemeinschaft auf Grund einer vor dem 1. Juli 2002 durchgeführten, nicht alle wohnungseigentumstauglichen Objekte der Liegenschaft erfassenden Wohnungseigentumsbegründung zum Teil auch aus schlichten Miteigentümern, so gelten die sich auf die Wohnungseigentümer beziehenden Regelungen des neuen Rechts sinngemäß auch für die schlichten Miteigentümer, soweit die ihnen entsprechenden Bestimmungen des Wohnungseigentumsgesetzes 1975 auch für die schlichten Miteigentümer galten. Solange einer solchen Eigentümergemeinschaft noch schlichte Miteigentümer angehören, gilt jedoch anstelle des § 33 dieses Bundesgesetzes der § 20 WEG 1975. Die in § 2 Abs. 2 Z 1 zweiter Halbsatz WEG 1975 vorgesehene Beschränkung des Rechts eines Wohnungseigentümers auf Verweigerung der Zustimmung zur weiteren Begründung von Wohnungseigentum ist nach dem 30. Juni 2002 sowohl auf Wohnungseigentümer als auch auf schlichte Miteigentümer anzuwenden.

(13) Im Übrigen ist dieses Bundesgesetz auch auf die vor dem 1. Juli 2002 begründeten Wohnungseigentumsrechte und auf die vor diesem Zeitpunkt zwischen Wohnungseigentümern, Wohnungseigentumsbewerbern und Wohnungseigentumsorganisatoren untereinander oder mit Dritten geschlossenen Rechtsgeschäfte anzuwenden.

(14) Soweit in anderen Rechtsvorschriften auf Bestimmungen des Wohnungseigentumsgesetzes 1975 verwiesen wird, treten an deren Stelle die entsprechenden Bestimmungen dieses Bundesgesetzes.

Begründung von Wohnungseigentum auf Grundlage des Wohnungseigentumsgesetzes 1975

§ 57. (1) Bis zum Ablauf des 31. Dezember 2006 kann - ungeachtet eines allfälligen Widerspruchs zu Regelungen des Wohnungseigentumsgesetzes 2002 – die Einverleibung von Wohnungseigentum auf Grund von Urkunden beantragt werden, die noch nach der Rechtslage des Wohnungseigentumsgesetzes 1975 erstellt wurden, sofern die Wohnungseigentumsbegründung nach dem Wohnungseigentumsgesetz 1975 gültig gewesen wäre.

(2) Wurde nach dem 30. Juni 2002 und vor dem In-Kraft-Treten des Abs. 1 Wohnungseigentum auf Grund von Urkunden begründet, die noch nach der Rechtslage des Wohnungseigentumsgesetzes 1975 erstellt wurden, so ist die Wohnungseigentumsbegründung ungeachtet eines allfälligen Widerspruchs zu Regelungen des Wohnungseigentumsgesetzes 2002 gültig, wenn sie nach dem Wohnungseigentumsgesetz 1975 gültig gewesen wäre.

(BGBl I 2006/124, Abs 1 ab 27. 7. 2006, Abs 2 ab 1. 10. 2006)

Übergangsbestimmungen zur Wohnrechtsnovelle 2006

WEG

§ 58. (1) § 56 Abs. 1 letzter Satz und § 57 Abs. 1 jeweils in der Fassung der Wohnrechtsnovelle 2006, BGBl. I Nr. 124, treten mit dem der Kundmachung der Wohnrechtsnovelle 2006 folgenden Tag in Kraft. Im Übrigen treten die Änderungen dieses Bundesgesetzes durch die Wohnrechtsnovelle 2006 mit 1. Oktober 2006 in Kraft.

(2) § 5 Abs. 2 letzter Satz in der Fassung der Wohnrechtsnovelle 2006 ist auch anzuwenden, wenn der Erwerb des Abstellplatzes vor dem 1. Oktober 2006 stattgefunden hat. Wurde der dem Erwerb dienende Grundbuchsantrag vor dem 1. Februar 2005 eingebracht, so gilt die Ausnahmeregelung für jede Person, der gemäß § 2 Abs. 6 zweiter Satz die Eigenschaft eines Wohnungseigentumsorganisators zukommt.

(3) Auch nach dem 30. September 2006 kann - ungeachtet der mit der Wohnrechtsnovelle 2006 herbeigeführten Änderung des § 8 Abs. 2 WEG 2002 – die Einverleibung von Wohnungseigentum auf Grund einer vor dem 1. Oktober 2006 vorgenommenen Nutzwertermittlung beantragt werden, bei der § 8 Abs. 2 WEG 2002 in seiner Fassung vor dem In-Kraft-Treten der Wohnrechtsnovelle 2006 angewendet wurde.

(4) § 10 Abs. 3 und 4 in der Fassung der Wohnrechtsnovelle 2006 ist anzuwenden, wenn im Fall einer gerichtlichen Nutzwertfestsetzung das darüber geführte Verfahren nach dem 30. September 2006 geendet hat oder im Fall einer einvernehmlichen Nutzwertfestsetzung das neue Gutachten nach dem 30. September 2006 erstattet wurde.

(5) Das Schriftformgebot des § 13 Abs. 6 in der Fassung der Wohnrechtsnovelle 2006 gilt für Vereinbarungen, die nach dem 30. September 2006 geschlossen werden.

(6) § 14 Abs. 1, 2 und 3 in der Fassung der Wohnrechtsnovelle 2006 ist anzuwenden, wenn der Partner nach dem 30. September 2006 stirbt.

§ 14 Abs. 4 in der Fassung der Wohnrechtsnovelle 2006 ist anzuwenden, wenn die Erlassung der Zahlungspflicht nach dem 30. September 2006 verfügt oder vereinbart wird. Das Formgebot des § 14 Abs. 5 Z 1 in der Fassung der Wohnrechtsnovelle 2006 gilt für Vereinbarungen, die nach dem 30. September 2006 geschlossen werden; die übrigen Regelungen des § 14 Abs. 5 Z 1 sowie § 14 Abs. 5 Z 2 jeweils in der Fassung der Wohnrechtsnovelle 2006 sind anzuwenden, wenn der Partner nach dem 30. September 2006 stirbt.

(7) Hat ein Wohnungseigentumsbewerber in einer vor dem 1. Oktober 2006 erhobenen Einverleibungsklage gemäß § 43 Abs. 1 die Einwilligung in die Einverleibung von Wohnungseigentum nur hinsichtlich des ihm zugesagten Objekts begehrt, so steht die Regelung des § 3 Abs. 2 auch unabhängig vom Vorliegen eines Falls nach § 43 Abs. 1 zweiter Satz einer Klagsstattgebung nicht entgegen.

(8) Hat ein Wohnungseigentumsbewerber vor dem 1. Oktober 2006 sein Aussonderungsrecht oder sein Widerspruchsrecht jeweils gemäß § 43 Abs. 4 in der Fassung vor dem In-Kraft-Treten der Wohnrechtsnovelle 2006 gerichtlich geltend gemacht, so gilt für diese Rechte die bisherige Rechtslage weiter.

(BGBl I 2006/124)

Übergangsbestimmungen zur Wohnrechtsnovelle 2009

§ 58a. § 24 Abs. 2 in der Fassung der Wohnrechtsnovelle 2009, BGBl. I Nr. 25/2009, tritt mit 1. April 2009 in Kraft; § 20 Abs. 3a und § 28 Abs. 1 jeweils in der Fassung dieser Novelle treten mit 1. Jänner 2009 in Kraft.

(BGBl I 2009/25)

Übergangsbestimmungen zur Grundbuchs-Novelle 2012

§ 58b. (1) § 3 Abs. 4 und § 10 Abs. 3 und 4 in der Fassung des Bundesgesetzes BGBl. I Nr. 30/2012 treten mit 1. Mai 2012 in Kraft.

(2) § 3 Abs. 4 ist anzuwenden, wenn der Antrag auf Einverleibung des Wohnungseigentums nach dem 30. April 2012 gestellt wird.

(3) § 10 Abs. 3 und 4 in der geänderten Fassung ist anzuwenden, wenn im Fall einer gerichtlichen Nutzwertfestsetzung das darüber geführte Verfahren nach dem 30. April 2012 geendet hat oder im Fall einer einvernehmlichen Nutzwertfestsetzung das neue Gutachten nach dem 30. April 2012 erstattet wurde.

(BGBl I 2012/30)

Übergangsbestimmungen zur Wohnrechtsnovelle 2015

§ 58c. (1) § 5 Abs. 3 in der Fassung der Wohnrechtsnovelle 2015, BGBl. I Nr. 100/2014, tritt mit 1. Jänner 2015 in Kraft. Die Bestimmung gilt in dieser Fassung auch für Eintragungen, die vor ihrem Inkrafttreten vorgenommen wurden. Sie ist auch in gerichtlichen Verfahren anzuwenden, die zum Zeitpunkt ihres Inkrafttretens bereits anhängig geworden, aber noch nicht rechtskräftig entschieden worden sind.

(2) § 5 Abs. 4 in der Fassung der Wohnrechtsnovelle 2015, BGBl. I Nr. 100/2014, tritt mit 1. Jänner 2015 in Kraft. Die Bestimmung gilt in dieser Fassung auch für Übertragungen, die vor ihrem Inkrafttreten vorgenommen wurden. Sie ist auch in gerichtlichen Verfahren anzuwenden, die zum Zeitpunkt ihres Inkrafttretens bereits anhängig geworden, aber noch nicht rechtskräftig entschieden worden sind.

(BGBl I 2014/100)

Übergangsbestimmung zum ErbRÄG 2015

§ 58d. Die §§ 12 Abs. 3 und 14 Abs. 3, 5 und 7 in der Fassung des Erbrechts-Änderungsgesetzes 2015 (ErbRÄG 2015), BGBl. I Nr. 87/2015, treten mit 17. August 2015 in Kraft. Die §§ 12 Abs. 3 und 14 Abs. 7 sind anzuwenden, wenn der Wohnungseigentümer bzw. der Partner an oder nach diesem Tag gestorben ist.

(BGBl I 2015/87)

Übergangsbestimmung zum Bundesgesetz BGBl. I Nr 58/2018

§ 58e. Die §§ 24 und 52 in der Fassung des Bundesgesetzes BGBl. I Nr. 58/2018, treten mit 1. August 2018 in Kraft; § 52 ist auf Verfahren anzuwenden, die nach dem 31. Juli 2018 anhängig sind oder anhängig werden.

(BGBl I 2018/58)

Übergangsbestimmung zum Bundesgesetz BGBl. I Nr 81/2020

§ 58f. § 12 in der Fassung des Bundesgesetzes BGBl. I Nr. 81/2020 tritt mit 1. Oktober 2020 in Kraft und ist anzuwenden, wenn der Antrag auf Einverleibung nach dem 30. September 2020 gestellt wird.

(BGBl I 2020/81)

Übergangsbestimmung zur WEG-Novelle 2022

§ 58g. (1) § 16 Abs. 2 bis 8, § 20 Abs. 4 und 7 bis 10, § 25 Abs. 2a, § 34 Abs. 1, § 52 Abs. 1 Z 2 und 6 und § 58g Abs. 5 und 6 jeweils in der Fassung der WEG-Novelle 2022, BGBl. I Nr 222/2021, treten mit 1. Jänner 2022 in Kraft.

(2) § 20 Abs. 1, § 22 Abs. 2, § 24 Abs. 4, § 25 Abs. 3, § 28 Abs. 1, § 29 Abs. 1, § 30 Abs. 2, § 31 Abs. 1 und 5 und § 32 Abs. 4 jeweils in der Fassung der WEG-Novelle 2022, BGBl. I Nr. 222/2021, treten mit 1. Juli 2022 in Kraft.

(3) § 16 Abs. 8 in der Fassung der WEG-Novelle 2022, BGBl. I Nr. 222/2021, ist auf Einzelladestationen anzuwenden, die nach dem 31. Dezember 2021 errichtet werden.

(4) § 24 Abs. 4 in der Fassung der WEG-Novelle 2022, BGBl. I Nr. 222/2021, ist auf Willensbildungsvorgänge anzuwenden, die nach dem 30. Juni 2022 eingeleitet werden.

(5) Wenn bei einer Festsetzung der Nutzwerte nach dem Wohnungseigentumsgesetz 1975 für selbständige Geschäftsräume der Nutzwert höher als mit dem Dreifachen der Nutzfläche festgesetzt wurde oder dabei für selbständige Geschäftsräume ein Regelnutzwert zugrunde gelegt wurde, der mehr als das Dreifache des für Wohnungen zugrunde gelegten Regelnutzwerts betrug, oder wenn bei einer Festsetzung der Jahresmietwerte nach dem Wohnungseigentumsgesetz, BGBl. Nr. 149/1948, für selbständige Geschäftsräume ein Jahresmietwert pro Quadratmeter Gesamtfläche festgesetzt wurde, der den Durchschnitt des für Wohnungen festgesetzten Jahresmietwerts pro Quadratmeter Gesamtfläche um mehr als das Dreifache übersteigt, kann jeder Wohnungseigentümer eines solchen selbständigen Geschäftsraums bis zum Ablauf des Jahres 2024 eine Neufestsetzung des Nutzwerts oder Jahresmietwerts seines Wohnungseigentumsobjekts dahingehend beantragen, dass der dafür jeweils maßgebliche Schwellenwert nicht mehr überschritten wird. Durch Neufestsetzungen nach dieser Bestimmung darf aber der Anteil des Nutzwerts oder Jahresmietwerts einer Wohnung an der Summe der Nutzwerte oder Jahresmietwerte um nicht mehr als 20 vH von ihrem früheren Anteil abweichen. Im Verfahren zur Neufestsetzung sind allfällige weitere Wohnungseigentümer von im Sinn des ersten Satzes zu hoch bewerteten selbständigen Geschäftsräumen auf die Möglichkeit einer Antragstellung nach dieser Bestimmung hinzuweisen. Die Änderung der Miteigentumsanteile aufgrund einer Neufestsetzung ist auf Antrag auch nur eines der von der Änderung betroffenen Miteigentümer nach § 10 Abs. 3 vorzunehmen; unabhängig vom Ausmaß der Änderung bedarf es dazu einer Zustimmung der übrigen Miteigentümer oder Buchberechtigten nicht.

(6) Wenn eine Eigentümerversammlung gemäß § 25 Abs. 1 erster Satz spätestens im Zeitraum vom 1. März 2020 bis zum 30. Juni 2021 hätte durchgeführt werden müssen, der Verwalter jedoch wegen der COVID-19-Pandemie von deren Einberufung abgesehen hat, muss der Verwalter die Eigentümerversammlung bis spätestens 30. Juni 2022 durchführen. Fällt die Frist für die Durchführung einer Eigentümerversammlung in den Zeitraum vom 1. Juli bis zum 31. Dezember 2021, so verlängert sich diese Frist um ein Jahr.

(BGBl I 2021/222, Abs. 5 und 6 treten mit 1. Jänner 2022 in Kraft, siehe Abs. 1)

Inkrafttretensbestimmung zum Bundesgesetz BGBl. I Nr. 92/2024

§ 58h. § 16 Abs. 2 und 5 in der Fassung des Bundesgesetzes BGBl. I Nr. 92/2024 tritt mit 1. September 2024 in Kraft.

(BGBl I 2024/92)

Vollziehung

„**§ 59.**“ Mit der Vollziehung dieses Bundesgesetzes ist der Bundesminister für Justiz betraut. *(BGBl I 2006/124, ab 1. 10. 2006)*

KODEX

DES ÖSTERREICHISCHEN RECHTS

HERAUSGEBER: UNIV.-PROF. DR. WERNER DORALT

LEBENSMITTEL-RECHT

1 LMSVG
2 Kennzeichnung
3 Lebensmittel
4 LM für spez. Gruppen
5 Wasser
6 Zusatzstoffe
7 Hygiene
8 Gebrauchsgegenstände
9 Kosmetika
10 Amtl Kontrolle
11 EG-Basis-Verordnung
12 EG-Hygiene-Verordnungen
13 EG-KontrollV
14 EG-ClaimsV
15 EG-AnreicherungsV
16 EU-Novel FoodV
17 EU-QuaDG

LexisNexis®

KODEX

DES ÖSTERREICHISCHEN RECHTS

HERAUSGEBER: UNIV.-PROF. DR. WERNER DORALT

GESUNDHEITS-BERUFE

1 GuKG
GuK-AV
GuK-TAV
FH-GuK-AV
GuK-SV
GuK-LFV
PA-PFA-AV
GuK-WV
GuK-BAV
GuK-AusweisV
GBR-BAV
GuK-EWRV
Art. 15a-B-VG-V
SozbetrB
2 HebG
Heb-AV
FH-Heb-AV
HebAV
Heb-EWRV 2008
HebGSV
Heb-GWO
3 KTG
KT-AV
4 MABG
MAB-AV
TT-AV
TT-AkkV
5 MMHmG
MMHm-AV
MMHm-ZV
Hm-BerufsausweisV
6 MTD-G
FH-MTD-AV
V-RFS-MTD
MTD-AusweisV
7 MTF-SHD-G
8 MuthG
9 PsychologenG
EWR-PsychologenG
EWR-PsychologenV
PsychotherapieG
EWR-PsychotherapieG
EWR-PsychotherapieV
10 SanG
San-AV
SanAFV
11 ZÄG
ZASS-VO
BAG
Lehre ZfAO
12 GBRG

LexisNexis®

KODEX

DES ÖSTERREICHISCHEN RECHTS

HERAUSGEBER: UNIV.-PROF. DR. WERNER DORALT

POLIZEI-RECHT

1 SPG + Ven
2 PStSG
3 WaffGebrG
4 BKA-G
5 BAK-G
6 PolKG EU-PolKG
7 Sonstige
8 StGB VbVG
9 NebenG
10 StPO JGG
11 StRegG TilgG
12 Sonstige
13 EGVG + Sonstige
14 AVG
15 VStG VVG + VwGVG
16 ZustellG
17 MeldeG + DV
18 PassG + DV
19 BFA-G + DV BFA-VG + DV
20 FPG + DV
21 NAG + DV
22 AsylG + DV
23 GrekoG
24 SDÜ + Sonstige
25 AuslBG
26 WaffG + Ven
27 KriegsmatG + V
28 PyroTG + DV
29 SprG + Ven
30 MedienG
31 VersammlG
32 StVO + Ven
33 FSG + DV
34 KFG + Ven
35 Sonstige
36 B-VG
37 EMRK + ZP StGG HausRG PersFrG
38 Sonstige
39 ABGB
40 AHG, OrgHG PolBEG
41 ASVG
42 BDG + Ven

LexisNexis®

KODEX

DES ÖSTERREICHISCHEN RECHTS

HERAUSGEBER: UNIV.-PROF. DR. WERNER DORALT

BESONDERES VERWALTUNGS-RECHT

1 BVergG 2006
2 DSG
3 UG 2002
4 DMSG
5 KAKuG
6 GTG
7 SPG + BG KorruptPräv + PStSG
8 MeldeG
9 PassG
10 FPG
11 NAG
12 AsylG 2005
13 GVG-B 2005
14 WaffG
15 BFA-G
16 BFA-VG
17 PStG 2013
18 ForstG
19 WRG
20 AWG
21 IG-L
22 EG-K
23 UVP-G
24 StVO
25 KFG
26 FSG
27 GewO

LexisNexis®

13. Mietrechtsgesetz

BGBl 1981/520 idF

1 BGBl 1983/135
2 BGBl 1984/482 (WFG 1984)
3 BGBl 1985/559
4 BGBl 1988/724
5 BGBl 1989/343 (WGN 1989)
6 BGBl 1989/654 (RRAG)
7 BGBl 1991/68 (2. WÄG)
8 BGBl 1992/827 (HeizKG)
9 BGBl 1993/800 (3. WÄG)
10 BGBl I 1997/22
11 BGBl I 1997/140 (WGN 1997)
12 BGBl I 1999/19
13 BGBl I 1999/28 (AbgÄG 1998)
14 BGBl I 1999/147 (WRN 1999)
15 BGBl I 2000/36 (WRN 2000)
16 BGBl I 2001/98 (2. Euro-JuBeG)
17 BGBl I 2001/161 (MRN 2001)
18 BGBl I 2002/71
19 BGBl I 2003/113 (WohnAußStrBeglG)
20 BGBl I 2004/2 (VfGH)
21 BGBl I 2005/120 (HaRÄG)
22 BGBl I 2006/124 (WRN 2006)
23 BGBl I 2009/25 (WRN 2009)
24 BGBl I 2009/30 (ZVN 2009)
25 BGBl I 2010/29 (IRÄG 2010; Begriffersetzung)
26 BGBl I 2013/50 (ZVG)
27 BGBl I 2014/100 (WRN 2015)
28 BGBl I 2018/58 (ErwSchAG-Justiz)
29 BGBl I 2021/59 (MPFLG)
30 BGBl I 2023/176 (3. MILG)

GLIEDERUNG

STICHWORTVERZEICHNIS

(Die Zahlenangaben beziehen sich auf die Paragraphen, Fundstellen ohne Gesetzesangabe auf das MRG)

Stichwortverzeichnis

Stichwortverzeichnis

Bundesgesetz vom 12. November 1981 über das Mietrecht (Mietrechtsgesetz – MRG)

I. Hauptstück
Miete

Geltungsbereich

§ 1. (1) Dieses Bundesgesetz gilt für die Miete von Wohnungen, einzelnen Wohnungsteilen oder Geschäftsräumlichkeiten aller Art (wie im besonderen von Geschäftsräumen, Magazinen, Werkstätten, Arbeitsräumen, Amts- oder Kanzleiräumen) samt den etwa mitgemieteten (§ 1091 ABGB) Haus- oder Grundflächen (wie im besonderen von Hausgärten, Abstell-, Lade- oder Parkflächen) und für die genossenschaftlichen Nutzungsverträge über derartige Objekte (im folgenden Mietgegenstände genannt); in diesem Bundesgesetz wird unter Mietvertrag auch der genossenschaftliche Nutzungsvertrag, unter Mietzins auch das auf Grund eines genossenschaftlichen Nutzungsvertrages zu bezahlende Nutzungsentgelt verstanden.

(2) In den Anwendungsbereich dieses Bundesgesetzes fallen nicht

1. Mietgegenstände, die im Rahmen des Betriebes eines Beherbergungs-, Garagierungs-, Verkehrs-, Flughafenbetriebs-, Speditions- oder Lagerhausunternehmens oder eines hiefür besonders eingerichteten Heimes für ledige oder betagte Menschen, Lehrlinge, jugendliche Arbeitnehmer, Schüler oder Studenten vermietet werden, *(BGBl 1993/800, ab 1. 3. 1994)*

1a. Wohnungen oder Wohnräume, die von einer karitativen oder humanitären Organisation im Rahmen sozialpädagogisch betreuten Wohnens vermietet werden, *(BGBl I 2001/161, ab 1. 1. 2002, s § 49d Abs 2)*

2. Wohnungen, die auf Grund eines Dienstverhältnisses oder im Zusammenhang mit einem solchen als Dienst-, Natural- oder Werkswohnung überlassen werden,

3. Mietverträge, die durch Ablauf der Zeit ohne Kündigung erlöschen, sofern die ursprüngliche oder verlängerte vertragsmäßige Dauer ein halbes Jahr nicht übersteigt und der Mietgegenstand

a) eine Geschäftsräumlichkeit oder

b) eine Wohnung der Ausstattungskategorie A oder B (§ 15a Abs. 1 Z 1 und 2) ist und der Mieter diese nur zum schriftlich vereinbarten Zweck der Nutzung als Zweitwohnung wegen eines durch Erwerbstätigkeit verursachten vorübergehenden Ortswechsels mietet,
(BGBl 1993/800, ab 1. 3. 1994)

4. Wohnungen oder Wohnräume, die vom Mieter bloß als Zweitwohnung zu Zwecken der Erholung oder der Freizeitgestaltung gemietet werden; „eine Zweitwohnung im Sinne der Z 3 und 4 liegt vor, wenn daneben ein gewöhnlicher Aufenthalt im Sinne des § 66 JN besteht,“ *(BGBl 1993/800, ab 1. 3. 1994)*

5. Mietgegenstände in einem Gebäude mit nicht mehr als zwei selbständigen Wohnungen oder Geschäftsräumlichkeiten, wobei Räume, die nachträglich durch einen Ausbau des Dachbodens neu geschaffen wurden oder werden, nicht zählen. *(BGBl I 2001/161, ab 1. 1. 2002, s § 49d Abs 2)*

(3) Für Mietgegenstände in Gebäuden, die von einer gemeinnützigen Bauvereinigung im eigenen Namen errichtet worden sind, gelten die Bestimmungen dieses Bundesgesetzes nach Maßgabe des § 20 des Wohnungsgemeinnützigkeitsgesetzes. *(BGBl 1991/68, ab 1. 3. 1991)*

(4) Die §§ 14, „16b,“ 29 bis 36, 45, 46 und 49, nicht jedoch die übrigen Bestimmungen des I. und II. Hauptstückes, gelten für *(BGBl I 2009/25, ab 1. 4. 2009)*

1. Mietgegenstände, die in Gebäuden gelegen sind, die ohne Zuhilfenahme öffentlicher Mittel auf Grund einer nach dem 30. Juni 1953 erteilten Baubewilligung neu errichtet worden sind,

MRG RWG

2. Mietgegenstände, die durch den Ausbau eines Dachbodens oder einen Aufbau auf Grund einer nach dem 31. Dezember 2001 erteilten Baubewilligung neu errichtet worden sind, sowie unausgebaute Dachbodenräumlichkeiten, die mit der Abrede vermietet werden, dass – wenn auch zum Teil oder zur Gänze durch den Hauptmieter – entweder in ihnen oder in einem an ihrer Stelle durchgeführten Aufbau eine Wohnung oder Geschäftsräumlichkeit errichtet werde, *(BGBl I 2006/124, ab 1. 10. 2006, s § 49e Abs 2)*

2a. Mietgegenstände, die durch einen Zubau auf Grund einer nach dem 30. September 2006 erteilten Baubewilligung neu errichtet worden sind, *(BGBl I 2006/124, ab 1. 10. 2006, s § 49e Abs 3)*

3. Mietgegenstände, die im Wohnungseigentum stehen, sofern der Mietgegenstand in einem Gebäude gelegen ist, das auf Grund einer nach dem 8. Mai 1945 erteilten Baubewilligung neu errichtet worden ist.

(5) Die §§ 14 und 29 bis 36, nicht jedoch die übrigen Bestimmungen des I. und II. Hauptstückes, gelten für Mietgegenstände in einem Wirtschaftspark, das ist eine wirtschaftliche Einheit von ausschließlich zu Geschäftszwecken genutzten Gebäuden und Liegenschaften in (auf) denen jedoch nicht überwiegend Handelsgewerbe im Sinne der Gewerbeordnung 1973[1] betrieben werden. *(BGBl 1993/800, ab 1. 3. 1994)*

---

[1] *Jetzt: Gewerbeordnung 1994.*

Haupt- und Untermiete

§ 2. (1) „Hauptmiete liegt vor, wenn der Mietvertrag mit dem Eigentümer oder dem dinglich oder obligatorisch berechtigten Fruchtnießer der Liegenschaft oder mit dem Mieter oder Pächter eines ganzen Hauses geschlossen wird. Steht der Mietgegenstand im Wohnungseigentum, so wird Hauptmiete durch den Mietvertrag mit dem Wohnungseigentümer begründet. Wenn am Mietgegenstand Wohnungseigentum erst begründet werden soll, kommt durch den mit dem Wohnungseigentumsbewerber geschlossenen Mietvertrag Hauptmiete mit dem Eigentümer oder den Eigentümern der Liegenschaft zustande, doch geht mit der Begründung von Wohnungseigentum am Mietgegenstand die Rechtsstellung des Vermieters auf den Wohnungseigentümer über.“ An den wirksam geschlossenen Hauptmietvertrag sind ab der Übergabe des Mietgegenstandes an den Hauptmieter die Rechtsnachfolger des Vermieters auch dann gebunden, wenn der Vertrag nicht in die öffentlichen Bücher eingetragen ist. Enthält ein Hauptmietvertrag Nebenabreden ungewöhnlichen Inhalts, so ist der Rechtsnachfolger des Vermieters an diese Nebenabreden nur gebunden, wenn er sie kannte oder kennen mußte. Soweit das Mietverhältnis zwischen dem Mieter oder Pächter eines ganzen Hauses und dessen Vermieter aufgelöst wird, tritt der Vermieter in den Hauptmietvertrag zwischen dem Mieter oder Pächter des ganzen Hauses und dessen Mieter ein. *(BGBl I 2002/71, ab 1. 7. 2002)*

(2) Untermiete liegt vor, wenn der Mietvertrag mit einer Person geschlossen wird, die in Abs. 1 nicht genannt ist. Wird das Benützungsrecht des Untervermieters aufgelöst, so hat der Untervermieter den Untermieter hievon unverzüglich in Kenntnis zu setzen.

(3) Besteht bei Überlegung aller Umstände kein vernünftiger Grund daran zu zweifeln, daß ein Hauptmietvertrag nur zur Untervermietung durch den Hauptmieter und zur Umgehung der einem Hauptmieter nach diesem Bundesgesetz zustehenden Rechte geschlossen wurde, so kann der Mieter, mit dem der Untermietvertrag geschlossen wurde, begehren, als Hauptmieter des Mietgegenstands mit den sich aus diesem Bundesgesetz ergebenden Rechten und Pflichten anerkannt zu werden. Liegen konkrete Anhaltspunkte für eine solche Umgehungshandlung vor – dies ist insbesondere dann der Fall, wenn der Hauptmieter mehr als eine Wohnung im selben Gebäude zur Gänze untervermietet oder bei Vorliegen eines „ “ befristeten Hauptmietvertrags die Wohnung zur Gänze untervermietet –, so obliegt es dem Antragsgegner, das Fehlen der Umgehungsabsicht zu beweisen. *(BGBl I 2001/161, ab 1. 1. 2002, s § 49d Abs 4)*

(BGBl 1993/800, ab 1. 3. 1994)

Erhaltung

§ 3. (1) „Der Vermieter hat nach Maßgabe der rechtlichen, wirtschaftlichen und technischen Gegebenheiten und Möglichkeiten dafür zu sorgen, dass das Haus, die Mietgegenstände und die der gemeinsamen Benützung der Bewohner des Hauses dienenden Anlagen im jeweils ortsüblichen Standard erhalten und erhebliche Gefahren für die Gesundheit der Bewohner beseitigt werden.“ Im übrigen bleibt § 1096 des allgemeinen bürgerlichen Gesetzbuchs unberührt. *(BGBl I 2006/124, ab 1. 10. 2006, s § 49e Abs 9)*

(2) Die Erhaltung im Sinn des Abs. 1 umfaßt:

1. die Arbeiten, die zur Erhaltung der allgemeinen Teile des Hauses „ “ erforderlich sind; *(BGBl I 2000/36, ab 1. 7. 2000, s § 49c Abs 2)*

2. die Arbeiten, die zur Erhaltung der Mietgegenstände des Hauses erforderlich sind; diese Arbeiten jedoch nur dann, wenn es sich um die Behebung von ernsten Schäden des Hauses „oder um die Beseitigung einer vom Mietgegenstand ausgehenden erheblichen Gesundheitsgefährdung“ handelt oder wenn sie erforderlich sind, um einen zu vermietenden Mietgegenstand in brauchbarem Zustand zu übergeben; *(BGBl I 2006/124, ab 1. 10. 2006, s § 49e Abs 9)*

2a. die Arbeiten, die zur Erhaltung von mitvermieteten Heizthermen, mitvermieteten Warmwasserboilern und sonstigen mitvermieteten Wärmebereitungsgeräten in den Mietgegenständen des Hauses erforderlich sind; *(BGBl I 2014/100, ab 1. 1. 2015, s § 49g)*

3. die Arbeiten, die zur Aufrechterhaltung des Betriebes von bestehenden, der gemeinsamen Benützung der Bewohner dienenden Anlagen, wie im besonderen von zentralen Wärmeversorgungsanlagen, Personenaufzügen oder zentralen Waschküchen erforderlich sind, es sei denn, daß alle Mieter des Hauses für die gesamte Dauer ihres Mietvertrages auf die Benützung der Anlage verzichten; ist die Erhaltung einer bestehenden Anlage unter Bedachtnahme auf die Kosten der Errichtung und des Betriebes einer vergleichbaren neuen Anlage wirtschaftlich nicht vertretbar, so ist anstelle der Erhaltung der bestehenden Anlage eine vergleichbare neue Anlage zu errichten;

4. die Neueinführungen oder Umgestaltungen, die kraft öffentlich-rechtlicher Verpflichtungen vorzunehmen sind, wie etwa der Anschluß an eine Wasserleitung oder an eine Kanalisierung, die Installation von geeigneten Schutzvorrichtungen für die Energieversorgung oder von Geräten zur Feststellung des individuellen Energieverbrauchs;

5. die Installation von technisch geeigneten Gemeinschaftseinrichtungen zur Senkung des Energieverbrauchs oder die der Senkung des Energieverbrauchs sonst dienenden Ausgestaltungen des Hauses, von einzelnen Teilen des Hauses oder von einzelnen Mietgegenständen, wenn und insoweit die hiefür erforderlichen Kosten in einem wirtschaftlich vernünftigen Verhältnis zum allgemeinen Erhaltungszustand des Hauses und den zu erwartenden Einsparungen stehen;

6. bei Vorliegen einer nach § 17 Abs. 1a zulässigen Vereinbarung die Installation und die Miete von technisch geeigneten Meßvorrichtungen zur Verbrauchsermittlung im Sinn dieser Bestimmung. *(BGBl I 1999/147, ab 1. 1. 2000, anzuwenden auch auf Verträge, die davor geschlossen worden sind)*

(3) Die Kosten von Erhaltungsarbeiten sind aus den in den vorausgegangenen zehn Kalenderjahren erzielten Mietzinsreserven einschließlich der Zuschüsse, die aus Anlaß der Durchführung einer Erhaltungsarbeit gewährt werden, zu decken. Reichen diese Beträge zur Deckung der Kosten aller unmittelbar heranstehenden Erhaltungsarbeiten nicht aus, so gilt folgendes:

1. Zur Bedeckung der Kosten einer Erhaltungsarbeit sind auch die während des Zeitraums, in dem sich solche oder ähnliche Arbeiten unter Zugrundelegung regelmäßiger Bestandsdauer erfahrungsgemäß wiederholen, zu erwartenden oder anrechenbaren Hauptmietzinse, somit einschließlich der zur Deckung eines erhöhten Aufwandes zulässigen Einhebung eines erhöhten Hauptmietzinses, für alle vermieteten, vermietbaren oder vom Vermieter benützten Wohnungen und Geschäftsräumlichkeiten des Hauses heranzuziehen; insoweit hiedurch Deckung geboten ist, hat der Vermieter zur Finanzierung der nach Abzug der erzielten Mietzinsreserven ungedeckten Kosten der Erhaltungsarbeit eigenes oder fremdes Kapital aufzuwenden; die mit der Aufnahme fremden Kapitals verbundenen notwendigen Geldbeschaffungskosten und angemessenen Sollzinsen sowie die durch den Einsatz eigenen Kapitals entgangenen angemessenen Habenzinsen (Kapitalmarktzinsen) sind in diesen Fällen Kosten der Erhaltungsarbeiten.

2. Können die Kosten aller Erhaltungsarbeiten auch auf diese Weise nicht gedeckt werden, so sind die Erhaltungsarbeiten nach Maßgabe ihrer bautechnischen Dringlichkeit zu reihen und durchzuführen; jedenfalls sind aber die Arbeiten,

a) die kraft eines öffentlich-rechtlichen Auftrages vorzunehmen sind,

b) die der Behebung von Baugebrechen, die die Sicherheit von Personen oder Sachen gefährden, dienen oder

c) die zur Aufrechterhaltung des Betriebes von bestehenden Wasserleitungs-, Lichtleitungs-, Gasleitungs-, Beheizungs- (einschließlich der zentralen Wärmeversorgungsanlagen), Kanalisations- und sanitären Anlagen erforderlich sind,

vorweg durchzuführen.

Nützliche Verbesserung durch bautechnische Maßnahmen

§ 4. (1) Der Vermieter hat nützliche Verbesserungen des Hauses oder einzelner Mietgegenstände nach Maßgabe der rechtlichen, wirtschaftlichen und technischen Gegebenheiten und Möglichkeiten durchzuführen, soweit dies im Hinblick auf den allgemeinen Erhaltungszustand des Hauses zweckmäßig ist; „hiebei ist nützlichen Verbesserungen des Hauses gegenüber nützlichen Verbesserungen einzelner Mietgegenstände der Vorrang einzuräumen.“ *(BGBl 1985/559)*

(2) Unter den Voraussetzungen des Abs. 1 sind nützliche Verbesserungen:

1. die den Erfordernissen der Haushaltsführung der Bewohner dienende Neuerrichtung oder Umgestaltung von Wasserleitungs-, Lichtleitungs-, Gasleitungs-, Beheizungs- (einschließlich von zentralen Wärmeversorgungsanlagen), Kanalisations- und sanitären Anlagen in normaler Ausstattung,

2. die Errichtung oder Ausgestaltung von der gemeinsamen Benützung der Bewohner dienenden, einer zeitgemäßen Wohnkultur entsprechenden sonstigen Anlagen in normaler Ausstattung, wie etwa von Personenaufzügen, zentralen Waschküchen oder Schutzräumen vom Typ Grundschutz,

3. Maßnahmen, die eine dem jeweiligen Stand der Technik entsprechende Erhöhung der Schalldämmung bewirken, wie die Verbesserung der Schalldämmung von Fenstern, Außentüren, Außenwänden, Dächern, Kellerdecken und obersten Geschoßdecken,

3a. die Errichtung einer Anlage, die den Anschluß des Hauses (samt den einzelnen Mietgegenständen) an eine Einrichtung zur Fernwärmeversorgung bewirkt; *(BGBl 1985/559)*

4. die Installation einer Wasserentnahmestelle oder eines Klosettes im Inneren eines Mietgegenstandes,

5. die bautechnische Umgestaltung eines Mietgegenstandes, im besonderen einer Mietwohnung der Ausstattungskategorie D oder C in eine Mietwohnung der Ausstattungskategorie C, B oder A.

(3) Nützliche Verbesserungen sind vom Vermieter durchzuführen

1. wenn und soweit die Kosten aus den in den vorausgegangenen zehn Kalenderjahren erzielten Mietzinsreserven einschließlich der Zuschüsse, die zur Finanzierung der nützlichen Verbesserung gewährt werden, gedeckt werden können und Erhaltungsarbeiten nicht erforderlich sind oder sichergestellt ist, daß hiemit auch die erforderlichen Erhaltungsarbeiten in einem Zug durchgeführt werden, oder

2. wenn und soweit sich der Vermieter und die Mehrheit der Mieter – berechnet nach der Anzahl der im Zeitpunkt der Vereinbarung vermieteten Mietgegenstände – des Hauses über ihre Durchführung und die Finanzierung des durch die in den vorausgegangenen zehn Kalenderjahren erzielten Mietzinsreserven nicht gedeckten Teiles

der Kosten schriftlich einigen sowie überdies sichergestellt ist, daß die übrigen Mieter des Hauses durch die Verbesserungsarbeiten finanziell nicht belastet und auch sonst nicht übermäßig beeinträchtigt werden.

(4) Nützliche Verbesserungen im Inneren eines Mietgegenstandes bedürfen der Zustimmung des Hauptmieters, es gilt jedoch § 30 Abs. 2 Z 16, sofern der Hauptmieter einer mangelhaft ausgestatteten Wohnung im Sinn des § 3 Z 10 des Stadterneuerungsgesetzes, die zur Anhebung des Standards nach Abs. 2 Z 4 geeignet ist, das vom Vermieter gestellte Anbot, die zur Abwendung eines Enteignungsantrags nach § 14 des Stadterneuerungsgesetzes erforderlichen bautechnischen Maßnahmen gegen Entrichtung des für die so verbesserte Wohnung nach „§ 15a Abs. 3 Z 3“ berechneten Hauptmietzinses durchzuführen, ablehnt und auch nicht bereit ist, diese bautechnischen Maßnahmen selbst durchzuführen. *(BGBl 1993/800, ab 1. 3. 1994)*

(5) Auf Antrag auch nur eines Mieters hat der Vermieter im Miethaus einen dem Stand der Technik entsprechenden Behindertenaufzug zu errichten, wenn und soweit eine solche Maßnahme bei billiger Abwägung aller Interessen dem Vermieter auch zumutbar ist; die Kosten der Herstellung und Erhaltung dieser Anlage hat der Mieter, der den Antrag gestellt hat, dem Vermieter zu ersetzen. *(BGBl 1985/559)*

Nützliche Verbesserung durch Vereinigung von Wohnungen; Anbotspflicht

§ 5. (1) Als nützliche Verbesserung gilt auch die Vereinigung und bautechnische Umgestaltung zweier oder mehrerer Wohnungen, im besonderen von Mietwohnungen der Ausstattungskategorie D oder C in eine oder mehrere Mietwohnungen der Ausstattungskategorie C, B oder A.

(2) Wird eine Wohnung der Ausstattungskategorie D durch Beendigung des Mietverhältnisses frei und ist es baurechtlich zulässig und bautechnisch möglich und zweckmäßig, diese Wohnung mit einer Nachbarwohnung der Ausstattungskategorie D zu einer Wohnung der Ausstattungskategorie C mit einer Nutzfläche bis zu 90 m² zu vereinigen und umzugestalten, so hat der Vermieter die frei gewordene Wohnung vor der Vermietung an einen Dritten dem Hauptmieter einer zur Anhebung des Standards geeigneten Nachbarwohnung der Ausstattungskategorie D zur Zumietung und Umgestaltung in eine Wohnung der Ausstattungskategorie C gegen Entrichtung des für die so vergrößerte Wohnung nach „§ 15a Abs. 3 Z 3“ berechenbaren Hauptmietzinses anzubieten, es sei denn, daß der Vermieter die durch Beendigung des Mietverhältnisses frei gewordene Wohnung der Ausstattungskategorie D durch sonstige bautechnische Maßnahmen (§ 4 Abs. 2 Z 4 oder 5) in eine Wohnung der Ausstattungskategorie C verbessert. Zur Abgabe des Anbots genügt die Absendung eines eingeschriebenen Briefes. Der Hauptmieter der Nachbarwohnung muß das vom Vermieter gestellte Anbot binnen 30 Tagen annehmen, widrigenfalls sein Recht auf Zumietung erloschen ist. *(BGBl 1993/800, ab 1. 3. 1994)*

(3) Hat der Vermieter eine durch Beendigung des Mietverhältnisses frei gewordene Wohnung der Ausstattungskategorie D allen hiefür in Betracht kommenden Hauptmietern der Nachbarwohnungen der Ausstattungskategorie D im Sinn des Abs. 2 erfolglos zur Zumietung und Umgestaltung angeboten, so kann der Vermieter die frei gewordene Wohnung der Ausstattungskategorie D an einen Dritten vermieten; mit diesem Hauptmieter darf vereinbart werden, daß sich der Hauptmieter im Fall des Freiwerdens einer zur Anhebung des Standards geeigneten Nachbarwohnung der Ausstattungskategorie D zur Zumietung und Umgestaltung in eine Wohnung der Ausstattungskategorie C gegen Entrichtung des für die so vergrößerte Wohnung nach „§ 15a Abs. 3 Z 3“ berechenbaren Hauptmietzinses verpflichtet und daß für den Fall, in dem er dieser Pflicht nicht nachkommen sollte, das Freiwerden einer solchen Nachbarwohnung der Ausstattungskategorie D einen Kündigungsgrund darstellt, der im Sinn des § 30 Abs. 2 Z 13 als wichtig und bedeutsam anzusehen ist. *(BGBl 1993/800, ab 1. 3. 1994)*

Auftrag zur Durchführung von Erhaltungs- oder Verbesserungsarbeiten

§ 6. (1) Unterläßt der Vermieter durchzuführende Erhaltungs- oder Verbesserungsarbeiten, so hat ihm das Gericht (die Gemeinde, § 39) auf Antrag die Vornahme der Arbeiten binnen angemessener, ein Jahr nicht übersteigender Frist aufzutragen. Sind darunter Arbeiten, die nach § 3 Abs. 3 Z 2 lit. a bis c vorweg durchzuführen sind, so ist die Durchführung dieser Arbeiten vorweg aufzutragen, hinsichtlich solcher Arbeiten gilt Abs. 4 nicht. Zur Antragstellung sind berechtigt

1. die Gemeinde, in der das Haus gelegen ist, im eigenen Wirkungsbereich und jeder Hauptmieter des Hauses hinsichtlich der im § 3 Abs. 2 Z 1 bis 4 „und 6“ genannten Erhaltungsarbeiten, *(BGBl I 1999/147, ab 1. 1. 2000, s Anm zu § 3 Abs 2 Z 6)*

2. die Mehrheit der Hauptmieter – berechnet nach der Anzahl der Mietgegenstände – des Hauses hinsichtlich der im § 3 Abs. 2 Z 5 genannten Erhaltungsarbeiten und der nützlichen Verbesserungen nach Maßgabe des § 4 Abs. 1 und 2.

(1a) Dem Vermieter können Erhaltungsarbeiten zur Beseitigung einer erheblichen Gesundheitsgefährdung im Sinn des § 3 Abs. 1 und Abs. 2 Z 2 nur aufgetragen werden, wenn sich die Gesundheitsgefährdung nicht durch andere, den Bewohnern des Hauses zumutbare Maßnahmen abwenden lässt. *(BGBl I 2006/124, ab 1. 10. 2006, s § 49e Abs 9)*

(2) Der in Rechtskraft erwachsene Auftrag zur Durchführung von Erhaltungs- oder Verbesserungsarbeiten nach Abs. 1 ist ein Exekutionstitel, der nach dem fruchtlosen Ablauf der zur Vornahme der Arbeiten bestimmten Frist jeden Mieter des Hauses und die Gemeinde im eigenen Wirkungsbereich als betreibende Partei zum Antrag berechtigt, zum Zweck der Durchführung der aufgetragenen Arbeiten, der Aufnahme und Tilgung des erforderlichen Kapitals und der ordnungsgemäßen Erhaltung und Verwaltung des Hauses bis zur Tilgung des Kapitals für das Haus einen Verwalter zu bestellen. Zum Verwalter können, wenn sie sich dazu bereit erklären, bestellt werden: die Gemeinde, ein von der Gemeinde vorgeschlagener oder ein hiezu sonst geeigneter Dritter. Der bestellte Verwalter ist im besonderen befugt, zur Finanzierung der aufgetragenen Arbeiten namens des Vermieters ein auf inländische Währung lautendes Hypothekardarlehen gegen angemessene Verzinsung und Abtretung der Hauptmietzinse aufzunehmen, die Übernahme einer Bürgschaft durch eine Gebietskörperschaft „“** „“* anzustreben, die erforderlichen Urkunden zu fertigen und die grundbücherliche Sicherstellung auf der Liegenschaft, an der die Arbeit vorgenommen werden soll, durchzuführen. Auf Antrag ist ihm auch die Befugnis zur Verwaltung der in den vorausgegangenen zehn Kalenderjahren erzielten Mietzinsreserven zu erteilen und demjenigen, der über diese Mietzinsreserven verfügt, aufzutragen, diese Mietzinsreserven binnen 14 Tagen bei Exekution an den bestellten Verwalter herauszugeben. Im übrigen sind hierauf die §§ 98, 99, 103, 108 – 121, 130 und 132 der Exekutionsordnung sinngemäß anzuwenden. Über den Exekutionsantrag entscheidet das im § 37 Abs. 1 bestimmte Bezirksgericht im Verfahren außer Streitsachen, es sei denn, daß für das Haus bereits eine Zwangsverwaltung nach §§ 97ff. der Exekutionsordnung anhängig ist. Ist für das Haus bereits ein Zwangsverwalter nach §§ 97ff. der Exekutionsordnung bestellt, so hat das Exekutionsgericht dem bestellten Zwangsverwalter aufzutragen, die aufgetragenen Arbeiten vordringlich durchzuführen, und ihm die vorstehend genannten Ermächtigungen zu erteilen. *(*BGBl 1991/68, ab 1. 3. 1991; **BGBl I 2006/124, ab 1. 10. 2006, s § 49e Abs 9)*

(3) Die Zwangsverwaltung nach Abs. 2 ist nach Einvernehmung der Parteien einzustellen, wenn

1. die aufgetragenen Arbeiten durchgeführt und das hiezu aufgenommene Kapital getilgt ist,

2. sich erweist, daß die aufgetragenen Arbeiten wegen mangelnder Finanzierbarkeit oder aus sonst unüberwindbaren Hindernissen nicht durchgeführt werden können,

3. der verpflichtete Vermieter vor der Aufnahme des zur Finanzierung der aufgetragenen Arbeiten erforderlichen Kapitals und der Inangriffnahme der Arbeiten durch den Zwangsverwalter erweist, daß er die aufgetragenen Arbeiten selbst durchführen und finanzieren wird, oder

4. nach der Durchführung der aufgetragenen Arbeiten und Aufnahme des erforderlichen Kapitals durch den Zwangsverwalter der Kreditgeber und, falls eine Gebietskörperschaft die Bürgschaft übernommen hat, diese zustimmen.

(4) Ist zur Finanzierung der Kosten einer nach Abs. 1 beantragten Erhaltungsarbeit, die nicht vorweg aufzutragen ist, die Einhebung eines erhöhten Hauptmietzinses (§§ 18, 19) erforderlich, so ist der Antrag abzuweisen, wenn die Mehrheit der Hauptmieter – berechnet nach der Anzahl der im Zeitpunkt des Widerspruchs vermieteten Mietgegenstände – des Hauses und der Vermieter der Vornahme der beantragten Arbeit widersprechen. Wird ein solcher Widerspruch nicht erhoben, so hat in diesem Fall sowie auch dann, wenn der Vermieter neben der beantragten Erhaltungsarbeit, die nicht vorweg aufzutragen ist, noch andere unmittelbar heranstehende Erhaltungsarbeiten durchführen will, zu deren Finanzierung die Einhebung eines erhöhten Hauptmietzinses (§§ 18, 19) erforderlich ist, das Gericht (die Gemeinde, § 39) auf Antrag des Vermieters, des von ihm oder des nach Abs. 2 bestellten Verwalters mit der Entscheidung nach Abs. 1 auch die Entscheidung über die Bewilligung zur Einhebung eines erhöhten Hauptmietzinses (§§ 18, 19) zu verbinden.

Wiederherstellungspflicht

§ 7. (1) Wird ein Mietgegenstand durch Zufall zur Gänze oder zum Teil unbrauchbar, so ist der Vermieter zur baurechtlich zulässigen und bautechnisch möglichen Wiederherstellung des Mietgegenstandes in dem Maß verpflichtet, als die Leistungen aus einer bestehenden Versicherung ausreichen. Im übrigen gilt der § 1104 des allgemeinen bürgerlichen Gesetzbuchs.

(2) Zur Durchsetzung des Anspruchs auf Wiederherstellung gilt der § 6. Zur Antragstellung sind die Gemeinde im eigenen Wirkungsbereich und jeder Mieter berechtigt, dessen Mietgegenstand unbrauchbar geworden ist.

Umfang des Benützungsrechts

§ 8. (1) Der Hauptmieter ist berechtigt, den Mietgegenstand dem Vertrag gemäß zu gebrauchen und zu benützen. Er hat den Mietgegenstand und die für den Mietgegenstand bestimmten Einrichtungen, wie im besonderen die Lichtleitungs-, Gasleitungs-, Wasserleitungs-, Beheizungs- (einschließlich von zentralen Wärmeversorgungsanlagen) und sanitären Anlagen so zu warten und, soweit es sich nicht um die Behebung von ernsten Schäden des Hauses „oder um die Beseitigung einer erheblichen Gesundheitsgefährdung“ handelt, so instand zu halten, daß dem Vermieter und den anderen Mietern des Hauses kein Nachteil erwächst. Wird die Behebung von ernsten Schäden des Hauses nötig, so ist der Hauptmieter bei sonstigem Schadenersatz verpflichtet, dem Vermieter ohne Verzug Anzeige zu machen. *(BGBl I 2006/124, ab 1. 10. 2006, s § 49e Abs 9)*

(2) Der Hauptmieter hat das Betreten des Mietgegenstandes durch den Vermieter oder die von diesem beauftragten Personen aus wichtigen Gründen zu gestatten, wobei die berechtigten Interessen des Mieters nach Maßgabe der Wichtigkeit des Grundes angemessen zu berücksichtigen sind; er hat die vorübergehende Benützung und die Veränderung seines Mietgegenstandes bei Vorliegen der folgenden Voraussetzungen zuzulassen:

1. wenn und soweit ein solcher Eingriff in das Mietrecht zur Durchführung von Erhaltungs- oder Verbesserungsarbeiten an allgemeinen Teilen des Miethauses oder zur Behebung ernster Schäden des Hauses „oder zur Erhaltung einer mitvermieteten Heiztherme, eines mitvermieteten Warmwasserboilers oder eines sonstigen mitvermieteten Wärmebereitungsgeräts“ in seinem oder in einem anderen Mietgegenstand notwendig oder zweckmäßig ist; *(BGBl I 2014/100, ab 1. 1. 2015, s § 49g)*

2. wenn und soweit ein solcher Eingriff in das Mietrecht „zur Beseitigung einer von seinem oder einem anderen Mietgegenstand ausgehenden erheblichen Gesundheitsgefährdung oder“ zur Durchführung von Veränderungen (Verbesserungen) in einem anderen Mietgegenstand notwendig, zweckmäßig und bei billiger Abwägung aller Interessen auch zumutbar ist; die Zumutbarkeit ist im besonderen anzunehmen, wenn „die Beseitigungsmaßnahme oder“ die Veränderung keine wesentliche oder dauernde Beeinträchtigung des Mietrechts zur Folge hat. *(BGBl I 2006/124, ab 1. 10. 2006, s § 49e Abs 9)*
(BGBl 1993/800, ab 1. 3. 1994)

(3) Alle Erhaltungs-, Verbesserungs-, Änderungs- und Errichtungsarbeiten, die ein Mieter hienach zuzulassen hat, sind so durchzuführen, daß eine möglichste Schonung des Mietrechts des betroffenen Mieters gewährleistet ist; für wesentliche Beeinträchtigungen hat der Vermieter, sofern aber die Arbeiten ein Mieter durchführt, dieser Mieter den Mieter, der hiedurch in seinen Rechten beeinträchtigt wird, angemessen zu entschädigen, wobei im Fall eines zumindest grob fahrlässigen Verstoßes gegen die Pflicht zur möglichsten Schonung des Mietrechts auch auf erlittenes Ungemach Bedacht zu nehmen ist. *(BGBl 1993/800, ab 1. 3. 1994)*

Veränderung (Verbesserung) des Mietgegenstandes

§ 9. (1) Der Hauptmieter hat eine von ihm beabsichtigte wesentliche Veränderung (Verbesserung) des Mietgegenstandes dem Vermieter anzuzeigen. Lehnt der Vermieter nicht innerhalb von zwei Monaten nach Zugang der Anzeige die beabsichtigte Veränderung ab, so gilt seine Zustimmung als erteilt. Der Vermieter kann seine Zustimmung und eine erforderliche Antragstellung bei der Baubehörde nicht verweigern, wenn[1)]

1. die Veränderung dem jeweiligen Stand der Technik entspricht,

2. die Veränderung der Übung des Verkehrs entspricht und einem wichtigen Interesse des Hauptmieters dient,

3. die einwandfreie Ausführung der Veränderung gewährleistet ist,

4. der Hauptmieter die Kosten trägt,

5. durch die Veränderung keine Beeinträchtigung schutzwürdiger Interessen des Vermieters oder eines anderen Mieters zu besorgen ist,

6. durch die Veränderung keine Schädigung des Hauses, im besonderen keine Beeinträchtigung der äußeren Erscheinung des Hauses, erfolgt,

7. die Veränderung keine Gefahr für die Sicherheit von Personen und Sachen bewirkt.

(2) Die Voraussetzung des Abs. 1 Z 2 ist jedenfalls gegeben, wenn es sich handelt um

1. die Errichtung oder die den Erfordernissen der Haushaltsführung dienende Umgestaltung von Wasserleitungs-, Lichtleitungs-, Gasleitungs-, Beheizungs- (einschließlich der Einrichtung von zentralen Wärmeversorgungsanlagen) oder sanitären Anlagen,

2. die der Senkung des Energieverbrauchs dienende Ausgestaltung eines Mietgegenstandes,

3. die Verbesserungen, die von einer Gebietskörperschaft aus öffentlichen Mitteln gefördert werden,

4. die Einleitung eines Fernsprechanschlusses oder

5. die Anbringung der nach dem Stand der Technik notwendigen Antennen und sonstigen Einrichtungen für den Hörfunk- und Fernsehempfang „sowie für Multimediadienste“, sofern der Anschluß an eine bestehende Einrichtung nicht möglich oder nicht zumutbar ist. *(BGBl I 2001/161, ab 1. 1. 2002, s § 49d Abs 4)*

(3) Handelt es sich um eine wesentliche Veränderung (Verbesserung), die nicht im Abs. 2 angeführt ist, so kann der Vermieter seine Zustimmung von der Verpflichtung des Hauptmieters zur Wiederherstellung des früheren Zustandes bei der

Zurückstellung des Mietgegenstandes abhängig machen.

[1)] *Im BGBl steht der Beistrich irrtümlich nach „wenn".*

Ersatz von Aufwendungen auf eine Wohnung

§ 10. (1) Der Hauptmieter einer Wohnung, der in den letzten zwanzig Jahren vor der Beendigung des Mietverhältnisses in der gemieteten Wohnung Aufwendungen zur wesentlichen Verbesserung (§ 9) gemacht hat, die über seine Mietdauer hinaus wirksam und von Nutzen sind, oder der solche Aufwendungen dem Vormieter oder dem Vermieter abgegolten hat (Abs. 6 erster und zweiter Satz), hat bei der Beendigung des Mietverhältnisses Anspruch auf Ersatz dieser Aufwendungen vermindert um eine jährliche Abschreibung. Das Ausmaß dieser Abschreibung beträgt für jedes vollendete Jahr

1. bei den in Abs. 3 Z 1 und 3 genannten Aufwendungen ein Zehntel,

2. bei den von einer Gebietskörperschaft aus öffentlichen Mitteln geförderten Aufwendungen jenen Bruchteil, der sich aus der Laufzeit der Förderung errechnet,

3. sonst ein Zwanzigstel.
(BGBl I 1997/22, ab 21. 2. 1997, s § 49b Abs 2)

(2) Der Abs. 1 gilt nicht, wenn der Vermieter berechtigterweise seine Zustimmung verweigert oder an die Verpflichtung zur Wiederherstellung des früheren Zustandes gebunden hat oder wenn er deswegen, weil ihm der Hauptmieter die beabsichtigte wesentliche Veränderung nicht angezeigt hat, verhindert war, das eine oder das andere zu tun.

(3) Die im Abs. 1 genannten Aufwendungen sind:

1. die Errichtung oder die den Erfordernissen der Haushaltsführung dienende Umgestaltung von Wasserleitungs-, Lichtleitungs-, Gasleitungs-, Beheizungs- (einschließlich der Errichtung von zentralen Wärmeversorgungsanlagen) oder sanitären Anlagen in normaler und dem jeweiligen Stand der Technik entsprechender Ausstattung „sowie die Erneuerung einer bei Beginn des Mietverhältnisses vorhandenen, aber schadhaft gewordenen Heiztherme oder eines solchen Warmwasserboilers," *(BGBl I 2006/124, ab 1. 10. 2006, s § 49e Abs 9)*

2. die Vereinigung und die Umgestaltung der Wohnung mit der zur Zumietung angebotenen Nachbarwohnung (§ 5 Abs. 2) in normaler Ausstattung,

3. die gänzliche Erneuerung eines schadhaft gewordenen Fußbodens in einer dem sonstigen Ausstattungszustand der Wohnung entsprechenden Ausführung und

4. andere gleich wesentliche Verbesserungen, insbesondere solche, die von einer Gebietskörperschaft aus öffentlichen Mitteln gefördert worden sind. *(BGBl 1991/68, ab 1. 3. 1991)*

(4) „Der Anspruch auf Ersatz ist bei sonstigem Verlust des Anspruches dem Vermieter vom Hauptmieter unter Vorlage von Rechnungen schriftlich anzuzeigen;"

1. bei einvernehmlicher Auflösung des Mietverhältnisses spätestens 14 Tage nach Abschluss der Auflösungsvereinbarung, *(BGBl I 2006/124, ab 1. 10. 2006, s § 49e Abs 4)*

2. bei Aufkündigung des Mietverhältnisses durch den Hauptmieter spätestens 14 Tage nach Zustellung der Aufkündigung an den Vermieter, *(BGBl I 2006/124, ab 1. 10. 2006, s § 49e Abs 4)*

3. in allen übrigen Fällen binnen einer Frist von zwei Monaten ab Eintritt der Rechtskraft des Räumungstitels, bei früherer Zurückstellung des Mietgegenstandes jedoch spätestens mit der Zurückstellung.
(BGBl 1991/68, ab 1. 3. 1991)

(4a) Entspricht eine rechtzeitig erstattete Anzeige des Ersatzanspruchs in Form oder Inhalt nicht der Regelung des Abs. 4, so hat der Vermieter den Mieter zur Verbesserung des Mangels binnen einer Frist von mindestens 14 Tagen aufzufordern. Der Verlust des Ersatzanspruchs tritt nur ein, wenn der Mieter einer solchen Aufforderung nicht fristgerecht nachkommt. *(BGBl I 2006/124, ab 1. 10. 2006, s § 49e Abs 4)*

(5) Der Hauptmieter einer Wohnung kann den Ersatzanspruch nach Abs. 1 überdies nur gerichtlich geltend machen,

1. wenn er innerhalb von sechs Monaten nach der Zurückstellung des Mietgegenstandes dem Vermieter einen Mieter namhaft macht, der zur Befriedigung des Ersatzanspruches nach Abs. 1 bereit ist, oder

2. sobald der Vermieter den Mietgegenstand sonst vermietet oder verwertet.

(6) Befriedigt der neue Mieter den berechtigten Ersatzanspruch des früheren Mieters, so ist die dadurch abgegoltene Aufwendung bei der Bestimmung der Höhe des zulässigen Hauptmietzinses als nicht getätigt zu behandeln. Dies gilt auch dann, wenn der Vermieter die Ansprüche des früheren Mieters befriedigt hat und den Ersatz des von ihm geleisteten Betrags nun vom neuen Mieter begehrt. Verlangt der Vermieter vom neuen Mieter keinen Ersatz, so sind die Bestimmungen über den höchstzulässigen Hauptmietzins (§ 16) uneingeschränkt anzuwenden; der Vermieter kann diesfalls den von ihm an den früheren Mieter geleisteten Betrag insoweit als Ausgabe in der Hauptmietzinsabrechnung ausweisen (§ 20 Abs. 1 Z 2), als dieser Betrag unter Annahme einer zehnjährigen gleichmäßigen Mietzinszahlung den Unterschiedsbetrag zwischen dem ohne die

abgegoltene Aufwendung zulässigen Hauptmietzins und dem auf Grund dieser Aufwendung zulässigen Hauptmietzins nicht übersteigt. *(BGBl 1993/800, ab 1. 3. 1994)*

(7) Auf den Ersatzanspruch kann der Hauptmieter im voraus nicht rechtswirksam verzichten.

(8) Weitergehende Ansprüche nach den §§ 1097, 1036, 1037 des allgemeinen bürgerlichen Gesetzbuchs bleiben hiedurch unberührt.

Untermietverbote

§ 11. (1) Auf ein vertragliches Verbot der Untervermietung kann sich der Vermieter nur berufen, wenn ein wichtiger Grund gegen die Untervermietung vorliegt. Ein wichtiger Grund gegen die Untervermietung liegt insbesondere vor, wenn

1. der Mietgegenstand zur Gänze untervermietet werden soll,

2. der in Aussicht genommene Untermietzins eine im Vergleich zu dem vom Untervermieter zu entrichtenden Mietzins und etwaigen sonstigen Leistungen des Untervermieters unverhältnismäßig hohe Gegenleistung darstellt,

3. die Anzahl der Bewohner einer gemieteten Wohnung die Anzahl der Wohnräume übersteigt oder nach der Aufnahme des Untermieters übersteigen würde, oder

4. wenn mit Grund zu besorgen ist, daß der Untermieter den Frieden der Hausgemeinschaft stören wird.

(2) Abs. 1 gilt nicht für eine von einer gemeinnützigen Bauvereinigung, die auf Grund ihrer Satzung oder zufolge ihres tatsächlichen Geschäftsbetriebes ihre Tätigkeit auf einen bestimmten Personenkreis im Sinn des § 8 Abs. 2 Z 1 oder 2 des Wohnungsgemeinnützigkeitsgesetzes eingeschränkt hat, gemietete Wohnung.

Abtretung des Mietrechts

§ 12. (1) Der Hauptmieter einer Wohnung, der die Wohnung verläßt, darf seine Hauptmietrechte an der Wohnung seinem Ehegatten[1)] oder Verwandten in gerader Linie einschließlich der Wahlkinder oder Geschwister abtreten, falls der Ehegatte oder die Verwandten in gerader Linie einschließlich der Wahlkinder mindestens die letzten zwei Jahre, die Geschwister mindestens die letzten fünf Jahre mit dem Hauptmieter im gemeinsamen Haushalt in der Wohnung gewohnt haben. Dem mehrjährigen Aufenthalt in der Wohnung ist es gleichzuhalten, wenn der Angehörige die Wohnung seinerzeit mit dem bisherigen Mieter gemeinsam bezogen hat, beim Ehegatten auch, wenn er seit der Verehelichung, und bei Kindern auch, wenn sie seit ihrer Geburt in der Wohnung gewohnt haben, mag auch ihr Aufenthalt in der Wohnung noch nicht die vorgeschriebene Zeit gedauert haben. Der Eintritt in das Hauptmietrecht nach §§ 87 und 88 des Ehegesetzes wird dadurch nicht berührt.

(2) Sowohl der bisherige Hauptmieter als auch der Angehörige (die Angehörigen) sind verpflichtet, die Abtretung der Hauptmietrechte dem Vermieter unverzüglich anzuzeigen. Der Vermieter kann die Rechtsfolgen des durch die Abtretung herbeigeführten Eintritts des (der) Angehörigen in das Hauptmietverhältnis ab dem der Abtretung folgenden Zinstermin geltend machen. Mehrere Angehörige, die in das Hauptmietverhältnis eintreten, sind für den Mietzins zur ungeteilten Hand zahlungspflichtig. *(BGBl 1993/800, ab 1. 3. 1994)*

(3) Ist der Mietgegenstand eine Seniorenwohnung, wurde im Mietvertrag die Bereitstellung einer Grundversorgung des Hauptmieters mit sozialen Diensten der Altenhilfe vereinbart und hatte der Hauptmieter bei Abschluss des Mietvertrags das 60. Lebensjahr bereits vollendet, so steht ihm das Recht der Abtretung der Hauptmietrechte an Verwandte in absteigender Linie einschließlich der Wahlkinder nicht zu. Eine Seniorenwohnung liegt vor, wenn sowohl die Wohnung als auch die allgemeinen Teile des Hauses, über die sie erreicht werden kann, eigens – etwa durch barrierefreie Zugänge, besondere sanitäre Einrichtungen oder besondere Sicherheitseinrichtungen – für ein altengerechtes Wohnen ausgestattet sind. *(BGBl I 2006/124, ab 1. 10. 2006, s § 49e Abs 3)*

[1)] Nach § 43 Abs 1 Z 10 EPG auf eingetragene Partner sinngemäß anzuwenden.

Veräußerung und Verpachtung eines Unternehmens

§ 12a. (1) Veräußert der Hauptmieter einer Geschäftsräumlichkeit das von ihm im Mietgegenstand betriebene Unternehmen zur Fortführung in diesen Räumen, so tritt der Erwerber des Unternehmens anstelle des bisherigen Hauptmieters in das Hauptmietverhältnis ein. Sowohl der Veräußerer als auch der Erwerber sind verpflichtet, die Unternehmensveräußerung dem Vermieter unverzüglich anzuzeigen. Der Vermieter kann die Rechtsfolgen des durch die Unternehmensveräußerung herbeigeführten Eintritts des Erwerbers in das Hauptmietverhältnis ab dem der Unternehmensveräußerung folgenden Zinstermin geltend machen.

(2) Ist der bisherige Hauptmietzins niedriger als der angemessene Hauptmietzins nach § 16 Abs. 1, so darf der Vermieter bis spätestens sechs Monate nach Anzeige der Unternehmensveräußerung die Anhebung des Hauptmietzinses bis zu dem nach § 16 Abs. 1 zulässigen Betrag, jedoch unter Berücksichtigung der Art der im Mietgegenstand ausgeübten Geschäftstätigkeit, verlangen. Ändert der neue Hauptmieter in der Folge die Art dieser Geschäftstätigkeit, so darf der Vermieter ab diesem Zeitpunkt den nach § 16 Abs. 1 zuläs-

sigen Hauptmietzins ohne Berücksichtigung der Art der Geschäftstätigkeit verlangen. „Eine sich aus der Anhebung ergebende Unwirksamkeit des Hauptmietzinses ist innerhalb der in § 16 Abs. 8 genannten Fristen ab dem Anhebungsbegehren gerichtlich (bei der Gemeinde, § 39) geltend zu machen.“ *(BGBl I 2006/124, ab 1. 10. 2006, s § 49e Abs 5)*

(3) Ist eine juristische Person oder eine „unternehmerisch tätige eingetragene Personengesellschaft“ Hauptmieter einer Geschäftsräumlichkeit und ändern sich in ihr die rechtlichen und wirtschaftlichen Einflußmöglichkeiten entscheidend, wie etwa durch Veräußerung der Mehrheit der Anteile an einer Gesellschaft, so ist Abs. 2 anzuwenden, auch wenn die entscheidende Änderung nicht auf einmal geschieht. Die vertretungsbefugten Organe der juristischen Person oder „unternehmerisch tätigen eingetragenen Personengesellschaft“ sind verpflichtet, solche Änderungen der rechtlichen und wirtschaftlichen Einflußmöglichkeiten dem Vermieter unverzüglich anzuzeigen. Besteht bei Überlegung aller Umstände kein vernünftiger Grund, daran zu zweifeln, daß ein Rechtsgeschäft zur Umgehung des dem Vermieter zustehenden Rechtes auf Anhebung des Hauptmietzinses geschlossen wurde, so obliegt es dem Hauptmieter, das Fehlen der Umgehungsabsicht zu beweisen. *(BGBl I 2005/120, ab 1. 1. 2007)*

(4) Die Anhebung ist entsprechend der Anhebungsregel des § 46a Abs. 2 vorzunehmen, wenn der neue Hauptmieter im Zeitpunkt des Eintritts gesetzlicher Erbe des bisherigen Hauptmieters wäre oder ist.

(5) Der Hauptmieter einer Geschäftsräumlichkeit darf das von ihm im Mietgegenstand betriebene Unternehmen ohne Rücksicht auf entgegenstehende Vereinbarungen verpachten. Sowohl der Hauptmieter als auch der Pächter sind verpflichtet, die Verpachtung unter Angabe der dafür vorgesehenen Dauer dem Vermieter unverzüglich anzuzeigen. Der Vermieter kann die Rechtsfolgen der Verpachtung ab dem der Verpachtung folgenden Zinstermin geltend machen. Ist der bisherige Hauptmietzins niedriger als der angemessene Hauptmietzins nach § 16 Abs. 1, so darf der Vermieter für die Dauer der Verpachtung die Anhebung des Hauptmietzinses bis zu dem nach § 16 Abs. 1 zulässigen Betrag, jedoch unter Berücksichtigung der Art der im Mietgegenstand ausgeübten Geschäftstätigkeit, verlangen. Ändert der Pächter in der Folge die Art dieser Geschäftstätigkeit, so darf der Vermieter ab diesem Zeitpunkt den nach § 16 Abs. 1 zulässigen Hauptmietzins ohne Berücksichtigung der Art der Geschäftstätigkeit verlangen.

(6) Wird das im Mietgegenstand betriebene Unternehmen vom Hauptmieter aus wichtigen, in seiner Person gelegenen Gründen, wie insbesondere Krankheit, für einen Zeitraum von insgesamt höchstens fünf Jahren verpachtet, so findet eine Anhebung des Hauptmietzinses nach Abs. 5 für diesen Zeitraum nicht statt.

(7) Bei Ermittlung des nach § 16 Abs. 1 zulässigen Hauptmietzinses sind im Fall des Abs. 2 die Verhältnisse zum Zeitpunkt der Unternehmensveräußerung, im Fall des Abs. 3 jene zum Zeitpunkt der entscheidenden Änderung und im Fall des Abs. 5 jene bei Beginn des Pachtverhältnisses zugrunde zu legen. Zuvor vom Hauptmieter getätigte Aufwendungen zur Verbesserung des Mietgegenstandes sind aber angemessen zu berücksichtigen, soweit sie über den maßgeblichen Zeitpunkt hinaus von objektivem Nutzen sind.

(8) Auf Antrag des Hauptmieters einer Geschäftsräumlichkeit, der beabsichtigt, das im Mietgegenstand betriebene Unternehmen zu veräußern oder zu verpachten, hat das Gericht (die Gemeinde, § 39) die Höhe des nach § 16 Abs. 1 und § 12a Abs. 2 und 5 zulässigen Hauptmietzinses zu bestimmen. Diese Entscheidung ist auch für den Erwerber oder den Pächter des Unternehmens bindend; sie ist gegenüber dem Vermieter aber nur dann rechtswirksam, wenn das Unternehmen innerhalb eines Jahres ab dem Zeitpunkt des Eintritts der Rechtskraft der Entscheidung veräußert oder verpachtet wird.

(BGBl 1993/800, ab 1. 3. 1994)

Wohnungstausch

§ 13. (1) Stimmt der Vermieter dem von seinem Hauptmieter, der die Wohnung vor mehr als fünf Jahren gemietet hat, aus wichtigen, besonders sozialen, gesundheitlichen oder beruflichen Gründen mit einem Dritten geschlossenen Vertrag über den Tausch ihrer im selben Gemeindegebiet befindlichen Mietwohnungen zur angemessenen Befriedigung des beiderseitigen Wohnbedürfnisses nicht zu, obwohl ihm der Eintritt des Dritten in den Mietvertrag nach Lage der Verhältnisse zugemutet werden kann, so hat das Gericht (die Gemeinde, § 39) auf Antrag des Hauptmieters die zum Eintritt des Dritten in den Mietvertrag erforderliche Zustimmung des Vermieters zu ersetzen, sofern im Zeitpunkt der Antragstellung gegen den Hauptmieter weder eine gerichtliche Kündigung noch eine Klage auf Räumung der Wohnung anhängig ist.

(2) Gibt das Gericht dem Antrag Folge, so gilt der Eintritt des neuen Mieters in den Mietvertrag in dem Zeitpunkt als vollzogen, in dem er dem Vermieter den Bezug der Wohnung anzeigt. Die Entscheidung verliert ihre Rechtswirksamkeit, wenn

1. der Mieter vor dem Eintritt des Dritten in den Mietvertrag rechtskräftig zur Räumung der Wohnung verurteilt wird,

2. der Dritte die Einwilligung seines Vermieters zum Wohnungstausch nicht unverzüglich einholt oder

3. der von ihm gestellte Antrag rechtskräftig abgewiesen wird.

(3) Wird der Eintritt des Dritten in den Mietvertrag vollzogen, so haften für die Verbindlichkeiten, die während der Mietzeit des bisherigen Mieters entstanden sind, der bisherige Mieter und der neue Mieter zur ungeteilten Hand. Ist der Hauptmietzins, den der tauschende Hauptmieter bisher für die Wohnung entrichtet hat, niedriger als der Betrag, der sich für die Wohnung bei Zugrundelegung des § 16 Abs. 2 und der Ausstattungskategorie im Zeitpunkt des Wohnungstausches errechnet, so darf der Vermieter ab dem auf den Eintritt des Tauschpartners folgenden Zinstermin eine Erhöhung des Hauptmietzinses auf den so berechneten Betrag begehren. Aus Anlaß des Wohnungstausches kann gegen den Vermieter ein Ersatz von Aufwendungen auf die Wohnung nach § 10 nicht geltend gemacht werden.

(4) Die vorstehenden Absätze gelten nicht für eine Wohnung, die von einer gemeinnützigen Bauvereinigung oder einer Gemeinde zum Zweck der Wohnraumversorgung von Flüchtlingen oder Heimatvertriebenen errichtet und an einen Flüchtling oder Heimatvertriebenen vermietet oder zur Nutzung überlassen worden ist. Sie gelten für eine von einer gemeinnützigen Bauvereinigung, die auf Grund ihrer Satzung oder zufolge ihres tatsächlichen Geschäftsbetriebes ihre Tätigkeit auf einen bestimmten Personenkreis im Sinn des § 8 Abs. 2 Z 1 oder 2 des Wohnungsgemeinnützigkeitsgesetzes eingeschränkt hat, gemietete Wohnung mit der Einschränkung, daß auch der Tauschpartner diesem Personenkreis angehören muß.

Mietrecht im Todesfall

§ 14.[1)] (1) Durch den Tod des Vermieters oder des Mieters wird der Mietvertrag nicht aufgehoben.

(2) Nach dem Tod des Hauptmieters einer Wohnung treten in den Mietvertrag mit Ausschluß anderer zur Erbfolge berufenen Personen die im Abs. 3 genannten eintrittsberechtigten Personen ein, sofern sie nicht binnen 14 Tagen nach dem Tod des Hauptmieters dem Vermieter bekanntgeben, daß sie das Mietverhältnis nicht fortsetzen wollen. Mit dem Eintritt haften die eintretenden Personen für den Mietzins und die Verbindlichkeiten, die während der Mietzeit des verstorbenen Hauptmieters entstanden sind. Sind mehrere Personen eintrittsberechtigt, so treten sie gemeinsam in den Mietvertrag ein und haften zur ungeteilten Hand.

(3) Eintrittsberechtigt nach Abs. 2 sind der Ehegatte, der Lebensgefährte, Verwandte in gerader Linie einschließlich der Wahlkinder und die Geschwister des bisherigen Mieters, sofern diese Personen ein dringendes Wohnbedürfnis haben und schon bisher im gemeinsamen Haushalt mit dem Mieter in der Wohnung gewohnt haben. Lebensgefährte im Sinne dieser Bestimmung ist, wer mit dem bisherigen Mieter bis zu dessen Tod durch mindestens drei Jahre hindurch in der Wohnung in einer in wirtschaftlicher Hinsicht gleich einer Ehe eingerichteten Haushaltsgemeinschaft gelebt hat; einem dreijährigen Aufenthalt des Lebensgefährten in der Wohnung ist es gleichzuhalten, wenn er die Wohnung seinerzeit mit dem bisherigen Mieter gemeinsam bezogen hat. „In dem in § 12 Abs. 3 genannten Fall sind Verwandte in absteigender Linie einschließlich der Wahlkinder nicht eintrittsberechtigt.“ *(BGBl I 2006/124, ab 1. 10. 2006, s § 49e Abs 3)*

[1)] § 14 ist nach § 43 Abs 1 Z 10 EPG auf eingetragene Partner sinngemäß anzuwenden.

Mietzins für Hauptmiete

§ 15. (1) Der vom Mieter für die Überlassung eines Mietgegenstandes in Hauptmiete zu entrichtende Mietzins besteht aus:

1. dem Hauptmietzins,

2. dem auf den Mietgegenstand entfallenden Anteil an den Betriebskosten und den von der Liegenschaft zu entrichtenden laufenden öffentlichen Abgaben,

3. dem auf den Mietgegenstand entfallenden Anteil für allfällige besondere Aufwendungen,

4. dem angemessenen Entgelt für mitvermietete Einrichtungsgegenstände oder sonstige Leistungen, die der Vermieter über die Überlassung des Mietgegenstandes hinaus erbringt.

(2) Der Vermieter ist ferner berechtigt, vom Mieter die Umsatzsteuer zu begehren, die vom Mietzins zu entrichten ist. Begehrt der Vermieter die Zahlung der Umsatzsteuer, so muß er aber seinerseits alle Aufwendungen, die er dem Mieter auf- oder verrechnet, um die darauf entfallenden Vorsteuerbeträge entlasten.

(3) Der Mieter hat den Mietzins, sofern kein späterer Zahlungstermin vereinbart ist, am Fünften eines jeden Kalendermonats im Vorhinein zu entrichten. Der Vermieter hat ihm dafür ein verkehrsübliches Bankkonto bekanntzugeben. *(BGBl I 2013/50, ab 16. 3. 2013, nach Art 8 Abs 1 ZVG auf Verträge anzuwenden, die davor geschlossen wurden)*

(4) Auf Antrag des Vermieters oder des Hauptmieters hat das Gericht (die Gemeinde, § 39) mit Beschluß auszusprechen, daß anstelle eines pauschal vereinbarten Mietzinses ab dem auf den Antragstag folgenden Zinstermin ein nach Abs. 1 aufgegliederter Mietzins zu entrichten ist. Dabei sind zur Errechnung des auf den Hauptmiet-

zins entfallenden Betrags die Betriebskosten des Jahres zugrunde zu legen, in dem der Mietzins vereinbart wurde. Soweit die zugrunde zu legenden Beträge nicht oder nur mit unverhältnismäßigen Schwierigkeiten ermittelt werden können, ist die Aufgliederung des Mietzinses nach freier Überzeugung (§ 273 ZPO) vorzunehmen. Der so ermittelte Hauptmietzins valorisiert sich entsprechend der Regelung des § 16 Abs. 6, sofern ursprünglich eine Wertsicherung vereinbart war; § 16 Abs. 8 und 9 sind anzuwenden. *(BGBl 1993/800, ab 1. 3. 1994)*

Ausstattungskategorien und Kategoriebeträge

§ 15a. (1) Eine Wohnung hat die Ausstattungskategorie

1. A, wenn sie in brauchbarem Zustand ist, ihre Nutzfläche mindestens 30 m² beträgt, die Wohnung zumindest aus Zimmer, Küche (Kochnische), Vorraum, Klosett und einer dem zeitgemäßen Standard entsprechenden Badegelegenheit (Baderaum oder Badenische) besteht und über eine gemeinsame Wärmeversorgungsanlage oder eine Etagenheizung oder eine gleichwertige stationäre Heizung und über eine Warmwasseraufbereitung verfügt;

2. B, wenn sie in brauchbarem Zustand ist, zumindest aus Zimmer, Küche (Kochnische), Vorraum, Klosett und einer dem zeitgemäßen Standard entsprechenden Badegelegenheit (Baderaum oder Badenische) besteht;

3. C, wenn sie in brauchbarem Zustand ist und zumindest über eine Wasserentnahmestelle und ein Klosett im Inneren verfügt;

4. D, wenn sie entweder über keine Wasserentnahmestelle oder über kein Klosett im Inneren verfügt oder wenn bei ihr eine dieser beiden Einrichtungen nicht brauchbar ist „ “. *(BGBl I 2006/124, ab 1. 10. 2006, s § 49e Abs 3)*

(2) Die Ausstattungskategorie nach Abs. 1 richtet sich nach dem Ausstattungszustand der Wohnung im Zeitpunkt des Abschlusses des Mietvertrags. Eine Wohnung ist in eine Ausstattungskategorie auch bei Fehlen eines Ausstattungsmerkmals einzuordnen, wenn das fehlende Ausstattungsmerkmal, nicht jedoch eine Badegelegenheit, durch ein oder mehrere Ausstattungsmerkmale einer höheren Ausstattungskategorie aufgewogen wird. „Ist im Zeitpunkt des Abschlusses des Mietvertrags die Wohnung oder ein Ausstattungsmerkmal nicht brauchbar oder entspricht eine Badegelegenheit nicht dem zeitgemäßen Standard, so ist dies für die Einstufung der Wohnung im Kategoriesystem nur zu berücksichtigen, wenn der Mieter die Unbrauchbarkeit oder das Fehlen des zeitgemäßen Standards dem Vermieter angezeigt und dieser den Mangel nicht in angemessener Frist, höchstens aber binnen dreier Monate ab Zugang der Anzeige, behoben hat.“ *(BGBl I 2006/124, ab 1. 10. 2006, s § 49e Abs 3)*

(3) Der Kategoriebetrag je Quadratmeter der Nutzfläche und Monat wird für die Ausstattungskategorie

1. A mit „4,47 Euro”,

2. B mit „3,35 Euro”,

3. C mit „2,23 Euro”,

4. D mit „1,12 Euro”

festgesetzt und entsprechend der Regelung des § 16 Abs. 6 valorisiert.[1)] *(BGBl I 2001/98, ab 1. 1. 2002; Beträge lt K BGBl II 2023/170, ab 1. 7. 2023)*

(4) Der Bundesminister für Justiz hat die durch die Valorisierung geänderten Beträge und den Zeitpunkt, in dem deren Änderung mietrechtlich wirksam wird, im Bundesgesetzblatt kundzumachen. Die Kundmachung hat auch einen Hinweis auf die in § 16 Abs. 9 zweiter Satz angeführten weiteren Voraussetzungen für eine Erhöhung des Hauptmietzinses zu enthalten. *(BGBl I 2001/98, ab 1. 1. 2002)*

(BGBl 1993/800, ab 1. 3. 1994)

MRG RWG

[1)] Zur Höhe der Kategoriebeträge ab 1. 1. 1982 s K BGBl 1994/245
1. Für den Zeitraum vom 1. Jänner 1982 bis 31. Jänner 1984:
a) für Wohnungen der Ausstattungskategorie A mit 22,– S,
b) für Wohnungen der Ausstattungskategorie B mit 16,50 S,
c) für Wohnungen der Ausstattungskategorie C mit 11,– S und
d) für Wohnungen der Ausstattungskategorie D mit 5,50 S;
2. für den Zeitraum vom 1. Februar 1984 bis 31. Oktober 1988:
a) für Wohnungen der Ausstattungskategorie A mit 24,40 S,
b) für Wohnungen der Ausstattungskategorie B mit 18,30 S,
c) für Wohnungen der Ausstattungskategorie C mit 12,20 S und
d) für Wohnungen der Ausstattungskategorie D mit 6,10 S;
3. für den Zeitraum vom 1. November 1988 bis 30. November 1991:
a) für Wohnungen der Ausstattungskategorie A mit 26,90 S,
b) für Wohnungen der Ausstattungskategorie B mit 20,20 S,
c) für Wohnungen der Ausstattungskategorie C mit 13,40 S und
d) für Wohnungen der Ausstattungskategorie D mit 6,70 S;
4. für den Zeitraum ab 1. Dezember 1991 bis 31. 10. 1994:
a) für Wohnungen der Ausstattungskategorie A mit 29,60 S,
b) für Wohnungen der Ausstattungskategorie B mit 22,20 S,
c) für Wohnungen der Ausstattungskategorie C mit 14,80 S und
d) für Wohnungen der Ausstattungskategorie D mit 7,40 S.
Nach K BGBl 1994/818 ab 1. 11. 1994 bis 31. 3. 1998:
a) für Wohnungen der Ausstattungskategorie A mit 32,80 S,
b) für Wohnungen der Ausstattungskategorie B mit 24,60 S,
c) für Wohnungen der Ausstattungskategorie C mit 16,40 S und
d) für Wohnungen der Ausstattungskategorie D mit 8,20 S.
Nach K BGBl II 1998/74 ab 1. 4. 1998 bis 31. 5. 2001:
a) für Wohnungen der Ausstattungskategorie A mit 34,50 S,
b) für Wohnungen der Ausstattungskategorie B mit 25,90 S,
c) für Wohnungen der Ausstattungskategorie C mit 17,20 S und
d) für Wohnungen der Ausstattungskategorie D mit 8,60 S.

Nach K BGBl II 2001/183 ab 1. 6. 2001 bis 31. 5. 2004:
a) für Wohnungen der Ausstattungskategorie A mit 36,30 S (entspricht 2,64 Euro),
b) für Wohnungen der Ausstattungskategorie B mit 27,20 S (entspricht 1,98 Euro),
c) für Wohnungen der Ausstattungskategorie C mit 18,10 S (entspricht 1,32 Euro) und
d) für Wohnungen der Ausstattungskategorie D mit 9,10 S (entspricht 0,66 Euro).
Nach K BGBl II 2004/185 ab 1. 6. 2004 bis 31. 8. 2006:
a) für Wohnungen der Ausstattungskategorie A mit 2,77 Euro,
b) für Wohnungen der Ausstattungskategorie B mit 2,08 Euro,
c) für Wohnungen der Ausstattungskategorie C mit 1,39 Euro und
d) für Wohnungen der Ausstattungskategorie D mit 0,69 Euro.
Nach K BGBl II 2006/296 ab 1. 9. 2006 bis 31. 8. 2008:
a) für Wohnungen der Ausstattungskategorie A mit 2,91 Euro,
b) für Wohnungen der Ausstattungskategorie B mit 2,19 Euro,
c) für Wohnungen der Ausstattungskategorie C mit 1,46 Euro und
d) für Wohnungen der Ausstattungskategorie D mit 0,73 Euro.
Nach K BGBl II 2008/295 ab 1. 9. 2008 bis 31. 7. 2011:
a) für Wohnungen der Ausstattungskategorie A mit 3,08 Euro,
b) für Wohnungen der Ausstattungskategorie B mit 2,31 Euro,
c) für Wohnungen der Ausstattungskategorie C mit 1,54 Euro und
d) für Wohnungen der Ausstattungskategorie D mit 0,77 Euro.
Nach K BGBl II 2011/218 ab 1. 8. 2011:
a) für Wohnungen der Ausstattungskategorie A mit 3,25 Euro,
b) für Wohnungen der Ausstattungskategorie B mit 2,44 Euro,
c) für Wohnungen der Ausstattungskategorie C mit 1,62 Euro und
d) für Wohnungen der Ausstattungskategorie D mit 0,81 Euro.
Nach K BGBl II 2014/62 ab 1. 4. 2014:
a) für Wohnungen der Ausstattungskategorie A mit 3,43 Euro,
b) für Wohnungen der Ausstattungskategorie B mit 2,57 Euro,
c) für Wohnungen der Ausstattungskategorie C mit 1,71 Euro und
d) für Wohnungen der Ausstattungskategorie D mit 0,86 Euro.
Nach K BGBl II 2018/10 ab 1. 2. 2018 bis 31. 3. 2022:
a) für Wohnungen der Ausstattungskategorie A mit 3,60 Euro,
b) für Wohnungen der Ausstattungskategorie B mit 2,70 Euro,
c) für Wohnungen der Ausstattungskategorie C mit 1,80 Euro und
d) für Wohnungen der Ausstattungskategorie D mit 0,90 Euro.
Nach K BGBl II 2022/138 ab 1. 4. 2022 bis 31. 5. 2022 :
a) für Wohnungen der Ausstattungskategorie A mit 3,80 Euro,
b) für Wohnungen der Ausstattungskategorie B mit 2,85 Euro,
c) für Wohnungen der Ausstattungskategorie C mit 1,90 Euro und
d) für Wohnungen der Ausstattungskategorie D mit 0,95 Euro.
Nach K BGBl II 2022/209 ab 1. 6. 2022 :
a) für Wohnungen der Ausstattungskategorie A mit 4,01 Euro,
b) für Wohnungen der Ausstattungskategorie B mit 3,01 Euro,
c) für Wohnungen der Ausstattungskategorie C mit 2,00 Euro und
d) für Wohnungen der Ausstattungskategorie D mit 1,00 Euro.
Nach K BGBl II 2022/363 ab 1. 11. 2022 :
a) für Wohnungen der Ausstattungskategorie A mit 4,23 Euro,
b) für Wohnungen der Ausstattungskategorie B mit 3,18 Euro,
c) für Wohnungen der Ausstattungskategorie C mit 2,12 Euro und
d) für Wohnungen der Ausstattungskategorie D mit 1,06 Euro.
Nach K BGBl II 2023/170 ab 1. 7. 2023 :
a) für Wohnungen der Ausstattungskategorie A mit 4,47 Euro,
b) für Wohnungen der Ausstattungskategorie B mit 3,35 Euro,
c) für Wohnungen der Ausstattungskategorie C mit 2,23 Euro und
d) für Wohnungen der Ausstattungskategorie D mit 1,12 Euro.

Vereinbarungen über die Höhe des Hauptmietzinses

§ 16. (1) Vereinbarungen zwischen dem Vermieter und dem Mieter über die Höhe des Hauptmietzinses für einen in Hauptmiete gemieteten Mietgegenstand sind ohne die Beschränkungen der Abs. 2 bis 5 bis zu dem für den Mietgegenstand im Zeitpunkt des Abschlusses des Mietvertrages nach Größe, Art, Beschaffenheit, Lage, Ausstattungs- und Erhaltungszustand angemessenen Betrag zulässig, wenn

1. der Mietgegenstand nicht zu Wohnzwecken dient; wird ein Mietgegenstand teils als Wohnung, teils als Geschäftsräumlichkeit verwendet, so darf nur der für Wohnungen zulässige Hauptmietzins angerechnet werden, es sei denn, daß die Verwendung zu Geschäftszwecken die Verwendung zu Wohnzwecken bedeutend überwiegt; ein Unternehmer, der eine Geschäftsräumlichkeit mietet, kann sich auf die Überschreitung des zulässigen Höchstmaßes nach Abs. 8 erster Satz nur berufen, wenn er die Überschreitung unverzüglich, spätestens jedoch bei Übergabe des Mietgegenstandes, gerügt hat;

2. der Mietgegenstand in einem Gebäude gelegen ist, das auf Grund einer nach dem 8. Mai 1945 erteilten Baubewilligung neu errichtet worden ist, oder der Mietgegenstand auf Grund einer nach dem 8. Mai 1945 erteilten Baubewilligung durch Um-, Auf-, Ein- oder Zubau neu geschaffen worden ist; „ “ *(BGBl I 2001/161, ab 1. 1. 2002, s § 49d Abs 2)*

3. der Mietgegenstand in einem Gebäude gelegen ist, an dessen Erhaltung aus Gründen des

Denkmalschutzes öffentliches Interesse besteht, sofern der Vermieter unbeschadet der Gewährung öffentlicher Mittel zu dessen Erhaltung nach dem 8. Mai 1945 erhebliche Eigenmittel aufgewendet hat;

4. der Mietgegenstand eine Wohnung der Ausstattungskategorie A oder B ist und seine Nutzfläche 130 m^2 übersteigt, sofern der Vermieter eine solche Wohnung innerhalb von sechs Monaten nach der Räumung durch den früheren Mieter oder Inhaber an einen nicht zum Eintritt in die Mietrechte des früheren Mieters Berechtigten vermietet; bei Durchführung von Verbesserungsarbeiten verlängert sich diese Frist um ein Jahr;

5. ein unbefristetes Mietverhältnis vorliegt, seit Übergabe des Mietgegenstandes mehr als ein Jahr verstrichen ist und die Vereinbarung über die Höhe des Hauptmietzinses in Schriftform getroffen wird.

(2) Liegen die Voraussetzungen des Abs. 1 nicht vor, so darf der zwischen dem Vermieter und dem Mieter für eine gemietete Wohnung der Ausstattungskategorien A, B oder C vereinbarte Hauptmietzins je Quadratmeter der Nutzfläche und Monat den angemessenen Betrag nicht übersteigen, der ausgehend vom Richtwert (§ 1 RichtWG) unter Berücksichtigung allfälliger Zuschläge und Abstriche zu berechnen ist. Für die Berechnung des demnach höchstzulässigen Hauptmietzinses sind im Vergleich zur mietrechtlichen Normwohnung (§ 2 Abs. 1 RichtWG) entsprechende Zuschläge zum oder Abstriche vom Richtwert für werterhöhende oder wertvermindernde Abweichungen vom Standard der mietrechtlichen Normwohnung nach der allgemeinen Verkehrsauffassung und der Erfahrung des täglichen Lebens vorzunehmen, wobei die folgenden, für die Bewertung einer Wohnung bedeutsamen Umstände im Zeitpunkt des Abschlusses des Mietvertrages zu berücksichtigen sind:

1. die Zweckbestimmung der Wohnung, ihre Stockwerkslage, ihre Lage innerhalb eines Stockwerks, ihre über oder unter dem Durchschnitt liegende Ausstattung mit anderen Teilen der Liegenschaft, beispielsweise mit Balkonen, Terrassen, Keller- oder Dachbodenräumen, Hausgärten oder Abstellplätzen, ihre sonstige Ausstattung oder Grundrißgestaltung, eine gegenüber der mietrechtlichen Normwohnung bessere Ausstattung oder Grundrißgestaltung jedoch nur, wenn sie nicht allein auf Kosten des Hauptmieters vorgenommen wurde,

2. die Ausstattung der Wohnung (des Gebäudes) mit den in § 3 Abs. 4 RichtWG angeführten Anlagen, Garagen, Flächen und Räumen, wobei die jeweiligen Zuschläge mit den bei der Ermittlung des Richtwerts abgezogenen Baukostenanteilen begrenzt sind,

„3." die Lage (Wohnumgebung) des Hauses, *(BGBl I 2014/100, ab 1. 1. 2015)*

„4." der Erhaltungszustand des Hauses, *(BGBl I 2014/100, ab 1. 1. 2015)*

„5." die gegenüber der mietrechtlichen Normwohnung niedrigere Ausstattungskategorie bei einer Wohnung der Ausstattungskategorie B und bei einer Wohnung der Ausstattungskategorie C durch entsprechende Abstriche. *(BGBl I 2014/100, ab 1. 1. 2015)*

(3) Für werterhöhende oder wertvermindernde Abweichungen gemäß „Abs. 2 Z 3" sind je Quadratmeter der Nutzfläche und Monat Zuschläge oder Abstriche bis zur Höhe von 0,33 vH der Differenz zwischen dem der Richtwertermittlung zugrunde gelegten Grundkostenanteil (§ 3 Abs. 2 und 5 und § 6 RichtWG) und den der Lage des Hauses entsprechenden Grundkostenanteilen je Quadratmeter der Nutzfläche zulässig, die unter Berücksichtigung der nach der Bauordnung zulässigen Bebaubarkeit für die Anschaffung von bebauten Liegenschaften, die überwiegend Wohnzwecken dienen, in dieser Lage (Wohnumgebung) üblicherweise aufgewendet werden. *(BGBl I 2014/100, ab 1. 1. 2015)*

(4) Ein Zuschlag nach Abs. 3 ist nur dann zulässig, wenn die Liegenschaft, auf der sich die Wohnung befindet, eine Lage aufweist, die besser ist als die durchschnittliche Lage (§ 2 Abs. 3 RichtWG), und wenn die für den Lagezuschlag maßgebenden Umstände dem Mieter in Schriftform bis spätestens bei Zustandekommen des Mietvertrages ausdrücklich bekanntgegeben worden sind.

(5) Liegen die Voraussetzungen des Abs. 1 nicht vor, so darf der für eine Wohnung der Ausstattungskategorie D vereinbarte Hauptmietzins je Quadratmeter der Nutzfläche und Monat „1,12 Euro" nicht übersteigen; befindet sich diese Wohnung jedoch in brauchbarem Zustand, so darf ein Hauptmietzins bis zu einem Betrag von „2,23 Euro" je Quadratmeter der Nutzfläche und Monat vereinbart werden. *(BGBl I 2001/98, Beträge gemäß K BGBl II 2023/170, ab 1. 7. 2023)*

(6) Am 1. April 2025 vermindern oder erhöhen sich die in Abs. 5 genannten Beträge in dem Maß, das sich aus der Veränderung des von der Bundesanstalt Statistik Österreich verlautbarten Jahresdurchschnittswerts des Verbraucherpreisindex 2000 oder des an seine Stelle tretenden Index des Vorjahrs gegenüber der für Februar 2001 verlautbarten Indexzahl ergibt, wobei sich die Beträge aber jeweils um nicht mehr als fünf Prozent gegenüber dem letzten Änderungszeitpunkt erhöhen können. Am 1. April 2026 vermindern oder erhöhen sich die in Abs. 5 genannten Beträge gegenüber dem letzten Änderungszeitpunkt in dem Maß, das der durchschnittlichen Veränderung des Verbraucherpreisindex 2000 oder des an seine Stelle tretenden Index in dem dem Valorisierungs-

zeitpunkt vorangegangenen Jahr entspricht, wobei sich die Beträge aber jeweils um nicht mehr als fünf Prozent gegenüber dem letzten Änderungszeitpunkt erhöhen können. Die durchschnittliche Veränderung des Verbraucherpreisindex ergibt sich aus dem Vergleich der aufeinanderfolgenden Jahresdurchschnittswerte. Am 1. April 2027 und sodann jährlich vermindern oder erhöhen sich die in Abs. 5 genannten Beträge gegenüber dem jeweils letzten Änderungszeitpunkt in dem Maß, das der durchschnittlichen jährlichen Veränderung des Verbraucherpreisindex 2000 oder des an seine Stelle tretenden Index in den drei dem Valorisierungszeitpunkt vorangegangenen Jahren entspricht. Sofern diese durchschnittliche jährliche Veränderung fünf Prozent übersteigt, ist der fünf Prozentpunkte übersteigende Teil nur zur Hälfte zu berücksichtigen. Bei der Berechnung der neuen Beträge sind Beträge, die einen halben Cent nicht übersteigen, auf den nächstniedrigeren ganzen Cent abzurunden und Beträge, die einen halben Cent übersteigen, auf den nächsthöheren ganzen Cent aufzurunden. Die neuen Beträge gelten jeweils ab dem 1. April des betreffenden Jahres. Die Bundesanstalt Statistik Österreich hat die durch die Valorisierung geänderten Beträge und den Zeitpunkt, in dem deren Änderung mietrechtlich wirksam wird, auf ihrer Website zu veröffentlichen." *(BGBl I 2023/176, ab 31. 12. 2024, s § 49i Abs 2)*

(6a) *(aufgehoben, BGBl I 2023/176, ab 31. 12. 2024, bleibt für die nach dieser Bestimmung vorgenommenen Valorisierungen weiter anwendbar)*

(7) Der nach Abs. 1 bis 6 höchstzulässige Hauptmietzins vermindert sich im Fall eines befristeten Hauptmietvertrags (§ 29 Abs. 1 Z 3) um 25 vH. Wird der befristete Hauptmietvertrag in einen Mietvertrag auf unbestimmte Zeit umgewandelt, so gilt die Verminderung des nach Abs. 1 bis 6 höchstzulässigen Hauptmietzinses ab dem Zeitpunkt der Umwandlung nicht mehr, sofern sie im Hauptmietvertrag ziffernmäßig durch Gegenüberstellung des für ein unbefristetes Mietverhältnis zulässigen und des tatsächlich vereinbarten Hauptmietzinses schriftlich ausgewiesen wurde. *(BGBl I 2000/36, ab 1. 7. 2000, s § 49c Abs. 3)*

(7a) *(aufgehoben, BGBl I 2000/36, ab 1. 7. 2000)*

(7b) *(aufgehoben, BGBl I 2000/36, ab 1. 7. 2000, s § 49c Abs. 4)*

(8) Mietzinsvereinbarungen sind insoweit unwirksam, als der vereinbarte Hauptmietzins den nach Abs. 1 bis 7 zulässigen Höchstbetrag überschreitet. Die Unwirksamkeit ist binnen drei Jahren gerichtlich (bei der Gemeinde, § 39) geltend zu machen. Bei befristeten Hauptmietverhältnissen (§ 29 Abs. 1 Z 3) endet diese Frist frühestens sechs Monate nach Auflösung des Mietverhältnisses oder nach seiner Umwandlung in ein unbefristetes Mietverhältnis; die Verjährungsfrist beträgt in diesem Fall zehn Jahre. *(BGBl I 2000/36, ab 1. 7. 2000)*

(9) Ergibt sich durch die Anwendung einer Wertsicherungsvereinbarung ein höherer Hauptmietzins als nach Abs. 1 bis 7 zu diesem Zeitpunkt zulässig ist, so ist der übersteigende Teil unwirksam. Berechtigt eine Wertsicherungsvereinbarung den Vermieter zu einer Erhöhung des Hauptmietzinses, so hat der Hauptmieter dem Vermieter den erhöhten Hauptmietzins von dem auf das Wirksamwerden der Indexveränderung „*** folgenden Zinstermin an zu entrichten, wenn der Vermieter dem Hauptmieter in einem nach Wirksamwerden der Indexveränderung ergehenden Schreiben, jedoch spätestens 14 Tage vor dem Termin, sein darauf gerichtetes Erhöhungsbegehren bekanntgibt. „Eine sich durch die Anwendung einer Wertsicherungsvereinbarung ergebende Unwirksamkeit des erhöhten Hauptmietzinses ist innerhalb der in Abs. 8 genannten Fristen ab dem Erhöhungsbegehren gerichtlich (bei der Gemeinde, § 39) geltend zu machen."* *(*BGBl I 2006/124, ab 1. 10. 2006, s § 49e Abs 5; **BGBl I 2023/176)*

(10) Die Beschränkungen der Abs. 2 bis 7 gelten nicht für Vereinbarungen über die zeitlich begrenzte Erhöhung des Hauptmietzinses zur Deckung der Kosten der Erhaltung und von nützlichen Verbesserungen im Sinn der §§ 3 und 4 sowie zur Deckung der Kosten von geförderten Sanierungsmaßnahmen. Solche Vereinbarungen sind nur in Schriftform und frühestens ein halbes Jahr nach Abschluß des Mietvertrags zulässig; das Ausmaß der Erhöhung und der Erhöhungszeitraum sind ausdrücklich zu vereinbaren. Bei befristeten Mietverträgen sind solche Vereinbarungen überdies nur zulässig, sofern der Erhöhungszeitraum vor dem Ablauf des Mietverhältnisses endet.

(11) Vereinbarungen gemäß Abs. 10 sind auch für spätere Mieter rechtswirksam, sofern ihnen bei Abschluß des Mietvertrages das Ausmaß der Erhöhung und der Erhöhungszeitraum schriftlich bekanntgegeben wurde und bei einem befristeten Mietvertrag der Erhöhungszeitraum vor dem Ablauf des Mietverhältnisses endet.

(12) Mietzinsvorschriften in förderungsrechtlichen Bestimmungen bleiben unberührt.

(BGBl 1993/800, ab 1. 3. 1994)

Unwirksamkeit von Zinsanpassungsklauseln und Mietzinsvereinbarungen

§ 16a. (1) Vereinbarungen, die eine Erhöhung des Hauptmietzinses für den Fall einer Änderung der gesetzlichen Vorschriften über die Höhe des Hauptmietzinses vorsehen, sind rechtsunwirksam. Darunter sind auch Vereinbarungen zu verstehen, in denen sich der Mieter für den Fall einer Änderung der gesetzlichen Vorschriften über die Höhe des Hauptmietzinses zum Abschluß einer neuen Mietzinsvereinbarung verpflichtet hat.

(2) Ist oder war das Vorliegen einer Zinsanpassungsklausel im Sinn des Abs. 1 Beweggrund für den Abschluß einer Mietzinsvereinbarung, so ist diese Vereinbarung rechtsunwirksam; in diesem Fall gilt eine frühere Mietzinsvereinbarung weiter.

(BGBl 1993/800, ab 1. 3. 1994)

Kaution

§ 16b. (1) Für die dem Vermieter aus dem Mietvertrag künftig entstehenden Ansprüche gegen den Mieter kann die Übergabe einer Kaution an den Vermieter vereinbart werden. Wenn die Kaution dem Vermieter nicht ohnehin bereits in Gestalt eines Sparbuchs, sondern als Geldbetrag übergeben wird, hat sie der Vermieter auf einem Sparbuch fruchtbringend zu veranlagen und den Mieter darüber auf Verlangen schriftlich zu informieren. Andere Arten der Kautionsveranlagung sind zulässig, wenn sie eine gleich gute Verzinsung und – insbesondere durch Anwendbarkeit der gesetzlichen Einlagensicherung – eine gleich hohe Sicherheit wie eine Spareinlage bieten und wenn sie eine eindeutige Abgrenzung vom Vermögen des Vermieters und bei dessen Insolvenz eine Absonderung ermöglichen.

(2) Nach Ende des Mietvertrags hat der Vermieter dem Mieter die Kaution samt den aus ihrer Veranlagung erzielten Zinsen unverzüglich zurückzustellen, soweit sie nicht zur Tilgung von berechtigten Forderungen des Vermieters aus dem Mietverhältnis herangezogen wird.

(3) Wird über das Vermögen des Vermieters ein Insolvenzverfahren eröffnet, so darf darin die Kaution für Ansprüche, die nicht im Zusammenhang mit dem Mietverhältnis stehen, nicht herangezogen werden. Nach Ende des Mietvertrags kann der Mieter wegen des Rückforderungsanspruchs nach Abs. 2 – soweit ihm nicht ohnehin weitergehende Rechte zukommen – abgesonderte Befriedigung aus dem Kautionssparbuch verlangen (§ 48 „IO“). *(BGBl I 2010/29, ab 1. 7. 2010)*

(4) Über die Höhe des Rückforderungsanspruchs nach Abs. 2 ist auch dann im Verfahren nach §§ 37 bis 41 zu entscheiden, wenn es sich um einen der in § 1 Abs. 4 genannten Mietgegenstände handelt.

(BGBl I 2009/25, ab 1. 4. 2009, auch auf Mietverträge anzuwenden, die davor geschlossen worden sind; Abs 4 ist anzuwenden, wenn die Sache nach dem 31. März 2009 anhängig geworden ist; s auch § 49 Abs 2 und 3)

Anteil an den Gesamtkosten; Nutzfläche

§ 17. (1) Insoweit nicht zwischen dem Vermieter und allen Mietern des Hauses für einzelne Aufwendungen des Hauses schriftlich ein anderer Verteilungsschlüssel vereinbart worden ist oder sich aus den folgenden Bestimmungen ein solcher Verteilungsschlüssel ergibt, bestimmt sich der Anteil eines Mietgegenstandes an den Gesamtkosten des Hauses nach dem Verhältnis der Nutzfläche des Mietgegenstandes zur Nutzfläche aller vermieteten, vom Vermieter benützten oder trotz ihrer Vermietbarkeit nicht vermieteten Wohnungen oder sonstigen Mietgegenstände des Hauses „ “. *(BGBl I 2000/36, ab 1. 7. 2000, s § 49c Abs. 2)*

(1a) Wenn einzelne Aufwendungen vom Verbrauch abhängig sind und die Anteile der Wohnungen oder sonstigen Mietgegenstände des Hauses am Gesamtverbrauch mit wirtschaftlich vernünftigem Kostenaufwand durch Meßvorrichtungen ermittelt werden können, kann durch schriftliche Vereinbarung zwischen dem Vermieter und einer Mehrheit von mindestens zwei Dritteln der Mieter – berechnet nach der Anzahl der vermieteten Mietgegenstände – des Hauses eine Aufteilung dieser Aufwendungen nach den Verbrauchsanteilen festgelegt werden. Bei Vorliegen einer solchen Vereinbarung hat jeder Mieter die Erfassung der Verbrauchsanteile in seinem Mietgegenstand zu dulden. Konnten trotz zumutbarer Bemühungen Verbrauchsanteile nicht erfaßt werden, so sind sie, sofern dies dem Stand der Technik entspricht, durch rechnerische Verfahren zu ermitteln; die Nutzfläche, für die auf diese Weise die Verbrauchsanteile ermittelt werden, darf 20 vH nicht übersteigen. Der Teil der Aufwendungen, der dem auf die allgemeinen Teile des Hauses „ “ entfallenden Verbrauchsanteil zuzuordnen ist, ist nach dem Verhältnis der Nutzflächen im Sinn des Abs. 1 aufzuteilen. Der Vermieter kann für diese Aufwendungen eine vom Kalenderjahr abweichende Abrechnungsperiode in der Dauer von zwölf Monaten vorsehen. *(BGBl I 1999/147, ab 1. 1. 2000, s Anm zu § 3 Abs 2 Z 6; BGBl I 2000/36, ab 1. 7. 2000, s § 49c Abs. 2)*

(2) Die Nutzfläche, die in Quadratmetern auszudrücken ist, ist die gesamte Bodenfläche einer Wohnung oder eines sonstigen Mietgegenstandes abzüglich der Wandstärken und der im Verlauf der Wände befindlichen Durchbrechungen (Ausnehmungen). Keller- und Dachbodenräume, soweit sie ihrer Ausstattung nach nicht für Wohn- oder Geschäftszwecke geeignet sind, sowie Treppen, offene Balkone und Terrassen sind bei der Berechnung der Nutzfläche nicht zu berücksichtigen. „Veränderungen der Nutzfläche auf Grund baulicher Maßnahmen des Mieters oder sonstigen Nutzers im Inneren der Wohnung oder des sonstigen Mietgegenstandes einschließlich der Verglasung von Balkonen bleiben bis zur Beendigung seines Miet- oder sonstigen Nutzungsverhältnisses unberücksichtigt.“ *(BGBl 1984/482; BGBl I 1999/147, ab 1. 1. 2000)*

(3) Die Nutzfläche ist nach dem Naturmaß zu berechnen. Bei Gebäuden, für die die Baubewilli-

gung nach dem 1. Jänner 1985 erteilt wurde, ist sie jedoch auf Grund des behördlich genehmigten Bauplans zu berechnen, es sei denn, daß dies nicht möglich ist oder eine Abweichung vom behördlich genehmigten Bauplan um mehr als „3 vH“ erwiesen wird. *(BGBl 1984/482; BGBl I 1997/22, ab 1. 3. 1997, s § 49b Abs. 13)*

Erhöhung der Hauptmietzinse

§ 18. (1) Finden die Kosten einer vom Vermieter durchzuführenden, unmittelbar heranstehenden größeren Erhaltungsarbeit einschließlich der nach § 3 Abs. 3 Z 1 anrechenbaren Verzinsung und Geldbeschaffungskosten in der Summe der sich in den vorausgegangenen zehn Kalenderjahren ergebenden Mietzinsreserven oder Mietzinsabgänge keine Deckung und übersteigen sie die während des Verteilungszeitraums zu erwartenden Hauptmietzinseinnahmen, so kann zur Deckung des Fehlbetrags eine Erhöhung des Hauptmietzinses begehrt werden. Zur Festsetzung des erforderlichen erhöhten Hauptmietzinses sind maßgebend:

1. die Summe der sich in den vorausgegangenen zehn Kalenderjahren ergebenden Mietzinsreserven oder Mietzinsabgänge einschließlich eines allfälligen Zuschusses, der aus Anlaß der Durchführung der Arbeiten gewährt wird;

2. die angemessenen Kosten der durch einen Kostenvoranschlag umschriebenen unmittelbar heranstehenden Erhaltungsarbeit einschließlich der angemessenen Kosten der Bauverwaltung und Bauüberwachung, soweit diese zusammen 5 vH der Baukosten nicht überschreiten; diese Kosten sind um den Unterschiedsbetrag nach Z 1 zu kürzen oder zu erhöhen (Deckungsfehlbetrag);

3. ein zehn Jahre nicht übersteigender Verteilungszeitraum, der unter Berücksichtigung des Zeitraums, in dem sich solche oder ähnliche Arbeiten bei Zugrundelegung regelmäßiger Bestandsdauer erfahrungsgemäß wiederholen, sowie der wirtschaftlichen Lage des Vermieters und der Gesamtheit der Mieter des Hauses nach billigem Ermessen zu bestimmen ist;

4. das zur Finanzierung des Deckungsfehlbetrags notwendige eigene oder fremde Kapital des Vermieters samt den mit der Aufnahme fremden Kapitals verbundenen Geldbeschaffungskosten sowie das auf den Kalendermonat umzurechnende Erfordernis zur Tilgung und angemessenen Verzinsung dieses Kapitals;

5. ein nach freier Überzeugung (§ 273 ZPO) festzusetzender Pauschalbetrag zur Deckung der Kosten von laufend wiederkehrenden Erhaltungsarbeiten und der laufend fällig werdenden Aufwendungen für die mit dem Eigentum verbundene Vermögensteuer samt Zuschlägen zuzüglich des allfälligen Betrags, der zur Tilgung und Verzinsung einer nach § 3 Abs. 3 Z 1 finanzierten früheren Erhaltungsarbeit je Kalendermonat aufgebracht werden muß;

6. die Gesamtsumme der für die vermieteten, vom Vermieter benützten oder trotz ihrer Vermietbarkeit leerstehenden Mietgegenstände des Hauses anrechenbaren monatlichen Hauptmietzinse, die sich gemäß § 20 Abs. 1 Z 1 lit. b bis d errechnen; *(BGBl 1993/800, ab 1. 3. 1994)*

7. die Feststellung, ob oder inwieweit das nach Z 4 und 5 ermittelte monatliche Deckungserfordernis in der nach Z 6 ermittelten Gesamtsumme Deckung findet oder nicht.

(2) Ist der monatliche Hauptmietzins, den ein Hauptmieter für seinen Mietgegenstand entrichtet, niedriger als der bei der Berechnung der Gesamtsumme nach Abs. 1 Z 6 für den Mietgegenstand ausgewiesene Betrag, so hat das Gericht (die Gemeinde, § 39) dem Vermieter während des festgesetzten Verteilungszeitraums die Anhebung dieses Hauptmietzinses nach Maßgabe des Deckungserfordernisses (Abs. 1 Z 4 und 5) bis zu der im Abs. 1 Z 6 für den Mietgegenstand ausgewiesenen Höhe des Hauptmietzinses zu bewilligen.

(3) Findet das nach Abs. 1 Z 4 und 5 ermittelte Deckungserfordernis in der nach Abs. 1 Z 6 ermittelten Gesamtsumme nicht oder nicht zur Gänze Deckung, so hat das Gericht (die Gemeinde, § 39) neben der nach Abs. 2 allenfalls zu bewilligenden Anhebung der Hauptmietzinse die Einhebung eines erhöhten Hauptmietzinses während des festgesetzten Verteilungszeitraums in der Weise zu bewilligen, daß der Vermieter von jedem Hauptmieter eines Mietgegenstandes im Haus neben dem für den Mietgegenstand nach Abs. 1 Z 6 ausgewiesenen und allenfalls nach Abs. 2 angehobenen monatlichen Hauptmietzins den auf den Mietgegenstand nach dem Verhältnis der Nutzflächen (§ 17) entfallenden Anteil am nicht gedeckten Teil des Deckungserfordernisses begehren darf.

(4) Steht fest, daß eine Erhöhung der Hauptmietzinse auch dann erforderlich ist, wenn die von den Hauptmietern gegen die Hauptmietzinsabrechnung der vorausgegangenen zehn Kalenderjahre erhobenen Einwendungen berechtigt sind, und ist zu besorgen, daß durch die Überprüfung dieser Einwendungen der Hauptmieter die Durchführung der Erhaltungsarbeiten verzögert würde, so kann das Gericht (die Gemeinde, § 39) die Überprüfung dieser Einwendungen der Hauptmieter der Entscheidung nach § 19 Abs. 3 vorbehalten und zunächst die Höhe der anrechenbaren Mietzinsreserven oder Mietzinsabgänge nach freier Überzeugung (§ 273 ZPO) festsetzen.

(5) Der Vermieter kann eine Erhöhung der Hauptmietzinse für eine Wohnung nicht verlangen,

1. wenn es sich um eine Wohnung der Ausstattungskategorie D handelt und für sie ein Hauptmietzins vereinbart wurde, der „1,12 Euro“ je

Quadratmeter der Nutzfläche und Monat übersteigt; dieser Betrag valorisiert sich entsprechend der Regelung des § 16 Abs. 6; *(BGBl I 2001/98, ab 1. 1. 2002; Beträge lt K BGBl II 2023/170, ab 1. 7. 2023)*

2. wenn bei einem befristeten Hauptmietvertrag (§ 29 Abs. 1 Z 3) die jeweils vereinbarte Vertragsdauer weniger als vier Jahre beträgt. *(BGBl I 2000/36, ab 1. 7. 2000, s § 49c Abs. 9)*
(BGBl I 1997/22, ab 21. 2. 1997, s § 49b Abs. 5)

Grundsatzentscheidung und vorläufige Erhöhung

§ 18a. (1) Wird vor der Durchführung einer Erhaltungsarbeit eine Erhöhung der Hauptmietzinse (§ 18) begehrt, so hat das Gericht (die Gemeinde, § 39) auf Antrag zunächst dem Grunde nach zu entscheiden, ob und inwieweit die bestimmt bezeichnete Erhaltungsarbeit die Erhöhung der Hauptmietzinse rechtfertigt und innerhalb welchen Zeitraumes, der zehn Jahre nicht übersteigen darf, die dafür erforderlichen Kosten aus den Hauptmietzinsen zu decken sind.

(2) Verpflichtet sich der Vermieter, die in der Grundsatzentscheidung (Abs. 1) genannten Erhaltungsarbeiten innerhalb einer angemessenen Frist in Angriff zu nehmen und durchzuführen, so kann das Gericht (die Gemeinde, § 39) auf Antrag aussprechen, daß eine vorläufige Erhöhung des Hauptmietzinses zulässig ist. Beginn und Ausmaß dieser vorläufigen Erhöhung (auch die zunächst zugrunde gelegten Ausstattungskategorien) sind unter Berücksichtigung der bereits vorliegenden Verfahrensergebnisse so festzusetzen, daß sie das in der endgültigen Erhöhung voraussichtlich ergebende Ausmaß nicht übersteigen. Werden der Entscheidung über die endgültige Mietzinserhöhung bei einzelnen Mietgegenständen andere Ausstattungskategorien zugrunde gelegt als in der vorläufigen Mietzinserhöhung, so hat der Hauptmieter den sich daraus ergebenden Differenzbetrag nachzuzahlen bzw. ist ihm ein übersteigender Betrag zurückzuerstatten. Hält der Vermieter seine Pflicht zur Durchführung der Arbeiten nicht ein, so hat er – unbeschadet der Bestimmungen des § 6 – die aus der vorläufigen Erhöhung der Hauptmietzinse sich ergebenden Mehrbeträge samt einer angemessenen Verzinsung zurückzuerstatten.

(BGBl 1985/559)

Kosten von Sanierungsmaßnahmen

§ 18b. Werden an einem Haus Sanierungsmaßnahmen (§ 11 des Wohnhaussanierungsgesetzes, BGBl. Nr. 483/1984) vorgenommen, die mit Mitteln gefördert werden, die auf Grund der Bestimmungen des Wohnhaussanierungsgesetzes gewährt worden sind, sind die zur Finanzierung erforderlichen Darlehen innerhalb eines Zeitraumes zurückzuzahlen, der zehn Jahre nicht übersteigt und ist außerdem zur Finanzierung der Sanierungsmaßnahmen (Deckung des Fehlbetrages) eine Erhöhung der Hauptmietzinse notwendig, so gelten Sanierungsmaßnahmen in den Verfahren zur Erhöhung der Hauptmietzinse (§§ 18, 18a) als Erhaltungsarbeiten. Die Erhöhung der Hauptmietzinse darf jedoch nicht das Ausmaß übersteigen, das sich bei bloßer Durchführung von Erhaltungsarbeiten (§ 3) ohne Gewährung öffentlicher Förderungsmittel nach dem Wohnhaussanierungsgesetz ergeben würde.

(BGBl 1985/559)

Nachträgliche Neuerrichtung von Mietgegenständen

§ 18c. (1) Werden in einem Haus (auf einer Liegenschaft) oder in Häusern auf einer Liegenschaft, die hinsichtlich der Mietzinsbildung eine wirtschaftliche Einheit bilden, nachträglich weitere Wohnungen oder Geschäftsräumlichkeiten durch Auf-, Ein-, Um- oder Zubau neu errichtet, sind diese hinsichtlich ihrer Errichtungskosten als eigene wirtschaftliche Einheit zu behandeln.

(2) Stünden den Baumaßnahmen Rechte zur Benützung von allgemeinen Teilen der Liegenschaft, wie etwa von Dachboden- oder Kellerräumen, Grünanlagen oder Hofflächen entgegen, so haben dennoch die bisherigen Benützungsberechtigten die Baumaßnahmen unter der Voraussetzung zu dulden, daß ihnen gleichwertige Benützungsrechte oder die sonstige Möglichkeit zur gleichwertigen Befriedigung ihrer Interessen eingeräumt werden, oder daß ihnen der Verlust des Benützungsrechtes unter Berücksichtigung der bisherigen Ausübung abgegolten wird.

(3) Die Kosten von Baumaßnahmen zur nachträglichen Neuerrichtung weiterer Wohnungen oder Geschäftsräumlichkeiten durch Auf-, Ein-, Um- oder Zubau können, soweit diese Baumaßnahmen in absehbarer Zeit notwendig werdende Erhaltungsarbeiten ersetzen oder nützliche Verbesserungen sind, in der Hauptmietzinsabrechnung nach Maßgabe des § 4 als Ausgaben ausgewiesen werden.

(4) Werden Baumaßnahmen nach Abs. 1 durchgeführt, so hat das Gericht (die Gemeinde, § 39) auf Antrag des Vermieters über die Höhe der Kosten gemäß Abs. 3 zu entscheiden, die aus der Mietzinsreserve zu decken sind. Reicht die Mietzinsreserve zur Deckung der Kosten für die jeweils erkennbaren und in absehbarer Zeit notwendig werdenden Erhaltungsarbeiten sowie nützlichen Verbesserungsarbeiten nicht aus, so sind die Fehlbeträge unter Anwendung der §§ 18, 18a, 18b und 19 zu decken.

(BGBl 1993/800, ab 1. 3. 1994)

Antrag und Entscheidung

§ 19. (1) Die Einhebung eines erhöhten Hauptmietzinses ist nur auf Grund einer Entscheidung des Gerichtes (der Gemeinde, § 39) zulässig. Zur Antragstellung sind der Vermieter, die Gemeinde, in deren Sprengel das Haus gelegen ist, im eigenen Wirkungsbereich oder der nach § 6 Abs. 2 bestellte Verwalter berechtigt. Dem Antrag sind beizulegen:

1. ein Kostenvoranschlag über die unmittelbar heranstehende Erhaltungsarbeit in dreifacher Ausfertigung;

2. die Hauptmietzinsabrechnung über die der Antragstellung unmittelbar vorausgegangenen zehn Kalenderjahre;

3. eine Aufstellung, die alle vermieteten, vermietbaren oder vom Vermieter benützten Mietgegenstände des Hauses enthält, wobei im besonderen von jedem Mietgegenstand die topographische Bezeichnung (Türnummer), die Nutzfläche, die Ausstattungskategorie bei Wohnungen, die Höhe des monatlichen Hauptmietzinses, die Höhe des nach § 18 Abs. 1 Z 6 anrechenbaren monatlichen Betrages, der Vor- und Zuname des Mieters (Benützers) anzuführen sind;

4. eine Berechnung des Deckungsfehlbetrags und des monatlichen Deckungserfordernisses;

5. ein Finanzierungsplan einschließlich allfälliger Kreditzusagen.

(2) Selbst wenn der Antrag auf Bewilligung der Einhebung eines erhöhten Hauptmietzinses nicht im Zuge eines Verfahrens zur Durchführung von Erhaltungsarbeiten gestellt worden ist (§ 6 Abs. 3), ist mit der Bewilligung der Einhebung eines erhöhten Hauptmietzinses der Auftrag zur Vornahme der der Entscheidung zugrunde liegenden Erhaltungsarbeit binnen einer angemessenen, ein Jahr nicht übersteigenden Frist (§ 6 Abs. 1) zu erteilen. Stellt sich nach dem Ablauf der festgesetzten Frist heraus, daß die aufgetragenen Arbeiten nicht durchführbar sind, so ist auf Antrag eines Mieters die Bewilligung der Einhebung eines erhöhten Hauptmietzinses zu widerrufen und der Vermieter zu verpflichten, die von den Mietern des Hauses auf Grund der widerrufenen Entscheidung entrichteten erhöhten Hauptmietzinse zuzüglich einer angemessenen Verzinsung binnen 14 Tagen bei Exekution zurückzuerstatten.

(3) Hat das Gericht (die Gemeinde, § 39) die Überprüfung der von den Mietern gegen die Hauptmietzinsabrechnung der vorausgegangenen zehn Kalenderjahre erhobenen Einwendungen vorbehalten (§ 18 Abs. 3) oder stellt sich während oder nach der Durchführung der aufgetragenen Erhaltungsarbeit heraus, daß sich die veranschlagten Kosten geändert haben und daß daher die zur Finanzierung des Deckungserfordernisses bewilligte Einhebung eines erhöhten Hauptmietzinses zur Deckung eines erhöhten Aufwands nicht ausreicht oder überhöht ist, so ist auf Antrag des Vermieters, des nach § 6 Abs. 2 bestellten Verwalters oder eines Hauptmieters der zur Tilgung des Deckungserfordernisses notwendige erhöhte Hauptmietzins neu zu berechnen und für die restliche Dauer des Verteilungszeitraums dementsprechend zu erhöhen oder zu senken.

Hauptmietzinsabrechnung

§ 20. (1) Der Vermieter hat in übersichtlicher Form eine Abrechnung über die Einnahmen und Ausgaben eines jeden Kalenderjahres zu legen.

1. Die Abrechnung hat als Einnahmen auszuweisen:

a) die dem Vermieter für die vermieteten Mietgegenstände des Hauses als Hauptmietzins (erhöhter Hauptmietzins) „ “ entrichteten Beträge; *(BGBl I 2001/161, ab 1. 1. 2002, s § 49d Abs 4)*

b) für Objekte des Hauses, die der Vermieter benützt je Quadratmeter der Nutzfläche und Monat:

aa) den jeweiligen Richtwert (§§ 3, 5 und 6 RichtWG), wenn es sich um eine Wohnung der Ausstattungskategorie A oder um eine Geschäftsräumlichkeit handelt; sofern aber bei Geschäftsräumlichkeiten erwiesen wird, daß dieser Betrag den für die Geschäftsräumlichkeit nach § 16 Abs. 1 angemessenen monatlichen[1)] Hauptmietzins übersteigt, der nach § 16 Abs. 1 angemessene Hauptmietzins,

bb) 75 vH des jeweiligen Richtwerts, wenn es sich um eine Wohnung der Ausstattungskategorie B handelt,

cc) 50 vH des jeweiligen Richtwerts, wenn es sich um eine Wohnung der Ausstattungskategorie C handelt und

dd) „1,12 Euro“ valorisiert entsprechend der Regelung des § 16 Abs. 6, wenn es sich um eine Wohnung der Ausstattungskategorie D handelt; *(BGBl I 2001/98, ab 1. 1. 2002; Beträge lt K BGBl II 2023/170, ab 1. 7. 2023)*

c) für Objekte des Hauses, die ein Wohnungseigentümer benützt oder vermietet, die Kategoriebeträge gemäß § 15a Abs. 3 je Quadratmeter der Nutzfläche und Monat;

d) für die Objekte des Hauses, die der Vermieter trotz ihrer Vermietbarkeit mehr als sechs Monate leerstehen ließ, das Eineinhalbfache des jeweils nach lit. b anzusetzenden Betrages je Quadratmeter der Nutzfläche und Monat; die sechsmonatige Frist erhöht sich um ein Jahr, wenn der Vermieter zur Anhebung des Standards eines Mietgegenstands nützliche Verbesserungen (§§ 4 oder 5 Abs. 1) durchführen ließ;

e) 25 vH der vom Vermieter aus der Vermietung oder Überlassung von Dach- oder Fassadenflächen des Hauses zu Werbezwecken erzielten Einnahmen;

f) die Zuschüsse, die dem Vermieter aus Anlaß der Durchführung einer Erhaltungs- oder nützlichen Verbesserungsarbeit gewährt wurden;

g) die im § 27 Abs. 4 genannten Beträge. *(BGBl 1993/800, ab 1. 3. 1994, s Art II II. Abschnitt Z 7 und 8 3. WÄG)*

2. In der Abrechnung dürfen als Ausgaben ausgewiesen werden:

a) die Beträge, die aufgewendet wurden, um die durch Rechnungen und Zahlungsbelege (Quittungen) belegten Kosten der zur ordnungsgemäßen Erhaltung (§ 3) oder nützlichen Verbesserung (§§ 4, 5) des Hauses durchgeführten Arbeiten zu decken;

b) 20 vH von den durch Rechnungen und Zahlungsbelege (Quittungen) belegten Kosten der Arbeiten, die der Vermieter in Kalenderjahren, in denen von den Hauptmietern des Hauses kein gemäß § 18 Abs. 2 oder 3 erhöhter Hauptmietzins eingehoben wird, zur ordnungsgemäßen Erhaltung (§ 3) oder nützlichen Verbesserung (§§ 4, 5) des Hauses aufgewendet hat;

c) die Beträge, die vom Vermieter für die mit dem Eigentum des Hauses verbundene Vermögensteuer samt Zuschlägen entrichtet wurden;

d) die zur Tilgung und Verzinsung eines Förderungsdarlehens des Bundes, eines Landes oder eines öffentlich-rechtlichen Fonds oder eines von diesem geförderten Darlehens (Kredites) erforderlichen Beträge, soweit sich das Darlehen (der Kredit) nicht ausschließlich auf vom Vermieter benützte oder trotz ihrer Vermietbarkeit leerstehende Objekte beziehen; *(BGBl 1991/68, ab 1. 3. 1991)*

e) die in § 10 Abs. 6 dritter Satz genannten Beträge; *(BGBl 1993/800, ab 1. 3. 1994, s Art II II. Abschnitt Z 9 3. WÄG)*

f) die Beträge, die der Vermieter für die Erstellung eines Energieausweises nach § 2 Z 3 EAVG für das gesamte Gebäude aufgewendet hat; *(BGBl I 2009/25, ab 1. 1. 2009)*

„g)" sofern der Vermieter in dem Kalenderjahr keine nach §§ 18 ff. erhöhten Hauptmietzinse vereinnahmt hat, vom Überschuss der Einnahmen (Z 1) über die Ausgaben „(lit. a bis f)" 35 vH bei Einkommensteuerpflicht oder 25 vH bei Körperschaftsteuerpflicht des Vermieters. *(BGBl I 2006/124, ab 1. 10. 2006, s § 49e Abs 6; BGBl I 2009/25, ab 1. 1. 2009)*

(2) Der Unterschiedsbetrag, der sich aus der Gegenüberstellung der so ausgewiesenen Einnahmen und Ausgaben eines Kalenderjahres errechnet, ist die Mietzinsreserve oder der Mietzinsabgang des Kalenderjahres.

(3) „Der Vermieter ist verpflichtet, spätestens zum 30. Juni eines jeden Kalenderjahres die Abrechnung über das vorausgegangene Kalenderjahr an einer geeigneten Stelle im Haus zur Einsicht durch die Hauptmieter aufzulegen und den Hauptmietern in geeigneter Weise Einsicht in die Belege – bei Belegen auf Datenträgern Einsicht in Ausdrucke der Belege – zu gewähren." Auf Verlangen eines Hauptmieters sind von der Abrechnung und (oder) den Belegen auf seine Kosten Abschriften (Ablichtungen, weitere Ausdrucke) anfertigen zu lassen. *(BGBl I 1999/147, ab 1. 1. 2000, s Anm zu § 3 Abs 2 Z 6; BGBl I 2000/36, ab 1. 7. 2000, s § 49c Abs. 9)*

(4) Kommt der Vermieter der in den Abs. 1 und 3 ausgesprochenen Verpflichtung zur Abrechnung und Einsichtgewährung nicht nach, so ist er auf Antrag eines Hauptmieters vom Gericht (der Gemeinde, § 39) dazu zu verhalten. Weigert er sich auch bei der mündlichen Verhandlung vor Gericht (der Gemeinde), die Mietzinsabrechnung zu legen oder die Einsicht in die Belege zu gewähren, oder erscheint er zur Verhandlung nicht, so hat das Gericht (die Gemeinde) auf Antrag eines Hauptmieters dem Vermieter unter Androhung einer Ordnungsstrafe bis zu „2 000 Euro" aufzutragen, binnen einer angemessenen, 14 Tage nicht übersteigenden Frist die Abrechnung zu legen und (oder) die Einsicht in die Belege zu gewähren. Die Ordnungsstrafe ist zu verhängen, wenn dem Auftrag ungerechtfertigterweise nicht entsprochen wird; sie kann auch wiederholt verhängt werden. *(BGBl I 2001/98, ab 1. 1. 2002)*

(5) Wenn der Vermieter die Kosten für die Erstellung eines Energieausweises unter den Ausgaben nach Abs. 1 Z 2 verrechnet, hat er jedem Hauptmieter auf dessen Verlangen Einsicht in den Energieausweis zu gewähren und ihm gegen Ersatz der Kopierkosten eine Ablichtung desselben zur Verfügung zu stellen. *(BGBl I 2009/25, ab 1. 1. 2009)*

[1)] *Im BGBl irrtümlich monatliche.*

Betriebskosten und laufende öffentliche Abgaben

§ 21. (1) Als Betriebskosten gelten die vom Vermieter aufgewendeten Kosten für

1. die Versorgung des Hauses mit Wasser aus einer öffentlichen Wasserleitung (Wassergebühren und Kosten, die durch die nach den Lieferbedingungen gebotenen Überprüfungen der Wasserleitungen erwachsen) oder die Erhaltung der bestehenden Wasserversorgung aus einem Hausbrunnen oder einer nicht öffentlichen Wasserleitung;

1a. die Eichung, Wartung und Ablesung von Meßvorrichtungen zur Verbrauchsermittlung im Sinn des § 17 Abs. 1a; *(BGBl I 1999/147, ab 1. 1. 2000, s Anm zu § 3 Abs 2 Z 6)*

2. die auf Grund der Kehrordnung regelmäßig durchzuführende Rauchfangkehrung, die Kanalräumung, die Unratabfuhr und die Schädlingsbekämpfung;

3. die entsprechende Beleuchtung der allgemein zugänglichen Teile des Hauses, erforderlichenfalls auch des Hofraums und des Durchgangs zu einem Hinterhaus;

4. die angemessene Versicherung des Hauses gegen Brandschaden (Feuerversicherung), sofern und soweit die Versicherungssumme dem Betrag entspricht, der im Schadenfall zur Wiederherstellung (§ 7) ausreicht; bestehen für solche Versicherungen besondere Versicherungsbedingungen, die im Schadenfall den Einwand der Unterversicherung des Versicherers ausschließen, so sind die entsprechend solchen Versicherungsbedingungen ermittelten Versicherungswerte als angemessen anzusehen;

5. die angemessene Versicherung des Hauses gegen die gesetzliche Haftpflicht des Hauseigentümers (Haftpflichtversicherung) und gegen Leitungswasserschäden einschließlich Korrosionsschäden;

6. die angemessene Versicherung des Hauses gegen andere Schäden, wie besonders gegen Glasbruch hinsichtlich der Verglasung der der allgemeinen Benützung dienenden Räume des Hauses einschließlich aller Außenfenster oder gegen Sturmschäden, wenn und soweit die Mehrheit der Hauptmieter – diese berechnet nach der Anzahl der vermieteten Mietgegenstände – des Hauses dem Abschluß, der Erneuerung oder der Änderung des Versicherungsvertrags zugestimmt haben;

7. die im § 22 bestimmten Auslagen für die Verwaltung;

8. die im § 23 bestimmten angemessenen Aufwendungen für die Hausbetreuung. *(BGBl I 2000/36, ab 1. 7. 2000, s § 49c Abs. 5)*

(2) Die anteilig anrechenbaren, öffentlichen Abgaben sind die von der Liegenschaft, auf die sich der Mietvertrag bezieht, zu entrichtenden laufenden öffentlichen Abgaben mit Ausnahme solcher, die nach landesgesetzlichen Bestimmungen auf die Mieter nicht überwälzt werden dürfen.

(3) Der Vermieter darf zur Deckung der im Lauf eines Kalenderjahres fällig werdenden Betriebskosten und öffentlichen Abgaben zu jedem Zinstermin einen gleichbleibenden Teilbetrag zur Anrechnung bringen (Jahrespauschalverrechnung), der vom Gesamtbetrag der Betriebskosten und der öffentlichen Abgaben des vorausgegangenen Kalenderjahres zu errechnen ist und im Fall einer zwischenzeitlichen Erhöhung von Betriebskosten oder den öffentlichen Abgaben um höchstens 10 vH überschritten werden darf. „Der Vermieter hat die im Lauf des Kalenderjahres fällig gewordenen Betriebskosten und öffentlichen Abgaben spätestens zum 30. Juni des folgenden Kalenderjahres abzurechnen; er hat die Abrechnung an einer geeigneten Stelle im Haus zur Einsicht durch die Hauptmieter aufzulegen und den Hauptmietern in geeigneter Weise Einsicht in die Belege – bei Belegen auf Datenträgern Einsicht in Ausdrucke der Belege – zu gewähren.“** „Auf Verlangen eines Hauptmieters sind von der Abrechnung und (oder) den Belegen auf seine Kosten Abschriften (Ablichtungen, weitere Ausdrucke) anfertigen zu lassen.“* In den Fällen einer Jahrespauschalverrechnung beginnt die einjährige Frist zur Geltendmachung der Betriebskosten und öffentlichen Abgaben mit Ablauf des Kalenderjahres zu laufen, in dem die Betriebskosten und öffentlichen Abgaben gegenüber dem Vermieter fällig geworden sind. Ergibt sich aus der Abrechnung ein Überschuß zugunsten der Hauptmieter, so ist der Überschußbetrag zum übernächsten Zinstermin zurückzuerstatten. Ergibt sich aus der Abrechnung ein Fehlbetrag zu Lasten der Hauptmieter, so haben die Hauptmieter den Fehlbetrag zum übernächsten Zinstermin zu entrichten. *(BGBl 1985/559; *BGBl I 1999/147, ab 1. 1. 2000, s Anm zu § 3 Abs 2 Z 6; **BGBl I 2000/36, ab 1. 7. 2000, s § 49c Abs. 9)*

(4) Macht der Vermieter von der Jahrespauschalverrechnung nach Abs. 3 nicht Gebrauch, so hat der Mieter den auf seinen Mietgegenstand entfallenden Anteil an den Betriebskosten und den laufenden öffentlichen Abgaben an den Vermieter am 1. eines jeden Kalendermonats zu entrichten, wenn ihm dessen Höhe vorher unter Vorlage der Rechnungsbelege nachgewiesen wird; dabei kann der Vermieter jeweils die Betriebskosten und Abgaben in Anschlag bringen, die spätestens am genannten Tag fällig werden. In jedem dieser Fälle sind die Betriebskosten und Abgaben nur zu entrichten, wenn dem Mieter deren Höhe wenigstens drei Tage vorher unter Vorlage der Rechnungsbelege nachgewiesen wird. Betriebskosten und Abgaben, deren Fälligkeit vor mehr als einem Jahr eingetreten ist, können nicht mehr geltend gemacht werden.

(5) Kommt der Vermieter der im Abs. 3 ausgesprochenen Verpflichtung zur Legung der Abrechnung und Einsichtgewährung in die Belege nicht nach, so gilt § 20 Abs. 4.

(6) Der Bundesminister für Justiz kann durch Verordnung ÖNORMEN bezeichnen, die in besonderem Maß geeignet sind, das Vorliegen der Voraussetzungen für eine ordnungsgemäße Abrechnung nach § 21 Abs. 3 festzustellen. *(BGBl I 1997/22, ab 1. 3. 1997, s § 49b Abs. 13)*

Auslagen für die Verwaltung

§ 22. Zur Deckung der Auslagen für die Verwaltung des Hauses einschließlich der Auslagen für Drucksorten, Buchungsgebühren u. dgl. darf der Vermieter je Kalenderjahr und Quadratmeter der Nutzfläche des Hauses den nach § 15a Abs. 3 Z 1 jeweils geltenden Betrag anrechnen, der auf zwölf gleiche Monatsbeträge zu verteilen ist.

(BGBl 1993/800, ab 1. 3. 1994)

Aufwendungen für die Hausbetreuung

§ 23. (1) Die Hausbetreuung umfaßt die Reinhaltung und Wartung jener Räume des Hauses, die von allen oder mehreren Hausbewohnern benützt werden können, solcher Flächen und Anlagen der Liegenschaft und der in die Betreuungspflicht des Liegenschaftseigentümers fallenden Gehsteige einschließlich der Schneeräumung sowie die Beaufsichtigung des Hauses und der Liegenschaft.

(2) Aufwendungen für die Hausbetreuung sind, soweit diese

a) durch einen Dienstnehmer des Vermieters erfolgt, das diesem gebührende angemessene Entgelt zuzüglich des Dienstgeberanteils des Sozialversicherungsbeitrags und der sonstigen durch Gesetz bestimmten Belastungen oder Abgaben sowie die Kosten der erforderlichen Gerätschaften und Materialien,

b) durch einen vom Vermieter bestellten Werkunternehmer erfolgt, der angemessene Werklohn,

c) durch den Vermieter selbst erfolgt, der Betrag nach lit. a.

(BGBl I 2000/36, ab 1. 7. 2000, s § 49c Abs. 5)

Anteil an besonderen Aufwendungen

§ 24. (1) Ist der Hauptmieter eines Mietgegenstandes auf Grund des Mietvertrags oder einer anderen Vereinbarung berechtigt, eine der gemeinsamen Benützung der Bewohner dienende Anlage des Hauses, wie einen Personenaufzug, eine gemeinsame Wärmeversorgungsanlage oder eine zentrale Waschküche zu benützen, so bestimmt sich sein Anteil an den Gesamtkosten des Betriebes dieser Anlage – soweit nicht das Heizkostenabrechnungsgesetz anzuwenden ist – nach den Grundsätzen des § 17. *(BGBl 1992/827, ab 1. 10. 1992)*

(2) Zu den besonderen Aufwendungen im Sinn des Abs. 1 zählen auch die Kosten für die Betreuung von Grünanlagen sowie für den Betrieb von sonstigen Gemeinschaftsanlagen, die allen Mietern zur Verfügung stehen.

(2a) Können bei Gemeinschaftsanlagen die Energiekosten den Benützern zugeordnet werden, so dürfen diese Energiekosten in pauschalierter Form (zum Beispiel durch Münzautomaten) von den Benützern eingehoben werden. Diese Entgelte sind in der Abrechnung als Einnahmen auszuweisen. *(BGBl I 1999/147, ab 1. 1. 2000, s Anm zu § 17 Abs. 2)*

(3) Im übrigen gilt § 21 Abs. 3 bis 5 sinngemäß.

Entgelt für mitvermietete Einrichtungsgegenstände oder sonstige Leistungen

§ 25. Stellt der Vermieter dem Hauptmieter eines Mietgegenstandes Einrichtungsgegenstände bei oder verpflichtet er sich auch zu anderen Leistungen, so darf hiefür nur ein angemessenes Entgelt vereinbart werden.

Untermietzins

§ 26. (1) Wird der Mietgegenstand zur Gänze untervermietet, darf der Untermietzins, abgesehen von der Überwälzung der Mietzinsbestandteile gemäß § 15 Abs. 1 Z 2 bis 4 und der Umsatzsteuer, den vom Untervermieter zulässigerweise zu entrichtenden Hauptmietzins um nicht mehr als 50 vH übersteigen. Darüber hinaus sind jedoch bei der Bestimmung des vom Untermieter zulässigerweise zu entrichtenden Mietzinses die vom Untervermieter getätigten Aufwendungen zur Verbesserung des Mietgegenstandes angemessen zu berücksichtigen, soweit sie für den Untermieter von objektivem Nutzen sind. § 25 gilt für das Verhältnis zwischen Untervermieter und Untermieter sinngemäß.

(2) Bei nur teilweiser Untervermietung des Mietgegenstandes darf der Untermietzins einen dem untervermieteten Teil entsprechenden angemessenen Betrag im Sinne des Abs. 1 nicht übersteigen.

(3) Im Fall eines befristeten Untermietvertrags (§ 29 Abs. 1 Z 3) vermindert sich der nach Abs. 1 und 2 höchstzulässige Untermietzins – mit Ausnahme der überwälzten Mietzinsbestandteile gemäß § 15 Abs. 1 Z 2 und 3 – um 25 vH. Wird der befristete Untermietvertrag in einen Mietvertrag auf unbestimmte Zeit umgewandelt, so gilt die Verminderung des höchstzulässigen Untermietzinses ab dem Zeitpunkt der Umwandlung nicht mehr, sofern sie im Untermietvertrag ziffernmäßig durch Gegenüberstellung des für ein unbefristetes Mietverhältnis zulässigen und des tatsächlich vereinbarten Untermietzinses schriftlich ausgewiesen wurde. *(BGBl I 2000/36, ab 1. 7. 2000, s § 49c Abs. 3)*

(4) Vereinbarungen über den Untermietzins sind insoweit unwirksam, als der vereinbarte Untermietzins den nach Abs. 1 bis 3 zulässigen Höchstbetrag überschreitet. Die Unwirksamkeit ist binnen drei Jahren gerichtlich (bei der Gemeinde, § 39) geltend zu machen. Bei befristeten Untermietverträgen endet diese Frist frühestens sechs Monate nach Auflösung des Mietverhältnisses oder nach seiner Umwandlung in ein unbefristetes Mietverhältnis; die Verjährungsfrist beträgt in diesem Fall zehn Jahre. *(BGBl I 2000/36, ab 1. 7. 2000)*

(BGBl 1993/800, ab 1. 3. 1994)

Verbotene Vereinbarungen und Strafbestimmungen

§ 27. (1) Ungültig und verboten sind

1. Vereinbarungen, wonach der neue Mieter dafür, daß der frühere Mieter den Mietgegenstand aufgibt oder sonst ohne gleichwertige Gegenleistung dem Vermieter, dem früheren Mieter oder einem anderen etwas zu leisten hat; unter dieses Verbot fallen aber nicht die Verpflichtung zum Ersatz der tatsächlichen Übersiedlungskosten oder zum Rückersatz des Aufwandes, den der Vermieter dem bisherigen Mieter nach § 10 zu ersetzen hat;

2. Vereinbarungen, wonach der Mieter für den Verzicht des Vermieters auf die Geltendmachung eines Kündigungsgrundes dem Vermieter oder einem anderen etwas zu leisten hat;

3. Vereinbarungen, wonach für die Vermittlung einer Miete ein offenbar übermäßiges Entgelt zu leisten ist;

4. Vereinbarungen, wonach von demjenigen, der Erhaltungs- oder Verbesserungsarbeiten im Hause durchführt, dem Vermieter, dem Verwalter, einem Mieter oder einer dritten Person, die von einer dieser Personen bestimmt wurde, ein Entgelt für die Erteilung oder Vermittlung des Auftrages zur Vornahme der Arbeiten zu leisten ist;

5. Vereinbarungen, wonach der Vermieter oder der frühere Mieter sich oder einem anderen gegen die guten Sitten Leistungen versprechen läßt, die mit dem Mietvertrag in keinem unmittelbaren Zusammenhang stehen.

(2) Unter die Verbote des Abs. 1 fallen nicht

a) Beträge, die nach § 14 Abs. 1 oder § 17 WGG geleistet werden;

b) Beträge, die bei Abschluß des Mietvertrages vom Mieter für den Verzicht des Vermieters auf den Kündigungsgrund des § 30 Abs. 2 Z 4 und 6 gezahlt werden, sofern die konkreten Umstände, die für den Mieter schon damals den Abschluß des Mietvertrages ohne einen solchen Verzicht sinnlos gemacht hätten, nachgewiesen werden und der für den Verzicht gezahlte Betrag den Hauptmietzins für 10 Jahre nicht übersteigt.

(3) Was entgegen den Bestimmungen der §§ 15 bis 26 oder den Bestimmungen des Abs. 1 geleistet wird, kann samt gesetzlichen Zinsen zurückgefordert werden. Auf diesen Rückforderungsanspruch kann im voraus nicht rechtswirksam verzichtet werden. „Der Anspruch auf Rückforderung der entgegen den Bestimmungen der §§ 15 bis 26 vereinnahmten Leistungen verjährt in drei Jahren; der Anspruch auf Rückforderung der entgegen den Bestimmungen des Abs. 1 vereinnahmten Leistungen verjährt in zehn Jahren." Die Verjährung des Rückforderungsanspruchs ist gehemmt, solange bei Gericht (bei der Gemeinde, § 39) ein Verfahren über die Höhe des Mietzinses anhängig ist. *(BGBl 1993/800, ab 1. 3. 1994, s Art II II. Abschnitt Z 8 3. WÄG)*

(4) Ungeachtet einer Rückforderung nach Abs. 3 hat der Vermieter die entgegen den Regelungen des Abs. 1 an ihn geleisteten Beträge als Einnahmen im Sinn des § 20 Abs. 1 Z 1 lit. g auszuweisen. *(BGBl 1993/800, ab 1. 3. 1994, s Art II II. Abschnitt Z 8 3. WÄG)*

(5) Wer für sich oder einen anderen Leistungen entgegennimmt oder sich versprechen läßt, die mit den Vorschriften des Abs. 1 im Widerspruch stehen, in den Fällen des Abs. 1 Z 4 auch wer eine solche Leistung erbringt oder verspricht, begeht, sofern die Tat nicht nach anderen Bestimmungen mit strengerer Strafe bedroht ist, eine Verwaltungsübertretung und ist von der Bezirksverwaltungsbehörde mit Geldstrafe bis zu „15 000 Euro" zu bestrafen. Die Geldstrafe ist unter Berücksichtigung der persönlichen Verhältnisse und der wirtschaftlichen Leistungsfähigkeit so zu bemessen, daß sie den Wert der nach Abs. 1 unzulässig vereinbarten Leistung, ist aber der Täter bereits zweimal wegen einer solchen Verwaltungsübertretung bestraft worden, das Zweifache dieses Wertes übersteigt; reicht das gesetzliche Höchstmaß nicht aus, so kann dieses um die Hälfte überschritten werden. Bei der Strafbemessung ist eine den Täter nach Abs. 4 treffende Ausweisungspflicht mildernd zu berücksichtigen. Würde eine so bemessene Geldstrafe zur Gefährdung der wirtschaftlichen Existenz des Täters führen, so kann auch eine niedrigere Geldstrafe ausgesprochen werden, als es dem Wert oder zweifachen Wert der unzulässig vereinbarten Leistung entspräche. Die für den Fall der Uneinbringlichkeit der Geldstrafe festzusetzende Ersatzfreiheitsstrafe darf sechs Wochen nicht übersteigen. *(BGBl 1993/800, ab 1. 3. 1994; BGBl I 2001/98, ab 1. 1. 2002)*

(6) Ein Vermieter oder ein von diesem mit der Vermietung oder Verwaltung des Mietgegenstands Beauftragter, der dem Vermieter mit vollstreckbarer Entscheidung aufgetragene Erhaltungsarbeiten (§ 6 Abs. 1) nicht oder nur mit ungerechtfertigter Verzögerung durchführt oder durchführen läßt und dadurch den Mieter erheblich und nachhaltig im Gebrauch des Mietgegenstands beeinträchtigt, ist vom Gericht mit Freiheitsstrafe bis zu sechs Monaten oder mit Geldstrafe bis zu 360 Tagessätzen zu bestrafen. *(BGBl 1993/800, ab 1. 3. 1994)*

(7) Ebenso ist ein Vermieter oder ein von diesem Beauftragter zu bestrafen, der – ungeachtet einer vollstreckbaren Entscheidung auf Unterlassung – eine der in § 8 Abs. 2 festgelegten Duldungspflichten des Hauptmieters in schikanöser und exzessiver Weise mißbraucht. *(BGBl 1993/800, ab 1. 3. 1994)*

Anrechnung von Dienstleistungen auf den Hauptmietzins

§ 28. Besteht der vereinbarte Hauptmietzins ganz oder teilweise in Dienstleistungen des Hauptmieters, so kann der Hauptmieter verlangen, daß der Wert der Dienstleistungen in der Höhe veranschlagt werde, die dem jeweiligen ortsüblichen Entgelt für Dienstleistungen solcher Art entspricht. Ergibt sich dadurch für die Dienstleistungen des Hauptmieters ein erheblich höherer Betrag als der nach diesem Bundesgesetz zulässige Mietzins, so hat der Vermieter dem Hauptmieter für die Dienstleistungen das angemessene Entgelt zu bezahlen. Der Vermieter kann aber seinerseits vom Hauptmieter statt der Dienstleistungen die Entrichtung des nach diesem Bundesgesetz zulässigen Mietzinses in barem begehren; das gleiche gilt, wenn zwar das Dienstverhältnis, nicht aber das Hauptmietverhältnis beendet wird.

Auflösung und Erneuerung des Mietvertrages; Zurückstellung des Mietgegenstandes

§ 29. (1) Der Mietvertrag wird aufgelöst

1. durch Aufkündigung,

2. durch den Untergang des Mietgegenstandes, wenn und soweit eine Pflicht zur Wiederherstellung (§ 7) nicht besteht,

3. durch „Ablauf der vereinbarten Vertragsdauer", jedoch nur wenn *(BGBl I 2006/124, ab 1. 10. 2006)*

a) im Haupt- oder Untermietvertrag schriftlich vereinbart wurde, dass er durch den Ablauf der bedungenen Zeit erlischt, und

b) bei Wohnungen die ursprünglich vereinbarte Vertragsdauer oder die Verlängerung der Vertragsdauer (Abs. 4) jeweils mindestens drei Jahre beträgt,
(BGBl I 2000/36, ab 1. 7. 2000, s § 49c Abs. 6)

3a. durch Ablauf des dreijährigen Erneuerungszeitraums im Fall des Abs. 3 lit. b erster Satz, *(BGBl I 2006/124, ab 1. 10. 2006)*

4. wenn der Mieter vom Vertrag vor dem Ablauf der bedungenen Zeit aus den Gründen des § 1117 des allgemeinen bürgerlichen Gesetzbuchs absteht,

5. wenn der Vermieter wegen erheblich nachteiligen Gebrauches des Mietgegenstandes oder wegen Säumnis bei der Bezahlung des Mietzinses nach § 1118 des allgemeinen bürgerlichen Gesetzbuches die frühere Aufhebung des Vertrages fordert.

(2) Im Fall eines nach Abs. 1 Z 3 befristeten Haupt- oder Untermietvertrags über eine Wohnung hat der Mieter nach Ablauf eines Jahres der ursprünglich vereinbarten oder verlängerten Dauer des Mietverhältnisses das unverzichtbare und unbeschränkbare Recht, den Mietvertrag vor Ablauf der bedungenen Zeit jeweils zum Monatsletzten „gerichtlich oder schriftlich" unter Einhaltung einer dreimonatigen Kündigungsfrist zu kündigen. *(BGBl I 2000/36, ab 1. 7. 2000; BGBl I 2009/25, ab 1. 4. 2009, auch auf Mietverträge anzuwenden, die vor dem 1. April 2009 geschlossen worden sind)*

(3) a) Mietverträge auf bestimmte Zeit, deren Ablauf wegen eines Verstoßes gegen die Regelungen des Abs. 1 Z 3 oder des Abs. 4 nicht durchgesetzt werden kann, gelten als auf unbestimmte Zeit abgeschlossen oder erneuert.

b) Mietverträge auf bestimmte Zeit, die nach Ablauf der wirksam vereinbarten oder verlängerten Vertragsdauer weder vertraglich verlängert noch aufgelöst werden, gelten einmalig als auf drei Jahre erneuert; der Mieter hat jedoch jederzeit das unverzichtbare und unbeschränkbare Recht, den erneuerten Mietvertrag jeweils zum Monatsletzten „gerichtlich oder schriftlich" unter Einhaltung einer dreimonatigen Kündigungsfrist zu kündigen. Wird der Mietvertrag nach Ablauf dieser drei Jahre ein weiteres Mal nicht aufgelöst, gilt er als auf unbestimmte Zeit erneuert. *(BGBl I 2009/25, ab 1. 4. 2009, auch auf Mietverträge anzuwenden, die vor dem 1. April 2009 geschlossen worden sind)*
(BGBl I 2006/124, ab 1. 10. 2006, s § 49e Abs 7)

(4) Nach Abs. 1 Z 3 befristete Mietverträge können schriftlich beliebig oft um jede – bei Wohnungen jedoch drei Jahre jeweils nicht unterschreitende – Vertragsdauer erneuert werden. „Nach Abs. 3 lit. b erster Satz befristete Mietverträge können schriftlich – bei Wohnungen um mindestens drei Jahre – erneuert werden." *(BGBl I 2000/36, ab 1. 7. 2000; BGBl I 2006/124, ab 1. 10. 2006)*

(4a) bis (4c) *(aufgehoben, BGBl I 2000/36, ab 1. 7. 2000, s § 49c Abs. 7 und § 49e Abs 7)*

§ 29a. *(aufgehoben, BGBl I 2000/36, ab 1. 7. 2000)*

Kündigungsbeschränkungen

§ 30. (1) Der Vermieter kann nur aus wichtigen Gründen den Mietvertrag kündigen.

(2) Als ein wichtiger Grund ist es insbesondere anzusehen, wenn

1. der Mieter trotz einer nach dem Eintritt der Fälligkeit erfolgten Mahnung mit der Bezahlung des Mietzinses über die übliche oder ihm bisher zugestandene Frist hinaus, mindestens aber acht Tage im Rückstand ist;

2. der Mieter, dessen vereinbarter Mietzins ganz oder teilweise in eigenen Dienstleistungen besteht, die bedungenen Dienste vertragswidrig verweigert;

3. der Mieter vom Mietgegenstand einen erheblich nachteiligen Gebrauch macht, namentlich den Mietgegenstand in arger Weise vernachlässigt oder durch sein rücksichtsloses, anstößiges oder sonst grob ungehöriges Verhalten den Mitbewohnern das Zusammenwohnen verleidet oder sich gegenüber dem Vermieter oder einer im Haus wohnenden Person einer mit Strafe bedrohten Handlung gegen das Eigentum, die Sittlichkeit oder die körperliche Sicherheit schuldig macht, sofern es sich nicht um Fälle handelt, die nach den Umständen als geringfügig zu bezeichnen sind; dem Verhalten des Mieters steht, soweit er es unterließ, die ihm mögliche Abhilfe zu schaffen, das Verhalten seines Ehegatten und der anderen mit ihm zusammenwohnenden Familienangehörigen sowie der von ihm sonst in die gemieteten Räume aufgenommenen Personen gleich;

4. der Mieter den Mietgegenstand mit oder ohne Beistellung von Einrichtungsgegenständen ganz weitergegeben hat und ihn offenbar in naher Zeit nicht für sich oder die eintrittsberechtigten Personen (§ 14 Abs. 3) dringend benötigt oder, wenngleich auch nur teilweise, durch Überlassung an einen Dritten gegen eine im Vergleich zu dem von ihm zu entrichtenden Mietzins und etwaigen eigenen Leistungen an den Dritten unverhältnismäßig hohe Gegenleistung verwertet. Die teilweise Weitergabe einer Wohnung kommt einer gänzlichen Weitergabe gleich, wenn die nicht weitergegebenen Teile der Wohnung nicht zur Befriedigung des Wohnbedürfnisses des Mieters oder der eintrittsberechtigten Personen regelmäßig verwendet werden;

5. die vermieteten Wohnräume nach dem Tod des bisherigen Mieters nicht mehr einem dringenden Wohnbedürfnis eintrittsberechtigter Personen (§ 14 Abs. 3) dienen;

6. die vermietete Wohnung nicht zur Befriedigung des dringenden Wohnbedürfnisses des Mieters oder der eintrittsberechtigten Personen (§ 14 Abs. 3) regelmäßig verwendet wird, es sei denn, daß der Mieter zu Kur- oder Unterrichtszwecken oder aus beruflichen Gründen abwesend ist;

7. die vermieteten Räumlichkeiten nicht zu der im Vertrag bedungenen oder einer gleichwertigen geschäftlichen Betätigung regelmäßig verwendet werden, es sei denn, daß der Mieter nur vorübergehend wegen Urlaubs, Krankheit oder Kuraufenthalts abwesend ist;

8. der Vermieter die gemieteten Wohnräume für sich selbst oder für Verwandte in absteigender Linie dringend benötigt und ihm oder der Person, für die der Mietgegenstand benötigt wird, aus der Aufrechterhaltung des Mietvertrags ein unverhältnismäßig größerer Nachteil erwüchse als dem Mieter aus der Kündigung; die Abwägung der beiderseitigen Interessen entfällt, wenn es sich um eine vom Wohnungseigentümer nach Wohnungseigentumsbegründung vermietete Eigentumswohnung handelt; *(BGBl I 2001/161, ab 1. 1. 2002, s § 49d Abs 2)*

9. der Vermieter den Mietgegenstand für sich selbst oder für Verwandte in gerader Linie dringend benötigt und dem Mieter Ersatz beschaffen wird;

10. der Vermieter den Mietgegenstand, der schon vor der Kündigung zur Unterbringung von Arbeitern oder sonstigen Angestellten des eigenen Betriebes bestimmt war, für diesen Zweck dringend benötigt;

11. ein dem Bund, einem Bundesland oder einer Gemeinde gehöriger Mietgegenstand auf eine Art verwendet werden soll, die in höherem Maß den Interessen der Verwaltung dient als die gegenwärtige Verwendung, und dem Mieter Ersatz beschafft wird;

12. bei Untermietverhältnissen durch die Fortsetzung der Untermiete wichtige Interessen des Untervermieters verletzt würden, namentlich wenn der Untervermieter den Mietgegenstand für sich selbst oder für nahe Angehörige dringend benötigt oder wenn ihm nach den Umständen die Aufrechterhaltung der Wohnungsgemeinschaft mit dem Untermieter billigerweise nicht zugemutet werden kann;

13. ein im Mietvertrag schriftlich als Kündigungsgrund vereinbarter Umstand eintritt, der in bezug auf die Kündigung oder die Auflösung des Mietverhältnisses für den Vermieter (Untervermieter), für seine nahen Angehörigen (§ 14 Abs. 3) oder für das Unternehmen, für das der Vermieter (Untervermieter) allein oder in Gemeinschaft mit anderen Personen vertretungsbefugt ist, als wichtig und bedeutsam anzusehen ist;

14. die ordnungsgemäße Erhaltung des Miethauses, in dem sich der Mietgegenstand befindet, aus den Hauptmietzinsen einschließlich der zur Deckung eines erhöhten Erhaltungsaufwandes zulässigen erhöhten Hauptmietzinse weder derzeit, noch auf Dauer sichergestellt werden kann, die baubehördliche Bewilligung zur Abtragung des Miethauses erteilt worden ist und dem Mieter Ersatz beschafft wird;

15. ein Miethaus ganz oder in dem Teil, in dem sich der Mietgegenstand befindet, abgetragen oder umgebaut werden soll, mit dem Abbruch (Umbau) die Errichtung eines neuen (geänderten) Baues sichergestellt ist, die Bezirksverwaltungsbehörde auf Antrag des Bauwerbers mit Bescheid erkannt hat, daß selbst unter Berücksichtigung schutzwürdiger Interessen der bisherigen Mieter der geplante Neubau (Umbau) aus Verkehrsrücksichten, zu Assanierungszwecken, zur Vermehrung der Wohnungen, die zur Beseitigung oder Milderung eines im Ortsgebiet bestehenden quantitativen Wohnungsbedarfes oder eines qualitativen Wohnfehlbestandes geeignet sind, oder aus anderen Gründen im öffentlichen Interesse

liegt und dem Mieter Ersatz beschafft wird; *(BGBl 1991/68, ab 1. 3. 1991)*

16. der Hauptmieter einer Wohnung der Ausstattungskategorie „D" weder bereit ist, eine vom Vermieter im Sinn des „§ 4 Abs. 4" angebotene Standardverbesserung zuzulassen, noch die angebotene Standardverbesserung selbst durchzuführen, und dem Mieter Ersatz beschafft wird. *(BGBl 1985/559)*

(3) Eine Vereinbarung, wonach dem Vermieter das Kündigungsrecht unbeschränkt oder in einem weiteren als dem vorstehend bestimmten Maß zustehen soll, ist rechtsunwirksam. Überdies kann der Vermieter, der das Miethaus durch Rechtsgeschäft unter Lebenden erworben hat, aus dem Grund des Abs. 2 Z 8 nur kündigen, wenn zwischen dem Zeitpunkt der Erwerbung und dem Kündigungstermin mindestens zehn Jahre liegen. Ein Miteigentümer kann die Kündigungsgründe des Abs. 2 Z 8 bis 11 überdies nur geltend machen, wenn er wenigstens Eigentümer zur Hälfte ist.

Teilkündigung

§ 31. (1) Benötigt der Vermieter oder ein Miteigentümer des Hauses, der wenigstens Eigentümer zur Hälfte ist, einzelne Teile eines Mietgegenstandes für sich oder für Verwandte in gerader Linie dringend, so kann er den Mietvertrag in Ansehung dieser Teile aufkündigen, wenn der restliche Teil des Mietgegenstandes abgesondert benutzbar ist oder ohne unverhältnismäßige Schwierigkeiten abgesondert benutzbar gemacht werden kann und zur Befriedigung des Wohnbedürfnisses des Mieters und der schon bisher mit ihm im gemeinsamen Haushalt darin wohnenden eintrittsberechtigten Personen oder zur Besorgung seiner Geschäfte ausreicht. Die hiefür erforderlichen Kosten hat mangels anderweitiger Vereinbarung der Vermieter zu tragen.

(2) Im Rechtsstreit auf Grund von Einwendungen gegen eine Aufkündigung kann auf Antrag die Kündigung hinsichtlich einzelner Teile des ganz aufgekündigten Mietgegenstandes oder anderer als der vom Vermieter in Anspruch genommenen Teile als wirksam erkannt, hinsichtlich der übrigen aber aufgehoben werden, wenn der Kündigungsgrund nicht hinsichtlich des ganzen Mietgegenstandes gegeben ist und eine abgesonderte Benutzung der entstehenden Teile des Mietgegenstandes möglich ist oder ohne unverhältnismäßige Schwierigkeiten möglich gemacht werden kann. Die Bestimmung des Abs. 1 über die Kosten findet Anwendung.

(3) Wird eine Kündigung nur hinsichtlich eines Teiles des Mietgegenstandes als wirksam erkannt, so steht es dem Mieter frei zu erklären, daß er den Mietvertrag auch hinsichtlich des restlichen Teiles des Mietgegenstandes nicht fortsetzen will. Eine solche Erklärung ist, um rechtsgültig zu sein, ohne Verzug nach Rechtskraft des Urteils gegenüber dem Vermieter abzugeben; der Mietvertrag endet dann hinsichtlich des ganzen Mietgegenstandes an dem Tage, der sich für den wirksam gekündigten Teil aus dem Urteil ergibt. Muß der restliche Teil des Mietgegenstandes erst abgesondert benutzbar gemacht werden, so hat der Mieter dem Vermieter den diesem zugesprochenen Teil erst zu übergeben, wenn der ihm verbleibende Teil abgesondert benutzbar gemacht ist. Die erforderlichen Arbeiten hat der Mieter zu gestatten. Dies ist im Urteil auszusprechen.

(4) In Fällen der in den vorhergehenden Absätzen bezeichneten Art hat der Mieter für den verbleibenden Teil des Mietgegenstandes einen Mietzins zu entrichten, der gegenüber dem bisher entrichteten Mietzins angemessen vermindert ist. Entsteht darüber Streit, so kann der Vermieter oder der Mieter bei Gericht den Antrag auf Entscheidung stellen.

(5) Die vorstehenden Bestimmungen gelten sinngemäß, wenn der Vermieter, der den Mietgegenstand mit Einrichtungsgegenständen vermietet hat, die Einrichtungsgegenstände oder einzelne von ihnen dringend benötigt, desgleichen für Nebenräume, wie Keller- oder Dachbodenräume, oder Nebenflächen, wie Terrassen, Hausgärten, Abstell- oder Ladeflächen, die mit einer Wohnung, einem Wohnraum oder einer sonstigen Räumlichkeit mitvermietet worden sind.

(6) Überdies kann auch der Mieter die Miete von mitgemieteten Nebenräumen oder Nebenflächen aufkündigen, wenn die aufgekündigten Nebenräume oder Nebenflächen abgesondert benutzbar sind oder ohne unverhältnismäßige Schwierigkeiten abgesondert benutzbar gemacht werden können. In diesen Fällen hat die für die Abtrennung erforderlichen Kosten mangels anderweitiger Vereinbarung der aufkündigende Mieter zu tragen.

Ersatzbeschaffung

§ 32. (1) Kündigt der Vermieter dem Mieter einen Mietgegenstand aus Gründen des § 30 Abs. 2 Z 9, 11, 14 bis 16 auf, so kann er sich in der Kündigung vorbehalten, die hiernach gebotenen Ersatzmietgegenstände erst im Zug des Verfahrens anzubieten. Erhebt der Mieter gegen diese Aufkündigung Einwendungen, so hat das Gericht vorab durch Zwischenurteil darüber zu entscheiden, ob der Kündigungsgrund – vorbehaltlich der Ersatzbeschaffung – gegeben ist.

(2) Wird durch Zwischenurteil entschieden, daß der Kündigungsgrund gegeben ist, so hat der Vermieter binnen drei Monaten nach dem Eintritt der Rechtskraft des Zwischenurteils dem Mieter bei Geschäftsräumlichkeiten einen nach Lage und Beschaffenheit angemessenen, bei Wohnungen

zwei entsprechende Wohnungen zur Auswahl mit Schriftsatz als Ersatz anzubieten. Eine Wohnung ist entsprechend, wenn sie dem Mieter nach der Größe, der Ausstattung, der Lage und der Höhe des Mietzinses unter Berücksichtigung seiner persönlichen, familiären und wirtschaftlichen Verhältnisse zumutbar ist. Das gleiche gilt, wenn der Mieter gegen die Aufkündigung Einwendungen nicht erhebt oder ausdrücklich erklärt, gegen das Vorliegen des Kündigungsgrundes Einwendungen nicht zu erheben. Der Vermieter kann erst nach Ablauf von drei Monaten nach Zustellung des Anbots an den Mieter die Fortsetzung des Verfahrens beantragen. Bietet der Vermieter innerhalb der dreimonatigen Frist die Ersatzmietgegenstände nicht an oder entspricht der Ersatz nach Ansicht des Mieters nicht den Erfordernissen, so kann der Mieter die Fortsetzung des Verfahrens beantragen.

(3) Im Zug des fortgesetzten Verfahrens hat der Vermieter auf Begehren des Mieters überdies eine angemessene Entschädigung anzubieten. Kommt der Vermieter diesem Begehren nicht nach oder ist die Höhe der Entschädigung strittig, so hat das Gericht vor Schluß der Verhandlung die angemessene Entschädigung durch Beschluß festzusetzen und nach Eintritt der Rechtskraft dieses Beschlusses über die Aufkündigung durch Endurteil zu entscheiden. Die Aufkündigung ist für rechtswirksam zu erklären, wenn der Mieter

1. spätestens im Zug des Rechtsstreits erster Instanz das Anbot bezüglich einer der angebotenen Wohnungen, bezüglich des sonst angebotenen Ersatzmietgegenstandes oder bezüglich der angebotenen oder vom Gericht festgesetzten Entschädigung angenommen hat; im Urteil ist die Pflicht zur Räumung Zug um Zug gegen Leistung des angenommenen Ersatzmietgegenstandes oder der angenommenen Entschädigung und unter gegenseitiger Aufhebung der Verfahrenskosten auszusprechen, oder

2. weder einen Ersatzmietgegenstand noch eine Entschädigung angenommen hat und sich erweist, daß das Anbot bezüglich einer der angebotenen Wohnungen oder bezüglich des sonst angebotenen Ersatzmietgegenstandes im Sinn des Abs. 2 angemessen oder entsprechend gewesen ist; in diesem Fall gebührt dem Mieter, unbeschadet seiner Pflicht zur Räumung, die angemessene Entschädigung.

(4) Eine Entschädigung ist angemessen, wenn sie die Kosten für die Beschaffung eines den Voraussetzungen des Abs. 2 angemessenen oder entsprechenden Ersatzmietgegenstandes deckt.

(5) Der Vermieter hat überdies dem Mieter nach der Räumung die für den Umzug in der Gemeinde erforderlichen Übersiedlungskosten zu ersetzen. Das gleiche gilt im Fall des Umzugs in eine angebotene Ersatzwohnung oder Geschäftsräumlichkeit, die außerhalb des Gemeindegebiets gelegen ist. Zieht der Betroffene in eine außerhalb des Gemeindegebiets gelegene Wohnung um, die nicht angeboten (Abs. 2) worden ist, so hat der Vermieter die Übersiedlungskosten in einer für den Umzug innerhalb der Gemeinde erforderlichen Höhe zu ersetzen. Dieser Anspruch auf Ersatz der Übersiedlungskosten besteht auch in den Fällen einer Kündigung aus den Gründen des § 30 Abs. 2 Z 8 oder in den Fällen einer Kündigung wegen Eigenbedarfs nach § 30 Abs. 2 Z 12.

Gerichtliche Kündigung

§ 33. (1) „Mietverträge können vom Mieter gerichtlich oder schriftlich, vom Vermieter jedoch nur gerichtlich gekündigt werden.“* „Geht dem Vermieter eine schriftliche Kündigung des Mieters erst nach Beginn der für den darin genannten Kündigungstermin einzuhaltenden Kündigungsfrist zu, so ist sie für den ersten späteren Kündigungstermin wirksam, für den die Frist zu diesem Zeitpunkt noch offen war; für die gerichtliche Kündigung des Mieters sowie für die Kündigung des Vermieters gilt § 563 ZPO.“** Der Vermieter hat in der Kündigung die Kündigungsgründe kurz anzuführen; andere Kündigungsgründe kann er in diesem Verfahren nicht mehr geltend machen. Werden gegen die Kündigung Einwendungen erhoben, so hat der Vermieter nachzuweisen, daß der von ihm geltend gemachte Kündigungsgrund gegeben ist. Gegen die Versäumung der Frist zur Anbringung von Einwendungen ist die Wiedereinsetzung in den vorigen Stand nach den Bestimmungen der §§ 146ff. ZPO zulässig. *(*BGBl I 2006/124, ab 1. 10. 2006, s § 49e Abs 8; **BGBl I 2009/30, ab 1. 4. 2009)*

(2) Wenn ein Mieter, dem aus dem Grund des § 30 Abs. 2 Z 1 gekündigt wurde und den an dem Zahlungsrückstand kein grobes Verschulden trifft, vor Schluß der der Entscheidung des Gerichtes erster Instanz unmittelbar vorangehenden Verhandlung den geschuldeten Betrag entrichtet, so ist die Kündigung aufzuheben; der Mieter hat jedoch dem Vermieter die Kosten zu ersetzen, soweit ihn ohne seine Zahlung eine Kostenersatzpflicht getroffen hätte. Ist die Höhe des geschuldeten Betrages strittig, so hat das Gericht vor Schluß der Verhandlung darüber durch Beschluß zu entscheiden.

(3) Abs. 2 gilt sinngemäß, wenn in einem Verfahren über eine Kündigung nach § 30 Abs. 2 Z 16 der Mieter sich vor Schluß der der Entscheidung des Gerichtes erster Instanz unmittelbar vorangehenden Verhandlung mit der Standardverbesserung einverstanden erklärt, sowie in Rechtsstreitigkeiten wegen Aufhebung der Miete und Räumung des Mietgegenstandes, wenn der Klagsanspruch darauf gegründet ist, daß der Mieter nach geschehener Einmahnung mit der Bezahlung des Mietzinses dergestalt säumig war, daß er mit dem Ablauf des Termines den rückstän-

digen Mietzins nicht vollständig entrichtet hatte (§ 1118 ABGB).

Siehe auch § 560 ZPO.

Benachrichtigung der Gemeinde

§ 33a. Sobald gegen einen Mieter ein auf die Erwirkung eines Exekutionstitels auf Räumung von Wohnräumen abzielendes Verfahren eingeleitet oder mit einem Mieter von Wohnräumen ein Räumungsvergleich abgeschlossen wird, hat das Gericht davon die Gemeinde zu benachrichtigen, sofern sich der Mieter nicht gegen diese Benachrichtigung ausspricht; das Gericht hat dem Mieter Gelegenheit zu einer solchen Ablehnung zu geben. Die Gemeinde kann soziale Institutionen, die Hilfeleistungen bei drohendem Wohnungsverlust oder Obdachlosigkeit erbringen, von der Verfahrenseinleitung oder dem Vergleichsabschluß informieren.

(BGBl I 1999/147, ab 1. 1. 2000, auf zu diesem Zeitpunkt anhängige Verfahren ist nicht § 33a, sondern weiterhin der bisherige § 34 Abs 3 anzuwenden.)

Verlängerung der Räumungsfrist im Urteil

§ 34. (1) Das Gericht kann in Rechtssachen über die Kündigung oder Räumung gemieteter Wohnräume auf Antrag im Urteil eine längere als die gesetzliche Räumungsfrist festsetzen, wenn der Mieter wichtige Gründe dafür geltend macht und dem Vermieter aus der Verzögerung der Räumung kein unverhältnismäßiger Nachteil erwächst. Die Verlängerung darf nicht mehr als neun Monate betragen. Eine solche Entscheidung kann ohne gleichzeitige Anfechtung der in der Hauptsache ergangenen Entscheidung nur mit Rekurs angefochten werden; gegen die Entscheidung des Gerichtes zweiter Instanz findet kein Rechtsmittel statt.

(2) Während der Dauer der verlängerten Räumungsfrist bleiben, unbeschadet gegenteiliger Vereinbarung und einer nach den Bestimmungen dieses Bundesgesetzes zulässigen Erhöhung des Mietzinses, die Rechte und Pflichten aus dem Mietverhältnis so wie bisher aufrecht.

(3) Hat der Mieter selbst den Mietgegenstand gekündigt, sind die Abs. 1 und 2 nicht anzuwenden. *(BGBl I 2000/36, ab 1. 7. 2000, s § 49c Abs. 9)*

(4) *(aufgehoben, BGBl I 2000/36, ab 1. 7. 2000)*

(5) *(aufgehoben, BGBl I 2000/36, ab 1. 7. 2000, s § 49c)*

Räumungsschutz des Scheinuntermieters

§ 34a. (1) Mit der Räumung ist innezuhalten, wenn den zu räumenden Mietgegenstand ein Mieter nutzt, der glaubhaft macht, daß die Räumungsexekution zur Umgehung der Ansprüche des Mieters nach § 2 Abs. 3 auf Anerkennung als Hauptmieter vollzogen werden soll. Dies ist jedenfalls dann nicht anzunehmen, wenn der betreibende Gläubiger nachweist, daß er den Mieter gemäß § 2 Abs. 2 vor Entstehung des der Räumung zugrunde liegenden Exekutionstitels von der Endigung des Hauptmietverhältnisses schriftlich verständigt hat.

(2) Die Aufschiebung (Hemmung) der Exekution kann auf Antrag angeordnet werden, wenn ein Antrag auf Anerkennung als Hauptmieter nach § 2 Abs. 3 gestellt und glaubhaft gemacht ist, daß die Räumungsexekution zur Umgehung der Ansprüche des Mieters nach § 2 Abs. 3 auf Anerkennung als Hauptmieter vollzogen werden soll. Im übrigen gelten die Bestimmungen der Exekutionsordnung über die Aufschiebung der Exekution; § 44 Abs. 2 Z 3 EO ist nicht anzuwenden.

(3) Die Exekution ist auf Antrag unter gleichzeitiger Aufhebung aller bis dahin vollzogenen Exekutionsakte einzustellen, wenn der in Abs. 1 angeführte Mieter rechtskräftig als Hauptmieter im Sinne des § 2 Abs. 3 anerkannt ist.

(BGBl 1991/68, ab 1. 3. 1991)

[Außerkrafttreten des Exekutionstitels;] Aufschiebung der Räumungsexekution

§ 35. (1) Ist ein Mieter, dem rechtskräftig gekündigt worden ist, im Fall der zwangsweisen Räumung der Wohnung oder eines Wohnraumes der Obdachlosigkeit ausgesetzt, so ist auf seinen Antrag die Räumungsexekution aufzuschieben (§ 42 EO), wenn die Aufschiebung dem betreibenden Vermieter nach Lage der Verhältnisse zugemutet werden kann. Die so bewilligte Verlängerung der Räumungsfrist soll drei Monate nicht übersteigen. Bei besonders berücksichtigungswürdigen Umständen darf darüber hinaus ein weiterer Aufschub, jedoch höchstens zweimal und jeweils nicht länger als um drei Monate, bewilligt werden. Wurde bereits im Urteil eine Verlängerung der Räumungsfrist nach § 34 Abs. 1 bewilligt, so darf eine weitere Verlängerung der Räumungsfrist nur bei Vorliegen besonders berücksichtigungswürdiger Umstände bewilligt werden, und es darf die Gesamtdauer der so bewilligten Räumungsaufschübe ein Jahr nicht übersteigen. Während der Dauer eines Aufschubes gilt der § 34 Abs. 2.

(2) Setzt der Mieter nach der Bewilligung des Aufschubes der Räumungsexekution einen neuen Kündigungsgrund, so ist auf Antrag des Vermieters nach Einvernehmung des Mieters (§ 56 EO) die Aufschiebung zu widerrufen, und, wenn die

ursprüngliche Räumungsfrist bereits abgelaufen ist, eine neue Räumungsfrist zu bestimmen, die auf das zur freiwilligen Räumung unbedingt erforderliche Maß zu beschränken ist.

(3) Im Verfahren über die Aufschiebung der Räumungsexekution findet ein Kostenersatz zwischen den Parteien nicht statt.

Ersatz des Ausmietungsschadens

§ 36. Der Vermieter, der aus Gründen des § 30 Abs. 2 Z 8, 9, 10, 11, 14, 15 oder 16, ebenso der Vermieter, der auf Grund einer Kündigung nach § 30 Abs. 2 Z 13 wegen des Eintritts eines bestimmten Bedarfes einen gerichtlichen Exekutionstitel auf Räumung des Mietgegenstandes erwirkt hat, der den Mietgegenstand aber nach dessen Räumung entweder gar nicht oder anderweitig verwertet, ohne durch eine mittlerweile eingetretene Änderung der Verhältnisse dazu veranlaßt zu sein, hat dem so ausgemieteten Mieter den durch die Ausmietung tatsächlich erlittenen Schaden zu ersetzen.

Entscheidungen im Verfahren außer Streitsachen

§ 37. (1) Über die Anträge[1)] in den im folgenden genannten Angelegenheiten entscheidet das für Zivilrechtssachen zuständige Bezirksgericht, in dessen Sprengel das Miethaus gelegen ist:

1. Anerkennung als Hauptmieter (§ 2 Abs. 3);

2. Durchführung von Erhaltungs- oder Verbesserungsarbeiten (§§ 3, 4 und 6);

3. Durchsetzung der Anbotspflicht (§ 5 Abs. 2);

4. Durchsetzung des Anspruchs auf Wiederherstellung (§ 7);

5. Duldung von Eingriffen in das Mietrecht zur Durchführung von Erhaltungs-, Verbesserungs-, Änderungs- und Errichtungsarbeiten einschließlich des Anspruches auf angemessene Entschädigung (§ 8 Abs. 2 und 3 und § 18c Abs. 2); *(BGBl 1993/800, ab 1. 3. 1994)*

6. Veränderung (Verbesserung) des Mietgegenstandes (§ 9) sowie Feststellung der Höhe und Ersatz von Aufwendungen auf eine Wohnung (§ 10); *(BGBl 1991/68, ab 1. 3. 1991)*

7. Wohnungstausch (§ 13);

8. Angemessenheit des vereinbarten oder begehrten Hauptmietzinses (§§ 12a, 16, 43, 44, „45“, 46, 46a, 46c), Untermietzinses (§ 26) und Anrechnung von Dienstleistungen auf den Hauptmietzins (§ 28); *(BGBl 1993/800, ab 1. 3. 1994; BGBl I 2001/161, ab 1. 1. 2002, s § 49d Abs 4)*

8a. Aufgliederung eines Pauschalmietzinses (§ 15 Abs. 4); *(BGBl 1993/800, ab 1. 3. 1994)*

8b. Höhe des rückforderbaren Kautionsbetrags (§ 16b Abs. 2); *(BGBl I 2009/25, ab 1. 4. 2009, anzuwenden, wenn die Sache nach dem 31. März 2009 anhängig geworden ist)*

9. Verteilung der Gesamtkosten und Anteil eines Mietgegenstandes an den Gesamtkosten (§ 17);

10. Erhöhung der Hauptmietzinse (§§ 18, 18a, 18b, 19) sowie Höhe und Zuordnung der Kosten von Baumaßnahmen gemäß § 18c (§ 18c Abs. 4); *(BGBl 1993/800, ab 1. 3. 1994)*

11. Legung der Abrechnungen (§ 20 Abs. 3 und 4, § 21 Abs. 5, § 24 Abs. 3, § 45 Abs. 2) „Vorlage und Kopie des Energieausweises (§ 20 Abs. 5)“; *(BGBl 1985/559; BGBl I 2009/25, ab 1. 4. 2009)*

12. Betriebskosten und laufende öffentliche Abgaben, Auslagen für die Verwaltung, „Aufwendungen für die Hausbetreuung,“ besondere Aufwendungen (§§ 21 bis 24); *(BGBl I 1997/22, ab 1. 3. 1997, s § 49b Abs. 11; BGBl I 2000/36, ab 1. 7. 2000, s § 49c Abs. 5)*

12a. Entgelt für mitvermietete Einrichtungsgegenstände und sonstige Leistungen (§ 25); *(BGBl I 1997/22, ab 1. 3. 1997, s § 49b Abs. 11)*

13. Angemessenheit des Erhaltungs- und Verbesserungsbeitrags und Rückzahlung sowie Bekanntgabe der Erhaltungs- und Verbesserungsarbeiten (§ 45)[2)]); *(BGBl 1985/559)*

14. Rückzahlungen von verbotenen Leistungen und Entgelten (§ 27). *(BGBl 1991/68, ab 1. 3. 1991)*

(2) Liegen im Falle eines Wohnungstausches (Abs. 1 Z 7, § 13) die Miethäuser in den Sprengeln verschiedener Bezirksgerichte, so ist, sofern der Antrag gemeinsam bei einem der Bezirksgerichte gestellt wird, dieses, sonst das zuerst angerufene der beiden Bezirksgerichte zuständig.

(2a) Gilt der Verteilungsschlüssel für die Gesamtkosten des Hauses (§ 17 Abs. 1) gemäß „§ 32 Abs. 1 zweiter Satz WEG 2002“ auch für die Miteigentümer der Liegenschaft, so stehen jedem dieser Miteigentümer in den im Abs. 1 Z 9 angeführten Angelegenheiten die im Abs. 3 und 4 genannten Rechte und Pflichten in gleicher Weise wie einem Hauptmieter zu. *(BGBl I 1997/22, ab 21. 2. 1997, s § 49b Abs. 11 und 12; BGBl I 2003/113, ab 1. 1. 2005)*

(3) Für das Verfahren über die in Abs. 1 genannten Angelegenheiten gelten die allgemeinen Bestimmungen über das gerichtliche Verfahren in Rechtsangelegenheiten außer Streitsachen mit folgenden Besonderheiten:

1. Kommt auf einer Seite mehr als sechs Personen Parteistellung zu, so kann im verfahrenseinleitenden Antrag die namentliche Nennung dieser Personen durch die allgemeine Bezeichnung ihrer Rechtsstellung und die Vorlage eines Verzeichnisses dieser Personen ersetzt werden.

2. In einem Verfahren, das von einem oder mehreren Hauptmietern des Hauses gegen den

oder die Vermieter eingeleitet wird, ist der verfahrenseinleitende Antrag auch jenen anderen Hauptmietern des Hauses zuzustellen, deren Interessen durch eine stattgebende Entscheidung darüber unmittelbar berührt werden könnten; diesen Hauptmietern ist Gelegenheit zur Teilnahme am Verfahren zu geben, wofür es genügt, wenn sie zu einem Zeitpunkt, zu dem dies noch zulässig ist, Sachvorbringen erstatten können.

3. In einem Verfahren, das vom Vermieter gegen Hauptmieter des Hauses eingeleitet wird, kommt auch jenen anderen Hauptmietern des Hauses Parteistellung zu, deren Interessen durch eine stattgebende Entscheidung über den Antrag unmittelbar berührt werden könnten.

4. Die Zustellung an die anderen, in ihren Interessen unmittelbar berührten Hauptmieter des Hauses nach Z 2 kann durch Anschlag an einer für alle Hausbewohner deutlich sichtbaren Stelle des Hauses (bei mehreren Stiegenhäusern an einer entsprechenden Mehrzahl solcher Stellen) vorgenommen werden. Der Anschlag darf frühestens nach 30 Tagen abgenommen werden. Die Zustellung des verfahrenseinleitenden Antrags gilt mit Ablauf dieser Frist als vollzogen, spätere Zustellungen hingegen schon mit dem Anschlag. Die Gültigkeit der Zustellung wird dadurch, dass der Anschlag noch vor Ablauf dieser Frist abgerissen oder beschädigt wurde, nicht berührt.

5. Kommt in einem Verfahren nach Z 3 mehr als sechs Hauptmietern Parteistellung zu, so kann die Zustellung an diese Hauptmieter durch Anschlag nach Z 4 und damit verbundene individuelle Zustellung an einen dieser Hauptmieter, der vom Gericht zu bestimmen ist, vorgenommen werden.

6. Mehreren Parteien, die durch einen gemeinsamen Antrag ein Verfahren eingeleitet haben, ist nur einmal zuzustellen, und zwar zu Handen des von ihnen namhaft gemachten Vertreters oder Zustellungsbevollmächtigten, sonst zu Handen der im Antrag zuerst genannten Partei. Überdies kann das Gericht für namentlich bestimmte Parteien, deren Interessen nicht offenbar widerstreiten, jederzeit auch von Amts wegen einen gemeinsamen Zustellungsbevollmächtigten bestellen; § 97 ZPO ist darauf entsprechend anzuwenden.

7. Zustellungen an den oder die Vermieter können auch zu Handen des für das Haus bestellten Verwalters vorgenommen werden.

8. Den für das Verfahren bestellten und dem Gericht ausgewiesenen Parteienvertretern ist jedenfalls zuzustellen.

9. „In erster und zweiter Instanz können die Parteien selbst vor Gericht handeln und sich durch jede Person vertreten lassen, die volljährig und geschäftsfähig ist und für die in keinem Bereich ein gerichtlicher Erwachsenenvertreter bestellt oder eine gewählte oder gesetzliche Erwachsenenvertretung oder Vorsorgevollmacht wirksam ist.“ In dritter Instanz müssen sich die Parteien entweder durch einen Rechtsanwalt oder Notar oder durch einen Interessenvertreter vertreten lassen. Interessenvertreter ist ein Funktionär oder Angestellter eines Vereins, zu dessen satzungsmäßigen Zwecken der Schutz und die Vertretung der Interessen der Vermieter oder der Mieter gehören und der sich regelmäßig mit der Beratung seiner Mitglieder in Mietangelegenheiten in mehr als zwei Bundesländern befasst; er ist zur Vertretung von Parteien in allen Instanzen befugt. *(BGBl I 2018/58, ab 1. 8. 2018, auf Verfahren anzuwenden, die nach dem 31. Juli 2018 anhängig sind oder anhängig werden.)*

10. Die Beweise sind in mündlicher Verhandlung vor dem erkennenden Gericht aufzunehmen, sofern nicht die Aufnahme eines Beweises durch einen ersuchten oder beauftragten Richter angeordnet wird.

11. Jede Partei kann während des Verfahrens erster Instanz beantragen, dass ein im Verfahren strittiges Rechtsverhältnis oder Recht, von dessen Bestehen oder Nichtbestehen die Entscheidung über den Antrag ganz oder zum Teil abhängt, in dem über den Hauptantrag ergehenden Sachbeschluss (Z 13) oder in einem demselben vorausgehenden Zwischensachbeschluss festgestellt werde, sofern die Wirkung einer solchen Feststellungsentscheidung über jene der Entscheidung über den Hauptantrag hinausgeht und auch für die beantragte Feststellung das Verfahren nach § 37 zulässig ist.

12. In den Fällen des § 25 Abs. 1 Z 1, 2 und 4 AußStrG wird das Verfahren nur unterbrochen, wenn der Unterbrechungsgrund bei einer Partei eintritt, der ungeachtet der Regelungen in Z 4 und 5 individuell zugestellt werden muss. Ein Verfahren kann, sofern dies zweckmäßig ist, mit einem anderen Verfahren nach Abs. 1, § 52 WEG 2002, § 22 WGG oder § 25 HeizKG verbunden werden.

13. Die Entscheidung in der Sache ergeht mit Sachbeschluss. § 44 AußStrG ist nicht anzuwenden.

14. Im Rekursverfahren sind abweichend von § 49 AußStrG neu vorgebrachte Tatsachen und neu angebotene Beweismittel – außer zur Dartung oder Widerlegung der geltend gemachten Rekursgründe – nicht zu berücksichtigen. § 46 Abs. 3 und § 52 Abs. 2 letzter Halbsatz AußStrG sind nicht anzuwenden. § 47 Abs. 1 AußStrG gilt mit der Maßgabe, dass auch die Vertretung durch einen Interessenvertreter eine mündliche Rekurserhebung ausschließt.

15. Die Frist für den Rekurs gegen einen Sachbeschluss und für die Rekursbeantwortung hiezu beträgt abweichend von § 46 Abs. 1 und § 48 Abs. 2 AußStrG vier Wochen. Für die Zustellung eines Rekurses sind die Z 4 und 5 schon bei der Zustellung an mehr als zwei Hauptmieter anzuwenden.

16. Für die Zulässigkeit des Revisionsrekurses gelten die §§ 62 bis 64 AußStrG mit der Maßgabe, dass die in Abs. 1 genannten Entscheidungsgegenstände rein vermögensrechtlicher Natur sind und dass die gemäß „§ 59 Abs. 2," § 62 Abs. 3 und 5 und § 63 Abs. 1 AußStrG maßgebliche Wertgrenze 10 000 Euro beträgt. Die Frist für den Revisionsrekurs oder die Zulassungsvorstellung gegen einen Sachbeschluss und für den Revisionsrekurs gegen einen Aufhebungsbeschluss (§ 64 AußStrG) „, mit dem ein Sachbeschluss aufgehoben wurde," sowie für die Revisionsrekursbeantwortung hiezu beträgt abweichend von § 63 Abs. 2, § 65 Abs. 1 und § 68 Abs. 1 AußStrG vier Wochen. Der Revisionsrekurs und die Revisionsrekursbeantwortung haben abweichend von § 65 Abs. 3 Z 5 und § 68 Abs. 1 AußStrG die Unterschrift eines Rechtsanwalts, eines Notars oder eines Interessenvertreters zu enthalten. Z 15 zweiter Satz gilt entsprechend. *(BGBl I 2006/124, ab 1. 10. 2006)*

17. Die Verfahrenskosten einschließlich der Kosten der Vertretung durch einen Rechtsanwalt, Notar oder Interessenvertreter sind von den Parteien nach Billigkeit zu tragen, wofür zu berücksichtigen ist, in welchem Ausmaß die Parteien mit ihren Anträgen durchgedrungen sind, in wessen Interesse das Verfahren durchgeführt wurde, welcher nicht zweckentsprechende Verfahrensaufwand zumindest überwiegend durch das Verhalten einzelner Parteien verursacht wurde und ob eine Partei durch den Kostenersatz an eine Vielzahl von Verfahrensgegnern übermäßig belastet würde. Hat demnach eine durch einen Interessenvertreter vertretene Partei Anspruch auf Ersatz ihrer Vertretungskosten, so beträgt dieser 400 Euro für das Verfahren erster Instanz und jeweils 180 Euro für das Verfahren zweiter und dritter Instanz. Werden mehrere Parteien eines Verfahrens durch ein und denselben Interessenvertreter vertreten, so erhöht sich ihr gemeinschaftlicher Kostenersatzanspruch bei zwei gemeinsam vertretenen Personen um 10 vH, bei drei Personen um 15 vH, bei vier Personen um 20 vH und bei fünf oder mehr Personen um 25 vH.

18. In den in Z 2 genannten Verfahren erstreckt sich die Rechtskraft von antragsstattgebenden Sachbeschlüssen über Feststellungsbegehren auf alle Hauptmieter, denen der verfahrenseinleitende Antrag nach Z 2 zugestellt wurde.

19. Die Bestimmung des § 79 AußStrG ist nicht anzuwenden.

20. Zur Sicherung von Ansprüchen, die gemäß Abs. 1 in einem Verfahren nach Abs. 3 geltend zu machen sind, kann das Gericht einstweilige Verfügungen nach der Exekutionsordnung erlassen. Soll die einstweilige Verfügung der Sicherung eines Anspruchs auf Durchführung von Erhaltungsarbeiten nach § 3 Abs. 3 Z 2 dienen, so kann ihre Bewilligung nicht von einer Sicherheitsleistung nach § 390 Abs. 2 der Exekutionsordnung abhängig gemacht werden. Wird ein Antrag auf Erlassung einer einstweiligen Verfügung bei Gericht gestellt, so kann ab diesem Zeitpunkt ein Verfahren vor der Gemeinde gemäß § 39 nicht mehr anhängig gemacht werden; für ein bereits vor der Gemeinde anhängiges Verfahren gilt § 40 Abs. 2 zweiter Satz sinngemäß. Der Antrag in der Hauptsache ist in diesen Fällen bei Gericht einzubringen.
(BGBl I 2003/113, ab 1. 1. 2005)

(4) Ergibt sich in einem Verfahren nach Abs. 1 ein Anspruch des antragstellenden Mieters auf Rückforderung oder Ersatz, so ist sein Gegner auch zur Zahlung des hienach zustehenden Betrages samt Zinsen binnen 14 Tagen bei Exekution zu verhalten.

---

[1] *Siehe Art IV Z 6 MRG-Nov 1985, Art V Abs 3 Z 3 2. WÄG, Art II II. Abschnitt Z 10 3. WÄG und § 49b Abs 11 MRG.*

[2] *Siehe die Neufassung des § 45 durch BGBl I 2001/161.*

Stellungnahme der Gemeinde als Baubehörde

§ 38. Das Gericht (die Gemeinde, § 39) hat vor der Entscheidung über einen Antrag auf

1. Durchführung von Erhaltungs-, Verbesserungs- oder Wiederherstellungsarbeiten,

2. Bewilligung eines erhöhten Hauptmietzinses oder

3. Vornahme von Verbesserungen oder Änderungen am Mietgegenstand der für die Baulichkeit als Baubehörde zuständigen Gemeinde die Gelegenheit zu geben, binnen angemessener Frist zu den beantragten Arbeiten und den damit in Zusammenhang stehenden Fragen, wie im besonderen deren Notwendigkeit, Zweckmäßigkeit, Preisangemessenheit, Beeinträchtigung der äußeren Erscheinung des Hauses oder des Ausmaßes der Beeinträchtigung eines Mietgegenstandes, Stellung zu nehmen. „Die Gemeinde kann auch einen Dritten zur Abgabe dieser Stellungnahme ermächtigen." *(BGBl I 1999/147, ab 1. 9. 1999)*

Entscheidung der Gemeinde

§ 39. (1) Verfügt eine Gemeinde über einen in Mietangelegenheiten fachlich geschulten Beamten oder Angestellten und rechtfertigt die Anzahl der dort nach § 37 Abs. 1 anfallenden Verfahren die Betrauung der Gemeinde zum Zwecke der Entlastung des Gerichtes, so kann ein Verfahren nach § 37 Abs. 1 bei Gericht hinsichtlich der in der Gemeinde gelegenen Mietgegenstände nur eingeleitet werden, wenn die Sache vorher bei der Gemeinde anhängig gemacht worden ist.

(2) Auf welche Gemeinden die im Abs. 1 genannten Voraussetzungen zutreffen, stellt der

Bundesminister für Justiz gemeinsam mit dem Bundesminister für Inneres durch Kundmachung fest.

(3) Die Gemeinde hat nach Vornahme der erforderlichen Ermittlungen, wenn der Versuch einer gütlichen Beilegung des Streites erfolglos geblieben ist, über den Antrag nach § 37 Abs. 1 zu entscheiden. „Auf das Verfahren sind die Regelungen der § 8 Abs. 1, § 10 Abs. 2, §§ 17, 25 bis 28, § 31 Abs. 1 bis 4 und §§ 32 bis 34 AußStrG sowie § 37 Abs. 2, Abs. 2a, Abs. 3 Z 1 bis 12 und 18 und Abs. 4 entsprechend anzuwenden; im Übrigen gilt für das Verfahren das Allgemeine Verwaltungsverfahrensgesetz 1991.“ *(BGBl I 1999/19, ab 1. 1. 1999; BGBl I 2003/113, ab 1. 1. 2005; auch auf Verfahren anzwenden, die davor anhängig geworden sind)*

(4) Die Entscheidung der Gemeinde kann durch kein Rechtsmittel angefochten werden. Sie bildet, wenn die Frist zur Anrufung des Gerichtes nach § 40 Abs. 1 abgelaufen ist, einen Exekutionstitel im Sinn des § 1 der Exekutionsordnung. *(BGBl I 1999/19, ab 1. 1. 1999)*

(5) Die im Verfahren vor der Gemeinde erforderlichen Schriften, die vor ihr abgeschlossenen Vergleiche sowie die von ihr ausgestellten Rechtskraftbestätigungen und Bescheinigungen gemäß § 40 Abs. 3 sind von den Stempel- und Rechtsgebühren befreit. *(BGBl I 2003/113, ab 1. 1. 2005)*

Anrufung des Gerichtes

§ 40. (1) Die Partei, die sich mit der Entscheidung der Gemeinde über den Antrag nach § 37 Abs. 1 nicht zufriedengibt, kann die Sache innerhalb von vier Wochen ab Zustellung der Entscheidung bei Gericht anhängig machen. Durch die Anrufung des Gerichtes tritt die Entscheidung der Gemeinde außer Kraft. Sie tritt jedoch wieder in Kraft, wenn der Antrag auf Entscheidung des Gerichtes zurückgezogen wird. Die Entscheidung über einen Antrag auf Bewilligung der Wiedereinsetzung gegen den Ablauf der Anrufungsfrist obliegt dem Gericht; der Wiedereinsetzungsantrag ist unmittelbar bei Gericht einzubringen. *(BGBl I 1999/19, ab 1. 1. 1999, anzuwenden, wenn die Frist zur Anrufung des Gerichtes zum Zeitpunkt des Inkrafttretens noch nicht zu laufen begonnen hat.)*

(2) Das Gericht kann ferner von jeder Partei angerufen werden, wenn das Verfahren vor der Gemeinde nicht binnen drei Monaten zum Abschluß gelangt ist. Sobald ein solches Begehren bei Gericht eingebracht wurde, hat die Gemeinde das Verfahren einzustellen. *(BGBl I 1999/19, ab 1. 1. 1999)*

(3) Über den Tag, an dem das Verfahren bei der Gemeinde anhängig gemacht wurde, über den Inhalt der Entscheidung der Gemeinde oder, wenn es zu einer solchen nicht kommt, darüber, daß der Vergleichsversuch erfolglos geblieben ist, hat die Gemeinde der Partei auf Verlangen eine Bestätigung auszustellen. Begehrt die Partei die Entscheidung des Gerichtes, so hat sie diesem die Bestätigung vorzulegen. Die Gemeinde hat dem Gerichte auf Ersuchen die Akten zu übermitteln.

Aufhebung der Unterbrechung eines Kündigungs- oder Räumungsverfahrens

§ 41. Die wegen eines Verfahrens nach § 37 angeordnete Unterbrechung eines Rechtsstreits über eine Kündigung nach § 30 Abs. 2 Z 1 oder über eine Räumungsklage wegen Mietzinsrückstandes gemäß § 1118 ABGB ist auf Antrag des Vermieters wieder aufzuheben, wenn dem Mieter die Zahlung eines einstweiligen Mietzinses gemäß § 382f der Exekutionsordnung auferlegt wurde und der Vermieter den einstweiligen Mietzins auch durch Fahrnis- und Gehaltsexekution sowie durch Verwertung ihm zur Verfügung stehender Sicherheiten in angemessener Frist nicht hereinbringen konnte. Das Gericht kann von der Aufhebung der Unterbrechung jedoch absehen, wenn selbst unter Berücksichtigung der erfolglosen Versuche zur Hereinbringung des einstweiligen Mietzinses nach Lage des Falles nicht angenommen werden muss, dass durch die Einwendungen des Mieters gegen das Bestehen eines Mietzinsrückstandes der Rechtsstreit bloß verschleppt werden soll.

(BGBl I 2003/113, ab 1. 1. 2005, s Anm zu § 39 Abs 3)

Exekutionsbeschränkung

§ 42. (1) Auf Mietzinse aus Mietverträgen, auf welche die Bestimmungen dieses Bundesgesetzes Anwendung finden, kann vom Tage des Wirksamkeitsbeginnes dieses Bundesgesetzes angefangen nur im Wege der Zwangsverwaltung Exekution geführt werden. Im Zuge der Zwangsverwaltung hat der Verwalter die Mietzinse in der von diesem Bundesgesetze vorgeschriebenen Weise zu verwenden.

(2) Jede Verfügung über Mietzinse für Mietgegenstände in Gebäuden durch Abtretung, Anweisung, Verpfändung oder durch ein anderes Rechtsgeschäft ist, sofern auf den Mietvertrag die Bestimmungen dieses Bundesgesetzes Anwendung finden, vom Tage des Wirksamkeitsbeginnes dieses Bundesgesetzes angefangen ohne rechtliche Wirkung. Die Abtretung (Verpfändung) von Hauptmietzinsen zur Sicherung eines zur ordnungsgemäßen Erhaltung oder notwendigen oder nützlichen Veränderung (Verbesserung) aufgenommenen Darlehens an den Gläubiger ist aber nicht ausgeschlossen. Die Abtretung (Verpfändung) ist unter Beibringung einer einverleibungsfähigen Urkunde auf Antrag im öffentlichen Buch

anzumerken; erst von da an ist sie gegenüber dritten Personen rechtswirksam. Die Mietzinse eines Hauses, über die der Hauseigentümer sonach zur ordnungsgemäßen Erhaltung „ “ oder nützlichen Veränderung (Verbesserung) rechtsgültig verfügt hat, sind im Sinne der Exekutionsordnung nicht als Nutzungen und Einkünfte (§§ 97, 109 Abs. 3 EO), Erträgnisse (§§ 97 Abs. 3[1]), 119 Abs. 1 EO) oder Früchte und Einkünfte (§ 156 Abs. 1 EO) der betreffenden Liegenschaft anzusehen. *(BGBl 1985/559)*

(3) Den Bestimmungen dieses Bundesgesetzes unterliegende Mietrechte können vom Hauseigentümer zugunsten einer von ihm durch Abtretung erworbenen Forderung nicht in Exekution gezogen werden.

(4) Solche Mietrechte über Wohnungen sind gegenüber jedem Gläubiger der Exekution insoweit entzogen, als sie für den Mieter und die mit ihm im gemeinsamen Haushalt lebenden Familienangehörigen unentbehrliche Wohnräume betreffen.

(5) Der Anspruch des Hauseigentümers gegen seinen Vertreter auf Ausfolgung vereinnahmter Mietzinse ist nur zugunsten der im zweiten Satz des Abs. 2 angeführten Forderungen pfändbar. *(BGBl 1985/559)*

(6) Die Exekutionsbeschränkungen sind in jeder Lage des Verfahrens von Amts wegen wahrzunehmen. *(BGBl 1985/559)*

[1]) *Jetzt § 97 Abs 4 EO.*

Vorzugspfandrecht für Erhaltungsarbeiten

§ 42a. (1) An jeder Liegenschaft, auf der sich ein diesem Bundesgesetz unterliegender Mietgegenstand befindet, besteht ein gesetzliches Vorzugspfandrecht zugunsten von Forderungen der in § 6 Abs. 1 Z 1 genannten Personen, die aus der Finanzierung der in § 3 Abs. 3 Z 2 angeführten Erhaltungsarbeiten entstanden sind, sofern diese nach Erlassung einer einstweiligen Verfügung gemäß „§ 37 Abs. 3 Z 20“ durchgeführt wurden. *(BGBl I 2003/113, ab 1. 1. 2005)*

(2) Diese einstweilige Verfügung ist von Amts wegen im Grundbuch ersichtlich zu machen.

(3) Die durch das Vorzugspfandrecht besicherte Forderung ist im Fall einer Zwangsversteigerung der Liegenschaft durch Barzahlung zu berichtigen, soweit sie in der Verteilungsmasse (§ 215 EO) Deckung findet, ansonsten aber vom Ersteher ohne Anrechnung auf das Meistbot zu übernehmen. *(BGBl 1993/800, ab 1. 3. 1994)*

II. Hauptstück

Bestimmungen über bestehende Mietverträge und Übergangsregelung

Allgemeine Grundsätze

§ 43. (1) Insoweit im folgenden nichts anderes bestimmt ist, gilt das I. Hauptstück auch für Mietverträge, die vor dem Inkrafttreten dieses Bundesgesetzes geschlossen worden sind.

(2) Ist eine vor dem Inkrafttreten dieses Bundesgesetzes geschlossene Vereinbarung über die Höhe des Mietzinses nach den bisher in Geltung gestandenen Vorschriften rechtsunwirksam, so sind diesbezüglich die bisher in Geltung gestandenen Vorschriften weiter anzuwenden.

§ 44. *(aufgehoben, BGBl I 2000/36, ab 1. 7. 2000, s § 49c Abs. 8)*

Wertbeständigkeit des Mietzinses

§ 45. (1) Im Fall eines vor dem 1. März 1994 geschlossenen Hauptmietvertrags kann der Vermieter den Hauptmietzins für eine Wohnung der Ausstattungskategorie A oder eine Geschäftsräumlichkeit auf „2,96 Euro”*, für eine Wohnung der Ausstattungskategorie B auf „2,23 Euro”*, für eine Wohnung der Ausstattungskategorie C oder eine Wohnung der Ausstattungskategorie D in brauchbarem Zustand auf „1,49 Euro”* und für eine Wohnung der Ausstattungskategorie D in nicht brauchbarem Zustand auf „1,12 Euro”*, jeweils je Quadratmeter der Nutzfläche und Monat, anheben, wenn der bisherige Hauptmietzins unter dem jeweils anzuwendenden Betrag liegt. Die angeführten Beträge valorisieren sich entsprechend der Regelung des § 16 Abs. 6. Die Anhebung ist aber nur dann zulässig, wenn sich der Mietgegenstand in einem Gebäude befindet, für das weder eine Abbruchbewilligung noch ein Abbruchauftrag der Baubehörde vorliegt. „Eine sich aus der Anhebung ergebende Unwirksamkeit des Hauptmietzinses ist innerhalb der in § 16 Abs. 8 genannten Fristen ab dem Anhebungsbegehren gerichtlich (bei der Gemeinde, § 39) geltend zu machen.“ *(BGBl I 2006/124, ab 1. 10. 2006, s § 49e Abs 5, Beträge gemäß *K BGBl II 2023/170, ab 1. 7. 2023)*

(2) Ist der nach § 16 Abs. 1 und 9 zulässige Hauptmietzins bei einer Geschäftsräumlichkeit niedriger als „4,47 Euro”* je Quadratmeter der Nutzfläche und Monat, so kann der Vermieter abweichend von Abs. 1 den Hauptmietzins nur auf zwei Drittel des nach § 16 Abs. 1 und 9 zulässigen Betrags anheben. Der Betrag von 2,64 Euro valorisiert sich entsprechend der Regelung des § 16 Abs. 6. „Der letzte Satz des Abs. 1 gilt entsprechend.“ *(BGBl I 2006/124, ab 1. 10. 2006, s*

*§ 49e Abs 5, Betrag gemäß *K BGBl II 2023/170, ab 1. 7. 2023)*

(3) Der Vermieter hat sein Anhebungsbegehren dem Hauptmieter spätestens einen Monat vor dem Zinstermin, zu dem er die Anhebung fordert, schriftlich bekannt zu geben. Begehrt der Vermieter die Anhebung für einen in § 1 Abs. 4 Z 1 genannten Mietgegenstand, so gelten für die Mietgegenstände dieses Hauses ab diesem Zeitpunkt die Bestimmungen des I. Hauptstücks mit Ausnahme der Bestimmungen über die Mietzinsbildung nach § 16 Abs. 2 bis 7 und 10 und über die Richtwerte nach dem Richtwertgesetz. In diesen Fällen darf der Vermieter in der Hauptmietzinsabrechnung (§ 20) auch die Beträge als Ausgaben absetzen, die in den jeweiligen Verrechnungsjahren zur Amortisation der seinerzeit aufgewendeten Bau-, Grund- oder Aufschließungskosten zu entrichten sind.

(BGBl I 2001/161, ab 1. 1. 2002, s § 49d Abs 3 und 4)

Hauptmietzins bei Eintritt in einen bestehenden Mietvertrag über eine Wohnung

§ 46.[1)] (1) Treten in einen am 1. März 1994 bestehenden Hauptmietvertrag über eine Wohnung der Ehegatte, der Lebensgefährte oder minderjährige Kinder (§ 42 ABGB) des bisherigen Hauptmieters allein oder gemeinsam mit anderen Angehörigen ein (§ 12 Abs. 1 und 2, § 14), so darf der Vermieter vom (von den) in das Hauptmietrecht Eintretenden weiterhin nur den Hauptmietzins begehren, den er ohne den Eintritt begehren dürfte. Das gleiche gilt für den Eintritt auf Grund einer gerichtlichen Anordnung nach § 87 Abs. 2 des Ehegesetzes.

(2) Treten in einen am 1. März 1994 bestehenden Hauptmietvertrag über eine Wohnung ausschließlich Personen ein, die in Abs. 1 nicht genannt sind, so darf der Vermieter vom (von den) in das Hauptmietrecht Eintretenden ab dem auf den Eintritt folgenden Zinstermin eine Erhöhung des bisherigen Hauptmietzinses bis zu dem für die Wohnung nach § 16 Abs. 2 bis 6 im Zeitpunkt des Eintritts zulässigen Betrag, höchstens aber „4,47"*** je Quadratmeter der Nutzfläche und Monat, verlangen, sofern der bisherige Hauptmietzins niedriger ist. Dieser Höchstbetrag von „2,64"* Euro valorisiert sich entsprechend der Regelung des § 16 Abs. 6. In den Fällen des Abs. 1 darf der Vermieter diese Erhöhung des bisherigen Hauptmietzinses ab dem Zinstermin begehren, zu dem alle in Abs. 1 genannten Eintretenden auf Dauer die Wohnung verlassen haben oder volljährig geworden sind. Gleiches gilt, wenn Personen, die in Abs. 1 in dessen bis 28. Februar 1994 in Geltung gestandener Fassung genannt waren, nach dem 31. Dezember 1981 und vor dem 1. März 1994 in den Hauptmietvertrag eingetreten sind, aber erst nach dem 28. Februar 1994 die Wohnung auf Dauer verlassen haben oder volljährig geworden sind. Die Anhebung des Hauptmietzinses ist aber solange nicht zulässig, als dem Hauptmieter – unter der Annahme einer sofortigen Beendigung des Mietverhältnisses – für vor dem 1. März 1994 getätigte Aufwendungen noch Ersatzansprüche nach § 10 zustünden, die der Mieter geltend macht und der Vermieter zu befriedigen nicht bereit ist. „Eine sich aus der Anhebung ergebende Unwirksamkeit des Hauptmietzinses ist innerhalb der in § 16 Abs. 8 genannten Fristen ab dem Anhebungsbegehren gerichtlich (bei der Gemeinde, § 39) geltend zu machen."** *(*BGBl I 2001/98, ab 1. 1. 2002; **BGBl I 2006/124, ab 1. 10. 2006, s § 49e Abs 5; Betrag gemäß ***K BGBl II 2023/170, ab 1. 7. 2023)*

(BGBl 1993/800, ab 1. 3. 1994)

[1)] *§ 46 ist nach § 43 Abs 1 Z 10 EPG auf eingetragene Partner sinngemäß anzuwenden.*

MRG RWG

Hauptmietzins bei bestehenden Mietverträgen über Geschäftsräumlichkeiten

§ 46a. (1) Im Fall eines am 1. März 1994 bestehenden Hauptmietvertrags über eine Geschäftsräumlichkeit ist § 12a Abs. 3 mit der Maßgabe anzuwenden, daß solche Änderungen unberücksichtigt bleiben, die vor dem 1. Oktober 1993 eingetreten sind.

(2) Im Fall eines am 1. März 1994 bestehenden Hauptmietvertrags über eine Geschäftsräumlichkeit darf der Vermieter, sofern der bisherige Hauptmietzins niedriger als der angemessene Hauptmietzins nach § 16 Abs. 1 ist, nach dem Tod des Hauptmieters von dessen Rechtsnachfolgern ab dem auf den Todesfall folgenden 1. Jänner die schrittweise Anhebung des bisherigen Hauptmietzinses bis zu dem für die Geschäftsräumlichkeit nach § 16 Abs. 1 zulässigen Betrag innerhalb von 15 Jahren in der Weise verlangen, daß der Hauptmietzins für jedes Kalenderjahr nach dem Todestag um jeweils ein Fünfzehntel des bis zum angemessenen Hauptmietzins nach § 16 Abs. 1 fehlenden Betrages angehoben wird, wobei eine Valorisierung dieses Betrages entsprechend der Regelung des § 16 Abs. 6 zu erfolgen hat, ein Überschreiten der Indexschwelle aber erst ab dem jeweils folgenden Kalenderjahr zu berücksichtigen ist. Solange der Rechtsnachfolger des verstorbenen Hauptmieters das Unternehmen ohne Änderung der Art der Geschäftstätigkeit fortführt, ist bei Ermittlung des nach § 16 Abs. 1 angemessenen Hauptmietzinses die Art der im Mietgegenstand ausgeübten Geschäftstätigkeit zu berücksichtigen.

(3) § 12a Abs. 5 ist anzuwenden, wenn der Pachtvertrag nach dem 28. Februar 1994 abge-

schlossen wurde. Wenn der Hauptmieter einer Geschäftsräumlichkeit sein darin betriebenes Unternehmen vor dem 1. März 1994 verpachtet hat und das Pachtverhältnis nach dem 28. Februar 1994 noch aufrecht ist, darf der Vermieter, sofern der bisherige Hauptmietzins niedriger als der angemessene Hauptmietzins nach § 16 Abs. 1 ist, ab dem auf das Anhebungsbegehren folgenden 1. Jänner die schrittweise Anhebung des bisherigen Hauptmietzinses bis zu dem für die Geschäftsräumlichkeit nach § 16 Abs. 1 zulässigen Betrag innerhalb von 15 Jahren in der in Abs. 2 angeführten Weise verlangen. Das Recht des Vermieters, die Entrichtung eines schrittweise angehobenen Hauptmietzinses zu verlangen, besteht nur für die Dauer des Pachtverhältnisses.

(4) Hat eine juristische Person oder eine Personengesellschaft des Handelsrechts[1] vor dem 1. Jänner 1968 eine Geschäftsräumlichkeit als Hauptmieter gemietet und war bei Vertragsabschluß eine freie Mietzinsvereinbarung nicht möglich, darf der Vermieter ab dem auf das Anhebungsbegehren folgenden 1. Jänner die schrittweise Anhebung des bisherigen Hauptmietzinses bis zu dem für Geschäftsräumlichkeiten nach § 16 Abs. 1 zulässigen Betrag innerhalb von 15 Jahren in der in Abs. 2 angeführten Weise verlangen, wenn der bisherige Hauptmietzins niedriger als der angemessene Hauptmietzins nach § 16 Abs. 1 ist und

1. eine Änderung der rechtlichen und wirtschaftlichen Einflußmöglichkeiten im Sinne des § 12a Abs. 3 erfolgt ist und

2. keine Mietzinsvereinbarung im Sinne des § 16 Abs. 1 Z 7 in der Stammfassung des Mietrechtsgesetzes oder anderer gleichartiger (zB § 38 WSG, § 16 Abs. 1 Z 4 MRG) mietrechtlicher Regelungen erfolgte oder

3. keine Vereinbarung im Sinne der Z 2 geschlossen wurde, obwohl eine solche wegen einer Änderung des Vertrages über den Mietgegenstand möglich gewesen wäre.

(5) Entstand durch die Veräußerung des in einer gemieteten Geschäftsräumlichkeit betriebenen Unternehmens ohne Übergang der Hauptmietrechte vor dem 1. Jänner 1982 ein Mietverhältnis, bei dem im Innenverhältnis zwischen dem Veräußerer und dem Erwerber des Unternehmens die Rechte und Pflichten aus dem Mietverhältnis an den Erwerber übertragen wurden, so darf der Vermieter, sofern der bisherige Hauptmietzins niedriger als der angemessene Hauptmietzins nach § 16 Abs. 1 ist, die schrittweise Anhebung des bisherigen Hauptmietzinses bis zu dem für die Geschäftsräumlichkeit nach § 16 Abs. 1 zulässigen Betrag innerhalb von 15 Jahren in der in Abs. 2 angeführten Weise ab dem auf das schriftliche Anhebungsbegehren folgenden 1. Jänner verlangen, wenn er mit dem Anhebungsbegehren den Erwerber des Unternehmens als neuen Hauptmieter anerkennt. Mit dieser Anerkennung erlischt das Hauptmietverhältnis zum Veräußerer.

(6) Im übrigen ist § 12a Abs. 7 auf die in Abs. 2 bis 5 geregelten Fälle sinngemäß anzuwenden. „Eine sich aus einer Anhebung nach Abs. 2 bis 5 ergebende Unwirksamkeit des Hauptmietzinses ist innerhalb der in § 16 Abs. 8 genannten Fristen ab dem jeweiligen Anhebungsbegehren gerichtlich (bei der Gemeinde, § 39) geltend zu machen.“ *(BGBl I 2006/124, ab 1. 10. 2006, s § 49e Abs 5)*

(BGBl 1993/800, ab 1. 3. 1994)

---

[1] *Jetzt: eingetragene Personengesellschaft.*

Erfordernisse eines Anhebungsbegehrens

§ 46b. In allen Fällen, in denen der Vermieter nach §§ 46 und 46a die Anhebung des Hauptmietzinses verlangen darf, hat der Vermieter sein Anhebungsbegehren dem Hauptmieter spätestens einen Monat vor dem Zinstermin, zu dem er die Entrichtung des angehobenen Mietzinses fordert, schriftlich bekanntzugeben; im Fall einer schrittweisen Anhebung nach § 46a Abs. 2 bis 4 bewirkt ein verspätetes Anhebungsbegehren aber nicht den Verlust des Anhebungsrechts für das gesamte Kalenderjahr. Die schriftliche Aufforderung hat die Höhe des angehobenen Hauptmietzinses und die Nutzfläche des Mietgegenstands sowie gegebenenfalls die der Anhebung für das jeweilige Jahr zugrunde liegende Berechnung zu enthalten. „Bei der Berechnung des angehobenen Hauptmietzinses sind Beträge, die einen halben Cent nicht übersteigen, auf den nächstniedrigeren ganzen Cent abzurunden und Beträge, die einen halben Cent übersteigen, auf den nächsthöheren ganzen Cent aufzurunden.“ *(BGBl I 2001/98, ab 1. 1. 2002)*

(BGBl 1993/800, ab 1. 3. 1994)

Hauptmietzins bei früherer Standardanhebung

§ 46c. Wenn die Voraussetzungen des § 16 Abs. 1 nicht vorliegen, sind dennoch Vereinbarungen über die Höhe des Hauptmietzinses für eine Wohnung ohne die Beschränkungen des § 16 Abs. 2 bis 4 und 6 bis zu dem für die Wohnung nach Größe, Art, Beschaffenheit, Lage, Ausstattungs- und Erhaltungszustand angemessenen Betrag auch weiterhin zulässig, wenn der Mietgegenstand eine Wohnung der Ausstattungskategorie A oder B in ordnungsgemäßem Zustand ist, deren Standard vom Vermieter nach dem 31. Dezember 1967 durch Zusammenlegung von Wohnungen der Ausstattungskategorie B, C oder D, durch eine andere bautechnische Aus- oder Umgestaltung größeren Ausmaßes einer Wohnung oder mehrerer Wohnungen der Ausstattungskategorien B, C oder D oder sonst unter Aufwendungen erheblicher Mittel angehoben wurde, oder wenn der Mietgegenstand eine Wohnung der Ausstattungskategorie C in ordnungsgemäßem Zustand ist, deren Standard vom Vermieter nach dem 31. Dezember 1967 durch Zusammenlegung von Wohnungen der Ausstattungskategorie D, durch eine andere bautechnische Aus- oder Umgestaltung größeren Ausmaßes einer Wohnung oder mehrerer Wohnungen der Ausstattungskategorie D oder sonst unter Aufwendung erheblicher Mittel angehoben wurde, sofern der Vermieter die Arbeiten zur Standardanhebung vor dem 1. Oktober 1993 tatsächlich begonnen hat. Die Beschränkungen des § 16 Abs. 2 bis 4 und 6 werden jedoch sowohl für bestehende, nach dem 28. Februar 1994 geschlossene als auch für neue Mietverträge wieder wirksam, sobald nach dem Abschluß der Arbeiten zur Standardanhebung ein Zeitraum von zwanzig Jahren verstrichen ist. Bei Ermittlung des nach Ablauf dieses zwanzigjährigen Zeitraums zulässigen Hauptmietzinses sind die Verhältnisse am Ende dieses Zeitraums zugrunde zu legen; zuvor vom Hauptmieter getätigte Aufwendungen zur Verbesserung des Mietgegenstands sind aber angemessen zu berücksichtigen, soweit sie über diesen Zeitpunkt hinaus von objektivem Nutzen sind.

(BGBl 1993/800, ab 1. 3. 1994)

Betriebskosten; Umstellung der Verteilungsschlüssel

§ 47. (1) Die vor dem Inkrafttreten dieses Bundesgesetzes auf Grund der bisherigen Vorschriften fällig gewordenen Betriebskosten dürfen nach Maßgabe der bisherigen Vorschriften eingehoben werden.

(2) Die bei Inkrafttreten dieses Bundesgesetzes für die Berechnung des Anteiles an den Betriebskosten oder besonderen Aufwendungen maßgebenden Verteilungsschlüssel darf der Vermieter bis 31. Dezember 1983 anwenden. Eine frühere Umstellung auf die in § 17 geregelte Verteilung hat jedenfalls zu erfolgen, wenn vor diesem Zeitpunkt

1. eine Erhöhung der Hauptmietzinse nach den §§ 18 und 19 bewilligt oder

2. ein Erhaltungsbeitrag nach § 45 eingehoben wird.

Anhängiges Verfahren; bewilligte Mietzinserhöhungen

§ 48. (1) Die im Zeitpunkt des Inkrafttretens dieses Bundesgesetzes bei Gericht (der Gemeinde, § 39) anhängigen Verfahren sind nach den bisher in Geltung gestandenen Vorschriften durchzuführen. Wird auf Grund einer Entscheidung über eine Mietzinserhöhung nach § 7, § 28 Abs. 2 des Mietengesetzes innerhalb eines Jahres nach dem Inkrafttreten dieses Bundesgesetzes bei Gericht (der Gemeinde, § 39) das Verfahren über die Mietzinserhöhung der Höhe nach eingeleitet, so ist auch dieses Verfahren nach den bisherigen Vorschriften durchzuführen.

(2) Der Vermieter ist berechtigt, die im Zeitpunkt des Inkrafttretens dieses Bundesgesetzes nach § 7, § 28 Abs. 2 oder 3 des Mietengesetzes oder § 2 des Zinsstoppgesetzes erhöhten Hauptmietzinse bis zum Ablauf der seinerzeit bewilligten Laufzeit einzuheben. Das gleiche gilt für die Mietzinserhöhungen, die nach Abs. 1 bewilligt werden.

Kündigungsrechtliche Übergangsregelung

§ 49. (1) „Für die Mietverträge über die Exerzier-, Schieß- und sonstigen Übungsplätze des Bundesheeres, die bei Inkrafttreten dieses Bundesgesetzes bereits bestanden haben, gelten die Kündigungsbeschränkungen des § 30. Insoweit für andere Mietverträge, die dem Geltungsbereich dieses Bundesgesetzes (§ 1) nicht unterliegen, vor dem Inkrafttreten dieses Bundesgesetzes die Kündigungsbeschränkungen des § 19 des Mietengesetzes anzuwenden waren, gelten die §§ 19 bis 23 des Mietengesetzes bis zum 31. Dezember 1988 weiter.“* Für solche Mietverhältnisse gilt:

1. Der Bundesminister für Justiz kann für bestimmte Bundesländer für die Zeit bis längstens 31. Dezember 1990 durch Verordnung[1)] für gemietete Grundflächen, die als Sportstätten, Kinderspielplätze oder Verkehrsübungsplätze für Kinder verwendet werden, Regelungen treffen, die den §§ 19 bis 23 des Mietengesetzes entsprechen, wenn nach Anhörung des Landeshauptmannes feststeht, daß im Land Maßnahmen der Raumordnung zur Erhaltung der Widmung von Grundflächen als Sportstätten, Kinderspielplätze oder Verkehrsübungsplätze für Kinder vorbereitet oder getroffen werden.

2. Endet ein Mietverhältnis, für das nach dem zweiten Satz dieses Absatzes die §§ 19 bis 23 des Mietengesetzes bis zum 31. Dezember 1988 weiter gelten oder für das eine Verordnung nach Z 1 gilt, mit oder nach dem 31. Dezember 1988 durch Kündigung des Vermieters oder durch Zeitablauf, so hat der Mieter, der während der Dauer des Mietverhältnisses auf den Mietgegenstand bauliche Aufwendungen gemacht hat, die über die Mietdauer hinaus wirksam und von Nutzen sind, bei Beendigung des Mietverhältnisses Anspruch auf Ersatz dieser Aufwendungen durch den Vermieter nach ihrem gegenwärtigen Wert, soweit dieser den wirklich gemachten Aufwand nicht übersteigt. Dieser Anspruch besteht nicht, wenn der Vermieter seine Zustimmung zu den Aufwendungen verweigert oder an die Verpflichtung zur Wiederherstellung des frü-

heren Zustandes gebunden hat oder wenn der Vermieter verhindert war, das eine oder das andere zu tun, weil ihm der Mieter die beabsichtigten Aufwendungen nicht angezeigt hat. Der Wert ist objektiv unter der Annahme zu ermitteln, daß der Mietgegenstand weiter zu dem Zweck verwendet wird, zu dem ihn der Mieter vertragsgemäß verwendet hat.
(BGBl 1985/559; BGBl 1988/724)*

(2) Wurde in einem vor dem Inkrafttreten dieses Bundesgesetzes geschlossenen Hauptmietvertrag über einen Mietgegenstand, der nach dem 31. Dezember 1967 durch Neu-, Um-, Auf-, Ein- oder Zubau ohne Zuhilfenahme öffentlicher Mittel neu geschaffen worden ist, weder die Anwendbarkeit der Kündigungsbeschränkungen des § 19 des Mietengesetzes, noch eine Bestandsdauer vereinbart, die über den Zeitpunkt des Inkrafttretens dieses Bundesgesetzes hinaus wirksam ist, so gelten für diesen Hauptmietvertrag die Kündigungsbeschränkungen des § 30, sofern es der Vermieter bis 30. Juni 1982 unterläßt, dem Hauptmieter einen befristeten Hauptmietvertrag nach § 29 Abs. 1 Z 3 lit. a „in der Stammfassung dieses Gesetzes" anzubieten, der zumindest bis 31. Dezember 1984 wirksam ist. Nimmt der Hauptmieter ein diesbezügliches Anbot des Vermieters binnen sechs Monaten nach dem Zugang des Anbotes nicht an und wird auch keine andere Vereinbarung über die Bestandsdauer geschlossen, so gelten für dieses Hauptmietverhältnis die Kündigungsbeschränkungen des § 30 nicht. *(BGBl I 2000/36, ab 1. 7. 2000)*

(3) Haben für einen vor dem Inkrafttreten dieses Bundesgesetzes geschlossenen Untermietvertrag die Kündigungsbeschränkungen des § 19 des Mietengesetzes nicht gegolten, so gelten hiefür auch nicht die Kündigungsbeschränkungen des § 30.

[1)] V erlassen für Burgenland, Niederösterreich, Steiermark, Tirol (BGBl 1988/759), Oberösterreich und Salzburg (BGBl 1989/11).

Wirksamkeit früherer Befristungen

§ 49a. (1) Eine vor dem 1. März 1994 geschlossene und nach den damaligen Bestimmungen rechtswirksame Vereinbarung über die Befristung eines Mietvertrages behält ihre Rechtswirksamkeit. Eine nach den damaligen Bestimmungen rechtsunwirksame Befristung bleibt rechtsunwirksam.

(2) Wird ein vor dem 1. März 1994 geschlossener und nach den damaligen Bestimmungen des § 1 Abs. 2 Z 3 oder des § 29 Abs. 1 Z 3 lit. c rechtswirksam befristeter Mietvertrag nach dem 28. Februar 1994 erneuert, so gilt diese Erneuerung als Abschluß eines neuen Mietvertrages.

(BGBl 1993/800, ab 1. 3. 1994)

Übergangsregelung für Befristungen und Abrechnungsbestimmungen

§ 49b. (1) Die Änderungen der § 16 Abs. 7 bis 8, § 17 Abs. 3, § 20 Abs. 1 Z 2, § 21 Abs. 6, § 29 Abs. 1 Z 3 lit. b und c, Abs. 4 bis Abs. 6, § 34 Abs. 5, § 37 Abs. 1 Z 12 und 12a, Abs. 3 Z 2 und Z 20a durch das Bundesgesetz BGBl. I Nr. 22/1997 treten mit 1. März 1997 in Kraft.

(2) § 10 Abs. 1 in der Fassung des Bundesgesetzes BGBl. I Nr. 22/1997 gilt für Aufwendungen, die nach dem 28. Februar 1997 vorgenommen werden.

(3) § 16 Abs. 7 und 7a in der Fassung des Bundesgesetzes BGBl. I Nr. 22/1997 gilt für

1. Mietverhältnisse, die nach dem 28. Februar 1997 beginnen, und

2. Verlängerung früherer Mietverhältnisse für einen nach dem 28. Februar 1997 beginnenden Zeitraum.

(4) § 16 Abs. 7b in der Fassung des Bundesgesetzes BGBl. I Nr. 22/1997 gilt für Umwandlungen von Mietverhältnissen in ein Mietverhältnis auf unbestimmte Zeit, die für einen nach dem 28. Februar 1997 liegenden Zeitraum vereinbart werden. Bei der Berechnung der Differenz ist für den Zeitraum vor dem 1. März 1997 § 16 Abs. 7 in der damaligen Fassung zugrunde zu legen.

(5) § 18 Abs. 5 in der Fassung des Bundesgesetzes BGBl. I Nr. 22/1997 gilt für

1. Mietverhältnisse, die nach dem 28. Februar 1997 beginnen, und

2. Verlängerung früherer Mietverhältnisse für einen nach dem 28. Februar 1997 beginnenden Zeitraum.

(6) *(aufgehoben, BGBl I 2004/2, ab 1. 1. 2005)*

(7) Eine vor dem 1. März 1997 geschlossene und nach den damaligen Bestimmungen rechtswirksame Vereinbarung über die Befristung eines Mietvertrages bleibt rechtswirksam. Eine nach den damaligen Bestimmungen rechtsunwirksame Befristung bleibt rechtsunwirksam.

(8) Wird ein vor dem 1. März 1997 geschlossener und nach den damaligen Bestimmungen des § 29 Abs. 1 Z 3 lit. b oder c in der Fassung des 3. Wohnrechtsänderungsgesetzes, BGBl. Nr. 800/1993, rechtswirksam befristeter Mietvertrag für einen Zeitraum nach dem 28. Februar 1997 verlängert, so ist § 29 Abs. 1 Z 3 lit. b oder c in der Fassung des Bundesgesetzes BGBl. I Nr. 22/1997 anzuwenden.

(9) § 29 Abs. 4a in der Fassung des Bundesgesetzes BGBl. I Nr. 22/1997 ist auch auf Mietverhältnisse anzuwenden, die vor dem 1. März 1997 begonnen haben. Endet das Mietverhältnis jedoch bereits vor dem 1. September 1997, so kann der Vermieter diese Verlängerung nur in sinngemäßer Anwendung des § 569 ZPO verhindern.

(10) § 29 Abs. 4b in der Fassung des Bundesgesetzes BGBl. I Nr. 22/1997 ist nur auf Mietverhältnisse anzuwenden, die nach dem 28. Februar 1997 begonnen haben oder nach diesem Zeitpunkt schon einmal rechtswirksam verlängert worden sind.

(11) § 37 Abs. 1 Z 12 und 12a, Abs. 2a sowie Abs. 3 Z 2 erster Satz und Abs. 3 Z 20a in der Fassung des Bundesgesetzes BGBl. I Nr. 22/1997 sind auf Verfahren anzuwenden, die nach dem 28. Februar 1997 anhängig gemacht worden sind; auf Verfahren, die zu diesem Zeitpunkt anhängig sind, sind die bisherigen Vorschriften anzuwenden.

(12) § 37 Abs. 2a in der Fassung des Bundesgesetzes BGBl. I Nr. 22/1997 ist für Abrechnungsperioden anzuwenden, die nach dem 31. Dezember 1997 beginnen.

(13) Im übrigen ist das Bundesgesetz BGBl. I Nr. 22/1997 ab dem 1. März 1997 auch auf Mietverträge anzuwenden, die vor seinem Inkrafttreten geschlossen worden sind.

(BGBl I 1997/22)

Übergangsregelung zur Wohnrechtsnovelle 2000

§ 49c. (1) Die Änderungen der §§ 3, 16, 17, 18, 20, 21, 23, 26, 29, 34, 37, 45 und 49 sowie die Aufhebung der §§ 29a und 44 durch die Wohnrechtsnovelle 2000, BGBl. I Nr. 36/2000, treten mit 1. Juli 2000 in Kraft.

(2) Solange auf Grund eines vor dem 1. Juli 2000 eingegangenen und nach dem 30. Juni 2000 weiter aufrechten Dienstverhältnisses nach dem Hausbesorgergesetz eine Wohnung des Hauses als Hausbesorgerdienstwohnung benützt wird, zählt diese Wohnung zu den allgemeinen Teilen des Hauses im Sinn des § 3 Abs. 2 Z 1 und des § 17 Abs. 1a vierter Satz und hat die Nutzfläche dieser Wohnung im Sinn des § 17 Abs. 1 außer Betracht zu bleiben. Die diesbezüglich durch die Beendigung des Dienstverhältnisses eintretende Änderung ist erst ab der dieser Beendigung nachfolgenden Abrechnungsperiode wirksam.

(3) § 16 Abs. 7 und § 26 Abs. 3 jeweils in der Fassung der Wohnrechtsnovelle 2000, BGBl. I Nr. 36/2000, gelten für Mietverhältnisse, die nach dem 30. Juni 2000 beginnen, sowie für die Verlängerung früherer Mietverhältnisse für einen nach dem 30. Juni 2000 beginnenden Zeitraum. Bei einem befristeten Mietverhältnis, das vor dem 1. Juli 2000 begonnen hat, gilt eine allfällige Verminderung des höchstzulässigen Mietzinses ab dem Zeitpunkt der Umwandlung in einen Mietvertrag auf unbestimmte Zeit nicht mehr, ohne dass dies von einer schriftlichen Ausweisung der Verminderung im ursprünglichen Mietvertrag oder in einer Verlängerungsvereinbarung abhängig wäre.

(4) § 16 Abs. 7b in der Fassung vor dem Inkrafttreten der Wohnrechtsnovelle 2000, BGBl. I Nr. 36/2000, ist auf Mietverhältnisse weiter anzuwenden, die vor dem 1. Juli 2000 begonnen haben oder verlängert wurden, bei Verlängerung jedoch nur hinsichtlich jenes Verlängerungszeitraums, der vor dem 1. Juli 2000 begonnen hat.

(5) Solange ein vor dem 1. Juli 2000 eingegangenes Dienstverhältnis nach dem Hausbesorgergesetz nach dem 30. Juni 2000 weiter aufrecht ist, gilt anstelle von § 23 Abs. 2 der§ 23 Abs. 1 in seiner vor dem Inkrafttreten der Wohnrechtsnovelle 2000, BGBl. I Nr. 36/2000, geltenden Fassung und sind § 21 Abs. 1 Z 8 und § 37 Abs. 1 Z 12 weiterhin in ihrer vor dem Inkrafttreten der Wohnrechtsnovelle 2000, BGBl. I Nr. 36/2000, geltenden Fassung anzuwenden.

(6) Eine vor dem 1. Juli 2000 geschlossene und nach den damaligen Bestimmungen rechtswirksame Vereinbarung über die Befristung eines Mietverhältnisses – einschließlich einer befristeten Erneuerung – bleibt rechtswirksam. Eine nach den damaligen Bestimmungen rechtsunwirksame Befristung bleibt rechtsunwirksam.

(7) § 29 Abs. 4a, 4b und 4c und § 34 Abs. 5 jeweils in der Fassung vor dem Inkrafttreten der Wohnrechtsnovelle 2000, BGBl. I Nr. 36/2000, sind auf Mietverhältnisse weiter anzuwenden, die vor dem 1. Juli 2000 begonnen haben oder verlängert wurden, bei Verlängerung jedoch nur hinsichtlich jenes Verlängerungszeitraums, der vor dem 1. Juli 2000 begonnen hat.

(8) § 44 MRG in der Fassung der Wohnrechtsnovelle 1999, BGBl. I Nr. 147/1999, ist auf Verfahren über die Unwirksamkeit von Mietzinsvereinbarungen, die vor dem 1. Juli 2000 bei Gericht (bei der Gemeinde, § 39) anhängig gemacht worden sind, weiter anzuwenden.

(9) Im Übrigen ist die Wohnrechtsnovelle 2000, BGBl. I Nr. 36/2000, ab dem 1. Juli 2000 auch auf Mietverträge anzuwenden, die vor ihrem Inkrafttreten geschlossen worden sind.

(BGBl I 2000/36)

Übergangsregelung zur Mietrechtsnovelle 2001

§ 49d. (1) Die Änderungen der §§ 1, 2, 9, 16, 20, 30, 37 und 45 durch die Mietrechtsnovelle 2001, BGBl. I Nr. 161/2001, treten mit 1. Jänner 2002 in Kraft.

(2) § 1 Abs. 2 und 4, § 16 und § 30 Abs. 2 jeweils in der Fassung der Mietrechtsnovelle 2001, BGBl. I Nr. 161/2001, gelten für Mietverträge, die nach dem 31. Dezember 2001 geschlossen wurden.

(3) Ein Erhaltungs- und Verbesserungsbeitrag, der vor dem 1. Jänner 2002 eingehoben wurde, ist bei der Anhebung des Hauptmietzinses gemäß

§ 45 in der Fassung der Mietrechtsnovelle 2001, BGBl. I Nr. 161/2001, durch Hinzurechnung zum bisherigen Hauptmietzins zu berücksichtigen, sodass eine Anhebung nur zulässig ist, soweit die Summe aus dem bisherigen Hauptmietzins und dem Erhaltungs- und Verbesserungsbeitrag unter dem jeweils anzuwendenden Betrag nach § 45 Abs. 1 liegt. Ein Erhaltungs- und Verbesserungsbeitrag, der nach dem 28. Februar 1994 und vor dem 1. Jänner 2002 eingehoben wurde, gilt ab 1. Jänner 2002 als Teil des Hauptmietzinses; ein nach dem 28. Februar 1994 und vor dem 1. Jänner 2002 gestelltes Verlangen des Vermieters nach Entrichtung eines Erhaltungs- und Verbesserungsbeitrags gilt ab 1. Jänner 2002 als Anhebungsbegehren gemäß § 45 in der Fassung der Mietrechtsnovelle 2001, BGBl. I Nr. 161/2001.

(4) Im Übrigen ist die Mietrechtsnovelle 2001, BGBl. I Nr. 161/2001, ab dem 1. Jänner 2002 auch auf Mietverträge anzuwenden, die vor ihrem In-Kraft-Treten geschlossen worden sind.

(BGBl I 2001/161)

Übergangsregelung zur Wohnrechtsnovelle 2006

§ 49e. (1) Die Änderungen der §§ 1, 3, 6, 8, 10, 12, 12a, 14, 15a, 16, 20, 29, 33, 37, 45, 46 und 46a durch die Wohnrechtsnovelle 2006, BGBl. I Nr. 124, treten mit 1. Oktober 2006 in Kraft.

(2) § 1 Abs. 4 Z 2 in der Fassung der Wohnrechtsnovelle 2006 gilt

1. in Ansehung von Mietgegenständen, die durch einen nicht mit einem Dachbodenausbau verbundenen Aufbau neu errichtet worden sind, für Mietverträge, die nach dem 30. September 2006 geschlossen wurden,

2. im Übrigen jedoch für Mietverträge, die nach dem 31. Dezember 2001 geschlossen wurden.

(3) § 1 Abs. 4 Z 2a, § 12 Abs. 3, § 14 Abs. 3 und § 15a Abs. 1 und 2 jeweils in der Fassung der Wohnrechtsnovelle 2006 gelten für Mietverträge, die nach dem 30. September 2006 geschlossen wurden.

(4) § 10 Abs. 4 und 4a in der Fassung der Wohnrechtsnovelle 2006 ist anzuwenden, wenn der Mietvertrag nach dem 30. September 2006 aufgelöst wird.

(5) § 12a Abs. 2, § 16 Abs. 9, § 45 Abs. 1 und 2, § 46 Abs. 2 und § 46a Abs. 6 jeweils in der Fassung der Wohnrechtsnovelle 2006 sind auch anzuwenden, wenn die Anhebung vor dem 1. Oktober 2006 stattgefunden hat, doch beginnt die dreijährige Frist in diesen Fällen – ausgenommen jene nach § 16 Abs. 9 – erst mit 1. Oktober 2006 zu laufen.

(6) § 20 Abs. 1 Z 2 lit. f in der Fassung der Wohnrechtsnovelle 2006 ist auf die die Kalenderjahre nach 2004 betreffenden Hauptmietzinsabrechnungen anzuwenden. Auf die die Kalenderjahre vor 2005 betreffenden Hauptmietzinsabrechnungen ist § 20 Abs. 1 Z 2 lit. f in der Fassung vor der Aufhebung durch das Erkenntnis des Verfassungsgerichtshofs vom 11. Dezember 2003, kundgemacht in BGBl. I Nr. 2/2004, anzuwenden.

(7) § 29 Abs. 3 in der Fassung der Wohnrechtsnovelle 2006 ist anzuwenden, wenn die wirksam vereinbarte oder durch Vereinbarung verlängerte Vertragsdauer nach dem 30. September 2006 endet. § 29 Abs. 4a, 4b und 4c sowie § 34 Abs. 5 jeweils in der Fassung des Bundesgesetzes BGBl. I Nr. 22/1997 sind nicht mehr anzuwenden, wenn die wirksam vereinbarte oder durch Vereinbarung verlängerte Vertragsdauer nach dem 30. September 2006 endet.

(8) § 33 Abs. 1 in der Fassung der Wohnrechtsnovelle 2006 ist auf Kündigungserklärungen anzuwenden, die nach dem 30. September 2006 abgegeben werden.

(9) Im Übrigen ist die Wohnrechtsnovelle 2006 ab dem 1. Oktober 2006 auch auf Mietverträge anzuwenden, die vor dem 1. Oktober 2006 geschlossen worden sind.

(BGBl I 2006/124)

Übergangsregelung zur Wohnrechtsnovelle 2009

§ 49f. (1) § 16b sowie die Änderungen der §§ 1, 29 und 37 durch die Wohnrechtsnovelle 2009, BGBl. I Nr. 25/2009, treten mit 1. April 2009 in Kraft; die Änderung des § 20 durch diese Novelle tritt mit 1. Jänner 2009 in Kraft.

(2) Die Wohnrechtsnovelle 2009 ist ab dem 1. April 2009 auch auf Mietverträge anzuwenden, die vor dem 1. April 2009 geschlossen worden sind. Hat im Fall eines vor dem 1. April 2009 geschlossenen Mietvertrags der Vermieter die von ihm entgegengenommene Kaution nicht in der in § 16b Abs. 1 vorgesehenen Weise veranlagt, so hat er dies bis 30. September 2009 nachzuholen.

(3) § 16b Abs. 4 und § 37 Abs. 1 in der Fassung der Wohnrechtsnovelle 2009, BGBl. I Nr. 25/2009, sind anzuwenden, wenn die Sache nach dem 31. März 2009 anhängig geworden ist. Alle vorher anhängig gewordenen Verfahren sind im streitigen Verfahren weiterzuführen.

(BGBl I 2009/25)

Übergangsregelung zur Wohnrechtsnovelle 2015

§ 49g. (1) Die Änderungen der §§ 3, 8, und 16 durch die Wohnrechtsnovelle 2015, BGBl. I Nr. 100/2014, treten mit 1. Jänner 2015 in Kraft.

(2) § 3 Abs. 2 und § 8 Abs. 2 jeweils in der Fassung der Wohnrechtsnovelle 2015 sind auch in gerichtlichen Verfahren anzuwenden, die am 1. Jänner 2015 bereits anhängig geworden, aber noch nicht rechtskräftig entschieden worden sind.

(3) Im Übrigen ist die Wohnrechtsnovelle 2015 ab ihrem Inkrafttreten auch auf Mietverträge anzuwenden, die vor dem 1. Jänner 2015 geschlossen wurden."

(BGBl I 2014/100)

Übergangsregelung zum Bundesgesetz BGBl I Nr. 58/2018

§ 49h. § 37 in der Fassung des Bundesgesetzes BGBl. I Nr. 58/2018, tritt mit 1. August 2018 in Kraft und ist auf Verfahren anzuwenden, die nach dem 31. Juli 2018 anhängig sind oder anhängig werden.

(BGBl I 2018/58)

Übergangsregelung zum 3. Mietrechtlichen Inflationslinderungsgesetz

§ 49i. (1) Die Änderungen des § 16 durch das 3. Mietrechtliche Inflationslinderungsgesetz treten mit dem der Kundmachung folgenden Tag in Kraft.

(2) § 16 Abs. 6 in der Fassung des 3. Mietrechtlichen Inflationslinderungsgesetzes, BGBl. I Nr. 2023/176, gilt für Valorisierungen nach der am 1. Juli 2023 mietrechtlich wirksam gewordenen Erhöhung (BGBl. II Nr. 170/2023); für die am 1. Juli 2023 wirksam gewordene Erhöhung und für Valorisierungen vor diesem Zeitpunkt bleibt die bisherige Rechtslage weiter anwendbar. § 16 Abs. 6a MRG bleibt für die nach dieser Bestimmung vorgenommenen Valorisierungen weiter anwendbar.

(BGBl I 2023/176)

Kundmachung gemäß § 39 Abs. 2

§ 50. Die Gemeinden, auf die im Zeitpunkt des Inkrafttretens dieses Bundesgesetzes die Voraussetzungen des § 39 Abs. 1 zutreffen, sind durch die Kundmachung der Bundesminister für Justiz und für Inneres, BGBl. Nr. 299/1979, bestimmt.[1]

[1] *Klagenfurt, Neunkirchen, St. Pölten, Stockerau, Linz, Salzburg, Graz, Leoben, Mürzzuschlag, Innsbruck, Wien.*

Übergangsregelung für die Mietzinsreserve

§ 51. Für die Anwendung des für die Mietzinsreserve bestimmten Verrechnungszeitraums von zehn Jahren gilt für die Übergangszeit von drei Jahren die Beschränkung, daß dieser Verrechnungszeitraum nicht vor dem 1. Jänner 1975 beginnt. Die Verrechnung der Mietzinsreserve aus der Zeit vor dem Inkrafttreten dieses Bundesgesetzes richtet sich nach den bisherigen Vorschriften des Mietengesetzes.

Übergangsregelung für Darlehens- und Kreditverträge

§ 52. Die in einem vor dem Inkrafttreten dieses Bundesgesetzes geschlossenen Darlehens- oder Kreditvertrag rechtswirksam vereinbarte Abtretung oder Verpfändung der Teilbeträge der Hauptmietzinse, die nach den bisherigen Vorschriften des Mietengesetzes von der Verwendungs- und Verrechnungspflicht ausgenommen waren, wird von der Exekutionsbeschränkung nach § 42 nicht erfaßt.

Pfandrechtliche Übergangsregelungen

§ 52a. Ein vor dem 1. März 1994 zugunsten eines Darlehens oder Kredits zur Finanzierung von Erhaltungsarbeiten an einer Liegenschaft begründetes Pfandrecht geht dem Vorzugspfandrecht nach § 42a im Rang vor, soweit der Darlehens- oder Kreditbetrag tatsächlich für Erhaltungsarbeiten verwendet wurde.

(BGBl 1993/800, ab 1. 3. 1994)

III.–VI. Hauptstück (§§ 53–56)

betreffen andere Gesetze (RückzahlungsbegG, WBFG, WGemG, WEG, UStG)

VII. Hauptstück

Abgabenrechtliche Vorschriften

§ 57. (1) Die Beträge, die der Nachmieter dem Vermieter im Sinne des § 27 Abs. 1 Z 1 des Mietrechtsgesetzes zur teilweisen oder gänzlichen Deckung des vom Vermieter dem Vormieter geleisteten Ersatzes von Aufwendungen nach § 10 des Mietrechtsgesetzes leistet, gelten nicht als Entgelt im Sinne des Umsatzsteuergesetzes 1972[1].

(2) *(betrifft EStG)*

[1] *Jetzt: UStG 1994.*

VIII. Hauptstück

In- und Außerkrafttreten

§ 58. (1) Dieses Bundesgesetz tritt mit 1. Jänner 1982 in Kraft.

(2) *(betrifft EStG)*

(3) Mit dem Inkrafttreten dieses Bundesgesetzes treten vorbehaltlich der Regelungen im II. Hauptstück außer Kraft:

1. das Bundesgesetz über die Miete von Wohnungen und Geschäftsräumlichkeiten (Mietengesetz), BGBl. Nr. 210/1929, in der Fassung des Bundesgesetzes BGBl. Nr. 91/1976;

2. das Bundesgesetz vom 29. Juni 1954, BGBl. Nr. 132, womit Bestimmungen über die Mietzinsbildung für nicht dem Mietengesetz unterliegende Räume getroffen werden;

3. der Art. II des Bundesgesetzes vom 30. Juni 1967, BGBl. Nr. 281, über die Änderung mietrechtlicher Vorschriften (Mietrechtsänderungsgesetz);

4. die Art. XII Z 2 und XIII Z 2 des Einführungsgesetzes zum Umsatzsteuergesetz 1972, BGBl. Nr. 224;

5. der Art. 6 der Verordnung vom 4. Dezember 1943 über Maßnahmen auf dem Gebiete des bürgerlichen Streitverfahrens und der Zwangsvollstreckung (Schutzverordnung), RGBl. I S 666.

(4) Insoweit in anderen bundesgesetzlichen Rechtsvorschriften auf eine durch den Abs. 3 aufgehobene Rechtsvorschrift verwiesen wird, tritt an deren Stelle die entsprechende Bestimmung dieses Bundesgesetzes.

IX. Hauptstück

Vollziehung

§ 59. Mit der Vollziehung dieses Bundesgesetzes sind betraut:

1. der Bundesminister für Finanzen hinsichtlich des § 39 Abs. 5, des § 57 und des § 58 Abs. 2;

2. der Bundesminister für Inneres hinsichtlich der im § 30 Abs. 2 Z 15 geregelten Bescheide der Bezirksverwaltungsbehörde, der „§ 27 Abs. 5“, § 38, § 39 Abs. 3 und 4 sowie § 40 Abs. 3; *(BGBl I 1997/22)*

3. der Bundesminister für Justiz gemeinsam mit dem Bundesminister für Inneres hinsichtlich des § 39 Abs. 2;

4. die Landesregierungen hinsichtlich des [„§ 29a und des“] § 54, wobei der Bundesminister für wirtschaftliche Angelegenheiten mit der Wahrnehmung der Rechte des Bundes nach Art. 15 Abs. 8 B-VG betraut ist; *(BGBl 1993/800, ab 1. 3. 1994)*

5. der Bundesminister für Justiz für alle übrigen Bestimmungen.

[] *Gegenstandslos*

13/1. MRG-Novelle 1985

13/1. Mietrechtsgesetz-Novelle 1985, BGBl 1985/559

Bundesgesetz vom 12. Dezember 1985, mit dem das Mietrechtsgesetz, das Wohnungsgemeinnützigkeitsgesetz und das Wohnhaussanierungsgesetz geändert werden

Art I – III betreffen MRG, WGG und WSG

Artikel IV

Inkrafttreten und Übergangsbestimmungen

1. Dieses Bundesgesetz tritt mit 1. Jänner 1986 in Kraft.

2. Insoweit im folgenden nichts anderes bestimmt ist, gilt dieses Bundesgesetz auch für Miet- und Nutzungsverträge, die vor dem Inkrafttreten dieses Bundesgesetzes geschlossen worden sind.

3. Auf Mietverträge über Wohnungen der Ausstattungskategorie A, die vor dem Inkrafttreten dieses Bundesgesetzes geschlossen worden sind, sind die bisherigen Vorschriften über die Mietzinsbildung weiter anzuwenden. Gleiches gilt für Wohnungen nach § 16 Abs. 1 Z 3a des Mietrechtsgesetzes in der Fassung des Art. I dieses Bundesgesetzes.

4. Ist in einer vor dem Inkrafttreten dieses Bundesgesetzes geschlossenen Mietzinsvereinbarung über eine Wohnung der Ausstattungskategorie A für den Fall einer Änderung der gesetzlichen Vorschriften über die Hauptmietzinshöhe eine Erhöhung des Hauptmietzinses oder eine Verpflichtung des Mieters zum Abschluß einer neuen Mietzinsvereinbarung vorgesehen, so ist diese Vereinbarung rechtsunwirksam. Gleiches gilt für Wohnungen nach § 16 Abs. 1 Z 3a des Mietrechtsgesetzes in der Fassung des Art. I dieses Bundesgesetzes.

5. Ist für den Abschluß einer Mietzinsvereinbarung das Vorliegen einer in der Z 4 angeführten Zinsanpassungsklausel Beweggrund, so ist diese Vereinbarung rechtsunwirksam und es gilt die frühere Mietzinsvereinbarung weiter.

6. Die im Zeitpunkt des Inkrafttretens dieses Bundesgesetzes bei Gericht (der Gemeinde, § 39 MRG) anhängigen Verfahren sind, soweit im folgenden nichts anderes bestimmt wird, nach den bisher in Geltung gestandenen Vorschriften durchzuführen.

7. Der § 16a des Mietrechtsgesetzes in der Fassung des Art. I dieses Bundesgesetzes ist auch auf die im Zeitpunkt des Inkrafttretens dieses Bundesgesetzes noch nicht rechtskräftig abgeschlossenen streitigen und außerstreitigen Verfahren anzuwenden. Zieht der Vermieter in einem solchen anhängigen Verfahren innerhalb von drei Monaten nach dem Inkrafttreten dieses Bundesgesetzes sein Begehren zurück, so gelten die Verfahrenskosten als gegenseitig aufgehoben. Ist in einem solchen anhängigen Verfahren, das auf Antrag des Mieters eingeleitet worden ist, der Vermieter in der Folge nur deshalb unterlegen, weil § 16a des Mietrechtsgesetzes in der Fassung des Art. I dieses Bundesgesetzes in Kraft getreten ist, so sind die Verfahrenskosten gegenseitig aufzuheben. Eine rechtskräftige Entscheidung steht der Anwendung des § 16a des Mietrechtsgesetzes in der Fassung des Art. I dieses Bundesgesetzes ab 1. Jänner 1986 nicht entgegen.

8. Die Bestimmungen des § 45 des Mietrechtsgesetzes in der Fassung des Art. I dieses Bundesgesetzes sind – mit Ausnahme des Abs. 1 Z 3 und des Abs. 6 – auch auf jene Erhaltungsbeiträge anzuwenden, deren Vorschreibung auf § 45 des Mietrechtsgesetzes in der am 1. Jänner 1982 in Geltung gestandenen Fassung beruht.

9. *(betrifft WGG)*

10. Soweit in anderen bundesgesetzlichen Rechtsvorschriften die Begriffe „Erhaltungsbeitrag“ und „Erhaltungsbeiträge“ vorkommen, treten an deren Stelle die Begriffe „Erhaltungs- und Verbesserungsbeitrag“ und „Erhaltungs- und Verbesserungsbeiträge“.

11. Mit der Vollziehung dieses Bundesgesetzes ist der Bundesminister für Justiz betraut.

13/2. 2. Wohnrechtsänderungsgesetz

BGBl 1991/68

Bundesgesetz, mit dem das Wohnungsgemeinnützigkeitsgesetz, das Mietrechtsgesetz, das Aktiengesetz 1965 geändert und Maßnahmen zur Hilfe für Wohnungssuchende getroffen werden (2. Wohnrechtsänderungsgesetz – 2. WÄG)

(Auszug aus Art IV und Art V)

Artikel IV

Maßnahmen zur Hilfe für Wohnungssuchende

Abschnitt I

Zwischennutzung bis zur geförderten Sanierung

§ 1. Für Wohnungen in Gebäuden (Baulichkeiten) mit mehr als zwei selbständigen Wohnungen kann – auch ohne Vorliegen der Voraussetzungen nach § 29 Abs. 1 des Mietrechtsgesetzes bis zum Beginn der Aufnahme der Sanierungsarbeiten – schriftlich ein Hauptmietvertrag mit einem Hauptmieter im Sinne des § 2 dieses Artikels mit einer insgesamt drei Jahre nicht übersteigenden Dauer schriftlich vereinbart werden, wenn eine Sanierung der Wohnungen unter Zuhilfenahme von Förderungsmitteln einer Gebietskörperschaft beabsichtigt ist und dies der Förderungsträger schriftlich bestätigt.

§ 2. (1) Die Landesregierung, in deren Bereich unter Zuhilfenahme von Förderungsmitteln einer Gebietskörperschaft Sanierungen von Wohnungen in Gebäuden (Baulichkeiten) durchgeführt werden, hat mit Bescheid für den örtlichen Wirkungsbereich eine gemeinnützigen, mildtätigen oder kirchlichen Zwecken dienende Körperschaft, Religionsgesellschaft oder sonstige Personengemeinschaften auf deren Antrag als zum Abschluß von befristeten Hauptmietverträgen im Sinne des § 1 berechtigt anzuerkennen, wenn

1. Bedarf nach solchen Zwischennutzungen besteht und

2. der Antragsteller die ausreichende Gewähr dafür bietet, gemeinnützige, mildtätige Zwecke zur Hilfe von Wohnraumsuchenden zu erfüllen.

(2) Die Anerkennung ist mit Bescheid zu entziehen, wenn die Gewähr für die tatsächliche Erfüllung dieser gemeinnützigen, mildtätigen Zwecke nicht mehr besteht.

(3) Bescheide über die Entziehung der Zuerkennung der Berechtigung zum Abschluß von befristeten Hauptmietverträgen im Sinne des § 1 sind zusätzlich dem Bundesminister für Justiz zur Bekanntmachung innerhalb angemessener Frist zuzustellen.

§ 3. (1) Der nach § 2 anerkannte Hauptmieter hat die gleiche Rechtsstellung wie ein Wohnungseigentumsmieter (§ 2 des Mietrechtsgesetzes).

(2) Die nach diesem Artikel mit Wohnraum versorgten Nutzungsberechtigten fallen nicht in den Anwendungsbereich des Mietrechtsgesetzes.

Abschnitt II ist überholt

Artikel V

Übergangs- und Vollzugsbestimmungen

(1) Dieses Bundesgesetz tritt mit 1. März 1991 in Kraft.

(2) Insoweit im folgenden nichts anderes bestimmt ist, gelten Art. I und II auch für Miet- und sonstige Nutzungsverträge, die vor dem Inkrafttreten dieses Bundesgesetzes geschlossen worden sind.

(3) Soweit Art. I Z 1 und Z 8 keine gesonderten Regelungen vorsehen, gilt für bestehende Vertragsverhältnisse und anhängige Verfahren:

1. § 20 Abs. 5 und § 22 Abs. 1 Z 4 des Wohnungsgemeinnützigkeitsgesetzes beziehungsweise § 10 und § 37 Abs. 1 Z 6 des Mietrechtsgesetzes in der Fassung des vorliegenden Bundesgesetzes sind, wenn die Ansprüche nach dem 1. März 1991 fällig werden, anwendbar:

a) auf solche auf Ersatz für Aufwendungen auf eine Wohnung, die vor dem 1. Jänner 1982 oder nach dem 28. Feber 1991 vorgenommen wurden;

b) auf alle mit öffentlichen Mitteln einer Gebietskörperschaft geförderten Aufwendungen auf eine Wohnung;

c) auf Ansprüche für Aufwendungen auf eine Wohnung, die ohne Zuhilfenahme öffentlicher Mittel einer Gebietskörperschaft nach dem 1. Jänner 1982, aber vor dem 1. März 1991 vorgenommen wurden, mit der Maßgabe, daß die jährliche Abschreibungsquote allgemein ein Zwanzigstel beträgt und daß die Vorlage von Rechnungen nicht Anspruchsvoraussetzung ist.

2. Unanwendbar sind die § 20 Abs. 5 und § 22 Abs. 1 Z 4 des Wohnungsgemeinnützigkeitsgesetzes beziehungsweise § 10 und § 37 Abs. 1 Z 6 des Mietrechtsgesetzes in der Fassung des vorlie-

genden Bundesgesetzes für die übrigen durch Z 1 nicht erfaßten Ansprüche nach § 10 Mietrechtsgesetz in der bisherigen Fassung.

3. Am 1. März 1991 bei Gericht (der Gemeinde, § 39 des Mietrechtsgesetzes) anhängige Verfahren sind nach den bisherigen Vorschriften durchzuführen.

(4) Die Bestimmungen des Art. I Z 5, 6 und 7 sowie des Art. III Z 1 sind erstmals auf Geschäftsjahre anzuwenden, die nach dem 31. Dezember 1991 beginnen. Eine Verordnung gemäß § 23 Abs. 4 des Wohnungsgemeinnützigkeitsgesetzes kann jedoch bereits ab 1. März 1991 erlassen werden.

(5) Die Vollziehung dieses Bundesgesetzes richtet sich

1. hinsichtlich des Art. I nach Art. IV des Wohnungsgemeinnützigkeitsgesetzes;

2. hinsichtlich des Art. II nach § 59 des Mietrechtsgesetzes;

3. hinsichtlich des Art. III nach § 273 des Aktiengesetzes;

4. hinsichtlich des Art. IV sind mit der Vollziehung betraut:

a) der Bundesminister für Justiz hinsichtlich §§ 1, 3 und 4 Abs. 1 und 2 und der Bekanntmachungspflicht nach § 2 Abs. 3;

b) der Bundesminister für Finanzen hinsichtlich § 4 Abs. 4;

c) die Landesregierungen hinsichtlich der übrigen Bestimmungen.

13/3. 3. Wohnrechtsänderungsgesetz

BGBl 1993/800

Bundesgesetz, mit dem das Wohnungsgemeinnützigkeitsgesetz, das Mietrechtsgesetz, das Wohnungseigentumsgesetz 1975, das Heizkostenabrechnungsgesetz, das Bundes-Sonderwohnbaugesetz 1982, das Bundes-Sonderwohnbaugesetz 1983, das Wohnbauförderungsgesetz 1968 und das Wohnbauförderungsgesetz 1984 geändert werden und mit dem ein Richtwertgesetz (RichtWG) geschaffen wird (3. Wohnrechtsänderungsgesetz – 3. WÄG)

II. Abschnitt

Übergangsbestimmungen

1. Insoweit im folgenden nichts anderes bestimmt ist, gilt der I. Abschnitt[1] auch für Miet- und Nutzungsverträge, die vor seinem Inkrafttreten geschlossen worden sind.

[1] Der I. Abschnitt enthält Änderungen des MRG.

2. Bei bestehenden Hauptmietverträgen mit Wohnungseigentümern oder Wohnungseigentumsbewerbern über eine Wohnung der Ausstattungskategorie D (§ 15a Abs. 1 Z 4) und bei Mietverträgen, die mit dem Mieter oder Pächter eines ganzen Hauses abgeschlossen wurden, richtet sich die Auflösung des Mietvertrages nach den bisher in Geltung gestandenen Regelungen der §§ 29 bis 36. Gleiches gilt für die Regeln über die Verwendung und Verrechnung des Hauptmietzinses (§ 18 und § 20).

3. Ermäßigungen des Hauptmietzinses nach den bisher in Geltung gestandenen Regelungen des § 44 Abs. 2 und 3 MRG bleiben aufrecht.

4. Vor dem Inkrafttreten des I. Abschnittes[1] entrichtete und noch nicht bestimmungsgemäß verbrauchte Erhaltungs- und Verbesserungsbeiträge sind bis zum 31. Mai 1994 jedenfalls nicht zurückzuerstatten. Sie sind auch nach diesem Zeitpunkt nicht zurückzuerstatten, wenn sich der Vermieter gegenüber den rückforderungsberechtigten Mietern bis spätestens 31. Mai 1994 durch Anschlag im Haus dazu verpflichtet, sämtliche noch nicht verbrauchte Erhaltungs- und Verbesserungsbeiträge einschließlich jener, die nach den Regelungen des § 45 MRG in der bis zum Inkrafttreten des I. Abschnittes[1] in Geltung gestandenen Fassung am 1. März 1994 noch nicht zur Rückzahlung fällig waren, bis spätestens 31. Dezember 1996 vollständig zur Finanzierung von Erhaltungs- und Verbesserungsarbeiten zu verwenden. Kommt der Vermieter dieser Verwendungspflicht nach, so darf er die zwischen 1. März 1994 und 31. Dezember 1996 verbrauchten Erhaltungs- und Verbesserungsbeiträge auch für die Finanzierung solcher Erhaltungs- und Verbesserungsarbeiten verrechnen, deren Kosten bereits durch die anrechenbare Mietzinsreserve gedeckt wären. Kommt er hingegen dieser Verwendungspflicht nicht bis spätestens 31. Dezember 1996 nach, so hat er sämtliche vor dem Inkrafttreten des I. Abschnittes[1] entrichteten und noch nicht bestimmungsgemäß verbrauchten Erhaltungs- und Verbesserungsbeiträge – ungeachtet der bisher in Geltung gestandenen Bestimmungen über deren Rückzahlung – bis spätestens 31. Jänner 1997 zurückzuerstatten. Wenn der Vermieter bis spätestens 31. Mai 1994 keine Verpflichtungserklärung im Sinn des zweiten Satzes abgibt, gelten für die Verwendung, Verrechnung und Rückerstattung der Erhaltungs- und Verbesserungsbeiträge die Regelungen des § 45 MRG in der bis zum Inkrafttreten des I. Abschnittes[1] in Geltung gestandenen Fassung weiter. In allen Fällen einer Rückerstattung von Erhaltungs- und Verbesserungsbeiträgen ist rückforderungsberechtigt derjenige, der die jeweiligen Erhaltungs- und Verbesserungsbeiträge als Hauptmieter entrichtet hat, und rückzahlungspflichtig derjenige, der zum Zeitpunkt der Fälligkeit der Rückzahlung Vermieter ist.

5. Eine vor dem Inkrafttreten des I. Abschnittes[1] geschlossene und nach den damaligen Bestimmungen rechtswirksame Vereinbarung über die Höhe des Mietzinses oder ein Begehren nach § 46 Abs. 2 in der bisherigen Fassung und deren (dessen) Wertsicherung behält ihre (seine) Rechtswirksamkeit. Eine nach den damaligen Bestimmungen rechtsunwirksame Vereinbarung über die Höhe des Mietzinses bleibt rechtsunwirksam.

6. § 18 Abs. 5 MRG gilt nicht für solche Mietverträge, die vor dem 1. März 1994 geschlossen wurden.

7. § 20 Abs. 1 Z 1 lit. b bis d MRG in der Fassung des I. Abschnittes[1] ist nur auf solche Abrechnungszeiträume anzuwenden, die nach dem Inkrafttreten des I. Abschnittes[1] gelegen sind. Für Zeiträume davor ist § 20 Abs. 1 Z 1 lit. b und c MRG in der bisherigen Fassung anzuwenden.

8. § 20 Abs. 1 Z 1 lit. g und § 27 Abs. 3 und 4 MRG in der Fassung des I. Abschnitts[1)] sind auf Leistungen, die vor dem 1. März 1994 erbracht wurden, nicht anzuwenden. Auf Leistungen, die vor dem 1. März 1994 erbracht wurden, ist § 27 Abs. 3 und 4 MRG in der bis zum Zeitpunkt des Inkrafttretens des I. Abschnitts[1)] in Geltung gestandenen Fassung anzuwenden.

9. § 20 Abs. 1 Z 2 lit. e MRG in der Fassung des I. Abschnitts[1)] ist nur auf solche Abrechnungszeiträume anzuwenden, die nach dem Inkrafttreten des I. Abschnitts[1)] gelegen sind. Für Zeiträume davor ist § 20 Abs. 1 Z 2 lit. e MRG in der bisherigen Fassung anzuwenden.

10. Die im Zeitpunkt des Inkrafttretens des I. Abschnittes[1)] bei Gericht (der Gemeinde, § 39) anhängigen Verfahren – ausgenommen Verfahren nach Maßgabe der Z 4 – sind nach den bisher in Geltung gestandenen Bestimmungen durchzuführen. Die Regelung der Z 4 ist auch auf die im Zeitpunkt des Inkrafttretens des I. Abschnittes[1)] noch nicht rechtskräftig abgeschlossenen Verfahren anzuwenden, sofern das Verfahren nach dem 30. Juni 1993 anhängig gemacht wurde.

III. Abschnitt

Inkrafttreten; Vollzugsklausel

(1) Der I. und II. Abschnitt treten mit 1. März 1994 in Kraft; auf die Regelung der Z 10 des II. Abschnittes ist Bedacht zu nehmen.

(2) Mit der Vollziehung dieses Bundesgesetzes ist der Bundesminister für Justiz betraut.

13/4. Wohnrechtsnovelle 2015

BGBl I 2014/100

Bundesgesetz, mit dem das Mietrechtsgesetz, das Wohnungsgemeinnützigkeitsgesetz und das Wohnungseigentumsgesetz 2002 geändert werden und eine Regelung über die Erhaltung von Wärmebereitungsgeräten im Teilanwendungsbereich des § 1 Abs. 4 MRG getroffen wird (Wohnrechtsnovelle 2015 – WRN 2015)

Art I bis III betreffen MRG, WGG und WEG

Artikel 4

Regelung über die Erhaltung von Wärmebereitungsgeräten im Teilanwendungsbereich des § 1 Abs. 4 MRG

§ 1. Bei Wohnungsmietverträgen, die dem Teilanwendungsbereich des § 1 Abs. 4 MRG unterliegen, kann die Erhaltungspflicht des Vermieters nach § 1096 Abs. 1 ABGB durch vertragliche Vereinbarungen nicht ausgeschlossen oder eingeschränkt werden, soweit es sich um die Erhaltung einer mitvermieteten Heiztherme, eines mitvermieteten Warmwasserboilers oder eines sonstigen mitvermieteten Wärmebereitungsgeräts in der Wohnung handelt.

§ 2. § 1 tritt mit 1. Jänner 2015 in Kraft. Er ist auch in gerichtlichen Verfahren anzuwenden, die am 1. Jänner 2015 bereits anhängig geworden, aber noch nicht rechtskräftig entschieden worden sind.

§ 3. Im Übrigen ist § 1 ab seinem Inkrafttreten auch auf Mietverträge anzuwenden, die vor dem 1. Jänner 2015 geschlossen wurden.

13/5. Richtwertgesetz

BGBl 1993/800 idF

1 BGBl I 2000/36 (WRN 2000)
2 BGBl I 2001/98 (2. Euro-JuBeG)
3 BGBl I 2003/113 (WohnAußStrBeglG)
4 BGBl I 2006/113 (DRG 2006)
5 BGBl I 2008/50 (MILG)
6 BGBl I 2009/25 (WRN 2009)
7 BGBl I 2016/12 (2. MILG)
8 BGBl I 2021/59 (MPFLG)
9 BGBl I 2023/176 (3. MILG)

Bundesgesetz über die Festsetzung des Richtwertes für die mietrechtliche Normwohnung (Richtwertgesetz – RichtWG)

I. Abschnitt

Richtwert

§ 1. (1) Der Richtwert ist jener Betrag, der für die mietrechtliche Normwohnung (§ 2) festgesetzt ist. Er bildet die Grundlage für die Berechnung des angemessenen Hauptmietzinses nach § 16 Abs. 2 MRG.

(2) Der Bundesminister für Justiz hat für jedes Bundesland einen Richtwert in „Eurobeträgen" je Quadratmeter der Nutzfläche und Monat für die mietrechtliche Normwohnung unter Bedachtnahme auf das Gutachten des Beirates (§ 7) und die in § 3 genannten Grundsätze durch Verordnung festzusetzen. *(BGBl I 2001/98, ab 1. 1. 2002)*

Mietrechtliche Normwohnung

§ 2. (1) Die mietrechtliche Normwohnung ist eine Wohnung mit einer Nutzfläche zwischen 30 Quadratmeter und 130 Quadratmeter in brauchbarem Zustand, die aus Zimmer, Küche (Kochnische), Vorraum, Klosett und einer dem zeitgemäßen Standard entsprechenden Badegelegenheit (Baderaum oder Badenische) besteht, über eine Etagenheizung oder eine gleichwertige stationäre Heizung verfügt und in einem Gebäude mit ordnungsgemäßem Erhaltungszustand auf einer Liegenschaft mit durchschnittlicher Lage (Wohnumgebung) gelegen ist.

(2) Ein Gebäude befindet sich dann in ordnungsgemäßem Erhaltungszustand, wenn der Zustand seiner allgemeinen Teile nicht bloß vorübergehend einen ordentlichen Gebrauch der Wohnung gewährleistet. Ordnungsgemäß ist der Erhaltungszustand des Gebäudes jedenfalls dann nicht, wenn im Zeitpunkt der Vermietung Erhaltungsarbeiten im Sinn des § 3 Abs. 3 Z 2 MRG anstehen.

(3) Die durchschnittliche Lage (Wohnumgebung) ist nach der allgemeinen Verkehrsauffassung und der Erfahrung des täglichen Lebens zu beurteilen, wobei eine Lage (Wohnumgebung) mit einem überwiegenden Gebäudebestand, der in der Zeit von 1870 bis 1917 errichtet wurde und im Zeitpunkt der Errichtung überwiegend kleine, mangelhaft ausgestattete Wohnungen (Wohnungen der Ausstattungskategorie D) aufgewiesen hat, höchstens als durchschnittlich einzustufen ist.

Ermittlung des Richtwertes

§ 3. (1) Bei der Ermittlung des Richtwertes ist vom Herstellungswert (§ 6 Abs. 3 des Liegenschaftsbewertungsgesetzes) einer gut ausgestatteten geförderten Neubaumietwohnung in einem mehrgeschossigen Gebäude mit mindestens 4 Wohnungen auszugehen. Es sind dabei aber nur geförderte Neubaumietwohnungen heranzuziehen, bei denen eine förderungsrechtliche Begrenzung der (förderbaren) Baukosten oder des zulässigen Hauptmietzinses gegeben ist.

(2) Der Grundkostenanteil je Quadratmeter Nutzfläche errechnet sich aus den Grundkosten, die während des Kalenderjahres 1992 den Förderungszusicherungen des jeweiligen Landes tatsächlich zugrunde gelegt wurden.

(3) Zur Ermittlung der Baukosten je Quadratmeter Nutzfläche sind die am 31. Dezember 1992 geltenden Vorschriften des jeweiligen Landes über die förderbaren Baukosten zugrunde zu legen. Fehlen solche Vorschriften, sind die Baukosten zugrunde zu legen, die sich aus den Förderungszusicherungen des jeweiligen Landes im Kalenderjahr 1992 ergeben.

(4) Von den Baukosten gemäß Abs. 3 sind jene Baukostenanteile abzuziehen, die für die Errichtung solcher Gebäudeteile üblicherweise anfallen, die nach den am 31. Dezember 1992 geltenden Wohnbauförderungsvorschriften des jeweiligen Landes zwar gefördert werden, aber dem typischen Althausbestand nicht entsprechen, nämlich Einstell- oder Abstellplätze (Garagen), Aufzugsanlagen, gemeinsame Wärmeversorgungsanlagen und Gemeinschaftsanlagen oder -räume (Fahrrad- und Kinderwagenabstellplätze, Hobbyräume, Schutzräume, modern ausgestattete Waschküchen, Gemeinschaftsantennen, Saunen) sowie solche Baukostenanteile, die bautechnischen Erschwernissen zuzurechnen sind.

(5) Es ist jeweils ein Durchschnittswert der Grundkostenanteile und der Baukosten des jewei-

ligen Landes heranzuziehen, der in bezug auf die Wohnnutzfläche zu gewichten ist.

(6) Die betragsmäßige Ermittlung des Richtwertes erfolgt, indem zunächst 4 vH des Grundkostenanteils (Abs. 2 und 5) und 5,5 vH der Baukosten (Abs. 3 bis 5) zusammengezählt und sodann von der errechneten Summe 5 vH der Kosten für die Errichtung von Aufzugsanlagen und gemeinsamen Wärmeversorgungsanlagen (fiktiver Erhaltungsaufwand) abgezogen werden; der Richtwert beträgt ein Zwölftel der sich daraus ergebenden Differenz.

Kundmachung der Richtwerte

§ 4. (1) Der Bundesminister für Justiz hat die Richtwerte und die ihrer Ermittlung zugrundegelegten Kostenanteile (§ 3 Abs. 2 bis 5), ausgedrückt in Prozentsätzen vom jeweiligen Richtwert, unter Bedachtnahme auf das Gutachten des Beirats durch Verordnung festzusetzen. Kommt ein Gutachten des Beirats über die Ermittlung der Richtwerte nicht zustande, so ist der Richtwert vom Bundesminister für Justiz unter Bedachtnahme auf die Grundsätze des § 3 festzusetzen.

(2) Der Richtwert ist „ “ bis spätestens 28. Februar 1994 für jedes Bundesland festzusetzen und wird mit 1. März 1994 wirksam. *(BGBl I 2006/113, ab 25. 7. 2006)*

Wertsicherung der Richtwerte

§ 5. (1) Für den Zeitraum vom 1. April 2019 bis zum 31. März 2022 gelten folgende Richtwerte:

1.	für das Bundesland Burgenland	5,30 Euro
2.	für das Bundesland Kärnten	6,80 Euro
3.	für das Bundesland Niederösterreich	5,96 Euro
4.	für das Bundesland Oberösterreich	6,29 Euro
5.	für das Bundesland Salzburg	8,03 Euro
6.	für das Bundesland Steiermark	8,02 Euro
7.	für das Bundesland Tirol	7,09 Euro
8.	für das Bundesland Vorarlberg	8,92 Euro
9.	für das Bundesland Wien	5,81 Euro.

Eine gesonderte Kundmachung dieser Richtwerte durch den Bundesminister für Justiz findet nicht statt.

(2) Am 1. April 2022 und am 1. April 2023 vermindern oder erhöhen sich die in Abs. 1 angeführten Richtwerte in dem Maß, das sich aus der Veränderung des von der Bundesanstalt Statistik Österreich verlautbarten Jahresdurchschnittswerts des Verbraucherpreisindex 2010 des jeweiligen Vorjahrs gegenüber dem Indexwert 116,3 (Durchschnittswert des Jahres 2018) ergibt. Am 1. April 2025 und am 1. April 2026 vermindern oder erhöhen sich die Richtwerte gegenüber dem jeweils letzten Änderungszeitpunkt in dem Maß, das der durchschnittlichen Veränderung des Verbraucherpreisindex 2010 oder des an seine Stelle tretenden Index in dem dem Valorisierungszeitpunkt vorangegangenen Jahr entspricht, wobei sich die Richtwerte aber jeweils um nicht mehr als fünf Prozent gegenüber dem letzten Änderungszeitpunkt erhöhen können. Die durchschnittliche Veränderung des Verbraucherpreisindex ergibt sich aus dem Vergleich der aufeinanderfolgenden Jahresdurchschnittswerte. Am 1. April 2027 und sodann jährlich vermindern oder erhöhen sich die Richtwerte gegenüber dem jeweils letzten Änderungszeitpunkt in dem Maß, das der durchschnittlichen jährlichen Veränderung des Verbraucherpreisindex 2010 oder des an seine Stelle tretenden Index in den drei dem Valorisierungszeitpunkt vorangegangenen Jahren entspricht. Sofern diese durchschnittliche jährliche Veränderung fünf Prozent übersteigt, ist der fünf Prozentpunkte übersteigende Teil nur zur Hälfte zu berücksichtigen. Bei der Berechnung der neuen Richtwerte sind Beträge, die einen halben Cent nicht übersteigen, auf den nächstniedrigeren ganzen Cent abzurunden und Beträge, die einen halben Cent übersteigen, auf den nächsthöheren ganzen Cent aufzurunden. Die neuen Beträge gelten jeweils ab dem 1. April des betreffenden Jahres. Die Bundesanstalt Statistik Österreich hat die geänderten Richtwerte und den Zeitpunkt, in dem die Richtwertänderung mietrechtlich wirksam wird, auf ihrer Website zu veröffentlichen. *(BGBl I 2023/176, gilt für die Höhe der Richtwerte ab dem 1. 4. 2025; für die Richtwerthöhe vor diesem Zeitpunkt gilt diese Bestimmung in ihrer früheren Fassung)*

(BGBl I 2021/59, ab 1. 4. 2021, gilt für die Höhe der Richtwerte ab dem 1. 4. 2019)

§§ 6 bis 9. *(aufgehoben, BGBl I 2006/113, ab 25. 7. 2006)*

II. Abschnitt

Inkrafttreten, Vollzugsklausel

(1) Der I. Abschnitt tritt mit 1. Dezember 1993 in Kraft.

(1a) § 5 Abs. 1 und 2 in der Fassung der Wohnrechtsnovelle 2009, BGBl. I Nr. 25/2009, tritt mit 31. März 2009 in Kraft. *(BGBl I 2009/25)*

(1b) § 5 Abs. 2 in der Fassung des 3. Mietrechtlichen Inflationslinderungsgesetzes, BGBl. I Nr. 176/2023, tritt mit dem der Kundmachung folgenden Tag in Kraft und gilt für die Höhe der Richtwerte ab dem 1. April 2025; für die Richtwerthöhe vor diesem Zeitpunkt gilt diese Bestimmung in ihrer früheren Fassung. *(BGBl I 2023/176)*

(2) Mit der Vollziehung dieses Bundesgesetzes ist der Bundesminister für Justiz betraut. *(BGBl I 2006/113)*

13/6. Richtwertverordnungen

BGBl 1994/140 idF

1 BGBl 1995/166
2 BGBl 1996/124
3 BGBl II 1997/65
4 BGBl II 1998/72
5 BGBl II 1999/78
6 BGBl II 2000/80
7 BGBl II 2001/125
8 BGBl II 2002/114
9 BGBl II 2003/190
10 BGBl II 2004/116
11 BGBl II 2005/37
12 BGBl II 2006/101
13 BGBl II 2007/61
14 BGBl II 2010/93
15 BGBl II 2012/82
16 BGBl II 2014/55
17 BGBl II 2017/62
18 BGBl II 2019/70
19 BGBl II 2022/137
20 BGBl II 2023/81

Verordnung des Bundesministers für Justiz über die Festsetzung des Richtwerts für das Bundesland Burgenland

BGBl 1994/140

§ 1. Auf Grund des § 4 des Richtwertgesetzes, BGBl. Nr. 800/1993 Art. IX, in Verbindung mit dessen § 3 Abs. 6 wird für das Bundesland Burgenland der Richtwert für die mietrechtliche Normwohnung mit dem Betrag von ... 6,09 Euro[1)] je Quadratmeter der Nutzfläche und Monat festgesetzt.

Frühere Richtwerte:

a) gültig vom 1. 3. 1994 bis 31. 3. 1995: .... 46,– S
b) gültig vom 1. 4. 1995 bis 31. 3. 1996: .... 47,20 S
c) gültig vom 1. 4. 1996 bis 31. 3. 1997: .... 48,10 S
d) gültig vom 1. 4. 1997 bis 31. 3. 1998: .... 49,20 S
e) gültig vom 1. 4. 1998 bis 31. 3. 1999: .... 49,90 S
f) gültig vom 1. 4. 1999 bis 31. 3. 2000: .... 50,20 S
g) gültig vom 1. 4. 2000 bis 31. 3. 2001: .... 50,90 S
h) gültig vom 1. 4. 2001 bis 31. 3. 2002: .... 52,20 S
= 3,79 Euro

i) gültig vom 1. 4. 2002 bis 31. 3. 2003: .... 3,87 Euro
j) gültig vom 1. 4. 2003 bis 31. 3. 2004: .... 3,94 Euro
k) gültig vom 1. 4. 2004 bis 31. 3. 2005: .... 3,99 Euro
l) gültig vom 1. 4. 2005 bis 31. 3. 2006: .... 4,11 Euro
m) gültig vom 1. 4. 2006 bis 31. 3. 2007: .... 4,17 Euro
n) gültig vom 1. 4. 2007 bis 31. 3. 2008: .... 4,22 Euro
o) gültig vom 1. 4. 2008 bis 31. 3. 2010: .... 4,31 Euro
p) gültig vom 1. 4. 2010 bis 31. 3. 2012: .... 4,47 Euro
q) gültig vom 1. 4. 2012 bis 31. 3. 2014: .... 4,70 Euro
r) gültig vom 1. 4. 2014 bis 31. 3. 2017: .... 4,92 Euro
s) gültig vom 1. 4. 2017 bis 31. 3. 2019: .... 5,09 Euro
t) gültig vom 1. 4. 2019 bis 31. 3. 2022: .... 5,30 Euro
u) gültig vom 1. 4. 2022 bis 31. 3. 2023: .... 5,61 Euro

1) Ab 1. 4. 2023 (BGBl II 2023/81).

§ 2. (1) Der Richtwert wurde wie folgt ermittelt:

1. Grundkostenanteil 440,– S, davon 4 vH .... 17,60 S
2. Baukosten 11 605,– S, davon 5,5 vH .... 638,28 S
3. abzuziehende Baukostenanteile für Aufzugsanlagen, gemeinsame Wärmeversorgungsanlagen, Fahrrad- und Kinderwagenabstellplätze, Hobbyräume, Schutzräume, Trockenräume und Gemeinschaftsantennen 1 250,– S, davon 5,5 vH .... 68,75 S
4. abzuziehende Kosten für die Errichtung von Aufzugsanlagen und gemeinsamen Wärmeversorgungsanlagen 700,– S, davon 5 vH .... 35,– S

Zwischensumme .... 552,13 S
davon ein Zwölftel, gerundet .... 46,– S

(2) Die der Ermittlung nach Abs. 1 zugrunde gelegten Kostenanteile betragen demgemäß, ausgedrückt in Prozentsätzen vom Richtwert, gerundet:

1. Grundkostenanteil .... 3,19 vH des Richtwerts;
2. Baukosten ...... 115,63 vH des Richtwerts;
3. abzuziehende Baukostenanteile (Abs. 1 Z 3) .... 12,45 vH des Richtwerts;
4. abzuziehende Kosten für die Errichtung von Aufzugsanlagen und gemeinsamen Wärmeversorgungsanlagen .... 6,34 vH des Richtwerts.

§ 3. Diese Verordnung tritt mit 1. März 1994 in Kraft.

Verordnung des Bundesministers für Justiz über die Festsetzung des Richtwerts für das Bundesland Kärnten

BGBl 1994/141

§ 1. Auf Grund des § 4 des Richtwertgesetzes, BGBl. Nr. 800/1993 Art. IX, in Verbindung mit dessen § 3 Abs. 6 wird für das Bundesland Kärnten der Richtwert für die mietrechtliche Normwohnung mit dem Betrag von ... 7,81 Euro[1)] je Quadratmeter der Nutzfläche und Monat festgesetzt.

Frühere Richtwerte:

a) gültig vom 1. 3. 1994 bis 31. 3. 1995: .... 58,90 S
b) gültig vom 1. 4. 1995 bis 31. 3. 1996: .... 60,40 S
c) gültig vom 1. 4. 1996 bis 31. 3. 1997: .... 61,50 S
d) gültig vom 1. 4. 1997 bis 31. 3. 1998: .... 63,– S
e) gültig vom 1. 4. 1998 bis 31. 3. 1999: .... 63,90 S
f) gültig vom 1. 4. 1999 bis 31. 3. 2000: .... 64,30 S
g) gültig vom 1. 4. 2000 bis 31. 3. 2001: .... 65,20 S
h) gültig vom 1. 4. 2001 bis 31. 3. 2002: .... 66,90 S
= 4,86 Euro

i) gültig vom 1. 4. 2002 bis 31. 3. 2003: .... 4,95 Euro
j) gültig vom 1. 4. 2003 bis 31. 3. 2004: .... 5,05 Euro
k) gültig vom 1. 4. 2004 bis 31. 3. 2005: .... 5,11 Euro
l) gültig vom 1. 4. 2005 bis 31. 3. 2006: .... 5,26 Euro
m) gültig vom 1. 4. 2006 bis 31. 3. 2007: .... 5,34 Euro
n) gültig vom 1. 4. 2007 bis 31. 3. 2008: .... 5,41 Euro
o) gültig vom 1. 4. 2008 bis 31. 3. 2010: .... 5,53 Euro
p) gültig vom 1. 4. 2010 bis 31. 3. 2012: .... 5,74 Euro
q) gültig vom 1. 4. 2012 bis 31. 3. 2014: .... 6,03 Euro
r) gültig vom 1. 4. 2014 bis 31. 3. 2017: .... 6,31 Euro
s) gültig vom 1. 4. 2017 bis 31. 3. 2019: .... 6,53 Euro
t) gültig vom 1. 4. 2019 bis 31. 3. 2022: .... 6,80 Euro
u) gültig vom 1. 4. 2022 bis 31. 3. 2023: .... 7,20 Euro

1) Ab 1. 4. 2023 (BGBl II 2023/81).

MRG RWG

§ 2. (1) Der Richtwert wurde wie folgt ermittelt:

1. Grundkostenanteil 1 070,36 S, davon 4 vH .... 42,81 S
2. Baukosten 15 036,– S, davon 5,5 vH .... 826,98 S
3. abzuziehende Baukostenanteile für Abstellplätze, Aufzugsanlagen, gemeinsame Wärmeversorgungsanlagen, Fahrrad- und Kinderwagenabstellplätze, Schutzräume, modern ausgestattete Waschküchen und Gemeinschaftsantennen 1 893,04 S, davon 5,5 vH .... 104,12 S
4. abzuziehende Kosten für die Errichtung von Aufzugsanlagen und gemeinsamen Wärmeversorgungsanlagen 1 168,30 S, davon 5 vH .... 58,42 S

Zwischensumme .... 707,25 S

davon ein Zwölftel, gerundet .... 58,90 S

(2) Die der Ermittlung nach Abs. 1 zugrunde gelegten Kostenanteile betragen demgemäß, ausgedrückt in Prozentsätzen vom Richtwert, gerundet:

1. Grundkostenanteil .... 6,06 vH des Richtwerts;
2. Baukosten ...... 117,00 vH des Richtwerts;
3. abzuziehende Baukostenanteile (Abs. 1 Z 3) .... 14,73 vH des Richtwerts;
4. abzuziehende Kosten für die Errichtung von Aufzugsanlagen und gemeinsamen Wärmeversorgungsanlagen .... 8,27 vH des Richtwerts.

§ 3. Diese Verordnung tritt mit 1. März 1994 in Kraft.

Verordnung des Bundesministers für Justiz über die Festsetzung des Richtwerts für das Bundesland Niederösterreich

BGBl 1994/142

§ 1. Auf Grund des § 4 des Richtwertgesetzes, BGBl. Nr. 800/1993 Art. IX, in Verbindung mit dessen § 3 Abs. 6 wird für das Bundesland Niederösterreich der Richtwert für die mietrechtliche Normwohnung mit dem Betrag von ... 6,85 Euro[1)] je Quadratmeter der Nutzfläche und Monat festgesetzt.

Frühere Richtwerte:

a) gültig vom 1. 3. 1994 bis 31. 3. 1995: .... 51,70 S
b) gültig vom 1. 4. 1995 bis 31. 3. 1996: .... 53,– S
c) gültig vom 1. 4. 1996 bis 31. 3. 1997: .... 54,– S
d) gültig vom 1. 4. 1997 bis 31. 3. 1998: .... 55,30 S
e) gültig vom 1. 4. 1998 bis 31. 3. 1999: .... 56,10 S
f) gültig vom 1. 4. 1999 bis 31. 3. 2000: .... 56,50 S
g) gültig vom 1. 4. 2000 bis 31. 3. 2001: .... 57,20 S
h) gültig vom 1. 4. 2001 bis 31. 3. 2002: .... 58,70 S
= 4,27 Euro

i) gültig vom 1. 4. 2002 bis 31. 3. 2003: .... 4,35 Euro
j) gültig vom 1. 4. 2003 bis 31. 3. 2004: .... 4,43 Euro
k) gültig vom 1. 4. 2004 bis 31. 3. 2005: .... 4,48 Euro
l) gültig vom 1. 4. 2005 bis 31. 3. 2006: .... 4,61 Euro
m) gültig vom 1. 4. 2006 bis 31. 3. 2007: .... 4,68 Euro
n) gültig vom 1. 4. 2007 bis 31. 3. 2008: .... 4,75 Euro
o) gültig vom 1. 4. 2008 bis 31. 3. 2010: .... 4,85 Euro
p) gültig vom 1. 4. 2010 bis 31. 3. 2012: .... 5,03 Euro
q) gültig vom 1. 4. 2012 bis 31. 3. 2014: .... 5,29 Euro
r) gültig vom 1. 4. 2014 bis 31. 3. 2017: .... 5,53 Euro
s) gültig vom 1. 4. 2017 bis 31. 3. 2019: .... 5,72 Euro
t) gültig vom 1. 4. 2019 bis 31. 3. 2022: .... 5,96 Euro
u) gültig vom 1. 4. 2022 bis 31. 3. 2023: .... 6,31 Euro

---

1) Ab 1. 4. 2023 (BGBl II 2023/81).

§ 2. (1) Der Richtwert wurde wie folgt ermittelt:

1. Grundkostenanteil 1 247,35 S, davon 4 vH .... 49,89 S
2. Baukosten 14 954,61 S, davon 5,5 vH .... 822,50 S
3. abzuziehende Baukostenanteile für Einstell- oder Abstellplätze (Garagen), Aufzugsanlagen, gemeinsame Wärmeversorgungsanlagen, Fahrrad- und Kinderwagenabstellplätze, Hobbyräume, Schutzräume, modern ausgestattete Waschküchen, Gemeinschaftsantennen und bautechnische Erschwernisse 3 498,25 S, davon 5,5 vH .... 192,40 S
4. abzuziehende Kosten für die Errichtung von Aufzugsanlagen und gemeinsamen Wärmeversorgungsanlagen 1 180,25 S, davon 5 vH .... 59,01 S

Zwischensumme .... 620,98 S

davon ein Zwölftel, gerundet .... 51,70 S

(2) Die der Ermittlung nach Abs. 1 zugrunde gelegten Kostenanteile betragen demgemäß, ausgedrückt in Prozentsätzen vom Richtwert, gerundet:

1. Grundkostenanteil .... 8,04 vH des Richtwerts;
2. Baukosten ...... 132,58 vH des Richtwerts;
3. abzuziehende Baukostenanteile (Abs. 1 Z 3) .... 31,01 vH des Richtwerts;
4. abzuziehende Kosten für die Errichtung von Aufzugsanlagen und gemeinsamen Wärmeversorgungsanlagen .... 9,51 vH des Richtwerts.

§ 3. Diese Verordnung tritt mit 1. März 1994 in Kraft.

Verordnung des Bundesministers für Justiz über die Festsetzung des Richtwerts für das Bundesland Oberösterreich

BGBl 1994/143

§ 1. Auf Grund des § 4 des Richtwertgesetzes, BGBl. Nr. 800/1993 Art. IX, in Verbindung mit dessen § 3 Abs. 6 wird für das Bundesland Oberösterreich der Richtwert für die mietrechtliche Normwohnung mit dem Betrag von ... 7,23 Euro[1] je Quadratmeter der Nutzfläche und Monat festgesetzt.

Frühere Richtwerte:

a) gültig vom 1. 3. 1994 bis 31. 3. 1995: .... 54,60 S
b) gültig vom 1. 4. 1995 bis 31. 3. 1996: .... 56,– S
c) gültig vom 1. 4. 1996 bis 31. 3. 1997: .... 57,– S
d) gültig vom 1. 4. 1997 bis 31. 3. 1998: .... 58,40 S
e) gültig vom 1. 4. 1998 bis 31. 3. 1999: .... 59,20 S
f) gültig vom 1. 4. 1999 bis 31. 3. 2000: .... 59,60 S
g) gültig vom 1. 4. 2000 bis 31. 3. 2001: .... 60,40 S
h) gültig vom 1. 4. 2001 bis 31. 3. 2002: .... 62,– S = 4,51 Euro
i) gültig vom 1. 4. 2002 bis 31. 3. 2003: .... 4,59 Euro
j) gültig vom 1. 4. 2003 bis 31. 3. 2004: .... 4,68 Euro
k) gültig vom 1. 4. 2004 bis 31. 3. 2005: .... 4,73 Euro
l) gültig vom 1. 4. 2005 bis 31. 3. 2006: .... 4,87 Euro
m) gültig vom 1. 4. 2006 bis 31. 3. 2007: .... 4,95 Euro
n) gültig vom 1. 4. 2007 bis 31. 3. 2008: .... 5,01 Euro
o) gültig vom 1. 4. 2008 bis 31. 3. 2010: .... 5,12 Euro
p) gültig vom 1. 4. 2010 bis 31. 3. 2012: .... 5,31 Euro.
q) gültig vom 1. 4. 2012 bis 31. 3. 2014: .... 5,58 Euro.
r) gültig vom 1. 4. 2014 bis 31. 3. 2017: .... 5,84 Euro.
s) gültig vom 1. 4. 2017 bis 31. 3. 2019: .... 6,05 Euro
t) gültig vom 1. 4. 2019 bis 31. 3. 2022: .... 6,29 Euro
u) gültig vom 1. 4. 2022 bis 31. 3. 2023: .... 6,66 Euro

---

[1] Ab 1. 4. 2023 (BGBl II 2023/81).

§ 2. (1) Der Richtwert wurde wie folgt ermittelt:

1. Grundkostenanteil 1 227,97 S, davon 4 vH .... 49,12 S
2. Baukosten 15 247,81 S, davon 5,5 vH .... 838,63 S
3. abzuziehende Baukostenanteile für Aufzugsanlagen, gemeinsame Wärmeversorgungsanlagen, Fahrrad- und Kinderwagenabstellplätze, Hobbyräume, Schutzräume, modern ausgestattete Waschküchen, Gemeinschaftsantennen und bautechnische Erschwernisse 3 111,11 S, davon 5,5 vH .... 171,11 S
4. abzuziehende Kosten für die Errichtung von Aufzugsanlagen und gemeinsamen Wärmeversorgungsanlagen 1 220,– S, davon 5 vH .... 61 S

Zwischensumme .... 655,64 S

davon ein Zwölftel, gerundet .... 54,60 S

(2) Die der Ermittlung nach Abs. 1 zugrunde gelegten Kostenanteile betragen demgemäß, ausgedrückt in Prozentsätzen vom Richtwert, gerundet:

1. Grundkostenanteil .... 7,50 vH des Richtwerts;
2. Baukosten ...... 128,00 vH des Richtwerts;
3. abzuziehende Baukostenanteile (Abs. 1 Z 3) .... 26,12 vH des Richtwerts;
4. abzuziehende Kosten für die Errichtung von Aufzugsanlagen und gemeinsamen Wärmeversorgungsanlagen .... 9,31 vH des Richtwerts.

§ 3. Diese Verordnung tritt mit 1. März 1994 in Kraft.

Verordnung des Bundesministers für Justiz über die Festsetzung des Richtwerts für das Bundesland Salzburg

BGBl 1994/144

§ 1. Auf Grund des § 4 des Richtwertgesetzes, BGBl. Nr. 800/1993 Art. IX, in Verbindung mit dessen § 3 Abs. 6 wird für das Bundesland Salzburg der Richtwert für die mietrechtliche Normwohnung mit dem Betrag von ... 9,22 Euro[1] je Quadratmeter der Nutzfläche und Monat festgesetzt.

Frühere Richtwerte:

a) gültig vom 1. 3. 1994 bis 31. 3. 1995: .... 69,90 S
b) gültig vom 1. 4. 1995 bis 31. 3. 1996: .... 71,40 S
c) gültig vom 1. 4. 1996 bis 31. 3. 1997: .... 72,70 S
d) gültig vom 1. 4. 1997 bis 31. 3. 1998: .... 74,40 S
e) gültig vom 1. 4. 1998 bis 31. 3. 1999: .... 75,50 S
f) gültig vom 1. 4. 1999 bis 31. 3. 2000: .... 76,– S
g) gültig vom 1. 4. 2000 bis 31. 3. 2001: .... 77,– S
h) gültig vom 1. 4. 2001 bis 31. 3. 2002: .... 79,– S
= 5,74 Euro
i) gültig vom 1. 4. 2002 bis 31. 3. 2003: .... 5,85 Euro
j) gültig vom 1. 4. 2003 bis 31. 3. 2004: .... 5,96 Euro
k) gültig vom 1. 4. 2004 bis 31. 3. 2005: .... 6,03 Euro
l) gültig vom 1. 4. 2005 bis 31. 3. 2006: .... 6,21 Euro
m) gültig vom 1. 4. 2006 bis 31. 3. 2007: .... 6,31 Euro
n) gültig vom 1. 4. 2007 bis 31. 3. 2008: .... 6,39 Euro
o) gültig vom 1. 4. 2008 bis 31. 3. 2010: .... 6,53 Euro
p) gültig vom 1. 4. 2010 bis 31. 3. 2012: .... 6,78 Euro
q) gültig vom 1. 4. 2012 bis 31. 3. 2014: .... 7,12 Euro
r) gültig vom 1. 4. 2014 bis 31. 3. 2017: .... 7,45 Euro
s) gültig vom 1. 4. 2017 bis 31. 3. 2019: .... 7,71 Euro
t) gültig vom 1. 4. 2019 bis 31. 3. 2022: .... 8,03 Euro
u) gültig vom 1. 4. 2022 bis 31. 3. 2023: .... 8,50 Euro

---

[1] Ab 1. 4. 2023 (BGBl II 2023/81).

§ 2. (1) Der Richtwert wurde wie folgt ermittelt:

1. Grundkostenanteil 2 396,64 S, davon 4 vH .... 95,87 S
2. Baukosten 16 000,– S, davon 5,5 vH .... 880,– S
3. abzuziehende Baukostenanteile für Aufzugsanlagen, gemeinsame Wärmeversorgungsanlagen, Fahrrad- und Kinderwagenabstellplätze, Hobbyräume, modern ausgestattete Waschküchen und Gemeinschaftsantennen 1 416,– S, davon 5,5 vH ..... 77,88 S
4. abzuziehende Kosten für die Errichtung von Aufzugsanlagen und gemeinsamen Wärmeversorgungsanlagen 1 256,– S, davon 5 vH .... 62,80 S

Zwischensumme .... 835,19 S

davon ein Zwölftel, gerundet .... 69,60 S

(2) Die der Ermittlung nach Abs. 1 zugrunde gelegten Kostenanteile betragen demgemäß, ausgedrückt in Prozentsätzen vom Richtwert, gerundet:

1. Grundkostenanteil .... 11,48 vH des Richtwerts;
2. Baukosten ...... 105,36 vH des Richtwerts;
3. abzuziehende Baukostenanteile (Abs. 1 Z 3) .... 9,32 vH des Richtwerts;
4. abzuziehende Kosten für die Errichtung von Aufzugsanlagen und gemeinsamen Wärmeversorgungsanlagen .... 7,52 vH des Richtwerts.

§ 3. Diese Verordnung tritt mit 1. März 1994 in Kraft.

Verordnung des Bundesministers für Justiz über die Festsetzung des Richtwerts für das Bundesland Steiermark

BGBl 1994/145

§ 1. Auf Grund des § 4 des Richtwertgesetzes, BGBl. Nr. 800/1993 Art. IX, in Verbindung mit dessen § 3 Abs. 6 wird für das Bundesland Steiermark der Richtwert für die mietrechtliche Normwohnung mit dem Betrag von ... 9,21 Euro[1)] je Quadratmeter der Nutzfläche und Monat festgesetzt.

Frühere Richtwerte:

a) gültig vom 1. 3. 1994 bis 31. 3. 1995: .... 69,50 S
b) gültig vom 1. 4. 1995 bis 31. 3. 1996: .... 71,30 S
c) gültig vom 1. 4. 1996 bis 31. 3. 1997: .... 72,60 S
d) gültig vom 1. 4. 1997 bis 31. 3. 1998: .... 74,30 S
e) gültig vom 1. 4. 1998 bis 31. 3. 1999: .... 75,40 S
f) gültig vom 1. 4. 1999 bis 31. 3. 2000: .... 75,90 S
g) gültig vom 1. 4. 2000 bis 31. 3. 2001: .... 76,90 S
h) gültig vom 1. 4. 2001 bis 31. 3. 2002: .... 78,90 S
= 5,73 Euro

i) gültig vom 1. 4. 2002 bis 31. 3. 2003: .... 5,84 Euro
j) gültig vom 1. 4. 2003 bis 31. 3. 2004: .... 5,96 Euro
k) gültig vom 1. 4. 2004 bis 31. 3. 2005: .... 6,03 Euro
l) gültig vom 1. 4. 2005 bis 31. 3. 2006: .... 6,20 Euro
m) gültig vom 1. 4. 2006 bis 31. 3. 2007: .... 6,30 Euro
n) gültig vom 1. 4. 2007 bis 31. 3. 2008: .... 6,38 Euro
o) gültig vom 1. 4. 2008 bis 31. 3. 2010: .... 6,52 Euro
p) gültig vom 1. 4. 2010 bis 31. 3. 2012: .... 6,76 Euro
q) gültig vom 1. 4. 2012 bis 31. 3. 2014: .... 7,11 Euro
r) gültig vom 1. 4. 2014 bis 31. 3. 2017: .... 7,44 Euro
s) gültig vom 1. 4. 2017 bis 31. 3. 2019: .... 7,70 Euro
t) gültig vom 1. 4. 2019 bis 31. 3. 2022: .... 8,02 Euro
u) gültig vom 1. 4. 2022 bis 31. 3. 2023: .... 8,49 Euro

---

[1)] *Ab 1. 4. 2023 (BGBl II 2023/81).*

§ 2. (1) Der Richtwert wurde wie folgt ermittelt:

1. Grundkostenanteil 1 665,– S, davon 4 vH .... 66,60 S
2. Baukosten 16 502,– S, davon 5,5 vH .... 907,61 S
3. abzuziehende Baukostenanteile für Aufzugsanlagen, gemeinsame Wärmeversorgungsanlagen, Fahrrad- und Kinderwagenabstellplätze, Schutzräume, Trockenräume, Gemeinschaftsantennen und bautechnische Erschwernisse 1 582,– S, davon 5,5 vH .... 87,01 S
4. abzuziehende Kosten für die Errichtung von Aufzugsanlagen und gemeinsamen Wärmeversorgungsanlagen 1 068,– S, davon 5 vH .... 53,40 S

   Zwischensumme .... 833,80 S

   davon ein Zwölftel, gerundet .... 69,50 S

(2) Die der Ermittlung nach Abs. 1 zugrunde gelegten Kostenanteile betragen demgemäß, ausgedrückt in Prozentsätzen vom Richtwert, gerundet:

1. Grundkostenanteil .... 7,99 vH des Richtwerts;
2. Baukosten ...... 108,83 vH des Richtwerts;
3. abzuziehende Baukostenanteile (Abs. 1 Z 3) .... 10,43 vH des Richtwerts;
4. abzuziehende Kosten für die Errichtung von Aufzugsanlagen und gemeinsamen Wärmeversorgungsanlagen .... 6,40 vH des Richtwerts.

§ 3. Diese Verordnung tritt mit 1. März 1994 in Kraft.

Verordnung des Bundesministers für Justiz über die Festsetzung des Richtwerts für das Bundesland Tirol

BGBl 1994/146

§ 1. Auf Grund des § 4 des Richtwertgesetzes, BGBl. Nr. 800/1993 Art. IX, in Verbindung mit dessen § 3 Abs. 6 wird für das Bundesland Tirol der Richtwert für die mietrechtliche Normwohnung mit dem Betrag von ... 8,14 Euro[1] je Quadratmeter der Nutzfläche und Monat festgesetzt.

Frühere Richtwerte:

a) gültig vom 1. 3. 1994 bis 31. 3. 1995: .... 61,50 S
b) gültig vom 1. 4. 1995 bis 31. 3. 1996: .... 63,10 S
c) gültig vom 1. 4. 1996 bis 31. 3. 1997: .... 64,30 S
d) gültig vom 1. 4. 1997 bis 31. 3. 1998: .... 65,80 S
e) gültig vom 1. 4. 1998 bis 31. 3. 1999: .... 66,70 S
f) gültig vom 1. 4. 1999 bis 31. 3. 2000: .... 67,20 S
g) gültig vom 1. 4. 2000 bis 31. 3. 2001: .... 68,10 S
h) gültig vom 1. 4. 2001 bis 31. 3. 2002: .... 69,80 S
= 5,07 Euro
i) gültig vom 1. 4. 2002 bis 31. 3. 2003: .... 5,17 Euro
j) gültig vom 1. 4. 2003 bis 31. 3. 2004: .... 5,27 Euro
k) gültig vom 1. 4. 2004 bis 31. 3. 2005: .... 5,33 Euro
l) gültig vom 1. 4. 2005 bis 31. 3. 2006: .... 5,49 Euro
m) gültig vom 1. 4. 2006 bis 31. 3. 2007: .... 5,57 Euro
n) gültig vom 1. 4. 2007 bis 31. 3. 2008: .... 5,65 Euro
o) gültig vom 1. 4. 2008 bis 31. 3. 2010: .... 5,77 Euro
p) gültig vom 1. 4. 2010 bis 31. 3. 2012: .... 5,99 Euro
q) gültig vom 1. 4. 2012 bis 31. 3. 2014: .... 6,29 Euro
r) gültig vom 1. 4. 2014 bis 31. 3. 2017: .... 6,58 Euro
s) gültig vom 1. 4. 2017 bis 31. 3. 2019: .... 6,81 Euro
t) gültig vom 1. 4. 2019 bis 31. 3. 2022: .... 7,09 Euro
u) gültig vom 1. 4. 2022 bis 31. 3. 2023: .... 7,50 Euro

---

[1] *Ab 1. 4. 2023 (BGBl II 2023/81).*

§ 2. (1) Der Richtwert wurde wie folgt ermittelt:

1. Grundkostenanteil 1 675,18 S, davon 4 vH .... 67,01 S
2. Baukosten 14 150,– S, davon 5,5 vH .... 778,25 S
3. abzuziehende Baukostenanteile für Abstellplätze, Aufzugsanlagen, gemeinsame Wärmeversorgungsanlagen, Fahrrad- und Kinderwagenabstellplätze, Hobbyräume, modern ausgestattete Waschküchen und Gemeinschaftsantennen 1 158,55 S, davon 5,5 vH .... 63,72 S
4. abzuziehende Kosten für die Errichtung von Aufzugsanlagen und gemeinsamen Wärmeversorgungsanlagen 876,50,– S, davon 5 vH .... 43,83 S

Zwischensumme .... 737,71 S
davon ein Zwölftel, gerundet .... 61,50 S

(2) Die der Ermittlung nach Abs. 1 zugrunde gelegten Kostenanteile betragen demgemäß, ausgedrückt in Prozentsätzen vom Richtwert, gerundet:

1. Grundkostenanteil .... 9,08 vH des Richtwerts;
2. Baukosten ...... 105,45 vH des Richtwerts;
3. abzuziehende Baukostenanteile (Abs. 1 Z 3) .... 8,63 vH des Richtwerts;
4. abzuziehende Kosten für die Errichtung von Aufzugsanlagen und gemeinsamen Wärmeversorgungsanlagen .... 5,94 vH des Richtwerts.

§ 3. Diese Verordnung tritt mit 1. März 1994 in Kraft.

Verordnung des Bundesministers für Justiz über die Festsetzung des Richtwerts für das Bundesland Vorarlberg

BGBl 1994/147

§ 1. Auf Grund des § 4 des Richtwertgesetzes, BGBl. Nr. 800/1993 Art. IX, in Verbindung mit dessen § 3 Abs. 6 wird für das Bundesland Vorarlberg der Richtwert für die mietrechtliche Normwohnung mit dem Betrag von ... 10,25 Euro[1)] je Quadratmeter der Nutzfläche und Monat festgesetzt.

Frühere Richtwerte:

a) gültig vom 1. 3. 1994 bis 31. 3. 1995: .... 77,40 S
b) gültig vom 1. 4. 1995 bis 31. 3. 1996: .... 79,40 S
c) gültig vom 1. 4. 1996 bis 31. 3. 1997: .... 80,90 S
d) gültig vom 1. 4. 1997 bis 31. 3. 1998: .... 82,80 S
e) gültig vom 1. 4. 1998 bis 31. 3. 1999: .... 84,– S
f) gültig vom 1. 4. 1999 bis 31. 3. 2000: .... 84,50 S
g) gültig vom 1. 4. 2000 bis 31. 3. 2001: .... 85,70 S
h) gültig vom 1. 4. 2001 bis 31. 3. 2002: .... 87,90 S
= 6,39 Euro
i) gültig vom 1. 4. 2002 bis 31. 3. 2003: .... 6,51 Euro
j) gültig vom 1. 4. 2003 bis 31. 3. 2004: .... 6,63 Euro
k) gültig vom 1. 4. 2004 bis 31. 3. 2005: .... 6,71 Euro
l) gültig vom 1. 4. 2005 bis 31. 3. 2006: .... 6,91 Euro
m) gültig vom 1. 4. 2006 bis 31. 3. 2007: .... 7,01 Euro
n) gültig vom 1. 4. 2007 bis 31. 3. 2008: .... 7,11 Euro
o) gültig vom 1. 4. 2008 bis 31. 3. 2010: .... 7,26 Euro
p) gültig vom 1. 4. 2010 bis 31. 3. 2012: .... 7,53 Euro
q) gültig vom 1. 4. 2012 bis 31. 3. 2014: .... 7,92 Euro
r) gültig vom 1. 4. 2014 bis 31. 3. 2017: .... 8,28 Euro
s) gültig vom 1. 4. 2017 bis 31. 3. 2019: .... 8,57 Euro
t) gültig vom 1. 4. 2019 bis 31. 3. 2022: .... 8,92 Euro
u) gültig vom 1. 4. 2022 bis 31. 3. 2023: .... 9,44 Euro

---

1) Ab 1. 4. 2023 (BGBl II 2023/81).

§ 2. (1) Der Richtwert wurde wie folgt ermittelt:

1. Grundkostenanteil 2 634,50 S, davon 4 vH .... 105,38 S
2. Baukosten 22 000,– S, davon 5,5 vH .... 1 120,– S
3. abzuziehende Baukostenanteile für Einstell- oder Abstellplätze (Garagen), Aufzugsanlagen, gemeinsame Wärmeversorgungsanlagen, Fahrrad- und Kinderwagenabstellplätze, Hobbyräume, Schutzräume, modern ausgestattete Waschküchen, Gemeinschaftsantennen und bautechnische Erschwernisse 5 335,–, davon 5,5 vH .... 293,43 S
4. abzuziehende Kosten für die Errichtung von Aufzugsanlagen und gemeinsamen Wärmeversorgungsanlagen 1 870,– S, davon 5 vH .... 93,50 S

Zwischensumme .... 928,45 S

davon ein Zwölftel, gerundet .... 77,40 S

(2) Die der Ermittlung nach Abs. 1 zugrunde gelegten Kostenanteile betragen demgemäß, ausgedrückt in Prozentsätzen vom Richtwert, gerundet:

1. Grundkostenanteil .... 11,35 vH des Richtwerts;
2. Baukosten ...... 130,28 vH des Richtwerts;
3. abzuziehende Baukostenanteile (Abs. 1 Z 3) .... 31,59 vH des Richtwerts;
4. abzuziehende Kosten für die Errichtung von Aufzugsanlagen und gemeinsamen Wärmeversorgungsanlagen .... 10,07 vH des Richtwerts.

§ 3. Diese Verordnung tritt mit 1. März 1994 in Kraft.

Verordnung des Bundesministers für Justiz über die Festsetzung des Richtwerts für das Bundesland Wien

BGBl 1994/148

§ 1. Auf Grund des § 4 des Richtwertgesetzes, BGBl. Nr. 800/1993 Art. IX, in Verbindung mit dessen § 3 Abs. 6 wird für das Bundesland Wien der Richtwert für die mietrechtliche Normwohnung mit dem Betrag von ... 6,67 Euro[1]) je Quadratmeter der Nutzfläche und Monat festgesetzt.

Frühere Richtwerte:

a) gültig vom 1. 3. 1994 bis 31. 3. 1995: .... 50,40 S
b) gültig vom 1. 4. 1995 bis 31. 3. 1996: .... 51,70 S
c) gültig vom 1. 4. 1996 bis 31. 3. 1997: .... 52,70 S
d) gültig vom 1. 4. 1997 bis 31. 3. 1998: .... 53,90 S
e) gültig vom 1. 4. 1998 bis 31. 3. 1999: .... 54,70 S
f) gültig vom 1. 4. 1999 bis 31. 3. 2000: .... 55,– S
g) gültig vom 1. 4. 2000 bis 31. 3. 2001: .... 55,80 S
h) gültig vom 1. 4. 2001 bis 31. 3. 2002: .... 57,20 S
= 4,516 Euro
i) gültig vom 1. 4. 2002 bis 31. 3. 2003: .... 4,24 Euro
j) gültig vom 1. 4. 2003 bis 31. 3. 2004: .... 4,32 Euro
k) gültig vom 1. 4. 2004 bis 31. 3. 2005: .... 4,37 Euro
l) gültig vom 1. 4. 2005 bis 31. 3. 2006: .... 4,50 Euro
m) gültig vom 1. 4. 2006 bis 31. 3. 2007: .... 4,57 Euro
n) gültig vom 1. 4. 2007 bis 31. 3. 2008: .... 4,63 Euro
o) gültig vom 1. 4. 2008 bis 31. 3. 2010: .... 4,73 Euro
p) gültig vom 1. 4. 2010 bis 31. 3. 2012: .... 4,91 Euro
q) gültig vom 1. 4. 2012 bis 31. 3. 2014: .... 5,16 Euro
r) gültig vom 1. 4. 2014 bis 31. 3. 2017: .... 5,39 Euro
s) gültig vom 1. 4. 2017 bis 31. 3. 2019: .... 5,58 Euro
t) gültig vom 1. 4. 2019 bis 31. 3. 2022: .... 5,81 Euro
u) gültig vom 1. 4. 2022 bis 31. 3. 2023: .... 6,15 Euro

1) Ab 1. 4. 2023 (BGBl II 2023/81).

§ 2. (1) Der Richtwert wurde wie folgt ermittelt:

1. Grundkostenanteil 2 602,– S, davon 4 vH .... 104,08 S
2. Baukosten 14 600,– S, davon 5,5 vH .... 803,– S
3. abzuziehende Baukostenanteile für Einstell- oder Abstellplätze (Garagen), Aufzugsanlagen, gemeinsame Wärmeversorgungsanlagen, Fahrrad- und Kinderwagenabstellplätze, Hobbyräume, modern ausgestattete Waschküchen und Gemeinschaftsantennen 4 240,–, davon 5,5 vH .... 233,20 S
4. abzuziehende Kosten für die Errichtung von Aufzugsanlagen und gemeinsamen Wärmeversorgungsanlagen 1 390,– S, davon 5 vH .... 69,50 S

   Zwischensumme .... 604,38 S

   davon ein Zwölftel, gerundet .... 50,40 S

(2) Die der Ermittlung nach Abs. 1 zugrunde gelegten Kostenanteile betragen demgemäß, ausgedrückt in Prozentsätzen vom Richtwert, gerundet:

1. Grundkostenanteil .... 17,21 vH des Richtwerts;
2. Baukosten ...... 132,77 vH des Richtwerts;
3. abzuziehende Baukostenanteile (Abs. 1 Z 3) .... 38,56 vH des Richtwerts;
4. abzuziehende Kosten für die Errichtung von Aufzugsanlagen und gemeinsamen Wärmeversorgungsanlagen .... 11,49 vH des Richtwerts.

§ 3. Diese Verordnung tritt mit 1. März 1994 in Kraft.

14. Heiz- und Kältekostenabrechnungsgesetz

BGBl 1992/827 idF

1 BGBl 1993/800 (3. WÄG)
2 BGBl I 1997/140 (WGN 1997)
3 BGBl I 1999/147 (WRN 1999)
4 BGBl I 2000/36 (WRN 2000)
5 BGBl I 2001/136
6 BGBl I 2002/71
7 BGBl I 2003/113 (WohnAußStrBeglG)
8 BGBl I 2009/25 (WRN 2009)
9 BGBl I 2020/35 (15. COVID-19-Gesetz)
10 BGBl I 2021/101
11 BGBl I 2023/22

STICHWORTVERZEICHNIS

(Die Zahlenangaben beziehen sich auf die Paragraphen)

„Bundesgesetz über die sparsamere Nutzung von Energie durch verbrauchsabhängige Abrechnung der Heiz-, Warmwasser- und Kältekosten (Heiz- und Kältekostenabrechnungsgesetz – HeizKG)“

(BGBl I 2021/101)

Inhaltsverzeichnis

I. Abschnitt

Allgemeine Bestimmungen

Ziel des Gesetzes

§ 1. (1) Zur rationellen und sparsamen Energieverwendung in Gebäuden mit mindestens vier Nutzungsobjekten, die durch gemeinsame Wärme- oder Kälteversorgungsanlagen mit Wärme oder Kälte versorgt werden, sind die Heiz-, Warmwasser- und Kältekosten unabhängig von der Rechtsform zum überwiegenden Teil auf der Grundlage des tatsächlichen Verbrauchs abzurechnen, sofern die Wärme- und Kälteabnehmer Einfluss auf den Verbrauch haben und die erwartete Energieeinsparung die Kosten übersteigt, die sich aus dem Einbau und Betrieb der Vorrichtungen zur Ermittlung der Verbrauchsanteile ergeben.

(2) Durch dieses Bundesgesetz werden Bestimmungen der Richtlinie 2012/27/EU zur Energieeffizienz, zur Änderung der Richtlinien 2009/125/EG und 2010/30/EU und zur Aufhe-

bung der Richtlinien 2004/8/EG und 2006/32/EG, ABl. Nr. L 315 vom 14.11.2012 S. 1 zuletzt geändert durch die Richtlinie (EU) 2018/2002 zur Änderung der Richtlinie 2012/27/EU zur Energieeffizienz vom 11. Dezember 2018, ABl. Nr. L 328 S. 210-238 vom 21.12.2018 umgesetzt.

(BGBl I 2021/101)

Begriffsbestimmungen

§ 2. Im Sinne dieses Bundesgesetzes bedeuten:

1. Wärme die Energie zur Raumbeheizung (Raumwärme) sowie zur Warmwasserbereitung;

1a. Kälte die Energie zur Raumkühlung (Raumkälte);

2. gemeinsame Versorgungsanlage eine Einrichtung, die für ein oder mehrere Gebäude einer oder mehrerer abgeschlossener wirtschaftlicher Einheiten, von denen zumindest eine mindestens vier Nutzungsobjekte umfassen muss, Wärme oder Kälte erzeugt und bereitstellt;

3. Abgeber denjenigen, der

a) eine gemeinsame Versorgungsanlage im eigenen Namen betreibt und Wärme oder Kälte unmittelbar an die Abnehmer weitergibt oder

b) Wärme oder Kälte vom Erzeuger übernimmt und im eigenen Namen an die Abnehmer weitergibt;

4. Abnehmer denjenigen, der ein mit Wärme oder Kälte versorgtes Nutzungsobjekt im Sinn der Z 5 entweder

a) als Eigentümer oder Fruchtnießer des Gebäudes selbst oder

b) als einer, der sein Benützungsrecht am Nutzungsobjekt unmittelbar vom Eigentümer oder Fruchtnießer des Gebäudes ableitet, oder

c) als Wohnungseigentümer

nutzt;

5. Nutzungsobjekte die mit Wärme oder Kälte versorgten Wohnungen, sonstigen selbständigen Räumlichkeiten und Abstellplätze für Kraftfahrzeuge – diese jedoch nur, wenn der Verbrauch durch Messung zugeordnet und vom Abnehmer beeinflusst werden kann – im Sinne des § 6 Abs. 1 Z 2 des Wohnungseigentumsgesetzes 2002 – WEG 2002, BGBl. I Nr. 70/2002, einschließlich solcher, die der allgemeinen Benützung dienen, und jener, deren Zweckbestimmung einer ausschließlichen Benützung entgegensteht (wie Hobbyraum und Sauna);

6. versorgbare Nutzfläche

a) jedenfalls die Nutzfläche im Sinne des § 2 Abs. 7 in Verbindung mit § 7 des WEG 2002, ausgenommen jener offener Loggien sowie jener von Abstellplätzen für Kraftfahrzeuge, die nicht von einer gemeinsamen Versorgungsanlage mit Wärme oder Kälte versorgt werden, und

b) die Flächen von sonstigen Räumen im Sinne der Z 5 sowie von Keller-, Dachboden- und Hobbyräumen und Saunen; diese jedoch nur dann, wenn sie von einer gemeinsamen Versorgungsanlage mit Wärme oder Kälte versorgt werden;

7. wirtschaftliche Einheit eine Mehrzahl von Nutzungsobjekten in einem oder mehreren Gebäuden oder Gebäudeteilen mit gemeinsamer Wärme- oder Kälteversorgung und -abrechnung, unabhängig davon, ob die Gebäude oder Gebäudeteile auf einer Liegenschaft oder auf mehreren Liegenschaften errichtet sind;

8. Versorgungskosten die Energiekosten sowie die sonstigen Kosten des Betriebes; im Fall einer Wärme- oder Kälteversorgung nach § 4 Abs. 2 die Kosten der Wärme- oder Kälteversorgung auf Grund der vertraglich in den Wärme- oder Kältelieferungsverträgen vereinbarten oder behördlich festgesetzten Preise;

9. Energiekosten die Kosten jener Energieträger, die zur Umwandlung in Wärme oder Kälte bestimmt sind, wie Kohle, Öl, Gas, Strom, Biomasse oder Abwärme, und die Kosten der sonst für den Betrieb der gemeinsamen Versorgungsanlage erforderlichen Energieträger, wie etwa Stromkosten für die Umwälzpumpe, für den Brenner oder für die Regelung der Aggregate;

HeizKG

10. sonstige Kosten des Betriebes alle übrigen Kosten des Betriebes, zu denen die Kosten für die Betreuung und Wartung einschließlich des Ersatzes von Verschleißteilen – insbesondere von Vorrichtungen zur Erfassung (Messung) der Verbrauchsanteile - und die angemessenen Kosten der Abrechnung, nicht aber der Aufwand für die Errichtung, die Finanzierung, die Erhaltung oder Verbesserung der gemeinsamen Versorgungsanlage zählen;

11. Verbrauchsanteile die auf die einzelnen Nutzungsobjekte entfallenden Anteile an der gesamten Heizungs-, Warmwasser- oder Kälteversorgung;

12. Stand der Technik den auf den einschlägigen wissenschaftlichen Erkenntnissen beruhenden Entwicklungsstand fortschrittlicher technologischer Verfahren, Einrichtungen und Betriebsweisen, deren Funktionstüchtigkeit erprobt und erwiesen ist; bei der Bestimmung des Standes der Technik sind insbesondere vergleichbare Verfahren, Einrichtungen oder Betriebsweisen heranzuziehen.

(BGBl I 2021/101)

Geltungsbereich

§ 3. (1) Dieses Bundesgesetz gilt für die Aufteilung der Versorgungskosten in Gebäuden und wirtschaftlichen Einheiten mit mindestens vier Nutzungsobjekten, die

1. durch eine gemeinsame Versorgungsanlage mit Wärme, Warmwasser oder Kälte versorgt werden und

2. mit Vorrichtungen zur Ermittlung der Verbrauchsanteile ausgestattet sind oder nach den Bestimmungen dieses Bundesgesetzes, nach anderen Rechtsvorschriften oder auf Grund vertraglicher Verpflichtungen auszustatten sind.

(2) Im Falle einer Wärme- oder Kälteversorgung nach § 4 Abs. 2 sind die §§ 16 bis 24a mit der Maßgabe anzuwenden, dass

1. die gesamten Versorgungskosten nach den vertraglich in den Wärme- oder Kältelieferungsverträgen vereinbarten oder behördlich festgesetzten Preisen abzurechnen sind (§ 18 Abs. 1 Z 2) und

2. sich die in § 19 vorgesehene Verpflichtung zur Einsichtsgewährung in die Abrechnung und die Belegsammlung und die in § 20 vorgesehene Durchsetzung der Abrechnung nur auf die das Gebäude (die wirtschaftliche Einheit) betreffenden Kosten der Wärme- oder Kälteversorgung sowie die Information über die Abrechnung (Abrechnungsübersicht) gemäß § 18 Abs. 1 beziehen.

(3) Für Gebäude und wirtschaftliche Einheiten, für die bereits vor dem 1. Oktober 1992 Heiz- und Warmwasserkosten verbrauchsabhängig abgerechnet wurden, gelten der I. bis IV. Abschnitt nach Maßgabe des § 29.

(4) Für Gebäude und wirtschaftliche Einheiten, für die bereits vor dem 25. Oktober 2020 Kältekosten verbrauchsabhängig abgerechnet wurden, gelten der I. bis IV. Abschnitt nach Maßgabe des § 29.

(BGBl I 2021/101)

Verhältnis zu anderen Regelungen

§ 4. (1) Sonstige bundesgesetzliche oder vertragliche Regelungen über die Versorgungskosten sind nur anzuwenden, soweit sie nicht mit diesem Bundesgesetz in Widerspruch stehen.

(2) Wird ein Gebäude (eine wirtschaftliche Einheit)

1. mit Wärme oder Kälte versorgt, die nicht im Gebäude (in der wirtschaftlichen Einheit) erzeugt wird oder

2. mit Wärme versorgt, die von einem gewerbsmäßigen Versorger mit Zustimmung der Abnehmer im Gebäude (in der wirtschaftlichen Einheit) erzeugt wird,

richten sich die Erhaltungspflichten betreffend die gemeinsame Versorgungsanlage nach den vertraglichen Vereinbarungen in den Wärme- oder Kältelieferungsverträgen. Liegen solche Vereinbarungen nicht vor, ist § 7 anzuwenden.

(BGBl I 2021/101)

II. Abschnitt

Aufteilung der verbrauchsabhängigen Versorgungskosten und Ermittlung der Verbrauchsanteile

Voraussetzungen für die Verbrauchsermittlung

§ 5. (1) Können die Verbrauchsanteile durch Verfahren, die dem Stand der Technik entsprechen, ermittelt werden und ist der Energieverbrauch – bezogen auf das Gebäude (wirtschaftliche Einheit) – überwiegend von den Abnehmern beeinflussbar, so sind die Energiekosten überwiegend nach den Verbrauchsanteilen aufzuteilen.

(2) Ist die Erfassung (Messung) des Wärme- oder Kälteverbrauchs nicht wirtschaftlich oder aus technischen Gründen, insbesondere infolge der wärmetechnischen Ausgestaltung des Gebäudes oder der Gestaltung der gemeinsamen Versorgungsanlage und der Heiz- oder der Kühlsysteme zur zumindest näherungsweisen Ermittlung der Verbrauchsanteile nicht tauglich, so hat das Gericht auf Antrag auszusprechen, dass die Energiekosten mit Wirksamkeit für die der Entscheidung folgenden Abrechnungen zur Gänze nach der versorgbaren Nutzfläche aufzuteilen sind.

(3) Eine Untauglichkeit im Sinn des Abs. 2 liegt jedenfalls dann vor, wenn der Wärme- oder Kälteverbrauch im Gebäude (wirtschaftliche Einheit) nicht überwiegend von den Abnehmern beeinflusst werden kann.

(4) Eine Unwirtschaftlichkeit im Sinne des Abs. 2 liegt jedenfalls dann vor, wenn die Summe der laufenden Kosten für den Betrieb der Vorrichtungen zur Erfassung der Verbrauchsanteile und der laufen-den Kosten für die Erfassung höher ist als die Energiekosten.

(BGBl I 2021/101)

Ausstattung mit Vorrichtungen zur Erfassung (Messung) der Verbrauchsanteile

§ 6. (1) Soweit sonst keine Verpflichtung zur Ausstattung des Gebäudes mit Vorrichtungen zur Erfassung (Messung) der Verbrauchsanteile besteht, kann jeder „Abnehmer" auch nachträglich eine solche Ausstattung verlangen, wenn *(BGBl I 2021/101)*

1. jeder „Abnehmer" den Energieverbrauch im Sinn des § 5 Abs. 1 beeinflussen kann und *(BGBl I 2021/101)*

2. sich die Wirtschaftlichkeit einer solchen Ausstattung aus einem Vergleich der dafür entstehenden Kosten mit dem daraus zu erzielenden Nutzen ergibt. Die Wirtschaftlichkeit ist gegeben, wenn die aus der Ermittlung der Verbrauchsanteile innerhalb der üblichen Nutzungsdauer zu erwartende Einsparung an Energiekosten

a) mindestens 10 vH beträgt und

b) höher ist als die Summe aus den nach dem Stand der Technik erforderlichen Kosten der Ausstattung einerseits und aus den innerhalb der üblichen Nutzungsdauer laufend anfallenden Aufwendungen für die Ermittlung der Verbrauchsanteile andererseits.

(2) Ein Antrag nach Abs. 1 ist nur zulässig, wenn zugleich ein von einem Ziviltechniker des hiefür in Betracht kommenden Fachgebiets (insbesondere Maschinenbau, Wirtschaftsingenieurwesen im Maschinenbau, Technische Chemie) oder von einem allgemein beeideten gerichtlichen Sachverständigen für Gas-, Heiz- und Feuerungstechnik „oder von einem einschlägigen Technischen Büro im Sinne der „Gewerbeordnung 1994“**“* erstellter Kosten-Nutzen-Vergleich im Sinn des Abs. 1 Z 2 vorgelegt wird. *(*BGBl 1993/800, ab 1. 3. 1994; **BGBl I 2021/101)*

(3) Bei Vorliegen der Voraussetzungen des Abs. 1 Z 1 und 2 hat jeder „Abnehmer“ die nachträgliche Ausstattung seines Nutzungsobjekts mit Vorrichtungen im Sinn des Abs. 1 zu dulden. *(BGBl I 2021/101)*

Maßnahmen zur sparsameren Nutzung von Energie

§ 7. (1) Gemeinsame „Versorgungsanlagen“ sind in allen Teilen der durch sie versorgten Liegenschaft in einem solchen Zustand zu erhalten, zu warten und zu betreiben, daß ein nach Art und Zweck der Anlage unnötiger Energieverbrauch vermieden wird. „Jedenfalls nach thermisch-energetischen Sanierungsmaßnahmen am Gebäude ist der Betrieb der gemeinsamen Versorgungsanlage an den geänderten Raumwärmebedarf anzupassen, um einerseits einen unnötigen Energieverbrauch der gemeinsamen Versorgungsanlage zu vermeiden und andererseits die überwiegende Beeinflussbarkeit gemäß § 5 Abs. 1 zu gewährleisten.“ *(BGBl I 2021/101)*

(2) Im Interesse der Senkung des Energieverbrauchs gelegene und nach einem Kosten-Nutzen-Vergleich wirtschaftliche Arbeiten zur Veränderung bestehender Anlagen sind wie Erhaltungsarbeiten zu behandeln.

Stammblatt; Prüfpflichten

§ 8. (1) Der „Abgeber“ hat ein Stammblatt über die für die Ermittlung der Verbrauchsanteile notwendigen Daten zu führen. Das Stammblatt hat insbesondere die wesentlichen Merkmale der wärmetechnischen Ausgestaltung des Gebäudes, der Gestaltung der gemeinsamen „Versorgungsanlage“ und der „Heiz- oder Kühlsysteme“ zu enthalten. „Die Angabe bezüglich der Heiz- oder Kühlsysteme entfällt bei der Ausstattung mit Zählern.“ *(BGBl I 2021/101)*

(2) Bedient sich der „Abgeber“ zur Abrechnung der Wärme „oder Kälte“ eines besonders darauf ausgerichteten Unternehmens, so hat dieses anstelle des „Abgebers“ nicht nur aus Anlaß der „Auftragsübernahme“, sondern auch für jede Abrechnungsperiode zu prüfen, ob die Voraussetzungen für die Verbrauchsermittlung im Sinn des § 5 gegeben sind. Der „Abgeber“ hat dem Abrechnungsunternehmen das Stammblatt als Grundlage für dessen Tätigkeit zur Verfügung zu stellen. *(BGBl I 2021/101)*

Trennung der Versorgungskosten für Heizung und Warmwasser

§ 9. (1) Wird von einer gemeinsamen „Versorgungsanlage“ Wärme sowohl für die Heizung als auch für Warmwasser bereitgestellt, so hat der „Abgeber“ die „Versorgungskosten für Heizung und Warmwasser“ gemäß dem Wärmeverbrauch für die Heizung einerseits und für das Warmwasser andererseits zu trennen. „Diese Trennung hat nach den Ergebnissen der Messung des jeweiligen Wärmeverbrauchs durch dem Stand der Technik entsprechende Vorrichtungen zu erfolgen.“ *(BGBl I 2021/101)*

HeizKG

(2) Eine Verpflichtung zur Messung besteht ausnahmsweise dann nicht, wenn die getrennte Messung nicht wirtschaftlich ist. In einem solchen Fall hat die Trennung des Wärmeverbrauchs durch Ermittlung nach Verfahren zu erfolgen, die dem Stand der Technik entsprechen. *(BGBl I 2021/101)*

(3) Ist weder eine Messung nach Abs. 1 noch eine Ermittlung nach Abs. 2 möglich, so sind von den gesamten Versorgungskosten für Heizung und Warmwasser mindestens 50 vH und höchstens 70 vH der Heizung und der jeweilige Rest dem Warmwasser zuzuordnen. *(BGBl I 2021/101)*

Verbrauchsabhängige Aufteilung der gesamten Versorgungskosten

§ 10. (1) Von den Kosten für Heizung und den nach § 9 ermittelten Kostenanteilen für Heizung und Warmwasser hat der Abgeber mindestens 55 vH und höchstens 85 vH der Energiekosten und von den Kosten für Kälte mindestens 80 vH der Energiekosten nach den Verbrauchsanteilen und den jeweiligen Rest nach der versorgbaren Nutzfläche aufzuteilen.

(2) Sieht der Wärme- oder Kältelieferungsvertrag in den Fällen der Versorgung nach § 4 Abs. 2 eine Trennung des Preises in einen verbrauchsabhängigen Anteil (Arbeitspreis) und einen verbrauchsunabhängigen Anteil (Grundpreis, Messpreis) vor, so ist der verbrauchsabhängige Anteil für Heizung und Warmwasser zu mindestens 55 vH und der verbrauchsabhängige Anteil für Kälte zu mindestens 80 vH nach den Ver-

brauchsanteilen und ein allenfalls verbleibender Rest nach der versorgbaren Nutzfläche aufzuteilen.

(BGBl I 2021/101)

Ermittlung der Verbrauchsanteile

§ 11. (1) Der „Abgeber" hat die Verbrauchsanteile – auf der Grundlage des Ergebnisses der Erfassung (Messung) durch geeignete Vorrichtungen – nach einem dem Stand der Technik entsprechenden Verfahren zu ermitteln. *(BGBl I 2021/101)*

(2) Jeder „Abnehmer" hat die Erfassung (Messung) der Verbrauchsanteile sowie die Feststellung der „versorgbaren Nutzfläche" in seinem Nutzungsobjekt zu dulden. *(BGBl I 2021/101)*

(2a) Eine Selbstablesung durch den Abnehmer darf höchstens für eine Abrechnungsperiode erfolgen, danach ist die Ablesung wieder durch den Abgeber oder ein besonders darauf ausgerichtetes Unternehmen im Sinne des § 8 Abs. 2 durchzuführen. Die Bekanntgabe der Ergebnisse der Selbstablesung hat in schriftlicher oder elektronischer Form zu erfolgen. Wenn offenkundig unrichtige Selbstablesewerte mitgeteilt werden oder für die der Selbstablesung folgende Abrechnungsperiode keine Ablesung durch den Abgeber oder ein besonders darauf ausgerichtetes Unternehmen ermöglicht wird, ist nach Abs. 3 vorzugehen. *(BGBl I 2021/101)*

(3) Konnten trotz zumutbarer Bemühungen Verbrauchsanteile nicht erfaßt werden, so sind sie durch eine Hochrechnung zu ermitteln, sofern dies nach einem dem Stand der Technik entsprechenden Verfahren möglich ist. „ " *(BGBl I 2021/101)*

(4) *(außer Kraft getreten, BGBl I 2020/35, ab 1. 1. 2021)*

Aufteilung der nicht verbrauchsabhängigen Anteile an den Versorgungskosten

§ 12. Die nicht verbrauchsabhängig aufzuteilenden Energiekosten und die sonstigen Kosten des Betriebes sowie ein verbrauchsunabhängiger Anteil im Sinn des § 10 Abs. 2 (Grundpreis, Messpreis) sind nach dem Verhältnis der versorgbaren Nutzfläche der versorgten Nutzungsobjekte aufzuteilen.

(BGBl I 2021/101)

Zulässige Vereinbarungen; ergänzende Regelungen

§ 13. (1) Die Abnehmer und der Abgeber können einstimmig festlegen:

1. die Zuordnung der Versorgungskosten für Heizung und Warmwasser gemäß § 9 Abs. 3,

2. jenen Teil der Energiekosten, der nach Verbrauchsanteilen zu tragen ist, innerhalb des in § 10 vorgegebenen Rahmens und

3. die Aufteilung des nicht verbrauchsabhängigen Anteils an den Versorgungskosten, besonders zur Berücksichtigung der unterschiedlichen Nutzungsmöglichkeiten der Abnehmer, abweichend von § 12.

(2) Vereinbarungen über diese Festlegungen bedürfen zu ihrer Rechtswirksamkeit der Schriftform. Sie werden frühestens für die ihnen nachfolgende Abrechnungsperiode wirksam.

(3) Mangels einer entsprechenden Vereinbarung haben

1. die Trennung der Anteile von Versorgungskosten für Heizung und Warmwasser gemäß § 9 Abs. 3 in einem Verhältnis von 60 vH für Heizung zu 40 vH für Warmwasser und

2. die Aufteilung der Energiekosten für Heizung und Warmwasser zu 70 vH nach den Verbrauchsanteilen und zu 30 vH nach der versorgbaren Nutzfläche zu erfolgen.

3. die Aufteilung der Energiekosten für Kälte zu 90 vH nach den Verbrauchsanteilen und zu 10 vH nach der versorgbaren Nutzfläche zu erfolgen.

(BGBl I 2021/101)

Wechsel des Abnehmers oder Abgebers

§ 14. (1) Durch den Wechsel eines „Abnehmers" oder des „Abgebers" werden die Aufteilungsschlüssel (§§ 9 bis 13) nicht berührt. *(BGBl I 2021/101)*

(2) Im Fall eines Wechsels des „Abnehmers" oder des „Abgebers" nach Aufnahme des Betriebes der gemeinsamen „Versorgungsanlage" treten die neuen „Abnehmer" und „Abgeber" in die Rechte und Pflichten der bisher Berechtigten ein. *(BGBl I 2021/101)*

(3) Bei Wechsel eines „Abnehmers" während der Abrechnungsperiode (§ 16) gelten die §§ 21 und 23. *(BGBl I 2021/101)*

Ersichtlichmachung der Aufteilungsschlüssel im Grundbuch

§ 15. Aufteilungsschlüssel (§§ 9 bis 13) sind bei Festsetzung durch das Gericht von Amts wegen, sonst, sofern die Unterschrift des betreffenden Liegenschaftseigentümers öffentlich beglaubigt ist, auf Antrag des „Abgebers" oder auch nur eines „Abnehmers" im Grundbuch ersichtlich zu machen. *(BGBl I 2021/101)*

III. Abschnitt
Abrechnung

Abrechnungsperiode

§ 16. (1) Die gesamten Versorgungskosten sowie die Verbrauchsanteile sind für einen Zeitraum von zwölf Monaten zu ermitteln (Abrechnungsperiode). Ein Abweichen von diesem Zeitraum ist nur aus sachlich gerechtfertigten Gründen, wie etwa in der Erstbezugsphase, bei baulichen Veränderungen, Änderungen der gemeinsamen Versorgungsanlage oder der Verbrauchsermittlung, zulässig. Beginn und Ende der Abrechnungsperiode hat der Abgeber festzulegen, wobei die Dauer von 16 Monaten nicht überschritten werden darf.

(2) Die Ablesung ist fristgerecht, wenn sie innerhalb der Heiz- oder Kühlperiode in einem Zeitraum von zwei Wochen vor bis zwei Wochen nach und außerhalb der Heiz- oder Kühlperiode in einem Zeitraum von drei Wochen vor bis drei Wochen nach dem dem letztjährigen Hauptablesetermin entsprechenden Zeitpunkt durchgeführt wird.

(BGBl I 2021/101)

Abrechnung der Versorgungskosten

§ 17. (1) Über die einer Abrechnungsperiode (§ 16) zugeordneten gesamten Versorgungskosten hat der Abgeber spätestens sechs Monate nach Ablauf der Abrechnungsperiode eine schriftliche Abrechnung zu erstellen, jeden Abnehmer nach § 18 zu informieren und ihm Einsicht in die Abrechnung und die Belege zu gewähren. Für die Rechtzeitigkeit der Legung der Abrechnung ist der Beginn der Auflagefrist (§ 19 Abs. 3) maßgeblich.

(2) Die Abrechnung hat alle in der Abrechnungsperiode fällig gewordenen Versorgungskosten zu umfassen.

(3) Sind die fällig gewordenen Versorgungskosten überwiegend einer anderen Abrechnungsperiode zuzuordnen, so darf der Abgeber eine Rechnungsabgrenzung vornehmen. Bei Energieträgern mit Bevorratung (beispielsweise Öl oder Biomasse) hat immer eine Rechnungsabgrenzung zu erfolgen. Die derart abgegrenzten Kosten sind in der Abrechnung ersichtlich zu machen.

(4) Sind fernablesbare Zähler oder Heizkostenverteiler installiert, so sind den Abnehmern von den Abgebern innerhalb der Heiz- und Kühlperioden Verbrauchsinformationen auf Grundlage des tatsächlichen Verbrauchs oder der Ablesewerte von im Nutzungsobjekt befindlichen Heizkostenverteilern auf Verlangen oder wenn die Abnehmer sich für die Zustellung der Abrechnung auf elektronischem Wege entschieden haben mindestens vierteljährlich und ansonsten zweimal im Jahr bereitzustellen.

(5) Sind fernablesbare Zähler oder Heizkostenverteiler installiert, so sind den Abnehmern von den Abgebern ab dem 1. Jänner 2022 innerhalb der Heiz- und Kühlperioden Verbrauchsinformationen auf Grundlage des tatsächlichen Verbrauchs oder der Ablesewerte von Heizkostenverteilern mindestens monatlich bereitzustellen. Diese Informationen können auch über das Internet zur Verfügung gestellt und so oft aktualisiert werden, wie es die eingesetzten Messgeräte und Messsysteme zulassen.

(BGBl I 2021/101)

Information über die Abrechnung (Abrechnungsübersicht)

§ 18. (1) Jedem Abnehmer ist eine Information zu übersenden, die in übersichtlicher Form mindestens zu enthalten hat:

1. den Beginn und das Ende der Abrechnungsperiode,

1a. die geltenden tatsächlichen Preise der Energieträger bis zum Stichtag des Zeitpunktes der Ablesung, bei Energieträgern mit Bevorratung die tatsächlich gezahlten Preise,

1b. Informationen über den eingesetzten Brennstoffmix und die damit verbundenen jährlichen Mengen an Treibhausgasemissionen, jedoch nur bei Lieferungen aus Fernwärmesystemen mit einer thermischen Gesamtnennleistung über 20 MW pro einzelner Versorgungsanlage, und eine Erläuterung der erhobenen Steuern, Abgaben und Zolltarife,

1c. die Mengen der Energieträger,

2. die für das gesamte Gebäude (für die wirtschaftliche Einheit) zu verrechnenden Versorgungskosten summenmäßig, getrennt nach Energiekosten und sonstigen Kosten des Betriebes,

3. die versorgbare Gesamtnutzfläche des Gebäudes (der wirtschaftlichen Einheit),

4. den ermittelten Gesamtverbrauch für das Gebäude (für die wirtschaftliche Einheit),

5. die versorgbare Nutzfläche des jeweiligen Nutzungsobjekts,

6. die für das jeweilige Nutzungsobjekt ermittelten Verbrauchsanteile „samt Erklärung über die zugrundeliegende Ermittlungs- und Berechnungsmethode und deren Kosten," *(BGBl I 2023/22, ab 23. 3. 2023)*

6a. den Vergleich der gegenwärtigen für das jeweilige Nutzungsobjekt ermittelten Verbrauchsanteile mit seinem Energieverbrauch im gleichen Zeitraum der vorhergegangen Abrechnungsperiode, vorzugsweise in grafischer Form, mit einer dem Stand der Technik entsprechenden klimabezogenen Korrektur für die Wärmeversorgung,

7. das Verhältnis zwischen den nach Verbrauchsanteilen und den nach versorgbarer Nutzfläche zu tragenden Energiekosten,

8. den auf das jeweilige Nutzungsobjekt entfallenden betragsmäßigen Anteil an den Energiekosten und – bei Abgebern im Sinne des § 4 Abs. 2 zumindest gemäß § 2 Z 10 aufgeschlüsselten – sonstigen Kosten des Betriebes,

9. die für dieses Nutzungsobjekt während der Abrechnungsperiode geleisteten Vorauszahlungen,

10. den sich daraus ergebenden Überschuß oder Fehlbetrag,

11. den Ort und den Zeitraum (Beginn und Ende), an bzw. zu dem in die Abrechnung und die Belegsammlung Einsicht genommen werden kann,

12. einen ausdrücklichen Hinweis auf die Folgen der Abrechnung (§§ 21 bis 24),

13. Kontaktinformationen, darunter Internetadressen, von Verbraucherorganisationen, Energieagenturen oder ähnlichen Einrichtungen, bei denen Informationen über angebotene Maßnahmen zur Energieeffizienzverbesserung, Endnutzer-Vergleichsprofile und objektive technische Spezifikationen für energiebetriebene Geräte eingeholt werden können,

14. Informationen über damit verbundene Beschwerdeverfahren, Dienste von Bürgerbeauftragten oder alternative Streitbeilegungsverfahren,

15. Vergleiche mit dem durch Vergleichstests ermittelten Durchschnittsabnehmer derselben Nutzerkategorie derselben Liegenschaft. Im Fall elektronischer Rechnungen kann ein solcher Vergleich alternativ online bereitgestellt und in der Rechnung entsprechend darauf verwiesen werden.

(1a) Die Informationen über die Abrechnungen gemäß Abs. 1 und – soweit verfügbar – die historischen Verbrauchs- oder Ablesewerte sind auf Anweisung des Abnehmers kostenlos an einen von ihm genannten Dritten zu übersenden. *(BGBl I 2023/22, ab 23. 3. 2023)*

(2) Einem Abnehmer, der sein Benützungsrecht am Nutzungsobjekt nicht selbst ausübt und dem Abgeber einen inländischen Wohnsitz oder gewöhnlichen Aufenthalt oder einen Zustellungsbevollmächtigten im Inland bekanntgegeben hat, ist die Information über die Abrechnung an die angegebene Anschrift zu übersenden. Unterlässt der Abnehmer diese Bekanntgabe, so genügt für eine gehörige Rechnungslegung ihm gegenüber die Zusendung der Information über die Abrechnung an die Anschrift des Nutzungsobjekts.

(3) Ein Wohnungseigentümer, der sein Benützungsrecht am Nutzungsobjekt nicht selbst ausübt, sondern dieses vermietet hat, hat dem Mieter eine Ausfertigung (Abschrift, Ablichtung) der Information über die Abrechnung zu übermitteln, es sei denn, der Abgeber ist gegenüber dem Mieter zur Übermittlung einer solchen Information verpflichtet (§ 24b).

(4) Die Kosten der Abrechnungsinformationen und Verbrauchsinformationen über den individuellen Verbrauch von Wärme, Kälte und Warmwasser sind auf nichtkommerzieller Grundlage (Selbstkostenpreis) als sonstige Kosten des Betriebes gemäß § 2 Z 10 aufzuteilen.

(5) Die Abnehmer haben die Abrechnungsinformationen und Verbrauchsinformationen kostenfrei – auch auf elektronischem Weg – zu erhalten, und ihnen ist in geeigneter Weise ein kostenfreier Zugang zu ihren Verbrauchsdaten zu gewähren.

(BGBl I 2021/101)

Einsicht in Abrechnung und Belegsammlung

§ 19. (1) Der „Abgeber"** hat die der Abrechnung zugrunde liegenden Belege in übersichtlicher und nachprüfbarer Weise so zu sammeln, daß sie den Kostengruppen (§ 18 Abs. 1 Z 2) eindeutig zugeordnet werden können; „im Fall von Belegen auf Datenträgern sind Ausdrucke der Belege anzufertigen."* *(*BGBl I 1999/147, ab 1. 1. 2000, anzuwenden auch auf Verträge, die davor geschlossen worden sind; **BGBl I 2021/101)*

(2) Der Belegsammlung ist eine Liste aller „Versorgungskosten" sowie eine Darstellung jener Rechenschritte, die zur Ermittlung der im § 18 Abs. 1 Z 8 angeführten betragsmäßigen Anteile vorgenommen worden sind, voranzustellen. *(BGBl I 2021/101)*

(3) „Die Abrechnung samt der Belegsammlung ist an einer geeigneten Stelle zur Einsicht durch die „Abnehmer"*** aufzulegen."** Der Zeitraum für die Einsicht muß mindestens vier Wochen betragen. „Auf Verlangen eines „Abnehmers"*** sind von den Belegen sowie der Gesamtaufstellung (Abs. 2) auf seine Kosten Abschriften, Ablichtungen oder weitere Ausdrucke für ihn anzufertigen."* *(*BGBl I 1999/147, ab 1. 1. 2000, s Anm zu § 19 Abs 1; **BGBl I 2000/36, ab 1. 7. 2000; ***BGBl I 2021/101)*

Durchsetzung der Abrechnung

§ 20. Wird die Abrechnung nicht gehörig gelegt oder die Einsicht in die Belege nicht gewährt (§§ 16 bis 19), so ist der „Abgeber" auf Antrag eines „Abnehmers" vom Gericht dazu unter Androhung einer Geldstrafe bis zu „10.000 Euro" zu verhalten. Die Geldstrafe ist zu verhängen, wenn dem Auftrag ungerechtfertigterweise nicht entsprochen wird; sie kann auch wiederholt verhängt werden. *(BGBl I 2021/101)*

Vorauszahlung und Folgen der Abrechnung

§ 21. (1) Zur Deckung der im Lauf einer Abrechnungsperiode fällig werdenden „Versorgungskosten“ kann „am fünften eines jeden Kalendermonats“ der Abrechnungsperiode ein gleichbleibender Betrag vorgeschrieben werden. *(BGBl I 2021/101)*

(2) Dieser Betrag ist aus dem auf das jeweilige Nutzungsobjekt entfallenden Anteil des Gesamtbetrags der Versorgungskosten für die vorangegangene Abrechnungsperiode zu ermitteln und kann während der Abrechnungsperiode nur insoweit angepasst werden, als erhebliche, bei der Ermittlung nicht berücksichtigte Änderungen eingetreten sind. *(BGBl I 2021/101)*

(3) Ergibt sich aus der Abrechnung ein Überschuß zugunsten des „Abnehmers“, so hat der „Abgeber“ den Überschußbetrag binnen zwei Monaten ab der Abrechnung zurückzuerstatten. Diese Frist beginnt spätestens mit dem Zeitpunkt, zu dem die Abrechnung hätte gelegt werden müssen. *(BGBl I 2021/101)*

(4) Ergibt sich aus der Abrechnung ein Überschuß von mehr als 10 vH zugunsten des „Abnehmers“ und wird die Information über die Abrechnung nicht fristgerecht übersendet, so ist der Überschußbetrag ab dem Ablauf der Abrechnungsperiode mit einem Zinssatz von 6 vH über dem jeweils geltenden Zinsfuß für Eskontierungen der Oesterreichischen Nationalbank zu verzinsen. *(BGBl I 2021/101)*

(5) Ergibt sich aus der Abrechnung ein Fehlbetrag zu Lasten des „Abnehmers“, so hat ihn der „Abnehmer“ binnen zwei Monaten ab der Abrechnung nachzuzahlen. *(BGBl I 2021/101)*

(6) Die Nachforderung an „Versorgungskosten“ ist binnen einer Ausschlußfrist von einem Jahr nach Ablauf der Abrechnungsperiode geltend zu machen. *(BGBl I 2021/101)*

Nachträgliche Berichtigung der Abrechnung

§ 22. (1) Ergibt sich vor dem Ablauf der in § 24 vorgesehenen Frist die Notwendigkeit, eine gehörig gelegte Abrechnung richtigzustellen, so hat der „Abgeber“ allen betroffenen „Abnehmern“ binnen vier Wochen nach Ablauf der in § 24 vorgesehenen Frist eine Information über Inhalt, Grund und Auswirkungen der Berichtigung zu übersenden. *(BGBl I 2021/101)*

(2) Sich aus der Berichtigung ergebende Überschüsse oder Fehlbeträge sind binnen drei Monaten nach Ablauf der in § 24 vorgesehenen Frist zu bezahlen.

(3) Ergibt sich aus der Berichtigung für keinen der „Abnehmer“ eine Abweichung von mehr als 5 vH von den auf ihn gemäß der Abrechnung entfallenden „Versorgungskosten“, so kann der „Abgeber“ die Berichtigung auch erst bei der nächsten Abrechnung vornehmen. *(BGBl I 2021/101)*

Zwischenermittlung; Überschüsse und Fehlbeträge

§ 23. (1) Im Fall eines Wärmeabnehmerwechsels kann der scheidende oder der neue „Abnehmer“ verlangen, daß auf seine Kosten eine Zwischenermittlung der auf das Nutzungsobjekt entfallenden Verbrauchsanteile vorgenommen wird. *(BGBl I 2021/101)*

(2) Eine Zwischenermittlung hinsichtlich Raumwärme kann entweder durch eine Zwischenablesung oder durch eine dem Stand der Technik entsprechende Hochrechnung erfolgen. Die verbrauchsunabhängigen Kosten sind nach gleich hohen monatlichen Anteilen zu berechnen. *(BGBl I 2021/101)*

(3) Eine Zwischenermittlung hinsichtlich Warmwasser kann entweder durch eine Zwischenablesung oder durch eine dem Stand der Technik entsprechenden Hochrechnung – allenfalls anhand des entsprechenden Vorjahresverbrauchs – erfolgen. Die verbrauchsunabhängigen Kosten sind nach gleich hohen monatlichen Anteilen zu berechnen. *(BGBl I 2021/101)*

(4) Eine Zwischenermittlung hinsichtlich Raumkälte kann entweder durch eine Zwischenablesung oder durch eine dem Stand der Technik entsprechende Hochrechnung erfolgen. Die verbrauchsunabhängigen Kosten sind nach gleich hohen monatlichen Anteilen zu berechnen. *(BGBl I 2021/101)*

(5) Fehlbeträge, die sich aus der Abrechnung ergeben, sind von demjenigen nachzuzahlen, in dessen Nutzungszeitraum der jeweilige Fehlbetrag angefallen ist. Überschüsse kann nur derjenige zurückfordern, in dessen Nutzungszeitraum der jeweilige Überschuss angefallen ist. Wird bei einem Abnehmerwechsel keine Zwischenermittlung vorgenommen, so ist der Verbrauch nach gleich hohen monatlichen Anteilen und nur insoweit zu berücksichtigen, als der Abnehmerwechsel während der der Rechnungslegung unmittelbar vorangegangenen Abrechnungsperiode eingetreten ist. *(BGBl I 2021/101)*

„(6)“ Endet das Nutzungsverhältnis während der Abrechnungsperiode, so hat der scheidende „Abnehmer“ dem „Abgeber“ seinen neuen Wohnsitz oder gewöhnlichen Aufenthalt bekanntzugeben; in diesem Fall ist dem „Abnehmer“ die Information über die nächste Abrechnung an die angegebene Anschrift zu übersenden. Unterläßt der scheidende „Abnehmer“ diese Bekanntgabe, so genügt für eine gehörige Rechnungslegung ihm gegenüber die Zusendung der Information über die Abrechnung an die Anschrift des Nutzungsobjekts. *(BGBl I 2021/101)*

Genehmigung der Abrechnung

§ 24. Soweit ein „Abnehmer“ gegen die gehörig gelegte Abrechnung nicht spätestens sechs Monate nach Rechnungslegung schriftlich begründete Einwendungen erhebt, gilt die Abrechnung im Verhältnis zwischen „Abnehmer“ und „Abgeber“ als genehmigt. *(BGBl I 2021/101)*

Nachträgliche Inbetriebnahme einer Zusatzheizung

§ 24a. Nimmt ein „Abnehmer“ , nachdem bereits die Voraussetzungen für die Ermittlung der Verbrauchsanteile (§ 5 Abs. 1) vorgelegen sind, eine Zusatzheizung in Betrieb, so berechtigt ihn allein dieser Umstand nicht, eine Untauglichkeit im Sinn des § 5 Abs. 2 und 3 geltend zu machen oder Einwendungen gegen die Abrechnung zu erheben. *(BGBl I 2021/101)*

(BGBl I 1999/147, ab 1. 9. 1999, auf zu diesem Zeitpunkt anhängige Verfahren gemäß § 25 Abs. 1 Z 1, 2 und 3 nicht anzuwenden)

Abnehmern gleichgestellte Personen

§ 24b. (1) Für den Anwendungsbereich des III. Abschnitts (Abrechnung) sind den Abnehmern die Mieter, Pächter und Fruchtnießer von im Wohnungseigentum stehenden Nutzungsobjekten gleichgestellt, wenn sie

1. mit dem Abgeber in einem Vertragsverhältnis stehen oder

2. auf Grund einer Vereinbarung mit dem Wohnungseigentümer die Versorgungskosten zu tragen haben, die sich aus der Abrechnung für das Nutzungsobjekt ergeben.

(2) In den in Abs. 1 Z 2 genannten Fällen bestehen die Verständigungspflichten des Abgebers (§ 17 Abs. 4 und 5, § 18 Abs. 1, § 22 Abs.) gegenüber der gleichgestellten Person aber nur dann, wenn der Abgeber über den Mieter, Pächter oder Fruchtnießer in Kenntnis gesetzt wurde.

(BGBl I 2021/101)

IV. Abschnitt

Besondere Verfahrensvorschriften

Entscheidungen im Verfahren außer Streitsachen

§ 25. (1) Über Anträge in den im folgenden genannten Angelegenheiten entscheidet das für Zivilrechtssachen zuständige Bezirksgericht, in dessen Sprengel das Gebäude liegt:

1. Vorliegen der überwiegenden Beeinflußbarkeit des „Energieverbrauchs“ als Voraussetzung der verbrauchsabhängigen Aufteilung (§ 5 Abs. 1); *(BGBl I 2021/101)*

2. Aufteilung der gesamten „Versorgungskosten“ auf die einzelnen Nutzungsobjekte (§ 5 Abs. 1, §§ 10 bis 13); *(BGBl I 2021/101)*

3. Bestimmung der verbrauchsunabhängigen Aufteilung der Energiekosten infolge Untauglichkeit oder Unwirtschaftlichkeit der Messung (§ 5 Abs. 2); *(BGBl I 2021/101)*

4. Durchsetzung des Anspruchs auf Ausstattung mit Vorrichtungen zur Erfassung (Messung) der Verbrauchsanteile (§ 6 Abs. 1 und 2) und der dazu erforderlichen Duldungspflichten (§ 6 Abs. 3);

5. Erhaltung, Wartung, Betrieb und Anpassung im Sinne einer Einregulierung der gemeinsamen Versorgungsanlage (§ 7 Abs. 1); *(BGBl I 2021/101)*

6. Trennung der Heiz- und Warmwasserkosten (§ 9);

7. Duldung der Erfassung (Messung) der Verbrauchsanteile sowie der Feststellung der „versorgbaren Nutzfläche“ (§ 11 Abs. 2); *(BGBl I 2021/101)*

8. Legung der Abrechnung (§§ 17 bis 20, 22 Abs. 1 und 3);

8a. Überprüfung der inhaltlichen Richtigkeit der Abrechnung (§§ 17 bis 20, 22 Abs. 1 und 3); *(BGBl I 2009/25, ab 1. 4. 2009)*

9. Durchsetzung des Anspruchs auf Zwischenermittlung der Verbrauchsanteile (§ 23 Abs. 1);

10. Änderung der vor dem 1. Jänner 1993 angewendeten Aufteilungsschlüssel (§ 29 Abs. 5).

(2) In den im Abs. 1 genannten Angelegenheiten entscheidet das Gericht im Verfahren außer Streitsachen. § 37 Abs. 3 und 4 und die §§ 39, 40 und 41 MRG sind sinngemäß anzuwenden. „ “ *(BGBl I 2003/113, ab 1. 1. 2005)*

(3) Soweit in diesem Bundesgesetz nichts anderes bestimmt wird, können in den im Abs. 1 genannten Angelegenheiten Anträge sowohl von jedem „Abnehmer“** als auch vom „Abgeber“** gestellt werden. „In den Verfahren nach Abs. 1 sind auch der Verwalter des Gebäudes und das mit der „Abrechnung“** beauftragte Unternehmen, in den Verfahren nach Abs. 1 Z 1, 4 und 5 auch ein gewerbsmäßiger „Versorger“** im Sinn des § 4 Abs. 2 Z 2 von Amts wegen beizuziehen.“* Wenn an einem Nutzungsobjekt Wohnungseigentum begründet ist, kommt dem Verwalter in den Verfahren nach Abs. 1 Z 8 auch Parteistellung zu. „In den in Abs. 1 Z 8 und 8a genannten Angelegenheiten können Anträge auch von den Abnehmern gleichgestellten Personen (§ 24b Abs. 1) gestellt werden.“** *(*BGBl 1993/800, ab 1. 3. 1994; **BGBl I 2021/101)*

(4) Wird ein Verfahren nach Abs. 1 Z 2, 3, 6, 8 oder 10 anhängig gemacht, so wird der Fortlauf der in § 21 Abs. 6 angeführten Frist für die Dauer dieses Verfahrens gehemmt.

(5) „Die Bundesministerin für Digitalisierung und Wirtschaftsstandort“ kann durch Verordnung für verbindlich erklärte ÖNORMEN bezeichnen, die in besonderem Maß geeignet sind, das Vorliegen der Voraussetzungen *(BGBl I 2021/101)*

1. für die Verbrauchsermittlung im Sinn des § 5 und

2. für die nachträgliche Ausstattung mit Vorrichtungen zur Erfassung (Messung) der Verbrauchsanteile nach § 6 Abs. 1 Z 1 und 2

festzustellen.

(6) „Die Bundesministerin für Digitalisierung und Wirtschaftsstandort“ kann im Einvernehmen mit „der Bundesministerin für Justiz“ durch Verordnung vorsehen: *(BGBl I 2021/101)*

1. Formblätter für die in Abs. 1 genannten Anträge, um zu sichern, daß die für die Entscheidung über den Antrag erheblichen tatsächlichen und rechtlichen Angaben gemacht werden;

2. Formblätter für nach § 8 zu führende Stammblätter zur Sicherung der notwendigen Daten für eine verläßliche Verbrauchsermittlung.

(7) Liegt einem Antrag ein Formblatt nach Abs. 6 Z 1 zugrunde, so sind diejenigen Personen, welche trotz gehöriger Zustellung im Sinn des § 37 Abs. 3 MRG nicht erschienen sind, als diesem Antrag zustimmend zu behandeln. Der wesentliche Inhalt des Antrages und die mit dem Nichterscheinen verbundenen Rechtsfolgen sind in der Ladung aufzunehmen.

V. Abschnitt

§ 26. *Änderung des Wohnungseigentumsgesetzes 1975 (im WEG eingearbeitet)*

VI. Abschnitt

§ 27. *Änderung des Wohnungsgemeinnützigkeitsgesetzes (im WGG eingearbeitet)*

VII. Abschnitt

§ 28. *Änderung des Mietrechtsgesetzes (im MRG eingearbeitet)*

VIII. Abschnitt

Schluß- und Übergangsbestimmungen

§ 29. (1) Dieses Bundesgesetz tritt mit Ausnahme des § 26, der mit 30. Dezember 1992 in Kraft tritt, und des § 27 Z 2, dessen Inkrafttreten sich nach seiner Z 3 richtet, mit 1. Oktober 1992 in Kraft. *(BGBl 1993/800, ab 1. 3. 1994)*

(1a) § 2 Z 5 und 6, § 4 Abs. 2, § 6 Abs. 2, § 25 Abs. 3 zweiter Satz und § 29 Abs. 8 in der Fassung des Bundesgesetzes BGBl. Nr. 800/1993 treten mit 1. Jänner 1994 in Kraft. *(BGBl 1993/800, ab 1. 3. 1994)*

(1b) § 20 in der Fassung des Bundesgesetzes BGBl. I Nr. 136/2001 tritt mit 1. Jänner 2002 in Kraft. *(BGBl I 2001/136)*

(1c) § 2 Z 5 und Z 6 in der Fassung des Bundesgesetzes BGBl. I Nr. 71/2002 sind erst auf jene Abrechnungsperioden anzuwenden, die nach dem 30. Juni 2002 beginnen. *(BGBl I 2002/71)*

(1d) § 11 Abs. 4 in der Fassung des Bundesgesetzes BGBl. I Nr. 35/2020 tritt mit dem der Kundmachung folgenden Tag in Kraft und mit 31. Dezember 2020 außer Kraft. *(BGBl I 2020/35)*

(1e) Titel, § 1, § 2 samt Überschrift, § 3 samt Überschrift, § 4 samt Überschrift, die Überschrift des II. Abschnitts, § 5 samt Überschrift, § 6, § 7 Abs. 1, § 8, § 9 samt Überschrift, § 10 samt Überschrift, § 11, § 12 samt Überschrift, § 13 samt Überschrift, § 14 samt Überschrift, § 15, § 16 samt Überschrift, § 17 samt Überschrift, § 18 samt Überschrift, § 19, § 20, § 21, § 22, § 23, § 24, § 24a, § 24b samt Überschrift, § 25 mit der Maßgabe, dass die Bestimmung in dieser Fassung nicht auf bereits anhängige gerichtliche Verfahren anwendbar ist, § 29, § 29a samt Überschrift und § 30 in der Fassung des Bundesgesetzes BGBl. I Nr. 101/2021 treten mit Ablauf des Tages der Kundmachung in Kraft.[1)] *(BGBl I 2021/101)*

HeizKG

(1f) § 18 Abs. 1 Z 6 und Abs. 1a in der Fassung des Bundesgesetzes BGBl. I Nr. 22/2023 treten mit Ablauf des Tages der Kundmachung in Kraft[2)]. *(BGBl I 2023/22)*

(2) Auf die Heiz- und Warmwasserkosten, die einer Abrechnungsperiode zugeordnet werden (§ 17), die vor dem 1. Oktober 1992 begonnen hat, findet dieses Bundesgesetz nur Anwendung, wenn die folgenden Absätze dies anordnen.

(3) Für Abrechnungsperioden, die vor dem 1. Jänner 1994 enden, gelten die in der letzten vor dem 1. Jänner 1993 gelegten Abrechnung angewendeten Aufteilungsgrundsätze als im Sinn des § 13 Abs. 1 vereinbart; gerichtliche Entscheidungen über die Aufteilungsgrundsätze werden aber hievon nicht berührt. Anmerkungen nach § 19 Abs. 3 WEG 1975 bleiben so lange wirksam.

(4) Mangels einstimmiger anderer Vereinbarung nach § 13 Abs. 1 Z 3 ist für Abrechnungsperioden, die nach dem 31. Dezember 1993 enden, jener Teil der Energiekosten, der nicht nach Verbrauchsanteilen zu tragen ist, nach den „versorgbaren Nutzflächen“ aufzuteilen. Ebenso sind die sonstigen Kosten des Betriebs nach den beheizbaren Nutzflächen aufzuteilen. *(BGBl I 2021/101)*

(5) Entspricht einer der bei der letzten Abrechnung vor dem 1. Jänner 1993 angewendeten Aufteilungsschlüssel den in § 9 Abs. 2 und § 10 genannten Hundertsätzen nicht, so hat das Gericht mangels einstimmiger Anpassung der Aufteilungsschlüssel auf Antrag auszusprechen, daß ab der Abrechnungsperiode, in der der Antrag gestellt wurde, die im § 13 Abs. 3 genannten Aufteilungsschlüssel anzuwenden sind.

(6) § 5 Abs. 2 und 3 gilt auch dann, wenn der Schlüssel für die Aufteilung der „Versorgungskosten für Heizung und Warmwasser" noch vor dem 1. Oktober 1992 vereinbart, festgesetzt oder auf Grund anderer Umstände angewendet wurde. *(BGBl I 2021/101)*

(7) Hatte die letzte Abrechnung der „Versorgungskosten" für die Aufteilung der Energiekosten zu erfolgen: *(BGBl I 2021/101)*

1. vor dem 1. Oktober 1992 nicht unter Anwendung des § 14 Abs. 1 zweiter Satz WGG

oder

2. vor dem 31. Dezember 1992 nicht unter Anwendung des § 19 Abs. 1 Z 1 zweiter Halbsatz WEG 1975

oder

3. vor dem 1. Oktober 1992 nicht unter Anwendung des § 24 Abs. 1 MRG,

so gelten – frühestens mit Wirkung ab 1. Jänner 1994 – die Bestimmungen dieses Bundesgesetzes nur dann, wenn alle „Abnehmer" mit dem „Abgeber" dies schriftlich vereinbaren. *(BGBl I 2021/101)*

(8) Im Falle einer „Versorgung" nach § 4 Abs. 2 sind die Bestimmungen dieses Bundesgesetzes – auch ohne Vorliegen der Voraussetzungen des Abs. 7 – nach Maßgabe der Abs. 3 und 4 anzuwenden. *(BGBl 1993/800, ab 1. 3. 1994; BGBl I 2021/101)*

(9) Einwendungen gegen eine vor dem 1. Jänner 1993 gelegte Abrechnung, die nicht die Richtigkeit und Vollständigkeit der Abrechnung betreffen, können nur auf Gründe gestützt werden, die auch nach diesem Bundesgesetz einen Einwendungsgrund darstellen.

(10) Auf die Versorgungskosten, die einer Abrechnungsperiode zugeordnet werden, die vor dem 31. Dezember 2021begonnen hat, findet dieses Bundesgesetz insoweit Anwendung, als die letzten angewendeten Aufteilungsgrundsätze als gemäß § 13 Abs. 1 als vereinbart gelten. *(BGBl I 2021/101)*

---

[1] *Kundgemacht am 4. 6. 2021.*
[2] *Kundgemacht am 22. 3. 2023.*

Sprachliche Gleichbehandlung

§ 29a. Soweit sich die in diesem Bundesgesetz verwendeten Bezeichnungen auf natürliche Personen beziehen, gilt die gewählte Form für alle Geschlechter. Bei der Anwendung dieser Bezeichnungen auf bestimmte natürliche Personen ist die jeweils geschlechtsspezifische Form zu verwenden.

(BGBl I 2021/101)

Vollziehung

§ 30. Mit der Vollziehung dieses Bundesgesetzes – ausgenommen die §§ 26 bis 28 – ist die Bundesministerin für Digitalisierung und Wirtschaftsstandort im Einvernehmen mit der Bundesministerin für Justiz betraut.

(BGBl I 2021/101)

15. Baurechtsgesetz

RGBl 1912/86 idF

1 BGBl 1977/403
2 BGBl 1990/258 (BauRG-Nov 1990)
3 BGBl I 2010/111 (BudgetbegleitG 2011)
4 BGBl I 2012/30 (GB-Nov 2012)

15/1. Baurechtsgesetznovelle 1990 *(Auszug)*

15/2. Verordnung des Justizministers im Einvernehmen mit [dem Minister für öffentliche Arbeiten,] dem Minister des Inneren und dem Finanzminister vom 11. Juni 1912 über die Durchführung des Gesetzes, betreffend das Baurecht

STICHWORTVERZEICHNIS

(Die Zahlenangaben beziehen sich auf die Paragraphen, wenn nichts angegeben, auf das BauRG)

BauRG

Gesetz vom 26. April 1912, betreffend das Baurecht (Baurechtsgesetz – BauRG)

I. Privatrechtliche Bestimmungen

§ 1. (1) Ein Grundstück kann mit dem dinglichen, veräußerlichen und vererblichen Rechte, auf oder unter der Bodenfläche ein Bauwerk zu haben, belastet werden (Baurecht).

(2) Das Baurecht kann sich auch auf Teile des Grundstückes erstrecken, die für das Bauwerk selbst nicht erforderlich, aber für dessen Benützung vorteilhaft sind.

(3) Die Beschränkung des Baurechtes auf einen Teil eines Gebäudes, insbesondere ein Stockwerk, ist unzulässig.

§ 2. *(aufgehoben, BGBl 1990/258, ab 1. 7. 1990)*

§ 3. (1) Das Baurecht kann nicht auf weniger als zehn und nicht mehr als hundert Jahre bestellt werden.

(2) Besteht das Entgelt für die Bestellung des Baurechtes in wiederkehrenden Leistungen (Bauzins), so muß deren Ausmaß und Fälligkeit bestimmt sein; Wertsicherungsvereinbarungen sind zulässig, sofern das Ausmaß des Bauzinses nicht durch die Bezugnahme auf den Wert von Grund und Boden bestimmt wird.

(BGBl 1990/258, ab 1. 7. 1990, s Art III BauRG-Nov 1990)

§ 4. (1) Das Baurecht kann nicht durch eine auflösende Bedingung beschränkt werden.

(2) Das Erlöschen des Baurechtes wegen Verzuges in der Berichtigung des Bauzinses kann nur für den Fall vereinbart werden, daß der Bauzins für wenigstens zwei aufeinanderfolgende Jahre rückständig bleibt.

§ 5. (1) Das Baurecht entsteht durch die bücherliche Eintragung als Last des Grundstückes.

(2) Ein Baurecht kann nicht an einem Teile eines Grundbuchskörpers begründet werden. Pfand- und andere Belastungsrechte, die auf Geldzahlung gerichtet sind oder dem Zwecke des Baurechtes entgegenstehen, dürfen dem Baurecht im Range nicht vorgehen. Für das eingetragene Baurecht ist gleichzeitig eine besondere Grundbuchseinlage zu eröffnen. Alle Eintragungen gegen den Bauberechtigten sind in dieser Einlage zu vollziehen.

§ 6. (1) Das Baurecht gilt als unbewegliche Sache, das auf Grund des Baurechtes erworbene oder hergestellte Bauwerk als Zugehör des Baurechtes.

(2) Dem Bauberechtigten stehen am Bauwerk die Rechte des Eigentümers und an dem Grundstücke, soweit im Baurechtsvertrag nichts anderes bestimmt ist, die Rechte des Nutznießers zu.

(3) Die für Gebäude geltenden Vorschriften finden auf das Baurecht entsprechende Anwendung.

§ 6a. Einem Bauberechtigten kann von den anderen Bauberechtigten Wohnungseigentum eingeräumt werden (Baurechtswohnungseigentum). Das Wohnungseigentumsgesetz 1975, BGBl. Nr. 417, in der jeweils geltenden Fassung gilt für das Baurechtswohnungseigentum sinngemäß.

(BGBl 1990/258, ab 1. 7. 1990)

§ 7. Ein Pfandrecht an einem Baurecht ist als gesetzmäßig sicher (§ „ “ 1374 a.b.G.B) anzusehen, wenn die Belastung nicht die Hälfte des Wertes des Baurechtes übersteigt und die Schuld durch die vereinbarten Annuitäten oder durch gleichmäßige in Zeitabschnitten von höchstens einem Jahre fällige Ratenzahlungen spätestens im fünften Jahre vor Erlöschen des Baurechtes berichtigt sein wird. *(BGBl 1977/403)*

§ 8. Die Löschung des Baurechtes kann vor Ablauf der Zeit, für die es bestellt ist, ohne Zustimmung der darauf eingetragenen Pfandgläubiger und anderer dinglich Berechtigten nur mit der Beschränkung bewilligt werden, daß die Rechtswirkung in Ansehung der Pfand- und anderen dinglichen Rechte erst mit deren Löschung einzutreten hat.

§ 9. (1) Bei Erlöschen des Baurechtes fällt das Bauwerk an den Grundeigentümer. Gesetzliche Pfand- und Vorzugsrechte, die auf dem Baurecht haften, gehen auf das Grundstück über, sobald das Baurecht erlischt.

(2) Mangels anderer Vereinbarung ist dem Bauberechtigten eine Entschädigung in der Höhe eines Viertteiles des vorhandenen Bauwertes zu leisten.

§ 10. Wenn dem Bauberechtigten bei Erlöschung des Baurechtes nach Gesetz oder Vertrag eine Entschädigung für das Bauwerk gebührt, erstrecken sich Pfand- und andere dingliche Rechte an dem Baurecht auf die Entschädigung.

§ 11. Bei der Exekution auf ein mit Baurecht belastetes Grundstück sind die Vorschriften über die Exekution auf ein mit einer Dienstbarkeit belastetes Grundstück sinngemäß anzuwenden; Bauzinsforderungen sind als Einkünfte der Liegenschaft zu behandeln. Sofern zugunsten öffentlicher Abgaben, die nach den bestehenden Vorschriften ein gesetzliches Pfand- oder Vorzugsrecht am Grundstücke genießen, Zwangsversteigerung stattfindet, muß das Baurecht vom Ersteher ohne Anrechnung auf das Meistbot übernommen werden.

§ 12. Die bestehenden Vorschriften über die Benützung der Unter- und Oberfläche eines Grundstückes bleiben unberührt.

II. Verfahren

§ 13. Dem Ansuchen um Eintragung des Baurechtes sind Bescheinigungen der zur Vorschreibung und Eintreibung der von der Liegenschaft zu entrichtenden Steuern und sonstigen öffentlichen Abgaben berufenen Stellen darüber anzuschließen, dass keine Ansprüche bestehen, die ein Vorzugsrecht vor den im Grundbuch eingetragenen Pfandrechten genießen. Diese Bescheinigungen dürfen im Zeitpunkt der Antragstellung nicht älter als drei Monate sein.

(BGBl I 2012/30, ab 1. 5. 2012, auf Verfahren anzuwenden, bei denen der verfahrenseinleitende Antrag nach dem 30. 4. 2012 gestellt wurde)

§ 14. *(aufgehoben, BGBl I 2012/30, ab 1. 5. 2012)*

III. Gebührenrechtliche Bestimmungen

§ 15. Bei der Bemessung der Gebühr von der Einräumung oder Weiterübertragung des Baurechtes oder von der Übertragung des mit diesem Rechte belasteten Grundstückes sind die allgemeinen Vorschriften der Gebührengesetze mit den in den § 16 bis 19 festgesetzten Abweichungen zu beobachten.

§ 16. (1) Behufs Ermittlung des Wertes des Baurechtes oder des mit diesem Rechte belasteten Grundstückes ist, soweit nicht das bedungene Entgelt die Grundlage der Gebührenbemessung bildet, zunächst der Gesamtwert der Liegenschaft (des Grundstückes samt den etwa darauf befindlichen Baulichkeiten) nach den allgemeinen Vorschriften der Gebührengesetze so zu bestimmen, als ob das Grundstück nicht mit dem Baurechte belastet wäre.

(2) Der Wert des Baurechtes mit Einschluß der auf Grund des Baurechtes erworbenen oder hergestellten Baulichkeiten (§ 6) ist mit so vielen Hundertsteln des gemäß dem vorhergehenden Absatze ermittelten Gesamtwertes der Liegenschaft zu veranschlagen, als die Anzahl der Jahre beträgt, welche zwischen dem für die Bemessung der Gebühr maßgebenden Zeitpunkte und dem Zeitpunkte des Erlöschens des Baurechtes gelegen sind; hierbei sind Bruchteile eines Jahres, wenn sie sechs Monate erreichen, einem vollen Jahre gleichzuachten, andernfalls nicht in Anschlag zu bringen.

(3) Als Wert des mit dem Baurechte belasteten Grundstückes ist der Betrag anzunehmen, der sich ergibt, wenn von dem Gesamtwerte der Liegenschaft der nach dem vorhergehenden Absatz ermittelte Wert des Baurechtes samt Zubehör (§ 6) in Abzug gebracht wird.

(4) Durch die vorstehenden Bestimmungen wird die Anwendung der in den §§ 50ff. des Gesetzes vom 9. Februar 1850, RGBl Nr 50[1], angeführten Arten der Bewertung in Absicht auf die abgesonderte Feststellung des Wertes des Baurechtes und des mit diesem Rechte belasteten Grundstückes nicht ausgeschlossen.

---

[1] Beachte § 6 GGG.

§ 17. (1) Der Wert der im Sinne des § 3, Absatz 2, bedungenen wiederkehrenden Leistungen (Bauzinse) ist folgendermaßen zu veranschlagen:

1. Wenn zwischen dem für die Gebührenbemessung maßgebenden Zeitpunkte und dem Zeitpunkte des Erlöschens des Baurechtes ein Zeitraum von weniger als zehn Jahren gelegen ist, mit der Summe der für diesen Zeitraum bedungenen Bauzinse;

2. wenn dieser Zeitraum zehn oder mehr Jahre, jedoch höchstens fünfundvierzig Jahre beträgt, mit dem Zehnfachen des jährlichen Bauzinses;

3. wenn dieser Zeitraum mehr als fünfundvierzig Jahre beträgt, mit dem Fünfzehnfachen des jährlichen Bauzinses.

(2) Sind in den in Z. 2 und 3 angeführten Fällen die wiederkehrenden Leistungen für die einzelnen Jahre von ungleicher Höhe, so hat der für die Gesamtdauer des Baurechtes sich ergebende Jahresdurchschnitt der Bauzinse die Grundlage der in Z. 2 und 3 vorgesehenen Berechnung zu bilden.

§ 18. Geht die Dauer des Baurechtes aus dem Vertrage, mit dem es eingeräumt wurde, nicht mit Bestimmtheit hervor, oder ist diese Dauer von der Bedingung abhängig, die im Zeitpunkte der Gebührenbemessung noch in Schwebe ist, so ist in Absicht auf die Anwendung der Vorschriften der §§ 16 und 17 die längste nach dem Vertrag oder, in Ermangelung einer die Höchstdauer festsetzenden Vertragsbestimmung nach § 3, Absatz 1, dieses Gesetzes mögliche Dauer anzunehmen.

§ 19. Insoweit den im Sinne [des § 12 des Gesetzes vom 22. Dezember 1910, RGBl. Nr. 242, und des hierzu erlassenen Statuts][1] als gemeinnützig zu behandelnden Bauvereinigungen, welche die im § 4 desselben Gesetzes erwähnten Zwecke verfolgen, hinsichtlich der Gebühren[2] für die Erwerbung oder Veräußerung unbeweglicher Sachen oder hinsichtlich des Gebührenäquivalents von ihrem unbeweglichen Vermögen im Wege der Gesetzgebung Begünstigungen eingeräumt werden, sind diese Begünstigungen auf die Gebühren für die Erwerbung und Weiterveräußerung des Baurechtes durch die angeführten Bauvereinigungen und auf das Gebührenäquivalent von dem Werte des solchen Bauvereinigungen zustehenden Baurechtes sinngemäß anzuwenden. In Absicht auf die Anwendung der einschlägigen Bestimmungen ist das Baurecht, insolange das mit demselben belastete Grundstück unverbaut ist, einem unverbauten Grundstück, nach erfolgter Verbauung aber einem Gebäude rechtlich gleichzuachten; die näheren Vorschriften hierüber werden im Verordnungswege erlassen.

---

[1] *Jetzt wohl im Sinne der Vorschriften des Wohnungsgemeinnützigkeitsgesetzes BGBl 1979/139 zu verstehen.*

[2] *Hinsichtlich der Gerichtsgebühren gegenstandslos.*

IV. Schlussbestimmungen

§ 20. Mit dem Vollzuge dieses Gesetzes sind [Mein Minister für öffentliche Arbeiten und Meine] Minister der Justiz [und der Finanzen] betraut.

§ 21. § 13 in der Fassung des Bundesgesetzes BGBl. I Nr. 30/2012 tritt mit 1. Mai 2012 in Kraft und ist auf Verfahren anzuwenden, bei denen der verfahrenseinleitende Antrag nach dem 30. April 2012 gestellt wurde. Die Überschrift vor § 20 tritt mit 1. Mai 2012 in Kraft. § 14 tritt mit Ablauf des 30. April 2012 außer Kraft.

(BGBl I 2012/30)

15/1. Baurechtsgesetznovelle 1990

(Auszug)

BGBl 1990/258

Bundesgesetz vom 25. April 1990, mit dem das Gesetz, betreffend das Baurecht geändert wird (Baurechtsgesetznovelle 1990 – BauRGNov 1990)

Artikel III[1)]

[1)] Art I und II betreffen das BauRG und die DVBauRG.

(1) Dieses Bundesgesetz tritt mit dem 1. Juli 1990 in Kraft.

(2) Vereinbarungen über die Wertsicherung des Bauzinses, die vor dem Zeitpunkt des Inkrafttretens dieses Bundesgesetzes geschlossen worden sind und dem § 3 Abs. 2 BauRG in der Fassung dieses Bundesgesetzes entsprechen, sind von diesem Zeitpunkt an rechtswirksam.

(3) Zahlungen des Bauzinses, die vor dem Zeitpunkt des Inkrafttretens dieses Bundesgesetzes auf Grund einer Wertsicherungsvereinbarung geleistet worden sind, können wegen des Verstoßes gegen § 3 Abs. 2 BauRG in der bisher geltenden Fassung nicht zurückgefordert werden.

(4) Abs. 3 ist auf anhängige Rechtsstreitigkeiten nur dann anzuwenden, wenn die Klage nach dem 31. März 1990 bei Gericht eingebracht worden ist.

(5) Der Grundeigentümer kann vom Bauberechtigten für die Zukunft die Erhöhung des Bauzinses auf ein angemessenes Ausmaß sowie eine Wertsicherung verlangen, soweit

1. der Baurechtsvertrag vor dem Inkrafttreten dieses Bundesgesetzes geschlossen worden ist,

2. der Bauzins offenbar unangemessen ist,

3. der Baurechtsvertrag keine oder eine solche Vereinbarung über die Wertsicherung des Bauzinses enthält, die dem § 3 Abs. 2 BauRG in der Fassung dieses Bundesgesetzes nicht entspricht, und

4. nach den Umständen, unter denen der Baurechtsvertrag geschlossen worden ist, angenommen werden kann, daß eine Wertsicherung vereinbart worden wäre, wenn sie zulässig gewesen wäre.

(6) Soweit sich der Grundeigentümer und der Bauberechtigte über die Erhöhung des Bauzinses nicht einigen, hat hierüber auf Antrag das für Zivilrechtssachen zuständige Bezirksgericht, in dessen Sprengel das Grundstück gelegen ist, zu entscheiden. Hiefür gelten die allgemeinen Bestimmungen über das Verfahren außer Streitsachen mit den in § 37 Abs. 3 Z 6, 8 bis 10, 12, 13 und 15 bis 21 MRG[2)] genannten Besonderheiten.

(7) Der Anspruch auf Erhöhung des Bauzinses erlischt, wenn er nicht binnen einem Jahr nach dem Inkrafttreten dieses Bundesgesetzes durch Vertrag oder Vergleich anerkannt oder gerichtlich geltend gemacht wird.

(8) Mit der Vollziehung dieses Bundesgesetzes ist der Bundesminister für Justiz betraut.

[2)] Jetzt: § 37 Abs 3 Z 6, 8, 13 bis 19 MRG.

15/2. Durchführungsverordnung

RGBl 1912/114 idF

1 BGBl 1930/74 **2** BGBl 1990/258 (BauRG-Nov 1990)

Verordnung des Justizministers im Einvernehmen mit [dem Minister für öffentliche Arbeiten], dem Minister des Inneren und dem Finanzminister vom 11. Juni 1912 über die Durchführung des Gesetzes, betreffend das Baurecht

Zur Durchführung der Abschnitte I und II des Gesetzes vom 26. April 1912, R.G.Bl. Nr. 86, betreffend das Baurecht, wird verordnet:

§§ 1 bis 5. *(aufgehoben, BGBl 1990/258)*

§ 6. Das Gesuch um Eintragung des Baurechtes ist im Lastenblatte der Grundbuchseinlage anzumerken, an der das Baurecht begründet werden soll, wenn dem Gesuche nach dem Grundbuchsstande und den vorliegenden Urkunden stattgegeben werden kann.

§ 7. (1) Bilden die Parzellen[1)], an denen das Baurecht eingeräumt wird, nur einen Teil des Grundbuchskörpers, so sind sie abzuschreiben und in eine neue Grundbuchseinlage zu übertragen, in deren Lastenblatt das Gesuch um Eintragung des Baurechtes anzumerken ist.

(2) Das weitere Verfahren wird durch die §§ 13 und 14[2)] des Gesetzes vom 26. April 1912, R.G.Bl. Nr. 86, bestimmt. Wenn die Parzellen[1)], an denen das Baurecht eingeräumt wird, in eine neue Grundbuchseinlage übertragen werden, ist in dem Beschlusse, mit dem gemäß § 13, Absatz 2 des Gesetzes zur Anmeldung der ein Vorzugsrecht genießenden Abgaben aufgefordert wird, auch die Grundbuchseinlage anzugeben, von der diese Parzellen[1)] abgeschrieben wurden.

1) Jetzt: Grundstücke.
2) § 14 aufgehoben.

§ 8. *(aufgehoben, BGBl 1930/74)*

§ 9.[1)] Wurde innerhalb der Anmeldungsfrist kein das Vorzugsrecht genießender Anspruch angemeldet oder ist die Berichtigung oder Sicherstellung der angemeldeten Ansprüche dargetan, so ist, ohne daß es eines neuen Eintragungsgesuches bedarf, im Lastenblatte des zu belastenden Grundbuchskörpers die Bestellung des Baurechtes einzutragen und für das eingetragene Baurecht gleichzeitig eine besondere Grundbuchseinlage zu eröffnen.

1) Gegenstandslos wegen der Änderung des § 13 und Aufhebung des § 14 BauRG.

§ 10. (1) Die für das Baurecht neu zu eröffnende Grundbuchseinlage ist mit der auf die letzte Einlage der Katastralgemeinde folgenden Zahl zu bezeichnen.

(2) Die Eigenschaft dieser Grundbuchseinlage ist im Gutsbestandblatte in der Mitte oben durch die Bezeichnung „Baurechtseinlage" ersichtlich zu machen. Der Vordruck: Postzahl, Katastralzahl und Bezeichnung der Parzelle[1)], Hausnummer, Kulturgattung) ist mit roter Tinte zu durchstreichen und über die ganze Blattseite der ersten Abteilung des Gutsbestandblattes zu schreiben: „Baurecht für die Zeit bis ... 19.. an der Grundbuchseinlage Zahl .... der Katastralgemeinde ...., bestehend aus der Bauparzelle[2)] .... Haus Nr..... und der Parzelle[2)] ...."

(3) In der zweiten Abteilung des Gutsbestandblattes ist die Eröffnung der neuen Einlage anzumerken.

(4) Im Eigentumsblatte der Baurechtseinlage ist anstatt des Eigentümers der Bauberechtigte einzutragen. Die für andere Eintragungen in diesem sowie im Lastenblatte geltenden Vorschriften bleiben unberührt.

1) Jetzt: Grundstück.
2) Jetzt: Baufläche.

§ 11. Das Grundbuchsgericht hat über alle Baurechtseinlagen ein alphabetisches Verzeichnis nach dem Namen des Bauberechtigten zu führen, das folgende Spalten zu enthalten hat:

1. Name des Bauberechtigten und andere zur Bezeichnung der Person dienende Merkmale;
2. Zahl der Baurechtseinlage;
3. Name der Katastralgemeinde;
4. Anmerkung.

§ 12. *(aufgehoben, BGBl 1930/74)*

16/1. Landpachtgesetz

BGBl 1969/451 idF

1 BGBl I 2003/113 (WohnAußStrBeglG)
2 BGBl I 2006/124 (WRN 2006)
3 BGBl I 2018/58 (ErwSchAG-Justiz)

STICHWORTVERZEICHNIS

(Die Zahlenangaben beziehen sich auf die Paragraphen)

Bundesgesetz vom 26. November 1969, mit dem Bestimmungen über landwirtschaftliche Pachtverträge getroffen werden (Landpachtgesetz)

Abschnitt I

Anwendungsbereich

§ 1. (1) Den Vorschriften dieses Bundesgesetzes unterliegen Verträge, durch die Grundstücke oder der Fischzucht dienende Teichgrundstücke allein oder gemeinsam mit Wohn- oder Wirtschaftsräumen oder anderen Sachen vorwiegend zur landwirtschaftlichen Nutzung verpachtet werden (Landpachtverträge). Die im § 1103 des allgemeinen bürgerlichen Gesetzbuches bezeichneten Verträge sind im Sinne dieses Bundesgesetzes als Pachtverträge anzusehen.

(2) Nutzung im Sinne dieses Bundesgesetzes ist die landwirtschaftliche Bodenbewirtschaftung zur Gewinnung pflanzlicher Erzeugnisse, zur Haltung oder Züchtung von Nutztieren oder zur Fischzucht.

(3) Auf Pachtverträge über Kleingärten, die den Bestimmungen des Kleingartengesetzes vom 16. Dezember 1958, BGBl. Nr. 6/1959, unterliegen, sind die Bestimmungen dieses Bundesgesetzes nicht anzuwenden.

Unabdingbarkeit

§ 2. (1) Auf die in diesem Bundesgesetz bestimmten Rechte kann nicht wirksam verzichtet werden. Vereinbarungen, nach denen einem Vertragsteil besondere Nachteile oder besondere Vorteile erwachsen sollen, wenn er diese Rechte ausübt oder nicht ausübt, sind unwirksam.

(2) Die Vereinbarung schiedsrichterlicher Entscheidungen ist unzulässig.

Wirkung der Anordnungen

§ 3. Die nach diesem Bundesgesetz erlassenen gerichtlichen Anordnungen treten an die Stelle der entsprechenden Vertragsbestimmungen.

Angemessener Pachtzins

§ 4. Im Sinne dieses Bundesgesetzes gilt als angemessen der Pachtzins, der von dem bei einer ordnungsgemäßen Bewirtschaftung des Pachtgegenstandes erzielbaren Ertrag beiden Vertragsteilen den Anteil sichert, der dem Wert der zur Erzielung dieses Ertrages notwendigen beiderseitigen Leistungen entspricht; dabei sind insbesondere die Vertragsdauer, der Wert des Pachtgegenstandes nach Art, Beschaffenheit und örtlicher Nachfrage, der Wert der beiderseits beigestellten Anlagen und Betriebsmittel sowie die sonst notwendigen beiderseitigen Leistungen, Aufwendungen und Kosten zu berücksichtigen.

Richtpachtzeiten

§ 5. (1) Bei der Anwendung dieses Bundesgesetzes gelten die folgenden Richtpachtzeiten:

1. für die Pacht eines landwirtschaftlichen Betriebes, der vorwiegend dem Erwerbsgartenbau, dem Weinbau oder dem Obstbau dient oder der nach dem Vertrag vorwiegend in dieser Art genutzt werden soll, 15 Jahre;

2. für die Pacht eines landwirtschaftlichen Betriebes anderer Art und für die Pacht eines einzelnen Grundstückes, das vorwiegend dem Erwerbsgartenbau, dem Weinbau oder dem Obstbau dient oder das nach dem Vertrag vorwiegend in dieser Art genutzt werden soll, 10 Jahre;

3. in allen übrigen Fällen 5 Jahre.

(2) In die Richtpachtzeiten sind im Falle des Eintrittes in den Landpachtvertrag nach § 1116a des allgemeinen bürgerlichen Gesetzbuches die Zeiten des Vormannes einzurechnen.

Abschnitt II

Verlängerung der Dauer des Landpachtvertrages

§ 6. (1) Überwiegen die Interessen des Pächters an der Fortsetzung die des Verpächters an der Beendigung des Landpachtvertrages, so hat das Gericht auf Antrag des Pächters die Dauer des Landpachtvertrages zu verlängern.

(2) Bei der Interessenabwägung nach Abs. 1 ist insbesondere auf die wirtschaftliche Lage der beiden Vertragsteile Bedacht zu nehmen. Die Interessen des Pächters überwiegen insbesondere dann nicht, wenn

1. ein Grund vorliegt, der den Verpächter zur Aufhebung des Landpachtvertrages nach § 1118 des allgemeinen bürgerlichen Gesetzbuches berechtigt,

2. der Pächter ohne Zustimmung des Verpächters wesentliche Teile des Pachtgegenstandes nicht nur vorübergehend anderen Personen überlassen hat,

3. sich der Pächter weigert, der Erhöhung des Pachtzinses auf die angemessene Höhe zuzustimmen,

4. der Verpächter dem Pächter einen nach Lage und Beschaffenheit angemessenen Ersatz für den Pachtgegenstand beschafft,

5. eine von vornherein schriftlich und bestimmt als Grund für die Beendigung des Landpachtvertrages bezeichnete Tatsache eingetreten ist, die in bezug auf die Beendigung des Landpachtvertrages für den Verpächter als wichtig und bedeutsam anzusehen ist.

(3) Die Verlängerung der Dauer des Landpachtvertrages ist unzulässig, wenn die Dauer des Landpachtvertrages ausdrücklich auf eine solche Zeit vereinbart wurde, die der maßgebenden Richtpachtzeit (§ 5) entspricht oder diese übersteigt.

(4) Wurde die Dauer des Landpachtvertrages nach Abs. 1 einmal verlängert, so ist eine weitere Verlängerung ferner unzulässig, wenn

1. die Dauer des Landpachtvertrages auf eine bestimmte Zeit vereinbart wurde,

2. im Zeitpunkt der Antragstellung die tatsächliche Dauer des Landpachtvertrages der maßgebenden Richtpachtzeit (§ 5) entspricht oder diese übersteigt.

Dauer der Verlängerung

§ 7. (1) Die zulässige Dauer der jeweiligen Verlängerung des Landpachtvertrages (§ 6) beträgt in den Fällen des

1. § 5 Abs. 1 Z. 1 – 4 Jahre,

2. § 5 Abs. 1 Z. 2 – 3 Jahre,

3. § 5 Abs. 1 Z. 3 – 2 Jahre.

(2) Die im Abs. 1 genannten Fristen sind nicht auszuschöpfen,

1. wenn der Pächter die Verlängerung der Dauer des Landpachtvertrages für einen kürzeren Zeitraum beantragt,

2. wenn und insoweit mit Grund zu besorgen ist, daß innerhalb dieses Zeitraumes ein Umstand eintreten wird, der die Verlängerung der Dauer des Landpachtvertrages ausschließen würde (§ 6 Abs. 1 und Abs. 2),

3. wenn und insoweit dies erforderlich ist, damit das Ende der Vertragsdauer dem Ablauf des Bewirtschaftungsjahres entspricht.

Teilverlängerung

§ 8. (1) Betreffen die im § 6 Abs. 2 Z. 4 oder 5 genannten Gründe, die eine Verlängerung der Dauer des Landpachtvertrages ausschließen, nur einzelne Teile des Pachtgegenstandes und ist der restliche Teil des Pachtgegenstandes abgesondert benutzbar oder kann er ohne unverhältnismäßige Schwierigkeiten abgesondert benutzbar gemacht werden, so hat das Gericht auf Antrag die Dauer des Landpachtvertrages in Ansehung des restlichen Teiles des Pachtgegenstandes zu verlängern. Der Antrag auf Teilverlängerung kann auch im Zuge eines Verfahrens gestellt werden, das die Verlängerung der Dauer des Landpachtvertrages an sich zum Gegenstand hat.

(2) Mangels einer anderweitigen Vereinbarung hat der Antragsteller die Kosten zu tragen, die erforderlich sind, um den restlichen Teil des Pachtgegenstandes abgesondert benutzbar zu machen.

Verzicht auf die Teilverlängerung

§ 9. (1) Wird die Verlängerung der Dauer eines Landpachtvertrages nur für einen Teil des Pachtgegenstandes angeordnet, so kann der Verpächter erklären, daß er den Pachtvertrag zur Gänze fortsetzen will. Der Pächter kann auf die Teilverlängerung verzichten. Die Erklärungen müssen, um rechtswirksam zu sein, innerhalb von 14 Tagen nach dem Eintritt der Rechtskraft des Beschlusses über die Teilverlängerung schriftlich oder mündlich bei dem Gericht abgegeben werden, das in erster Instanz entschieden hat. Eine rechtswirksam abgegebene Erklärung kann nicht widerrufen werden.

(2) Erklärt der Pächter, daß er auf die Teilverlängerung verzichtet, so hat das Gericht auszusprechen, daß die angeordnete Teilverlängerung wirkungslos ist. Dies gilt auch dann, wenn auch der Verpächter die Erklärung abgegeben hat, daß er den Pachtvertrag zur Gänze fortsetzen will.

(3) Gibt nur der Verpächter die Erklärung ab, daß er den Pachtvertrag zur Gänze fortsetzen will, so hat das Gericht den ergangenen Beschluß dahin zu ergänzen, daß sich die Verlängerung der Dauer des Landpachtvertrages auf den ganzen Pachtgegenstand erstreckt.

Antragstellung, Fristen

§ 10. (1) Der Antrag auf Verlängerung der Dauer des Landpachtvertrages muß

1. in den Fällen des fristgemäßen Ablaufes der vereinbarten oder der durch eine Anordnung des Gerichtes (Pachtamtes) geltenden Vertragsdauer spätestens zwei Monate vor dem Ablauf der Vertragsdauer,

2. in allen übrigen Fällen spätestens innerhalb von 14 Tagen nach der Zustellung der gerichtlichen oder außergerichtlichen Aufkündigung, des Übergabsauftrages oder der Klage auf Beendigung des Pachtvertrages oder Räumung des Pachtgegenstandes an den Pächter gestellt werden.

(2) Die Fristen des § 7 Abs. 1 sind

1. in den Fällen des Abs. 1 Z. 1 von dem Zeitpunkt, an dem der Pachtvertrag endet,

2. in den Fällen der Antragstellung nach der Zustellung einer Aufkündigung (eines Übergabsauftrages) vom Kündigungstermin (Übergabstermin),

3. in allen übrigen Fällen vom Tage der Antragstellung auf Verlängerung der Dauer des Landpachtvertrages zu berechnen.

Entscheidungen über den Pachtzins

§ 11. (1) Ist der vom Pächter zu entrichtende Pachtzins so hoch, daß er den bei einer ordnungsgemäßen Bewirtschaftung des Pachtgegenstandes erzielbaren Ertrag übersteigt, oder weicht er vom angemessenen Pachtzins (§ 4) um mehr als die Hälfte ab, so hat das Gericht auf Antrag den vom Pächter zu entrichtenden Pachtzins ab dem auf die Antragstellung folgenden Zinstermin auf den angemessenen Betrag zu mindern oder zu erhöhen.

(2) Kommt nach der Anordnung einer Teilverlängerung eine Einigung über die Höhe des Pachtzinses für den dem Pächter verbleibenden Teil des Pachtgegenstandes nicht zustande, so hat das Gericht auf Antrag den hiefür angemessenen Pachtzins festzusetzen.

(3) Hängt die Entscheidung über die Verlängerung der Dauer eines Landpachtvertrages von der Feststellung der angemessenen Höhe des Pachtzinses ab, so hat das Gericht die Höhe des angemessenen Pachtzinses vor der Beendigung des Verfahrens durch Beschluß festzustellen.

Abschnitt III

Außerstreitiges Verfahren

§ 12. Über Anträge nach diesem Bundesgesetz entscheidet das Bezirksgericht, in dessen Sprengel der Pachtgegenstand ganz oder zum größeren Teil liegt. Für das Verfahren gelten die allgemeinen Bestimmungen über das gerichtliche Verfahren in Rechtsangelegenheiten außer Streitsachen mit folgenden Besonderheiten:

1. „In erster und zweiter Instanz können die Parteien selbst vor Gericht handeln und sich durch jede Person vertreten lassen, die volljährig und geschäftsfähig ist und für die in keinem Bereich ein gerichtlicher Erwachsenenvertreter bestellt oder eine gewählte oder gesetzliche Erwachsenenvertretung oder Vorsorgevollmacht wirksam ist.“ In dritter Instanz müssen sich die Parteien entweder durch einen Rechtsanwalt oder einen Notar vertreten lassen. *(BGBl I 2018/58, ab 1. 8. 2018, auf Verfahren anzuwenden, die nach dem 31. Juli 2018 anhängig sind oder anhängig werden)*

2. Die Beweise sind in mündlicher Verhandlung vor dem erkennenden Gericht aufzunehmen, sofern nicht die Aufnahme eines Beweises durch einen ersuchten oder beauftragten Richter angeordnet wird.

3. Über Fragen, deren Beurteilung die Kenntnis der landwirtschaftlichen Verhältnisse erfordert, ist eine Stellungnahme der Landwirtschaftskammer des Bundeslandes einzuholen, in dem der Pachtgegenstand ganz oder zum größeren Teil liegt. Die Stellungnahme kann schriftlich oder durch einen von der Landwirtschaftskammer entsendeten Vertreter mündlich abgegeben werden. Wird die Stellungnahme schriftlich abgegeben, so ist die Landwirtschaftskammer verpflichtet, auf Verlangen des Gerichts durch einen von ihr entsendeten Vertreter über die schriftliche Stellungnahme mündliche Aufklärungen zu geben oder diese bei der mündlichen Verhandlung zu erläutern.

4. Die Entscheidung in der Sache ergeht mit Sachbeschluss. § 44 AußStrG ist nicht anzuwenden.

5. Im Rekursverfahren sind abweichend von § 49 AußStrG neu vorgebrachte Tatsachen und neu angebotene Beweismittel – außer zur Dartung oder Widerlegung der geltend gemachten Rekursgründe – nicht zu berücksichtigen. § 46 Abs. 3 und § 52 Abs. 2 letzter Halbsatz AußStrG sind nicht anzuwenden.

6. Die Frist für den Rekurs gegen einen Sachbeschluss und für die Rekursbeantwortung hiezu beträgt abweichend von § 46 Abs. 1 und § 48 Abs. 2 AußStrG vier Wochen.

7. Für die Zulässigkeit des Revisionsrekurses gelten die §§ 62 bis 64 AußStrG mit der Maßgabe, dass Entscheidungsgegenstände nach diesem Bundesgesetz rein vermögensrechtlicher Natur sind und dass die gemäß „§ 59 Abs. 2,“§ 62 Abs. 3 und 5 und § 63 Abs. 1 AußStrG maßgebliche Wertgrenze 10 000 Euro beträgt. Die Frist für den Revisionsrekurs oder die Zulassungsvorstellung gegen einen Sachbeschluss und für den Revisionsrekurs gegen einen Aufhebungsbeschluss (§ 64 AußStrG) „ , mit dem ein Sachbeschluss aufgehoben wurde,“ sowie für die Revisionsrekursbeantwortung hiezu beträgt abweichend von § 63 Abs. 2, § 65 Abs. 1 und § 68 Abs. 1 AußStrG vier Wochen. Der Revisionsrekurs und die Revisionsrekursbeantwortung haben „ “ die Unterschrift eines Rechtsanwalts oder eines Notars zu enthalten. *(BGBl I 2006/124, ab 27. 7. 2006)*

8. Die Bestimmung des § 79 AußStrG ist nicht anzuwenden.

(BGBl I 2003/113, ab 1. 1. 2005; Z 1 und Z 5 bis 7 anzuwenden, wenn das Datum der angefochtenen Entscheidung nach dem 31. 12. 2004 liegt; im Übrigen auch auf Verfahren, die vor dem 1. 1. 2005 anhängig geworden sind)

Unterbrechung eines Zivilprozeßverfahrens

§ 13. (1) Durch einen Antrag auf Verlängerung der Dauer des Landpachtvertrages wird ein anhängiger Rechtsstreit wegen Kündigung oder Beendigung des Landpachtvertrages, Übergabe oder Räumung des Pachtgegenstandes unterbrochen, es sei denn, es handelt sich um einen anhängigen Rechtsstreit wegen Aufhebung des Landpachtvertrages nach § 1118 des allgemeinen bürgerlichen Gesetzbuches.

(2) Wird eine Klage auf Beendigung des Landpachtvertrages einschließlich der Klagen auf Aufhebung nach § 1118 des allgemeinen bürgerlichen Gesetzbuches, Übergabe oder Räumung des Pachtgegenstandes dem Pächter erst nach der Anbringung des Antrages auf Verlängerung der

Dauer des Landpachtvertrages zugestellt, so tritt die Unterbrechung mit dem Tage der Zustellung der Klage ein.

(3) Ein auf Grund der Bestimmungen des Abs. 1 oder 2 unterbrochener Rechtsstreit ist auf Antrag fortzusetzen, wenn dem Antrag auf Verlängerung der Dauer des Landpachtvertrages nicht Folge gegeben wird. Wird dem Antrag auf Verlängerung der Dauer des Landpachtvertrages nur hinsichtlich eines Teiles des Pachtgegenstandes Folge gegeben, so ist der Rechtsstreit auf Antrag hinsichtlich des restlichen Teiles des Pachtgegenstandes fortzusetzen.

Einfluß auf Aufkündigungen und Übergabsaufträge

§ 14. (1) Die Frist zur Erhebung von Einwendungen gegen die Aufkündigung des Landpachtvertrages oder den Auftrag zur Übergabe des Pachtgegenstandes wird durch den Antrag auf Verlängerung der Dauer des Landpachtvertrages bis zur rechtskräftigen Beendigung dieses Verfahrens unterbrochen.

(2) Ist eine im Abs. 1 genannte Frist im Zeitpunkt des Antrages auf Verlängerung der Dauer des Landpachtvertrages ohne Erhebung von Einwendungen abgelaufen, so ist die Vollstreckbarkeit der Aufkündigung oder des Übergabsauftrages bis zur rechtskräftigen Beendigung des Verfahrens auf Verlängerung der Dauer des Landpachtvertrages gehemmt.

(3) Die Aufkündigung (der Übergabsauftrag) wird unwirksam, wenn und insoweit die Verlängerung der Dauer des Landpachtvertrages angeordnet wird.

Unterbrechung des außerstreitigen Verfahrens

§ 15. (1) Das außerstreitige Verfahren über die Verlängerung der Dauer des Landpachtvertrages ist ab dem Tage der Zustellung des Antrages an den Verpächter unterbrochen, sofern der Antrag nach der Zustellung einer Klage auf Aufhebung des Pachtvertrages nach § 1118 des allgemeinen bürgerlichen Gesetzbuches gestellt wird.

(2) Das unterbrochene außerstreitige Verfahren ist auf Antrag des Pächters fortzusetzen, sofern die Klage auf Aufhebung des Pachtvertrages nach § 1118 des allgemeinen bürgerlichen Gesetzbuches rechtskräftig abgewiesen wird und der Antrag auf Fortsetzung des außerstreitigen Verfahrens längstens innerhalb eines Monates ab dem Zeitpunkt der rechtskräftigen Beendigung des Rechtsstreites gestellt wird.

Abschnitt IV

Übergangsregelung für langjährige Landpachtverträge

§ 16. (1) Auf Antrag des Pächters hat das Gericht die Dauer eines Landpachtvertrages, der am 1. Juli 1969 durch mindestens 10 Jahre bestanden hat und von dessen Aufrechterhaltung die wirtschaftliche Existenz des Pächters abhängt, zu verlängern, es sei denn,

1. daß einer der im § 6 Abs. 2 Z. 1 bis 4 genannten Gründe vorliegt oder

2. daß der Verpächter den Pachtgegenstand zur Sicherung seiner wirtschaftlichen Existenz selbst bewirtschaften will.

(2) Anträge nach Abs. 1 können auch mehrmals gestellt werden. Die zulässige Dauer der Verlängerung beträgt das jeweils Doppelte der nach § 7 Abs. 1 maßgebenden Frist. Diese Frist ist aber nach Maßgabe der Bestimmungen des § 7 Abs. 2 nicht voll auszuschöpfen.

(3) Bei der Ermittlung des im Abs. 1 genannten Zeitraumes sind die Zeiten des Vormannes (§ 5 Abs. 2) einzurechnen. Überdies ist die Dauer zweier oder mehrerer aneinandergereihter Landpachtverträge mit einem im wesentlichen gleichen Inhalt zusammenzurechnen.

Übergangsregelung für sonstige Landpachtverträge

§ 17. (1) Auf alle übrigen Landpachtverträge, die vor dem 1. Juli 1969 geschlossen wurden, finden die Bestimmungen dieses Bundesgesetzes mit den folgenden Einschränkungen Anwendung:

1. die Bestimmungen des § 6 Abs. 3 und Abs. 4 Z. 1 sind nicht anzuwenden;

2. bei der Anwendung der Bestimmung des § 6 Abs. 4 Z. 2 ist auf Verlängerungen, die vor dem 1. Juli 1969 rechtskräftig angeordnet wurden, nicht Bedacht zu nehmen.

(2) Auf alle Landpachtverträge, die nach dem 1. Juli 1969 geschlossen wurden oder werden, finden die Bestimmungen dieses Bundesgesetzes uneingeschränkt Anwendung.

Anhängige Verfahren

§ 18. (1) und (2) *(überholt)*

(3) Die nach den bisher geltenden Vorschriften ergangenen und im Sinne des Abs. 1 noch ergehenden Entscheidungen der Pachtbehörden bleiben auch nach dem Inkrafttreten dieses Bundesgesetzes nach Maßgabe der bisher geltenden Vorschriften Exekutionstitel im Sinne der Exekutionsordnung; dasselbe gilt für Vergleiche.

Inkrafttreten; Aufhebung von Rechtsvorschriften

§ 19. (1) Dieses Bundesgesetz tritt mit 1. Jänner 1970 in Kraft.

(2) Vorbehaltlich der Bestimmungen des § 18 treten mit dem Inkrafttreten dieses Bundesgesetzes folgende Rechtsvorschriften außer Kraft:

1. die Reichspachtschutzordnung vom 30. Juli 1940, deutsches RGBl. I S. 1065;

2. die Verordnung vom 14. Oktober 1940, deutsches RGBl. I S. 1369, zur Einführung der Reichspachtschutzordnung in der Fassung der Berichtigung vom 13. Dezember 1940, deutsches RGBl. I S. 1606;

3. der § 4 des Gesetzes über die Weitergeltung und Ergänzung des Pachtnotrechtes vom 30. September 1937, deutsches RGBl. I S. 1051;

4. die §§ 2 bis 5 des Bundesgesetzes vom 21. März 1947, BGBl. Nr. 86, über vorläufige Maßnahmen auf dem Gebiete des Pachtschutzrechtes.

(3) Insoweit in anderen bundesgesetzlichen Rechtsvorschriften auf eine durch den Abs. 2 aufgehobene Rechtsvorschrift verwiesen wird, tritt an deren Stelle die entsprechende Bestimmung dieses Bundesgesetzes. An die Stelle des durch den Abschnitt II der Reichspachtschutzordnung eingerichteten örtlich zuständigen Pachtamtes tritt das örtlich zuständige Bezirksgericht im Verfahren nach § 12 dieses Bundesgesetzes.

Vollziehung

§ 20. Mit der Vollziehung dieses Bundesgesetzes ist der Bundesminister für Justiz betraut.

16/2. Kleingartengesetz

BGBl 1959/6 idF

1 BGBl 1983/135
2 BGBl 1989/250 (VfGH)
3 BGBl 1990/158
4 BGBl I 1999/147 (WRN 1999)
5 BGBl I 2001/98 (2. Euro-JuBeG)

STICHWORTVERZEICHNIS

(Die Zahlenangaben beziehen sich auf die Paragraphen)

LPG KlGG

Bundesgesetz vom 16. Dezember 1958 über die Regelung des Kleingartenwesens (Kleingartengesetz)

Abschnitt I

Allgemeines

Kleingärten

§ 1. (1) Kleingärten im Sinne dieses Bundesgesetzes sind Grundstücke (Grundstücksteile) im Ausmaße von mehr als 120 m2 und höchstens 650 m2, die der nicht erwerbsmäßigen Nutzung oder der Erholung dienen. Kleingärten können in oder außerhalb einer Kleingartenanlage liegen.

(2) Soweit baurechtliche Vorschriften das zulässige Ausmaß eines Kleingartens mit mehr als 650 m2 festsetzen, gilt im Anwendungsbereiche dieser baurechtlichen Vorschriften das darin enthaltene Höchstausmaß.

(3) Die Bestimmungen dieses Bundesgesetzes gelten, soweit darin nichts anderes bestimmt wird, nicht für Kleingärten auf Eigengrund.

(4) Von der Anwendung der Bestimmungen dieses Bundesgesetzes sind Grundstücke (Grundstücksteile) ausgenommen, die

a) zu einem land- oder forstwirtschaftlichen Betrieb gehören,

b) in Gemeinden, deren Einwohnerzahl nach den Ergebnissen der jeweils letzten Volkszählung 5000 nicht übersteigt, in Einzelpacht vergeben werden,

c) im Zusammenhange mit der Innehabung einer Wohnung zur Nutzung überlassen werden,

d) im Zusammenhange mit einem Dienstverhältnisse zur Nutzung überlassen werden, sofern die Überlassung nicht auf einem Pachtvertrag beruht (§ 17),

e) gegen jederzeitigen Widerruf zur Nutzung überlassen werden.

Pachtdauer

§ 2. Pachtverträge (General-, Unter- und Einzelpachtverträge) können auf unbestimmte oder bestimmte Zeit abgeschlossen werden. Pachtverträge auf bestimmte Zeit sind nur zulässig, wenn die Vertragsdauer mindestens zehn Jahre beträgt; werden Pachtverträge auf eine kürzere Vertragsdauer abgeschlossen, so gelten diese Pachtverträge als auf zehn Jahre abgeschlossen.

Pachtbeschränkungen

§ 3. (1) Dem Inhaber eines Kleingartens sowie seinem Ehegatten[1] ist die Pachtung eines weiteren Kleingartens im selben Bundesland nicht gestattet; dies gilt auch für den Eigentümer eines Kleingartens.

(2) Unterpächter (§ 10) oder Einzelpächter (§ 18) eines Kleingartens kann nur entweder eine einzelne natürliche Person oder können Ehegatten[1] oder Lebensgefährten gemeinsam sein. *(BGBl I 1999/147, ab 1. 1. 1999)*

(3) Dem Kleingärtner ist die Weiterverpachtung des Kleingartens nicht gestattet.

---

[1] *Nach § 43 Abs 1 Z 7 EPG auf eingetragene Partner sinngemäß anzuwenden.*

Abschnitt II

Generalpachtverträge

Vertragsparteien

§ 4. Pachtverträge über Grundstücke (Grundstücksteile) zum Zwecke ihrer Weiterverpachtung als Kleingärten (Generalpachtverträge) dürfen bei sonstiger Nichtigkeit nur mit Gebietskörperschaften, mit Kleingärtnervereinen, mit Verbänden der Kleingärtnervereine oder mit Unternehmern, sofern sie die Grundstücke (Grundstücksteile) an ihre Betriebsangehörigen in Unterpacht weitergeben, abgeschlossen werden.

Pachtzins bei Generalpachtverträgen

§ 5. (1) Als Pachtzins darf höchstens ein nach den Umständen des Falles, insbesondere nach der Lage und der Bodenbeschaffenheit des Grundstückes (Grundstücksteiles), angemessener Betrag vereinbart werden.

(2) Eine Änderung des Pachtzinses während der Vertragsdauer ist zulässig, wenn sich die für die Bemessung maßgeblich gewesenen Umstände wesentlich geändert haben; hiebei bleibt eine Werterhöhung des Grundstückes (Grundstücksteiles) infolge der Tätigkeit oder von Aufwendungen des General-, Unter- oder Einzelpächters außer Betracht.

(3) Besteht Streit über die Angemessenheit des vereinbarten Pachtzinses (Abs. 1) oder kommt eine Vereinbarung über die Änderung des Pachtzinses (Abs. 2) nicht zustande, so entscheidet hierüber auf Antrag eines Vertragsteiles das Bezirksgericht, in dessen Sprengel der Kleingarten liegt, im Verfahren außer Streitsachen.

(4) Der Anspruch auf Rückforderung von Leistungen, die das nach den Abs. 1 oder 2 zulässige Ausmaß des Pachtzinses übersteigen, verjährt in jedem Fall innerhalb von drei Jahren, gerechnet vom Zeitpunkt der Leistung. Die Verjährung ist gehemmt, solange ein Verfahren zur Festsetzung der Höhe des Pachtzinses anhängig ist. Auf den Rückforderungsanspruch kann im voraus nicht verzichtet werden.

(BGBl 1990/158, ab 22. 3. 1990, auch für anhängige Verfahren anzuwenden, die nicht rechtskräftig abgeschlossen sind)

Kündigung und Aufhebung von Generalpachtverträgen

§ 6. (1) Generalpachtverträge können nur zum Ende eines Kalenderjahres unter Einhaltung einer halbjährigen Kündigungsfrist gekündigt werden. Wird das Grundstück (der Grundstücksteil) für Zwecke des Eisenbahnbetriebes oder des Eisenbahnverkehres, der Luftfahrt oder der öffentlichen Elektrizitätsversorgung benötigt und die Dringlichkeit dieser Zwecke „von dem nach dem Zweck zuständigen Bundesminister“ bestätigt, tritt als Kündigungstermin an die Stelle des Endes des Kalenderjahres das Ende jedes Kalendervierteljahres und an die Stelle der halbjährigen Kündigungsfrist eine dreimonatige Kündigungsfrist. *(BGBl 1990/158, ab 22. 3. 1990, s Anm zu § 5)*

(2) Der Verpächter kann einen auf unbestimmte Zeit abgeschlossenen Generalpachtvertrag nur aus einem der nachfolgenden Gründe kündigen:

a) wenn der Verpächter das Grundstück (den Grundstücksteil) zur erwerbsmäßig land- oder forstwirtschaftlichen oder erwerbsmäßig gärtnerischen Bewirtschaftung oder zu gewerblichen Zwecken für sich dringend benötigt;

b) wenn das Grundstück (der Grundstücksteil) innerhalb eines Jahres der Bebauung zugeführt oder im öffentlichen Interesse anderweitig verwendet werden soll und die Möglichkeit der fristgerechten Durchführung des Baues oder der anderweitigen Verwendung glaubhaft gemacht wird;

c) wenn der Verpächter das Grundstück (den Grundstücksteil) für andere als die unter lit. a und b genannten Zwecke für sich dringend benötigt, ein nach Lage, Flächenausmaß und Beschaffenheit angemessenes Ersatzgrundstück zur Verfügung stellt und außer der Entschädigung nach § 9 Abs. 1 einen entsprechenden Beitrag zur Verlegung des Kleingartens leistet;

d) wenn der Generalpächter trotz einer nach Eintritt der Fälligkeit mittels eingeschriebenen Briefes erfolgten Mahnung mit der Zahlung des Pachtzinses länger als drei Monate im Rückstand bleibt;

e) wenn der Generalpächter ohne zwingenden Grund trotz einer schriftlich gesetzten angemessenen Frist das Grundstück (den Grundstücksteil) nicht unterverpachtet oder nicht dafür sorgt, daß das Grundstück (der Grundstücksteil) kleingärtnerisch genutzt wird;

f) wenn dem Verpächter aus dem Fortbestande des Pachtverhältnisses ein unverhältnismäßig größerer Nachteil erwüchse als dem Generalpächter und den Unterpächtern aus der Kündigung.

(3) Der Verpächter kann einen auf bestimmte Zeit abgeschlossenen Generalpachtvertrag vor Ablauf der Vertragsdauer kündigen, wenn einer der im Abs. 2 lit. b, d, e oder f angeführten Gründe vorliegt; die Bestimmungen des Abs. 1 gelten sinngemäß.

(4) Eine Vereinbarung, wonach dem Verpächter das Kündigungsrecht unbeschränkt oder in einem weiteren als dem vorstehend bestimmten Maße zustehen soll, ist nichtig.

(5) Die Kündigung des Generalpachtvertrages kann auf einzelne Teile des Pachtgrundstückes beschränkt werden.

(6) Generalpachtverträge, die auf bestimmte Zeit abgeschlossen sind, gelten bei Zutreffen der im § 569 ZPO. angeführten Voraussetzungen als auf unbestimmte Zeit verlängert.

LPG KlGG

§ 7. (1) Generalpachtverträge können nur gerichtlich gekündigt werden. Der Verpächter hat in der Kündigung die Kündigungsgründe kurz anzuführen; andere Kündigungsgründe kann er im Verfahren über diese Kündigung nicht mehr geltend machen. Werden gegen die Kündigung Einwendungen erhoben, hat der Verpächter nachzuweisen, daß der von ihm geltend gemachte Kündigungsgrund gegeben ist.

(2) Der Generalpächter, dem der Generalpachtvertrag gekündigt wurde, hat die Unterpächter hievon unverzüglich zu verständigen.

(3) Das Gericht kann die Kündigung nur hinsichtlich einzelner Teile des Pachtgrundstückes als wirksam erkennen, wenn der Kündigungsgrund nicht hinsichtlich des ganzen Pachtgrundstückes gegeben ist.

(4) Erkennt das Gericht die Kündigung aus den Gründen des § 6 Abs. 2 lit. a, b, c oder f als wirksam, so hat es im Urteil auszusprechen, daß das Grundstück (der Grundstücksteil) nur Zug um Zug gegen Leistung einer ziffermäßig zu bestimmenden Entschädigung nach § 9 Abs. 1, im Falle des § 6 Abs. 2 lit. c außerdem gegen Beistellung des Ersatzgrundstückes und des ziffermäßig zu bestimmenden Beitrages zur Verlegung des Kleingartens zu räumen ist.

(5) Wenn der Generalpächter, dem nur aus dem Grunde des § 6 Abs. 2 lit. d gekündigt wurde und den an dem Zahlungsrückstande kein grobes Verschulden trifft, vor Schluß der der Entscheidung des Gerichtes erster Instanz unmittelbar vorangehenden Verhandlung den geschuldeten Betrag entrichtet, ist die Kündigung aufzuheben;

das gleiche gilt, wenn die Unterpächter an Stelle des Generalpächters bis zu dem angeführten Zeitpunkte den geschuldeten Betrag entrichten. Der Generalpächter hat jedoch dem Verpächter die Kosten des Verfahrens zu ersetzen, soweit ihn ohne die Zahlung eine Kostenersatzpflicht getroffen hätte. Ist die Höhe des geschuldeten Betrages strittig, so hat das Gericht vor Schluß der Verhandlung darüber durch Beschluß zu entscheiden. „Ist jedoch über die Angemessenheit des Pachtzinses ein Verfahren gemäß § 5 Abs. 3 anhängig, so hat das Gericht das Kündigungsverfahren von Amts wegen zu unterbrechen; nach Rechtskraft der Entscheidung gemäß § 5 Abs. 3 ist das unterbrochene Verfahren von Amts wegen aufzunehmen." *(BGBl 1990/158, ab 22. 3. 1990, s Anm zu § 5)*

§ 8. Die Bestimmungen des § 7 Abs. 5 finden auf Rechtsstreitigkeiten wegen Aufhebung der Generalpacht und Räumung des Pachtgegenstandes sinngemäß Anwendung, wenn der Klageanspruch darauf gegründet ist, daß der Generalpächter nach erfolgter Einmahnung mit der Bezahlung des Pachtzinses dergestalt säumig war, daß er mit Ablauf des Termins den rückständigen Pachtzins nicht vollständig entrichtet hatte (§ 1118 ABGB.).

Aufwendungen

§ 9. (1) Bei Beendigung des Generalpachtverhältnisses kann der Generalpächter vom Grundeigentümer den Ersatz für die von ihm oder von den Unterpächtern gemachten Aufwendungen beanspruchen, die zur kleingärtnerischen Nutzung notwendig oder nützlich sind, insbesondere für Obstbäume, Sträucher und sonstige Kulturen; für Baulichkeiten jedoch nur, wenn sie den Bauvorschriften entsprechend errichtet worden sind. Der Ersatz gebührt nach dem gegenwärtigen Werte, insofern er den wirklich gemachten Aufwand nicht übersteigt.

(2) Endet das Generalpachtverhältnis infolge Zeitablaufes und soll das Grundstück einer anderen Verwendung als der kleingärtnerischen Nutzung zugeführt werden, so entfällt der Ersatzanspruch nach Abs. 1, wenn der Grundeigentümer dem Generalpächter erklärt, gegen die Entfernung der Aufwendungen keinen Einspruch zu erheben. Eine Entfernung der Aufwendungen gegen den Willen des Grundeigentümers ist nur insoweit zulässig, als sie nicht für den Grundeigentümer notwendig oder nützlich sind.

(3) Bei Grundstücken, die im Zeitpunkt des Abschlusses des Generalpachtvertrages bereits für eine im öffentlichen Interesse gelegene Verwendung bestimmt waren und nur bis zu ihrer bestimmungsgemäßen Verwendung einstweilen für eine kleingärtnerische Nutzung überlassen werden, kann über den Ersatz von Aufwendungen im Generalpachtvertrag eine andere Regelung getroffen werden.

Abschnitt III

Unter- und Einzelpachtverträge

Unterpachtverträge

§ 10. Die Generalpächter (§ 4) haben die von ihnen gepachteten Grundstücke (Grundstücksteile) an einzelne natürliche Personen „beziehungsweise an Ehegatten[1] oder Lebensgefährten gemeinsam" in Unterpacht weiterzugeben, soweit diese Grundstücke (Grundstücksteile) nicht für Gemeinschaftseinrichtungen verwendet werden. *(BGBl I 1999/147, ab 1. 9. 1999)*

---

[1] Nach § 43 Abs 1 Z 7 EPG auf eingetragene Partner sinngemäß anzuwenden.

Pachtzins und Ablöse bei Unterpachtverträgen

§ 11. (1) Der Unterpachtzins besteht höchstens aus einem verhältnismäßigen Teil

a) des vom Generalpächter zu leistenden Pachtzinses,

b) der vom Generalpächter für den Pachtgrund zu leistenden Steuern und Abgaben,

c) der angemessenen Verwaltungskosten und

d) der Kosten der vom Generalpächter errichteten gemeinsamen Anlagen und Einrichtungen.

(2) Der Anteil nach Abs. 1 bestimmt sich nach dem Verhältnis der Fläche des einzelnen Kleingartens zur Gesamtfläche der in Unterpacht gegebenen Kleingärten.

(3) Eine Änderung des Unterpachtzinses während der Vertragsdauer ist zulässig, wenn sich die für die Bemessung maßgeblich gewesenen Umstände wesentlich geändert haben.

(4) Besteht Streit über die Angemessenheit des vereinbarten Unterpachtzinses (Abs. 1) oder kommt eine Vereinbarung über die Änderung des Unterpachtzinses (Abs. 3) nicht zustande, so entscheidet hierüber auf Antrag eines Vertragsteiles das Bezirksgericht, in dessen Sprengel der Kleingarten liegt, im Verfahren außer Streitsachen. *(BGBl 1990/158, ab 22. 3. 1990, s Anm zu § 5)*

(5) Bei Abschluß des Unterpachtvertrages ist der Generalpächter berechtigt, den Ersatz einer dem bisherigen Unterpächter nach § 16 Abs. 1 geleisteten Entschädigung vom neuen Unterpächter zu verlangen. Ablöseleistungen, die dieses Ausmaß übersteigen, können innerhalb eines Jahres, gerechnet vom Zeitpunkt der Leistung, zurückgefordert werden. Auf den Rückforderungsanspruch kann im voraus nicht verzichtet werden.

(6) Der Anspruch auf Rückforderung von Leistungen, die das nach den Abs. 1 bis 3 zulässige Ausmaß des Unterpachtzinses übersteigen, verjährt in jedem Fall innerhalb von drei Jahren, gerechnet vom Zeitpunkt der Leistung. Die Ver-

jährung ist gehemmt, solange ein Verfahren zur Festsetzung der Höhe des Unterpachtzinses anhängig ist. Auf den Rückforderungsanspruch kann im voraus nicht verzichtet werden.

Abrechnungsvorschriften

§ 11a. (1) Der Generalpächter hat die im Lauf des Kalenderjahres fällig gewordenen Pachtzinse, Steuern und öffentlichen Abgaben, Kosten der gemeinsamen Anlagen und Einrichtungen sowie die angemessenen Verwaltungskosten spätestens zum 30. Juni des folgenden Kalenderjahres abzurechnen; er hat die Abrechnung mindestens vier Wochen lang während der vereinsüblichen Betriebs- und Sprechzeiten an einer geeigneten Stelle zur Einsicht durch die Unterpächter aufzulegen und den Unterpächtern in geeigneter Weise Einsicht in die Belege – bei Belegen auf Datenträgern Einsicht in Ausdrucke der Belege – zu gewähren. Auf Verlangen eines Unterpächters sind von der Abrechnung und (oder) den Belegen auf seine Kosten Abschriften (Ablichtungen, weitere Ausdrucke) anfertigen zu lassen. Die Einsichtsmöglichkeit ist mindestens zwei Wochen vor ihrem Beginn an der sonst für Ankündigungen in der Kleingartenanlage üblichen Stelle bekanntzumachen.

(2) Besteht Streit über die Richtigkeit der Abrechnung oder die Angemessenheit der Verwaltungskosten (§ 11 Abs. 1 lit. c), so entscheidet darüber das Bezirksgericht, in dessen Sprengel der Kleingarten liegt, auf Antrag eines Vertragsteiles im Verfahren außer Streitsachen.

(3) Der Generalpächter hat spätestens vor Ablauf des laufenden Kalenderjahres mindestens vier Wochen lang während der vereinsüblichen Betriebs- und Sprechzeiten an einer geeigneten Stelle eine Vorausschau aufzulegen, in der für das folgende Kalenderjahr die Höhe des vom Generalpächter zu leistenden Pachtzinses, die in Aussicht genommenen Erhaltungs- und Verbesserungsarbeiten an gemeinsamen Anlagen und Einrichtungen, die erforderlichen Kosten der Verwaltung und die sonst vorhersehbaren Aufwendungen gemäß § 11 Abs. 1 bekanntzugeben sind.

(4) Kommt der Generalpächter den in den Abs. 1 und 3 ausgesprochenen Verpflichtungen zur Abrechnung, Einsichtgewährung oder Legung der Vorausschau nicht nach, so ist er auf Antrag eines Unterpächters vom Bezirksgericht im Außerstreitverfahren dazu zu verhalten. Weigert er sich auch bei der mündlichen Verhandlung vor Gericht, die Abrechnung oder die Vorausschau zu legen oder die Einsicht in die Belege zu gewähren, oder erscheint er zur Verhandlung nicht, so hat das Gericht auf Antrag eines Unterpächters dem Generalpächter unter Androhung einer Ordnungsstrafe bis zu „1 900 Euro“ aufzutragen, binnen einer angemessenen, 14 Tage nicht übersteigenden Frist die Abrechnung oder die Vorausschau zu legen und (oder) die Einsicht in die Belege zu gewähren. Die Ordnungsstrafe ist zu verhängen, wenn dem Auftrag ungerechtfertigterweise nicht entsprochen wird; sie kann auch wiederholt verhängt werden. *(BGBl I 2001/98, ab 1. 1. 2002)*

(BGBl I 1999/147, ab 1. 1. 2000, gilt nur für Abrechnungsperioden, die nach dem 31. 12. 1999 beginnen)

Kündigung und Aufhebung von Unterpachtverträgen

§ 12. (1) Unterpachtverträge können nur zum 31. März oder 30. November eines jeden Jahres unter Einhaltung einer dreimonatigen Kündigungsfrist gekündigt werden.

(2) Der Generalpächter kann den Unterpachtvertrag, gleichgültig, ob er auf unbestimmte oder bestimmte Zeit abgeschlossen ist, nur aus wichtigen Gründen kündigen. Als ein wichtiger Grund ist insbesondere anzusehen, wenn

a) der Unterpächter mit der Zahlung des Unterpachtzinses, von Umlagen oder Beiträgen, zu deren Zahlung er nach den Bestimmungen des Unterpachtvertrages oder nach den Satzungen des Kleingärtnervereines oder Verbandes der Kleingärtnervereine verpflichtet ist, trotz einer nach Eintritt der Fälligkeit mittels eingeschriebenen Briefes ausgesprochenen Mahnung länger als einen Monat im Rückstande bleibt;

b) der Unterpächter durch sein rücksichtsloses, anstößiges oder sonst grob ungehöriges Verhalten anderen Kleingärtnern das Zusammenleben verleidet;

c) der Unterpächter sich gegenüber dem Grundeigentümer oder dem Generalpächter oder deren Organen, einem Mitglied oder Organ des Kleingärtnervereines oder Verbandes der Kleingärtnervereine einer strafbaren Handlung gegen das Eigentum, die Sittlichkeit oder die körperliche Sicherheit schuldig macht, sofern es sich nicht um Fälle handelt, die nach den Umständen als geringfügig zu bezeichnen sind;

d) der Unterpächter den Kleingarten ohne zwingenden Grund länger als ein Jahr nicht im Sinne des § 1 Abs. 1 verwendet oder trotz erfolgter Mahnung die ihm bekanntgegebenen erheblichen Bewirtschaftungsmängel innerhalb einer schriftlich gesetzten angemessenen Frist nicht abstellt;

e) der Unterpächter den Kleingarten trotz erfolgter Mahnung – sei es gärtnerisch, sei es anderweitig – erwerbsmäßig nutzt oder gegen die Bestimmung des § 3 Abs. 1 oder 3 verstößt.

(3) In den Fällen des Abs. 2 lit. b und c steht dem Verhalten des Unterpächters das Verhalten der seinen Garten besuchenden Personen gleich,

sofern er es unterläßt, die ihm mögliche Abhilfe zu schaffen.

(4) Als Kündigungsgrund nach Abs. 2 lit. b und c kann ein Verhalten des Unterpächters oder der im Abs. 3 genannten Personen nicht herangezogen werden, wenn seither mehr als ein halbes Jahr verstrichen ist.

(5) Die Bestimmungen des § 6 Abs. 4 sowie des § 7 Abs. 1 und 4 sind auf Unterpachtverträge sinngemäß anzuwenden.

(6) Wenn ein Unterpächter, dem nur aus dem Grunde des Abs. 2 lit. a gekündigt wurde und den an dem Zahlungsrückstand kein grobes Verschulden trifft, vor Schluß der der Entscheidung des Gerichtes erster Instanz unmittelbar vorangehenden Verhandlung den geschuldeten Betrag entrichtet, ist die Kündigung aufzuheben. Der Unterpächter hat jedoch dem Generalpächter die Kosten des Verfahrens zu ersetzen, soweit ihn ohne seine Zahlung eine Kostenersatzpflicht getroffen hätte. Ist die Höhe des geschuldeten Betrages strittig, so hat das Gericht vor Schluß der Verhandlung darüber durch Beschluß zu entscheiden. „Ist jedoch über die Angemessenheit des Unterpachtzinses ein Verfahren gemäß § 11 Abs. 4 anhängig, so hat das Gericht das Kündigungsverfahren von Amts wegen zu unterbrechen; nach Rechtskraft der Entscheidung gemäß § 11 Abs. 4 ist das unterbrochene Verfahren von Amts wegen aufzunehmen.“ *(BGBl 1990/158, ab 22. 3. 1990, s Anm zu § 5)*

§ 13. Die Bestimmungen des § 12 Abs. 6 finden sinngemäß Anwendung auf Rechtsstreitigkeiten wegen Aufhebung der Unterpacht und Räumung des Pachtgegenstandes, wenn der Klageanspruch darauf gegründet ist, daß der Unterpächter nach erfolgter Einmahnung mit der Bezahlung des Pachtzinses dergestalt säumig war, daß er mit Ablauf des Termins den rückständigen Pachtzins nicht vollständig entrichtet hatte (§ 1118 ABGB.).

(BGBl 1983/135)

Übertragung des Kleingartens

§ 14. (1) Die Übertragung der Rechte aus einem Unterpachtvertrag an einem Kleingarten auf eine andere Person bedarf zu ihrer Wirksamkeit der schriftlichen Zustimmung des Generalpächters.

(2) Weigert sich der Generalpächter ohne wichtigen Grund, der Übertragung des Kleingartens an den Ehegatten[1], „an den Lebensgefährten (§ 14 Abs. 3 zweiter Satz MRG)“, an einen Verwandten in gerader Linie oder an ein Wahlkind des Unterpächters zuzustimmen, so kann das Gericht auf Antrag des Kleingärtners die Zustimmung des Generalpächters ersetzen. Die Entscheidung ist vom Bezirksgericht, in dessen Sprengel der Kleingarten liegt, im Verfahren außer Streitsachen zu treffen. *(BGBl I 1999/147, ab 1. 9. 1999, auch auf Verträge anzuwenden, die davor geschlossen worden sind)*

(3) Die Bestimmungen des Abs. 2 finden auf Eisenbahngrundstücke keine Anwendung.

---

[1] Nach § 43 Abs 1 Z 7 EPG auf eingetragene Partner sinngemäß anzuwenden.

Tod des Unterpächters

§ 15.[1] (1) Durch den Tod des Unterpächters wird der Unterpachtvertrag aufgelöst, es sei denn, daß binnen zwei Monaten der Ehegatte, Verwandte in gerader Linie oder Wahlkinder des Verstorbenen oder eine andere Person, die an der Bewirtschaftung des Kleingartens in den letzten fünf Jahren maßgeblich mitgewirkt hat, schriftlich die Bereitschaft erklären, den Unterpachtvertrag fortzusetzen. Der Generalpächter hat längstens binnen einem weiteren Monat den Eintritt einer dieser Personen in den Unterpachtvertrag schriftlich anzuerkennen. Falls mehrere Personen ihre Bereitschaft erklärt haben und eine Einigung darüber, wer von ihnen das Unterpachtverhältnis fortsetzen soll, nicht zustande gekommen ist, gilt folgendes: Der Ehegatte und die Kinder des Verstorbenen haben den Vorzug vor anderen Eintrittsberechtigten; unter diesen gehen diejenigen, die den Kleingarten bewirtschaftet haben, den übrigen vor. Soweit nach diesen Vorschriften mehrere Personen für das Eintrittsrecht in Betracht kommen, entscheidet der Generalpächter unter diesen nach seiner Wahl.

(1a) Wenn Ehegatten oder Lebensgefährten gemeinsam Unterpächter sind und einer von ihnen stirbt, setzt der andere den Unterpachtvertrag allein fort; wenn auch er stirbt, gilt Abs. 1. *(BGBl I 1999/147, ab 1. 9. 1999, s Anm zu § 14 Abs 2)*

(2) Die in den Unterpachtvertrag gemäß Abs. 1 eintretende Person wird mit dem Wert der Aufwendungen, für die im Falle der Auflösung des Unterpachtverhältnisses im Zeitpunkte des Todes des Unterpächters ein Entschädigungsanspruch gemäß § 16 Abs. 1 erster Satz gegeben wäre, Schuldner der Verlassenschaft.

(3) Eine Person, die selbst oder deren Ehegatte bereits einen Kleingarten im selben Bundesland innehat, kann in den Vertrag nur eintreten, wenn sie den bisher innegehabten Kleingarten zuvor aufgegeben hat; dies gilt auch für den Eigentümer eines Kleingartens.

(4) Das Eintrittsrecht nach Abs. 1 ist bei Eisenbahngrundstücken auf Personen beschränkt, die selbst Bedienstete des in Betracht kommenden Eisenbahnunternehmens sind oder von ihm einen Versorgungsgenuß beziehen; in diesem Fall er-

lischt der Unterpachtvertrag mit Ende des Jahres, in dem der Versorgungsgenuß endet.

---

[1]) § 15 ist nach § 43 Abs 1 Z 7 EPG auf eingetragene Partner sinngemäß anzuwenden.

Aufwendungen

§ 16. (1) Bei Beendigung des Unterpachtverhältnisses kann der Unterpächter vom Generalpächter den Ersatz für die von ihm gemachten Aufwendungen beanspruchen, die zur kleingärtnerischen Nutzung notwendig oder nützlich sind, insbesondere für Obstbäume, Sträucher und sonstige Kulturen; für Baulichkeiten jedoch nur, wenn sie den Bauvorschriften entsprechend errichtet worden sind. Der Ersatz gebührt nach dem gegenwärtigen Werte, insofern er den wirklich gemachten Aufwand nicht übersteigt.

(2) Endet das Unterpachtverhältnis infolge Zeitablaufes und soll das Grundstück einer anderen Verwendung als der kleingärtnerischen Nutzung zugeführt werden, so entfällt der Ersatzanspruch nach Abs. 1, wenn der Generalpächter erklärt, gegen die Entfernung der Aufwendungen keinen Einspruch zu erheben. Eine Entfernung der Aufwendungen gegen den Willen des Generalpächters ist im Falle der Beendigung des Unterpachtverhältnisses infolge Beendigung des Generalpachtverhältnisses (§ 9 Abs. 1) nur insoweit zulässig, als sie nicht für den Grundeigentümer, in den übrigen Fällen als sie nicht für den Generalpächter notwendig oder nützlich sind.

(3) Bei Grundstücken, die im Zeitpunkt des Abschlusses des Generalpachtvertrages bereits für eine im öffentlichen Interesse gelegene Verwendung bestimmt waren und nur bis zu ihrer bestimmungsgemäßen Verwendung einstweilen für eine kleingärtnerische Nutzung überlassen werden, kann über den Ersatz der Aufwendungen im Unterpachtvertrag eine andere Regelung getroffen werden.

Pachtverträge im Zusammenhange mit einem Dienstverhältnisse

§ 17. Sofern Unternehmer Grundstücke (Grundstücksteile) an ihre Betriebsangehörigen in Einzelpacht (§ 18) oder in Unterpacht (§ 10) geben, gelten, solange das Dienstverhältnis dauert, für den Pachtvertrag über den Kleingarten die Bestimmungen der §§ 11, 12, 13 und 14. Mit Beendigung des Dienstverhältnisses erlischt auch das Pachtverhältnis. Endet das Dienstverhältnis zwischen dem 1. April und dem 30. November eines Kalenderjahres, erlischt das Pachtverhältnis erst mit dem 30. November des laufenden Kalenderjahres. Bei Beendigung des Pachtverhältnisses sind die Bestimmungen des § 16 anzuwenden.

Einzelpachtverträge

§ 18. Auf unmittelbar zwischen dem Grundeigentümer und dem Kleingärtner abgeschlossene Pachtverträge (Einzelpachtverträge) sind die Bestimmungen des § 5, § 6 Abs. 2 lit. a bis c und f, „§ 11 Abs. 5," § 12, § 13, § 14, § 15 sowie § 16 sinngemäß anzuwenden. *(BGBl 1990/158, ab 22. 3. 1990)*

Abschnitt IV

Kleingärtnervereine und Verbände der Kleingärtnervereine

§ 19. (1) Kleingärtnervereine und Verbände der Kleingärtnervereine im Sinne dieses Bundesgesetzes sind Vereine, denen die Förderung des Kleingartenwesens und die Wahrung der darauf bezüglichen Interessen ihrer Mitglieder statutengemäß obliegt.

(2) Die den Kleingärtnern nach diesem Bundesgesetze zustehenden Rechte können durch Satzungen und Gartenordnungen der Kleingärtnervereine oder der Verbände der Kleingärtnervereine weder aufgehoben noch beschränkt werden.

LPG KlGG

(3) Die Kleingärtnervereine und die Verbände der Kleingärtnervereine sind verpflichtet, die in ihrem Eigentume stehenden Grundstücke (Grundstücksteile) als Kleingärten zu verpachten, soweit diese Grundstücke (Grundstücksteile) nicht für Gemeinschaftseinrichtungen verwendet werden.

Abschnitt V

Übergangsbestimmungen

§ 20. (1) Bei Inkrafttreten dieses Bundesgesetzes bereits bestehende Pachtverträge werden durch die §§ 2 und 3 nicht berührt.

(2) Unbeschadet des Abs. 1 findet dieses Bundesgesetz auf bestehende Pachtverträge über Kleingärten auch dann Anwendung, wenn ihr Ausmaß von den Bestimmungen des § 1 Abs. 1 oder Abs. 2 abweicht.

(3) Bestehende Generalpachtverträge über kleingärtnerisch genutzte Grundstücke (Grundstücksteile) mit anderen als den im § 4 genannten Vertragsparteien bleiben aufrecht.

(BGBl 1990/158, ab 22. 3. 1990)

Abschnitt VI

Schlußbestimmungen

Verhältnis zu anderen Rechtsvorschriften

§ 21. (1) Durch die Bestimmungen dieses Bundesgesetzes werden die geltenden gesetzlichen Enteignungsbestimmungen nicht berührt.

(2) Auf Pachtverträge über Kleingärten, die den Bestimmungen dieses Bundesgesetzes unterliegen, finden die Bestimmungen des Landpachtgesetzes, BGBl. Nr. 451/1969, keine Anwendung.

(3) Die Bestimmungen des § 37 Abs. 3 des Mietrechtsgesetzes sind auf die Verfahren außer Streitsachen nach diesem Bundesgesetz sinngemäß mit der Maßgabe anzuwenden, daß an die Stelle der Vereine zum Schutz und zur Vertretung der Interessen der Vermieter (Hausbesitzer) die Dachverbände der Kleingartenvereine treten. *(BGBl I 1999/147, ab 1. 1. 2000)*

Aufhebung von Rechtsvorschriften

§ 22. Mit dem Wirksamkeitsbeginn dieses Bundesgesetzes treten folgende Rechtsvorschriften außer Kraft:

1. § 1 Z. 2 und 5 der Verordnung über die Einführung des Kleinsiedlungs- und Kleingartenrechts im Lande Österreich vom 28. Februar 1939, Deutsches RGBl. I S. 345 (GBl. f. d. L. Ö. Nr. 375/1939), die Kleingarten- und Kleinpachtlandordnung vom 31. Juli 1919, Deutsches RGBl. I S. 1371, das Gesetz zur Ergänzung der Kleingarten- und Kleinpachtlandordnung vom 26. Juni 1935, Deutsches RGBl. I S. 809, in der Fassung des Gesetzes vom 2. August 1940, Deutsches RGBl. I S. 1074, samt den auf Grund dieser Gesetze erlassenen Rechtsvorschriften.

2. Die Verordnung über Kündigungsschutz und andere kleingartenrechtliche Vorschriften in der Fassung vom 15. Dezember 1944, Deutsches RGBl. I S. 347.

Vollziehung

§ 23. Mit der Vollziehung dieses Bundesgesetzes ist, soweit darin nichts anderes bestimmt wird, der Bundesminister für Justiz betraut.

(BGBl 1990/158, ab 22. 3. 1990)

17. Allgemeines Grundbuchsgesetz

17. Allgemeines Grundbuchsgesetz 1955, BGBl 1955/39 idF

1 BGBl 1956/48
2 BGBl 1957/256
3 BGBl 1958/15
4 BGBl 1968/306
5 BGBl 1976/91
6 BGBl 1980/550 (GUG)
7 BGBl 1983/136
8 BGBl 1989/343 (WGN 1989)
9 BGBl I 1997/140 (WGN 1997)
10 BGBl I 2001/98 (2. Euro-JuBeG)
11 BGBl I 2002/76 (ZVN 2002)
12 BGBl I 2003/112 (AußStr-BegleitG)
13 BGBl I 2008/100 (GB-Nov 2008)
14 BGBl I 2009/52 (BudgetbegleitG 2009)
15 BGBl I 2009/71 (AktRÄG 2009)
16 BGBl I 2010/29 (IRÄG 2010; Begriffersetzung)
17 BGBl I 2010/58 (IRÄ-BG)
18 BGBl I 2012/30 (GB-Nov 2012)
19 BGBl I 2015/87 (ErbRÄG 2015)
20 BGBl I 2018/58 (ErwSchAG-Justiz)
21 BGBl I 2020/81 (GB-Nov 2020)

17/1. Grundbuchsumstellungsgesetz

17/2. Verordnung des Bundesministers für Justiz vom 9. Feber 1981 gemäß § 12 Grundbuchsumstellungsgesetz

GLIEDERUNG

STICHWORTVERZEICHNIS

(Die Zahlenangaben beziehen sich auf die Paragraphen, Fundstellen ohne Gesetzesangabe auf das GBG)

GBG GUG

Stichwortverzeichnis

Stichwortverzeichnis

Bundesgesetz vom 2. Feber 1955 über die Grundbücher (Allgemeines Grundbuchsgesetz 1955 – GBG. 1955)

Erstes Hauptstück
Von den Grundbüchern im allgemeinen

§ 1. Das Grundbuch besteht aus dem Hauptbuch und der Urkundensammlung.

§ 2. (1) Das Hauptbuch wird aus den Grundbuchseinlagen gebildet.

(2) Die Grundbuchseinlagen sind bestimmt zur Eintragung:

1. der Grundbuchskörper und ihrer Änderungen;

2. der sich auf die Grundbuchskörper beziehenden dinglichen Rechte und ihrer Änderungen.

§ 3. (1) Jeder Grundbuchskörper ist als ein Ganzes zu behandeln.

(2) Sein Umfang kann nur durch die grundbücherliche Ab- und Zuschreibung von einzelnen Liegenschaften oder Liegenschaftsteilen geändert werden.

(3) Wenn alle in einer Grundbuchseinlage eingetragenen Liegenschaften abgeschrieben worden sind (§ 11) oder wenn sie aufgehört haben, ein Gegenstand des Grundbuches zu sein, ist die Einlage zu löschen.

§ 4. Die Erwerbung, Übertragung, Beschränkung und Aufhebung der bücherlichen Rechte (§ 9) wird nur durch ihre Eintragungen in das Hauptbuch erwirkt.

§ 5. In das Hauptbuch sind die wesentlichen Bestimmungen der bücherlichen Rechte einzutragen. Lassen sie eine kurze Fassung nicht zu, so ist im Hauptbuch eine Berufung auf die genau zu bezeichnenden Stellen der Urkunden, die der Eintragung zugrunde liegen, mit der Wirkung zulässig, daß die bezogenen Stellen als im Hauptbuch eingetragen anzusehen sind.

§ 6. (1) Von jeder Urkunde, auf Grund deren eine bücherliche Eintragung vorgenommen wird, ist bei dem Grundbuch eine beglaubigte Abschrift zurückzubehalten.

(2) Diese Abschriften bilden die Urkundensammlung.

§ 7. (1) Das Grundbuch ist öffentlich.

(2) Jedermann kann das Grundbuch in Gegenwart eines Grundbuchsbeamten einsehen und Abschriften oder Auszüge daraus erheben; der Grundbuchsführer hat sie zu erteilen.

Zweites Hauptstück
Von den bücherlichen Eintragungen

Erster Abschnitt
Von den Eintragungen im allgemeinen

1. Arten der Eintragung

§ 8. Die grundbücherlichen Eintragungen sind:

1. Einverleibungen (unbedingte Rechtserwerbungen oder Löschungen – Intabulationen oder Extabulationen), die ohne weitere Rechtfertigung oder

2. Vormerkungen (bedingte Rechtserwerbungen oder Löschungen – Pränotationen), die nur unter der Bedingung ihrer nachfolgenden Rechtfertigung die Erwerbung, Übertragung, Beschränkung oder Erlöschung bücherlicher Rechte bewirken, oder

3. bloße Anmerkungen.

2. Gegenstand der Einverleibung oder Vormerkung

§ 9. Im Grundbuch können nur dingliche Rechte und Lasten, ferner das Wiederkaufs- und das Vorkaufsrecht (§§ 1070 und 1073 ABGB.) sowie das Bestandrecht (§ 1095 ABGB.) eingetragen werden.

Besondere Bestimmungen in Ansehung

a) des Eigentumsrechtes:

§ 10. Das Miteigentum an den zu einem Grundbuchskörper gehörigen Liegenschaften kann, sofern nicht besondere Vorschriften eine Ausnahme zulassen, nur nach Anteilen, die im Verhältnisse zum Ganzen bestimmt sind, zum Beispiel zur Hälfte, zu einem Drittel, eingetragen werden.

§ 11. Eintragungen zur Erwerbung des Eigentumes einzelner Bestandteile eines Grundbuchskörpers sind nur nach den Bestimmungen des Liegenschaftsteilungsgesetzes, BGBl. Nr. 3/1930, zulässig.

b) der Dienstbarkeiten und Reallasten:

§ 12. (1) Bei Dienstbarkeiten und Reallasten muß Inhalt und Umfang des einzutragenden Rechtes möglichst bestimmt angegeben werden; einer Angabe des Geldwertes bedarf es nicht.

(2) Sollen Dienstbarkeiten auf bestimmte räumliche Grenzen beschränkt sein, so müssen diese genau bezeichnet werden.

c) des Pfandrechtes:

§ 13. (1) Das Pfandrecht kann entweder auf einen ganzen Grundbuchskörper oder bei Miteigentum auf den Anteil eines jeden Miteigentümers, dagegen nicht auf einzelne Bestandteile eines Grundbuchskörpers oder auf einen Teil des einem Miteigentümer im Grundbuche zugeschriebenen Anteiles eingetragen werden.

(2) Die Übertragung einer Hypothekarforderung und die Erwerbung des Afterpfandrechtes ist zulässig an der ganzen Forderung sowie an einem verhältnismäßig oder ziffermäßig bestimmten Teile.

§ 14. (1) Das Pfandrecht kann nur für eine ziffermäßig bestimmte Geldsumme[1)] eingetragen werden. Bei einer verzinslichen Forderung muß auch die Höhe der Zinsen eingetragen werden.

(2) Sollen Forderungen, die aus einem gegebenen Kredite, aus einer übernommenen Geschäftsführung oder aus dem Titel der Gewährleistung oder des Schadenersatzes entstehen können, pfandrechtlich sichergestellt werden, so ist in der Urkunde, auf Grund derer die Eintragung vorgenommen werden soll, ein Höchstbetrag anzugeben, bis zu dem der Kredit oder die Haftung reichen soll.

(3) Fehlt die Angabe dieses Betrages in der Urkunde, so muß er in dem Ansuchen ausgedrückt werden.

(4) Hält sich im letzteren Falle der, gegen den die Eintragung erwirkt wird, dadurch beschwert, daß ein zu großer Betrag zur Eintragung angegeben wurde, so kann er innerhalb der ihm zustehenden Rekursfrist seine Verminderung verlangen. Das Gericht, von dem die Eintragung bewilligt worden ist, hat darüber nach Einvernehmung der Parteien zu erkennen und den Betrag nach billigem Ermessen festzusetzen.

[1)] Siehe Art I § 5 1. Euro-JuBeG.

§ 15. (1) Das Pfandrecht kann für dieselbe Forderung ungeteilt auf zwei oder mehrere Grundbuchskörper oder Hypothekarforderungen eingetragen werden (Simultanhypothek).

(2) Der Gläubiger ist in solchen Fällen berechtigt, die Bezahlung der ganzen Forderung aus jeder einzelnen Pfandsache zu verlangen.

§ 16. Das für eine Forderung erworbene Pfandrecht kommt, abgesehen von besonderen Bestimmungen, auch den Prozeß- und Exekutionskosten zu.

§ 17. Dreijährige Rückstände von Zinsen, die aus einem Vertrag oder aus dem Gesetze gebühren, genießen gleichen Rang mit dem Kapital.

§ 18. Den drei Jahre rückständigen Ansprüchen auf jährliche Renten, Unterhaltsgelder und andere wiederkehrende Zahlungen gebührt der gleiche Rang, der dem Bezugsrechte selbst zukommt.

d) der Bestandrechte:

§ 19. Bei Einverleibung oder Vormerkung von Bestandrechten ist die Angabe einer Summe zur Sicherstellung eines allfälligen Schadenersatzes (§ 1121 ABGB.) nicht notwendig.

3. Gegenstand der Anmerkung

§ 20. Die grundbücherlichen Anmerkungen können erfolgen:

a) zur Ersichtlichmachung persönlicher Verhältnisse, insbesondere von Beschränkungen der Vermögensverwaltung, mit der Rechtsfolge, daß, wer immer in der betreffenden Grundbuchseinlage eine Eintragung erwirkt, sich auf die Unkenntnis dieser Verhältnisse nicht berufen kann; zum Beispiel die Anmerkung der Minderjährigkeit, „des Genehmigungsvorbehalts (§ 242 Abs. 2 ABGB), wenn er die eingetragenen Rechte umfasst,"*** „ "* des Eintritts der Volljährigkeit, der „Eröffnung eines Insolvenzverfahrens"** oder *(BGBl 1983/136; *BGBl I 2003/112, ab 1. 1. 2005; **BGBl I 2010/58, ab 1. 8. 2010; ***BGBl I 2018/58, ab 1. 8. 2018)*

b) zur Begründung bestimmter, nach den Vorschriften dieses oder eines anderen Gesetzes damit verbundener Rechtswirkungen, wie zum Beispiel die Anmerkung der Rangordnung, der Abschreibung von Grundstücken, der Simultanhaftung, der Aufkündigung einer Hypothekarforderung, der Streitanhängigkeit, der Zwangsverwaltung, der Erteilung des Zuschlages.

4. Bücherlicher Vormann

§ 21. Eintragungen sind nur wider den zulässig, der zur Zeit des Ansuchens als Eigentümer der Liegenschaft oder des Rechtes, in Ansehung deren die Eintragung erfolgen soll, im Grundbuch erscheint oder doch gleichzeitig als solcher einverleibt oder vorgemerkt wird.

§ 22. Ist eine Liegenschaft oder ein bücherliches Recht auf mehrere Personen nacheinander außerbücherlich übertragen worden, so kann der letzte Übernehmer unter Nachweisung seiner Vormänner verlangen, daß die bücherliche Übertragung unmittelbar auf seine Person vorgenommen werde. Ist eine Hypothekarforderung, die außerbücherlich auf einen Dritten übergegangen ist, getilgt worden, so kann der Schuldner die Löschung des Pfandrechtes ohne vorhergehende Eintragung der außerbücherlichen Übertragung begehren.

§ 23. Wird ein zu einer Verlassenschaft gehöriges unbewegliches Gut oder bücherliches Recht veräußert, so ist dem Erwerber die Eintragung seines Rechtes unmittelbar nach dem „Verstorbenen" zu bewilligen. *(BGBl I 2015/87, ab 1. 1. 2017)*

§ 24. *(aufgehoben, BGBl I 2015/87, ab 1. 1. 2017)*

§ 25. Inwiefern grundbücherliche Rechte noch nach der Eröffnung eines „Insolvenzverfahrens"** erworben werden können, bestimmt die „Insolvenzordnung"*. *(*BGBl I 2010/29, ab 1. 7. 2010; **BGBl I 2010/58, ab 1. 8. 2010)*

5. Urkunden

§ 26. (1) Einverleibungen und Vormerkungen können nur auf Grund von Urkunden bewilligt werden, die in der zu ihrer Gültigkeit vorgeschriebenen Form ausgefertigt sind.

(2) Diese Urkunden müssen, wenn es sich um die Erwerbung oder Umänderung eines dinglichen Rechtes handelt, einen gültigen Rechtsgrund enthalten.

§ 27. (1) Die Urkunden, auf Grund deren eine bücherliche Eintragung geschehen soll, müssen frei von solchen sichtbaren Mängeln sein, durch die ihre Glaubwürdigkeit geschwächt wird, und, wenn sie aus mehreren Bogen bestehen, so geheftet sein, daß kein Bogen unterschoben werden kann. „Sie müssen ferner einwandfrei lesbar und zur Aufnahme in die Urkundendatenbank (§ 2 Abs. 4 GUG) geeignet sein." *(BGBl I 2012/30, ab 1. 5. 2012)*

(2) Sie müssen auch eine solche Bezeichnung der an dem Rechtsgeschäft beteiligten Personen enthalten, dass diese nicht mit anderen verwechselt werden können; bei natürlichen Personen muss das Geburtsdatum angegeben werden, bei Rechtsträgern, die im Firmenbuch eingetragen sind, die Firmenbuchnummer, und bei inländischen Vereinen die Vereinsregisterzahl (ZVR-Zahl). *(BGBl I 2008/100, ab 1. 1. 2009, s auch § 137 Abs 4)*

(3) Diese Urkunden müssen überdies die Angabe des Ortes, Tages, Monates und Jahres der Ausfertigung der Urkunde enthalten. *(BGBl I 2008/100, ab 1. 1. 2009)*

6. Wirkung der Eintragung

§ 28. Inwiefern Rechte, die dritte Personen im Vertrauen auf die öffentlichen Bücher erwerben, angefochten werden können, wird in den §§ 63ff. bestimmt.

7. Rangordnung

§ 29. (1) Die Rangordnung einer Eintragung richtet sich nach dem Zeitpunkt, in dem die Eingabe bei dem Grundbuchsgericht eingelangt ist (§§ 438, 440 ABGB.).

(2) Eintragungen, die infolge gleichzeitig eingelangter Eingaben vorgenommen worden sind, stehen untereinander in gleicher Rangordnung (§ 103).

8. Vorrangseinräumung

§ 30. (1) Durch Einverleibung oder Vormerkung der Vorrangseinräumung kann die Rangordnung der auf einer Liegenschaft verbücherten Rechte geändert werden. Dazu bedarf es der Einwilligung des zurücktretenden und des vortretenden Berechtigten, ferner, wenn das zurücktretende Recht eine Hypothek ist, des Eigentümers und, wenn es mit dem Recht eines Dritten belastet ist, auch dessen Zustimmung. Umfang und Rang der übrigen verbücherten Rechte werden dadurch nicht berührt.

(2) Das vortretende Recht erhält ohne Beschränkung die Rangstelle des zurücktretenden, wenn es bücherlich unmittelbar auf dieses folgt oder ihm der Vorrang auch von allen Zwischenberechtigten eingeräumt wird.

(3) Hat eine Vorrangseinräumung zwischen nicht unmittelbar aufeinanderfolgenden Rechten ohne Zustimmung der Zwischenberechtigten stattgefunden, so wird dem vortretenden Recht im Umfang und nach der Beschaffenheit des zurücktretenden dessen Rang erworben.

(4) Das vortretende Recht geht, wenn nichts anderes vereinbart ist, dem zurücktretenden Recht auch an seiner ursprünglichen Stelle vor.

(5) Treten mehrere Rechte infolge einer gleichzeitig verbücherten Vorrangseinräumung an die Stelle eines anderen, so geht an dieser Stelle, wenn nichts anderes vereinbart ist, das bis dahin im Rang frühere vor.

(6) Nachträgliche Änderungen im Bestand oder Umfange des zurücktretenden Rechtes üben, wenn nichts anderes vereinbart ist, auf den Rang des vortretenden Rechtes keinen Einfluß.

Zweiter Abschnitt

Von der Einverleibung

§ 31. (1) Die Einverleibung (§ 8 Z 1) kann nur auf Grund öffentlicher Urkunden oder solcher Privaturkunden geschehen, auf denen die Unterschriften der Parteien gerichtlich oder notariell beglaubigt sind und der Beglaubigungsvermerk bei natürlichen Personen auch das Geburtsdatum enthält. *(BGBl 1980/550)*

(2) Die gerichtliche oder notarielle Beglaubigung der Unterschrift auf einer Privaturkunde ist

nicht erforderlich, wenn diese Urkunde mit der genehmigenden Erklärung einer Behörde des Bundes oder eines Landes versehen ist, die berufen erscheint, die Interessen desjenigen wahrzunehmen, dessen Recht beschränkt, belastet, aufgehoben oder auf eine andere Person übertragen werden soll.

(3) Die Beglaubigung ausländischer Urkunden wird durch Staatsverträge geregelt. Urkunden, die von der österreichischen Vertretungsbehörde, in deren Sprengel die Urkunde errichtet oder beglaubigt worden ist, oder von der inländischen Vertretungsbehörde des Staates, in dem die Urkunde errichtet oder beglaubigt worden ist, beglaubigt sind, bedürfen keiner weiteren Beglaubigung.

(4) Besteht weder für den Staat, in dem die ausländische Urkunde ausgestellt wurde, eine österreichische Vertretungsbehörde noch für Österreich eine Vertretungsbehörde dieses Staates, so kann das Bundesministerium für Justiz von der nach den bestehenden Vorschriften erforderlichen diplomatischen Beglaubigung (Abs. 3) Nachsicht erteilen.

(5) Das gleiche gilt, wenn die Einholung einer Beglaubigung nach Abs. 3 infolge außergewöhnlicher Verhältnisse unmöglich ist oder doch auf erhebliche Schwierigkeiten stößt.

(6) Auf Grund von Urkunden eines Machthabers kann eine Einverleibung gegen den Machtgeber überdies nur dann bewilligt werden, wenn die von diesem ausgefertigte Vollmacht entweder auf das bestimmte Geschäft lautet oder nicht früher als drei Jahre vor dem Ansuchen um die Einverleibung ausgestellt ist oder eine Vorsorgevollmacht „oder gewählte Erwachsenenvertretung" ist. *(BGBl I 2008/100, ab 1. 1. 2009; BGBl I 2018/58, ab 1. 8. 2018)*

§ 32. (1) Privaturkunden, auf Grund deren eine Einverleibung stattfinden soll, müssen außer den Erfordernissen der §§ 26, 27 enthalten:

a) die genaue Angabe der Liegenschaft oder des Rechtes, in betreff deren die Einverleibung erfolgen soll;

b) die ausdrückliche Erklärung desjenigen, dessen Recht beschränkt, belastet, aufgehoben oder auf eine andere Person übertragen werden soll, daß er in die Einverleibung einwillige.

(2) Diese Erklärung kann auch in einer besonderen Urkunde oder in dem Grundbuchsgesuch abgegeben werden. In solchen Fällen muß aber die Urkunde oder das Gesuch, in dem die Erklärung enthalten ist, mit den Erfordernissen zur Einverleibung versehen sein.

§ 33. (1) Öffentliche Urkunden, auf Grund deren Einverleibungen stattfinden können, sind:

a) die über Rechtsgeschäfte von einer öffentlichen Behörde oder von einem Notar innerhalb der Grenzen ihrer Amtsbefugnisse aufgenommenen Urkunden, wenn sie mit den im § 32 vorgeschriebenen Erfordernissen versehen sind;

b) die von den Gerichten oder anderen dazu berechtigten Behörden oder Personen aufgenommenen exekutionsfähigen Vergleiche;

c) Zahlungsaufträge über gesetzliche Gebühren und Beiträge sowie Ausweise über rückständige Steuern und öffentliche Abgaben, insoweit sie nach den bestehenden Gesetzen vollziehbar sind;

d) andere Urkunden, die die Eigenschaft eines gerichtlich vollziehbaren Ausspruches einer öffentlichen Behörde haben. Dahin gehören insbesondere rechtskräftige Erkenntnisse, Beschlüsse über bücherliche Einverleibungen und Löschungen zur Ausführung des Verteilungsbeschlusses (§ 237 EO), Amtsbestätigungen über die freiwillige Versteigerung einer Liegenschaft, die Einantwortungsbeschlüsse und Amtsbestätigungen der Verlassenschaftsgerichte (§§ 178 und 182 AußStrG) sowie Europäische Nachlasszeugnisse und Erbenbescheinigungen von Behörden, die nach der EuErbVO zu ihrer Ausstellung zuständig sind. *(BGBl I 2015/87, ab 17. 8. 2015, s § 137 Abs 6 Z 1)*

(2) Das Bundesministerium für Justiz ist berechtigt zu erklären, ob und unter welchen Voraussetzungen Einverleibungen auf Grund ausländischer Urkunden stattfinden können, die am Ort ihrer Errichtung als öffentliche Urkunden gelten. Die Erklärung ist für die Gerichte bindend.

§ 34. (1) In geringfügigen Grundbuchssachen wird das zum Zwecke einer grundbücherlichen Einverleibung vorgeschriebene Erfordernis der gerichtlichen oder notariellen Beglaubigung der Unterschriften einer Privaturkunde durch die Mitfertigung von zwei glaubwürdigen Personen als Zeugen ersetzt, wenn die Einverleibung in dem einem Gerichtshof erster Instanz zugewiesenen Sprengel, in dem die Urkunde errichtet worden ist, vorgenommen werden soll. Die Zeugen haben die Unterschrift ihres Vor- und Zunamens, die Angabe ihres Gewerbes oder ihrer Beschäftigung, ihres Wohnortes, Alters sowie die Erklärung eigenhändig beizusetzen, daß ihnen der, dessen Unterschrift sie als echt bestätigen, persönlich bekannt sei.

(2) Die Bestimmungen des Abs. 1 finden keine Anwendung:

1. auf landtäfliche Urkunden;

2. auf Vollmachten;

3. auf Urkunden, in denen der Betrag einer Forderung oder der Preis oder der Wert einer Liegenschaft oder eines Rechtes überhaupt nicht bestimmt ist oder in denen die angegebene Summe ohne Zinsen und Nebengebühren den Betrag von „600 Euro" übersteigt. *(BGBl I 2001/98, ab 1. 1. 2002)*

Dritter Abschnitt
Von der Vormerkung

a) Zulässigkeit

§ 35. Wenn die beigebrachte Urkunde nicht alle in den §§ 31 bis 34 festgesetzten besonderen Erfordernisse zur Einverleibung, wohl aber die allgemeinen Erfordernisse (§§ 26, 27) zur grundbücherlichen Eintragung besitzt, kann auf Grund der Urkunde die Vormerkung (§ 8 Z. 2) bewilligt werden.

§ 36. Die Vormerkung zur Erwirkung des Pfandrechtes findet nur dann statt, wenn sowohl die Forderung als auch der Rechtsgrund zum Pfandrecht hinlänglich bescheinigt sind.

§ 37. Die Vormerkung des Wiederkaufs-, Vorkaufs- und Bestandrechtes findet nur dann statt, wenn sowohl der Bestand des Rechtes als die Einwilligung zur Eintragung hinlänglich bescheinigt sind.

§ 38. Die Vormerkung findet statt:

a) auf Grund gerichtlicher Erkenntnisse erster oder höherer Instanz, durch die das dingliche Recht zwar unbedingt zugesprochen oder abgesprochen wird, die aber noch nicht in Rechtskraft erwachsen sind;

b) auf Grund gerichtlicher Verfügungen, wodurch die Vormerkung als Exekution zur Sicherstellung bewilligt wird;

c) auf Grund des Einschreitens öffentlicher Behörden in Fällen, wenn diese nach ihrem Wirkungskreise berufen sind, von Amts wegen die pfandweise Sicherstellung von Ansprüchen des Bundes oder eines Landes zu verfügen.

§ 39. Wird der Betrag einer Hypothekarschuld, die aus einem der im § 1425 ABGB. erwähnten Gründe dem Gläubiger nicht gezahlt werden kann oder rücksichtlich deren dieser dem Zahler nach § 1422 ABGB. erst seine Rechte abzutreten hat, gerichtlich erlegt, so findet gegen Beibringung der Amtsurkunde über den gerichtlichen Erlag die Vormerkung zum Zweck der Löschung oder zum Zweck der Übertragung der Forderung auf den Zahler statt.

b) Rechtfertigung

§ 40. Jede Vormerkung begründet die Erwerbung, Übertragung, Beschränkung oder Aufhebung des dinglichen Rechtes nur unter der Bedingung ihrer Rechtfertigung und nur in dem Umfang, in dem die Rechtfertigung erfolgt.

§ 41. Die Rechtfertigung erfolgt:

a) auf Grund einer zur Einverleibung geeigneten Erklärung dessen, gegen den die Vormerkung bewirkt worden ist;

b) in den Fällen des § 38 durch den Ausweis über den Eintritt der Exekutionsfähigkeit des vorgemerkten gerichtlichen Erkenntnisses oder durch das rechtskräftige Erkenntnis der zuständigen Behörde, die über den Bestand des sichergestellten Anspruches zu entscheiden hat;

c) durch ein von dem zuständigen Gericht im Prozeßwege gefälltes Erkenntnis gegen die Person, wider die die Vormerkung erwirkt worden ist.

§ 42. (1) Muß die Rechtfertigung im Prozeßwege geschehen, so ist die Klage binnen 14 Tagen nach dem Tage der Zustellung des Vormerkungsbeschlusses von dem Vormerkungswerber bei dem zuständigen Gerichte zu erheben.

(2) In dem Rechtfertigungsprozeß hat der Kläger den Rechtsgrund zum Erwerb des angesprochenen bücherlichen Rechtes, daher hinsichtlich eines vorgemerkten Pfandrechtes nicht nur die Richtigkeit der Forderung, sondern auch den Rechtsgrund zur Erwerbung des Pfandrechtes und dessen Umfang darzutun. Dem Beklagten steht frei, alle seine Einwendungen gegen den Bestand des bücherlichen Rechtes selbst dann anzubringen, wenn er gegen den Beschluß, wodurch die Vormerkung bewilligt worden ist, den Rekurs nicht oder ohne Erfolg ergriffen haben sollte.

§ 43. (1) Die Frist zur Erhebung der Rechtfertigungsklage ist in dem Vormerkungsbeschluß auszudrücken. Sie kann aus erheblichen Gründen verlängert werden.

(2) Das Fristgesuch ist bei dem Grundbuchsgericht zu überreichen und nach der Zivilprozeßordnung zu behandeln.

§ 44. Ist zur Zeit der Überreichung des Ansuchens um Vormerkung der Prozeß über den Bestand des vorgemerkten Rechtes schon anhängig, so bedarf es, solange nach den Bestimmungen der Zivilprozeßordnung das Begehren auch noch auf die Rechtfertigung der Vormerkung ausgedehnt werden darf, keiner besonderen Rechtfertigungsklage.

§ 45. (1) Unterbleibt die Rechtfertigung, so kann der, gegen den die Vormerkung bewilligt worden ist, um deren Löschung ansuchen.

(2) Liegt dem Grundbuchsgericht vor, daß die Rechtfertigungsklage rechtzeitig erhoben oder die Frist zur Rechtfertigung am Tage der Überreichung des Löschungsgesuches offengehalten ist, so hat es das Löschungsgesuch abzuweisen. Liegt dies nicht vor, so ist eine Tagsatzung auf kurze Zeit anzuordnen, bei der der Vormerkungswerber

den Beweis, daß die Frist zur Rechtfertigung offengehalten oder die Klage rechtzeitig erhoben worden ist, zu liefern hat, widrigens die Löschung der Vormerkung zu bewilligen ist.

(3) Die Rechtfertigungsklage ist als rechtzeitig erhoben anzusehen, wenn sie, obgleich nach Ablauf der hiefür bestimmten Frist, doch noch vor Überreichung des Löschungsgesuches oder doch an dem nämlichen Tage erhoben worden ist.

§ 46. (1) Wird die Vormerkung für gerechtfertigt erkannt, so ist auf Ansuchen des Beteiligten die Rechtfertigung nach Maßgabe des rechtskräftigen Erkenntnisses im Grundbuch einzutragen.

(2) Wird dagegen die Vormerkung nicht für gerechtfertigt erkannt, so ist sie auf Ansuchen des Beteiligten auf Grund des rechtskräftigen Erkenntnisses zu löschen.

§ 47. Ist die Vormerkung deshalb gelöscht worden, weil dem Kläger das vorgemerkte Recht endgültig aberkannt oder die Vormerkung nicht für gerechtfertigt erklärt worden ist oder weil der, der sie erwirkt hat, unbedingt darauf verzichtet hat, so ist jede in der Folge auf Grund der nämlichen Urkunde abermals angesuchte Vormerkung desselben Rechtes entweder von Amts wegen abzuweisen oder, wenn dies unterblieben und abermals eine Vormerkung vorgenommen worden ist, diese Vormerkung wieder zu löschen, sobald der Gegner anzeigt, daß sie schon einmal gelöscht worden ist.

§ 48. (1) Ist dagegen die Vormerkung nur aus dem Grunde gelöscht worden, weil die Rechtfertigungsklage nicht in gehöriger Zeit angebracht worden ist, so kann zwar abermals eine Vormerkung angesucht werden; diese äußert jedoch ihre rechtliche Wirksamkeit erst von dem Zeitpunkte der Überreichung des neuen Gesuches.

(2) Auch steht dem Eigentümer der Liegenschaft oder des bücherlichen Rechtes frei, auf Feststellung des Nichtbestehens des vorgemerkt gewesenen Rechtes zu klagen und im Falle eines günstigen Erkenntnisses durch dessen Anmerkung im Grundbuch einer wiederholten Bewilligung der Vormerkung vorzubeugen.

§ 49. (1) Wenn gegen den, der als Eigentümer einer Liegenschaft einverleibt ist, die Vormerkung des Eigentumsrechtes bewirkt worden ist, können sowohl gegen den einverleibten als gegen den vorgemerkten Eigentümer weitere Eintragungen zwar bewilligt werden, doch hängt deren rechtlicher Bestand davon ab, ob die Vormerkung des Eigentumsrechtes gerechtfertigt wird oder nicht.

(2) Wird die Vormerkung gerechtfertigt, so sind bei Eintragung der Rechtfertigung zugleich alle Eintragungen von Amts wegen zu löschen, die gegen den einverleibten Eigentümer nach dem Einlangen desjenigen Einschreitens erwirkt worden sind, auf das das Eigentumsrecht vorgemerkt worden ist.

(3) Wird dagegen die Vormerkung des Eigentumsrechtes gelöscht, so sind zugleich alle in bezug auf diese Vormerkung vorgenommenen Eintragungen von Amts wegen zu löschen.

(4) Diese Bestimmungen sind auch auf den Fall anzuwenden, daß gegen den Besitzer einer pfandrechtlich sichergestellten Forderung eine Vormerkung ihrer Übertragung auf eine andere Person bewirkt worden ist.

§ 50. (1) Ist die Löschung eines Rechtes nur vorgemerkt worden, so können in Hinsicht desselben zwar weitere Eintragungen, zum Beispiel von Afterpfandrechten oder Zessionen, bewilligt werden; doch hängt der rechtliche Bestand davon ab, ob die Vormerkung der Löschung gerechtfertigt wird oder nicht.

(2) Wird die Vormerkung gerechtfertigt, so sind bei der Eintragung der Rechtfertigung zugleich alle Eintragungen von Amts wegen zu löschen, die hinsichtlich des nunmehr gelöschten Rechtes mittlerweile bewilligt worden sind.

§ 51. (1) Wenn auf einer Hypothekarforderung zur Zeit, als ihre Löschung begehrt wird, noch Afterpfandrechte haften, darf die Löschung der Forderung nur mit dem Beisatz bewilligt werden, daß ihre Rechtswirkung in Ansehung der Afterpfandrechte erst mit deren Löschung einzutreten hat.

(2) Weitere Eintragungen auf diese Hypothekarforderung dürfen, wenn die Löschung einverleibt worden ist, nicht mehr bewilligt werden; ist die Löschung bloß vorgemerkt worden, so können diese nur mit der Rechtswirkung des § 50 erfolgen.

Vierter Abschnitt
Von der Anmerkung

1. Anmerkung persönlicher Verhältnisse

§ 52. Die Anmerkung der im § 20 lit. a erwähnten Verhältnisse sowie die Löschung dieser Anmerkung erfolgt auf Ansuchen der Beteiligten, ihrer gesetzlichen Vertreter oder der hiezu berufenen Gerichte auf Grund beweiswirkender Urkunden.

2. Anmerkung der Rangordnung

§ 53. (1) Der Eigentümer ist berechtigt, die bücherliche Anmerkung für eine beabsichtigte Veräußerung oder Verpfändung zu verlangen, um die bücherliche Rangordnung vom Zeitpunkte dieses Ansuchens für die infolge dieser Veräußerung oder Verpfändung einzutragenden Rechte zu begründen. Hiebei macht es keinen Unterschied, ob die Verpfändung für eine Schuld, deren Betrag anzugeben ist, oder für einen Höchstbetrag (§ 14 Abs. 2) erfolgt und ob die Urkunde, auf Grund deren die aus der Veräußerung oder Verpfändung sich ergebenden Rechte eingetragen werden sollen, vor oder nach dem Ansuchen um die Anmerkung errichtet worden ist. „Auf Antrag ist in die Anmerkung der beabsichtigten Verpfändung die Bedingung aufzunehmen, daß die Eintragung eines Pfandrechtes im Range der Anmerkung nur für dieselbe Forderung zulässig ist, für die entweder im Zeitpunkt des Einlangens des Ansuchens um Eintragung des Pfandrechts bereits im Range einer anderen Anmerkung der beabsichtigten Verpfändung, der eine Bedingung nicht beigesetzt ist, die Eintragung eines anderen Pfandrechtes bewilligt worden ist oder gleichzeitig mit der Bewilligung der Eintragung im Range einer anderen Anmerkung der beabsichtigten Verpfändung, der eine Bedingung nicht beigesetzt ist, die Eintragung eines anderen Pfandrechtes bewilligt wird.“ *(BGBl 1958/15)*

(2) Mit gleicher Rechtsfolge kann ein Hypothekargläubiger die Anmerkung der beabsichtigten Abtretung oder Löschung seiner Forderung verlangen.

(3) Die Anmerkungen solcher Gesuche können jedoch nur dann bewilligt werden, wenn nach dem Grundbuchsstand die Einverleibung des einzutragenden Rechtes oder die Löschung des bestehenden Rechtes zulässig wäre und wenn die Unterschrift der Gesuche gerichtlich oder notariell beglaubigt ist. Die Bestimmungen des § 31 Abs. 3 bis 5 sind anzuwenden.

(4) Das Einverständnis des Eigentümers zur Anmerkung einer beabsichtigten Veräußerung oder Verpfändung kann auch in einer besonderen Urkunde erklärt werden (Rangordnungserklärung). In diesem Fall muss die Unterschrift auf der Rangordnungserklärung gerichtlich oder notariell beglaubigt sein; das Gesuch selbst bedarf keiner beglaubigten Unterschrift. Aufgrund einer Rangordnungserklärung kann in jedem der darin angeführten Grundsbuchskörper nur einmal eine Anmerkung der Rangordnung vorgenommen werden. Die Rangordnungserklärung ist nicht in die Urkundensammlung zu nehmen. *(BGBl I 2012/30, ab 1. 5. 2012)*

§ 54. Von dem Beschluss, mit dem das Gesuch bewilligt wird, darf nur eine Ausfertigung erteilt werden; § 79 Abs. 1 letzter Satz GOG ist nicht anzuwenden. Die Ausfertigung ist mit der Bestätigung der vollzogenen Anmerkung zu versehen.

(BGBl I 2012/30, ab 1. 5. 2012)

§ 55. Die Anmerkung der Rangordnung verliert ihre Wirksamkeit mit Ablauf eines Jahres nach ihrer Bewilligung. Dies ist in dem Beschluß unter Angabe des Kalendertages, an dem die Frist endet, auszusprechen.

§ 56. (1) Das Gesuch um Eintragung des Rechtes oder der Löschung, für die die Rangordnung angemerkt worden ist, ist unter Vorlage der Ausfertigung des die Anmerkung bewilligenden Beschlusses innerhalb der im § 55 festgesetzten Frist anzubringen. Wird über dieses Gesuch die Einverleibung oder Vormerkung bewilligt, so kommt der Eintragung die angemerkte Rangordnung zu. „ “ *(BGBl I 2012/30, ab 1. 5. 2012)*

(2) Die Eintragung in der angemerkten Rangordnung kann selbst dann bewilligt werden, wenn die Liegenschaft oder die Hypothekarforderung nach dem Einschreiten um die Anmerkung der Rangordnung an einen Dritten übertragen oder belastet worden wäre.

(3) Wird über das Vermögen des Eigentümers der Liegenschaft oder des Hypothekargläubigers vor der Überreichung des Eintragungsgesuches ein Insolvenzverfahren eröffnet, so kann die Eintragung nur dann bewilligt werden, wenn die Urkunde über das Geschäft schon vor dem Tage der Eröffnung des Insolvenzverfahrens ausgefertigt war und der Tag ihrer Ausfertigung durch eine gerichtliche oder notarielle Beglaubigung dargetan ist. Entspricht die Urkunde diesen Voraussetzungen nicht, so ist die Zulässigkeit der Eintragung nach den Vorschriften der Insolvenzordnung zu beurteilen. *(BGBl I 2010/58, ab 1. 8. 2010)*

§ 57. (1) Wird die Einverleibung der Veräußerung der Liegenschaft oder der Zession oder Löschung der Forderung in der angemerkten Rangordnung bewilligt, so ist auf Ansuchen der Partei, für die die Einverleibung vorgenommen worden ist, die Löschung der Eintragungen zu verfügen, die etwa in Ansehung dieser Liegenschaft oder Forderung nach Überreichung des Anmerkungsgesuches erwirkt worden sind. Um die Löschung dieser Eintragungen muß jedoch binnen 14 Tagen nach Rechtskraft der in der angemerkten Rangordnung bewilligten Einverleibung angesucht werden.

(2) Wird das Eintragungsgesuch nicht vor dem Ende der festgesetzten Frist angebracht oder wird der Betrag, für den die Anmerkung der Rangordnung erfolgt ist, bis zum Ende dieser Frist nicht erschöpft, so wird die Anmerkung unwirksam und ist von Amts wegen zu löschen.

(3) Vor Ablauf der gesetzlichen Frist kann die Löschung der Anmerkung nur dann bewilligt werden, wenn die Ausfertigung des Beschlusses über die Bewilligung der Anmerkung vorgelegt wird. „ “ *(BGBl I 2012/30, ab 1. 5. 2012)*

Anmerkung der Rangordnung zugunsten einer bestimmten Person

§ 57a. (1) Der Eigentümer kann auch die Anmerkung der beabsichtigten Veräußerung oder Verpfändung an eine bestimmte Person verlangen. In diesem Fall sind die §§ 53, 55, 56 und 57 mit der Maßgabe anzuwenden, dass die Ausfertigung des die Anmerkung bewilligenden Beschlusses für die Eintragung des Rechtes oder der Löschung, für die die Rangordnung angemerkt worden ist, nicht vorgelegt werden muss.

(2) Ein Antrag nach Abs. 1 kann mit Einverständnis des Eigentümers (§ 53 Abs. 4) auch von der Person gestellt werden, zu deren Gunsten die Rangordnung angemerkt werden soll. Ein solcher Antrag muss innerhalb eines Jahres nach Ausstellung der Rangordnungserklärung gestellt werden.

(2a) Vor Ablauf der gesetzlichen Frist (§ 55) kann die Löschung der Anmerkung vom Eigentümer oder von dem zur Ausnutzung der Rangordnung Berechtigten beantragt werden. Die Löschung der Anmerkung bedarf der schriftlichen Zustimmung des Eigentümers und des zur Ausnutzung der Rangordnung Berechtigten, wobei deren Unterschriften gerichtlich oder notariell beglaubigt sein müssen. *(BGBl I 2020/81, ab 1. 10. 2020)*

(3) Eine Anmerkung nach Abs. 1 kann mit rangwahrender Wirkung auf eine andere Person übertragen werden (Anmerkung der Übertragung der Rangordnung). Die Anmerkung der Übertragung der Rangordnung setzt die Zustimmung des bisherigen zur Ausnutzung der Rangordnung Berechtigten voraus, wobei die Unterschrift auf der Zustimmungserklärung der gerichtlichen oder notariellen Beglaubigung bedarf. Der Antrag auf Anmerkung der Übertragung der Rangordnung kann vom bisherigen oder vom neuen Berechtigten gestellt werden.

(4) Eine Rangordnung nach Abs. 1 kann auch zugunsten eines Rechtsanwalts oder Notars als Treuhänder ausgestellt werden. In diesem Fall kann der Treuhänder die Ausnutzung der Rangordnung zugunsten einer von ihm vertretenen Person ohne Nachweis einer Zustimmung der Übertragung nach Abs. 3 beantragen.

(5) Wenn ein als Treuhänder bestellter Notar oder Rechtsanwalt stirbt, seine Berufsberechtigung verliert oder diese ruht, kann der für ihn bestellte Notariatssubstitut (§ 119 Notariatsordnung) bzw. Kammerkommissär (§ 34a Abs. 2 Rechtsanwaltsordnung) unter Vorlage seines Bestellungsdekrets (§ 122 Abs. 2 Notariatsordnung) bzw. der Amtsbestätigung über seine Bestellung (§ 34a Abs. 3 Rechtsanwaltsordnung) die Rangordnung ausnutzen. Entsprechendes gilt für den Amtsnachfolger eines als Treuhänder bestellten Notars, wenn dieser seine Ernennung auf die Notarstelle des Treuhänders nachweist. *(BGBl I 2020/81, ab 1. 10. 2020)*

(6) Die Beglaubigung der Unterschrift auf einem Rangordnungsgesuch, auf einer Rangordnungserklärung oder auf einer Zustimmungserklärung (Abs. 3 2. Satz) durch einen Notar hindert weder dessen Bestellung als Treuhänder noch dessen Übernahme der Treuhandschaft oder die Antragstellung auf Ausnutzung der Rangordnung. *(BGBl I 2020/81, ab 1. 10. 2020)*

(BGBl I 2012/30, ab 1. 5. 2012)

3. Rangvorbehalt

§ 58. (1) Im Falle der Löschung des Pfandrechtes kann der Eigentümer zugleich die Anmerkung im Grundbuch erwirken, daß die Eintragung eines neuen Pfandrechtes im Rang und bis zur Höhe des gelöschten Pfandrechtes binnen drei Jahren nach der Bewilligung der Anmerkung vorbehalten bleibt. Dieser Vorbehalt ist im Falle eines Eigentumswechsels zugunsten des neuen Eigentümers wirksam.

(2) Diese Bestimmung ist sinngemäß anzuwenden, wenn die neue Forderung an die Stelle zweier oder mehrerer im Rang unmittelbar aufeinanderfolgender Hypothekarforderungen treten soll.

4. Bedingte Pfandrechtseintragung

§ 59. (1) Der Eigentümer einer Liegenschaft kann begehren, daß im Rang und bis zur Höhe eines auf der Liegenschaft haftenden Pfandrechtes das Pfandrecht für eine neue Forderung mit der Beschränkung eingetragen werde, daß es Rechtswirksamkeit erlangt, wenn binnen einem Jahr nach der Bewilligung der Eintragung des neuen Pfandrechtes die Löschung des älteren Pfandrechtes einverleibt wird.

(2) Der Eintritt dieser Bedingung ist im öffentlichen Buch zugleich mit der Löschung des älteren Pfandrechtes anzumerken.

(3) Wenn innerhalb der Frist nicht um die Löschung angesucht oder wenn die Löschung nicht bewilligt wird, erlischt das neue Pfandrecht mit dem Ablauf der Frist und ist samt allen darauf bezüglichen Eintragungen von Amts wegen zu löschen.

(4) Zur Anbringung des Gesuches um Löschung des älteren Pfandrechtes ist außer dem Hypothekarschuldner auch der Gläubiger berechtigt, zu dessen Gunsten das Pfandrecht für die neue Forderung eingetragen ist.

(5) Ist das ältere Pfandrecht belastet, so wird das in dessen Rang eingetragene neue Pfandrecht nur unter der weiteren Bedingung (Abs. 1) rechtswirksam, daß die Belastung gelöscht oder mit Zustimmung der Beteiligten auf das eingetragene neue Pfandrecht übertragen wird.

(6) Haftet das ältere Pfandrecht simultan auf mehreren Grundbuchsobjekten, so wird das neue Pfandrecht nur unter der weiteren Bedingung (Abs. 1) rechtswirksam, daß das ältere Pfandrecht auf sämtlichen Grundbuchsobjekten gelöscht wird.

(7) Die Bestimmungen der Abs. 1 bis 6 sind sinngemäß anzuwenden, wenn die neue Forderung an die Stelle zweier oder mehrerer im Range unmittelbar aufeinanderfolgender Hypothekarforderungen treten soll.

5. Anmerkung der Aufkündigung und der Hypothekarklage

§ 60. (1) Die Anmerkung einer gerichtlich oder notariell beurkundeten Aufkündigung einer Hypothekarforderung sowie die Anmerkung einer Hypothekarklage ist auf Begehren des Gläubigers vom Grundbuchsgericht zu bewilligen, wenn der, gegen den die Aufkündigung oder die Klage gerichtet ist, als Eigentümer der verpfändeten Liegenschaft eingetragen und die Anhängigkeit der Hypothekarklage ausgewiesen ist.

(2) Die Anmerkung der Hypothekarklage kann auch vom Prozeßgericht sofort bewilligt werden.

(3) Eine solche Anmerkung hat zur Folge, daß die Aufkündigung oder die Klage ihre Wirksamkeit auch gegen jeden späteren Eigentümer des Pfandes äußert und daß insbesondere die Exekution auf die verpfändete Liegenschaft auf Grund des über die angemerkte Klage erfolgten rechtskräftigen Urteiles oder exekutionsfähigen Vergleiches unmittelbar gegen jeden Eigentümer dieser Liegenschaft geführt werden kann.

6. Löschungsklagen und Streitanmerkungen

§ 61. (1) Wenn jemand, der durch eine Einverleibung in seinem bücherlichen Rechte verletzt erscheint, die Einverleibung aus dem Grunde der Ungültigkeit im Prozeßwege bestreitet und die Wiederherstellung des vorigen bücherlichen Standes begehrt, kann er die Anmerkung eines solchen Streites im Grundbuch entweder gleichzeitig mit der Klage oder später verlangen. Die Anmerkung des Streites kann sowohl bei dem Prozeßgericht als auch bei dem Grundbuchsgericht angesucht werden.

(2) Diese Streitanmerkung hat zur Folge, daß das über die Klage ergehende Urteil auch gegen die Personen, die erst nach dem Zeitpunkt, in dem das Gesuch um die Streitanmerkung an das Grundbuchsgericht gelangt ist, bücherliche Rechte erlangt haben, seine volle Wirksamkeit äußert.

§ 62. Wenn die Löschungsklage gegen die Personen gerichtet werden soll, die unmittelbar durch die Einverleibung, auf deren Löschung geklagt wird, Rechte erworben haben oder von einer Last befreit worden sind, oder wenn sich die Klage auf solche Verhältnisse stützt, die unmittelbar zwischen dem Kläger und Beklagten obwalten, ist die Dauer des Klagerechtes nach den zivilrechtlichen Bestimmungen über die Verjährung zu beurteilen.

§ 63. (1) Wer jedoch eine Einverleibung, von deren Bewilligung er vorschriftsmäßig verständigt worden ist, auch gegen dritte Personen als ungültig bestreiten will, hat binnen der Frist, die ihm zum Rekurs gegen deren Bewilligung zukäme, bei dem Grundbuchsgericht die Anmerkung, daß diese Einverleibung streitig sei, anzusuchen und entweder zugleich oder längstens binnen weiteren sechzig Tagen nach Ablauf der Rekursfrist die Klage auf Löschung gegen alle Personen zu überreichen, die durch die bestrittene Einverleibung ein bücherliches Recht erlangt oder weitere Einverleibungen oder Vormerkungen darauf erwirkt haben.

(2) Nach Ablauf dieser Fristen kann auf Löschung der bestrittenen Einverleibung gegen dritte Personen, die noch vor der Streitanmerkung weitere bücherliche Rechte darauf erwirkt haben, nur dann erkannt werden, wenn sie sich hinsichtlich ihrer Gültigkeit nicht im guten Glauben befunden haben.

§ 64. Sollte aber die vorschriftsmäßige Verständigung des Klägers von der Bewilligung einer Einverleibung, deren Ungültigkeit er behauptet, aus was immer für einem Grund unterblieben sein, so erlischt das Klagerecht auf deren Löschung gegen dritte Personen, die weitere bücherliche Rechte darauf in gutem Glauben erworben haben, erst binnen drei Jahren von dem Zeitpunkt an, in dem die angefochtene Einverleibung bei dem Grundbuchsgericht angesucht worden ist.

§ 65. (1) Steht der Kläger von der Klage ab oder wird er durch rechtskräftiges Erkenntnis abgewiesen oder hat er die Klage im Falle des § 63 in der vorgeschriebenen Frist nicht überreicht, so ist auf Ansuchen des Gegners die Löschung der Streitanmerkung zu verfügen.

(2) Wird aber durch ein rechtskräftiges Urteil oder einen Vergleich die bestrittene Einverleibung ganz oder teilweise aufgehoben, so ist auf Ansuchen des Klägers die Vornahme der Löschung der bestrittenen Einverleibung in der in dem Urteil oder Vergleich ausgedrückten Art und Ausdehnung zu bewilligen und zugleich sowohl die Löschung der Streitanmerkung als aller der Einverleibungen und Vormerkungen anzuordnen, die hinsichtlich des zu löschenden Rechtes erst nach dem Zeitpunkt, in dem das Gesuch um die Streitanmerkung an das Grundbuchsgericht gelangt ist, angesucht worden sind.

§ 66. (1) Wer behauptet, daß eine Einverleibung in Folge einer strafgesetzlich verbotenen Handlung erwirkt worden sei, kann, um die im § 61 bezeichnete Rechtswirkung gegen spätere Eintragungen zu begründen, bei dem Grundbuchsgericht unter Beibringung der Bestätigung der zuständigen Behörde, daß die Strafanzeige bei ihr erstattet worden ist, die Anmerkung ansuchen, daß die Einverleibung streitig sei.

(2) Soll jedoch durch die Streitanmerkung die Wirkung begründet werden, daß der Anspruch auf die Ungültigerklärung einer Einverleibung auch gegen dritte Personen, die bücherliche Rechte noch vor der Streitanmerkung im guten Glauben darauf erworben haben, gewahrt werde, so muß das Gesuch um die Streitanmerkung bei dem Grundbuchsgericht innerhalb der Frist eingebracht werden, die der Partei zum Rekurs gegen die Bewilligung der Einverleibung zukäme.

§ 67. Erklärt das Strafgericht, daß die Einverleibung samt den bücherlichen Rechten, die etwa vor der im § 66 bezeichneten Anmerkung erworben worden sind, zu löschen sei, so hat das Grundbuchsgericht, wenn von der verletzten Partei das Erkenntnis hierüber mit der Bestätigung seiner Rechtskraft beigebracht wird, diese Löschung nach den Bestimmungen des § 65 in Vollzug setzen zu lassen. Hat das Strafgericht dagegen zwar auf die Schuld des Angeklagten, jedoch nicht auf eine solche Löschung erkannt und die geschädigte Partei hinsichtlich der angesprochenen Löschung der Einverleibung auf den Zivilrechtsweg gewiesen, so steht der Partei für die Klage auf Löschung der Einverleibung und der oben bezeichneten bücherlichen Rechte eine Frist von sechzig Tagen nach Eintritt der Rechtskraft dieser Entscheidung zu. Nach dem fruchtlosen Ablauf dieser Frist sowie wenn das Strafgericht auf die Schuld des Angeklagten nicht erkannt hat, ist die Löschung der Streitanmerkung auf Ansuchen dessen, der an der Aufrechterhaltung der Einverleibung ein Interesse hat, zu bewilligen.

§ 68. Wird die Löschung einer Streitanmerkung aus dem Grunde begehrt, weil die Klage auf Löschung nicht innerhalb der in den §§ 63, 67 bestimmten Fristen erhoben worden ist, so hat das Grundbuchsgericht, falls ihm nicht das Gegenteil bekannt ist, eine Tagsatzung auf kurze Zeit anzuordnen, bei welcher der, der die Streitanmerkung erwirkt hat, den Beweis zu liefern hat, daß die Klage rechtzeitig erhoben worden ist, widrigens die Löschung der Anmerkung zu bewilligen ist.

§ 69. Wenn ein bücherlicher Eigentümer oder Gläubiger, auf dessen Gut oder Forderung ein Recht einverleibt ist, aus dem Grunde der Verjährung auf gänzliche oder teilweise Löschung klagt, kann die Anmerkung des Streites bewilligt werden.

§ 70. Die Anmerkung des Streites kann auch dem bewilligt werden, der aus dem Grund der Ersitzung (§ 1498 ABGB.) die Zuerkennung eines dinglichen Rechtes begehrt.

§ 71. (1) Die Streitanmerkung einer Löschungsklage wegen Verjährung (§ 69) oder einer Klage auf Zuerkennung eines dinglichen Rechtes in Folge der Ersitzung (§ 70) hat jedoch gegen dritte Personen keine Wirkung, die im Vertrauen auf das Grundbuch bücherliche Einverleibungen oder Vormerkungen vor dem Zeitpunkt erwirkt haben, in dem das Gesuch um die Streitanmerkung an das Grundbuchsgericht gelangt ist. Das zuerkannte ersessene Recht genießt die Rangordnung vor allen Eintragungen, die erst nach der Streitanmerkung vorgenommen worden sind; alle damit im Widerspruch stehenden, nach der Streitanmerkung eingetragenen Rechte sind zu löschen.

(2) Im übrigen ist nach den Bestimmungen des § 65 vorzugehen.

7. Anmerkung der Erteilung des Zuschlages

§ 72. (1) Jenes Gericht, bei dem die Zwangsversteigerung einer Liegenschaft vollzogen worden ist, hat die Anmerkung dieses Vollzuges von Amts wegen im Grundbuch zu verfügen.

(2) Diese Anmerkung hat die Folge, daß weitere Eintragungen gegen den bisherigen Eigentümer nur für den Fall ein Recht bewirken, als die Versteigerung für unwirksam erklärt wird.

(3) Ist eine Anfechtung der Versteigerung entweder nicht erfolgt oder endgültig abgewiesen worden, so findet auf Ansuchen der Beteiligten die Löschung aller nach der Anmerkung der Erteilung des Zuschlages gegen den bisherigen Eigentümer erwirkten Eintragungen und der etwa in bezug auf diese weiter vorgenommenen Eintragungen statt.

§ 73. Inwieweit das Grundbuchsgericht oder ein anderes Gericht in anderen Fällen eine Anmerkung anzuordnen hat, wird teils in diesem Bundesgesetz, teils im Liegenschaftsteilungsgesetz, BGBl. Nr. 3/1930, teils in anderen Gesetzen bestimmt.

Fünfter Abschnitt

Von der Abschreibung von Bestandteilen eines Grundbuchskörpers

§ 74. (1) Die Abschreibung des Bestandteiles eines Grundbuchskörpers und seine Zuschreibung zu einem anderen Grundbuchskörper oder die Eröffnung einer neuen Einlage für diesen Bestandteil ist nur dann zulässig, wenn der abzuschreibende Teil genau, nötigenfalls durch Pläne, von denen eine Kopie in der Urkundensammlung aufzubewahren ist, bezeichnet ist und wenn die das Begehren begründenden Urkunden den zu einer Einverleibung des Eigentumsrechtes vorgeschriebenen Erfordernissen entsprechen.

(2) Bei der Durchführung der Abschreibung ist nach den Bestimmungen des Liegenschaftsteilungsgesetzes, BGBl. Nr. 3/1930, vorzugehen.

Drittes Hauptstück

Von dem Verfahren in Grundbuchssachen

Erster Abschnitt

Allgemeine Bestimmungen

1. Zuständigkeit und Verfahrensart

§ 75. (1) Die Bewilligung einer Eintragung ist mit Ausnahme der in diesem Bundesgesetz sowie in den Gesetzen über das gerichtliche Verfahren bestimmten Fällen bei dem Grundbuchsgericht anzusuchen, bei dem sich die Einlage, in der die Eintragung erfolgen soll, befindet.

(2) Das Grundbuchsgericht entscheidet in Angelegenheiten nach diesem Bundesgesetz im Verfahren außer Streitsachen. Die Vorschriften über das Verfahren außer Streitsachen sind, soweit in diesem Gesetz nichts anderes bestimmt wird, ergänzend heranzuziehen. *(BGBl I 2003/112, ab 1. 1. 2005)*

2. Grundsatz des Verfahrens

§ 76. Das Grundbuchsgericht ordnet, außer den in diesem oder in einem anderen Gesetz bestimmten Fällen, Eintragungen nicht von Amts wegen, sondern nur auf Ansuchen von Parteien oder Behörden an.

3. Berechtigung zum Ansuchen

§ 76a. (1) Zur Antragstellung in Grundbuchsverfahren ist nicht nur die durch die begehrte Grundbuchshandlung berechtigte, sondern auch die durch die begehrte Grundbuchshandlung belastete Partei berechtigt.

(2) Abs. 1 gilt auch für den Antrag auf Einverleibung der Löschung eines Pfandrechts. Der Hypothekargläubiger ist zu einem solchen Antrag berechtigt, wenn er die schriftliche Zustimmung des Liegenschaftseigentümers nachweist. Dieser Nachweis ist weder in beglaubigter Form noch im Original erforderlich. Solange der Hypothekargläubiger keinen Antrag auf Löschung des Pfandrechts beim zuständigen Grundbuchsgericht eingebracht hat, kann der Liegenschaftseigentümer sein Verfügungsrecht nach §§ 469, 469a ABGB sowie §§ 58, 59 GBG ausüben.

(BGBl I 2020/81, ab 1. 10. 2020)

§ 77. (1) Wenn jemand im Namen eines anderen einschreitet, muß dargetan sein, daß er zur Anbringung von Grundbuchsgesuchen befugt sei.

(2) Zum Ansuchen um eine Eintragung im Namen dessen, dem sie zum Vorteil gereicht, genügt eine allgemeine Vollmacht.

(3) Gesetzliche oder gerichtlich bestellte Vertreter bedürfen keiner besonderen Ermächtigung, um die Eintragung von Rechten der ihrer Vertretung zugewiesenen Personen oder die Löschung von Lasten des ihrer Verwaltung anvertrauten Vermögens zu bewirken.

§ 78. Wenn der, an den eine Liegenschaft oder ein bücherliches Recht außerbücherlich gelangt ist, darauf ein Recht, das Gegenstand der öffentlichen Bücher ist, einem anderen eingeräumt hat, kann letzterer die Eintragung der Rechte seines Vormannes verlangen.

§ 79. Auch der Bürge kann, wenn der Gläubiger das ihm eingeräumte Recht zur Erlangung des Pfandrechtes an der Liegenschaft oder dem bücherlichen Recht seines Schuldners nicht ausübt, im Namen des Gläubigers die Eintragung begehren.

§ 80. Um die Eintragung gemeinschaftlicher Rechte, die eine Teilung im Verhältnis zum Ganzen nicht zulassen, kann jeder Teilhaber für sich und im Namen der übrigen Teilhaber ansuchen.

4. Fristen

§ 81. (1) Die nicht auf einen Kalendertag festgesetzten Fristen beginnen mit dem Tag nach der Zustellung.

(2) Bei ihrer Berechnung dürfen die Tage, während deren sich eine bei dem Grundbuchsgericht zu überreichende Schrift auf der Post befindet, nicht abgerechnet werden. *(BGBl I 2003/112, ab 1. 1. 2005)*

(3) Diese Fristen lassen, mit Ausnahme der Frist zur Rechtfertigung einer Vormerkung (§ 43) und der Frist zur Beibringung der Originalurkunde (§ 88) oder der Übersetzung (§ 89), keine Erstreckung zu.

§ 82. Wegen der Versäumung der in diesem Bundesgesetz bestimmten Fristen ist keine Wiedereinsetzung in den vorigen Stand zulässig.

5. Beseitigung von Formgebrechen

§ 82a. (1) Weist ein Antrag ein Formgebrechen auf, das die ordnungsgemäße Behandlung zu hindern geeignet ist, so ist dem Antragsteller der Auftrag zu erteilen, das Formgebrechen längstens binnen einer Woche zu beseitigen. Wenn dies zur Beseitigung des Formgebrechens erforderlich ist, ist ihm gleichzeitig der Antrag zurückzustellen. Wird dem Auftrag fristgerecht (§ 81) entsprochen, so ist auf das Formgebrechen bei der Behandlung des Antrags nicht Bedacht zu nehmen. Ein wieder vorgelegter Antrag gilt als am Tag seines ersten Einlangens angebracht. Anträge auf Anmerkung der Rangordnung können nicht verbessert werden.

(2) Als ein verbesserbares Formgebrechen ist es insbesondere anzusehen, wenn dem Antrag eine für die Erledigung erforderliche Urkunde nicht oder, falls dies vorgeschrieben ist, nicht in Urschrift angeschlossen ist. Urkunden können nur nachgereicht werden, wenn sie bereits im Zeitpunkt des ersten Einlangens des Antrags in der Form errichtet waren, die für die begehrte Eintragung erforderlich ist

(3) „Der Auftrag zur Beseitigung eines Formgebrechens ist schriftlich zu erteilen.“Wird der Antrag zurückgestellt, so ist eine Kopie des Schriftsatzes bei Gericht zurückzubehalten. *(BGBl I 2012/30, ab 1. 5. 2012)*

(4) Der Auftrag zur Verbesserung eines Formgebrechens kann durch ein Rechtsmittel nicht angefochten werden. Er hat zu unterbleiben, wenn der Antrag auch im Fall der Beseitigung des Formgebrechens abzuweisen wäre.

(5) Wird in einem Rekurs gegen die Abweisung eines Antrags geltend gemacht, dass dem Antragsteller ein Auftrag im Sinn des Abs. 1 zu erteilen gewesen wäre, so ist mit dem Rekurs auch das Formgebrechen zu beseitigen.

(6) Wenn der Antragsteller einem gerichtlichen Auftrag zur Verbesserung eines Formgebrechens nicht entsprechen will, so hat er innerhalb der zur Verbesserung gesetzten Frist zu erklären, dass er eine Entscheidung in der Sache über seinen Antrag begehrt; wurde der Antrag zur Verbesserung zurückgestellt, ist er dem Gericht gemeinsam mit dieser Erklärung neuerlich vorzulegen. *(BGBl I 2012/30, ab 1. 5. 2012)*

(7) Erfolgt innerhalb der gesetzten Frist weder eine Verbesserung noch eine Erklärung im Sinn des Abs. 6, so gilt der Antrag als zurückgenommen. Auf diese Rechtsfolge ist im Auftrag zur Beseitigung des Formgebrechens hinzuweisen. *(BGBl I 2012/30, ab 1. 5. 2012)*

(BGBl I 2008/100, ab 1. 1. 2009)

Zweiter Abschnitt

Von den Gesuchen

1. Form des Ansuchens

§ 83. Grundbuchsgesuche sind in der Regel schriftlich anzubringen. Nur in einfachen Fällen können Gesuche auch zu Protokoll erklärt werden.

(BGBl I 2012/30, ab 1. 11. 2012)

2. Erfordernisse

§ 84. In jedem Grundbuchsgesuch sind das Grundbuchsgericht, bei dem es zu überreichen ist, sowie der Vor- und Zuname, das Geburtsdatum und der Wohnort des Antragstellers und der Personen anzugeben, die von der Erledigung zu verständigen sind; bei juristischen Personen sind die ihnen zukommenden Benennungen, bei Rechtsträgern, die im Firmenbuch eingetragen sind, auch die Firmenbuchnummer, und bei inländischen Vereinen auch die Vereinsregisterzahl (ZVR-Zahl) anzugeben.

(BGBl I 2012/30, ab 1. 5. 2012)

§ 85. (1) Die Grundbuchseinlagen, in denen eine Eintragung geschehen soll, sind mit der nämlichen Bezeichnung anzuführen, unter der sie im Grundbuch erscheinen.

(2) Im Begehren ist genau anzugeben, was im Grundbuch eingetragen werden soll.

(3) Das Begehren um Einverleibung begreift jenes um Vormerkung stillschweigend in sich, wenn der Antragsteller die Vormerkung nicht ausdrücklich ausgeschlossen hat. Kann oder will der Antragsteller nur auf die Früchte der Liegenschaft ein dingliches Recht erwerben, so hat er dies ausdrücklich zu bemerken.

3. Kumulierung der Gesuche

§ 86. Mehrere Eintragungen, die durch dieselbe Urkunde begründet werden, die Eintragung eines Rechtes in mehreren Grundbuchseinlagen und die Eintragung mehrerer Rechte in einer Grundbuchseinlage oder an einem Mindestanteil, mit dem Wohnungseigentum verbunden ist, können mit einem einzigen Gesuch begehrt werden.

(BGBl I 2012/30, ab 1. 5. 2012)

4. Beilagen

a) Originale

§ 87. (1) Die Urkunden, auf Grund deren eine Eintragung erfolgen soll, sind im Original beizulegen.

(2) Liegt die Originalurkunde bei dem Grundbuchsgericht entweder in den Amtsakten oder in Aufbewahrung oder ist sie einem im Zug befindlichen Gesuch angeschlossen, so genügt es, eine Abschrift beizubringen und anzugeben, wo sich das Original befindet.

§ 88. (1) Kann das Original nicht sogleich beigebracht werden, weil es sich bei einer anderen Behörde befindet, so ist dies in dem Gesuch anzugeben und eine beglaubigte Abschrift beizulegen.

(2) Könnte das Gesuch, selbst wenn die Originalurkunde vorläge, nicht bewilligt werden, so ist es sogleich abzuweisen.

(3) Könnte aber unter jener Voraussetzung dem Gesuche stattgegeben werden, so ist dieses zur Wahrung der Rangordnung des Rechtes sogleich mit dem Beisatze „Bis zum Einlangen des Originals" im Grundbuch anzumerken.

(4) Dem Antragsteller ist zugleich, wenn die Originalurkunde nicht schon von Amts wegen von einem Grundbuchsgericht, bei dem sie sich befindet, einzusenden ist, eine angemessene Frist zu ihrer Beibringung zu bestimmen; wird die Originalurkunde von dem Grundbuchsgericht eingesendet oder in der gegebenen Frist überreicht, so ist das Gesuch in der Sache selbst zu erledigen.

(5) Wird die Originalurkunde in der gegebenen oder erweiterten Frist nicht überreicht, so ist das Gesuch sofort abzuweisen und die Anmerkung von Amts wegen zu löschen.

b) Übersetzungen

§ 89. (1) Sind die Urkunden nicht in einer Sprache verfaßt, in der Eingaben bei dem Grundbuchsgericht überreicht werden können, so muß eine vollen Glauben verdienende Übersetzung beigebracht werden.

(2) Fehlt die Übersetzung und geht nicht aus dem Gesuch hervor, daß es jedenfalls abzuweisen ist, so ist das Gesuch zur Wahrung der Rangordnung des Rechtes mit dem Beisatz „Bis zum Einlangen der Übersetzung" im Grundbuch anzumerken. Zugleich ist dem Antragsteller eine angemessene Frist zur Vorlage der Übersetzung zu bestimmen. Wird die Übersetzung in der gegebenen oder erweiterten Frist eingereicht, so ist das Gesuch in der Sache selbst zu erledigen; im entgegengesetzten Fall ist es abzuweisen und die Anmerkung von Amts wegen zu löschen.

c) Abschriften

§ 90. Sofern für die Urkundensammlungen Abschriften erforderlich sind (§ 6), sind sie von den Stempel- und Gerichtsgebühren befreit. Werden sie nicht beigebracht oder sind sie nicht brauchbar, so sind die Originale in der Urkundensammlung aufzubewahren und die Parteien von dem Grundbuchsführer zu verständigen, daß es ihnen freistehe, sie gegen nachträgliche Beibringung ordnungsmäßiger Abschriften zu beheben; das Gericht kann für die Urkundensammlung auch Abschriften gegen Einhebung der einfachen für gerichtliche Abschriften bestimmten Gebühr anfertigen und die Originalurkunde bei den Akten zur Ausfolgung bereithalten. Wenn aber das Gesuch, in dem eine Eintragung bei mehreren Grundbuchsgerichten beantragt wird, nebst der Originalurkunde von einem Grundbuchsgericht zum anderen gelangen soll, hat jedes Grundbuchsgericht, wenn die für sein Grundbuch erforderlichen Abschriften nicht beiliegen oder unbrauchbar sind, solche gegen Einhebung der doppelten für beglaubigte Abschriften bestimmten Gerichtsgebühr auszufertigen.

§ 91. Der Grundbuchsführer hat auf den eingelegten Abschriften die Übereinstimmung mit den Originalurkunden von Amts wegen zu bestätigen.

5. Ausfertigungen des Gesuches und Halbschriften

§ 92. (1) Grundbuchsgesuche sind, sofern nicht eine Ausnahme gesetzlich festgesetzt ist, in einer Ausfertigung zu überreichen. GBG GUG

(2) Den Gesuchen sind so viele Halbschriften beizulegen, als Verständigungen von der Gesuchserledigung stattzufinden haben. Der Mangel dieser Halbschriften bildet jedoch keinen Grund zur Abweisung des Gesuches.

(3) Auf den Halbschriften ist das in dem Gesuch gestellte Begehren in den wesentlichen Punkten anzugeben.

(4) Statt der Halbschriften können vollständige Abschriften des Gesuches beigelegt werden. In diesem Fall ist anzugeben, wem sie zuzustellen sind.

(5) *(aufgehoben, BGBl I 2009/52, ab 1. 7. 2009)*

Dritter Abschnitt

Von der Erledigung der Gesuche

1. Prüfung und Entscheidung

§ 93. Der Zeitpunkt, in dem ein Ansuchen bei dem Grundbuchsgericht einlangt, ist für die Beurteilung dieses Ansuchens entscheidend.

§ 94. (1) Das Grundbuchsgericht hat das Ansuchen und dessen Beilagen einer genauen Prüfung zu unterziehen und darf eine grundbücherliche Eintragung nur dann bewilligen, wenn

1. aus dem Grundbuch in Ansehung der Liegenschaft oder des Rechtes kein Hindernis gegen die begehrte Eintragung hervorgeht;

2. kein gegründetes Bedenken gegen die persönliche Fähigkeit der bei der Eintragung Beteiligten zur Verfügung über den Gegenstand, den die Eintragung betrifft, oder gegen die Befugnis der Antragsteller zum Einschreiten vorhanden ist;

3. das Begehren durch den Inhalt der beigebrachten Urkunden begründet erscheint und

4. die Urkunden in der Form vorliegen, die zur Bewilligung einer Einverleibung, Vormerkung oder Anmerkung erforderlich ist.

(2) Bei grundbücherlichen Eintragungen, die nicht von dem Grundbuchsgericht, sondern von einem anderen Gericht bewilligt werden, hat sich das Grundbuchsgericht darauf zu beschränken, über die Zulässigkeit der Eintragung mit Rücksicht auf den Grundbuchsstand zu entscheiden; hinsichtlich der übrigen Erfordernisse steht die Entscheidung dem bewilligenden Gericht zu.

§ 95. (1) Über jedes Grundbuchsgesuch hat das Grundbuchsgericht, mit Ausnahme der in den §§ 45, 68 und 104 dieses Bundesgesetzes sowie im Liegenschaftsteilungsgesetz, BGBl. Nr. 3/1930, festgesetzten Fälle, ohne Einvernehmung der Parteien und in der Regel (§§ 88 und 89) ohne Zwischenerledigung in der Sache zu entscheiden und in dem zu erlassenden Beschluß die Bewilligung oder Abweisung des Gesuches ausdrücklich auszusprechen.

(2) Kann dem Begehren zwar nicht im vollen Umfang, aber doch zum Teil stattgegeben werden, so ist die Eintragung, soweit sie zulässig ist, anzuordnen und der Teil des Begehrens, dem nicht entsprochen werden kann, abzuweisen.

(3) Wird das Gesuch ganz oder teilweise abgewiesen, so sind in dem Beschluß alle Gründe anzugeben, die der Bewilligung entgegenstehen.

2. Besondere Bestimmungen in Ansehung

a) der Bewilligung:

§ 96. (1) Mehr oder etwas anderes, als die Partei angesucht hat, darf nicht bewilligt werden, auch wenn sie nach den beigebrachten Urkunden zu einem ausgedehnteren oder anderen Begehren berechtigt wäre.

(2) Ist nur die Vormerkung angesucht worden, so darf die Einverleibung nicht angeordnet werden, wenn sie auch zulässig wäre (§ 85).

§ 97. (1) Wenn aus der Urkunde hervorgeht, daß dem Erwerber eines dinglichen Rechtes die Bewilligung zur Einverleibung erteilt worden ist, daß ihm aber zugleich Beschränkungen in der Verfügung über das erworbene Recht oder Gegenverpflichtungen auferlegt worden sind, hinsichtlich deren die gleichzeitige Einverleibung für die daraus Berechtigten bedungen worden ist, darf die Eintragung jenes Rechtes nicht bewilligt werden, wenn nicht zugleich hinsichtlich der bedungenen Beschränkungen oder Gegenverpflichtungen die Einverleibung oder nach der Beschaffenheit der Urkunde doch die Vormerkung angesucht wird.

(2) Das Gesuch um die gleichzeitige Eintragung der gegenseitigen Rechte kann sowohl von dem einen als von dem anderen Teil angebracht werden.

§ 98. In den Beschlüssen, womit eine Eintragung bewilligt wird, sind die Grundbuchseinlagen zu bezeichnen, in denen die Eintragung erfolgen soll; ferner sind unter Beziehung auf die der Bewilligung zugrunde liegenden Urkunden die Personen, für die, und die Objekte, auf die die Eintragung erfolgen soll, endlich die einzutragenden Rechte nebst den wesentlichen Bestimmungen mit den in das Hauptbuch einzutragenden Worten anzuführen (§ 5). „Bei natürlichen Personen ist auch das Geburtsdatum anzuführen, bei Rechtsträgern, die im Firmenbuch eingetragen sind, die Firmenbuchnummer und bei inländischen Vereinen die Vereinsregisterzahl (ZVR-Zahl)." *(BGBl I 2008/100, ab 1. 1. 2009)*

b) der Abweisung:

§ 99. (1) Wird ein Einverleibungs- oder Vormerkungsgesuch oder ein Gesuch um Abschreibung von Grundstücken oder um Anmerkung der Rangordnung abgewiesen, so ist das abgewiesene Gesuch im Grundbuch anzumerken. Das gleiche gilt, wenn ein Antrag auf Bewilligung der Zwangsversteigerung oder der Zwangsverwaltung zur Hereinbringung einer Forderung abgewiesen wird, für die kein Pfandrecht einverleibt ist.

(2) Diese Anmerkung findet nicht statt, wenn das Gut oder das Recht, auf das die Eintragung begehrt wird,

a) weder aus dem Gesuch noch aus dessen Beilagen ersichtlich oder in den Büchern des Grundbuchsgerichtes nicht eingetragen ist oder

b) für eine andere Person eingetragen ist, als die, gegen die nach Inhalt der Urkunde eine Einverleibung oder Vormerkung stattfinden kann.

§ 100. Ist die Abweisung eines des im § 99 angeführten Gesuche von einem anderen Gericht als von dem Grundbuchsgericht ausgegangen, so ist dieses von Amts wegen um die Anmerkung der Abweisung zu ersuchen.

§ 101. Sobald das Grundbuchsgericht Kenntnis erlangt, daß ein Beschluß, wodurch eines der im § 99 angeführten Gesuche abgewiesen worden ist, durch Unterlassung des Rekurses rechtskräftig geworden ist, hat es die Anmerkung des abgewiesenen Gesuches von Amts wegen zu löschen und die Beteiligten hievon zu verständigen.

Vierter Abschnitt

Von dem Vollzug der Eintragungen

§ 102. (1) Eine Eintragung in das Grundbuch darf nur auf Grund eines schriftlichen Auftrages des Grundbuchsgerichtes und nicht anders als nach dem Inhalt dieses Auftrages vorgenommen werden.

(2) Wenn sich der Vollzug eines Auftrages nach dem Grundbuchsstand als unausführbar herausstellt, kann der erteilte Auftrag nur durch einen neuen Auftrag des Grundbuchsgerichtes berichtigt werden.

§ 103. (1) Jede Eintragung (§ 8) hat nebst der Bezeichnung ihrer Art die Angabe des Tages, Monates, Jahres und der Einreichungszahl zu enthalten, unter denen das Ansuchen an das Grundbuchsgericht gelangt ist.

(2) Sind bei dem Grundbuchsgericht mehrere denselben Grundbuchskörper betreffende Ansuchen gleichzeitig eingelangt, so sind bei jeder Eintragung auf Grund dieser Ansuchen die Einreichungszahlen der gleichzeitig eingelangten Ansuchen mit einem ihre Gleichzeitigkeit ausdrückenden Beisatz anzumerken.

§ 104. (1) Im Grundbuch darf nichts radiert und das Eingetragene auch nicht in anderer Weise unleserlich gemacht werden.

(2) Wird ein Fehler bei der Eintragung begangen und noch während der Eintragung bemerkt, so ist er ohne Einholung eines Auftrages des Grundbuchsgerichtes zu berichtigen.

(3) Ein nach vollendeter Eintragung wahrgenommener Fehler kann nur im Auftrag des Grundbuchsgerichtes berichtigt werden; es hat, wenn der Fehler irgendeine Rechtsfolge nach sich ziehen könnte, die Beteiligten zu vernehmen. Die Einleitung des Verfahrens ist auf dem Blatt, wo die fehlerhafte Eintragung vollzogen worden ist, anzumerken. Die Anmerkung hat die Wirkung, daß spätere Eintragungen der Berichtigung des Fehlers nicht entgegenstehen. Sie ist nach Rechtskraft des über den wahrgenommenen Fehler ergangenen Beschlusses von Amts wegen zu löschen.

Fünfter Abschnitt

Von den Simultanhypotheken

1. Bestimmung einer Haupteinlage

§ 105. (1) Bei Simultanhypotheken (§ 15), die durch Eintragung in verschiedene Grundbuchseinlagen gebildet werden sollen, ist eine Einlage als Haupteinlage und sind die übrigen Einlagen als Nebeneinlagen zu bezeichnen. Fehlt eine solche Bezeichnung, so wird die im Gesuch erstgenannte Einlage als Haupteinlage angenommen.

(2) Wird um die Ausdehnung einer für dieselbe Forderung bereits haftenden Hypothek auf andere Grundbuchseinlagen angesucht, so wird die ursprünglich belastete Einlage als Haupteinlage behandelt.

(3) Bei der Haupteinlage ist auf die Nebeneinlagen und bei jeder Nebeneinlage auf die Haupteinlage durch eine Anmerkung hinzuweisen.

2. Anzeige und Eintragung der Simultanhypotheken

§ 106. (1) Wenn ein Gläubiger um die Ausdehnung des für seine Forderung haftenden Pfandrechtes ansucht, ist er verpflichtet, die für diese Forderung bereits bestehende Hypothek anzuzeigen, damit die Simultanhaftung angemerkt werde.

(2) Den durch Verschweigung einer bereits bestehenden Hypothek entstandenen Schaden hat der Gläubiger zu tragen.

§ 107. (1) Sollte die Anmerkung einer Simultanhaftung aus was immer für einem[1] Grund unterblieben sein, so kann der Hypothekarschuldner um die Anmerkung ansuchen. Die hiedurch verursachten Kosten hat der Gläubiger zu ersetzen, wenn ihm diesfalls ein Verschulden zur Last fällt.

(2) Wenn ein Grundbuchsgericht bei der Bewilligung der Einverleibung oder Vormerkung des Pfandrechtes für eine Forderung wahrnimmt, daß ein Pfandrecht für diese Forderung in seinen oder in den Büchern eines anderen Grundbuchsgerichtes eingetragen ist, hat es von Amts wegen darauf Bedacht zu nehmen, die Einlage, in der das Pfandrecht eingetragen ist, als Haupteinlage anzusehen und die Grundbuchsgerichte, in deren Büchern die Forderung bereits eingetragen ist, hievon zu verständigen.

[1] *Im BGBl irrtümlich „einen".*

§ 108. (1) Die Eintragung einer Simultanhypothek bei mehreren Grundbuchsgerichten kann unter Anschluß von Originalurkunden oder beglaubigten Abschriften (§ 88) gleichzeitig bei den

GBG GUG

einzelnen Grundbuchsgerichten verlangt oder in einem einzigen Gesuch begehrt werden.

(2) Im ersten Fall sind in jedem Gesuch die Haupteinlage und alle Nebeneinlagen anzugeben.

(3) Im zweiten Fall ist das Gesuch bei dem Grundbuchsgericht anzubringen, bei dem die Haupteinlage geführt werden soll, und die Reihenfolge zu bezeichnen, in der das Gesuch den übrigen Grundbuchsgerichten zur Erledigung zuzusenden ist.

§ 109. (1) Wenn bei der ursprünglichen oder späteren Eintragung einer Simultanhypothek mehrere Grundbuchsgerichte mitzuwirken haben, hat jedes von ihnen hinsichtlich der in seinen Büchern enthaltenen Hypothekarobjekte über die Frage der Einverleibung oder Vormerkung des Pfandrechtes selbständig zu entscheiden und die Entscheidung dem Grundbuchsgericht der Haupteinlage bekanntzugeben.

(2) Der Rekurs gegen jeden der Beschlüsse ist bei dem Grundbuchsgericht anzubringen, das ihn erlassen hat.

(3) Ist die von einem Grundbuchsgericht in den Nebeneinlagen bewilligte Einverleibung oder Vormerkung im Rekurswege aufgehoben und gelöscht worden, so muß diese Löschung dem Grundbuchsgericht der Haupteinlage zur Anmerkung mitgeteilt werden.

§ 110. Für die Rangordnung einer Simultanhypothek ist bei jedem einzelnen Hypothekarobjekt der Zeitpunkt entscheidend, in dem das Ansuchen um die Bewilligung der Eintragung bei dem Grundbuchsgericht eingelangt ist, in dessen Büchern die Eintragung stattgefunden hat.

3. Eintragungen der Änderungen in der Haupteinlage

§ 111. (1) Alle Grundbuchsgesuche, die sich auf ein in mehreren Einlagen simultan haftendes Pfandrecht beziehen, sind bei dem Grundbuchsgericht, bei dem die Haupteinlage geführt wird, anzubringen und nach dem Stand dieser Einlage zu beurteilen.

(2) Wenn das Gesuch bei einem anderen Grundbuchsgericht überreicht wird, ist es mit der Weisung zurückzustellen, daß es bei dem Grundbuchsgericht der Haupteinlage anzubringen ist.

§ 112. (1) Alle Änderungen, die an dem simultan haftenden Pfandrecht durch Übertragung, Beschränkung, Belastung, Löschung oder auf andere Weise vorgenommen werden sollen, sind nur in der Haupteinlage einzutragen.

(2) Die Eintragung der Änderungen in der Haupteinlage gilt rechtlich als in allen schon bestehenden oder noch hinzukommenden Nebeneinlagen vollzogen; doch ist die teilweise oder gänzliche Löschung der Simultanhypothek hinsichtlich aller Hypothekarobjekte auch in allen Nebeneinlagen und die Löschung des Pfandrechtes hinsichtlich einzelner Nebeneinlagen in diesen anzumerken.

§ 113. (1) Wenn das Pfandrecht hinsichtlich des in der Haupteinlage eingetragenen Hypothekarobjektes gelöscht wird, sind auch alle darauf erfolgten weiteren Eintragungen in der Haupteinlage zu löschen und in eine Nebeneinlage desselben Grundbuchsgerichtes zu übertragen. Sofern eine Simultanhypothek noch fortbesteht, ist diese Nebeneinlage in der Folge als Haupteinlage zu behandeln.

(2) Besteht in den Büchern dieses Grundbuchsgerichtes keine Nebeneinlage, so hat dieses Gericht, insofern eine Erklärung des Hypothekargläubigers nicht vorliegt, zu bestimmen, welche Nebeneinlage in Zukunft als Haupteinlage zu behandeln ist, und dem Grundbuchsgericht der neuen Haupteinlage beglaubigte Abschriften der im Hauptbuch bestehenden Eintragungen und der hierauf bezüglichen Urkundenabschriften von Amts wegen zu übermitteln.

(3) Die Umwandlung einer Nebeneinlage in die Haupteinlage ist den Grundbuchsgerichten aller Nebeneinlagen bekanntzugeben und bei jeder fortbestehenden Nebeneinlage von Amts wegen anzumerken.

§ 114. (1) Dem Grundbuchsgericht, an das die Führung der Haupteinlage übergeht, sind die Grundbuchsgesuche zu übersenden, die wegen der bereits erfolgten Löschung des Pfandrechtes in der Haupteinlage nicht mehr erledigt werden können; die Antragsteller sind hievon zu verständigen.

(2) Die Rangordnung dieser Gesuche untereinander wird durch den Zeitpunkt bestimmt, in dem sie bei dem Grundbuchsgerichte der früheren Haupteinlage eingelangt sind.

§ 115. (1) Wenn in Ansehung einer vor dem 16. Februar 1872 in verschiedenen Grundbuchseinlagen erwirkten Simultanhypothek weitere Eintragungen erfolgen sollen, ist bei dem Ansuchen um eine neue Eintragung die Einlage zu bezeichnen, die als Haupteinlage geführt werden soll.

(2) In diese Einlage sind alle Eintragungen, die nach der Begründung der Simultanhypothek in Ansehung derselben in den anderen Einlagen vorgenommen worden sind, zu übertragen. Diese Übertragung ist unter Bezeichnung der Haupteinlage in den übrigen Einlagen, die fortan als Nebeneinlagen zu behandeln sind, anzumerken.

4. Rechtfertigungsklage

§ 116. (1) Zur Rechtfertigung einer bei verschiedenen Grundbuchsgerichten für dieselbe Forderung simultan haftenden Vormerkung des Pfandrechtes ist nur eine Rechtfertigungsklage erforderlich.

(2) Die Rechtfertigungsklage ist entweder bei dem allgemeinen Gerichtsstand des Hypothekarschuldners oder bei einem Gericht zu erheben, das in Ansehung eines der Hypothekarobjekte, auf die die Vormerkung bewilligt worden ist, die Realinstanz ist.

5. Grundbuchsauszüge

§ 117. In Grundbuchsauszügen über solche Einlagen, die in Ansehung einer Simultanhypothek als Nebeneinlagen geführt werden, ist der Hinweis auf die Haupteinlage und die Bemerkung aufzunehmen, daß die an dem simultan eingetragenen Pfandrecht vorgenommenen Änderungen nur in der Haupteinlage eingetragen sind.

Sechster Abschnitt

Von der Zustellung

§ 118. In jedem Beschluß sind die Personen sowie die Amtsstellen zu bezeichnen, denen er zuzustellen ist. Auch ist anzugeben, an wen mit dem Beschluß eine Urkunde zuzustellen ist. Inwieweit hievon bei Anmerkungen im Exekutionsverfahren abgesehen werden kann, bestimmt die Geschäftsordnung.

§ 119. (1) „Von den Erledigungen der Grundbuchsgesuche sind der Vertreter des Antragstellers oder – wenn er nicht vertreten ist – der Antragsteller selbst sowie nachstehende Personen, soweit es sich dabei nicht um den Antragsteller handelt, von Amts wegen zu verständigen:“ *(BGBl I 2020/81, ab 1. 10. 2020)*

1. Derjenige, auf dessen Eigentum ein bücherliches Recht erworben wird oder dessen bücherliche Rechte abgetreten, belastet, beschränkt oder aufgehoben werden oder gegen den eine grundbücherliche Anmerkung erfolgt.

2. Wird die gänzliche oder teilweise Löschung einer Eintragung bewilligt, so ist der Beschluß auch allen zuzustellen, für die auf dem eingetragenen Recht weitere Einverleibungen oder Vormerkungen haften.

3. Beschlüsse über eine Einverleibung oder Vormerkung, wodurch bereits eingetragene Rechte dritter Personen verpfändet oder abgetreten werden, sind auch dem Eigentümer des Gutes zuzustellen.

4. Wird eine Eintragung gegen einen Machtgeber auf Ansuchen seines Machthabers erwirkt, so ist der Beschluß dem Machtgeber zuzustellen, es sei denn die Bevollmächtigung durch eine den Erfordernissen des § 31 entsprechende Vollmacht dargetan.

5. Von Änderungen, welche die im Grenzkataster oder im Grundsteuerkataster enthaltenen Angaben berühren, ist das Vermessungsamt in Kenntnis zu setzen. *(BGBl 1968/306)*

6. *(aufgehoben, BGBl I 2002/76)*

(2) Die gemäß Abs. 1 zu verständigenden Personen können auf die Zustellung der dort genannten Beschlüsse verzichten. Für die Urkunde, in der der Verzicht auf die Zustellung erklärt wird, gilt § 31 sinngemäß. Der Beschluss gilt dem Verzichtenden mit jenem Tag als zugestellt, an dem das Gericht entschieden hat (§ 95 Abs. 1). *(BGBl I 2012/30, ab 1. 5. 2012)*

§ 120. (1) Die Zustellung an die im § 119 Z 1 bis 4 bezeichneten Personen hat nach den für die Zustellung von Klagen geltenden Vorschriften zu geschehen. *(BGBl I 2009/52, ab 1. 7. 2009)*

(2) Die Originalurkunden sind, insofern nicht in dem Gesuch eine andere Verfügung beantragt wird, dem zurückzustellen, der sie überreicht hat.

(3) Die Grundbuchsgerichte sind verpflichtet, über die schnelle und richtige Zustellung der Beschlüsse in Grundbuchssachen zu wachen.

§ 121. Der Umstand, daß eine Zustellung ordnungswidrig oder gar nicht erfolgt ist, gibt keine Berechtigung, die Gültigkeit der bücherlichen Eintragung zu bestreiten. Wer aus einer bücherlichen Eintragung für sich Rechte oder eine Befreiung von Verbindlichkeiten ableitet, ist nicht schuldig, den Beweis der Zustellung zu liefern.

Siebenter Abschnitt

Vom Rekurs

1. Anbringung des Rekurses

§ 122. (1) Gegen Grundbuchsbeschlüsse ist nur das Rechtsmittel des Rekurses zulässig. „Die Abänderung (§§ 72 bis 77 AußStrG) eines Beschlusses, mit dem über ein Grundbuchsgesuch entschieden worden ist, kann nicht beantragt werden.“ *(BGBl I 2003/112, ab 1. 1. 2005)*

(2) Im Rekurs dürfen weder neue Angaben gemacht noch dürfen ihm neue Urkunden beigelegt werden.

(3) Der Rekurs ist stets in erster Instanz anzubringen. *(BGBl I 2009/52, ab 1. 7. 2009)*

(4) Einem schriftlichen Rekurs sind die zur Verständigung der Beteiligten erforderlichen Halbschriften beizulegen.

(5) Ein unmittelbar bei der zweiten oder dritten Instanz überreichter Rekurs ist zurückzuweisen.

(6) Beschwerden über Verzögerungen können unmittelbar bei den höheren Gerichten angebracht werden.

§ 123. (1) Die Rekursfrist beträgt bei Zustellungen im Inland 30 Tage, bei Zustellungen im europäischen Ausland, mit Ausnahme von Island und den Färöern, 60 Tage, bei Zustellungen im außereuropäischen Auslande sowie in Island und den Färöern 90 Tage (§ 81).

(2) Ein verspäteter Rekurs ist von der ersten Instanz sogleich zurückzuweisen, wenn auch die in das Grundbuch eingetragene Anmerkung des abschlägigen Beschlusses noch nicht gelöscht sein sollte.

§ 124. Ein rechtzeitig angebrachter Rekurs ist unter Anschluß der zur Entscheidung erforderlichen Akten der zweiten Instanz zur eigenen Entscheidung oder, wenn der Rekurs gegen eine Erledigung der zweiten Instanz gerichtet sein sollte, zur Beförderung an die dritte Instanz vorzulegen. Hievon sind die Personen, denen der angefochtene Beschluß zugestellt worden ist, zu verständigen. Eine Verständigung des Rekurrenten ist nicht erforderlich. „Eine Rekursbeantwortung ist nicht zulässig.“ *(BGBl I 2003/112, ab 1. 1. 2005)*

§ 125. (1) Ist der Rekurs gegen die Bewilligung einer Einverleibung oder Vormerkung gerichtet, so ist er im Grundbuch anzumerken und diese Anmerkung nach der Erledigung des Rekurses zu löschen, wenn ein Revisionsrekurs nach „§ 62“ Abs. 3 AußStrG auch unter Bedachtnahme auf „§ 63“ AußStrG unzulässig ist. *(BGBl I 1997/140, ab 1. 1. 1998, anzuwenden, wenn das Datum der Entscheidung der zweiten Instanz nach dem 31. 12. 1997 liegt; BGBl I 2003/112, ab 1. 1. 2005)*

(2) Diese Anmerkung sowie die Löschung haben von Amts wegen zu erfolgen.

§ 126. (1) Für die Entscheidung des Rekursgerichts gilt „§ 59“ AußStrG. *(BGBl 1989/343; BGBl I 2003/112, ab 1. 1. 2005)*

(2) Der Beschluß des Rekursgerichts kann nach Maßgabe der „§§ 62, 63 und 66“ AußStrG angefochten werden, wobei die Bestimmungen der §§ 122 bis 125 – hinsichtlich des „§ 63“ Abs. 2 AußStrG sinngemäß – zu beachten sind. Ein Revisionsrekurs, der aus einem anderen Grund als wegen des Fehlens der Voraussetzungen nach „§ 62“ Abs. 1 AußStrG unzulässig ist, ist vom Gericht erster Instanz, allenfalls vom Gericht zweiter Instanz zurückzuweisen; dies gilt auch für einen Antrag nach „§ 63“ Abs. 1 AußStrG, mit dem ein ordentlicher Revisionsrekurs verbunden ist. „Eine Beantwortung des Revisionsrekurses ist nicht zulässig.“ *(BGBl I 1997/140, ab 1. 1. 1998, s Anm zu § 125 Abs 1; BGBl I 2003/112, ab 1. 1. 2005)*

(3) Der Erledigung des Rekurses sind, wenn der Beschluß, gegen den er gerichtet war, abgeändert oder aus wesentlich abweichenden Gründen bestätigt wird, die Entscheidungsgründe beizufügen.

2. Wirkung der Rekurserledigung

§ 127. *(aufgehoben, BGBl I 1997/140, ab 1. 1. 1998, s Anm zu § 125 Abs 1)*

§ 128. „Ist einem der im § 99 angeführten Gesuche, das in erster Instanz abgewiesen worden ist, von der höheren Instanz stattgegeben worden, so ist diese Bewilligung im Grundbuch einzutragen.“ Die Wirkung dieser Eintragung ist so zu beurteilen, als ob sie in dem Zeitpunkt der Überreichung des ersten Gesuches erfolgt wäre. *(BGBl 1989/343)*

§ 129. (1) Wird eine von der ersten Instanz bewilligte Löschung von der zweiten Instanz aufgehoben, so muß die gelöschte Einverleibung oder Vormerkung wiederhergestellt werden.

(2) „Wird aber ein anderes der im § 99 angeführten Gesuche, das in erster Instanz bewilligt worden ist, von der zweiten Instanz abgewiesen, so ist diese Verfügung im Grundbuch anzumerken, das eingetragene Recht aber nicht zu löschen, solange nicht entweder die Entscheidung des Obersten Gerichtshofs ergangen oder die Frist zur Ergreifung eines Revisionsrekurses gegen die Anordnung der zweiten Instanz oder zur Einbringung eines Antrags verbunden mit einem Revisionsrekurs („§ 63“** AußStrG) verstrichen ist; dies gilt nicht, wenn der Revisionsrekurs nach „§ 62“** Abs. 3 AußStrG auch unter Bedachtnahme auf „§ 63“** AußStrG unzulässig ist.“* Bestätigt die dritte Instanz den Beschluß der ersten Instanz, so ist die durch den Rekurs veranlaßte Anmerkung zu löschen. Wird die abändernde Verfügung der zweiten Instanz von der dritten bestätigt oder in gehöriger Zeit kein Rekurs dagegen ergriffen, so ist das einverleibte oder vorgemerkte Recht zu löschen. *(*BGBl I 1997/140, ab 1. 1. 1998, s Anm zu § 125 Abs 1; **BGBl I 2003/112, ab 1. 1. 2005)*

Viertes Hauptstück
Von der Bereinigung und Berichtigung des Grundbuches

Erster Abschnitt
Bereinigung des Grundbuches von Amts wegen

1. Unzulässige Eintragungen

§ 130. Ergibt sich aus einer Eintragung, daß ihr Inhalt nach dem Gesetz nicht Gegenstand einer grundbücherlichen Eintragung sein kann, so ist sie von Amts wegen als unzulässig zu löschen. Die Vorschriften des ersten bis dritten und fünften Hauptstückes, insbesondere über die Verständigung der Beteiligten und den Rekurs, sind entsprechend anzuwenden.

2. Gegenstandslose Eintragungen

§ 131. (1) Ist eine Eintragung gegenstandslos, so kann sie das Grundbuchsgericht gemäß den §§ 132 bis 135 von Amts wegen löschen.

(2) Eine Eintragung ist gegenstandslos, soweit das ihren Gegenstand bildende Recht oder das Recht, auf das sie sich bezieht,

a) nicht besteht oder aus tatsächlichen Gründen dauernd nicht ausgeübt werden kann,

b) verjährt ist,

c) ein Pfandrecht ist, dessen Wert 1 000 Euro nicht übersteigt, sofern die Eintragung des Rechtes mehr als 40 Jahre vor dem Zeitpunkt der Prüfung der Gegenstandslosigkeit erfolgt ist. *(BGBl I 2012/30, ab 1. 5. 2012)*

(3) Im Falle des Abs. 2 lit. c bedarf es zur Löschung eines Pfandrechtes nicht der Zustimmung des Eigentümers, dem das Verfügungsrecht nach § 469 ABGB. zusteht.

(4) Abs. 2 lit. c gilt auch für Pfandrechte, bei denen gemäß Artikel 3 der Grundbuchsnovelle, BGBl. Nr. 4/1930, ein Antrag auf Aufrechterhaltung angemerkt ist.

§ 132. (1) Das Grundbuchsgericht soll das Verfahren zur Löschung gegenstandsloser Eintragungen einleiten, wenn besondere äußere Umstände (zum Beispiel Umschreibung der Grundbuchseinlage wegen Unübersichtlichkeit, Teilveräußerung oder Neubelastung des Grundstückes, Anregung seitens eines Beteiligten) hinreichenden Anlaß dazu geben und Grund zu der Annahme besteht, daß die Eintragung gegenstandslos ist.

(2) Das Grundbuchsgericht entscheidet nach freiem Ermessen, ob das Löschungsverfahren einzuleiten und durchzuführen ist; diese Entscheidung ist unanfechtbar.

§ 133. (1) Voraussetzung für die Löschung ist, daß

a) die Gegenstandslosigkeit der Eintragung offenkundig oder durch öffentliche oder gerichtlich oder notariell beglaubigte Urkunden nachgewiesen ist,

oder daß, falls dies nicht zutrifft,

b) dem Betroffenen eine Löschungsankündigung unter kurzer Bekanntgabe des Grundes zugestellt ist und er nicht binnen einer vom Grundbuchsgericht zugleich zu bestimmenden Frist Widerspruch erhoben hat,

oder daß, falls auch nach lit. b nicht verfahren werden kann, insbesondere wenn Widerspruch erhoben ist,

c) durch einen mit Gründen versehenen Beschluß rechtskräftig festgestellt ist, daß die Eintragung gegenstandslos ist.

(2) Kann die Löschung nicht sogleich angeordnet werden, so ist die Einleitung des Verfahrens im Grundbuch anzumerken. Die Anmerkung hat die Wirkung, daß spätere Eintragungen die Löschung nicht hindern. Sie ist zu löschen, wenn die gegenstandslose Eintragung gelöscht oder von der Fortsetzung des Verfahrens Abstand genommen wird. Einer Verständigung der Beteiligten von der Anordnung dieser Anmerkung und ihrer Löschung bedarf es nicht. Gegen diese Anordnungen ist ein Rechtsmittel nicht zulässig.

§ 134. Für das Verfahren gelten sinngemäß die Vorschriften des dritten Hauptstückes. „ “ Dabei gilt folgendes:

a) *(aufgehoben, BGBl I 2003/112, ab 1. 1. 2005)*

b) die Löschungsankündigung (§ 133 Abs. 1 lit. b) kann nicht durch öffentliche Bekanntmachung zugestellt werden;

c) ist die Person des Beteiligten, dem zugestellt werden soll, unbekannt, so sind die Vorschriften über die Zustellung durch öffentliche Bekanntmachung sinngemäß anzuwenden;

d) die Rechtsmittel gegen die Entscheidungen des Grundbuchsgerichtes, mit denen die Löschung gegenstandslos gewordener Eintragungen angeordnet wird, richten sich nach dem siebenten Abschnitt des dritten Hauptstückes; im übrigen gelten für die Anfechtung von Entscheidungen die Vorschriften über das Verfahren außer Streitsachen. Gegen die Löschungsankündigung (§ 133 Abs. 1 lit. b) ist kein Rechtsmittel gegeben.

(BGBl I 2003/112, ab 1. 1. 2005)

§ 135. Ist ein Beteiligter durch eine nach den §§ 131ff. bewilligte Löschung in seinem bücherlichen Rechte verletzt, so kann er im Prozeßwege die Wiederherstellung des vorigen bücherlichen

Standes begehren. Die Vorschriften der §§ 61ff. sind sinngemäß anzuwenden.

Zweiter Abschnitt

Berichtigung des Grundbuches auf Ansuchen

§ 136. (1) Gibt das Grundbuch die wirkliche Rechtslage nicht richtig wieder, so ist auf Ansuchen die zur Berichtigung erforderliche Eintragung vorzunehmen, ohne daß die sonst für eine solche Eintragung von diesem Bundesgesetz geforderten Voraussetzungen erfüllt sein müssen, wenn die Unrichtigkeit offenkundig oder durch öffentliche Urkunden nachgewiesen ist. Soweit dieser Nachweis durch die Erklärung eines Beteiligten erbracht werden kann, genügt eine gerichtlich oder notariell beglaubigte Privaturkunde.

(2) Würden durch die Berichtigung nach Abs. 1 bestehende bücherliche Rechte Dritter betroffen, so kann die Berichtigung nur unter Wahrung dieser Rechte (zum Beispiel nach § 51) bewilligt werden.

(3) Die Löschung eines Rechtes auf wiederkehrende Leistungen kann nach Abs. 1 nur bewilligt werden, wenn seit dem Erlöschen des Bezugsrechtes (§ 18) drei Jahre verstrichen sind und keine Klage auf Zahlung von Rückständen im Grundbuch angemerkt ist.

Fünftes Hauptstück

Schlußbestimmungen

§ 137. (1) Dieses Bundesgesetz tritt drei Monate nach seiner Kundmachung in Kraft.

(2) Gleichzeitig treten außer Kraft:

1. das Gesetz vom 25. Juli 1871, RGBl. Nr. 95, über die Einführung eines Allgemeinen Grundbuchsgesetzes;

2. die §§ 1 und 3 des Gesetzes vom 4. Juni 1882, RGBl. Nr. 67, enthaltend Bestimmungen über die Entbehrlichkeit der Legalisierung gewisser Unterschriften auf Tabularurkunden und über Erleichterungen des Beweises der Identität einer Person bei Legalisierungen und anderen Beurkundungen;

3. das Gesetz vom 5. Juni 1890, RGBl. Nr. 109, betreffend die grundbücherliche Einverleibung auf Grund von Privaturkunden in geringfügigen Grundbuchssachen;

4. Artikel XXXIX des Gesetzes vom 1. August 1895, RGBl. Nr. 112, betreffend die Einführung des Gesetzes über das gerichtliche Verfahren in bürgerlichen Rechtsstreitigkeiten (Zivilprozeßordnung);

5. die §§ 37 erster und zweiter Satz, 38 bis 41, bis 46, 47 Abs. 1, 48 bis 50 sowie die Worte „des § 30 des Allgemeinen Grundbuchsgesetzes und" in § 51 Abs. 2 der Kaiserlichen Verordnung vom 19. März 1916, RGBl. Nr. 69, über die dritte Teilnovelle zum Allgemeinen Bürgerlichen Gesetzbuch;

6. das Bundesgesetz vom 4. Juni 1923, BGBl. Nr. 306, über die Erhöhung der Wertgrenze im Gesetz vom 5. Juni 1890, RGBl. Nr. 109, betreffend die grundbücherliche Einverleibung auf Grund von Privaturkunden in geringfügigen Grundbuchssachen;

7. die Artikel I bis III des Bundesgesetzes vom 31. März 1927, BGBl. Nr. 118, betreffend geringfügige Grundbuchssachen;

8. Artikel 1 der Grundbuchsnovelle BGBl. Nr. 4/1930;

9. die Verordnung zur Änderung und Ergänzung des Grundbuchsrechts im Geltungsbereich des Österreichischen Allgemeinen Grundbuchsgesetzes vom 19. Jänner 1942, Deutsches RGBl. I S. 37, in der Fassung der Druckfehlerberichtigung Deutsches RGBl. 1942 I S. 50; § 10 Abs. 2 dieser Verordnung tritt jedoch erst am „1. Jänner 1960" außer Kraft; *(BGBl 1957/256)*

10. die §§ 1 und 3 des Bundesgesetzes vom 21. Juni 1950, BGBl. Nr. 141, über die Änderung einiger grundbuchsrechtlicher Vorschriften;

11. Artikel XXVI des Einführungsgesetzes zur Exekutionsordnung, BGBl. Nr. 6/1953.

(3) Andere Vorschriften grundbuchsrechtlichen Inhaltes bleiben unberührt.

(4) § 27 Abs. 2 und 3, § 31 Abs. 6, § 33 Abs. 1, § 82a und § 98 in der Fassung des Bundesgesetzes BGBl I Nr. 100/2008 treten mit 1. Jänner 2009 in Kraft. Vor dem 1. Jänner 2009 datierte Urkunden, auf Grund deren eine bücherliche Eintragung geschehen soll, müssen bloß den zu diesem Zeitpunkt geltenden gesetzlichen Bestimmungen entsprechen. „Dies gilt auch, wenn nur eine der Vertragserklärungen vor dem 1. Jänner 2009 unterfertigt wurde." *(BGBl I 2008/100; BGBl I 2009/71, ab 1. 8. 2009)*

(5) § 27 Abs. 1, § 53 Abs. 4, § 54, § 56 Abs. 1, § 57 Abs. 3, § 57a, § 82a Abs. 3, 6 und 7, § 84, § 86, § 119 und § 131 Abs. 2 in der Fassung des Bundesgesetzes BGBl. I Nr. 30/2012 treten mit 1. Mai 2012 in Kraft. § 83 in der Fassung dieses Bundesgesetzes tritt mit 1. November 2012 in Kraft. Vor dem 1. Mai 2012 datierte Urkunden, auf Grund deren eine bücherliche Eintragung geschehen soll, müssen bloß den bis zum Inkrafttreten dieses Bundesgesetzes geltenden gesetzlichen Bestimmungen entsprechen. Dies gilt auch, wenn nur eine der Vertragserklärungen vor dem 1. Mai 2012 unterfertigt wurde. *(BGBl I 2012/30)*

(6) 1. § 33 Abs. 1 in der Fassung des Erbrechts-Änderungsgesetzes 2015 (ErbRÄG 2015), BGBl. I Nr. 87/2015, tritt mit 17. August 2015 in Kraft und ist anzuwenden, wenn der Verstorbene an oder nach diesem Tag gestorben ist; in Fällen,

in denen er vorher gestorben ist, sind sie weiterhin in der nicht geänderten Fassung anzuwenden.

2. § 23 und die Aufhebung des § 24 in der Fassung des ErbRÄG 2015 treten mit 1. Jänner 2017 in Kraft.
(BGBl I 2015/87)

(7) Die §§ 20 und 31 in der Fassung des Bundesgesetzes BGBl. I Nr. 58/2018, treten mit 1. August 2018 in Kraft. Anmerkungen über die Bestellung eines Sachwalters sind nach Ablauf des 30. Juni 2019 über Auftrag des Bundesministers für Verfassung, Reformen, Deregulierung und Justiz automatisiert zu löschen. *(BGBl I 2018/58)*

(8) § 57a Abs. 2a, 5 und 6, § 76a und § 119 Abs. 1 in der Fassung der Grundbuchs-Novelle 2020, BGBl. I Nr. 81/2020, treten mit 1. Oktober 2020 in Kraft. *(BGBl I 2020/81)*

§ 138. In Ansehung der Bergbücher sind nebst diesem Bundesgesetz auch die Vorschriften des Berggesetzes 1975 BGBl. Nr. 259 zu beachten.

§ 139. Soweit in anderen Bundesgesetzen die durch dieses Bundesgesetz aufgehobenen Vorschriften zitiert sind, treten an deren Stelle die entsprechenden Bestimmungen dieses Bundesgesetzes.

§ 140. Mit der Vollziehung sind betraut:

a) hinsichtlich des § 90, soweit sich dieser auf die Befreiung von Stempelgebühren bezieht, das Bundesministerium für Finanzen;

b) hinsichtlich des § 137 Abs. 2 Z. 9, soweit sich diese Bestimmung auf die Aufhebung des § 10 Abs. 2 der in § 137 Abs. 2 Z. 9 genannten Verordnung bezieht, das Bundesministerium für Inneres;

c) im übrigen das Bundesministerium für Justiz.

17/1. Grundbuchsumstellungsgesetz

BGBl 1980/550 idF

1 BGBl 1987/646
2 BGBl 1989/343 (WGN 1989)
3 BGBl 1996/757 (BRZ GmbH)
4 BGBl I 1997/30 (GBNov 1997)
5 BGBl I 2001/98 (2. EuroJuBeG)
6 BGBl I 2002/76 (ZVN 2002)
7 BGBl I 2003/94 (GUGNov 2003)
8 BGBl I 2004/128 (ZVN 2004)
9 BGBl I 2008/100 (GB-Nov 2008)
10 BGBl I 2009/52 (BudgetbegleitG 2009)
11 BGBl I 2012/30 (GB-Nov 2012)
12 BGBl I 2018/32
13 BGBl I 2020/81 (GB-Nov 2020)
14 BGBl I 2024/91 (GB-Nov 2024)

Bundesgesetz vom 27. November 1980 über die Umstellung des Grundbuchs auf automationsunterstützte Datenverarbeitung und die Änderung des Grundbuchsgesetzes und des Gerichtskommissärsgesetzes (Grundbuchsumstellungsgesetz – GUG)

1. Abschnitt

Allgemeine Bestimmungen

§ 1. (1) Der Bundesminister für Justiz wird ermächtigt, im Einvernehmen mit dem „Bundesminister für wirtschaftliche Angelegenheiten" die Umstellung des Grundbuchs auf automationsunterstützte Datenverarbeitung (§ 2 Abs. 1) nach Maßgabe der technischen und personellen Möglichkeiten sowie unter Bedachtnahme auf die wirtschaftliche Vertretbarkeit für bestimmte Gerichte mit Verordnung anzuordnen. Für die Landtafel und für das Eisenbahnbuch kann diese Anordnung gesondert getroffen werden. *(BGBl I 1997/30)*

(2) Auf das umgestellte Grundbuch sind die geltenden gesetzlichen Bestimmungen nur anzuwenden, soweit im zweiten Abschnitt nichts anderes bestimmt wird.

(3) Der Bundesminister für Justiz wird ermächtigt, im Einvernehmen mit dem Bundesminister für Wirtschaft und Arbeit die Umstellung der Urkundensammlung auf automationsunterstützte Datenverarbeitung (§ 2 Abs. 3) nach Maßgabe der technischen und personellen Möglichkeiten sowie unter Bedachtnahme auf die wirtschaftliche Vertretbarkeit mit Verordnung anzuordnen; in der Verordnung ist der räumliche, zeitliche und sachliche Anwendungsbereich der Umstellung sowie die Art der Erfassung und Speicherung der Urkunden zu bestimmen.[1] Auf die umgestellte Urkundensammlung sind die geltenden gesetzlichen Bestimmungen nur anzuwenden, soweit im zweiten Abschnitt nichts anderes bestimmt wird. *(BGBl I 2003/94, ab 29. 10. 2003)*

---

[1] V über die allgemeine Umstellung der Urkundensammlung des Grundbuchs BGBl II 2006/23.

2. Abschnitt

Bestimmungen für das umgestellte Grundbuch

Grundstücksdatenbank

§ 2. (1) Das Hauptbuch ist nur durch Speicherung der Eintragungen in einer Datenbank zu führen und mit dem Grundstücksverzeichnis des Grundsteuer- oder Grenzkatasters zu verknüpfen (Grundstücksdatenbank).

(2) Die Benützungsarten der Grundstücke sind nicht als Grundbuchseintragung zu führen. Mit den Eintragungen des Hauptbuchs sind jedoch die Eintragungen des Grundsteuer- oder Grenzkatasters über die Benützungsarten, das Flächenausmaß und die Anschrift der Grundstücke wiederzugeben.

(3) Der Bundesminister für Justiz kann durch Verordnung[1] anordnen, daß weitere Eintragungen des Grundsteuer- oder Grenzkatasters mit den Eintragungen des Hauptbuchs wiedergegeben werden, soweit ein berechtigtes Interesse an einer solchen zusätzlichen Information bei der Grundbuchseinsicht besteht und die Führung der Grundstücksdatenbank dadurch nicht unangemessen erschwert wird. *(BGBl I 1997/30, ab 1. 4. 1997)*

(4) Die Urkundensammlung (§ 1 GBG) ist nur durch Speicherung der Urkunden in einer Urkundendatenbank zu führen; die Zurückbehaltung von Abschriften (§ 6 Abs. 1 GBG) hat zu unterbleiben. *(BGBl I 2003/94, ab 29. 10. 2003)*

---

[1] BGBl II 1998/139.

Elektronische Umschreibung

§ 2a. (1) Der Bundesminister für Justiz kann durch Verordnung die elektronische Umschreibung der Daten des Grundbuchs („Datenmigration") anordnen, wenn dies nach Maßgabe der technischen Entwicklung zweckmäßig und wirtschaftlich vertretbar ist.

(2) In der elektronisch umgeschriebenen Einlage ist in der Aufschrift der Umstand der Umschreibung unter Angabe des Datums ersichtlich zu

machen. Gleichzeitig ist die Einlage (Gutsbestands-, Eigentums- und Lastenblatt, nicht jedoch die Aufschrift) in ihrer ursprünglichen Fassung in das Verzeichnis der gelöschten Eintragungen zu übertragen; hiebei ist im Verzeichnis der gelöschten Eintragungen ein Hinweis auf die Umschreibung unter Angabe des Datums einzutragen. Diese Eintragung und die Ersichtlichmachung der Umschreibung im Grundbuch sind im Weg der automationsunterstützten Datenverarbeitung vorzunehmen, ohne dass es eines gerichtlichen Beschlusses bedarf.

(3)[1)] In Katastralgemeinden, in denen für einzelne Teile der Katastralgemeinde gesonderte Abteilungen des Hauptbuchs geführt werden, sind die Einlagezahlen im Weg der elektronischen Datenverarbeitung um die in der **Anlage** bestimmte Grundzahl der jeweiligen Abteilung zu erhöhen, ohne dass es eines gerichtlichen Beschlusses bedarf. Nach der elektronischen Umschreibung sind die gesonderten Abteilungen nicht weiter zu führen.

(4) Für die Berichtigung der umgeschriebenen Einlagen gilt § 21 sinngemäß. Innerhalb von sechs Monaten nach der Umschreibung ist bei der Ausfertigung von Abschriften nach § 5 und bei der Grundbuchsabfrage nach § 6 mit dem Inhalt der Einlage auf Verlangen auch die übertragene ursprüngliche Fassung wiederzugeben; eine Erhöhung der hiefür anfallenden Gerichtsgebühren bzw. Verwaltungsabgaben tritt dadurch nicht ein.

(5) Das Bundesministerium für Justiz hat die erfolgte Umschreibung unter Angabe der betroffenen Einlagen und des jeweiligen Datums unverzüglich in der Ediktsdatei kundzumachen.

(BGBl I 2008/100, ab 1. 1. 1009)

---

1) Siehe V BGBl II 2009/471.

Elektronische Einbücherung des öffentlichen Guts

§ 2b. (1) In Katastralgemeinden, für die die elektronische Umschreibung durch Verordnung nach § 2a angeordnet ist, ist das in der Grundstücksdatenbank unter einer Einlagezahl gespeicherte nicht verbücherte öffentliche Gut (§§ 287 und 288 ABGB) im Weg der automationsunterstützten Datenverarbeitung einzubüchern; eines gerichtlichen Beschlusses bedarf es dazu nicht.

(2) Die Einbücherung hat unter der Einlagezahl zu geschehen, unter der das öffentliche Gut bereits gespeichert ist; die dort in der Aufschrift, im A1- und B-Blatt gespeicherten Eintragungen sind mit Ausnahme des Hinweises, dass es sich um keine Grundbuchseinlage handelt, zu übernehmen. In der Aufschrift ist der Umstand der elektronischen Einbücherung unter Angabe des Datums ersichtlich zu machen.

(3) Das Bundesministerium für Justiz hat die erfolgte elektronische Einbücherung unter Angabe der betroffenen Einlagen und des jeweiligen Datums unverzüglich in der Ediktsdatei kundzumachen.

(4) Rechte, die in das Grundbuch eingetragen werden können und die im Zeitpunkt der elektronischen Einbücherung an der betroffenen Liegenschaft bestehen, bedürfen der Eintragung in das Grundbuch nicht.

(BGBl I 2008/100, ab 1. 1. 2009)

Eintragung des Eigentümers des öffentlichen Gutes

§ 2c. (1) Personen, denen am öffentlichen Gut Rechte zustehen, die in das Grundbuch eingetragen werden können, sind berechtigt, die Eintragung des Eigentümers zu beantragen.

(2) Über den Antrag eines Eigentümers oder eines Berechtigten hat das Gericht von Amts wegen nach den Grundsätzen des Verfahrens außer Streitsachen die erforderlichen Erhebungen zu pflegen. Dabei sind der Bund und die anderen Gebietskörperschaften, zu denen die antragsgegenständlichen Grundstücke gehören, zur Stellungnahme über das Eigentum an diesen Grundstücken aufzufordern. Wurden zum Erwerb von Rechten an den antragsgegenständlichen Grundstücken Urkunden hinterlegt, so ist auch den Personen, zu deren Gunsten die Hinterlegung vorgenommen wurde, nach Möglichkeit Gelegenheit zur Stellungnahme zu geben. Ferner ist der Antrag in den beteiligten Ortsgemeinden und durch Aufnahme seines wesentlichen Inhalts in die Ediktsdatei öffentlich bekannt zu machen.

(3) Stehen die in die eingebücherte Einlage aufgenommenen Grundstücke im Eigentum verschiedener Gebietskörperschaften, so sind sämtliche Grundstücke des betroffenen Eigentümers in eine neue Einlage aufzunehmen, es sei denn, dass die als Eigentümer einzutragende Gebietskörperschaft die Bildung gesonderter Einlagen für bestimmte belastete Grundstücke begehrt oder hinsichtlich einzelner nicht vom Antrag erfasster Grundstücke das Eigentumsrecht strittig ist.

(BGBl I 2008/100, ab 1. 1. 2009)

Verzeichnis der gelöschten Eintragungen

§ 3. (1) Zu jedem Hauptbuch ist ein Verzeichnis der gelöschten Eintragungen zu führen; es steht rechtlich dem Hauptbuch gleich.

(2) Soweit die Wiedergabe des Grundbuchsstandes dadurch nicht beeinträchtigt wird, sind die Einverleibung der Löschung und die Löschung von Grundbuchseintragungen nur dadurch einzutragen, daß diese in das Verzeichnis der gelöschten Eintragungen übertragen werden. Eine Eintragung über die Übertragung ist nur im Verzeichnis

der gelöschten Eintragungen vorzunehmen; sie hat das Datum (Tag, Monat, Jahr) der Übertragung anzugeben. Diese Eintragung ersetzt die Löschungseintragung.

(3) Wird eine nur teilweise gelöschte Eintragung übertragen, so ist sie im Hauptbuch durch eine Eintragung zu ersetzen, die den noch aufrechten Teil der Eintragung wiedergibt. In dieser Eintragung ist auch die Tagebuchzahl, zu der die Übertragung vorgenommen wurde, unter Beifügung der Jahreszahl anzugeben.

(4) Eintragungen, die für die Wiedergabe des aufrechten Grundbuchsstandes nicht mehr von Bedeutung sind, sind von Amts wegen in das Verzeichnis der gelöschten Eintragungen zu übertragen. Dies gilt insbesondere für Eintragungen, mit denen eine vorgemerkte Löschung gerechtfertigt wird, mit denen ein Bestandteil eines Grundbuchskörpers abgeschrieben wird oder mit denen die Grenzen eines Grundstücks geändert werden, sowie für Eintragungen, mit denen ein Bestandteil eines Grundbuchskörpers zugeschrieben wird, sobald alle in der Einlage eingetragenen Eigentümer gewechselt haben.

(5) In das Verzeichnis der gelöschten Eintragungen sind im Weg der automationsunterstützten Datenverarbeitung auch Hinweise über den Vollzug der Eintragungen im Hauptbuch unter Angabe des Datums (Tag, Monat, Jahr) aufzunehmen.

Hilfsverzeichnisse und Mappe

§ 4. (1) In der Grundstücksdatenbank ist auch ein Verzeichnis der Anschriften der Grundstücke (Anschriftenverzeichnis) sowie ein Verzeichnis der Liegenschaftsgruppen (Gruppenverzeichnis) zu führen. Die Führung der Mappe nach § 3 AllgGAG hat zu unterbleiben. *(BGBl I 2008/100, ab 1. 1. 2009)*

(1a) Der Bundesminister für Justiz kann durch Verordnung anordnen, dass im Personenverzeichnis auch bestimmte im Lastenblatt eingetragene Buchberechtigte einzutragen sind, soweit ein berechtigtes Interesse an einer solchen zusätzlichen Information bei der Grundbuchseinsicht besteht und die Führung der Grundstücksdatenbank dadurch nicht unangemessen erschwert wird. *(BGBl I 2008/100, ab 1. 1. 2009)*

(2) Die Hilfsverzeichnisse (Grundstücks-, Anschriften- und Personenverzeichnis) sind nur durch Verknüpfung der in der Grundstücksdatenbank gespeicherten Eintragungen des Grundbuchs und des Grundsteuer- oder Grenzkatasters zu führen.

Grundbuchsabschriften und Grundbuchseinsicht bei Gericht

§ 5. (1) An der Stelle von Grundbuchsauszügen sind Abschriften auszufertigen.

(2) „Die Einsicht in das Hauptbuch, die Urkundensammlung und die Hilfsverzeichnisse ist durch die Ausfertigung von Abschriften zu gewähren.“ Auf Verlangen hat der Grundbuchsführer jedoch kurze Mitteilungen über Eintragungen im Hauptbuch oder in Hilfsverzeichnissen mündlich zu erteilen; statt dessen kann auch die Einsicht in Abschriften oder mit Hilfe geeigneter technischer Vorrichtungen gewährt werden. *(BGBl I 2003/94, ab 29. 10. 2003)*

(2a) Abschriften von Plänen aus der Urkundensammlung sind nur nach Maßgabe der technischen Möglichkeiten zu erteilen. Soweit eine Erteilung von Abschriften demnach nicht möglich ist, ist die Einsicht auf Verlangen mit Hilfe geeigneter technischer Vorrichtungen zu gewähren. *(BGBl I 2012/30, ab 1. 5. 2012)*

(3) Abschriften aus dem Hauptbuch, der Urkundensammlung und den Hilfsverzeichnissen sind nur auf Verlangen mit dem Gerichtssiegel zu versehen und zu unterfertigen. *(BGBl I 2003/94, ab 29. 10. 2003)*

(4) Abschriften und Mitteilungen aus dem Personenverzeichnis sind den dort eingetragenen Personen über die sie betreffenden Eintragungen zu erteilen. Darüber hinaus sind Abschriften und Mitteilungen aus dem Personenverzeichnis nur denjenigen Personen, die ein rechtliches Interesse daran darlegen, in dem dadurch gerechtfertigten Umfang zu erteilen. Über die Verweigerung der Erteilung einer Abschrift ist mit Beschluß zu entscheiden. Die Anfechtung dieses Beschlusses richtet sich nach den Vorschriften über das Verfahren außer Streitsachen.

(5) Abschriften (Abs. 1) und Einsicht (Abs. 2) sowie Abschriften aus der Urkundensammlung sind auch über Grundbücher zu gewähren, die bei anderen Gerichten geführt werden. *(BGBl I 2003/94, ab 29. 10. 2003)*

(6) Nach Maßgabe der technischen Möglichkeiten haben die Grundbuchsgerichte auch Einsicht in die Katastralmappe zu gewähren; die Abs. 2, 3 und 5 gelten hiefür sinngemäß. *(BGBl I 2008/100, ab 1. 1. 2009)*

Grundbuchsabfrage

§ 6. (1) Nach Maßgabe der technischen und personellen Möglichkeiten ist jedermann zur Abfrage des Grundbuchs, der Urkundensammlung und der Hilfsverzeichnisse mit Ausnahme des Personenverzeichnisses aus der Grundstücksdatenbank und der Urkundendatenbank mittels automationsunterstützter Datenverarbeitung

(Grundbuchsabfrage) befugt. *(BGBl I 2003/94, ab 29. 10. 2003)*

(2) Auch zur Abfrage des Personenverzeichnisses sind jedoch befugt:

1. Notare, um als Gerichtskommissär in Verlassenschaftssachen oder als Erbenmachthaber verbücherte Rechte des Erblassers zu ermitteln, und nach Maßgabe des § 7; *(BGBl I 2002/76, ab 1. 1. 2003)*

1a. Rechtsanwälte, um als Erbenmachthaber verbücherte Rechte des Erblassers zu ermitteln und um Personen, die im Personenverzeichnis eingetragen sind, Abschriften und Mitteilungen über die sie betreffenden Eintragungen zu erteilen; *(BGBl I 2002/76, ab 1. 1. 2003)*

1b. Notare und Rechtsanwälte, um als Vertreter des Gläubigers einer vollstreckbaren Geldforderung verbücherte Rechte des Schuldners zu ermitteln; *(BGBl I 2008/100, ab 1. 1. 2009)*

2. die Dienststellen des Bundes, der Länder und der Gemeinden sowie die Sozialversicherungsträger und der Hauptverband der Sozialversicherungsträger, soweit dies zur Erfüllung der ihnen übertragenen Aufgaben notwendig ist.

(BGBl I 1997/30, ab 1. 4. 1997)

Auskunftsrecht über Abfragen des Personenverzeichnisses

§ 6a. Das Bundesministerium für Verfassung, Reformen, Deregulierung und Justiz hat über Abfragen des Personenverzeichnisses aus der Grundstücksdatenbank durch Notare und Rechtsanwälte auf Antrag der von der Abfrage betroffenen Person Auskunft darüber zu erteilen, von wem und zu welchem Zeitpunkt die Abfrage durchgeführt wurde.

(BGBl I 2018/32, ab 25. 5. 2018)

Beschränkung der Einsicht in die Urkundensammlung zum Schutz des Privat- und Familienlebens

§ 6b. (1) Eine Person, über die Daten des Privat- oder Familienlebens in einer Urkunde enthalten sind, die durch Speicherung in der Urkundendatenbank in die Urkundensammlung aufgenommen worden ist oder aufgenommen werden soll, kann begehren, dass die Einsicht in diese Urkunde (nicht bereinigte Urkunde) beschränkt wird. Der Antrag ist gebührenbefreit.

(2) Über einen Antrag nach Abs. 1 entscheidet das Bezirksgericht, in dessen Sprengel die betroffene Liegenschaft liegt, im Verfahren außer Streitsachen. In dem Verfahren haben nur der Antragsteller und die zum Antrag auf Verbücherung der betroffenen Urkunde berechtigten Personen Parteistellung.

(3) Der Antragsteller hat in einem Antrag nach Abs. 1 ein berechtigtes Interesse darzulegen, dass bestimmt bezeichnete Daten des Privat- oder Familienlebens nicht der Öffentlichkeit zugänglich gemacht werden. Dem Antrag ist eine um die antragsgegenständlichen Daten bereinigte Fassung der Urkunde anzuschließen. In dieser Fassung ist darauf hinzuweisen, dass es sich um eine vom Antragsteller vorgelegte bereinigte Fassung der Urkunde handelt.

(4) Für die Dauer des Verfahrens ist vorübergehend die nicht bereinigte Urkunde in der Urkundensammlung für die öffentliche Einsicht zu sperren und es ist zusätzlich die bereinigte Fassung der Urkunde nach Abs. 3 in die Urkundensammlung aufzunehmen. Das Entscheidungsorgan hat die dafür notwendigen Verfügungen vorzunehmen. Für die Einsicht in die nicht bereinigte Urkunde gilt Abs. 7.

(5) Das Gericht hat dem Antrag stattzugeben, wenn das Geheimhaltungsinteresse des Antragstellers das Interesse an der Richtigkeit, Genauigkeit und Überprüfbarkeit von Grundbuchseintragungen überwiegt. Dabei ist insbesondere zu berücksichtigen, ob die bezeichneten Daten für öffentlich-rechtliche oder privatrechtliche Rechte oder Rechtsverhältnisse im Zusammenhang mit der betroffenen Liegenschaft relevant sein können.

(6) Gibt das Gericht dem Antrag ganz oder teilweise statt, so hat es eine um die von der Entscheidung betroffenen Daten bereinigte Fassung der Urkunde herzustellen oder dem Antragsteller aufzutragen, eine solche bereinigte Fassung vorzulegen. Bei gänzlicher oder teilweiser Stattgabe ist diese bereinigte Fassung der Urkunde samt einem Hinweis auf den Beschluss, mit dem die Beschränkung der Einsicht angeordnet wurde, dauerhaft in die Urkundensammlung aufzunehmen. Die nicht bereinigte Urkunde ist dauerhaft für die öffentliche Einsicht zu sperren. Hat das Gericht den Antrag rechtskräftig abgewiesen, so ist die für die Dauer des Verfahrens vorgenommene Sperre nach Abs. 4 aufzuheben und die bereinigte Fassung der Urkunde nach Abs. 3 aus der Urkundensammlung zu entfernen.

(7) Jede Person kann in die für die öffentliche Einsicht gesperrte nicht bereinigte Urkunde Einsicht nehmen und auf ihre Kosten Abschriften erhalten, wenn sie ein das Interesse an Geheimhaltung überwiegendes rechtliches Interesse glaubhaft macht. Über diesen Antrag ist die Partei, die die Beschränkung der Einsicht begehrt hat, zu hören.

(BGBl I 2024/91, ab 1. 9. 2024)

Beschränkung der Aufnahme in die Urkundensammlung

§ 6c. (1) In die Urkundensammlung sind nur jene Urkunden aufzunehmen, auf Grund derer eine bücherliche Eintragung vorgenommen wird. Bloße Bewilligungsurkunden, wie etwa Pass- oder Personalausweisdaten, Personenstandsurkunden oder Staatsbürgerschaftsnachweise, finden keinen Eingang in die Urkundensammlung.

(2) In den Fällen nach § 93 Abs. 4 und § 178 Abs. 4 AußStrG sind ausschließlich die gesonderten Ausfertigungen zur Urkundensammlung zu nehmen. Im Fall der zwangsweisen Pfandrechtsbegründung nach den §§ 88 bis 96 EO ist die Exekutionsbewilligung und nicht der der Exekution zu Grunde liegende Titel zur Urkundensammlung zu nehmen.

(BGBl I 2024/91, ab 1. 9. 2024)

Grundbuchsabfrage durch Notare

§ 7. Notare haben in ihrer Amtskanzlei die technischen Voraussetzungen für die Grundbuchsabfrage zu schaffen und jedermann Grundbuchseinsicht zu gewähren. § 5 Abs. 2, 3, 4 erster Satz und Abs. 5 ist sinngemäß anzuwenden.

(BGBl I 1997/30, ab 1. 4. 1997)

Auflagen

§ 8. Der Bundesminister für Justiz kann durch Verordnung Auflagen für die Durchführung der Grundbuchsabfrage anordnen, soweit dies zur Sicherung des ordnungsgemäßen Betriebs notwendig ist.

(BGBl I 1997/30, ab 1. 4. 1997)

Liegenschaftsgruppen

§ 8a. „(1)“ Der Eigentümer kann beantragen, dass die Zugehörigkeit mehrerer Liegenschaften oder Liegenschaftsanteile zu einer Liegenschaftsgruppe mit einem bestimmten Namen in der Aufschrift der betroffenen Einlagen ersichtlich gemacht wird; dieser Name darf in der Grundstücksdatenbank nur einmal für eine Liegenschaftsgruppe vorkommen. *(BGBl I 2012/30)*

(2) Der Antrag kann für alle Liegenschaften oder Liegenschaftsanteile der Liegenschaftsgruppe bei einem der Grundbuchsgerichte gestellt werden, in deren Sprengel eine Liegenschaft oder ein Liegenschaftsanteil liegt. Dieses Gericht entscheidet auch über die Ersichtlichmachung der Zugehörigkeit von im Sprengel anderer Grundbuchsgerichte liegender Liegenschaften oder Liegenschaftsanteile zu der Liegenschaftsgruppe. *(BGBl I 2012/30, ab 1. 5. 2012, s auch § 30 Abs 8)*

(BGBl I 2008/100, ab 1. 1. 2009)

§ 9. *(aufgehoben, BGBl I 1997/30, ab 1. 4. 1997)*

Anträge

§ 10. „(1)“ Der Bundesminister für Justiz kann für die Einbringung von Grundbuchsanträgen mit Verordnung die Verwendung von amtlichen Formularen anordnen, um deren zweckmäßigere Behandlung zu ermöglichen. *(BGBl I 2008/100)*

(2) Der für das Einlangen einer elektronischen Eingabe beim Grundbuchsgericht maßgebliche Zeitpunkt ist der Zeitpunkt, in dem die Daten der Eingabe zur Gänze beim Gericht eingelangt sind. „Werden zeitlich unmittelbar anschließend mehrere Eingaben eingebracht, „ “** so kann der Einbringer erklären, dass diese Eingaben gleichzeitig oder in einer bestimmten Reihenfolge bei Gericht als eingelangt anzusehen sind. Die Erklärung wird wirksam, wenn und sobald die Daten aller Eingaben bei Gericht eingelangt sind.“* *(BGBl I 2008/100, ab 1. 1. 2009; *BGBl I 2009/52, ab 1. 7. 2009; **BGBl I 2020/81, ab 1. 10. 2020)*

(3) Die Vorlage einer Originalurkunde kann unterbleiben, wenn auf den Originaldatensatz eines inländischen öffentlichen und digital geführten Registers verwiesen wird. *(BGBl I 2020/81, ab 1. 10. 2020)*

Plombe

§ 11. Die Tagebuchzahl unerledigter Grundbuchsstücke ist unter Beifügung der Jahreszahl in der Aufschrift der Einlage, in der eine Eintragung stattfinden soll, als Plombe ersichtlich zu machen.

Beschlußfassung

§ 11a. (1) Wenn eine Grundbuchseintragung bewilligt oder angeordnet wird, die selbst nach § 3 Abs. 4 zweiter Satz in das Verzeichnis der gelöschten Eintragungen zu übertragen ist oder durch die eine andere Eintragung im Sinn des § 3 Abs. 4 gegenstandslos wird, dann ist die Übertragung in das Verzeichnis der gelöschten Eintragungen auf Grund desselben Beschlusses vorzunehmen.

(2) Sind in mehreren Grundbuchseinlagen von Amts wegen inhaltlich gleiche Eintragungen vorzunehmen, wie etwa die Anmerkung der Einleitung eines agrarischen Verfahrens, so sind diese Eintragungen nach Möglichkeit in einem einzigen Beschluß anzuordnen.

(BGBl I 1997/30, ab 1. 4. 1997)

Inhalt der Eintragungen

§ 12. (1) In Grundbuchseintragungen sind der Tag und der Monat des Einlangens des Grundbuchsstücks beim Grundbuchsgericht sowie die Bezeichnung der Eintragung als Einverleibung, Anmerkung oder Ersichtlichmachung nicht anzugeben.

(2) Beim Erwerb des Eigentumrechts und des Pfandrechts ist die Urkunde, aus der sich der Anspruch auf den Erwerb des Eigentumsrechts oder des Pfandrechts ergibt, nach ihrem Ausstellungsdatum und ihrem Inhalt, sofern es sich jedoch um eine der im § 33 Abs. 1 lit. b bis d GBG 1955 aufgezählten Urkunden handelt, nach ihrer Art zu bezeichnen. Der Bundesminister für Justiz kann im Einvernehmen mit dem Bundesminister für wirtschaftliche Angelegenheiten durch Verordnung anordnen, daß dabei nur bestimmte Bezeichnungen verwendet werden dürfen. Von mehreren Ausstellungsdaten ist nur das letzte anzugeben.

(3) Soweit sich aus Abs. 2 und § 5 zweiter Satz GBG 1955 nichts anderes ergibt, hat in Grundbuchseintragungen die Angabe von Urkunden zu unterbleiben.

(4) Bei der Eintragung des Eigentümers und des Bauberechtigten ist auch deren Anschrift ersichtlich zu machen.

Vollzug

§ 13. (1) Eine Eintragung in das Grundbuch darf, sofern die zugrunde liegende Plombe ersichtlich gemacht ist, auch ohne schriftlichen Auftrag des Grundbuchsgerichts vorgenommen werden. Die Plombe darf jedoch erst auf Grund eines diese Eintragung bewilligenden oder anordnenden Beschlusses des Grundbuchsgerichts gelöscht werden. Danach darf die Eintragung nur noch auf Grund eines gerichtlichen Auftrags berichtigt werden.

(2) Der Abs. 1 gilt für die Übertragung von Eintragungen in das Verzeichnis der gelöschten Eintragungen sinngemäß.

Letzte Tagebuchzahl

§ 14. In jeder Einlage ist im Weg der automationsunterstützten Datenverarbeitung in der Aufschrift die Tagebuchzahl der jeweils letzten vollzogenen Eintragung unter Beifügung der Jahreszahl als letzte Tagebuchzahl ersichtlich zu machen. Diese Ersichtlichmachung ist gleichzeitig mit der Löschung der Plombe gemäß § 13 Abs. 1 zu berichtigen. Ein Beschluß des Grundbuchsgerichts ist hierfür nicht erforderlich.

Berichtigung des Lastenblatts

§ 15. Die Bezeichnung des belasteten Miteigentumsanteils in einer Eintragung im Lastenblatt ist im Weg der automationsunterstützten Datenverarbeitung zu berichtigen, wenn sich diese Bezeichnung auf Grund einer Eintragung in das Eigentumsblatt ändert. Ein Beschluß des Grundbuchsgerichts ist hiefür nicht erforderlich.

Verständigung des Vermessungsamtes

§ 16. Die Verständigung des Vermessungsamtes von Änderungen im Eigentumsblatt hat zu unterbleiben.

Berichtigung von Fehlern

§ 17. Tritt bei der Speicherung von Grundbuchseintragungen ein Fehler auf, so ist § 104 Abs. 3 GBG 1955 sinngemäß anzuwenden.

Innere Einrichtung des Grundbuchs

§ 18. (1) Abgesonderte Eigentums- und Lastenblätter (§ 6 Abs. 1 AllgGAG) sind nicht anzulegen.

(2) In Tirol sind die gesonderten Abteilungen des Hauptbuchs (§ 69 AllgGAG) dadurch zu bilden, daß den Einlagen der geschlossenen Höfe die Einlagezahlen von 90 000 aufwärts, den anderen Einlagen die Einlagezahlen bis 90 000 vorbehalten werden.

Entscheidung durch ein anderes als das Lagegericht

§ 18a. (1) Hat ein Grundbuchsgericht über die Eintragung in einem Grundbuch zu entscheiden, das von einem anderen Gericht geführt wird (Lagegericht), so ist im Weg der elektronischen Datenverarbeitung zugleich mit der Eintragung des Grundbuchsstücks im Tagebuch auch dessen Eintragung im Tagebuch des Lagegerichts zu veranlassen.

(2) Das entscheidende Gericht hat über die Zulässigkeit der Eintragung auch mit Rücksicht auf den Grundbuchsstand zu entscheiden und die Eintragung selbst zu vollziehen. In der Eintragung ist nach der Tagebuchzahl des Lagegerichts auch die Tagebuchzahl des entscheidenden Gerichts anzugeben.

(3) Der Rang der Eintragung richtet sich nach dem Zeitpunkt der Eintragung des Grundbuchsstücks im Tagebuch des Lagegerichts.

(BGBl I 2008/100, ab 1. 1. 2009)

Simultanhypotheken

§ 18b. (1) Bei Simultanhypotheken (§ 15 GBG) hat die Bezeichnung einer Einlage als Haupteinlage und der übrigen Einlagen als Nebeneinlagen zu unterbleiben, jedoch ist in allen Einlagen die Simultanhaftung mit den jeweils anderen Einlagen anzumerken.

(2) Der Antrag auf Eintragung einer Simultanhypothek bei mehreren Grundbuchsgerichten ist bei einem dieser Gerichte zu stellen; das Gleiche gilt für Anträge, die sich auf ein solches Pfandrecht beziehen.

(BGBl I 2008/100, ab 1. 1. 2009)

Ab- und Zuschreibung

§ 18c. Sind die Verfügungen über die Ab- und Zuschreibung im Sinn des § 23 LiegTeilG in den Büchern zweier Gerichte zu vollziehen, so hat das Gericht, das die Abschreibung vornehmen soll, auch über die Zuschreibung zu entscheiden. „Hätten beide Gerichte eine Abschreibung vorzunehmen, so ist jenes dieser Gerichte für sämtliche Ab- und Zuschreibungen zuständig, bei dem der Antrag gestellt wird.“ *(BGBl I 2012/30, ab 1. 5. 2012, s auch § 30 Abs 8)*

(BGBl I 2008/100, ab 1. 1. 2009)

Anmerkung der Rangordnung

§ 18d. Die Bundesministerin für Justiz kann für Rangordnungsbeschlüsse nach § 54 GBG 1955 nach Maßgabe der technischen Möglichkeiten sowie unter Bedachtnahme auf eine Sicherung vor Missbrauch durch Verordnung ein Verfahren für die Ausnutzung der Rangordnung vorsehen, bei dem eine Vorlage des Rangordnungsbeschlusses nicht erforderlich ist (elektronischer Rangordnungsbeschluss).

(BGBl I 2012/30, ab 1. 5. 2012)

3. Abschnitt
Umstellungsverfahren

Ersterfassung

§ 19. (1) Bei der Umstellung sind die im bestehenden Hauptbuch enthaltenen Eintragungen in dem Umfang und in der Fassung in der Grundstücksdatenbank zu speichern, die den Bestimmungen über die Führung des Hauptbuchs im automationsunterstützten Grundbuch entsprechen. Wohnungseigentum ist stets auf dem Mindestanteil einzutragen, mit dem es verbunden ist.

(2) Die folgenden Eintragungen sind jedoch nicht zu speichern:

1. Eintragungen, von denen mit großer Wahrscheinlichkeit angenommen werden kann, daß sie gemäß § 131 Abs. 2 GBG 1955 gegenstandslos sind;

2. vor dem 1. Mai 1945 eingetragene Pfandrechte zur Sicherung von Forderungen, die „1 100 Euro“ nicht übersteigen. *(BGBl I 2001/98, ab 1. 1. 2002)*

(3) In Tirol sind die in der Höfeabteilung enthaltenen Einlagen mit einer um 90 000 erhöhten Einlagezahl zu bezeichnen.

Eröffnung des umgestellten Grundbuchs

§ 20. Sobald die Eintragungen sämtlicher Einlagen einer Katastralgemeinde, einer Landtafel oder eines Eisenbahnbuchs in der Grundstücksdatenbank gespeichert sind, hat das Grundbuchsgericht den Tag festzusetzen, mit dem sie als Grundbuch zu behandeln sind (Eröffnung des umgestellten Grundbuchs).

Berichtigung

§ 21. (1) Entsprechen die im Zeitpunkt der Eröffnung des umgestellten Grundbuchs gespeicherten Eintragungen nicht dem § 19, so sind sie auf Antrag oder von Amts wegen im Verfahren in Grundbuchssachen zu berichtigen. Die Berichtigung umfaßt auch die Aufnahme fehlender Eintragungen.

(2) Auf Antrag sind auch Eintragungen aufzunehmen, deren Speicherung gemäß § 19 Abs. 2 unterblieben ist. Für die im § 19 Abs. 2 Z 1 angeführten Eintragungen gilt dies jedoch nicht, wenn ihre Löschung gemäß § 133 GBG 1955 sogleich angeordnet werden könnte.

(3) Werden durch die Berichtigung bücherliche Rechte dritter Personen berührt, die auf Grund eines Rechtsgeschäftes nach der Umstellung des Grundbuchs eingetragen wurden, so ist sie nur dann zulässig, wenn der Antrag auf Berichtigung innerhalb von sechs Monaten nach der Eröffnung des umgestellten Grundbuchs beim Grundbuchsgericht einlangt oder die amtswegige Berichtigung innerhalb dieser Frist vollzogen wird.

Edikt

§ 22. (1) Das Grundbuchsgericht hat die Eröffnung des umgestellten Grundbuchs mit Edikt unter sinngemäßer Anwendung des § 60 Abs. 1 erster Satz AllgGAG kundzumachen.

(2) Das Edikt hat eine Belehrung über die Möglichkeit der Berichtigung gemäß § 21 zu enthalten.

Behandlung von Grundbuchsstücken

§ 23. Im Zeitpunkt der Eröffnung des umgestellten Grundbuchs unerledigte Grundbuchsstücke sowie Grundbuchsstücke, die während der im

§ 21 Abs. 3 bestimmten Frist beim Grundbuchsgericht einlangen, sind auch mit dem Buchstand in dem vor der Umstellung geführten Hauptbuch zu vergleichen. Gegebenenfalls ist eine Berichtigung gemäß § 21 vorzunehmen.

Übertragung von Grundbuchskörpern aus der Landtafel

§ 24. (1) Die Übertragung von Grundbuchskörpern oder Teilen von Grundbuchskörpern gemäß § 68 Abs. 2 AllgGAG ist nach der Umstellung einer Landtafel auf automationsunterstützte Datenverarbeitung auf Anordnung des Präsidenten des Oberlandesgerichtes auch von Amts wegen vorzunehmen, wenn dies mit Rücksicht auf den Stand der Umstellung der betroffenen Grundbücher auf automationsunterstützte Datenverarbeitung zweckmäßig ist.

(2) Erstrecken sich die zu übertragenden Grundbuchskörper oder Teile von Grundbuchskörpern innerhalb eines Gerichtsbezirks über mehrere Katastralgemeinden, so können unter Berücksichtigung der Übersichtlichkeit des Grundbuchs und der leichteren Grundbuchsführung für diesen Gerichtsbezirk auch mehrere Grundbuchskörper gebildet werden.

3a. Abschnitt
Eisenbahnen

Auflösung des Eisenbahnbuchs

§ 24a. (1) Die elektronische Umschreibung (§ 2a) des Eisenbahnbuchs hat dadurch zu geschehen, dass die dort eingetragenen Grundstücke unter Beachtung der §§ 24b und 24c in das Grundbuch der jeweiligen Katastralgemeinde übertragen werden. Die Ersichtlichmachung der Umschreibung in der elektronisch umgeschriebenen Einlage sowie die Eintragung des Hinweises auf die Umschreibung im Verzeichnis der gelöschten Eintragungen nach § 2a Abs. 2 sind dabei um den Hinweis auf die Übertragung unter Angabe der Einlagen zu ergänzen, aus denen beziehungsweise in die übertragen wurde.

(2) Nach der elektronischen Umschreibung des Eisenbahnbuchs sind Eisenbahnen nur noch nach den §§ 24b und 24c zu verbüchern.

(BGBl I 2008/100, ab 1. 1. 2009)

Eisenbahneinlagen

§ 24b. (1) Grundstücke, die zu einer bücherlichen Einheit im Sinn des § 5 des Eisenbahnbuchgesetzes (EisBG), RGBl. Nr. 70/1874, gehören, sind in jedem Grundbuch zu einem Grundbuchskörper zu vereinigen. Die Einlagen, in denen diese Grundstücke eingetragen sind, sind in der Aufschrift als Eisenbahneinlagen zu bezeichnen.

(2) Für Eisenbahneinlagen nach dieser Bestimmung gelten die §§ 46, 47, 50 bis 52 und 54 EisBG sinngemäß. Die Anmerkung der Simultanhaftung mit den anderen zu derselben bücherlichen Einheit gehörigen Einlagen ist nicht erforderlich.

(3) Soweit sich bundesgesetzliche Vorschriften auf Einlagen des Eisenbahnbuchs beziehen, gelten sie – gegebenenfalls sinngemäß – auch für Eisenbahneinlagen im Sinn des Abs. 1.

(BGBl I 2008/100, ab 1. 1. 2009)

Bücherliche Einheit

§ 24c. (1) In jeder Eisenbahneinlage ist die Zugehörigkeit zu einer bestimmten bücherlichen Einheit im Sinn des § 5 EisBG unter Angabe des Namens und der Richtung der Bahn sowie des für die Anlegung und Führung der bücherlichen Einheit zuständigen Grundbuchsgerichts (Abs. 2) einzutragen. Die §§ 2 und 5 bis 7 EisBG gelten für die Gesamtheit der zu einer bücherlichen Einheit gehörenden Eisenbahneinlagen sinngemäß, § 44 Abs. 1 bis 3 und 5 sowie § 45 Abs. 1 bis 3 EisBG mit der Maßgabe, dass an die Stelle von Zuschreibungen und Abschreibungen die entsprechenden Änderungen der Anmerkung der Zugehörigkeit zu einer bücherlichen Einheit treten.

(2) Zur Anlegung und Führung von Eisenbahneinlagen ist dasjenige Grundbuchsgericht zuständig, das über die jeweilige bücherliche Einheit für die Anlegung und Führung des Eisenbahnbuchs zuständig wäre. „Für die Abschreibung einzelner Grundstücksteile aus einer Eisenbahneinlage und deren Zuschreibung in das allgemeine Grundbuch ist jedoch das Grundbuchsgericht als Abschreibegericht im Sinn des § 18c zuständig, in dessen Sprengel sich der abzuschreibende Grundstücksteil befindet.“ *(BGBl I 2012/30, ab 1. 5. 2012, s auch § 30 Abs 8)*

(3) In der Grundstücksdatenbank ist sicherzustellen, dass alle zu einer bestimmten bücherlichen Einheit gehörenden Eisenbahneinlagen gemeinsam abgefragt werden können.

(BGBl I 2008/100, ab 1. 1. 2009)

4. Abschnitt

§ 25. *(betrifft Änderung des GBG)*

5. Abschnitt

§ 26. *(betrifft Änderung des Gerichtskommissärsgesetzes)*

6. Abschnitt
Schlußbestimmungen

Haftung des Bundes

§ 27. *(aufgehoben, BGBl I 2004/128, ab 1. 1. 2005)*

Anwendung des Datenschutzgesetzes

§ 28. *(aufgehoben, BGBl I 2004/128, ab 1. 1. 2005)*

Gebühren

§ 29. „“ Innerhalb von sechs Monaten nach der Eröffnung des umgestellten Grundbuchs sind unbeglaubigte Grundbuchsabschriften von den Gerichtsgebühren befreit. *(BGBl I 2008/100)*

(2) *(aufgehoben, BGBl I 2008/100, ab 1. 1. 2009)*

Inkrafttreten

§ 30. (1) Dieses Bundesgesetz tritt mit 1. Jänner 1981 in Kraft.

(2) Vor dem 1. Jänner 1981 datierte Urkunden, auf Grund deren eine bücherliche Eintragung geschehen soll, müssen bloß den zum Zeitpunkt des Inkrafttretens dieses Gesetzes geltenden gesetzlichen Bestimmungen entsprechen. Wenn aus diesen Urkunden das Geburtsdatum natürlicher Personen, die als Berechtigte in das Grundbuch eingetragen werden sollen, nicht hervorgeht, so ist es im Grundbuchsantrag anzugeben.

(3) §§ 2a bis 2c, 4, 5 Abs. 6, § 6 Abs. 2, §§ 8a, 10, 18a bis 18c, 24a bis 24c, 29 und 31 in der Fassung des Bundesgesetzes BGBl. I Nr. 100/2008 treten mit 1. Jänner 2009 in Kraft. *(BGBl I 2008/100)*

(4) Verordnungen auf Grund der §§ 2a und 4 in der Fassung des Bundesgesetzes BGBl. I Nr. 100/2008 können bereits von dem der Kundmachung dieses Bundesgesetzes folgenden Tag an erlassen werden; sie werden jedoch frühestens mit 1. Jänner 2009 wirksam. *(BGBl I 2008/100)*

(5) Ab dem 1. Jänner 2009 sind die Eisenbahneinlagen nach § 3 EisBG als Einlagen des Eisenbahnbuchs zu bezeichnen. *(BGBl I 2008/100)*

(6) Die §§ 8a und 18a bis 18c in der Fassung des Bundesgesetzes BGBl I Nr. 100/2008 sind nur anzuwenden, soweit das Grundbuch nach § 2a in der Fassung dieses Bundesgesetzes elektronisch umgeschrieben ist; die §§ 24b und 24c in der Fassung dieses Bundesgesetzes sind nur anzuwenden, soweit das Eisenbahnbuch nach § 24a in der Fassung dieses Bundesgesetzes elektronisch umgeschrieben ist. *(BGBl I 2008/100)*

(7) § 5 Abs. 2a, § 8a, § 10 Abs. 2, § 18c, § 18d und § 24c Abs. 2 in der Fassung des Bundesgesetzes BGBl. I Nr. 30/2012 treten mit 1. Mai 2012 in Kraft. *(BGBl I 2012/30)*

(8) § 8a, § 18c und § 24c Abs. 2 in der Fassung des Bundesgesetzes BGBl. I Nr. 30/2012 sind nur anzuwenden, soweit das Grundbuch nach § 2a in der Fassung des Bundesgesetzes BGBl. I Nr. 100/2008 elektronisch umgeschrieben ist. *(BGBl I 2012/30)*

(9) Entspricht die zum Zeitpunkt der elektronischen Umschreibung nach § 2a im Grundbuch eingetragene Schreibweise des Namens oder der Firma einer natürlichen oder juristischen Person mangels Verwendung diakritischer Zeichen nicht der tatsächlichen Schreibweise dieses Namens oder dieser Firma, so ist die Schreibweise auf Antrag zu berichtigen. Eine solche Eingabe ist von Gerichtsgebühren befreit, wenn sie keine anderen Anträge enthält und auf die Inanspruchnahme der Gebührenbefreiung nach dieser Bestimmung hingewiesen wird. *(BGBl I 2012/30)*

(10) § 6a samt Überschrift in der Fassung des Materien-Datenschutz-Anpassungsgesetzes 2018, BGBl. I Nr. 32/2018, tritt mit 25. Mai 2018 in Kraft und ist auf Abfragen anzuwenden, die nach dem 24. Mai 2018 durchgeführt wurden. *(BGBl I 2018/32)*

(11) § 10 Abs. 2 und 3 in der Fassung der Grundbuchs-Novelle 2020, BGBl. I Nr. 81/2020, tritt mit 1. Oktober 2020 in Kraft. *(BGBl I 2020/81)*

(12) Die §§ 6b und 6c samt Überschriften in der Fassung der Grundbuchs-Novelle 2024, BGBl. I Nr. 91/2024, treten mit 1. September 2024 in Kraft. *(BGBl I 2024/91)*

(13) Die Aufnahme von Bewilligungsurkunden in die Urkundendatenbank (§ 2 Abs. 4), die vor Inkrafttreten dieses Gesetzes erfolgt ist, kann über pauschalen Auftrag der Bundesministerin für Justiz auch automationsunterstützt vom Status „öffentlich abfragbar“ auf den Status „nicht öffentlich abfragbar“ geändert werden. *(BGBl I 2024/91)*

Vollziehung

§ 31. Mit der Vollziehung dieses Bundesgesetzes ist die Bundesministerin für Justiz betraut, und zwar im Einvernehmen mit dem Bundesminister für Wirtschaft und Arbeit, soweit die Führung der Grundstücksdatenbank berührt wird, und überdies im Einvernehmen mit dem Bundesminister für Finanzen bezüglich des § 29.

(BGBl I 2008/100, ab 1. 1. 2009)

Anlage zu § 2a Abs. 3 GUG

Wiener Neustadt	Wiener Neustadt-Vorstadt	0
Wiener Neustadt	Wiener Neustadt-Stadt	20 000
Salzburg	Innere Stadt	0
Salzburg	Äußerer Stein	10 000
Salzburg	Froschheim	20 000
Salzburg	Lehen	30 000
Salzburg	Mönchsberg	40 000
Salzburg	Mülln	50 000
Salzburg	Nonntal	60 000
Salzburg	Riedenburg	70 000
Salzburg	Schallmoos	80 000
Klagenfurt	1. Bezirk	10 000
Klagenfurt	2. Bezirk	20 000
Klagenfurt	3. Bezirk	30 000
Klagenfurt	4. Bezirk	40 000
Klagenfurt	5. Bezirk	50 000
Klagenfurt	6. Bezirk	60 000
Klagenfurt	7. Bezirk	70 000
Klagenfurt	8. Bezirk	80 000

(BGBl I 2008/100)

17/2. Grundbuchsumstellungsverordnung

BGBl 1981/82

Verordnung des Bundesministers für Justiz vom 9. Feber 1981 gemäß § 12 Grundbuchsumstellungsgesetz

Gemäß § 12 Abs. 2 des Grundbuchsumstellungsgesetzes, BGBl. Nr. 550/1980, wird im Einvernehmen mit dem Bundesminister für Bauten und Technik verordnet:

§ 1. Nach Maßgabe des § 12 Abs. 2 und 3 GUG sind die im folgenden aufgezählten Bezeichnungen von Urkunden zu verwenden:

1. beim Erwerb des Eigentumsrechts die Bezeichnungen Amtsbestätigung, Amtsurkunde, Anmeldungsbogen, Anmeldungsbogen gemäß § 13 LiegTeilG, Aufhebungsvertrag, Ausstattungsvertrag, Baurechtsvertrag, Bescheid, Beschluß, Ehepakt, Einantwortungsurkunde, Einbringungsvertrag, Erbverzichtsvertrag, Gesellschaftsvertrag, Kaufvertrag, Leibrentenvertrag, Realteilungsvertrag, Schenkungsvertrag, Tauschvertrag, Treuhandvertrag, Übergabsvertrag, Urteil und gerichtlicher Vergleich;

2. beim Erwerb des Pfandrechts die Bezeichnungen Kaufvertrag, Leibrentenvertrag, Pfandurkunde, Schuldschein, Übergabsvertrag und Urteil.

§ 2. Entsprechen zwei oder mehrere der aufgezählten Bezeichnungen dem Inhalt der Urkunde, so sind diese Bezeichnungen gemeinsam zu verwenden (zum Beispiel Kauf- und Tauschvertrag).

§ 3. Entspricht keine der aufgezählten Bezeichnungen dem Inhalt der Urkunde, so ist die Bezeichnung Urkunde zu verwenden.

18/1. Urkundenhinterlegungsgesetz

BGBl 1974/326 idF

1 BGBl I 2008/100 (GB-Nov 2008)
2 BGBl I 2009/52 (BudgetbegleitG 2009)
3 BGBl I 2010/111 (BudgetbegleitG 2011)
4 BGBl I 2012/30 (GB-Nov 2012)
5 BGBl I 2021/86 (GREx)

STICHWORTVERZEICHNIS

(Die Zahlenangaben beziehen sich auf die Paragraphen)

Bundesgesetz vom 21. Mai 1974 über die gerichtliche Hinterlegung und Einreihung von Urkunden über Rechte an nichtverbücherten Liegenschaften und an Bauwerken (Urkundenhinterlegungsgesetz – UHG)

I. Abschnitt

Vorschriften für nichtverbücherte Liegenschaften und für Bauwerke

§ 1. (1) In die Sammlung der bei Gericht hinterlegten und eingereihten Liegenschafts- und Bauwerksurkunden werden aufgenommen

1. durch Hinterlegung

a) die in den §§ 434 bis 437, 451 und 481 ABGB bezeichneten Urkunden;

b) Urkunden über den Erwerb und die Übertragung von Reallasten;

c) Urkunden über den Erwerb und die Übertragung von Bestandrechten (§ 1095 ABGB);

d) Urkunden über den Erwerb von Wiederkaufsrechten und von Vorkaufsrechten (§§ 1070 und 1073 ABGB);

e) Urkunden über Belastungs- und Veräußerungsverbote (§ 364c ABGB);

2. durch Einreihung

a) Abschriften der Protokolle über die pfandweise Beschreibung nach den „§§ 91 und 134 EO“, Ausfertigungen des Beschlusses über die Erteilung des Zuschlags nach § 183 EO sowie Abschriften der Protokolle über die Pfändung und den Verkauf eines Bauwerks im Exekutionsverfahren; *(BGBl I 2021/86)*

b) andere Urkunden über den Erwerb eines dinglichen Rechtes, sofern zum Rechtserwerb nicht die Hinterlegung erforderlich ist;

c) Urkunden, die das Erlöschen eines durch Hinterlegung oder Einreihung ausgewiesenen Rechtes bewirken oder sein Nichtbestehen feststellen;

d) Beschlüsse, mit denen ein Antrag auf Hinterlegung oder Einreihung abgewiesen wird;

e) Rekurse gegen Beschlüsse, mit denen die Hinterlegung oder die Einreihung bewilligt oder abgewiesen worden ist, und Beschlüsse, mit denen über solche Rekurse entschieden wird;

f) Urkunden über sonstige Umstände, sofern diese im Fall der Verbücherung Gegenstand einer Anmerkung, Ersichtlichmachung oder Löschung sein könnten.

(2) Soweit die Wirkungen der Urkundenhinterlegung nicht bereits in anderen Vorschriften geregelt sind, entstehen die durch den Abs. 1 Z. 1 betroffenen Rechte und Lasten bzw. deren dingliche Wirkung erst mit der Urkundenhinterlegung. „§ 29 GBG und § 10 Abs. 2 GUG sind sinngemäß anzuwenden.“ *(BGBl I 2008/100, ab 1. 1. 2009)*

(3) Die folgenden Bestimmungen über die Hinterlegung gelten für die Einreihung, soweit diese nicht gesondert genannt wird, sinngemäß.

§ 2. (1) Für die Bewilligung und den Vollzug der Urkundenhinterlegung ist das Bezirksgericht zuständig, in dessen Sprengel die nichtverbücherte Liegenschaft (das Bauwerk) liegt.

(2) Wäre zur Bewilligung der Eintragung in das Grundbuch ein anderes Gericht zuständig, so ist um die Hinterlegung bei diesem Gericht anzusuchen; wird die Hinterlegung bewilligt, so ist das im Abs. 1 genannte Gericht um den Vollzug zu ersuchen.

§ 3. (1) Anträge auf Hinterlegung sind schriftlich einzubringen. *(BGBl I 2009/52, ab 1. 7. 2009)*

(2) Der Antrag auf Urkundenhinterlegung ist in einer Ausfertigung zu überreichen. Im übrigen gilt der § 92 Abs. 2 bis 5 GBG 1955 sinngemäß.

(3) Dem Antrag ist die Urkunde, die hinterlegt werden soll, in Urschrift anzuschließen.

§ 4. (1) In dem Antrag ist die Liegenschaft durch die Einlagezahl, erforderlichenfalls durch die Grundstücksnummer zu bezeichnen und anzugeben, ob die Hinterlegung oder die Einreihung der Urkunde und für welche Rechte sie begehrt wird.

(2) Im Fall eines Bauwerks kann dem Antrag ein Plan über die Lage des Bauwerks angeschlossen werden.

(3) Urkunden eignen sich zur Hinterlegung, wenn sie den §§ 432 bis 437, 451, 481 ABGB entsprechen. Soweit diese Bestimmungen nicht unmittelbar anzuwenden sind, gelten die §§ 432, 433 ABGB sinngemäß.

§ 5. Einlaufstücke, die zu einer Hinterlegung führen können, sind mit dem Eingangsvermerk zu versehen; hierbei sind außer dem Tag, dem Monat und dem Jahr des Einlangens die Stunde, erforderlichenfalls auch die Minute des Einlangens anzugeben. Gelangen mehrere Stücke, die sich auf die nämliche Liegenschaft, auf das nämliche Bauwerk oder auf das nämliche Recht beziehen, gleichzeitig in die Einlaufstelle, so ist auf jedem dieser Stücke im Eingangsvermerk auf die übrigen gleichzeitig eingelangten Stücke hinzuweisen.

§ 6. (1) Einlaufstücke sind nach der Reihenfolge ihres Einlangens in ein besonderes Tagebuch einzutragen.

(2) Jedes in das Tagebuch eingetragene Einlaufstück ist in einer Kartei zu verzeichnen. Die Karteikarten sind nach Katastralgemeinden und Grundstücksnummern zu ordnen. Karteikarten sind neu zu eröffnen, wenn das erste auf die be-

treffende nichtverbücherte Liegenschaft (das betreffende Bauwerk) bezügliche Einlaufstück (§ 1) einlangt. Auf dieser Karteikarte sind dann die weiteren Einlaufstücke zu verzeichnen. Der wesentliche Inhalt des Einlaufstücks ist ersichtlich zu machen. Befinden sich jedoch auf einer Liegenschaft mehrere Bauwerke, so ist für jedes von ihnen eine gesonderte Karteikarte zu führen. Auf die anderen, dieselbe Liegenschaft betreffenden Karteikarten ist hinzuweisen.

(3) Für jeden Gerichtsbezirk ist eine alphabetisch angelegte Namenskartei zu führen. Alle Personen, deren Rechte durch die Urkundenhinterlegung berührt werden, sind in die Namenskartei aufzunehmen. Dabei ist die Art des Rechtes oder der Last ersichtlich zu machen. Der Name einer Person darf in der Kartei nur einmal vorkommen.

§ 7. (1) Vor der Entscheidung über den Hinterlegungsantrag ist durch Einsichtnahme in die Grundbücher und die zugehörigen Behelfe sowie die im § 6 Abs. 2 genannte Kartei festzustellen,

1. ob die in der Urkunde als nicht verbüchert angeführte Liegenschaft tatsächlich in keinem Grundbuch eingetragen ist,

2. ob in Bezug auf das betroffene Grundstück bereits eine Urkundenhinterlegung ersichtlich gemacht ist, *(BGBl I 2008/100, ab 4. 7. 2008)*

3. ob bereits eine Karteikarte über die nichtverbücherte Liegenschaft (das Bauwerk) besteht.

(2) Das Ergebnis dieser Prüfung ist auf dem Antrag zu vermerken.

§ 8. Ist im Fall des § 7 Abs. 1 Z. 1 die Liegenschaft in einem Grundbuch eingetragen, so ist der Antrag auf Hinterlegung abzuweisen.

§ 9. (1) Wird der Antrag nicht nach § 8 abgewiesen, so ist die Hinterlegung zu bewilligen, wenn

1. kein gegründetes Bedenken gegen die persönliche Fähigkeit der bei der Hinterlegung Beteiligten zur Verfügung über den Gegenstand, den die Hinterlegung betrifft, oder gegen die Befugnis des Antragstellers zum Einschreiten vorhanden ist,

2. das Begehren durch den Inhalt der beigebrachten Urkunden begründet ist und

3. die Urkunden in der Form vorliegen, die zur Bewilligung der Hinterlegung erforderlich ist (§ 4 Abs. 3).

(2) Für die Hinterlegung bedarf es nicht des Nachweises, daß der, gegen den sich der durch die Hinterlegung beabsichtigte Rechtserwerb richtet (der Vormann, § 21 GBG 1955), Eigentümer der Liegenschaft oder sonst zur Bestellung des Rechtes befugt ist.

(3) Die in einer Urkunde enthaltene Bewilligung zur Einverleibung ersetzt die Erklärung der Einwilligung zur Hinterlegung der Urkunde, jedoch ist ein Antrag auf Einverleibung nicht als Antrag auf Hinterlegung anzusehen.

§ 10. (1) Über den Hinterlegungsantrag ist ohne Vernehmung der Parteien zu entscheiden. Wenn kein Bedenken besteht, ist im Beschluß auszusprechen, daß die gerichtliche Hinterlegung der Urkunde bewilligt wird. In dem Beschluß sind die Urkunde durch Angabe des Tages ihrer Ausstellung und die Liegenschaft oder das Bauwerk durch Anführung der Katastralgemeinde und der Grundstücksnummer sowie eines kennzeichnenden Wortes zu bezeichnen. Liegt Gleichzeitigkeit vor (§ 5 zweiter Satz), so ist in dem Beschluß auch darauf hinzuweisen.

(1a) In dem bewilligenden Beschluss ist die Ersichtlichmachung der Urkundenhinterlegung für ein Bauwerk im Gutsbestandsblatt des Grundbuchs für das betroffene Grundstück anzuordnen, sofern noch keine Urkundenhinterlegung für dieses Grundstück ersichtlich gemacht ist. Von der Anordnung der Ersichtlichmachung der Urkundenhinterlegung sind auch die Buchberechtigten zu verständigen. Die Ersichtlichmachung der Urkundenhinterlegung ist zu löschen, wenn eine Urkunde eingereiht wird, die das Nichtbestehen der Bauwerke, für die Urkunden hinterlegt wurden, auf dem betroffenen Grundstück feststellt. *(BGBl I 2008/100, ab 1. 1. 2009; s § 41 Abs 2)*

(2) Die §§ 93, 95 bis 98, 102 Abs. 1 sowie die §§ 103 und 104 GBG 1955 sind sinngemäß anzuwenden.

(3) Die Entscheidung über den Hinterlegungsantrag ist in die Kartei nach § 6 Abs. 2 einzutragen.

§ 11. *(aufgehoben, BGBl I 2008/100, ab 1. 1. 2009)*

§ 12. (1) Der Beschluß, mit dem eine Hinterlegung oder eine Einreihung bewilligt wird, ist allen Personen, gegen die hierdurch die Übertragung, die Aufhebung, die Beschränkung oder die Belastung eines ihnen zustehenden dinglichen Rechtes bewirkt werden soll, dem Antragsteller und, wenn die Hinterlegung oder die Einreihung ein Bauwerk betrifft, stets auch dem bücherlichen Eigentümer der Liegenschaft „mit Zustellnachweis" zuzustellen. „Die Zustellung an einen Ersatzempfänger ist zulässig." *(BGBl I 2010/111, ab 1. 5. 2011, anzuwenden, wenn das zuzustellende Schriftstück nach dem 30. 4. 2011 abgefertigt wird)*

(2) Die Vorschriften über die Verständigungen durch Übermittlung einer Ausfertigung eines bewilligenden Grundbuchsbeschlusses sind sinngemäß anzuwenden.

(3) Der Beschluß, mit dem ein Hinterlegungs- oder ein Einreihungsantrag abgewiesen wird, ist dem Antragsteller unter Rückstellung der Urkunde „mit Zustellnachweis" zuzustellen. „Die Zustellung an einen Ersatzempfänger ist zulässig." *(BGBl I 2012/30, ab 1. 5. 2012, anzuwenden, wenn die Zustellverfügung nach dem 30. 4. 2012 erlassen wird)*

§ 13. Auf die Sammlung der bei Gericht hinterlegten und eingereihten Urkunden, besonders auf die Aufnahme einer Abschrift, sind die Vorschriften über die Urkundensammlung des Grundbuches anzuwenden. Jene Sammlung und die Urkundensammlung (§ 6 GBG 1955) sind getrennt zu führen.

§ 14. Wird eine bücherlich nicht eingetragene Liegenschaft pfandweise beschrieben oder im Lauf eines Versteigerungsverfahrens zugeschlagen („§§ 91, 134 und 183") oder wird ein Bauwerk gepfändet oder zwangsweise verkauft, so ist eine Abschrift des Protokolls über die Beschreibung bzw. eine Ausfertigung des Beschlusses über die Erteilung des Zuschlags, bzw. eine Abschrift des Protokolls über die Pfändung oder den Verkauf dem Grundbuchsgericht zu übersenden. Die Abschrift des Protokolls (die Ausfertigung des Beschlusses) ist von Amts wegen in die Sammlung der gerichtlich hinterlegten und eingereihten Urkunden einzureihen. *(BGBl I 2021/86)*

§ 15. Wird ein Antrag auf Hinterlegung abgewiesen, so ist die Eingabe mit der Urschrift des Abweisungsbeschlusses einzureihen.

§ 16. Rekurse sind samt der Urschrift der angefochtenen Entscheidung einzureihen.

§ 17. Die Bestimmungen des Allgemeinen Grundbuchsgesetzes 1955 über den Rekurs sind auf Rekurse gegen Beschlüsse über die Bewilligung oder die Verweigerung der Hinterlegung oder der Einreihung sinngemäß anzuwenden.

§ 18. Jedermann kann das Tagebuch, die Karteien und die Sammlung der bei Gericht hinterlegten und eingereihten Urkunden einsehen und abschreiben. Die Vorschriften über die Einsicht in das Grundbuch, die Grundbuchsabschriften und die Grundbuchsauszüge gelten sinngemäß.

§ 19. *(aufgehoben, BGBl I 2008/100, ab 1. 1. 2009)*

§ 20. Auf die Unkenntnis von Tatsachen und Rechten, die aus den Karteien sowie aus den dort verzeichneten Urkunden ersichtlich sind, sowie auf die Vollständigkeit und Richtigkeit der Karteien kann sich niemand berufen.

Umstellung auf ADV

§ 20a. (1) Der Bundesminister für Justiz kann nach Maßgabe der technischen und personellen Möglichkeiten sowie unter Bedachtnahme auf die wirtschaftliche Vertretbarkeit mit Verordnung die Umstellung der nach § 6 zu führenden Verzeichnisse (Tagebuch und Karteien) auf automationsunterstützte Datenverarbeitung anordnen.

(2) Abweichend von § 6 Abs. 3 ist die umgestellte Namenskartei für jedes Bundesland zu führen.

(3) Die Daten der umgestellten Kartei (§ 6 Abs. 2) sind mit den Daten des Grundbuchs zu verknüpfen.

(BGBl I 2008/100, ab 1. 1. 2009)

II. Abschnitt

Vorschriften für den Fall der Vernichtung von Grundbüchern

§ 21. (1) Wird ein Grundbuch, besonders durch höhere Gewalt, vernichtet, so gelten bis zur Wiederanlegung des Grundbuchs die folgenden Bestimmungen.

(2) Der Präsident des übergeordneten Oberlandesgerichts hat die Vernichtung des Grundbuchs und ihren Umfang durch ein Edikt kundzumachen. Der § 60 des Allgemeinen Grundbuchsanlegungsgesetzes gilt sinngemäß.

§ 22. (1) Soweit zur Erwerbung, Übertragung, Beschränkung, Belastung oder Aufhebung eines Rechtes, zur Ersichtlichmachung persönlicher Verhältnisse oder zur Begründung bestimmter Rechtswirkungen bei Liegenschaften, die in einem öffentlichen Buch eingetragen sind, eine bücherliche Eintragung erforderlich ist, tritt an deren Stelle bei den Liegenschaften, die in den vernichteten öffentlichen Büchern eingetragen gewesen sind, die gerichtliche Hinterlegung des Geschäftsstücks (Urkunde, Antrag, Beschluß usw.), das beim Bestehen eines Grundbuchs den Grund zur bücherlichen Eintragung gegeben hätte.

(2) Die Hinterlegung hat unter der Bedingung, daß die aus dem hinterlegten Geschäftsstück sich ergebenden Rechte und Tatsachen in die wiederhergestellten öffentlichen Bücher aufgenommen werden, die Wirkung einer bücherlichen Eintragung.

§ 23. Für die Bewilligung und den Vollzug der Hinterlegung ist das Gericht zuständig, das für die Bewilligung und den Vollzug einer bücherlichen Eintragung zuständig wäre, wenn die öffentlichen Bücher nicht vernichtet worden wären.

§ 24. (1) In dem Antrag auf Hinterlegung ist die Liegenschaft durch die frühere Einlagezahl, erforderlichenfalls durch die Grundstücksnummer zu bezeichnen und anzugeben, ob die Hinterlegung an Stelle der Einverleibung, der Vormerkung, der Anmerkung, der Ersichtlichmachung oder der Löschung beantragt wird. Ein Antrag auf Einverleibung, Vormerkung, Anmerkung, Ersichtlichmachung oder Löschung gilt als Antrag auf entsprechende Hinterlegung.

(2) Die in einer Urkunde enthaltene Bewilligung zur Einverleibung oder Vormerkung ersetzt die Erklärung der Einwilligung zur entsprechenden Hinterlegung.

§ 25. Die §§ 3, 5 und 6 Abs. 1 sind anzuwenden. An die Stelle des Tagebuchs tritt der Reihungsvormerk.

§ 26. (1) Die Hinterlegung ist nur zu bewilligen, wenn die im § 94 Abs. 1 Z. 2 bis 4 GBG 1955 angeführten Voraussetzungen gegeben sind.

(2) Für die Hinterlegung bedarf es nicht des Nachweises, daß der, gegen den sie sich richtet (Vormann), Eigentümer der Liegenschaft oder sonst zur Bestellung, Übertragung, Beschränkung, Belastung oder Aufhebung des Rechtes befugt ist.

§ 27. Über den Hinterlegungsantrag ist ohne Vernehmung der Parteien zu entscheiden. In dem Beschluß ist die Liegenschaft durch die frühere Einlagezahl, erforderlichenfalls durch die Grundstücksnummer zu bezeichnen.

§ 28. (1) Besteht kein Bedenken, so ist im Beschluß auszusprechen, daß die gerichtliche Hinterlegung des Geschäftsstücks an Stelle der Einverleibung, der Vormerkung, der Anmerkung, der Ersichtlichmachung oder der Löschung bewilligt wird. Der § 11 ist anzuwenden.

(2) Ist die Hinterlegung an Stelle einer Anmerkung der Rangordnung (§§ 53ff. GBG 1955) dem Antrag gemäß bewilligt worden, so ist der Antrag mit der Urschrift des Beschlusses zu hinterlegen und dies auf der der Partei zuzustellenden Ausfertigung zu bestätigen. Diese Ausfertigung gilt als Rangordnungsbeschluß.

(3) Wird der Antrag auf Hinterlegung abgewiesen, so sind die §§ 99 bis 101 GBG 1955 mit der Änderung anzuwenden, daß an die Stelle der Anmerkung der Abweisung und deren Löschung die Hinterlegung der entsprechenden Beschlüsse tritt. Der § 16 ist anzuwenden.

§ 29. (1) Die zu hinterlegenden Geschäftsstücke sind in Urschrift samt den Eingaben und den Rückscheinen und samt der Urschrift des gerichtlichen Beschlusses in der Reihenfolge des Einlangens der Anträge bei Gericht, nach den Zahlen des Reihungsvormerks geordnet, zu hinterlegen.

(2) Der Antragsteller kann gegen Vorlage einer gerichtlich oder notariell beglaubigten Abschrift die Ausfolgung der von ihm überreichten Urschrift verlangen. Dieses Verlangen kann schon im Antrag auf Hinterlegung gestellt werden, wenn dem Antrag eine gerichtlich oder notariell beglaubigte Abschrift des zu hinterlegenden Geschäftsstücks beigelegt wird.

§ 30. (1) Jedes in den Reihungsvormerk eingetragene Einlaufstück ist in einer Kartei zu verzeichnen, die nach den Katastralgemeinden und den ehemaligen Einlagezahlen geordnet ist. Im übrigen gilt der § 6 Abs. 2 sinngemäß.

(2) Ferner ist ein Personenverzeichnis in Karteiform zu führen. Die Vorschriften über das Personenverzeichnis zum Grundbuch sind anzuwenden.

(3) Der § 18 gilt sinngemäß.

§ 31. (1) Dieser Abschnitt gilt auch für die bücherlichen Eintragungen, die in einem Exekutions-(Sicherungs-)verfahren vorzunehmen wären. Die Anträge müssen die frühere Einlagezahl, erforderlichenfalls die Angabe der Grundstücksnummer enthalten. Das Exekutionsverfahren richtet sich nach den Vorschriften für bücherlich eingetragene Liegenschaften. Es genügt aber die Vorlage eines Grundbuchsauszugs[1)], der vom Grundbuchsgericht für das betreffende Exekutionsverfahren aus den erhaltenen Teilen der Geschäftsbehelfe, der Akten und den Eintragungen im Reihungsvormerk ergänzt ist. Bei der Bewilligung der Exekution ist auch eine Ausfertigung des vollstreckbaren Exekutionstitels zu hinterlegen. Ein nach Berichtigung aller Ansprüche verbleibender Rest der Verteilungsmasse (§ 217 Abs. 2 EO) darf erst einen Monat nach Ablauf des zweiten Ediktes (§ 46 des Allgemeinen Grundbuchsanlegungsgesetzes) dem Verpflichteten ausgefolgt werden.

(2) Wird das Grundbuch während der Anhängigkeit des Exekutionsverfahrens wiedereröffnet, so ist bei der Fortsetzung auf die wiederhergestellten Einlagen Bedacht zu nehmen. Alle bücherlich Berechtigten haben das Verfahren in der Lage anzunehmen, in der es sich zur Zeit der Eröffnung der neuen Einlage befindet.

[1)] *Jetzt: Grundbuchsabschrift (§ 5 GUG).*

§ 32. Der § 20 ist anzuwenden.

§ 33. Dieser Abschnitt ist auch auf Baurechte anzuwenden, die in einer vernichteten Einlage eingetragen gewesen sind.

§ 34. Soweit dieser Abschnitt nicht anderes anordnet, ist das Allgemeine Grundbuchsgesetz 1955 sinngemäß anzuwenden.

III. Abschnitt
Schluß- und Übergangsbestimmungen

§ 35. Dieses Bundesgesetz tritt mit 1. Juni 1974 in Kraft.

§ 36. Mit dem Inkrafttreten dieses Bundesgesetzes treten der § 24 der Kaiserlichen Verordnung vom 19. März 1916, RGBl. Nr. 69, über die dritte Teilnovelle zum allgemeinen bürgerlichen Gesetzbuch und die Verordnung des Bundesministeriums für Justiz vom 18. November 1927, BGBl. Nr. 326, über die gerichtliche Hinterlegung von Urkunden zum Erwerbe dinglicher Rechte an nichtverbücherten Liegenschaften und an Bauwerken, soweit sie noch gelten, außer Kraft.

§ 37. *(überholt)*

§ 38. Bereits hinterlegte Urkunden sind auf Antrag eines Berechtigten oder eines Belasteten auch in den Karteien zu verzeichnen (Verzeichnungsantrag). Diese Verzeichnung ist auf der Urkunde ersichtlich zu machen. Erworbene Rechte werden hierdurch nicht erweitert. Der § 20 ist anzuwenden, sofern die bereits hinterlegte Urkunde in den Karteien verzeichnet worden ist.

§ 39. Die Anträge nach § 38 sind von den Eintragungsgebühren nach TP 11 Buchstabe b des Tarifes zum Gerichts- und Justizverwaltungsgebührengesetz 1962 befreit.[1)]

[1)] *Materiell derogiert durch § 13 GGG.*

§ 40. Mit der Vollziehung dieses Bundesgesetzes ist der Bundesminister für Justiz betraut.

§ 41. (1) § 1 Abs. 2, § 10 Abs. 1a und § 20a in der Fassung des Bundesgesetzes BGBl. I Nr. 100/2008 treten mit 1. Jänner 2009 in Kraft. Gleichzeitig treten §§ 11 und 19 außer Kraft.

(2) Die Ersichtlichmachung der Urkundenhinterlegung ist nicht anzuordnen, wenn ein Bauwerk gemäß § 19 in der Fassung vor Inkrafttreten des Bundesgesetzes BGBl. I Nr. 100/2008 im Grundbuch ersichtlich gemacht ist. Die Ersichtlichmachung eines Bauwerkes ist zu löschen, wenn eine Urkunde eingereiht wird, die das Nichtbestehen des Bauwerks feststellt.

(3) Die Verordnung auf Grund des § 20a in der Fassung des Bundesgesetzes BGBl. I Nr. 100/2008 kann bereits von dem der Kundmachung dieses Bundesgesetzes folgenden Tag an erlassen werden; sie wird jedoch frühestens mit 1. Jänner 2009 wirksam.

(4) § 12 Abs. 1 in der Fassung des Budgetbegleitgesetzes 2011, BGBl. I Nr. 111/2010, tritt mit 1. Mai 2011 in Kraft. Die Bestimmung ist in dieser Fassung anzuwenden, wenn das zuzustellende Schriftstück nach dem 30. April 2011 abgefertigt wird. *(BGBl I 2010/111)*

(5) § 12 Abs. 3 in der Fassung des Bundesgesetzes BGBl. I Nr. 30/2012 tritt mit 1. Mai 2012 in Kraft und ist anzuwenden, wenn die Zustellverfügung nach dem 30. April 2012 erlassen wird. *(BGBl I 2012/30)*

(6) § 1 Abs. 1 Z 2 lit. a und § 14 in der Fassung des Bundesgesetzes Gesamtreform des Exekutionsrechts – GREx, BGBl. I Nr. 86/2021, treten mit 1. Juli 2021 in Kraft. *(BGBl I 2021/86)*

(BGBl I 2008/100)

18/2. Urkundenhinterlegungsumstellungs-Verordnung 2022

BGBl II 2022/192

Verordnung der Bundesministerin für Justiz über die Umstellung der Urkundenhinterlegungsverzeichnisse und der Sammlung der bei Gericht hinterlegten und eingereihten Urkunden (Urkundenhinterlegungsumstellungs-Verordnung 2022 – UHU-VO 2022)

Auf Grund des § 20a des Urkundenhinterlegungsgesetzes, BGBl. Nr. 326/1974, zuletzt geändert durch das Bundesgesetz BGBl. I Nr. 86/2021, und des § 1 Abs. 3 des Grundbuchsumstellungsgesetzes, BGBl. Nr. 550/1980, zuletzt geändert durch das Bundesgesetz BGBl. I Nr. 81/2020, in Verbindung mit § 13 des Urkundenhinterlegungsgesetzes, BGBl. Nr. 326/1974, zuletzt geändert durch das Bundesgesetz BGBl. I Nr.86/2021 wird im Einvernehmen mit der Bundesministerin für Digitalisierung und Wirtschaftsstandort verordnet:

§ 1. Für alle Grundbuchsgerichte wird die Umstellung der nach § 6 UHG zu führenden Verzeichnisse (Tagebuch und Karteien) sowie der Sammlung der nach § 1 UHG bei Gericht hinterlegten und eingereihten Urkunden auf automationsunterstützte Datenverarbeitung nach Maßgabe der folgenden Bestimmungen angeordnet.

§ 2. (1) Ab dem Inkrafttreten dieser Verordnung sind die besonderen Tagebücher automationsunterstützt zu führen und neue Karteikarten nur mehr automationsunterstützt zu eröffnen.

(2) Langt nach dem Inkrafttreten dieser Verordnung ein Einlaufstück ein, für das eine Karteikarte bereits besteht, so ist diese Karteikarte umzustellen und das Einlaufstück automationsunterstützt zu erfassen.

(3) Die Umstellung der Sammlung der nach § 1 UHG bei Gericht hinterlegten und eingereihten Urkunden gilt nur für die nach dem Inkrafttreten dieser Verordnung einlangenden Urkunden.

§ 3. Das Aktenzeichen wird aus der Tagebuchzahl und der Jahreszahl gebildet; die Buchstaben Uh sind nicht mehr voranzustellen. Es ist aber in anderer Weise sicher zu stellen, dass die betroffenen Einlaufstücke als Einlaufstücke der Urkundenhinterlegung erkannt werden können.

§ 4. (1) Die umgestellte Kartei nach § 6 Abs. 2 UHG ist nach dem Muster des Hauptbuchs des Grundbuchs unter sinngemäßer Anwendung der §§ 6 bis 11 des Allgemeinen Grundbuchsanlegungsgesetzes zu führen. Nicht mehr aktuelle Eintragungen sind in ein Verzeichnis nicht mehr aktueller Eintragungen aufzunehmen. Im Übrigen hat die Bundesministerin für Justiz die Form und Einrichtung der umgestellten Verzeichnisse im eJ-Online-Handbuch oder in sonstigen Erlässen zu regeln (§ 80 Abs. 3 GOG).

(2) In der Aufschrift der umgestellten Karteikarte ist darauf hinzuweisen, dass sich niemand auf die Vollständigkeit und Richtigkeit der Karteien berufen kann (§ 20 UHG). Bei der Anführung der Eigentümer ist durch das Wort „angeblich" oder in anderer geeigneter anderer Weise darauf aufmerksam zu machen, dass der Erwerb des Eigentums nicht geprüft wurde.

(3) Die Daten der umgestellten Kartei sind mit den Daten des Grundbuchs zu verknüpfen.

Mitteilungspflicht

§ 5. (1) Für die Erfassung und Speicherung der hinterlegten und eingereihten Urkunden gilt § 2 der Verordnung der Bundesministerin für Justiz über die allgemeine Umstellung der Urkundensammlung des Grundbuchs, BGBl. II Nr. 23/2006.

(2) Die Sammlung der hinterlegten und eingereihten Urkunden ist hinsichtlich der Abfrage von der Urkundensammlung (§ 6 GBG 1955) getrennt zu führen.

§ 6. (1) Für die Abfrage der umgestellten Sammlung der bei Gericht hinterlegten und eingereihten Urkunden nach den §§ 6 und 7 GUG gilt gemäß § 13 und 18 UHG für jede abgefragte Urkunde der Tarif nach der Tarifpost 9 lit. e Z 4 GGG, BGBl. Nr. 501/1984.

(2) Für die Abfrage der umgestellten Karteien (§ 6 Abs. 2 UHG) nach den §§ 6 und 7 GUG gilt gemäß § 18 UHG für jede abgefragte Kartei der Tarif nach der Tarifpost 9 lit. e Z 1 GGG.

(3) Für die Abfrage der umgestellten Namenskartei nach § 6 Abs. 2 GUG gilt gemäß § 18 UHG für jede abgefragte Person der Tarif nach der Tarifpost 9 lit. e Z 5 GGG.

§ 7. Diese Verordnung tritt mit 1. Juni 2022 in Kraft.

18/3. Liegenschaftsteilungsgesetz

BGBl 1930/3 idF

1 dRGBl 1944 I 216
2 BGBl 1950/141
3 BGBl 1961/166
4 BGBl 1961/265 (DFB)
5 BGBl 1968/306
6 BGBl 1975/238
7 BGBl 1976/91
8 BGBl 1989/343 (WGN 1989)
9 BGBl I 1997/140 (WGN 1997)
10 BGBl I 2001/98 (2. Euro-JuBeG)
11 BGBl I 2003/112 (AußStr-BegleitG)
12 BGBl I 2008/100 (GB-Nov 2008)
13 BGBl I 2012/30 (GB-Nov 2012)
14 BGBl I 2013/190 (VA-Ju)

GLIEDERUNG

STICHWORTVERZEICHNIS

(Die Zahlenangaben beziehen sich auf die Paragraphen)

UHG LiegTG

Bundesgesetz vom 19. Dezember 1929 über grundbücherliche Teilungen, Ab- und Zuschreibungen (Liegenschaftsteilungsgesetz [Lieg.Teil.G.])

I. Teilung von Grundstücken

§ 1. (1) Die grundbücherliche Teilung eines Grundstückes kann nur auf Grund eines Planes durchgeführt werden, der

1. von einem Ingenieurkonsulenten für Vermessungswesen,

2. von einer Vermessungsbehörde,

3. innerhalb ihres Wirkungsbereiches von einer Dienststelle des Bundes oder eines Landes, die über einen Bediensteten verfügt, der das Studium für Vermessungswesen an einer wissenschaftlichen Hochschule vollendet hat und eine praktische Betätigung durch mindestens zwei Jahre auf dem Gebiet der Grenzvermessungen für alle Zwecke der grundbücherlichen Teilungen, Ab- und Zuschreibungen nachweist, oder

4. innerhalb ihres Wirkungsbereiches von einer Agrarbehörde verfaßt worden ist.

(2) Durch Verordnung können nach Einholung eines Gutachtens der beteiligten Ingenieurkammern auch die für Zwecke des eigenen Dienstbereiches verfaßten Pläne anderer Behörden und Ämter, die über mindestens einen Bediensteten verfügen, der das Studium für Vermessungswesen an einer wissenschaftlichen Hochschule vollendet hat, und eine praktische Betätigung durch mindestens zwei Jahre auf dem Gebiet der Grenzvermessungen für alle Zwecke der grundbücherlichen Teilungen, Ab- und Zuschreibungen nachweist, als geeignet erklärt werden, zur Grundlage grundbücherlicher Teilungen zu dienen.

(3) Die durch eine Verordnung gemäß Abs. 2 verliehene Berechtigung erlischt, wenn kein Bediensteter, der die genannten Voraussetzungen aufweist, dieser Dienststelle mehr angehört.

(BGBl 1975/238)

§ 2. (1) Ein Plan im Sinn des § 1 darf nur zur Gänze grundbücherlich durchgeführt werden. „In einem Grundbuchsantrag darf nur die Durchführung eines Plans begehrt werden.“ *(BGBl I 2012/30, ab 1. 5. 2012)*

(2) Im Grundbuchsantrag ist auf die Speicherung des Plans und der Bescheinigung nach § 39 VermG im Geschäftsregister der Vermessungsbehörde hinzuweisen. Diese Urkunden sind dem Antrag nicht beizulegen „ “. *(BGBl I 2012/30, ab 1. 5. 2012)*

(BGBl I 2008/100, ab 1. 1. 2009)

II. Abschreibung

A. Allgemeine Bestimmungen

§ 3. (1) Zur Abschreibung einzelner Bestandteile eines Grundbuchskörpers ist die Zustimmung der Personen, für die dingliche Rechte an dem Grundbuchskörper bücherlich eingetragen sind (Buchberechtigte), nicht erforderlich, wenn für das Trennstück eine neue Einlage eröffnet wird und die Rechte der Buchberechtigten in diese, und zwar die Pfandrechte als Simultanhypotheken, eingetragen werden.

(2) Bei Grunddienstbarkeiten, die auf bestimmte räumliche Grenzen beschränkt sind (§ 12, Absatz 2, G.B.G.), entfällt die Eintragung in der neuen Einlage, wenn sich diese Lasten auf das abzuschreibende Trennstück nicht beziehen (§ 847 a.b.G.B.).

(3) Eine Anmerkung der Rangordnung hindert die Abschreibung, sofern nicht entweder die Ausfertigung des die Anmerkung bewilligenden Beschlusses oder die beglaubigte Zustimmung dessen vorgelegt wird, für den die Rangordnung angemerkt ist (§ 57a Abs. 3 GBG 1955), oder ein Rechtsanwalt oder Notar als Treuhänder den Antrag stellt (§ 57a Abs. 4 GBG 1955). *(BGBl I 2012/30, ab 1. 5. 2012)*

(4) Von der Abschreibung und der Eröffnung der neuen Einlage sind alle Beteiligten zu verständigen.

§ 3a. Bei einer Abschreibung von einem herrschenden Grundstück hat der Antragsteller anzugeben, ob sich die Grunddienstbarkeit auch auf das Trennstück bezieht. Fehlt diese Angabe, so hat die Eintragung der Grunddienstbarkeit in Bezug auf das Trennstück zu unterbleiben.

(BGBl I 2012/30, ab 1. 11. 2012)

§ 4. (1) Soll das Trennstück lastenfrei abgeschrieben werden, so kann der Eigentümer des Grundbuchskörpers, von dem es abgetrennt werden soll, die Buchberechtigten durch das Grundbuchsgericht auffordern lassen, gegen die lastenfreie Abtrennung binnen 30 Tagen vom Tage der Zustellung der Aufforderung an Einspruch zu erheben, widrigens die Abschreibung bewilligt wird und der Aufgeforderte sein Recht an dem Trennstücke zugleich mit der Abschreibung verliert.

(2) Haften auf dem Grundbuchskörper, von dem das Trennstück lastenfrei abgeschrieben werden soll, nach dem Kaiserlichen Patent vom 5. Juli 1853, R.G.Bl. Nr. 130, regulierte Nutzungsrechte oder noch nicht regulierte Nutzungsrechte solcher Art, so ist von dem Antrag auch die Agrarbehörde von Amts wegen zu verständigen, der die Rechte eines Buchberechtigten zustehen.

(3) Der Antrag hat das Trennstück genau zu beschreiben; nötigenfalls ist ein entsprechender Teilungsplan anzuschließen.

(4) Die Bestimmungen des § 3 Abs. 2 und 3 sind auf die lastenfreie Abschreibung sinngemäß anzuwenden. *(BGBl I 2012/30, ab 1. 5. 2012)*

§ 5. (1) Der Antrag nach § 4, Absatz 1, ist in der Einlage des Grundbuchskörpers, von dem das Trennstück abgeschrieben werden soll, anzumerken. Die Anmerkung hat die Wirkung, daß spätere Eintragungen die Abschreibung nicht hindern.

(2) Die Anmerkung ist gleichzeitig mit der Bewilligung der Abschreibung, spätestens aber zwei Jahre nach der Bewilligung der Anmerkung von Amts wegen zu löschen.

§ 6. (1) Die Aufforderung ist nach den für die Zustellung von Klagen geltenden Vorschriften zuzustellen.

(2) Die Frist für den Einspruch kann nicht erstreckt werden. „Bei ihrer Berechnung dürfen die Tage des Postenlaufes nicht abgerechnet werden.“ Wiedereinsetzung gegen die Versäumung der Frist findet nicht statt. *(BGBl I 2003/112, ab 1. 1. 2005)*

§ 7. (1) Der Einspruch ist bei dem Grundbuchsgerichte mündlich oder schriftlich anzubringen. Von einem Einspruch ist der Antragsteller zu verständigen.

(2) Verspätete Einsprüche sind von Amts wegen zurückzuweisen.

§ 8. Wurde ein Einspruch rechtzeitig nicht erhoben, so ist hierüber auf Antrag eine Bestätigung unter Anführung der Aufgeforderten, die Einspruch nicht erhoben haben, auszustellen.

§ 9. (1) Ein rechtzeitig erhobener Einspruch hemmt die beabsichtigte Abschreibung; der Angabe von Gründen im Einspruche bedarf es nicht.

(2) Durch Zahlung der Schuld oder durch einen gerichtlichen Beschluß, der den Einspruch zurückweist (§ 7, Absatz 2) oder für unwirksam erklärt (§ 11), wird die Hemmung behoben. Die Zahlung muß durch eine den Erfordernissen einer Einverleibung entsprechende Urkunde nachgewiesen werden.

§ 10. Buchberechtigte, die Einspruch erhoben haben, müssen, wenn ihre Forderung mit einem dem Betrage nach bestimmten Kapital eingetragen ist, die Zahlung selbst dann annehmen, wenn die Forderung noch nicht fällig ist; doch bleibt ihnen das persönliche Recht auf Schadenersatz wegen des durch die vorzeitige Zahlung etwa erlittenen Nachteiles vorbehalten.

§ 11. (1) Der Einspruch eines Buchberechtigten ist auf Antrag für unwirksam zu erklären,

1. wenn er gegen die Vornahme eines Tausches von Grundstücken gerichtet ist, die der Landwirtschaft gewidmet sind, und wenn der Tausch geeignet ist, entweder eine Arrondierung oder eine bessere Bewirtschaftung der Besitztümer der Tauschenden zu bewirken, und wenn

2. in beiden Fällen die Sicherheit der Forderung, wegen welcher Einspruch erhoben wurde, nach den Bestimmungen des § 1374 a.b.G.B. nicht gefährdet erscheint.

(2) Der Nachweis, daß durch den Grundtausch eine Arrondierung bewirkt wird, kann durch die Katastralmappe, durch ein amtliches Zeugnis der Agrarbehörde oder des Gemeindevorstandes der Gemeinde, in deren Gemarkung die Grundstücke gelegen sind, oder auf andere glaubwürdige Art geführt werden. Wege oder Bäche heben den Zusammenhang von Grundstücken nicht auf.

(3) Der Nachweis, daß der Tausch geeignet ist, eine bessere Bewirtschaftung zu bewirken, ist durch Beibringung eines amtlichen Zeugnisses der Agrarbehörde zu führen.

§ 12. Über Anträge auf Unwirksamerklärung eines Einspruches hat das Gericht nach den Grundsätzen des Verfahrens außer Streitsachen die erforderlichen Erhebungen durchzuführen, wobei eine Einigung unter den Beteiligten anzustreben ist. Wird keine Einigung erzielt, so ist über den Antrag auf Unwirksamerklärung des Einspruches durch Beschluß zu entscheiden.

B. Abschreibung geringwertiger Trennstücke

§ 13. (1) Wenn ein Trennstück oder mehrere Trennstücke lastenfrei oder unter Mitübertragung von Grunddienstbarkeiten abgeschrieben werden sollen und die Voraussetzungen für die Zulässigkeit der Abschreibung nach den Abs. 3 oder 4 offenbar gegeben sind, kann die Vermessungsbehörde den Antrag auf bücherliche Durchführung, die Zustimmung der Buchberechtigten zur lastenfreien Abschreibung und den Titel des Eigentumserwerbs beurkunden. „Der Rang der Eintragung richtet sich nach dem Zeitpunkt, in dem der Beschluss über die Ab- und Zuschreibung der Einlaufstelle übergeben wird.“ *(BGBl I 2013/190, ab 1. 7. 2013)*

(2) Auf Grund dieser Beurkundung und des dem Anmeldungsbogen zugrundeliegenden Planes ist, sofern die in den Abs. 3 oder 4 genannten Voraussetzungen vorliegen, die Ab- und Zuschreibung zu bewilligen. Hiezu bedarf es unbeschadet sonstiger Voraussetzungen weder der Vorlage einer Urkunde noch der Zustimmung oder Aufforderung (§ 4) der Buchberechtigten. Doch sind diese von der Abschreibung zu verständigen.

(3) Die Abschreibung von einem Grundbuchskörper ist zulässig, wenn sich der Wert der bei dem Grundbuchskörper verbleibenden Grundstücke infolge der Abschreibung jedes einzelnen Trennstücks offenbar um nicht mehr als je 2 000 Euro verringert.

(4) Die Abschreibung von einem belasteten Grundbuchskörper ist überdies nur zulässig,

1. wenn sich der Wert der bei dem Grundbuchskörper verbleibenden Grundstücke zuzüglich des Werts der gleichzeitig zugeschriebenen Trennstücke infolge der Abschreibung insgesamt offenbar um nicht mehr als 2 000 Euro verringert,

2. wenn die Summe der Flächeninhalte der Trennstücke 5 vom Hundert des Flächeninhalts des Grundbuchskörpers nicht übersteigt,

3. wenn innerhalb eines Zeitraums von fünf Jahren vor der Bewilligung der Abschreibung keine lastenfreie Abschreibung auf Grund dieses Absatzes vorgenommen worden ist und

4. wenn durch die begehrte Abschreibung die Ausübung einer Dienstbarkeit nicht unmöglich gemacht oder behindert wird.

(5) Die folgenden bücherlichen Rechte gelten nicht als Belastung im Sinn des Abs. 4:

1. Dienstbarkeiten, die auf bestimmte räumliche Grenzen beschränkt sind (§ 12 Abs. 2 GBG) und die sich nicht auf die abzuschreibenden Trennstücke beziehen (§ 3 Abs. 2),

2. Grunddienstbarkeiten, die mitübertragen werden (§ 3 Abs. 1), und

3. Lasten, bei denen die Buchberechtigten der lastenfreien Abschreibung zugestimmt haben.

(BGBl I 2008/100, ab 1. 1. 2009)

§ 14. (1) „Ein Buchberechtigter kann gegen die lastenfreie Abschreibung innerhalb 30 Tagen vom Tag der Zustellung des bewilligenden Beschlusses an Einspruch erheben, wenn er behauptet, dass eine der Voraussetzungen für die Zulässigkeit der Abschreibung gemäß § 13 Abs. 4 nicht gegeben ist und er der lastenfreien Abschreibung nicht zugestimmt hat.“ Über den Einspruch hat das Gericht von Amts wegen nach den Grundsätzen des Verfahrens außer Streitsachen die erforderlichen Erhebungen zu pflegen, wobei eine Einigung unter den Beteiligten anzustreben ist. Wird keine Einigung erzielt, so ist über den Einspruch durch Beschluß zu entscheiden. Wird ihm stattgegeben, so ist nach Rechtskraft des Beschlusses der frühere Grundbuchsstand von Amts wegen wiederherzustellen. Die Bestimmungen des § 6 Abs. 2 und der §§ 7 und 10 sind sinngemäß anzuwenden. *(BGBl 1961/166; BGBl I 2008/100, ab 1. 1. 2009)*

(2) Wurde das Trennstück einem andern Grundbuchskörper zugeschrieben oder wurde aus ihm ein neuer Grundbuchskörper gebildet, so ist der Einspruch in der Einlage dieses Grundbuchskörpers anzumerken. Die Anmerkung hat die Wirkung, daß der Abschreibung nachfolgende Eintragungen die Wiederherstellung des früheren Grundbuchsstandes nicht hindern, wenn dem Einspruche stattgegeben wird. Sie ist nach rechtskräftiger Erledigung des Einspruches von Amts wegen zu löschen.

C. Sonderbestimmungen für die Verbücherung von Straßen-, Weg-, Eisenbahn- und Wasserbauanlagen

§ 15. Die folgenden Bestimmungen sind anzuwenden:

1. auf Grundstücke, die zur Herstellung, Umlegung oder Erweiterung und Erhaltung einer Straßen-, Weg- oder Eisenbahnanlage oder einer Anlage zur Leitung, Benützung, Reinhaltung oder Abwehr eines Gewässers oder zur Abwehr von Lawinen und dergleichen (zum Beispiel Bewässerungs-, Entwässerungs-, Kanalisations-, Wasserleitungsanlage, Schutz- oder Regulierungsbau, Wildbachverbauung) einschließlich der hiezu er-

forderlichen besonderen Werkanlagen (zum Beispiel Trieb- und Stauwerke), verwendet worden sind;

2. auf Grundstücksreste, die durch eine solche Anlage von den Stammgrundstücken abgeschnitten worden sind, und zwar auch bei Übertragung des Eigentumsrechts;

3. auf aufgelassene Straßenkörper, Wege oder Eisenbahngrundstücke oder das Bett frei gewordener Gewässer.

(BGBl I 2008/100, ab 1. 1. 2009)

§ 16. Die Vermessungsbehörde kann den Antrag auf lastenfreie Ab- und Zuschreibung der in § 15 angeführten Grundstücke beurkunden; wenn der Antragsteller gegenüber der Vermessungsbehörde erklärt, dass bestimmte Dienstbarkeiten, die auf diesen Grundstücken lasten, aufrecht bleiben sollen, ist der Antrag auf Mitübertragung dieser Dienstbarkeiten zu beurkunden. Überdies hat die Vermessungsbehörde in der Beurkundung nach Maßgabe der tatsächlichen Verhältnisse zu bestätigen, dass eine der in § 15 angeführten Anlagen errichtet bzw. aufgelassen wurde. „Der Rang der Eintragung richtet sich nach dem Zeitpunkt, in dem der Beschluss über die Ab- und Zuschreibung der Einlaufstelle übergeben wird." *(BGBl I 2013/190, ab 1. 7. 2013)*

(BGBl I 2008/100, ab 1. 1. 2009)

§ 17. *(aufgehoben, BGBl I 2008/100, ab 1. 1. 2009)*

§ 18. „Der Beschluss über die Ab- und Zuschreibung ergeht auf Grund dieser Beurkundung, des dem Anmeldungsbogen zugrundeliegenden Planes sowie allfälliger Erhebungen des Gerichts." Eines Nachweises der Zustimmung der Eigentümer oder der Buchberechtigten bedarf es nicht. *(BGBl I 2012/30, ab 1. 5. 2012)*

(BGBl I 2008/100, ab 1. 1. 2009)

§ 19. (1) Der Beschluss über die bücherliche Durchführung der Veränderungen ist dem Antragsteller, den Eigentümern der betroffenen Grundstücke und den Buchberechtigten nach den für die Zustellung von Klagen geltenden Vorschriften zuzustellen.

(2) Für Personen, an die der Beschluss nicht zugestellt werden kann, weil sie unbekannten Aufenthaltes sind, hat das Gericht auf Kosten des Antragstellers von Amts wegen Kuratoren zu bestellen. Vor Bestellung eines Kurators ist dem Antragsteller Gelegenheit zur Äußerung zu geben.

(BGBl I 2008/100, ab 1. 1. 2009)

§ 20. (1) Ein Eigentümer oder ein Buchberechtigter, der behauptet, durch die bücherliche Durchführung der Änderungen in seinen bücherlichen Rechten verletzt zu sein, weil weder Einvernehmen über die Rechtsabtretung bzw. den Rechtsverlust besteht, noch ein förmliches Enteignungsverfahren durchgeführt wurde, kann innerhalb von 30 Tagen nach Zustellung des Beschlusses Einspruch erheben. Der Einspruch eines Buchberechtigten ist jedoch unbegründet, soweit die Voraussetzungen für die lastenfreie Abschreibung nach § 13 Abs. 4 gegeben sind und innerhalb eines Zeitraums von fünf Jahren auch keine Abschreibung auf Grund des § 18 vorgenommen worden ist. § 14 Abs. 1 zweiter bis fünfter Satz und Abs. 2 gelten für den Einspruch des Eigentümers oder eines Buchberechtigten nach dieser Bestimmung sinngemäß. Wird dem Einspruch stattgegeben, so ist nach Rechtskraft des Beschlusses der frühere Grundbuchsstand von Amts wegen nur „hinsichtlich des Grundstücks" wiederherzustellen, an dem die bücherlichen Rechte desjenigen bestehen, der den Einspruch erhoben hat. *(BGBl I 2012/30, ab 1. 5. 2012)*

(2) Wer einen Antrag nach § 16 stellt, ohne dass zuvor das Einvernehmen über eine Rechtsabtretung oder einen Rechtsverlust hergestellt oder ein förmliches Enteignungsverfahren durchgeführt wurde, haftet dem in seinen bücherlichen Rechten Verletzten für den Schaden, der durch die bücherliche Durchführung der Veränderungen entstanden ist. Der Ersatzanspruch verjährt in drei Jahren nach Ablauf des Tages, an dem der Schaden dem Geschädigten bekannt geworden ist, keinesfalls aber vor einem Jahr nach Rechtskraft der Eintragung. Ist dem Geschädigten der Schaden nicht bekannt geworden oder ist der Schaden aus einem Verbrechen entstanden, so verjährt der Anspruch erst nach zehn Jahren nach der Entstehung des Schadens.

(BGBl I 2008/100, ab 1. 1. 2009)

§ 21. Soweit die durch die Anlage verursachten Veränderungen nicht nach den vorstehenden Bestimmungen bücherlich durchgeführt werden können, ist gemäß § 28 vorzugehen.

§ 22. „" Berührt die Anlage die Sprengel mehrerer Bezirksgerichte, so ist jedes für den in seinem Sprengel gelegenen Teil der Anlage zuständig. „Diese Gerichte haben das Verfahren auch für die von der Anlage berührten, in Eisenbahneinlagen eingetragenen Liegenschaften durchzuführen." *(BGBl I 2008/100)*

(2) *(aufgehoben, dRGBl 1944 I 216)*

(dRGBl 1944 I 216)

§ 22a. *(aufgehoben, BGBl I 2008/100, ab 1. 1. 2009)*

III. Verfahren bei Ab- und Zuschreibungen

§ 23. (1) Die Abschreibung einzelner Bestandteile eines Grundbuchskörpers von einer Einlage und deren Zuschreibung zu einer andern oder die Eröffnung einer neuen Einlage für sie ist mit einem einzigen Gesuch anzusuchen.

(2) Sind die Verfügungen darüber in den Büchern zweier Gerichte zu vollziehen, so ist das Gesuch bei dem Gerichte zu überreichen, das die Abschreibung vornehmen soll. Findet dieses keinen Anstand gegen die Bewilligung, so hat es die Abschreibung anzumerken und das Gesuch behufs Bewilligung und Vornahme der Zuschreibung oder Eröffnung einer neuen Einlage an das zweite Gericht mit dem Bemerken zu senden, daß gegen die Abschreibung kein Anstand obwalte.

(3) Die Anmerkung der Abschreibung hat die Wirkung, daß spätere Eintragungen für den abzuschreibenden Bestandteil nur dann Wirksamkeit erlangen, wenn dessen Eintragung in einer anderen Einlage nicht bewilligt wird.

§ 24. (1) Das zweite Gericht hat, wenn es ebenfalls keinen Anstand findet, die Zuschreibung oder die Eröffnung der neuen Einlage vorzunehmen und hievon das erste Gericht in Kenntnis zu setzen, das die angemerkte Abschreibung unter Angabe des Buches und der Einlage, in der der abgeschriebene Bestandteil eingetragen worden ist, zu vollziehen und die Beteiligten hievon zu verständigen hat.

(2) Wird dagegen die Zuschreibung oder die Eröffnung einer neuen Einlage nicht bewilligt, so ist das erste Gericht unter Angabe der Abweisungsgründe in Kenntnis zu setzen. Dieses hat hievon den Einschreiter unter Mitteilung der Abweisungsgründe mit dem Bemerken zu verständigen, daß die Anmerkung der Abschreibung nach eingetretener Rechtskraft des abweislichen Bescheides gelöscht werden wird.

(3) Wird die Ab- und Zuschreibung bewilligt, so ist das Gesuch mit den Beilagen bei dem Gericht aufzubewahren, bei dem die Zuschreibung oder die Eröffnung der neuen Einlage erfolgt ist.

(4) In sinngemäßer Weise ist auch bei der Ab- und Zuschreibung von Grundstücken im Wege des Tausches vorzugehen. Den Beteiligten steht dabei die Wahl frei, bei welchem der beiden Gerichte sie das Gesuch überreichen wollen.

§ 25. (1) Durch die Abschreibung erlischt außer dem Falle des § 3 für den abgeschriebenen Bestandteil die Wirksamkeit aller auf den Grundbuchskörper sich beziehenden Eintragungen.

(2) Durch die Zuschreibung erlangen alle auf den Grundbuchskörper, dem der Bestandteil zugeschrieben wird, sich beziehenden Eintragungen auch für das zugeschriebene Stück Wirksamkeit.

IV. Übereinstimmung des Grundbuches mit dem Grundkataster

§ 26. Soweit die Eintragungen im Gutsbestandsblatte des Grundbuches sich auf Tatsachen beziehen, die aus dem Grundkataster ersichtlich sind, hat das Gericht Veränderungen auf Grund des Anmeldungsbogens ohne Einvernehmung der Parteien von Amts wegen durchzuführen, wenn sich aus dem Grundbuchsstande keine Hindernisse ergeben.

§ 27. *(aufgehoben, BGBl 1975/238)*

§ 28. (1) Erlangt das Buchgericht durch eine Mitteilung der Vermessungsbehörde „ “ amtliche Kenntnis, daß die bücherliche Eintragung des Eigentums unterblieben ist, so hat es der säumigen Partei nach deren Einvernehmung eine Frist zu bestimmen, innerhalb welcher sie die Ordnung des Grundbuchsstandes zu bewirken oder sich über die Schritte auszuweisen hat, die sie zur Beseitigung entgegenstehender Hindernisse unternommen hat. *(BGBl I 2003/112, ab 1. 1. 2005, anzuwenden auf Abhandlungsverfahren, die nach dem 31. 12. 2004 erstmals bei Gericht oder beim Gerichtskommissär anhängig gemacht wurden oder werden konnten)*

(2) In gleicher Weise ist vorzugehen, wenn der Ersteher im Fall einer Zwangsversteigerung mit dem Antrag auf Einverleibung seines Eigentums und Löschung der nicht übernommenen Lasten und Rechte (§ 237 E.O.) säumig und das Exekutionsgericht zugleich Grundbuchsgericht ist; andernfalls hat das Exekutionsgericht das Grundbuchsgericht von der Säumigkeit des Erstehers zu verständigen, worauf dieses nach Absatz 1 vorzugehen hat.

(3) Das Überschreiten der Frist, deren Einhaltung von Amts wegen zu überwachen ist, wird durch eine im vorhinein anzudrohende und im Falle der Wiederholung zu steigernde Geldstrafe bis „500 Euro“ geahndet. *(BGBl I 2001/98, ab 1. 1. 2002)*

(4) Das Verfahren hat sich nach den Bestimmungen über das Verfahren in Angelegenheiten außer Streitsachen zu richten.

§ 28a. *(aufgehoben, BGBl I 2008/100, ab 1. 1. 2009)*

§ 29. *(aufgehoben, BGBl I 2003/112, ab 1. 1. 2005, s Anm zu § 28 Abs 1)*

V. Schlußbestimmungen

§ 30. *(aufgehoben, BGBl I 2008/100, ab 1. 1. 2009)*

§ 31. Gesuche um Grundteilungen, um Abschreibung und Zuschreibung zu einem demselben Eigentümer gehörigen Grundbuchskörper oder um Bildung eines selbständigen Grundbuchskörpers für denselben Eigentümer sowie um Aufforderung der Buchgläubiger[1)] gemäß § 4 bedürfen keiner Beglaubigung der Unterschrift des Antragstellers.

[1)] Richtig: Buchberechtigte.

§ 32. Die Anfechtung von Beschlüssen, die sich auf das Ansuchen einer Partei um Bewilligung einer grundbücherlichen Eintragung beziehen, einschließlich solcher Anträge, die vom Vermessungsamt beurkundet wurden, richtet sich nach den Bestimmungen der §§ 122 ff. GBG 1955. Für die Anfechtung sonstiger Beschlüsse über die in diesem Bundesgesetz geregelten Angelegenheiten gelten die Grundsätze des Verfahrens außer Streitsachen. Wird einem Rekurs gegen einen Beschluss nach § 18 stattgegeben, so ist nach Rechtskraft des Beschlusses der frühere Grundbuchsstand nur hinsichtlich des Grundstücks wiederherzustellen, an dem die bücherlichen Rechte des Rekurswerbers bestehen.

(BGBl I 2012/30, ab 1. 5. 2012)

§ 33. Pläne und Planpausen, die von einer im § 1 bezeichneten Person oder Stelle beglaubigt sind, bedürfen für den gerichtlichen Gebrauch keiner weiteren Beglaubigung.

§ 34. Die Bestimmungen der §§ 15 bis 22 sind auf bereits anhängige Fälle der Verbücherung von Straßen-, Weg- und Wasserbauanlagen anzuwenden, sofern nicht die Anordnungen im Sinne der §§ 3 und 16 des Gesetzes vom 11. Mai 1894, R. G. Bl. Nr. 126, schon getroffen worden sind.

(gegenstandslose Übergangsvorschrift)

§ 35. *(aufgehoben, BGBl I 2012/30, ab 21. 4. 2012)*

§ 36. Die Gesetze vom 6. Februar 1869, R.G.Bl. Nr. 18, vom 23. Mai 1883, R.G.Bl. Nr. 82, und vom 11. Mai 1894, R.G.Bl. Nr. 126, die kaiserliche Verordnung vom 1. Juni 1914, R.G.Bl. Nr. 116, das Gesetz vom 17. März 1921, B.G.Bl. Nr. 230, sowie Artikel 57 des Gesetzes vom 21. Juli 1925, B.G.Bl. Nr. 277, treten außer Kraft.

§ 37. Die in anderen Gesetzen enthaltenen Vorschriften, wonach die Teilung oder die Ab- und Zuschreibung von Grundstücken nicht oder nur unter gewissen Bedingungen zulässig ist, bleiben unberührt.

§ 38. Soweit in anderen Gesetzen auf die Vorschriften des Gesetzes vom 6. Februar 1869, R.G.Bl. Nr. 18, verwiesen wird, treten an deren Stelle die entsprechenden Bestimmungen dieses Gesetzes.

§ 39. „(1)" Mit der Vollziehung dieses Gesetzes, das drei Monate nach seiner Kundmachung in Kraft tritt, ist der Bundesminister für Justiz betraut. *(BGBl I 2008/100)*

(2) §§ 2, 13, 14 Abs. 1, §§ 15, 16, 18 bis 20, 22, 32, 35 in der Fassung des Bundesgesetzes BGBl. I Nr. 100/2008 treten mit 1. Jänner 2009 in Kraft. Gleichzeitig treten §§ 17, 22a, 28a und 30 außer Kraft. *(BGBl I 2008/100)*

(3) § 2 Abs. 1 in der Fassung des Bundesgesetzes BGBl. I Nr. 100/2008 gilt nicht für Pläne, deren Bescheinigung nach § 39 VermG vor dem 1. Jänner 2009 ausgestellt worden ist. *(BGBl I 2008/100)*

(4) Auf Pläne und Bescheinigungen, die nach dem 31. Dezember 2008 noch nicht im Geschäftsregister der Vermessungsbehörde gespeichert sind, ist § 2 in der vor Inkrafttreten des Bundesgesetzes BGBl. I Nr. 100/2008 geltenden Fassung weiter anzuwenden. *(BGBl I 2008/100)*

(5) Nach dem 31. Dezember 2008 sind die §§ 13, 15, 16, 18 und 20 in der Fassung des Bundesgesetzes BGBl. I Nr. 100/2008 auch dann anzuwenden und § 17 ist auch dann nicht mehr anzuwenden, wenn der Anmeldungsbogen vor dem 1. Jänner 2009 beim Grundbuchsgericht eingelangt ist. *(BGBl I 2008/100)*

(6) § 2, § 3 Abs. 3, § 4 Abs. 4, § 18, § 20 Abs. 1 und § 32 in der Fassung des Bundesgesetzes BGBl. I Nr. 30/2012 treten mit 1. Mai 2012 in Kraft. § 3a in der Fassung dieses Bundesgesetzes tritt mit 1. November 2012 in Kraft. *(BGBl I 2012/30)*

(7) § 13 Abs. 1 und § 16 in der Fassung des Bundesgesetzes BGBl. I Nr. 190/2013 treten mit 1. Juli 2013 in Kraft. *(BGBl I 2013/190)*

KODEX
DES ÖSTERREICHISCHEN RECHTS
HERAUSGEBER: UNIV.-PROF. DR. WERNER DORALT
COMPLIANCE
FÜR UNTERNEHMEN
LexisNexis
1 StrafR StGB VbVG VStG
2 Lobbying u Medientransp. LobbyG BVG MedKF-T
3 FinanzR FinStrG BAO
4 WettbewerbsR KartG UWG AEUV
5 DatenschutzR DSG DSGVO
6 KapitalmarktR BörseG ECV EU-Verordnungen
7 GesellschaftsR ÖCGK GmbH AktG EKEG UGB
8 GewO GewO 2. GTV-GewO
9 ImmaterialgR UrhG MarkschG MuSchG PatG
10 ArbeitsR AZG ARG ASchG GlBG LSD-BG ASVG ArbVG
11 Produktsicherheit PSG 2004 PHG

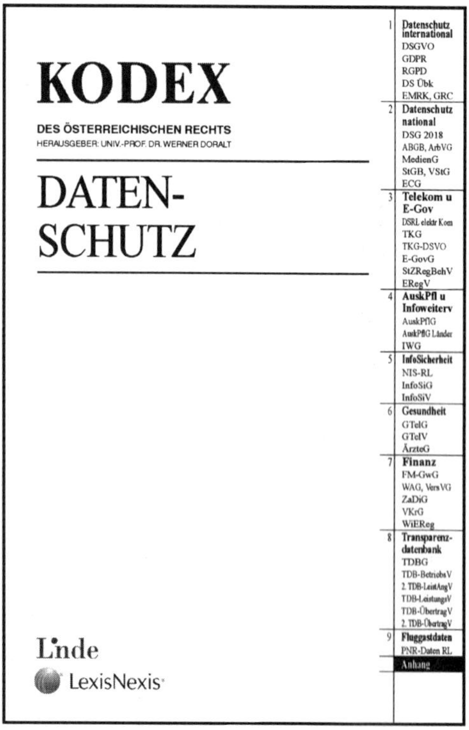
KODEX
DES ÖSTERREICHISCHEN RECHTS
HERAUSGEBER: UNIV.-PROF. DR. WERNER DORALT
DATEN-
SCHUTZ
Linde
LexisNexis
1 Datenschutz international DSGVO GDPR RGPD DS Übk EMRK, GRC
2 Datenschutz national DSG 2018 ABGB, ArbVG MedienG StGB, VStG ECG
3 Telekom u E-Gov DSRL elektr Kom TKG TKG-DSVO E-GovG StZRegBehV ERegV
4 AuskPfl u Infoweiterv AuskPflG AuskPflG Länder IWG
5 InfoSicherheit NIS-RL InfoSiG InfoSiV
6 Gesundheit GTelG GTelV ÄrzteG
7 Finanz FM-GwG WAG, VersVG ZaDiG VKrG WiEReg
8 Transparenzdatenbank TDBG TDB-BetriebsV 2. TDB-LeistAngV TDB-LeistungsV TDB-ÜbertragV 2. TDB-ÜbertragV
9 Fluggastdaten PNR-Daten RL
Anhang

KODEX
DES ÖSTERREICHISCHEN RECHTS
HERAUSGEBER: UNIV.-PROF. DR. WERNER DORALT
VERSICHERUNGS-
RECHT
LexisNexis
1 VersVG
2 PHG KSchG, FernFinG
3 EuGVVO Rom I + IPRG
4 KFG + ZustV EKHG
5 KHVG AKHB + AKKB
6 KHV Euro-Üb Abk Ö–Schweiz
7 VOEG Vertrag Ö-Schweiz
8 LFG BGzLV
9 GewO RSV + ERV-RVB
10 RAO | EIRAG | NO WTBG | BiBuG ÄrzteG
11 Sonstige HP-Vers
12 AVB Leben Kranken | Unfall Sachversicherung Einbruchdiebstahl Feuer | Glas Haftpfl., USKV, ÖÄK Haushalt Rechtsschutz Transport + AÖSp (SVS/RVS)
13 VAG + VOen
14 PRIIP-VO
15 FMABG + VOen
16 BAG + VOen
17 GewO + VOen
18 MaklerG AGB-VersMakler
19 Hagelvers-FöG
20 Tiervers-FöG
21 Waldbrandvers-Fö ForstG + VO
22 Kapitalvers-FöG EStG
23 VersStG + VO
24 FeuerschStG + VO
25 PKG + VOen
26 BPG
27 Kartellrecht
28 FM-GwG + VOen

KODEX
DES ÖSTERREICHISCHEN RECHTS
HERAUSGEBER: UNIV.-PROF. DR. WERNER DORALT
VERSICHERUNGS-
RECHT
LexisNexis
1 Solvency II
2 L2-VO
3 ITS Zweckgesellschaften Solvabilität Gruppenaufsicht Informationen Aufsicht und Verfahren Übergangsbestimmungen
4 EIOPA-GL Allg. Best. Governance Solvabilität Gruppenaufsicht Informationen Aufsicht und Verfahren Übergangsbestimmungen
5 Intl. Abk. Gleichwertigkeit
6 IMD + IDD + Beschwerde-Management
7 PRIIP-VO
8 EIOPA-VO
9 §§ 189 ff UGB Bilanz-RL VersBil-RL
10 §§ 268 ff UGB AP-RL & VO
11 IORP/EbAV
12 4. GW-RL

19. Anerbengesetz

BGBl 1958/106 idF

1 BGBl 1973/108
2 BGBl 1974/444
3 BGBl 1989/659
4 BGBl I 2003/112 (AußStr-BegleitG)
5 BGBl I 2015/87 (ErbRÄG 2015)
6 BGBl I 2018/58 (ErwSchAG-Justiz)
7 BGBl I 2019/38 (ZZRÄG 2019)

19/1. Kärntner Erbhöfegesetz

19/2. Tiroler Höfegesetz

GLIEDERUNG

STICHWORTVERZEICHNIS

(Die Zahlenangaben beziehen sich auf die Paragraphen, wenn nichts angegeben auf das AnerbG)

AnerbG

Stichwortverzeichnis

Bundesgesetz vom 21. Mai 1958 über besondere Vorschriften für die bäuerliche Erbteilung (Anerbengesetz)[1)]

[1)] Nach § 43 Abs 2 EPG sind die bundesgesetzlichen Sonderbestimmungen über das bäuerliche Erbrecht, die für Eheangelegenheiten oder Ehegatten anwendbar sind, auf eingetragene Partnerschaften oder eingetragene Partner sinngemäß anzuwenden.

I. Abschnitt

Der Erbhof

Begriff

§ 1. (1) Erbhöfe sind mit einer Hofstelle versehene land- und forstwirtschaftliche Betriebe, die im Eigentum einer natürlichen Person, von Ehegatten oder eines Elternteils und eines Kindes (§ 42 ABGB) stehen und mindestens einen zur angemessenen Erhaltung „einer erwachsenen Person" ausreichenden, jedoch das „Vierzigfache" dieses Ausmaßes nicht übersteigenden Durchschnittsertrag haben. *(BGBl 1989/659; BGBl I 2019/38, ab 1. 6. 2019; anzuwenden, wenn der Eigentümer des Erbhofs nach dem 31. Mai 2019 verstorben ist)*

(2) Zu „land- und forstwirtschaftlichen"* Betrieben im Sinne des Abs. 1 zählen auch solche, die ausschließlich oder vorwiegend dem Wein-, Obst- oder Gemüsebau dienen. „Auch ausschließlich forst- oder landwirtschaftlich genutzte Besitzungen sind land- und forstwirtschaftliche Betriebe im Sinn des Abs. 1."** *(*BGBl 1989/659; **BGBl I 2019/38, ab 1. 6. 2019; anzuwenden, wenn der Eigentümer des Erbhofs nach dem 31. Mai 2019 verstorben ist)*

(3) Ob die Erhaltung „einer erwachsenen Person" im Sinn des Abs. 1 angemessen ist, ist nach den örtlichen Verhältnissen zu beurteilen. *(BGBl 1989/659; BGBl I 2019/38, ab 1. 6. 2019; anzuwenden, wenn der Eigentümer des Erbhofs nach dem 31. Mai 2019 verstorben ist)*

Umfang

§ 2. (1) Der Erbhof besteht aus den dem Eigentümer des Erbhofs gehörenden Grundstücken, die den Zwecken der Landwirtschaft (§ 1) dienen und eine wirtschaftliche Einheit bilden, samt den auf diesen Grundstücken befindlichen Wohn- und Wirtschaftsgebäuden.

(2) Bewegliche körperliche Sachen gehören insoweit zum Erbhof, als sie dem Eigentümer des Erbhofs gehören und zur Führung eines ordentlichen Wirtschaftsbetriebs erforderlich sind.

(3) Zum Erbhof gehören ferner die damit verbundenen Nutzungsrechte sowie Anteilsrechte an agrargemeinschaftlichen Grundstücken, die Rechte des Eigentümers des Erbhofs aus der Mitgliedschaft zu landwirtschaftlichen[1)] Genossenschaften und die auf dem Erbhof betriebenen „Unternehmen" des Eigentümers, sofern diese nicht die Hauptsache bilden und vom „land- und forstwirtschaftlichen Betrieb" nicht getrennt werden können oder ihre Trennung unwirtschaftlich wäre. *(BGBl 1989/659)*

AnerbG

[1)] Mit dem BGBl I 2019/38 wurde der Entfall des Wortes „Betrieb" vor dem Wort „Genossenschaften" angeordnet, obwohl es dies nicht gibt; ein Redaktionsversehen.

II. Abschnitt

Der Anerbe

Gesetzliche Erbfolge

§ 3. (1) Sind bei der gesetzlichen Erbfolge nach dem Alleineigentümer eines Erbhofs mehrere Miterben berufen, so kann nur einer von ihnen, der Anerbe, Eigentümer des Erbhofs werden. Einigen sich die Miterben nicht über die Person des Anerben, so gelten für dessen Bestimmung folgende Regeln:

1. Abkömmlinge des „Verstorbenen", die zur Land- oder Forstwirtschaft erzogen werden oder wurden, haben gegenüber anderen den Vorrang. Unter mehreren zur Land- oder Forstwirtschaft erzogenen Abkömmlingen werden diejenigen bevorzugt, die auf dem Erbhof aufwachsen oder aufwuchsen. *(BGBl I 2015/87, ab 1. 1. 2017)*

2. Abkömmlinge des „Verstorbenen", die auf dem Erbhof aufwachsen oder aufwuchsen, gehen dessen überlebendem Ehegatten vor; dieser reiht vor den übrigen Verwandten. Stammt der Erbhof jedoch ganz oder überwiegend von der Seite des überlebenden Ehegatten, so gehen dieser und die

Abkömmlinge des „Verstorbenen“ mit diesem anderen Abkömmlingen vor. *(BGBl I 2015/87, ab 1. 1. 2017)*

3. Miterben, die für einen anderen Beruf als den der Land- oder Forstwirtschaft erzogen wurden oder im Zeitpunkt des Todes des „Verstorbenen“ seit mindestens zwei Jahren erzogen werden oder die anderweitig versorgt sind, scheiden als Anerbe aus, wenn in derselben Linie (§ 731 ABGB) Miterben vorhanden sind, die für die Land- oder Forstwirtschaft erzogen wurden oder werden und nicht anderweitig versorgt sind. *(BGBl I 2015/87, ab 1. 1. 2017)*

4. Stammt der Erbhof ganz oder überwiegend von der Seite eines früheren Ehegatten des „Verstorbenen“, so haben die Abkömmlinge des „Verstorbenen“ mit diesem Ehegatten den Vorzug vor anderen Miterben. *(BGBl I 2015/87, ab 1. 1. 2017)*

5. Sind weder Abkömmlinge noch ein Ehegatte des „Verstorbenen“ vorhanden und stammt der Erbhof ganz oder überwiegend von der Vaterseite oder der Mutterseite, so haben die Erben von dieser bestimmten Seite den Vorzug. *(BGBl I 2015/87, ab 1. 1. 2017)*

(2) Bleiben bei der Auslese nach den vorstehenden Regeln immer noch mehrere Miterben übrig, die als Anerbe in Betracht kommen, so gilt für die Bestimmung des Anerben ferner folgendes:

1. Im Grade näher Verwandte gehen den im Grad entfernter Verwandten vor.

2. Unter gleich nahen Verwandten entscheidet je nach dem in der Gegend geltenden Brauch Ältesten- oder Jüngstenrecht; besteht kein Brauch, so gilt Ältestenrecht. Bei gleichem Alter mehrerer in Betracht kommender Miterben entscheidet das Verlassenschaftsgericht. Es hat denjenigen zum Anerben zu bestimmen, der als „Land- oder Forstwirt“ am fähigsten ist oder zu werden verspricht; dabei sind die Wünsche des überlebenden Ehegatten nach Tunlichkeit zu berücksichtigen. *(BGBl I 2019/38, ab 1. 6. 2019; anzuwenden, wenn der Eigentümer des Erbhofs nach dem 31. Mai 2019 verstorben ist)*

(3) Die Länder sind ermächtigt, durch Landesgesetze festzustellen, welcher Brauch im Sinn des Abs. 2 Z 2 in den einzelnen Gebieten des Landes besteht oder ob ein bestimmter Brauch fehlt.

(BGBl 1989/659)

§ 4. (1) Stand der Erbhof im Eigentum von Ehegatten, so ist bei der gesetzlichen Erbfolge der überlebende Ehegatte Anerbe.

(2) Starben die Ehegatten gleichzeitig, so ist der Anerbe für den ganzen Erbhof nach § 3 zu bestimmen. Sind in diesem Fall nach einem Ehegatten Erben vorhanden, die nicht zugleich Erben des anderen Ehegatten sind, so sind sie hinsichtlich der Übernahme des Erbhofs so zu behandeln, als ständen sie auch zu diesem anderen Ehegatten im gleichen Verwandtschaftsverhältnis. Stammt der Erbhof jedoch ganz oder überwiegend von einem Ehegatten, so haben dessen Verwandte den Vorzug. *(BGBl 1989/659)*

§ 4a. (1) Stand der Erbhof im Eigentum eines Elternteils und eines Kindes, so ist bei der gesetzlichen Erbfolge der überlebende Miteigentümer, sofern er ein gesetzliches Erbrecht hat, Anerbe. Hat der Überlebende kein gesetzliches Erbrecht, so ist der Anerbe des erledigten Anteils unter den gesetzlichen Erben des verstorbenen Miteigentümers nach § 3 zu bestimmen.

(2) Starben der Elternteil und das Kind gleichzeitig, so ist das Kind als Anerbe des Erbhofs anzusehen. An die Stelle des Kindes treten dessen gesetzliche Erben, unter denen der Anerbe des ganzen Erbhofs nach § 3 zu bestimmen ist.

(BGBl 1989/659)

§ 5. (1) Der nach § 3 berufene Anerbe ist von der Übernahme des Erbhofs durch Beschluß des Verlassenschaftsgerichts auszuschließen, wenn er

1. infolge einer psychischen Krankheit, einer „vergleichbaren Beeinträchtigung seiner Entscheidungsfähigkeit“* oder „einer körperlichen Beeinträchtigung“** zur dauernden Bewirtschaftung des Erbhofs offenbar unfähig ist; *(*BGBl I 2018/58, ab 1. 8. 2018; **BGBl I 2019/38)*

2. infolge seiner auffallenden und anhaltenden Neigung zur Verschwendung, zur Trunksucht oder zum Mißbrauch von Suchtgiften befürchten läßt, daß er den Erbhof abwirtschaftet oder

3. über zwei Jahre ohne Nachricht von seinem Aufenthalt unter solchen Umständen abwesend ist, die eine Rückkehr binnen angemessener Frist zweifelhaft machen. Eine Abwesenheit durch Krieg oder Kriegsgefangenschaft bleibt außer Betracht.

(BGBl 1989/659)

(2) Das Verlassenschaftsgericht kann den Anerben nur ausschließen, wenn innerhalb derselben Linie (§ 731 ABGB.) mehrere Miterben vorhanden sind und wenigstens einer von ihnen nicht ausgeschlossen ist. Unter den nicht ausgeschlossenen Miterben wird jener Anerbe, der Anerbe geworden wäre, wenn der ausgeschlossene Anerbe nicht vorhanden gewesen wäre.

(3) Die Vermutung spricht für das Fehlen von Ausschließungsgründen. Von Amts wegen ist nur zu entscheiden, wenn sich nicht die Miterben über die Person des Anerben geeinigt haben und wenn ein Ausschließungsgrund offensichtlich vorliegt.

§ 6. (1) Ist der Anerbe zur Zeit des Erbanfalls bereits allein oder gemeinsam mit seinem Ehegatten, einem Elternteil oder einem Kind Eigentümer eines Erbhofs, so hat er auf Antrag eines Miterben derselben Linie (§ 731 ABGB) in dem Recht, einen Erbhof nach § 3 zu übernehmen, hinter seinen Miterben zurückzustehen. Der Antrag muß entweder mit der Erbserklärung[1)] oder innerhalb eines Monats nach Feststellung der Erbhofeigenschaft gestellt werden. Der Erbhof fällt dem nach § 3 Nächstberufenen zu. Für diesen und alle nach ihm als Anerbe berufenen Miterben gilt das gleiche, wenn sie schon allein oder gemeinsam mit ihrem Ehegatten, Elternteil oder Kind Eigentümer eines Erbhofs sind. Der Anerbe, der zurückstehen muß, kann jedoch seinen Erbhof, erforderlichenfalls mit Zustimmung seines Miteigentümers, seinen Miterben, die nicht bereits Eigentümer eines Erbhofs sind, in der in § 3 festgelegten Reihenfolge um einen nach § 11 zu ermittelnden Preis anbieten. Er behält seine Rechte als Anerbe, wenn einer der Miterben seinen Erbhof erwirbt oder diesen keiner der Miterben binnen der vom Verlassenschaftsgericht gestellten Frist übernehmen will. *(BGBl 1989/659)*

(2) Gehören zu „einer Verlassenschaft" mehrere Erbhöfe und treten mehrere Personen derselben Linie (§ 731 ABGB.) als Miterben ein, so sind diese in der Reihenfolge, in der sie nach diesem Bundesgesetz als Anerbe berufen wären, zur Übernahme je eines Erbhofs nach ihrer Wahl berufen. Sind „in der Verlassenschaft" mehr Erbhöfe als Miterben derselben Linie (§ 731 ABGB.) vorhanden, so übernehmen die Miterben die ihre Kopfzahl übersteigenden Erbhöfe nach der gleichen Reihenfolge. Das Wahlrecht wird durch Erklärung gegenüber dem Verlassenschaftsgericht ausgeübt. Sie ist unwiderruflich. Bei Nichteinhaltung der vom Verlassenschaftsgericht zur Erklärung gesetzten Frist erlischt das Wahlrecht des einzelnen Miterben; erforderlichenfalls trifft das Verlassenschaftsgericht nach billigem Ermessen unter gehöriger Würdigung aller Umstände die Wahl. *(BGBl I 2015/87, ab 1. 1. 2017)*

[1)] *Jetzt: Erbantrittserklärung (Art IV § 10 FamErbRÄG 2004).*

§ 7. (1) Die §§ 3 bis 6 sind auch dann anzuwenden, wenn neben der gesetzlichen auch gewillkürte Erbfolge eintritt. Ist in diesem Falle nur ein einziger gesetzlicher Erbe vorhanden, so wird dieser Anerbe.

(2) Die Bestimmungen des Abs. 1 gelten nicht, wenn der „Verstorbene" letztwillig die Übernahme des Erbhofs oder dessen wesentlicher Teile anders verfügt oder wenn er in der letztwilligen Verfügung ausdrücklich oder stillschweigend (§ 863 ABGB.) erklärt hat, daß auf die Erbteilung dieses Bundesgesetz nicht angewendet werden soll. Eine stillschweigende Erklärung in diesem Sinn ist insbesondere dann anzunehmen, wenn der „Verstorbene" über die in den §§ 11 bis 13 und 17 geregelten Gegenstände besondere Anordnungen getroffen hat und sich diese mit den Bestimmungen der §§ 11 bis 13 und 17 nicht vereinbaren lassen. *(BGBl I 2015/87, ab 1. 1. 2017)*

Gewillkürte Erbfolge

§ 8. (1) Bei der gewillkürten Erbfolge auf Grund eines Testaments des Alleineigentümers eines Erbhofs ist dieses Bundesgesetz mit Ausnahme der Bestimmungen über die gesetzliche Erbfolge anzuwenden, wenn der „letztwillig Verfügende"

1. eine einzige natürliche Person, Ehegatten allein oder einen Elternteil und ein Kind allein als Erben einsetzt und über den Erbhof oder dessen wesentliche Teile nicht durch Vermächtnis zugunsten einer anderen Person verfügt;

2. bestimmt, daß von den eingesetzten mehreren Miterben eine einzige natürliche Person, Ehegatten allein oder ein Elternteil und ein Kind allein den Erbhof oder dessen wesentliche Teile übernehmen sollen, oder

3. bestimmt, daß von den eingesetzten mehreren Miterben eine einzige Person, Ehegatten allein oder ein Elternteil und ein Kind allein den Erbhof oder dessen wesentliche Teile aufzugreifen berechtigt sind, und diese Personen von dem Recht auch tatsächlich Gebrauch machen.

(BGBl 1989/659; BGBl I 2015/87, ab 1. 1. 2017)

AnerbG

(2) Ist der „letztwillig Verfügende" nicht Alleineigentümer eines Erbhofs, sondern Eigentümer eines Erbhofs von Ehegatten oder eines Elternteils und eines Kindes, so gilt die Anordnung des Abs. 1, wenn eine der dort aufgezählten Bedingungen auf den anderen Miteigentümer zutrifft. *(BGBl 1989/659; BGBl I 2015/87, ab 1. 1. 2017)*

(3) Im Falle der gewillkürten Erbfolge auf Grund eines Erbvertrags sind die Bestimmungen dieses Bundesgesetzes mit Ausnahme jener über die gesetzliche Erbfolge anzuwenden, wenn durch den Vertrag der andere Ehegatte Alleineigentümer des Erbhofs oder dessen wesentlicher Teile wird.

(4) Der Miterbe oder die Miterben, die nach den Abs. 1 bis 3 den Erbhof übernehmen, sind Anerbe im Sinne dieses Bundesgesetzes.

(5) Im übrigen sind die Bestimmungen dieses Bundesgesetzes mit Ausnahme jener über die gesetzliche Erbfolge bei der gewillkürten Erbfolge nur anzuwenden, wenn sich die eingesetzten Miterben einigen, daß einer von ihnen den Erbhof oder dessen wesentliche Teile, über den oder über die der „Verstorbene" nicht durch Vermächtnis zugunsten einer anderen Person verfügt hat, als Anerbe übernimmt. *(BGBl I 2015/87, ab 1. 1. 2017)*

(6) Die Bestimmungen der Abs. 1 bis 4 gelten nicht, wenn der „Verstorbene" in der letztwilligen Verfügung ausdrücklich oder stillschweigend (§ 863 ABGB.) erklärt hat, daß auf die Erbteilung

dieses Bundesgesetz nicht angewendet werden soll. Eine stillschweigende Erklärung in diesem Sinn ist insbesondere dann anzunehmen, wenn der „Verstorbene" über die in den §§ 11 bis 13 und 17 geregelten Gegenstände besondere Anordnungen getroffen hat und sich diese mit den Bestimmungen der §§ 11 bis 13 und 17 nicht vereinbaren lassen; lassen sie sich wegen ihrer untergeordneten Bedeutung noch vereinbaren, dann gehen sie bei Anwendung dieses Bundesgesetzes vor. *(BGBl I 2015/87, ab 1. 1. 2017)*

§ 9. (1) Hat der „Verstorbene" über den Erbhof oder dessen wesentliche Teile durch Vermächtnis verfügt, so ist dieses Bundesgesetz mit Ausnahme der Bestimmungen über die gesetzliche Erbfolge anzuwenden, wenn auf Grund des Vermächtnisses eine einzige natürliche Person, Ehegatten allein oder ein Elternteil und ein Kind allein Eigentümer des Erbhofs oder dessen wesentlicher Teile werden und diese Personen in allen Fällen zu den Miterben gehören. Der oder die Vermächtnisnehmer, die den Erbhof nach dem vorstehenden Satz übernehmen, sind Anerbe im Sinn dieses Bundesgesetzes; § 8 Abs. 6 gilt sinngemäß. *(BGBl 1989/659; BGBl I 2015/87, ab 1. 1. 2017)*

(2) Vermächtnisse über einzelne Teile oder Zubehör des Erbhofs hindern die Anwendung dieses Bundesgesetzes nicht, wenn sie die Erbhofeigenschaft nicht beeinträchtigen.

III. Abschnitt
Erbteilung

Zuweisung des Erbhofs; Abfindungsansprüche

§ 10. (1) Hat nach den Bestimmungen des Abschnitts II der Anerbe unter mehreren Miterben den Erbhof zu übernehmen, so hat das Verlassenschaftsgericht „nach Durchführung einer mündlichen Verhandlung" vor der Einantwortung von Amts wegen eine Erbteilung vorzunehmen. Hiebei ist vorerst der Erbhof dem Anerben zuzuweisen. Dieser wird mit dem Übernahmspreis (§ 11) Schuldner der Verlassenschaft. In die Erbteilung selbst ist der Übernahmspreis des Erbhofs als Forderung der Verlassenschaft einzubeziehen; der Erbhof als solcher scheidet aus. *(BGBl I 2003/112, ab 1. 1. 2005; anzuwenden in Verlassenschaftssachen, die nach dem 31. 12. 2004 erstmals bei Gericht oder beim Gerichtskommissär anhängig gemacht wurden oder werden konnten)*

(2) Stehen den übrigen Miterben gegen den Anerben aus der Erbteilung im Zusammenhang mit der Zuweisung des Erbhofs Ansprüche zu (Abfindungsansprüche), so sind diese in der Regel als Geldforderungen zu behandeln. Das Verlassenschaftsgericht kann jedoch auf Antrag aller Miterben eine anderweitige Befriedigung genehmigen, durch Zuweisung einzelner Grundstücke oder von Zubehör des Erbhofs aber nur, soweit hiedurch die Erbhofeigenschaft nicht beeinträchtigt wird; auch ist einer letztwilligen Verfügung des „Verstorbenen" in dieser Hinsicht unter dem gleichen Vorbehalt Rechnung zu tragen. *(BGBl I 2015/87, ab 1. 1. 2017)*

(3) Diejenigen übrigen Miterben, die auf dem Erbhof mitgearbeitet haben, haben Anspruch auf angemessene Abgeltung ihrer in den letzten drei Jahren vor dem Tod des „Verstorbenen" geleisteten Dienste; dabei ist insbesondere auf Art, Umfang und Dauer der Mitarbeit und auf die örtlichen Verhältnisse Bedacht zu nehmen. Können sich die Miterben nicht einigen, so hat das Verlassenschaftsgericht die Mitarbeit bei der Bestimmung der Abfindungsansprüche nach billigem Ermessen zu berücksichtigen. *(BGBl 1989/659; BGBl I 2015/87, ab 1. 1. 2017)*

(4) Das Verlassenschaftsgericht hat in der Einantwortungsurkunde die grundbücherliche Eintragung des Eigentumsrechts des Anerben am Erbhof und allfälliger Eigentumsrechte der übrigen Miterben an einzelnen Grundstücken des Erbhofs (Abs. 2) anzuordnen.

Übernahmspreis

§ 11. (1) Der Übernahmspreis ist, sofern er nicht von den Miterben im Vergleichsweg bestimmt wird, durch das Verlassenschaftsgericht unter Berücksichtigung aller auf dem Erbhof haftenden Lasten nach billigem Ermessen auf Grund des Gutachtens zweier bäuerlicher Sachverständiger so zu bestimmen, daß der Anerbe wohl bestehen kann. Hiebei ist auf die Interessen der übrigen Miterben gebührend Bedacht zu nehmen. An die Bewertung in einem eidesstättigen Vermögensbekenntnis ist das Verlassenschaftsgericht nicht gebunden.

(2) Auf dem Erbhof betriebene Unternehmen des „Verstorbenen", die nach § 2 Abs. 3 zum Erbhof gehören und wirtschaftlich nicht unbedeutend sind, sind selbständig zu schätzen und nach dem Verkehrswert zu berücksichtigen. *(BGBl I 2015/87, ab 1. 1. 2017)*

(BGBl 1989/659)

Auszahlung und Sicherstellung der Abfindungsansprüche

§ 12. (1) Mangels Einigung des Anerben mit den übrigen Miterben über die Frist der Auszahlung sowie über die Verzinsung der in Geldforderungen bestehenden Abfindungsansprüche der übrigen Miterben (§ 10 Abs. 2) kann das Verlassenschaftsgericht, vorbehaltlich der Bestimmung des § 13 Abs. 3, auf Antrag des Anerben die Auszahlung dieser Abfindungsansprüche auf einmal oder in Teilbeträgen bis zu einer Frist von höchstens fünf Jahren vom Todestag des „Verstorbenen“ hinausschieben und gleichzeitig eine angemessene Verzinsung festlegen, wenn die sofortige Auszahlung die wirtschaftliche Leistungsfähigkeit des Erbhofs erheblich beeinträchtigen würde; hiebei ist auf eine Auszahlung nach dem inneren Werte Bedacht zu nehmen. Auf Verlangen des Anerben muß das Verlassenschaftsgericht die Auszahlungsfrist ohne Rücksicht auf die Leistungsfähigkeit des Erbhofs mit wenigstens drei Jahren bestimmen. Veräußert der Anerbe den Erbhof oder dessen wesentliche Teile vor Ablauf der Frist durch Rechtsgeschäft unter Lebenden an eine andere Person als seinen Ehegatten oder seine Abkömmlinge, so sind die übrigen Miterben berechtigt, ihre Forderungen sofort geltend zu machen. *(BGBl I 2015/87, ab 1. 1. 2017)*

(2) Wird eine Auszahlungsfrist von den Miterben vereinbart oder vom Verlassenschaftsgericht bestimmt (Abs. 1), so hat dieses in der Einantwortungsurkunde anzuordnen, daß mit dem Eigentumsrecht für den Anerben gleichzeitig das Pfandrecht zur Sicherstellung der Abfindungsansprüche der übrigen Miterben, und zwar im Range hinter allfälligen Versorgungsrechten (§ 15) grundbücherlich eingetragen werden muß. Diese Anordnung entfällt nur, wenn sich der anspruchsberechtigte Miterbe gegen die Sicherstellung seines Abfindungsanspruchs ausspricht. Die Möglichkeit einer früheren Fälligstellung der Ansprüche im Sinne des Abs. 1 letzter Satz ist in die Verbücherungsanordnung der Einantwortungsurkunde aufzunehmen.

Versorgungsansprüche

§ 13. (1) Den minderjährigen Abkömmlingen des „Verstorbenen“*, die auf dem Erbhof leben und ihren Unterhalt weder aus eigenem Vermögen, ohne Berücksichtigung des bereits ausgezahlten Abfindungsanspruchs, bestreiten können noch von anderer Seite zu erhalten haben, steht, wenn sie Miterben des Anerben sind, das Recht zu, bis zu ihrer Selbsterhaltungsfähigkeit, längstens bis zur „Volljährigkeit“** in angemessener Weise auf dem Erbhof weitererhalten und weitererzogen zu werden. Solange sie dieses Recht in Anspruch nehmen, können sie die Auszahlung der Abfindungsansprüche nicht begehren. Sie sind bei sonstigem Verlust des Versorgungsanspruchs zu einer ihren Kräften angemessenen üblichen Mithilfe auf dem Erbhof verpflichtet. *(*BGBl I 2015/87, ab 1. 1. 2017; **BGBl I 2018/58, ab 1. 8. 2018)*

(2) Die Bestimmungen des Abs. 1 sind insoweit, als dies mit der Leistungsfähigkeit des Erbhofs vereinbar ist, auch auf „volljährige“* Abkömmlinge des „Verstorbenen“** anzuwenden, die sich wegen schwerer körperlicher oder geistiger „Beeinträchtigungen“*** nicht selbst erhalten können. Bei der Beurteilung, ob sie ihren Unterhalt selbst bestreiten können, sind jedoch auch die bereits ausgezahlten Abfindungsansprüche zu berücksichtigen. *(*BGBl 1973/108; **BGBl I 2015/87, ab 1. 1. 2017; ***BGBl I 2019/38)*

(3) Befinden sich minderjährige Abkömmlinge (Abs. 1) in auswärtiger Berufsausbildung oder werden sie nach dem Tode des „Verstorbenen“* mit Genehmigung des „Pflegschaftsgerichts“** einer solchen zugeführt und reichen ihr Vermögen und ihre Einkünfte zur Bestreitung der damit verbundenen Kosten nicht aus, so kann der Anerbe durch das „Pflegschaftsgericht“** verhalten werden, von dem Abfindungsanspruch, der ihnen zusteht und gestundet wurde, das Fehlende in monatlichen Teilbeträgen zu leisten. Reicht auch der gestundete Abfindungsanspruch nicht aus, so kann das „Pflegschaftsgericht“** den Anerben zur Bestreitung der erforderlichen Kosten insoweit verpflichten, als dies mit der Leistungsfähigkeit des Erbhofs vereinbar ist. *(*BGBl I 2015/87, ab 1. 1. 2017; **BGBl I 2018/58, ab 1. 8. 2018)*

§ 14. (1) Der überlebende Ehegatte, der nicht Anerbe ist, hat das Recht, einen den ortsüblichen Lebensumständen angemessenen Unterhalt auf Lebenszeit (Ausgedinge) auf dem Erbhof zu verlangen. Dieses Recht gebührt nicht, soweit sich der Ehegatte aus eigenem Vermögen erhalten kann. Aus berücksichtigungswürdigen Gründen kann das Ausgedinge auf Antrag der Beteiligten vermindert oder erhöht oder überhaupt anders gestaltet werden; berücksichtigungswürdige Gründe sind insbesondere anzunehmen, wenn der Anerbe das Ausgedinge infolge unverschuldeter Verschlechterung seiner wirtschaftlichen Verhältnisse nicht mehr im selben Ausmaß tragen kann, wenn der Ausgedinger infolge unverschuldeter Erhöhung seiner Bedürfnisse mit den Ausgedingsleistungen nicht mehr auskommt oder wenn infolge ständiger Zwistigkeiten dem Ausgedinger das weitere Verbleiben auf dem Erbhof nicht mehr zugemutet werden kann. Über den Antrag entscheidet das Bezirksgericht, in dessen Sprengel der wirtschaftliche Mittelpunkt des Erbhofs liegt, im außerstreitigen Verfahren.

(2) Dem überlebenden Ehegatten, der zur Zeit des Todes des „Verstorbenen“ auf dem Erbhof gelebt hat, steht das Recht des Fruchtgenusses am Erbhof zu, solange der Anerbe, sofern er ein Abkömmling des „Verstorbenen“ oder des überlebenden Ehegatten ist, das 25. Lebensjahr nicht erreicht hat und solange er Eigentümer des Erbhofs bleibt. Voraussetzung ist, daß der Ehegatte den Erbhof bewirtschaftet. Insolange kann er das Ausgedinge nicht in Anspruch nehmen. Bei Wiederverehelichung des überlebenden Ehegatten gebührt das Fruchtgenußrecht auch dem neuen Ehegatten, wenn dieser nicht selbst Alleineigentümer eines Erbhofs ist. *(BGBl I 2015/87, ab 1. 1. 2017)*

(3) Die während der Dauer des Fruchtgenußrechts (Abs. 2) fällig werdenden, dem Anerben zur Abfindung der übrigen Miterben auferlegten Leistungen (§§ 10 bis 13) sind vom Fruchtnießer aus den Ertragsüberschüssen des Erbhofs zu erbringen. Reichen die Ertragsüberschüsse nicht aus, so bleibt für den Rest der Anerbe verpflichtet.

§ 15. Das Verlassenschaftsgericht hat in der Einantwortungsurkunde anzuordnen, daß mit dem Eigentumsrecht für den Anerben gleichzeitig die in den §§ 13 und 14 angeführten Versorgungsrechte grundbücherlich eingetragen werden müssen. Die im § 13 Abs. 1, 2 und 3 letzter Satz und im § 14 Abs. 1 bezeichneten Rechte sind als Reallasten, das im § 14 Abs. 2 bezeichnete Recht als Dienstbarkeit unter Berufung auf die vorstehenden Gesetzesstellen ins Grundbuch einzutragen.

Vorläufige Aufschiebung der Erbteilung

§ 16. (1) Treten bei der gesetzlichen oder der gewillkürten Erbfolge Abkömmlinge des „Verstorbenen" allein oder gemeinsam mit dem überlebenden Ehegatten als Miterben ein und ist der als Anerbe Berufene noch minderjährig, so kann das Verlassenschaftsgericht auf Antrag des Anerben und wenigstens eines der übrigen Miterben verfügen, daß die Erbteilung vorläufig aufgeschoben werde; der Erbhof ist in diesem Falle den beantragenden Miterben in das gleichteilige Eigentum zu übertragen. Hiedurch wird die Erbhofeigenschaft des Erbhofs nicht berührt. Die vorläufige Aufschiebung der Erbteilung ist bei der grundbücherlichen Eintragung des Eigentumsrechts anzumerken. Die Anmerkung hat die Wirkung eines Veräußerungsverbots (§ 364c ABGB.). Eine vertragsmäßige Belastung ist nur mit Zustimmung des Anerben zulässig. *(BGBl I 2015/87, ab 1. 1. 2017)*

(2) Miterben, die sich dem Antrag nicht angeschlossen haben, sind im Sinne der §§ 10ff. abzufinden und zu versorgen. Hiebei treffen die Verpflichtungen alle Miteigentümer des Erbhofs, solange ihr Miteigentum währt. Eine Abfindung (Versorgung) ist auch vorzunehmen, wenn später einer der eingetragenen übrigen Miterben aus der Gemeinschaft austreten will oder stirbt. In diesem Fall übernehmen die übrigen eingetragenen Miterben den erledigten Anteil am Erbhof gleichteilig ins Eigentum; das Verlassenschaftsgericht hat die grundbücherliche Übertragung von Amts wegen anzuordnen. Wollen die übrigen Miterben das Eigentum nicht übernehmen, so ist die vorläufig aufgeschobene Erbteilung durchzuführen.

(3) Die vorläufig aufgeschobene Erbteilung ist ferner durchzuführen, wenn dies der Anerbe verlangt oder wenn er stirbt, spätestens aber, sobald er „volljährig ist". Das Verlassenschaftsgericht hat die grundbücherlichen Eintragungen zur Durchführung der Erbteilung von Amts wegen anzuordnen. *(BGBl I 2018/58, ab 1. 8. 2018)*

Ansprüche der Pflichtteilsberechtigten

§ 17. Der Berechnung der Pflichtteilsansprüche ist der Übernahmspreis zugrundezulegen. Die §§ 10 bis 15 gelten für „Pflichtteilsberechtigte" sinngemäß. *(BGBl I 2015/87, ab 1. 1. 2017)*

(BGBl 1989/659)

Nachtragserbteilung

§ 18. (1) Überträgt der Anerbe binnen zehn Jahren nach dem Tod des „Verstorbenen" oder, falls er minderjährig ist, nach dem Eintritt der Volljährigkeit das Eigentum am ganzen Erbhof oder an dessen Teilen durch ein oder mehrere Rechtsgeschäfte unter Lebenden auf einen anderen, so hat er jenen Betrag herauszugeben, um den der bei einem Verkauf des Erbhofs oder seiner Teile erzielbare Erlös den inneren Wert des seinerzeitigen Übernahmspreises (§ 11) übersteigt. Dieser Mehrbetrag ist auf Antrag als nachträglich hervorgekommenes Verlassenschaftsvermögen zu behandeln, über das eine Nachtragserbteilung einzuleiten ist. Ein Mehrbetrag liegt erst vor, wenn und soweit sich nach Hinzurechnung des Wertes allfälliger vom Anerben bewirkter Verbesserungen zum Übernahmspreis etwas erübrigt. Der Ersatz für Teile des Hofes ist auf Grund des Verhältnisses ihres Übernahmspreises zum Übernahmspreis des ganzen Hofes zu berechnen. *(BGBl I 2015/87, ab 1. 1. 2017)*

(2) Abs. 1 gilt sinngemäß für die Veräußerung im Fall der Zwangsversteigerung. Hiebei ist ein den inneren Wert des seinerzeitigen Übernahmspreises übersteigender Teil des Meistbots auf Antrag insoweit der Nachtragserbteilung zu unterziehen, als er dem Verpflichteten aus der Verteilungsmasse zugewiesen wird. Für die Frist von zehn Jahren ist der Zeitpunkt des Zuschlags maßgebend.

(3) Eine Nachtragserbteilung unterbleibt insoweit, als der Anerbe

1. den Mehrbetrag (Teil des Restes der Verteilungsmasse) innerhalb von zwei Jahren nach Erhalt für den Erwerb des Eigentums an gleichwertigen Grundstücken oder zur Erhaltung oder Steigerung der Leistungsfähigkeit des Erbhofs verwendet oder

2. durch Tausch das Eigentum an gleichwertigen Grundstücken erwirbt; hiebei ist eine zur Übertragung des Eigentums tretende Mehrleistung des Anerben bei einer späteren Nachtragserbteilung als vom Anerben bewirkte Verbesserung (Abs. 1) anzusehen.

(4) Eine Nachtragserbteilung können nur die übrigen Miterben, „die Pflichtteilsberechtigten sowie die gesetzlichen Erben dieser Miterben und

Pflichtteilsberechtigten“ beantragen. Dieses Recht erlischt drei Jahre nach der Einverleibung des Eigentumsrechts des Erwerbers. *(BGBl I 2015/87, ab 1. 1. 2017)*

(5) Die Abs. 1 bis 4 gelten nicht für den Erwerb des Eigentums am Erbhof oder an dessen Teilen durch den Ehegatten, einen Elternteil oder ein Kind des Anerben, wohl aber für die Übertragung des von diesen erworbenen Eigentums auf einen anderen.

(BGBl 1989/659)

Anhörung der Landwirtschaftskammer

§ 19. Das nach den Bestimmungen dieses Bundesgesetzes vorgehende Verlassenschaftsgericht hat vor allen Entscheidungen, die eine besondere Kenntnis der bäuerlichen Verhältnisse voraussetzen, die nach seinem Sitz örtlich bestimmte Landwirtschaftskammer oder zwei von dieser für den bestimmten Verlassenschaftsfall namhaft gemachte bäuerliche Sachverständige zu hören.

IV. Abschnitt
Schluß- und Übergangsbestimmungen

Überleitung

§ 20. (1) Die Erbhofeigenschaft landwirtschaftlicher Betriebe, die im Alleineigentum des Ehegatten als Anerben nach § 12 der Erbhoffortbildungsverordnung oder als Anerben nach §§ 24, 25 der Erbhoffortbildungsverordnung stehen (§ 10 des Bundesgesetzes vom 21. März 1947, BGBl. Nr. 85), wird durch die Tatsache der Nacherbschaft nicht berührt. Ist die eben genannte Anerbeneigenschaft des zur Anerbenfolge gelangten Ehegatten nach § 12 Erbhoffortbildungsverordnung im Sinne des § 12 Abs. 5 der Erbhoffortbildungsverordnung in der Einantwortungsurkunde (Amtsbestätigung) angeführt, so hat das Verlassenschaftsgericht von Amts wegen die Ersichtlichmachung der Nacherbschaft im Grundbuch anzuordnen.

(2) Tritt der Tatbestand ein, der die Nacherbfolge nach dem Anerben nach § 12 der Erbhoffortbildungsverordnung (§ 10 Abs. 1 des Bundesgesetzes vom 21. März 1947, BGBl. Nr. 85) auslösen soll, so gilt folgendes:

1. Ist ein vom vorverstorbenen Ehegatten oder von beiden Ehegatten bestimmter weiterer Anerbe vorhanden, so ist dieser Nacherbe und im Sinne dieses Bundesgesetzes Anerbe.

2. Trifft die Voraussetzung der Z. 1 nicht zu, ist aber ein Abkömmling des vorverstorbenen Ehegatten vorhanden, so ist dieser Nacherbe. Sind mehrere Abkömmlinge des vorverstorbenen Ehegatten da, so ist Nacherbe derjenige Abkömmling, der bei der gesetzlichen Erbfolge nach diesem Bundesgesetz als Anerbe des vorverstorbenen Ehegatten berufen wäre, wenn dieser jetzt erst gestorben wäre. Der in den beiden vorstehenden Sätzen genannte Nacherbe ist Anerbe im Sinne dieses Bundesgesetzes. Für minderjährige Kinder des Vorerben aus späterer Ehe und für dessen überlebenden späteren Ehegatten gelten die Bestimmungen des § 13 Abs. 1 erster und dritter Satz, Abs. 2 sowie Abs. 3 zweiter Satz und § 14 sinngemäß, sofern diesen Personen nicht bereits auf Grund der Erbhoffortbildungsverordnung Versorgungsansprüche zustehen.

3. Andernfalls erlischt die Nacherbschaft.

(3) Der Anerbe nach §§ 24, 25 der Erbhoffortbildungsverordnung (§ 10 Abs. 2 des Bundesgesetzes vom 21. März 1947, BGBl. Nr. 85) erwirbt im Zeitpunkt des Inkrafttretens dieses Bundesgesetzes das freie Eigentum an dem ihm vom vorverstorbenen Ehegatten zugekommenen Anteil am Erbhof. Die Bestimmung eines weiteren Anerben durch beide Ehegatten oder durch den überlebenden Ehegatten allein ist als letztwillige Anordnung über den ganzen Erbhof nach dem Tode des überlebenden Ehegatten wirksam. Für minderjährige Kinder des vorverstorbenen Ehegatten gelten die Bestimmungen des § 13 Abs. 1 erster und dritter Satz, Abs. 2 sowie Abs. 3 zweiter Satz sinngemäß.

(4) Wurde der Antrag eines weichenden Erben auf Zuerkennung einer Entschädigung im Sinne des § 15 des Bundesgesetzes vom 21. März 1947, BGBl. Nr. 85, von der Bäuerlichen Schlichtungsstelle nur deshalb ganz oder teilweise abgewiesen, weil dem Antragsteller ein Anwartschaftsrecht nach § 10 des genannten Bundesgesetzes zusteht, so kann der Abgewiesene, wenn ihm das Anwartschaftsrecht infolge der vorstehenden Regelung (Abs. 2 und 3) nicht mehr zukommt, binnen zwei Jahren nach Inkrafttreten dieses Bundesgesetzes die Wiederaufnahme des Verfahrens erwirken. Hat ein weichender Erbe die Stellung eines Antrags auf Entschädigung im Sinne der angeführten Gesetzesstelle nur wegen des Anwartschaftsrechts unterlassen, so kann er binnen der eben genannten Frist noch einen Antrag auf Entschädigung bei der Bäuerlichen Schlichtungsstelle einbringen.

Ausnahmen vom Geltungsbereich

§ 21. Dieses Bundesgesetz gilt nicht in den Ländern Kärnten und Tirol.

(BGBl 1989/659)

Inkrafttreten und Außerkrafttreten

§ 22. (1) Dieses Bundesgesetz tritt mit dem Ablauf von drei Monaten nach seiner Kundmachung in Kraft. Es gilt nicht für Erbfälle, in denen der Tod des „Verstorbenen“ oder der Tatbestand der Nacherbfolge nach § 10 des Bundesgesetzes vom 21. März 1947, BGBl. Nr. 85, vor seinem Wirksamwerden eingetreten ist oder in denen, im Fall einer letztwilligen Verfügung aus der Zeit vor seinem Wirksamwerden, die nicht bereits eine Erklärung im Sinne des § 8 Abs. 6 (§ 9 Abs. 1 letzter Satz) enthält, der „letztwillig Verfügende" nach dem Inkrafttreten dieses Bundesgesetzes letztwillig eine solche Erklärung abgibt; örtlichen Gewohnheiten über die Übernahme landwirtschaftlicher Betriebe im Erbweg wird jedoch kein Abbruch getan. *(BGBl I 2015/87)*

(2) Die zur Durchführung dieses Bundesgesetzes erforderlichen Verordnungen können von dem der Kundmachung folgenden Tag an erlassen werden. Sie treten jedoch frühestens mit dem Wirksamwerden dieses Bundesgesetzes in Kraft.

(3) §§ 3, 6, 7, 8, 9, 10, 11, 12, 13, 14, 16, 17 und 18 in der Fassung des Erbrechts-Änderungsgesetzes 2015 (ErbRÄG 2015), BGBl. I Nr. 87/2015, treten mit 1. Jänner 2017 in Kraft. *(BGBl I 2015/87)*

(4) §§ 5, 13 und 16 in der Fassung des Bundesgesetzes BGBl. I Nr. 58/2018, treten mit 1. August 2018 in Kraft. *(BGBl I 2018/58)*

(5) § 1, § 2 Abs. 3, § 3 Abs. 2, § 5 Abs. 1 und § 13 Abs. 2 in der Fassung des Bundesgesetzes BGBl. I Nr. 38/2019 treten mit 1. Juni 2019 in Kraft. Die §§ 1 und 3 sind anzuwenden, wenn der Eigentümer des Erbhofs nach dem 31. Mai 2019 verstorben ist. *(BGBl I 2019/38)*

Vollziehung

§ 23. Mit der Vollziehung dieses Bundesgesetzes ist das Bundesministerium für Justiz im Einvernehmen mit dem Bundesministerium für Land- und Forstwirtschaft betraut.

19/1. Kärntner Erbhöfegesetz

BGBl 1989/658 idF

1 BGBl I 2003/112 (AußStr-BegleitG)
2 BGBl I 2015/87 (ErbRÄG 2015)
3 BGBl I 2018/58 (ErwSchAG-Justiz)
4 BGBl I 2019/38 (ZZRÄG 2019)

GLIEDERUNG

Bundesgesetz vom 13. 12. 1989 über die bäuerliche Erbteilung in Kärnten (Kärntner Erbhöfegesetz 1990)[1)]

[1)] Nach § 43 Abs 2 EPG sind die bundesgesetzlichen Sonderbestimmungen über das bäuerliche Erbrecht, die für Eheangelegenheiten oder Ehegatten anwendbar sind, auf eingetragene Partnerschaften oder eingetragene Partner sinngemäß anzuwenden.

Geltungsbereich

§ 1. (1) Dieses Bundesgesetz gilt für die Erbteilung bei der gesetzlichen Erbfolge nach einem „Verstorbenen", der allein oder gemeinsam mit seinem Ehegatten, Elternteil oder Kind (§ 42 ABGB) Eigentümer eines in Kärnten gelegenen Erbhofs (§§ 2 und 3) gewesen ist. *(BGBl I 2015/87, ab 1. 1. 2017)*

(2) Bei der gewillkürten Rechtsnachfolge von Todes wegen ist dieses Bundesgesetz mit Ausnahme der §§ 5 bis 9 anzuwenden, wenn

1. der Alleineigentümer eines Erbhofs eine der unter die gesetzlichen Erben fallenden Personen allein oder gemeinsam mit ihrem Ehegatten, Elternteil oder Kind als Übernehmer berufen hat, oder

2. der Miteigentümer eines Ehegatten- oder Elternteil-Kind-Erbhofs (Abs. 1) den überlebenden Miteigentümer allein oder gemeinsam mit dessen Ehegatten, Elternteil oder Kind als Übernehmer berufen hat.

(3) Dieses Bundesgesetz ist nicht anzuwenden, wenn sich keiner der auf Grund des Gesetzes oder letztwillig Berufenen zur Übernahme des Erbhofs bereit erklärt.

AnerbG

Erbhöfe

§ 2. (1) Erbhöfe im Sinn dieses Bundesgesetzes sind „land- und forstwirtschaftliche", mit einer Hofstelle versehene Betriebe mittlerer Größe, deren Flächenausmaß wenigstens fünf Hektar beträgt und deren Durchschnittsertrag das Sechsfache des zur Erhaltung einer fünfköpfigen Familie Erforderlichen nicht übersteigt. *(BGBl I 2019/38, ab 1. 6. 2019; anzuwenden, wenn der Eigentümer des Erbhofs nach dem 31. Mai 2019 verstorben ist)*

(2) Landwirtschaftliche Betriebe im Sinn des Abs. 1 sind auch solche, die ausschließlich oder vorwiegend dem Obst- oder Gemüseanbau dienen. „Auch ausschließlich land- oder forstwirtschaftlich genutzte Güter zählen dazu." *(BGBl I 2019/38, ab 1. 6. 2019; anzuwenden, wenn der Eigentümer des Erbhofs nach dem 31. Mai 2019 verstorben ist)*

§ 3. (1) Hofbestandteile sind alle dem Hofeigentümer gehörenden und Zwecken der „Land- und Forstwirtschaft" dienenden Liegenschaften, die regelmäßig von der Hofstelle aus bewirtschaftet werden und mit dem Hof eine wirtschaftliche Einheit bilden. *(BGBl I 2019/38, ab 1. 6. 2019;*

anzuwenden, wenn der Eigentümer des Erbhofs nach dem 31. Mai 2019 verstorben ist)

(2) Als Hofbestandteile sind auch jene Liegenschaften anzusehen, die gemäß § 2 Abs. 1 Höfe mittlerer Größe sind, aber von einem anderen Hof aus bewirtschaftet werden und zu dessen Wirtschaftsbetrieb gehören (insbesondere Halthuben).

(3) Hofbestandteile sind ferner die mit dem Eigentum am Hof oder an seinen Teilen verbundenen Nutzungsrechte, insbesondere Weide-, Holzungs- und Wasserrechte an fremden oder gemeinschaftlichen Grundstücken. Dazu gehören auch die auf dem Erbhof betriebenen Unternehmen des Hofeigentümers, sofern sie von wirtschaftlich untergeordneter Bedeutung sind oder vom Hof überhaupt nicht oder nicht ohne unverhältnismäßige Nachteile getrennt werden können.

(4) Neben dem Zugehör (§§ 294 bis 297 ABGB) zählen zum Erbhof alle dem Hofeigentümer gehörenden beweglichen körperlichen Sachen, die zur ordentlichen Bewirtschaftung des Hofes erforderlich sind.

(5) Ob ein Betrieb mittlerer Größe als Erbhof anzusehen ist, welche Liegenschaften, Nutzungsrechte und Unternehmen Hofbestandteile bilden und welche Sachen sonst zum Hof gehören, hat das Verlassenschaftsgericht festzustellen.

Verfügungsfreiheit des Eigentümers

§ 4. (1) Der Allein- oder Miteigentümer eines Erbhofs ist durch dieses Bundesgesetz in seiner Verfügung über den Hof oder seine Teile weder unter Lebenden noch von Todes wegen beschränkt.

(2) Der „letztwillig Verfügende" kann die Bevorzugung des Übernehmers (§§ 12 und 13) innerhalb der Grenzen des Pflichtteilsrechts beschränken, aufheben oder erweitern. *(BGBl I 2015/87, ab 1. 1. 2017)*

Bestimmung des Hofübernehmers bei der gesetzlichen Erbfolge

§ 5. Ein Erbhof oder Hofanteil kann nur einem von mehreren auf Grund der gesetzlichen Erbfolge nach dem Allein- oder Miteigentümer berufenen Miterben, dem Übernehmer (Anerben), zufallen.

§ 6. (1) Können sich mehrere nach dem Alleineigentümer eines Erbhofs zugleich eintretende Miterben nicht einigen, wer von ihnen Anerbe werden soll, so hat diesen das Verlassenschaftsgericht nach folgenden Regeln zu bestimmen:

1. Nachkommen des „Verstorbenen", die auf dem Erbhof aufgewachsen sind oder aufwachsen, gehen dessen Ehegatten vor; dieser reiht vor den übrigen Verwandten. Wenn der Erbhof jedoch ganz oder zum größten Teil von der Seite des überlebenden Ehegatten stammt, steht diesem und den Nachkommen des „Verstorbenen" mit diesem der Vorrang vor anderen Miterben zu. *(BGBl I 2015/87, ab 1. 1. 2017)*

2. Wenn der Erbhof ganz oder zum größten Teil von der Seite eines früheren Ehegatten des „Verstorbenen" stammt, haben die Nachkommen des „Verstorbenen" mit diesem Ehegatten den Vortritt vor anderen Miterben. *(BGBl I 2015/87, ab 1. 1. 2017)*

3. Wenn der „Verstorbene" weder Nachkommen noch einen Ehegatten hinterlassen hat und der Erbhof ganz oder zum größten Teil von der Seite eines Elternteils stammt, gebührt den Miterben von dieser Seite das Vorrecht. *(BGBl I 2015/87, ab 1. 1. 2017)*

4. Miterben, die zur Land- oder Forstwirtschaft erzogen worden sind oder werden, haben gegenüber anderen den Vorrang. Unter mehreren zur Land- oder Forstwirtschaft erzogenen Miterben werden diejenigen bevorzugt, die auf dem Erbhof aufgewachsen sind oder aufwachsen; unter mehreren solchen Miterben gehen diejenigen vor, die noch unversorgt sind.

(2) Bleiben nach dieser Auswahl noch mehrere Miterben übrig, so gilt für die Bestimmung des Anerben folgendes:

1. Im Grad näher Verwandte gehen den entfernteren vor.

2. Unter gleich nahen Verwandten gibt das höhere Alter den Ausschlag. Bei gleichem Alter hat das Verlassenschaftsgericht denjenigen als Anerben zu bestimmen, der als „Land- oder Forstwirt"** am fähigsten ist oder zu werden verspricht. Dabei sind die Wünsche des Ehegatten des „Verstorbenen"* nach Tunlichkeit zu berücksichtigen. *(*BGBl I 2015/87, ab 1. 1. 2017; **BGBl I 2019/38, ab 1. 6. 2019; anzuwenden, wenn der Eigentümer des Erbhofs nach dem 31. Mai 2019 verstorben ist)*

§ 7. (1) Ist der Erbhof im Miteigentum von Ehegatten oder eines Elternteils und eines Kindes gestanden, so ist der überlebende Miteigentümer, der ein gesetzliches Erbrecht hat, Übernehmer des erledigten Anteils.

(2) Hat der überlebende Miteigentümer kein gesetzliches Erbrecht, so ist der Übernehmer des erledigten Anteils unter den gesetzlichen Erben des „Verstorbenen" nach § 6 zu bestimmen. *(BGBl I 2015/87, ab 1. 1. 2017)*

(3) Sind die Ehegatten gleichzeitig verstorben, so wird der Anerbe für den ganzen Erbhof nach § 6 bestimmt. Wenn in diesem Fall nach einem Ehegatten Erben vorhanden sind, die nicht zugleich Erben des anderen Ehegatten sind, sind sie hinsichtlich der Übernahme des Erbhofs so zu behandeln, als ständen sie zum anderen Ehegatten im gleichen Verwandtschaftsverhältnis. Stammt

der Hof aber ganz oder zum größten Teil von einem Ehegatten, so haben dessen Verwandte den Vorzug.

(4) Sind der Elternteil und das Kind gleichzeitig verstorben, so wird das Kind als Übernehmer des Erbhofs angesehen. An die Stelle des Kindes treten dessen gesetzliche Erben, unter denen der Übernehmer des ganzen Erbhofs nach § 6 zu bestimmen ist.

§ 8. (1) Ein nach § 6 berufener Anerbe ist von der Übernahme des Erbhofs durch das Verlassenschaftsgericht auszuschließen, wenn er

1. infolge einer psychischen Krankheit, einer „vergleichbaren Beeinträchtigung seiner Entscheidungsfähigkeit"* oder „einer körperlichen Beeinträchtigung"** zur dauernden Bewirtschaftung des Erbhofs offenbar unfähig ist; *(*BGBl I 2018/58, ab 1. 8. 2018; **BGBl I 2019/38, ab 1. 6. 2019)*

2. infolge seiner auffallenden und anhaltenden Neigung zur Verschwendung, zur Trunksucht oder zum Mißbrauch von Suchtgiften befürchten läßt, daß er den Erbhof abwirtschaftet;

3. über zwei Jahre ohne Nachricht von seinem Aufenthalt unter solchen Umständen abwesend ist, die eine Rückkehr binnen angemessener Frist zweifelhaft machen, wobei eine Abwesenheit durch Krieg oder Kriegsgefangenschaft außer Betracht bleibt;

4. durch seinen Beruf nicht nur vorübergehend verhindert ist, den Hof von der Hofstelle aus zu bewirtschaften.

(2) Unter den nicht ausgeschlossenen Miterben fällt der Hof dem nach § 6 Nächstberufenen zu.

(3) Kommen zur Übernahme des Erbhofs nur ausgeschlossene Miterben in Betracht, so ist derjenige von ihnen als Übernehmer zu bestimmen, der den Hof unter Berücksichtigung aller Umstände am ehesten erhalten kann. Kann dies nicht festgestellt werden, so hat das Verlassenschaftsgericht den Erbhof durch öffentliche Versteigerung zu veräußern, sofern dies nicht zur Unzeit oder zum Nachteil der Miterben erfolgt. Der Versteigerungserlös ist unter den Miterben nach der gesetzlichen Erbfolge aufzuteilen.

§ 9. (1) Ein nach § 6 berufener Anerbe, der zur Zeit des Erbanfalls bereits allein oder gemeinsam mit seinem Ehegatten, Elternteil oder Kind Eigentümer eines Erbhofs oder eines noch größeren „land- und forstwirtschaftlichen" Betriebes ist, hat in dem Recht, einen Erbhof zu übernehmen, hinter den anderen Miterben zurückzustehen. Der Erbhof fällt dem nach § 6 Nächstberufenen zu. Der Anerbe behält jedoch sein Übernahmerecht, wenn er seinen Hof (Betrieb), erforderlichenfalls mit Zustimmung seines Miteigentümers, dem Nächstberufenen um den nach § 12 zu ermittelnden Preis überläßt. Wenn keiner der Miterben diesen Hof (Betrieb) übernehmen will, erlischt ihr Recht, das Zurückstehen des Anerben zu verlangen. *(BGBl I 2019/38, ab 1. 6. 2019; anzuwenden, wenn der Eigentümer des Erbhofs nach dem 31. Mai 2019 verstorben ist)*

(2) Wenn zu „einer Verlassenschaft" mehrere Erbhöfe gehören, die nicht gemäß § 3 Abs. 2 Bestandteil eines Stammguts sind, und mehrere Personen als Miterben eintreten, sind diese nach der in § 6 festgelegten Reihenfolge zur Übernahme je eines Erbhofs nach ihrer Wahl berufen. Gleiches gilt, wenn mehr Höfe als Erben vorhanden sind. Die gesetzlichen Erben eines verstorbenen Erben treten an dessen Stelle. Unter ihnen hat derjenige die Wahl, dem nach der erwähnten Reihenfolge der Vorrang zukommt. *(BGBl I 2015/87, ab 1. 1. 2017)*

Vereinbarte Übernahme des Ehegatten- und Elternteil-Kind-Hofes

§ 10. Schließt der als Übernehmer berufene überlebende Miteigentümer eines Erbhofs mit einem anderen Miterben eine Vereinbarung, wonach diesem sowohl der erledigte Hofanteil als auch der Anteil des Überlebenden zufallen sollen, so ist dieser Miterbe Anerbe im Sinn dieses Bundesgesetzes.

AnerbG

Erbteilung

§ 11. (1) Die Erbteilung erfolgt durch ein vom Verlassenschaftsgericht zu genehmigendes Erbübereinkommen zwischen dem Übernehmer und den übrigen Miterben. Läßt sich keine Einigung erzielen, so hat das Verlassenschaftsgericht „nach Durchführung einer mündlichen Verhandlung die Erbteilung selbst vorzunehmen". *(BGBl I 2003/112, ab 1. 1. 2005; in Verlassenschaftssachen anzuwenden, die nach dem 31. 12. 2004 erstmals bei Gericht oder beim Gerichtskommisär anhängig gemacht wurden oder werden konnten)*

(2) Hiebei wird der Erbhof (Hofanteil) dem Übernehmer zugewiesen, der bis zur Höhe des Übernahmswertes Schuldner der Verlassenschaft wird. Anstelle des Erbhofs (Hofanteils) ist dieser Betrag in die Erbteilung als Forderung der Verlassenschaft einzubeziehen. Die übrigen Miterben sind in Geld abzufinden. Der Erbhof (Hofanteil) scheidet mit der Rechtskraft des Zuweisungsbeschlusses aus der Verlassenschaft aus.

(3) Diejenigen übrigen Miterben, die auf dem Erbhof mitgearbeitet haben, haben Anspruch auf angemessene Abgeltung ihrer in den letzten drei Jahren vor dem Tod des „Verstorbenen" geleisteten Dienste; dabei ist auf Art, Umfang und Dauer der Mitarbeit und auf die örtlichen Verhältnisse Bedacht zu nehmen. Können sich die Miterben nicht einigen, so hat das Verlassenschaftsgericht die Mitarbeit bei der Bestimmung der Abfindungs-

ansprüche nach billigem Ermessen zu berücksichtigen. *(BGBl I 2015/87, ab 1. 1. 2017)*

Übernahmswert

§ 12. (1) Können sich die Miterben über den Übernahmswert nicht einigen, so hat ihn das Verlassenschaftsgericht unter Bedachtnahme auf alle auf dem Erbhof haftenden Lasten nach billigem Ermessen so festzusetzen, daß der Übernehmer wohl bestehen kann. Das vorhandene Betriebsinventar ist bei der Feststellung des Hofwertes angemessen zu berücksichtigen, aber nicht selbständig zu schätzen.

(2) Auf dem Erbhof betriebene Unternehmen des Hofeigentümers, die wirtschaftlich nicht unbedeutend sind und vom Hof überhaupt nicht oder nicht ohne unverhältnismäßige Nachteile getrennt werden können (§ 3 Abs. 3), sind jedoch selbständig zu schätzen und nach dem Verkehrswert zu berücksichtigen.

(3) Das Verlassenschaftsgericht hat vor seiner Entscheidung mindestens zwei Sachverständige beizuziehen und der Gemeinde Gelegenheit zur Stellungnahme zu geben.

Abfindungsansprüche

§ 13. (1) Können sich der Übernehmer und die übrigen Miterben über die Frist und die Raten der Auszahlung sowie die Verzinsung der Abfindungsansprüche nicht einigen, so hat das Verlassenschaftsgericht darüber nach billigem Ermessen zu entscheiden. Dem Übernehmer ist auf seinen Antrag zur vollständigen Erfüllung seiner Verpflichtungen eine Frist von höchstens drei Jahren ab Rechtskraft der Einantwortung zu gewähren. Gegen den Willen der Abfindungsberechtigten darf die Auszahlung ihrer Ansprüche nicht länger aufgeschoben werden.

(2) Können sich die Miterben auch über die Sicherstellung der Abfindungsansprüche nicht einigen, so hat das Verlassenschaftsgericht in der Einantwortungsurkunde anzuordnen, daß das Eigentum des Übernehmers gleichzeitig mit dem Pfandrecht zur Sicherstellung dieser Ansprüche einzuverleiben ist.

(3) Überträgt der Übernehmer das Eigentum am Erbhof oder an seinen Teilen vor Ablauf der nach Abs. 1 vereinbarten oder gerichtlich bestimmten Frist durch ein Rechtsgeschäft unter Lebenden auf einen anderen, so können die Abfindungsberechtigten die Auszahlung ihrer Ansprüche ohne Rücksicht auf die dem Übernehmer gewährte Frist sogleich begehren. Dies gilt nicht, wenn der Ehegatte, ein Elternteil oder ein Kind des Übernehmers das Eigentum am Erbhof oder an dessen Teilen erwirbt.

(4) Abfindungsansprüche können im Einvernehmen aller Miterben auch durch die Übertragung des Eigentums an Grundstücken des Erbhofs abgegolten werden. Durch derartige Grundabtretungen darf das Gesamtausmaß des Hofes insgesamt nur um höchstens fünf von Hundert verringert und die Eigenschaft als Erbhof (§ 2 Abs. 1) nicht beseitigt werden.

Aufschub der Erbteilung

§ 14. (1) Die Erbteilung ist vor der Einantwortung „der Verlassenschaft“ durchzuführen. Das Verlassenschaftsgericht kann die Erbteilung jedoch aufschieben, wenn der berufene Anerbe minderjährig ist und dies gemeinsam mit mindestens einem weiteren Miterben beantragt. *(BGBl I 2015/87, ab 1. 1. 2017)*

(2) Der Erbhof ist in diesem Fall den zustimmenden Miterben in das gleichteilige Eigentum zu übertragen. Der Aufschub der Erbteilung ist bei der Einverleibung des Eigentumsrechts anzumerken. Diese Anmerkung hat die Wirkung eines Veräußerungsverbots (§ 364c ABGB). Vertragsmäßige Belastungen sind nur mit Zustimmung des berufenen Anerben zulässig.

(3) Miterben, die dem Aufschub der Erbteilung nicht zustimmen, sind mit ihren Erbteilen nach den §§ 11 bis 13 sofort abzufertigen. Hiebei treffen die Abfindungsverpflichtungen alle Miteigentümer des Erbhofs, solange ihr Miteigentumsrecht währt.

(4) Die Erbteilung ist durchzuführen, wenn der berufene Anerbe dies beantragt, spätestens aber mit Eintritt seiner Volljährigkeit. Wenn ein Miteigentümer aus der Gemeinschaft austreten will oder stirbt, können die übrigen dessen Anteil übernehmen. Erklären sie sich dazu nicht bereit, so ist die aufgeschobene Erbteilung durchzuführen.

Pflichtteilsrecht

§ 15. (1) Das Pflichtteilsrecht wird durch die Erbteilungsvorschriften dieses Bundesgesetzes nicht berührt. Der Pflichtteilsberechnung ist der nach § 12 bestimmte Wert des Erbhofs (Hofanteils) zugrunde zu legen.

(2) Die §§ 11 Abs. 3, 12, 13 und 16 bis 20 gelten für „Pflichtteilsberechtigte“ sinngemäß. Hiebei ist eine Aufschiebung der Fälligkeit ihrer Ansprüche nicht als Einschränkung oder Verkürzung des Pflichtteils anzusehen. *(BGBl I 2015/87, ab 1. 1. 2017)*

Versorgungsansprüche

§ 16. (1) Minderjährige Nachkommen des „Verstorbenen“, die auf dem Erbhof aufwachsen und mit dem Anerben als Miterben eintreten, sind bis zu ihrer Volljährigkeit, längstens aber bis zu ihrer Selbsterhaltungsfähigkeit weiter angemessen auf dem Erbhof zu erhalten, soweit sie ihren Unterhalt ohne Berücksichtigung bereits ausgezahlter Abfindungen weder aus eigenem Einkommen oder Vermögen bestreiten noch von anderer Seite erhalten können. *(BGBl I 2015/87, ab 1. 1. 2017)*

(2) Solange die minderjährigen Nachkommen auf dem Erbhof versorgt werden, können sie die Auszahlung ihrer Abfindungsansprüche nicht begehren. Sie sind bei sonstigem Verlust ihres Versorgungsrechts zu einer ihren Kräften entsprechenden üblichen Mithilfe auf dem Hof verpflichtet.

(3) Die Abs. 1 und 2 sind auf volljährige Nachkommen des „Verstorbenen"*, die sich wegen einer psychischen Krankheit, einer „vergleichbaren Beeinträchtigung seiner Entscheidungsfähigkeit"** oder „einer körperlichen Beeinträchtigung"*** auch unter Berücksichtigung bereits ausgezahlter Abfindungen nicht selbst erhalten können, insoweit anzuwenden, als dies mit der Leistungsfähigkeit des Erbhofs vereinbar ist. *(*BGBl I 2015/87, ab 1. 1. 2017; **BGBl I 2018/58, ab 1. 8. 2018; ***BGBl I 2019/38, ab 1. 6. 2019)*

§ 17. (1) Wenn minderjährige Nachkommen des „Verstorbenen" (§ 16 Abs. 1) eine auswärtige Berufsausbildung erhalten oder erhalten sollen, deren Kosten durch ihr Einkommen und Vermögen nicht gedeckt werden, hat der Anerbe von den ihnen zustehenden und gestundeten Abfindungsansprüchen das Fehlende in monatlichen Raten zu leisten. *(BGBl I 2015/87, ab 1. 1. 2017)*

(2) Reichen die gestundeten Abfindungsansprüche nicht aus, so hat der Anerbe die Kosten der Berufsausbildung insoweit zu bestreiten, als dies mit der Leistungsfähigkeit des Erbhofs vereinbar ist.

§ 18. (1) Dem auf dem Erbhof lebenden Ehegatten des „Verstorbenen", der nicht Anerbe ist, gebührt darauf ein den ortsüblichen Lebensumständen und der Leistungsfähigkeit des Hofes angemessener Unterhalt auf Lebenszeit (Ausgedinge), soweit er sich weder aus eigenem Einkommen und Vermögen noch aus den Einkünften einer zumutbaren Erwerbstätigkeit erhalten kann. *(BGBl I 2015/87, ab 1. 1. 2017)*

(2) Das Ausgedinge kann aus berücksichtigungswürdigen Gründen vermindert, erhöht oder anders gestaltet werden. Solche Gründe liegen insbesondere vor, wenn der Anerbe seiner Verpflichtung auf Grund einer unverschuldeten Verschlechterung seiner wirtschaftlichen Verhältnisse nicht mehr nachkommen kann, der Ausgedingsberechtigte mit den ihm zustehenden Leistungen auf Grund einer unverschuldeten Erhöhung seiner Bedürfnisse nicht mehr das Auslangen finden kann oder den Beteiligten auf Grund ständiger Streitigkeiten das weitere Verbleiben des Ausgedingsberechtigten auf dem Erbhof nicht mehr zugemutet werden kann.

§ 19. (1) Dem auf dem Erbhof lebenden Ehegatten des „Verstorbenen" steht daran ein Fruchtgenußrecht bis zur Volljährigkeit des Anerben zu, wenn dieser ein Nachkomme des „Verstorbenen" oder des Ehegatten ist. Der Ehegatte ist bei sonstigem Verlust seines Anspruchs zur Bewirtschaftung des Erbhofs verpflichtet. *(BGBl I 2015/87, ab 1. 1. 2017)*

(2) Solange der Ehegatte das Fruchtgenußrecht in Anspruch nimmt, kann er das Ausgedinge (§ 18) nicht verlangen. Er hat den Anerben und die Nachkommen des „Verstorbenen" zu versorgen (§§ 16 und 17) und aus den Erträgnissen des Erbhofs die dem Anerben sonst auferlegten Leistungen zu erbringen. Reichen die Erträgnisse nicht aus, so bleibt der Anerbe für den Rest verpflichtet. *(BGBl I 2015/87, ab 1. 1. 2017)*

§ 20. (1) Das Verlassenschaftsgericht hat über Anträge der Beteiligten in Streitigkeiten über die in den §§ 16 bis 19 angeführten Versorgungsansprüche auch nach der Einantwortung im Verfahren außer Streitsachen zu entscheiden.

(2) In der Einantwortungsurkunde ist zu verfügen, daß die Versorgungsansprüche mit dem Eigentumsrecht des Anerben einzuverleiben sind, wobei sie Abfindungsansprüchen (§ 13) im Rang vorgehen. Unter Berufung auf die entsprechenden Gesetzesstellen sind die in den §§ 16 bis 18 genannten Rechte als Reallasten und das Fruchtgenußrecht des § 19 als Dienstbarkeit einzutragen.

Nachtragserbteilung

§ 21. (1) Überträgt der Übernehmer binnen zehn Jahren nach dem Tod des „Verstorbenen" oder, falls er minderjährig ist, nach Eintritt der Volljährigkeit das Eigentum am ganzen Hof oder an dessen Teilen durch ein oder mehrere Rechtsgeschäfte unter Lebenden auf einen anderen, so hat er jenen Betrag zur Nachtragserbteilung herauszugeben, um den der bei einem Verkauf erzielbare Erlös den Übernahmswert übersteigt. Vom erzielbaren Erlös ist der Wert allfälliger vom Übernehmer bewirkter Verbesserungen abzuziehen. Der Ersatz für Teile des Hofes ist auf Grund des Verhältnisses ihres Übernahmswerts zum Übernahmswert des ganzen Hofes zu berechnen. *(BGBl I 2015/87, ab 1. 1. 2017)*

(2) Der Abs. 1 ist im Fall der Zwangsversteigerung sinngemäß anzuwenden, wobei ein den Übernahmswert übersteigender Teil des Meistbots der Nachtragserbteilung unterliegt, soweit er dem Verpflichteten aus der Verteilungsmasse zugewiesen wird.

(3) Die Abs. 1 und 2 gelten nicht für den Erwerb des Eigentums am Hof oder an dessen Tei-

len durch den Ehegatten, einen Elternteil oder ein Kind des Übernehmers, wohl aber für die weitere Übertragung des von diesen erworbenen Eigentums auf einen anderen.

§ 22. (1) Eine Nachtragserbteilung unterbleibt insoweit, als der Übernehmer

1. den Erlös innerhalb von zwei Jahren nach Erhalt für den Erwerb des Eigentums an gleichwertigen Grundstücken oder zur Erhaltung oder Steigerung der Leistungsfähigkeit des Erbhofs verwendet oder

2. durch Tausch das Eigentum an gleichwertigen Grundstücken erwirbt; hiebei ist eine zur Übertragung des Eigentums tretende Mehrleistung des Übernehmers bei einer späteren Nachtragserbteilung als anrechenbare Verbesserung (§ 21 Abs. 1) anzusehen.

(2) Die Durchführung einer Nachtragserbteilung können nur die übrigen Miterben, die „Pflichtteilsberechtigten" und die gesetzlichen Erben dieser „Miterben und Pflichtteilsberechtigten" beantragen. Dieses Recht erlischt drei Jahre nach der Einverleibung des Eigentumsrechts des Erwerbers. *(BGBl I 2015/87, ab 1. 1. 2017)*

Anhörung der Kammer für Land- und Forstwirtschaft

§ 23. Das Verlassenschaftsgericht hat vor allen Entscheidungen, die eine besondere Kenntnis der bäuerlichen Verhältnisse voraussetzen, eine Stellungnahme der Kammer für Land- und Forstwirtschaft in Kärnten einzuholen.

Schluss- und Übergangsbestimmungen

§ 24. (1) Dieses Bundesgesetz tritt mit 1. Jänner 1990 in Kraft.

(2) Dieses Bundesgesetz ist mit Ausnahme der §§ 21 und 22 nur dann anzuwenden, wenn der „Verstorbene" nach seinem Inkrafttreten verstirbt. *(BGBl I 2015/87)*

(3) Die §§ 21 und 22 sind anzuwenden, wenn der Übernehmer nach dem Inkrafttreten dieses Bundesgesetzes durch ein oder mehrere Rechtsgeschäfte unter Lebenden das Eigentum an einem Erbhof oder an dessen Teilen auf einen anderen überträgt, ohne vorher über den ganzen Hof oder dessen Teile, die den Wert des restlichen Teils übersteigen, durch Rechtsgeschäft unter Lebenden verfügt zu haben. Dies gilt auch, wenn der Zuschlag des Erbhofs oder dessen Teile nach dem Inkrafttreten dieses Bundesgesetzes erteilt wurde. Die Erbhofeigenschaft eines landwirtschaftlichen Betriebes richtet sich in diesen Fällen nach den Feststellungen des Gerichtes im Verlassenschaftsverfahren.

(4) Die §§ 1, 4, 6, 7, 9, 11, 14, 15, 16, 17, 18, 19, 21 und 22 in der Fassung des Erbrechts-Änderungsgesetzes 2015, BGBl. I Nr. 87/2015, treten mit 1. Jänner 2017 in Kraft. *(BGBl I 2015/87)*

(5) Die §§ 8 und 16 in der Fassung des Bundesgesetzes BGBl. I Nr. 58/2018, treten mit 1. August 2018 in Kraft. *(BGBl I 2018/58)*

(6) Die § 2, § 3 Abs. 1, § 6 Abs. 2, § 8 Abs. 1, § 9 Abs. 1 und § 16 Abs. 3 in der Fassung des Bundesgesetzes BGBl. I Nr. 38/2019 treten mit 1. Juni 2019 in Kraft. Die §§ 2, 3, 6 und 9 sind anzuwenden, wenn der Eigentümer des Erbhofs nach dem 31. Mai 2019 verstorben ist. *(BGBl I 2019/38)*

§ 25. (1) Mit dem Inkrafttreten dieses Bundesgesetzes treten das Gesetz vom 16. September 1903, LGBl. für Kärnten 33, betreffend die Einführung besonderer Erbteilungsvorschriften für landwirtschaftliche Besitzungen mittlerer Größe (Erbhöfe), in der Fassung des Bundesgesetzes vom 11. Juli 1930, BGBl Nr 235, sowie die Verordnung des Justizministeriums vom 14. Jänner 1904, JMVBl. 2, außer Kraft. Sie sind jedoch für Abhandlungsverfahren nach einem vorher verstorbenen Erblasser weiter anzuwenden.

(2) Hat der Übernehmer vor Inkrafttreten dieses Bundesgesetzes den ganzen Hof oder dessen Teile, die den Wert des restlichen Teils übersteigen, auf einmal oder stückweise freiwillig verkauft, so ist § 14a des im Abs. 1 genannten Bundesgesetzes weiter anzuwenden.

§ 26. Mit der Vollziehung dieses Bundesgesetzes sind hinsichtlich des § 23 der Bundesminister für Land- und Forstwirtschaft im Einvernehmen mit dem Bundesminister für Justiz und im übrigen der Bundesminister für Justiz betraut.

19/2. Tiroler Höfegesetz

GVBlTirVbg 1900/47 idF

1 LGBl 1928/16
2 LGBl 1934/38
3 LGBl 1962/36
4 LGBl 1970/35
5 BGBl 1989/657
6 BGBl I 2003/112 (AußStr-BegleitG)
7 LGBl 2012/150
8 BGBl I 2015/87 (ErbRÄG 2015)
9 LGBl 2016/96
10 BGBl I 2018/58 (ErwSchAG-Justiz)
11 BGBl I 2019/38 (ZZRÄG 2019)

GLIEDERUNG

„Gesetz betreffend die besonderen Rechtsverhältnisse geschlossener Höfe (Tiroler Höfegesetz – THG)"

(LGBl 2016/96, ab 23. 8. 2016)

Die §§ 1 bis 14 betreffen den sog. „geschlossenen Hof" und sind in Gesetzgebung und Vollziehung Landessache.

1. Allgemeine Bestimmung

§ 1. Als geschlossener Hof gilt jede land- und forstwirtschaftliche mit einer Hofstelle versehene Besitzung, deren Grundbuchseinlage sich in der Höfeabteilung des Hauptbuches befindet (§ 69 Allgemeines Grundbuchsanlegungsgesetz, BGBl. Nr. 2/1930, zuletzt geändert durch das Gesetz BGBl. I Nr. 112/2003, in Verbindung mit § 18 Abs. 2 Grundbuchsumstellungsgesetz, BGBl. Nr. 550/1980, zuletzt geändert durch das Gesetz BGBl. I Nr. 30/2012).

(LGBl 2016/96, ab 23. 8. 2016)

2. Beschränkungen der Verfügungsfreiheit des Eigentümers

§ 2. (1) Alle Veränderungen am Bestand und Umfang der geschlossenen Höfe bedürfen der Bewilligung der Bezirksverwaltungsbehörde, soweit im Folgenden nichts anderes bestimmt ist.

(2) Keiner Bewilligung nach Abs. 1 bedürfen folgende Veränderungen am Bestand und Umfang der geschlossenen Höfe:

a) Abtrennungen von Grundstücken oder Grundstücksteilen aufgrund einer rechtskräftigen Enteignungsentscheidung,

b) Abtrennungen von Grundstücken oder Grundstücksteilen aufgrund einer Zwangsversteigerung im Sinn des Art. VI Abs. 1 des Tiroler Grundbuchsanlegungsreichsgesetzes vom 17. März 1897, RGBl. Nr. 77,

c) Abschreibungen und Verbücherungen nach den §§ 13 bis 22 des Liegenschaftsteilungsgesetzes, BGBl. Nr. 3/1930, zuletzt geändert durch das Gesetz BGBl. I Nr. 190/2013, sofern aus dem Trennstück kein neuer Grundbuchskörper gebildet werden soll,

d) Abtrennungen von Grundstücken oder Grundstücksteilen, die durch rechtskräftige Entscheidung oder Verordnung dazu bestimmt sind, dem öffentlichen Verkehr, der öffentlichen Wasser- oder Energieversorgung, der Abwasserentsorgung oder -reinigung, der öffentlichen Abfallentsorgung oder den öffentlichen Wasserbauten zu dienen,

e) Ab- und Zuschreibungen von Grundstücken oder Grundstücksteilen im Zug eines Agrar- oder Baulandumlegungsverfahrens,

f) Teilungen von Grundstücken, die von den Vermessungsbehörden im Zug eines Feldverglei-

AnerbG

ches von Amts wegen oder von der Agrarbehörde vorgenommen werden.

(LGBl 2016/96, ab 23. 8. 2016)

§ 3. (1) Die Bewilligung zur Neubildung eines geschlossenen Hofes ist zu erteilen, wenn gegen die vom Eigentümer beantragte höferechtliche Vereinigung mehrerer Liegenschaften keine erheblichen wirtschaftlichen oder landeskulturellen Bedenken bestehen und wenn der Durchschnittsertrag des neu zu bildenden Hofes zur angemessenen Erhaltung von mindestens zwei erwachsenen Personen ausreicht, ohne das Zehnfache eines solchen Ertrages zu überschreiten. *(LGBl 2016/96, ab 23. 8. 2016)*

(2) Unter denselben Voraussetzungen ist dem Eigentümer eines geschlossenen Hofes die Einverleibung bisher nicht zum Hofe gehöriger Liegenschaften oder Rechte zu gestatten.

§ 4. (1) Die „höferechtliche" Vereinigung zweier oder mehrerer geschlossener Höfe ist in der Regel unzulässig. *(LGBl 2016/96, ab 23. 8. 2016)*

(2) Ausnahmsweise kann die Bewilligung zur Vereinigung zweier Höfe dann erteilt werden, wenn einer der beiden Höfe zur angemessenen Erhaltung „von mindestens zwei erwachsenen Personen" nicht ausreicht, wenn ferner infolge der beantragten Vereinigung das nach „§ 3" zulässige Höchstausmaß nicht überschritten wird, und wenn davon erhebliche wirtschaftliche oder landeskulturelle Vorteile zu erwarten sind. *(LGBl 2016/96, ab 23. 8. 2016)*

§ 5. (1) Die Bewilligung zur Abtrennung von Bestandteilen eines geschlossenen Hofes ist zu erteilen, wenn der Hof nach der Abtrennung zur Erhaltung „von mindestens zwei erwachsenen Personen" noch hinreicht, und wenn der beantragten Abtrennung erhebliche wirtschaftliche oder landeskulturelle Bedenken nicht entgegenstehen. *(LGBl 2016/96, ab 23. 8. 2016)*

(2) Desgleichen ist die Bewilligung zu erteilen, wenn für den abgetrennten Hofteil gleichzeitig ein anderes, für die Bewirtschaftung des Hofes gleichwertiges Grundstück damit vereinigt wird.

(3) Bei Erteilung der Bewilligung ist auch zu prüfen, ob sich für den Hof des Käufers in wirtschaftlicher oder landeskultureller Hinsicht ein Vorteil oder Nachteil ergibt. *(LGBl 1928/16)*

(4) Die Erteilung der Bewilligung kann an die Bedingung geknüpft werden, dass die abzutrennenden Bestandteile mit dem Gute des Käufers vereinigt werden. Ist das Gut des Käufers kein geschlossener Hof, würde es jedoch durch den Zukauf die Eigenschaft eines solchen erwerben, kann die Bedingung gestellt werden, dass das Anwesen im Sinne des § 3 des Gesetzes als geschlossener Hof erklärt wird. *(LGBl 1928/16)*

§ 6. (1) Erscheint die Abtrennung zum Zwecke der Herstellung, Umlegung oder Erweiterung von Straßen oder Wegen, zu Bach- oder Flussregulierungen, Entsumpfungen oder anderen im öffentlichen oder Gemeindeinteresse gelegenen Kulturmaßnahmen als notwendig oder nützlich, oder soll das abzutrennende Grundstück als Baugrund oder zu gewerblichen Zwecken verwendet werden, so kann die Bewilligung ohne Rücksicht auf die Größe des Hofes erteilt werden.

(2) *(aufgehoben, LGBl 2016/96, ab 23. 8. 2016)*

§ 7. (1) Wenn ein geschlossener Hof durch Abtrennung oder geänderte Zweckbestimmung einzelner Bestandteile, durch Elementarereignisse oder durch andere Umstände die Eignung zur Erhaltung „von mindestens zwei erwachsenen Personen" überhaupt dauernd verliert, so ist über Einschreiten des Eigentümers auf Aufhebung der Hofeigenschaft zu erkennen. *(LGBl 2016/96, ab 23. 8. 2016)*

(2) Ein solches Erkenntnis ist nach eingetretener Rechtskraft von der „Bezirksverwaltungsbehörde" derart in Vollzug zu setzen, dass sie es dem Grundbuchsgerichte mit dem Ersuchen mitteilt, die Einlage der betreffenden Liegenschaft unter gleichzeitiger Löschung aller auf die Hofeigenschaft bezüglichen Eintragungen aus der Höfeabteilung des Hauptbuches in die Abteilung der anderen Liegenschaften zu übertragen. *(LGBl 2012/150, ab 1. 1. 2013)*

§ 8. *(aufgehoben, LGBl 1962/36)*

3. Verfahren

§ 9. Die Bezirksverwaltungsbehörde hat vor der Erlassung „eines Bescheides nach dem zweiten Abschnitt" die Landwirtschaftskammer sowie jene Gemeinde anzuhören, die nach der Lage des Hofes in Betracht kommt. Der Bescheid ist der Landwirtschaftskammer und der betreffenden Gemeinde zuzustellen, die dagegen Berufung an den Unabhängigen Verwaltungssenat (ab dem 1. Jänner 2014: Beschwerde an das Landesverwaltungsgericht) erheben können. *(LGBl 2016/96, ab 23. 8. 2016)*

(LGBl 2012/150, ab 1. 1. 2013)

§ 10. Die Bezirksverwaltungsbehörde hat im Zweifelsfall von Amts wegen sowie bei Vorliegen eines begründeten Interesses auf Antrag mit Bescheid festzustellen, dass die betreffende Veränderung am Bestand und Umfang des geschlossenen Hofes nach § 2 Abs. 2 keiner höferechtlichen Bewilligung bedarf.

(LGBl 2016/96, ab 23. 8. 2016)

§ 11.[1] (1) *(aufgehoben, LGBl 2012/150, ab 1. 1. 2013)*

(2) „Im Antrag“ sind die betreffenden Grundstücke mit Anführung der Parzellennummern, des Flächeninhaltes und der Kulturgattung genau zu bezeichnen und die Gründe für die angestrebte Bewilligung anzugeben. *(LGBl 2016/96, ab 23. 8. 2016)*

(3) Bei Parzellenteilungen hat die Beschreibung und nötigenfalls planmäßige Darstellung der Teilung den für die grundbücherliche Teilung von Katastralparzellen bestehenden Vorschriften zu entsprechen.

[1] Es wird wohl irrtümlich die Aufhebung des ersten Satzes statt des ersten Absatzes angeordnet.

§§ 12 und 13. *(aufgehoben, LGBl 2012/150, ab 1. 1. 2013)*

§ 14. (1) Änderungen im Bestand geschlossener Höfe treten erst nach erfolgter Durchführung im Grundbuch in Wirksamkeit. Ohne eine nach dem zweiten Abschnitt erforderliche Bewilligung darf die Änderung im Grundbuch nicht durchgeführt werden.

(2) Die Vereinigung zweier Höfe, die Bildung eines neuen Hofes oder die Zuschreibung von Liegenschaften zu einem bestehenden Hof darf im Grundbuch nur durchgeführt werden, wenn sich aus der Vereinigung nicht eine ungleichartige Hypothekarbelastung der vereinigten Liegenschaften ergibt.

(3) Bei der höferechtlichen Vereinigung von lastenfreien und belasteten Liegenschaften erfolgt die Ausdehnung bestehender Hypothekarrechte auf alle Bestandteile des Hofes. § 25 Abs. 2 des Liegenschaftsteilungsgesetzes gilt sinngemäß.

(LGBl 2016/96, ab 23. 8. 2016)

4. Erbteilungsvorschriften[1]

[1] Nach § 43 Abs 2 EPG sind die bundesgesetzlichen Sonderbestimmungen über das bäuerliche Erbrecht, die für Eheangelegenheiten oder Ehegatten anwendbar sind, auf eingetragene Partnerschaften oder eingetragene Partner sinngemäß anzuwenden.

Bestimmung des Anerben bei der gesetzlichen Erbfolge

§ 15. (1) Sind zur gesetzlichen Erbfolge nach dem Alleineigentümer eines geschlossenen Hofes mehrere Miterben berufen, so kann der Hof samt Zugehör (§ 20 Abs. 4) nur einem von ihnen, dem Anerben (Übernehmer), zufallen. Können sich die Miterben nicht einigen, wer von ihnen Anerbe werden soll, so hat diesen das Verlassenschaftsgericht nach folgenden Regeln zu bestimmen:

1. Nachkommen des „Verstorbenen“, die auf dem Hof aufwachsen oder aufgewachsen sind, gehen dem überlebenden Ehegatten vor; dieser reiht vor den übrigen Verwandten. Stammt der Hof jedoch ganz oder zum größten Teil von der Seite des überlebenden Ehegatten, so steht diesem und den Nachkommen des „Verstorbenen“ aus der Ehe mit diesem der Vorrang vor anderen Nachkommen zu. *(BGBl I 2015/87, ab 1. 1. 2017)*

2. Stammt der Hof ganz oder zum größten Teil von der Seite eines früheren Ehegatten des „Verstorbenen“, so gehen die Nachkommen des „Verstorbenen“ aus der Ehe mit diesem Ehegatten anderen Miterben vor. *(BGBl I 2015/87, ab 1. 1. 2017)*

3. Hat ein zur Hofnachfolge berufener vorverstorbener Nachkomme des „Verstorbenen“ Nachkommen hinterlassen, die auf dem Hof aufwachsen, so gehen diese anderen Miterben vor. *(BGBl I 2015/87, ab 1. 1. 2017)*

4. Hat der „Verstorbene“ weder Nachkommen noch einen Ehegatten hinterlassen und stammt der Hof ganz oder zum größten Teil von der Seite eines Elternteils, so gehen die Miterben von dieser Seite vor. *(BGBl I 2015/87, ab 1. 1. 2017)*

AnerbG

(2) Miterben, die zur Land- oder Forstwirtschaft erzogen werden oder worden sind, gehen anderen nach Abs. 1 noch gleichberechtigten Miterben vor. Unter mehreren zur Land- oder Forstwirtschaft erzogenen Miterben werden diejenigen bevorzugt, die auf dem Hof aufwachsen oder aufgewachsen sind; unter mehreren solchen Miterben gehen diejenigen vor, die noch unversorgt sind.

(3) Unter mehreren nach den Abs. 1 und 2 noch gleichberechtigten Miterben gehen die im Grad näher Verwandten vor. Unter gleich nahen Verwandten gibt das höhere Alter den Ausschlag.

(4) Bleiben nach diesen Auswahlregeln noch immer mehrere Miterben übrig, so hat das Verlassenschaftsgericht denjenigen zum Anerben zu bestimmen, der als „Land- oder Forstwirt“ am fähigsten ist oder zu werden verspricht. Dabei sind die Wünsche des überlebenden Ehegatten nach Tunlichkeit zu berücksichtigen. *(BGBl I 2019/38, ab 1. 6. 2019; anzuwenden, wenn der Eigentümer des geschlossenen Hofes nach dem 31. Mai 2019 verstorben ist)*

(BGBl 1989/657, ab 1. 1. 1990)

§ 16. (1) Ist ein geschlossener Hof im Miteigentum von Ehegatten oder eines Elternteils und eines Kindes (§ 42 ABGB) gestanden, so ist der überlebende Miteigentümer, der ein gesetzliches Erbrecht hat, Übernehmer des erledigten Anteils.

(2) Hat der überlebende Miteigentümer kein gesetzliches Erbrecht, so ist der Übernehmer des erledigten Anteils unter den gesetzlichen Erben des „Verstorbenen“ nach § 15 zu bestimmen. *(BGBl I 2015/87, ab 1. 1. 2017)*

(3) Sind die Ehegatten gleichzeitig verstorben, so ist der Anerbe des ganzen Hofes nach § 15 zu bestimmen. Wenn in diesem Fall nach einem Ehegatten Erben vorhanden sind, die nicht zugleich Erben des anderen Ehegatten sind, sind sie hinsichtlich der Übernahme des Hofes so zu behandeln, als ständen sie zum anderen Ehegatten im gleichen Verwandtschaftsverhältnis. Stammt der Hof aber ganz oder zum größten Teil von der Seite eines Ehegatten, so gehen dessen Verwandte vor

(4) Sind der Elternteil und das Kind gleichzeitig verstorben, so ist das Kind als Anerbe des Hofes anzusehen. An die Stelle des Kindes treten dessen gesetzliche Erben, unter denen der Anerbe des ganzen Hofes nach § 15 zu bestimmen ist.

(BGBl 1989/657, ab 1. 1. 1990)

Geschwisterhöfe

§ 17. (1) Treten Geschwister als Miterben ein, so kann die Erbteilung (§§ 20 bis 22) zwischen ihnen und dem überlebenden Ehegatten auf Antrag des berufenen Anerben und mindestens eines weiteren Miterben aufgeschoben werden. In diesem Fall ist der Hof den Geschwistern und dem überlebenden Ehegatten in das gemeinsame Eigentum unter dem Vorbehalt einzuantworten, dass der berufene Anerbe sein Anerbenrecht jederzeit geltend machen kann.

(2) Die Erbteilung ist durchzuführen, wenn der berufene Anerbe dies beantragt. Wenn ein Miteigentümer aus der Gemeinschaft austreten will oder stirbt, können die übrigen dessen Anteil nach den §§ 21 und 22 übernehmen. Erklären sie sich dazu nicht bereit, so ist die Erbteilung ebenfalls durchzuführen.

(3) Miterben, die der Miteigentumsgemeinschaft nicht angehören können oder wollen, sind mit ihren Erbteilen nach den §§ 20 bis 22 abzufinden.

(BGBl 1989/657, ab 1. 1. 1990)

Ausschließungsgründe

§ 18. (1) Das Verlassenschaftsgericht hat einen nach § 15 berufenen Anerben von der Übernahme des Hofes auszuschließen, wenn er

1. infolge einer psychischen Krankheit, einer „vergleichbaren Beeinträchtigung seiner Entscheidungsfähigkeit“* oder „einer körperlichen Beeinträchtigung“** offenbar unfähig ist, den Hof dauernd zu bewirtschaften; *(* BGBl I 2018/58, ab 1. 8. 2018; ** BGBl I 2019/38, ab 1. 6. 2019)*

2. infolge einer auffallenden und anhaltenden Neigung zur Verschwendung, zur Trunksucht oder zum Missbrauch von Suchtgiften befürchten lässt, dass er den Hof abwirtschaftet;

3. über zwei Jahre ohne Nachricht von seinem Aufenthalt unter solchen Umständen abwesend ist, die eine Rückkehr binnen angemessener Frist zweifelhaft machen, wobei eine Abwesenheit durch Krieg oder Kriegsgefangenschaft außer Betracht bleibt;

4. durch seinen Beruf nicht nur vorübergehend verhindert ist, den Hof von der Hofstelle aus persönlich zu bewirtschaften.

(2) Unter den nicht ausgeschlossenen Miterben geht das Anerbenrecht auf den nach § 15 Nächstberufenen über. Sind alle Miterben ausgeschlossen, so ist derjenige von ihnen zum Anerben zu bestimmen, der den Hof unter Berücksichtigung aller Umstände am ehesten erhalten kann. Kann dies nicht festgestellt werden, so hat das Verlassenschaftsgericht den Hof durch öffentliche Versteigerung zu veräußern, jedoch nicht zur Unzeit oder zum Nachteil der Miterben. Der Versteigerungserlös ist unter den Miterben nach der gesetzlichen Erbfolge aufzuteilen.

(3) Das Verlassenschaftsgericht hat vor seiner Entscheidung eine Stellungnahme der Höfebehörde einzuholen.

(BGBl 1989/657, ab 1. 1. 1990)

Zurücktreten des Anerben
Wahlrecht des Miterben

§ 19. (1) Ein nach § 15 berufener Anerbe, der zur Zeit des Erbanfalls bereits allein oder gemeinsam mit seinem Ehegatten, einem Elternteil oder einem Kind Eigentümer eines geschlossenen Hofes ist, hat als Übernehmer hinter den anderen Miterben zurückzustehen. Das Anerbenrecht geht auf den nach § 15 Nächstberufenen über. Der Anerbe behält jedoch sein Recht, wenn er seinen Hof, erforderlichenfalls mit Zustimmung seines Miteigentümers, dem Nächstberufenen um den nach § 21 zu ermittelnden Preis überlässt. Wenn keiner der Miterben diesen Hof übernehmen will, erlischt ihr Recht, das Zurückstehen des Anerben zu verlangen.

(2) Wenn zu „einer Verlassenschaft“ mehrere geschlossene Höfe gehören und mehrere Miterben nach § 15 eintreten, sind diese in der dort festgelegten Reihenfolge zur Übernahme je eines Hofes nach ihrer Wahl berufen. Gleiches gilt, wenn mehr Höfe als Erben vorhanden sind. Die gesetzlichen Erben eines Miterben treten an dessen Stelle. Unter ihnen hat derjenige die Wahl, dem nach der erwähnten Reihenfolge der Vorrang zukommt. *(BGBl I 2015/87, ab 1. 1. 2017)*

(BGBl 1989/657, ab 1. 1. 1990)

Erbteilung

§ 20. (1) Die Erbteilung erfolgt durch ein Übereinkommen zwischen dem Übernehmer und den übrigen Miterben, das vom Verlassenschaftsgericht zu genehmigen ist. Können sich die Miterben nicht einigen, so hat das Verlassenschaftsgericht „nach Durchführung einer mündlichen Verhandlung die Erbteilung vorzunehmen". *(BGBl I 2003/112, ab 1. 1. 2005; anzuwenden in Verlassenschaftssachen, die nach dem 31. Dezember 2004 erstmals bei Gericht oder beim Gerichtskommissär anhängig gemacht wurden oder werden konnten)*

(2) Bei der Erbteilung ist der Hof (der erledigte Anteil) samt Zugehör (Abs. 4) dem Übernehmer zuzuweisen, der bis zur Höhe des Übernahmswertes Schuldner der Verlassenschaft wird. Anstelle des Hofes (des erledigten Anteils) ist dieser Betrag in die Erbteilung als Forderung der Verlassenschaft einzubeziehen; die übrigen Miterben sind in Geld abzufinden. Der Hof (der erledigte Anteil) scheidet mit der Rechtskraft des Zuweisungsbeschlusses aus der Verlassenschaft aus.

(3) Diejenigen übrigen Miterben, die auf dem geschlossenen Hof mitgearbeitet haben, haben Anspruch auf angemessene Abgeltung ihrer in den letzten drei Jahren vor dem Tod des „Verstorbenen" geleisteten Dienste; dabei ist auf Art, Umfang und Dauer der Mitarbeit sowie auf die örtlichen Verhältnisse Bedacht zu nehmen. Können sich die Miterben nicht einigen, so hat das Verlassenschaftsgericht die Mitarbeit bei der Bestimmung der Abfindungsansprüche nach billigem Ermessen zu berücksichtigen. *(BGBl I 2015/87, ab 1. 1. 2017)*

(4) Als Zugehör des geschlossenen Hofes im Sinn der §§ 294 bis 297 ABGB gelten alle zur ordentlichen Bewirtschaftung des Hofes erforderlichen beweglichen körperlichen Sachen, die im Eigentum des „Verstorbenen" gestanden sind. Können sich die Miterben nicht darüber einigen, welche Sachen zum Hof gehören, so hat das Verlassenschaftsgericht zu entscheiden. *(BGBl I 2015/87, ab 1. 1. 2017)*

(BGBl 1989/657, ab 1. 1. 1990)

Übernahmswert

§ 21. (1) Hat der „Verstorbene" keine Verfügung über den Übernahmswert getroffen und können sich auch die Miterben darüber nicht einigen, so hat das Verlassenschaftsgericht den Wert des Hofes (des erledigten Anteils) nach billigem Ermessen so festzusetzen, dass der Übernehmer wohl bestehen kann. Dabei ist der Ertragswert des Hofes (des erledigten Anteils) angemessen zu berücksichtigen. Das Zugehör (§ 20 Abs. 4) ist bei der Feststellung des Übernahmswertes zu berücksichtigen, aber nicht selbständig zu schätzen. *(BGBl I 2015/87, ab 1. 1. 2017)*

(2) Ein Unternehmen, das auf dem geschlossenen Hof betrieben wird und wirtschaftlich nicht unbedeutend ist, ist jedoch selbständig zu schätzen und nach dem Verkehrswert zu berücksichtigen.

(3) Das Verlassenschaftsgericht hat der Schätzung mindestens zwei Sachverständige beizuziehen. Die Miterben können der Schätzung beiwohnen und ihre Einwendungen vorbringen.

(BGBl 1989/657, ab 1. 1. 1990)

Abfindungsansprüche

§ 22. (1) Können sich die Miterben über die Auszahlung und die Verzinsung der Abfindungen nicht einigen, so hat das Verlassenschaftsgericht darüber nach billigem Ermessen zu entscheiden. Auf Antrag des Anerben sind die Abfindungsansprüche um höchstens drei Jahre ab der Rechtskraft der Einantwortung zu stunden. Gegen den Willen der Abfindungsberechtigten darf diese Frist nicht verlängert werden.

(2) Können sich die Miterben auch über die Sicherstellung der Abfindungsansprüche nicht einigen, so hat das Verlassenschaftsgericht in der Einantwortungsurkunde anzuordnen, dass das Eigentum des Anerben gleichzeitig mit dem Pfandrecht zur Sicherung dieser Ansprüche einzuverleiben ist.

(3) Überträgt der Anerbe das Eigentum am Hof oder an dessen Teilen vor Ablauf der nach Abs. 1 vereinbarten oder bestimmten Frist durch ein Rechtsgeschäft unter Lebenden auf einen anderen, so werden die Abfindungsansprüche ohne Rücksicht auf die dem Anerben gewährte Frist sogleich fällig. Dies gilt nicht, wenn der Ehegatte, ein Elternteil oder ein Kind des Anerben das Eigentum am Hof oder an dessen Teilen erwirbt.

(BGBl 1989/657, ab 1. 1. 1990)

Versorgungsansprüche

§ 23. (1) Minderjährige Nachkommen des „Verstorbenen", die auf dem Hof aufwachsen und mit dem Anerben als Miterben eintreten, sind bis zu ihrer Selbsterhaltungsfähigkeit, längstens aber bis zum Eintritt der Volljährigkeit, weiter angemessen auf dem Hof zu erhalten, soweit sie ihren Unterhalt ohne Berücksichtigung bereits ausgezahlter Abfindungen weder aus eigenem Einkommen oder Vermögen bestreiten noch von anderer Seite erhalten können. Solange die Nachkommen des „Verstorbenen" auf dem Hof erhalten werden, werden ihre Abfindungsansprüche nicht fällig. Sie sind bei sonstigem Verlust ihrer Versorgungsansprüche zu einer ihren Kräften entsprechenden üblichen Mithilfe auf dem Hof verpflichtet. *(BGBl I 2015/87, ab 1. 1. 2017)*

(2) Abs. 1 ist auf volljährige Nachkommen des „Verstorbenen"*, die sich infolge einer psychi-

schen Krankheit, einer „vergleichbaren Beeinträchtigung ihrer Entscheidungsfähigkeit“** oder „einer körperlichen Beeinträchtigung“*** auch unter Berücksichtigung bereits ausgezahlter Abfindungen nicht selbst erhalten können, insoweit anzuwenden, als dies mit der Leistungsfähigkeit des Hofes vereinbar ist. *(*BGBl I 2015/87, ab 1. 1. 2017; **BGBl I 2018/58, ab 1. 8. 2018; ***BGBl I 2019/38, ab 1. 6. 2019)*

(3) Wenn minderjährige Nachkommen des „Verstorbenen“ (Abs. 1) eine auswärtige Berufsausbildung erhalten oder erhalten sollen, deren Kosten durch ihr Einkommen und Vermögen nicht gedeckt werden, hat der Anerbe von den ihnen zustehenden und gestundeten Abfindungsansprüchen das Fehlende in monatlichen Raten zu leisten. Reichen die Abfindungsansprüche nicht aus, so hat der Anerbe die Kosten der Berufsausbildung insoweit zu bestreiten, als dies mit der Leistungsfähigkeit des Hofes vereinbar ist. *(BGBl I 2015/87, ab 1. 1. 2017)*

(4) Das Verlassenschaftsgericht hat auf Antrag der Beteiligten in Streitigkeiten über die in den Abs. 1 bis 3 angeführten Versorgungsansprüche auch nach der Einantwortung im Verfahren außer Streitsachen zu entscheiden. In der Einantwortungsurkunde ist anzuordnen, dass diese Ansprüche als Reallasten mit dem Eigentum des Anerben einzuverleiben sind, wobei sie Abfindungsansprüchen (§ 22) im Rang vorgehen.

(BGBl 1989/657, ab 1. 1. 1990)

§ 24. (1) Dem auf dem Hof lebenden Ehegatten des „Verstorbenen“, der nicht Anerbe ist, gebührt ein den ortsüblichen Lebensumständen und der Leistungsfähigkeit des Hofes angemessener Unterhalt auf Lebenszeit (Ausgedinge), soweit er sich weder aus eigenem Einkommen oder Vermögen noch aus den Einkünften einer zumutbaren Erwerbstätigkeit erhalten kann. Das Ausgedinge kann aus berücksichtigungswürdigen Gründen vermindert, erhöht oder anders gestaltet werden; berücksichtigungswürdige Gründe liegen insbesondere vor, wenn der Anerbe das Ausgedinge infolge einer unverschuldeten Verschlechterung seiner wirtschaftlichen Verhältnisse nicht mehr im selben Ausmaß tragen kann, der Ausgedingsberechtigte mit den ihm zustehenden Leistungen infolge einer unverschuldeten Erhöhung seiner Bedürfnisse nicht mehr auskommen kann oder den Beteiligten auf Grund ständiger Streitigkeiten das weitere Verbleiben des Ausgedingsberechtigten auf dem geschlossenen Hof nicht mehr zugemutet werden kann. *(BGBl I 2015/87, ab 1. 1. 2017)*

(2) Dem auf dem Hof lebenden Ehegatten des „Verstorbenen“ steht daran ein Fruchtgenussrecht bis zur Volljährigkeit des Anerben zu, wenn dieser ein Nachkomme des „Verstorbenen“ oder des Ehegatten ist. Der Ehegatte ist bei sonstigem Verlust seines Rechtes zur Bewirtschaftung des Hofes verpflichtet. Solange er das Fruchtgenussrecht in Anspruch nimmt, kann er das Ausgedinge (Abs. 1) nicht verlangen. Er hat den Anerben und die Nachkommen des „Verstorbenen“ zu versorgen (§ 23) und aus den Erträgnissen des Hofes die dem Anerben sonst auferlegten Leistungen zu erbringen. Reichen die Erträgnisse nicht aus, so bleibt der Anerbe für den Rest verpflichtet. *(BGBl I 2015/87, ab 1. 1. 2017)*

(3) § 23 Abs. 4 gilt für die in den Abs. 1 und 2 genannten Ansprüche des überlebenden Ehegatten sinngemäß. Das Fruchtgenussrecht (Abs. 2) ist jedoch als Dienstbarkeit einzuverleiben.

(BGBl 1989/657, ab 1. 1. 1990)

Nachtragserbteilung

§ 25. (1) Überträgt der Anerbe innerhalb von zehn Jahren nach dem Tod des „Verstorbenen“ oder, falls er minderjährig ist, nach dem Eintritt der Volljährigkeit das Eigentum am ganzen Hof oder an dessen Teilen durch ein oder mehrere Rechtsgeschäfte unter Lebenden auf einen anderen, so hat er jenen Betrag zur Nachtragserbteilung herauszugeben, um den der bei einem Verkauf erzielbare Erlös den Übernahmswert übersteigt. Der Ersatz für Teile des Hofes ist nach dem Verhältnis ihres Übernahmswertes zu jenem des ganzen Hofes zu berechnen. Vom erzielbaren Erlös ist der Wert allfälliger vom Anerben bewirkter Verbesserungen abzuziehen. *(BGBl I 2015/87, ab 31. 7. 2015[1])*

(2) Abs. 1 ist bei einer Zwangsversteigerung des Hofes oder seiner Teile sinngemäß anzuwenden, soweit ein den Übernahmswert übersteigender Teil des Meistbotes dem Verpflichteten aus der Verteilungsmasse zugewiesen wird.

(3) Die Abs. 1 und 2 gelten nicht für den Erwerb des Eigentums am Hof oder an dessen Teilen durch den Ehegatten, einen Elternteil oder ein Kind des Anerben, wohl aber für die Übertragung des von diesen erworbenen Eigentums auf einen anderen.

(4) Eine Nachtragserbteilung unterbleibt insoweit, als der Anerbe

1. den Erlös innerhalb von zwei Jahren nach Erhalt für den Erwerb des Eigentums an Grundstücken, die der Bewirtschaftung des Hofes dienen, oder sonst zur Erhaltung oder Steigerung der Leistungsfähigkeit des Hofes verwendet oder

2. durch Tausch das Eigentum an Grundstücken, die der Bewirtschaftung des Hofes dienen, erwirbt; dabei ist eine zur Übertragung des Eigentums tretende Mehrleistung des Anerben bei einer späteren Nachtragserbteilung als anrechenbare Verbesserung (Abs. 1) anzusehen.

(5) Die Durchführung einer Nachtragserbteilung können die übrigen Miterben des Anerben

und deren gesetzliche Erben beantragen. Dieses Recht erlischt drei Jahre nach der Einverleibung des Eigentums des Erwerbers.

(BGBl 1989/657, ab 1. 1. 1990)

---

[1] Wohl aufgrund eines Redaktionsversehens nicht im § 28 Abs 4 erwähnt.

**Verfügungen des Hofeigentümers
Pflichtteilsrecht**

§ 26. (1) Der Allein- oder Miteigentümer eines geschlossenen Hofes wird durch die Erbteilungsvorschriften in seiner Verfügungsfreiheit innerhalb der Grenzen des Pflichtteilsrechts weder unter Lebenden noch von Todes wegen beschränkt.

(2) Die Erbteilungsvorschriften sind mit Ausnahme der §§ 15, 16, 18 und 19 bei der gewillkürten Rechtsnachfolge von Todes wegen anzuwenden, wenn

1. der Alleineigentümer eines geschlossenen Hofes eine der unter die gesetzlichen Erben fallenden Personen allein oder gemeinsam mit ihrem Ehegatten, Elternteil oder Kind als Übernehmer berufen hat, oder

2. der Miteigentümer eines Ehegatten- oder Elternteil-Kind-Hofes den überlebenden Miteigentümer allein oder gemeinsam mit dessen Ehegatten, Elternteil oder Kind als Übernehmer berufen hat.

(3) Das Pflichtteilsrecht wird durch die Erbteilungsvorschriften nicht berührt. Der Pflichtteilsberechnung ist in den im Abs. 2 genannten Fällen der Übernahmswert des Hofes (des erledigten Anteils) zugrunde zu legen. Die den Miterben und deren gesetzlichen Erben in den §§ 20 Abs. 3 und 21 bis 25 eingeräumten Rechte stehen auch den „Pflichtteilsberechtigten" und deren gesetzlichen Erben zu, wobei eine Aufschiebung der Fälligkeit ihrer Ansprüche nicht als Einschränkung oder Verkürzung der Pflichtteile anzusehen ist. *(BGBl I 2015/87, ab 1. 1. 2017)*

(BGBl 1989/657, ab 1. 1. 1990)

5. Schlussbestimmungen

§ 27. (1) Durch das gegenwärtige Gesetz werden die bestehenden gesetzlichen Bestimmungen über die Teilung von Gemeindewäldern und der solchen gleichzuhaltenden Waldungen, sowie die in den Gemeindegesetzen enthaltenen Beschränkungen des Verfügungsrechtes in Bezug auf die Teilung des Gemeindeeigentums nicht berührt.

(2) [Auf Güter, die mit dem Fideikommiss- oder Lehenbande behaftet sind, findet dieses Gesetz keine Anwendung.]

[] *Gegenstandslos*

§ 28. (1) Dieses Gesetz tritt in den Gemeinden, in denen das Grundbuch bereits eröffnet ist, sofort mit seiner Kundmachung, in den anderen Gemeinden jeweilig mit dem Tage der Eröffnung des Grundbuches in Wirksamkeit.

(2) Auf die Auseinandersetzung solcher Erbschaften, die vor der Wirksamkeit dieses Gesetzes anfallen, finden die darin enthaltenen Erbteilungsvorschriften keine Anwendung.

(3) Mit der Wirksamkeit dieses Gesetzes treten alle bisherigen Vorschriften, die Gegenstände desselben betreffen, insbesondere das Patent vom 11. August 1770, das Patent vom 9. Oktober 1795 und die Statthalterei-Kundmachungen vom 1. Jänner 1852 und vom 11. März 1856 außer Kraft.

(4) §§ 15, 16, 19, 20, 21, 23, 24[1] und 26 in der Fassung des Erbrechts-Änderungsgesetzes 2015, BGBl. I Nr. 87/2015, treten mit 1. Jänner 2017 in Kraft. *(BGBl I 2015/87)*

AnerbG

(5) §§ 18 und 23 in der Fassung des Bundesgesetzes BGBl. I Nr. 58/2018, treten mit 1. August 2018 in Kraft. *(BGBl I 2018/58)*

(6) § 15 Abs. 4, § 18 Abs. 1 und § 23 Abs. 2 in der Fassung des Bundesgesetzes BGBl. I Nr. 38/2019 treten mit 1. Juni 2019 in Kraft. § 15 ist anzuwenden, wenn der Eigentümer des geschlossenen Hofes nach dem 31. Mai 2019 verstorben ist. *(BGBl I 2019/38)*

---

[1] Im BGBl befindet sich aufgrund eines Redaktionsversehens nach der Zahl 24 ein Beistrich, s auch Anm u § 25.

§ 29. Mit dem Vollzuge dieses Gesetzes sind Meine Minister des Ackerbaues, des Innern, der Justiz und der Finanzen beauftragt.

KODEX
DES ÖSTERREICHISCHEN RECHTS
SAMMLUNG DER ÖSTERREICHISCHEN BUNDESGESETZE
VETERINÄR-
RECHT
LexisNexis
1 TierÄG -Verordnungen
2 Staatliche VetVerwalt
3 TierSG -Verordnungen
4 BangSG -BangS-VO
5 RindLeukG -RindLeuk-UntsVO
6 IBR/IPV-G -Verordnungen
7 DeckSG -DeckS-VO
8 DasselBG
9 Veterinär-rechts-anpassG Art V
10 BienenSG
11 TGG -Verordnungen
12 Desinfektions-vorschriften
13 Tierkörper-verwertung
14 FleischUG -Verordnungen
15 TAKG -Verordnungen
16 Völkerrechtl Verträge Übersicht
17 Neben-vorschriften

KODEX
DES ÖSTERREICHISCHEN RECHTS
SAMMLUNG DER ÖSTERREICHISCHEN BUNDESGESETZE
ÄRZTE-
RECHT
LexisNexis
1 ÄrzteG
2 FA ZMK
3 PsychologenG
4 GuKG
5 AusbVorbG
6 AIDS-G
7 KrebsstatistikG
8 KAG
9 ASchG
10 StrahlenschutzG
11 AMG
12 ApothekenG
13 FMedG
14 MuKiPaßV
15 ASVG
16 SMG
17 PStG
18 StVO
19 StGB
20 ABGB

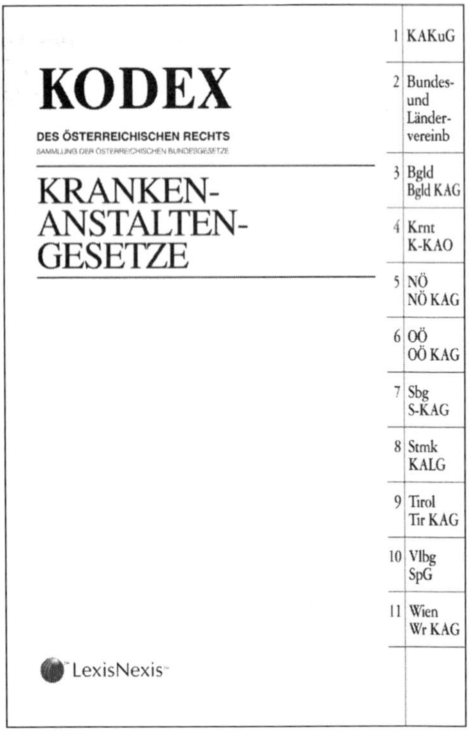
KODEX
DES ÖSTERREICHISCHEN RECHTS
SAMMLUNG DER ÖSTERREICHISCHEN BUNDESGESETZE
KRANKEN-
ANSTALTEN-
GESETZE
LexisNexis
1 KAKuG
2 Bundes- und Länder-vereinb
3 Bgld Bgld KAG
4 Krnt K-KAO
5 NÖ NÖ KAG
6 OÖ OÖ KAG
7 Sbg S-KAG
8 Stmk KALG
9 Tirol Tir KAG
10 Vlbg SpG
11 Wien Wr KAG

KODEX
DES ÖSTERREICHISCHEN RECHTS
SAMMLUNG DER ÖSTERREICHISCHEN BUNDESGESETZE
VERWALTUNGS-
VERFAHRENS-
GESETZE
LexisNexis
1 EGVG
2 AVG
BVwAbgVO
BKommGebVO
AufwandersatzVO
UVS-Verfhilfe-PauschVO
BeglaubigungsVO
3 VStG
VerfallsVO
AnhO
VorlSiVO
OrgStVfVO
4 VVG
EintrVO
5 AgrVG
6 DVG
DVV
7 ZustellG
ZFormVO
ZustellÜb
8 VwFormV
9 FristenÜb
10 AmtssprVOen
11 AuskPflG
B-BerichtspflG

20/1. Konsumentenschutzgesetz

BGBl 1979/140 idF

1 BGBl 1983/135
2 BGBl 1984/456
3 BGBl 1985/481
4 BGBl 1993/247
5 BGBl 1996/262 (MaklerG)
6 BGBl I 1997/6
7 BGBl I 1997/140 (WGN 1997)
8 BGBl I 1998/119
9 BGBl I 1999/185
10 BGBl I 2001/48 (GewRÄG)
11 BGBl I 2001/98 (2. Euro-JuBeG)
12 BGBl I 2002/111
13 BGBl I 2003/91 (ZivRÄG 2004)
14 BGBl I 2004/12 (HVerG)
15 BGBl I 2004/62
16 BGBl I 2006/92 (SWRÄG 2006)
17 BGBl I 2007/60 (WAG 2007)
18 BGBl I 2008/21
19 BGBl I 2009/66
20 BGBl I 2009/135 (EPG)
21 BGBl I 2010/28 (DaKRÄG)
22 BGBl I 2010/107
23 BGBl I 2011/22 (KSchRÄG 2011)
24 BGBl I 2011/77 (InvFG 2011)
25 BGBl I 2011/100 (DLG)
26 BGBl I 2013/50 (ZVG)
27 BGBl I 2014/33 (VRUG)
28 BGBl I 2015/105 (AStG)
29 BGBl I 2016/35 (VZKG)
30 BGBl I 2017/50 (PRG)
31 BGBl I 2018/51
32 BGBl I 2018/58 (ErwSchAG-Justiz)
33 BGBl I 2021/175 (GRUG)
34 BGBl I 2021/225
35 BGBl I 2022/36
36 BGBl I 2022/74
37 BGBl I 2022/109 (MoRUG)
38 BGBl I 2024/85 (VRUN)

GLIEDERUNG

STICHWORTVERZEICHNIS

(Die Zahlenangaben beziehen sich auf die Paragraphen)

Bundesgesetz vom 8. März 1979, mit dem Bestimmungen zum Schutz der Verbraucher getroffen werden (Konsumentenschutzgesetz – KSchG)

I. Hauptstück

Besondere Bestimmungen für Verträge zwischen Unternehmern und Verbrauchern

Abschnitt I

Geltungsbereich

§ 1. (1) Dieses Hauptstück gilt für Rechtsgeschäfte, an denen

1. einerseits jemand, für den das Geschäft zum Betrieb seines Unternehmens gehört, (im folgenden kurz Unternehmer genannt) und

2. andererseits jemand, für den dies nicht zutrifft, (im folgenden kurz Verbraucher genannt) beteiligt sind.

(2) Unternehmen im Sinn des Abs. 1 Z. 1 ist jede auf Dauer angelegte Organisation selbständiger wirtschaftlicher Tätigkeit, mag sie auch nicht auf Gewinn gerichtet sein. Juristische Personen des öffentlichen Rechts gelten immer als Unternehmer.

(3) Geschäfte, die eine natürliche Person vor Aufnahme des Betriebes ihres Unternehmens zur Schaffung der Voraussetzungen dafür tätigt, gehören noch nicht im Sinn des Abs. 1 Z. 1 zu diesem Betrieb.

(4) Dieses Hauptstück gilt nicht für Verträge, die jemand als Arbeitnehmer oder arbeitnehmerähnliche Person „(§ 51 Abs 3 ASGG)" mit dem Arbeitgeber schließt. *(BGBl I 1997/6)*

(5) Die Bestimmungen des I. und des II. Hauptstücks sind auch auf den Beitritt zu und die Mitgliedschaft bei Vereinen anzuwenden, wenn diese zwar von ihren Mitgliedern Beiträge oder sonstige Geldleistungen verlangen, ihnen aber nur eingeschränkte Mitgliedschaftsrechte einräumen und die Mitgliedschaft nicht geschäftlichen Zwecken dient. *(BGBl I 1999/185, s § 41a Abs 7)*

§ 2. (1) Dieses Hauptstück läßt Regelungen unberührt, nach denen die hier vorgesehenen Rechtsfolgen in anderen Fällen eintreten.

(2) Soweit in Vereinbarungen von diesem Hauptstück zum Nachteil des Verbrauchers abgewichen wird, sind sie unwirksam.

Abschnitt II

Allgemeine Regeln

Rücktrittsrecht

§ 3. (1) Hat der Verbraucher seine Vertragserklärung weder in den vom Unternehmer für seine geschäftlichen Zwecke dauernd benützten Räumen noch bei einem von diesem dafür auf einer Messe oder einem Markt benützten Stand abgegeben, so kann er von seinem Vertragsantrag oder vom Vertrag zurücktreten. Dieser Rücktritt kann bis zum Zustandekommen des Vertrags oder danach binnen 14 Tagen erklärt werden. Der Lauf dieser Frist beginnt mit der Ausfolgung einer Urkunde, die zumindest den Namen und die Anschrift des Unternehmers, die zur Identifizierung des Vertrags notwendigen Angaben sowie eine Belehrung über das Rücktrittsrecht, die Rücktrittsfrist und die Vorgangsweise für die Ausübung des Rücktrittsrechts enthält, an den Verbraucher, frühestens jedoch mit dem Zustandekommen des Vertrags, bei Kaufverträgen über Waren mit dem Tag, an dem der Verbraucher den Besitz an der Ware erlangt. Ist die Ausfolgung einer solchen Urkunde unterblieben, so steht dem Verbraucher das Rücktrittsrecht für eine Frist von zwölf Monaten und 14 Tagen ab Vertragsabschluss beziehungsweise Warenlieferung zu; wenn der Unternehmer die Urkundenausfolgung innerhalb von zwölf Monaten ab dem Fristbeginn nachholt, so endet die verlängerte Rücktrittsfrist 14 Tage nach dem Zeitpunkt, zu dem der Verbraucher die Urkunde erhält. „ " *(BGBl I 2014/33, s § 41a Abs 29; BGBl I 2018/51, ab 1. 1. 2019, s § 41a Abs 33)*

(2) Das Rücktrittsrecht besteht auch dann, wenn der Unternehmer oder ein mit ihm zusammenwirkender Dritter den Verbraucher im Rahmen einer Werbefahrt, einer Ausflugsfahrt oder einer ähnlichen Veranstaltung „oder durch persönliches, individuelles Ansprechen auf der Straße" in die vom Unternehmer für seine geschäftlichen Zwecke benützten Räume gebracht hat. *(BGBl 1984/456)*

(3) Das Rücktrittsrecht steht dem Verbraucher nicht zu,

1. wenn er selbst die geschäftliche Verbindung mit dem Unternehmer oder dessen Beauftragten zwecks Schließung dieses Vertrages angebahnt hat,

2. wenn dem Zustandekommen des Vertrages keine Besprechungen zwischen den Beteiligten oder ihren Beauftragten vorangegangen sind „," *(BGBl I 2017/50)*

3. bei Verträgen, bei denen die beiderseitigen Leistungen sofort zu erbringen sind, wenn sie üblicherweise von Unternehmern außerhalb ihrer Geschäftsräume geschlossen werden und das vereinbarte Entgelt „25 Euro"*, oder wenn das

Unternehmen nach seiner Natur nicht in ständigen Geschäftsräumen betrieben wird und das Entgelt „50 Euro“* nicht übersteigt „,“** *(*BGBl I 2014/33, s § 41a Abs 29; **BGBl I 2017/50)*

4. bei Verträgen, die dem Fern- und Auswärtsgeschäfte-Gesetz „oder dem Versicherungsvertragsgesetz“ unterliegen, oder *(BGBl I 2014/33, s § 41a Abs 29; BGBl I 2018/51, ab 1. 1. 2019, s § 41a Abs 33)*

5. bei Vertragserklärungen, die der Verbraucher in körperlicher Abwesenheit des Unternehmers abgegeben hat, es sei denn, dass er dazu vom Unternehmer gedrängt worden ist. *(BGBl I 2014/33, s § 41a Abs 29)*

(4) Die Erklärung des Rücktritts ist an keine bestimmte Form gebunden. Die Rücktrittsfrist ist gewahrt, wenn die Rücktrittserklärung innerhalb der Frist abgesendet wird. *(BGBl I 2014/33, s § 41a Abs 29)*

(5) Der Verbraucher kann ferner von seinem Vertragsantrag oder vom Vertrag zurücktreten, wenn der Unternehmer gegen die gewerberechtlichen Regelungen über das Sammeln und die Entgegennahme von Bestellungen auf Dienstleistungen (§ 54 GewO 1994), über das Aufsuchen von Privatpersonen und Werbeveranstaltungen (§ 57 GewO 1994) oder über die Entgegennahme von Bestellungen auf Waren von Privatpersonen (§ 59 GewO 1994) verstoßen hat. Die Bestimmungen des Abs. 1, Abs. 3 Z 4 und 5 und Abs. 4 sind auch auf dieses Rücktrittsrecht anzuwenden. Dieses steht dem Verbraucher auch in den Fällen des Abs. 3 Z 1 bis 3 zu. *(BGBl I 2014/33, s § 41a Abs 29)*

§ 3a. (1) Der Verbraucher kann von seinem Vertragsantrag oder vom Vertrag weiters zurücktreten, wenn ohne seine Veranlassung für seine Einwilligung maßgebliche Umstände, die der Unternehmer im Zuge der Vertragsverhandlungen als wahrscheinlich dargestellt hat, nicht oder nur in erheblich geringerem Ausmaß eintreten.

(2) Maßgebliche Umstände im Sinn des Abs. 1 sind

1. die Erwartung der Mitwirkung oder Zustimmung eines Dritten, die erforderlich ist, damit die Leistung des Unternehmers erbracht oder vom Verbraucher verwendet werden kann,

2. die Aussicht auf steuerrechtliche Vorteile,

3. die Aussicht auf eine öffentliche Förderung und

4. die Aussicht auf einen Kredit.

(3) Der Rücktritt kann binnen einer Woche erklärt werden. Die Frist beginnt zu laufen, sobald für den Verbraucher erkennbar ist, daß die in Abs. 1 genannten Umstände nicht oder nur in erheblich geringerem Ausmaß eintreten und er eine schriftliche Belehrung über dieses Rücktrittsrecht erhalten hat. Das Rücktrittsrecht erlischt jedoch spätestens einen Monat nach der vollständigen Erfüllung des Vertrags durch beide Vertragspartner, bei „Bankverträgen“ mit einer ein Jahr übersteigenden Vertragsdauer spätestens einen Monat nach dem Zustandekommen des Vertrags. *(BGBl I 2018/51, ab 1. 1. 2019, s § 41a Abs 33)*

(4) Das Rücktrittsrecht steht dem Verbraucher nicht zu, wenn

1. er bereits bei den Vertragsverhandlungen wußte oder wissen mußte, daß die maßgeblichen Umstände nicht oder nur in erheblich geringerem Ausmaß eintreten werden,

2. der Ausschluß des Rücktrittsrechts im einzelnen ausgehandelt worden ist „,“ *(BGBl I 2018/51)*

3. der Unternehmer sich zu einer angemessenen Anpassung des Vertrags bereit erklärt „oder“ *(BGBl I 2018/51)*

4. der Vertrag dem Versicherungsvertragsgesetz unterliegt. *(BGBl I 2018/51, ab 1. 1. 2019, s § 41a Abs 33)*

(5) Für die Rücktrittserklärung gilt § 3 Abs. 4 sinngemäß.

(BGBl I 1997/6, s § 41a Abs 4 Z 2)

§ 4. (1) Tritt der Verbraucher „nach § 3 oder § 3a” vom Vertrag zurück, so hat Zug um Zug

1. der Unternehmer alle empfangenen Leistungen samt gesetzlichen Zinsen vom Empfangstag an zurückzuerstatten und den vom Verbraucher auf die Sache gemachten notwendigen und nützlichen Aufwand zu ersetzen,

2. der Verbraucher die empfangenen Leistungen zurückzustellen und dem Unternehmer ein angemessenes Entgelt für die Benützung, einschließlich einer Entschädigung für eine damit verbundene Minderung des gemeinen Wertes der Leistung, zu zahlen; die Übernahme der Leistungen in die Gewahrsame des Verbrauchers ist für sich allein nicht als Wertminderung anzusehen. *(BGBl I 1997/6, s § 41a Abs 4 Z 2)*

(2) Ist die Rückstellung der vom Unternehmer bereits erbrachten Leistungen unmöglich oder untunlich, so hat der Verbraucher dem Unternehmer deren Wert zu vergüten, soweit sie ihm zum klaren und überwiegenden Vorteil gereichen.

(3) Die Abs. 1 und 2 lassen Schadenersatzansprüche unberührt.

Kostenvoranschläge

§ 5. (1) Für die Erstellung eines Kostenvoranschlags im Sinn des § 1170a ABGB durch den Unternehmer hat der Verbraucher ein Entgelt nur dann zu zahlen, wenn er vorher auf diese Zahlungspflicht hingewiesen worden ist.

(2) Wird dem Vertrag ein Kostenvoranschlag des Unternehmers zugrunde gelegt, so gilt dessen

Richtigkeit als gewährleistet, wenn nicht das Gegenteil ausdrücklich erklärt ist.

Allgemeine Informationspflichten des Unternehmers

§ 5a. (1) Bevor der Verbraucher durch einen Vertrag oder seine Vertragserklärung gebunden ist, muss ihn der Unternehmer in klarer und verständlicher Weise über Folgendes informieren, soweit sich diese Informationen nicht bereits unmittelbar aus den Umständen ergeben:

1. die wesentlichen Eigenschaften der Ware oder Dienstleistung in dem für das Kommunikationsmittel und die Ware oder Dienstleistung angemessenen Umfang,

2. den Namen oder die Firma und die Telefonnummer des Unternehmers sowie die Anschrift seiner Niederlassung,

3. den Gesamtpreis der Ware oder Dienstleistung einschließlich aller Steuern und Abgaben, wenn aber der Preis aufgrund der Beschaffenheit der Ware oder Dienstleistung vernünftigerweise nicht im Voraus berechnet werden kann, die Art der Preisberechnung und gegebenenfalls alle zusätzlichen Fracht-, Liefer- oder Versandkosten oder, wenn diese Kosten vernünftigerweise nicht im Voraus berechnet werden können, das allfällige Anfallen solcher zusätzlicher Kosten,

4. gegebenenfalls die Zahlungs-, Liefer- und Leistungsbedingungen, den Zeitraum, innerhalb dessen nach der Zusage des Unternehmers die Ware geliefert oder die Dienstleistung erbracht wird, sowie ein allenfalls vorgesehenes Verfahren beim Umgang des Unternehmers mit Beschwerden,

5. zusätzlich zu dem Hinweis auf das Bestehen eines gesetzlichen Gewährleistungsrechts für die „Ware oder die digitale Leistung“ gegebenenfalls das Bestehen und die Bedingungen von Kundendienstleistungen nach dem Verkauf und von gewerblichen Garantien, *(BGBl I 2022/109, ab 20. 7. 2022)*

6. gegebenenfalls die Laufzeit des Vertrags oder die Bedingungen für die Kündigung unbefristeter Verträge oder sich automatisch verlängernder Verträge,

7. gegebenenfalls die Funktionalität von Waren mit digitalen Elementen (§ 2 Z 4 VGG) und von digitalen Leistungen einschließlich anwendbarer technischer Schutzmaßnahmen und *(BGBl I 2022/109, ab 20. 7. 2022)*

8. gegebenenfalls – soweit wesentlich – die Kompatibilität und Interoperabilität von Waren mit digitalen Elementen und von digitalen Leistungen, soweit sie dem Unternehmer bekannt sind oder vernünftigerweise bekannt sein müssen. *(BGBl I 2022/109, ab 20. 7. 2022)*

(2) Die in Abs. 1 festgelegten Informationspflichten gelten nicht für Verträge

1. über Geschäfte des täglichen Lebens, die zum Zeitpunkt des Vertragsabschlusses sofort erfüllt werden,

2. die dem Fern- und Auswärtsgeschäfte-Gesetz unterliegen,

3. über soziale Dienstleistungen einschließlich der Bereitstellung und Vermietung von Sozialwohnungen, der Kinderbetreuung oder der Unterstützung von dauerhaft oder vorübergehend hilfsbedürftigen Familien oder Personen einschließlich Langzeitpflege,

4. über Gesundheitsdienstleistungen gemäß Artikel 3 Buchstabe a der Richtlinie 2011/24/EU über die Ausübung der Patientenrechte in der grenzüberschreitenden Gesundheitsversorgung, ABl. Nr. L 88 vom 4.4.2011 S. 45, unabhängig davon, ob sie von einer Einrichtung des Gesundheitswesens erbracht werden,

5. über Glücksspiele, die einen geldwerten Einsatz verlangen, einschließlich Lotterien, Glücksspiele in Spielkasinos und Wetten,

6. über Finanzdienstleistungen,

7. über die Begründung, den Erwerb oder die Übertragung von Eigentum oder anderen Rechten an unbeweglichen Sachen,

8. über den Bau von neuen Gebäuden, erhebliche Umbaumaßnahmen an bestehenden Gebäuden oder die Vermietung von Wohnraum,

9. über Pauschalreisen im Sinn von Art. 3 Z 2 der Richtlinie (EU) 2015/2302 über Pauschalreisen und verbundene Reiseleistungen, zur Änderung der Verordnung (EG) Nr. 2006/2004 und der Richtlinie 2011/83/EU sowie zur Aufhebung der Richtlinie 90/314/EWG, ABl. Nr. L 326 vom 11.12.2015 S. 1, *(BGBl I 2017/50, ab 1. 7. 2018)*

10. die in den Geltungsbereich der Richtlinie 2008/122/EG über den Schutz der Verbraucher im Hinblick auf bestimmte Aspekte von Teilzeitnutzungsverträgen, Verträgen über langfristige Urlaubsprodukte sowie Wiederverkaufs- und Tauschverträgen, ABl. Nr. L 33 vom 3.2.2009 S. 10, fallen,

11. die vor einem öffentlichen Amtsträger geschlossen werden, der gesetzlich zur Unabhängigkeit und Unparteilichkeit verpflichtet ist und durch umfassende rechtliche Aufklärung sicherzustellen hat, dass der Verbraucher den Vertrag nur aufgrund gründlicher rechtlicher Prüfung und in Kenntnis seiner rechtlichen Tragweite abschließt,

12. über die Lieferung von Lebensmitteln, Getränken oder sonstigen Haushaltsgegenständen des täglichen Bedarfs, die vom Unternehmer im Rahmen häufiger und regelmäßiger Fahrten am Wohnsitz, am Aufenthaltsort oder am Arbeitsplatz des Verbrauchers geliefert werden,

13. über die Beförderung von Personen,

14. die unter Verwendung von Warenautomaten oder automatisierten Geschäftsräumen geschlossen werden,

15. die mit Betreibern von Telekommunikationsmitteln mit Hilfe öffentlicher Fernsprecher zu deren Nutzung geschlossen werden oder die zur Nutzung einer einzelnen von einem Verbraucher hergestellten Telefon-, Internet- oder Faxverbindung geschlossen werden „,“ *(BGBl I 2022/109)*

16. über Waren, die aufgrund von Zwangsvollstreckungsmaßnahmen oder anderen gerichtlichen Maßnahmen verkauft werden. *(BGBl I 2022/109, ab 20. 7. 2022)*

(BGBl I 2014/33, s § 41a Abs 29)

Telefonische Vertragsabschlüsse im Zusammenhang mit Gewinnzusagen oder Wett- und Lotteriedienstleistungen

§ 5b. Verträge, die während eines vom Unternehmer eingeleiteten Anrufs im Zusammenhang mit Gewinnzusagen oder Wett- und Lotteriedienstleistungen ausgehandelt werden, sind nichtig. Auf die Ungültigkeit des Vertrags kann sich nur der Verbraucher berufen. Für Leistungen, die der Unternehmer trotz der Nichtigkeit derartiger Verträge erbracht hat, kann er weder ein Entgelt noch eine Wertminderung verlangen. Der Verbraucher kann alle Zahlungen und Leistungen, die vom Unternehmer entgegen dieser Bestimmung angenommen wurden, zurückfordern.

(BGBl I 2014/33, s § 41a Abs 29)

Verbindlichkeit von Gewinnzusagen

„**§ 5c.**“ Unternehmer, die Gewinnzusagen oder andere vergleichbare Mitteilungen an bestimmte Verbraucher senden und durch die Gestaltung dieser Zusendungen den Eindruck erwecken, daß der Verbraucher einen bestimmten Preis gewonnen habe, haben dem Verbraucher diesen Preis zu leisten; er kann auch gerichtlich eingefordert werden. *(BGBl I 2014/33, s § 41a Abs 29)*

(BGBl I 1999/185, s § 41a Abs 7)

Unzulässige Vertragsbestandteile

§ 6. (1) Für den Verbraucher sind besonders solche Vertragsbestimmungen im Sinn des § 879 ABGB jedenfalls nicht verbindlich, nach denen

1. sich der Unternehmer eine unangemessen lange oder nicht hinreichend bestimmte Frist ausbedingt, während deren er einen Vertragsantrag des Verbrauchers annehmen oder ablehnen kann oder während deren der Verbraucher an den Vertrag gebunden ist;

2. ein bestimmtes Verhalten des Verbrauchers als Abgabe oder Nichtabgabe einer Erklärung gilt, es sei denn, der Verbraucher wird bei Beginn der hiefür vorgesehenen Frist auf die Bedeutung seines Verhaltens besonders hingewiesen und hat zur Abgabe einer ausdrücklichen Erklärung eine angemessene Frist;

3. eine für den Verbraucher rechtlich bedeutsame Erklärung des Unternehmers, die jenem nicht zugegangen ist, als ihm zugegangen gilt, sofern es sich nicht um die Wirksamkeit einer an die zuletzt bekanntgegebene Anschrift des Verbrauchers gesendeten Erklärung für den Fall handelt, daß der Verbraucher dem Unternehmer eine Änderung seiner Anschrift nicht bekanntgegeben hat;

4. eine vom Verbraucher dem Unternehmer oder einem Dritten abzugebende Anzeige oder Erklärung einer strengeren Form als der Schriftform oder besonderen Zugangserfordernissen zu genügen hat;

5. dem Unternehmer auf sein Verlangen für seine Leistung ein höheres als das bei der Vertragsschließung bestimmte Entgelt zusteht, es sei denn, daß der Vertrag bei Vorliegen der vereinbarten Voraussetzungen für eine Entgeltänderung auch eine Entgeltsenkung vorsieht, daß die für die Entgeltänderung maßgebenden Umstände im Vertrag umschrieben und sachlich gerechtfertigt sind sowie daß ihr Eintritt nicht vom Willen des Unternehmers abhängt; *(BGBl I 1997/6, s § 41a Abs 4 Z 3)*

6. das Recht des Verbrauchers, seine Leistung nach § 1052 ABGB bis zur Bewirkung oder Sicherstellung der Gegenleistung zu verweigern, für den Fall ausgeschlossen oder eingeschränkt wird, daß der Unternehmer seine Leistung nicht vertragsgemäß erbringt oder ihre Erbringung durch seine schlechten Vermögensverhältnisse, die dem Verbraucher zur Zeit der Vertragsschließung weder bekannt waren noch bekannt sein mußten, gefährdet ist, indem etwa das Leistungsverweigerungsrecht davon abhängig gemacht wird, daß der Unternehmer Mängel seiner Leistung anerkennt;

7. ein dem Verbraucher nach dem Gesetz zustehendes Zurückbehaltungsrecht ausgeschlossen oder eingeschränkt wird;

8. das Recht des Verbrauchers, seine Verbindlichkeiten durch Aufrechnung aufzuheben, für den Fall der Zahlungsunfähigkeit des Unternehmers oder für Gegenforderungen ausgeschlossen oder eingeschränkt wird, die im rechtlichen Zusammenhang mit der Verbindlichkeit des Verbrauchers stehen, die gerichtlich festgestellt oder die vom Unternehmer anerkannt worden sind;

9. eine Pflicht des Unternehmers zum Ersatz eines Schadens an der Person ausgeschlossen oder eingeschränkt wird oder eine Pflicht des Unternehmers zum Ersatz sonstiger Schäden für den Fall ausgeschlossen oder eingeschränkt wird, daß er oder eine Person, für die er einzustehen hat,

den Schaden vorsätzlich oder grob fahrlässig verschuldet hat; *(BGBl I 1997/6, s § 41a Abs 4 Z 2)*

10. der Unternehmer oder eine seinem Einflußbereich unterliegende Stelle oder Person ermächtigt wird, mit bindender Wirkung für den Verbraucher darüber zu entscheiden, ob die ihm vom Unternehmer erbrachten Leistungen der Vereinbarung entsprechen;

11. dem Verbraucher eine Beweislast auferlegt wird, die ihn von Gesetzes wegen nicht trifft;

12. die Rechte des Verbrauchers auf eine Sache, die der Unternehmer zur Bearbeitung übernommen hat, in unangemessen kurzer Frist verfallen;

13. die im Fall des Verzugs des Verbrauchers zu zahlenden Zinsen den für den Fall vertragsgemäßer Zahlung vereinbarten Zinssatz um mehr als fünf Prozentpunkte pro Jahr übersteigen; *(BGBl I 1997/6, s § 41a Abs 4 Z 3)*

14. das Recht zur Geltendmachung eines ihm unterlaufenen Irrtums oder des Fehlens oder Wegfalls der Geschäftsgrundlage im vorhinein ausgeschlossen oder eingeschränkt wird, etwa auch durch eine Vereinbarung, wonach Zusagen des Unternehmers nicht die Hauptsache oder eine wesentliche Beschaffenheit derselben (§ 871 Abs. 1 ABGB) betreffen; *(BGBl I 1997/6, s § 41a Abs 4 Z 2)*

15. er sich nach Eintritt des Verzugs zur Zahlung von Betreibungs- oder Einbringungskosten verpflichtet, sofern diese Kosten in der Vereinbarung nicht gesondert und aufgeschlüsselt ausgewiesen sind oder soweit diese Kosten zur zweckentsprechenden Betreibung oder Einbringung der Forderung nicht notwendig waren. *(BGBl I 1997/6, s § 41a Abs 4 Z 2)*

(2) Sofern der Unternehmer nicht beweist, daß sie im einzelnen ausgehandelt worden sind, gilt das gleiche auch für Vertragsbestimmungen, nach denen

1. der Unternehmer ohne sachliche Rechtfertigung vom Vertrag zurücktreten kann,

2. dem Unternehmer das Recht eingeräumt wird, seine Pflichten oder den gesamten Vertrag mit schuldbefreiender Wirkung einem Dritten zu überbinden, der im Vertrag nicht namentlich genannt ist;

3. der Unternehmer eine von ihm zu erbringende Leistung einseitig ändern oder von ihr abweichen kann, es sei denn, die Änderung beziehungsweise Abweichung ist dem Verbraucher zumutbar, besonders weil sie geringfügig und sachlich gerechtfertigt ist;

4. dem Unternehmer auf sein Verlangen für seine innerhalb von zwei Monaten nach der Vertragsschließung zu erbringende Leistung ein höheres als das ursprünglich bestimmte Entgelt zusteht;

5. eine Pflicht des Unternehmers zum Ersatz eines Schadens an einer Sache, die er zur Bearbeitung übernommen hat, ausgeschlossen oder beschränkt wird;

6. Ansprüche des Verbrauchers aus § 908 ABGB eingeschränkt oder ausgeschlossen werden; *(BGBl I 1997/6, s § 41a Abs 4 Z 2)*

7. ein Rechtsstreit zwischen dem Unternehmer und dem Verbraucher durch einen oder mehrere Schiedsrichter entschieden werden soll. *(BGBl I 2003/91, s § 41a Abs 15)*

(3) Eine in Allgemeinen Geschäftsbedingungen oder Vertragsformblättern enthaltene Vertragsbestimmung ist unwirksam, wenn sie unklar oder unverständlich abgefaßt ist. *(BGBl I 1997/6, s § 41a Abs 4 Z 2)*

Erfüllung einer Geldschuld

§ 6a. (1) Sofern nicht nach der Natur des Vertragsverhältnisses – wie etwa bei Zug um Zug zu erfüllenden Verträgen – Barzahlung verkehrsüblich ist, hat der Unternehmer dem Verbraucher für die Erfüllung von dessen Geldschuld ein verkehrsübliches Bankkonto bekanntzugeben. Dies gilt nicht, wenn eine bestimmte andere Art der Erfüllung – etwa im Weg der Einziehung oder mittels Kreditkarte – vereinbart wurde.

(2) Wird die Geldschuld eines Verbrauchers gegenüber einem Unternehmer durch Banküberweisung erfüllt, so reicht es für die Rechtzeitigkeit der Erfüllung – abweichend von § 907a Abs. 2 erster Satz ABGB – auch bei einem im Vorhinein bestimmten Fälligkeitstermin aus, dass der Verbraucher am Tag der Fälligkeit den Überweisungsauftrag erteilt.

(BGBl I 2013/50, ab 16. 3. 2013, s § 41a Abs 28)

Kosten telefonischer Kontaktaufnahme nach Vertragsabschluss

§ 6b. Hat der Unternehmer einen Telefonanschluss eingerichtet, um im Zusammenhang mit geschlossenen Verbraucherverträgen seinen Vertragspartnern eine telefonische Kontaktnahme mit ihm zu ermöglichen, so darf er einem Verbraucher, der diese Möglichkeit in Anspruch nimmt, dafür kein Entgelt anlasten. Das Recht von Anbietern von Telekommunikationsdiensten, Entgelte für eigentliche Kommunikationsdienstleistungen zu verlangen, bleibt dadurch unberührt.

(BGBl I 2014/33, s § 41a Abs 29)

Zusätzliche Zahlungen

§ 6c. (1) Eine Vereinbarung, mit der sich ein Verbraucher neben dem für die Hauptleistung vereinbarten Entgelt zu weiteren Zahlungen – etwa als Entgelt für eine Zusatzleistung des Unternehmers – verpflichtet, kommt nur wirksam zustande, wenn ihr der Verbraucher ausdrücklich zustimmt. Eine solche Zustimmung liegt insbesondere dann nicht vor, wenn der Verbraucher zur Vermeidung einer Vertragserklärung eine vom Unternehmer vorgenommene Voreinstellung ablehnen müsste, diese Ablehnung jedoch unterlässt.

(2) Fehlt die nach Abs. 1 erforderliche Zustimmung, so hat der Unternehmer dem Verbraucher geleistete zusätzliche Zahlungen zurückzuerstatten.

(3) Der Verbraucher kann die Wirksamkeit der Vereinbarung nachträglich herbeiführen, indem er dieser im Sinn des Abs. 1 ausdrücklich zustimmt.

(4) Die Abs. 1 bis 3 gelten nicht für die in § 5a Abs. 2 Z 3 bis 8, 10 bis 12, 14 und 15 angeführten Verträge.

(BGBl I 2014/33, s § 41a Abs 29)

Angeld und Reugeld

§ 7. Ist der Unternehmer zur Einbehaltung oder Rückforderung eines Angeldes (§ 908 ABGB) berechtigt oder der Verbraucher zur Zahlung eines Reugeldes (§ 909 ABGB) verpflichtet, so kann der Richter das Angeld beziehungsweise das Reugeld in sinngemäßer Anwendung des § 1336 Abs. 2 ABGB mäßigen.

(BGBl I 1997/6, s § 41a Abs 4 Z 2)

Leistungsfrist bei Verträgen über Waren

§ 7a. Mangels anderer vertraglicher Vereinbarung hat der Unternehmer die Ware ohne unnötigen Aufschub, jedenfalls aber nicht später als 30 Tage nach Vertragsabschluss bereitzustellen oder – wenn die Übersendung der Ware vereinbart ist – beim Verbraucher abzuliefern.

(BGBl I 2014/33, s § 41a Abs 29)

Gefahrenübergang bei Übersendung der Ware

§ 7b. Wenn der Unternehmer die Ware übersendet, geht die Gefahr für den Verlust oder die Beschädigung der Ware erst auf den Verbraucher über, sobald die Ware an den Verbraucher oder an einen von diesem bestimmten, vom Beförderer verschiedenen Dritten abgeliefert wird. Hat aber der Verbraucher selbst den Beförderungsvertrag geschlossen, ohne dabei eine vom Unternehmer vorgeschlagene Auswahlmöglichkeit zu nützen, so geht die Gefahr bereits mit der Aushändigung der Ware an den Beförderer über. Mangels anderer Vereinbarung erwirbt der Verbraucher zugleich mit dem Gefahrenübergang das Eigentum an der Ware.

(BGBl I 2014/33, s § 41a Abs 29)

Verzug

§ 7c. (1) Hat der Unternehmer seine Leistung trotz Fälligkeit nicht erbracht, so kann ihn der Verbraucher zur Leistung innerhalb einer den Umständen angemessenen Nachfrist auffordern. Erbringt der Unternehmer seine Leistung nicht innerhalb dieser Nachfrist, so kann der Verbraucher vom Vertrag zurücktreten.

(2) Bei einem Fixgeschäft kann der Verbraucher im Fall nicht fristgerechter Leistung sofort vom Vertrag zurücktreten. Ein Fixgeschäft liegt vor, wenn vereinbart wurde oder aus den den Vertragsabschluss begleitenden Umständen eindeutig zu erkennen ist, dass die Leistungserbringung binnen einer bestimmten Frist oder zu einem bestimmten Zeitpunkt für den Verbraucher von wesentlicher Bedeutung ist. Zu einem sofortigen Rücktritt ist der Verbraucher auch berechtigt, wenn der Unternehmer erklärt hat oder aus den Umständen eindeutig zu erkennen ist, dass er die Leistung nicht erbringen wird.

(3) Tritt der Verbraucher vom Vertrag zurück, so hat ihm der Unternehmer die aufgrund des Vertrags geleisteten Zahlungen unverzüglich zurückzuerstatten.

(BGBl I 2021/175, ab 1. 1. 2022, s § 41a Abs 35)

Verzug bei der Bereitstellung digitaler Leistungen

§ 7d. (1) Hat der Unternehmer eine digitale Leistung (§ 2 Z 1 bis 3, § 16 VGG) trotz Fälligkeit nicht bereitgestellt, so kann ihn der Verbraucher ohne Fristsetzung zur Bereitstellung auffordern. Stellt der Unternehmer die digitale Leistung nicht unverzüglich nach Aufforderung oder innerhalb einer allenfalls ausdrücklich vereinbarten Nachfrist bereit, so kann der Verbraucher vom Vertrag zurückzutreten. Ein sofortiger Rücktritt ist nach § 7c Abs. 2 möglich.

(2) Tritt der Verbraucher nach Abs. 1 vom Vertrag zurück, so gelten für die Rückerstattung der vom Verbraucher aufgrund des Vertrags geleisteten Zahlungen sowie für die sonstigen Pflichten der Vertragsparteien die §§ 24 bis 26 des Verbrauchergewährleistungsgesetzes entsprechend.

(3) Sobald der Verbraucher den Unternehmer vom Unterbleiben der Bereitstellung verständigt hat, können wirksam auch Vereinbarungen getroffen werden, die zum Nachteil des Verbrauchers von den Regelungen der vorstehenden Absätze abweichen.

(BGBl I 2021/175, ab 1. 1. 2022, s § 41a Abs 35)

Gewährleistung

§ 8. (1) „Ist der Unternehmer zur Verbesserung oder zum Austausch verpflichtet (§ 932 ABGB), so hat er diese Pflicht zu erfüllen“

1. an dem Ort, an dem die Sache übergeben worden ist; hat der Unternehmer die Sache vertragsgemäß nach einem im Inland gelegenen Ort befördert oder versendet, so tritt dieser Ort an die Stelle des Übergabsortes; oder wenn es der Verbraucher verlangt

2. an dem Ort, an dem sich die Sache gewöhnlich befindet, sofern dieser Ort im Inland gelegen ist, für den Unternehmer nicht überraschend sein mußte und sofern nach der Art der Sache deren Beförderung zum Unternehmer für den Verbraucher untunlich ist, besonders weil die Sache sperrig, gewichtig oder durch Einbau unbeweglich geworden ist.
(BGBl I 2001/48, s § 41a Abs 11)

(2) Der Verbraucher hat dem Unternehmer die mangelhafte Sache zur Durchführung der Verbesserung oder des Austausches zur Verfügung zu stellen. Der Unternehmer kann verlangen, dass ihm der Verbraucher, wenn es für diesen tunlich ist, die Sache übersendet; der Unternehmer hat jedoch die Gefahr der Übersendung zu tragen.
(BGBl I 2021/175, ab 1. 1. 2022, s § 41a Abs 35)

(3) *(aufgehoben, BGBl I 2021/175, ab 1. 1. 2022, s § 41a Abs 35)*

§ 9. Gewährleistungsrechte des Verbrauchers können vor Kenntnis des Mangels nicht ausgeschlossen oder eingeschränkt werden; beim Kauf von Waren sowie bei der Bereitstellung digitaler Leistungen ist das Verbrauchergewährleistungsgesetz zu beachten.

(BGBl I 2021/175, ab 1. 1. 2022, s § 41a Abs 35)

Vertragliche Garantien

§ 9a. (1) Verpflichtet sich ein Unternehmer gegenüber einem Verbraucher, eine Sache zu verbessern, auszutauschen, den Kaufpreis zu erstatten oder sonst Abhilfe zu schaffen, falls sie nicht die in der Garantieerklärung oder in der Werbung angegebenen Eigenschaften aufweist oder nicht die dort genannten Anforderungen erfüllt (Garantie), so ist er an die Zusagen in der Garantieerklärung und an den in der Werbung bekanntgemachten Inhalt der Garantie gebunden. Sind die Zusagen in der Garantieerklärung für den Verbraucher weniger vorteilhaft als die Angaben über die Garantie in der Werbung, so ist die Garantie zu den in der Werbung angegebenen Bedingungen verbindlich, sofern nicht die Werbung noch vor Vertragsabschluss mit der gleichen Wahrnehmbarkeit berichtigt wurde.

(2) Hat der Hersteller einer Sache dem Verbraucher eine Garantie über die Haltbarkeit der Sache für einen bestimmten Zeitraum gegeben, so hat der Verbraucher während dieses Zeitraums einen unmittelbaren Anspruch gegen den Hersteller auf Verbesserung oder Austausch der Sache.

(3) Die Garantieerklärung muss dem Verbraucher spätestens bei Übergabe der Sache auf einem dauerhaften Datenträger zur Verfügung gestellt werden. Sie muss klar und verständlich formuliert sein. Sie muss auf die gesetzliche Gewährleistungspflicht des Übergebers und darauf hinweisen, dass diese durch die Garantie nicht eingeschränkt wird. Zudem muss die Garantieerklärung den Namen und die Anschrift des Garanten, die Sache, auf die sich die Garantie bezieht, die Garantiebestimmungen sowie das zur Inanspruchnahme der Garantie einzuhaltende Vorgehen enthalten.

(4) Ein Verstoß des Garanten gegen Abs. 3 berührt die Verbindlichkeit der Garantie nicht. Der Garant haftet überdies dem Verbraucher für den durch den Verstoß verschuldeten Schaden.

(BGBl I 2021/175, ab 1. 1. 2022, s § 41a Abs 35)

§ 9b. *(aufgehoben, BGBl I 2021/175, ab 1. 1. 2022, s § 41a Abs 35)*

Umfang der Vertretungsmacht und mündliche Zusagen

§ 10. (1) Eine Vollmacht, die ein Unternehmer erteilt hat, erstreckt sich im Verkehr mit Verbrauchern auf alle Rechtshandlungen, die derartige Geschäfte gewöhnlich mit sich bringen; besondere gesetzliche Regeln über den Umfang der Vollmacht bleiben davon unberührt. Eine Beschränkung dieser Vollmacht ist dem Verbraucher gegenüber nur wirksam, wenn sie ihm bewußt war.

(2) War dem Verbraucher die Beschränkung der Vollmacht nur infolge grober Fahrlässigkeit nicht bewußt, so hat der Unternehmer – unbeschadet der Geltendmachung dieses Umstandes nach anderen Bestimmungen – das Recht, vom Vertrag zurückzutreten; der Rücktritt muß unverzüglich nach Kenntnis des Unternehmers von der Überschreitung durch den Vertreter und den Umständen, aus denen sich die grobe Fahrlässigkeit des Verbrauchers ergibt, erklärt werden.

(3) Die Rechtswirksamkeit formloser Erklärungen des Unternehmers oder seiner Vertreter kann zum Nachteil des Verbrauchers vertraglich nicht ausgeschlossen werden.

Verbot des Orderwechsels

§ 11. (1) Der Unternehmer darf sich für seine Forderungen an den Verbraucher eine Wechselverbindlichkeit eines Verbrauchers nur einräumen lassen, wenn der Unternehmer Wechselnehmer (Art. 1 Z. 6, Art. 75 Z. 5 des Wechselgesetzes 1955) ist und der Wechsel die Worte "nicht an Order" oder einen gleichbedeutenden Vermerk enthält. Eine Verletzung dieser Bestimmung läßt die Rechtswirksamkeit des Wechsels unberührt.

(2) Ist dem Abs. 1 nicht entsprochen worden, so hat jeder Verbraucher, der den Wechsel eingelöst hat, an den Unternehmer einen Anspruch auf Zahlung eines Betrages in der Höhe der Rückgriffssumme, soweit nicht der Unternehmer beweist, daß der Verbraucher durch die Übernahme oder Erfüllung der Wechselverbindlichkeit von einer auch ohne den Wechsel bestehenden Pflicht zur Zahlung dieses Betrages befreit worden ist.

Verbot der Gehaltsabtretung

§ 12. (1) Eine Lohn- oder Gehaltsforderung des Verbrauchers darf dem Unternehmer nicht zur Sicherung oder Befriedigung seiner noch nicht fälligen Forderungen abgetreten werden.

(2) Hat der Dienstgeber dem Unternehmer oder einem Dritten auf Grund einer entgegen dem Abs. 1 abgetretenen Lohn- oder Gehaltsforderung Beträge mit der Wirkung gezahlt, daß er von der Lohn- oder Gehaltsforderung des Verbrauchers befreit worden ist, so hat der Verbraucher an den Unternehmer einen Anspruch auf Ersatz dieses Betrages, soweit nicht der Unternehmer beweist, daß der Verbraucher durch die Abtretung oder die Bezahlung der Lohn- oder Gehaltsforderung von einer Schuld befreit worden ist.

§§ 12a bis 13. *(aufgehoben, BGBl I 2010/28, ab 11. 6. 2010, s § 41a Abs 23)*

Verbraucherverträge mit Auslandsbezug

§ 13a. (1) Haben die Parteien eines Verbrauchervertrags mit Auslandsbezug das Recht eines Staates gewählt, der nicht Vertragsstaat des EWR-Abkommens ist, so ist diese Rechtswahl für die Beurteilung

1. der Gültigkeit und der Folgen der Ungültigkeit einer Vertragsbestimmung, die nicht eine der beiderseitigen Hauptleistungen festlegt,

2. der Folgen einer unklar und unverständlich abgefaßten Vertragsbestimmung,

3. des Schutzes bei Vertragsabschlüssen „ "* im Sinn „ "* der Bestimmungen des Fern-Finanzdienstleistungs-Gesetzes, BGBl. I Nr. 62/2004 „und"** *(BGBl I 2004/62, ab 1. 1. 2022, s § 41a Abs 18; * BGBl I 2017/50, ab 1. 7. 2018; ** BGBl I 2021/175, ab 1. 1. 2022)*

„4." des Schutzes bei Verbraucherkreditverträgen und anderen Formen der Kreditierung im Sinn der Richtlinie 2008/48/EG *(BGBl I 2010/28, ab 11. 6. 2010, s § 41a Abs 23; BGBl I 2021/175, ab 1. 1. 2022)*

5. *(aufgehoben, BGBl I 2021/175, als Z 5 und in Z 4 umbenannt, ab 1. 1. 2022, s § 41a Abs 35)*

insoweit unbeachtlich, als das gewählte Recht für den Verbraucher nachteiliger ist als das Recht, das ohne die Rechtswahl maßgebend wäre. Dies gilt nur, wenn ohne die Rechtswahl das Recht eines Staates anzuwenden wäre, der Vertragsstaat des EWR-Abkommens ist. *(BGBl I 1999/185, s § 41a Abs 9)*

(2) „§ 6" und die §§ 864a und 879 Abs. 3 ABGB sind zum Schutz des Verbrauchers ohne Rücksicht darauf anzuwenden, welchem Recht der Vertrag unterliegt, wenn dieser im Zusammenhang mit einer in Österreich entfalteten, auf die Schließung solcher Verträge gerichteten Tätigkeit des Unternehmers oder der von ihm hiefür verwendeten Personen zustande gekommen ist. *(BGBl I 1998/119, s § 41a Abs 5; BGBl I 2010/28, ab 11. 6. 2010)*

Gerichtsstand

§ 14. (1) Hat der Verbraucher im Inland seinen Wohnsitz oder seinen gewöhnlichen Aufenthalt oder ist er im Inland beschäftigt, so kann für eine Klage gegen ihn nach den §§ 88, 89, 93 Abs. 2 und 104 Abs. 1 JN nur die Zuständigkeit des Gerichtes begründet werden, in dessen Sprengel der Wohnsitz, der gewöhnliche Aufenthalt oder der Ort der Beschäftigung liegt; dies gilt nicht für Rechtsstreitigkeiten, die bereits entstanden sind. *(BGBl I 1997/140, anzuwenden auf Verfahren, in denen die Klagen bei Gericht nach dem 31. 12. 1997 angebracht werden)*

(2) Das Fehlen der inländischen Gerichtsbarkeit sowie der örtlichen Zuständigkeit des Gerichts ist in jeder Lage des Verfahrens von Amts wegen wahrzunehmen; die Bestimmungen über die Heilung des Fehlens der inländischen Gerichtsbarkeit oder der sachlichen oder örtlichen Zuständigkeit (§ 104 Abs. 3 JN) sind jedoch anzuwenden. *(BGBl I 1997/140, s Anm zu Abs 1)*

(3) Eine Vereinbarung, mit der für eine Klage des Verbrauchers gegen den Unternehmer ein nach dem Gesetz gegebener Gerichtsstand ausgeschlossen wird, ist dem Verbraucher gegenüber rechtsunwirksam.

(4) Die Abs. 1 bis 3 sind insoweit zur Gänze oder zum Teil nicht anzuwenden, als nach Völkerrecht oder besonderen gesetzlichen Anordnungen ausdrücklich anderes bestimmt ist. *(BGBl I 1997/140, s Anm zu Abs 1)*

Abschnitt III
Besondere Vertragsarten

Verträge über wiederkehrende Leistungen

§ 15. (1) Verträge, durch die sich der Unternehmer zur wiederholten Lieferung beweglicher körperlicher Sachen einschließlich Energie oder zu wiederholten Werkleistungen und der Verbraucher zu wiederholten Geldzahlungen verpflichten und die für eine unbestimmte oder eine ein Jahr übersteigende Zeit geschlossen worden sind, kann der Verbraucher unter Einhaltung einer zweimonatigen Frist zum Ablauf des ersten Jahres, nachher zum Ablauf jeweils eines halben Jahres kündigen. „ “ *(BGBl 1984/456)*

(2) Ist die Gesamtheit der zu liefernden Sachen eine nach ihrer Art unteilbare Leistung, deren Umfang und Preis schon bei der Vertragsschließung bestimmt sind, so kann der erste Kündigungstermin bis zum Ablauf des zweiten Jahres hinausgeschoben werden. „In solchen Verträgen kann die Kündigungsfrist auf höchstens sechs Monate verlängert werden.“ *(BGBl 1984/456)*

(3) Erfordert die Erfüllung eines bestimmten, im Abs. 1 genannten Vertrages oder von solchen Verträgen mit einer Gruppe von bereits bestimmten einzelnen Verbrauchern erhebliche Aufwendungen des Unternehmers und hat er dies dem Verbraucher spätestens bei der Vertragsschließung bekanntgegeben, so können den Umständen angemessene, von den Abs. 1 und 2 abweichende Kündigungstermine und Kündigungsfristen vereinbart werden.

(4) Eine Kündigung des Verbrauchers, die nicht fristgerecht ausgesprochen worden ist, wird zum nächsten nach Ablauf der Kündigungsfrist liegenden Kündigungstermin wirksam.

§§ 16 bis 25. *(aufgehoben samt Überschrift, BGBl I 2010/28, ab 11. 6. 2010, s § 41a Abs 23)*

Kreditgeschäfte von Ehegatten

§ 25a.[1)] Unternehmer, deren Unternehmensgegenstand die Gewährung oder die Vermittlung von Krediten ist, haben Ehegatten, die als Verbraucher gemeinsam einen Kredit aufnehmen, mag auch einer die Haftung nur als Bürge eingehen, oder einem Ehegatten, der als Verbraucher die Haftung für eine bestehende Kreditverbindlichkeit des anderen übernimmt, durch die Übergabe einer gesonderten Urkunde darüber zu belehren,

1. daß, falls die Ehegatten solidarisch haften, von jedem der Schuldner in beliebiger Reihenfolge der volle Schuldbetrag verlangt werden kann, ohne Rücksicht darauf, wem von ihnen die Kreditsumme zugekommen ist,

2. daß die Haftung auch bei Auflösung der Ehe aufrecht bleibt sowie

3. daß nur das Gericht im Fall der Scheidung die Haftung eines der Ehegatten gemäß § 98 Ehegesetz auf eine Ausfallsbürgschaft beschränken kann, was binnen eines Jahres nach Eintritt der Rechtskraft der Scheidung beantragt werden müßte.

(BGBl I 1997/6, s § 41a Abs 4 Z 2)

[1)] § 25a ist nach § 43 Abs 1 Z 9 EPG auf eingetragene Partner sinngemäß anzuwenden.

Kreditverbindlichkeiten von Verbrauchern

§ 25b. (1) Ist ein Verbraucher Solidarschuldner eines von einem in § 25a genannten Unternehmer gewährten Kredites, so hat der Gläubiger jede Mahnung und sonstige Erklärung wegen einer Säumigkeit eines anderen Solidarschuldners auch dem Verbraucher zuzustellen.

(2) Ist ein Verbraucher Bürge oder Garant eines von einem in § 25a genannten Unternehmer gewährten Kredites und wird der Hauptschuldner säumig, so hat der Gläubiger den Verbraucher davon in angemessener Frist zu verständigen. Unterläßt er dies, so haftet ihm der Verbraucher nicht für die Zinsen und Kosten, die ab der Kenntnis des Gläubigers von der Säumigkeit des Hauptschuldners bis zu einem Verzug des Verbrauchers selbst entstehen.

(BGBl I 1997/6, s § 41a Abs 4 Z 2)

§ 25c. Tritt ein Verbraucher einer Verbindlichkeit als Mitschuldner, Bürge oder Garant bei (Interzession), so hat ihn der Gläubiger auf die wirtschaftliche Lage des Schuldners hinzuweisen, wenn er erkennt oder erkennen muß, daß der Schuldner seine Verbindlichkeit voraussichtlich nicht oder nicht vollständig erfüllen wird. Unterläßt der Unternehmer diese Information, so haftet der Interzedent nur dann, wenn er seine Verpflichtung trotz einer solchen Information übernommen hätte.

(BGBl I 1997/6, s § 41a Abs 4 Z 2)

Mäßigungsrecht

§ 25d. (1) Der Richter kann die Verbindlichkeit eines Interzedenten (§ 25c) insoweit mäßigen oder auch ganz erlassen, als sie in einem unter Berücksichtigung aller Umstände unbilligen Mißverhältnis zur Leistungsfähigkeit des Interzedenten steht, sofern die Tatsache, daß der Verbraucher bloß Interzedent ist, und die Umstände, die dieses Mißverhältnis begründet oder herbeigeführt haben, bei Begründung der Verbindlichkeit für den Gläubiger erkennbar waren.

(2) Bei der Entscheidung nach Abs. 1 ist insbesondere zu berücksichtigen:

1. das Interesse des Gläubigers an der Begründung der Haftung des Interzedenten,

2. das Verschulden des Interzedenten an den Umständen, die das in Abs. 1 genannte Mißverhältnis begründet oder herbeigeführt haben,

3. der Nutzen des Interzedenten aus der Leistung des Gläubigers sowie

4. der Leichtsinn, die Zwangslage, die Unerfahrenheit, die Gemütsaufregung oder die Abhängigkeit des Interzedenten vom Schuldner bei Begründung der Verbindlichkeit.

(BGBl I 1997/6, s § 41a Abs 4 Z 2)

§§ 26 bis 26b. *(aufgehoben samt Überschrift, BGBl I 2014/33)*

§ 26c. *(aufgehoben samt Überschrift, BGBl I 2010/28, ab 11. 6. 2010, s § 41a Abs 23)*

Wohnungsverbesserung

§ 26d. (1) Verträge über Leistungen zur Sanierung von Wohnräumen sind schriftlich zu errichten, wenn der Besteller Verbraucher ist und sie unter solchen Umständen geschlossen werden, die ihn nach § 3 zum Rücktritt berechtigen.

(2) Die Vertragsurkunde hat zu enthalten:

1. den Vor- und den Familiennamen (die Firma), den Beruf (Gegenstand des Unternehmens) und den gewöhnlichen Aufenthalt (Sitz) der Vertragsteile;

2. den Tag und den Ort des Vertragsantrags oder der Vertragsannahme des Verbrauchers;

3. den Gegenstand des Vertrags, und zwar unter Angabe des Herstellers und der Type der Waren, die zur Erfüllung des Vertrags zu liefern sind, sofern deren Umschreibung mit Hersteller und Type üblich ist;

4. die Höhe und die Fälligkeit der zu leistenden Zahlungen;

5. falls der Rücktritt des Verbrauchers nach § 3a Abs. 4 Z 2 ausgeschlossen worden ist, diese Vereinbarung;

6. eine Belehrung über das Rücktrittsrecht nach den §§ 3 und 3a.

(3) Der Unternehmer hat auf seine Kosten unverzüglich nach Unterfertigung der Vertragsurkunde durch den Verbraucher diesem eine Abschrift auszufolgen; darin sind die in Abs. 2 genannten Angaben deutlich lesbar wiederzugeben.

(4) Die Rechtswirksamkeit eines Vertrags nach Abs. 1 ist von der Errichtung der Vertragsurkunde unabhängig.

(5) Die Regelungen der Abs. 1 bis 4 gelten nicht für solche Verträge über Leistungen zur Sanierung von Wohnräumen, die dem Fern- und Auswärtsgeschäfte-Gesetz unterliegen. *(BGBl I 2014/33, s § 41a Abs 29)*

(BGBl I 1997/6, s § 41a Abs 4 Z 2)

Vorauszahlungskäufe

§ 27. Von einem Vertrag über die Lieferung einer beweglichen körperlichen Sache, mit dem sich der Verbraucher verpflichtet, den Kaufpreis in Teilbeträgen vorauszuzahlen, kann er zurücktreten, sofern die Ware bloß durch Erklärung der Vertragspartner bestimmbar oder der Preis nicht nach den Preisverhältnissen zur Zeit der Vertragsschließung festgelegt und solange der Vertrag nicht beiderseits vollständig erfüllt ist. Für die Rückstellung bereits erbrachter Leistungen gilt der § 4 sinngemäß.

Werkvertrag

§ 27a. Ist die Ausführung eines Werkes unterblieben und verlangt der Unternehmer gleichwohl das vereinbarte Entgelt (§ 1168 Abs. 1 ABGB), so hat er dem Verbraucher die Gründe dafür mitzuteilen, daß er infolge Unterbleibens der Arbeit weder etwas erspart noch durch anderweitige Verwendung erworben oder zu erwerben absichtlich versäumt hat.

(BGBl I 1997/6, s § 41a Abs 4 Z 2)

Verträge zwischen Heimträgern und -bewohnern

§ 27b. (1) Die §§ 27b bis 27i regeln bestimmte Aspekte zivilrechtlicher Verträge zwischen den Trägern und den Bewohnern von Altenheimen, Pflegeheimen und anderen Einrichtungen, in denen wenigstens drei Menschen aufgenommen werden können. Sie gelten für Verträge über die dauernde oder auch nur vorübergehende Unterkunft, Betreuung und Pflege in solchen Einrichtungen (Heimverträge). Auf Verträge über die Übernahme der Pflege und Erziehung von Minderjährigen in Heimen oder anderen Einrichtungen sowie auf Verträge über die Aufnahme, Pflege und Betreuung von Pfleglingen in Krankenanstalten und stationären Einrichtungen für medizinische Rehabilitationsmaßnahmen sind diese Bestimmungen nicht anzuwenden.

(2) Heimverträge im Sinn des Abs. 1 unterliegen nicht der Gebührenpflicht nach § 33 Tarifpost 5 des Gebührengesetzes, BGBl. Nr. 267/1957, in der jeweils geltenden Fassung.

(BGBl I 2004/12, ab 1. 7. 2004, auf Sachverhalte anzuwenden, die nach diesem Zeitpunkt verwirklicht werden)

Informationspflicht

§ 27c. Der Heimträger hat Interessenten, die er in seine Einrichtung aufnehmen kann, auf deren Verlangen schriftlich über alle für den Vertragsabschluss sowie die Unterkunft, die Betreuung und die Pflege im Heim wesentlichen Belange zu informieren. Er hat in jeder Werbung für seine Einrichtung anzugeben, wo diese Informationen angefordert werden können.

(BGBl I 2004/12, s Anm zu § 27b)

Inhalt und Form des Heimvertrags

§ 27d. (1) Der Heimvertrag hat zumindest Angaben zu enthalten über

1. den Namen (die Firma) und die Anschrift der Vertragsteile;

2. die Dauer des Vertragsverhältnisses;

3. die Räumlichkeiten (Wohnräume, in denen der Bewohner untergebracht wird, sowie Gemeinschaftsräume und -einrichtungen), deren Ausstattung, die Wäscheversorgung und die Reinigung der Wohnräume;

4. die allgemeine Verpflegung der Heimbewohner;

5. die Leistungen im Rahmen der Grundbetreuung, wie etwa die Pflege bei kurzen Erkrankungen, die Einrichtung eines Bereitschaftsdienstes und die Unterstützung des Bewohners in persönlichen Angelegenheiten;

6. die Fälligkeit und die Höhe des Entgelts, eine Aufschlüsselung des Entgelts jeweils für Unterkunft, Verpflegung, Grundbetreuung, besondere Pflegeleistungen und zusätzliche Leistungen sowie die vom Träger der Sozial- oder Behindertenhilfe gedeckten Leistungen und *(BGBl I 2006/92, ab 1. 7. 2007, auf Verträge, die vor diesem Zeitpunkt geschlossen worden sind, nicht anzuwenden, s § 41a Abs 19)*

7. die Vorgangsweise des Heimträgers bei Beendigung des Vertragsverhältnisses.

(2) Sofern und soweit der Heimträger solche Leistungen erbringt, vermittelt oder verlangt, hat der Heimvertrag zudem Angaben zu enthalten über

1. die besonderen Verpflegungsleistungen, wie etwa Diätkostangebote;

2. die Art und das Ausmaß der besonderen Pflegeleistungen;

3. die medizinischen und therapeutischen Leistungen, wie etwa die Anwesenheit und Erreichbarkeit von Ärzten, anderen Therapeuten und Sozialarbeitern, sowie die Ausstattung für die Erbringung solcher Leistungen;

4. die sonstigen Dienstleistungen, die von dritten Personen erbracht werden;

5. die soziale und kulturelle Betreuung der Heimbewohner, wie etwa Bildungs-, Beschäftigungs- und Kulturveranstaltungen, und

6. die vom Heimbewohner zu erlegende Kaution.

Wenn und soweit der Heimträger solche Leistungen nicht erbringt, vermittelt oder verlangt, hat er darauf im Heimvertrag hinzuweisen.

(3) Der Heimvertrag hat ferner insbesondere Feststellungen hinsichtlich folgender Persönlichkeitsrechte des Heimbewohners zu enthalten:

1. Recht auf freie Entfaltung der Persönlichkeit, auf anständige Begegnung, auf Selbstbestimmung sowie auf Achtung der Privat- und Intimsphäre,

2. Recht auf Wahrung des Brief-, Post- und Fernmeldegeheimnisses,

3. Recht auf politische und religiöse Selbstbestimmung, auf freie Meinungsäußerung, auf Versammlung und auf die Bildung von Vereinigungen, insbesondere zur Durchsetzung der Interessen der Heimbewohner,

4. Recht auf Verkehr mit der Außenwelt, auf Besuch durch Angehörige und Bekannte und auf Benützung von Fernsprechern,

5. Recht auf Gleichbehandlung ungeachtet des Geschlechts, der Abstammung und Herkunft, der Rasse, der Sprache, der politischen Überzeugung und des religiösen Bekenntnisses,

6. Recht auf zeitgemäße medizinische Versorgung, auf freie Arzt- und Therapiewahl und auf eine adäquate Schmerzbehandlung sowie

7. Recht auf persönliche Kleidung und auf eigene Einrichtungsgegenstände.

(4) Die einzelnen Inhalte des Vertrags sind einfach und verständlich, aber doch umfassend und genau zu umschreiben.

(5) Der Heimvertrag ist bis zur Aufnahme des Heimbewohners, bei auf unbestimmte Zeit laufenden Vertragsverhältnissen aber spätestens innerhalb von drei Monaten ab der Aufnahme, schriftlich zu errichten. Der Heimträger hat dem Heimbewohner, dessen Vertreter und der Vertrauensperson (§ 27e Abs. 1) eine Abschrift der Vertragsurkunde auszufolgen. Auf den Mangel der Form kann sich nur der Heimbewohner berufen.

(6) „Ein Erwachsenenvertreter“ bedarf für den Abschluss eines Heimvertrags nicht der gerichtlichen Genehmigung, wenn der Heimvertrag die inhaltlichen und formellen Voraussetzungen der Abs. 1 bis 5 erfüllt und das Entgelt in den Einkommens- und Vermögensverhältnissen der „vertretenen“ Person Deckung findet oder durch die Sozialhilfe getragen wird. *(BGBl I 2006/92, ab 1. 7. 2007, auf Verträge, die vor diesem Zeitpunkt geschlossen worden sind, nicht anzuwenden, s § 41a Abs 19; BGBl I 2018/58, ab 1. 8. 2018)*

(BGBl I 2004/12, s Anm zu § 27b)

Vertrauensperson

§ 27e. (1) Der Heimbewohner hat das Recht, dem Träger jederzeit eine Vertrauensperson namhaft zu machen. Sofern der Bewohner nichts anderes bestimmt, hat sich der Heimträger in wichtigen zivilrechtlichen Angelegenheiten auch an die Vertrauensperson zu wenden.

(2) Wenn ein Heimbewohner seine Pflichten aus dem Vertrag gröblich verletzt oder den Betrieb des Heimes schwerwiegend gestört hat, hat ihn der Träger zu ermahnen und auf die möglichen Folgen der Fortsetzung seines Verhaltens hinzuweisen. Der Vertreter des Heimbewohners und dessen Vertrauensperson sind zu diesem Termin unter Bekanntgabe des Grundes mit eingeschriebenem Brief zu laden. Der Träger hat dem Heimbewohner, dessen Vertreter und der Vertrauensperson unverzüglich eine Abschrift dieser Ermahnung auszufolgen oder mit eingeschriebenem Brief zu übersenden.

(BGBl I 2004/12, s Anm zu § 27b)

Entgeltminderung

§ 27f. Bei Mängeln der Leistungen des Heimträgers mindert sich das Entgelt entsprechend der Dauer und Schwere des Mangels. Gleiches gilt für Leistungen, die sich der Heimträger während einer Abwesenheit des Heimbewohners von mehr als drei Tagen erspart.

(BGBl I 2004/12, s Anm zu § 27b)

Kautionen und unzulässige Vereinbarungen

§ 27g. (1) Sofern der Heimträger vom Heimbewohner eine Kaution verlangt, darf deren Höhe das Entgelt für einen Monat, bei einem Heimbewohner, bei dem das Entgelt ganz oder teilweise vom Träger der Sozialhilfe geleistet wird, aber den Betrag von 300 Euro nicht übersteigen. Der Heimträger hat dem Heimbewohner, dessen Vertreter und der Vertrauensperson unverzüglich schriftlich den Erhalt der Kaution zu bestätigen.

(2) Der Heimträger darf eine vom Bewohner erlegte Kaution nur zur Abdeckung von Entgelt-, Schadenersatz- oder Bereicherungsansprüchen gegen den Bewohner verwenden. Er hat die Kaution auf ein von ihm gesondert anzulegendes Treuhandkonto einzuzahlen. Die Kaution geht nicht in das Eigentum des Heimträgers über.

(3) Wenn der Heimträger die Kaution in Anspruch nehmen will, muss er den Heimbewohner, dessen Vertreter und die Vertrauensperson davon schriftlich unter Angabe der Gründe verständigen.

(4) Soweit der Heimträger die Kaution nicht in Anspruch nimmt, muss er sie nach Beendigung des Vertragsverhältnisses, zuzüglich der für Sichteinlagen geltenden Bankzinsen, jedoch abzüglich der von ihm geleisteten Abgaben und Kontoführungskosten, dem Heimbewohner oder dessen Rechtsnachfolger erstatten.

(5) Vertragsbestimmungen, nach denen der Heimbewohner dem Heimträger oder einem anderen etwas ohne gleichwertige Gegenleistung zu leisten hat oder nach denen Sachen des Heimbewohners nach der Beendigung des Vertragsverhältnisses in unangemessen kurzer Frist verfallen, sind nicht verbindlich.

(BGBl I 2004/12, s Anm zu § 27b)

Kündigung durch Heimbewohner, Todesfall

§ 27h. (1) Der Heimbewohner kann das Vertragsverhältnis – vorbehaltlich der sofortigen Kündigung aus einem wichtigen Grund – jederzeit unter Einhaltung einer einmonatigen Kündigungsfrist zum jeweiligen Monatsende kündigen. Der Heimträger hat dem Bewohner, dessen Vertreter und der Vertrauensperson unverzüglich schriftlich den Erhalt der Kündigung zu bestätigen.

(2) Der Heimvertrag wird durch den Tod des Heimbewohners aufgehoben. Der Heimträger hat dem Rechtsnachfolger des Heimbewohners ein bereits im Voraus gezahltes Entgelt anteilig zu erstatten.

(BGBl I 2004/12, s Anm zu § 27b)

Kündigung durch Heimträger

§ 27i. (1) Der Heimträger kann das Vertragsverhältnis nur aus wichtigen Gründen schriftlich unter Angabe der Gründe und unter Einhaltung einer einmonatigen Kündigungsfrist, im Fall der Z 1 aber einer Frist von drei Monaten, zum jeweiligen Monatsende kündigen. Ein wichtiger Grund liegt insbesondere vor, wenn

1. der Betrieb des Heimes eingestellt oder wesentlich eingeschränkt wird;

2. der Gesundheitszustand des Heimbewohners sich so verändert hat, dass die sachgerechte und medizinisch gebotene Betreuung und Pflege im Heim nicht mehr durchgeführt werden können;

3. der Heimbewohner den Heimbetrieb trotz einer Ermahnung des Trägers (§ 27e Abs. 2) und trotz der von diesem dagegen ergriffenen zumutbaren Maßnahmen zur Abhilfe fortgesetzt derart schwer stört, dass dem Träger oder den anderen Bewohnern sein weiterer Aufenthalt im Heim nicht mehr zugemutet werden kann, oder

4. der Heimbewohner trotz einer nach Eintritt der Fälligkeit erfolgten Ermahnung (§ 27e Abs. 2) mit der Zahlung des Entgelts mindestens zwei Monate in Verzug ist.

(2) Ist in einem auf eine Kündigung nach Abs. 1 Z 4 gestützten gerichtlichen Räumungsstreit die Höhe des geschuldeten Betrags strittig, so hat das Gericht darüber vor Schluss der mündlichen Verhandlung mit Beschluss zu ent-

scheiden. Eine auf Abs. 1 Z 4 gestützte Kündigung ist unwirksam, wenn der Rückstand binnen 14 Tagen nach Rechtskraft dieses Beschlusses entrichtet wird. Der Heimbewohner hat jedoch dem Träger die Kosten des Verfahrens zu ersetzen, soweit ihn ohne seine Zahlung eine Kostenersatzpflicht getroffen hätte und sofern er den Verzug verschuldet hat.

(3) Der Heimträger hat im Fall der Kündigung des Vertragsverhältnisses zugleich mit der Kündigung den örtlich zuständigen Träger der Sozial- und Behindertenhilfe davon zu verständigen, sofern der Heimbewohner dem nicht widerspricht. Andere gesetzliche oder vertragliche Verständigungspflichten bleiben unberührt.

(BGBl I 2004/12, s Anm zu § 27b)

II. Hauptstück
Verbandsklage

Unterlassungsanspruch

§ 28. (1) Wer im geschäftlichen Verkehr in Allgemeinen Geschäftsbedingungen, die er von ihm geschlossenen Verträgen zugrunde legt, oder in hiebei verwendeten Formblättern für Verträge Bedingungen vorsieht, die gegen ein gesetzliches Verbot oder gegen die guten Sitten verstoßen, oder wer solche Bedingungen für den geschäftlichen Verkehr empfiehlt, kann auf Unterlassung geklagt werden. Dieses Verbot schließt auch das Verbot ein, sich auf eine solche Bedingung zu berufen, soweit sie unzulässigerweise vereinbart worden ist.

(2) Die Gefahr einer Verwendung und Empfehlung derartiger Bedingungen besteht nicht mehr, wenn der Unternehmer nach Abmahnung durch eine gemäß § 29 klageberechtigte Einrichtung binnen angemessener Frist eine mit angemessener Konventionalstrafe (§ 1336 ABGB) besicherte Unterlassungserklärung abgibt.

(3) Wer Allgemeine Geschäftsbedingungen oder Formblätter für Verträge verwendet oder empfiehlt, hat diese einer nach § 29 klagebefugten Einrichtung auf deren Verlangen binnen vier Wochen auszufolgen, sofern die Einrichtung glaubhaft macht, dass die Kenntnis der Geschäftsbedingungen oder Formblätter zur Wahrnehmung der Interessen der Verbraucher erforderlich ist. *(BGBl I 2003/91, s § 41a Abs 15)*

(BGBl I 1997/6, ab 1. 1. 1997, nicht auf Empfehlungen anzuwenden, die davor abgegeben worden sind)

§ 28a. (1) Wer im geschäftlichen Verkehr mit Verbrauchern im Zusammenhang mit Haustürgeschäften, außerhalb von Geschäftsräumen geschlossenen Verträgen, den allgemeinen Informationspflichten des Unternehmers (§ 5a), Verbraucherkreditverhältnissen, „Pauschalreiseverträgen und Verträgen über die Vermittlung verbundener Reiseleistungen“*, Teilzeitnutzungsrechtsverhältnissen, Abschlüssen im Fernabsatz, der Vereinbarung von missbräuchlichen Vertragsklauseln, der Gewährleistung oder Garantie beim Kauf oder bei der Herstellung beweglicher körperlicher Sachen „sowie bei der Bereitstellung digitaler Leistungen“**, der Forderung von Telefonkosten (§ 6b) oder zusätzlichen Zahlungen (§ 6c), „der Leistungsfrist (§ 7a), dem Gefahrenübergang (§ 7b) oder dem Verzug (§§ 7c und 7d),“** im Zusammenhang mit Diensten der Informationsgesellschaft im elektronischen Geschäftsverkehr, Wertpapierdienstleistungen, Dienstleistungen der Vermögensverwaltung, Zahlungsdiensten, „Schwarmfinanzierungsdienstleistungen,“*** „der Herstellung und dem Vertrieb eines Paneuropäischen Privaten Pensionsproduktes (PEPP),“*****der Ausgabe von E-Geld oder Verbraucherzahlungskonten gegen ein gesetzliches Gebot oder Verbot verstößt, „im Zusammenhang mit der alternativen Streitbeilegung (§ 19 AStG), der Online-Streitbeilegung (Artikel 14 Abs. 1 und 2 der Verordnung (EU) Nr. 524/2013) oder der Offenlegung von Nachhaltigkeitsinformationen nach der Verordnung (EU) Nr. 2019/2088“**** Informationspflichten verletzt oder gegen ein gesetzliches Gebot oder Verbot auf Grund der Richtlinie 2006/123/EG über Dienstleistungen im Binnenmarkt, ABl. Nr. L 376 vom 27. 12. 2006, S. 36, bei der Erbringung von Dienstleistungen im Binnenmarkt verstößt und dadurch jeweils die allgemeinen Interessen der Verbraucher beeinträchtigt, kann unbeschadet des § 28 Abs. 1 auf Unterlassung geklagt werden. *(BGBl I 2016/35, ab 18. 9. 2016; *BGBl I 2017/50, ab 1. 7. 2018; **BGBl I 2021/175, ab 1. 1. 2022, s § 41a Abs 35; ***BGBl I 2021/225, ab 31.12.2021; ****BGBl I 2022/36, ab 9. 4. 2022; *****BGBl I 2022/74, ab 11. 6. 2022)*

(1a) Abs. 1 ist auch anzuwenden, wenn ein Unternehmer im geschäftlichen Verkehr mit Verbrauchern im Zusammenhang mit Heimverträgen gegen ein gesetzliches Gebot oder Verbot verstößt und dadurch die allgemeinen Interessen der Verbraucher beeinträchtigt. *(BGBl I 2004/12, s Anm zu § 27b)*

(2) § 28 Abs. 2 ist anzuwenden.

(BGBl I 1999/185)

Klageberechtigung

§ 29. (1) Der Anspruch kann von der Wirtschaftskammer Österreich, der Bundesarbeitskammer, dem Österreichischen Landarbeiterkammertag, der Präsidentenkonferenz der Landwirtschaftskammern Österreichs, dem Österreichischen Gewerkschaftsbund, dem Verein für Konsumenteninformation und dem Österreichischen Seniorenrat geltend gemacht werden.

(2) Liegt der Ursprung des Verstoßes (§§ 28 Abs. 1 und 28a Abs. 1) in Österreich, so kann der Anspruch auch von den von der Kommission gemäß Art. 5 der Richtlinie 2020/1828/EU über Verbandsklagen zum Schutz der Kollektivinteressen der Verbraucher und zur Aufhebung der Richtlinie 2009/22/EG, ABl. Nr. L 409 vom 4. Dezember 2020 S. 1, veröffentlichten Stellen und Organisationen eines anderen Mitgliedstaates der Europäischen Union geltend gemacht werden, sofern deren Satzungszweck die Klagsführung rechtfertigt und die von dieser Einrichtung geschutzten Interessen in diesem Mitgliedstaat beeinträchtigt werden. *(BGBl I 2024/85)*

(3) Die Veröffentlichung ist bei Klagseinbringung nachzuweisen.

(BGBl I 1999/185)

Anwendung des UWG

§ 30. (1) Die §§ 24, 25 Abs. 3 bis 7 und 26 des Bundesgesetzes gegen den unlauteren Wettbewerb 1984 gelten sinngemäß. *(BGBl I 1997/6)*

(2) Der § 7 Abs. 2 erster Satz und der § 8 Abs. 2 JN sind nicht anzuwenden.

III. Hauptstück
Ergänzende Bestimmungen

Rücktritt von Immobiliengeschäften

§ 30a. (1) Gibt ein Verbraucher eine Vertragserklärung, die auf den Erwerb eines Bestandrechts, eines sonstigen Gebrauchs- oder Nutzungsrechts oder des Eigentums an einer Wohnung, an einem Einfamilienwohnhaus oder an einer Liegenschaft, die zum Bau eines Einfamilienwohnhauses geeignet ist, am selben Tag ab, an dem er das Vertragsobjekt das erste Mal besichtigt hat, so kann er von seiner Vertragserklärung zurücktreten, sofern der Erwerb der Deckung des dringenden Wohnbedürfnisses des Verbrauchers oder eines nahen Angehörigen dienen soll.

(2) Der Rücktritt kann binnen einer Woche nach der Vertragserklärung des Verbrauchers erklärt werden. Ist ein Makler eingeschritten und wird die Rücktrittserklärung an diesen gerichtet, so gilt der Rücktritt auch für einen im Zug der Vertragserklärung geschlossenen Maklervertrag. Im übrigen gilt für die Rücktrittserklärung § 3 Abs. 4.

(3) Die Frist des Abs. 2 beginnt erst zu laufen, sobald der Verbraucher eine Zweitschrift seiner Vertragserklärung und eine schriftliche Belehrung über das Rücktrittsrecht erhalten hat. Das Rücktrittsrecht erlischt jedoch spätestens einen Monat nach dem Tag der erstmaligen Besichtigung.„Rücktrittsrechte, die dem Verbraucher nach anderen Bestimmungen – insbesondere nach §§ 11 ff. FAGG – zustehen, bleiben unberührt.“ *(BGBl I 2014/33, ab 13. 6. 2014)*

(4) Die Zahlung eines Angelds, Reugelds oder einer Anzahlung vor Ablauf der Rücktrittsfrist kann nicht wirksam vereinbart werden.

(BGBl 1996/262, ab 1. 7. 1996, ist auf Vertragserklärungen anzuwenden, die ein Verbraucher nach Inkrafttreten abgegeben hat)

Besondere Aufklärungspflichten des Immobilienmaklers

§ 30b. (1) Der Immobilienmakler hat vor Abschluß des Maklervertrags dem Auftraggeber, der Verbraucher ist, mit der Sorgfalt eines ordentlichen Immobilienmaklers eine schriftliche Übersicht zu geben, aus der hervorgeht, daß er als Makler einschreitet, und die sämtliche dem Verbraucher durch den Abschluß des zu vermittelnden Geschäfts voraussichtlich erwachsenden Kosten, einschließlich der Vermittlungsprovision, ausweist. Die Höhe der Vermittlungsprovision ist gesondert anzuführen; auf ein allfälliges wirtschaftliches oder familiäres Naheverhältnis im Sinn des § 6 Abs. 4 dritter Satz MaklerG ist hinzuweisen. Wenn der Immobilienmakler kraft Geschäftsgebrauchs als Doppelmakler tätig sein kann, hat diese Übersicht auch einen Hinweis darauf zu enthalten. Bei erheblicher Änderung der Verhältnisse hat der Immobilienmakler die Übersicht entsprechend richtigzustellen. Erfüllt der Makler diese Pflichten nicht spätestens vor einer Vertragserklärung des Auftraggebers zum vermittelten Geschäft, so gilt § 3 Abs. 4 MaklerG.

(2) Der Immobilienmakler hat dem Auftraggeber die nach § 3 Abs. 3 MaklerG erforderlichen Nachrichten schriftlich mitzuteilen. Zu diesen zählen jedenfalls auch sämtliche Umstände, die für die Beurteilung des zu vermittelnden Geschäfts wesentlich sind. *(BGBl I 2003/91, s § 41a Abs 15)*

(BGBl 1996/262, ab 1. 7. 1996, auf vor dem Inkrafttreten geschlossene Maklerverträge nicht anzuwenden)

Höchstdauer von Alleinvermittlungsaufträgen

§ 30c. (1) Die Dauer von Alleinvermittlungsaufträgen (§ 14 Abs. 2 MaklerG) von Verbrauchern darf höchstens vereinbart werden mit

1. drei Monaten für die Vermittlung von Bestandverträgen über Wohnungen oder sonstigen den Gebrauch oder die Nutzung von Wohnungen betreffenden Verträgen;

2. sechs Monaten für die Vermittlung von Verträgen zur Veräußerung oder zum Erwerb des Eigentums an Wohnungen, Einfamilienwohnhäusern und einzelnen Grundstücken, die zum Bau eines Einfamilienwohnhauses geeignet sind.

(2) Wenn besondere Umstände vorliegen, die die Vermittlung wesentlich erschweren oder verzögern, darf auch eine entsprechend längere als die in Abs. 1 bestimmte Frist vereinbart werden.

(BGBl 1996/262, ab 1. 7. 1996, auf vor dem Inkrafttreten geschlossene Maklerverträge nicht anzuwenden)

Schriftlichkeit und zwingende Bestimmungen beim Maklervertrag

§ 31. (1) Die folgenden Vereinbarungen sind nur rechtswirksam, wenn sie ausdrücklich und schriftlich erfolgen:

1. Vereinbarung des Ersatzes von Aufwendungen auf Grund von zusätzlichen Aufträgen (§ 9 MaklerG);

2. Abschluß und Verlängerung von Alleinvermittlungsaufträgen (§ 14 MaklerG);

3. besondere Vereinbarungen für Fälle fehlenden Vermittlungserfolgs (§ 15 MaklerG).

(2) Von den Bestimmungen der §§ 30a bis 31 Abs. 1 sowie von § 2 Abs. 2, § 3, § 9, § 10, § 28 Z 4 und Z 5 sowie § 39 MaklerG darf nicht zum Nachteil des Verbrauchers abgegangen werden. *(BGBl I 1997/6, s § 41a Abs 4 Z 2)*

(BGBl 1996/262, ab 1. 7. 1996, auf vor dem Inkrafttreten geschlossene Maklerverträge nicht anzuwenden)

Mißbrauch von Zahlungskarten im Fernabsatz

§ 31a. *(aufgehoben, BGBl I 2009/66, ab 1. 11. 2009)*

§§ 31b bis 31f. *(aufgehoben, BGBl I 2017/50, ab 1. 7. 2018, s § 41a Abs 32)*

Strafbestimmungen

§ 32. (1) Sofern die Tat nicht den Tatbestand einer in die Zuständigkeit der Gerichte fallenden strafbaren Handlung bildet, begeht „ein Unternehmer oder der für ihn handelnde Vertreter“** eine Verwaltungsübertretung und ist mit einer Geldstrafe bis „1 450 Euro“* zu bestrafen, der *(*BGBl I 2001/98, s § 41a Abs 13; **BGBl I 2010/28, ab 11. 6. 2010)*

1. es unterläßt,

a) die Informationspflicht nach § 5a vollständig und mit zutreffenden Angaben zu erfüllen, *(BGBl I 2014/33, ab 13. 6. 2014)*

b) die Ware im Sinn des § 7a rechtzeitig bereitzustellen oder abzuliefern, *(BGBl I 2014/33, ab 13. 6. 2014)*

c) die in § 26d Abs. 1 vorgesehene Urkunde mit den in § 26d Abs. 2 vorgeschriebenen Angaben zu errichten oder *(BGBl I 2014/33, ab 13. 6. 2014)*

„d)“ Kreditnehmer oder Interzedenten den §§ 25a bis 25c entsprechend zu belehren oder zu informieren, *(BGBl I 2014/33, ab 13. 6. 2014)*

2. dem § 26d Abs. 3 zuwiderhandelt, *(BGBl I 2014/33, ab 13. 6. 2014)*

3. dem § 11 Abs. 1 zuwiderhandelt,

4. dem § 12 Abs. 1 zuwiderhandelt,

5. einem Verbraucher ohne dessen Veranlassung Waren übersendet oder Dienstleistungen erbringt und damit eine Zahlungsaufforderung verbindet,

6. in die dem Verbraucher gemäß § 3 Abs. 1 auszufolgende Urkunde unrichtige Angaben aufnimmt „.“ *(BGBl I 2014/33, ab 13. 6. 2014)*

7. *(entfällt, BGBl I 2014/33)*
(BGBl I 1997/6, s § 41a Abs 4 Z 2)

(2) Macht im Fall des Abs. 1 Z 3 ein Dritter gegen den Verbraucher oder dessen Bürgen die Wechselschuld wechselmäßig oder im Fall des Abs. 1 Z 4 der Unternehmer oder ein Dritter die abgetretene Lohn- oder Gehaltsforderung gegen den Dienstgeber geltend, so kann die Obergrenze der Geldstrafe bis zum Betrag der Wechselsumme beziehungsweise dem Betrag, dessen Zahlung vom Dienstgeber verlangt worden ist, jedenfalls aber bis zum Doppelten überschritten werden.

(3) Die Verjährungsfrist beginnt in den Fällen des Abs. 1 Z 3 und 4 – je nachdem, welcher Zeitpunkt früher liegt – mit der wechselmäßigen Geltendmachung oder mit der Rückstellung oder Vernichtung des Wechsels beziehungsweise mit der Geltendmachung der abgetretenen Lohn- oder Gehaltsforderung gegenüber dem Dienstgeber oder mit dem Zeitpunkt zu laufen, an dem die Abtretung rückgängig gemacht wird.

(4) In den Fällen des Abs. 1 Z 1 lit. a und b sind bei der Strafbemessung insbesondere zu berücksichtigen:

1. die Art, die Schwere, der Umfang und die Dauer des Verstoßes,

2. Maßnahmen des Unternehmers zur Minderung oder Beseitigung des Schadens, der Verbrauchern entstanden ist,

3. frühere Verstöße des Unternehmers,

4. vom Unternehmer aufgrund des Verstoßes erlangte finanzielle Vorteile oder vermiedene Verluste, wenn dazu die entsprechenden Daten verfügbar sind,

5. Sanktionen, die gegen den Unternehmer für denselben Verstoß in grenzüberschreitenden Fällen in anderen Mitgliedstaaten verhängt wurden, sofern Informationen über solche Sanktionen im Rahmen des aufgrund der Verordnung (EU) 2017/2394 über die Zusammenarbeit zwischen den für die Durchsetzung der Verbraucherschutzgesetze zuständigen nationalen Behörden und zur

Aufhebung der Verordnung (EG) Nr. 2006/2004, ABl. Nr. L 345 vom 27.12.2017 S. 1, errichteten Mechanismus verfügbar sind.
(BGBl I 2022/109, ab 20. 7. 2022)

(5) In den Fällen des Abs. 1 Z 1 lit. a und b können Geldstrafen bis zu einer Höhe von 4 % des Jahresumsatzes des Unternehmers verhängt werden, wenn das Verwaltungsstrafverfahren im Rahmen der Verhängung von Sanktionen nach Artikel 21 der Verordnung (EU) 2017/2394 geführt wird. Maßgeblich ist der Jahresumsatz in den von dem Verstoß betroffenen Mitgliedstaaten. Sofern keine Informationen über den Jahresumsatz des Unternehmers verfügbar sind, können Geldstrafen bis zu zwei Millionen Euro verhängt werden. *(BGBl I 2022/109, ab 20. 7. 2022)*

Unterlassungsexekution

§ 32a. (1) Wird Unterlassungsexekution (§§ 355 ff. EO) geführt, weil ein Unternehmer eine Vertragsbestimmung weiter verwendet, die gegen § 6 dieses Bundesgesetzes oder gegen § 879 Abs. 3 ABGB verstößt, so sind bei der Bemessung der Geldstrafe insbesondere zu berücksichtigen:

1. die Art, die Schwere, der Umfang und die Dauer des Verstoßes,

2. Maßnahmen des Unternehmers zur Minderung oder Beseitigung des Schadens, der Verbrauchern entstanden ist,

3. frühere Verstöße des Unternehmers,

4. vom Unternehmer aufgrund des Verstoßes erlangte finanzielle Vorteile oder vermiedene Verluste, wenn dazu die entsprechenden Daten verfügbar sind,

5. Sanktionen, die gegen den Unternehmer für denselben Verstoß in grenzüberschreitenden Fällen in anderen Mitgliedstaaten verhängt wurden, sofern Informationen über solche Sanktionen im Rahmen des aufgrund der Verordnung (EU) 2017/2394 über die Zusammenarbeit zwischen den für die Durchsetzung der Verbraucherschutzgesetze zuständigen nationalen Behörden und zur Aufhebung der Verordnung (EG) Nr. 2006/2004, ABl. Nr. L 345 vom 27.12.2017 S. 1, errichteten Mechanismus verfügbar sind.

(2) In den in Abs. 1 genannten Fällen können die Geldstrafen abweichend von § 359 Abs. 1 EO bis zu 4 % des Jahresumsatzes des Unternehmers erreichen, wenn die Unterlassungsexekution im Rahmen der Verhängung von Sanktionen nach Artikel 21 der Verordnung (EU) 2017/2394 geführt wird. Maßgeblich ist der Jahresumsatz in den von dem Verstoß betroffenen Mitgliedstaaten. Sofern keine Informationen über den Jahresumsatz des Unternehmers verfügbar sind, können die Geldstrafen bis zu zwei Millionen Euro erreichen.

(BGBl I 2022/109, ab 20. 7. 2022)

§ 33. *(betrifft Änderungen des ABGB)*

§ 34. *(betrifft Änderungen des Handelsgesetzbuchs)*

§ 35. *(betrifft Änderungen des Wuchergesetzes)*

§ 36. *(betrifft Änderungen der Zivilprozessordnung)*

§ 37. *(betrifft Änderungen der Exekutionsordnung)*

Übergangs- und Schlußbestimmungen

§ 38. Dieses Bundesgesetz tritt mit dem 1. Oktober 1979 in Kraft.

§ 39. (1) Dieses Bundesgesetz ist auf Verträge, die vor seinem Inkrafttreten geschlossen worden sind, nicht anzuwenden.

(2) *(betrifft §§ 36 und 37)*

§ 40. (1) Mit dem Inkrafttreten dieses Bundesgesetzes tritt das Bundesgesetz vom 15. November 1961, BGBl. Nr. 279, über das Abzahlungsgeschäft (Ratengesetz) außer Kraft. Es ist jedoch – mit Ausnahme der §§ 12 und 15 Abs. 1 Z. 12 – auf Abzahlungsgeschäfte, die vorher geschlossen worden sind, weiterhin anzuwenden.

(2) Das Gesetz vom 30. Juni 1878, RGBl. Nr. 90, enthaltend einige Bestimmungen über die Veräußerung von Staats- und anderen Losen oder deren Gewinsthoffnung, und das Gesetz vom 25. November 1933, deutsches RGBl. I Seite 1011, über Preisnachlässe (Rabattgesetz), in der Fassung der Verordnung vom 16. Feber 1940, deutsches RGBl. I Seite 399, bleiben unberührt.

§ 41. Mit dem Inkrafttreten dieses Bundesgesetzes tritt der Art. 8 Z. 6 der Vierten Verordnung zur Einführung handelsrechtlicher Vorschriften im Lande Österreich vom 24. Dezember 1938, deutsches RGBl. I Seite 1999, zuletzt geändert durch das Bundesgesetz BGBl. Nr. 91/1976, außer Kraft. Diese Bestimmung ist jedoch auf Handelsgeschäfte, die vor diesem Zeitpunkt geschlossen worden sind, weiterhin anzuwenden.

§ 41a. (1) Die §§ 3 Abs. 1, 16 Abs. 1 Z 1, 19 Z 2 und 26b sowie die §§ 12a, 26c und 31b bis 31f in der Fassung des Bundesgesetzes BGBl. Nr. 247/1993 treten mit demselben Zeitpunkt in Kraft wie das Abkommen über den Europäischen

Wirtschaftsraum[1], die §§ 31b bis 31f jedoch frühestens mit 1. Mai 1994. *(BGBl I 1997/6)*

(2) Die neuen Bestimmungen sind auf Verträge, die vor den im Abs. 1 genannten Zeitpunkten geschlossen worden sind, nicht anzuwenden.

(3) Die Änderungen in § 1 Abs. 4, § 3 Abs. 3, § 3a, § 4 Abs. 1, § 6 Abs. 1 Z 9, 14 und 15, Abs. 2 Z 6 sowie Abs. 3, § 7, § 16 Abs. 1 Z 1 und Abs. 3, § 19 Z 2, § 20 Abs. 1, § 24 Abs. 1 Z 5, §§ 25a bis 25d, § 26c Abs. 2, § 26d, § 27a, §§ 28 und 29, § 30 Abs. 1, § 31 Abs. 2, § 31a, § 31f Abs. 1 und 2, § 32 Abs. 1, § 41a Abs. 1 und § 42 durch das Bundesgesetz BGBl. I Nr. 6/1997 treten mit 1. Jänner 1997 in Kraft. § 6 Abs. 1 Z 5 und 13 in der Fassung des Bundesgesetzes BGBl. I Nr. 6/1997 tritt mit 1. März 1997 in Kraft. *(BGBl I 1997/6)*

(4) Nicht in der in Abs. 3 genannten Fassung anzuwenden sind

1. § 28 auf Empfehlungen, die vor dem 1. Jänner 1997 abgegeben worden sind,

2. § 3 Abs. 3, § 3a, § 4 Abs. 1, § 6 Abs. 1 Z 9, 14 und 15, Abs. 2 Z 6 sowie Abs. 3, § 7, § 16 Abs. 1 Z 1 und Abs. 3, § 19 Z 2, § 20 Abs. 1, § 24 Abs. 1, §§ 25a bis 25d, § 26c Abs. 2, § 26d, § 27a, § 31 Abs. 2, § 31a, § 31f Abs. 1 und 2 sowie § 32 Abs. 1 auf Verträge, die vor dem 1. Jänner 1997 geschlossen worden sind, sowie

3. § 6 Abs. 1 Z 5 und 13 auf Verträge, die vor dem 1. März 1997 geschlossen worden sind. *(BGBl I 1997/6)*

(5) § 13a tritt mit dem Tag in Kraft, an dem das Übereinkommen vom 19. Juni 1980 über das auf vertragliche Schuldverhältnisse anzuwendende Recht für die Republik Österreich in Kraft tritt[2]; er ist auf Verträge anzuwenden, die nach diesem Zeitpunkt geschlossen worden sind. *(BGBl I 1998/119)*

(6) § 1 Abs. 5, § 5j und § 42 in der Fassung des Bundesgesetzes BGBl. I Nr. 185/1999 treten mit 1. Oktober 1999 in Kraft. *(BGBl I 1999/185)*

(7) § 1 Abs. 5 ist auf den Beitritt und die Mitgliedschaft bei Vereinen nicht anzuwenden, wenn der Beitritt vor dem 1. Oktober 1999 erfolgt ist. § 5j ist auf Gewinnzusagen und andere vergleichbare Mitteilungen, die einem bestimmten Verbraucher vor dem 1. Oktober 1999 zugegangen sind, nicht anzuwenden. *(BGBl I 1999/185)*

(8) Die §§ 5a bis 5i, 13a Abs. 1, 31a und 32 Abs. 1 Z 7 in der Fassung des Bundesgesetzes BGBl. I Nr. 185/1999 treten mit 1. Juni 2000 in Kraft. *(BGBl I 1999/185)*

(9) Die in Abs. 8 genannten Bestimmungen sind auf Verträge, die vor dem 1. Juni 2000 geschlossen worden sind, nicht anzuwenden. *(BGBl I 1999/185)*

(10) Die §§ 28a und 29 Abs. 2 und 3 in der Fassung des Bundesgesetzes BGBl. I Nr. 185/1999 treten mit 1. Jänner 2001 in Kraft. *(BGBl I 1999/185)*

(11) Die §§ 8, 9, 9a, 9b, 13a und 28a in der Fassung des Bundesgesetzes BGBl. I Nr. 48/2001 treten mit 1. Jänner 2002 in Kraft. Sie sind in dieser Fassung auf Verträge anzuwenden, die nach dem 31. Dezember 2001 geschlossen werden. *(BGBl I 2001/48)*

(12) Die §§ 3, 12a, 16, 20, 26b, 32 und 41a in der Fassung des Bundesgesetzes BGBl. I Nr. 98/2001 treten mit 1. Jänner 2002 in Kraft. *(BGBl I 2001/98)*

(13) Die §§ 3, 12a, 16, 20 und 26b in der in Abs. 12 genannten Fassung sind auf Verträge anzuwenden, die nach dem 31. Dezember 2001 abgeschlossen worden sind. § 32 in der in Abs. 12 genannten Fassung ist auf strafbare Handlungen anzuwenden, die nach dem 31. Dezember 2001 begangen worden sind. *(BGBl I 2001/98)*

(14) § 3 in der Fassung des Bundesgesetzes BGBl. I Nr. 111/2002 tritt mit dem auf die Kundmachung dieses Gesetzes folgenden Monatsersten in Kraft. Die Bestimmung ist in dieser Fassung auf Verträge anzuwenden, die nach diesem Zeitpunkt geschlossen werden. *(BGBl I 2002/111)*

(15) Die §§ 6, 28, 30b, 31f und 42 in der Fassung des Bundesgesetzes BGBl. I Nr. 91/ 2003 treten mit 1. Jänner 2004 in Kraft. Sie sind auf Verträge oder Vertragserklärungen, die vor diesem Zeitpunkt geschlossen bzw. abgegeben worden sind, nicht anzuwenden. *(BGBl I 2003/91)*

(16) Die §§ 3 und 31e in der Fassung des Bundesgesetzes BGBl. I Nr. 91/2003 treten mit 1. Jänner 2004 in Kraft. *(BGBl I 2003/91)*

(17) Die §§ 27b bis 27i, 28a und 42 in der Fassung des Bundesgesetzes BGBl. I Nr. 12/2004 treten mit 1. Juli 2004 in Kraft. Sie sind nur auf Sachverhalte anzuwenden, die nach diesem Zeitpunkt verwirklicht werden. *(BGBl I 2004/12)*

(18) Die §§ 5b, 13a, und 31a in der Fassung des Bundesgesetzes BGBl. I Nr. 62/2004 treten mit 1. Oktober 2004 in Kraft. Auf Verträge, die vor diesem Zeitpunkt abgeschlossen wurden, sind diese Bestimmungen in ihrer bisher geltenden Fassung anzuwenden. *(BGBl I 2004/62)*

(19) § 27d Abs. 1 Z 6 und Abs. 6 in der Fassung des Bundesgesetzes BGBl. I Nr. 92/2006 tritt mit 1. Juli 2007 in Kraft. Die in § 27d Abs. 1 Z 6 vorgesehene Offenlegung der vom Träger der Sozial- oder Behindertenhilfe gedeckten Leistungen und § 27d Abs. 6 sind auf Verträge, die vor diesem Zeitpunkt geschlossen worden sind, nicht anzuwenden. *(BGBl I 2006/92)*

(20) § 28a Abs. 1 in der Fassung des Bundesgesetzes BGBl. I Nr. 60/2007 tritt mit 1. November 2007 in Kraft. *(BGBl I 2007/60)*

(21) § 3 Abs. 5 in der Fassung des Bundesgesetzes BGBl. I Nr. 21/2008 tritt am Tag nach der

Veröffentlichung im Bundesgesetzblatt in Kraft.[3]Die Bestimmung ist in dieser Fassung auf Verträge anzuwenden, die nach diesem Zeitpunkt geschlossen werden. *(BGBl I 2008/21)*

(22) § 28a Abs. 1 in der Fassung des Bundesgesetzes BGBl. I Nr. 66/2009 tritt mit 1. November 2009 in Kraft; § 31a tritt mit Ablauf des 31. Oktober 2009 außer Kraft, ist jedoch weiterhin auf Geschäftsfälle anzuwenden, bei denen eine Zahlungskarte oder deren Daten vor dem 1. November 2009 missbräuchlich verwendet worden sind. *(BGBl I 2009/66)*

(23) § 5h Abs. 1 und § 32 Abs. 1 in der Fassung des Bundesgesetzes BGBl. I Nr. 28/2010 treten am 11. Juni 2010 in Kraft. § 13a in der Fassung des Bundesgesetzes BGBl. I Nr. 28/2010 tritt am 11. Juni 2010 in Kraft und ist auf Verträge anzuwenden, die nach dem 10. Juni 2010 geschlossen werden. Die §§ 12a, 13, 16 bis 25 und 26c treten mit Ablauf des 10. Juni 2010 außer Kraft, sind jedoch weiterhin auf vor dem 11. Juni 2010 geschlossene Verträge anzuwenden. *(BGBl I 2010/28)*

(24) § 5e Abs. 4 und 5 sowie § 5f Abs. 2 in der Fassung des Bundesgesetzes BGBl. I Nr. 22/2011 treten mit 1. Mai 2011 in Kraft. Diese Bestimmungen sind auf Verträge anzuwenden, die nach dem 30. April 2011 ausgehandelt werden. *(BGBl I 2011/22)*

(25) § 28a Abs. 1 in der Fassung des Bundesgesetzes BGBl. I Nr. 107/2010 tritt mit 30. April 2011 in Kraft. *(BGBl I 2010/107)*

(26) § 28a Abs. 1 in der Fassung des Bundesgesetzes BGBl. I Nr. 77/2011 tritt mit 31. August 2011 in Kraft. *(BGBl I 2011/77)*

(27) § 28a Abs. 1 in der Fassung des Bundesgesetzes BGBl. I Nr. 100/2011 tritt mit 1. Jänner 2012 in Kraft. *(BGBl I 2011/100)*

(28) § 6a in der Fassung des Zahlungsverzugsgesetzes, BGBl. I Nr. 50/2013, tritt mit 16. März 2013 in Kraft und ist in dieser Fassung auf Verträge anzuwenden, die ab dem 16. März 2013 geschlossen werden. Auf Verträge, die vor dem 16. März 2013 geschlossen wurden, sind die bisherigen Bestimmungen weiter anzuwenden; wenn solche früher geschlossenen Verträge jedoch wiederholte Geldleistungen vorsehen, gelten die neuen Bestimmungen für diejenigen Zahlungen, die ab dem 16. März 2013 fällig werden. *(BGBl I 2013/50)*

(29) §§ 3, 5a, 5b, 6b, 6c, 7a, 7b, 26d Abs. 5, 28a Abs. 1, 30a Abs. 3 und § 32 Abs. 1 in der Fassung des Bundesgesetzes BGBl. I Nr. 33/2014 sowie die mit diesem Bundesgesetz herbeigeführte Änderung der Paragraphenbezeichnung des bisherigen § 5j treten mit 13. Juni 2014 in Kraft. §§ 3, 5a, 5b, 6b, 6c, 7a, 7b, 26d Abs. 5 und 30a Abs. 3 in der Fassung dieses Bundesgesetzes sind auf Verträge anzuwenden, die ab dem 13. Juni 2014 geschlossen werden; für die in § 5a Abs. 2 Z 9 angeführten Verträge ist § 6c aber erst ab dem 1. Juli 2015 anzuwenden. Die bisherigen §§ 5c bis 5i und 26 bis 26b sowie die bisherige Überschrift vor § 5a treten mit Ablauf des 12. Juni 2014 außer Kraft; sie sowie §§ 5a, 5b, 26d und 30a in der bisherigen Fassung sind jedoch weiterhin auf vor dem 13. Juni 2014 geschlossene Verträge anzuwenden. *(BGBl I 2014/33)*

(30) § 28a Abs. 1 in der Fassung des Bundesgesetzes BGBl. I Nr. 105/2015 tritt mit 9. Jänner 2016 in Kraft. *(BGBl I 2015/105)*

(31) § 28a Abs. 1 in der Fassung des Bundesgesetzes BGBl. I Nr. 35/2016 tritt mit 18. September 2016 in Kraft. *(BGBl I 2016/35)*

(32) § 3 Abs. 3, § 5a Abs. 2 Z 9, § 13a Abs. 1 Z 3 und § 28a Abs. 1 in der Fassung des Bundesgesetzes BGBl. I Nr. 50/2017 sowie die Aufhebung der §§ 31b bis 31f treten mit 1. Juli 2018 in Kraft. Die §§ 31b bis 31f sind jedoch weiterhin auf Verträge über Reiseveranstaltungen anzuwenden, die vor dem 1. Juli 2018 geschlossen wurden. *(BGBl I 2017/50)*

(33) § 3 Abs. 1 und 3, § 3a Abs. 3 und 4 in der Fassung des Bundesgesetzes BGBl. I. Nr. 51/2018 treten mit 1. Jänner 2019 in Kraft und sind auf Verträge anzuwenden, die nach dem 31. Dezember 2018 geschlossen werden. *(BGBl I 2018/51)*

„(34)“ § 27d in der Fassung des Bundesgesetzes BGBl. I Nr. 58/2018 „ “ tritt mit 1. August 2018 in Kraft. *(BGBl I 2018/58; BGBl I 2021/175)*

(35) Die §§ 7c samt Überschrift, 7d samt Überschrift, 8, 9, 9a samt Überschrift, 13a, 28a und 41a in der Fassung des Bundesgesetzes BGBl. I Nr. 175/2021 treten mit 1. Jänner 2022 in Kraft und sind in dieser Fassung auf Verträge anzuwenden, die nach dem 31. Dezember 2021 geschlossen werden. § 9b samt Überschrift tritt mit Ablauf des 31. Dezember 2021 außer Kraft; er ist jedoch weiterhin auf vor dem 1. Jänner 2022 geschlossene Verträge anzuwenden. *(BGBl I 2021/175)*

(36) § 28a Abs. 1 in der Fassung des Bundesgesetzes BGBl. I Nr. 225/2021 tritt mit dem auf die Kundmachung folgenden Tag in Kraft[4]. *(BGBl I 2021/225)*

(37) § 28a Abs. 1 in der Fassung des Bundesgesetzes BGBl. I Nr. 36/2022 tritt mit dem auf die Kundmachung dieses Bundesgesetzes folgenden Tag in Kraft[5]. *(BGBl I 2022/36)*

(38) § 28a Abs. 1 in der Fassung des Bundesgesetzes BGBl. I Nr. 74/2022 tritt mit dem auf die Kundmachung folgenden Tag in Kraft[6]. *(BGBl I 2022/74)*

(39) §§ 5a, 32 und 32a samt Überschrift in der Fassung des Bundesgesetzes BGBl. I Nr. 109/2022 treten mit dem auf die Kundmachung dieses Bundesgesetzes folgenden Tag in Kraft[7] und sind in dieser Fassung auf Verträge anzuwen-

den, die nach der Kundmachung geschlossen werden. *(BGBl I 2022/109)*

(40) § 29 Abs. 2 in der Fassung der Verbandsklagen-Richtlinie-Umsetzungs-Novelle, BGBl. I Nr. 85/2024, tritt mit dem auf die Kundmachung folgenden Tag in Kraft[8]. *(BGBl I 2024/85)*

[1] *Am 1. 1. 1994 (Z 42 K BGBl 1993/917).*
[2] *Am 1. 12. 1998.*
[3] *Am 10. 1. 2008.*
[4] *Am 31.12.2021.*
[5] *Am 9. 4. 2022.*
[6] *Am 11. 6. 2022.*
[7] *Am 20. 7. 2022.*
[8] *Am 18. 7. 2024.*

§ 42. Mit der Vollziehung dieses Bundesgesetzes sind „hinsichtlich des § 27b Abs. 2 der Bundesminister für Finanzen,“** hinsichtlich des § 32 „der Bundesminister für soziale Sicherheit, Generationen und Konsumentenschutz“* im Einvernehmen mit dem Bundesminister für Justiz und im übrigen der Bundesminister für Justiz betraut. *(* BGBl I 2003/91; ** BGBl I 2004/12)*

20/2. Fern- und Auswärtsgeschäfte-Gesetz

BGBl I 2014/33 idF

1 BGBl I 2017/50 (PRG) **2** BGBl I 2022/109 (MoRUG)

GLIEDERUNG

STICHWORTVERZEICHNIS

(Die Zahlenangaben beziehen sich auf die Paragraphen)

Bundesgesetz über Fernabsatz- und außerhalb von Geschäftsräumen geschlossene Verträge (Fern- und Auswärtsgeschäfte-Gesetz – FAGG)

1. Abschnitt

Allgemeines

Geltungsbereich

§ 1. (1) Dieses Bundesgesetz gilt für Fernabsatz- und außerhalb von Geschäftsräumen geschlossene Verträge (Fern- und Auswärtsgeschäfte) zwischen Unternehmern und Verbrauchern (§ 1 KSchG),

1. nach denen der Verbraucher zu einer Zahlung verpflichtet ist oder

2. in denen die Bereitstellung von digitalen Leistungen, die nicht auf einem körperlichen Datenträger geliefert werden sollen, gegen die Hingabe von personenbezogenen Daten des Verbrauchers vorgesehen ist, es sei denn, der Unternehmer verarbeitet diese ausschließlich zur Bereitstellung der digitalen Leistungen oder zur Erfüllung von rechtlichen Anforderungen.
(BGBl I 2022/109, ab 20. 7. 2022)

(2) Dieses Bundesgesetz gilt – soweit in § 8 Abs. 4 nicht anderes bestimmt ist – nicht für Verträge,

1. die außerhalb von Geschäftsräumen geschlossen werden (§ 3 Z 1) und bei denen das vom Verbraucher zu zahlende Entgelt den Betrag von 50 Euro nicht überschreitet,

2. über soziale Dienstleistungen einschließlich der Bereitstellung und Vermietung von Sozialwohnungen, der Kinderbetreuung oder der Unterstützung von dauerhaft oder vorübergehend hilfsbedürftigen Familien oder Personen einschließlich Langzeitpflege,

3. über Gesundheitsdienstleistungen gemäß Artikel 3 Buchstabe a der Richtlinie 2011/24/EU über die Ausübung der Patientenrechte in der grenzüberschreitenden Gesundheitsversorgung, ABl. Nr. L 88 vom 4.4.2011 S. 45, unabhängig davon, ob sie von einer Einrichtung des Gesundheitswesens erbracht werden, dies mit Ausnahme des Vertriebs von Arzneimitteln und Medizinprodukten im Fernabsatz,

4. über Glücksspiele, die einen geldwerten Einsatz verlangen, einschließlich Lotterien, Glücksspiele in Spielkasinos und Wetten,

5. über Finanzdienstleistungen,

6. über die Begründung, den Erwerb oder die Übertragung von Eigentum oder anderen Rechten an unbeweglichen Sachen,

7. über den Bau von neuen Gebäuden, erhebliche Umbaumaßnahmen an bestehenden Gebäuden oder die Vermietung von Wohnraum,

8. über Pauschalreisen im Sinn von Art. 3 Z 2 der Richtlinie (EU) 2015/2302 über Pauschalreisen und verbundene Reiseleistungen, zur Änderung der Verordnung (EG) Nr. 2006/2004 und der Richtlinie 2011/83/EU sowie zur Aufhebung der Richtlinie 90/314/EWG, ABl. Nr. L 326 vom 11.12.2015 S. 1, *(BGBl I 2017/50, ab 1. 7. 2018)*

9. die in den Geltungsbereich der Richtlinie 2008/122/EG über den Schutz der Verbraucher im Hinblick auf bestimmte Aspekte von Teilzeitnutzungsverträgen, Verträgen über langfristige Urlaubsprodukte sowie Wiederverkaufs- und Tauschverträgen, ABl. Nr. L 33 vom 3.2.2009 S. 10, fallen,

10. die vor einem öffentlichen Amtsträger geschlossen werden, der gesetzlich zur Unabhängigkeit und Unparteilichkeit verpflichtet ist und durch umfassende rechtliche Aufklärung sicherzustellen hat, dass der Verbraucher den Vertrag nur aufgrund gründlicher rechtlicher Prüfung und in Kenntnis seiner rechtlichen Tragweite abschließt,

11. über die Lieferung von Lebensmitteln, Getränken oder sonstigen Haushaltsgegenständen des täglichen Bedarfs, die vom Unternehmer im Rahmen häufiger und regelmäßiger Fahrten am Wohnsitz, am Aufenthaltsort oder am Arbeitsplatz des Verbrauchers geliefert werden,

12. die unter Verwendung von Warenautomaten oder automatisierten Geschäftsräumen geschlossen werden,

13. die mit Betreibern von Telekommunikationsmitteln mit Hilfe öffentlicher Fernsprecher zu deren Nutzung geschlossen werden oder die zur Nutzung einer einzelnen von einem Verbraucher hergestellten Telefon-, Internet- oder Faxverbindung geschlossen werden „,“ *(BGBl I 2022/109)*

14. über Waren, die aufgrund von Zwangsvollstreckungsmaßnahmen oder anderen gerichtlichen Maßnahmen verkauft werden. *(BGBl I 2022/109, ab 20. 7. 2022)*

(3) Für Verträge über die Beförderung von Personen ist nur § 8 anzuwenden.

(4) Soweit eine Bestimmung dieses Bundesgesetzes zu einer anderen Gesetzesbestimmung, die der Umsetzung eines sektorspezifischen Unionsrechtsakts dient, oder zu einem innerstaatlich unmittelbar anwendbaren Unionsrechtsakt in einem unlösbaren inhaltlichen Widerspruch steht, ist sie auf die von der kollidierenden Vorschrift erfassten Verträge nicht anzuwenden.

Zwingendes Recht

§ 2. Soweit Vereinbarungen zum Nachteil des Verbrauchers von den Bestimmungen dieses Bundesgesetzes abweichen, sind sie unwirksam.

Begriffsbestimmungen

§ 3. In diesem Bundesgesetz bezeichnet der Ausdruck

1. „außerhalb von Geschäftsräumen geschlossener Vertrag" jeden Vertrag zwischen einem Unternehmer und einem Verbraucher,

a) der bei gleichzeitiger körperlicher Anwesenheit des Unternehmers und des Verbrauchers an einem Ort geschlossen wird, der kein Geschäftsraum des Unternehmers ist,

b) für den der Verbraucher unter den in lit. a genannten Umständen ein Angebot gemacht hat,

c) der in den Geschäftsräumen des Unternehmers oder durch Fernkommunikationsmittel geschlossen wird, unmittelbar nachdem der Verbraucher an einem anderen Ort als den Geschäftsräumen des Unternehmers bei gleichzeitiger körperlicher Anwesenheit des Unternehmers oder dessen Beauftragten und des Verbrauchers persönlich und individuell angesprochen wurde, oder

d) der auf einem Ausflug geschlossen wird, der von einem Unternehmer oder von dessen Beauftragten in der Absicht oder mit dem Ergebnis organisiert wurde, dass der Unternehmer für den Verkauf von Waren oder die Erbringung von Dienstleistungen beim Verbraucher wirbt oder werben lässt und entsprechende Verträge mit dem Verbraucher abschließt;

2. „Fernabsatzvertrag" jeden Vertrag, der zwischen einem Unternehmer und einem Verbraucher ohne gleichzeitige körperliche Anwesenheit des Unternehmers und des Verbrauchers im Rahmen eines für den Fernabsatz organisierten Vertriebs- oder Dienstleistungssystems geschlossen wird, wobei bis einschließlich des Zustandekommens des Vertrags ausschließlich Fernkommunikationsmittel verwendet werden;

3. „Geschäftsräume" unbewegliche Gewerberäume, in denen der Unternehmer seine Tätigkeit dauerhaft ausübt, oder bewegliche Gewerberäume, in denen der Unternehmer seine Tätigkeit für gewöhnlich ausübt;

4. „digitale Leistungen“ digitale Inhalte oder digitale Dienstleistungen; *(BGBl I 2022/109)*

5. „digitale Inhalte“ Daten, die in digitaler Form erstellt und bereitgestellt werden, einschließlich solcher, die nach den Anweisungen des Verbrauchers entwickelt werden; *(BGBl I 2022/109)*

6. „digitale Dienstleistung“

a) eine Dienstleistung, die dem Verbraucher die Erstellung, Verarbeitung und Speicherung von Daten in digitaler Form oder den Zugang zu Daten in digitaler Form ermöglicht, oder

b) eine Dienstleistung, die die gemeinsame Nutzung der vom Verbraucher oder von anderen Nutzern der Dienstleistung in digitaler Form hochgeladenen oder erstellten Daten oder eine sonstige Interaktion mit diesen Daten,[1)] ermöglicht,

jeweils einschließlich solcher Dienstleistungen, die nach den Anweisungen des Verbrauchers entwickelt werden; *(BGBl I 2022/109)*

7. „personenbezogene Daten“ personenbezogene Daten im Sinn von Art. 4 Z 1 der Verordnung (EU) 2016/679 zum Schutz natürlicher Personen

bei der Verarbeitung personenbezogener Daten, zum freien Datenverkehr und zur Aufhebung der Richtlinie 95/46/EG (Datenschutz- Grundverordnung), ABl. Nr. L 119 vom 4.5.2016 S. 1 in der Fassung der Berichtigung ABl. Nr. L 74 vom 4.3.2021 S. 35; *(BGBl I 2022/109)*

„8.“ „öffentliche Versteigerung“ eine Verkaufsmethode, bei der der Unternehmer Verbrauchern, die bei der Versteigerung persönlich anwesend sind oder denen diese Möglichkeit gewährt wird, Waren oder Dienstleistungen anbietet, und zwar in einem vom Versteigerer durchgeführten, auf konkurrierenden Geboten basierenden transparenten Verfahren, bei dem der Bieter, der den Zuschlag erhalten hat, zum Erwerb der Waren oder Dienstleistungen verpflichtet ist; *(BGBl I 2022/109)*

„9.“ „dauerhafter Datenträger“ jedes Medium, das es dem Verbraucher oder dem Unternehmer gestattet, an ihn persönlich gerichtete Informationen derart zu speichern, dass er sie in der Folge für eine für die Zwecke der Informationen angemessene Dauer einsehen kann, und das die unveränderte Wiedergabe der gespeicherten Informationen ermöglicht; *(BGBl I 2022/109)*

10. „Online-Marktplatz“ einen Dienst, der es Verbrauchern durch die Verwendung von Software, einschließlich einer Website, eines Teils einer Website oder einer Anwendung, die vom Unternehmer oder im Namen des Unternehmers betrieben wird, ermöglicht, Fernabsatzverträge mit anderen Unternehmern oder Verbrauchern abzuschließen; *(BGBl I 2022/109)*

11. „Anbieter eines Online-Marktplatzes“ jeden Unternehmer, der einen Online-Marktplatz für Verbraucher zur Verfügung stellt; *(BGBl I 2022/109)*

12. „Kompatibilität“ die Eignung von Waren oder von digitalen Leistungen, mit der Hardware oder Software zu funktionieren, mit der derartige Waren oder digitale Leistungen üblicherweise verwendet werden, ohne dass die Waren, die Hardware oder die Software verändert oder die digitalen Leistungen konvertiert werden müssen; *(BGBl I 2022/109)*

13. „Funktionalität“ die Eignung von Waren oder von digitalen Leistungen, ihre Funktionen ihrem Zweck entsprechend zu erfüllen; *(BGBl I 2022/109)*

14. „Interoperabilität“ die Eignung von Waren oder von digitalen Leistungen, mit einer anderen Hardware oder Software als derjenigen, mit der derartige Waren oder digitale Leistungen üblicherweise verwendet werden, zu funktionieren; *(BGBl I 2022/109)*

15. „akzessorischer Vertrag“ einen Vertrag, mit dem der Verbraucher Waren oder Dienstleistungen erwirbt, die im Zusammenhang mit einem Fern- oder Auswärtsgeschäft stehen und bei dem diese Waren oder Dienstleistungen von dem Unternehmer oder einem Dritten auf der Grundlage einer Vereinbarung zwischen diesem Dritten und dem Unternehmer geliefert oder erbracht werden. *(BGBl I 2022/109)*

---

[1] *Der Beistrich ist ein Redaktionsversehen.*

2. Abschnitt
Informationspflichten

Inhalt der Informationspflicht; Rechtsfolgen

§ 4. (1) Bevor der Verbraucher durch einen Vertrag oder seine Vertragserklärung gebunden ist, muss ihn der Unternehmer in klarer und verständlicher Weise über Folgendes informieren:

1. die wesentlichen Eigenschaften der Ware oder Dienstleistung in dem für das Kommunikationsmittel und die Ware oder Dienstleistung angemessenen Umfang,

2. den Namen oder die Firma des Unternehmers, die Anschrift seiner Niederlassung sowie seine Telefonnummer und E-Mail-Adresse, unter denen der Verbraucher den Unternehmer schnell erreichen und ohne besonderen Aufwand mit ihm in Verbindung treten kann, *(BGBl I 2022/109, ab 20. 7. 2022)*

3. gegebenenfalls

a) andere vom Unternehmer bereitgestellte Online-Kommunikationsmittel, die gewährleisten, dass der Verbraucher etwaige schriftliche Korrespondenz mit dem Unternehmer, einschließlich des Datums und der Uhrzeit dieser Korrespondenz, auf einem dauerhaften Datenträger speichern kann, und mit denen der Verbraucher den Unternehmer schnell erreichen und ohne besonderen Aufwand mit ihm in Verbindung treten kann, *(BGBl I 2022/109, ab 20. 7. 2022)*

b) die von der Niederlassung des Unternehmers abweichende Geschäftsanschrift, an die sich der Verbraucher mit jeder Beschwerde wenden kann, und

c) den Namen oder die Firma und die Anschrift der Niederlassung jener Person, in deren Auftrag der Unternehmer handelt, sowie die allenfalls abweichende Geschäftsanschrift dieser Person, an die sich der Verbraucher mit jeder Beschwerde wenden kann,

4. den Gesamtpreis der Ware oder Dienstleistung einschließlich aller Steuern und Abgaben, wenn aber der Preis aufgrund der Beschaffenheit der Ware oder Dienstleistung vernünftigerweise nicht im Voraus berechnet werden kann, die Art der Preisberechnung und gegebenenfalls alle zusätzlichen Fracht-, Liefer-, Versand- oder sonstigen Kosten oder, wenn diese Kosten vernünftigerweise nicht im Voraus berechnet werden können, das allfällige Anfallen solcher zusätzlichen Kosten,

4a. gegebenenfalls den Hinweis, dass der Preis auf der Grundlage einer automatisierten Entscheidungsfindung personalisiert worden ist, *(BGBl I 2022/109, ab 20. 7. 2022)*

5. bei einem unbefristeten Vertrag oder einem Abonnementvertrag die für jeden Abrechnungszeitraum anfallenden Gesamtkosten, wenn für einen solchen Vertrag Festbeträge in Rechnung gestellt werden, die monatlichen Gesamtkosten, wenn aber die Gesamtkosten vernünftigerweise nicht im Voraus berechnet werden können, die Art der Preisberechnung,

6. die Kosten für den Einsatz der für den Vertragsabschluss genutzten Fernkommunikationsmittel, sofern diese nicht nach dem Grundtarif berechnet werden,

7. die Zahlungs-, Liefer- und Leistungsbedingungen, den Zeitraum, innerhalb dessen nach der Zusage des Unternehmers die Ware geliefert oder die Dienstleistung erbracht wird, sowie ein allenfalls vorgesehenes Verfahren beim Umgang des Unternehmers mit Beschwerden,

8. bei Bestehen eines Rücktrittsrechts die Bedingungen, die Fristen und die Vorgangsweise für die Ausübung dieses Rechts, dies unter Zurverfügungstellung des Muster-Widerrufsformulars gemäß **Anhang I Teil B**,

9. gegebenenfalls die den Verbraucher im Fall seines Rücktritts vom Vertrag gemäß § 15 treffende Pflicht zur Tragung der Kosten für die Rücksendung der Ware sowie bei Fernabsatzverträgen über Waren, die wegen ihrer Beschaffenheit üblicherweise nicht auf dem Postweg versendet werden, die Höhe der Rücksendungskosten,

10. gegebenenfalls die den Verbraucher im Fall seines Rücktritts vom Vertrag gemäß § 16 treffende Pflicht zur Zahlung eines anteiligen Betrags für die bereits erbrachten Leistungen,

11. gegebenenfalls über das Nichtbestehen eines Rücktrittsrechts nach § 18 oder über die Umstände, unter denen der Verbraucher sein Rücktrittsrecht verliert,

12. zusätzlich zu dem Hinweis auf das Bestehen eines gesetzlichen Gewährleistungsrechts für die „Ware oder die digitale Leistung" gegebenenfalls das Bestehen und die Bedingungen von Kundendienstleistungen und von gewerblichen Garantien, *(BGBl I 2022/109, ab 20. 7. 2022)*

13. gegebenenfalls bestehende einschlägige Verhaltenskodizes gemäß § 1 Abs. 4 Z 4 UWG und darüber, wie der Verbraucher eine Ausfertigung davon erhalten kann,

14. gegebenenfalls die Laufzeit des Vertrags oder die Bedingungen für die Kündigung unbefristeter Verträge oder sich automatisch verlängernder Verträge,

15. gegebenenfalls die Mindestdauer der Verpflichtungen, die der Verbraucher mit dem Vertrag eingeht,

16. gegebenenfalls das Recht des Unternehmers, vom Verbraucher die Stellung einer Kaution oder anderer finanzieller Sicherheiten zu verlangen, sowie deren Bedingungen,

17. gegebenenfalls die Funktionalität von Waren mit digitalen Elementen (§ 2 Z 4 VGG) und von digitalen Leistungen einschließlich anwendbarer technischer Schutzmaßnahmen, *(BGBl I 2022/109, ab 20. 7. 2022)*

18. gegebenenfalls – soweit wesentlich – die Kompatibilität und Interoperabilität von Waren mit digitalen Elementen und von digitalen Leistungen, soweit sie dem Unternehmer bekannt sind oder vernünftigerweise bekannt sein müssen, und *(BGBl I 2022/109, ab 20. 7. 2022)*

19. gegebenenfalls die Möglichkeit des Zugangs zu einem außergerichtlichen Beschwerde- und Rechtsbehelfsverfahren, dem der Unternehmer unterworfen ist, und die Voraussetzungen für diesen Zugang.

(2) Im Fall einer öffentlichen Versteigerung können anstelle der in Abs. 1 Z 2 und 3 genannten Informationen die entsprechenden Angaben des Versteigerers übermittelt werden.

(3) Die Informationen nach Abs. 1 Z 8, 9 und 10 können mittels der Muster-Widerrufsbelehrung gemäß **Anhang I Teil A** erteilt werden. Mit dieser formularmäßigen Informationserteilung gelten die genannten Informationspflichten des Unternehmers als erfüllt, sofern der Unternehmer dem Verbraucher das Formular zutreffend ausgefüllt übermittelt hat.

(4) Die dem Verbraucher nach Abs. 1 erteilten Informationen sind Vertragsbestandteil. Änderungen sind nur dann wirksam, wenn sie von den Vertragsparteien ausdrücklich vereinbart wurden.

(5) Hat der Unternehmer seine Pflicht zur Information über zusätzliche und sonstige Kosten nach Abs. 1 Z 4 oder über die Kosten für die Rücksendung der Ware nach Abs. 1 Z 9 nicht erfüllt, so hat der Verbraucher die zusätzlichen und sonstigen Kosten nicht zu tragen.

(6) Die Informationspflichten nach Abs. 1 gelten unbeschadet anderer Informationspflichten nach gesetzlichen Vorschriften, die auf der Richtlinie 2006/123/EG über Dienstleistungen im Binnenmarkt, ABl. Nr. L 376 vom 27.12.2006 S. 36, oder auf der Richtlinie 2000/31/EG über bestimmte rechtliche Aspekte der Dienste der Informationsgesellschaft, insbesondere des elektronischen Geschäftsverkehrs, im Binnenmarkt, ABl. Nr. L 178 vom 17.7.2000 S. 1, beruhen.

Zusätzliche Informationserteilung bei auf Online-Marktplätzen geschlossenen Verträgen

§ 4a. (1) Bevor der Verbraucher durch einen Fernabsatzvertrag oder seine Vertragserklärung auf einem Online-Marktplatz gebunden ist, hat ihn der Anbieter des Online-Marktplatzes, unbeschadet der Richtlinie 2005/29/EG über unlautere Geschäftspraktiken, ABl. Nr. L 149 vom 11.6.2005 S. 22, klar und verständlich in einer dem verwendeten Fernkommunikationsmittel angepassten Art und Weise über Folgendes zu informieren:

1. allgemeine Informationen, die die Hauptparameter zur Festlegung des Rankings der Angebote gemäß der Definition in Art. 2 Abs. 1 Buchstabe m der Richtlinie 2005/29/EG, die dem Verbraucher als Ergebnis seiner Suchanfrage auf dem Online-Marktplatz präsentiert werden, sowie die relative Gewichtung dieser Parameter im Vergleich zu anderen Parametern betreffen und die in einem bestimmten Bereich der Online-Benutzeroberfläche zur Verfügung gestellt werden, der von der Seite, auf der die Angebote angezeigt werden, unmittelbar und leicht zugänglich ist;

2. ob es sich bei dem Dritten, der die Waren, Dienstleistungen oder digitalen Inhalte anbietet, um einen Unternehmer handelt oder nicht, auf der Grundlage der Erklärung dieses Dritten gegenüber dem Anbieter des Online-Marktplatzes;

3. sofern der Dritte, der die Waren, Dienstleistungen oder digitalen Inhalte anbietet, kein Unternehmer ist, darüber, dass die im Verbraucherschutzrecht der Union verankerten Verbraucherrechte auf den Vertrag keine Anwendung finden;

4. gegebenenfalls wie die sich aus dem Vertrag ergebenden Verpflichtungen zwischen dem Dritten, der die Waren, Dienstleistungen oder digitalen Inhalte anbietet, und dem Anbieter des Online-Marktplatzes aufgeteilt werden, wobei diese Information die Verantwortung, die der Anbieter des Online-Marktplatzes oder der dritte Unternehmer in Bezug auf den Vertrag im Rahmen anderer Vorschriften des Unionsrechts oder des nationalen Rechts hat, nicht berührt;

5. sofern dem Verbraucher auf dem Online-Marktplatz das Ergebnis eines Vergleichs von Waren, Dienstleistungen oder digitalen Inhalten präsentiert wird, über die Anbieter, die bei der Erstellung des Vergleichs einbezogen wurden;

6. sofern er selbst eine Eintrittsberechtigung für eine Veranstaltung weiterverkaufen will, ob und gegebenenfalls in welcher Höhe der Veranstalter einen Preis für den Erwerb dieser Eintrittsberechtigung beziffert hat;

7. sofern ein Dritter eine Eintrittsberechtigung für eine Veranstaltung weiterverkaufen will, ob und gegebenenfalls in welcher Höhe der Veranstalter nach Angaben des Dritten einen Preis für den Erwerb dieser Eintrittsberechtigung beziffert hat.

(2) Der Anbieter des Online-Marktplatzes hat den Verbraucher zum frühestmöglichen Zeitpunkt, bevor dieser durch einen Fernabsatzvertrag oder seine Vertragserklärung auf dem Online-Marktplatz gebunden ist, und ein weiteres Mal unmittelbar, bevor der Verbraucher seine Vertragserklärung abgibt, klar, verständlich und in hervorgehobener Weise darüber zu informieren, ob der Verbraucher den Fernabsatzvertrag mit dem Dritten, der die Waren, Dienstleistungen oder digitalen Inhalte anbietet, oder mit dem Anbieter des Online-Marktplatzes abschließen wird. Wenn auf einem Online-Marktplatz ausschließlich Verträge mit Dritten abgeschlossen werden, ist diese Information lediglich einmal vor Vertragsabschluss zu erteilen.

(BGBl I 2022/109, ab 20. 7. 2022)

Informationserteilung bei außerhalb von Geschäftsräumen geschlossenen Verträgen

§ 5. (1) Bei außerhalb von Geschäftsräumen geschlossenen Verträgen sind die in § 4 Abs. 1 genannten Informationen dem Verbraucher auf Papier oder, sofern der Verbraucher dem zustimmt, auf einem anderen dauerhaften Datenträger bereitzustellen. Die Informationen müssen lesbar, klar und verständlich sein.

(2) Der Unternehmer hat dem Verbraucher eine Ausfertigung des unterzeichneten Vertragsdokuments oder die Bestätigung des geschlossenen Vertrags auf Papier oder, sofern der Verbraucher dem zustimmt, auf einem anderen dauerhaften Datenträger bereitzustellen. Gegebenenfalls muss die Ausfertigung oder Bestätigung des Vertrags auch eine Bestätigung der Zustimmung und Kenntnisnahme des Verbrauchers nach § 18 Abs. 1 Z 11 enthalten.

Vereinfachte Informationserteilung bei Handwerkerverträgen

§ 6. (1) Bei außerhalb von Geschäftsräumen geschlossenen Verträgen über Reparatur- oder Instandhaltungsarbeiten, bei denen der Verbraucher das Kommen und die Dienste des Unternehmers zur Ausführung dieser Arbeiten ausdrücklich angefordert hat, das vom Verbraucher zu zahlende Entgelt den Betrag von 200 Euro nicht übersteigt und beide Vertragsteile ihre vertraglichen Verpflichtungen sofort erfüllen, gelten für die Informationserteilung abweichend von § 5 Abs. 1 die Bestimmungen des nachfolgenden Absatzes.

(2) Der Unternehmer hat dem Verbraucher die in § 4 Abs. 1 Z 2 und 3 lit. a und c genannten Informationen sowie Informationen über die Höhe des Preises oder die Art der Preisberechnung zusammen mit einem Kostenvoranschlag über die Gesamtkosten auf Papier oder, wenn der Verbraucher dem zustimmt, einem anderen dauerhaften Datenträger bereitzustellen. Überdies hat der Unternehmer dem Verbraucher die in § 4 Abs. 1 Z 1, 8 und 11 genannten Informationen zu erteilen, kann jedoch davon absehen, diese auf Papier oder einem anderen dauerhaften Datenträger be-

reitzustellen, wenn sich der Verbraucher damit ausdrücklich einverstanden erklärt. Die nach § 5 Abs. 2 zur Verfügung zu stellende Ausfertigung oder Bestätigung muss auch die in § 4 Abs. 1 genannten Informationen enthalten.

Informationserteilung bei Fernabsatzverträgen

§ 7. (1) Bei Fernabsatzverträgen sind die in § 4 Abs. 1 genannten Informationen dem Verbraucher klar und verständlich in einer dem verwendeten Fernkommunikationsmittel angepassten Art und Weise bereitzustellen. Werden diese Informationen auf einem dauerhaften Datenträger bereitgestellt, so müssen sie lesbar sein.

(2) Wird der Vertrag unter Verwendung eines Fernkommunikationsmittels geschlossen, bei dem für die Darstellung der Information nur begrenzter Raum oder begrenzte Zeit zur Verfügung steht, so hat der Unternehmer dem Verbraucher vor dem Vertragsabschluss über dieses Fernkommunikationsmittel zumindest die in § 4 Abs. 1 Z 1, 2, 4, 5, 8 und 14 genannten Informationen über die wesentlichen Merkmale der Waren oder Dienstleistungen, den Namen des Unternehmers, den Gesamtpreis, das Rücktrittsrecht – mit Ausnahme des Muster-Widerrufsformulars –, die Vertragslaufzeit und die Bedingungen der Kündigung unbefristeter Verträge zu erteilen. Die anderen in § 4 Abs. 1 genannten Informationen einschließlich des Muster-Widerrufsformulars sind dem Verbraucher auf geeignete Weise unter Beachtung von Abs. 1 zu erteilen. *(BGBl I 2022/109, ab 20. 7. 2022)*

(3) Der Unternehmer hat dem Verbraucher innerhalb einer angemessenen Frist nach dem Vertragsabschluss, spätestens jedoch mit der Lieferung der Waren oder vor dem Beginn der Dienstleistungserbringung, eine Bestätigung des geschlossenen Vertrags auf einem dauerhaften Datenträger zur Verfügung zu stellen, die die in § 4 Abs. 1 genannten Informationen enthält, sofern er diese Informationen dem Verbraucher nicht schon vor Vertragsabschluss auf einem dauerhaften Datenträger bereitgestellt hat. Gegebenenfalls muss die Vertragsbestätigung auch eine Bestätigung der Zustimmung und Kenntnisnahme des Verbrauchers nach § 18 Abs. 1 Z 11 enthalten.

Besondere Erfordernisse bei elektronisch geschlossenen Verträgen

§ 8. (1) Wenn ein elektronisch, jedoch nicht ausschließlich im Weg der elektronischen Post oder eines damit vergleichbaren individuellen elektronischen Kommunikationsmittels geschlossener Fernabsatzvertrag den Verbraucher zu einer Zahlung verpflichtet, hat der Unternehmer den Verbraucher, unmittelbar bevor dieser seine Vertragserklärung abgibt, klar und in hervorgehobener Weise auf die in § 4 Abs. 1 Z 1, 4, 5, 14 und 15 genannten Informationen hinzuweisen.

(2) Der Unternehmer hat dafür zu sorgen, dass der Verbraucher bei der Bestellung ausdrücklich bestätigt, dass die Bestellung mit einer Zahlungsverpflichtung verbunden ist. Wenn der Bestellvorgang die Aktivierung einer Schaltfläche oder die Betätigung einer ähnlichen Funktion erfordert, muss diese Schaltfläche oder Funktion gut lesbar ausschließlich mit den Worten „zahlungspflichtig bestellen“ oder einer gleichartigen, eindeutigen Formulierung gekennzeichnet sein, die den Verbraucher darauf hinweist, dass die Bestellung mit einer Zahlungsverpflichtung gegenüber dem Unternehmer verbunden ist. Kommt der Unternehmer den Pflichten nach diesem Absatz nicht nach, so ist der Verbraucher an den Vertrag oder seine Vertragserklärung nicht gebunden.

(3) Auf Websites für den elektronischen Geschäftsverkehr ist spätestens bei Beginn des Bestellvorgangs klar und deutlich anzugeben, ob Lieferbeschränkungen bestehen und welche Zahlungsmittel akzeptiert werden.

(4) Die Abs. 1 bis 3 gelten auch für die in § 1 Abs. 2 Z 8 genannten Verträge. Die Regelungen in Abs. 2 zweiter und dritter Satz gelten auch für die in § 1 Abs. 2 Z 2 und 3 genannten Verträge, sofern diese auf die in Abs. 1 angeführte Weise geschlossen werden.

Besondere Erfordernisse bei telefonisch geschlossenen Verträgen

§ 9. (1) Bei Ferngesprächen mit Verbrauchern, die auf den Abschluss eines Fernabsatzvertrags abzielen, hat der Unternehmer dem Verbraucher zu Beginn des Gesprächs seinen Namen oder seine Firma, gegebenenfalls den Namen der Person, in deren Auftrag er handelt, sowie den geschäftlichen Zweck des Gesprächs offenzulegen.

(2) Bei einem Fernabsatzvertrag über eine Dienstleistung, der während eines vom Unternehmer eingeleiteten Anrufs ausgehandelt wurde, ist der Verbraucher erst gebunden, wenn der Unternehmer dem Verbraucher eine Bestätigung seines Vertragsanbots auf einem dauerhaften Datenträger zur Verfügung stellt und der Verbraucher dem Unternehmer hierauf eine schriftliche Erklärung über die Annahme dieses Anbots auf einem dauerhaften Datenträger übermittelt.

(3) Die Abs. 1 und 2 gelten auch für die in § 1 Abs. 2 Z 8 genannten Verträge. *(BGBl I 2017/50)*

Beginn der Vertragserfüllung vor Ablauf der Rücktrittsfrist

§ 10. Wenn ein Fernabsatzvertrag oder ein außerhalb von Geschäftsräumen geschlossener Vertrag den Verbraucher zu einer Zahlung verpflichtet und entweder eine Dienstleistung oder die nicht in einem begrenzten Volumen oder in einer bestimmten Menge angebotene Lieferung von Wasser, Gas oder Strom oder die Lieferung von Fernwärme zum Gegenstand hat und wenn der Verbraucher wünscht, dass der Unternehmer noch vor Ablauf der Rücktrittsfrist nach § 11 mit der Vertragserfüllung beginnt, muss der Unternehmer den Verbraucher dazu auffordern, ihm ein ausdrücklich auf diese vorzeitige Vertragserfüllung gerichtetes Verlangen – im Fall eines außerhalb von Geschäftsräumen geschlossenen Vertrags auf einem dauerhaften Datenträger – zu erklären, und vom Verbraucher die Bestätigung verlangen, dass dieser den bei vollständiger Vertragserfüllung eintretenden Verlust seines Rücktrittsrechts zur Kenntnis genommen hat.

(BGBl I 2022/109, ab 20. 7. 2022)

3. Abschnitt
Rücktritt vom Vertrag

Rücktrittsrecht und Rücktrittsfrist

§ 11. (1) Der Verbraucher kann von einem Fernabsatzvertrag oder einem außerhalb von Geschäftsräumen geschlossenen Vertrag binnen 14 Tagen ohne Angabe von Gründen zurücktreten.

(2) Die Frist zum Rücktritt beginnt

1. bei Dienstleistungsverträgen mit dem Tag des Vertragsabschlusses,

2. bei Kaufverträgen und sonstigen auf den entgeltlichen Erwerb einer Ware gerichteten Verträgen

a) mit dem Tag, an dem der Verbraucher oder ein vom Verbraucher benannter, nicht als Beförderer tätiger Dritter den Besitz an der Ware erlangt,

b) wenn der Verbraucher mehrere Waren im Rahmen einer einheitlichen Bestellung bestellt hat, die getrennt geliefert werden, mit dem Tag, an dem der Verbraucher oder ein vom Verbraucher benannter, nicht als Beförderer tätiger Dritter den Besitz an der zuletzt gelieferten Ware erlangt,

c) bei Lieferung einer Ware in mehreren Teilsendungen mit dem Tag, an dem der Verbraucher oder ein vom Verbraucher benannter, nicht als Beförderer tätiger Dritter den Besitz an der letzten Teilsendung erlangt,

d) bei Verträgen über die regelmäßige Lieferung von Waren über einen festgelegten Zeitraum hinweg mit dem Tag, an dem der Verbraucher oder ein vom Verbraucher benannter, nicht als Beförderer tätiger Dritter den Besitz an der zuerst gelieferten Ware erlangt,

3. bei einem Vertrag, der die nicht in einem begrenzten Volumen oder in einer bestimmten Menge angebotene Lieferung von Wasser, Gas oder Strom, die Lieferung von Fernwärme oder die Lieferung von nicht auf einem körperlichen Datenträger gespeicherten digitalen Inhalten zum Gegenstand hat, mit dem Tag des Vertragsabschlusses.

Unterbliebene Aufklärung über das Rücktrittsrecht

§ 12. (1) Ist der Unternehmer seiner Informationspflicht nach § 4 Abs. 1 Z 8 nicht nachgekommen, so verlängert sich die in § 11 vorgesehene Rücktrittsfrist um zwölf Monate.

(2) Holt der Unternehmer die Informationserteilung innerhalb von zwölf Monaten ab dem gemäß § 11 Abs. 2 für den Fristbeginn maßgeblichen Tag nach, so endet die Rücktrittsfrist 14 Tage nach dem Zeitpunkt, zu dem der Verbraucher diese Information erhält.

Ausübung des Rücktrittsrechts

§ 13. (1) Die Erklärung des Rücktritts ist an keine bestimmte Form gebunden. Der Verbraucher kann dafür das Muster-Widerrufsformular gemäß **Anhang I Teil B** verwenden. Die Rücktrittsfrist ist gewahrt, wenn die Rücktrittserklärung innerhalb der Frist abgesendet wird.

(2) Der Unternehmer kann dem Verbraucher auch die Möglichkeit einräumen, das Muster-Widerrufsformular gemäß **Anhang I Teil B** oder eine anders formulierte Rücktrittserklärung auf der Website des Unternehmers elektronisch auszufüllen und abzuschicken. Gibt der Verbraucher eine Rücktrittserklärung auf diese Weise ab, so hat ihm der Unternehmer unverzüglich eine Bestätigung über den Eingang der Rücktrittserklärung auf einem dauerhaften Datenträger zu übermitteln.

Pflichten des Unternehmers bei Rücktritt des Verbrauchers vom Vertrag

§ 14. (1) Tritt der Verbraucher nach § 11 Abs. 1 vom Vertrag zurück, so hat der Unternehmer alle vom Verbraucher geleisteten Zahlungen, gegebenenfalls einschließlich der Lieferkosten, unverzüglich, spätestens jedoch binnen 14 Tagen ab Zugang der Rücktrittserklärung zu erstatten. Er hat für die Rückzahlung dasselbe Zahlungsmittel zu verwenden, dessen sich der Verbraucher für die Abwicklung seiner Zahlung bedient hat; die Verwendung eines anderen Zahlungsmittels ist aber dann zulässig, wenn dies mit dem Verbraucher ausdrücklich vereinbart wurde und dem Verbraucher dadurch keine Kosten anfallen.

(2) Hat sich der Verbraucher ausdrücklich für eine andere Art der Lieferung als die vom Unternehmer angebotene günstigste Standardlieferung entschieden, so hat er keinen Anspruch auf Erstattung der ihm dadurch entstandenen Mehrkosten.

(3) Bei Kaufverträgen und sonstigen auf den entgeltlichen Erwerb einer Ware gerichteten Verträgen kann der Unternehmer die Rückzahlung verweigern, bis er entweder die Ware wieder zurückerhalten oder ihm der Verbraucher einen Nachweis über die Rücksendung der Ware erbracht hat; dies gilt nicht, wenn der Unternehmer angeboten hat, die Ware selbst abzuholen.

(4) Der Unternehmer kann jede weitere Nutzung der digitalen Leistung durch den Verbraucher unterbinden, indem er etwa – unbeschadet des Abs. 7 – den Zugang des Verbrauchers zur digitalen Leistung oder das Nutzerkonto des Verbrauchers sperrt. *(BGBl I 2022/109, ab 20. 7. 2022)*

(5) In Bezug auf personenbezogene Daten des Verbrauchers hat der Unternehmer die Pflichten nach der Verordnung (EU) 2016/679 einzuhalten. *(BGBl I 2022/109, ab 20. 7. 2022)*

(6) Der Unternehmer darf Inhalte, die nicht personenbezogene Daten sind und die vom Verbraucher bei der Nutzung der vom Unternehmer bereitgestellten digitalen Leistung bereitgestellt oder erstellt wurden, nur dann verwenden, wenn diese Inhalte

1. nur im Zusammenhang mit der vom Unternehmer bereitgestellten digitalen Leistung einen Nutzen haben,

2. ausschließlich mit der Nutzung der vom Unternehmer bereitgestellten digitalen Leistung durch den Verbraucher zusammenhängen,

3. vom Unternehmer mit anderen Daten aggregiert wurden und nicht oder nur mit unverhältnismäßigem Aufwand disaggregiert werden können oder

4. vom Verbraucher gemeinsam mit anderen erzeugt wurden und andere Verbraucher die Inhalte weiterhin nutzen können.
(BGBl I 2022/109, ab 20. 7. 2022)

(7) Der Unternehmer hat – außer in den Fällen des Abs. 6 Z 1 bis 3 – alle Inhalte, die nicht personenbezogene Daten sind und die vom Verbraucher bei der Nutzung der vom Unternehmer bereitgestellten digitalen Leistung bereitgestellt oder erstellt wurden, dem Verbraucher auf dessen Verlangen so zur Verfügung zu stellen, dass der Verbraucher diese Inhalte kostenfrei, ohne Behinderung durch den Unternehmer, in angemessener Frist und in einem allgemein gebräuchlichen und maschinenlesbaren Format wiedererlangen kann. *(BGBl I 2022/109, ab 20. 7. 2022)*

Pflichten des Verbrauchers bei Rücktritt vom Kaufvertrag

§ 15. (1) Tritt der Verbraucher nach § 11 Abs. 1 von einem Kaufvertrag oder einem sonstigen auf den entgeltlichen Erwerb einer Ware gerichteten Vertrag zurück, so hat er die empfangene Ware unverzüglich, spätestens jedoch binnen 14 Tagen ab Abgabe der Rücktrittserklärung, an den Unternehmer zurückzustellen; dies gilt nicht, wenn der Unternehmer angeboten hat, die Ware selbst abzuholen. Die Rückstellungsfrist ist gewahrt, wenn die Ware innerhalb der Frist abgesendet wird.

(2) Die unmittelbaren Kosten der Rücksendung der Ware sind vom Verbraucher zu tragen; dies gilt nicht, wenn der Unternehmer sich bereit erklärt hat, diese Kosten zu tragen, oder wenn er es unterlassen hat, den Verbraucher über dessen Kostentragungspflicht zu unterrichten.

(3) Bei außerhalb von Geschäftsräumen geschlossenen Verträgen, bei denen die Ware zum Zeitpunkt des Vertragsabschlusses zur Wohnung des Verbrauchers geliefert wurde, hat der Unternehmer die Ware auf eigene Kosten abzuholen, wenn solche Waren wegen ihrer Beschaffenheit üblicherweise nicht auf dem Postweg versendet werden.

(4) Der Verbraucher hat dem Unternehmer nur dann eine Entschädigung für eine Minderung des Verkehrswerts der Ware zu zahlen, wenn dieser Wertverlust auf einen zur Prüfung der Beschaffenheit, der Eigenschaften und der Funktionsweise der Ware nicht notwendigen Umgang mit derselben zurückzuführen ist. Der Verbraucher haftet in keinem Fall für einen Wertverlust der Ware, wenn er vom Unternehmer nicht gemäß § 4 Abs. 1 Z 8 über sein Rücktrittsrecht belehrt wurde.

(5) Außer den in dieser Bestimmung angeführten Zahlungen und allfälligen Mehrkosten nach § 14 Abs. 2 dürfen dem Verbraucher wegen seines Rücktritts keine sonstigen Lasten auferlegt werden.

Pflichten des Verbrauchers bei Rücktritt von einem Vertrag über Dienstleistungen, Energie- und Wasserlieferungen oder digitale Leistungen

§ 16. (1) Tritt der Verbraucher nach § 11 Abs. 1 von einem Vertrag über Dienstleistungen oder über die in § 10 genannten Energie- und Wasserlieferungen zurück, nachdem er ein Verlangen gemäß § 10 erklärt und der Unternehmer hierauf mit der Vertragserfüllung begonnen hat, so hat er dem Unternehmer einen Betrag zu zahlen, der im Vergleich zum vertraglich vereinbarten Gesamtpreis verhältnismäßig den vom Unternehmer bis zum Rücktritt erbrachten Leistungen entspricht. Ist der Gesamtpreis überhöht, so wird der anteilig zu zahlende Betrag auf der Grundlage des Marktwerts der erbrachten Leistungen berechnet.

(2) Die anteilige Zahlungspflicht nach Abs. 1 besteht nicht, wenn der Unternehmer seiner Informationspflicht nach § 4 Abs. 1 Z 8 und 10 nicht nachgekommen ist.

(3) Tritt der Verbraucher nach § 11 Abs. 1 von einem Vertrag über die Lieferung von nicht auf einem körperlichen Datenträger gespeicherten digitalen Inhalten zurück, so trifft ihn für bereits erbrachte Leistungen des Unternehmers keine Zahlungspflicht.

(4) Außer der in Abs. 1 angeführten Zahlung dürfen dem Verbraucher wegen seines Rücktritts keine sonstigen Lasten auferlegt werden.

(5) Tritt der Verbraucher nach § 11 Abs. 1 vom Vertrag zurück, so darf er eine ihm bereitgestellte digitale Leistung nicht mehr nutzen oder Dritten zur Verfügung stellen. *(BGBl I 2022/109, ab 20. 7. 2022)*

Auswirkungen des Rücktritts auf akzessorische Verträge

§ 17. Tritt der Verbraucher nach § 11 Abs. 1 vom Vertrag zurück, so gilt der Rücktritt auch für einen akzessorischen Vertrag. Außer den in §§ 15 und 16 angeführten Zahlungen dürfen dem Verbraucher daraus keine sonstigen Lasten auferlegt werden.

Ausnahmen vom Rücktrittsrecht

§ 18. (1) Der Verbraucher hat kein Rücktrittsrecht bei Fernabsatz- oder außerhalb von Geschäftsräumen geschlossenen Verträgen über

1. Dienstleistungen, wenn der Unternehmer die Dienstleistung vollständig erbracht hat, wobei in jenen Fällen, in denen der Verbraucher nach dem Vertrag zu einer Zahlung verpflichtet ist, das Rücktrittsrecht nur entfällt, wenn überdies der Unternehmer mit der vorherigen ausdrücklichen Zustimmung des Verbrauchers mit der Vertragserfüllung begonnen hat und wenn der Verbraucher

a) entweder vor Beginn der Dienstleistungserbringung bestätigt hat, zur Kenntnis genommen zu haben, dass er sein Rücktrittsrecht mit vollständiger Vertragserfüllung verliert,

b) oder den Unternehmer ausdrücklich zu einem Besuch aufgefordert hat, um Reparaturarbeiten vornehmen zu lassen,
(BGBl I 2022/109, ab 20. 7. 2022)

2. Waren oder Dienstleistungen, deren Preis von Schwankungen auf dem Finanzmarkt abhängt, auf die der Unternehmer keinen Einfluss hat und die innerhalb der Rücktrittsfrist auftreten können,

3. Waren, die nach Kundenspezifikationen angefertigt werden oder eindeutig auf die persönlichen Bedürfnisse zugeschnitten sind,

4. Waren, die schnell verderben können oder deren Verfallsdatum schnell überschritten würde,

5. Waren, die versiegelt geliefert werden und aus Gründen des Gesundheitsschutzes oder aus Hygienegründen nicht zur Rückgabe geeignet sind, sofern deren Versiegelung nach der Lieferung entfernt wurde,

6. Waren, die nach ihrer Lieferung auf Grund ihrer Beschaffenheit untrennbar mit anderen Gütern vermischt wurden,

7. alkoholische Getränke, deren Preis bei Vertragsabschluss vereinbart wurde, die aber nicht früher als 30 Tage nach Vertragsabschluss geliefert werden können und deren aktueller Wert von Schwankungen auf dem Markt abhängt, auf die der Unternehmer keinen Einfluss hat,

8. Ton- oder Videoaufnahmen oder Computersoftware, die in einer versiegelten Packung geliefert werden, sofern deren Versiegelung nach der Lieferung entfernt wurde,

9. Zeitungen, Zeitschriften oder Illustrierte mit Ausnahme von Abonnement-Verträgen über die Lieferung solcher Publikationen,

10. Dienstleistungen in den Bereichen Beherbergung zu anderen als zu Wohnzwecken, Beförderung von Waren, Vermietung von Kraftfahrzeugen sowie Lieferung von Speisen und Getränken und Dienstleistungen, die im Zusammenhang mit Freizeitbetätigungen erbracht werden, sofern jeweils für die Vertragserfüllung durch den Unternehmer ein bestimmter Zeitpunkt oder Zeitraum vertraglich vorgesehen ist,

11. die Bereitstellung von digitalen Inhalten, die nicht auf einem körperlichen Datenträger geliefert werden sollen, wenn der Unternehmer mit der Vertragserfüllung begonnen hat, wobei in jenen Fällen, in denen der Verbraucher nach dem Vertrag zu einer Zahlung verpflichtet ist, das Rücktrittsrecht nur entfällt, wenn überdies

a) der Verbraucher dem Beginn der Vertragserfüllung vor Ablauf der Rücktrittsfrist ausdrücklich zugestimmt hat,

b) der Verbraucher bestätigt hat, zur Kenntnis genommen zu haben, dass er durch den vorzeitigen Beginn der Vertragserfüllung sein Rücktrittsrecht verliert, und

c) der Unternehmer dem Verbraucher eine Ausfertigung oder Bestätigung nach § 5 Abs. 2 oder § 7 Abs. 3 zur Verfügung gestellt hat.
(BGBl I 2022/109, ab 20. 7. 2022)

(2) Der Verbraucher hat weiters kein Rücktrittsrecht bei Verträgen über dringende Reparatur- oder Instandhaltungsarbeiten, bei denen der Verbraucher den Unternehmer ausdrücklich zu einem Besuch zur Ausführung dieser Arbeiten aufgefordert hat. „Vom Ausschluss des Rücktrittsrechts nach dieser Bestimmung werden aber weitere Dienstleistungen, die der Verbraucher nicht ausdrücklich verlangt hat, oder gelieferte Waren, die bei der Instandhaltung oder Reparatur nicht unbedingt als Ersatzteile benötigt werden, nicht umfasst.“ *(BGBl I 2022/109, ab 20. 7. 2022)*

(3) Dem Verbraucher steht schließlich kein Rücktrittsrecht bei Verträgen zu, die auf einer öffentlichen Versteigerung geschlossen werden.

(4) Die Ausnahmen nach Abs. 1 Z 1 lit. a, Z 2, Z 3 und Z 5 gelten nicht bei Verträgen, die anlässlich eines unerbetenen Besuchs des Unternehmers in der Wohnung des Verbrauchers oder auf einem Ausflug nach § 3 Z 1 lit. d geschlossen werden, wenn

1. der Unternehmer den Verbraucher besucht, obwohl der Verbraucher, etwa durch einen Aufkleber, zu erkennen gegeben hat, dass er keine unerbetenen Besuche von Unternehmern wünscht,

2. der unerbetene Besuch zwischen 20 und 7 Uhr beginnt oder an einem Sonn- oder Feiertag stattfindet,

3. der Verbraucher am Tag des Vertragsabschlusses im Beisein des Unternehmers ein Entgelt von mehr als 250 Euro zahlt oder

4. der Unternehmer mit dem Besuch oder dem Ausflug gegen § 54 Abs. 1 zweiter Satz GewO 1994 oder gegen § 57 Abs 1 oder 4 GewO 1994 verstößt.
(BGBl I 2022/109, ab 20. 7. 2022)

4. Abschnitt

Strafbestimmungen

§ 19. „(1)“ Sofern die Tat nicht den Tatbestand einer gerichtlich strafbaren Handlung bildet oder nach anderen Verwaltungsstrafbestimmungen mit strengerer Strafe bedroht ist, begeht ein Unternehmer eine Verwaltungsübertretung und ist mit einer Geldstrafe bis zu 1 450 Euro zu bestrafen, wenn er

1. in die gemäß § 4 Abs. 1 gebotenen vorvertraglichen Informationen falsche Angaben aufnimmt oder die Informationspflichten gemäß § 4 Abs. 1 nicht oder nicht vollständig erfüllt,

1a. in die gemäß § 4a gebotenen zusätzlichen Informationen bei auf Online-Marktplätzen geschlossenen Verträgen falsche Angaben aufnimmt oder die Informationspflichten gemäß § 4a nicht oder nicht vollständig erfüllt; *(BGBl I 2022/109, ab 20. 7. 2022)*

2. gegen eine der in § 5 Abs. 1, § 6 Abs. 2 und § 7 Abs. 1 und 2 getroffenen Anordnungen über die Art der „Informationserteilung“ verstößt, *(BGBl I 2017/50, ab 25. 4. 2017)*

3. dem Verbraucher entgegen § 5 Abs. 2 oder § 7 Abs. 3 keine Vertragsausfertigung oder -bestätigung zur Verfügung stellt;

4. seine besonderen vorvertraglichen Informationspflichten bei elektronisch geschlossenen Verträgen gemäß § 8 Abs. 1 und 3 nicht oder nicht vollständig erfüllt;

4a. bei elektronisch geschlossenen Verträgen seiner Verpflichtung nach § 8 Abs. 2 zur Information über die Zahlungsverpflichtung nicht oder nicht in der in § 8 Abs. 2 vorgeschriebenen Weise nachkommt; *(BGBl I 2022/109, ab 20. 7. 2022)*

5. ein Ferngespräch beginnt, ohne zu Beginn des Gesprächs den Namen (die Firma) des Unternehmers, gegebenenfalls den Namen der Person, in deren Auftrag er handelt, sowie den geschäftlichen Zweck des Gesprächs gemäß § 9 Abs. 1 offenzulegen;

5a. es unterlässt, den Verbraucher nach § 10 aufzufordern, ein auf die vorzeitige Vertragserfüllung gerichtetes Verlangen zu erklären; *(BGBl I 2022/109, ab 20. 7. 2022)*

6. es unterlässt, dem Verbraucher gemäß § 13 Abs. 2 eine Bestätigung über den Eingang der Rücktrittserklärung auf einem dauerhaften Datenträger zu übermitteln;

7. gegen seine Erstattungspflicht nach § 14 Abs. 1 verstößt.
(BGBl I 2022/109)

(2) Bei der Strafbemessung sind insbesondere zu berücksichtigen:

1. die Art, die Schwere, der Umfang und die Dauer des Verstoßes,

2. Maßnahmen des Unternehmers zur Minderung oder Beseitigung des Schadens, der Verbrauchern entstanden ist,

3. frühere Verstöße des Unternehmers,

4. vom Unternehmer aufgrund des Verstoßes erlangte finanzielle Vorteile oder vermiedene Verluste, wenn dazu die entsprechenden Daten verfügbar sind,

5. Sanktionen, die gegen den Unternehmer für denselben Verstoß in grenzüberschreitenden Fällen in anderen Mitgliedstaaten verhängt wurden, sofern Informationen über solche Sanktionen im Rahmen des aufgrund der Verordnung (EU) 2017/2394 über die Zusammenarbeit zwischen den für die Durchsetzung der Verbraucherschutzgesetze zuständigen nationalen Behörden und zur Aufhebung der Verordnung (EG) Nr. 2006/2004, ABl. Nr. L 345 vom 27.12.2017 S. 1, errichteten Mechanismus verfügbar sind.
(BGBl I 2022/109, ab 20. 7. 2022)

(3) Wenn das Verwaltungsstrafverfahren im Rahmen der Verhängung von Sanktionen nach Artikel 21 der Verordnung (EU) 2017/2394 geführt wird, können Geldstrafen bis zu einer Höhe von 4 % des Jahresumsatzes des Unternehmers verhängt werden. Maßgeblich ist der Jahresumsatz in den von dem Verstoß betroffenen Mitgliedstaaten. Sofern keine Informationen über den Jahresumsatz des Unternehmers verfügbar sind, können Geldstrafen bis zu zwei Millionen Euro verhängt werden. *(BGBl I 2022/109, ab 20. 7. 2022)*

5. Abschnitt

Schlussbestimmungen

Inkrafttreten

§ 20. (1) § 8 Abs. 4 tritt mit 1. Juli 2015 in Kraft und ist auf Fern- und Auswärtsgeschäfte anzuwenden, die ab diesem Zeitpunkt geschlossen werden.

(2) Im Übrigen tritt dieses Bundesgesetz mit 13. Juni 2014 in Kraft und ist auf Fern- und Auswärtsgeschäfte anzuwenden, die ab diesem Zeitpunkt geschlossen werden.

(3) § 1 Abs. 2 Z 8 und § 9 Abs. 3 in der Fassung des Bundesgesetzes BGBl. I Nr. 50/2017 treten mit 1. Juli 2018 in Kraft. *(BGBl I 2017/50)*

(4) Die §§ 1, 3 und 4, § 4a samt Überschrift, die §§ 7, 10, 14, 16, 18 und 19 sowie der Anhang I in der Fassung des Bundesgesetzes BGBl. I Nr. 109/2022 treten mit dem auf die Kundmachung dieses Bundesgesetzes folgenden Tag in Kraft und sind in dieser Fassung auf Verträge anzuwenden, die nach der Kundmachung geschlossen werden. *(BGBl I 2022/109)*

Vollziehung

§ 21. Mit der Vollziehung dieses Bundesgesetzes ist der Bundesminister für Justiz betraut.

Umsetzungshinweis

§ 22. Mit diesem Bundesgesetz wird die Richtlinie 2011/83/EU über die Rechte der Verbraucher, zur Abänderung der Richtlinie 93/13/EWG und der Richtlinie 1999/44/EG sowie zur Aufhebung der Richtlinie 85/577/EWG und der Richtlinie 97/7/EG, ABl. Nr. L 304 vom 22.11.2011 S. 64, „in der Fassung der Richtlinie (EU) 2019/2161 zur Änderung der Richtlinien 93/13/EWG, 98/6/EG, 2005/29/EG und 2011/83/EU zur besseren Durchsetzung und Modernisierung der Verbraucherschutzvorschriften der Union, ABl. Nr. L 328 vom 18.12.2019, S. 7, umgesetzt“. *(BGBl I 2022/109)*

Anhang

ANHANG I

Informationen zur Ausübung des Widerrufsrechts

A. Muster-Widerrufsbelehrung

Widerrufsrecht

Sie haben das Recht, binnen vierzehn Tagen ohne Angabe von Gründen diesen Vertrag zu widerrufen.

Die Widerrufsfrist beträgt vierzehn Tage ab dem Tag [1].

„Um Ihr Widerrufsrecht auszuüben, müssen Sie uns ([2]) mittels einer eindeutigen Erklärung (z. B. mit der Post versandter Brief oder E-Mail) über Ihren Entschluss, diesen Vertrag zu widerrufen, informieren. Sie können dafür das beigefügte Muster-Widerrufsformular verwenden, das jedoch nicht vorgeschrieben ist. [3]“ *(BGBl I 2022/109)*

Zur Wahrung der Widerrufsfrist reicht es aus, dass Sie die Mitteilung über die Ausübung des Widerrufsrechts vor Ablauf der Widerrufsfrist absenden.

Folgen des Widerrufs

Wenn Sie diesen Vertrag widerrufen, haben wir Ihnen alle Zahlungen, die wir von Ihnen erhalten haben, einschließlich der Lieferkosten (mit Ausnahme der zusätzlichen Kosten, die sich daraus ergeben, dass Sie eine andere Art der Lieferung als die von uns angebotene, günstigste Standardlieferung gewählt haben), unverzüglich und spätestens binnen vierzehn Tagen ab dem Tag zurückzuzahlen, an dem die Mitteilung über Ihren Widerruf dieses Vertrags bei uns eingegangen ist. Für diese Rückzahlung verwenden wir dasselbe Zahlungsmittel, das Sie bei der ursprünglichen Transaktion eingesetzt haben, es sei denn, mit Ihnen wurde ausdrücklich etwas anderes vereinbart; in keinem Fall werden Ihnen wegen dieser Rückzahlung Entgelte berechnet. [4]

[5]

[6]

Gestaltungshinweise:

[1.]. Fügen Sie einen der folgenden in Anführungszeichen gesetzten Textbausteine ein:

a) im Falle eines Dienstleistungsvertrags oder eines Vertrags über die Lieferung von Wasser, Gas oder Strom, wenn sie nicht in einem begrenzten Volumen oder in einer bestimmten Menge zum Verkauf angeboten werden, von Fernwärme oder von digitalen Inhalten, die nicht auf einem körperlichen Datenträger geliefert werden: „des Vertragsabschlusses.“;

b) im Falle eines Kaufvertrags: „„ an dem Sie oder ein von Ihnen benannter Dritter, der nicht der Beförderer ist, die Waren in Besitz genommen haben bzw. hat.“;

c) im Falle eines Vertrags über mehrere Waren, die der Verbraucher im Rahmen einer einheitlichen Bestellung bestellt hat und die getrennt geliefert werden: „„ an dem Sie oder ein von Ihnen benannter Dritter, der nicht der Beförderer ist, die letzte Ware in Besitz genommen haben bzw. hat.“;

d) im Falle eines Vertrags über die Lieferung einer Ware in mehreren Teilsendungen oder Stücken: „„ an dem Sie oder ein von Ihnen benannter Dritter, der nicht der Beförderer ist, die letzte Teilsendung oder das letzte Stück in Besitz genommen haben bzw. hat.“;

e) im Falle eines Vertrags zur regelmäßigen Lieferung von Waren über einen festgelegten Zeitraum hinweg: „„ an dem Sie oder ein von Ihnen benannter Dritter, der nicht der Beförderer ist, die erste Ware in Besitz genommen haben bzw. hat.“

[2.]. Fügen Sie Ihren Namen, Ihre Anschrift, Ihre Telefonnummer und Ihre E-Mail-Adresse ein.
(BGBl I 2022/109)

[3.]. Wenn Sie dem Verbraucher die Wahl einräumen, die Information über seinen Widerruf des Vertrags auf Ihrer Webseite elektronisch auszufüllen und zu übermitteln, fügen Sie Folgendes ein: „Sie können das Muster-Widerrufsformular oder eine andere eindeutige Erklärung auch auf unserer Webseite [Internet-Adresse einfügen] elektronisch ausfüllen und übermitteln. Machen Sie von dieser Möglichkeit Gebrauch, so werden wir Ihnen unverzüglich (z. B. per E-Mail) eine Bestätigung über den Eingang eines solchen Widerrufs übermitteln.“

[4.]. Im Falle von Kaufverträgen, in denen Sie nicht angeboten haben, im Fall des Widerrufs die Waren selbst abzuholen, fügen Sie Folgendes ein: „Wir können die Rückzahlung verweigern, bis wir die Waren wieder zurückerhalten haben oder bis Sie den Nachweis erbracht haben, dass Sie die Waren zurückgesandt haben, je nachdem, welches der frühere Zeitpunkt ist.“

[5.]. Wenn der Verbraucher Waren im Zusammenhang mit dem Vertrag erhalten hat:

a) Fügen Sie ein:

- „Wir holen die Waren ab.“ oder
- „Sie haben die Waren unverzüglich und in jedem Fall spätestens binnen vierzehn Tagen ab dem Tag, an dem Sie uns über den Widerruf dieses Vertrags unterrichten, an … uns oder an [hier sind gegebenenfalls der Name und die Anschrift der von Ihnen zur Entgegennahme der Waren ermächtigten Person einzufügen] zurückzusenden oder zu übergeben. Die Frist ist gewahrt, wenn Sie die Waren vor Ablauf der Frist von vierzehn Tagen absenden.“

b) Fügen Sie ein:

- „Wir tragen die Kosten der Rücksendung der Waren.“;
- „Sie tragen die unmittelbaren Kosten der Rücksendung der Waren.“;
- Wenn Sie bei einem Fernabsatzvertrag nicht anbieten, die Kosten der Rücksendung der Waren zu tragen, und die Waren aufgrund ihrer Beschaffenheit nicht normal mit der Post zurückgesandt werden können: „Sie tragen die unmittelbaren Kosten der Rücksendung der Waren in Höhe von … EUR [Betrag einfügen].“, oder wenn die Kosten vernünftigerweise nicht im Voraus berechnet werden können: „Sie tragen die unmittelbaren Kosten der Rücksendung der Waren. Die Kosten werden auf höchstens etwa … EUR [Betrag einfügen] geschätzt.“ oder
- wenn die Waren bei einem außerhalb von Geschäftsräumen geschlossenen Vertrag aufgrund ihrer Beschaffenheit nicht normal mit der Post zurückgesandt werden können und zum Zeitpunkt des Vertragsschlusses zur Wohnung des Verbrauchers geliefert worden sind: „Wir holen die Waren auf unsere Kosten ab.“ und

c) Fügen Sie ein: „Sie müssen für einen etwaigen Wertverlust der Waren nur aufkommen, wenn dieser Wertverlust auf einen zur Prüfung der Beschaffenheit, Eigenschaften und Funktionsweise der Waren nicht notwendigen Umgang mit ihnen zurückzuführen ist.“

[6.]. Im Falle eines Vertrags zur Erbringung von Dienstleistungen oder der Lieferung von Wasser, Gas oder Strom, wenn sie nicht in einem begrenzten Volumen oder in einer bestimmten Menge zum Verkauf angeboten werden, oder von Fernwärme fügen Sie Folgendes ein: „Haben Sie verlangt, dass die Dienstleistungen oder Lieferung von Wasser/Gas/Strom/Fernwärme [Unzutreffendes streichen] während der Widerrufsfrist beginnen soll, so haben Sie uns einen angemessenen Betrag zu zahlen, der dem Anteil der bis zu dem Zeitpunkt, zu dem Sie uns von der Ausübung des Widerrufsrechts hinsichtlich dieses Vertrags unterrichten, bereits erbrachten Dienstleistungen im Vergleich zum Gesamtumfang der im Vertrag vorgesehenen Dienstleistungen entspricht."

B. Muster-Widerrufsformular

(Wenn Sie den Vertrag widerrufen wollen, dann füllen Sie bitte dieses Formular aus und senden Sie es zurück)

- „An [hier ist der Name, die Anschrift und die E-Mail-Adresse des Unternehmers durch den Unternehmer einzufügen]:" *(BGBl I 2022/109)*
- Hiermit widerrufe(n) ich/wir (*) den von mir/uns (*) abgeschlossenen Vertrag über den Kauf der folgenden Waren (*)/die Erbringung der folgenden Dienstleistung (*)
- Bestellt am (*)/erhalten am (*)
- Name des/der Verbraucher(s)
- Anschrift des/der Verbraucher(s)
- Unterschrift des/der Verbraucher(s) (nur bei Mitteilung auf Papier)
- Datum

(*) Unzutreffendes streichen.

20/3. Pauschalreisegesetz

BGBl I 2017/50

GLIEDERUNG

STICHWORTVERZEICHNIS

(Die Zahlenangaben beziehen sich auf die Paragraphen)

Bundesgesetz über Pauschalreisen und verbundene Reiseleistungen (Pauschalreisegesetz – PRG)

1. Abschnitt
Geltungsbereich, Begriffsbestimmungen, zwingendes Recht

Geltungsbereich

§ 1. (1) Dieses Bundesgesetz gilt für Pauschalreiseverträge zwischen einem Unternehmer und einem Reisenden sowie für Verträge über die Vermittlung von verbundenen Reiseleistungen, die zwischen einem Unternehmer und einem Reisenden geschlossen werden.

(2) Dieses Bundesgesetz gilt nicht für Verträge über

1. Pauschalreisen und verbundene Reiseleistungen mit einer Dauer von weniger als 24 Stunden, sofern diese keine Übernachtung umfassen,

2. Pauschalreisen und verbundene Reiseleistungen, die nur gelegentlich und ohne Gewinnabsicht und nur einer begrenzten Gruppe von Reisenden angeboten oder vermittelt werden, und

3. Pauschalreisen und verbundene Reiseleistungen, wenn der Vertrag auf der Grundlage einer allgemeinen Vereinbarung über die Organisation von Geschäftsreisen zwischen zwei Unternehmern geschlossen wird.

Begriffsbestimmungen

§ 2. (1) Reiseleistungen sind

1. die Beförderung einer Person,

2. die Unterbringung einer Person, sofern sie nicht wesensmäßig Bestandteil der Beförderung der Person ist und nicht zu Wohnzwecken geschieht,

3. die Autovermietung oder die Vermietung anderer Kraftfahrzeuge gemäß Artikel 3 Nummer 11 der Richtlinie 2007/46/EG zur Schaffung eines Rahmens für die Genehmigung von Kraftfahrzeugen und Kraftfahrzeuganhängern sowie von Systemen, Bauteilen und selbstständigen technischen Einheiten für diese Fahrzeuge, ABl. Nr. L 263 vom 09.10.2007 S. 1, oder von Krafträdern der Führerscheinklasse A gemäß Artikel 4 Absatz 3 Buchstabe c der Richtlinie 2006/126/EG über den Führerschein, ABl. Nr. L 403 vom 30.12.2006 S. 18, und

4. jede andere touristische Leistung, die nicht wesensmäßig Bestandteil einer Reiseleistung nach Z 1, 2 oder 3 ist.

(2) 1. Pauschalreise ist eine Kombination aus mindestens zwei verschiedenen Arten von Reiseleistungen für den Zweck derselben Reise, wenn

a) diese Leistungen von einem Unternehmer auf Wunsch oder entsprechend einer Auswahl des Reisenden vor Abschluss eines einzigen Vertrags über sämtliche Leistungen zusammengestellt werden oder

b) diese Leistungen unabhängig davon, ob separate Verträge mit den jeweiligen Erbringern der Reiseleistungen geschlossen werden,

aa) in einer einzigen Vertriebsstelle erworben werden und vor der Zustimmung des Reisenden zur Zahlung ausgewählt wurden,

bb) zu einem Pauschal- oder Gesamtpreis angeboten, vertraglich zugesagt oder in Rechnung gestellt werden,

cc) unter der Bezeichnung „Pauschalreise" oder einer ähnlichen Bezeichnung beworben oder vertraglich zugesagt werden,

dd) nach Abschluss eines Vertrags, in dem der Unternehmer dem Reisenden das Recht einräumt, eine Auswahl unter verschiedenen Arten von Reiseleistungen zu treffen, zusammengestellt werden oder

ee) dem Reisenden von einzelnen Unternehmern über verbundene Online-Buchungsverfahren vertraglich zugesagt werden, bei denen der Name des Reisenden, Zahlungsdaten und die E-Mail-Adresse von dem Unternehmer, mit dem der erste Vertrag geschlossen wurde, an einen oder mehrere andere Unternehmer übermittelt werden und ein Vertrag mit zumindest einem der letztgenannten Unternehmer spätestens 24 Stunden nach Bestätigung der Buchung der ersten Reiseleistung abgeschlossen wird.

2. Eine Kombination von Reiseleistungen, bei denen ausschließlich eine Reiseleistungsart nach Abs. 1 Z 1, 2 oder 3 mit einer oder mehreren

touristischen Leistungen nach Abs. 1 Z 4 kombiniert wird, ist keine Pauschalreise, wenn die letztgenannten Leistungen

a) keinen erheblichen Anteil am Gesamtwert der Kombination ausmachen (Z 3), nicht als wesentliches Merkmal der Kombination beworben werden und auch sonst kein wesentliches Merkmal der Kombination sind oder

b) erst nach Beginn der Erbringung der Reiseleistung nach Abs. 1 Z 1, 2 oder 3 ausgewählt und erworben werden.

3. Machen touristische Leistungen 25 vH oder mehr des Gesamtwerts der Kombination aus, so ist in der Regel anzunehmen, dass sie einen erheblichen Anteil im Sinn der Z 2 lit. a darstellen.

(3) Pauschalreisevertrag ist ein Vertrag über eine Pauschalreise als Ganzes oder, wenn die Reise auf der Grundlage separater Verträge angeboten wird, alle Verträge über die in der Pauschalreise zusammengefassten Reiseleistungen.

(4) Beginn der Pauschalreise ist jener Zeitpunkt, zu dem die Erbringung der in einer Pauschalreise zusammengefassten Reiseleistungen beginnt.

(5) 1. Verbundene Reiseleistungen sind mindestens zwei verschiedene Arten von Reiseleistungen, die einem Reisenden in separaten Verträgen mit den jeweiligen Erbringern der Reiseleistungen für den Zweck derselben Reise, die keine Pauschalreise ist, vertraglich zugesagt werden, wenn ein Unternehmer dafür Folgendes vermittelt:

a) anlässlich eines einzigen Besuchs in seiner Vertriebsstelle oder eines einzigen Kontakts mit seiner Vertriebsstelle die getrennte Auswahl und die getrennte Zahlung jeder Reiseleistung durch die Reisenden oder

b) in gezielter Weise den Erwerb mindestens einer weiteren Reiseleistung eines anderen Unternehmers, sofern der weitere Vertrag mit dem anderen Unternehmer spätestens 24 Stunden nach Bestätigung der Buchung der ersten Reiseleistung geschlossen wird.

2. Werden einem Reisenden ausschließlich eine Reiseleistungsart nach Abs. 1 Z 1, 2 oder 3 und eine oder mehrere touristische Leistungen nach Abs. 1 Z 4 vertraglich zugesagt, so handelt es sich dabei nicht um verbundene Reiseleistungen, wenn die letztgenannten Leistungen keinen erheblichen Anteil am Wert der Kombination ausmachen (Z 3), nicht als wesentliches Merkmal der Kombination beworben werden und auch sonst kein wesentliches Merkmal der Reise sind.

3. Machen touristische Leistungen 25 vH oder mehr des Werts der Kombination aus, so ist in der Regel anzunehmen, dass sie einen erheblichen Anteil im Sinn der Z 2 darstellen.

(6) Reisender ist jede Person, die einen den Bestimmungen dieses Bundesgesetzes unterliegenden Vertrag zu schließen beabsichtigt oder die aufgrund eines solchen Vertrags berechtigt ist, Reiseleistungen in Anspruch zu nehmen.

(7) Reiseveranstalter ist ein Unternehmer, der entweder direkt oder über einen anderen Unternehmer oder gemeinsam mit einem anderen Unternehmer Pauschalreisen zusammenstellt und vertraglich zusagt oder anbietet, oder ein Unternehmer, der bei verbundenen Online-Buchungsverfahren nach Abs. 2 Z 1 lit. b sublit. ee die Daten des Reisenden an einen anderen Unternehmer übermittelt.

(8) Reisevermittler ist ein vom Reiseveranstalter verschiedener Unternehmer, der von einem Reiseveranstalter zusammengestellte Pauschalreisen vertraglich zusagt oder anbietet.

(9) Unternehmer ist jede natürliche oder juristische Person, der Unternehmereigenschaft nach § 1 KSchG zukommt.

(10) Als Niederlassung eines Unternehmers gilt eine Niederlassung im Sinn von Artikel 4 Nummer 5 der Richtlinie 2006/123/EG über Dienstleistungen im Binnenmarkt, ABl. Nr. L 376 vom 27.12.2006 S. 36.

(11) Dauerhafter Datenträger ist jedes Medium, das es dem Reisenden oder dem Unternehmer gestattet, an ihn persönlich gerichtete Informationen derart zu speichern, dass er sie in der Folge für eine für die Zwecke der Informationen angemessene Dauer einsehen kann, und das die unveränderte Wiedergabe der gespeicherten Informationen ermöglicht.

(12) Unvermeidbare und außergewöhnliche Umstände sind Gegebenheiten außerhalb der Kontrolle desjenigen, der sich auf sie beruft, sofern sich die Folgen dieser Gegebenheiten auch dann nicht hätten vermeiden lassen, wenn alle zumutbaren Vorkehrungen getroffen worden wären.

(13) Vertragswidrigkeit ist die Nichterbringung oder mangelhafte Erbringung der in einer Pauschalreise zusammengefassten Reiseleistungen.

(14) Vertriebsstellen sind

1. alle Geschäftsräume, unabhängig davon, ob sie beweglich oder unbeweglich sind,

2. Einzelhandels-Websites oder ähnliche Online-Verkaufsplattformen, auch wenn diese den Reisenden als einheitliche Plattform dargeboten werden, sowie

3. Telefondienste.

(15) Rückbeförderung ist die Bewerkstelligung der Rückkehr des Reisenden an den Ausgangsort oder an einen anderen Ort, auf den sich die Vertragsparteien einigen.

Unwirksame Vereinbarungen

§ 3. Soweit Vereinbarungen zum Nachteil des Reisenden von den Bestimmungen dieses Bundesgesetzes abweichen, sind sie unwirksam.

2. Abschnitt
Informationspflichten und Inhalt des Pauschalreisevertrags

Vorvertragliche Informationen

§ 4. (1) Bevor der Reisende durch einen Pauschalreisevertrag oder seine Vertragserklärung gebunden ist, hat ihm der Reiseveranstalter und, wenn die Pauschalreise über einen Reisevermittler vertraglich zugesagt wird, auch der Reisevermittler das jeweils zutreffende Standardinformationsblatt gemäß **Anhang I Teil A oder B** bereitzustellen und ihn, sofern diese Informationen für die betreffende Pauschalreise einschlägig sind, über Folgendes zu informieren:

1. die wesentlichen Eigenschaften der Reiseleistungen, nämlich:

a) Bestimmungsorte, Reiseroute und Aufenthaltsdauer mit den jeweiligen Daten und, sofern eine Unterbringung enthalten ist, die Anzahl der enthaltenen Übernachtungen,

b) Transportmittel einschließlich ihrer Merkmale und Klasse, Ort, Tag und Zeit der Abreise und Rückreise, Dauer und Orte von Zwischenstationen sowie Anschlussverbindungen, wenn aber eine genaue Zeitangabe noch nicht möglich ist, die ungefähre Zeit der Abreise und Rückreise,

c) Lage, Hauptmerkmale und gegebenenfalls touristische Einstufung der Unterbringung nach den Regeln des jeweiligen Bestimmungslandes,

d) Mahlzeiten,

e) Besichtigungen, Ausflüge oder sonstige im Gesamtpreis der Pauschalreise enthaltene Leistungen,

f) sofern dies nicht aus dem Zusammenhang hervorgeht, die Angabe, ob eine der Reiseleistungen für den Reisenden als Teil einer Gruppe erbracht wird, und bejahendenfalls – wenn möglich – die ungefähre Gruppengröße,

g) sofern die Nutzung anderer touristischer Leistungen durch den Reisenden von einer wirksamen mündlichen Kommunikation abhängt, die Sprache, in der diese Leistungen erbracht werden, und

h) die Angabe, ob die Reise im Allgemeinen für Personen mit eingeschränkter Mobilität geeignet ist, und auf Verlangen des Reisenden genaue Informationen zur Eignung der Reise unter Berücksichtigung der Bedürfnisse des Reisenden,

2. die Firma, die Anschrift, die Telefonnummer und gegebenenfalls die E-Mail-Adresse des Reiseveranstalters und gegebenenfalls des Reisevermittlers,

3. den Gesamtpreis der Pauschalreise einschließlich Steuern und gegebenenfalls aller zusätzlichen Gebühren, Entgelte und sonstigen Kosten oder, wenn sich diese Kosten nicht vor Abschluss des Vertrags bestimmen lassen, die Art von Mehrkosten, für die der Reisende unter Umständen noch aufkommen muss,

4. die Zahlungsmodalitäten einschließlich des Betrags oder Prozentsatzes des Preises, der als Anzahlung zu leisten ist, des Zeitplans für die Zahlung des Restbetrags oder der finanziellen Sicherheiten, die vom Reisenden zu leisten sind,

5. die für die Durchführung der Pauschalreise erforderliche Mindestteilnehmerzahl einschließlich der Rücktrittsfrist nach § 10 Abs. 3 Z 1 lit. a,

6. allgemeine Pass- und Visumerfordernisse des Bestimmungslandes einschließlich der ungefähren Fristen für die Erlangung von Visa und für die Abwicklung von gesundheitspolizeilichen Formalitäten,

7. das dem Reisenden nach § 10 Abs. 1 jederzeit vor Beginn der Pauschalreise zustehende Recht zum Rücktritt vom Vertrag gegen Zahlung einer angemessenen Entschädigung oder gegebenenfalls gegen Zahlung der Entschädigungspauschalen, die der Reiseveranstalter verlangt,

8. eine fakultative oder obligatorische Reiserücktrittsversicherung des Reisenden oder eine Versicherung zur Deckung der Kosten einer Unterstützung einschließlich einer Rückbeförderung bei Unfall, Krankheit oder Tod.

(2) Wird der Pauschalreisevertrag telefonisch abgeschlossen, so haben der Reiseveranstalter und gegebenenfalls der Reisevermittler dem Reisenden die im Standardinformationsblatt gemäß **Anhang I Teil B** sowie die in Abs. 1 Z 1 bis 8 vorgesehenen Informationen – sofern diese für die betreffende Pauschalreise einschlägig sind – zu erteilen.

(3) Bei Pauschalreisen gemäß § 2 Abs. 2 Z 1 lit. b sublit. ee haben sowohl der Reiseveranstalter als auch der Unternehmer, dem die Daten übermittelt werden, dem Reisenden die in Abs. 1 Z 1 bis 8 vorgesehenen Informationen – soweit diese die von ihnen angebotenen Reiseleistungen betreffen – bereitzustellen. Der Reiseveranstalter hat dem Reisenden darüber hinaus gleichzeitig das Standardinformationsblatt gemäß **Anhang I Teil C** bereitzustellen.

(4) Die in den Abs. 1, 2 und 3 vorgesehenen Informationen sind klar, verständlich und deutlich zu erteilen. Werden diese Informationen schriftlich bereitgestellt, so müssen sie lesbar sein.

(5) Dem Reiseveranstalter und gegebenenfalls auch dem Reisevermittler obliegt der Beweis dafür, dass die in dieser Bestimmung vorgesehenen Informationspflichten erfüllt worden sind.

Wirkung der vorvertraglichen Informationen auf den Vertragsinhalt

§ 5. (1) Die dem Reisenden gemäß § 4 Abs. 1 Z 1, 3, 4, 5 und 7 bereitgestellten Informationen sind Bestandteil des Pauschalreisevertrags. Änderungen sind nur dann wirksam, wenn sie von den Vertragsparteien ausdrücklich vereinbart wurden. Der Reiseveranstalter und gegebenenfalls der Reisevermittler haben dem Reisenden vor Abschluss des Pauschalreisevertrags alle Änderungen der vorvertraglichen Informationen klar, verständlich und deutlich mitzuteilen.

(2) Haben der Reiseveranstalter und gegebenenfalls der Reisevermittler die Pflicht zur Information über zusätzliche Gebühren, Entgelte und sonstige Kosten nach § 4 Abs. 1 Z 3 nicht erfüllt, so hat der Reisende die zusätzlichen Gebühren, Entgelte und sonstigen Kosten nicht zu tragen.

Inhalt des Pauschalreisevertrags und vor Beginn der Pauschalreise bereitzustellende Unterlagen

§ 6. (1) Der Pauschalreisevertrag muss in einfacher und verständlicher Sprache abgefasst und, soweit er schriftlich geschlossen wird, lesbar sein. Der Reiseveranstalter oder der Reisevermittler hat dem Reisenden bei Abschluss des Pauschalreisevertrags oder unverzüglich danach eine Ausfertigung des Vertragsdokuments oder eine Bestätigung des Vertrags auf einem dauerhaften Datenträger zur Verfügung zu stellen. Der Reisende hat Anspruch auf eine Papierfassung, wenn der Pauschalreisevertrag in gleichzeitiger Anwesenheit der Vertragsparteien geschlossen wurde. Bei außerhalb von Geschäftsräumen geschlossenen Verträgen gemäß § 3 Z 1 FAGG ist dem Reisenden eine Ausfertigung oder Bestätigung des Pauschalreisevertrags auf Papier oder, sofern der Reisende dem zustimmt, auf einem anderen dauerhaften Datenträger zur Verfügung zu stellen.

(2) Das Vertragsdokument oder die Bestätigung des Vertrags hat den gesamten Inhalt des Vertrags wiederzugeben, einschließlich der in § 4 Abs. 1 Z 1 bis 8 vorgesehenen Informationen sowie folgender Angaben:

1. besondere Vorgaben des Reisenden, die Vertragsinhalt geworden sind,

2. Hinweise darauf, dass der Reiseveranstalter

a) gemäß § 11 für die ordnungsgemäße Erbringung aller im Vertrag vorgesehenen Reiseleistungen verantwortlich ist und

b) gemäß § 14 zum Beistand verpflichtet ist, wenn sich der Reisende in Schwierigkeiten befindet,

3. den Namen, die Kontaktdaten und die Anschrift der Einrichtung, die den Insolvenzschutz bietet, und gegebenenfalls den Namen und die Kontaktdaten der im betreffenden Mitgliedstaat dafür zuständigen Behörde,

4. den Namen, die Anschrift, die Telefonnummer, die E-Mail-Adresse und gegebenenfalls die Faxnummer des Vertreters des Reiseveranstalters vor Ort, einer Kontaktstelle oder eines anderen Dienstes, an den oder die sich der Reisende wenden kann, um mit dem Reiseveranstalter rasch in Verbindung zu treten und ohne besonderen Aufwand mit diesem zu kommunizieren, um vom Reiseveranstalter Unterstützung zu verlangen, wenn er in Schwierigkeiten ist, oder um sich wegen einer Vertragswidrigkeit, die er während der Durchführung der Pauschalreise wahrnimmt, zu beschweren,

5. einen Hinweis darauf, dass der Reisende gemäß § 11 Abs. 2 dem Reiseveranstalter jede Vertragswidrigkeit, die er während der Durchführung der Pauschalreise wahrnimmt, unverzüglich mitzuteilen hat,

6. bei einem minderjährigen Reisenden, der nicht von einem Elternteil oder einer mit seiner Pflege und Erziehung betrauten oder damit beauftragten Person begleitet wird, sofern der Pauschalreisevertrag seine Unterbringung umfasst, Angaben darüber, wie eine unmittelbare Verbindung zum Minderjährigen oder zu der an seinem Aufenthaltsort für ihn verantwortlichen Person hergestellt werden kann,

7. Informationen zu bestehenden internen Beschwerdeverfahren und zu alternativen Streitbeilegungsverfahren nach der Richtlinie 2013/11/EU über die alternative Beilegung verbraucherrechtlicher Streitigkeiten und zur Änderung der Verordnung (EG) Nr. 2006/2004 und der Richtlinie 2009/22/EG, ABl. Nr. L 165 vom 18.06.2013 S. 63, und gegebenenfalls zu der AS-Stelle, der der Unternehmer unterliegt, und zur Online-Streitbeilegungsplattform nach der Verordnung (EU) Nr. 524/2013 über die Online-Beilegung verbraucherrechtlicher Streitigkeiten und zur Änderung der Verordnung (EG) Nr. 2006/2004 und der Richtlinie 2009/22/EG, ABl. Nr. L 165 vom 18.06.2013 S. 1,

8. Informationen zum Recht des Reisenden, den Vertrag gemäß § 7 auf einen anderen Reisenden zu übertragen.

(3) Bei Pauschalreisen gemäß § 2 Abs. 2 Z 1 lit. b sublit. ee hat der Unternehmer, dem die Daten übermittelt werden, den Reiseveranstalter über den Abschluss des Vertrags, der zum Zustandekommen der Pauschalreise führt, in Kenntnis zu setzen. Der Unternehmer hat dem Reiseveranstalter die Informationen zur Verfügung zu stellen, die dieser zur Erfüllung seiner Verpflichtungen als Reiseveranstalter benötigt. Sobald der Reiseveranstalter über das Zustandekommen einer Pauschalreise in Kenntnis gesetzt wurde, hat er dem Reisenden die in Abs. 2 Z 1 bis 8 vorgesehenen Informationen auf einem dauerhaften Datenträger zu übermitteln.

(4) Die in Abs. 2 und 3 vorgesehenen Informationen sind klar, verständlich und deutlich mitzuteilen.

(5) Der Reiseveranstalter hat dem Reisenden rechtzeitig vor Beginn der Pauschalreise die notwendigen Buchungsbelege, Gutscheine, Beförderungsausweise und Eintrittskarten, Informationen zu den geplanten Abreisezeiten und gegebenenfalls zu den Fristen für das Check-in sowie zu den planmäßigen Zwischenstationen, Anschlussverbindungen und Ankunftszeiten zur Verfügung zu stellen.

(6) Dem Reiseveranstalter und gegebenenfalls auch dem Reisevermittler obliegt der Beweis dafür, dass die in dieser Bestimmung vorgesehenen Pflichten betreffend das Vertragsdokument oder die Bestätigung des Vertrags sowie über die Zurverfügungstellung von Unterlagen erfüllt worden sind.

3. Abschnitt
Übertragung und Änderung des Pauschalreisevertrags; Rücktritt vom Pauschalreisevertrag

Übertragung des Pauschalreisevertrags auf einen anderen Reisenden

§ 7. (1) Der Reisende kann den Pauschalreisevertrag auf eine Person, die alle Vertragsbedingungen erfüllt, übertragen. Zu diesem Zweck hat er den Reiseveranstalter innerhalb einer angemessenen Frist vor Beginn der Pauschalreise auf einem dauerhaften Datenträger von der Übertragung in Kenntnis zu setzen. Eine Mitteilung darüber spätestens sieben Tage vor Beginn der Pauschalreise gilt jedenfalls als angemessen.

(2) Der Reisende, der den Pauschalreisevertrag überträgt, und die Person, die in den Vertrag eintritt, haften dem Reiseveranstalter als Gesamtschuldner für den noch ausstehenden Betrag des Reisepreises und die durch die Übertragung entstehenden zusätzlichen Gebühren, Entgelte und sonstigen Kosten. Der Reiseveranstalter hat dem Reisenden, der den Vertrag überträgt, die tatsächlichen Kosten der Übertragung mitzuteilen. Diese Kosten dürfen nicht unangemessen sein und dürfen die tatsächlichen Kosten des Reiseveranstalters infolge der Übertragung des Pauschalreisevertrags nicht übersteigen.

(3) Der Reiseveranstalter hat dem Reisenden, der den Vertrag überträgt, einen Beleg über die sich aus der Übertragung des Pauschalreisevertrags ergebenden zusätzlichen Gebühren, Entgelte und sonstigen Kosten auszustellen.

Änderung des Preises

§ 8. (1) Nach Abschluss des Pauschalreisevertrags ist eine Preiserhöhung nur dann zulässig, wenn diese Möglichkeit im Vertrag ausdrücklich vorgesehen ist und wenn im Vertrag auf den dem Reisenden zustehenden Anspruch auf Preissenkung gemäß Abs. 4 hingewiesen wird. Im Pauschalreisevertrag ist anzugeben, wie Preisänderungen zu berechnen sind.

(2) Eine Preiserhöhung ist überdies nur dann zulässig, wenn

1. der Reiseveranstalter den Reisenden davon klar und verständlich spätestens 20 Tage vor Beginn der Pauschalreise auf einem dauerhaften Datenträger unter Angabe von Gründen für die Preiserhöhung und mit einer Berechnung dafür in Kenntnis gesetzt hat und

2. sie sich unmittelbar ergibt aus einer Änderung

a) des Preises für die Personenbeförderung infolge der Kosten von Treibstoff oder anderen Energiequellen,

b) der Höhe der für die vertraglich vereinbarten Reiseleistungen zu entrichtenden Steuern und Abgaben, die von Dritten erhoben werden, die nicht unmittelbar an der Erbringung der Pauschalreise mitwirken, einschließlich Aufenthaltsgebühren, Landegebühren, Ein- oder Ausschiffungsgebühren in Häfen und entsprechender Gebühren auf Flughäfen, oder

c) der für die Pauschalreise maßgeblichen Wechselkurse.

(3) Wenn die Preiserhöhung 8 vH des Preises der Pauschalreise übersteigt, ist § 9 Abs. 2 bis 5 anzuwenden.

(4) Ist im Pauschalreisevertrag die Möglichkeit von Preiserhöhungen vorgesehen, so hat der Reisende Anspruch auf eine Preissenkung, die jeglicher Verringerung der in Abs. 2 Z 2 genannten Kosten zwischen dem Abschluss des Vertrags und dem Beginn der Pauschalreise entspricht.

(5) Im Fall einer Preissenkung ist der Reiseveranstalter berechtigt, tatsächliche Verwaltungsausgaben von der dem Reisenden geschuldeten Erstattung abzuziehen. Auf Verlangen des Reisenden hat der Reiseveranstalter diese Verwaltungskosten zu belegen.

Andere Änderungen des Pauschalreisevertrags

§ 9. (1) Der Reiseveranstalter kann vor Beginn der Pauschalreise andere Inhalte des Pauschalreisevertrags als den Preis dann einseitig ändern, wenn

1. er sich dieses Recht im Vertrag vorbehalten hat,

2. die Änderung unerheblich ist und

3. er den Reisenden über die Änderung klar, verständlich und deutlich auf einem dauerhaften Datenträger in Kenntnis setzt.

(2) Ist der Reiseveranstalter vor Beginn der Pauschalreise gezwungen, eine der wesentlichen Eigenschaften der Reiseleistungen nach § 4 Abs. 1 Z 1 erheblich zu ändern, oder kann er die beson-

deren Vorgaben des Reisenden nach § 6 Abs. 2 Z 1 nicht erfüllen oder schlägt er vor, den Gesamtpreis der Pauschalreise nach § 8 um mehr als 8 vH zu erhöhen, so kann der Reisende innerhalb einer vom Reiseveranstalter festgelegten angemessenen Frist der vorgeschlagenen Änderung zustimmen oder vom Vertrag ohne Zahlung einer Entschädigung zurücktreten. Wenn der Reisende innerhalb der Frist keine Erklärung abgibt, ist dies als Zustimmung zur Änderung zu werten.

(3) Bei Rücktritt vom Pauschalreisevertrag nach Abs. 2 kann sich der Reisende mit einer anderen Pauschalreise – sofern möglich, in gleichwertiger oder höherwertiger Qualität – als Ersatz einverstanden erklären, wenn ihm der Veranstalter dies anbietet. Andernfalls hat der Reiseveranstalter dem Reisenden alle von diesem oder in dessen Namen geleisteten Zahlungen unverzüglich, spätestens jedoch 14 Tage ab Zugang der Rücktrittserklärung, zu erstatten. § 12 Abs. 2 bis 5 ist entsprechend anzuwenden.

(4) Der Reiseveranstalter hat den Reisenden unverzüglich auf einem dauerhaften Datenträger klar, verständlich und deutlich zu informieren über

1. die vorgeschlagenen Änderungen gemäß Abs. 2 und gegebenenfalls gemäß Abs. 5 deren Auswirkungen auf den Preis der Pauschalreise,

2. die angemessene Frist, innerhalb derer der Reisende den Reiseveranstalter über seine Entscheidung gemäß Abs. 2 in Kenntnis zu setzen hat,

3. die in Abs. 2 zweiter Satz vorgesehene Rechtsfolge einer unterlassenen Erklärung und

4. die gegebenenfalls als Ersatz angebotene Pauschalreise und deren Preis.

(5) Haben die Änderungen des Pauschalreisevertrags nach Abs. 2 oder die als Ersatz angebotene Pauschalreise nach Abs. 3 eine Minderung der Qualität oder eine Senkung der Kosten der Pauschalreise zur Folge, so hat der Reisende Anspruch auf eine angemessene Preisminderung.

Rücktritt vom Pauschalreisevertrag vor Beginn der Pauschalreise

§ 10. (1) Der Reisende kann vor Beginn der Pauschalreise jederzeit ohne Angabe von Gründen vom Pauschalreisevertrag zurücktreten. Tritt der Reisende nach diesem Absatz vom Pauschalreisevertrag zurück, so kann der Reiseveranstalter die Zahlung einer angemessenen und vertretbaren Entschädigung verlangen. Im Pauschalreisevertrag können angemessene Entschädigungspauschalen festgelegt werden, die sich nach dem zeitlichen Abstand zwischen dem Rücktritt und dem vorgesehenen Beginn der Pauschalreise sowie nach den erwarteten ersparten Aufwendungen und Einnahmen aus anderweitigen Verwendungen der Reiseleistungen bemessen. Wenn vertraglich kein Entschädigungspauschale festgelegt wurde, hat die Entschädigung dem Preis der Pauschalreise abzüglich der ersparten Aufwendungen und Einnahmen aus anderweitigen Verwendungen der Reiseleistungen zu entsprechen. Auf Verlangen des Reisenden hat der Reiseveranstalter die Höhe der Entschädigung zu begründen.

(2) Unbeschadet des Rücktrittsrechts nach Abs. 1 kann der Reisende vor Beginn der Pauschalreise ohne Zahlung einer Entschädigung vom Pauschalreisevertrag zurücktreten, wenn am Bestimmungsort oder in dessen unmittelbarer Nähe unvermeidbare und außergewöhnliche Umstände auftreten, die die Durchführung der Pauschalreise oder die Beförderung von Personen an den Bestimmungsort erheblich beeinträchtigen. Tritt der Reisende nach diesem Absatz vom Pauschalreisevertrag zurück, so hat er Anspruch auf volle Erstattung aller für die Pauschalreise getätigten Zahlungen, nicht aber auf eine zusätzliche Entschädigung.

(3) Der Reiseveranstalter kann vor Beginn der Pauschalreise gegen volle Erstattung aller für die Pauschalreise getätigten Zahlungen, aber ohne Zahlung einer zusätzlichen Entschädigung vom Pauschalreisevertrag zurücktreten,

1. wenn sich für die Pauschalreise weniger Personen als die im Vertrag angegebene Mindestteilnehmerzahl angemeldet haben und die Rücktrittserklärung des Reiseveranstalters dem Reisenden innerhalb der im Vertrag festgelegten Frist zugeht, spätestens jedoch

a) 20 Tage vor Beginn der Pauschalreise bei Reisen von mehr als sechs Tagen,

b) sieben Tage vor Beginn der Pauschalreise bei Reisen zwischen zwei und sechs Tagen,

c) 48 Stunden vor Beginn der Pauschalreise bei Reisen, die weniger als zwei Tage dauern, oder

2. wenn der Reiseveranstalter aufgrund unvermeidbarer und außergewöhnlicher Umstände an der Erfüllung des Vertrags gehindert ist und seine Rücktrittserklärung dem Reisenden unverzüglich, spätestens jedoch vor Beginn der Pauschalreise zugeht.

(4) Der Reiseveranstalter hat bei einem Rücktritt nach den vorstehenden Absätzen dem Reisenden alle von diesem oder in dessen Namen für die Pauschalreise geleisteten Beträge – im Fall des Rücktritts nach Abs. 1 abzüglich der Entschädigung nach dieser Bestimmung – unverzüglich, spätestens jedoch binnen 14 Tagen ab Zugang der Rücktrittserklärung, zu erstatten.

4. Abschnitt
Erbringung der vertraglichen Reiseleistungen; Gewährleistung; Schadenersatz

Erbringung der vertraglichen Reiseleistungen

§ 11. (1) Der Reiseveranstalter ist für die Erbringung aller im Pauschalreisevertrag vereinbarten Reiseleistungen unabhängig davon verantwortlich, ob diese Leistungen nach dem Vertrag von ihm oder anderen Erbringern von Reiseleistungen zu bewerkstelligen sind.

(2) Der Reisende hat dem Reiseveranstalter jede Vertragswidrigkeit, die er während der Erbringung der im Pauschalreisevertrag vereinbarten Reiseleistungen wahrnimmt, unter Berücksichtigung der jeweiligen Umstände unverzüglich mitzuteilen.

(3) Wird eine vertraglich vereinbarte Reiseleistung nicht oder nur mangelhaft erbracht, so hat der Reiseveranstalter die Vertragswidrigkeit zu beheben, es sei denn, dass dies unmöglich ist oder unter Berücksichtigung des Ausmaßes der Vertragswidrigkeit und des Werts der betroffenen Reiseleistung mit unverhältnismäßigen Kosten verbunden wäre.

(4) Behebt der Reiseveranstalter die Vertragswidrigkeit entgegen seiner Verpflichtung nach Abs. 3 innerhalb einer vom Reisenden gesetzten angemessenen Frist nicht, so kann der Reisende selbst Abhilfe schaffen und vom Reiseveranstalter den Ersatz der dafür erforderlichen Ausgaben verlangen. Eine Fristsetzung durch den Reisenden ist nicht erforderlich, wenn sich der Reiseveranstalter weigert, die Vertragswidrigkeit zu beheben, oder wenn unverzügliche Abhilfe notwendig ist.

(5) Kann ein erheblicher Teil der vereinbarten Reiseleistungen nicht vertragsgemäß erbracht werden, so hat der Reiseveranstalter dem Reisenden ohne Mehrkosten für diesen angemessene andere Vorkehrungen zur Fortsetzung der Pauschalreise anzubieten, die nach Möglichkeit den vertraglich vereinbarten Leistungen qualitativ gleichwertig oder höherwertig sind; Gleiches gilt auch dann, wenn der Reisende nicht vertragsgemäß an den Ort der Abreise zurückbefördert wird. Haben die vom Reiseveranstalter angebotenen anderen Vorkehrungen eine gegenüber den vertraglich vereinbarten Leistungen geringere Qualität der Pauschalreise zur Folge, so hat der Reiseveranstalter dem Reisenden eine angemessene Preisminderung zu gewähren. Der Reisende kann die vorgeschlagenen anderen Vorkehrungen nur dann ablehnen, wenn diese nicht mit den im Pauschalreisevertrag vereinbarten Leistungen vergleichbar sind oder die gewährte Preisminderung nicht angemessen ist.

(6) Hat die Vertragswidrigkeit erhebliche Auswirkungen auf die Durchführung der Pauschalreise und behebt der Reiseveranstalter die Vertragswidrigkeit innerhalb einer vom Reisenden gesetzten angemessenen Frist nicht, so kann der Reisende ohne Zahlung einer Entschädigung vom Pauschalreisevertrag zurücktreten und gegebenenfalls Ansprüche gemäß § 12 erheben. Können keine anderen Vorkehrungen nach Abs. 5 angeboten werden oder lehnt der Reisende die angebotenen anderen Vorkehrungen nach dem letzten Satz von Abs. 5 ab, so hat der Reisende gegebenenfalls Anspruch gemäß § 12 auch ohne Beendigung des Pauschalreisevertrags. Ist die Beförderung von Personen Bestandteil der Pauschalreise, so hat der Reiseveranstalter in den in diesem Absatz genannten Fällen außerdem für die unverzügliche Rückbeförderung des Reisenden mit einem gleichwertigen Beförderungsdienst ohne Mehrkosten für den Reisenden zu sorgen.

(7) Ist die im Pauschalreisevertrag vereinbarte Rückbeförderung des Reisenden aufgrund unvermeidbarer und außergewöhnlicher Umstände nicht möglich, so hat der Reiseveranstalter die Kosten für die notwendige Unterbringung des Reisenden, nach Möglichkeit in einer gleichwertigen Kategorie, für einen Zeitraum von höchstens drei Nächten zu tragen. Sind in unionsrechtlichen Vorschriften über Passagierrechte für das die Rückbeförderung des Reisenden betreffende Beförderungsmittel längere Unterbringungszeiträume vorgesehen, so gelten diese Zeiträume.

(8) Die Kostenbeschränkung nach Abs. 7 gilt nicht für Personen mit eingeschränkter Mobilität gemäß Artikel 2 Buchstabe a der Verordnung (EG) Nr. 1107/2006 über die Rechte von behinderten Flugreisenden und Flugreisenden mit eingeschränkter Mobilität, ABl. Nr. L 204 vom 26.07.2006 S. 1, und deren Begleitpersonen, für Schwangere und unbegleitete Minderjährige sowie für Personen, die besondere medizinische Betreuung benötigen, sofern der Reiseveranstalter mindestens 48 Stunden vor Beginn der Pauschalreise von den besonderen Bedürfnissen dieser Personen in Kenntnis gesetzt wurde. Zur Beschränkung seiner Kostentragungspflicht nach Abs. 7 kann der Reiseveranstalter keine unvermeidbaren und außergewöhnlichen Umstände geltend machen, wenn sich der betreffende Beförderer nach unionsrechtlichen Vorschriften nicht auf solche Umstände berufen kann.

Preisminderung und Schadenersatz

§ 12. (1) Der Reisende hat Anspruch auf eine angemessene Preisminderung für jeden von einer Vertragswidrigkeit betroffenen Zeitraum der Pauschalreise; dies gilt nicht, soweit der Reiseveranstalter nachweist, dass die Vertragswidrigkeit dem Reisenden zuzurechnen ist.

(2) Der Reisende hat gegen den Reiseveranstalter Anspruch auf angemessenen Ersatz des Schadens, den er infolge der Vertragswidrigkeit erlitten hat. War die Vertragswidrigkeit erheblich, so

umfasst der Schadenersatzanspruch auch den Anspruch auf angemessenen Ersatz der entgangenen Urlaubsfreude. Die Unterlassung einer nach § 11 Abs. 2 gebotenen Mitteilung einer wahrgenommenen Vertragswidrigkeit kann dem Reisenden als Mitverschulden angerechnet werden (§ 1304 ABGB). Der Schadenersatz ist unverzüglich zu leisten.

(3) Der Reisende hat keinen Anspruch auf Schadenersatz, soweit der Reiseveranstalter nachweist, dass die Vertragswidrigkeit

1. dem Reisenden zuzurechnen ist,

2. einem Dritten zuzurechnen ist, der an der Erbringung der vom Pauschalreisevertrag umfassten Reiseleistungen nicht beteiligt ist, und die Vertragswidrigkeit weder vorhersehbar noch vermeidbar war oder

3. auf unvermeidbare und außergewöhnliche Umstände zurückzuführen ist.

(4) Soweit der Umfang des Schadenersatzes oder die Bedingungen, unter denen ein Erbringer einer vom Pauschalreisevertrag umfassten Reiseleistung Schadenersatz zu leisten hat, durch für die Europäische Union verbindliche völkerrechtliche Übereinkünfte eingeschränkt werden, gelten diese Einschränkungen auch für den Reiseveranstalter. Der vom Reiseveranstalter zu leistende Schadenersatz kann im Voraus vertraglich nicht eingeschränkt werden.

(5) Das Recht auf Preisminderung oder Schadenersatz nach diesem Bundesgesetz lässt die Rechte von Reisenden nach der Verordnung (EG) Nr. 261/2004 über eine gemeinsame Regelung für Ausgleichs- und Unterstützungsleistungen für Fluggäste im Fall der Nichtbeförderung und bei Annullierung oder großer Verspätung von Flügen und zur Aufhebung der Verordnung (EWG) Nr. 295/91, ABl. Nr. L 46 vom 17.02.2004 S. 1, der Verordnung (EG) Nr. 1371/2007 über die Rechte und Pflichten der Fahrgäste im Eisenbahnverkehr, ABl. Nr. L 315 vom 03.12.2007 S. 14, der Verordnung (EG) Nr. 392/2009 über die Unfallhaftung von Beförderern von Reisenden auf See, ABl. Nr. L 131 vom 28.05.2009 S. 24, der Verordnung (EU) Nr. 1177/2010 über die Fahrgastrechte im See- und Binnenschiffsverkehr und zur Änderung der Verordnung (EG) Nr. 2006/2004, ABl. Nr. L 334 vom 17.12.2010 S. 1, und der Verordnung (EU) Nr. 181/2011 über die Fahrgastrechte im Kraftomnibusverkehr und zur Änderung der Verordnung (EG) Nr. 2006/2004, ABl. Nr. L 55 vom 28.02.2011 S. 1, sowie nach internationalen Übereinkünften unberührt. Ein Reisender ist berechtigt, Forderungen sowohl nach diesem Bundesgesetz als auch nach den genannten Verordnungen sowie nach internationalen Übereinkünften geltend zu machen. Eine nach diesem Bundesgesetz gewährte Schadenersatzzahlung oder Preisminderung wird jedoch auf den nach den genannten Verordnungen oder nach internationalen Übereinkünften zustehenden Anspruch auf Schadenersatz oder Preisminderung angerechnet und umgekehrt, um eine Bereicherung des Reisenden zu vermeiden.

(6) Vereinbarungen, durch die für Ansprüche des Reisenden auf Preisminderung oder Schadenersatz eine Verjährungsfrist von weniger als zwei Jahren vorgesehen wird, sind jedenfalls unwirksam.

Möglichkeit zur Kontaktaufnahme über den Reisevermittler

§ 13. Der Reisende kann Nachrichten, Ersuchen oder Beschwerden bezüglich der Erbringung der vertraglich vereinbarten Reiseleistungen direkt an den Reisevermittler richten, über den er den Pauschalreisevertrag geschlossen hat. Der Reisevermittler hat diese Nachrichten, Ersuchen oder Beschwerden unverzüglich an den Reiseveranstalter weiterzuleiten. Für die Einhaltung von Fristen gilt eine Erklärung des Reisenden über solche Nachrichten, Ersuchen oder Beschwerden mit ihrem Eingang beim Reisevermittler auch als dem Reiseveranstalter zugegangen.

Beistandspflicht

§ 14. (1) Der Reiseveranstalter hat einem Reisenden in Schwierigkeiten – wozu auch der in § 11 Abs. 7 umschriebene Fall zählt – unverzüglich in angemessener Weise Beistand zu leisten, insbesondere durch

1. die Bereitstellung geeigneter Informationen über Gesundheitsdienste, Behörden vor Ort und konsularischen Beistand und

2. Unterstützung des Reisenden bei der Herstellung von Fernkommunikationsverbindungen und bei der Suche nach Ersatzreisearrangements.

(2) Der Reiseveranstalter kann für seinen Beistand eine angemessene Vergütung verlangen, wenn der Reisende die Schwierigkeiten vorsätzlich oder fahrlässig selbst herbeigeführt hat. Diese Vergütung darf die dem Veranstalter tatsächlich entstandenen Kosten nicht überschreiten.

5. Abschnitt

Verbundene Reiseleistungen

Informationspflichten

§ 15. (1) Bevor der Reisende durch einen Vertrag, der zu verbundenen Reiseleistungen (§ 2 Abs. 5) führt, oder seine entsprechende Vertragserklärung gebunden ist, hat ihn der Unternehmer, der verbundene Reiseleistungen vermittelt, klar, verständlich und deutlich darüber zu informieren, dass

1. der Reisende keine Rechte in Anspruch nehmen kann, die ausschließlich für Pauschalreisen gelten, und dass jeder Leistungserbringer lediglich für die vertragsgemäße Erbringung seiner Leistung haftet und

2. dem Reisenden der Insolvenzschutz nach den österreichischen Vorschriften zur Umsetzung von Artikel 19 Abs. 1 in Verbindung mit Artikel 17 der Richtlinie (EU) 2015/2302 über Pauschalreisen und verbundene Reiseleistungen, zur Änderung der Verordnung (EG) Nr. 2006/2004 und der Richtlinie 2011/83/EU sowie zur Aufhebung der Richtlinie 90/314/EWG, ABl. Nr. L 326 vom 11.12.2015 S. 1, zugutekommt.

(2) Für die Erfüllung seiner Informationspflicht nach Abs. 1 hat der Unternehmer das entsprechende Standardinformationsblatt gemäß Anhang II zu verwenden, sofern die spezielle Art der verbundenen Reiseleistungen in einem dieser Formblätter abgedeckt ist.

(3) Hat der Unternehmer, der verbundene Reiseleistungen vermittelt, die in den Abs. 1 und 2 angeführten sowie die in den österreichischen Vorschriften zur Umsetzung von Artikel 19 Abs. 1 in Verbindung mit Artikel 17 der Richtlinie (EU) 2015/2302 vorgesehenen Anforderungen nicht erfüllt, so gelten, sofern österreichisches Recht anzuwenden ist, die Rechte und Pflichten gemäß den §§ 7 und 10 bis 14 hinsichtlich der in verbundenen Reiseleistungen enthaltenen Reiseleistungen.

(4) Die Abs. 1 bis 3 gelten auch für Unternehmer, die nicht in einem Mitgliedstaat der Europäischen Union oder einem anderen Vertragsstaat des Abkommens über den Europäischen Wirtschaftsraum niedergelassen sind, die jedoch ihre Tätigkeiten zur Vermittlung von verbundenen Reiseleistungen auf einen solchen Mitglied- oder Vertragsstaat ausrichten.

(5) Wenn verbundene Reiseleistungen das Ergebnis eines Vertragsabschlusses zwischen einem Reisenden und einem Unternehmer sind, der die verbundenen Reiseleistungen nicht vermittelt, so hat dieser Unternehmer den Unternehmer, der die verbundenen Reiseleistungen vermittelt, über den Abschluss des betreffenden Vertrags zu informieren.

6. Abschnitt

Ergänzende Bestimmungen

Besondere Pflichten des Reisevermittlers im Fall eines außerhalb des Europäischen Wirtschaftsraums niedergelassenen Reiseveranstalters

§ 16. Hat der Reiseveranstalter seine Niederlassung außerhalb des Europäischen Wirtschaftsraums, so gelten seine Pflichten nach dem 4. Abschnitt auch für den Reisevermittler, sofern dieser in einem Mitgliedstaat der Europäischen Union oder einem anderen Vertragsstaat des Abkommens über den Europäischen Wirtschaftsraum niedergelassen ist, es sei denn, der Reisevermittler weist nach, dass der Reiseveranstalter diesen Bestimmungen nachkommt.

Haftung für Buchungsfehler

§ 17. Ein Reiseveranstalter, ein Reisevermittler, ein Unternehmer, der verbundene Reiseleistungen vermittelt, sowie ein Unternehmer, der Reiseleistungen erbringt, haften jeweils für Fehler aufgrund technischer Mängel im Buchungssystem, die ihnen jeweils zuzurechnen sind. Wenn sich ein solcher Unternehmer bereit erklärt hat, die Buchung einer Pauschalreise oder von Reiseleistungen, die Teil verbundener Reiseleistungen sind, zu veranlassen, haftet er auch für Fehler, die er während des Buchungsvorgangs macht. Ein Unternehmer haftet aber nicht für Buchungsfehler, die dem Reisenden zuzurechnen sind oder die durch unvermeidbare und außergewöhnliche Umstände verursacht werden.

Rückgriffansprüche

§ 18. Wenn der Reiseveranstalter oder gemäß § 16 der Reisevermittler Schadenersatz leistet, eine Preisminderung gewährt oder die sonstigen sich aus diesem Bundesgesetz ergebenden Pflichten erfüllt, richtet sich ein Anspruch des Reiseveranstalters oder -vermittlers, bei Dritten, die zu dem Ereignis beigetragen haben, das den Schadenersatz, die Preisminderung oder die sonstigen Pflichten begründet, Rückgriff zu nehmen, nach den allgemeinen Grundsätzen des Schadenersatz- und des Gewährleistungsrechts.

7. Abschnitt

Straf- und Schlussbestimmungen

Strafbestimmungen

§ 19. Sofern die Tat nicht nach anderen Verwaltungsstrafbestimmungen mit strengerer Strafe bedroht ist, begeht ein Unternehmer eine Verwaltungsübertretung und ist mit einer Geldstrafe bis zu 1 450 Euro zu bestrafen, wenn er

1. in die gemäß § 4 Abs. 1 bis 3, § 6 Abs. 3 oder § 15 Abs. 1 und 4 gebotenen vorvertraglichen Informationen falsche Angaben aufnimmt oder die Informationspflichten gemäß § 4 Abs. 1 bis 3 oder § 15 Abs. 5 nicht oder nicht vollständig erfüllt,

2. gegen eine der in § 4, § 5 Abs. 1, § 6 Abs. 3 und 4, § 9 Abs. 4 oder § 15 Abs. 1, 2 und 4 getroffenen Anordnungen über die Art der Informationserteilung verstößt,

3. dem Reisenden entgegen § 6 Abs. 1 keine den darin vorgesehenen Anforderungen entsprechende Vertragsausfertigung oder -bestätigung zur Verfügung stellt,

4. nicht alle gemäß § 6 Abs. 2 vorgesehenen oder falsche Angaben in einen Pauschalreisevertrag aufnimmt,

5. es unterlässt, dem Reisenden gemäß § 6 Abs. 5 die erforderlichen Unterlagen zur Verfügung zu stellen,

6. nicht entsprechend § 7 Abs. 2 über die Kosten der Übertragung des Pauschalreisevertrags informiert,

7. es unterlässt, dem Reisenden gemäß § 7 Abs. 3 einen Beleg über die zusätzlichen Gebühren, Entgelte und sonstigen Kosten auszustellen,

8. nicht entsprechend § 8 oder § 9 über die Änderung des Pauschalreisevertrags informiert,

9. gegen seine Erstattungspflicht nach § 9 Abs. 3 oder § 10 Abs. 4 verstößt,

10. es unterlässt, die Nachrichten, Ersuchen oder Beschwerden des Reisenden gemäß § 13 weiterzuleiten,

11. es unterlässt, dem Reisenden gemäß § 14 Abs. 1 Beistand zu leisten.

Inkrafttreten; Übergangsbestimmung

§ 20. Dieses Bundesgesetz tritt mit 1. Juli 2018 in Kraft und ist auf Verträge über Pauschalreisen und verbundene Reiseleistungen anzuwenden, die ab diesem Zeitpunkt geschlossen werden.

Vollziehung

§ 21. Mit der Vollziehung dieses Bundesgesetzes ist der Bundesminister für Justiz betraut.

Umsetzungshinweis

§ 22. Mit diesem Bundesgesetz wird die Richtlinie (EU) 2015/2302 über Pauschalreisen und verbundene Reiseleistungen, zur Änderung der Verordnung (EG) Nr. 2006/2004 und der Richtlinie 2011/83/EU sowie zur Aufhebung der Richtlinie 90/314/EWG, ABl. Nr. L 326 vom 11.12.2015 S. 1, umgesetzt.

Anhang I

ANHANG I

Teil A

Standardinformationsblatt für Pauschalreiseverträge für Fälle, in denen ein Hyperlink verwendet werden kann

Bei der Ihnen angebotenen Kombination von Reiseleistungen handelt es sich um eine Pauschalreise im Sinne der Richtlinie (EU) 2015/2302. Daher können Sie alle EU-Rechte in Anspruch nehmen, die für Pauschalreisen gelten. Das/die Unternehmen XY trägt/tragen die volle Verantwortung für die ordnungsgemäße Durchführung der gesamten Pauschalreise. Zudem verfügt/verfügen das/die Unternehmen XY über die gesetzlich vorgeschriebene Absicherung für die Rückzahlung Ihrer Zahlungen und, falls der Transport in der Pauschalreise inbegriffen ist, zur Sicherstellung Ihrer Rückbeförderung im Fall seiner/ihrer Insolvenz. Weiterführende Informationen zu Ihren wichtigsten Rechten nach der Richtlinie (EU) 2015/2302 [Mittels eines Hyperlink anzugeben]

Durch Anklicken des Hyperlinks erhält der Reisende die folgenden Informationen:

Wichtigste Rechte nach der Richtlinie (EU) 2015/2302

— Die Reisenden erhalten alle wesentlichen Informationen über die Pauschalreise vor Abschluss des Pauschalreisevertrags.

— Es haftet immer mindestens ein Unternehmer für die ordnungsgemäße Erbringung aller im Vertrag inbegriffenen Reiseleistungen.

— Die Reisenden erhalten eine Notruftelefonnummer oder Angaben zu einer Kontaktstelle, über die sie sich mit dem Reiseveranstalter oder dem Reisebüro in Verbindung setzen können.

— Die Reisenden können die Pauschalreise – innerhalb einer angemessenen Frist und unter Umständen unter zusätzlichen Kosten – auf eine andere Person übertragen.

— Der Preis der Pauschalreise darf nur erhöht werden, wenn bestimmte Kosten (zum Beispiel Treibstoffpreise) sich erhöhen und wenn dies im Vertrag ausdrücklich vorgesehen ist, und in jedem Fall bis spätestens 20 Tage vor Beginn der Pauschalreise. Wenn die Preiserhöhung 8 % des Pauschalreisepreises übersteigt, kann der Reisende vom Vertrag zurücktreten. Wenn sich ein Reiseveranstalter das Recht auf eine Preiserhöhung vorbehält, hat der Reisende das Recht auf eine Preissenkung, wenn die entsprechenden Kosten sich verringern.

— Die Reisenden können ohne Zahlung einer Rücktrittsgebühr vom Vertrag zurücktreten und erhalten eine volle Erstattung aller Zahlungen, wenn einer der wesentlichen Bestandteile der Pauschalreise mit Ausnahme des Preises erheblich geändert wird. Wenn der für die Pauschalreise verantwortliche Unternehmer die Pauschalreise vor Beginn der Pauschalreise absagt, haben die Reisenden Anspruch auf eine Kostenerstattung und unter Umständen auf eine Entschädigung.

— Die Reisenden können bei Eintritt außergewöhnlicher Umstände vor Beginn der Pauschalreise ohne Zahlung einer Rücktrittsgebühr vom Vertrag zurücktreten, beispielsweise wenn am Bestimmungsort schwerwiegende Sicherheitsprobleme bestehen, die die Pauschalreise voraussichtlich beeinträchtigen.

— Zudem können die Reisenden jederzeit vor Beginn der Pauschalreise gegen Zahlung einer angemessenen und vertretbaren Rücktrittsgebühr vom Vertrag zurücktreten.

— Können nach Beginn der Pauschalreise wesentliche Bestandteile der Pauschalreise nicht vereinbarungsgemäß durchgeführt werden, so sind dem Reisenden angemessene andere Vorkehrungen ohne Mehrkosten anzubieten. Der Reisende kann ohne Zahlung einer Rücktrittsgebühr vom Vertrag zurücktreten, wenn Leistungen nicht gemäß dem Vertrag erbracht werden und dies erhebliche Auswirkungen auf die Erbringung der vertraglichen Pauschalreiseleistungen hat und der Reiseveranstalter es versäumt, Abhilfe zu schaffen.

— Der Reisende hat Anspruch auf eine Preisminderung und/oder Schadenersatz, wenn die Reiseleistungen nicht oder nicht ordnungsgemäß erbracht werden.

— Der Reiseveranstalter leistet dem Reisenden Beistand, wenn dieser sich in Schwierigkeiten befindet.

— Im Fall der Insolvenz des Reiseveranstalters oder – in einigen Mitgliedstaaten – des Reisevermittlers werden Zahlungen zurückerstattet. Tritt die Insolvenz des Reiseveranstalters oder, sofern einschlägig, des Reisevermittlers nach Beginn der Pauschalreise ein und ist die Beförderung Bestandteil der Pauschalreise, so wird die Rückbeförderung der Reisenden gewährleistet. XY hat eine Insolvenzabsicherung mit YZ [Einrichtung, die den Insolvenzschutz bietet, z. B. ein Garantiefonds oder eine Versicherungsgesellschaft] abgeschlossen. Die Reisenden können diese Einrichtung oder gegebenenfalls die zuständige Behörde (Kontaktdaten, einschließlich Name, geografischer Anschrift, E-Mail und Telefonnummer) kontaktieren, wenn ihnen Leistungen aufgrund der Insolvenz von XY verweigert werden.

Richtlinie (EU) 2015/2302 in der in das nationale Recht umgesetzten Form [HYPERLINK]

Teil B

Standardinformationsblatt für Pauschalreiseverträge in anderen Fällen als dem von Teil A erfassten

Bei der Ihnen angebotenen Kombination von Reiseleistungen handelt es sich um eine Pauschalreise im Sinne der Richtlinie (EU) 2015/2302. Daher können Sie alle EU-Rechte in Anspruch nehmen, die für Pauschalreisen gelten. Das/die Unternehmen XY trägt/tragen die volle Verantwortung für die ordnungsgemäße Durchführung der gesamten Pauschalreise. Zudem verfügt/verfügen das/die Unternehmen XY über die gesetzlich vorgeschriebene Absicherung für die Rückzahlung Ihrer Zahlungen und, falls der Transport in der Pauschalreise inbegriffen ist, zur Sicherstellung Ihrer Rückbeförderung im Fall seiner/ihrer Insolvenz.

Wichtigste Rechte nach der Richtlinie (EU) 2015/2302

— Die Reisenden erhalten alle wesentlichen Informationen über die Pauschalreise vor Abschluss des Pauschalreisevertrags.

— Es haftet immer mindestens ein Unternehmer für die ordnungsgemäße Erbringung aller im Vertrag inbegriffenen Reiseleistungen.

— Die Reisenden erhalten eine Notruftelefonnummer oder Angaben zu einer Kontaktstelle, über die sie sich mit dem Reiseveranstalter oder dem Reisebüro in Verbindung setzen können.

— Die Reisenden können die Pauschalreise – innerhalb einer angemessenen Frist und unter Umständen unter zusätzlichen Kosten – auf eine andere Person übertragen.

— Der Preis der Pauschalreise darf nur erhöht werden, wenn bestimmte Kosten (zum Beispiel Treibstoffpreise) sich erhöhen und wenn dies im Vertrag ausdrücklich vorgesehen ist, und in jedem Fall bis spätestens 20 Tage vor Beginn der Pauschalreise. Wenn die Preiserhöhung 8 % des Pauschalreisepreises übersteigt, kann der Reisende vom Vertrag zurücktreten. Wenn sich ein Reiseveranstalter das Recht auf eine Preiserhöhung vorbehält, hat der Reisende das Recht auf eine Preissenkung, wenn die entsprechenden Kosten sich verringern.

— Die Reisenden können ohne Zahlung einer Rücktrittsgebühr vom Vertrag zurücktreten und erhalten eine volle Erstattung aller Zahlungen, wenn einer der wesentlichen Bestandteile der Pauschalreise mit Ausnahme des Preises erheblich geändert wird. Wenn der für die Pauschalreise verantwortliche Unternehmer die Pauschalreise vor Beginn der Pauschalreise absagt, haben die Reisenden Anspruch auf eine Kostenerstattung und unter Umständen auf eine Entschädigung.

— Die Reisenden können bei Eintritt außergewöhnlicher Umstände vor Beginn der Pauschalreise ohne Zahlung einer Rücktrittsgebühr vom Vertrag zurücktreten, beispielsweise wenn am Bestimmungsort schwerwiegende Sicherheitsprobleme bestehen, die die Pauschalreise voraussichtlich beeinträchtigen.

— Zudem können die Reisenden jederzeit vor Beginn der Pauschalreise gegen Zahlung einer angemessenen und vertretbaren Rücktrittsgebühr vom Vertrag zurücktreten.

— Können nach Beginn der Pauschalreise wesentliche Bestandteile der Pauschalreise nicht vereinbarungsgemäß durchgeführt werden, so sind dem Reisenden angemessene andere Vorkehrungen ohne Mehrkosten anzubieten. Der Reisende kann ohne Zahlung einer Rücktrittsgebühr vom Vertrag zurücktreten, wenn Leistungen nicht gemäß dem Vertrag erbracht werden und dies erhebliche Auswirkungen auf die Erbringung der vertraglichen Pauschalreiseleistungen hat und der Reiseveranstalter es versäumt, Abhilfe zu schaffen.

— Der Reisende hat Anspruch auf eine Preisminderung und/oder Schadenersatz, wenn die Reiseleistungen nicht oder nicht ordnungsgemäß erbracht werden.

— Der Reiseveranstalter leistet dem Reisenden Beistand, wenn dieser sich in Schwierigkeiten befindet.

— Im Fall der Insolvenz des Reiseveranstalters oder – in einigen Mitgliedstaaten – des Reisevermittlers werden Zahlungen zurückerstattet. Tritt die Insolvenz des Reiseveranstalters oder, sofern einschlägig, des Reisevermittlers nach Beginn der Pauschalreise ein und ist die Beförderung Bestandteil der Pauschalreise, so wird die Rückbeförderung der Reisenden gewährleistet. XY hat eine Insolvenzabsicherung mit YZ [Einrichtung, die den Insolvenzschutz bietet, z. B. ein Garantiefonds oder eine Versicherungsgesellschaft] abgeschlossen. Die Reisenden können diese Einrichtung oder gegebenenfalls die zuständige Behörde (Kontaktdaten, einschließlich Name, geografischer Anschrift, E-Mail und Telefonnummer) kontaktieren, wenn ihnen Leistungen aufgrund der Insolvenz von XY verweigert werden.

[Webseite, auf der die Richtlinie (EU) 2015/2302 in der in das nationale Recht umgesetzten Form zu finden ist:]

Teil C

Standardinformationsblatt für Fälle, in denen Daten durch einen Pauschalreiseveranstalter an einen anderen Unternehmer gemäß Artikel 3 Nummer 2 Buchstabe b Ziffer v der Pauschalreiserichtlinie (§ 2 Abs. 2 Z 1 lit. b sublit. ee PRG) übermittelt werden

Wenn Sie innerhalb von 24 Stunden ab Eingang der Buchungsbestätigung des Unternehmens XY einen Vertrag mit dem Unternehmen AB schließen, handelt es sich bei der von XY und AB erbrachten Reiseleistung um eine Pauschalreise im Sinne der Richtlinie (EU) 2015/2302.

Daher können Sie alle EU-Rechte in Anspruch nehmen, die für Pauschalreisen gelten. Das Unternehmen XY trägt die volle Verantwortung für die ordnungsgemäße Durchführung der gesamten Pauschalreise.

Zudem verfügt das Unternehmen XY über die gesetzlich vorgeschriebene Absicherung für die Rückzahlungen Ihrer Zahlungen und, falls der Transport in der Pauschalreise inbegriffen ist, zur Sicherstellung Ihrer Rückbeförderungen im Fall seiner Insolvenz.

Weiterführende Informationen zu Ihren wichtigsten Rechten nach der Richtlinie (EU) 2015/2302 [Mittels eines Hyperlink anzugeben]

Durch Anklicken des Hyperlinks erhält der Reisende die folgenden Informationen:

Wichtigste Rechte nach der Richtlinie (EU) 2015/2302

— Die Reisenden erhalten alle wesentlichen Informationen über die Pauschalreise vor Abschluss des Pauschalreisevertrags.

— Es haftet immer mindestens ein Unternehmer für die ordnungsgemäße Erbringung aller im Vertrag inbegriffenen Reiseleistungen.

— Die Reisenden erhalten eine Notruftelefonnummer oder Angaben zu einer Kontaktstelle, über die sie sich mit dem Reiseveranstalter oder dem Reisebüro in Verbindung setzen können.

— Die Reisenden können die Pauschalreise – innerhalb einer angemessenen Frist und unter Umständen unter zusätzlichen Kosten – auf eine andere Person übertragen.

— Der Preis der Pauschalreise darf nur erhöht werden, wenn bestimmte Kosten (zum Beispiel Treibstoffpreise) sich erhöhen und wenn dies im Vertrag ausdrücklich vorgesehen ist, und in jedem Fall bis spätestens 20 Tage vor Beginn der Pauschalreise. Wenn die Preiserhöhung 8 % des Pauschalreisepreises übersteigt, kann der Reisende vom Vertrag zurücktreten. Wenn sich ein Reiseveranstalter das Recht auf eine Preiserhöhung vorbehält, hat der Reisende das Recht auf eine Preissenkung, wenn die entsprechenden Kosten sich verringern.

— Die Reisenden können ohne Zahlung einer Rücktrittsgebühr vom Vertrag zurücktreten und erhalten eine volle Erstattung aller Zahlungen, wenn einer der wesentlichen Bestandteile der Pauschalreise mit Ausnahme des Preises erheblich geändert wird. Wenn der für die Pauschalreise verantwortliche Unternehmer die Pauschalreise vor Beginn der Pauschalreise absagt, haben die Reisenden Anspruch auf eine Kostenerstattung und unter Umständen auf eine Entschädigung.

— Die Reisenden können bei Eintritt außergewöhnlicher Umstände vor Beginn der Pauschalreise ohne Zahlung einer Rücktrittsgebühr vom Vertrag zurücktreten, beispielsweise wenn am Bestimmungsort schwerwiegende Sicherheitsprobleme bestehen, die die Pauschalreise voraussichtlich beeinträchtigen.

— Zudem können die Reisenden jederzeit vor Beginn der Pauschalreise gegen Zahlung einer angemessenen und vertretbaren Rücktrittsgebühr vom Vertrag zurücktreten.

— Können nach Beginn der Pauschalreise wesentliche Bestandteile der Pauschalreise nicht vereinbarungsgemäß durchgeführt werden, so sind dem Reisenden angemessene andere Vorkehrungen ohne Mehrkosten anzubieten. Der Reisende kann ohne Zahlung einer Rücktrittsgebühr vom Vertrag zurücktreten, wenn Leistungen nicht gemäß dem Vertrag erbracht werden und dies erhebliche Auswirkungen auf die Erbringung der vertraglichen Pauschalreiseleistungen hat und der Reiseveranstalter es versäumt, Abhilfe zu schaffen.

— Der Reisende hat Anspruch auf eine Preisminderung und/oder Schadenersatz, wenn die Reiseleistungen nicht oder nicht ordnungsgemäß erbracht werden.

— Der Reiseveranstalter leistet dem Reisenden Beistand, wenn dieser sich in Schwierigkeiten befindet.

— Im Fall der Insolvenz des Reiseveranstalters oder – in einigen Mitgliedstaaten – des Reisevermittlers werden Zahlungen zurückerstattet. Tritt die Insolvenz des Reiseveranstalters oder, sofern einschlägig, des Reisevermittlers nach Beginn der Pauschalreise ein und ist die Beförderung Bestandteil der Pauschalreise, so wird die Rückbeförderung der Reisenden gewährleistet. XY hat eine Insolvenzabsicherung mit YZ [Einrichtung, die den Insolvenzschutz bietet, z. B. ein Garantiefonds oder eine Versicherungsgesellschaft] abgeschlossen. Die Reisenden können diese Einrichtung oder gegebenenfalls die zuständige Behörde (Kontaktdaten, einschließlich Name, geografischer Anschrift, E-Mail und Telefonnummer) kontaktieren, wenn ihnen Leistungen aufgrund der Insolvenz von XY verweigert werden.

Richtlinie (EU) 2015/2302 in der in das nationale Recht umgesetzten Form [HYPERLINK]

Anhang II

ANHANG II

Teil A

Standardinformationsblatt für den Fall, dass der Unternehmer, der online angebotene verbundene Reiseleistungen im Sinne des Artikels 3 Nummer 5 Buchstabe a der Pauschalreiserichtlinie (§ 2 Abs. 5 Z 1 lit. a PRG) vermittelt, ein Beförderer ist, der ein Ticket für eine Hin- und Rückbeförderung verkauft

Bei Buchung zusätzlicher Reiseleistungen für Ihre Reise über unser Unternehmen/das Unternehmen XY im Anschluss an die Auswahl und Zahlung einer Reiseleistung können Sie die nach der Richtlinie (EU) 2015/2302 für Pauschalreisen geltenden Rechte NICHT in Anspruch nehmen.

Daher ist unser Unternehmen/das Unternehmen XY nicht für die ordnungsgemäße Erbringung solcher zusätzlichen Reiseleistungen verantwortlich. Bei Problemen wenden Sie sich bitte an den jeweiligen Leistungserbringer.

Bei Buchung zusätzlicher Reiseleistungen bei demselben Besuch des Buchungsportals unseres Unternehmens/des Unternehmens XY werden diese Reiseleistungen jedoch Teil verbundener Reiseleistungen. In diesem Fall verfügt XY über die nach dem EU-Recht vorgeschriebene Absicherung für die Erstattung Ihrer Zahlungen an XY für Dienstleistungen, die aufgrund der Insolvenz von XY nicht erbracht wurden, sowie erforderlichenfalls für Ihre Rückbeförderung an den Abreiseort. Beachten Sie bitte, dass dies im Fall einer Insolvenz des betreffenden Leistungserbringers keine Erstattung bewirkt.

Weiterführende Informationen zum Insolvenzschutz [Mittels eines Hyperlink anzugeben]

Durch Anklicken des Hyperlinks erhält der Reisende die folgenden Informationen:

XY hat eine Insolvenzabsicherung mit YZ [Einrichtung, die den Insolvenzschutz bietet, z. B. ein Garantiefonds oder eine Versicherungsgesellschaft] abgeschlossen.

Die Reisenden können diese Einrichtung oder gegebenenfalls die zuständige Behörde (Kontaktdaten, einschließlich Name, geografischer Anschrift, E-Mail und Telefonnummer) kontaktieren, wenn ihnen Reiseleistungen aufgrund der Insolvenz von XY verweigert werden.

Hinweis: Diese Insolvenzabsicherung gilt nicht für Verträge mit anderen Parteien als XY, die trotz der Insolvenz des Unternehmens XY erfüllt werden können.

Richtlinie (EU) 2015/2302 in der in das nationale Recht umgesetzten Form [HYPERLINK]

Teil B

Standardinformationsblatt für den Fall, dass der Unternehmer, der online angebotene verbundene Reiseleistungen im Sinne des Artikels 3 Nummer 5 Buchstabe a der Pauschalreiserichtlinie (§ 2 Abs. 5 Z 1 lit. a PRG) vermittelt, nicht ein Beförderer ist, der ein Ticket für eine Hin- und Rückbeförderung verkauft

Bei Buchung zusätzlicher Reiseleistungen für Ihre Reise über unser Unternehmen/das Unternehmen XY im Anschluss an die Auswahl und Zahlung einer Reiseleistung können Sie die nach der Richtlinie (EU) 2015/2302 für Pauschalreisen geltenden Rechte NICHT in Anspruch nehmen.

Daher ist unser Unternehmen/das Unternehmen XY nicht für die ordnungsgemäße Erbringung der einzelnen Reiseleistungen verantwortlich. Bei Problemen wenden Sie sich bitte an den jeweiligen Leistungserbringer.

Bei Buchung zusätzlicher Reiseleistungen bei demselben Besuch des Buchungsportals unseres Unternehmens/des Unternehmens XY werden diese Reiseleistungen jedoch Teil verbundener Reiseleistungen. In diesem Fall verfügt XY über die nach dem EU-Recht vorgeschriebene Absicherung für die Erstattung Ihrer Zahlungen an XY für Dienstleistungen, die aufgrund der Insolvenz von XY nicht erbracht wurden. Beachten Sie bitte, dass dies im Fall einer Insolvenz des betreffenden Leistungserbringers keine Erstattung bewirkt.

Weiterführende Informationen zum Insolvenzschutz [Mittels eines Hyperlink anzugeben]

Durch Anklicken des Hyperlinks erhält der Reisende die folgenden Informationen:

XY hat eine Insolvenzabsicherung mit YZ [Einrichtung, die den Insolvenzschutz bietet, z. B. ein Garantiefonds oder eine Versicherungsgesellschaft] abgeschlossen.

Die Reisenden können diese Einrichtung oder gegebenenfalls die zuständige Behörde kontaktieren (Kontaktdaten, einschließlich Name, geografischer Anschrift, E-Mail und Telefonnummer), wenn ihnen Reiseleistungen aufgrund der Insolvenz von XY verweigert werden.

Hinweis: Diese Insolvenzabsicherung gilt nicht für Verträge mit anderen Parteien als XY, die trotz der Insolvenz des Unternehmens XY erfüllt werden können.

Richtlinie (EU) 2015/2302 in der in das nationale Recht umgesetzten Form [HYPERLINK]

Teil C

Standardinformationsblatt für verbundene Reiseleistungen im Sinne des Artikels 3 Nummer 5 Buchstabe a der Pauschalreiserichtlinie (§ 2 Abs. 5 Z 1 lit. a PRG), wenn die Verträge in gleichzeitiger physischer Anwesenheit des Unternehmers (der nicht ein Beförderer ist, der ein Ticket für eine Hin- und Rückbeförderung verkauft) und des Reisenden abgeschlossen werden

Bei Buchung zusätzlicher Reiseleistungen für Ihre Reise über unser Unternehmen/das Unternehmen XY im Anschluss an die Auswahl und Zahlung einer Reiseleistung können Sie die nach der Richtlinie (EU) 2015/2302 für Pauschalreisen geltenden Rechte NICHT in Anspruch nehmen.

Daher ist unser Unternehmen/das Unternehmen XY nicht für die ordnungsgemäße Erbringung der einzelnen Reiseleistungen verantwortlich. Bei Problemen wenden Sie sich bitte an den jeweiligen Leistungserbringer.

Bei Buchung zusätzlicher Reiseleistungen bei demselben Besuch unseres Unternehmens/des Unternehmens XY oder bei demselben Kontakt mit diesem werden diese Reiseleistungen jedoch Teil verbundener Reiseleistungen. In diesem Fall verfügt XY über die nach dem EU-Recht vorgeschriebene Absicherung für die Erstattung Ihrer Zahlungen an XY für Dienstleistungen, die aufgrund der Insolvenz von XY nicht erbracht wurden. Beachten Sie bitte, dass dies im Fall einer Insolvenz des betreffenden Leistungserbringers keine Erstattung bewirkt.

XY hat eine Insolvenzabsicherung mit YZ [Einrichtung, die den Insolvenzschutz bietet, z. B. ein Garantiefonds oder eine Versicherungsgesellschaft] abgeschlossen.

Die Reisenden können diese Einrichtung oder gegebenenfalls die zuständige Behörde (Kontaktdaten, einschließlich Name, geografischer Anschrift, E-Mail und Telefonnummer) kontaktieren, wenn ihnen Reiseleistungen aufgrund der Insolvenz von XY verweigert werden.

Hinweis: Diese Insolvenzabsicherung gilt nicht für Verträge mit anderen Parteien als XY, die trotz der Insolvenz des Unternehmens XY erfüllt werden können.

[Webseite, auf der die Richtlinie (EU) 2015/2302 in der in das nationale Recht umgesetzten Form zu finden ist]

Teil D

Standardinformationsblatt für den Fall, dass der Unternehmer, der online angebotene verbundene Reiseleistungen im Sinne des Artikels 3 Nummer 5 Buchstabe b der Pauschalreiserichtlinie (§ 2 Abs. 5 Z 1 lit. b PRG) vermittelt, ein Beförderer ist, der ein Ticket für eine Hin- und Rückbeförderung verkauft

Bei Buchung zusätzlicher Reiseleistungen für Ihre Reise über diesen Link/diese Links können Sie die nach der Richtlinie (EU) 2015/2302 für Pauschalreisen geltenden Rechte NICHT in Anspruch nehmen.

Daher ist unser Unternehmen/das Unternehmen XY nicht für die ordnungsgemäße Erbringung solcher zusätzlichen Reiseleistungen verantwortlich. Bei Problemen wenden Sie sich bitte an den jeweiligen Leistungserbringer.

Bei der Buchung zusätzlicher Reiseleistungen über diesen Link/diese Links innerhalb von 24 Stunden nach Bestätigung Ihrer Buchung durch unser Unternehmen/das Unternehmen XY werden diese Reiseleistungen jedoch Teil verbundener Reiseleistungen. In diesem Fall verfügt XY über die nach dem EU-Recht vorgeschriebene Absicherung für die Erstattung Ihrer Zahlungen an XY für Dienstleistungen, die aufgrund der Insolvenz von XY nicht erbracht wurden, sowie erforderlichenfalls für Ihre Rückbeförderung an den Abreiseort. Beachten Sie bitte, dass dies im Fall einer Insolvenz des betreffenden Leistungserbringers keine Erstattung bewirkt.

Weiterführende Informationen zum Insolvenzschutz [Mittels eines Hyperlink anzugeben]

Durch Anklicken des Hyperlinks erhält der Reisende die folgenden Informationen:

XY hat eine Insolvenzabsicherung mit YZ [Einrichtung, die den Insolvenzschutz bietet, z. B. ein Garantiefonds oder eine Versicherungsgesellschaft] abgeschlossen.

Die Reisenden können diese Einrichtung oder gegebenenfalls die zuständige Behörde (Kontaktdaten, einschließlich Name, geografischer Anschrift, E-Mail und Telefonnummer) kontaktieren, wenn ihnen Reiseleistungen aufgrund der Insolvenz von XY verweigert werden.

Hinweis: Diese Insolvenzabsicherung gilt nicht für Verträge mit anderen Parteien als XY, die trotz der Insolvenz des Unternehmens XY erfüllt werden können.

Richtlinie (EU) 2015/2302 in der in das nationale Recht umgesetzten Form [HYPERLINK]

Teil E

Standardinformationsblatt für den Fall, dass der Unternehmer, der online angebotene verbundene Reiseleistungen im Sinne des Artikels 3 Nummer 5 Buchstabe b der Pauschalreiserichtlinie (§ 2 Abs. 5 Z 1 lit. b PRG) vermittelt, nicht ein Beförderer ist, der ein Ticket für eine Hin- und Rückbeförderung verkauft

Bei Buchung zusätzlicher Reiseleistungen für Ihre Reise über diesen Link/diese Links können Sie die nach der Richtlinie (EU) 2015/2302 für Pauschalreisen geltenden Rechte NICHT in Anspruch nehmen.

Daher ist unser Unternehmen/das Unternehmen XY nicht für die ordnungsgemäße Erbringung solcher zusätzlichen Reiseleistungen verantwortlich. Bei Problemen wenden Sie sich bitte an den jeweiligen Leistungserbringer.

Bei der Buchung zusätzlicher Reiseleistungen über diesen Link/diese Links innerhalb von 24 Stunden nach Bestätigung der Buchung durch unser Unternehmen/das Unternehmen XY werden diese Reiseleistungen jedoch Teil verbundener Reiseleistungen. In diesem Fall verfügt XY über die nach dem EU-Recht vorgeschriebene Absicherung für die Erstattung Ihrer Zahlungen an XY für Dienstleistungen, die aufgrund der Insolvenz von XY nicht erbracht wurden. Beachten Sie bitte, dass dies im Fall einer Insolvenz des betreffenden Leistungserbringers keine Erstattung bewirkt.

Weiterführende Informationen zum Insolvenzschutz [Mittels eines Hyperlink anzugeben]

Durch Anklicken des Hyperlinks erhält der Reisende die folgenden Informationen:

XY hat eine Insolvenzabsicherung mit YZ [Einrichtung, die den Insolvenzschutz bietet, z. B. ein Garantiefonds oder eine Versicherungsgesellschaft] abgeschlossen.

Die Reisenden können diese Einrichtung oder gegebenenfalls die zuständige Behörde (Kontaktdaten, einschließlich Name, geografischer Anschrift, E-Mail und Telefonnummer) kontaktieren, wenn ihnen Reiseleistungen aufgrund der Insolvenz von XY verweigert werden.

Hinweis: Diese Insolvenzabsicherung gilt nicht für Verträge mit anderen Parteien als XY, die trotz der Insolvenz des Unternehmens XY erfüllt werden können.

Richtlinie (EU) 2015/2302 in der in das nationale Recht umgesetzten Form [HYPERLINK]

20/4. Verbrauchergewährleistungsgesetz

BGBl I 2021/175 (GRUG)

STICHWORTVERZEICHNIS

(Die Zahlenangaben beziehen sich auf die Paragraphen)

Bundesgesetz über die Gewährleistung bei Verbraucherverträgen über Waren oder digitale Leistungen (Verbrauchergewährleistungsgesetz – VGG)

1. Abschnitt

Allgemeine Bestimmungen

Geltungsbereich

§ 1. (1) Dieses Bundesgesetz gilt für zwischen Unternehmern und Verbrauchern (§ 1 KSchG) geschlossene Verträge

1. über den Kauf von Waren – das sind bewegliche körperliche Sachen – einschließlich solcher, die noch herzustellen sind, sowie

2. über die Bereitstellung digitaler Leistungen

a) gegen eine Zahlung oder

b) gegen die Hingabe von personenbezogenen Daten des Verbrauchers, es sei denn, der Unternehmer verarbeitet diese ausschließlich zur Bereitstellung der digitalen Leistungen oder zur Erfüllung von rechtlichen Anforderungen.

(2) Dieses Bundesgesetz gilt nicht für Verträge über

1. den Kauf lebender Tiere,

2. Dienstleistungen, die keine digitalen Dienstleistungen sind, auch wenn der Unternehmer digitale Formen oder Mittel einsetzt, um das Ergebnis der Dienstleistung zu generieren oder es dem Verbraucher zu liefern oder zu übermitteln,

3. elektronische Kommunikationsdienste im Sinn von Art. 2 Z 4 der Richtlinie (EU) 2018/1972 über den europäischen Kodex für die elektronische Kommunikation, ABl. Nr. L 321 vom 17.12.2018 S. 36, ausgenommen nummernunabhängige interpersonelle Kommunikationsdienste im Sinn von Art. 2 Z 7 dieser Richtlinie,

4. Gesundheitsdienstleistungen im Sinn von Art. 3 lit. a der Richtlinie 2011/24/EU über die Ausübung der Patientenrechte in der grenzüberschreitenden Gesundheitsversorgung, ABl. Nr. L 88 vom 4.4.2011 S. 45,

5. Glücksspieldienstleistungen, die elektronisch oder mit einer anderen Kommunikationstechnologie auf individuellen Abruf des Verbrauchers erbracht werden und einen geldwerten Einsatz erfordern, wie Lotterien, Kasinospiele, Pokerspiele und Wetten, einschließlich Spielen, die eine gewisse Geschicklichkeit voraussetzen,

6. Finanzdienstleistungen im Sinn von Art. 2 lit. b der Richtlinie 2002/65/EG über den Fernabsatz von Finanzdienstleistungen an Verbraucher und zur Änderung der Richtlinie 90/619/EWG des Rates und der Richtlinien 97/7/EG und 98/27/EG, ABl. Nr. L 271 vom 9.10.2002 S. 16,

7. Software, die der Unternehmer im Rahmen einer freien und quelloffenen Lizenz anbietet, sofern der Verbraucher keine Zahlung leistet und die vom Verbraucher hingegebenen personenbezogenen Daten durch den Unternehmer ausschließlich zur Verbesserung der Sicherheit, der Kompatibilität oder der Interoperabilität dieser speziellen Software verarbeitet werden,

8. die Bereitstellung digitaler Inhalte, wenn diese der Öffentlichkeit auf eine andere Weise als durch Signalübermittlung als Teil einer Darbietung oder Veranstaltung, wie etwa einer digitalen Kinovorführung, zugänglich gemacht werden,

9. digitale Inhalte, die gemäß der Richtlinie 2003/98/EG über die Weiterverwendung von Informationen des öffentlichen Sektors, ABl. Nr. L 345 vom 31.12.2003 S. 90, von öffentlichen Stellen bereitgestellt werden,

10. Waren, die aufgrund von Zwangsvollstreckungsmaßnahmen oder anderen gerichtlichen Maßnahmen verkauft werden.

(3) § 7 gilt auch für Verträge nach Abs. 1, die zwischen zwei Unternehmern geschlossen werden.

Begriffsbestimmungen

§ 2. In diesem Bundesgesetz bezeichnet der Ausdruck

1. „digitale Leistungen" digitale Inhalte oder digitale Dienstleistungen,

2. „digitale Inhalte" Daten, die in digitaler Form erstellt und bereitgestellt werden, einschließlich solcher, die nach den Anweisungen des Verbrauchers entwickelt werden,

3. „digitale Dienstleistung"

a) eine Dienstleistung, die dem Verbraucher die Erstellung, Verarbeitung und Speicherung von Daten in digitaler Form oder den Zugang zu Daten in digitaler Form ermöglicht, oder

b) eine Dienstleistung, die die gemeinsame Nutzung der vom Verbraucher oder von anderen Nutzern der Dienstleistung in digitaler Form hochgeladenen oder erstellten Daten oder eine sonstige Interaktion mit diesen Daten ermöglicht,

jeweils einschließlich solcher Dienstleistungen, die nach den Anweisungen des Verbrauchers entwickelt werden,

4. „Waren mit digitalen Elementen" bewegliche körperliche Sachen, die ihre Funktionen ohne die in ihnen enthaltenen oder mit ihnen verbundenen digitalen Leistungen nicht erfüllen können,

5. „Kompatibilität" die Eignung von Waren oder von digitalen Leistungen, mit der Hardware oder Software zu funktionieren, mit der derartige Waren oder digitale Leistungen üblicherweise verwendet werden, ohne dass die Waren, die Hardware oder die Software verändert oder die digitalen Leistungen konvertiert werden müssen,

6. „Funktionalität" die Eignung von Waren oder von digitalen Leistungen, ihre Funktionen ihrem Zweck entsprechend zu erfüllen,

7. „Interoperabilität" die Eignung von Waren oder von digitalen Leistungen, mit einer anderen Hardware oder Software als derjenigen, mit der derartige Waren oder digitale Leistungen üblicherweise verwendet werden, zu funktionieren,

8. „digitale Umgebung" Hardware, Software und Netzverbindungen aller Art, die vom Verbraucher für den Zugang zu oder die Nutzung von digitalen Leistungen verwendet werden,

9. „Integration" die Verbindung und die Einbindung von digitalen Leistungen mit den oder in die Komponenten der digitalen Umgebung des Verbrauchers, damit die digitalen Leistungen dem Vertrag entsprechend verwendet werden können,

10. „dauerhafter Datenträger" jedes Medium, das es dem Verbraucher oder dem Unternehmer gestattet, an ihn persönlich gerichtete Informationen derart zu speichern, dass er sie in der Folge für eine für die Zwecke der Informationen angemessene Dauer einsehen kann, und das die unveränderte Wiedergabe der gespeicherten Informationen ermöglicht,

11. „Haltbarkeit" die Eignung von Waren, ihre erforderlichen Funktionen und ihre Leistung bei normaler Verwendung zu behalten,

12. „personenbezogene Daten" personenbezogene Daten im Sinn von Art. 4 Z 1 der Verordnung (EU) 2016/679 zum Schutz natürlicher Personen bei der Verarbeitung personenbezogener

Daten, zum freien Datenverkehr und zur Aufhebung der Richtlinie 95/46/EG, ABl. Nr. L 119 vom 4.5.2016 S. 1.

Zwingendes Recht

§ 3. Vereinbarungen, die zum Nachteil des Verbrauchers von den Bestimmungen dieses Bundesgesetzes abweichen, sind unwirksam, es sei denn, die Vereinbarung wird erst geschlossen, nachdem der Verbraucher den Unternehmer vom Mangel verständigt hat.

Gewährleistungspflicht des Unternehmers

§ 4. Der Unternehmer leistet Gewähr, dass die von ihm übergebene Ware oder die von ihm bereitgestellte digitale Leistung dem Vertrag entspricht, also keinen Mangel aufweist. Er haftet somit dafür, dass die von ihm erbrachte Leistung die vertraglich vereinbarten Eigenschaften (§ 5) sowie die objektiv erforderlichen Eigenschaften (§ 6) hat, dass gegebenenfalls die Aktualisierungspflicht nach § 7 erfüllt wird und dass im Fall des § 8 die Montage, Installation oder Integration sachgemäß durchgeführt wird.

Vertraglich vereinbarte Eigenschaften

§ 5. Der Unternehmer haftet dafür, dass die Ware oder die digitale Leistung die vertraglich vereinbarten Eigenschaften hat. Sie muss insbesondere, soweit zutreffend,

1. ihrer Beschreibung im Vertrag entsprechen sowie die Art, Menge, Qualität, Funktionalität, Kompatibilität, Interoperabilität und sonstigen Merkmale aufweisen, die sich aus dem Vertrag ergeben,

2. sich für einen bestimmten, vom Verbraucher angestrebten Zweck eignen, den der Verbraucher dem Unternehmer spätestens bei Vertragsabschluss zur Kenntnis gebracht hat und dem der Unternehmer zugestimmt hat,

3. den Anforderungen des Vertrags entsprechend mit Zubehör und Anleitungen – einschließlich solchen zur Montage oder Installation – ausgestattet sein und im Fall einer digitalen Leistung auch mit Kundendienst bereitgestellt werden und

4. wie im Vertrag bestimmt, aktualisiert werden.

Objektiv erforderliche Eigenschaften

§ 6. (1) Der Unternehmer haftet überdies dafür, dass die Ware oder die digitale Leistung zusätzlich zu den vertraglich vereinbarten Eigenschaften die objektiv erforderlichen Eigenschaften (Abs. 2, 3 und 4) hat. Das gilt nicht, soweit der Verbraucher bei Vertragsabschluss der Abweichung eines bestimmten Merkmals von den objektiv erforderlichen Eigenschaften ausdrücklich und gesondert zustimmt, nachdem er von dieser Abweichung eigens in Kenntnis gesetzt wurde.

(2) Die Ware oder die digitale Leistung muss

1. für die Zwecke geeignet sein, für die derartige Waren oder digitale Leistungen üblicherweise verwendet werden, gegebenenfalls unter Berücksichtigung von unionsrechtlichen und nationalen Rechtsvorschriften, technischen Normen oder – bei Fehlen solcher technischen Normen – von anwendbaren sektorspezifischen Verhaltenskodizes,

2. wenn der Unternehmer dem Verbraucher vor Vertragsabschluss eine Warenprobe oder ein Warenmuster zur Verfügung gestellt hat, der Qualität und der Beschreibung dieser Probe oder dieses Musters entsprechen,

3. wenn der Unternehmer dem Verbraucher vor Vertragsabschluss eine Testversion oder eine Vorschau der digitalen Leistung zur Verfügung gestellt hat, dieser Testversion oder dieser Vorschau entsprechen,

4. soweit zutreffend, mit jenem Zubehör – einschließlich Verpackung, Montage- oder Installationsanleitungen und anderen Anleitungen – ausgestattet sein, dessen Erhalt der Verbraucher vernünftigerweise erwarten kann, und

5. die Menge, Qualität, Haltbarkeit, Funktionalität, Kompatibilität, Zugänglichkeit, Kontinuität, Sicherheit und sonstigen Merkmale aufweisen, die bei derartigen Waren oder digitalen Leistungen üblich sind und die der Verbraucher aufgrund der Art der Ware oder der digitalen Leistung und unter Berücksichtigung von öffentlichen Erklärungen, die vom Unternehmer oder einem seiner Vormänner oder in deren Auftrag, insbesondere in der Werbung oder auf dem Etikett, abgegeben wurden, vernünftigerweise erwarten kann.

(3) Eine öffentliche Erklärung (Abs. 2 Z 5) ist nicht zu berücksichtigen, wenn der Unternehmer beweist, dass

1. er sie nicht kannte und vernünftigerweise nicht kennen konnte,

2. sie bis Vertragsabschluss in derselben Weise wie jener, in der sie abgegeben wurde, oder in einer vergleichbaren Weise berichtigt wurde oder

3. sie die Entscheidung über den Erwerb der Ware oder der digitalen Leistung nicht beeinflussen konnte.

(4) Bei digitalen Leistungen muss die neueste bei Vertragsabschluss verfügbare Version bereitgestellt werden, sofern nichts anderes vereinbart wurde; für eine solche Vereinbarung gelten die in Abs. 1 zweiter Satz genannten Wirksamkeitserfordernisse nicht.

Aktualisierungspflicht

§ 7. (1) Bei Waren mit digitalen Elementen sowie bei digitalen Leistungen haftet der Unternehmer auch dafür, dass dem Verbraucher während der in Abs. 2 bestimmten Zeiträume – nach vorheriger Information – jene Aktualisierungen zur Verfügung gestellt werden, die notwendig sind, damit die Ware oder die digitale Leistung weiterhin dem Vertrag entspricht. Das gilt nicht, soweit der Verbraucher bei Vertragsabschluss einer Abweichung von der Aktualisierungspflicht ausdrücklich und gesondert zustimmt, nachdem er von dieser Abweichung eigens in Kenntnis gesetzt wurde.

(2) Die Aktualisierungspflicht besteht,

1. wenn die digitale Leistung nach dem Vertrag einmal oder mehrmals einzeln bereitzustellen ist, während des Zeitraums, den der Verbraucher aufgrund der Art und des Zwecks der Ware und deren digitaler Elemente beziehungsweise der digitalen Leistung und unter Berücksichtigung der Umstände und der Art des Vertrags vernünftigerweise erwarten kann, oder

2. wenn die digitale Leistung nach dem Vertrag fortlaufend über einen bestimmten oder unbestimmten Zeitraum bereitzustellen ist, während der gesamten Dauer dieser Bereitstellungspflicht, bei Waren mit digitalen Elementen jedoch mindestens für zwei Jahre nach deren Übergabe.

(3) Wenn der Verbraucher eine Aktualisierung, die ihm gemäß Abs. 1 zur Verfügung gestellt wurde, nicht innerhalb einer angemessenen Frist installiert, haftet der Unternehmer nicht für einen etwaigen Mangel, der allein auf das Unterbleiben dieser Aktualisierung zurückzuführen ist, sofern

1. der Unternehmer den Verbraucher über die Verfügbarkeit der Aktualisierung und über die Folgen eines Unterbleibens ihrer Installation informiert hat und

2. das Unterbleiben oder die nicht sachgemäße Durchführung der Installation durch den Verbraucher nicht auf eine mangelhafte Installationsanleitung zurückzuführen ist.

Unsachgemäße Montage, Installation oder Integration

§ 8. (1) Ist der Unternehmer nach dem Vertrag zur Montage oder Installation der Ware verpflichtet, so haftet er auch für einen dabei durch sein unsachgemäßes Verhalten an der Ware verursachten Mangel. Dasselbe gilt, wenn die Montage oder Installation vom Verbraucher vorzunehmen war, aber aufgrund eines Fehlers in der vom Unternehmer mitgelieferten Anleitung unsachgemäß durchgeführt wurde. Bei Waren mit digitalen Elementen haftet der Unternehmer auch dann, wenn die fehlerhafte Anleitung nicht von ihm, sondern vom Anbieter des digitalen Elements mitgeliefert wurde.

(2) Hat der Unternehmer die digitale Leistung in die digitale Umgebung des Verbrauchers integriert, so haftet er auch für einen dabei durch sein unsachgemäßes Verhalten an der digitalen Leistung verursachten Mangel. Dasselbe gilt, wenn die Integration vom Verbraucher vorzunehmen war, aber aufgrund eines Fehlers in der vom Unternehmer bereitgestellten Anleitung unsachgemäß durchgeführt wurde.

2. Abschnitt

Gewährleistung beim Warenkauf

Anwendungsbereich

§ 9. (1) Dieser Abschnitt ist auf Verträge über den Kauf von Waren (§ 1 Abs. 1 Z 1) anzuwenden.

(2) Bei Waren mit digitalen Elementen ist dieser Abschnitt dann auch auf die in den Waren enthaltenen oder mit ihnen verbundenen digitalen Leistungen anzuwenden, wenn diese aufgrund des Vertrags mit den Waren bereitzustellen sind, unabhängig davon, ob die Bereitstellung durch den Unternehmer oder einen Dritten geschieht. Im Zweifel gilt die Bereitstellung der digitalen Leistungen als vom Vertrag umfasst.

(3) Auf körperliche Datenträger, die nur als Träger digitaler Inhalte dienen, ist dieser Abschnitt nicht anzuwenden.

Gewährleistungsumfang und Gewährleistungsfrist

§ 10. (1) Der Unternehmer leistet Gewähr für jeden Mangel, der bei Übergabe der Ware vorliegt und innerhalb von zwei Jahren nach diesem Zeitpunkt hervorkommt.

(2) Wenn bei einer Ware mit digitalen Elementen die digitale Leistung nach dem Vertrag fortlaufend über einen bestimmten oder unbestimmten Zeitraum bereitzustellen ist, leistet der Unternehmer auch Gewähr für jeden Mangel der digitalen Leistung, der während der Dauer dieser Bereitstellungspflicht auftritt oder hervorkommt, im Fall einer Bereitstellungspflicht von weniger als zwei Jahren jedoch für jeden Mangel der digitalen Leistung, der innerhalb von zwei Jahren nach Übergabe der Ware auftritt oder hervorkommt.

(3) Bei Rechtsmängeln leistet der Unternehmer Gewähr, wenn der Mangel bei Übergabe der Ware vorliegt. Im Fall des Abs. 2 leistet der Unternehmer auch Gewähr für jeden Rechtsmangel an der digitalen Leistung, der zu Beginn oder während des Bereitstellungszeitraums beziehungsweise – im Fall einer Bereitstellungspflicht von

weniger als zwei Jahren – zu einem Zeitpunkt innerhalb von zwei Jahren nach Übergabe der Ware vorliegt.

(4) Bei gebrauchten Waren kann die Gewährleistungsfrist vertraglich auf ein Jahr verkürzt werden, sofern dies im Einzelnen ausgehandelt wird. Bei Kraftfahrzeugen ist eine solche Verkürzung nur dann wirksam, wenn seit dem Tag der ersten Zulassung mehr als ein Jahr verstrichen ist.

Vermutung bei Hervorkommen eines Mangels; Beweislast

§ 11. (1) Bei einem Mangel, der innerhalb eines Jahres nach Übergabe der Ware hervorkommt, wird vermutet, dass er bereits bei Übergabe vorgelegen ist. Diese Vermutung tritt nicht ein, wenn sie mit der Art der Ware oder des Mangels unvereinbar ist.

(2) Wenn bei einer Ware mit digitalen Elementen die digitale Leistung nach dem Vertrag fortlaufend über einen bestimmten oder unbestimmten Zeitraum bereitzustellen ist, so trägt bei Hervorkommen eines Mangels während des in § 10 Abs. 2 genannten Zeitraums der Unternehmer die Beweislast dafür, dass die digitale Leistung während dieses Zeitraums dem Vertrag entsprochen hat.

Rechte aus der Gewährleistung

§ 12. (1) Wenn die Ware mangelhaft ist, kann der Verbraucher unter den in dieser Bestimmung genannten Voraussetzungen entweder die Herstellung des mangelfreien Zustands verlangen oder den Preis mindern oder den Vertrag auflösen.

(2) Der Verbraucher kann – vorbehaltlich der Abs. 3 und 4 – zunächst nur die Herstellung des mangelfreien Zustands verlangen. Dabei kann der Verbraucher zwischen Verbesserung (Nachbesserung oder Nachtrag des Fehlenden) und Austausch der Ware wählen, es sei denn, die gewählte Abhilfe wäre unmöglich oder für den Unternehmer, verglichen mit der anderen Abhilfe, mit einem unverhältnismäßig hohen Aufwand verbunden. Bei der Beurteilung der Unverhältnismäßigkeit sind unter anderem der Wert der mangelfreien Ware, die Schwere des Mangels und die mit der anderen Abhilfe für den Verbraucher verbundenen Unannehmlichkeiten zu berücksichtigen.

(3) Der Unternehmer kann die Herstellung des mangelfreien Zustands verweigern, wenn ihm sowohl die Verbesserung als auch der Austausch unmöglich oder für ihn mit einem unverhältnismäßig hohen Aufwand verbunden wären. Bei der Beurteilung der Unverhältnismäßigkeit sind unter anderem der Wert der mangelfreien Ware und die Schwere des Mangels zu berücksichtigen.

(4) Das Recht, den Preis zu mindern oder den Vertrag aufzulösen, hat der Verbraucher nur dann, wenn

1. der Mangel derart schwerwiegend ist, dass eine sofortige Preisminderung oder Vertragsauflösung gerechtfertigt ist,

2. der Unternehmer die Herstellung des mangelfreien Zustands – sei es unberechtigt, sei es nach Abs. 3 berechtigt – verweigert,

3. sich aus den Erklärungen des Unternehmers ergibt oder nach den Umständen offensichtlich ist, dass der Unternehmer den mangelfreien Zustand entweder gar nicht oder nicht in angemessener Frist oder nicht ohne erhebliche Unannehmlichkeiten für den Verbraucher herstellen wird,

4. der Unternehmer den mangelfreien Zustand nicht im Einklang mit § 13 Abs. 2 und 3 hergestellt hat oder den mangelfreien Zustand trotz Ablaufs einer angemessenen Frist noch nicht hergestellt hat oder

5. ein Mangel auftritt, obwohl der Unternehmer versucht hat, den mangelfreien Zustand herzustellen.

(5) Der Verbraucher kann den Vertrag nicht auflösen, wenn der Mangel nur geringfügig ist. Zweifel über die Geringfügigkeit des Mangels gehen zu Lasten des Unternehmers.

Verbesserung und Austausch

§ 13. (1) Der Unternehmer hat die Verbesserung oder den Austausch innerhalb einer angemessenen Frist ab dem Zeitpunkt, zu dem ihn der Verbraucher vom Mangel verständigt hat, und ohne Kosten oder erhebliche Unannehmlichkeiten für den Verbraucher vorzunehmen, wobei die Art der Ware sowie der Zweck, für den der Verbraucher die Ware benötigt, zu berücksichtigen sind.

(2) Im Fall des Austausches hat der Unternehmer die mangelhafte Ware auf seine Kosten zurückzunehmen.

(3) Wenn die Ware vor Hervorkommen des Mangels entsprechend ihrer Art und ihrem Zweck montiert oder installiert wurde, so umfasst die Pflicht des Unternehmers zur Herstellung des mangelfreien Zustands bei Austausch und erforderlichenfalls auch bei Verbesserung die Entfernung der Ware und die Montage oder Installation der Ersatzware oder der verbesserten Ware oder die Übernahme der Kosten dafür.

(4) Der Verbraucher schuldet kein Entgelt für den gewöhnlichen Gebrauch einer in der Folge ausgetauschten Ware.

Preisminderung

§ 14. (1) Der Verbraucher kann sein Recht auf Preisminderung durch Erklärung ausüben, die an keine bestimmte Form gebunden ist.

(2) Die Preisminderung bemisst sich nach dem Verhältnis des Werts der an den Verbraucher übergebenen Ware zum Wert der mangelfreien Ware.

Auflösung des Vertrags

§ 15. (1) Der Verbraucher kann sein Recht auf Vertragsauflösung durch Erklärung ausüben, die an keine bestimmte Form gebunden ist.

(2) Ist nur ein Teil der übergebenen Waren mangelhaft, so kann der Verbraucher den Vertrag nur für diesen Teil der Waren auflösen. Das gilt nicht, soweit vom Verbraucher vernünftigerweise nicht erwartet werden kann, dass er den mangelfreien Teil behält.

(3) Nach Auflösung des Vertrags hat der Verbraucher dem Unternehmer die Ware auf dessen Kosten zurückzugeben und hat der Unternehmer dem Verbraucher den für die Ware gezahlten Preis zu erstatten. Der Unternehmer kann die Rückzahlung verweigern, bis er entweder die Ware wieder zurückerhalten oder ihm der Verbraucher einen Nachweis über die Rücksendung der Ware erbracht hat.

3. Abschnitt

Erfüllung, Gewährleistung und Leistungsänderung bei Verträgen über die Bereitstellung digitaler Leistungen

Anwendungsbereich

§ 16. (1) Dieser Abschnitt ist auf Verträge über die Bereitstellung digitaler Leistungen (§ 1 Abs. 1 Z 2) anzuwenden.

(2) Wenn in einem Vertrag zwischen demselben Unternehmer und demselben Verbraucher neben der Bereitstellung digitaler Leistungen auch die Erbringung anderer Dienstleistungen oder die Leistung von Waren vereinbart sind, ist dieser Abschnitt nur auf jene Teile des Vertrags anzuwenden, die die digitalen Leistungen betreffen.

(3) Dieser Abschnitt ist auch auf körperliche Datenträger anzuwenden, die nur als Träger digitaler Inhalte dienen.

(4) Dieser Abschnitt ist nicht auf in Waren enthaltene oder mit Waren verbundene digitale Leistungen anzuwenden, soweit diese in den Anwendungsbereich des 2. Abschnitts fallen (§ 9 Abs. 2).

Erfüllung

§ 17. (1) Der Unternehmer hat eine digitale Leistung, sofern nichts anderes vereinbart wurde, unverzüglich nach Vertragsabschluss bereitzustellen. Er hat seine Pflicht zur Bereitstellung der digitalen Leistung erfüllt, sobald

1. der digitale Inhalt oder ein für den Zugang zu ihm oder für sein Herunterladen geeignetes Mittel entweder dem Verbraucher oder einer vom Verbraucher zu diesem Zweck bestimmten körperlichen oder virtuellen Einrichtung zur Verfügung gestellt oder zugänglich gemacht worden ist oder

2. die digitale Dienstleistung dem Verbraucher oder einer vom Verbraucher zu diesem Zweck bestimmten körperlichen oder virtuellen Einrichtung zugänglich gemacht worden ist.

(2) Die Beweislast für die rechtzeitige Bereitstellung der digitalen Leistung trägt der Unternehmer.

Gewährleistungsumfang und Gewährleistungsfrist

§ 18. (1) Wenn die digitale Leistung nach dem Vertrag einmal oder mehrmals einzeln bereitzustellen ist, leistet der Unternehmer Gewähr für jeden Mangel, der bei Bereitstellung vorliegt und innerhalb von zwei Jahren nach diesem Zeitpunkt hervorkommt. Bei Rechtsmängeln leistet der Unternehmer Gewähr, wenn der Mangel bei Bereitstellung vorliegt.

(2) Wenn die digitale Leistung nach dem Vertrag fortlaufend über einen bestimmten oder unbestimmten Zeitraum bereitzustellen ist, leistet der Unternehmer Gewähr für jeden Mangel, der während der Dauer dieser Bereitstellungspflicht auftritt oder hervorkommt. Bei Rechtsmängeln leistet der Unternehmer Gewähr, wenn der Mangel zu Beginn der Bereitstellung oder zu einem Zeitpunkt innerhalb der Dauer der Bereitstellungspflicht vorliegt.

Vermutung bei Hervorkommen eines Mangels; Beweislast

§ 19. (1) Wenn die digitale Leistung nach dem Vertrag einmal oder mehrmals einzeln bereitzustellen ist und innerhalb eines Jahres nach Bereitstellung ein Mangel hervorkommt, wird vermutet, dass er bereits bei Bereitstellung vorgelegen ist.

(2) Wenn die digitale Leistung nach dem Vertrag fortlaufend über einen bestimmten oder unbestimmten Zeitraum bereitzustellen ist, trägt bei Hervorkommen eines Mangels während dieses Zeitraums der Unternehmer die Beweislast dafür, dass die digitale Leistung während dieses Zeitraums dem Vertrag entsprochen hat.

(3) Abs. 1 und 2 sind nicht anzuwenden, wenn der Unternehmer beweist, dass die digitale Umgebung des Verbrauchers den technischen Anforderungen der digitalen Leistung nicht entspricht, und wenn er den Verbraucher vor Vertragsabschluss klar und verständlich über diese Anforderungen informiert hat.

(4) Der Verbraucher hat zur Prüfung der Frage, ob ein als Mangel erscheinender Fehler bei der Nutzung der digitalen Leistung von der digitalen Umgebung des Verbrauchers verursacht wird, in einem dafür vernünftigerweise notwendigen und möglichen Ausmaß mit dem Unternehmer zusammenzuwirken. Diese Mitwirkungsobliegenheit ist auf die technisch verfügbaren Mittel beschränkt, die für den Verbraucher den geringsten Eingriff mit sich bringen. Wenn der Unternehmer den Verbraucher vor Vertragsabschluss klar und verständlich über diese Mitwirkungsobliegenheit informiert hat und der Verbraucher dieser Obliegenheit nicht nachkommt, trägt der Verbraucher die Beweislast dafür, dass der Mangel in dem für die Gewährleistungspflicht des Unternehmers maßgeblichen Zeitpunkt oder Zeitraum vorlag.

Rechte aus der Gewährleistung

§ 20. (1) Wenn die digitale Leistung mangelhaft ist, kann der Verbraucher unter den in dieser Bestimmung genannten Voraussetzungen entweder die Herstellung des mangelfreien Zustands verlangen oder den Preis mindern oder den Vertrag auflösen.

(2) Der Verbraucher kann – vorbehaltlich der Abs. 3 und 4 – zunächst nur die Herstellung des mangelfreien Zustands verlangen.

(3) Der Unternehmer kann die Herstellung des mangelfreien Zustands verweigern, wenn ihm dies unmöglich oder für ihn mit einem unverhältnismäßig hohen Aufwand verbunden wäre. Bei der Beurteilung der Unverhältnismäßigkeit sind unter anderem der Wert der digitalen Leistung bei Mangelfreiheit und die Schwere des Mangels zu berücksichtigen.

(4) Das Recht, den Preis zu mindern oder den Vertrag aufzulösen, hat der Verbraucher nur dann, wenn

1. der Mangel derart schwerwiegend ist, dass eine sofortige Preisminderung oder Vertragsauflösung gerechtfertigt ist,

2. der Unternehmer die Herstellung des mangelfreien Zustands – sei es unberechtigt, sei es nach Abs. 3 berechtigt – verweigert,

3. sich aus den Erklärungen des Unternehmers ergibt oder nach den Umständen offensichtlich ist, dass der Unternehmer den mangelfreien Zustand entweder gar nicht oder nicht in angemessener Frist oder nicht ohne erhebliche Unannehmlichkeiten für den Verbraucher herstellen wird,

4. der Unternehmer den mangelfreien Zustand trotz Ablaufs einer angemessenen Frist noch nicht hergestellt hat oder

5. ein Mangel auftritt, obwohl der Unternehmer versucht hat, den mangelfreien Zustand herzustellen.

(5) Der Verbraucher hat kein Preisminderungsrecht, wenn die digitale Leistung nicht gegen eine Zahlung bereitgestellt wurde.

(6) Wurde die digitale Leistung gegen eine Zahlung bereitgestellt, so kann der Verbraucher den Vertrag nicht auflösen, wenn der Mangel nur geringfügig ist. Zweifel über die Geringfügigkeit des Mangels gehen zu Lasten des Unternehmers.

Herstellung des mangelfreien Zustands

§ 21. Der Unternehmer hat den mangelfreien Zustand innerhalb einer angemessenen Frist ab dem Zeitpunkt, zu dem ihn der Verbraucher vom Mangel verständigt hat, und ohne Kosten oder erhebliche Unannehmlichkeiten für den Verbraucher herzustellen, wobei die Art der digitalen Leistung sowie der Zweck, für den der Verbraucher die digitale Leistung benötigt, zu berücksichtigen sind.

Preisminderung

§ 22. (1) Der Verbraucher kann sein Recht auf Preisminderung durch Erklärung ausüben, die an keine bestimmte Form gebunden ist.

(2) Die Preisminderung bemisst sich nach dem Verhältnis des Werts der dem Verbraucher bereitgestellten digitalen Leistung zum Wert der digitalen Leistung bei Mangelfreiheit.

(3) Wenn die digitale Leistung nach dem Vertrag fortlaufend über einen bestimmten oder unbestimmten Zeitraum bereitzustellen ist, kann der Verbraucher den Preis nur für jenen Zeitraum mindern, in dem die digitale Leistung mangelhaft war.

Auflösung des Vertrags

§ 23. Der Verbraucher kann sein Recht auf Vertragsauflösung durch Erklärung ausüben, die an keine bestimmte Form gebunden ist.

Pflichten des Unternehmers bei Vertragsauflösung

§ 24. (1) Löst der Verbraucher den Vertrag auf, so hat ihm der Unternehmer die aufgrund des Vertrags geleisteten Zahlungen zurückzuerstatten.

(2) Wenn die digitale Leistung nach dem Vertrag fortlaufend über einen bestimmten oder unbestimmten Zeitraum bereitzustellen ist und die Leistung für eine gewisse Zeit mangelfrei war, hat der Unternehmer den Preis nur anteilig zurückzuerstatten. Allfällige Vorauszahlungen für die Zeit nach Vertragsauflösung sind jedoch zur Gänze zurückzuerstatten.

(3) Der Unternehmer kann jede weitere Nutzung der digitalen Leistung durch den Verbraucher unterbinden, indem er etwa – unbeschadet

des Abs. 6 – den Zugang des Verbrauchers zur digitalen Leistung oder das Nutzerkonto des Verbrauchers sperrt.

(4) In Bezug auf personenbezogene Daten des Verbrauchers hat der Unternehmer die Pflichten nach der Verordnung (EU) 2016/679 einzuhalten.

(5) Der Unternehmer darf Inhalte, die nicht personenbezogene Daten sind und die vom Verbraucher bei der Nutzung der vom Unternehmer bereitgestellten Leistung bereitgestellt oder erstellt wurden, nur dann verwenden, wenn diese Inhalte

1. nur im Zusammenhang mit der vom Unternehmer bereitgestellten digitalen Leistung einen Nutzen haben,

2. ausschließlich mit der Nutzung der vom Unternehmer bereitgestellten digitalen Leistung durch den Verbraucher zusammenhängen,

3. vom Unternehmer mit anderen Daten aggregiert wurden und nicht oder nur mit unverhältnismäßigem Aufwand disaggregiert werden können oder

4. vom Verbraucher gemeinsam mit anderen erzeugt wurden und andere Verbraucher die Inhalte weiterhin nutzen können.

(6) Der Unternehmer hat – außer in den Fällen des Abs. 5 Z 1 bis 3 – alle Inhalte, die nicht personenbezogene Daten sind und die vom Verbraucher bei der Nutzung der vom Unternehmer bereitgestellten digitalen Leistung bereitgestellt oder erstellt wurden, dem Verbraucher auf dessen Verlangen so zur Verfügung zu stellen, dass der Verbraucher diese Inhalte kostenfrei, ohne Behinderung durch den Unternehmer, in angemessener Frist und in einem allgemein gebräuchlichen und maschinenlesbaren Format wiedererlangen kann.

Pflichten des Verbrauchers bei Vertragsauflösung

§ 25. (1) Löst der Verbraucher den Vertrag auf, so darf er die digitale Leistung nicht mehr nutzen oder Dritten zur Verfügung stellen.

(2) Der Verbraucher hat einen körperlichen Datenträger, auf dem die digitalen Inhalte bereitgestellt wurden, dem Unternehmer auf dessen Kosten unverzüglich zurückzusenden, sofern ihn der Unternehmer dazu binnen 14 Tagen ab Zugang der Auflösungserklärung auffordert.

(3) Der Verbraucher schuldet kein Entgelt für die Nutzung der digitalen Leistung für den Zeitraum, in dem diese mangelhaft war.

Fristen und Zahlungsmittel für die Erstattung durch den Unternehmer

§ 26. (1) Wenn der Unternehmer aufgrund einer Preisminderung oder Vertragsauflösung zu einer Rückzahlung an den Verbraucher verpflichtet ist, hat er diese kostenfrei und unverzüglich, spätestens jedoch binnen 14 Tagen ab Zugang der Preisminderungs- oder Auflösungserklärung zu leisten.

(2) Der Unternehmer hat für die Rückzahlung dasselbe Zahlungsmittel zu verwenden, dessen sich der Verbraucher für die Abwicklung seiner Zahlung bedient hat. Die Verwendung eines anderen Zahlungsmittels ist aber dann zulässig, wenn dies mit dem Verbraucher ausdrücklich vereinbart wurde und dem Verbraucher dadurch keine Kosten anfallen.

Änderung der digitalen Leistung

§ 27. (1) Wenn die digitale Leistung nach dem Vertrag fortlaufend über einen bestimmten oder unbestimmten Zeitraum bereitzustellen ist, kann der Unternehmer – über die in § 5 Z 4 und § 7 vorgesehenen Aktualisierungen hinaus – die digitale Leistung ändern, wenn

1. im Vertrag eine solche Änderung sowie ein triftiger Grund dafür vorgesehen sind,

2. die Änderung für den Verbraucher nicht mit zusätzlichen Kosten verbunden ist,

3. der Verbraucher klar und verständlich über die Änderung informiert wird und

4. der Verbraucher bei einer nicht nur geringfügigen Beeinträchtigung (Abs. 2) in angemessener Frist im Vorhinein mittels eines dauerhaften Datenträgers über die Merkmale und den Zeitpunkt der Änderung sowie über sein Vertragsauflösungsrecht nach Abs. 2 oder über die Möglichkeit der unveränderten Beibehaltung nach Abs. 4 informiert wird.

(2) Der Verbraucher ist zur kostenfreien Auflösung des Vertrags berechtigt, wenn durch die Änderung sein Zugang zur digitalen Leistung oder deren Nutzung nicht nur geringfügig beeinträchtigt werden. Er muss sein Vertragsauflösungsrecht innerhalb von 30 Tagen nach dem Zeitpunkt der Änderung, wenn aber die Information nach Abs. 1 Z 4 erst nach der Änderung erteilt wird, innerhalb von 30 Tagen nach Zugang der Information ausüben.

(3) Für die Pflichten der Vertragsparteien bei Vertragsauflösung gelten die §§ 24 bis 26.

(4) Der Verbraucher ist zur Auflösung des Vertrags nicht berechtigt, wenn ihm der Unternehmer die unveränderte Beibehaltung der digitalen Leistung ohne zusätzliche Kosten ermöglicht und die digitale Leistung weiterhin dem Vertrag entspricht.

(5) Vereinbarungen, die zum Nachteil des Verbrauchers von den vorstehenden Absätzen abweichen, sind unwirksam, es sei denn, die Vereinbarung wird erst geschlossen, sobald der Unternehmer dem Verbraucher die Änderung zur Kenntnis gebracht hat.

(6) Die vorstehenden Absätze gelten nicht, wenn ein Paket im Sinn der Richtlinie (EU) 2018/1972 über den europäischen Kodex für die elektronische Kommunikation Elemente eines Internetzugangsdienstes im Sinn des Artikels 2 Nummer 2 der Verordnung (EU) 2015/2120 über Maßnahmen zum Zugang zum offenen Internet und zur Änderung der Richtlinie 2002/22/EG sowie der Verordnung (EU) Nr. 531/2012, ABl. Nr. L 310 vom 16.11.2015 S. 1, oder nummerngebundener interpersoneller Kommunikationsdienste im Sinn des Artikels 2 Nummer 6 der Richtlinie (EU) 2018/1972 umfasst.

4. Abschnitt

Verjährungs- und Schlussbestimmungen

Verjährung

§ 28. (1) Die Rechte des Verbrauchers aus der Gewährleistung sowie die Ansprüche aus einer Preisminderung oder Vertragsauflösung verjähren drei Monate nach Ablauf der jeweiligen Gewährleistungsfrist.

(2) Bei Rechtsmängeln tritt die Verjährung zwei Jahre nach dem Zeitpunkt ein, zu dem der Mangel dem Verbraucher bekannt wird; die zweijährige Frist beginnt aber frühestens mit der Übergabe (§ 10 Abs. 1) oder der Bereitstellung (§ 18 Abs. 1). In den Fällen des § 10 Abs. 2 und des § 18 Abs. 2 tritt die Verjährung überdies frühestens drei Monate nach dem Ende des Bereitstellungzeitraums ein.

(3) Wenn der Verbraucher dem Unternehmer den Mangel innerhalb der Verjährungsfrist anzeigt, kann er den Mangel zeitlich unbeschränkt durch Einrede gegen die Entgeltforderung des Unternehmers geltend machen.

Inkrafttreten; Übergangsbestimmung

§ 29. (1) Dieses Bundesgesetz tritt mit 1. Jänner 2022 in Kraft.

(2) Dieses Bundesgesetz ist auf Verträge über den Kauf von Waren (§ 1 Abs. 1 Z 1) anzuwenden, die nach dem 31. Dezember 2021 geschlossen werden.

(3) Dieses Bundesgesetz ist mit Ausnahme des § 27 auf die Bereitstellung digitaler Leistungen (§ 1 Abs. 1 Z 2) anzuwenden, die nach dem 31. Dezember 2021 erfolgt. § 27 ist auf Verträge über die Bereitstellung digitaler Leistungen anzuwenden, die nach dem 31. Dezember 2021 geschlossen werden.

Vollziehung

§ 30. Mit der Vollziehung dieses Bundesgesetzes ist die Bundesministerin für Justiz betraut.

Umsetzungshinweis

§ 31. Mit diesem Bundesgesetz werden die Richtlinie (EU) 2019/770 über bestimmte vertragsrechtliche Aspekte der Bereitstellung digitaler Inhalte und digitaler Dienstleistungen, ABl. Nr. L 136 vom 22.5.2019 S. 1, und die Richtlinie (EU) 2019/771 über bestimmte vertragsrechtliche Aspekte des Warenkaufs, zur Änderung der Verordnung (EU) 2017/2394 und der Richtlinie 2009/22/EG sowie zur Aufhebung der Richtlinie 1999/44/EG, ABl. Nr. L 136 vom 22.5.2019 S. 28, umgesetzt.

20/5. Wuchergesetz

BGBl 1949/271 idF

1 BGBl 1974/422
2 BGBl 1979/140
3 BGBl I 2001/98 (2. Euro-JuBeG)

STICHWORTVERZEICHNIS

(Die Zahlenangaben beziehen sich auf die Paragraphen)

Wuchergesetz 1949

Nichtigkeit eines wucherischen Vertrages

§ 1. Ein Vertrag ist nichtig, wenn jemand den Leichtsinn, die Zwangslage, Verstandesschwäche, Unerfahrenheit oder Gemütsaufregung eines anderen dadurch ausbeutet, daß er sich oder einem Dritten für eine Leistung eine Gegenleistung versprechen oder gewähren läßt, deren Vermögenswert zu dem Werte seiner Leistung in auffallendem Mißverhältnis steht.

§§ 2 bis 6. *(aufgehoben, BGBl 1974/422)*

Rechtsfolgen der Nichtigkeit eines wucherischen Vertrages

§ 7. (1) Ist ein Vertrag nach den vorstehenden Bestimmungen nichtig, so hat jeder der beiden Teile alles zurückzustellen, was er aus dem nichtigen Geschäfte zu seinem Vorteil erhalten hat. Insbesondere sind Geldzahlungen mit den gesetzlichen Zinsen vom Empfangstage zurückzuerstatten, die übergebenen Sachen zurückzustellen oder deren Wert zur Zeit des Empfanges zu ersetzen, die auf die Sache gemachten notwendigen und nützlichen Verwendungen zu ersetzen und für die Benützung und die Entwertung der Sache in der Zwischenzeit eine angemessene Vergütung zu leisten. Ergibt sich aus der Berechnung der beiderseitigen Ansprüche ein Mehranspruch für einen der Vertragsteile, so haftet hiefür die für den vertragsmäßigen Anspruch erworbene Sicherstellung.

(2) Ist jedoch die Gewährung oder Verlängerung von Kredit nach den vorstehenden Bestimmungen nichtig, so hat der Benachteiligte für den erhaltenen Kreditbetrag vom Empfangstag bis zur Rückzahlung - sofern im Vertrag nicht eine geringere Verzinsung vorgesehen ist - Zinsen in der Höhe des Zweifachen des im Zeitpunkt der Schließung des Vertrags „geltenden Basiszinssatzes“ zu vergüten. Er kann für die Rückzahlung des Erhaltenen die im Vertrag vorgesehenen Zahlungsfristen in Anspruch nehmen. Bestimmungen, nach denen der Benachteiligte in besonderen Fällen weitergehende Rechte hat, bleiben unberührt. *(BGBl 1979/140; BGBl I 2001/98, ab 1. 1. 2002)*

Verfahrensbestimmungen

§ 8. (1) Das Strafgericht hat auf Begehren des Verletzten ein Geschäft, wegen dessen eine Verurteilung wegen Wuchers erfolgt, als nichtig zu erklären und, wenn die Ergebnisse des Strafverfahrens ausreichen, über die weiteren Rechtsfolgen der Nichtigkeit zu erkennen.

(2) Reichen die Ergebnisse des Strafverfahrens zum Erkenntnis über die Rechtsfolgen der Nichtigkeit des Geschäftes nicht aus, so erfolgt unter Aufrechterhaltung der erworbenen Sicherstellung die Verweisung auf den Zivilrechtsweg, der in diesem Falle sowohl dem Privatbeteiligten als auch dem Angeklagten offen steht.

§ 9. (1) Auf Ersuchen des Strafgerichtes, bei dem ein Verfahren wegen Wuchers anhängig ist, hat der Zivilrichter jederzeit mit dem den fraglichen Anspruch betreffenden Verfahren innezuhalten.

(2) Wenn sich während eines zivilgerichtlichen Verfahrens der Verdacht des Wuchers ergibt, kann das Gericht den Rechtsstreit (§ 191 ZPO.) oder die Exekution bis zum Abschlusse des Strafverfahrens unterbrechen. Nach Ermessen des Gerichtes kann während der Unterbrechung eine einstweilige Verfügung oder, wenn ein Exekutionstitel vorliegt, die Exekution zur Sicherstellung zugunsten des Anspruches bewilligt werden.

§ 10. *(überholt)*

Beginn der Wirksamkeit des Gesetzes

§ 11. (1) Dieses Gesetz ist am 20. Oktober 1914 in Wirksamkeit getreten. Mit dem gleichen Tage hat das Gesetz vom 28. Mai 1881, R.G.Bl. Nr. 47, betreffend Abhilfe wider unredliche Vorgänge bei Kreditgeschäften, seine Geltung verloren.

(2) Mit der Vollziehung ist das Bundesministerium für Justiz betraut.

(3) *(gegenstandslos)*

21/1. Bauträgervertragsgesetz

BGBl 1997/7 idF

1 BGBl I 1999/72
2 BGBl I 2001/98 (2. Euro-JuBeG)
3 BGBl I 2008/56
4 BGBl I 2010/58 (IRÄ-BG)
5 BGBl I 2013/159 (BRÄG 2013)

STICHWORTVERZEICHNIS

(Die Zahlenangaben beziehen sich auf die Paragraphen)

BTVG TNG

Bundesgesetz, mit dem Regelungen über den Erwerb von Rechten an Gebäuden und Wohnungen von Bauträgern getroffen werden (Bauträgervertragsgesetz – BTVG) und das Wohnungseigentumsgesetz 1975 geändert wird

Artikel I

Bauträgervertragsgesetz (BTVG)

Geltungsbereich

§ 1. (1) Dieses Bundesgesetz ist auf Bauträgerverträge anzuwenden, bei denen der Erwerber vor der Fertigstellung vereinbarungsgemäß Zahlungen von mehr als 150 Euro pro Quadratmeter Nutzfläche (§ 2 Abs. 7 und § 7 WEG 2002) an den Bauträger oder an Dritte entrichten muss. Dabei sind auch solche Zahlungen an den Bauträger oder an Dritte zu berücksichtigen, die der Erwerber für vom Bauträger angebotene oder vorgegebene Sonder- oder Zusatzleistungen entrichten muss. *(BGBl I 2008/56, ab 1. 7. 2008, s § 18 Abs 6)*

(2) Andere Vorschriften, die für den Erwerber günstiger sind, bleiben unberührt. Die Bestimmungen dieses Bundesgesetzes können nicht zum Nachteil des Erwerbers abbedungen werden, wenn dieser Verbraucher (§ 1 Abs. 1 Z 2 KSchG) ist.

Begriffsbestimmungen

§ 2. (1) Ein Bauträgervertrag ist ein Vertrag über den Erwerb des Eigentums, des Wohnungseigentums, des Baurechts, des Bestandrechts oder eines sonstigen Nutzungsrechts einschließlich Leasings an zu errichtenden oder durchgreifend zu erneuernden Gebäuden, Wohnungen oder Geschäftsräumen.

(2) Bauträger ist, wer sich verpflichtet, einem Erwerber die in Abs. 1 genannten Rechte einzuräumen.

(3) Erwerber ist, wem Ansprüche auf den Erwerb der in Abs. 1 genannten Rechte gegen den Bauträger zustehen sollen.

(4) Ein Bauträgervertrag (Abs. 1) liegt auch dann vor, wenn zwar der Erwerber sein Recht an der Liegenschaft von einem Dritten erwirbt, dieser Vertrag aber mit dem Vertrag über die Errichtung oder durchgreifende Erneuerung des Gebäudes, der Wohnung oder des Geschäftsraums eine wirtschaftliche Einheit bildet.

Form des Vertrags

§ 3. (1) Der Bauträgervertrag bedarf der Schriftform.

(2) Auf den Mangel der Form kann sich nur der Erwerber bis zum Ende der Sicherungspflicht (§ 7 Abs. 5) berufen.

Vertragsinhalt

§ 4. (1) Der Bauträgervertrag muss jedenfalls folgende Punkte enthalten:

1. das Gebäude, die Wohnung oder den Geschäftsraum samt Zugehör (eigentlicher Vertragsgegenstand) und die vom Erwerber gewöhnlich nutzbaren Teile der Gesamtanlage, wobei das Ausmaß, die Lage und die Widmung des eigentlichen Vertragsgegenstandes und der Anlage jeweils bestimmt zu bezeichnen und aussagekräftige Pläne, Baubeschreibungen sowie eine Beschreibung der Ausstattung und ihres Zustandes zu Grunde zu legen und zu übergeben sind;

2. den Hinweis, dass der eigentliche Vertragsgegenstand oder die Gesamtanlage in einer wildbach- oder lawinenbedingten Gefahrenzone oder einem Hochwasserabflussgebiet liegt oder die betreffende Liegenschaft im Verdachtsflächenkataster geführt oder im Altlastenatlas ausgewiesen wird;

3. den Preis und die vom Erwerber jeweils für Sonder- und Zusatzleistungen zu entrichtenden Beträge (§ 1 Abs. 1), wobei über alle damit verbundenen Abgaben und Steuern sowie die Kosten der Vertragserrichtung und -abwicklung zu informieren ist;

4. die Fälligkeit der Zahlungen des Erwerbers;

5. den spätesten Termin der Übergabe des eigentlichen Vertragsgegenstandes und der Fertigstellung der vom Erwerber gewöhnlich nutzbaren Teile der Gesamtanlage;

6. vom Erwerber allenfalls zu übernehmende dingliche oder obligatorische Lasten;

7. die Art der Sicherung des Erwerbers (§ 7);

8. das Konto des Bauträgers, auf das der Erwerber die Zahlungen bei einer Sicherung durch Garantie oder Versicherung zu entrichten hat, wobei der Erwerber über die damit verbundenen Rechtsfolgen (§ 8 Abs. 5) zu informieren ist, sowie

9. den Treuhänder, sofern ein solcher zu bestellen ist (§ 12).
(BGBl I 2008/56, ab 1. 7. 2008, s § 18 Abs 6)

(2) Liegt bei Abschluß des Bauträgervertrags noch keine rechtskräftige Baubewilligung vor, so kann vereinbart werden, daß den Bauträger aus der verspäteten Übergabe keine Verzugsfolgen treffen und der Erwerber an den Vertrag gebunden bleibt, sofern die Verzögerung auf die für den Bauträger nicht vorhersehbare und durch ihn nicht abwendbare lange Dauer des baubehördlichen Verfahrens zurückzuführen ist und ein Jahr nicht übersteigt.

(3) Ist der Preis nicht als Fixpreis bestimmt, so kann – ausgehend von einem Basispreis – ein von bestimmten Kostenfaktoren abhängiger Preis vereinbart werden. Eine solche Vereinbarung ist nur wirksam, wenn die Kostenfaktoren genau

festgelegt sind und eine Obergrenze bestimmt ist oder diese Festlegung des Preises nach dem Wohnungsgemeinnützigkeitsgesetz zulässig ist. Ist die Vereinbarung unwirksam, so gilt der Basispreis als Preis. *(BGBl I 2008/56, ab 1. 7. 2008, s § 18 Abs 6)*

(4) Bei einem Vertrag über den Erwerb des Eigentums, des Wohnungseigentums oder des Baurechts hat der Bauträger dem Erwerber zur Sicherung allfälliger Gewährleistungs- und Schadenersatzansprüche auf Grund mangelhafter Leistung für die Dauer von drei Jahren ab der Übergabe des eigentlichen Vertragsgegenstandes einen Haftrücklass im Ausmaß von zumindest zwei vom Hundert des Preises einzuräumen oder eine Garantie oder Versicherung eines der in § 8 Abs. 3 genannten Rechtsträgers beizubringen. *(BGBl I 2008/56, ab 1. 7. 2008, s § 18 Abs 6)*

Gesetzliche Rücktrittsrechte des Erwerbers

§ 5. (1) Der Erwerber kann von seiner Vertragserklärung oder vom Vertrag zurücktreten, wenn ihm der Bauträger nicht spätestens eine Woche vor Abgabe der Vertragserklärung schriftlich Folgendes mitgeteilt hat:

1. den vorgesehenen Vertragsinhalt (§ 4);

2. wenn die Sicherungspflicht nach § 7 Abs. 6 Z 2 erfüllt werden soll, den vorgesehenen Wortlaut der Vereinbarung mit dem Kreditinstitut;

3. wenn die Sicherungspflicht nach § 7 Abs. 6 Z 3 erfüllt werden soll, den vorgesehenen Wortlaut der Bescheinigung nach § 7 Abs. 6 Z 3 lit. c;

4. wenn die Sicherungspflicht schuldrechtlich (§ 8) ohne Bestellung eines Treuhänders erfüllt werden soll, den vorgesehenen Wortlaut der ihm auszustellenden Sicherheit;

5. wenn die Sicherungspflicht des Bauträgers durch grundbücherliche Sicherstellung (§§ 9 und 10) erfüllt werden soll, gegebenenfalls den vorgesehenen Wortlaut der Zusatzsicherheit nach § 9 Abs. 4.

(BGBl I 2008/56, ab 1. 7. 2008, s § 18 Abs 6)

(2) Der Rücktritt kann bis zum Zustandekommen des Vertrags oder danach binnen 14 Tagen erklärt werden. Die Rücktrittsfrist beginnt mit dem Tag, an dem der Erwerber die in Abs. 1 genannten Informationen sowie eine Belehrung über das Rücktrittsrecht schriftlich erhält, frühestens jedoch mit dem Zustandekommen des Vertrags. Das Rücktrittsrecht erlischt spätestens sechs Wochen nach dem Zustandekommen des Vertrags. *(BGBl I 2008/56, ab 1. 7. 2008, s § 18 Abs 6)*

(3) Darüber hinaus kann der Erwerber von seiner Vertragserklärung zurücktreten, wenn eine von den Parteien dem Vertrag zugrunde gelegte Wohnbauförderung ganz oder in erheblichem Ausmaß aus nicht bei ihm gelegenen Gründen nicht gewährt wird. Der Rücktritt ist binnen „14 Tagen“ zu erklären. Die Rücktrittsfrist beginnt, sobald der Erwerber vom Unterbleiben der Wohnbauförderung informiert wird und gleichzeitig oder nachher eine schriftliche Belehrung über das Rücktrittsrecht erhält. Das Rücktrittsrecht erlischt jedoch spätestens „sechs Wochen“ nach Erhalt der Information über das Unterbleiben der Wohnbauförderung. *(BGBl I 2008/56, ab 1. 7. 2008, s § 18 Abs 6)*

(4) Der Erwerber kann den Rücktritt dem Bauträger oder dem Treuhänder gegenüber erklären. Für die Rücktrittserklärung gilt § 3 Abs. 4 KSchG sinngemäß. Rechte des Erwerbers, die Aufhebung oder Änderung des Vertrags nach anderen Bestimmungen zu verlangen, bleiben unberührt.

(5) Der Rücktritt gilt im Fall des § 2 Abs. 4 auch für den mit dem Dritten geschlossenen Vertrag.

Vertragliche Rücktrittsrechte des Bauträgers

§ 6. (1) Ein Recht des Bauträgers, vom Vertrag zurückzutreten, kann nur für den Fall vereinbart werden, daß

1. Bauträgerverträge über eine bestimmte „Mindestanzahl von eigentlichen Vertragsgegenständen“ desselben Vorhabens oder über einen bestimmten Anteil der Gesamtnutzfläche nicht zustande kommen; dieses Rücktrittsrecht steht dem Bauträger längstens sechs Monate nach der Vertragsschließung mit dem Erwerber zu; *(BGBl I 2008/56, ab 1. 7. 2008, s § 18 Abs 6)*

2. der Erwerber entgegen seiner vertraglichen Verpflichtung nicht innerhalb der von den Parteien festgelegten oder sonst einer angemessenen Frist ein Förderungsansuchen stellt, Erklärungen vor Behörden abgibt, Finanzierungszusagen, Sicherheiten oder Urkunden beibringt oder Unterschriften leistet.

(2) Das Rücktrittsrecht nach Abs. 1 Z 2 kann nur ausgeübt werden, wenn der Erwerber schriftlich zur Vornahme der betreffenden Handlung unter Setzung einer Frist von mindestens einem Monat aufgefordert worden ist und dieser Aufforderung nicht rechtzeitig nachkommt.

Sicherung des Erwerbers

§ 7. (1) Der Bauträger hat den Erwerber gegen den Verlust der von diesem auf Grund des Bauträgervertrags geleisteten Zahlungen „(§ 1 Abs. 1) mit Ausnahme seiner Zahlungen für Abgaben und Steuern sowie für die Kosten der Vertragserrichtung und -abwicklung“ zu sichern. *(BGBl I 2008/56, ab 1. 7. 2008, s § 18 Abs 6)*

(2) Die Sicherung kann entweder durch schuldrechtliche Sicherung (§ 8), durch grundbücherliche Sicherstellung des Rechtserwerbs auf der zu bebauenden Liegenschaft in Verbindung mit der Zahlung nach Ratenplan (§§ 9 und 10)

oder durch pfandrechtliche Sicherung (§ 11) erfolgen.

(3) Soweit der Sicherungszweck dadurch nicht beeinträchtigt wird, können die in diesem Bundesgesetz vorgesehenen Sicherungen auch nebeneinander eingesetzt oder nachträglich einvernehmlich ausgetauscht werden. *(BGBl I 2008/56, ab 1. 7. 2008, s § 18 Abs 6)*

(4) Ansprüche des Bauträgers und eines Dritten gemäß § 2 Abs. 4 werden erst fällig, wenn und soweit die in diesem Bundesgesetz vorgesehenen Sicherungen des Erwerbers vorliegen.

(5) Die Sicherungspflicht des Bauträgers endet mit der tatsächlichen Übergabe des „fertiggestellten eigentlichen Vertragsgegenstandes" und der Sicherung der Erlangung der vereinbarten Rechtsstellung. *(BGBl I 2008/56, ab 1. 7. 2008, s § 18 Abs 6)*

(6) Die Sicherungspflicht (Abs. 1 bis 5) ist außer durch die Einhaltung der §§ 8 bis 14 auch erfüllt, wenn

1. eine inländische Gebietskörperschaft Bauträger ist;

2. Zahlungen des Erwerbers auf ein bei einem Kreditinstitut (§ 8 Abs. 3) treuhändig für Rechnung des Erwerbers geführtes Konto des Bauträgers entrichtet werden und mit dem Kreditinstitut zugunsten des Erwerbers vereinbart ist, dass der Bauträger über diese Zahlungen und die angewachsenen Zinsen erst nach der tatsächlichen Übergabe des fertiggestellten eigentlichen Vertragsgegenstandes und der Sicherung der Erlangung der vereinbarten Rechtsstellung verfügen kann, oder

3. eine inländische Gebietskörperschaft eine Förderung aus öffentlichen Mitteln gewährt, der Vertrag den Erwerb eines Bestand- oder sonstigen Nutzungsrechts vorsieht und

a) der Abschluss des Bauträgervertrags erst nach Vorliegen einer rechtskräftigen Baubewilligung und der schriftlichen Zusicherung der Förderung erfolgt,

b) die Finanzierung der gesamten Herstellungskosten des Bauvorhabens – insbesondere der Baukosten und sonstiger Kosten, die nach dem Finanzierungsplan der Gebietskörperschaft der Förderungszusage zugrunde liegen – gesichert und gewährleistet ist, dass außer der Sicherstellung der Finanzierungsmittel nach dem Finanzierungsplan keine weiteren geldwerten Lasten vor Ende der Sicherstellungspflicht ohne Zustimmung der Gebietskörperschaft oder des Erwerbers verbüchert sind oder werden,

c) der Abschlussprüfer oder ein Revisionsverband bzw. der Revisor des Bauträgers bis zu dem vereinbarten Bezugstermin jährlich eine Bescheinigung für das oder mehrere Bauvorhaben ausstellt, dass für den fristgerecht erstellten Jahresabschluss ein uneingeschränkter Bestätigungsvermerk erteilt wurde und allfällige Rückforderungsansprüche der Erwerber aufgrund der sich aus der geprüften Bilanz ergebenden Eigenkapitalausstattung des Bauträgers ausreichend gedeckt werden können,

d) die über Begehren des Bauträgers auszustellende Bescheinigung gemäß lit. c vom Bauträger der fördernden Gebietskörperschaft vorgelegt wird, sowie

e) im Fall einer gemeinnützigen Bauvereinigung der Revisionsverband bzw. der Revisor die Bescheinigung gemäß lit. c auch dem nach dem Sitz der Bauvereinigung zuständigen Amt der Landesregierung als Aufsichtsbehörde übermittelt, wobei unter sinngemäßer Anwendung der §§ 28 Abs. 8 und 29 Abs. 6 Wohnungsgemeinnützigkeitsgesetz für jedermann die Einsichtnahme in diese Bescheinigung zu gewährleisten ist. *(BGBl I 2008/56, ab 1. 7. 2008, s § 18 Abs 6)*

(7) Der Abschlussprüfer oder ein Revisionsverband bzw. der Revisor haftet im Rahmen und in Anwendung des § 275 Abs. 2 Unternehmensgesetzbuch dem Erwerber unmittelbar für die Richtigkeit der Bescheinigung gemäß Abs. 6 Z 3 lit. c. *(BGBl I 2008/56, ab 1. 7. 2008, s § 18 Abs 6)*

Schuldrechtliche Sicherung

§ 8. (1) Allfällige Rückforderungsansprüche des Erwerbers können durch eine ihm eingeräumte Garantie oder eine geeignete Versicherung gesichert werden. Die Sicherungspflicht erstreckt sich auch auf nicht länger als drei Jahre rückständige Zinsen bis zu der in § 14 Abs. 1 genannten Höhe. Eine Einschränkung der Sicherung auf noch nicht erbrachte Bauleistungen ist ohne entsprechende sonstige Sicherung unwirksam. *(BGBl I 2008/56, ab 1. 7. 2008, s § 18 Abs 6)*

(2) Die in Abs. 1 genannten Sicherheiten können durch eine der Höhe nach begrenzte Fertigstellungsgarantie ersetzt werden, die jedenfalls die Rückforderungsansprüche einschließt.

(3) „ " Garanten müssen Kreditinstitute oder Versicherungsunternehmen, die zur Geschäftsausübung im Inland berechtigt sind, oder inländische Gebietskörperschaften sein. *(BGBl I 2008/56, ab 1. 7. 2008, s § 18 Abs 6)*

(4) Ein dem Bauträger vertraglich zugestandenes Verfügungsrecht über die dem Erwerber eingeräumte Sicherheit ist unwirksam.

(5) Leistungen aus einer Garantie oder Versicherung können nur von der Entrichtung der Zahlungen des Erwerbers auf das in dieser Sicherheit genannte Konto abhängig gemacht werden. Die Inanspruchnahme einer solchen Sicherheit durch den Erwerber gilt jedenfalls als Auflösung des Vertrags. Leistungen aus einer solchen Sicherheit werden spätestens mit der Löschung der zugunsten des Erwerbers erfolgten Grundbuchseintragungen fällig. *(BGBl I 2008/56, ab 1. 7. 2008, s § 18 Abs 6)*

Grundbücherliche Sicherstellung

§ 9. (1) Der Erwerber aus einem Bauträgervertrag über den Erwerb des Eigentums, des Wohnungseigentums oder des Baurechts kann auch durch eine ausreichende bücherliche Sicherstellung des Rechtserwerbs auf der zu bebauenden Liegenschaft in Verbindung mit der Zahlung nach Ratenplan (§ 10) gesichert werden.

(2) Bei einem Bauträgervertrag über den Erwerb von Wohnungseigentum stellt die Anmerkung der Einräumung von Wohnungseigentum gemäß „§ 40 Abs. 2 WEG 2002" eine ausreichende bücherliche Sicherstellung des Erwerbers dar. *(BGBl I 2008/56, ab 1. 7. 2008, s § 18 Abs 6)*

(3) Sofern nicht etwas anderes vereinbart worden ist (§ 4 Abs. 1 Z 6), muss weiter die Lastenfreiheit der Liegenschaft hergestellt oder die künftige Lastenfreiheit gesichert sein. Zwischen dem Hypothekargläubiger und dem Bauträger muss zugunsten des Erwerbers vereinbart sein, dass die Liegenschaft oder der Anteil des Erwerbers freigestellt wird. Davon können nur jene Teile des Preises ausgenommen werden, die der Erwerber trotz Fälligkeit noch nicht entrichtet hat. *(BGBl I 2008/56, ab 1. 7. 2008, s § 18 Abs 6)*

(4) Die Parteien können im Bauträgervertrag die Zahlung nach Ratenplan A oder nach Ratenplan B (§ 10 Abs. 2 Z 1 und 2) vereinbaren. Bei Zahlung nach Ratenplan A hat der Bauträger eine zusätzliche Garantie oder Versicherung eines der in § 8 Abs. 3 genannten Rechtsträgers beizubringen, sofern der Erwerb der Deckung des dringenden Wohnbedürfnisses des Erwerbers oder eines nahen Angehörigen dienen soll. Diese Zusatzsicherheit muss alle vermögenswerten Nachteile sichern, die dem Erwerber aus der Verzögerung oder der Einstellung des Bauvorhabens „aufgrund der Eröffnung eines Insolvenzverfahrens über das Vermögen des Bauträgers oder der Nichteröffnung eines solchen Verfahrens mangels kostendeckenden Vermögens" erwachsen. Ihre Höhe muss mindestens 10 vom Hundert des vom Erwerber zu entrichtenden Preises betragen. *(BGBl I 2008/56, ab 1. 7. 2008, s § 18 Abs 6; BGBl I 2010/58, ab 1. 8. 2010)*

Zahlung nach Ratenplan

§ 10. (1) Bei der Zahlung nach Ratenplan ist der vereinbarte Preis in Raten zu entrichten, die jeweils erst nach Abschluß der in Abs. 2 festgelegten Bauabschnitte fällig werden.

(2) Zu nachstehenden Terminen sind höchstens folgende Teile des Preises fällig:

1. im Ratenplan A (§ 9 Abs. 4):

a) 15 vom Hundert bei Baubeginn auf Grund einer rechtskräftigen Baubewilligung;

b) 35 vom Hundert nach Fertigstellung des Rohbaus und des Dachs;

c) 20 vom Hundert nach Fertigstellung der Rohinstallationen;

d) 12 vom Hundert nach Fertigstellung der Fassade und der Fenster einschließlich deren Verglasung;

e) 12 vom Hundert nach Bezugsfertigstellung oder bei vereinbarter vorzeitiger Übergabe des eigentlichen Vertragsgegenstandes;

f) 4 vom Hundert nach Fertigstellung der Gesamtanlage (§ 4 Abs. 1 Z 1) und

g) der Rest nach Ablauf von drei Jahren ab der Übergabe des eigentlichen Vertragsgegenstandes, sofern der Bauträger allfällige Gewährleistungs-[1] und Schadenersatzansprüche nicht durch eine Garantie oder Versicherung (§ 4 Abs. 4) gesichert hat;

2. im Ratenplan B (§ 9 Abs. 4):

a) 10 vom Hundert bei Baubeginn auf Grund einer rechtskräftigen Baubewilligung;

b) 30 vom Hundert nach Fertigstellung des Rohbaus und des Dachs;

c) 20 vom Hundert nach Fertigstellung der Rohinstallationen;

d) 12 vom Hundert nach Fertigstellung der Fassade und der Fenster einschließlich deren Verglasung;

e) 17 vom Hundert nach Bezugsfertigstellung oder bei vereinbarter vorzeitiger Übergabe des eigentlichen Vertragsgegenstandes;

f) 9 vom Hundert nach Fertigstellung der Gesamtanlage (§ 4 Abs. 1 Z 1) und

g) der Rest nach Ablauf von drei Jahren ab der Übergabe des eigentlichen Vertragsgegenstandes, sofern der Bauträger allfällige Gewährleistungs-[1] und Schadenersatzansprüche nicht durch eine Garantie oder Versicherung (§ 4 Abs. 4) gesichert hat.

(BGBl I 2008/56, ab 1. 7. 2008, s § 18 Abs 6)

(3) Eine Vereinbarung der Fälligkeit der ersten Rate vor Baubeginn „(Abs. 2 Z 1 lit. a und Z 2 lit. a)" ist unter der Voraussetzung zulässig, daß auf Grund des hohen Wertes der zu bebauenden Liegenschaft die grundbücherliche Sicherstellung des Erwerbers bereits eine ausreichende Sicherheit bietet. *(BGBl I 2008/56, ab 1. 7. 2008, s § 18 Abs 6)*

(4) Die Abs. 1 bis 3 sind auf durchgreifende Erneuerungen von Altbauten sinngemäß anzuwenden.

(5) Die Abs. 2 bis 4 sind auf die Übernahme von Geldlasten durch den Erwerber sinngemäß anzuwenden.

[1] *Im BGBl irrtümlich Gewährungsleistungsansprüche.*

Pfandrechtliche Sicherung

§ 11. (1) Allfällige Rückforderungsansprüche des Erwerbers können auch durch ein ausreichende Deckung bietendes Pfandrecht auf einer Liegenschaft gesichert werden. Die Sicherungspflicht erstreckt sich auch auf nicht länger als drei Jahre rückständige Zinsen in der in § 14 Abs. 1 genannten Höhe.

(2) Allfällige Rückforderungsansprüche mehrerer Erwerber können auch durch ein Pfandrecht zugunsten des Treuhänders gesichert werden. Zur Verfügung über ein solches Pfandrecht und zu seiner Verwertung ist allein der Treuhänder berechtigt.

(3) Das Pfandrecht nach Abs. 1 und 2 kann auch auf einen Höchstbetrag lauten, bis zu dem die Deckung reichen soll.

Bestellung eines Treuhänders

§ 12. (1) Der Bauträger ist verpflichtet, spätestens bei der Unterfertigung des Bauträgervertrags einen Treuhänder zu bestellen, dessen Tätigkeit erst mit dem Ende der Sicherungspflicht des Bauträgers (§ 7 Abs. 5) dem jeweiligen Erwerber gegenüber endet. Auf die Bestellung des Treuhänders kann nur verzichtet werden, wenn für alle allfälligen Rückforderungsansprüche des Erwerbers eine schuldrechtliche Sicherung (§ 8) bestellt wird.

(2) Als Treuhänder kann nur ein Rechtsanwalt „(eine Rechtsanwalts-Gesellschaft)“** oder ein Notar „ “* bestellt werden. *(*BGBl I 1999/72, ab 1. 6. 1999; **BGBl I 2013/159, ab 1. 9. 2013)*

(3) Der Treuhänder hat außer den Verpflichtungen aus diesem Bundesgesetz, aus anderen Vorschriften oder aus Vertrag insbesondere die Pflicht,

1. den Erwerber über die Natur des Vertrags und die wesentlichen Vertragspunkte in rechtlicher Hinsicht zu belehren, insbesondere

a) über die nach dem Vertrag zur Verfügung stehenden Möglichkeiten der Sicherung (§ 7) einschließlich der jeweiligen Rechtsfolgen für den Fall der Eröffnung „eines Insolvenzverfahrens“ über das Vermögen des Bauträgers sowie *(BGBl I 2010/58, ab 1. 8. 2010)*

b) über den Haftrücklass (§ 4 Abs. 4) und seine Rechtsfolgen, und
(BGBl I 2008/56, ab 1. 7. 2008, s § 18 Abs 6)

2. die Erfüllung der Sicherungspflicht des Bauträgers nach diesem Bundesgesetz zu überwachen und

3. dem Erwerber über die von ihm entgegengenommenen Zahlungen entweder laufend, mindestens aber jährlich Abschluß des Kalenderjahrs spätestens zum 31. Jänner des Folgejahrs Rechnung zu legen „und“ *(BGBl I 2008/56, ab 1. 7. 2008, s § 18 Abs 6)*

4. dafür zu sorgen, dass der Erwerber Zahlungen nur auf Konten entrichtet, über die der Treuhänder verfügungsberechtigt ist und die durch die Abwicklung über ein Kreditinstitut nach § 109a Abs. 5 Notariatsordnung bzw. in einer Treuhandeinrichtung der jeweiligen Rechtsanwaltskammer abgesichert sind. *(BGBl I 2008/56, ab 1. 7. 2008, s § 18 Abs 6)*

(4) Bei der grundbücherlichen Sicherstellung (§ 9) hat der Treuhänder die vertraglichen und grundbuchsrechtlichen Voraussetzungen, insbesondere das Vorhandensein von Freistellungsverpflichtungen der Hypothekargläubiger (§ 9 Abs. 3), zu prüfen und den Erwerber bei der Einhaltung des Ratenplans durch Überwachung des Baufortschritts zu unterstützen.

(5) Bei der pfandrechtlichen Sicherung (§ 11) hat der Treuhänder die vertraglichen, die grundbuchsrechtlichen und die wertmäßigen Voraussetzungen für die Deckung allfälliger Rückforderungsansprüche zu prüfen.

(6) Im Fall einer längerfristigen Verhinderung des Treuhänders hat das Bezirksgericht, in dessen Sprengel die Liegenschaft liegt, im Verfahren außer Streitsachen auf Antrag des Bauträgers oder eines Erwerbers einen anderen Treuhänder zu bestellen, sofern weder im Bauträgervertrag für diesen Fall Vorsorge getroffen worden ist noch sich die Beteiligten in angemessener Frist einigen.

Feststellung des Baufortschritts, Bewertung des Pfandrechts

§ 13. (1) Der Abschluß eines Bauabschnitts (§ 10 Abs. 2) ist nach dem Fertigstellungsgrad der Hauptanlage zu beurteilen. Bei mehreren selbständigen Bauwerken ist der Fertigstellungsgrad desjenigen Bauwerks maßgeblich, auf das sich der Anspruch des Erwerbers bezieht.

(2) Zur Feststellung des Abschlusses des jeweiligen Bauabschnitts kann der Treuhänder einen für den Hochbau zuständigen Ziviltechniker, einen allgemein beeideten „und gerichtlich zertifizierten“ Sachverständigen für das Bauwesen oder eine im Rahmen der Förderung des Vorhabens tätige inländische Gebietskörperschaft beiziehen. Diese haften dem Erwerber unmittelbar; sie gelten nicht als Erfüllungsgehilfen des Treuhänders. *(BGBl I 2008/56, ab 1. 7. 2008, s § 18 Abs 6)*

(3) Zur Feststellung der ausreichenden Deckung eines vom Bauträger gemäß § 11 angebotenen Pfandrechts sowie zur Feststellung des Wertes der zu bebauenden Liegenschaft im Sinn des § 10 Abs. 3 kann der Treuhänder einen allgemein beeideten „und gerichtlich zertifizierten“ Sachverständigen für das Immobilienwesen beiziehen. Dieser haftet dem Erwerber unmittelbar; er gilt nicht als Erfüllungsgehilfe des Treuhänders. *(BGBl I 2008/56, ab 1. 7. 2008, s § 18 Abs 6)*

(4) Ziviltechniker und Sachverständige haben zur Deckung der gegen sie aus den in den Abs. 2 und 3 genannten Tätigkeiten entstehenden Schadenersatzansprüche eine Haftpflichtversicherung

über eine Mindestversicherungssumme von 400 000 Euro für jeden Versicherungsfall bei einem zum Geschäftsbetrieb in Österreich berechtigten Versicherer abzuschließen. *(BGBl I 2008/56, ab 1. 7. 2008, s § 18 Abs 6)*

Rückforderungsansprüche des Erwerbers bei vorzeitiger Zahlung

§ 14. (1) Der Erwerber kann alle Leistungen, die er oder der Treuhänder für ihn entgegen den Bestimmungen dieses Bundesgesetzes erbracht hat, zurückfordern. Der Bauträger hat für Rückforderungsansprüche Zinsen ab dem Zahlungstag in einer den jeweiligen „Basiszinssatz"* um „acht"** Prozentpunkte übersteigenden Höhe zu zahlen. *(*BGBl I 2001/98, ab 1. 1. 2002; **BGBl I 2008/56, ab 1. 7. 2008, s § 18 Abs 6)*

(2) Der Rückforderungsanspruch verjährt in drei Jahren. Auf ihn kann im voraus nicht wirksam verzichtet werden.

(3) Rückforderungsansprüche nach anderen Vorschriften bleiben unberührt.

Haftung des Bauträgers für Rückforderungsansprüche des Erwerbers

§ 15. Rückforderungsansprüche des Erwerbers nach § 14 und aus anderen Rechtsgründen richten sich auch dann gegen den Bauträger, wenn der Erwerber entsprechend dem Bauträgervertrag Zahlungen an Dritte geleistet hat.

Abtretung von Ansprüchen auf Grund mangelhafter Leistung

§ 16. Ist die Durchsetzung von Gewährleistungs- und Schadenersatzansprüchen auf Grund mangelhafter Leistung gegen den Bauträger durch Eröffnung des „Insolvenzverfahrens" über sein Vermögen oder aus anderen Gründen unmöglich oder erheblich erschwert, so kann der Erwerber die Abtretung der dem Bauträger gegen Dritte zustehenden Gewährleistungs- und Schadenersatzansprüche auf Grund mangelhafter Leistung verlangen. Der Rechtsübergang tritt mit dem Einlangen des auf die Abtretung gerichteten schriftlichen Verlangens des Erwerbers beim Bauträger ein; für den Dritten gelten die §§ 1395 und 1396 ABGB. *(BGBl I 2010/58, ab 1. 8. 2010)*

Strafbestimmungen

§ 17. Ein Bauträger, der

1. es unterläßt, einen den § 3 Abs. 1 oder § 4 Abs. 1 entsprechenden Vertrag zu errichten,

2. Zahlungen entgegen den Bestimmungen dieses Bundesgesetzes vereinbart, fordert oder entgegennimmt oder

3. es entgegen dem § 12 unterläßt, von der Vertragsschließung bis zum Ende der Sicherungspflicht (§ 7 Abs. 5) einen Treuhänder beizuziehen,

begeht – sofern die Tat nicht den Tatbestand einer gerichtlich strafbaren Handlung erfüllt – eine Verwaltungsübertretung und ist im Fall der Z 1 mit einer Geldstrafe bis zu „14 000 Euro", in den Fällen der Z 2 und 3 mit einer solchen bis zu „28 000 Euro" zu bestrafen. *(BGBl I 2001/98, ab 1. 1. 2002, s § 18 Abs 5)*

Inkrafttreten, Verweisungen und Vollziehungsklausel

§ 18. (1) Dieses Bundesgesetz tritt mit 1. Jänner 1997 in Kraft. Es ist auf nach seinem Inkrafttreten geschlossene Bauträgerverträge über Bauvorhaben anzuwenden, bei denen der Baubeginn nach dem 30. November 1996 der Baubehörde angezeigt worden ist.

(2) Soweit in diesem Bundesgesetz auf Bestimmungen anderer Bundesgesetze verwiesen wird, sind diese in ihrer jeweils geltenden Fassung anzuwenden.

(3) Mit der Vollziehung dieses Bundesgesetzes sind hinsichtlich des § 17 der Bundesminister für Soziales und Konsumentenschutz[1)] im Einvernehmen mit der Bundesministerin für Justiz und im Übrigen die Bundesministerin für Justiz betraut. *(BGBl I 2008/56, ab 1. 7. 2008)*

(4) Die §§ 1, 14, 17 und 18 in der Fassung des Bundesgesetzes BGBl. I Nr. 98/2001 treten mit 1. Jänner 2002 in Kraft. *(BGBl I 2001/98)*

(5) § 1 in der in Abs. 4 genannten Fassung ist auf Bauträgerverträge anzuwenden, die nach dem 31. Dezember 2001 abgeschlossen worden sind. § 17 in der in Abs. 4 genannten Fassung ist auf strafbare Handlungen anzuwenden, die nach dem 31. Dezember 2001 begangen worden sind. *(BGBl I 2001/98)*

(6) Die §§ 1, 4, 5, 6, 7, 8, 9, 10, 12, 13, 14 und 18 Abs. 3 in der Fassung des Bundesgesetzes BGBl. I Nr. 56/2008 treten mit 1. Juli 2008 in Kraft. Sie sind auf Bauträgerverträge anzuwenden, die nach dem 30. Juni 2008 abgeschlossen werden. *(BGBl I 2008/56)*

(7) Die §§ 9 Abs. 4, 12 Abs. 3 und 16 in der Fassung des Bundesgesetzes BGBl. I Nr. 58/2010 treten mit 1. August 2010 in Kraft. *(BGBl I 2010/58)*

(8) § 12 in der Fassung des Bundesgesetzes BGBl. I Nr. 159/2013 tritt mit 1. September 2013 in Kraft. *(BGBl I 2010/58)*

[1)] *Jetzt: BM für Arbeit, Soziales und Konsumentenschutz.*

21/2. Teilzeitnutzungsgesetz 2011

BGBl I 2011/8 idF

1 BGBl I 2016/50 (SVG)

STICHWORTVERZEICHNIS

(Die Zahlenangaben beziehen sich auf die Paragraphen)

Bundesgesetz über den Verbraucherschutz bei Teilzeitnutzungs- und Nutzungsvergünstigungsverträgen (Teilzeitnutzungsgesetz 2011 – TNG 2011)

1. Abschnitt
Allgemeines

Regelungsgegenstand; zwingendes Recht

§ 1. (1) Dieses Bundesgesetz regelt bestimmte Aspekte von Teilzeitnutzungs-, Nutzungsvergünstigungs-, Tauschsystem- und Vermittlungsverträgen, die zwischen einem Unternehmer und einem Verbraucher (§ 1 KSchG) angebahnt oder abgeschlossen werden.

(2) Soweit Vereinbarungen zum Nachteil des Verbrauchers von den Bestimmungen dieses Bundesgesetzes abweichen, sind sie unwirksam.

Begriffsbestimmungen

§ 2. (1) In diesem Bundesgesetz bezeichnet der Ausdruck

1. „Teilzeitnutzungsvertrag" einen Vertrag, mit dem ein Unternehmer einem Verbraucher gegen ein Gesamtentgelt für eine Dauer von mehr als einem Jahr das dingliche oder obligatorische Recht einräumt, ein oder mehrere Nutzungsobjekte wiederkehrend für jeweils einen begrenzten Zeitraum zu nutzen, und zwar unabhängig von der für die Rechtseinräumung gewählten Rechtsform, von der Rechtsform des Unternehmers und von den das Nutzungsobjekt betreffenden Rechtsverhältnissen;

2. „Nutzungsvergünstigungsvertrag" (in Anhang II: „Vertrag über ein langfristiges Urlaubsprodukt") einen Vertrag, mit dem ein Unternehmer einem Verbraucher gegen ein Gesamtentgelt für eine Dauer von mehr als einem Jahr das Recht einräumt, Preisnachlässe oder sonstige Vergünstigungen in Bezug auf ein oder mehrere Nutzungsobjekte in Anspruch zu nehmen, und zwar unabhängig davon, ob damit Reise- oder sonstige Leistungen verbunden sind;

3. „Tauschsystemvertrag" (in Anhang IV: „Tauschvertrag") einen entgeltlichen Vertrag über den Beitritt des Verbrauchers zu einem Tauschsystem, das es ihm ermöglicht, vorübergehend die sich aus dem Teilzeitnutzungsrecht eines anderen ergebende Nutzungsmöglichkeit auszuüben und im Gegenzug diesem oder anderen Personen die vorübergehende Ausübung der sich aus seinem eigenen Teilzeitnutzungsrecht ergebenden Nutzungsmöglichkeit zu gewähren;

4. „Vermittlungsvertrag" (in Anhang III: „Wiederverkaufsvertrag") einen entgeltlichen Vertrag über die Unterstützung eines Verbrauchers bei der Veräußerung oder dem Erwerb der Rechte, die Gegenstand eines Teilzeitnutzungs- oder Nutzungsvergünstigungsvertrags sind;

5. „Nutzungsobjekt" eine zu Wohn- oder Beherbergungszwecken dienende bewegliche oder unbewegliche Sache oder einen Teil derselben;

6. „akzessorischer Vertrag" einen Vertrag, durch den ein Verbraucher Anspruch auf Leistungen erhält, die im Zusammenhang mit seinem Teilzeitnutzungs- oder Nutzungsvergünstigungsvertrag stehen und die entweder vom Teilzeitnutzungs- oder Nutzungsvergünstigungsunternehmer oder von einem Dritten, der mit diesem wegen solcher Leistungen in vertraglicher Beziehung oder ständiger Geschäftsverbindung steht, zu erbringen sind.

(2) Bei der Berechnung der Dauer im Sinn von Abs. 1 Z 1 und 2 sind allfällige vertraglich eingeräumte Verlängerungsmöglichkeiten zu berücksichtigen.

(3) Die deutschsprachigen Anhänge I bis V der Richtlinie 2008/122/EG des Europäischen Parlaments und des Rates vom 14. Januar 2009 über den Schutz der Verbraucher im Hinblick auf bestimmte Aspekte von Teilzeitnutzungsverträgen, Verträgen über langfristige Urlaubsprodukte sowie Wiederkaufs- und Tauschverträgen, ABl. Nr. L 33 vom 3. Februar 2009, S. 10 (im Folgenden: Teilzeitnutzungs-Richtlinie 2008/122/EG), sind im Anhang wiedergegeben.

2. Abschnitt
Werbung

Werbeangaben

§ 3. (1) In jeder Werbung für einen in § 1 genannten Vertrag hat der Unternehmer anzugeben, dass die in § 5 genannten Informationen erhältlich sind und wo sie angefordert werden können.

(2) Teilzeitnutzungs- und Nutzungsvergünstigungsverträge dürfen nicht als Geldanlage beworben oder angeboten werden.

Werbe- oder Verkaufsveranstaltungen

§ 4. (1) Wenn ein in § 1 genannter Vertrag einem Verbraucher auf einer Werbe- oder Verkaufsveranstaltung persönlich angeboten werden soll, hat der Unternehmer in der Einladung den Geschäftszweck und die Art der Veranstaltung deutlich darzulegen.

(2) Im Rahmen einer solchen Veranstaltung müssen die in § 5 genannten Informationen dem Verbraucher jederzeit zur Verfügung stehen.

3. Abschnitt
Vorvertragliche Informationen und Vertragsabschluss

Vorvertragliche Informationspflichten

§ 5. (1) Rechtzeitig bevor der Verbraucher durch einen in § 1 genannten Vertrag oder seine Vertragserklärung gebunden ist, muss ihm der Unternehmer kostenfrei das nach Abs. 2 für den jeweiligen Vertrag maßgebliche Formblatt zur Verfügung stellen, in dem die darin vorgeschriebenen Informationen deutlich und verständlich erteilt werden. Das Formblatt kann in Papierform oder auf einem anderen dauerhaften Datenträger, der für den Verbraucher leicht zugänglich ist, zur Verfügung gestellt werden.

(2) Zu verwenden ist

1. bei Teilzeitnutzungsverträgen das „Formblatt für Informationen zu Teilzeitnutzungsverträgen" gemäß Anhang I der Teilzeitnutzungs-Richtlinie 2008/122/EG,

2. bei Nutzungsvergünstigungsverträgen das „Formblatt für Informationen zu Verträgen über langfristige Urlaubsprodukte" gemäß Anhang II der Teilzeitnutzungs-Richtlinie 2008/122/EG,

3. bei Tauschsystemverträgen das „Formblatt für Informationen zu Tauschverträgen" gemäß Anhang IV der Teilzeitnutzungs-Richtlinie 2008/122/EG und

4. bei Vermittlungsverträgen das „Formblatt für Informationen zu Wiederverkaufsverträgen" gemäß Anhang III der Teilzeitnutzungs-Richtlinie 2008/122/EG.

(3) Das Formblatt und die darin vorgeschriebenen Informationen sind nach Wahl des Verbrauchers

1. in der Sprache oder einer der Sprachen des Mitgliedstaats, in dem der Verbraucher seinen Wohnsitz hat, oder

2. in der Sprache oder einer der Sprachen des Mitgliedstaats, dem der Verbraucher angehört,

zur Verfügung zu stellen, sofern es sich jeweils um eine Amtssprache der Europäischen Union handelt.

Vertragsabschluss

§ 6. (1) Ein in § 1 genannter Vertrag bedarf zu seiner Rechtswirksamkeit der Unterschrift oder der qualifizierten elektronischen Signatur „(Art. 3 Z 12 Verordnung (EU) Nr. 910/2014 über elektronische Identifizierung und Vertrauensdienste für elektronische Transaktionen im Binnenmarkt und zur Aufhebung der Richtlinie 1999/93/EG, ABl. Nr. L 257 vom 28.08.2014 S. 73, in der Fassung der Berichtigung ABl. Nr. L 257 vom 29.01.2015 S. 19, § 4 Abs. 1 Signatur- und Vertrauensdienstegesetz – SVG)" der Vertragsparteien. Das Vertragsdokument ist in Papierform oder auf einem anderen dauerhaften Datenträger abzufassen. *(BGBl I 2016/50)*

(2) Die dem Verbraucher gemäß § 5 erteilten Informationen sind Vertragsbestandteil. Änderungen sind nur dann wirksam, wenn im Vertrag ausdrücklich auf sie hingewiesen wird und wenn sie

1. von den Vertragsparteien ausdrücklich vereinbart wurden oder

2. durch ungewöhnliche und unvorhersehbare Umstände notwendig wurden, auf die der Unternehmer keinen Einfluss hat und deren Folgen selbst bei aller gebotenen Sorgfalt nicht hätten vermieden werden können.

Zusätzlich müssen diese Änderungen zu ihrer Wirksamkeit dem Verbraucher vor Abschluss des Vertrags gesondert in Papierform oder auf einem anderen dauerhaften Datenträger, der für den Verbraucher leicht zugänglich ist, mitgeteilt werden.

(3) Neben den in Abs. 2 angeführten Vertragsbestandteilen muss das Vertragsdokument

1. Angaben über Identität und Wohnsitz bzw. Sitz jeder Vertragspartei,

2. Datum und Ort des Vertragsabschlusses sowie

3. die Unterschrift oder qualifizierte elektronische Signatur jeder Vertragspartei

enthalten.

(4) Vor Abschluss des Vertrags hat der Unternehmer den Verbraucher ausdrücklich auf das Rücktrittsrecht und auf die Rücktrittsfrist nach § 8 sowie auf das während der Rücktrittsfrist geltende Anzahlungsverbot nach § 12 aufmerksam zu machen. Die entsprechenden Vertragsbestimmungen sind vom Verbraucher gesondert zu unterzeichnen.

(5) Das Vertragsdokument muss ein gesondertes Formblatt für den Rücktritt gemäß Anhang V der Teilzeitnutzungs-Richtlinie 2008/122/EG enthalten, das der Unternehmer entsprechend der im Formblatt gegebenen Anleitung ausgefüllt hat.

(6) Unmittelbar nach Vertragsabschluss muss dem Verbraucher eine Ausfertigung des Vertragsdokuments zur Verfügung gestellt werden. Dies kann in Papierform oder auf einem anderen dauerhaften Datenträger, der für den Verbraucher leicht zugänglich ist, geschehen.

Vertragssprache

§ 7. (1) Das Vertragsdokument ist nach Wahl des Verbrauchers

1. in der Sprache oder einer der Sprachen jenes Mitgliedstaats, in dem der Verbraucher seinen Wohnsitz hat, oder

2. in der Sprache oder einer der Sprachen jenes Mitgliedstaats, dem der Verbraucher angehört, abzufassen, sofern es sich jeweils um eine Amtssprache der Europäischen Union handelt.

(2) Wurde das Vertragsdokument über ein bestimmtes unbewegliches Nutzungsobjekt nicht in der oder einer zu den Amtssprachen der Europäischen Union zählenden Sprache des Mitgliedstaats abgefasst, in dem sich das Nutzungsobjekt befindet, so ist einem Verbraucher mit Wohnsitz in Österreich zusätzlich eine beglaubigte Übersetzung des Vertragsdokuments in diese Sprache zur Verfügung zu stellen.

4. Abschnitt

Rücktritt vom Vertrag

Rücktrittsrecht und Rücktrittsfrist

§ 8. (1) Der Verbraucher kann binnen 14 Tagen ohne Angabe von Gründen von einem in § 1 genannten Vertrag oder von einem auf den Abschluss eines dieser Verträge gerichteten Vorvertrag zurücktreten.

(2) Die Frist zum Rücktritt beginnt

1. mit dem Tag des Abschlusses des Vertrags oder des verbindlichen Vorvertrags oder

2. mit dem Tag, an dem der Verbraucher das Dokument über den Vertrag oder den verbindlichen Vorvertrag erhält, sofern dieser nach dem in Z 1 genannten Zeitpunkt liegt.

(3) Hat der Verbraucher nicht nur einen Teilzeitnutzungsvertrag, sondern auch einen Tauschsystemvertrag, der ihm gleichzeitig mit dem Teilzeitnutzungsvertrag angeboten wurde, oder darauf gerichtete Vorverträge abgeschlossen, so gilt für beide Verträge nur eine einheitliche Rücktrittsfrist, für deren Berechnung allein der Teilzeitnutzungsvertrag maßgeblich ist.

Besondere Regeln bei Informationsmängeln

§ 9. (1) Wenn der Unternehmer dem Verbraucher die in § 5 Abs. 1 genannten Informationen, einschließlich des nach § 5 Abs. 2 für den jeweiligen Vertrag maßgeblichen Formblatts, nicht oder nicht vollständig in Papierform oder auf einem anderen dauerhaften Datenträger zur Verfügung gestellt hat, dies aber innerhalb von drei Monaten ab dem in § 8 Abs. 2 genannten Zeitpunkt nachholt, so beginnt die Rücktrittsfrist erst an dem Tag zu laufen, an dem der Verbraucher diese Informationen erhält. Nach dem Ablauf von drei Monaten und 14 Tagen ab dem in § 8 Abs. 2 genannten Zeitpunkt kann das Rücktrittsrecht jedoch nicht mehr ausgeübt werden.

(2) Wenn der Unternehmer dem Verbraucher entgegen § 6 Abs. 5 kein ausgefülltes Formblatt für den Rücktritt zur Verfügung gestellt hat, dies aber innerhalb eines Jahres ab dem in § 8 Abs. 2 genannten Zeitpunkt nachholt, so beginnt die Rücktrittsfrist erst an dem Tag zu laufen, an dem der Verbraucher dieses Formblatt erhält. Nach dem Ablauf von einem Jahr und 14 Tagen ab dem in § 8 Abs. 2 genannten Zeitpunkt kann das Rücktrittsrecht jedoch nicht mehr ausgeübt werden.

Form der Rücktrittserklärung

§ 10. (1) Der Rücktritt muss in Papierform oder auf einem dauerhaften Datenträger mitgeteilt werden. Die Frist ist gewahrt, wenn die Erklärung innerhalb der Rücktrittsfrist abgesendet wird.

(2) Der Verbraucher kann für den Rücktritt entweder das Formblatt gemäß Anhang V der Teilzeitnutzungs-Richtlinie 2008/122/EG verwenden oder ihn mit eigenen Worten erklären. Es genügt auch, wenn er das ihm zur Verfügung gestellte Vertragsdokument mit einem Vermerk zurückstellt, der eindeutig erkennen lässt, dass er die Aufrechterhaltung oder das Zustandekommen des Vertrags ablehnt.

Kostenfreiheit des Rücktritts

§ 11. Tritt der Verbraucher gemäß §§ 8 ff vom Vertrag zurück, so dürfen ihm keine Kosten auferlegt werden. Wurde vor dem Rücktritt bereits eine Leistung an ihn erbracht, so muss er dafür kein Entgelt entrichten.

Zahlungen des Erwerbers vor Ablauf der Rücktrittsfrist

§ 12. (1) Bei Teilzeitnutzungs-, Nutzungsvergünstigungs- und Tauschsystemverträgen werden mit dem Verbraucher vereinbarte Gegenleistungen (zum Beispiel Anzahlungen, Sicherheitsleistungen, Sperrbeträge auf Konten) vor Ablauf der Rücktrittsfrist (§§ 8, 9) nicht fällig; der Unternehmer darf sie vor Fälligkeit weder fordern noch annehmen. Ebenso dürfen entgeltwirksame Erklärungen, wie zum Beispiel ausdrückliche Schuldanerkenntnisse, in diesem Zeitraum nicht verlangt werden.

(2) Bei Vermittlungsverträgen werden mit dem Verbraucher vereinbarte Gegenleistungen (zum Beispiel Anzahlungen, Sicherheitsleistungen, Sperrbeträge auf Konten) nicht fällig, solange die Veräußerung oder der Erwerb nicht tatsächlich stattgefunden hat oder der Vermittlungsvertrag nicht anderweitig beendet wird. Der Unternehmer darf die Gegenleistungen vor Fälligkeit weder fordern noch annehmen. Ebenso dürfen entgeltwirksame Erklärungen, wie zum Beispiel ausdrückliche Schuldanerkenntnisse, in diesem Zeitraum nicht verlangt werden.

(3) Der Verbraucher kann alle Zahlungen und Leistungen, die vom Unternehmer entgegen Abs. 1 und 2 angenommen wurden, zurückfordern. Der Unternehmer hat angenommene Beträge ab dem Zahlungstag mit einem Zinssatz von 6 vH über dem jeweils geltenden Basiszinssatz zu verzinsen.

Auswirkungen des Rücktritts auf akzessorische Verträge

§ 13. Tritt der Verbraucher gemäß §§ 8 ff von einem Teilzeitnutzungs- oder Nutzungsvergünstigungsvertrag zurück, so gilt der Rücktritt auch für einen von ihm abgeschlossenen Tauschsystemvertrag oder sonstigen akzessorischen Vertrag.

Auswirkungen des Rücktritts auf Kreditverträge

§ 14. Tritt der Verbraucher gemäß §§ 8 ff von einem in § 1 genannten Vertrag zurück, bei dem das Entgelt auch nur teilweise durch einen Kredit finanziert wird, der dem Verbraucher vom Unternehmer oder einem Dritten, der mit dem Unternehmer diesbezüglich in vertraglicher Beziehung oder ständiger Geschäftsverbindung steht, gewährt wird, so gilt der Rücktritt auch für den Kreditvertrag. Der Kreditgeber hat in diesem Fall Anspruch auf Ersatz der Zahlungen, die er an öffentliche Stellen entrichtet hat und nicht zurückfordern kann, nicht aber auf sonstige Entschädigungen oder Zinsen

5. Abschnitt

Besondere Bestimmungen für Nutzungsvergünstigungsverträge

Ratenzahlungsplan

§ 15. (1) Der Verbraucher hat bei Nutzungsvergünstigungsverträgen das Entgelt entsprechend einem Ratenzahlungsplan zu leisten. Dabei ist das Gesamtentgelt in jährliche Ratenzahlungen gleicher Höhe aufzuteilen.

(2) Spätestens 14 Tage vor jedem Fälligkeitstermin hat der Unternehmer eine Zahlungsaufforderung in Papierform oder auf einem anderen dauerhaften Datenträger an den Verbraucher zu übermitteln.

(3) Der Unternehmer darf das Entgelt nur auf Grundlage des Ratenzahlungsplans nach Abs. 1 und einer entsprechenden Zahlungsaufforderung nach Abs. 2 fordern oder annehmen. § 12 Abs. 3 ist entsprechend anzuwenden.

Kündigung

§ 16. Ab Entrichtung der zweiten Ratenzahlung kann der Verbraucher den Vertrag ohne Rücksicht auf die Vereinbarungen über die Vertragsdauer jeweils zum nächsten Fälligkeitstermin kündigen. Die Kündigung muss dem Unternehmer spätestens innerhalb von 14 Tagen ab jenem Tag erklärt werden, an dem der Verbraucher die Aufforderung zur Zahlung der nächsten Rate erhält.

6. Abschnitt

Internationale Fälle

§ 17. Ist für einen in § 1 genannten Vertrag das Recht eines Staates maßgebend, der nicht der Europäischen Union angehört, so hat der Verbraucher dennoch die in diesem Bundesgesetz festgelegten Rechte, wenn

1. das Nutzungsobjekt oder eines von mehreren Nutzungsobjekten eine unbewegliche Sache ist und im Hoheitsgebiet eines Mitgliedstaates der[1] Europäischen Union liegt oder

2. der Unternehmer eine gewerbliche oder berufliche Tätigkeit in einem Mitgliedstaat der Europäischen Union ausübt oder diese Tätigkeit in irgendeiner Weise auf einen solchen Mitgliedstaat ausrichtet und der Vertrag, der sich nicht unmittelbar auf eine unbewegliche Sache bezieht, in den Bereich dieser Tätigkeit fällt.

---

[1] *Im BGBl irrtümlich "des".*

7. Abschnitt

Strafbestimmungen

§ 18. (1) Ein Unternehmer, der

1. es bei der Werbung oder bei Werbe- oder Verkaufsveranstaltungen unterlässt, die in § 3 Abs. 1 und § 4 vorgeschriebenen Informationen und Hinweise zu geben,

2. Teilzeitnutzungs- und Nutzungsvergünstigungsverträge entgegen § 3 Abs. 2 als Geldanlage bewirbt oder verkauft,

3. es entgegen § 5 Abs. 1 und 2 unterlässt, dem Verbraucher ein Formblatt mit den darin vorgeschriebenen Informationen und in der gemäß § 5 Abs. 3 vom Verbraucher gewählten Sprache auszuhändigen,

4. es unterlässt, dem Verbraucher ein Vertragsdokument mit den in § 6 vorgeschriebenen Inhalten und in der gemäß § 7 Abs. 1 vom Verbraucher gewählten Sprache zur Verfügung zu stellen,

5. es entgegen § 6 Abs. 4 unterlässt, den Verbraucher auf das Rücktrittsrecht, die Rücktrittsfrist und das Anzahlungsverbot aufmerksam zu machen,

6. es entgegen § 7 Abs. 2 unterlässt, dem Verbraucher zusätzlich eine beglaubigte Übersetzung der Vertragsurkunde auszufolgen,

begeht, sofern die Tat nicht den Tatbestand einer gerichtlich strafbaren Handlung erfüllt oder nach anderen Verwaltungsstrafbestimmungen mit strengerer Strafe bedroht ist, eine Verwaltungsübertretung und ist mit Geldstrafe bis zu 1 450 Euro zu bestrafen.

(2) Ein Unternehmer, der

1. im Fall eines Rücktritts des Verbrauchers vom Vertrag entgegen § 11 Kosten oder Entgelte für erbrachte Leistungen verlangt,

2. Zahlungen oder Leistungen entgegen § 12 Abs. 1 oder 2 vereinbart, fordert oder entgegennimmt,

begeht, sofern die Tat nicht den Tatbestand einer gerichtlich strafbaren Handlung erfüllt oder nach anderen Verwaltungsstrafbestimmungen mit strengerer Strafe bedroht ist, eine Verwaltungsübertretung und ist mit einer Geldstrafe bis zu 7 260 Euro zu bestrafen.

8. Abschnitt

Schlussbestimmungen

Inkrafttreten

§ 19. (1) Dieses Bundesgesetz tritt mit 23. Februar 2011 in Kraft. Es ist auf Teilzeitnutzungs-, Nutzungsvergünstigungs-, Tauschsystem- und Vermittlungsverträge anzuwenden, die ab diesem Zeitpunkt geschlossen werden.

(2) Das Teilzeitnutzungsgesetz, BGBl. I Nr. 32/1997, tritt mit Ablauf des 22. Februar 2011 außer Kraft. Es ist aber weiterhin auf Teilzeitnutzungsverträge anzuwenden, die vor dem 23. Februar 2011 geschlossen wurden.

(3) § 6 Abs. 1 in der Fassung des Bundesgesetzes BGBl. I Nr. 50/2016 tritt mit 1. Juli 2016 in Kraft. *(BGBl I 2016/50)*

Vollziehung

§ 20. Mit der Vollziehung dieses Bundesgesetzes ist hinsichtlich des § 18 der Bundeskanzler und im Übrigen die Bundesministerin für Justiz betraut.

Umsetzungshinweis

§ 21. Mit diesem Bundesgesetz wird die Richtlinie 2008/122/EG des Europäischen Parlaments und des Rates vom 14. Januar 2009 über den Schutz der Verbraucher im Hinblick auf bestimmte Aspekte von Teilzeitnutzungsverträgen, Verträgen über langfristige Urlaubsprodukte sowie Wiederkaufs- und Tauschverträgen, ABl. Nr. L 33 vom 3. Februar 2009, S. 10, umgesetzt.

(Anhang nicht abgedruckt)

22/1. Fern-Finanzdienstleistungs-Gesetz

BGBl I 2004/62 idF

1 BGBl I 2009/66
2 BGBl I 2015/34 (VAG 2016)
3 BGBl I 2018/17

GLIEDERUNG

STICHWORTVERZEICHNIS

(Die Zahlenangaben beziehen sich auf die Paragraphen)

Bundesgesetz über den Fernabsatz von Finanzdienstleistungen an Verbraucher (Fern-Finanzdienstleistungs-Gesetz – FernFinG)

1. Abschnitt
Allgemeine Bestimmungen

Anwendungsbereich

§ 1. Dieses Bundesgesetz gilt für Fernabsatzverträge über Finanzdienstleistungen zwischen einem Unternehmer und einem Verbraucher im Sinn des Konsumentenschutzgesetzes (KSchG), BGBl. Nr. 140/1979.

§ 2. (1) Bei Verträgen über Finanzdienstleistungen, die eine Grundvereinbarung mit daran anschließenden aufeinander folgenden Leistungen oder einer daran anschließenden Reihe von zeitlich zusammenhängenden Leistungen der gleichen Art umfassen, gelten die Bestimmungen dieses Bundesgesetzes nur für die Grundvereinbarung.

(2) Sofern die Vertragsparteien zwar keine Grundvereinbarung abgeschlossen haben, aber zwischen ihnen aufeinander folgende oder getrennte und zeitlich zusammenhängende Leistungen der gleichen Art erbracht werden, gelten die Informationspflichten der §§ 5 und 6 nur für die erste Leistung. Wenn jedoch länger als ein Jahr keine Leistung der gleichen Art erbracht wird, gelten diese Informationspflichten für die nächste Leistung.

Begriffsbestimmungen

§ 3. Im Sinn dieses Bundesgesetzes bedeuten:

1. Fernabsatzvertrag: ein Vertrag, der unter ausschließlicher Verwendung eines oder mehrerer Fernkommunikationsmittel im Rahmen eines für den Fernabsatz organisierten Vertriebs- oder Dienstleistungssystems des Unternehmers abgeschlossen wird;

2. Finanzdienstleistung: jede Bankdienstleistung sowie jede Dienstleistung im Zusammenhang mit einer Kreditgewährung, Versicherung, Altersversorgung von Einzelpersonen, Geldanlage oder Zahlung;

3. Fernkommunikationsmittel: jedes Kommunikationsmittel, das ohne gleichzeitige körperliche Anwesenheit des Unternehmers und des Verbrauchers für den Fernabsatz einer Dienstleistung zwischen den Parteien eingesetzt werden kann;

4. dauerhafter Datenträger: jedes Medium, das es dem Empfänger gestattet, an ihn persönlich gerichtete Informationen derart zu speichern, dass er sie in der Folge für eine für die Zwecke der Informationen angemessene Dauer einsehen kann, und das die unveränderte Wiedergabe der gespeicherten Informationen ermöglicht.

Unwirksame Vereinbarungen

§ 4. Soweit in Vereinbarungen zum Nachteil des Verbrauchers von den Bestimmungen dieses Bundesgesetzes abgewichen wird, sind sie unwirksam.

2. Abschnitt
Informationspflichten

Vertriebsinformationen

§ 5. (1) Dem Verbraucher sind rechtzeitig vor der Abgabe seiner Vertragserklärung (Anbot oder Annahme) folgende Informationen, deren geschäftlicher Zweck unzweideutig erkennbar sein muss, in klarer und verständlicher, dem verwendeten Fernkommunikationsmittel angepasster Art und Weise zur Verfügung zu stellen:

1. über den Unternehmer:

a) Name (Firma) und Hauptgeschäftstätigkeit des Unternehmers, die geografische Anschrift seiner Niederlassung und jede andere Anschrift, die für die Geschäftsbeziehung zwischen den Vertragsparteien maßgeblich ist;

b) Name (Firma) eines allfälligen Vertreters des Unternehmers in demjenigen Mitgliedstaat, in dem der Verbraucher seinen Wohnsitz hat, sowie die geografische Anschrift, die für die Geschäftsbeziehung zwischen dem Verbraucher und diesem Vertreter maßgeblich ist;

c) wenn der Verbraucher mit einer anderen gewerblich tätigen Person als dem Unternehmer in Geschäftsbeziehung stehen soll, Name (Firma) dieser Person, die Eigenschaft, in der sie dem Verbraucher gegenüber tätig wird, sowie die geografische Anschrift, die für die Geschäftsbeziehung zwischen dem Verbraucher und dieser Person maßgeblich ist;

d) wenn der Unternehmer in das Firmenbuch oder ein vergleichbares ausländisches öffentliches Register eingetragen ist, die Firmenbuchnummer und das Firmenbuchgericht oder das vergleichbare ausländische öffentliche Register und die in diesem Register verwendete Kennung und,

e) soweit für die Tätigkeit des Unternehmers eine Zulassung erforderlich ist, Bezeichnung und Anschrift der zuständigen Aufsichtsbehörde;

2. über die Finanzdienstleistung:

a) eine Beschreibung der wesentlichen Merkmale der Finanzdienstleistung;

b) den Gesamtpreis, den der Verbraucher dem Unternehmer für die Finanzdienstleistung schuldet, einschließlich aller damit verbundenen Provisionen, Gebühren und Abgaben sowie aller über den Unternehmer abgeführten Steuern, oder, wenn kein genauer Preis angegeben werden kann, die Grundlage für seine Berechnung, die dem Verbraucher eine Überprüfung des Preises ermöglicht;

c) gegebenenfalls einen Hinweis darauf, dass sich die Finanzdienstleistung auf Finanzinstrumente bezieht, die wegen ihrer spezifischen Merkmale oder der durchzuführenden Vorgänge mit speziellen Risiken behaftet sind oder deren Preis Schwankungen auf dem Finanzmarkt unterliegt, auf die der Unternehmer keinen Einfluss hat, sowie einen Hinweis darauf, dass in der Vergangenheit erwirtschaftete Erträge kein Indikator für künftige Erträge sind;

d) einen Hinweis auf mögliche weitere Steuern oder Kosten, die nicht über den Unternehmer abgeführt oder von ihm in Rechnung gestellt werden;

e) eine allfällige Beschränkung des Zeitraums, in dem die zur Verfügung gestellten Informationen gültig sind;

f) Einzelheiten der Zahlung und der Erfüllung sowie

g) alle besonderen zusätzlichen Kosten, die der Verbraucher für die Benutzung des Fernkommunikationsmittels zu tragen hat, wenn solche zusätzliche Kosten in Rechnung gestellt werden;

3. über den Fernabsatzvertrag:

a) Bestehen oder Nichtbestehen eines Rücktrittsrechts nach § 8, die Frist und Modalitäten für dessen Ausübung einschließlich des Betrags, den der Verbraucher gegebenenfalls gemäß § 12 zu entrichten hat, sowie die Folgen der Nichtausübung des Rechts;

b) die Mindestlaufzeit des Vertrags, wenn dieser die Erbringung einer dauernden oder regelmäßig wiederkehrenden Finanzdienstleistung zum Inhalt hat;

c) Angaben zum Recht der Parteien, den Vertrag auf Grund der Vertragsbedingungen zu kündigen, einschließlich aller Reugelder oder sonstigen Belastungen, die in einem solchen Fall auferlegt werden;

d) praktische Hinweise zur Ausübung des Rücktrittsrechts einschließlich der Anschrift, an die die Rücktrittserklärung zu senden ist;

e) das Recht, das der Unternehmer der Aufnahme von Beziehungen zum Verbraucher vor Abschluss des Vertrags zu Grunde legt;

f) beabsichtigte vertragliche Vereinbarungen über das auf den Vertrag anzuwendende Recht und über die gerichtliche Zuständigkeit und

g) Angaben darüber, in welchen Sprachen die Informationen und Vertragsbedingungen mitgeteilt werden, sowie darüber, welche Sprachen der Unternehmer für die Kommunikation mit dem Verbraucher mit dessen Zustimmung während der Laufzeit des Vertrags zu verwenden verspricht;

4. über Rechtsbehelfe:

a) Angaben über den Zugang des Verbrauchers zu außergerichtlichen Beschwerde- oder Schlichtungsverfahren und die Voraussetzungen für diesen Zugang sowie

b) Angaben über das Bestehen eines Garantiefonds oder anderer Entschädigungsregelungen, die nicht unter die Richtlinie 94/19/EG über Einlagensicherungssysteme, ABl. Nr. L 135 vom 31. Mai 1994, S. 5, und die Richtlinie 97/9/EG über Systeme für die Entschädigung der Anleger, ABl. Nr. L 84 vom 26. März 1997, S. 22, fallen.

(2) Die Informationen nach Abs. 1 müssen im Einklang mit jenem Recht stehen, dessen Anwendbarkeit auf den Vertrag im Falle seines Abschlusses anzunehmen ist.

(3) Sonstige Informationspflichten bleiben unberührt.

(4) Abs. 1 Z 1, Z 2 lit. a und b, Z 3 lit. b, c, f und g sowie Z 4 lit. a finden auf Zahlungsdienste (§ 1 Abs. 2 des Zahlungsdienstegesetzes 2018 – ZaDiG 2018, BGBl. I Nr. 17/2018) keine Anwendung. *(BGBl I 2018/17, ab 1. 6. 2018)*

Informationen bei Ferngesprächen mit Verbrauchern

§ 6. (1) Bei Ferngesprächen mit Verbrauchern sind der Name oder die Firma des Unternehmers und der geschäftliche Zweck eines von diesem initiierten Anrufs zu Beginn eines jeden Gesprächs klar und verständlich offen zu legen.

(2) Sofern der Verbraucher dem ausdrücklich zugestimmt hat, müssen ihm bei Ferngesprächen nur folgende Informationen rechtzeitig vor Abgabe seiner Vertragserklärung (§ 5) übermittelt werden:

1. Name (Firma) der Kontaktperson des Verbrauchers und deren Verbindung zum Unternehmer;

2. Beschreibung der Hauptmerkmale der Finanzdienstleistung;

3. Gesamtpreis, den der Verbraucher dem Unternehmer für die Finanzdienstleistung schuldet, einschließlich aller damit verbundenen Provisionen, Gebühren und Abgaben sowie aller über den Unternehmer abgeführten Steuern, oder, wenn kein genauer Preis angegeben werden kann, die Grundlage für seine Berechnung, die dem Verbraucher eine Überprüfung des Preises ermöglicht;

4. ein Hinweis auf mögliche weitere Steuern oder Kosten, die nicht über den Unternehmer abgeführt oder von ihm in Rechnung gestellt werden, und

5. Bestehen oder Nichtbestehen eines Rücktrittsrechts nach § 8 sowie die Frist und Modalitäten

für dessen Ausübung einschließlich des Betrags, den der Verbraucher gegebenenfalls gemäß § 12 zu entrichten hat.

(3) Der Verbraucher ist bei Ferngesprächen ferner darüber zu informieren, dass auf Wunsch weitere Informationen übermittelt werden können, und welcher Art diese Informationen sind. Der Unternehmer hat jedenfalls dann sämtliche Informationen zu erteilen, wenn er seiner Verpflichtung nach § 7 nachkommt.

(4) Sonstige Informationspflichten bleiben unberührt.

Übermittlung der Vertragsbedingungen und Vertriebsinformationen

§ 7. (1) Der Unternehmer hat dem Verbraucher rechtzeitig vor Abgabe seiner Vertragserklärung alle Vertragsbedingungen sowie die in § 5 genannten Informationen in Papierform oder auf einem anderen dauerhaften Datenträger, der dem Verbraucher zur Verfügung steht und zu dem er Zugang hat, zu übermitteln.

(2) Sofern der Vertrag auf Ersuchen des Verbrauchers mittels eines Fernkommunikationsmittels geschlossen wurde, das die Vorlage der Vertragsbedingungen und Informationen gemäß Abs. 1 nicht gestattet, hat der Unternehmer der Verpflichtung nach Abs. 1 unverzüglich nach Abschluss des Fernabsatzvertrages nachzukommen.

(3) Der Verbraucher kann zu jedem Zeitpunkt des Vertragsverhältnisses die Vorlage der Vertragsbedingungen in Papierform verlangen. Er ist zudem berechtigt, ein anderes Fernkommunikationsmittel zu verwenden, es sei denn, dass dies mit dem abgeschlossenen Vertrag oder der Art der erbrachten Finanzdienstleistung unvereinbar ist.

3. Abschnitt
Rücktritt vom Vertrag

Rücktrittsrecht

§ 8. (1) Der Verbraucher kann vom Vertrag oder seiner Vertragserklärung bis zum Ablauf der in Abs. 2 genannten Fristen zurücktreten.

(2) Die Rücktrittsfrist beträgt 14 Tage, bei Lebensversicherungen im Sinn der „Richtlinie 2009/138/EG betreffend die Aufnahme und Ausübung der Versicherungs- und Rückversicherungstätigkeit (Solvabilität II) (Neufassung), ABl. Nr. L 335 vom 17.12.2009 S. 1, zuletzt geändert durch die Richtlinie 2014/51/EU, ABl. Nr. L 153 vom 22.05.2014 S. 1," und bei Fernabsatzverträgen über die Altersversorgung von Einzelpersonen aber 30 Tage. Die Frist ist jedenfalls gewahrt, wenn der Rücktritt schriftlich oder auf einem anderen, dem Empfänger zur Verfügung stehenden und zugänglichen dauerhaften Datenträger erklärt und diese Erklärung vor dem Ablauf der Frist abgesendet wird. *(BGBl I 2015/34, ab 1. 1. 2016)*

(3) Die Rücktrittsfrist beginnt mit dem Tag des Vertragsabschlusses. Bei Lebensversicherungen (Abs. 2) beginnt die Frist mit dem Zeitpunkt, zu dem der Verbraucher über den Abschluss des Vertrags informiert wird.

(4) Hat aber der Verbraucher die Vertragsbedingungen und Vertriebsinformationen erst nach Vertragsabschluss erhalten, so beginnt die Rücktrittsfrist mit dem Erhalt aller dieser Bedingungen und Informationen.

(5) Innerhalb der Rücktrittsfrist darf mit der Erfüllung des Vertrags erst nach ausdrücklicher Zustimmung des Verbrauchers begonnen werden.

§ 9. Hat der Verbraucher im Zusammenhang mit einem Fernabsatzvertrag über eine Finanzdienstleistung einen anderen Fernabsatzvertrag über Dienstleistungen des Unternehmers oder eines Dritten auf Grundlage einer Vereinbarung zwischen dem Dritten und dem Unternehmer abgeschlossen, so gilt der Rücktritt vom Vertrag über die Finanzdienstleistung auch für diesen zusätzlichen Vertrag.

Ausnahmen vom Rücktrittsrecht

§ 10. Der Verbraucher hat kein Rücktrittsrecht bei

1. Verträgen über Finanzdienstleistungen, deren Preis auf dem Finanzmarkt Schwankungen unterliegt, auf die der Unternehmer keinen Einfluss hat und die innerhalb der Rücktrittsfrist auftreten können, insbesondere über Dienstleistungen im Zusammenhang mit

a) Devisen,

b) Geldmarktinstrumenten,

c) handelbaren Wertpapieren,

d) Anteilen an Anlagegesellschaften,

e) Finanztermingeschäften (Futures) einschließlich gleichwertiger Instrumente mit Barzahlung,

f) Zinstermingeschäften (FRA),

g) Zins- und Devisenswaps sowie Swaps auf Aktien- oder Aktienindexbasis („Equity Swaps") sowie

h) Kauf- oder Verkaufsoptionen auf alle in lit. a bis g genannten Instrumente einschließlich gleichwertiger Instrumente mit Barzahlung, wie insbesondere Devisen- und Zinsoptionen;

2. Verträgen über Reise- und Gepäckversicherungen oder ähnliche kurzfristige Versicherungen mit einer Laufzeit von weniger als einem Monat und

3. Verträgen, die mit ausdrücklicher Zustimmung des Verbrauchers von beiden Seiten bereits

voll erfüllt wurden, bevor der Verbraucher sein Rücktrittsrecht ausübt.

§ 11. Die §§ 8 bis 10 gelten nicht für Kreditverträge, die gemäß § 5h KSchG oder § 9 des Teilzeitnutzungsgesetzes, BGBl. I Nr. 32/1997, aufgelöst wurden.

§ 12. (1) Tritt der Verbraucher nach § 8 zurück, so kann der Unternehmer von ihm lediglich die unverzügliche Zahlung des Entgelts für die vertragsgemäß tatsächlich bereits erbrachte Dienstleistung verlangen. Der zu zahlende Betrag darf nicht höher sein, als es dem Anteil der bereits erbrachten Dienstleistungen im Verhältnis zum Gesamtumfang der vertraglich vereinbarten Dienstleistungen entspricht. Der Unternehmer kann die Zahlung dieses Entgelts nur verlangen, wenn er die Informationspflicht nach § 5 Abs. 1 Z 3 lit. a erfüllt hat und wenn der Verbraucher dem Beginn der Erfüllung des Vertrags vor Ende der Rücktrittsfrist ausdrücklich zugestimmt hat.

(2) Tritt der Verbraucher nach § 8 vom Vertrag zurück, so hat

1. der Unternehmer dem Verbraucher unverzüglich, spätestens aber binnen 30 Tagen ab Erhalt der Rücktrittserklärung, jeden Betrag, den er von diesem vertragsgemäß erhalten hat, abzüglich des in Abs. 1 genannten Betrags, zu erstatten;

2. der Verbraucher unverzüglich, spätestens aber innerhalb von 30 Tagen ab Absendung der Rücktrittserklärung, dem Unternehmer von diesem erhaltene Geldbeträge und Gegenstände zurückzugeben.

4. Abschnitt
Schlussbestimmungen

In-Kraft-Treten

§ 13. „(1)“ Dieses Bundesgesetz tritt mit 1. Oktober 2004 in Kraft. Es ist auf Verträge, die vor diesem Zeitpunkt abgeschlossen wurden, nicht anzuwenden. *(BGBl I 2009/66)*

(2) § 5 Abs. 4 in der Fassung des Bundesgesetzes BGBl. I Nr. 66/2009 tritt mit 1. November 2009 in Kraft. *(BGBl I 2009/66)*

(3) § 8 Abs. 2 in der Fassung des Bundesgesetzes BGBl. I Nr. 34/2015 tritt mit 1. Jänner 2016 in Kraft. *(BGBl I 2015/34)*

(4) § 5 Abs. 4 in der Fassung des Bundesgesetzes BGBl. I Nr. 17/2018 tritt mit 1. Juni 2018 in Kraft. *(BGBl I 2018/17)*

Verweisungen

§ 14. Soweit in diesem Bundesgesetz auf andere Bundesgesetze verwiesen wird, sind diese in ihrer jeweils geltenden Fassung anzuwenden.

Vollzug

§ 15. Mit der Vollziehung dieses Bundesgesetzes ist der Bundesminister für Justiz betraut.

Hinweis auf Umsetzung

§ 16. Mit diesem Bundesgesetz wird die Richtlinie 2002/65/EG des Europäischen Parlaments und des Rates vom 23. September 2002 über den Fernabsatz von Finanzdienstleistungen an Verbraucher und zur Änderung der Richtlinie 90/619/EWG des Rates und der Richtlinien 97/7/EG und 98/27/EG, ABl. Nr. L 271 vom 9. Oktober 2002, S. 16, umgesetzt.

22/2. Verbraucherkreditgesetz

BGBl I 2010/28 (DaKRÄG) idF

1 BGBl I 2013/50 (ZVG)
2 BGBl I 2013/83 (DSG-Nov 2014; Begriffsersetzung)
3 BGBl I 2015/135 (HIKrG)
4 BGBl I 2017/93 (RW-VG)
5 BGBl I 2021/1

GLIEDERUNG

STICHWORTVERZEICHNIS

(Die Zahlenangaben beziehen sich auf die Paragraphen)

Bundesgesetz über Verbraucherkreditverträge und andere Formen der Kreditierung zu Gunsten von Verbrauchern (Verbraucherkreditgesetz – VKrG)

1. Abschnitt

Regelungsgegenstand, Begriffsbestimmungen, zwingendes Recht

Regelungsgegenstand

§ 1. Dieses Bundesgesetz regelt zur Umsetzung der Richtlinie 2008/48/EG des Europäischen Parlaments und des Rates vom 23. April 2008 über Verbraucherkreditverträge, ABl. Nr. L 133 vom 22. Mai 2008, S. 66, bestimmte Gesichtspunkte von Verbraucherkreditverträgen und anderen Formen der Kreditierung zu Gunsten von Verbrauchern, insbesondere die vorvertraglichen Pflichten des Kreditgebers, seine Pflichten beim Vertragsabschluss, die Rechte des Verbrauchers zum Rücktritt vom Vertrag, zur Kündigung des Vertrags und zur vorzeitigen Rückzahlung sowie die Pflichten von Kreditvermittlern.

Begriffsbestimmungen

§ 2. (1) Kreditgeber ist ein Unternehmer im Sinn des § 1 Abs. 1 Z 1 KSchG, der einen Kredit gewährt oder zu gewähren verspricht oder eine sonstige Kreditierung einräumt.

(2) Kreditnehmer ist ein Verbraucher im Sinn des § 1 Abs. 1 Z 2 und Abs. 3 KSchG, der einen Kredit oder eine sonstige Kreditierung in Anspruch nimmt.

(3) Verbraucherkreditvertrag (Kreditvertrag) ist ein Kreditvertrag im Sinn des § 988 ABGB, an dem ein Unternehmer als Kreditgeber und ein Verbraucher als Kreditnehmer beteiligt sind.

(4) Kreditvermittler ist eine natürliche oder juristische Person, die nicht als Kreditgeber handelt und die in Ausübung ihrer gewerblichen oder beruflichen Tätigkeit gegen ein Entgelt, das aus einer Geldzahlung oder einem sonstigen vereinbarten wirtschaftlichen Vorteil bestehen kann,

1. Verbrauchern Kreditverträge oder sonstige Kreditierungen vorstellt oder anbietet,

2. Verbrauchern bei anderen als den in Z 1 genannten Vorarbeiten zum Abschluss von Kreditverträgen oder sonstigen Kreditierungen behilflich ist oder

3. für den Kreditgeber Kreditverträge mit Verbrauchern abschließt oder bei sonstigen Kreditierungen für den Kreditgeber handelt.

(5) Gesamtkosten des Kredits für den Verbraucher sind sämtliche Kosten einschließlich der Zinsen, Provisionen etwa für die Vermittlung des Kredits, Abgaben und Kosten jeder Art — ausgenommen Notariatsgebühren —, die der Verbraucher im Zusammenhang mit dem Kreditvertrag zu zahlen hat und die dem Kreditgeber bekannt sind. Dazu zählen auch Kosten für Nebenleistungen im Zusammenhang mit dem Kreditvertrag, insbesondere Versicherungsprämien, wenn der Abschluss des Vertrags über diese Nebenleistung eine vom Kreditgeber geforderte Voraussetzung dafür ist, dass der Kredit überhaupt oder nach den vorgesehenen Vertragsbedingungen gewährt wird.

(6) Der vom Verbraucher zu zahlende Gesamtbetrag ist die Summe des Gesamtkreditbetrags und der Gesamtkosten des Kredits für den Verbraucher.

(7) Der effektive Jahreszins drückt die Gesamtkosten des Kredits für den Verbraucher als jährlichen Prozentsatz des Gesamtkreditbetrags aus (§ 27).

(8) Sollzinssatz ist der als fester oder variabler periodischer Prozentsatz ausgedrückte Zinssatz, der auf jährlicher Basis auf die in Anspruch genommenen Kreditauszahlungsbeträge angewandt wird.

(9) Ein fester Sollzinssatz liegt dann vor, wenn der Kreditgeber und der Verbraucher im Kreditvertrag einen einzigen Sollzinssatz für die gesamte Laufzeit des Kreditvertrags oder mehrere Sollzinssätze für verschiedene Teilzeiträume der Gesamtlaufzeit vereinbaren, wobei ausschließlich ein bestimmter fester Prozentsatz zugrunde gelegt wird. Sind in dem Kreditvertrag nicht alle Sollzinssätze festgelegt, so gilt der Sollzinssatz nur für diejenigen Teilzeiträume der Gesamtlaufzeit als vereinbart, für die die Sollzinssätze ausschließlich durch einen bei Abschluss des Kreditvertrags vereinbarten bestimmten festen Prozentsatz festgelegt wurden.

(10) Gesamtkreditbetrag ist die Obergrenze oder die Summe aller Beträge, die auf Grund eines Kreditvertrags zur Verfügung gestellt werden.

(11) Dauerhafter Datenträger ist jedes Medium, das es dem Verbraucher gestattet, an ihn persönlich gerichtete Informationen derart zu speichern, dass er sie in der Folge für eine den Zwecken der Informationen angemessene Dauer einsehen kann, und das die unveränderte Wiedergabe der gespeicherten Informationen ermöglicht.

(12) Fremdwährungskredit ist ein Kredit, der dem Verbraucher ganz oder teilweise in einer anderen Währung als in Euro gewährt wird.

(13) Kredit mit Tilgungsträger ist ein Kredit, bei dem die Zahlungen des Verbrauchers zunächst nicht der Tilgung des Kreditbetrags, sondern der Bildung von Kapital auf einem Tilgungsträger dienen und vorgesehen ist, dass der Kredit später zumindest teilweise mit Hilfe des Tilgungsträgers zurückgezahlt wird. Tilgungsträger können Wertpapiere, Kapitallebensversicherungen oder sonstige Finanzprodukte sein.

Unwirksame Vereinbarungen

§ 3. Soweit in Vereinbarungen zum Nachteil des Verbrauchers von den Bestimmungen dieses Bundesgesetzes abgewichen wird, sind sie unwirksam.

2. Abschnitt

Verbraucherkreditverträge

Anwendungsbereich

§ 4. (1) Dieser Abschnitt gilt für Verbraucherkreditverträge (Kreditverträge) mit einem Gesamtkreditbetrag von zumindest 200 Euro.

(2) Dieser Abschnitt gilt nicht für Kreditverträge,

1. bei denen der Kredit binnen drei Monaten zurückzuzahlen ist und nur geringe Kosten anfallen,

2. bei denen der Kreditnehmer nur mit einer dem Kreditgeber übergebenen Sache haftet,

3. die zwischen Arbeitgebern und Arbeitnehmern als Nebenleistung aus dem Arbeitsverhältnis zu einem effektiven Jahreszins unter dem marktüblichen Zins geschlossen werden,

4. die in Gestalt eines vor einem Gericht oder einer sonstigen staatlichen Einrichtung geschlossenen Vergleichs oder als dessen Ergebnis geschlossen werden,

5. die mit einem begrenzten Kundenkreis im Rahmen gesetzlicher Bestimmungen im Gemeinwohlinteresse geschlossen werden, sei es zinslos oder zu einem niedrigeren als dem marktüblichen Zinssatz oder zu anderen, für den Verbraucher günstigeren als den marktüblichen Bedingungen und zu Zinssätzen, die nicht über den marktüblichen Zinssätzen liegen, *(BGBl I 2021/1, ab 1. 1. 2021, auf Kreditverträge und Kreditierungen anzuwenden, die nach dem 31. 12. 2020 geschlossen bzw gewährt werden)*

6. die durch ein Pfandrecht oder ein sonstiges Recht an einer unbeweglichen Sache oder einem Superädifikat besichert werden, *(BGBl I 2015/135, ab 21. 3. 2016)*

7. die für den Erwerb oder die Erhaltung von Eigentumsrechten an einer unbeweglichen Sache oder einem bestehenden oder geplanten Superädifikat bestimmt sind. *(BGBl I 2015/135, ab 21. 3. 2016)*

Werbung

§ 5. (1) Werden in einer Werbung für Kreditverträge Zinssätze oder sonstige, auf die Kosten eines Kredits für den Verbraucher bezogene Zahlen genannt, so muss die Werbung klar, prägnant und auffallend anhand eines repräsentativen Beispiels folgende Standardinformationen enthalten:

1. den festen oder variablen Sollzinssatz oder den festen und den variablen Sollzinssatz, zusammen mit Einzelheiten aller für den Verbraucher anfallenden, in die Gesamtkosten des Kredits einbezogenen Kosten, im Fall einer Kombination von festem und variablem Sollzinssatz die Geltungsdauer des festen Sollzinssatzes,

2. den Gesamtkreditbetrag,

3. den effektiven Jahreszins,

4. gegebenenfalls die Laufzeit des Kreditvertrags und

5. gegebenenfalls den vom Verbraucher zu zahlenden Gesamtbetrag sowie den Betrag der Teilzahlungen.

(2) Ist der Abschluss eines Vertrags über die Inanspruchnahme einer Nebenleistung, insbesondere eines Versicherungsvertrags, im Zusammenhang mit dem Kreditvertrag eine vom Kreditgeber geforderte Voraussetzung dafür, dass der Kredit überhaupt oder nach den vorgesehenen Vertragsbedingungen gewährt wird, und können die Kosten der Nebenleistung nicht im Voraus bestimmt werden, so ist auf die Verpflichtung zum Abschluss jenes Vertrags ebenfalls klar und prägnant an optisch hervorgehobener Stelle zusammen mit dem effektiven Jahreszinssatz hinzuweisen.

Vorvertragliche Informationspflichten

§ 6. (1) Rechtzeitig bevor der Verbraucher durch einen Kreditvertrag oder ein Angebot gebunden ist, muss der Kreditgeber dem Verbraucher auf der Grundlage der vom Kreditgeber angebotenen Kreditbedingungen und gegebenenfalls der vom Verbraucher geäußerten Präferenzen und vorgelegten Auskünfte diejenigen Informationen zur Verfügung stellen, die der Verbraucher benötigt, um verschiedene Angebote zu vergleichen und eine fundierte Entscheidung über den Abschluss eines Kreditvertrags zu treffen. Diese Informationen müssen auf Papier oder einem anderen dauerhaften Datenträger mitgeteilt werden und insbesondere folgende Angaben enthalten:

1. die Art des Kredits;

2. die Identität und die Anschrift des Kreditgebers sowie gegebenenfalls die Identität und die Anschrift des beteiligten Kreditvermittlers;

3. den Gesamtkreditbetrag und die Bedingungen für die Inanspruchnahme;

4. die Laufzeit des Kreditvertrags;

5. bei verbundenen Kreditverträgen die Ware oder die Dienstleistung und den Barzahlungspreis;

6. den Sollzinssatz, die Bedingungen für die Anwendung des Sollzinssatzes und, soweit vorhanden, Indizes oder Referenzzinssätze, die auf den anfänglichen Sollzinssatz Anwendung finden, ferner die Zeiträume, die Bedingungen und die

Vorgangsweise bei der Anpassung des Sollzinssatzes; gelten abhängig von den Umständen unterschiedliche Sollzinssätze, so sind die genannten Informationen für alle anzuwendenden Sollzinssätze zur Verfügung zu stellen;

7. den effektiven Jahreszins und den vom Verbraucher zu zahlenden Gesamtbetrag, erläutert durch ein repräsentatives Beispiel unter Angabe sämtlicher in die Berechnung des Jahreszinses einfließenden Annahmen gemäß § 27; hat der Verbraucher dem Kreditgeber seine Wünsche über ein oder mehrere Elemente seines Kredits mitgeteilt, beispielsweise über die Laufzeit des Kreditvertrags oder den Gesamtkreditbetrag, so muss der Kreditgeber diese Elemente berücksichtigen; sofern ein Kreditvertrag unterschiedliche Verfahren der Inanspruchnahme mit jeweils unterschiedlichen Entgelten oder Sollzinssätzen vorsieht und der Kreditgeber die Vermutung nach Anhang I Teil II Buchstabe b in Anspruch nimmt, hat er darauf hinzuweisen, dass andere Mechanismen der Inanspruchnahme bei der Art des Kreditvertrags zu einem höheren effektiven Jahreszins führen können;

8. den Betrag, die Anzahl und die Fälligkeit der vom Verbraucher zu leistenden Zahlungen und gegebenenfalls die Reihenfolge, in der die Zahlungen auf verschiedene ausstehende Restbeträge, für die unterschiedliche Sollzinssätze gelten, zum Zweck der Rückzahlung angerechnet werden;

9. gegebenenfalls die Entgelte für die Führung eines oder mehrerer Konten für die Buchung der Zahlungsvorgänge und der in Anspruch genommenen Kreditbeträge, es sei denn, die Eröffnung eines entsprechenden Kontos ist fakultativ, zusammen mit den Entgelten für die Verwendung eines Zahlungsmittels, mit dem sowohl Zahlungsvorgänge als auch Abhebungen getätigt werden können, sonstige Entgelte auf Grund des Kreditvertrags und die Bedingungen, unter denen diese Entgelte geändert werden können;

10. gegebenenfalls einen Hinweis auf vom Verbraucher bei Abschluss des Kreditvertrags zu zahlende Notariatsgebühren;

11. gegebenenfalls die Verpflichtung, einen mit dem Kreditvertrag zusammenhängenden Vertrag, insbesondere über eine Versicherung, abzuschließen, wenn der Abschluss eines solchen Vertrags eine vom Kreditgeber geforderte Voraussetzung dafür ist, dass der Kredit überhaupt oder nach den vorgesehenen Vertragsbedingungen gewährt wird;

12. den anwendbaren Satz der Verzugszinsen und die Art seiner etwaigen Anpassung sowie gegebenenfalls anfallende Verzugskosten;

13. einen Warnhinweis über die Folgen ausbleibender Zahlungen;

14. die gegebenenfalls verlangten Sicherheiten;

15. das Bestehen oder Nichtbestehen eines Rücktrittsrechts;

16. das Recht auf vorzeitige Rückzahlung und gegebenenfalls die Informationen zum Anspruch des Kreditgebers auf Entschädigung sowie zur Art der Berechnung dieser Entschädigung gemäß § 16;

17. das Recht des Verbrauchers auf unverzügliche und unentgeltliche Verständigung gemäß § 7 Abs. 4 über das Ergebnis einer Datenbankabfrage zur Beurteilung der Kreditwürdigkeit;

18. das Recht des Verbrauchers, auf Verlangen unentgeltlich eine Kopie des Kreditvertragsentwurfs zu erhalten; diese Bestimmung gilt nicht, wenn der Kreditgeber zum Zeitpunkt des Verlangens nicht zum Abschluss eines Kreditvertrags mit dem Verbraucher bereit ist;

19. gegebenenfalls den Zeitraum, während dessen der Kreditgeber an die vorvertraglichen Informationen gebunden ist.

Für die Mitteilung der in Z 1 bis 19 angeführten Informationen ist das Informationsformular nach Anhang II („Europäische Standardinformationen für Kreditierungen nach dem Verbraucherkreditgesetz“) zu verwenden. Mit dieser Mitteilung der Standardinformationen gelten die spezifischen Informationspflichten des Kreditgebers nach diesem Absatz und nach § 5 Abs. 1 FernFinG als erfüllt. Etwaige zusätzliche Informationen des Kreditgebers für den Verbraucher, etwa Informationen nach Abs. 6 oder 7, sind in einem gesonderten Dokument zu erteilen, das dem Informationsformular nach Anhang II beigefügt werden kann.

(1a) Wird in dem Kreditvertrag auf einen Referenzwert im Sinn des Artikels 3 Absatz 1 Nummer 3 der Verordnung (EU) 2016/1011 über Indizes, die bei Finanzinstrumenten und Finanzkontrakten als Referenzwert oder zur Messung der Wertentwicklung eines Investmentfonds verwendet werden, und zur Änderung der Richtlinien 2008/48/EG und 2014/17/EU sowie der Verordnung (EU) Nr. 596/2014, ABl. Nr. L 171 vom 29.06.2016 S. 1, in der Fassung der Berichtigung ABl. Nr. L 306 vom 15.11.2016, S. 43, Bezug genommen, so hat der Kreditgeber dem Verbraucher in einem eigenen Dokument, das dem Informationsformular nach Anhang II beigefügt werden kann, den Namen des Referenzwerts und seines Administrators sowie dessen mögliche Auswirkungen auf den Verbraucher mitzuteilen. *(BGBl I 2017/93)*

(2) Bei Ferngesprächen im Sinn des § 6 FernFinG muss die nach § 6 Abs. 2 Z 2 FernFinG gebotene Beschreibung der Hauptmerkmale der Finanzdienstleistung zumindest die in Abs. 1 Z 3, 4, 5, 6 und 8 vorgesehenen Angaben und den anhand eines repräsentativen Beispiels erläuterten effektiven Jahreszins sowie den vom Verbraucher zu zahlenden Gesamtbetrag enthalten.

(3) Wurde der Vertrag auf Ersuchen des Verbrauchers mittels eines Fernkommunikationsmittels geschlossen, bei dem die Erteilung der vorvertraglichen Informationen gemäß Abs. 1 nicht möglich ist, insbesondere in dem in Abs. 2 genannten Fall, so hat der Kreditgeber dem Verbraucher unverzüglich nach Abschluss des Kreditvertrags die vollständigen vorvertraglichen Informationen mittels des Informationsformulars nach Anhang II mitzuteilen.

(4) Der Kreditgeber hat dem Verbraucher auf dessen Verlangen zusätzlich zum Informationsformular nach Anhang II unentgeltlich eine Kopie des Kreditvertragsentwurfs zur Verfügung zu stellen. Diese Bestimmung gilt nicht, wenn der Kreditgeber zum Zeitpunkt des Verlangens nicht zum Abschluss eines Kreditvertrags mit dem Verbraucher bereit ist.

(5) Der Kreditgeber hat dem Verbraucher angemessene Erklärungen zu geben, gegebenenfalls durch Erläuterung der vorvertraglichen Informationen gemäß Abs. 1, der Hauptmerkmale der angebotenen Produkte und der möglichen spezifischen Auswirkungen der Produkte auf den Verbraucher, einschließlich der Konsequenzen bei Zahlungsverzug des Verbrauchers, damit der Verbraucher in die Lage versetzt wird, zu beurteilen, ob der Vertrag seinen Bedürfnissen und seiner wirtschaftlichen Lage entspricht.

(6) Bei einem Kredit mit Tilgungsträger muss aus den nach Abs. 1 zur Verfügung gestellten vorvertraglichen Informationen klar und prägnant hervorgehen, welche Risiken mit einem solchen Kredit im Vergleich mit einem Ratenkredit verbunden sind und dass im Besonderen der Kreditvertrag oder der Vertrag über den Tilgungsträger keine Garantie für die Rückzahlung des auf Grund des Kreditvertrags in Anspruch genommenen Gesamtbetrags vorsieht, es sei denn, eine solche Garantie wird gegeben. Wird der Vertrag über den Tilgungsträger mit dem Kreditgeber selbst abgeschlossen oder von diesem vermittelt, so müssen diese Informationen überdies eine grafische Darstellung der bisherigen Wertentwicklung des Tilgungsträgers über einen Zeitraum, der das vom Verbraucher zu tragende Veranlagungsrisiko anschaulich verdeutlicht, sowie eine tabellarische prozentmäßige und – sofern möglich – auch betragsmäßige Darstellung sämtlicher Kosten des Tilgungsträgers enthalten.

(7) Bei einem Fremdwährungskredit müssen aus den nach Abs. 1 zur Verfügung gestellten vorvertraglichen Informationen das mit der anderen Währung verbundene Wechselkurs- und Zinsänderungsrisiko sowie alle gegenüber einem gleichartigen Kredit in Euro zusätzlich anfallenden Kosten klar und prägnant hervorgehen. Die Information über das Wechselkurs- und Zinsänderungsrisiko muss auch eine grafische Darstellung der Entwicklung des Wechselkurses im Verhältnis zum Euro seit dessen Bestehen, höchstens aber für die letzten zehn Jahre, bei einem Kredit ohne festen Sollzinssatz eine grafische Darstellung der Entwicklung des für Änderungen des Sollzinssatzes maßgeblichen Referenzzinssatzes seit dessen Veröffentlichung, höchstens aber für die letzten zehn Jahre, sowie ein Rechenbeispiel enthalten, in dem unter Zugrundelegung der Schwankungsneigung der anderen Währung die Risiken des Fremdwährungskredits anschaulich verdeutlicht werden.

(8) Die in den Abs. 1 bis 7 vorgesehenen Informationspflichten gelten auch für den Kreditvermittler, sofern es sich bei diesem nicht um einen an der Kreditvermittlung nur in untergeordneter Funktion beteiligten Warenlieferanten oder Dienstleistungserbringer handelt.

Prüfung der Kreditwürdigkeit des Verbrauchers

§ 7. (1) Vor Abschluss des Kreditvertrags hat der Kreditgeber die Kreditwürdigkeit des Verbrauchers anhand ausreichender Informationen zu prüfen, die er – soweit erforderlich – vom Verbraucher verlangt; erforderlichenfalls hat er auch Auskünfte aus einer zur Verfügung stehenden Datenbank einzuholen.

(2) Wenn diese Prüfung erhebliche Zweifel an der Fähigkeit des Verbrauchers ergibt, seine Pflichten aus dem Kreditvertrag vollständig zu erfüllen, hat der Kreditgeber den Verbraucher auf diese Bedenken gegen dessen Kreditwürdigkeit hinzuweisen.

(3) Sofern Kreditgeber und Verbraucher übereinkommen, den Gesamtkreditbetrag nach Abschluss des Kreditvertrags zu ändern, hat der Kreditgeber die ihm zur Verfügung stehenden Finanzinformationen über den Verbraucher auf neuen Stand zu bringen und die Kreditwürdigkeit des Verbrauchers vor jeder deutlichen Erhöhung des Gesamtkreditbetrags zu prüfen. Abs. 2 gilt entsprechend.

(4) Wird ein Kreditantrag auf Grund einer Datenbankabfrage abgelehnt, so hat der Kreditgeber den Verbraucher unverzüglich und unentgeltlich über das Ergebnis dieser Abfrage und über die Angaben der betreffenden Datenbank zu informieren, es sei denn, dies liefe Zielen der öffentlichen Ordnung oder der öffentlichen Sicherheit zuwider. „Die Bestimmungen der Verordnung (EU) 2016/679 zum Schutz natürlicher Personen bei der Verarbeitung personenbezogener Daten, zum freien Datenverkehr und zur Aufhebung der Richtlinie 95/46/EG (Datenschutz-Grundverordnung), ABl. Nr. L 119 vom 4.5.2016 S. 1, in der Fassung der Berichtigung ABl. Nr. L 127 vom 23.5.2018 S. 2, bleiben unberührt.“ *(BGBl I 2021/1, ab 1. 1. 2021)*

(5) *(entfällt, BGBl I 2021/1, ab 1. 1. 2021)*

Zugang zu Datenbanken

§ 8. Bei grenzüberschreitenden Krediten ist der Zugang zu Datenbanken, die zur Bewertung der Kreditwürdigkeit des Verbrauchers verwendet werden, ohne Diskriminierung auch Kreditgebern aus anderen Mitgliedstaaten der Europäischen Union oder anderen Vertragsstaaten des Abkommens über den Europäischen Wirtschaftsraum zu gewähren. „Die Bestimmungen der Datenschutz-Grundverordnung bleiben unberührt.“ *(BGBl I 2021/1, ab 1. 1. 2021)*

Zwingende Angaben in Kreditverträgen

§ 9. (1) Unbeschadet der Wirksamkeit des Rechtsgeschäfts sind Kreditverträge auf Papier oder auf einem anderen dauerhaften Datenträger zu erstellen. Der Kreditgeber hat allen Vertragsparteien unverzüglich nach Vertragsabschluss eine Ausfertigung des Kreditvertrags zur Verfügung zu stellen.

(2) Im Kreditvertrag ist klar und prägnant Folgendes anzugeben:

1. die Art des Kredits;

2. die Identität und die Anschriften der Vertragsparteien sowie gegebenenfalls die Identität und die Anschrift des beteiligten Kreditvermittlers;

3. die Laufzeit des Kreditvertrags;

4. der Gesamtkreditbetrag und die Bedingungen für die Inanspruchnahme;

5. bei verbundenen Kreditverträgen die Ware oder die Dienstleistung und der Barzahlungspreis;

6. der Sollzinssatz, die Bedingungen für die Anwendung des Sollzinssatzes und, soweit vorhanden, Indizes oder Referenzzinssätze, die sich auf den anfänglichen Sollzinssatz beziehen, ferner die Zeiträume, die Bedingungen und die Vorgangsweise bei der Anpassung des Sollzinssatzes; gelten unter verschiedenen Umständen unterschiedliche Sollzinssätze, so sind die genannten Informationen für alle anzuwendenden Sollzinssätze zu erteilen;

7. der effektive Jahreszins unter Angabe aller in dessen Berechnung einfließenden Annahmen gemäß § 27 und der vom Verbraucher zu zahlende Gesamtbetrag, berechnet zum Zeitpunkt des Abschlusses des Kreditvertrags;

8. der Betrag, die Anzahl und die Fälligkeit der vom Verbraucher zu leistenden Zahlungen und gegebenenfalls die Reihenfolge, in der die Zahlungen auf verschiedene ausstehende Restbeträge, für die unterschiedliche Sollzinssätze gelten, zum Zweck der Rückzahlung angerechnet werden;

9. im Fall der Kredittilgung bei einem Kreditvertrag mit fester Laufzeit das Recht des Verbrauchers, auf Verlangen kostenlos und zu jedem beliebigen Zeitpunkt während der Gesamtlaufzeit des Kreditvertrags eine Aufstellung in Form eines Tilgungsplans zu erhalten (§ 10);

10. sofern die Zahlung von Entgelten und Zinsen ohne Kapitaltilgung vorgesehen ist, eine Aufstellung der Zeiträume und Bedingungen für die Zahlung der Sollzinsen und der damit verbundenen wiederkehrenden und nicht wiederkehrenden Entgelte;

11. gegebenenfalls die Entgelte für die Führung eines oder mehrerer Konten für die Buchung der Zahlungsvorgänge und der in Anspruch genommenen Kreditbeträge, es sei denn, die Eröffnung eines Kontos ist fakultativ, zusammen mit den Entgelten für die Verwendung eines Zahlungsmittels, mit dem sowohl Zahlungsvorgänge als auch Abhebungen getätigt werden können, sonstige Entgelte auf Grund des Kreditvertrags und die Bedingungen, unter denen diese Entgelte geändert werden können;

12. der Verzugszinssatz gemäß der zum Zeitpunkt des Abschlusses des Kreditvertrags geltenden Regelung und die Art seiner etwaigen Anpassung sowie gegebenenfalls anfallende Verzugskosten;

13. ein Warnhinweis über die Folgen ausbleibender Zahlungen;

14. gegebenenfalls ein Hinweis auf anfallende Notariatsgebühren;

15. gegebenenfalls die verlangten Sicherheiten und Versicherungen;

16. das Bestehen oder Nichtbestehen eines Rücktrittsrechts sowie die Frist und die anderen Modalitäten für die Ausübung des Rücktrittsrechts, einschließlich der Angaben zu der Verpflichtung des Verbrauchers, das in Anspruch genommene Kapital zurückzuzahlen, den Zinsen gemäß § 12 Abs. 3 und der Höhe der Zinsen pro Tag;

17. Informationen über die aus § 13 erwachsenden Rechte und über die Bedingungen für die Ausübung dieser Rechte;

18. das Recht auf vorzeitige Rückzahlung, das Verfahren bei vorzeitiger Rückzahlung und gegebenenfalls Informationen über den Anspruch des Kreditgebers auf Entschädigung sowie über die Art der Berechnung dieser Entschädigung;

19. die einzuhaltenden Modalitäten bei der Ausübung des Rechts auf Kündigung des Kreditvertrags;

20. die Angabe, ob der Verbraucher Zugang zu einem außergerichtlichen Beschwerde- oder Schlichtungsverfahren hat, und gegebenenfalls die Voraussetzungen für diesen Zugang;

21. gegebenenfalls weitere Vertragsbedingungen;

22. gegebenenfalls der Name und die Anschrift der zuständigen Aufsichtsbehörde.

(3) Bei einem Kredit mit Tilgungsträger muss aus dem Kreditvertrag überdies klar und prägnant hervorgehen, welche Risiken mit einem solchen Kredit im Vergleich mit einem Ratenkredit verbunden sind und dass im Besonderen der Kreditvertrag oder der Vertrag über den Tilgungsträger keine Garantie für die Rückzahlung des auf Grund des Kreditvertrags in Anspruch genommenen Gesamtbetrags vorsieht, es sei denn, eine solche Garantie wird gegeben. Wird der Vertrag über den Tilgungsträger mit dem Kreditgeber selbst abgeschlossen oder von diesem vermittelt, so muss der Kreditvertrag außerdem die in § 6 Abs. 6 zweiter Satz genannten Informationen enthalten.

(4) Bei einem Fremdwährungskredit muss der Kreditvertrag auch die in § 6 Abs. 7 genannten Informationen über das mit der anderen Währung verbundene Wechselkurs- und Zinsänderungsrisiko sowie über die zusätzlich anfallenden Kosten enthalten.

(5) Bei den nachstehend angeführten Mängeln im Kreditvertrag gilt Folgendes:

1. Enthält der Kreditvertrag keine Angaben zum Sollzinssatz, zum effektiven Jahreszins oder zu dem vom Verbraucher zu zahlenden Gesamtbetrag, so gilt der in § 1000 Abs. 1 ABGB genannte Zinssatz als vereinbarter Sollzinssatz, sofern nicht ein niedrigerer Sollzinssatz vereinbart war. Bei einem Ratenkredit hat der Kreditgeber die dadurch verminderten Teilzahlungen zu berechnen und dem Verbraucher bekanntzugeben.

2. Ist im Kreditvertrag der effektive Jahreszins zu niedrig angegeben, so gilt ein Sollzinssatz als vereinbart, der dieser Angabe unter Berücksichtigung der sonstigen Vertragsinhalte entspricht. Z 1 zweiter Satz gilt entsprechend.

3. Enthält der Kreditvertrag keine Angaben zu den Bedingungen, unter denen der Sollzinssatz oder sonstige Entgelte geändert werden können, so kann der Kreditgeber solche Änderungen zum Nachteil des Verbrauchers nicht vornehmen.

4. Enthält der Kreditvertrag keine Angaben zum Recht auf vorzeitige Rückzahlung oder zum Anspruch auf Entschädigung, so kann der Kreditgeber keine Entschädigung verlangen.

Die in Z 1 bis 4 genannten Rechtsfolgen treten nicht ein, wenn der Verbraucher die im Kreditvertrag fehlenden oder unrichtig angegebenen Informationen den späteren vertraglichen Vereinbarungen entsprechend bereits im Rahmen der vorvertraglichen Information nach § 6 Abs. 1 erhalten hat.

Tilgungsplan

§ 10. (1) Bei einem Kreditvertrag mit fester Laufzeit hat der Kreditgeber dem Verbraucher auf dessen Verlangen kostenlos und zu jedem beliebigen Zeitpunkt während der Gesamtlaufzeit des Kreditvertrags eine Aufstellung in Form eines Tilgungsplans zur Verfügung zu stellen.

(2) Aus dem Tilgungsplan muss hervorgehen, welche Zahlungen in welchen Zeitabständen zu leisten sind und welche Bedingungen für diese Zahlungen gelten. In dem Plan sind die einzelnen periodischen Rückzahlungen nach der Kredittilgung, den nach dem Sollzinssatz berechneten Zinsen und allfälligen zusätzlichen Kosten aufzuschlüsseln. Im Fall eines Kreditvertrags, bei dem kein fester Zinssatz vereinbart wurde oder die zusätzlichen Kosten geändert werden können, ist im Tilgungsplan klar und prägnant anzugeben, dass die Daten im Tilgungsplan nur bis zur nächsten Änderung des Sollzinssatzes oder der zusätzlichen Kosten gemäß dem Kreditvertrag Gültigkeit haben.

Änderung des Sollzinssatzes; Kontomitteilung

§ 11. (1) Bevor eine Änderung des Sollzinssatzes wirksam wird, hat der Kreditgeber den Verbraucher auf Papier oder einem anderen dauerhaften Datenträger über den angepassten Sollzinssatz, die angepasste Höhe der Teilzahlungen sowie über allfällige Änderungen in der Anzahl oder der Fälligkeit der Teilzahlungen zu informieren. Eine Änderung des Sollzinssatzes zum Nachteil des Verbrauchers wird diesem gegenüber erst wirksam, wenn ihm der Kreditgeber die vorgenannten Informationen zur Verfügung gestellt hat.

(2) Geht die Änderung des Sollzinssatzes auf die Änderung eines Referenzzinssatzes zurück und wird der neue Referenzzinssatz auf geeigneten Wegen öffentlich zugänglich gemacht, so können die Vertragsparteien einen von Abs. 1 abweichenden Zeitpunkt für die Wirksamkeit der Änderung des Sollzinssatzes vereinbaren. In diesen Fällen muss der Vertrag eine Pflicht des Kreditgebers vorsehen, dem Verbraucher die Information nach Abs. 1 in regelmäßigen Zeitabständen zu übermitteln. Außerdem muss der Verbraucher die Höhe des Referenzzinssatzes in den Geschäftsräumen des Kreditgebers einsehen können.

(3) Die periodische Zahlungspflicht des Verbrauchers ist bei einer Änderung des Sollzinssatzes so anzupassen, dass der vom Verbraucher zu zahlende Gesamtbetrag innerhalb der ursprünglich vereinbarten Laufzeit zur Gänze beglichen ist. Eine abweichende Vereinbarung ist zulässig, wenn sie im Einzelnen ausgehandelt wird.

(4) Der Kreditgeber hat dem Verbraucher in jedem ersten Vierteljahr eines Kalenderjahres eine Kontomitteilung auszuhändigen, in der zum Stichtag 31. Dezember des jeweiligen Vorjahres zumindest die Summe der vom Verbraucher geleisteten Zahlungen, die Summe der Belastungen sowie die aushaftenden Salden enthalten sind.

Rücktrittsrecht

§ 12. (1) Der Verbraucher kann von einem Kreditvertrag innerhalb von vierzehn Tagen ohne Angabe von Gründen zurücktreten. Die Frist für die Ausübung des Rücktrittsrechts beginnt mit dem Tag, an dem der Kreditvertrag abgeschlossen wurde. Erhält der Verbraucher die Vertragsbedingungen und die Informationen gemäß § 9 erst später, so beginnt die Frist mit diesem Tag.

(2) Die Frist des Abs. 1 ist jedenfalls gewahrt, wenn der Rücktritt auf Papier oder einem anderen, dem Kreditgeber zur Verfügung stehenden und zugänglichen dauerhaften Datenträger erklärt und diese Erklärung vor dem Ablauf der Frist an den Kreditgeber abgesendet wird. Der Kreditgeber muss den Rücktritt jedenfalls gegen sich gelten lassen, sofern die Rücktrittserklärung den Informationen entspricht, die er selbst dem Verbraucher gemäß § 9 Abs. 2 Z 16 gegeben hat.

(3) Nach dem Rücktritt hat der Verbraucher dem Kreditgeber unverzüglich, spätestens jedoch binnen 30 Kalendertagen nach Absendung der Rücktrittserklärung, den ausbezahlten Betrag samt den seit der Auszahlung aufgelaufenen Zinsen zurückzuzahlen. Die Zinsen sind auf der Grundlage des vereinbarten Sollzinssatzes zu berechnen. Der Kreditgeber hat überdies Anspruch auf Ersatz der Zahlungen, die er an öffentliche Stellen entrichtet hat und nicht zurückverlangen kann; sonstige Entschädigungen hat der Verbraucher nicht zu leisten.

(4) Übt der Verbraucher sein Rücktrittsrecht aus, so gilt der Rücktritt auch für eine Vereinbarung über eine Restschuldversicherung oder eine sonstige Nebenleistung, die im Zusammenhang mit dem Kreditvertrag vom Kreditgeber selbst oder auf Grund einer Vereinbarung mit dem Kreditgeber von einem Dritten erbracht wird.

(5) Wenn der Verbraucher nach Abs. 1 zum Rücktritt berechtigt ist, entfällt ein Recht zum Rücktritt vom Kreditvertrag gemäß § 8 FernFinG oder § 3 Abs. 1 bis 3 KSchG.

(6) *(aufgehoben, BGBl I 2015/135, ab 21. 3. 2016)*

Verbundene Kreditverträge

§ 13. (1) Ein verbundener Kreditvertrag ist ein Kreditvertrag, der

1. ganz oder teilweise der Finanzierung eines Vertrags über die Lieferung bestimmter Waren oder die Erbringung einer bestimmten Dienstleistung dient und

2. mit dem finanzierten Vertrag objektiv betrachtet eine wirtschaftliche Einheit bildet; von einer wirtschaftlichen Einheit ist insbesondere dann auszugehen,

a) wenn der Kredit dem Verbraucher vom Warenlieferanten oder Dienstleistungserbringer selbst gewährt wird,

b) wenn sich der Kreditgeber bei der Vorbereitung oder dem Abschluss des Kreditvertrags der Mitwirkung des Warenlieferanten oder Dienstleistungserbringers bedient,

c) wenn im Kreditvertrag ausdrücklich die spezifischen Waren oder die Erbringung einer spezifischen Dienstleistung angegeben sind oder

d) wenn der Kreditgeber und der Warenlieferant oder Dienstleistungserbringer im Rahmen dieser Finanzierung zueinander in eine vertragliche Beziehung treten oder miteinander wegen derartiger Finanzierungen in ständiger Geschäftsverbindung stehen.

(2) Im Fall eines verbundenen Kreditvertrags kann der Verbraucher die Befriedigung des Kreditgebers verweigern, soweit ihm Einwendungen aus dem Rechtsverhältnis zum Lieferanten oder Dienstleistungserbringer gegen diesen zustehen und von ihm erfolglos gegen den Lieferanten oder Dienstleistungserbringer geltend gemacht wurden.

(3) Tritt der Verbraucher nach verbraucherschutzrechtlichen Vorschriften von einem Vertrag über die Lieferung von Waren oder die Erbringung von Dienstleistungen zurück, so gilt der Rücktritt auch für einen damit verbundenen Kreditvertrag. Der Kreditgeber hat in diesem Fall Anspruch auf Ersatz der Zahlungen, die er an öffentliche Stellen entrichtet hat und nicht zurückfordern kann, nicht aber auf sonstige Entschädigungen oder Zinsen.

(4) Tritt der Verbraucher gemäß § 12 vom Kreditvertrag zurück, so kann er binnen einer Woche ab Abgabe der Rücktrittserklärung von einem Vertrag über die Lieferung von Waren oder die Erbringung von Dienstleistungen zurücktreten, wenn der Kreditvertrag mit diesem Vertrag im Sinn des Abs. 1 verbunden ist. Dies gilt nicht, wenn sich die wirtschaftliche Einheit nur aus der Angabe der Waren oder der Dienstleistung im Kreditvertrag ergibt (Abs. 1 Z 2 lit. c).

(5) Die Abs. 2 bis 4 gelten nicht für Kreditverträge, die der Finanzierung des Erwerbs von Finanzinstrumenten dienen.

Kündigungsrecht und ähnliche Rechte des Kreditgebers

§ 14. (1) Der Kreditgeber kann einen auf unbestimmte Zeit geschlossenen Kreditvertrag abweichend von § 986 Abs. 2 ABGB nur kündigen, wenn dieses Recht mit dem Verbraucher vereinbart worden ist und eine zumindest zweimonatige Kündigungsfrist eingehalten wird. Die Kündigung muss dem Verbraucher auf Papier oder einem anderen dauerhaften Datenträger zugehen.

(2) Dem Kreditgeber kommt das gesetzliche Auszahlungsverweigerungsrecht nach § 991 ABGB nicht zu; er kann sich aber vertraglich das Recht vorbehalten, die Auszahlung von Kreditbeträgen, die der Verbraucher noch nicht in Anspruch genommen hat, aus sachlich gerechtfertigten Gründen zu verweigern. Beabsichtigt er, von diesem Recht Gebrauch zu machen, so hat er dies dem Verbraucher unverzüglich auf Papier oder einem anderen dauerhaften Datenträger unter Angabe der Gründe mitzuteilen. Die Angabe der Gründe hat zu unterbleiben, soweit dadurch die öffentliche Sicherheit oder Ordnung gefährdet würde.

(3) Hat der Verbraucher seine Schuld in Raten zu zahlen und hat sich der Kreditgeber für den Fall der Nichtzahlung von Teilbeträgen oder Nebenforderungen das Recht vorbehalten, die sofortige Entrichtung der gesamten noch offenen Schuld zu fordern (Terminsverlust), so darf er dieses Recht nur ausüben, wenn er selbst seine Leistungen bereits erbracht hat, zumindest eine rückständige Leistung des Verbrauchers seit mindestens sechs Wochen fällig ist sowie der Kreditgeber den Verbraucher unter Androhung des Terminsverlustes und unter Setzung einer Nachfrist von mindestens zwei Wochen erfolglos gemahnt hat.

Kündigung durch den Verbraucher

§ 15. Der Verbraucher kann einen auf unbestimmte Zeit geschlossenen Kreditvertrag jederzeit kündigen. Für die Kündigung dürfen ihm keine Kosten verrechnet werden. Eine Kündigungsfrist ist abweichend von § 986 Abs. 2 ABGB nur dann einzuhalten, wenn sie im Vertrag vereinbart wurde und einen Monat nicht übersteigt.

Vorzeitige Rückzahlung

§ 16. (1) Der Kreditnehmer hat das jederzeit ausübbare Recht, den Kreditbetrag vor Ablauf der bedungenen Zeit zum Teil oder zur Gänze zurückzuzahlen. Die vorzeitige Rückzahlung des gesamten Kreditbetrags samt Zinsen gilt als Kündigung des Kreditvertrags. „Die vom Kreditnehmer zu zahlenden Zinsen verringern sich bei vorzeitiger Kreditrückzahlung entsprechend dem dadurch verminderten Außenstand und gegebenenfalls entsprechend der dadurch verkürzten Vertragsdauer; die Kosten verringern sich verhältnismäßig.“ *(BGBl I 2021/1, ab 1. 1. 2021, auf Kreditverträge und Kreditierungen anzuwenden, die nach dem 11. 9. 2019 geschlossen bzw gewährt werden, sofern die vorzeitige Rückzahlung nach dem 31. 12. 2020 geleistet wird)*

(2) Der Kreditgeber kann vom Kreditnehmer eine angemessene und objektiv gerechtfertigte Entschädigung für den ihm aus der vorzeitigen Rückzahlung voraussichtlich unmittelbar entstehenden Vermögensnachteil verlangen. Dies gilt nicht, wenn

1. die vorzeitige Rückzahlung mit einer Versicherungsleistung aus einem Versicherungsvertrag getätigt wird, der vereinbarungsgemäß die Rückzahlung des Kredits gewährleisten soll,

2. die Rückzahlung in einen Zeitraum fällt, für den kein fester Sollzinssatz vereinbart wurde,

3. der vorzeitig zurückgezahlte Betrag 10 000 Euro innerhalb eines Zeitraums von zwölf Monaten nicht übersteigt oder

4. der Kredit in Gestalt einer Überziehungsmöglichkeit gewährt worden ist.

(3) Die Entschädigung darf die Zinsen, die der Verbraucher bis zum Ende der Laufzeit des Kreditvertrags für den betreffenden Kreditbetrag hätte zahlen müssen, nicht übersteigen. Sie darf überdies höchstens

1. 0,5% des vorzeitig zurückgezahlten Kreditbetrags, wenn der Zeitraum zwischen der vorzeitigen Rückzahlung und dem vereinbarten Ablauf des Kreditvertrags ein Jahr nicht überschreitet, und

2. 1% in allen anderen Fällen

betragen.

(4) *(aufgehoben, BGBl I 2015/135, ab 21. 3. 2016)*

(5) Bei einem Kredit mit Tilgungsträger muss der Kreditgeber auf Verlangen des Kreditnehmers auf ein vertragliches Recht hinsichtlich der auf den Tilgungsträger zu leistenden Zahlungen insoweit verzichten, als der Kreditnehmer den Kredit vorzeitig zurückzahlt.

Forderungsabtretung

§ 17. Werden die Ansprüche des Kreditgebers aus einem Kreditvertrag abgetreten oder der Kreditvertrag selbst zulässigerweise auf einen Dritten übertragen, so ist der Verbraucher darüber zu unterrichten, es sei denn, der ursprüngliche Kreditgeber tritt mit dem Einverständnis des Zessionars oder des Vertragsübernehmers dem Verbraucher gegenüber nach wie vor als Kreditgeber auf. Von § 1396 ABGB kann nicht zum Nachteil des Verbrauchers durch Vereinbarung abgewichen werden.

3. Abschnitt
Überziehungsmöglichkeiten

Definition und anwendbare Bestimmungen

§ 18. (1) Eine Überziehungsmöglichkeit ist ein ausdrücklicher Kreditvertrag, mit dem sich der Kreditgeber verpflichtet, dem Verbraucher Beträge zur Verfügung zu stellen, die das aktuelle

Guthaben auf dem laufenden Konto des Verbrauchers überschreiten.

(2) Für Überziehungsmöglichkeiten, bei denen der Kredit nach Aufforderung oder binnen drei Monaten zurückzuzahlen ist (kurzfristige Überziehungsmöglichkeiten), sind vom 2. Abschnitt nur die §§ 4, 5 Abs. 1 Z 1 bis 3 und Abs. 2, die §§ 7, 8, 9 Abs. 1 und 3 und die §§ 13 und 14 Abs. 3 mit den in den §§ 21 und 22 geregelten Besonderheiten anzuwenden. Überdies gelten für diese Überziehungsmöglichkeiten die §§ 19 und 20.

(3) Für sonstige Überziehungsmöglichkeiten ist der 2. Abschnitt mit den in den §§ 21 und 22 geregelten Besonderheiten anzuwenden.

Vorvertragliche Informationspflichten bei kurzfristigen Überziehungsmöglichkeiten

§ 19. (1) Rechtzeitig bevor der Verbraucher durch einen Kreditvertrag oder ein Angebot für einen Kreditvertrag in Form einer Überziehungsmöglichkeit gebunden ist, bei dem der Kredit nach Aufforderung oder binnen drei Monaten zurückzuzahlen ist, muss der Kreditgeber dem Verbraucher auf der Grundlage der vom Kreditgeber angebotenen Kreditbedingungen und gegebenenfalls der vom Verbraucher geäußerten Präferenzen und vorgelegten Auskünfte diejenigen Informationen zur Verfügung stellen, die der Verbraucher benötigt, um verschiedene Angebote zu vergleichen und eine fundierte Entscheidung über den Abschluss eines Kreditvertrags zu treffen. Diese Informationen müssen auf Papier oder einem anderen dauerhaften Datenträger mitgeteilt werden und insbesondere folgende Angaben – alle in gleicher Weise optisch hervorgehoben – enthalten:

1. die Art des Kredits,

2. die Identität und die Anschrift des Kreditgebers sowie gegebenenfalls die Identität und die Anschrift des beteiligten Kreditvermittlers,

3. den Gesamtkreditbetrag,

4. die Laufzeit des Kreditvertrags,

5. den Sollzinssatz, die Bedingungen für die Anwendung des Sollzinssatzes sowie Indizes oder Referenzzinssätze, die auf den anfänglichen Sollzinssatz Anwendung finden, die vom Zeitpunkt des Vertragsabschlusses des Kreditvertrags an zu zahlenden Entgelte und gegebenenfalls die Bedingungen, unter denen diese Entgelte geändert werden können,

6. den effektiven Jahreszins, erläutert anhand repräsentativer Beispiele unter Angabe sämtlicher in die Berechnung des Jahreszinses einfließenden Annahmen gemäß § 27,

7. die Bedingungen und das Verfahren zur Beendigung des Kreditvertrags,

8. gegebenenfalls den Hinweis, dass der Verbraucher jederzeit zur Rückzahlung des gesamten Kreditbetrags aufgefordert werden kann,

9. den Zinssatz, der im Verzugsfall Anwendung findet, und die Art seiner etwaigen Anpassung sowie gegebenenfalls anfallende Verzugskosten,

10. das Recht des Verbrauchers auf unverzügliche und unentgeltliche Verständigung gemäß § 7 Abs. 4 über das Ergebnis einer Datenbankabfrage zur Beurteilung seiner Kreditwürdigkeit,

11. Angaben zu den ab Abschluss des Kreditvertrags einschlägigen Kosten und, sofern zutreffend, die Bedingungen, nach denen diese Kosten geändert werden können,

12. gegebenenfalls den Zeitraum, während dessen der Kreditgeber an die vorvertraglichen Informationen gebunden ist.

Wird für die Mitteilung der in Z 1 bis 12 angeführten Informationen das Informationsformular nach Anhang III („Europäische Standardinformationen für Überziehungsmöglichkeiten nach dem Verbraucherkreditgesetz“) verwendet, so gelten die spezifischen Informationspflichten des Kreditgebers nach diesem Absatz und nach § 5 Abs. 1 FernFinG als erfüllt.

(2) Bei Ferngesprächen oder falls der Verbraucher verlangt, dass die Überziehungsmöglichkeit sofort zur Verfügung steht, muss die Beschreibung der Hauptmerkmale der Finanzdienstleistung zumindest die in Abs. 1 Z 3, 5, 6 und 8 vorgesehenen Angaben enthalten.

(3) Wurde der Vertrag auf Ersuchen des Verbrauchers mittels eines Fernkommunikationsmittels geschlossen, bei dem die Erteilung der vorvertraglichen Informationen gemäß Abs. 1 – einschließlich der in Abs. 2 genannten Fälle – nicht möglich ist, so hat der Kreditgeber unverzüglich nach Abschluss des Kreditvertrags seinen Verpflichtungen gemäß Abs. 1 nachzukommen, indem er dem Verbraucher die vertraglichen Informationen gemäß § 20 vorlegt.

(4) Der Kreditgeber hat dem Verbraucher auf dessen Verlangen zusätzlich zu den Informationen nach Abs. 1 oder 2 unentgeltlich eine Kopie des Kreditvertragsentwurfs mit den vertraglichen Informationen gemäß § 20 zur Verfügung zu stellen. Diese Bestimmung gilt nicht, wenn der Kreditgeber zum Zeitpunkt des Verlangens nicht zum Abschluss eines Kreditvertrags mit dem Verbraucher bereit ist.

(5) Die in dieser Bestimmung vorgesehenen Informationspflichten gelten auch für den Kreditvermittler, sofern es sich bei diesem nicht um einen an der Kreditvermittlung nur in untergeordneter Funktion beteiligten Warenlieferanten oder Dienstleistungserbringer handelt.

Zwingende Angaben bei kurzfristigen Überziehungsmöglichkeiten

§ 20. Bei Kreditverträgen in Form von Überziehungsmöglichkeiten, bei denen der Kredit nach Aufforderung oder binnen drei Monaten zurückzuzahlen ist, ist klar und prägnant Folgendes anzugeben:

1. die Art des Kredits;

2. die Identität und die Anschriften der Vertragsparteien sowie gegebenenfalls die Identität und die Anschrift des beteiligten Kreditvermittlers;

3. die Laufzeit des Kreditvertrags;

4. der Gesamtkreditbetrag und die Bedingungen für die Inanspruchnahme des Kredits;

5. der Sollzinssatz, die Bedingungen für die Anwendung des Sollzinssatzes und, soweit vorhanden, Indizes oder Referenzzinssätze, die sich auf den anfänglichen Sollzinssatz beziehen, ferner die Zeiträume, die Bedingungen und die Vorgangsweise bei der Anpassung des Sollzinssatzes; gelten abhängig von den Umständen unterschiedliche Sollzinssätze, so sind die genannten Informationen für alle anzuwendenden Sollzinssätze zu erteilen;

6. der effektive Jahreszins unter Angabe aller in dessen Berechnung einfließenden Annahmen gemäß § 27 und die Gesamtkosten des Kredites für den Verbraucher, berechnet zum Zeitpunkt des Abschlusses des Kreditvertrags;

7. der Hinweis, dass der Verbraucher jederzeit zur Rückzahlung des gesamten Kreditbetrags aufgefordert werden kann;

8. die einzuhaltenden Modalitäten bei der Ausübung des Rechts auf Kündigung des Kreditvertrags und

9. Angaben über die vom Zeitpunkt des Abschlusses des Kreditvertrags an einschlägigen Entgelte und, soweit zutreffend, die Bedingungen, unter denen diese Entgelte geändert werden können.

Kontoauszug

§ 21. Wird einem Verbraucher ein Kredit in Form einer Überziehungsmöglichkeit eingeräumt, so hat ihn der Kreditgeber regelmäßig mittels eines Kontoauszugs auf Papier oder einem anderen dauerhaften Datenträger zu informieren. Der Kontoauszug hat folgende Einzelheiten zu enthalten:

1. den genauen Zeitraum, auf den sich der Kontoauszug bezieht,

2. die in Anspruch genommenen Beträge und das Datum der Inanspruchnahme,

3. den Saldo sowie das Datum des letzten Kontoauszugs,

4. den neuen Saldo,

5. das jeweilige Datum und den jeweiligen Betrag der Zahlungen des Verbrauchers,

6. den angewandten Sollzinssatz,

7. etwaige erhobene Entgelte,

8. den gegebenenfalls zu zahlenden Mindestbetrag.

Informationen bei Änderung des Sollzinssatzes

§ 22. (1) Bei einem Kredit in Form einer Überziehungsmöglichkeit kann eine Erhöhung des Sollzinssatzes oder der erhobenen Entgelte erst wirksam werden, nachdem der Kreditgeber den Verbraucher auf Papier oder einem anderen dauerhaften Datenträger darüber informiert hat.

(2) Unter den Voraussetzungen des § 11 Abs. 2 kann ein abweichender Zeitpunkt für die Wirksamkeit der Änderung des Sollzinssatzes vereinbart werden, wobei die Information in Form eines Kontoauszugs gemäß § 21 zu erteilen ist.

4. Abschnitt
Überschreitungen

Definition und anwendbare Bestimmungen

§ 23. (1) Überschreitung ist eine stillschweigend akzeptierte Überziehung, bei der der Kreditgeber dem Verbraucher entgeltlich Beträge zur Verfügung stellt, die das aktuelle Guthaben auf dem laufenden Konto des Verbrauchers oder die vereinbarte Überziehungsmöglichkeit überschreiten.

(2) Für Überschreitungen von zumindest 200 Euro gilt § 24; ausgenommen sind Überschreitungen, bei denen der kreditierte Betrag binnen drei Monaten zurückzuzahlen ist und nur geringe Kosten anfallen. Der 2. Abschnitt ist auf Überschreitungen nicht anwendbar.

Zwingende Angaben im Vertrag und Informationspflichten

§ 24. (1) Ein Vertrag über die Eröffnung eines laufenden Kontos, der dem Verbraucher die Möglichkeit der Überschreitung einräumt, muss Informationen über den Sollzinssatz, über die Bedingungen für die Anwendung des Sollzinssatzes, über Indizes oder Referenzzinssätze, die auf den anfänglichen Sollzinssatz Anwendung finden, über die vom Zeitpunkt einer Überschreitung an zu zahlenden Entgelte und gegebenenfalls über die Bedingungen, unter denen diese Entgelte geändert werden können, enthalten. Der Kreditgeber muss diese Informationen in regelmäßigen Abständen auf Papier oder einem anderen dauerhaften Datenträger mitteilen.

(2) Im Fall einer erheblichen Überschreitung für die Dauer von mehr als einem Monat hat der

Kreditgeber dem Verbraucher unverzüglich auf Papier oder einem anderen dauerhaften Datenträger Folgendes mitzuteilen:

1. das Vorliegen einer Überschreitung,

2. den betreffenden Betrag,

3. den Sollzinssatz,

4. allfällige Vertragsstrafen, Entgelte oder Verzugszinsen.

5. Abschnitt

Zahlungsaufschub und sonstige Finanzierungshilfen

Anwendbare Bestimmungen

§ 25. (1) Auf Verträge, mit denen ein Unternehmer einem Verbraucher einen entgeltlichen Zahlungsaufschub oder eine sonstige entgeltliche Finanzierungshilfe gewährt, sind die Bestimmungen des 2. Abschnitts mit Ausnahme von § 11 Abs. 4 und mit den nachfolgenden Sonderregelungen anzuwenden. Von der Anwendung des 2. Abschnitts ausgenommen sind jedoch Verträge über die wiederkehrende Erbringung von Dienstleistungen oder über die Lieferung von Waren gleicher Art, bei denen der Verbraucher für die Dauer der Erbringung oder Lieferung Teilzahlungen für diese Dienstleistungen oder Waren leistet.

(2) Bei einem Zahlungsaufschub für eine bestimmte Ware oder Dienstleistung müssen die Standardinformationen in der Werbung (§ 5 Abs. 1) auch den Barzahlungspreis und die Höhe etwaiger Anzahlungen enthalten. Der Barzahlungspreis sowie die Ware oder die Dienstleistung müssen auch in den vorvertraglichen Informationen (§ 6 Abs. 1) und im Kreditvertrag (§ 9 Abs. 2) angegeben werden.

Verbraucherleasingverträge

§ 26. (1) Verträge, bei denen ein Unternehmer einem Verbraucher eine Sache entgeltlich zum Gebrauch überlässt, gelten als Finanzierungshilfe im Sinn des § 25 Abs. 1, wenn im Vertrag selbst oder in einem gesonderten Vertrag zusätzlich vereinbart ist, dass

1. der Verbraucher zum Erwerb der Sache verpflichtet ist,

2. der Unternehmer vom Verbraucher den Erwerb der Sache verlangen kann,

3. der Verbraucher bei Beendigung des Vertrags das Recht hat, die Sache zu einem bestimmten Preis zu erwerben, und er, falls er dieses Recht nicht ausübt, dem Unternehmer dafür einzustehen hat, dass die Sache diesen Wert hat, oder

4. der Verbraucher dem Unternehmer bei Beendigung des Vertrags für einen bestimmten Wert der Sache einzustehen hat, ohne dass ihm das Recht eingeräumt wird, die Sache zu erwerben.

(2) Für Verbraucherleasingverträge gilt § 25 Abs. 2 entsprechend; als Barzahlungspreis gilt der vom Unternehmer für den Erwerb der Sache zu zahlende Kaufpreis. Bei Erfüllung seiner Informationspflicht nach § 6 hat der Unternehmer den Verbraucher auch über das von diesem zu tragende Restwertrisiko und über die Art der Feststellung des Wertes der Sache bei Beendigung des Vertrags aufzuklären; diese Informationen sind auch in den Vertrag (§ 9) aufzunehmen.

(3) Auf Verbraucherleasingverträge nach Abs. 1 Z 3 und 4 sind § 12 und § 15 nicht anzuwenden.

(4) Auf Verbraucherleasingverträge nach Abs. 1 Z 1 ist § 16 Abs. 1 mit der Maßgabe anzuwenden, dass der vorzeitige Erwerb der Sache als vorzeitige Rückzahlung im Sinn dieser Bestimmung gilt. In diesem Fall vermindern sich die vom Verbraucher zu leistenden Zahlungen entsprechend der durch den vorzeitigen Erwerb verkürzten Vertragsdauer. Der Unternehmer hat die für die Vornahme dieser Berechnung erforderlichen Grundlagen im Vertrag (§ 9) anzugeben.

(5) Macht bei einem Verbraucherleasingvertrag nach Abs. 1 Z 2 der Verbraucher von seinem Recht nach § 16 Abs. 1 Gebrauch, so kann der Unternehmer darauf bestehen, dass der Verbraucher die Sache dennoch erwirbt. In diesem Fall vermindern sich die vom Verbraucher zu leistenden Zahlungen entsprechend der durch den vorzeitigen Erwerb verkürzten Vertragsdauer. Stellt der Verbraucher hingegen mangels eines Erwerbsverlangens des Unternehmers die Sache vorzeitig zurück, so sind die von ihm zu leistenden Zahlungen überdies um den Wert der Sache zum Zeitpunkt der Rückstellung zu vermindern. Der Unternehmer hat die für die Vornahme dieser Berechnungen erforderlichen Grundlagen im Vertrag (§ 9) anzugeben.

(6) Macht bei einem Verbraucherleasingvertrag nach Abs. 1 Z 3 der Verbraucher von seinem Recht nach § 16 Abs. 1 Gebrauch, so hat er zu erklären, ob er die Sache vorzeitig erwirbt. In diesem Fall vermindern sich die von ihm zu leistenden Zahlungen entsprechend der durch den vorzeitigen Erwerb verkürzten Vertragsdauer. Stellt der Verbraucher hingegen die Sache vorzeitig zurück, so sind die von ihm zu leistenden Zahlungen überdies um den Wert der Sache zum Zeitpunkt der Rückstellung zu vermindern. Abs. 5 letzter Satz ist anzuwenden.

(7) Auf Verbraucherleasingverträge nach Abs. 1 Z 4 ist § 16 nicht anzuwenden. Solche Verträge können jedoch vom Verbraucher jederzeit gekündigt werden. Der Unternehmer kann in diesem Fall gleich hohe Zahlungen verlangen, wie sie bei einem Verbraucherleasingvertrag nach Abs. 1 Z 2 oder 3 der Verbraucher auf Grund ei-

ner vorzeitigen Rückstellung der Sache nach Abs. 5 dritter Satz oder Abs. 6 dritter Satz zu leisten hätte. Bei Erfüllung seiner Informationspflicht nach § 6 hat der Unternehmer den Verbraucher auch über dessen Kündigungsrecht, über die den Verbraucher diesfalls treffende Zahlungspflicht und über deren Berechnung aufzuklären; diese Informationen sind auch in den Vertrag (§ 9) aufzunehmen.

6. Abschnitt
Ergänzende Bestimmungen

Berechnung des effektiven Jahreszinses

§ 27. (1) Der effektive Jahreszins, der auf Jahresbasis die Gleichheit zwischen den Gegenwartswerten der gesamten gegenwärtigen oder künftigen Verpflichtungen (in Anspruch genommene Kreditbeträge, Tilgungszahlungen und Entgelte) des Kreditgebers und des Verbrauchers herstellt, ist anhand der mathematischen Formel in Teil I des Anhangs I zu berechnen.

(2) Für die Berechnung des effektiven Jahreszinses sind die Gesamtkosten des Kredits für den Verbraucher maßgebend, mit Ausnahme der Kosten, die er bei Nichterfüllung einer seiner Verpflichtungen aus dem Kreditvertrag zu tragen hat, sowie der Kosten mit Ausnahme des Kaufpreises, die er beim Erwerb von Waren oder Dienstleistungen unabhängig davon zu tragen hat, ob es sich um ein Bar- oder ein Kreditgeschäft handelt. Die Kosten für die Führung eines Kontos, auf dem sowohl Zahlungen als auch in Anspruch genommene Kreditbeträge verbucht werden, die Kosten für die Verwendung eines Zahlungsmittels, mit dem sowohl Zahlungen getätigt als auch Kreditbeträge in Anspruch genommen werden können, sowie sonstige Kosten für Zahlungsgeschäfte sind als Gesamtkosten des Kredits für den Verbraucher zu berücksichtigen, es sei denn, die Eröffnung des Kontos ist fakultativ und die mit dem Konto verbundenen Kosten sind im Kreditvertrag oder in einem anderen mit dem Verbraucher geschlossenen Vertrag klar und getrennt ausgewiesen.

(3) Bei der Berechnung des effektiven Jahreszinses ist von der Annahme auszugehen, dass der Kreditvertrag für den vereinbarten Zeitraum gilt und dass Kreditgeber und Verbraucher ihren Verpflichtungen unter den im Kreditvertrag festgelegten Bedingungen und zu den dort festgelegten Zeitpunkten nachkommen.

(4) In Kreditverträgen mit Klauseln, nach denen der Sollzinssatz und gegebenenfalls die Entgelte, die im effektiven Jahreszins enthalten sind, deren Bezifferung zum Zeitpunkt seiner Berechnung aber nicht möglich ist, geändert werden können, ist bei der Berechnung des effektiven Jahreszinses von der Annahme auszugehen, dass der Sollzinssatz und die sonstigen Kosten gemessen an der ursprünglichen Höhe fest bleiben und bis zum Ende des Kreditvertrags gelten.

(5) Erforderlichenfalls kann für die Berechnung des effektiven Jahreszinses von den in Anhang I genannten zusätzlichen Annahmen ausgegangen werden.

Strafbestimmungen

§ 28. Sofern die Tat nicht den Tatbestand einer gerichtlich strafbaren Handlung bildet oder nach anderen Verwaltungsstrafbestimmungen mit strengerer Strafe bedroht ist, begeht eine Verwaltungsübertretung und ist mit einer Geldstrafe bis zu 10 000 Euro zu bestrafen, wer

1. Kredite ohne die gemäß § 5 erforderlichen oder mit falschen Angaben bewirbt;

2. in die gemäß § 6 oder § 19 gebotenen vorvertraglichen Informationen falsche Angaben aufnimmt oder die Informationspflichten gemäß § 6 oder § 19 nicht oder nicht vollständig erfüllt,

3. die Kreditwürdigkeit des Verbrauchers nicht entsprechend § 7 Abs. 1 bewertet, den Verbraucher nicht gemäß § 7 Abs. 2 auf die Bedenken gegen die Kreditwürdigkeit hinweist oder den Verbraucher nicht gemäß § 7 Abs. 4 über das Ergebnis der Datenbankabfrage informiert,

4. nicht alle gemäß § 9 oder § 20 vorgesehenen oder falsche Angaben in einen Kreditvertrag aufnimmt,

5. dem Verbraucher auf dessen Verlangen keinen Tilgungsplan gemäß § 10 zur Verfügung stellt,

6. nicht entsprechend § 11 oder § 22 über eine Änderung des Sollzinssatzes informiert,

7. den Verbraucher nicht mittels eines den Anforderungen des § 21 entsprechenden Kontoauszugs informiert,

8. bei einem Konto mit Überschreitungsmöglichkeit in die gemäß § 24 gebotenen Informationen falsche Angaben aufnimmt oder die Informationspflichten gemäß § 24 nicht oder nicht vollständig erfüllt,

9. eine der in Z 1 bis 6 genannten Taten bei einem entgeltlichen Zahlungsaufschub oder einer sonstigen entgeltlichen Finanzierungshilfe begeht und dadurch gegen § 25 in Verbindung mit den Bestimmungen des 2. Abschnitts verstößt,

10. eine der in Z 1 bis 6 genannten Taten bei einem Verbraucherleasingvertrag begeht und dadurch gegen § 25 und § 26 in Verbindung mit § 25 Abs. 1 und den Bestimmungen des 2. Abschnitts verstößt.

Inkrafttretens- und Übergangsbestimmung

§ 29. (1) Dieses Bundesgesetz tritt mit 11. Juni 2010 in Kraft.

(2) Es ist – soweit die folgenden Absätze nichts anderes bestimmen – nur auf Kreditverträge und Kreditierungen anzuwenden, die nach dem 10. Juni 2010 geschlossen beziehungsweise gewährt werden.

(3) Die §§ 11, 14 Abs. 1 und 2, §§ 15, 17, 22 und 24 Abs. 1 zweiter Satz und Abs. 2 sind auch auf Kreditverträge und Kreditierungen anzuwenden, die vor dem 11. Juni 2010 geschlossen beziehungsweise gewährt wurden und am 11. Juni 2010 noch aufrecht sind. Im Übrigen sind auf Kreditverträge und Kreditierungen, die vor dem 11. Juni 2010 geschlossen beziehungsweise gewährt wurden, die bisherigen Bestimmungen weiter anzuwenden.

(4) § 6 ist im Zeitraum ab 11. Juni 2010 bis einschließlich 31. Oktober 2010 mit der Maßgabe anzuwenden, dass die darin vorgesehenen Informationen neben der in § 6 angeführten Form auch auf andere zumutbare Weise erteilt werden können. § 19 ist im Zeitraum ab 11. Juni 2010 bis einschließlich 31. Oktober 2010 mit der Maßgabe anzuwenden, dass die darin vorgesehenen Informationen neben der in § 19 angeführten Form auch auf andere zumutbare Weise erteilt werden können.

(5) § 9 ist im Zeitraum ab 11. Juni 2010 bis einschließlich 31. Oktober 2010 mit der Maßgabe anzuwenden, dass die darin vorgesehenen Angaben neben der in § 9 angeführten Form auch auf andere zumutbare Weise erteilt werden können, soweit nicht die auf das Vertragsverhältnis bisher anwendbaren Vorschriften eine bestimmte Form der Mitteilung von Angaben im Vertrag vorgesehen haben. Durch eine dem vorstehenden Satz entsprechende Mitteilung der Angaben gilt die Voraussetzung des § 12 Abs. 1 letzter Satz für den Beginn der Rücktrittsfrist als erfüllt.

(6) § 25 Abs. 1 ist im Zeitraum ab 11. Juni 2010 bis einschließlich 31. Oktober 2010 auf Vertragsabschlüsse mittels eines Fernkommunikationsmittels im Sinn des § 5a KSchG mit der Maßgabe anzuwenden, dass die Verpflichtungen nach §§ 6 und 9 als erfüllt gelten, wenn die darin vorgesehenen Informationen dem Verbraucher spätestens zusammen mit der Lieferung der Ware auf Papier oder einem anderen dauerhaften Datenträger mitgeteilt werden.

(7) §§ 10 und 21 sind erst ab 1. November 2010 anzuwenden, ab diesem Zeitpunkt aber auch auf Kreditverträge und Kreditierungen, die zwischen dem 11. Juni 2010 und dem 1. November 2010 geschlossen beziehungsweise gewährt wurden und am 1. November 2010 noch aufrecht sind.

(8) Anhang I in der Fassung des Zahlungsverzugsgesetzes, BGBl. I Nr. 50/2013, tritt am 1. Jänner 2013 in Kraft. *(BGBl I 2013/50)*

(9) §§ 4, 7, 12 und 16 in der Fassung des Bundesgesetzes BGBl. I Nr. 135/2015, treten mit 21. März 2016 in Kraft. *(BGBl I 2015/135)*

(10) § 6 in der Fassung des Bundesgesetzes BGBl. I Nr. 93/2017 tritt mit 1. Juli 2018 in Kraft. *(BGBl I 2017/93)*

(11) §§ 4, 7 und 8 in der Fassung des Bundesgesetzes BGBl. I Nr. 1/2021 treten mit 1. Jänner 2021 in Kraft und sind auf Kreditverträge und Kreditierungen anzuwenden, die nach dem 31. Dezember 2020 geschlossen beziehungsweise gewährt werden. *(BGBl I 2021/1)*

(12) § 16 in der Fassung des Bundesgesetzes BGBl. I Nr. 1/2021 tritt mit 1. Jänner 2021 in Kraft und ist auf Kreditverträge und Kreditierungen anzuwenden, die nach dem 11. September 2019 geschlossen beziehungsweise gewährt werden, sofern die vorzeitige Rückzahlung nach dem 31. Dezember 2020 geleistet wird. *(BGBl I 2021/1)*

Vollziehung

§ 30. Mit der Vollziehung dieses Bundesgesetzes ist hinsichtlich der §§ 7 Abs. 5 sowie 28 der Bundeskanzler und im Übrigen der Bundesminister für Justiz betraut.

Anhang I

I. Grundgleichung zur Darstellung der Gleichheit zwischen Kredit-Auszahlungsbeträgen einerseits und Rückzahlungen (Tilgung und Kreditkosten) andererseits

(1) Die nachstehende Gleichung zur Ermittlung des effektiven Jahreszinses drückt auf jährlicher Basis die rechnerische Gleichheit zwischen der Summe der Gegenwartswerte der in Anspruch genommenen Kredit-Auszahlungsbeträge einerseits und der Summe der Gegenwartswerte der Rückzahlungen (Tilgung und Kosten) andererseits aus:

$$\sum_{k=1}^{m} C_k (1 + X)^{-t_k} = \sum_{l=1}^{m'} D_l (1 + X)^{-S_l}$$

Dabei ist

- X der effektive Jahreszins;
- m die laufende Nummer des letzten Kredit-Auszahlungsbetrags;
- k die laufende Nummer eines Kredit-Auszahlungsbetrags, wobei $1 \leq k \leq m$;
- C_k die Höhe des Kredit-Auszahlungsbetrags mit der Nummer k;
- t_k der in Jahren oder Jahresbruchteilen ausgedrückte Zeitraum zwischen der ersten Kreditauszahlung und dem Zeitpunkt der einzelnen nachfolgenden in Anspruch genommenen Kredit-Auszahlungsbeträge, wobei t1 = 0;
- m' die laufende Nummer der letzten Tilgungs- oder Kostenzahlung;
- l die laufende Nummer einer Tilgungs- oder Kostenzahlung;
- D_l der Betrag einer Tilgungs- oder Kostenzahlung;
- s_l der in Jahren oder Jahresbruchteilen ausgedrückte Zeitraum zwischen dem Zeitpunkt der Inanspruchnahme des ersten Kredit-Auszahlungsbetrags und dem Zeitpunkt jeder einzelnen Tilgungs- oder Kostenzahlung.

(2) Bei der Berechnung ist Folgendes zu berücksichtigen:

a) Die von beiden Seiten zu unterschiedlichen Zeitpunkten gezahlten Beträge sind nicht notwendigerweise gleich groß und werden nicht notwendigerweise in gleichen Zeitabständen entrichtet.

b) Anfangszeitpunkt ist der Tag der Auszahlung des ersten Kreditbetrags.

c) Der Zeitraum zwischen diesen Zeitpunkten wird in Jahren oder Jahresbruchteilen ausgedrückt. Zugrunde gelegt werden für ein Jahr 365 Tage (bzw. für ein Schaltjahr 366 Tage), 52 Wochen oder zwölf Standardmonate. Ein Standardmonat hat 30,41666 Tage (d. h. 365/12), unabhängig davon, ob es sich um ein Schaltjahr handelt oder nicht.

d) Das Rechenergebnis wird auf mindestens eine Dezimalstelle genau angegeben. Ist die Ziffer der darauf folgenden Dezimalstelle größer als oder gleich 5, so erhöht sich die Ziffer der ersten Dezimalstelle um den Wert 1.

e) Mathematisch darstellen lässt sich diese Gleichung durch eine einzige Summation unter Verwendung des Faktors „Ströme" (Ak), die entweder positiv oder negativ sind, je nachdem, ob sie für Auszahlungen oder für Rückzahlungen innerhalb der Perioden 1 bis k, ausgedrückt in Jahren, stehen:

$$S = \sum_{k=1}^{n} A_k (1 + X)^{-t_k}$$

dabei ist S der Saldo der Gegenwartswerte aller „Ströme", deren Wert gleich Null sein muss, damit die Gleichheit zwischen den „Strömen" gewahrt bleibt.

II. Es gelten die folgenden zusätzlichen Annahmen für die Berechnung des effektiven Jahreszinses:

a) Ist es dem Verbraucher nach dem Kreditvertrag freigestellt, wann er den Kredit in Anspruch nehmen will, so gilt der gesamte Kredit als sofort in voller Höhe in Anspruch genommen.

b) Ist dem Verbraucher nach dem Kreditvertrag generell freigestellt, wann er den Kredit in Anspruch nehmen will, sind jedoch je nach Art der Inanspruchnahme Beschränkungen in Bezug auf Kreditbetrag und Zeitraum vorgesehen, so gilt der gesamte Kredit als zu dem im Kreditvertrag vorgesehenen frühestmöglichen Zeitpunkt mit den entsprechenden Beschränkungen in Anspruch genommen.

c) Sieht der Kreditvertrag verschiedene Arten der Inanspruchnahme mit unterschiedlichen Kosten oder Sollzinssätzen vor, so gilt der gesamte Kredit als zu den höchsten Kosten und zum höchsten Sollzinssatz in Anspruch genommen, wie sie für die Kategorie von Geschäften gelten, die bei dieser Kreditvertragsart am häufigsten vorkommt.

d) Bei einer Überziehungsmöglichkeit gilt der gesamte Kreditbetrag als in voller Höhe und für die gesamte Laufzeit des Kreditvertrags in Anspruch genommen. Ist die Dauer der Überziehungsmöglichkeit nicht bekannt, so wird bei der Berechnung des effektiven Jahreszinses von der Annahme ausgegangen, dass die Laufzeit des Kreditvertrags drei Monate beträgt.

e) Bei unbefristeten Kreditverträgen, die keine Überziehungsmöglichkeiten sind, wird angenommen, dass

i) der Kredit ab der ersten Inanspruchnahme für einen Zeitraum von einem Jahr gewährt wird und dass mit der letzten Zahlung des Verbrauchers der Saldo, die Zinsen und etwaige sonstige Kosten ausgeglichen sind;

ii) der Kreditbetrag in gleich hohen monatlichen Zahlungen, beginnend einen Monat nach dem Zeitpunkt der ersten Inanspruchnahme zurückgezahlt wird. Muss der Kreditbetrag jedoch vollständig, in Form einer einmaligen Zahlung, innerhalb jedes Zahlungszeitraums zurückgezahlt werden, so wird angenommen, dass spätere Inanspruchnahmen und Rückzahlungen des gesamten Kreditbetrags durch den Verbraucher innerhalb eines Jahres stattfinden. Zinsen und sonstige Kosten werden entsprechend diesen Inanspruchnahmen und Tilgungszahlungen und nach den Bestimmungen des Kreditvertrags festgelegt.

Als unbefristete Kreditverträge gelten für die Zwecke dieses Punkts Kreditverträge ohne feste Laufzeit, einschließlich solcher Kredite, bei denen der Kreditbetrag innerhalb oder nach Ablauf eines Zeitraums vollständig zurückgezahlt werden muss, dann aber erneut in Anspruch genommen werden kann.

f) Bei anderen Kreditverträgen, die weder Überziehungsmöglichkeiten noch unbefristete Kredite sind (siehe die Annahmen unter d und e), gilt Folgendes:

i) Lassen sich der Zeitpunkt oder die Höhe einer vom Verbraucher zu leistenden Tilgungszahlung nicht feststellen, so wird angenommen, dass die Rückzahlung zu dem im Kreditvertrag genannten frühestmöglichen Zeitpunkt und in der darin festgelegten geringsten Höhe erfolgt.

ii) Ist der Zeitpunkt des Abschlusses des Kreditvertrags nicht bekannt, so wird angenommen, dass der Kredit erstmals zu dem Zeitpunkt in Anspruch genommen wurde, der sich aus dem kürzesten zeitlichen Abstand zwischen diesem Zeitpunkt und der Fälligkeit der ersten vom Verbraucher zu leistenden Zahlung ergibt.

g) Lassen sich der Zeitpunkt oder die Höhe einer vom Verbraucher zu leistenden Tilgungszahlung nicht anhand des Kreditvertrags oder der Annahmen nach den Buchstaben d, e oder f feststellen, so wird angenommen, dass die Zahlung in Übereinstimmung mit den vom Kreditgeber bestimmten Fristen und Bedingungen erfolgt, und dass, falls diese nicht bekannt sind,

i) die Zinszahlungen zusammen mit den Tilgungszahlungen erfolgen,

ii) Zahlungen für Kosten, die keine Zinsen sind und die als Einmalbetrag ausgedrückt sind, bei Abschluss des Kreditvertrags erfolgen,

iii) Zahlungen für Kosten, die keine Zinsen sind und die als Mehrfachzahlungen ausgedrückt sind, beginnend mit der ersten Tilgungszahlung in regelmäßigen Abständen erfolgen, und es sich, falls die Höhe dieser Zahlungen nicht bekannt ist, um jeweils gleich hohe Beträge handelt,

iv) mit der letzten Zahlung der Saldo, die Zinsen und etwaige sonstige Kosten ausgeglichen sind.

h) Wurde noch keine Kreditobergrenze vereinbart, so wird eine Obergrenze in Höhe von 1 500 Euro angenommen.

i) Werden für einen begrenzten Zeitraum oder Betrag verschiedene Sollzinssätze und Kosten angeboten, so werden als Sollzinssatz oder als Kosten während der gesamten Laufzeit des Kreditvertrags der höchste Zinssatz bzw. die höchsten Kosten angenommen.

j) Bei Verbraucherkreditverträgen, bei denen für den Anfangszeitraum ein fester Sollzinssatz vereinbart wurde, nach dessen Ablauf ein neuer Sollzinssatz festgelegt wird, der anschließend in regelmäßigen Abständen nach einem vereinbarten Indikator angepasst wird, wird bei der Berechnung des effektiven Jahreszinses von der Annahme ausgegangen, dass der Sollzinssatz ab dem Ende der Festzinsperiode dem Sollzinssatz entspricht, der sich aus dem Wert des vereinbarten Indikators im Zeitpunkt der Berechnung des effektiven Jahreszinses ergibt.

(BGBl I 2013/50)

Anhang II

Europäische Standardinformationen für Kreditierungen nach dem Verbraucherkreditgesetz

1. Name und Kontaktangaben des Kreditgebers/Kreditvermittlers

Kreditgeber Anschrift Telefon[1)] E-Mail[1)] Fax[1)] Internet-Adresse[1)]	[Name] [Anschrift für Kontakte mit dem Verbraucher]
(falls zutreffend) Kreditvermittler Anschrift Telefon[1)] E-Mail[1)] Fax[1)] Internet-Adresse[1)]	[Name] [Anschrift für Kontakte mit dem Verbraucher]

[1)] *Freiwillige Angaben des Kreditgebers*

In allen Fällen, in denen „falls zutreffend" angegeben ist, muss der Kreditgeber das betreffende Kästchen ausfüllen, wenn die Information für das Kreditprodukt relevant ist, oder die betreffende Information bzw. die gesamte Zeile durchstreichen, wenn die Information für die in Frage kommende Kreditart nicht relevant ist.

Die Vermerke in eckigen Klammern dienen zur Erläuterung und sind durch die entsprechenden Angaben zu ersetzen.

2. Beschreibung der wesentlichen Merkmale des Kreditprodukts

Kreditart	
Gesamtkreditbetrag *Obergrenze oder Summe aller Beträge, die auf Grund des Kreditvertrags zur Verfügung gestellt wird*	
Bedingungen für die Inanspruchnahme Gemeint ist, wie und wann Sie das Geld erhalten	
Laufzeit des Kreditvertrags	
Teilzahlungen und gegebenenfalls Reihenfolge, in der die Teilzahlungen angerechnet werden	Sie müssen folgende Zahlungen leisten: [Betrag, Anzahl und Fälligkeit der vom Verbraucher zu leistenden Zahlungen] Zinsen und/oder Kosten sind wie folgt zu entrichten:
Von Ihnen zu zahlender Gesamtbetrag *Betrag des geliehenen Kapitals zuzüglich Zinsen und etwaiger Kosten im Zusammenhang mit Ihrem Kredit*	[Summe des Gesamtkreditbetrags und der Gesamtkosten des Kredits]
(falls zutreffend) Der Kredit wird in Form eines Zahlungsaufschubs für eine Ware oder Dienstleistung gewährt oder ist mit der Lieferung bestimmter Waren oder der Erbringung einer Dienstleistung verbunden. Bezeichnung des Produkts/der Dienstleistung Barzahlungspreis	
(falls zutreffend) Verlangte Sicherheiten	[Art der Sicherheiten]

Beschreibung der von Ihnen im Zusammenhang mit dem Kreditvertrag zu stellenden Sicherheiten	
(falls zutreffend) *Zahlungen dienen nicht der unmittelbaren Kapitaltilgung*	

3. Kreditkosten

Sollzinssatz oder gegebenenfalls die verschiedenen Sollzinssätze, die für den Kreditvertrag gelten	[% – fest oder – variabel (mit dem Index oder Referenzzinssatz für den anfänglichen Sollzinssatz) – Zeiträume]
Effektiver Jahreszins *Gesamtkosten ausgedrückt als jährlicher Prozentsatz des Gesamtkreditbetrags* *Diese Angabe hilft Ihnen dabei, unterschiedliche Angebote zu vergleichen.*	[%. Repräsentatives Beispiel unter Angabe sämtlicher in die Berechnung des Jahreszinses einfließender Annahmen]
Ist – der Abschluss einer Kreditversicherung oder – die Inanspruchnahme einer anderen mit dem Kreditvertrag zusammenhängenden Nebenleistung zwingende Voraussetzung dafür, dass der Kredit überhaupt oder nach den vorgesehenen Vertragsbedingungen gewährt wird? *Falls der Kreditgeber die Kosten dieser Dienstleistungen nicht kennt, sind sie nicht im effektiven Jahreszins enthalten.*	Ja/nein [Falls ja, Art der Versicherung:] Ja/nein [Falls ja, Art der Nebenleistung:]
Kosten im Zusammenhang mit dem Kredit	
(falls zutreffend) Die Führung eines oder mehrerer Konten ist für die Buchung der Zahlungsvorgänge und der in Anspruch genommenen Kreditbeträge erforderlich.	
(falls zutreffend) Höhe der Kosten für die Verwendung eines bestimmten Zahlungsmittels (z. B. einer Kreditkarte)	
(falls zutreffend) Sonstige Kosten im Zusammenhang mit dem Kreditvertrag	
(falls zutreffend) Bedingungen, unter denen die vorstehend genannten Kosten im Zusammenhang mit dem Kreditvertrag geändert werden können	
(falls zutreffend) Verpflichtung zur Zahlung von Notariatsgebühren	
Kosten bei Zahlungsverzug *Ausbleibende Zahlungen können schwerwiegende Folgen für Sie haben (z. B. Zwangsversteigerung) und die Erlangung eines Kredits erschweren.*	Bei Zahlungsverzug wird Ihnen [… (anwendbarer Zinssatz und Regelungen für seine Anpassung sowie gegebenenfalls Verzugskosten)] berechnet. *(BGBl I 2013/50, ab 21. 3. 2013)*

4. Andere wichtige rechtliche Aspekte

Rücktrittsrecht *Sie haben das Recht, innerhalb von 14 Kalendertagen vom Kreditvertrag zurückzutreten.*	ja/nein
Vorzeitige Rückzahlung Sie haben das Recht, den Kredit jederzeit ganz oder teilweise vorzeitig zurückzuzahlen.	
(falls zutreffend) Dem Kreditgeber steht bei vorzeitiger Rückzahlung eine Entschädigung zu	Festlegung der Entschädigung (Berechnungsmethode) gemäß § 16 Verbraucherkreditgesetz]
Datenbankabfrage *Der Kreditgeber muss Sie unverzüglich und unentgeltlich über das Ergebnis einer Datenbankabfrage informieren, wenn ein Kreditantrag auf Grund einer solchen Abfrage abgelehnt wird.* *Dies gilt nicht, wenn eine entsprechende Unterrichtung den Zielen der öffentlichen Ordnung oder der öffentlichen Sicherheit zuwiderläuft.*	
Recht auf einen Kreditvertragsentwurf *Sie haben das Recht, auf Verlangen unentgeltlich eine Kopie des Kreditvertragsentwurfs zu erhalten. Diese Bestimmung gilt nicht, wenn der Kreditgeber zum Zeitpunkt des Verlangens nicht zum Abschluss eines Kreditvertrags mit Ihnen bereit ist.*	
(falls zutreffend) Zeitraum, während dessen der Kreditgeber an die vorvertraglichen Informationen gebunden ist	Diese Informationen gelten vom … bis ...

(falls zutreffend)

5. Zusätzliche Informationen beim Fernabsatz von Finanzdienstleistungen

a) zum Kreditgeber	
(falls zutreffend) Vertreter des Kreditgebers in dem Mitgliedstaat, in dem Sie Ihren Wohnsitz haben Anschrift Telefon[1] E-Mail[1] Fax[1] Internet-Adresse[1]	[Name] [tatsächliche Anschrift, für den Verbraucher]
(falls zutreffend) Eintragung im Firmenbuch (Handelsregister)	[Firmenbuch (Handelsregister), in das der Kreditgeber eingetragen ist, und seine Firmenbuchnummer (Handelsregisternummer oder eine gleichwertige in diesem Register verwendete Kennung)]
(falls zutreffend) Zuständige Aufsichtsbehörde	
b) zum Kreditvertrag	
(falls zutreffend) Ausübung des Rücktrittsrechts	[Praktische Hinweise zur Ausübung des Rücktrittsrechts, darunter Rücktrittsfrist, Angabe der Anschrift, an die die Rücktrittserklärung zu senden ist, sowie Folgen bei Nichtausübung dieses Rechts]
(falls zutreffend)	

Recht, das der Kreditgeber der Aufnahme von Beziehungen zu Ihnen vor Abschluss des Kreditvertrags zugrunde legt	
(falls zutreffend) Klauseln über das auf den Kreditvertrag anwendbare Recht und/oder die zuständige Gerichtsbarkeit	[entsprechende Klausel hier wiedergeben]
(falls zutreffend) Wahl der Sprache	Die Informationen und Vertragsbedingungen werden in [Angabe der Sprache] vorgelegt. Mit Ihrer Zustimmung werden wir während der Laufzeit des Kreditvertrags in [Angabe der Sprache(n)] mit Ihnen Kontakt halten.
c) zu den Rechtsmitteln	
Verfügbarkeit außergerichtlicher Beschwerde- oder Schlichtungsverfahren und Zugang dazu	[Angabe, ob der Verbraucher, der Vertragspartei eines Fernabsatzvertrags ist, Zugang zu einem außergerichtlichen Beschwerde- oder Schlichtungsverfahren hat, und gegebenenfalls die Voraussetzungen für diesen Zugang]

[1] Freiwillige Angaben des Kreditgebers.

Anhang III

Europäische Verbraucherkreditinformationen bei Überziehungsmöglichkeiten nach dem Verbraucherkreditgesetz

1. Name und Kontaktangaben des Kreditgebers/Kreditvermittlers

Kreditgeber Anschrift Telefon[1] E-Mail[1] Fax[1] Internet-Adresse[1]	[Name] [Anschrift für Kontakte mit dem Verbraucher]
(falls zutreffend) Kreditvermittler Anschrift Telefon[1] E-Mail[1] Fax[1] Internet-Adresse[1]	[Name] [Anschrift für Kontakte mit dem Verbraucher]

[1] *Freiwillige Angaben des Kreditgebers.*

In allen Fällen, in denen „falls zutreffend“ angegeben ist, muss der Kreditgeber das betreffende Kästchen ausfüllen, wenn die Information für das Kreditprodukt relevant ist, oder die betreffende Information bzw. die gesamte Zeile durchstreichen, wenn die Information für die in Frage kommende Kreditart nicht relevant ist.

Die Vermerke in eckigen Klammern dienen zur Erläuterung und sind durch die entsprechenden Angaben zu ersetzen.

2. Beschreibung der wesentlichen Merkmale des Kreditprodukts

Kreditart	
Gesamtkreditbetrag *Obergrenze oder Summe aller Beträge, die auf Grund des Kreditvertrags zur Verfügung gestellt wird*	
Laufzeit des Kreditvertrags	
(falls zutreffend) Sie können jederzeit zur Rückzahlung des gesamten Kreditbetrags aufgefordert werden.	

3. Kreditkosten

Sollzinssatz oder gegebenenfalls die verschiedenen Sollzinssätze, die für den Kreditvertrag gelten	[% – fest oder – variabel (mit dem Index oder Referenzzinssatz für den anfänglichen Sollzinssatz)]
effektiver Jahreszins *Gesamtkosten ausgedrückt als jährlicher Prozentsatz des Gesamtkreditbetrags des Kredits. Der effektive Jahreszins soll dem Verbraucher einen Vergleich der verschiedenen Angebote ermöglichen.*	[%. Repräsentatives Beispiel unter Angabe sämtlicher in die Berechnung des Jahreszinses einfließender Annahmen]
(falls zutreffend) Kosten (falls zutreffend)	[sämtliche vom Zeitpunkt einer Überschreitung an zu zahlende Kosten]

Bedingungen, unter denen diese Kosten geändert werden können	
Kosten bei Zahlungsverzug	Bei Zahlungsverzug wird Ihnen [… (anwendbarer Zinssatz und Regelungen für seine Anpassung sowie gegebenenfalls Verzugskosten)] berechnet. *(BGBl I 2013/50, ab 21. 3. 2013)*

4. Andere wichtige rechtliche Aspekte

Beendigung des Kreditvertrags	[Bedingungen und Verfahren zur Beendigung des Kreditvertrags]
Datenbankabfrage *Der Kreditgeber muss Sie unverzüglich und unentgeltlich über das Ergebnis einer Datenbankabfrage informieren, wenn ein Kreditantrag auf Grund einer solchen Abfrage abgelehnt wird.* *Dies gilt nicht, wenn eine entsprechende Unterrichtung den Zielen der öffentlichen Ordnung oder der öffentlichen Sicherheit zuwiderläuft.*	
(falls zutreffend) Zeitraum, während dessen der Kreditgeber an die vorvertraglichen Informationen gebunden ist	Diese Informationen gelten vom … bis ...

Falls zutreffend

5. Zusätzlich zu gebende Informationen beim Fernabsatz von Finanzdienstleistungen

a) zum Kreditgeber	
(falls zutreffend) Vertreter des Kreditgebers in dem Mitgliedstaat, in dem Sie Ihren Wohnsitz haben Anschrift Telefon[1] E-Mail[1] Fax[1] Internet-Adresse[1]	[Name] [Anschrift für Kontakte mit dem Verbraucher]
(falls zutreffend) Eintrag im Firmenbuch (Handelsregister)	[Firmenbuch (Handelsregister), in das der Kreditgeber eingetragen ist, und seine Firmenbuchnummer (Handelsregisternummer oder eine gleichwertige in diesem Register verwendete Kennung)]
(falls zutreffend) zuständige Aufsichtsbehörde	
b) zum Kreditvertrag	
Rücktrittsrecht *Sie haben das Recht, innerhalb von 14 Tagen vom Kreditvertrag zurückzutreten.* (falls zutreffend) Ausübung des Rücktrittsrechts	Ja/Nein [praktische Hinweise zur Ausübung des Rücktrittsrechts, u.a. Anschrift, an die die Rücktrittserklärung zu senden ist, sowie Folgen bei Nichtausübung dieses Rechts]
(falls zutreffend) Recht, das der Kreditgeber der Aufnahme von Beziehungen zu Ihnen vor Abschluss des Kreditvertrags zugrunde legt	
(falls zutreffend) Klauseln über das auf den Kreditvertrag anwendbare Recht und/oder die zuständige Gerichtsbarkeit	[entsprechende Klausel hier wiedergeben]

(falls zutreffend) Wahl der Sprache	Die Informationen und Vertragsbedingungen werden in [Angabe der Sprache] vorgelegt. Mit Ihrer Zustimmung werden wir während der Laufzeit des Kreditvertrags in [Angabe der Sprache(n)] mit Ihnen Kontakt halten.
c) zu den Rechtsmitteln	
Verfügbarkeit außergerichtlicher Beschwerde- oder Schlichtungsverfahren und Zugang zu ihnen	[Angabe, ob der Verbraucher, der Vertragspartei eines Fernabsatzvertrags ist, Zugang zu einem außergerichtlichen Beschwerde- oder Schlichtungsverfahren hat, und gegebenenfalls die Voraussetzungen für diesen Zugang]

[1)] *Freiwillige Angaben des Kreditgebers.*

22/3. Hypothekar- und Immobilienkreditgesetz

BGBl I 2015/135 idF

1 BGBl I 2017/93 (RW-VG)
2 BGBl I 2021/1
3 BGBl I 2021/199
4 BGBl I 2023/39

GLIEDERUNG

STICHWORTVERZEICHNIS

(Die Zahlenangaben beziehen sich auf die Paragraphen)

Bundesgesetz über Hypothekar- und Immobilienkreditverträge und sonstige Kreditierungen zu Gunsten von Verbrauchern Hypothekar- und Immobilienkreditgesetz – HIKrG)

1. Abschnitt

Regelungsgegenstand, Begriffsbestimmungen, allgemeine Bestimmungen

Regelungsgegenstand

§ 1. Dieses Bundesgesetz regelt zur Umsetzung der Richtlinie 2014/17/EU über Wohnimmobilienkreditverträge für Verbraucher und zur Änderung der Richtlinien 2008/48/EG und 2013/36/EU und der Verordnung (EU) Nr. 1093/2010, ABl. Nr. L 60 vom 28.02.2014 S. 34, „in der Fassung der Berichtigung ABl. Nr. L 47 vom 20.02.2015 S. 34 und der Berichtigung ABl. Nr. L 246 vom 23.09.2015 S. 11", bestimmte Gesichtspunkte von Verbraucherkreditverträgen und anderen Formen der Kreditierung zu Gunsten von Verbrauchern, wenn diese Verträge entweder an einer Liegenschaft oder einem Superädifikat besichert werden oder für den Erwerb oder die Erhaltung von Eigentumsrechten an einer unbeweglichen Sache oder einem bestehenden oder geplanten Superädifikat bestimmt sind. *(BGBl I 2017/93, ab 1. 7. 2018)*

Begriffsbestimmungen

§ 2. (1) Kreditgeber ist ein Unternehmer im Sinn des § 1 Abs. 1 Z 1 KSchG, der einen Kredit gewährt oder zu gewähren verspricht oder eine sonstige Kreditierung einräumt.

(2) Kreditnehmer ist ein Verbraucher im Sinn des § 1 Abs. 1 Z 2 und Abs. 3 KSchG, der einen Kredit oder eine sonstige Kreditierung in Anspruch nimmt.

(3) Verbraucherkreditvertrag (Kreditvertrag) ist ein Kreditvertrag im Sinn des § 988 ABGB, an dem ein Unternehmer als Kreditgeber und ein Verbraucher als Kreditnehmer beteiligt sind.

(4) Nebenleistung ist eine Dienstleistung, die dem Verbraucher im Zusammenhang mit dem Kreditvertrag angeboten wird.

(5) Kreditvermittler ist eine natürliche oder juristische Person, die nicht als Kreditgeber oder als Notar handelt, die nicht lediglich einen Verbraucher direkt oder indirekt mit einem Kreditgeber oder Kreditvermittler in Kontakt bringt und die in Ausübung ihrer gewerblichen oder beruflichen Tätigkeit gegen eine Vergütung, die aus einer Geldzahlung oder einem sonstigen vereinbarten wirtschaftlichen Vorteil bestehen kann,

1. Verbrauchern Kreditverträge oder sonstige Kreditierungen vorstellt oder anbietet,

2. Verbrauchern bei anderen als den in Z 1 genannten Vorarbeiten oder anderen vorvertraglichen administrativen Tätigkeiten zum Abschluss von Kreditverträgen oder sonstigen Kreditierungen behilflich ist oder

3. für den Kreditgeber Kreditverträge mit Verbrauchern abschließt oder bei sonstigen Kreditierungen für den Kreditgeber handelt.

(6) Gruppe ist eine Gruppe von Kreditgebern, die zum Zweck der Erstellung eines konsolidierten Abschlusses im Sinn der Richtlinie 2013/34/EU über den Jahresabschluss, den konsolidierten Abschluss und damit verbundene Berichte von Unternehmen bestimmter Rechtsformen und zur Änderung der Richtlinie 2006/43/EG des Europäischen Parlaments und des Rates und zur Aufhebung der Richtlinien 78/660/EWG und 83/349/EWG des Rates, ABl. Nr. L 182 vom 29.06.2013 S. 19, zuletzt geändert durch die Richtlinie 2014/102/EU, ABl. Nr. L 334 vom 21.11.2014 S. 86, zu konsolidieren sind.

(7) Gebundener Kreditvermittler ist ein Kreditvermittler, der im Namen und unter der unbeschränkten und vorbehaltlosen Verantwortung

1. nur eines Kreditgebers,

2. nur einer Gruppe oder

3. mehrerer Kreditgeber oder Gruppen, die auf dem Markt zusammen keine Mehrheit bilden, handelt.

(8) Gesamtkreditbetrag ist die Obergrenze oder die Summe aller Beträge, die auf Grund eines Kreditvertrags zur Verfügung gestellt werden.

(9) Gesamtkosten des Kredits für den Verbraucher sind sämtliche Kosten einschließlich der Zinsen, Provisionen etwa für die Vermittlung des Kredits, Abgaben und Kosten jeder Art – ausgenommen Notariatsgebühren –, die der Verbraucher im Zusammenhang mit dem Kreditvertrag zu zahlen hat und die dem Kreditgeber bekannt sind. Dazu zählen auch Kosten für Nebenleistungen im Zusammenhang mit dem Kreditvertrag, insbesondere Versicherungsprämien, wenn der Abschluss des Vertrags über diese Nebenleistung eine vom Kreditgeber geforderte Voraussetzung dafür ist, dass der Kredit überhaupt oder nach den vorgesehenen Vertragsbedingungen gewährt wird, sowie die Kosten für die Liegenschaftsbewertung, sofern eine solche Bewertung für die Gewährung des Kredits erforderlich ist, jedoch nicht die Gebühren für die Eintragung der Eigentumsübertragung in das Grundbuch, außerdem nicht Entgelte, die der Verbraucher für die Nichteinhaltung der im Kreditvertrag festgelegten Verpflichtungen zahlen muss.

(10) Der vom Verbraucher zu zahlende Gesamtbetrag ist die Summe des Gesamtkreditbetrags und der Gesamtkosten des Kredits für den Verbraucher.

(11) Der effektive Jahreszins drückt die Gesamtkosten des Kredits für den Verbraucher als jährlichen Prozentsatz des Gesamtkreditbetrags aus (§ 29).

(12) Sollzinssatz ist der als fester oder variabler periodischer Prozentsatz ausgedrückte Zinssatz, der auf jährlicher Basis auf die in Anspruch genommenen Kreditauszahlungsbeträge angewandt wird.

(13) Kreditwürdigkeitsprüfung ist die Bewertung der Aussicht, dass den Verpflichtungen aus dem Kreditvertrag nachgekommen wird.

(14) Dauerhafter Datenträger ist jedes Medium, das es dem Verbraucher gestattet, an ihn persönlich gerichtete Informationen derart zu speichern, dass er sie in der Folge für eine den Zwecken der Informationen angemessene Dauer einsehen kann, und das die unveränderte Wiedergabe der gespeicherten Informationen ermöglicht.

(15) Immobilienverzehrkredite sind Kreditverträge, bei denen der Kreditgeber

1. pauschale oder regelmäßige Zahlungen leistet oder andere Formen der Kreditauszahlung vornimmt und im Gegenzug einen Betrag aus dem künftigen Erlös des Verkaufs einer Wohnimmobilie erhält oder ein Recht an einer Wohnimmobilie erwirbt, und

2. erst nach dem Tod des Verbrauchers oder dem endgültigen Auszug des Verbrauchers aus der Wohnimmobilie eine Rückzahlung fordern kann, außer der Verbraucher verstößt gegen die Vertragsbestimmungen, was dem Kreditgeber erlaubt, den Kreditvertrag zu kündigen.

(16) Kredit mit Tilgungsträger ist ein Kredit, bei dem die Zahlungen des Verbrauchers zunächst nicht der Tilgung des Kreditbetrags, sondern der Bildung von Kapital auf einem Tilgungsträger dienen und vorgesehen ist, dass der Kredit später zumindest teilweise mit Hilfe des Tilgungsträgers zurückgezahlt wird. Tilgungsträger können Wertpapiere, Kapitallebensversicherungen oder sonstige Finanzprodukte sein.

Unwirksame Vereinbarungen

§ 3. Soweit in Vereinbarungen zum Nachteil des Verbrauchers von den Bestimmungen dieses Bundesgesetzes abgewichen wird, sind sie unwirksam.

Unentgeltlichkeit von Informationen

§ 4. Wenn dieses Bundesgesetz Informationen für Verbraucher vorsieht, sind diese Informationen unentgeltlich zu erteilen.

2. Abschnitt
Hypothekar- und Immobilienkreditverträge

Anwendungsbereich

§ 5. (1) Dieser Abschnitt gilt für Verbraucherkreditverträge (Kreditverträge),

1. die durch ein Pfandrecht oder ein sonstiges Recht an einer unbeweglichen Sache oder einem Superädifikat besichert werden oder

2. die für den Erwerb oder die Erhaltung von Eigentumsrechten an einer unbeweglichen Sache oder einem bestehenden oder geplanten Superädifikat bestimmt sind.

(2) Dieser Abschnitt gilt nicht für Kreditverträge,

1. die zwischen Arbeitgebern und Arbeitnehmern als Nebenleistung aus dem Arbeitsverhältnis zu einem effektiven Jahreszins unter dem marktüblichen Zins geschlossen werden,

2. die in Gestalt eines vor einem Gericht oder einer sonstigen staatlichen Einrichtung geschlossenen Vergleichs oder als dessen Ergebnis geschlossen werden,

3. die mit einem begrenzten Kundenkreis im Rahmen gesetzlicher Bestimmungen im Gemeinwohlinteresse geschlossen werden, sei es zinslos oder zu einem niedrigeren als dem marktüblichen Zinssatz oder zu anderen, für den Verbraucher günstigeren als den marktüblichen Bedingungen und zu Zinssätzen, die nicht über den marktüblichen Zinssätzen liegen, *(BGBl I 2021/1, ab 1. 1. 2021, auf Kreditverträge und Kreditierungen anzuwenden, die nach dem 31. 12. 2020 geschlossen bzw gewährt werden)*

4. die Immobilienverzehrkredite sind.

Werbung

§ 6. (1) Werden in einer Werbung für Kreditverträge Zinssätze oder sonstige auf die Kosten eines Kredits für den Verbraucher bezogene Zahlen genannt, so muss die Werbung klar, prägnant und auffallend folgende Standardinformationen enthalten:

1. die Identität des Kreditgebers oder gegebenenfalls des Kreditvermittlers,

2. gegebenenfalls den Hinweis, dass der Kreditvertrag durch ein Pfandrecht oder ein sonstiges Recht an einer unbeweglichen Sache oder einem Superädifikat besichert wird,

3. den Sollzinssatz und die Angabe, ob es sich um einen festen oder einen variablen Zinssatz oder eine Kombination aus beiden handelt, sowie Einzelheiten aller für den Verbraucher anfallenden, in die Gesamtkreditkosten einbezogenen Kosten,

4. den Gesamtkreditbetrag,

5. den effektiven Jahreszins, der in der Werbung mindestens genauso hervorzuheben ist wie jeder Zinssatz,

6. gegebenenfalls die Laufzeit des Kreditvertrags,

7. gegebenenfalls die Höhe der Raten,

8. gegebenenfalls den vom Verbraucher zu zahlenden Gesamtbetrag,

9. gegebenenfalls die Anzahl der Raten,

10. gegebenenfalls einen Warnhinweis, dass sich mögliche Wechselkursschwankungen auf die Höhe des vom Verbraucher zu zahlenden Betrags auswirken könnten.

(2) Die in Abs. 1 angeführten Informationen mit Ausnahme der Angaben nach Z 1, 2 und 10 sind durch ein repräsentatives Beispiel zu veranschaulichen und richten sich durchwegs nach diesem repräsentativen Beispiel. Der Gesamtkreditbetrag, die Laufzeit und die Ratenanzahl des repräsentativen Beispiels müssen dem beworbenen Vertragstyp entsprechen, insbesondere gegebenenfalls dem aus der Werbung erkennbaren Finanzierungszweck. Bei der Auswahl des Beispiels muss der Kreditgeber von einem effektiven Jahreszins ausgehen, von dem er erwarten darf, dass er den überwiegenden Teil der auf Grund der Werbung zustande kommenden Verträge zu dem angegebenen oder einem niedrigeren effektiven Jahreszins abschließen wird.

(3) Ist der Abschluss eines Vertrags über die Inanspruchnahme einer Nebenleistung, insbesondere eines Versicherungsvertrags, zwingende Voraussetzung dafür, dass der Kredit überhaupt oder nach den vorgesehenen Vertragsbedingungen gewährt wird, und können die Kosten der Nebenleistung nicht im Voraus bestimmt werden, so ist auf die Verpflichtung zum Abschluss jenes Vertrags klar, prägnant und auffallend zusammen mit dem effektiven Jahreszins hinzuweisen.

(4) Die Informationen nach den Abs. 1 und 3 müssen je nach dem für die Werbung verwendeten Medium gut lesbar beziehungsweise akustisch gut verständlich sein.

(5) Wenn Kommunikation für Werbe- und Marketingzwecke, die Kreditverträge betrifft, nicht redlich und eindeutig ist, insbesondere wenn sie beim Verbraucher falsche Erwartungen in Bezug auf die Zugänglichkeit oder die Kosten eines Kredits weckt oder irreführend ist, gilt sie als unlautere Geschäftspraktik im Sinn des § 1 UWG.

Allgemeine Informationen

§ 7. Kreditgeber und gegebenenfalls gebundene Kreditvermittler haben jederzeit klare und verständliche allgemeine Informationen über Kreditverträge auf Papier oder auf einem anderen dauerhaften Datenträger oder in elektronischer Form bereitzustellen. Diese allgemeinen Informationen haben zumindest zu umfassen:

1. die Identität und Anschrift des Urhebers der Informationen;

2. die Zwecke, für die der Kredit verwendet werden kann;

3. die Formen von Sicherheiten einschließlich gegebenenfalls der Möglichkeit, dass diese in einem anderen Mitgliedstaat belegen sein dürfen;

4. die mögliche Laufzeit der Kreditverträge;

5. die Arten von angebotenen Sollzinssätzen mit Angabe, ob es sich um einen festen oder einen variablen Zinssatz oder beide handelt, mit einer kurzen Darstellung der Merkmale eines festen und eines variablen Zinssatzes, einschließlich der sich daraus ergebenden Konsequenzen für den Verbraucher;

5a. falls Verträge verfügbar sind, in denen auf einen Referenzwert im Sinn des Artikels 3 Absatz 1 Nummer 3 der Verordnung (EU) 2016/1011 über Indizes, die bei Finanzinstrumenten und Finanzkontrakten als Referenzwert oder zur Messung der Wertentwicklung eines Investmentfonds verwendet werden, und zur Änderung der Richtlinien 2008/48/EG und 2014/17/EU sowie der Verordnung (EU) Nr. 596/2014, ABl. Nr. L 171 vom 29.06.2016 S. 1, in der Fassung der Berichtigung ABl. Nr. L 306 vom 15.11.2016, S. 43, Bezug genommen wird, die Namen der Referenzwerte und ihrer Administratoren sowie die möglichen Auswirkungen auf den Verbraucher; *(BGBl I 2017/93, ab 1. 7. 2018)*

6. falls Fremdwährungskredite verfügbar sind, eine Angabe der ausländischen Währungen, einschließlich einer Erläuterung der Konsequenzen für den Verbraucher in Fällen, in denen der Kredit auf eine ausländische Währung lautet;

7. ein repräsentatives Beispiel des Gesamtkreditbetrags, der Gesamtkosten des Kredits für den Verbraucher, des vom Verbraucher zu zahlenden Gesamtbetrags und des effektiven Jahreszinses;

8. einen Hinweis auf mögliche weitere im Zusammenhang mit einem Kreditvertrag anfallende Kosten, die nicht in den Gesamtkosten des Kredits für den Verbraucher enthalten sind;

9. das Spektrum der verschiedenen möglichen Optionen zur Rückzahlung des Kredits an den Kreditgeber einschließlich Anzahl, Häufigkeit und Höhe der regelmäßigen Rückzahlungsraten;

10. gegebenenfalls einen klaren und prägnanten Hinweis darauf, dass die Einhaltung der Bedingungen des Kreditvertrags die Rückzahlung des aufgrund des Kreditvertrags in Anspruch genommenen Gesamtkreditbetrags nicht garantiert;

11. eine Beschreibung der für eine vorzeitige Rückzahlung unmittelbar geltenden Bedingungen;

12. die Angabe, ob eine Bewertung der Immobilie erforderlich ist und, falls ja, wer verantwort-

lich dafür ist, dass die Bewertung durchgeführt wird, sowie Angaben dazu, ob dem Verbraucher dadurch Kosten entstehen;

13. Angaben zu den Nebenleistungen, die der Verbraucher als Voraussetzung dafür erwerben muss, dass der Kredit überhaupt oder nach den vorgesehenen Vertragsbedingungen gewährt wird, und gegebenenfalls eine Präzisierung, dass die Nebenleistungen von einem anderen Anbieter als dem Kreditgeber erworben werden können, und

14. einen allgemeinen Warnhinweis bezüglich möglicher Konsequenzen der Nichteinhaltung der mit dem Kreditvertrag eingegangenen Verpflichtungen.

Vorvertragliche Informationspflichten

§ 8. (1) Der Kreditgeber hat dem Verbraucher auf ihn zugeschnittene Informationen zu erteilen, die der Verbraucher benötigt, um die auf dem Markt verfügbaren Kreditprodukte zu vergleichen, ihre jeweiligen Auswirkungen zu prüfen und eine fundierte Entscheidung über den Abschluss eines Kreditvertrags zu treffen.

(2) Diese Informationen sind auf Papier oder einem anderen dauerhaften Datenträger mittels des ESIS-Merkblatts in Anhang II zu erteilen, und zwar

1. unverzüglich nachdem der Verbraucher die erforderlichen Angaben zu seinen Bedürfnissen, seiner finanziellen Situation und seinen Präferenzen gemäß § 9 Abs. 2 gemacht hat, und

2. rechtzeitig, bevor der Verbraucher durch einen Kreditvertrag oder ein Angebot gebunden ist.

(3) Mit der Vorlage des ESIS-Merkblatts gelten die Anforderungen in Bezug auf die Information des Verbrauchers vor Abschluss eines Fernabsatzvertrags gemäß § 5 Abs. 1 FernFinG durch den Kreditgeber als erfüllt. Die Anforderungen des § 7 Abs. 1 FernFinG gelten nur dann als erfüllt, wenn das ESIS-Merkblatt zumindest vor Abschluss des Vertrags vorgelegt worden ist.

(4) Bei Ferngesprächen im Sinn des § 6 FernFinG muss die nach § 6 Abs. 2 Z 2 FernFinG gebotene Beschreibung der Hauptmerkmale der Finanzdienstleistung zumindest die in Anhang II Teil A Abschnitte 3 bis 6 vorgesehenen Angaben enthalten.

(5) Etwaige zusätzliche Informationen, die der Kreditgeber dem Verbraucher erteilt, sind in einem gesonderten Dokument, das dem ESIS-Merkblatt beigefügt werden kann, mitzuteilen. Dies gilt auch dann, wenn der Kreditgeber zur Erteilung der zusätzlichen Informationen verpflichtet ist, wie etwa nach Abs. 7 und 8.

(6) Der Kreditgeber hat dem Verbraucher angemessene Erläuterungen zu den angebotenen Kreditverträgen und etwaigen Nebenleistungen zu geben, damit der Verbraucher in die Lage versetzt wird, zu beurteilen, ob die vorgeschlagenen Kreditverträge und die Nebenleistungen seinen Bedürfnissen und seiner finanziellen Situation gerecht werden. Die Erläuterungen müssen gegebenenfalls insbesondere Folgendes enthalten:

1. die vorvertraglichen Informationen gemäß Abs. 1 bis 5,

2. die Hauptmerkmale der angebotenen Produkte,

3. die möglichen spezifischen Auswirkungen der angebotenen Produkte auf den Verbraucher, einschließlich der Konsequenzen bei Zahlungsverzug des Verbrauchers, und

4. wenn Nebenleistungen mit einem Kreditvertrag gebündelt werden, ob jeder einzelne Bestandteil des Pakets einzeln beendet werden kann und welche Folgen dies für den Verbraucher hätte.

(7) Bei einem Kredit mit Tilgungsträger muss aus den nach Abs. 1 zur Verfügung gestellten vorvertraglichen Informationen klar und prägnant hervorgehen, welche Risiken mit einem solchen Kredit im Vergleich mit einem Ratenkredit verbunden sind und dass im Besonderen der Kreditvertrag oder der Vertrag über den Tilgungsträger keine Garantie für die Rückzahlung des auf Grund des Kreditvertrags in Anspruch genommenen Gesamtbetrags vorsieht, es sei denn, eine solche Garantie wird gegeben. Wird der Vertrag über den Tilgungsträger mit dem Kreditgeber selbst abgeschlossen oder von diesem vermittelt, so müssen diese Informationen überdies eine grafische Darstellung der bisherigen Wertentwicklung des Tilgungsträgers über einen Zeitraum, der das vom Verbraucher zu tragende Veranlagungsrisiko anschaulich verdeutlicht, sowie eine tabellarische prozentmäßige und – sofern möglich – auch betragsmäßige Darstellung sämtlicher Kosten des Tilgungsträgers enthalten.

(8) Bei einem Kredit, der dem Verbraucher ganz oder teilweise in einer anderen Währung als in Euro gewährt wird, müssen aus den nach Abs. 1 zur Verfügung gestellten vorvertraglichen Informationen das mit der anderen Währung verbundene Wechselkurs- und Zinsänderungsrisiko sowie alle gegenüber einem gleichartigen Kredit in Euro zusätzlich anfallenden Kosten klar und prägnant hervorgehen. Die Information über das Wechselkurs- und Zinsänderungsrisiko muss auch eine grafische Darstellung der Entwicklung des Wechselkurses im Verhältnis zum Euro seit dessen Bestehen, höchstens aber für die letzten zehn Jahre, bei einem Kredit ohne festen Sollzinssatz eine grafische Darstellung der Entwicklung des für Änderungen des Sollzinssatzes maßgeblichen Referenzzinssatzes seit dessen Veröffentlichung, höchstens aber für die letzten zehn Jahre, sowie ein Rechenbeispiel enthalten, in dem unter Zugrundelegung der Schwankungsneigung der ande-

ren Währung die Risiken des Fremdwährungskredits anschaulich verdeutlicht werden.

(9) Die in den Abs. 1 bis 8 vorgesehenen Informationspflichten gelten auch für den Kreditvermittler.

(10) Wenn ein Kreditvertrag nicht für den Erwerb oder die Erhaltung von Eigentumsrechten an einer unbeweglichen Sache oder einem bestehenden oder geplanten Superädifikat bestimmt ist, gelten die in Abs. 1 bis 9 vorgesehenen Informationspflichten auch dann als erfüllt, wenn die Informationspflichten des § 6 VKrG eingehalten werden, insbesondere das Informationsformular nach Anhang II des VKrG verwendet wird. Soweit in § 12 und in § 13 auf das ESIS-Merkblatt Bezug genommen wird, kann bei solchen Kreditverträgen auch das Informationsformular nach Anhang II des VKrG verwendet werden.

(11) Wird ein Kreditvertrag in Form einer Überziehungsmöglichkeit gewährt, bei der der Kredit binnen eines Monats zurückzuzahlen ist, so gelten die in Abs. 1 bis 9 vorgesehenen Informationspflichten auch dann als erfüllt, wenn die Informationspflichten des § 19 Abs. 1, 2, 3 und 5 VKrG eingehalten werden. Soweit in § 12 und in § 13 auf das ESIS-Merkblatt Bezug genommen wird, ist bei solchen Kreditverträgen die Einhaltung der in § 19 Abs. 1 VKrG vorgesehenen Informationspflichten ausreichend.

Prüfung der Kreditwürdigkeit des Verbrauchers

§ 9. (1) Vor Abschluss eines Kreditvertrags hat der Kreditgeber eine eingehende Prüfung der Kreditwürdigkeit des Verbrauchers vorzunehmen. Bei der Kreditwürdigkeitsprüfung sind die Faktoren, die für die Prüfung der Aussichten relevant sind, dass der Verbraucher seinen Verpflichtungen aus dem Kreditvertrag nachkommt, in angemessener Form zu berücksichtigen.

(2) Die Kreditwürdigkeitsprüfung ist auf der Grundlage notwendiger, ausreichender und angemessener Informationen zu Einkommen, Ausgaben sowie anderen finanziellen und wirtschaftlichen Umständen des Verbrauchers vorzunehmen. Der Kreditgeber hat die Informationen aus einschlägigen internen oder externen Quellen zu ermitteln, einschließlich des Verbrauchers. Die Informationen müssen auch die Auskünfte einschließen, die dem Kreditvermittler im Zuge des Kreditantragsverfahrens erteilt wurden. Die Informationen sind in angemessener Weise zu überprüfen, erforderlichenfalls auch durch Einsichtnahme in unabhängig nachprüfbare Unterlagen. Der Kreditvermittler hat dem Kreditgeber die vom Verbraucher erhaltenen erforderlichen Angaben korrekt vorzulegen, damit die Kreditwürdigkeitsprüfung durchgeführt werden kann.

(3) Die Kreditwürdigkeitsprüfung darf sich nicht hauptsächlich darauf stützen, dass der Wert der unbeweglichen Sache oder des Superädifikats (der Sache) den Kreditbetrag übersteigt, oder auf die Annahme, dass der Wert der Sache zunimmt, es sei denn, der Kreditvertrag dient zum Bau oder zur Renovierung der Sache.

(4) Die Verfahren und Angaben, auf die sich die Bewertung stützt, hat der Kreditgeber festzulegen, zu dokumentieren und aufzubewahren.

(5) Der Kreditgeber darf dem Verbraucher den Kredit nur gewähren, wenn aus der Kreditwürdigkeitsprüfung hervorgeht, dass es wahrscheinlich ist, dass die Verpflichtungen im Zusammenhang mit dem Kreditvertrag in der gemäß diesem Vertrag vorgeschriebenen Weise erfüllt werden. „Selbst wenn es – etwa im Hinblick auf das Alter des Verbrauchers oder seinen Gesundheitszustand – konkrete Anhaltspunkte dafür gibt, dass der Verbraucher während der Vertragslaufzeit versterben könnte, kann diese Möglichkeit unberücksichtigt bleiben, wenn

1. wahrscheinlich ist, dass der Verbraucher zu Lebzeiten den jeweils fälligen Verpflichtungen, die im Zusammenhang mit dem Kreditvertrag stehen, voraussichtlich vertragsgemäß nachkommen wird, und

2. der Wert der unbeweglichen Sache oder des Superädifikats oder der Wert anderer als Sicherheiten dienender Vermögenswerte des Verbrauchers hinreichende Gewähr für die Abdeckung der im Zusammenhang mit dem Kreditvertrag stehenden Verbindlichkeiten und eventuellen Verwertungskosten bietet.“ *(BGBl I 2023/39)* *(BGBl I 2023/39, ab 1. 5. 2023)*

(6) Vor einer deutlichen Erhöhung des Gesamtkreditbetrags nach dem Abschluss des Kreditvertrags hat der Kreditgeber die Kreditwürdigkeit des Verbrauchers auf der Grundlage von aktualisierten Angaben erneut zu prüfen, es sei denn, ein derartiger zusätzlicher Kredit war bereits im Rahmen der ursprünglichen Kreditwürdigkeitsprüfung vorgesehen und enthalten.

(7) Wird ein Kreditantrag abgelehnt, so hat der Kreditgeber den Verbraucher unverzüglich über die Ablehnung zu unterrichten und gegebenenfalls darüber, dass die Entscheidung auf einer automatisierten Verarbeitung von Daten beruht. Beruht die Ablehnung auf dem Ergebnis einer Datenbankabfrage, so hat der Kreditgeber den Verbraucher über das Ergebnis dieser Abfrage und über die Einzelheiten der betreffenden Datenbank zu unterrichten.

(8) Ein von einem Kreditgeber mit einem Verbraucher abgeschlossener Kreditvertrag kann vom Kreditgeber nicht nachträglich mit der Begründung aufgehoben, beendet oder zum Nachteil des Verbrauchers geändert werden, dass die Prüfung der Kreditwürdigkeit nicht ordnungsgemäß durchgeführt wurde oder die vor Abschluss des

Kreditvertrags vom Verbraucher erhaltenen Angaben unvollständig waren, es sei denn, der Verbraucher hat Informationen im Sinn des Abs. 2 wissentlich vorenthalten oder gefälscht.

(9) Die Bestimmungen der Verordnung (EU) 2016/679 zum Schutz natürlicher Personen bei der Verarbeitung personenbezogener Daten, zum freien Datenverkehr und zur Aufhebung der Richtlinie 95/46/EG (Datenschutz-Grundverordnung), ABl. Nr. L 119 vom 4.5.2016 S. 1, in der Fassung der Berichtigung ABl. Nr. L 127 vom 23.5.2018 S. 2, bleiben unberührt. *(BGBl I 2021/1, ab 1. 1. 2021)*

Vorvertragliche Informationen zur Kreditwürdigkeitsprüfung

§ 10. (1) Der Kreditgeber hat in der vorvertraglichen Phase klare und einfache Angaben dazu zu machen, welche erforderlichen Informationen und unabhängig nachprüfbaren Nachweise der Verbraucher für die Kreditwürdigkeitsprüfung beizubringen hat, und den Zeitrahmen anzugeben, innerhalb dessen der Verbraucher die Informationen zu liefern hat. Dieses Auskunftsersuchen muss verhältnismäßig und auf diejenigen Auskünfte beschränkt sein, die erforderlich sind, um eine ordnungsgemäße Kreditwürdigkeitsprüfung durchzuführen. Der Kreditgeber kann um Klärung der als Antwort auf dieses Auskunftsersuchen erhaltenen Informationen nachsuchen, wo dies erforderlich ist, um eine Kreditwürdigkeitsprüfung zu ermöglichen.

(2) Der Kreditgeber oder der Kreditvermittler hat den Verbraucher darüber zu informieren, dass der Verbraucher auf Auskunftsersuchen nach Abs. 1 korrekte Angaben vorlegen muss und dass diese Angaben so vollständig sein müssen, wie dies für eine ordnungsgemäße Kreditwürdigkeitsprüfung erforderlich ist.

(3) Der Kreditgeber oder der Kreditvermittler hat den Verbraucher zu warnen, dass der Kredit nicht gewährt werden kann, wenn der Kreditgeber nicht imstande ist, eine Kreditwürdigkeitsprüfung vorzunehmen, weil sich der Verbraucher weigert, die für die Prüfung seiner Kreditwürdigkeit erforderlichen Informationen oder Nachweise vorzulegen. Die Warnung kann in standardisierter Form erfolgen.

(4) Wenn eine Datenbankabfrage vorgenommen wird, hat der Kreditgeber den Verbraucher im Einklang mit Artikel 13 der Datenschutz-Grundverordnung darüber zu informieren. *(BGBl I 2021/1, ab 1. 1. 2021, auf Kreditverträge und Kreditierungen anzuwenden, die nach dem 31. 12. 2020 geschlossen bzw gewährt werden)*

(5) Die Bestimmungen der Datenschutz-Grundverordnung bleiben unberührt. *(BGBl I 2021/1, ab 1. 1. 2021)*

Zugang zu Datenbanken

§ 11. (1) Kreditgebern aus anderen Mitgliedstaaten der Europäischen Union oder anderen Vertragsstaaten des Abkommens über den Europäischen Wirtschaftsraum ist ohne Diskriminierung der Zugang zu Datenbanken zu gewähren, die zur Bewertung der Kreditwürdigkeit des Verbrauchers verwendet werden und mit deren Verwendung ausschließlich überwacht werden soll, inwieweit Verbraucher während der Laufzeit eines Kreditvertrags ihre Kreditverpflichtungen erfüllen.

(2) Abs. 1 gilt sowohl für von privaten Kreditbüros und Kreditauskunfteien betriebene Datenbanken als auch für öffentliche Register.

(3) Die Bestimmungen der Datenschutz-Grundverordnung bleiben unberührt. *(BGBl I 2021/1, ab 1. 1. 2021)*

Verbindliche Angebote

§ 12. (1) Macht ein Kreditgeber dem Verbraucher ein verbindliches Angebot, so ist es auf Papier oder einem anderen dauerhaften Datenträger zu übermitteln. Der Kreditgeber oder gegebenenfalls der Kreditvermittler hat dem Verbraucher zum Zeitpunkt der Vorlage eines für den Kreditgeber verbindlichen Angebots eine Ausfertigung des Kreditvertragsentwurfs auszuhändigen. Dem Angebot ist überdies ein ESIS-Merkblatt beizufügen, wenn

1. dem Verbraucher zuvor noch kein ESIS-Merkblatt vorgelegt wurde oder

2. die Merkmale des Angebots von den Informationen abweichen, die im zuvor vorgelegten ESIS-Merkblatt enthalten sind.

(2) Ein Angebot muss für mindestens sieben Tage verbindlich bleiben. Werden allerdings der Sollzinssatz oder andere für das Angebot maßgebliche Kosten auf Basis des Verkaufs zugrunde liegender Anleihen oder anderer langfristiger Finanzierungsinstrumente festgelegt, so können der Sollzinssatz oder die anderen Kosten entsprechend dem Wert des zugrunde liegenden Wertpapiers oder des langfristigen Finanzierungsinstruments von den Angaben des Angebots abweichen.

(3) Der Verbraucher kann das Angebot auch vor Ablauf der Bindungsfrist jederzeit annehmen.

(4) Bei den nachstehend angeführten Mängeln im ESIS-Merkblatt, das dem Verbraucher bei Abgabe seiner Vertragserklärung vorliegt, gilt Folgendes:

1. Enthält das ESIS-Merkblatt keine Angaben zum Sollzinssatz, zum effektiven Jahreszins oder zu dem vom Verbraucher zu zahlenden Gesamtbetrag, so gilt der in § 1000 Abs. 1 ABGB genannte Zinssatz als vereinbarter Sollzinssatz, sofern nicht ein niedrigerer Sollzinssatz vereinbart wird. Bei einem Ratenkredit hat der Kreditgeber die

dadurch verminderten Teilzahlungen zu berechnen und dem Verbraucher bekanntzugeben.

2. Ist im ESIS-Merkblatt der effektive Jahreszins zu niedrig angegeben, so gilt ein Sollzinssatz als vereinbart, der dieser Angabe unter Berücksichtigung der sonstigen Vertragsinhalte entspricht. Z 1 zweiter Satz gilt entsprechend.

3. Enthält das ESIS-Merkblatt keine Angaben zu den Bedingungen, unter denen der Sollzinssatz oder sonstige Entgelte geändert werden können, so kann der Kreditgeber solche Änderungen zum Nachteil des Verbrauchers nicht vornehmen.

4. Enthält das ESIS-Merkblatt keine Angaben zum Recht auf vorzeitige Rückzahlung oder zum Anspruch auf Entschädigung, so kann der Kreditgeber keine Entschädigung verlangen.

Rücktrittsrecht

§ 13. (1) Gibt der Verbraucher seine Vertragserklärung innerhalb von zwei Werktagen nach Erhalt des ESIS-Merkblatts ab oder gibt er diese ab, ohne ein ESIS-Merkblatt erhalten zu haben, so kann er von seiner Vertragserklärung oder vom Vertrag innerhalb von zwei Werktagen ab Abgabe der Vertragserklärung ohne Angabe von Gründen zurücktreten. Der Samstag gilt nicht als Werktag. Die Rücktrittsfrist beginnt nicht zu laufen, bevor der Verbraucher das ESIS-Merkblatt einschließlich der Belehrung über das Rücktrittsrecht erhalten hat. Das Rücktrittsrecht erlischt spätestens einen Monat nach Zustandekommen des Vertrags.

(2) Die Frist des Abs. 1 ist jedenfalls gewahrt, wenn der Rücktritt auf Papier oder einem anderen, dem Kreditgeber zur Verfügung stehenden und zugänglichen dauerhaften Datenträger erklärt und diese Erklärung vor dem Ablauf der Frist an den Kreditgeber abgesendet wird. Der Kreditgeber muss den Rücktritt jedenfalls gegen sich gelten lassen, sofern die Rücktrittserklärung den Informationen entspricht, die er selbst dem Verbraucher gegeben hat.

(3) Nach dem Rücktritt hat der Verbraucher dem Kreditgeber unverzüglich, spätestens jedoch binnen 30 Kalendertagen nach Absendung der Rücktrittserklärung, den ausbezahlten Betrag samt den seit der Auszahlung aufgelaufenen Zinsen zurückzuzahlen. Die Zinsen sind auf der Grundlage des vereinbarten Sollzinssatzes zu berechnen. Der Kreditgeber hat überdies Anspruch auf Ersatz der Zahlungen, die er an öffentliche Stellen entrichtet hat und nicht zurückverlangen kann; sonstige Entschädigungen hat der Verbraucher nicht zu leisten.

(4) Übt der Verbraucher sein Rücktrittsrecht aus, so gilt der Rücktritt auch für eine Vereinbarung über eine Restschuldversicherung oder eine sonstige Nebenleistung, die im Zusammenhang mit dem Kreditvertrag vom Kreditgeber selbst oder auf Grund einer Vereinbarung mit dem Kreditgeber von einem Dritten erbracht wird.

Standards für Beratungsdienstleistungen

§ 14. (1) Unter Beratungsdienstleistungen ist die Erteilung individueller Empfehlungen an einen Verbraucher in Bezug auf ein oder mehrere Geschäfte im Zusammenhang mit Kreditverträgen zu verstehen. Beratungsdienstleistungen sind von der Gewährung eines Kredits und von der in § 2 Abs. 5 genannten Kreditvermittlungstätigkeit zu unterscheiden.

(2) Kreditgeber und Kreditvermittler haben den Verbraucher im Zusammenhang mit einem entsprechenden Geschäft ausdrücklich darüber zu informieren, ob Beratungsdienstleistungen für den Verbraucher erbracht werden oder erbracht werden können.

(3) Vor der Erbringung von Beratungsdienstleistungen oder gegebenenfalls vor dem Abschluss eines Vertrags über die Erbringung von Beratungsdienstleistungen haben Kreditvermittler dem Verbraucher folgende Informationen auf Papier oder einem anderen dauerhaften Datenträger zu erteilen:

1. ob die Empfehlung sich nur auf ihre eigene Produktpalette im Einklang mit Abs. 4 Z 2 oder eine größere Auswahl von Produkten auf dem Markt gemäß Abs. 4 Z 3 bezieht, damit der Verbraucher verstehen kann, auf welcher Grundlage die Empfehlung ergeht;

2. gegebenenfalls das vom Verbraucher für die Beratungsdienstleistungen zu zahlende Entgelt bzw. – wenn sich der Betrag zum Zeitpunkt der Offenlegung nicht feststellen lässt – die für seine Berechnung verwendete Methode.

Die in Z 1 und 2 genannten Informationen können dem Verbraucher in Form von zusätzlichen vorvertraglichen Informationen erteilt werden.

(4) Erbringen Kreditvermittler Beratungsdienstleistungen für die Verbraucher, so gilt Folgendes:

1. Kreditvermittler haben die erforderlichen Informationen über die persönliche und finanzielle Situation, Präferenzen und Ziele des Verbrauchers einzuholen, damit sie geeignete Kreditverträge empfehlen können. Die entsprechende Bewertung muss sich auf zum betreffenden Zeitpunkt aktuelle Informationen stützen und realistische Annahmen bezüglich der Risiken für die Situation des Verbrauchers während der Laufzeit des angebotenen Kreditvertrags zugrunde legen.

2. Gebundene Kreditvermittler haben eine ausreichende Zahl von Kreditverträgen aus ihrer Produktpalette einzubeziehen und unter Berücksichtigung der Bedürfnisse, der finanziellen Situation und der persönlichen Umstände des Verbrauchers einen geeigneten Kreditvertrag oder mehrere geeignete Kreditverträge aus ihrer Produktpalette zu empfehlen.

3. Nicht gebundene Kreditvermittler haben eine ausreichende Zahl von auf dem Markt verfügbaren Kreditverträgen einzubeziehen und unter Berücksichtigung der Bedürfnisse, der finanziellen Situation und der persönlichen Umstände des Verbrauchers einen auf dem Markt verfügbaren geeigneten Kreditvertrag oder mehrere auf dem Markt verfügbare geeignete Kreditverträge zu empfehlen.

4. Kreditvermittler haben im besten Interesse der Verbraucher zu handeln, indem sie

a) sich über die Bedürfnisse und Umstände des Verbrauchers informieren und

b) geeignete Kreditverträge im Einklang mit Z 1 bis 3 empfehlen.

5. Kreditvermittler haben dem Verbraucher eine Aufzeichnung der abgegebenen Empfehlung auf Papier oder einem anderen dauerhaften Datenträger zur Verfügung zu stellen.

(5) Erbringen Kreditgeber Beratungsdienstleistungen für die Verbraucher, so gelten Abs. 3 und Abs. 4 Z 1, 2, 4 und 5 entsprechend.

Wohlverhaltensregeln in Bezug auf die Vergabe von Verbraucherkrediten

§ 15. Kreditgeber und Kreditvermittler haben bei der Gestaltung von Kreditprodukten, bei der Gewährung und der Vermittlung von Kreditverträgen, bei der Erbringung von Beratungsdienstleistungen zu Kreditverträgen und gegebenenfalls von Nebenleistungen für Verbraucher sowie bei der Ausführung eines Kreditvertrags unter Berücksichtigung der Rechte und Interessen der Verbraucher ehrlich, redlich, transparent und professionell zu handeln.

Tilgungsplan

§ 16. (1) Bei einem Kreditvertrag mit fester Laufzeit hat der Kreditgeber dem Verbraucher auf dessen Verlangen kostenlos und zu jedem beliebigen Zeitpunkt während der Gesamtlaufzeit des Kreditvertrags eine Aufstellung in Form eines Tilgungsplans zur Verfügung zu stellen.

(2) Aus dem Tilgungsplan muss hervorgehen, welche Zahlungen in welchen Zeitabständen zu leisten sind und welche Bedingungen für diese Zahlungen gelten. In dem Plan sind die einzelnen periodischen Rückzahlungen nach der Kredittilgung, den nach dem Sollzinssatz berechneten Zinsen und allfälligen zusätzlichen Kosten aufzuschlüsseln. Im Fall eines Kreditvertrags, bei dem kein fester Zinssatz vereinbart wurde oder die zusätzlichen Kosten geändert werden können, ist im Tilgungsplan klar und prägnant anzugeben, dass die Daten im Tilgungsplan nur bis zur nächsten Änderung des Sollzinssatzes oder der zusätzlichen Kosten gemäß dem Kreditvertrag Gültigkeit haben.

Änderung des Sollzinssatzes; Kontomitteilung

§ 17. (1) Bevor eine Änderung des Sollzinssatzes wirksam wird, hat der Kreditgeber den Verbraucher auf Papier oder einem anderen dauerhaften Datenträger über den angepassten Sollzinssatz, die angepasste Höhe der Teilzahlungen sowie über allfällige Änderungen in der Anzahl oder der Fälligkeit der Teilzahlungen zu informieren. Eine Änderung des Sollzinssatzes zum Nachteil des Verbrauchers wird diesem gegenüber erst wirksam, wenn ihm der Kreditgeber die vorgenannten Informationen zur Verfügung gestellt hat.

(2) Geht die Änderung des Sollzinssatzes auf die Änderung eines Referenzzinssatzes zurück und wird der neue Referenzzinssatz auf geeigneten Wegen öffentlich zugänglich gemacht, so können die Vertragsparteien einen von Abs. 1 abweichenden Zeitpunkt für die Wirksamkeit der Änderung des Sollzinssatzes vereinbaren. In diesen Fällen muss der Vertrag eine Pflicht des Kreditgebers vorsehen, dem Verbraucher die Information nach Abs. 1 in regelmäßigen Zeitabständen zu übermitteln. Die Höhe des Referenzzinssatzes muss dem Verbraucher zusammen mit diesen Informationen mitgeteilt werden. Außerdem muss der Verbraucher die Höhe des Referenzzinssatzes in den Geschäftsräumen des Kreditgebers einsehen können.

(3) Die periodische Zahlungspflicht des Verbrauchers ist bei einer Änderung des Sollzinssatzes so anzupassen, dass der vom Verbraucher zu zahlende Gesamtbetrag innerhalb der ursprünglich vereinbarten Laufzeit zur Gänze beglichen ist. Eine abweichende Vereinbarung ist zulässig, wenn sie im Einzelnen ausgehandelt wird.

(4) Der Kreditgeber hat dem Verbraucher in jedem ersten Vierteljahr eines Kalenderjahres eine Kontomitteilung auszuhändigen, in der zum Stichtag 31. Dezember des jeweiligen Vorjahres zumindest die einzelnen vom Verbraucher geleisteten Zahlungen, die einzelnen Belastungen sowie die aushaftenden Salden enthalten sind.

Kündigungsrecht und ähnliche Rechte des Kreditgebers

§ 18. (1) Der Kreditgeber kann einen auf unbestimmte Zeit geschlossenen Kreditvertrag abweichend von § 986 Abs. 2 ABGB nur kündigen, wenn eine zumindest zweimonatige Kündigungsfrist eingehalten wird. Die Kündigung muss dem Verbraucher auf Papier oder einem anderen dauerhaften Datenträger zugehen.

(2) Dem Kreditgeber kommt das gesetzliche Auszahlungsverweigerungsrecht nach § 991 ABGB nicht zu; er kann sich aber vertraglich das Recht vorbehalten, die Auszahlung von Kreditbeträgen, die der Verbraucher noch nicht in Anspruch genommen hat, aus sachlich gerechtfertig-

ten Gründen zu verweigern. Beabsichtigt er, von diesem Recht Gebrauch zu machen, so hat er dies dem Verbraucher unverzüglich auf Papier oder einem anderen dauerhaften Datenträger unter Angabe der Gründe mitzuteilen. Die Angabe der Gründe hat zu unterbleiben, soweit dadurch die öffentliche Sicherheit oder Ordnung gefährdet würde.

(3) Hat der Verbraucher seine Schuld in Raten zu zahlen und hat sich der Kreditgeber für den Fall der Nichtzahlung von Teilbeträgen oder Nebenforderungen das Recht vorbehalten, die sofortige Entrichtung der gesamten noch offenen Schuld zu fordern (Terminsverlust), so darf er dieses Recht nur ausüben, wenn er selbst seine Leistungen bereits erbracht hat, zumindest eine rückständige Leistung des Verbrauchers seit mindestens sechs Wochen fällig ist sowie der Kreditgeber den Verbraucher unter Androhung des Terminsverlustes und unter Setzung einer Nachfrist von mindestens zwei Wochen erfolglos gemahnt hat.

Kündigung durch den Verbraucher

§ 19. Der Verbraucher kann einen auf unbestimmte Zeit geschlossenen Kreditvertrag jederzeit kündigen. Für die Kündigung dürfen ihm keine Kosten verrechnet werden. Eine Kündigungsfrist ist abweichend von § 986 Abs. 2 ABGB nur dann einzuhalten, wenn sie im Vertrag vereinbart wurde und einen Monat nicht übersteigt.

Vorzeitige Rückzahlung

§ 20. (1) Der Kreditnehmer hat das jederzeit ausübbare Recht, den Kreditbetrag vor Ablauf der bedungenen Zeit zum Teil oder zur Gänze zurückzuzahlen. Die vorzeitige Rückzahlung des gesamten Kreditbetrags samt Zinsen gilt als Kündigung des Kreditvertrags. „Die vom Kreditnehmer zu zahlenden Zinsen verringern sich bei vorzeitiger Kreditrückzahlung entsprechend dem dadurch verminderten Außenstand und gegebenenfalls entsprechend der dadurch verkürzten Vertragsdauer; die Kosten verringern sich verhältnismäßig.“ *(BGBl I 2021/1, ab 1. 1. 2021, auf Kreditverträge und Kreditierungen anzuwenden, die nach dem 31. 12. 2020 geschlossen bzw gewährt werden)*

(2) Der Kreditgeber kann vom Kreditnehmer eine angemessene und objektiv gerechtfertigte Entschädigung für den ihm aus der vorzeitigen Rückzahlung voraussichtlich unmittelbar entstehenden Vermögensnachteil verlangen. Dies gilt nicht, wenn

1. die vorzeitige Rückzahlung mit einer Versicherungsleistung aus einem Versicherungsvertrag getätigt wird, der vereinbarungsgemäß die Rückzahlung des Kredits gewährleisten soll,

2. die Rückzahlung in einen Zeitraum fällt, für den kein fester Sollzinssatz vereinbart wurde,

3. der vorzeitig zurückgezahlte Betrag 10 000 Euro innerhalb eines Zeitraums von zwölf Monaten nicht übersteigt oder

4. der Kredit in Gestalt einer Überziehungsmöglichkeit gewährt worden ist.

(3) Die Entschädigung darf die Zinsen, die der Verbraucher bis zum Ende der Laufzeit des Kreditvertrags für den betreffenden Kreditbetrag hätte zahlen müssen, nicht übersteigen. Sie darf überdies höchstens

1. 0,5% des vorzeitig zurückgezahlten Kreditbetrags, wenn der Zeitraum zwischen der vorzeitigen Rückzahlung und dem vereinbarten Ablauf des Kreditvertrags ein Jahr nicht überschreitet, und

2. 1% in allen anderen Fällen

betragen.

(4) Bei einem hypothekarisch gesicherten Kredit kann für die vorzeitige Rückzahlung eine Kündigungsfrist von höchstens sechs Monaten oder bis zum Ablauf einer allfällig vereinbarten Periode mit festem Sollzinssatz vereinbart werden. Hält der Kreditnehmer die vereinbarte Kündigungsfrist nicht ein, so kann der Kreditgeber für den nicht eingehaltenen Teil der Kündigungsfrist eine Entschädigung nach Abs. 2 erster Satz verlangen; auf diese ist Abs. 2 zweiter Satz nicht anzuwenden. Für die Höhe der Entschädigung gilt Abs. 3. „ “ *(BGBl I 2021/199, ab 8. 7. 2022)*

(5) Bei einem Kredit mit Tilgungsträger muss der Kreditgeber auf Verlangen des Kreditnehmers auf ein vertragliches Recht hinsichtlich der auf den Tilgungsträger zu leistenden Zahlungen insoweit verzichten, als der Kreditnehmer den Kredit vorzeitig zurückzahlt.

(6) Wenn der Verbraucher eine vorzeitige Rückzahlung beabsichtigt und dies dem Kreditgeber mitteilt, so hat ihm der Kreditgeber auf Papier oder einem anderen dauerhaften Datenträger unverzüglich die Informationen zu erteilen, die für die Prüfung dieser Möglichkeit erforderlich sind. Diese Informationen müssen zumindest die Auswirkungen der vorzeitigen Rückzahlung für den Verbraucher quantifizieren und etwaige herangezogene Annahmen klar angeben. Alle herangezogenen Annahmen müssen vernünftig und zu rechtfertigen sein.

Forderungsabtretung

§ 21. Werden die Ansprüche des Kreditgebers aus einem Kreditvertrag abgetreten oder der Kreditvertrag selbst zulässigerweise auf einen Dritten übertragen, so ist der Verbraucher darüber zu unterrichten, es sei denn, der ursprüngliche Kreditgeber tritt mit dem Einverständnis des Zessionars oder des Vertragsübernehmers dem

Verbraucher gegenüber nach wie vor als Kreditgeber auf. Von § 1396 ABGB kann nicht zum Nachteil des Verbrauchers durch Vereinbarung abgewichen werden.

Kreditverträge mit variablem Zinssatz

§ 22. (1) Der Kreditgeber hat zur Berechnung des Sollzinssatzes für Kreditverträge mit variablem Zinssatz ausschließlich Indizes oder Referenzzinssätze heranzuziehen, die klar, verfügbar, objektiv und von den Vertragsparteien des Kreditvertrags und der Finanzmarktaufsichtsbehörde überprüfbar sind.

(2) Frühere Aufzeichnungen der Indizes oder Referenzzinssätze zur Berechnung des Sollzinssatzes hat der Kreditgeber aufzubewahren, es sei denn, sie werden von den Stellen aufbewahrt, die diese Indizes oder Referenzzinssätze zur Verfügung stellen.

Kopplungs- und Bündelungsgeschäfte

§ 23. (1) Ein Kopplungsgeschäft ist das Angebot oder der Abschluss eines Kreditvertrags in einem Paket gemeinsam mit anderen gesonderten Finanzprodukten oder -dienstleistungen, bei dem der Kreditvertrag nicht separat von dem Verbraucher abgeschlossen werden kann.

(2) Kopplungsgeschäfte sind außer in den in Abs. 3 und 4 genannten Fällen unzulässig.

(3) Der Kreditgeber kann vom Verbraucher oder einem Familienangehörigen oder einem nahen Verwandten des Verbrauchers verlangen,

1. ein Zahlungs- oder ein Sparkonto zu eröffnen, dessen einziger Zweck die Ansammlung von Kapital ist, um den Kredit zurückzuzahlen oder zu bedienen, Mittel zusammenzulegen, um den Kredit zu erhalten, oder eine zusätzliche Sicherheit für den Kreditgeber für den Fall eines Zahlungsausfalls zu leisten;

2. ein Anlageprodukt oder ein privates Rentenprodukt zu erwerben oder zu behalten, wenn dieses Produkt, das dem Investor in erster Linie ein Ruhestandseinkommen bietet, auch als zusätzliche Sicherheit für den Kreditgeber im Fall eines Zahlungsausfalls oder zur Ansammlung von Kapital dient, um den Kredit zurückzuzahlen oder zu bedienen oder Mittel zusammenzulegen, um den Kredit zu erhalten;

3. einen gesonderten Kreditvertrag in Verbindung mit einem Kreditvertrag mit Wertbeteiligung abzuschließen, um den Kredit zu erhalten.

(4) Der Kreditgeber kann vom Verbraucher verlangen, eine einschlägige Versicherung im Zusammenhang mit dem Kreditvertrag abzuschließen, muss aber die Versicherungspolice eines anderen als seines bevorzugten Anbieters akzeptieren, wenn diese eine gleichwertige Garantieleistung wie die vom Kreditgeber angebotene Versicherungspolice bietet.

(5) Abs. 1 bis 4 berühren die Zulässigkeit von Bündelungsgeschäften nicht. Ein Bündelungsgeschäft ist das Angebot oder der Abschluss eines Kreditvertrags in einem Paket gemeinsam mit anderen gesonderten Finanzprodukten oder -dienstleistungen, bei dem der Kreditvertrag separat von dem Verbraucher abgeschlossen werden kann, jedoch nicht zwangsläufig zu den gleichen Bedingungen, zu denen er mit den Nebenleistungen gebündelt angeboten wird.

Fremdwährungskredite

§ 24. (1) Ein Fremdwährungskredit ist ein Kreditvertrag, bei dem der Kredit

1. auf eine andere Währung lautet als die, in der der Verbraucher sein Einkommen bezieht oder die Vermögenswerte hält, aus denen der Kredit zurückgezahlt werden soll, oder

2. auf eine andere Währung als die Währung des Mitgliedstaats lautet, in welchem der Verbraucher seinen Wohnsitz hat.

(2) Bei einem Fremdwährungskredit hat der Verbraucher das Recht, den Kreditvertrag jeweils zum Quartalsende unter Einhaltung einer Frist von vierzehn Tagen auf eine alternative Währung umzustellen. Im Kreditvertrag können andere Umstellungstermine in zumindest gleicher Anzahl festgelegt werden, sofern dies etwa durch abweichende Zinsanpassungstermine gerechtfertigt ist.

(3) Die in Abs. 2 genannte alternative Währung ist entweder

1. die Währung, in der der Verbraucher überwiegend sein Einkommen bezieht oder Vermögenswerte hält, aus denen der Kredit zurückgezahlt werden soll, wie zum Zeitpunkt der jüngsten Kreditwürdigkeitsprüfung, die im Zusammenhang mit dem Kreditvertrag durchgeführt wurde, angegeben, oder

2. die Währung des Mitgliedstaats, in welchem der Verbraucher seinen Wohnsitz hat oder in welchem er bei Abschluss des Kreditvertrags seinen Wohnsitz hatte.

(4) Die in Abs. 2 genannte alternative Währung kann vertraglich auf die in Abs. 3 Z 1 oder die in Abs. 3 Z 2 genannte Währung eingeschränkt werden.

(5) Der für die Umstellung verwendete Wechselkurs hat dem am Tag des Antrags auf Umstellung geltenden Marktwechselkurs zu entsprechen. Im Kreditvertrag kann ein anderer Tag festgelegt werden, der aber nicht mehr als vierzehn Tage nach dem Tag des Antrags auf Umstellung liegen darf.

(6) Der Kreditgeber hat einen Verbraucher, der einen Fremdwährungskredit aufgenommen hat, auf Papier oder einem anderen dauerhaften

Datenträger regelmäßig zumindest dann zu warnen, wenn der Wert des vom Verbraucher noch zu zahlenden Gesamtbetrags oder der regelmäßigen Raten um mehr als 20 % von dem Wert abweicht, der gegeben wäre, wenn der Wechselkurs zwischen der Währung des Kreditvertrags und der Währung des Mitgliedstaats zum Zeitpunkt des Abschlusses des Kreditvertrags angewandt würde. Mit dieser Warnung ist der Verbraucher über einen Anstieg des vom Verbraucher zu zahlenden Gesamtbetrags sowie gegebenenfalls über sein Recht auf Umstellung in eine andere Währung und die dafür geltenden Bedingungen zu informieren. Der Kreditgeber hat auch andere anwendbare Mechanismen zu erläutern, um das Wechselkursrisiko für den Verbraucher zu begrenzen.

(7) Der Verbraucher ist im ESIS-Merkblatt und im Kreditvertrag über die nach Abs. 2 bis 6 geltenden Regelungen zu unterrichten. Ist im Kreditvertrag keine Bestimmung vorgesehen, wonach das Wechselkursrisiko für den Verbraucher auf eine Wechselkursschwankung von weniger als 20 % begrenzt wird, so ist im ESIS-Merkblatt ein Beispiel anzugeben, das die Auswirkungen einer Wechselkursschwankung von 20 % deutlich macht.

Benannte Vertreter

§ 25. Soweit in diesem Abschnitt auf Kreditvermittler Bezug genommen wird, gelten diese Bestimmungen auch für benannte Vertreter. Ein benannter Vertreter ist eine natürliche oder juristische Person, die Kreditvermittlungstätigkeiten (§ 2 Abs. 5) ausübt und die im Namen und unter der unbeschränkten und vorbehaltlosen Verantwortung nur eines einzigen Kreditvermittlers handelt.

3. Abschnitt

Zahlungsaufschub und sonstige Finanzierungshilfen

Anwendbare Bestimmungen

§ 26. Der 2. Abschnitt ist auch auf Verträge anzuwenden, mit denen ein Unternehmer gegenüber einem Verbraucher eine entgeltliche Finanzierungshilfe, etwa einen entgeltlichen Zahlungsaufschub, gewährt,

1. die durch ein Pfandrecht oder ein sonstiges Recht an einer unbeweglichen Sache oder einem Superädifikat besichert werden oder

2. die für den Erwerb oder die Erhaltung von Eigentumsrechten an einer unbeweglichen Sache oder einem bestehenden oder geplanten Superädifikat bestimmt ist.

4. Abschnitt

Kreditierungen im Gemeinwohlinteresse

Vorvertragliche Informationen und Werbung

§ 27. „Werden in § 5 Abs. 1 genannte Verbraucherkreditverträge oder in § 26 genannte Finanzierungshilfen im Rahmen gesetzlicher Bestimmungen im Gemeinwohlinteresse mit einem begrenzten Kundenkreis geschlossen oder diesem gewährt, sei es zinslos oder zu einem niedrigeren als dem marktüblichen Zinssatz oder zu anderen, für den Verbraucher günstigeren als den marktüblichen Bedingungen und zu Zinssätzen, die nicht über den marktüblichen Zinssätzen liegen, so gilt Folgendes:“

1. Der Kreditgeber hat den Verbraucher in der vorvertraglichen Phase rechtzeitig auf Papier oder einem anderen dauerhaften Datenträger über die Hauptmerkmale, Risiken und Kosten solcher Kreditverträge oder Finanzierungshilfen zu informieren.

2. Die Werbung für solche Kreditverträge und Finanzierungshilfen hat den Kriterien der Redlichkeit und Eindeutigkeit zu genügen und darf nicht irreführend sein.

(BGBl I 2021/1, ab 1. 1. 2021, auf Kreditverträge und Kreditierungen anzuwenden, die nach dem 31. 12. 2020 geschlossen bzw gewährt werden)

5. Abschnitt

Immobilienverzehrkredite

Vorvertragliche Informationen und Werbung

§ 28. Werden in § 5 Abs. 1 genannte Verbraucherkreditverträge oder in § 26 genannte Finanzierungshilfen in Form von Immobilienverzehrkrediten geschlossen oder gewährt, so gelten die in § 27 Z 1 und 2 genannten Anforderungen entsprechend.

6. Abschnitt

Ergänzende Bestimmungen

Berechnung des effektiven Jahreszinses

§ 29. (1) Der effektive Jahreszins ist anhand der mathematischen Formel in Anhang I zu berechnen.

(2) Die Kosten für die Eröffnung und Führung eines spezifischen Kontos, die Kosten für die Verwendung eines Zahlungsmittels, mit dem sowohl Geschäfte auf diesem Konto getätigt als auch Kreditbeträge in Anspruch genommen werden können, sowie sonstige Kosten für Zahlungsgeschäfte sind im Rahmen der Gesamtkosten des

Kredits für den Verbraucher zu berücksichtigen, wenn die Eröffnung oder Führung eines Kontos Voraussetzung dafür ist, dass der Kredit überhaupt oder nach den vorgesehenen Vertragsbedingungen gewährt wird.

(3) Bei der Berechnung des effektiven Jahreszinses ist von der Annahme auszugehen, dass der Kreditvertrag für den vereinbarten Zeitraum gilt und dass Kreditgeber und Verbraucher ihren Verpflichtungen zu den im Kreditvertrag niedergelegten Bedingungen und Terminen nachkommen.

(4) In Kreditverträgen mit Klauseln, nach denen der Sollzinssatz und gegebenenfalls die Entgelte, die im effektiven Jahreszins enthalten sind, deren Quantifizierung zum Zeitpunkt seiner Berechnung aber nicht möglich ist, geändert werden können, ist bei der Berechnung des effektiven Jahreszinses von der Annahme auszugehen, dass der Sollzinssatz und die sonstigen Kosten gemessen an der bei Abschluss des Vertrags festgesetzten Höhe unverändert bleiben werden.

(5) Bei Kreditverträgen, bei denen ein fester Sollzinssatz für einen Anfangszeitraum von mindestens fünf Jahren vereinbart wurde, nach dessen Ablauf ein neuer fester Sollzinssatz für einen weiteren Zeitraum von mehreren Jahren ausgehandelt wird, hat sich die Berechnung des zusätzlichen, als Beispiel dienenden effektiven Jahreszinses, der im ESIS-Merkblatt angegeben wird, nur auf die anfängliche Festzinsperiode zu beziehen, wobei von der Annahme auszugehen ist, dass das Restkapital am Ende des Zinsfestschreibungszeitraums zurückgezahlt wird.

(6) Sieht der Kreditvertrag die Möglichkeit von Änderungen des Zinssatzes vor, so ist der Verbraucher zumindest mittels des ESIS-Merkblatts über die möglichen Auswirkungen der Änderungen auf die zu zahlenden Beträge und den effektiven Jahreszins zu informieren. Dem Verbraucher sind zu diesem Zweck mittels eines zusätzlichen effektiven Jahreszinses die möglichen Risiken zu veranschaulichen, die mit einer signifikanten Erhöhung des Zinssatzes verbunden sind. Ist der Zinssatz nicht gedeckelt, so ist dieser Information ein Warnhinweis beizufügen, mit dem darauf hingewiesen wird, dass sich die Gesamtkosten des Kredits für den Verbraucher, die aus dem effektiven Jahreszins deutlich werden, ändern können. Diese Bestimmung gilt nicht für Kreditverträge, bei denen der Zinssatz für einen Anfangszeitraum von mindestens fünf Jahren festgeschrieben wird, nach dessen Ablauf ein neuer fester Sollzinssatz für einen weiteren Zeitraum von mehreren Jahren ausgehandelt wird, für den ein zusätzlicher, als Beispiel dienender effektiver Jahreszins im ESIS-Merkblatt angegeben wird.

(7) Falls zutreffend, ist für die Berechnung des effektiven Jahreszinses von den in Anhang I genannten zusätzlichen Annahmen auszugehen.

Strafbestimmungen

§ 30. Sofern die Tat nicht den Tatbestand einer gerichtlich strafbaren Handlung bildet oder nach anderen Verwaltungsstrafbestimmungen mit strengerer Strafe bedroht ist, begeht eine Verwaltungsübertretung und ist mit einer Geldstrafe bis zu 10 000 Euro zu bestrafen, wer

1. Kredite ohne die gemäß § 6 erforderlichen oder mit falschen Angaben bewirbt;

2. die in § 7 vorgesehenen allgemeinen Informationen nicht oder nicht vollständig bereitstellt;

3. in die gemäß § 8 gebotenen vorvertraglichen Informationen falsche Angaben aufnimmt, die Informationspflichten gemäß § 8, § 10 oder § 14 Abs. 2 und 3 nicht oder nicht vollständig erfüllt oder bei einem verbindlichen Angebot die in § 12 Abs. 1 enthaltenen Formpflichten verletzt;

4. die Kreditwürdigkeit des Verbrauchers nicht entsprechend § 9 Abs. 1 bis 3 und § 9 Abs. 6 bewertet, die Festlegungs-, Dokumentations- oder Aufbewahrungspflichten nach § 9 Abs. 4 verletzt, einen Kredit trotz Fehlens der Voraussetzungen des § 9 Abs. 5 gewährt oder den Verbraucher nicht gemäß § 9 Abs. 7 über die Ablehnung oder die Datenbankabfrage informiert;

5. die Ausübungsregeln des § 14 Abs. 4 oder des § 15 missachtet;

6. nicht entsprechend § 17 über eine Änderung des Sollzinssatzes informiert;

7. Indizes oder Referenzzinssätze heranzieht, die den Anforderungen des § 22 Abs. 1 widersprechen, oder die Aufbewahrungspflichten des § 22 Abs. 2 verletzt;

8. Kopplungsgeschäfte anbietet oder abschließt, die nach § 23 unzulässig sind;

9. eine der in Z 1 bis 8 genannten Taten bei einem entgeltlichen Zahlungsaufschub oder einer sonstigen entgeltlichen Finanzierungshilfe begeht und dadurch gegen § 26 in Verbindung mit den Bestimmungen des 2. Abschnitts verstößt;

10. die Informationspflichten gemäß § 27 Z 1 oder § 28 nicht oder nicht vollständig erfüllt oder die Anforderungen an die Werbung in § 27 Z 2 oder § 28 missachtet.

Inkrafttretens- und Übergangsbestimmung

§ 31. (1) Dieses Bundesgesetz tritt mit 21. März 2016 in Kraft.

(2) Es ist nur auf Kreditverträge und Kreditierungen anzuwenden, die nach dem 20. März 2016 geschlossen beziehungsweise gewährt werden. Auf Kreditverträge und Kreditierungen, die vor dem 21. März 2016 geschlossen beziehungsweise gewährt wurden, sind die bisherigen Bestimmungen weiter anzuwenden.

(3) Bis zum 21. März 2019 kann anstelle des nach diesem Bundesgesetz vorgesehenen ESIS-

Merkblatts (Anhang II) das Informationsformular nach Anhang II des Verbraucherkreditgesetzes verwendet werden.

(4) § 1, § 7 und Anhang II in der Fassung des Bundesgesetzes BGBl. I Nr. 93/2017 treten mit 1. Juli 2018 in Kraft. *(BGBl I 2017/93)*

(5) §§ 5, 9, 10, 11, 20 und 27 sowie die Bezeichnung des 4. Abschnitts in der Fassung des Bundesgesetzes BGBl. I Nr. 1/2021 treten mit 1. Jänner 2021 in Kraft und sind auf Kreditverträge und Kreditierungen anzuwenden, die nach dem 31. Dezember 2020 geschlossen beziehungsweise gewährt werden. *(BGBl I 2021/1)*

(6) § 20 Abs. 4 in der Fassung des Bundesgesetzes BGBl. I Nr. 199/2021 tritt mit 8. Juli 2022 in Kraft. *(BGBl I 2021/199)*

(7) § 9 Abs. 5 in der Fassung des Bundesgesetzes BGBl. I Nr. 39/2023 tritt mit 1. Mai 2023 in Kraft. *(BGBl I 2023/39)*

Vollziehung

§ 32. Mit der Vollziehung dieses Bundesgesetzes ist hinsichtlich des § 11 Abs. 3 und des § 30 der Bundeskanzler und im Übrigen der Bundesminister für Justiz betraut.

Anhang I

BERECHNUNG DES EFFEKTIVEN JAHRESZINSES

I. Grundgleichung zur Darstellung der Gleichheit zwischen Kredit-Auszahlungsbeträgen einerseits und Rückzahlungen (Tilgung und Kreditkosten) andererseits

(1) Die nachstehende Gleichung zur Ermittlung des effektiven Jahreszinses drückt auf jährlicher Basis die rechnerische Gleichheit zwischen der Summe der Gegenwartswerte der in Anspruch genommenen Kredit-Auszahlungsbeträge einerseits und der Summe der Gegenwartswerte der Rückzahlungen (Tilgung und Kreditkosten) andererseits aus:

$$\sum_{k=1}^{m} C_k(1+X)^{-t_k} = \sum_{l=1}^{m'} D_l(1+X)^{-s_l}$$

Dabei ist

- X der effektive Jahreszins;
- m die laufende Nummer des letzten Kredit-Auszahlungsbetrags;
- k die laufende Nummer eines Kredit-Auszahlungsbetrags, wobei $1 \leq k \leq m$;
- C_k die Höhe des Kredit-Auszahlungsbetrags mit der Nummer k;
- t_k der in Jahren oder Jahresbruchteilen ausgedrückte Zeitraum zwischen der ersten Kreditauszahlung und dem Zeitpunkt der einzelnen nachfolgenden in Anspruch genommenen Kredit-Auszahlungsbeträge, wobei $t_1 = 0$;
- m' die laufende Nummer der letzten Tilgungs- oder Kostenzahlung;
- l die laufende Nummer einer Tilgungs- oder Kostenzahlung;
- D_l der Betrag einer Tilgungs- oder Kostenzahlung;
- s_l der in Jahren oder Jahresbruchteilen ausgedrückte Zeitraum zwischen dem Zeitpunkt der Inanspruchnahme des ersten Kredit-Auszahlungsbetrags und dem Zeitpunkt jeder einzelnen Tilgungs- oder Kostenzahlung.

(2) Anmerkungen:

a) Die von beiden Seiten zu unterschiedlichen Zeitpunkten gezahlten Beträge sind nicht notwendigerweise gleich groß und werden nicht notwendigerweise in gleichen Zeitabständen entrichtet.

b) Anfangszeitpunkt ist der Tag der Auszahlung des ersten Kreditbetrags.

c) Der Zeitraum zwischen diesen Zeitpunkten wird in Jahren oder Jahresbruchteilen ausgedrückt. Zugrunde gelegt werden für ein Jahr 365 Tage (bzw. für ein Schaltjahr 366 Tage), 52 Wochen oder 12 Standardmonate. Ein Standardmonat hat 30,41666 Tage (d. h. 365/12), unabhängig davon, ob es sich um ein Schaltjahr handelt oder nicht.

Können die Zeiträume zwischen den in den Berechnungen verwendeten Zeitpunkten nicht als ganze Zahl von Wochen, Monaten oder Jahren ausgedrückt werden, so sind sie als ganze Zahl eines dieser Zeitabschnitte in Kombination mit einer Anzahl von Tagen auszudrücken. Bei der Verwendung von Tagen

i) werden alle Tage einschließlich Wochenenden und Feiertagen gezählt;

ii) werden gleich lange Zeitabschnitte und dann Tage bis zur Inanspruchnahme des ersten Kreditbetrags zurückgezählt;

iii) wird die Länge des in Tagen bemessenen Zeitabschnitts ohne den ersten und einschließlich des letzten Tages berechnet und in Jahren ausgedrückt, indem dieser Zeitabschnitt durch die Anzahl von Tagen des gesamten Jahres (365 oder 366 Tage), zurückgezählt ab dem letzten Tag bis zum gleichen Tag des Vorjahres, geteilt wird.

d) Das Rechenergebnis wird auf mindestens eine Dezimalstelle genau angegeben. Ist die Ziffer der darauf folgenden Dezimalstelle größer als oder gleich 5, so erhöht sich die Ziffer der vorangehenden Dezimalstelle um den Wert 1.

e) Mathematisch darstellen lässt sich diese Gleichung durch eine einzige Summation unter Verwendung des Faktors „Ströme“ (A_k), die entweder positiv oder negativ sind, je nachdem, ob sie für Auszahlungen oder für Rückzahlungen innerhalb der Perioden 1 bis n, ausgedrückt in Jahren, stehen:

$$S = \sum_{k=1}^{n} A_k (1 + X)^{-t_k}$$

dabei ist S der Saldo der Gegenwartswerte aller „Ströme“, deren Wert gleich Null sein muss, damit die Gleichheit zwischen den „Strömen“ gewahrt bleibt.

II. Zusätzliche Annahmen für die Berechnung des effektiven Jahreszinses

a) Ist es dem Verbraucher nach dem Kreditvertrag freigestellt, wann er den Kredit in Anspruch nehmen will, so gilt der gesamte Kredit als sofort in voller Höhe in Anspruch genommen.

b) Sieht der Kreditvertrag verschiedene Arten der Inanspruchnahme mit unterschiedlichen Kosten oder Sollzinssätzen vor, so gilt der gesamte Kredit als zu den höchsten Kosten und zum höchsten Sollzinssatz in Anspruch genommen, wie sie für die Kategorie von Geschäften gelten, die bei dieser Kreditvertragsart am häufigsten vorkommt.

c) Ist es dem Verbraucher nach dem Kreditvertrag generell freigestellt, wann er den Kredit in Anspruch nehmen will, sind jedoch je nach Art der Inanspruchnahme Beschränkungen in Bezug auf Kreditbetrag und Zeitraum vorgesehen, so gilt der gesamte Kredit als zu dem im Kreditvertrag vorgesehenen frühestmöglichen Zeitpunkt mit den entsprechenden Beschränkungen in Anspruch genommen.

d) Werden für einen begrenzten Zeitraum oder Betrag verschiedene Sollzinssätze und Kosten angeboten, so werden als Sollzinssatz oder als Kosten während der gesamten Laufzeit des Kreditvertrags der höchste Sollzinssatz bzw. die höchsten Kosten angenommen.

e) Bei Kreditverträgen, bei denen für den Anfangszeitraum ein fester Sollzinssatz vereinbart wurde, nach dessen Ablauf ein neuer Sollzinssatz festgelegt wird, der anschließend in regelmäßigen Abständen nach einem vereinbarten Indikator oder einem internen Referenzzinssatz angepasst wird, wird bei der Berechnung des effektiven Jahreszinses von der Annahme ausgegangen, dass der Sollzinssatz ab dem Ende der Festzinsperiode dem Sollzinssatz entspricht, der sich aus dem Wert des vereinbarten Indikators oder des internen Referenzzinssatzes zum Zeitpunkt der Berechnung des effektiven Jahreszinses ergibt, die Höhe des festen Sollzinssatzes jedoch nicht unterschreitet.

f) Wurde noch keine Kreditobergrenze vereinbart, so wird eine Obergrenze in Höhe von 170 000 Euro angenommen. Bei Kreditverträgen, die weder Eventualverpflichtungen noch Garantien sind und die nicht für den Erwerb oder die Erhaltung eines Rechts an Wohnimmobilien oder Grundstücken bestimmt sind, bei Überziehungsmöglichkeiten, Debit-Karten mit Zahlungsaufschub oder Kreditkarten wird eine Obergrenze von 1 500 Euro angenommen.

g) Bei Kreditverträgen, die weder Überziehungsmöglichkeiten noch Überbrückungsdarlehen, Kreditverträge mit Wertbeteiligung, Eventualverpflichtungen oder Garantien sind, und bei unbefristeten Kreditverträgen (siehe die Annahmen unter den Buchstaben i, j, k, l und m) gilt Folgendes:

i) Lassen sich der Zeitpunkt oder die Höhe einer vom Verbraucher zu leistenden Tilgungszahlung nicht feststellen, so wird angenommen, dass die Rückzahlung zu dem im Kreditvertrag genannten frühestmöglichen Zeitpunkt und in der darin festgelegten geringsten Höhe erfolgt.

ii) Lässt sich der Zeitraum zwischen der ersten Inanspruchnahme und der ersten vom Verbraucher zu leistenden Zahlung nicht feststellen, so wird der kürzestmögliche Zeitraum angenommen.

h) Lassen sich der Zeitpunkt oder die Höhe einer vom Verbraucher zu leistenden Zahlung nicht anhand des Kreditvertrags oder der Annahmen nach den Buchstaben g, i, j, k, l und m feststellen, so wird angenommen, dass die Zahlung in Übereinstimmung mit den vom Kreditgeber bestimmten Fristen und Bedingungen erfolgt, und dass, falls diese nicht bekannt sind,

i) die Zinszahlungen zusammen mit den Tilgungszahlungen erfolgen,

ii) Zahlungen für Kosten, die keine Zinsen sind und die als Einmalbetrag ausgedrückt sind, bei Abschluss des Kreditvertrags erfolgen,

iii) Zahlungen für Kosten, die keine Zinsen sind und die als Mehrfachzahlungen ausgedrückt sind, beginnend mit der ersten Tilgungszahlung in regelmäßigen Abständen erfolgen, und es sich, falls die Höhe dieser Zahlungen nicht bekannt ist, um jeweils gleich hohe Beträge handelt,

iv) mit der letzten Zahlung der Saldo, die Zinsen und etwaige sonstige Kosten ausgeglichen sind.

i) Bei einer Überziehungsmöglichkeit gilt der gesamte Kredit als in voller Höhe und für die gesamte Laufzeit des Kreditvertrags in Anspruch genommen. Ist die Dauer der Überziehungsmöglichkeit nicht bekannt, so wird bei der Berechnung des effektiven Jahreszinses von der Annahme ausgegangen, dass die Laufzeit des Kreditvertrags drei Monate beträgt.

j) Bei einem Überbrückungsdarlehen gilt der gesamte Kredit als in voller Höhe und für die gesamte Laufzeit des Kreditvertrags in Anspruch genommen. Ist die Laufzeit des Kreditvertrags nicht bekannt, so wird bei der Berechnung des effektiven Jahreszinses von der Annahme ausgegangen, dass sie 12 Monate beträgt.

k) Bei einem unbefristeten Kreditvertrag, der weder eine Überziehungsmöglichkeit noch ein Überbrückungsdarlehen ist, wird angenommen, dass

i) bei Kreditverträgen, die für den Erwerb oder die Erhaltung von Rechten an Immobilien bestimmt sind, der Kredit für einen Zeitraum von 20 Jahren ab der ersten Inanspruchnahme gewährt wird und dass mit der letzten Zahlung des Verbrauchers der Saldo, die Zinsen und etwaige sonstige Kosten ausgeglichen sind; bei Kreditverträgen, die nicht für den Erwerb oder die Erhaltung von Rechten an Immobilien bestimmt sind oder bei denen der Kredit im Rahmen von Debit-Karten mit Zahlungsaufschub oder Kreditkarten in Anspruch genommen wird, beträgt dieser Zeitraum ein Jahr;

ii) der Kreditbetrag in gleich hohen monatlichen Zahlungen, beginnend einen Monat nach dem Zeitpunkt der ersten Inanspruchnahme, zurückgezahlt wird. Muss der Kreditbetrag jedoch vollständig, in Form einer einmaligen Zahlung, innerhalb jedes Zahlungszeitraums zurückgezahlt werden, so wird angenommen, dass spätere Inanspruchnahmen und Rückzahlungen des gesamten Kreditbetrags durch den Verbraucher innerhalb eines Jahres stattfinden. Zinsen und sonstige Kosten werden entsprechend diesen Inanspruchnahmen und Tilgungszahlungen und nach den Bestimmungen des Kreditvertrags festgelegt.

Als unbefristete Kreditverträge gelten für die Zwecke dieses Punkts Kreditverträge ohne feste Laufzeit, einschließlich solcher Kredite, bei denen der Kreditbetrag innerhalb oder nach Ablauf eines Zeitraums vollständig zurückgezahlt werden muss, dann aber erneut in Anspruch genommen werden kann.

l) Bei Eventualverpflichtungen oder Garantien wird angenommen, dass der gesamte Kredit zum früheren der beiden folgenden Zeitpunkte als einmaliger Betrag vollständig in Anspruch genommen wird:

a) dem letztzulässigen Zeitpunkt nach dem Kreditvertrag, welcher die potenzielle Quelle der Eventualverbindlichkeit oder Garantie ist; oder

b) bei einem Roll-over-Kreditvertrag am Ende der ersten Zinsperiode vor der Erneuerung der Vereinbarung.

m) Bei Kreditverträgen mit Wertbeteiligung wird angenommen, dass

i) die Zahlungen der Verbraucher zu den letzten nach dem Kreditvertrag möglichen Zeitpunkten geleistet werden;

ii) die prozentuale Wertsteigerung der Immobilie, die die Sicherheit für den Vertrag darstellt, und ein in dem Vertrag genannter Inflationsindex ein Prozentsatz ist, der – je nachdem, welcher Satz höher ist – dem aktuellen Inflationsziel der Zentralbank oder der Höhe der Inflation in dem Mitgliedstaat, in dem die Immobilie belegen ist, zum Zeitpunkt des Abschlusses des Kreditvertrags oder dem Wert 0 %, falls diese Prozentsätze negativ sind, entspricht.

Anhang II

EUROPÄISCHES STANDARDISIERTES MERKBLATT (ESIS-MERKBLATT)

TEIL A

Das folgende Muster ist im selben Wortlaut in das ESIS-Merkblatt zu übernehmen. Text in eckigen Klammern ist durch die entsprechende Angabe zu ersetzen. Hinweise für den Kreditgeber oder gegebenenfalls den Kreditvermittler zum Ausfüllen des ESIS-Merkblatts finden sich in Teil B.

Bei Angaben, denen der Text „falls zutreffend" vorangestellt ist, hat der Kreditgeber die erforderlichen Angaben zu machen, wenn sie für den Kreditvertrag relevant sind. Ist die betreffende Information nicht relevant, ist die entsprechende Rubrik bzw. der gesamte Abschnitt vom Kreditgeber zu streichen (beispielsweise wenn der Abschnitt nicht anwendbar ist). Wird der gesamte Abschnitt gestrichen, so ist die Nummerierung der einzelnen Abschnitte des ESIS-Merkblatts entsprechend anzupassen.

Die nachstehenden Informationen müssen in einem einzigen Dokument enthalten sein. Es ist eine gut lesbare Schriftgröße zu wählen. Zur Hervorhebung sind Fettdruck, Schattierung oder eine größere Schriftgröße zu verwenden. Sämtliche Warnhinweise sind optisch hervorzuheben.

(Vorbemerkungen)
Dieses Dokument wurde am [Datum] für [Name des Verbrauchers] erstellt. Das Dokument wurde auf der Grundlage der bereits von Ihnen gemachten Angaben sowie der aktuellen Bedingungen am Finanzmarkt erstellt. Die nachstehenden Informationen bleiben bis [Gültigkeitsdatum] gültig, (falls zutreffend) mit Ausnahme des Zinssatzes und anderer Kosten. Danach können sie sich je nach Marktbedingungen ändern. (falls zutreffend) Die Ausfertigung dieses Dokuments begründet für [Name des Kreditgebers] keinerlei Verpflichtung zur Gewährung eines Kredits.
1. Kreditgeber
[Name] [Telefon] [Anschrift] (Fakultativ) [E-Mail] (Fakultativ)[Faxnummer] (Fakultativ)[Internetadresse] (Fakultativ) [Kontaktperson/-stelle] (Falls zutreffend, Informationen darüber, ob Beratungsdienstleistungen erbracht werden:) [(Wir empfehlen nach Analyse Ihres Bedarfs und Ihrer Situation, dass Sie diesen Kredit aufnehmen./Wir empfehlen Ihnen keinen bestimmten Kredit. Aufgrund Ihrer Antworten auf einige der Fragen erhalten Sie von uns jedoch Informationen zu diesem Kredit, damit Sie Ihre eigene Entscheidung treffen können.)].

2. (falls zutreffend) Kreditvermittler
[Name] [Telefon] [Anschrift] (Fakultativ) [E-Mail] (Fakultativ)[Faxnummer] (Fakultativ)[Internetadresse] (Fakultativ) [Kontaktperson/-stelle] (Falls zutreffend, Informationen darüber, ob Beratungsdienstleistungen erbracht werden:) [(Wir empfehlen nach Analyse Ihres Bedarfs und Ihrer Situation, dass Sie diesen Kredit aufnehmen./Wir empfehlen Ihnen keinen bestimmten Kredit. Aufgrund Ihrer Antworten auf einige der Fragen erhalten Sie von uns jedoch Informationen zu diesem Kredit, damit Sie Ihre eigene Entscheidung treffen können.)]. [Vergütung]
3. Hauptmerkmale des Kredits
Kreditbetrag und Währung: [Wert] [Währung] (falls zutreffend) Dieser Kredit lautet nicht auf [Landeswährung des Kreditnehmers]. (falls zutreffend) Der Wert Ihres Kredits in [Landeswährung des Kreditnehmers] kann sich ändern. (falls zutreffend) Wenn beispielsweise [Landeswährung des Kreditnehmers] gegenüber [Kreditwährung] um 20 % an Wert verliert, würde sich der Wert Ihres Kredits um [Betrag in der Landeswährung des Kreditnehmers] erhöhen. Allerdings könnte es sich auch um einen höheren Betrag handeln, falls [Landeswährung des Kreditnehmers] um mehr als 20 % an Wert verliert. (falls zutreffend) Der Wert Ihres Kredits beläuft sich auf maximal [Betrag in der Landeswährung des Kreditnehmers]. (falls zutreffend) Sie erhalten einen Warnhinweis, falls der Kreditbetrag [Betrag in der Landeswährung des Kreditnehmers] erreicht. (falls zutreffend) Sie haben die Möglichkeit, [Recht auf Neuverhandlung eines Fremdwährungskreditvertrags oder Recht, den Kredit in [einschlägige Währung] umzuwandeln, und Bedingungen]. Laufzeit des Kredits: [Laufzeit] [Kreditart] [Art des anwendbaren Zinssatzes] Zurückzuzahlender Gesamtbetrag: Dies bedeutet, dass Sie [Betrag] je geliehene(n) [Währungseinheit] zurückzuzahlen haben. (falls zutreffend) Bei dem gewährten Kredit/einem Teil des gewährten Kredits handelt es sich um einen endfälligen Kredit. Ihre Schuld nach Ablauf der Laufzeit des Kredits beträgt [Kreditbetrag nach Endfälligkeit].

(falls zutreffend) Für dieses Merkblatt zugrunde gelegter Schätzwert der Immobilie [Betrag] (falls zutreffend] Beleihungsgrenze (maximale Höhe des Kredits im Verhältnis zum Wert der Immobilie) [Verhältnis] oder Mindestwert der Immobilie als Voraussetzung für die Aufnahme eines Kredits in der angegebenen Höhe [Betrag] (falls zutreffend) [Sicherheit]
4. Zinssatz und andere Kosten
Der effektive Jahreszins entspricht den Gesamtkosten des Kredits, ausgedrückt als jährlicher Prozentsatz. Der effektive Jahreszins erleichtert den Vergleich verschiedener Angebote. Der für Ihren Kredit geltende effektive Jahreszins beträgt [effektiver Jahreszins]. Er setzt sich zusammen aus: Zinssatz: [Wert in Prozent oder, falls zutreffend, Angabe eines Referenzzinssatzes und Prozentwerts der Zinsmarge des Kreditgebers] [sonstige Komponenten des effektiven Jahreszinses] Einmalige Kosten: (falls zutreffend) Für die Eintragung der Hypothek bzw. Grundschuld wird eine Gebühr fällig. [Gebühr sofern bekannt oder Grundlage für die Berechnung.] Regelmäßig anfallende Kosten: (falls zutreffend) Dieser effektive Jahreszins wird anhand des angenommenen Zinssatzes berechnet. (falls zutreffend) Da es sich bei Ihrem Kredit [einem Teil Ihres Kredits] um einen Kredit mit variablem Zinssatz handelt, kann der tatsächliche effektive Jahreszins von dem angegebenen effektiven Jahreszins abweichen, falls sich der Zinssatz ihres Kredits ändert. Falls sich der Zinssatz beispielsweise auf [unter Teil B beschriebenes Szenario] erhöht, kann der effektive Jahreszins auf [Beispiel für den gemäß diesem Szenario fälligen effektiven Jahreszins] ansteigen. (falls zutreffend) Beachten Sie bitte, dass bei der Berechnung dieses effektiven Jahreszinses davon ausgegangen wird, dass der Zinssatz während der gesamten Vertragslaufzeit auf dem für den Anfangszeitraum festgelegten Niveau bleibt. (falls zutreffend) Die folgenden Kosten sind dem Kreditgeber nicht bekannt und sind daher im effektiven Jahreszins nicht enthalten: [Kosten] (falls zutreffend) Für die Eintragung der Hypothek bzw. Grundschuld wird eine Gebühr fällig. Bitte vergewissern Sie sich, dass Sie alle im Zusammenhang mit Ihrem Kredit anfallenden Kosten und Gebühren bedacht haben.
5. Häufigkeit und Anzahl der Ratenzahlungen
Häufigkeit der Ratenzahlungen: [Zahlungsintervall]

Anzahl der Zahlungen: [Anzahl]

6. Höhe der einzelnen Raten

[Betrag] [Währung]

Ihre Einkommenssituation kann sich ändern. Prüfen Sie bitte, ob Sie Ihre [Zahlungsintervall] Raten auch dann noch zahlen können, wenn sich Ihr Einkommen verringern sollte.

(falls zutreffend) Da es sich bei dem [gewährten Kredit/einem Teil des gewährten Kredits] um einen endfälligen Kredit handelt, müssen Sie eine gesonderte Regelung für die Tilgung der Schuld von [Kreditbetrag nach Endfälligkeit] nach Ablauf der Laufzeit des Kredits treffen. Berücksichtigen Sie dabei auch alle Zahlungen, die Sie zusätzlich zu der hier angegebenen Ratenhöhe leisten müssen.

(falls zutreffend) Der Zinssatz dieses Kredits oder eines Teils davon kann sich ändern. Daher kann die Höhe Ihrer Raten steigen oder sinken. Falls sich der Zinssatz beispielsweise auf [unter Teil B beschriebenes Szenario] erhöht, können Ihre Ratenzahlungen auf [Angabe der Höhe der gemäß diesem Szenario fälligen Rate] ansteigen.

(falls zutreffend) Die Höhe der [Zahlungsintervall] in [Landeswährung des Kreditnehmers] fälligen Zahlungen kann sich ändern. (falls zutreffend) Ihre pro [Zahlungsperiode] fälligen Zahlungen können sich auf [Höchstbetrag in der Landeswährung des Kreditnehmers] erhöhen. (falls zutreffend) Wenn beispielsweise [Landeswährung des Kreditnehmers] gegenüber [Kreditwährung] um 20 % an Wert verliert, müssten Sie pro [Zeitraum] [Betrag in der Landeswährung des Kreditnehmers] mehr zahlen. Ihre Zahlungen könnten auch um einen höheren Betrag ansteigen.

(falls zutreffend) Bei der Umrechnung Ihrer in [Kreditwährung] geleisteten Rückzahlungen in [Landeswährung des Kreditnehmers] wird der von [Name der den Wechselkurs veröffentlichenden Einrichtung] am [Datum] veröffentlichte oder auf der Grundlage von [Bezeichnung der Bezugsgrundlage oder Berechnungsmethode] am [Datum] errechnete Wechselkurs zugrunde gelegt.

(falls zutreffend) [Spezifische Angaben zu verbundenen Sparprodukten und Krediten mit abgegrenztem Zins]

7. (falls zutreffend) Beispiel eines Tilgungsplans

Der folgenden Tabelle ist die Höhe des pro [Zahlungsintervall] zu zahlenden Betrags zu entnehmen.

Die Raten (Spalte [Nummer]) setzen sich aus zu zahlenden Zinsen (Spalte [Nummer]) und, falls zutreffend, zu zahlender Tilgung (Spalte [Nummer]) sowie, falls zutreffend, sonstigen Kosten (Spalte [Nummer]) zusammen. (falls zutreffend) Die in der Spalte „sonstige Kosten" angegebenen Kosten betreffen [Aufzählung der Kosten]. Das Restkapital (Spalte [Nummer]) ist der nach einer Ratenzahlung noch verbleibende zurückzuzahlende Kreditbetrag.

[Tabelle]

8. Zusätzliche Auflagen

Der Kreditnehmer muss folgende Auflagen erfüllen, um in den Genuss der im vorliegenden Dokument genannten Kreditkonditionen zu kommen.

[Auflagen]

(falls zutreffend) Beachten Sie bitte, dass sich die in diesem Dokument genannten Kreditkonditionen (einschließlich Zinssatz) ändern können, falls Sie diese Auflagen nicht erfüllen.

(falls zutreffend) Beachten Sie bitte die möglichen Konsequenzen einer späteren Kündigung der mit dem Kredit verbundenen Nebenleistungen:

[Konsequenzen]

9. Vorzeitige Rückzahlung

Sie können den Kredit ganz oder teilweise vorzeitig zurückzahlen.

(falls zutreffend) [Bedingungen]

(falls zutreffend) Ablösungsentschädigung: [Betrag oder, sofern keine Angabe möglich ist, Berechnungsmethode]

(falls zutreffend) Sollten Sie beschließen, den Kredit vorzeitig zurückzuzahlen, setzen Sie sich bitte mit uns in Verbindung, um die genaue Höhe der Ablösungsentschädigung zum betreffenden Zeitpunkt in Erfahrung zu bringen.

10. Flexible Merkmale

(falls zutreffend) [Information über Übertragbarkeit/Abtretung] Sie können den Kredit auf [einen anderen Kreditgeber] [oder] [eine andere Immobilie] übertragen. [Bedingungen]

(falls zutreffend) Sie können den Kredit nicht auf [einen anderen Kreditgeber] [oder] [eine andere Immobilie] übertragen.

(falls zutreffend) Zusätzliche Merkmale: [Erläuterung der in Teil B aufgelisteten zusätzlichen Merkmale und – fakultativ – aller weiteren Merkmale, die der Kreditgeber im Rahmen des Kreditvertrags anbietet und die nicht in den vorausgehenden Abschnitten genannt sind].

11. Sonstige Rechte des Kreditnehmers

(falls zutreffend) Bevor Sie sich für die Aufnahme des Kredits entscheiden, haben Sie ab dem [Zeitpunkt, zu dem die Bedenkzeit beginnt][Dauer der Bedenkzeit] Bedenkzeit. (falls zutreffend) Sobald Sie den Kreditvertrag vom Kreditgeber erhalten haben, können Sie diesen nicht vor Ablauf einer Frist von [Zeitraum der Bedenkzeit] annehmen.

(falls zutreffend) Sie können während eines Zeitraums von [Dauer der Widerrufsfrist] ab [Zeitpunkt, zu dem die Widerruffrist beginnt] von Ihrem Widerrufsrecht Gebrauch machen. [Bedingungen][Verfahren]

(falls zutreffend) Sie können Ihr Widerrufsrecht verlieren, wenn Sie innerhalb dieses Zeitraums eine Immobilie erwerben oder veräußern, die im Zusammenhang mit diesem Kreditvertrag steht.

(falls zutreffend) Sollten Sie beschließen, von Ihrem Recht auf Widerruf [des Kreditvertrags] Gebrauch zu machen, so prüfen Sie bitte, ob Sie durch andere [, in Abschnitt 8 genannte] Auflagen im Zusammenhang mit dem Kredit [einschließlich der mit dem Kredit verbundenen Nebenleistungen] weiter gebunden bleiben.

12. Beschwerden
Im Fall einer Beschwerde wenden Sie sich bitte an [interne Kontaktstelle und Informationsquelle zum weiteren Verfahren] (falls zutreffend) Maximale Frist für die Bearbeitung der Beschwerde: [Zeitraum] (falls zutreffend) Sollten wir die Beschwerde nicht intern zu Ihrer Zufriedenheit beilegen, so können Sie sich auch an [Name der externen Stelle für außergerichtliche Beschwerde- und Rechtsbehelfsverfahren] wenden (falls zutreffend) oder Sie können weitere Informationen bei FIN-NET oder der entsprechenden Stelle in Ihrem eigenen Land erfragen.
13. Nichteinhaltung der aus dem Kreditvertrag erwachsenden Verpflichtungen: Konsequenzen für den Kreditnehmer
[Arten eines Verstoßes gegen die Verpflichtungen] [finanzielle und/oder rechtliche Folgen] Sollten Sie Schwierigkeiten haben, die [Zahlungsintervall] Zahlungen zu leisten, so nehmen Sie bitte umgehend Kontakt mit uns auf, damit nach möglichen Lösungen gesucht werden kann. (falls zutreffend) Kommen Sie Ihren Zahlungsverpflichtungen nicht nach, kann als letztes Mittel Ihre Immobilie zwangsversteigert werden.
(falls zutreffend) 14. Zusätzliche Informationen
(falls zutreffend) [auf den Kreditvertrag anwendbares Recht]. (Sofern der Kreditgeber eine Sprache verwenden möchte, die sich von der Sprache des ESIS-Merkblatts unterscheidet) Informationen und Vertragsbedingungen werden in [Angabe der Sprache] vorgelegt. Mit Ihrer Zustimmung werden wir während der Laufzeit des Kreditvertrags mit Ihnen in [Angabe der Sprache(n)] kommunizieren. [Hinweis betreffend das Recht, dass der Kreditvertrags gegebenenfalls im Entwurf vorgelegt oder dies angeboten wird].
15. Aufsichtsbehörde
Die Aufsicht über diesen Kreditgeber obliegt: [Bezeichnung(en) und Internetadresse(n) der Aufsichtsbehörde(n)]. (falls zutreffend) Die Aufsicht über diesen Kreditvermittler obliegt: [Bezeichnung und Internetadresse der Aufsichtsbehörde]

TEIL B

Hinweise zum Ausfüllen des ESIS-Merkblatts

Beim Ausfüllen des ESIS-Merkblatts sind die folgenden Hinweise zu beachten.

Abschnitt „Vorbemerkungen“

Das Datum, bis zu dem die Angaben gelten, ist optisch angemessen hervorzuheben. Für die Zwecke dieses Abschnitts bezeichnet der Begriff „Gültigkeitsdatum“ den Zeitraum, innerhalb dessen die im ESISMerkblatt enthaltenen Angaben, etwa der Sollzinssatz, unverändert bleiben und zur Anwendung kommen werden, falls der Kreditgeber beschließt, den Kredit innerhalb dieser Frist zu bewilligen. Hängt die Festlegung des anwendbaren Sollzinssatzes und anderer Kosten vom Ergebnis des Verkaufs zugrunde liegender Wertpapiere ab, so können der letztliche Sollzinssatz und andere Kosten gegebenenfalls von diesen Angaben abweichen. Ausschließlich unter diesen Umständen ist auf die Tatsache, dass sich das Gültigkeitsdatum nicht auf den Sollzinssatz und andere Kosten bezieht, mit folgender Angabe hinzuweisen: „mit Ausnahme des Zinssatzes und anderer Kosten“.

Abschnitt „1. Kreditgeber“

(1) Name, Telefonnummer und Anschrift des Kreditgebers müssen die Kontaktdaten sein, die der Verbraucher im künftigen Schriftwechsel verwenden kann.

(2) Angaben zu E-Mail-Adresse, Faxnummer, Internetadresse und Kontaktperson/-stelle sind fakultativ.

(3) Wird der Kreditvertrag im Rahmen eines Fernabsatzgeschäfts angeboten, muss der Kreditgeber im Einklang mit Artikel 3 der Richtlinie 2002/65/EG gegebenenfalls Namen und Anschrift seines Vertreters in dem Mitgliedstaat, in dem der Verbraucher seinen Wohnsitz hat, angeben. Die Angabe von Telefonnummer, E-Mail-Adresse und Internetadresse des Vertreters des Kreditgebers ist fakultativ.

(4) Kommt Abschnitt 2 nicht zur Anwendung, so unterrichtet der Kreditgeber unter Verwendung der Formulierungen in Teil A den Verbraucher darüber, ob und auf welcher Grundlage Beratungsdienstleistungen erbracht werden.

(falls zutreffend) Abschnitt „2. Kreditvermittler“

Erhält der Verbraucher die Produktinformationen von einem Kreditvermittler, so erteilt dieser die folgenden Informationen:

(1) Name, Telefonnummer und Anschrift des Kreditvermittlers müssen die Kontaktdaten sein, die der Verbraucher im künftigen Schriftwechsel verwenden kann.

(2) Angaben zu E-Mail-Adresse, Faxnummer, Internetadresse und Kontaktperson/-stelle sind fakultativ.

(3) Der Kreditvermittler unterrichtet unter Verwendung der Formulierungen in Teil A den Verbraucher darüber, ob und auf welcher Grundlage Beratungsdienstleistungen erbracht werden.

(4) Erläuterungen zur Art und Weise der Vergütung des Kreditvermittlers. Erhält dieser eine Provision vom Kreditgeber, so sind der Betrag und – sofern abweichend von der Angabe unter Abschnitt 1 – der Name des Kreditgebers anzugeben.

Abschnitt „3. Hauptmerkmale des Kredits“

(1) In diesem Abschnitt sind die Hauptmerkmale des Kredits, einschließlich des Wertes, der Währung und der potenziellen Risiken, die mit dem Sollzinssatz (darunter die unter Nummer 8 genannte Risiken) und der Amortisationsstruktur verbunden sind, klar darzulegen.

(2) Handelt es sich bei der Kreditwährung nicht um die Landeswährung des Verbrauchers, so weist der Kreditgeber darauf hin, dass der Verbraucher zumindest einen regelmäßigen Warnhinweis erhält, sobald der Wechselkurs um mehr als 20 % schwankt, gegebenenfalls das Recht hat, die Währung des Kreditvertrags umzuwandeln, oder die Möglichkeit hat, die Bedingungen neu auszuhandeln, sowie auf alle sonstigen Regelungen, die dem Verbraucher zur Begrenzung des Wechselkursrisikos zur Verfügung stehen. Ist im Kreditvertrag eine Bestimmung zur Begrenzung des

Wechselkursrisikos vorgesehen, so gibt der Kreditgeber den Höchstbetrag an, den der Verbraucher gegebenenfalls zurückzuzahlen hat. Ist im Kreditvertrag keine Bestimmung vorgesehen, wonach das Wechselkursrisiko für den Verbraucher auf eine Wechselkursschwankung von weniger als 20 % begrenzt wird, so gibt der Kreditgeber ein anschauliches Beispiel dafür, wie sich ein Kursverfall der Landeswährung des Verbrauchers von 20 % gegenüber der Kreditwährung auf den Wert des Kredits auswirkt.

(3) Die Laufzeit des Kredits ist – je nach Relevanz – in Jahren oder Monaten auszudrücken. Kann sich die Kreditlaufzeit während der Geltungsdauer des Vertrags ändern, erläutert der Kreditgeber, wann und unter welchen Bedingungen dies möglich ist. Handelt es sich um einen unbefristeten Kredit, etwa für eine gesicherte Kreditkarte, so ist dies vom Kreditgeber klar anzugeben.

(4) Die Art des Kredits ist genau anzugeben (z. B. hypothekarisch besicherter Kredit, wohnungswirtschaftlicher Kredit, gesicherte Kreditkarte). Bei der Beschreibung der Kreditart ist klar anzugeben, wie Kapital und Zinsen während der Laufzeit des Kredits zurückzuzahlen sind (d. h. die Amortisationsstruktur) und ob der Kreditvertrag auf einer Kapitalrückzahlung oder auf der Endfälligkeit basiert oder eine Mischung von beidem ist.

(5) Handelt es sich bei dem gewährte Kredit oder einem Teil davon um einen endfälligen Kredit, so ist ein diesbezüglicher eindeutiger Hinweis unter Verwendung der Formulierung in Teil A deutlich sichtbar am Ende dieses Abschnitts einzufügen

(6) In diesem Abschnitt ist anzugeben, ob der Sollzinssatz fest oder variabel ist, sowie gegebenenfalls die Zeiträume, für die der Zinssatz festgeschrieben ist, wie häufig der Zinssatz in der Folge überprüft wird und inwieweit die Variabilität des Sollzinssatzes nach oben oder nach unten hin begrenzt ist.

Die Formel für die Überprüfung des Sollzinssatzes und seiner einzelnen Bestandteile (z. B. Referenzzinssatz, Zinsmarge) ist zu erläutern. Der Kreditgeber hat anzugeben, etwa mittels einer Internetadresse, wo weitere Informationen zu den in der Formel zugrunde gelegten Indizes oder Zinssätzen zu finden sind, z. B. Euribor-Satz oder Referenzzinsatz der Zentralbank.

(7) Gelten unter bestimmten Umständen unterschiedliche Sollzinssätze, so sind diese Angaben für alle anzuwendenden Sollzinssätze zu machen.

(8) Der „zurückzuzahlende Gesamtbetrag“ entspricht dem Gesamtbetrag, den der Verbraucher zu zahlen hat. Er wird dargestellt als die Summe aus Kreditbetrag und Gesamtkosten des Kredits für den Verbraucher. Ist der Sollzinssatz für die Laufzeit des Vertrags nicht festgelegt, so ist optisch hervorzuheben, dass dieser Betrag lediglich Beispielcharakter hat und insbesondere bei einer Veränderung des Sollzinssatzes variieren kann.

(9) Wird der Kredit durch eine Hypothek auf die Immobilie oder durch eine andere vergleichbare Sicherheit oder ein Recht an einer Immobilie gesichert, hat der Kreditgeber den Verbraucher darauf hinzuweisen. Der Kreditgeber hat gegebenenfalls den geschätzten Wert der Immobilie oder der sonstigen Sicherheiten zu nennen, die zur Erstellung dieses Merkblatts herangezogen wurden.

(10) Der Kreditgeber gibt gegebenenfalls Folgendes an:

a) die „Beleihungsgrenze“ (maximale Höhe des Kredits im Verhältnis zum Wert der Immobilie,) die das Verhältnis zwischen Kredithöhe und Objektwert angibt. Neben der entsprechenden Angabe ist ein konkretes Zahlenbeispiel für die Ermittlung des Höchstbetrags zu nennen, der bei einem bestimmten Immobilienwert als Kredit aufgenommen werden kann; oder

b) den „Mindestwert der Immobilie, den der Kreditgeber für die Vergabe eines Kredits in der angegebenen Höhe voraussetzt“.

(11) Bei mehrteiligen Krediten (z B. zum Teil mit festem und zum Teil mit variablem Zinssatz) muss dies aus den Angaben zur Art des Kredits hervorgehen und die vorgeschriebenen Informationen müssen für jeden Teil des Kredits angegeben werden.

Abschnitt „4. Zinssatz und andere Kosten“

(1) Der Begriff „Zinssatz“ bezeichnet den Sollzinssatz oder die Sollzinssätze.

(2) Der Sollzinssatz ist als Prozentwert anzugeben. Handelt es sich um einen variablen Sollzinssatz auf Basis eines Referenzzinssatzes, so kann der Kreditgeber den Sollzinssatz in Form eines Referenzzinssatzes und eines Prozentwerts seiner Zinsmarge angeben. Der Kreditgeber muss allerdings den am Tag der Ausstellung des ESIS-Merkblatts geltenden Wert des Referenzzinssatzes angeben.

Im Falle eines variablen Sollzinssatzes ist Folgendes anzugeben: a) die für die Berechnung des effektiven Jahreszinses zugrunde gelegten Annahmen, b) gegebenenfalls die geltenden Ober- und Untergrenzen sowie c) ein Warnhinweis, dass sich die Variabilität negativ auf die tatsächliche Höhe des effektiven Jahreszinses auswirken könnte. Der Warnhinweis hat in größerer Schrift deutlich sichtbar im Hauptteil des ESIS-Merkblatts zu erscheinen, damit die Aufmerksamkeit der Verbraucher darauf gelenkt wird. Der Warnhinweis sollte durch ein anschauliches Beispiel zum effektiven Jahreszins ergänzt werden. Besteht eine Obergrenze für den Sollzinssatz, so basiert das Beispiel auf der Annahme, dass der Sollzinssatz bei frühestmöglicher Gelegenheit auf das höchste im Kreditvertrag vorgesehene Niveau ansteigt. Besteht keine Obergrenze, so bildet das Beispiel den effektiven Jahreszins beim höchsten Sollzinssatz der mindestens letzten zwanzig Jahre ab oder – falls die der Berechnung des Sollzinssatzes zugrunde liegenden Daten nur für einen Zeitraum von weniger als 20 Jahren vorliegen – des längsten Zeitraums, für den solche Daten vorliegen, und zwar ausgehend vom Höchststand des jeweiligen externen Referenzsatzes, der gegebenenfalls für die Berechnung des Sollzinssatzes herangezogen wurde oder vom Höchststand eines Benchmarkzinssatzes, der von einer zuständigen Behörde oder der EBA festgesetzt wird, sofern der Kreditgeber keinen externen Referenzsatz verwendet. Diese Anforderung gilt nicht für Kreditverträge, bei denen für einen konkreten Anfangszeitraum von mehreren Jahren ein fester Sollzinssatz vereinbart wurde, der anschließend nach Verhandlungen zwischen Kreditgeber und Verbraucher für einen weiteren Zeitraum festgeschrieben werden kann. Im Falle von Kreditverträgen, bei denen für einen konkreten Anfangszeitraum von mehreren Jahren ein fester Sollzinssatz vereinbart wurde, der anschließend nach Verhandlungen zwischen Kreditgeber und Verbraucher für einen weiteren Zeitraum festgeschrieben werden kann, muss das Merkblatt einen Warnhinweis enthalten, dass der effektive Jahreszins auf der Grundlage des Sollzinssatzes für den Anfangszeitraum berechnet worden ist. Der Warnhinweis ist durch ein zusätzliches anschauliches Beispiel für den „gemäß Artikel 17 Absatz 5“ errechneten effektiven Jahreszins zu ergänzen. Bei mehrteiligen Krediten (z. B. zugleich zum Teil mit festem und zum Teil mit variablem Zinssatz) sind die entsprechenden Informationen für jeden einzelnen Teil des Kredits zu erteilen.
(BGBl I 2017/93, ab 1. 7. 2018)

(3) In der Rubrik „sonstige Komponenten des effektiven Jahreszinses“ sind alle sonstigen im effektiven Jahreszins enthaltenen Kosten aufzuführen, einschließlich einmaliger Kosten – etwa Verwaltungsgebühren – sowie regelmäßige Kosten wie jährliche Verwaltungsgebühren. Der Kreditgeber listet die einzelnen Kosten nach Kategorien auf (einmalige Kosten, in den Raten enthaltene regelmäßig anfallende Kosten, in den Raten nicht enthaltene regelmäßig anfallende Kosten) und gibt die jeweiligen Beträge, den Zahlungsempfänger und den Zeitpunkt der Fälligkeit an. Dabei müssen die für Vertragsverletzungen anfallenden Kosten nicht enthalten sein. Ist die Höhe der Kosten nicht bekannt, so gibt der Kreditgeber, falls möglich, einen Näherungswert an; ist dies nicht möglich, so erläutert er, wie sich der Betrag berechnen wird, wobei ausdrücklich anzugeben ist, dass der genannte Betrag lediglich Hinweischarakter hat. Sind einzelne Kosten im effektiven Jahreszins nicht enthalten, weil sie dem Kreditgeber nicht bekannt sind, so ist dies optisch hervorzuheben.

Hat der Verbraucher dem Kreditgeber seine Wünsche in Bezug auf eines oder mehrere Elemente seines Kredits mitgeteilt, beispielsweise in Bezug auf die Laufzeit des Kreditvertrags oder den Gesamtkreditbetrag, so muss der Kreditgeber diese Elemente soweit möglich aufgreifen; sofern ein Kreditvertrag unterschiedliche Verfahren der Inanspruchnahme mit jeweils unterschiedlichen Gebühren oder Sollzinssätzen vorsieht und der Kreditgeber die Annahmen nach Anhang I Teil II zugrunde legt, so weist er darauf hin, dass andere Mechanismen der Inanspruchnahme bei dieser Art des Kreditvertrags zu einem höheren effektiven Jahreszins führen können. Falls die Bedingungen für die Inanspruchnahme in die Berechnung des effektiven Jahreszinses einfließen, hebt der Kreditgeber die Gebühren optisch hervor, die mit anderen Mechanismen der Inanspruchnahme verbunden sein können, welche nicht notwendigerweise diejenigen sind, anhand deren der effektive Jahreszins berechnet worden ist.

(4) Fällt eine Gebühr für die Eintragung einer Hypothek oder vergleichbaren Sicherheit an, so ist diese zusammen mit dem Betrag (sofern bekannt) in diesem Abschnitt anzugeben, oder – falls dies nicht möglich ist – ist die Grundlage für die Festsetzung dieses Betrags anzugeben. Ist die Gebühr bekannt und wurde sie in den effektiven Jahreszins eingerechnet, so sind das Anfallen der Gebühr und deren Höhe unter „einmalige Kosten" auszuweisen. Ist dem Kreditgeber die Gebühr nicht bekannt und wurde diese daher nicht in den effektiven Jahreszins eingerechnet, so muss das Anfallen einer Gebühr klar und deutlich in der Liste der dem Kreditgeber nicht bekannten Kosten aufgeführt werden. In beiden Fällen ist die Standardformulierung gemäß Teil A unter der entsprechenden Rubrik zu verwenden.

Abschnitt „5. Häufigkeit und Anzahl der Ratenzahlungen"

(1) Sind regelmäßige Zahlungen zu leisten, ist das Zahlungsintervall (z. B. monatlich) anzugeben. Sind Zahlungen in unregelmäßigen Abständen vorgesehen, ist dies dem Verbraucher klar zu erläutern.

(2) Es sind alle über die gesamte Kreditlaufzeit zu leistenden Zahlungen aufzuführen.

Abschnitt „6. Höhe der einzelnen Raten"

(1) Es ist klar anzugeben, in welcher Währung der Kredit bereitgestellt wird und die Raten gezahlt werden.

(2) Kann sich die Höhe der Raten während der Kreditlaufzeit ändern, hat der Kreditgeber anzugeben, für welchen Zeitraum die anfängliche Ratenhöhe unverändert bleibt und wann und wie häufig sie sich in der Folge ändern wird.

(3) Handelt es sich bei dem gewährte Kredit oder einem Teil davon um einen endfälligen Kredit, so ist ein diesbezüglicher eindeutiger Hinweis unter Verwendung der Formulierung in Teil A deutlich sichtbar am Ende dieses Abschnitts einzufügen.

Muss der Verbraucher ein damit verbundenes Sparprodukt aufnehmen, um einen durch eine Hypothek oder eine vergleichbare Sicherheit gesicherten endfälligen Kredit zu erhalten, sind Betrag und Häufigkeit von Zahlungen für dieses Produkt anzugeben.

(4) Im Falle eines variablen Sollzinssatzes muss das Merkblatt einen diesbezüglichen Hinweis enthalten, wobei die Formulierung unter Teil A zu verwenden und ein anschauliches Beispiel für die maximale Zahlungsrate anzuführen ist. Besteht eine Obergrenze, so muss in dem Beispiel die Höhe der Raten aufgezeigt werden, die fällig sind, falls der Sollzinssatz die Obergrenze erreicht. Besteht keine Obergrenze, so bildet der ungünstigste denkbare Verlauf die Höhe der Ratenzahlungen beim höchsten Sollzinssatz der letzten 20 Jahre ab oder – falls die der Berechnung des Sollzinssatzes zugrunde liegenden Daten nur für einen Zeitraum von weniger als 20 Jahren vorliegen – des längsten Zeitraums, für den solche Daten vorliegen, und zwar ausgehend vom Höchststand des jeweiligen externen Referenzsatzes, der gegebenenfalls für die Berechnung des Sollzinssatzes herangezogen wurde oder vom Höchststand eines Benchmarkzinssatzes, der von einer zuständigen Behörde oder der EBA festgesetzt wird, sofern der Kreditgeber keinen externen Referenzsatz verwendet. Die Anforderung, ein anschauliches Beispiel anzuführen, gilt nicht für Kreditverträge, bei denen ein fester Sollzinssatz für einen konkreten Anfangszeitraum vom mehreren Jahren vereinbart wurde, der anschließend nach Verhandlungen zwischen Kreditgeber und Verbraucher für einen weiteren Zeitraum festgelegt werden kann. Bei mehrteiligen Krediten (d. h. zugleich zum Teil mit festem und zum Teil mit variablem Zinssatz) sind die entsprechenden Informationen für jeden einzelnen Teil des Kredits und für den Gesamtkredit anzugeben.

(5) (falls zutreffend) Wird der Kredit in einer anderen Währung als der Landeswährung des Verbrauchers bereitgestellt oder ist er auf eine andere Währung als die Landeswährung des Verbrauchers indexiert, verdeutlicht der Kreditgeber – unter Verwendung der Formulierung unter Teil A – anhand eines Zahlenbeispiels, wie sich Änderungen des maßgeblichen Wechselkurses auf die Höhe der Raten auswirken können. Dieses Beispiel basiert auf einem Kursverlust der Landeswährung des Verbrauchers von 20 % und wird von einem Hinweis an hervorgehobener Stelle begleitet, dass die Raten um mehr als den in diesem Beispiel angenommen Betrag steigen können. Besteht eine Obergrenze, die den Anstieg auf weniger als 20 % begrenzt, so ist stattdessen der Höchstwert der Zahlungen in der Landeswährung des Verbrauchers anzugeben und der Hinweis auf etwaige weitere Anstiege entfällt.

(6) Handelt es sich bei dem gesamten Kreditvertrag oder eines Teils davon um einen Kreditvertrag mit variablem Zinssatz und kommt ferner Nummer 5 zur Anwendung, so ist das Beispiel nach Nummer 3 auf der Grundlage der Ratenhöhe im Sinne von Nummer 1 anzugeben.

(7) Werden die Raten in einer anderen Währung als der Kreditwährung gezahlt oder hängt die Höhe der einzelnen in der Landeswährung des Verbrauchers ausgedrückten Raten von dem entsprechenden Betrag in einer anderen Währung ab, so sind in diesem Abschnitt der Termin, zu dem der anwendbare Wechselkurs berechnet wurde sowie entweder der Wechselkurs oder die Grundlage für dessen Berechnung und die Häufigkeit der Anpassung desselben anzugeben. Gegebenenfalls ist dabei der Name der den Wechselkurs veröffentlichenden Einrichtung zu nennen.

(8) Handelt es sich um einen Kredit mit abgegrenztem Zins, bei dem der fällige Zins durch die Raten nicht vollständig zurückbezahlt und zum ausstehenden Gesamtkreditbetrag hinzuaddiert wird, so ist zu erläutern, wie und wann der abgegrenzte Zins als Barbetrag zu dem Kredit hinzuaddiert wird und wie sich dies auf die Restschuld des Verbrauchers auswirkt.

Abschnitt „7. Beispiel eines Tilgungsplans“

(1) Dieser Abschnitt ist aufzunehmen falls es sich um einen Kredit mit abgegrenztem Zins handelt, bei dem der fällige Zins durch die Raten nicht vollständig zurückbezahlt und zum ausstehenden Gesamtkreditbetrag hinzuaddiert wird oder falls der Sollzinssatz für die Laufzeit des Kreditvertrags festgeschrieben ist.
Hat der Verbraucher ein Recht auf einen überarbeiteten Tilgungsplan, so ist dies zusammen mit den Bedingungen anzugeben, unter denen der Verbraucher dieses Recht hat.

(2) Kann der Sollzinssatz während der Kreditlaufzeit variieren, so hat der Kreditgeber nach Angabe des Sollzinssatzes den Zeitraum zu nennen, während dessen der Anfangszinssatz unverändert bleibt.

(3) Die Tabelle in diesem Abschnitt muss folgende Spalten enthalten: „Rückzahlungsplan“ (z. B. Monat 1, Monat 2, Monat 3), „Ratenhöhe“, „pro Rate zu zahlende Zinsen“, „sonstige in der Rate enthaltene Kosten“ (falls zutreffend), „pro Rate zurückgezahltes Kapital“ und „nach der jeweiligen Ratenzahlung noch zurückzuzahlendes Kapital“.

(4) Für das erste Jahr der Rückzahlung sind für jede einzelne Ratenzahlung die betreffenden Angaben und für jede einzelne Spalte die Zwischensumme am Ende des ersten Jahres anzugeben. Für die Folgejahre können die Angaben auf Jahresbasis gemacht werden. Am Ende der Tabelle ist eine Reihe mit den Gesamtbeträgen für alle Spalten anzufügen. Die vom Verbraucher gezahlten Gesamtkosten des Kredits (d. h. die Gesamtsumme der Spalte „Höhe der Ratenzahlung“) sind optisch deutlich hervorzuheben und als solche darzustellen.

(5) Ist der Sollzinssatz Gegenstand einer Überprüfung und ist die Ratenhöhe nach einer solchen Überprüfung nicht bekannt, kann der Kreditgeber im Tilgungsplan für die gesamte Kreditlaufzeit dieselbe Ratenhöhe angeben. In diesem Fall macht der Kreditgeber den Verbraucher darauf aufmerksam, indem er den Unterschied zwischen bereits feststehenden Beträgen und hypothetischen Beträgen optisch verdeutlicht (z. B. durch Schriftgröße, Rahmen oder Schattierung). Außerdem ist in leicht verständlicher Form zu erläutern, für welche Zeiträume und aus welchen Gründen sich die in der Tabelle angegebenen Beträge ändern können.

Abschnitt „8. Zusätzliche Auflagen“

(1) Der Kreditgeber nennt in diesem Abschnitt die mit der Kreditvergabe verbundenen Auflagen, so die Auflage, die Immobilie zu versichern, eine Lebensversicherung abzuschließen, das Gehalt auf ein bei dem Kreditgeber geführtes Konto überweisen zu lassen oder ein anderes Produkt oder eine andere Dienstleistung zu erwerben. Für jede dieser Auflagen gibt der Kreditgeber an, wem gegenüber die Verpflichtung besteht und bis wann ihr nachzukommen ist.

(2) Der Kreditgeber gibt die Dauer der Auflage an, z. B. bis zum Ablauf des Kreditvertrags. Der Kreditgeber gibt für jede Verpflichtung die dem Verbraucher entstehenden Kosten an, die im effektiven Jahreszins nicht berücksichtigt wurden.

(3) Der Kreditgeber teilt mit, ob der Verbraucher zum Erwerb etwaiger Nebenleistungen verpflichtet ist, um den Kredit zu den genannten Bedingungen zu erhalten, und ob der Verbraucher gegebenenfalls verpflichtet ist, diese vom bevorzugten Anbieter des Kreditgebers zu erwerben oder ob er diese von einem Anbieter seiner Wahl erwerben kann. Hängt eine solche Möglichkeit davon ab, dass die Nebenleistungen bestimmte Mindestmerkmale aufweisen, so sind diese in dieser Rubrik zu beschreiben.

Sofern der Kreditvertrag mit anderen Produkten gebündelt angeboten wird, nennt der Kreditgeber die wichtigsten Merkmale dieser anderen Produkte und gibt eindeutig an, ob der Verbraucher das Recht hat, den Kreditvertrag oder die an ihn geknüpften Produkte voneinander getrennt zu kündigen, und zu welchen Bedingungen und mit welchen Folgen dies möglich ist sowie gegebenenfalls die möglichen Folgen der Kündigung der in Verbindung mit dem Kreditvertrag vorgeschriebenen Nebenleistungen.

Abschnitt „9. Vorzeitige Rückzahlung“

(1) Der Kreditgeber nennt die etwaigen Bedingungen für eine vorzeitige vollständige oder teilweise Rückzahlung des Kredits.

(2) In der Rubrik Ablöseentschädigung weist der Kreditgeber den Verbraucher auf jedwede Ablöseentschädigung oder sonstigen Kosten einer vorzeitigen Rückzahlung zur Entschädigung des Kreditgebers hin und gibt sofern möglich deren Höhe an. Hängt die Höhe der Entschädigung von verschiedenen Faktoren ab, wie etwa der Höhe des bereits zurückgezahlten Betrags oder dem zum Zeitpunkt der vorzeitigen Rückzahlung geltenden Sollzinssatz, so erläutert der Kreditgeber, wie die Entschädigung berechnet wird, und gibt den potenziellen Höchstbetrag der Entschädigung an oder – falls dies nicht möglich ist – macht er dem Verbraucher in einem anschaulichen Beispiel deutlich, wie hoch die Entschädigung bei Zugrundelegung unterschiedlicher möglicher Szenarien ausfällt.

Abschnitt „10. Flexible Merkmale“

(1) Gegebenenfalls erläutert der Kreditgeber die Möglichkeit und die Bedingungen für die Übertragung des Kredits auf einen anderen Kreditgeber oder eine andere Immobilie.

(2) (Falls zutreffend) Zusätzliche Merkmale: Wenn Produkte eines der unten unter Nummer 5 aufgelisteten Merkmale enthalten, muss dieser Abschnitt diese Merkmale auflisten und eine knappe Erläuterung der folgenden Punkte enthalten: die Bedingungen, unter denen der Verbraucher dieses Merkmal nutzen kann; jegliche mit dem Merkmal verbundenen Bedingungen; ob gewöhnlich mit dem Merkmal verbundene gesetzliche oder andere Schutzvorkehrungen für den Verbraucher wegfallen, wenn das Merkmal Bestandteil des durch eine Hypothek oder vergleichbare Sicherheit gesicherten Kredits ist, und die Firma, die das Merkmal anbietet (sofern mit dem Kreditgeber nicht identisch).

(3) Wenn das Merkmal zusätzliche Kredite umfasst, müssen dem Verbraucher in diesem Abschnitt die folgenden Punkte erläutert werden: der Gesamtkreditbetrag (einschließlich des Kredits, der durch die Hypothek oder vergleichbare Sicherheit gesichert ist); ob der zusätzliche Kredit besichert ist; die entsprechenden Sollzinssätze und ob er einer Regulierung unterliegt. Dieser zusätzliche Kreditbetrag ist entweder im Rahmen der ursprünglichen Kreditwürdigkeitsprüfung enthalten oder – wenn dies nicht der Fall ist – es wird in diesem Abschnitt klargestellt, dass die Verfügbarkeit des zusätzlichen Betrags von einer weiteren Prüfung der Fähigkeit des Verbrauchers, den Kredit zurückzuzahlen, abhängt.

(4) Wenn das Merkmal einen Träger für Spareinlagen umfasst, sind die entsprechenden Zinssätze zu erläutern.

(5) Die möglichen weiteren Merkmale sind: „Überzahlungen/Unterzahlungen“ [es wird mehr oder weniger zurückgezahlt als die im Rahmen der Amortisationsstruktur vereinbarte normale Rate]; „Zahlungsunterbrechungen“ [Zeiträume, während denen der Verbraucher keine Zahlungen leisten muss]; „Rückdarlehen“ [Möglichkeit für den Verbraucher, Beträge, die bereits in Anspruch genommen und zurückbezahlt wurden, erneut aufzunehmen]; „verfügbare zusätzliche Kreditaufnahme ohne weitere Genehmigung“; „zusätzliche besicherte oder unbesicherte Kreditaufnahme [in Übereinstimmung mit Nummer 3 oben] „Kreditkarte“; „damit verbundenes Girokonto“ sowie „damit verbundenes Sparkonto“.

(6) Der Kreditgeber kann alle weiteren Merkmale erläutern, die er als Teil des Kreditvertrags anbietet und die nicht in den vorausgehenden Abschnitten genannt sind.

Abschnitt „11. Sonstige Rechte des Kreditnehmers“

(1) Der Kreditgeber weist auf die bestehenden Rechte hin wie etwa ein Recht auf Widerruf oder Bedenkzeit oder gegebenenfalls andere Rechte wie etwa ein Recht auf Übertragbarkeit (einschließlich Abtretung), spezifiziert die Voraussetzungen für ihre Ausübung, die bei ihrer Ausübung vom Verbraucher einzuhaltenden Verfahren – unter anderem die Adresse, an die die Mitteilung über den Widerruf zu richten ist – sowie die entsprechenden Gebühren (falls zutreffend).

(2) Falls der Verbraucher ein Recht auf Bedenkzeit oder Widerruf hat, so wird deutlich darauf hingewiesen.

(3) Wird der Kreditvertrag im Rahmen eines Fernabsatzgeschäfts angeboten, ist der Verbraucher im Einklang mit Artikel 3 der Richtlinie 2002/65/EG darüber zu unterrichten, ob er über ein Widerrufsrecht verfügt oder nicht.

Abschnitt „12. Beschwerden“

(1) In diesem Abschnitt werden die interne Kontaktstelle [Bezeichnung der einschlägigen Abteilung] und ein Weg zur Kontaktaufnahme mit dieser Beschwerdestelle [Anschrift] oder [Telefonnummer] oder [eine Kontaktperson] [Kontaktangaben] sowie ein Link zu einem Beschwerdeverfahren auf der entsprechenden Seite einer Website oder ähnlichen Informationsquelle angegeben.

(2) Es wird der Name der externen Stelle für außergerichtliche Beschwerde- und Rechtsbehelfsverfahren angegeben und – falls die Nutzung des internen Beschwerdeverfahrens eine Voraussetzung für den Zugang zu dieser Stelle ist – wird unter Verwendung der Formulierung in Teil A auf diesen Umstand hingewiesen.

(3) Bei Kreditverträgen mit einem Verbraucher, der seinen Wohnsitz in einem anderen Mitgliedstaat hat, macht der Kreditgeber diesen auf das FIN-NET aufmerksam (http://ec.europa.eu/internal_market/finnet/).

Abschnitt „13. Nichteinhaltung der aus dem Kreditvertrag erwachsenden Verpflichtungen: Konsequenzen für den Kreditnehmer“

(1) Kann die Nichteinhaltung einer aus dem Kredit erwachsenden Verpflichtung durch den Verbraucher für diesen finanzielle oder rechtliche Konsequenzen haben, erläutert der Kreditgeber in diesem Abschnitt die wichtigsten Fälle (z. B. Zahlungsverzug/Zahlungsausfall, Nichteinhaltung der in Abschnitt 8 – „Zusätzliche Auflagen“ – genannten Verpflichtungen) und gibt an, wo weitere Informationen eingeholt werden können.

(2) Der Kreditgeber gibt für jeden dieser Fälle in klarer, leicht verständlicher Form an, welche Sanktionen oder Konsequenzen daraus erwachsen können. Hinweise auf schwerwiegende Konsequenzen sind optisch hervorzuheben.

(3) Kann die zur Besicherung des Kredits verwendete Immobilie an den Kreditgeber zurückgegeben oder übertragen werden, falls der Verbraucher seinen Verpflichtungen nicht nachkommt, so ist in diesem Abschnitt unter Verwendung der Formulierung in Teil A auf diesen Umstand hinzuweisen.

Abschnitt „14. Weitere Angaben“

(1) Im Falle von Fernabsatz enthält dieser Abschnitt sämtliche Angaben zu dem auf den Kreditvertrag anwendbaren Recht oder zur zuständigen Gerichtsbarkeit.

(2) Beabsichtigt der Kreditgeber, während der Vertragslaufzeit mit dem Verbraucher in einer anderen Sprache als der des ESIS-Merkblatts zu kommunizieren, wird dies ebenfalls erwähnt und die

Sprache angegeben, in der kommuniziert werden soll. Die Bestimmungen des Artikels 3 Absatz 1 sowie des Artikels 3 Absatz 3 Buchstabe g der Richtlinie 2002/65/EG bleiben hiervon unberührt.

(3) Der Kreditgeber oder der Kreditvermittler weisen auf das Recht des Verbrauchers hin, dass er gegebenenfalls zumindest zum Zeitpunkt der Vorlage eines für den Kreditgeber verbindlichen Angebots eine Ausfertigung des Kreditvertragsentwurfs erhält oder ihm dies angeboten wird.

Abschnitt „15. Aufsichtsbehörde“

Es sind die Behörden anzugeben, die für die Überwachung des vorvertraglichen Stadiums der Kreditvergabe zuständig sind.

22/4. Zahlungsdienstegesetz 2018

(Auszug)

BGBl I 2018/17 idF

1 BGBl I 2018/37
2 BGBl I 2020/39
3 BGBl I 2021/201
4 BGBl I 2022/36
5 BGBl I 2023/33
6 BGBl I 2024/112 (DORA-VG)

STICHWORTVERZEICHNIS

(Die Zahlenangaben beziehen sich auf die Paragraphen)

Bundesgesetz über die Erbringung von Zahlungsdiensten 2018 (Zahlungsdienstegesetz 2018 – ZaDiG 2018)

1. Hauptstück
Allgemeine Bestimmungen

1. Abschnitt
Anwendungsbereich und Begriffe

Gegenstand

§ 1. (1) Dieses Bundesgesetz legt die Bedingungen fest, zu denen Personen Zahlungsdienste gewerblich in Österreich erbringen dürfen (Zahlungsdienstleister). Es regelt die Rechte und Pflichten von Zahlungsdienstleistern und Zahlungsdienstnutzern im Zusammenhang mit Zahlungsdiensten.

(2) Zahlungsdienste sind folgende Tätigkeiten:

1. Dienste, mit denen Bareinzahlungen auf ein Zahlungskonto ermöglicht werden, sowie alle für die Führung eines Zahlungskontos erforderlichen Vorgänge (Einzahlungsgeschäft);

2. Dienste, mit denen Barabhebungen von einem Zahlungskonto ermöglicht werden, sowie alle für die Führung eines Zahlungskontos erforderlichen Vorgänge (Auszahlungsgeschäft);

3. Ausführung von Zahlungsvorgängen einschließlich des Transfers von Geldbeträgen auf ein Zahlungskonto beim Zahlungsdienstleister des Zahlungsdienstnutzers oder bei einem anderen Zahlungsdienstleister (Zahlungsgeschäft):

a) Ausführung von Lastschriften einschließlich einmaliger Lastschriften (Lastschriftgeschäft);

b) Ausführung von Zahlungsvorgängen mittels einer Zahlungskarte oder eines ähnlichen Instruments (Zahlungskartengeschäft);

c) Ausführung von Überweisungen einschließlich Daueraufträgen (Überweisungsgeschäft);

4. Ausführung von Zahlungsvorgängen, wenn die Beträge durch einen Kreditrahmen für einen Zahlungsdienstnutzer gedeckt sind (Zahlungsgeschäft mit Kreditgewährung):

a) Ausführung von Lastschriften einschließlich einmaliger Lastschriften;

b) Ausführung von Zahlungsvorgängen mittels einer Zahlungskarte oder eines ähnlichen Instruments;

c) Ausführung von Überweisungen einschließlich Daueraufträgen;

5. Ausgabe von Zahlungsinstrumenten (Issuing) oder die Annahme und Abrechnung von Zahlungsvorgängen (Acquiring);

6. Dienste, bei denen ohne Einrichtung eines Zahlungskontos auf den Namen des Zahlers oder des Zahlungsempfängers ein Geldbetrag eines Zahlers nur zum Transfer eines entsprechenden Betrags an den Zahlungsempfänger oder an einen anderen, im Namen des Zahlungsempfängers handelnden Zahlungsdienstleister entgegengenommen wird oder bei denen der Geldbetrag im Namen des Zahlungsempfängers entgegengenommen und diesem verfügbar gemacht wird (Finanztransfergeschäft);

7. Dienste, die auf Antrag des Zahlungsdienstnutzers einen Zahlungsauftrag in Bezug auf ein bei einem anderen Zahlungsdienstleister geführtes Zahlungskonto auslösen (Zahlungsauslösedienste);

8. Online-Dienste zur Mitteilung konsolidierter Informationen über ein Zahlungskonto oder mehrere Zahlungskonten, das oder die ein Zahlungsdienstnutzer entweder bei einem anderen Zahlungsdienstleister oder bei mehr als einem Zahlungsdienstleister hält (Kontoinformationsdienste).

(3) Zahlungsdienstleister sind:

1. Kreditinstitute gemäß § 1 des Bankwesengesetzes – BWG, BGBl. Nr. 532/1993, CRR-Kreditinstitute gemäß § 1a Z 1 BWG sowie Kreditinstitute, die nach dem Recht ihres Herkunftsmitgliedstaates zur Erbringung von Zahlungsdiensten berechtigt sind, einschließlich deren Zweigstellen sowie Zweigstellen ausländischer Kreditinstitute im Sinne des § 2 Z 13 BWG, sofern sich diese Zweigstellen innerhalb des EWR befinden;

2. Zahlungsinstitute gemäß § 4 Z 4;

3. E-Geld-Institute gemäß § 3 Abs. 2 des E-Geldgesetzes 2010, BGBl. I Nr. 107/2010 sowie E-Geld-Institute gemäß § 9 des E-Geldgesetzes 2010, die nach dem Recht ihres Herkunftsmitgliedstaates (Art. 4 Abs. 1 Nummer 43 der Verordnung (EU) Nr. 575/2013) zur Ausgabe von E-Geld berechtigt sind, einschließlich innerhalb des Europäischen Wirtschaftraumes ansässiger Zweigstellen von E-Geld-Instituten, deren Sitz sich außerhalb des Europäischen Wirtschaftsraumes befindet, sofern die Europäische Union entsprechende Abkommen abgeschlossen hat oder sofern diesen eine Konzession gemäß § 4 Abs. 6 des E-Geldgesetzes 2010 erteilt worden ist;

4. die Österreichische Post AG hinsichtlich jener Zahlungsdienstleistungen die gemäß dem Postsparkassengesetz 1969, BGBl. Nr. 458/1969, erbracht werden;

5. die Europäische Zentralbank, die Oesterreichische Nationalbank, sowie andere Zentralbanken des Europäischen Wirtschaftsraumes, sofern sie nicht in ihrer Eigenschaft als Währungsbehörde handeln;

6. der Bund, die Länder und Gemeinden, soweit sie im Rahmen der Privatwirtschaftsverwaltung Zahlungsdienste erbringen;

7. für die Zwecke des Zugangs zu Zahlungssystemen (§ 5): natürliche oder juristische Personen gemäß Art. 32 der Richtlinie (EU) 2015/2366, die in ihrem Herkunftsmitgliedstaat zur Erbringung von Zahlungsdiensten berechtigt sind.

Anwendungsbereich

§ 2. (1) Dieses Bundesgesetz ist für Zahlungsdienste anwendbar, die an in Österreich ansässige Zahlungsdienstnutzer oder von in Österreich ansässigen Zahlungsdienstleistern erbracht werden.

(2) Das 3. und 4. Hauptstück gelten für Zahlungsvorgänge in der Währung eines Mitgliedstaats, wenn sowohl der Zahlungsdienstleister des Zahlers als auch jener des Zahlungsempfängers in der Union ansässig sind. Dies gilt auch, wenn nur ein einziger in der Union ansässiger Zahlungsdienstleister an dem Zahlungsvorgang beteiligt ist.

(3) Das 3. und 4. Hauptstück gelten für Zahlungsvorgänge in einer Währung, die keine Währung eines Mitgliedstaates ist, wenn sowohl der Zahlungsdienstleister des Zahlers als auch der des Zahlungsempfängers in der Union ansässig sind (für die Bestandteile der Zahlungsvorgänge, die in der Union getätigt werden). Dies gilt auch, wenn nur ein einziger in der Union ansässiger Zahlungsdienstleister an dem Zahlungsvorgang beteiligt ist. Davon ausgenommen sind im 3. Hauptstück § 41 Abs. 1 Z 1, § 48 Abs. 1 Z 2 lit. e und § 52 Z 1 sowie im 4. Hauptstück die §§ 75 bis 77.

(4) Das 3. und 4. Hauptstück gelten für Zahlungsvorgänge in allen Währungen, bei denen lediglich einer der beiden Zahlungsdienstleister in der Union ansässig ist (für die Bestandteile der Zahlungsvorgänge, die in der Union getätigt werden). Davon ausgenommen sind im 3. Hauptstück § 41 Abs. 1 Z 1, § 48 Abs. 1 Z 2 lit. e, § 48 Abs. 1 Z 5 lit. g und § 52 Z 1 sowie im 4. Hauptstück § 56 Abs. 2, die §§ 70, 71 und 75, § 77 Abs. 1 und die §§ 80 und 83.

Ausnahmen

§ 3. (1) Dieses Bundesgesetz ist nicht anzuwenden auf

1. die Europäische Zentralbank, Zentralbanken anderer Mitgliedstaaten des Europäischen Wirtschaftsraumes und die Oesterreichische Nationalbank, wenn sie in ihrer Eigenschaft als Währungsbehörde handeln und dabei als Zahlungsdienstleister auftreten oder wenn die Oesterreichische Nationalbank im Rahmen der ihr durch dieses Bundesgesetz, das BWG, das Nationalbankgesetz 1984 – NBG, BGBl. Nr. 50/1984, das Devisengesetz 2004, BGBl. I Nr. 123/2003, das Finalitätsgesetz, BGBl. I Nr. 123/1999, das Scheidemünzengesetz 1988, BGBl. Nr. 597/1988, oder das Finanzmarktaufsichtsbehördengesetz – FMABG, BGBl. I Nr. 97/2001, übertragenen Aufgaben handelt und dabei als Zahlungsdienstleister auftritt,

2. den Bund, die Länder und Gemeinden, wenn sie als Behörde handeln und dabei als Zahlungsdienstleister auftreten und

3. die Oesterreichische Kontrollbank Aktiengesellschaft.

(2) Das 2. Hauptstück dieses Bundesgesetzes ist nicht anzuwenden auf

1. Kreditinstitute gemäß § 1 BWG, CRR-Kreditinstitute gemäß § 1a Z 1 BWG sowie Kreditinstitute, die nach dem Recht ihres Herkunftsmitgliedstaates zur Erbringung von Zahlungsdiensten berechtigt sind, einschließlich deren Zweigstellen sowie Zweigstellen ausländischer Kreditinstitute im Sinne des § 2 Z 13 BWG, sofern sich diese Zweigstellen innerhalb des EWR befinden,

2. E-Geld-Institute gemäß § 3 Abs. 2 E-Geldgesetz 2010 sowie E-Geld-Institute gemäß § 9 E-Geldgesetz 2010, die nach dem Recht ihres Herkunftsmitgliedstaates (Art. 4 Abs. 1 Nummer 43 der Verordnung (EU) Nr. 575/2013) zur Ausgabe von E-Geld berechtigt sind, einschließlich innerhalb des Europäischen Wirtschaftraumes ansässiger Zweigstellen von E-Geld-Instituten, deren Sitz sich außerhalb des Europäischen Wirtschaftsraumes befindet, sofern die Europäische Union entsprechende Abkommen abgeschlossen hat oder sofern diesen eine Konzession gemäß § 4 Abs. 6 E-Geldgesetz 2010 erteilt worden ist,

3. die Post hinsichtlich ihres Geldverkehrs,

4. die Europäische Zentralbank, die Oesterreichische Nationalbank, sowie andere Zentralbanken des Europäischen Wirtschaftsraumes, sofern sie nicht gemäß Abs. 1 als Währungsbehörde handeln oder wenn die Oesterreichische Nationalbank nicht im Rahmen der ihr durch die in Abs. 1 Z 1 genannten Bundesgesetze übertragenen Aufgaben handelt, und

5. den Bund, die Länder und Gemeinden, soweit sie im Rahmen der Privatwirtschaftsverwaltung handeln.

(3) Dieses Bundesgesetz ist auf folgende Tätigkeiten nicht anzuwenden:

1. Zahlungsvorgänge, die ohne zwischengeschaltete Stellen ausschließlich als direkte Bargeldzahlung vom Zahler an den Zahlungsempfänger erfolgen;

2. Zahlungsvorgänge zwischen Zahler und Zahlungsempfänger über einen Handelsagenten, der aufgrund einer Vereinbarung befugt ist, den Verkauf oder Kauf von Waren oder Dienstleistungen nur im Namen des Zahlers oder nur im Namen des Zahlungsempfängers auszuhandeln oder abzuschließen;

3. den gewerblichen Transport von Banknoten und Münzen einschließlich Entgegennahme, Bearbeitung und Übergabe;

4. die nicht gewerbliche Entgegennahme und Übergabe von Bargeld im Rahmen einer gemeinnützigen oder mildtätigen Tätigkeit;

5. Dienste, bei denen der Zahlungsempfänger dem Zahler Bargeld im Rahmen eines Zahlungsvorgangs aushändigt, nachdem ihn der Zahlungsdienstnutzer kurz vor der Ausführung eines Zahlungsvorgangs zum Erwerb von Waren oder Dienstleistungen ausdrücklich hierum gebeten hat (Cash Back);

6. Geldwechselgeschäfte gemäß § 1 Abs. 1 Z 22 BWG (Wechselstubengeschäft);

7. Zahlungsvorgänge, denen eines der folgenden Dokumente zugrunde liegt, das auf den Zahlungsdienstleister gezogen ist und die Bereitstellung eines Geldbetrags an einen Zahlungsempfänger vorsieht:

a) ein Papierscheck im Sinne des Genfer Abkommens vom 19. März 1931 über das einheitliche Scheckgesetz;

b) ein dem unter lit. a genannten Scheck vergleichbarer Papierscheck nach dem Recht eines Mitgliedstaates, der nicht Vertragspartei des Genfer Abkommens vom 19. März 1931 über das einheitliche Scheckgesetz ist;

c) ein Wechsel in Papierform im Sinne des Genfer Abkommens vom 7. Juni 1930 über das einheitliche Wechselgesetz;

d) ein dem unter lit. c genannten Wechsel vergleichbarer Wechsel in Papierform nach dem Recht eines Mitgliedstaates, der nicht Mitglied des Genfer Abkommens vom 7. Juni 1930 über das einheitliche Wechselgesetz ist;

e) ein Gutschein in Papierform;

f) ein Reisescheck in Papierform;

g) eine Postanweisung in Papierform im Sinne der Definition des Weltpostvereins;

8. Zahlungsvorgänge, die innerhalb eines Zahlungs- oder Wertpapierabwicklungssystems zwischen Zahlungsausgleichsagenten, zentralen Gegenparteien, Clearingstellen oder Zentralbanken und anderen Teilnehmern des Systems und Zahlungsdienstleistern abgewickelt werden; § 5 bleibt hiervon unberührt;

9. Zahlungsvorgänge im Zusammenhang mit der Bedienung von Wertpapieranlagen, wie beispielsweise Dividenden, Erträge oder sonstige Ausschüttungen oder deren Einlösung oder Veräußerung, die von den unter Z 8 genannten Personen oder von Wertpapierdienstleistungen erbringenden Wertpapierfirmen, Kreditinstituten, Organismen für gemeinsame Anlagen oder Vermögensverwaltungsgesellschaften oder jeder anderen Einrichtung, die für die Verwahrung von Finanzinstrumenten zugelassen ist, durchgeführt werden;

10. Dienste, die von technischen Dienstleistern erbracht werden, die zwar zur Erbringung der Zahlungsdienste beitragen, jedoch zu keiner Zeit in den Besitz der zu transferierenden Geldbeträge gelangen, wie die Verarbeitung und Speicherung von Daten, vertrauensbildende Maßnahmen und Dienste zum Schutz der Privatsphäre, Nachrichten- und Instanzenauthentisierung, Bereitstellung von Informationstechnologie-(IT-) und Kommunikationsnetzen sowie Bereitstellung und Wartung der für Zahlungsdienste genutzten Endgeräte und Einrichtungen mit Ausnahme von Zahlungsauslösediensten und Kontoinformationsdiensten;

Fassung ab 17. 1. 2025 (BGBl I 2024/112):
10. Dienste, die von technischen Dienstleistern erbracht werden, die zwar zur Erbringung der Zahlungsdienste beitragen, jedoch zu keiner Zeit in den Besitz der zu transferierenden Geldbeträge gelangen, wie die Verarbeitung und Speicherung von Daten, vertrauensbildende Maßnahmen und Dienste zum Schutz der Privatsphäre, Nachrichten- und Instanzenauthentisierung, „Bereitstellung von Informations- und Kommunikationstechnologie (IKT)“ und Kommunikationsnetzen sowie Bereitstellung und Wartung der für Zahlungsdienste genutzten Endgeräte und Einrichtungen mit Ausnahme von Zahlungsauslösediensten und Kontoinformationsdiensten; *(BGBl I 2024/112, ab 17. 1. 2025)*

11. Dienste, die auf bestimmten nur begrenzt verwendbaren Zahlungsinstrumenten beruhen (begrenzte Netze), die eine der folgenden Bedingungen erfüllen:

a) die Instrumente gestatten ihrem Inhaber, Waren oder Dienstleistungen lediglich in den Geschäftsräumen des Emittenten oder innerhalb eines begrenzten Netzes von Dienstleistern im Rahmen einer Geschäftsvereinbarung mit einem professionellen Emittenten zu erwerben oder

b) die Instrumente können nur zum Erwerb eines sehr begrenzten Waren- oder Dienstleistungsspektrums verwendet werden oder

c) die Instrumente sind nur im Inland gültig, werden auf Ersuchen eines Unternehmens oder einer öffentlichen Stelle bereitgestellt, unterliegen zu bestimmten sozialen oder steuerlichen Zwecken den Vorschriften einer nationalen oder regionalen öffentlichen Stelle und dienen dem Erwerb bestimmter Waren oder Dienstleistungen von Anbietern, die eine gewerbliche Vereinbarung mit dem Emittenten geschlossen haben;

12. Zahlungsvorgänge, die von einem Anbieter elektronischer Kommunikationsnetze oder – dienste zusätzlich zu elektronischen Kommunikationsdiensten für einen Teilnehmer des Netzes oder Dienstes bereitgestellt werden:

a) Zahlungsvorgänge im Zusammenhang mit dem Erwerb von digitalen Inhalten und Sprachdiensten, ungeachtet des für den Erwerb oder

Konsum des digitalen Inhalts verwendeten Geräts, sofern diese Zahlungsvorgänge auf der entsprechenden Rechnung abgerechnet werden, und der Wert einer Einzelzahlung 50 Euro nicht überschreitet und

aa) der kumulative Wert der Zahlungsvorgänge eines einzelnen Teilnehmers monatlich 300 Euro nicht überschreitet oder

bb) der kumulative Wert der Zahlungsvorgänge innerhalb eines Monats 300 Euro nicht überschreitet, wenn ein Teilnehmer auf sein Konto bei einem Anbieter elektronischer Kommunikationsnetze oder -dienste Vorauszahlungen tätigt oder

b) Zahlungsvorgänge, die von einem elektronischen Gerät aus oder über dieses ausgeführt und auf der entsprechenden Rechnung im Rahmen einer gemeinnützigen Tätigkeit oder für den Erwerb von Tickets abgerechnet werden, sofern der Wert einer Einzelzahlung 50 Euro nicht überschreitet und

aa) der kumulative Wert der Zahlungsvorgänge eines einzelnen Teilnehmers monatlich 300 Euro nicht überschreitet oder

bb) der kumulative Wert der Zahlungsvorgänge innerhalb eines Monats 300 Euro nicht überschreitet, wenn ein Teilnehmer auf sein Konto bei einem Anbieter elektronischer Kommunikationsnetze oder -dienste Vorauszahlungen tätigt;

13. Zahlungsvorgänge, die zwischen Zahlungsdienstleistern, ihren Agenten oder Zweigstellen auf eigene Rechnung ausgeführt werden;

14. Zahlungsvorgänge zwischen einem Mutterunternehmen und seinem Tochterunternehmen oder zwischen Tochterunternehmen desselben Mutterunternehmens und damit verbundene Dienste ohne Mitwirkung eines Zahlungsdienstleisters, es sei denn, es handelt sich bei diesem um ein Unternehmen derselben Gruppe;

15. Dienste von Dienstleistern, die keinen Rahmenvertrag mit dem von einem Zahlungskonto Geld abhebenden Kunden geschlossen haben, bei denen für einen oder mehrere Kartenemittenten an multifunktionalen Bankautomaten Bargeld abgehoben wird, vorausgesetzt, dass

a) diese Dienstleister keine anderen der in § 1 Abs. 2 genannten Zahlungsdienste erbringen und

b) den Kunden alle Entgelte für Geldabhebungen gemäß den §§ 36, 41, 44 und 45 sowohl vor der Abhebung als auch auf der Quittung nach dem Erhalt von Bargeld mitgeteilt werden.

(4) Ein Dienstleister, der eine der Tätigkeiten gemäß Abs. 3 Z 11 lit. a oder b oder beide Tätigkeiten ausübt (begrenztes Netz), hat der FMA zu melden, wenn der Gesamtwert der Zahlungsvorgänge der vorangegangenen zwölf Monate den Betrag von einer Million Euro überschreitet. Die Meldung hat eine Beschreibung der angebotenen Dienstleistungen zu umfassen. Es ist anzugeben, welche Ausnahme gemäß Abs. 3 Z 11 lit. a oder b für die Ausübung der Tätigkeit in Anspruch genommen wird. Auf Grundlage der Meldung hat die FMA zu prüfen, ob die Kriterien für die Ausnahme erfüllt sind. Ist dies der Fall, hat die FMA den Dienstleister über das Prüfungsergebnis zu informieren.

(5) Ein Dienstleister, der eine Tätigkeit gemäß Abs. 3 Z 12 ausübt (elektronische Kommunikationsnetze oder -dienste), hat dies der FMA zu melden. Der FMA ist vom Dienstleister jährlich ein Gutachten eines Wirtschaftsprüfers zu übermitteln, aus dem hervorgeht, dass die Tätigkeit mit den gemäß Abs. 3 Z 12 festgesetzten Obergrenzen vereinbar ist.

Begriffsbestimmungen

§ 4. Im Sinne dieses Bundesgesetzes gelten folgende Begriffsbestimmungen:

1. Herkunftsmitgliedstaat:

a) der Mitgliedstaat, in dem sich der Sitz des Zahlungsdienstleisters befindet oder,

b) wenn der Zahlungsdienstleister nach dem für ihn geltenden nationalen Recht keinen Sitz hat, der Mitgliedstaat, in dem sich seine Hauptverwaltung befindet;

2. Aufnahmemitgliedstaat: der Mitgliedstaat, in dem ein Zahlungsdienstleister einen Agenten oder eine Zweigstelle hat oder Zahlungsdienste erbringt und der nicht der Herkunftsmitgliedstaat dieses Zahlungsdienstleisters ist;

3. Zahlungsdienst: eine gewerbliche Tätigkeit gemäß § 1 Abs. 2;

4. Zahlungsinstitut: eine juristische Person, die

a) gemäß § 10 oder

b) in ihrem Herkunftsmitgliedstaat gemäß Art. 11 der Richtlinie (EU) 2015/2366

zur gewerblichen Erbringung und Ausführung von Zahlungsdiensten im gesamten Gebiet des Europäischen Wirtschaftsraumes berechtigt ist;

5. Zahlungsvorgang: vom Zahler, im Namen des Zahlers oder vom Zahlungsempfänger ausgelöste Bereitstellung, Transfer oder Abhebung eines Geldbetrags, unabhängig von etwaigen zugrunde liegenden Verpflichtungen im Verhältnis zwischen Zahler und Zahlungsempfänger;

6. Fernzahlungsvorgang: ein Zahlungsvorgang, der über das Internet oder mittels eines Geräts, das für die Fernkommunikation verwendet werden kann, ausgelöst wird;

7. Zahlungssystem: ein System zum Transfer von Geldbeträgen mit formalen und standardisierten Regeln und einheitlichen Vorschriften für die Verarbeitung, das Clearing oder die Verrechnung von Zahlungsvorgängen;

8. Zahler: eine natürliche oder juristische Person, die Inhaber eines Zahlungskontos ist und die einen Zahlungsauftrag von diesem Zahlungskonto

erteilt oder gestattet oder – falls kein Zahlungskonto vorhanden ist – eine Person, die den Auftrag für einen Zahlungsvorgang erteilt;

9. Zahlungsempfänger: eine natürliche oder juristische Person, die den Geldbetrag, der Gegenstand eines Zahlungsvorgangs ist, als Empfänger erhalten soll;

10. Zahlungsdienstnutzer: eine natürliche oder juristische Person, die einen Zahlungsdienst als Zahler oder Zahlungsempfänger oder in beiden Eigenschaften in Anspruch nimmt;

11. Zahlungsdienstleister: ein Rechtsträger gemäß § 1 Abs. 3;

12. Zahlungskonto: ein auf den Namen eines oder mehrerer Zahlungsdienstnutzer lautendes Konto, das für die Ausführung von Zahlungsvorgängen genutzt wird;

13. Zahlungsauftrag: ein Auftrag, den ein Zahler oder Zahlungsempfänger seinem Zahlungsdienstleister zur Ausführung eines Zahlungsvorgangs erteilt;

14. Zahlungsinstrument: jedes personalisierte Instrument oder jeder personalisierte Verfahrensablauf, das oder der zwischen dem Zahlungsdienstnutzer und dem Zahlungsdienstleister vereinbart wurde und zur Erteilung eines Zahlungsauftrags verwendet wird;

15. Zahlungsauslösedienst: Dienst gemäß § 1 Abs. 2 Z 7;

16. Kontoinformationsdienst: Online-Dienst gemäß § 1 Abs. 2 Z 8;

17. kontoführender Zahlungsdienstleister: ein Zahlungsdienstleister, der für einen Zahler ein Zahlungskonto bereitstellt und führt;

18. Zahlungsauslösedienstleister: ein Zahlungsdienstleister, der gewerbliche Tätigkeiten gemäß § 1 Abs. 2 Z 7 ausübt;

19. Kontoinformationsdienstleister: ein Zahlungsdienstleister, der gewerbliche Tätigkeiten gemäß § 1 Abs. 2 Z 8 ausübt;

20. Verbraucher: eine natürliche Person, die bei den von diesem Bundesgesetz erfassten Zahlungsdienstverträgen zu Zwecken handelt, die nicht ihrer gewerblichen oder beruflichen Tätigkeit zugerechnet werden können;

21. Rahmenvertrag: ein Zahlungsdienstvertrag, der die zukünftige Ausführung einzelner und aufeinander folgender Zahlungsvorgänge regelt und die Verpflichtung zur Einrichtung eines Zahlungskontos und die entsprechenden Bedingungen enthalten kann;

22. Lastschrift: ein Zahlungsdienst zur Belastung des Zahlungskontos des Zahlers, wenn ein Zahlungsvorgang vom Zahlungsempfänger aufgrund der Zustimmung des Zahlers gegenüber dem Zahlungsempfänger, dessen Zahlungsdienstleister oder seinem eigenen Zahlungsdienstleister ausgelöst wird;

23. Überweisung: ein auf Aufforderung des Zahlers ausgelöster Zahlungsdienst zur Erteilung einer Gutschrift auf das Zahlungskonto des Zahlungsempfängers zulasten des Zahlungskontos des Zahlers in Ausführung eines oder mehrerer Zahlungsvorgänge durch den Zahlungsdienstleister, der das Zahlungskonto des Zahlers führt;

24. Geldbetrag: Banknoten und Münzen, Giralgeld oder E-Geld gemäß § 1 Abs. 1 des E-Geldgesetzes 2010, BGBl. I Nr. 107/2010;

25. Referenzwechselkurs: der Wechselkurs, der bei jedem Währungsumtausch zugrunde gelegt und vom Zahlungsdienstleister zugänglich gemacht wird oder aus einer öffentlich zugänglichen Quelle stammt;

26. Referenzzinssatz: der Zinssatz, der bei der Zinsberechnung zugrunde gelegt wird und aus einer öffentlich zugänglichen und für beide Parteien eines Zahlungsdienstvertrags überprüfbaren Quelle stammt;

27. Authentifizierung: ein Verfahren, mit dessen Hilfe der Zahlungsdienstleister die Identität eines Zahlungsdienstnutzers oder die berechtigte Verwendung eines bestimmten Zahlungsinstruments, einschließlich der Verwendung der personalisierten Sicherheitsmerkmale des Nutzers, überprüfen kann;

28. starke Kundenauthentifizierung: eine Authentifizierung unter Heranziehung von mindestens zwei Elementen der Kategorien Wissen (etwas, das nur der Nutzer weiß), Besitz (etwas, das nur der Nutzer besitzt) oder Inhärenz (etwas, das nur der Nutzer ist), die insofern voneinander unabhängig sind, als die Nichterfüllung eines Kriteriums die Zuverlässigkeit der anderen nicht in Frage stellt, und die so konzipiert ist, dass die Vertraulichkeit der Authentifizierungsdaten geschützt ist;

29. personalisierte Sicherheitsmerkmale: personalisierte Merkmale, die der Zahlungsdienstleister einem Zahlungsdienstnutzer zum Zweck der Authentifizierung bereitstellt;

30. sensible Zugangsdaten: Daten, einschließlich personalisierter Sicherheitsmerkmale, die für betrügerische Handlungen verwendet werden können; für die Tätigkeiten von Zahlungsauslösedienstleistern und Kontoinformationsdienstleistern stellen der Name des Kontoinhabers und die Kontonummer keine sensiblen Daten dar;

31. Kundenidentifikator: eine Kombination aus Buchstaben, Zahlen oder Symbolen, die dem Zahlungsdienstnutzer vom Zahlungsdienstleister mitgeteilt wird und die der Zahlungsdienstnutzer angeben muss, damit ein anderer am Zahlungsvorgang beteiligter Zahlungsdienstnutzer oder dessen Zahlungskonto bei einem Zahlungsvorgang zweifelsfrei ermittelt werden kann;

32. Fernkommunikationsmittel: ein Verfahren, das ohne gleichzeitige körperliche Anwesenheit

von Zahlungsdienstleister und Zahlungsdienstnutzer für den Abschluss eines Vertrags über die Erbringung von Zahlungsdiensten eingesetzt werden kann;

33. dauerhafter Datenträger: jedes Medium, das es dem Zahlungsdienstnutzer gestattet, an ihn persönlich gerichtete Informationen derart zu speichern, dass die Information für eine für die Zwecke der Informationen angemessene Dauer zugänglich bleibt, und das die unveränderte Wiedergabe der gespeicherten Informationen ermöglicht;

34. Geschäftstag: ein Tag, an dem der an der Ausführung eines Zahlungsvorgangs beteiligte Zahlungsdienstleister des Zahlers oder des Zahlungsempfängers den für die Ausführung von Zahlungsvorgängen erforderlichen Geschäftsbetrieb unterhält;

35. Agent: eine natürliche oder juristische Person, die im Namen eines Zahlungsinstituts Zahlungsdienste ausführt;

36. Zweigstelle: eine Geschäftsstelle, die nicht die Hauptverwaltung ist und die einen Teil eines Zahlungsinstituts bildet, keine Rechtspersönlichkeit hat und unmittelbar sämtliche oder einen Teil der Geschäfte betreibt, die mit der Tätigkeit eines Zahlungsinstituts verbunden sind; alle Geschäftsstellen eines Kredit- oder Zahlungsinstituts mit Hauptverwaltung in einem anderen Mitgliedstaat, die sich in ein und demselben Mitgliedstaat befinden, gelten als eine einzige Zweigstelle;

37. Gruppe: eine Gruppe von Unternehmen, die untereinander durch eine in § 244 UGB genannte Beziehung verbunden sind, oder Unternehmen im Sinne der Art. 4, 5, 6 und 7 der delegierten Verordnung (EU) Nr. 241/2014, die untereinander durch eine in Art. 10 Abs. 1 oder Art. 113 Abs. 6 oder 7 der Verordnung (EU) Nr. 575/2013 genannte Beziehung verbunden sind;

38. elektronisches Kommunikationsnetz: ein Kommunikationsnetz gemäß § 3 Z 11 des Telekommunikationsgesetzes 2003 – TKG 2003, BGBl. I Nr. 70/2003;

39. elektronische Kommunikationsdienste: ein Kommunikationsdienst gemäß § 3 Z 9 TKG 2003;

40. digitale Inhalte: Waren oder Dienstleistungen, die in digitaler Form hergestellt und bereitgestellt werden, deren Nutzung oder Verbrauch auf ein technisches Gerät beschränkt ist und die in keiner Weise die Nutzung oder den Verbrauch von Waren oder Dienstleistungen in physischer Form einschließen;

41. Annahme und Abrechnung von Zahlungsvorgängen (Acquiring): ein den Transfer von Geldbeträgen zum Zahlungsempfänger bewirkender Zahlungsdienst eines Zahlungsdienstleisters, der mit einem Zahlungsempfänger eine vertragliche Vereinbarung über die Annahme und die Verarbeitung von Zahlungsvorgängen schließt;

42. Ausgabe von Zahlungsinstrumenten (Issuing): ein Zahlungsdienst, bei dem ein Zahlungsdienstleister eine vertragliche Vereinbarung schließt, um einem Zahler ein Zahlungsinstrument zur Auslösung und Verarbeitung der Zahlungsvorgänge des Zahlers zur Verfügung zu stellen;

43. Eigenmittel: Mittel im Sinne des Art. 4 Abs. 1 Nr. 118 der Verordnung (EU) Nr. 575/2013, wobei mindestens 75 vH des Kernkapitals in Form von hartem Kernkapital nach Art. 50 der genannten Verordnung gehalten werden und das Ergänzungskapital höchstens ein Drittel des Kernkapitals beträgt;

44. Zahlungsmarke: jeder reale oder digitale Name, jeder reale oder digitale Begriff, jedes reale oder digitale Zeichen, jedes reale oder digitale Symbol oder jede Kombination davon, durch die bezeichnet werden kann, unter welchem Zahlungskartensystem kartengebundene Zahlungsvorgänge ausgeführt werden;

45. Co-badging: das Aufnehmen von zwei oder mehr Zahlungsmarken oder Zahlungsanwendungen derselben Zahlungsmarke auf dasselbe Zahlungsinstrument;

46. außergerichtliche Schlichtungsstelle: die Einrichtung zur alternativen Streitbeilegung gemäß § 98;

47. sichere Kommunikation: ein Kommunikationsverfahren, das den Anforderungen des delegierten Rechtsaktes, den die Europäische Kommission gemäß Art. 98 der Richtlinie (EU) 2015/2366 zu erlassen hat, entspricht.

2. Abschnitt

Zugang zu Zahlungsinfrastruktur

Zugang zu Zahlungssystemen

§ 5. (1) Der Betreiber eines Zahlungssystems darf weder unmittelbar noch mittelbar

1. Zahlungsdienstleister, Zahlungsdienstnutzer oder andere Zahlungssysteme am Beitritt zu seinem Zahlungssystem unbillig behindern oder ihnen restriktive Regelungen in Bezug auf die effektive Teilnahme an anderen Zahlungssystemen auferlegen;

2. zugelassene Zahlungsdienstleister oder registrierte Zahlungsdienstleister in Bezug auf ihre Rechte und Pflichten als Teilnehmer des Zahlungssystems ohne sachlich gerechtfertigten Grund unterschiedlich behandeln;

3. Zahlungsdienstleistern, Zahlungsdienstnutzern oder andere Zahlungssystemen Beschränkungen auferlegen, die auf den institutionellen Status abstellen.

(2) Im Interesse der Finanzmarktstabilität und der Zahlungssystemsicherheit haben Betreiber von Zahlungssystemen, wenn sie Zahlungsdienstleistern, die juristische Personen sind, Zugang zu Zahlungssystemen gewähren, folgende Kriterien zu berücksichtigen:

1. die Absicherung bestimmter Risiken, wie beispielsweise Erfüllungsrisiko, operationelles Risiko und unternehmerisches Risiko, und

2. den Schutz der finanziellen und operativen Stabilität des Zahlungssystems.

Jeder Zahlungsdienstleister hat vor seinem Beitritt zu einem Zahlungssystem dem Betreiber des Zahlungssystems und den übrigen Teilnehmern den Nachweis zu erbringen, dass seine internen Vorkehrungen hinreichend solide sind, um allen Arten von Risiken im Sinne der Z 1 und 2 standhalten zu können. Während der Dauer der Teilnahme an einem Zahlungssystem hat der Zahlungsdienstleister zu gewährleisten, dass diese Anforderungen laufend erfüllt werden.

(3) Die Bestimmungen gemäß Abs. 1 und 2 gelten nicht für

1. Zahlungssysteme im Sinne des § 2 des Finalitätsgesetzes und

2. Zahlungssysteme, die ausschließlich aus einer einzigen Gruppe angehörenden Zahlungsdienstleistern bestehen.

Ein Teilnehmer eines benannten Systems gemäß Z 1, der einem konzessionierten oder registrierten Zahlungsdienstleister, der kein Teilnehmer des Systems ist, gestattet, Überweisungsaufträge über das System zu erteilen, hat anderen konzessionierten oder registrierten Zahlungsdienstleistern auf Antrag dieselbe Möglichkeit in objektiver, verhältnismäßiger und nichtdiskriminierender Weise zu gewähren. Der Teilnehmer hat dem beantragenden Zahlungsdienstleister bei einer Ablehnung eine umfassende Begründung mitzuteilen.

(4) Wer gegen Abs. 1 verstößt, ist dem Betroffenen zur Beseitigung, bei Wiederholungsgefahr zur Unterlassung und bei Verschulden zur Leistung von Schadenersatz verpflichtet. Die Aufgaben und Zuständigkeiten der Bundeswettbewerbsbehörde, des Bundeskartellanwalts und der Kartellgerichtsbarkeit nach dem Kartellgesetz 2005, BGBl. I Nr. 61/2005, sowie der Oesterreichischen Nationalbank nach § 44a NBG bleiben unberührt.

Zugang zu Konten, die bei einem Kreditinstitut geführt werden

§ 6. (1) Kreditinstitute haben Zahlungsinstituten auf objektiver, nichtdiskriminierender und verhältnismäßiger Grundlage Zugang zu Zahlungskontodiensten von Kreditinstituten zu gewähren. Ein solcher Zugang muss so umfassend sein, dass Zahlungsinstitute Zahlungsdienste ungehindert und effizient erbringen können.

(2) Lehnt ein Kreditinstitut den Zugang ab, haben die Geschäftsleiter dies der FMA unverzüglich schriftlich mitzuteilen. Die Mitteilung hat eine nachvollziehbare Begründung zu enthalten.

2. Hauptstück
Zahlungsdienstleister

2. Abschnitt
Anforderungen und Ordnungsvorschriften für den aufrechten Betrieb

Haftung für dem Zahlungsinstitut zurechenbare Personen

§ 23. (1) Zahlungsinstitute haften zwingend für das Verhalten ihrer Angestellten, Agenten, Zweigstellen oder Personen, zu denen Tätigkeiten ausgelagert werden, wie für ihr eigenes.

(2) Ein Zahlungsinstitut, das Dritte mit betrieblichen Aufgaben betraut, hat angemessene Vorkehrungen zu treffen, um zu gewährleisten, dass die Anforderungen dieses Bundesgesetzes betreffend die Auslagerung betrieblicher Aufgaben, insbesondere § 21 Abs. 1, erfüllt werden.

(3) Das Zahlungsinstitut hat sicherzustellen, dass Agenten oder Zweigstellen, die in seinem Namen tätig sind, den Zahlungsdienstnutzern vor Vertragsabschluss mitteilen, in welcher Eigenschaft sie handeln und welches Zahlungsinstitut sie vertreten.

3. Hauptstück
Transparenz der Vertragsbedingungen und Informationspflichten für Zahlungsdienste

1. Abschnitt
Allgemeine Vorschriften

Anwendungsbereich des Hauptstücks

§ 32. (1) Dieses Hauptstück gilt für Einzelzahlungen sowie für Rahmenverträge und die von ihnen erfassten Zahlungsvorgänge. Die Parteien können vereinbaren, dass dieses Hauptstück insgesamt oder teilweise nicht anzuwenden ist, wenn es sich bei dem Zahlungsdienstnutzer nicht um einen Verbraucher handelt.

(2) Soweit in Vereinbarungen zum Nachteil eines Verbrauchers von den Transparenz- und Informationspflichten dieses Hauptstücks abgewichen wird, sind diese abweichenden Bestimmungen unwirksam.

(3) § 5 Abs. 1 Z 1, Z 2 lit. a und b, Z 3 lit. b, c, f und g sowie Z 4 lit. a des Fern-Finanzdienstleistungs-Gesetzes – FernFinG, BGBl. I Nr. 62/2004, über gewisse Vertriebsinformationen

betreffend den Unternehmer, die Finanzdienstleistung, den Fernabsatzvertrag und Rechtsbehelfe sind auf Zahlungsdienste nicht anzuwenden. Andere Bestimmungen bleiben durch dieses Bundesgesetz unberührt, insbesondere:

1. die übrigen Bestimmungen des FernFinG betreffend vorvertragliche Informationspflichten,

2. die Bestimmungen des Allgemeinen Bürgerlichen Gesetzbuches – ABGB, JGS Nr. 946/1811 und des Konsumentenschutzgesetzes – KSchG, BGBl. Nr. 140/1979, betreffend vorvertragliche Informationspflichten sowie betreffend den Verbraucherkredit und

3. die Bestimmungen des Verbraucherkreditgesetzes – VKrG, BGBl. I Nr. 28/2010.

Entgelte für Informationen

§ 33. (1) Ein Zahlungsdienstleister darf dem Zahlungsdienstnutzer für die Bereitstellung von Informationen nach diesem Hauptstück kein Entgelt in Rechnung stellen.

(2) Der Zahlungsdienstleister und der Zahlungsdienstnutzer können Entgelte für darüber hinausgehende Informationen, deren häufigere Bereitstellung oder für ihre Übermittlung über andere als die im Rahmenvertrag vorgesehenen Kommunikationsmittel vereinbaren, sofern die betreffenden Leistungen auf Verlangen des Zahlungsdienstnutzers erbracht werden.

(3) Darf ein Zahlungsdienstleister für die Bereitstellung von Informationen gemäß Abs. 2 ein Entgelt in Rechnung stellen, so muss es angemessen und an den tatsächlichen Kosten des Zahlungsdienstleisters ausgerichtet sein.

Beweislast hinsichtlich der Informationsanforderungen

§ 34. Dem Zahlungsdienstleister obliegt der Beweis dafür, dass er den Informationspflichten dieses Hauptstücks nachgekommen ist.

Ausnahmen von den Informationsanforderungen für Kleinbetragszahlungsinstrumente und E-Geld

§ 35. (1) Bei bestimmten Zahlungsinstrumenten gelten Ausnahmen von den Informationsanforderungen. Die Ausnahmen gemäß Abs. 2 bis 4 gelten, wenn im entsprechenden Rahmenvertrag

1. nur einzelne Zahlungsvorgänge bis höchstens 30 Euro vorgesehen sind oder

2. eine Ausgabenobergrenze von 150 Euro vorgesehen ist oder

3. vorgesehen ist, dass auf dem Zahlungsinstrument Geldbeträge gespeichert werden (Zahlungsinstrumente auf Guthabenbasis), die zu keiner Zeit 150 Euro übersteigen.

(2) Der Zahlungsdienstleister hat dem Zahler abweichend von den §§ 47, 48 oder 52 nur die wesentlichen Merkmale des Zahlungsdienstes, einschließlich der Nutzungsmöglichkeiten des Zahlungsinstruments, Haftungshinweise sowie anfallende Entgelte und andere wesentliche Informationen mitzuteilen, die notwendig sind, um in Kenntnis der Sachlage entscheiden zu können; ferner ist anzugeben, wo die weiteren gemäß § 48 vorgeschriebenen Informationen und Vertragsbedingungen in leicht zugänglicher Form verfügbar sind.

(3) Es kann vereinbart werden, dass der Zahlungsdienstleister abweichend von § 50 Änderungen der Bedingungen des Rahmenvertrags nicht in der in § 47 Abs. 1 vorgesehenen Weise vorschlagen muss.

(4) Abweichend von den §§ 53 und 54 kann vereinbart werden, dass der Zahlungsdienstleister nach Ausführung eines Zahlungsvorgangs

1. dem Zahlungsdienstnutzer nur eine Referenz mitteilt oder zugänglich macht, die diesem die Identifizierung des betreffenden Zahlungsvorgangs, des Betrags des Zahlungsvorgangs und der entsprechenden Entgelte ermöglicht oder im Falle mehrerer gleichartiger Zahlungsvorgänge an den gleichen Zahlungsempfänger nur Informationen über den Gesamtbetrag und dic entsprechenden Entgelte für diese Zahlungsvorgänge bereitstellt;

2. die unter Z 1 genannten Informationen müssen nicht mitgeteilt oder zugänglich gemacht werden, wenn das Zahlungsinstrument anonym genutzt wird oder der Zahlungsdienstleister technisch nicht in der Lage ist, diese Informationen mitzuteilen. Der Zahlungsdienstleister hat dem Zahler jedoch die Möglichkeit zur Überprüfung der gespeicherten Beträge zu bieten.

(5) Für Zahlungsvorgänge im Inland erhöhen sich die in Abs. 1 genannten Beträge

1. im Fall von einzelnen Zahlungsvorgängen auf höchstens 60 Euro;

2. im Fall von Zahlungsinstrumenten deren Ausgabenobergrenze auf 300 Euro;

3. für Zahlungsinstrumente, die Geldbeträge speichern (Zahlungsinstrumente auf Guthabenbasis) auf 400 Euro.

Währung und Währungsumrechnung

§ 36. (1) Zahlungen haben in der zwischen den Parteien vereinbarten Währung zu erfolgen.

(2) Ein Angebot zur Währungsumrechnung vor der Auslösung des Zahlungsvorgangs an einem Geldautomaten, an der Verkaufsstelle oder vom Zahlungsempfänger bedarf der Zustimmung des Zahlers. Im Rahmen eines solchen Angebotes muss der Anbieter dieser Währungsumrechnung dem Zahler alle damit verbundenen Entgelte so-

wie den der Währungsumrechnung zugrunde gelegten Wechselkurs offen legen.

Informationen über zusätzliche Entgelte oder Ermäßigungen

§ 37. (1) Verlangt ein Zahlungsempfänger für die Nutzung eines bestimmten Zahlungsinstruments ein Entgelt oder bietet eine Ermäßigung an, hat er dies vor der Auslösung des Zahlungsvorgangs dem Zahler mitzuteilen.

(2) Ebenso hat der Zahlungsdienstleister oder eine andere, an dem Zahlungsvorgang beteiligte Partei ein Entgelt, das für die Nutzung eines bestimmten Zahlungsinstruments erhoben wird, vor der Auslösung des Zahlungsvorgangs dem Zahler mitzuteilen.

(3) Wird dem Zahler nicht die volle Höhe eines Entgelts gemäß Abs. 1 und 2 mitgeteilt, ist die Vereinbarung des Entgelts unwirksam.

Verpflichtung zur Belehrung der Verbraucher über ihre Rechte

§ 38. (1) Zahlungsdienstleister haben das Merkblatt, das die Europäische Kommission gemäß Art. 106 Abs. 1 der Richtlinie (EU) 2015/2366 zu erstellen hat, leicht zugänglich zu machen. Sie haben es auf ihren Internetseiten zu veröffentlichen sowie in Papierform in ihren Zweigstellen, bei ihren Agenten und bei den Stellen, an die sie ihre Tätigkeiten ausgelagert haben, aufzulegen. Die FMA hat das Merkblatt auf ihrer Internetseite leicht zugänglich zu machen.

(2) Die Zahlungsdienstleister dürfen ihren Kunden keine Kosten dafür in Rechnung stellen, dass sie ihnen das Merkblatt zugänglich machen.

(3) Menschen mit Behinderungen sind die Informationen barrierefrei mit alternativen Mitteln in einem geeigneten Format zugänglich zu machen.

2. Abschnitt

Einzelzahlungen

Anwendungsbereich

§ 39. (1) Dieser Abschnitt gilt für Einzelzahlungen, die nicht Gegenstand eines Rahmenvertrags sind.

(2) Wird ein Zahlungsauftrag für eine Einzelzahlung über ein rahmenvertraglich geregeltes Zahlungsinstrument übermittelt, so ist der Zahlungsdienstleister nicht verpflichtet, Informationen mitzuteilen oder zugänglich zu machen, die der Zahlungsdienstnutzer aufgrund eines Rahmenvertrags mit einem anderen Zahlungsdienstleister bereits erhalten hat oder noch erhalten wird.

Allgemeine vorvertragliche Unterrichtung

§ 40. (1) Zahlungsdienstleister haben dem Zahlungsdienstnutzer die Informationen und Vertragsbedingungen gemäß § 41 für seine eigenen Dienste in leicht zugänglicher Form verfügbar zu machen, bevor der Zahlungsdienstnutzer durch einen Vertrag oder ein Angebot über eine Einzelzahlung gebunden ist. Auf Verlangen des Zahlungsdienstnutzers hat der Zahlungsdienstleister die Informationen und Vertragsbedingungen in Papierform oder auf einem anderen dauerhaften Datenträger mitzuteilen. Die Informationen und Vertragsbedingungen sind klar und verständlich abzufassen, und zwar

1. wenn der Zahlungsdienst in Österreich angeboten wird, in deutscher Sprache oder in einer anderen zwischen den Parteien vereinbarten Sprache;

2. wenn der Zahlungsdienst in einem anderen Mitgliedstaat angeboten wird, in dessen Amtssprache oder in einer anderen zwischen den Parteien vereinbarten Sprache.

(2) Wurde der Vertrag über eine Einzelzahlung auf Verlangen des Zahlungsdienstnutzers mittels eines Fernkommunikationsmittels geschlossen, das es dem Zahlungsdienstleister nicht erlaubt, seinen Verpflichtungen gemäß Abs. 1 nachzukommen, hat der Zahlungsdienstleister diese Pflichten unverzüglich nach Ausführung des Zahlungsvorgangs zu erfüllen.

(3) Die Pflichten gemäß Abs. 1 können auch erfüllt werden, indem eine Kopie des Entwurfs für einen Vertrag über eine Einzelzahlung oder des Entwurfs für einen Zahlungsauftrag, der die gemäß § 41 erforderlichen Informationen und Vertragsbedingungen enthält, zur Verfügung gestellt wird.

Informationen und Vertragsbedingungen

§ 41. (1) Ein Zahlungsdienstleister hat dem Zahlungsdienstnutzer folgende Informationen und Vertragsbedingungen mitzuteilen oder zugänglich zu machen:

1. die vom Zahlungsdienstnutzer mitzuteilenden Informationen oder Kundenidentifikatoren, die für die ordnungsgemäße Auslösung oder Ausführung eines Zahlungsauftrags erforderlich sind;

2. die maximale Ausführungsfrist für den zu erbringenden Zahlungsdienst;

3. alle Entgelte, die der Zahlungsdienstnutzer an den Zahlungsdienstleister zu entrichten hat und gegebenenfalls eine Aufschlüsselung dieser Entgelte und

4. gegebenenfalls der dem Zahlungsvorgang zugrunde zu legende tatsächliche Wechselkurs oder Referenzwechselkurs.

(2) Ein Zahlungsauslösedienstleister hat dem Zahler vor der Auslösung die folgenden klaren und umfassenden Informationen mitzuteilen oder zugänglich zu machen:

1. den Namen oder die Firma des Zahlungsauslösedienstleisters, die Anschrift der Hauptverwaltung und gegebenenfalls die Anschrift seines Agenten oder seiner Zweigstelle in Österreich, sowie alle anderen Kontaktdaten einschließlich der E-Mail-Adresse, die für die Kommunikation mit dem Zahlungsauslösedienstleister von Belang sind, und

2. die Kontaktdaten der für den Zahlungsauslösedienstleister zuständigen Behörde.

(3) Die einschlägigen Informationen und Vertragsbedingungen gemäß § 48 sind dem Zahlungsdienstnutzer gegebenenfalls in einer leicht zugänglichen Form zur Verfügung zu stellen.

Informationen für Zahler und Zahlungsempfänger nach Auslösung eines Zahlungsauftrags

§ 42. Wird ein Zahlungsauftrag über einen Zahlungsauslösedienstleister ausgelöst, hat der Zahlungsauslösedienstleister zusätzlich zu den Informationen und Vertragsbedingungen gemäß § 41 dem Zahler und gegebenenfalls dem Zahlungsempfänger unmittelbar nach der Auslösung alle nachstehenden Daten mitzuteilen oder zugänglich zu machen:

1. eine Bestätigung der erfolgreichen Auslösung des Zahlungsauftrags beim kontoführenden Zahlungsdienstleister des Zahlers;

2. eine Referenz, die dem Zahler und dem Zahlungsempfänger die Identifizierung des Zahlungsvorgangs und dem Zahlungsempfänger gegebenenfalls die Identifizierung des Zahlers ermöglicht, sowie jede weitere mit dem Zahlungsvorgang übermittelte Angabe;

3. den Betrag des Zahlungsvorgangs;

4. sofern Entgelte eingehoben werden: die Höhe aller an den Zahlungsauslösedienstleister für den Zahlungsvorgang zu entrichtenden Entgelte sowie gegebenenfalls eine Aufschlüsselung der Beträge dieser Entgelte.

Informationen für den kontoführenden Zahlungsdienstleister durch einen Zahlungsauslösedienst

§ 43. Erfolgt die Auslösung eines Zahlungsauftrags durch einen Zahlungsauslösedienstleister, hat er dem kontoführenden Zahlungsdienstleister des Zahlers die Referenz des Zahlungsvorgangs zugänglich zu machen.

Informationen an den Zahler nach Eingang des Zahlungsauftrags

§ 44. Unverzüglich nach Eingang des Zahlungsauftrags hat der Zahlungsdienstleister des Zahlers dem Zahler nach Maßgabe des § 40 Abs. 1 alle nachstehenden Daten in Bezug auf seine eigenen Dienste mitzuteilen oder zugänglich zu machen:

1. eine Referenz, die dem Zahler die Identifizierung des betreffenden Zahlungsvorgangs ermöglicht, sowie gegebenenfalls Angaben zum Zahlungsempfänger;

2. den Betrag des Zahlungsvorgangs in der im Zahlungsauftrag verwendeten Währung;

3. sofern Entgelte eingehoben werden: die Höhe aller für den Zahlungsvorgang zu entrichtenden Entgelte sowie gegebenenfalls eine Aufschlüsselung der Beträge dieser Entgelte;

4. gegebenenfalls den Wechselkurs, den der Zahlungsdienstleister des Zahlers dem Zahlungsvorgang zugrunde gelegt hat, oder einen Verweis darauf, sofern dieser Kurs von dem gemäß § 41 Abs. 1 Z 4 genannten Kurs abweicht, und den Betrag des Zahlungsvorgangs nach dieser Währungsumrechnung;

5. das Datum des Eingangs des Zahlungsauftrags.

Informationen an den Zahlungsempfänger nach Ausführung des Zahlungsvorgangs

§ 45. Unverzüglich nach Ausführung des Zahlungsvorgangs hat der Zahlungsdienstleister des Zahlungsempfängers dem Zahlungsempfänger nach Maßgabe des § 40 Abs. 1 alle nachstehenden Daten in Bezug auf seine eigenen Dienste mitzuteilen oder zugänglich zu machen:

1. eine Referenz, die dem Zahlungsempfänger die Identifizierung des betreffenden Zahlungsvorgangs und gegebenenfalls des Zahlers ermöglicht, sowie jede weitere mit dem Zahlungsvorgang übermittelte Angabe;

2. den Betrag des Zahlungsvorgangs in der Währung, in der er dem Zahlungsempfänger zur Verfügung steht;

3. die Höhe aller vom Zahlungsempfänger für den Zahlungsvorgang zu entrichtenden Entgelte sowie gegebenenfalls eine Aufschlüsselung der Beträge dieser Entgelte;

4. gegebenenfalls den Wechselkurs, den der Zahlungsdienstleister des Zahlungsempfängers dem Zahlungsvorgang zugrunde gelegt hat, und den Betrag des Zahlungsvorgangs vor dieser Währungsumrechnung;

5. das Wertstellungsdatum der Gutschrift (§ 78 Abs. 1).

3. Abschnitt
Rahmenverträge

Anwendungsbereich

§ 46. Dieser Abschnitt gilt für Zahlungsvorgänge, die von einem Rahmenvertrag erfasst sind.

Allgemeine Vorabunterrichtung

§ 47. (1) Ein Zahlungsdienstleister hat dem Zahlungsdienstnutzer die Informationen und Vertragsbedingungen gemäß § 48 in Papierform oder auf einem anderen dauerhaften Datenträger rechtzeitig mitzuteilen, bevor der Zahlungsdienstnutzer durch einen Rahmenvertrag oder ein Vertragsangebot gebunden ist. Die Informationen und Vertragsbedingungen sind in leicht verständlichen Worten klar und verständlich abzufassen, und zwar

1. wenn der Zahlungsdienst in Österreich angeboten wird, in deutscher Sprache oder in einer anderen zwischen den Parteien vereinbarten Sprache;

2. wenn der Zahlungsdienst in einem anderen Mitgliedstaat angeboten wird, in dessen Amtssprache oder in einer anderen zwischen den Parteien vereinbarten Sprache.

(2) Wurde der Rahmenvertrag auf Verlangen des Zahlungsdienstnutzers mittels eines Fernkommunikationsmittels geschlossen, das es dem Zahlungsdienstleister nicht erlaubt, seinen Verpflichtungen nach Abs. 1 nachzukommen, hat der Zahlungsdienstleister diese Pflichten unverzüglich nach Abschluss des Rahmenvertrags zu erfüllen.

(3) Die Pflichten gemäß Abs. 1 können auch erfüllt werden, indem eine Kopie des Rahmenvertragsentwurfs, der die gemäß § 48 erforderlichen Informationen und Vertragsbedingungen enthält, übermittelt wird.

Informationen und Vertragsbedingungen

§ 48. (1) Der Zahlungsdienstleister hat dem Zahlungsdienstnutzer folgende Informationen und Vertragsbedingungen mitzuteilen:

1. Über den Zahlungsdienstleister:

a) den Namen oder die Firma des Zahlungsdienstleisters, die Anschrift seiner Hauptverwaltung und gegebenenfalls die Anschrift seines Agenten oder seiner Zweigstelle in dem Mitgliedstaat, in dem der Zahlungsdienst angeboten wird, sowie alle anderen Anschriften einschließlich der E-Mail-Adresse, die für die Kommunikation mit dem Zahlungsdienstleister von Belang sind und

b) die Angaben über die zuständigen Aufsichtsbehörden und das Zahlungsinstitutsregister gemäß § 13 Abs. 2 und jedes andere relevante öffentliche Register, in das der Zahlungsdienstleister als zugelassen eingetragen ist, sowie seine Registernummer oder eine gleichwertige in diesem Register verwendete Kennung.

2. Über die Nutzung des Zahlungsdienstes:

a) eine Beschreibung der wesentlichen Merkmale des zu erbringenden Zahlungsdienstes;

b) die vom Zahlungsdienstnutzer mitzuteilenden Informationen oder Kundenidentifikatoren, die für die ordnungsgemäße Auslösung oder Ausführung eines Zahlungsauftrags erforderlich sind;

c) die Form und das Verfahren für die Zustimmung zur Auslösung eines Zahlungsauftrags oder zur Ausführung eines Zahlungsvorgangs oder des Widerrufs dieser Zustimmung gemäß den §§ 58 und 74, wobei auch ausdrücklich vereinbart werden kann, dass der Zahlungsdienstnutzer dem Zahlungsvorgang auch nach der Ausführung zustimmen (§ 58 Abs. 1) und den Zahlungsauftrag auch nach Ablauf der Fristen gemäß § 74 Abs. 1 und 2 widerrufen kann, wobei in den Fällen des § 74 Abs. 2 für den wirksamen Widerruf gemäß § 74 Abs. 3 auch die Zustimmung des Zahlungsempfängers erforderlich ist;

d) den Zeitpunkt, ab dem ein Zahlungsauftrag gemäß § 72 als eingegangen gilt und gegebenenfalls der vom Zahlungsdienstleister festgelegte Annahmeschluss;

e) die maximale Ausführungsfrist (§ 77) für die zu erbringenden Zahlungsdienste;

f) sofern die Zustimmung zur Zahlung (§ 58) mittels eines bestimmten Zahlungsinstruments erteilt wird, Möglichkeiten der Vereinbarung von Ausgabenobergrenzen für Zahlungsdienste, die mittels dieses Zahlungsinstruments ausgeführt werden und

g) im Fall von kartengebundenen Zahlungsinstrumenten, die durch Co-Badging mehrere Zahlungsmarken tragen, die Rechte des Zahlungsdienstnutzers gemäß Artikel 8 der Verordnung (EU) 2015/751.

3. Über Entgelte, Zinsen und Wechselkurse:

a) alle Entgelte, die der Zahlungsdienstnutzer an den Zahlungsdienstleister zu entrichten hat, einschließlich derjenigen, die sich danach richten, wie und wie oft die nach diesem Bundesgesetz geforderten Informationen mitgeteilt oder zugänglich gemacht werden, sowie gegebenenfalls die Aufschlüsselung der Beträge dieser Entgelte;

b) gegebenenfalls die zugrunde gelegten Zinssätze und Wechselkurse oder – bei Anwendung von Referenzzinssätzen oder -wechselkursen – die Methode für die Berechnung der tatsächlichen Zinsen sowie den maßgeblichen Stichtag und den Index oder die Grundlage für die Bestimmung des Referenzzinssatzes oder -wechselkurses; und,

c) soweit vereinbart, die unmittelbare Anwendung von Änderungen des Referenzzinssatzes oder -wechselkurses und die Informationspflichten in Bezug auf diese Änderungen gemäß § 50 Abs. 2.

4. Über die Kommunikation:

a) gegebenenfalls Kommunikationsmittel, die zwischen den Parteien für die Informationsübermittlung und Anzeigepflichten nach Maßgabe dieses Bundesgesetzes vereinbart werden, einschließlich ihrer Anforderungen an die technische Ausstattung und die Software des Zahlungsdienstnutzers;

b) Angaben dazu, wie und wie oft die nach diesem Bundesgesetz geforderten Informationen mitzuteilen oder zugänglich zu machen sind;

c) die Sprache oder Sprachen, in der oder in denen der Rahmenvertrag zu schließen ist und in der oder in denen die Kommunikation für die Dauer des Vertragsverhältnisses erfolgen soll und

d) einen Hinweis auf das Recht des Zahlungsdienstnutzers, Informationen und die Vertragsbedingungen des Rahmenvertrags nach Maßgabe des § 49 zu erhalten.

5. Über Schutz- und Abhilfemaßnahmen:

a) gegebenenfalls eine Beschreibung der Vorkehrungen, die der Zahlungsdienstnutzer für die sichere Aufbewahrung eines Zahlungsinstruments zu treffen hat, und wie der Zahlungsdienstnutzer seiner Anzeigepflicht gegenüber dem Zahlungsdienstleister gemäß § 63 Abs. 2 nachzukommen hat;

b) eine Beschreibung des sicheren Verfahrens zur Unterrichtung des Zahlungsdienstnutzers durch den Zahlungsdienstleister im Falle vermuteten oder tatsächlichen Betrugs oder bei Sicherheitsrisiken;

c) soweit vereinbart, die Bedingungen, unter denen sich der Zahlungsdienstleister das Recht vorbehält, ein Zahlungsinstrument nach Maßgabe des § 62 zu sperren;

d) Informationen zur Haftung des Zahlers gemäß § 68 einschließlich Angaben zum relevanten Betrag;

e) Angaben dazu, wie und innerhalb welcher Frist der Zahlungsdienstnutzer dem Zahlungsdienstleister nicht autorisierte oder fehlerhaft ausgelöste oder ausgeführte Zahlungsvorgänge nach Maßgabe des § 65 anzeigen muss, sowie Informationen über die Haftung des Zahlungsdienstleisters bei nicht autorisierten Zahlungsvorgängen nach Maßgabe des § 67;

f) Informationen über die Haftung des Zahlungsdienstleisters bei der Auslösung oder Ausführung von Zahlungsvorgängen nach Maßgabe des § 80 und

g) die Bedingungen für Erstattungen gemäß den §§ 70 und 71.

6. Über Änderungen und Kündigung des Rahmenvertrags:

a) soweit vereinbart, die Angabe, dass die Zustimmung des Zahlungsdienstnutzers zu einer Änderung der Bedingungen gemäß § 50 als erteilt gilt, wenn er dem Zahlungsdienstleister seine Ablehnung nicht vor dem geplanten Zeitpunkt des Inkrafttretens der geänderten Bedingungen angezeigt hat, wobei die Änderung innerhalb der Frist des § 50 Abs. 1 Z 1 dem Zahlungsdienstnutzer mitzuteilen ist;

b) die Vertragslaufzeit und

c) einen Hinweis auf das Recht des Zahlungsdienstnutzers, den Rahmenvertrag zu kündigen, sowie auf sonstige kündigungsrelevante Vereinbarungen gemäß § 50 Abs. 1 und § 51.

7. Über Rechtsbehelfe:

a) die Vertragsklauseln über das auf den Rahmenvertrag anwendbare Recht und die zuständigen Gerichte und

b) einen Hinweis auf die dem Zahlungsdienstnutzer gemäß § 13 AVG zustehende Möglichkeit der Anzeige bei der FMA und auf die Möglichkeit der Geltendmachung seiner Rechte vor den ordentlichen Gerichten unter Angabe des Gerichtsstandes und vor der Schlichtungsstelle unter Angabe von deren Sitz und Adresse.

(2) Weiters ist im Rahmenvertrag anzugeben, ob eine Vereinbarung gemäß § 70 Abs. 3 geschlossen wird, wonach kein Anspruch auf Erstattung bei bestimmten, von einem Zahlungsempfänger ausgelösten Zahlungsvorgängen besteht.

Zugänglichkeit der Informationen und der Vertragsbedingungen

§ 49. Der Zahlungsdienstnutzer kann jederzeit während der Vertragslaufzeit des Rahmenvertrags die Vorlage der Vertragsbedingungen und der Informationen gemäß § 48 in Papierform oder auf einem anderen dauerhaften Datenträger verlangen.

Änderungen der Vertragsbedingungen

§ 50. (1) Der Zahlungsdienstleister hat

1. dem Zahlungsdienstnutzer Änderungen des Rahmenvertrags spätestens zwei Monate vor dem geplanten Zeitpunkt ihrer Anwendung in der in § 47 Abs. 1 vorgesehenen Weise vorzuschlagen und

2. sofern eine Vereinbarung gemäß § 48 Abs. 1 Z 6 lit. a getroffen wurde, darauf hinzuweisen,

a) dass die Zustimmung des Zahlungsdienstnutzers zu den Änderungen als erteilt gilt, wenn er dem Zahlungsdienstleister seine Ablehnung nicht vor dem vorgeschlagenen Zeitpunkt der Anwendung der Änderungen angezeigt hat, und

b) dass der Zahlungsdienstnutzer das Recht hat, den Rahmenvertrag vor dem Inkrafttreten der Änderungen kostenlos fristlos zu kündigen.

(2) Änderungen der Zinssätze oder der Wechselkurse können unmittelbar und ohne vorherige Benachrichtigung angewandt werden, sofern dieses Recht im Rahmenvertrag vereinbart wurde und die Änderungen auf den gemäß § 48 Abs. 1 Z 3 lit. b und c vereinbarten Referenzzinssätzen oder Referenzwechselkursen beruhen. Der Zahlungsdienstnutzer ist so rasch wie möglich in der in § 47 Abs. 1 vorgesehenen Weise von jeder Änderung des Zinssatzes zu unterrichten, es sei denn, die Parteien haben eine davon abweichende Vereinbarung darüber getroffen, wie oft und wie die Informationen mitgeteilt oder zugänglich gemacht werden sollen. Für den Zahlungsdienstnutzer günstigere Zinssätze oder Wechselkurse bedürfen keiner Benachrichtigung.

(3) Die den Zahlungsvorgängen zugrunde gelegten geänderten Zinssätze oder Wechselkurse sind neutral anzuwenden und so zu berechnen, dass die Zahlungsdienstnutzer nicht benachteiligt werden. § 6 Abs. 1 Z 5 KSchG bleibt unberührt.

Ordentliche Kündigung des Rahmenvertrags

§ 51. (1) Der Zahlungsdienstnutzer kann den Rahmenvertrag jederzeit kündigen, sofern die Parteien nicht eine Kündigungsfrist vereinbart haben. Die Kündigungsfrist darf einen Monat nicht überschreiten. Das Recht der fristlosen Kündigung gemäß Abs. 2 Z 1 bleibt davon unberührt.

(2) Eine kostenlose Kündigung eines Rahmenvertrags durch den Zahlungsdienstnutzer ist zulässig:

1. ohne Einhaltung einer Kündigungsfrist vor Inkrafttreten von Änderungen des Rahmenvertrags gemäß § 50 Abs. 1;

2. bei einer Dauer des Rahmenvertrags von mindestens sechs Monaten oder bei unbestimmter Dauer jeweils unter Einhaltung der Kündigungsfrist.

In allen anderen Fällen können, sofern im Rahmenvertrag gemäß § 48 Abs. 1 Z 3 lit. a vereinbart, Entgelte erhoben werden, die angemessen und an den Kosten ausgerichtet sind.

(3) Der Zahlungsdienstleister kann einen auf unbestimmte Zeit geschlossenen Rahmenvertrag, sofern im Rahmenvertrag vereinbart, unter Einhaltung einer Zweimonatsfrist in der in § 47 Abs. 1 vorgesehenen Form kündigen.

(4) Regelmäßig erhobene Zahlungsdienstentgelte sind nur anteilmäßig bis zur Kündigung des Vertrags durch den Zahlungsdienstnutzer zu entrichten. Im Voraus gezahlte Entgelte sind vom Zahlungsdienstleister anteilmäßig zu erstatten.

(5) Die allgemeinen Regelungen über die Nichtigkeit oder Aufhebbarkeit von Verträgen oder die vorzeitige Aufhebung von Dauerschuldverhältnissen aus wichtigem Grund bleiben von diesem Bundesgesetz unberührt.

Information vor Ausführung einzelner Zahlungsvorgänge

§ 52. Vor der Ausführung des einzelnen, durch den Zahler ausgelösten Zahlungsvorgangs innerhalb eines Rahmenvertrags hat der Zahlungsdienstleister dem Zahler auf dessen Verlangen Folgendes mitzuteilen:

1. Die maximale Ausführungsfrist für diesen Zahlungsvorgang,

2. die ihm in Rechnung gestellten Entgelte und

3. gegebenenfalls deren Aufschlüsselung.

Informationen an den Zahler bei einzelnen Zahlungsvorgängen

§ 53. (1) Nach Belastung des Kontos des Zahlers mit dem Betrag eines einzelnen Zahlungsvorgangs oder, falls der Zahler kein Zahlungskonto verwendet, nach Eingang des Zahlungsauftrags hat der Zahlungsdienstleister des Zahlers diesem unverzüglich die nachstehenden Angaben in der in § 47 Abs. 1 vorgesehenen Weise mitzuteilen:

1. eine Referenz, die dem Zahler die Identifizierung des betreffenden Zahlungsvorgangs ermöglicht, sowie gegebenenfalls Angaben zum Zahlungsempfänger;

2. den Betrag, der Gegenstand des Zahlungsvorgangs ist, in der Währung, in der das Zahlungskonto des Zahlers belastet wird, oder in der Währung, die im Zahlungsauftrag verwendet wird;

3. den Betrag der für den Zahlungsvorgang zu entrichtenden Entgelte und gegebenenfalls deren Aufschlüsselung oder die vom Zahler zu entrichtenden Zinsen;

4. gegebenenfalls den Wechselkurs, den der Zahlungsdienstleister des Zahlers dem Zahlungsvorgang zugrunde gelegt hat, und den Betrag, der nach dieser Währungsumrechnung Gegenstand des Zahlungsvorgangs ist und

5. das Wertstellungsdatum der Belastung (§ 78 Abs. 2) oder das Datum des Eingangs des Zahlungsauftrags.

(2) Der Rahmenvertrag hat eine Klausel zu enthalten, der zufolge der Zahler verlangen kann, dass die Informationen gemäß Abs. 1 mindestens einmal monatlich kostenlos und nach einem vereinbarten Verfahren so mitgeteilt oder zugänglich gemacht werden, dass der Zahler die Informationen unverändert aufbewahren und reproduzieren kann.

(3) Der Zahlungsdienstnutzer kann jedoch vom Zahlungsdienstleister verlangen, dass die Informationen gemäß Abs. 1 einmal monatlich gegen angemessenen Kostenersatz übermittelt werden.

Informationen an den Zahlungsempfänger bei einzelnen Zahlungsvorgängen

§ 54. (1) Nach Ausführung eines einzelnen Zahlungsvorgangs hat der Zahlungsdienstleister des Zahlungsempfängers diesem unverzüglich die nachstehenden Angaben in der in § 47 Abs. 1 vorgesehenen Weise mitzuteilen:

1. eine Referenz, die dem Zahlungsempfänger die Identifizierung des betreffenden Zahlungsvorgangs und des Zahlers ermöglicht, sowie weitere mit dem Zahlungsvorgang übermittelte Angaben;

2. den Betrag, der Gegenstand des Zahlungsvorgangs ist, in der Währung, in der dieser Betrag auf dem Zahlungskonto des Zahlungsempfängers gutgeschrieben wird;

3. den Betrag der für den Zahlungsvorgang zu entrichtenden Entgelte und gegebenenfalls deren Aufschlüsselung oder die vom Zahlungsempfänger zu entrichtenden Zinsen;

4. gegebenenfalls den Wechselkurs, den der Zahlungsdienstleister des Zahlungsempfängers dem Zahlungsvorgang zugrunde gelegt hat, und den Betrag, der vor dieser Währungsumrechnung Gegenstand des Zahlungsvorgangs war und

5. das Wertstellungsdatum der Gutschrift (§ 78 Abs. 1).

(2) Der Rahmenvertrag kann vorsehen, dass die Informationen gemäß Abs. 1 mindestens einmal monatlich und nach einem vereinbarten Verfahren so mitgeteilt oder zugänglich gemacht werden, dass der Zahlungsempfänger die Informationen unverändert aufbewahren und reproduzieren kann.

(3) Der Zahlungsdienstnutzer kann vom Zahlungsdienstleister verlangen, dass die Informationen gemäß Abs. 1 einmal monatlich gegen angemessenen Kostenersatz übermittelt werden.

4. Hauptstück

Rechte und Pflichten bei der Erbringung und Nutzung von Zahlungsdiensten

1. Abschnitt

Gemeinsame Bestimmungen

Anwendungsbereich

§ 55. (1) Handelt es sich bei dem Zahlungsdienstnutzer nicht um einen Verbraucher, können der Zahlungsdienstnutzer und der Zahlungsdienstleister vereinbaren, dass § 56 Abs. 1, § 58 Abs. 3 sowie die §§ 66, 68, 70, 71, 74 und 80 ganz oder teilweise abbedungen werden. Der Zahlungsdienstnutzer und der Zahlungsdienstleister können auch andere als die in § 65 vorgesehenen Fristen vereinbaren (Rügeobliegenheit).

(2) Soweit in Vereinbarungen zum Nachteil eines Verbrauchers von den Rechten und Pflichten bei der Erbringung und Nutzung von Zahlungsdiensten gemäß diesem Hauptstücks abgewichen wird, sind diese abweichenden Bestimmungen unwirksam.

Entgelte

§ 56. (1) Ein Zahlungsdienstleister darf einem Zahlungsdienstnutzer für die Erfüllung der Informationspflichten oder für Berichtigungs- und Schutzmaßnahmen nach diesem Hauptstück keine Entgelte in Rechnung stellen. Nur für folgende Leistungen dürfen vom Zahlungsdienstleister Entgelte verlangt werden:

1. Mitteilung über die Ablehnung eines Zahlungsauftrages gemäß § 73 Abs. 1;

2. Widerruf eines Zahlungsauftrages nach dem Zeitpunkt der Unwiderruflichkeit gemäß § 74 Abs. 3 und

3. Wiederbeschaffung eines Geldbetrages wegen einer fehlerhaften Ausführung des Zahlungsvorgangs aufgrund eines vom Zahlungsdienstnutzer fehlerhaft angegebenen Kundenidentifikators (§ 79 Abs. 2).

Entgelte gemäß Z 1 bis 3 sind nur zulässig, wenn sie zwischen dem Zahlungsdienstnutzer und dem Zahlungsdienstleister vereinbart werden; sie müssen angemessen und an den tatsächlichen Kosten des Zahlungsdienstleisters ausgerichtet sein.

(2) Bei Zahlungsvorgängen innerhalb der Union, bei denen sowohl der Zahlungsdienstleister des Zahlers als auch der des Zahlungsempfängers in der Union ansässig sind, haben Zahlungsempfänger und Zahler die von ihrem jeweiligen Zahlungsdienstleister erhobenen Entgelte zu tragen. Dies gilt auch, wenn nur ein einziger Zahlungsdienstleister an dem Zahlungsvorgang beteiligt und dieser in der Union ansässig ist.

(3) Der Zahlungsdienstleister darf dem Zahlungsempfänger nicht verwehren, dem Zahler für die Nutzung eines bestimmten Zahlungsinstruments eine Ermäßigung anzubieten oder ihm anderweitig einen Anreiz zur Nutzung dieses Instruments zu geben. Die Erhebung von Entgelten durch den Zahlungsempfänger im Falle der Nutzung eines bestimmten Zahlungsinstrumentes ist unzulässig.

(4) Entgelte für die Erbringung von Zahlungsdiensten oder im Zusammenhang mit dem Rahmenvertrag dürfen nur verrechnet werden, wenn sie vorher gemäß § 41 Abs. 1 Z 3 oder § 48 Abs. 1 Z 3 lit. a wirksam vereinbart worden sind.

Ausnahmen für Kleinbetragszahlungsinstrumente und E-Geld

§ 57. (1) Im Falle von Zahlungsinstrumenten, die gemäß dem Rahmenvertrag nur einzelne Zahlungsvorgänge bis höchstens 30 Euro betreffen oder die entweder eine Ausgabenobergrenze von 150 Euro haben oder Geldbeträge speichern (Zahlungsinstrumente auf Guthabenbasis), die zu keiner Zeit 150 Euro übersteigen, können die Zahlungsdienstleister mit ihren Zahlungsdienstnutzern vereinbaren, dass

1. § 63 Abs. 2, § 64 Abs. 1 Z 2 und 4 sowie § 68 Abs. 4 und 5 nicht anzuwenden sind, wenn das Zahlungsinstrument nicht gesperrt werden oder eine weitere Nutzung nicht verhindert werden kann,

2. die §§ 66 und 67 sowie § 68 Abs. 1, 2, 4 und 5 nicht anzuwenden sind, wenn das Zahlungsinstrument anonym genutzt wird oder der Zahlungsdienstleister aus anderen Gründen, die dem Zahlungsinstrument immanent sind, nicht nachweisen kann, dass ein Zahlungsvorgang autorisiert war,

3. abweichend von § 73 Abs. 2 der Zahlungsdienstleister nicht verpflichtet ist, den Zahlungsdienstnutzer von einer Ablehnung des Zahlungsauftrags zu unterrichten, wenn die Nichtausführung aus dem Zusammenhang hervorgeht,

4. abweichend von § 74 der Zahler den Zahlungsauftrag nach dessen Übermittlung oder nachdem er dem Zahlungsempfänger seine Zustimmung zum Zahlungsauftrag erteilt hat, nicht widerrufen kann oder

5. abweichend von den § 77 Abs. 1 und 3 andere Ausführungsfristen gelten.

(2) Für Zahlungsvorgänge im Inland erhöhen sich die in Abs. 1 genannten Beträge

1. im Fall von einzelnen Zahlungsvorgängen auf höchstens 60 Euro;

2. im Fall von Zahlungsinstrumenten deren Ausgabenobergrenze auf 300 Euro;

3. für Zahlungsinstrumente, die Geldbeträge speichern (Zahlungsinstrumente auf Guthabenbasis) auf 400 Euro.

(3) Auf elektronisches Geld gemäß § 1 Abs. 1 des E-Geldgesetzes 2010 sind die Haftungsbestimmungen gemäß den §§ 67 und 68 anzuwenden, außer

1. es handelt sich um Zahlungskonten mit Guthaben oder Zahlungsinstrumente mit einem Wert bis zu einem Betrag von 400 Euro und

2. der Zahlungsdienstleister des Zahlers hat nicht die Möglichkeit, das Zahlungskonto oder das Zahlungsinstrument zu sperren.

2. Abschnitt

Autorisierung von Zahlungsvorgängen

Zustimmung und Widerruf der Zustimmung

§ 58. (1) Ein Zahlungsvorgang gilt nur dann als autorisiert, wenn der Zahler der Ausführung des Zahlungsvorgangs zugestimmt hat. Die Zustimmung hat vor der Ausführung zu erfolgen. Wenn es vereinbart wurde (§ 48 Abs. 1 Z 2 lit. c), kann die Zustimmung auch nach der Ausführung erteilt werden. Gerichtliche oder verwaltungsbehördliche Aufträge ersetzen die Zustimmung des Zahlers.

(2) Die Zustimmung zur Ausführung eines Zahlungsvorgangs oder mehrerer Zahlungsvorgänge ist in der zwischen dem Zahler und seinem Zahlungsdienstleister vereinbarten Form und im vereinbarten Verfahren (§ 48 Abs. 1 Z 2 lit. c) zu erteilen. Die Zustimmung zur Ausführung eines Zahlungsvorgangs kann auch über den Zahlungsempfänger oder einen Zahlungsauslösedienst erteilt werden. Fehlt die Zustimmung zur Ausführung eines Zahlungsvorgangs, gilt er nicht als autorisiert.

(3) Die Zustimmung kann bis zum Eintritt der Unwiderruflichkeit gemäß § 74 jederzeit vom Zahler widerrufen werden. Wird die Zustimmung zur Ausführung mehrerer Zahlungsvorgänge widerrufen, so gilt jeder nachfolgende Zahlungsvorgang als nicht autorisiert.

Bestätigung der Verfügbarkeit eines Geldbetrages

§ 59. (1) Ein kontoführender Zahlungsdienstleister hat auf Ersuchen eines Zahlungsdienstleisters, der kartengebundene Zahlungsinstrumente ausgibt, unverzüglich zu bestätigen, ob ein für die Ausführung eines kartengebundenen Zahlungsvorgangs erforderlicher Betrag auf dem Zahlungskonto des Zahlers verfügbar ist, sofern alle nachfolgenden Voraussetzungen erfüllt sind:

1. das Zahlungskonto des Zahlers ist zum Zeitpunkt des Ersuchens online zugänglich,

2. der Zahler hat dem kontoführenden Zahlungsdienstleister seine ausdrückliche Zustimmung erteilt, den Ersuchen eines bestimmten Zahlungsdienstleisters um Bestätigung der Verfügbarkeit des Betrags, der einem bestimmten kartengebundenen Zahlungsvorgang entspricht, auf dem Zahlungskonto des Zahlers nachzukommen und

3. die Zustimmung gemäß Z 2 ist erteilt worden, bevor das erste Ersuchen um Bestätigung ergeht.

(2) Der Zahlungsdienstleister kann um die Bestätigung gemäß Abs. 1 ersuchen, wenn alle nachfolgenden Voraussetzungen erfüllt sind:

1. der Zahler hat dem Zahlungsdienstleister seine ausdrückliche Zustimmung erteilt, um die Bestätigung gemäß Abs. 1 zu ersuchen,

2. der Zahler hat den kartengebundenen Zahlungsvorgang für den betreffenden Betrag unter Verwendung eines vom Zahlungsdienstleister ausgegebenen kartengebundenen Zahlungsinstruments ausgelöst und

3. der Zahlungsdienstleister authentifiziert sich gegenüber dem kontoführenden Zahlungsdienstleister vor jedem einzelnen Ersuchen um Bestätigung und kommuniziert mit dem kontoführenden Zahlungsdienstleister auf sichere Weise (§ 4 Z 47).

(3) Die Bestätigung gemäß Abs. 1 hat ausschließlich aus „Ja" oder „Nein" zu bestehen, nicht jedoch in der Mitteilung des Kontostands. Die Antwort darf nicht gespeichert oder für andere Zwecke als für die Ausführung des kartengebundenen Zahlungsvorgangs verwendet werden.

(4) Es ist dem kontoführenden Zahlungsdienstleister nicht gestattet, einen Geldbetrag auf dem Zahlungskonto des Zahlers zu blockieren, weil eine Bestätigung gemäß Abs. 1 erteilt wurde.

(5) Der kontoführende Zahlungsdienstleister hat dem Zahler auf Anfrage die Identifizierungsdaten des Zahlungsdienstleisters und die erteilte Antwort mitzuteilen.

(6) Diese Bestimmung gilt nicht für Zahlungsvorgänge, die durch kartengebundene Zahlungsinstrumente ausgelöst wurden, auf denen E-Geld gemäß § 1 Abs. 1 des E-Geldgesetzes 2010 gespeichert ist.

Zahlungsauslösedienste

§ 60. (1) Ein Zahler hat das Recht, Zahlungsauslösedienste über einen Zahlungsauslösedienstleister zu nutzen. Das Recht, einen Zahlungsauslösedienstleister zu nutzen, besteht nicht, wenn das Zahlungskonto nicht online zugänglich ist.

(2) Erteilt der Zahler seine ausdrückliche Zustimmung zur Ausführung einer Zahlung gemäß § 58, hat der kontoführende Zahlungsdienstleister die Handlungen gemäß Abs. 4 vorzunehmen, um das Recht des Zahlers, den Zahlungsauslösedienst zu nutzen, zu gewährleisten.

(3) Es gelten folgende Anforderungen für Zahlungsauslösedienstleister:

1. Er darf zu keiner Zeit Geldbeträge des Zahlers im Zusammenhang mit der Bereitstellung des Zahlungsauslösedienstes halten.

2. Er muss sicherstellen, dass die personalisierten Sicherheitsmerkmale des Zahlungsdienstnutzers keiner anderen Partei als dem Nutzer und dem Emittenten der personalisierten Sicherheitsmerkmale zugänglich sind und dass sie vom Zahlungsauslösedienstleister über sichere und effiziente Kanäle übermittelt werden.

3. Er muss sicherstellen, dass alle anderen Informationen über den Zahlungsdienstnutzer, die er bei der Bereitstellung von Zahlungsauslösediensten erlangt hat, nur dem Zahlungsempfänger und nur mit ausdrücklicher Zustimmung des Zahlungsdienstnutzers mitgeteilt werden.

4. Er muss sich gegenüber dem kontoführenden Zahlungsdienstleister des Zahlers jedes Mal, wenn eine Zahlung ausgelöst wird, identifizieren und mit dem kontoführenden Zahlungsdienstleister, dem Zahler und dem Zahlungsempfänger auf sichere Weise kommunizieren (§ 4 Z 47).

5. Er darf keine sensiblen Zahlungsdaten des Zahlungsdienstnutzers speichern.

6. Er darf vom Zahlungsdienstnutzer keine anderen als die für das Erbringen des Zahlungsauslösedienstes erforderlichen Daten verlangen.

7. Er darf erhobene Daten nicht für andere Zwecke als für das Erbringen des vom Zahler ausdrücklich geforderten Zahlungsauslösedienstes verwenden, darauf zugreifen oder speichern.

8. Er darf den Betrag, den Zahlungsempfänger oder ein anderes Merkmal des Zahlungsvorgangs nicht ändern.

(4) Der kontoführende Zahlungsdienstleister hat

1. mit Zahlungsauslösedienstleistern auf sichere Weise zu kommunizieren (§ 4 Z 47),

2. unmittelbar nach Eingang des Zahlungsauftrags von einem Zahlungsauslösedienstleister diesem alle Informationen über die Auslösung des Zahlungsvorgangs und alle ihm selbst zugänglichen Informationen hinsichtlich der Ausführung des Zahlungsvorgangs mitzuteilen oder zugänglich zu machen und

3. Zahlungsaufträge, die über die Dienste eines Zahlungsauslösedienstleisters übermittelt werden, insbesondere in Bezug auf zeitliche Abwicklung, Prioritäten oder Entgelte in derselben Weise zu behandeln wie Zahlungsaufträge, die der Zahler direkt übermittelt hat, es sei denn, es liegen objektive Gründe für eine andere Behandlung vor.

(5) Das Erbringen von Zahlungsauslösediensten darf nicht vom Bestehen einer vertraglichen Beziehung zu diesem Zweck zwischen den Zahlungsauslösedienstleistern und den kontoführenden Zahlungsdienstleistern abhängig gemacht werden.

Kontoinformationsdienste

§ 61. (1) Ein Zahlungsdienstnutzer hat das Recht, Dienste zu nutzen, die den Zugang zu Zahlungskontoinformationen (§ 1 Abs. 2 Z 8) ermöglichen. Dieses Recht besteht nicht, wenn das Zahlungskonto nicht online zugänglich ist.

(2) Es gelten folgende Anforderungen für Kontoinformationsdienstleister:

1. Er darf seine Dienstleistungen nur mit der ausdrücklichen Zustimmung des Zahlungsdienstnutzers erbringen.

2. Er hat sicherzustellen, dass die personalisierten Sicherheitsmerkmale des Zahlungsdienstnutzers keiner anderen Partei als dem Nutzer und dem Emittenten der personalisierten Sicherheitsmerkmale zugänglich sind, und dass die Übermittlung durch den Kontoinformationsdienstleister über sichere und effiziente Kanäle erfolgt.

3. Er muss sich gegenüber dem kontoführenden Zahlungsdienstleister des Zahlungsdienstnutzers bei jedem Kommunikationsvorgang identifizieren und hat mit dem kontoführenden Zahlungsdienstleister und dem Zahlungsdienstnutzer auf sichere Weise kommunizieren (§ 4 Z 47).

4. Er darf nur auf Informationen von bezeichneten Zahlungskonten und damit in Zusammenhang stehenden Zahlungsvorgängen zugreifen.

5. Er darf keine sensiblen Zahlungsdaten anfordern, die mit den Zahlungskonten in Zusammenhang stehen.

6. Er darf im Einklang mit den Datenschutzvorschriften Daten nicht für andere Zwecke als für den vom Zahlungsdienstnutzer ausdrücklich geforderten Kontoinformationsdienst verwenden, darauf zugreifen oder speichern.

(3) Der kontoführende Zahlungsdienstleister muss in Bezug auf Zahlungskonten

1. mit dem Kontoinformationsdienstleister auf sichere Weise kommunizieren (§ 4 Z 47) und

2. Datenanfragen, die über die Dienste eines Kontoinformationsdienstleisters übermittelt werden, ohne Diskriminierung behandeln, es sei denn, es liegen objektive Gründe für eine andere Behandlung vor.

(4) Das Erbringen von Kontoinformationsdiensten darf nicht vom Bestehen einer vertraglichen Beziehung zu diesem Zweck zwischen dem Kontoinformationsdienstleister und dem kontoführenden Zahlungsdienstleister abhängig gemacht werden.

Sperrung eines Zahlungsinstruments und Begrenzung des Zugangs zu Zahlungskonten

§ 62. (1) Der Zahlungsdienstleister kann, sofern dies im Rahmenvertrag (§ 48 Abs. 1 Z 5 lit. c) vereinbart wurde, ein Zahlungsinstrument sperren, wenn

1. objektive Gründe im Zusammenhang mit der Sicherheit des Zahlungsinstrumentes dies rechtfertigen;

2. der Verdacht einer nicht autorisierten oder betrügerischen Verwendung des Zahlungsinstruments besteht oder

3. im Fall eines Zahlungsinstrumentes mit einer Kreditlinie ein beträchtlich erhöhtes Risiko besteht, dass der Zahler seiner Zahlungspflicht nicht nachkommen kann.

(2) Verpflichtungen nach anderen Bundesgesetzen oder gemäß gerichtlichen, staatsanwaltlichen oder verwaltungsbehördlichen Anordnungen zur Sperrung eines Zahlungsinstrumentes oder Kontos bleiben von Abs. 1 unberührt.

(3) Der Zahlungsdienstleister hat den Zahlungsdienstnutzer möglichst vor, spätestens jedoch unverzüglich nach der Sperrung des Zahlungsinstrumentes in der vereinbarten Form (§ 48) von der Sperrung und den Gründen hiefür zu unterrichten. Die Unterrichtung über die Sperrung oder über die Gründe für die Sperrung kann unterbleiben, wenn sie

1. objektiven Sicherheitserwägungen zuwiderlaufen würde;

2. einer unionsrechtlichen oder innerstaatlichen Regelung zuwiderlaufen würde oder

3. eine gerichtliche oder verwaltungsbehördliche Anordnung verletzen würde.

(4) Sobald die Gründe für die Sperrung nicht mehr vorliegen, hat der Zahlungsdienstleister die Sperrung des Zahlungsinstrumentes aufzuheben oder dieses durch ein neues Zahlungsinstrument zu ersetzen.

(5) Ein kontoführender Zahlungsdienstleister kann einem Kontoinformationsdienstleister oder einem Zahlungsauslösedienstleister den Zugang zu einem Zahlungskonto verweigern, wenn objektive und gebührend nachgewiesene Gründe im Zusammenhang mit einem nicht autorisierten oder betrügerischen Zugang des Kontoinformationsdienstleisters oder des Zahlungsauslösedienstleisters zum Zahlungskonto, einschließlich der nicht autorisierten oder betrügerischen Auslösung eines Zahlungsvorgangs, es rechtfertigen. In diesen Fällen hat der kontoführende Zahlungsdienstleister den Zahler in einer vereinbarten Form über die Verweigerung des Zugangs und die Gründe hiefür zu unterrichten. Diese Information ist dem Zahler möglichst vor, spätestens jedoch unverzüglich nach der Verweigerung des Zugangs zum Zahlungskonto zu geben, es sei denn, das würde objektiv begründeten Sicherheitserwägungen zuwiderlaufen oder gegen einschlägiges Recht der Union oder eine innerstaatliche Regelung verstoßen. Sobald die Gründe für die Verweigerung des Zugangs nicht mehr bestehen, hat der kontoführende Zahlungsdienstleister Zugang zu dem Zahlungskonto zu gewähren.

(6) Im Falle einer Verweigerung gemäß Abs. 5 hat der kontoführende Zahlungsdienstleister der FMA unverzüglich den Vorfall im Zusammenhang mit dem Kontoinformationsdienstleister oder dem Zahlungsauslösedienstleister zu melden. Die Meldung hat folgende Informationen zu umfassen:

1. die einschlägigen Einzelheiten des Vorfalls und

2. die Gründe für das Tätigwerden.

Die FMA hat den Fall zu bewerten und erforderlichenfalls geeignete Maßnahmen zu ergreifen.

Pflichten des Zahlungsdienstnutzers in Bezug auf Zahlungsinstrumente und personalisierte Sicherheitsmerkmale

§ 63. (1) Der berechtigte Zahlungsdienstnutzer hat bei der Nutzung eines Zahlungsinstruments die Bedingungen für dessen Ausgabe und Nutzung einzuhalten. Die Bedingungen für die Ausgabe und Nutzung eines Zahlungsinstruments müssen objektiv, nichtdiskriminierend und verhältnismäßig gestaltet sein.

(2) Den Verlust, Diebstahl, die missbräuchliche Verwendung oder die sonstige nicht autorisierte Nutzung des Zahlungsinstruments hat der Zahlungsdienstnutzer unverzüglich, sobald er davon Kenntnis hat, dem Zahlungsdienstleister oder der von diesem benannten Stelle anzuzeigen.

(3) Unmittelbar nachdem der berechtigte Zahlungsdienstnutzer das Zahlungsinstrument erhält, hat er alle zumutbaren Vorkehrungen zu treffen, um die personalisierten Sicherheitsmerkmale vor unbefugtem Zugriff zu schützen.

Pflichten des Zahlungsdienstleisters in Bezug auf Zahlungsinstrumente

§ 64. (1) Der Zahlungsdienstleister, der ein Zahlungsinstrument ausgibt, hat unbeschadet der Sorgfaltspflichten des Zahlungsdienstnutzers (§ 63) sicherzustellen, dass

1. die personalisierten Sicherheitsmerkmale des Zahlungsinstruments keiner anderen Person als dem zur Nutzung des Zahlungsinstruments berechtigten Zahlungsdienstnutzer zugänglich sind;

2. der Zahlungsdienstnutzer durch geeignete Mittel jederzeit die Möglichkeit hat, die Anzeige gemäß § 63 Abs. 2 kostenfrei vorzunehmen oder die Aufhebung der Sperrung gemäß § 62 Abs. 4 zu beantragen;

3. jedwede Nutzung des Zahlungsinstruments ausgeschlossen ist, sobald eine Anzeige gemäß § 63 Abs. 2 erfolgt ist und

4. der Zahlungsdienstnutzer die Möglichkeit hat, eine Anzeige gemäß § 63 Abs. 2 kostenlos vorzunehmen, und ihm allenfalls ausschließlich die direkt mit dem Ersatz des Zahlungsinstrumentes verbundenen Kosten verrechnet werden.

(2) Im Falle der Versendung eines Zahlungsinstrumentes oder der Versendung personalisierter Sicherheitsmerkmale des Zahlungsinstrumentes an den Zahler trägt der Zahlungsdienstleister das Risiko der Versendung und eines Missbrauches oder einer nicht autorisierten Nutzung. Die unaufgeforderte und nicht vereinbarte Zusendung eines Zahlungsinstrumentes ist unzulässig.

(3) Der Zahlungsdienstleister hat dem Zahlungsdienstnutzer auf Anfrage die Beweismittel zur Verfügung zu stellen, mit denen der Zahlungsdienstnutzer bis zu 18 Monate nach der Anzeige beweisen kann, ob er seiner Anzeigepflicht gemäß § 63 Abs. 2 nachgekommen ist.

Anzeige und Korrektur nicht autorisierter oder fehlerhaft ausgeführter Zahlungsvorgänge

§ 65. (1) Zur Erwirkung einer Berichtigung durch den Zahlungsdienstleister hat der Zahlungsdienstnutzer den Zahlungsdienstleister unverzüglich nach Feststellung eines nicht autorisierten oder fehlerhaft ausgeführten Zahlungsvorgangs, der zur Entstehung eines Anspruches einschließlich eines solchen nach § 80 geführt hat, zu unterrichten (Rügeobliegenheit). Hat der Zahlungsdienstleister die Angaben gemäß dem 3. Hauptstück mitgeteilt oder zugänglich gemacht, endet die Frist für den Zahlungsdienstnutzer, um beim Zahlungsdienstleister eine Berichtigung zu erwirken, spätestens 13 Monate nach dem Tag der Belastung oder Gutschrift. Die Verjährung der dem Zahlungsdienstnutzer aufgrund einer fristgerechten Rüge offen stehenden Ansprüche richtet sich nach den allgemeinen Bestimmungen. Andere Ansprüche zwischen Zahlungsdienstleister und Zahlungsdienstnutzer bleiben unberührt.

(2) Sofern ein Zahlungsauslösedienst am Zahlungsvorgang beteiligt ist, hat der Zahlungsdienstnutzer die Berichtigung gemäß Abs. 1 beim kontoführenden Zahlungsdienstleister zu erwirken. Davon unberührt bleiben § 67 Abs. 2 und § 80 Abs. 1.

Nachweis der Authentifizierung und Ausführung von Zahlungsvorgängen

§ 66. (1) Wenn ein Zahlungsdienstnutzer bestreitet, einen ausgeführten Zahlungsvorgang autorisiert zu haben, oder geltend macht, dass der Zahlungsvorgang nicht ordnungsgemäß ausgeführt wurde, hat dessen Zahlungsdienstleister nachzuweisen, dass

1. der Zahlungsvorgang authentifiziert war,

2. ordnungsgemäß aufgezeichnet und verbucht wurde und

3. nicht durch einen technischen Fehler oder eine andere Störung des von dem Zahlungsdienstleister erbrachten Dienstes beeinträchtigt wurde.

(2) Wird der Zahlungsvorgang über einen Zahlungsauslösedienstleister ausgelöst, so hat der Zahlungsauslösedienstleister nachzuweisen, dass der Zahlungsvorgang innerhalb seines Zuständigkeitsbereichs authentifiziert war, ordnungsgemäß

aufgezeichnet wurde und nicht durch einen technischen Fehler oder eine andere Störung im Zusammenhang mit dem von ihm verantworteten Zahlungsdienst beeinträchtigt wurde.

(3) Der Nachweis der Nutzung eines Zahlungsinstrumentes reicht für sich allein genommen für den Nachweis der Autorisierung des Zahlungsvorgangs durch den Zahler, einer vorsätzlichen oder grob fahrlässigen Verletzung der Sorgfaltspflichten gemäß § 63 oder eines Handelns des Zahlers in betrügerischer Absicht nicht notwendigerweise aus. Der Zahlungsdienstleister, gegebenenfalls einschließlich des Zahlungsauslösedienstleisters, muss unterstützende Beweismittel vorlegen, um Betrug oder grobe Fahrlässigkeit des Zahlungsdienstnutzers nachzuweisen.

Haftung des Zahlungsdienstleisters für nicht autorisierte Zahlungsvorgänge

§ 67. (1) Im Fall eines nicht autorisierten Zahlungsvorgangs hat der Zahlungsdienstleister des Zahlers unbeschadet des § 65 diesem den Betrag des nicht autorisierten Zahlungsvorgangs unverzüglich, auf jeden Fall spätestens bis zum Ende des folgenden Geschäftstags zu erstatten, nachdem er von dem Zahlungsvorgang Kenntnis erhalten hat oder dieser ihm angezeigt wurde. Der Zahlungsdienstleister des Zahlers hat das belastete Zahlungskonto wieder auf den Stand zu bringen, auf dem es sich ohne den nicht autorisierten Zahlungsvorgang befunden hätte, wobei der Betrag auf dem Zahlungskonto des Zahlers spätestens zum Datum der Belastung des Kontos wertzustellen ist.

(2) Der Zahlungsdienstleister muss nicht gemäß Abs. 1 erstatten, wenn berechtigte Gründe einen Betrugsverdacht stützen. In diesem Fall hat der Zahlungsdienstleister der FMA unverzüglich eine schriftliche Meldung über den Betrugsverdacht zu erstatten.

(3) Wird der Zahlungsvorgang über einen Zahlungsauslösedienstleister ausgelöst, hat der kontoführende Zahlungsdienstleister unverzüglich den Betrag des nicht autorisierten Zahlungsvorgangs zu erstatten. Die Erstattung hat nach den Vorgaben gemäß Abs. 1 zu erfolgen. Haftet der Zahlungsauslösedienstleister für den nicht autorisierten Zahlungsvorgang, so hat er den kontoführenden Zahlungsdienstleister auf dessen Verlangen unverzüglich für die infolge der Erstattung an den Zahler erlittenen Verluste oder gezahlten Beträge, einschließlich des Betrags des nicht autorisierten Zahlungsvorgangs, zu entschädigen. Den Beweis, ob der Zahlungsvorgang den Vorgaben gemäß § 66 Abs. 2 entsprach, hat der Zahlungsauslösedienstleister zu erbringen.

(4) Ansprüche des Zahlers aus Vertrag oder Gesetz, die über die Regelungen gemäß Abs. 1 bis 3 hinausgehen, werden dadurch nicht ausgeschlossen.

Haftung des Zahlers für nicht autorisierte Zahlungsvorgänge

§ 68. (1) Beruhen nicht autorisierte Zahlungsvorgänge auf der Nutzung eines verlorenen oder gestohlenen Zahlungsinstruments oder auf der missbräuchlichen Verwendung eines Zahlungsinstruments, so kann der Zahlungsdienstleister des Zahlers von diesem den Ersatz des hierdurch entstandenen Schadens bis zu einem Betrag von 50 Euro verlangen, wenn der Zahler den Schaden durch leicht fahrlässige Verletzung einer Pflicht gemäß § 63 herbeigeführt hat.

(2) Der Zahler haftet jedenfalls dann nicht nach Abs. 1, wenn

1. der Verlust, der Diebstahl oder die missbräuchliche Verwendung des Zahlungsinstruments für den Zahler vor einer Zahlung nicht bemerkbar war oder

2. der Verlust durch Handlungen oder Unterlassungen eines Angestellten oder eines Agenten, einer Zweigstelle des Zahlungsdienstleisters oder einer Stelle, an die Tätigkeiten ausgelagert werden, verursacht wurde.

(3) Abweichend von Abs. 1 und 2 ist der Zahler seinem Zahlungsdienstleister zum Ersatz des gesamten Schadens verpflichtet, der infolge eines nicht autorisierten Zahlungsvorgangs entstanden ist, wenn der Zahler den Schaden in betrügerischer Absicht oder durch vorsätzliche oder grob fahrlässige Verletzung einer Pflicht gemäß § 63 herbeigeführt hat.

(4) Wenn der Zahler den Schaden weder in betrügerischer Absicht noch durch vorsätzliche Verletzung einer Pflicht gemäß § 63 herbeigeführt hat, sind bei einer allfälligen Schadensteilung insbesondere die Art der personalisierten Sicherheitsmerkmale sowie die besonderen Umstände, unter denen der Verlust, der Diebstahl oder die missbräuchliche Verwendung des Zahlungsinstruments stattgefunden hat, zu berücksichtigen.

(5) Abweichend von Abs. 1 und 3 ist der Zahler seinem Zahlungsdienstleister nicht zum Schadenersatz verpflichtet, wenn der Zahlungsdienstleister des Zahlers keine starke Kundenauthentifizierung verlangt, es sei denn, der Zahler hat in betrügerischer Absicht gehandelt. Akzeptiert der Zahlungsempfänger oder der Zahlungsdienstleister des Zahlungsempfängers eine starke Kundenauthentifizierung nicht, hat er dem Zahlungsdienstleister des Zahlers den Schaden zu ersetzen.

(6) Abweichend von Abs. 1 und 3 ist der Zahler nicht zum Ersatz von Schäden verpflichtet, die aus der Nutzung eines nach der Anzeige gemäß § 63 Abs. 2 (Verlust, Diebstahl, Missbrauch) verwendeten Zahlungsinstruments entstanden sind, es sei denn, der Zahler hat in betrügerischer

Absicht gehandelt. Außer im Fall einer solchen betrügerischen Absicht ist der Zahler ist auch nicht zum Ersatz von Schäden verpflichtet, wenn der Zahlungsdienstleister seinen Pflichten gemäß § 64 Abs. 1 Z 2 oder Z 3 nicht nachgekommen ist.

Zahlungsvorgänge, bei denen der Betrag nicht im Voraus bekannt ist

§ 69. (1) Wird ein Zahlungsvorgang im Zusammenhang mit einem kartengebundenen Zahlungsvorgang von dem oder über den Zahlungsempfänger ausgelöst und ist dabei der genaue Betrag zu dem Zeitpunkt, zu dem der Zahler seine Zustimmung zur Ausführung des Zahlungsvorgangs erteilt, nicht bekannt, darf der Zahlungsdienstleister des Zahlers einen Geldbetrag auf dem Zahlungskonto des Zahlers nur blockieren, wenn der Zahler der genauen Höhe des zu blockierenden Geldbetrags zugestimmt hat.

(2) Der Zahlungsdienstleister des Zahlers hat den Geldbetrag, der gemäß Abs. 1 auf dem Zahlungskonto des Zahlers blockiert ist, unverzüglich nach Eingang der Information über den genauen Betrag des Zahlungsvorgangs frei zu geben, spätestens jedoch unverzüglich nach Eingang des Zahlungsauftrags.

Erstattung eines vom Zahlungsempfänger ausgelösten Zahlungsvorgangs

§ 70. (1) Ein Zahler hat gegen seinen Zahlungsdienstleister einen Anspruch auf Erstattung des vollständigen Betrages eines autorisierten, von einem oder über einen Zahlungsempfänger ausgelösten und bereits ausgeführten Zahlungsvorgangs, wenn

1. bei der Autorisierung der genaue Betrag nicht angegeben wurde und

2. der Betrag des Zahlungsvorgangs den Betrag übersteigt, den der Zahler entsprechend seinem bisherigen Ausgabeverhalten, den Bedingungen seines Rahmenvertrags und den jeweiligen Umständen des Einzelfalls vernünftigerweise hätte erwarten können.

Auf Verlangen des Zahlungsdienstleisters hat der Zahler die Sachumstände in Bezug auf diese Voraussetzungen darzulegen. Der Betrag, der zu erstatten ist, muss auf dem Zahlungskonto des Zahlers spätestens zum Datum der Belastung des Kontos wertgestellt werden. Bei Lastschriften gemäß Art. 1 der Verordnung (EU) Nr. 260/2012 besteht zusätzlich zu einem Anspruch nach diesem Absatz auch ein Anspruch auf bedingungslose Erstattung innerhalb der Fristen gemäß § 71, sofern dies nicht gemäß Abs. 3 abbedungen wurde.

(2) Wurde der gemäß § 41 Abs. 1 Z 4 oder gemäß § 48 Abs. 1 Z 3 lit. b vereinbarte Referenzwechselkurs zugrunde gelegt, so kann der Zahler gegenüber seinem Zahlungsdienstleister in Hinblick auf Abs. 1 Z 2 keine mit dem Währungsumtausch zusammenhängenden Gründe geltend machen.

(3) In einem Rahmenvertrag zwischen dem Zahler und dem Zahlungsdienstleister kann vereinbart werden, dass der Zahler keinen Anspruch auf Erstattung hat, wenn

1. er die Zustimmung zur Ausführung des Zahlungsvorgangs dem Zahlungsdienstleister direkt erteilt hat und

2. ihm gegebenenfalls die Informationen über den anstehenden Zahlungsvorgang in einer vereinbarten Form mindestens vier Wochen vor dem Fälligkeitstermin vom Zahlungsdienstleister oder vom Zahlungsempfänger mitgeteilt oder zugänglich gemacht wurden.

(4) Das Recht des Zahlers auf Erstattung lässt das Verhältnis zwischen Zahler und Zahlungsempfänger unberührt.

(5) Das Recht des Zahlers auf Widerruf bis zu dem in § 74 genannten Zeitpunkt der Unwiderruflichkeit bleibt unberührt.

Verfahren zur Erstattung eines vom Zahlungsempfänger ausgelösten Zahlungsvorgangs

§ 71. (1) Der Anspruch auf Erstattung gemäß § 70 ist vom Zahler gegenüber seinem Zahlungsdienstleister innerhalb von acht Wochen ab dem Zeitpunkt der Belastung des Zahlungskontos mit dem betreffenden Geldbetrag geltend zu machen. Der Zahlungsdienstleister hat innerhalb von zehn Geschäftstagen nach Erhalt eines Erstattungsverlangens entweder den vollständigen Betrag des Zahlungsvorgangs zu erstatten oder dem Zahler die Gründe für die Ablehnung der Erstattung mitzuteilen.

(2) Im Fall der Ablehnung der Erstattung hat der Zahlungsdienstleister den Zahler auch auf die gemäß § 13 AVG bestehende Möglichkeit der Beschwerde bei der FMA, auf die Möglichkeit der Geltendmachung seiner Rechte vor den ordentlichen Gerichten unter Angabe des Gerichtsstandes und vor der Schlichtungsstelle unter Angabe von deren Sitz und Adresse hinzuweisen.

3. Abschnitt

Ausführung von Zahlungsvorgängen

Eingang von Zahlungsaufträgen

§ 72. (1) Der Zeitpunkt, zu dem der unmittelbar vom Zahler oder mittelbar von einem oder über einen Zahlungsempfänger übermittelte Zahlungsauftrag beim Zahlungsdienstleister des Zahlers eingeht, gilt als der Eingangszeitpunkt. Das

Konto des Zahlers darf nicht vor dem Eingangszeitpunkt belastet werden.

(2) Fällt der Eingangszeitpunkt nicht auf einen Geschäftstag des Zahlungsdienstleisters des Zahlers, so wird der Zahlungsauftrag so behandelt, als sei er am darauf folgenden Geschäftstag eingegangen.

(3) Der Zahlungsdienstleister kann abweichend von Abs. 1 festlegen, dass Zahlungsaufträge, die nach einem bestimmten Zeitpunkt nahe dem Ende eines Geschäftstages eingehen, so behandelt werden, als seien sie am darauf folgenden Geschäftstag eingegangen.

(4) Sofern der Zahlungsdienstnutzer, der den Zahlungsauftrag auslöst, und sein Zahlungsdienstleister vereinbart haben, dass die Ausführung des Zahlungsauftrages an einem bestimmten Tag oder am Ende eines bestimmten Zeitraums oder an dem Tag, an dem der Zahler dem Zahlungsdienstleister den Geldbetrag zur Verfügung gestellt hat, beginnen soll, so gilt der vereinbarte Termin für die Zwecke des § 77 als Eingangszeitpunkt. Fällt der vereinbarte Termin nicht auf einen Geschäftstag des Zahlungsdienstleisters, so ist Abs. 2 anzuwenden.

Ablehnung von Zahlungsaufträgen

§ 73. (1) Der Zahlungsdienstleister darf die Ausführung eines autorisierten Zahlungsauftrages nicht ablehnen, unabhängig davon, ob er von einem Zahler, auch durch einen Zahlungsauslösedienstleister, oder von einem Zahlungsempfänger oder über diesen ausgelöst wurde, außer

1. es sind nicht alle im Rahmenvertrag gemäß § 48 festgelegten Bedingungen erfüllt; oder

2. die Ausführung würde gegen eine unionsrechtliche oder innerstaatliche Regelung oder gegen eine gerichtliche oder verwaltungsbehördliche Anordnung verstoßen oder

3. es besteht der begründete Verdacht, dass die Ausführung eine strafbare Handlung darstellen würde.

(2) Lehnt der Zahlungsdienstleister die Ausführung des Zahlungsauftrages ab, so hat er dies dem Zahlungsdienstnutzer so rasch wie möglich, jedenfalls aber innerhalb der Fristen gemäß § 77, in der gemäß § 48 Abs. 1 Z 4 vereinbarten Form unter Angabe der Gründe und der Möglichkeiten zur Verbesserung, mitzuteilen oder zugänglich zu machen. Die Angabe der Gründe hat zu unterbleiben, wenn dies gegen eine unionsrechtliche oder innerstaatliche Regelung oder gegen eine gerichtliche oder behördliche Anordnung verstoßen würde.

(3) Für die Zwecke der §§ 77 und 82 gilt ein Zahlungsauftrag, dessen Ausführung abgelehnt wurde, als nicht eingegangen.

Unwiderruflichkeit von Zahlungsaufträgen

§ 74. (1) Der Zahlungsdienstnutzer kann einen Zahlungsauftrag nicht mehr widerrufen,

1. wenn der Zahlungsauftrag beim Zahlungsdienstleister des Zahlers eingegangen ist;

2. im Falle von § 72 Abs. 4 (Vereinbarung eines Ausführungsdatums in der Zukunft) nach dem Ende des Geschäftstages vor dem vereinbarten Tag.

(2) Wenn der Zahlungsvorgang vom oder über den Zahlungsempfänger ausgelöst wurde, kann der Zahler einen Zahlungsauftrag nicht mehr widerrufen, nachdem der Zahler seine Zustimmung zur Ausführung des Zahlungsauftrags an den Zahlungsempfänger übermittelt hat. Wenn der Zahlungsvorgang von einem Zahlungsauslösedienst ausgelöst wurde, ist ein Widerruf des Zahlungsauftrags unzulässig, nachdem der Zahler die Zustimmung zur Auslösung erteilt hat. Ungeachtet dessen kann der Zahler jedoch im Falle einer Lastschrift bis spätestens zum Ende des Geschäftstages vor dem vereinbarten Belastungstag den Zahlungsauftrag widerrufen.

(3) Nach dem Zeitpunkt der Unwiderruflichkeit gemäß Abs. 1 und 2 kann ein Zahlungsauftrag nur widerrufen werden, wenn dies der Zahlungsdienstnutzer und die betreffenden Zahlungsdienstleister vereinbart haben (§ 48 Abs. 1 Z 2 lit. c). Im Falle des Abs. 2 ist weiters die Zustimmung des Zahlungsempfängers erforderlich.

Transfer des Betrags in voller Höhe

§ 75. (1) Der Zahlungsdienstleister des Zahlers, des Zahlungsempfängers und alle zwischengeschalteten Stellen haben den Betrag, der Gegenstand des Zahlungsauftrages ist, in voller Höhe zu transferieren und dürfen keine Entgelte vom transferierten Betrag abziehen.

(2) Der Zahlungsempfänger und sein Zahlungsdienstleister können jedoch vereinbaren, dass der Zahlungsdienstleister seine Entgelte von dem transferierten Betrag abziehen darf, bevor er ihn dem Zahlungsempfänger gutschreibt. In diesem Fall sind der vollständige Betrag des Zahlungsvorgangs und die Entgelte in den Informationen für den Zahlungsempfänger getrennt auszuweisen.

(3) Wird der Zahlungsvorgang vom Zahler ausgelöst, so hat dessen Zahlungsdienstleister sicherzustellen, dass der Zahlungsempfänger den Betrag des Zahlungsvorgangs abgesehen von den Entgelten gemäß Abs. 2 in voller Höhe erhält. Wird der Zahlungsvorgang vom oder über den Zahlungsempfänger ausgelöst, so hat dessen Zahlungsdienstleister sicherzustellen, dass der Zahlungsempfänger den Betrag des Zahlungsvorgangs in voller Höhe erhält.

4. Abschnitt
Ausführungsfrist und Wertstellungsdatum

Anwendungsbereich

§ 76. (1) Dieser Abschnitt gilt für

1. Zahlungsvorgänge in Euro,

2. innerstaatliche Zahlungsvorgänge in der Währung des Mitgliedstaats, der nicht dem EuroWährungsgebiet angehört,

3. Zahlungsvorgänge, bei denen nur eine Währungsumrechnung zwischen dem Euro und der Währung eines nicht dem Euro-Währungsgebiet angehörenden Mitgliedstaats stattfindet, sofern die erforderliche Währungsumrechnung in dem nicht dem Euro-Währungsgebiet angehörenden Mitgliedstaat durchgeführt wird und – bei grenzüberschreitenden Zahlungsvorgängen – der grenzüberschreitende Transfer in Euro stattfindet.

(2) Dieser Abschnitt ist auf in Abs. 1 nicht genannte Zahlungsvorgänge anzuwenden, sofern nicht zwischen dem Zahlungsdienstnutzer und dem Zahlungsdienstleister etwas anderes vereinbart wurde. § 77 Abs. 2 und § 78 können die Parteien vertraglich nicht abbedingen. Vereinbaren der Zahlungsdienstnutzer und der Zahlungsdienstleister jedoch für Zahlungsvorgänge innerhalb der Union eine längere Frist als jene gemäß § 77 Abs. 1, 3 oder 4, so darf diese längere Frist vier Geschäftstage ab dem Zeitpunkt des Eingangs des Zahlungsauftrags (§ 72) nicht überschreiten.

Ausführungsfrist und Verfügbarkeit

§ 77. (1) Der Zahlungsdienstleister des Zahlers hat sicherzustellen, dass der Betrag, der Gegenstand des Zahlungsvorgangs ist, dem Konto des Zahlungsdienstleisters des Empfängers spätestens am Ende des dem Tag des Eingangszeitpunktes (§ 72) folgenden Geschäftstages gutgeschrieben wird. Für in Papierform ausgelöste Zahlungsvorgänge verlängert sich diese Frist um einen weiteren Geschäftstag.

(2) Der Zahlungsdienstleister des Zahlungsempfängers hat den Betrag, der Gegenstand des Zahlungsvorgangs ist, unverzüglich nachdem dieser Betrag beim Zahlungsdienstleister des Zahlungsempfängers oder auf dessen Konto gutgeschrieben wurde, auf dem Zahlungskonto des Zahlungsempfängers verfügbar zu machen und gemäß § 78 wertzustellen, wenn auf Seiten des Zahlungsdienstleisters des Zahlungsempfängers

1. keine Währungsumrechnung erfolgt oder

2. eine Währungsumrechnung zwischen dem Euro und einer Währung eines Mitgliedstaats oder zwischen den Währungen zweier Mitgliedstaaten erfolgt.

Diese Verpflichtung gilt auch für Zahlungen innerhalb eines Zahlungsdienstleisters.

(3) Sofern kein Zahlungskonto beim Zahlungsdienstleister des Zahlungsempfängers gehalten wird, hat der Zahlungsdienstleister des Zahlungsempfängers Geldbeträge, die zugunsten des Zahlungsempfängers eingegangen sind, innerhalb der Frist gemäß Abs. 1 verfügbar zu machen.

(4) Im Falle eines vom oder über den Zahlungsempfänger ausgelösten Zahlungsvorgangs hat der Zahlungsdienstleister des Zahlungsempfängers dem Zahlungsdienstleister des Zahlers diesen Zahlungsauftrag innerhalb der zwischen dem Zahlungsempfänger und seinem Zahlungsdienstleister vereinbarten Fristen zu übermitteln. Im Falle von Lastschriften hat die Übermittlung des Zahlungsauftrages an den Zahlungsdienstleister des Zahlers so rechtzeitig zu erfolgen, dass die Verrechnung am vereinbarten Fälligkeitstermin möglich ist.

(5) Im Falle von Bargeldeinzahlungen auf ein Zahlungskonto bei einem Zahlungsdienstleister in der Währung des Zahlungskontos hat der Zahlungsdienstleister sicherzustellen, dass der Geldbetrag,

1. falls das Konto auf einen Verbraucher lautet, unverzüglich nach dem Zeitpunkt der Entgegennahme verfügbar gemacht und wertgestellt wird;

2. falls das Konto nicht auf einen Verbraucher lautet, spätestens an dem auf die Entgegennahme folgenden Geschäftstag auf dem Konto des Zahlungsempfängers verfügbar gemacht und wertgestellt wird.

Wertstellungsdatum

§ 78. (1) Das Wertstellungsdatum einer Gutschrift auf dem Zahlungskonto des Zahlungsempfängers ist spätestens der Geschäftstag, an dem der Betrag, der Gegenstand des Zahlungsvorgangs ist, dem Konto des Zahlungsdienstleisters des Zahlungsempfängers gutgeschrieben wird. Dieser Zeitpunkt ist für die Berechnung der Zinsen am Zahlungskonto des Zahlungsempfängers zugrunde zu legen, sofern die Gewährung oder Verrechnung von Zinsen gesetzlich zulässig ist.

(2) Das Wertstellungsdatum einer Belastung auf dem Zahlungskonto des Zahlers ist frühestens der Zeitpunkt, an dem dieses Konto mit dem Betrag belastet wird, der Gegenstand des Zahlungsvorgangs ist. Dieser Zeitpunkt ist für die Berechnung der Zinsen am Zahlungskonto des Zahlers zugrunde zu legen, sofern die Gewährung oder Verrechnung von Zinsen gesetzlich zulässig ist.

5. Abschnitt
Haftung

Fehlerhafter Kundenidentifikator

§ 79. (1) Wird ein Zahlungsauftrag in Übereinstimmung mit dem Kundenidentifikator ausgeführt, gilt der Zahlungsauftrag gegenüber dem durch den Kundenidentifikator bezeichneten Zahlungsempfänger als korrekt ausgeführt. Der Zahlungsdienstleister hat dabei die im Verkehr erforderliche Sorgfalt zu beachten und – soweit technisch und ohne manuelles Eingreifen möglich – zu überprüfen, ob der Kundenidentifikator kohärent ist. Falls der Kundenidentifikator nicht kohärent ist, hat der Zahlungsdienstleister den Zahlungsauftrag zurückzuweisen und den Zahler davon zu unterrichten.

(2) Ist der vom Zahlungsdienstnutzer angegebene Kundenidentifikator fehlerhaft, haftet der Zahlungsdienstleister nicht gemäß § 80 für die nicht erfolgte oder fehlerhafte Ausführung des Zahlungsvorgangs.

(3) Der Zahlungsdienstleister des Zahlers hat sich jedoch im Rahmen des Zumutbaren zu bemühen, den Geldbetrag, der Gegenstand des Zahlungsvorgangs war, wiederzuerlangen. Der Zahlungsdienstleister des Zahlungsempfängers hat sich an diesen Bemühungen dadurch zu beteiligen, dass er dem Zahlungsdienstleister des Zahlers alle für die Wiedererlangung des Geldbetrags maßgeblichen Informationen mitteilt.

(4) Ist es nicht möglich, den Geldbetrag gemäß Abs. 3 wiederzuerlangen, hat der Zahlungsdienstleister des Zahlers dem Zahler auf schriftliches Verlangen alle Informationen mitzuteilen, über die der Zahlungsdienstleister des Zahlers verfügt, und die für den Zahler relevant sind, damit dieser seinen Anspruch auf Rückerstattung des Betrags auf dem ordentlichen Rechtsweg geltend machen kann.

(5) Der Zahlungsdienstleister kann dem Zahlungsdienstnutzer für die Wiedererlangung ein Entgelt in Rechnung stellen, wenn das im Rahmenvertrag vereinbart wurde.

(6) Macht der Zahlungsdienstnutzer weitergehende Angaben als die nach § 41 Abs. 1 Z 1 oder § 48 Abs. 1 Z 2 lit. b, haftet der Zahlungsdienstleister nur für die Ausführung von Zahlungsvorgängen in Übereinstimmung mit dem vom Zahlungsdienstnutzer angegebenen Kundenidentifikator.

Haftung der Zahlungsdienstleister für nicht erfolgte, fehlerhafte oder verspätete Ausführung von Zahlungsvorgängen

§ 80. (1) Wird ein Zahlungsauftrag vom Zahler direkt ausgelöst, so gilt Folgendes:

1. Der Zahlungsdienstleister des Zahlers haftet gegenüber dem Zahler für die ordnungsgemäße Ausführung des Zahlungsvorgangs, es sei denn, der Zahlungsdienstleister des Zahlers kann gegenüber dem Zahler und gegebenenfalls dem Zahlungsdienstleister des Zahlungsempfängers nachweisen, dass der Betrag des Zahlungsvorgangs gemäß § 77 Abs. 1 beim Zahlungsdienstleister des Zahlungsempfängers eingegangen ist. In diesem Fall haftet der Zahlungsdienstleister des Zahlungsempfängers gegenüber dem Zahlungsempfänger für die ordnungsgemäße Ausführung des Zahlungsvorgangs.

2. Haftet der Zahlungsdienstleister des Zahlers gemäß Z 1, so hat er dem Zahler unverzüglich den Betrag des nicht oder fehlerhaft ausgeführten Zahlungsvorgangs zu erstatten und das belastete Zahlungskonto wieder auf den Stand zu bringen, auf dem es sich ohne den fehlerhaft ausgeführten Zahlungsvorgang befunden hätte. Der Betrag ist auf dem Zahlungskonto des Zahlers spätestens zu dem Datum der Belastung des Kontos wertzustellen.

3. Haftet der Zahlungsdienstleister des Zahlungsempfängers gemäß Z 1, so hat er dem Zahlungsempfänger den Betrag des Zahlungsvorgangs unverzüglich zur Verfügung zu stellen und dem Zahlungskonto des Zahlungsempfängers den entsprechenden Betrag gutzuschreiben. Der Betrag ist auf dem Zahlungskonto des Zahlungsempfängers spätestens zu dem Datum wertzustellen, zu dem der Betrag bei korrekter Ausführung gemäß § 78 wertgestellt worden wäre.

4. Wird ein Zahlungsvorgang verspätet ausgeführt, hat der Zahlungsdienstleister des Zahlungsempfängers auf Verlangen des für den Zahler auftretenden Zahlungsdienstleisters sicher zu stellen, dass der Betrag auf dem Zahlungskonto des Zahlungsempfängers spätestens zu dem Datum wertgestellt wird, zu dem der Betrag bei korrekter Ausführung wertgestellt worden wäre.

5. Im Falle eines nicht oder fehlerhaft ausgeführten Zahlungsvorgangs hat sich der Zahlungsdienstleister des Zahlers auf Verlangen – ungeachtet der Haftung nach diesem Absatz – unverzüglich darum zu bemühen, den Zahlungsvorgang zurückzuverfolgen. Der Zahler ist über das Ergebnis zu unterrichten. Dem Zahler darf dafür kein Entgelt in Rechnung gestellt werden.

(2) Wird ein Zahlungsauftrag vom Zahlungsempfänger oder über diesen ausgelöst, so gilt Folgendes:

1. Der Zahlungsdienstleister des Zahlungsempfängers haftet gegenüber dem Zahlungsempfänger für die ordnungsgemäße Übermittlung des Zahlungsauftrags an den Zahlungsdienstleister des Zahlers gemäß § 77 Abs. 3. In diesem Fall muss er den fraglichen Zahlungsauftrag unverzüglich erneut an den Zahlungsdienstleister des Zahlers übermitteln.

2. Bei verspäteter Übermittlung des Zahlungsauftrags ist der Betrag auf dem Zahlungskonto des Zahlungsempfängers spätestens zu dem Datum wertzustellen, zu dem der Betrag bei korrekter Ausführung wertgestellt worden wäre.

3. Darüber hinaus haftet der Zahlungsdienstleister des Zahlungsempfängers gegenüber dem Zahlungsempfänger für die Bearbeitung des Zahlungsvorgangs entsprechend seinen Pflichten gemäß § 78. Er hat sicherzustellen, dass der Betrag des Zahlungsvorgangs dem Zahlungsempfänger unverzüglich zur Verfügung steht, nachdem er dem Zahlungskonto des Zahlungsdienstleisters des Zahlungsempfängers gutgeschrieben wurde. Der Betrag ist auf dem Zahlungskonto des Zahlungsempfängers spätestens zu dem Datum wertzustellen, zu dem der Betrag bei korrekter Ausführung wertgestellt worden wäre.

4. Im Falle eines nicht oder fehlerhaft ausgeführten Zahlungsvorgangs, für den der Zahlungsdienstleister des Zahlungsempfängers nicht nach Z 1 und Z 2 haftet, haftet der Zahlungsdienstleister des Zahlers gegenüber dem Zahler. Haftet der Zahlungsdienstleister des Zahlers, hat er dem Zahler gegebenenfalls unverzüglich den Betrag des nicht oder fehlerhaft ausgeführten Zahlungsvorgangs zu erstatten und das belastete Zahlungskonto gegebenenfalls wieder auf den Stand zu bringen, auf dem es sich ohne den fehlerhaft ausgeführten Zahlungsvorgang befunden hätte. Der Betrag ist auf dem Zahlungskonto des Zahlers spätestens zu dem Datum der Belastung des Kontos wertzustellen.

5. Die Verpflichtung des Zahlungsdienstleisters des Zahlers nach Z 4 besteht nicht, wenn der Zahlungsdienstleister des Zahlers nachweist, dass der Zahlungsdienstleister des Zahlungsempfängers den Betrag des Zahlungsvorgangs erhalten hat, auch wenn die Zahlung lediglich mit einer geringfügigen Verzögerung ausgeführt wurde. In diesem Fall ist der Betrag vom Zahlungsdienstleister des Zahlungsempfängers auf dem Zahlungskonto des Zahlungsempfängers spätestens zu dem Datum wertzustellen, zu dem der Betrag bei korrekter Ausführung wertgestellt worden wäre.

6. Im Falle eines nicht oder fehlerhaft ausgeführten Zahlungsvorgangs hat sich der Zahlungsdienstleister des Zahlungsempfängers auf dessen Verlangen – ungeachtet der Haftung nach diesem Absatz – unverzüglich darum zu bemühen, den Zahlungsvorgang zurückzuverfolgen. Der Zahlungsempfänger ist über das Ergebnis zu unterrichten. Dem Zahlungsempfänger darf dafür kein Entgelt in Rechnung gestellt werden.

(3) Die Zahlungsdienstleister haften darüber hinaus gegenüber ihren jeweiligen Zahlungsdienstnutzern für alle von ihnen zu verantwortenden Entgelte und Zinsen, die dem Zahlungsdienstnutzer infolge der nicht erfolgten, fehlerhaften oder verspäteten Ausführung des Zahlungsvorgangs in Rechnung gestellt werden.

Haftung von Zahlungsauslösediensten für nicht erfolgte, fehlerhafte oder verspätete Ausführung von Zahlungsvorgängen

§ 81. (1) Wird ein Zahlungsauftrag vom Zahler über einen Zahlungsauslösedienstleister ausgelöst, so hat der kontoführende Zahlungsdienstleister dem Zahler den Betrag des nicht oder fehlerhaft ausgeführten Zahlungsvorgangs zu erstatten und das belastete Zahlungskonto gegebenenfalls wieder auf den Stand zu bringen, auf dem es sich ohne den fehlerhaft ausgeführten Zahlungsvorgang befunden hätte. Dies gilt unbeschadet der Bestimmungen gemäß § 65 und § 79 Abs. 1 und 3.

(2) Der Zahlungsauslösedienstleister hat nachzuweisen, dass der Zahlungsauftrag gemäß § 72 beim kontoführenden Zahlungsdienstleister des Zahlers eingegangen ist und dass der Zahlungsvorgang innerhalb seines Zuständigkeitsbereichs authentifiziert, ordnungsgemäß aufgezeichnet und nicht durch ein technisches Versagen oder einen anderen Mangel im Zusammenhang mit der nicht erfolgten, fehlerhaften oder verspäteten Ausführung des Vorgangs beeinträchtigt wurde.

(3) Haftet der Zahlungsauslösedienstleister für die nicht erfolgte, fehlerhafte oder verspätete Ausführung des Zahlungsvorgangs, so hat er dem kontoführenden Zahlungsdienstleister auf dessen Verlangen unverzüglich die infolge der Erstattung an den Zahler erlittenen Verluste oder gezahlten Beträge zu ersetzen.

Zusätzliche Entschädigung

§ 82. Der Ersatz eines Schadens, der über die Regelungen gemäß den §§ 80 und 81 hinaus geht, richtet sich nach den allgemeinen Bestimmungen.

Regress

§ 83. Die Haftungsbestimmungen gemäß den §§ 67 und 80 lassen gesetzliche oder vertragliche Regressforderungen zwischen Zahlungsdienstleistern oder zwischengeschalteten Stellen unberührt. Regressforderungen beinhalten zumindest alle gemäß den §§ 67 und 80 durch einen Zahlungsdienstleister erlittenen Verluste oder gezahlten Beträge. Dazu gehören auch Entschädigungen im Zusammenhang mit Fällen, in denen der Zahlungsdienstleister keine starke Kundenauthentifizierung verlangt.

Haftungsausschluss für ungewöhnliche und unvorhersehbare Ereignisse

§ 84. Die Haftung gemäß Abschnitt 2 bis 5 (§ § 58 bis 83) erstreckt sich nicht auf ungewöhnliche und unvorhersehbare Ereignisse, auf die diejenige Partei, die sich auf diese Ereignisse beruft, keinen Einfluss hat und deren Folgen trotz Anwendung der gebotenen Sorgfalt nicht hätten vermieden werden können, oder auf Fälle, in denen ein Zahlungsdienstleister durch gegenteilige unionsrechtliche, innerstaatliche, gerichtliche oder verwaltungsbehördliche Anordnungen gebunden ist.

6. Abschnitt

Operationelle und sicherheitsrelevante Risiken

Umgang mit operationellen und sicherheitsrelevanten Risiken

§ 85. (1) Ein Zahlungsdienstleister hat einen Rahmen angemessener Risikominderungsmaßnahmen und Kontrollmechanismen zur Beherrschung der operationellen und der sicherheitsrelevanten Risiken im Zusammenhang mit den erbrachten Zahlungsdiensten zu schaffen. Als Teil dieses Rahmens hat der Zahlungsdienstleister wirksame Verfahren für den Umgang mit Vorfällen festzulegen und anzuwenden. Davon muss auch die Aufdeckung und Klassifizierung schwerer Betriebs- und Sicherheitsvorfälle umfasst sein.

Fassung ab 17. 1. 2025 (BGBl I 2024/112):
(1a) Abs. 1 gilt unbeschadet der Anwendung von Kapitel II der Verordnung (EU) 2022/2554 für:

1. Zahlungsdienstleister gemäß § 1 Abs. 3 Z 1 bis 3;

2. Kontoinformationsdienstleister gemäß § 4 Z 19;

3. Zahlungsinstitute, die gemäß Art. 32 Abs. 1 der Richtlinie (EU) 2015/2366 ausgenommen sind;

4. E-Geld-Institute, für die eine Ausnahme gemäß Art. 9 Abs. 1 der Richtlinie 2009/110/EG gilt.
(BGBl I 2024/112, ab 17. 1. 2025)

(2) Der Zahlungsdienstleister hat der FMA jährlich eine aktualisierte und umfassende Bewertung der operationellen und sicherheitsrelevanten Risiken im Zusammenhang mit den erbrachten Zahlungsdiensten zu übermitteln. Die Bewertung hat insbesondere darzulegen, ob Risikominderungsmaßnahmen und Kontrollmechanismen, die zur Beherrschung von Risiken ergriffenen werden, angemessen sind. Die FMA kann festlegen, dass die Aktualisierung der Bewertung in kürzeren Abständen vorgenommen werden muss.

Meldung von Vorfällen

§ 86. (1) Im Falle eines schwerwiegenden Betriebs- oder Sicherheitsvorfalls hat ein Zahlungsdienstleister dies der FMA unverzüglich mitzuteilen. Wenn sich der Vorfall auf die finanziellen Interessen seiner Zahlungsdienstnutzer auswirkt oder auswirken könnte, hat der Zahlungsdienstleister unverzüglich seine Zahlungsdienstnutzer über den Vorfall zu benachrichtigen. Die Benachrichtigung hat über alle Maßnahmen aufzuklären, die Zahlungsdienstnutzer ergreifen können, um die negativen Auswirkungen des Vorfalls zu begrenzen.

(2) Die FMA hat nach Eingang einer Meldung gemäß Abs. 1 unverzüglich die EBA und die EZB über die maßgeblichen Einzelheiten des Vorfalls zu unterrichten. In Zusammenarbeit mit diesen Behörden hat die FMA die Relevanz des Vorfalls für andere maßgebliche Behörden der Union zu prüfen und diese entsprechend zu informieren. „Nachdem die FMA die Relevanz des Vorfalls für die maßgeblichen Behörden, einschließlich der Strafverfolgungsbehörden, geprüft hat, unterrichtet sie auch diese entsprechend.“ Erforderlichenfalls hat die FMA alle für die unmittelbare Sicherheit des Finanzsystems notwendigen Schutzvorkehrungen zu treffen. *(BGBl I 2021/201, ab 11. 12. 2021)*

(3) Zahlungsdienstleister haben der FMA einmal jährlich statistische Daten zu Betrugsfällen in Verbindung mit den unterschiedlichen Zahlungsmitteln vorzulegen. Die FMA hat sicherzustellen, dass diese Daten der EBA und der EZB in aggregierter Form zur Verfügung gestellt werden und kann, soweit die Meldungen dieser Daten gemäß Abs. 4 Z 2 an die Oesterreichische Nationalbank erfolgen, diese mit der Zurverfügungstellung beauftragen. *(BGBl I 2022/36, ab 9. 4. 2022)*

(4) Die FMA kann mit Zustimmung des Bundesministers für Finanzen durch Verordnung Inhalt, Gliederung, Meldestichtage und Meldefristen für die Meldungen gemäß Abs. 3 festsetzen. Die FMA kann dabei vorsehen:

1. Ein häufigeres als das jährliche Meldeintervall;

2. die Übermittlung der Meldungen gemäß diesem Absatz ausschließlich an die Oesterreichische Nationalbank, soweit die FMA dadurch in der Wahrnehmung ihrer Aufgaben nach diesem oder anderen Bundesgesetzen nicht beeinträchtigt wird.
(BGBl I 2022/36, ab 9. 4. 2022)

(5) Vor Erlassung der in Abs. 4 vorgesehenen Verordnungen ist die Oesterreichische Nationalbank anzuhören. *(BGBl I 2022/36, ab 9. 4. 2022)*

(6) Die Meldungen gemäß Abs. 4 sind in standardisierter Form mittels elektronischer Übermittlung zu erstatten. Die Übermittlung hat bestimmten, von der FMA nach Anhörung der Oesterrei-

chischen Nationalbank bekannt zu gebenden Mindestanforderungen zu entsprechen. *(BGBl I 2022/36, ab 9. 4. 2022)*

Fassung ab 17. 1. 2025 (BGBl I 2024/112):

(7) Abs. 1 und Abs. 3 sind nicht anzuwenden auf:

1. Zahlungsdienstleister gemäß § 1 Abs. 3 Z 1 bis 3;

2. Kontoinformationsdienstleister gemäß § 4 Z 19;

3. Zahlungsinstitute, die gemäß Art. 32 Abs. 1 der Richtlinie (EU) 2015/2366 ausgenommen sind;

4. E-Geld-Institute, für die eine Ausnahme gemäß Art. 9 Abs. 1 der Richtlinie 2009/110/EG gilt.

(BGBl I 2024/112, ab 17. 1. 2025)

Authentifizierung

§ 87. (1) Ein Zahlungsdienstleister hat eine starke Kundenauthentifizierung zu verlangen, wenn der Zahler

1. online auf sein Zahlungskonto zugreift,

2. einen elektronischen Zahlungsvorgang auslöst oder

3. über einen Fernzugang eine Handlung vornimmt, die das Risiko eines Betrugs im Zahlungsverkehr oder anderen Missbrauchs birgt.

(2) Im Fall der Einleitung elektronischer Zahlungsvorgänge gemäß Abs. 1 Z 2 hat der Zahlungsdienstleister für elektronische Fernzahlungsvorgänge eine starke Kundenauthentifizierung zu verlangen, die Elemente umfasst, die den Zahlungsvorgang dynamisch mit einem bestimmten Betrag und einem bestimmten Zahlungsempfänger verknüpfen.

(3) Im Fall des Abs. 1 hat der Zahlungsdienstleister über angemessene Sicherheitsvorkehrungen zu verfügen, um die Vertraulichkeit und die Integrität der personalisierten Sicherheitsmerkmale der Zahlungsdienstnutzer zu schützen.

(4) Die Abs. 2 und 3 gelten auch, wenn Zahlungen über einen Zahlungsauslösedienstleister ausgelöst werden. Die Abs. 1 und 3 gelten auch, wenn die Informationen über einen Kontoinformationsdienstleister angefordert werden.

(5) Der kontoführende Zahlungsdienstleister hat einem Zahlungsauslösedienstleister und einem Kontoinformationsdienstleister zu gestatten, sich auf die Authentifizierungsverfahren zu stützen, die er dem Zahlungsdienstnutzer gemäß den Abs. 1 und 3 bereitstellt – in Fällen, in denen ein Zahlungsauslösedienstleister beteiligt ist auch jene Authentifizierungsverfahren gemäß Abs. 2.

5. Hauptstück

Aufsicht, Strafbestimmungen und sonstige Maßnahmen

2. Abschnitt

Alternative Streitbeilegungsverfahren

Beschwerden

§ 96. (1) Die Zahlungsdienstnutzer und andere interessierte Parteien einschließlich Verbraucherschutzeinrichtungen können bei der FMA Beschwerde wegen mutmaßlicher Verstöße gegen die Bestimmungen dieses Bundesgesetzes einlegen.

(2) Die FMA hat Zahlungsdienstnutzer, die einen Verstoß eines Zahlungsdienstinstitutes gegen § 18 (Sicherung der Kundengelder) oder eines Zahlungsdienstleisters gegen eine Bestimmung des 3. und 4. Hauptstücks, gegen eine Bestimmung der „Verordnung (EU) 2021/1230" oder der Verordnung (EU) Nr. 260/2012 zur Anzeige bringen, auf die Möglichkeit einer Beschwerde bei der Schlichtungsstelle gemäß § 98 zu verweisen. *(BGBl I 2023/33)*

Beschwerdeverfahren beim Zahlungsdienstleister

§ 97. (1) Die Zahlungsdienstleister haben ein angemessenes und wirksames Beschwerdeverfahren zu schaffen, das bei Beschwerden von Zahlungsdienstnutzern in Bezug auf die Bestimmungen des 3. und 4. Hauptstücks anzuwenden ist, bevor auf ein Verfahren zur alternativen Streitbeilegung gemäß § 98 zurückgegriffen wird.

(2) Dieses Verfahren gilt in jenem Mitgliedstaat, in dem der Zahlungsdienstleister die Zahlungsdienste anbietet, und steht in der Amtssprache des betreffenden Mitgliedstaats oder in einer anderen zwischen dem Zahlungsdienstleister und dem Zahlungsdienstnutzer vereinbarten Sprache zur Verfügung.

(3) Zahlungsdienstleister haben jede Anstrengung zu unternehmen, um Beschwerden der Zahlungsdienstnutzer in Papierform oder – bei entsprechender Vereinbarung zwischen Zahlungsdienstleister und Zahlungsdienstnutzer – auf einem anderen dauerhaften Datenträger zu beantworten. In dieser Antwort, die innerhalb einer angemessenen Frist, spätestens aber innerhalb von 15 Arbeitstagen nach Eingang der Beschwerde zu erfolgen hat, ist auf alle angesprochenen Fragen einzugehen. Kann der Zahlungsdienstleister in Ausnahmefällen aus Gründen, die er nicht zu verantworten hat, nicht innerhalb von 15 Arbeitstagen antworten, ist er verpflichtet, ein vorläufiges Antwortschreiben mit eindeutiger Angabe der Gründe für die Verzögerung bei der Beantwor-

tung der Beschwerde zu versenden und darin einen Zeitpunkt zu nennen, bis zu dem der Zahlungsdienstnutzer die endgültige Antwort spätestens erhält. Die Frist für den Erhalt der endgültigen Antwort darf 35 Arbeitstage in keinem Fall überschreiten.

(4) Der Zahlungsdienstleister hat den Zahlungsdienstnutzer über die Schlichtungsstelle gemäß § 98, die für die Beilegung von Streitigkeiten gemäß § 98 Abs. 2 zuständig ist, zu informieren. Die Informationen müssen klar, umfassend und leicht zugänglich auf der Internetseite des Zahlungsdienstleisters, sofern vorhanden, in der Zweigstelle sowie in den Allgemeinen Bedingungen des Vertrags zwischen dem Zahlungsdienstleister und Zahlungsdienstnutzer genannt werden. Dabei ist auch anzugeben, wo weitere Informationen über die betreffende Stelle zur alternativen Streitbeilegung und über die Bedingungen für deren Anrufung erhältlich sind.

Alternative Streitbeilegung – Schlichtungsstelle

§ 98. (1) Die Schlichtungsstelle ist in Österreich die Gemeinsame Schlichtungsstelle der Österreichischen Kreditwirtschaft. Gemäß dem Alternative-Streitbeilegung-Gesetz – AStG, BGBl. I Nr. 105/2015, hat sie angemessene, unabhängige, unparteiische, transparente und wirksame alternative Streitbeilegungsverfahren zu gewährleisten.

(2) Sie ist zuständig für Verfahren zur Beilegung von Streitigkeiten zwischen Zahlungsdienstleistern und Zahlungsdienstnutzern, bei denen es sich um Verbraucher gemäß § 4 Z 20 handelt,

1. gemäß Art. 102 der Richtlinie (EU) 2015/2366;

2. gemäß Art. 100 der Richtlinie 2009/65/EG;

3. gemäß Art. 13 der Richtlinie 2009/110/EG;

4. gemäß Art. 10 der Verordnung (EU) 2021/1230 sowie *(BGBl I 2023/33)*

5. gemäß Art. 12 der Verordnung (EU) Nr. 260/2012.

(3) Sie ist weiters zuständig für Verfahren zur Beilegung von Streitigkeiten zwischen Zahlungsempfängern und ihren Zahlungsdienstleistern gemäß Art. 15 der Verordnung (EU) 2015/751 über Interbankenentgelte für kartengebundene Zahlungsvorgänge, ABl. Nr. L 123 vom 19.05.2015 S. 1. *(BGBl I 2023/33)*

6. Hauptstück

Übergangs- und Schlussbestimmungen

Inkrafttreten

§ 119. (1) Dieses Bundesgesetz tritt mit 1. Juni 2018 in Kraft.

(2) Die §§ 59 bis 61 sowie § 87 treten 18 Monate nach dem Inkrafttreten des delegierten Rechtsaktes in Kraft, den die Europäische Kommission gemäß Art. 98 der Richtlinie (EU) 2015/2366 zu erlassen hat.

(3) § 86 Abs. 3 bis 6, § 88 Abs. 3 Z 3 und § 117a Abs. 3 in der Fassung des Bundesgesetzes BGBl. I Nr. 36/2022 treten mit dem auf die Kundmachung folgenden Tag in Kraft. *(BGBl I 2022/36)*

(4) § 89 Abs. 6 in der Fassung des Bundesgesetzes BGBl. I Nr. 36/2022 ist auf Geschäftsjahre der FMA anzuwenden, die nach dem 31. Dezember 2021 beginnen. *(BGBl I 2022/36)*

(5) § 3 Abs. 3 Z 10, § 9 Abs. 1 Z 5, 6 und 8, § 9 Abs. 3, § 21 Abs. 1, § 85 Abs. 1a, § 86 Abs. 7, § 117 Abs. 4 Z 11 und 12 und § 117a Abs. 5 in der Fassung des Bundesgesetzes BGBl. I Nr. 112/2024 treten mit 17. Jänner 2025 in Kraft. *(BGBl I 2024/112)*

22/5. Verbraucherzahlungskontogesetz

BGBl I 2016/35 idF

1 BGBl I 2016/118
2 BGBl I 2017/158
3 BGBl I 2018/17
4 BGBl I 2018/72 (VfGH)

STICHWORTVERZEICHNIS

(Die Zahlenangaben beziehen sich auf die Paragraphen)

Bundesgesetz über die Vergleichbarkeit von Entgelten für Verbraucherzahlungskonten, den Wechsel von Verbraucherzahlungskonten und den Zugang zu Verbraucherzahlungskonten mit grundlegenden Funktionen (Verbraucherzahlungskontogesetz – VZKG)

Inhaltsverzeichnis

1. Hauptstück

Allgemeine Bestimmungen

Regelungsgegenstand

§ 1. Dieses Bundesgesetz regelt

1. Informationen, die Zahlungsdienstleister einem Verbraucher über die für Zahlungskonten verlangten Entgelte erteilen müssen;

2. den Betrieb einer Website, die einen Vergleich der in Österreich für Zahlungskonten verlangten Entgelte ermöglicht, durch die Bundesarbeitskammer;

3. Pflichten, die Zahlungsdienstleister beim Wechsel eines Zahlungskontos gegenüber einem Verbraucher treffen;

4. die Voraussetzungen, unter denen ein Verbraucher Zugang zu einem Zahlungskonto mit grundlegenden Funktionen hat, und die Bedingungen, zu denen der Verbraucher ein solches Konto nutzen kann.

Begriffsbestimmungen

§ 2. Für die Zwecke dieses Bundesgesetzes bezeichnet der Ausdruck

1. „Verbraucher" jede natürliche Person, die zu Zwecken handelt, die nicht ihrer gewerblichen oder beruflichen Tätigkeit zugerechnet werden können;

2. „mit rechtmäßigem Aufenthalt in der Europäischen Union" den Fall, dass eine natürliche Person aufgrund des Unionsrechts oder aufgrund nationalen Rechts das Recht auf Aufenthalt in einem Mitgliedstaat der Europäischen Union hat, einschließlich Verbraucher ohne festen Wohnsitz und Asylsuchende im Sinne des Genfer Abkommens vom 28. Juli 1951 über die Rechtsstellung der Flüchtlinge, des dazugehörigen Protokolls vom 31. Januar 1967 und anderer einschlägiger völkerrechtlicher Verträge;

3. „Zahlungskonto" ein auf den Namen eines oder mehrerer Verbraucher lautendes Konto, das für die Ausführung von Zahlungsvorgängen genutzt wird;

4. „Zahlungsdienst" eine in § 1 Abs. 2 des „Zahlungsdienstegesetzes 2018 – ZaDiG 2018, BGBl. I Nr. 17/2018", genannte gewerbliche Tätigkeit; *(BGBl I 2018/17)*

5. „Zahlungsvorgang" die bzw. der vom Zahler oder Zahlungsempfänger ausgelöste Bereitstellung, Transfer oder Abhebung eines Geldbetrags, unabhängig von etwaigen zugrunde liegenden Verpflichtungen im Verhältnis zwischen Zahler und Zahlungsempfänger;

6. „mit einem Zahlungskonto verbundene Dienste" alle Dienste im Zusammenhang mit der Eröffnung, dem Führen und dem Schließen eines Zahlungskontos einschließlich Zahlungsdiensten und Zahlungsvorgängen, die unter „§ 3 Abs. 3 Z 7 ZaDiG 2018" fallen, sowie Überziehungsmöglichkeiten und Überschreitungen; *(BGBl I 2018/17)*

7. „Zahlungsdienstleister" ein in „§ 1 Abs. 3 ZaDiG 2018" angeführtes Rechtssubjekt; *(BGBl I 2018/17)*

8. „Kreditinstitut" ein Kreditinstitut im Sinne des Art. 4 Abs. 1 Nr. 1 der Verordnung (EU) Nr. 575/2013;

9. „Zahlungsinstrument" jedes personalisierte Instrument oder jeden personalisierten Verfahrensablauf, das oder der zwischen dem Zahlungsdienstnutzer und dem Zahlungsdienstleister vereinbart wurde und das oder der vom Zahlungsdienstnutzer eingesetzt werden kann, um einen Zahlungsauftrag zu erteilen;

10. „übertragender Zahlungsdienstleister" den Zahlungsdienstleister, von dem die für die Durchführung eines Kontowechsels erforderlichen Informationen übertragen werden;

11. „empfangender Zahlungsdienstleister" den Zahlungsdienstleister, an den die für die Durchführung eines Kontowechsels erforderlichen Informationen übertragen werden;

12. „Zahlungsauftrag" jeden Auftrag, den ein Zahler oder Zahlungsempfänger seinem Zahlungsdienstleister zur Ausführung eines Zahlungsvorgangs erteilt;

13. „Zahler" eine natürliche oder juristische Person, die Inhaber eines Zahlungskontos ist und die einen Zahlungsauftrag von diesem Zahlungskonto gestattet, oder – falls kein Zahlungskonto des Zahlers vorhanden ist – eine natürliche oder juristische Person, die einen Auftrag zur Zahlung auf das Zahlungskonto eines Zahlungsempfängers erteilt;

14. „Zahlungsempfänger" eine natürliche oder juristische Person, die den bei einem Zahlungsvorgang transferierten Geldbetrag als Empfänger erhalten soll;

15. „Entgelte" alle etwaigen Kosten und eventuelle Vertragsstrafen, die der Verbraucher für oder in Bezug auf die Erbringung von mit einem Zahlungskonto verbundenen Diensten an den Zahlungsdienstleister zu entrichten hat;

16. „Habenzinssatz" jeglichen Satz, zu dem Zinsen an den Verbraucher hinsichtlich seines Guthabens auf einem Zahlungskonto gezahlt werden;

17. „dauerhafter Datenträger" jedes Medium, das es dem Verbraucher gestattet, an ihn persönlich gerichtete Informationen derart zu speichern, dass er sie in der Folge für eine für die Zwecke der Informationen angemessene Dauer einsehen kann, und das die unveränderte Wiedergabe der gespeicherten Informationen ermöglicht;

18. „Kontowechsel" oder „Kontowechsel-Service" die auf Wunsch eines Verbrauchers vorgenommene Übertragung von einem Zahlungsdienstleister zu einem anderen entweder der Informationen über alle oder bestimmte Daueraufträge für Überweisungen, wiederkehrende Lastschriften und wiederkehrende eingehende Überweisungen auf einem Zahlungskonto oder jeglichen positiven Saldos von einem Zahlungskonto auf das andere oder beides, mit oder ohne Schließung des früheren Zahlungskontos;

19. „Lastschrift" einen vom Zahlungsempfänger ausgelösten inländischen oder grenzüberschreitenden Zahlungsdienst zur Belastung des Zahlungskontos des Zahlers aufgrund der Zustimmung des Zahlers zu einem Zahlungsvorgang;

20. „Überweisung" einen vom Zahler ausgelösten inländischen oder grenzüberschreitenden Zahlungsdienst zum Zwecke der Erteilung einer Gutschrift auf das Zahlungskonto des Zahlungsempfängers zulasten des Zahlungskontos des Zahlers, in Ausführung eines oder mehrerer Zah-

lungsvorgänge durch den Zahlungsdienstleister, der das Zahlungskonto des Zahlers führt;

21. „Dauerauftrag" eine vom Zahler an den Zahlungsdienstleister, der das Zahlungskonto des Zahlers führt, erteilte Anweisung, in regelmäßigen Abständen oder zu vorab festgelegten Terminen Überweisungen vorzunehmen;

22. „Geldbetrag" Banknoten und Münzen, Giralgeld und elektronisches Geld im Sinne des § 1 Abs. 1 des E-Geldgesetzes 2010, BGBl. I Nr. 107/2010;

23. „Rahmenvertrag" einen Zahlungsdienstvertrag, der die zukünftige Ausführung einzelner und aufeinanderfolgender Zahlungsvorgänge regelt und die Verpflichtung zur Einrichtung eines Zahlungskontos sowie die entsprechenden Bedingungen enthalten kann;

24. „Geschäftstag" jeden Tag, an dem der jeweilige Zahlungsdienstleister den für die Ausführung von Zahlungsvorgängen erforderlichen Geschäftsbetrieb unterhält;

25. „Überziehungsmöglichkeit" einen ausdrücklichen Kreditvertrag, bei dem ein Zahlungsdienstleister dem Verbraucher Beträge zur Verfügung stellt, die das aktuelle Guthaben auf dem laufenden Zahlungskonto des Verbrauchers überschreiten;

26. „Überschreitung" eine stillschweigend akzeptierte Überziehung, bei der ein Zahlungsdienstleister dem Verbraucher Beträge zur Verfügung stellt, die das aktuelle Guthaben auf dem laufenden Zahlungskonto des Verbrauchers oder die vereinbarte Überziehungsmöglichkeit überschreiten;

27. „Liste der repräsentativsten mit einem Zahlungskonto verbundenen Dienste" die von der Finanzmarktaufsichtsbehörde (FMA) gemäß § 29 Abs. 4 mit Verordnung festgelegte Liste von Diensten, die von Verbrauchern in Österreich im Zusammenhang mit ihrem Zahlungskonto am häufigsten genutzt werden oder die den Verbrauchern die höchsten Kosten sowohl insgesamt als auch pro Einheit verursachen, einschließlich der Begriffe und Begriffsbestimmungen, die in der Verordnung zu jedem der in der Liste angeführten Dienste festgelegt sind;

28. „jährliche Kontokosten" die Summe aller Entgelte, die bei einem angebotenen Zahlungskonto jährlich für die Nutzung der repräsentativsten mit einem Zahlungskonto verbundenen Dienste ohne Berücksichtigung von Soll- und Habenzinsen anfällt, wenn von bestimmten Annahmen über das Nutzungsverhalten des Verbrauchers ausgegangen wird;

29. „außergerichtliche FIN-NET Schlichtungsstelle" die Gemeinsame Schlichtungsstelle der Österreichischen Kreditwirtschaft als österreichisches Mitglied von FIN-NET, die in Österreich die außergerichtliche Streitbeilegungseinrichtung gemäß Art. 24 der Richtlinie 2014/92/EU ist.

Anwendungsbereich

§ 3. (1) Dieses Bundesgesetz gilt für Zahlungskonten, die dem Verbraucher mindestens Folgendes ermöglichen:

1. die Einzahlung eines Geldbetrags auf ein Zahlungskonto;

2. die Bargeldabhebung von einem Zahlungskonto;

3. die Ausführung und den Empfang von Zahlungsvorgängen, einschließlich Überweisungen, an Dritte und von Dritten.

(2) Das 2. und 3. Hauptstück gelten für Zahlungsdienstleister. Das 4. Hauptstück gilt für Kreditinstitute.

(3) Dieses Bundesgesetz ist auf die Österreichische Kontrollbank Aktiengesellschaft, die Europäische Zentralbank, die Österreichische Nationalbank und auf Zentralbanken anderer Mitgliedstaaten der Europäischen Union nicht anzuwenden.

(4) Die Bestimmungen der §§ 23 Abs. 4 und 5, 24, 27 und 28 sind auf Kreditinstitute nicht anzuwenden, die

1. keine anderen Zahlungskonten als solche mit grundlegenden Funktionen anbieten,

2. Rahmenverträge über solche Konten ausschließlich mit Verbrauchern abschließen, die nach der vom Bundesminister für Arbeit, Soziales und Konsumentenschutz gemäß § 26 Abs. 2 erlassenen Verordnung besonders schutzbedürftig sind, und

3. dem Verbraucher zusätzlich zu den in § 25 Abs. 1 angeführten Diensten eine unabhängige Finanzbildung bereitstellen, um den verantwortungsvollen Umgang des Verbrauchers mit seinen Finanzmitteln zu fördern.

Unwirksame Vereinbarungen

§ 4. (1) Soweit in Vereinbarungen zum Nachteil des Verbrauchers von den Bestimmungen dieses Bundesgesetzes abgewichen wird, sind sie unwirksam.

(2) Eine Vereinbarung, nach welcher der Verbraucher ein Entgelt für einzelne Bargeldabhebungen von seinem Zahlungskonto an Geldautomaten mit einer vom kontoführenden Zahlungsdienstleister zum Zahlungskonto ausgegebenen Zahlungskarte zu zahlen hat, ist unwirksam, es sei denn der Zahlungsdienstleister beweist, dass die Vertragsbestimmung mit dem Verbraucher im Einzelnen ausgehandelt worden ist. *(BGBl I 2017/158)*

Entgeltansprüche unabhängiger Betreiber von Geldautomaten

§ 4a. *(aufgehoben, BGBl I 2018/72, VfGH)*

2. Hauptstück

Vergleichbarkeit der Entgelte für Zahlungskonten

1. Abschnitt

Informationspflichten des Zahlungsdienstleisters

Unentgeltlichkeit der Informationen

§ 5. Der Zahlungsdienstleister hat dem Verbraucher alle nach diesem Abschnitt vorgeschriebenen Informationen unentgeltlich zu erteilen.

Entgeltinformation und Glossar

§ 6. (1) Der Zahlungsdienstleister hat dem Verbraucher rechtzeitig, bevor der Verbraucher durch einen Rahmenvertrag oder ein Vertragsangebot gebunden ist, eine Information über die Entgelte mitzuteilen, die für die einzelnen repräsentativsten mit einem Zahlungskonto verbundenen Dienste verlangt werden, soweit diese Dienste vom Zahlungsdienstleister angeboten werden.

(2) Die Entgeltinformation muss

1. dem Verbraucher in Papierform oder, sofern der Verbraucher damit einverstanden ist, auf einem anderen dauerhaften Datenträger sowie gemeinsam mit den nach § 28 Abs. 1 ZaDiG vorgeschriebenen vorvertraglichen Informationen mitgeteilt werden;

2. ein kurz gehaltenes eigenständiges Dokument sein, das am oberen Ende der ersten Seite neben der Überschrift „Entgeltinformation“ das gemeinsame Symbol enthält, das in den von der Europäischen Kommission gemäß Art. 4 Abs. 6 der Richtlinie 2014/92/EU erlassenen technischen Durchführungsstandards festgelegt ist;

3. in dem Format präsentiert werden, das in den von der Europäischen Kommission gemäß Art. 4 Abs. 6 der Richtlinie 2014/92/EU erlassenen technischen Durchführungsstandards festgelegt ist;

4. die standardisierten Begriffe der Liste der repräsentativsten mit einem Zahlungskonto verbundenen Dienste enthalten, wobei in der Liste angeführte Dienste, die vom Zahlungsdienstleister nicht angeboten werden, entsprechend zu kennzeichnen sind;

5. sachlich richtig und frei von irreführenden Inhalten sein;

6. auf eine Art und Weise präsentiert und aufgemacht sein, die klar und leicht verständlich ist, wobei Buchstaben in gut leserlicher Größe zu verwenden sind;

7. auch als Schwarz-Weiß-Ausdruck oder -Fotokopie nicht weniger gut lesbar sein, wenn sie ursprünglich farbig gestaltet war;

8. in der Amtssprache des Mitgliedstaats der Europäischen Union abgefasst sein, in dem das Zahlungskonto angeboten wird, oder in einer anderen Sprache, auf die sich Verbraucher und Zahlungsdienstleister gemäß § 28 Abs. 1 Z 4 lit. c ZaDiG geeinigt haben;

9. auf die Währung des Zahlungskontos oder auf eine andere Währung eines Mitgliedstaates der Europäischen Union, auf die sich Verbraucher und Zahlungsdienstleister geeinigt haben, abgestellt sein;

10. einen Hinweis auf die von der Bundesarbeitskammer nach den §§ 10 ff betriebene Website und den dort möglichen Entgeltvergleich enthalten;

11. eine Erläuterung enthalten, dass darin die Entgelte für die repräsentativsten mit einem Zahlungskonto verbundenen Dienste aufgeführt sind und die vollständigen vorvertraglichen und vertraglichen Informationen zu sämtlichen Diensten den anderen, gemeinsam mit der Entgeltinformation ausgehändigten Dokumenten zu entnehmen sind.

(3) Werden einer oder mehrere der Dienste als Teil eines Dienstleistungspakets für ein Zahlungskonto angeboten, muss die Entgeltinformation Folgendes offenlegen:

1. die Dienste, die in dem Paket enthalten sind,

2. den Umfang, in dem diese Dienste in dem Paket enthalten sind,

3. die Entgelte, die für das Paket zu zahlen sind, und

4. die zusätzlichen Entgelte, die für etwaige Dienste anfallen, die über den von den Entgelten für das Paket erfassten Umfang hinausgehen.

(4) Der Zahlungsdienstleister hat dem Verbraucher gemeinsam mit der Entgeltinformation ein Glossar mitzuteilen, das zumindest die standardisierten Begriffe, die in der Liste der repräsentativsten mit einem Zahlungskonto verbundenen Dienste festgelegt sind, und die entsprechenden Begriffsbestimmungen enthält. Das Glossar einschließlich etwaiger weiterer Begriffsbestimmungen muss in klarer, eindeutiger und allgemein verständlicher Sprache abgefasst sein und es darf nicht irreführend sein.

(5) Der Zahlungsdienstleister hat die Entgeltinformation und das Glossar außerdem

1. einem Verbraucher auf Anfrage jederzeit in Papierform oder auf einem anderen dauerhaften Datenträger auszuhändigen,

2. in allen seinen für Verbraucher zugänglichen Geschäftsräumen bereitzustellen und

3. in elektronischer Form auf seiner Website, sofern verfügbar, leicht zugänglich zu machen.

Zahlungskonten im Paket mit anderen Produkten oder Diensten

§ 7. Bietet der Zahlungsdienstleister ein Zahlungskonto als Teil eines Pakets in Kombination mit einem anderen Produkt oder einem anderen Dienst an, das oder der nicht Bestandteil der eigentlichen Zahlungskontodienstleistung ist, muss er den Verbraucher rechtzeitig, bevor dieser durch einen Vertrag oder ein Vertragsangebot gebunden ist, darüber aufklären, ob es auch möglich ist, das Zahlungskonto separat zu erwerben. Ist das der Fall, muss der Zahlungsdienstleister dem Verbraucher gesondert Auskunft über die Kosten und Entgelte erteilen, die jeweils für die übrigen im Paket enthaltenen Produkte und Dienste anfallen, die separat erworben werden können.

Entgeltaufstellung

§ 8. (1) Unbeschadet seiner nach § 31 Abs. 2 bis 5 ZaDiG und allenfalls nach den §§ 21 und 22 des Verbraucherkreditgesetzes – VKrG, BGBl. I Nr. 28/2010, bestehenden Informationsverpflichtungen hat der Zahlungsdienstleister dem Verbraucher mindestens einmal jährlich und bei der Beendigung des Rahmenvertrags eine Entgeltaufstellung mitzuteilen oder zugänglich zu machen, die mindestens folgende Angaben enthalten muss:

1. das in Rechnung gestellte Einzelentgelt je Dienst und die Anzahl der Inanspruchnahmen der betreffenden Dienste während des Bezugszeitraums;

2. für den Fall, dass die Dienste in einem Paket zusammengefasst sind, das für das Gesamtpaket in Rechnung gestellte Entgelt, die Angabe, wie oft das Entgelt für das Gesamtpaket im Bezugszeitraum in Rechnung gestellt wurde, und das für jeden Dienst, der über den im Entgelt für das Paket enthaltenen Umfang hinausgeht, in Rechnung gestellte zusätzliche Entgelt;

3. den Gesamtbetrag der im Bezugszeitraum angefallenen Entgelte für jeden Dienst, jedes Dienstpaket und für Dienste, die über den im Entgelt für das Paket erfassten Umfang hinausgehen;

4. gegebenenfalls den Sollzinssatz für das Zahlungskonto und den Gesamtbetrag der wegen einer Überziehung oder Überschreitung im Bezugszeitraum in Rechnung gestellten Zinsen;

5. gegebenenfalls den Habenzinssatz für das Zahlungskonto und den Gesamtbetrag der im Bezugszeitraum aufgelaufenen Zinsen;

6. den in Rechnung gestellten Gesamtbetrag der Entgelte für sämtliche der im Bezugszeitraum geleisteten Dienste.

(2) Die Entgeltaufstellung muss

1. dem Verbraucher über den mit ihm vereinbarten Kommunikationsweg mitgeteilt oder zugänglich gemacht werden, wobei die Entgeltaufstellung dem Verbraucher zumindest auf Verlangen in Papierform mitzuteilen ist;

2. am oberen Ende der ersten Seite neben der Überschrift „Entgeltaufstellung" das gemeinsame Symbol enthalten, das in den von der Europäischen Kommission gemäß Art. 5 Abs. 4 der Richtlinie 2014/92/EU erlassenen technischen Durchführungsstandards festgelegt ist, sodass das Dokument von anderen Unterlagen zu unterscheiden ist;

3. in dem Format präsentiert werden, das in den von der Europäischen Kommission gemäß Art. 5 Abs. 4 der Richtlinie 2014/92/EU erlassenen technischen Durchführungsstandards festgelegt ist;

4. sachlich richtig und frei von irreführenden Inhalten sein;

5. auf eine Art und Weise präsentiert und aufgemacht sein, die klar und leicht verständlich ist, wobei Buchstaben in gut leserlicher Größe zu verwenden sind;

6. in der Amtssprache des Mitgliedstaats der Europäischen Union abgefasst sein, in dem das Zahlungskonto angeboten wird, oder in einer anderen Sprache, auf die sich Verbraucher und Zahlungsdienstleister gemäß § 28 Abs. 1 Z 4 lit. c ZaDiG geeinigt haben;

7. auf die Währung des Zahlungskontos oder auf eine andere Währung eines Mitgliedstaates der Europäischen Union, auf die sich Verbraucher und Zahlungsdienstleister geeinigt haben, abgestellt sein;

8. einen Hinweis auf die von der Bundesarbeitskammer nach den §§ 10 ff betriebene Website und den dort möglichen Entgeltvergleich enthalten.

(3) Im Fall einer Überschreitung, die seit mehr als drei Monaten durchgehend das eineinhalbfache der durchschnittlichen monatlichen Eingänge auf dem Zahlungskonto während dieses Zeitraums übersteigt, hat der Zahlungsdienstleister der Entgeltaufstellung Folgendes anzufügen:

1. die Standardinformationen gemäß § 5 VKrG zu mindestens einem Ratenkreditvertrag, mit dem der Finanzbedarf des Verbrauchers allenfalls kostengünstiger als mit der bestehenden Überschreitung gedeckt werden könnte;

2. ein Angebot zu einer die individuellen Bedürfnisse und Umstände des Verbrauchers berücksichtigenden Beratung über diesen Ratenkreditvertrag und über allfällige sonstige Kreditprodukte, die beim Zahlungsdienstleister für eine kosten-

günstigere Deckung des Finanzbedarfs des Verbrauchers verfügbar sind.

Verwendung firmeneigener Bezeichnungen

§ 9. (1) Der Zahlungsdienstleister hat in seinen Vertrags-, Geschäfts- und Marketinginformationen für Verbraucher die standardisierten Begriffe zu verwenden, die in der Liste der repräsentativsten mit einem Zahlungskonto verbundenen Dienste festgelegt sind. Firmeneigene Bezeichnungen für seine Dienste darf der Zahlungsdienstleister nur unter der Voraussetzung verwenden, dass sie den standardisierten Begriffen, denen sie entsprechen, eindeutig zugeordnet werden.

(2) In der Entgeltinformation und in der Entgeltaufstellung dürfen firmeneigene Produktbezeichnungen unter der Voraussetzung verwendet werden, dass diese firmeneigenen Produktbezeichnungen zusätzlich zu den standardisierten Begriffen verwendet werden, die in der Liste der repräsentativsten mit einem Zahlungskonto verbundenen Dienste festgelegt sind, und sie eine untergeordnete Bezeichnung für diese Dienste darstellen.

2. Abschnitt
Vergleichswebsite der Bundesarbeitskammer

Übertragung

§ 10. (1) Der Bundesarbeitskammer obliegt im übertragenen Wirkungsbereich der Betrieb einer öffentlich und kostenlos zugänglichen Website, die einen den Vorgaben des § 11 entsprechenden Vergleich der Entgelte ermöglicht, die von Zahlungsdienstleistern in Österreich für die repräsentativsten mit einem Zahlungskonto verbundenen Dienste verlangt werden.

(2) Die Bundesarbeitskammer hat die gemäß Abs. 1 übertragenen Aufgaben unabhängig von ihren im eigenen Wirkungsbereich nach dem Arbeiterkammergesetz 1992 – AKG, BGBl. Nr. 626/1991, wahrzunehmenden Aufgaben und unabhängig von Zahlungsdienstleistern oder deren Interessenvertretungen durchzuführen.

(3) Die Bundesarbeitskammer ist in dem durch dieses Bundesgesetz übertragenen Wirkungsbereich an die Weisungen des Bundesministers für Arbeit, Soziales und Konsumentenschutz gebunden.

(4) Auf der Website ist eindeutig offen zu legen, dass sie von der Bundesarbeitskammer betrieben wird.

Entgeltvergleich

§ 11. (1) In den Entgeltvergleich gemäß § 10 Abs. 1 muss eine breite Palette an Zahlungskontoangeboten einbezogen werden, die einen wesentlichen Teil des Marktes abdeckt. Falls die gemäß Abs. 2 ermittelten Suchergebnisse keine vollständige Marktübersicht bieten, muss der Verbraucher darauf unmissverständlich hingewiesen werden, bevor die Ergebnisse angezeigt werden.

(2) Dem Verbraucher muss für den Entgeltvergleich ein Berechnungstool zur Verfügung stehen, das ihm die Möglichkeit gibt, mit Hilfe standardisierter Voreinstellungen seine Wünsche zu den mit dem Zahlungskonto verbundenen Diensten und dem Umfang ihrer Nutzung sowie zur Art der Entgeltverrechnung anzugeben und auf dieser Grundlage für ihn passende Angebote zu ermitteln, die nach der Höhe der jährlichen Kontokosten zu reihen sind.

(3) Bei den gemäß Abs. 2 ermittelten Suchergebnissen sind neben den jährlichen Kontokosten jeweils auch anzugeben:

1. der dem Verbraucher im Fall von Überziehungen oder Überschreitungen verrechnete jährliche Sollzinssatz mit einem Hinweis darauf, ob dieser Zinssatz fix oder variabel ist;

2. der dem Verbraucher für Guthaben auf dem Zahlungskonto gewährte jährliche Habenzinssatz mit einem Hinweis darauf, ob dieser Zinssatz fix oder variabel ist;

3. ein Link, über den der Verbraucher Zugang zu den Informationen hat, die zu dem betreffenden Zahlungskontoangebot gemäß § 6 Abs. 5 auf der Website des Zahlungsdienstleisters verfügbar sein müssen;

4. ein Link, über den der Verbraucher Zugang zu Informationen hat über

a) die Anzahl, die Standorte und die Öffnungszeiten der Filialen des Zahlungsdienstleisters mit einem betreuten Schalterbereich;

b) die Anzahl der Selbstbedienungsfoyers des Zahlungsdienstleisters und die Anzahl der darin aufgestellten Selbstbedienungsautomaten;

c) die dem Verbraucher für eine Fernkommunikation mit dem Zahlungsdienstleister zur Verfügung stehenden Mittel und die Uhrzeiten, während der diese Fernkommunikationsmittel jeweils genutzt werden können.

(4) Die Bundesarbeitskammer hat sicherzustellen, dass die Zahlungsdienstleister bei den ermittelten Suchergebnissen gleich behandelt werden.

(5) Der Verbraucher muss die Möglichkeit haben, den Entgeltvergleich einzuschränken auf:

a) ein Bundesland; oder

b) Zahlungskonten mit grundlegenden Funktionen; oder

c) ein Bundesland und Zahlungskonten mit grundlegenden Funktionen.

(6) Sämtliche Kriterien, auf die sich der Vergleich stützt, müssen objektiv sein und dem Verbraucher stets klar offengelegt werden.

(7) Alle Informationen und Erläuterungen, die der Verbraucher im Zusammenhang mit dem

Berechnungstool und dem Entgeltvergleich erhält, müssen in einer leicht verständlichen und eindeutigen Sprache abgefasst sein, wobei gegebenenfalls die standardisierten Begriffe der Liste der repräsentativsten mit einem Zahlungskonto verbundenen Dienste zu verwenden sind.

(8) Unrichtige Informationen, die über die Website öffentlich zugänglich sind, müssen der Bundesarbeitskammer jederzeit online gemeldet werden können.

(9) Die Bundesarbeitskammer hat ein Zahlungskontoangebot, das von einer Meldung gemäß Abs. 8 betroffen ist, unter gleichzeitiger Verständigung des Zahlungsdienstleisters solange vom Entgeltvergleich auszunehmen, bis der Zahlungsdienstleister entweder die beanstandete Information berichtigt hat oder er der Bundesarbeitskammer die Richtigkeit der Information mit ausreichenden Angaben bestätigt hat.

Teilnahme am Entgeltvergleich

§ 12. (1) Die Bundesarbeitskammer hat Zahlungsdienstleistern, die am Entgeltvergleich teilnehmen wollen, ein Formular online zur Verfügung zu stellen, mit dem diese die für den Entgeltvergleich notwendigen Daten zu ihren aktuellen Zahlungskontoangeboten melden müssen. Das Formular muss eine Verpflichtung des Zahlungsdienstleisters enthalten, die gemeldeten Daten im Fall von Änderungen mit dem Tag des Inkrafttretens der Änderung zu berichtigen.

(2) Sobald die Bundesarbeitskammer eine vollständige Meldung gemäß Abs. 1 erhalten hat, muss sie das betreffende Zahlungskontoangebot unverzüglich in den Entgeltvergleich einbeziehen, es sei denn, das Angebot ist an Bedingungen gebunden, die nicht repräsentativ sind.

Datenverwendung

§ 13. Die Bundesarbeitskammer ist unter Beachtung des Datenschutzgesetzes 2000 – DSG 2000, BGBl. I Nr. 165/1999, ermächtigt, ausschließlich zur Durchführung der ihr durch dieses Bundesgesetz übertragenen Aufgaben Daten gemäß den Bestimmungen des § 11 zu verarbeiten und an die Benutzer des für den Entgeltvergleich zur Verfügung stehenden Berechnungstools zu übermitteln.

3. Hauptstück

Kontowechsel

Bereitstellung eines Kontowechsel-Service

§ 14. Der Zahlungsdienstleister hat einem Verbraucher, der bei einem in Österreich ansässigen Zahlungsdienstleister ein Zahlungskonto eröffnet oder Inhaber eines solchen Kontos ist, einen Kontowechsel-Service gemäß den §§ 16 bis 19 zwischen Zahlungskonten, die in derselben Währung geführt werden, zur Verfügung zu stellen.

Informationen zum Kontowechsel-Service

§ 15. (1) Der Zahlungsdienstleister hat dem Verbraucher, bevor ihm dieser eine Ermächtigung gemäß § 16 erteilt, folgende Informationen über den Kontowechsel-Service mitzuteilen oder zugänglich zu machen:

1. Aufgaben des übertragenden und des empfangenden Zahlungsdienstleisters bei jedem Schritt des Kontowechselverfahrens gemäß den §§ 16 bis 19;

2. Fristen für die Durchführung der jeweiligen Schritte;

3. etwaige von ihm für das Kontowechselverfahren in Rechnung gestellte Entgelte;

4. alle Informationen, die beim Verbraucher angefordert werden;

5. Verfahren zur alternativen Streitbeilegung.

(2) Der Zahlungsdienstleister hat die Informationen gemäß Abs. 1 außerdem

1. einem Verbraucher auf Anfrage jederzeit unentgeltlich in Papierform oder auf einem anderen dauerhaften Datenträger auszuhändigen,

2. in allen seinen für Verbraucher zugänglichen Geschäftsräumen unentgeltlich in Papierform oder auf einem anderen dauerhaften Datenträger bereitzustellen, und

3. in elektronischer Form auf seiner Website, sofern verfügbar, leicht zugänglich zu machen.

Ermächtigung und Einleitung des Kontowechsels

§ 16. (1) Der empfangende Zahlungsdienstleister hat den Kontowechsel auf Wunsch des Verbrauchers einzuleiten, sobald er dazu die Ermächtigung des Verbrauchers erhalten hat. Bei zwei oder mehr Kontoinhabern ist die Ermächtigung jedes Kontoinhabers einzuholen.

(2) Die Ermächtigung ist vom Verbraucher schriftlich zu erteilen, wobei dem Verbraucher eine Kopie der Ermächtigung auszuhändigen ist.

(3) Die Ermächtigung muss in deutscher Sprache oder in jeder anderen von den Parteien vereinbarten Sprache verfasst sein.

(4) Die Ermächtigung muss es dem Verbraucher ermöglichen,

1. dem übertragenden Zahlungsdienstleister gezielt für die Wahrnehmung jeder der in § 17 genannten Aufgaben und dem empfangenden Zahlungsdienstleister gezielt für die Wahrnehmung jeder der in § 18 Abs. 1 genannten Aufga-

ben gesondert seine ausdrückliche Einwilligung zu geben;

2. die eingehenden Überweisungen, die Daueraufträge und die Lastschriftmandate zu bestimmen, die bei dem Kontowechsel transferiert werden sollen;

3. das Datum anzugeben, ab dem Daueraufträge und Lastschriften von dem beim empfangenden Zahlungsdienstleister eröffneten oder geführten Zahlungskonto auszuführen sind; dieses Datum muss mindestens sechs Geschäftstage nach dem Tag liegen, an dem der empfangende Zahlungsdienstleister die Unterlagen erhalten hat, die gemäß § 17 vom übertragenden Zahlungsdienstleister weitergegeben wurden.

(5) Sofern die Ermächtigung des Verbrauchers das vorsieht, hat der empfangende Zahlungsdienstleister den übertragenden Zahlungsdienstleister innerhalb von zwei Geschäftstagen nach Erhalt der Ermächtigung aufzufordern,

1. dem empfangenden Zahlungsdienstleister und – wenn vom Verbraucher ausdrücklich gewünscht – dem Verbraucher eine Liste der bestehenden Daueraufträge und die verfügbaren Informationen zu Lastschriftmandaten, die bei dem Kontowechsel transferiert werden, zu übermitteln;

2. dem empfangenden Zahlungsdienstleister und – wenn vom Verbraucher ausdrücklich gewünscht – dem Verbraucher die verfügbaren Informationen über wiederkehrende eingehende Überweisungen und vom Zahlungsempfänger veranlasste Lastschriften auf dem Zahlungskonto des Verbrauchers in den vorangegangenen 13 Monaten zu übermitteln;

3. mit Wirkung ab dem in der Ermächtigung angegebenen Datum Lastschriften und eingehende Überweisungen nicht mehr zu akzeptieren, wenn der übertragende Zahlungsdienstleister keinen Mechanismus für die automatische Umleitung der eingehenden Überweisungen und Lastschriften auf das beim empfangenden Zahlungsdienstleister geführte Zahlungskonto des Verbrauchers vorsieht;

4. Daueraufträge mit Wirkung ab dem in der Ermächtigung angegebenen Datum zu stornieren;

5. zu dem vom Verbraucher angegebenen Datum jeglichen verbleibenden positiven Saldo auf das bei dem empfangenden Zahlungsdienstleister eröffnete oder geführte Zahlungskonto zu überweisen;

6. zu dem vom Verbraucher angegebenen Datum das beim übertragenden Zahlungsdienstleister geführte Zahlungskonto zu schließen.

Pflichten des übertragenden Zahlungsdienstleisters

§ 17. (1) Sofern die Ermächtigung des Verbrauchers das vorsieht, hat der übertragende Zahlungsdienstleister nach Erhalt einer entsprechenden Aufforderung des empfangenden Zahlungsdienstleisters folgende Schritte zu unternehmen:

1. er schickt innerhalb von fünf Geschäftstagen die Angaben gemäß § 16 Abs. 5 Z 1 und 2 an den empfangenden Zahlungsdienstleister ab;

2. er akzeptiert mit Wirkung ab dem in der Ermächtigung angegebenen Datum auf dem Zahlungskonto keine eingehenden Überweisungen und Lastschriften mehr, wenn er nicht einen Mechanismus für eine automatische Umleitung von eingehenden Überweisungen und Lastschriften auf das vom Verbraucher beim empfangenden Zahlungsdienstleister geführte oder eröffnete Zahlungskonto vorsieht;

3. er storniert Daueraufträge mit Wirkung ab dem in der Ermächtigung angegebenen Datum;

4. er überweist zu dem in der Ermächtigung angegebenen Datum den verbleibenden positiven Saldo des Zahlungskontos auf das bei dem empfangenden Zahlungsdienstleister eröffnete oder geführte Zahlungskonto;

5. er schließt unbeschadet einer allenfalls im Rahmenvertrag entsprechend „§ 51 Abs. 1 ZaDiG 2018" vereinbarten Kündigungsfrist das Zahlungskonto zu dem in der Ermächtigung angegebenen Datum, sofern der Verbraucher keine offenen Verpflichtungen auf diesem Zahlungskonto mehr hat und die Schritte nach den Z 1, 2 und 4 vollzogen wurden. *(BGBl I 2018/17)*

(2) Kann das Zahlungskonto des Verbrauchers aufgrund noch offener Verpflichtungen nicht zu dem in der Ermächtigung angegebenen Datum geschlossen werden, hat der übertragende Zahlungsdienstleister den Verbraucher davon umgehend zu verständigen.

(3) Der übertragende Zahlungsdienstleister darf Zahlungsinstrumente nicht vor dem in der Ermächtigung des Verbrauchers angegebenen Datum blockieren. Ein allenfalls bestehendes Recht des Zahlungsdienstleisters, ein Zahlungsinstrument entsprechend „§ 62 Abs. 1 ZaDiG 2018" zu sperren, bleibt davon unberührt. *(BGBl I 2018/17)*

Pflichten des empfangenden Zahlungsdienstleisters

§ 18. (1) Innerhalb von fünf Geschäftstagen nach Erhalt der vom übertragenden Zahlungsdienstleister angeforderten Angaben gemäß § 16 Abs. 5 Z 1 und 2 hat der empfangende Zahlungsdienstleister, sofern die Ermächtigung das vorsieht und in dem Umfang, in dem die vom übertragenden Zahlungsdienstleister oder vom Verbraucher übermittelten Angaben das dem empfangenden Zahlungsdienstleister erlauben, folgende Schritte zu unternehmen:

1. er richtet die vom Verbraucher gewünschten Daueraufträge ein und führt diese mit Wirkung

ab dem in der Ermächtigung genannten Datum aus;

2. er trifft die notwendigen Vorkehrungen, um Lastschriften zu akzeptieren, und akzeptiert diese mit Wirkung ab dem in der Ermächtigung angegebenen Datum;

3. er informiert den Verbraucher gegebenenfalls über sein Recht, dem Zahlungsdienstleister den Auftrag zu erteilen,

a) Lastschrifteinzüge auf einen bestimmten Betrag oder eine bestimmte Periodizität oder beides zu begrenzen;

b) falls das Mandat gemäß dem Zahlverfahren kein Erstattungsrecht vorsieht, vor Belastung seines Zahlungskontos jede Lastschrift anhand der Mandatsangaben zu überprüfen und zu kontrollieren, ob der Betrag und die Periodizität der vorgelegten Lastschrift den Vereinbarungen im Mandat entsprechen;

c) sämtliche Lastschriften auf das Zahlungskonto oder sämtliche von einem oder mehreren genannten Zahlungsempfängern veranlasste Lastschriften zu blockieren bzw. lediglich durch einen oder mehrere genannte Zahlungsempfänger veranlasste Lastschriften zu autorisieren;

4. er teilt den in der Ermächtigung genannten Zahlern, die wiederkehrende eingehende Überweisungen auf das Zahlungskonto des Verbrauchers tätigen, die Angaben zur neuen Zahlungskontoverbindung des Verbrauchers beim empfangenden Zahlungsdienstleister mit und übermittelt ihnen eine Kopie dieses Punktes der Ermächtigung des Verbrauchers;

5. er teilt den in der Ermächtigung genannten Zahlungsempfängern, die im Lastschriftverfahren Geldbeträge vom Zahlungskonto des Verbrauchers abbuchen, die Angaben zur neuen Zahlungskontoverbindung des Verbrauchers beim empfangenden Zahlungsdienstleister sowie das Datum, ab dem Lastschriften von diesem Zahlungskonto abzubuchen sind, mit und übermittelt ihnen eine Kopie dieses Punktes der Ermächtigung des Verbrauchers.

(2) Verfügt der empfangende Zahlungsdienstleister nicht über alle Informationen, die er zur Unterrichtung der Zahler oder Zahlungsempfänger gemäß Abs. 1 Z 4 und 5 benötigt, fordert er den Verbraucher oder den übertragenden Zahlungsdienstleister auf, ihm die fehlenden Informationen mitzuteilen.

(3) Entscheidet sich der Verbraucher dafür, den Zahlern oder Zahlungsempfängern die Informationen nach Abs. 1 Z 4 und 5 persönlich zu übermitteln, anstatt dem empfangenden Zahlungsdienstleister gemäß § 16 seine diesbezügliche ausdrückliche Einwilligung zu geben, stellt der empfangende Zahlungsdienstleister ihm innerhalb der Frist nach Abs. 1 Musterschreiben zur Verfügung, welche die Angaben zur neuen Zahlungskontoverbindung sowie das in der Ermächtigung angegebene Datum enthalten.

Erleichterung der grenzüberschreitenden Kontoeröffnung

§ 19. (1) Der Zahlungsdienstleister hat einen Verbraucher, der bei ihm ein Zahlungskonto unterhält und der bei einem in einem anderen Mitgliedstaat ansässigen Zahlungsdienstleister ein Zahlungskonto eröffnen will, nach Erhalt einer entsprechenden Aufforderung in folgender Weise zu unterstützen:

1. er stellt dem Verbraucher unentgeltlich ein Verzeichnis zur Verfügung, das alle laufenden Daueraufträge und, sofern verfügbar, vom Zahler veranlassten Lastschriftmandate sowie mit den verfügbaren Informationen alle wiederkehrend eingehenden Überweisungen und vom Zahlungsempfänger veranlassten Lastschriften auf dem Zahlungskonto des Verbrauchers in den vorangegangenen 13 Monaten enthalten muss;

2. er überweist jeglichen verbleibenden positiven Saldo auf dem Zahlungskonto des Verbrauchers auf das bei dem neuen Zahlungsdienstleister eröffnete oder geführte Zahlungskonto, vorausgesetzt die Aufforderung enthält vollständige Angaben, welche die Identifizierung des neuen Zahlungsdienstleisters und des Zahlungskontos des Verbrauchers ermöglichen;

3. er schließt das Zahlungskonto des Verbrauchers.

(2) Sofern der Verbraucher auf diesem Zahlungskonto keine offenen Verpflichtungen mehr hat, hat der Zahlungsdienstleister die Schritte nach Abs. 1 Z 1 bis 3 zu dem vom Verbraucher genannten Datum zu vollziehen, das mindestens sechs Geschäftstage nach dem Eingang des Verbraucherwunsches beim Zahlungsdienstleister liegen muss, wenn die Parteien nicht eine kürzere Frist vereinbart haben. Kann das Zahlungskonto aufgrund noch offener Verpflichtungen nicht geschlossen werden, hat der Zahlungsdienstleister den Verbraucher davon umgehend zu verständigen.

(3) Abs. 2 lässt eine allfällige entsprechend „§ 51 Abs. 1 ZaDiG 2018“ vereinbarte Kündigungsfrist unberührt, die der Verbraucher bei einer ordentlichen Kündigung des Rahmenvertrags einzuhalten hat. *(BGBl I 2018/17)*

(4) Das dem Verbraucher gemäß Abs. 1 Z 1 zur Verfügung gestellte Verzeichnis verpflichtet den neuen Zahlungsdienstleister nicht, Dienstleistungen vorzusehen, die er ansonsten nicht erbringt.

Entgelte für den Kontowechsel-Service

§ 20. (1) Der übertragende und der empfangende Zahlungsdienstleister haben dem Verbraucher unentgeltlich Zugang zu seinen personenbezogenen Daten zu gewähren, die bei ihnen zu bestehenden Daueraufträgen und Lastschriften vorhanden sind.

(2) Der übertragende Zahlungsdienstleister hat die vom empfangenden Zahlungsdienstleister angeforderten Informationen gemäß § 17 Abs. 1 Z 1 zu übermitteln, ohne von diesem oder vom Verbraucher ein Entgelt dafür zu verlangen.

(3) Der übertragende Zahlungsdienstleister darf dem Verbraucher für die Kündigung des bei ihm geführten Zahlungskontos nur dann ein Entgelt verrechnen, wenn

1. der Rahmenvertrag für die Dauer von nicht mehr als zwölf Monaten abgeschlossen wurde,

2. das Entgelt im Rahmenvertrag gemäß „§ 48 Abs. 1 Z 3 lit. a ZaDiG 2018" vereinbart wurde und es angemessen und an den tatsächlichen Kosten des Zahlungsdienstleisters ausgerichtet ist, und *(BGBl I 2018/17)*

3. die Kündigung nicht vor dem Inkrafttreten einer Änderung des Rahmenvertrags gemäß „§ 50 Abs. 1 Z 2 lit. b ZaDiG 2018" erfolgt. *(BGBl I 2018/17)*

(4) Für alle anderen Dienste, die der übertragende oder der empfangende Zahlungsdienstleister nach den Bestimmungen dieses Hauptstücks bei einem Kontowechsel zu erbringen haben, dürfen dem Verbraucher nur dann Entgelte verrechnet werden, wenn sie

1. vorher gemäß „§ 48 Abs. 1 Z 3 lit. a ZaDiG 2018" vereinbart wurden und *(BGBl I 2018/17)*

2. angemessen und an den tatsächlichen Kosten des betreffenden Zahlungsdienstleisters ausgerichtet sind.

Haftung für Schäden des Verbrauchers

§ 21. (1) Kommt ein am Kontowechselverfahren beteiligter Zahlungsdienstleister seinen Verpflichtungen nach diesem Hauptstück nicht nach, hat er den Schaden, der dem Verbraucher dadurch entsteht, unverzüglich zu ersetzen.

(2) Die Haftung nach Abs. 1 erstreckt sich nicht auf

1. ungewöhnliche und unvorhersehbare Ereignisse, auf die der Zahlungsdienstleister, der sich auf diese Ereignisse beruft, keinen Einfluss hat und deren Folgen trotz allen gegenteiligen Bemühens nicht hätten vermieden werden können; oder

2. Fälle, in denen der Zahlungsdienstleister durch andere rechtliche Pflichten nach Gesetzgebungsakten der Europäischen Union oder eines ihrer Mitgliedstaaten gebunden ist.

4. Hauptstück
Zugang zu Zahlungskonten

Nichtdiskriminierung

§ 22. Ein Verbraucher mit rechtmäßigem Aufenthalt in der Europäischen Union, der ein Zahlungskonto oder den Zugang zu einem solchen Konto in Österreich beantragt, darf vom Kreditinstitut nicht wegen seiner Staatsangehörigkeit, seines Wohnsitzes, Geschlechts, Alters, seiner Rasse, Hautfarbe, ethnischen oder sozialen Herkunft, genetischen Merkmale, der Sprache, der Religion oder der Weltanschauung, der politischen oder sonstigen Anschauung, der Zugehörigkeit zu einer nationalen Minderheit, des Vermögens, der Geburt, einer Behinderung oder der sexuellen Ausrichtung diskriminiert werden.

Recht auf Zugang zu einem Zahlungskonto mit grundlegenden Funktionen

§ 23. (1) Jeder Verbraucher mit rechtmäßigem Aufenthalt in der Europäischen Union hat unabhängig von seinem Wohnort das Recht, ein Zahlungskonto mit grundlegenden Funktionen bei einem in Österreich ansässigen Kreditinstitut zu eröffnen und zu nutzen.

(2) Dieses Recht steht auch einem Verbraucher ohne festen Wohnsitz, einem Asylwerber im Sinne des § 2 Abs. 1 Z 14 des Asylgesetzes 2005 – AsylG 2005, BGBl. I Nr. 100/2005, sowie einem Verbraucher ohne Aufenthaltsrecht zu, der aus rechtlichen oder tatsächlichen Gründen nicht abschiebbar ist.

(3) Der Zugang zu einem Zahlungskonto mit grundlegenden Funktionen darf nicht vom Erwerb zusätzlicher Dienste oder von Geschäftsanteilen an dem Kreditinstitut abhängig gemacht werden, es sei denn, der Erwerb von Geschäftsanteilen wird von allen Kunden des Kreditinstituts verlangt.

(4) Ein Kreditinstitut, das in Österreich Verbrauchern im Rahmen seiner Konzession Zahlungskonten im Sinne des § 3 Abs. 1 anbietet, darf den Antrag eines gemäß Abs. 1 oder 2 berechtigten Verbrauchers auf Eröffnung eines Zahlungskontos mit grundlegenden Funktionen nur dann ablehnen, wenn einer der in § 24 Abs. 1 angeführten Gründe vorliegt.

(5) Ein Kreditinstitut, das die in Abs. 4 angeführten Voraussetzungen erfüllt, hat unverzüglich und spätestens zehn Geschäftstage, nachdem der vollständige Antrag des Verbrauchers eingegangen ist, das Zahlungskonto mit grundlegenden Funktionen zu eröffnen oder den Antrag abzulehnen.

(6) Steht einem Verbraucher bei Abschluss eines Rahmenvertrags über ein Zahlungskonto mit grundlegenden Funktionen kein anderer amtlicher

Lichtbildausweis zur Verfügung, der den Vorgaben des § 6 Abs. 2 des Finanzmarkt-Geldwäschegesetzes – FM-GwG, BGBl. I Nr. 118/2016, entspricht, hat das Kreditinstitut bei der Erfüllung seiner Sorgfaltspflichten zur Bekämpfung von Geldwäscherei und Terrorismusfinanzierung

1. die Identität eines Asylwerbers anhand einer gemäß den §§ 50 und 51 AsylG 2005 ausgestellten Verfahrenskarte oder Aufenthaltsberechtigungskarte festzustellen;

2. die Identität eines Verbrauchers ohne Aufenthaltsrecht, der aus rechtlichen oder tatsächlichen Gründen nicht abschiebbar ist, anhand einer gemäß § 46a Abs. 4 des Fremdenpolizeigesetzes 2005 – FPG, BGBl. I Nr. 100/2005, ausgestellten Karte für Geduldete festzustellen.
(BGBl I 2016/118)

(7) Die Bestimmungen dieses Hauptstücks berühren nicht die Pflichten des Kreditinstituts

1. nach den Bestimmungen des FM-GwG,

2. aufgrund von Maßnahmen des Rats oder der Österreichischen Nationalbank nach den §§ 3 und 4 des Devisengesetzes 2004, BGBl. I Nr. 123/2003, durch die der Kapital- und Zahlungsverkehr mit dem Ausland beschränkt wird, und

3. aufgrund völkerrechtlich verpflichtender Sanktionsmaßnahmen der Vereinten Nationen oder der Europäischen Union gemäß § 1 des Sanktionengesetzes 2010 – SanktG, BGBl. I Nr. 36/2010.
(BGBl I 2016/118)

Ablehnungsgründe

§ 24. (1) Das Kreditinstitut kann den Antrag auf ein Zahlungskonto mit grundlegenden Funktionen ablehnen, wenn

1. der Verbraucher bereits Inhaber eines Zahlungskontos bei einem in Österreich ansässigen Kreditinstitut ist und er die in § 25 Abs. 1 genannten Dienste nutzen kann, es sei denn, der Verbraucher erklärt, dass er von der Kündigung dieses Kontos benachrichtigt wurde;

2. gegen den Verbraucher wegen einer strafbaren vorsätzlichen Handlung zum Nachteil des Kreditinstituts oder eines seiner Mitarbeiter ein Strafverfahren anhängig ist, in dem Anklage gemäß § 210 Abs. 1 Strafprozessordnung 1975 – StPO, BGBl. Nr. 631/1975, erhoben wurde, oder der Verbraucher wegen einer solchen Tat verurteilt worden ist und die Verurteilung noch nicht getilgt ist.

(2) Das Kreditinstitut darf vor der Eröffnung eines Zahlungskontos mit grundlegenden Funktionen nachprüfen, ob der Verbraucher bereits Inhaber eines Zahlungskontos bei einem in Österreich ansässigen Kreditinstitut ist, das dem Verbraucher die Nutzung der in § 25 Abs. 1 genannten Dienste ermöglicht. Zu diesem Zweck darf das Kreditinstitut verlangen, dass der Verbraucher eine ehrenwörtliche Erklärung unterschreibt, nicht Inhaber eines solchen Kontos zu sein.

(3) Lehnt das Kreditinstitut den Antrag des Verbrauchers auf ein Zahlungskonto mit grundlegenden Funktionen ab, hat es den Verbraucher unmittelbar nach seiner Entscheidung schriftlich und unentgeltlich über Folgendes zu informieren:

1. über die Ablehnung und deren genaue Gründe, es sei denn, eine solche Mitteilung würde den Zielen der nationalen Sicherheit, der öffentlichen Ordnung oder den Bestimmungen des FM-GwG zuwiderlaufen; *(BGBl I 2016/118)*

2. über die Möglichkeit, gemäß § 29 Abs. 3 Z 1 bei der FMA eine Beschwerde gegen die Ablehnung einzulegen oder seine Rechte bei der außergerichtlichen FIN-NET Schlichtungsstelle geltend zu machen, wobei dem Verbraucher die Kontaktdaten dieser Einrichtungen mitzuteilen sind.

Merkmale eines Zahlungskontos mit grundlegenden Funktionen

§ 25. (1) Ein Zahlungskonto mit grundlegenden Funktionen ist vom Kreditinstitut zumindest in Euro anzubieten und umfasst folgende Dienste:

1. alle zur Eröffnung, Führung und Schließung des Zahlungskontos erforderlichen Vorgänge;

2. Dienste, die die Einzahlung eines Geldbetrags auf das Zahlungskonto ermöglichen;

3. Dienste, die innerhalb des Europäischen Wirtschaftsraums Barabhebungen von dem Zahlungskonto an einem Schalter sowie während und außerhalb der Öffnungszeiten des Kreditinstituts an Geldautomaten ermöglichen;

4. die Ausführung folgender Zahlungsvorgänge innerhalb des Europäischen Wirtschaftsraums:

a) Lastschriften;

b) Zahlungsvorgänge mit Zahlungskarten, einschließlich Online-Zahlungen;

c) Überweisungen einschließlich Daueraufträgen an, soweit vorhanden, Terminals und Schaltern oder über das Online-System des Kreditinstituts.

(2) Die in Abs. 1 genannten Dienste müssen

1. vom Kreditinstitut in dem Umfang angeboten werden, in dem es diese bereits für Verbraucher anbietet, die Inhaber anderer Zahlungskonten als jener mit grundlegenden Funktionen sind, und

2. vom Verbraucher für eine unbeschränkte Zahl von Vorgängen genutzt werden können.

(3) Ausgenommen für Zahlungsvorgänge mit einer Kreditkarte darf das Kreditinstitut unabhängig von der Zahl der über das Zahlungskonto ausgeführten Vorgänge kein höheres als das nach § 26 zulässige Entgelt erheben.

(4) Sofern beim Kreditinstitut beide Möglichkeiten verfügbar sind, muss der Verbraucher Zahlungsvorgänge über sein Zahlungskonto sowohl in den Geschäftsräumen des Kreditinstituts als auch über das Online-System des Kreditinstituts abwickeln und in Auftrag geben können.

(5) Das Kreditinstitut darf dem Verbraucher auf einem Zahlungskonto mit grundlegenden Funktionen nur dann und nur insoweit eine Überziehungs- oder Überschreitungsmöglichkeit bereitstellen, als die vom Verbraucher nach § 26 geschuldeten Entgelte nicht durch ein bestehendes Kontoguthaben abgedeckt werden können.

(6) Das Kreditinstitut darf ein Zahlungskonto mit grundlegenden Funktionen keinesfalls zu Bedingungen führen, die für den Verbraucher diskriminierend sind.

Entgelte

§ 26. (1) Bei einem Zahlungskonto mit grundlegenden Funktionen darf das Entgelt, das mit dem Verbraucher für die in § 25 Abs. 1 genannten Dienste vereinbart wird, pro Jahr 80 Euro nicht überschreiten.

(2) Um sozial oder wirtschaftlich besonders schutzbedürftigen Verbrauchern den Zugang zu einem Zahlungskonto mit grundlegenden Funktionen zu erleichtern, hat der Bundesminister für Arbeit, Soziales und Konsumentenschutz nach Anhörung der Bundesarbeitskammer und der Wirtschaftskammer Österreich durch Verordnung Gruppen von Verbrauchern festzulegen, bei denen die nach Abs. 1 maßgebliche Entgeltobergrenze für die Dauer ihrer besonderen Schutzbedürftigkeit 40 statt 80 Euro beträgt.

(3) Die in Abs. 1 und 2 angeführten Beträge ändern sich erstmals mit 1. Jänner 2019 und dann im Abstand von zwei Jahren in dem Ausmaß, in dem sich die von der Bundesanstalt Statistik Österreich für den Monat August des vorangegangenen Kalenderjahres verlautbarte Indexzahl des Verbraucherpreisindex 2015 oder des an seine Stelle tretenden Index gegenüber der für August 2016 verlautbarten Indexzahl geändert hat. Die neuen Beträge sind kaufmännisch auf ganze Cent zu runden und vom Bundesminister für Arbeit, Soziales und Konsumentenschutz im Bundesgesetzblatt kundzumachen.

(4) Entgelte, die das Kreditinstitut vom Verbraucher aufgrund der Nichteinhaltung seiner Verpflichtungen aus dem Rahmenvertrag verlangt, müssen angemessen sein. Bei der Beurteilung der Angemessenheit sind insbesondere die durchschnittlichen Entgelte zu berücksichtigen, die von Kreditinstituten in Österreich in solchen Fällen verrechnet werden.

Rahmenverträge und Kündigung

§ 27. (1) Rahmenverträge über ein Zahlungskonto mit grundlegenden Funktionen unterliegen den „Bestimmungen des ZaDiG 2018", sofern in Abs. 2 bis 4 nichts anderes vorgesehen ist. *(BGBl I 2018/17)*

(2) Das Kreditinstitut darf einen Rahmenvertrag über ein Zahlungskonto mit grundlegenden Funktionen nur dann einseitig kündigen, wenn mindestens eine der folgenden Bedingungen erfüllt ist:

1. der Verbraucher hat das Zahlungskonto absichtlich für nicht rechtmäßige Zwecke genutzt;

2. über das Zahlungskonto wurde in mehr als 24 aufeinanderfolgenden Monaten kein Zahlungsvorgang abgewickelt;

3. der Verbraucher hat unrichtige Angaben gemacht, um das Zahlungskonto mit grundlegenden Funktionen eröffnen zu können, wobei ihm dieses Recht bei Vorlage der richtigen Angaben verwehrt worden wäre;

4. der Verbraucher hat in der Europäischen Union keinen rechtmäßigen Aufenthalt mehr;

5. der Verbraucher hat in der Folge bei einem in Österreich ansässigen Kreditinstitut ein zweites Zahlungskonto eröffnet, das ihm die Nutzung der in § 25 Abs. 1 genannten Dienste ermöglicht;

6. gegen den Verbraucher wird wegen einer strafbaren vorsätzlichen Handlung zum Nachteil des Kreditinstituts oder eines seiner Mitarbeiter Anklage gemäß § 210 Abs. 1 StPO erhoben;

7. der Verbraucher hat das Zahlungskonto wiederholt für die Zwecke einer unternehmerischen Tätigkeit im Sinne des § 1 Abs. 1 Z 1 und Abs. 2 des Konsumentenschutzgesetzes – KSchG, BGBl. 140/1979, genutzt;

8. der Verbraucher hat eine Änderung des Rahmenvertrags abgelehnt, die das Kreditinstitut allen Inhabern der bei ihm geführten Zahlungskonten mit grundlegenden Funktionen wirksam angeboten hat.

(3) Im Fall einer Kündigung aus den in Abs. 2 Z 2, 4, 5, 6, 7 und 8 genannten Gründen muss das Kreditinstitut den Verbraucher mindestens zwei Monate vor dem Wirksamwerden der Kündigung schriftlich und unentgeltlich über die Gründe und die Rechtfertigung der Kündigung unterrichten, es sei denn, eine solche Mitteilung würde der nationalen Sicherheit oder der öffentlichen Ordnung zuwiderlaufen. Kündigt das Kreditinstitut den Vertrag gemäß Absatz 2 Z 1 oder 3, ist die Kündigung sofort wirksam.

(4) Das Kreditinstitut hat den Verbraucher im Kündigungsschreiben über die Möglichkeit zu informieren, gemäß § 29 Abs. 3 Z 2 bei der FMA eine Beschwerde gegen die Kündigung einzulegen oder seine Rechte bei der außergerichtlichen FIN-NET Schlichtungsstelle geltend zu machen, wobei

dem Verbraucher die Kontaktdaten dieser Einrichtungen mitzuteilen sind.

Allgemeine Informationen und Unterstützungsleistungen

§ 28. (1) Das Kreditinstitut hat einem Verbraucher auf Anfrage jederzeit unentgeltlich Informationen zu den Merkmalen, Entgelten und Nutzungsbedingungen der von ihm angebotenen Zahlungskonten mit grundlegenden Funktionen in Papierform oder auf einem anderen dauerhaften Datenträger zur Verfügung zu stellen.

(2) In den Informationen ist deutlich zu machen, dass der Zugang zu einem Zahlungskonto mit grundlegenden Funktionen nicht an den verpflichtenden Erwerb zusätzlicher Dienste gebunden ist.

(3) Das Kreditinstitut hat die Informationen gemäß Abs. 1 außerdem unentgeltlich

1. in allen seinen für Verbraucher zugänglichen Geschäftsräumen bereitzustellen,

2. in elektronischer Form auf seiner Website, sofern verfügbar, leicht zugänglich zu machen, und

3. einem Verbraucher in Papierform oder auf einem anderen dauerhaften Datenträger mitzuteilen, dessen Antrag auf Eröffnung eines anderen Zahlungskontos als eines solchen mit grundlegenden Funktionen es ablehnt.

(4) Das Kreditinstitut hat insbesondere Verbraucher, die nach der vom Bundesminister für Arbeit, Soziales und Konsumentenschutz gemäß § 26 Abs. 2 erlassenen Verordnung besonders schutzbedürftig sind, und Verbraucher aus anderen Mitgliedstaaten der Europäischen Union jederzeit unentgeltlich zu unterstützen, soweit eine Hilfestellung im Einzelfall erforderlich ist, damit der Verbraucher sein Recht auf Eröffnung eines Zahlungskontos mit grundlegenden Funktionen ausüben und die mit einem solchen Konto verbundenen Dienste zweckmäßig nutzen kann.

(5) Das Bundesministerium für Arbeit, Soziales und Konsumentenschutz hat angemessene Maßnahmen zu treffen, um die Öffentlichkeit für die Existenz von Zahlungskonten mit grundlegenden Funktionen, ihre allgemeinen Preisstrukturen, das Recht auf Zugang zu einem solchen Zahlungskonto und die Möglichkeit zu sensibilisieren, im Fall einer Verweigerung des Zugangs gemäß § 29 Abs. 3 bei der FMA Beschwerde einzulegen oder seine Rechte bei der außergerichtlichen FIN-NET Schlichtungsstelle geltend zu machen. Diese Maßnahmen müssen ausreichend und gezielt darauf ausgerichtet sein, insbesondere kontolose, schutzbedürftige und mobile Verbraucher ohne festen Wohnsitz zu erreichen.

5. Hauptstück
Zuständige Behörde

Aufgaben der FMA

§ 29. (1) Die FMA hat als gemäß Art. 21 Abs. 1 der Richtlinie 2014/92/EU zuständige Behörde die in den Abs. 2 bis 8 vorgesehenen Aufgaben und Befugnisse wahrzunehmen.

(2) Die FMA ist für die Verhängung der in § 32 Abs. 1 und 2 vorgesehenen Verwaltungsstrafen zuständig.

(3) Die FMA hat Beschwerden von Verbrauchern entgegenzunehmen, zu behandeln und zu beantworten,

1. deren Antrag auf ein Zahlungskonto mit grundlegenden Funktionen vom Kreditinstitut abgelehnt wurde; oder

2. deren Rahmenvertrag über ein Zahlungskonto mit grundlegenden Funktionen vom Kreditinstitut einseitig gekündigt wurde.

(4) Die FMA hat innerhalb von längstens drei Monaten nach dem Inkrafttreten der von der Europäischen Kommission gemäß Art. 3 Abs. 4 der Richtlinie 2014/92/EU erlassenen technischen Regulierungsstandards mit Verordnung und unter Berücksichtigung der Vorgaben des Art. 3 Abs. 5 der Richtlinie 2014/92/EU eine Liste der repräsentativsten mit einem Zahlungskonto verbundenen Dienste festzulegen.

(5) Die FMA hat

1. die Liste der repräsentativsten mit einem Zahlungskonto verbundenen Dienste alle vier Jahre ab ihrer Veröffentlichung zu bewerten und gegebenenfalls zu aktualisieren, sofern die Liste nicht mehr repräsentativ ist; und

2. der Europäischen Kommission und der Europäischen Bankenaufsichtsbehörde (EBA) das Ergebnis ihrer Bewertung und gegebenenfalls die aktualisierte Liste zu übermitteln.

(6) Die FMA hat bei der Bewertung und Überprüfung gemäß Abs. 5 Z 1 unter Anwendung der von der EBA nach Art. 16 der Verordnung (EU) Nr. 1093/2010 herausgegebenen Leitlinien zu berücksichtigen, welche Dienste

1. von Verbrauchern im Zusammenhang mit ihrem Zahlungskonto am häufigsten genutzt werden und

2. den Verbrauchern die höchsten Kosten sowohl insgesamt als auch pro Einheit verursachen.

(7) Die FMA hat der Europäischen Kommission erstmals bis zum 18. September 2018 und danach alle zwei Jahre Informationen zu folgenden Aspekten zu übermitteln:

1. Einhaltung der Bestimmungen der §§ 6, 8 und 9 durch die Zahlungsdienstleister;

2. Einhaltung der Anforderungen zur Sicherstellung des Bestehens von Vergleichswebsites gemäß Art. 7 der Richtlinie 2014/92/EU;

3. Anzahl der vorgenommenen Zahlungskontowechsel und Anteil der abgelehnten Anträge auf einen Wechsel;

4. Anzahl der Kreditinstitute, die Zahlungskonten mit grundlegenden Funktionen anbieten, Anzahl der eröffneten derartigen Konten und Anteil der abgelehnten Anträge auf ein Zahlungskonto mit grundlegenden Funktionen.

(8) Soweit das im Interesse der Wahrnehmung ihrer Aufgaben gemäß Abs. 5 und 7 Z 3 und 4 erforderlich ist, hat die FMA durch Verordnung,

1. Daten festzulegen, die ihr Kreditinstitute zu den von ihnen für Verbraucher geführten oder Verbrauchern angebotenen Zahlungskonten melden müssen, und

2. festzulegen, für welche Zeiträume, innerhalb welcher Frist, in welcher Form und in welcher Gliederung ihr diese Meldungen zu übermitteln sind.

Verpflichtung zur Zusammenarbeit

§ 30. (1) Die FMA hat mit den zuständigen Behörden der anderen Mitgliedstaaten der Europäischen Union zusammenzuarbeiten und diesen Behörden Amtshilfe zu leisten, wann immer das zur Wahrnehmung der in der Richtlinie 2014/92/EU festgelegten Aufgaben der FMA und der anderen zuständigen Behörden erforderlich ist. Insbesondere hat die FMA mit den zuständigen Behörden der anderen Mitgliedstaaten Informationen auszutauschen und bei Ermittlungen oder der Überwachung zusammenzuarbeiten. Die FMA hat dabei von ihren Befugnissen Gebrauch zu machen, die ihr nach diesem Bundesgesetz oder anderen gesetzlichen Bestimmungen eingeräumt werden.

(2) Wenn die FMA Informationen mit anderen zuständigen Behörden austauscht, kann sie bei der Übermittlung der Informationen darauf hinweisen, dass diese nur mit ihrer ausdrücklichen Zustimmung veröffentlicht werden dürfen. In diesem Fall dürfen die Informationen nur für die Zwecke, für die die Zustimmung erteilt wurde, ausgetauscht werden.

(3) Die FMA darf die empfangenen Informationen an die anderen zuständigen Behörden weiterleiten. Die FMA darf diese Informationen jedoch nur mit ausdrücklicher Zustimmung der zuständigen Behörden, die sie übermittelt haben, und nur für die Zwecke, für die diese Behörden ihre Zustimmung gegeben haben, an andere Stellen oder natürliche oder juristische Personen weitergeben. Davon ausgenommen sind gebührend begründete Fälle, in denen die FMA unverzüglich die zuständige Behörde, die die Information übermittelt hatte, zu unterrichten hat.

(4) Die FMA kann ein Ersuchen auf Zusammenarbeit bei der Durchführung einer Ermittlung oder einer Überwachung oder auf Austausch von Informationen gemäß den Abs. 1 und 2 nur ablehnen, wenn

1. die Ermittlung, die Überprüfung vor Ort, die Überwachung oder der Austausch der Informationen die Souveränität, die Sicherheit oder die öffentliche Ordnung Österreichs beeinträchtigen könnte;

2. aufgrund derselben Handlungen und gegen dieselben Personen bereits ein Verfahren vor einem österreichischen Gericht anhängig ist;

3. in Österreich gegen die betreffenden Personen aufgrund derselben Handlungen bereits ein rechtskräftiges Urteil ergangen ist.

(5) Im Falle einer Ablehnung gemäß Abs. 4 teilt die FMA dies der ersuchenden zuständigen Behörde mit und übermittelt ihr möglichst genaue Informationen.

Berufsgeheimnis

§ 31. Von der FMA beauftragte Sachverständige unterliegen der Verschwiegenheitspflicht gemäß § 14 Abs. 2 Finanzmarktaufsichtsbehördengesetz – FMABG, BGBl. I Nr. 97/2001.

6. Hauptstück

Straf- und Schlussbestimmungen

Strafbestimmungen

§ 32. (1) Wer als gemäß § 9 des Verwaltungsstrafgesetzes 1991 – VStG, BGBl. Nr. 52/1991 idF BGBl. I Nr. 194/1999, Verantwortlicher eines Zahlungsdienstleisters oder einer in Österreich gemäß „§ 27 ZaDiG 2018“ errichteten Zweigstelle eines in einem anderen Mitgliedstaat zugelassenen Zahlungsdienstleisters *(BGBl I 2018/17)*

1. dem Verbraucher die nach den §§ 6, 7 und 15 vorgeschriebenen Informationen nicht oder nicht vollständig erteilt oder in diese Informationen falsche Angaben aufnimmt;

2. dem Verbraucher die nach § 8 vorgeschriebene Entgeltaufstellung nicht oder nicht vollständig zur Verfügung stellt oder in diese Entgeltaufstellung falsche Angaben aufnimmt;

3. in seinen Vertrags-, Geschäfts- und Marketinginformationen für Verbraucher oder in der Entgeltinformation gemäß § 6 oder in der Entgeltaufstellung gemäß § 8 für seine Dienste oder Produkte firmeneigene Bezeichnungen verwendet, ohne dabei die Vorgaben des § 9 einzuhalten;

4. entgegen § 14 einem Verbraucher keinen Kontowechsel-Service gemäß den §§ 16 bis 18 zur Verfügung stellt;

5. entgegen § 16 Abs. 1 einen Kontowechsel einleitet, ohne zuvor vom Verbraucher eine den Vorgaben in § 16 Abs. 2 bis 4 entsprechende Ermächtigung eingeholt zu haben;

6. entgegen § 19 Abs. 1 und 2 nach Erhalt einer Aufforderung durch den Verbraucher die zur Erleichterung der grenzüberschreitenden Kontoeröffnung vorgeschriebenen Schritte nicht oder nicht rechtzeitig vollzieht; oder

7. einem Verbraucher Entgelte verrechnet, die nach den §§ 5 und 20 unzulässig sind,

begeht eine Verwaltungsübertretung und ist von der FMA in den Fällen nach den Z 1 bis 3 mit einer Geldstrafe von bis zu 5 000 Euro und in den Fällen nach den Z 4 bis 7 mit einer Geldstrafe von bis zu 10 000 Euro zu bestrafen.

(2) Wer als gemäß § 9 VStG Verantwortlicher eines Kreditinstituts oder einer in Österreich gemäß § 9 BWG errichteten Zweigstelle eines in einem anderen Mitgliedstaats zugelassenen Kreditinstituts

1. einen Verbraucher entgegen § 22 beim Zugang zu einem Zahlungskonto mit grundlegenden Funktionen aus einem der in § 22 aufgezählten Gründen diskriminiert;

2. einem Verbraucher entgegen § 23 Abs. 1, 2, 4 und 5 die Eröffnung oder Nutzung eines Zahlungskontos mit grundlegenden Funktionen ohne Vorliegen eines in § 24 Abs. 1 angeführten Grundes verweigert oder den Zugang zu einem solchen Konto entgegen § 23 Abs. 3 vom Erwerb zusätzlicher Dienste oder von Geschäftsanteilen am Kreditinstitut abhängig macht;

3. einem Verbraucher im Zusammenhang mit einem Zahlungskonto mit grundlegenden Funktionen höhere Entgelte verrechnet, als sie nach § 26 Abs. 1 und den vom Bundesminister für Arbeit, Soziales und Konsumentenschutz gemäß § 26 Abs. 2 und 3 Z 2 erlassenen Verordnungen zulässig sind;

4. einen Rahmenvertrag über den Zugang zu einem Zahlungskonto mit grundlegenden Funktionen kündigt, ohne dass einer der in § 27 Abs. 2 genannten Gründe vorliegt;

5. dem Verbraucher nach der Ablehnung eines Antrags auf ein Zahlungskonto mit grundlegenden Funktionen nicht die nach § 24 Abs. 3 vorgesehenen Informationen oder nach der Kündigung eines Rahmenvertrags mit grundlegenden Funktionen nicht die nach den § 27 Abs. 4 vorgesehenen Informationen erteilt;

6. Verbrauchern nicht die nach § 28 Abs. 1 bis 3 vorgeschriebenen Informationen über Zahlungskonten mit grundlegenden Funktionen zur Verfügung stellt, oder

7. die durch Verordnung gemäß § 29 Abs. 8 festgelegten Daten nicht meldet oder bei der Meldung dieser Daten die in der Verordnung festgelegten Vorschriften zu Meldezeiträumen, Fristen, Form oder Gliederung nicht einhält,

begeht eine Verwaltungsübertretung und ist von der FMA in den Fällen nach den Z 1, 2 und 4 mit einer Geldstrafe von bis zu 30 000 Euro, im Fall der Z 3 mit einer Geldstrafe von bis zu 10 000 Euro und in den Fällen nach den Z 5 bis 7 mit einer Geldstrafe von bis zu 5 000 Euro zu bestrafen.

(3) Bei Verwaltungsübertretungen gemäß Abs. 1 bis 2 gilt anstelle der Verjährungsfrist des § 31 Abs. 1 VStG eine Verjährungsfrist von 18 Monaten.

Verweisungen und Verordnungen

§ 33. (1) Soweit in diesem Bundesgesetz auf Bestimmungen anderer Bundesgesetze verwiesen wird, sind diese in ihrer jeweils geltenden Fassung anzuwenden.

(2) Wenn in diesem Bundesgesetz auf folgende Rechtsakte der Europäischen Union verwiesen wird, sind diese in der folgenden Fassung anzuwenden:

1. Verordnung (EU) Nr. 575/2013 über Aufsichtsanforderungen an Kreditinstitute und Wertpapierfirmen und zur Änderung der Verordnung (EU) Nr. 646/2012, ABl. Nr. L 176 vom 27.06.2013 S. 1, zuletzt geändert durch die Delegierte Verordnung (EU) 2015/1556, ABl. Nr. L 244 vom 19.09.2015 S. 9;

2. Verordnung (EU) Nr. 260/2012 zur Festlegung der technischen Vorschriften und der Geschäftsanforderungen für Überweisungen und Lastschriften in Euro und zur Änderung der Verordnung (EG) Nr. 924/2009, ABl. Nr. L 94 vom 30.03.2012 S. 22, in der Fassung der Verordnung (EU) Nr. 248/2014, ABl. Nr. L 84 vom 20.03.2014 S. 1;

3. Verordnung (EU) Nr. 1093/2010 zur Errichtung einer Europäischen Aufsichtsbehörde (Europäische Bankenaufsichtsbehörde), zur Änderung des Beschlusses Nr. 716/2009/EG und zur Aufhebung des Beschlusses 2009/78/EG der Kommission, ABl. Nr. L 331 vom 15.12.2010 S. 12, zuletzt geändert durch die Verordnung (EU) Nr. 806/2014, ABl. Nr. L 225 vom 30.07.2014 S. 1.

(3) Verordnungen auf Grund dieses Bundesgesetzes in seiner jeweiligen Fassung dürfen bereits von dem Tag an erlassen werden, der der Kundmachung des durchzuführenden Bundesgesetzes folgt; sie dürfen jedoch nicht vor den durchzuführenden Gesetzesbestimmungen in Kraft treten.

Sprachliche Gleichbehandlung

§ 34. Soweit in diesem Bundesgesetz personenbezogene Bezeichnungen nur in männlicher Form angeführt sind, beziehen sie sich auf Frauen und

Männer in gleicher Weise. Bei der Anwendung auf bestimmte Personen ist die jeweils geschlechtsspezifische Form zu verwenden.

Vollziehung

§ 35. Mit der Vollziehung dieses Bundesgesetzes ist hinsichtlich

1. der §§ 4, 21 und 26 Abs. 4 der Bundesminister für Justiz,

2. der §§ 23 Abs. 6, 29, 30 und 31 der Bundesminister für Finanzen,

3. der §§ 6, 7, 8, 9, 15 und 28 Abs. 1 bis 3 der Bundesminister für Arbeit, Soziales und Konsumentenschutz im Einvernehmen mit dem Bundesminister für Finanzen,

4. der übrigen Bestimmungen der Bundesminister für Arbeit, Soziales und Konsumentenschutz

betraut.

Inkrafttreten

§ 36. (1) Die §§ 6 und 8 bis 13 treten neun Monate nach dem Inkrafttreten des delegierten Rechtsaktes in Kraft, den die Europäische Kommission gemäß Art. 3 Abs. 4 der Richtlinie 2014/92/EU zu erlassen hat.

(2) Im Übrigen tritt dieses Bundesgesetz mit 18. September 2016 in Kraft.

(3) § 23 Abs. 6 und 7 sowie § 24 Abs. 3 Z 1 in der Fassung des Bundesgesetzes BGBl. I Nr. 118/2016 treten mit 1. Jänner 2017 in Kraft. *(BGBl I 2016/118)*

(4) Die §§ 4 Abs. 2 und 4a in der Fassung des Bundesgesetzes BGBl. I Nr. 158/2017 und die Änderung im Inhaltsverzeichnis treten mit 13. Jänner 2018 in Kraft. *(BGBl I 2017/158)*

(5) § 2 Z 4, 6 und 7, § 17 Abs. 1 Z 3[1)] und Abs. 3, § 19 Abs. 3, § 20 Abs. 3 Z 2 und 3, § 20 Abs. 4 Z 1, § 27 Abs. 1 und § 32 Abs. 1 in der Fassung des Bundesgesetzes BGBl. I Nr. 17/2018 treten mit 1. Juni 2018 in Kraft. *(BGBl I 2018/17)*

[1)] *Richtig Abs 1 Z 5*

Umsetzung von Unionsrecht

§ 37. Durch dieses Bundesgesetz wird die Richtlinie 2014/92/EU über die Vergleichbarkeit von Zahlungskontoentgelten, den Wechsel von Zahlungskonten und den Zugang zu Zahlungskonten mit grundlegenden Funktionen, ABl. Nr. L 257 vom 28.08.2014 S. 214, umgesetzt.

KODEX
DES ÖSTERREICHISCHEN RECHTS
SAMMLUNG DER ÖSTERREICHISCHEN BUNDESGESETZE
VERFASSUNGS-
RECHT
LexisNexis
1 B-VG
1a ÜG, B-VGNov
2a StGG
2b EMRK
2c ReligionsR, ZDG VerG VersammlungsG ORF-G, RGG PrR-G, PrTV-G FERG, KOG PresseFG MinderheitenR
3a BVG
3b VfBest in BG
4 UnabhErkl, V-ÜG R-ÜG, StV Wien
5 BVG Neutralität KMG Int Sanktionen KSE-BVG, TrAufG Staatl Symbole
6 StbG
7 PartG VerbotsG KlubFG, PubFG
8 Wahlen Direkte Demokratie
9 GOG-NR
10 BezR UnvG
11 BGBlG Rechtsbereinigung
12 BMG BVG ÄmterLReg BGemAufsG
13 F-VG, FAG 2005 KonsMech StabPakt 2005
14 RHG
15 UBASG
16 VwGG
17 VfGG
18 VolksanwG
19 AHG, OrgHG
20 AuskPfl
21 EUV/EGV

KODEX
DES ÖSTERREICHISCHEN RECHTS
SAMMLUNG DER ÖSTERREICHISCHEN BUNDESGESETZE
BÜRGERLICHES
RECHT
LexisNexis
1 ABGB mit FamErbRÄG
2 IPRG mit EVÜ
3 TEG
4 EheG
5 PStG
6 NÄG
7 RelKEG
8 UVG mit AuslUG
9 JWG
10 NotwegeG
11 GSGG
12 WWSGG
13 EisbEG
14 WEG
15 MRG RWG HeizKG
16 BauRG
17 LPG
18 KlGG
19 GBG mit GUG
20 UHG mit LiegTG
21 AnerbG
22 KSchG BTVG, TNG FernFinG
23 WucherG
24 UrhG mit ZuKG
25 RHPflG
26 EKHG VerkOG, LFG EU-LFVO ÜberbuchVO
27 AtomHG
28 AHG mit PolBEG
29 OrgHG
30 DHG
31 ASVG/ Haftung
32 PHG mit GTG
33 UN-KaufR
34 AngG
35 NotaktsG
36 ECG
37 SigG
38 RAPG

KODEX
DES ÖSTERREICHISCHEN RECHTS
HERAUSGEBER: UNIV.-PROF. DR. WERNER DORALT
UNTERNEHMENS-
RECHT
LexisNexis
1 UGB HGB A-QSG, SRLG
2 ABGB
3 FBG+VOen
4 HVertrG
5 MaklerG
6 KSchG
7 UN-KaufR
8 GmbHG
9 AktG ÜbG+VO VeröffentlichungsV Corporate Governance
10 SE (EU-Ges) SEG
11 GenG GenRevG, GenRevRÄG GenRevPO GenVerschmG GenKonsldVO Euro-GenBeG
12 SCE (EU-Gen) SCEG
13 VerG VereinsDS-VO
14 EWIVG
15 PSG
16 ArbVG+VO/RL
17 StellenbesG+VO
18 GesAusG
19 KapBG
20 EKEG
21 URG
22 UmwG
23 SpaltG
24 EU-VerschG
25 UmgrStG
26 InvFG+VOen
27 ImmoInvFG
28 BeteilFG
29 KMG
30 ScheckG
31 WechselG
32 KEG+VO
33 AÖSp
34 CMR
35 UWG
36 KartG
37 WettbG
38 UrhG
39 MarkSchG
40 MuSchG
41 PatG
Anhang EU-Privatges

KODEX
DES ÖSTERREICHISCHEN RECHTS
SAMMLUNG DER ÖSTERREICHISCHEN BUNDESGESETZE
ZIVIL-
GERICHTLICHES
VERFAHREN
LexisNexis
1 JN
2 ZPO
3 ZustellG ZustellV
4 ASGG
5 OGHG
6 ProkG
7 RpflG
8 Winkel-schreiber
9 Ehe- und Abstverf EidesG FeiertRG B-VG, EMRK
10 EO
11 EO-ÜbgB
12 LBG
13 VGebG
14 VVG
15 USchG
16 KO
17 AO
18 IEG Insolvenz-ÜbgB
19 AnfO
20 GenKV
21/1 BWG
21/2 URG
22 IESG
23 EuInsVO
23/1 EuInsVO – Erlass
24 AußStrG
25 GKoärG
26 KEG
27 VerwEinzG
28 UVG
29 AuslUG
30 UbG
31 HeimAufG
Anhang: BG-Wien/Graz GOG Elektr Rechtsverk ADV-FormV ZustellFormV TABELLEN LUGANO-Übk Brüsseler Übk Brüssel I-VO Euro BeweisaufnahmeVO Zivilrechts-MediationsG RL Prozesskosten AußStrG aF FamErbRÄG 2004 samt Mat Zivilverfahrensnov 2004 samt Mat

23. Urheberrechtsgesetz

BGBl 1936/111 idF

1 BGBl 1949/206
2 BGBl 1953/106
3 BGBl 1963/175
4 BGBl 1972/492
5 BGBl 1973/142 (DFB)
6 BGBl 1974/422
7 BGBl 1980/321 (UrhGNov 1980)
8 BGBl 1982/295 (UrhGNov 1982)
9 BGBl 1988/601 (UrhGNov 1988)
10 BGBl 1989/612 (UrhGNov 1989)
11 BGBl 1993/93 (UrhGNov 1993)
12 BGBl 1996/151 (UrhGNov 1996)
13 BGBl I 1998/25 (UrhGNov 1997)
14 BGBl I 2000/110 (UrhGNov 2000)
15 BGBl I 2003/32 (UrhGNov 2003)
16 BGBl I 2006/22 (UrhG-Nov 2005)
17 BGBl I 2006/81 (UrhG-Nov 2006)
18 BGBl I 2009/75 (FamRÄG 2009)
19 BGBl I 2009/135 (EPG)
20 BGBl I 2010/2 (UrhG-Nov 2009)
21 BGBl I 2010/29 (IRÄG 2010; Begriffersetzung)
22 BGBl I 2010/58 (IRÄ-BG)
23 BGBl I 2013/150 (Urh-Nov 2013)
24 BGBl I 2015/11 (UrhG-Nov 2014)
25 BGBl I 2015/99 (Urh-Nov 2015)
26 BGBl I 2018/63 (UrhG-Nov 2018)
27 BGBl I 2018/105 (VfGH)
28 BGBl I 2021/244 (Urh-Nov 2021)
29 BGBl I 2023/182 (DSA-BegG)

23/1. Urheberrechtsgesetz-Novelle 1996 *(Auszug: Art III - IX)*

23/2. Urheberrechtsgesetz-Novelle 2005 *(Auszug: Art II - V)*

23/3. Zugangskontrollgesetz

GLIEDERUNG

STICHWORTVERZEICHNIS

(Die Zahlenangaben beziehen sich auf die Paragraphen)

Stichwortverzeichnis

Bundesgesetz über das Urheberrecht an Werken der Literatur und der Kunst und über verwandte Schutzrechte (Urheberrechtsgesetz)

I. Hauptstück

Urheberrecht an Werken der Literatur und der Kunst

1. Abschnitt

Das Werk

Werke der Literatur und der Kunst

§ 1. (1) Werke im Sinne dieses Gesetzes sind eigentümliche geistige Schöpfungen auf den Gebieten der Literatur, der Tonkunst, der bildenden Künste und der Filmkunst.

(2) Ein Werk genießt als Ganzes und in seinen Teilen urheberrechtlichen Schutz nach den Vorschriften dieses Gesetzes.

Werke der Literatur

§ 2. Werke der Literatur im Sinne dieses Gesetzes sind:

1. Sprachwerke aller Art einschließlich Computerprogrammen (§ 40 a); *(BGBl 1993/93, ab 1. 3. 1993)*

2. Bühnenwerke, deren Ausdrucksmittel Gebärden und andere Körperbewegungen sind (choreographische und pantomimische Werke);

3. Werke wissenschaftlicher oder belehrender Art, die in bildlichen Darstellungen in der Fläche oder im Raume bestehen, sofern sie nicht zu den Werken der bildenden Künste zählen.

Werke der bildenden Künste

§ 3. (1) Zu den Werken der bildenden Künste im Sinne dieses Gesetzes gehören auch die Werke der Lichtbildkunst (Lichtbildwerke), der Baukunst und „der angewandten Kunst (des Kunstgewerbes)“. *(BGBl 1996/151, ab 1. 4. 1996)*

(2) Werke der Lichtbildkunst (Lichtbildwerke) sind durch ein photographisches oder durch ein der Photographie ähnliches Verfahren hergestellte Werke.

(BGBl 1953/106)

Werke der Filmkunst

§ 4. Unter Werken der Filmkunst (Filmwerke) versteht dieses Gesetz Laufbildwerke, wodurch die den Gegenstand des Werkes bildenden Vorgänge und Handlungen entweder bloß für das Gesicht oder gleichzeitig für Gesicht und Gehör zur Darstellung gebracht werden, ohne Rücksicht auf die Art des bei der Herstellung oder Aufführung des Werkes verwendeten Verfahrens.

Bearbeitungen

§ 5. (1) Übersetzungen und andere Bearbeitungen werden, soweit sie eine eigentümliche geistige Schöpfung des Bearbeiters sind, unbeschadet des am bearbeiteten Werke bestehenden Urheberrechtes, wie Originalwerke geschützt.

(2) Die Benutzung eines Werkes bei der Schaffung eines anderen macht dieses nicht zur Bearbeitung, wenn es im Vergleich zu dem benutzten Werke ein selbständiges neues Werk darstellt.

Sammelwerke

§ 6. Sammlungen, die infolge der Zusammenstellung einzelner Beiträge zu einem einheitlichen Ganzen eine eigentümliche geistige Schöpfung darstellen, werden als Sammelwerke urheberrechtlich geschützt; die an den aufgenommenen Beiträgen etwa bestehenden Urheberrechte bleiben unberührt.

(BGBl 1953/106)

Freie Werke

§ 7. (1) Gesetze, Verordnungen, amtliche Erlässe, Bekanntmachungen und Entscheidungen sowie ausschließlich oder vorwiegend zum amtlichen Gebrauch hergestellte amtliche Werke der im § 2 Z. 1 oder 3 bezeichneten Art genießen keinen urheberrechtlichen Schutz.

(2) Vom Bundesamt für Eich- und Vermessungswesen hergestellte oder bearbeitete (§ 5 Abs. 1) und zur Verbreitung (§ 16) bestimmte Landkartenwerke sind keine freien Werke.

(BGBl 1953/106)

Veröffentlichte Werke

§ 8. Ein Werk ist veröffentlicht, sobald es mit Einwilligung des Berechtigten der Öffentlichkeit zugänglich gemacht worden ist.

Erschienene Werke

§ 9. (1) Ein Werk ist erschienen, sobald es mit Einwilligung des Berechtigten der Öffentlichkeit dadurch zugänglich gemacht worden ist, daß Werkstücke in genügender Anzahl feilgehalten oder in Verkehr gebracht worden sind.

(2) Ein Werk, das innerhalb eines Zeitraumes von 30 Tagen im Inland und im Ausland erschienen ist, zählt zu den im Inland erschienenen Werken.

(BGBl 1953/106)

II. Abschnitt

Der Urheber

§ 10. (1) Urheber eines Werkes ist, wer es geschaffen hat.

(2) In diesem Gesetz umfaßt der Ausdruck „Urheber", wenn sich nicht aus dem Hinweis auf die Bestimmung des Absatzes 1 das Gegenteil ergibt, außer dem Schöpfer des Werkes auch die Personen, auf die das Urheberrecht nach seinem Tode übergegangen ist.

Miturheber

§ 11. (1) Haben mehrere gemeinsam ein Werk geschaffen, bei dem die Ergebnisse ihres Schaffens eine untrennbare Einheit bilden, so steht das Urheberrecht allen Miturhebern gemeinschaftlich zu.

(2) Jeder Miturheber ist für sich berechtigt, Verletzungen des Urheberrechtes gerichtlich zu verfolgen. Zu einer Änderung oder Verwertung des Werkes bedarf es des Einverständnisses aller Miturheber. Verweigert ein Miturheber seine Einwilligung ohne ausreichenden Grund, so kann ihn jeder andere Miturheber auf deren Erteilung klagen. Hat der Beklagte im Inland keinen allgemeinen Gerichtsstand, so sind die Gerichte, in deren Sprengel der erste Wiener Gemeindebezirk liegt, zuständig.

(3) Die Verbindung von Werken verschiedener Art – wie die eines Werkes der Tonkunst mit einem Sprachwerk oder einem Filmwerk – begründet an sich keine Miturheberschaft.

Vermutung der Urheberschaft

§ 12. (1) Wer auf den Vervielfältigungsstücken eines erschienenen Werkes oder auf einem Urstück eines Werkes der bildenden Künste in der üblichen Weise als Urheber bezeichnet wird, gilt bis zum Beweis des Gegenteils als Urheber (§ 10, Absatz 1) des Werkes, wenn die Bezeichnung in der Angabe seines wahren Namens oder eines von ihm bekanntermaßen gebrauchten Decknamens oder – bei Werken der bildenden Künste – in einem solchen Künstlerzeichen besteht.

(2) Dasselbe gilt von dem, der bei einem öffentlichen Vortrag, einer öffentlichen Aufführung oder Vorführung, bei einer Rundfunksendung oder öffentlichen Zurverfügungstellung des Werkes auf die im Absatz 1 angegebene Art als Urheber bezeichnet wird, wenn nicht die im Absatz 1 aufgestellte Vermutung der Urheberschaft für einen anderen spricht. *(BGBl I 2003/32, ab 1. 7. 2003, die Gesetzmäßigkeit von Vervielfältigungsstücken eines Werks, der Aufzeichnung eines Vortrags oder einer Aufführung, eines Lichtbildes, eines Schallträgers oder der Aufzeichnung einer Rundfunksendung, die vor dem 1. 7. 2003 hergestellt worden sind, ist nach der bisher geltenden Rechtslage zu beurteilen. Soweit die Verbreitung von Vervielfältigungsstücken nach der bisher geltenden Rechtslage zulässig ist, dürfen sie auch weiterhin frei verbreitet werden.)*

Ungenannte Urheber

§ 13. Solange der Urheber (§ 10, Absatz 1) eines erschienenen Werkes nicht auf eine Art bezeichnet worden ist, die nach § 12 die Vermutung der Urheberschaft begründet, gilt der Herausgeber oder, wenn ein solcher auf den Werkstücken nicht angegeben ist, der Verleger als mit der Verwaltung des Urheberrechtes betrauter Bevollmächtigter des Urhebers. Auch ist der Herausgeber oder Verleger in einem solchen Falle berechtigt, Verletzungen des Urheberrechtes im eigenen Namen gerichtlich zu verfolgen.

III. Abschnitt

Das Urheberrecht

1. Verwertungsrechte

§ 14. (1) Der Urheber hat mit den vom Gesetz bestimmten Beschränkungen das ausschließliche Recht, das Werk auf die ihm durch die folgenden Vorschriften vorbehaltenen Arten zu verwerten (Verwertungsrechte).

(2) Der Urheber einer Übersetzung oder anderen Bearbeitung darf diese auf die ihm vorbehaltenen Arten nur verwerten, soweit ihm der Urheber des bearbeiteten Werkes das ausschließliche Recht oder die Bewilligung dazu (Bearbeitungs- oder Übersetzungsrecht) erteilt.

(3) Die öffentliche Mitteilung des Inhaltes eines Werkes der Literatur oder der Filmkunst ist dem Urheber vorbehalten, solange weder das Werk noch dessen wesentlicher Inhalt mit Einwilligung des Urhebers veröffentlicht ist.

Vervielfältigungsrecht

§ 15. (1) Der Urheber hat das ausschließliche Recht, das Werk – gleichviel in welchem Verfahren, in welcher Menge und ob vorübergehend oder dauerhaft – zu vervielfältigen. *(BGBl I 2003/32, ab 1. 7. 2003, s Anm zu § 12 Abs 2)*

(2) Eine Vervielfältigung liegt namentlich auch in dem Festhalten des Vortrages oder der Aufführung eines Werkes auf Mitteln zur wiederholbaren Wiedergabe für Gesicht oder Gehör (Bild- oder Schallträger), wie zum Beispiel auf Filmstreifen oder Schallplatten.

(3) Solchen Schallträgern stehen der wiederholbaren Wiedergabe von Werken dienende Mittel gleich, die ohne Schallaufnahme durch Lochen, Stanzen, Anordnen von Stiften oder auf ähnliche

Art hergestellt werden (Drehorgeln, Spieldosen u. dgl.).

(4) Bei Plänen und Entwürfen zu Werken der bildenden Künste umfaßt das Vervielfältigungsrecht auch das ausschließliche Recht, das Werk danach auszuführen.

Verbreitungsrecht

§ 16. (1) Der Urheber hat das ausschließliche Recht, Werkstücke zu verbreiten. Kraft dieses Rechtes dürfen Werkstücke ohne seine Einwilligung weder feilgehalten noch auf eine Art, die das Werk der Öffentlichkeit zugänglich macht, in Verkehr gebracht werden.

(2) Solange ein Werk nicht veröffentlicht ist, umfaßt das Verbreitungsrecht auch das ausschließliche Recht, das Werk durch öffentliches Anschlagen, Auflegen, Aushängen, Ausstellen oder durch eine ähnliche Verwendung von Werkstücken der Öffentlichkeit zugänglich zu machen.

(3) Dem Verbreitungsrecht unterliegen – vorbehaltlich des § 16a – Werkstücke nicht, die mit Einwilligung des Berechtigten durch Übertragung des Eigentums in einem Mitgliedstaat der Europäischen Gemeinschaft oder in einem Vertragsstaat des Europäischen Wirtschaftsraums in Verkehr gebracht worden sind. *(BGBl I 2003/32, ab 1. 7. 2003, s Anm zu § 12 Abs 2)*

(4) Dem an einem Werke der bildenden Künste bestehenden Verbreitungsrecht unterliegen Werkstücke nicht, die Zugehör einer unbeweglichen Sache sind.

(5) Wo sich dieses Gesetz des Ausdruckes „ein Werk verbreiten“ bedient, ist darunter nur die nach den Absätzen 1 bis 3 dem Urheber vorbehaltene Verbreitung von Werkstücken zu verstehen.

Vermieten und Verleihen

§ 16a. (1) § 16 Abs. 3 gilt nicht für das Vermieten (Abs. 3) von Werkstücken.

(2) § 16 Abs. 3 gilt für das Verleihen (Abs. 3) von Werkstücken mit der Maßgabe, daß der Urheber einen Anspruch auf angemessene Vergütung hat. Solche Ansprüche können nur von Verwertungsgesellschaften geltend gemacht werden.

(3) Im Sinn dieser Bestimmung ist unter Vermieten die zeitlich begrenzte, Erwerbszwecken dienende Gebrauchsüberlassung zu verstehen, unter Verleihen die zeitlich begrenzte, nicht Erwerbszwecken dienende Gebrauchsüberlassung durch eine der Öffentlichkeit zugängliche Einrichtung (Bibliothek, Bild- oder Schallträgersammlung, Artothek und dergleichen).

(4) Die Abs. 1 und 2 gelten nicht.

1. für das Vermieten und Verleihen zum Zweck der Rundfunksendung (§ 17) sowie des öffentlichen Vortrags und der öffentlichen Aufführung und Vorführung (§ 18),

2. für Werke der angewandten Kunst (des Kunstgewerbes).

(5) Gestattet ein Werknutzungsberechtigter oder der nach § 38 Abs. 1 berechtigte Filmhersteller gegen Entgelt anderen das Vermieten oder Verleihen von Werkstücken, so hat der Urheber gegen den Werknutzungsberechtigten beziehungsweise den Filmhersteller einen unverzichtbaren Anspruch auf einen angemessenen Anteil an diesem Entgelt. Steht der Vergütungsanspruch für das Verleihen von Werkstücken nach dem Gesetz oder auf Grund eines Vertrages einem anderen zu, so hat der Urheber einen unverzichtbaren Anspruch auf einen angemessenen Anteil an der Vergütung.

(BGBl 1993/93, ab 1. 1. 1994, gilt auch für Werkstücke, an denen das Verbreitungsrecht nach § 16 Abs. 3 davor erloschen ist. Solche Werkstücke dürfen jedoch bis 31. 12. 1994 vermietet werden; der Urheber hat hiefür einen Anspruch auf angemessene Vergütung. § 16a Abs. 2, 4 und 5 nF gilt für diesen Vergütungsanspruch sinngemäß)

Folgerecht

§ 16b. (1) § 16 Abs. 3 gilt für die Weiterveräußerung des Originals eines Werkes der bildenden Künste nach der ersten Veräußerung durch den Urheber mit der Maßgabe, dass der Urheber gegen den Veräußerer einen Anspruch auf eine Vergütung in der Höhe des folgenden Anteils am Verkaufspreis ohne Steuern (Folgerechtsvergütung) hat:

4% von den ersten	50.000 EUR,
3% von den weiteren	150.000 EUR,
1% von den weiteren	150.000 EUR,
0,5% von den weiteren	150.000 EUR,
0.25% von allen weiteren Beträgen;	

die Vergütung beträgt insgesamt jedoch höchstens 12.500 EUR.

(2) „Der Anspruch auf Folgerechtsvergütung steht nur zu, wenn der Verkaufspreis mindestens 2.500 EUR beträgt und an der Veräußerung ein Vertreter des Kunstmarkts – wie ein Auktionshaus, eine Kunstgalerie oder ein sonstiger Kunsthändler – als Verkäufer, Käufer oder Vermittler beteiligt ist; diese Personen haften als Bürge und Zahler, soweit sie nicht selbst zahlungspflichtig sind.“Auf den Anspruch kann im Voraus nicht verzichtet werden. Der Anspruch kann auch durch Verwertungsgesellschaften geltend gemacht werden; im Übrigen ist der Anspruch unveräußerlich. § 23 Abs. 1 gilt sinngemäß. *(BGBl I 2010/2, ab 14. 1. 2010)*

(3) Als Originale im Sinn des Abs. 1 gelten Werkstücke,

1. die vom Urheber selbst geschaffen worden sind,

2. die vom Urheber selbst oder unter seiner Leitung in begrenzter Auflage hergestellt und in der Regel nummeriert sowie vom Urheber signiert oder auf andere geeignete Weise autorisiert worden sind,

3. die sonst als Originale angesehen werden.

(4) Ein Anspruch auf Folgerechtsvergütung steht nicht zu, wenn der Verkäufer das Werk vor weniger als drei Jahren vom Urheber erworben hat und der Verkaufspreis 10.000 EUR nicht übersteigt.

(BGBl I 2006/22, ab 1. 1. 2006, gilt auch für Werke, die davor geschaffen worden sind)

Senderecht

§ 17. (1) Der Urheber hat das ausschließliche Recht, das Werk durch Rundfunk oder auf eine ähnliche Art zu senden.

(2) Einer Rundfunksendung steht es gleich, wenn ein Werk von einer im In- oder im Ausland gelegenen Stelle aus der Öffentlichkeit im Inland, ähnlich wie durch Rundfunk, aber mit Hilfe von Leitungen wahrnehmbar gemacht wird. *(BGBl 1980/321)*

(3) Die gleichzeitige, vollständige und unveränderte Übermittlung von Rundfunksendungen des Österreichischen Rundfunks mit Hilfe von Leitungen im Inland gilt als Teil der ursprünglichen Rundfunksendung. *(BGBl I 2021/244, ab 1. 1. 2022)*

(4) Übermittelt ein Rundfunkunternehmer ein Werk mittels eines technischen Verfahrens einer Einrichtung, die kein Rundfunkunternehmer ist (Signalverteiler), ohne dass es der Öffentlichkeit während dieser Übermittlung zugänglich wird (Direkteinspeisung), und macht der Signalverteiler das Werk unmittelbar einer Öffentlichkeit wahrnehmbar, so gelten der Rundfunkunternehmer und der Signalverteiler als Teilnehmer an einer einzigen Sendung, an der sie durch ihre jeweiligen Beiträge beteiligt sind und für die sie jeweils die Erlaubnis des Urhebers einholen müssen. Dies gilt nicht, wenn der Rundfunkunternehmer das Werk auch selbst sendet. Das Recht, ein Werk als Signalverteiler unmittelbar einer Öffentlichkeit wahrnehmbar zu machen, kann nur von Verwertungsgesellschaften geltend gemacht werden. §§ 59a und 59b sind anzuwenden. *(BGBl I 2021/244, ab 1. 1. 2022, s § 116 Abs 14)*

(BGBl 1980/321)

§ 17a. Wenn die programmtragenden Signale verschlüsselt gesendet werden, liegt eine Rundfunksendung nur dann vor, wenn die Mittel zur Entschlüsselung der Sendung durch den Rundfunkunternehmer selbst oder mit seiner Zustimmung der Öffentlichkeit zugänglich gemacht worden sind.

(BGBl 1996/151, ab 1. 4. 1996)

§ 17b. (1) Im Fall der Rundfunksendung über Satellit liegt die dem Urheber vorbehaltene Verwertungshandlung in der unter der Kontrolle und Verantwortung des Rundfunkunternehmers vorgenommenen Eingabe der programmtragenden Signale in eine ununterbrochene Kommunikationskette, die zum Satelliten und zurück zur Erde führt. Die Rundfunksendung über Satellit findet daher vorbehaltlich des Abs. 2 nur in dem Staat statt, in dem diese Eingabe vorgenommen wird.

(2) Findet die in Abs. 1 bezeichnete Eingabe in einem Staat statt, der kein Mitgliedstaat des Europäischen Wirtschaftsraums ist und in dem das in Kapitel II der Richtlinie des Rates der Europäischen Gemeinschaften vom 27. September 1993 zur Koordinierung bestimmter urheber- und leistungsschutzrechtlicher Vorschriften betreffend Satellitenrundfunk und Kabelweiterverbreitung, ABl. Nr. L 248 vom 6. Oktober 1993, S 15, in der für Österreich gemäß Anh. XVII des EWR-Abkommens geltenden Fassung, vorgesehene Schutzniveau nicht gewährleistet ist, dann findet die Sendung statt

1. in dem Mitgliedstaat des Europäischen Wirtschaftsraums, in dem die Erdfunkstation liegt, von der aus die programmtragenden Signale zum Satelliten geleitet werden;

2. wenn die Voraussetzung nach Z 1 nicht vorliegt, in dem Mitgliedstaat des Europäischen Wirtschaftsraums, in dem die Hauptniederlassung des Rundfunkunternehmers liegt, der die Eingabe im Sinn des Abs. 1 in Auftrag gegeben hat.

(3) In den Fällen des Abs. 2 gilt das Betreiben der Erdfunkstation beziehungsweise die Auftragserteilung zur Eingabe im Sinn des Abs. 1 als Sendung im Sinn des § 17 Abs. 1.

(BGBl 1996/151, ab 1. 4. 1996)

Vortrags-, Aufführungs- und Vorführungsrecht

§ 18. (1) Der Urheber hat das ausschließliche Recht, ein Sprachwerk öffentlich vorzutragen oder aufzuführen, ein Werk der im § 2, Z. 2, bezeichneten Art, ein Werk der Tonkunst oder ein Filmwerk öffentlich aufzuführen und ein Werk der bildenden Künste durch optische Einrichtungen öffentlich vorzuführen.

(2) Dabei macht es keinen Unterschied, ob der Vortrag oder die Aufführung unmittelbar oder mit Hilfe von Bild- oder Schallträgern vorgenommen wird.

(3) Zu den öffentlichen Vorträgen, Aufführungen und Vorführungen gehören auch die Benutzung einer Rundfunksendung oder öffentlichen Zurverfügungstellung eines Werkes zu einer öffentlichen Wiedergabe des gesendeten oder der Öffentlichkeit zur Verfügung gestellten Werkes durch Lautsprecher oder durch eine andere technische Einrichtung sowie die auf eine solche Art bewirkte öffentliche Wiedergabe von Vorträgen, Aufführungen oder Vorführungen eines Werkes außerhalb des Ortes (Theater, Saal, Platz, Garten u. dgl.), wo sie stattfinden. „Verwertungen, die dem Vortrags-, Aufführungs- oder Vorführungsrecht unterliegen, unterliegen nicht dem Senderecht und umgekehrt. Die durch dieselbe Person innerhalb der von ihr betriebenen Einrichtung erfolgende Zuleitung von Rundfunkprogrammen zum Zweck der öffentlichen Wiedergabe ist Teil der öffentlichen Wiedergabe und unterliegt nicht dem Senderecht. Die letzten beiden Sätze gelten auch für die Rechte von Leistungsschutzberechtigten, unbeschadet der jeweiligen Ausgestaltung der Rechte.“ *(BGBl I 2003/32, ab 1. 7. 2003, s Anm zu § 12 Abs 2; BGBl I 2021/244, ab 1. 1. 2022)*

Zurverfügungstellungsrecht

§ 18a. (1) Der Urheber hat das ausschließliche Recht, das Werk der Öffentlichkeit drahtgebunden oder drahtlos in einer Weise zur Verfügung zu stellen, dass es Mitgliedern der Öffentlichkeit von Orten und zu Zeiten ihrer Wahl zugänglich ist.

(2) Wenn sich dieses Gesetz des Ausdrucks „ein Werk der Öffentlichkeit zur Verfügung stellen“ oder „öffentliche Zurverfügungstellung eines Werkes“ bedient, ist darunter nur die dem Urheber nach Abs. 1 vorbehaltene Verwertung zu verstehen.

(BGBl I 2003/32, ab 1. 7. 2003, s Anm zu § 12 Abs 2)

Ergänzende Online-Dienste

§ 18b. (1) Wenn ein Rundfunkunternehmer online Fernseh- oder Hörfunkprogramme gleichzeitig oder für einen begrenzten Zeitraum nach der Sendung der Programme oder solche Programme ergänzende Materialien bereitstellt (ergänzender Online-Dienst), finden die einer solchen ergänzenden Sendung oder Zurverfügungstellung zugrundeliegende Verwertungshandlung sowie eine für die Bereitstellung, den Zugang oder die Nutzung der Programme erforderliche Vervielfältigung nur in dem Staat statt, in dem der Rundfunkunternehmer, unter dessen Kontrolle und Verantwortung die Programme oder ergänzenden Materialien bereitgestellt werden, seine Hauptniederlassung hat. Dies gilt jedoch nur für ergänzende Online-Dienste, die eindeutig auf die Sendung der Programme des Rundfunkunternehmers bezogen und ihr untergeordnet sind.

(2) Abs. 1 gilt

1. für Hörfunkprogramme und

2. Fernsehprogramme, die Nachrichtensendungen oder Sendungen zum aktuellen Geschehen oder von dem Rundfunkunternehmer vollständig finanzierte Eigenproduktionen sind, es sei denn, es handelt sich um Sportveranstaltungen und in solchen enthaltene Werke oder sonstige Schutzgegenstände.

(3) Bei der Bemessung der Vergütung für einen ergänzenden Online-Dienst sind alle Aspekte des Dienstes, wie seine Eigenschaften, der Zeitraum, in dem die bereitgestellten Programme online verfügbar sind, das Publikum und die bereitgestellten Sprachfassungen, zu berücksichtigen. Dies schließt die Berechnung der Höhe der Vergütung auf der Grundlage der Einnahmen des Rundfunkunternehmers nicht aus.

(4) Die Abs. 1 bis 3 lassen die Freiheit der Rechteinhaber sowie des Rundfunkunternehmers unberührt, im Einklang mit dem Unionsrecht die Verwertung solcher Rechte vertraglich einzuschränken.

(5) Die Abs. 1 bis 3 sind nur auf einen ergänzenden Online-Dienst anzuwenden, der unter Kontrolle und Verantwortung eines Rundfunkunternehmers bereitgestellt wird, der seine Hauptniederlassung in einem Mitgliedstaat der Europäischen Union oder Vertragsstaat des Übereinkommens über den Europäischen Wirtschaftsraum hat.

(BGBl I 2021/244, ab 1. 1. 2022, s § 116 Abs 15)

Sendung und Zurverfügungstellung durch Anbieter großer Online-Plattformen

§ 18c. Unter den Voraussetzungen des § 17 Abs. 1 und 2 und des § 18a nimmt eine Sendung bzw. eine öffentliche Zurverfügungstellung eines Werkes auch vor, wer als Anbieter einer großen Online-Plattform der Öffentlichkeit Zugang zu von seinen Nutzern hochgeladenen urheberrechtlich geschützten Werken verschafft. Er hat deshalb die Erlaubnis der Urheber einzuholen. Anbieter einer großen Online-Plattform ist der Anbieter eines Dienstes der Informationsgesellschaft (§ 1 Abs. 1 Z 2 des Notifikationsgesetzes 1999 – NotifG 1999, BGBl. I Nr. 183/1999), wenn dieser auf dem Markt für Online-Inhalte eine wichtige Rolle spielt, indem er mit Online-Inhaltediensten wie beispielsweise Audio- und Video-Streamingdiensten um dieselben Zielgruppen konkurriert sowie einer der Hauptzwecke des Dienstes darin besteht, eine große Menge an von seinen Nutzern hochgeladenen Werken zu speichern und der Öffentlichkeit Zugang dazu zu verschaffen, und mit dem Dienst diese Inhalte organisiert und beworben werden, um damit Gewinne zu erzielen. Anbieter von Diensten wie etwa nicht gewinnorientierte Online-Enzyklopädien, nicht gewinnorientierte bildungsbezogene, künstlerische und wissenschaftliche Repositorien, Entwicklungs- und Weitergabeplattformen für quelloffene Software, Anbieter elektronischer Kommunikationsdienste im Sinn des § 4 Z 4 des Telekommunikationsgesetzes 2021 – TKG 2021, BGBl. I Nr. 190/2021, Online-Marktplätze, zwischen Unternehmen erbrachte Cloud-Dienste sowie Cloud-Dienste, die ihren Nutzern das Hochladen von Inhalten für den Eigengebrauch ermöglichen, sind keine Diensteanbieter im Sinn dieser Bestimmung.

(BGBl I 2021/244, ab 1. 1. 2022)

2. Schutz geistiger Interessen

Schutz der Urheberschaft

§ 19. (1) Wird die Urheberschaft an einem Werke bestritten oder wird das Werk einem anderen als seinem Schöpfer zugeschrieben, so ist dieser berechtigt, die Urheberschaft für sich in Anspruch zu nehmen. Nach seinem Tode steht in diesen Fällen den Personen, auf die das Urheberrecht übergegangen ist, das Recht zu, die Urheberschaft des Schöpfers des Werkes zu wahren.

(2) Ein Verzicht auf dieses Recht ist unwirksam.

Urheberbezeichnung

§ 20. (1) Der Urheber bestimmt, ob und mit welcher Urheberbezeichnung das Werk zu versehen ist.

(2) Eine Bearbeitung darf mit der Urheberbezeichnung nicht auf eine Art versehen werden, die der Bearbeitung den Anschein eines Originalwerkes gibt.

(3) Vervielfältigungsstücken von Werken der bildenden Künste darf durch die Urheberbezeichnung nicht der Anschein eines Urstückes verliehen werden.

Werkschutz

§ 21. (1) Wird ein Werk auf eine Art, die es der Öffentlichkeit zugänglich macht, benutzt oder zum Zweck der Verbreitung vervielfältigt, so dürfen auch von dem zu einer solchen Werknutzung Berechtigten an dem Werke selbst, an dessen Titel oder an der Urheberbezeichnung keine Kürzungen, Zusätze oder andere Änderungen vorgenommen werden, soweit nicht der Urheber einwilligt oder das Gesetz die Änderung zuläßt. Zulässig sind insbesondere Änderungen, die der Urheber dem zur Benutzung des Werkes Berechtigten nach den im redlichen Verkehr geltenden Gewohnheiten und Gebräuchen nicht untersagen kann, namentlich Änderungen, die durch die Art oder den Zweck der erlaubten Werknutzung gefordert werden.

(2) Für Urstücke von Werken der bildenden Künste gelten die Vorschriften des Absatzes 1 auch dann, wenn die Urstücke nicht auf eine Art benutzt werden, die das Werk der Öffentlichkeit zugänglich macht.

(3) Die Erteilung der Einwilligung zu nicht näher bezeichneten Änderungen hindert den Urheber nicht, sich Entstellungen, Verstümmelungen und anderen Änderungen des Werkes zu widersetzen, die seine geistigen Interessen am Werke schwer beeinträchtigen.

3. Pflichten des Besitzers eines Werkstückes

§ 22. Der Besitzer eines Werkstückes hat es dem Urheber auf Verlangen zugänglich zu machen, soweit es notwendig ist, um das Werk vervielfältigen zu können; hiebei hat der Urheber die Interessen des Besitzers entsprechend zu berücksichtigen. Der Besitzer ist nicht verpflichtet, dem Urheber das Werkstück zu dem angeführten Zwecke herauszugeben; auch ist er dem Urheber gegenüber nicht verpflichtet, für die Erhaltung des Werkstückes zu sorgen.

4. Übertragung des Urheberrechtes

§ 23. (1) Das Urheberrecht ist vererblich; in Erfüllung einer auf den Todesfall getroffenen Anordnung kann es auch auf Sondernachfolger übertragen werden.

(2) Wird die Verlassenschaft eines Miturhebers von niemand erworben und auch nicht als erbloses Gut vom Staat übernommen, so geht das Miturheberrecht auf die anderen Miturheber über. Dasselbe gilt im Falle des Verzichtes eines Miturhebers auf sein Urheberrecht, soweit dieser Verzicht wirkt.

(3) Im übrigen ist das Urheberrecht unübertragbar.

(4) Geht das Urheberrecht auf mehrere Personen über, so sind auf sie die für Miturheber (§ 11) geltenden Vorschriften entsprechend anzuwenden.

5. Werknutzungsbewilligung und Werknutzungsrecht

§ 24. (1) Der Urheber kann anderen gestatten, das Werk auf einzelne oder alle nach den „§§ 14 bis 18a" dem Urheber vorbehaltenen Verwertungsarten zu benutzen (Werknutzungsbewilligung). Auch kann er einem anderen das ausschließliche Recht dazu einräumen (Werknutzungsrecht). *(BGBl I 2003/32, ab 1. 7. 2003, s Anm zu § 12 Abs 2)*

(2) Eine Werknutzungsbewilligung, die vor Einräumung oder Übertragung eines Werknut-

zungsrechts erteilt worden ist, bleibt gegenüber dem Werknutzungsberechtigten wirksam, wenn mit dem Inhaber der Werknutzungsbewilligung nichts anderes vereinbart ist. *(BGBl 1982/295)*

Werknutzungsbewilligung oder Werknutzungsrecht für die Sendung oder die öffentliche Zurverfügungstellung nach § 18c

§ 24a. Wurde dem Anbieter einer großen Online-Plattform eine Werknutzungsbewilligung für die Sendung oder die öffentliche Zurverfügungstellung nach § 18c erteilt oder dazu ein Werknutzungsrecht eingeräumt oder übertragen, so ist es auch den Nutzern dieses Dienstes gestattet, über die Online-Plattform die betroffenen Werke im Umfang der erteilten Erlaubnis zu senden oder der Öffentlichkeit zur Verfügung zu stellen, sofern nicht diese Nutzer auf der Grundlage einer gewerblichen Tätigkeit handeln oder mit ihrer Tätigkeit erhebliche Einnahmen erzielen. Eine dem Nutzer erteilte Erlaubnis berechtigt auch den Anbieter des Dienstes zur erlaubten Nutzung.

(BGBl I 2021/244, ab 1. 1. 2022)

Vertragshilfe für die Zugänglichmachung audiovisueller Werke über Videoabrufdienste

§ 24b. Kommt ein Vertrag über die Bewilligung der Zugänglichmachung audiovisueller Werke über Videoabrufdienste nicht zustande, so kann jeder der Beteiligten beim Schlichtungsausschuss (§ 82 VerwGesG 2016, BGBl. I Nr. 27/2016) Vertragshilfe beantragen. Der Schlichtungsausschuss kann den Parteien Vorschläge unterbreiten.

(BGBl I 2021/244, ab 1. 1. 2022)

Zweckübertragungsgrundsatz und unbekannte Verwertungsarten

§ 24c. (1) Sind in einer Werknutzungsbewilligung oder bei der Einräumung eines Werknutzungsrechts die Verwertungsarten nicht ausdrücklich einzeln bezeichnet, so bestimmt sich nach dem von beiden Vertragspartnern zugrunde gelegten Vertragszweck, auf welche Verwertungsarten sie sich erstreckt. Entsprechendes gilt für die Frage, ob eine Werknutzungsbewilligung erteilt oder ein Werknutzungsrecht eingeräumt wurde, wie weit die Erlaubnis und das eingeräumte Recht reichen und welchen Einschränkungen sie unterliegen. Der Zweckübertragungsgrundsatz kommt bei Werken, die im Rahmen eines arbeitsrechtlichen Verhältnisses geschaffen wurden, sowie bei Werken, die im Verhältnis zum Gesamtwerk einen nachrangigen Beitrag darstellen, nicht zur Anwendung.

(2) Ein Vertrag, durch den der Urheber für eine bei dessen Abschluss unbekannte Verwertungsart eine Werknutzungsbewilligung erteilt oder ein Werknutzungsrecht einräumt, bedarf der Schriftform. Der Urheber kann diese Werknutzungsbewilligung oder dieses Werknutzungsrecht widerrufen. Das Widerrufsrecht erlischt nach Ablauf von drei Monaten, nachdem der Vertragspartner die Mitteilung über die beabsichtigte Aufnahme der neuen Art der Verwertung an den Urheber unter der ihm zuletzt bekannten Anschrift abgesendet hat. Auf das Widerrufsrecht kann im Voraus nicht verzichtet werden.

(3) An einem Filmwerk oder an einem zur Herstellung eines Filmwerks benutzten Werk steht das Widerrufsrecht nicht zu. Das Widerrufsrecht besteht weiters nicht, wenn der Urheber einen lediglich nachrangigen Beitrag zu einem Werk, einem Produkt oder einer Dienstleistung erbracht hat, bei Werken, die im Rahmen eines arbeitsrechtlichen Verhältnisses geschaffen wurden, sowie wenn gesondert eine zusätzliche angemessene Vergütung für die unbekannte Verwertungsart vereinbart wurde.

(BGBl I 2021/244, ab 1. 1. 2022, s § 116 Abs 16)

6. Exekutionsbeschränkungen

§ 25. (1) Verwertungsrechte sind der Exekution wegen Geldforderungen entzogen.

(2) Die wegen einer Geldforderung auf ein Werkstück geführte Exekution ist unzulässig, wenn durch dessen Verkauf das Verbreitungsrecht des Urhebers oder eines Werknutzungsberechtigten verletzt würde.

(3) Absatz 2 gilt nicht für Werkstücke, die zur Zeit der Pfändung von dem zu ihrer Verbreitung Berechtigten oder mit seiner Einwilligung verpfändet sind.

(4) Bei Werken der bildenden Künste wird durch das Verbreitungsrecht die Exekution auf Werkstücke nicht gehindert, die von dem zur Verbreitung Berechtigten zum Verkauf bereitgestellt sind.

(5) Mittel, die ausschließlich zur Vervielfältigung eines Werkes bestimmt sind (wie Formen, Platten, Steine, Holzstöcke, Filmstreifen u. dgl.) und einem dazu Berechtigten gehören, dürfen wegen einer Geldforderung nur gleich einem Zugehör des Vervielfältigungsrechtes mit diesem in Exekution gezogen werden.

(6) Dasselbe gilt entsprechend für Mittel, die ausschließlich zur Aufführung eines Filmwerkes bestimmt sind (Filmstreifen u. dgl.) und einem dazu Berechtigten gehören.

IV. Abschnitt

Werknutzungsrechte

§ 26. Auf welche Art, mit welchen Mitteln und innerhalb welcher örtlichen und zeitlichen Grenzen das Werk von einem Werknutzungsberechtigten (§ 24 Abs. 1 Satz 2) benutzt werden darf, richtet sich nach dem mit dem Urheber abgeschlossenen Vertrag. Soweit hienach das Werknutzungsrecht reicht, hat sich auch der Urheber gleich einem Dritten, jedoch unbeschadet seines Rechtes, Verletzungen des Urheberrechtes gerichtlich zu verfolgen, der Benutzung des Werkes zu enthalten. Mit dem Erlöschen dieser Verpflichtung erlangt das Verwertungsrecht seine frühere Kraft.

(BGBl 1982/295)

Übertragung der Werknutzungsrechte

§ 27. (1) Werknutzungsrechte sind vererblich und veräußerlich.

(2) Auf Sondernachfolger kann ein Werknutzungsrecht in der Regel nur mit Einwilligung des Urhebers übertragen werden. Die Einwilligung kann nur aus einem wichtigen Grunde verweigert werden. Sie gilt als erteilt, wenn der Urheber sie nicht binnen zwei Monaten nach dem Empfang der schriftlichen Aufforderung des Werknutzungsberechtigten oder dessen, auf den das Werknutzungsrecht übertragen werden soll, versagt; auf diese Wirkung muß in der Aufforderung ausdrücklich hingewiesen sein.

(3) Wer ein Werknutzungsrecht im Wege der Sondernachfolge erwirbt, hat an Stelle des Veräußerers die Verbindlichkeiten zu erfüllen, die diesem nach dem mit dem Urheber geschlossenen Vertrag obliegen. Für das dem Urheber gebührende Entgelt sowie für den Schaden, den der Erwerber im Falle der Nichterfüllung einer der aus diesem Vertrag für ihn entspringenden Pflichten dem Urheber zu ersetzen hat, haftet der Veräußerer dem Urheber wie ein Bürge und Zahler.

(4) Vom Veräußerer mit dem Erwerber ohne Einwilligung des Urhebers getroffene Vereinbarungen, die dem Absatz 3 zum Nachteil des Urhebers widersprechen, sind diesem gegenüber unwirksam.

(5) Die Haftung des Erwerbers für einen schon vor der Übernahme gegen den Veräußerer entstandenen Schadenersatzanspruch des Urhebers richtet sich nach den allgemeinen Vorschriften.

§ 28. (1) Ist nichts anderes vereinbart, so kann ein Werknutzungsrecht mit dem Unternehmen, zu dem es gehört, oder mit einem solchen Zweige des Unternehmens auf einen anderen übertragen werden, ohne daß es der Einwilligung des Urhebers bedarf.

(2) Ferner können, wenn der Werknutzungsberechtigte zur Ausübung seines Rechtes nicht verpflichtet ist und mit dem Urheber nichts anderes vereinbart hat, ohne dessen Einwilligung übertragen werden:

1. Werknutzungsrechte an Sprachwerken und Werken der im § 2, Z. 3, bezeichneten Art, die entweder auf Bestellung des Werknutzungsberechtigten nach seinem den Inhalt und die Art der Behandlung bezeichnenden Plane oder bloß als Hilfs- oder Nebenarbeit für ein fremdes Werk geschaffen werden;

2. Werknutzungsrechte an Werken der Lichtbildkunst (Lichtbildwerken) und des Kunstgewerbes, die auf Bestellung oder im Dienst eines gewerblichen Unternehmens für dieses geschaffen werden. *(BGBl 1953/106)*

Vorzeitige Auflösung des Vertragsverhältnisses

§ 29. (1) Wird von einem Werknutzungsrecht ein dem Zwecke seiner Bestellung entsprechender Gebrauch überhaupt nicht oder nur in so unzureichendem Maße gemacht, daß wichtige Interessen des Urhebers beeinträchtigt werden, so kann dieser, wenn ihn kein Verschulden daran trifft, das Vertragsverhältnis, soweit es das Werknutzungsrecht betrifft, vorzeitig lösen.

(2) Die Auflösung kann erst nach fruchtlosem Ablauf einer vom Urheber dem Werknutzungsberechtigten gesetzten angemessenen Nachfrist erklärt werden. Der Setzung einer Nachfrist bedarf es nicht, wenn die Ausübung des Werknutzungsrechtes dem Erwerber unmöglich ist oder von ihm verweigert wird oder wenn die Gewährung einer Nachfrist überwiegende Interessen des Urhebers gefährdet.

(3) Auf das Recht, das Vertragsverhältnis aus den im Absatz 1 bezeichneten Gründen zu lösen, kann im voraus für eine drei Jahre übersteigende Frist nicht verzichtet werden. In diese Frist wird die Zeit nicht eingerechnet, in der der Werknutzungsberechtigte durch Umstände, die auf seiten des Urhebers liegen, daran verhindert war, das Werk zu benutzen.

(4) Die Wirksamkeit der vom Urheber abgegebenen Erklärung, das Vertragsverhältnis aufzulösen, kann nicht bestritten werden, wenn der Werknutzungsberechtigte diese Erklärung nicht binnen 14 Tagen nach ihrem Empfang zurückweist.

§ 30. (1) Bei den im § 28, Absatz 2, Z. 1 und 2, bezeichneten Werknutzungsrechten gelten die Vorschriften des § 29 nur, wenn der Werknutzungsberechtigte zur Ausübung seines Rechtes verpflichtet ist.

(2) Durch die Vorschriften des § 29 werden die dem Urheber nach Vertrag oder Gesetz zustehenden Rechte nicht berührt, den Vertrag aus an-

deren Gründen aufzuheben, vom Vertrag zurückzutreten oder dessen Erfüllung zu begehren sowie Schadenersatz wegen Nichterfüllung zu verlangen.

Werknutzungsrechte an künftigen Werken

§ 31. (1) Auch über erst zu schaffende Werke kann im voraus gültig verfügt werden.

(2) Hat sich der Urheber verpflichtet, einem anderen Werknutzungsrechte an allen nicht näher oder nur der Gattung nach bestimmten Werken einzuräumen, die er zeit seines Lebens oder binnen einer fünf Jahre übersteigenden Frist schaffen wird, so kann jeder Teil den Vertrag kündigen, sobald seit dessen Abschluß fünf Jahre abgelaufen sind. Auf das Kündigungsrecht kann im voraus nicht verzichtet werden. Die Kündigungsfrist beträgt drei Monate, wenn keine kürzere Frist vereinbart ist. Durch die Kündigung wird das Vertragsverhältnis nur hinsichtlich der Werke beendet, die zur Zeit des Ablaufs der Kündigungsfrist noch nicht vollendet sind.

(3) Durch die Vorschrift des Absatzes 2 werden andere Rechte, den Vertrag aufzuheben, nicht berührt.

Recht zur anderweitigen Verwertung nach fünfzehn Jahren bei pauschaler Vergütung

§ 31a. (1) Hat der Urheber ein Werknutzungsrecht gegen eine pauschale Vergütung eingeräumt, so ist er berechtigt, das Werk nach Ablauf von fünfzehn Jahren anderweitig zu verwerten. Für die verbleibende Dauer der Einräumung des Werknutzungsrechts wird dieses durch eine Werknutzungsbewilligung ersetzt. Die Frist beginnt mit der Einräumung des Werknutzungsrechts oder, wenn das Werk später abgeliefert wird, mit der Ablieferung zu laufen. § 37a zweiter Satz ist entsprechend anzuwenden.

(2) Frühestens nach Ablauf von fünf Jahren ab Beginn der in Abs. 1 genannten Frist können die Vertragspartner die Ausschließlichkeit auf die gesamte Dauer der Nutzungsrechtseinräumung in schriftlicher Form erstrecken.

(3) Abs. 1 und 2 sind nicht anzuwenden, wenn

1. der Urheber einen lediglich nachrangigen Beitrag zu einem Werk, einem Produkt oder einer Dienstleistung erbringt; nachrangig ist ein Beitrag insbesondere dann, wenn er den Gesamteindruck eines Werkes oder die Beschaffenheit eines Produktes oder einer Dienstleistung wenig prägt, etwa weil er nicht zum typischen Inhalt eines Werkes, eines Produktes oder einer Dienstleistung gehört,

2. das Werk im Rahmen eines Arbeitsverhältnisses geschaffen wurde,

3. das Werk mit Zustimmung des Urhebers unabhängig von einer Registrierung für eine Marke oder ein sonstiges Kennzeichen, ein Design oder ein Gemeinschaftsgeschmacksmuster bestimmt ist oder

4. das Werk nicht veröffentlicht werden soll.

(BGBl I 2021/244, ab 1. 1. 2022, s § 116 Abs 16)

Eröffnung eines Insolvenzverfahrens

§ 32. (1) Hat der Urheber einem anderen das ausschließliche Recht eingeräumt, ein Werk zu vervielfältigen und zu verbreiten, und wird über das Vermögen des Werknutzungsberechtigten ein Insolvenzverfahren eröffnet, so wird die Anwendung der Vorschriften der Insolvenzordnung über noch nicht erfüllte zweiseitige Verträge dadurch nicht ausgeschlossen, dass der Urheber dem Werknutzungsberechtigten das zu vervielfältigende Werkstück schon vor der Eröffnung des Insolvenzverfahrens übergeben hat.

(2) Ist zur Zeit der Eröffnung des Insolvenzverfahrens mit der Vervielfältigung des Werkes noch nicht begonnen worden, so kann der Urheber vom Vertrag zurücktreten. Auf Antrag des Schuldners oder des Insolvenzverwalters hat das Insolvenzgericht eine Frist zu bestimmen, nach deren Ablauf der Urheber den Rücktritt nicht mehr erklären kann.

(BGBl I 2010/58, ab 1. 8. 2010)

V. Abschnitt

Vorbehalte zugunsten des Urhebers

Auslegungsregeln

§ 33. (1) Wenn nicht das Gegenteil vereinbart worden ist, erstreckt sich die Gewährung des Rechtes, ein Werk zu benutzen, nicht auf Übersetzungen und andere Bearbeitungen, die Gewährung des Rechtes, ein Werk der Literatur oder Tonkunst zu vervielfältigen, nicht auf die Vervielfältigung des Werkes auf Bild- oder Schallträgern und die Gewährung des Rechtes, ein Werk zu senden (§ 17), nicht auf das Recht, das Werk während der Sendung oder zum Zwecke der Sendung auf Bild- oder Schallträgern festzuhalten. *(BGBl 1953/106)*

(2) In der Übertragung des Eigentums an einem Werkstück ist im Zweifel die Einräumung eines Werknutzungsrechtes oder die Erteilung einer Werknutzungsbewilligung nicht enthalten.

Gesamtausgaben

§ 34. Der Urheber, der einem anderen das ausschließliche Recht eingeräumt hat, ein Werk der Literatur oder Tonkunst zu vervielfältigen und zu verbreiten, behält gleichwohl das Recht, das Werk in einer Gesamtausgabe zu vervielfältigen und zu verbreiten, sobald seit dem Ablauf des Kalenderjahrs, in dem das Werk erschienen ist, zwanzig Jahre verstrichen sind. Dieses Recht kann durch Vertrag weder beschränkt noch aufgehoben werden.

Vorbehalt bei Werken der bildenden Künste

§ 35. Der Urheber, der einem anderen das ausschließliche Recht eingeräumt hat, ein Werk der bildenden Künste zu vervielfältigen und zu verbreiten, behält gleichwohl das Recht, es in Aufsätzen über die künstlerische Tätigkeit des Schöpfers des Werkes oder als Probe seines Schaffens zu vervielfältigen und zu verbreiten.

Beiträge zu Sammlungen

§ 36. (1) Wird ein Werk als Beitrag zu einer periodisch erscheinenden Sammlung (Zeitung, Zeitschrift, Jahrbuch, Almanach u. dgl.) angenommen, so bleibt der Urheber berechtigt, das Werk anderweit zu vervielfältigen und zu verbreiten, wenn nichts anderes vereinbart und wenn auch nicht aus den Umständen zu entnehmen ist, daß der Herausgeber oder Verleger der Sammlung das Recht, das Werk darin zu vervielfältigen und zu verbreiten, als ausschließliches Recht in dem Sinn erwerben soll, daß das Werk sonst nicht vervielfältigt oder verbreitet werden darf.

(2) Ein solches ausschließliches Recht erlischt bei Beiträgen zu einer Zeitung sogleich nach dem Erscheinen des Beitrages in der Zeitung. Bei Beiträgen zu anderen periodisch erscheinenden Sammlungen sowie bei Beiträgen, die zu einer nicht periodisch erscheinenden Sammlung angenommen werden und für deren Überlassung dem Urheber kein Anspruch auf ein Entgelt zusteht, erlischt ein solches ausschließliches Recht, wenn seit dem Ablauf des Kalenderjahrs, in dem der Beitrag in der Sammlung erschienen ist, ein Jahr verstrichen ist.

§ 37. Nimmt der Herausgeber oder Verleger einer periodisch erscheinenden Sammlung ein Werk als Beitrag an und wird über die Zeit nichts vereinbart, wann der Beitrag in der Sammlung zu vervielfältigen und zu verbreiten ist, so ist der Herausgeber oder Verleger im Zweifel dazu nicht verpflichtet. Der Urheber kann aber in diesem Falle das Recht des Herausgebers oder Verlegers für erloschen erklären, wenn der Beitrag nicht binnen einem Jahre nach der Ablieferung in der Sammlung erscheint; der Anspruch des Urhebers auf das Entgelt bleibt unberührt. § 29, Absatz 4, gilt entsprechend.

Zweitverwertungsrecht von Urhebern wissenschaftlicher Beiträge

§ 37a. Der Urheber eines wissenschaftlichen Beitrags, der von diesem als Angehörigem des wissenschaftlichen Personals einer mindestens zur Hälfte mit öffentlichen Mitteln finanzierten Forschungseinrichtung geschaffen wurde und in einer periodisch mindestens zweimal jährlich erscheinenden Sammlung erschienen ist, hat auch dann, wenn er dem Verleger oder Herausgeber ein Werknutzungsrecht eingeräumt hat, das Recht, den Beitrag nach Ablauf von zwölf Monaten seit der Erstveröffentlichung in der akzeptierten Manuskriptversion öffentlich zugänglich zu machen, soweit dies keinem gewerblichen Zweck dient. Die Quelle der Erstveröffentlichung ist anzugeben. Eine zum Nachteil des Urhebers abweichende Vereinbarung ist unwirksam.

(BGBl I 2015/99, ab 1. 10. 2015)

Va. Abschnitt

Faire Vergütung in Verwertungsverträgen mit Urhebern

Grundsatz der angemessenen und verhältnismäßigen Vergütung

§ 37b. (1) Das Urheberrecht schützt den Urheber in seinen geistigen und persönlichen Beziehungen zum Werk und in der Nutzung des Werkes. Es dient zugleich der Sicherung einer angemessenen Vergütung für die Nutzung des Werkes.

(2) Der Urheber, der einem anderen das ausschließliche Recht eingeräumt hat, das Werk auf einzelne oder alle nach den §§ 14 bis 18a ihm vorbehaltenen Verwertungsarten zu benutzen, oder der eine solche Nutzung gestattet hat, soll dafür eine angemessene und verhältnismäßige Vergütung erhalten. Dies steht der Vereinbarung von pauschalen Vergütungen nicht entgegen, soweit dabei der wirtschaftliche Wert der betroffenen Rechte, der Beitrag des Urhebers zu dem Werk oder der Verbindung mehrerer Werke und die branchenüblichen und redlichen Marktgegebenheiten berücksichtigt werden. Sofern der Urheber nicht bereits anderweitig über seine Rechte verfügt hat, hindert diese Bestimmung ihn nicht daran zu gestatten, das Werk auf einzelne oder alle nach den §§ 14 bis 18a ihm vorbehaltenen Verwertungsarten unentgeltlich zu benutzen.

(3) Eine Vergütung ist angemessen, wenn sie im Zeitpunkt des Vertragsabschlusses dem entspricht, was im Geschäftsverkehr unter Berücksichtigung aller Umstände für die eingeräumten Nutzungsmöglichkeiten üblicher und redlicher Weise zu leisten ist.

(4) Entspricht die Vergütung zum Zeitpunkt des Vertragsabschlusses einer Vergütungsregel

in einem Kollektivvertrag, so gilt sie für diese Berufsgruppe als angemessen. Dies gilt auch für die Vergütung aufgrund einer Vergütungsregel, auf die sich repräsentative Vereinigungen von Urhebern und Werknutzern geeinigt haben. Regeln in Kollektivverträgen gehen anderen Regeln, insbesondere solchen, auf die sich repräsentative Vereinigungen von Urhebern und Werknutzern geeinigt haben, vor. Eine Vereinigung ist repräsentativ, wenn ihr Wirkungsbereich das gesamte Bundesgebiet umfasst und die Mitgliederzahl der Vereinigung die weitaus überwiegende Mehrheit der Mitglieder der betroffenen Berufsgruppe umfasst. Vereinbarungen über Vergütungsregeln dürfen erst dann getroffen werden, wenn die Repräsentativität einer Vereinigung durch die Aufsichtsbehörde für Verwertungsgesellschaften (§ 83 VerwGesG 2016) rechtskräftig festgestellt wurde. Art. 101 und 102 AEUV sowie § 1 des Kartellgesetzes 2005, BGBl. I Nr. 61/2005, bleiben unberührt.

(5) Die Aufsichtsbehörde für Verwertungsgesellschaften (§ 83 VerwGesG 2016) hat die Repräsentativität gemäß Abs. 4 auf Antrag und sofern die Voraussetzungen erfüllt werden, festzustellen. Im Antrag ist jedenfalls darzulegen, für welche Berufsgruppe der Antragsteller Vereinbarungen gemäß Abs. 4 abzuschließen beabsichtigt. Auf das Verfahren ist das Allgemeine Verwaltungsverfahrensgesetz 1991, BGBl. Nr. 51/1991, anzuwenden. Vor der Zuerkennung der Repräsentativität sind betroffene Berufsgruppen zu hören. Die Repräsentativität kann jederzeit aus wichtigem Grund aberkannt werden; ein solcher Grund ist es insbesondere, wenn die Anzahl der vertretenen Mitglieder nicht mehr ausreichend repräsentativ ist oder die Vereinigung die ihr obliegenden Verpflichtungen nicht ausreichend wahrnimmt oder gröblich verletzt. Über Beschwerden gegen Bescheide der Aufsichtsbehörde für Verwertungsgesellschaften (§ 83 VerwGesG 2016) entscheidet das Bundesverwaltungsgericht.

(6) Kommt eine Einigung über gemeinsame Vergütungsregeln nicht zustande, so kann jeder der Beteiligten beim Schlichtungsausschuss (§ 82 VerwGesG 2016) Vertragshilfe beantragen. Der Schlichtungsausschuss kann den Parteien Vorschläge unterbreiten.

(BGBl I 2021/244, ab 1. 1. 2022, s § 116 Abs 16)

Vertragsanpassungsmechanismus

§ 37c. (1) Der Urheber hat gegenüber demjenigen, dem er eine Werknutzungsbewilligung erteilt oder ein Werknutzungsrecht eingeräumt hat, Anspruch auf eine zusätzliche, angemessene und faire Vergütung, wenn sich die ursprünglich vereinbarte Vergütung im Vergleich zu sämtlichen späteren einschlägigen Einnahmen aus der Verwertung des Werks als eindeutig unverhältnismäßig niedrig erweist. Wird die Werknutzungsbewilligung oder das Werknutzungsrecht übertragen, haftet der Erwerber dem Urheber nach Maßgabe des vorstehenden Satzes unmittelbar. Die Haftung des Veräußerers entfällt.

(2) Der Urheber hat keinen Anspruch nach Abs. 1, soweit die Vergütung nach einer Vergütungsregel nach § 37b Abs. 4 oder einem Kollektivvertrag bestimmt worden ist und diese ausdrücklich eine weitere angemessene Vergütung für den Fall des Abs. 1 vorsieht.

(3) § 34 VerwGesG 2016 bleibt unberührt.

(BGBl I 2021/244, ab 1. 1. 2022, s § 116 Abs 16)

Anspruch auf Auskunft

§ 37d. (1) Wer aufgrund einer Werknutzungsbewilligung oder eines Werknutzungsrechts als Vertragspartner des Urhebers ein Werk entgeltlich nutzt, hat dem Urheber einmal jährlich für das vergangene Jahr und unter Berücksichtigung der branchenspezifischen Besonderheiten aktuelle, einschlägige und umfassende Auskunft über die Verwertung seines Werks, vor allem über die Art der Verwertung, die erzielten Einnahmen und fälligen Forderungen, zu erteilen. Die Auskunft kann auch durch digitale Bereitstellung erfolgen.

(2) Diese Verpflichtung besteht nicht, wenn

1. der Urheber einen lediglich nachrangigen Beitrag zu einem Werk, einem Produkt oder einer Dienstleistung erbracht hat; nachrangig ist ein Beitrag insbesondere dann, wenn er den Gesamteindruck eines Werkes oder die Beschaffenheit eines Produktes oder einer Dienstleistung wenig prägt, etwa, weil er nicht zum typischen Inhalt eines Werkes, eines Produktes oder einer Dienstleistung gehört, es sei denn, der Urheber macht glaubhaft, dass er die Auskunft zur Ausübung seines Anspruchs nach § 37c benötigt, oder

2. die Inanspruchnahme des Vertragspartners aus anderen Gründen unverhältnismäßig ist.

(3) Wenn der Verwaltungsaufwand im Verhältnis zu den durch die Verwertung des Werkes erzielten Einnahmen unverhältnismäßig hoch ist, ist der Anspruch auf die Arten und den Umfang der Informationen beschränkt, deren Bereitstellung in derartigen Fällen nach billigem Ermessen erwartet werden kann.

(4) Hat der Vertragspartner des Urhebers Werknutzungsrechte übertragen oder anderen Werknutzungsbewilligungen erteilt, so kann der Urheber Auskunft auch von denjenigen Dritten verlangen, die diese Nutzungsrechte ausüben, soweit der Vertragspartner des Urhebers nicht über alle notwendigen Informationen verfügt, um dem Urheber Auskunft zu erteilen. Der Vertragspartner des Urhebers hat diesem gegenüber zu

diesem Zweck die Identität des Dritten offen zu legen.

(5) Der Urheber und sein Vertragspartner können vereinbaren, dass der Urheber die übermittelten Auskünfte vertraulich behandelt, soweit dies den Urheber nicht daran hindert, die Auskünfte für die Ausübung seiner Rechte nach diesem Gesetz zu nutzen.

(6) Für Verwertungsgesellschaften gilt § 41 VerwGesG 2016.

(BGBl I 2021/244, ab 7. 6. 2022, s § 116 Abs 16)

Vermittlung durch den Schlichtungsausschuss

§ 37e. In Streitigkeiten zwischen Urhebern, ihren Vertragspartnern oder Dritten über die Ansprüche nach den §§ 37c und 37d kann der Schlichtungsausschuss (§ 82 VerwGesG 2016) als Vermittler angerufen werden. Die Streitteile können sich auch durch repräsentative Vereinigungen (§ 37b Abs. 4) vertreten lassen.

(BGBl I 2021/244, ab 1. 1. 2022)

Unabdingbarkeit

§ 37f. (1) Auf die Ansprüche nach § 37c und § 37d und die Vermittlung nach § 37e oder eine andere Form der alternativen Streitbeilegung kann im Voraus nicht verzichtet werden. Diese Bestimmungen finden zwingend Anwendung, wenn auf den Nutzungsvertrag mangels einer Rechtswahl österreichisches Recht anzuwenden ist. An die Stelle des von den Parteien gewählten anwendbaren Rechts treten die Ansprüche nach § 37c und § 37d und die Vermittlung nach § 37e, wenn das von den Parteien gewählte Recht nicht das Recht eines anderen Mitgliedstaats der Europäischen Union oder eines anderen Vertragsstaats des Übereinkommens über den Europäischen Wirtschaftsraum ist und alle anderen Elemente des vertragsgegenständlichen Sachverhalts zum Zeitpunkt der Rechtswahl in einem solchen Staat gelegen sind.

(2) Die Anwartschaft auf den Anspruch nach § 37c unterliegt nicht der Zwangsvollstreckung; eine Verfügung über die Anwartschaft ist unwirksam.

(BGBl I 2021/244, ab 1. 1. 2022, s § 116 Abs 16)

Ausnahme von Computerprogrammen

§ 37g. Die §§ 24a, 31a, 37b bis 37f gelten nicht für Urheber von Computerprogrammen im Sinn des § 40a.

(BGBl I 2021/244, ab 1. 1. 2022, s § 116 Abs 16)

VI. Abschnitt

Sondervorschriften für gewerbsmäßig hergestellte Filmwerke

Rechte am Filmwerk

§ 38. (1) Wer sich zur Mitwirkung bei der Herstellung eines Filmes verpflichtet, räumt damit für den Fall, dass er ein Urheberrecht am Filmwerk erwirbt, dem Filmhersteller im Zweifel das ausschließliche Recht ein, das Filmwerk sowie Übersetzungen und andere filmische Bearbeitungen oder Umgestaltungen des Filmwerkes auf alle Nutzungsarten zu nutzen. Hat der Urheber des Filmwerkes dieses Nutzungsrecht im Voraus einem Dritten eingeräumt, so behält er gleichwohl stets die Befugnis, dieses Recht beschränkt oder unbeschränkt dem Filmhersteller einzuräumen. Das Urheberrecht an den zur Herstellung des Filmwerkes benutzten Werken, wie Roman, Drehbuch und Filmmusik, bleibt unberührt. Dieser Absatz gilt für die Rechte zur filmischen Verwertung der bei der Herstellung eines Filmwerkes entstehenden Lichtbildwerke entsprechend. Die gesetzlichen Vergütungsansprüche des Filmurhebers stehen dem Filmhersteller und dem Filmurheber je zur Hälfte zu, soweit sie nicht unverzichtbar sind. *(BGBl I 2015/99, ab 1. 10. 2015)*

(1a) Gestattet der nach Abs. 1 berechtigte Filmhersteller oder ein Werknutzungsberechtigter gegen Entgelt anderen die Benutzung eines Filmwerks zur gleichzeitigen, vollständigen und unveränderten Weitersendung mit Hilfe von Leitungen, so hat der Urheber Anspruch auf einen Anteil an diesem Entgelt; dieser Anteil beträgt ein Drittel, soweit der Filmhersteller mit dem Urheber nichts anderes vereinbart hat. Gestattet der Filmhersteller oder Werknutzungsberechtigte die Benutzung auch als Inhaber anderer Ausschließungsrechte und wird hiefür ein pauschales Entgelt vereinbart, so steht dem Urheber der Anspruch nach dieser Bestimmung nur an dem Teil des Entgelts zu, der auf die Abgeltung des Werknutzungsrechts am Filmwerk entfällt. Der Urheber kann den Anspruch nach dieser Bestimmung unmittelbar gegenüber demjenigen geltend machen, der zur Zahlung des Entgelts verpflichtet ist, wenn er diesem gegenüber nachweist, dass der Anspruch vom Filmhersteller beziehungsweise Werknutzungsberechtigten anerkannt oder gegen diesen gerichtlich festgestellt ist. Der Anspruch des Urhebers nach dieser Bestimmung kann nur durch Verwertungsgesellschaften geltend gemacht werden. *(BGBl I 2006/22, ab 1. 1. 2006, s Art IV UrhG-Nov 2005)*

(2) Änderungen des Filmwerkes, seines Titels und der Bezeichnung des Filmherstellers dürfen, unbeschadet der Vorschrift des § 39, Absatz 3, ohne Einwilligung des Filmherstellers nur vorge-

nommen werden, soweit sie nach der auf den Filmhersteller entsprechend anzuwendenden Vorschrift des § 21, Absatz 1, zulässig sind.

(3) Bis zum Beweis des Gegenteils gilt als Filmhersteller, wer als solcher auf den Vervielfältigungsstücken eines Filmwerkes in der üblichen Weise durch Angabe seines wahren Namens, seiner Firma oder eines von ihm bekanntermaßen gebrauchten Decknamens oder Unternehmenskennzeichens bezeichnet wird. Dasselbe gilt von dem, der bei einer öffentlichen Aufführung oder bei einer Rundfunksendung des Filmwerkes auf die angegebene Art als Filmhersteller bezeichnet wird, sofern nicht die im vorigen Satz aufgestellte Vermutung dafür spricht, daß Filmhersteller ein anderer ist. *(BGBl 1982/295)*

Urheber

§ 39. (1) Wer an der Schaffung eines gewerbsmäßig hergestellten Filmwerkes derart mitgewirkt hat, daß der Gesamtgestaltung des Werkes die Eigenschaft einer eigentümlichen geistigen Schöpfung zukommt, kann vom Hersteller verlangen, auf dem Film und in Ankündigungen des Filmwerkes als dessen Urheber genannt zu werden.

(2) Die Urheberbezeichnung (Absatz 1) ist in den Ankündigungen von öffentlichen Aufführungen und von Rundfunksendungen des Filmwerkes anzuführen.

(3) Zu einer nach § 21 nur mit Einwilligung des Urhebers zulässigen Änderung des Filmwerkes, seines Titels und der Urheberbezeichnung bedarf es, unbeschadet der Vorschrift des § 38, Absatz 2, der Einwilligung der in der Urheberbezeichnung genannten Urheber.

(4) Zur Verwertung von Bearbeitungen und Übersetzungen des Filmwerkes bedarf es außer der Einwilligung des Filmherstellers auch der Einwilligung der in der Urheberbezeichnung genannten Urheber. „Soweit diese Urheber mit dem Filmhersteller nichts anderes vereinbart haben, bedarf es dieser Einwilligung nicht für Übersetzungen und Bearbeitungen einschließlich der Fertigstellung des unvollendet gebliebenen Filmwerks, die nach den im redlichen Verkehr geltenden Gewohnheiten und Gebräuchen zur normalen Verwertung des Filmwerks erforderlich sind und die geistigen Interessen der Urheber am Werk nicht beeinträchtigen.“ *(BGBl 1996/151, ab 1. 4. 1996, s Art VI UrhG-Nov 1996)*

(5) *(aufgehoben, BGBl 1996/151, ab 1. 4. 1996, s Art VI UrhGNov 1996)*

Verwertungsrechte und Werknutzungsrechte

§ 40. (1) Die dem Filmhersteller zustehenden Verwertungsrechte sind vererblich und veräußerlich und können ohne Einschränkung in Exekution gezogen werden. Werden sie auf einen anderen übertragen, so kann dem Erwerber auch das Recht eingeräumt werden, sich als Hersteller des Filmwerkes zu bezeichnen. In diesem Falle gilt der Erwerber fortan als Filmhersteller und genießt auch den diesem nach § 38, Absatz 2, zukommenden Schutz.

(2) Werknutzungsrechte an gewerbsmäßig hergestellten Filmwerken können, wenn mit dem Hersteller nichts anderes vereinbart worden ist, ohne dessen Einwilligung auf einen anderen übertragen werden.

(3) Die Vorschriften der §§ 29 und 31a gelten für Werknutzungsbewilligungen oder Werknutzungsrechte an gewerbsmäßig hergestellten Filmwerken nicht. *(BGBl I 2021/244, ab 1. 1. 2022)*

VIa. Abschnitt

Sondervorschriften für Computerprogramme

Computerprogramme

§ 40a. (1) Computerprogramme sind Werke im Sinn dieses Gesetzes, wenn sie das Ergebnis der eigenen geistigen Schöpfung ihres Urhebers sind.

(2) In diesem Gesetz umfaßt der Ausdruck „Computerprogramm“ alle Ausdrucksformen einschließlich des Maschinencodes sowie das Material zur Entwicklung des Computerprogramms.

(BGBl 1993/93, ab 1. 3. 1993)

Dienstnehmer

§ 40b. Wird ein Computerprogramm von einem Dienstnehmer in Erfüllung seiner dienstlichen Obliegenheiten geschaffen, so steht dem Dienstgeber hieran ein unbeschränktes Werknutzungsrecht zu, wenn er mit dem Urheber nichts anderes vereinbart hat. In solchen Fällen ist der Dienstgeber auch zur Ausübung der in § 20 und § 21 Abs. 1 bezeichneten Rechte berechtigt; das Recht des Urhebers, nach die Urheberschaft für sich in Anspruch zu nehmen, bleibt unberührt.

(BGBl 1993/93, ab 1. 3. 1993, gilt nicht für Computerprogramme, die davor geschaffen wurden)

Werknutzungsrechte

§ 40c. Werknutzungsrechte an Computerprogrammen können, wenn mit dem Urheber nichts anderes vereinbart worden ist, ohne dessen Einwilligung auf einen anderen übertragen werden. Die Vorschriften des § 29 gelten für Werknutzungsrechte an Computerprogrammen nicht.

(BGBl 1993/93, ab 1. 3. 1993, s Anm zu § 40b)

Freie Werknutzungen

§ 40d. (1) § 42 gilt für Computerprogramme nicht.

(2) Computerprogramme dürfen vervielfältigt und bearbeitet werden, soweit dies für ihre bestimmungsgemäße Benutzung durch den zur Benutzung Berechtigten notwendig ist; hiezu gehört auch die Anpassung an dessen Bedürfnisse.

(3) Die zur Benutzung eines Computerprogramms berechtigte Person darf

1. Vervielfältigungsstücke für Sicherungszwecke (Sicherungskopien) herstellen, soweit dies für die Benutzung des Computerprogramms notwendig ist;

2. das Funktionieren des Programms beobachten, untersuchen oder testen, um die einem Programmelement zugrunde liegenden Ideen und Grundsätze zu ermitteln, wenn sie dies durch Handlungen zum Laden, Anzeigen, Ablaufen, Übertragen oder Speichern des Programms tut, zu denen sie berechtigt ist.

(4) Auf die Rechte nach Abs. 2 und 3 kann wirksam nicht verzichtet werden; dies schließt Vereinbarungen über den Umfang der bestimmungsgemäßen Benutzung im Sinn des Abs. 2 nicht aus.

(BGBl 1993/93, ab 1. 3. 1993)

Dekompilierung

§ 40e. (1) Der Code eines Computerprogramms darf vervielfältigt und seine Codeform übersetzt werden, sofern folgende Bedingungen erfüllt sind:

1. Die Handlungen sind unerläßlich, um die erforderlichen Informationen zur Herstellung der Interoperabilität eines unabhängig geschaffenen Computerprogramms mit anderen Programmen zu erhalten;

2. die Handlungen werden von einer zur Verwendung des Vervielfältigungsstücks eines Computerprogramms berechtigten Person oder in deren Namen von einer hiezu ermächtigten Person vorgenommen;

3. die für die Herstellung der Interoperabilität notwendigen Informationen sind für die unter Z 1 genannten Personen noch nicht ohne weiteres zugänglich gemacht; und

4. die Handlungen beschränken sich auf die Teile des Programms, die zur Herstellung der Interoperabilität notwendig sind.

(2) Die nach Abs. 1 gewonnenen Informationen dürfen nicht

1. zu anderen Zwecken als zur Herstellung der Interoperabilität des unabhängig geschaffenen Programms verwendet werden;

2. an Dritte weitergegeben werden, es sei denn, daß dies für die Interoperabilität des unabhängig geschaffenen Programms notwendig ist;

3. für die Entwicklung, Vervielfältigung oder Verbreitung eines Programms mit im wesentlichen ähnlicher Ausdrucksform oder für andere, das Urheberrecht verletzende Handlungen verwendet werden.

(3) Auf das Recht der Dekompilierung (Abs. 1) kann wirksam nicht verzichtet werden.

(BGBl 1993/93, ab 1. 3. 1993)

VIb. Abschnitt

Sondervorschriften für Datenbankwerke

Datenbanken und Datenbankwerke

§ 40f. (1) Datenbanken im Sinn dieses Gesetzes sind Sammlungen von Werken, Daten oder anderen unabhängigen Elementen, die systematisch oder methodisch angeordnet und einzeln mit elektronischen Mitteln oder auf andere Weise zugänglich sind. Ein Computerprogramm, das für die Herstellung oder den Betrieb einer elektronisch zugänglichen Datenbank verwendet wird, ist nicht Bestandteil der Datenbank.

(2) Datenbanken werden als Sammelwerke (§ 6) urheberrechtlich geschützt, wenn sie infolge der Auswahl oder Anordnung des Stoffes eine eigentümliche geistige Schöpfung sind (Datenbankwerke).

(3) Die §§ 40b und 40c gelten für Datenbankwerke entsprechend.

(BGBl I 1998/25, ab 1. 1. 1998, gilt auch für Datenbankwerke, die davor geschaffen worden sind)

Wiedergaberecht

§ 40g. Der Urheber hat das ausschließliche Recht, ein Datenbankwerk öffentlich wiederzugeben.

(BGBl I 1998/25, ab 1. 1. 1998, s Anm zu § 40f)

Freie Werknutzungen

§ 40h. (1) § 42 Abs. 1, 3 und 4 ist auf Datenbankwerke nicht anzuwenden. Jedoch darf jede natürliche Person von einem Datenbankwerk, dessen Elemente nicht einzeln mit Hilfe elektronischer Mittel zugänglich sind, einzelne Vervielfältigungsstücke zum privaten Gebrauch und weder für unmittelbare noch mittelbare kommerzielle Zwecke herstellen. *(BGBl I 2003/32, ab 1. 7. 2003, s Anm zu § 12 Abs 2)*

(2) § 42 Abs. 2 gilt für Datenbankwerke mit der Maßgabe, dass die Vervielfältigung auch auf Papier oder einem ähnlichen Träger zulässig ist. *(BGBl I 2003/32, ab 1. 7. 2003, s Anm zu § 12 Abs 2)*

(3) Die zur Benutzung eines Datenbankwerks oder eines Teiles desselben berechtigte Person darf die dem Urheber sonst vorbehaltenen Verwertungshandlungen vornehmen, wenn sie für den Zugang zum Inhalt des Datenbankwerks oder des Teiles derselben oder für deren bestimmungsgemäße Benutzung notwendig sind. Auf dieses Recht kann wirksam nicht verzichtet werden; dies schließt Vereinbarungen über den Umfang der bestimmungsgemäßen Benutzung nicht aus.

(BGBl I 1998/25, ab 1. 1. 1998, s Anm zu § 40f; Abs 2 ist nicht auf Verträge anzuwenden, die vor dem 1. 1. 1998 geschlossen worden sind)

VII. Abschnitt

Beschränkungen der Verwertungsrechte

1. Freie Werknutzungen

Freie Werknutzungen im Interesse der Rechtspflege und der Verwaltung

§ 41. Der Benutzung eines Werkes zu Zwecken der öffentlichen Sicherheit oder zur Sicherstellung des ordnungsgemäßen Ablaufs von Verwaltungsverfahren, parlamentarischen Verfahren oder Gerichtsverfahren steht das Urheberrecht nicht entgegen.

(BGBl I 2003/32, ab 1. 7. 2003, s Anm zu § 12 Abs 2)

Flüchtige und begleitende Vervielfältigungen

§ 41a. Zulässig ist die vorübergehende Vervielfältigung,

1. wenn sie flüchtig oder begleitend ist und

2. wenn sie ein integraler und wesentlicher Teil eines technischen Verfahrens ist und

3. wenn ihr alleiniger Zweck die Übertragung in einem Netz zwischen Dritten durch einen Vermittler oder eine rechtmäßige Nutzung ist und

4. wenn sie keine eigenständige wirtschaftliche Bedeutung hat.

(BGBl I 2003/32, ab 1. 7. 2003, s Anm zu § 12 Abs 2)

Vervielfältigung zum eigenen und zum privaten Gebrauch

§ 42. (1) Jedermann darf von einem Werk einzelne Vervielfältigungsstücke auf Papier oder einem ähnlichen Träger zum eigenen Gebrauch herstellen.

(2) Jedermann darf von einem Werk einzelne Vervielfältigungstücke auf anderen als den in Abs. 1 genannten Trägern zum eigenen Gebrauch zu Zwecken der Forschung herstellen, soweit dies zur Verfolgung nicht kommerzieller Zwecke gerechtfertigt ist.

(3) Jedermann darf von Werken, die im Rahmen der Berichterstattung über Tagesereignisse veröffentlicht werden, einzelne Vervielfältigungsstücke zum eigenen Gebrauch herstellen, sofern es sich nur um eine analoge Nutzung handelt.

(4) Jede natürliche Person darf von einem Werk einzelne Vervielfältigungsstücke auf anderen als den in Abs. 1 genannten Trägern zum privaten Gebrauch und weder für unmittelbare noch mittelbare kommerzielle Zwecke herstellen.

(5) „Eine Vervielfältigung zum eigenen oder privaten Gebrauch liegt vorbehaltlich der Abs. 6 und 7 nicht vor, wenn sie zu dem Zweck vorgenommen wird, das Werk mit Hilfe des Vervielfältigungsstückes der Öffentlichkeit zugänglich zu machen, oder wenn hiefür eine offensichtlich rechtswidrig hergestellte oder öffentlich zugänglich gemachte Vorlage verwendet wird.“Zum eigenen oder privaten Gebrauch hergestellte Vervielfältigungsstücke dürfen nicht dazu verwendet werden, das Werk damit der Öffentlichkeit zugänglich zu machen. *(BGBl I 2015/99, ab 1. 10. 2015)*

(6) „„„Schulen, Universitäten und andere Bildungseinrichtungen“** dürfen für Zwecke des Unterrichts beziehungsweise der Lehre in dem dadurch gerechtfertigten Umfang Vervielfältigungsstücke in der für eine bestimmte Schulklasse beziehungsweise Lehrveranstaltung erforderlichen Anzahl herstellen (Vervielfältigung zum eigenen Schulgebrauch) und verbreiten; dies gilt auch für Musiknoten. Auf anderen als den im Abs. 1 genannten Trägern ist dies aber nur zur Verfolgung nicht kommerzieller Zwecke zulässig.“*Die Befugnis zur Vervielfältigung zum eigenen Schulgebrauch gilt nicht für Werke, die ihrer Beschaffenheit und Bezeichnung nach zum Schul- oder Unterrichtsgebrauch bestimmt sind. *(*BGBl I 2006/22, ab 1. 1. 2006; **BGBl I 2015/99, ab 1. 10. 2015)*

(7) „Öffentlich zugängliche Bibliotheken oder Museen, Archive oder im Bereich des Film- oder Tonerbes tätige Einrichtungen (Einrichtungen des Kulturerbes) dürfen Werke, die sich dauerhaft in ihren Sammlungen befinden, unabhängig vom Format oder Medium für den Zweck ihrer Erhaltung vervielfältigen oder vervielfältigen lassen (Vervielfältigung zum eigenen Gebrauch von Einrichtungen des Kulturerbes), wenn und soweit die Vervielfältigung zu diesem Zweck geboten ist. Diese Nutzung kann vertraglich nicht abbedungen werden. Darüber hinaus dürfen der Öffentlichkeit zugängliche Einrichtungen, die Werkstücke sammeln, Vervielfältigungsstücke zur Aufnahme in ein eigenes Archiv herstellen oder herstellen lassen (Vervielfältigung zum eigenen Gebrauch von Sammlungen), wenn und soweit die Vervielfältigung zu diesem Zweck geboten

ist. Dies ist auf anderen als den im Abs. 1 genannten Trägern aber nur dann zulässig, wenn sie damit keinen unmittelbaren oder mittelbaren wirtschaftlichen oder kommerziellen Zweck verfolgen. Unter dieser Einschränkung dürfen sie ferner“ *(BGBl I 2021/244, ab 1. 1. 2022)*

1. von eigenen Werkstücken jeweils ein Vervielfältigungsstück herstellen und dieses statt des vervielfältigten Werkstücks unter denselben Voraussetzungen wie jenes ausstellen (§ 16 Abs. 2), verleihen (§ 16a) und nach § 56b benützen;

2. von veröffentlichten, aber nicht erschienenen oder vergriffenen Werken einzelne Vervielfältigungsstücke herstellen und diese ausstellen (§ 16 Abs. 2), nach § 16a verleihen und nach § 56b benützen, solange das Werk nicht erschienen beziehungsweise vergriffen ist.
(BGBl I 2015/99, ab 1. 10. 2015)

(8) „Die folgenden Vervielfältigungen sind – unbeschadet des Abs. 6 – jedoch stets nur mit Einwilligung des Berechtigten zulässig:“ *(BGBl I 2006/22, ab 1. 1. 2006)*

1. die Vervielfältigung ganzer Bücher, ganzer Zeitschriften oder von Musiknoten; dies gilt auch dann, wenn als Vervielfältigungsvorlage nicht das Buch, die Zeitschrift oder die Musiknoten selbst, sondern eine gleichviel in welchem Verfahren hergestellte Vervielfältigung des Buches, der Zeitschrift oder der Musiknoten verwendet wird; „jedoch ist auch in diesen Fällen die Vervielfältigung durch Abschreiben, die Vervielfältigung nicht erschienener oder vergriffener Werke sowie die Vervielfältigung unter den Voraussetzungen des Abs. 7 zulässig;“ *(BGBl I 2015/99, ab 1. 10. 2015)*

2. die Ausführung eines Werkes der Baukunst nach einem Plan oder Entwurf oder der Nachbau eines solchen Werkes.

(BGBl I 2003/32, ab 1. 7. 2003, s Anm zu § 12 Abs 2)

§ 42a. „(1)“ Auf Bestellung dürfen unentgeltlich einzelne Vervielfältigungsstücke auch zum eigenen Gebrauch eines anderen hergestellt werden. Eine solche Vervielfältigung ist jedoch auch entgeltlich zulässig,

1. wenn die Vervielfältigung mit Hilfe reprographischer oder ähnlicher Verfahren vorgenommen wird;

2. wenn ein Werk der Literatur oder Tonkunst durch Abschreiben vervielfältigt wird;

3. wenn es sich um eine Vervielfältigung nach § 42 Abs. 3 handelt. *(BGBl I 2003/32, ab 1. 7. 2003, s Anm zu § 12 Abs 2)*
(BGBl I 2015/99, ab 1. 10. 2015)

(2) Der Öffentlichkeit zugängliche Einrichtungen, die Werkstücke sammeln, dürfen auf Bestellung unentgeltlich oder gegen ein die Kosten nicht übersteigendes Entgelt Vervielfältigungsstücke auf beliebigen Trägern zum eigenen Schulgebrauch oder zum eigenen oder privaten Gebrauch für Zwecke der Forschung herstellen. *(BGBl I 2015/99, ab 1. 10. 2015)*

(BGBl 1996/151)

§ 42b. (1) Ist von einem Werk, das durch Rundfunk gesendet, der Öffentlichkeit zur Verfügung gestellt oder auf einem zu Handelszwecken hergestellten Speichermedium festgehalten worden ist, seiner Art nach zu erwarten, dass es durch Festhalten auf einem Speichermedium nach § 42 Abs. 2 bis 7 zum eigenen oder privaten Gebrauch vervielfältigt wird, so hat der Urheber Anspruch auf eine angemessene Vergütung (Speichermedienvergütung), wenn Speichermedien jeder Art, die für solche Vervielfältigungen geeignet sind, im Inland gewerbsmäßig in Verkehr kommen. *(BGBl I 2015/99, ab 1. 10. 2015)*

(2) Ist von einem Werk seiner Art nach zu erwarten, daß es mit Hilfe reprographischer oder ähnlicher Verfahren zum eigenen Gebrauch vervielfältigt wird, so hat der Urheber Anspruch auf eine angemessene Vergütung (Reprographievergütung),

1. wenn ein Gerät, das seiner Art nach zur Vornahme solcher Vervielfältigungen bestimmt ist (Vervielfältigungsgerät), im Inland gewerbsmäßig entgeltlich in den Verkehr kommt (Gerätevergütung) und

2. wenn ein Vervielfältigungsgerät in Schulen, Hochschulen, Einrichtungen der Berufsbildung oder der sonstigen Aus- und Weiterbildung, Forschungseinrichtungen, öffentlichen Bibliotheken oder in Einrichtungen betrieben wird, die Vervielfältigungsgeräte entgeltlich bereithalten (Betreibervergütung).

(2a) Die Ansprüche nach Abs. 1 und 2 entfallen, soweit nach den Umständen erwartet werden kann, dass den Urhebern durch die Vervielfältigung zum eigenen oder privaten Gebrauch nur ein geringfügiger Nachteil entsteht. *(BGBl I 2015/99, ab 14. 8. 2015[1])*

(3) Folgende Personen haben die Vergütung zu leisten:

1. die Speichermedien- und die Gerätevergütung derjenige, der die Speichermedien oder das Vervielfältigungsgerät von einer im In- oder im Ausland gelegenen Stelle aus als erster gewerbsmäßig in Verkehr bringt; wer die Speichermedien oder das Vervielfältigungsgerät im Inland gewerbsmäßig, jedoch nicht als erster in Verkehr bringt oder feil hält, haftet wie ein Bürge und Zahler; von der Haftung für die Speichermedienvergütung ist jedoch ausgenommen, wer im Halbjahr Speichermedien mit nicht mehr als 10.000 Stunden Spieldauer bezieht oder Kleinunternehmer im Sinne des UStG 1994 ist; hat der Beklagte im Inland keinen allgemeinen Gerichts-

stand, so sind die Gerichte, in deren Sprengel der erste Wiener Gemeindebezirk liegt, zuständig; *(BGBl I 2015/99, ab 1. 10. 2015)*

2. die Betreibervergütung der Betreiber des Vervielfältigungsgeräts.

(4) Bei der Bemessung der Vergütung ist insbesondere auf die folgenden Umstände Bedacht zu nehmen:

1. auf die bisher in Geltung gestandenen vergleichbaren Vergütungssätze und das Gesamtvolumen der Vergütung, wobei unverhältnismäßige Veränderungen vermieden werden sollen;

2. auf vergleichbare Vergütungssätze und -volumina in Mitgliedstaaten der Europäischen Union oder Vertragsstaaten des EWR;

3. auf den Schaden für den Urheber durch die Vervielfältigungen, deren Auswirkung auf die normale Werkverwertung und auf die berechtigten Interessen des Urhebers;

4. auf den Vorteil desjenigen, der vervielfältigt, und auf den Vorteil des Zahlungspflichtigen unter Berücksichtigung der wirtschaftlichen Entwicklung des betreffenden Wirtschaftszweigs, einschließlich des Umsatzes mit Geräten und Speichermedien;

5. auf das Ausmaß, in dem die Speichermedien und Geräte durchschnittlich für Vervielfältigungen zum eigenen oder privaten Gebrauch genutzt werden und auf das Gesamtausmaß solcher Nutzungen, wobei auch die Auswirkungen der Anwendung technischer Schutzmaßnahmen auf die Nutzung der betreffenden Werke für vergütungspflichtige Vervielfältigungen zu berücksichtigen sind;

6. auf die nutzungsrelevanten Eigenschaften der Speichermedien und Geräte, insbesondere die Leistungsfähigkeit von Geräten sowie die Speicherkapazität und Mehrfachbeschreibbarkeit von Speichermedien;

7. auf die wirtschaftlichen Interessen der Hersteller, Händler und Importeure von Geräten und Speichermedien, die nicht unzumutbar beeinträchtigt werden dürfen;

8. auf ein wirtschaftlich angemessenes Verhältnis der Vergütung zum typischen Preisniveau der Geräte oder der Speichermedien, wobei „ “ die Gerätevergütung 11% dieses Preisniveaus für Geräte nicht übersteigen soll; soweit aufgrund empirischer Nachweise eine fast ausschließliche Nutzung eines Gerätes und eines Speichermediums nach Abs. 1 oder 2 nachgewiesen wird, ist ein Überschreiten dieser Grenze zulässig; *(BGBl I 2018/105 (VfGH))*

9. bei der Betreibervergütung auf die Art und den Umfang der Nutzung des Vervielfältigungsgeräts, die nach den Umständen, insbesondere nach der Art des Betriebs, dem Standort des Geräts und der üblichen Verwendung wahrscheinlich ist.

(BGBl I 2015/99, ab 1. 10. 2015)

(5) Vergütungsansprüche nach den Abs. 1 und 2 können nur von Verwertungsgesellschaften geltend gemacht werden.

(6) Die Verwertungsgesellschaft hat bezahlte Vergütungen zurückzuzahlen

1. an denjenigen, der Speichermedien oder ein Vervielfältigungsgerät vor der Veräußerung an den Letztverbraucher in das Ausland ausführt;

2. an den Letztverbraucher, der Speichermedien zu einem Preis erworben hat, der die bezahlte Vergütung einschließt, diese jedoch nicht für Vervielfältigungen zum eigenen oder privaten Gebrauch benutzt oder benutzen lässt.

Die den Rückzahlungsanspruch begründenden Tatsachen sind glaubhaft zu machen. *(BGBl I 2015/99, ab 1. 10. 2015)*

(7) Vergütungsansprüche nach Abs. 1 stehen nicht zu, wenn der Zahlungspflichtige glaubhaft macht, dass die Speichermedien weder von ihm selbst noch von Dritten für Vervielfältigungen zum eigenen oder privaten Gebrauch verwendet werden. *(BGBl I 2015/99, ab 1. 10. 2015)*

(8) Die Verwertungsgesellschaft hat auf ihrer Website einen einfachen, verständlichen und für den durchschnittlichen Nutzer nachvollziehbaren Weg für die Geltendmachung des Rückersatzanspruchs und der Befreiung von der Zahlungspflicht anzubieten, der eine wirksame Geltendmachung ermöglicht und mit keiner übermäßigen Erschwernis verbunden ist. *(BGBl I 2015/99, ab 1. 10. 2015)*

(9) In Rechnungen über die Veräußerung oder ein sonstiges Inverkehrbringen der in Abs. 1 und 2 genannten Speichermedien und Geräte ist auf die auf das Speichermedium oder das Gerät entfallende Vergütung hinzuweisen. *(BGBl I 2015/99, ab 1. 10. 2015)*

(BGBl 1996/151, ab 1. 4. 1996)

---

[1] § 42b Abs 2a wird im § 116 Abs 9 – wohl aufgrund eines Redaktionsversehens – nicht erwähnt.

Berichterstattung über Tagesereignisse

§ 42c. Zur Berichterstattung über Tagesereignisse dürfen Werke, die bei Vorgängen, über die berichtet wird, öffentlich wahrnehmbar werden, in einem durch den Informationszweck gerechtfertigten Umfang vervielfältigt, verbreitet, durch Rundfunk gesendet, der Öffentlichkeit zur Verfügung gestellt und zu öffentlichen Vorträgen, Aufführungen und Vorführungen benutzt werden.

(BGBl I 2003/32, ab 1. 7. 2003, s Anm zu § 12 Abs 2)

Menschen mit Behinderungen

§ 42d. (1) Seh- oder lesebehindert im Sinn dieser Bestimmung sind Menschen, die

1. blind sind,

2. an einer nicht ausgleichbaren Sehbehinderung, einer Wahrnehmungsstörung oder einer Lesebehinderung leiden, aufgrund derer sie nicht in der Lage sind, Druckwerke in im Wesentlichen gleicher Weise wie ein Mensch ohne eine solche Beeinträchtigung zu lesen, oder

3. aufgrund einer körperlichen Behinderung nicht in der Lage sind, ein Buch zu halten oder handzuhaben oder ihre Augen in dem Umfang zu fokussieren oder zu bewegen, wie es für das Lesen normalerweise erforderlich wäre.

(2) Befugte Stellen für Seh- und Lesebehinderungen sind Organisationen, die auf Grundlage einer staatlichen Anerkennung, Befugnis oder finanziellen Unterstützung für Menschen mit Seh- oder Lesebehinderungen Ausbildung, Schulung und adaptiven Lese- oder Informationszugang auf gemeinnütziger Basis bereitstellen, sowie öffentliche Einrichtungen oder gemeinnützige Organisationen, die als eine ihrer Kerntätigkeiten, institutionellen Aufgaben oder als Teil ihrer im Gemeinwohl liegenden Aufgaben Menschen mit Seh- oder Lesebehinderungen diese Dienste anbieten.

(3) Ein Vervielfältigungsstück in einem barrierefreien Format ist ein Vervielfältigungsstück eines Werkes,

1. das einem seh- oder lesebehinderten Menschen den Zugang zu dem Werk ermöglicht, einschließlich eines genauso leichten und komfortablen Zugangs wie ihn ein Mensch ohne eine Behinderung der Seh- oder Lesefähigkeit hat, und

2. bei dem das vervielfältigte Werk davor in Form eines Buches, einer Zeitung, einer Zeitschrift, eines Magazins oder eines anderen Schriftstücks, einer Notation einschließlich von Notenblättern, und zugehöriger Illustrationen in einer beliebigen Medienform, auch in Audioformat wie Hörbüchern, und in digitaler Form veröffentlicht oder anderweitig rechtmäßig öffentlich zugänglich gemacht wurde.

(4) Seh- oder lesebehinderte Menschen und in deren Namen handelnde Personen dürfen ein Vervielfältigungsstück in einem barrierefreien Format zur ausschließlichen Nutzung durch die seh- oder lesebehinderte Person herstellen, wenn diese rechtmäßigen Zugang zu dem Werk hat.

(5) Befugte Stellen für Seh- und Lesebehinderungen dürfen

1. ein Vervielfältigungsstück in einem barrierefreien Format herstellen, wenn sie rechtmäßigen Zugang zu dem Werk haben, und

2. ein Vervielfältigungsstück in einem barrierefreien Format zugunsten von Menschen mit Seh- oder Lesebehinderungen und anderen befugten Stellen für Seh- und Lesebehinderungen, die ihren Wohnsitz oder Sitz im Inland oder in einem anderen Mitgliedstaat der EU oder Vertragsstaat des EWR haben, in gemeinnütziger Weise verbreiten, durch Rundfunk senden, der Öffentlichkeit zur Verfügung stellen, nach § 40g öffentlich wiedergeben und zu öffentlichen Vorträgen, Aufführungen und Vorführungen nutzen.

(6) Befugte Stellen für Seh- und Lesebehinderungen, die nach Abs. 5 Z 2 grenzüberschreitende Handlungen vornehmen, haben Verfahren festzulegen und zu befolgen, die sicherstellen, dass

1. es sich bei den Menschen, die in den Genuss ihrer Dienste kommen, um Menschen mit Seh- oder Lesebehinderungen handelt, und nur solchen Menschen oder anderen befugten Stellen für Seh- und Lesebehinderungen Vervielfältigungen von Werken zugänglich gemacht werden,

2. der unbefugten Vervielfältigung, Verbreitung, Sendung, öffentlichen Zurverfügungstellung, öffentlichen Wiedergabe nach § 40g sowie Nutzung zu Vorträgen, Aufführungen und Vorführungen durch geeignete Schritte entgegengewirkt wird,

3. die für die Handhabung der Werke und der Vervielfältigungsstücke in einem barrierefreien Format erforderliche Sorgfalt angewandt wird und darüber Aufzeichnungen geführt werden sowie

4. Informationen darüber, wie sie den Verpflichtungen nach den Z 1 bis 3 nachkommen, soweit zweckmäßig auf ihrer Internetseite oder über sonstige Online- oder Offline-Kanäle veröffentlicht und auf dem neuesten Stand gehalten werden.

(7) Befugte Stellen für Seh- und Lesebehinderungen im Sinn des Abs. 6 haben seh- oder lesebehinderten Menschen und anderen befugten Stellen für Seh- und Lesebehinderungen mit Wohnsitz oder Sitz im Inland, in einem anderen Mitgliedstaat der EU oder Vertragsstaat des EWR sowie Rechteinhabern auf Anfrage Auskunft über

1. die Liste der Werke, von denen sie Vervielfältigungsstücke in einem barrierefreien Format besitzen,

2. die Formate, über die sie für diese Werke verfügen, sowie

3. die Namen und Kontaktangaben der befugten Stellen für Seh- und Lesebehinderungen, mit denen sie Vervielfältigungsstücke in einem barrierefreien Format grenzüberschreitend austauschen,

in barrierefreier Form zu erteilen.

(8) Für die Vervielfältigung, Verbreitung, Sendung, öffentliche Zurverfügungstellung, öffentliche Wiedergabe nach § 40g sowie Nutzung zu Vorträgen, Aufführungen und Vorführungen durch eine befugte Stelle für Seh- und Lesebehinderungen mit Sitz im Inland steht dem Urheber

ein Anspruch auf einen finanziellen Ausgleich zu. Bei der Bestimmung der Höhe des Ausgleichs ist den besonderen Umständen des Einzelfalls und der Tatsache, dass die Tätigkeiten befugter Stellen für Seh- und Lesebehinderungen keinen Erwerbszweck haben, ebenso Rechnung zu tragen wie den mit dieser Bestimmung verfolgten im Gemeinwohl liegenden Zielen, den Interessen der Menschen mit Seh- oder Lesebehinderungen, dem eventuellen Schaden für Urheber und der Notwendigkeit, die grenzüberschreitende Verbreitung von Vervielfältigungsstücken in barrierefreien Formaten sicherzustellen. Dieser Anspruch kann nur von Verwertungsgesellschaften geltend gemacht werden.

(9) Die freie Werknutzung nach Abs. 4 und 5 kann vertraglich nicht abbedungen werden.

(10) Für Menschen mit anderen Behinderungen, die den Zugang zu Werken in vergleichbarer Weise erschweren, und für die Nutzung von anderen als den in Abs. 3 Z 2 genannten Werken durch oder zugunsten von Menschen mit Seh- und Lesebehinderungen gelten Abs. 2, Abs. 3 Z 1 und Abs. 4 bis 9 ohne die in Abs. 5 Z 2 vorgesehenen Beschränkungen auf bestimmte Staaten sinngemäß.

(BGBl I 2018/63, ab 12. 10. 2018)

Unwesentliches Beiwerk

§ 42e. Werke dürfen vervielfältigt, verbreitet, durch Rundfunk gesendet, der Öffentlichkeit zur Verfügung gestellt und zu öffentlichen Vorträgen, Aufführungen und Vorführungen benutzt werden, wenn sie dabei nur zufällig oder beiläufig und ohne Bezug zum eigentlichen Gegenstand der Verwertungshandlung genutzt werden.

(BGBl I 2015/99, ab 1. 10. 2015)

Zitate, Karikaturen, Parodien und Pastiches

§ 42f. (1) Ein veröffentlichtes Werk darf zum Zweck des Zitats vervielfältigt, verbreitet, durch Rundfunk gesendet, der Öffentlichkeit zur Verfügung gestellt und zu öffentlichen Vorträgen, Aufführungen und Vorführungen benutzt werden, sofern die Nutzung in ihrem Umfang durch den besonderen Zweck gerechtfertigt ist. Zulässig ist dies insbesondere, wenn

1. einzelne Werke nach ihrem Erscheinen in ein die Hauptsache bildendes wissenschaftliches Werk aufgenommen werden; ein Werk der in § 2 Z 3 bezeichneten Art oder ein Werk der bildenden Künste darf nur zur Erläuterung des Inhaltes aufgenommen werden;

2. veröffentlichte Werke der bildenden Künste bei einem die Hauptsache bildenden wissenschaftlichen oder belehrenden Vortrag bloß zur Erläuterung des Inhaltes öffentlich vorgeführt und die dazu notwendigen Vervielfältigungsstücke hergestellt werden;

3. einzelne Stellen eines veröffentlichten Sprachwerkes in einem selbstständigen neuen Werk angeführt werden;

4. einzelne Stellen eines veröffentlichten Werkes der Tonkunst in einer literarischen Arbeit angeführt werden;

5. einzelne Stellen eines erschienenen Werkes in einem selbstständigen neuen Werk angeführt werden.

(2) Ein veröffentlichtes Werk darf überdies für die Nutzung zum Zweck von Karikaturen, Parodien oder Pastiches über eine große Online-Plattform gesendet oder der Öffentlichkeit zur Verfügung gestellt (§ 18c) und für diese Zwecke vervielfältigt werden. *(BGBl I 2021/244, ab 1. 1. 2022)*

„(3)" Für die Zwecke dieser Bestimmung ist einem erschienenen Werk ein Werk gleichzuhalten, das mit Zustimmung des Urhebers der Öffentlichkeit in einer Weise zur Verfügung gestellt wurde, dass es für die Allgemeinheit zugänglich ist. *(BGBl I 2021/244, ab 1. 1. 2022)*

(BGBl I 2015/99, ab 1. 10. 2015)

Digitale Nutzungen in Unterricht und Lehre

§ 42g. (1) Schulen, Universitäten und andere Bildungseinrichtungen dürfen zur Veranschaulichung des Unterrichts oder der Lehre, insbesondere zu deren Unterstützung, Bereicherung oder Ergänzung, veröffentlichte Werke im Rahmen einer digitalen Nutzung vervielfältigen, verbreiten, durch Rundfunk senden, für eine öffentliche Wiedergabe nach § 18 Abs. 3 benutzen und der Öffentlichkeit zur Verfügung stellen, sowie ein Datenbankwerk öffentlich wiedergeben (§ 40g), wenn

1. dies unter der Verantwortung der Bildungseinrichtung in ihren Räumlichkeiten oder an anderen Orten stattfindet oder

2. in einer gesicherten elektronischen Umgebung stattfindet,

zu denen oder der nur die Schüler, die Studierenden und das Lehrpersonal der Bildungseinrichtung Zugang haben und soweit dies zur Verfolgung nicht kommerzieller Zwecke gerechtfertigt ist.

(2) Bei Werken, die ihrer Beschaffenheit und Bezeichnung nach zum Schul- oder Unterrichtsgebrauch bestimmt sind und bei Werken der Filmkunst, deren Erstaufführung entweder im Inland oder in deutscher Sprache oder in einer Sprache einer in Österreich anerkannten Volksgruppe vor höchstens zwei Jahren stattgefunden hat, darf die Nutzung geringfügige Auszüge des Werkes von in der Regel bis zu zehn Prozent des Werkes nicht überschreiten. Einzelne Werke der bildenden Künste und Darstellungen der in § 2

Z 3 bezeichneten Art oder sonstige Werke geringen Umfangs und vergriffene Werke dürfen vollständig genutzt werden. Geringfügige Auszüge solcher Werke oder solche Werke und Darstellungen dürfen aber nicht genutzt werden, soweit Bewilligungen für Nutzungen zu angemessenen Bedingungen erlangt werden können. Ein Urheber oder Werknutzungsberechtigter, der die Nutzung für ein Werk ausschließen will, hat allgemeine Bedingungen für die Nutzung seiner Werke über das Internet zugänglich zu machen und sicher zu stellen, dass er auf Anfragen um Nutzungsbewilligungen rasch reagieren kann.

(3) Die Verwertungshandlung nach Abs. 1 Z 2 findet in dem Mitgliedstaat der Europäischen Union oder Vertragsstaat des Übereinkommens über den Europäischen Wirtschaftsraum statt, in dem die Bildungseinrichtung ihren Sitz hat.

(4) Für die Nutzung nach Abs. 1 steht dem Urheber ein Anspruch auf angemessene Vergütung zu. Ein solcher Anspruch kann nur von Verwertungsgesellschaften geltend gemacht werden.

(5) Die freie Werknutzung nach Abs. 1 kann vertraglich nicht abbedungen werden.

(BGBl I 2021/244, ab 1. 1. 2022)

Text- und Data-Mining

§ 42h. (1) Jedermann darf für eine Forschungseinrichtung (Abs. 3) oder für eine Einrichtung des Kulturerbes (§ 42 Abs. 7) ein Werk vervielfältigen, um damit Texte und Daten in digitaler Form für die wissenschaftliche oder künstlerische Forschung automatisiert auszuwerten und Informationen unter anderem über Muster, Trends und Korrelationen zu gewinnen, wenn er zu dem Werk rechtmäßig Zugang hat. Zu einer solchen Vervielfältigung sind auch einzelne Forscher berechtigt, soweit dies zur Verfolgung nicht kommerzieller Zwecke gerechtfertigt ist.

(2) Eine Vervielfältigung nach Abs. 1 darf unter Wahrung angemessener Sicherheitsvorkehrungen gespeichert und aufbewahrt werden, solange dies durch den Forschungszweck, auch zur Überprüfung wissenschaftlicher Erkenntnisse, gerechtfertigt ist. Jedenfalls angemessen ist eine Sicherheitsvorkehrung, deren Einsatz von repräsentativen Vereinigungen von Rechteinhabern einerseits sowie Forschungseinrichtungen oder Einrichtungen des Kulturerbes andererseits als bewährte Vorgehensweise anerkannt wurde. Eine solche Vervielfältigung darf auch einem bestimmt abgegrenzten Kreis von Personen für deren gemeinsame wissenschaftliche Forschung oder einzelnen Dritten zur Überprüfung der Qualität wissenschaftlicher Forschung zugänglich gemacht werden, soweit dies zur Verfolgung nicht kommerzieller Zwecke gerechtfertigt ist.

(3) Eine Forschungseinrichtung im Sinn dieser Bestimmung ist eine Einrichtung,

1. deren vorrangiges Ziel die wissenschaftliche oder künstlerische Forschung oder die forschungsgeleitete Lehre ist und

2. die in ihrer Tätigkeit nicht gewinnorientiert ist, alle Gewinne in ihre wissenschaftliche oder künstlerische Forschung reinvestiert oder gewinnorientiert und im Rahmen eines staatlich anerkannten Auftrags im öffentlichen Interesse tätig ist und

3. bei der nicht ein Unternehmen, das einen bestimmenden Einfluss auf die Einrichtung hat, bevorzugten Zugang zu den Ergebnissen der wissenschaftlichen Forschung erhält.

(4) Abs. 1 bis 3 sind auch dann anzuwenden, wenn die Vervielfältigung im Rahmen einer öffentlich-privaten Partnerschaft erfolgt, an der neben der Forschungseinrichtung oder der Einrichtung des Kulturerbes auch ein auf Gewinn gerichtetes Unternehmen oder ein sonstiger Dritter beteiligt ist.

(5) Die freie Werknutzung nach Abs. 1 bis 4 kann vertraglich nicht abbedungen werden. Dies steht aber der Anwendung von Maßnahmen nicht entgegen, die die Sicherheit und Integrität der Netze und Datenbanken gewährleisten sollen, in denen die Werke oder sonstigen Schutzgegenstände gespeichert sind, soweit diese Beschränkungen nicht über das für die Verwirklichung dieses Ziels Notwendige hinausgehen. Solche Beschränkungen gelten als angemessen, wenn sie von repräsentativen Vereinigungen von Rechteinhabern einerseits sowie Forschungseinrichtungen oder Einrichtungen des Kulturerbes andererseits als bewährte Vorgehensweise anerkannt wurden.

(6) Jedermann darf für den eigenen Gebrauch ein Werk vervielfältigen, um damit Texte und Daten in digitaler Form automatisiert auszuwerten und Informationen unter anderem über Muster, Trends und Korrelationen zu gewinnen, wenn er zu dem Werk rechtmäßig Zugang hat. Dies gilt jedoch nicht, wenn die Vervielfältigung ausdrücklich verboten und dieses Verbot in angemessener Weise durch einen Nutzungsvorbehalt, und zwar etwa bei über das Internet öffentlich zugänglich gemachten Werken mit maschinenlesbaren Mitteln, kenntlich gemacht wird. Eine Vervielfältigung nach diesem Absatz darf aufbewahrt werden, solange dies für die Zwecke der Datenauswertung und Informationsgewinnung notwendig ist.

(BGBl I 2021/244, ab 1. 1. 2022)

Freie Werknutzungen an Werken der Literatur

§ 43. (1) Reden, die in einer zur Besorgung öffentlicher Angelegenheiten zuständigen Versammlung oder in Verfahren vor den Gerichten oder anderen Behörden gehalten werden, sowie öffentlich gehaltene politische Reden dürfen „für Informationszwecke" vervielfältigt, verbreitet, öffentlich vorgetragen, durch Rundfunk gesendet und der Öffentlichkeit zugänglich gemacht werden. *(BGBl I 2003/32, ab 1. 7. 2003, s Anm zu § 12 Abs 2; BGBl I 2018/63, ab 12. 10. 2018)*

(2) Ist eine Rede dieser Art auf einem Schallträger festgehalten worden, so darf dieser nur mit Einwilligung des Urhebers verbreitet werden.

(3) Die Vervielfältigung, die Verbreitung und die öffentliche Zurverfügungstellung der im Abs. 1 bezeichneten Reden in Sammlungen solcher Werke sind dem Urheber vorbehalten. *(BGBl I 2003/32, ab 1. 7. 2003, s Anm zu § 12 Abs 2)*

§ 44. (1) Einzelne in einer Zeitung oder Zeitschrift enthaltene Aufsätze über wirtschaftliche, politische oder religiöse Tagesfragen dürfen in anderen Zeitungen und Zeitschriften vervielfältigt und verbreitet werden. Dies gilt jedoch nicht, wenn die Vervielfältigung ausdrücklich verboten wird. Zu einem solchen Verbot genügt der Vorbehalt der Rechte bei dem Aufsatz oder am Kopfe der Zeitung oder Zeitschrift.

(2) In einer Zeitung oder Zeitschrift enthaltene Aufsätze, deren Vervielfältigung nach Abs. 1 zulässig ist, dürfen auch öffentlich vorgetragen, durch Rundfunk gesendet und der Öffentlichkeit zur Verfügung gestellt werden. *(BGBl I 2003/32, ab 1. 7. 2003, s Anm zu § 12 Abs 2)*

(3) Einfache Mitteilungen, darstellende Presseberichte (vermischte Nachrichten, Tagesneuigkeiten) genießen keinen urheberrechtlichen Schutz. Für solche Presseberichte gilt § 79.

§ 45. (1) „Zur Verfolgung nicht kommerzieller Zwecke dürfen einzelne Sprachwerke oder Werke der im § 2 Z 3 bezeichneten Art nach ihrem Erscheinen in einem durch den Zweck gerechtfertigten Umfang vervielfältigt, verbreitet und der Öffentlichkeit zur Verfügung gestellt werden;"

1. in einer Sammlung, die Werke mehrerer Urheber enthält und ihrer Beschaffenheit und Bezeichnung nach zum Kirchen-, Schul- oder Unterrichtsgebrauch bestimmt ist; ein Werk der im § 2 Z 3 bezeichneten Art darf bloß zur Erläuterung des Inhalts aufgenommen werden;

2. in einem Werk, das seiner Beschaffenheit und Bezeichnung nach zum Schulgebrauch bestimmt ist, bloß zur Erläuterung des Inhalts. *(BGBl 1996/151, ab 1. 4. 1996; BGBl I 2003/32, ab 1. 7. 2003, s Anm zu § 12 Abs 2)*

(2) Auch dürfen zur Verfolgung nicht kommerzieller Zwecke Sprachwerke nach ihrem Erscheinen in einem durch den Zweck gerechtfertigten Umfang zu Rundfunksendungen verwendet werden, deren Benutzung zum Schulgebrauch von der Unterrichtsbehörde für zulässig erklärt worden ist und die als Schulfunk bezeichnet werden. *(BGBl I 2003/32, ab 1. 7. 2003, s Anm zu § 12 Abs 2)*

(3) „Für die Vervielfältigung, die Verbreitung und die öffentliche Zurverfügungstellung nach Abs. 1 und für die Rundfunksendung nach Abs. 2 steht dem Urheber ein Anspruch auf angemessene Vergütung zu."Solche Ansprüche können nur von Verwertungsgesellschaften geltend gemacht werden. *(BGBl 1993/93, ab 1. 3. 1993, gilt nicht für Werkstücke, die davor erstmals verbreitet wurden; BGBl I 2003/32, ab 1. 7. 2003, s Anm zu § 12 Abs 2)*

§ 46. *(aufgehoben, BGBl I 2015/99, ab 1. 10. 2015)*

§ 47. (1) Kleine Teile eines Sprachwerkes oder Sprachwerke von geringem Umfang dürfen nach ihrem Erscheinen als Text eines zum Zweck ihrer Vertonung geschaffenen Werkes der Tonkunst in Verbindung mit diesem vervielfältigt, verbreitet, öffentlich vorgetragen, durch Rundfunk gesendet und der Öffentlichkeit zur Verfügung gestellt werden. *(BGBl I 2003/32, ab 1. 7. 2003, s Anm zu § 12 Abs 2)*

(2) Doch gebührt dem Urheber des vertonten Sprachwerkes ein angemessener Anteil an dem Entgelt, das der zur öffentlichen Aufführung oder Rundfunksendung des Werkes der Tonkunst ausschließlich Berechtigte für die Bewilligung von öffentlichen Aufführungen oder von Rundfunksendungen dieses Werkes in Verbindung mit dem vertonten Sprachwerk erhält.

(3) Abs. 1 gilt nicht für die Vervielfältigung und Verbreitung von Sprachwerken auf Schallträgern und für die öffentliche Zurverfügungstellung mit Hilfe eines Schallträgers. *(BGBl I 2003/32, ab 1. 7. 2003, s Anm zu § 12 Abs 2)*

(4) Absatz 1 gilt ferner weder für Sprachwerke, die ihrer Gattung nach zur Vertonung bestimmt sind, wie die Texte zu Oratorien, Opern, Operetten und Singspielen, noch für Sprachwerke, die als Text eines Werkes der Tonkunst mit einem die Anwendung des Absatzes 1 ausschließenden Vorbehalt erschienen sind.

§ 48. Kleine Teile eines Sprachwerkes und Sprachwerke von geringem Umfang, die vertont worden sind, dürfen nach ihrem Erscheinen auch abgesondert von dem Werke der Tonkunst vervielfältigt und verbreitet werden:

1. zum Gebrauch der Zuhörer, die einer unmittelbaren persönlichen Wiedergabe der verbundenen Werke am Aufführungsorte beiwohnen, mit Andeutung dieser Bestimmung;

2. in Programmen, worin die Rundfunksendung der verbundenen Werke angekündigt wird;

3. in Aufschriften auf Schallträgern oder in Beilagen dazu; die Schallträger dürfen nicht mit Verletzung eines ausschließlichen Rechtes, die darauf festgehaltenen Werke zu vervielfältigen oder zu verbreiten, hergestellt oder verbreitet, die Beilagen müssen als solche bezeichnet sein.

§ 49. *(aufgehoben, BGBl 1982/295)*

§ 50. (1) Zulässig ist der öffentliche Vortrag eines erschienenen Sprachwerkes, wenn die Zuhörer weder ein Eintrittsgeld noch sonst ein Entgelt entrichten und der Vortrag keinerlei Erwerbszwecken dient oder wenn sein Ertrag ausschließlich für wohltätige Zwecke bestimmt ist.

(2) Diese Vorschrift gilt aber nicht, wenn die Mitwirkenden ein Entgelt erhalten; sie gilt ferner nicht, wenn der Vortrag mit Hilfe eines Schallträgers vorgenommen wird, der mit Verletzung eines ausschließlichen Rechtes, das darauf festgehaltene Sprachwerk zu vervielfältigen oder zu verbreiten, hergestellt oder verbreitet worden ist.

Freie Werknutzungen an Werken der Tonkunst

§ 51. (1) „Zur Verfolgung nicht kommerzieller Zwecke dürfen einzelne Werke der Tonkunst nach ihrem Erscheinen in Form von Notationen in einem durch den Zweck gerechtfertigten Umfang in einem Werk vervielfältigt, verbreitet und der Öffentlichkeit zur Verfügung gestellt werden, das seiner Beschaffenheit und Bezeichnung nach zum Schulgebrauch bestimmt ist,“

1. wenn sie in eine für den Gesangsunterricht bestimmte Sammlung aufgenommen werden, die Werke mehrerer Urheber vereinigt,

2. wenn sie bloß zur Erläuterung des Inhalts aufgenommen werden.
(BGBl 1996/151, ab 1. 4. 1996; BGBl I 2003/32, ab 1. 7. 2003, s Anm zu § 12 Abs 2)

(2) „Für die Vervielfältigung, die Verbreitung und die öffentliche Zurverfügungstellung nach Abs. 1 steht dem Urheber ein Anspruch auf angemessene Vergütung zu.“Solche Ansprüche können nur von Verwertungsgesellschaften geltend gemacht werden. *(BGBl 1993/93, ab 1. 3. 1993, s Anm zu § 45 Abs 3; BGBl I 2003/32, ab 1. 7. 2003, s Anm zu § 12 Abs 2)*

§ 52. *(aufgehoben, BGBl I 2015/99, ab 1. 10. 2015)*

§ 53. (1) Zulässig ist die öffentliche Aufführung eines erschienenen Werkes der Tonkunst:

1. wenn die Aufführung mit Drehorgeln, Spieldosen oder anderen Schallträgern der im § 15, Absatz 3, bezeichneten Art vorgenommen wird, die nicht auf eine Weise beeinflußt werden können, daß das Werk damit nach Art einer persönlichen Aufführung wiedergegeben werden kann;

2. wenn das Werk bei einer kirchlichen oder bürgerlichen Feierlichkeit oder aus einem militärdienstlichen Anlaß aufgeführt wird und die Zuhörer ohne Entgelt zugelassen werden;

3. wenn die Zuhörer weder ein Eintrittsgeld noch sonst ein Entgelt entrichten und die Aufführung keinerlei Erwerbszwecken dient oder wenn ihr Ertrag ausschließlich für wohltätige Zwecke bestimmt ist;

4. wenn die Aufführung von einer nicht aus Berufsmusikern bestehenden „Musikkapelle oder einem solchen Chor“** veranstaltet wird, deren Bestand nach einem von der zuständigen Landesregierung ausgestellten Zeugnis der Pflege volkstümlichen Brauchtums dient und deren Mitglieder nicht um des Erwerbes willen mitwirken, „und wenn bei dieser Aufführung – zumindest weitaus überwiegend – volkstümliche Brauchtumsmusik oder infolge Ablaufs der Schutzfrist freigewordene Musik oder Bearbeitungen von infolge Ablaufs der Schutzfrist freigewordener Musik gepflegt werden;“* doch darf die Aufführung in Gemeinden mit mehr als 2500 Einwohnern nicht im Betriebe eines Erwerbsunternehmens, in Gemeinden bis zu 2500 Einwohnern nur dann im Betriebe eines Erwerbsunternehmens stattfinden, wenn andere passende Räume nicht zur Verfügung stehen und der Reingewinn nicht dem Erwerbsunternehmen zufließt. *(BGBl 1949/206; *BGBl 1953/106; **BGBl 1996/151, ab 1. 4. 1996)*

(2) Die Vorschriften des Abs. 1 Z. 1 bis 3 gelten nicht, wenn die Aufführung mit Hilfe eines Schallträgers vorgenommen wird, der mit Verletzung eines ausschließlichen Rechtes, das darauf festgehaltene Werk zu vervielfältigen oder zu verbreiten, hergestellt oder verbreitet worden ist; die Vorschriften des Abs. 1 Z. 3 gelten ferner nicht, wenn die Mitwirkenden ein Entgelt erhalten. *(BGBl 1953/106)*

(3) Die Vorschriften des Absatzes 1 gelten weder für bühnenmäßige Aufführungen einer Oper oder eines anderen mit einem Werke der Literatur verbundenen Werkes der Tonkunst noch für die Aufführung eines Werkes der Tonkunst in Verbindung mit einem Filmwerk oder einem anderen kinematographischen Erzeugnisse.

Freie Werknutzungen an Werken der bildenden Künste

§ 54. (1) Es ist zulässig:

1. Werke der bildenden Künste nach bleibend zu einer öffentlichen Sammlung gehörenden Werkstücken in den vom Eigentümer der Sammlung für ihre Besucher herausgegebenen Verzeichnissen zu vervielfältigen, zu verbreiten und der

Öffentlichkeit zur Verfügung zu stellen, soweit dies zur Förderung des Besuchs der Sammlung erforderlich ist; jede andere kommerzielle Nutzung ist ausgeschlossen; *(BGBl I 2003/32, ab 1. 7. 2003, s Anm zu § 12 Abs 2)*

2. veröffentlichte Werke der bildenden Künste nach Werkstücken, die versteigert werden sollen oder sonst öffentlich zum Kauf angeboten werden, in Verzeichnissen der feilgebotenen Werkstücke oder in ähnlichen Werbeschriften zu vervielfältigen, zu verbreiten und der Öffentlichkeit zur Verfügung zu stellen, soweit dies zur Förderung der Veranstaltung erforderlich ist; doch dürfen solche Werbeschriften vom Herausgeber nur unentgeltlich oder zu einem die Herstellungskosten nicht übersteigenden Preis verbreitet oder der Öffentlichkeit zur Verfügung gestellt werden; jede andere kommerzielle Nutzung ist ausgeschlossen; *(BGBl I 2003/32, ab 1. 7. 2003, s Anm zu § 12 Abs 2)*

3. zur Verfolgung nicht kommerzieller Zwecke einzelne erschienene Werke der bildenden Künste in einem seiner Beschaffenheit und Bezeichnung nach zum Schul- oder Unterrichtsgebrauch bestimmten Sprachwerk bloß zur Erläuterung des Inhalts oder in einem solchen Schulbuch zum Zweck der Kunsterziehung der Jugend zu vervielfältigen, zu verbreiten und der Öffentlichkeit zur Verfügung zu stellen; *(BGBl I 2003/32, ab 1. 7. 2003, s Anm zu § 12 Abs 2)*

3a. bis 4. *(aufgehoben, BGBl I 2015/99, ab 1. 10. 2015)*

5. „Werke der Baukunst nach einem ausgeführten Bau oder andere Werke der bildenden Künste nach Werkstücken, die dazu angefertigt wurden, sich bleibend an einem öffentlichen Ort zu befinden, zu vervielfältigen, zu verbreiten, durch optische Einrichtungen öffentlich vorzuführen, durch Rundfunk zu senden und der Öffentlichkeit zur Verfügung zu stellen;" ausgenommen sind das Nachbauen von Werken der Baukunst, die Vervielfältigung eines Werkes der Malkunst oder der graphischen Künste zur bleibenden Anbringung an einem Orte der genannten Art sowie die Vervielfältigung von Werken der Plastik durch die Plastik. *(BGBl I 2003/32, ab 1. 7. 2003, s Anm zu § 12 Abs 2)*

(2) „Für die Vervielfältigung, die Verbreitung und die öffentliche Zurverfügungstellung nach Abs. 1 Z 3 steht dem Urheber ein Anspruch auf angemessene Vergütung zu."Diese Ansprüche können nur von Verwertungsgesellschaften geltend gemacht werden. *(BGBl 1993/93, ab 1. 7. 2003, s Anm zu § 12 Abs 2; BGBl I 2003/32, ab 1. 7. 2003, s Anm zu § 12 Abs 2)*

§ 55. (1) Von einem auf Bestellung geschaffenen Bildnis einer Person dürfen, wenn nichts anderes vereinbart ist, der Besteller und seine Erben sowie der Abgebildete und nach seinem Tode die mit ihm in gerader Linie Verwandten und sein überlebender Ehegatte[1)] oder Lebensgefährte einzelne Lichtbilder herstellen oder durch einen anderen, auch gegen Entgelt, herstellen lassen. *(BGBl I 2009/75, ab 1. 1. 2010)*

(2) Abs. 1 gilt jedoch für Bildnisse, die in einem Druckverfahren, in einem photographischen oder in einem der Photographie ähnlichen Verfahren hergestellt sind, nur, wenn sich die im Abs. 1 angeführten Personen weitere in diesen Verfahren hergestellte Werkstücke von dem Berechtigten überhaupt nicht oder nur mit unverhältnismäßig großen Schwierigkeiten beschaffen können. *(BGBl 1953/106)*

(3) Vervielfältigungsstücke, deren Herstellung nach den Absätzen 1 und 2 zulässig ist, dürfen unentgeltlich verbreitet werden.

[1)] Nach § 43 Abs 1 Z 22 EPG auf eingetragene Partner sinngemäß anzuwenden.

Benutzung von Bild- oder Schallträgern und Rundfunksendungen in bestimmten Geschäftsbetrieben

§ 56. (1) In Geschäftsbetrieben, die die Herstellung, den Vertrieb oder die Instandsetzung von Bild- oder Schallträgern oder von Vorrichtungen zu ihrer Herstellung oder zu ihrem Gebrauch zum Gegenstand haben, dürfen Vorträge, Aufführungen und Vorführungen von Werken auf Bild- oder Schallträgern festgehalten und Bild- oder Schallträger zu öffentlichen Vorträgen, Aufführungen und Vorführungen der darauf festgehaltenen Werke benutzt werden, soweit es notwendig ist, um die Kunden mit den Bild- oder Schallträgern oder mit Vorrichtungen zu ihrer Herstellung oder zu ihrem Gebrauch bekanntzumachen oder die Brauchbarkeit zu prüfen.

(2) Dasselbe gilt für die Benutzung von Rundfunksendungen zur öffentlichen Wiedergabe eines Werkes durch Lautsprecher oder eine andere technische Einrichtung in Geschäftsbetrieben, die die Herstellung, den Vertrieb oder die Instandsetzung von Rundfunkgeräten zum Gegenstand haben. *(BGBl 1972/492)*

(3) Absatz 1 gilt nicht, wenn ein Bild- oder Schallträger benutzt wird, der mit Verletzung eines ausschließlichen Rechtes, das darauf festgehaltene Werk zu vervielfältigen oder zu verbreiten, hergestellt oder verbreitet worden ist.

(BGBl 1972/492)

Überlassung von Bild- oder Schallträgern an bestimmte Bundesanstalten

§ 56a. (1) Bild- oder Schallträger, auf denen ein veröffentlichtes Werk festgehalten ist, dürfen durch Überlassung an „wissenschaftliche Anstalten des öffentlichen Rechts des Bundes, die die

Sammlung, Bewahrung und Erschließung von audiovisuellen Medien zur Aufgabe haben und keine kommerziellen Zwecke verfolgen," verbreitet werden. Zum Zweck der Überlassung darf auch eine Vervielfältigung des Bild- oder Schallträgers hergestellt werden. *(BGBl I 2003/32, ab 1. 7. 2003, s Anm zu § 12 Abs 2)*

(2) Abs. 1 gilt nicht für Bild- oder Schallträger, die mit Verletzung eines ausschließlichen Rechtes, das darauf festgehaltene Werk zu vervielfältigen oder zu verbreiten, hergestellt oder verbreitet worden sind.

(BGBl 1996/151, ab 1. 4. 1996)

Benutzung von Bild- oder Schallträgern in Bibliotheken

§ 56b. (1) Der Öffentlichkeit zugängliche Einrichtungen (Bibliothek, Bild- oder Schallträgersammlung und dergleichen) dürfen Bild- oder Schallträger zu öffentlichen Vorträgen, Aufführungen und Vorführungen der darauf festgehaltenen Werke für jeweils nicht mehr als zwei Besucher der Einrichtung benützen, sofern dies nicht zu Erwerbszwecken geschieht. Hiefür steht dem Urheber ein Anspruch auf angemessene Vergütung zu. Solche Ansprüche können nur von Verwertungsgesellschaften geltend gemacht werden.

(2) Abs. 1 gilt nicht, wenn ein Bild- oder Schallträger benutzt wird, der mit Verletzung eines ausschließlichen Rechtes, das darauf festgehaltene Werk zu vervielfältigen oder zu verbreiten, hergestellt oder verbreitet worden ist.

(BGBl 1996/151, ab 1. 4. 1996)

Öffentliche Wiedergabe im Unterricht

§ 56c. (1) Schulen und Universitäten dürfen für Zwecke des Unterrichts beziehungsweise der Lehre in dem dadurch gerechtfertigten Umfang Werke der Filmkunst und die damit verbundenen Werke der Tonkunst öffentlich aufführen. *(BGBl I 2003/32, ab 1. 7. 2003, s Anm zu § 12 Abs 2)*

(2) Für die öffentliche Aufführung nach Abs. 1 steht dem Urheber ein Anspruch auf angemessene Vergütung zu. Solche Ansprüche können nur von Verwertungsgesellschaften geltend gemacht werden.

(3) Die Abs. 1 und 2 gelten nicht

1. für Filmwerke, die ihrer Beschaffenheit und Bezeichnung nach zum Schul- oder Unterrichtsgebrauch bestimmt sind;

2. wenn ein Bild- oder Schallträger benutzt wird, der mit Verletzung eines ausschließlichen Rechtes, das darauf festgehaltene Werk zu vervielfältigen oder zu verbreiten, hergestellt oder verbreitet worden ist.

(BGBl 1996/151, ab 1. 4. 1996)

Öffentliche Wiedergabe in Beherbergungsbetrieben

§ 56d. (1) Beherbergungsunternehmer dürfen für die von ihnen aufgenommenen Gäste Werke der Filmkunst öffentlich aufführen, wenn

1. seit der Erstaufführung des Filmwerkes entweder im Inland oder in deutscher Sprache oder in einer Sprache einer in Österreich anerkannten Volksgruppe mindestens zwei Jahre vergangen sind,

2. die Aufführung mit Hilfe eines zu Handelszwecken hergestellten Bild- oder Schallträgers, dessen Verbreitung nach § 16 Abs. 3 zulässig ist, vorgenommen wird und

3. die Zuschauer ohne Entgelt zugelassen werden.

(2) Für die öffentliche Aufführung nach Abs. 1 steht dem Urheber ein Anspruch auf angemessene Vergütung zu. Solche Ansprüche können nur von Verwertungsgesellschaften geltend gemacht werden.

(BGBl 1996/151, ab 1. 4. 1996)

Verwaiste Werke

§ 56e. (1) Öffentlich zugängliche Einrichtungen, die Werkstücke sammeln, dürfen von Werken, für die keine zur Gestattung der Vervielfältigung und der Zurverfügungstellung berechtigte Person bekannt ist (verwaiste Werke), Vervielfältigungsstücke von eigenen Werkstücken herstellen und der Öffentlichkeit zur Verfügung stellen,

1. wenn dies der Erfüllung ihrer im Gemeinwohl liegenden Aufgaben dient, insbesondere der Bewahrung, der Restaurierung sowie der Bereitstellung des kulturellen und bildungspolitischen Zwecken dienenden Zugangs zu ihrem Werkbestand, und unentgeltlich oder nur gegen ein die Kosten der Digitalisierung und Zurverfügungstellung deckendes Entgelt erfolgt, und

2. wenn das Werk in die Sammlung einer berechtigten Einrichtung aufgenommen wurde und entweder

a) in Form von Büchern, Fachzeitschriften, Zeitungen, Zeitschriften oder in sonstiger Schriftform veröffentlicht wurde, wobei auch Werke oder Schutzgegenstände umfasst sind, die in solche schriftlichen Werke eingebettet oder eingebunden sind, oder

b) auf einem Schallträger oder in Laufbildern festgehalten ist, und

3. wenn das Werk in einem Mitgliedstaat der Europäischen Union oder einem Vertragsstaat des Europäischen Wirtschaftsraums

a) erschienen (§ 9) ist oder,

b) wenn es nicht erschienen ist, mit Einwilligung des Berechtigten erstmals gesendet wurde, oder,

c) wenn es weder erschienen ist noch gesendet wurde, mit Einwilligung des Berechtigten durch die Einrichtung der Öffentlichkeit zugänglich gemacht wurde und anzunehmen ist, dass sich der Rechteinhaber der Vervielfältigung und Zurverfügungstellung nicht widersetzen würde, und

4. soweit und solange

a) in Österreich nach sorgfältiger Suche keine zur Gestattung der Vervielfältigung und Zurverfügungstellung berechtigte Person festgestellt oder ausfindig gemacht werden konnte und die Ergebnisse dieser Suche dokumentiert und an die Aufsichtsbehörde für Verwertungsgesellschaften weitergeleitet wurden, oder

b) in einem anderen Mitgliedstaat der Europäischen Union oder einem Vertragsstaat des EWR das Ergebnis der sorgfältigen Suche im Sinn der Richtlinie 2012/28/EG in der vom Harmonisierungsamt für den Binnenmarkt eingerichteten Datenbank erfasst ist.

(2) Öffentlich-rechtliche Rundfunkunternehmer dürfen Vervielfältigungsstücke von einem auf einem Schallträger oder in Laufbildern festgehaltenen Werk unter den Voraussetzungen des Abs. 1 Z 1, 3 und 4 herstellen und diese der Öffentlichkeit zur Verfügung stellen, wenn das Werk im Auftrag dieses oder eines anderen öffentlich-rechtlichen Rundfunkunternehmers vor dem 1. Januar 2003 hergestellt und in das Archiv einer dieser Rundfunkunternehmer aufgenommen wurde.

(3) Zur Feststellung, ob ein Werk verwaist ist, haben die berechtigten Einrichtungen vor dessen Nutzung sorgfältig nach der zur Gestattung der Vervielfältigung und Zurverfügungstellung des Werks berechtigten Person zu suchen. Dabei haben sie geeignete Quellen nach Treu und Glauben zu konsultieren. Geeignet sind zumindest die im Anhang der Richtlinie 2012/28/EU angeführten Quellen. Der Bundesminister für Justiz kann durch Verordnung die Quellen für die einzelnen Kategorien von Werken bestimmen, die im Rahmen der Suche zu konsultieren sind.

(4) Die Suche ist in Österreich durchzuführen, wenn das Werk in Österreich erschienen ist oder zuerst gesendet wurde. Bei Filmwerken ist die Suche in Österreich durchzuführen, wenn deren Hersteller seine Hauptniederlassung oder seinen gewöhnlichen Aufenthalt in Österreich hat. Bei nicht erschienenen oder gesendeten Werken ist die Suche in Österreich durchzuführen, wenn die Einrichtung, die das Werk mit Zustimmung des Rechteinhabers öffentlich zugänglich gemacht hat, in Österreich belegen ist. Bei Hinweisen auf relevante Informationen zu Rechteinhabern in anderen Ländern sind auch verfügbare Informationsquellen in diesen anderen Ländern zu konsultieren.

(5) Die Suche nach Abs. 4 ist in einem Protokoll zu dokumentieren. Dieses Protokoll ist für die Dauer der Nutzung und für einen Zeitraum von sieben Jahren nach deren Beendigung aufzubewahren. Folgende Informationen sind an die Aufsichtsbehörde für Verwertungsgesellschaften weiterzuleiten:

1. die genaue Bezeichnung jener Werke, die nach den Ergebnissen der Suche als verwaist anzusehen sind;

2. die Art der Nutzung dieser Werke durch die Einrichtung;

3. den Umstand, dass eine Person nachträglich festgestellt oder ausfindig gemacht werden konnte, die zur Gestattung der Vervielfältigung und Zurverfügungstellung berechtigt ist;

4. die jeweiligen Kontaktangaben der betreffenden Einrichtung.

Die Aufsichtsbehörde für Verwertungsgesellschaften hat diese Informationen unverzüglich nach deren Erhalt an das Harmonisierungsamt für den Binnenmarkt zur Veröffentlichung in der von diesem geführten Online-Datenbank weiterzuleiten.

(6) Sobald eine Einrichtung Kenntnis von der Identität und dem Aufenthaltsort einer zur Gestattung der Vervielfältigung und Zurverfügungstellung berechtigten Person erlangt, hat sie jede weitere Nutzung des verwaisten Werks ohne deren Zustimmung unverzüglich einzustellen. Für die vorherige Nutzung hat die Einrichtung auf Verlangen des Berechtigten eine angemessene Vergütung zu leisten. Bei Bemessung der Höhe der Vergütung ist davon auszugehen, dass das Werk in demjenigen Mitgliedstaat der Europäischen Union oder Vertragsstaat des EWR genutzt worden ist, in dem die das Werk nutzende Einrichtung belegen ist. Der Anspruch auf die Vergütung verjährt in zehn Jahren ab der Nutzung des Werks.

(BGBl I 2015/11, ab 29. 10. 2014)

Nicht verfügbare Werke

§ 56f. (1) Eine Einrichtung des Kulturerbes (§ 42 Abs. 7) darf ein nicht verfügbares Werk aus ihrem Bestand vervielfältigen, senden oder öffentlich zur Verfügung stellen, um es auf einer nichtkommerziellen Website zugänglich zu machen, wenn diese Rechte nicht von einer Verwertungsgesellschaft gemäß § 25a VerwGes 2016, BGBl. I Nr. 27/2016, wahrgenommen werden und

1. sich das Werk dauerhaft in der Sammlung der Einrichtung befindet,

2. Informationen zum Zweck der Identifizierung des Werkes und ein Hinweis auf das Widerspruchsrecht nach Abs. 3 über das vom Amt der Europäischen Union für geistiges Eigentum eingerichteten Portal nicht verfügbarer Werke seit sechs Monaten zugänglich sind, wobei Vervielfältigungen schon vor Ablauf der Frist vorgenommen werden dürfen, und

3. ein Urheber oder Werknutzungsberechtigter nicht der Nutzung seines Werkes widerspricht.

(2) Eine Nutzung nach Abs. 1 findet nur in demjenigen Mitgliedstaat der Europäischen Union oder Vertragsstaat des Übereinkommens über den Europäischen Wirtschaftsraum statt, in dem die Einrichtung des Kulturerbes ihren Sitz hat.

(3) Ein Urheber oder Werknutzungsberechtigter kann jederzeit der Nutzung seines Werkes als nicht verfügbar generell oder in bestimmten Fällen in einer Erklärung an die Einrichtung des Kulturerbes widersprechen. Die Einrichtung des Kulturerbes hat die Nutzung binnen angemessener Frist nach Zugang dieser Erklärung zu beenden.

(4) Ein Werk gilt als nicht verfügbar, wenn es weder in einer von mehreren Fassungen, wie nachfolgenden Ausgaben literarischer Werke oder verschieden geschnittener Filmfassungen, noch in einer seiner verschiedenen Veröffentlichungsformen, etwa als digitale oder gedruckte Fassung, für die Öffentlichkeit erhältlich ist. Die Verfügbarkeit von Bearbeitungen und Übersetzungen einschließlich audiovisueller Bearbeitungen literarischer Werke steht der Beurteilung eines Werkes als nicht verfügbar nicht entgegen.

(5) Ein Werk darf als nicht verfügbar genutzt werden, wenn nach Treu und Glauben und nach mit vertretbarem Aufwand betriebenen Erhebungen davon ausgegangen werden kann, dass es auf den üblichen Vertriebswegen für die Öffentlichkeit nicht erhältlich ist.

(6) Eine Reihe von Werken darf als nicht verfügbar genutzt werden, wenn nach billigem Ermessen davon ausgegangen werden kann, dass alle Werke der Reihe nicht verfügbar sind. Eine solche Reihe darf aber nicht als nicht verfügbar genutzt werden, wenn sie überwiegend aus

1. Werken, die zuerst in einem Drittstaat außerhalb der Europäischen Union und des Übereinkommens über den Europäischen Wirtschaftsraum erschienen sind oder gesendet wurden,

2. Kinofilmen oder sonstigen audiovisuellen Werken, deren Produzenten ihren Hauptsitz oder ihren gewöhnlichen Wohnsitz in einem solchen Drittstaat haben, oder

3. Werken von Drittstaatsangehörigen, für die sich nach den Z 1 und 2 kein Mitgliedstaat oder Drittstaat bestimmen lässt,

besteht.

(7) Eine Einrichtung des Kulturerbes, die ein Werk als nicht verfügbar zu nutzen beabsichtigt, hat Informationen zur Identifizierung des Werks, über das Widerspruchsrecht der Urheber und Werknutzungsberechtigten gemäß Abs. 3 und, sobald vorhanden und sofern relevant, über die Nutzungen dem Amt der Europäischen Union für geistiges Eigentum zum Zweck der Aufnahme in das Online-Portal des Amtes rechtzeitig vor der beabsichtigten Nutzung zu übermitteln. Ist zu erwarten, dass die betroffenen Urheber durch andere zumutbare Informationsmaßnahmen besser erreicht werden können, so hat die Einrichtung auch solche Maßnahmen zu ergreifen.

(8) Für die Vervielfältigung, Sendung und öffentliche Zurverfügungstellung nach Abs. 1 steht dem Urheber ein Anspruch auf angemessene Vergütung zu. Ein solcher Anspruch kann nur von Verwertungsgesellschaften geltend gemacht werden.

(BGBl I 2021/244, ab 1. 1. 2022)

Schutz geistiger Interessen bei freien Werknutzungen

§ 57. (1) Die Zulässigkeit von Kürzungen, Zusätzen und anderen Änderungen an dem Werke selbst, an dessen Titel oder an der Urheberbezeichnung ist auch bei freien Werknutzungen nach § 21 zu beurteilen. Sinn und Wesen des benutzten Werkes dürfen in keinem Fall entstellt werden.

(2) Wird ein Werk ganz oder zum Teil auf Grund der §§ 42f, 45, 47, 48 oder 51 oder des § 54 Abs. 1 Z 1 bis 3 vervielfältigt, so ist stets die Quelle deutlich anzugeben. In der Quellenangabe sind der Titel und die Urheberbezeichnung des benutzten Werkes gemäß § 21 Abs. 1 anzuführen. Bei einer nach § 45 zulässigen Benutzung einzelner Teile von Sprachwerken in Schulbüchern muss der Titel des benutzten Werkes nur angegeben werden, wenn dieses nicht mit dem Namen oder Decknamen des Urhebers bezeichnet ist. Werden Stellen oder Teile von Sprachwerken nach § 42f Abs. 1 Z 1 oder 3 vervielfältigt, so sind sie in der Quellenangabe so genau zu bezeichnen, dass sie in dem benutzten Werk leicht aufgefunden werden können. Wird im Fall einer nach § 42f Abs. 1 Z 1 oder 3 zulässigen Vervielfältigung das benutzte Sprachwerk einer Sammlung entnommen, so ist auch diese anzugeben; dabei kann die Angabe des Titels des Werkes durch einen Hinweis auf die in Betracht kommende Stelle der Sammlung ersetzt werden. *(BGBl I 2015/99, ab 1. 10. 2015)*

(3) In den im § 44, Absatz 1 und 2, bezeichneten Fällen ist außer dem in der benutzten Quelle angeführten Namen oder Decknamen des Urhebers des Aufsatzes auch die Zeitung oder Zeitschrift, aus der der Aufsatz entnommen ist, wenn aber dort eine andere Zeitung oder Zeitschrift als Quelle angeführt ist, diese deutlich anzugeben. Wird die Angabe der Zeitung oder Zeitschrift unterlassen, so stehen ihrem Herausgeber oder, wenn ein solcher nicht genannt ist, ihrem Verleger die gleichen Ansprüche zu wie einem Urheber im Fall einer rechtswidrigen Unterlassung der Angabe der Urheberbezeichnung.

(3a) Darüber hinaus ist in den folgenden Fällen die Quelle, einschließlich des Namens des Urhebers, anzugeben, es sei denn, dies erweist sich als unmöglich:

1. wenn Werke ganz oder zum Teil auf Grund des § 42c vervielfältigt werden, es sei denn, sie werden in die Berichterstattung nur beiläufig einbezogen;

2. wenn Werke ganz oder zum Teil auf Grund des § 42f Abs. 1 Z 2, des § 43 oder des § 56a vervielfältigt werden; *(BGBl I 2015/99, ab 1. 10. 2015)*

3. wenn Stellen eines Werkes nach § 42f auf Schallträgern oder in Laufbildern vervielfältigt werden „;" *(BGBl I 2015/99, ab 1. 10. 2015; BGBl I 2021/244, ab 1. 1. 2022)*

3a. wenn ein Werk ganz oder zum Teil auf Grund des § 42g vervielfältigt wird; *(BGBl I 2021/244, ab 1. 1. 2022)*

4. wenn ein Werk nach § 56e oder § 56f vervielfältigt wird. *(BGBl I 2021/244, ab 1. 1. 2022)* *(BGBl I 2003/32, ab 1. 7. 2003, s Anm zu § 12 Abs 2)*

(4) Ob und inwieweit bei anderen als den in den „Abs. 2, 3 und 3a" bezeichneten freien Werknutzungen eine Quellenangabe unterbleiben kann, ist nach den im redlichen Verkehr geltenden Gewohnheiten und Gebräuchen zu beurteilen. *(BGBl I 2003/32, ab 1. 7. 2003, s Anm zu § 12 Abs 2)*

Verlegerbeteiligung an gesetzlichen Vergütungsansprüchen

§ 57a. Hat ein Urheber einem Verleger ein Recht an einem Werk eingeräumt, so ist der Verleger in Bezug auf dieses Recht an den gesetzlichen Vergütungsansprüchen angemessen zu beteiligen, es sei denn die Parteien haben bei der Einräumung des Rechts die Beteiligung des Verlegers an der Vergütung ausgeschlossen. Der Anspruch des Verlegers kann nur von einer Verwertungsgesellschaft wahrgenommen werden, die Rechte von Urhebern und Verlegern gemeinsam wahrnimmt.

(BGBl I 2021/244, ab 1. 1. 2022, s § 116 Abs 16)

2. Bewilligungszwang bei Schallträgern

§ 58. (1) Hat der Berechtigte einem anderen gestattet, ein Werk der Tonkunst auf Schallträgern zu vervielfältigen und zu verbreiten, so kann, sobald das Werk erschienen ist, jeder Hersteller von Schallträgern vom Berechtigten verlangen, daß auch ihm die gleiche Werknutzung gegen angemessenes Entgelt bewilligt wird; dies gilt, wenn der Hersteller seinen Wohnsitz oder seine Hauptniederlassung im Ausland hat, unbeschadet von Staatsverträgen nur unter der Voraussetzung, daß Hersteller mit Wohnsitz oder Hauptniederlassung im Inland auch in diesem Staat in annähernd gleicher Weise behandelt werden, jedenfalls aber in gleicher Weise wie die Hersteller mit Wohnsitz oder Hauptniederlassung in diesem Staat. Diese Gegenseitigkeit ist dann anzunehmen, wenn sie in einer Kundmachung des Bundesministers für Justiz im Hinblick auf die in dem betreffenden Staat bestehende Rechtslage festgestellt worden ist. Darüber hinaus können die zuständigen Behörden die Gegenseitigkeit mit einem anderen Staat vertraglich vereinbaren, wenn dies zur Wahrung der Interessen österreichischer Hersteller von Schallträgern geboten erscheint. Die Werknutzungsbewilligung gilt nur für die Vervielfältigung und Verbreitung des Werkes auf Schallträgern im Inland und für die Ausfuhr nach Staaten, in denen der Urheber keinen Schutz gegen die Vervielfältigung und Verbreitung des Werkes auf Schallträgern genießt. *(BGBl 1982/295)*

(2) Absatz 1 gilt für die mit einem Werke der Tonkunst als Text verbundenen Sprachwerke entsprechend, wenn der Berechtigte einem anderen gestattet hat, das Sprachwerk in dieser Verbindung auf Schallträgern zu vervielfältigen und zu verbreiten.

(3) Für Klagen auf Erteilung der Bewilligung nach Absatz 1 oder 2 sind, wenn der Beklagte im Inland keinen allgemeinen Gerichtsstand hat, die Gerichte, in deren Sprengel der erste Wiener Gemeindebezirk liegt, zuständig.

(4) Bei Anwendung der Vorschriften der Absätze 1 und 2 bleiben Mittel, die zur gleichzeitigen wiederholbaren Wiedergabe von Werken für Gesicht und Gehör bestimmt sind (Bild- und Schallträger), außer Betracht.

3. Benutzung von Rundfunksendungen

§ 59. Rundfunksendungen von Sprachwerken sowie von Werken der Tonkunst dürfen zu öffentlichen Vorträgen und Aufführungen der gesendeten Werke mit Hilfe von Lautsprechern benutzt werden, wenn der Veranstalter einer solchen öffentlichen Wiedergabe die Bewilligung dazu von der zuständigen Verwertungsgesellschaft „(§ 3 Abs. 1 VerwGesG 2016)"** erhalten hat. Die Verwertungsgesellschaft hat das Entgelt für solche Bewilligungen auf gleiche Weise zu verteilen wie das Entgelt, das sie von „einem inländischen Rundfunkunternehmer"* für die Bewilligung erhält, Sprachwerke oder Werke der Tonkunst durch Rundfunk zu senden. *(*BGBl I 2015/99, ab 1. 10. 2015; **BGBl I 2021/244, ab 1. 1. 2022)*

§ 59a. (1) Das Recht, Rundfunksendungen von für den öffentlichen Empfang bestimmten Werken einschließlich solcher über Satellit zur gleichzeitigen, vollständigen und unveränderten Weitersendung zu benutzen, kann unabhängig davon, wie die programmtragenden Signale für die Weitersendung übermittelt werden, nur von Verwertungs-

UrhG ZuKG

gesellschaften geltend gemacht werden. Für das Recht der Weitersendung über einen Internetzugangsdienst im Sinn von Art. 2 Abs. 2 der Verordnung (EU) 2015/2120 vom 25. November 2015 über Maßnahmen zum Zugang zum offenen Internet und zur Änderung der Richtlinie 2002/22/EG über den Universaldienst und Nutzerrechte bei elektronischen Kommunikationsnetzen und -diensten sowie der Verordnung (EU) Nr. 531/2012 über das Roaming in öffentlichen Mobilfunknetzen in der Union, ABl. Nr. L 310 vom 26.11.2015 S. 1, gilt dies nur, wenn die Weitersendung ausschließlich an vertraglich berechtigte Nutzer erfolgt und gegen die unbefugte Nutzung durch Verschlüsselung oder auf eine andere Weise angemessen gesichert ist, die mit der Sicherung von Inhalten vergleichbar ist, die über geordnete Netzwerke wie Kabelnetze oder geschlossene internetprotokollgestützte Netzwerke übertragen werden. Dieser Absatz gilt nicht für das Recht, Verletzungen des Urheberrechtes gerichtlich zu verfolgen. *(BGBl I 2021/244, ab 1. 1. 2022)*

(2) Rundfunksendungen dürfen zu einer Weitersendung im Sinn des Abs. 1 benutzt werden, wenn der weitersendende Rundfunkunternehmer die Bewilligung dazu von der zuständigen Verwertungsgesellschaft „(§ 3 Abs. 1 VerwGesG 2016)“ erhalten hat. Mit Beziehung auf diese Bewilligung haben auch die Urheber, die mit der Verwertungsgesellschaft keinen Wahrnehmungsvertrag geschlossen haben und deren Rechte auch nicht auf Grund eines Gegenseitigkeitsvertrags mit einer ausländischen Verwertungsgesellschaft wahrgenommen werden, dieselben Rechte und Pflichten wie die Bezugsberechtigten der Verwertungsgesellschaft. *(BGBl I 2021/244, ab 1. 1. 2022)*

(3) Die Abs. 1 und 2 gelten jedoch nicht, soweit das Recht zur Weitersendung im Sinn des Abs. 1 dem Rundfunkunternehmer, dessen Sendung weitergesendet wird, zusteht. „Sie gelten überdies nicht für Rechte an einem Werk, das ausschließlich im Internet gesendet wird.“ *(BGBl I 2021/244, ab 1. 1. 2022)*

(BGBl 1996/151, ab 1. 1. 1998)

§ 59b. (1) Kommt ein Vertrag über die Bewilligung der Weitersendung im Sinn des § 59a nicht zustande, so kann jeder der Beteiligten bei „dem Schlichtungsausschuss „(§ 82 VerwGesG 2016)“**“* Vertragshilfe beantragen. „Der Schlichtungsausschuss“* kann den Parteien Vorschläge unterbreiten. Ein solcher Vorschlag gilt als von den Parteien angenommen, wenn keine der Parteien binnen drei Monaten Einwände erhebt. *(*BGBl I 2006/22, ab 1. 7. 2006; **BGBl I 2021/244, ab 1. 1. 2022)*

(2) Kommt ein Vertrag über die Bewilligung einer Weitersendung durch Kabel- oder Mikrowellensysteme nur deshalb nicht zustande, weil der berechtigte Rundfunkunternehmer (§ 59a Abs. 3) die Verhandlungen darüber nicht nach Treu und Glauben aufgenommen oder sie ohne triftigen Grund be- oder verhindert hat, dann hat der weitersendende Rundfunkunternehmer einen Anspruch auf Erteilung der Bewilligung zu angemessenen Bedingungen. Verhandlungen über die Erlaubnis für andere Formen der Weitersendung haben der berechtigte und der weitersendende Rundfunkunternehmer nach Treu und Glauben zu führen, sobald solche Verhandlungen aufgenommen wurden. *(BGBl I 2021/244, ab 1. 1. 2022)*

(3) Verweigert der berechtigte Rundfunkunternehmer (§ 59a Abs. 3) die Bewilligung nur deshalb, weil keine Einigung über die Bemessung des Entgelts erzielt werden kann, dann gilt die Bewilligung als erteilt, wenn der weitersendende Rundfunkunternehmer den nicht strittigen Teil des Entgelts an den berechtigten Rundfunkunternehmer gezahlt und eine Sicherheit in der Höhe des strittigen Teils des Entgelts durch gerichtliche Hinterlegung oder Stellung einer Bankgarantie geleistet hat. Der Urheberrechtssenat kann die Höhe der Sicherheitsleistung auf Antrag des weitersendenden Rundfunkunternehmers angemessen herabsetzen. Über einen solchen Antrag ist unter sinngemäßer Anwendung des § 273 ZPO, RGBl. Nr. 113/1895, ohne förmliches Beweisverfahren möglichst rasch zu entscheiden. *(BGBl I 2021/244, ab 1. 1. 2022)*

(BGBl 1996/151, ab 1. 1. 1998)

4. Schulbücher und Prüfungsaufgaben

§ 59c. „(1)“ Die in § 45 Abs. 1 und 2, in § 51 Abs. 1 und in § 54 Abs. 1 Z 3 bezeichneten Werknutzungen sind auch zur Verfolgung kommerzieller Zwecke zulässig, wenn der Nutzer die hiefür erforderlichen Rechte von der zuständigen Verwertungsgesellschaft („§ 1 Verwertungsgesellschaftengesetz 2006“) erworben hat. Mit Beziehung auf diese Bewilligung haben auch die Urheber, die mit der Verwertungsgesellschaft keinen Wahrnehmungsvertrag geschlossen haben und deren Rechte auch nicht auf Grund eines Gegenseitigkeitsvertrags mit einer ausländischen Verwertungsgesellschaft wahrgenommen werden, dieselben Rechte und Pflichten wie die Bezugsberechtigten der Verwertungsgesellschaft. *(BGBl I 2015/99, ab 1. 10. 2015)*

(2) Abs. 1 gilt sinngemäß, wenn Werke nach ihrem Erscheinen in einem durch den Zweck gerechtfertigten Umfang in Prüfungsaufgaben, die die Auseinandersetzung des zu Prüfenden mit dem Werk in Schulen, Universitäten oder anderen Bildungseinrichtungen zum Gegenstand haben, vervielfältigt, verbreitet oder der Öffentlichkeit

zur Verfügung gestellt werden. § 42 Abs. 6 bleibt unberührt. *(BGBl I 2015/99, ab 1. 10. 2015)*

(BGBl I 2003/32)

VIII. Abschnitt

Dauer des Urheberrechtes

Werke der Literatur, der Tonkunst und der bildenden Künste

§ 60. (1) Das Urheberrecht an Werken der Literatur, der Tonkunst und der bildenden Künste endet siebzig Jahre nach dem Tod des Urhebers (§ 10 Abs. 1). Bei einem von mehreren Urhebern gemeinsam geschaffenen Werk (§ 11) endet das Urheberrecht siebzig Jahre nach dem Tod des letztlebenden Miturhebers (§ 10 Abs. 1). *(BGBl I 2015/99, ab 1. 10. 2015, s § 116 Abs 10)*

(2) Ist ein Werk der Tonkunst mit einem Sprachwerk verbunden (Musikkomposition mit Text) und wurden beide Werke eigens für diese Werkverbindung geschaffen, so endet das Urheberrecht an beiden Werken siebzig Jahre nach dem Tod des letztlebenden Urhebers oder Miturhebers des Werkes der Tonkunst oder des Sprachwerks. *(BGBl I 2013/150, ab 1. 11. 2013, s § 116 Abs 2 bis 4)*

(BGBl 1972/492)

§ 61. (1) Das Urheberrecht an anonymen und pseudonymen Werken endet siebzig Jahre nach ihrer Schaffung. Wenn aber das Werk vor dem Ablauf dieser Frist veröffentlicht wird, endet das Urheberrecht siebzig Jahre nach der Veröffentlichung.

(2) Wenn die Identität des Urhebers innerhalb der in Abs. 1 bezeichneten Frist offenbart wird oder das vom Urheber angenommene Pseudonym keinen Zweifel an seiner Identität zulässt, ist die Schutzfrist nach § 60 zu bemessen.

(3) Zur Offenbarung der Identität des Urhebers ist er selbst oder eine Person berechtigt, auf die das Urheberrecht nach seinem Tod übergegangen ist.

(BGBl I 2015/99, ab 1. 10. 2015, s § 116 Abs 10)

§§ 61a bis 61c. *(aufgehoben samt Überschrift, BGBl I 2015/99, ab 1. 10. 2015, s § 116 Abs 10)*

Filmwerke

§ 62. Das Urheberrecht an Filmwerken endet siebzig Jahre nach dem Tode des Letztlebenden der folgenden Personen, und zwar des Hauptregisseurs sowie des Urhebers des Drehbuchs, der Dialoge und des für das Filmwerk besonders geschaffenen Werkes der Tonkunst.

(BGBl 1996/151, ab 1. 4. 1996, s Art VIII UrhGNov 1996)

Lieferungswerke

§ 63. Bei Werken, die in mehreren Bänden, Teilen, Lieferungen, Nummern oder Episoden veröffentlicht werden und bei denen die Veröffentlichung die für den Beginn der Schutzfrist maßgebende Tatsache darstellt, wird die Schutzfrist von der Veröffentlichung jedes einzelnen Bestandteils berechnet.

(BGBl 1996/151, ab 1. 4. 1996, s Art VIII UrhGNov 1996)

Berechnung der Schutzfristen

§ 64. Bei Berechnung der Schutzfristen (§§ 60 bis 63) ist das Kalenderjahr, in dem die für den Beginn der Frist maßgebende Tatsache eingetreten ist, nicht mitzuzählen.

Die Schutzfrist überdauernde Rechte

§ 65. Der Schöpfer eines Werkes kann die ihm nach den §§ 19 und 21, Absatz 3, zustehenden Rechte zeit seines Lebens geltend machen, wenngleich die Schutzfrist schon abgelaufen ist.

II. Hauptstück

Verwandte Schutzrechte

I. Abschnitt

Schutz von Darbietungen

Ausübender Künstler

§ 66. Ausübender Künstler im Sinn dieses Bundesgesetzes ist, wer ein Werk vorträgt, aufführt, auf eine andere Weise darbietet oder an einer solchen Darbietung künstlerisch mitwirkt, und zwar unabhängig davon, ob das dargebotene Werk den urheberrechtlichen Schutz dieses Bundesgesetzes genießt oder nicht.

(BGBl I 2015/99, ab 1. 10. 2015)

Schutz geistiger Interessen

§ 67. (1) Der ausübende Künstler hat das Recht, in Bezug auf seine Darbietung als solcher anerkannt zu werden. Er kann dabei bestimmen, ob und mit welchem Namen er genannt wird.

(2) Eine Darbietung darf weder auf eine Art, die sie der Öffentlichkeit zugänglich macht, benutzt noch zum Zweck der Verbreitung vervielfältigt werden, wenn sie mit solchen Änderungen

oder so mangelhaft wiedergegeben wird, dass dadurch der künstlerische Ruf des ausübenden Künstlers beeinträchtigt werden kann.

(3) Die in den Abs. 1 und 2 bezeichneten Rechte enden keinesfalls vor dem Tod des ausübenden Künstlers. Nach seinem Tod stehen sie bis zum Erlöschen der Verwertungsrechte denjenigen Personen zu, auf die die Verwertungsrechte übergegangen sind. Haben mehrere ausübende Künstler gemeinsam eine Darbietung erbracht, so ist der Tod des letzten der beteiligten ausübenden Künstler maßgeblich.

(4) Die Abs. 1 bis 3 gelten für diejenigen Personen, die bloß in einem Chor oder Orchester oder auf ähnliche Art mitwirken, mit der Maßgabe, dass anstelle des Namens des Verwertungsberechtigten der Name des Chores oder Orchesters anzugeben ist; § 70 gilt sinngemäß.

(BGBl I 2015/99, ab 1. 10. 2015)

Verwertungsrechte

§ 68. (1) Der ausübende Künstler hat mit den von diesem Bundesgesetz bestimmten Beschränkungen das ausschließliche Recht,

1. seine Darbietung auf einem Bild- oder Schallträger festzuhalten, diesen zu vervielfältigen und zu verbreiten und die Darbietung der Öffentlichkeit zur Verfügung zu stellen;

2. seine Darbietung durch Rundfunk zu senden, es sei denn, dass die Sendung mit Hilfe eines Bild- oder Schallträgers vorgenommen wird, der mit seiner Einwilligung hergestellt und verbreitet wurde;

3. seine Darbietung durch Lautsprecher oder durch eine andere technische Einrichtung außerhalb des Ortes (Theater, Saal, Platz, Garten u. dgl.), wo sie stattfindet, öffentlich wiederzugeben, es sei denn, dass die Wiedergabe mit Hilfe eines Bild- oder Schallträgers, der mit seiner Einwilligung hergestellt und verbreitet wurde, oder mit Hilfe einer zulässigen Rundfunksendung vorgenommen wird.

(2) Ohne Einwilligung des ausübenden Künstlers hergestellte oder verbreitete Bild- oder Schallträger dürfen zu einer Rundfunksendung oder öffentlichen Wiedergabe der Darbietung nicht benutzt werden.

(3) Unbeschadet des § 67 Abs. 3 erlöschen die Verwertungsrechte der ausübenden Künstler fünfzig Jahre nach der Darbietung, wenn aber vor dem Ablauf dieser Frist eine Aufzeichnung der Darbietung erscheint oder öffentlich wiedergegeben (§§ 17, 18 und 18a) wird, fünfzig Jahre nach dem Erscheinen oder der öffentlichen Wiedergabe, je nach dem, welches Ereignis zuerst stattgefunden hat. Erscheint vor dem Ablauf derselben Frist eine Aufzeichnung der Darbietung auf einem Schallträger oder wird sie auf einem Schallträger öffentlich wiedergegeben, so erlöschen die Verwertungsrechte erst siebzig Jahre nach dem Erscheinen oder der öffentlichen Wiedergabe, je nach dem, welches Ereignis zuerst stattgefunden hat. Die Fristen sind nach § 64 zu berechnen.

(4) Die §§ 11, 12, 13, § 15 Abs. 1, § 16 Abs. 1 und 3, §§ 16a, 18a, 18b, 18c, 23, 24, 24a, 24b, 24c, § 25 Abs. 1, 2, 3 und 5, §§ 26, 27, § 28 Abs. 1, §§ 29, 31, 31a, 32, 33, 37b, 37c, 37d, 37e, 37f, 59a und 59b gelten entsprechend; an die Stelle der im § 31 Abs. 2 genannten Frist von fünf Jahren tritt jedoch eine solche von einem Jahr. *(BGBl I 2021/244, ab 1. 1. 2022, die Bezugnahme auf § 37d ab 7. 6. 2022, s § 116 Abs 16)*

(BGBl I 2015/99, ab 1. 10. 2015)

Rechte an Darbietungen für ein Filmwerk

§ 69. „(1)" Die Verwertungsrechte ausübender Künstler, die an den zum Zweck der Herstellung eines gewerbsmäßig hergestellten Filmwerkes oder anderen kinematographischen Erzeugnisses vorgenommenen Darbietungen in Kenntnis dieses Zwecks mitgewirkt haben, stehen dem Inhaber des Unternehmens (Filmhersteller oder Hersteller) zu. Die gesetzlichen Vergütungsansprüche stehen den ausübenden Künstlern und dem Filmhersteller oder Hersteller je zur Hälfte zu, soweit sie nicht unverzichtbar sind. *(BGBl I 2021/244, ab 1. 1. 2022)*

(2) Für Darbietungen für ein Filmwerk gelten die §§ 24c, 31a nicht. *(BGBl I 2021/244, ab 1. 1. 2022)*

(BGBl I 2015/99, ab 1. 10. 2015)

Gemeinsame Darbietung mehrerer ausübender Künstler

§ 70. (1) Bei Darbietungen, die – wie die Aufführung eines Schauspiels oder eines Chor- oder Orchesterwerkes – durch das Zusammenwirken mehrerer Personen unter einer einheitlichen Leitung zustande kommen, können die Rechte derjenigen Personen, die bloß in einem Chor oder Orchester oder auf ähnliche Art mitwirken, nur durch einen gemeinsamen Vertreter wahrgenommen werden.

(2) Falls die Vertretung nicht bereits kraft Gesetzes oder durch Satzung, Kollektiv- oder Einzelvertrag geregelt ist, wird der gemeinsame Vertreter von den im Abs. 1 erwähnten Mitwirkenden mit einfacher Mehrheit ohne Berücksichtigung allfälliger Stimmenthaltungen gewählt.

(3) In Ermangelung eines gemeinsamen Vertreters hat das Bezirksgericht Innere Stadt Wien im Verfahren außer Streitsachen einen gemeinsamen Vertreter zu bestellen. Zur Antragstellung ist jeder

berechtigt, der ein Interesse an der Verwertung der Darbietung glaubhaft macht.

(BGBl I 2015/99, ab 1. 10. 2015)

Freie Nutzungen

§ 71. (1) Jede natürliche Person darf eine durch Rundfunk gesendete und der Öffentlichkeit zur Verfügung gestellte Darbietung sowie die mit Hilfe eines Bild- oder Schallträgers bewirkte Wiedergabe einer Darbietung auf einem Bild- oder Schallträger festhalten und von diesem einzelne Vervielfältigungsstücke herstellen, soweit dies zum privaten Gebrauch und weder für unmittelbare noch mittelbare kommerzielle Zwecke geschieht. § 42 Abs. 2 und 3 sowie 5 bis 7, § 42a und § 42b Abs. 1 und 3 bis 9 gelten entsprechend.

(2) Zur Berichterstattung über Tagesereignisse darf eine Darbietung, die bei Vorgängen, über die berichtet wird, öffentlich wahrnehmbar wird, in einem durch den Informationszweck gerechtfertigten Umfang auf Bild- oder Schallträgern festgehalten, durch Rundfunk gesendet, öffentlich wiedergegeben und der Öffentlichkeit zur Verfügung gestellt werden; solche Bild- oder Schallträger dürfen in diesem Umfang vervielfältigt und verbreitet werden. In diesen Fällen ist die Quelle anzugeben, es sei denn, dass sich dies als unmöglich erweist oder die Vorträge und Aufführungen nur beiläufig in die Berichterstattung einbezogen worden sind.

(3) Die Benutzung einzelner Darbietungen zu Zwecken der Wissenschaft oder des Unterrichts in einem durch den nicht kommerziellen Zweck gerechtfertigten Umfang ist zulässig. In diesen Fällen ist die Quelle anzugeben, es sei denn, dass sich dies als unmöglich erweist. Dasselbe gilt für die Nutzung von Darbietungen zum Zweck des Zitats.

(4) Darbietungen dürfen durch den Veranstalter auf einem Bild- oder Schallträger festgehalten und mit Hilfe eines solchen Bild- oder Schallträgers oder einer anderen technischen Einrichtung innerhalb des Gebäudes, in dem die Veranstaltung stattfindet, zu dem Zweck wiedergegeben werden, die Veranstaltung in einem anderen Raum wahrnehmbar zu machen.

(5) Für den Vortrag einer der im § 43 bezeichneten Reden durch den Redner selbst gelten die Vorschriften der §§ 66 bis 70 und 72 nicht.

(6) Im Übrigen gelten die §§ 41, 41a, 42d, 42e, 42g, 42h, § 56 Abs. 1 und 3 sowie die §§ 56a, 56e, 56f und § 57 Abs. 3a Z 3a und 4 für die an Darbietungen bestehenden Schutzrechte entsprechend. *(BGBl I 2021/244, ab 1. 1. 2022)*

(BGBl I 2015/99, ab 1. 10. 2015)

Schutz des Veranstalters

§ 72. (1) Der Veranstalter, der die Darbietung angeordnet hat, hat mit den von diesem Bundesgesetz bestimmten Beschränkungen neben dem ausübenden Künstler das ausschließliche Recht,

1. die Darbietung auf einem Bild- oder Schallträger festzuhalten und die Darbietung der Öffentlichkeit zur Verfügung zu stellen,

2. die Darbietung durch Rundfunk zu senden, es sei denn, dass die Sendung mit Hilfe eines Bild- oder Schallträgers vorgenommen wird, der mit seiner Einwilligung hergestellt und verbreitet wurde, und

3. die Darbietung durch Lautsprecher oder durch eine andere technische Einrichtung außerhalb des Ortes (Theater, Saal, Platz, Garten u. dgl.), wo sie stattfindet, öffentlich wiederzugeben, es sei denn, dass die Wiedergabe mit Hilfe eines Bild- oder Schallträgers, der mit seiner Einwilligung hergestellt und verbreitet wurde, oder mit Hilfe einer zulässigen Rundfunksendung vorgenommen wird.

(2) Ohne Einwilligung des Veranstalters hergestellte oder verbreitete Bild- oder Schallträger dürfen zu einer Rundfunksendung oder öffentlichen Wiedergabe der Darbietung nicht benutzt werden.

(3) Ob gegenüber dem Veranstalter von Darbietungen die Verpflichtung besteht, daran mitzuwirken und eine Verwertung zu gestatten, ist nach den das Rechtsverhältnis der Mitwirkenden zum Veranstalter regelnden Vorschriften und Vereinbarungen zu beurteilen. Hiernach richtet sich auch, ob einem Mitwirkenden ein Anspruch auf ein besonderes Entgelt gegen den Veranstalter zusteht. In jedem Fall hat der Veranstalter, mit dessen Einwilligung eine Darbietung festgehalten werden soll, hievon die Mitwirkenden, auch wenn sie zur Mitwirkung verpflichtet sind, vorher auf angemessene Art in Kenntnis zu setzen.

(4) Die Verwertungsrechte der Veranstalter erlöschen fünfzig Jahre nach der Darbietung, wenn aber vor dem Ablauf dieser Frist eine Aufzeichnung der Darbietung veröffentlicht wird, fünfzig Jahre nach der Veröffentlichung. Die Fristen sind nach § 64 zu berechnen.

(5) Im Übrigen gelten für die Verwertungsrechte des Veranstalters nach Abs. 1 die für die Verwertungsrechte des ausübenden Künstlers geltenden Bestimmungen entsprechend.

(BGBl I 2015/99, ab 1. 10. 2015)

II. Abschnitt
Schutz von Lichtbildern, Schallträgern, Rundfunksendungen und nachgelassenen Werken

1. Lichtbilder

§ 73. (1) Lichtbilder im Sinne dieses Gesetzes sind durch ein photographisches Verfahren hergestellte Abbildungen. Als photographisches Verfahren ist auch ein der Photographie ähnliches Verfahren anzusehen.

(2) Derart hergestellte Laufbilder (kinematographische Erzeugnisse) unterliegen, unbeschadet der urheberrechtlichen Vorschriften zum Schutze von Filmwerken, den für Lichtbilder geltenden Vorschriften.

Schutzrecht

§ 74. (1) „Wer ein Lichtbild aufnimmt (Hersteller), hat mit den vom Gesetz bestimmten Beschränkungen das ausschließliche Recht, das Lichtbild zu vervielfältigen, zu verbreiten, durch optische Einrichtungen öffentlich vorzuführen, durch Rundfunk zu senden und der Öffentlichkeit zur Verfügung zu stellen „„ es sei denn, das Lichtbild gibt ein Werk der bildenden Künste wieder, für das die Schutzfrist abgelaufen ist.“**“*Bei gewerbsmäßig hergestellten Lichtbildern gilt der Inhaber des Unternehmens als Hersteller. *(*BGBl I 2003/32, ab 1. 7. 2003, s Anm zu § 12 Abs 2; **BGBl I 2021/244, ab 1. 1. 2022, s § 116 Abs 17)*

(2) Die dem Hersteller nach Absatz 1 zustehenden Verwertungsrechte sind vererblich und veräußerlich.

(3) Hat der Hersteller ein Lichtbild mit seinem Namen (Decknamen, Firma) bezeichnet, so sind auch die von anderen hergestellten, zur Verbreitung bestimmten Vervielfältigungsstücke mit einem entsprechenden Hinweis auf den Hersteller zu versehen. Gibt ein derart bezeichnetes Vervielfältigungsstück das Lichtbild mit wesentlichen Änderungen wieder, so ist die Herstellerbezeichnung mit einem entsprechenden Zusatz zu versehen.

(4) Bei den mit einer Herstellerbezeichnung versehenen Vervielfältigungsstücken darf auch die Gegenstandsbezeichnung von der vom Hersteller angegebenen nur so weit abweichen, als es der Übung des redlichen Verkehrs entspricht.

(5) Nach dem Tode des Herstellers kommt der ihm durch die Absätze 3 und 4 gewährte Schutz den Personen zu, auf die die Verwertungsrechte übergehen. Werden die Verwertungsrechte auf einen anderen übertragen, so kann dem Erwerber auch das Recht eingeräumt werden, sich als Hersteller des Lichtbildes zu bezeichnen. In diesem Falle gilt der Erwerber fortan als Hersteller und genießt, wenn er als solcher auf den Lichtbildstücken genannt ist, auch Schutz nach den Vorschriften der Absätze 3 und 4.

(6) Das Schutzrecht an Lichtbildern erlischt „fünfzig Jahre“ nach der Aufnahme, wenn aber das Lichtbild vor dem Ablauf dieser Frist veröffentlicht wird, „fünfzig Jahre“ nach der Veröffentlichung. Die Fristen sind nach § 64 zu berechnen. *(BGBl 1972/492; BGBl 1996/151, ab 1. 4. 1996, s Art VIII UrhGNov 1996)*

(7) Die §§ 5, 7 bis 9, 11 bis 13, § 14 Abs. 2, § 15 Abs. 1, die §§ 16, 16a, 17, 17a, 17b, § 18 Abs. 3, §§ 18a, 18b, § 18c, § 23 Abs. 2 und 4, §§ 24, 24a, 24b, § 25 Abs. 2 bis 6, § 26, § 27 Abs. 1, 3, 4 und 5, § 31 Abs. 1, § 32 Abs. 1, § 33 Abs. 2, die §§ 36, 37, 41, 41a, 42, §§ 42a bis 42h, § 54 Abs. 1 Z 3 und Abs. 2, die §§ 56, 56a, 56b und 56f, § 57 Abs. 3a Z 1, 2, 3a und 4 sowie die §§ 59a und 59b gelten für Lichtbilder, die §§ 56c und 56d für kinematographische Erzeugnisse entsprechend; § 42a Abs. 1 Z 1 gilt jedoch nicht für die Vervielfältigung von gewerbsmäßig hergestellten Lichtbildern nach einer Vorlage, die in einem photographischen Verfahren hergestellt worden ist. *(BGBl I 2021/244, ab 1. 1. 2022)*

(8) § 38 Abs. 1 gilt für die Rechte zur filmischen Verwertung der bei der Herstellung eines Filmwerkes entstandenen Lichtbilder entsprechend. *(BGBl I 2015/99, ab 1. 10. 2015)*

Sondervorschriften für Lichtbildnisse von Personen

§ 75. (1) Von einem auf Bestellung aufgenommenen Lichtbildnis einer Person dürfen, wenn nichts anderes vereinbart ist, der Besteller und seine Erben sowie der Abgebildete und nach seinem Tode die mit ihm in gerader Linie Verwandten und sein überlebender Ehegatte[1)] oder Lebensgefährte einzelne Vervielfältigungsstücke herstellen oder durch einen anderen, auch gegen Entgelt, herstellen lassen, in einem photographischen Verfahren aber nur dann, wenn sie sich in einem solchen Verfahren hergestellte Vervielfältigungsstücke von dem Berechtigten überhaupt nicht oder nur mit unverhältnismäßig großen Schwierigkeiten beschaffen können. *(BGBl I 2009/75, ab 1. 1. 2010)*

(2) Vervielfältigungsstücke, deren Herstellung nach Absatz 1 zulässig ist, dürfen unentgeltlich verbreitet werden.

1) Nach § 43 Abs 1 Z 22 EPG auf eingetragene Partner sinngemäß anzuwenden.

2. Schallträger

§ 76. (1) „Wer akustische Vorgänge zu ihrer wiederholbaren Wiedergabe auf einem Schallträger festhält (Hersteller), hat mit den vom Gesetz bestimmten Beschränkungen das ausschließliche Recht, den Schallträger zu vervielfältigen, zu verbreiten und der Öffentlichkeit zur Verfügung zu stellen.“Unter der Vervielfältigung wird auch die Benutzung einer mit Hilfe eines Schallträgers bewirkten Wiedergabe zur Übertragung auf einen anderen verstanden. Bei gewerbsmäßig hergestellten Schallträgern gilt der Inhaber des Unternehmens als Hersteller. *(BGBl I 2003/32, ab 1. 7. 2003, s Anm zu § 12 Abs 2)*

(2) Dem Absatz 1 zuwider vervielfältigte oder verbreitete Schallträger dürfen zu einer Rundfunksendung (§ 17) oder öffentlichen Wiedergabe nicht benutzt werden.

(3) „Wird ein zu Handelszwecken hergestellter oder ein der Öffentlichkeit zur Verfügung gestellter Schallträger zu einer Rundfunksendung (§ 17) oder öffentlichen Wiedergabe benutzt, so hat der Benutzer dem Hersteller (Abs. 1), vorbehaltlich „der § 68 Abs. 2 und § 72 Abs. 2“** und des vorstehenden Abs. 2, eine angemessene Vergütung zu entrichten.“*Die „ausübenden Künstler“** haben gegen den Hersteller einen Anspruch auf einen Anteil an dieser Vergütung. Dieser Anteil beträgt mangels Einigung der Berechtigten die Hälfte der dem Hersteller nach Abzug der Einhebungskosten verbleibenden Vergütung. Die Ansprüche des Herstellers und der „ausübenden Künstler“** können nur von Verwertungsgesellschaften oder durch eine einzige Verwertungsgesellschaft geltend gemacht werden. „Für den Anspruch für die Sendung und öffentliche Wiedergabe zugunsten von Menschen mit Seh- oder Lesebehinderungen gilt § 42d Abs. 8.“*** *(BGBl 1982/295; *BGBl I 2003/32, ab 1. 7. 2003, s Anm zu § 12 Abs 2; **BGBl I 2015/99, ab 1. 10. 2015; ***BGBl I 2018/63, ab 12. 10. 2018)*

(4) Zum privaten Gebrauch und weder für unmittelbare noch mittelbare kommerzielle Zwecke darf jede natürliche Person eine mit Hilfe eines Schallträgers bewirkte Wiedergabe auf einem Schallträger festhalten und von diesem einzelne Vervielfältigungsstücke herstellen. § 42 Abs. 2 und 3 sowie 5 bis 7, § 42a, „§ 42b Abs. 1 und 3 bis 9“ und § 56a gelten entsprechend. *(BGBl I 2003/32, ab 1. 7. 2003, s Anm zu § 12 Abs 2; BGBl I 2015/99, ab 1. 10. 2015)*

(5) Das Schutzrecht an Schallträgern erlischt 70 Jahre nach dem Erscheinen des Schallträgers. Ist der Schallträger innerhalb von 50 Jahren nach der Aufnahme nicht erschienen, aber rechtmäßig zur öffentlichen Wiedergabe (§§ 17, 18 und 18a) benutzt worden, so erlischt das Schutzrecht 70 Jahre nach dieser. Ist der Schallträger innerhalb dieser Frist weder erschienen noch rechtmäßig zur öffentlichen Wiedergabe benutzt worden, so erlischt das Schutzrecht 50 Jahre nach der Aufnahme. Die Fristen sind nach § 64 zu berechnen. *(BGBl I 2013/150, ab 1. 11. 2013, s § 116 Abs 5 und 6)*

(6) Die §§ 5, 7, 8, 9, 11, 12, 13, § 14 Abs. 2, § 15 Abs. 1, § 16 Abs. 1 und 3, die §§ 16a, 18a, 18b, § 18c, § 23 Abs. 2 und 4, §§ 24, 24a, 24b, § 25 Abs. 2, 3 und 5, § 26, § 27 Abs. 1, 3, 4 und 5, § 31 Abs. 1, § 32 Abs. 1, § 33 Abs. 2, die §§ 41, 41a, 42c, 42d, 42e, 42g, 42h, 56, 56e, 56f, 57 Abs. 3a Z 1, 3a und 4, § 71 Abs. 3 und § 74 Abs. 2 bis 5 gelten entsprechend. *(BGBl I 2021/244, ab 1. 1. 2022)*

(7) Bietet der Hersteller nach Ablauf von fünfzig Jahren nach dem Beginn des Laufs der Schutzfrist den Schallträger nicht in ausreichender Menge zum Verkauf an (§ 9) oder stellt er ihn nicht der Öffentlichkeit zur Verfügung (§ 18a), so hat die im § 66 Abs. 1 bezeichnete Person das unverzichtbare Recht, den Vertrag, mit dem sie ausschließliche Rechte an der Aufzeichnung ihrer Darbietung dem Hersteller eingeräumt hat, vorzeitig zu lösen. Die Auflösung wird wirksam, wenn der Hersteller nicht innerhalb eines Jahres ab dem Zugang der Auflösungserklärung den Schallträger in ausreichender Menge zum Verkauf anbietet und der Öffentlichkeit zur Verfügung stellt. In den Fällen des § 70 ist das Auflösungsrecht durch den gemeinsamen Vertreter wahrzunehmen. Wird der Vertrag nach diesem Absatz aufgelöst, so erlöschen die Rechte des Herstellers am Schallträger. *(BGBl I 2013/150, ab 1. 11. 2013, s § 116 Abs 5 und 6)*

(8) Eine im § 66 Abs. 1 bezeichnete Person, die ihre ausschließlichen Rechte dem Hersteller gegen ein pauschales Entgelt eingeräumt hat, hat einen unverzichtbaren Anspruch auf eine zusätzliche, jährlich vom Hersteller zu zahlende Vergütung für jedes vollständige Jahr ab dem 51. Jahr nach dem Beginn des Laufs der Schutzfrist. Der Hersteller hat für die Vergütung aller betroffenen Personen insgesamt 20% der Einnahmen aus der Vervielfältigung, der Verbreitung und der öffentlichen Zurverfügungstellung des betreffenden Schallträgers bereit zu stellen, die der Hersteller während des Vorjahres erzielt hat. Hersteller, die Schallträger ab dem 51. Jahr nach dem Beginn des Laufs der Schutzfrist vervielfältigen, verbreiten oder öffentlich zur Verfügung stellen, haben dem Berechtigten auf Verlangen richtig und vollständig alle Auskünfte zu geben, die für die Sicherung der Zahlung der Vergütung erforderlich sein können. Der Anspruch kann nur von einer Verwertungsgesellschaft geltend gemacht werden. *(BGBl I 2013/150, ab 1. 11. 2013, s § 116 Abs 5 und 6)*

(9) Hat eine im § 66 Abs. 1 bezeichnete Person ihre ausschließlichen Rechte dem Hersteller gegen ein nutzungsabhängiges Entgelt eingeräumt, so darf ein solches Entgelt ab dem 50. Jahr nach dem Beginn des Laufs der Schutzfrist weder durch den Abzug von Vorschüssen noch durch andere vertraglich vereinbarte Abzüge geschmälert werden. *(BGBl I 2013/150, ab 1. 11. 2013, s § 116 Abs 5 und 6)*

3. Rundfunksendungen

§ 76a. (1) „Wer Töne oder Bilder durch Rundfunk oder auf eine ähnliche Art sendet (§ 17, Rundfunkunternehmer), hat mit den vom Gesetz bestimmten Beschränkungen das ausschließliche Recht, die Sendung gleichzeitig über eine andere Sendeanlage zu senden und zu einer öffentlichen Wiedergabe im Sinne des § 18 Abs. 3 an Orten zu benutzen, die der Öffentlichkeit gegen Zahlung eines Eintrittsgeldes zugänglich sind; der Rundfunkunternehmer hat weiter das ausschließliche Recht, die Sendung auf einem Bild- oder Schallträger (insbesondere auch in Form eines Lichtbildes) festzuhalten, diesen zu vervielfältigen, zu verbreiten und zur öffentlichen Zurverfügungstellung zu benutzen."Unter der Vervielfältigung wird auch die Benutzung einer mit Hilfe eines Bild- oder Schallträgers bewirkten Wiedergabe zur Übertragung auf einen anderen verstanden. *(BGBl I 2003/32, ab 1. 7. 2003, s Anm zu § 12 Abs 2)*

(2) Dem Abs. 1 zuwider vervielfältigte oder verbreitete Bild- oder Schallträger dürfen zu einer Rundfunksendung (§ 17) oder zu einer öffentlichen Wiedergabe nicht benutzt werden.

(3) Zum privaten Gebrauch und weder für unmittelbare noch mittelbare kommerzielle Zwecke darf jede natürliche Person eine Rundfunksendung auf einem Bild- oder Schallträger festhalten und von diesem einzelne Vervielfältigungsstücke herstellen. § 42 Abs. 2 und 3 sowie 5 bis 7 und § 42a gelten entsprechend. *(BGBl I 2003/32, ab 1. 7. 2003, s Anm zu § 12 Abs 2)*

(4) Das Schutzrecht an Rundfunksendungen erlischt „fünfzig Jahre" nach der Sendung. Die Frist ist nach § 64 zu berechnen. *(BGBl 1996/151, ab 1. 4. 1996, s Art VIII UrhGNov 1996)*

(5) Die §§ 5, 7, 8, 9, 11, 12 und 13, § 14 Abs. 2, § 15 Abs. 1, § 16 Abs. 1 und 3, §§ 16a, 18a, 18b und § 18c, § 18 Abs. 2, § 23 Abs. 2 und 4, §§ 24, 24a, 24b, § 25 Abs. 2, 3 und 5, § 26, § 27 Abs. 1, 3, 4 und 5, § 31 Abs. 1, § 32 Abs. 1, § 33 Abs. 2, die §§ 41, 41a, 42c, 42d, 42e, 42g, 42h, 56, 56a, 56e und 56f, § 57 Abs. 3a Z 1, 3a und 4, § 71 Abs. 3 und § 74 Abs. 2 bis 5 gelten entsprechend. *(BGBl I 2021/244, ab 1. 1. 2022)*

(BGBl 1972/492)

4. Nachgelassene Werke

§ 76b. Wer ein nichtveröffentlichtes Werk, für das die Schutzfrist abgelaufen ist, erlaubterweise veröffentlicht, dem stehen die Verwertungsrechte am Werk wie einem Urheber zu. Dieses Schutzrecht erlischt fünfundzwanzig Jahre nach der Veröffentlichung; die Frist ist nach § 64 zu berechnen.

(BGBl 1996/151, ab 1. 4. 1996, s Art IX UrhGNov 1996)

IIa. Abschnitt

Geschützte Datenbanken

§ 76c. (1) Eine Datenbank (§ 40f Abs. 1) genießt den Schutz nach diesem Abschnitt, wenn für die Beschaffung, Überprüfung oder Darstellung ihres Inhalts eine nach Art oder Umfang wesentliche Investition erforderlich war.

(2) Eine in ihrem Inhalt nach Art oder Umfang wesentlich geänderte Datenbank gilt als neue Datenbank, wenn die Änderung eine nach Art oder Umfang wesentliche Investition erfordert hat; dies gilt auch dann, wenn diese Voraussetzung nur durch mehrere aufeinander folgende Änderungen gemeinsam erfüllt wird.

(3) Der Schutz nach diesem Abschnitt ist unabhängig davon, ob die Datenbank als solche oder ihr Inhalt für den urheberrechtlichen oder einen anderen sonderrechtlichen Schutz in Betracht kommt.

(4) Der Schutz nach diesem Abschnitt berührt nicht die am Inhalt der Datenbank etwa bestehenden Rechte.

(BGBl I 1998/25, ab 1. 1. 1998, gilt auch für Datenbanken, deren Herstellung zwischen dem 1. 1. 1983 und dem 31. 12. 1997 abgeschlossen worden ist. Die Schutzfrist beginnt in diesen Fällen am 1. 1. 1998)

Schutzrecht

§ 76d. (1) „Wer die Investition im Sinne des § 76c vorgenommen hat (Hersteller), hat mit den vom Gesetz bestimmten Beschränkungen das ausschließliche Recht, die ganze Datenbank oder einen nach Art oder Umfang wesentlichen Teil derselben zu vervielfältigen, zu verbreiten, durch Rundfunk zu senden, öffentlich wiederzugeben und der Öffentlichkeit zur Verfügung zu stellen." Diesen Verwertungshandlungen stehen die wiederholte und systematische Vervielfältigung, Verbreitung, Rundfunksendung und öffentliche Wiedergabe von unwesentlichen Teilen der Datenbank gleich, wenn diese Handlungen der normalen Verwertung der Datenbank entgegenstehen oder die berechtigten Interessen des Herstellers der Datenbank unzumutbar beeinträchtigen. *(BGBl I 2003/32, ab 1. 7. 2003, s Anm zu § 12 Abs 2)*

(2) Das Verbreitungsrecht des Herstellers umfaßt nicht das Verleihen (§ 16a Abs. 3).

(3) Die Vervielfältigung eines wesentlichen Teils einer veröffentlichten Datenbank ist zulässig

1. für private Zwecke; dies gilt nicht für eine Datenbank, deren Elemente einzeln mit Hilfe elektronischer Mittel zugänglich sind;

2. zu Zwecken der Wissenschaft oder des Unterrichts in einem durch den Zweck gerechtfertig-

ten Umfang, wenn dies ohne Erwerbszweck geschieht und die Quelle angegeben wird.

(4) Das Schutzrecht an Datenbanken erlischt 15 Jahre nach Abschluß der Herstellung der Datenbank, wenn aber die Datenbank vor dem Ablauf dieser Frist veröffentlicht wird, 15 Jahre nach der Veröffentlichung. Die Fristen sind nach § 64 zu berechnen.

(5) Die §§ 8, 9, 11 bis 13, 14 Abs. 2, § 15 Abs. 1, §§ 16, 16a Abs. 1 und 3, §§ 17, 17a, 17b, 18b, § 18c, § 23 Abs. 2 und 4, §§ 24, 24a, 24b, 25 Abs. 2, 3 und 5, §§ 26, 27 Abs. 1 und 3 bis 5, § 31 Abs. 1, § 32 Abs. 1, § 33 Abs. 2, § 41, § 42 Abs. 7 erster und zweiter Satz, §§ 42d, 42g, 42h, 56f und § 57 Abs. 3a Z 3a und 4 gelten entsprechend. *(BGBl I 2021/244, ab 1. 1. 2022)*

(BGBl I 1998/25, ab 1. 1. 1998, s Anm zu § 76c)

Verträge über die Benutzung einer Datenbank

§ 76e. Eine vertragliche Vereinbarung, durch die sich der rechtmäßige Benutzer einer veröffentlichten Datenbank gegenüber dem Hersteller verpflichtet, die Vervielfältigung, Verbreitung, Rundfunksendung oder öffentliche Wiedergabe von nach Art und Umfang unwesentlichen Teilen der Datenbank zu unterlassen, ist insoweit unwirksam, als diese Handlungen weder der normalen Verwertung der Datenbank entgegenstehen noch die berechtigten Interessen des Datenbankherstellers unzumutbar beeinträchtigen.

(BGBl I 1998/25, ab 1. 1. 1998, s Anm zu § 76c, ist nicht auf Verträge anzuwenden, die vor dem 1. 1. 1998 geschlossen worden sind)

IIb. Abschnitt

Schutz der Hersteller von Presseveröffentlichungen

§ 76f. (1) Wer als Diensteanbieter auf seine Initiative sowie unter seiner redaktionellen Verantwortung und Aufsicht eine Presseveröffentlichung in analoger oder digitaler Form herstellt, hat das ausschließliche Recht, die Presseveröffentlichung im Ganzen oder in Teilen im Rahmen eines Dienstes der Informationsgesellschaft (§ 1 Abs. 1 Z 2 Notifikationsgesetz 1999) für die Online-Nutzung zu vervielfältigen und der Öffentlichkeit zur Verfügung zu stellen.

(2) Eine Presseveröffentlichung im Sinn dieser Bestimmung ist eine Sammlung vorwiegend literarischer Werke journalistischer Art, die aber auch sonstige Werke oder sonstige Schutzgegenstände enthalten kann und als Einzelausgabe einer unter einem einheitlichen Titel periodisch erscheinenden oder regelmäßig aktualisierten Veröffentlichung, etwa von Zeitungen, Zeitschriften oder Magazinen von allgemeinem oder besonderem Interesse, erscheint und dem Zweck dient, die Öffentlichkeit über Nachrichten oder andere Themen zu informieren. Periodika, die für wissenschaftliche, künstlerische oder akademische Zwecke verlegt werden, etwa Wissenschaftsjournale oder Literaturzeitschriften, sind keine Presseveröffentlichungen im Sinn dieser Bestimmung.

(3) Das Recht des Herstellers einer Presseveröffentlichung erlischt zwei Jahre nach der Veröffentlichung der Presseveröffentlichung. Die Frist ist nach § 64 zu berechnen.

(4) Das Recht des Herstellers einer Presseveröffentlichung kann nicht zum Nachteil eines Urhebers oder Leistungsschutzberechtigten geltend gemacht werden, dessen Werk oder Schutzgegenstand in der Presseveröffentlichung enthalten ist. Es lässt das Recht des Urhebers oder Leistungsschutzberechtigten unberührt, sein Werk oder seinen Schutzgegenstand unabhängig von der Presseveröffentlichung zu verwerten, in der sie enthalten sind. Ist ein Werk oder Schutzgegenstand auf der Grundlage einer Nutzungsbewilligung in eine Presseveröffentlichung aufgenommen, so kann das Recht des Herstellers einer Presseveröffentlichung nicht zu dem Zweck geltend gemacht werden, die Nutzung durch andere berechtigte Nutzer zu untersagen. Überdies kann dieses Recht nicht zu dem Zweck geltend gemacht werden, die Nutzung von Werken oder sonstigen Schutzgegenständen, deren Schutzdauer abgelaufen ist, zu untersagen.

(5) Die in Abs. 1 vorgesehenen Rechte gelten nicht für die private oder nichtkommerzielle Nutzung von Presseveröffentlichungen durch einzelne Nutzer. Der Schutz besteht darüber hinaus weder für das Setzen von Hyperlinks noch für die Nutzung einzelner Wörter oder sehr kurzer Auszüge, auch wenn sie Bestandteil eines gesetzten Hyperlinks sind. Im Übrigen gelten die für das Vervielfältigungsrecht und das Zurverfügungstellungsrecht geltenden freien Werknutzungen sowie die §§ 8, 9 und 11 bis 13, § 14 Abs. 2, § 15 Abs. 1, § 18a, § 18b, § 18c, § 23 Abs. 2 und 4, §§ 24, 26, 27 Abs. 1, 3, 4 und 5, § 31 Abs. 1, § 57 Abs. 3a Z 3a und 4, § 74 Abs. 2 bis 5 entsprechend.

(6) Der Urheber ist an einer Vergütung angemessen zu beteiligen.

(BGBl I 2021/244, ab 1. 1. 2022, s § 116 Abs 18)

III. Abschnitt

Brief- und Bildnisschutz

Briefschutz

§ 77. (1) Briefe, Tagebücher und ähnliche vertrauliche Aufzeichnungen dürfen weder öffentlich vorgelesen noch auf eine andere Art, wodurch sie der Öffentlichkeit zugänglich gemacht werden, verbreitet werden, wenn dadurch berechtigte Interessen des Verfassers oder, falls er gestorben ist, ohne die Veröffentlichung gestattet oder angeordnet zu haben, eines nahen Angehörigen verletzt würden.

(2) Nahe Angehörige im Sinn des Abs. 1 sind die Verwandten in auf- und absteigender Linie sowie der überlebende Ehegatte[1] oder Lebensgefährte. Die mit dem Verfasser im ersten Grade Verwandten und der überlebende Ehegatte[1] oder Lebensgefährte genießen diesen Schutz Zeit ihres Lebens, andere Angehörige nur, wenn seit dem Ablauf des Todesjahres des Verfassers zehn Jahre noch nicht verstrichen sind. *(BGBl I 2009/75, ab 1. 1. 2010)*

(3) Briefe dürfen auch dann nicht auf die im Absatz 1 bezeichnete Art verbreitet werden, wenn hiedurch berechtigte Interessen dessen, an den der Brief gerichtet ist, oder, falls er gestorben ist, ohne die Veröffentlichung gestattet oder angeordnet zu haben, eines nahen Angehörigen verletzt würden. Absatz 2 gilt entsprechend.

(4) Die Absätze 1 bis 3 gelten ohne Rücksicht darauf, ob die im Absatz 1 bezeichneten Schriften den urheberrechtlichen Schutz dieses Gesetzes genießen oder nicht. Die Anwendung urheberrechtlicher Bestimmungen auf solche Schriften bleibt unberührt.

(5) Die Absätze 1 bis 3 gelten nicht für Schriften, die, wenngleich nicht ausschließlich, zum amtlichen Gebrauch verfaßt worden sind.

(6) Die Vorschriften des § 41 gelten entsprechend.

[1] Nach § 43 Abs 1 Z 22 EPG auf eingetragene Partner sinngemäß anzuwenden.

Bildnisschutz

§ 78. (1) Bildnisse von Personen dürfen weder öffentlich ausgestellt noch auf eine andere Art, wodurch sie der Öffentlichkeit zugänglich gemacht werden, verbreitet werden, wenn dadurch berechtigte Interessen des Abgebildeten oder, falls er gestorben ist, ohne die Veröffentlichung gestattet oder angeordnet zu haben, eines nahen Angehörigen verletzt würden.

(2) Die Vorschriften der §§ 41 und 77, Absatz 2 und 4, gelten entsprechend.

IV. Abschnitt

Nachrichtenschutz. Schutz des Titels von Werken der Literatur und der Kunst

Nachrichtenschutz

§ 79. (1) Presseberichte der im § 44 Abs. 3 bezeichneten Art, die in Zeitungskorrespondenzen oder anderen der entgeltlichen Vermittlung von Nachrichten an Zeitungen oder Zeitschriften dienenden Mitteilungen enthalten sind, dürfen in Zeitungen oder Zeitschriften erst dann wiedergegeben werden, wenn seit ihrer Verlautbarung in einer vom Nachrichtensammler dazu ermächtigten Zeitung oder Zeitschrift mindestens 12 Stunden verstrichen sind.

(2) Bei der Anwendung des Abs. 1 stehen den Zeitungen und Zeitschriften alle anderen Einrichtungen gleich, die die periodische Verbreitung von Nachrichten an jedermann besorgen. § 59 a gilt jedoch entsprechend.

(BGBl 1982/295)

Titelschutz

§ 80. (1) Im geschäftlichen Verkehr darf weder der Titel oder die sonstige Bezeichnung eines Werkes der Literatur oder Kunst noch die äußere Ausstattung von Werkstücken für ein anderes Werk auf eine Weise verwendet werden, die geeignet ist, Verwechslungen hervorzurufen.

(2) Absatz 1 gilt auch für Werke der Literatur und der Kunst, die den urheberrechtlichen Schutz dieses Gesetzes nicht genießen.

III. Hauptstück

Rechtsdurchsetzung

I. Abschnitt

Zivilrechtliche Vorschriften

Unterlassungsanspruch

§ 81. (1) Wer in einem auf dieses Gesetz gegründeten Ausschließungsrecht verletzt worden ist oder eine solche Verletzung zu besorgen hat, kann auf Unterlassung klagen. Der Inhaber eines Unternehmens kann hierauf auch dann geklagt werden, wenn eine solche Verletzung im Betrieb seines Unternehmens von einem Bediensteten oder Beauftragten begangen worden ist oder droht „; § 81 Abs. 1a gilt sinngemäß.“ *(BGBl 1982/295; BGBl I 2003/32)*

(1a) Bedient sich derjenige, der eine solche Verletzung begangen hat oder von dem eine solche Verletzung droht, hiezu der Dienste eines Vermittlers, so kann auch dieser auf Unterlassung nach Abs. 1 geklagt werden. „Wenn bei diesem die Voraussetzungen für einen Ausschluss der Verantwortlichkeit nach den Art. 4 bis 6 der Verordnung (EU) 2022/2065 über einen Binnenmarkt für digitale Dienste und zur Änderung der Richtlinie 2000/31/EG (Gesetz über digitale Dienste), ABl. Nr. L 277 vom 27.10.2022, S. 1, vorliegen, kann er jedoch erst nach Abmahnung geklagt werden.“ *(BGBl I 2003/32; BGBl I 2023/182, ab 17. 2. 2024)*

(2) *(aufgehoben, BGBl I 2006/81, ab 22. 6. 2006)*

Beseitigungsanspruch

§ 82. (1) Wer in einem auf dieses Gesetz gegründeten Ausschließungsrechte verletzt wird, kann verlangen, daß der dem Gesetz widerstreitende Zustand beseitigt werde; „§ 81 Abs. 1a gilt sinngemäß.“ *(BGBl I 2003/32, ab 1. 7. 2003, s Anm zu § 12 Abs 2)*

(2) Der Verletzte kann insbesondere verlangen, dass die den Vorschriften dieses Gesetzes zuwider hergestellten oder verbreiteten sowie die zur widerrechtlichen Verbreitung bestimmten Vervielfältigungsstücke vernichtet und dass die ausschließlich oder überwiegend zur widerrechtlichen Vervielfältigung bestimmten Mittel (Formen, Steine, Platten, Filmstreifen und dergleichen) unbrauchbar gemacht werden. *(BGBl I 2003/32, ab 1. 7. 2003, s Anm zu § 12 Abs 2)*

(3) Enthalten die im Absatz 2 bezeichneten Eingriffsgegenstände oder Eingriffsmittel Teile, deren unveränderter Bestand und deren Gebrauch durch den Beklagten das Ausschließungsrecht des Klägers nicht verletzen, so hat das Gericht diese Teile in dem die Vernichtung oder Unbrauchbarmachung aussprechenden Urteil zu bezeichnen. Bei der Vollstreckung sind diese Teile, soweit es möglich ist, von der Vernichtung oder Unbrauchbarmachung auszunehmen, wenn der Verpflichtete die damit verbundenen Kosten im voraus bezahlt. Zeigt sich im Exekutionsverfahren, daß die Unbrauchbarmachung von Eingriffsmitteln unverhältnismäßig große Kosten erfordern würde, und werden diese vom Verpflichteten nicht im voraus bezahlt, so ordnet das Exekutionsgericht nach Einvernehmung der Parteien die Vernichtung dieser Eingriffsmittel an.

(4) Kann der dem Gesetz widerstreitende Zustand auf eine andere als die im Absatz 2 bezeichnete, mit keiner oder einer geringeren Wertvernichtung verbundene Art beseitigt werden, so kann der Verletzte nur Maßnahmen dieser Art begehren. Namentlich dürfen Werkstücke nicht bloß deshalb vernichtet werden, weil die Quellenangabe fehlt oder dem Gesetz nicht entspricht.

(5) Statt der Vernichtung von Eingriffsgegenständen oder Unbrauchbarmachung von Eingriffsmitteln kann der Verletzte verlangen, daß ihm die Eingriffsgegenstände oder Eingriffsmittel von ihrem Eigentümer gegen eine angemessene, die Herstellungskosten nicht übersteigende Entschädigung überlassen werden.

(6) Der Beseitigungsanspruch richtet sich gegen den Eigentümer der Gegenstände, die den der Beseitigung des gesetzwidrigen Zustandes dienenden Maßnahmen unterliegen. Der Anspruch kann während der Dauer des verletzten Rechtes so lange geltend gemacht werden, als solche Gegenstände vorhanden sind.

Unterlassungs- und Beseitigungsanspruch bei Werken der bildenden Künste

§ 83. (1) Ist ein Urstück eines Werkes der bildenden Künste unbefugt geändert worden, so kann der Urheber, soweit im folgenden nichts anderes bestimmt ist, nur verlangen, daß die Änderung auf dem Urstück als nicht vom Schöpfer des Werkes herrührend gekennzeichnet oder daß eine darauf befindliche Urheberbezeichnung beseitigt oder berichtigt werde.

(2) Ist die Wiederherstellung des ursprünglichen Zustandes möglich und stehen ihr nicht überwiegende öffentliche Interessen oder überwiegende Interessen des Eigentümers entgegen, so kann der Schöpfer des Werkes nach seiner Wahl an Stelle der im Absatz 1 bezeichneten Maßnahmen verlangen, daß ihm die Wiederherstellung gestattet werde.

(3) Bei Werken der Baukunst kann der Urheber auf Grund des § 81 eine unbefugte Änderung nicht untersagen. Auch kann er nicht verlangen, daß Bauten abgetragen, umgebaut oder ihm nach § 82, Absatz 5, überlassen werden. Doch ist auf sein Verlangen je nach der Sachlage eine der im Absatz 1 bezeichneten Maßnahmen zu treffen oder auf dem Nachbau eine der Wahrheit entsprechende Urheberbezeichnung anzubringen.

Unterlassungs- und Beseitigungsanspruch in den Fällen der §§ 79 und 80

§ 84. (1) Im Falle des § 79 können Unterlassungs- und Beseitigungsansprüche nicht nur vom Nachrichtensammler geltend gemacht werden, sondern auch von jedem Unternehmer, der mit dem Täter in Wettbewerb steht, sowie von Vereinigungen zur Förderung wirtschaftlicher Interessen von Unternehmern, wenn diese Interessen durch die Tat berührt werden.

(2) Im Falle des § 80 können Unterlassungs- und Beseitigungsansprüche von einer solchen Vereinigung sowie von jedem Unternehmer geltend gemacht werden, der sich damit befaßt, Stücke des Werkes, dessen Titel, Bezeichnung oder Ausstattung für ein anderes Werk verwendet wird, in Verkehr zu bringen oder es öffentlich vorzutragen, aufzuführen oder vorzuführen, und dessen Interessen durch die Tat beeinträchtigt werden. Bei urheberrechtlich geschützten Werken ist dazu stets auch der Urheber berechtigt.

(3) Eingriffsgegenstände unterliegen in den Fällen der §§ 79 und 80 dem Beseitigungsanspruch nur, wenn sie zur widerrechtlichen Verbreitung bestimmt sind. Ein Anspruch auf Überlassung von Eingriffsgegenständen oder Eingriffs-

mitteln (§ 82, Absatz 5) besteht in diesen Fällen nicht.

Urteilsveröffentlichung

§ 85. (1) Wird auf Unterlassung oder Beseitigung oder Feststellung des Bestehens oder Nichtbestehens eines auf dieses Gesetz gegründeten Ausschließungsrechtes oder der Urheberschaft (§ 19) geklagt, so hat das Gericht der obsiegenden Partei, wenn diese daran ein berechtigtes Interesse hat, auf Antrag die Befugnis zuzusprechen, das Urteil innerhalb bestimmter Frist auf Kosten des Gegners zu veröffentlichen. Die Art der Veröffentlichung ist im Urteil zu bestimmen.

(2) Die Veröffentlichung umfaßt den Urteilsspruch. Auf Antrag der obsiegenden Partei kann jedoch das Gericht einen vom Urteilsspruch nach Umfang oder Wortlaut abweichenden oder ihn ergänzenden Inhalt der Veröffentlichung bestimmen. Dieser Antrag ist spätestens vier Wochen nach Rechtskraft des Urteils zu stellen. Ist der Antrag erst nach Schluß der mündlichen Streitverhandlung gestellt worden, so hat hierüber das Gericht erster Instanz nach Rechtskraft des Urteils mit Beschluß zu entscheiden.

(3) Das Gericht erster Instanz hat auf Antrag der obsiegenden Partei die Kosten der Veröffentlichung festzusetzen und deren Ersatz dem Gegner aufzutragen.

(4) Die Veröffentlichung auf Grund eines rechtskräftigen Urteils oder eines anderen vollstreckbaren Exekutionstitels ist vom Medienunternehmer ohne unnötigen Aufschub vorzunehmen.

(BGBl 1982/295)

Anspruch auf angemessenes Entgelt

§ 86. (1) Wer unbefugt

1. ein Werk der Literatur oder Kunst auf eine nach den §§ 14 bis 18a dem Urheber vorbehaltene Verwertungsart benutzt,

2. eine Darbietung auf eine nach dem § 68 dem ausübenden Künstler vorbehaltene Verwertungsart benutzt,

3. eine Darbietung auf eine nach dem § 72 dem Veranstalter vorbehaltene Verwertungsart benutzt,

4. ein Lichtbild oder einen Schallträger auf eine nach den §§ 74 oder 76 dem Hersteller vorbehaltene Verwertungsart benutzt,

5. eine Rundfunksendung auf eine nach § 76a dem Rundfunkunternehmer vorbehaltene Verwertungsart benutzt „,“ *(BGBl I 2021/244, ab 1. 1. 2022)*

6. eine Datenbank auf eine nach § 76d dem Hersteller vorbehaltene Verwertungsart benutzt oder *(BGBl I 2021/244, ab 1. 1. 2022)*

7. eine Presseveröffentlichung auf eine nach § 76f dem Hersteller vorbehaltene Verwertungsart benutzt, *(BGBl I 2021/244, ab 1. 1. 2022)*

hat, auch wenn ihn kein Verschulden trifft, dem Verletzten, dessen Einwilligung einzuholen gewesen wäre, ein angemessenes Entgelt zu zahlen. *(BGBl I 2015/99, ab 1. 10. 2015)*

(2) Auf ein solches Entgelt besteht aber kein Anspruch, wenn eine Rundfunksendung, eine öffentliche Wiedergabe oder eine öffentliche Zurverfügungstellung nur deshalb unzulässig gewesen ist, weil sie mit Hilfe von Bild- oder Schallträgern oder Rundfunksendungen vorgenommen worden ist, die nach dem § 50 Abs. 2, § 53 Abs. 2, § 56 Abs. 3, § 56b Abs. 2, § 56c Abs. 3 Z 2, § 56d Abs. 1 Z 2, §§ 68, 72, 74, 76 oder 76a Abs. 2 und 3 dazu nicht verwendet werden durften, und wenn diese Eigenschaft der Bild- oder Schallträger oder Rundfunksendungen ihrem Benutzer ohne sein Verschulden unbekannt gewesen ist. *(BGBl I 2015/99, ab 1. 10. 2015)*

(3) Wer einen Pressebericht dem § 79 zuwider benutzt, hat, auch wenn ihn kein Verschulden trifft, dem Nachrichtensammler ein angemessenes Entgelt zu bezahlen.

Anspruch auf Schadenersatz und auf Herausgabe des Gewinnes

§ 87. (1) Wer durch eine Zuwiderhandlung gegen dieses Gesetz einen anderen schuldhaft schädigt, hat dem Verletzten ohne Rücksicht auf den Grad des Verschuldens auch den entgangenen Gewinn zu ersetzen.

(2) Auch kann der Verletzte in einem solchen Fall eine angemessene Entschädigung für die in keinem Vermögensschaden bestehenden Nachteile verlangen, die er durch die Handlung erlitten hat.

(3) Der Verletzte, dessen Einwilligung einzuholen gewesen wäre, kann als Ersatz des ihm schuldhaft zugefügten Vermögensschadens (Abs. 1), wenn kein höherer Schaden nachgewiesen wird, das Doppelte des ihm nach § 86 gebührenden Entgelts begehren. *(BGBl 1982/295)*

(4) Wird ein Werk der Literatur oder Kunst unbefugt vervielfältigt oder verbreitet, so kann der Verletzte, dessen Einwilligung einzuholen gewesen wäre, auch die Herausgabe des Gewinnes verlangen, den der Schädiger durch den schuldhaften Eingriff erzielt hat. „Dasselbe gilt, wenn eine Darbietung dem § 68 Abs. 1 zuwider oder eine Rundfunksendung dem § 76a zuwider auf einem Bild- oder Schallträger verwertet oder wenn ein Lichtbild dem § 74 zuwider oder ein Schallträger dem § 76 zuwider vervielfältigt oder verbreitet wird.“** „Dasselbe gilt schließlich, wenn das Zurverfügungstellungsrecht (§ 18a) verletzt wird.“* *(BGBl 1972/492; *BGBl I*

*2003/32, ab 1. 7. 2003, s Anm zu § 12 Abs 2; **BGBl I 2015/99, ab 1. 10. 2015)*

(5) Neben einem angemessenen Entgelt (§ 86) oder der Herausgabe des Gewinnes (Absatz 4) kann ein Ersatz des Vermögensschadens nur begehrt werden, soweit er das Entgelt oder den herauszugebenden Gewinn übersteigt.

Anspruch auf Rechnungslegung

§ 87a. (1) Wer nach diesem Gesetz zur Leistung eines angemessenen Entgelts oder einer angemessenen Vergütung, eines angemessenen Anteils an einer solchen Vergütung, zum Schadenersatz, zur Herausgabe des Gewinnes oder zur Beseitigung verpflichtet ist, hat dem Anspruchsberechtigten Rechnung zu legen und deren Richtigkeit durch einen Sachverständigen prüfen zu lassen. Wenn sich dabei ein höherer Betrag als aus der Rechnungslegung ergibt, sind die Kosten der Prüfung vom Zahlungspflichtigen zu tragen. Wer zur Rechnungslegung verpflichtet ist, hat dem Anspruchsberechtigten darüber hinaus über alle weiteren zur Rechtsverfolgung erforderlichen Umstände Auskunft zu erteilen. *(BGBl I 2003/32, ab 1. 7. 2003, s Anm zu § 12 Abs 2)*

(2) Wer nach § 42b Abs. 3 Z 1 als Bürge und Zahler haftet, hat dem Anspruchsberechtigten auch anzugeben, von wem er das Trägermaterial oder das Vervielfältigungsgerät bezogen hat, sofern er nicht die Vergütung leistet. *(BGBl 1996/151, ab 1. 4. 1996)*

(3) Die Abs. 1 und 2 gelten sinngemäß auch für denjenigen, der nach „§ 42b Abs. 3 Z 1" von der Haftung ausgenommen ist. *(BGBl 1989/612; BGBl 1996/151, ab 1. 4. 1996)*

Anspruch auf Auskunft

§ 87b. (1) Wer im Inland Werkstücke verbreitet, an denen das Verbreitungsrecht durch In-Verkehr-Bringen in einem Mitgliedstaat der Europäischen Gemeinschaft oder in einem Vertragsstaat des Europäischen Wirtschaftsraums erloschen ist (§ 16 Abs. 3), hat dem Berechtigten auf Verlangen richtig und vollständig Auskunft über Hersteller, Inhalt, Herkunftsland und Menge der verbreiteten Werkstücke zu geben. Anspruch auf Auskunft hat, wem das Recht, die Werkstücke im Inland zu verbreiten, im Zeitpunkt des Erlöschens zugestanden ist.

(2) Wer in einem auf dieses Gesetz gegründeten Ausschließungsrecht verletzt worden ist, kann Auskunft über den Ursprung und die Vertriebswege der rechtsverletzenden Waren und Dienstleistungen verlangen, sofern dies nicht unverhältnismäßig im Vergleich zur Schwere der Verletzung wäre und nicht gegen gesetzliche Verschwiegenheitspflichten verstoßen würde; zur Erteilung der Auskunft sind der Verletzer und die Personen verpflichtet, die gewerbsmäßig

1. rechtsverletzende Waren in ihrem Besitz gehabt,

2. rechtsverletzende Dienstleistungen in Anspruch genommen oder

3. für Rechtsverletzungen genutzte Dienstleistungen erbracht haben.
(BGBl I 2006/81, ab 22. 6. 2006)

(2a) Die Pflicht zur Auskunftserteilung nach Abs. 2 umfasst, soweit angebracht,

1. die Namen und Anschriften der Hersteller, Vertreiber, Lieferanten und der anderen Vorbesitzer der Waren oder Dienstleistungen sowie der gewerblichen Abnehmer und Verkaufsstellen, für die sie bestimmt waren,

2. die Mengen der hergestellten, ausgelieferten, erhaltenen oder bestellten Waren und die Preise, die für die Waren oder Dienstleistungen bezahlt wurden.
(BGBl I 2006/81, ab 22. 6. 2006)

(3) Vermittler im Sinn des § 81 Abs. 1a haben dem Verletzten auf dessen schriftliches und ausreichend begründetes Verlangen Auskunft über die Identität des Verletzers (Name und Anschrift) beziehungsweise die zur Feststellung des Verletzers erforderlichen Auskünfte zu geben. In die Begründung sind insbesondere hinreichend konkretisierte Angaben über die den Verdacht der Rechtsverletzung begründenden Tatsachen aufzunehmen. Der Verletzte hat dem Vermittler die angemessenen Kosten der Auskunftserteilung zu ersetzen. *(BGBl I 2006/81, ab 22. 6. 2006)*

(4) Vertreter des Kunstmarkts, die an einer dem Folgerecht unterliegenden Veräußerung im Sinn des § 16b Abs. 2 beteiligt waren, haben dem Berechtigten auf Verlangen richtig und vollständig alle Auskünfte zu geben, die für die Sicherung der Zahlung aus dieser Veräußerung erforderlich sein können. Der Anspruch erlischt, wenn die Auskünfte nicht in einem Zeitraum von drei Jahren nach der Weiterveräußerung verlangt werden. *(BGBl I 2006/22, ab 1. 1. 2006)*

(5) Anbieter großer Online-Plattformen im Sinn des § 18c haben Rechteinhabern auf deren Ersuchen angemessene Informationen über vertraglich erlaubte Nutzungen und darüber bereit zu stellen, wie die Maßnahmen, die sie zur Vermeidung nicht erlaubter Nutzungen gesetzt haben, funktionieren. Sie haben ferner ihre Nutzer in ihren Geschäftsbedingungen darüber zu informieren, dass diese Werke und sonstige Schutzgegenstände im Rahmen der im Unionsrecht festgelegten Ausnahmen und Beschränkungen für das Urheberrecht und verwandte Schutzrechte nutzen können. *(BGBl I 2021/244, ab 1. 1. 2022)*

(BGBl I 2003/32, ab 1. 7. 2003, s Anm zu § 12 Abs 2)

Einstweilige Verfügungen

§ 87c. (1) Mit Beziehung auf Ansprüche auf Unterlassung, Beseitigung, angemessenes Entgelt, Schadenersatz und Herausgabe des Gewinns nach diesem Gesetz können einstweilige Verfügungen sowohl zur Sicherung des Anspruchs selbst als auch zur Sicherung von Beweismitteln erlassen werden.

(2) Zur Sicherung von Ansprüchen auf angemessenes Entgelt, Schadenersatz und Herausgabe des Gewinns können im Fall von gewerbsmäßig begangenen Rechtsverletzungen einstweilige Verfügungen erlassen werden, wenn wahrscheinlich ist, dass die Erfüllung dieser Forderungen gefährdet ist.

(3) Zur Sicherung von Unterlassungs- und Beseitigungsansprüchen können einstweilige Verfügungen erlassen werden, auch wenn die im § 381 der Exekutionsordnung bezeichneten Voraussetzungen nicht zutreffen.

(4) Einstweilige Verfügungen nach Abs. 1 sind auf Antrag der gefährdeten Partei ohne Anhörung des Gegners zu erlassen, wenn der gefährdeten Partei durch eine Verzögerung wahrscheinlich ein nicht wieder zu gut machender Schaden entstünde oder wenn die Gefahr besteht, dass Beweise vernichtet werden.

(BGBl I 2006/81, ab 22. 6. 2006)

Haftung des Inhabers eines Unternehmens

§ 88. (1) Wird der einen Anspruch auf angemessenes Entgelt (§ 86) begründende Eingriff im Betrieb eines Unternehmens von einem Bediensteten oder Beauftragten begangen, so trifft die Pflicht zur Zahlung des Entgeltes den Inhaber des Unternehmens.

(2) Hat ein Bediensteter oder Beauftragter im Betrieb eines Unternehmens diesem Gesetz zuwidergehandelt, so haftet, unbeschadet einer allfälligen Ersatzpflicht dieser Personen, der Inhaber des Unternehmens für den Ersatz des dadurch verursachten Schadens (§ 87, Absatz 1 bis 3), wenn ihm die Zuwiderhandlung bekannt war oder bekannt sein mußte. Auch trifft ihn in einem solchen Falle die Pflicht zur Herausgabe des Gewinnes nach § 87, Absatz 4.

Haftung mehrerer Verpflichteter

§ 89. Soweit derselbe Anspruch auf ein angemessenes Entgelt (§ 86), auf Schadenersatz (§ 87, Absatz 1 bis 3) oder auf Herausgabe des Gewinnes (§ 87, Absatz 4) gegen mehrere Personen begründet ist, haften sie zur ungeteilten Hand.

Anspruch auf Schadenersatz gegen den Anbieter einer großen Online-Plattform

§ 89a. (1) Ein Anbieter einer großen Online-Plattform hat die Erlaubnis der Urheber und Leistungsschutzberechtigten für Nutzungen im Sinn des § 18c einzuholen. Wenn er unbefugt ein Werk oder einen sonstigen Schutzgegenstand auf eine in § 18c beschriebene Weise sendet oder zur Verfügung stellt, haftet er einem dadurch Geschädigten aus Verschulden, sofern er nicht nachweist, dass er unter Berücksichtigung des Grundsatzes der Verhältnismäßigkeit

1. alle Anstrengungen unternommen hat, um die Erlaubnis einzuholen (§ 18c zweiter Satz),

2. nach Maßgabe hoher branchenüblicher Standards für die berufliche Sorgfalt alle Anstrengungen unternommen hat, um sicherzustellen, dass bestimmte Werke und sonstige Schutzgegenstände, zu denen ihm die Rechteinhaber einschlägige und notwendige Informationen bereitgestellt haben, nicht verfügbar sind, und

3. nach Erhalt eines hinreichend begründeten Hinweises eines Rechteinhabers unverzüglich gehandelt hat, um den Zugang zu Werken oder sonstigen Schutzgegenständen zu sperren bzw. die Werke oder sonstigen Schutzgegenstände von seinen Internetseiten zu entfernen, und alle Anstrengungen unternommen hat, um gemäß Z 2 das künftige Hochladen dieser Werke oder sonstigen Schutzgegenstände zu verhindern.

(2) Bei der Beurteilung der Verhältnismäßigkeit sind die Art, das Publikum und der Umfang der Dienste, die Art der von den Nutzern der Dienste hochgeladenen Werke oder sonstigen Schutzgegenstände, die Verfügbarkeit geeigneter und wirksamer Mittel, die Kosten, die dem Anbieter dieser Dienste hiefür entstehen, sowie die Anliegen der Nutzer (§ 89b) zu berücksichtigen.

(3) Diensteanbieter, deren Dienste der Öffentlichkeit in einem Mitgliedstaat der Europäischen Union oder einem Vertragsstaat des Übereinkommens über den Europäischen Wirtschaftsraum seit weniger als drei Jahren zur Verfügung stehen und deren Jahresumsatz, berechnet nach der Empfehlung der Kommission 2003/361/EG (20) vom 6. Mai 2003 betreffend die Definition der Kleinstunternehmen sowie der kleinen und mittleren Unternehmen, ABl. Nr. L 124 vom 20.05.2003 S. 36, zehn Millionen Euro nicht übersteigt, haben nur alle Anstrengungen zu unternehmen, um die Erlaubnis einzuholen, und in deren Ermangelung nach Erhalt eines hinreichend begründeten Hinweises von den Rechteinhabern unverzüglich zu handeln, um den Zugang zu den Werken und sonstigen Schutzgegenständen zu sperren bzw. die Werke und sonstigen Schutzgegenstände von ihren Internetseiten zu entfernen. Übersteigt – berechnet auf der Grundlage des vorausgegangenen Kalenderjahrs – die durch-

schnittliche monatliche Anzahl unterschiedlicher Besucher der Internetseiten derartiger Diensteanbieter die Schwelle von fünf Millionen Nutzern, so müssen sie außerdem den Nachweis erbringen, dass sie unter Berücksichtigung des Grundsatzes der Verhältnismäßigkeit alle Anstrengungen unternommen haben, um das künftige Hochladen der gemeldeten Werke und sonstigen Schutzgegenstände, zu denen die Rechteinhaber einschlägige und notwendige Informationen bereitgestellt haben, zu verhindern.

(4) Auf eine Sendung oder eine Zurverfügungstellung nach § 18c findet § 16 E-Commerce-Gesetz keine Anwendung. Darüber hinaus bleibt die Anwendung des § 16 E-Commerce-Gesetz auf von § 18c erfasste Diensteanbieter unberührt.

(5) Die Haftung nach § 87 für Diensteanbieter, deren Hauptzweck es ist, sich an Urheberrechtsverletzungen zu beteiligen oder sie zu erleichtern, bleibt unberührt.

(BGBl I 2021/244, ab 1. 1. 2022)

Schutz der Anliegen von Nutzern großer Online-Plattformen

§ 89b. (1) Maßnahmen nach § 89a Abs. 1 dürfen nicht bewirken, dass von Nutzern hochgeladene Werke oder sonstige Schutzgegenstände, bei denen kein Verstoß gegen das Urheberrecht oder verwandte Schutzrechte vorliegt, nicht verfügbar sind, und zwar auch dann, wenn die Nutzung eines Werkes oder sonstigen Schutzgegenstandes im Rahmen einer Ausnahme oder Beschränkung erlaubt ist; sie dürfen auch nicht bewirken, dass einzelne Nutzer identifiziert werden, es sei denn, dies erfolgt im Einklang mit der Richtlinie 2002/58/EG vom 12. Juli 2002 über die Verarbeitung personenbezogener Daten und den Schutz der Privatsphäre in der elektronischen Kommunikation (Datenschutzrichtlinie für elektronische Kommunikation), ABl. Nr. L 201 vom 31.07.2002 S. 37, und der Verordnung (EU) 2016/679 vom 27. April 2016 zum Schutz natürlicher Personen bei der Verarbeitung personenbezogener Daten, zum freien Datenverkehr und zur Aufhebung der Richtlinie 95/46/EG (Datenschutz-Grundverordnung), ABl. Nr. L 119 vom 04.05.2016 S. 1. Diensteanbieter sind nicht zu einer allgemeinen Überwachung verpflichtet.

(2) Anbieter großer Online-Plattformen haben für Nutzer und Nutzerorganisationen angemessene Informationen über die Funktionsweise der Maßnahmen nach § 89a Abs. 1 leicht auffindbar auf ihrer Website und in ihren Geschäftsbedingungen bereitzustellen.

(3) Maßnahmen nach § 89a Abs. 1 Z 2 dürfen nicht bewirken, dass der Zugang zu einem kleinen Ausschnitt eines Werks oder sonstigen Schutzgegenstands automationsunterstützt gesperrt oder ein solcher Ausschnitt automationsunterstützt entfernt wird. Begehrt ein Rechteinhaber Maßnahmen nach § 89a Abs. 1 Z 2, die gegen die Nutzung eines solchen Ausschnitts gerichtet sind, und stellt er dem Anbieter des Dienstes auch die dafür einschlägigen und notwendigen Informationen bereit, so hat der Anbieter einer großen Online-Plattform solche Nutzungen zu identifizieren und den Rechtinhaber darüber zu informieren, damit dieser vom Anbieter Maßnahmen nach § 89a Abs. 1 Z 3 verlangen kann. Der Anbieter einer großen Online-Plattform kann aber ausnahmsweise automationsunterstützte Maßnahmen auch gegen die Verfügbarkeit kleiner Ausschnitte anwenden, sofern der Rechteinhaber für einen bestimmten Zeitraum ausreichend darlegt, dass ohne solche vorübergehenden Maßnahmen die Gefahr bestünde, dass durch die Nutzung kleiner Ausschnitte die wirtschaftliche Verwertung des Werkes erheblich beeinträchtigt würde, und auf andere Art und Weise Vorsorge dafür getroffen wird, dass erlaubte Nutzungen nicht verhindert werden. Ein kleiner Ausschnitt eines Werks oder sonstigen Schutzgegenstands wird im Sinn dieser Bestimmung genutzt, wenn der Nutzer Werke oder Schutzgegenstände Dritter zu weniger als der Hälfte mit eigenen Inhalten verbindet und die Nutzung dieser Teile 15 Sekunden je eines Films oder Laufbildes, 15 Sekunden einer Tonspur, 160 Zeichen je eines Textes, oder ein Lichtbild oder eine Grafik mit einem Datenvolumen von jeweils 250 Kilobyte nicht übersteigt.

(4) Bringt der Nutzer vor oder beim Hochladen vor, dass diese Nutzung – insbesondere zu Zwecken der Karikatur, der Parodie, des Pastiches, oder für Zitate zu Zwecken wie der Kritik oder der Rezension – erlaubt ist, so hat der Anbieter einer großen Online-Plattform die betroffenen Inhalte zugänglich zu machen und den Rechtinhaber über die Nutzung zu informieren, damit dieser vom Anbieter Maßnahmen nach § 89a Abs. 1 Z 3 verlangen kann, sofern dieses Vorbringen nicht sofort als missbräuchlich zu erkennen ist. Der Anbieter einer großen Online-Plattform hat den Nutzern für ein solches Vorbringen geeignete Online-Formulare samt Anleitungen anzubieten, mit denen Vorsorge gegen eine missbräuchliche Berufung auf eine solche erlaubte Nutzung getroffen werden soll. In das Online- Formular müssen alle für eine Beurteilung der Zulässigkeit der Nutzung und eines etwaigen Missbrauchs erforderlichen Angaben eingetragen werden können.

(5) Anbieter großer Online-Plattformen haben ein Beschwerdeverfahren einzurichten, das ihren Nutzern die Möglichkeit gibt, begründet gegen eine unberechtigte Sperre des Zugangs zu den von ihnen hochgeladenen Werken oder sonstigen Schutzgegenständen oder gegen die unberechtigte Entfernung der von ihnen hochgeladenen Werke oder sonstigen Schutzgegenstände wirksam und zügig vorzugehen. Wirksam und zügig im Sinn dieser Bestimmung bedeutet, dass

1. die Nutzer mittels leicht auffindbarer, ständig verfügbarer und einfach handhabbarer Funktionalitäten auf der Online-Plattform ihre Beschwerden einbringen können,

2. Beschwerden unverzüglich zu bearbeiten sind,

3. Stellungnahmen der Beschwerdegegner unverzüglich einzuholen sind und die Nutzer über die Stellungnahmen der Beschwerdegegner unverzüglich informiert werden,

4. Entscheidungen darüber einer von Menschen durchgeführten Überprüfung zu unterziehen sind sowie die Nutzer über das Ergebnis der Überprüfung unverzüglich informiert werden und

5. Verfahren in der Regel innerhalb von zwei Wochen ab Beschwerdeeinbringung abgeschlossen werden können.

(6) Hat ein Nutzer im Beschwerdeverfahren begründet vorgebracht, dass er ein Werk oder einen sonstigen Schutzgegenstand erlaubterweise hochgeladen hat oder dass dem Beschwerdegegner die behaupteten Rechte nicht zustehen, so ist der Beschwerdegegner zu einer unverzüglichen Stellungnahme aufzufordern. Verlangt dieser weiterhin die Sperre des Zugangs zu dem Werk oder sonstigen Schutzgegenstand oder die Entfernung dieses Werkes oder sonstigen Schutzgegenstandes, so hat er dies in angemessener Weise zu begründen. Nimmt der Beschwerdegegner nicht unverzüglich oder offenbar unzureichend Stellung, so ist das Werk oder der sonstige Schutzgegenstand unbeschadet des Rechtes des Rechteinhabers, gegen den Nutzer gerichtlich vorzugehen, zugänglich zu machen.

(7) Nutzer können sich bei Beschwerden über die Unzulänglichkeit oder das Fehlen von Informationen (Abs. 2), des Online-Formulars (Abs. 4) oder des Beschwerdeverfahrens (Abs. 5) an die Beschwerdestelle wenden. Im Fall von Streitigkeiten zwischen Rechteinhabern, Plattformen und ihren Nutzern oder Nutzerorganisationen über die Anwendung von Maßnahmen nach § 89a Abs. 1 kann die Beschwerdestelle von diesen natürlichen oder juristischen Personen angerufen werden, wobei sich Nutzer vor der Beschwerdestelle durch Nutzerorganisationen vertreten lassen können. Für die Anrufung der Beschwerdestelle ist Voraussetzung, dass sich der Nutzer oder in den Fällen des zweiten Satzes eine dort genannte Person zuvor an den Diensteanbieter gewandt hat und entweder von diesem keine Antwort erhalten hat oder die Streitteile keine Beilegung der Streitigkeit erreichen konnten. Die Beschwerdestelle hat eine einvernehmliche Lösung durch Erarbeitung eines Lösungsvorschlags herbeizuführen oder dem Nutzer, der Nutzerorganisation und dem Diensteanbieter ihre Ansicht zum herangetragenen Fall mitzuteilen.

(8) Die Beschwerdestelle hat Richtlinien für die Durchführung dieses Verfahrens festzulegen, wobei insbesondere der jeweiligen Sachlage angepasste Fristen für die Beendigung des Verfahrens zu bestimmen sind. Die Richtlinien haben sich an den Grundsätzen des § 6 Abs. 2 und Abs. 6 Z 1, § 7 Abs. 1, § 8 Abs. 1 Z 1 und 2 und Abs. 2 des Alternative Streitbeilegung-Gesetzes – AStG, BGBl. I Nr. 105/2015, zu orientieren und sind in geeigneter Form zu veröffentlichen.

(9) Die Beschwerdestelle hat über die anhängig gemachten Fälle jährlich einen Bericht zu erstellen, der im Rahmen des Tätigkeitsberichts nach § 19 Abs. 2 des KommAustria-Gesetzes – KOG, BGBl. I Nr. 32/2001, zu veröffentlichen ist. Darüber hinaus hat die Beschwerdestelle der Aufsichtsbehörde (§ 89c) monatlich eine Zusammenfassung über Anzahl, Art und Inhalt der von ihr erledigten und der neuen Beschwerdefälle zur Verfügung zu stellen.

(BGBl I 2021/244, Abs 1 bis 6 ab 1. 1. 2022, Abs 7 bis 9 ab 1. 3. 2022, siehe § 116 Abs. 13)

Aufsicht über Anbieter großer Online-Plattformen

§ 89c. (1) Aufsichtsbehörde im Sinn dieser Bestimmung ist die gemäß § 1 KOG eingerichtete Kommunikationsbehörde Austria. Ihr obliegt einerseits die Aufsicht über die Einhaltung der Verpflichtungen der Anbieter großer Online-Plattformen nach § 89b Abs. 2, Abs. 4 zweiter Satz und Abs. 5 und andererseits die Aufsicht darüber, dass diese Anbieter keine Maßnahmen anwenden, die systematisch und in einem beträchtlichen Ausmaß bewirken, dass von Nutzern hochgeladene Werke oder sonstige Schutzgegenstände, bei denen kein Verstoß gegen das Urheberrecht oder verwandte Schutzrechte vorliegt, nicht verfügbar sind. Die administrative Unterstützung der KommAustria bei dieser Aufsicht und die Funktion der Beschwerdestelle obliegt der RTR-GmbH unter der Verantwortung des Geschäftsführers für den Fachbereich Medien.

(2) Gelangt die Aufsichtsbehörde aufgrund der Häufigkeit und Art der Beschwerden oder der Ergebnisse bisheriger Aufsichtsverfahren aufgrund eigener vorläufiger Einschätzung zur Auffassung, dass ein Anbieter

1. Maßnahmen anwendet, die systematisch und in einem beträchtlichen Ausmaß bewirken, dass von Nutzern hochgeladene Werke oder sonstige Schutzgegenstände, bei denen kein Verstoß gegen das Urheberrecht oder verwandte Schutzrechte vorliegt, nicht verfügbar sind und zwar auch dann, wenn die Nutzung eines Werkes oder sonstigen Schutzgegenstandes im Rahmen einer Ausnahme oder Beschränkung erlaubt ist, oder

2. seine Verpflichtungen über die Ausgestaltung des Beschwerdeverfahrens nach § 89b Abs. 5 verletzt, oder

3. seiner Verpflichtung über die Bereitstellung von Informationen gemäß § 89b Abs. 2 nicht nachkommt oder

4. das in § 89b Abs. 4 angeführte Online-Formular nicht oder nicht in der in dieser Bestimmung festgelegten Form bereitstellt,

hat sie ein Aufsichtsverfahren einzuleiten und

a) außer in den Fällen der lit. b dem Anbieter mit Bescheid aufzutragen, den rechtmäßigen Zustand herzustellen und geeignete Vorkehrungen zu treffen, um künftige Rechtsverletzungen zu vermeiden; der Anbieter hat diesem Bescheid binnen der von der Aufsichtsbehörde festgesetzten, längstens vierwöchigen Frist zu entsprechen und darüber der Aufsichtsbehörde zu berichten;

b) in den Fällen, in denen gegen einen Anbieter bereits mehr als einmal ein Bescheid gemäß lit. a ergangen ist, wenn der Anbieter einem Bescheid gemäß lit. a nicht entspricht, in einem Verfahren nach Abs. 4 und 5 eine Geldstrafe zu verhängen.

(3) Bei ihrer Beurteilung der Angemessenheit und beim Auftrag zu geeigneten Vorkehrungen hat die Aufsichtsbehörde zu berücksichtigen, dass die dem Anbieter abverlangten Maßnahmen wie auch die aufgetragenen Vorkehrungen für die Effizienzsteigerung der Mechanismen zum Schutz der Nutzer unter Berücksichtigung der rechtlichen Interessen der Anbieter geeignet und verhältnismäßig sein müssen.

(4) Die Aufsichtsbehörde hat nach Maßgabe des Abs. 2 über einen Anbieter je nach Schwere des Verstoßes eine Geldstrafe in der Höhe von bis zu einer Million Euro zu verhängen, wenn dieser

1. Maßnahmen anwendet, die systematisch und in einem beträchtlichen Ausmaß bewirken, dass von Nutzern hochgeladene Werke oder sonstige Schutzgegenstände, bei denen kein Verstoß gegen das Urheberrecht oder verwandte Schutzrechte vorliegt, nicht verfügbar sind, oder

2. dieser kein Beschwerdeverfahren einrichtet oder zwar ein Beschwerdeverfahren einrichtet, dieses aber nicht wirksam und zügig (§ 89b Abs. 5) ausgestaltet ist.

(5) Bei der Bemessung der Höhe der Geldbuße sind insbesondere folgende Umstände zu berücksichtigen:

1. Finanzkraft des Anbieters einer großen Online-Plattform, wie sie sich beispielweise aus dessen Gesamtumsatz ablesen lässt;

2. Anzahl der registrierten Nutzer der großen Online-Plattform;

3. frühere Verstöße;

4. das Ausmaß und die Dauer der Nachlässigkeit des Anbieters einer großen Online-Plattform bei der Einhaltung der aufgetragenen Verpflichtung;

5. der Beitrag zur Wahrheitsfindung sowie

6. das Ausmaß der getroffenen Vorkehrungen zur Verhinderung eines Verstoßes oder der Anleitung der Mitarbeiter zu rechtstreuem Verhalten.

(6) Beschwerden gegen Entscheidungen über Geldstrafen und gegen Entscheidungen nach Abs. 2 lit. a kommt abweichend von § 13 Abs. 1 Verwaltungsgerichtsverfahrensgesetz – VwGVG, BGBl. I Nr. 33/2013, keine aufschiebende Wirkung zu. Das Bundesverwaltungsgericht kann die aufschiebende Wirkung im betreffenden Verfahren auf Antrag zuerkennen, wenn nach Abwägung aller berührten Interessen mit dem Vollzug des Bescheides für den Beschwerdeführer ein schwerer und nicht wiedergutzumachender Schaden verbunden wäre.

(7) § 12 Abs. 3 Kommunikationsplattformen-Gesetz BGBl. I Nr. 151/2020 ist mit der Maßgabe anzuwenden, dass die Hälfte der Summe der nach Abs. 4 verhängten Geldstrafen als finanzieller Beitrag zur Erfüllung der Aufgaben der KommAustria und der RTR-GmbH nach diesem Bundesgesetz zu überweisen ist.

(8) Die Aufsichtsbehörde hat im Rahmen des über das Jahr 2023 zu erstellenden Tätigkeitsberichts (§ 19 Abs. 2 KOG) mit Unterstützung der Beschwerdestelle die Effizienz der in § 89b Abs. 2, Abs. 4 zweiter Satz und Abs. 5 vorgesehenen Verhaltenspflichten und die diesbezüglichen Entwicklungen innerhalb der zwei vorangegangen Kalenderjahre zu evaluieren. Dabei ist auch eine Evaluierung über die Verfügbarkeit der von Nutzern hochgeladenen Werke oder sonstigen Schutzgegenstände, bei denen kein Verstoß gegen das Urheberrecht oder verwandte Schutzrechte vorliegt, insbesondere aber dieser Verfügbarkeit entgegenstehende systematische und beträchtliche Beeinträchtigungen anzuschließen.

(BGBl I 2021/244, ab 1. 3. 2022)

Verjährung

§ 90. (1) Die Verjährung der Ansprüche auf angemessenes Entgelt, angemessene Vergütung, Herausgabe des Gewinnes und Auskunft richtet sich nach den Vorschriften für Entschädigungsklagen. *(BGBl 1988/601)*

(2) Die Ansprüche der einzelnen Anspruchsberechtigten oder Gruppen von Anspruchsberechtigten gegen die Verwertungsgesellschaft verjähren ohne Rücksicht auf die Kenntnis des Anspruchsberechtigten von den die Zahlungspflicht der Verwertungsgesellschaft begründenden Tatsachen in drei Jahren ab diesem Zeitpunkt.

(BGBl 1982/295)

Meldepflicht für das Inverkehrbringen von Speichermedien und Vervielfältigungsgeräten

§ 90a. (1) Wer Speichermedien oder Vervielfältigungsgeräte von einer im In- oder im Ausland gelegenen Stelle aus als erster gewerbsmäßig in Verkehr bringt, ist unbeschadet der Auskunftspflicht nach § 87a Abs. 1 den zur Vergütung nach § 42b Berechtigten gegenüber verpflichtet, Art und Stückzahl der eingeführten Gegenstände einer gemeinsamen Empfangsstelle vierteljährlich bis zum fünfzehnten Tag nach Ablauf jedes dritten Kalendermonats schriftlich mitzuteilen. Die Verwertungsgesellschaften haben der Aufsichtsbehörde für Verwertungsgesellschaften jeweils eine gemeinsame Empfangsstelle für die Speichermedienvergütung und die Reprographievergütung zu bezeichnen; die Aufsichtsbehörde gibt diese auf ihrer Website bekannt.

(2) Kommt der Meldepflichtige seiner Meldepflicht nicht, nur unvollständig oder sonst unrichtig nach, kann von ihm der doppelte Vergütungssatz für den betroffenen Teil verlangt werden.

(BGBl I 2015/99, ab 1. 10. 2015)

Schutz von Computerprogrammen

§ 90b. Der Inhaber eines auf dieses Gesetz gegründeten Ausschließungsrechts an einem Computerprogramm, der sich technischer Mechanismen zum Schutz dieses Programms bedient, kann auf Unterlassung und Beseitigung des dem Gesetz widerstreitenden Zustands klagen, wenn Mittel in Verkehr gebracht oder zu Erwerbszwecken besessen werden, die allein dazu bestimmt sind, die unerlaubte Beseitigung oder Umgehung dieser technischen Mechanismen zu erleichtern. Die §§ 81, 82 Abs. 2 bis 6, §§ 85, 87 Abs. 1 und 2, § 87a Abs. 1, § 88 Abs. 2, §§ 89 und 90 gelten entsprechend.

(BGBl I 2003/32, ab 1. 7. 2003, s Anm zu § 12 Abs 2)

Schutz technischer Maßnahmen

§ 90c. (1) Der Inhaber eines auf dieses Gesetz gegründeten Ausschließungsrechts, der sich wirksamer technischer Maßnahmen bedient, um eine Verletzung dieses Rechts zu verhindern oder einzuschränken, kann auf Unterlassung und Beseitigung des dem Gesetz widerstreitenden Zustandes klagen,

1. wenn diese Maßnahmen durch eine Person umgangen werden, der bekannt ist oder den Umständen nach bekannt sein muss, dass sie dieses Ziel verfolgt,

2. wenn Umgehungsmittel hergestellt, eingeführt, verbreitet, verkauft, vermietet und zu kommerziellen Zwecken besessen werden,

3. wenn für den Verkauf oder die Vermietung von Umgehungsmitteln geworben wird oder

4. wenn Umgehungsdienstleistungen erbracht werden.

(2) Unter wirksamen technischen Maßnahmen sind alle Technologien, Vorrichtungen und Bestandteile zu verstehen, die im normalen Betrieb dazu bestimmt sind, die in Abs. 1 bezeichneten Rechtsverletzungen zu verhindern oder einzuschränken, und die die Erreichung dieses Schutzziels sicherstellen. Diese Voraussetzungen sind nur erfüllt, soweit die Nutzung eines Werks oder sonstigen Schutzgegenstandes kontrolliert wird

1. durch eine Zugangskontrolle,

2. einen Schutzmechanismus wie Verschlüsselung, Verzerrung oder sonstige Umwandlung des Werks oder sonstigen Schutzgegenstands oder

3. durch einen Mechanismus zur Kontrolle der Vervielfältigung.

(3) Unter Umgehungsmitteln beziehungsweise Umgehungsdienstleistungen sind Vorrichtungen, Erzeugnisse oder Bestandteile beziehungsweise Dienstleistungen zu verstehen,

1. die Gegenstand einer Verkaufsförderung, Werbung oder Vermarktung mit dem Ziel der Umgehung wirksamer technischer Maßnahmen sind,

2. die, abgesehen von der Umgehung wirksamer technischer Maßnahmen, nur einen begrenzten wirtschaftlichen Zweck oder Nutzen haben oder

3. die hauptsächlich entworfen, hergestellt, angepasst oder erbracht werden, um die Umgehung wirksamer technischer Maßnahmen zu ermöglichen oder zu erleichtern.

(4) Die §§ 81, 82 Abs. 2 bis 6, §§ 85, 87 Abs. 1 und 2, § 87a Abs. 1, § 88 Abs. 2, §§ 89 und 90 gelten entsprechend.

(5) Die Abs. 1 bis 4 gelten nicht mit Beziehung auf Rechte an Computerprogrammen.

(6) Soweit sich ein Inhaber eines auf dieses Bundesgesetz gegründeten Ausschließungsrechts technischer Maßnahmen im Sinn des Abs. 1 bedient, ist er verpflichtet, den durch eine der nachfolgend genannten Bestimmungen Begünstigten, soweit sie rechtmäßig Zugang zu dem Werk oder Schutzgegenstand haben, die notwendigen Mittel unverzüglich zur Verfügung zu stellen, sodass sie von dieser Begünstigung im erforderlichen Maß Gebrauch machen können:

1. § 42 Abs. 7 (Vervielfältigung zum eigenen Gebrauch von Einrichtungen des Kulturerbes und von Sammlungen),

2. § 42d (Menschen mit Behinderungen),

3. § 42g (Digitale Nutzungen in Unterricht und Lehre) und

4. § 42h (Text- und Data-Mining).

Vereinbarungen zum Ausschluss dieser Verpflichtung sind unwirksam. *(BGBl I 2021/244, ab 1. 1. 2022)*

(7) Wer gegen das Gebot nach Abs. 6 verstößt, kann vom Begünstigen darauf in Anspruch genommen werden, die zur Verwirklichung der Befugnis benötigten Mittel zur Verfügung zu stellen. *(BGBl I 2018/63, ab 12. 10. 2018)*

(8) Zur Erfüllung der Verpflichtungen aus Abs. 6 angewandte technische Maßnahmen, einschließlich der zur Umsetzung freiwilliger Vereinbarungen angewandten Maßnahmen, genießen Rechtsschutz nach den Abs. 1 bis 4. *(BGBl I 2018/63, ab 12. 10. 2018)*

(BGBl I 2003/32, ab 1. 7. 2003, s Anm zu § 12 Abs 2)

Schutz von Kennzeichnungen

§ 90d. (1) Der Inhaber eines auf dieses Gesetz gegründeten Ausschließungsrechts, der Kennzeichnungen im Sinne dieser Bestimmung anwendet, kann auf Unterlassung und Beseitigung des dem Gesetz widerstreitenden Zustandes klagen,

1. wenn solche Kennzeichnungen entfernt oder geändert werden,

2. wenn Vervielfältigungsstücke von Werken oder sonstigen Schutzgegenständen, von beziehungsweise auf denen Kennzeichnungen unbefugt entfernt oder geändert worden sind, verbreitet oder zur Verbreitung eingeführt oder für eine Sendung, für eine öffentliche Wiedergabe oder für eine öffentliche Zurverfügungstellung verwendet werden.

(2) Der Anspruch nach Abs. 1 besteht nur gegen Personen, die die angeführten Handlungen unbefugt und wissentlich vornehmen, wobei ihnen bekannt ist oder den Umständen nach bekannt sein muss, dass sie dadurch die Verletzung eines auf dieses Gesetz gegründeten Ausschließungsrechtes veranlassen, ermöglichen, erleichtern oder verschleiern.

(3) Unter Kennzeichnungen sind Angaben zu verstehen,

1. die in elektronischer Form festgehalten sind, auch wenn sie durch Zahlen oder in anderer Form verschlüsselt sind,

2. die mit einem Vervielfältigungsstück des Werkes oder sonstigen Schutzgegenstandes verbunden sind oder in Zusammenhang mit dem Werk oder sonstigen Schutzgegenstand gesendet, öffentlich wiedergegeben oder der Öffentlichkeit zur Verfügung gestellt werden und

3. die folgenden Inhalt haben:

a) die Bezeichnung des Werkes oder sonstigen Schutzgegenstandes, des Urhebers oder jedes anderen Rechtsinhabers, sofern alle diese Angaben vom Rechtsinhaber stammen, oder

b) die Modalitäten und Bedingungen für die Nutzung des Werkes oder sonstigen Schutzgegenstands.

(4) Die §§ 81, 82 Abs. 2 bis 6, §§ 85, 87 Abs. 1 und 2, § 87a Abs. 1, § 88 Abs. 2, §§ 89 und 90 gelten entsprechend.

(BGBl I 2003/32, ab 1. 7. 2003, s Anm zu § 12 Abs 2)

II. Abschnitt

Strafrechtliche Vorschriften

Eingriff

§ 91. (1) „Wer einen Eingriff der im § 86 Abs. 1, § 90b, § 90c Abs. 1 oder § 90d Abs. 1 bezeichneten Art begeht, ist mit Freiheitsstrafe bis zu sechs Monaten oder mit Geldstrafe bis zu 360 Tagessätzen zu bestrafen.“Der Eingriff ist jedoch dann nicht strafbar, wenn es sich nur um eine unbefugte Vervielfältigung oder um ein unbefugtes Festhalten eines Vortrags oder einer Aufführung jeweils zum eigenen Gebrauch oder unentgeltlich auf Bestellung zum eigenen Gebrauch eines anderen handelt. *(BGBl 1996/151, ab 1. 4. 1996; BGBl I 2003/32, s Anm zu § 12 Abs 2)*

(1a) *(aufgehoben, BGBl I 2003/32, ab 1. 7. 2003, s Anm zu § 12 Abs 2)*

(2) Ebenso ist zu bestrafen, wer als Inhaber oder Leiter eines Unternehmens einen im Betrieb des Unternehmens von einem Bediensteten oder Beauftragten begangenen Eingriff dieser Art (Abs. 1 und 1a) nicht verhindert. *(BGBl 1993/93, ab 1. 3. 1993)*

(2a) Wer eine nach den Abs. 1, 1a oder 2 strafbare Handlung gewerbsmäßig begeht, ist mit Freiheitsstrafe bis zu zwei Jahren zu bestrafen. *(BGBl 1996/151, ab 1. 4. 1996)*

(3) Der Täter ist nur auf Verlangen des in seinem Recht Verletzten zu verfolgen.

(4) § 85 Abs. 1, 3 und 4 über die Urteilsveröffentlichung gilt entsprechend.

(5) Das Strafverfahren obliegt dem Einzelrichter des Gerichtshofes erster Instanz.

(BGBl 1982/295)

Siehe auch § 116 Abs 18

Vernichtung und Unbrauchbarmachung von Eingriffsgegenständen und Eingriffsmitteln

§ 92. (1) „In dem Urteil, womit ein Angeklagter des Vergehens nach § 91 schuldig erkannt wird, ist auf Antrag des Privatanklägers die Vernichtung der zur widerrechtlichen Verbreitung bestimmten Eingriffsgegenstände sowie die Unbrauchbarmachung der ausschließlich oder überwiegend zur widerrechtlichen Vervielfältigung bestimmten und der im § 90b sowie im § 90c Abs. 3 bezeichneten Eingriffsmittel anzuordnen.“Solche Eingriffsgegenstände und Eingriffsmittel unterliegen diesen Maßnahmen ohne Rücksicht darauf, wem sie gehören. Bauten sind diesen Maßnahmen nicht unterworfen. Die Vorschriften des § 82, Absatz 3, gelten entsprechend. *(BGBl I 2003/32, ab 1. 7. 2003, s Anm zu § 12 Abs 2)*

(2) Kann keine bestimmte Person verfolgt oder verurteilt werden, so hat das Strafgericht auf Antrag des Verletzten die im Absatz 1 bezeichneten Maßnahmen im freisprechenden Erkenntnis oder in einem selbständigen Verfahren anzuordnen, wenn die übrigen Voraussetzungen dieser Maßnahmen vorliegen. Im selbständigen Verfahren erkennt hierüber das Gericht, das zur Durchführung des Strafverfahrens zuständig wäre, nachdem die etwa erforderlichen Erhebungen gepflogen worden sind, nach mündlicher Verhandlung durch Urteil. Auf die Verhandlung, die Entscheidung und ihre Veröffentlichung sowie auf die Anfechtung der Entscheidung sind die Vorschriften entsprechend anzuwenden, die für die Entscheidung über den Strafanspruch gelten. Für den Kostenersatz gelten dem Sinne nach die allgemeinen Vorschriften über den Ersatz der Kosten des Strafverfahrens; wird dem Antrag stattgegeben, so trifft die Kostenersatzpflicht die an dem Verfahren als Gegner des Antragstellers Beteiligten.

(3) In den Fällen der Absätze 1 und 2 sind, soweit es möglich ist, auch die Eigentümer der der Vernichtung oder Unbrauchbarmachung unterliegenden Gegenstände zur Verhandlung zu laden. Sie sind, soweit es sich um die gesetzlichen Voraussetzungen dieser Maßnahmen handelt, berechtigt, tatsächliche Umstände vorzubringen, Anträge zu stellen und gegen die Entscheidung die nach der Strafprozeßordnung zulässigen Rechtsmittel zu ergreifen. Wegen Nichtigkeit können sie das Urteil auch dann anfechten, wenn das Gericht die ihm nach den Absätzen 1 und 2 zustehenden Befugnisse überschritten hat. Sie können ihre Sache selbst oder durch einen Bevollmächtigten führen und sich eines Rechtsbeistandes aus der Zahl der in die Verteidigerliste eingetragenen Personen bedienen. Die Frist zur Erhebung von Rechtsmitteln beginnt für sie mit der Verkündung des Urteils, auch wenn sie dabei nicht anwesend waren. Gegen ein in ihrer Abwesenheit gefälltes Urteil können sie keinen Einspruch erheben.

Beschlagnahme

§ 93. (1) Zur Sicherung der auf Grund des § 92 beantragten Maßnahmen können die ihnen unterliegenden Eingriffsgegenstände und Eingriffsmittel auf Antrag des Privatanklägers vom Strafgericht in Beschlag genommen werden.

(2) Das Strafgericht hat über einen solchen Antrag sofort zu entscheiden. Es kann die Bewilligung der Beschlagnahme von dem Erlag einer Sicherstellung abhängig machen. Die Beschlagnahme ist auf das unbedingt notwendige Maß zu beschränken. Sie muß aufgehoben werden, wenn eine angemessene Sicherheit dafür geleistet wird, daß die beschlagnahmten Gegenstände nicht auf eine unerlaubte Art benutzt und dem Zugriff des Gerichtes nicht entzogen werden.

(3) Wird die Beschlagnahme nicht schon früher aufgehoben, so bleibt sie bis zur rechtskräftigen Erledigung des Verfahrens über den Antrag auf Vernichtung der Eingriffsgegenstände oder Unbrauchbarmachung der Eingriffsmittel und, wenn im Urteil hierauf erkannt wird, bis zur Vollstreckung der angeordneten Maßnahmen aufrecht.

(4) Gegen Beschlüsse, betreffend die Anordnung, Einschränkung oder Aufhebung der Beschlagnahme, kann „binnen 14 Tagen“ Beschwerde erhoben werden; sie hat nur dann aufschiebende Wirkung, wenn sie sich gegen die Aufhebung oder Beschränkung der Beschlagnahme richtet. *(BGBl I 2003/32, ab 1. 7. 2003, s Anm zu § 12 Abs 2)*

(5) Erkennt das Gericht nicht auf Vernichtung oder Unbrauchbarmachung der beschlagnahmten Gegenstände, so hat der Antragsteller dem von der Beschlagnahme Betroffenen alle hiedurch verursachten vermögensrechtlichen Nachteile zu ersetzen. Kommt es infolge einer von den Parteien getroffenen Vereinbarung zu keiner Entscheidung über den Antrag auf Vernichtung oder Unbrauchbarmachung, so kann der Betroffene den Anspruch auf Ersatz nur erheben, wenn er sich ihn in der Vereinbarung vorbehalten hat.

(6) Der Anspruch auf den nach Absatz 5 gebührenden Ersatz ist im ordentlichen Rechtswege geltend zu machen.

IV. Hauptstück

Anwendungsbereich des Gesetzes

1. Werke der Literatur und der Kunst

Werke der Staatsbürger

§ 94. Ein Werk genießt ohne Rücksicht darauf, ob und wo es erschienen ist, den urheberrechtlichen Schutz dieses Gesetzes, wenn der Urheber (§ 10, Absatz 1) oder ein Miturheber österreichischer „Staatsbürger“ ist. *(BGBl 1953/106)*

Im Inland erschienene und mit inländischen Liegenschaften verbundene Werke

§ 95. Den urheberrechtlichen Schutz dieses Gesetzes genießen ferner alle nicht schon nach § 94 geschützten Werke, die im Inland erschienen sind, sowie die Werke der bildenden Künste, die Bestandteil oder Zugehör einer inländischen Liegenschaft sind.

(2) *(aufgehoben, BGBl 1972/492)*

(BGBl 1953/106)

Nicht im Inland erschienene und nicht mit inländischen Liegenschaften verbundene Werke von Ausländern

§ 96. (1) Für Werke ausländischer Urheber (§ 10 Abs. 1), die nicht nach § 94 oder nach § 95 geschützt sind, besteht der urheberrechtliche Schutz unbeschadet von Staatsverträgen unter der Voraussetzung, daß die Werke österreichischer Urheber auch in dem Staat, dem der ausländische Urheber angehört, in annähernd gleicher Weise geschützt sind, jedenfalls aber im selben Ausmaß wie die Werke der Angehörigen dieses Staates. Diese Gegenseitigkeit ist dann anzunehmen, wenn sie in einer Kundmachung des Bundesministers für Justiz im Hinblick auf die in dem betreffenden Staat bestehende Rechtslage festgestellt worden ist. Darüber hinaus können die zuständigen Behörden die Gegenseitigkeit mit einem anderen Staat vertraglich vereinbaren, wenn dies zur Wahrung der Interessen von österreichischen Urhebern geboten erscheint.

(2) Für die Berechnung der Dauer des Schutzes, den ausländische Urheber für ihre Werke in Österreich nach dem Welturheberrechtsabkommen vom 6. September 1952, BGBl. Nr. 108/1957, oder nach dem Welturheberrechtsabkommen, revidiert am 24. Juli 1971, BGBl. Nr. 293/1982, genießen, sind ihre Art. IV Z 4 Abs. 1 bzw. Art. IV Abs. 4 lit. a anzuwenden.

(BGBl 1982/295)

2. Darbietungen

§ 97. (1) Darbietungen, die im Inland stattfinden, sind nach den Vorschriften der §§ 66 bis 72 ohne Rücksicht darauf geschützt, welchem Staat der ausübende Künstler oder der Veranstalter angehören.

(2) Bei Darbietungen, die im Ausland stattfinden, gelten die §§ 66 bis 72 zugunsten österreichischer Staatsbürger. Ausländer werden bei solchen Darbietungen unbeschadet von Staatsverträgen unter der Voraussetzung geschützt, dass die Darbietungen österreichischer Staatsbürger auch in dem Staat, dem der Ausländer angehört, in annähernd gleicher Weise geschützt sind, jedenfalls aber im selben Ausmaß wie Darbietungen der Angehörigen dieses Staates. Diese Gegenseitigkeit ist dann anzunehmen, wenn sie in einer Kundmachung des Bundesministers für Justiz im Hinblick auf die in dem betreffenden Staat bestehende Rechtslage festgestellt worden ist. Darüber hinaus können die zuständigen Behörden die Gegenseitigkeit mit einem anderen Staat vertraglich vereinbaren, wenn dies zur Wahrung der Interessen von österreichischen ausübenden Künstlern geboten erscheint.

(BGBl I 2015/99, ab 1. 10. 2015)

3. Lichtbilder

§ 98. (1) Für die Anwendbarkeit der Vorschriften zum Schutze von Lichtbildern (§§ 73 bis 75) gelten die Vorschriften der §§ 94 bis 96 entsprechend.

(2) Ist der Hersteller eine juristische Person, so ist dem Erfordernis der österreichischen „Staatsbürgerschaft" genügt, wenn die juristische Person ihren Sitz im Inland hat. *(BGBl 1953/106)*

4. Schallträger und Rundfunksendungen

Anm: In der Überschrift werden die nachgelassenen Werke (§ 99b) irrtümlich nicht erwähnt.

Schallträger

§ 99. (1) Schallträger werden nach § 76 ohne Rücksicht darauf geschützt, ob und wie sie erschienen sind, wenn der Hersteller österreichischer Staatsbürger ist. § 98 Abs. 2 gilt entsprechend.

(2) Andere Schallträger werden nach § 76 Abs. 1, 2 und 4 bis 6 geschützt, wenn sie im Inland erschienen sind.

(3) Schallträger ausländischer Hersteller, die nicht im Inland erschienen sind, werden nach § 76 Abs. 1, 2 und 4 bis 6 unbeschadet von Staatsverträgen unter der Voraussetzung geschützt, daß Schallträger österreichischer Hersteller auch in dem Staat, dem der ausländische Hersteller angehört, in annähernd gleicher Weise geschützt sind, jedenfalls aber im selben Ausmaß wie die Schallträger der Angehörigen dieses Staates. Diese Gegenseitigkeit ist dann anzunehmen, wenn sie in einer Kundmachung des Bundesministers für Justiz im Hinblick auf die in dem betreffenden Staat bestehende Rechtslage festgestellt worden ist. Darüber hinaus können die zuständigen Behörden die Gegenseitigkeit mit einem anderen Staat vertraglich vereinbaren, wenn dies zur Wahrung der Interessen österreichischer Hersteller von Schallträgern geboten erscheint.

(4) Nicht im Inland erschienene Schallträger ausländischer Hersteller werden ferner nach § 76 Abs. 1, 2 und 4 bis 6 geschützt, wenn der Hersteller einem Vertragsstaat des Übereinkommens vom 29. Oktober 1971, BGBl. Nr. 294/1982, zum Schutz der Hersteller von Tonträgern gegen die unerlaubte Vervielfältigung ihrer Tonträger angehört.

(5) Auf den Schutz nach § 76 Abs. 3 haben Ausländer jedenfalls nur nach Maßgabe von Staatsverträgen Anspruch.

(BGBl 1982/295)

Rundfunksendungen

§ 99a. Rundfunksendungen, die nicht im Inland ausgestrahlt werden, sind nur nach Maßgabe von Staatsverträgen geschützt.

(BGBl 1972/492)

Nachgelassene Werke

§ 99b. Für den Schutz nachgelassener Werke (§ 76b) gelten die Vorschriften der §§ 94 bis 96 entsprechend.

(BGBl 1996/151, ab 1. 4. 1996)

4a. Datenbanken

§ 99c. (1) Datenbanken werden nach § 76d geschützt, wenn der Hersteller österreichischer Staatsbürger ist oder seinen gewöhnlichen Aufenthalt im Inland hat. § 98 Abs. 2 gilt entsprechend.

(2) Andere Datenbanken werden nach § 76d geschützt, wenn der Hersteller eine juristische Person ist, die nach den Rechtsvorschriften eines Mitgliedstaates der Europäischen Gemeinschaft oder eines Vertragsstaates des Abkommens über den Europäischen Wirtschaftsraum gegründet worden ist und

1. ihre Hauptverwaltung oder Hauptniederlassung in einem dieser Staaten hat oder

2. ihren satzungsmäßigen Sitz in einem dieser Staaten hat und deren Tätigkeit eine tatsächliche ständige Verbindung zu der Wirtschaft eines dieser Staaten hat.

(3) Im übrigen werden Datenbanken nach Maßgabe von Staatsverträgen sowie von Vereinbarungen geschützt, die der Rat der Europäischen Gemeinschaft nach Art. 11 Abs. 3 der Richtlinie 96/9/EG des Europäischen Parlaments und des Rates über den rechtlichen Schutz von Datenbanken (ABl. Nr. L 77 vom 27. März 1996, S 20) schließt.

(BGBl I 1998/25, ab 1. 1. 1998)

4b. Presseveröffentlichungen

§ 99d. (1) Presseveröffentlichungen werden nach § 76f geschützt, wenn der Hersteller österreichischer Staatsbürger ist oder seinen gewöhnlichen Aufenthalt im Inland hat. § 98 Abs. 2 gilt entsprechend.

(2) Andere Presseveröffentlichungen werden nach § 76f geschützt, wenn der Hersteller eine juristische Person ist, die nach den Rechtsvorschriften eines Mitgliedstaates der Europäischen Gemeinschaft oder eines Vertragsstaates des Abkommens über den Europäischen Wirtschaftsraum gegründet worden ist und

1. ihre Hauptverwaltung oder Hauptniederlassung in einem dieser Staaten hat oder

2. ihren satzungsmäßigen Sitz in einem dieser Staaten hat und deren Tätigkeit eine tatsächliche ständige Verbindung zu der Wirtschaft eines dieser Staaten hat.

(BGBl I 2021/244, ab 1. 1. 2022)

5. Nachrichtenschutz und Titelschutz

§ 100. (1) Ausländern, die im Inland keine Hauptniederlassung haben, kommt der Schutz nach den §§ 79 und 80 nur nach Maßgabe von Staatsverträgen oder unter Voraussetzung der Gegenseitigkeit zu; der Bundesminister für Justiz ist ermächtigt, im Bundesgesetzblatt kundzumachen, daß und allenfalls wieweit die Gegenseitigkeit nach den innerstaatlichen Rechtsvorschriften des fremden Staates verbürgt ist. *(BGBl 1972/492)*

(2) Dem Urheber eines geschützten Werkes und den Personen, denen ein Werknutzungsrecht daran zusteht, wird der im § 80 bezeichnete Schutz auch dann gewährt, wenn die im Absatz 1 bezeichneten Voraussetzungen nicht vorliegen.

V. Hauptstück

Übergangs- und Schlußbestimmungen

§ 101. (1) Die urheberrechtlichen Vorschriften dieses Gesetzes gelten, soweit es nichts anderes bestimmt, auch für die vor seinem Inkrafttreten geschaffenen Werke der Literatur und der Kunst, die nicht schon früher infolge Ablaufs der Schutzfrist freigeworden sind.

(2) Werke, die zur Zeit des Inkrafttretens dieses Gesetzes urheberrechtlichen Schutz genießen, weil sie nach älteren Vorschriften als im Inland erschienen anzusehen sind, bleiben gleich den im Inland erschienenen Werken geschützt, auch wenn sie nach § 9 nicht zu den im Inland erschienenen Werken gehören.

(3) Der durch Verordnungen gewährte Gegenseitigkeitsschutz im Verhältnis zu fremden Staaten erstreckt sich auch auf den Schutz nach diesem Gesetze.

§ 102. (1) Wem das Urheberrecht an den aus unterscheidbaren Beiträgen verschiedener Mitarbeiter gebildeten, gleichwohl ein einheitliches Ganzes darstellenden Werken, die vor dem Inkrafttreten dieses Gesetzes von Behörden, Korporationen, Unterrichtsanstalten und öffentlichen Instituten, von Vereinen oder Gesellschaften herausgegeben worden sind (§ 40 des Urheberrechtsgesetzes, St.G.Bl. Nr. 417/1920), zusteht, ist nach dem neuen Gesetz zu beurteilen. Doch stehen die Werknutzungsrechte an solchen Sammelwerken im Zweifel den genannten Herausgebern zu.

(2) Wem das Urheberrecht an einem gegen Entgelt bestellten Porträt (§ 13 des Urheberrechtsgesetzes, St.G.Bl.Nr. 417/1920) zusteht, das vor

dem Inkrafttreten des neuen Gesetzes geschaffen wurde, ist nach diesem zu beurteilen. Doch stehen die Werknutzungsrechte an einem solchen Porträt im Zweifel dem Besteller zu.

§ 103. Ist die Ausübung des Urheberrechtes vor dem Inkrafttreten dieses Gesetzes einem anderen beschränkt oder unbeschränkt überlassen worden, so erstreckt sich diese Verfügung im Zweifel nicht auf Befugnisse, die dem Urheber durch dieses Gesetz neu eingeräumt werden.

§ 104. Die Verwertungsrechte an einem gewerbsmäßig hergestellten Filmwerk stehen auch dann, wenn es vor dem Inkrafttreten dieses Gesetzes geschaffen worden ist, nach § 38 dem Filmhersteller zu, soweit dem nicht eine diese Rechte des Filmherstellers einschränkende Vereinbarung der Parteien entgegensteht. Will der Urheber ein nach § 38 dem Filmhersteller zukommendes Verwertungsrecht an einem solchen Werke für sich in Anspruch nehmen, so muß er sein Recht bei sonstigem Verlust binnen einem Jahre nach dem Inkrafttreten dieses Gesetzes geltend machen.

§ 105. Die Rechte der Urheber von Übersetzungen, die vor dem Inkrafttreten dieses Gesetzes erlaubterweise erschienen sind, ohne daß es der Einwilligung des Urhebers des übersetzten Werkes bedurfte, werden durch dieses Gesetz nicht berührt.

§ 106. (1) Soweit die freie Verbreitung von Vervielfältigungsstücken eines Werkes nach den bisherigen Vorschriften zulässig ist, dürfen vor dem Inkrafttreten dieses Gesetzes hergestellte Vervielfältigungsstücke auch weiterhin frei verbreitet werden, wenngleich ihre Verbreitung ohne Einwilligung des Berechtigten nach den Vorschriften dieses Gesetzes über freie Werknutzungen nicht erlaubt ist.

(2) Die Gesetzmäßigkeit der Beschaffenheit von Vervielfältigungsstücken, die vor dem Inkrafttreten dieses Gesetzes hergestellt worden sind, ist nach den bisherigen Vorschriften zu beurteilen.

§ 107. Der zu einem Werke der Tonkunst gehörige Text, der vor dem Inkrafttreten dieses Gesetzes erlaubterweise (§ 25, Z. 5, des Urheberrechtsgesetzes, St.G.Bl.Nr. 417/1920) in Verbindung mit dem Werke der Tonkunst herausgegeben worden ist, darf in dieser Verbindung auch weiterhin auf die nach § 47, Absatz 1 und 3, zulässige Art benutzt werden. Dabei ist jedoch die Vorschrift des § 47, Absatz 2, anzuwenden.

§ 108. Ist ein Werk der Literatur oder Tonkunst vor dem Inkrafttreten dieses Gesetzes auf eine Vorrichtung zur mechanischen Wiedergabe für das Gehör übertragen worden, so erlischt mit dem Inkrafttreten dieses Gesetzes das nach § 23, Absatz 3, und § 28, Absatz 2, des Urheberrechtsgesetzes, St.G.Bl.Nr. 417/1920, an der Übertragung bestehende Urheberrecht der danach als Bearbeiter geltenden Personen. Das vom Urheber einem anderen eingeräumte Recht, ein Werk zur mechanischen Wiedergabe für das Gehör zu verwerten, bleibt unberührt. Doch erstreckt sich dieses Recht im Zweifel weder auf Mittel, die zur gleichzeitigen wiederholbaren Wiedergabe für Gesicht und Gehör bestimmt sind, noch darauf, das Werk mit Hilfe von Schallträgern öffentlich vorzutragen oder aufzuführen oder durch Rundfunk zu senden.

§ 109. (1) Vorrichtungen, die zur mechanischen Wiedergabe von Werken der Literatur oder Tonkunst für das Gehör dienen, dürfen noch bis zum Ablauf des Jahres 1936 wie bisher (§ 25, Z. 6, und § 30, Z. 5, des Urheberrechtsgesetzes, St.G.Bl.Nr. 417/1920) zu öffentlichen Vorträgen und Aufführungen frei verwendet werden.

(2) Absatz 1 gilt nicht für Mittel, die zur gleichzeitigen wiederholbaren Wiedergabe für Gesicht und Gehör bestimmt sind.

§ 110. (1) Die Vorschriften der §§ 66 bis 72 gelten zugunsten der im „§ 66 Abs. 1“ bezeichneten Personen auch dann, wenn der Vortrag oder die Aufführung eines Werkes der Literatur oder Tonkunst vor dem Inkrafttreten dieses Gesetzes stattgefunden hat. *(BGBl 1972/492)*

(2) Ist der Vortrag oder die Aufführung vor dem Inkrafttreten dieses Gesetzes mit Einwilligung des nach „§ 66 Abs. 1“ Verwertungsberechtigten auf einem Bild- oder Schallträger festgehalten worden, so ist mit dieser Einwilligung dem Hersteller des Bild- oder Schallträgers im Zweifel auch das ausschließliche Nutzungsrecht eingeräumt worden, diesen auf die dem Verwertungsberechtigten nach § 66 vorbehaltene Art zu vervielfältigen und zu verbreiten. Auch enthält die Einwilligung in einem solchen Fall im Zweifel die Erteilung der Erlaubnis, die Bild- oder Schallträger mit dem Namen der vortragenden oder aufführenden Person zu bezeichnen. *(BGBl 1982/295)*

§ 111. Für die vor dem Inkrafttreten dieses Bundesgesetzes aufgenommenen Lichtbilder (§§ 73 bis 75) gelten die Vorschriften der §§ 101 bis 103 und 106 entsprechend.

§ 112. Schallträger sind nach § 76 geschützt, auch wenn die Aufnahme der akustischen Vorgänge vor dem Inkrafttreten dieses Gesetzes stattgefunden hat.

§ 113. (1) Das Urheberrechtsgesetz, R.G.Bl. Nr. 197/1895, wird in seiner derzeit geltenden Fassung (Vollzugsanweisung St.G.Bl.Nr. 417/1920 und Verordnung B.G.Bl.Nr. 555/1933) aufgehoben. Desgleichen wird die Verordnung B.G.Bl.Nr. 347/1933 außer Kraft gesetzt.

(2) und (3) *(betreffen ABGB bzw UWG)*

(4) *(gegenstandslos)*

§ 114. (1) Dieses Bundesgesetz tritt am 1. Juli 1936 in Kraft.

(2) Mit seiner Vollziehung ist der Bundesminister für Justiz betraut, hinsichtlich des § 90 a Abs. 1 bis 4 jedoch im Einvernehmen mit dem Bundesminister für Finanzen. *(BGBl 1989/612)*

(3) Auf Grund dieses Bundesgesetzes können Verordnungen von dem auf seine Kundmachung folgenden Tag an erlassen werden; doch treten sie frühestens mit diesem Gesetz in Kraft.

Verhältnis zum Recht der Europäischen Union

§ 115. „(1)“ Mit § 60 Abs. 2, § 67 Abs. 1 sowie § 76 Abs. 5 und 7 bis 9 und § 116 in der Fassung des Bundesgesetzes BGBl. I Nr. 150/2013 wird die Richtlinie 2011/77/EU zur Änderung der Richtlinie 2006/116/EG über die Schutzdauer des Urheberrechts und bestimmter verwandter Schutzrechte (kodifizierte Fassung) umgesetzt. *(BGBl I 2015/11)*

(2) Mit § 56e und § 57 Abs. 3a Z 4 in der Fassung des Bundesgesetzes BGBl. I Nr. 11/2015 und den Verweisen auf diese Bestimmungen in § 72 Abs. 2, § 74 Abs. 7, § 76 Abs. 6 und § 76a Abs. 5 wird die Richtlinie 2012/28/EU über bestimmte zulässige Formen der Nutzung verwaister Werke „ , ABl. Nr. L 299 vom 27.10.2012 S. 5“ umgesetzt. *(BGBl I 2015/11; BGBl I 2015/99, ab 1. 10. 2015)*

(3) Die §§ 38, 42, 42a, 42b, 42d bis 42g, 57, 59a und 59c in der Fassung des Bundesgesetzes BGBl. I Nr. 99/2015 sind Rechtsvorschriften, die in den Anwendungsbereich

1. der Richtlinie 93/83/EWG zur Koordinierung bestimmter urheber- und leistungsschutzrechtlicher Vorschriften betreffend Satellitenrundfunk und Kabelweiterverbreitung, ABl. Nr. L 248 vom 06.10.1993 S. 15, und

2. der Richtlinie 2001/29/EG zur Harmonisierung bestimmter Aspekte des Urheberrechts und der verwandten Schutzrechte in der Informationsgesellschaft, ABl. Nr. L 167 vom 22.06.2001 S. 10, in der Fassung der Berichtigung ABl. Nr. L 6 vom 10.01.2002 S. 71

fallen. *(BGBl I 2015/99, ab 1. 10. 2015)*

(4) Die §§ 60, 61 und 68 Abs. 3 in der Fassung des Bundesgesetzes BGBl. I Nr. 99/2015 sind Rechtsvorschriften, die in den Anwendungsbereich der Richtlinie 2006/116/EG über die Schutzdauer des Urheberrechts und bestimmter verwandter Schutzrechte (kodifizierte Fassung), ABl. Nr. L 372 vom 27.12.2006 S. 12, zuletzt geändert durch die Richtlinie 2011/77/EU, ABl. Nr. L 265 vom 11.10.2011 S. 1, fallen. *(BGBl I 2015/99, ab 1. 10. 2015)*

(5) Die §§ 66 bis 72, 74, 76 und 76a in der Fassung des Bundesgesetzes BGBl. I Nr. 99/2015 sind Rechtsvorschriften, die in den Anwendungsbereich

1. der Richtlinie 2001/29/EG,

2. der Richtlinie 2006/115/EG zum Vermietrecht und Verleihrecht sowie zu bestimmten dem Urheberrecht verwandten Schutzrechten im Bereich des geistigen Eigentums (kodifizierte Fassung), ABl. Nr. L 376 vom 27.12.2006 S. 28,

3. der Richtlinie 2006/116/EG, und

4. der Richtlinie 2012/28/EU

fallen. *(BGBl I 2015/99, ab 1. 10. 2015)*

(6) Die §§ 86 und 87 in der Fassung des Bundesgesetzes BGBl. I Nr. 99/2015 sind Rechtsvorschriften, die in den Anwendungsbereich

1. der Richtlinie 2001/29/EG und

2. der Richtlinie 2004/48/EG zur Durchsetzung der Rechte des geistigen Eigentums ABl. Nr. L 157 vom 30.04.2004 S. 45, zuletzt geändert durch die Verordnung (EG) Nr. 219/2009, ABl. Nr. L 87 vom 31.03.2009 S. 109,

fallen. *(BGBl I 2015/99, ab 1. 10. 2015)*

(7) Mit § 42d, § 71 Abs. 6, § 74 Abs. 7, § 76 Abs. 3 und 6, § 76a Abs. 5 und § 90c Abs. 6 bis 8 in der Fassung der Urheberrechtsgesetz-Novelle 2018, BGBl. I Nr. 63/2018, wird die Richtlinie (EU) 2017/1564 über bestimmte zulässige Formen der Nutzung bestimmter urheberrechtlich oder durch verwandte Schutzrechte geschützter Werke und sonstiger Schutzgegenstände zugunsten blinder, sehbehinderter oder anderweitig lesebehinderter Personen und zur Änderung der Richtlinie 2001/29/EG zur Harmonisierung bestimmter Aspekte des Urheberrechts und der verwandten Schutzrechte in der Informationsgesellschaft, ABl. Nr. L 242 vom 20.9.2017, S. 6, umgesetzt. *(BGBl I 2018/63)*

(8) § 43 Abs. 1 und § 90c Abs. 6 bis 8 in der Fassung der Urheberrechtsgesetz-Novelle 2018, BGBl. I Nr. 63/2018, sind Rechtsvorschriften, die überdies in den Anwendungsbereich der Richtlinie 2001/29/EG zur Harmonisierung bestimmter Aspekte des Urheberrechts und der verwandten Schutzrechte in der Informationsgesellschaft, ABl. Nr. L 167 vom 22.6.2001, S. 10, fallen. *(BGBl I 2018/63)*

(9) Mit § 17 Abs. 4, §§ 18b, 59a, 59b, § 68 Abs. 4, § 74 Abs. 7, § 76 Abs. 6, § 76a Abs. 5 und § 76d Abs. 5 in der Fassung des Bundesgesetzes BGBl. I Nr. 244/2021 wird die Richtlinie (EU)

2019/789 vom 17. April 2019 mit Vorschriften für die Ausübung von Urheberrechten und verwandten Schutzrechten in Bezug auf bestimmte Online-Übertragungen und die Weiterverbreitung von Fernseh- und Hörfunkprogrammen und zur Änderung der Richtlinie 93/83/EWG ABl. Nr. L 130 vom 17.05.2019 S. 82, umgesetzt. *(BGBl I 2021/244)*

(10) Mit §§ 18c, 24a und 24b, §§ 37b bis 37g, § 42 Abs. 7, § 42f Abs. 2, §§ 42g, 42h, 56f, § 57 Abs. 3a, § 57a, § 68 Abs. 4, § 71 Abs. 6, § 74 Abs. 1 und 7, § 76 Abs. 6, § 76a Abs. 5, § 76d Abs. 5, § 76f, § 86 Abs. 1, § 87b Abs. 5, §§ 89a bis 89c, § 90c Abs. 6 und § 99d in der Fassung des Bundesgesetzes BGBl. I Nr. 244/2021 wird die Richtlinie (EU) 2019/790 vom 17. April 2019 über das Urheberrecht und die verwandten Schutzrechte im digitalen Binnenmarkt und zur Änderung der Richtlinien 96/9/EG und 2001/29/EG ABl. Nr. L 130 vom 17.05.2019 S. 92, umgesetzt. *(BGBl I 2021/244)*

(BGBl I 2013/150)

Inkrafttreten von Novellen

§ 116. (1) §§ 60, 67 Abs. 1 und 1a, § 76 Abs. 5 und 7 bis 9 in der Fassung des Bundesgesetzes BGBl. I Nr. 150/2013 treten mit 1. November 2013 in Kraft.

(2) § 60 Abs. 2 in der Fassung des Bundesgesetzes BGBl. I Nr. 150/2013 gilt für Werkverbindungen, wenn zumindest eines der verbundenen Werke am 1. November 2013 in zumindest einem Mitgliedstaat des Europäischen Wirtschaftsraums noch geschützt ist.

(3) Hat der Urheber (§ 10 Abs. 2 UrhG) vor dem 1. November 2013 ein Werknutzungsrecht begründet, eine Werknutzungsbewilligung erteilt oder über einen gesetzlichen Vergütungsanspruch verfügt, so erstreckt sich diese Verfügung im Zweifel nicht auf den Zeitraum der durch dieses Bundesgesetz bewirkten Verlängerung der Schutzfristen; wer jedoch ein Werknutzungsrecht oder eine Werknutzungsbewilligung gegen Entgelt erworben hat, bleibt gegen Zahlung einer angemessenen Vergütung zur Werknutzung auch während dieser Verlängerung berechtigt.

(4) Soweit der Schutz von Werken, für die die Schutzfrist nach den bisher geltenden Bestimmungen schon abgelaufen war, nach Abs. 2 wiederauflebt, dürfen vor dem 1. November 2011 bereits begonnene Vervielfältigungen solcher Werke auch nach dem 31. Oktober 2013 vollendet und diese Vervielfältigungen sowie vor dem 1. November 2011 bereits vorhandene Vervielfältigungsstücke auch nach dem 31. Oktober 2013 verbreitet werden. Ferner kann derjenige, der eine Werknutzungsbewilligung über die Benutzung eines mit einem gemeinfreien Werk verbundenen Werkes vor dem 1. November 2013 entgeltlich erworben hat, die Nutzung des vormals gemeinfreien Werkes, dessen Schutz wiederauflebt, nach dem 1. November 2013 zu angemessenen Bedingungen verlangen.

(5) § 67 Abs. 1 sowie § 76 Abs. 5 und 7 bis 9 in der Fassung des Bundesgesetzes BGBl. I Nr. 150/2013 gelten für Darbietungen und Schallträger, für die am 1. November 2013 die Schutzfrist nach den bisher geltenden Bestimmungen noch nicht abgelaufen ist.

(6) Hat eine im § 66 Abs. 1 bezeichnete Person ihre ausschließlichen Rechte dem Hersteller vor dem 1. November 2013 eingeräumt, so erstreckt sich diese Verfügung im Zweifel auf den Zeitraum der durch das Bundesgesetz BGBl. I Nr. 150/2013 bewirkten Verlängerung der Schutzfrist. Im Übrigen ist Abs. 3 sinngemäß anzuwenden.

(7) Die Verlängerung der Schutzdauer durch das Bundesgesetz BGBl. I Nr. 150/2013 rechtfertigt weder eine Erhöhung der Tarife der Verwertungsgesellschaften für die Vergütungen nach § 42b in Verbindung mit § 76 Abs. 4 oder nach § 76 Abs. 3 noch eine Änderung der Verteilung der Einnahmen aus diesen Vergütungen zwischen verschiedenen Rechteinhabergruppen.

(8) § 56e, § 57 Abs. 3a Z 4, § 72 Abs. 2, § 74 Abs. 7, § 76 Abs. 6 und 76a Abs. 5 in der Fassung des Bundesgesetzes BGBl. I Nr. 11/2015 treten mit 29. Oktober 2014 in Kraft. *(BGBl I 2015/11)*

(9) § 37a, § 38 Abs. 1 und die Überschrift zu § 38, § 42 Abs. 5 bis 8, § 42a, § 42b Abs. 1, Abs. 3 Z 1, Abs. 4, Abs. 6 bis 9, §§ 42d bis 42g, § 57 Abs. 2 und 3a, §§ 59, 59a Abs. 2, die Abschnittsüberschrift vor § 59c, § 59c, § 60 Abs. 1, § 61, §§ 66 bis 72 und die Überschrift des I. Abschnitts des II. Hauptstücks, § 74 Abs. 7 und 8, § 76 Abs. 3, 4 und 6, § 76a Abs. 5, § 86 Abs. 1 und 2, § 87 Abs. 4, § 90a und § 97 in der Fassung des Bundesgesetzes BGBl. I Nr. 99/2015 treten mit 1. Oktober 2015 in Kraft; §§ 46, 52, 54 Abs. 1 Z 3a und 4, §§ 61a bis 61c treten mit 30. September 2015 außer Kraft. *(BGBl I 2015/99)*

(10) Das vom Bundesminister für Justiz geführte Urheberregister ist mit dem Tag des Inkrafttretens dieses Bundesgesetzes abzuschließen und nicht fortzuführen. § 60 Abs. 1 und § 61 in der Fassung des Bundesgesetzes BGBl. I Nr. 99/2015 gelten für alle Werke, deren Schutzdauer am Tag des Inkrafttretens dieses Bundesgesetzes noch nicht abgelaufen ist. Die Schutzfrist von Werken, für die vor dem Inkrafttreten dieses Bundesgesetzes die Eintragung des Urhebers im Amtsblatt zur Wiener Zeitung gemäß § 61c öffentlich bekanntgemacht wurde, ist weiterhin nach § 60 zu bemessen. *(BGBl I 2015/99)*

(11) Für die Jahre 2016 bis 2019 sollen die Einnahmen aus der Speichermedienvergütung und der Reprographievergütung insgesamt den Richtwert von 29 Millionen Euro vor Abzug der

Rückerstattungen am jährlichen Gesamtaufkommen nicht übersteigen. *(BGBl I 2015/99)*

(12) § 42d, § 43 Abs. 1, § 71 Abs. 6, § 74 Abs. 7, § 76 Abs. 3 und 6, § 76a Abs. 5 und § 90c Abs. 6 bis 8 in der Fassung der Urheberrechtsgesetz-Novelle 2018, BGBl. I Nr. 63/2018 treten mit 12. Oktober 2018 in Kraft. *(BGBl I 2018/63)*

(13) § 17 Abs. 3 und 4, § 18 Abs. 3, die §§ 18b, 18c, 24a, 24b, 24c, 31a, 37b, 37c, 37e, 37f[1] und 37g, § 40 Abs. 3, § 42 Abs. 7, die §§ 42f, 42g, 42h und 56f, § 57 Abs. 3a, die §§ 59, 59a und 59b, § 68 Abs. 4, § 69, § 71 Abs. 6, § 74 Abs. 1 und Abs. 7, § 76 Abs. 6, § 76a Abs. 5, § 76d Abs. 5, § 76f, § 86 Abs. 1, § 87b Abs. 5, die §§ 89a, 89b Abs. 1 bis 6, § 90c Abs. 6 und § 99d in der Fassung des Bundesgesetzes BGBl. I Nr. 244/2021 treten mit dem der Kundmachung folgenden Tag in Kraft. § 57a in der Fassung des Bundesgesetzes BGBl. I Nr. 244/2021 tritt am 1. Jänner 2022 in Kraft. Die zum Zeitpunkt des Inkrafttretens dieses Bundesgesetzes von § 18c erfassten Diensteanbieter müssen die in § 89b vorgesehenen Verpflichtungen bis zum 1. April 2022, später hinzutretende Diensteanbieter innerhalb von drei Monaten ab der Aufnahme der Tätigkeit umgesetzt haben. § 89b Abs. 7 bis 9 sowie § 89c in der Fassung des Bundesgesetzes BGBl. I Nr. 244/2021 treten mit 1. März 2022 in Kraft. *(BGBl I 2021/244)*

(14) Für Direkteinspeisungen im Sinn des § 17 Abs. 4 in der Fassung des Bundesgesetzes BGBl. I Nr. 244/2021, für die Bewilligungen vor dem 7. Juni 2021 erteilt wurden, ist eine allfällige weitere Bewilligung im Sinn des § 17 Abs. 4 in der Fassung des Bundesgesetzes BGBl. I Nr. 244/2021 erst nach dem 6. Juni 2025 erforderlich. *(BGBl I 2021/244)*

(15) Auf Verträge über ergänzende Online-Dienste, die vor dem 7. Juni 2021 geschlossen wurden, ist § 18b in der Fassung des Bundesgesetzes BGBl. I Nr. 244/2021 ab dem 7. Juni 2023 anzuwenden. *(BGBl I 2021/244)*

(16) Die §§ 24c, 31a, 37b in der Fassung des Bundesgesetzes BGBl. I Nr. 244/2021 sind auf Verträge anzuwenden, die nach dem Inkrafttreten dieses Bundesgesetzes abgeschlossen werden. Die §§ 37c, 37d, 37f, 37g[1] und 57a in der Fassung des Bundesgesetzes BGBl. I Nr. 244/2021 sind auch auf vor ihrem Inkrafttreten abgeschlossene Verträge mit Beziehung auf darauf gegründete Nutzungshandlungen anzuwenden, die nach dem Inkrafttreten stattfinden. § 37d und, soweit er darauf Bezug nimmt, § 68 Abs. 4 in der Fassung des Bundesgesetzes BGBl. I Nr. 244/2021 treten mit 7. Juni 2022 in Kraft. *(BGBl I 2021/244)*

(17) § 74 Abs. 1 in der Fassung des Bundesgesetzes BGBl. I Nr. 244/2021 ist auf Lichtbilder anzuwenden, die zum Zeitpunkt des Inkrafttretens dieses Bundesgesetzes noch geschützt sind oder danach aufgenommen werden. Für ein Lichtbild, das im Zeitpunkt des Inkrafttretens dieses Bundesgesetzes ein Werk der bildenden Kunst wiedergibt, für das die Schutzfrist abgelaufen ist, endet der Schutz mit dem Inkrafttreten dieses Bundesgesetzes. *(BGBl I 2021/244)*

(18) § 76f in der Fassung des Bundesgesetzes BGBl. I Nr. 244/2021 ist auf Presseveröffentlichungen, die nach dem 5. Juni 2019 hergestellt werden, in Bezug auf Nutzungshandlungen anzuwenden, die nach dem Inkrafttreten dieses Bundesgesetzes stattfinden. § 91 ist auf Nutzungshandlungen anzuwenden, die nach dem 31. März 2022 vorgenommen werden. *(BGBl I 2021/244)*

(19) § 81 Abs. 1a in der Fassung des Bundesgesetzes BGBl. I Nr. 182/2023 tritt mit 17. Februar 2024 in Kraft. *(BGBl I 2023/182)*

(BGBl I 2013/150)

---

[1] Im BGBl wurde nach dem Ausdruck „37f“ irrtümlich ein Beistrich gesetzt; ebenso bei 37g.

23/1. Urheberrechtsgesetz-Novelle 1996 (Auszug Art III - IX)

BGBl 1996/151

Bundesgesetz, mit dem das Urheberrechtsgesetz und die Urheberrechtsgesetznovelle 1980 geändert werden (Urheberrechtsgesetz-Novelle 1996 – UrhG-Nov. 1996)

Artikel I – II

(eingearbeitet, betreffen UrhG und UrhGNov 1980)

Artikel III
Inkrafttreten und Vollziehung

(1) Dieses Bundesgesetz tritt vorbehaltlich des Abs. 2 mit 1. April 1996 in Kraft.

(2) Art. I Z 16, 22[1)] und 24 (§§ 59a und 59b UrhG in der Fassung dieses Bundesgesetzes und die entsprechende Geltung dieser Bestimmungen nach § 67 Abs. 2 und § 70 Abs. 1 UrhG in der Fassung dieses Bundesgesetzes) und Art. II treten mit 1. Jänner 1998 in Kraft.

(3) Durchführungsverordnungen dürfen bereits vor dem 1. April 1996 erlassen werden; sie dürfen jedoch frühestens mit diesem Tag in Kraft gesetzt werden.

(4) Mit der Vollziehung dieses Bundesgesetzes ist der Bundesminister für Justiz betraut.

[1)] Richtig: 21.

Artikel IV

(betrifft UrhGNov 1980)

Artikel V
Ausstellen

§ 16b UrhG in der Fassung dieses Bundesgesetzes gilt auch für Werkstücke, an denen das Verbreitungsrecht nach § 16 Abs. 2 und 3 UrhG vor dem 1. April 1996 erloschen ist. Dies gilt auch für die entsprechende Geltung der angeführten Bestimmung nach § 74 Abs. 7 UrhG in der Fassung dieses Bundesgesetzes.

Artikel VI
Filmwerke

(1) Die §§ 38 und 39 UrhG in der Fassung dieses Bundesgesetzes gelten für gewerbsmäßig hergestellte Filmwerke, mit deren Aufnahme nach dem 31. Dezember 1995 begonnen worden ist.

(2) Für andere gewerbsmäßig hergestellte Filmwerke, die nach dem 31. Dezember 1969 veröffentlicht worden sind, gelten die §§ 38 und 39 UrhG in der Fassung dieses Bundesgesetzes mit der Maßgabe, daß dem Urheber der folgende Anteil an den gesetzlichen Vergütungsansprüchen zusteht: für die Zeit vom 1. Jänner bis 31. Dezember 1996 beträgt der Anteil 3,3 %, für das Jahr 1997 und die folgenden Jahre bis zum Jahr 2004 vergrößert sich der Anteil jährlich um 3,3 % und beträgt ab dem Jahr 2005 33 %.

(3) Gestattet der nach § 38 Abs. 1 UrhG berechtigte Filmhersteller oder ein Werknutzungsberechtigter gegen Entgelt anderen die Benutzung eines der im Abs. 2 bezeichneten Filmwerke zur gleichzeitigen, vollständigen und unveränderten Weitersendung mit Hilfe von Leitungen, so hat der Urheber Anspruch auf einen Anteil an diesem Entgelt; die Höhe des Anteils entspricht der Höhe des Anteils an den gesetzlichen Vergütungsansprüchen nach Abs. 2.

Artikel VII
Rundfunksendung über Satellit

Der Mithersteller eines Filmwerks darf einem anderen die Rundfunksendung des Filmwerks über Satellit nur mit Zustimmung des beeinträchtigten Mitherstellers (Z 5) gestatten, wenn

1. das Filmwerk von Herstellern aus mehreren Staaten gemeinsam hergestellt worden ist,

2. zumindest ein Mithersteller einem Mitgliedstaat des Europäischen Wirtschaftsraums angehört,

3. der Vertrag über die gemeinsame Herstellung des Filmwerks vor dem 1. April 1996 geschlossen worden ist,

4. dieser Vertrag ausdrücklich das Senderecht für bestimmte Gebiete aufteilt, und zwar für alle technischen Mittel der Sendung, und keine besondere Regelung für die Sendung über Satellit trifft und

5. die Sendung über Satellit das ausschließliche Senderecht eines Mitherstellers beeinträchtigt.

Artikel VIII
Schutzfristen

(1) Dieses Bundesgesetz gilt nicht, soweit dadurch eine bereits laufende Schutzfrist verkürzt würde.

(2) Soweit durch dieses Bundesgesetz eine Verlängerung der Schutzfrist bewirkt wird, gilt

es für die vor dem 1. April 1996 entstandenen Werke, vorgenommenen Vorträge und Aufführungen, aufgenommenen Lichtbilder und gesendeten Rundfunksendungen,

1. für die am 1. Juli 1995 die Schutzfrist nach den bisher geltenden Bestimmungen noch nicht abgelaufen ist oder

2. die in einem Mitgliedstaat des Europäischen Wirtschaftsraums geschützt werden und für die die Schutzfrist in diesem Mitgliedstaat am 1. Juli 1995 noch nicht abgelaufen ist.

(3) Hat der Urheber (§ 10 Abs. 2 UrhG) vor dem 1. April 1996 ein Werknutzungsrecht begründet, eine Werknutzungsbewilligung erteilt oder über einen gesetzlichen Vergütungsanspruch verfügt, so erstreckt sich diese Verfügung im Zweifel nicht auf den Zeitraum der durch dieses Bundesgesetz bewirkten Verlängerung der Schutzfristen; wer jedoch ein Werknutzungsrecht oder eine Werknutzungsbewilligung gegen Entgelt erworben hat, bleibt gegen Zahlung einer angemessenen Vergütung zur Werknutzung auch während dieser Verlängerung berechtigt. Dies gilt entsprechend für Verfügungen über die Schutzrechte an Vorträgen und Aufführungen von Werken der Literatur und der Tonkunst, an Lichtbildern und an Rundfunksendungen.

(4) Soweit der Schutz von Werken, für die die Schutzfrist nach den bisher geltenden Bestimmungen schon abgelaufen war, nach Abs. 2 wiederauflebt, dürfen vor dem 1. Juli 1995 bereits begonnene Vervielfältigungen solcher Werke auch nach dem 31. März 1996 vollendet und diese Vervielfältigungen sowie vor dem 1. Juli 1995 bereits vorhandene Vervielfältigungsstücke auch nach dem 31. März 1996 verbreitet werden. Dies gilt entsprechend für Vorträge und Aufführungen von Werken der Literatur und der Tonkunst, für Lichtbilder und für Rundfunksendungen.

Artikel IX
Nachgelassene Werke

(1) Dieses Bundesgesetz gilt für nachgelassene Werke,

1. die nach dem 30. Juni 1995 im Sinn des § 76b UrhG in der Fassung dieses Bundesgesetzes veröffentlicht worden sind oder

2. die am 1. Juli 1995 in einem Mitgliedstaat des Europäischen Wirtschaftsraums im Sinn des § 76b UrhG in der Fassung dieses Bundesgesetzes geschützt werden.

(2) Art. VIII Abs. 4 gilt entsprechend auch für den Schutz von nachgelassenen Werken, die vor dem 1. April 1996 im Sinn des § 76b UrhG in der Fassung dieses Bundesgesetzes veröffentlicht worden sind.

23/2. Urheberrechtsgesetz-Novelle 2005 (Auszug Art II - V)

BGBl I 2006/22 (UrhG-Nov 2005) idF

1 BGBl I 2010/2 (UrhG-Nov 2009)

Bundesgesetz, mit dem das Urheberrechtsgesetz geändert wird (Urheberrechtsgesetz-Novelle 2005 – UrhG-Nov 2005)

Artikel I
Änderung des Urheberrechtsgesetzes

(eingearbeitet)

Artikel II
Beziehung zum Gemeinschaftsrecht

Mit Art. I Z 1, 7 und 9 wird das Urheberrechtsgesetz an die Richtlinie 2001/84/EG des Europäischen Parlaments und des Rates über das Folgerecht des Urhebers des Originals eines Kunstwerks, ABl. Nr. L 272 vom 13. 10. 2001, Seite 32, angepasst.

Artikel III
Inkrafttreten und Außerkrafttreten

(1) § 59b Abs. 1 UrhG in der Fassung dieses Bundesgesetzes tritt mit 1. Juli 2006 in Kraft; im Übrigen tritt dieses Bundesgesetz mit 1. Jänner 2006 in Kraft.

(2) § 60 Abs. 2 UrhG in der Fassung dieses Bundesgesetzes tritt mit 31. Dezember 2011 außer Kraft. *(BGBl I 2010/2, ab 14. 1. 2010)*

Artikel IV
Übergangsbestimmungen

(1) § 16b UrhG in der Fassung dieses Bundesgesetzes gilt auch für Werke, die vor dem Inkrafttreten dieses Bundesgesetzes geschaffen worden sind.

(2) § 38 Abs. 1a in der Fassung dieses Bundesgesetzes gilt für gewerbsmäßig hergestellte Filmwerke und § 69 Abs. 1 in der Fassung dieses Bundesgesetzes für gewerbsmäßig hergestellte Filmwerke und andere kinematographische Erzeugnisse, mit deren Aufnahme jeweils nach dem 31. 12. 2005 begonnen worden ist.

(3) § 38 Abs. 1a zweiter bis vierter Satz in der Fassung dieses Bundesgesetzes gilt sinngemäß auch für den Anspruch des Urhebers nach Art. VI Abs. 3 Urheberrechtsgesetz-Novelle 1996, BGBl. Nr. 151/1996.

(4) § 38 Abs. 1 erster Satz UrhG und § 69 Abs. 1 erster Satz UrhG in der Fassung dieses Bundesgesetzes gelten auch für den Zeitraum der durch die Urheberrechtsgesetznovelle 1972, BGBl. Nr. 492/1972, und die Urheberrechtsgesetz-Novelle 1996, BGBl. Nr. 151/1996, bewirkte Verlängerung der Schutzfrist; dem Urheber und den in § 69 Abs. 1 UrhG genannten Personen steht hiefür kein Vergütungsanspruch im Sinn des Art. II Abs. 3 UrhGNov 1972 beziehungsweise Art. VIII Abs. 3 UrhGNov 1996 zu.

Artikel V
Vollziehung

Mit der Vollziehung dieses Bundesgesetzes ist der Bundesminister für Justiz betraut.

23/3. Zugangskontrollgesetz

BGBl I 2000/60 idF

1 BGBl I 2001/32

STICHWORTVERZEICHNIS

(Die Zahlenangaben beziehen sich auf die Paragraphen)

Zugangskontrollgesetz

1. Abschnitt

Geltungsbereich und Begriffsbestimmungen

Geltungsbereich

§ 1. Dieses Bundesgesetz regelt den rechtlichen Schutz von Diensteanbietern, die Fernsehsendungen, Radiosendungen oder Dienste der Informationsgesellschaft gegen Entgelt und unter einer Zugangskontrolle bereitstellen.

Begriffsbestimmungen

§ 2. Im Sinn dieses Bundesgesetzes bedeuten

1. Diensteanbieter: eine natürliche oder juristische Person oder eine sonstige rechtsfähige Einrichtung, die geschützte Dienste bereitstellt;

2. geschützter Dienst: eine Fernsehsendung, eine Radiosendung oder ein Dienst der Informationsgesellschaft, die oder der gegen Entgelt und unter einer Zugangskontrolle erbracht wird, einschließlich der Zugangskontrolle für solche Dienste, soweit sie als eigenständiger Dienst anzusehen sind;

3. Fernsehsendung: eine drahtgebundene oder drahtlose, erdgebundene oder durch Satelliten vermittelte, unverschlüsselte oder verschlüsselte Erstsendung von Fernsehprogrammen, die zum Empfang durch die Allgemeinheit bestimmt ist, einschließlich der Übermittlung an andere Veranstalter zur Weiterverbreitung an die Allgemeinheit;

4. Radiosendung: eine drahtgebundene oder drahtlose – einschließlich der durch Satelliten vermittelten – Sendung von Radioprogrammen, die zum Empfang durch die Allgemeinheit bestimmt ist;

5. Dienst der Informationsgesellschaft: ein in der Regel gegen Entgelt elektronisch im Fernabsatz und auf individuellen Abruf eines Empfängers erbrachter Dienst, wobei als

a) im Fernabsatz erbrachter Dienst ein Dienst, der ohne gleichzeitige körperliche Anwesenheit der Parteien erbracht wird, als

b) elektronisch erbrachter Dienst ein Dienst, der mittels Geräten für die elektronische Verarbeitung, einschließlich digitaler Kompression, und Speicherung von Daten am Ausgangspunkt gesendet und am Endpunkt empfangen sowie vollständig über Draht, über Funk, auf optischem oder anderem elektromagnetischen Weg gesendet, weitergeleitet und empfangen wird, und als

c) auf individuellen Abruf eines Empfängers erbrachter Dienst in Dienst, der durch die Übertragung von Daten auf individuelle Anforderung erbracht wird, verstanden werden;

6. Zugangskontrolle: eine technische Maßnahme oder Vorrichtung, die den Zugang zu einem geschützten Dienst in verständlicher Form von einer vorherigen individuellen Erlaubnis abhängig macht;

7. Zugangskontrollvorrichtung: ein Gerät oder Computerprogramm, das dazu bestimmt oder angepasst ist, den Zugang zu einem geschützten Dienst in verständlicher Form zu ermöglichen;

8. Umgehungsvorrichtung: ein Gerät oder Computerprogramm, das dazu bestimmt oder angepasst ist, den Zugang zu einem geschützten Dienst in verständlicher Form ohne Erlaubnis des Diensteanbieters zu ermöglichen.

2. Abschnitt

Rechtsschutz

Recht auf Zugangskontrolle

§ 3. Der Diensteanbieter hat das ausschließliche Recht, den Zugang zu einem von ihm bereitgestellten geschützten Dienst in verständlicher Form von seiner vorherigen individuellen Erlaubnis abhängig zu machen.

Unerlaubte Handlungen

§ 4. (1) Die Herstellung, die Einfuhr, der Vertrieb, der Verkauf, die Vermietung oder Verpachtung und die Innehabung von Umgehungsvorrichtungen sowie deren Installierung, Wartung, Instandsetzung oder Austausch sind, soweit damit gewerbliche Zwecke verfolgt werden, verboten.

(2) Ebenso sind, soweit damit gewerbliche Zwecke verfolgt werden, die Werbung und andere Maßnahmen zur Förderung des In-Verkehr-Bringens von Umgehungsvorrichtungen, wie etwa das Direktmarketing, das Sponsoring oder die Öffentlichkeitsarbeit, verboten.

(3) Die Verbote nach den Abs. 1 und 2 erfassen alle im Inland begangenen oder verwirklichten Handlungen unabhängig davon, wo sich der den Verboten zuwider Handelnde niedergelassen hat.

3. Abschnitt

Zivilrechtliche Ansprüche

Unterlassung

§ 5. Ein Diensteanbieter, der durch eine unerlaubte Handlung (§ 4) in seinem Recht auf Zugangskontrolle verletzt worden ist oder dem eine solche Verletzung droht, hat Anspruch auf Unterlassung. Der Inhaber eines Unternehmens kann wegen einer solchen unerlaubten Handlung auch dann auf Unterlassung belangt werden, wenn die Handlung im Betrieb seines Unternehmens von einem Bediensteten oder Beauftragten begangen worden ist oder von einer solchen Person droht.

Beseitigung

§ 6. (1) Ein Diensteanbieter, der durch eine unerlaubte Handlung (§ 4) in seinem Recht der Zugangskontrolle verletzt worden ist, hat Anspruch darauf, dass der den Vorschriften dieses Bundesgesetzes widerstreitende Zustand beseitigt wird. Er kann insbesondere verlangen, dass die Umgehungsvorrichtungen vernichtet oder sonst unbrauchbar gemacht werden; kann der diesem Bundesgesetz widerstreitende Zustand auf eine schonendere Art beseitigt werden, so kann der Diensteanbieter nur Maßnahmen dieser Art verlangen.

(2) Enthalten die Umgehungsvorrichtungen Teile, deren unveränderter Bestand und deren Gebrauch durch den Beklagten das Recht des Klägers auf Zugangskontrolle nicht verletzen und die von der Vernichtung oder Unbrauchbarmachung ausgenommen werden können, so hat das Gericht diese Teile in dem die Vernichtung oder Unbrauchbarmachung aussprechenden Urteil zu bezeichnen. Bei der Vollstreckung sind diese Teile von der Vernichtung oder Unbrauchbarmachung auszunehmen, wenn der Verpflichtete die damit verbundenen Kosten im voraus bezahlt.

(3) Statt der Vernichtung oder Unbrauchbarmachung von Umgehungsvorrichtungen kann der Diensteanbieter verlangen, dass ihm diese gegen eine angemessene, die Herstellungskosten nicht übersteigende Entschädigung überlassen werden.

(4) Der Diensteanbieter hat auch Anspruch darauf, dass die entgegen den Vorschriften dieses Bundesgesetzes verwendeten Werbemittel, wie etwa Plakate, Broschüren oder sonstige Druckwerke, vernichtet werden.

(5) Der Beseitigungsanspruch richtet sich ungeachtet des Eigentums- oder eines sonstigen Verfügungsrechts gegen denjenigen gewerblich tätigen Rechtsträger, in dessen Gewahrsame die betroffenen Umgehungsvorrichtungen oder Werbemittel stehen.

Schadenersatz und Herausgabe des Gewinns

§ 7. (1) Wer durch eine unerlaubte Handlung (§ 4) einen Diensteanbieter schuldhaft schädigt, hat diesem ohne Rücksicht auf den Grad des Verschuldens auch den entgangenen Gewinn zu ersetzen.

(2) Wird ein geschützter Dienst unbefugt zugänglich gemacht, so hat der Diensteanbieter auch Anspruch auf Herausgabe des Gewinns, den der Schädiger durch den schuldhaften Eingriff erzielt hat. Die Verjährung dieses Anspruchs richtet sich nach den Vorschriften für Schadenersatzansprüche. Neben der Herausgabe des Gewinns kann ein Ersatz des Vermögensschadens (Abs. 1) nur begehrt werden, soweit dieser den herauszugebenden Gewinn übersteigt.

(3) Der Diensteanbieter kann anstelle des Ersatzes des Vermögensschadens (Abs. 1) sowie der Herausgabe des Gewinns (Abs. 2) das Doppelte des angemessenen Entgelts für die Inanspruchnahme des geschützten Dienstes begehren.

(4) Hat ein Bediensteter oder Beauftragter eine unerlaubte Handlung (§ 4) im Betrieb eines Unternehmens begangen, so haftet, unbeschadet einer allfälligen Ersatzpflicht dieser Personen, der Inhaber des Unternehmens für die in Abs. 1 bis 3 genannten Ansprüche, wenn ihm die unerlaubte Handlung bekannt war oder bekannt sein musste.

(5) Mehrere Personen haften für die in den Abs. 1 bis 3 genannten Ansprüche zur ungeteilten Hand.

Rechnungslegung

§ 8. Wer nach diesem Bundesgesetz zum Schadenersatz oder zur Herausgabe des Gewinns verpflichtet ist, hat dem Diensteanbieter Rechnung zu legen und auf dessen Verlangen die Richtigkeit der Rechnung durch einen Sachverständigen prüfen zu lassen. Wenn sich dabei ein höherer Betrag als aus der gelegten Rechnung ergibt, sind die Kosten der Prüfung vom Zahlungspflichtigen zu tragen.

Einstweilige Verfügungen

§ 9. Zur Sicherung der Ansprüche auf Unterlassung und Beseitigung können einstweilige Verfügungen auch ohne Vorliegen der Voraussetzungen des § 381 EO erlassen werden.

4. Abschnitt

Strafrechtliche Bestimmungen

Eingriff in das Recht auf Zugangskontrolle

§ 10. (1) Wer gewerbsmäßig (§ 70 StGB) Umgehungsvorrichtungen vertreibt, verkauft, vermietet oder verpachtet, ist vom Gericht mit Freiheitsstrafe bis zu zwei Jahren oder mit Geldstrafe bis zu 360 Tagessätzen zu bestrafen.

(2) Ebenso ist zu bestrafen, wer gewerbsmäßig (§ 70 StGB) Umgehungsvorrichtungen herstellt, einführt oder mit dem Vorsatz erwirbt oder innehat, dass diese auf die im Abs. 1 beschriebene Art und Weise in Verkehr gebracht werden oder dass mit ihrer Hilfe anderen der Zugang zu einem geschützten Dienst ermöglicht wird.

(3) Wer Umgehungsvorrichtungen ausschließlich zum privaten Gebrauch einführt, erwirbt oder sich sonst verschafft, ist nicht als Beteiligter (§ 12 StGB) zu bestrafen.

(4) Ein Bediensteter oder Beauftragter des Inhabers oder Leiters eines Unternehmens (§ 5) ist nicht zu bestrafen, wenn er eine der in den Abs. 1 und 2 genannten Handlungen auf Anordnung des Dienst- oder Auftraggebers vorgenommen hat und ihm wegen seiner wirtschaftlichen Abhängigkeit nicht zugemutet werden konnte, die Vornahme der Tat zu unterlassen.

(5) Der Täter ist nur auf Verlangen des in seinen Rechten verletzten Diensteanbieters zu verfolgen.

Einziehung

§ 11. (1) Die den Gegenstand einer in § 10 mit Strafe bedrohten Handlung bildenden Umgehungsvorrichtungen sind auf Antrag des Privatanklägers ohne Rücksicht darauf, wem sie gehören, einzuziehen, es sei denn, dass trotz des vorangegangenen mit Strafe bedrohten Verhaltens Gewähr geboten ist, dass die Umgehungsvorrichtungen nicht unter Verletzung der Bestimmungen dieses Bundesgesetzes in Verkehr gebracht oder innegehabt werden.

(2) Liegt der objektive Tatbestand einer in § 10 mit Strafe bedrohten Handlung vor, so sind die Umgehungsvorrichtungen auch dann einzuziehen, wenn keine bestimmte Person wegen der mit Strafe bedrohten Handlung verfolgt oder verurteilt werden kann. In einem solchen Fall hat der Privatankläger einen gesonderten Antrag auf Einziehung zu stellen.

(3) Auf das Verfahren bei der Einziehung sind die §§ 443 bis 446 StPO anzuwenden.

(4) Die eingezogenen Umgehungsvorrichtungen sind nach Maßgabe des § 6 Abs. 2 erster Satz zu vernichten.

Beschlagnahme

§ 12. (1) Das Gericht hat auf Antrag des Privatanklägers die betroffenen Umgehungsvorrichtungen zur Sicherung der Einziehung nach § 11 zu beschlagnahmen (§ 98 Abs. 2 und § 143 Abs. 1 StPO).

(2) Gegen den Beschluss, mit dem über einen Antrag auf Beschlagnahme oder auf deren Aufhebung entschieden wird, steht dem Privatankläger, dem Beschuldigten und den vom Beschluss sonst Betroffenen (§ 444 StPO) die binnen 14 Tagen beim Gerichtshof erster Instanz einzubringende Beschwerde an den Gerichtshof zweiter Instanz zu (§ 114 StPO).

(3) Erkennt das Gericht nicht auf Vernichtung oder Unbrauchbarmachung der beschlagnahmten Umgehungsvorrichtungen, so hat der Antragsteller dem von der Beschlagnahme Betroffenen alle dadurch verursachten Vermögensschäden zu ersetzen. Kommt es infolge einer von den Parteien getroffenen Vereinbarung zu keiner Entscheidung über den Antrag auf Vernichtung oder Unbrauchbarmachung, so kann der Betroffene den Ersatzanspruch nur erheben, wenn er sich diesen in der Vereinbarung vorbehalten hat. Der Ersatzanspruch ist im Zivilrechtsweg geltend zu machen.

5. Abscnnitt

Verwaltungsrechtliche Bestimmungen

Verwaltungsübertretung

§ 13. (1) Eine Verwaltungsübertretung begeht und ist mit Geldstrafe bis zu 15 000 Euro zu bestrafen, wer gewerbsmäßig (§ 70 StGB) und wissentlich

1. Umgehungsvorrichtungen installiert, wartet, instand setzt oder austauscht oder

2. durch Werbung, Direktmarketing, Sponsoring oder andere Öffentlichkeitsarbeit zum Kauf, zur Miete oder zur Pacht von Umgehungsvorrichtungen anregt.

(2) Ebenso ist zu bestrafen, wer vorsätzlich als Inhaber oder Leiter eines Unternehmens eine im Betrieb des Unternehmens von einem Bediensteten oder Beauftragten begangene Handlung im Sinn des Abs. 1 nicht verhindert.

(3) Die Bestimmung des § 10 Abs. 4 über die Straflosigkeit eines im Betrieb eines Unternehmens tätigen Bediensteten oder Beauftragten ist anzuwenden.

(4) Wer Umgehungsvorrichtungen ausschließlich zum privaten Gebrauch verwendet, ist nicht wegen Anstiftung oder Beihilfe (§ 7 VStG) zu bestrafen.

(5) Eine Verwaltungsübertretung nach Abs. 1 oder 2 liegt nicht vor, wenn die Tat den Tatbestand einer in die Zuständigkeit der Gerichte fallenden strafbaren Handlung bildet oder nach anderen Verwaltungsstrafbestimmungen mit strengerer Strafe bedroht ist. „Verwaltungsstrafen sind von der KommAustria zu verhängen." *(BGBl I 2001/32)*

6. Abschnitt

Schlussbestimmungen

Verweisungen

§ 14. Soweit in diesem Bundesgesetz auf Bestimmungen anderer Bundesgesetze verwiesen wird, sind diese in ihrer jeweils geltenden Fassung anzuwenden.

Vollzug

§ 15. Mit der Vollziehung dieses Bundesgesetzes ist der Bundesminister für Justiz, hinsichtlich des § 13 jedoch der Bundeskanzler betraut.

Hinweis auf Umsetzung

§ 16. Mit diesem Bundesgesetz wird die Richtlinie 98/84/EG über den rechtlichen Schutz von zugangskontrollierten Diensten und von Zugangskontrolldiensten, ABl. L 320 vom 28. November 1998, S 54, umgesetzt.

In-Kraft-Treten

§ 17. Die Bestimmungen des § 13 Abs. 5 und § 17 in der Fassung des Bundesgesetzes BGBl. I Nr. 32/2001 treten mit 1. April 2001 in Kraft.

In-Kraft-Treten der Stammfassung: 12. 7. 2000

24. Reichshaftpflichtgesetz

dRGBl 1871 207 idF

1 dRGBl 1896 604
2 dRGBl 1923 I 615
3 dRGBl 1939 I 2391
4 dRGBl 1940 I 713
5 dRGBl 1943 I 489
6 StGBl 1945/231
7 BGBl 1959/48
8 BGBl 1969/147
9 BGBl 1976/91
10 BGBl 1989/343 (WGN 1989)
11 BGBl 1991/628 (EO-Nov 1991)
12 BGBl I 1997/140 (WGN 1997)
13 BGBl I 2000/121
14 BGBl I 2001/98 (2. Euro-JuBeG)
15 BGBl I 2004/115
16 BGBl I 2007/37 (KrÄG 2007)
17 BGBl I 2011/138
18 BGBl I 2017/19 (MinVersValG 2016)
19 BGBl I 2021/245 (MinVersValG 2021)

24/1. Verordnung zur Einführung des Reichshaftpflichtgesetzes [in den Reichsgauen der Ostmark und im Reichsgau Sudetenland]

STICHWORTVERZEICHNIS

(Die Zahlenangaben beziehen sich auf die Paragraphen, wenn nichts angegeben, auf das RHPflG)

RHPflG

Gesetz, betreffend die Verbindlichkeit zum Schadenersatz für die bei dem Betriebe von [Eisenbahnen], [Bergwerken] usw. herbeigeführten Tötungen und Körperverletzungen vom 7. Juni 1871

§ 1. *(aufgehoben, BGBl 1959/48)*

§ 1a. (1) Ist ein Unfall, der den Tod oder die Gesundheitsschädigung eines Menschen oder eine Sachbeschädigung zur Folge hat, auf die Wirkungen der Elektrizität oder des Gases zurückzuführen, die von einer Anlage zur Fortleitung oder Abgabe von Elektrizität oder Gas ausgehen, so ist der Inhaber der Anlage verpflichtet, den Schaden zu ersetzen. Das gleiche gilt, wenn der Schaden, ohne auf den Wirkungen der Elektrizität oder des Gases zu beruhen, auf das Vorhandensein einer solchen Anlage zurückzuführen ist, es sei denn, daß sich diese zur Zeit des Unfalls in ordnungsmäßigem Zustand befand. Ordnungsmäßig ist eine Anlage, solange sie den anerkannten Regeln der Technik entspricht und unversehrt ist.

(2) Abs. 1 gilt nicht für Anlagen, die lediglich der Übertragung von Zeichen oder Lauten dienen, sowie für Anlagen, für die nach den Bestimmungen des Gaswirtschaftsgesetzes, BGBl. I Nr. 121/2000, eine Haftung des Inhabers bestimmt ist. *(BGBl I 2000/121, ab 2. 12. 2000)*

(3) Die Ersatzpflicht nach Abs. 1 ist ausgeschlossen,

1. wenn der Schaden innerhalb eines Gebäudes entstanden und auf eine darin befindliche Anlage (Abs. 1) zurückzuführen oder wenn er innerhalb eines im Besitz des Inhabers der Anlage stehenden befriedeten Grundstücks entstanden ist;

2. wenn ein Energieverbrauchsgerät beschädigt oder durch ein solches Gerät ein Schaden verursacht worden ist;

3. wenn der Schaden durch höhere Gewalt verursacht worden ist, es sei denn, daß er auf das Herabfallen von Leitungsdrähten zurückzuführen ist.

(4) Hat bei der Entstehung des Schadens ein Verschulden des Geschädigten mitgewirkt, so gilt § 1304 des Allgemeinen Bürgerlichen Gesetzbuchs; bei Beschädigung einer Sache steht das Verschulden desjenigen, der die tatsächliche Gewalt über die Sache ausübt, dem Verschulden des Geschädigten gleich.

(dRGBl 1943 I 489, s auch Art 3 Nr 3 dRGBl 1943 I 489: „Sind bei einem durch eine Anlage im Sinne des § 1a verursachten Schaden mehrere Haftpflichtige vorhanden, so haften sie zur ungeteilten Hand, auch soweit sie nicht Inhaber einer schädigenden Anlage sind.")

§ 2. Wer [ein Bergwerk,] einen Steinbruch, eine Gräberei (Grube) oder eine Fabrik betreibt, haftet, wenn ein Bevollmächtigter oder ein Repräsentant oder eine zur Leitung oder Beaufsichtigung des Betriebes oder der Arbeiter angenommene Person durch ein Verschulden in Ausführung der Dienstverrichtungen den Tod oder die Körperverletzung eines Menschen herbeigeführt hat, für den dadurch entstandenen Schaden.

[] *Gegenstandslos, s Anm 2 zu Art I EVRHPflG*

§ 3. Für die in diesem Gesetz vorgesehenen Ersatzansprüche gelten die §§ 12 und 13 EKHG über den Gegenstand des Ersatzes sinngemäß.

(BGBl I 1997/140, ab 1. 7. 1998)

§ 3a. *(aufgehoben, BGBl I 1997/140, ab 1. 7. 1998, s Anm zu § 3)*

§ 4. War der Getötete oder Verletzte unter Mitleistung von Prämien oder anderen Beiträgen durch den Betriebs-Unternehmer „oder den im § 1a bezeichneten Inhaber der Anlage" bei einer Versicherungsanstalt, Knappschafts-, Unterstützungs-, Kranken- oder ähnlichen Kasse gegen den Unfall versichert, so ist die Leistung der Letzteren an den Ersatzberechtigten auf die Entschädigung einzurechnen, wenn die Mitleistung des Betriebsunternehmers „oder des im § 1a bezeichneten Inhabers der Anlage" nicht unter einem Drittel der Gesamtleistung beträgt. *(dRGBl 1943 I 489)*

§ 5. (1) Die „im § 2"** bezeichneten Unternehmer „und der im § 1a bezeichnete Inhaber der Anlage"* sind nicht befugt, die Anwendung der in den „§§ 1a bis 3"** enthaltenen Bestimmungen zu ihrem Vorteil durch Verträge (mittels Reglements oder durch besondere Übereinkunft) im Voraus auszuschließen oder zu beschränken. *(*dRGBl 1943 I 489, **BGBl I 1997/140, ab 1. 7. 1998, s Anm zu § 3)*

(2) Vertragsbestimmungen, welche dieser Vorschrift entgegenstehen, haben keine rechtliche Wirkung.

(dRGBl 1896 604)

§ 6. *(in Österreich nie in Kraft)*

§ 7. (1) Der Schadenersatz wegen Aufhebung oder Minderung der Erwerbsfähigkeit, wegen Vermehrung der Bedürfnisse und wegen der Unterhaltsansprüche Dritter ist für die Zukunft durch Entrichtung einer Geldrente zu leisten.

(2) Die Geldrente ist für einen Monat im voraus zu zahlen. Statt der Rente kann der Ersatzberechtigte aus wichtigen Gründen eine Abfindung in Kapital verlangen, wenn die einmalige Zahlung dem Ersatzpflichtigen wirtschaftlich zumutbar ist. Der Anspruch auf die Geldrente wird nicht

dadurch ausgeschlossen, daß ein Dritter dem Verletzten Unterhalt zu gewähren hat. Für die Geldrente gilt § 1418 Satz 3 ABGB sinngemäß.

(BGBl I 1997/140, ab 1. 7. 1998, s Anm zu § 3)

§ 7a. Der im § 1a bezeichnete Inhaber der Anlage und der im § 2 bezeichnete Unternehmer haften im Falle des § 7 Abs. 1 nur bis zu einer Jahresrente von „140 000 Euro". *(BGBl I 2021/245, ab 1. 4. 2022, s § 9g)*

§ 7b. (1) Im Falle des § 1a haftet der Inhaber der Anlage für Sachschaden nur bis zum Betrag von „1 340 000 Euro", auch wenn durch dasselbe Ereignis mehrere Sachen beschädigt werden. *(BGBl I 2021/245, ab 1. 4. 2022, s § 9g)*

(2) Sind auf Grund desselben Ereignisses an mehrere Personen Entschädigungen zu leisten, die insgesamt den Höchstbetrag von „1 340 000 Euro" übersteigen, so verringern sich die einzelnen Entschädigungen in dem Verhältnis, in dem ihr Gesamtbetrag zu dem Höchstbetrag steht. *(BGBl I 2021/245, ab 1. 4. 2022, s § 9g)*

(3) Abs. 1 und 2 gelten nicht für die Beschädigung von Grundstücken.

(dRGBl 1943 I 489)

§ 8. Die Ersatzansprüche nach diesem Gesetz verjähren in drei Jahren von dem Zeitpunkt an, in dem der Ersatzberechtigte von dem Schaden und von der Person des Ersatzpflichtigen Kenntnis erlangt, ohne Rücksicht auf diese Kenntnis in dreißig Jahren vom Unfall an. Gegen denjenigen, welchem der Getötete Unterhalt zu gewähren hatte, beginnt die Verjährung mit dem Tode. Im übrigen finden die Vorschriften des allgemeinen bürgerlichen Gesetzbuches über die Verjährung Anwendung.

(BGBl I 1997/140, ab 1. 7. 1998, s Anm zu § 3)

§ 9. Die gesetzlichen Vorschriften, nach welchen außer den in diesem Gesetz vorgesehenen Fällen der Unternehmer einer „im § 2" bezeichneten Anlage oder eine andere Person, insbesondere wegen eines eigenen Verschuldens, für den bei dem Betriebe der Anlage durch Tötung oder Körperverletzung eines Menschen entstandenen Schaden haftet, bleiben unberührt. *(BGBl I 1997/140, ab 1. 7. 1998, s Anm zu § 3)*

(dRGBl 1896 604)

§ 9a. Unberührt bleiben die Vorschriften des Allgemeinen Bürgerlichen Gesetzbuchs, wonach der im § 1a bezeichnete Inhaber der Anlage für den Schaden in weiterem Umfang haftet oder die Haftung eines anderen begründet ist.

(dRGBl 1943 I 489)

§ 9b. (1) Ist der Schaden durch mehrere im § 1a bezeichnete Anlagen verursacht worden und sind die Inhaber der Anlagen einem Dritten kraft Gesetzes zum Ersatz des Schadens verpflichtet, so hängt im Verhältnis der Inhaber zueinander die Verpflichtung zum Ersatz sowie der Umfang des zu leistenden Ersatzes von den Umständen, insbesondere davon ab, inwieweit der Schaden überwiegend durch die eine oder andere Anlage verursacht worden ist. Das gleiche gilt, wenn der Schaden einem der Inhaber entstanden ist, von der Haftpflicht, die einen anderen von ihnen trifft.

(2) Abs. 1 gilt entsprechend, wenn neben der Haftung des Inhabers der Anlage die Haftung eines anderen für den Schaden durch Gesetz bestimmt ist.

(dRGBl 1943 I 489)

§ 9c. Die §§ 7a und 7b in der Fassung des Bundesgesetzes BGBl. I Nr. 115/2004 treten mit 1. Oktober 2004 in Kraft. Die geänderten Bestimmungen sind auf Schadensereignisse anzuwenden, die sich nach dem 30. September 2004 ereignet haben.

(BGBl I 2004/115)

§ 9d. Die §§ 7a und 7b in der Fassung des Bundesgesetzes BGBl. I Nr. 37/2007 treten mit 1. Juli 2007 in Kraft. Die geänderten Bestimmungen sind auf Schadensereignisse anzuwenden, die sich nach dem 30. Juni 2007 ereignet haben.

(BGBl I 2007/37)

§ 9e. Die §§ 7a und 7b in der Fassung des Bundesgesetzes BGBl. I Nr. 138/2011 treten mit 1. Jänner 2012 in Kraft. Die geänderten Bestimmungen sind auf Schadensereignisse anzuwenden, die sich nach dem 31. Dezember 2011 ereignet haben.

(BGBl I 2011/138)

§ 9f. Die §§ 7a und 7b in der Fassung des Bundesgesetzes BGBl. I Nr. 19/2017 treten mit 1. Jänner 2017 in Kraft. Die geänderten Bestimmungen sind auf Schadensereignisse anzuwenden, die sich nach dem 31. Dezember 2016 ereignet haben.

(BGBl I 2017/19)

§ 9g. § 7a und § 7b in der Fassung des Bundesgesetzes BGBl. I Nr. 245/2021 treten mit 1. April 2022 in Kraft. Die geänderte Bestimmung ist nur auf Schadensereignisse anzuwenden, die sich nach dem 31. März 2022 ereignet haben.

(BGBl I 2021/245)

24/1. Einführungsverordnung

dRGBl 1940 I 713

Verordnung zur Einführung des Reichshaftpflichtgesetzes [in den Reichsgauen der Ostmark und im Reichsgau Sudetenland]

Artikel I

Die § § [1] bis 5, 7 bis 9 des Gesetzes, betreffend die Verbindlichkeit zum Schadenersatz für die bei dem Betriebe von [Eisenbahnen][1], [Bergwerken][2] usw. herbeigeführten Tötungen und Körperverletzungen, vom 7. Juni 1871 (Reichsgesetzbl. S. 207) in der Fassung des Artikels 42 des Einführungsgesetzes zum Bürgerlichen Gesetzbuch vom 18. August 1896 (Reichsgesetzbl. S. 604, 616) und der Verordnung zur Änderung des Reichshaftpflichtgesetzes vom 8. Dezember 1939 (Reichsgesetzbl. I S. 2391) treten in [den Reichsgauen der Ostmark und im Reichsgau Sudetenland] nach Maßgabe der nachstehenden Vorschriften am 1. Juni 1940 in Kraft.

---

[1] Das RHPflG wurde, soweit es sich auf Eisenbahnen bezieht, aufgehoben durch das EKHG BGBl 1959/48

[2] Das RHPflG ist für Bergschäden gegenstandslos durch die § § 160-169 Mineralrohstoffgesetz BGBl I 1999/36

Artikel II

(betreffen RHPflG)

Artikel III

(betreffen RHG)

Artikel IV

(Gegenstandslos, betraf Eisenbahnen, s Anm 1 zu Art I)

Artikel V

Für Klagen, die auf Grund des im Artikel I genannten Gesetzes erhoben werden, ist [in den Reichsgauen der Ostmark] auch das Gericht zuständig, in dessen Bezirk sich der Unfall ereignet hat.

[] *Gegenstandslos*

Artikel VI

(1) Außer Kraft treten am 1. Juni 1940:

1. in [den Reichsgauen der Ostmark] das Gesetz vom 5. März 1869 (RGBl. Nr. 27), betreffend die Haftung der Eisenbahn-Unternehmungen für die durch Ereignungen auf Eisenbahnen herbeigeführten körperlichen Verletzungen oder Tötungen von Menschen, und das Gesetz vom 12. Juli 1902 (RGBl. Nr. 147), betreffend die Haftpflicht der Eisenbahnen;

2. *(für Österreich gegenstandslos)*

(2) Wo in Vorschriften des in den [Reichsgauen der Ostmark] oder im [Reichsgau Sudetenland] geltenden Rechts auf die im Abs. 1 genannten Vorschriften verwiesen wird, erhält die Verweisung ihren Inhalt aus dem in Artikel I genannten Gesetz und aus den Vorschriften dieser Verordnung

Artikel VII

(Gegenstandslose Übergangsvorschrift)

25/1. Eisenbahn- und Kraftfahrzeughaftpflichtgesetz

BGBl 1959/48 idF

1 BGBl 1968/69
2 BGBl 1976/91
3 BGBl 1977/676
4 BGBl 1989/343
5 BGBl 1991/628 (EO-Nov 1991)
6 BGBl I 1997/140 (WGN 1997)
7 BGBl I 2001/98 (2. Euro-JuBeG)
8 BGBl I 2004/115
9 BGBl I 2007/37 (KrÄG 2007)
10 BGBl I 2011/138
11 BGBl I 2017/19 (MinVersValG 2016)
12 BGBl I 2021/245 (MinVersValG 2021)

STICHWORTVERZEICHNIS

(Die Zahlenangaben beziehen sich auf die Paragraphen)

Bundesgesetz vom 21. Jänner 1959 über die Haftung für den Ersatz von Schäden aus Unfällen beim Betrieb von Eisenbahnen und beim Betrieb von Kraftfahrzeugen (Eisenbahn- und Kraftfahrzeughaftpflichtgesetz – EKHG.)

Anwendungsbereich

§ 1. Wird durch einen Unfall beim Betrieb einer Eisenbahn oder beim Betrieb eines Kraftfahrzeugs ein Mensch getötet, an seinem Körper oder an seiner Gesundheit verletzt oder eine Sache beschädigt, so ist der hieraus entstehende Schaden gemäß den Bestimmungen dieses Bundesgesetzes zu ersetzen.

§ 2. (1) „Der Begriff der Eisenbahn ist im Sinn des Eisenbahngesetzes 1957, BGBl. Nr. 60, in der jeweils geltenden Fassung und des Seilbahngesetzes 2003, BGBl. I Nr. 103/2003, in der jeweils geltenden Fassung auszulegen.“ Soweit sich aus dem vorliegenden Bundesgesetz nichts anderes ergibt, ist dieses auf Materialbahnen und Materialseilbahnen ohne beschränkt-öffentlichen Verkehr, die Bestandteil eines Bergwerks oder eines gewerblichen oder land- oder forstwirtschaftlichen Unternehmens sind oder einer Gemeinschaft solcher Unternehmungen gehören, sowie auf Bahnen, die ohne besondere Herstellung des Unterbaus angelegt werden (Feldbahnen), nicht anzuwenden. *(BGBl I 2004/115, ab 1. 10. 2004; s § 21 Abs 3)*

(2) Der Begriff des Kraftfahrzeugs ist im Sinne des Kraftfahrgesetzes 1967, BGBl. Nr. 267, auszulegen. Soweit sich aus dem vorliegenden Bundesgesetz nicht anderes ergibt, ist dieses auf Kraftfahrzeuge, bei denen nach ihrer Bauart und ihrer Ausrüstung dauernd gewährleistet ist, daß mit ihnen auf gerader, waagrechter Fahrbahn bei Windstille eine Geschwindigkeit von 10 km in der Stunde nicht überschritten werden kann, nicht anzuwenden. *(BGBl 1968/69)*

§ 3. Im Falle der Tötung oder Verletzung eines durch die Eisenbahn oder das Kraftfahrzeug beförderten Menschen ist dieses Bundesgesetz hinsichtlich der befördernden Eisenbahn oder des befördernden Kraftfahrzeugs insofern nicht anzuwenden, als der Verletzte zur Zeit des Unfalls

1. durch die Eisenbahn ohne den Willen des Betriebsunternehmers und ohne ein diesem zufließendes, wenn auch unangemessenes Entgelt befördert wurde oder

2. durch das Kraftfahrzeug ohne den Willen des Halters befördert wurde oder *(BGBl I 2004/115, ab 1. 10. 2004; s § 21 Abs 3)*

3. beim Betrieb der Eisenbahn oder beim Betrieb des Kraftfahrzeugs tätig war.

§ 4. (1) Im Falle der Beschädigung einer durch die Eisenbahn oder das Kraftfahrzeug beförderten Sache ist dieses Bundesgesetz hinsichtlich der befördernden Eisenbahn oder des befördernden Kraftfahrzeugs nur insofern anzuwenden, als zur Zeit des Unfalls ein Fahrgast die Sache als Handgepäck mit sich führte oder an sich trug, dem gegenüber die Anwendung dieses Bundesgesetzes nicht nach § 3 ausgeschlossen ist.

(2) Hinsichtlich der Sachen, die zur Zeit des Unfalls von der Eisenbahn zur Beförderung oder zur Aufbewahrung angenommen waren, ist dieses Bundesgesetz nicht anzuwenden.

Haftung

§ 5. (1) Für den Ersatz der im § 1 bezeichneten Schäden haftet bei der Eisenbahn der Betriebsunternehmer, beim Kraftfahrzeug der Halter.

(2) Mehrere Betriebsunternehmer derselben Eisenbahn und mehrere Halter desselben Kraftfahrzeugs haften zur ungeteilten Hand.

§ 6. (1) Benutzte jemand zur Zeit des Unfalls das Verkehrsmittel der Eisenbahn ohne den Willen des Betriebsunternehmers oder das Kraftfahrzeug ohne den Willen des Halters, so haftet er an Stelle des Betriebsunternehmers oder Halters für den Ersatz des Schadens. Daneben bleibt der Betriebsunternehmer oder Halter für den Ersatz des Schadens haftbar, wenn die Benutzung des Verkehrsmittels der Eisenbahn oder des Kraftfahrzeugs durch sein oder der Personen Verschulden ermöglicht worden ist, die mit seinem Willen beim Betrieb der Eisenbahn oder beim Betrieb des Kraftfahrzeugs tätig gewesen sind.

(2) Der Abs. 1 gilt nicht, wenn der Benutzer vom Betriebsunternehmer oder Halter für den Betrieb der Eisenbahn oder für den Betrieb des Kraftfahrzeugs angestellt oder wenn ihm das Verkehrsmittel der Eisenbahn vom Betriebsunternehmer oder das Kraftfahrzeug vom Halter überlassen war. Eine aus dem allgemeinen bürgerlichen Recht abzuleitende Ersatzpflicht eines solchen Benutzers ist ausgeschlossen, wenn er beweist, daß der Schaden nicht durch sein Verschulden verursacht worden ist.

(3) Benutzer im Sinne der Abs. 1 und 2 ist jeder, der sich den Gebrauch des Verkehrsmittels der Eisenbahn als solchen oder des Kraftfahrzeugs als solchen mit Herrschaftswillen anmaßt.

§ 7. (1) Hat bei der Entstehung des Schadens ein Verschulden des Geschädigten mitgewirkt, so ist der § 1304 Allgemeines bürgerliches Gesetzbuch anzuwenden.

(2) Dem Verschulden des Geschädigten steht im Falle der Tötung das Verschulden des Getöteten und im Falle der Beschädigung einer Sache

das Verschulden desjenigen gleich, der die tatsächliche Gewalt über die Sache ausübte.

§ 8. (1) Wurde der Schaden durch mehrere Eisenbahnen oder mehrere Kraftfahrzeuge oder durch eine oder mehrere Eisenbahnen und ein oder mehrere Kraftfahrzeuge verursacht, so kann der Geschädigte seine Ersatzansprüche gegen jeden an dem Unfall Beteiligten richten, soweit nicht dessen Haftung nach den für seine Ersatzpflicht geltenden Vorschriften ausgeschlossen ist.

(2) Sind im Falle des Abs. 1 mehrere Beteiligte verschiedener Eisenbahnen oder Kraftfahrzeuge nebeneinander ersatzpflichtig, so haften sie zur ungeteilten Hand, es haftet jedoch keiner der mehreren Betriebsunternehmer oder Halter, außer bei Verschulden, über die für ihn maßgeblichen Haftungshöchstbeträge hinaus.

Haftungsbefreiung

§ 9. (1) Die Ersatzpflicht ist ausgeschlossen, wenn der Unfall durch ein unabwendbares Ereignis verursacht wurde, das weder auf einem Fehler in der Beschaffenheit noch auf einem Versagen der Verrichtungen der Eisenbahn oder des Kraftfahrzeugs beruhte.

(2) Als unabwendbar gilt ein Ereignis insbesondere dann, wenn es auf das Verhalten des Geschädigten, eines nicht beim Betrieb tätigen Dritten oder eines Tieres zurückzuführen ist, sowohl der Betriebsunternehmer oder Halter als auch die mit Willen des Betriebsunternehmers oder Halters beim Betrieb tätigen Personen jede nach den Umständen des Falles gebotene Sorgfalt beachtet haben und der Unfall nicht unmittelbar auf die durch das Verhalten eines nicht beim Betrieb tätigen Dritten oder eines Tieres ausgelöste außergewöhnliche Betriebsgefahr zurückzuführen ist.

§ 9a. Der Betriebsunternehmer eines Schleppliftes haftet für Schäden, die sich aus dem Zustand der Schleppspur ergeben, nur bei eigenem Verschulden oder Verschulden eines seiner Leute.

(BGBl 1977/676)

§ 10. Die Verpflichtung des Betriebsunternehmers oder Halters, für die Tötung oder Verletzung entgeltlich beförderter Personen Ersatz zu leisten, darf im vorhinein weder ausgeschlossen noch beschränkt werden; entgegenstehende Vereinbarungen sind nichtig.

Rückgriffs- und Ausgleichsanspruch

§ 11. (1) Wurde der Schaden durch mehrere Eisenbahnen oder mehrere Kraftfahrzeuge oder durch eine oder mehrere Eisenbahnen und ein oder mehrere Kraftfahrzeuge verursacht und sind die Beteiligten einem Dritten kraft Gesetzes zum Ersatz des Schadens verpflichtet, so hängen im Verhältnis der Beteiligten zueinander die Verpflichtung zum Ersatz und der Umfang des Ersatzes von den Umständen, insbesondere davon ab, inwieweit der Schaden vorwiegend von dem einen oder anderen Beteiligten verschuldet oder durch außergewöhnliche Betriebsgefahr (§ 9 Abs. 2) oder überwiegende gewöhnliche Betriebsgefahr verursacht wurde. Das gleiche gilt für die gegenseitige Ersatzpflicht der Beteiligten.

(2) In den Fällen des Abs. 1 haftet keiner der beteiligten Betriebsunternehmer oder Halter, außer bei Verschulden, über die für ihn maßgeblichen Haftungshöchstbeträge hinaus.

Gegenstand des Ersatzes

§ 12. (1) Im Falle der Tötung sind zu ersetzen

1. die Kosten der versuchten Heilung des Verletzten,

2. der Vermögensnachteil, den der Verletzte dadurch erlitten hat, daß infolge der Verletzung seine Erwerbsfähigkeit aufgehoben oder gemindert gewesen ist,

3. die Kosten aus einer Vermehrung seiner Bedürfnisse,

4. ein angemessenes Schmerzengeld und

5. die Kosten angemessener Bestattung; Anspruch auf Ersatz der Bestattungskosten hat derjenige, der sie zu tragen verpflichtet ist oder der sie tatsächlich getragen hat.

(BGBl 1968/69)

(2) Stand der Getötete zur Zeit der Verletzung zu einem Dritten in einem Verhältnis, vermöge dessen er diesem kraft Gesetzes unterhaltspflichtig war oder unterhaltspflichtig werden konnte, und ist dem Dritten infolge der Tötung das Recht auf Unterhalt entzogen, so hat der Ersatzpflichtige dem Dritten insoweit Schadenersatz zu leisten, als der Getötete während der mutmaßlichen Dauer seines Lebens zur Gewährung des Unterhalts verpflichtet gewesen wäre. Die Ersatzpflicht tritt auch dann ein, wenn der Dritte zur Zeit der Verletzung gezeugt, aber noch nicht geboren war.

§ 13. Im Falle der Verletzung des Körpers oder der Gesundheit sind zu ersetzen

1. die Kosten der Heilung oder der versuchten Heilung des Verletzten,

2. der Vermögensnachteil, den der Verletzte dadurch erleidet, daß infolge der Verletzung zeitweise oder dauernd seine Erwerbsfähigkeit aufgehoben oder gemindert ist,

3. die Kosten aus einer Vermehrung seiner Bedürfnisse,

4. ein angemessenes Schmerzengeld und

5. im Fall einer Verunstaltung, durch die das bessere Fortkommen des Verletzten verhindert werden kann, eine angemessene Entschädigung.

(BGBl 1968/69)

§ 14. (1) Der Schadenersatz hinsichtlich

1. der Aufhebung oder Minderung der Erwerbsfähigkeit,

2. der Vermehrung der Bedürfnisse und

3. der Unterhaltsansprüche Dritter

ist für die Zukunft durch Entrichtung einer Geldrente zu leisten.

(2) Die Geldrente ist für einen Monat vorauszuzahlen. „Für die Geldrente gilt § 1418 Satz 3 ABGB sinngemäß.“ *(BGBl 1991/628)*

(3) Statt der Rente kann der Ersatzberechtigte aus wichtigen Gründen eine Abfindung in Kapital verlangen, wenn die einmalige Zahlung dem Ersatzpflichtigen wirtschaftlich zumutbar ist.

(4) Der Anspruch auf Geldrente wird nicht dadurch ausgeschlossen, daß ein Dritter dem Ersatzberechtigten Unterhalt zu gewähren hat.

Haftungshöchstbeträge

§ 15. (1) Die in diesem Bundesgesetz festgesetzte Haftung für Tötung und Verletzung von Menschen ist der Höhe nach mit

1. einem Kapitalsbetrag von „2 130 000 Euro“ oder *(BGBl I 2021/245, ab 1. 4. 2022, s § 21 Abs 7)*

2. einem jährlichen Rentenbetrag von „140 000 Euro“ *(BGBl I 2021/245, ab 1. 4. 2022, s § 21 Abs 7)*

für den einzelnen Verletzten begrenzt.

(2) Treffen Schäden, die mit einem Kapitalsbetrag abzufinden sind, mit Schäden zusammen, für die eine Rente zu gewähren ist, so kürzt sich der im Abs. 1 für die Rente festgesetzte Höchstbetrag um den Hundertsatz, den der zu leistende Kapitalsbetrag vom Kapitalshöchstbetrag ausmacht.

(3) Im Falle der Tötung oder der Verletzung mehrerer Menschen durch dasselbe Ereignis haftet der Halter eines Kraftfahrzeugs insgesamt nur bis zu den im folgenden genannten Höchstbeträgen. Hierbei bleiben hinsichtlich der einzelnen Verletzten die in Abs. 1 genannten Höchstbeträge unberührt. Übersteigen die mehreren Menschen zu leistenden Ersätze die nachstehenden Höchstbeträge, so verringern sich die einzelnen Ersätze in demVerhältnis, in dem ihr Gesamtbetrag zum Höchstbetrag steht. Die Gesamthöchstbeträge sind:

1. für den Halter eines jeden Kraftfahrzeugs „6 450 000 Euro“; *(BGBl I 2021/245, ab 1. 4. 2022, s § 21 Abs 7)*

2. für den Halter eines Omnibusses mit nicht mehr als 19 Plätzen (Sitz- und Stehplätzen) außer dem Lenkerplatz sowie für den Halter eines Lastkraftwagens mit mehr als acht, jedoch nicht mehr als 19 Plätzen außer dem Lenkerplatz überdies „7 790 000 Euro“ bezüglich der beförderten Menschen, für den Halter eines Omnibusses und den Halter eines Lastkraftwagens mit mehr als 19 Plätzen außer dem Lenkerplatz für je weitere angefangene fünf Plätze überdies je „3 900 000 Euro“ bezüglich der beförderten Menschen; *(BGBl I 2021/245, ab 1. 4. 2022, s § 21 Abs 7)*

3. für den Halter eines Kraftfahrzeugs, mit dem gefährliche Güter gemäß den in § 2 Z 1 des Gefahrgutbeförderungsgesetzes, BGBl. I Nr. 145/1998, in der jeweils geltenden Fassung angeführten Vorschriften befördert werden und das gemäß diesen Vorschriften zu kennzeichnen ist, überdies „9 120 000 Euro“ für Schäden infolge der gefährlichen Beschaffenheit des Gutes. *(BGBl I 2021/245, ab 1. 4. 2022, s § 21 Abs 7)*

(BGBl I 1997/140, ab 1. 7. 1998)

§ 16. (1) Die in diesem Bundesgesetz festgesetzte Haftung für Schäden an Sachen ist, selbst wenn durch dasselbe Ereignis mehrere Sachen beschädigt werden, der Höhe nach mit folgenden Beträgen begrenzt:

1. für den Halter eines jeden Kraftfahrzeugs oder den Betriebsunternehmer einer Eisenbahn (§ 2) bei einem Unfall aus dem Betrieb des Kraftfahrzeugs oder der Eisenbahn mit „1 340 000 Euro“; *(BGBl I 2021/245, ab 1. 4. 2022, s § 21 Abs 7)*

2. für den Halter eines Kraftfahrzeugs, mit dem gefährliche Güter gemäß den in § 2 Z 1 des Gefahrgutbeförderungsgesetzes, BGBl. I Nr. 145/1998, in der jeweils geltenden Fassung angeführten Vorschriften befördert werden und das gemäß diesen Vorschriften zu kennzeichnen ist, überdies mit „14 240 000 Euro“ für Schäden infolge der gefährlichen Beschaffenheit des Gutes. *(BGBl I 2021/245, ab 1. 4. 2022, s § 21 Abs 7)*

(2) Sind auf Grund desselben Ereignisses an mehrere Geschädigte Ersätze zu leisten, die insgesamt die im Abs. 1 genannten Höchstbeträge übersteigen, so verringern sich die einzelnen Ersätze in dem Verhältnis, in dem ihr Gesamtbetrag zum Höchstbetrag steht.

(3) Für Schäden an Liegenschaften durch einen Unfall aus dem Betrieb einer Eisenbahn gelten die Haftungsbegrenzungen des Abs. 1 nicht.

(BGBl I 1997/140, ab 1. 7. 1998)

Verjährung und Anzeigepflicht

§ 17. (1) Die in diesem Bundesgesetz festgesetzten Ersatzansprüche verjähren in drei Jahren von dem Zeitpunkt an, in dem der Ersatzberechtigte von dem Schaden und von der Person des Ersatzpflichtigen Kenntnis erlangt, ohne Rücksicht auf diese Kenntnis in 30 Jahren vom Unfall an.

(2) Im übrigen gelten für die Verjährung die Vorschriften des allgemeinen bürgerlichen Rechtes.

§ 18. Der Ersatzberechtigte verliert die in diesem Bundesgesetz festgesetzten Ersatzansprüche, wenn er nicht innerhalb dreier Monate, nachdem er von dem Schaden und von der Person des Ersatzpflichtigen Kenntnis erlangt hat, diesem den Unfall anzeigt. Der Verlust tritt nicht ein, wenn die Anzeige infolge eines vom Ersatzberechtigten nicht zu vertretenden Umstands unterblieben ist oder der Ersatzpflichtige innerhalb der bezeichneten Frist auf andere Weise von dem Schaden Kenntnis erhalten hat.

Vorschriften des bürgerlichen Rechtes

§ 19. (1) Unberührt bleiben die Vorschriften des Allgemeinen bürgerlichen Gesetzbuchs und andere Vorschriften, nach denen der Betriebsunternehmer oder Halter für den verursachten Schaden in weiterem Umfang als nach den Bestimmungen dieses Bundesgesetzes haftet oder nach denen ein anderer für den Schaden verantwortlich ist.

(2) Auch dort, wo die Ersatzansprüche für einen durch einen Unfall beim Betrieb einer Eisenbahn oder beim Betrieb eines Kraftfahrzeugs verursachten Schaden nach den allgemeinen Vorschriften des bürgerlichen Rechtes zu beurteilen sind, wie insbesondere auch bei solchen Eisenbahnen und Kraftfahrzeugen, auf die dieses Bundesgesetz nicht anzuwenden ist, haftet der Betriebsunternehmer und der Halter für das Verschulden der Personen, die mit seinem Willen beim Betrieb der Eisenbahn oder beim Betrieb des Kraftfahrzeugs tätig waren, soweit diese Tätigkeit für den Unfall ursächlich war.

Gerichtsstand

§ 20. Für Klagen, die auf Grund dieses Bundesgesetzes erhoben werden, ist auch das Gericht zuständig, in dessen Sprengel sich der Unfall ereignet hat. Bei diesem Gericht können auch anderweitige aus dem Schadensfall abgeleitete Klageansprüche gegen den Betriebsunternehmer oder den Halter oder einen sonst Ersatzpflichtigen erhoben werden.

Inkrafttreten

§ 21. (1) Dieses Bundesgesetz tritt mit dem ersten Tage des auf die Kundmachung folgenden dritten Monats in Kraft.

(2) Die §§ 15, 16 und 21 in der Fassung des Bundesgesetzes BGBl. I Nr. 98/2001 treten mit 1. Jänner 2002 in Kraft. Die geänderten Bestimmungen sind auf Unfälle anzuwenden, die sich nach dem 31. Dezember 2001 ereignet haben. *(BGBl I 2001/98)*

(3) Die §§ 2, 3, 15, 16 und 22 in der Fassung des Bundesgesetzes BGBl. I Nr. 115/2004 treten mit 1. Oktober 2004 in Kraft. Die geänderten Bestimmungen sind auf Unfälle anzuwenden, die sich nach dem 30. September 2004 ereignet haben. *(BGBl I 2004/115)*

(4) Die §§ 15 und 16 in der Fassung des Bundesgesetzes BGBl. I Nr. 37/2007 treten mit 1. Juli 2007 in Kraft. Die geänderten Bestimmungen sind auf Unfälle anzuwenden, die sich nach dem 30. Juni 2007 ereignet haben. *(BGBl I 2007/37)*

(5) § 15 Abs. 1 und 3 sowie § 16 Abs. 1 in der Fassung des Bundesgesetzes BGBl. I Nr. 138/2011 treten mit 1. Jänner 2012 in Kraft. Die geänderten Bestimmungen sind auf Unfälle anzuwenden, die sich nach dem 31. Dezember 2011 ereignet haben. *(BGBl I 2011/138)*

(6) § 15 Abs. 1 und 3 sowie § 16 Abs. 1 in der Fassung des Bundesgesetzes BGBl. I Nr. 19/2017 treten mit 1. Jänner 2017 in Kraft. Die geänderten Bestimmungen sind auf Unfälle anzuwenden, die sich nach dem 31. Dezember 2016 ereignet haben. *(BGBl I 2017/19)*

(7) § 15 Abs. 1 und 3 und § 16 Abs. 1 in der Fassung des Bundesgesetzes BGBl. I Nr. 245/2021 treten mit 1. April 2022 in Kraft. Die geänderten Bestimmungen sind auf Unfälle anzuwenden, die sich nach dem 31. März 2022 ereignet haben. *(BGBl I 2021/245)*

Aufhebung bisheriger Vorschriften

§ 22. (1) Soweit der § 23 nichts anderes bestimmt, werden mit dem Inkrafttreten dieses Bundesgesetzes folgende Vorschriften aufgehoben:

1. Verordnung zur Einführung des Reichshaftpflichtgesetzes in den Reichsgauen der Ostmark und im Reichsgau Sudetenland vom 3. Mai 1940, Deutsches RGBl. I S. 713, soweit sie sich auf Eisenbahnen bezieht,

2. Gesetz, betreffend die Verbindlichkeit zum Schadenersatz für die bei dem Betrieb von Eisenbahnen, Bergwerken usw. herbeigeführten Tötungen und Körperverletzungen vom 7. Juni 1871, Deutsches RGBl. S. 207, soweit es sich auf Eisenbahnen bezieht;

3. Verordnung zur Einführung des Gesetzes über die Haftpflicht der Eisenbahnen und Straßenbahnen für Sachschaden in den Reichsgauen der Ostmark und im Reichsgau Sudetenland vom 25. September 1940, Deutsches RGBl. I S. 1279;

4. Gesetz über die Haftpflicht der Eisenbahnen und Straßenbahnen für Sachschaden vom 29. April 1940, Deutsches RGBl. I S. 691;

5. Verordnung zur Ergänzung des Gesetzes über die Haftpflicht der Eisenbahnen und Straßenbahnen für Sachschaden vom 6. Mai 1941, Deutsches RGBl. I S. 252;

6. Verordnung zur Einführung des Gesetzes über den Verkehr mit Kraftfahrzeugen in der Ostmark und im Reichsgau Sudetenland vom 23. März 1940, Deutsches RGBl. I S. 537;

7. Gesetz über den Verkehr mit Kraftfahrzeugen vom 3. Mai 1909, Deutsches RGBl. S. 437, soweit es nicht bereits aufgehoben ist;

8. Gesetz über die erweiterte Zulassung von Schadenersatzansprüchen bei Dienst- und Arbeitsunfällen vom 7. Dezember 1943, Deutsches RGBl. I S. 674, soweit es nicht bereits aufgehoben ist.

(2) Wo in anderen gesetzlichen Vorschriften des geltenden Rechtes auf die im Abs. 1 genannten Vorschriften verwiesen wird, erhält die Verweisung ihren Inhalt aus den entsprechenden Bestimmungen dieses Bundesgesetzes.

(3) Unberührt bleiben:

1. die §§ 11 und 19 Abs. 2 Eisenbahngesetz 1957, BGBl. Nr. 60,

2. der § 1 Abs. 4 Kraftfahrgesetz 1967, BGBl. Nr. 267, *(BGBl 1968/69)*

3. das Atomhaftungsgesetz 1999, BGBl. I Nr. 170/1998, *(BGBl I 2004/115)*

4. das Allgemeine Sozialversicherungsgesetz, BGBl. Nr. 189/1955,

5. Bestimmungen in Staatsverträgen, soweit sie die Haftung für Schäden aus Unfällen beim Betrieb von Eisenbahnen regeln.

Überleitung

§ 23. Dieses Bundesgesetz ist nur auf Unfälle anzuwenden, die sich nach seinem Inkrafttreten ereignen. Für Unfälle, die sich vorher ereignet haben, gelten die bisherigen Vorschriften.

§ 24. Mit der Vollziehung dieses Bundesgesetzes ist das Bundesministerium für Justiz betraut. Dieses hat das Einvernehmen herzustellen,

1. soweit es sich um Eisenbahnen handelt, mit dem Bundesministerium für öffentliche Wirtschaft und Verkehr,

2. soweit es sich um Kraftfahrzeuge handelt, mit dem Bundesministerium für wirtschaftliche Angelegenheiten und,

3. soweit es sich um die Bestimmungen über die Haftungshöchstbeträge für Kraftfahrzeuge handelt, außerdem mit dem Bundesministerium für Finanzen.

(BGBl 1968/69)

25/2. Verkehrsopfer-Entschädigungsgesetz

BGBl I 2007/37 idF

1 BGBl I 2009/109
2 BGBl I 2013/12 (VersRÄG 2013)
3 BGBl I 2015/34 (VAG 2016)
4 BGBl I 2017/19 (MinVersValG 2016)
5 BGBl I 2023/129 (KraftVerÄG 2023)

STICHWORTVERZEICHNIS

(Die Zahlenangaben beziehen sich auf die Paragraphen)

Bundesgesetz über die Entschädigung von Verkehrsopfern (Verkehrsopfer-Entschädigungsgesetz – VOEG)

1. Abschnitt

Allgemeine Bestimmungen

Anwendungsbereich

§ 1. Dieses Bundesgesetz regelt die Entschädigung von Verkehrsopfern, die Schadenersatzansprüche nicht oder nur unter erschwerten Umständen gegen einen Kraftfahrzeug-Haftpflichtversicherer geltend machen können.

Entschädigungspflichtiger und -berechtigte

§ 2. Leistungen nach diesem Bundesgesetz hat der Fachverband der „Versicherungsunternehmen“ (im Folgenden Fachverband) zu erbringen. *(BGBl I 2023/129)*

§ 3. Anspruch auf Leistungen nach diesem Bundesgesetz haben ausschließlich Personen, die in einem Entschädigungsfall nach diesem Bundesgesetz einen Personen- oder Sachschaden erlitten haben, sowie die Hinterbliebenen der in einem solchen Entschädigungsfall getöteten Personen.

2. Abschnitt

Entschädigungsfälle

Entschädigung bei Ausfall eines Haftpflichtversicherers

§ 4. (1) Der Fachverband hat Entschädigung für Personen- und Sachschäden zu leisten, die im Inland durch ein nach den kraftfahrrechtlichen Bestimmungen versicherungspflichtiges Fahrzeug verursacht wurden, wenn

1. trotz bestehender Versicherungspflicht kein Versicherungsvertrag bestand,

2. eine zivilrechtlich haftpflichtige Person nicht ermittelt werden konnte,

3. das Fahrzeug ohne Willen des Halters benützt wurde und dieser nach § 6 EKHG von der Haftung befreit ist,

4. der Haftpflichtversicherer nicht zur Deckung verpflichtet ist, weil der Schädiger den Eintritt der Tatsache, für die er schadenersatzpflichtig ist, vorsätzlich und rechtswidrig herbeiführte, oder

5. der Versicherungsvertrag aufgrund einer Hinterlegung des Zulassungsscheines und der Kennzeichentafeln gemäß § 52 des Kraftfahrgesetzes 1967 (KFG 1967), BGBl. Nr. 267/1967, ruhend gestellt wurde. *(BGBl I 2023/129, ab 23. 12. 2023)*

(2) Der Fachverband hat Leistungen nach Abs. 1 so zu erbringen, als ob ihnen ein Schadenersatzanspruch des Verkehrsopfers und das Bestehen einer Kraftfahrzeug-Haftpflichtversicherung im Rahmen der in den kraftfahrrechtlichen Bestimmungen festgesetzten Versicherungspflicht zugrunde lägen. Der Fachverband kann gegen einen Entschädigungsanspruch nicht einwenden, dass ein Haftpflichtiger Ersatz zu leisten habe, oder dass ein Haftpflichtversicherer einzutreten habe, wenn dieser seine Deckungspflicht bestreitet.

(3) Der Fachverband hat im Fall des Abs. 1 Z 1 auch dann Entschädigung zu leisten, wenn mit einem Fahrzeug Schäden nicht im Inland verursacht wurden, das Risiko aber als im Inland belegen gilt „(§ 5 Z 20 lit. a sublit. bb des Versicherungsaufsichtsgesetzes 2016, BGBl. I Nr. 34/2015)“. *(BGBl I 2015/34)*

(4) Der Fachverband hat im Fall des Abs. 1 Z 2 auch dann Entschädigung zu leisten, wenn nicht ermittelt werden kann, ob das Fahrzeug, das den Schaden verursachte, nach den kraftfahrrechtlichen Bestimmungen versicherungspflichtig war.

(5) Personen, die im Zeitpunkt des Schadensereignisses mit ihrem Willen in einem Fahrzeug befördert wurden, sind nicht zu entschädigen, wenn sie wussten, dass auf das Fahrzeug die Voraussetzungen des Abs. 1 Z 1 oder 3 zutrafen.

(6) Sachschäden sind in den Fällen des § 4 Abs. 1 Z 3 und 4 nur mit dem 220 Euro übersteigenden Betrag zu ersetzen. Im Fall des § 4 Abs. 1 Z 2 sind Sachschäden nur mit dem 220 Euro übersteigenden Betrag und nur dann zu ersetzen, wenn durch dasselbe Schadensereignis eine Person getötet wurde oder eine schwere Körperverletzung im Sinn des § 84 Abs. 1 des Strafgesetzbuches (StGB), BGBl. Nr. 60/1974, erlitt. *(BGBl I 2023/129)*

Entschädigung bei Insolvenz oder Liquidation des Versicherungsunternehmens

§ 5. (1) Der Fachverband hat Entschädigung für Personen- und Sachschäden zu leisten, die im Inland einer Person mit inländischem Wohnsitz (Sitz) durch ein von einem Versicherungsunternehmen mit Sitz im Inland oder in einem anderen EWR-Vertragsstaat versichertes Fahrzeug verursacht wurden, und zwar ab dem Zeitpunkt, ab dem das Versicherungsunternehmen Gegenstand eines Insolvenzverfahrens oder eines Liquidationsverfahrens im Sinne von Art. 268 Abs. 1 lit. d der Richtlinie 2009/138/EG betreffend die Aufnahme und Ausübung der Versicherungs- und der Rückversicherungstätigkeit, ABl. Nr. L 335 vom 17. 12. 2009, S. 1, zuletzt geändert durch die Richtlinie (EU) 2019/2177, ABl. Nr. L 334 vom 27. 12. 2019, S. 155, ist.

(2) Der Fachverband hat jenen Betrag zu leisten, den das in Abs. 1 genannte Versicherungsunternehmen zu leisten hätte. Die Entschädigung hat mindestens bis zu den Mindestbeträgen für Sach- oder Personenschäden zu erfolgen.

(3) Der Fachverband hat die für den Fall der Insolvenz eines Versicherungsunternehmens eingerichteten Entschädigungsstellen der anderen EWR-Vertragsstaaten von der Eröffnung eines Insolvenzverfahrens über das Vermögen eines Haftpflichtversicherers mit Sitz im Inland oder von der Auflösung eines Haftpflichtversicherers mit Sitz im Inland gemäß § 306 Abs. 1 des Versicherungsaufsichtsgesetzes 2016 (VAG 2016), BGBl. I Nr. 34/2015, zu unterrichten, sobald er davon Kenntnis erlangt.

(4) Sobald der Geschädigte einen Anspruch nach Abs. 1 beim Fachverband geltend macht, hat dieser die Entschädigungsstelle in jenem EWR-Vertragsstaat, in dem das Versicherungsunternehmen seinen Sitz hat, und das Versicherungsunternehmen oder dessen Verwalter oder Liquidator im Sinne von Art. 268 Abs. 1 lit. e bzw. f der Richtlinie 2009/138/EG darüber zu informieren.

(5) Das Versicherungsunternehmen, über dessen Vermögen ein Insolvenzverfahren eröffnet wurde, oder das gemäß § 306 Abs. 1 VAG 2016 aufgelöst wurde, oder sein Insolvenzverwalter oder Abwickler hat den Fachverband oder eine andere Entschädigungsstelle, die einen Anspruch nach Abs. 4 anzeigt, darüber zu unterrichten, wenn es für einen Anspruch, der auch beim Fachverband oder einer anderen Entschädigungsstelle eingegangen ist, Entschädigung leistet oder die Eintrittspflicht bestreitet.

(6) Unter anderem auf der Grundlage von Informationen, die ihm vom Geschädigten auf sein Ersuchen hin übermittelt werden, hat der Fachverband dem Geschädigten innerhalb von drei Monaten ab dem Tag, an dem der Geschädigte seinen Entschädigungsantrag gestellt hat, ein mit Gründen versehenes Schadenersatzangebot oder eine mit Gründen versehene Antwort gemäß Abs. 7 zu übermitteln.

(7) Der Fachverband hat ein mit Gründen versehenes Schadenersatzangebot zu übermitteln, wenn er festgestellt hat, dass er verpflichtet ist, eine Entschädigung gemäß Abs. 1 zu leisten, der

Anspruch nicht bestritten und der Schaden teilweise oder vollständig beziffert wurde. Ansonsten hat er eine mit Gründen versehene Antwort auf die im Antrag geltend gemachten Punkte abzugeben.

(8) Nimmt der Geschädigte das mit Gründen versehene Schadenersatzangebot an, so hat ihm der Fachverband die Entschädigung unverzüglich, jedenfalls aber innerhalb von drei Monaten ab Annahme, auszuzahlen. Wurde der Schaden nur teilweise beziffert, so gilt das für den entsprechenden Teil des Angebots.

(9) Der Fachverband ist in allen Phasen des Verfahrens zur Zusammenarbeit mit den für den Fall der Insolvenz eines Versicherungsunternehmens eingerichteten Entschädigungsstellen der anderen EWR-Vertragsstaaten, mit anderen interessierten Parteien, einschließlich Versicherungsunternehmen, die Gegenstand eines Insolvenz- oder Liquidationsverfahrens sind, mit deren Verwaltern oder Liquidatoren und mit den zuständigen Behörden im Inland und in den weiteren EWR-Vertragsstaaten befugt. Diese Zusammenarbeit umfasst die Anforderung, Entgegennahme und Übermittlung von Informationen, gegebenenfalls auch über die Einzelheiten konkreter Ansprüche.

(BGBl I 2023/129, ab 23. 12. 2023)

Entschädigung bei nicht versicherungspflichtigen Fahrzeugen

§ 6. (1) Der Fachverband hat Entschädigung für Personen- und Sachschäden zu leisten, die im Inland durch ein Fahrzeug im Sinne des Abs. 2 verursacht wurden, das

1. nicht versicherungspflichtig im Sinne des KFG 1967 ist oder

2. seinen gewöhnlichen Standort nach Art. 1 Z 4 der Richtlinie 2009/103/EG über die Kraftfahrzeug-Haftpflichtversicherung und die Kontrolle der entsprechenden Versicherungspflicht, ABl. Nr. L 263 vom 07. 10. 2009, S. 11, in der Fassung der Richtlinie (EU) 2021/2118, ABl. Nr. L 430 vom 02. 12. 2021, S. 1, in einem anderen EWR-Vertragsstaat hat und nach Art. 5 dieser Richtlinie nicht der Versicherungspflicht unterliegt.

(2) Als Fahrzeug im Sinne dieser Bestimmung gelten

1. jedes Kraftfahrzeug, das ausschließlich maschinell an Land angetrieben wird, jedoch nicht auf Schienen fährt, mit

a) einer bauartbedingten Höchstgeschwindigkeit von mehr als 25 km/h oder

b) einem maximalen Nettogewicht von mehr als 25 kg und einer bauartbedingten Höchstgeschwindigkeit von mehr als 14 km/h,

2. jeder Anhänger, der mit einem unter Z 1 genannten Fahrzeug zu verwenden ist, unabhängig davon, ob er angekuppelt oder abgekuppelt ist.

Unbeschadet der Z 1 und der Z 2 gelten Rollstühle, die ausschließlich für den Gebrauch durch Menschen mit körperlichen Behinderungen bestimmt sind, nicht als Fahrzeuge im Sinne dieser Bestimmung. Als Fahrzeuge im Sinne dieser Bestimmung gelten auch Fahrzeuge im Sinne des § 1 Abs. 2a KFG 1967.

(3) Der Fachverband hat Leistungen nach Abs. 1 so zu erbringen, als ob ihnen ein Schadenersatzanspruch des Verkehrsopfers und das Bestehen einer Kraftfahrzeug-Haftpflichtversicherung im Rahmen der in den kraftfahrrechtlichen Bestimmungen festgesetzten Versicherungspflicht zugrunde lägen. Der Fachverband kann gegen einen Entschädigungsanspruch nicht einwenden, dass ein Haftpflichtiger Ersatz zu leisten habe, oder dass ein Haftpflichtversicherer einzutreten habe, wenn dieser seine Deckungspflicht bestreitet.

(4) Der Geschädigte ist nach Abs. 1 nicht zu entschädigen, wenn

1. das Fahrzeug im Unfallzeitpunkt nicht so verwendet wurde, wie es seiner Funktion als Beförderungsmittel entspricht, unabhängig von den Merkmalen des Fahrzeugs und unabhängig von dem Gelände, auf dem das Fahrzeug verwendet wird, und der Tatsache, ob es sich in Bewegung befindet oder nicht oder

2. das Fahrzeug bei einer Motorsportveranstaltung oder -aktivität in einem abgegrenzten Gebiet mit Zugangsbeschränkungen verwendet wird und der Veranstalter der Aktivität oder eine andere Partei eine alternative Versicherung oder Garantie abgeschlossen hat, die den Schaden für Dritte, einschließlich Zuschauern und anderen Umstehenden, aber nicht notwendigerweise den Schaden für die teilnehmenden Fahrer und ihre Fahrzeuge abdeckt oder

3. der Schaden durch einen Unfall von einem in § 1 Abs. 2 lit. b KFG 1967 angeführten Fahrzeug, das nicht zur Verwendung auf öffentlichen Straßen zugelassen ist, im für die Öffentlichkeit aufgrund einer rechtlichen oder physischen Beschränkung nicht zugänglichen Bereich zwischen in den Arbeitsbetrieb eingebundenen Personen herbeigeführt wird oder

4. das Fahrzeug gemäß § 59 Abs. 2 KFG 1967 von der Versicherungspflicht ausgenommen ist.

(BGBl I 2023/129, ab 23. 12. 2023)

Entschädigung wegen Einhaltung der Gurten- und Helmpflicht

§ 7. (1) Der Fachverband hat Entschädigung für Personenschäden zu leisten, die durch die bestimmungsgemäße Verwendung eines Sicherheitsgurts oder Sturzhelms verursacht wurden, soweit der Schaden ohne Verwendung des Sicherheitsgurts oder Sturzhelms wahrscheinlich nicht oder wahrscheinlich nicht in dieser Schwere eingetreten wäre.

(2) Der Geschädigte ist jedoch nicht nach Abs. 1 zu entschädigen, wenn ihm

1. Schadenersatzansprüche nach den §§ 1293 ff. ABGB, nach dem EKHG oder nach vergleichbaren Haftpflichtbestimmungen zustehen, die durch eine Haftpflichtversicherung gedeckt sind oder die unverzüglich, spätestens nach Mahnung erfüllt werden, oder

2. Ansprüche gegen einen Sozialversicherungsträger auf Leistungen, die denselben Schaden ausgleichen sollen, oder ähnliche Versorgungsansprüche zustehen.

(3) Überdies ist der Geschädigte nicht nach Abs. 1 zu entschädigen, wenn er

1. den Schaden vorsätzlich oder grob fahrlässig herbeiführte, etwa indem er das Fahrzeug in einem durch Alkohol beeinträchtigten Zustand lenkte, oder

2. das Fahrzeug benützte oder mit ihm befördert wurde, obwohl er wusste, dass dies gegen den Willen des Halters geschah.

Entschädigung für Auslandsunfälle (Entschädigungsstelle)

§ 8. (1) Der Fachverband hat im Umfang der Leistungspflicht des Haftpflichtversicherers an dessen Stelle als Entschädigungsstelle Entschädigung für Personen- oder Sachschäden zu leisten, die einer Person mit inländischem Wohnsitz (Sitz) in einem anderen Staat, dessen nationales Versicherungsbüro „(Art. 1 Z 3 der Richtlinie 2009/103/EG)“ dem System der Grünen Karte beigetreten ist, mit einem Fahrzeug zugefügt wurden, das seinen gewöhnlichen Standort in einem anderen EWR-Vertragsstaat hat und bei einem Haftpflichtversicherer versichert ist, der in einem anderen EWR-Vertragsstaat mit Sitz oder Zweigniederlassung niedergelassen ist. *(BGBl I 2017/19)*

(2) Entschädigung nach Abs. 1 ist dann zu leisten, wenn

1. der Haftpflichtversicherer oder sein Schadenregulierungsbeauftragter nicht seiner Verpflichtung nachkommt, innerhalb von drei Monaten nach der Geltendmachung des Entschädigungsanspruchs begründet auf die im Begehren enthaltenen Darlegungen zu antworten „(Art. 24 zweiter Unterabsatz lit. a der Richtlinie 2009/103/EG, ABl. Nr. L 263 vom 07. 10. 2009, S. 11)“, *(BGBl I 2017/19)*

2. der Haftpflichtversicherer für das Inland keinen solchen Schadenregulierungsbeauftragten bestellt hat und der Geschädigte seinen Anspruch nicht unmittelbar gegen den Versicherer geltend gemacht hat.

(3) Der Geschädigte hat seinen Anspruch im Fall des Abs. 2 Z 1 innerhalb von vier Wochen nach Ablauf der dreimonatigen Frist, im Fall des Abs. 2 Z 2 aber innerhalb von vier Wochen ab dem Zeitpunkt geltend zu machen, in dem er davon Kenntnis erlangte oder hätte erlangen müssen, dass kein Schadenregulierungsbeauftragter bestellt ist.

(4) Der Geschädigte ist nicht nach Abs. 1 zu entschädigen, wenn er gegen den Schädiger oder dessen Haftpflichtversicherer gerichtliche Schritte eingeleitet hat. Die Pflicht zur Entschädigung erlischt, wenn der Haftpflichtversicherer oder der Schadenregulierungsbeauftragte der in Abs. 2 Z 1 genannten Verpflichtung nachkommt.

(5) Der Geschädigte kann gegenüber dem Fachverband gerichtlich nur geltend machen, dass die Voraussetzungen für die Entschädigung nach den Abs. 1 bis 4 vorliegen und die Entschädigungspflicht noch nicht erloschen ist.

Entschädigung für Auslandsunfälle bei Insolvenz oder Liquidation des Versicherungsunternehmens

§ 8a. (1) Der Fachverband hat als Entschädigungsstelle (§ 8 Abs. 1) Entschädigung für Personen- oder Sachschäden, die einer Person mit inländischem Wohnsitz (Sitz) in einem anderen Staat, dessen nationales Versicherungsbüro (Art. 1 Z 3 der Richtlinie 2009/103/EG) dem System der Grünen Karte beigetreten ist, mit einem Fahrzeug zugefügt wurden, das seinen gewöhnlichen Standort in einem EWR-Vertragsstaat hat und bei einem Versicherungsunternehmen mit Sitz in einem EWR-Vertragsstaat versichert ist, auch dann zu leisten, sobald das Versicherungsunternehmen Gegenstand eines Insolvenzverfahrens oder eines Liquidationsverfahrens im Sinne von Art. 268 Abs. 1 lit. d der Richtlinie 2009/138/EG ist.

(2) § 5 Abs. 2 bis 9 sind anzuwenden. § 5 Abs. 3 gilt mit der Maßgabe, dass auch alle in Art. 24 genannten Entschädigungsstellen der anderen EWR-Vertragsstaaten von der Eröffnung eines Insolvenzverfahrens über das Vermögen eines Haftpflichtversicherers mit Sitz im Inland oder von der Auflösung eines Haftpflichtversicherers mit Sitz im Inland gemäß § 306 Abs. 1 VAG 2016 zu unterrichten sind. § 5 Abs. 9 gilt mit der Maßgabe, dass sich die Befugnis des Fachverbands zur Zusammenarbeit auch auf die gemäß Art. 24 der Richtlinie 2009/103/EG eingerichteten oder zugelassenen Entschädigungsstellen in anderen EWR-Vertragsstaaten und auf die Schadenregulierungsbeauftragten der Versicherungsunternehmen, die Gegenstand eines Insolvenz- oder Liquidationsverfahrens sind, bezieht.

(BGBl I 2023/129, ab 23. 12. 2023)

§ 9. Der Fachverband als Entschädigungsstelle hat Personen mit inländischem Wohnsitz (Sitz) in den in § 4 Abs. 1 Z 1 und 2 angeführten Fällen nach Maßgabe und im Umfang dieser Entschädigungspflicht Leistungen zu erbringen, wenn der Schaden in einem anderen EWR-Vertragsstaat verursacht wurde.

3. Abschnitt
Pflichten der Beteiligten

Pflichten des Geschädigten

§ 10. (1) Anspruchsberechtigte Personen sind verpflichtet,

1. Personenschäden ohne unnötigen Aufschub der nächsten Polizeidienststelle zu melden,

2. nach Möglichkeit zur Feststellung des Sachverhalts beizutragen und

3. die zur Vermeidung oder Minderung des Schadens notwendigen Maßnahmen zu treffen.

(2) Verletzt der Geschädigte die ihm nach Abs. 1 auferlegten Pflichten vorsätzlich, so verliert er den Anspruch auf Entschädigung. Bei grob fahrlässiger Verletzung bleibt der Anspruch nur insoweit bestehen, als der Umfang des Schadens auch bei gehöriger Erfüllung dieser Pflichten nicht geringer gewesen wäre.

Pflichten des Fachverbandes

§ 11. (1) Der Fachverband als Entschädigungsstelle hat innerhalb von zwei Monaten nach Geltendmachung eines Anspruchs nach § 8 Maßnahmen zur Feststellung seiner Entschädigungsverpflichtung zu treffen.

(2) Der Fachverband hat die Geltendmachung eines solchen Anspruchs unverzüglich dem Haftpflichtversicherer oder dem Schadenregulierungsbeauftragten, der der in § 8 Abs. 2 Z 1 genannten Verpflichtung nicht rechtzeitig nachgekommen ist, der Entschädigungsstelle im Staat der Niederlassung (Sitz oder Zweigniederlassung) des Haftpflichtversicherers, bei dem der Versicherungsvertrag abgeschlossen wurde, sowie dem Schädiger mitzuteilen.

(3) Der Fachverband hat der Finanzmarktaufsichtsbehörde jährlich über die Anzahl der gegen ihn geltend gemachten Ansprüche, aufgeschlüsselt nach den in den §§ 4 bis 9 angeführten Entschädigungsfällen, und über die von ihm geleisteten Entschädigungen zu berichten.

Hinweispflichten

§ 12. Die Organe des öffentlichen Sicherheitsdiensts haben den Geschädigten bei ihren Ermittlungen auf die Möglichkeit zur Geltendmachung von Ansprüchen nach diesem Bundesgesetz hinzuweisen.

4. Abschnitt
Forderungsübergang

Übergang von Ersatzansprüchen

§ 13. Steht einem Geschädigten, der Leistungen nach diesem Bundesgesetz erhalten hat, ein Schadenersatzanspruch gegen einen Dritten zu, so geht dieser Anspruch auf den Fachverband insoweit über, als er dem Geschädigten eine Leistung erbracht hat. Soweit ein Geschädigter Leistungen nach § 5 oder § 8a erhalten hat, richtet sich der Übergang von Ersatzansprüchen nach § 16a Abs. 4.

(BGBl I 2023/129, ab 23. 12. 2023)

5. Abschnitt
Ersatz- und Erstattungsansprüche

Finanzierung der Entschädigungsleistungen

§ 14. (1) Der Fachverband hat gegen die Unternehmen, die das Haftpflichtrisiko für im Inland zugelassene Fahrzeuge versichern, Anspruch auf Ersatz der von ihm nach diesem Bundesgesetz erbrachten oder erstatteten Leistungen einschließlich eines angemessenen Verwaltungsaufwands. Die dem Fachverband aufgrund dieses Bundesgesetzes erstatteten Leistungen sind bei der Berechnung des Ersatzanspruchs abzuziehen. Die Haftpflichtversicherer haben zu diesem Ersatz in demjenigen Verhältnis beizutragen, in dem ihr Prämienaufkommen aus der Kraftfahrzeug-Haftpflichtversicherung für im Inland zum Verkehr zugelassene Fahrzeuge zum gesamten Prämienaufkommen aller Versicherer aus dieser Versicherung steht, wobei es zulässig ist, den Haftpflichtversicherern unabhängig vom tatsächlichen Prämienaufkommen und vom Geschäftsbetrieb jeweils einen Mindestbeitrag von 0,5 Prozent der dem Fachverband zu ersetzenden Aufwendungen vorzuschreiben.

(2) Soweit der Fachverband Leistungen nach § 5 und § 8a erbracht oder erstattet hat, gilt Abs. 1 mit der Maßgabe, dass sich der Ersatzanspruch des Fachverbands nur gegen Haftpflichtversicherer richtet, die im Inland gem. § 6 Abs. 1 VAG 2016 zugelassen wurden. Die im Inland zugelassenen Haftpflichtversicherer haben zu diesem Ersatz in demjenigen Verhältnis beizutragen, in dem ihr Prämienaufkommen aus der Kraftfahrzeug-Haftpflichtversicherung für im Inland zum Verkehr zugelassene Fahrzeuge zum gesamten Prämienaufkommen jener Versicherer aus dieser Versicherung steht.

(BGBl I 2023/129, ab 23. 12. 2023)

Erstattung bei nicht-versicherungspflichtigen Fahrzeugen

§ 15. (1) Soweit der Fachverband eine Entschädigung nach § 6 Abs. 1 Z 2 geleistet hat, hat er Anspruch auf Erstattung dieser Leistung durch die entschädigungspflichtige Einrichtung in dem EWR-Vertragsstaat, in dem das Fahrzeug seinen gewöhnlichen Standort hat.

(2) Wurde durch ein Fahrzeug im Sinn des § 6 Abs. 1 Z 1 in einem anderen EWR-Vertragsstaat ein Schaden verursacht, den die dort entschädigungspflichtige Einrichtung ersetzt hat, so hat der Fachverband nach Maßgabe der Rechtsvorschriften dieses Vertragsstaats der Einrichtung diese Ersatzleistung zu erstatten. Mit der Leistung der Erstattung geht der Anspruch des Geschädigten gegen den Schädiger auf den Fachverband über.

Erstattung bei Auslandsunfällen

§ 16. (1) Soweit der Fachverband eine Entschädigung nach § 8 geleistet hat, hat er Anspruch auf Erstattung dieser Leistung durch die Entschädigungsstelle im Staat der Niederlassung (Sitz oder Zweigniederlassung) des Haftpflichtversicherers, bei dem der Versicherungsvertrag abgeschlossen wurde.

(2) Der Fachverband hat der Entschädigungsstelle eines anderen EWR-Vertragsstaats, die eine Leistung nach „Art. 24 Abs. 1 der Richtlinie 2009/103/EG“ erbracht hat, nach Maßgabe der Rechtsvorschriften dieses EWR-Vertragsstaats diese Leistung zu erstatten, wenn der Versicherungsvertrag bei einem inländischen Haftpflichtversicherer oder einer im Inland gelegenen Zweigniederlassung eines ausländischen Haftpflichtversicherers abgeschlossen wurde. Mit der Leistung der Erstattung geht der Anspruch des Geschädigten gegen den Schädiger und dessen Haftpflichtversicherer auf den Fachverband über. *(BGBl I 2017/19)*

(3) Soweit der Fachverband eine Entschädigung nach § 9 geleistet hat, hat er Anspruch auf Erstattung dieser Leistung durch

1. die Entschädigungsstelle in dem EWR-Vertragsstaat, in dem das Fahrzeug, mit dem der Schaden verursacht wurde, seinen gewöhnlichen Standort hat, im Fall des § 4 Abs. 1 Z 1,

2. die Entschädigungsstelle in dem EWR-Vertragsstaat, in dem das Schadensereignis eintrat, wenn der Schaden im Fall des § 4 Abs. 1 Z 2 durch ein Fahrzeug mit gewöhnlichem Standort in einem EWR-Vertragsstaat oder im Fall des § 4 Abs. 1 Z 1 oder 2 durch ein Fahrzeug mit gewöhnlichem Standort außerhalb der EWR-Vertragsstaaten verursacht wurde.

(4) Der Fachverband hat der Entschädigungsstelle in einem anderen EWR-Vertragsstaat, die eine Leistung nach „Art. 25 Abs. 1 der Richtlinie 2009/103/EG“ erbracht hat, nach Maßgabe der Rechtsvorschriften dieses EWR-Vertragsstaats diese Leistung zu erstatten, wenn das Fahrzeug, mit dem der Schaden verursacht wurde, im Inland zugelassen ist oder das Schadensereignis im Inland eintrat. Mit der Leistung der Erstattung geht der Anspruch des Geschädigten gegen den Schädiger und dessen Haftpflichtversicherer auf den Fachverband über. *(BGBl I 2017/19)*

(5) Auf Erstattungsleistungen nach den Abs. 2 und 4 ist § 14 anzuwenden.

Erstattung bei Insolvenz oder Liquidation des Versicherungsunternehmens

§ 16a. (1) Soweit der Fachverband eine Entschädigung nach § 5 oder § 8a geleistet hat, hat er Anspruch auf Erstattung dieser Leistung durch die Entschädigungsstelle im Herkunftsmitgliedsstaat des Haftpflichtversicherers, bei dem der Versicherungsvertrag abgeschlossen wurde.

(2) Der Fachverband hat der Entschädigungsstelle eines anderen EWR-Vertragsstaats nach Maßgabe der Rechtsvorschriften dieses EWR-Vertragsstaats den einem Geschädigten mit ausländischem Wohnsitz als Schadenersatz gezahlten Betrag zu erstatten, wenn das Versicherungsunternehmen, das Gegenstand eines Insolvenz- oder Liquidationsverfahrens ist, seinen Sitz im Inland hat.

(3) Zahlungen zwischen dem Fachverband und den entsprechenden Entschädigungsstellen der anderen EWR-Vertragsstaaten sind innerhalb einer angemessenen Frist von höchstens sechs Monaten nach Erhalt eines Antrags auf Erstattung zu leisten, sofern nicht schriftlich etwas anderes vereinbart wurde.

(4) Mit der Leistung der Erstattung nach Abs. 1 oder 2 geht der Anspruch des Geschädigten gegen den Schädiger und dessen Haftpflichtversicherer auf den Fachverband über. Davon ausgenommen sind die Ansprüche des Geschädigten gegen den Versicherungsnehmer oder eine unfallverursachende mitversicherte Person, soweit deren Haftung durch das insolvente Versicherungsunternehmen gedeckt wäre.

(5) Details in Bezug auf die Aufgaben und Verpflichtungen sowie die Verfahren zur Erstattung können in der in Art. 10a Abs. 13 und Art. 25a Abs. 13 der Richtlinie 2009/103/EG erwähnten Vereinbarung zwischen den Entschädigungsstellen oder des darin genannten delegierten Rechtsaktes der Europäischen Kommission geregelt werden.

(BGBl I 2023/129, ab 23. 12. 2023)

6. Abschnitt
Schluss- und Übergangsbestimmungen

Verweise

§ 17. (1) Soweit in diesem Bundesgesetz auf andere Bundesgesetze verwiesen wird, sind diese in ihrer jeweils geltenden Fassung anzuwenden.

(2) Soweit in anderen Bundesgesetzen und Verordnungen auf Bestimmungen verwiesen wird, die durch dieses Bundesgesetz geändert oder aufgehoben werden, erhält die Verweisung ihren Inhalt aus den entsprechenden Bestimmungen dieses Bundesgesetzes.

Vollziehung

§ 18. Mit der Vollziehung dieses Bundesgesetzes sind hinsichtlich des § 11 Abs. 3 der Bundesminister für Finanzen, hinsichtlich des § 12 der Bundesminister für Inneres und im Übrigen der Bundesminister für Justiz im Einvernehmen mit dem Bundesminister für Finanzen betraut.

In-Kraft-Treten

§ 19. (1) Dieses Bundesgesetz tritt mit 1. Juli 2007 in Kraft. Es ist auf Schadensfälle anzuwenden, die sich nach dem 30. Juni 2007 ereignet haben.

(2) Mit dem In-Kraft-Treten dieses Bundesgesetzes tritt das Bundesgesetz über den erweiterten Schutz der Verkehrsopfer, BGBl. Nr. 322/1977, zuletzt geändert durch das Bundesgesetz BGBl. I Nr. 33/2003, außer Kraft. Es ist auf Schadensfälle, die sich vor dem 1. Juli 2007 ereignet haben, weiterhin anzuwenden.

(3) § 4 Abs. 3 in der Fassung des Bundesgesetzes BGBl. I Nr. 109/2009 tritt mit 17. Dezember 2009 in Kraft. *(BGBl I 2009/109)*

(4) § 6 Abs. 3 in der Fassung des Bundesgesetzes BGBl. I Nr. 12/2013 tritt mit 1. Jänner 2013 in Kraft. *(BGBl I 2013/12)*

(5) § 4 Abs. 3 in der Fassung des Bundesgesetzes BGBl. I Nr. 34/2015 tritt mit 1. Jänner 2016 in Kraft. *(BGBl I 2015/34)*

(6) § 2, § 4 Abs. 1 Z 5, § 4 Abs. 6, § 5, § 6, § 8a, § 13, § 14 und § 16a samt Überschriften in der Fassung des Kraftfahr-Versicherungsrechts-Änderungsgesetzes 2023 – KraftVerÄG 2023, BGBl. I Nr. 129/2023, treten mit 23. Dezember 2023 in Kraft. Für die Anwendbarkeit gilt:

1. § 4 Abs. 1 Z 5 und § 6 in der Fassung des KraftVerÄG 2023 sind auf Fälle anzuwenden, in denen der Entschädigungsantrag nach dem 22. Dezember 2023 beim Fachverband einlangt. Auf Fälle, in denen der Entschädigungsantrag vor dem 23. Dezember 2023 beim Fachverband einlangt, sind § 5 Abs. 1 und § 6 in der Fassung vor dem KraftVerÄG 2023 weiterhin anzuwenden.

2. § 5 in der Fassung des KraftVerÄG 2023 ist auf Fälle anzuwenden, in denen der Entschädigungsantrag ab dem Tag der in Art. 10a Abs. 13 erster Unterabsatz der Richtlinie 2009/103/EG genannten Vereinbarung oder ab dem Zeitpunkt der Anwendung des in Art. 10a Abs. 13 vierter Unterabsatz der Richtlinie 2009/103/EG genannten delegierten Rechtsakts der Europäischen Kommission beim Fachverband einlangt, nicht jedoch vor dem 23. Dezember 2023. Auf Fälle, in denen der Entschädigungsantrag vor den im vorigen Satz genannten Zeitpunkten beim Fachverband einlangt, sind § 4 Abs. 1 Z 5, § 5 Abs. 2 und § 13 zweiter Satz jeweils in der Fassung vor dem KraftVerÄG 2023 weiterhin anzuwenden.

3. § 8a in der Fassung des KraftVerÄG 2023 ist auf Fälle anzuwenden, in denen der Entschädigungsantrag ab dem Tag der in Art. 25a Abs. 13 erster Unterabsatz der Richtlinie 2009/103/EG genannten Vereinbarung oder ab dem Zeitpunkt der Anwendung des in Art. 10a Abs. 13 vierter Unterabsatz der Richtlinie 2009/103/EG genannten delegierten Rechtsakts der Europäischen Kommission beim Fachverband einlangt, nicht jedoch vor dem 23. Dezember 2023.

4. § 16a Abs. 2 in der Fassung des KraftVerÄG 2023 ist auf Fälle anzuwenden, in denen die Entschädigungsstelle eines anderen EWR-Staates aufgrund eines Entschädigungsantrags Entschädigung geleistet hat, der nach den in Z 2 erster Satz oder Z 3 erster Satz genannten Zeitpunkten bei ihr eingelangt ist.

5. Der Fachverband kann die in Art. 10a Abs. 13 erster Unterabsatz und Art. 25a Abs. 13 erster Unterabsatz der Richtlinie 2009/103/EG genannten Vereinbarungen schon vor dem 23. Dezember 2023 abschließen.
(BGBl I 2023/129)

25/3. Haager Straßenverkehrsübereinkommen*)

*) *In Östereich seit 3. 6. 1975 in Kraft.*

BGBl 1975/387

STICHWORTVERZEICHNIS

(Die Zahlenangaben beziehen sich auf die Paragraphen)

Übereinkommen über das auf Straßenverkehrsunfälle anzuwendende Recht

Artikel 1

Dieses Übereinkommen bestimmt das auf die außervertragliche zivilrechtliche Haftung aus einem Straßenverkehrsunfall anzuwendende Recht, unabhängig von der Art des Verfahrens, in dem darüber befunden wird.

Unter Straßenverkehrsunfall im Sinne dieses Übereinkommens ist jeder Unfall zu verstehen, an dem ein oder mehrere Fahrzeuge, ob Motorfahrzeuge oder nicht, beteiligt sind und der mit dem Verkehr auf öffentlichen Straßen, auf öffentlich zugänglichem Gelände oder auf nichtöffentlichem, aber einer gewissen Anzahl befugter Personen zugänglichem Gelände zusammenhängt.

Artikel 2

Dieses Übereinkommen ist nicht anzuwenden

1. auf die Haftung von Fahrzeugherstellern, -Verkäufern und -reparaturunternehmern;

2. auf die Haftung des Eigentümers des Verkehrswegs oder jeder anderen Person, die für die Instandhaltung des Weges oder die Sicherheit der Benutzer zu sorgen hat;

3. auf die Haftung für Dritte, ausgenommen die Haftung des Fahrzeugeigentümers oder des Geschäftsherrn;

4. auf Rückgriffsansprüche zwischen haftpflichtigen Personen;

5. auf Rückgriffsansprüche und den Übergang von Ansprüchen, soweit Versicherer betroffen sind;

6. auf Ansprüche und Rückgriffsansprüche, die von Einrichtungen der sozialen Sicherheit, Trägern der Sozialversicherung oder anderen ähnlichen Einrichtungen und öffentlichen Kraftfahrzeug-Garantiefonds [1] oder gegen sie geltend gemacht werden, sowie auf jeden Haftungsausschluß, der in dem für diese Einrichtungen maßgebenden Recht vorgesehen ist.

[1] *Für die Schweiz: Motorfahrzeug-Garantiefonds*

Artikel 3

Das anzuwendende Recht ist das innerstaatliche Recht des Staates, in dessen Hoheitsgebiet sich der Unfall ereignet hat.

Artikel 4

Vorbehaltlich des Artikels 5 wird in folgenden Fällen von Artikel 3 abgewichen:

a) Ist nur ein Fahrzeug an dem Unfall beteiligt und ist dieses Fahrzeug in einem anderen als dem Staat zugelassen, in dessen Hoheitsgebiet sich der Unfall ereignet hat, so ist das innerstaatliche Recht des Zulassungsstaates anzuwenden auf die Haftung

- gegenüber dem Fahrzeugführer, dem Halter, dem Eigentümer oder jeder anderen Person, die hinsichtlich des Fahrzeuges ein Recht hat, ohne Rücksicht auf ihren gewöhnlichen Aufenthalt;
- gegenüber einem Geschädigten, der Fahrgast war, wenn er seinen gewöhnlichen Aufenthalt in einem anderen als dem Staat hatte, in dessen Hoheitsgebiet sich der Unfall ereignet hat;
- gegenüber einem Geschädigten, der sich am Unfallort außerhalb des Fahrzeuges befand, wenn er seinen gewöhnlichen Aufenthalt im Zulassungsstaat hatte.

Im Falle mehrerer Geschädigter wird das anzuwendende Recht für jeden von ihnen gesondert bestimmt.

b) Sind mehrere Fahrzeuge an dem Unfall beteiligt, so ist Buchstabe a nur anzuwenden, wenn alle Fahrzeuge im selben Staat zugelassen sind.

c) Sind Personen an dem Unfall beteiligt, die sich am Unfallort außerhalb der Fahrzeuge befanden, so sind die Buchstaben a und b nur anzuwenden, wenn alle diese Personen ihren gewöhnlichen Aufenthalt im Zulassungsstaat hatten. Dies gilt selbst dann, wenn diese Personen auch Geschädigte des Unfalls sind.

Artikel 5

Das Recht, das nach den Artikeln 3 und 4 auf die Haftung gegenüber dem Fahrgast anzuwenden ist, regelt auch die Haftung für Schäden an den mit dem Fahrzeug beförderten Sachen, die dem Fahrgast gehören oder ihm anvertraut worden sind.

Das Recht, das nach den Artikeln 3 und 4 auf die Haftung gegenüber dem Fahrzeugeigentümer anzuwenden ist, regelt die Haftung für Schäden an anderen als den in Absatz 1 bezeichneten mit dem Fahrzeug beförderten Sachen.

Das Recht, das auf die Haftung für Schäden an außerhalb des oder der Fahrzeuge befindlichen Sachen anzuwenden ist, ist das Recht des Staates, in dessen Hoheitsgebiet sich der Unfall ereignet hat. Die Haftung für Schäden an der außerhalb der Fahrzeuge befindlichen persönlichen Habe des Geschädigten unterliegt jedoch dem innerstaatlichen Recht des Zulassungsstaates, wenn dieses Recht auf die Haftung gegenüber dem Geschädigten nach Artikel 4 anzuwenden ist.

Artikel 6

Bei nicht zugelassenen oder in mehreren Staaten zugelassenen Fahrzeugen tritt an die Stelle des innerstaatlichen Rechts des Zulassungsstaates das Recht des Staates des gewöhnlichen Standorts. Das gleiche gilt, wenn weder der Eigentümer noch der Halter noch der Führer des Fahrzeugs zur Zeit des Unfalls ihren gewöhnlichen Aufenthalt im Zulassungsstaat hatten.

Artikel 7

Unabhängig von dem anzuwendenden Recht sind bei der Bestimmung der Haftung die am Ort und zur Zeit des Unfalls geltenden Verkehrs- und Sicherheitsvorschriften zu berücksichtigen.

Artikel 8

Das anzuwendende Recht bestimmt insbesondere

1. die Voraussetzungen und den Umfang der Haftung;

2. die Haftungsausschlußgründe sowie jede Beschränkung und jede Aufteilung der Haftung;

3. das Vorhandensein und die Art zu ersetzender Schäden;

4. die Art und den Umfang des Ersatzes;

5. die Übertragbarkeit des Ersatzanspruchs;

6. die Personen, die Anspruch auf Ersatz des persönlich erlittenen Schadens haben;

7. die Haftung des Geschäftsherrn für seinen Gehilfen;

8. die Verjährung und den auf Zeitablauf beruhenden Rechtsverlust, einschließlich des Beginns, der Unterbrechung und der Hemmung der Fristen.

Artikel 9

Die geschädigten Personen haben ein unmittelbares Klagerecht gegen den Versicherer des Haftpflichtigen, wenn ihnen ein solches Recht nach dem gemäß Artikel 3, 4 oder 5 anzuwendenden Recht zusteht.

Sieht das nach Artikel 4 oder 5 anzuwendende Recht des Zulassungsstaats ein unmittelbares Klagerecht nicht vor, so kann es gleichwohl ausgeübt werden, wenn es vom innerstaatlichen Recht des Staates zugelassen ist, in dessen Hoheitsgebiet sich der Unfall ereignet hat.

Sieht keines dieser Rechte ein solches Klagerecht vor, so kann es ausgeübt werden, wenn es von dem Recht zugelassen ist, das für den Versicherungsvertrag maßgebend ist.

Artikel 10

Die Anwendung eines der durch dieses Übereinkommen für anwendbar erklärten Rechte kann nur ausgeschlossen werden, wenn sie mit der öffentlichen Ordnung offensichtlich unvereinbar ist.

Artikel 11

Die Anwendung der Artikel 1 bis 10 ist unabhängig vom Erfordernis der Gegenseitigkeit. Das Übereinkommen ist auch anzuwenden, wenn das anzuwendende Recht nicht das Recht eines Vertragsstaats ist.

Artikel 12

Jede Gebietseinheit, die Teil eines Staates mit einem nicht einheitlichen Rechtssystem ist, wird im Sinne der Artikel 2 bis 11 als Staat angesehen, wenn sie ihr eigenes Rechtssystem in bezug auf die außervertragliche zivilrechtliche Haftung bei Straßenverkehrsunfällen hat.

Artikel 13

Ein Staat mit einem nicht einheitlichen Rechtssystem ist nicht verpflichtet, dieses Übereinkommen auf Unfälle anzuwenden, die sich in seinem Hoheitsgebiet ereignen und an denen nur

Fahrzeuge beteiligt sind, die in den Gebietseinheiten dieses Staates zugelassen sind.

Artikel 14

Ein Staat mit einem nicht einheitlichen Rechtssystem kann bei der Unterzeichnung, der Ratifizierung oder dem Beitritt erklären, daß dieses Übereinkommen sich auf alle oder nur auf eines oder mehrere seiner Rechtssysteme erstreckt; er kann diese Erklärung jederzeit durch eine neue Erklärung ändern.

Diese Erklärungen werden dem Ministerium der Auswärtigen Angelegenheiten der Niederlande notifiziert; sie haben ausdrücklich anzugeben, auf welche Rechtssysteme das Übereinkommen anzuwenden ist.

Artikel 15

Dieses Übereinkommen hat keinen Vorrang gegenüber anderen Übereinkommen, deren Vertragsparteien die Vertragsstaaten sind oder werden und die auf besonderen Gebieten die außervertragliche zivilrechtliche Haftung aus einem Straßenverkehrsunfall regeln.

Artikel 16

Dieses Übereinkommen liegt für die auf der Elften Tagung der Haager Konferenz für Internationales Privatrecht vertretenen Staaten zur Unterzeichnung auf.

Es bedarf der Ratifizierung; die Ratifikationsurkunden sind beim Ministerium der Auswärtigen Angelegenheiten der Niederlande zu hinterlegen.

Artikel 17

Dieses Übereinkommen tritt am sechzigsten Tag nach der in Artikel 16 Absatz 2 vorgesehenen Hinterlegung der dritten Ratifikationsurkunde in Kraft.

Das Übereinkommen tritt für jeden Unterzeichnerstaat, der es später ratifiziert, am sechzigsten Tag nach Hinterlegung seiner Ratifikationsurkunde in Kraft.

Artikel 18

Jeder auf der Elften Tagung der Haager Konferenz für Internationales Privatrecht nicht vertretene Staat, der Mitglied dieser Konferenz oder der Vereinten Nationen oder einer Sonderorganisation der Vereinten Nationen oder Vertragspartei der Satzung des Internationalen Gerichtshofs ist, kann diesem Übereinkommen beitreten, nachdem es gemäß Artikel 17 Absatz 1 in Kraft getreten ist.

Die Beitrittsurkunde ist beim Ministerium der Auswärtigen Angelegenheiten der Niederlande zu hinterlegen.

Das Übereinkommen tritt für den beitretenden Staat am sechzigsten Tag nach der Hinterlegung seiner Beitrittsurkunde in Kraft.

Der Beitritt wirkt nur im Verhältnis zwischen dem beitretenden Staat und den Vertragsstaaten, die erklärt haben, den Beitritt anzunehmen. Die Erklärung ist beim Ministerium der Auswärtigen Angelegenheiten der Niederlande zu hinterlegen; dieses übermittelt jedem Vertragsstaat auf diplomatischem Wege eine beglaubigte Abschrift.

Das Übereinkommen tritt zwischen dem beitretenden Staat und dem Staat, der erklärt hat, den Beitritt anzunehmen, am sechzigsten Tag nach Hinterlegung der Annahmeerklärung in Kraft.

Artikel 19

Jeder Staat kann bei der Unterzeichnung, der Ratifizierung oder dem Beitritt erklären, daß dieses Übereinkommen sich auf alle Hoheitsgebiete, deren internationale Beziehungen er wahrnimmt, oder auf eines oder mehrere dieser Hoheitsgebiete erstreckt. Diese Erklärung wird wirksam, sobald das Übereinkommen für diesen Staat in Kraft tritt.

Später wird jede derartige Erstreckung dem Ministerium der Auswärtigen Angelegenheiten der Niederlande notifiziert.

Das Übereinkommen tritt für die Hoheitsgebiete, auf die es erstreckt wird, am sechzigsten Tag nach der in Absatz 1 bezeichneten Notifizierung in Kraft.

Artikel 20

Dieses Übereinkommen gilt für die Dauer von fünf Jahren, beginnend mit dem Tag, an dem es nach Artikel 17 Absatz 1 in Kraft tritt; dies gilt auch für die Staaten, die es später ratifiziert haben oder ihm später beigetreten sind.

Die Geltungsdauer des Übereinkommens verlängert sich, außer im Fall der Kündigung, stillschweigend um jeweils fünf Jahre.

Die Kündigung ist spätestens sechs Monate vor Ablauf der fünf Jahre dem Ministerium der Auswärtigen Angelegenheiten der Niederlande zu notifizieren.

Die Kündigung kann sich auf einzelne Hoheitsgebiete beschränken, für die das Übereinkommen gilt.

Die Kündigung wirkt nur für den Staat, der sie notifiziert hat. Für die anderen Vertragsstaaten bleibt das Übereinkommen in Kraft.

Artikel 21

Das Ministerium der Auswärtigen Angelegenheiten der Niederlande notifiziert den in Artikel 16 bezeichneten Staaten, und den Staaten, die nach Artikel 18 beigetreten sind,

a) jede Unterzeichnung und Ratifikation nach Artikel 16;

b) den Tag, an dem dieses Übereinkommen nach Artikel 17 Absatz 1 in Kraft tritt;

c) jeden Beitritt nach Artikel 18 und den Tag, an dem der Beitritt wirksam wird;

d) jede Erklärung nach den Artikeln 14 und 19;

e) jede Kündigung nach Artikel 20 Absatz 3.

ZU URKUND DESSEN haben die hiezu gehörig Bevollmächtigten dieses Übereinkommen unterzeichnet.

GESCHEHEN in Den Haag am 4. Mai 1971 in französischer und englischer Sprache, wobei jeder Wortlaut gleichermaßen verbindlich ist, in einer Urschrift, die im Archiv der Regierung der Niederlande hinterlegt und von der jedem auf der Elften Tagung der Haager Konferenz für Internationales Privatrecht vertretenen Staat auf diplomatischem Wege eine beglaubigte Abschrift übermittelt wird.

Die vom Bundespräsidenten unterzeichnete und vom Bundeskanzler gegengezeichnete Ratifikationsurkunde wurde am 12. März 1975 hinterlegt. Das Übereinkommen ist nach der am 4. April 1975 erfolgten Hinterlegung der dritten Ratifikationsurkunde gemäß seinem Artikel 17 erster Absatz zwischen Österreich, Belgien und Frankreich am 3. Juni 1975 in Kraft getreten.

Vertragstaaten (im Verhältnis zu Österreich): Belarus (BGBl III 2002/28), Belgien (BGBl 1975/387), Bosnien-Herzegowina (BGBl 1975/607, BGBl 1994/12), Frankreich (BGBl 1975/387), Kosovo (BGBl 1975/607), Kroatien (BGBl 1993/626), Lettland (BGBl III 2002/139), Montenegro (BGBl III 2012/119), Luxemburg (BGBl 1980/501), Niederlande (BGBl 1978/584, BGBl III 2012/119), Kroatien (BGBl 1975/607), Montenegro (BGBl 1975/607), Nordmazedonien (BGBl 1975/607, BGBl 1994/12), Schweiz (BGBl 1986/654), Serbien (BGBl 1975/607, BGBl III 2012/119), Slowakei (BGBl 1976/325, BGBl 1993/626), Slowenien (BGBl 1975/607, BGBl 1993/274), Spanien (BGBl 1987/514), Tschechien (BGBl 1976/325, BGBl 1993/274)

EKHG
VOEG HStVÜ

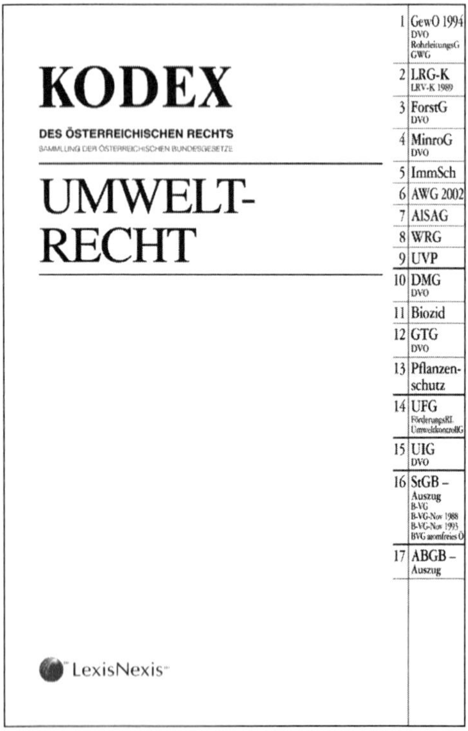
KODEX
DES ÖSTERREICHISCHEN RECHTS
SAMMLUNG DER ÖSTERREICHISCHEN BUNDESGESETZE
UMWELT-
RECHT
LexisNexis
1 GewO 1994
DVO
RohrleitungsG
GWG
2 LRG-K
LRV-K 1989
3 ForstG
DVO
4 MinroG
DVO
5 ImmSch
6 AWG 2002
7 AlSAG
8 WRG
9 UVP
10 DMG
DVO
11 Biozid
12 GTG
DVO
13 Pflanzen-
schutz
14 UFG
FörderungsRL
UmweltkontrollG
15 UIG
DVO
16 StGB –
Auszug
B-VG
B-VG-Nov 1988
B-VG-Nov 1993
BVG atomfreies Ö
17 ABGB –
Auszug

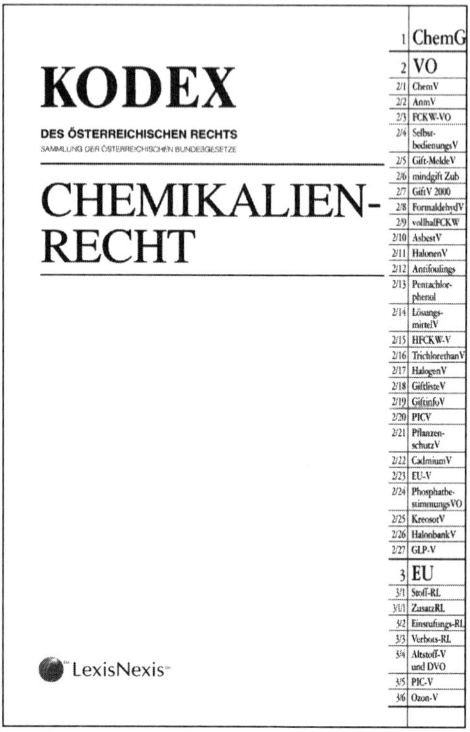
KODEX
DES ÖSTERREICHISCHEN RECHTS
SAMMLUNG DER ÖSTERREICHISCHEN BUNDESGESETZE
CHEMIKALIEN-
RECHT
LexisNexis
1 ChemG
2 VO
2/1 ChemV
2/2 AnmV
2/3 FCKW-VO
2/4 Selbst-
bedienungsV
2/5 Gift-MeldeV
2/6 mindgift Zub
2/7 GiftV 2000
2/8 FormaldehydV
2/9 vollhalFCKW
2/10 AsbestV
2/11 HalonenV
2/12 Antifoulings
2/13 Pentachlor-
phenol
2/14 Lösungs-
mittelV
2/15 HFCKW-V
2/16 TrichlorethanV
2/17 HalogenV
2/18 GiftlisteV
2/19 GiftinfoV
2/20 PICV
2/21 Pflanzen-
schutzV
2/22 CadmiumV
2/23 EU-V
2/24 Phosphatbe-
stimmungsVO
2/25 KreosotV
2/26 HalonbankV
2/27 GLP-V
3 EU
3/1 Stoff-RL
3/1/1 ZusatzRL
3/2 Einstufungs-RL
3/3 Verbots-RL
3/4 Altstoff-V
und DVO
3/5 PIC-V
3/6 Ozon-V

KODEX
DES ÖSTERREICHISCHEN RECHTS
SAMMLUNG DER ÖSTERREICHISCHEN BUNDESGESETZE
WASSER-
RECHT
LexisNexis
1 WRG
2 VO
3/1 Best im AWG
für Deponien
3/2 DeponieV
4 EU-RL

KODEX
DES ÖSTERREICHISCHEN RECHTS
SAMMLUNG DER ÖSTERREICHISCHEN BUNDESGESETZE
ABFALL-
RECHT UND ÖKO-AUDIT
LexisNexis
1/1. AWG 2002
1/2/1. AltölVO
1/2/2. LampenVO
1/2/3. Kunststoff
GetränkeVO
1/2/4. BatterieVO
1/2/5/1. FestsetzungsVO
1/2/5/2. K Ausstufung
1/2/6. SchmiermittelVO
1/2/9. AbfallnachweisVO
1/2/10. BauschuttVO
1/2/11. BiogeneVO
1/2/12. KunststoffkennVO
1/2/13. KühlgeräteVO
1/2/14/1. VO Aufgabenbereiche und Inkrafttreten
VerpackungsVO
1/2/14/2. VerpackungsVO
1/2/14/3. ZielVO
Verpackabfälle
1/2/16. DeponieVO
1/2/17. V Verbrennung
gef Abfälle
1/2/18. AbfallWP 2001
1/2/19. KompostV
1/3. Basler
Übereinkommen
1/4/1. GewO 1994
(Auszug)
1/4/2. V Verbrennung
gef A in
gewerbl BA
1/5. MinroG
(Auszug)
2. Landesabfall-
vorschriften
(Auszug)
2/1. Burgenland
2/2. Kärnten
2/3. Niederösterreich
2/4. Oberösterreich
2/5. Salzburg
2/6. Steiermark
2/7. Tirol
2/8. Vorarlberg
2/9. Wien
3. AlSAG
4. EU-Richtlinien und
Verordnungen
5. Öko-Audit

26. Luftfahrtgesetz

(Auszug)

BGBl 1957/253 idF

1 BGBl I 1997/102
2 BGBl I 1999/105
3 BGBl I 2003/73
4 BGBl I 2004/173
5 BGBl I 2005/98
6 BGBl I 2006/88
7 BGBl I 2008/70 (URÄG 2008)
8 BGBl I 2008/83
9 BGBl I 2013/108
10 BGBl I 2015/61
11 BGBl I 2016/80
12 BGBl I 2017/92
13 BGBl I 2021/151

26/1. EU-Luftfahrtverordnung

26/2. EU-Fluggastrechteverordnung

STICHWORTVERZEICHNIS
zum LFG, zur EU-LFVO und zur ÜberbuchVO

(Die Zahlenangaben beziehen sich, wenn nichts anderes angegeben, auf die Paragraphen des LFG)

Bundesgesetz vom 2. Dezember 1957 über die Luftfahrt (Luftfahrtgesetz – LFG)

10. Teil

Haftungs- und Versicherungsrecht

1. Abschnitt

Anwendungsbereich

Verhältnis zu internationalem Recht und zum Recht der Europäischen Gemeinschaft

§ 146. (1) Die Bestimmungen dieses Teils regeln bestimmte Aspekte der zivilrechtlichen Haftung und der Haftpflichtversicherung für Schäden, die durch Luftfahrzeuge oder selbständig im Fluge verwendbares Luftfahrtgerät verursacht werden. Sie sind insoweit nicht anzuwenden, als

1. die Haftung in einem internationalen Übereinkommen oder in der Verordnung (EG) Nr. 2027/97 über die Haftung von Luftfahrtunternehmen bei der Beförderung von Fluggästen und deren Gepäck im Luftverkehr, ABl. Nr. L 285 vom 17. Oktober 1997, S. 1, in der Fassung der Verordnung (EG) Nr. 889/2002, ABl. Nr. L 140 vom 30. Mai 2002, S. 2,

2. die Versicherungspflicht in der Verordnung (EG) Nr. 785/2004 über Versicherungsanforderungen an Luftfahrtunternehmen und Luftfahrzeugbetreiber, oder

3. die gerichtliche Zuständigkeit in einem internationalen Übereinkommen oder in der Verordnung (EG) Nr. 44/2001 über die gerichtliche Zuständigkeit und die Anerkennung und Vollstreckung von Entscheidungen in Zivil- und Handelssachen, ABl. Nr. L 12 vom 16. Jänner 2001, S. 1, in der Fassung der Verordnung (EG) Nr. 2245/2004, ABl. Nr. L 381 vom 28. Dezember 2004, S. 10,

geregelt wird.

(2) Soweit die Bestimmungen dieses Teils auf die Sonderziehungsrechte des Internationalen Währungsfonds (SZR) Bezug nehmen, ist für die Umrechnung der jeweilige Betrag nach dem Wert des Euro gegenüber dem Sonderziehungsrecht im Zeitpunkt der Zahlung maßgeblich. Im Fall der gerichtlichen Geltendmachung des Anspruchs ist für die „Umrechnung" der Zeitpunkt der Urteilsfällung maßgeblich. *(BGBl I 2021/151, ab 1. 8. 2021)*

(BGBl I 2006/88, ab 1. 7. 2006; auf Schäden anzuwenden, die nach diesem Zeitpunkt verursacht worden sind. Auf Schäden, die vorher verursacht worden sind, sind die §§ 146 bis 168 in ihrer früheren Fassung weiter anzuwenden.)

Haftung für Postsendungen

§ 147. Auf die Beförderung von Briefen und briefähnlichen Sendungen sind nicht die Bestimmungen dieses Bundesgesetzes, sondern jene des allgemeinen Zivil- und Unternehmensrechts anzuwenden.

(BGBl I 2008/70, ab 1. 6. 2008, auf danach geschlossene Verträge anzuwenden)

2. Abschnitt

Haftung für nicht beförderte Personen und Sachen

Drittschadenshaftung

§ 148. (1) Wird durch einen Unfall beim Betrieb eines Luftfahrzeugs oder eines selbständig im Fluge verwendbaren Luftfahrtgeräts ein Mensch getötet oder am Körper verletzt oder eine körperliche Sache beschädigt, so haftet der Halter des Luftfahrzeugs oder des selbständig im Fluge verwendbaren Luftfahrtgeräts für den Ersatz des Schadens.

(2) Der Halter eines Luftfahrzeugs oder eines selbständig im Fluge verwendbaren Luftfahrtgeräts haftet nicht nach den Bestimmungen dieses Abschnittes, wenn

1. eine Person an Bord oder beim Ein- oder Aussteigen getötet oder am Körper verletzt wird oder

2. Sachen beschädigt werden, die eine an Bord befindliche oder ein- oder aussteigende Person an sich trägt oder die sich als Frachtgut oder aufgegebenes Reisegepäck während der Luftbeförderung in der Obhut des Halters befinden.

(BGBl I 2006/88, ab 1. 7. 2006; s Anm zu § 146)

§ 149. (1) Wer zur Zeit des Unfalls das Luftfahrzeug oder das selbständig im Fluge verwendbare Luftfahrtgerät ohne den Willen des Halters benutzt, haftet an dessen Stelle. Daneben bleibt der Halter für den Ersatz des Schadens haftbar, wenn die Benutzung des Luftfahrzeugs oder des selbständig im Fluge verwendbaren Luftfahrtgeräts durch sein Verschulden oder das Verschulden derjenigen Personen ermöglicht worden ist, die mit seinem Willen beim Betrieb des Luftfahrzeugs oder des selbständig im Fluge verwendbaren Luftfahrtgeräts tätig gewesen sind.

(2) Abs. 1 gilt nicht, wenn der Benutzer vom Halter für den Betrieb des Luftfahrzeugs oder des selbständig im Fluge verwendbaren Luftfahrtgeräts angestellt oder wenn ihm das Luftfahrzeug oder das selbständig im Fluge verwendbare Luftfahrtgerät vom Halter überlassen war. Eine aus dem allgemeinen bürgerlichen Recht abzuleitende Ersatzpflicht eines solchen Benutzers ist ausgeschlossen, wenn er beweist, dass der Schaden nicht durch sein Verschulden verursacht worden ist.

(3) Benutzer im Sinn der Abs. 1 und 2 ist jeder, der sich den Gebrauch des Luftfahrzeugs oder des selbständig im Fluge verwendbaren Luftfahrtgeräts als solchen mit Herrschaftswillen anmaßt.

(BGBl I 2006/88, ab 1. 7. 2006; s Anm zu § 146)

§ 150. Hat ein Luftfahrzeug oder ein selbständig im Fluge verwendbares Luftfahrtgerät mehrere Halter, so haften diese zur ungeteilten Hand. Das Gleiche gilt für mehrere an einem Unfall Beteiligte. Es haftet jedoch jeder Beteiligte nach den für seine Ersatzpflicht geltenden Vorschriften und, soweit seine Ersatzpflicht begrenzt ist, nur bis zu den für ihn maßgeblichen Haftungshöchstbeträgen.

(BGBl I 2006/88, ab 1. 7. 2006; s Anm zu § 146)

Haftungshöchstbeträge

§ 151. (1) Der Halter des Luftfahrzeugs oder des selbständig im Fluge verwendbaren Luftfahrtgeräts haftet für jeden Unfall entsprechend „der höchstzulässigen Abflugmasse" (Maximum Take-Off Mass – MTOM) bis zu folgenden Beträgen:

1. MTOM von weniger als 500 kg: .... 750.000 SZR;
2. MTOM von weniger als 1 000 kg: .... 1 500 000 SZR;
3. MTOM von weniger als 2 700 kg: .... 3 000 000 SZR;
4. MTOM von weniger als 6 000 kg: .... 7 000 000 SZR;
5. MTOM von weniger als 12 000 kg: .... 18 000 000 SZR;
6. MTOM von weniger als 25 000 kg: .... 80 000 000 SZR;
7. MTOM von weniger als 50 000 kg: .... 150 000 000 SZR;
8. MTOM von weniger als 200 000 kg: .... 300 000 000 SZR;
9. MTOM von weniger als 500 000 kg: .... 500 000 000 SZR;
10. MTOM gleich oder über 500 000 kg: .... 700 000 000 SZR.

(BGBl I 2013/108, ab 1. 10. 2013)

(2) Für Schäden, die durch einen Hängegleiter, Paragleiter, Fallschirm oder durch selbständig im Fluge verwendbares Luftfahrtgerät mit einem Gewicht von weniger als 20 kg verursacht werden, haftet der Halter für jeden Unfall bis zu einem Betrag von 500 000 SZR.

(3) Ein Drittel der in den Abs. 1 und 2 genannten Summe dient dem Ersatz von Sachschäden, zwei Drittel dem Ersatz von Personenschäden. Wird der für den Ersatz von Sachschäden oder den Ersatz von Personenschäden jeweils vorgesehene Höchstbetrag nicht oder nicht zur Gänze in Anspruch genommen, so kann er für den Ersatz der Schäden der anderen Art beansprucht werden.

(4) Die Haftung mehrerer Halter eines Luftfahrzeugs oder eines selbständig im Fluge verwendbaren Luftfahrtgeräts für einen Unfall ist durch die in den Abs. 1 bis 3 vorgesehenen Höchstbeträge begrenzt. Im Übrigen haftet jeder der an einem Unfall beteiligten Halter bis zu den für ihn vorgesehenen Höchstbeträgen.

(BGBl I 2006/88, ab 1. 7. 2006; s Anm zu § 146)

§ 152. (1) Ist eine Jahresrente anstelle eines Kapitalbetrags zu bezahlen, so darf der Kapitalwert der Rente die Höchstbeträge nach § 151 nicht übersteigen.

(2) Übersteigen die Entschädigungen, die mehreren Geschädigten auf Grund desselben Ereignisses zustehen, die Höchstbeträge nach § 151, so verringern sich die einzelnen Entschädigungen in dem Verhältnis, in dem ihr Gesamtbetrag zum Höchstbetrag steht.

(BGBl I 2006/88, ab 1. 7. 2006; s Anm zu § 146)

§ 153. Die Haftungsgrenzen der §§ 151 und 152 gelten nicht für Schäden, die durch Luftfahrzeuge oder selbständig im Fluge verwendbares Luftfahrtgerät des Bundesheers oder der Sicherheitsbehörden im Sinn des § 4 Sicherheitspolizeigesetz, BGBl. Nr. 566/1991, verursacht werden.

(BGBl I 2006/88, ab 1. 7. 2006; s Anm zu § 146)

Rückgriffs- und Ausgleichsanspruch

§ 154. (1) Wurde der Schaden durch mehrere Luftfahrzeuge oder mehr als ein selbständig im Fluge verwendbares Luftfahrtgerät verursacht und sind die Halter einem Dritten kraft Gesetzes zum Schadenersatz verpflichtet, so hängen im

Verhältnis der Halter zueinander die Verpflichtung zum Ersatz und der Umfang des Ersatzes von den Umständen ab, insbesondere davon, inwieweit der Schaden überwiegend von dem einen oder anderen Halter verursacht wurde. Das Gleiche gilt für die gegenseitige Ersatzpflicht der Halter.

(2) Abs. 1 gilt entsprechend, wenn neben dem Halter ein anderer für den Schaden verantwortlich ist.

(BGBl I 2006/88, ab 1. 7. 2006; s Anm zu § 146)

Anzeigepflicht

§ 155. Der Geschädigte verliert die Ersatzansprüche nach diesem Abschnitt, wenn er nicht innerhalb von drei Monaten, nachdem er vom Schaden und von der Person des Halters Kenntnis erlangte, diesem den Unfall anzeigt. Der Rechtsverlust tritt nicht ein, wenn die Anzeige zufolge eines vom Geschädigten nicht zu vertretenden Umstands unterblieben ist oder der Halter innerhalb der Frist auf andere Weise vom Unfall Kenntnis erlangt hat.

(BGBl I 2006/88, ab 1. 7. 2006; s Anm zu § 146)

3. Abschnitt

Haftung aus dem Beförderungsvertrag

Haftung für Fluggäste

§ 156. (1) Wird ein Fluggast an Bord eines Luftfahrzeugs oder eines selbständig im Fluge verwendbaren Luftfahrtgeräts durch einen Unfall getötet oder am Körper verletzt, so haftet der Beförderer für den Ersatz des Schadens. Das Gleiche gilt, wenn sich der Unfall beim Ein- oder Aussteigen ereignet.

(2) Der Beförderer haftet bis zu einem Betrag von „128 821“ SZR je Fluggast ohne Rücksicht darauf, ob ihn oder seine Leute ein Verschulden trifft. Für einen diesen Betrag übersteigenden Schaden haftet er nicht, wenn er beweist, dass dieser

1. nicht auf sein Verschulden oder das Verschulden seiner Leute zurückzuführen ist oder

2. ausschließlich auf ein schuldhaftes und rechtswidriges Verhalten oder Unterlassen eines Dritten zurückzuführen ist.
(BGBl I 2021/151, ab 1. 8. 2021)

(3) *(entfällt, BGBl I 2013/108, ab 1. 10. 2013)*

(BGBl I 2006/88, ab 1. 7. 2006; s Anm zu § 146)

Vertraglicher und ausführender Beförderer

§ 157. (1) Beförderer im Sinn dieses Abschnitts ist, wer mit dem Fluggast oder Absender oder mit einer für den Fluggast (Absender) handelnden Person den Beförderungsvertrag abgeschlossen hat (vertraglicher Beförderer) und wer aufgrund einer Vereinbarung mit dem vertraglichen Beförderer berechtigt ist, die Beförderung ganz oder zum Teil auszuführen (ausführender Beförderer). Die Berechtigung wird bis zum Beweis des Gegenteils vermutet.

(2) Der ausführende Beförderer und der vertragliche Beförderer haften für den Ersatz des Schadens zur ungeteilten Hand, der ausführende Beförderer aber nur für den Teil der Beförderung, die er ausführt.

(BGBl I 2006/88, ab 1. 7. 2006; s Anm zu § 146)

Haftung für beförderte Sachen

§ 158. (1) Der Beförderer haftet für den Schaden, der durch die Zerstörung, den Verlust oder die Beschädigung von Frachtgut oder Reisegepäck während der Beförderung entsteht, bei nicht aufgegebenem Reisegepäck und persönlichen Gegenständen des Fluggastes aber nur dann, wenn der Schaden auf sein Verschulden oder das Verschulden seiner Leute zurückzuführen ist. Die Beförderung umfasst den Zeitraum, während dessen sich das Frachtgut oder Reisegepäck auf einem Flugplatz, an Bord oder – bei der Landung außerhalb eines Flugplatzes – sonst in der Obhut des Beförderers befinden.

(2) Der Beförderer haftet nicht, wenn der Schaden nur auf die Eigenart des Frachtguts oder Reisegepäcks oder einen diesen innewohnenden Mangel zurückzuführen ist.

(BGBl I 2006/88, ab 1. 7. 2006; s Anm zu § 146)

§ 159. Für die Zerstörung, den Verlust oder die Beschädigung von Frachtgut haftet der Beförderer zudem dann nicht, wenn er beweist, dass der Schaden nur durch

1. die mangelhafte Verpackung des Frachtguts durch eine andere Person als den Beförderer oder seine Leute,

2. einen Krieg, ein kriegerisches Unternehmen, einen Bürgerkrieg, einen Aufruhr oder einen Aufstand oder

3. ein hoheitliches Handeln in Verbindung mit der Einfuhr, Ausfuhr oder Durchfuhr des Frachtguts

verursacht worden ist.

(BGBl I 2006/88, ab 1. 7. 2006; s Anm zu § 146)

Haftungsbeschränkungen

§ 160. (1) Bei der Beförderung von Reisegepäck oder Frachtgut ist die Haftung für leichte Fahrlässigkeit für den Fall der Zerstörung, des Verlustes oder der Beschädigung bei Frachtgut mit einem Betrag von „22" SZR pro Kilogramm, bei Reisegepäck mit einem Betrag von „1 288" SZR beschränkt. *(BGBl I 2021/151, ab 1. 8. 2021)*

(2) Im Übrigen sind Vereinbarungen, nach denen die Haftung des Beförderers aus dem Beförderungsvertrag ausgeschlossen oder beschränkt wird, unwirksam.

(BGBl I 2006/88, ab 1. 7. 2006; s Anm zu § 146)

4. Abschnitt

Gemeinsame Bestimmungen für die Haftung

Mitverschulden des Geschädigten

§ 161. Trifft den Geschädigten oder jemanden, dessen Verhalten er zu vertreten hat, ein Verschulden, so ist § 1304 des allgemeinen bürgerlichen Gesetzbuchs (ABGB) sinngemäß anzuwenden.

(BGBl I 2006/88, ab 1. 7. 2006; s Anm zu § 146)

Anwendung des ABGB

§ 162. (1) Soweit in diesem Bundesgesetz nichts anderes bestimmt ist, ist auf die darin vorgesehenen Ersatzansprüche das ABGB anzuwenden.

(2) Bestimmungen des ABGB und anderer Vorschriften, nach denen Schäden in weiterem Umfang und von anderen Personen als nach diesem Bundesgesetz zu ersetzen sind, bleiben unberührt.

(BGBl I 2006/88, ab 1. 7. 2006; s Anm zu § 146)

Gerichtsstand

§ 163. (1) Für Klagen, die auf Grund des 2. und 3. Abschnittes dieses Teils erhoben werden, ist auch das Gericht örtlich zuständig, in dessen Sprengel sich der Unfall ereignet hat. Bei diesem Gericht können auch andere aus dem Schadensfall abgeleitete Ansprüche gegen den Halter oder Beförderer oder einen sonst Ersatzpflichtigen geltend gemacht werden.

(2) Für Klagen, die auf Grund der §§ 156 bis 159 erhoben werden, ist auch das Gericht des Bestimmungsorts örtlich zuständig.

(BGBl I 2006/88, ab 1. 7. 2006; s Anm zu § 146)

5. Abschnitt

Versicherungen und Vorschusspflicht

Haftpflichtversicherung

§ 164. (1) Der Halter eines Luftfahrzeugs oder eines selbständig im Fluge verwendbaren Luftfahrtgeräts hat zur Deckung der Schadenersatzansprüche von Personen oder wegen Sachen, die nicht im Luftfahrzeug oder im selbständig im Fluge verwendbaren Luftfahrtgerät befördert werden, eine Haftpflichtversicherung zumindest über die in § 151 vorgesehenen Beträge abzuschließen.

(2) Der Halter eines Luftfahrzeugs oder eines selbständig im Fluge verwendbaren Luftfahrtgeräts hat zur Deckung der Schadenersatzansprüche der Fluggäste pro vorhandenen Passagierplatz eine Haftpflichtversicherung über eine Versicherungssumme von zumindest 250 000 SZR abzuschließen. Bei einem Luftfahrzeug oder einem selbständig im Fluge verwendbaren Luftfahrtgerät mit einem MTOM bis zu 2 700 kg muss die Versicherungssumme bei nichtgewerblichen Flügen zumindest „128 821" SZR betragen. *(BGBl I 2021/151, ab 1. 8. 2021)*

(3) Eine Versicherungspflicht nach den Abs. 1 und 2 besteht nicht, wenn der Bund, ein Land, ein Gemeindeverband oder eine Ortsgemeinde mit mehr als 50 000 Einwohnern der Halter des Luftfahrzeugs oder des selbständig im Fluge verwendbaren Luftfahrtgeräts ist.

(BGBl I 2006/88, ab 1. 7. 2006; s Anm zu § 146)

Vorschusspflicht

§ 165. (1) In den Fällen des § 156 Abs. 1 „, ausgenommen im Fall der Beförderung mit Hänge- oder Paragleitern oder Fallschirmen," hat der Beförderer unverzüglich, spätestens aber innerhalb von fünfzehn Tagen nach der Feststellung der Identität der ersatzberechtigten natürlichen Person, dieser einen Vorschuss zur Deckung ihrer unmittelbaren wirtschaftlichen Bedürfnisse zu leisten. Unentgeltliche Flüge im Rahmen des Flugsports sind davon nicht betroffen. *(BGBl I 2013/108, ab 1. 10. 2013)*

(2) Die Höhe des Vorschusses richtet sich nach der Schwere des Falles; im Todesfall beträgt der Vorschuss mindestens 16 000 SZR je Fluggast.

(3) Die Leistung des Vorschusses stellt kein Haftungsanerkenntnis dar. Der Vorschuss kann nur in den Fällen des § 161 oder dann zurückgefordert werden, wenn die Person, die den Vorschuss erhalten hat, keinen Anspruch auf Ersatz des Schadens hat.

(4) Soweit ein Vorschuss geleistet wird, erlöschen Schadenersatzansprüche des Geschädigten.

Der Empfänger des Vorschusses ist außer in den in Abs. 3 zweiter Satz genannten Fällen nicht verpflichtet, den Vorschuss herauszugeben.

(BGBl I 2006/88, ab 1. 7. 2006; s Anm zu § 146)

Direktes Klagerecht

§ 166. Der Geschädigte kann den ihm zustehenden Schadenersatzanspruch im Rahmen des betreffenden Versicherungsvertrags auch gegen den Versicherer geltend machen. Der Versicherer und der ersatzpflichtige Versicherte haften zur ungeteilten Hand. Wird das versicherte Risiko von mehreren Versicherern getragen, so haften diese dem Geschädigten zur ungeteilten Hand.

(BGBl I 2006/88, ab 1. 7. 2006; s Anm zu § 146)

Grundsätze für die Versicherung

§ 167. (1) Die Anzeige eines Umstands, der das Nichtbestehen oder die Beendigung des Versicherungsvertrags im Sinn des § 158c Abs. 2 des Versicherungsvertragsgesetzes 1958, BGBl. Nr. 2/1959, zur Folge hat, ist an die Austro Control GmbH zu richten. Zuständige Behörde im Sinn des Art. 5 Abs. 1 der Verordnung (EG) Nr. 785/2004 über Versicherungsanforderungen an Luftfahrtunternehmen und Luftfahrzeugbetreiber ist die Austro Control GmbH.

(2) Der Versicherer und der Versicherte haben der Austro Control GmbH jede vor Ablauf der Versicherungsdauer eingetretene Beendigung des Versicherungsverhältnisses und jede Unterbrechung des Versicherungsschutzes unverzüglich anzuzeigen.

(3) Soweit die Beurkundung der zulässigen Verwendung im Fluge von einer auf Grund einer Übertragung gemäß § 140b zuständigen Behörde durchzuführen ist, ist die Anzeige nach Abs. 1 und 2 an diese Behörde zu richten.

(BGBl I 2006/88, ab 1. 7. 2006; s Anm zu § 146)

Versicherungsnachweis

§ 168. (1) Der Versicherer hat dem Versicherungsnehmer nach der Übernahme der Verpflichtungen aus einer vorgeschriebenen Haftpflichtversicherung kostenlos eine Bestätigung über die Übernahme dieser Verpflichtungen (Versicherungsnachweis) auszustellen.

(2) Der Versicherungsnachweis über die aufrechte Versicherung nach § 164 Abs. 1 und 2 „oder der Verordnung (EG) Nr. 785/2004" ist im Luftfahrzeug mitzuführen und jederzeit auf Verlangen den Organen der Aufsichtsbehörde, den Organen der Austro Control GmbH oder der gemäß § 167 Abs. 3 zuständigen Behörde und „den mit der Wahrnehmung des Flugverkehrsdienstes betrauten Organen" vorzulegen. *(BGBl I 2008/83, ab 1. 7. 2008; BGBl I 2013/108, ab 1. 10. 2013)*

(BGBl I 2006/88, ab 1. 7. 2006; s Anm zu § 146)

26/1. EU-Luftfahrtverordnung

26/1. EU-VO über die Haftung von Luftfahrtunternehmen bei der Beförderung von Fluggästen und deren Gepäck im Luftverkehr, ABl L 285 vom 17. 10. 1997, S 1 idF

1 ABl L 140 vom 30. 5. 2002, S 2

Verordnung (EG) Nr. 2027/97 des Rates vom 9. Oktober 1997 über die Haftung von Luftfahrtunternehmen bei der Beförderung von Fluggästen und deren Gepäck im Luftverkehr

Art. 1. Diese Verordnung setzt die einschlägigen Bestimmungen des Übereinkommens von Montreal über die Beförderung von Fluggästen und deren Gepäck im Luftverkehr um und trifft zusätzliche Bestimmungen. Ferner wird der Geltungsbereich dieser Bestimmungen auf Beförderungen im Luftverkehr innerhalb eines einzelnen Mitgliedstaats ausgeweitet.

Art. 2. (1) Im Sinne dieser Verordnung bedeutet:

a) ‚Luftfahrtunternehmen' ein Lufttransportunternehmen mit einer gültigen Betriebsgenehmigung;

b) ‚Luftfahrtunternehmen der Gemeinschaft' ein Luftfahrtunternehmen mit einer von einem Mitgliedstaat im Einklang mit der Verordnung (EWG) Nr. 2407/92 erteilten gültigen Betriebsgenehmigung;

c) ‚Schadensersatzberechtigter' ein Fluggast oder jede Person, die in Bezug auf diesen Fluggast gemäß den geltenden Rechtsvorschriften schadensersatzberechtigt ist;

d) ‚Reisegepäck', vorbehaltlich anderer Bestimmungen, sowohl aufgegebenes als auch nicht aufgegebenes Reisegepäck im Sinne von Artikel 17 Absatz 4 des Übereinkommens von Montreal;

e) ‚SZR' ein Sonderziehungsrecht gemäß der Definition des Internationalen Währungsfonds;

f) ‚Warschauer Abkommen' das am 12. Oktober 1929 in Warschau unterzeichnete Abkommen zur Vereinheitlichung von Regeln über die Beförderung im internationalen Luftverkehr oder das Warschauer Abkommen in der durch das Haager Protokoll vom 28. September 1955 geänderten Fassung und das in Guadalajara am 18. September 1961 geschlossene Zusatzabkommen zum Warschauer Abkommen;

g) ‚Übereinkommen von Montreal' das am 28. Mai 1999 in Montreal unterzeichnete ‚Übereinkommen zur Vereinheitlichung bestimmter Vorschriften über die Beförderung im internationalen Luftverkehr'.

(2) Die in dieser Verordnung verwendeten Begriffe, die nicht in Absatz 1 definiert sind, entsprechen den im Übereinkommen von Montreal verwendeten Begriffen.

Art. 3. (1) Für die Haftung eines Luftfahrtunternehmens der Gemeinschaft für Fluggäste und deren Gepäck gelten alle einschlägigen Bestimmungen des Übereinkommens von Montreal.

(2) Die Versicherungspflicht nach Artikel 7 der Verordnung (EWG) Nr. 2407/92 ist, soweit sie sich auf die Haftung für Schäden von Fluggästen bezieht, in dem Sinne zu verstehen, dass ein Luftfahrtunternehmen der Gemeinschaft bis zu einer Höhe versichert sein muss, die Gewähr dafür bietet, dass alle schadensersatzberechtigten Personen den vollen Betrag erhalten, auf den sie gemäß dieser Verordnung Anspruch haben.

Art. 3a. Der Zuschlag, den ein Luftfahrtunternehmen der Gemeinschaft gemäß Artikel 22 Absatz 2 des Übereinkommens von Montreal verlangen kann, wenn ein Fluggast sein Interesse an der Ablieferung am Bestimmungsort betragsmäßig angegeben hat, richtet sich nach einem Tarif, der sich auf die Kosten für die Beförderung und die Versicherung des betreffenden Reisegepäcks bezieht, die über die Kosten für Reisegepäck bis zum Haftungshöchstbetrag hinausgehen. Der Tarif wird den Fluggästen auf Anfrage mitgeteilt.

Art. 4. *(aufgehoben)*

Art. 5. (1) Das Luftfahrtunternehmen der Gemeinschaft zahlt unverzüglich, spätestens jedoch 15 Tage nach der Feststellung der Identität der schadensersatzberechtigten natürlichen Person einen Vorschuss zur Deckung der unmittelbaren wirtschaftlichen Bedürfnisse, und zwar im Verhältnis zur Schwere des Falls.

(2) Unbeschadet des Absatzes 1 beläuft sich dieser Vorschuss mindestens auf einen 16000 SZR entsprechenden Betrag in Euro je Fluggast im Todesfall.

(3) Der Vorschuss stellt keine Haftungsanerkennung dar und kann mit den eventuell später aufgrund der Haftung des Luftfahrtunternehmens der Gemeinschaft gezahlten Beträgen verrechnet werden; er kann jedoch nur in den Fällen des Artikels 20 des Übereinkommens von Montreal oder den Fällen, in denen die Person, die den Vorschuss erhalten hat, keinen Schadensersatzanspruch hatte, zurückgefordert werden.

Art. 6. (1) Alle Luftfahrtunternehmen, die in der Gemeinschaft Luftbeförderungen gegen Entgelt anbieten, stellen sicher, dass den Fluggästen an allen Verkaufsstellen, auch beim Verkauf per Telefon oder Internet, eine Zusammenfassung der wesentlichen Bestimmungen über die Haftung für Schäden der Fluggäste und an deren Reisegepäck, einschließlich der Fristen für die Erhebung von Schadensersatzklagen und der Möglichkeit der Abgabe einer besonderen Erklärung zum Reisegepäck, bekannt gegeben wird. Um dieser Informationspflicht nachzukommen, verwenden die Luftfahrtunternehmen der Gemeinschaft die Hinweise im Anhang. Diese Zusammenfassung oder Hinweise können weder als Grundlage eines Schadensersatzanspruchs noch zur Auslegung dieser Verordnung oder des Übereinkommens von Montreal herangezogen werden.

(2) Neben den Informationen nach Absatz 1 übergeben alle Luftfahrtunternehmen jedem Fluggast bei einer in der Gemeinschaft durchgeführten oder gegen Entgelt vereinbarten Beförderung im Luftverkehr schriftliche Angaben über

- den bei diesem Flug geltenden Höchstbetrag für die Haftung des Luftfahrtunternehmens für Tod oder Körperverletzung, sofern ein solcher Höchstbetrag besteht;
- den bei diesem Flug geltenden Höchstbetrag für die Haftung des Luftfahrtunternehmens für Zerstörung, Verlust oder Beschädigung von Reisegepäck mit dem Hinweis, dass der Fluggast Reisegepäck, dessen Wert diesen Betrag übersteigt, vor Antritt der Reise dem Luftfahrtunternehmen bei der Abfertigung melden oder es vollständig versichern sollte;
- den bei diesem Flug geltenden Höchstbetrag für die Haftung desLuftfahrtunternehmens für Schäden durch Verspätung.

(3) Werden alle Beförderungen von einem Luftfahrtunternehmen der Gemeinschaft vorgenommen, so sind gemäß der Informationspflicht nach den Absätzen 1 und 2 die in dieser Verordnung festgelegten Höchstbeträge anzugeben, sofern das Luftfahrtunternehmen der Gemeinschaft die Höchstbeträge nicht freiwillig anhebt. Werden alle Beförderungen durch ein außergemeinschaftliches Luftfahrtunternehmen vorgenommen, so finden die Absätze 1 und 2 nur auf Beförderungen in die Gemeinschaft, aus der Gemeinschaft und innerhalb der Gemeinschaft Anwendung.

Art. 7. Die Kommission erstellt spätestens drei Jahre nach dem Beginn der Geltungsdauer der Verordnung (EG) Nr. 889/2002 einen Bericht über die Anwendung der vorliegenden Verordnung. Insbesondere prüft die Kommission, ob die in den einschlägigen Artikeln des Übereinkommens von Montreal festgesetzten Beträge angesichts der wirtschaftlichen Entwicklung und der Notifizierungen der ICAO als Verwahrer geändert werden müssen.

Art. 8. Diese Verordnung tritt ein Jahr nach ihrer Veröffentlichung im Amtsblatt der Europäischen Gemeinschaften in Kraft.[1)]

[1)] Inkrafttreten: 17. 10. 1998, nach Art 2 der VO ABl L 140, 2, die nicht nur alle Art – bis auf Art 8 –, sondern auch die Überschrift änderte und den Anhang anfügte, tritt die Verordnung am Tag ihrer Veröffentlichung im Amtsblatt der Europäischen Gemeinschaften in Kraft; sie gilt ab dem Zeitpunkt ihres In-Kraft-Tretens, frühestens jedoch ab dem Zeitpunkt des In-Kraft-Tretens des Übereinkommens von Montreal für die Gemeinschaft; dies ist der 28. 6. 2004.

ANHANG

Haftung von Luftfahrtunternehmen für Fluggäste und deren Reisegepäck

Diese Hinweise fassen die Haftungsregeln zusammen, die von Luftfahrtunternehmen der Gemeinschaft nach den Rechtsvorschriften der Gemeinschaft und dem Übereinkommen von Montreal anzuwenden sind.

Schadensersatz bei Tod oder Körperverletzung

Es gibt keine Höchstbeträge für die Haftung bei Tod oder Körperverletzung von Fluggästen. Für Schäden bis zu einer Höhe von 100000 SZR (gerundeter Betrag in Landeswährung) kann das Luftfahrtunternehmen keine Einwendungen gegen Schadensersatzforderungen erheben. Über diesen Betrag hinausgehende Forderungen kann das Luftfahrtunternehmen durch den Nachweis abwenden, dass es weder fahrlässig noch sonst schuldhaft gehandelt hat.

Vorschusszahlungen

Wird ein Fluggast getötet oder verletzt, hat das Luftfahrtunternehmen innerhalb von 15 Tagen nach Feststellung der schadensersatzberechtigten Person eine Vorschusszahlung zu leisten, um die unmittelbaren wirtschaftlichen Bedürfnisse zu decken. Im Todesfall beträgt diese Vorschusszahlung nicht weniger als 16000 SZR (gerundeter Betrag in Landeswährung).

Verspätungen bei der Beförderung von Fluggästen

Das Luftfahrtunternehmen haftet für Schäden durch Verspätung bei der Beförderung von Fluggästen, es sei denn, dass es alle zumutbaren Maßnahmen zur Schadensvermeidung ergriffen hat oder die Ergreifung dieser Maßnahmen unmöglich war. Die Haftung für Verspätungsschäden bei der Beförderung von Fluggästen ist auf

4150 SZR (gerundeter Betrag in Landeswährung) begrenzt.

Verspätungen bei der Beförderung von Reisegepäck

Das Luftfahrtunternehmen haftet für Schäden durch Verspätung bei der Beförderung von Reisegepäck, es sei denn, dass es alle zumutbaren Maßnahmen zur Schadensvermeidung ergriffen hat oder die Ergreifung dieser Maßnahmen unmöglich war. Die Haftung für Verspätungsschäden bei der Beförderung von Reisegepäck ist auf 1000 SZR (gerundeter Betrag in Landeswährung) begrenzt.

Zerstörung, Verlust oder Beschädigung von Reisegepäck

Das Luftfahrtunternehmen haftet für die Zerstörung, den Verlust oder die Beschädigung von Reisegepäck bis zu einer Höhe von 1000 SZR (gerundeter Betrag in Landeswährung). Bei aufgegebenem Reisegepäck besteht eine verschuldensunabhängige Haftung, sofern nicht das Reisegepäck bereits vorher schadhaft war. Bei nicht aufgegebenem Reisegepäck haftet das Luftfahrtunternehmen nur für schuldhaftes Verhalten.

Höhere Haftungsgrenze für Reisegepäck

Eine höhere Haftungsgrenze gilt, wenn der Fluggast spätestens bei der Abfertigung eine besondere Erklärung abgibt und einen Zuschlag entrichtet.

Beanstandungen beim Reisegepäck

Bei Beschädigung, Verspätung, Verlust oder Zerstörung von Reisegepäck hat der Fluggast dem Luftfahrtunternehmen so bald wie möglich schriftlich Anzeige zu erstatten. Bei Beschädigung von aufgegebenem Reisegepäck muss der Fluggast binnen sieben Tagen, bei verspätetem Reisegepäck binnen 21 Tagen, nachdem es ihm zur Verfügung gestellt wurde, schriftlich Anzeige erstatten.

Haftung des vertraglichen und des ausführenden Luftfahrtunternehmens

Wenn das ausführende Luftfahrtunternehmen nicht mit dem vertraglichen Luftfahrtunternehmen identisch ist, kann der Fluggast seine Anzeige oder Schadensersatzansprüche an jedes der beiden Unternehmen richten. Ist auf dem Flugschein der Name oder Code eines Luftfahrtunternehmens angegeben, so ist dieses das Vertrag schließende Luftfahrtunternehmen.

Klagefristen

Gerichtliche Klagen auf Schadensersatz müssen innerhalb von zwei Jahren, beginnend mit dem Tag der Ankunft des Flugzeugs oder dem Tag, an dem das Flugzeug hätte ankommen sollen, erhoben werden.

Grundlage dieser Informationen

Diese Bestimmungen beruhen auf dem Übereinkommen von Montreal vom 28. Mai 1999, das in der Europäischen Gemeinschaft durch die Verordnung (EG) Nr. 2027/97 in der durch die Verordnung (EG) Nr. 889/2002 geänderten Fassung und durch nationale Rechtsvorschriften der Mitgliedstaaten umgesetzt wurde.

26/2. EU-Fluggastrechteverordnung

26/2. EU-VO für Ausgleichs- und Unterstützungsleistungen für Fluggästen, ABl L 46 vom 17. 2. 2004, S 1 idF

1 ABl L 119 vom 7. 5. 2019, S 202 (Berichtigung)

Verordnung (EG) Nr. 261/2004 des Europäischen Parlaments und des Rates vom 11. Februar 2004 über eine gemeinsame Regelung für Ausgleichs und Unterstützungsleistungen für Fluggäste im Fall der Nichtbeförderung und bei Annullierung oder großer Verspätung von Flügen und zur Aufhebung der Verordnung (EWG) Nr. 295/91

DAS EUROPÄISCHE PARLAMENT UND DER RAT DER EUROPÄISCHEN UNION –

gestützt auf den Vertrag zur Gründung der Europäischen Gemeinschaft, insbesondere auf Artikel 80 Absatz 2,

auf Vorschlag der Kommission,

nach Stellungnahme des Europäischen Wirtschafts- und Sozialausschusses,

nach Anhörung des Ausschusses der Regionen,

gemäß dem Verfahren des Artikels 251 des Vertrags, aufgrund des vom Vermittlungsausschuss am 1. Dezember 2003 gebilligten gemeinsamen Entwurfs,

in Erwägung nachstehender Gründe:

1. Die Maßnahmen der Gemeinschaft im Bereich des Luftverkehrs sollten unter anderem darauf abzielen, ein hohes Schutzniveau für Fluggäste sicherzustellen. Ferner sollte den Erfordernissen des Verbraucherschutzes im Allgemeinen in vollem Umfang Rechnung getragen werden.

2. Nichtbeförderung und Annullierung oder eine große Verspätung von Flügen sind für die Fluggäste ein Ärgernis und verursachen ihnen große Unannehmlichkeiten.

3. Durch die Verordnung (EWG) Nr. 295/91 des Rates vom 4. Februar 1991 über eine gemeinsame Regelung für ein System von Ausgleichsleistungen bei Nichtbeförderung im Linienflugverkehr wurde zwar ein grundlegender Schutz für die Fluggäste geschaffen, die Zahl der gegen ihren Willen nicht beförderten Fluggäste ist aber immer noch zu hoch; dasselbe gilt für nicht angekündigte Annullierungen und große Verspätungen.

4. Die Gemeinschaft sollte deshalb die mit der genannten Verordnung festgelegten Schutzstandards erhöhen, um die Fluggastrechte zu stärken und um sicherzustellen, dass die Geschäftstätigkeit von Luftfahrtunternehmen in einem liberalisierten Markt harmonisierten Bedingungen unterliegt.

5. Da die Unterscheidung zwischen Linienflugverkehr und Bedarfsflugverkehr an Deutlichkeit verliert, sollte der Schutz sich nicht auf Fluggäste im Linienflugverkehr beschränken, sondern sich auch auf Fluggäste im Bedarfsflugverkehr, einschließlich Flügen im Rahmen von Pauschalreisen, erstrecken.

6. Der Schutz für Fluggäste, die einen Flug von einem Flughafen in einem Mitgliedstaat antreten, sollte bei Flügen, die von einem Luftfahrtunternehmen der Gemeinschaft durchgeführt werden, auf Fluggäste ausgedehnt werden, die von einem Flughafen in einem Drittstaat einen Flug zu einem Flughafen in einem Mitgliedstaat antreten.

7. Damit diese Verordnung wirksam angewandt wird, sollten die durch sie geschaffenen Verpflichtungen dem ausführenden Luftfahrtunternehmen obliegen, das einen Flug durchführt oder durchzuführen beabsichtigt, und zwar unabhängig davon, ob der Flug mit einem eigenen Luftfahrzeug oder mit einem mit oder ohne Besatzung gemieteten Luftfahrzeug oder in sonstiger Form durchgeführt wird.

8. Diese Verordnung sollte die Ansprüche des ausführenden Luftfahrtunternehmens nicht einschränken, nach geltendem Recht Ausgleichsleistungen von anderen Personen, auch Dritten, zu verlangen.

9. Die Zahl der gegen ihren Willen nicht beförderten Fluggäste sollte dadurch verringert werden, dass von den Luftfahrtunternehmen verlangt wird, Fluggäste gegen eine entsprechende Gegenleistung zum freiwilligen Verzicht auf ihre Buchungen zu bewegen, anstatt Fluggästen die Beförderung zu verweigern, und denjenigen, die letztlich nicht befördert werden, eine vollwertige Ausgleichsleistung zu erbringen.

10. Fluggäste, die gegen ihren Willen nicht befördert werden, sollten in der Lage sein, entweder ihre Flüge unter Rückerstattung des Flugpreises zu stornieren oder diese unter zufrieden stellenden Bedingungen fortzusetzen, und sie sollten angemessen betreut werden, während sie auf einen späteren Flug warten.

11. Freiwilligen sollte es ebenfalls möglich sein, ihre Flüge unter Rückerstattung des Flugprei-

ses zu stornieren oder diese unter zufrieden stellenden Bedingungen fortzusetzen, da sie mit ähnlichen Schwierigkeiten konfrontiert sind wie gegen ihren Willen nicht beförderte Fluggäste.

12. Das Ärgernis und die Unannehmlichkeiten, die den Fluggästen durch die Annullierung von Flügen entstehen, sollten ebenfalls verringert werden. Dies sollte dadurch erreicht werden, dass die Luftfahrtunternehmen veranlasst werden, die Fluggäste vor der planmäßigen Abflugzeit über Annullierungen zu unterrichten und ihnen darüber hinaus eine zumutbare anderweitige Beförderung anzubieten, so dass die Fluggäste umdisponieren können. Andernfalls sollten die Luftfahrtunternehmen den Fluggästen einen Ausgleich leisten und auch eine angemessene Betreuung anbieten, es sei denn, die Annullierung geht auf außergewöhnliche Umstände zurück, die sich auch dann nicht hätten vermeiden lassen, wenn alle zumutbaren Maßnahmen ergriffen worden wären.

13. Fluggästen, deren Flüge annulliert werden, sollten entweder eine Erstattung des Flugpreises oder eine anderweitige Beförderung unter zufrieden stellenden Bedingungen erhalten können, und sie sollten angemessen betreut werden, während sie auf einen späteren Flug warten.

14. Wie nach dem Übereinkommen von Montreal sollten die Verpflichtungen für ausführende Luftfahrtunternehmen in den Fällen beschränkt oder ausgeschlossen sein, in denen ein Vorkommnis auf außergewöhnliche Umstände zurückgeht, die sich auch dann nicht hätten vermeiden lassen, wenn alle zumutbaren Maßnahmen ergriffen worden wären. Solche Umstände können insbesondere bei politischer Instabilität, mit der Durchführung des betreffenden Fluges nicht zu vereinbarenden Wetterbedingungen, Sicherheitsrisiken, unerwarteten Flugsicherheitsmängeln und den Betrieb eines ausführenden Luftfahrtunternehmens beeinträchtigenden Streiks eintreten.

15. Vom Vorliegen außergewöhnlicher Umstände sollte ausgegangen werden, wenn eine Entscheidung des Flugverkehrsmanagements zu einem einzelnen Flugzeug an einem bestimmten Tag zur Folge hat, dass es bei einem oder mehreren Flügen des betreffenden Flugzeugs zu einer großen Verspätung, einer Verspätung bis zum nächsten Tag oder zu einer Annullierung kommt, obgleich vom betreffenden Luftfahrtunternehmen alle zumutbaren Maßnahmen ergriffen wurden, um die Verspätungen oder Annullierungen zu verhindern.

16. Für Fälle, in denen eine Pauschalreise aus anderen Gründen als der Annullierung des Fluges annulliert wird, sollte diese Verordnung nicht gelten.

17. Fluggäste, deren Flüge sich um eine bestimmte Zeit verspäten, sollten angemessen betreut werden, und es sollte ihnen möglich sein, ihre Flüge unter Rückerstattung des Flugpreises zu stornieren oder diese unter zufrieden stellenden Bedingungen fortzusetzen.

18. Die Betreuung von Fluggästen, die auf einen Alternativflug oder einen verspäteten Flug warten, kann eingeschränkt oder abgelehnt werden, wenn die Betreuung ihrerseits zu einer weiteren Verzögerung führen würde.

19. Die ausführenden Luftfahrtunternehmen sollten den besonderen Bedürfnissen von Personen mit eingeschränkter Mobilität und deren Begleitpersonen gerecht werden.

20. Die Fluggäste sollten umfassend über ihre Rechte im Fall der Nichtbeförderung und bei Annullierung oder großer Verspätung von Flügen informiert werden, damit sie diese Rechte wirksam wahrnehmen können.

21. Die Mitgliedstaaten sollten Regeln für Sanktionen bei Verstößen gegen diese Verordnung festlegen und deren Durchsetzung gewährleisten. Die Sanktionen müssen wirksam, verhältnismäßig und abschreckend sein.

22. Die Mitgliedstaaten sollten die generelle Einhaltung dieser Verordnung durch ihre Luftfahrtunternehmen sicherstellen und überwachen und eine geeignete Stelle zur Erfüllung dieser Durchsetzungsaufgaben benennen. Die Überwachung sollte das Recht von Fluggästen und Luftfahrtunternehmen unberührt lassen, ihre Rechte nach den im nationalen Recht vorgesehenen Verfahren gerichtlich geltend zu machen.

23. Die Kommission sollte die Anwendung dieser Verordnung analysieren und insbesondere beurteilen, ob ihr Anwendungsbereich auf alle Fluggäste ausgeweitet werden sollte, die mit einem Reiseunternehmen oder einem Luftfahrtunternehmen der Gemeinschaft in einer Vertragsbeziehung stehen und von einem Flughafen in einem Drittstaat einen Flug zu einem Flughafen in einem Mitgliedstaat antreten.

24. Am 2. Dezember 1987 haben das Königreich Spanien und das Vereinigte Königreich in London in einer gemeinsamen Erklärung ihrer Minister für auswärtige Angelegenheiten eine engere Zusammenarbeit bei der Benutzung des Flughafens Gibraltar vereinbart; diese Vereinbarung ist noch nicht wirksam.

25. Die Verordnung (EWG) Nr. 295/91 sollte dementsprechendaufgehoben werden –

HABEN FOLGENDE VERORDNUNG ERLASSEN:

Artikel 1. Gegenstand

(1) Durch diese Verordnung werden unter den in ihr genannten Bedingungen Mindestrechte für Fluggäste in folgenden Fällen festgelegt:

a) Nichtbeförderung gegen ihren Willen,

b) Annullierung des Flugs,

c) Verspätung des Flugs.

(2) Die Anwendung dieser Verordnung auf den Flughafen Gibraltar erfolgt unbeschadet der Rechtsstandpunkte des Königreichs Spanien und des Vereinigten Königreichs in der strittigen Frage der Souveränität über das Gebiet, auf dem sich der Flugplatz befindet.

(3) Die Anwendung dieser Verordnung auf den Flughafen Gibraltar wird bis zum Wirksamwerden der Regelung ausgesetzt, die in der Gemeinsamen Erklärung der Minister für auswärtige Angelegenheiten des Königreichs Spanien und des Vereinigten Königreichs vom 2. Dezember 1987 enthalten ist. Die Regierungen des Königreichs Spanien und des Vereinigten Königreichs unterrichten den Rat über den Zeitpunkt des Wirksamwerdens.

Artikel 2. Begriffsbestimmungen

Im Sinne dieser Verordnung bezeichnet der Ausdruck

a) „Luftfahrtunternehmen" ein Lufttransportunternehmen mit einer gültigen Betriebsgenehmigung;

b) „ausführendes Luftfahrtunternehmen" ein Luftfahrtunternehmen, das im Rahmen eines Vertrags mit einem Fluggast oder im Namen einer anderen – juristischen oder natürlichen – Person, die mit dem betreffenden Fluggast in einer Vertragsbeziehung steht, einen Flug durchführt oder durchzuführen beabsichtigt;

c) „Luftfahrtunternehmen der Gemeinschaft" ein Luftfahrtunternehmen mit einer gültigen Betriebsgenehmigung, die von einem Mitgliedstaat gemäß der Verordnung (EWG) Nr. 2407/92 des Rates vom 23. Juli 1992 über die Erteilung von Betriebsgenehmigungen an Luftfahrtunternehmen erteilt wurde;

d) „Reiseunternehmen" einen Veranstalter im Sinne von Artikel 2 Nummer 2 der Richtlinie 90/314/EWG des Rates vom 13. Juni 1990 über Pauschalreisen, mit Ausnahme von Luftfahrtunternehmen;

e) „Pauschalreise" die in Artikel 2 Nummer 1 der Richtlinie 90/314/EWG definierten Leistungen;

f) „Flugschein" ein gültiges, einen Anspruch auf Beförderungsleistung begründendes Dokument oder eine gleichwertige papierlose, auch elektronisch ausgestellte Berechtigung, das bzw. die von dem Luftfahrtunternehmen oder dessen zugelassenem Vermittler ausgegeben oder genehmigt wurde;

g) „Buchung" den Umstand, dass der Fluggast über einen Flugschein oder einen anderen Beleg verfügt, aus dem hervorgeht, dass die Buchung von dem Luftfahrtunternehmen oder dem Reiseunternehmen akzeptiert und registriert wurde

h) „Endziel" den Zielort auf dem am Abfertigungsschalter vorgelegten Flugschein bzw. bei direkten Anschlussflügen den Zielort des letzten Fluges; verfügbare alternative Anschlussflüge bleiben unberücksichtigt, wenn die planmäßige Ankunftszeit eingehalten wird;

i) „Person mit eingeschränkter Mobilität" eine Person, deren Mobilität bei der Benutzung von Beförderungsmitteln aufgrund einer körperlichen Behinderung (sensorischer oder motorischer Art, dauerhaft oder vorübergehend), einer geistigen Beeinträchtigung, ihres Alters oder aufgrund anderer Behinderungen eingeschränkt ist und deren Zustand besondere Unterstützung und eine Anpassung der allen Fluggästen bereitgestellten Dienstleistungen an die Bedürfnisse dieser Person erfordert;

j) „Nichtbeförderung" die Weigerung, Fluggäste zu befördern, obwohl sie sich unter den in Artikel 3 Absatz 2 genannten Bedingungen am Flugsteig eingefunden haben, sofern keine vertretbaren Gründe für die Nichtbeförderung gegeben sind, z. B. im Zusammenhang mit der Gesundheit oder der allgemeinen oder betrieblichen Sicherheit oder unzureichenden Reiseunterlagen;

k) „Freiwilliger" eine Person, die sich unter den in Artikel 3 Absatz 2 genannten Bedingungen am Flugsteig eingefunden hat und dem Aufruf des Luftfahrtunternehmens nachkommt, gegen eine entsprechende Gegenleistung von ihrer Buchung zurückzutreten;

l) „Annullierung" die Nichtdurchführung eines geplanten Fluges, für den zumindest ein Platz reserviert war.

Artikel 3. Anwendungsbereich

(1) Diese Verordnung gilt:

a) für Fluggäste, die auf Flughäfen im Gebiet eines Mitgliedstaats, das den Bestimmungen des Vertrags unterliegt, einen Flug antreten;

b) sofern das ausführende Luftfahrtunternehmen ein Luftfahrtunternehmen der Gemeinschaft ist, für Fluggäste, die von einem Flughafen in einem Drittstaat einen Flug zu einem Flughafen im Gebiet eines Mitgliedstaats, das den Bestimmungen des Vertrags unterliegt, antreten, es sei denn, sie haben in diesem Drittstaat Gegen- oder Ausgleichs- und Unterstützungsleistungen erhalten.

(2) Absatz 1 gilt unter der Bedingung, dass die Fluggäste

a) über eine bestätigte Buchung für den betreffenden Flug verfügen und – außer im Fall einer Annullierung gemäß Artikel 5 – sich

– wie vorgegeben und zu der zuvor schriftlich (einschließlich auf elektronischem Wege) von dem Luftfahrtunternehmen, dem Reiseunternehmen oder einem zugelassenen Reisevermittler angegebenen Zeit zur Abfertigung einfinden

oder, falls keine Zeit angegeben wurde,

– spätestens 45 Minuten vor der veröffentlichten Abflugzeit zur Abfertigung einfinden oder

b) von einem Luftfahrtunternehmen oder Reiseunternehmen von einem Flug, für den sie eine Buchung besassen, auf einen anderen Flug verlegt wurden, ungeachtet des Grundes hierfür.

(3) Diese Verordnung gilt nicht für Fluggäste, die kostenlos oder zu einem reduzierten Tarif reisen, der für die Öffentlichkeit nicht unmittelbar oder mittelbar verfügbar ist. Sie gilt jedoch für Fluggäste mit Flugscheinen, die im Rahmen eines Kundenbindungsprogramms oder anderer Werbeprogramme von einem Luftfahrtunternehmen oder Reiseunternehmen ausgegeben wurden.

(4) Diese Verordnung gilt nur für Fluggäste, die von Motorluftfahrzeugen mit festen Tragflächen befördert werden.

(5) Diese Verordnung gilt für alle ausführenden Luftfahrtunternehmen, die Beförderungen für Fluggäste im Sinne der Absätze 1 und 2 erbringen. Erfüllt ein ausführendes Luftfahrtunternehmen, das in keiner Vertragsbeziehung mit dem Fluggast steht, Verpflichtungen im Rahmen dieser Verordnung, so wird davon ausgegangen, dass es im Namen der Person handelt, die in einer Vertragsbeziehung mit dem betreffenden Fluggast steht.

(6) Diese Verordnung lässt die aufgrund der Richtlinie 90/314/EWG bestehenden Fluggastrechte unberührt. Diese Verordnung gilt nicht für Fälle, in denen eine Pauschalreise aus anderen Gründen als der Annullierung des Fluges annulliert wird.

Artikel 4. Nichtbeförderung

(1) Ist für ein ausführendes Luftfahrtunternehmen nach vernünftigem Ermessen absehbar, dass Fluggästen die Beförderung zu verweigern ist, so versucht es zunächst, Fluggäste gegen eine entsprechende Gegenleistung unter Bedingungen, die zwischen dem betreffenden Fluggast und dem ausführenden Luftfahrtunternehmen zu vereinbaren sind, zum freiwilligen Verzicht auf ihre Buchungen zu bewegen. Die Freiwilligen sind gemäß Artikel 8 zu unterstützen, wobei die Unterstützungsleistungen zusätzlich zu dem in diesem Absatz genannten Ausgleich zu gewähren sind.

(2) Finden sich nicht genügend Freiwillige, um die Beförderung der verbleibenden Fluggäste mit Buchungen mit dem betreffenden Flug zu ermöglichen, so kann das ausführende Luftfahrtunternehmen Fluggästen gegen ihren Willen die Beförderung verweigern.

(3) Wird Fluggästen gegen ihren Willen die Beförderung verweigert, so erbringt das ausführende Luftfahrtunternehmen diesen unverzüglich die Ausgleichsleistungen gemäß Artikel 7 und die Unterstützungsleistungen gemäß den Artikeln 8 und 9.

Artikel 5. Annullierung

(1) Bei Annullierung eines Fluges werden den betroffenen Fluggästen

a) vom ausführenden Luftfahrtunternehmen Unterstützungsleistungen gemäß Artikel 8 angeboten,

b) vom ausführenden Luftfahrtunternehmen Unterstützungsleistungen gemäß Artikel 9 Absatz 1 Buchstabe a) und Absatz 2 angeboten und im Fall einer anderweitigen Beförderung, wenn die nach vernünftigem Ermessen zu erwartende Abflugzeit des neuen Fluges erst am Tag nach der planmäßigen Abflugzeit des annullierten Fluges liegt, Unterstützungsleistungen gemäß Artikel 9 Absatz 1 Buchstaben b) und c) angeboten und

c) vom ausführenden Luftfahrtunternehmen ein Anspruch auf Ausgleichsleistungen gemäß Artikel 7 eingeräumt, es sei denn,

i) sie werden über die Annullierung mindestens zwei Wochen vor der planmäßigen Abflugzeit unterrichtet, oder

ii) sie werden über die Annullierung in einem Zeitraum zwischen zwei Wochen und sieben Tagen vor der planmäßigen Abflugzeit unterrichtet und erhalten ein Angebot zur anderweitigen Beförderung, das es ihnen ermöglicht, nicht mehr als zwei Stunden vor der planmäßigen Abflugzeit abzufliegen und ihr Endziel höchstens vier Stunden nach der planmäßigen Ankunftszeit zu erreichen, oder

iii) sie werden über die Annullierung weniger als sieben Tage vor der planmäßigen Abflugzeit unterrichtet und erhalten ein Angebot zur anderweitigen Beförderung, das es ihnen ermöglicht, nicht mehr als eine Stunde vor der planmäßigen Abflugzeit abzufliegen und ihr Endziel höchstens zwei Stunden nach der planmäßigen Ankunftszeit zu erreichen.

(2) Wenn die Fluggäste über die Annullierung unterrichtet werden, erhalten sie Angaben zu einer möglichen anderweitigen Beförderung.

(3) Ein ausführendes Luftfahrtunternehmen ist nicht verpflichtet, Ausgleichszahlungen gemäß Artikel 7 zu leisten, wenn es nachweisen kann, dass die Annullierung auf außergewöhnliche Umstände zurückgeht, die sich auch dann nicht hätten vermeiden lassen, wenn alle zumutbaren Maßnahmen ergriffen worden wären.

(4) Die Beweislast dafür, ob und wann der Fluggast über die Annullierung des Fluges unterrichtet wurde, trägt das ausführende Luftfahrtunternehmen.

Artikel 6. Verspätung

(1) Ist für ein ausführendes Luftfahrtunternehmen nach vernünftigem Ermessen absehbar, dass sich der Abflug

a) bei allen Flügen über eine Entfernung von 1 500 km oder weniger um zwei Stunden oder mehr oder

b) bei allen innergemeinschaftlichen Flügen über eine Entfernung von mehr als 1 500 km und bei allen anderen Flügen über eine Entfernung zwischen 1 500 km und 3 500 km um drei Stunden oder mehr oder

c) bei allen nicht unter Buchstabe a) oder b) fallenden Flügen um vier Stunden oder mehr

gegenüber der planmäßigen Abflugzeit verzögert, so werden den Fluggästen vom ausführenden Luftfahrtunternehmen

i) die Unterstützungsleistungen gemäß Artikel 9 Absatz 1 Buchstabe a) und Absatz 2 angeboten,

ii) wenn die nach vernünftigem Ermessen zu erwartende Abflugzeit erst am Tag nach der zuvor angekündigten Abflugzeit liegt, die Unterstützungsleistungen gemäß Artikel 9 Absatz 1 Buchstaben b) und c) angeboten und,

iii) wenn die Verspätung mindestens fünf Stunden beträgt, die Unterstützungsleistungen gemäß Artikel 8 Absatz 1 Buchstabe a) angeboten.

(2) Auf jeden Fall müssen die Unterstützungsleistungen innerhalb der vorstehend für die jeweilige Entfernungskategorie vorgesehenen Fristen angeboten werden.

Artikel 7. Ausgleichsanspruch

(1) Wird auf diesen Artikel Bezug genommen, so erhalten die Fluggäste Ausgleichszahlungen in folgender Höhe:

a) 250 EUR bei allen Flügen über eine Entfernung von 1 500 km oder weniger,

b) 400 EUR bei allen innergemeinschaftlichen Flügen über eine Entfernung von mehr als 1 500 km und bei allen anderen Flügen über eine Entfernung zwischen 1 500 km und 3 500 km,

c) 600 EUR bei allen nicht unter Buchstabe a) oder b) fallenden Flügen.

Bei der Ermittlung der Entfernung wird der letzte Zielort zugrunde gelegt, an dem der Fluggast infolge der Nichtbeförderung oder der Annullierung später als zur planmäßigen Ankunftszeit ankommt.

(2) Wird Fluggästen gemäß Artikel 8 eine anderweitige Beförderung zu ihrem Endziel mit einem Alternativflug angeboten, dessen Ankunftszeit

a) bei allen Flügen über eine Entfernung von 1 500 km oder weniger nicht später als zwei Stunden oder

b) bei allen innergemeinschaftlichen Flügen über eine Entfernung von mehr als 1 500 km und bei allen anderen Flügen über eine Entfernung zwischen 1 500 und 3 500 km nicht später als drei Stunden oder

c) bei allen nicht unter Buchstabe a) oder b) fallenden Flügen nicht später als vier Stunden

nach der planmäßigen Ankunftszeit des ursprünglich gebuchten Fluges liegt, so kann das ausführende Luftfahrtunternehmen die Ausgleichszahlungen nach Absatz 1 um 50 % kürzen.

(3) Die Ausgleichszahlungen nach Absatz 1 erfolgen durch Barzahlung, durch elektronische oder gewöhnliche Überweisung, durch Scheck oder, mit schriftlichem Einverständnis des Fluggasts, in Form von Reisegutscheinen und/oder anderen Dienstleistungen.

(4) Die in den Absätzen 1 und 2 genannten Entfernungen werden nach der Methode der Großkreisentfernung ermittelt.

Artikel 8. Anspruch auf Erstattung oder anderweitige Beförderung

(1) Wird auf diesen Artikel Bezug genommen, so können Fluggäste wählen zwischen

a) – der binnen sieben Tagen zu leistenden vollständigen Erstattung der Flugscheinkosten nach den in Artikel 7 Absatz 3 genannten Modalitäten zu dem Preis, zu dem der Flugschein erworben wurde, für nicht zurückgelegte Reiseabschnitte sowie für bereits zurückgelegte Reiseabschnitte, wenn der Flug im Hinblick auf den ursprünglichen Reiseplan des Fluggastes zwecklos geworden ist, gegebenenfalls in Verbindung mit

– einem Rückflug zum ersten Abflugort zum frühestmöglichen Zeitpunkt,

b) anderweitiger Beförderung zum Endziel unter vergleichbaren Reisebedingungen zum frühestmöglichen Zeitpunkt oder

c) anderweitiger Beförderung zum Endziel unter vergleichbaren Reisebedingungen zu einem späteren Zeitpunkt nach Wunsch des Fluggastes, vorbehaltlich verfügbarer Plätze.

(2) Absatz 1 Buchstabe a) gilt auch für Fluggäste, deren Flüge Bestandteil einer Pauschalreise sind, mit Ausnahme des Anspruchs auf Erstattung, sofern dieser sich aus der Richtlinie 90/314/EWG ergibt.

(3) Befinden sich an einem Ort, in einer Stadt oder Region mehrere Flughäfen und bietet ein ausführendes Luftfahrtunternehmen einem Fluggast einen Flug zu einem anderen als dem in der ursprünglichen Buchung vorgesehenen Zielflughafen an, so trägt das ausführende Luftfahrtunternehmen die Kosten für die Beförderung des Fluggastes von dem anderen Flughafen entweder zu dem in der ursprünglichen Buchung vorgesehenen Zielflughafen oder zu einem sonstigen nahe gelegenen, mit dem Fluggast vereinbarten Zielort.

Artikel 9. Anspruch auf Betreuungsleistungen

(1) Wird auf diesen Artikel Bezug genommen, so sind Fluggästen folgende Leistungen unentgeltlich anzubieten:

a) Mahlzeiten und Erfrischungen in angemessenem Verhältnis zur Wartezeit,

b) Hotelunterbringung, falls
– ein Aufenthalt von einer Nacht oder mehreren Nächten notwendig ist oder
– ein Aufenthalt zusätzlich zu dem vom Fluggast beabsichtigten Aufenthalt notwendig ist,

c) Beförderung zwischen dem Flughafen und dem Ort der Unterbringung (Hotel oder Sonstiges).

(2) Außerdem wird den Fluggästen angeboten, unentgeltlich zwei Telefongespräche zu führen oder zwei Telexe oder Telefaxe oder E-Mails zu versenden.

(3) Bei der Anwendung dieses Artikels hat das ausführende Luftfahrtunternehmen besonders auf die Bedürfnisse von Personen mit eingeschränkter Mobilität und deren Begleitpersonen sowie auf die Bedürfnisse von Kindern ohne Begleitung zu achten.

Artikel 10. Höherstufung und Herabstufung

(1) Verlegt ein ausführendes Luftfahrtunternehmen einen Fluggast in eine höhere Klasse als die, für die der Flugschein erworben wurde, so darf es dafür keinerlei Aufschlag oder Zuzahlung erheben.

(2) Verlegt ein ausführendes Luftfahrtunternehmen einen Fluggast in eine niedrigere Klasse als die, für die der Flugschein erworben wurde, so erstattet es binnen sieben Tagen nach den in Artikel 7 Absatz 3 genannten Modalitäten

a) bei allen Flügen über eine Entfernung von 1 500 km oder weniger 30 % des Preises des Flugscheins oder

b) bei allen innergemeinschaftlichen Flügen über eine Entfernung von mehr als 1 500 km, mit Ausnahme von Flügen zwischen dem europäischen Hoheitsgebiet der Mitgliedstaaten und den französischen überseeischen Departements, und bei allen anderen Flügen über eine Entfernung zwischen 1 500 km und 3 500 km 50 % des Preises des Flugscheins oder

c) bei allen nicht unter Buchstabe a) oder b) fallenden Flügen, einschließlich Flügen zwischen dem europäischen Hoheitsgebiet der Mitgliedstaaten und den französischen überseeischen Departements, 75 % des Preises des Flugscheins.

Artikel 11. Personen mit eingeschränkter Mobilität oder mit besonderen Bedürfnissen

(1) Die ausführenden Luftfahrtunternehmen geben Personen mit eingeschränkter Mobilität und deren Begleitpersonen oder Begleithunden mit entsprechender Bescheinigung sowie Kindern ohne Begleitung bei der Beförderung Vorrang.

(2) Im Fall einer Nichtbeförderung, Annullierung oder Verspätung von beliebiger Dauer haben Personen mit eingeschränkter Mobilität und deren Begleitpersonen sowie Kinder ohne Begleitung Anspruch auf baldmögliche Betreuung gemäß Artikel 9.

Artikel 12. Weiter gehender Schadensersatz

(1) Diese Verordnung gilt unbeschadet eines weiter gehenden Schadensersatzanspruchs des Fluggastes. Die nach dieser Verordnung gewährte Ausgleichsleistung kann auf einen solchen Schadensersatzanspruch angerechnet werden.

(2) Unbeschadet der einschlägigen Grundsätze und Vorschriften des einzelstaatlichen Rechts, einschließlich der Rechtsprechung, gilt Absatz 1 nicht für Fluggäste, die nach Artikel 4 Absatz 1 freiwillig auf eine Buchung verzichtet haben.

Artikel 13. Regressansprüche

In Fällen, in denen ein ausführendes Luftfahrtunternehmen eine Ausgleichszahlung leistet oder die sonstigen sich aus dieser Verordnung ergebenden Verpflichtungen erfüllt, kann keine Bestimmung dieser Verordnung in dem Sinne ausgelegt werden, dass sie das Recht des Luftfahrtunternehmens beschränkt, nach geltendem Recht bei anderen Personen, auch Dritten, Regress zu nehmen. Insbesondere beschränkt diese Verordnung in keiner Weise das Recht des ausführenden Luftfahrtunternehmens, Erstattung von einem Reiseunternehmen oder einer anderen Person zu verlangen, mit der es in einer Vertragsbeziehung steht. Gleichfalls kann keine Bestimmung dieser Verordnung in dem Sinne ausgelegt werden, dass sie das Recht eines Reiseunternehmens oder eines nicht zu den Fluggästen zählenden Dritten, mit dem das ausführende Luftfahrtunternehmen in einer Vertragsbeziehung steht, beschränkt, vom ausführenden Luftfahrtunternehmen gemäß den anwendbaren einschlägigen Rechtsvorschriften eine Erstattung oder Entschädigung zu verlangen.

Artikel 14. Verpflichtung zur Information der Fluggäste über ihre Rechte

(1) Das ausführende Luftfahrtunternehmen stellt sicher, dass bei der Abfertigung ein klar lesbarer Hinweis mit folgendem Wortlaut für die Fluggäste deutlich sichtbar angebracht wird: „Wenn Ihnen die Beförderung verweigert wird oder wenn Ihr Flug annulliert wird oder um mindestens zwei Stunden verspätet ist, verlangen Sie am Abfertigungsschalter oder am Flugsteig schriftliche Auskunft über ihre Rechte, insbesondere über Ausgleichs- und Unterstützungsleistungen."

(2) Ein ausführendes Luftfahrtunternehmen, das Fluggästen die Beförderung verweigert oder einen Flug annulliert, händigt jedem betroffenen Fluggast einen schriftlichen Hinweis aus, in dem die Regeln für Ausgleichs- und Unterstützungsleistungen gemäß dieser Verordnung dargelegt werden. Ferner wird allen von einer Verspätung um mindestens zwei Stunden betroffenen Fluggästen ein entsprechender Hinweis ausgehändigt. Die für die Kontaktaufnahme notwendigen Angaben zu der benannten einzelstaatlichen Stelle nach Artikel 16 werden dem Fluggast ebenfalls in schriftlicher Form ausgehändigt. *(ABl L 119 vom 7. 5. 2019, S 202)*

(3) Bei blinden oder sehbehinderten Personen sind die Bestimmungen dieses Artikels durch den Einsatz geeigneter alternativer Mittel anzuwenden.

Artikel 15. Ausschluss der Rechtsbeschränkung

(1) Die Verpflichtungen gegenüber Fluggästen gemäß dieser Verordnung dürfen – insbesondere durch abweichende oder restriktive Bestimmungen im Beförderungsvertrag – nicht eingeschränkt oder ausgeschlossen werden.

(2) Wird dennoch eine abweichende oder restriktive Bestimmung bei einem Fluggast angewandt oder wird der Fluggast nicht ordnungsgemäß über seine Rechte unterrichtet und hat er aus diesem Grund einer Ausgleichsleistung zugestimmt, die unter der in dieser Verordnung vorgesehenen Leistung liegt, so ist der Fluggast weiterhin berechtigt, die erforderlichen Schritte bei den zuständigen Gerichten oder Stellen zu unternehmen, um eine zusätzliche Ausgleichsleistung zu erhalten.

Artikel 16. Verstöße

(1) Jeder Mitgliedstaat benennt eine Stelle, die für die Durchsetzung dieser Verordnung in Bezug auf Flüge von in seinem Hoheitsgebiet gelegenen Flughäfen und Flüge von einem Drittland zu diesen Flughäfen zuständig ist. Gegebenenfalls ergreift diese Stelle die notwendigen Maßnahmen, um sicherzustellen, dass die Fluggastrechte gewahrt werden. Die Mitgliedstaaten teilen der Kommission mit, welche Stelle gemäß diesem Absatz benannt worden ist.

(2) Unbeschadet des Artikels 12 kann jeder Fluggast bei einer gemäß Absatz 1 benannten Stelle oder einer sonstigen von einem Mitgliedstaat benannten zuständigen Stelle Beschwerde wegen eines behaupteten Verstoßes gegen diese Verordnung erheben, der auf einem Flughafen im Gebiet eines Mitgliedstaats begangen wurde oder einen Flug von einem Drittstaat zu einem Flughafen in diesem Gebiet betrifft.

(3) Die von den Mitgliedstaaten für Verstöße gegen diese Verordnung festgelegten Sanktionen müssen wirksam, verhältnismäßig und abschreckend sein.

Artikel 17. Bericht

Die Kommission erstattet dem Europäischen Parlament und dem Rat bis zum 1. Januar 2007 über die Anwendung und die Ergebnisse dieser Verordnung Bericht, insbesondere über Folgendes:

– die Häufigkeit von Fällen der Nichtbeförderung und der Annullierung von Flügen;

– die mögliche Ausweitung des Anwendungsbereichs dieser Verordnung auf Fluggäste, die in Vertragsbeziehung mit einem Luftfahrtunternehmen der Gemeinschaft stehen oder eine Buchung für einen Flug als Teil einer Pauschalreise besitzen, für die die Richtlinie 90/314/EWG gilt, und die von einem Flughafen in einem Drittland einen Flug zu einem Flughafen in einem Mitgliedstaat antreten, der nicht von einem Luftfahrtunternehmen der Gemeinschaft durchgeführt wird;

– die mögliche Überprüfung der Ausgleichsbeträge nach Artikel 7 Absatz 1.

Dem Bericht sind, soweit erforderlich, Legislativvorschläge beizufügen.

Artikel 18. Aufhebung

Die Verordnung (EWG) Nr. 295/91 wird aufgehoben.

Artikel 19. Inkrafttreten

Diese Verordnung tritt am 17. Februar 2005 in Kraft.

27. Atomhaftungsgesetz

27. Atomhaftungsgesetz 1999, BGBl I 1998/170 idF

1 BGBl I 2001/98 (2. Euro-JuBeG) **2** BGBl I 2003/33 (VAGNov 2003)

STICHWORTVERZEICHNIS

(Die Zahlenangaben beziehen sich auf die Paragraphen)

Bundesgesetz über die zivilrechtliche Haftung für Schäden durch Radioaktivität (Atomhaftungsgesetz 1999 – AtomHG 1999)

1. Abschnitt

Geltungsbereich und Begriffsbestimmungen

Geltungsbereich

§ 1. Dieses Bundesgesetz regelt die zivilrechtliche Haftung für Schäden, die durch ionisierende Strahlung von Kernanlagen, Kernmaterial oder Radionukliden an Menschen oder Sachen verursacht werden.

Begriffsbestimmungen

§ 2. Im Sinn dieses Bundesgesetzes bedeuten:

1. Kernmaterial: besonderes spaltbares Material und Ausgangsmaterial (Art. II § 1 Z 1 bis 3 Sicherheitskontrollgesetz 1991, BGBl. Nr. 415/1992) mit Ausnahme kleinster, radiologisch unbedeutender Mengen (Art. II § 6 Abs. 2 Z 1 Sicherheitskontrollgesetz 1991);

2. Radionuklide: sonstige radioaktive Stoffe, die zufolge spontaner Kernprozesse ionisierende Strahlung aussenden, einschließlich von Stoffen oder Gegenständen, die radioaktive Stoffe enthalten oder an deren Oberfläche sich solche Stoffe befinden;

3. Kernanlagen: Anlagen, in denen mit Kernmaterial in einer Menge und Art umgegangen wird, daß eine Kettenreaktion stattfinden oder nicht ausgeschlossen werden kann, insbesondere Kernreaktoren, Anlagen zur Herstellung, Bearbeitung, Verwendung, Aufbewahrung, Lagerung, Aufbereitung und Unschädlichmachung von Kernmaterial sowie Anlagen zur Trennung von Isotopen spaltbaren Materials;

4. Betriebsunternehmer: ein Unternehmer, der über den Betrieb einer Kernanlage verfügungsberechtigt ist und sich deren wirtschaftlichen Erfolg laufend zuordnet oder jederzeit zuordnen kann; der Inhaber der erforderlichen Betriebsbewilligung ist jedenfalls Betriebsunternehmer;

5. Halter: diejenige Person, die über ein Radionuklid verfügungsberechtigt ist und dieses für eigene Rechnung in Gebrauch hat;

6. Beförderer: diejenige Person, die Kernmaterial mit oder ohne Beförderungsvertrag über Straßen, Schienen, Luft oder Wasser befördert.

2. Abschnitt

Haftung für Kernanlagen und -material

Haftung des Betriebsunternehmers

§ 3. (1) Der Betriebsunternehmer einer Kernanlage haftet für Schäden, die durch den Betrieb der Kernanlage an Menschen oder Sachen verursacht werden. Der Betrieb der Kernanlage umfaßt auch den Abbau der Anlage bis zur Entsorgung des radioaktiven Inventars.

(2) Der Betriebsunternehmer einer Kernanlage haftet weiters für Schäden, die außerhalb der Kernanlage verursacht werden, wenn diese Schäden

1. auf Kernmaterial aus seiner Kernanlage zurückgehen und eingetreten sind, bevor der Betriebsunternehmer einer anderen Kernanlage die Verfügungsgewalt über dieses Kernmaterial übernommen hat, oder

2. auf an seine Kernanlage mit seinem Einverständnis versendetes Kernmaterial zurückgehen und eingetreten sind, nachdem er die Verfügungsgewalt über dieses Kernmaterial übernommen hatte.

Haftung des Beförderers

§ 4. Der Beförderer von Kernmaterial haftet für Schäden, die im Verlauf der Beförderung an Menschen oder Sachen verursacht werden, sofern er nicht beweist, daß er nicht gewußt hat und nicht hätte wissen müssen, daß es sich um Kernmaterial handelt.

Haftungsumfang und -ausschluß

§ 5. (1) Die Haftpflicht des Betriebsunternehmers und des Beförderers nach den § § 3 und 4 erstreckt sich auch auf Schäden, die auf die radioaktiven Eigenschaften von Kernmaterial in Verbindung mit dessen giftigen, explosiven oder sonstigen gefährlichen Eigenschaften zurückzuführen sind.

(2) Die Haftpflicht nach den §§ 3 und 4 erstreckt sich nicht auf Schäden

1. an der Kernanlage selbst und an anderen auf deren Gelände befindlichen Kernanlagen, einschließlich der im Bau befindlichen Anlagen,

2. an Sachen, die sich auf diesem Gelände befinden und die im Zusammenhang mit der Kernanlage verwendet werden oder worden sind, und

3. an Transportmitteln, mit denen Kernmaterial befördert wird.

Sicherstellung

§ 6. (1) Der Betriebsunternehmer einer in Österreich gelegenen Kernanlage hat zur Deckung seiner Haftpflicht eine Haftpflichtversicherung abzuschließen. Diese Haftpflichtversicherung ist zumindest bis zum Ablauf von zehn Jahren nach Beendigung des Betriebs der Kernanlage aufrechtzuerhalten. Sie hat sich auf alle Schäden zu erstrecken, die während der Versicherungszeit verursacht und längstens innerhalb von zehn Jahren nach Eintritt geltend gemacht werden. Diese Sicherstellungspflicht erstreckt sich nicht auf Schäden, die auf einen Krieg, ein kriegerisches Unternehmen, einen Bürgerkrieg, einen Aufruhr oder einen Aufstand zurückzuführen sind.

(2) Die Haftpflichtversicherung muß mindestens den Betrag von „406 000 000 Euro" je Versicherungsfall zuzüglich „40 600 000 Euro" für Zinsen und Kosten, für Versuchs- oder Forschungsreaktoren aber den Betrag von „40 600 000 Euro" je Versicherungsfall zuzüglich „4 060 000 Euro" für Zinsen und Kosten, abdecken. *(BGBl I 2001/98, ab 1. 1. 2002)*

(3) Eine Versicherungspflicht besteht nicht, wenn der Bund oder ein Land selbst haftpflichtig ist oder dem Betriebsunternehmer einer Kernanlage gegenüber eine Haftungserklärung zumindest über den in den Abs. 1 und 2 angeführten Umfang abgegeben hat. Der Bundesminister für Finanzen wird ermächtigt, eine solche Haftung zu übernehmen, soweit der Abschluß einer Haftpflichtversicherung für den Haftpflichtigen wirtschaftlich nicht tragbar ist und die Haftungsübernahme durch den Bund im öffentlichen Interesse liegt.

§ 7. (1) Der Beförderer von Kernmaterial hat zur Deckung seiner Haftpflicht eine Haftpflichtversicherung abzuschließen, soweit das Risiko nicht auf Grund einer anderen Pflichtversicherung gedeckt ist. Die Haftpflichtversicherung hat sich auf alle Schäden zu erstrecken, die auf die Beförderung von Kernmaterial in Österreich zurückzuführen sind. Diese Sicherstellungspflicht erstreckt sich nicht auf Schäden, die auf einen Krieg, ein kriegerisches Unternehmen, einen Bürgerkrieg, einen Aufruhr oder einen Aufstand zurückzuführen sind.

(2) Die Haftpflichtversicherung muß mindestens den Betrag von „40 600 000 Euro" je Versicherungsfall zuzüglich „4 060 000 Euro" für Zinsen und Kosten, für Ausgangsmaterial aber den Betrag von „4 060 000 Euro" je Versicherungsfall zuzüglich „406 000 Euro" für Zinsen und Kosten, abdecken. *(BGBl I 2001/98, ab 1. 1. 2002)*

(3) Bei der Beförderung von Kernmaterial ist der Versicherungsnachweis (§ 158i Versicherungsvertragsgesetz 1958) mitzuführen und jederzeit auf Verlangen denjenigen Organen vorzulegen, die für die Überprüfung der Einhaltung der für die Beförderung maßgeblichen Rechts- und Sicherheitsvorschriften zuständig sind.

(4) § 6 Abs. 3 über den Entfall der Sicherstellungspflicht des Betriebsunternehmers ist auch auf die Sicherstellungspflicht des Beförderers von Kernmaterial anzuwenden.

§ 8. (1) Eine als Sicherstellung dienende Haftpflichtversicherung nach den § § 6 und 7 muß bei einem zum Betrieb dieses Versicherungszweigs in Österreich berechtigten Versicherer abgeschlossen werden. Darauf muß österreichisches Recht anzuwenden sein. Der Versicherer hat die Versicherungsbedingungen vor ihrer Verwendung „der Finanzmarktaufsichtsbehörde" mitzuteilen. *(BGBl I 2003/33)*

(2) Zuständige Stelle für die in § 158c Abs. 2 Versicherungsvertragsgesetz 1958 vorgesehene Anzeige ist für die Bewilligung des Betriebs einer Kernanlage oder für die Bewilligung der Beförderung von Kernmaterial zuständige Behörde.

3. Abschnitt

Haftung für Radionuklide

Haftung des Halters

§ 9. (1) Der Halter eines Radionuklides haftet für Schäden, die durch die ionisierende Strahlung des Radionuklides allein oder in Verbindung mit dessen sonstigen gefährlichen Eigenschaften an Menschen oder Sachen verursacht werden.

(2) Der Halter haftet nicht, wenn er beweist, daß er und seine Leute jede nach den Umständen des Einzelfalls gebotene Sorgfalt zur Verhinderung des Schadens aufgewendet haben. Bei der Verwendung von Radionukliden zur ärztlichen Heilbehandlung genügt dem geschädigten Patienten gegenüber der Beweis, daß die verwendeten Stoffe und Einrichtungen dem jeweiligen Stand der Wissenschaft und Technik entsprochen haben und der eingetretene Schaden nicht auf einem Versagen der Verrichtungen beruht.

Deckungsvorsorge

§ 10. (1) Der Halter eines Radionuklides hat in einer Art und in einem Ausmaß, wie sie im redlichen Geschäftsverkehr üblich sind, durch Eingehen einer Versicherung oder in anderer geeigneter Weise dafür Vorsorge zu treffen, daß Schadenersatzpflichten nach diesem Bundesgesetz erfüllt werden können.

(2) Für Radionuklide mit einer Aktivität von mehr als 370 Gigabecquerel muß diese Vorsorge jedenfalls in einer Haftpflichtversicherung mit einer Versicherungssumme von mindestens „4 060 000 Euro"* je Versicherungsfall bestehen. Die Haftpflichtversicherung muß bei einem zum Betrieb dieses Versicherungszweigs in Österreich berechtigten Versicherer abgeschlossen sein. Darauf muß österreichisches Recht anzuwenden

sein. Der Versicherer hat die Versicherungsbedingungen vor ihrer Verwendung „der Finanzmarktaufsichtsbehörde“** mitzuteilen. *(*BGBl I 2001/98, ab 1. 1. 2002; **BGBl I 2003/33)*

(3) Zuständige Stelle für die in § 158c Abs. 2 Versicherungsvertragsgesetz 1958 vorgesehene Anzeige ist die für die Bewilligung nach strahlenschutzrechtlichen Vorschriften zuständige Behörde.

(4) Eine Verpflichtung zur Deckungsvorsorge besteht nicht, wenn der Bund, ein Land, ein Gemeindeverband oder eine Ortsgemeinde mit mehr als 50 000 Einwohnern Halter des Radionuklides ist.

4. Abschnitt

Gegenstand des Ersatzes, Verursachungsvermutung und Auskunftspflichten

Gegenstand des Ersatzes

§ 11. (1) Die Ersatzpflicht für Schäden an der Person und an Sachen richtet sich nach den Bestimmungen des ABGB. Die Ersatzpflicht für Sachschäden umfaßt auch die Kosten der Beseitigung der von einer Sache ausgehenden Gefahr ionisierender Strahlung.

(2) Ist der Schaden an einer körperlichen Sache auch eine wesentliche Beeinträchtigung der Umwelt und ist eine Wiederherstellung des vorigen Zustandes durch den Haftpflichtigen nicht tunlich oder findet sich dieser nicht zur Wiederherstellung bereit, so gebührt dem Geschädigten auch dann der Ersatz der Kosten der Wiederherstellung, wenn diese Kosten den Wert der beschädigten Sache übersteigen. Der Geschädigte kann die Wiederherstellungskosten vorschußweise verlangen, hat eine Vorschußleistung in einem den Wert der beschädigten Sache übersteigenden Ausmaß jedoch zurückzuerstatten, wenn er nicht innerhalb angemessener Zeit den vorigen Zustand wiederherstellt.

(3) Die Ersatzpflicht umfaßt weiters die Kosten angemessener vorbeugender Maßnahmen zur Abwehr einer von einer Kernanlage, von Kernmaterial oder von Radionukliden ausgehenden, unmittelbar drohenden Gefahr (Rettungskosten). Anspruch auf Ersatz dieser Kosten hat diejenige Person, die sie tatsächlich getragen hat.

(4) Die Ersatzpflicht umfaßt auch den Verdienstentgang von Personen, die durch vorbeugende Maßnahmen (Abs. 3) oder wegen der Gefahren ionisierender Strahlung in der Ausübung ihrer Erwerbstätigkeit gehindert sind, sowie eine angemessene Entschädigung der erlittenen Beeinträchtigungen. Diese Ansprüche sind der Höhe nach mit dem Betrag von höchstens „40 600 Euro“ je Person begrenzt. *(BGBl I 2001/98, ab 1. 1. 2002, s § 29 Abs 4)*

Verursachung

§ 12. (1) Kann der Geschädigte als wahrscheinlich dartun, daß sein Körper ionisierender Strahlung aus einer Kernanlage, von Kernmaterial oder von Radionukliden ausgesetzt war, so wird vermutet, daß der Schaden auf die ionisierende Strahlung zurückzuführen ist, soweit ionisierende Strahlung geeignet ist, einen solchen Schaden herbeizuführen. Diese Vermutung ist widerlegt, wenn der in Anspruch Genommene als wahrscheinlich dartut, daß der Schaden nicht durch die ionisierende Strahlung verursacht worden ist.

(2) Die Vermutung nach Abs. 1 gilt nicht zugunsten des geschädigten Patienten bei der Verwendung von Radionukliden zur ärztlichen Heilbehandlung.

Auskunftspflichten

§ 13. (1) Liegen Umstände für die Annahme vor, daß ein Schaden durch ionisierende Strahlung verursacht worden ist, so hat der Geschädigte gegen jeden Betriebsunternehmer einer Kernanlage, Beförderer von Kernmaterial oder Halter von Radionukliden, der örtlich und nach der Art der Strahlung als Verursacher in Betracht kommt, Anspruch auf Auskunft über alle Umstände, deren Kenntnis zur Beurteilung der Ursache und des Ausmaßes des Schadens erforderlich ist.

(2) Der Betriebsunternehmer einer Kernanlage, Beförderer von Kernmaterial oder Halter von Radionukliden, dessen Haftpflicht nach diesem Bundesgesetz in Anspruch genommen worden ist, hat gegen jeden anderen Betriebsunternehmer, Beförderer oder Halter Anspruch auf Auskunft im Sinn des Abs. 1.

(3) Ein Anspruch auf Auskunft besteht nicht, soweit der Betriebsunternehmer, Beförderer oder Halter durch die Erteilung der Auskunft unverhältnismäßig belastet würde, insbesondere wegen der dafür notwendigen Aufwendungen, wegen einer ihm deshalb drohenden strafgerichtlichen Verfolgung oder wegen der dazu erforderlichen Preisgabe eines im Verhältnis zum Schaden wesentlich bedeutsameren Geschäfts- oder Betriebsgeheimnisses.

(4) Der auf Auskunft in Anspruch genommene Betriebsunternehmer, Beförderer oder Halter hat gegen den Auskunftswerber Anspruch auf Auskunft, soweit dies zur Beurteilung erforderlich ist, ob und in welchem Ausmaß der Schaden durch den Auskunftswerber selbst oder durch andere Ursachen herbeigeführt worden ist, und soweit der Geschädigte bei Abwägung aller maßgeblichen Interessen durch die Erteilung der Auskunft nicht unverhältnismäßig belastet würde.

(5) Durch außergerichtliche Verhandlungen über die Erteilung einer Auskunft sowie durch ein gerichtliches Verfahren zur Durchsetzung des Auskunftsanspruchs ist die Fortsetzung der Verjährung eines Anspruchs nach diesem Bundesgesetz gehemmt.

§ 14. (1) Eine nach § 13 erlangte Auskunft darf nur zur Durchsetzung von Ansprüchen nach diesem Bundesgesetz verwendet werden.

(2) Werden in einem gerichtlichen Verfahren Geschäfts- oder Betriebsgeheimnisse oder sonst der Inhalt von Auskünften nach § 13 erörtert oder Beweise dazu aufgenommen, so ist auf Antrag einer Partei die Öffentlichkeit auszuschließen.

5. Abschnitt

Sonstige Bestimmungen

Mitverschulden

§ 15. Trifft den Geschädigten oder jemanden, dessen Verhalten er zu vertreten hat, ein Verschulden, so ist § 1304 ABGB anzuwenden.

Sonstige Ersatzansprüche

§ 16. (1) Bestimmungen des ABGB und anderer Rechtsvorschriften, nach denen Schäden in weiterem Umfang oder von anderen Personen als nach diesem Bundesgesetz zu ersetzen sind, bleiben unberührt. Der Geschädigte kann solche Ansprüche unmittelbar gerichtlich geltend machen.

(2) Gegen Personen, die dem Betriebsunternehmer Sachen geliefert oder Dienstleistungen erbracht haben, kann der Geschädigte solche Ansprüche insoweit unmittelbar gerichtlich geltend machen, als nicht der Beklagte beweist, daß

1. eine vorherige Klagsführung gegen den Betriebsunternehmer einer Kernanlage eine Entscheidung in angemessener Frist erwarten läßt,

2. diese Entscheidung gegen den Betriebsunternehmer auch durchgesetzt werden kann und

3. entsprechende Mittel für die Entschädigung im Rahmen der Haftung des Betriebsunternehmers zur Verfügung stehen.

Haftung für Gehilfen

§ 17. Bedient sich ein nach diesem Bundesgesetz Haftpflichtiger anderer Personen, so haftet er auch in denjenigen Fällen, in denen die Ersatzansprüche des Geschädigten nach dem ABGB zu beurteilen sind, für das Verschulden seiner Leute, soweit deren Tätigkeit den Schaden verursacht hat.

Haftung mehrerer Haftpflichtiger

§ 18. Sind mehrere Personen nach diesem Bundesgesetz oder anderen Rechtsvorschriften haftpflichtig, so haften sie, sofern sich die den einzelnen Haftpflichtigen zuzurechnenden Schäden nicht auseinander halten lassen, zur ungeteilten Hand. Jeder Haftpflichtige haftet jedoch dem Grunde und der Höhe nach nur nach den für ihn geltenden Bestimmungen.

Rückgriffs- und Ausgleichsansprüche

§ 19. (1) Sind mehrere Personen nach diesem Bundesgesetz oder anderen Rechtsvorschriften einem Dritten gegenüber haftpflichtig, so hängen im Verhältnis zueinander die Verpflichtung zum Ersatz und dessen Umfang von den Umständen des Einzelfalls ab, insbesondere davon, inwieweit der Schaden zumindest mit Wahrscheinlichkeit vom einen oder anderen Haftpflichtigen verschuldet oder sonst verursacht worden ist. Das gleiche gilt für die gegenseitige Ersatzpflicht.

(2) Jeder der mehreren Haftpflichtigen haftet jedoch dem Grunde und der Höhe nach nur nach den für ihn geltenden Bestimmungen.

(3) Dem Betriebsunternehmer einer Kernanlage steht ein Rückgriffsrecht jedoch nur dann zu, sofern der Schaden aus einer in Schädigungsabsicht begangenen Handlung oder Unterlassung herrührt oder soweit ein solcher Rückgriff vertraglich ausdrücklich vorgesehen ist.

Verjährung

§ 20. Ersatzansprüche nach diesem Bundesgesetz verjähren in drei Jahren von dem Tag an, an dem der Ersatzberechtigte vom Schaden und vom Haftpflichtigen Kenntnis erlangt hat, ohne Rücksicht auf diese Kenntnis oder bei Herbeiführung des Schadens durch eine oder mehrere gerichtlich strafbare Handlungen, die nur vorsätzlich begangen werden können und mit mehr als einjähriger Freiheitsstrafe bedroht sind, aber in 30 Jahren seit dem Eintritt des Schadens. Für den Ersatz der Kosten von Vorbeugemaßnahmen beginnen diese Fristen frühestens in dem Zeitpunkt, in dem der Geschädigte die Kosten getragen hat. Im übrigen gelten für die Verjährung die Vorschriften des ABGB.

Unwirksame Vereinbarungen

§ 21. Die Haftpflicht nach diesem Bundesgesetz für Schäden an der Person kann im vorhinein weder ausgeschlossen noch beschränkt werden.

Zuständigkeit

§ 22. (1) Für Klagen und Anträge auf Erlassung einstweiliger Verfügungen, die auf Grund dieses

Bundesgesetzes oder auf Grund anderer Rechtsvorschriften wegen Schäden durch ionisierende Strahlung eingebracht werden, ist der Gerichtshof erster Instanz zuständig. Gleiches gilt für Klagen und Anträge auf Erlassung einstweiliger Verfügungen, mit denen der Ersatz der Kosten von Vorbeugemaßnahmen geltend gemacht wird.

(2) Für die in Abs. 1 genannten Klagen und Anträge ist auch der Gerichtshof erster Instanz örtlich zuständig, in dessen Sprengel der Schaden verursacht oder eingetreten ist oder die Vorbeugemaßnahmen durchgeführt worden sind.

Anzuwendendes Recht

§ 23. (1) Ist ein durch ionisierende Strahlung verursachter Schaden in Österreich eingetreten, so sind die außervertraglichen Ansprüche auf Ersatz dieses Schadens auf Verlangen des Geschädigten nach österreichischem Recht zu beurteilen.

(2) Ist ein durch ionisierende Strahlung verursachter Schaden im Ausland eingetreten und nach österreichischem Recht zu beurteilen, so ist der Schaden nur dann und soweit zu ersetzen, als dies auch das Personalstatut des Geschädigten vorsieht.

Direktklage

§ 24. (1) Der Geschädigte kann die ihm zustehenden Ansprüche im Rahmen des Versicherungsvertrags auch gegen den nach den §§ 6, 7 und 10 eintretenden Haftpflichtversicherer geltend machen. Der Versicherer und der Haftpflichtige haften als Gesamtschuldner. Wird das versicherte Risiko von mehreren Versicherern getragen, so haften diese dem Geschädigten zur ungeteilten Hand.

(2) Abs. 1 ist auch auf eine Haftungserklärung des Bundes oder Landes (§ 6 Abs. 3 und § 7 Abs. 4) anzuwenden.

Strafbestimmungen

§ 25. (1) Wer eine Kernanlage betreibt oder Kernmaterial befördert, ohne eine Haftpflichtversicherung, Pflichtversicherung oder eine sonstige Sicherstellung nach den § § 6 und 7 zu erbringen oder aufrechtzuerhalten, begeht, sofern die Tat nicht den Tatbestand einer in die Zuständigkeit der Gerichte fallenden strafbaren Handlung bildet, eine Verwaltungsübertretung und ist mit Geldstrafe bis zu „36 000 Euro" zu bestrafen. *(BGBl I 2001/98, ab 1. 1. 2002, s § 29 Abs 4)*

(2) Wer

1. Radionuklide hält, ohne die in § 10 vorgesehene Haftpflichtversicherung zu erbringen, oder

2. Kernmaterial befördert, ohne einen Versicherungsnachweis mit sich zu führen,

begeht, sofern die Tat nicht den Tatbestand einer in die Zuständigkeit der Gerichte fallenden strafbaren Handlung bildet, eine Verwaltungsübertretung und ist mit Geldstrafe bis zu „3 600 Euro" zu bestrafen. *(BGBl I 2001/98, ab 1. 1. 2002, s § 29 Abs 4)*

6. Abschnitt

Schlußbestimmungen

Verweisungen

§ 26. (1) Soweit in diesem Bundesgesetz auf andere Bundesgesetze verwiesen wird, sind diese in der jeweils geltenden Fassung anzuwenden.

(2) Soweit in anderen Bundesgesetzen und Verordnungen auf Bestimmungen verwiesen wird, die durch dieses Bundesgesetz geändert oder aufgehoben werden, erhält die Verweisung ihren Inhalt aus den entsprechenden Bestimmungen dieses Bundesgesetzes.

Vorschriften der Sozialversicherung

§ 27. Vorschriften, die die Sozialversicherung regeln, bleiben durch dieses Bundesgesetz unberührt.

Vollzug

§ 28. Mit der Vollziehung dieses Bundesgesetzes sind

1. hinsichtlich der §§ 6, 7, 8 Abs. 1 sowie 10 Abs. 1, 2 und 4 der Bundesminister für Finanzen im Einvernehmen mit dem Bundesminister für Justiz,

2. hinsichtlich der §§ 8 Abs. 2, 10 Abs. 2 und 25 der Bundeskanzler bzw. der Bundesminister für Wissenschaft und Verkehr,

3. hinsichtlich des § 30 die Bundesregierung und

4. hinsichtlich der übrigen Bestimmungen der Bundesminister für Justiz betraut.

Inkrafttreten

§ 29. (1) Dieses Bundesgesetz tritt mit 1. Jänner 1999 in Kraft. Es ist auf Schäden anzuwenden, die nach diesem Zeitpunkt verursacht werden.

(2) Die Haftung nach § 16 Abs. 1 tritt erst ein, wenn das schädigende Verhalten nach dem Inkrafttreten dieses Bundesgesetzes gesetzt worden ist.

(3) Die §§ 6, 7, 10, 11, 25 und 29 in der Fassung des Bundesgesetzes BGBl. I Nr. 98/2001 treten mit 1. Jänner 2002 in Kraft. *(BGBl I 2001/98)*

(4) § 11 in der in Abs. 3 genannten Fassung ist auf Schadensereignisse anzuwenden, die sich nach dem 31. Dezember 2001 ereignet haben.

§ 25 in der in Abs. 3 genannten Fassung ist auf strafbare Handlungen anzuwenden, die nach dem 31. Dezember 2001 begangen worden sind. *(BGBl I 2001/98)*

§ 30. Die Bundesregierung hat dem Nationalrat spätestens zum 31. Dezember 2001 und in der Folge alle drei Jahre über die Entwicklung der internationalen Haftungsinstrumente für Atomschäden, insbesondere über das Ausmaß der auf internationaler Ebene zur Verfügung stehenden Entschädigungsbeträge, Bericht zu erstatten.

Außerkrafttreten

§ 31. Mit dem Inkrafttreten dieses Bundesgesetzes tritt das Bundesgesetz vom 29. April 1964 über die Haftung für nukleare Schäden (Atomhaftpflichtgesetz), BGBl. Nr. 117/1964, zuletzt geändert durch das Bundesgesetz BGBl. I Nr. 140/1997, außer Kraft. Es ist auf Schäden, die vor diesem Zeitpunkt verursacht worden sind, weiter anzuwenden.

KODEX
DES ÖSTERREICHISCHEN RECHTS
SAMMLUNG DER ÖSTERREICHISCHEN BUNDESGESETZE
VETERINÄR-
RECHT
1 TierÄG -Verordnungen
2 Staatliche VetVerwalt
3 TierSG -Verordnungen
4 BangSG -BangS-VO
5 RindLeukG
6 IBR/IPV-G -Verordnungen
7 DeckSG -DeckS-VO
8 DasselBG
9 Veterinär-rechts-anpassG Art V
10 BienenSG
11 TGG -Verordnungen
12 Desinfektions-vorschriften
13 Tierkörper-verwertung
14 FleischUG -Verordnungen
15 TAKG -Verordnungen
16 Völkerrechtl Verträge Übersicht
17 Neben-vorschriften
LexisNexis

KODEX
DES ÖSTERREICHISCHEN RECHTS
SAMMLUNG DER ÖSTERREICHISCHEN BUNDESGESETZE
ÄRZTE-
RECHT
1 ÄrzteG
2 FA ZMK
3 PsychologenG
4 GuKG
5 AusbVorbG
6 AIDS-G
7 KrebsstatistikG
8 KAG
9 ASchG
10 StrahlenschutzG
11 AMG
12 ApothekenG
13 FMedG
14 MuKiPaßV
15 ASVG
16 SMG
17 PStG
18 StVO
19 StGB
20 ABGB
LexisNexis

KODEX
DES ÖSTERREICHISCHEN RECHTS
SAMMLUNG DER ÖSTERREICHISCHEN BUNDESGESETZE
KRANKEN-
ANSTALTEN-
GESETZE
1 KAKuG
2 Bundes- und Länder-vereinb
3 Bgld Bgld KAG
4 Krnt K-KAO
5 NÖ NÖ KAG
6 OÖ OÖ KAG
7 Sbg S-KAG
8 Stmk KALG
9 Tirol Tir KAG
10 Vlbg SpG
11 Wien Wr KAG
LexisNexis

KODEX
DES ÖSTERREICHISCHEN RECHTS
SAMMLUNG DER ÖSTERREICHISCHEN BUNDESGESETZE
VERWALTUNGS-
VERFAHRENS-
GESETZE
1 EGVG
2 AVG BVwAbgVO BKommGebVO AufwandersatzVO UVS-Verfhilfe-PauschVO BeglaubigungsVO
3 VStG VerfallsVO AnhO VorlSiVO OrgStVfVO
4 VVG FintrVO
5 AgrVG
6 DVG DVV
7 ZustellG ZFormVO ZustellÜb
8 VwFormV
9 FristenÜb
10 AmtssprVOen
11 AuskPflG B-BerichtspflG
LexisNexis

28. Amtshaftungsgesetz

BGBl 1949/20 idF

1 BGBl 1952/60
2 BGBl 1956/218
3 BGBl 1959/38
4 BGBl 1974/422
5 BGBl 1982/204
6 BGBl 1984/537
7 BGBl 1985/104
8 BGBl 1988/233
9 BGBl 1989/343
10 BGBl 1993/91
11 BGBl I 1999/194 (DFB)
12 BGBl I 2013/33
13 BGBl I 2013/122

28/1. Verordnung der Bundesregierung vom 1. Februar 1949, betreffend die Geltendmachung von Ersatzansprüchen gegen den Bund auf Grund des Amtshaftungsgesetzes

28/2. Polizeibefugnis-Entschädigungsgesetz

STICHWORTVERZEICHNIS
zum AHG und zur AHV

(Die Zahlenangaben beziehen sich auf die Paragraphen, wenn nichts angegeben, auf das AHG)

„Bundesgesetz über die Haftung der Gebietskörperschaften und der sonstigen Körperschaften und Anstalten des öffentlichen Rechts für in Vollziehung der Gesetze zugefügte Schäden (Amtshaftungsgesetz – AHG)“

(BGBl I 2013/33)

Der Nationalrat hat beschlossen:

I. Abschnitt

Haftpflicht

§ 1. (1) Der Bund, die Länder, „ “ die Gemeinden, sonstige Körperschaften des öffentlichen Rechts und die Träger der Sozialversicherung – im folgenden Rechtsträger genannt – haften nach den Bestimmungen des bürgerlichen Rechts für den Schaden am Vermögen oder an der Person, den die als ihre Organe handelnden Personen in Vollziehung der Gesetze durch ein rechtswidriges Verhalten wem immer schuldhaft zugefügt haben; dem Geschädigten haftet das Organ nicht. Der Schaden ist nur in Geld zu ersetzen. *(BGBl I 2013/33, ab 1. 3. 2013)*

(2) Organe im Sinne dieses Bundesgesetzes sind alle physischen Personen, wenn sie in Vollziehung der Gesetze (Gerichtsbarkeit oder Verwaltung) handeln, gleichviel, ob sie dauernd oder vorübergehend oder für den einzelnen Fall bestellt sind, ob sie gewählte, ernannte oder sonstwie bestellte Organe sind und ob ihr Verhältnis zum Rechtsträger nach öffentlichem oder privatem Recht zu beurteilen ist.

(3) Mit dem im Abs. 1 genannten Rechtsträger haftet zur ungeteilten Hand auch derjenige, als dessen Organ die handelnde Person gewählt, ernannt oder sonstwie bestellt worden ist. Hat dieser Rechtsträger auf Grund dieser Haftung Zahlungen geleistet, so hat er an den im Abs. 1 genannten Rechtsträger einen Anspruch auf Rückersatz. *(BGBl 1989/343)*

§ 2. (1) Bei Geltendmachung des Ersatzanspruches muß ein bestimmtes Organ nicht genannt werden; es genügt der Beweis, daß der Schaden nur durch die Rechtsverletzung eines Organes des beklagten Rechtsträgers entstanden sein konnte.

(2) Der Ersatzanspruch besteht nicht, wenn der Geschädigte den Schaden durch Rechtsmittel oder durch „Beschwerde beim Verwaltungsgericht und Revision beim Verwaltungsgerichtshof“ hätte abwenden können. *(BGBl I 2013/33, ab 1. 1. 2014)*

(3) Aus einem Erkenntnis des Verfassungsgerichtshofes, des Obersten Gerichtshofes und des Verwaltungsgerichtshofes kann ein Ersatzanspruch nicht abgeleitet werden.

§ 3. (1) Hat der Rechtsträger dem Geschädigten auf Grund dieses Bundesgesetzes den Schaden ersetzt, so kann er von den Personen, die als seine Organe gehandelt und die Rechtsverletzung vorsätzlich oder grobfahrlässig verübt oder verursacht haben, Rückersatz begehren.

(2) Hat das Organ die Rechtsverletzung grobfahrlässig verübt oder verursacht, so kann das Gericht aus Gründen der Billigkeit den Rückersatz mäßigen. Dabei hat das Gericht insbesondere auf die in § 2 Abs. 2 des Dienstnehmerhaftpflichtgesetzes, BGBl. Nr. 80/1965, „ “ angeführten Umstände sinngemäß Bedacht zu nehmen. *(BGBl 1984/537; BGBl I 2013/33)*

„(3)“ Für die von einem Kollegialorgan beschlossenen Entscheidungen und Verfügungen haften nur die Stimmführer, die für sie gestimmt haben. Beruht jedoch die Entscheidung oder Verfügung auf einer unvollständigen oder unrichtigen Darstellung des Sachverhaltes durch den Berichterstatter, so haften auch die Stimmführer, die dafür gestimmt haben, nicht, es sei denn, daß sie die pflichtmäßige Sorgfalt grobfahrlässig außer acht gelassen haben. *(BGBl 1984/537)*

§ 4. Von einem Organ kann kein Rückersatz wegen einer Handlung begehrt werden, die auf Weisung (Auftrag, Befehl) eines Vorgesetzten erfolgt ist, es sei denn, das Organ hätte die Weisung eines offenbar unzuständigen Vorgesetzten befolgt oder in Befolgung der Weisung gegen strafgesetzliche Vorschriften verstoßen.

§ 5. Das Organ kann dem Anspruch auf Rückersatz alle Einwendungen entgegensetzen, die der Rechtsträger nicht ausgeführt hat, und sich dadurch von dem Rückersatz in dem Maße befreien, als diese Einwendungen, wenn von ihnen gehörig Gebrauch gemacht worden wäre, eine andere Entscheidung über das Schadenersatzbegehren veranlaßt haben würden.

§ 6. (1) Ersatzansprüche „nach § 1 Abs. 1“* verjähren in drei Jahren nach Ablauf des Tages, an dem der Schaden dem Geschädigten bekanntgeworden ist, keinesfalls aber vor einem Jahr nach Rechtskraft einer rechtsverletzenden Entscheidung oder Verfügung. Ist dem Geschädigten der Schaden nicht bekanntgeworden oder ist der Schaden aus „einer gerichtlich strafbaren Handlung, die nur vorsätzlich begangen werden kann und mit mehr als einjähriger Freiheitsstrafe bedroht ist,“** entstanden, so verjährt der Ersatzanspruch erst nach zehn Jahren nach der Entstehung des Schadens. Die Verjährung wird durch die Aufforderung gemäß § 8 für die dort bestimmte Frist oder, wenn die Aufforderung innerhalb dieser Frist beantwortet wird, bis zur Zustellung dieser Antwort an den Geschädigten gehemmt. *(BGBl 1974/422; *BGBl 1989/343; **BGBl I 2013/122, ab 1. 3. 2013)*

(2) Rückersatzansprüche „nach § 1 Abs. 3 und § 3“ verjähren in sechs Monaten nach Ablauf des Tages, an dem der Rechtsträger den Ersatzanspruch dem Geschädigten gegenüber anerkannt hat oder rechtskräftig zum Ersatz verurteilt worden ist. *(BGBl 1989/343)*

§ 7. Wenn österreichische Staatsangehörige in einem fremden Staat Ersatzansprüche im Sinne dieses Bundesgesetzes überhaupt nicht oder nicht unter den gleichen Bedingungen geltend machen können wie Angehörige des betreffenden Staates, und wenn ihren Interessen auch nicht in anderer Weise durch den betreffenden Staat Rechnung getragen wird, kann die Bundesregierung durch Verordnung festlegen, daß den Angehörigen des betreffenden Staates Ansprüche auf Grund dieses Bundesgesetzes nicht zustehen.

(BGBl 1982/204)

II. Abschnitt
Verfahren

§ 8. (1) Der Geschädigte soll den Rechtsträger, gegen den er den Ersatzanspruch geltend machen will, zunächst schriftlich auffordern, ihm binnen einer Frist von drei Monaten eine Erklärung zukommen zu lassen, ob er den Ersatzanspruch anerkennt oder den Ersatz ganz oder zum Teil ablehnt. Das im § 9 genannte Gericht kann dem Ersatzwerber für dieses Aufforderungsverfahren nach den Bestimmungen der ZPO über die Verfahrenshilfe einen Rechtsanwalt beigeben.

(2) Hat der Geschädigte den Rechtsträger zur Anerkennung eines Anspruches nicht oder nicht hinreichend deutlich aufgefordert oder die Klage vor Ablauf der Frist von drei Monaten erhoben oder den Anspruch erst im Laufe des Rechtsstreites geltend gemacht, so steht dem Rechtsträger, soweit er den Ersatzanspruch anerkennt oder erfüllt, für die Dauer von drei Monaten ab Geltendmachung, längstens jedoch bis zum Schluß der mündlichen Streitverhandlung, Kostenersatz nach § 45 ZPO zu.

(BGBl 1989/343)

§ 9. (1) Zur Entscheidung über die Klage des Geschädigten gegen den Rechtsträger auf Ersatz „ “ ist in erster Instanz das mit der Ausübung der Gerichtsbarkeit in bürgerlichen Rechtssachen betraute Landesgericht, in dessen Sprengel die Rechtsverletzung begangen wurde, ausschließlich zuständig. *(BGBl 1985/104)*

(2) *(entfällt, BGBl 1993/91)*

„(3)“ Vorbehaltlich des „Abs. 4“ ist auf Klagen des Rechtsträgers gegen das schuldtragende Organ auf Rückersatz das Arbeits- und Sozialgerichtsgesetz anzuwenden. *(BGBl 1985/104; BGBl 1989/343)*

„(4)“ Wird der Ersatzanspruch aus einer Verfügung des Präsidenten eines Gerichtshofes erster Instanz oder eines Oberlandesgerichts oder aus einem kollegialen Beschluß eines dieser Gerichtshöfe abgeleitet, die nach den Bestimmungen dieses Bundesgesetzes unmittelbar oder im Instanzenzuge zuständig wären, so ist ein anderes Gericht gleicher Gattung zur Verhandlung und Entscheidung der Rechtssache vom übergeordneten Gericht zu bestimmen. *(BGBl 1985/104; BGBl 1989/343)*

„(5)“ Der Geschädigte kann den Ersatz des Schadens, den ihm ein Organ eines im § 1 dieses Bundesgesetzes genannten Rechtsträgers in Vollziehung des Gesetzes zugefügt hat, gegen das Organ im ordentlichen Rechtsweg nicht geltend machen. *(BGBl 1989/343)*

§ 10. (1) „Der beklagte Rechtsträger hat*

1. den Rechtsträgern, die er nach § 1 Abs. 1 und

2. den Organen, die er für den Rückersatzanspruch

für haftbar erachtet, den Streit zu verkünden (§ 21 ZPO).“* Diese können dem Rechtsstreit als Nebenintervenienten beitreten (§ 17 ZPO „ “**). *(*BGBl 1989/343; **BGBl I 2013/33)*

(2) Hat der Rechtsträger einem Organ den Streit verkündet, so hat der Vorsitzende des Senates die für das Organ zuständige Dienstbehörde von der Klage zu benachrichtigen. Diese Behörde hat dem Gericht in angemessener Frist mitzuteilen, ob ein Disziplinarverfahren bereits eingeleitet wurde oder nunmehr eingeleitet wird.

(3) *(entfällt, BGBl I 2013/33, ab 1. 3. 2013)*

§ 11. (1) Ist die Entscheidung des Rechtsstreites von der Frage der Rechtswidrigkeit des Bescheides einer Verwaltungsbehörde oder des Erkenntnisses oder Beschlusses eines Verwaltungsgerichtes abhängig, über die noch kein Erkenntnis des Verwaltungsgerichtshofes oder des Verfassungsgerichtshofes vorliegt, und hält das Gericht den Bescheid bzw. das Erkenntnis oder den Beschluss für rechtswidrig, so hat es, sofern die Klage nicht gemäß § 2 abzuweisen ist, das Verfahren zu unterbrechen und beim Verwaltungsgerichtshof gemäß Art. 133 Abs. 2 des Bundes-Verfassungsgesetzes – B-VG, BGBl. Nr. 1/1930, die Feststellung der Rechtswidrigkeit des Bescheides bzw. des Erkenntnisses oder des Beschlusses zu beantragen. Nach Einlangen des Erkenntnisses des Verwaltungsgerichtshofes hat das Gericht das Verfahren fortzusetzen und den Rechtsstreit unter Bindung an die Rechtsanschauung des Verwaltungsgerichtshofes zu entscheiden. *(BGBl I 2013/33, ab 1. 1. 2014)*

(2) Abs. 1 ist nicht anzuwenden, wenn es sich um eine Rechtssache handelt, die gemäß Art. 133 Abs. 5 B-VG zur Zuständigkeit des Verfassungsgerichtshofes gehört. *(BGBl I 2013/33, ab 1. 1. 2014)*

(3) Die Verpflichtungen der Gerichte gemäß Art. 89 Abs. 2 und 3 und Art. 139 Abs. 6 B-VG bleiben unberührt. *(BGBl I 2013/33, ab 1. 3. 2013)*

§ 12. (1) Wenn das Ergebnis eines eingeleiteten Disziplinarverfahrens für die Entscheidung des Rechtsstreites voraussichtlich von Einfluß ist, kann das Gericht selbst vor der für die mündliche Verhandlung bestimmten Tagsatzung auf Antrag oder von Amts wegen das Verfahren über die Klage bis zur Beendigung des Disziplinarverfahrens unterbrechen.

(2) Wenn die Klage auf Ersatz des Schadens gegen den Bund oder ein Land wegen einer Rechtsverletzung erhoben wird, die bereits Gegenstand einer Anklage gemäß „den Art. 142 und 143 B-VG beim"** Verfassungsgerichtshof ist, kann das Gericht sein Verfahren über die Schadenersatzklage bis zur Fällung des Erkenntnisses des „Verfassungsgerichtshofes"* unterbrechen. Das Gericht ist an das Erkenntnis des Verfassungsgerichtshofes ebenso wie an ein sonstiges rechtskräftiges gerichtliches Straferkenntnis über das Verschulden eines Organes gebunden. *(*BGBl I 1999/194 (DFB); **BGBl I 2013/33, ab 1. 3. 2013)*

§ 13. (1) Im Verfahren nach diesem Bundesgesetz sind weder das Organ noch die als Zeugen oder Sachverständigen zu vernehmenden Personen zur Wahrung des Amtsgeheimnisses verpflichtet.

(2) Die Öffentlichkeit der Verhandlung ist auf Antrag einer Partei auch dann auszuschließen (§ 172 ZPO „ "), wenn Tatsachen erörtert oder bewiesen werden müssen, die sonst durch das Amtsgeheimnis gedeckt wären. *(BGBl I 2013/33)*

(3) Das Gericht hat überdies den anwesenden Personen auf Antrag einer Partei die Geheimhaltung von Tatsachen, die sonst durch das Amtsgeheimnis gedeckt wären, zur Pflicht zu machen. Dieser Beschluß ist im Verhandlungsprotokoll zu beurkunden. Die Verletzung der Pflicht zur Geheimhaltung ist ebenso zu bestrafen wie eine „verbotene Veröffentlichung (§ 301 des Strafgesetzbuches, BGBl. Nr. 60/1974)". *(BGBl I 2013/33, ab 1. 3. 2013)*

§ 14. Die Bestimmungen dieses Abschnittes finden auch Anwendung, wenn der Rückersatzanspruch des Rechtsträgers gegen den Nachlaß oder die Erben eines Organes geltend gemacht wird.

III. Abschnitt

Schlussbestimmungen

§ 15. „(1)" In der Fassung des Bundesgesetzes BGBl. I Nr. 33/2013 treten in Kraft:

1. der Titel, die Abschnittsbezeichnungen und Abschnittsüberschriften, § 1 Abs. 1, § 3 Abs. 2, § 10 Abs. 1, § 11 in der Fassung der Z 8, § 12 Abs. 2, § 13 Abs. 2 und 3 und § 16 mit Ablauf des Monats der Kundmachung dieses Bundesgesetzes; gleichzeitig tritt § 10 Abs. 3 außer Kraft;

2. § 2 Abs. 2 und § 11 Abs. 1 und 2 in der Fassung der Z 9 mit 1. Jänner 2014.
(BGBl I 2013/122)

(2) § 6 Abs. 1 in der Fassung des Bundesgesetzes BGBl. I Nr. 122/2013 tritt mit Ablauf des 28. Februar 2013 in Kraft. *(BGBl I 2013/122)*

(BGBl I 2013/33)

§ 16. Soweit in diesem Bundesgesetz auf Bestimmungen anderer Bundesgesetze verwiesen wird, sind diese in ihrer jeweils geltenden Fassung anzuwenden.

(BGBl I 2013/33)

§ 17. Mit der Vollziehung dieses Bundesgesetzes ist die Bundesregierung betraut.

28/1. Amtshaftungsverordnung

BGBl 1949/45 idF

Verordnung der Bundesregierung vom 1. Februar 1949, betreffend die Geltendmachung von Ersatzansprüchen gegen den Bund auf Grund des Amtshaftungsgesetzes.

Auf Grund der §§ 8 und 16 des Bundesgesetzes vom 18. Dezember 1948, B. G. Bl. Nr. 20/1949, womit die Haftung des Bundes, der Länder, der Bezirke, der Gemeinden und der sonstigen Körperschaften und Anstalten des öffentlichen Rechts für den in Vollziehung der Gesetze zugefügten Schaden geregelt wird (Amtshaftungsgesetz), in Verbindung mit dem Gesetze vom 12. September 1945, St. G. Bl. Nr. 172, über die Finanzprokuratur in Wien (Prokuraturgesetz), wird verordnet:

§ 1. (1) Beabsichtigt ein Geschädigter auf Grund des Bundesgesetzes vom 18. Dezember 1948, B. G. Bl. Nr. 20/1949, womit die Haftung des Bundes, der Länder, der Bezirke, der Gemeinden und der sonstigen Körperschaften und Anstalten des öffentlichen Rechts für den in Vollziehung der Gesetze zugefügten Schaden geregelt wird (Amtshaftungsgesetz), einen Ersatzanspruch gegen den Bund geltend zu machen, so hat er die im § 8 dieses Bundesgesetzes vorgesehene schriftliche Aufforderung zur Anerkennung des Ersatzanspruches an die Finanzprokuratur zu richten.

(2) In der schriftlichen Aufforderung ist das rechtswidrige Verhalten zu schildern, das nach Meinung des Geschädigten den Ersatzanspruch zu begründen geeignet war, und der Ersatzanspruch genau zu beziffern. Ferner soll der Geschädigte die Dienststelle bezeichnen, deren Organ sich nach seinen Behauptungen rechtswidrig verhalten hat. Kann sich der Geschädigte hiebei auf Akten einer Dienststelle berufen, so hat er die Geschäftszahl anzugeben. Allfällige in Händen des Geschädigten befindliche Urkunden sind in Urschrift oder in Abschrift anzuschließen.

§ 2. Die Finanzprokuratur verständigt den Geschädigten, ob sein Ersatzanspruch anerkannt oder ganz oder zum Teil verweigert wird.

§ 3. Die Vorschriften dieser Verordnung finden auch auf die Geltendmachung von Ersatzansprüchen aus Rechtsverletzungen nach den Bestimmungen des Gesetzes vom 12. Juli 1872, R. G. Bl. Nr. 112, die vor dem Wirksamkeitsbeginn des Amtshaftungsgesetzes begangen wurden, wegen deren aber ein Verfahren noch nicht anhängig ist, Anwendung.

(§ 3 überholt)

AHG
PolBEG

28/2. Polizeibefugnis-Entschädigungsgesetz

BGBl 1988/735 idF

1 BGBl 1989/343 (WGN 1989)
2 BGBl 1996/201
3 BGBl I 2001/98
4 BGBl I 2012/35 (2. StabG 2012)
5 BGBl I 2012/50 (SNG)
6 BGBl I 2013/161 (VwGAnpG-Inneres)

STICHWORTVERZEICHNIS

(Die Zahlenangaben beziehen sich auf die Paragraphen)

Bundesgesetz vom 13. Dezember 1988 über den Ersatz des bei der Ausübung polizeilicher Zwangsbefugnisse entstandenen Schadens (Polizeibefugnis-Entschädigungsgesetz)

Der Nationalrat hat beschlossen

I. Abschnitt

Ersatzpflicht

§ 1. Der Bund hat nach Maßgabe der folgenden Bestimmungen Ersatz für Schäden zu leisten, die von einem Organ des öffentlichen Sicherheitsdienstes bei der Ausübung von Zwangsbefugnissen durch die im Waffengebrauchsgesetz 1969 genannten Maßnahmen unmittelbar verursacht worden sind, sofern der Zwang im Vollziehungsbereich des Bundes ausgeübt und nicht vom Geschädigten durch rechtswidriges Verhalten ausgelöst wurde.

§ 2. (1) Wer einen Schaden im Sinne des § 1 durch Verletzung am Körper oder durch Beschädigung einer körperlichen Sache erleidet, hat Anspruch auf Schadloshaltung in Geld in dem Umfang, als dieser Schaden nicht durch Versicherung oder durch Hilfeleistung nach dem Bundesgesetz über die Gewährung von Hilfeleistungen an Opfer von Verbrechen, BGBl. Nr. 288/1972, gedeckt ist. Ein Anspruch auf Schmerzengeld besteht nicht.

(2) Trifft den Geschädigten an der Entstehung des Schadens ein Verschulden, so hat er diesen verhältnismäßig zu tragen; läßt sich das Verhältnis nicht bestimmen, so hat er ihn zur Hälfte zu tragen. „Lag die Maßnahme (§ 1) im überwiegenden Interesse des Geschädigten, steht bei Sachschäden ein Ersatzanspruch nicht, bei Personenschäden nach Billigkeit zu.“ *(BGBl 1996/201)*

(3) Stehen Angehörigen eines fremden Staates auf Grund einer Verordnung gemäß § 7 des Amtshaftungsgesetzes keine Ansprüche nach jenem Bundesgesetz zu, so haben sie auch keinen Anspruch nach Abs. 1.

§ 3. (1) Ansprüche auf Ersatz der im § 2 genannten Schäden, die dem Geschädigten wegen der Ausübung der Zwangsbefugnis gegen Dritte zustehen, gehen in dem Umfang auf den Bund über, in dem dieser Leistungen nach diesem Bundesgesetz erbringt. Für die Wirksamkeit des Anspruchsüberganges gegenüber dem Dritten gelten der letzte Satz des § 1395 und der erste Satz des § 1396 ABGB sinngemäß.

(2) Ansprüche des Bundes auf Rückersatz gegenüber Personen, die als seine Organe gehandelt haben, sind nach den Bestimmungen des Amtshaftungsgesetzes geltend zu machen; Leistungen auf Grund eines Anspruches nach § 2 gelten insoweit als Schadenersatz nach dem Amtshaftungsgesetz. In einem solchen Verfahren ist das „ordentliche“ Gericht nicht an die Feststellungen gemäß § 8 gebunden. *(BGBl I 2013/161, ab 1. 1. 2014)*

§ 4. (1) Steht einem Geschädigten ein Anspruch auf Versicherungsleistung zu, auf den bei der Bemessung der Ersatzleistung Bedacht zu nehmen ist, so hat er dies dem Bundesminister für Inneres vor Ergehen der Entscheidung mitzuteilen.

(2) Ein Entschädigter, dem ein Anspruch nach Abs. 1 erst nachträglich bekannt wurde, hat diesen dem Bundesminister für Inneres binnen einem Monat, nachdem er davon Kenntnis erlangt hat, mitzuteilen.

(3) Der Bundesminister für Inneres hat von einem Entschädigten Rückersatz zu fordern, soweit diesem Ersatz für einen Schaden geleistet wurde, der durch Versicherungsleistung gedeckt war. Hiebei sind außer im Falle einer gemäß Abs. 2 fristgerechten Mitteilung für den zu Unrecht zuerkannten Betrag die seit Zahlung oder seit Ablauf der Frist des Abs. 2 angewachsenen gesetzlichen Zinsen zu fordern.

§ 5. (1) Ersatzansprüche nach § 2 verjähren in drei Jahren nach Ablauf des Tages, an dem der Schaden dem Geschädigten bekanntgeworden ist, jedenfalls aber in zehn Jahren nach der Entstehung des Schadens, sofern sie nicht vorher „beim ordentlichen Gericht“ geltend gemacht worden sind. In den Ablauf dieser Fristen ist die Zeit eines Verfahrens gemäß den §§ 7 und 8 bis zur Höchstdauer von drei Monaten oder einer Handlungsunfähigkeit des Geschädigten, solange er keinen gesetzlichen Vertreter hat, nicht einzurechnen. *(BGBl I 2013/161, ab 1. 1. 2014)*

(2) Rückersatzansprüche nach § 3 Abs. 2 verjähren in sechs Monaten nach Ablauf des Tages, an dem die Schadloshaltung durch Bescheid oder rechtskräftig durch Urteil zugesprochen worden ist; § 1497 ABGB gilt sinngemäß.

(3) Der Rückersatzanspruch nach § 4 verjährt in drei Jahren nach Ablauf des Tages, an dem der Bundesminister für Inneres von der Versicherungsleistung Kenntnis erlangt hat, jedenfalls aber in 10 Jahren nach Zuerkennung der Ersatzleistung, sofern nicht vorher Rückersatz gefordert worden ist.

II. Abschnitt

Information des Geschädigten; Verfahren

§ 6. (1) Der Geschädigte ist von jener Behörde, der die Ausübung der Zwangsbefugnis zuzurechnen ist, über den eingetretenen Schaden und die ihm nach diesem Bundesgesetz offenstehenden Möglichkeiten zu informieren.

(2) Außerdem ist der Geschädigte vor Zuerkennung einer Schadloshaltung auf die strafgerichtlichen Folgen des Verschweigens einer ihm zustehenden Versicherungsleistung (§§ 146f. StGB), bei Zuerkennung einer solchen Schadloshaltung auf die verwaltungsstrafrechtlichen Folgen des Unterlassens der Mitteilung eines nachträglich bekanntgewordenen Anspruches (§ 16) aufmerksam zu machen.

§ 7. (1) Ersatzansprüche nach § 2 sind beim Bundesminister für Inneres schriftlich geltend zu machen, der hievon die Finanzprokuratur zu verständigen hat. Macht der Antragsteller auch Amtshaftungsansprüche geltend, so gilt dies als Aufforderung nach dem Amtshaftungsgesetz; „die im § 8 Abs. 1 des Amtshaftungsgesetzes genannte dreimonatige Frist beginnt mit dem Einlangen der Verständigung bei der Finanzprokuratur zu laufen.“ *(BGBl 1989/343)*

(2) Werden Ersatzansprüche, die auf § 2 gestützt werden können, unmittelbar bei der Finanzprokuratur geltend gemacht, so hat sie hievon den Bundesminister für Inneres zu verständigen; dieser hat, sofern ihm nicht bereits ein Antrag gemäß Abs. 1 vorliegt, anzufragen, ob ein solcher gestellt werde. Wird in einem solchen Falle der Ersatzanspruch nach § 2 binnen 14 Tagen geltend gemacht, so gilt der Antrag als am Tage des Einlangens der Verständigung beim Bundesminister für Inneres eingebracht.

(3) Wird in einem Bundesgesetz die Anwendung des Polizeibefugnis-Entschädigungsgesetzes angeordnet und fällt die Aufgabe in den Wirkungsbereich eines anderen Bundesministers, so tritt in Verfahren nach diesem Bundesgesetz an die Stelle des Bundesministers für Inneres der jeweils zuständige Bundesminister. *(BGBl I 2012/35)*

§ 8. (1) Der Bundesminister für Inneres hat über den Antrag einen Bescheid zu erlassen. Hiebei hat er, ohne an eine vom Antragsteller allenfalls vorgenommene nähere Bestimmung des Anspruches gebunden zu sein, über das Bestehen einer Ersatzpflicht und – nach Erfordernis – über

1. die im Verhältnis zu einem allenfalls bestehenden Verschulden des Antragstellers gerechtfertigte Ersatzquote sowie

2. die sich daraus und aus dem erlittenen Schaden ergebende Schadloshaltung

abzusprechen.

(2) Übersteigt der Betrag der Schadloshaltung, die einem Geschädigten zuerkannt werden soll, „2 180 Euro“*, so hat der Bundesminister für Inneres ein Gutachten der Finanzprokuratur nach „§ 2 Abs. 1 Z 6 des Finanzprokuraturgesetzes – ProkG, BGBl. I Nr. 110/2008“**, einzuholen. *(*BGBl I 2001/98; **BGBl I 2013/161, ab 1. 8. 2013)*

(3) Hat der Bundesminister für Inneres im Rahmen des Parteiengehörs (§ 45 Abs. 3 „des Allgemeinen Verwaltungsverfahrensgesetzes 1991 – AVG, BGBl. Nr. 51/1991“) den Antragsteller auch darüber in Kenntnis gesetzt, wie er gemäß Abs. 1 zu entscheiden beabsichtigt, so bedarf ein dementsprechend abgefaßter Bescheid keiner Begründung, wenn der Antragsteller binnen einer ihm einzuräumenden Frist von mindestens zwei Wochen der in Aussicht genommenen Entscheidung ausdrücklich zugestimmt hat. *(BGBl I 2013/161)*

(4) Die Anfechtung von Bescheiden gemäß Abs. 1 und 3 „beim Bundesverwaltungsgericht“ ist unzulässig. *(BGBl I 2013/161, ab 1. 1. 2014)*

§ 9. (1) Ersatzansprüche nach § 2 können, soweit darauf nicht nach Erlassung eines Bescheides gemäß § 8 verzichtet wurde, durch Klage gegen den Bund geltend gemacht werden

1. nach Erlassung eines Bescheides gemäß § 8 oder

2. nach Ablauf dreier Monate nach Einlangen eines Antrages gemäß § 7 beim Bundesminister für Inneres.

(2) Mit der Anrufung des „ordentlichen“ Gerichtes tritt im Falle des Abs. 1 Z 1 der Bescheid außer Kraft, eine darin zuerkannte Schadloshaltung gilt jedoch als vom Bund anerkannt. *(BGBl I 2013/161, ab 1. 1. 2014)*

(3) Für das gerichtliche Verfahren sind die §§ 9, 10, 12 Abs. 1, 13 und 14 des Amtshaftungsgesetzes anzuwenden. Mit Zurückziehung der Klage tritt im Falle des Abs. 1 Z 1 der Bescheid wieder in Kraft.

§ 10. Wurde wegen desselben Schadens auch nach dem Amtshaftungsgesetz ein Ersatzanspruch gegen den Bund geltend gemacht, so steht dies einer Entscheidung gemäß § 8 nicht entgegen.

§ 11. (1) Der Rückersatz (§ 4) ist vom Bundesminister für Inneres mit Bescheid zu fordern.

(2) Hat der Bundesminister für Inneres im Rahmen des Parteiengehörs (§ 45 Abs. 3 AVG „ “) den Entschädigten auch darüber in Kenntnis gesetzt, welchen Rückersatz er zu fordern beabsichtige, so bedarf ein dementsprechend abgefaßter Bescheid keiner Begründung, wenn der Antragsteller binnen einer ihm einzuräumenden Frist von mindestens zwei Wochen der in Aussicht genommenen Entscheidung ausdrücklich zugestimmt hat. *(BGBl I 2013/161, ab 1. 8. 2013)*

(3) In allen Fällen ist eine angemessene Leistungsfrist zu bestimmen. Über Antrag des Geschädigten ist aus berücksichtigungswürdigen Gründen die Zahlung in Teilbeträgen zu bewilligen.

(4) Die Anfechtung von Bescheiden gemäß Abs. 1 und 2 „beim Bundesverwaltungsgericht" ist unzulässig. *(BGBl I 2013/161, ab 1. 1. 2014)*

§ 12. (1) Wer durch Bescheid gemäß § 11 zu Rückersatz verpflichtet wurde, hat – soweit darauf nicht nach Erlassung eines Bescheides verzichtet wurde – das Recht, den Bund binnen vier Wochen auf teilweise oder gänzliche Unzulässigkeit der Rückforderung zu klagen. Dadurch tritt der Bescheid im Umfang des Klagebegehrens außer Kraft.

(2) Zur Entscheidung über die Klage ist das gemäß § 9 Abs. 3 berufene „ordentliche" Gericht zuständig. Die Klage kann nicht zurückgenommen werden, doch kann die Rechtsstreitigkeit im Umfang des Klagebegehrens durch gerichtlichen Vergleich ganz oder teilweise beigelegt werden. *(BGBl I 2013/161, ab 1. 1. 2014)*

(3) Die Beweislast für das Vorliegen der Voraussetzungen für den Rückersatz trifft den Bundesminister für Inneres.

(4) Wird die Klage abgewiesen, weil eine Rückersatzpflicht besteht, so ist dem Kläger unter einem der Rückersatz an den Bund aufzuerlegen. Hiebei ist eine angemessene Leistungsfrist zu bestimmen; die Zahlung in Raten kann angeordnet werden.

(5) Die Anfechtung des Ausspruches ausschließlich im Hinblick auf die Leistungsfrist oder die Ratenanordnung ist nicht zulässig.

§ 13. Der Bundesminister für Inneres kann mit der Feststellung des maßgeblichen Sachverhaltes auch eine nachgeordnete Sicherheitsbehörde beauftragen.

§ 14. Eingaben und Erledigungen nach diesem Bundesgesetz sind von der Entrichtung von Gebühren nach dem Gebührengesetz 1957 und von Bundesverwaltungsabgaben befreit.

III. Abschnitt

Schäden durch Zwangsmaßnahmen nach dem Strafvollzugsgesetz oder nach dem Zollgesetz 1955

§ 15. (1) Soweit bei der Ausübung von Zwangsbefugnissen

1. von Strafvollzugsbediensteten durch Maßnahmen gemäß den §§ 104 und 105 des Strafvollzugsgesetzes oder

2. von Organen der Zollwache durch Maßnahmen gemäß § 23a des Zollgesetzes 1955[1)]

Schäden im Sinne des § 1 verursacht worden sind, hat der Bund im Umfang und unter den Voraussetzungen des I. Abschnittes Ersatz zu leisten.

(2) In den Fällen des Abs. 1 Z 1 steht ein Anspruch auf Ersatz nicht zu, soweit dem Geschädigten wegen einer erlittenen Verletzung am Körper nach dem Strafvollzugsgesetz Behandlung und Fürsorge zuteil wird.

(3) Im übrigen gelten hiefür die Bestimmungen dieses Bundesgesetzes mit der Maßgabe, daß an die Stelle des Bundesministers für Inneres im Rahmen ihrer Zuständigkeit die Bundesminister für Justiz und für Finanzen zu treten haben. Sie können mit der Feststellung des maßgeblichen Sachverhaltes ihnen nachgeordnete Behörden beauftragen.

[1)] *Jetzt: § 14 ZollR-DG.*

IV. Abschnitt

Straf- und Schlußbestimmungen

§ 16. (1) Wer der Meldepflicht nach § 4 Abs. 2 nicht fristgerecht nachkommt, begeht eine Verwaltungsübertretung und ist von der Bezirksverwaltungsbehörde, im „Gebiet einer Gemeinde, für das die Landespolizeidirektion zugleich Sicherheitsbehörde erster Instanz ist, von der Landespolizeidirektion"**, mit Geldstrafe bis zu „2 180 Euro"* zu bestrafen. *(*BGBl I 2001/98; **BGBl I 2012/50, ab 1. 9. 2012)*

(2) Bei der Bemessung der Strafe ist insbesondere auf die Schwere des den Täter treffenden Vorwurfes und auf die Höhe der nicht mitgeteilten Versicherungsleistung Bedacht zu nehmen.

§ 17. (1) Dieses Bundesgesetz tritt mit dem 1. Jänner 1989 in Kraft und ist nur auf solche Fälle anzuwenden, in denen die Ausübung der Zwangsbefugnisse nicht vor diesem Tage erfolgte. „§ 2 Abs. 2 in der Fassung des Bundesgesetzes BGBl. Nr. 201/1996 tritt mit 1. Juli 1996 in Kraft." *(BGBl 1996/201)*

(2) Die §§ 8 Abs. 2 und 16 Abs. 1 in der Fassung des Bundesgesetzes BGBl. I Nr. 98/2001 treten mit 1. Jänner 2002 in Kraft. *(BGBl I 2001/98)*

(3) § 7 Abs. 3 in der Fassung des 2. Stabilitätsgesetzes 2012, BGBl. I Nr. 35/2012, tritt mit 1. Jänner 2013 in Kraft. *(BGBl I 2012/35)*

(4) § 16 Abs. 1 in der Fassung des Bundesgesetzes BGBl. I Nr. 50/2012 tritt mit 1. September 2012 in Kraft. *(BGBl I 2012/50)*

(5) § 8 Abs. 2 und 3 sowie § 11 Abs. 2 in der Fassung des Bundesgesetzes BGBl. I Nr. 161/2013 treten mit Ablauf des Monats der Kundmachung dieses Bundesgesetzes in Kraft.§ 3 Abs. 2, § 5 Abs. 1, § 8 Abs. 4, § 9 Abs. 2, § 11 Abs. 4 sowie § 12 Abs. 2 in der Fassung des Bundesgesetzes BGBl. I Nr. 161/2013 treten mit 1. Jänner 2014 in Kraft. *(BGBl I 2013/161)*

§ 18. Mit der Vollziehung

1. des § 3 Abs. 1 ist der Bundesminister für Justiz,

2. der §§ 3 Abs. 2 und 5 Abs. 2 die Bundesregierung,

3. der §§ 9 und 12 der Bundesminister für Justiz,

4. des § 14 der Bundesminister für Finanzen, soweit jedoch Bundesverwaltungsabgaben betroffen sind, die Bundesregierung,

5. des § 15, im Rahmen ihrer Zuständigkeit, der Bundesminister für Justiz und der Bundesminister für Finanzen,

6. aller anderen Bestimmungen dieses Bundesgesetzes der Bundesminister für Inneres

betraut.

29/1. Organhaftpflichtgesetz

BGBl 1967/181 idF

1 BGBl 1974/422
2 BGBl 1984/537
3 BGBl 1985/104
4 BGBl I 2013/33

STICHWORTVERZEICHNIS

(Die Zahlenangaben beziehen sich auf die Paragraphen)

„Bundesgesetz über die Haftung der Organe der Gebietskörperschaften und der sonstigen Körperschaften und Anstalten des öffentlichen Rechts für Schäden, die sie dem Rechtsträger in Vollziehung der Gesetze unmittelbar zugefügt haben (Organhaftpflichtgesetz – OrgHG)“

(BGBl I 2013/33)

Der Nationalrat hat beschlossen:

I. ABSCHNITT

Haftpflicht

§ 1. (1) Personen, die als Organe des Bundes, eines Landes, „ “ eines Gemeindeverbandes, einer Gemeinde, eines Trägers der Sozialversicherung oder einer sonstigen Körperschaft oder Anstalt des öffentlichen Rechts – im folgenden Rechtsträger genannt – handeln, haften, soweit dieses Bundesgesetz nicht anderes bestimmt, nach den Bestimmungen des bürgerlichen Rechts für den Schaden am Vermögen, den sie dem Rechtsträger, als dessen Organ sie gehandelt haben, in Vollziehung der Gesetze durch ein schuldhaftes und rechtswidriges Verhalten unmittelbar zugefügt haben „ “. Der Schaden ist nur in Geld zu ersetzen. *(BGBl I 2013/33, ab 1. 3. 2013)*

(2) Organe im Sinne dieses Bundesgesetzes sind alle physischen Personen, wenn sie in Vollziehung der Gesetze (Gerichtsbarkeit oder Hoheitsverwaltung) handeln, gleichviel, ob sie dauernd oder vorübergehend oder für den einzelnen Fall bestellt sind, ob sie gewählte, ernannte oder sonstwie bestellte Organe sind und ob ihr Verhältnis zum Rechtsträger nach öffentlichem oder nach privatem Recht zu beurteilen ist.

§ 2. (1) Ein Ersatzanspruch (§ 1 Abs. 1) besteht nicht, wenn der Rechtsträger den Schaden durch Rechtsmittel oder durch eine „Beschwerde beim Verwaltungsgericht und Revision beim Verwaltungsgerichtshof“ oder durch sonst eine gesetzlich begründete Maßnahme hätte abwenden können. *(BGBl I 2013/33, ab 1. 1. 2014)*

(2) Von einem Organ kann kein Ersatz wegen einer Handlung begehrt werden, die auf einer entschuldbaren Fehlleistung beruht oder auf Weisung (Auftrag, Befehl) eines Vorgesetzten erfolgt ist, es sei denn, das Organ hätte die Weisung eines offenbar unzuständigen Vorgesetzten befolgt oder in Befolgung der Weisung gegen strafgesetzliche Vorschriften verstoßen.

(3) Aus einem Erkenntnis des Verfassungsgerichtshofes, des Obersten Gerichtshofes oder des Verwaltungsgerichtshofes kann ein Ersatzanspruch nicht abgeleitet werden.

§ 3. (1) Beruht die Schädigung, derentwegen das Organ zur Ersatzleistung herangezogen wird, auf einem Versehen, so kann das Gericht aus Gründen der Billigkeit den Ersatz mäßigen oder, sofern der Schaden durch einen minderen Grad des Versehens zugefügt worden ist, auch ganz erlassen. *(BGBl 1984/537)*

(2) Auf die Ausübung der dem Gericht nach Abs. 1 eingeräumten Befugnis sind die Bestimmungen des „§ 2 Abs. 2 des Dienstnehmerhaftpflichtgesetzes, BGBl. Nr. 80/1965, „ “““ „ “ sinngemäß anzuwenden. *(BGBl 1984/537; BGBl I 2013/33)*

§ 4. Gründet sich der Ersatzanspruch auf eine von einem Kollegialorgan beschlossene Entscheidung oder Verfügung, so haften nur die Stimmführer, die für diese Entscheidung oder Verfügung gestimmt haben. Beruht jedoch die Entscheidung oder Verfügung auf einer unvollständigen oder unrichtigen Darstellung des Sachverhaltes durch den Berichterstatter, so haften auch die Stimmführer, die dafür gestimmt haben, nicht, es sei denn, sie hätten die pflichtgemäße Sorgfalt grob fahrlässig außer acht gelassen.

§ 5. Ersatzansprüche nach § 1 Abs. 1 verjähren in drei Jahren nach Ablauf des Tages, an dem der Schaden dem Rechtsträger bekanntgeworden ist, keinesfalls aber vor einem Jahr nach Eintritt der Rechtskraft einer rechtsverletzenden Entscheidung oder Verfügung. Ist dem Rechtsträger der Schaden nicht bekanntgeworden oder ist der Schaden aus „einer gerichtlich strafbaren Handlung, die nur vorsätzlich begangen werden kann und mit mehr als einjähriger Freiheitsstrafe bedroht ist,“ entstanden, so verjährt der Ersatzanspruch erst nach zehn Jahren nach der Entstehung des Schadens. *(BGBl I 2013/33, ab 1. 3. 2013)*

(BGBl 1974/422)

§ 6. (1) Die Aufrechnung von Ansprüchen des Rechtsträgers nach diesem Bundesgesetz gegen Ansprüche auf Geldleistungen, die dem Haftpflichtigen aus seiner Eigenschaft als Organ des Rechtsträgers diesem gegenüber zustehen, ist nur zulässig, wenn innerhalb von zwei Wochen ab Zustellung einer schriftlichen Aufrechnungserklärung dieser vom Organ nicht widersprochen wird. Die Aufrechnungserklärung hat eine Belehrung über das Widerspruchsrecht zu enthalten.

(2) Abs. 1 gilt nicht für die Aufrechnung auf Grund einer rechtskräftigen gerichtlichen Entscheidung.

II. ABSCHNITT
Verfahren

§ 7. Der Rechtsträger hat das Organ, gegen das er den Ersatzanspruch geltend machen will, zunächst zur Anerkennung des Anspruches schriftlich aufzufordern. Steht das Organ zum Rechtsträger in einem Verrechnungsverhältnis, so kann mit dieser Aufforderung eine Aufrechnungserklärung gemäß § 6 Abs. 1 verbunden werden. Kommt dem Rechtsträger binnen drei Monaten nach Zustellung der Aufforderung zur Anerkennung des Ersatzanspruches an das Organ eine Erklärung über sein Begehren nicht zu, wird der Ersatz innerhalb dieser Frist ganz oder zum Teil verweigert oder wird der Aufrechnungserklärung fristgerecht (§ 6 Abs. 1) widersprochen, so kann der Rechtsträger den Ersatzanspruch durch Klage gegen das Organ geltend machen. Enthält die fristgerecht abgegebene Erklärung des haftpflichtigen Organs lediglich den Widerspruch gegen die Aufrechnungserklärung, so kann der Ersatzanspruch frühestens nach Ablauf von drei Monaten ab Zustellung der Aufforderung zur Anerkennung gerichtlich geltend gemacht werden.

§ 8. (1) Vorbehaltlich des Abs. 2 ist auf Rechtsstreitigkeiten, die Ersatzansprüche im Sinne des § 1 Abs. 1 betreffen, das Arbeits- und Sozialgerichtsgesetz anzuwenden.

(2) Wird der Ersatzanspruch aus einer Verfügung des Präsidenten eines Gerichtshofs erster Instanz oder eines Oberlandesgerichts oder aus einem kollegialen Beschluß eines dieser Gerichtshöfe abgeleitet, die nach den Bestimmungen dieses Bundesgesetzes unmittelbar oder im Instanzenzuge zuständig wären, so ist vom übergeordneten Gericht unter Bedachtnahme auf die Grundsätze der Zweckmäßigkeit, Raschheit, Einfachheit und Kostenersparnis ein anderes Gericht gleicher Gattung zur Verhandlung und Entscheidung der Rechtssache zu bestimmen.

(BGBl 1985/104)

§ 9. (1) Ist die Entscheidung des Rechtsstreites von der Frage der Rechtswidrigkeit des Bescheides einer Verwaltungsbehörde oder des Erkenntnisses oder Beschlusses eines Verwaltungsgerichtes abhängig, über die noch kein Erkenntnis des Verwaltungsgerichtshofes oder des Verfassungsgerichtshofes vorliegt, und hält das Gericht den Bescheid bzw. das Erkenntnis oder den Beschluss für rechtswidrig, so hat es, sofern die Klage nicht gemäß § 2 abzuweisen ist, das Verfahren zu unterbrechen und beim Verwaltungsgerichtshof gemäß Art. 133 Abs. 2 des Bundes-Verfassungsgesetzes – B-VG, BGBl. Nr. 1/1930, die Feststellung der Rechtswidrigkeit des Bescheides bzw. des Erkenntnisses oder des Beschlusses zu beantragen. Nach Einlangen des Erkenntnisses des Verwaltungsgerichtshofes hat das Gericht das Verfahren fortzusetzen und den Rechtsstreit unter Bindung an die Rechtsanschauung des Verwaltungsgerichtshofes zu entscheiden. *(BGBl I 2013/33, ab 1. 1. 2014)*

(2) Abs. 1 ist nicht anzuwenden, wenn es sich um eine Rechtssache handelt, die gemäß Art. 133 Abs. 5 B-VG zur Zuständigkeit des Verfassungsgerichtshofes gehört. *(BGBl I 2013/33, ab 1. 1. 2014)*

(3) Die Verpflichtungen der Gerichte gemäß Art. 89 Abs. 2 und 3 und Art. 139 Abs. 6 B-VG bleiben unberührt. *(BGBl I 2013/33)*

§ 10. (1) Wenn das Ergebnis eines eingeleiteten Disziplinarverfahrens für die Entscheidung des Rechtsstreites voraussichtlich von Einfluß ist, kann das Gericht, soweit dies im Interesse der Verminderung des Verfahrensaufwandes gelegen ist, selbst vor der für die mündliche Verhandlung bestimmten Tagsatzung auf Antrag oder von Amts wegen das Verfahren bis zur Beendigung des Disziplinarverfahrens unterbrechen.

(2) Liegt dem Ersatzanspruch eine Rechtsverletzung zugrunde, die bereits Gegenstand einer Anklage gemäß den „Art. 142 und 143 B-VG beim Verfassungsgerichtshof" ist, so hat das Gericht das Verfahren bis zur Fällung des Erkenntnisses des Verfassungsgerichtshofes zu unterbrechen. Das Gericht ist an das Erkenntnis des Verfassungsgerichtshofes ebenso wie an ein sonstiges rechtskräftiges verurteilendes Erkenntnis eines Strafgerichtes über das Verschulden eines Organs gebunden „ ". *(BGBl I 2013/33, ab 1. 3. 2013)*

§ 11. (1) Im Verfahren nach diesem Bundesgesetz sind weder das Organ noch die als Zeugen oder Sachverständige zu vernehmenden Personen zur Wahrung des Amtsgeheimnisses verpflichtet.

(2) Die Öffentlichkeit der Verhandlung ist auf Antrag einer Partei auch dann auszuschließen (§ 172 ZPO „ "), wenn Tatsachen erörtert oder bewiesen werden müssen, die sonst durch das Amtsgeheimnis gedeckt wären. *(BGBl I 2013/33)*

(3) Das Gericht hat überdies den anwesenden Personen auf Antrag einer Partei die Geheimhaltung von Tatsachen, die sonst durch das Amtsgeheimnis gedeckt wären, zur Pflicht zu machen. Dieser Beschluß ist im Verhandlungsprotokoll zu beurkunden. Die Verletzung der Pflicht zur Geheimhaltung ist ebenso zu bestrafen wie eine „verbotene Veröffentlichung (§ 301 des Strafgesetzbuches, BGBl. Nr. 60/1974)". *(BGBl I 2013/33, ab 1. 3. 2013)*

§ 12. Die Bestimmungen dieses Abschnittes finden auch Anwendung, wenn der Ersatzanspruch des Rechtsträgers gegen den Nachlaß oder die Erben eines Organs geltend gemacht wird.

III. ABSCHNITT

Schlussbestimmungen

§ 13. (1) Dieses Bundesgesetz tritt mit 1. Jänner 1968 in Kraft.

(2) In der Fassung des Bundesgesetzes BGBl. I Nr. 33/2013 treten in Kraft:

1. der Titel, § 1 Abs. 1, § 3 Abs. 2, § 5, § 9 in der Fassung der Z 6, § 10 Abs. 2, § 11 Abs. 2 und 3, die Überschrift zum III. Abschnitt und § 14 mit Ablauf des Monats der Kundmachung dieses Bundesgesetzes;

2. § 2 Abs. 1 und § 9 Abs. 1 und 2 in der Fassung der Z 7 mit 1. Jänner 2014.
(BGBl I 2013/33)

§ 14. Soweit in diesem Bundesgesetz auf Bestimmungen anderer Bundesgesetze verwiesen wird, sind diese in ihrer jeweils geltenden Fassung anzuwenden.

(BGBl I 2013/33)

§ 15. Mit der Vollziehung dieses Bundesgesetzes ist die Bundesregierung betraut.

29/2. Dienstnehmerhaftpflichtgesetz

BGBl 1965/80 idF

1 BGBl 1983/169 **2** BGBl I 2021/61

STICHWORTVERZEICHNIS

(Die Zahlenangaben beziehen sich auf die Paragraphen)

Bundesgesetz vom 31. März 1965 über die Beschränkung der Schadenersatzpflicht der Dienstnehmer (Dienstnehmerhaftpflichtgesetz)

Artikel I

§ 1. (1) Die Vorschriften dieses Bundesgesetzes gelten für Dienstnehmer (Lehrlinge) in einem privatrechtlichen oder in einem öffentlich-rechtlichen Dienst(Lehr)verhältnis (im folgenden als Dienstnehmer bezeichnet). Sie sind auf Heimarbeiter und Personen, die gemäß § 3 des Heimarbeitsgesetzes 1960 den Entgeltschutz für Heimarbeit genießen, ferner auf sonstige Personen, die, ohne in einem Dienstverhältnis zu stehen, im Auftrag und für Rechnung bestimmter anderer Personen Arbeit leisten und wegen wirtschaftlicher Unselbständigkeit als arbeitnehmerähnlich anzusehen sind, im Verhältnis zu ihren Auftraggebern sinngemäß anzuwenden.

(2) Ausgenommen vom Geltungsbereich dieses Bundesgesetzes sind Dienstnehmer, soweit sie als Organe der im Artikel 23 Abs. 1 des Bundes-Verfassungsgesetzes in der Fassung von 1929 genannten Rechtsträger in Vollziehung der Gesetze dem Rechtsträger oder einem Dritten einen Schaden zugefügt haben.

§ 2. (1) Hat ein Dienstnehmer bei Erbringung seiner Dienstleistungen dem Dienstgeber durch ein Versehen einen Schaden zugefügt, so kann das Gericht aus Gründen der Billigkeit den Ersatz mäßigen oder, sofern der Schaden durch einen minderen Grad des Versehens zugefügt worden ist, auch ganz erlassen. *(BGBl 1983/169)*

(2) Bei der Entscheidung über die Ersatzpflicht im Sinn des Abs. 1 hat das Gericht vor allem auf das Ausmaß des Verschuldens des Dienstnehmers und außerdem insbesondere auf folgende Umstände Bedacht zu nehmen:

1. auf das Ausmaß der mit der ausgeübten Tätigkeit verbundenen Verantwortung,

2. inwieweit bei der Bemessung des Entgelts ein mit der ausgeübten Tätigkeit verbundenes Wagnis berücksichtigt worden ist,

3. auf den Grad der Ausbildung des Dienstnehmers,

4. auf die Bedingungen, unter denen die Dienstleistung zu erbringen war und

5. ob mit der vom Dienstnehmer erbrachten Dienstleistung erfahrungsgemäß die nur schwer vermeidbare Möglichkeit oder Wahrscheinlichkeit des Eintritts eines Schadens verbunden ist.

(3) Für eine entschuldbare Fehlleistung haftet der Dienstnehmer nicht.

(4) Wird der Dienstgeberin oder dem Dienstgeber durch im gemeinsamen Haushalt mit der Dienstnehmerin oder dem Dienstnehmer lebende Personen im Zusammenhang mit Arbeiten im Homeoffice ein Schaden zugefügt, so sind die Bestimmungen dieses Gesetzes sinngemäß anzuwenden. *(BGBl I 2021/61, ab 1. 4. 2021)*

§ 3. (1) Wird ein Dienstnehmer zum Ersatz des Schadens herangezogen, den er bei Erbringung seiner Dienstleistungen einem Dritten zugefügt hat, so hat er dies dem Dienstgeber unverzüglich mitzuteilen und ihm im Falle der Klage den Streit zu verkünden.

(2) Hat der Dienstnehmer im Einverständnis mit dem Dienstgeber oder auf Grund eines rechtskräftigen Urteils dem Dritten den durch ein Versehen zugefügten Schaden ersetzt, so kann er die Vergütung des solcherart Geleisteten und der ihm erwachsenen notwendigen Prozeß- und Exekutionskosten zum Teil oder, sofern der Schaden durch einen minderen Grad des Versehens zugefügt worden ist, zur Gänze vom Dienstgeber verlangen, wenn der Dienstgeber auf Grund der §§ 1313a bis 1316 des allgemeinen bürgerlichen Gesetzbuches oder auf Grund einer anderen gesetzlichen Verpflichtung vom Dritten zum Ersatz des Schadens in Anspruch hätte genommen werden können und das Verlangen des Dienstnehmers der Billigkeit entspricht. § 2 Abs. 2 ist anzuwenden. *(BGBl 1983/169)*

(3) Hat der Dienstnehmer im Einverständnis mit dem Dienstgeber oder auf Grund eines rechtskräftigen Urteils dem Dritten den durch eine entschuldbare Fehlleistung zugefügten Schaden ersetzt, so kann er jedoch die Vergütung des solcherart Geleisteten und der ihm erwachsenen notwendigen Prozeß- und Exekutionskosten zur Gänze vom Dienstgeber verlangen, wenn dieser auf Grund der §§ 1313a bis 1316 des allgemeinen bürgerlichen Gesetzbuches oder auf Grund einer anderen gesetzlichen Verpflichtung vom Dritten zum Ersatz des Schadens in Anspruch hätte genommen werden können.

(4) Unterläßt es der Dienstnehmer, dem Dienstgeber den Streit zu verkündigen, so verliert er zwar nicht das Recht auf Vergütung gegenüber dem Dienstgeber, doch kann ihm dieser alle wider den Dritten unausgeführt gebliebenen Einwendungen entgegensetzen und sich dadurch von der Vergütung in dem Maße befreien, als erkannt wird, daß diese Einwendungen, wenn von ihnen der gehörige Gebrauch gemacht worden wäre, eine andere Entscheidung gegen den Dritten veranlaßt hätten.

§ 4. (1) Wird ein Dienstgeber auf Grund der §§ 1313a bis 1316 des allgemeinen bürgerlichen Gesetzbuches oder auf Grund einer anderen gesetzlichen Verpflichtung vom Dritten zum Ersatz des Schadens herangezogen, den sein Dienstnehmer bei Erbringung seiner Dienstleistungen einem Dritten zugefügt hat, so hat er dies dem Dienstnehmer unverzüglich mitzuteilen und ihm im Falle der Klage den Streit zu verkündigen.

(2) Hat der Dienstgeber im Einverständnis mit dem Dienstnehmer oder auf Grund eines rechtskräftigen Urteils dem Dritten den Schaden ersetzt, so hat er einen die Vergütung des solcherart Geleisteten und der ihm erwachsenen notwendigen Prozeß- und Exekutionskosten umfassenden Rückgriffsanspruch gegen den Dienstnehmer, es sei denn, daß der Dienstnehmer den Schaden durch ein Versehen zugefügt hat und das Gericht aus Gründen der Billigkeit den Rückersatz mäßigt oder, sofern der Schaden durch einen minderen Grad des Versehens zugefügt worden ist, ganz erläßt. § 2 Abs. 2 ist anzuwenden. *(BGBl 1983/169)*

(3) Hat der Dienstgeber dem Dritten den Schaden ersetzt, den der Dienstnehmer dem Dritten durch eine entschuldbare Fehlleistung zugefügt hat, so hat der Dienstgeber jedoch gegen den Dienstnehmer keinen Rückgriffsanspruch.

(4) Unterläßt es der Dienstgeber, dem Dienstnehmer den Streit zu verkündigen, so verliert er zwar nicht das Recht auf Vergütung gegenüber dem Dienstnehmer, doch kann ihm dieser wider den Dritten unausgeführt gebliebenen Einwendungen entgegensetzen und sich dadurch von der Vergütung in dem Maße befreien, als erkannt wird, daß diese Einwendungen, wenn von ihnen der gehörige Gebrauch gemacht worden wäre, eine andere Entscheidung gegen den Dritten veranlaßt hätten.

§ 5. Die Rechte des Dienstnehmers, die sich aus den §§ 2 bis 4 ergeben, können nur durch Kollektivvertrag aufgehoben oder beschränkt werden.

§ 6. Auf einem minderen Grad des Versehens beruhende Schadenersatz- oder Rückgriffsansprüche zwischen Dienstgeber und Dienstnehmer (§ 2 Abs. 1, § 3 Abs. 2 bis 4, § 4 Abs. 2 und 4) erlöschen, wenn sie nicht binnen sechs Monaten nach Ablauf des Tages, an dem sie erhoben werden können, gerichtlich geltend gemacht werden.

§ 7. (1) Während des aufrechten Bestandes des Dienstverhältnisses ist eine Aufrechnung von Ansprüchen gegen den Dienstnehmer nach diesem Bundesgesetz nur zulässig, wenn der Dienstnehmer nicht innerhalb von 14 Tagen ab Zugehen der Aufrechnungserklärung dieser widerspricht.

(2) Abs. 1 gilt nicht für eine Aufrechnung auf Grund eines rechtskräftigen Urteils.

§ 8. § 2 Abs. 4 in der Fassung des Bundesgesetzes BGBl. I Nr. 61/2021 tritt mit 1. April 2021 in Kraft.

(BGBl I 2021/61)

Artikel II

(1) Auf Schadensfälle, die vor dem Inkrafttreten dieses Bundesgesetzes eingetreten sind, sind die bisherigen Bestimmungen anzuwenden.

(2) Die Rechte des Dienstnehmers, die sich aus den §§ 2 bis 4 ergeben, können nur durch einen Kollektivvertrag aufgehoben oder beschränkt

werden, der nach dem Inkrafttreten dieses Bundesgesetzes abgeschlossen worden ist.

Artikel III

Mit der Vollziehung dieses Bundesgesetzes ist das Bundesministerium für Justiz betraut.

30. Allgemeines Sozialversicherungsgesetz

(Auszug)

BGBl 1955/189 idF

1 BGBl 1962/13
2 BGBl 1973/31
3 BGBl 1976/704
4 BGBl 1978/684
5 BGBl 1989/642 (48. Novelle)
6 BGBl 1990/741
7 BGBl 1996/764
8 BGBl I 2004/179
9 BGBl I 2006/131 (66. Novelle)
10 BGBl I 2010/61
11 BGBl I 2010/102 (2. SVÄG 2010)
12 BGBl I 2015/2 (SVAG)

GLIEDERUNG

STICHWORTVERZEICHNIS

(Die Zahlenangaben beziehen sich auf die Paragraphen)

Bundesgesetz vom 9. September 1955 über die Allgemeine Sozialversicherung (Allgemeines Sozialversicherungsgesetz - ASVG)

FÜNFTER TEIL

Beziehungen der Versicherungsträger (des Hauptverbandes) zueinander und Ersatzleistungen, Haftung der Dienstgeber bei Arbeitsunfällen

ABSCHNITT IV.

SCHADENERSATZ UND HAFTUNG

Übergang von Schadenersatzansprüchen auf die Versicherungsträger

§ 332. (1) Können Personen, denen nach den Bestimmungen dieses Bundesgesetzes Leistungen zustehen oder für die als Angehörige gemäß § 123 Leistungen zu gewähren sind, den Ersatz des Schadens, der ihnen durch den Versicherungsfall erwachsen ist, aufgrund anderer gesetzlicher Vorschriften beanspruchen, geht der Anspruch auf den Versicherungsträger insoweit über, als dieser Leistungen zu erbringen hat. Der Anspruch umfasst auch die Aufwendungen des Landesgesundheitsfonds, die nach § 148 Z 2 von der Krankenanstalt in Rechnung gestellt werden. Der Versicherungsträger hat dem Landesgesundheitsfonds jenen Teil der Regreßeinnahmen, der nicht durch Mittel der Sozialversicherung gemäß § 447f Abs. 1 gedeckt ist, abzüglich eines anteilsmäßigen Verwaltungskostenersatzes für die Geltendmachung, zu überweisen. Ansprüche auf Schmerzengeld gehen auf den Versicherungsträger nicht über. *(BGBl I 2004/179, ab 1. 1. 2005)*

(1a) Bei Leistung von Rehabilitationsgeld gilt der für die leistungsbeziehende Person sachlich zuständige Träger der Pensionsversicherung als leistungserbringender Versicherungsträger. *(BGBl I 2015/2, ab 1. 1. 2014)*

(2) Der Versicherungsträger kann Ersatzbeträge, die der Ersatzpflichtige dem Versicherten (Angehörigen) oder seinen Hinterbliebenen in Unkenntnis des Überganges des Anspruches gemäß Abs. 1 geleistet hat, auf die nach diesem Bundesgesetz zustehenden Leistungsansprüche ganz oder zum Teil anrechnen. Soweit hienach Ersatzbeträge angerechnet werden, erlischt der nach Abs. 1 auf den Versicherungsträger übergegangene Ersatzanspruch gegen den Ersatzpflichtigen. *(BGBl 1962/13, 1. 1. 1962)*

(3) Ein Schadenersatzanspruch nach § 333 geht auf den Versicherungsträger nicht über.

(4) § 328 ist auf Ersatzansprüche für Krankenbehandlung (§ § 133 bis 137) oder für Unfallheilbehandlung (§ § 135 bis 137 in Verbindung mit § 189) entsprechend anzuwenden. *(BGBl 1973/31, 1. 1. 1993)*

(5) Der Versicherungsträger kann einen im Sinne der Abs. 1 bis 4 auf ihn übergegangenen Schadenersatzanspruch gegen einen Dienstnehmer, der im Zeitpunkt des schädigenden Ereignisses in demselben Betrieb wie der Verletzte oder Getötete beschäftigt war, nur geltend machen, wenn

a) der Dienstnehmer den Versicherungsfall vorsätzlich oder grob fahrlässig verursacht hat oder

b) der Versicherungsfall durch ein Verkehrsmittel verursacht wurde, für dessen Betrieb aufgrund gesetzlicher Vorschrift eine erhöhte Haftpflicht besteht.

In den Fällen der lit. b kann der Versicherungsträger den Schadenersatzanspruch unbeschadet der Bestimmungen des § 336 über das Zusammentreffen von Schadenersatzansprüchen verschiedener Versicherungsträger und den Vorrang eines gerichtlich festgestellten Schmerzengeldanspruches nur bis zur Höhe der aus einer bestehenden Haftpflichtversicherung zur Verfügung stehenden Versicherungssumme geltend machen, es sei denn, dass der Versicherungsfall durch den Dienstnehmer vorsätzlich oder grob fahrlässig verursacht worden ist. *(BGBl 1962/13, 1. 1. 1962)*

(6) Abs. 5 gilt entsprechend für Schadenersatzansprüche gegen einen Schüler im Sinne des § 8 Abs. 1 Z 3 lit. h, sofern dieser im Zeitpunkt des Eintrittes des schädigenden Ereignisses dieselbe Schule besucht hat wie der Verletzte oder Getötete. *(BGBl 1976/704, 1. 1. 1977)*

Einschränkung der Schadenersatzpflicht des Dienstgebers gegenüber dem Dienstnehmer bei Arbeitsunfällen (Berufskrankheiten)

§ 333. (1) Der Dienstgeber ist dem Versicherten zum Ersatz des Schadens, der diesem durch eine Verletzung am Körper infolge eines Arbeitsunfalles oder durch eine Berufskrankheit entstanden ist, nur verpflichtet, wenn er den Arbeitsunfall (die Berufskrankheit) vorsätzlich verursacht hat. Diese Einschränkung gilt auch gegenüber den Hinterbliebenen des Versicherten, wenn dessen Tod auf die körperliche Verletzung infolge des Arbeitsunfalles oder auf die Berufskrankheit zurückzuführen ist.

(2) Hat der Dienstgeber den Arbeitsunfall (die Berufskrankheit) vorsätzlich verursacht, so vermindert sich der Schadenersatzanspruch des Versicherten oder seiner Hinterbliebenen um die Leistungen aus der gesetzlichen Unfallversicherung.

(3) Die Bestimmungen der Abs. 1 und 2 sind, unbeschadet der Bestimmungen des § 477, nicht anzuwenden, wenn der Arbeitsunfall durch ein Verkehrsmittel eingetreten ist, für dessen Betrieb

aufgrund gesetzlicher Vorschrift eine erhöhte Haftpflicht besteht. Der Dienstgeber haftet nur bis zur Höhe der aus einer bestehenden Haftpflichtversicherung zur Verfügung stehenden Versicherungssumme, es sei denn, dass der Versicherungsfall durch den Dienstgeber vorsätzlich verursacht worden ist. *(BGBl 1989/642, 1. 1. 1990)*

(4) Die Bestimmungen der Abs. 1 und 2 gelten auch für Ersatzansprüche Versicherter und ihrer Hinterbliebenen gegen gesetzliche oder bevollmächtigte Vertreter des Unternehmers und gegen Aufseher im Betrieb. *(BGBl 1962/13, 1. 1. 1962)*

Haftung des Dienstgebers bei Arbeitsunfällen (Berufskrankheiten) gegenüber den Trägern der Sozialversicherung

§ 334. (1) Hat der Dienstgeber oder ein ihm gemäß § 333 Abs. 4 Gleichgestellter den Arbeitsunfall oder die Berufskrankheit vorsätzlich oder durch grobe Fahrlässigkeit verursacht, so hat er den Trägern der Sozialversicherung alle nach diesem Bundesgesetz zu gewährenden Leistungen zu ersetzen. Dies gilt nicht in den Fällen von Leistungen nach § 213a. *(BGBl 1989/642, 1. 1. 1990)*

(2) § 328 ist auf Ersatzansprüche für Krankenbehandlung (§ § 133 bis 137) oder für Unfallheilbehandlung (§ § 135 bis 137 in Verbindung mit § 189) entsprechend anzuwenden. *(BGBl 1973/31, 1. 1. 1973)*

(3) Durch ein Mitverschulden des Versicherten wird die Haftung gemäß Abs. 1 weder aufgehoben noch gemindert.

(4) Der Träger der Unfallversicherung kann als Ersatz für eine von ihm zu gewährende Rente deren Kapitalswert (§ 184) fordern.

(5) Hat der Dienstgeber oder ein ihm gemäß § 333 Abs. 4 Gleichgestellter den Arbeitsunfall nicht vorsätzlich herbeigeführt, so kann der Träger der Sozialversicherung auf den Ersatz ganz oder teilweise verzichten, wenn die wirtschaftlichen Verhältnisse des Verpflichteten dies begründen.

Schadenersatzpflicht und Haftung bei juristischen Personen

§ 335. (1) Die Bestimmungen der § § 333 und 334 sind auch anzuwenden, wenn der Dienstgeber eine juristische Person, „eine offene Gesellschaft oder eine Kommanditgesellschaft“ ist und der Arbeitsunfall oder die Berufskrankheit vorsätzlich - bei der Anwendung des § 334 auch grob fahrlässig - durch ein Mitglied des geschäftsführenden Organes der juristischen Person oder durch „einen unbeschränkt haftenden Gesellschafter/eine unbeschränkt haftende Gesellschafterin einer offenen Gesellschaft oder einer Kommanditgesellschaft“ verursacht worden ist. *(BGBl 1990/741, 1. 1. 1991; BGBl I 2006/131, ab 1. 1. 2007)*

(2) Im Falle des Abs. 1 haften mit der juristischen Person als Dienstgeber die Mitglieder des geschäftsführenden Organes oder die zur Geschäftsführung berechtigten Personen zur ungeteilten Hand, sofern die betreffenden Mitglieder des geschäftsführenden Organes beziehungsweise die zur Geschäftsführung berechtigten Personen den Arbeitsunfall vorsätzlich oder im Falle des § 334 auch grob fahrlässig verursacht haben.

(3) Bei den in einem Ausbildungsverhältnis stehenden Pflichtversicherten (§ 4 Abs. 1 Z 4, 5 und 8) sowie bei den nach § 8 Abs. 1 Z 3 lit. c , h, i, l und m in der Unfallversicherung Teilversicherten steht für die Anwendung der Abs. 1 und 2 sowie der § § 333 und 334 der Träger der Einrichtung, in der die Ausbildung, die institutionelle Kinderbetreuung oder Beschäftigungstherapie beziehungsweise die Rehabilitation oder Gesundheitsvorsorge erfolgt, dem Dienstgeber gleich. *(BGBl I 2010/102, ab 1. 1. 2011)*

Konkurrenz von Ersatzansprüchen mehrerer Versicherungsträger

§ 336. Treffen Ersatzansprüche verschiedener Versicherungsträger gemäß § 332 aus demselben Ereignis zusammen, welche die aus einer bestehenden Haftpflichtversicherung zur Verfügung stehende Versicherungssumme übersteigen, so sind sie aus dieser unbeschadet der weiteren Haftung des Ersatzpflichtigen im Verhältnis ihrer Ersatzforderungen zu befriedigen. Ein gerichtlich festgestellter Schmerzengeldanspruch geht hiebei den Ersatzansprüchen der Versicherungsträger im Range vor.

Verjährung der Ersatzansprüche

§ 337. (1) Der Ersatzanspruch des Versicherungsträgers gemäß § 334 verjährt in drei Jahren nach der ersten rechtskräftigen Feststellung der Entschädigungspflicht.

(2) Im Übrigen gelten für die Verjährung der Ersatzansprüche die Bestimmungen des § 1489 des Allgemeinen Bürgerlichen Gesetzbuches.

31/1. Produkthaftungsgesetz

BGBl 1988/99 idF

1 BGBl 1993/95
2 BGBl 1994/510 (GTG)
3 BGBl I 1999/185
4 BGBl I 2001/98 (2. Euro-JuBeG)

STICHWORTVERZEICHNIS

(Die Zahlenangaben beziehen sich auf die Paragraphen)

Bundesgesetz vom 21. Jänner 1988 über die Haftung für ein fehlerhaftes Produkt (Produkthaftungsgesetz)

Haftung

§ 1. (1) Wird durch den Fehler eines Produkts ein Mensch getötet, am Körper verletzt oder an der Gesundheit geschädigt oder eine von dem Produkt verschiedene körperliche Sache beschädigt, so haftet für den Ersatz des Schadens

1. der Unternehmer, der es hergestellt und in den Verkehr gebracht hat,

2. der Unternehmer, der es zum Vertrieb in den Europäischen Wirtschaftsraum eingeführt und hier in den Verkehr gebracht hat (Importeur). *(BGBl 1993/95, ab 1. 1. 1994; nicht anzuwenden, wenn das Produkt davor in Verkehr gebracht wurde)*

(2) Kann der Hersteller oder – bei eingeführten Produkten – der Importeur (Abs. 1 Z 2) nicht festgestellt werden, so haftet jeder Unternehmer, der das Produkt in den Verkehr gebracht hat, nach Abs. 1, wenn er nicht dem Geschädigten in angemessener Frist den Hersteller beziehungsweise – bei eingeführten Produkten – den Importeur oder denjenigen nennt, der ihm das Produkt geliefert hat.

§ 2. Der Schaden durch die Beschädigung einer Sache ist nur zu ersetzen,

1. wenn ihn nicht ein Unternehmer erlitten hat, der die Sache überwiegend in seinem Unternehmen verwendet hat, und

2. überdies nur mit dem „500 Euro" übersteigenden Teil. *(BGBl I 2001/98, ab 1. 1. 2002, s § 19a Abs 3)*

(BGBl 1993/95, ab 1. 1. 1994; nicht anzuwenden, wenn das Produkt davor in Verkehr gebracht wurde)

Hersteller

§ 3. Hersteller (§ 1 Abs. 1 Z 1) ist derjenige, der das Endprodukt, einen Grundstoff oder ein Teilprodukt erzeugt hat, sowie jeder, der als Hersteller auftritt, indem er seinen Namen, seine Marke oder ein anderes Erkennungszeichen auf dem Produkt anbringt.

Produkt

§ 4. Produkt ist jede bewegliche körperliche Sache, auch wenn sie ein Teil einer anderen beweglichen Sache oder mit einer unbeweglichen Sache verbunden worden ist, einschließlich Energie. „ " *(BGBl I 1999/185, ab 1. 1. 2000, s § 19a Abs 3)*

Fehler

§ 5. (1) Ein Produkt ist fehlerhaft, wenn es nicht die Sicherheit bietet, die man unterBerücksichtigung aller Umstände zu erwarten berechtigt ist, besonders angesichts

1. der Darbietung des Produkts,

2. des Gebrauchs des Produkts, mit dem billigerweise gerechnet werden kann,

3. des Zeitpunkts, zu dem das Produkt in den Verkehr gebracht worden ist.

(2) Ein Produkt kann nicht allein deshalb als fehlerhaft angesehen werden, weil später ein verbessertes Produkt in den Verkehr gebracht worden ist.

Inverkehrbringen

§ 6. Ein Produkt ist in den Verkehr gebracht, sobald es der Unternehmer, gleich auf Grund welchen Titels, einem anderen in dessen Verfügungsmacht oder zu dessen Gebrauch übergeben hat. Die Versendung an den Abnehmer genügt.

Beweislastumkehr

§ 7. (1) Behauptet ein Hersteller oder ein Importeur, die Sache nicht in den Verkehr gebracht oder nicht als Unternehmer gehandelt zu haben, so obliegt ihm der Beweis.

(2) Behauptet ein in Anspruch Genommener, daß das Produkt den Fehler, der den Schaden verursacht hat, noch nicht hatte, als er es in den Verkehr gebracht hat, so hat er dies als unter Berücksichtigung der Umstände wahrscheinlich darzutun.

Haftungsausschlüsse

§ 8. Die Haftung kann nicht durch den Mangel eines Verschuldens, sondern nur durch den Nachweis ausgeschlossen werden, daß

1. der Fehler auf eine Rechtsvorschrift oder behördliche Anordnung zurückzuführen ist, der das Produkt zu entsprechen hatte,

2. die Eigenschaften des Produkts nach dem Stand der Wissenschaft und Technik zu dem Zeitpunkt, zu dem es der in Anspruch Genommene in den Verkehr gebracht hat, nicht als Fehler erkannt werden konnten oder

3. – wenn der in Anspruch Genommene nur einen Grundstoff oder ein Teilprodukt hergestellt hat – der Fehler durch die Konstruktion des Produkts, in welches der Grundstoff oder das Teilprodukt eingearbeitet worden ist, oder durch die Anleitungen des Herstellers dieses Produkts verursacht worden ist.

4. *(aufgehoben, BGBl I 1999/185, ab 1. 1. 2000, s § 19a Abs 3)*

§ 9. Die Ersatzpflicht nach diesem Bundesgesetz kann im voraus weder ausgeschlossen noch beschränkt werden.

(BGBl 1993/95, ab 1. 1. 1994; nicht anzuwenden, wenn das Produkt davor in Verkehr gebracht wurde)

Solidarhaftung

§ 10. Trifft die Haftpflicht mehrere, so haften sie zur ungeteilten Hand. Ihre Haftung wird nicht dadurch gemindert, daß auch andere nach anderen Bestimmungen für den Ersatz desselben Schadens haften.

Mitverschulden des Geschädigten

§ 11. Trifft den Geschädigten oder jemanden, dessen Verhalten er zu vertreten hat, ein Verschulden, so ist § 1304 ABGB sinngemäß anzuwenden.

Rückgriff

§ 12. (1) Hat ein Ersatzpflichtiger Schadenersatz geleistet und ist der Fehler des Produkts weder von ihm noch von einem seiner Leute verursacht worden, so kann er vom Hersteller des fehlerhaften Endprodukts, Grundstoffs oder Teilprodukts Rückersatz verlangen. Sind mehrere rückersatzpflichtig, so haften sie zur ungeteilten Hand.

(2) Haben mehrere Haftende den Fehler mitverursacht, so richtet sich das Ausmaß des Anspruchs desjenigen, der den Schaden ersetzt hat, auf Rückersatz gegen die übrigen nach den Umständen, besonders danach, wie weit der Schaden von dem einen oder dem anderen Beteiligten verschuldet oder durch die Herbeiführung eines Fehlers des Produkts verursacht worden ist.

(3) Kann ein nach Abs. 1 oder 2 Rückersatzpflichtiger nicht festgestellt werden, so ist jeder Unternehmer rückersatzpflichtig, der das Produkt vor dem Rückersatzberechtigten in den Verkehr gebracht hat, wenn er nicht diesem in angemessener Frist den Hersteller oder denjenigen nennt, der ihm das Produkt geliefert hat.

Erlöschung

§ 13. Sofern nach diesem Bundesgesetz bestehende Ersatzansprüche nicht früher verjähren, erlöschen sie zehn Jahre nach dem Zeitpunkt, zu dem der Ersatzpflichtige das Produkt in den Verkehr gebracht hat, es sei denn, der Geschädigte hat seinen Anspruch inzwischen gerichtlich geltend gemacht.

(BGBl 1993/95, ab 1. 1. 1994; nicht anzuwenden, wenn das Produkt davor in Verkehr gebracht wurde)

Anwendung des ABGB

§ 14. Soweit in diesem Bundesgesetz nicht anderes bestimmt ist, ist auf die darin vorgesehenen Ersatzansprüche das Allgemeine bürgerliche Gesetzbuch anzuwenden.

Sonstige Ersatzansprüche

§ 15. (1) Bestimmungen des Allgemeinen bürgerlichen Gesetzesbuchs und anderer Vorschriften, nach denen Schäden in weiterem Umfang oder von anderen Personen als nach diesem Bundesgesetz zu ersetzen sind, bleiben unberührt.

(2) Dieses Bundesgesetz gilt nicht für Schäden durch ein nukleares Ereignis, die in einem von EFTA-Staaten und EG-Mitgliedstaaten ratifizierten internationalen Übereinkommen erfaßt sind. *(BGBl 1993/95, ab 1. 1. 1994; nicht anzuwenden, wenn das Produkt davor in Verkehr gebracht wurde)*

Deckungsvorsorge

§ 16. Hersteller und Importeure von Produkten sind verpflichtet, in einer Art und in einem Ausmaß, wie sie im redlichen Geschäftsverkehr üblich sind, durch das Eingehen einer Versicherung oder in anderer geeigneter Weise dafür Vorsorge zu treffen, daß Schadenersatzpflichten nach diesem Bundesgesetz befriedigt werden können.

§ 17. Als Importeur im Sinn des § 1 Abs. 1 Z 2 gilt überdies derjenige Unternehmer, der das Produkt zum Vertrieb von einem EFTA-Staat in die Europäische Wirtschaftsgemeinschaft oder von der Europäischen Wirtschaftsgemeinschaft in einen EFTA-Staat oder von einem EFTA-Staat in einen anderen EFTA-Staat eingeführt und hier in den Verkehr gebracht hat. Dies gilt ab dem Tag, an dem das Luganer Übereinkommen vom 16. September 1988 über die gerichtliche Zuständigkeit und die Vollstreckung gerichtlicher Entscheidungen in Zivil- und Handelssachen für einen EG-Mitgliedstaat oder einen EFTA-Staat in Kraft tritt, nicht mehr für diejenigen Staaten, die das Übereinkommen ratifiziert haben, insoweit auf Grund dieser Ratifikationen ein zugunsten des Geschädigten erwirktes nationales Urteil gegen den Hersteller oder den Importeur im Sinn des § 1 Abs. 1 Z 2 vollstreckbar ist.

(BGBl 1993/95, ab 1. 1. 1994; nicht anzuwenden, wenn das Produkt davor in Verkehr gebracht wurde)

Übergangsbestimmung, Vollziehung

§ 18. Dieses Bundesgesetz tritt mit 1. Juli 1988 in Kraft.

§ 19. Dieses Bundesgesetz ist auf Schäden durch Produkte, die vor seinem Inkrafttreten in den Verkehr gebracht worden sind, nicht anzuwenden.

§ 19a. (1) § 1 Abs. 1 Z 2 , § 2 , § 9 , § 13 , § 15 Abs. 2 und § 17 in der Fassung des Bundesgesetzes BGBl. Nr. 95/1993 treten zu demselben Zeitpunkt in Kraft wie das Abkommen über den Europäischen Wirtschaftsraum.[1)]

(2) Die Neufassung dieser Bestimmungen ist auf Schäden durch Produkte, die vor dem im Abs. 1 genannten Zeitpunkt in Verkehr gebracht worden sind, nicht anzuwenden.

(3) Die §§ 4 und 8 in der Fassung des Bundesgesetzes BGBl. I Nr. 185/1999 treten mit 1. Jänner 2000 in Kraft. Die Neufassung dieser Bestimmungen ist auf Produkte, die vor dem 1. Jänner 2000 in Verkehr gebracht worden sind, nicht anzuwenden. *(BGBl I 1999/185)*

(4) Die §§ 2 und 19a in der Fassung des Bundesgesetzes BGBl. I Nr. 98/2001 treten mit 1. Jänner 2002 in Kraft. § 2 ist in dieser Fassung auf Schäden durch Produkte, die vor diesem Tag in Verkehr gebracht worden sind, nicht anzuwenden. *(BGBl I 2001/98)*

(BGBl 1993/95)

[1)] Am 1. 1. 1994 (Z 28 K BGBl 1993/917).

§ 20. Mit der Vollziehung dieses Bundesgesetzes ist der Bundesminister für Justiz betraut.

31/2. Gentechnikgesetz

(Auszug)

BGBl 1994/510 idF

1 BGBl I 1998/73
2 BGBl I 2001/98 (1. Euro-Umstellungsgesetz)
3 BGBl I 2004/126

STICHWORTVERZEICHNIS

(Die Zahlenangaben beziehen sich auf die Paragraphen)

Bundesgesetz, mit dem Arbeiten mit gentechnisch veränderten Organismen, das Freisetzen und Inverkehrbringen von gentechnisch veränderten Organismen und die Anwendung von Genanalyse und Gentherapie am Menschen geregelt werden (Gentechnikgesetz - GTG) und das Produkthaftungsgesetz geändert wird

Artikel I

Gentechnikgesetz

IVa. Abschnitt

Zivilrechtliche Haftung

Personen- und Sachschäden

§ 79a. (1) Wird bei Arbeiten mit GVO[1)] (§ 4 Z 4) oder bei deren Freisetzung (§ 4 Z 20) als Folge der durch die gentechnische Veränderung bewirkten Eigenschaften des Organismus ein Mensch getötet, am Körper verletzt oder an der Gesundheit geschädigt oder eine körperliche Sache beschädigt, so hat der Betreiber (§ 4 Z 18) den Schaden zu ersetzen. Der Betreiber haftet für Arbeiten und Freisetzungen auch dann, wenn bereits eine Genehmigung für die Freisetzung oder für das Inverkehrbringen erteilt worden ist, solange das Erzeugnis (§ 54 Abs. 1) noch nicht zulassungsgemäß in Verkehr gebracht worden ist.

(2) Die Haftung des Betreibers erstreckt sich auch auf Schäden, die auf die durch die gentechnische Veränderung bewirkten Eigenschaften des GVO in Verbindung mit dessen sonstigen gefährlichen Eigenschaften zurückzuführen sind.

(BGBl I 1998/73)

1) Gentechnisch veränderte Organismen.

Beeinträchtigung der Umwelt

§ 79b. Ist der Schaden an einer körperlichen Sache auch eine wesentliche Beeinträchtigung der Umwelt (§ 101a Abs. 1) und ist eine Wiederherstellung des vorigen Zustandes durch den haftpflichtigen Betreiber nicht tunlich oder findet sich dieser nicht zur Wiederherstellung bereit, so gebührt dem Geschädigten auch dann der Ersatz der Kosten der Wiederherstellung, wenn diese

Kosten den Wert der beschädigten Sache übersteigen. Der Geschädigte kann die Wiederherstellungskosten vorschußweise verlangen, hat eine Vorschußleistung in einem den Wert der beschädigten Sache übersteigenden Ausmaß jedoch zurückerstatten, wenn er nicht innerhalb angemessener Zeit den vorigen Zustand wiederherstellt.

(BGBl I 1998/73)

Ausschluß der Haftung

§ 79c. Die Haftung des Betreibers ist ausgeschlossen, wenn der Schaden

1. durch eine Kriegshandlung, ähnliche Feindseligkeiten, einen Bürgerkrieg, einen Aufstand oder ein außergewöhnliches, unabwendbares und in seinen Folgen zumutbarerweise nicht vermeidbares Naturereignis,

2. durch einen in Schädigungsabsicht handelnden, nicht bei der Tätigkeit nach § 79a mitwirkenden Dritten trotz Einhaltung aller nach der Tätigkeit gemäß §§ 10 und 45 gebotenen Sicherheitsmaßnahmen oder

3. in Befolgung einer Rechtsvorschrift oder einer besonderen behördlichen Anordnung oder Zwangsmaßnahme

verursacht worden ist.

(BGBl I 1998/73)

Beweiserleichterung

§ 79d. Ist ein GVO, der Gegenstand einer Tätigkeit nach § 79a war, nach den Umständen des Einzelfalls geeignet, den Schaden herbeizuführen, so wird vermutet, daß er den Schaden als Folge seiner durch die gentechnische Veränderung bewirkten Eigenschaften verursacht hat. Die Vermutung ist widerlegt, wenn es der Betreiber als wahrscheinlich dartut, daß der Schaden nicht durch diese Eigenschaften verursacht oder im Sinn des § 79a Abs. 2 mitverursacht worden ist.

(BGBl I 1998/73)

Haftung, Rückgriff und Ausgleich bei mehreren Betreibern

§ 79e. (1) Sind mehrere Personen nach diesem Bundesgesetz oder anderen Rechtsvorschriften haftpflichtig, so haften sie, sofern sich die den einzelnen Haftpflichtigen zuzurechnenden Schäden nicht auseinanderhalten lassen, zur ungeteilten Hand. Gleiches gilt, wenn mehrere Betreiber eine schädigende Tätigkeit nacheinander ausgeübt haben und sich die den einzelnen Haftpflichtigen zuzurechnenden Schäden nicht auseinanderhalten lassen. Jeder Haftpflichtige haftet jedoch dem Grunde und dem Umfang nach nur nach den für ihn geltenden Bestimmungen.

(2) Sind mehrere Personen nach diesem Bundesgesetz oder anderen Rechtsvorschriften haftpflichtig, so hängen im Verhältnis zueinander die Verpflichtung zum Ersatz und dessen Umfang von den Umständen des Einzelfalls ab, insbesondere davon, inwieweit der Schaden zumindest mit Wahrscheinlichkeit vom einen oder anderen Haftpflichtigen verschuldet oder sonst verursacht worden ist. Gleiches gilt für die gegenseitige Ersatzpflicht. Jeder Haftpflichtige haftet jedoch dem Grunde und dem Umfang nach nur nach den für ihn geltenden Bestimmungen.

(BGBl I 1998/73)

Auskunft

§ 79f. (1) Liegen Umstände vor, die die Annahme begründen, daß ein Schaden durch GVO als Folge von deren durch die gentechnische Veränderung bewirkten Eigenschaften verursacht worden ist, so hat der Geschädigte gegen jeden Betreiber, dessen Tätigkeit nach § 79a örtlich sowie nach der Art der GVO als Ursache allgemein in Betracht kommt, einen Anspruch auf Auskunft. Der Betreiber hat über die für seine Haftung nach § 79a maßgeblichen Gesichtspunkte seiner Tätigkeit, insbesondere über die dabei hergestellten, verwendeten, vermehrten, gelagerten, zerstörten, entsorgten oder freigesetzten GVO sowie deren Eigenschaften und Wirkungen, Auskunft zu erteilen. Der Anspruch auf Auskunft besteht nicht, soweit der Betreiber darlegt, daß die Auskunft zur Beurteilung, ob und in welchem Ausmaß der Schaden durch die durch die gentechnische Veränderung bewirkten Eigenschaften dieses GVO verursacht worden ist, nicht erforderlich ist.

(2) Der Betreiber, dessen Haftung in Anspruch genommen worden ist, hat gegen jeden anderen Betreiber, auf dessen Tätigkeit die in Abs. 1 genannten Voraussetzungen zutreffen, Anspruch auf Auskunft nach Abs. 1.

(3) Ein Anspruch auf Auskunft besteht nicht, soweit der Betreiber bei Abwägung aller maßgeblichen Interessen durch die Erteilung der Auskunft unverhältnismäßig belastet würde, insbesondere wegen der dafür notwendigen Aufwendungen, wegen einer ihm deshalb drohenden strafgerichtlichen Verfolgung oder wegen der dazu erforderlichen Preisgabe eines im Verhältnis zum Schaden wesentlich bedeutsameren Geschäfts- oder Betriebsgeheimnisses.

(4) Der Betreiber, der auf Auskunft oder dessen Haftung in Anspruch genommen worden ist, hat gegen den Geschädigten Anspruch auf Auskunft, soweit dies zur Beurteilung erforderlich ist, ob und in welchem Ausmaß der Schaden durch den Geschädigten oder andere Verursacher herbeigeführt worden ist, und soweit der Geschädigte bei Abwägung aller maßgeblichen Interessen durch

die Erteilung der Auskunft nicht unverhältnismäßig belastet würde.

(5) Durch außergerichtliche Verhandlungen über die Erteilung einer Auskunft sowie durch ein gerichtliches Verfahren zur Durchsetzung des Auskunftsanspruchs ist die Fortsetzung der Verjährung eines Anspruchs nach diesem Abschnitt gehemmt.

(BGBl I 1998/73)

§ 79g. (1) Eine nach § 79f erlangte Auskunft darf nur zur Durchsetzung von Ansprüchen nach diesem Abschnitt verwendet werden.

(2) Werden in einem gerichtlichen Verfahren Geschäfts- oder Betriebsgeheimnisse oder sonst der Inhalt von Auskünften nach § 79f erörtert oder Beweise dazu aufgenommen, so ist auf Antrag einer der Parteien die Öffentlichkeit auszuschließen.

(BGBl I 1998/73)

Anwendung des ABGB

§ 79h. (1) Soweit in diesem Abschnitt nicht anderes bestimmt ist, ist auf die darin vorgesehenen Ansprüche das allgemeine bürgerliche Gesetzbuch anzuwenden.

(2) Der Betreiber haftet auch in den Fällen, in denen Ersatzansprüche für Schäden, die durch GVO als Folge von deren durch die gentechnische Veränderung bewirkten Eigenschaften verursacht worden sind, nach der allgemeinen Vorschriften des bürgerlichen Rechts zu beurteilen sind, für das Verschulden der Person, die mit seinem Willen bei der Tätigkeit nach § 79a mitgewirkt haben, soweit diese Mitwirkung für den Schaden ursächlich gewesen ist.

(3) Trifft den Geschädigten oder jemanden, dessen Verhalten er zu vertreten hat, ein Verschulden, so ist § 1304 ABGB sinngemäß anzuwenden.

(BGBl I 1998/73)

Sonstige Ersatzansprüche

§ 79i. Bestimmungen des allgemeinen bürgerlichen Gesetzbuchs und anderer Vorschriften, nach denen Schäden in anderem Umfang oder von anderen Personen als nach diesem Bundesgesetz zu ersetzen sind, bleiben unberührt.

(BGBl I 1998/73)

Deckungsvorsorge

§ 79j. (1) Der Betreiber einer Tätigkeit nach § 79a hat in einer Art und in einem Ausmaß, wie sie im redlichen Geschäftsverkehr üblich sind, durch Eingehen einer Versicherung oder in anderer geeigneter Weise dafür Vorsorge zu treffen, daß Schadenersatzpflichten nach diesem Abschnitt erfüllt werden können. Besteht die Tätigkeit in Arbeiten mit GVO der Sicherheitsstufe 3 im großen Maßstab oder in der Freisetzung von GVO in einem kleinen Ausmaß (§ 36 Abs. 1 Z 1), so muß diese Vorsorge jedenfalls in einer Haftpflichtversicherung mit einer Versicherungssumme von mindestens „712 200 Euro“ für jeden Schadensfall bestehen. Besteht die Tätigkeit in Arbeiten mit GVO der Sicherheitsstufe 4 oder in der Freisetzung von GVO in einem großen Ausmaß (§ 36 Abs. 1 Z 2), so muß diese Vorsorge jedenfalls in einer Haftpflichtversicherung mit einer Versicherungssumme von mindestens „4 069 700 Euro“ für jeden Schadensfall bestehen. Die Haftpflichtversicherung muß bei einem zum Betrieb dieses Versicherungszweigs in Österreich berechtigten Versicherer abgeschlossen sein; darauf muß österreichisches Recht anzuwenden sein. Zuständige Stelle im Sinne des § 158c Abs. 2 Versicherungsvertragsgesetz 1958 ist die Behörde nach § 100. *(BGBl I 2001/98, ab 1. 1. 2002)*

(2) Eine Verpflichtung zur Deckungsvorsorge besteht nicht, wenn der Bund oder ein Land Betreiber ist.

(BGBl I 1998/73)

Ansprüche gegen Nachbarn

§ 79k. (1) Der Eigentümer oder Nutzungsberechtigte eines landwirtschaftlich genutzten Grundstücks kann einem Nachbarn, der auf seinem Grundstück Erzeugnisse im Sinn des § 54 Abs. 1 anbaut und zur Eintragung in ein Register nach § 101c Abs. 2 verpflichtet ist, die von diesen Erzeugnissen ausgehenden Einwirkungen untersagen, wenn diese Einwirkungen das nach den örtlichen Verhältnissen gewöhnliche Maß überschreiten und die Benützung des betroffenen Grundstücks wesentlich beeinträchtigen. Eine solche Beeinträchtigung liegt jedenfalls dann vor, wenn der Eigentümer oder Nutzungsberechtigte die Erzeugnisse seines Grundstücks aufgrund der Einwirkungen nicht oder nicht in der von ihm beabsichtigten Art und Weise in den Verkehr bringen kann.

(2) Der Nachbar, der eine Einwirkung im Sinn des Abs. 1 verursacht hat, haftet dem Grundstückseigentümer oder Nutzungsberechtigten für den Ersatz des diesem dadurch verursachten Schadens einschließlich der Kosten einer Wiederherstellung der Umwelt (§ 79b).

(3) Haben mehrere Nachbarn eine Einwirkung im Sinn des Abs. 1 verursacht, so haftet jeder von ihnen nur für seinen Anteil an dem dem Grundstückseigentümer oder Nutzungsberechtigten zugefügten Schaden. Wenn sich die Anteile nicht bestimmen lassen, haften die Nachbarn zur ungeteilten Hand.

(4) Kann der Eigentümer oder Nutzungsberechtigte glaubhaft dartun, dass eine bestimmte Tätig-

keit oder Unterlassung des Nachbarn nach den Umständen des Einzelfalls geeignet war, die Einwirkung im Sinn des Abs. 1 herbeizuführen, so wird vermutet, dass diese durch die Tätigkeit oder Unterlassung verursacht wurde. Diese Vermutung ist widerlegt, wenn es der Nachbar als wahrscheinlich dartut, dass die Einwirkung nicht daraus herrührt.

(5) Bestimmungen des allgemeinen bürgerlichen Gesetzbuchs und anderer Vorschriften über die Untersagung von Einwirkungen und den Ersatz von Schäden bleiben unberührt.

(BGBl I 2004/126)

§ 79l. Außervertragliche Ansprüche auf Ersatz von Schäden durch Einwirkungen im Sinn des § 79k sind nach dem Recht des Staates zu beurteilen, in dem der Schaden eingetreten ist.

(BGBl I 2004/126)

§ 79m. (1) Der Eigentümer oder Nutzungsberechtigte eines landwirtschaftlich genutzten Grundstücks hat vor der Einbringung einer Klage aufgrund des § 79k Abs. 1 und 2 zur gütlichen Einigung eine Schlichtungsstelle zu befassen, einen Antrag nach § 433 Abs. 1 der Zivilprozessordnung, RGBl. Nr. 113/1895, zu stellen oder – wenn der Nachbar damit einverstanden ist – den Streit einem Mediator zu unterbreiten. Die Klage ist nur zulässig, wenn nicht längstens innerhalb von drei Monaten ab Einleitung des Schlichtungsverfahrens, ab Einlangen des Antrags bei Gericht oder ab Beginn der Mediation eine gütliche Einigung erzielt worden ist.

(2) Als Schlichtungsstelle im Sinn des Abs. 1 kommt nur eine von einer Landwirtschaftskammer, einer Notariatskammer, einer Rechtsanwaltskammer oder einer sonstigen Körperschaft öffentlichen Rechts eingerichtete Schlichtungsstelle, als Mediator nur ein Mediator im Sinn des Zivilrechts-MediationsGesetzes, BGBl. I Nr. 29/2003, in Betracht.

(3) Sofern die Beteiligten nichts anderes vereinbaren, hat die Kosten der Schlichtung, des gerichtlichen Vergleichs oder der Mediation zunächst der Nachbar zu tragen, der die gütliche Einigung angestrebt hat. Wenn keine gütliche Einigung erzielt werden kann, sind diese Kosten im Rechtsstreit wie vorprozessuale Kosten zu behandeln.

(4) Der Kläger hat der Klage eine Bestätigung der Schlichtungsstelle, des Gerichtes oder des Mediators darüber anzuschließen, dass keine gütliche Einigung erzielt werden konnte.

(BGBl I 2004/126)

32. Versicherungsvertragsgesetz

BGBl 1959/2 idF

1 BGBl 1993/90
2 BGBl 1993/917
3 BGBl 1994/509
4 BGBl 1994/652
5 BGBl 1996/447
6 BGBl I 1997/6
7 BGBl I 1997/140
8 BGBl I 1999/150
9 BGBl I 2001/48
10 BGBl I 2001/98
11 BGBl I 2003/33
12 BGBl I 2004/62
13 BGBl I 2004/131
14 BGBl I 2005/120 (HGB durch UGB ersetzt)
15 BGBl I 2006/95
16 BGBl I 2010/29 (IRÄG 2010; Begriffersetzung)
17 BGBl I 2010/58 (IRÄ-BG)
18 BGBl I 2012/34 (VersRÄG 2012)
19 BGBl I 2013/12 (VersRÄG 2013)
20 BGBl I 2015/34 (VAG 2016)
21 BGBl I 2015/126 (VfGH)
22 BGBl I 2016/50 (SVG)
23 BGBl I 2016/112
24 BGBl I 2018/16 (VersVertrRÄG 2018)
25 BGBl I 2018/17
26 BGBl I 2018/51
27 BGBl I 2022/70 (VersVG-Nov 2022)

32/1. Kraftfahrzeug-Haftpflichtversicherungsgesetz 1994

GLIEDERUNG

STICHWORTVERZEICHNIS

(Die Zahlenangaben beziehen sich auf die Paragraphen)

Stichwortverzeichnis

Bundesgesetz vom 2. Dezember 1958 über den Versicherungsvertrag („Versicherungsvertragsgesetz - VersVG“)

(BGBl I 2012/34)

Erster Abschnitt

Vorschriften für sämtliche Versicherungszweige.

Erstes Kapitel

Allgemeine Vorschriften

§ 1. (1) Bei der Schadensversicherung ist der Versicherer verpflichtet, dem Versicherungsnehmer den durch den Eintritt des Versicherungsfalles verursachten Vermögensschaden nach Maßgabe des Vertrages zu ersetzen. Bei der Lebensversicherung und der Unfallversicherung sowie bei anderen Arten der Personenversicherung ist der Versicherer verpflichtet, nach dem Eintritt des Versicherungsfalles den vereinbarten Betrag an Kapital oder Rente zu zahlen oder die sonst vereinbarte Leistung zu bewirken.

(2) Der Versicherungsnehmer hat die vereinbarte Prämie zu entrichten. Als Prämien im Sinne dieses Bundesgesetzes gelten auch die bei Versicherungsunternehmungen auf Gegenseitigkeit zu entrichtenden Beiträge.

§ 1a. (1) Stellt der Versicherungsnehmer seinen Antrag auf Schließung eines Versicherungsvertrags auf einem vom Versicherer verwendeten Formblatt, so ist eine Erklärung, während einer bestimmten Frist an den Antrag gebunden zu bleiben, insoweit unwirksam, als diese Frist sechs Wochen übersteigt. Die Vereinbarung einer längeren Bindungsfrist ist nur rechtswirksam, wenn sie im einzelnen ausgehandelt worden ist.

(2) Stellt der Versicherungsnehmer seinen Antrag auf Schließung eines Versicherungsvertrags auf einem vom Versicherer verwendeten Formblatt, so ist er – soweit nicht vorläufige Deckung gewährt worden ist – darauf hinzuweisen, daß der Versicherungsvertrag erst mit Zugang des Versicherungsscheins oder einer gesonderten Annahmeerklärung zustandekommt und vor diesem Zeitpunkt kein Versicherungsschutz besteht. Kann der Versicherer einen solchen Hinweis nicht beweisen, so hat er den beantragten Versicherungsschutz ab Zugang des Antrags an ihn selbst oder an seinen Versicherungsagenten bis zum Zustandekommen des Vertrags zu gewähren, es sei denn, daß er dieses Risiko nach den für seinen Geschäftsbetrieb maßgebenden Grundsätzen überhaupt nicht versichert; ist ein späterer Beginn der Versicherung beantragt, so besteht diese Deckungspflicht frühestens ab diesem Zeitpunkt. Kommt der Vertrag nicht zustande, so endet die Deckungspflicht, sobald der Versicherungsnehmer nicht mehr an seinen Antrag gebunden ist. Dem Versicherer gebührt für diese Deckungspflicht die ihrer Dauer entsprechende Prämie.

(BGBl 1994/509)

§ 1b. (1) Soweit dieses Bundesgesetz für Erklärungen die Schriftform (Schriftlichkeit) verlangt, sind § 886 ABGB und „§ 4 SVG“ anzuwenden. Soweit dieses Bundesgesetz die geschriebene Form verlangt, ist keine Unterschrift oder qualifizierte elektronische Signatur erforderlich, wenn aus der Erklärung die Person des Erklärenden hervorgeht. *(BGBl I 2016/50, ab 1. 7. 2016, s auch § 191c Abs 16)*

(2) Wenn sich der Versicherer auf die Unwirksamkeit einer nicht in Schriftform abgegebenen Erklärung berufen will, so hat er dies dem Erklärenden unverzüglich nach dem Zugang der Erklärung mitzuteilen. Dem Empfänger steht es frei, das Formgebrechen sodann binnen 14 Tagen durch Absendung einer schriftlichen Erklärung fristwahrend zu beseitigen.

(BGBl I 2012/34, ab 1. 7. 2012, s auch § 191c Abs 11)

§ 1c. Der Faktor Geschlecht darf – vorbehaltlich des „§ 93 Abs. 7 des Versicherungsaufsichtsgesetzes 2016 (VAG 2016), BGBl. I Nr. 34/2015“ – nicht zu unterschiedlichen Prämien oder Leistungen für Frauen und Männer führen. *(BGBl I 2015/34, ab 1. 1. 2016)*

(BGBl I 2013/12, ab 21. 12. 2012, s auch § 191c Abs 13)

Versicherung für Menschen mit Behinderung

§ 1d. (1) Ein Versicherungsverhältnis darf in Ansehung eines versicherbaren Risikos nicht deswegen abgelehnt oder gekündigt werden oder deshalb von einer höheren Prämie abhängig gemacht werden, weil der Versicherungsnehmer oder der Versicherte behindert (§ 3 Bundes-Behindertengleichstellungsgesetz, BGBl. I Nr 82/2005) ist.

(2) Ein Prämienzuschlag darf nur dann vorgesehen werden, wenn der Gesundheitszustand einen bestimmenden Faktor für die Risikokalkulation in dem betreffenden Versicherungszweig darstellt und der individuelle Gesundheitszustand der versicherten Person eine wesentliche Erhöhung der Gefahr bewirkt. Ein Prämienzuschlag darf nur in dem Ausmaß erfolgen, das sich anhand der Risikokalkulation in dem konkreten Versicherungszweig aufgrund der Gefahrenerhöhung errechnet.

(3) Der Versicherer hat dem Versicherungsnehmer gegenüber offenzulegen, aufgrund welcher (insbesondere statistischer) Daten er zu einer wesentlichen Erhöhung der Gefahr kommt und aufgrund welcher Änderung in der versicherungsmathematischen Berechnung sich der Prämienzuschlag oder die mangelnde Versicherbarkeit des Risikos nach Abs. 1 ergibt. Fehlen statistische Daten oder sind die Daten unzureichend, so ist die Gefahrenerhöhung auf der Grundlage von für den individuellen Gesundheitszustand der versicherten Person relevantem und verlässlichem medizinischen Wissen darzulegen, wenn der Versicherungsnehmer dies verlangt. Die Gründe für die konkrete Gefahrenerhöhung und den Prämienzuschlag sind in einer gesonderten Urkunde auszuweisen; diese ist dem Versicherungsnehmer spätestens mit dem Versicherungsschein zu übermitteln.

(4) Die vorstehenden Absätze lassen die Bestimmungen des Bundes- Behindertengleichstellungsgesetzes unberührt und gelten sinngemäß auch für den Fall, dass der mit oder für eine behinderte Person abgeschlossene Versicherungsvertrag Wartefristen, einen Risikoausschluss oder Verminderungen des Leistungsumfangs aufweist.

(BGBl I 2013/12, ab 1. 1. 2013, s auch § 191c Abs 13)

§ 2. (1) Die Versicherung kann in der Weise genommen werden, daß sie in einem vor dem Abschluß des Vertrages liegenden Zeitpunkt beginnt.

(2) Weiß in diesem Fall der Versicherer beim Abschluß des Vertrages, daß die Möglichkeit des Eintrittes des Versicherungsfalles schon ausgeschlossen ist, so hat er keinen Anspruch auf die Prämie. Weiß der Versicherungsnehmer beim Abschluß des Vertrages, daß der Versicherungsfall schon eingetreten ist, so ist der Versicherer von der Verpflichtung zur Leistung frei „“. *(BGBl 1994/509)*

(3) Wird der Vertrag durch einen Bevollmächtigten oder einen Vertreter ohne Vertretungsmacht geschlossen, so kommt in den Fällen des Abs. 2 nicht nur die Kenntnis des Vertreters, sondern auch die des Vertretenen in Betracht.

§ 3. (1) Der Versicherer hat eine von ihm unterzeichnete Urkunde über den Versicherungsvertrag (Versicherungsschein) dem Versicherungsnehmer auf Papier oder in Folge einer Vereinbarung der elektronischen Kommunikation (§ 5a) elektronisch zu übermitteln. Eine Nachbildung der eigenhändigen Unterschrift genügt. Bezieht sich der Versicherungsvertrag auf eine Lebens-, Berufsunfähigkeits- oder Pensionsversicherung, so ist der Versicherungsschein trotz der Vereinbarung der elektronischen Kommunikation zusätzlich auch auf Papier zu übermitteln. Ist der Versicherungsschein auf den Inhaber ausgestellt (§ 4 Abs. 1), so darf er nur auf Papier übermittelt werden. *(BGBl I 2012/34, ab 1. 7. 2012, s auch § 191c Abs 11)*

(2) Ist ein Versicherungsschein abhanden gekommen oder vernichtet, so kann der Versicherungsnehmer vom Versicherer die Ausstellung einer Ersatzurkunde verlangen. Unterliegt der Versicherungsschein der Kraftloserklärung, so ist der Versicherer erst nach der Kraftloserklärung zur Ausstellung verpflichtet.

(3) Der Versicherungsnehmer kann jederzeit Abschriften der Erklärungen fordern, die er mit Bezug auf den Vertrag abgegeben hat. „Der Versicherer hat ihn bei der Übermittlung des Versicherungsscheins auf dieses Recht aufmerksam zu machen.“ Braucht der Versicherungsnehmer die Abschriften für die Vornahme von Handlungen gegenüber dem Versicherer, die an eine bestimmte Frist gebunden sind, und sind sie ihm nicht schon früher vom Versicherer ausgehändigt worden, so ist der Lauf der Frist von der Stellung des Begehrens bis zum Einlangen der Abschriften gehemmt. *(BGBl I 2012/34, ab 1. 7. 2012, s auch § 191c Abs 11)*

(4) Die Kosten der Ersatzurkunde und der Abschriften hat der Versicherungsnehmer zu tragen und auf Verlangen vorzuschießen.

§ 4. (1) Wird ein Versicherungsschein auf den Inhaber ausgestellt, so kann der Versicherer gleichwohl die Leistung an den Inhaber verweigern, wenn dessen Berechtigung nicht nachgewiesen ist. Der gutgläubige Versicherer wird durch die Leistung an den Inhaber oder Überbringer befreit. Der Versicherer ist nur gegen Aushändigung der Urkunde „auf Papier“ zur Leistung verpflichtet. *(BGBl I 2012/34, ab 1. 7. 2012, s auch § 191c Abs 11)*

(2) Ist im Vertrag bestimmt, daß der Versicherer nur gegen Rückgabe des Versicherungsscheines zu leisten hat, so genügt, wenn der Versicherungsnehmer behauptet, zur Rückgabe außerstande zu sein, das gerichtlich oder notariell beglaubigte Anerkenntnis, daß die Schuld erloschen sei.

Diese Vorschrift ist nicht anzuwenden, wenn der Versicherungsschein auf den Inhaber oder an Order lautet.

§ 5. (1) Weicht der Inhalt des Versicherungsscheines vom Antrag oder den getroffenen Vereinbarungen ab, so gilt die Abweichung als genehmigt, wenn der Versicherungsnehmer nicht innerhalb eines Monates nach Empfang des Versicherungsscheines „in geschriebener Form" widerspricht. *(BGBl I 2012/34, ab 1. 7. 2012, s auch § 191c Abs 11)*

(2) Diese Genehmigung ist jedoch nur dann anzunehmen, wenn der Versicherer den Versicherungsnehmer bei Übermittlung des Versicherungsscheins darauf hingewiesen hat, dass Abweichungen als genehmigt gelten, wenn der Versicherungsnehmer nicht innerhalb eines Monates nach Empfang des Versicherungsscheins in geschriebener Form widerspricht. Der Hinweis hat durch besondere Mitteilung in geschriebener Form oder durch einen auffälligen Vermerk im Versicherungsschein, der aus dem übrigen Inhalt des Versicherungsscheins hervorzuheben ist, zu geschehen; auf die einzelnen Abweichungen ist besonders aufmerksam zu machen. *(BGBl I 2012/34, ab 1. 7. 2012, s auch § 191c Abs 11)*

(3) Hat der Versicherer den Vorschriften des Abs. 2 nicht entsprochen, so ist die Abweichung für den Versicherungsnehmer unverbindlich und der Inhalt des Versicherungsantrages insoweit als vereinbart anzusehen.

(4) Eine Vereinbarung, durch welche der Versicherungsnehmer darauf verzichtet, den Vertrag wegen Irrtums anzufechten, ist unwirksam.

Elektronische Kommunikation

§ 5a. (1) Die Vereinbarung der elektronischen Kommunikation bedarf der ausdrücklichen Zustimmung des Versicherungsnehmers, die gesondert erklärt werden muss. Sie kann von jeder der Vertragsparteien jederzeit widerrufen werden. Auf dieses Recht ist der Versicherungsnehmer vor Einholung seiner Zustimmung hinzuweisen.

(2) Bei Vereinbarung der elektronischen Kommunikation können sich die Vertragsparteien die Schriftform nur für Erklärungen, die Bestand oder Inhalt des Versicherungsverhältnisses betreffen, ausbedingen, sofern dies aus Gründen der Rechtssicherheit sachlich gerechtfertigt und für den Versicherungsnehmer nicht gröblich benachteiligend ist. Eine solche Vereinbarung der Schriftform bedarf der ausdrücklichen Zustimmung des Versicherungsnehmers, die gesondert erklärt werden muss. „Die Vereinbarung der Schriftform für Rücktrittserklärungen nach § 5c ist unzulässig." *(BGBl I 2018/51, ab 1. 1. 2019)*

(3) Bei Vereinbarung der elektronischen Kommunikation kann der Versicherer Versicherungsbedingungen, Versicherungsscheine nach Maßgabe des § 3 Abs. 1, Erklärungen und andere Informationen, der Versicherungsnehmer Erklärungen und andere Informationen elektronisch übermitteln. „Die elektronische Übermittlung durch den Versicherer kann auf einem anderen dauerhaften Datenträger als Papier oder über eine Website (Abs. 9) erfolgen, wenn die übrigen Voraussetzungen des § 128a Abs. 2 Z 1 und Z 2 VAG 2016 erfüllt sind." *(BGBl I 2018/16, ab 1. 10. 2018)*

(4) Auch bei Vereinbarung der elektronischen Kommunikation haben die Vertragsparteien das Recht, ihre Erklärungen und Informationen auf Papier zu übermitteln. Macht der Versicherer davon oder vom Recht des Widerrufs dieser Vereinbarung Gebrauch, so muss er den Versicherungsnehmer rechtzeitig elektronisch davon verständigen und ihn dabei auf die Rechtsfolgen des § 10 hinweisen.

(5) Hat der Versicherungsnehmer Versicherungsbedingungen, Versicherungsscheine, Erklärungen oder andere Informationen nur elektronisch erhalten, so „ist ihm auf Verlangen unentgeltlich eine Papierfassung zu überlassen". Auf dieses Recht ist der Versicherungsnehmer vor Einholung seiner Zustimmung zur elektronischen Kommunikation hinzuweisen. *(BGBl I 2018/16, ab 1. 10. 2018)*

(6) *(entfällt, BGBl I 2018/16, ab 1. 10. 2018)*

(7) Bei elektronischer Übermittlung von vertragsrelevanten Inhalten ist der Versicherungsnehmer klar und deutlich darauf hinzuweisen, dass die Sendung einen Versicherungsschein oder eine bestimmte andere vertragsrelevante Information betrifft.

(8) *(entfällt, BGBl I 2018/16, ab 1. 10. 2018)*

(9) Bei Übermittlung von vertragsrelevanten Inhalten über eine Website muss der Versicherer Versicherungsbedingungen während der gesamten Vertragslaufzeit, Erklärungen und andere Informationen während der Zeit, in der sie bedeutend sind, unverändert auf der bekanntgegebenen Stelle dieser Website dauerhaft zur Abfrage bereitstellen und es dem Versicherungsnehmer auch ermöglichen, die Versicherungsbedingungen dauerhaft zu speichern und laufend wiederzugeben. *(BGBl I 2018/16, ab 1. 10. 2018)*

(10) Sind die Erfordernisse der „Abs. 3" und 9 erfüllt und bei der Übermittlung auch beachtet worden, so wird vermutet, dass die Sendung dem Empfänger elektronisch zugegangen ist. *(BGBl I 2018/16, ab 1. 10. 2018)*

(11) Die „Abs. 1 bis 10" gelten auch für die elektronische Kommunikation zwischen dem Versicherer und einem Versicherten oder einem

sonstigen Dritten. *(BGBl I 2018/16, ab 1. 10. 2018)*

(BGBl I 2012/34, ab 1. 7. 2012, s auch § 191c Abs 11)

§ 5b. (1) Gibt der Versicherungsnehmer seine „ “ Vertragserklärung dem Versicherer oder seinem Beauftragten persönlich ab, so hat dieser ihm unverzüglich eine Kopie dieser Vertragserklärung auszuhändigen. *(BGBl I 2012/34, ab 1. 7. 2012, s auch § 191c Abs 11)*

(2) bis (6) *(entfällt, BGBl I 2018/51, ab 1. 1. 2019, s § 191c Abs 22 und 23)*

(BGBl I 1997/6)

Rücktrittsrecht

§ 5c. (1) Der Versicherungsnehmer kann vom Versicherungsvertrag innerhalb von 14 Tagen, bei Lebensversicherungen innerhalb von 30 Tagen, ohne Angabe von Gründen zurücktreten.

(2) Die Frist für die Ausübung des Rücktrittsrechts beginnt mit dem Tag, an dem der Versicherungsvertrag zustande gekommen ist und der Versicherungsnehmer darüber informiert worden ist, jedoch nicht bevor der Versicherungsnehmer folgende Informationen erhalten hat:

1. den Versicherungsschein (§ 3),

2. die Versicherungsbedingungen,

3. die Bestimmungen über die Festsetzung der Prämie, soweit diese nicht im Antrag bestimmt ist, und über vorgesehene Änderungen der Prämie sowie

4. eine Belehrung über das Rücktrittsrecht (Abs. 3).

(3) Die nach Abs. 2 Z 4 zu erteilende Rücktrittsbelehrung muss enthalten:

1. Informationen über die Rücktrittsfrist und deren Beginn,

2. die Anschrift des Adressaten der Rücktrittserklärung,

3. einen Hinweis auf die Regelungen der Abs. 4 bis 6.

Die Rücktrittsbelehrung genügt jedenfalls diesen Anforderungen, wenn das Muster gemäß Anlage A verwendet wird. „Eine Rücktrittsbelehrung, die derart fehlerhaft ist, dass sie dem Versicherungsnehmer die Möglichkeit nimmt, sein Rücktrittsrecht im Wesentlichen unter denselben Bedingungen wie bei zutreffender Belehrung auszuüben, ist einer fehlenden Belehrung gleichzuhalten.“ *(BGBl I 2022/70, ab 1. 8. 2022; s § 191c Abs 24)*

(4) Der Rücktritt ist in geschriebener Form gegenüber dem Versicherer zu erklären. § 45 Abs. 1 Z 2 bleibt unberührt. Die Rücktrittsfrist ist gewahrt, wenn die Rücktrittserklärung innerhalb der Frist abgesendet wird.

(5) Das Rücktrittsrecht erlischt spätestens einen Monat nach Zugang des Versicherungsscheins einschließlich einer Belehrung über das Rücktrittsrecht. „Abs. 3 letzter Satz ist anzuwenden.“ *(BGBl I 2022/70, ab 1. 8. 2022; s § 191c Abs 24)*

(6) Hat der Versicherer vorläufige Deckung gewährt, so gebührt ihm die der Dauer der Deckung entsprechende Prämie.

(7) Die vorstehenden Absätze gelten nicht für Versicherungsverträge über Großrisiken gemäß § 5 Z 34 VAG 2016.

(BGBl I 2018/51, ab 1. 1. 2019, s § 191c Abs 22 und 23)

§ 6. (1) Ist im Vertrag bestimmt, daß bei Verletzung einer Obliegenheit, die vor dem Eintritt des Versicherungsfalles dem Versicherer gegenüber zu erfüllen ist, der Versicherer von der Verpflichtung zur Leistung frei sein soll, so tritt die vereinbarte Rechtsfolge nicht ein, wenn die Verletzung als eine unverschuldete anzusehen ist. Der Versicherer kann den Vertrag innerhalb eines Monates, nachdem er von der Verletzung Kenntnis erlangt hat, ohne Einhaltung einer Kündigungsfrist kündigen, es sei denn, daß die Verletzung als eine unverschuldete anzusehen ist. Kündigt der Versicherer innerhalb eines Monates nicht, so kann er sich auf die vereinbarte Leistungsfreiheit nicht berufen.

(1a) Bei der Verletzung einer Obliegenheit, die die dem Versicherungsvertrag zugrundeliegende Äquivalenz zwischen Risiko und Prämie aufrechterhalten soll, tritt die vereinbarte Leistungsfreiheit außerdem nur in dem Verhältnis ein, in dem die vereinbarte hinter der für das höhere Risiko tarifmäßig vorgesehenen Prämie zurückbleibt. Bei der Verletzung von Obliegenheiten zu sonstigen bloßen Meldungen und Anzeigen, die keinen Einfluß auf die Beurteilung des Risikos durch den Versicherer haben, tritt Leistungsfreiheit nur ein, wenn die Obliegenheit vorsätzlich verletzt worden ist. *(BGBl 1994/509)*

(2) Ist eine Obliegenheit verletzt, die vom Versicherungsnehmer zum Zweck der Verminderung der Gefahr oder der Verhütung einer Erhöhung der Gefahr dem Versicherer gegenüber – unabhängig von der Anwendbarkeit des Abs. 1 a – zu erfüllen ist, so kann sich der Versicherer auf die vereinbarte Leistungsfreiheit nicht berufen, wenn die Verletzung keinen Einfluß auf den Eintritt des Versicherungsfalls oder soweit sie keinen Einfluß auf den Umfang der dem Versicherer obliegenden Leistung gehabt hat. *(BGBl 1994/509)*

(3) Ist die Leistungsfreiheit für den Fall vereinbart, daß eine Obliegenheit verletzt wird, die nach dem Eintritt des Versicherungsfalles dem Versicherer gegenüber zu erfüllen ist, so tritt die vereinbarte Rechtsfolge nicht ein, wenn die Verletzung weder auf Vorsatz noch auf grober Fahrläs-

sigkeit beruht. „Wird die Obliegenheit nicht mit dem Vorsatz verletzt, die Leistungspflicht des Versicherers zu beeinflussen oder die Feststellung solcher Umstände zu beeinträchtigen, die erkennbar für die Leistungspflicht des Versicherers bedeutsam sind, so bleibt der Versicherer zur Leistung verpflichtet, soweit die Verletzung weder auf die Feststellung des Versicherungsfalls noch auf die Feststellung oder den Umfang der dem Versicherer obliegenden Leistung Einfluß gehabt hat." *(BGBl 1994/509)*

(4) Eine Vereinbarung, nach welcher der Versicherer bei Verletzung einer Obliegenheit zum Rücktritt berechtigt sein soll, ist unwirksam.

(5) Der Versicherer kann aus der fahrlässigen Verletzung einer vereinbarten Obliegenheit Rechte nur ableiten, wenn dem Versicherungsnehmer vorher die Versicherungsbedingungen oder eine andere Urkunde zugegangen sind, in der die Obliegenheit mitgeteilt wird. *(BGBl I 2012/34, ab 1. 7. 2012, s auch § 191c Abs 11)*

§ 7. Ist die Dauer der Versicherung nach Tagen, Wochen, Monaten oder nach einem mehrere Monate umfassenden Zeitraum bestimmt, so beginnt die Haftung des Versicherers am Mittag des Tages, an welchem der Vertrag abgeschlossen wird. Sie endet am Mittag des letzten Tages der Frist.

§ 8. (1) Eine Vereinbarung, nach welcher ein Versicherungsverhältnis als stillschweigend verlängert gilt, wenn es nicht vor dem Ablauf der Vertragszeit gekündigt wird, ist insoweit nichtig, als sich die jedesmalige Verlängerung auf mehr als ein Jahr erstreckt.

(2) Ist ein Versicherungsverhältnis auf unbestimmte Zeit eingegangen (dauernde Versicherung), so kann es von beiden Teilen nur für den Schluß der laufenden Versicherungsperiode gekündigt werden. Die Kündigungsfrist muß für beide Teile gleich sein und darf nicht weniger als einen Monat, nicht mehr als drei Monate betragen. Auf das Kündigungsrecht können die Parteien einverständlich bis zur Dauer von zwei Jahren verzichten.

(3) Ist der Versicherungsnehmer Verbraucher (§ 1 Abs. 1 Z 2 KSchG), so kann er ein Versicherungsverhältnis, das er für eine Dauer von mehr als drei Jahren eingegangen ist, zum Ende des dritten Jahres oder jedes darauffolgenden Jahres unter Einhaltung einer Frist von einem Monat „ " kündigen. Eine allfällige Verpflichtung des Versicherungsnehmers zum Ersatz von Vorteilen, besonders Prämiennachlässen, die ihm wegen einer vorgesehenen längeren Laufzeit des Vertrags gewährt worden sind, bleibt unberührt. *(BGBl 1994/509; BGBl I 2012/34, ab 1. 7. 2012, s auch § 191c Abs 11)*

§ 9. Als Versicherungsperiode im Sinne dieses Bundesgesetzes gilt, falls nicht die Prämie nach kürzeren Zeitabschnitten bemessen ist, der Zeitraum eines Jahres.

§ 10. (1) Hat der Versicherungsnehmer seine Wohnung geändert, die Änderung aber dem Versicherer nicht mitgeteilt, so genügt für eine Willenserklärung, die dem Versicherungsnehmer gegenüber abzugeben ist, die Absendung eines eingeschriebenen Briefes nach der letzten dem Versicherer bekannten Wohnung. Die Erklärung wird in dem Zeitpunkt wirksam, in welchem sie ohne die Wohnungsänderung bei regelmäßiger Beförderung dem Versicherungsnehmer zugegangen wäre.

(2) Hat der Versicherungsnehmer die Versicherung in seinem Gewerbebetrieb genommen, so sind bei einer Verlegung der gewerblichen Niederlassung die Vorschriften des Abs. 1 entsprechend anzuwenden.

§ 11. (1) Geldleistungen des Versicherers sind mit Beendigung der zur Feststellung des Versicherungsfalles und des Umfanges der Leistung des Versicherers nötigen Erhebungen fällig. „Die Fälligkeit tritt jedoch unabhängig davon ein, wenn der Versicherungsnehmer nach Ablauf zweier Monate seit dem Begehren nach einer Geldleistung eine Erklärung des Versicherers verlangt, aus welchen Gründen die Erhebungen noch nicht beendet werden konnten, und des Versicherer diesem Verlangen nicht binnen eines Monats entspricht." *(BGBl 1994/509)*

(2) Sind diese Erhebungen bis zum Ablauf eines Monates seit der Anzeige des Versicherungsfalles nicht beendet, so kann der Versicherungsnehmer in Anrechnung auf die Gesamtforderung Abschlagszahlungen in der Höhe des Betrages verlangen, den der Versicherer nach Lage der Sache mindestens zu zahlen hat.

(3) Der Lauf der Frist „des Abs. 2" ist gehemmt, solange die Beendigung der Erhebungen infolge eines Verschuldens des Versicherungsnehmers gehindert ist. *(BGBl 1994/509)*

(4) Eine Vereinbarung, durch welche der Versicherer von der Verpflichtung, Verzugszinsen zu zahlen, befreit wird, ist unwirksam.

§ 11a. (1) Der Versicherer darf im Zusammenhang mit Versicherungsverhältnissen, bei welchen der Gesundheitszustand des Versicherten oder eines Geschädigten erheblich ist, personenbezogene Gesundheitsdaten „verarbeiten", soweit dies *(BGBl I 2018/16, ab 1. 10. 2018)*

1. zur Beurteilung, ob und zu welchen Bedingungen ein Versicherungsvertrag abgeschlossen oder geändert wird, oder

2. zur Verwaltung bestehender Versicherungsverträge oder

3. zur Beurteilung und Erfüllung von Ansprüchen aus einem Versicherungsvertrag unerläßlich ist. „Das Verbot der „Verarbeitung“** von Daten aus genetischen Analysen gemäß § 67 Gentechnikgesetz bleibt unberührt.“* *(*BGBl I 2016/112, ab 1. 1. 2017; **BGBl I 2018/16, ab 25. 5. 2018)*

(2) Versicherer dürfen personenbezogene Gesundheitsdaten für die in Abs. 1 genannten Zwecke nur auf folgende Art ermitteln:

1. durch Befragung der Person, die versichert werden soll oder bereits versichert ist, beziehungsweise durch Befragung des Geschädigten oder

2. anhand der vom Versicherungsnehmer oder vom Geschädigten beigebrachten Unterlagen oder

3. durch Auskünfte von Dritten bei Vorliegen einer für den Einzelfall erteilten ausdrücklichen „Einwilligung des Betroffenen (Art. 7 der Verordnung (EU) 2016/679 zum Schutz natürlicher Personen bei der Verarbeitung personenbezogener Daten, zum freien Datenverkehr und zur Aufhebung der Richtlinie 95/46/EG (Datenschutz-Grundverordnung), ABl. Nr. L 119 vom 4. 5. 2016 S. 1, in der Fassung der Berichtigung ABl. Nr. L 314 vom 22. 11. 2016 S. 72)“ oder *(BGBl I 2018/16, ab 25. 5. 2018)*

4. zur Beurteilung und Erfüllung von Ansprüchen aus einem konkreten Versicherungsfall durch Auskünfte von untersuchenden oder behandelnden Ärzten, Krankenanstalten oder sonstigen Einrichtungen der Krankenversorgung oder Gesundheitsvorsorge (Gesundheitsdienstleister) über Diagnose sowie Art und Dauer der Behandlung, sofern der Betroffene seine Einwilligung zu der Ermittlung ausdrücklich und in einer gesonderten Erklärung, die er jederzeit widerrufen kann, in geschriebener Form gegeben hat, nachdem ihn der Versicherer auf die Möglichkeit einer Einwilligung im Einzelfall (Z 3) aufmerksam machte und ihn klar und verständlich über die Folgen der Einwilligung sowie die Verweigerung der Einwilligung und über sein Widerrufsrecht im Falle der Einwilligung belehrte; solche Auskünfte dürfen erst eingeholt werden, nachdem der Betroffene von der beabsichtigten Auskunftserhebung unter Bekanntgabe der konkret nachgefragten Daten sowie des Zweckes der Datenermittlung verständigt und dabei über sein Widerspruchsrecht sowie die Folgen des Widerspruchs klar und verständlich belehrt wurde, und der Datenermittlung nicht binnen 14 Tagen (Einlangen des Widerspruchs) widersprochen hat; oder *(BGBl I 2018/16, ab 25. 5. 2018)*

5. durch Heranziehung sonstiger, dem Versicherer rechtmäßigerweise bekanntgewordener Daten; diese sind dem Betroffenen mitzuteilen; es steht ihm das Widerspruchsrecht gemäß „Art. 21 der Verordnung (EU) 2016/679“ zu. *(BGBl I 2018/16, ab 25. 5. 2018)*

(3) bis (5) *(aufgehoben, BGBl I 2012/34, ab 1. 10. 2012, s auch § 191c Abs 12)*

(BGBl I 1999/150)

§ 11b. (1) Soweit in der Krankheitskostenversicherung Leistungen direkt zwischen dem Versicherer und dem Gesundheitsdienstleister (§ 11a Abs. 2 Z 4) verrechnet werden sollen, bedarf dies eines Auftrags des betroffenen Versicherungsnehmers oder Versicherten. Der Arzt oder der Träger der Einrichtung, dessen oder deren Leistung abgerechnet werden soll, hat den Betroffenen vor Erteilung des Auftrags zur Direktverrechnung darüber zu informieren, dass die in Abs. 2 genannten Daten für Zwecke der Direktverrechnung an den Versicherer zu übermitteln sind. Dabei ist er auch darüber zu belehren, dass er diese Datenübermittlung jederzeit untersagen kann, was zur Folge haben könnte, dass der Versicherer zumindest vorerst die Deckung verweigert und er für diejenigen Leistungen zahlungspflichtig bleibt, die sonst gedeckt wären.

(2) Erteilt der betroffene Versicherungsnehmer oder Versicherte nach Belehrung (Abs. 1) einen Auftrag zur Direktverrechnung, so darf der Versicherer für Zwecke der Direktverrechnung folgende personenbezogene Gesundheitsdaten des Betroffenen ohne dessen ausdrückliche „Einwilligung“ durch Auskünfte des Gesundheitsdienstleisters ermitteln: *(BGBl I 2018/16, ab 25. 5. 2018)*

1. zwecks Einholung der Deckungszusage des Versicherers Daten über die Identität des Betroffenen, das Versicherungsverhältnis und die Aufnahmediagnose (Daten zum Grund der stationären Aufnahme oder der ambulanten Behandlung sowie zu der Frage, ob der Behandlung ein Unfall zugrunde liegt);

2. zwecks Abrechnung und Überprüfung der Leistungen

a) Daten über die erbrachten Behandlungsleistungen (Daten zum Grund einer Behandlung und zu deren Ausmaß) einschließlich des Operationsberichts;

b) Daten über die Dauer des stationären Aufenthalts oder der Behandlung;

c) Daten über die Entlassung oder die Beendigung der Behandlung.

(3) Über das Recht, die Datenermittlung nach Abs. 2 jederzeit zu untersagen, ist der Versicherungsnehmer bereits bei Abschluss des Versicherungsvertrags zu belehren. Die Belehrung ist besonders hervorzuheben.

(BGBl I 2012/34, ab 1. 10. 2012, s auch § 191c Abs 12)

§ 11c. (1) Soweit eine ausdrückliche, den einzelnen Übermittlungsfall betreffende „Einwilligung" des Betroffenen nach § 11a Abs. 2 Z 3 nicht vorliegt, dürfen Versicherer Gesundheitsdaten für die in § 11a Abs. 1 genannten Zwecke nur an folgende Empfänger übermitteln: *(BGBl I 2018/16, ab 25. 5. 2018)*

1. Gesundheitsdienstleister (§ 11a Abs. 2 Z 4),

2. Sozialversicherungsträger, Rückversicherer oder Mitversicherer,

3. andere Versicherer, die bei Abwicklung von Ansprüchen aus einem Versicherungsfall mitwirken,

4. vom Versicherer herangezogene befugte Sachverständige,

5. gewillkürte oder gesetzliche Vertreter des Betroffenen,

6. Gerichte, Staatsanwaltschaften, Verwaltungsbehörden, Schlichtungsstellen und sonstige Einrichtungen der Streitbeilegung und ihre Organe, einschließlich der von ihnen bestellten Sachverständigen.

(2) Der Versicherer hat auf Verlangen des Versicherungsnehmers oder jedes Versicherten Auskunft über und Einsicht in Gutachten zu geben, die auf Grund einer ärztlichen Untersuchung eines Versicherten erstattet worden sind, wenn die untersuchte Person „in die Auskunftserteilung oder Einsichtgewährung einwilligt". Auf Verlangen sind den auskunftsberechtigten Personen gegen Aufwandersatz auch Abschriften dieser Gutachten zur Verfügung zu stellen. *(BGBl I 2018/16, ab 25. 5. 2018)*

(BGBl I 2012/34, ab 1. 10. 2012, s auch § 191c Abs 12)

§ 11d. Nach den §§ 11a und 11b erhobene Gesundheitsdaten unterliegen dem besonderen Geheimnisschutz des „§ 321 VAG 2016" mit der Maßgabe, dass das Vorliegen eines berechtigten privaten Interesses an der Weitergabe außerhalb der Fälle der §§ 11a und 11c ausgeschlossen ist. Derartige Daten sind umgehend zu löschen, sobald sie nicht mehr für einen rechtlich zulässigen Zweck aufbewahrt werden; dies gilt insbesondere im Zusammenhang mit Gesundheitsdaten, die in Vorbereitung eines nicht zustande gekommenen Versicherungsvertrags erhoben wurden. *(BGBl I 2015/34, ab 1. 1. 2016)*

(BGBl I 2012/34, ab 1. 10. 2012, s auch § 191c Abs 12)

§ 12. (1) Die Ansprüche aus dem Versicherungsvertrag verjähren in drei Jahren. Steht der Anspruch einem Dritten zu, so beginnt die Verjährung zu laufen, sobald diesem sein Recht auf die Leistung des Versicherers bekanntgeworden ist; ist dem Dritten dieses Recht nicht bekanntgeworden, so verjähren seine Ansprüche erst nach zehn Jahren.

(2) „Ist ein Anspruch des Versicherungsnehmers beim Versicherer angemeldet worden, so ist die Verjährung bis zum Einlangen einer in geschriebener Form übermittelten Entscheidung des Versicherers gehemmt, die zumindest mit der Anführung einer der Ablehnung derzeit zugrunde gelegten Tatsache und gesetzlichen oder vertraglichen Bestimmung begründet ist." Nach zehn Jahren tritt jedoch die Verjährung jedenfalls ein. *(BGBl I 2012/34, ab 1. 7. 2012, s auch § 191c Abs 11)*

(3) Der Versicherer ist von der Verpflichtung zur Leistung frei, wenn der Anspruch auf die Leistung nicht innerhalb eines Jahres gerichtlich geltend gemacht wird. Die Frist beginnt erst, nachdem der Versicherer dem Versicherungsnehmer gegenüber den erhobenen Anspruch in einer dem Abs. 2 entsprechenden Weise sowie unter Angabe der mit dem Ablauf der Frist verbundenen Rechtsfolge abgelehnt hat; sie ist für die Dauer von Vergleichsverhandlungen über den erhobenen Anspruch und für die Zeit, in der der Versicherungsnehmer ohne sein Verschulden an der rechtzeitigen gerichtlichen Geltendmachung des Anspruchs gehindert ist, gehemmt.

(BGBl 1994/509)

§ 13. Wird über das Vermögen des Versicherers der Konkurs eröffnet, so endet das Versicherungsverhältnis mit dem Ablauf eines Monates seit der Konkurseröffnung; bis zu diesem Zeitpunkt bleibt es der Konkursmasse gegenüber wirksam. Soweit die gesetzlichen Bestimmungen über die Beaufsichtigung der privaten Versicherungsunternehmungen besondere Vorschriften über die Wirkungen der Konkurseröffnung enthalten, hat es bei diesen Vorschriften sein Bewenden.

§ 14. (1) Der Versicherer kann sich für den Fall der Eröffnung des „Insolvenzverfahrens" über das Vermögen des Versicherungsnehmers die Befugnis ausbedingen, das Versicherungsverhältnis mit einer Frist von einem Monat zu kündigen. *(BGBl I 2010/58, ab 1. 8. 2010, s § 191c Abs 10)*

(2) Das gleiche gilt für den Fall, daß die Zwangsverwaltung der versicherten Liegenschaft bewilligt wird.

§ 15. Soweit sich die Versicherung auf unpfändbare Sachen bezieht, kann die Forderung aus der Versicherung nur an solche Gläubiger des Versicherungsnehmers übertragen werden, die diesem zum Ersatz der zerstörten oder beschädigten Sachen andere Sachen geliefert haben. Die Zwangsvollstreckung in die Forderung aus der Versicherung unterliegt denselben Beschränkungen.

§ 15a. (1) Auf eine Vereinbarung, die von den Vorschriften der § 1a, § 1b, § 1c, § 1d, § 3, § 5 Abs. 1 bis 3, § 5a, § 5b, § 5c, § 6 Abs. 1 bis 3 und Abs. 5, § 8 Abs. 2 und 3, § 11, § 11a, § 11b, § 11c, § 11d, § 12 und § 14 zum Nachteil des Versicherungsnehmers abweicht, kann sich der Versicherer nicht berufen. *(BGBl I 2013/12, s § 191c Abs 13)*

(2) Wenn die Vertragsparteien nicht die elektronische Kommunikation (§ 5a) vereinbart haben, können sie die Schriftform ausbedingen, sofern dies aus Gründen der Rechtssicherheit sachlich gerechtfertigt und für den Versicherungsnehmer nicht gröblich benachteiligend ist. Eine solche Vereinbarung der Schriftform bedarf der ausdrücklichen Zustimmung des Versicherungsnehmers, die gesondert erklärt werden muss. „Die Vereinbarung der Schriftform für Rücktrittserklärungen nach § 5c ist unzulässig." *(BGBl I 2018/51, ab 1. 1. 2019)*

(BGBl I 2012/34, ab 1. 7. 2012, s auch § 191c Abs 11)

Inländische Gerichtsbarkeit

§ 15b. (1) Eine Vereinbarung der inländischen Gerichtsbarkeit nach § 104 Abs. 1 JN ist nur für bereits entstandene Streitigkeiten wirksam; das Fehlen der inländischen Gerichtsbarkeit heilt jedoch nach § 104 Abs. 3 JN.

(2) Der Abs. 1 ist insoweit zur Gänze oder zum Teil nicht anzuwenden, als nach Völkerrecht oder besonderen gesetzlichen Anordnungen ausdrücklich anderes bestimmt ist.

(BGBl I 1997/140)

Zweites Kapitel

Anzeigepflicht. Erhöhung der Gefahr

§ 16. (1) Der Versicherungsnehmer hat beim Abschluß des Vertrages alle ihm bekannten Umstände, die für die Übernahme der Gefahr erheblich sind, dem Versicherer anzuzeigen. Erheblich sind jene Gefahrumstände, die geeignet sind, auf den Entschluß des Versicherers, den Vertrag überhaupt oder zu den vereinbarten Bestimmungen abzuschließen, einen Einfluß auszuüben. Ein Umstand, nach welchem der Versicherer ausdrücklich und „in geschriebener Form" gefragt hat, gilt im Zweifel als erheblich. *(BGBl I 2012/34, ab 1. 7. 2012, s auch § 191c Abs 11)*

(2) Ist dieser Vorschrift zuwider die Anzeige eines erheblichen Umstandes unterblieben, so kann der Versicherer vom Vertrag zurücktreten. Das gleiche gilt, wenn die Anzeige eines erheblichen Umstandes deshalb unterblieben ist, weil sich der Versicherungsnehmer der Kenntnis des Umstandes arglistig entzogen hat.

(3) Der Rücktritt ist ausgeschlossen, wenn der Versicherer den nicht angezeigten Umstand kannte. Er ist auch ausgeschlossen, wenn die Anzeige ohne Verschulden des Versicherungsnehmers unterblieben ist; hat jedoch der Versicherungsnehmer einen Umstand nicht angezeigt, nach dem der Versicherer nicht ausdrücklich und genau umschrieben gefragt hat, so kann dieser vom Vertrag nur dann zurücktreten, wenn die Anzeige vorsätzlich oder grob fahrlässig unterblieben ist. *(BGBl 1994/509)*

§ 17. (1) Der Versicherer kann vom Vertrag auch dann zurücktreten, wenn über einen erheblichen Umstand eine unrichtige Anzeige gemacht worden ist.

(2) Der Rücktritt ist ausgeschlossen, wenn die Unrichtigkeit dem Versicherer bekannt war oder die Anzeige ohne Verschulden des Versicherungsnehmers unrichtig gemacht worden ist.

§ 18. Hatte der Versicherungsnehmer die Gefahrenumstände an Hand von vom Versicherer in geschriebener Form gestellter Fragen anzuzeigen, so kann der Versicherer wegen unterbliebener Anzeige eines Umstandes, nach dem nicht ausdrücklich und genau umschrieben gefragt worden ist, nur im Falle arglistiger Verschweigung zurücktreten.

(BGBl I 2012/34, ab 1. 7. 2012, s auch § 191c Abs 11)

§ 19. Wird der Vertrag von einem Bevollmächtigten oder von einem Vertreter ohne Vertretungsmacht abgeschlossen, so kommt für das Rücktrittsrecht des Versicherers nicht nur die Kenntnis und die Arglist des Vertreters, sondern auch die Kenntnis und die Arglist des Versicherungsnehmers in Betracht. Der Versicherungsnehmer kann sich darauf, daß die Anzeige eines erheblichen Umstandes ohne Verschulden unterblieben oder unrichtig gemacht ist, nur berufen, wenn weder dem Vertreter noch ihm selbst ein Verschulden zur Last fällt.

§ 20. (1) Der Rücktritt ist nur innerhalb eines Monates zulässig. Die Frist beginnt mit dem Zeitpunkt, in welchem der Versicherer von der Verletzung der Anzeigepflicht Kenntnis erlangt.

(2) Der Rücktritt ist gegenüber dem Versicherungsnehmer zu erklären. Im Falle des Rücktrittes sind, soweit dieses Bundesgesetz nicht in Ansehung der Prämie etwas anderes bestimmt, beide Teile verpflichtet, einander die empfangenen Leistungen zurückzugewähren; eine Geldsumme ist von dem Zeitpunkt des Empfanges an zu verzinsen.

§ 21. Tritt der Versicherer zurück, nachdem der Versicherungsfall eingetreten ist, so bleibt seine Verpflichtung zur Leistung gleichwohl bestehen, wenn der Umstand, in Ansehung dessen die Anzeigepflicht verletzt ist, keinen Einfluß auf den Eintritt des Versicherungsfalls oder soweit er keinen Einfluß auf den Umfang der Leistung des Versicherers gehabt hat.

(BGBl 1994/509)

§ 22. Das Recht des Versicherers, den Vertrag wegen arglistiger Täuschung über Gefahrumstände anzufechten, bleibt unberührt.

§ 23. (1) Nach Abschluß des Vertrages darf der Versicherungsnehmer ohne Einwilligung des Versicherers weder eine Erhöhung der Gefahr vornehmen noch ihre Vornahme durch einen Dritten gestatten.

(2) Erlangt der Versicherungsnehmer davon Kenntnis, daß durch eine von ihm ohne Einwilligung des Versicherers vorgenommene oder gestattete Änderung die Gefahr erhöht ist, so hat er dem Versicherer unverzüglich Anzeige zu machen.

§ 24. (1) Verletzt der Versicherungsnehmer die Vorschrift des § 23 Abs. 1, so kann der Versicherer das Versicherungsverhältnis ohne Einhaltung einer Kündigungsfrist kündigen. Beruht die Verletzung nicht auf einem Verschulden des Versicherungsnehmers, so muß dieser die Kündigung erst mit dem Ablauf eines Monates gegen sich gelten lassen.

(2) Das Kündigungsrecht erlischt, wenn es nicht innerhalb eines Monates von dem Zeitpunkt an ausgeübt wird, in welchem der Versicherer von der Erhöhung der Gefahr Kenntnis erlangt, oder wenn der Zustand wiederhergestellt ist, der vor der Erhöhung bestanden hat.

§ 25. (1) Der Versicherer ist im Fall einer Verletzung der Vorschrift des § 23 Abs. 1 von der Verpflichtung zur Leistung frei, wenn der Versicherungsfall nach der Erhöhung der Gefahr eintritt.

(2) Die Verpflichtung des Versicherers bleibt bestehen, wenn die Verletzung nicht auf einem Verschulden des Versicherungsnehmers beruht. Der Versicherer ist jedoch auch in diesem Fall von der Verpflichtung zur Leistung frei, wenn die im § 23 Abs. 2 vorgesehene Anzeige nicht unverzüglich gemacht wird und der Versicherungsfall später als einen Monat nach dem Zeitpunkt eintritt, in welchem die Anzeige dem Versicherer hätte zugehen müssen, es sei denn, daß ihm in diesem Zeitpunkt die Erhöhung der Gefahr bekannt war.

(3) Die Verpflichtung des Versicherers zur Leistung bleibt auch dann bestehen, wenn zur Zeit des Eintritts des Versicherungsfalls die Frist für die Kündigung des Versicherers abgelaufen und eine Kündigung nicht erfolgt ist oder wenn die Erhöhung der Gefahr keinen Einfluß auf den Eintritt des Versicherungsfalls oder soweit sie keinen Einfluß auf den Umfang der Leistung des Versicherers gehabt hat. *(BGBl 1994/509)*

§ 26. Die Vorschriften der §§ 23 bis 25 sind nicht anzuwenden, wenn der Versicherungsnehmer zu der Erhöhung der Gefahr durch das Interesse des Versicherers oder durch ein Ereignis, für das der Versicherer haftet, oder durch ein Gebot der Menschlichkeit veranlaßt wird.

§ 27. (1) Tritt nach dem Abschluß des Vertrages unabhängig vom Willen des Versicherungsnehmers eine Erhöhung der Gefahr ein, so ist der Versicherer berechtigt, das Versicherungsverhältnis unter Einhaltung einer Kündigungsfrist von einem Monat zu kündigen. „Das Kündigungsrecht erlischt, wenn es nicht innerhalb eines Monats von dem Zeitpunkt an ausgeübt wird, in dem der Versicherer von der Erhöhung der Gefahr Kenntnis erlangt hat, oder wenn der Zustand wiederhergestellt ist, der vor der Erhöhung bestanden hat." *(BGBl 1994/509)*

(2) Der Versicherungsnehmer hat, sobald er von der Erhöhung der Gefahr Kenntnis erlangt, dem Versicherer unverzüglich Anzeige zu machen.

(3) Ist die Erhöhung der Gefahr durch allgemein bekannte Umstände verursacht, die nicht nur auf die Risken bestimmter Versicherungsnehmer einwirken, etwa durch eine Änderung von Rechtsvorschriften, so erlischt das Kündigungsrecht des Versicherers nach Abs. 1 erst nach einem Jahr und ist Abs. 2 nicht anzuwenden. *(BGBl 1994/509)*

§ 28. (1) Wird die im § 27 Abs. 2 vorgesehene Anzeige nicht unverzüglich gemacht, so ist der Versicherer von der Verpflichtung zur Leistung frei, wenn der Versicherungsfall später als einen Monat nach dem Zeitpunkt eintritt, in welchem die Anzeige dem Versicherer hätte zugehen müssen.

(2) Die Verpflichtung des Versicherers bleibt bestehen, wenn ihm die Erhöhung der Gefahr in dem Zeitpunkt bekannt war, in welchem ihm die Anzeige hätte zugehen müssen. „Das gleiche gilt, wenn zur Zeit des Eintritts des Versicherungsfalls die Frist für die Kündigung des Versicherers abgelaufen und eine Kündigung nicht erfolgt ist oder wenn die Erhöhung der Gefahr keinen Einfluß auf den Eintritt des Versicherungsfalls oder soweit sie keinen Einfluß auf den Umfang der Leistung des Versicherers gehabt hat." *(BGBl 1994/509)*

§ 29. Eine unerhebliche Erhöhung der Gefahr kommt nicht in Betracht. Eine Erhöhung der Gefahr kommt auch dann nicht in Betracht, wenn nach den Umständen als vereinbart anzusehen ist, daß das Versicherungsverhältnis durch die Erhöhung der Gefahr nicht berührt werden soll.

§ 30. Die Vorschriften der §§ 23 bis 29 sind auch auf eine in der Zeit zwischen Stellung und Annahme des Versicherungsantrages eingetretene Erhöhung der Gefahr anzuwenden, die dem Versicherer bei der Annahme des Antrages nicht bekannt war.

§ 31. (1) Liegen die Voraussetzungen, unter denen der Versicherer nach den Vorschriften dieses Kapitels zum Rücktritt oder zur Kündigung berechtigt ist, nur für einen Teil der Gegenstände oder Personen vor, auf die sich die Versicherung bezieht, so steht dem Versicherer das Recht des Rücktrittes oder der Kündigung für den übrigen Teil nur zu, wenn anzunehmen ist, daß für diesen allein der Versicherer den Vertrag unter den gleichen Bestimmungen nicht geschlossen hätte.

(2) Macht der Versicherer von dem Recht des Rücktrittes oder der Kündigung für einen Teil der Gegenstände oder Personen Gebrauch, so ist der Versicherungsnehmer berechtigt, das Versicherungsverhältnis für den übrigen Teil zu kündigen; die Kündigung kann jedoch nicht für einen späteren Zeitpunkt als den Schluß der Versicherungsperiode erklärt werden, in welcher der Rücktritt des Versicherers oder seine Kündigung wirksam wird.

(3) Liegen die Voraussetzungen, unter denen der Versicherer wegen einer Verletzung der Vorschriften über die Erhöhung der Gefahr von der Verpflichtung zur Leistung frei ist, für einen Teil der Gegenstände oder Personen vor, auf die sich die Versicherung bezieht, so ist die Vorschrift des Abs. 1 auf die Befreiung entsprechend anzuwenden.

§ 32. Eine Vereinbarung, durch welche der Versicherungsnehmer bestimmte Obliegenheiten zum Zweck der Verminderung der Gefahr oder zum Zweck der Verhütung einer Erhöhung der Gefahr übernimmt, wird durch die Vorschriften dieses Kapitels nicht berührt.

§ 33. (1) Der Versicherungsnehmer hat den Eintritt des Versicherungsfalles, nachdem er von ihm Kenntnis erlangt hat, unverzüglich dem Versicherer anzuzeigen.

(2) Auf eine Vereinbarung, nach welcher der Versicherer von der Verpflichtung zur Leistung frei sein soll, wenn der Pflicht zur Anzeige des Versicherungsfalles nicht genügt wird, kann sich der Versicherer nicht berufen, sofern er in anderer Weise von dem Eintritt des Versicherungsfalles rechtzeitig Kenntnis erlangt hat.

§ 34. (1) Der Versicherer kann nach dem Eintritt des Versicherungsfalles verlangen, daß der Versicherungsnehmer jede Auskunft erteilt, die zur Feststellung des Versicherungsfalles oder des Umfanges der Leistungspflicht des Versicherers erforderlich ist.

(2) Belege kann der Versicherer insoweit fordern, als die Beschaffung dem Versicherungsnehmer billigerweise zugemutet werden kann.

§ 34a. Auf eine Vereinbarung, die von den Vorschriften der §§ 16 bis 30 und des § 34 Abs. 2 zum Nachteil des Versicherungsnehmers abweicht, kann sich der Versicherer nicht berufen. „Jedoch kann für die dem Versicherungsnehmer obliegenden Anzeigen die geschriebene Form ausbedungen werden, die Schriftform aber nur unter den Voraussetzungen des § 5a Abs. 2 bei elektronischer Kommunikation bzw. des § 15a Abs. 2 außerhalb der elektronischen Kommunikation.“ *(BGBl I 2012/34, ab 1. 7. 2012, s auch § 191c Abs 11)*

Drittes Kapitel

Prämie

§ 35. Der Versicherungsnehmer hat die Prämie und, wenn laufende Prämien bedungen sind, die erste Prämie sofort nach dem Abschluß des Vertrages zu zahlen. „Er ist zur Zahlung nur gegen Übermittlung des Versicherungsscheins verpflichtet, es sei denn, dass die Ausstellung eines Versicherungsscheins ausgeschlossen ist.“ *(BGBl I 2012/34, ab 1. 7. 2012, s auch § 191c Abs 11)*

§ 35a. (1) Der Versicherer muß fällige Prämien oder sonstige ihm auf Grund des Vertrages gebührende Zahlungen bei der Versicherung für fremde Rechnung auch vom Versicherten annehmen, ferner vom Bezugsberechtigten, der ein Recht auf die Leistung des Versicherers erworben hat, sowie vom Pfandgläubiger, und zwar selbst dann, wenn er ansonsten die Zahlung nach den Vorschriften des bürgerlichen Rechtes zurückweisen könnte.

(2) Ein Pfandrecht an der Versicherungsforderung kann auch wegen der Beträge und ihrer Zinsen geltend gemacht werden, die der Pfandgläubiger zur Entrichtung von Prämien oder sonstigen dem Versicherer auf Grund des Vertrages gebührenden Zahlungen verwendet hat.

§ 35b. Der Versicherer kann den Betrag einer fälligen Prämienforderung oder einer anderen ihm aus dem Vertrag zustehenden Forderung von der ihm nach diesem Vertrag obliegenden Leistung abziehen, auch wenn er die Leistung nicht dem

Versicherungsnehmer, sondern einem Dritten schuldet.

§ 36. (1) Erfüllungsort für die Entrichtung der Prämie ist der jeweilige Wohnsitz des Versicherungsnehmers; der Versicherungsnehmer hat jedoch die Prämie auf seine Gefahr und seine Kosten dem Versicherer zu übermitteln. Eine Übermittlung gilt als rechtzeitig, wenn der Versicherungsnehmer die Zahlung bis zum Eintritt der Fälligkeit veranlasst hat und diese in der Folge beim Versicherer einlangt.

(2) Hat der Versicherungsnehmer die Versicherung im Rahmen seines Unternehmens abgeschlossen, so tritt, wenn er seine Niederlassung an einem anderen Ort hat, der Ort der Niederlassung an die Stelle des Wohnsitzes; die Übermittlung der Prämie ist nur dann rechtzeitig, wenn die Zahlung bei Fälligkeit beim Versicherer eingelangt ist. In Ansehung der Rechtsfolgen nach §§ 38 Abs. 2 und 39 Abs. 2 gilt die Frist als gewahrt, wenn die bis zum Eintritt der Fälligkeit veranlasste Zahlung in der Folge beim Versicherer einlangt.

(BGBl I 2013/12, ab 1. 2. 2013, s auch § 191c Abs 14)

§ 37. Ist die Prämie regelmäßig beim Versicherungsnehmer eingehoben worden, so ist dieser zur Übermittlung der Prämie erst verpflichtet, wenn ihm „in geschriebener Form" angezeigt wird, daß die Übermittlung verlangt wird. *(BGBl I 2012/34, ab 1. 7. 2012, s auch § 191c Abs 11)*

§ 38. (1) Ist die erste oder einmalige Prämie innerhalb von 14 Tagen nach dem Abschluß des Versicherungsvertrags und nach der Aufforderung zur Prämienzahlung nicht gezahlt, so ist der Versicherer, solange die Zahlung nicht bewirkt ist, berechtigt, vom Vertrag zurückzutreten. Es gilt als Rücktritt, wenn der Anspruch auf die Prämie nicht innerhalb dreier Monate vom Fälligkeitstag an gerichtlich geltend gemacht wird.

(2) Ist die erste oder einmalige Prämie zur Zeit des Eintritts des Versicherungsfalls und nach Ablauf der Frist des Abs. 1 noch nicht gezahlt, so ist der Versicherer von der Verpflichtung zur Leistung frei, es sei denn, daß der Versicherungsnehmer an der rechtzeitigen Zahlung der Prämie ohne sein Verschulden verhindert war.

(3) Die Aufforderung zur Prämienzahlung hat die im Abs. 1 und 2 vorgesehenen Rechtsfolgen nur, wenn der Versicherer den Versicherungsnehmer dabei auf diese hingewiesen hat.

(4) Die Nichtzahlung von Zinsen oder Kosten löst die Rechtsfolgen der Abs. 1 und 2 nicht aus.

(BGBl 1994/509)

§ 39. (1) Wird eine Folgeprämie nicht rechtzeitig gezahlt, so kann der Versicherer dem Versicherungsnehmer auf dessen Kosten schriftlich eine Zahlungsfrist von mindestens zwei Wochen bestimmen; zur Unterzeichnung genügt eine Nachbildung der eigenhändigen Unterschrift. Dabei sind die Rechtsfolgen anzugeben, die nach Abs. 2 und 3 mit dem Ablauf der Frist verbunden sind. Eine Fristbestimmung, ohne Beachtung dieser Vorschriften, ist unwirksam.

(2) Tritt der Versicherungsfall nach dem Ablauf der Frist ein und ist der Versicherungsnehmer zur Zeit des Eintrittes mit der Zahlung der Folgeprämie „ " im Verzug, so ist der Versicherer von der Verpflichtung zur Leistung frei, „es sei denn, daß der Versicherungsnehmer an der rechtzeitigen Zahlung ohne sein Verschulden verhindert war." *(BGBl 1994/509)*

(3) Der Versicherer kann nach dem Ablauf der Frist das Versicherungsverhältnis ohne Einhaltung einer Kündigungsfrist kündigen, wenn der Versicherungsnehmer mit der Zahlung im Verzug ist. Die Kündigung kann bereits mit der Bestimmung der Zahlungsfrist so verbunden werden, daß sie mit Fristablauf wirksam wird, wenn der Versicherungsnehmer in diesem Zeitpunkt mit der Zahlung im Verzug ist; darauf ist der Versicherungsnehmer bei der Kündigung ausdrücklich aufmerksam zu machen. Die Wirkungen der Kündigung fallen fort, wenn der Versicherungsnehmer innerhalb eines Monates nach der Kündigung oder, falls die Kündigung mit der Fristbestimmung verbunden worden ist, innerhalb eines Monates nach dem Ablauf der Zahlungsfrist die Zahlung nachholt, sofern nicht der Versicherungsfall bereits eingetreten ist.

(4) Die Nichtzahlung von Zinsen oder Kosten löst die Rechtsfolgen der Abs. 1 bis 3 nicht aus. *(BGBl 1994/509)*

§ 39a. Ist der Versicherungsnehmer bloß mit nicht mehr als 10 vH der Jahresprämie, höchstens aber mit „60 Euro" im Verzug, so tritt eine im § 38 oder § 39 vorgesehene Leistungsfreiheit des Versicherers nicht ein. *(BGBl I 2001/98)*

(BGBl 1994/509)

§ 40. Wird der Versicherungsvertrag während der Versicherungsperiode oder sonst vorzeitig aufgelöst, so gebührt dem Versicherer die Prämie nur für die bis dahin verstrichene Vertragslaufzeit, soweit nicht Sonderbestimmungen anderes vorsehen. Die Möglichkeit für den Versicherer, sich für diesen Fall die Zahlung einer angemessenen Konventionalstrafe (Geschäftsgebühr) auszubedingen (§ 1336 ABGB), bleibt unberührt.

(BGBl 1994/509)

§ 41. (1) Ist die dem Versicherungsnehmer beim Abschluß des Vertrages obliegende Anzeigepflicht verletzt worden, das Rücktrittsrecht des

Versicherers aber ausgeschlossen, weil dem anderen Teil kein Verschulden zur Last fällt, so kann der Versicherer vom Beginn der laufenden Versicherungsperiode an eine höhere Prämie verlangen, falls sie mit Rücksicht auf die höhere Gefahr angemessen ist. Das gleiche gilt, wenn beim Abschluß des Vertrages ein für die Übernahme der Gefahr erheblicher Umstand dem Versicherer nicht angezeigt worden ist, weil er dem anderen Teil nicht bekannt war.

(2) Wird die höhere Gefahr nach den für den Geschäftsbetrieb des Versicherers maßgebenden Grundsätzen auch gegen eine höhere Prämie nicht übernommen, so kann der Versicherer das Versicherungsverhältnis unter Einhaltung einer Kündigungsfrist von einem Monat kündigen. „“ *(BGBl 1994/509)*

(3) Der Anspruch auf die höhere Prämie erlischt, wenn er nicht innerhalb eines Monates von dem Zeitpunkt an geltend gemacht wird, in welchem der Versicherer von der Verletzung der Anzeigepflicht oder von dem nicht angezeigten Umstand Kenntnis erlangt. Das gleiche gilt von dem Kündigungsrecht, wenn es nicht innerhalb des bezeichneten Zeitraumes ausgeübt wird.

§ 41a. (1) Ist wegen bestimmter, die Gefahr erhöhender Umstände eine höhere Prämie vereinbart, so kann der Versicherungsnehmer, wenn diese Umstände in der Zeit zwischen Stellung und Annahme des Antrages oder nach Abschluß des Vertrages wegfallen oder ihre Bedeutung verlieren, verlangen, daß die Prämie für die künftigen Versicherungsperioden angemessen herabgesetzt wird.

(2) Das gleiche gilt, wenn die Bemessung der höheren Prämie durch irrtümliche Angaben des Versicherungsnehmers über einen solchen Umstand veranlaßt worden ist.

§ 41b. Der Versicherer darf – vorbehaltlich des „§ 56 Abs. 3 ZaDiG 2018“ – neben der Prämie nur solche Gebühren verlangen, die der Abgeltung von Mehraufwendungen dienen, die durch das Verhalten des Versicherungsnehmers veranlasst worden sind; die Vereinbarung davon abweichender Nebengebühren ist unwirksam. *(BGBl I 2018/17, ab 1. 6. 2018)*

(BGBl I 2013/12, ab 1. 1. 2013)

§ 42. Auf eine Vereinbarung, die von den Vorschriften der §§ 37 bis 41a zum Nachteil des Versicherungsnehmers abweicht, kann sich der Versicherer nicht berufen.

Viertes Kapitel
Versicherungsvertreter

§ 43. Versicherungsvertreter im Sinne der nachstehenden Bestimmungen ist, wer die Tätigkeit der Versicherungsvermittlung (§ 137 Abs. 1 GewO 1994) als selbständiger Versicherungsagent oder die Tätigkeit des Versicherungsvertriebs (§ 5 Z 59 VAG) als Angestellter des Versicherers durchführt. Als Versicherungsagent im Sinne der nachstehenden Bestimmungen gilt auch, wer mit nach den Umständen anzunehmender Billigung des Versicherers als solcher auftritt.

(BGBl I 2018/16, ab 1. 10. 2018)

§ 43a. *(aufgehoben, BGBl I 2018/16, ab 1. 10. 2018)*

§ 44. (1) Steht ein Versicherungsmakler zum Versicherer in einem solchen wirtschaftlichen Naheverhältnis, das es zweifelhaft erscheinen lässt, ob er in der Lage ist, überwiegend die Interessen des Versicherungsnehmers zu wahren (Pseudomakler), so haftet der Versicherer dem Versicherungsnehmer für das Verschulden eines solchen Vermittlers wie für sein eigenes.

(2) Der Versicherer haftet dem Versicherungsnehmer für das Verschulden eines Versicherungsagenten und eines Pseudomaklers auch bei der Erfüllung einer nur diesen treffenden Informations- oder Beratungspflicht wie für sein eigenes.

(BGBl I 2018/16, ab 1. 10. 2018)

Gesetzliche Vollmacht

§ 45. (1) Ein Versicherungsvertreter gilt, auch wenn er nur mit der Vermittlung von Versicherungsgeschäften betraut ist, als bevollmächtigt in dem Versicherungszweig, für den er bestellt ist:

1. Anträge auf Abschluss, Verlängerung oder Änderung eines Versicherungsvertrages sowie den Widerruf solcher Anträge entgegenzunehmen;

2. die Anzeigen, welche während der Dauer des Versicherungsverhältnisses zu machen sind, sowie Kündigungs- und Rücktrittserklärungen oder sonstige das Versicherungsverhältnis betreffende Erklärungen vom Versicherungsnehmer entgegenzunehmen;

3. die vom Versicherer ausgefertigten Versicherungsscheine oder Verlängerungsscheine zu übermitteln;

4. Prämien nebst Zinsen und Kosten anzunehmen, sofern er sich im Besitz einer vom Versicherer unterzeichneten Prämienrechnung befindet; zur Unterzeichnung genügt eine Nachbildung der eigenhändigen Unterschrift.

(2) Hat ein Versicherungskunde dem Versicherungsvertreter einen für den Versicherer bestimmten Geldbetrag gezahlt, so gilt die Zahlung als

direkt an den Versicherer erfolgt. Geldbeträge, die der Versicherer dem Versicherungsvertreter zur Weiterleitung an den Versicherungsnehmer zahlt, gelten erst dann als an den Versicherungsnehmer gezahlt, wenn dieser sie tatsächlich erhält.

(3) Ist ein Versicherungsvertreter zum Abschluss von Versicherungsverträgen bevollmächtigt, so ist er auch befugt, die Änderung oder Verlängerung solcher Verträge zu vereinbaren sowie Kündigungs- und Rücktrittserklärungen abzugeben.

(BGBl I 2018/16, ab 1. 10. 2018)

§ 46. *(entfällt, BGBl I 2018/16, ab 1. 10. 2018)*

§ 47. Eine Beschränkung der dem „Versicherungsvertreter"** nach „§ 45"** zustehenden Vertretungsmacht braucht ein Dritter nur dann gegen sich gelten zu lassen, wenn er die Beschränkung bei der Vornahme des Geschäftes oder der Rechtshandlung kannte oder infolge grober Fahrlässigkeit nicht kannte. Auf eine abweichende Vereinbarung kann sich der Versicherer nicht berufen. „§ 10 KSchG bleibt unberührt."* *(*BGBl 1994/509; **BGBl I 2018/16, ab 1. 10. 2018)*

§ 48. (1) Hat ein „Versicherungsvertreter" den Vertrag vermittelt oder abgeschlossen, so ist für Klagen aus dem Versicherungsverhältnis gegen den Versicherer das Gericht zuständig, in dessen Sprengel der „Versicherungsvertreter" zur Zeit der Vermittlung oder des Abschlusses des Vertrages seine gewerbliche Niederlassung oder in deren Ermanglung seinen Wohnsitz hatte. *(BGBl I 2018/16, ab 1. 10. 2018)*

(2) Die nach Abs. 1 begründete Zuständigkeit kann durch Vereinbarung nicht ausgeschlossen werden.

Zweiter Abschnitt
Schadensversicherung

Erstes Kapitel
Vorschriften für die gesamte Schadensversicherung

I. Inhalt des Vertrages

§ 49. Der Versicherer hat den Schadenersatz in Geld zu leisten.

§ 50. Der Versicherer haftet nur bis zur Höhe der Versicherungssumme.

§ 51. (1) Wenn die Versicherungssumme den Wert des versicherten Interesses (Versicherungswert) erheblich übersteigt, kann sowohl der Versicherer als auch der Versicherungsnehmer verlangen, daß zur Beseitigung der Überversicherung die Versicherungssumme unter verhältnismäßiger Minderung der Prämie mit sofortiger Wirkung herabgesetzt wird.

(2) Ist die Überversicherung durch ein Kriegsereignis oder durch eine behördliche Maßnahme aus Anlaß eines Krieges verursacht oder ist sie die unvermeidliche Folge eines Krieges, so kann der Versicherungsnehmer das Verlangen nach Abs. 1 mit Wirkung vom Eintritt der Überversicherung ab stellen.

(3) In den Fällen der Abs. 1 und 2 sind die dem Versicherungsnehmer zurückzuerstattenden Prämienteile erst am Schluß der Versicherungsperiode zu zahlen.

(4) Schließt der Versicherungsnehmer den Vertrag in der Absicht ab, sich aus der Überversicherung einen rechtswidrigen Vermögensvorteil zu verschaffen, so ist der Vertrag nichtig. „ " *(BGBl 1994/509)*

(5) Das Recht des Versicherungsnehmers, den Vertrag wegen Irrtums anzufechten, bleibt unberührt. *(BGBl 1994/509)*

§ 52. Bezieht sich die Versicherung auf eine Sache, so gilt, soweit sich nicht aus den Umständen etwas anderes ergibt, der Wert der Sache als Versicherungswert.

§ 53. Die Versicherung umfaßt den durch den Eintritt des Versicherungsfalles entgehenden Gewinn nur, soweit dies besonders vereinbart ist.

§ 54. Ist die Versicherung für einen Inbegriff von Sachen genommen, so umfaßt sie die jeweils zu dem Inbegriff gehörigen Sachen.

§ 55. Der Versicherer ist, auch wenn die Versicherungssumme höher ist als der Versicherungswert zur Zeit des Eintrittes des Versicherungsfalles, nicht verpflichtet, dem Versicherungsnehmer mehr als den Betrag des Schadens zu ersetzen.

§ 56. Ist die Versicherungssumme niedriger als der Versicherungswert zur Zeit des Eintrittes des Versicherungsfalles (Unterversicherung), so haftet der Versicherer für den Schaden nur nach dem Verhältnis der Versicherungssumme zu diesem Wert.

§ 57. Der Versicherungswert kann durch Vereinbarung auf einen bestimmten Betrag (Taxe) festgesetzt werden. Die Taxe gilt auch als der Wert, den das versicherte Interesse zur Zeit des Eintrittes des Versicherungsfalles hat, es sei denn, daß sie den wirklichen Versicherungswert in diesem Zeitpunkt erheblich übersteigt. Ist die Versicherungssumme niedriger als die Taxe, so haftet der Versicherer, auch wenn die Taxe den Versicherungswert erheblich übersteigt, für den Schaden nur nach dem Verhältnis der Versicherungssumme zur Taxe.

§ 58. (1) Wer für ein Interesse gegen dieselbe Gefahr bei mehreren Versicherern Versicherung nimmt, hat jedem Versicherer von der anderen Versicherung unverzüglich Mitteilung zu machen.

(2) In der Mitteilung ist der Versicherer, bei welchem die andere Versicherung genommen worden ist, zu bezeichnen und die Versicherungssumme anzugeben.

§ 59. (1) Ist ein Interesse gegen dieselbe Gefahr bei mehreren Versicherern versichert und übersteigen die Versicherungssummen zusammen den Versicherungswert oder übersteigt aus anderen Gründen die Summe der Entschädigungen, die von jedem einzelnen Versicherer ohne Bestehen der anderen Versicherung zu zahlen wären, den Gesamtschaden (Doppelversicherung), so sind die Versicherer in der Weise zur ungeteilten Hand verpflichtet, daß dem Versicherungsnehmer jeder Versicherer für den Betrag haftet, dessen Zahlung ihm nach seinem Vertrag obliegt, der Versicherungsnehmer aber im ganzen nicht mehr als den Betrag des Schadens verlangen kann.

(2) Die Versicherer sind nach Maßgabe der Beträge, deren Zahlung ihnen dem Versicherungsnehmer gegenüber vertragsmäßig obliegt, untereinander zum Ersatz verpflichtet. Ist auf eine der Versicherungen ausländisches Recht anzuwenden, so kann der Versicherer, für den das ausländische Recht gilt, vom anderen Versicherer nur dann Ersatz verlangen, wenn er selbst nach dem für ihn maßgebenden Recht zum Ersatz verpflichtet ist.

(3) Hat der Versicherungsnehmer eine Doppelversicherung in der Absicht genommen, sich dadurch einen rechtswidrigen Vermögensvorteil zu verschaffen, so ist jeder in dieser Absicht geschlossene Vertrag nichtig. „ “ *(BGBl 1994/509)*

§ 60. (1) Hat der Versicherungsnehmer den Vertrag, durch welchen die Doppelversicherung entstanden ist, ohne Kenntnis von dem Entstehen der Doppelversicherung abgeschlossen, so kann er verlangen, daß der später abgeschlossene Vertrag aufgehoben oder die Versicherungssumme, unter verhältnismäßiger Minderung der Prämie, auf den Teilbetrag herabgesetzt wird, der durch die frühere Versicherung nicht gedeckt ist.

(2) Das gleiche gilt, wenn die Doppelversicherung dadurch entstanden ist, daß nach Abschluß der mehreren Versicherungsverträge der Versicherungswert gesunken ist. Sind jedoch in diesem Fall die mehreren Versicherungsverträge gleichzeitig oder im Einvernehmen der Versicherer abgeschlossen worden, so kann der Versicherungsnehmer nur die verhältnismäßige Herabsetzung der Versicherungssummen und der Prämien verlangen.

(3) Die Aufhebung oder Herabsetzung wird erst mit dem Ablauf der Versicherungsperiode wirksam, in der sie verlangt wird. Das Recht, die Aufhebung oder die Herabsetzung zu verlangen, erlischt, wenn der Versicherungsnehmer es nicht unverzüglich geltend macht, nachdem er von der Doppelversicherung Kenntnis erlangt hat.

§ 61. Der Versicherer ist von der Verpflichtung zur Leistung frei, wenn der Versicherungsnehmer den Versicherungsfall vorsätzlich oder durch grobe Fahrlässigkeit herbeiführt.

§ 62. (1) Der Versicherungsnehmer ist verpflichtet, beim Eintritt des Versicherungsfalles nach Möglichkeit für die Abwendung und Minderung des Schadens zu sorgen und dabei die Weisungen des Versicherers zu befolgen; er hat, wenn die Umstände es gestatten, solche Weisungen einzuholen. Sind mehrere Versicherer beteiligt und haben diese entgegenstehende Weisungen gegeben, so hat der Versicherungsnehmer nach eigenem pflichtgemäßen Ermessen zu handeln.

(2) Hat der Versicherungsnehmer diese Verpflichtungen verletzt, so ist der Versicherer von der Verpflichtung zur Leistung frei, es sei denn, daß die Verletzung weder auf Vorsatz noch auf grober Fahrlässigkeit beruht. Bei grobfahrlässiger Verletzung bleibt der Versicherer zur Leistung insoweit verpflichtet, als der Umfang des Schadens auch bei gehöriger Erfüllung der Verpflichtungen nicht geringer gewesen wäre.

§ 63. (1) Aufwendungen, die der Versicherungsnehmer gemäß § 62 macht, fallen, auch wenn sie erfolglos bleiben, dem Versicherer zur Last, soweit der Versicherungsnehmer sie den Umständen nach für geboten halten durfte. Der Versicherer hat Aufwendungen, die den von ihm gegebenen Weisungen gemäß gemacht worden sind, auch insoweit zu ersetzen, als sie zusammen mit der übrigen Entschädigung die Versicherungssumme übersteigen. Er hat den für die Aufwendungen erforderlichen Betrag auf Verlangen des Versicherungsnehmers vorzuschießen.

(2) Bei einer Unterversicherung sind die Aufwendungen nur nach dem in den §§ 56 und 57 bezeichneten Verhältnis zu ersetzen.

§ 64. (1) Eine Vereinbarung, daß einzelne Voraussetzungen des Anspruchs aus der Versicherung oder die Höhe des Schadens in einem Schiedsgutachterverfahren durch Sachverständige festgestellt werden sollen, ist nur wirksam, wenn vorgesehen ist, daß der Sachverständige oder die Sachverständigen von einem unbeteiligten Dritten oder jeweils in gleicher Anzahl vom Versicherer und vom Versicherungsnehmer namhaft gemacht werden, wobei vorgesehen werden kann, daß diese Sachverständigen oder ein unbeteiligter Dritter einen Vorsitzenden zu bestimmen haben. *(BGBl 1994/509)*

„(2)" „Die von dem oder den Sachverständigen getroffene Feststellung ist nicht verbindlich, wenn sie offenbar von der wirklichen Sachlage erheblich abweicht." Die Feststellung erfolgt in diesem Fall durch Urteil. Das gleiche gilt, wenn die Sachverständigen die Feststellung nicht treffen können oder wollen oder sie verzögern. *(BGBl 1994/509)*

„(3)" Sind nach dem Vertrag die Sachverständigen vom Gericht zu bestellen, so ist für die Bestellung das Bezirksgericht zuständig, in dessen Sprengel der Schaden entstanden ist. Durch eine ausdrückliche Vereinbarung der Beteiligten kann die Zuständigkeit eines anderen Bezirksgerichtes begründet werden. Der Beschluß, durch den dem Antrag auf Bestellung der Sachverständigen stattgegeben wird, ist nicht anfechtbar. *(BGBl 1994/509)*

„(4)" Eine Vereinbarung, die von der Vorschrift des Abs. 1 Satz 1 abweicht, ist nichtig. *(BGBl 1994/509)*

§ 65. Der Versicherer kann sich auf eine Vereinbarung nicht berufen, nach der sich der Versicherungsnehmer bei den Verhandlungen zur Ermittlung und Feststellung des Schadens nicht durch einen Bevollmächtigten vertreten lassen darf.

§ 66. (1) Der Versicherer hat die Kosten, welche durch die Ermittlung und Feststellung des ihm zur Last fallenden Schadens entstehen, dem Versicherungsnehmer insoweit zu ersetzen, als ihre Aufwendung den Umständen nach geboten war.

(2) Die Kosten, welche dem Versicherungsnehmer durch die Zuziehung eines Sachverständigen oder eines Beistandes entstehen, hat der Versicherer nicht zu ersetzen, es sei denn, daß der Versicherungsnehmer nach dem Vertrag zur Zuziehung verpflichtet war.

(3) Bei einer Unterversicherung sind die dem Versicherer zur Last fallenden Kosten nur nach dem in den §§ 56 und 57 bezeichneten Verhältnis zu ersetzen.

§ 67. (1) Steht dem Versicherungsnehmer ein Schadenersatzanspruch gegen einen Dritten zu, so geht der Anspruch auf den Versicherer über, soweit dieser dem Versicherungsnehmer den Schaden ersetzt. Der Übergang kann nicht zum Nachteil des Versicherungsnehmers geltend gemacht werden. Gibt der Versicherungsnehmer seinen Anspruch gegen den Dritten oder ein zur Sicherung des Anspruches dienendes Recht auf, so wird der Versicherer von seiner Ersatzpflicht insoweit frei, als er aus dem Anspruch oder dem Recht hätte Ersatz erlangen können.

(2) Richtet sich der Ersatzanspruch des Versicherungsnehmers gegen einen mit ihm in häuslicher Gemeinschaft lebenden Familienangehörigen, so ist der Übergang ausgeschlossen; der Anspruch geht jedoch über, wenn der Angehörige den Schaden vorsätzlich verursacht hat.

§ 68. (1) Besteht das versicherte Interesse beim Beginn der Versicherung nicht oder gelangt, falls die Versicherung für ein künftiges Unternehmen oder sonst für ein künftiges Interesse genommen ist, das Interesse nicht zur Entstehung, so ist der Versicherungsnehmer von der Verpflichtung zur Zahlung der Prämie frei; der Versicherer kann eine angemessene Geschäftsgebühr verlangen.

(2) Fällt das versicherte Interesse nach dem Beginn der Versicherung weg, so gebührt dem Versicherer die Prämie, die er hätte erheben können, wenn die Versicherung nur bis zu dem Zeitpunkt beantragt worden wäre, in welchem der Versicherer vom Wegfall des Interesses Kenntnis erlangt.

(3) Fällt das versicherte Interesse nach dem Beginn der Versicherung durch ein Kriegsereignis oder durch eine behördliche Maßnahme aus Anlaß eines Krieges weg oder ist der Wegfall des Interesses die unvermeidliche Folge eines Krieges, so gebührt dem Versicherer nur der Teil der Prämie, welcher der Dauer der Gefahrtragung entspricht.

(4) In den Fällen der Abs. 2 und 3 sind die dem Versicherungsnehmer zurückzuerstattenden Prämienteile erst nach Kriegsende zu zahlen.

(5) *(aufgehoben, BGBl 1994/509)*

§ 68a. Auf eine Vereinbarung, die von den Vorschriften des § 51 Abs. 1 und 2 „ , des § 58" und der §§ 62, 67 und 68 zum Nachteil des Versicherungsnehmers abweicht, kann sich der Versicherer nicht berufen. *(BGBl 1994/509)*

II. Veräußerung der versicherten Sache

§ 69. (1) Wird die versicherte Sache vom Versicherungsnehmer veräußert, so tritt an Stelle des Veräußerers der Erwerber in die während der Dauer seines Eigentums aus dem Versicherungsverhältnis sich ergebenden Rechte und Pflichten des Versicherungsnehmers ein.

(2) Für die Prämie, welche auf die zur Zeit des Eintrittes laufende Versicherungsperiode entfällt, haften der Veräußerer und der Erwerber zur ungeteilten Hand.

(3) Der Versicherer hat die Veräußerung in Ansehung der durch das Versicherungsverhältnis gegen ihn begründeten Forderungen erst dann

gegen sich gelten zu lassen, wenn er von ihr Kenntnis erlangt; die Vorschriften der §§ 1394 bis 1396 des Allgemeinen bürgerlichen Gesetzbuches sind entsprechend anzuwenden.

§ 70. (1) Der Versicherer ist berechtigt, dem Erwerber das Versicherungsverhältnis unter Einhaltung einer Frist von einem Monat zu kündigen. Das Kündigungsrecht erlischt, wenn der Versicherer es nicht innerhalb eines Monates von dem Zeitpunkt an ausübt, in welchem er von der Veräußerung Kenntnis erlangt hat.

(2) Der Erwerber ist berechtigt, das Versicherungsverhältnis zu kündigen; die Kündigung kann nur mit sofortiger Wirkung oder auf den Schluß der laufenden Versicherungsperiode erfolgen. Das Kündigungsrecht erlischt, wenn es nicht innerhalb eines Monates nach dem Erwerb ausgeübt wird; hatte der Erwerber von der Versicherung keine Kenntnis, so bleibt das Kündigungsrecht bis zum Ablauf eines Monates von dem Zeitpunkt an bestehen, in welchem der Erwerber von der Versicherung Kenntnis erlangt hat.

(3) Wird das Versicherungsverhältnis auf Grund dieser Vorschriften gekündigt, so hat der Veräußerer dem Versicherer die Prämie zu zahlen „ “; der Erwerber haftet in diesen Fällen für die Prämie nicht. *(BGBl 1994/509)*

§ 71. (1) Die Veräußerung ist dem Versicherer unverzüglich anzuzeigen. Wird die Anzeige weder vom Erwerber noch vom Veräußerer unverzüglich erstattet, so ist der Versicherer von der Verpflichtung zur Leistung frei, wenn der Versicherungsfall später als einen Monat nach dem Zeitpunkt eintritt, in welchem die Anzeige dem Versicherer hätte zugehen müssen.

(2) Die Verpflichtung des Versicherers zur Leistung bleibt bestehen, wenn ihm die Veräußerung in dem Zeitpunkt bekannt war, in welchem ihm die Anzeige hätte zugehen müssen „ , oder wenn die Anzeige nicht vorsätzlich unterlassen worden ist und die Veräußerung keinen Einfluß auf den Eintritt des Versicherungsfalls oder soweit sie keinen Einfluß auf den Umfang der dem Versicherer obliegenden Leistung gehabt hat“. Das gleiche gilt, wenn zur Zeit des Eintrittes des Versicherungsfalles die Frist für die Kündigung des Versicherers abgelaufen und eine Kündigung nicht erfolgt ist. *(BGBl 1994/509)*

§ 72. Auf eine Bestimmung des Versicherungsvertrages, die von den Vorschriften der §§ 69 bis 71 zum Nachteil des Erwerbers abweicht, kann sich der Versicherer nicht berufen. Jedoch kann für die Kündigung, zu der nach § 70 Abs. 2 der Erwerber berechtigt ist, und für die Anzeige der Veräußerung „geschriebene Form“ ausbedungen werden „; die Schriftform nur unter den Voraussetzungen des § 5a Abs. 2 bei elektronischer Kommunikation bzw. des § 15a Abs. 2 außerhalb der elektronischen Kommunikation“. *(BGBl I 2012/34, ab 1. 7. 2012, s auch § 191c Abs 11)*

§ 73. Bei einer Veräußerung im Weg der Zwangsvollstreckung der versicherten Sache sind die Vorschriften der §§ 69 bis 72 entsprechend anzuwenden.

III. Versicherung für fremde Rechnung

§ 74. (1) Die Versicherung kann von demjenigen, welcher den Vertrag mit dem Versicherer abschließt, im eigenen Namen für einen anderen, mit oder ohne Benennung der Person des Versicherten, genommen werden (Versicherung für fremde Rechnung).

(2) Wird die Versicherung für einen anderen genommen, so ist, auch wenn der andere benannt wird, im Zweifel anzunehmen, daß der Vertragschließende nicht als Vertreter, sondern im eigenen Namen für fremde Rechnung handelt.

§ 75. (1) Bei der Versicherung für fremde Rechnung stehen die Rechte aus dem Versicherungsvertrag dem Versicherten zu. Die „Übermittlung“ eines Versicherungsscheines kann jedoch nur der Versicherungsnehmer verlangen. *(BGBl I 2012/34, ab 1. 7. 2012, s auch § 191c Abs 11)*

(2) Der Versicherte kann ohne Zustimmung des Versicherungsnehmers über seine Rechte nur dann verfügen und diese Rechte nur dann gerichtlich geltend machen, wenn er im Besitz eines Versicherungsscheines ist.

§ 76. (1) Der Versicherungsnehmer kann über die dem Versicherten aus dem Versicherungsvertrag zustehenden Rechte im eigenen Namen verfügen.

(2) Ist ein Versicherungsschein ausgestellt, so ist der Versicherungsnehmer ohne Zustimmung des Versicherten nur dann zur Annahme der Zahlung und zur Übertragung der Rechte des Versicherten befugt, wenn er im Besitz des Scheines ist.

(3) Der Versicherer ist zur Zahlung an den Versicherungsnehmer nur verpflichtet, wenn dieser ihm gegenüber nachweist, daß der Versicherte seine Zustimmung zur Versicherung erteilt hat.

§ 77. Der Versicherungsnehmer ist nicht verpflichtet, dem Versicherten oder, falls über das Vermögen des Versicherten ein Insolvenzverfahren eröffnet ist, dem Insolvenzverwalter beziehungsweise dem Treuhänder der Gläubiger den Versicherungsschein auszuliefern, bevor er wegen der ihm gegen den Versicherten in Bezug auf die versicherte Sache zustehenden Ansprüche befriedigt ist. Er kann sich für diese Ansprüche aus der Entschädigungsforderung gegen den Versicherer und nach der Einziehung der Forderung aus der Entschädigungssumme vor dem Versicherten und dessen Gläubigern befriedigen.

(BGBl I 2010/58, ab 1. 8. 2010, s § 191c Abs 10)

§ 78. Soweit nach den Vorschriften dieses Bundesgesetzes die Kenntnis und das Verhalten des Versicherungsnehmers von rechtlicher Bedeutung ist, kommt bei der Versicherung für fremde Rechnung auch die Kenntnis und das Verhalten des Versicherten in Betracht.

§ 79. (1) Auf die Kenntnis des Versicherten kommt es nicht an, wenn der Vertrag ohne sein Wissen abgeschlossen worden ist oder eine rechtzeitige Benachrichtigung des Versicherungsnehmers nicht tunlich war.

(2) Hat der Versicherungsnehmer den Vertrag ohne Auftrag des Versicherten abgeschlossen und beim Abschluß das Fehlen des Auftrages dem Versicherer nicht angezeigt, so braucht dieser die Einwendung, daß der Vertrag ohne Wissen des Versicherten abgeschlossen worden ist, nicht gegen sich gelten zu lassen.

§ 80. (1) Ergibt sich aus den Umständen nicht, daß die Versicherung für einen anderen genommen werden soll, so gilt sie als für eigene Rechnung genommen.

(2) Ist die Versicherung für Rechnung „wen es angeht“ genommen oder ist sonst aus dem Vertrag zu entnehmen, daß unbestimmt gelassen werden soll, ob eigenes oder fremdes Interesse versichert ist, so sind die Vorschriften der §§ 75 bis 79 anzuwenden, wenn sich ergibt, daß fremdes Interesse versichert ist.

Zweites Kapitel

Feuerversicherung

§ 81. (1) Bei der Feuerversicherung erlischt ein dem Versicherer gemachter Antrag auf Abschließung, Verlängerung oder Änderung des Vertrages, wenn er nicht binnen zwei Wochen angenommen wird. Die Vorschriften des § 862a des Allgemeinen bürgerlichen Gesetzbuches bleiben unberührt.

(2) Wird der Antrag einem Abwesenden gemacht, so beginnt die Frist mit der Absendung des Antrages.

(3) Abweichende Bestimmungen sind nichtig. An die Stelle der Frist von zwei Wochen kann jedoch eine andere festbestimmte Frist gesetzt werden.

§ 82. Der Versicherer haftet für den durch Brand, Explosion oder Blitzschlag entstehenden Schaden.

§ 83. (1) Im Falle eines Brandes hat der Versicherer den durch die Zerstörung oder die Beschädigung der versicherten Sachen entstehenden Schaden zu ersetzen, soweit die Zerstörung oder die Beschädigung auf der Einwirkung des Feuers beruht oder die unvermeidliche Folge des Brandereignisses ist. Der Versicherer hat auch den Schaden zu ersetzen, der bei dem Brand durch Löschen, Niederreißen oder Ausräumen verursacht wird; das gleiche gilt von einem Schaden, der dadurch entsteht, daß versicherte Sachen beim Brand abhanden kommen.

(2) Diese Vorschriften sind auf die Haftung des Versicherers für den durch Explosion oder Blitzschlag entstehenden Schaden entsprechend anzuwenden.

§ 84. Der Versicherer haftet nicht, wenn der Brand oder die Explosion durch ein Erdbeben oder durch Maßregeln verursacht wurde, die im Krieg oder nach Erklärung des Kriegszustandes von einem militärischen Befehlshaber angeordnet worden sind.

§ 85. Ist die Versicherung für einen Inbegriff von Sachen genommen worden, so erstreckt sie sich auf die Sachen der zur Familie des Versicherungsnehmers gehörenden sowie der in einem Dienstverhältnis zu ihm stehenden Personen, sofern diese Personen mit dem Versicherungsnehmer in häuslicher Gemeinschaft leben oder an dem Ort, für den die Versicherung gilt, ihren Beruf ausüben. Die Versicherung gilt insoweit als für fremde Rechnung genommen.

§ 86. Als Versicherungswert gilt bei Haushalts- und sonstigen Gebrauchsgegenständen, bei Arbeitsgerätschaften und Maschinen derjenige Betrag, welcher erforderlich ist, um Sachen gleicher Art anzuschaffen, unter Berücksichtigung des aus dem Unterschied zwischen alt und neu sich ergebenden Minderwertes.

§ 87. Ist bei der Versicherung beweglicher Sachen eine Taxe vereinbart, so gilt die Taxe als der Wert, den das versicherte Interesse zur Zeit des Abschlusses des Vertrages hat, es sei denn, daß sie den wirklichen Versicherungswert in diesem Zeitpunkt erheblich übersteigt. Eine Vereinbarung, nach welcher die Taxe als der Wert gelten soll, den das versicherte Interesse zur Zeit des Eintrittes des Versicherungsfalles hat, ist nichtig.

§ 88. Als Versicherungswert gilt bei Gebäuden der ortsübliche Bauwert unter Abzug eines dem

Zustand des Gebäudes, insbesondere dem Alter und der Abnützung entsprechenden Betrages.

§ 89. (1) Bei der Versicherung des durch den Eintritt des Versicherungsfalles entgehenden Gewinnes kann eine Taxe nicht vereinbart werden.

(2) Mit Genehmigung der Aufsichtsbehörde können in den Versicherungsbedingungen Bestimmungen über die Berechnung des entgehenden Gewinnes getroffen werden. Übersteigt das Ergebnis der Berechnung den der wirklichen Sachlage entsprechenden Betrag, so hat der Versicherer nur diesen Betrag zu ersetzen.

§ 90. (1) Wer in Ansehung derselben Sache bei einem Versicherer für entgehenden Gewinn, bei einem anderen Versicherer für sonstigen Schaden Versicherung nimmt, hat jedem Versicherer von der anderen Versicherung unverzüglich Mitteilung zu machen.

(2) In der Mitteilung ist der Versicherer, bei welchem die andere Versicherung genommen worden ist, zu bezeichnen und die Versicherungssumme anzugeben.

§ 91. Bei der Gebäudeversicherung muß die im Falle einer nicht rechtzeitigen Zahlung der Prämie nach § 39 zu bestimmende Zahlungsfrist mindestens einen Monat betragen.

§ 92. (1) Der Pflicht zur Anzeige des Versicherungsfalles wird genügt, wenn die Anzeige binnen drei Tagen nach dem Eintritt des Versicherungsfalles erfolgt. Durch die Absendung der Anzeige wird die Frist gewahrt.

(2) Der Versicherer kann sich auf eine Vereinbarung, welche die Dauer oder die Berechnung der Frist zum Nachteil des Versicherungsnehmers anders bestimmt, nicht berufen.

§ 93. Der Versicherungsnehmer darf bis zur Feststellung des an einem Gebäude entstehenden Schadens ohne Einwilligung des Versicherers nur solche Änderungen vornehmen, welche zur Erfüllung der ihm nach § 62 obliegenden Pflicht oder im öffentlichen Interesse geboten sind.

§ 94. (1) Die Entschädigung ist nach Ablauf eines Monates seit der Anzeige des Versicherungsfalles mit vier vom Hundert für das Jahr zu verzinsen, soweit nicht aus besonderen Gründen eine weitergehende Zinspflicht besteht.

(2) Der Lauf der im Abs. 1 bezeichneten Frist ist gehemmt, solange infolge eines Verschuldens des Versicherungsnehmers der Schaden nicht festgesetzt werden kann.

§ 95. Der Versicherer haftet nach dem Eintritt eines Versicherungsfalles für den durch einen späteren Versicherungsfall verursachten Schaden nur bis zur Höhe des Restbetrages der Versicherungssumme. Für die künftigen Versicherungsperioden gebührt ihm nur ein verhältnismäßiger Teil der Prämie.

§ 96. (1) Nach dem Eintritt eines Versicherungsfalles ist jeder Teil berechtigt, das Versicherungsverhältnis zu kündigen.

(2) Die Kündigung ist nur bis zum Ablauf eines Monates seit dem Abschluß der Verhandlungen über die Entschädigung zulässig. Der Versicherer hat eine Kündigungsfrist von einem Monat einzuhalten. Der Versicherungsnehmer kann nicht für einen späteren Zeitpunkt als den Schluß der laufenden Versicherungsperiode kündigen.

(3) *(aufgehoben, BGBl 1994/509)*

§ 97. Ist der Versicherer nach den Versicherungsbestimmungen nur verpflichtet, die Entschädigungssumme zur Wiederherstellung des versicherten Gebäudes zu zahlen, so kann der Versicherungsnehmer die Zahlung erst verlangen, wenn die bestimmungsgemäße Verwendung des Geldes gesichert ist.

§ 98. Im Falle des § 97 kann die Forderung des Versicherungsnehmers auf die Entschädigungssumme vor der Wiederherstellung des Gebäudes nur an den Erwerber der Liegenschaft oder an solche Gläubiger des Versicherungsnehmers übertragen werden, die Arbeiten oder Lieferungen zur Wiederherstellung des Gebäudes übernommen oder bewirkt haben. Eine Übertragung an Gläubiger des Versicherungsnehmers, die bare Vorschüsse zur Wiederherstellung gegeben haben, ist wirksam, wenn die Vorschüsse zur Wiederherstellung verwendet werden. Die Zwangsvollstreckung in die Entschädigungsforderung unterliegt denselben Beschränkungen.

§ 99. (1) Im Falle des § 97 ist eine Zahlung, welche ohne die Sicherung der bestimmungsgemäßen Verwendung des Geldes geleistet wird, dem Hypothekargläubiger gegenüber nur wirksam, wenn ihm der Versicherer oder der Versicherungsnehmer angezeigt hat, daß ohne Sicherung geleistet werden soll und seit dem Empfang der Anzeige ein Monat verstrichen ist.

(2) Soweit die Entschädigungssumme nicht zu einer den Versicherungsbestimmungen entsprechenden Wiederherstellung verwendet werden soll, kann der Versicherer mit Wirkung gegen den Hypothekargläubiger erst zahlen, wenn er oder der Versicherungsnehmer die Absicht, von der bestimmungsgemäßen Verwendung abzuweichen, dem Hypothekargläubiger angezeigt hat

und seit dem Empfang der Anzeige ein Monat verstrichen ist.

(3) Der Hypothekargläubiger kann bis zum Ablauf der Frist dem Versicherer gegenüber der Zahlung widersprechen. Die Anzeige darf unterbleiben, wenn sie untunlich ist; in diesem Fall wird der Monat von dem Zeitpunkt an berechnet, in welchem die Entschädigungssumme fällig wird.

§ 100. (1) Das Pfandrecht an einem versicherten Gebäude erstreckt sich auch auf die Entschädigungsforderung gegen den Versicherer. Das Pfandrecht an der Entschädigungsforderung erlischt, wenn das versicherte Gebäude wiederhergestellt oder dafür Ersatz beschafft ist. Der Versicherer kann die Entschädigungssumme mit Wirkung gegen den Pfandgläubiger an den Versicherungsnehmer erst dann zahlen, wenn er oder der Versicherungsnehmer den Eintritt des Schadens dem Pfandgläubiger angezeigt hat und seit dem Empfang der Anzeige ein Monat verstrichen ist. Der Pfandgläubiger kann bis zum Ablauf der Frist dem Versicherer gegenüber der Zahlung widersprechen. Die Anzeige darf unterbleiben, wenn sie untunlich ist; in diesem Fall wird der Monat von dem Zeitpunkt an gerechnet, in welchem die Entschädigungssumme fällig wird. Erhebt der Pfandgläubiger rechtzeitig Widerspruch, so ist der Versicherer befugt, den Entschädigungsbetrag bei dem Bezirksgericht, in dessen Sprengel das versicherte Gebäude gelegen ist, zu hinterlegen. Das Gericht hat mit der Verteilung des hinterlegten Entschädigungsbetrages auf Antrag und unter entsprechender Anwendung der Vorschriften der Exekutionsordnung über die Verteilung des bei der Zwangsversteigerung von Liegenschaften erzielten Meistbotes vorzugehen,wobei dem Versicherungsnehmer die Stellung des Verpflichteten zukommt.

(2) Hat der Hypothekargläubiger seine Hypothek dem Versicherer angemeldet, so kann der Versicherer mit Wirkung gegen den Hypothekargläubiger an den Versicherungsnehmer nur dann zahlen, wenn der Hypothekargläubiger der Zahlung schriftlich zugestimmt hat. Hat im Falle des § 97 der Hypothekargläubiger seine Hypothek dem Versicherer angemeldet, so ist eine Zahlung, die ohne die Sicherung der bestimmungsgemäßen Verwendung des Geldes geleistet wird, dem Hypothekargläubiger gegenüber nur dann wirksam, wenn dieser schriftlich der Zahlung zugestimmt hat.

(3) Abs. 1 und 2 gelten sinngemäß für ein nach den Vorschriften der Exekutionsordnung erworbenes Befriedigungsrecht und für das Fruchtnießungsrecht an einem versicherten Gebäude.

§ 101. (1) Bei der Gebäudeversicherung hat der Versicherer einem Hypothekargläubiger, der seine Hypothek angemeldet hat, unverzüglich schriftlich Mitteilung zu machen, wenn dem Versicherungsnehmer für die Zahlung einer Folgeprämie eine Frist bestimmt wird. Das gleiche gilt, wenn das Versicherungsverhältnis nach dem Ablauf der Frist wegen unterbliebener Prämienzahlung gekündigt wird.

(2) Der Versicherer hat binnen einer Woche nach Kenntnis vom Eintritt eines Versicherungsfalles dem Hypothekargläubiger, der seine Hypothek angemeldet hat, schriftlich Mitteilung zu machen, es sei denn, daß der Schaden unbedeutend ist.

§ 102. (1) Ist bei der Gebäudeversicherung der Versicherer wegen des Verhaltens des Versicherungsnehmers von der Verpflichtung zur Leistung frei, so bleibt gleichwohl seine Verpflichtung gegenüber einem Hypothekargläubiger bestehen. Das gleiche gilt, wenn der Versicherer nach dem Eintritt des Versicherungsfalles von dem Vertrag zurücktritt oder den Vertrag anficht.

(2) Abs. 1 Satz 1 ist nicht anzuwenden, wenn der Versicherer leistungsfrei ist, weil die Prämie nicht gezahlt worden ist. Hat jedoch der Hypothekargläubiger seine Hypothek dem Versicherer angemeldet, so bleibt im Fall der nicht rechtzeitigen Zahlung einer Folgeprämie die Verpflichtung des Versicherers gegenüber dem Hypothekargläubiger bis zum Ablauf eines Monates von dem Zeitpunkt bestehen, in welchem dem Hypothekargläubiger die Bestimmung der Zahlungsfrist oder, wenn diese Mitteilung unterblieben ist, die Kündigung mitgeteilt worden ist.

§ 103. (1) Hat im Fall der Gebäudeversicherung ein Hypothekargläubiger seine Hypothek dem Versicherer angemeldet, so wirkt eine Kündigung, ein Rücktritt, ein Fristablauf oder eine sonstige Tatsache, welche die Beendigung des Versicherungsverhältnisses zur Folge hat, gegenüber dem Hypothekargläubiger erst mit dem Ablauf von drei Monaten, nachdem ihm die Beendigung und, sofern diese noch nicht eingetreten war, der Zeitpunkt der Beendigung durch den Versicherer mitgeteilt worden oder in anderer Weise zu seiner Kenntnis gelangt ist. Dies gilt jedoch nicht, wenn das Versicherungsverhältnis wegen unterbliebener Prämienzahlung durch Rücktritt oder Kündigung des Versicherers endet oder wenn es mit Zustimmung des Hypothekargläubigers vom Versicherungsnehmer gekündigt wird.

(2) Abs. 1 Satz 1 gilt sinngemäß für die Wirksamkeit einer Vereinbarung zwischen dem Versicherer und dem Versicherungsnehmer, durch welche die Versicherungssumme oder der Umfang der versicherten Gefahr gemindert wird, sowie für die Wirksamkeit einer Vereinbarung, nach welcher der Versicherer nur verpflichtet ist, die Entschädigungssumme zur Wiederherstellung des versicherten Gebäudes zu zahlen.

(3) Die Nichtigkeit des Versicherungsvertrages kann gegenüber einem Hypothekargläubiger, der seine Hypothek angemeldet hat, nicht geltend gemacht werden. Das Versicherungsverhältnis endet jedoch ihm gegenüber mit dem Ablauf von drei Monaten, nachdem ihm die Nichtigkeit durch den Versicherer mitgeteilt worden oder in anderer Weise zu seiner Kenntnis gelangt ist.

§ 104. Soweit der Versicherer auf Grund der Vorschriften der §§ 102 und 103 den Hypothekargläubiger befriedigt, geht die Hypothek auf ihn über. Der Übergang kann nicht zum Nachteil eines gleich- oder nachstehenden Hypothekargläubigers geltend gemacht werden, dem gegenüber die Verpflichtung des Versicherers zur Leistung bestehen geblieben ist.

§ 105. Im Fall des § 102 Abs. 1 Satz 2, Abs. 2 Satz 2 und des § 103 ist der Versicherer verpflichtet, bis zur anderweitigen Versicherung der Gebäude mit dem Hypothekargläubiger, für dessen Interesse eine Gebäudeversicherung abzuschließen oder die Versicherung fortzusetzen, wenn der Hypothekargläubiger dies bis zum Ablauf der in diesen Vorschriften bezeichneten Fristen schriftlich beim Versicherer beantragt und sich zur Zahlung der Prämie verpflichtet. Die Versicherung muß das berechtigte Interesse des Hypothekargläubigers gewährleisten.

§ 106. (1) Hat im Fall der Gebäudeversicherung ein Hypothekargläubiger seine Hypothek dem Versicherer angemeldet, so ist die Kündigung der Versicherung durch den Versicherungsnehmer, unbeschadet der Vorschriften des § 70 Abs. 2 und des § 96 nur wirksam, wenn dieser mindestens einen Monat vor Ablauf des Versicherungsvertrages nachgewiesen hat, daß in dem Zeitpunkt, in welchem die Kündigung spätestens zulässig war, das Grundstück nicht mit der Hypothek belastet war oder daß der Hypothekargläubiger der Kündigung der Versicherung zugestimmt hat.

(2) Die Zustimmung darf nicht ohne ausreichenden Grund verweigert werden.

§ 107. Der Versicherer ist verpflichtet, einem Hypothekargläubiger, der seine Hypothek angemeldet hat, die Anmeldung zu bestätigen und auf Verlangen Auskunft über das Bestehen von Versicherungsschutz sowie über die Höhe der Versicherungssumme zu erteilen.

§ 107a. Hat der Hypothekargläubiger seine Wohnung geändert, die Änderung dem Versicherer aber nicht mitgeteilt, so genügt für eine Mitteilung der in den §§ 101 bis 103 bezeichneten Art die Absendung eines eingeschriebenen Briefes nach der letzten dem Versicherer bekannten Wohnung. Die Mitteilung wird in dem Zeitpunkt wirksam, in welchem sie ohne die Wohnungsänderung bei regelmäßiger Beförderung dem Hypothekargläubiger zugegangen sein würde.

§ 107b. Ist das Grundstück mit einer Reallast oder einem nach den Vorschriften der Exekutionsordnung erworbenen Befriedigungsrecht belastet, so sind die Vorschriften der §§ 99 bis 107a, ist es mit einem Fruchtnießungsrecht belastet, so sind die Vorschriften der §§ 99 bis 103 und der §§ 105 bis 107a entsprechend anzuwenden.

§ 108. (1) Von § 96 darf durch Vereinbarung nur in der Weise abgewichen werden, daß das Kündigungsrecht für beide Teile gleich ist. *(BGBl 1994/509)*

„(2)“ Die durch die Vorschriften der §§ 101 bis 107b begründeten Rechte können nicht zugunsten solcher Hypotheken geltend gemacht werden, die dem Versicherungsnehmer zustehen. *(BGBl 1994/509)*

Drittes Kapitel

Hagelversicherung

§ 109. Bei der Hagelversicherung haftet der Versicherer für den Schaden, der an den versicherten Bodenerzeugnissen durch die Einwirkung des Hagelschlages entsteht.

§ 110. Der Pflicht zur Anzeige des Versicherungsfalles wird genügt, wenn die Anzeige binnen vier Tagen nach dem Eintritt des Versicherungsfalles erfolgt. Durch die Absendung der Anzeige wird die Frist gewahrt.

§ 111. Bis zur Feststellung des Schadens darf der Versicherungsnehmer an den vom Hagelschlag betroffenen Bodenerzeugnissen ohne Einwilligung des Versicherers nur solche Änderungen vornehmen, welche nach den Regeln einer ordnungsgemäßen Wirtschaft nicht aufgeschoben werden können.

§ 112. Tritt nach dem Eintritt eines Versicherungsfalles in derselben Versicherungsperiode ein neuer Versicherungsfall ein, so haftet der Versicherer für den dadurch verursachten Schaden nur bis zur Höhe des Restbetrages der Versicherungssumme.

§ 113. Nach dem Eintritt eines Versicherungsfalles ist jeder Teil berechtigt, das Versicherungsverhältnis zu kündigen, der Versicherer nur für den Schluß der Versicherungsperiode, in welcher der Versicherungsfall eingetreten ist, der Versicherungsnehmer spätestens für diesen Zeitpunkt. „ “ *(BGBl 1994/509)*

§ 114. (1) Im Fall der freiwilligen Veräußerung oder der Veräußerung im Weg der Zwangsvollstreckung der versicherten Bodenerzeugnisse kann der Versicherer dem Erwerber das Versicherungsverhältnis nur für den Schluß der Versicherungsperiode kündigen, in welcher er von dem Eigentumsübergang Kenntnis erlangt; die im § 70 Abs. 1 vorgesehenen Beschränkungen des Kündigungsrechtes sind nicht anzuwenden.

(2) Wird der Eigentumsübergang dem Versicherer nicht rechtzeitig angezeigt, so ist der Versicherer, wenn der Versicherungsfall nach dem Schluß der Versicherungsperiode eintritt, in welcher ihm die Anzeige hätte zugehen müssen, von der Verpflichtung zur Leistung frei. Die Verpflichtung bleibt jedoch bestehen, wenn der Versicherer von dem Eigentumswechsel so früh Kenntnis erlangt hat, daß er zum Schluß der Versicherungsperiode kündigen konnte.

§ 115. Erwirbt jemand auf Grund eines Fruchtnießungsrechtes, eines Pachtvertrages oder eines ähnlichen Verhältnisses die Berechtigung, die versicherten Bodenerzeugnisse zu beziehen, so sind die im Fall einer freiwilligen Veräußerung oder einer Veräußerung im Wege der Zwangsvollstreckung der Bodenerzeugnisse geltenden Vorschriften entsprechend anzuwenden.

§ 115a. (1) Auf eine Vereinbarung, die von den Vorschriften des § 110 zum Nachteil des Versicherungsnehmers, der §§ 114 und 115 zum Nachteil des Erwerbers oder der im § 115 genannten Personen abweicht, kann sich der Versicherer nicht berufen.

(2) Die Frist zur Erhebung des Widerspruches nach § 5 Abs. 1 kann herabgesetzt werden; sie darf jedoch nicht weniger als eine Woche betragen.

(3) Von § 113 darf durch Vereinbarung nur in der Weise abgewichen werden, daß das Kündigungsrecht für beide Teile gleich ist. *(BGBl 1994/509)*

Viertes Kapitel

Tierversicherung

§ 116. (1) Bei der Tierversicherung haftet der Versicherer für den Schaden, der durch den Tod (Verenden, Nottötung) des versicherten Tieres entsteht. Wird der Tod durch eine Krankheit oder einen Unfall herbeigeführt, so gilt als Betrag des Schadens der Wert, den das Tier unmittelbar vor Eintritt der Erkrankung oder des Unfalles gehabt hat.

(2) Die Versicherung kann auch für den Schaden genommen werden, der durch eine Krankheit oder einen Unfall entsteht, ohne daß der Tod des Tieres eintritt.

§ 117. Die Versicherung umfaßt nicht:

1. den infolge einer Seuche oder Krankheit entstehenden Schaden, soweit dem Versicherungsnehmer nach gesetzlicher Vorschrift ein Anspruch auf eine Entschädigung aus öffentlichen Mitteln zusteht oder zustehen würde, wenn der Anspruch nicht durch eine Zuwiderhandlung gegen seuchenpolizeiliche Vorschriften verwirkt worden wäre;

2. den Schaden, welcher durch Maßregeln verursacht wird, die im Kriege oder nach der Erklärung des Kriegszustandes von einem militärischen Befehlshaber angeordnet worden sind.

§ 118. Steht dem Versicherungsnehmer ein Anspruch auf Gewährleistung wegen eines Mangels des versicherten Tieres gegen einen Dritten zu, so geht der Anspruch auf den Versicherer über, soweit dieser dem Versicherungsnehmer den Schaden ersetzt. Der Übergang kann nicht zum Nachteil des Versicherungsnehmers geltend gemacht werden. Geht ein Anspruch auf Gewährleistung durch Verschulden des Versicherungsnehmers verloren oder gibt dieser den Anspruch auf, so wird der Versicherer von seiner Ersatzpflicht insoweit frei, als er aus dem Anspruch Ersatz hätte erlangen können.

§ 119. Der Versicherer haftet nach dem Eintritt eines Versicherungsfalles für den durch einen späteren Versicherungsfall verursachten Schaden nur bis zur Höhe des Restbetrages der Versicherungssumme. Fürdie künftigen Versicherungsperioden gebührt ihm nur ein verhältnismäßiger Teil der Prämie.

§ 120. Der Versicherer ist befugt, jederzeit auf seine Kosten eine Besichtigung und Untersuchung der versicherten Tiere vorzunehmen.

§ 121. Dem Versicherer ist außer dem Tod auch jede erhebliche Erkrankung sowie jeder erhebliche Unfall eines versicherten Tieres unverzüglich anzuzeigen. Auf die Anzeige der Erkrankung oder des Unfalles sind, auch wenn die Versicherung nur gegen den Schaden genommen ist, der durch den Tod des Tieres entsteht, die für die Anzeige des Versicherungsfalles geltenden Vorschriften entsprechend anzuwenden.

§ 122. Erkrankt das versicherte Tier oder erleidet es einen Unfall, so hat der Versicherungsnehmer, sofern nicht die Erkrankung oder der Unfall unerheblich ist, unverzüglich einen Tierarzt oder, wenn dies untunlich ist, einen Sachkundigen zuzuziehen.

§ 123. (1) Die Kosten der Fütterung und der Pflege sowie die Kosten der tierärztlichen Untersuchung und Behandlung gehören nicht zu den nach § 63 vom Versicherer zu ersetzenden Aufwendungen.

(2) Die Kosten der ersten tierärztlichen Untersuchung bei Erkrankung eines versicherten Tieres haben der Versicherungsnehmer und der Versicherer zu gleichen Teilen zu tragen.

§ 124. Die Verzinsung der Entschädigungsforderung des Versicherungsnehmers bestimmt sich nach § 94.

§ 125. Hat der Versicherungsnehmer das Tier vorsätzlich oder aus grober Fahrlässigkeit schwer mißhandelt oder schwer vernachlässigt, so ist der Versicherer von der Verpflichtung zur Leistung frei, es sei denn, daß der Schaden nicht durch die Mißhandlung oder die Vernachlässigung entstanden ist. Als schwere Vernachlässigung gilt es insbesondere, wenn bei einer Erkrankung oder einem Unfall die Zuziehung eines Tierarztes oder eines Sachkundigen der Vorschrift des § 122 zuwider unterlassen worden ist.

§ 126. (1) Der Versicherungsnehmer darf eine Nottötung nur mit Einwilligung des Versicherers vornehmen, es sei denn, daß die Erklärung des Versicherers nicht abgewartet werden kann. Ist durch das Gutachten des Tierarztes oder, falls die Zuziehung eines Tierarztes untunlich ist, durch zwei Sachkundige vor der Tötung festgestellt, daß die Tötung notwendig ist und die Erklärung des Versicherers nicht abgewartet werden kann, so muß der Versicherer die Feststellung gegen sich gelten lassen.

(2) Bei einer Nottötung der Vorschrift des Abs. 1 Satz 1 zuwider ist der Versicherer von der Verpflichtung zur Leistung frei.

§ 127. Endet das Versicherungsverhältnis, nachdem das versicherte Tier erkrankt ist oder einen Unfall erlitten hat, so hat die Beendigung auf die Haftung des Versicherers keinen Einfluß, wenn die Erkrankung oder der Unfall den Tod binnen zwei Wochen nach der Beendigung herbeiführt.

§ 128. (1) Wird ein versichertes Tier veräußert, so endet in Ansehung dieses Tieres das Versicherungsverhältnis; dem Versicherer gebührt gleichwohl die Prämie, jedoch nicht über die laufende Versicherungsperiode hinaus. Tritt vor dem Schluß der laufenden Versicherungsperiode oder binnen zwei Wochen nach der Veräußerung infolge eines Mangels, für den der Veräußerer dem Erwerber kraft Gesetzes Gewähr zu leisten hat, der Tod des Tieres ein, so bleibt der Versicherer dem Versicherungsnehmer insoweit haftbar, als dieser dem Erwerber kraft Gesetzes zur Gewährleistung verpflichtet ist.

(2) Geht das Eigentum an dem Inventar eines Grundstückes mit dem Eigentum oder dem Besitz des Grundstückes auf einen anderen über, so hat es in Ansehung der zum Inventar gehörenden Tiere bei den Vorschriften der §§ 69 bis 73 sein Bewenden.

Fünftes Kapitel

Transportversicherung

§ 129. (1) Bei der Versicherung von Gütern gegen die Gefahren der Beförderung zu Lande oder auf Binnengewässern trägt der Versicherer alle Gefahren, denen die Güter während der Dauer der Versicherung ausgesetzt sind.

(2) Bei der Versicherung eines Schiffes gegen die Gefahren der Binnenschiffahrt trägt der Versicherer alle Gefahren, denen das Schiff während der Dauer der Versicherung ausgesetzt ist. Der Versicherer haftet auch für den Schaden, den der Versicherungsnehmer infolge eines Zusammenstoßes von Schiffen dadurch erleidet, daß er den einem Dritten zugefügten Schaden zu ersetzen hat.

§ 130. Der Versicherer haftet nicht für einen Schaden, der vom Versicherungsnehmer vorsätzlich oder fahrlässig verursacht wird. Er hat jedoch den vom Versicherungsnehmer durch fehlerhafte Führung des Schiffes verursachten Schaden zu ersetzen, es sei denn, daß dem Versicherungsnehmer eine vorsätzliche oder grob fahrlässige Handlungsweise zur Last fällt.

§ 131. (1) Bei der Versicherung von Gütern haftet der Versicherer nicht für einen Schaden, der vom Absender oder vom Empfänger in dieser Eigenschaft vorsätzlich oder fahrlässig verursacht wird.

(2) Das gleiche gilt von einem Schaden, der durch die natürliche Beschaffenheit der Güter, namentlich durch inneren Verderb, Schwinden, gewöhnlichen Rinnverlust, durch mangelhafte Verpackung der Güter oder durch Ratten oder Mäuse verursacht wird; ist jedoch die Reise durch einen Unfall, für den der Versicherer haftet, ungewöhnlich verzögert worden, so fällt der Schaden dem Versicherer insoweit zur Last, als er infolge der Verzögerung eingetreten ist.

§ 132. (1) Bei der Versicherung eines Schiffes haftet der Versicherer nicht für einen Schaden, der daraus entsteht, daß das Schiff in einem nicht fahrtüchtigen Zustand oder nicht gehörig ausgerüstet oder bemannt die Reise angetreten hat.

(2) Das gleiche gilt von einem Schaden, der nur eine Folge der Abnützung des Schiffes durch gewöhnlichen Gebrauch ist oder nur durch Alter, Fäulnis oder Wurmfraß verursacht wird.

§ 133. (1) Die Versicherung gegen die Gefahren der Binnenschiffahrt umfaßt die Beiträge zur großen Haverei. Sind ausschließlich Güter des Schiffseigners verladen, so umfaßt die Versicherung auch die Aufopferungen, welche zur großen Haverei gehören würden, wenn das Eigentum an den Gütern einem anderen zustände.

(2) Die Vorschriften der §§ 835 bis 839 des Unternehmensgesetzbuches sind entsprechend anzuwenden. Eine vom Schiffer aufgestellte Dispache ist für den Versicherer nur verbindlich, wenn er der Aufstellung durch den Schiffer zugestimmt hat. *(BGBl I 2005/120)*

§ 134. (1) Die Versicherung von Gütern erstreckt sich auf die ganze Dauer der versicherten Reise.

(2) Die Versicherung beginnt mit dem Zeitpunkt, in welchem die Güter vom Frachtführer zur Beförderung oder, wenn die Beförderung nicht sofort erfolgen kann, zur einstweiligen Verwahrung angenommen werden. Sie endet mit dem Zeitpunkt, in welchem die Güter dem Empfänger am Ablieferungsort abgeliefert oder, wenn sich ein Ablieferungshindernis ergibt, rechtmäßig hinterlegt oder verkauft werden.

§ 135. Unter die Versicherung gegen die Gefahren der Beförderung von Gütern auf Eisenbahnen fällt auch die Beförderung zur Eisenbahn sowie die Beförderung von der Eisenbahn an den Empfänger, wenn sie durch die Eisenbahn oder unter ihrer Verantwortung erfolgt.

§ 136. Sind Güter gegen die Gefahren der Beförderung auf Binnengewässern versichert, so trägt der Versicherer die Gefahr der Benützung von Leichterfahrzeugen bei der Verladung oder der Ausladung, wenn die Benützung ortsüblich ist.

§ 137. (1) Werden die versicherten Güter in anderer Art als mit dem Schiff befördert, mit welchem sie nach dem Versicherungsvertrag befördert werden sollen, so haftet der Versicherer nicht.

(2) Werden jedoch die Güter nach dem Beginn der Versicherung infolge eines Unfalles, für den der Versicherer haftet, mit einem anderen als dem im Versicherungsvertrag bestimmten Schiff oder zu Lande befördert, so fällt die Beförderung unter die Versicherung. Das gleiche gilt, wenn nach dem Beginn der Versicherung ohne Zustimmung des Versicherungsnehmers die Beförderung geändert oder die Reise des Schiffes aufgegeben wird.

(3) Die Versicherung umfaßt in den Fällen des Abs. 2 die Kosten der Umladung und der einstweiligen Lagerung sowie die Mehrkosten der Weiterbeförderung.

§ 138. (1) Die Versicherung eines Schiffes beginnt, wenn sie für eine Reise genommen ist, mit dem Zeitpunkt, in welchem mit der Einnahme der Ladung begonnen wird, oder, wenn keine Ladung einzunehmen ist, mit der Abfahrt. Sie endet mit dem Zeitpunkt, in welchem die Löschung der Ladung am Bestimmungsort beendet ist, oder, wenn keine Ladung zu löschen ist, mit der Ankunft am Bestimmungsort. Wird die Löschung vom Versicherungsnehmer ungebührlich verzögert, so endet die Versicherung mit dem Zeitpunkt, in welchem ohne diese Verzögerung die Löschung beendet wäre.

(2) Wird vor Beendigung der Löschung für eine neue Reise Ladung eingenommen, so endet die Versicherung mit dem Zeitpunkt, in welchem mit der Einnahme begonnen wird.

(3) Wird nach dem Beginn der Versicherung die versicherte Reise aufgegeben, so tritt für die Beendigung der Versicherung der Ort, wo die Reise aufhört, an die Stelle des Bestimmungsortes.

§ 139. Ist ein auf Zeit versichertes Schiff beim Ablauf der vereinbarten Versicherungszeit unterwegs, so gilt das Versicherungsverhältnis bis zur Ankunft des Schiffes am nächsten Bestimmungsort als verlängert und, falls an diesem gelöscht wird, bis zu dem nach § 138 für die Beendigung der Versicherung maßgebenden Zeitpunkt. Der Versicherungsnehmer kann die Verlängerung, solange das Schiff noch nicht unterwegs ist, durch eine gegenüber dem Versicherer abzugebende Erklärung ausschließen.

§ 140. (1) Als Versicherungswert der Güter gilt der gemeine Handelswert und in dessen Ermanglung der gemeine Wert, den die Güter am Ort der Absendung in dem nach den §§ 134 bis 136 für den Beginn der Versicherung maßgebenden Zeitpunkt haben, unter Hinzurechnung der Versicherungskosten sowie derjenigen Kosten, welche bis zur Annahme der Güter durch den Frachtführer entstehen.

(2) Der sich nach Abs. 1 ergebende Wert der Güter gilt auch beim Eintritt des Versicherungsfalles als Versicherungswert.

(3) Haben die Güter eine Beschädigung erlitten, so ist der Wert, den sie in beschädigtem Zustand am Ablieferungsorte haben, von dem Wert abzuziehen, den sie an diesem Ort in unbeschädigtem Zustand haben würden. Der dem Verhältnis der Wertminderung zu ihrem Wert in unbeschädigtem Zustand entsprechende Bruchteil des Versicherungswertes (Abs. 1) gilt als Betrag des Schadens.

§ 141. (1) Als Versicherungswert des Schiffes gilt der Wert, den das Schiff beim Beginn der Versicherung hat. Dieser Wert gilt auch beim

Eintritt des Versicherungsfalles als Versicherungswert.

(2) Bei einer Beschädigung des Schiffes gelten, falls das Schiff ausbesserungsfähig ist, die nach den §§ 709 und 710 des Unternehmensgesetzbuches zu berechnenden Ausbesserungskosten als Betrag des Schadens. *(BGBl I 2005/120)*

§ 142. Bei der Versicherung von Gütern ist der Versicherer nicht berechtigt, das Versicherungsverhältnis wegen einer unabhängig vom Willen des Versicherungsnehmers eingetretenen Erhöhung der Gefahr oder wegen einer Veräußerung der versicherten Güter zu kündigen. Der Versicherungsnehmer ist nicht verpflichtet, dem Versicherer eine solche Erhöhung der Gefahr oder Veräußerung anzuzeigen.

§ 143. (1) Wird bei der Versicherung eines Schiffes das Versicherungsverhältnis, während das Schiff unterwegs ist, vom Versicherer wegen einer unabhängig vom Willen des Versicherungsnehmers eingetretenen Erhöhung der Gefahr oder wegen Veräußerung des Schiffes gekündigt, so wirkt die Kündigung nicht vor der Beendigung der Reise. Tritt während des bezeichneten Zeitraumes ein Versicherungsfall ein, so wird die Verpflichtung des Versicherers zur Leistung nicht dadurch berührt, daß die Anzeige der Erhöhung der Gefahr oder der Veräußerung unterblieben ist.

(2) War die Verpflichtung zur Anzeige schon vor dem Beginn der Reise verletzt worden, so sind die Vorschriften des Abs. 1 nur anzuwenden, wenn die Erhöhung der Gefahr oder die Veräußerung dem Versicherer vor dem Beginn der Reise bekanntgeworden ist.

(3) Bei einer Veräußerung im Wege der Zwangsvollstreckung des versicherten Schiffes sind die Vorschriften über die Veräußerung entsprechend anzuwenden.

§ 144. (1) Aufwendungen, die der Versicherungsnehmer gemäß § 62 zur Abwendung oder Minderung des Schadens macht, fallen, soweit sie der Versicherungsnehmer für geboten halten durfte, dem Versicherer ohne Rücksicht darauf zur Last, ob sie zusammen mit der übrigen Entschädigung die Versicherungssumme übersteigen.

(2) Sind Aufwendungen zur Abwendung oder Minderung oder zur Ermittlung und Feststellung eines Schadens oder zur Wiederherstellung oder Ausbesserung der durch einen Versicherungsfall beschädigten Sache gemacht oder Beiträge zur großen Haverei geleistet worden oder ist eine persönliche Verpflichtung des Versicherungsnehmers zur Entrichtung solcher Beiträge entstanden, so haftet der Versicherer für den Schaden, der durch einen späteren Versicherungsfall verursacht wird, ohne Rücksicht auf die ihm zur Last fallenden früheren Aufwendungen und Beiträge.

§ 145. Der Versicherer ist nach dem Eintritt eines Versicherungsfalles berechtigt, sich durch Zahlung der Versicherungssumme von allen weiteren Verbindlichkeiten zu befreien. Der Versicherer bleibt jedoch zum Ersatz der Kosten verpflichtet, welche zur Abwendung oder Minderung des Schadens oder zur Wiederherstellung oder Ausbesserung der versicherten Sache verwendet worden sind, bevor seine Erklärung, daß er sich durch Zahlung der Versicherungssumme befreien wolle, dem Versicherungsnehmer zugegangen ist.

§ 146. Bei der Versicherung gegen die Gefahren der Binnenschiffahrt hat der Versicherungsnehmer jeden Unfall, der das Schiff oder die Ladung trifft, auch wenn dadurch ein Entschädigungsanspruch für ihn nicht begründet wird, dem Versicherer unverzüglich anzuzeigen, sofern der Unfall für die vom Versicherer zu tragende Gefahr erheblich ist.

§ 147. Ist die Versicherung für eine Reise genommen, die teils zur See, teils auf Binnengewässern oder zu Lande ausgeführt wird, so sind auf die Versicherung, auch soweit sie die Reise auf Binnengewässern oder zu Lande betrifft, die Vorschriften des Unternehmensgesetzbuches über die Seeversicherung entsprechend anzuwenden. Unberührt bleiben die Vorschriften des § 133 Abs. 2 Satz 2, des § 134 Abs. 2 und des § 135 über die Dispache des Schiffers, über den Beginn und das Ende der Versicherung sowie über die Haftung des Versicherers für die Beförderung zu und von der Eisenbahn. *(BGBl I 2005/120)*

§ 148. Die Vorschrift des § 67 Abs. 1 Satz 2 ist auf die Transportversicherung nicht anzuwenden.

Sechstes Kapitel

Haftpflichtversicherung

I. Allgemeine Vorschriften

§ 149. Bei der Haftpflichtversicherung ist der Versicherer verpflichtet, dem Versicherungsnehmer die Leistung zu ersetzen, die dieser auf Grund seiner Verantwortlichkeit für eine während der Versicherungszeit eintretende Tatsache an einen Dritten zu bewirken hat.

§ 150. (1) Die Versicherung umfaßt die gerichtlichen und außergerichtlichen Kosten, die durch die Verteidigung gegen den von einem Dritten geltend gemachten Anspruch entstehen, soweit die Aufwendung der Kosten den Umständen nach geboten ist. Dies gilt auch dann, wenn sich der Anspruch als unbegründet erweist. Die Versicherung umfaßt auch die Kosten der Verteidigung in einem Strafverfahren, das wegen einer Tat eingeleitet wurde, welche die Verantwortlichkeit des Versicherungsnehmers einem Dritten gegenüber zur Folge haben könnte, sofern diese Kosten auf Weisung des Versicherers aufgewendet wurden. Der Versicherer hat die Kosten auf Verlangen des Versicherungsnehmers vorzuschießen.

(2) Ist eine Versicherungssumme bestimmt, so hat der Versicherer Kosten, die in einem auf seine Veranlassung geführten Rechtsstreit entstehen, und Kosten der Verteidigung nach Abs. 1 Satz 3 auch insoweit zu ersetzen, als sie zusammen mit der übrigen Entschädigung die Versicherungssumme übersteigen. Das gleiche gilt von Zinsen, die der Versicherungsnehmer infolge einer vom Versicherer veranlaßten Verzögerung der Befriedigung des Dritten diesem zu entrichten hat.

(3) Ist dem Versicherungsnehmer vorbehalten, die Vollstreckung einer gerichtlichen Entscheidung durch Sicherheitsleistung oder Hinterlegung abzuwenden, so hat auf sein Verlangen der Versicherer die Sicherheitsleistung oder Hinterlegung zu bewirken. Diese Verpflichtung besteht nicht über den Betrag der Versicherungssumme hinaus; haftet der Versicherer nach Abs. 2 für einen höheren Betrag, so tritt zur Versicherungssumme der Mehrbetrag hinzu. Der Versicherer ist von der Verpflichtung frei, wenn er den Anspruch des Dritten dem Versicherungsnehmer gegenüber als begründet anerkennt.

§ 151. (1) Ist die Versicherung für die Haftpflicht aus einem geschäftlichen Betrieb des Versicherungsnehmers genommen, so erstreckt sie sich auf die Haftpflicht der Vertreter des Versicherungsnehmers sowie auf die Haftpflicht solcher Personen, welche er zur Leitung oder Beaufsichtigung des Betriebes oder eines Teiles des Betriebes angestellt hat. Die Versicherung gilt insoweit als für fremde Rechnung genommen.

(2) Wird im Falle des Abs. 1 das Unternehmen an einen Dritten veräußert oder auf Grund eines Fruchtnießungsrechtes, eines Pachtvertrages oder eines ähnlichen Verhältnisses von einem Dritten übernommen, so tritt an Stelle des Versicherungsnehmers der Dritte in die während der Dauer seiner Berechtigung sich aus dem Versicherungsverhältnis ergebenden Rechte und Pflichten ein. Die Vorschriften des § 69 Abs. 2 und 3 und der §§ 70 und 71 sind entsprechend anzuwenden.

§ 152. Der Versicherer haftet nicht, wenn der Versicherungsnehmer vorsätzlich den Eintritt der Tatsache, für die er dem Dritten verantwortlich ist, widerrechtlich herbeigeführt hat.

§ 153. (1) Der Versicherungsnehmer hat innerhalb einer Woche die Tatsachen anzuzeigen, die seine Verantwortlichkeit gegenüber einem Dritten zur Folge haben könnten. § 6 Abs. 3 und § 33 Abs. 2 gelten sinngemäß.

(2) Macht der Dritte seinen Anspruch dem Versicherungsnehmer gegenüber außergerichtlich geltend, so ist dieser zur Anzeige innerhalb einer Woche nach der Erhebung des Anspruches verpflichtet.

(3) Durch die Absendung der Anzeige werden die Fristen gewahrt.

(4) Wird gegen den Versicherungsnehmer ein Anspruch gerichtlich geltend gemacht oder wird ihm gerichtlich der Streit verkündigt, so hat er, wenngleich die Fristen noch laufen, die Anzeige unverzüglich zu erstatten. Das gleiche gilt, wenn gegen ihn wegen des den Anspruch begründenden Ereignisses ein Verfahren zur Feststellung oder Aufklärung dieses Ereignisses eingeleitet wird.

§ 154. (1) Der Versicherer hat die Entschädigung binnen zwei Wochen von dem Zeitpunkte an zu leisten, in welchem der Dritte vom Versicherungsnehmer befriedigt oder der Anspruch des Dritten durch rechtskräftiges Urteil, durch Anerkenntnis oder Vergleich festgestellt worden ist. Soweit gemäß § 150 Kosten zu ersetzen sind, ist die Entschädigung binnen zwei Wochen von der Mitteilung der Berechnung an zu leisten.

(2) Eine Vereinbarung, nach der der Versicherer von der Verpflichtung zur Leistung frei sein soll, wenn ohne seine Einwilligung der Versicherungsnehmer den Dritten befriedigt, ist unwirksam. Eine Vereinbarung, nach der eine derartige Leistungsfreiheit für den Fall vorgesehen ist, daß der Versicherungsnehmer den Anspruch des Dritten anerkennt, ist unwirksam, falls nach den Umständen der Versicherungsnehmer die Anerkennung nicht ohne offenbare Unbilligkeit verweigern konnte. *(BGBl 1994/509)*

§ 155. (1) Ist der Versicherungsnehmer dem Dritten zur Gewährung einer Rente verpflichtet, so kann er, wenn die Versicherungssumme den Kapitalwert der Rente nicht erreicht, nur einen verhältnismäßigen Teil der Rente verlangen.

(2) Hat der Versicherungsnehmer für die von ihm geschuldete Rente dem Dritten kraft Gesetzes Sicherheit zu leisten, so erstreckt sich die Verpflichtung des Versicherers auf die Leistung der Sicherheit.

§ 156. (1) Verfügungen über die Entschädigungsforderung aus dem Versicherungsverhältnis sind dem Dritten gegenüber unwirksam. Der rechtsgeschäftlichen Verfügung steht eine Verfügung gleich, die im Wege der Zwangsvollstreckung oder der einstweiligen Verfügung erfolgt.

(2) Ist die vom Versicherungsnehmer an den Dritten zu bewirkende Leistung durch Vergleich, Anerkenntnis oder Urteil festgestellt, so ist der Versicherer nach vorheriger Benachrichtigung des Versicherungsnehmers berechtigt und auf Verlangen des Versicherungsnehmers verpflichtet, die Zahlung an den Dritten zu bewirken.

(3) Sind mehrere Dritte vorhanden und übersteigen ihre Forderungen aus der die Verantwortlichkeit des Versicherungsnehmers begründenden Tatsache die Versicherungssumme, so hat der Versicherer nach Maßgabe des Abs. 2 die Forderungen nach dem Verhältnis ihrer Beträge zu berichtigen. Ist hiebei die Versicherungssumme erschöpft, so kann sich ein Dritter, der bei der Verteilung nicht berücksichtigt worden ist, nachträglich auf die Vorschrift des Abs. 1 nicht berufen, wenn der Versicherer mit der Geltendmachung dieser Ansprüche entschuldbarer Weise nicht gerechnet hat.

§ 157. Ist über das Vermögen des Versicherungsnehmers „ein Insolvenzverfahren" eröffnet, so kann der Dritte wegen des ihm gegen den Versicherungsnehmer zustehenden Anspruches abgesonderte Befriedigung aus der Entschädigungsforderung des Versicherungsnehmers verlangen. *(BGBl I 2010/58, ab 1. 8. 2010, s § 191c Abs 10)*

§ 158. (1) Hat nach dem Eintritt eines Versicherungsfalles der Versicherer seine Verpflichtung zur Leistung der Entschädigung dem Versicherungsnehmer gegenüber anerkannt oder die Leistung der fälligen Entschädigung verweigert, so ist jeder Teil berechtigt, das Versicherungsverhältnis zu kündigen. Das gleiche gilt, wenn der Versicherer dem Versicherungsnehmer die Weisung erteilt, es über den Anspruch des Dritten zum Rechtsstreit kommen zu lassen.

(2) Die Kündigung ist nur innerhalb eines Monates seit der Anerkennung der Entschädigungspflicht oder der Verweigerung der Entschädigung oder seit Eintritt der Rechtskraft des im Rechtsstreit mit dem Dritten ergangenen Urteiles zulässig. Der Versicherer hat eine Kündigungsfrist von einem Monat einzuhalten. Der Versicherungsnehmer kann nicht für einen späteren Zeitpunkt als den Schluß der laufenden Versicherungsperiode kündigen.

(3) *(aufgehoben, BGBl 1994/509)*

§ 158a. „(1)" Auf Vereinbarungen, die von den Vorschriften des § 153, des § 154 „ " und des § 156 Abs. 2 zum Nachteil des Versicherungsnehmers abweichen, kann sich der Versicherer nicht berufen. *(BGBl 1994/509)*

(2) Von § 158 darf durch Vereinbarung nur in der Weise abgewichen werden, daß das Kündigungsrecht für beide Teile gleich ist. *(BGBl 1994/509)*

II. Besondere Vorschriften für die Pflichtversicherung

§ 158b. Für eine Haftpflichtversicherung, zu deren Abschluß eine gesetzliche Verpflichtung besteht (Pflichtversicherung), gelten die besonderen Vorschriften der §§ 158c bis „§ 158i." *(BGBl 1993/90)*

§ 158c. (1) Ist der Versicherer von der Verpflichtung zur Leistung dem Versicherungsnehmer gegenüber ganz oder teilweise frei, so bleibt gleichwohl seine Verpflichtung in Ansehung des Dritten bestehen.

(2) Ein Umstand, der das Nichtbestehen oder die Beendigung des Versicherungsverhältnisses zur Folge hat, wirkt in Ansehung des Dritten erst mit dem Ablauf eines Monates, nachdem der Versicherer diesen Umstand der hiefür zuständigen Stelle angezeigt hat. Das gleiche gilt, wenn das Versicherungsverhältnis durch Zeitablauf endet. Der Lauf der Frist beginnt nicht vor der Beendigung des Versicherungsverhältnisses.

(3) Der Versicherer haftet nur im Rahmen der amtlich festgesetzten Mindestversicherungssummen und der von ihm übernommenen Gefahr.

(4) Der Versicherer haftet nicht, insoweit ein anderer Haftpflichtversicherer dem Versicherungsnehmer haftet.

(5) Ein Recht des Dritten, den Versicherer unmittelbar in Anspruch zu nehmen, wird durch diese Vorschriften nicht begründet.

§ 158d. (1) Macht der Dritte seinen Anspruch gegen den Versicherungsnehmer außergerichtlich geltend, so hat er dies dem Versicherer innerhalb von zwei Wochen „in geschriebener Form" anzuzeigen. *(BGBl I 2012/34, ab 1. 7. 2012, s auch § 191c Abs 11)*

(2) Macht der Dritte den Anspruch gegen den Versicherungsnehmer gerichtlich geltend, so hat er dies dem Versicherer unverzüglich „in geschriebener Form" anzuzeigen. *(BGBl I 2012/34, ab 1. 7. 2012, s auch § 191c Abs 11)*

(3) Der Versicherer kann vom Dritten Auskunft verlangen, soweit sie zur Feststellung des Schadensereignisses und der Höhe des Schadens erforderlich ist. Zur Vorlegung von Belegen ist der Dritte nur insoweit verpflichtet, als ihm die Beschaffung billigerweise zugemutet werden kann.

§ 158e. (1) Verletzt der Dritte die Verpflichtungen nach § 158d Abs. 2 und 3, so beschränkt sich die Haftung des Versicherers nach § 158c auf den Betrag, den er auch bei gehöriger Erfüllung der Verpflichtungen zu leisten gehabt hätte. Liegt eine

Verletzung der Verpflichtung nach § 158d Abs. 3 vor, so tritt diese Rechtsfolge nur ein, wenn der Dritte vorher ausdrücklich und „in geschriebener Form“ auf die Folgen der Verletzung hingewiesen worden ist. *(BGBl I 2012/34, ab 1. 7. 2012, s auch § 191c Abs 11)*

(2) Die Vorschrift des Abs. 1 Satz 1 gilt sinngemäß, wenn der Versicherungsnehmer mit dem Dritten ohne Einwilligung des Versicherers einen Vergleich abschließt oder dessen Anspruch anerkennt; § 154 Abs. 2 ist entsprechend anzuwenden.

§ 158f. Soweit der Versicherer den Dritten nach § 158c befriedigt, geht die Forderung des Dritten gegen den Versicherungsnehmer auf ihn über. Der Übergang kann nicht zum Nachteil des Dritten geltend gemacht werden.

§ 158g. § 35b ist in Ansehung des Dritten nicht anzuwenden.

§ 158h. Die Vorschriften über die Veräußerung der versicherten Sache gelten sinngemäß.

(BGBl 1993/90)

§ 158i. Der Versicherer hat dem Versicherungsnehmer auf Verlangen unter Angabe der Versicherungssumme zu bescheinigen, daß eine der zu bezeichnenden Rechtsvorschrift entsprechende Haftpflichtversicherung besteht.

(BGBl 1993/90)

Siebentes Kapitel

Rechtsschutzversicherung

§ 158j. (1) Bei der Rechtsschutzversicherung sorgt der Versicherer für die Wahrnehmung der rechtlichen Interessen des Versicherungsnehmers in den im Vertrag umschriebenen Bereichen und trägt die dem Versicherungsnehmer dabei entstehenden Kosten. Wenn sich aus dem Vertrag nichts anderes ergibt, umfaßt die Versicherung sowohl die Wahrnehmung der Interessen in einem gerichtlichen oder sonstigen behördlichen Verfahren als auch außerhalb eines solchen. *(BGBl 1994/509)*

„(2)“* Werden Gefahren aus dem Bereich der Rechtsschutzversicherung neben anderen Gefahren versichert, so müssen im Versicherungsschein der Umfang der Deckung in der Rechtsschutzversicherung und die hiefür zu entrichtende Prämie gesondert ausgewiesen werden. Beauftragt der Versicherer mit der Schadenregulierung ein anderes Unternehmen („§ 99 Abs. 1 Z 2 VAG 2016“**), so ist dieses im Versicherungsschein zu bezeichnen. *(*BGBl 1994/509; **BGBl I 2015/34, ab 1. 1. 2016)*

(BGBl 1993/90)

§ 158k. (1) Der Versicherungsnehmer ist berechtigt, zu seiner Vertretung in einem Gerichts- oder Verwaltungsverfahren eine zur berufsmäßigen Parteienvertretung befugte Person frei zu wählen. Darüber hinaus kann der Versicherungsnehmer zur sonstigen Wahrnehmung seiner rechtlichen Interessen einen Rechtsanwalt frei wählen, wenn beim Versicherer eine Interessenkollision entstanden ist.

(2) Im Versicherungsvertrag kann vereinbart werden, daß der Versicherungsnehmer zu seiner Vertretung in einem Gerichts- oder Verwaltungsverfahren nur solche zur berufsmäßigen Parteienvertretung befugte Personen wählen darf, die ihren Kanzleisitz am Ort der Gerichts- oder Verwaltungsbehörde haben, die für das durchzuführende Verfahren in erster Instanz zuständig ist. Für den Fall, daß an diesem Ort nicht mindestens vier solcher Personen ihren Kanzleisitz haben, muß sich das Wahlrecht auf Personen im Sprengel desjenigen Gerichtshofs erster Instanz erstrecken, in dem sich die genannte Behörde befindet.

(3) Auf das dem Versicherungsnehmer nach Abs. 1 erster Satz zustehende Recht ist hinzuweisen, wenn der Versicherungsnehmer die Beistellung eines Rechtsvertreters für ein Gerichts- oder Verwaltungsverfahren verlangt; auf das nach Abs. 1 zweiter Satz zustehende Recht ist bei Eintritt einer Interessenkollision hinzuweisen. Hat der Versicherer mit der Schadenregulierung ein anderes Unternehmen betraut (§ 158j zweiter Satz), so treffen die Hinweispflichten dieses Unternehmen.

(BGBl 1993/90)

§ 158l. (1) Für den Fall von Meinungsverschiedenheiten zwischen dem Versicherer und dem Versicherungsnehmer über das Vorgehen zur Beilegung des Streitfalls, für den Deckung begehrt wird, besonders über die Erfolgsaussichten der Rechtsverfolgung oder Rechtsverteidigung, hat der Versicherungsvertrag vorzusehen, daß der Versicherungsnehmer ein Schiedsgutachterverfahren (§ 64) in Anspruch nehmen kann „ “. *(BGBl 1994/509)*

(2) Der Versicherer beziehungsweise das andere Unternehmen (§ 158j zweiter Satz) hat den Versicherungsnehmer bei „gänzlicher oder teilweiser“* Ablehnung der Leistungspflicht „in geschriebener Form“** auf die Möglichkeit hinzuweisen, ein Verfahren nach Abs. 1 in Anspruch zu nehmen. Sieht der Versicherungsvertrag kein solches Verfahren vor oder wird der Hinweis unterlassen, so gilt das Rechtsschutzbedürfnis des Versicherungsnehmers im Einzelfall als anerkannt. *(*BGBl 1994/509; **BGBl I 2012/34, ab 1. 7. 2012, s auch § 191c Abs 11)*

(3) Nimmt der Versicherungsnehmer das Verfahren nach Abs. 1 binnen der im Versicherungsvertrag vorgesehenen Frist in Anspruch, so wird

die Frist des § 12 Abs. 3 bis zum Abschluß dieses Verfahrens, längstens jedoch für einen Zeitraum von zwei Monaten, gehemmt.

(BGBl 1993/90)

§ 158m. (1) Der Versicherer ist verpflichtet, den Versicherungsnehmer binnen zweier Wochen ab Geltendmachung des Deckungsanspruchs über seine Pflichten und Obliegenheiten aus der Rechtsschutzversicherung zu informieren. Wird der Deckungsanspruch namens des Versicherungsnehmers durch einen Vertreter geltend gemacht, der nicht Rechtsanwalt ist, und ist der Versicherungsnehmer nach dem Vertrag nicht berechtigt, den Vertreter selbst zu beauftragen, so ist diese Information auch diesem zu übermitteln.

(2) Kann der Versicherer die Erfüllung der im Abs. 1 genannten Verpflichtungen nicht beweisen, so kann er dem Versicherungsnehmer gegenüber aus der späteren fahrlässigen Verletzung einer vereinbarten Obliegenheit keine Rechte ableiten.

(BGBl 1994/509)

§ 158n. (1) Der Versicherer hat binnen zweier Wochen ab Geltendmachung des Deckungsanspruchs dem Versicherungsnehmer „in geschriebener Form" den Versicherungsschutz grundsätzlich zu bestätigen oder abzulehnen; die Ablehnung ist zumindest mit der Anführung einer ihr derzeit zugrunde gelegten Tatsache und gesetzlichen oder vertraglichen Bestimmung zu begründen. Der Versicherer ist berechtigt, binnen dieser Frist deren Verlängerung um höchstens zwei weitere Wochen zu verlangen. *(BGBl I 2012/34, ab 1. 7. 2012, s auch § 191c Abs 11)*

(2) Hat der Versicherungsnehmer dem Versicherer nicht sämtliche zur Prüfung des Deckungsanspruchs erforderlichen Unterlagen übermittelt, so kann der Versicherer ihn binnen der im Abs. 1 genannten Frist auffordern, die Unterlagen nachzureichen. In diesem Fall beginnt die Frist des Abs. 1 erster Satz neu zu laufen; die Möglichkeit einer Fristverlängerung gemäß Abs. 1 zweiter Satz entfällt.

(3) Kann der Versicherer die rechtzeitige Erfüllung der in Abs. 1 genannten Verpflichtungen nicht beweisen, so ist er jedenfalls zur Deckung all jener Kosten verpflichtet, die zwischen dem Zeitpunkt, in dem er zum Deckungsanspruch hätte Stellung nehmen müssen, und der verspäteten, im übrigen jedoch dem Abs. 1 entsprechenden Ablehnung des Deckungsanspruchs aufgelaufen sind. Dies gilt jedoch nicht für die Deckung solcher Kosten, die nach der vertraglichen Risikoumschreibung nicht vom Versicherungsschutz umfaßt sind.

(BGBl 1994/509)

§ 158o. Ist die Versicherung für die Wahrnehmung der rechtlichen Interessen aus einem geschäftlichen Betrieb des Versicherungsnehmers genommen und wird das Unternehmen an einen Dritten veräußert oder auf Grund eines Fruchtnießungsrechts, eines Pachtvertrags oder eines ähnlichen Verhältnisses von einem Dritten übernommen, so tritt an Stelle des Versicherungsnehmers der Dritte in die während der Dauer seiner Berechtigung sich aus dem Versicherungsverhältnis ergebenden Rechte und Pflichten ein. § 69 Abs. 2 und 3 und die §§ 70 und 71 sind entsprechend anzuwenden.

(BGBl 1994/509)

§ 158p. Auf eine Vereinbarung, durch die von den §§ 158j „Abs. 2" bis „158o" zum Nachteil des Versicherungsnehmers abgewichen wird, kann sich der Versicherer nicht berufen. *(BGBl 1994/509)*

(BGBl 1993/90)

Dritter Abschnitt

Lebensversicherung

§ 159. (1) Die Lebensversicherung kann auf die Person des Versicherungsnehmers oder eines anderen genommen werden.

(2) Wird die Versicherung für den Fall des Todes eines anderen genommen und übersteigt die vereinbarte Leistung den Betrag der gewöhnlichen Beerdigungskosten, so ist zur Gültigkeit des Vertrages die schriftliche Einwilligung des anderen erforderlich. Ist der andere „zur Einwilligung nicht entscheidungsfähig" und steht die Vertretung in den seine Person betreffenden Angelegenheiten dem Versicherungsnehmer zu, so kann dieser den anderen bei der Erteilung der Einwilligung nicht vertreten. *(BGBl I 2018/16, ab 1. 7. 2018)*

(3) Nimmt der Vater oder die Mutter die Versicherung auf die Person eines minderjährigen Kindes, so bedarf es der Einwilligung des Kindes nur, wenn nach dem Vertrag der Versicherer auch bei Eintritt des Todes vor der Vollendung des siebenten Lebensjahres zur Leistung verpflichtet sein soll und die für diesen Fall vereinbarte Leistung den Betrag der gewöhnlichen Beerdigungskosten übersteigt.

(4) Soweit die Aufsichtsbehörde einen bestimmten Höchstbetrag für die gewöhnlichen Beerdigungskosten festgesetzt hat, ist dieser maßgebend.

§ 160. Die Vereinbarung, daß derjenige, auf dessen Person eine Versicherung genommen werden soll, sich zuvor einer ärztlichen Untersuchung zu unterwerfen hat, begründet kein Recht des Versicherers, die Vornahme der Untersuchung zu verlangen.

§ 161. Soweit nach den Vorschriften dieses Bundesgesetzes die Kenntnis und das Verhalten des Versicherungsnehmers von rechtlicher Bedeutung sind, kommen bei der Versicherung auf die Person eines anderen als des Versicherungsnehmers auch die Kenntnis und das Verhalten des anderen in Betracht.

§ 162. Ist das Alter desjenigen, auf dessen Person die Versicherung genommen wurde, unrichtig angegeben worden und infolge der unrichtigen Angabe die Prämie zu niedrig bestimmt, so mindert sich die Leistung des Versicherers nach dem Verhältnis, in welchem die dem wirklichen Alter entsprechende Prämie zu der vereinbarten Prämie steht. Das Recht, wegen Verletzung der Anzeigepflicht vom Vertrag zurückzutreten, steht dem Versicherer nur zu, wenn das wirkliche Alter außerhalb der im Geschäftsplan für den Abschluß von Verträgen festgesetzten Grenzen liegt.

§ 163. Wegen einer Verletzung der dem Versicherungsnehmer beim Abschluß des Vertrages obliegenden Anzeigepflicht kann der Versicherer vom Vertrag nicht mehr zurücktreten, wenn seit dem Abschluß „drei Jahre" verstrichen sind. Das Rücktrittsrecht bleibt bestehen, wenn die Anzeigepflicht arglistig verletzt worden ist. *(BGBl 1994/509)*

§ 164. (1) Als Erhöhung der Gefahr gilt nur eine solche Änderung der Gefahrumstände, welche nach ausdrücklicher Vereinbarung als Erhöhung der Gefahr angesehen werden soll; die Erklärung des Versicherungsnehmers bedarf der „geschriebenen Form". *(BGBl I 2012/34, ab 1. 7. 2012, s auch § 191c Abs 11)*

(2) Eine Erhöhung der Gefahr kann der Versicherer nicht mehr geltend machen, wenn seit der Erhöhung „drei Jahre" verstrichen sind. Der Versicherer bleibt jedoch zur Geltendmachung befugt, wenn die Pflicht, seine Einwilligung einzuholen oder ihm Anzeige zu machen, arglistig verletzt worden ist. *(BGBl 1994/509)*

§ 164a. § 41a gilt nicht für die Lebensversicherung.

§ 165. (1) Sind laufende Prämien zu entrichten, so kann der Versicherungsnehmer das Versicherungsverhältnis jederzeit für den Schluß der laufenden Versicherungsperiode kündigen.

(2) Ist eine Kapitalversicherung für den Todesfall in der Art genommen, daß der Eintritt der Verpflichtung des Versicherers zur Zahlung des vereinbarten Kapitals gewiß ist, so steht das Kündigungsrecht dem Versicherungsnehmer auch dann zu, wenn die Prämie in einer einmaligen Zahlung besteht.

§ 165a. *(entfällt, BGBl I 2018/51, ab 1. 1. 2019, s § 191c Abs 22 und 23)*

§ 166. (1) Bei einer Kapitalversicherung ist im Zweifel anzunehmen, daß dem Versicherungsnehmer die Befugnis vorbehalten ist, ohne Zustimmung des Versicherers einen Dritten als Bezugsberechtigten zu bezeichnen oder an Stelle des so bezeichneten Dritten einen anderen zu setzen. Die Befugnis des Versicherungsnehmers, an die Stelle des bezugsberechtigten Dritten einen anderen zu setzen, gilt im Zweifel auch dann als vorbehalten, wenn die Bezeichnung des Dritten im Vertrag erfolgt ist.

(2) Ein als bezugsberechtigt bezeichneter Dritter erwirbt, wenn der Versicherungsnehmer nichts Abweichendes bestimmt, das Recht auf die Leistung des Versicherers erst mit dem Eintritt des Versicherungsfalles.

§ 167. (1) Sind bei einer Kapitalversicherung mehrere Personen ohne Bestimmung ihrer Anteile als Bezugsberechtigte bezeichnet, so sind sie zu gleichen Teilen bezugsberechtigt; der von einem Bezugsberechtigten nicht erworbene Anteil wächst den übrigen Bezugsberechtigten zu.

(2) Soll bei einer Kapitalversicherung die Leistung des Versicherers nach dem Tod des Versicherungsnehmers erfolgen und ist die Zahlung an die Erben ohne nähere Bestimmung ausbedungen, so sind im Zweifel diejenigen, welche zur Zeit des Todes als Erben berufen sind, nach dem Verhältnis ihrer Erbteile bezugsberechtigt. Eine Ausschlagung der Erbschaft hat auf die Berechtigung keinen Einfluß.

(3) Ist der Staat als Erbe berufen oder eignet sich der Bund die Verlassenschaft an (§ 750 ABGB), so steht ihm ein Bezugsrecht nicht zu. *(BGBl I 2018/16, ab 25. 4. 2018)*

§ 168. Wird bei einer Kapitalversicherung das Recht auf die Leistung des Versicherers von dem bezugsberechtigten Dritten nicht erworben, so steht es dem Versicherungsnehmer zu.

§ 169. Bei einer Versicherung für den Todesfall ist der Versicherer von der Verpflichtung zur Leistung frei, wenn derjenige, auf dessen Person die Versicherung genommen ist, Selbstmord begangen hat. Die Verpflichtung des Versicherers bleibt bestehen, wenn die Tat in einem die freie Willensbestimmung ausschließenden Zustand krankhafter Störung der Geistestätigkeit begangen worden ist.

§ 170. (1) Ist die Versicherung für den Fall des Todes eines anderen als des Versicherungsnehmers genommen, so ist der Versicherer von der Verpflichtung zur Leistung frei, wenn der Versicherungsnehmer vorsätzlich durch eine widerrechtliche Handlung den Tod des anderen herbeiführt.

(2) Ist bei einer Versicherung für den Todesfall ein Dritter als Bezugsberechtigter bezeichnet, so gilt die Bezeichnung als nicht erfolgt, wenn der Dritte vorsätzlich durch eine widerrechtliche Handlung den Tod desjenigen, auf dessen Person die Versicherung genommen ist, herbeiführt.

§ 171. (1) Eine Anzeige vom Eintritt des Versicherungsfalles ist dem Versicherer nur zu machen, wenn der Tod als Versicherungsfall bestimmt ist. Der Anzeigepflicht wird genügt, wenn die Anzeige binnen drei Tagen nach dem Eintritt des Versicherungsfalles erfolgt; durch die Absendung der Anzeige wird die Frist gewahrt.

(2) Steht das Recht auf die Leistung einem anderen als dem Versicherungsnehmer zu, so obliegt die Anzeigepflicht dem anderen; das gleiche gilt von der Pflicht zur Auskunft und zur Beschaffung von Belegen.

§ 172. Bietet eine Lebensversicherung Versicherungsschutz für ein Risiko, bei dem ungewiß ist, ob und wann der Versicherungsfall eintreten wird, so darf sich der Versicherer für den Fall einer nicht nur vorübergehenden nicht vorhersehbaren Veränderung des Leistungsbedarfs gegenüber den technischen Berechnungsgrundlagen und der daraus errechneten Prämie eine Erhöhung der Prämie in sinngemäßer Anwendung des § 178f ausbedingen.

(BGBl 1994/509)

§ 173. (1) Der Versicherungsnehmer kann jederzeit für den Schluß der laufenden Versicherungsperiode die Umwandlung der Versicherung in eine prämienfreie Versicherung verlangen.

(2) Wird die Umwandlung verlangt, so tritt mit dem bezeichneten Zeitpunkt an die Stelle des vereinbarten Kapital- oder Rentenbetrags derjenige Betrag, der sich nach den anerkannten Regeln der Versicherungsmathematik auf Grund der Rechnungsgrundlagen der Prämienkalkulation ergibt. Die prämienfreie Versicherungsleistung ist für den Schluß der laufenden Versicherungsperiode unter Berücksichtigung von Prämienrückständen zu berechnen.

(3) Der Versicherer ist zu einem Abzug nur berechtigt, wenn dieser vereinbart und angemessen ist.

(BGBl 1994/509)

§ 174. Im Vertrag kann vorgesehen werden, daß statt der begehrten Umwandlung der Rückkaufswert „(§ 176 Abs. 2a bis 6)“ zu erstatten ist, wenn die sich nach der Umwandlung ergebende Versicherungssumme oder Rente einen vereinbarten Betrag unterschreiten würde. Der Betrag ist unter Bedachtnahme auf das Verhältnis zwischen dem Betrag der Versicherungsleistung und den Kosten festzusetzen, die dem Versicherer mit der Weiterführung der Versicherung entstehen würden. *(BGBl I 2006/95, ab 1. 1. 2007, anzuwenden auf Versicherungsveträge, die nach dem 31. 12. 2006 geschlossen werden)*

(BGBl 1994/509)

§ 175. (1) Kündigt der Versicherer das Versicherungsverhältnis nach § 39, so wandelt sich mit der Kündigung die Versicherung in eine prämienfreie Versicherung um. „§ 173 und gegebenenfalls § 174 sind anzuwenden.“ *(BGBl 1994/509)*

(2) Im Falle des § 39 Abs. 2 ist der Versicherer zu der Leistung verpflichtet, die ihm obliegen würde, wenn sich mit dem Eintritt des Versicherungsfalles die Versicherung in eine prämienfreie Versicherung umgewandelt hätte.

(3) Die im § 39 vorgesehene Bestimmung einer Zahlungsfrist muß einen Hinweis auf die eintretende Umwandlung der Versicherung enthalten.

§ 176. (1) Wird eine Kapitalversicherung für den Todesfall, die in der Art genommen ist, daß der Eintritt der Verpflichtung des Versicherers zur Zahlung des vereinbarten Kapitals gewiß ist, durch Rücktritt, Kündigung oder Anfechtung aufgehoben, so hat der Versicherer den auf die Versicherung entfallenden Rückkaufswert zu erstatten.

(1a) Abs. 1 ist bei einem Rücktritt nach § 5c nicht anzuwenden. *(BGBl I 2022/70, ab 1. 8. 2022; s § 191c Abs 24)*

(2) „In den Fällen des Abs. 1 außer bei einem Rücktritt nach § 5c hat der Versicherer den auf die Versicherung entfallenden Rückkaufswert auch dann zu erstatten“, wenn nach dem Eintritt des Versicherungsfalls der Versicherer von der Verpflichtung zur Zahlung des vereinbarten Kapitals frei ist. Im Fall des § 170 Abs. 1 ist jedoch der Versicherer zur Erstattung des Rückkaufswerts nicht verpflichtet. *(BGBl I 2022/70, ab 1. 8. 2022; s § 191c Abs 24)*

(2a) Bei der Berechnung des Rückkaufswertes eines Vertrages, der von einem Versicherungsvermittler (§ 137 Abs. 1 GewO 1994) vermittelt wurde, der zum Zeitpunkt des Versicherungsvertrages nicht in das Register eingetragen war, darf die Provision nicht berücksichtigt werden. *(BGBl I 2004/131)*

„(2b)“ Bei der Berechnung der prämienfreien Versicherungsleistung für einen Vertrag, der von einem Versicherungsvermittler (§ 137 Abs. GewO 1994) vermittelt wurde, der zum Zeitpunkt des Versicherungsvertrages nicht in das Register eingetragen war, darf die Provision nicht berücksichtigt werden. *(BGBl I 2004/131; BGBl I 2006/95)*

(3) Der Rückkaufswert ist nach den anerkannten Regeln der Versicherungsmathematik auf Grund der Rechnungsgrundlagen der Prämienkalkulation für den Schluß der laufenden Versicherungsperiode als Zeitwert der Versicherung zu berechnen. Prämienrückstände werden vom Rückkaufswert abgesetzt.

(4) Der Versicherer ist zu einem Abzug nur berechtigt, wenn dieser vereinbart und angemessen ist.

(5) Wird eine kapitalbildende Lebensversicherung innerhalb des ersten Jahres beendet, so dürfen bei der Berechnung des Rückkaufswerts die rechnungsmäßig einmaligen Abschlusskosten nicht berücksichtigt werden. Wird eine kapitalbildende Lebensversicherung nach dem ersten Jahr und vor dem Ablauf von fünf Jahren oder einer vereinbarten kürzeren Laufzeit beendet, so dürfen bei der Berechnung des Rückkaufswerts die rechnungsmäßig einmaligen Abschlusskosten höchstens mit jenem Anteil berücksichtigt werden, der dem Verhältnis zwischen der tatsächlichen Laufzeit und dem Zeitraum von fünf Jahren oder der vereinbarten kürzeren Laufzeit entspricht. Ebenso sind diese Kosten bei der Umwandlung in eine prämienfreie Versicherung für die Berechnung der Grundlage der prämienfreien Versicherungsleistung höchstens nach dem Verhältnis zwischen der tatsächlichen Prämienzahlungsdauer und dem Zeitraum von fünf Jahren oder einer vereinbarten kürzeren Prämienzahlungsdauer zu berücksichtigen. *(BGBl I 2018/51, ab 1. 1. 2019)*

(6) Der Vermittler hat in den Fällen des Abs. 5 erster Satz keinen Anspruch auf Provision samt Nebengebühren. Der Vermittler hat in den Fällen des Abs. 5 zweiter Satz Anspruch auf jenen Teil der Provision samt Nebengebühren, der dem Verhältnis zwischen der tatsächlichen Laufzeit (Prämienzahlungsdauer) und dem Zeitraum von fünf Jahren oder der vereinbarten kürzeren Laufzeit (Prämienzahlungsdauer) entspricht. Eine Vereinbarung, wonach dem Vermittler ein höherer Provisionsanspruch zusteht, ist unwirksam. Der Vermittler hat dem Versicherer eine Provision insoweit zurückzuzahlen, als sie das Ausmaß des anteiligen Provisionsanspruchs übersteigt. Die voranstehenden Bestimmungen sind auf Vereinbarungen, nach denen der Versicherungsnehmer die Provision unmittelbar dem Vermittler zu leisten hat, sinngemäß anzuwenden. *(BGBl I 2018/51, ab 1. 1. 2019)*

(BGBl 1994/509)

§ 177. (1) Wird auf den Versicherungsanspruch Zwangsvollstreckung geführt oder wird über das Vermögen des Versicherungsnehmers ein Insolvenzverfahren eröffnet, so kann der namentlich bezeichnete Bezugsberechtigte mit Zustimmung des Versicherungsnehmers an dessen Stelle in den Versicherungsvertrag eintreten. Tritt der Bezugsberechtigte ein, so hat er die Forderungen der betreibenden Gläubiger oder der Insolvenzmasse bis zur Höhe des Betrages zu befriedigen, dessen Zahlung der Versicherungsnehmer im Falle der Kündigung des Versicherungsvertrages vom Versicherer verlangen kann. *(BGBl I 2010/58, ab 1. 8. 2010, s § 191c Abs 10)*

(2) Ist ein Bezugsberechtigter nicht oder nicht namentlich bezeichnet, so steht das gleiche Recht dem Ehegatten[1)] und den Kindern des Versicherungsnehmers zu.

(3) Der Eintritt erfolgt durch Anzeige an den Versicherer. Die Anzeige kann nur innerhalb eines Monates erfolgen, nachdem der Eintrittsberechtigte von der Pfändung Kenntnis erlangt hat oder „das Insolvenzverfahren" eröffnet worden ist. *(BGBl I 2010/58, ab 1. 8. 2010)*

[1)] Nach § 43 Abs 1 Z 23 EPG auf eingetragene Partner sinngemäß anzuwenden.

§ 177a. Gepfändete Ansprüche aus einem Lebensversicherungsvertrag werden durch Überweisung zur Einziehung verwertet. Diese ermächtigt den betreibenden Gläubiger insbesondere, namens des Verpflichteten das Versicherungsverhältnis zu kündigen.

§ 178. (1) Auf eine Vereinbarung, die von den Vorschriften der §§ 162 bis 164, der §§ 165 „"** und 169 oder des § 171 Abs. 1 Satz 2 zum Nachteil des Versicherungsnehmers abweicht, kann sich der Versicherer nicht berufen. Jedoch kann für die Kündigung, zu der nach § 165 der Versicherungsnehmer berechtigt ist, „geschriebene Form"* ausbedungen werden „ ; die Schriftform nur unter den Voraussetzungen des § 5a Abs. 2 bei elektronischer Kommunikation bzw. des § 15a Abs. 2 außerhalb der elektronischen Kommunikation"*. *(*BGBl I 2012/34, ab 1. 7. 2012, s auch § 191c Abs 11; **BGBl I 2018/51, ab 1. 1. 2019)*

(2) Auf eine Vereinbarung, die von den Vorschriften der §§ 172 bis 177 zum Nachteil des Versicherungsnehmers oder des Eintrittsberechtigten abweicht, kann sich der Versicherer nicht berufen. „ " *(BGBl 1994/509)*

Vierter Abschnitt

Krankenversicherung

§ 178a. (1) Die Krankenversicherung kann auf die Person des Versicherungsnehmers oder eines anderen genommen werden.

(2) Ist die Versicherung auf die Person eines anderen genommen, so hat dieser als Versicherter an den Versicherer einen unmittelbaren Anspruch auf diejenigen Leistungen, die bei einem Versicherungsfall in seiner Person zu erbringen sind. Dieser unmittelbare Anspruch kann nur bei einer

Krankenhaustagegeldversicherung und einer Krankengeldversicherung sowie nur dann ausgeschlossen werden, wenn durch die Versicherungsleistung Nachteile gedeckt werden sollen, die dem Versicherungsnehmer selbst durch den Versicherungsfall entstehen. Im übrigen sind die §§ 74, 75 Abs. 1, 78 und 79 entsprechend anzuwenden.

(3) Soweit der Versicherungsschutz nach den Grundsätzen der Schadensversicherung gewährt wird, sind – neben dem Ersten Abschnitt – die §§ 49 bis 60 und §§ 62 bis 68a entsprechend anzuwenden. Die Bestimmungen über die Gefahrerhöhung (§§ 23 bis 30) sind auf die Krankenversicherung nicht anzuwenden.

(BGBl 1994/509)

§ 178b. (1) Bei Krankheitskostenversicherung ist der Versicherer verpflichtet, die Aufwendungen für medizinisch notwendige Heilbehandlung wegen Krankheit oder Unfallfolgen und für sonstige vereinbarte Leistungen einschließlich medizinischer Betreuung und Behandlung bei Schwangerschaft und Entbindung im vereinbarten Umfang zu ersetzen.

(2) Bei der Krankenhaustagegeldversicherung ist der Versicherer verpflichtet, bei medizinisch notwendiger stationärer Heilbehandlung das vereinbarte Krankenhaustagegeld zu leisten.

(3) Bei der Krankengeldversicherung ist der Versicherer verpflichtet, den als Folge von Krankheit oder Unfall durch Arbeitsunfähigkeit verursachten Verdienstausfall durch das vereinbarte Krankengeld zu ersetzen.

(4) In der Pflegekrankenversicherung ist der Versicherer verpflichtet, im Fall der Pflegebedürftigkeit die Aufwendungen, die für die Pflege der versicherten Person entstehen, im vereinbarten Umfang zu ersetzen (Pflegekostenversicherung) oder das vereinbarte Tagegeld zu leisten (Pflegetagegeldversicherung).

(5) Die Kosten und Risiken der medizinischen Betreuung und Behandlung im Zusammenhang mit der Schwangerschaft, der Entbindung und der Mutterschaft dürfen in der Krankenversicherung nicht zu unterschiedlichen Prämien oder Leistungen zwischen Frauen und Männern führen. *(BGBl I 2006/95, ab 1. 12. 2007, anzuwenden auf Versicherungsverträge, die nach dem 30. 11. 2007 geschlossen werden)*

(BGBl 1994/509)

§ 178c. (1) „Sagt der Versicherer allgemein zu, bestimmte medizinische Leistungen zur Gänze zu vergüten (Kostendeckungszusage), so endet die Wirksamkeit dieser Zusage nicht vor ihrem Widerruf in geschriebener Form.“ Die Zusage hat die Angabe zu umfassen, zu welchem Termin sie frühestens widerrufen werden kann; unterläßt der Versicherer diese Angabe, so kann er die Kostendeckungszusage vor Ablauf zweier Jahre nicht widerrufen. *(BGBl I 2012/34, ab 1. 7. 2012, s auch § 191c Abs 11)*

(2) Der Widerruf der Kostendeckungszusage wird nach Ablauf von „drei Wochen“ wirksam. Ein Widerruf ist für solche stationären Heilbehandlungen ohne Wirkung, die vor dem Wirksamwerden der entsprechenden Mitteilung des Versicherers begonnen haben. *(BGBl 1996/447)*

(BGBl 1994/509)

§ 178d. (1) Soweit Wartezeiten vereinbart werden, dürfen diese in der Krankheitskosten-, Krankenhaustagegeld- und Krankengeldversicherung als allgemeine Wartezeit drei Monate, als besondere Wartezeit für Psychotherapie, Zahnbehandlung, Zahnersatz und Kieferorthopädie acht Monate und für Entbindung sowie damit im Zusammenhang stehende Heilbehandlungen neun Monate nicht überschreiten. In der Pflegeversicherung darf die Wartezeit drei Jahre nicht überschreiten.

(2) Soweit Versicherungsschutz ausdrücklich für solche Krankheiten oder Unfallfolgen vereinbart wird, die beiden Vertragsteilen bei Vertragsabschluß bereits bekannt sind, dürfen auch längere als die im Abs. 1 genannten Wartezeiten vereinbart werden.

(3) Tritt ein Versicherungsfall vor Ablauf der Wartezeit ein, so ist der Versicherer zur Leistung nur dann verpflichtet, wenn der Versicherungsnehmer beweist, daß die Krankheit erst nach Vertragsabschluß erkennbar wurde beziehungsweise daß die Schwangerschaft erst nach diesem Zeitpunkt begonnen hat.

(BGBl 1994/509)

§ 178e. Ist ein Versicherungsnehmer im vollen Umfang des § 178b Abs. 1 und nicht bloß für zusätzliche Aufwendungen zu den Leistungen der gesetzlichen Sozialversicherung versichert, so ist der Versicherer auf Verlangen des Versicherungsnehmers verpflichtet, dessen neugeborenes Kind mit Wirkung ab der Geburt ohne Wartezeiten zu versichern; dieses Verlangen ist spätestens zwei Monate nach der Geburt zu stellen. Der Versicherungsschutz hat den gleichen Umfang wie der des Versicherungsnehmers. Bedeutet das Kind ein erhöhtes Risiko, so kann der Versicherer einen angemessenen Prämienzuschlag verlangen.

(BGBl 1994/509)

§ 178f. (1) Eine Vereinbarung, nach der der Versicherer berechtigt ist, die Prämie nach Vertragsabschluß einseitig zu erhöhen oder den Versicherungsschutz einseitig zu ändern, etwa einen Selbstbehalt einzuführen, ist – unbeschadet des § 6. Abs. 1 Z 5 KSchG beziehungsweise des § 6 Abs. 2 Z 3 KSchG – nur mit den sich aus den

Abs. 2 und 3 ergebenden Einschränkungen wirksam.

(2) Als für Änderungen der Prämie oder des Versicherungsschutzes maßgebende Umstände dürfen nur die Veränderungen folgender Faktoren vereinbart werden:

1. eines in der Vereinbarung genannten Index,

2. der durchschnittlichen Lebenserwartung,

3. der Häufigkeit der Inanspruchnahme von Leistungen nach Art der vertraglich vorgesehenen und deren Aufwendigkeit, bezogen auf die auf die zu diesem Tarif Versicherten,

4. des Verhältnisses zwischen den vertraglich vereinbarten Leistungen und den entsprechenden Kostenersätzen der gesetzlichen Sozialversicherungen,

5. der durch Gesetz, Verordnung, sonstigen behördlichen Akt oder durch Vertrag zwischen dem Versicherer und im Versicherungsvertrag bezeichneten Einrichtungen des Gesundheitswesens festgesetzten Entgelte für die Inanspruchnahme dieser Einrichtungen und

6. des Gesundheitswesens oder der dafür geltenden gesetzlichen Bestimmungen.

Bloß vom Älterwerden des Versicherten oder von der Verschlechterung seines Gesundheitszustandes abhängige Anpassungen dürfen jedenfalls nicht vereinbart werden, insbesondere ist eine Prämienanpassung unzulässig, um eine schon bei Eingehung der Versicherung unzureichend kalkulierte Alterungsrückstellung zu ersetzen. Es kann jedoch vereinbart werden, daß eine zunächst geringere Prämie ab einem bestimmten Lebensalter des Versicherten auf denjenigen Betrag angehoben wird, den der betreffende Tarif für Versicherte vorsieht, die mit diesem Alter in die Versicherung eintreten; dieses Lebensalter darf nicht über 20 Jahren liegen.

(3) Erhöht der Versicherer die Prämie, so hat er dem Versicherungsnehmer auf dessen Verlangen die Fortsetzung des Vertrages mit höchstens gleichbleibender Prämie und angemessen geänderten Leistungen anzubieten.

(4) Die Erklärung einer rückwirkenden Änderung der Prämie oder des Versicherungsschutzes ist unwirksam; die Erklärung wirkt erst ab dem der Absendung folgenden Monatsersten.

(BGBl 1994/509)

§ 178g. (1) „Der Versicherer hat eine Änderung der Prämie oder des Versicherungsschutzes unverzüglich der Wirtschaftskammer Österreich, der Bundesarbeitskammer, dem Österreichischen Landarbeiterkammertag, der Präsidentenkonferenz der Landwirtschaftskammern Österreichs, dem Österreichischen Gewerkschaftschaftsbund, dem Österreichischen Seniorenrat, der Finanzprokuratur „, dem Verein für Konsumenteninformation und der Österreichischen Arbeitsgemeinschaft für Rehabilitation"** mitzuteilen."* Insoweit eine vom Versicherer erklärte Änderung der Prämie oder des Versicherungsschutzes unwirksam ist, besonders weil sie dem § 178f und den allgemeinen Versicherungsbedingungen, nach denen die Versicherungsverträge geschlossen sind, widerspricht, sind diese Stellen berechtigt, vom Versicherer die Unterlassung dieser Änderung zu verlangen. Dieser Anspruch erlischt, wenn er nicht binnen dreier Monate nach Erhalt der Verständigung gerichtlich geltend gemacht wird: der Versicherer und die betreffende Stelle können die Klagefrist einvernehmlich verlängern. *(*BGBl I 2001/48; **BGBl I 2013/12, ab 1. 1. 2013)*

(2) Für die Klage ist nur das Handelsgericht Wien zuständig. Hat jedoch der Versicherer seinen Sitz im Ausland und keiner der von der umstrittenen Änderung betroffenen Versicherungsnehmer seinen Wohnsitz im Sprengel dieses Gerichts, so ist nach Wahl des Klägers jedes die Gerichtsbarkeit in Handelssachen ausübende Landesgericht zuständig, in dessen Sprengel der Wohnsitz wenigstens eines betroffenen Versicherungsnehmers liegt; klagt außerdem eine andere der im Abs. 1 genannten Stellen denselben Versicherer bei einem anderen Gericht, so ist § 31a Abs. 2 JN sinngemäß anzuwenden.

(3) Der Wert des Streitgegenstands beträgt höchstens „75 000 Euro". *(BGBl I 2001/98)*

(BGBl 1994/509)

§ 178h. (1) Der Versicherer ist verpflichtet, den im § 178g Abs. 1 genannten Stellen auf Verlangen unverzüglich Einsicht in sämtliche Kalkulationsgrundlagen zu gewähren, die eine erklärte Änderung der Prämie oder des Versicherungsschutzes begründen können. Die genannten Stellen sind berechtigt, auf ihre Kosten erforderlichenfalls Ablichtungen herzustellen.

(2) Verlangt eine im § 178g Abs. 1 genannte Stelle binnen der dort vorgesehenen dreimonatigen Klagefrist die Einsichtnahme gemäß Abs. 1, so ist diese Frist bis zur Gewährung der Einsicht gehemmt.

(BGBl 1994/509)

§ 178i. (1) Krankenversicherungsverträge dürfen nur auf Lebenszeit des Versicherungsnehmers geschlossen werden, ausgenommen kurzfristige Versicherungen, die auf weniger als ein Jahr befristet sind; andere Befristungen sind unwirksam.

(2) Eine Kündigung durch den Versicherer gemäß § 8 Abs. 2 oder auf Grund einer Vertragsbestimmung, etwa für den Versicherungsfall, ist nur bei Gruppenversicherungsverträgen und Krankengeldversicherungsverträgen zulässig.

(3) Das Recht der Kündigung aus wichtigem Grund, insbesondere bei Verletzung von Obliegenheiten (§ 6), bei Prämienverzug (§ 39) und bei unverschuldeter Verletzung der Anzeigepflicht (§ 41), bleibt unberührt.

(BGBl 1994/509)

§ 178j. Endet das Versicherungsverhältnis anders als durch Rücktritt des Versicherers gemäß § 16 oder § 38 oder durch dessen Kündigung (§ 178i Abs. 3), so sind die Versicherten berechtigt, binnen zweier Monate die Fortsetzung des Versicherungsverhältnisses nach dem Versicherungsnehmer zu erklären.

(BGBl 1994/509)

§ 178k. Wegen einer Verletzung der dem Versicherungsnehmer beim Abschluß des Vertrags obliegenden Anzeigepflicht kann der Versicherer vom Vertrag nicht mehr zurücktreten oder den Vertrag kündigen, wenn seit dem Abschluß drei Jahre verstrichen sind. Das Rücktrittsrecht bleibt jedoch bestehen, wenn die Anzeigepflicht arglistig verletzt worden ist.

(BGBl 1994/509)

§ 178l. Der Versicherer ist von der Verpflichtung zur Leistung frei, wenn der Versicherungsnehmer oder der Versicherte seine Krankheit oder seinen Unfall vorsätzlich herbeigeführt hat. Hat der Versicherungsnehmer die Krankheit oder den Unfall eines Versicherten vorsätzlich herbeigeführt, so bleibt der Versicherer diesem gegenüber zur Leistung verpflichtet, der Schadenersatzanspruch des Versicherten an den Versicherungsnehmer geht jedoch in sinngemäßer Anwendung des § 67 auf den Versicherer über.

(BGBl 1994/509)

§ 178m. (1) Scheidet ein Gruppenversicherter aus dem versicherten Personenkreis, etwa durch Kündigung des Versicherers oder infolge Eintritts in den Ruhestand, aus oder wird der gesamte Gruppenversicherungsvertrag aufgelöst, so ist der Gruppenversicherte berechtigt, die Fortsetzung als gleichartige Einzelversicherung nach Maßgabe der für die Einzelversicherung geltenden Tarife und Versicherungsbedingungen ohne Wartezeiten und Risikoprüfung zu erklären, sofern er bei Eintritt in die Gruppenversicherung gemäß den Bestimmungen für die Einzelversicherung versicherungsfähig war. Der Versicherer hat die Gruppenversicherten auf dieses Fortsetzungsrecht hinzuweisen.

(2) Das Recht auf Fortsetzung als Einzelversicherung erlischt, wenn der Versicherte die im Abs. 1 vorgesehene Erklärung nicht binnen eines Monats ab dem Ausscheiden aus dem versicherten Personenkreis beziehungsweise der Auflösung des Gruppenversicherungsvertrags abgibt. Die Frist ist gehemmt, solange der Versicherer der im Abs. 1 angeordneten Hinweispflicht nicht entsprochen hat; der Beweis der Erfüllung dieser Pflicht obliegt dem Versicherer.

(3) Gibt der Versicherungsnehmer die im Abs. 1 vorgesehene Erklärung ab, so ist die Einzelversicherungsprämie nach demjenigen Eintrittsalter zu bemessen, mit dem der Versicherte in den Gruppenversicherungsvertrag eingetreten ist.

(4) Das Recht auf Fortsetzung des Versicherungsverhältnisses als Einzelversicherung besteht jedoch nicht, wenn der Versicherte aus dem versicherten Personenkreis infolge außerordentlicher Kündigung des Versicherers wegen einer Vertragsverletzung ausscheidet.

(5) Die §§ 178g und 178h gelten für Gruppenversicherungsverträge nicht. Als Grund für eine Prämienerhöhung darf auch eine Änderung der im § 178f Abs. 2 Z 2 und 3 genannten Umstände bloß bei den zu dieser Gruppe gehörenden Versicherten vereinbart werden, auch infolge einer Änderung des Durchschnittsalters der Gruppe.

(6) Der Versicherer hat jeden Gruppenversicherten bei Eintritt in den Gruppenversicherungsvertrag nachweislich darauf hinzuweisen, unter welchen Voraussetzungen seine Versicherung endet und welche Folgen sich für die Höhe der Prämie bei der Fortsetzung als Einzelversicherung ergeben würden.

(BGBl 1994/509)

§ 178n. Auf eine Vereinbarung, die von „§ 178a Abs. 2 und 3, § 178b Abs. 5" und von den §§ 178c bis 178 m zum Nachteil des Versicherungsnehmers oder des Versicherten abweicht, kann sich der Versicherer nicht berufen. *(BGBl I 2006/95, ab 1. 12. 2007, anzuwenden auf Versicherungsveträge, die nach dem 30. 11. 2007 geschlossen werden)*

(BGBl 1994/509)

Fünfter Abschnitt
Unfallversicherung

§ 179. (1) Die Unfallversicherung kann gegen Unfälle, die dem Versicherungsnehmer, oder gegen Unfälle, die einem anderen zustoßen, genommen werden.

(2) Eine Versicherung gegen Unfälle, die einem anderen zustoßen, gilt im Zweifel als für Rechnung des anderen genommen. Die Vorschriften der §§ 75 bis 79 sind entsprechend anzuwenden.

(3) Wird eine Versicherung gegen Unfälle, die einem anderen zustoßen, vom Versicherungsnehmer für eigene Rechnung genommen, so ist zur Gültigkeit des Vertrages die schriftliche Zustimmung des anderen erforderlich. Ist der andere „zur Zustimmung nicht entscheidungsfähig" und steht

die Vertretung in den seine Person betreffenden Angelegenheiten dem Versicherungsnehmer zu, so kann dieser den anderen bei der Erteilung der Zustimmung nicht vertreten. *(BGBl I 2018/16, ab 1. 7. 2018)*

(4) Soweit im Falle des Abs. 3 die Kenntnis und das Verhalten des Versicherungsnehmers nach den Vorschriften dieses Gesetzes von rechtlicher Bedeutung sind, kommen auch die Kenntnis und das Verhalten des anderen in Betracht.

§ 180. Ist als Leistung des Versicherers die Zahlung eines Kapitals vereinbart, so gelten die Vorschriften der §§ 166 bis 168.

§ 181. (1) Der Versicherer ist von der Verpflichtung zur Leistung frei, wenn der von dem Unfall Betroffene den Unfall vorsätzlich herbeigeführt hat. Das gleiche gilt, wenn im Falle des § 179 Abs. 3 der Versicherungsnehmer den Unfall vorsätzlich durch eine widerrechtliche Handlung herbeigeführt hat.

(2) Ist ein Dritter als Bezugsberechtigter bezeichnet, so gilt die Bezeichnung als nicht erfolgt, wenn der Dritte den Unfall vorsätzlich durch eine widerrechtliche Handlung herbeigeführt hat.

§ 182. Die Pflicht zur Anzeige des Versicherungsfalles obliegt dem bezugsberechtigten Dritten, wenn ihm das Recht auf die Leistung zusteht; das gleiche gilt von der Pflicht zur Auskunft und zur Beschaffung von Belegen.

§ 183. Der Versicherungsnehmer hat für die Abwendung und Minderung der Folgen des Unfalles nach Möglichkeit zu sorgen und dabei die Weisungen des Versicherers zu befolgen, soweit ihm nicht etwas Unbilliges zugemutet wird. Auf eine Vereinbarung, die von dieser Vorschrift zum Nachteil des Versicherungsnehmers abweicht, kann sich der Versicherer nicht berufen.

§ 184. (1) Sollen nach dem Vertrag einzelne Voraussetzungen des Anspruches aus der Versicherung oder das Maß der durch den Unfall herbeigeführten Einbuße an Erwerbsfähigkeit durch Sachverständige festgestellt werden, so ist die getroffene Feststellung nicht verbindlich, wenn sie offenbar von der wirklichen Sachlage erheblich abweicht. Die Feststellung erfolgt in diesem Falle durch Urteil. Das gleiche gilt, wenn die Sachverständigen die Feststellung nicht treffen können oder wollen oder sie verzögern.

(2) Sind nach dem Vertrag die Sachverständigen vom Gericht zu bestellen, so sind auf die Bestellung die Vorschriften des § 64 Abs. 2 entsprechend anzuwenden.

(3) Eine Vereinbarung, die von der Vorschrift des Abs. 1 Satz 1 abweicht, ist nichtig.

§ 185. Der Versicherer hat dem Versicherungsnehmer die Kosten, welche durch die Ermittlung und Feststellung des Unfalles sowie des Umfanges der Leistungspflicht des Versicherers entstehen, insoweit zu ersetzen, als ihre Aufwendung den Umständen nach geboten war.

(BGBl 1994/509)

Sechster Abschnitt

Schlußvorschriften

§ 186. Die Vorschriften dieses Bundesgesetzes sind auf die Seeversicherung und auf die Rückversicherung nicht anzuwenden.

§ 187. (1) Die in diesem Bundesgesetz vorgesehenen Beschränkungen der Vertragsfreiheit sind bei der Transportversicherung von Gütern, bei der Kreditversicherung und bei der Versicherung gegen Kursverluste nicht anzuwenden.

(2) Das gleiche gilt von einer Schadensversicherung, die in der Weise genommen wird, daß die versicherten Interessen beim Abschluß des Vertrages nur der Gattung nach bezeichnet und erst nach ihrer Entstehung dem Versicherer einzeln aufgegeben werden (laufende Versicherung).

§ 188. *(aufgehoben, BGBl I 2003/33)*

§ 189. Soweit in Gesetzen und Verordnungen auf das Gesetz über den Versicherungsvertrag verwiesen ist, treten an dessen Stelle die entsprechenden Vorschriften des Versicherungsvertragsgesetzes 1958.

§ 190. Folgende Vorschriften werden aufgehoben:

1. das Gesetz über den Versicherungsvertrag vom 30. Mai 1908, Deutsches RGBl.S. 263, in der Fassung der Verordnungen vom 19. Dezember 1939, Deutsches RGBl. I S. 2443, vom 3. November 1942, Deutsches RGBl. I S. 636, vom 28. Dezember 1942, Deutsches RGBl. I S. 740, vom 6. April 1943, Deutsches RGBl. I S. 178 und vom 25. Oktober 1944, Deutsches RGBl. I S. 278;

2. das Gesetz über den Versicherungsvertrag vom 23. Dezember 1917, RGBl. Nr. 501, soweit es nicht schon durch die Verordnung zur Vereinheitlichung des Rechts der Vertragsversicherung vom 19. Dezember 1939, Deutsches RGBl. I S. 2443, aufgehoben ist.

§ 191. Dieses Bundesgesetz tritt drei Monate nach seiner Kundmachung in Kraft.

§ 191a. (1) § 5a, §§ 158i bis 158 m und § 165a sowie § 178 Abs. 1 in der Fassung des Bundesgesetzes BGBl. Nr. 90/1993 treten mit demselben Zeitpunkt in Kraft wie das Abkommen über den Europäischen Wirtschaftsraum .

(2) Diese Bestimmungen sind auf Versicherungsverträge, die vor dem Inkrafttreten geschlossen worden sind, nicht anzuwenden.

(BGBl 1993/90)

§ 191b. (1) § 1a, § 2 Abs. 2 zweiter Satz, § 5b, § 6, § 8 Abs. 3, § 11 Abs. 1 und 3, § 11a, § 12, § 15a, § 16 Abs. 3, § 18, § 21, § 25 Abs. 3, § 27, § 28 Abs. 2 zweiter Satz, § 38, § 39 Abs. 2, § 39a, § 40, § 41 Abs. 2, § 41b, § 43, § 43a, § 44, § 47, § 51 Abs. 4 und 5, § 59 Abs. 3, § 64, § 68, § 68a, § 70 Abs. 3, § 71, § 96, § 108, § 113, § 115a, § 154 Abs. 2, § 158, § 158a, § 158j, § 158l, §§ 158 m bis 158p, § 163, § 164 Abs. 2, §§ 172 bis 176 und § 178 Abs. 2 in der Fassung des Bundesgesetzes BGBl. Nr. 652/1994 treten mit 1. Jänner 1995 in Kraft. Die §§ 178a bis 178n in der Fassung dieses Bundesgesetzes treten mit 1. September 1994 in Kraft. *(BGBl 1994/652)*

(2) Nicht in der neuen Fassung anzuwenden sind

1. § 1a Abs. 2, § 2 Abs. 2, § 16 Abs. 3, § 18, § 21, § 40, § 41 Abs. 2, § 41b, § 59 Abs. 3, § 64, § 68, § 70 Abs. 3, § 96 Abs. 3, § 108, § 113, § 115a, § 158 Abs. 3, § 158a, § 172, § 173, § 174, § 175, § 176 und § 178 Abs. 2 auf Versicherungsverträge, die vor dem 1. Jänner 1995 geschlossen worden sind, sowie § 178d, § 178e, § 178i Abs. 1 und § 178k auf Versicherungsverträge, die vor dem 1. September 1994 geschlossen worden sind, *(BGBl 1994/652)*

2. § 12, wenn die dort genannten Fristen vor dem 1. Jänner 1995 zu laufen begonnen haben,

3. § 43, § 44 und § 47 auf Rechtshandlungen, die von dem Versicherungsagenten oder ihm gegenüber vor dem 1. Jänner 1995 vorgenommen worden sind,

4. § 158o, wenn das Unternehmen vor dem 1. Jänner 1995 veräußert beziehungsweise übernommen worden ist,

5. § 178c auf Kostendeckungszusagen, die vor dem 1. September 1994 abgegeben worden sind, *(BGBl 1994/652)*

6. § 178i Abs. 2 auf Zahnversicherungsverträge, die vor dem 1. Jänner 1995 geschlossen worden sind,

7. § 1a Abs. 1 und § 5b, wenn der Antrag des Versicherungsnehmers vor dem 1. Jänner 1995 erklärt worden ist, und

8. §§ 38, 39 und 39a, wenn der Verzug vor dem 1. Jänner 1995 eingetreten ist.

(3) § 8 Abs. 3 ist in der im Abs. 1 bezeichneten Fassung auf Versicherungsverträge anzuwenden, die nach dem 31. März 1994 geschlossen worden sind. „Verträge, die vor dem 1. April 1994 geschlossen worden sind, kann der Versicherungsnehmer nach § 8 Abs. 3 jedenfalls zum Ende jener Versicherungsperiode, die zum 31. Dezember 1999 oder im Jahr 2000 endet, und zum Ende jeder folgenden Versicherungsperiode mit einer Frist von sechs Monaten kündigen.“ § 8 Abs. 3 zweiter Satz ist auf Verträge, die vor dem 1. Jänner 1995 geschlossen worden sind, mit der Maßgabe anzuwenden, daß der Versicherer auch die Differenz zwischen der vereinbarten Prämie und der Prämie für Verträge mit einer Laufzeit, die der tatsächlich verstrichenen Laufzeit entspricht, verlangen kann, falls er zur Zeit der Eingehung des Versicherungsvertrags in seinem Tarif eine Prämie für derartige Verträge mit kürzerer Laufzeit vorgesehen hatte. *(BGBl I 1997/6)*

(4) Ist in einem Krankenversicherungsvertrag die Zulässigkeit einer Prämienerhöhung oder einer Änderung des Versicherungsschutzes an die Zustimmung der Versicherungsaufsichtsbehörde gebunden, so sind an Stelle dieser Anpassungsbestimmung die §§ 178f bis 178h anzuwenden, wobei eine Anpassung nach den in § 178f Abs. 2 Z 2 bis 6 genannten Anpassungsfaktoren als vereinbart gilt.

(5) Für § 178 m gilt folgendes:

1. Er gilt unbeschränkt für Gruppenversicherte, die nach dem 31. Dezember 1994 in einen zu diesem Zeitpunkt bereits bestehenden Gruppenversicherungsvertrag aufgenommen werden. Für solche Gruppenversicherte kann der Versicherer einen anderen als den im Gruppenversicherungsvertrag vereinbarten Tarif vorsehen.

2. Auf Gruppenversicherte, die vor dem 1. Jänner 1995 in eine Gruppenversicherung eingetreten sind, ist er mit der Maßgabe anzuwenden, daß bei der Berechnung der Einzelversicherungsprämie die Versicherungsdauer im Gruppenversicherungsvertrag nur im Ausmaß der in der Prämienkalkulation der Gruppenversicherung enthaltenen Alterungsrückstellung zu berücksichtigen ist. Diese Versicherten haben überdies nach dem 31. Dezember 1994 das Recht, die volle Anwendung des § 178 m gegen Zahlung einer höheren Prämie zu verlangen, die für diese Fälle vom Versicherer in seinem Tarif angemessen festzusetzen ist.

(BGBl 1994/509)

§ 191c. (1) § 178c Abs. 2 in der Fassung des Bundesgesetzes BGBl. Nr. 447/1996 tritt mit 1. September 1996 in Kraft. *(BGBl 1996/447)*

(2) Die Aufhebung des § 5a und die §§ 5b, 165a sowie 191b Abs. 3 zweiter Satz in der Fassung des Bundesgesetzes BGBl I Nr. 6/1997 treten mit 1. Jänner 1997 in Kraft. *(BGBl I 1997/6)*

(3) Die§§ 5b und 165a in der Fassung des Bundesgesetzes BGBl. I Nr. 6/1997 sind auf Verträge, die vor dem 1. Jänner 1997 geschlossen worden sind, nicht anzuwenden. *(BGBl I 1997/6)*

(3a) § 11a in der Fassung des Bundesgesetzes BGBl. I Nr. 150/1999 tritt mit 1. Jänner 2000 in Kraft. *(BGBl I 2018/16)*

(4) § 178g Abs. 1 in der Fassung des Bundesgesetzes BGBl. I Nr. 48/2001 tritt mit 1. September 2001 in Kraft. *(BGBl I 2001/48)*

(5) Die §§ 39a, 178g und 191c in der Fassung des Bundesgesetzes BGBl. I Nr. 98/2001 treten mit 1. Jänner 2002 in Kraft. *(BGBl I 2001/98)*

(6) § 165a in der Fassung des Bundesgesetzes BGBl. I Nr. 62/2004 tritt mit 1. Oktober 2004 in Kraft. Die Bestimmung ist in dieser Fassung auf Verträge, die vor diesem Zeitpunkt abgeschlossen wurden, nicht anzuwenden. *(BGBl I 2004/62)*

„(7)" § 5b Abs. 2 Z 3, § 43 Abs. 3 bis 5 und § 176 Abs. 2a und 3a in der Fassung des Bundesgesetzes BGBl. I Nr. 131/2004 treten mit 15. Jänner 2005 in Kraft. *(BGBl I 2004/131; BGBl I 2006/95)*

(8) Die §§ 165a, 174 sowie 176 Abs. 5 und 6 in der Fassung des Bundesgesetzes BGBl. I Nr. 95/2006 treten mit 1. Jänner 2007 in Kraft. Sie sind auf Versicherungsverträge anzuwenden, die nach dem 31. Dezember 2006 geschlossen werden. *(BGBl I 2006/95)*

(9) Die §§ 178b Abs. 5 und 178n in der Fassung des Bundesgesetzes BGBl. I Nr. 95/2006 treten mit 1. Dezember 2007 in Kraft. Sie sind auf Versicherungsverträge anzuwenden, die nach dem 30. November 2007 geschlossen werden. *(BGBl I 2006/95)*

(10) §§ 14 Abs. 1, 43 Abs. 5, 77, 157 und 177 in der Fassung des Bundesgesetzes BGBl. I Nr. 58/2010 treten mit 1. August 2010 in Kraft. Sie sind in Ansehung von Insolvenzverfahren anzuwenden, die nach dem 31. Juli 2010 bei Gericht anhängig werden; in Ansehung von bereits zuvor begonnenen Konkurs- und Ausgleichsverfahren sind die bis zum Ablauf des 31. Juli 2010 bestehenden Vorschriften weiter anzuwenden. *(BGBl I 2010/58)*

(11) Der Kurztitel samt Abkürzung sowie die §§ 1b, 3 bis 6, 8, 12, 15a, 16, 18, 34a, 35, 37, 43, 72, 75, 158d, 158e, 158l, 158n, 164, 165a, 176, 178 und 178c in der Fassung des Bundesgesetzes BGBl. I Nr. 34/2012 treten mit 1. Juli 2012 in Kraft. Diese Bestimmungen sind auf Vereinbarungen anzuwenden, die nach diesem Zeitpunkt abgeschlossen werden. § 1b Abs. 2 ist auf Erklärungen anzuwenden, die nach dem 30. Juni 2012 abgegeben werden. *(BGBl I 2012/34)*

(12) Die §§ 11a bis 11d in der Fassung des Bundesgesetzes BGBl. I Nr. 34/2012 treten mit 1. Oktober 2012 in Kraft. Diese Bestimmungen sind auf Vereinbarungen anzuwenden, die nach diesem Zeitpunkt abgeschlossen werden. *(BGBl I 2012/34)*

(13) § 1c und die Aufnahme des § 1c in den § 15a Abs. 1 in der Fassung des Bundesgesetzes BGBl. I Nr. 12/2013, treten mit 21. Dezember 2012 in Kraft und sind auf Versicherungsverträge anzuwenden, bei denen der Abschluss eines neuen Vertrags nach dem 20. Dezember 2012 erfolgt. § 1d und die Aufnahme des § 1d in den § 15a Abs. 1 in der Fassung des Bundesgesetzes BGBl. I Nr. 12/2013, treten mit 1. Jänner 2013 in Kraft und sind auf Versicherungsverträge, Änderungen oder Kündigungen derselben anzuwenden, soweit sie nach dem 31. Dezember 2012 abgeschlossen werden oder erfolgen. Die §§ 41b und 178g Abs. 1 in der Fassung des Bundesgesetzes BGBl. I Nr. 12/2013 treten mit 1. Jänner 2013 in Kraft. *(BGBl I 2013/12)*

(14) § 36 in der Fassung des Bundesgesetzes BGBl. I Nr. 12/2013, tritt mit 1. Februar 2013 in Kraft und ist auf Verträge anzuwenden, die ab diesem Zeitpunkt geschlossen werden. *(BGBl I 2013/12)*

(15) § 1c, § 5a Abs. 6, § 5b Abs. 2 Z 3, § 5c Abs. 2 Z 2, § 11d, § 158j Abs. 2 und § 165a Abs. 2 in der Fassung des Bundesgesetzes BGBl. I Nr. 34/2015 treten mit 1. Jänner 2016 in Kraft. *(BGBl I 2015/34)*

(16) § 1b Abs. 1 in der Fassung des Bundesgesetzes BGBl. I Nr. 50/2016 tritt mit 1. Juli 2016 in Kraft und ist auf Erklärungen anzuwenden, die nach diesem Zeitpunkt abgegeben werden. *(BGBl I 2016/50)*

(17) § 11a Abs. 1 in der Fassung BGBl. I Nr. 112/2016 tritt mit 1. Jänner 2017 in Kraft. *(BGBl I 2016/112)*

(18) § 41b in der Fassung des Bundesgesetzes BGBl. I Nr. 17/2018 tritt mit 1. Juni 2018 in Kraft. *(BGBl I 2018/17)*

(19) § 5a Abs. 3, 5, 9, 10 und 11, § 5b Abs. 2 Z 3, § 5c Abs. 2 Z 2, § 43, § 44, § 45, § 47 und § 48, § 165a Abs. 2 in der Fassung des Bundesgesetzes BGBl. I Nr. 16/2018 treten mit 1. Oktober 2018 in Kraft. § 5a Abs. 6 und 8, § 43a und § 46 treten mit Ablauf des 30. September 2018 außer Kraft. *(BGBl I 2018/16)*

(20) § 11a Abs. 1 und 2, § 11b Abs. 2 und § 11c in der Fassung des Bundesgesetzes BGBl. I Nr. 16/2018 treten mit 25. Mai 2018 in Kraft. *(BGBl I 2018/16)*

(21) § 159 Abs. 2 und § 179 Abs. 3 in der Fassung des Bundesgesetzes BGBl. I Nr. 16/2018 treten mit 1. Juli 2018 in Kraft. *(BGBl I 2018/16)*

(22) § 5a Abs. 2, § 5c, § 15a Abs. 2, § 176 Abs. 1a, § 176 Abs. 5 und Abs. 6, § 178 Abs. 1 und Anlage A in der Fassung des Bundesgesetzes BGBl. I Nr. 51/2018 treten mit 01.01.2019 in Kraft. § 5b Abs. 2 bis 6 und § 165a treten mit Ablauf des 31.12.2018 außer Kraft. § 5c, § 176

Abs. 1a und Anlage A sind auf Versicherungsverträge anzuwenden, die nach dem 31.12.2018 geschlossen werden. § 5b Abs. 2 bis 6, § 5c und § 165a in der Fassung vor dem „Bundesgesetz“ BGBl. I Nr. 51/2018 sind – vorbehaltlich des Abs. 23 – auf Versicherungsverträge weiterhin anzuwenden, die vor dem 01.01.2019 abgeschlossen wurden. *(BGBl I 2018/51; BGBl I 2022/70)*

(23) Für einen Rücktritt von einer Kapitalversicherung nach den §§ 5b, 5c und 165a in der Fassung vor dem „Bundesgesetz“ BGBl. I. Nr. 51/2018, der ab dem 01.01.2019 erklärt wird, gelten die Rechtsfolgen gemäß § 176 Abs. 1a. *(BGBl I 2018/51; BGBl I 2022/70)*

(24) § 5c Abs. 3 und Abs. 5 sowie § 176 Abs. 1a und Abs. 2 treten in der Fassung der Versicherungsvertrags-Novelle 2022 (VersVG-Nov 2022), BGBl. I Nr. 70/2022, mit 1. August 2022 in Kraft und sind auf Fälle anzuwenden, in denen der Rücktritt nach dem 31. Dezember 2018 erklärt wurde. Für Verträge, die nach dem 31. Dezember 2018 und vor dem 1. August 2022 geschlossen wurden, genügt die Verwendung des Musters gemäß Anlage A in der Fassung des Bundesgesetzes BGBl. I Nr. 51/2018 den Anforderungen des § 5c Abs. 3; für Verträge, die nach dem 31. Juli 2022 geschlossen werden, ist das Muster in der Fassung der VersVG-Nov 2022 zu verwenden. § 176 Abs. 1 ist auch auf die Folgen eines Rücktritts von einer Kapitalversicherung nach den §§ 5b, 5c und 165a in der Fassung vor dem Bundesgesetz BGBl. I Nr. 51/2018, der nach dem 31. Dezember 2018 erklärt wurde, nicht anzuwenden. *(BGBl I 2022/70)*

Verhältnis zum Recht der Europäischen Union

§ 191d. (1) § 5a, § 44, § 45 Abs. 2 und § 176 Abs. 2a und 2b sind Rechtsvorschriften, die in den Anwendungsbereich der Richtlinie 2016/97/EU über Versicherungsvertrieb, ABl. Nr. L 26 vom 2. 2. 2016 S. 19, in der Fassung der Berichtigung ABl. Nr. L 222 vom 17. 8. 2016 S. 114 fallen.

(2) § 5c, 158j bis 158l und § 176 Abs 1a sind Rechtsvorschriften, die in den Anwendungsbereich der Richtlinie 2009/138/EG betreffend die Aufnahme der Versicherungs- und Rückversicherungstätigkeit (Solvabilität II) ABl. Nr. L 335 vom 17. 12. 2009 S. 1 fallen. *(BGBl I 2018/51)*

(BGBl I 2018/16)

§ 192. Mit der Vollziehung dieses Bundesgesetzes ist das Bundesministerium für Justiz im Einvernehmen mit dem Bundesministerium für Finanzen betraut.

Anlage A

Belehrung über das Rücktrittsrecht

(1) Sie können von Ihrem Versicherungsvertrag innerhalb von [14 Tagen][1] ohne Angabe von Gründen in geschriebener Form (z. B. Brief, Fax, E-Mail) zurücktreten.

(2) Die Rücktrittsfrist beginnt mit der Verständigung vom Zustandekommen des Versicherungsvertrages (= Zusendung der Polizze bzw. Versicherungsschein), jedoch nicht, bevor Sie den Versicherungsschein und die Versicherungsbedingungen einschließlich der Bestimmungen über die Prämienfestsetzung oder -änderung und diese Belehrung über das Rücktrittsrecht erhalten haben.

(3) Die Rücktrittserklärung ist zu richten an: […][2]. Zur Wahrung der Rücktrittsfrist reicht es aus, dass Sie die Rücktrittserklärung vor Ablauf der Rücktrittsfrist absenden. Die Erklärung ist auch wirksam, wenn sie in den Machtbereich Ihres Versicherungsvertreters gelangt.

(4) Mit dem Rücktritt enden ein allfällig bereits gewährter Versicherungsschutz und Ihre künftigen Verpflichtungen aus dem Versicherungsvertrag. Hat der Versicherer bereits Deckung gewährt, so gebührt ihm eine der Deckungsdauer entsprechende Prämie. Wenn Sie bereits Prämien an den Versicherer geleistet haben, die über diese Prämie hinausgehen, so hat sie Ihnen der Versicherer ohne Abzüge zurückzuzahlen.

(5) Ihr Rücktrittsrecht erlischt spätestens einen Monat, nachdem Sie den Versicherungsschein einschließlich dieser Belehrung über das Rücktrittsrecht erhalten haben „, es sei denn, diese Belehrung wäre derart fehlerhaft, dass sie Ihnen die Möglichkeit nimmt, Ihr Rücktrittsrecht im Wesentlichen unter denselben Bedingungen wie bei zutreffender Belehrung auszuüben.“ *(BGBl I 2022/70, ab 1. 8. 2022; s § 191c Abs 24)*

Gestaltungshinweise:

1) Im Fall der Lebensversicherung lautet der Klammerzusatz: „30 Tagen“

2) Hier sind einzusetzen: Name/Firma und ladungsfähige Anschrift des Adressaten der Rücktrittserklärung. Zusätzlich können angegeben werden: Telefaxnummer und E-Mail-Adresse.“

Gem BGBl I 2018/51 tritt Anlage A mit 1. 1. 2019 in Kraft.

(BGBl I 2018/51)

32/1. Kraftfahrzeug-Haftpflichtversicherungsgesetz 1994

BGBl 1994/651 idF

1 BGBl 1995/258
2 BGBl I 1997/71
3 BGBl I 2001/97
4 BGBl I 2001/98
5 BGBl I 2002/11
6 BGBl I 2002/46
7 BGBl I 2002/76
8 BGBl I 2004/31
9 BGBl I 2004/115
10 BGBl I 2007/37 (KrÄG 2007)
11 BGBl I 2010/107
12 BGBl I 2011/138
13 BGBl I 2015/34 (VAG 2016)
14 BGBl I 2017/19 (MinVersValG 2016)
15 BGBl I 2021/245 (MinVersValG 2021)
16 BGBl I 2023/129 (KraftVerÄG 2023)

GLIEDERUNG

STICHWORTVERZEICHNIS

(Die Zahlenangaben beziehen sich auf die Paragraphen)

Bundesgesetz über die Kraftfahrzeug-Haftpflichtversicherung (Kraftfahrzeug-Haftpflichtversicherungsgesetz 1994 – KHVG 1994)

1. Abschnitt

Anwendungsbereich

§ 1. (1) Dieses Bundesgesetz gilt für die Haftpflichtversicherung von Fahrzeugen, die nach den Vorschriften des Kraftfahrgesetzes 1967, BGBl. Nr. 267 (KFG 1967), zum Verkehr zugelassen oder an denen Probefahrt- oder Überstellungskennzeichen angebracht sind.

(2) Für die Haftpflichtversicherung von Fahrzeugen, die nicht unter Abs. 1 fallen, gilt dieses Bundesgesetz mit Ausnahme der §§ 14 bis 17, 19 bis 21 und 25 insoweit, als der Versicherungsvertrag zum Nachweis einer Haftung gemäß „§ 62 Abs. 1 KFG 1967“** „ “* abgeschlossen wurde. *(* BGBl I 2004/31; ** BGBl I 2007/37)*

(3) *(aufgehoben, BGBl I 2007/37)*

2. Abschnitt

Inhalt des Versicherungsvertrages

Umfang des Versicherungsschutzes

§ 2. (1) Die Versicherung umfaßt die Befriedigung begründeter und die Abwehr unbegründeter Ersatzansprüche, die auf Grund gesetzlicher Haftpflichtbestimmungen gegen den Versicherungsnehmer oder mitversicherte Personen erhoben werden, wenn durch die Verwendung des versicherten Fahrzeugs Personen verletzt oder getötet worden, Sachen beschädigt oder zerstört worden oder abhanden gekommen sind oder ein Vermögenschaden verursacht worden ist, der weder Personen- noch Sachschaden ist (bloßer Vermögenschaden).

(2) Mitversichert sind jedenfalls der Eigentümer, der Halter und Personen, die mit Willen des Halters bei der Verwendung des Fahrzeugs tätig sind oder mit dem Fahrzeug befördert werden oder die den Lenker einweisen.

(3) Soweit der Versicherungsschutz über den in diesem Bundesgesetz vorgeschriebenen Umfang hinausgeht, können auch solche Einschränkungen des Versicherungsschutzes rechtswirksam vereinbart werden, zu denen dieses Bundesgesetz sonst nicht berechtigt. Dies gilt nicht für die Vereinbarung höherer als der gesetzlich vorgeschriebenen Versicherungssummen. Auf die Einschränkungen muß der Versicherungsnehmer vor Vertragsabschluß ausdrücklich hingewiesen werden.

Örtlicher Geltungsbereich

§ 3. (1) Der örtliche Geltungsbereich der Versicherung erstreckt sich, unbeschadet einer darüber hinausgehenden Vereinbarung, auf Europa im geographischen Sinn, jedenfalls aber auf das Gebiet jener Staaten, die das „Übereinkommen zwischen den nationalen Versicherungsbüros der Mitgliedstaaten des Europäischen Wirtschaftsraums und anderen assoziierten Staaten vom 30. Mai 2002, ABl. Nr. L 192 vom 31. Juli 2003, S. 23,“ unterzeichnet haben. *(BGBl I 2004/31)*

(2) Im Gebiet jener Staaten, für die eine Internationale Versicherungskarte (Grüne Karte) ausgestellt wurde oder von denen auf deren Vorlage auf Grund des „in Abs. 1 genannten Übereinkommens“ verzichtet worden ist, erstreckt sich die Versicherung auf den in dem betreffenden Staat vorgeschriebenen, mindestens jedoch den im Versicherungsvertrag vereinbarten Umfang. *(BGBl I 2004/31)*

Ausschlüsse

§ 4. (1) Von der Versicherung dürfen nur ausgeschlossen werden

1. Ersatzansprüche des Eigentümers, des Halters und – bei Vermietung des Fahrzeuges ohne Beistellung eines Lenkers – des Mieters und der Personen, denen der Mieter das Fahrzeug überläßt, gegen mitversicherte Personen wegen Sach- oder bloßer Vermögenschäden,

2. Ersatzansprüche wegen Beschädigung, Zerstörung oder Abhandenkommens des versicherten Fahrzeuges,

3. Ersatzansprüche wegen Beschädigung, Zerstörung oder Abhandenkommens von mit dem versicherten Fahrzeug beförderten Sachen mit Ausnahme jener, die mit Willen des Halters beförderte Personen üblicherweise an sich tragen oder, sofern die Fahrt überwiegend der Personenbeförderung dient, als Gegenstände des persönlichen Bedarfs mit sich führen; dies gilt nicht für das nicht gewerbsmäßige Abschleppen betriebsunfähiger Fahrzeuge im Rahmen üblicher Hilfeleistung;

4. Ersatzansprüche aus der Verwendung des versicherten Fahrzeugs, wenn diese Verwendung im Unfallzeitpunkt nicht seiner Funktion als Beförderungsmittel entspricht, unabhängig von den Merkmalen des Fahrzeugs und unabhängig von dem Gelände, auf dem das Fahrzeug verwendet wird, und der Tatsache, ob es sich in Bewegung befindet oder nicht; *(BGBl I 2023/129, ab 23. 12. 2023, s § 34b Abs 5)*

5. Ersatzansprüche aus der Verwendung eines Fahrzeugs bei einer kraftfahrsportlichen Veranstaltung und ihren Trainingsfahrten auf einer für den übrigen Verkehr gesperrten Straße, für die Dauer einer solchen Veranstaltung (§ 1 Abs. 2 lit. c KFG 1967) oder in den Fällen des § 6 Abs. 4 Z 2 VOEG; *(BGBl I 2023/129, ab 23. 12. 2023, s § 34b Abs 5)*

6. Ersatzansprüche, die besonderen Bestimmungen über die Haftung für Nuklearschäden unterliegen.

(2) Auf nicht in Abs. 1 angeführte Ausschlußtatbestände kann sich der Versicherer nicht berufen. § 2 Abs. 3 ist jedoch anzuwenden.

Obliegenheiten vor Eintritt des Versicherungsfalls

§ 5. (1) Als Obliegenheit vor Eintritt des Versicherungsfalls darf nur vorgesehen werden,

1. mit dem Fahrzeug nicht eine größere Anzahl als die vereinbarte Höchstanzahl von Personen zu befördern,

2. Vereinbarungen über die Verwendung des Fahrzeuges einzuhalten,

3. im Fall der Zuweisung eines Wechselkennzeichens nur das Fahrzeug zu verwenden, an dem die Kennzeichentafeln angebracht sind,

4. daß der Lenker zum Lenken des Fahrzeugs kraftfahrrechtlich berechtigt ist,

5. daß der Lenker sich nicht in einem durch Alkohol oder Suchtgift beeinträchtigten Zustand im Sinn der Straßenverkehrsvorschriften befindet,

6. mit dem Kraftfahrzeug nicht eine größere Anzahl von Personen zu befördern, als nach den kraftfahrrechtlichen Vorschriften zulässig ist.

(2) Bei Verletzung der Obliegenheit gemäß Abs. 1 Z 1 oder 6 umfaßt die Leistungsfreiheit höchstens den Teil der Entschädigung, der dem Verhältnis der Anzahl der zu Unrecht beförderten Personen zur Anzahl der insgesamt beförderten Personen entspricht.

(3) Die Leistungspflicht bleibt jedenfalls in den Fällen des Abs. 1 Z 4 und 5 gegenüber anderen versicherten haftpflichtigen Personen als dem Lenker bestehen, sofern für diese die Obliegenheitsverletzung ohne Verschulden nicht erkennbar war.

(4) Eine Verletzung der Obliegenheit gemäß Abs. 1 Z 5 liegt nur vor, wenn im Spruch oder in der Begründung einer rechtskräftigen verwaltungsbehördlichen oder gerichtlichen Entscheidung festgestellt wird, daß das Fahrzeug in einem durch Alkohol oder Suchtgift beeinträchtigten Zustand gelenkt wurde.

(5) Auf nicht in Abs. 1 angeführte Obliegenheiten vor Eintritt des Versicherungsfalls kann sich der Versicherer nicht berufen. § 2 Abs. 3 ist jedoch anzuwenden.

Anzeigepflicht

§ 6. (1) Nach Eintritt eines Versicherungsfalls besteht für den Versicherungsnehmer die Obliegenheit, dem Versicherer längstens innerhalb einer Woche ab Kenntnis anzuzeigen

1. den Versicherungsfall unter möglichst genauer Angabe des Sachverhalts,

2. die Anspruchserhebung durch den geschädigten Dritten,

3. die Einleitung eines gerichtlichen oder behördlichen Verfahrens.

(2) Abs. 1 Z 1 und 2 gilt nicht, soweit der Versicherungsnehmer dem Geschädigten den Schaden selbst ersetzt.

Obliegenheiten und Gefahrerhöhung

§ 7. (1) Die Leistungsfreiheit wegen Verletzung einer Obliegenheit oder einer Erhöhung der Gefahr beträgt höchstens je „11 000 Euro“, für jeden Versicherungsfall insgesamt höchstens „22 000 Euro“. *(BGBl I 2001/98)*

(2) Die Beschränkung der Leistungsfreiheit gemäß Abs. 1 kann, wenn die Obliegenheit in der Absicht verletzt wurde, sich oder einem Dritten rechtswidrig einen Vermögensvorteil zu verschaffen, im Umfang dieses Vermögensvorteils entfallen. Wenn der Versicherungsnehmer einen Entschädigungsanspruch ganz oder teilweise anerkannt „ “ oder die Führung eines Rechtsstreits nicht dem Versicherer überlassen hat, kann die Leistungsfreiheit jedenfalls bis zur Höhe des dem Versicherer dadurch entstandenen Vermögensnachteils ausgedehnt werden. *(BGBl I 2002/76)*

Anhänger

§ 8. (1) Die Versicherung von Anhängern umfaßt auch mit dem Ziehen des Anhängers durch das Zugfahrzeug zusammenhängende Versicherungsfälle

1. hinsichtlich der Ersatzansprüche von Insassen eines Omnibusanhängers oder

2. hinsichtlich der Schäden durch das mit einem Anhänger zur Beförderung gefährlicher Güter beförderte gefährliche Gut, insoweit die Versicherungssumme für den Anhänger die Versicherungssumme für das Zugfahrzeug übersteigt.

(2) Im Fall des Abs. 1 sind die durch den Versicherungsvertrag über das Zugfahrzeug versicherten Personen mitversichert.

(3) Bei einem Unfall, der durch ein Gespann verursacht wird, das aus einem Fahrzeug mit gezogenem Anhänger besteht, hat der Versicherer des Anhängers, sofern er nicht verpflichtet ist, vollständigen Schadenersatz zu leisten, den Geschädigten auf dessen Antrag hin unverzüglich zu unterrichten über

1. die Identität des Versicherers des Zugfahrzeugs oder

2. wenn der Versicherer des Anhängers den Versicherer des Zugfahrzeugs nicht ermitteln kann, den in § 4 des Verkehrsopfer-Entschädigungsgesetzes (VOEG), BGBl. I Nr. 37/2007, vorgesehenen Entschädigungsmechanismus. *(BGBl I 2023/129, ab 23. 12. 2023)*

Versicherungssumme

§ 9. (1) Der Versicherer hat unbeschadet einer darüber hinausgehenden Vereinbarung, in jedem Versicherungsfall Versicherungsleistungen bis zu dem sich aus den folgenden Bestimmungen ergebenden Betrag zu erbringen (gesetzliche Versicherungssumme).

(2) Vorbehaltlich der Abs. 5 und 6 ist die gesetzliche Versicherungssumme eine Pauschalversicherungssumme, die Personenschäden und Sachschäden umfasst. *(BGBl I 2007/37)*

(3) Die Pauschalversicherungssumme beträgt

1. für Omnibusse mit nicht mehr als 19 Plätzen (Sitz- und Stehplätzen) außer dem Lenkerplatz sowie Lastkraftwagen mit mehr als acht, jedoch nicht mehr als 19 Plätzen außer dem Lenkerplatz „15 580 000 Euro“, *(BGBl I 2021/245, ab 1. 4. 2022, s § 37a Abs 13)*

2. für Omnibusse und Lastkraftwagen mit mehr als 19 Plätzen für je weitere angefangene fünf Plätze zusätzlich „3 900 000 Euro“, *(BGBl I 2021/245, ab 1. 4. 2022, s § 37a Abs 13)*

3. für Omnibusanhänger mit nicht mehr als zehn Plätzen „7 790 000 Euro“ und für je weitere angefangene fünf Plätze zusätzlich „3 900 000 Euro“, *(BGBl I 2021/245, ab 1. 4. 2022, s § 37a Abs 13)*

4. für alle anderen Fahrzeuge „7 790 000 Euro“. *(BGBl I 2021/245, ab 1. 4. 2022, s § 37a Abs 13)*
(BGBl I 2011/138, ab 1. 1. 2012, s § 37a Abs 10)

(4) Innerhalb der Pauschalversicherungssumme sind jedenfalls

1. alle Personenschäden

a) bei Omnibussen mit nicht mehr als 19 Plätzen (Sitz- und Stehplätzen) außer dem Lenkerplatz sowie Lastkraftwagen mit mehr als acht, jedoch nicht mehr als 19 Plätzen außer dem Lenkerplatz bis zu „14 240 000 Euro“, *(BGBl I 2021/245, ab 1. 4. 2022, s § 37a Abs 13)*

b) bei Omnibussen und Lastkraftwagen mit mehr als 19 Plätzen für je weitere angefangene fünf Plätze bis zu „3 900 000 Euro“, *(BGBl I 2021/245, ab 1. 4. 2022, s § 37a Abs 13)*

c) bei Omnibusanhängern mit nicht mehr als zehn Plätzen bis zu „6 450 000 Euro“ und für je weitere angefangene fünf Plätze zusätzlich bis zu „3 900 000 Euro“, *(BGBl I 2021/245, ab 1. 4. 2022, s § 37a Abs 13)*

d) bei allen anderen Fahrzeugen bis zu „6 450 000 Euro“, *(BGBl I 2021/245, ab 1. 4. 2022, s § 37a Abs 13)*

2. alle Sachschäden bis zu „1 340 000 Euro“ *(BGBl I 2021/245, ab 1. 4. 2022, s § 37a Abs 13)*

voll zu decken. *(BGBl I 2011/138, ab 1. 1. 2012, s § 37a Abs 10)*

(5) Zusätzlich zur Pauschalversicherungssumme beträgt die gesetzliche Versicherungssumme für bloße Vermögenschäden „80 000 Euro“. *(BGBl I 2011/138, ab 1. 1. 2012, s § 37a Abs 10; BGBl I 2017/19, ab 1. 1. 2017)*

(6) Für Fahrzeuge, mit denen gefährliche Güter gemäß den in § 2 Z 1 des Gefahrgutbeförderungsgesetzes, BGBl. I Nr. 145/1998, angeführten Vorschriften befördert werden und die gemäß diesen Vorschriften zu kennzeichnen sind, beträgt die gesetzliche Versicherungssumme

1. für die Tötung oder Verletzung einer Person „7 790 000 Euro“, *(BGBl I 2021/245, ab 1. 4. 2022, s § 37a Abs 13)*

2. für die Tötung oder Verletzung mehrerer Personen „15 580 000 Euro“, *(BGBl I 2021/245, ab 1. 4. 2022, s § 37a Abs 13)*

3. für Sachschäden insgesamt „15 580 000 Euro“, *(BGBl I 2021/245, ab 1. 4. 2022, s § 37a Abs 13)*

4. für bloße Vermögenschäden „80 000 Euro“. *(BGBl I 2017/19, ab 1. 1. 2017)*
(BGBl I 2011/138, ab 1. 1. 2012, s § 37a Abs 10)

(7) Die Bundesministerin für Justiz hat mit Verordnung die Anpassungen vorzunehmen, die notwendig sind, damit die Beträge des § 9 mit den von der Europäischen Kommission nach Art. 9 der Richtlinie 2009/103/EG über die Kraftfahrzeug-Haftpflichtversicherung und die Kontrolle der entsprechenden Versicherungspflicht, ABl. Nr. L 263 vom 07. 10. 2009, S. 11, in der Fassung der Richtlinie (EU) 2021/2118, ABl. Nr. L 430 vom 02. 12. 2021, S. 1, erlassenen delegierten Rechtsakten übereinstimmen. Dabei sind auch jene Summen, die nicht unmittelbar durch delegierten Rechtsakt vorgegeben sind, so anzupassen, dass die bisherigen Relationen der anzupassenden Beträge beibehalten werden. Setzt sich eine Pauschalversicherungssumme aus Personen- und Sachschäden zusammen, muss die Pauschalversicherungssumme jener aus Personen- und Sachschäden mindestens entsprechen. Gleichzeitig können die in § 15 und § 16 des Eisenbahn- und Kraftfahrzeughaftpflichtgesetzes (EKHG), BGBl. Nr. 48/1959, § 49 des Gaswirtschaftsgesetzes 2011 (GWG 2011), BGBl. I Nr. 107/2011, § 7a und § 7b des Gesetzes betreffend die Verbindlichkeit zum Schadenersatz für die bei dem Betriebe von Eisenbahnen, Bergwerken etc. herbeigeführten Tödtungen und Körperverletzungen vom 7. Juni 1871, dRGBl. S. 207/1871, sowie § 11 des Rohrleitungsgesetzes, BGBl. Nr. 411/1975, geregelten Haftungshöchstbeträge in dem Ausmaß angepasst werden, das der Änderung der Mindestdeckungssummen durch delegierten Rechtsakt entspricht. Die an die geänderten Mindestdeckungssummen anzupassenden Beträge sind auf ein Vielfaches von 10 000 Euro aufzurunden. *(BGBl I 2023/129, ab 23. 12. 2023)*

Rentenzahlungen

§ 10. Hat der Versicherer Rentenzahlungen zu leisten und übersteigt der Kapitalwert der Rente die Versicherungssumme oder den nach Abzug sonstiger Leistungen aus demselben Versicherungsfall noch verbleibenden Restbetrag der Versicherungssumme, so gebührt die Rente nur im Verhältnis der Versicherungssumme oder ihres Restbetrages zum Kapitalwert der Rente. Der Ermittlung des Kapitalwerts ist die Allgemeine Sterbetafel für Österreich und ein Zinsfuß von 3 vH zugrunde zu legen.

3. Abschnitt

Sonstige Vorschriften für den Versicherungsvertrag

Rechtsstellung der mitversicherten Personen

§ 11. (1) Hinsichtlich der mitversicherten Personen ist die Versicherung für fremde Rechnung geschlossen.

(2) Die mitversicherten Personen können ihre Ansprüche selbständig geltend machen. § 75 Abs. 2 des Versicherungsvertragsgesetzes 1958, BGBl. Nr. 2/1959, ist nicht anzuwenden.

(3) Der Versicherer kann eine gemäß § 24 Abs. 4 auf ihn übergegangene Forderung des geschädigten Dritten nur gegen einen Versicherten geltend machen, der durch sein Verhalten die Freiheit des Versicherers von der Verpflichtung zur Leistung herbeigeführt hat.

Schadenersatzbeitrag

§ 12. Ist vereinbart, daß der Versicherungsnehmer dem Versicherer die Ersatzleistung, die dieser zu seinen Lasten erbracht hat, bis zu einem bestimmten Umfang zu erstatten hat (Schadenersatzbeitrag), so gelten hiefür dieselben Verzugsfolgen wie für Folgeprämien. Der Schadenersatzbeitrag ist Versicherungsentgelt im Sinn des Versicherungssteuergesetzes 1953, BGBl. Nr. 133.

Interessenkollision

§ 13. Hat der Versicherer in einem Versicherungsfall dem geschädigten Dritten ebenfalls Versicherungsschutz aus einer Haftpflichtversicherung zu gewähren, so kann sich der Versicherungsnehmer oder die mitversicherte Person in einem vom geschädigten Dritten angestrengten Rechtsstreit auf Kosten des Versicherers von einem Rechtsanwalt seiner Wahl vertreten lassen, der im Sprengel des für das Verfahren zuständigen Gerichts seinen Sitz hat. Entgegenstehende Vereinbarungen sind auf diesen Fall nicht anzuwenden.

Laufzeit

§ 14. (1) Der Versicherungsvertrag endet, wenn er

1. mit einem Monatsersten, 0 Uhr, begonnen hat, ein Jahr nach diesem Zeitpunkt,

2. zu einem anderen Zeitpunkt begonnen hat, mit dem nächstfolgenden Monatsersten, 0 Uhr, nach Ablauf eines Jahres,

es sei denn, es wurde eine kürzere Laufzeit als ein Jahr vereinbart.

(2) Der Versicherungsvertrag verlängert sich um jeweils ein Jahr, wenn er nicht spätestens einen Monat vor Ablauf schriftlich gekündigt worden ist. Beträgt die Laufzeit weniger als ein Jahr, so endet der Vertrag, ohne daß es einer Kündigung bedarf.

Kündigungsrecht bei Prämienerhöhung

§ 14a. (1) Übt der Versicherer ein Recht zur einseitigen Erhöhung der vereinbarten Prämie aus, so kann der Versicherungsnehmer den Versicherungsvertrag binnen eines Monats kündigen. Die Frist zur Ausübung des Kündigungsrechts beginnt zu laufen, sobald der Versicherer dem Versicherungsnehmer die erhöhte Prämie und den Grund der Erhöhung mitgeteilt hat. Die Kündigung wird mit Ablauf eines Monats wirksam, frühestens jedoch mit dem Wirksamwerden der Prämienerhöhung.

(2) Der Versicherer hat in der Mitteilung dem Versicherungsnehmer den Grund der Erhöhung klar und verständlich zu erläutern. Zudem hat er den Versicherungsnehmer auf dessen Kündigungsrecht hinzuweisen, sofern er die Prämienerhöhung nicht bloß auf die Entwicklung eines von der Bundesanstalt Statistik Austria verlautbarten Verbraucherpreisindex (§ 14b Abs. 1) stützt. *(BGBl I 2004/115)*

(BGBl 1995/258)

Prämienanpassungsklauseln

§ 14b. (1) In vertraglichen Prämienanpassungsklauseln kann als Maßstab für Prämienänderungen ein von der Bundesanstalt Statistik Austria verlautbarter Verbraucherpreisindex herangezogen werden. Allgemeine Vorschriften über Vertragsbestimmungen, die eine Änderung des Entgelts vorsehen, bleiben unberührt. *(BGBl I 2004/115)*

(2) Prämienerhöhungen aufgrund von vertraglichen Prämienanpassungsklauseln können rechtswirksam frühestens nach einem Jahr ab Versicherungsbeginn und in der Folge nicht in kürzeren als einjährigen Abständen vorgenommen werden. *(BGBl I 2007/37)*

(3) Die Erklärung einer rückwirkenden Erhöhung der Prämie ist unwirksam; die Erklärung

wirkt erst ab ihrem Zugang an den Versicherungsnehmer.

(BGBl 1995/258)

Änderungen des Versicherungsvertrages

§ 15. (1) Ändert sich der Versicherungsvertrag auf Grund einer Änderung des 2. Abschnitts, so kann der Versicherer unter Bedachtnahme auf eine dadurch eingetretene Änderung der von ihm getragenen Gefahr die Prämie innerhalb dreier Monate mit Wirkung ab Änderung des Versicherungsvertrages neu festsetzen.

(2) Dem Versicherer oder dem Versicherungsnehmer gebührt der anteilige Unterschiedsbetrag zwischen vereinbarter und neuer Prämie für den Rest der laufenden Versicherungsperiode.

(3) *(aufgehoben, BGBl 1995/258)*

Bescheinigung des Schadenverlaufs

§ 16. (1) Der Versicherer hat dem Versicherungsnehmer auf dessen Antrag jederzeit innerhalb von zwei Wochen eine Bescheinigung über die innerhalb der letzten fünf Jahre der Vertragslaufzeit gedeckten Ansprüche von Geschädigten oder die Schadenfreiheit in diesem Zeitraum auszustellen (Bescheinigung des Schadenverlaufs). Er hat hiefür das Muster für die Bescheinigungen des Schadenverlaufs zu verwenden, das durch die auf Grundlage von Art. 16 der Richtlinie 2009/103/EG erlassenen Durchführungsrechtsakte der Europäischen Kommission festgelegt wird.

(2) Der Versicherer darf Versicherungsnehmer bei der Berücksichtigung von Bescheinigungen des Schadenverlaufs, die von einem anderen Versicherungsunternehmen gemäß Art. 1 Z 6 der Richtlinie 2009/103/EG oder einer anderen Stelle gemäß Art. 16 Abs. 2 der Richtlinie 2009/103/EG ausgestellt wurden, nicht aufgrund ihrer Staatsangehörigkeit oder allein aufgrund ihres früheren Wohnsitzmitgliedstaats in diskriminierender Weise behandeln oder einen Prämienaufschlag verlangen.

(3) Ein Versicherer, der bei der Festsetzung der Prämien Bescheinigungen des Schadenverlaufs berücksichtigt, hat die in anderen EWR-Vertragsstaaten ausgestellten Bescheinigungen genauso zu behandeln wie diejenigen, die von einem Versicherer im Inland ausgestellt wurden, und zwar auch bei der Anwendung etwaiger Rabatte.

(4) Versicherer haben auf ihrer Website eine allgemeine Übersicht über ihre Politik für die Berücksichtigung der Bescheinigungen des Schadenverlaufs bei der Berechnung der Prämien zu veröffentlichen. Auf Anfrage haben Versicherer die Übersicht auf Papier zu übermitteln.

(BGBl I 2023/129, ab 23. 12. 2023, s § 34b Abs 5)

Bestandübertragung

§ 17. (1) Wird ein Bestand an Kraftfahrzeug-Haftpflichtversicherungsverträgen mit Genehmigung der zuständigen „Aufsichtsbehörde" zu Zwecken der Sanierung auf ein anderes Versicherungsunternehmen übertragen, so ist das übernehmende Versicherungsunternehmen berechtigt, auf die übernommenen Versicherungsverträge vom Beginn der nächsten Versicherungsperiode an die von ihm allgemein verwendeten Tarife und Versicherungsbedingungen anzuwenden. *(BGBl I 2001/97)*

(2) Wird die Prämie auf Grund des Abs. 1 erhöht oder ändern sich auf Grund dieser Bestimmung die für den Vertrag geltenden Versicherungsbedingungen, so hat der Versicherer dies dem Versicherungsnehmer unter Angabe des Unterschiedsbetrages der Prämie oder der Änderungen der Versicherungsbedingungen spätestens einen Monat vor dem Ende der Versicherungsperiode mitzuteilen. Neue Versicherungsbedingungen sind dem Versicherungsnehmer gleichzeitig auszufolgen. Der Versicherungsnehmer kann den Versicherungsvertrag, sobald er diese Mitteilung erhalten hat, zum Ende der Versicherungsperiode kündigen. „§ 14a ist nicht anzuwenden." *(BGBl 1995/258)*

4. Abschnitt

Besondere Vorschriften für die Pflichtversicherung

Versicherungsbedingungen

§ 18. (1) Die Versicherungsbedingungen sind der „FMA"* „ "** mitzuteilen. Hiezu gehören alle Regelungen, die sich nicht auf die bloße Festsetzung von Prämienbeträgen, Prämiensätzen oder Schadenersatzbeiträgen beschränken. Die Versicherungsbedingungen dürfen erst nach Ablauf von drei Monaten, nachdem sie der „FMA"* mitgeteilt worden sind, verwendet werden. *(BGBl I 1997/71; *BGBl I 2001/97; **BGBl I 2007/37)*

(2) Versicherungsverträge dürfen nur unter Zugrundelegung von Versicherungsbedingungen abgeschlossen werden, die der „FMA" mitgeteilt worden sind. Die Rechtswirksamkeit der Versicherungsverträge wird dadurch nicht berührt. *(BGBl I 2001/97)*

(3) Auf den dem Versicherungsnehmer ausgefolgten Versicherungsbedingungen ist anzugeben, wann die Versicherungsbedingungen der „FMA" mitgeteilt worden sind. *(BGBl I 2001/97)*

(4) Weichen die vom Versicherungsunternehmen verwendeten Versicherungsbedingungen von Musterbedingungen „des Fachverbandes der Versicherungsunternehmen" ab, so ist in den dem Versicherungsnehmer ausgefolgten Versicherungsbedingungen auf diese Abweichungen von den

Musterbedingungen ausdrücklich hinzuweisen. *(BGBl I 2010/107, ab 1. 1. 2011)*

Auflegungspflicht

§ 19. (1) Versicherungsunternehmen, die im Inland ihren Sitz oder eine Zweigniederlassung haben, haben die der „FMA" gemäß § 18 Abs. 1 mitgeteilten Versicherungsbedingungen, die sie verwenden, und die vollständigen von ihnen allgemein verwendeten Tarife am Sitz des Unternehmens oder der Zweigniederlassung sowie in allen Betriebsstätten zur Einsichtnahme aufzulegen. *(BGBl I 2001/97)*

(2) Betreibt ein Versicherungsunternehmen die Kraftfahrzeug-Haftpflichtversicherung im Dienstleistungsverkehr und verfügt es über Betriebsstätten im Inland, so hat es die in Abs. 1 angeführten Unterlagen in allen Betriebsstätten zur Einsichtnahme aufzulegen. Verfügt es über keine Betriebsstätten im Inland, so hat es dafür zu sorgen, daß die in Abs. 1 angeführten Unterlagen am Sitz oder Hauptwohnsitz des Schadenregulierungsbeauftragten (§ 31 Abs. 1) zur Einsichtnahme aufliegen.

(BGBl I 1997/71)

Vorläufige Deckung

§ 20. (1) Die Ausstellung der Versicherungsbestätigung gemäß § 61 Abs. 1 KFG 1967 bewirkt die Übernahme einer vorläufigen Deckung.

(2) Der Versicherer ist berechtigt, die vorläufige Deckung mit einer Frist von mindestens zwei Wochen zu kündigen. Dem Versicherer gebührt die auf die Dauer der vorläufigen Deckung entfallende anteilige Prämie.

(3) § 1a Abs. 2 des Versicherungsvertragsgesetzes 1958 ist nicht anzuwenden.

Anspruchsverzicht

§ 21. (1) Verzichtet der Versicherungsnehmer rechtswirksam auf Ansprüche auf Ersatz von Mietkosten eines Ersatzfahrzeuges einschließlich eines Taxis und des Verdienstentganges wegen der Nichtbenützbarkeit des Fahrzeuges, die ihm gegen Personen zustehen, die durch einen Haftpflichtversicherungsvertrag für ein unter § 59 Abs. 1 KFG 1967 fallendes Fahrzeug versichert sind, so gebührt ihm ein Nachlaß von 20 vH von der vereinbarten Prämie.

(2) Die Rechtswirksamkeit des Verzichts gemäß Abs. 1 wird nicht dadurch gehindert, dass der Verzicht sich nicht auf Ansprüche körperbehinderter Lenker von Ausgleichskraftfahrzeugen oder von Personen- oder Kombinationskraftwagen erstreckt, die entsprechend einer Auflage oder Beschränkung in einer gemäß § 5 Abs. 5 Führerscheingesetz (FSG) wegen einer Behinderung im Sinn des § 6 Abs. 1 Z 3 oder 5 Führerscheingesetz-Gesundheitsverordnung (FSG-GV), eingeschränkt erteilten Lenkberechtigung umgebaut worden sind. *(BGBl I 2007/37)*

(3) Der Verzicht gemäß Abs. 1 ist nur rechtswirksam, wenn

1. sich der Versicherungsnehmer verpflichtet, auch die mitversicherten Personen zum Verzicht auf die gleichen Ersatzansprüche zu veranlassen,

2. sich der Verzicht auch auf die Ansprüche gegen den entschädigungspflichtigen Versicherten erstreckt, soweit diesem ein Deckungsanspruch aus dem Versicherungsvertrag zusteht.

(4) Hat der geschädigte Versicherungsnehmer einen Verzicht gemäß Abs. 1 nicht geleistet, so steht dem Versicherer des Schädigers im Schadenfall der Ersatz seiner durch die Abgeltung der in Abs. 1 angeführten Ansprüche entstandenen Aufwendungen durch den Versicherer des Geschädigten zu.

Grenzversicherung

§ 22. (1) Die Leistungspflicht des Versicherers aus Versicherungsverträgen gemäß § 1 Abs. 2 (Grenzversicherung) beschränkt sich auf den den Vorschriften dieses Bundesgesetzes entsprechenden Umfang. Der örtliche Geltungsbereich kann abweichend von § 3 Abs. 1 auf das Gebiet der Vertragstaaten des Abkommens über den Europäischen Wirtschaftsraum, BGBl. Nr. 909/1993, eingeschränkt werden.

(2) und (3) *(aufgehoben, BGBl I 2004/31)*

(4) Grenzversicherungsverträge werden vom Verband der Versicherungsunternehmen Österreichs für Rechnung derjenigen Versicherungsunternehmen abgeschlossen, die die Kraftfahrzeug-Haftpflichtversicherung im Inland betreiben dürfen. Diese Versicherungsunternehmen sind im Verhältnis ihres Prämienaufkommens aus der Kraftfahrzeug-Haftpflichtversicherung in jedem Kalenderjahr zum gesamten Prämienaufkommen aller beteiligten Versicherungsunternehmen aus dieser Versicherung als Mitversicherer an den Versicherungsverträgen beteiligt.

Gerichtsstand

§ 23. Der Versicherungsnehmer und die mitversicherten Personen können Ansprüche aus dem Versicherungsvertrag auch bei den Gerichten geltend machen, in deren Sprengel der Versicherungsnehmer seinen Wohnsitz oder seinen Sitz im Inland hat.

Rechte des geschädigten Dritten

§ 24. (1) Ist der Versicherer von der Verpflichtung zur Leistung dem Versicherungsnehmer gegenüber ganz oder teilweise frei, so bleibt gleichwohl seine Verpflichtung in Ansehung des Dritten bestehen.

(2) Ein Umstand, der das Nichtbestehen oder die Beendigung des Versicherungsverhältnisses

zur Folge hat, wirkt in Ansehung des Dritten erst nach Ablauf von drei Monaten, nachdem der Versicherer diesen Umstand gemäß § 61 Abs. 4 KFG 1967 angezeigt hat. Das gleiche gilt, wenn das Versicherungsverhältnis durch Zeitablauf endet. Der Lauf der Frist beginnt nicht vor der Beendigung des Versicherungsverhältnisses.

(3) Die Leistungspflicht des Versicherers beschränkt sich auf den den Vorschriften dieses Bundesgesetzes entsprechenden Umfang. Sie besteht nicht, insoweit ein anderer Haftpflichtversicherer zur Leistung verpflichtet ist.

(4) Soweit der Versicherer den Dritten auf Grund „des Abs. 1 oder 2" befriedigt, geht die Forderung des Dritten gegen den Versicherungsnehmer auf ihn über. Der Übergang kann nicht zum Nachteil des Dritten geltend gemacht werden. *(BGBl 1995/258)*

(5) Die §§ 158c und 158f des Versicherungsvertragsgesetzes 1958 sind nicht anzuwenden.

Außergewöhnliche Risken

§ 25. (1) Fahrzeugbesitzer, die nachweisen können, daß drei Versicherungsunternehmen, die die Kraftfahrzeug-Haftpflichtversicherung im Inland betreiben dürfen, den Abschluß eines Versicherungsvertrages für ein der Versicherungspflicht unterliegendes Fahrzeug abgelehnt haben, haben gegenüber dem Fachverband der „Versicherungsunternehmen" den Anspruch, daß ihnen ein Versicherer zugewiesen wird. Die Versicherungsunternehmen, die den Abschluß des Versicherungsvertrages ablehnen, haben darüber eine schriftliche Bestätigung auszustellen. *(BGBl I 2010/107, ab 1. 1. 2011)*

(2) Als Versicherer darf nur ein Versicherungsunternehmen zugewiesen werden, das „gemäß § 6 Abs. 1 des Versicherungsaufsichtsgesetzes 2016 (VAG 2016), BGBl. I Nr. 34/2015," zum Betrieb der Kraftfahrzeug-Haftpflichtversicherung zugelassen ist oder diese im Dienstleistungsverkehr im Inland betreibt. *(BGBl I 2015/34, ab 1. 1. 2016)*

(3) Das Versicherungsunternehmen, das dem Fahrzeugbesitzer zugewiesen wurde, ist verpflichtet, für das betreffende Fahrzeug einen Versicherungsvertrag in dem in diesem Bundesgesetz vorgeschriebenen Umfang abzuschließen.

(4) Für einen Versicherungsvertrag gemäß Abs. 3 kann entsprechend einer vom Versicherer getragenen Gefahr entweder

1. ein Zuschlag zu der sich aus seinem allgemein verwendeten Tarif ergebenden Prämie von höchstens 50 vH oder

2. ein Schadenersatzbeitrag vorgesehen werden, der für ein Versicherungsjahr das Ausmaß der Jahresprämie nicht übersteigen darf.

5. Abschnitt

Direktes Klagerecht

Anspruchsberechtigung

§ 26. Der geschädigte Dritte kann den ihm zustehenden Schadenersatzanspruch im Rahmen des betreffenden Versicherungsvertrages auch gegen den Versicherer geltend machen. Der Versicherer und der ersatzpflichtige Versicherte haften als Gesamtschuldner.

Verjährung

§ 27. (1) Der Schadenersatzanspruch des geschädigten Dritten gegen den Versicherer unterliegt der gleichen Verjährung wie der Schadenersatzanspruch gegen den ersatzpflichtigen Versicherten. Die Verjährung beginnt mit dem Zeitpunkt, mit dem die Verjährung des Schadenersatzanspruches gegen den ersatzpflichtigen Versicherten beginnt, endet jedoch spätestens zehn Jahre nach dem Schadenereignis.

(2) Ist der Schadenersatzanspruch des geschädigten Dritten dem Versicherer gemeldet worden, so ist die Verjährung bis zur Zustellung einer schriftlichen Erklärung des Versicherers, daß er den Schadenersatzanspruch ablehnt, gehemmt. Weitere Anmeldungen desselben Schadenersatzanspruches hemmen die Verjährung jedoch nicht. Die Hemmung oder die Unterbrechung der Verjährung des Schadenersatzanspruches gegen den ersatzpflichtigen Versicherten bewirkt auch die Hemmung oder die Unterbrechung der noch laufenden Verjährung des Schadenersatzanspruches gegen den Versicherer und umgekehrt.

Urteilswirkung

§ 28. Soweit durch rechtskräftiges Urteil ein Schadenersatzanspruch des geschädigten Dritten aberkannt wird, wirkt das Urteil, wenn es zwischen dem geschädigten Dritten und dem Versicherer ergeht, auch zugunsten des Versicherten; wenn es zwischen dem geschädigten Dritten und dem Versicherten ergeht, wirkt es auch zugunsten des Versicherers.

Pflichten des geschädigten Dritten

§ 29. (1) Der geschädigte Dritte, der seinen Schadenersatzanspruch gegen den ersatzpflichtigen Versicherten oder gegen den Versicherer geltend machen will, hat diesem das Schadenereignis binnen vier Wochen von dem Zeitpunkt an schriftlich anzuzeigen, zu dem er von der Person des Versicherers Kenntnis erhalten hat oder erhalten hätte müssen. Wenn er den Schadenersatzanspruch gegen den ersatzpflichtigen Versicherten gerichtlich geltend macht, hat er dies dem Versicherer unverzüglich schriftlich anzuzeigen.

(2) Der Versicherer kann vom geschädigten Dritten Auskunft verlangen, soweit sie zur Fest-

stellung des Schadenereignisses und der Höhe des Schadens erforderlich und dem geschädigten Dritten zumutbar ist. Zur Vorlage von Belegen ist der geschädigte Dritte nur insoweit verpflichtet, als ihm die Beschaffung zugemutet werden kann.

(3) Verletzt der geschädigte Dritte die Pflichten gemäß Abs. 1 und 2, so beschränkt sich die Haftung des Versicherers auf den Betrag, den er auch bei gehöriger Erfüllung der Pflichten zu leisten gehabt hätte. Diese Rechtsfolge tritt bezüglich der Pflichten gemäß Abs. 2 nur ein, wenn der Versicherer den geschädigten Dritten vorher ausdrücklich schriftlich auf die Folgen der Verletzung hingewiesen hat.

(4) Abs. 3 erster Satz gilt auch, wenn der Versicherungsnehmer mit dem Dritten ohne Einwilligung des Versicherers einen Vergleich abschließt oder dessen Anspruch anerkennt; § 154 Abs. 2 des Versicherungsvertragsgesetzes 1958 ist anzuwenden.

(5) Die §§ 158d und 158e des Versicherungsvertragsgesetzes 1958 sind nicht anzuwenden.

Pflichten des Versicherers

§ 29a. (1) Der Versicherer oder sein „gemäß § 100 VAG 2016“ bestellter Schadenregulierungsbeauftragter sind verpflichtet, dem geschädigten Dritten innerhalb von drei Monaten ab dem Zeitpunkt, in dem dieser ihm das Schadenereignis angezeigt hat, die Ersatzleistung anzubieten, wenn diese dem Grunde und der Höhe nach nicht bestritten wird. *(BGBl I 2015/34, ab 1. 1. 2016)*

(1a) Erhebungen zur Feststellung der Ersatzpflicht sind vom Versicherer oder seinem Schadenregulierungsbeauftragten zügig voranzutreiben. Dabei haben sie die Vorlage von zur Feststellung der Ersatzpflicht erforderlichen Unterlagen ohne unnötigen Aufschub einzufordern. *(BGBl I 2023/129, ab 23. 12. 2023)*

(2) Bestreiten der Versicherer oder sein Schadenregulierungsbeauftragter die Pflicht zur Erbringung einer Ersatzleistung oder sind die Erhebungen zur Feststellung der Ersatzpflicht innerhalb der in Abs. 1 angeführten Frist noch nicht abgeschlossen, so haben sie dies gegenüber dem geschädigten Dritten innerhalb der in Abs. 1 angeführten Frist schriftlich zu begründen.

(3) Sind die Erhebungen zur Feststellung der Ersatzpflicht innerhalb der in Abs. 1 angeführten Frist noch nicht abgeschlossen, so kann der geschädigte Dritte in Anrechnung auf seine Gesamtforderung Abschlagszahlungen in der Höhe des Betrages verlangen, den der Versicherer nach Lage des Falles mindestens zu zahlen hat.

(4) Kommen der Versicherer oder sein Schadenregulierungsbeauftragter ihrer Pflicht gemäß Abs. 1 und 2 nicht nach, so gebühren dem geschädigten Dritten die gesetzlichen Verzugszinsen spätestens ab dem Zeitpunkt des Ablaufes der Frist gemäß Abs. 1.

(5) Die Abs. 1 bis 4 gelten auch für die Leistungsverpflichtungen des Verbandes der Versicherungsunternehmen Österreichs gegenüber geschädigten Dritten auf Grund des Übereinkommens zwischen den nationalen Versicherungsbüros der Mitgliedstaaten des Europäischen Wirtschaftsraums und anderen assoziierten Staaten vom 30. Mai 2002 (ABl. Nr. L 192 vom 31.7.2003, S. 23). *(BGBl I 2007/37)*

(BGBl I 2002/11)

Schadenregulierungsbeauftragter

§ 29b. (1) Das Recht von Geschädigten mit Wohnsitz oder Sitz in anderen Vertragsstaaten, Ansprüche auf Ersatzleistung unmittelbar gegen den Schädiger oder den Versicherer geltend zu machen, wird durch die Befugnisse des „gemäß § 100 VAG 2016“ bestellten Schadenregulierungsbeauftragten nicht berührt. *(BGBl I 2015/34, ab 1. 1. 2016)*

(2) Die Pflichten des geschädigten Dritten gegenüber dem Versicherer (§ 29) können auch gegenüber dem Schadenregulierungsbeauftragten „gemäß § 100 VAG 2016“ erfüllt werden. *(BGBl I 2015/34, ab 1. 1. 2016)*

(BGBl I 2002/11)

6. Abschnitt

Vorschriften für den EWR

Pflichten der Versicherungsunternehmen

§ 30. (1) Folgende Versicherungsverträge dürfen von Versicherungsunternehmen, die ihren Sitz in einem Vertragsstaat des Abkommens über den Europäischen Wirtschaftsraum haben, „über eine Zweigniederlassung oder“ im Dienstleistungsverkehr nur abgeschlossen werden, wenn das Versicherungsunternehmen sich an Einrichtungen, die dem Nachweis einer Haftung gemäß § 62 Abs. 1 KFG 1967 dienen, in gleicher Weise beteiligt wie Versicherungsunternehmen, die im Inland ihren Sitz oder eine Zweigniederlassung haben:

1. Versicherungsverträge, die der Erfüllung der Versicherungspflicht dienen (§ 59 Abs. 1 KFG 1967),

2. Versicherungsverträge für Fahrzeuge, die gemäß § 59 Abs. 2 KFG 1967 von der Versicherungspflicht ausgenommen sind, wenn sie bei nicht unter diese Bestimmung fallenden Fahrzeugen der Erfüllung der Versicherungspflicht dienen würden.

(BGBl I 1997/71; BGBl I 2002/46)

(2) Unbeschadet sonstiger Erfordernisse darf der Betrieb „über eine Zweigniederlassung oder“ im Dienstleistungsverkehr erst aufgenommen werden, wenn das Versicherungsunternehmen

seine Beteiligung an der Einrichtung gemäß Abs. 1 vollzogen hat. *(BGBl I 2002/46)*

Schadenregulierungsvertreter

§ 31. (1) Die Kraftfahrzeug-Haftpflichtversicherung darf im Dienstleistungsverkehr im Inland nur betrieben werden, solange für diesen Betrieb ein Schadenregulierungsvertreter „gemäß Art. 152 der Richtlinie 2009/138/EG betreffend die Aufnahme und Ausübung der Versicherungs- und Rückversicherungstätigkeit (Solvabilität II) (Neufassung), ABl. Nr. L 335 vom 17.12.2009 S. 1, zuletzt geändert durch die Richtlinie 2014/51/EU, ABl. Nr. L 153 vom 22.05.2014 S. 1," bestellt ist. *(BGBl I 2015/34, ab 1. 1. 2016)*

(2) Unbeschadet sonstiger Erfordernisse darf der Betrieb der Kraftfahrzeug-Haftpflichtversicherung im Dienstleistungsverkehr erst aufgenommen werden, wenn das Versicherungsunternehmen einen Schadenregulierungsvertreter im Inland bestellt hat.

(3) Dem Versicherungsnehmer sind vor Abschluss des Versicherungsvertrages Name und Anschrift des Schadenregulierungsvertreters mitzuteilen. Wenn dem Versicherungsnehmer Unterlagen zur Verfügung gestellt werden, so muss diese Mitteilung darin enthalten sein. Während der Laufzeit des Versicherungsvertrages ist dem Versicherungsnehmer jede Änderung der Person oder der Anschrift des Schadenregulierungsvertreters unverzüglich mitzuteilen.

(4) Ansprüche auf die Ersatzleistung können außer gegen den Schädiger und den Versicherer bei im Dienstleistungsverkehr abgeschlossenen Verträgen auch gegen den Schadenregulierungsvertreter geltend gemacht werden.

(5) Die Pflichten des geschädigten Dritten gegenüber dem Versicherer (§ 29) können auch gegenüber dem Schadenregulierungsvertreter erfüllt werden.

(BGBl I 2002/46)

6a. Versicherungsregister

Inländische Fahrzeuge

§ 31a. (1) Der Fachverband der Versicherungsunternehmen hat nach Maßgabe der nachstehenden Vorschriften ein Register über die Haftpflichtversicherung für die im Inland zugelassenen Fahrzeuge zu führen und den hiezu berechtigten Personen Auskünfte aus diesem Register zu erteilen. In das Register ist auch die Bewilligung von Probefahrten und, sofern gemäß § 46 Abs. 2 erster Satz KFG 1967 eine Versicherungsbestätigung beizubringen ist, von Überstellungsfahrten einzutragen.

(2) Das Register hat folgende Angaben zu enthalten:

1. das Kennzeichen,

2. die Nummer der Versicherungsbestätigung (§ 61 Abs. 1 KFG 1967) über den zur Erfüllung der Versicherungspflicht (§ 59 Abs. 1 KFG 1967) abgeschlossenen Versicherungsvertrag und, wenn der Versicherungsvertrag nicht mehr besteht, den Zeitpunkt, zu dem der Versicherungsschutz in Ansehung des Dritten endet (§ 24 Abs. 2 dieses Bundesgesetzes),

3. das Versicherungsunternehmen, mit dem der Versicherungsvertrag zur Erfüllung der Versicherungspflicht abgeschlossen worden ist, und die für die anderen Vertragsstaaten „gemäß § 100 VAG 2016" bestellten Schadenregulierungsbeauftragten, *(BGBl I 2015/34, ab 1. 1. 2016)*

4. bei Fahrzeugen, die gemäß § 59 Abs. 2 KFG 1967 von der Versicherungspflicht ausgenommen sind, die Gebietskörperschaft oder das Unternehmen, die das Fahrzeug besitzen, und, wenn eine Kraftfahrzeug-Haftpflichtversicherung abgeschlossen wurde, das Versicherungsunternehmen.

(3) Die Angaben gemäß Abs. 2 sind bis zum Ablauf von sieben Jahren nach Ablauf, Erlöschen oder Aufhebung der Zulassung oder nach Beendigung des Versicherungsvertrages aufzubewahren.

(4) Der Fachverband der Versicherungsunternehmen hat Personen, die mit einem im Inland zugelassenen Fahrzeug geschädigt wurden, auf Grund einer innerhalb von sieben Jahren nach dem Schadenereignis eingelangten Anfrage Auskunft zu geben über

1. Namen und Anschrift des Versicherungsunternehmens, mit dem der Versicherungsvertrag zur Erfüllung der Versicherungspflicht abgeschlossen worden ist,

2. die Nummer der Versicherungsbestätigung über den zur Erfüllung der Versicherungspflicht abgeschlossenen Versicherungsvertrag,

3. Namen und Anschrift des „gemäß § 100 VAG 2016" für den Staat, in dem der Geschädigte seinen Wohnsitz oder Sitz hat, bestellten Schadenregulierungsbeauftragten, *(BGBl I 2015/34, ab 1. 1. 2016)*

4. bei Fahrzeugen, die gemäß § 59 Abs. 2 KFG 1967 von der Versicherungspflicht ausgenommen sind,

a) Namen und Anschrift der Gebietskörperschaft oder des Unternehmens, die das Fahrzeug besitzen, und deren Eintrittspflicht für mit diesen Fahrzeugen verursachte Schäden oder

b) wenn eine Kraftfahrzeug-Haftpflichtversicherung abgeschlossen wurde, Namen und Anschrift des Versicherungsunternehmens sowie des „gemäß § 100 VAG 2016" für den Staat, in dem der Geschädigte seinen Wohnsitz oder Sitz hat, bestellten Schadenregulierungsbeauftragten. *(BGBl I 2015/34, ab 1. 1. 2016)*
(BGBl I 2007/37)

(5) Die Zulassungsbehörde (§ 40 KFG 1967) oder Zulassungsstelle (§ 40b KFG 1967) hat dem

Fachverband der Versicherungsunternehmen unverzüglich mitzuteilen

1. die Zulassung und das Kennzeichen eines Fahrzeugs sowie den Ablauf, das Erlöschen oder die Aufhebung der Zulassung,

2. Namen und Anschrift des Versicherungsunternehmens, mit dem der Versicherungsvertrag zur Erfüllung der Versicherungspflicht abgeschlossen worden ist,

3. bei Fahrzeugen, die gemäß § 59 Abs. 2 KFG 1967 von der Versicherungspflicht ausgenommen sind, Namen und Anschrift der Gebietskörperschaft oder des Unternehmens, die das Fahrzeug besitzen,

4. die Bewilligung von Probefahrten und, sofern gemäß § 46 Abs. 2 erster Satz KFG 1967 eine Versicherungsbestätigung beizubringen ist, von Überstellungsfahrten sowie das dafür ausgestellte Kennzeichen.

(6) Die Versicherungsunternehmen haben dem Fachverband der Versicherungsunternehmen unverzüglich mitzuteilen

1. die Nummer der Versicherungsbestätigung über die zur Erfüllung der Versicherungspflicht abgeschlossenen Versicherungsverträge,

2. jeden Umstand, der das Nichtbestehen oder die Beendigung von zur Erfüllung der Versicherungspflicht abgeschlossenen Versicherungsverträgen zur Folge hat, und den Zeitpunkt, zu dem der Versicherungsschutz in Ansehung des Dritten endet,

3. den Abschluss einer Kraftfahrzeug-Haftpflichtversicherung für Fahrzeuge, die gemäß § 59 Abs. 2 KFG 1967 von der Versicherungspflicht ausgenommen sind, und die Beendigung dieser Versicherung,

4. Namen und Anschrift der Schadenregulierungsbeauftragten, die sie „gemäß § 100 VAG 2016" für die einzelnen Vertragsstaaten des Abkommens über den Europäischen Wirtschaftsraum bestellt haben. *(BGBl I 2015/34, ab 1. 1. 2016)*

(7) Der Fachverband der Versicherungsunternehmen hat Personen, die mit einem im Inland zugelassenen Fahrzeug geschädigt wurden, auf Grund einer innerhalb von sieben Jahren nach dem Schadenereignis eingelangten Anfrage auch über Namen und Anschrift des Halters Auskunft zu geben, wenn diese Personen ein berechtigtes Interesse an einer solchen Auskunft glaubhaft machen. Der Fachverband der Versicherungsunternehmen hat unverzüglich die Behörde oder Zulassungsstelle oder das Versicherungsunternehmen um die für diese Auskunft erforderlichen Mitteilungen zu ersuchen. Diese haben dem Ersuchen unverzüglich zu entsprechen.

(BGBl I 2002/11)

Ausländische Fahrzeuge

§ 31b. (1) Der Fachverband der Versicherungsunternehmen hat Personen, die mit einem Fahrzeug mit gewöhnlichem Standort in einem anderen Vertragsstaat des Abkommens über den Europäischen Wirtschaftsraum geschädigt wurden, innerhalb von sieben Jahren nach dem Schadenereignis Auskunft zu geben über

1. Namen und Anschrift des Versicherungsunternehmens, mit dem der Versicherungsvertrag zur Erfüllung der Versicherungspflicht abgeschlossen worden ist,

2. die Nummer der Urkunde über den zur Erfüllung der Versicherungspflicht abgeschlossenen Versicherungsvertrag,

„3."* Namen und Anschrift des für den Staat, in dem der Geschädigte seinen Wohnsitz oder Sitz hat, nach Art. 21 Abs. 1 der Richtlinie 2009/103/EG „ "** bestellten Schadenregulierungsbeauftragten, *(*BGBl I 2007/37; **BGBl I 2023/129)*

„4." Namen und Anschrift der Einrichtung oder Stelle, die dem Geschädigten den Schaden zu ersetzen hat, wenn das Fahrzeug von der Versicherungspflicht ausgenommen ist und nicht das nationale Versicherungsbüro im Staat des Wohnsitzes oder Sitzes des Geschädigten den Schaden ersetzt, *(BGBl I 2007/37)*

„5." Namen und Anschrift des Fahrzeugeigentümers, des gewöhnlichen Fahrers oder des Halters, wenn der Geschädigte ein berechtigtes Interesse an dieser Auskunft glaubhaft macht. *(BGBl I 2007/37)*

(2) Der Fachverband der Versicherungsunternehmen hat die nach „Art. 23 der Richtlinie 2009/103/EG" eingerichtete Auskunftsstelle in dem Vertragsstaat, in dem das Fahrzeug seinen gewöhnlichen Standort hat, unverzüglich um die für die Auskunft gemäß Abs. 1 erforderlichen Mitteilungen zu ersuchen. *(BGBl I 2017/19)*

(3) Der Fachverband der Versicherungsunternehmen hat den nach „Art. 23 der Richtlinie 2009/103/EG" eingerichteten Auskunftsstellen in anderen Vertragsstaaten unverzüglich die Angaben mitzuteilen, die diese zur Erteilung einer Auskunft nach „Art. 23 Abs. 3 oder 4 der Richtlinie 2009/103/EG" benötigen. *(BGBl I 2017/19)*

(4) Im Fall von Fahrzeugen, die gemäß § 5 Z 20 lit. a sublit. bb VAG 2016 von einem Vertragsstaat in einen anderen eingeführt werden und wenn Österreich betroffener Vertragsstaat ist, hat der Fachverband der Versicherungsunternehmen

1. mit der nach Art. 23 der Richtlinie 2009/103/EG eingerichteten Auskunftsstelle des Zulassungsvertragsstaats, sofern das Fahrzeug in einem anderen Vertragsstaat zugelassen ist,

2. mit der Auskunftstelle des Bestimmungsvertragsstaats, sofern dieser vom Zulassungsvertragsstaat abweicht, sowie

3. mit den Auskunftsstellen aller sonstiger anderer betroffener Vertragsstaaten, wie beispielsweise des Vertragsstaats, auf dessen Hoheitsgebiet sich ein Unfall ereignet hat oder in dem ein Geschädigter seinen Wohnsitz hat,

zusammenzuarbeiten, um sicherzustellen, dass die notwendigen Informationen über das Fahrzeug, die dem Fachverband der Versicherungsunternehmen und den anderen Auskunftsstellen gemäß Art. 23 der Richtlinie 2009/103/EG vorliegen, zur Verfügung stehen. *(BGBl I 2023/129, ab 23. 12. 2023)*

(BGBl I 2002/11)

7. Abschnitt

Ausschuß für die Kraftfahrzeug-Haftpflichtversicherung

Zusammensetzung

§ 32. (1) Zur Beratung der zuständigen Bundesminister in Angelegenheiten der Kraftfahrzeug-Haftpflichtversicherung ist ein Ausschuß für die Kraftfahrzeug-Haftpflichtversicherung zu bilden. In diesen sind je ein Vertreter der Wirtschaftskammer Österreich, der Bundeskammer für Arbeiter und Angestellte, der Präsidentenkonferenz der Landwirtschaftskammern Österreichs, des Österreichischen Gewerkschaftsbundes, des Fachverbandes der „Versicherungsunternehmen"**, des Auto-, Motor- und Radfahrerbundes Österreichs, des Österreichischen Automobil-, Motorrad- und Touring-Clubs „und der FMA"* zu entsenden. *(*BGBl I 2001/97; **BGBl I 2010/107, ab 1. 1. 2011)*

(2) Die Tätigkeit im Ausschuß für die Kraftfahrzeug-Haftpflichtversicherung ist ein unbesoldetes Ehrenamt.

(3) Der Ausschuß für die Kraftfahrzeug-Haftpflichtversicherung hat aus seiner Mitte einen Vorsitzenden und einen Stellvertreter des Vorsitzenden für die Dauer von zwei Jahren zu wählen. Wiederwahl ist zulässig.

Verfahren

§ 33. (1) Der Ausschuß für die Kraftfahrzeug-Haftpflichtversicherung hat sich eine Geschäftsordnung zu geben.

(2) Der Ausschuß faßt seine Beschlüsse mit einfacher Stimmenmehrheit. Bei Stimmengleichheit gibt die Stimme des Vorsitzenden den Ausschlag. Der Ausschuß ist bei Anwesenheit von mindestens zwei Dritteln der Mitglieder beschlußfähig.

(3) Die in der Minderheit gebliebenen Mitglieder können begründete Minderheitsvoten abgeben, die dem zuständigen Bundesminister zur Kenntnis zu bringen sind.

(4) Der Ausschuß hat zu seinen Beratungen Vertreter der zuständigen Bundesminister einzuladen. Diese sind anzuhören. Der Ausschuß darf ferner zu seinen Beratungen Sachverständige beiziehen.

8. Abschnitt

Schluß- und Übergangsbestimmungen

§ 34. (1) Dieses Bundesgesetz tritt mit 1. September 1994 in Kraft.

(2) Das Kraftfahrzeug-Haftpflichtversicherungsgesetz 1987, BGBl. Nr. 296, in der Fassung der KHVG-Novelle 1992, BGBl. Nr. 770, und der Kundmachung BGBl. Nr. 917/1993 tritt mit Ablauf des 31. August 1994 außer Kraft.

§ 34a. „(1)" § 9 Abs. 2 bis 4 und § 19 in der Fassung des Bundesgesetzes BGBl. I Nr. 71/1997 treten mit 1. Juli 1997 in Kraft. *(BGBl I 2001/97)*

(2) Die §§ 17, 18, 19, 31 und 32 in der Fassung des Bundesgesetzes BGBl. I Nr. 97/2001 treten mit 1. April 2002 in Kraft. *(BGBl I 2001/97)*

(3) § 30 und § 31 in der Fassung von Art. II des Bundesgesetzes BGBl. I Nr. 46/2002 treten mit 2. April 2002 in Kraft. Verordnungen auf Grund dieser Bestimmungen dürfen bereits von dem der Kundmachung des Bundesgesetzes BGBl. I Nr. 46/2002 folgenden Tag an erlassen werden, jedoch frühestens mit 2. April 2002 in Kraft treten. Vor dem 1. April 2002 steht dieses Recht, soweit der Bundesminister für Finanzen mit der Vollziehung betraut ist, der Versicherungsaufsichtsbehörde zu. *(BGBl I 2002/46)*

(BGBl I 1997/71)

§ 34b. (1) § 14b Abs. 1 und § 16 in der Fassung von Art. III des Bundesgesetzes BGBl. I Nr. 11/2002 treten mit 1. Juli 2002 in Kraft. Verordnungen auf Grund dieser Bestimmungen dürfen bereits von dem der Kundmachung des Bundesgesetzes BGBl. I Nr. 11/2002 folgenden Tag an erlassen werden, jedoch frühestens mit 1. Juli 2002 in Kraft treten.

(2) § 29a, § 29b, § 31a und § 31b in der Fassung von Art. III des Bundesgesetzes BGBl. I Nr. 11/2002 treten mit 19. Jänner 2003 in Kraft. Verordnungen auf Grund dieser Bestimmungen dürfen bereits vom Tag der Kundmachung des Bundesgesetzes BGBl. I Nr. 11/2002 an erlassen werden, jedoch frühestens mit 19. Jänner 2003 in Kraft treten. Vor dem 1. April 2002 steht dieses Recht, soweit der Bundesminister für Finanzen mit der Vollziehung betraut ist, der Versicherungsaufsichtsbehörde zu.

(3) Die §§ 7, 34b und 37a in der Fassung des Bundesgesetzes BGBl. I Nr. 76/2002 treten mit 1. Jänner 2003 in Kraft. *(BGBl I 2002/76)*

(4) § 1 Abs. 2, § 22, § 31b Abs. 4 und § 38 in der Fassung des Bundesgesetzes BGBl. I Nr. 31/2004 treten mit 1. Mai 2004 in Kraft und sind auf Versicherungsverträge anzuwenden, die nach dem 30. April 2004 abgeschlossen werden. *(BGBl I 2004/31)*

(5) § 4 Abs. 1 Z 4 und 5, § 8 Abs. 3, § 9 Abs. 7, § 16, § 29[1)] Abs. 1a, § 31b Abs. 1 Z 3 und § 31b Abs. 4 in der Fassung des Kraftfahr-Versicherungsrechts-Änderungsgesetzes 2023, – KraftVerÄG 2023, BGBl. I Nr. 129/2023 treten mit 23. Dezember 2023 in Kraft. Zum Zeitpunkt des Inkrafttretens des KraftVerÄG 2023 bestehende Versicherungsverträge mit einem Ausschlusstatbestand nach § 4 Abs. 1 Z 4 oder Z 5 jeweils in der Fassung vor dem KraftVerÄG 2023 ändern sich zu diesem Zeitpunkt insoweit, als der Ausschlusstatbestand nach § 4 Abs. 1 Z 4 oder Z 5 jeweils in der Fassung vor dem KraftVerÄG 2023 durch den Ausschlusstatbestand nach § 4 Abs. 1 Z 4 oder Z 5 jeweils in der Fassung des KraftVerÄG 2023 ersetzt wird. Abweichend von § 18 Abs. 1 dürfen Versicherungsunternehmen Versicherungsbedingungen für ab dem 23. Dezember 2023 abgeschlossene Verträge bereits vor Ablauf der Frist von drei Monaten verwenden, wenn sie der Versicherungsaufsichtsbehörde mitgeteilt worden sind und die Neufassung bloß der Umsetzung der beiden Ausschlussklauseln entsprechend dem Gesetzeswortlaut dient. § 8 Abs. 3 und § 29 Abs. 1a sind in der Fassung des KraftVerÄG 2023 auf Unfälle anzuwenden, die sich nach dem 22. Dezember 2023 ereignet haben. § 16 Abs. 1 zweiter Satz sowie § 16 Abs. 2, 3 und 4 sind in der Fassung des KraftVerÄG 2023 anzuwenden ab dem 23. April 2024 oder dem Tag der Anwendung der in Art. 16 Abs. 6 der Richtlinie 2009/103/EG genannten Durchführungsrechtsakte der Europäischen Kommission, je nachdem, welcher Zeitpunkt später eintritt. *(BGBl I 2023/129)*

(BGBl I 2002/11)

[1)] *richtig: § 29a Abs 1a*

§ 35. (1) Soweit in anderen Bundesgesetzen auf Bestimmungen des KHVG 1987 verwiesen wird, treten an deren Stelle die entsprechenden Bestimmungen dieses Bundesgesetzes.

(2) Soweit in diesem Bundesgesetz auf Bestimmungen anderer Bundesgesetze verwiesen wird, bezieht sich dieser Verweis auf die jeweils geltende Fassung.

§ 36. (1) Zum Zeitpunkt des Inkrafttretens dieses Bundesgesetzes bestehende Versicherungsverträge ändern sich zu diesem Zeitpunkt, insoweit sie den Bestimmungen des 2. Abschnitts nicht entsprechen. § 15 ist anzuwenden.

(2) Auf zum Zeitpunkt des Inkrafttretens dieses Bundesgesetzes bestehende und auf „innerhalb von zehn Monaten" nach diesem Zeitpunkt abgeschlossene Versicherungsverträge können Änderungen der vom Versicherungsunternehmen allgemein verwendeten Tarife angewendet werden. Dies gilt nicht, soweit Versicherungsbedingungen verwendet werden, die eine Prämienanpassungsklausel enthalten. *(BGBl 1995/258)*

(3) Ändert sich die Prämie auf Grund des Abs. 2, so gebührt dem Versicherer oder dem Versicherungsnehmer der anteilige Unterschiedsbetrag zwischen der bisherigen und der geänderten Prämie für den Rest der laufenden Versicherungsperiode. „ " *(BGBl 1995/258)*

(4) § 37 Abs. 3 wird durch den vorstehenden Abs. 2 nicht berührt.

§ 37. (1) Die §§ 11 bis 17, 23 und 24 gelten auch für im Zeitpunkt des Inkrafttretens dieses Bundesgesetzes bestehende Versicherungsverträge.

(2) § 18 Abs. 1 gilt nicht für Versicherungsbedingungen, die von der Versicherungsaufsichtsbehörde genehmigt sind oder gemäß § 34 KHVG 1987 als genehmigt gelten.

(3) Die Bestimmungen der Verordnung über die Prämienbemessung nach dem Schadenverlauf in der Kraftfahrzeug-Haftpflichtversicherung, BGBl. Nr. 369/1987, in der Fassung der Verordnungen BGBl. Nr. 108/1988 und BGBl. Nr. 156/1993 gelten als Bestandteil der zum Zeitpunkt des Inkrafttretens dieses Bundesgesetzes bestehenden Versicherungsverträge, auf die diese Verordnung anwendbar war.

§ 37a. (1) § 14a in der Fassung des Bundesgesetzes BGBl. Nr. 258/1995 ist auf zum Zeitpunkt des Inkrafttretens dieser Bestimmung bestehende Versicherungsverträge anzuwenden. § 36 Abs. 3 zweiter Satz in der bis zu diesem Zeitpunkt geltenden Fassung ist auf diese Versicherungsverträge nicht anzuwenden. *(BGBl 1995/258)*

(2) Die §§ 7, 9 und 37a in der Fassung des Bundesgesetzes BGBl. I Nr. 98/2001 treten mit 1. Jänner 2002 in Kraft. Bestehende Versicherungsverträge sind bis zu diesem Zeitpunkt an die geänderten Bestimmungen anzupassen. *(BGBl I 2001/98)*

(3) § 14b Abs. 1 und § 16 in der Fassung von Art. III des Bundesgesetzes BGBl. I Nr. 11/2002 sind auf zum Zeitpunkt des In-Kraft-Tretens dieser Bestimmungen bestehende Versicherungsverträge anzuwenden. *(BGBl I 2002/11)*

(4) § 29a und § 29b in der Fassung von Art. III des Bundesgesetzes BGBl. I Nr. 11/2002 sind auf Schadenfälle anzuwenden, die nach dem 18. Jänner 2003 eintreten. *(BGBl I 2002/11)*

(5) § 31a und § 31b in der Fassung von Art. III des Bundesgesetzes BGBl. I Nr. 11/2002 sind auch auf Fahrzeuge anzuwenden, die zum Zeit-

punkt des In-Kraft-Tretens dieser Bestimmungen zugelassen sind. *(BGBl I 2002/11)*

(6) Bestehende Versicherungsverträge sind bis zum 1. Jänner 2003 an die mit dem Bundesgesetz BGBl. I Nr. 76/2002 geänderte Bestimmung des § 7 Abs. 2 anzupassen. *(BGBl I 2002/76)*

(7) Die §§ 9, 14a und 14b in der Fassung des Bundesgesetzes BGBl. I Nr. 115/2004 treten mit 1. Oktober 2004 in Kraft. Bestehende Versicherungsverträge sind mit diesem Zeitpunkt an die geänderten Bestimmungen anzupassen. Der Versicherer kann in bestehenden Verträgen als Maßstab für Prämienänderungen den von der Bundesanstalt Statistik Austria verlautbarten Verbraucherpreisindex 2000 heranziehen. *(BGBl I 2004/115)*

(8) § 1 Abs. 2, § 9 Abs. 2 bis 6, § 14b Abs. 2, § 16, § 18 Abs. 1, § 21 Abs. 2, § 29a Abs. 5, § 31a Abs. 4 und § 31b Abs. 1 in der Fassung des Bundesgesetzes BGBl. I Nr. 37/2007 treten mit 1. Juli 2007 in Kraft. § 1 Abs. 3 tritt gleichzeitig außer Kraft. Bestehende Versicherungsverträge sind mit diesem Zeitpunkt an § 9 Abs. 2 bis 6 in der Fassung des Bundesgesetzes BGBl. I Nr. 37/2007 anzupassen. § 29a Abs. 5 in der Fassung des Bundesgesetzes BGBl. I Nr. 37/2007 ist auf Schadenfälle anzuwenden, die nach dem 30. Juni 2007 eintreten. *(BGBl I 2007/37)*

(9) § 18 Abs. 4, § 25 Abs. 1 und § 32 Abs. 1 in der Fassung des Bundesgesetzes BGBl. I Nr. 107/2010 treten mit 1. Jänner 2011 in Kraft. *(BGBl I 2010/107)*

(10) § 9 Abs. 3 bis 6 in der Fassung des Bundesgesetzes BGBl. I Nr. 138/2011 tritt mit 1. Jänner 2012 in Kraft. Bestehende Versicherungsverträge sind mit diesem Zeitpunkt an § 9 Abs. 3 bis 6 in der Fassung des Bundesgesetzes BGBl. I Nr. 138/2011 anzupassen. *(BGBl I 2011/138)*

(11) § 25 Abs. 2, § 29a Abs. 1, § 29b Abs. 1 und 2, § 31 Abs. 1, § 31a Abs. 2 Z 3, Abs. 4 Z 3 und Z 4 lit. b und Abs. 6 Z 4 in der Fassung des Bundesgesetzes BGBl. I Nr. 34/2015 treten mit 1. Jänner 2016 in Kraft. *(BGBl I 2015/34)*

(12) § 9 Abs. 3 bis 6 in der Fassung des Bundesgesetzes BGBl. I Nr. 19/2017 tritt mit 1. Jänner 2017 in Kraft. Bestehende Versicherungsverträge sind mit diesem Zeitpunkt an § 9 Abs. 3 bis 6 in der Fassung des Bundesgesetzes BGBl. I Nr. 19/2017 anzupassen. *(BGBl I 2017/19)*

(13) § 9 Abs. 3, Abs. 4 und Abs. 6 in der Fassung des Bundesgesetzes BGBl. I Nr. 245/2021 tritt mit 1. April 2022 in Kraft. Bestehende Versicherungsverträge sind mit diesem Zeitpunkt an § 9 Abs. 3, Abs. 4 und Abs. 6 in der Fassung des Bundesgesetzes BGBl. I Nr. 245/2021 anzupassen. *(BGBl I 2021/245)*

§ 38. Mit der Vollziehung dieses Bundesgesetzes ist betraut

1. hinsichtlich der §§ 12 zweiter Satz, 18, 19, „“*** 30, „31 Abs. 1 bis 3“**, „31a, 31b, 32 und 33“* der Bundesminister für Finanzen, *(* BGBl I 2002/11; ** BGBl I 2002/46; *** BGBl I 2004/31)*

2. hinsichtlich der übrigen Bestimmungen der Bundesminister für Justiz.

33. Angestelltengesetz

BGBl 1921/292 idF

1 BGBl 1937/229
2 BGBl 1946/174
3 BGBl 1947/159
4 BGBl 1958/108
5 BGBl 1959/253
6 BGBl 1971/292
7 BGBl 1971/317
8 BGBl 1975/418
9 BGBl 1976/390
10 BGBl 1979/107
11 BGBl 1983/144 (ARG)
12 BGBl 1983/544
13 BGBl 1989/651 (EKUG)
14 BGBl 1990/299
15 BGBl 1990/408
16 BGBl 1991/157
17 BGBl 1992/833 (ArbBG)
18 BGBl 1993/335 (SRÄG 1993)
19 BGBl 1993/459 (AVRAG)
20 BGBl 1993/502
21 BGBl I 2000/44 (ARÄG 2000)
22 BGBl I 2001/98
23 BGBl I 2002/100 (BMVG)
24 BGBl I 2003/138
25 BGBl I 2004/64
26 BGBl I 2004/143
27 BGBl I 2006/35
28 BGBl I 2009/116
29 BGBl I 2010/58 (IRÄ-BG)
30 BGBl I 2015/152
31 BGBl I 2017/153
32 BGBl I 2018/100 (SV-OG)
33 BGBl I 2019/74
34 BGBl I 2023/115
35 BGBl I 2024/11

STICHWORTVERZEICHNIS

(Die Zahlenangaben beziehen sich auf die Paragraphen)

AngG

Stichwortverzeichnis

Bundesgesetz vom 11. Mai 1921 über den Dienstvertrag der Privatangestellten (Angestelltengesetz)

Artikel I

An dem Tage, an dem dieses Gesetz in Wirksamkeit tritt, erlischt die Wirksamkeit des Gesetzes vom 16. Jänner 1910, RGBl. Nr. 20, über den Dienstvertrag der Handlungsgehilfen und anderer Dienstnehmer in ähnlicher Stellung (Handlungsgehilfengesetz) sowie die Wirksamkeit der Verordnung vom 22. März 1921, BGBl. Nr. 187, über die Beschränkung der Kündigung bestimmter Dienstverhältnisse. Gleichzeitig treten die §§ 201, 202, 203, 205 und 208 des allgemeinen Berggesetzes vom 23. Mai 1854, RGBl. Nr. 146, soweit sie sich auf Angestellte beziehen, außer Kraft.

Anwendungsgebiet des Gesetzes

§ 1. (1) Dieses Bundesgesetz gilt für das Dienstverhältnis von Personen, die im Geschäftsbetrieb eines Kaufmannes vorwiegend zur Leistung kaufmännischer (Handlungsgehilfen) oder höherer, nicht kaufmännischer Dienste oder zu Kanzleiarbeiten angestellt sind. *(BGBl 1992/833, ab 1. 1. 1993)*

(2) Bei einem Kaufmann angestellte Personen, die nur ausnahmsweise zu kaufmännischen Diensten verwendet werden, sowie Personen, die vorwiegend untergeordnete Verrichtungen leisten, sind nicht als Handlungsgehilfen anzusehen.

§ 2. (1) „Dieses Bundesgesetz findet ferner Anwendung auf das Dienstverhältnis von Personen, die vorwiegend zur Leistung kaufmännischer oder höherer, nicht kaufmännischer Dienste oder zu Kanzleiarbeiten im Geschäftsbetrieb von Unternehmungen, Anstalten oder sonstigen Dienstgebern der nachstehenden Art angestellt sind:“

1. In Unternehmungen jeder Art, auf welche die Gewerbeordnung Anwendung findet, ferner in Vereinen und Stiftungen jeder Art;

2. in Kreditanstalten, Sparkassen, Vorschußkassen, Erwerbs- und Wirtschaftsgenossenschaften, Versatz-, Versorgungs- und Rentenanstalten, Krankenkassen, registrierten Hilfskassen, Versicherungsanstalten jeder Art, gleichviel, ob sie private Versicherungsgeschäfte betreiben oder den Zwecken der öffentlich-rechtlichen Versicherung dienen, sowie in Verbänden der genannten Anstalten;

3. in der Schriftleitung, Verwaltung oder dem Verschleiß einer periodischen Druckschrift;

4. in Kanzleien der Rechtsanwälte, Notare und Patentanwälte;

5. bei Zivilingenieuren, [nicht autorisierten Architekten][1] und [Zivilgeometern][2];

6. in Tabaktrafiken und Lottokollekturen;

7. bei Handelsmäklern, Privatgeschäftsvermittlungen und Auskunftsbureaus;

8. bei Ärzten, Zahntechnikern, in Privatheil- und -pflegeanstalten und in privaten Unterrichtsanstalten;

9. im Bergbau auf vorbehaltene Mineralien[3] einschließlich der auf Grund der Bergwerksverleihung (§ 131 des allgemeinen Berggesetzes vom 23. Mai 1854, RGBl. Nr. 146)[4] errichteten Werksanlagen.
(BGBl 1992/833, ab 1. 1. 1993)

(2) *(durch B-VG derogiert)*

---

1) Gibt es nicht mehr.
2) Jetzt: Ingenieurkonsulenten für Vermessungswesen.
3) Jetzt: bergfreie mineralische Rohstoffe.
4) Jetzt: Bergwerksberechtigung nach §§ 22 ff Mineralrohstoffgesetz BGBl I 1999/36.

§ 3. Wird eine Unternehmung der in den §§ 1 oder 2 bezeichneten Art von einem öffentlichen Fonds, von einem Lande, von einem Bezirk oder von einer Gemeinde betrieben, so unterliegen die in diesen Unternehmungen vorwiegend zu kaufmännischen oder zu höheren, nicht kaufmännischen Diensten oder zu Kanzleiarbeiten verwendeten Personen den Bestimmungen dieses Gesetzes nur dann, wenn ihr Dienstverhältnis auf einem privatrechtlichen Vertrage beruht.

§ 4. Das Dienstverhältnis der als Beamte oder Bedienstete des Bundes, einer Bundesanstalt oder eines vom Bund verwalteten Fonds angestellten Personen wird durch die Bestimmungen dieses Gesetzes nicht berührt.

§ 5. Die Bestimmungen dieses Gesetzes finden keine Anwendung auf Lehrlinge im Sinne [der Gewerbeordnung][1], ferner auf Angestellte der Seeschiffahrt „ “ sowie auf Angestellte in land- und forstwirtschaftlichen Betrieben[2], sofern letztere nicht Handlungsgehilfen sind. *(BGBl I 2003/138, ab 1. 1. 2004, s § 42 Abs 5)*

---

1) Jetzt: Berufsausbildungsgesetz, BGBl 1969/142.
2) Beachte Gutsangestelltengesetz BGBl 1923/538.

Inhalt des Dienstvertrages

§ 6. (1) Art und Umfang der Dienstleistungen sowie das dafür gebührende Entgelt (Geld- und Naturalbezüge) werden mangels Vereinbarung durch den für die betreffende Art der Unternehmung bestehenden Ortsgebrauch bestimmt. In Ermanglung eines solchen sind die den Umständen nach angemessenen Dienste und ein ebensolches Entgelt zu leisten.

(2) *(durch B-VG derogiert)*

(3) Dem Angestellten ist bei Abschluß des Dienstvertrages vom Dienstgeber eine schriftliche Aufzeichnung über die wesentlichen Rechte und Pflichten aus dem Dienstvertrag auszuhändigen, auf die die Vorschriften des § 2 des Arbeitsvertragsrechts-Anpassungsgesetzes (AVRAG), BGBl. Nr. 459/1993, in der jeweils geltenden Fassung anzuwenden sind. *(BGBl 1993/459, ab 1. 1. 1994)*

Konkurrenzverbot

§ 7. (1) Unbeschadet des § 2i AVRAG dürfen die im § 1 bezeichneten Angestellten ohne Bewilligung des Dienstgebers weder ein selbständiges kaufmännisches Unternehmen betreiben noch im Geschäftszweig des Dienstgebers für eigene oder fremde Rechnung Handelsgeschäfte machen. *(BGBl I 2024/11, ab 28. 3. 2024)*

(2) Übertritt der Angestellte diese Vorschrift, so kann der Dienstgeber Ersatz des verursachten Schadens fordern oder statt dessen verlangen, daß die für Rechnung des Angestellten gemachten Geschäfte als für seine Rechnung geschlossen angesehen werden. Bezüglich der für fremde Rechnung geschlossenen Geschäfte kann er die Herausgabe der hiefür bezogenen Vergütung oder Abtretung des Anspruches auf Vergütung begehren.

(3) Die Ansprüche des Dienstgebers erlöschen in drei Monaten von dem Zeitpunkt an, in dem er Kenntnis von dem Abschlusse des Geschäftes erlangt hat, jedenfalls aber in fünf Jahren von dem Abschlusse des Geschäftes an.

(4) Angestellten, die bei den im § 2, Z. 5, bezeichneten Dienstgebern angestellt sind, ist untersagt, ohne Einwilligung des Dienstgebers Aufträge, die in das Gebiet der geschäftlichen Tätigkeit des Dienstgebers fallen, auf eigene oder fremde Rechnung zu übernehmen, sofern dadurch das geschäftliche Interesse des Dienstgebers beeinträchtigt wird; ferner ist ihnen untersagt, ohne Einwilligung des Dienstgebers gleichzeitig mit diesem an einem und demselben Wettbewerbe teilzunehmen. Übertritt der Angestellte diese Vorschrift, so kann der Dienstgeber Ersatz des verursachten Schadens fordern. Die Bestimmungen des vorhergehenden Absatzes sind sinngemäß anzuwenden.

Anspruch bei Dienstverhinderung

§ 8. (1) Ist ein Angestellter nach Antritt des Dienstverhältnisses durch Krankheit oder Unglücksfall an der Leistung seiner Dienste verhindert, ohne dass er die Verhinderung vorsätzlich oder durch grobe Fahrlässigkeit herbeigeführt hat, so behält er seinen Anspruch auf das Entgelt bis zur Dauer von sechs Wochen. Der Anspruch auf das Entgelt beträgt, wenn das Dienstverhältnis ein Jahr gedauert hat, jedenfalls acht Wochen; es erhöht sich auf die Dauer von zehn Wochen, wenn es fünfzehn Jahre, und auf zwölf Wochen, wenn es fünfundzwanzig Jahre ununterbrochen gedauert hat. Durch je weitere vier Wochen behält der Angestellte den Anspruch auf das halbe Entgelt. *(BGBl I 2017/153, ab 1. 7. 2018, auf Dienstverhinderungen anzuwenden, die in nach dem 30. Juni 2018 begonnenen Arbeitsjahren eingetreten sind; s auch Art X Z 14 und 17)*

(2) Bei wiederholter Dienstverhinderung durch Krankheit (Unglücksfall) innerhalb eines Arbeitsjahres besteht ein Anspruch auf Fortzahlung des Entgelts nur insoweit, als die Dauer des Anspruches gemäß Abs. 1 noch nicht erschöpft ist. *(BGBl I 2017/153, ab 1. 7. 2018, auf Dienstverhinderungen anzuwenden, die in nach dem 30. Juni 2018 begonnenen Arbeitsjahren eingetreten sind; s auch Art X Z 14 und 18)*

(2a) Wird ein Angestellter durch Arbeitsunfall oder Berufskrankheit im Sinne der Vorschriften über die gesetzliche Unfallversicherung an der Leistung seiner Arbeit verhindert, ohne dass er die Verhinderung vorsätzlich oder durch grobe Fahrlässigkeit herbeigeführt hat, so behält er seinen Anspruch auf das Entgelt ohne Rücksicht auf andere Zeiten einer Dienstverhinderung bis zur Dauer von acht Wochen. Der Anspruch auf das Entgelt erhöht sich auf die Dauer von zehn Wochen, wenn das Dienstverhältnis 15 Jahre ununterbrochen gedauert hat. Bei wiederholten Dienstverhinderungen, die im unmittelbaren ursächlichen Zusammenhang mit einem Arbeitsunfall oder einer Berufskrankheit stehen, besteht ein Anspruch auf Fortzahlung des Entgelts innerhalb eines Arbeitsjahres nur insoweit, als die Dauer des Anspruches nach dem ersten oder zweiten Satz noch nicht erschöpft ist. Ist ein Angestellter gleichzeitig bei mehreren Dienstgebern beschäftigt, so entsteht ein Anspruch nach diesem Absatz nur gegenüber jenem Dienstgeber, bei dem die Dienstverhinderung im Sinne dieses Absatzes eingetreten ist; gegenüber den anderen Dienstgebern entstehen Ansprüche nach Abs. 1. *(BGBl I 2017/153, ab 1. 7. 2018, auf Dienstverhinderungen anzuwenden, die in nach dem 30. Juni 2018 begonnenen Arbeitsjahren eingetreten sind; s auch Art X Z 14)*

(3) Der Angestellte behält ferner den Anspruch auf das Entgelt, wenn er durch andere wichtige, seine Person betreffende Gründe ohne sein Verschulden während einer verhältnismäßig kurzen Zeit an der Leistung seiner Dienste verhindert wird.

(3a) Ist ein Angestellter nach Antritt des Dienstverhältnisses wegen eines Einsatzes als freiwilliges Mitglied einer Katastrophenhilfsorganisation, eines Rettungsdienstes oder einer freiwilligen Feuerwehr bei einem Großschadensereignis nach § 3 Z 2 lit. b des Katastrophenfondsgesetzes, BGBl. Nr. 201/1996 oder als Mitglied eines

Bergrettungsdienstes an der Dienstleistung verhindert, so hat er unbeschadet seiner Ansprüche nach Abs. 3 einen Anspruch auf Fortzahlung des Entgelts, wenn das Ausmaß und die Lage der Dienstfreistellung mit dem Dienstgeber vereinbart wird. *(BGBl I 2019/74, ab 1. 9. 2019)*

(4) Weibliche Angestellte behalten den Anspruch auf das Entgelt während sechs Wochen nach ihrer Niederkunft. Erkranken sie, so gelten vom Zeitpunkt der Niederkunft die Bestimmungen des Abs. 1. Die Ansprüche nach dem ersten und zweiten Satz bestehen nicht für Zeiten, während derer ein Anspruch auf Wochengeld oder Krankengeld nach dem Allgemeinen Sozialversicherungsgesetz, BGBl. Nr. 189/1955 besteht. Ebenso bestehen diese Ansprüche nicht, wenn sich die Angestellte vor dem Beschäftigungsverbot nach § 3 Abs. 1 oder Abs. 3 des Mutterschutzgesetzes 1979 (MSchG), BGBl. Nr. 221/1979, in einer Karenz nach dem MSchG oder einer mit dem Dienstgeber zur Kinderbetreuung vereinbarten Karenz befindet. Ein Anspruch auf einen Zuschuss des Dienstgebers zum Krankengeld wird hierdurch nicht berührt. *(BGBl I 2015/152, ab 1. 1. 2016)*

(5) Gegen Vorweisung eines ärztlichen Zeugnisses, daß ihre Niederkunft voraussichtlich innerhalb sechs Wochen stattfinden wird, können weibliche Angestellte die Arbeit einstellen. Erkrankt die Angestellte während dieser Frist, so gelten vom Tage der Erkrankung die Bestimmungen des Absatzes 1.

(6) Nach der Niederkunft haben sie, wenn sie ihre Kinder selbst stillen, während der Arbeitszeit Anspruch auf zwei halbstündige Stillpausen täglich.

(7) Beträge, die der Angestellte für die Zeit der Verhinderung auf Grund einer öffentlich-rechtlichen Versicherung bezieht, dürfen auf die Geldbezüge nicht angerechnet werden.

(8) Der Angestellte ist verpflichtet, ohne Verzug die Dienstverhinderung dem Dienstgeber anzuzeigen und auf Verlangen des Dienstgebers, das nach angemessener Zeit wiederholt werden kann, eine Bestätigung der zuständigen Krankenkasse oder eines Amts- oder Gemeindearztes über Ursache und Dauer der Arbeitsunfähigkeit vorzulegen. Kommt der Angestellte diesen Verpflichtungen nicht nach, so verliert er für die Dauer der Säumnis den Anspruch auf das Entgelt.

(9) Durch Kollektivvertrag oder durch Betriebsvereinbarung im Sinne des § 97 Abs. 1 Z 21 Arbeitsverfassungsgesetz (ArbVG) kann vereinbart werden, dass sich der Anspruch auf Entgeltfortzahlung nicht nach dem Arbeitsjahr, sondern nach dem Kalenderjahr richtet. Solche Vereinbarungen können vorsehen, dass

a) Dienstnehmer, die während des Kalenderjahres eintreten, Anspruch auf Entgeltfortzahlung nur bis zur Hälfte der in Abs. 1 und 2a genannten Dauer haben, sofern die Dauer des Arbeitsverhältnisses im Kalenderjahr des Eintritts weniger als sechs Monate beträgt;

b) der jeweils höhere Anspruch nach Abs. 1 zweiter Satz und Abs. 2a zweiter Satz erstmals in jenem Kalenderjahr gebührt, in das der überwiegende Teil des Arbeitsjahres fällt;

c) die Ansprüche der im Zeitpunkt der Umstellung im Betrieb beschäftigten Dienstnehmer für den Umstellungszeitraum (Beginn des Arbeitsjahres bis Ende des folgenden Kalenderjahres) gesondert berechnet werden. Jedenfalls muss für den Umstellungszeitraum dem Dienstnehmer ein voller Anspruch und ein zusätzlicher aliquoter Anspruch entsprechend der Dauer des Arbeitsjahres im Kalenderjahr vor der Umstellung abzüglich jener Zeiten, für die bereits Entgeltfortzahlung wegen Arbeitsverhinderung wegen Krankheit (Unglücksfall) gewährt wurde, zustehen.
(BGBl I 2017/153, ab 1. 7. 2018, auf Dienstverhinderungen anzuwenden, die in nach dem 30. Juni 2018 begonnenen Arbeitsjahren eingetreten sind; s auch Art X Z 14)

§ 9. (1) Wird der Angestellte während einer Dienstverhinderung gemäß § 8 Abs. 1 bis 2a gekündigt, ohne wichtigen Grund vorzeitig entlassen oder trifft den Dienstgeber ein Verschulden an dem vorzeitigen Austritt des Angestellten, so bleibt der Anspruch auf Fortzahlung des Entgelts für die nach diesem Bundesgesetz vorgesehene Dauer bestehen, wenngleich das Dienstverhältnis früher endet. Der Anspruch auf Entgeltfortzahlung bleibt auch bestehen, wenn das Dienstverhältnis während einer Dienstverhinderung gemäß § 8 Abs. 1 bis 2a oder im Hinblick auf eine Dienstverhinderung gemäß § 8 Abs. 1 bis 2a einvernehmlich beendet wird. *(BGBl I 2017/153, ab 1. 7. 2018; s Art X Z 15)*

(2) Weibliche Angestellte dürfen wegen der durch ihre Schwangerschaft (§ 8, Absatz 5) oder ihre Niederkunft verursachten Dienstverhinderung nicht entlassen werden. Wird das Dienstverhältnis vom Dienstgeber innerhalb sechs Wochen vor oder innerhalb sechs Wochen nach der Niederkunft gekündigt, so endigt es in keinem Falle vor Ablauf von acht Wochen nach der Niederkunft.

(3) Die Ansprüche des Angestellten auf Fortbezug des Entgeltes (§ 8) erlöschen mit der Beendigung des Dienstverhältnisses, wenn dieses infolge Ablaufes der Zeit, für die es eingegangen wurde, oder infolge einer früheren Kündigung aufgelöst wird. Das gleiche gilt, wenn der Angestellte aus einem anderen Grunde als wegen der durch Erkrankung oder Unglücksfall verursachten Dienstverhinderung entlassen wird.

Ablaufhemmung von Verjährungs- und Verfallsfristen bei Dienstverhinderung

§ 9a. Der Ablauf von laufenden gesetzlichen, kollektivvertraglichen und vertraglichen Verjährungs- und Verfallsfristen betreffend Ansprüche aus dem Dienstverhältnis, die der Angestellte zu Beginn einer Dienstverhinderung nach § 8 Abs. 3 wegen Krankheit oder Unfall eines nahen Angehörigen bereits erworben hat, bleibt bis zum Ablauf von zwei Wochen nach Ende dieser Dienstverhinderung gehemmt.

(BGBl I 2023/115, ab 1. 11. 2023)

Provision

§ 10. (1) Ist bedungen, daß der Angestellte für Geschäfte, die von ihm geschlossen oder vermittelt werden, Provision erhalten soll, so gebührt ihm mangels Vereinbarung die für den betreffenden Geschäftszweig am Orte der Niederlassung, für die er tätig ist, übliche Provision.

(2) Hat ein Angestellter, der nur mit der Vermittlung von Geschäften betraut ist, ein Geschäft im Namen des Dienstgebers mit dem Dritten abgeschlossen, so gilt es als vom Dienstgeber genehmigt, wenn dieser nicht ohne Verzug, nachdem er vom Abschluß des Geschäftes Kenntnis erhalten hat, dem Dritten erklärt, daß er das Geschäft ablehne.

(3) Bei Verkaufsgeschäften gilt mangels Vereinbarung der Anspruch des Angestellten auf Provision als erworben, wenn eine Zahlung eingeht, und zwar nur nach dem Verhältnis des eingegangenen Betrages, bei anderen Geschäften mit dem Abschlusse des Geschäftes.

(4) Die Abrechnung über die zu zahlenden Provisionen findet mangels Vereinbarung mit Ende jedes Kalendervierteljahres, wenn aber das Dienstverhältnis vor Ablauf eines Kalendervierteljahres gelöst wird, mit dem Dienstaustritte statt.

(5) Der Angestellte kann, unbeschadet des nach anderen gesetzlichen Vorschriften bestehenden Rechtes auf Vorlegung der Bücher, die Mitteilung eines Buchauszuges über die durch seine Tätigkeit zustande gekommenen Geschäfte verlangen.

§ 11. (1) Dem Angestellten gebührt im Zweifel die Provision auch für solche Geschäfte, die ohne seine unmittelbare Mitwirkung während der Dauer des Dienstverhältnisses zwischen der ihm zugewiesenen oder von ihm zugeführten Kundschaft und dem Dienstgeber zustande gekommen sind.

(2) Ist der Angestellte ausdrücklich für einen bestimmten Bezirk als alleiniger Vertreter des Dienstgebers bestellt, so gebührt ihm mangels Vereinbarung die Provision auch für solche Geschäfte, die ohne seine Mitwirkung während der Dauer des Dienstverhältnisses durch den Dienstgeber oder für diesen in dem Bezirke abgeschlossen worden sind.

(3) Ist die Ausführung eines vom Angestellten oder durch dessen Vermittlung abgeschlossenen Geschäftes oder die Gegenleistung des Dritten, mit dem das Geschäft abgeschlossen worden ist, infolge Verhaltens des Dienstgebers ganz oder teilweise unterblieben, ohne daß hiefür wichtige Gründe in der Person des Dritten vorlagen, so kann der Angestellte die volle Provision verlangen.

(4) Nachlässe, die der Dienstgeber dem Dritten gewährt hat, dürfen mangels Vereinbarung oder mangels eines abweichenden für den betreffenden Geschäftszweig bestehenden Gebrauches bei Berechnung der Provision nur dann abgezogen werden, wenn sie bei Abschluß des Geschäftes vereinbart worden sind.

§ 12. Wenn der Angestellte vom Dienstgeber vertragswidrig verhindert wird, Provisionen oder Taggelder (Diäten) in dem vereinbarten oder in dem nach den getroffenen Vereinbarungen zu erwartenden Umfange zu verdienen, so gebührt ihm eine angemessene Entschädigung.

§ 13. (1) Ein mit dem Abschlusse oder der Vermittlung von Geschäften betrauter Angestellter darf vom Tage des Dienstantrittes ohne Einwilligung des Dienstgebers von dem Dritten, mit dem er für den Dienstgeber Geschäfte abschließt oder vermittelt, eine Provision oder eine sonstige Belohnung nicht annehmen.

(2) Der Dienstgeber kann, unbeschadet allfälliger weiterer Schadenersatzansprüche, vom Angestellten die Herausgabe der unrechtmäßig empfangenen Provision oder Belohnung verlangen.

(3) Dieser Anspruch des Dienstgebers erlischt innerhalb dreier Monate nach Kenntnis des pflichtwidrigen Verhaltens, jedenfalls aber in drei Jahren vom Entstehen des Anspruches an.

Gewinnbeteiligung

§ 14. (1) Ist bedungen, daß das Entgelt ganz oder zum Teil in einem Anteil an dem Gewinn aus allen oder aus bestimmten Geschäften besteht oder daß der Gewinn in anderer Art für die Höhe des Entgeltes maßgebend sein soll, so findet mangels Vereinbarung die Abrechnung für das abgelaufene Geschäftsjahr auf Grund der Bilanz statt.

(2) Der Angestellte kann die Einsicht der Bücher verlangen, soweit dies zur Prüfung der Richtigkeit der Abrechnung erforderlich ist.

Zahlungsfrist

§ 15. Die Zahlung des dem Angestellten zukommenden fortlaufenden Gehaltes hat spätestens am

Fünfzehnten und am Letzten eines jeden Monats in zwei annähernd gleichen Beträgen zu erfolgen. Die Zahlung für den Schluß eines jeden Kalendermonats kann vereinbart werden.

Remuneration

§ 16. „“ Falls der Angestellte Anspruch auf eine periodische Remuneration oder auf eine andere besondere Entlohnung hat, gebührt sie ihm, wenngleich das Dienstverhältnis vor Fälligkeit des Anspruches gelöst wird, in dem Betrage, der dem Verhältnisse zwischen der Dienstperiode, für die die Entlohnung gewährt wird, und der zurückgelegten Dienstzeit entspricht. *(BGBl I 2018/100)*

(2) *(entfällt, BGBl I 2018/100, ab 23. 12. 2018)*

Urlaub

§ 17. Dem Angestellten gebührt in jedem Dienstjahr ein ununterbrochener Urlaub, auf den die Vorschriften des Art. I Abschnitt 1 des Bundesgesetzes vom 7. Juli 1976 betreffend die Vereinheitlichung des Urlaubsrechtes und die Einführung einer Pflegefreistellung, BGBl. Nr. 390, anzuwenden sind.

(BGBl 1976/390)

Fürsorgepflicht

§ 18. (1) Der Dienstgeber ist verpflichtet, auf seine Kosten alle Einrichtungen bezüglich der Arbeitsräume und Gerätschaften herzustellen und zu erhalten, die mit Rücksicht auf die Beschaffenheit der Dienstleistung zum Schutze des Lebens und der Gesundheit der Angestellten erforderlich sind.

(2) Wenn dem Angestellten vom Dienstgeber Wohnräume überlassen werden, dürfen zu diesem Zwecke keine gesundheitsschädlichen Räumlichkeiten verwendet werden.

(3) Der Dienstgeber hat dafür zu sorgen, daß, soweit es die Art der Beschäftigung zuläßt, die Arbeitsräume während der Arbeitszeit licht, rein und staubfrei gehalten werden, daß sie im Winter geheizt und ausreichende Sitzplätze zur Benutzung für die Angestellten in den Arbeitspausen vorhanden sind.

(4) Der Dienstgeber hat jene Maßnahmen zur Wahrung der Sittlichkeit zu treffen, die durch das Alter und Geschlecht der Angestellten geboten sind.

Endigung des Dienstverhältnisses durch Ablauf der Zeit

§ 19. (1) Das Dienstverhältnis endet mit dem Ablaufe der Zeit, für die es eingegangen wurde.

(2) Ein Dienstverhältnis auf Probe kann nur für die Höchstdauer eines Monats vereinbart werden und während dieser Zeit von jedem Vertragsteil jederzeit gelöst werden.

Kündigung

§ 20. (1) Ist das Dienstverhältnis ohne Zeitbestimmung eingegangen oder fortgesetzt worden, so kann es durch Kündigung nach folgenden Bestimmungen gelöst werden. *(BGBl I 2017/153, ab 1. 1. 2018; s Art X Z 16)*

(2) Mangels einer für den Angestellten günstigeren Vereinbarung kann der Dienstgeber das Dienstverhältnis mit Ablauf eines jeden Kalendervierteljahres durch vorgängige Kündigung lösen. Die Kündigungsfrist beträgt sechs Wochen und erhöht sich nach dem vollendeten zweiten Dienstjahr auf zwei Monate, nach dem vollendeten fünften Dienstjahr auf drei, nach dem vollendeten fünfzehnten Dienstjahr auf vier und nach dem vollendeten fünfundzwanzigsten Dienstjahr auf fünf Monate.

(3) Die Kündigungsfrist kann durch Vereinbarung nicht unter die im Absatz 2 bestimmte Dauer herabgesetzt werden; jedoch kann vereinbart werden, daß die Kündigungsfrist am Fünfzehnten oder am Letzten eines Kalendermonats endigt.

(4) Mangels einer für ihn günstigeren Vereinbarung kann der Angestellte das Dienstverhältnis mit dem letzten Tage eines Kalendermonats unter Einhaltung einer einmonatigen Kündigungsfrist lösen. Diese Kündigungsfrist kann durch Vereinbarung bis zu einem halben Jahr ausgedehnt werden; doch darf die vom Dienstgeber einzuhaltende Frist nicht kürzer sein als die mit dem Angestellten vereinbarte Kündigungsfrist.

(5) Ist das Dienstverhältnis nur für die Zeit eines vorübergehenden Bedarfes vereinbart, so kann es während des ersten Monats von beiden Teilen jederzeit unter Einhaltung einer einwöchigen Kündigungsfrist gelöst werden.

§ 21. Ein für die Lebenszeit einer Person oder für länger als fünf Jahre vereinbartes Dienstverhältnis kann von dem Angestellten nach Ablauf von fünf Jahren unter Einhaltung einer Kündigungsfrist von sechs Monaten gekündigt werden.

Freizeit während der Kündigungsfrist

§ 22. (1) Bei Kündigung durch den Dienstgeber ist dem Angestellten während der Kündigungsfrist auf sein Verlangen wöchentlich mindestens ein Fünftel der regelmäßigen wöchentlichen Arbeitszeit ohne Schmälerung des Entgelts freizugeben.

(2) Ansprüche nach Abs. 1 bestehen nicht, wenn der Angestellte einen Anspruch auf eine Pension aus der gesetzlichen Pensionsversicherung hat, sofern eine Bescheinigung über die

vorläufige Krankenversicherung vom Pensionsversicherungsträger ausgestellt wurde.

„(3)“ Durch Kollektivvertrag können abweichende Regelungen getroffen werden. *(BGBl I 2018/100, der bisherige Abs 3 ist ab 23. 12. 2018 entfallen)*

(BGBl I 2000/44, ab 1. 1. 2001)

Abfertigung[1)]

[1)] *Siehe § 42 Abs 3.*

§ 23. (1) Hat das Dienstverhältnis ununterbrochen drei Jahre gedauert, so gebührt dem Angestellten bei Auflösung des Dienstverhältnisses eine Abfertigung. Diese beträgt das Zweifache des dem Angestellten für den letzten Monat des Dienstverhältnisses gebührenden Entgeltes und erhöht sich nach fünf Dienstjahren auf das Dreifache, nach zehn Dienstjahren auf das Vierfache, nach fünfzehn Dienstjahren auf das Sechsfache, nach zwanzig Dienstjahren auf das Neunfache und nach fünfundzwanzig Dienstjahren auf das Zwölffache des monatlichen Entgeltes. „Alle Zeiten, die der Angestellte in unmittelbar vorausgegangenen Dienstverhältnissen als Arbeiter oder Lehrling zum selben Dienstgeber zurückgelegt hat, sind für die Abfertigung zu berücksichtigen; Zeiten eines Lehrverhältnisses jedoch nur dann, wenn das Dienstverhältnis einschließlich der Lehrzeit mindestens sieben Jahre ununterbrochen gedauert hat. Zeiten eines Lehrverhältnisses allein begründen keinen Abfertigungsanspruch.“ *(BGBl 1979/107)*

(1a) Bei der Berechnung der Abfertigung ist eine geringfügige Beschäftigung nach „§ 7b Abs. 1 Väter-Karenzgesetz (VKG), BGBl. Nr. 651/1989, § 15e Abs. 1“ Mutterschutzgesetz 1989, BGBl. Nr. 221 (MSchG), oder gleichartigen österreichischen Rechtsvorschriften nicht zu berücksichtigen. *(BGBl 1990/408, ab 1. 7. 1990; BGBl I 2004/64, ab 1. 7. 2004)*

(2) Im Falle der Auflösung eines Unternehmens entfällt die Verpflichtung zur Gewährung einer Abfertigung ganz oder teilweise dann, wenn sich die persönliche Wirtschaftslage des Dienstgebers derart verschlechtert hat, daß ihm die Erfüllung dieser Verpflichtung zum Teil oder zur Gänze billigerweise nicht zugemutet werden kann.

(3) Wird ein Unternehmen an einen anderen übertragen, so besteht ein Anspruch auf Abfertigung nicht, wenn der Angestellte die Fortsetzung des Dienstverhaltnisses ablehnt, obwohl ihm der Erwerber die Fortsetzung des Dienstverhältnisses unter den bisherigen Bedingungen angeboten und sich verpflichtet hat, die bei seinem Vorgänger geleistete Dienstzeit als bei ihm selbst verbracht zu betrachten.

(4) Die Abfertigung wird, soweit sie den Betrag des Dreifachen des Monatsentgeltes nicht übersteigt, mit der Auflösung des Dienstverhältnisses fällig; der Rest kann vom vierten Monat an in monatlichen im voraus zahlbaren Teilbeträgen abgestattet werden.

(5) Beträge, die der Dienstnehmer auf Grund einer öffentlich-rechtlichen Versicherung bezieht, dürfen in die Abfertigung nur insoweit eingerechnet werden, als sie die gesetzlichen Mindestleistungen übersteigen.

(6) Wird das Dienstverhältnis durch den Tod des Angestellten aufgelöst, so beträgt die Abfertigung nur die Hälfte des im Absatz 1 bezeichneten Betrages und gebührt nur den gesetzlichen Erben, zu deren Erhaltung der Erblasser gesetzlich verpflichtet war.

(7) Der Anspruch auf Abfertigung besteht, vorbehaltlich des § 23a, nicht, wenn der Angestellte kündigt, wenn er ohne wichtigen Grund vorzeitig austritt oder wenn ihn ein Verschulden an der vorzeitigen Entlassung trifft. *(BGBl 1971/292)*

(8) Wird das Dienstverhältnis während einer Teilzeitbeschäftigung nach „MSchG oder VKG“ infolge Kündigung durch den Arbeitgeber, unverschuldeter Entlassung, begründeten Austritt oder einvernehmlich beendet, so ist bei Ermittlung des Entgelts (Abs. 1) die frühere Normalarbeitszeit des Angestellten zugrunde zu legen. *(BGBl 1990/408, ab 1. 7. 1990; BGBl I 2004/64, ab 1. 7. 2004)*

§ 23a.[1)] (1) Der Anspruch auf Abfertigung besteht auch dann, wenn das Dienstverhältnis

1. mindestens zehn Jahre ununterbrochen gedauert hat und

a) bei Männern nach Vollendung des 65. Lebensjahres, bei Frauen nach Vollendung des 60. Lebensjahres oder

b) wegen Inanspruchnahme der vorzeitigen Alterspension bei langer Versicherungsdauer aus einer gesetzlichen Pensionsversicherung oder

c) wegen Inanspruchnahme einer Alterspension aus der gesetzlichen Pensionsversicherung nach § 4 Abs. 2 Allgemeines Pensionsgesetz (APG), BGBl. I Nr. 143/2004, oder

d) wegen Inanspruchnahme einer Alterspension nach § 4 Abs. 3 APG oder

2. wegen Inanspruchnahme einer Pension aus einem Versicherungsfall der geminderten Arbeitsfähigkeit aus einer gesetzlichen Pensionsversicherung oder

3. wegen Feststellung einer voraussichtlich mindestens sechs Monate andauernden Berufsunfähigkeit oder Invalidität durch den Versicherungsträger gemäß § 367 Abs. 4 ASVG

4. im Fall der Arbeitsverhinderung gemäß § 8 Abs. 1, 2 und 2a oder § 2 EFZG nach Ende des Anspruchs auf Entgeltfortzahlung und nach Beendigung des Krankengeldanspruches gemäß § 138 ASVG während eines anhängigen Leistungsstreit-

verfahrens gemäß § 354 ASVG über Berufsunfähigkeit (§ 273 ASVG) oder Invalidität (§ 255 ASVG)

durch Kündigung seitens des Dienstnehmers endet. *(BGBl I 2018/100, ab 23. 12. 2018)*

(1a) *(entfällt, BGBl 1993/335, ab 23. 12. 2018)*

(2) Eine nach Abs. 1 gebührende Abfertigung kann in gleichen monatlichen Teilbeträgen gezahlt werden. Die Zahlung beginnt mit dem auf das Ende des Dienstverhältnisses folgenden Monatsersten. Eine Rate darf die Hälfte des der Bemessung der Abfertigung zugrundeliegenden Monatsentgeltes nicht unterschreiten. *(BGBl I 2018/100, ab 23. 12. 2018)*

(3) Weiblichen Angestellten gebührt – sofern das Dienstverhältnis ununterbrochen fünf Jahre gedauert hat – die Hälfte der nach § 23 Abs. 1 zustehenden Abfertigung, höchstens jedoch das Dreifache des monatlichen Entgelts, wenn sie

1. nach der Geburt eines lebenden Kindes innerhalb der Schutzfrist (§ 5 Abs. 1 des Mutterschutzgesetzes 1979, BGBl. Nr. 221) oder

2. nach der Annahme eines Kindes, welches das zweite Lebensjahr noch nicht vollendet hat, an Kindes Statt (§ 15c Abs. 1 Z 1 MSchG) oder nach Übernahme eines solchen Kindes in unentgeltliche Pflege (§ 15c Abs. 1 Z 2 MSchG) innerhalb von acht Wochen

ihren vorzeitigen Austritt aus dem Arbeitsverhältnis erklären. Bei Inanspruchnahme einer Karenz nach dem MSchG ist der Austritt spätestens drei Monate vor Ende der Karenz zu erklären; bei Inanspruchnahme einer Karenz von weniger als drei Monaten ist der Austritt spätestens zwei Monate vor Ende der Karenz zu erklären. Zeiten geringfügiger Beschäftigungen nach § 15e Abs. 1 MSchG bleiben für den Abfertigungsanspruch außer Betracht. *(BGBl I 2009/116, ab 18. 11. 2009)*

(4) Abs. 3 gilt auch für männliche Angestellte, sofern sie eine Karenz nach dem VKG oder gleichartigen österreichischen Rechtsvorschriften in Anspruch nehmen und ihren vorzeitigen Austritt aus dem Arbeitsverhältnis spätestens drei Monate vor Ende der Karenz erklären. Wird jedoch eine Karenz von weniger als drei Monaten in Anspruch genommen, ist der Austritt spätestens zwei Monate vor Ende der Karenz zu erklären. *(BGBl I 2009/116, ab 18. 11. 2009)*

(4a) Eine Abfertigung nach Abs. 3 und 4 gebührt auch dann, wenn das Dienstverhältnis während einer Teilzeitbeschäftigung gemäß „MSchG oder VKG" durch Kündigung seitens des Dienstnehmers endet. Bei Berechnung des für die Höhe der Abfertigung maßgeblichen Monatsentgeltes ist vom Durchschnitt der in den letzten fünf Jahren geleisteten Arbeitszeit unter Außerachtlassung der Zeiten „einer Karenz gemäß VKG" oder MSchG auszugehen. *(BGBl 1990/408; BGBl I 2004/64, ab 1. 7. 2004)*

(5) Ein Abfertigungsanspruch gebührt nicht, wenn der männliche Arbeitnehmer seinen Austritt im Sinne des Abs. 4 erklärt, nachdem der gemeinsame Haushalt mit dem Kind aufgehoben oder die überwiegende Betreuung des Kindes beendet wurde. *(BGBl 1989/651)*

(6) Im Sinne des § 23 zulässige Vereinbarungen, die eine Anrechnung der Versorgungsleistungen auf Abfertigungsansprüche oder bei Zahlung einer Versorgungsleistung den gänzlichen oder teilweisen Wegfall der Abfertigung vorsehen, gelten auch für Abfertigungsansprüche nach den Abs. 1, 3 und 4. Bei Anwendung des Abs. 2 ruhen jedoch solche Versorgungsleistungen nur für die Monate, für die die Abfertigung gebührt. *(BGBl 1989/651)*

(7) Im übrigen gilt der § 23 sinngemäß.

(BGBl 1971/292)

---

[1] Siehe § 42 Abs 3.

Tod des Angestellten

§ 24. (1) Stirbt ein Angestellter, dem vom Dienstgeber auf Grund des Dienstvertrages Wohnräume überlassen werden, so ist die Wohnung, wenn der Angestellte einen eigenen Haushalt führte, binnen einem Monat, sonst binnen vierzehn Tagen nach dessen Tode zu räumen.

(2) Sind die Angehörigen des verstorbenen Angestellten, die mit ihm im gemeinsamen Haushalte gelebt haben, durch die Räumung binnen der Frist des Absatzes 1 der Gefahr der Obdachlosigkeit ausgesetzt, so kann das Bezirksgericht, in dessen Sprengel die Wohnung liegt, eine Verlängerung der Räumungsfrist um höchstens zwei Monate bewilligen. Nur unter besonders berücksichtigungswerten Umständen darf eine weitere Verlängerung um höchstens einen Monat bewilligt werden.

(3) Der Dienstgeber kann jedoch die sofortige Räumung eines Teiles der Wohnung verlangen, soweit dies zur Unterbringung des Nachfolgers und seiner Einrichtung erforderlich ist.

Vorzeitige Auflösung

§ 25. Das Dienstverhältnis kann, wenn es für bestimmte Zeit eingegangen wurde, vor Ablauf dieser Zeit, sonst aber ohne Einhaltung einer Kündigungsfrist von jedem Teile aus wichtigen Gründen gelöst werden.

§ 26. Als ein wichtiger Grund, der den Angestellten zum vorzeitigen Austritte berechtigt, ist insbesondere anzusehen:

1. Wenn der Angestellte zur Fortsetzung seiner Dienstleistung unfähig wird oder diese ohne Schaden für seine Gesundheit oder Sittlichkeit nicht fortsetzen kann;

2. wenn der Dienstgeber das dem Angestellten zukommende Entgelt ungebührlich schmälert oder vorenthält, ihn bei Naturalbezügen durch Gewährung ungesunder oder unzureichender Kost oder ungesunder Wohnung benachteiligt oder andere wesentliche Vertragsbestimmungen verletzt;

3. wenn der Dienstgeber den ihm zum Schutze des Lebens, der Gesundheit oder der Sittlichkeit des Angestellten gesetzlich obliegenden Verpflichtungen nachzukommen verweigert;

4. wenn der Dienstgeber sich Tätlichkeiten, Verletzungen der Sittlichkeit oder erhebliche Ehrverletzungen gegen den Angestellten oder dessen Angehörige zuschulden kommen läßt oder es verweigert, den Angestellten gegen solche Handlungen eines Mitbediensteten oder eines Angehörigen des Dienstgebers zu schützen.

§ 27. Als ein wichtiger Grund, der den Dienstgeber zur vorzeitigen Entlassung berechtigt, ist insbesondere anzusehen:

1. Wenn der Angestellte im Dienste untreu ist, sich in seiner Tätigkeit ohne Wissen oder Willen des Dienstgebers von dritten Personen unberechtigte Vorteile zuwenden läßt, insbesondere entgegen der Bestimmung des § 13 eine Provision oder eine sonstige Belohnung annimmt, oder wenn er sich einer Handlung schuldig macht, die ihn des Vertrauens des Dienstgebers unwürdig erscheinen läßt;

2. wenn der Angestellte unfähig ist, die versprochenen oder die den Umständen nach angemessenen Dienste (§ 6) zu leisten;

3. wenn einer der im § 1 bezeichneten Angestellten ohne Einwilligung des Dienstgebers ein selbständiges kaufmännisches Unternehmen betreibt oder im Geschäftszweige des Dienstgebers für eigene oder fremde Rechnung Handelsgeschäfte macht oder wenn ein Angestellter den in § 7, Absatz 4, bezeichneten Verboten zuwiderhandelt;

4. wenn der Angestellte ohne einen rechtmäßigen Hinderungsgrund während einer den Umständen nach erheblichen Zeit die Dienstleistung unterläßt oder sich beharrlich weigert, seine Dienste zu leisten oder sich den durch den Gegenstand der Dienstleistung gerechtfertigten Anordnungen des Dienstgebers zu fügen, oder wenn er andere Bedienstete zum Ungehorsam gegen den Dienstgeber zu verleiten sucht;

5. wenn der Angestellte durch eine längere Freiheitsstrafe oder durch Abwesenheit während einer den Umständen nach erheblichen Zeit, ausgenommen wegen Krankheit oder Unglücksfalls, an der Verrichtung seiner Dienste gehindert ist; *(BGBl 1975/418)*

6. wenn der Angestellte sich Tätlichkeiten, Verletzungen der Sittlichkeit oder erhebliche Ehrverletzungen gegen den Dienstgeber, dessen Stellvertreter, deren Angehörige oder gegen Mitbedienstete zuschulden kommen läßt.

§ 28. (1) Wenn der Angestellte ohne wichtigen Grund vorzeitig austritt oder wenn ihn ein Verschulden an der vorzeitigen Entlassung trifft, steht dem Dienstgeber der Anspruch auf Ersatz des ihm verursachten Schadens zu.

(2) Für die schon bewirkten Leistungen, deren Entgelt noch nicht fällig ist, steht dem Angestellten ein Anspruch auf den entsprechenden Teil des Entgeltes nur insoweit zu, als sie nicht durch die vorzeitige Auflösung des Dienstverhältnisses für den Dienstgeber ihren Wert ganz oder zum größten Teil eingebüßt haben.

§ 29. (1) Wenn der Dienstgeber den Angestellten ohne wichtigen Grund vorzeitig entläßt oder wenn ihn ein Verschulden an dem vorzeitigen Austritte des Angestellten trifft, behält dieser, unbeschadet weitergehenden Schadenersatzes, seine vertragsmäßigen Ansprüche auf das Entgelt für den Zeitraum, der bis zur Beendigung des Dienstverhältnisses durch Ablauf der bestimmten Vertragszeit oder durch ordnungsmäßige Kündigung durch den Dienstgeber hätte verstreichen müssen, unter Einrechnung dessen, was er infolge des Unterbleibens der Dienstleistung erspart oder durch anderweitige Verwendung erworben oder zu erwerben absichtlich versäumt hat.

(2) Soweit der im Absatz 1 genannte Zeitraum drei Monate nicht übersteigt, kann der Angestellte das ganze für diese Zeit gebührende Entgelt ohne Abzug sofort, den Rest zur vereinbarten oder gesetzlichen (§ 15) Zeit fordern. Der Anspruch auf die dem Angestellten gebührende Abfertigung „(§§ 23 und 23a)“ bleibt unberührt. *(BGBl 1971/292)*

§ 30. (1) Ist der Angestellte unter der ausdrücklichen Bedingung aufgenommen, daß er den Dienst genau an einem festbestimmten Tage anzutreten hat, so kann der Dienstgeber vom Vertrage zurücktreten, wenn der Angestellte, aus welchem Grund immer, den Dienst an dem bestimmten Tage nicht antritt.

(2) Außer diesem Falle kann der Dienstgeber vor Antritt des Dienstes vom Vertrage zurücktreten, wenn der Angestellte, ohne durch ein unabwendbares Hindernis gehindert zu sein, den Dienst an dem vereinbarten Tage nicht antritt oder wenn sich infolge eines unabwendbaren Hindernisses der Dienstantritt um mehr als vierzehn Tage verzögert. Das gleiche gilt, wenn ein Grund vorliegt, der den Dienstgeber zur vorzeitigen Entlassung des Angestellten berechtigt.

(3) Der Angestellte kann vor Antritt des Dienstes vom Vertrage zurücktreten, wenn ein Grund vorliegt, der ihn zum vorzeitigen Austritt aus dem Dienstverhältnisse berechtigt. Das glei-

che gilt, wenn sich der Dienstantritt infolge Verschuldens des Dienstgebers oder infolge eines diesen treffenden Zufalles um mehr als vierzehn Tage verzögert. Tritt der Angestellte im letzteren Fall ungeachtet der Verzögerung den Dienst an, so gebührt ihm das Entgelt von dem Tage, an dem der Dienst hätte angetreten werden sollen.

(4) Wird vor Antritt des Dienstes über das Vermögen des Dienstgebers das Insolvenzverfahren eröffnet, so kann sowohl der Masseverwalter, im Sanierungsverfahren mit Eigenverwaltung der Dienstgeber mit Zustimmung des Sanierungsverwalters, als auch der Angestellte vom Vertrag zurücktreten. *(BGBl I 2010/58, ab 1. 8. 2010)*

§ 31. (1) Ist der Dienstgeber ohne wichtigen Grund vom Vertrage zurückgetreten oder hat er durch sein schuldbares Verhalten dem Angestellten zum Rücktritte begründeten Anlaß gegeben, so hat er dem Angestellten das Entgelt zu ersetzen, das diesem für den Zeitraum gebührt, der bei ordnungsmäßiger Kündigung durch den Dienstgeber vom Tage des Dienstantrittes bis zur Beendigung des Dienstverhältnisses hätte verstreichen müssen. Wenn das Dienstverhältnis auf bestimmte Zeit eingegangen wurde, hat der Dienstgeber dem Angestellten, falls die vereinbarte Dienstdauer drei Monate nicht übersteigt, das für die ganze Dauer entfallende Entgelt, falls die vereinbarte Dienstdauer dagegen drei Monate übersteigt, den für drei Monate entfallenden Teilbetrag des Entgeltes zu ersetzen. Allfällige weitere Schadenersatzansprüche werden durch die vorstehenden Bestimmungen nicht berührt.

(2) Die gleichen Ansprüche stehen dem Angestellten zu, wenn der Masseverwalter oder der Dienstgeber mit Zustimmung des Sanierungsverwalters vom Vertrag zurückgetreten ist. *(BGBl I 2010/58, ab 1. 8. 2010)*

(3) Ist der Angestellte ohne wichtigen Grund vom Vertrage zurückgetreten oder hat er durch sein schuldbares Verhalten dem Dienstgeber zum Rücktritte begründeten Anlaß gegeben, so kann der Dienstgeber Schadenersatz verlangen.

§ 32. Trifft beide Teile ein Verschulden an dem Rücktritt oder der vorzeitigen Lösung des Dienstverhältnisses, so hat der Richter nach freiem Ermessen zu entscheiden, ob und in welcher Höhe ein Ersatz gebührt.

§ 33. *(aufgehoben, BGBl 1959/253)*

Frist zur Geltendmachung der Ansprüche

§ 34. (1) Ersatzansprüche wegen vorzeitigen Austrittes oder vorzeitiger Entlassung im Sinne der §§ 28 und 29, ferner Ersatzansprüche wegen Rücktrittes vom Vertrage im Sinne des § 31 müssen bei sonstigem Ausschlusse binnen sechs Monaten gerichtlich geltend gemacht werden.

(2) Die Frist beginnt bei Ansprüchen der erstgenannten Art mit dem Ablaufe des Tages, an dem der Austritt oder die Entlassung stattfand, bei Ansprüchen der letztgenannten Art mit dem Ablaufe des Tages, an dem der Dienstantritt hätte erfolgen sollen.

§ 35. *(aufgehoben, BGBl 1937/229)*

Konkurrenzklausel

§ 36. (1) Eine Vereinbarung, durch die der Angestellte für die Zeit nach der Beendigung des Dienstverhältnisses in seiner Erwerbstätigkeit beschränkt wird (Konkurrenzklausel), ist nur insoweit wirksam, als:

1. der Angestellte im Zeitpunkt des Abschlusses der Vereinbarung nicht minderjährig ist;

2. sich die Beschränkung auf die Tätigkeit des Angestellten in dem Geschäftszweig des Dienstgebers bezieht und den Zeitraum eines Jahres nicht übersteigt; und

3. die Beschränkung nicht nach Gegenstand, Zeit oder Ort und im Verhältnis zu dem geschäftlichen Interesse, das der Dienstgeber an ihrer Einhaltung hat, eine unbillige Erschwerung des Fortkommens des Angestellten enthält.

(2) Eine Vereinbarung nach Abs. 1 ist unwirksam, wenn sie im Rahmen eines Dienstverhältnisses getroffen wird, bei dem das für den letzten Monat des Dienstverhältnisses gebührende Entgelt das Zwanzigfache der Höchstbeitragsgrundlage nach § 45 ASVG nicht übersteigt. Allfällige Sonderzahlungen sind bei der Ermittlung des Entgelts im Sinne des ersten Satzes außer Acht zu lassen. *(BGBl I 2015/152, ab 29. 12. 2015, s Art X Abs 2 Z 13)*

(BGBl I 2006/35, ab 17. 3. 2006, s Art X Z 10)

§ 37. (1) Hat der Dienstgeber durch schuldbares Verhalten dem Angestellten begründeten Anlaß zum vorzeitigen Austritt oder zur Kündigung des Dienstverhältnisses gegeben, so kann er die durch die Konkurrenzklausel begründeten Rechte gegen den Angestellten nicht geltend machen.

(2) Das gleiche gilt, wenn der Dienstgeber das Dienstverhältnis löst, es sei denn, daß der Angestellte durch schuldbares Verhalten hiezu begründeten Anlaß gegeben oder daß der Dienstgeber bei der Auflösung des Dienstverhältnisses erklärt hat, während der Dauer der Beschränkung dem Angestellten das ihm zuletzt zukommende Entgelt zu leisten.

(3) Eine für den Fall des Zuwiderhandelns gegen die Konkurrenzklausel vereinbarte Konventionalstrafe ist nur insoweit wirksam, als diese das Sechsfache des für den letzten Monat des

Dienstverhältnisses gebührenden Nettomonatsentgelts nicht übersteigt. Allfällige Sonderzahlungen sind bei der Berechnung des Nettoentgelts im Sinne des ersten Satzes außer Acht zu lassen. Hat der/die Angestellte für den Fall des Zuwiderhandelns gegen die Konkurrenzklausel eine Konventionalstrafe versprochen, so kann der/die Dienstgeber/in nur die verwirkte Konventionalstrafe verlangen. Der Anspruch auf Erfüllung oder auf Ersatz eines weiteren Schadens ist ausgeschlossen. *(BGBl I 2015/152, ab 29. 12. 2015, s Art X Abs 2 Z 13)*

Konventionalstrafen

§ 38. Konventionalstrafen unterliegen dem richterlichen Mäßigungsrechte.

Zeugnis

§ 39. (1) Der Dienstgeber ist verpflichtet, bei Beendigung des Dienstverhältnisses dem Angestellten auf Verlangen ein schriftliches Zeugnis über die Dauer und die Art der Dienstleistung auszustellen. Eintragungen und Anmerkungen im Zeugnisse, durch die dem Angestellten die Erlangung einer neuen Stelle erschwert wird, sind unzulässig.

(2) Verlangt der Angestellte während der Dauer des Dienstverhältnisses ein Zeugnis, so ist ihm ein solches auf seine Kosten auszustellen.

(3) Zeugnisse des Angestellten, die sich in der Verwahrung des Dienstgebers befinden, sind ihm auf Verlangen jederzeit auszufolgen.

§ 40. Die Rechte, die dem Angestellten auf Grund der Bestimmungen der §§ 6 Abs. 3, 8, 9, 10 letzter Absatz, 12, 14 Abs. 2, 15, 16, 17, 17a, 18, 19 Abs. 2, 20 Abs. 2 bis 5, 21 bis 24, 29, 30 Abs. 2 bis 4, 31 Abs. 1, 34, 35, 37 bis 39 zustehen, können durch den Dienstvertrag weder aufgehoben noch beschränkt werden.

(BGBl 1993/459, ab 1. 1. 1994)

§ 41. Für Streitigkeiten aus den in diesem Gesetze geregelten Dienstverhältnissen sind die Arbeits- und Sozialgerichte zuständig.

§ 42. (1) Insoweit dieses Gesetz nichts anderes bestimmt, finden die Vorschriften des allgemeinen bürgerlichen Rechtes über den Dienstvertrag auf die in diesem Gesetze geregelten Dienstverhältnisse Anwendung.

(2) *(gegenstandslos)*

(3) Die §§ 23 und 23a sind auf Dienstverhältnisse, deren vertraglich vereinbarter Beginn nach dem 31. Dezember 2002 liegt, nicht mehr anzuwenden, soweit nicht durch Verordnung gemäß § 46 Abs. 1 letzter Satz des Betrieblichen Mitarbeitervorsorgegesetzes (BMVG), BGBl. I Nr. 100/2002, etwas anderes angeordnet wird. Sie sind jedoch weiterhin auf Dienstverhältnisse anzuwenden, deren vertraglich vereinbarter Beginn vor dem 1. Jänner 2003 oder dem durch Verordnung festgelegten Zeitpunkt liegt. Soweit eine Vereinbarung gemäß § 47 Abs. 1 und 3 BMVG erfolgt, sind diese Bestimmungen bis zum In-Kraft-Treten dieser Vereinbarung anzuwenden. *(BGBl I 2002/100)*

(4) § 5 in der Fassung des Bundesgesetzes BGBl. I Nr. 138/2003 tritt mit 1. Jänner 2004 in Kraft und gilt für Arbeitsverhältnisse, deren vertraglich vereinbarter Beginn nach dem 31. Dezember 2003 liegt. *(BGBl I 2003/138)*

Artikel II

(1) Dieses Bundesgesetz findet auch auf das Dienstverhältnis von Personen Anwendung, die vorwiegend zur Leistung kaufmännischer oder höherer, nicht kaufmännischer Dienste oder zu Kanzleiarbeiten bei Wirtschaftstreuhändern angestellt sind. § 7 Abs. 4 mit Ausnahme der Bestimmungen über die Teilnahme an einem Wettbewerb ist auf diese Dienstverhältnisse sinngemäß anzuwenden.

(2) Dieses Bundesgesetz findet ferner auf die auf einem privatrechtlichen Vertrag beruhenden Dienstverhältnisse von Personen Anwendung, die zur Leistung kaufmännischer oder höherer, nicht kaufmännischer Dienste oder zu Kanzleiarbeiten bei einem durch Bundesgesetz errichteten Fonds mit Rechtspersönlichkeit angestellt sind. Ausgenommen sind Dienstverhältnisse, auf die das Vertragsbedienstetengesetz gemäß § 1 Abs. 2 VBG sinngemäß anzuwenden ist.

Artikel III – VI

(gegenstandslos bzw aufgehoben, BGBl 1983/144)

Artikel VII

Unberührt bleiben:

1. Die Bestimmungen des Journalistengesetzes vom 11. Februar 1920, StGBl. Nr. 88, sofern sie für die Redakteure (Schriftleiter) günstiger sind als die Bestimmungen dieses Gesetzes.

2. *(gegenstandslos)*

Artikel VIII – IX

(gegenstandslos)

Artikel X

(1) Dieses Gesetz tritt am 1. Juli 1921 in Wirksamkeit.

(2) 1. § 1 Abs. 1, § 2 Abs. 1, § 20 Abs. 1 und Art. II dieses Bundesgesetzes in der Fassung des Bundesgesetzes BGBl. Nr. 833/1992 treten mit 1. Jänner 1993 in Kraft. *(BGBl 1992/833)*

2. § 16 und § 23a Abs. 1, 1a und 2 in der Fassung des Bundesgesetzes BGBl. Nr. 335/1993 treten mit 1. Juli 1993 in Kraft. *(BGBl 1993/335)*

3. § 6 Abs. 3 und § 40 dieses Bundesgesetzes in der Fassung des Bundesgesetzes BGBl. Nr. 459/1993 treten gleichzeitig mit dem Abkommen über den Europäischen Wirtschaftsraum[1] in Kraft. *(BGBl 1993/459)*

4. § 22 dieses Bundesgesetzes in der Fassung des Bundesgesetzes BGBl. Nr. 502/1993 tritt mit 1. August 1993 in Kraft. *(BGBl 1993/502)*

5. § 22 in der Fassung des Bundesgesetzes BGBl. I Nr. 44/2000 tritt mit 1. Jänner 2001 in Kraft. *(BGBl I 2000/44)*

6. § 36 in der Fassung des Bundesgesetzes BGBl. I Nr. 98/2001 tritt mit 1. Jänner 2002 in Kraft. *(BGBl I 2001/98)*

7. § 42 Abs. 3 in der Fassung des Bundesgesetzes BGBl. I Nr. 100/2002 tritt mit 1. Juli 2002 in Kraft. *(BGBl I 2002/100)*

8. § 23 Abs. 1a und 8 und § 23a Abs. 3, 4 und 4a in der Fassung des Bundesgesetzes BGBl. Nr. 64/2004 treten mit 1. Juli 2004 in Kraft. *(BGBl I 2004/64)*

9. § 23a Abs. 1 in der Fassung des Bundesgesetzes BGBl. I Nr. 143/2004 tritt mit 1. Jänner 2005 in Kraft. *(BGBl I 2004/143)*

10. § 36 samt Überschrift in der Fassung des Bundesgesetzes BGBl. I Nr. 35/2006 tritt mit dem der Kundmachung folgenden Tag in Kraft und gilt für nach dem In-Kraft-Treten dieses Bundesgesetzes neu abgeschlossene Vereinbarungen über eine Konkurrenzklausel. *(BGBl I 2006/35)*

11. Die §§ 30 Abs. 4 und 31 Abs. 2 in der Fassung des Bundesgesetzes BGBl. I Nr. 58/2010 treten mit 1. August 2010 in Kraft. *(BGBl I 2010/58)*

12. Die §§ 8 Abs. 4 und 23a Abs. 1 Z 3 und 4 in der Fassung des Bundesgesetzes BGBl. I Nr. 152/2015 treten mit 1. Jänner 2016 in Kraft. *(BGBl I 2015/152)*

13. Die §§ 36 Abs. 2 und 37 Abs. 3 der Fassung des Bundesgesetzes BGBl. I Nr. 152/2015 treten mit dem der Kundmachung dieses Bundesgesetzes folgenden Tag in Kraft und gelten für nach dem Inkrafttreten neu abgeschlossene Vereinbarungen über eine Konkurrenzklausel. *(BGBl I 2015/152)*

14. § 8 Abs. 1 bis 2a und 9 in der Fassung des Bundesgesetzes BGBl. I Nr. 153/2017, treten mit 1. Juli 2018 in Kraft und sind auf Dienstverhinderungen anzuwenden, die in nach dem 30. Juni 2018 begonnenen Arbeitsjahren eingetreten sind. Für zu diesem Zeitpunkt laufende Dienstverhinderungen gilt § 8 Abs. 1 bis 2a in der Fassung des Bundesgesetzes BGBl. I Nr. 153/2017 ab Beginn dieses Arbeitsjahres. *(BGBl I 2017/153)*

15. § 9 Abs. 1 in der Fassung des Bundesgesetzes, BGBl. I Nr. 153/2017, tritt mit 1. Juli 2018 in Kraft und ist auf einvernehmliche Beendigungen von Dienstverhältnissen während einer Dienstverhinderung gemäß § 8 Abs. 1 bis 2a oder im Hinblick auf eine Dienstverhinderung gemäß § 8 Abs. 1 bis 2a anzuwenden, die eine Auflösung des Dienstverhältnisses nach dem 30. Juni 2018 bewirken. *(BGBl I 2017/153)*

16. § 20 Abs. 1 in der Fassung des Bundesgesetzes, BGBl. I Nr. 153/2017, tritt mit 1. Jänner 2018 in Kraft und ist auf Beendigungen anzuwenden, die nach dem 31. Dezember 2017 ausgesprochen werden. *(BGBl I 2017/153)*

17. Normen der kollektiven Rechtsgestaltung, die für Dienstnehmer günstigere Regelungen auf Entgeltfortzahlung als nach § 8 Abs. 1 in der Fassung des Bundesgesetzes BGBl. I Nr. 153/2017 vorsehen, bleiben aufrecht. *(BGBl I 2017/153)*

18. Sehen Normen der kollektiven Rechtsgestaltung für Dienstnehmer günstigere Regelungen zur Entgeltfortzahlung als nach § 8 Abs. 2 in der Fassung vor den Änderungen durch das BGBl. I Nr. 153/2017 vor, gilt für die erfassten Dienstnehmer § 8 Abs. 2 bis zu einer Neuregelung weiterhin in der Fassung vor den Änderungen durch das BGBl. I Nr. 153/2017. *(BGBl I 2017/153)*

19. § 8 Abs. 3a in der Fassung des Bundesgesetzes BGBl. I Nr. 74/2019 tritt mit 1. September 2019 in Kraft. *(BGBl I 2019/74)*

20. § 9a samt Überschrift in der Fassung des Bundesgesetzes BGBl. I Nr. 115/2023 tritt mit 1. November 2023 in Kraft und findet auf Dienstverhinderungen Anwendung, die ab diesem Inkrafttreten erfolgen. *(BGBl I 2023/115)*

21. § 7 Abs. 1 in der Fassung des Bundesgesetzes BGBl. I Nr. 11/2024 tritt mit dem auf die Kundmachung folgenden Tag[2] in Kraft. *(BGBl I 2024/11)*

---

[1] Am 1. 1. 1994 (Z 49 K BGBl 1993/917).
[2] Am 27. 3. 2024.

Artikel XI

Mit der Vollziehung dieses Bundesgesetzes ist der Bundesminister für Wirtschaft und Arbeit betraut.

34. Notariatsaktsgesetz

RGBl 1871/76 idF

1 BGBl I 2001/98 (2. Euro-JuBeG)
2 BGBl I 2007/111 (BRÄG 2008)
3 BGBl I 2008/68 (FRÄG)
4 BGBl I 2009/75 (FamRÄG 2009)

Gesetz vom 25. Juli 1871, betreffend das Erfordernis der notariellen Errichtung einiger Rechtsgeschäfte (Notariatsaktsgesetz)

§ 1.[1)] (1) Die Gültigkeit der nachbezeichneten Verträge und Rechtshandlungen ist durch die Aufnahme eines Notariatsaktes über dieselben bedingt:

a) Ehepakten;

b) zwischen Ehegatten geschlossene Kauf-, Tausch-, Renten- und Darlehensverträge und Schuldbekenntnisse, welche von einem Ehegatten dem anderen abgegeben werden;

c) *(aufgehoben, BGBl I 2009/75, ab 1. 1. 2010)*

d) Schenkungsverträge ohne wirkliche Übergabe;

e) alle von Blinden in eigener Person errichteten Urkunden über Rechtsgeschäfte unter Lebenden. *(BGBl I 2007/111, ab 1. 1. 2008, auf alle nach dem 31. 12. 2007 errichteten Urkunden und abgegebenen Erklärungen anzuwenden)*

(2) An den sonst bestehenden besonderen Bestimmungen, betreffend das Erfordernis der gerichtlichen oder notariellen Errichtung eines Rechtsgeschäftes, wird durch dieses Gesetz nichts geändert.

(3) Ein Notariatsakt nach Abs. 1 lit. e ist nicht erforderlich

1. für Rechtsgeschäfte des täglichen Lebens und für bankübliche Verträge über die Eröffnung von Girokonten;

2. für andere Rechtsgeschäfte, ausgenommen Bürgschaftserklärungen, wenn der blinde Mensch dem Vertragspartner ausdrücklich erklärt, auf die Einhaltung der Formvorschrift des Abs. 1 lit. e zu verzichten.
(BGBl I 2007/111, ab 1. 1. 2008, auf alle nach dem 31. 12. 2007 errichteten Urkunden und abgegebenen Erklärungen anzuwenden)

„(4)“ Auf die Ungültigkeit eines Rechtsgeschäftes wegen Fehlens des nach § 1 Abs. 1 lit. e erforderlichen Notariatsaktes kann sich nur die behinderte Person berufen. *(BGBl I 2001/98; BGBl I 2007/111)*

[1)] *§ 1 ist nach § 43 Abs 1 Z 11 EPG auf eingetragene Partner sinngemäß anzuwenden.*

§ 2. Liegenschaften, Superädifikate und Baurechte können nur im Wege öffentlicher Versteigerung unter Einhaltung der in den §§ 87 a bis 87 e NO vorgeschriebenen Beurkundung von Tatsachen und Erklärungen durch einen Notar freiwillig feilgeboten werden.

(BGBl I 2008/68, ab 1. 1. 2009)

§ 3. Mit dem Vollzuge dieses Gesetzes ist der Justizminister beauftragt.

35/1. E-Commerce-Gesetz

BGBl I 2001/152 idF

1 BGBl I 2015/34 (VAG 2016)
2 BGBl I 2020/148 (HiNBG)
3 BGBl I 2022/61 (ZVN 2022)
4 BGBl I 2023/182 (DSA-BegG)

STICHWORTVERZEICHNIS

(Die Zahlenangaben beziehen sich auf die Paragraphen)

Bundesgesetz, mit dem bestimmte rechtliche Aspekte des elektronischen Geschäfts- und Rechtsverkehrs geregelt werden (E-Commerce-Gesetz – ECG)

1. Abschnitt

Anwendungsbereich und Begriffsbestimmungen

Anwendungsbereich

§ 1. (1) Dieses Bundesgesetz regelt einen rechtlichen Rahmen für bestimmte Aspekte des elektronischen Geschäfts- und Rechtsverkehrs. Es behandelt die Zulassung von Diensteanbietern, deren Informationspflichten, den Abschluss von Verträgen, die Verantwortlichkeit von Diensteanbietern, das Herkunftslandprinzip und die Zusammenarbeit mit anderen Mitgliedstaaten im elektronischen Geschäfts- und Rechtsverkehr.

(2) Die Bestimmungen dieses Bundesgesetzes über das Herkunftslandprinzip (§ § 20 bis 23) und die Zusammenarbeit mit anderen Mitgliedstaaten (§ 25) sind nur auf den Verkehr von Diensten der Informationsgesellschaft innerhalb des Europäischen Wirtschaftsraums anzuwenden.

§ 2. Dieses Bundesgesetz lässt Belange des Abgabenwesens, des Datenschutzes und des Kartellrechts unberührt.

Begriffsbestimmungen

§ 3. Im Sinne dieses Bundesgesetzes bedeuten:

1. **Dienst der Informationsgesellschaft:** ein in der Regel gegen Entgelt elektronisch im Fernabsatz auf individuellen Abruf des Empfängers bereitgestellter Dienst (§ 1 Abs. 1 Z 2 Notifikationsgesetz 1999), insbesondere der Online-Vertrieb von Waren und Dienstleistungen, Online-Informationsangebote, die Online-Werbung, elektronische Suchmaschinen und Datenabfragemöglichkeiten sowie Dienste, die Informationen über ein elektronisches Netz übermitteln, die den Zugang zu einem solchen vermitteln oder die Informationen eines Nutzers speichern;

2. **Diensteanbieter:** eine natürliche oder juristische Person oder sonstige rechtsfähige Einrichtung, die einen Dienst der Informationsgesellschaft bereitstellt;

3. **niedergelassener Diensteanbieter:** ein Diensteanbieter, der eine Wirtschaftstätigkeit mittels einer festen Einrichtung auf unbestimmte Zeit tatsächlich ausübt, wobei das Vorhandensein und die Nutzung von technischen Mitteln und Technologien, die zur Bereitstellung des Dienstes erforderlich sind, für sich allein noch keine Niederlassung des Diensteanbieters begründen;

3a. **Vermittlungsdiensteanbieter:** Anbieter von Vermittlungsdiensten nach Art. 3 lit. g der Verordnung (EU) 2022/2065 über einen Binnenmarkt für digitale Dienste und zur Änderung der Richtlinie 2000/31/EG (Gesetz über digitale Dienste), ABl. Nr. L 277 vom 27.10.2022, S. 1 (im Folgenden: Verordnung über digitale Dienste). *(BGBl I 2023/182, ab 17. 2. 2024)*

4. **Nutzer:** eine natürliche oder juristische Person oder sonstige rechtsfähige Einrichtung, die zu beruflichen oder sonstigen Zwecken einen Dienst der Informationsgesellschaft in Anspruch nimmt, insbesondere um Informationen zu erlangen oder Informationen zugänglich zu machen;

5. **Verbraucher:** eine natürliche Person, die zu Zwecken handelt, die nicht zu ihren gewerblichen, geschäftlichen oder beruflichen Tätigkeiten gehören;

6. **kommerzielle Kommunikation:** Werbung und andere Formen der Kommunikation, die der unmittelbaren oder mittelbaren Förderung des Absatzes von Waren und Dienstleistungen oder des Erscheinungsbildes eines Unternehmens dienen, ausgenommen

a) Angaben, die einen direkten Zugang zur Tätigkeit des Unternehmens ermöglichen, etwa ein Domain-Name oder eine elektronische Postadresse, sowie

b) unabhängig und insbesondere ohne finanzielle Gegenleistung gemachte Angaben über Waren, Dienstleistungen oder das Erscheinungsbild eines Unternehmens;

7. **Mitgliedstaat:** ein Mitgliedstaat der Europäischen Gemeinschaft oder des Abkommens über den Europäischen Wirtschaftsraum;

8. **koordinierter Bereich:** die allgemein oder besonders für Dienste der Informationsgesellschaft und für Diensteanbieter geltenden Rechtsvorschriften über die Aufnahme und die Ausübung einer solchen Tätigkeit, insbesondere Rechtsvorschriften über die Qualifikation und das Verhalten der Diensteanbieter, über die Genehmigung oder Anmeldung sowie die Qualität und den Inhalt der Dienste der Informationsgesellschaft - einschließlich der für die Werbung und für Verträge geltenden Bestimmungen – und über die rechtliche Verantwortlichkeit der Diensteanbieter.

2. Abschnitt

Zulassung von Diensten der Informationsgesellschaft

Zulassungsfreiheit

§ 4. (1) Die Aufnahme und die Ausübung der Tätigkeit eines Diensteanbieters bedürfen keiner gesonderten behördlichen Zulassung, Bewilligung, Genehmigung oder Konzession oder sonstigen Anforderung gleicher Wirkung.

(2) Rechtsvorschriften, die die Zulässigkeit der Aufnahme oder Ausübung einer geschäftlichen, gewerblichen oder beruflichen Tätigkeit regeln und nicht besonders und ausschließlich für Dienste der Informationsgesellschaft oder deren Anbieter gelten, bleiben unberührt. Gleiches gilt für Rechtsvorschriften ber die Anzeige- oder Konzessionspflicht von Telekommunikationsdiensten.

3. Abschnitt
Informationspflichten

Allgemeine Informationen

§ 5. (1) Ein Diensteanbieter hat den Nutzern ständig zumindest folgende Informationen leicht und unmittelbar zugänglich zur Verfügung zu stellen:

1. seinen Namen oder seine Firma;

2. die geografische Anschrift, unter der er niedergelassen ist;

3. Angaben, auf Grund deren die Nutzer mit ihm rasch und unmittelbar in Verbindung treten können, einschließlich seiner elektronischen Postadresse;

4. sofern vorhanden, die Firmenbuchnummer und das Firmenbuchgericht;

5. soweit die Tätigkeit einer behördlichen Aufsicht unterliegt, die für ihn zuständige Aufsichtsbehörde;

6. bei einem Diensteanbieter, der gewerbe- oder berufsrechtlichen Vorschriften unterliegt, die Kammer, den Berufsverband oder eine ähnliche Einrichtung, der er angehört, die Berufsbezeichnung und den Mitgliedstaat, in dem diese verliehen worden ist, sowie einen Hinweis auf die anwendbaren gewerbe- oder berufsrechtlichen Vorschriften und den Zugang zu diesen;

7. sofern vorhanden, die Umsatzsteuer-Identifikationsnummer.

(2) Sofern in Diensten der Informationsgesellschaft Preise angeführt werden, sind diese so auszuzeichnen, dass sie ein durchschnittlich aufmerksamer Betrachter leicht lesen und zuordnen kann. Es muss eindeutig erkennbar sein, ob die Preise einschließlich der Umsatzsteuer sowie aller sonstigen Abgaben und Zuschläge ausgezeichnet sind (Bruttopreise) oder nicht. Darüber hinaus ist auch anzugeben, ob Versandkosten enthalten sind.

(3) Sonstige Informationspflichten bleiben unberührt.

Informationen über kommerzielle Kommunikation

§ 6. (1) Ein Diensteanbieter hat dafür zu sorgen, dass eine kommerzielle Kommunikation, die Bestandteil eines Dienstes der Informationsgesellschaft ist oder einen solchen Dienst darstellt, klar und eindeutig

1. als solche erkennbar ist,

2. die natürliche oder juristische Person, die die kommerzielle Kommunikation in Auftrag gegeben hat, erkennen lässt,

3. Angebote zur Absatzförderung wie etwa Zugaben und Geschenke als solche erkennen lässt und einen einfachen Zugang zu den Bedingungen für ihre Inanspruchnahme enthält sowie

4. Preisausschreiben und Gewinnspiele als solche erkennen lässt und einen einfachen Zugang zu den Teilnahmebedingungen enthält.

(2) Sonstige Informationspflichten für kommerzielle Kommunikation sowie Rechtsvorschriften über die Zulässigkeit von Angeboten zur Absatzförderung und von Preisausschreiben und Gewinnspielen bleiben unberührt.

Nicht angeforderte kommerzielle Kommunikation

§ 7. (1) Ein Diensteanbieter, der eine kommerzielle Kommunikation zulässigerweise ohne vorherige Zustimmung des Empfängers mittels elektronischer Post versendet, hat dafür zu sorgen, dass die kommerzielle Kommunikation bei ihrem Eingang beim Nutzer klar und eindeutig als solche erkennbar ist.

(2) Die Rundfunk und Telekom Regulierungs-GmbH (RTR-GmbH) hat eine Liste zu führen, in die sich diejenigen Personen und Unternehmen kostenlos eintragen können, die für sich die Zusendung kommerzieller Kommunikation im Weg der elektronischen Post ausgeschlossen haben. Die in Abs. 1 genannten Diensteanbieter haben diese Liste zu beachten.

(3) Rechtsvorschriften über die Zulässigkeit und Unzulässigkeit der Übermittlung kommerzieller Kommunikation im Weg der elektronischen Post bleiben unberührt.

Kommerzielle Kommunikation für Angehörige geregelter Berufe

§ 8. (1) Für Diensteanbieter, die berufsrechtlichen Vorschriften unterliegen, ist eine kommerzielle Kommunikation, die Bestandteil eines von ihnen bereitgestellten Dienstes der Informationsgesellschaft ist oder einen solchen darstellt, zulässig.

(2) Berufsrechtliche Vorschriften, die kommerzielle Kommunikation für die Angehörigen dieser Berufe insbesondere zur Wahrung der Unabhängigkeit, Würde und Ehre des Berufs, zur Sicherung des Berufsgeheimnisses und zur Einhaltung eines lauteren Verhaltens gegenüber Kunden und

anderen Berufsangehörigen einschränken, bleiben unberührt.

4. Abschnitt

Abschluss von Verträgen

Informationen für Vertragsabschlüsse

§ 9. (1) Ein Diensteanbieter hat einen Nutzer vor Abgabe seiner Vertragserklärung (Vertragsanbot oder -annahme) über folgende Belange klar, verständlich und eindeutig zu informieren:

1. die einzelnen technischen Schritte, die zu seiner Vertragserklärung und zum Vertragsabschluss führen;

2. den Umstand, ob der Vertragstext nach Vertragsabschluss vom Diensteanbieter gespeichert wird sowie gegebenenfalls den Zugang zu einem solchen Vertragstext;

3. die technischen Mittel zur Erkennung und Berichtigung von Eingabefehlern vor Abgabe der Vertragserklärung sowie

4. die Sprachen, in denen der Vertrag abgeschlossen werden kann.

(2) Ein Diensteanbieter hat die freiwilligen Verhaltenskodizes, denen er sich unterwirft, und den elektronischen Zugang zu diesen Kodizes anzugeben.

(3) Die Informationspflichten nach den Abs. 1 und 2 können nicht zum Nachteil von Verbrauchern abbedungen werden. Sie gelten nicht für Verträge, die ausschließlich im Weg der elektronischen Post oder eines damit vergleichbaren individuellen Kommunikationsmittels abgeschlossen werden.

(4) Sonstige Informationspflichten des Diensteanbieters bleiben unberührt.

Abgabe einer Vertragserklärung

§ 10. (1) Ein Diensteanbieter hat dem Nutzer angemessene, wirksame und zugängliche technische Mittel zur Verfügung zu stellen, mit denen dieser Eingabefehler vor der Abgabe seiner Vertragserklärung erkennen und berichtigen kann.

(2) Ein Diensteanbieter hat dem Nutzer den Zugang einer elektronischen Vertragserklärung unverzüglich elektronisch zu bestätigen.

(3) Die Verpflichtungen des Diensteanbieters nach den Abs. 1 und 2 können nicht zum Nachteil von Verbrauchern abbedungen werden. Sie gelten nicht für Verträge, die ausschließlich im Weg der elektronischen Post oder eines damit vergleichbaren individuellen elektronischen Kommunikationsmittels abgeschlossen werden.

Vertragsbestimmungen und Geschäftsbedingungen

§ 11. Ein Diensteanbieter hat die Vertragsbestimmungen und die allgemeinen Geschäftsbedingungen dem Nutzer so zur Verfügung zu stellen, dass er sie speichern und wiedergeben kann. Diese Verpflichtung kann nicht zum Nachteil des Nutzers abbedungen werden.

Zugang elektronischer Erklärungen

§ 12. Elektronische Vertragserklärungen, andere rechtlich erhebliche elektronische Erklärungen und elektronische Empfangsbestätigungen gelten als zugegangen, wenn die Partei, für die sie bestimmt sind, unter gewöhnlichen Umständen abrufen kann. Diese Regelung kann nicht zum Nachteil von Verbrauchern abbedungen werden.

5. Abschnitt

Ansprüche gegenüber Vermittlungsdiensteanbietern und Maßnahmen gegen Hass im Netz

Auskunftsansprüche

§ 13. (1) Vermittlungsdiensteanbieter haben auf Grund der Anordnung eines inländischen Gerichtes diesem alle Informationen zu übermitteln, an Hand deren die Nutzer ihres Dienstes, mit denen sie Vereinbarungen über die Übermittlung oder Speicherung von Informationen abgeschlossen haben, zur Verhütung, Ermittlung, Aufklärung oder Verfolgung gerichtlich strafbarer Handlungen ermittelt werden können.

(2) Vermittlungsdiensteanbieter haben auf Grund der Anordnung einer inländischen Verwaltungsbehörde dieser den Namen und die Adressen der Nutzer ihres Dienstes, mit denen sie Vereinbarungen über die Übermittlung oder Speicherung von Informationen abgeschlossen haben, zu übermitteln, sofern die Kenntnis dieser Informationen eine wesentliche Voraussetzung der Wahrnehmung der der Behörde übertragenen Aufgaben bildet.

(3) Vermittlungsdiensteanbieter haben den Namen und die Adresse eines Nutzers ihres Dienstes, mit dem sie Vereinbarungen über die Übermittlung oder Speicherung von Informationen abgeschlossen haben, auf Verlangen dritten Personen zu übermitteln, sofern diese ein überwiegendes rechtliches Interesse an der Feststellung der Identität eines Nutzers und eines bestimmten rechtswidrigen Sachverhalts sowie überdies glaubhaft machen, dass die Kenntnis dieser Informationen eine wesentliche Voraussetzung für die Rechtsverfolgung bildet.

(4) Sonstige Auskunfts- und Mitwirkungspflichten der Vermittlungsdiensteanbieter bleiben unberührt.

(BGBl I 2023/182, ab 17. 2. 2024)

Verfahren bei Auskunftsanordnungen

§ 14. Ein Anspruch auf Erteilung der Informationen nach § 13 Abs. 3 (Auskunftsanordnung) ist vor dem zur Ausübung der Gerichtsbarkeit in Handelssachen berufenen Gerichtshof erster Instanz geltend zu machen, in dessen Sprengel das schädigende Ereignis eingetreten ist oder einzutreten droht; der Gerichtshof entscheidet im Verfahren außer Streitsachen.

(BGBl I 2023/182, ab 17. 2. 2024)

Informationsmechanismus für Entfernungsanordnungen

§ 15. (1) In einem Verfahren auf Erlassung einer Anordnung zum Vorgehen gegen einen oder mehrere bestimmte rechtswidrige Inhalte (Entfernungsanordnung) zum Schutz der Würde einzelner Menschen hat das Gericht auf Antrag nach Art. 9 der Verordnung über digitale Dienste die Entfernungsanordnung unverzüglich nach Erlassung vorerst nur auf elektronischem Weg an die Kontaktstelle des Vermittlungsdiensteanbieters zu übermitteln. Der Antrag kann in folgenden Situationen gestellt werden:

1. das Verfahren richtet sich nur gegen den Vermittlungsdiensteanbieter, und die Anordnung kann ohne Anhörung des Gegners erlassen werden;

2. das Verfahren richtet sich auch oder nur gegen den Nutzer, der den Inhalt bereitgestellt hat, es wird aber die Übermittlung an einen nicht verfahrensbeteiligten Vermittlungsdiensteanbieter beantragt.

(2) Die Übermittlung an die Kontaktstelle hat den Mindestanforderungen des Art. 9 Abs. 2 der Verordnung über digitale Dienste zu entsprechen und darf keine Verpflichtung zum Kostenersatz enthalten. Das Gericht hat den Antragsteller unverzüglich nach Einlangen einer Rückmeldung des Vermittlungsdiensteanbieters, spätestens aber nach 14 Tagen ab der elektronischen Übermittlung, zu verständigen, ob und gegebenenfalls welche Rückmeldung eingelangt ist.

(3) Ein Antrag nach Abs. 1 Z 1 ist gleichzeitig mit dem verfahrenseinleitenden Antrag oder der Klage zu stellen. In diesem Fall sind die verfahrenseinleitenden Schriftstücke und die erlassene Entfernungsanordnung nur dann zuzustellen, wenn der Antragsteller eine solche Zustellung innerhalb von 14 Tagen ab der in Abs. 2 zweiter Satz genannten Verständigung beantragt, widrigenfalls der verfahrenseinleitende Antrag oder die Klage als zurückgenommen gilt und die Entfernungsanordnung keine weitere Rechtswirkung entfaltet.

(4) Die Bundesministerin für Justiz wird ermächtigt, für den Antrag nach Abs. 1 ein Formblatt aufzulegen und im Internet auf der Website der Justiz abrufbar zu halten.

(BGBl I 2023/182, ab 17. 2. 2024)

Schadenersatz bei Hass im Netz

§ 16. Bei einer erheblichen Ehrenbeleidigung einer natürlichen Person in einem elektronischen Kommunikationsnetz hat der Nutzer, der den verletzenden Inhalt bereitgestellt hat, auch eine Entschädigung für die erlittene persönliche Beeinträchtigung zu leisten. Der Anspruch auf Ersatz nach anderen Bestimmungen bleibt unberührt. Die Verantwortung für solche Verletzungen in einem Medium richtet sich bei Dazwischentreten eines Medieninhabers allein nach den Bestimmungen des Mediengesetzes, BGBl. Nr. 314/1981, in der jeweils geltenden Fassung.

(BGBl I 2023/182, ab 17. 2. 2024)

§§ 17 bis 19. *(entfallen samt Überschriften, BGBl I 2023/182, ab 17. 2. 2024)*

6. Abschnitt
Herkunftslandprinzip und Ausnahmen

Herkunftslandprinzip

§ 20. (1) Im koordinierten Bereich (§ 3 Z 8) richten sich die rechtlichen Anforderungen an einen in einem Mitgliedstaat niedergelassenen Diensteanbieter nach dem Recht dieses Staats.

(2) Der freie Verkehr der Dienste der Informationsgesellschaft aus einem anderen Mitgliedstaat darf vorbehaltlich der § § 21 bis 23 nicht auf Grund inländischer Rechtsvorschriften eingeschränkt werden, die in den koordinierten Bereich fallen.

Ausnahmen vom Herkunftslandprinzip

§ 21. Das Herkunftslandprinzip ist in folgenden Bereichen nicht anzuwenden:

1. Belange des Urheberrechts und verwandter Schutzrechte, der gewerblichen Schutzrechte sowie des Datenbank- und Halbleiterschutzes;

2. die Ausgabe elektronischen Geldes durch Institute, auf die die Mitgliedstaaten eine der in Art. 8 Abs. 1 der Richtlinie 2000/46/EG, ABl. Nr. L 275 vom 27. Oktober 2000, S 39, vorgesehenen Ausnahmen angewendet haben;

3. Rechtsvorschriften über die Werbung für Investmentfonds und andere Organismen für ge-

meinsame Anlagen von Wertpapieren im Vertriebsstaat;

4. die in Titel I Kapitel VIII und in Art. 179 und Art. 181 Abs. 2 der Richtlinie 2009/138/EG betreffend die Aufnahme und Ausübung der Versicherungs- und Rückversicherungstätigkeit (Solvabilität II) (Neufassung), ABl. Nr. L 335 vom 17.12.2009 S. 1, zuletzt geändert durch die Richtlinie 2014/51/EU, ABl. Nr. L 153 vom 22.05.2014 S. 1, sowie die in Art. 7 der Verordnung (EG) Nr. 593/2008 über das auf vertragliche Schuldverhältnisse anzuwendende Recht (Rom I), ABl. L Nr. 177 vom 04.07.2008 S. 6, berichtigt durch ABl. Nr. L 309 vom 24.11.2009 S. 87, enthaltenen Rechtsvorschriften über die freie Niederlassung und den freien Dienstleistungsverkehr von Versicherungsunternehmen im Europäischen Wirtschaftsraum, über die Verpflichtungen von Versicherungsunternehmen zur Vorlage der Bedingungen für eine Pflichtversicherung an die zuständige Aufsichtsbehörde sowie über das anwendbare Recht bei Nicht-Lebens- und Lebensversicherungsverträgen, die in einem Mitgliedstaat gelegene Risiken decken; *(BGBl I 2015/34)*

5. die Freiheit der Parteien eines Vertrags zur Rechtswahl;

6. vertragliche Schuldverhältnisse in Bezug auf Verbraucherverträge einschließlich der gesetzlichen Informationspflichten, die einen bestimmenden Einfluss auf die Entscheidung zum Vertragsabschluss haben;

7. die Rechtswirksamkeit von Verträgen zur Begründung oder Übertragung von Rechten an Immobilien, sofern diese Verträge nach dem Recht des Mitgliedstaats, in dem sich die Immobilie befindet, zwingenden Formvorschriften unterliegen;

8. die Zulässigkeit nicht angeforderter Werbung und anderer Maßnahmen zur Absatzförderung im Weg der elektronischen Post;

9. die Tätigkeit von Notaren und die Tätigkeit von Angehörigen gleichwertiger Berufe, soweit diese öffentlich-rechtliche Befugnisse ausüben;

10. die Vertretung einer Partei und die Verteidigung ihrer Interessen vor den Gerichten, vor unabhängigen Verwaltungssenaten oder vor Behörden im Sinne des Art. 133 Z 4 B-VG;

11. Gewinn- und Glücksspiele, bei denen ein Einsatz, der einen Geldwert darstellt, zu leisten ist, cinschließlich von Lotterien und Wetten;

12. Rechtsvorschriften über Waren, wie etwa Sicherheitsnormen, Kennzeichnungspflichten, Verbote und Einschränkungen der Innehabung oder des Besitzes, sowie über die Haftung für fehlerhafte Waren;

13. Rechtsvorschriften über die Lieferung von Waren einschließlich der Lieferung von Arzneimitteln und

14. Rechtsvorschriften über Dienstleistungen, die nicht elektronisch erbracht werden.

Abweichungen vom Herkunftslandprinzip

§ 22. (1) Ein Gericht oder eine Verwaltungsbehörde kann im Rahmen seiner bzw. ihrer gesetzlichen Befugnisse abweichend vom Herkunftslandprinzip Maßnahmen ergreifen, die den freien Verkehr der Dienste der Informationsgesellschaft aus einem anderen Mitgliedstaat einschränken. Solche Maßnahmen müssen jedoch zum Schutz eines der in Abs. 2 genannten Rechtgüter erforderlich sein. Sie dürfen sich nur gegen einen Diensteanbieter richten, der eines dieser Rechtsgüter beeinträchtigt oder ernstlich und schwerwiegend zu beeinträchtigen droht. Auch müssen sie in einem angemessenen Verhältnis zu den damit verfolgten Zielen stehen.

(2) Der freie Verkehr der Dienste der Informationsgesellschaft aus einem anderen Mitgliedstaat kann nur aus folgenden Gründen eingeschränkt werden:

1. Schutz der öffentlichen Ordnung, etwa zur Verhütung, Ermittlung, Aufklärung oder Verfolgung strafbarer Handlungen, einschließlich des Jugendschutzes und der Bekämpfung der Hetze aus Gründen der Rasse, des Geschlechts, des Glaubens oder der Nationalität;

2. Schutz der Würde einzelner Menschen;

3. Schutz der öffentlichen Gesundheit;

4. Schutz der öffentlichen Sicherheit einschließlich der Wahrung nationaler Sicherheits- und Verteidigungsinteressen und

5. Schutz der Verbraucher einschließlich des Schutzes der Anleger.

§ 23. (1) Eine Verwaltungsbehörde hat ihre Absicht zur Ergreifung von Maßnahmen, die den freien Verkehr von Diensten der Informationsgesellschaft aus einem anderen Mitgliedstaat einschränken, der Europäischen Kommission und der zuständigen Stelle des anderen Staates mitzuteilen und diese aufzufordern, geeignete Maßnahmen gegen den Diensteanbieter zu veranlassen. Die Behörde kann die von ihr beabsichtigten Maßnahmen erst durchführen, wenn die zuständige Stelle des anderen Mitgliedstaats dieser Aufforderung nicht innerhalb angemessener Frist Folge geleistet hat oder die von ihr ergriffenen Maßnahmen unzulänglich sind.

(2) Bei Gefahr im Verzug kann die Verwaltungsbehörde die von ihr beabsichtigten Maßnahmen auch ohne Verständigung der Kommission und Aufforderung der zuständigen Stelle des anderen Mitgliedstaats erlassen. In diesem Fall hat sie die von ihr ergriffene Maßnahme unverzüglich der Kommission und der zuständigen Stelle unter

Angabe der Gründe für die Annahme von Gefahr im Verzug mitzuteilen.

(3) Die Abs. 1 und 2 sind auf gerichtliche Verfahren nicht anzuwenden.

7. Abschnitt

Verbindungsstelle

§ 24. *(entfällt samt Überschrift, BGBl I 2023/182, ab 17. 2. 2024)*

Verbindungsstelle

§ 25. (1) „Soweit nicht die Verordnung über digitale Dienste anzuwenden ist, hat die Bundesministerin für Justiz“ als Verbindungsstelle mit den zuständigen Stellen anderer Mitgliedstaaten und der Europäischen Kommission zusammenzuarbeiten. „Sie“ hat den „an sie“ gelangten Auskunftsbegehren anderer Mitgliedstaaten und der Kommission zu entsprechen und die nicht in „ihren“ Wirkungsbereich fallenden Ersuchen um Amts- oder Rechtshilfe oder Auskünfte an die zuständigen Gerichte oder Verwaltungsbehörden weiterzuleiten. *(BGBl I 2023/182, ab 17. 2. 2024)*

(2) Die Bundesministerin für Justiz hat im Internet Informationen über

1. die vertraglichen Rechte und Pflichten der Nutzer sowie über die bei Streitfällen verfügbaren Beschwerde- und Rechtsschutzverfahren einschließlich der praktischen Aspekte dieser Verfahren und

2. die Anschriften von Behörden, Körperschaften öffentlichen Rechts und anderer Stellen, bei denen die Nutzer oder Diensteanbieter weitere Informationen oder praktische Unterstützung erhalten können,

zu veröffentlichen. *(BGBl I 2023/182, ab 17. 2. 2024)*

8. Abschnitt

Strafbestimmungen

Verwaltungsübertretungen

§ 26. (1) Ein Diensteanbieter begeht eine Verwaltungsübertretung und ist mit Geldstrafe bis zu 3 000 Euro zu bestrafen, wenn er

1. gegen seine allgemeinen Informationspflichten nach § 5 Abs. 1 verstößt,

2. gegen seine Informationspflichten für kommerzielle Kommunikation nach § 6 verstößt,

3. gegen seine Informationspflichten für Vertragsabschlüsse nach § 9 Abs. 1 verstößt oder entgegen § 9 Abs. 2 keinen elektronischen Zugang zu den freiwilligen Verhaltenskodizes, denen er sich unterwirft, angibt,

4. entgegen § 10 Abs. 1 keine technischen Mittel zur Erkennung und Berichtigung von Eingabefehlern zur Verfügung stellt oder

5. entgegen § 11 die Vertragsbestimmungen und die allgemeinen Geschäftsbedingungen nicht so zur Verfügung stellt, dass sie der Nutzer speichern und wiedergeben kann.

(2) Eine Verwaltungsübertretung nach Abs. 1 liegt nicht vor, wenn die Tat den Tatbestand einer gerichtlich strafbaren Handlung bildet oder nach anderen Verwaltungsstrafbestimmungen mit strengerer Strafe bedroht ist.

Zuständigkeit

§ 26a. (1) Für die Führung von Verwaltungsstrafverfahren, bei denen der Diensteanbieter im Inland niedergelassen ist, ist die Bezirksverwaltungsbehörde am Sitz der Niederlassung des Unternehmens zuständig. Stellt der Verstoß nach § 26 Abs. 1 Z 1 oder Z 2 gleichzeitig auch einen Verstoß gegen die Verordnung über digitale Dienste dar, so ist die Kommunikationsbehörde Austria (KommAustria) ausschließlich zuständig.

(2) Richtet sich der Verdacht einer Verwaltungsübertretung gegen einen Diensteanbieter, dessen Hauptniederlassung sich in einem anderen Staat befindet, so ist dieser Verdacht, wenn die Übertretung gleichzeitig auch einen Verstoß gegen die Verordnung über digitale Dienste darstellt, der KommAustria mitzuteilen.

(BGBl I 2023/182)

Tätige Reue

§ 27. (1) Die Behörde kann einen Diensteanbieter, der die Verpflichtungen nach diesem Bundesgesetz verletzt, darauf hinweisen und ihm auftragen, den gesetzmäßigen Zustand innerhalb einer von ihr festgelegten angemessenen Frist herzustellen. Dabei hat sie ihn auf die mit einer solchen Aufforderung verbundenen Rechtsfolgen hinzuweisen.

(2) Ein Diensteanbieter ist wegen einer Verwaltungsübertretung nach § 26 Abs. 1 nicht zu bestrafen, wenn er den gesetzmäßigen Zustand innerhalb der von der Behörde gesetzten Frist herstellt.

9. Abschnitt

Vollzugs- und Schlussbestimmungen

In-Kraft-Treten

§ 28. „(1)“ Dieses Bundesgesetz tritt mit 1. Jänner 2002 in Kraft. *(BGBl I 2015/34)*

(2) § 21 Z 4 in der Fassung des Bundesgesetzes BGBl. I Nr. 34/2015 tritt mit 1. Jänner 2016 in Kraft. *(BGBl I 2015/34)*

(3) § 18 Abs. 4a in der Fassung des Bundesgesetzes BGBl. I. Nr. 148/2020 tritt mit 1. Jänner 2021 in Kraft und ist auf vor dem Inkrafttreten dieses Bundesgesetzes anhängig gewordene Streitigkeiten nicht anzuwenden. *(BGBl I 2020/148)*

(4) § 18 Abs. 4a in der Fassung des Bundesgesetzes BGBl. I. Nr. 61/2022 tritt mit 1. Mai 2022 in Kraft. *(BGBl I 2022/61)*

(5) Die Bezeichnungen des 5. und des 7. Abschnitts sowie §§ 13 bis 16, § 25 und § 26a samt Überschriften in der Fassung des DSA-Begleitgesetzes, BGBl. I Nr. 182/2023, treten mit 17. Februar 2024 in Kraft. §§ 17 bis 19 und § 24 samt Überschriften treten mit Ablauf des 16. Februar 2024 außer Kraft. § 14, § 15 und § 26a in der Fassung des DSA-Begleitgesetzes sind auf Verfahren anzuwenden, die nach dem 16. Februar 2024 anhängig gemacht wurden. Auf Verfahren nach § 18 Abs. 4a in der Fassung vor dem DSA-Begleitgesetz, die vor diesem Zeitpunkt anhängig gemacht wurden, ist diese Bestimmung weiterhin anzuwenden. § 16 in der Fassung des DSA-Begleitgesetzes ist auf Fälle anzuwenden, in denen die verletzende Handlung nach dem 16. Februar 2024 gesetzt wurde. *(BGBl I 2023/182)*

Verweise auf andere Bundesgesetze

§ 29. Soweit in diesem Bundesgesetz auf Bestimmungen anderer Bundesgesetze verwiesen wird, sind diese in ihrer jeweils geltenden Fassung anzuwenden.

Vollzug

§ 30. Mit der Vollziehung dieses Bundesgesetzes sind hinsichtlich des § 7 der Bundesminister für Verkehr, Innovation und Technologie, hinsichtlich der §§ 24 und 25 der Bundesminister für Justiz sowie hinsichtlich der übrigen Bestimmungen der Bundesminister für Justiz und der Bundesminister für Wirtschaft und Arbeit betraut.

Hinweise auf Notifikation und Umsetzung

§ 31. (1) Dieses Bundesgesetz wurde unter Einhaltung der Bestimmungen der Richtlinie 98/34/EG, ABl. Nr. L 204 vom 21. Juli 1998, S 37, in der Fassung der Richtlinie 98/48/EG, ABl. Nr. L 217 vom 5. August 1998, S 18, der Europäischen Kommission notifiziert (Notifikationsnummer 2001/290/A).

(2) Mit diesem Bundesgesetz wird die Richtlinie 2000/31/EG über bestimmte Aspekte des elektronischen Geschäftsverkehrs im Binnenmarkt (Richtlinie über den elektronischen Geschäftsverkehr), ABl. Nr. L 178 vom 17. Juli 2000, S 1, umgesetzt.

(3) Die Änderung dieses Bundesgesetzes durch das DSA-Begleitgesetz, BGBl. I Nr. 182/2023, dient der Durchführung der Verordnung (EU) 2022/2065 über einen Binnenmarkt für digitale Dienste und zur Änderung der Richtlinie 2000/31/EG (Gesetz über digitale Dienste), ABl. Nr. L 277 vom 27.10.2022. *(BGBl I 2023/182)*

35/2. Gesetz über digitale Dienste

(Auszug)

ABl L 277 vom 27. 10. 2022, S 1

Verordnung (EU) 2022/2065 des Europäischen Parlaments und des Rates vom 19. Oktober 2022 über einen Binnenmarkt für digitale Dienste und zur Änderung der Richtlinie 2000/31/EG (Gesetz über digitale Dienste)

Kapitel II

Haftung der Anbieter von Vermittlungsdiensten

Artikel 4

„Reine Durchleitung"

(1) Bei der Durchführung eines Dienstes der Informationsgesellschaft, der darin besteht, von einem Nutzer bereitgestellte Informationen in einem Kommunikationsnetz zu übermitteln oder Zugang zu einem Kommunikationsnetz zu vermitteln, haftet der Diensteanbieter nicht für die übermittelten Informationen, sofern er

a) die Übermittlung nicht veranlasst,

b) den Adressaten der übermittelten Informationen nicht auswählt und

c) die übermittelten Informationen nicht auswählt oder verändert.

(2) Die Übermittlung von Informationen und die Vermittlung des Zugangs nach Absatz 1 umfassen auch die automatische kurzzeitige Zwischenspeicherung der übermittelten Informationen, soweit dies nur zur Durchführung der Übermittlung im Kommunikationsnetz geschieht und die Informationen nicht länger gespeichert werden, als es für die Übermittlung üblicherweise erforderlich ist.

(3) Dieser Artikel lässt die Möglichkeit unberührt, dass ein Gericht oder eine Verwaltungsbehörde nach den Rechtssystemen der Mitgliedstaaten vom Diensteanbieter verlangt, eine Zuwiderhandlung abzustellen oder zu verhindern.

Artikel 5

„Caching"

(1) Bei der Durchführung eines Dienstes der Informationsgesellschaft, der darin besteht, von einem Nutzer bereitgestellte Informationen in einem Kommunikationsnetz zu übermitteln, haftet der Diensteanbieter nicht für die automatische, zeitlich begrenzte Zwischenspeicherung, die dem alleinigen Zweck dient, die Übermittlung der Information an andere Nutzer auf deren Anfrage effizienter zu gestalten, sofern folgende Voraussetzungen erfüllt sind:

a) er verändert die Informationen nicht,

b) er beachtet die Bedingungen für den Zugang zu den Informationen,

c) er beachtet die Regeln für die Aktualisierung der Informationen, die in weithin anerkannten und verwendeten Branchennormen festgelegt sind,

d) er beeinträchtigt nicht die erlaubte Anwendung von Technologien zur Sammlung von Daten über die Nutzung der Informationen, die in weithin anerkannten und verwendeten Branchennormen festgelegt sind, und

e) er handelt zügig, um von ihm gespeicherte Informationen zu entfernen oder den Zugang zu ihnen zu sperren, sobald er tatsächliche Kenntnis davon erhält, dass die Informationen am ursprünglichen Ausgangsort der Übermittlung aus dem Netz entfernt wurden oder der Zugang zu ihnen gesperrt wurde oder ein Gericht oder eine Verwaltungsbehörde die Entfernung oder Sperrung angeordnet hat.

(2) Dieser Artikel lässt die Möglichkeit unberührt, dass ein Gericht oder eine Verwaltungsbehörde nach den Rechtssystemen der Mitgliedstaaten vom Diensteanbieter verlangt, eine Zuwiderhandlung abzustellen oder zu verhindern.

Artikel 6

Hosting

(1) Bei der Durchführung eines Dienstes der Informationsgesellschaft, der in der Speicherung der von einem Nutzer bereitgestellten Informationen besteht, haftet der Diensteanbieter nicht für die im Auftrag eines Nutzers gespeicherten Informationen, sofern er

a) keine tatsächliche Kenntnis von einer rechtswidrigen Tätigkeit oder illegalen Inhalten hat und sich in Bezug auf Schadensersatzansprüche auch keiner Tatsachen oder Umstände bewusst ist, aus denen eine rechtswidrige Tätigkeit oder illegale Inhalte offensichtlich werden, oder

b) sobald er diese Kenntnis oder dieses Bewusstsein erlangt, zügig tätig wird, um den Zugang zu den illegalen Inhalten zu sperren oder diese zu entfernen.

(2) Absatz 1 findet keine Anwendung, wenn der Nutzer dem Diensteanbieter untersteht oder von ihm beaufsichtigt wird.

(3) Absatz 1 findet keine Anwendung auf die verbraucherschutzrechtliche Haftung von Online-Plattformen, die Verbrauchern das Abschließen von Fernabsatzverträgen mit Unternehmern ermöglichen, wenn die Online-Plattform die spezifischen Einzelinformationen dazu darstellt oder die betreffende Einzeltransaktion anderweitig in einer Weise ermöglicht, bei der ein durchschnittlicher und angemessen informierter Verbraucher davon ausgehen kann, dass die Information oder das Produkt oder die Dienstleistung, die bzw. das Gegenstand der Transaktion ist, entweder von der Online-Plattform selbst oder von einem ihrer Aufsicht unterstehenden Nutzer bereitgestellt wird.

(4) Dieser Artikel lässt die Möglichkeit unberührt, dass ein Gericht oder eine Verwaltungsbehörde nach den Rechtssystemen der Mitgliedstaaten vom Diensteanbieter verlangt, eine Zuwiderhandlung abzustellen oder zu verhindern.

Artikel 7
Freiwillige Untersuchungen auf Eigeninitiative und Einhaltung der Rechtsvorschriften

Die Anbieter von Vermittlungsdiensten kommen für die in den Artikeln 4, 5 und 6 genannten Haftungsausschlüsse auch dann in Betracht, wenn sie auf Eigeninitiative nach Treu und Glauben und sorgfältig freiwillige Untersuchungen durchführen oder andere Maßnahmen zur Erkennung, Feststellung und Entfernung rechtswidriger Inhalte oder zur Sperrung des Zugangs zu rechtswidrigen Inhalten treffen oder die erforderlichen Maßnahmen ergreifen, um den Anforderungen des Unionsrechts und des nationalen Rechts im Einklang mit dem Unionsrecht und insbesondere den Anforderungen dieser Verordnung nachzukommen.

Artikel 8
Keine allgemeine Verpflichtung zur Überwachung oder aktiven Nachforschung

Anbietern von Vermittlungsdiensten wird keine allgemeine Verpflichtung auferlegt, die von ihnen übermittelten oder gespeicherten Informationen zu überwachen oder aktiv nach Umständen zu forschen, die auf eine rechtswidrige Tätigkeit hindeuten.

Kapitel V

Schlussbestimmungen

Artikel 93
Inkrafttreten und Anwendung

(1) Diese Verordnung tritt am zwanzigsten Tag nach ihrer Veröffentlichung im *Amtsblatt der Europäischen Union* in Kraft.

(2) Diese Verordnung gilt ab dem 17. Februar 2024.

Artikel 24 Absätze 2, 3 und 6, Artikel 33 Absätze 3 bis 6, Artikel 37 Absatz 7, Artikel 40 Absatz 13 und Kapitel IV Abschnitte 4, 5, und 6 gelten jedoch ab dem 16. November 2022.

35/3. Signatur- und Vertrauensdienstegesetz

BGBl I 2016/50 idF

1 BGBl I 2018/32 **2** BGBl I 2018/104

STICHWORTVERZEICHNIS

(Die Zahlenangaben beziehen sich auf die Paragraphen)

Bundesgesetz über elektronische Signaturen und Vertrauensdienste für elektronische Transaktionen (Signatur- und Vertrauensdienstegesetz – SVG)

Inhaltsverzeichnis

1. Abschnitt

Allgemeine Bestimmungen

Gegenstand des Gesetzes

§ 1. Dieses Bundesgesetz führt die Verordnung (EU) Nr. 910/2014 über elektronische Identifizierung und Vertrauensdienste für elektronische Transaktionen im Binnenmarkt und zur Aufhebung der Richtlinie 1999/93/EG, ABl. Nr. L 257 vom 28.08.2014 S. 73, in der Fassung der Berichtigung ABl. Nr. L 257 vom 29.01.2015 S. 19, mit Ausnahme ihres Kapitels II durch. Vertrauensdienste im Sinne dieses Bundesgesetzes sind elektronische Dienste, die in der Regel gegen Entgelt erbracht werden und aus Elementen des Art. 3 Z 16 dieser Verordnung bestehen, das sind insbesondere elektronische Signaturen, elektronische Siegel, elektronische Zeitstempel, die Zustellung elektronischer Einschreiben, die Website-Authentifizierung sowie deren Zertifikate, soweit diese Dienste in den Anwendungsbereich dieser Verordnung fallen.

Personenbezogene Bezeichnungen

§ 2. Alle in diesem Bundesgesetz verwendeten personenbezogenen Bezeichnungen gelten gleichermaßen für Personen sowohl des weiblichen als auch männlichen Geschlechts.

Begriffsbestimmungen

§ 3. (1) Im Sinn dieses Bundesgesetzes bedeutet:

1. „eIDAS-VO“: Verordnung (EU) Nr. 910/2014 über elektronische Identifizierung und Vertrauensdienste für elektronische Transaktionen im Binnenmarkt und zur Aufhebung der Richtlinie 1999/93/EG, ABl. Nr. L 257 vom 28.08.2014 S. 73, in der Fassung der Berichtigung ABl. Nr. L 23 vom 29.01.2015 S. 19;

2. „VDA“: ein Vertrauensdiensteanbieter gemäß Art. 3 Z 19 eIDAS-VO;

3. „Signator“: ein Unterzeichner gemäß Art. 3 Z 9 eIDAS-VO;

4. „Bestätigungsstelle“: eine gemäß Art. 30 Abs. 2 eIDAS-VO vom Mitgliedstaat der EU-Kommission zu benennende Stelle für die Zertifizierung der Konformität qualifizierter elektronischer Signatur- und Siegelerstellungseinheiten mit den Anforderungen des Anhangs II der eIDAS-VO.

(2) Die Begriffsbestimmungen des Art. 3 eIDAS-VO gelten auch für dieses Bundesgesetz.

2. Abschnitt

Elektronische Signaturen und elektronische Siegel

Rechtswirkungen

§ 4. (1) Eine qualifizierte elektronische Signatur erfüllt das rechtliche Erfordernis der Schriftlichkeit im Sinne des § 886 ABGB. Andere gesetzliche Formerfordernisse, insbesondere solche, die die Beiziehung eines Notars oder eines Rechtsanwalts vorsehen, sowie vertragliche Vereinbarungen über die Form bleiben unberührt.

(2) Letztwillige Verfügungen können in elektronischer Form nicht wirksam errichtet werden. Folgende Willenserklärungen können nur dann in elektronischer Form wirksam abgefasst werden, wenn das Dokument über die Erklärung die Bestätigung eines Notars oder eines Rechtsanwalts enthält, dass er den Signator über die Rechtsfolgen seiner Signatur aufgeklärt hat:

1. Willenserklärungen des Familien- und Erbrechts, die an die Schriftform oder ein strengeres Formerfordernis gebunden sind;

2. eine Bürgschaftserklärung (§ 1346 Abs. 2 ABGB), die von Personen außerhalb ihrer gewerblichen, geschäftlichen oder beruflichen Tätigkeit abgegeben wird.

(3) Bei Rechtsgeschäften zwischen Unternehmern und Verbrauchern sind Vertragsbestimmungen, nach denen eine qualifizierte elektronische Signatur nicht das rechtliche Erfordernis der Schriftlichkeit erfüllt, für Anzeigen oder Erklärungen, die vom Verbraucher dem Unternehmer oder einem Dritten abgegeben werden, nicht verbindlich, es sei denn, der Unternehmer beweist, dass die Vertragsbestimmungen im Einzelnen ausgehandelt worden sind oder mit dem Verbraucher eine andere vergleichbar einfach verwendbare Art der elektronischen Authentifizierung vereinbart wurde.

Pflichten von Signatoren und Siegelerstellern

§ 5. Signatoren und Siegelersteller oder von ihnen dazu beauftragte qualifizierte VDA haben bei qualifizierten Signaturen ihre elektronischen Signaturerstellungsdaten oder bei qualifizierten Siegeln ihre elektronischen Siegelerstellungsdaten sorgfältig zu verwahren, soweit zumutbar Zugriffe von Dritten auf ihre elektronischen Signaturerstellungsdaten oder elektronischen Siegelerstellungsdaten zu verhindern und deren Weitergabe an Dritte zu unterlassen. Die Weitergabe von elektronischen Siegelerstellungsdaten an autorisierte Personen ist zulässig. Signatoren oder Siegelersteller haben den Widerruf des qualifizierten Zertifikats zu verlangen, wenn die elektronischen Signaturerstellungsdaten oder die elektronischen Siegelerstellungsdaten abhandenkommen, wenn

Anhaltspunkte für deren Kompromittierung bestehen oder wenn sich die im qualifizierten Zertifikat bescheinigten Umstände geändert haben.

Aussetzung

§ 6. (1) Sofern ein qualifizierter VDA ein qualifiziertes Zertifikat für eine elektronische Signatur oder ein elektronisches Siegel nicht widerruft, hat er dieses vorläufig auszusetzen, wenn

1. der Signator, der Siegelersteller oder ein sonstiger dazu Berechtigter dies verlangt,

2. die Aufsichtsstelle (§ 12) die Aussetzung des Zertifikats anordnet,

3. der qualifizierte VDA Kenntnis vom Ableben des Signators, der Beendigung des Bestehens des Siegelerstellers oder sonst von der Änderung im Zertifikat bescheinigter Umstände erlangt,

4. das Zertifikat auf Grund unrichtiger Angaben erwirkt wurde oder

5. die Gefahr einer missbräuchlichen Verwendung des Zertifikats besteht.

(2) Ein qualifizierter VDA hat bei Vorliegen der in Abs. 1 genannten Umstände die Aussetzung zeitnah und in jedem Fall innerhalb von 24 Stunden nach Erhalt des Ersuchens vorzunehmen.

(3) Ist ein qualifiziertes Zertifikat für elektronische Signaturen oder elektronische Siegel vorläufig ausgesetzt worden, so verliert dieses Zertifikat, solange der Status der Aussetzung gemäß Abs. 4 veröffentlicht ist, seine Gültigkeit. Dieser Zeitraum darf zwei Wochen nicht überschreiten.

(4) Ein qualifizierter VDA hat die Dauer der Aussetzung in seiner Zertifikatsdatenbank gemäß Art. 24 Abs. 2 lit. k eIDAS-VO zu registrieren und den Status der Aussetzung während der Dauer der Aussetzung elektronisch jederzeit allgemein zugänglich zu veröffentlichen.

Bestätigungsstelle

§ 7. (1) Die Konformität qualifizierter elektronischer Signatur- und Siegelerstellungseinheiten mit den Anforderungen des Anhangs II der eIDAS-VO wird durch eine Bestätigungsstelle oder eine in einem anderen Mitgliedstaat der Europäischen Union gemäß Art. 30 Abs. 1 eIDAS-VO benannte Stelle zertifiziert. Sofern eine Zertifizierung gemäß Art. 30 Abs. 3 lit. b eIDAS-VO vorgenommen wird, ist die Gleichwertigkeit des Sicherheitsniveaus von der Bestätigungsstelle oder benannten Stelle nach dem Stand der Technik zu beurteilen. Eine Einrichtung ist zur Wahrnehmung der einer Bestätigungsstelle zugewiesenen Aufgaben geeignet, wenn sie

1. die erforderliche Zuverlässigkeit aufweist,

2. zuverlässiges Personal mit den für diese Aufgaben erforderlichen Fachkenntnissen, Erfahrungen und Qualifikationen, insbesondere mit Kenntnissen über elektronische Signaturen, angemessene Sicherheitsverfahren, Kryptographie, Kommunikations- und Chipkartentechnologien sowie die technische Begutachtung solcher Komponenten, beschäftigt,

3. über ausreichende technische Einrichtungen und Mittel sowie eine ausreichende wirtschaftliche Leistungsfähigkeit verfügt und

4. die erforderliche Unabhängigkeit, Unparteilichkeit und Unbefangenheit sicherstellt.

Darüber hinaus sind die von der EU-Kommission gemäß Art. 30 Abs. 4 eIDAS-VO zu erlassenden besonderen Kriterien maßgeblich.

(2) Eine Bestätigungsstelle kann zur Erfüllung der ihr nach Abs. 1 zugewiesenen Aufgaben von anderen Einrichtungen oder Stellen Prüfberichte zu technischen Komponenten und Verfahren einholen.

(3) Der „Bundesminister für Digitalisierung und Wirtschaftsstandort“ hat mit Verordnung festzustellen, dass eine Einrichtung als Bestätigungsstelle geeignet ist. Die Eignung ist festzustellen, wenn die Einrichtung nach ihren Statuten oder Satzungen oder nach ihrem Gesellschaftsvertrag, nach ihrer Organisation und nach ihrem Sicherheits- und Finanzierungskonzept die in Abs. 1 genannten Anforderungen erfüllt. Eine solche Verordnung darf nur erlassen werden, wenn die Bereitschaft der betreffenden Einrichtung zur Wahrnehmung der Aufgaben besteht. *(BGBl I 2018/104, ab 8. 1. 2018)*

(4) Die organisatorische Aufsicht über die Bestätigungsstelle obliegt der Aufsichtsstelle (§ 12).

(5) Die Aufsichtsstelle (§ 12) hat die Notifizierung gemäß Art. 31 Abs. 1 eIDAS-VO durchzuführen.

3. Abschnitt

Vertrauensdiensteanbieter

Ausstellung qualifizierter Zertifikate für einen Vertrauensdienst

§ 8. (1) Ein qualifizierter VDA oder eine in seinem Auftrag tätige Stelle hat die Identität von persönlich anwesenden natürlichen Personen oder Vertretern einer juristischen Person, denen ein qualifiziertes Zertifikat ausgestellt werden soll, anhand eines amtlichen Lichtbildausweises oder durch einen anderen in seiner Zuverlässigkeit gleichwertigen, dokumentierten oder zu dokumentierenden Nachweis festzustellen (Art. 24 Abs. 1 lit. a eIDAS-VO). Vertreter von juristischen Personen haben darüber hinaus einen Nachweis über das Bestehen der Vertretungsbefugnis vorzulegen.

(2) Erfolgt die Ausstellung nicht in persönlicher Anwesenheit, können auch sonstige Identifizierungsmethoden, die eine gleichwertige Sicher-

heit hinsichtlich der Verlässlichkeit bei der persönlichen Anwesenheit bieten, angewendet werden (Art. 24 Abs. 1 lit. d eIDAS-VO). Dabei ist insbesondere auf eine erfolgte Identifizierung anhand eines Nachweises iSd Abs. 1, die von einer vertrauenswürdigen Stelle durchgeführt wurde, zurückzugreifen.

Beendigungsplan und Vertrauensinfrastruktur

§ 9. (1) Ein qualifizierter VDA hat der Aufsichtsstelle zumindest drei Wochen im Vorhinein die geplante Einstellung seiner Tätigkeit anzuzeigen.

(2) Sofern der qualifizierte VDA qualifizierte Zertifikate ausstellt, hat er die im Zeitpunkt der Einstellung seiner Tätigkeit gültigen qualifizierten Zertifikate zu widerrufen oder dafür Sorge zu tragen, dass zumindest seine Zertifikatsdatenbank von einem anderen qualifizierten VDA übernommen werden kann und wird. Auch im Fall des Widerrufs der qualifizierten Zertifikate hat der qualifizierte VDA sicherzustellen, dass die Zertifikatsdatenbank weitergeführt wird; kommt er dieser Verpflichtung nicht nach, so hat die Aufsichtsstelle als Teil ihrer Vertrauensinfrastruktur (§ 14 Abs. 3) für die Weiterführung der Zertifikatsdatenbank auf Kosten des qualifizierten VDA Sorge zu tragen.

(3) Ein Widerruf der gültigen qualifizierten Zertifikate gemäß Abs. 2 ist nur dann zulässig, wenn die Aufsichtsstelle auf Antrag des „Bundesministers für Digitalisierung und Wirtschaftsstandort“ feststellt, dass deren Weiterführung nicht im öffentlichen Interesse gelegen ist. Ist der Widerruf unzulässig, hat der Bund für deren Weiterführung Sorge zu tragen. Der qualifizierte VDA hat zu diesem Zweck dem Bund alle notwendigen Mittel und Informationen zu übergeben. *(BGBl I 2018/104, ab 8. 1. 2018)*

(4) Die Signatoren und Siegelersteller sind von der Einstellung der Tätigkeit sowie vom Widerruf, der Übernahme oder der Weiterführung unverzüglich zu verständigen.

Zugangsrechte und Aufbewahrungsdauer

§ 10. (1) Auf Ersuchen von Gerichten oder anderen Behörden hat ein qualifizierter VDA Zugang zur Dokumentation nach Art. 24 Abs. 2 lit. h eIDAS-VO und seiner Zertifikatsdatenbank zu gewähren.

(2) Bei Verwendung eines Pseudonyms in einem Zertifikat hat der VDA die personenbezogenen Daten über die Identität des Signators an einen Dritten zu übermitteln, sofern von diesem an der Feststellung der Identität ein überwiegendes berechtigtes Interesse glaubhaft gemacht wird. Die Übermittlung ist zu dokumentieren. *(BGBl I 2018/32, ab 25. 5. 2018)*

(3) Die Dokumentation ist vom qualifizierten VDA 30 Jahre, gerechnet ab dem im qualifizierten Zertifikat eingetragenen Ende der Gültigkeit oder, mangels eines solchen, 30 Jahre ab dem Zeitpunkt des Anfallens von einschlägigen Informationen über die von dem qualifizierten VDA im Rahmen seiner Tätigkeit ausgegebenen und empfangenen Daten, aufzubewahren.

Haftung

§ 11. (1) Abgesehen von Art. 13 Abs. 2 eIDAS-VO kann die Haftung eines VDA nach Art. 13 Abs. 1 eIDAS-VO im Vorhinein weder ausgeschlossen noch beschränkt werden.

(2) Umfang und Ausmaß des nach Art. 13 eIDAS-VO zu ersetzenden Schadens sowie allfällige Rückgriffsrechte gegenüber anderen Personen richten sich nach den auf den Schadensfall sonst anwendbaren Bestimmungen.

(3) Ersatzansprüche gegenüber anderen Personen oder aus einem anderen Rechtsgrund bleiben unberührt.

4. Abschnitt
Aufsicht

Aufsichtsstelle

§ 12. (1) Aufsichtsstelle gemäß Art. 17 eIDAS-VO ist die Telekom-Control-Kommission (§ 116 TKG 2003).

(2) Die Aufsichtsstelle hat den VDA für ihre Tätigkeit und für die Heranziehung der RTR-GmbH (§ 13) eine mit Verordnung festgelegte kostendeckende Gebühr vorzuschreiben. Die Einnahmen aus dieser Gebühr fließen der Aufsichtsstelle zu und sind nach Heranziehung der RTR-GmbH, der Bestätigungsstelle oder einer anderen gemäß Art. 30 Abs. 1 eIDAS-VO benannten Stelle nach deren Aufwand weiterzuleiten.

(3) Die Aufsichtsstelle kann sich zur Beratung geeigneter Personen oder Einrichtungen wie etwa einer Bestätigungsstelle (§ 7) bedienen. Die Wahrnehmung ihrer Aufgaben in technischen Belangen hat in Abstimmung mit einer Bestätigungsstelle (§ 7) oder einer in einem anderen Mitgliedstaat der Europäischen Union gemäß Art. 30 Abs. 1 eIDAS-VO benannten Stelle zu erfolgen.

(4) Die Mitglieder der Aufsichtsstelle sind gemäß Art. 20 Abs. 2 B-VG bei Ausübung ihres Amtes an keine Weisungen gebunden.

(5) Die Tätigkeit der Aufsichtsstelle nach diesem Bundesgesetz ist von ihrer Tätigkeit nach anderen Bundesgesetzen organisatorisch und finanziell zu trennen.

Heranziehung der RTR-GmbH

§ 13. (1) Die Aufsichtsstelle kann sich bei der Durchführung der Aufsicht der RTR-GmbH (§ 16 KOG) bedienen.

(2) Im Rahmen ihrer Tätigkeit für die Aufsichtsstelle ist das Personal der RTR-GmbH an die Weisungen des Vorsitzenden oder des in der Geschäftsordnung bezeichneten Mitgliedes gebunden.

(3) § 12 Abs. 5 über die organisatorische und finanzielle Trennung ist auf die Tätigkeit der RTR-GmbH anzuwenden.

Sonstige Aufgaben

§ 14. (1) Die RTR-GmbH erstellt, führt und veröffentlicht für die Aufsichtsstelle auf gesicherte Weise eine von der RTR-GmbH elektronisch unterzeichnete oder besiegelte Vertrauensliste gemäß Art. 22 eIDAS-VO. Nichtqualifizierte VDA und die von ihnen erbrachten Vertrauensdienste sind auf Antrag in die Vertrauensliste aufzunehmen.

(2) Die RTR-GmbH hat für die Aufsichtsstelle im öffentlichen Interesse kostenfrei im Internet ein technisches Service zur Verfügung zu stellen, mit dem qualifizierte elektronische Signaturen oder qualifizierte elektronische Siegel validiert werden können. Nach Maßgabe der technischen Möglichkeiten ist eine Schnittstelle für die automatische Verarbeitung anzubieten. Das Service hat jedenfalls Signaturen und Siegel in jenen Formaten zu prüfen, die im Durchführungsbeschluss (EU) 2015/1506 zur Festlegung von Spezifikationen für Formate fortgeschrittener elektronischer Signaturen und fortgeschrittener elektronischer Siegel, die von öffentlichen Stellen gemäß Artikel 27 Absatz 5 und Artikel 37 Absatz 5 der Verordnung (EU) Nr. 910/2014 über elektronische Identifizierung und Vertrauensdienste für elektronische Transaktionen im Binnenmarkt anerkannt werden, ABl. Nr. L 235 vom 09.09.2015 S. 37, festgelegt wurden und hat dabei die Vertrauenslisten gemäß Art. 22 eIDAS-VO zu berücksichtigen. Das Service hat bei der Validierung einer qualifizierten elektronischen Signatur oder eines qualifizierten elektronischen Siegels die Anforderungen des Art. 32 Abs. 1 eIDAS-VO zu erfüllen.

(3) Die Aufsichtsstelle hat eine Vertrauensinfrastruktur (§ 9) einzurichten, zu unterhalten und laufend zu aktualisieren.

Durchführung der Aufsicht

§ 15. (1) Die VDA haben den im Auftrag der Aufsichtsstelle handelnden Personen das Betreten der Geschäfts- und Betriebsräume während der Geschäftszeiten zu gestatten, die in Betracht kommenden Bücher und sonstigen Aufzeichnungen oder Unterlagen einschließlich der einschlägigen Informationen nach Art. 24 Abs. 2 lit. h eIDAS-VO vorzulegen oder zur Einsicht bereitzuhalten, Auskünfte zu erteilen und jede sonst erforderliche Unterstützung zu gewähren. Bestehende gesetzliche Verschwiegenheits- und Aussageverweigerungsrechte bleiben unberührt.

(2) Die Organe des öffentlichen Sicherheitsdienstes haben der Aufsichtsstelle und den in ihrem Auftrag handelnden Personen über deren Ersuchen zur Durchführung der Aufsicht im Rahmen ihres gesetzmäßigen Wirkungsbereichs Hilfe zu leisten.

(3) Die Durchführung der Aufsicht nach den Abs. 1 und 2 ist unter möglichster Schonung der Betroffenen und ohne unnötiges Aufsehen so durchzuführen, dass dadurch die Sicherheit der Vertrauensdienste nicht verletzt wird.

5. Abschnitt

Verwaltungsstrafbestimmungen

§ 16. (1) Eine Verwaltungsübertretung begeht und ist mit Geldstrafe bis zu 5 000 Euro zu bestrafen, wer fremde Signatur- oder Siegelerstellungsdaten ohne Wissen und Willen des Signators oder des Siegelerstellers missbräuchlich verwendet.

(2) Ein VDA begeht eine Verwaltungsübertretung und ist mit Geldstrafe bis zu 10 000 Euro zu bestrafen, wenn er

1. seine Pflichten nach Art. 24 Abs. 3 eIDAS-VO oder § 6 verletzt,

2. entgegen Art. 24 Abs. 2 lit. d eIDAS-VO Personen, die einen qualifizierten Vertrauensdienst nutzen wollen, nicht unterrichtet oder

3. entgegen § 15 Abs. 1 nicht Einsicht in die dort genannten Bücher, sonstige Aufzeichnungen oder Unterlagen gewährt oder nicht die notwendigen Auskünfte erteilt.

(3) Ein VDA begeht eine Verwaltungsübertretung und ist mit Geldstrafe bis zu 20 000 Euro zu bestrafen, wenn er

1. vorgibt qualifizierte Vertrauensdienste zu erbringen, ohne dazu berechtigt zu sein (Art. 30 Z 20 eIDAS-VO),

2. entgegen Art. 19 Abs. 1 eIDAS-VO keine geeigneten technischen und organisatorischen Maßnahmen zur Beherrschung der Sicherheitsrisiken im Zusammenhang mit den von ihm erbrachten Vertrauensdiensten ergreift,

3. entgegen Art. 24 Abs. 2 lit. h eIDAS-VO iVm §§ 9 und 10 seine Dokumentationspflicht verletzt oder

4. gegen die Vorgaben des Art. 24 Abs. 1 eIDAS-VO iVm § 8, Art. 24 Abs. 2 lit. a, b, c, e, f, g, i, und k oder Abs. 4 eIDAS-VO verstößt.

(4) Ein VDA begeht eine Verwaltungsübertretung und ist mit Geldstrafe bis zu 10 000 Euro oder, sofern es sich um einen qualifizierten VDA

handelt, mit Geldstrafe bis zu 37 000 Euro zu bestrafen, wenn er entgegen Art. 19 Abs. 2 eIDAS-VO nicht unverzüglich der Aufsichtsstelle alle Sicherheitsverletzungen oder Integritätsverluste, die sich erheblich auf den erbrachten Vertrauensdienst oder die darin vorhandenen personenbezogenen Daten auswirken, meldet.

(5) Eine Verwaltungsübertretung gemäß den Absätzen 1 bis 4 liegt nicht vor, wenn die Tat nach anderen Verwaltungsstrafbestimmungen mit strengerer Strafe bedroht ist.

(6) In einem Verwaltungsstrafverfahren, in dem Strafen gemäß Abs. 1 bis 4 zu verhängen sind, hat die Aufsichtsstelle Parteistellung. Sie ist berechtigt, die Einhaltung von Rechtsvorschriften, die dem Schutz der Einhaltung der von ihr wahrzunehmenden öffentlichen Interessen dienen, geltend zu machen.

(7) Im Straferkenntnis können die Gegenstände, mit denen die strafbare Handlung begangen wurde, für verfallen erklärt werden.

6. Abschnitt

Schlussbestimmungen

Verordnung über Elektronische Signaturen und Vertrauensdienste für elektronische Transaktionen

§ 17. (1) Der „Bundesminister für Digitalisierung und Wirtschaftsstandort“ hat mit Verordnung die nach dem jeweiligen Stand der Wissenschaft und Technik zur Durchführung dieses Bundesgesetzes erforderlichen Rechtsvorschriften zu erlassen über

1. die Festsetzung pauschaler kostendeckender Gebühren für die Leistungen der Aufsichtsstelle und der RTR-GmbH sowie die Vorschreibung dieser Gebühren und

2. die Zuverlässigkeit eines qualifizierten VDA und seines Personals.
(BGBl I 2018/104, ab 8. 1. 2018)

(2) „Der Bundesminister für Digitalisierung und Wirtschaftsstandort hat im Einvernehmen mit dem Bundesminister für Verfassung, Reformen, Deregulierung und Justiz“ mit Verordnung die nach dem jeweiligen Stand der Wissenschaft und Technik zur Durchführung dieses Bundesgesetzes erforderlichen Rechtsvorschriften zu erlassen über

1. nähere Anforderungen an qualifizierte Zertifikate und den Antrag auf deren Ausstellung und

2. nähere Anforderungen an die Zertifikatsdatenbank und deren Weiterführung durch die Aufsichtsstelle.
(BGBl I 2018/104, ab 8. 1. 2018)

Vollziehung

§ 18. Mit der Vollziehung dieses Bundesgesetzes sind betraut:

1. hinsichtlich der §§ 4 und 11 der „Bundesminister für Verfassung, Reformen, Deregulierung und Justiz“, *(BGBl I 2018/104, ab 8. 1. 2018)*

2. hinsichtlich der §§ 12 bis 15 der Bundesminister für Verkehr, Innovation und Technologie,

3. hinsichtlich der §§ 10 Abs. 2 und 16 der „Bundesminister für Digitalisierung und Wirtschaftsstandort“, *(BGBl I 2018/104, ab 8. 1. 2018)*

4. hinsichtlich des § 12 Abs. 2 der „Bundesminister für Digitalisierung und Wirtschaftsstandort“ im Einvernehmen mit dem „Bundesminister für Verfassung, Reformen, Deregulierung und Justiz“ und dem Bundesminister für Finanzen und *(BGBl I 2018/104, ab 8. 1. 2018)*

5. hinsichtlich der übrigen Bestimmungen der „Bundesminister für Digitalisierung und Wirtschaftsstandort“ im Einvernehmen mit dem „Bundesminister für Verfassung, Reformen, Deregulierung und Justiz“. *(BGBl I 2018/104, ab 8. 1. 2018)*

Übergangsregelung

§ 19. (1) Qualifizierte Zertifikate, die gemäß dem Signaturgesetz, BGBl. I Nr. 190/1999, zuletzt geändert durch das Bundesgesetz BGBl. I Nr. 75/2010, für natürliche Personen ausgestellt worden sind, gelten als qualifizierte Zertifikate iSd Art. 51 Abs. 2 eIDAS-VO.

(2) Nichtqualifizierte Zertifikate im Sinne des Signaturgesetzes, BGBl. I Nr. 190/1999, zuletzt geändert durch das Bundesgesetz BGBl. I Nr. 75/2010, gelten bis zu ihrem Ablauf als nichtqualifizierte Zertifikate für elektronische Signaturen gemäß Art. 3 Z 14 eIDAS-VO, sofern es sich bei dem Zertifikatsinhaber um eine natürliche Person handelt oder als nichtqualifizierte Zertifikate für elektronische Siegel gemäß Art. 3 Z 29 eIDAS-VO, sofern es sich beim Zertifikatsinhaber um eine juristische Person handelt.

Inkrafttreten

§ 20. „(1)“ Dieses Bundesgesetz tritt mit Ausnahme des 5. Abschnitts mit 1. Juli 2016 in Kraft. Der 5. Abschnitt tritt mit dem der Kundmachung folgenden Tag in Kraft[1]. Das Signaturgesetz, BGBl. I Nr. 190/1999, zuletzt geändert durch das Bundesgesetz BGBl. I Nr. 75/2010, tritt mit Ablauf des 30. Juni 2016 außer Kraft. *(BGBl I 2018/104)*

„(2)“ § 10 Abs. 2 in der Fassung des Materien-Datenschutz-Anpassungsgesetzes 2018, BGBl. I Nr. 32/2018, tritt mit 25. Mai 2018 in Kraft. *(BGBl I 2018/32; BGBl I 2018/104)*

(3) § 7 Abs. 3, § 9 Abs. 3, § 17 Abs. 1 und 2 und § 18 Z 1, 3 bis 5 in der Fassung des Bundesgesetzes BGBl. I Nr. 104/2018 treten am 8. Jänner 2018 in Kraft. *(BGBl I 2018/104)*

[1)] *Am 9. 7. 2016*

KODEX
DES ÖSTERREICHISCHEN RECHTS
HERAUSGEBER: UNIV.-PROF. DR. WERNER DORALT
VERFASSUNGS-
RECHT
LexisNexis
1 B-VG
1a ÜG, B-VGNov
2a StGG
2b EMRK
3a BVG
3b VfBest in BG
6 StbG
13a F-VG, FAG 2008
14 RHG
16 VwGG
17 VfGG
18 VolksanwG
19 AHG, OrgHG
20 AuskPfl
21 EUV, AEUV
EU-GRC
Anh

KODEX
DES ÖSTERREICHISCHEN RECHTS
HERAUSGEBER: UNIV.-PROF. DR. WERNER DORALT
VÖLKER-
RECHT
LexisNexis

KODEX
DES ÖSTERREICHISCHEN RECHTS
HERAUSGEBER: UNIV.-PROF. DR. WERNER DORALT
UNTERNEHMENS-
RECHT
LexisNexis
1 UGB
2 ABGB
3 E-Commerce-G
4 FBG
6 KSchG
7 UN-KaufR
8 GmbHG
9 AktG
10 SE (EU-Ges)
11 GenG
12 SCE (EU-Gen)
13 VerG
14 EWIVG
15 PSG
18 GesAusG
19 KapBG
20 EKEG
21 URG
22 UmwG
23 SpaltG
24 EU-VerschG
25 UmgrStG
26 KMG
27 ScheckG
28 WechselG
30 AÖSp
31 CMR
32 UWG
33 KartG
34 WettbG
35 UrhG
36 MarkSchG
37 MuSchG
38 PatG

KODEX
DES ÖSTERREICHISCHEN RECHTS
HERAUSGEBER: UNIV.-PROF. DR. WERNER DORALT
ASYL- UND
FREMDENRECHT
LexisNexis
1 FPG
Erläuterungen
FPG-DV
ReisedokVO
LichtbildVO
VISA-VO
Visakodex
VIS-VO
2 NAG
Erläuterungen
NLV 2015
NAG-DV
IV-V
3 AsylG
Erläuterungen
StDokBeirV
AsylG-DV
HerkSt-V
Entsch.RB
Dublin III
EurodacV
FlüchtKonv
4 GVG-B
Erläuterungen
BEBV
GV-Vereinb
5 BFA-VG
Erläuterungen
BFA-VG-DV
BFA-G
Erläuterungen
BFA-G-DV
6 GrekoG
Erläuterungen
Kundm.
Grenzkodex
7 SDÜ
Kundm.
Protokoll

36. Rechtsanwaltsprüfungsgesetz

BGBl 1985/556 idF

1 BGBl 1986/612 (DFB)
2 BGBl 1987/163
3 BGBl 1992/176
4 BGBl 1993/21 (EWR-RAG 1992)
5 BGBl I 1999/71
6 BGBl I 2004/128
7 BGBl I 2007/111 (BRÄG 2008)
8 BGBl I 2010/111 (BudgetbegleitG 2011)
9 BGBl I 2013/159 (BRÄG 2013)
10 BGBl I 2013/190 (VA-Ju)
11 BGBl I 2016/39
12 BGBl I 2017/10 (BRÄG 2016)
13 BGBl I 2020/19 (BRÄG 2020)

STICHWORTVERZEICHNIS

(Die Zahlenangaben beziehen sich auf die Paragraphen)

Bundesgesetz vom 12. Dezember 1985, mit dem Bestimmungen über die Rechtsanwaltsprüfung und über sonstige Erfordernisse zur Ausübung der Rechtsanwaltschaft getroffen werden (Rechtsanwaltsprüfungsgesetz – RAPG)

Artikel I

§ 1. Die Rechtsanwaltsprüfung soll die für die Ausübung des Rechtsanwaltsberufs notwendigen Fähigkeiten und Kenntnisse des Prüfungswerbers, im besonderen seine Gewandtheit bei der Einleitung und Besorgung der einem Rechtsanwalt übertragenen öffentlichen und privaten Angelegenheiten sowie seine Eignung zur Abfassung von Rechtsurkunden und Rechtsgutachten sowie zum geordneten schriftlichen und mündlichen Vortrag einer Rechts- und Sachlage nachweisen.

§ 2. (1) Die Rechtsanwaltsprüfung kann nach „Abschluss eines Studiums des österreichischen Rechts (§ 3 RAO)“* und einer praktischen Verwendung im Ausmaß von drei Jahren, hievon mindestens „ „sieben“*** Monate bei Gericht oder einer Staatsanwaltschaft“** und mindestens zwei Jahre bei einem Rechtsanwalt, abgelegt werden. *(BGBl 1993/21; *BGBl I 2007/111, erst auf rechtswissenschaftliche Studien anzuwenden, die nach dem 31. 8. 2009 begonnen werden, wobei die Fortsetzung des Studiums an einer anderen Universität keinen Einfluss auf den schon begonnenen Fristenlauf hat.; **BGBl I 2010/111, ab 1. 7. 2011, anzuwenden, wenn die Rechtsanwaltsprüfung nach dem 30. 6. 2011 abgelegt wird; ***BGBl I 2016/39, ab 1. 1. 2017)*

(2) Voraussetzung für die Ablegung der „Rechtsanwaltsprüfung“ ist überdies die Teilnahme an den für Rechtsanwaltsanwärter verbindlichen Ausbildungsveranstaltungen. *(BGBl 1993/21)*

§ 3. Die Rechtsanwaltsprüfung ist vor einem Senat der Rechtsanwaltsprüfungskommission abzulegen. Die Rechtsanwaltsprüfungskommissionen bestehen bei den Oberlandesgerichten für den jeweiligen Oberlandesgerichtssprengel. „Ihr gehören der Präsident des Oberlandesgerichts als Präses, der Vizepräsident des Oberlandesgerichts als sein Stellvertreter und als weitere Mitglieder (Prüfungskommissäre) die erforderliche, durch den Präses im Einvernehmen mit den beteiligten Rechtsanwaltskammern zu bestimmende Anzahl von zum Richteramt befähigten (§ 26 RStDG) und dem Aktivstand angehörenden Personen sowie die gleiche Anzahl von Rechtsanwälten an.“ *(BGBl I 2020/19, ab 1. 4. 2020)*

§ 4. Die Prüfungskommissäre aus dem Kreis der Rechtsanwälte werden von den Plenarversammlungen der beteiligten Rechtsanwaltskammern entsprechend dem Verhältnis ihrer Mitgliederzahl für jeweils „vier“* Jahre gewählt. Die Prüfungskommissäre aus dem Kreis der „zum Richteramt befähigten Personen“** werden vom Präsidenten des Oberlandesgerichts im Einvernehmen mit den beteiligten Rechtsanwaltskammern für den gleichen Zeitraum bestellt. „Hinsichtlich der Personen, die nicht dem Personalstand des jeweiligen Oberlandesgerichts angehören, hat der Präses das Einvernehmen mit deren Dienstbehörde zu pflegen.“** *(*BGBl I 2013/159, ab 1. 9. 2013, nach Art 11 § 10 BRÄG 2013 anzuwenden, wenn die darin vorgesehenen Wahlen nach dem 31. 8. 2013 durchgeführt werden; die Amtsdauer der vor dem Inkrafttreten dieses Bundesgesetzes gewählten Organe bleibt unberührt; **BGBl I 2017/10, ab 1. 1. 2017)*

§ 5. Die Kanzleigeschäfte der Rechtsanwaltsprüfungskommissionen werden von den Oberlandesgerichten geführt.

§ 6. „(1)“** Über die Zulassung „zur Rechtsanwaltsprüfung“* entscheidet auf Antrag des Prüfungswerbers der Präses der Kommission im Einvernehmen mit der Rechtsanwaltskammer, in deren Liste der Prüfungswerber eingetragen ist oder zuletzt war. Auf begründeten Antrag ist die Ablegung der Prüfung vor der Rechtsanwaltsprüfungskommission am Sitz eines anderen Oberlandesgerichts zu bewilligen. *(*BGBl 1993/21; **BGBl I 2007/111)*

(2) Der Antrag auf Zulassung zur Rechtsanwaltsprüfung kann frühestens sechs Monate vor Erfüllung der zeitlichen Voraussetzungen nach § 2 Abs. 1 gestellt werden. *(BGBl I 2007/111)*

§ 7. Dem Antrag auf Zulassung „zur Rechtsanwaltsprüfung“* sind beizuschließen Geburtsurkunde, Staatsbürgerschaftsnachweis, „rechtswissenschaftliches Universitätsdiplom“**, die Zeugnisse über die praktische Verwendung des Prüfungswerbers, der Beleg über die Einzahlung der Prüfungsgebühr und der Nachweis der Teilnahme an den für Rechtsanwaltsanwärter verbindlichen Ausbildungsveranstaltungen „ “*. *(*BGBl 1993/21; **BGBl I 2007/111, erst auf rechtswissenschaftliche Studien anzuwenden, die nach dem 31. 8. 2009 begonnen werden, wobei die Fortsetzung des Studiums an einer anderen Universität keinen Einfluss auf den schon begonnenen Fristenlauf hat.)*

§ 8. Gegen die Nichtzulassung „zur Rechtsanwaltsprüfung“* steht dem Prüfungswerber das Recht auf „Beschwerde an das Bundesverwaltungsgericht“** zu. „ “** *(*BGBl 1993/21; **BGBl I 2013/190, ab 1. 1. 2014)*

§ 9. Der Präses der Rechtsanwaltsprüfungskommission bestimmt für jede Prüfung in gleichbleibender alphabetischer Reihenfolge die Prüfungskommissäre und verständigt sie sowie den Prüfungswerber unter Einhaltung einer Mindestfrist von vier Wochen vor der schriftlichen Prüfung vom Zeitpunkt der schriftlichen und der mündlichen Prüfung unter Bekanntgabe der Namen der Mitglieder des Prüfungssenats und des Prüfungswerbers.

§ 10. Umstände, die geeignet sind, die Unbefangenheit eines Mitgliedes des Prüfungssenats dem Prüfungswerber gegenüber in Zweifel zu ziehen, sowie eine Verhinderung aus anderen Gründen haben diese und der Prüfungswerber unverzüglich dem Präses anzuzeigen. Der Präses hat in begründeten Fällen den in der alphabetischen Reihenfolge nächsten Prüfungskommissär zu bestimmen. Ist der Präses selbst betroffen, so hat er sich durch seinen Stellvertreter vertreten zu lassen.

§ 11. Der Prüfungssenat besteht aus vier Mitgliedern, davon zwei aus dem Kreis der „richterlichen Prüfungskommissäre" und zwei aus dem Kreis der Rechtsanwälte; den Vorsitz führt der Präses oder sein Stellvertreter, bei deren Verhinderung der an Lebensjahren älteste Prüfungskommissär aus dem Kreis der „richterlichen Mitglieder des Prüfungssenats". *(BGBl I 2017/10, ab 1. 1. 2017)*

§ 12. (1) Der Vorsitzende des Prüfungssenats hat im Einvernehmen mit den übrigen Mitgliedern des Prüfungssenats die Aufteilung der Prüfungsgegenstände vorzunehmen. „Die Aufgaben für die schriftliche Prüfung gemäß § 13 Z 1 und 2 sind jedenfalls von den Prüfungskommissären aus dem Kreis der Rechtsanwälte auszuwählen." *(BGBl 1993/21)*

(2) Die Rechtsgebiete gemäß „§ 20 Z 5 bis 10" sind jedenfalls von den Rechtsanwälten zu prüfen. *(BGBl I 2013/159, ab 1. 9. 2013, nach Art 11 § 8 BRÄG 2013 anzuwenden, wenn der Antrag auf Zulassung zur Prüfung beziehungsweise zur ersten Teilprüfung nach dem 31. 8. 2013 bei der Prüfungskommission eingebracht wird. Im Fall der Wiederholung der Prüfung ist insoweit der Zeitpunkt der erstmaligen Antragstellung maßgeblich)*

(3) Bei den mündlichen Prüfungen sind die Mitglieder des Prüfungssenats berechtigt, Fragen auch aus den von ihnen nicht übernommenen Prüfungsgegenständen zu stellen, sofern sie mit ihrem Prüfungsgegenstand in Zusammenhang stehen.

§ 13. Bei der schriftlichen Prüfung hat der Prüfungswerber auszuarbeiten:

1. im Zivilrecht auf Grund einer schriftlichen Information Klage, Klagebeantwortung und Entscheidung oder Antrag, allfällige Gegenäußerung und Entscheidung im außerstreitigen Verfahren oder an Hand von Gerichtsakten eine Rechtsmittelschrift gegen eine Entscheidung erster Instanz,

2. [1]im Verwaltungsrecht (einschließlich des Abgabenrechts) eine Rechtsmittelschrift aufgrund eines Bescheides, eine Revision gegen eine Entscheidung eines Verwaltungsgerichts, eine Beschwerde nach Art. 144 B-VG oder einen „Antrag nach Art. 139 Abs. 1 Z 3 oder 4, Art. 139a, Art. 140 Abs. 1 Z 1 lit. c oder d" und Art. 140a B-VG, *(BGBl I 2017/10, ab 1. 1. 2017; BGBl I 2020/19, ab 1. 4. 2020)*

3. im Strafrecht an Hand von Gerichtsakten eine Rechtsmittelschrift gegen eine Entscheidung erster Instanz.

(BGBl 1993/21)

[1] Im BGBl unrichtig „Im" zu Beginn der Z 2 und ein Punkt an dessen Ende.

§ 14. Der Prüfungswerber hat in den schriftlichen Arbeiten sämtliche von ihm bei der Ausarbeitung benützte Hilfsmittel (§ 16 Abs. 1 zweiter Satz) anzuführen und zu bestätigen, dass er ausschließlich diese verwendet hat.

(BGBl I 2020/19, ab 1. 4. 2020)

§ 15. Die schriftlichen Aufgaben sind derart auszuwählen, daß sie bei durchschnittlicher Fähigkeit jeweils innerhalb von acht Stunden gelöst werden können. Bezüglich der Aufgabe gemäß „§ 13 Z 2" ist dem Prüfungswerber zugleich mit der Verständigung über den Zeitpunkt (§ 9) das besondere Rechtsgebiet, dem die Aufgabe entnommen ist, bekanntzugeben. *(BGBl 1993/21)*

§ 16. „(1)" Die schriftlichen Prüfungen können mehrere Prüfungswerber gleichzeitig ablegen; sie sind jedoch durch eine Aufsichtsperson so zu überwachen, daß jede Besprechung untereinander und mit außenstehenden Personen verhindert wird. Für jede Ausarbeitung sind die erforderlichen Hilfsmittel (Gesetzesausgaben, Entscheidungssammlungen, Literatur) zur Verfügung zu stellen. Dem Prüfungswerber ist für die Reinschrift eine Schreibkraft beizustellen. *(BGBl I 2020/19)*

(2) Verwendet ein Prüfungswerber unerlaubte Hilfsmittel, bedient er sich bei der Ablegung der Prüfung unzulässigerweise einer anderen Person oder liegt aus sonstigen Gründen eine vorgetäuschte Leistung vor, so ist die Prüfung nicht zu beurteilen oder deren bereits erfolgte Beurteilung im Nachhinein für ungültig zu erklären. Die nicht beurteilte oder in ihrer Beurteilung für ungültig erklärte Prüfung ist auf die Gesamtzahl der Prü-

fungsantritte (§ 25 Abs. 2) anzurechnen. *(BGBl I 2020/19, ab 1. 4. 2020)*

§ 17. Der Prüfungswerber hat seine Arbeit vor dem Verlassen des Prüfungsraumes der Aufsichtsperson zu übergeben, die sie gegenzuzeichnen und unverzüglich dem Vorsitzenden des Prüfungssenats zu übergeben hat. Der Vorsitzende hat die Prüfungsarbeiten vor Abhaltung der mündlichen Prüfungen den anderen Mitgliedern des Prüfungssenats zur Durchsicht zur Verfügung zu stellen.

§ 18. Die mündlichen Prüfungen finden nicht vor Ablauf einer Frist von „drei" Wochen nach den jeweiligen schriftlichen Prüfungen vor dem Prüfungssenat statt. Die mündlichen Prüfungen dürfen für höchstens zwei Prüfungswerber gemeinsam abgehalten werden. Die mündlichen Prüfungen sollen für jeden Kandidaten jeweils etwa zwei Stunden dauern. *(BGBl I 2020/19, ab 1. 4. 2020, s § 29 Abs 2)*

§ 19. Der Zeitpunkt der mündlichen Prüfungen ist mindestens zwei Wochen vorher auch durch Anschlag in den beteiligten Rechtsanwaltskammern bekanntzugeben. Die mündlichen Prüfungen sind öffentlich.

§ 20. Bei der mündlichen Prüfung sind die Kenntnisse und Fähigkeiten des Prüfungswerbers in den folgenden Bereichen zu überprüfen:

1. Falllösung im Rahmen der Rechtsberatung, Rechtsdurchsetzung und Rechtsverteidigung im Bereich des österreichischen bürgerlichen Rechts einschließlich von Fällen mit Auslandsbezug und Fällen aus dem Arbeits- und Sozialrecht,

2. Vertretung vor österreichischen Gerichten im zivilgerichtlichen Verfahren einschließlich von Verfahren nach dem AußStrG und der EO,

3. Falllösung im Rahmen der Rechtsberatung, Rechtsdurchsetzung und Rechtsverteidigung im Bereich des österreichischen Strafrechts sowie Verteidigung und Vertretung vor österreichischen Strafgerichten,

4. Vertretung im Anwendungsbereich des österreichischen Strafvollzugsgesetzes,

5. Falllösung im Rahmen der Rechtsberatung, Rechtsdurchsetzung und Rechtsverteidigung im Bereich des österreichischen Unternehmens- und Gesellschaftsrechts einschließlich des Wertpapier- und des Immaterialgüterrechts sowie Vertretung in Verfahren über den gewerblichen Rechtsschutz,

6. Vertretung im österreichischen Insolvenzverfahren,

7. Falllösung im Rahmen der Rechtsberatung, Rechtsdurchsetzung und Rechtsverteidigung im Bereich des österreichischen öffentlichen Rechts sowie Vertretung im Verwaltungsverfahren einschließlich der Vertretung vor den österreichischen Gerichten des öffentlichen Rechts und internationalen Gerichtshöfen,

8. Falllösung und Vertretung im österreichischen Abgabenrecht einschließlich des Finanzstrafverfahrens,

9. Vertragsgestaltung und Urkundenverfassung und

10. Berufs- und Standesrecht der Rechtsanwälte, Pflichten als Unternehmer und Dienstgeber, Maßnahmen zur Verhinderung von Geldwäscherei (§ 165 StGB) oder Terrorismusfinanzierung (§ 278d StGB) sowie Kostenrecht.

(BGBl I 2007/111, anzuwenden, wenn der Antrag auf Zulassung zur Prüfung beziehungsweise zur ersten Teilprüfung nach dem 30. 9. 2012 bei der Prüfungskommission eingebracht wird. Im Fall der Wiederholung der Prüfung ist insoweit der Zeitpunkt der erstmaligen Antragstellung maßgeblich.)

§ 21. *(aufgehoben, BGBl I 2007/111, s § 20)*

§ 22. Unmittelbar nach Abschluß der jeweiligen mündlichen Prüfung geben die Mitglieder des Prüfungssenats in geheimer Beratung ihre Beurteilung über das Ergebnis der „Prüfung" ab. Die Abstimmung erfolgt zuerst über die Frage, ob die Prüfung bestanden ist, und bejahendenfalls sodann über die Bewertung. *(BGBl 1993/21)*

§ 23. Das gemäß § 1 zu beurteilende Prüfungsergebnis lautet „bestanden" oder „nicht bestanden". Zeigt der Prüfungswerber Kenntnisse und Fähigkeiten, die den Zweck der Ausbildung beträchtlich oder außergewöhnlich übersteigen, so ist das Ergebnis mit „sehr gut" beziehungsweise mit „ausgezeichnet" zu bewerten.

§ 24. Der Prüfungssenat entscheidet mit Stimmenmehrheit. „Die Rechtsanwälte stimmen (der Jüngere vor dem Älteren) vor den richterlichen Prüfungskommissären, der Vorsitzende stimmt als letzter ab."** Bei Stimmengleichheit gibt die Stimme des Vorsitzenden den Ausschlag „ "*. *(*BGBl I 2004/128; **BGBl I 2020/19, ab 1. 4. 2020)*

§ 25. (1) Hat der Prüfungswerber die Prüfung nicht bestanden, so hat der Prüfungssenat einen Zeitraum von wenigstens drei und höchstens zwölf Monaten zu bestimmen, vor dessen Ablauf der Prüfungswerber nicht erneut „zur Prüfung antreten" kann. *(BGBl I 2020/19, ab 1. 4. 2020, s § 29 Abs 2)*

(2) Die Rechtsanwaltsprüfung darf zweimal wiederholt werden. *(BGBl 1993/21)*

(3) *(aufgehoben, BGBl I 2004/128)*

§ 26. Der Vorsitzende des Prüfungssenats hat in Anwesenheit der übrigen Mitglieder des Prüfungssenats dem Geprüften das Prüfungsergebnis sogleich mündlich bekanntzugeben. Dem Geprüften ist ein Zeugnis über das Ergebnis der abgelegten Prüfung auszufertigen, das vom Vorsitzenden und den übrigen Mitgliedern des Prüfungssenats zu unterfertigen ist. Der Rechtsanwaltskammer (§ 6 erster Satz) sowie dem Österreichischen Rechtsanwaltskammertag ist das Ergebnis der Prüfung mitzuteilen.

§ 27. Die Gerichte und sonstigen Behörden haben den Rechtsanwaltsprüfungskommissionen auf deren Ersuchen für Prüfungsaufgaben geeignete Akten zur Verfügung zu stellen.

§ 28. (1) Die Mitglieder der Rechtsanwaltsprüfungskommission, die Aufsichtspersonen und die den Prüfungswerbern beizustellenden Schreibkräfte erhalten für ihre Tätigkeiten Vergütungen.

(2) Die Prüfungswerber haben Prüfungsgebühren (Justizverwaltungsgebühren) zu entrichten.

(3) Die Höhe der Vergütungen und der Prüfungsgebühren im Sinn der Abs. 1 und 2 ist durch Verordnung des Bundesministers für Justiz[1)] im Einvernehmen mit dem Bundesminister für Finanzen festzusetzen. Bei der Festsetzung der Höhe der Vergütungen für die Mitglieder der Rechtsanwaltsprüfungskommission, die Aufsichtspersonen und die Schreibkräfte ist auf Art und Umfang ihrer Tätigkeit, bei der Festsetzung der Prüfungsgebühren auf den mit der Vorbereitung und Durchführung der Prüfungen verbundenen Aufwand, insbesondere auch auf die Höhe der Vergütungen, Bedacht zu nehmen.

[1)] Siehe V BGBl II 2009/272.

Inkrafttreten und Übergangsbestimmungen ab 1. Jänner 2017

§ 29. „(1)“ §§ 3, 4, 11, 13 und 24 in der Fassung des Berufsrechts-Änderungsgesetzes 2016, BGBl. I Nr. 10/2017, treten mit 1. Jänner 2017 in Kraft. *(BGBl I 2020/19)*

(2) §§ 3, 13, 14, 16, 18, 24 und 25 Abs. 1 in der Fassung des Berufsrechts-Änderungsgesetzes 2020, BGBl. I Nr. 19/2020, treten mit 1. April 2020 in Kraft. § 18 in der Fassung des Berufsrechts-Änderungsgesetzes 2020 ist anzuwenden, wenn der Antrag auf Zulassung zur Prüfung nach dem 31. März 2020 bei der Prüfungskommission eingebracht wird. § 25 in der Fassung des Berufsrechts-Änderungsgesetzes 2020 ist anzuwenden, wenn die nicht bestandene Prüfung nach dem 31. März 2020 abgelegt worden ist. *(BGBl I 2020/19)*

(BGBl I 2017/10)

Artikel II – V

(Änderungen der RAO, StPO, ZPO, RDG; nicht abgedruckt)

Artikel VI

Inkrafttreten, Aufhebung von Rechtsvorschriften, Übergangsbestimmungen, Vollziehung

(1) Es treten in Kraft

a) der Art. I dieses Bundesgesetzes am 1. Juli 1986,

b) die übrigen Bestimmungen am 1. Jänner 1986.

(2) Es treten außer Kraft

a) mit dem Inkrafttreten des Art. I dieses Bundesgesetzes

1. die Verordnung des Justizministeriums vom 11. Oktober 1854, RGBl. Nr. 264, wodurch infolge Allerhöchster Entschließung vom 10. Oktober 1854 neue gesetzliche Bestimmungen über die zur Ausübung der Advokatur erforderliche praktische Prüfung und über die zur Zulassung zu dieser Prüfung erforderliche Geschäftspraxis erlassen werden;

2. der Art. XVII der 8. Gerichtsentlastungsnovelle vom 26. Juli 1933, BGBl. Nr. 346/1933;

3. der § 3 und der § 4 Abs. 3 der Rechtsanwaltsordnung vom 6. Juli 1868, RGBl. Nr. 96, zuletzt geändert durch das Bundesgesetz BGBl. Nr. 383/1983;

b) mit dem Inkrafttreten der übrigen Bestimmungen

1. die Hofkanzleidekrete vom 16. April 1833, PGS Bd. 61, Nr. 59, und vom 5. Februar 1847, PGS Bd. 75, Nr. 14;

2. der § 6 der Rechtsanwaltsordnung vom 6. Juli 1868, RGBl. Nr. 96, zuletzt geändert durch das Bundesgesetz BGBl. Nr. 383/1983.

(3) Für Rechtsanwaltsanwärter, die vor dem 1. Jänner 1986 in die Liste der Rechtsanwaltsanwärter eingetragen waren, es in diesem Zeitpunkt sind oder die praktische Verwendung bei Gericht begonnen haben und bis spätestens 1. Jänner 1987 in die Liste der Rechtsanwaltsanwärter eingetragen worden sind, gelten, sofern sie bis spätestens 1. Jänner 1992 die Eintragung in die Liste der Rechtsanwälte erwirken, hinsichtlich der Dauer der zur Ausübung der Rechtsanwaltschaft erforderlichen praktischen Verwendung die bisherigen Bestimmungen.

(4) Rechtsanwaltsanwärter, die am „1. Jänner 1989“ die Voraussetzungen für die Ablegung der Rechtsanwaltsprüfung nach den bisherigen Bestimmungen erfüllt und sich zur Prüfung angemeldet haben, können auf ihren Antrag die Prüfung

nach den bisherigen Bestimmungen ablegen. *(BGBl 1987/163)*

(5) Am 1. Jänner 1986 bestehende Eintragungen in die Verteidigerliste bleiben aufrecht.

(6) Gleiches gilt für in diesem Zeitpunkt bestehende Rechte zur Führung einer öffentlichen Agentie nach den Hofkanzleidekreten vom 16. April 1833, PGS Bd. 61, Nr. 59, und vom 5. Februar 1847, PGS Bd. 75, Nr. 14.

(7) Bestehende Befugnisse, die in den Berechtigungsumfang von freien Gewerben fallen, bleiben durch § 8 Abs. 2 der Rechtsanwaltsordnung in der Fassung des Art. II Z 4 dieses Bundesgesetzes unberührt.

(8) Art. IV Z 5 dritter Satz des Gesetzes vom 1. August 1895, RGBl. Nr. 112, betreffend die Einführung der Zivilprozeßordnung bleibt unberührt.

(9) Die im Art. I § 28 dieses Bundesgesetzes vorgesehene Verordnung kann bereits von dem der Kundmachung dieses Bundesgesetzes folgenden Tag an erlassen werden. Ab diesem Zeitpunkt können auch nach Art. I dieses Bundesgesetzes erforderliche organisatorische Maßnahmen getroffen werden. Die Verordnung und die Maßnahmen können jedoch frühestens mit 1. Juli 1986 in Kraft beziehungsweise in Wirksamkeit gesetzt werden.

(10) Mit der Vollziehung dieses Bundesgesetzes sind hinsichtlich des Art. I § 27 der Bundesminister für Justiz im Einvernehmen mit den beteiligten Bundesministern, des Art. I § 28 der Bundesminister für Justiz im Einvernehmen mit dem Bundesminister für Finanzen, des Art. II Z 10 und des Art. VI Abs. 2 lit. b Z 1 und Abs. 6 der Bundesminister für Inneres, hinsichtlich der übrigen Bestimmungen der Bundesminister für Justiz betraut.

37. Unternehmensgesetzbuch

(Auszug)

DRGBl 1897 S 219 idF

1 DRGBl 1937 I S 891
2 DRGBl 1938 I S 1428 (Dritte VO z Einführung handelsrechtlicher Vorschriften im Lande Österreich)
3 DRGBl 1938 I S 1999 (Vierte VO z Einführung handelsrechtlicher Vorschriften im Lande Österreich)
4 BGBl 1988/180 (Eisenbahnbeförderungsgesetz – EBG)
5 BGBl 1990/459 (Binnengüterbeförderungsgesetz)
6 BGBl 1991/10 (HaRÄG; Firmenbuchgesetz – FBG)
7 BGBl I 2003/71 (BudgetBeglG 2003)
8 BGBl I 2005/120 (HaRÄG; Umbenennung in UGB)
9 BGBl I 2008/70 (URÄG 2008)
10 BGBl I 2010/58 (IRÄ-BG)
11 BGBl I 2013/50 (ZVG)
12 BGBl I 2014/83 (GesbR-RG)

STICHWORTVERZEICHNIS

(Die Zahlenangaben beziehen sich auf die Paragraphen)

„Bundesgesetz über besondere zivilrechtliche Vorschriften für Unternehmen (Unternehmensgesetzbuch – UGB)“

(BGBl I 2005/120)

Erstes Buch

Allgemeine Bestimmungen

Erster Abschnitt

Begriffe und Anwendungsbereich

Unternehmer und Unternehmen

§ 1. (1) Unternehmer ist, wer ein Unternehmen betreibt.

(2) Ein Unternehmen ist jede auf Dauer angelegte Organisation selbständiger wirtschaftlicher Tätigkeit, mag sie auch nicht auf Gewinn gerichtet sein.

(3) Soweit in der Folge der Begriff des Unternehmers verwendet wird, erfasst er Unternehmerinnen und Unternehmer gleichermaßen.

(BGBl I 2005/120)

Unternehmer kraft Rechtsform

§ 2. Aktiengesellschaften, Gesellschaften mit beschränkter Haftung, Erwerbs- und Wirtschaftsgenossenschaften, Versicherungsvereine auf Gegenseitigkeit, Sparkassen, Europäische wirtschaftliche Interessenvereinigungen (EWIV), Europäische Gesellschaften (SE) und Europäische Genossenschaften (SCE) sind Unternehmer kraft Rechtsform.

(BGBl I 2005/120)

Unternehmer kraft Eintragung

§ 3. Personen, die zu Unrecht ins Firmenbuch eingetragen sind und unter ihrer Firma handeln, gelten als Unternehmer kraft Eintragung.

(BGBl I 2005/120)

...

Fünfter Abschnitt

Prokura und Handlungsvollmacht

Erteilung der Prokura

§ 48. (1) Die Prokura kann nur von „einem in das Firmenbuch eingetragenen Unternehmer“ oder seinem gesetzlichen Vertreter und nur mittels ausdrücklicher Erklärung erteilt werden. *(BGBl I 2005/120)*

(2) Die Erteilung kann an mehrere Personen gemeinschaftlich erfolgen (Gesamtprokura).

Umfang der Prokura

§ 49. (1) [1]Die Prokura ermächtigt zu allen Arten von gerichtlichen und außergerichtlichen Geschäften und Rechtshandlungen, die der Betrieb eines „Unternehmens“ mit sich bringt. [2]„Für diese bedarf es keiner besonderen Vollmacht nach § 1008 ABGB.“ *(BGBl I 2005/120)*

(2) Zur Veräußerung und Belastung von Grundstücken ist der Prokurist nur ermächtigt, wenn ihm diese Befugnis besonders erteilt ist.

Unbeschränkbarkeit der Prokura

§ 50. (1) Eine Beschränkung des Umfanges der Prokura ist Dritten gegenüber unwirksam.

(2) Dies gilt insbesondere von der Beschränkung, daß die Prokura nur für gewisse Geschäfte oder gewisse Arten von Geschäften oder nur unter gewissen Umständen oder für eine gewisse Zeit oder an einzelnen Orten ausgeübt werden soll.

(3) [1]Eine Beschränkung der Prokura auf den Betrieb einer von mehreren Niederlassungen des „Unternehmers“ ist Dritten gegenüber nur wirksam, wenn die Niederlassungen unter verschiedenen Firmen betrieben werden. [2]Eine Verschiedenheit der Firmen im Sinne dieser Vorschrift wird auch dadurch begründet, daß für eine Zweigniederlassung der Firma ein Zusatz beigefügt wird, der sie als Firma der Zweigniederlassung bezeichnet. *(BGBl I 2005/120)*

Zeichnung des Prokuristen

§ 51. Der Prokurist hat in der Weise zu zeichnen, daß er der Firma seinen Namen mit einem die Prokura andeutenden Zusatze beifügt.

Widerruflichkeit und Unübertragbarkeit der Prokura

§ 52. (1) Die Prokura ist ohne Rücksicht auf das der Erteilung zugrunde liegende Rechtsverhältnis jederzeit widerruflich, unbeschadet des Anspruchs auf die vertragsmäßige Vergütung.

(2) Die Prokura ist nicht übertragbar.

(3) Die Prokura erlischt nicht durch den Tod des „Unternehmers“. *(BGBl I 2005/120)*

Eintragung der Prokura

§ 53. (1) [1]Die Erteilung der Prokura ist „vom Unternehmer“ zur Eintragung in das Firmenbuch anzumelden. [2]Ist die Prokura als Gesamtprokura erteilt, so muß auch dies zur Eintragung angemeldet werden. *(BGBl I 2005/120)*

(2) Der Prokurist hat seine Namensunterschrift mit einem die Prokura andeutenden Zusatz zur Aufbewahrung bei Gericht zu zeichnen. *(BGBl 1991/10)*

(3) Das Erlöschen der Prokura ist in gleicher Weise wie die Erteilung zur Eintragung anzumelden.

Umfang der Handlungsvollmacht

§ 54. (1) [1]Ist jemand ohne Erteilung der Prokura zum Betrieb eines Unternehmens oder zur Vornahme einer bestimmten zu einem Unternehmen gehörigen Art von Geschäften oder zur Vornahme einzelner zu einem Unternehmen gehöriger Geschäfte ermächtigt, so erstreckt sich die Vollmacht (Handlungsvollmacht) auf alle Geschäfte und Rechtshandlungen, die der Betrieb eines derartigen Unternehmens oder die Vornahme derartiger Geschäfte gewöhnlich mit sich bringt; dies umfasst auch den Abschluss von Schiedsvereinbarungen. [2]Für solche Geschäfte und Rechtshandlungen bedarf es keiner besonderen Vollmacht nach § 1008 ABGB.

(2) Zur Veräußerung oder Belastung von Grundstücken, zur Eingehung von Wechselverbindlichkeiten, zur Aufnahme von Darlehen und zur Prozessführung ist der Handlungsbevollmächtigte nur ermächtigt, wenn ihm eine solche Befugnis besonders erteilt ist.

(BGBl I 2005/120)

Beschränkbarkeit der Handlungsvollmacht

§ 55. Sonstige Beschränkungen der Handlungsvollmacht braucht ein Dritter nur dann gegen sich gelten zu lassen, wenn er sie kannte oder kennen musste.

(BGBl I 2005/120)

Ladenvollmacht

§ 56. Wer in einem Laden oder in einem offenen Warenlager angestellt ist, gilt als ermächtigt zu Verkäufen und Empfangnahmen, die in einem derartigen Laden oder Warenlager gewöhnlich geschehen.

Zeichnung des Handlungsbevollmächtigten

§ 57. Der Handlungsbevollmächtigte hat sich bei der Zeichnung jedes eine Prokura andeutenden Zusatzes zu enthalten; er hat mit einem das Vollmachtsverhältnis ausdrückenden Zusatze zu zeichnen.

Widerruflichkeit und Übertragbarkeit der Handlungsvollmacht

§ 58. (1) Die Handlungsvollmacht ist unbeschadet des Anspruchs auf die vertragsmäßige Vergütung jederzeit widerruflich, sofern sich aus dem ihrer Erteilung zugrunde liegenden Rechtsverhältnis nicht das Gegenteil ergibt.

(2) Die Handlungsvollmacht ist nur mit Zustimmung des Unternehmers auf einen anderen übertragbar.

(3) Die Handlungsvollmacht erlischt im Zweifel nicht durch den Tod des Unternehmers.

(BGBl I 2005/120)

Viertes Buch

Unternehmensbezogene Geschäfte

Erster Abschnitt

Allgemeine Vorschriften

Anwendungsbereich

§ 343. (1) Das Vierte Buch ist auf Unternehmer im Sinn der §§ 1 bis 3 sowie auf juristische Personen des öffentlichen Rechts anzuwenden.

(2) Unternehmensbezogene Geschäfte sind alle Geschäfte eines Unternehmers, die zum Betrieb seines Unternehmens gehören.

(3) Geschäfte, die eine natürliche Person vor Aufnahme des Betriebes ihres Unternehmens zur Schaffung der Voraussetzungen dafür tätigt, gelten noch nicht als unternehmensbezogene Geschäfte.

(BGBl I 2005/120)

Vermutung unternehmensbezogener Geschäfte

§ 344. Die von einem Unternehmer vorgenommenen Rechtsgeschäfte gelten im Zweifel als zum Betrieb seines Unternehmens gehörig.

(BGBl I 2005/120)

Einseitig unternehmensbezogene Geschäfte

§ 345. Auf ein Rechtsgeschäft, das für einen der beiden Teile ein unternehmensbezogenes Geschäft ist, kommen die Vorschriften des Vierten Buchs für beide Teile zur Anwendung, soweit sich aus diesen Vorschriften nicht ein anderes ergibt.

(BGBl I 2005/120)

Gebräuche im Geschäftsverkehr

§ 346. Unter Unternehmern ist in Hinblick auf die Bedeutung und Wirkung von Handlungen und Unterlassungen auf die im Geschäftsverkehr geltenden Gewohnheiten und Gebräuche Rücksicht zu nehmen.

(BGBl I 2005/120)

Sorgfaltspflicht

§ 347. Wer aus einem Geschäft, das auf seiner Seite unternehmensbezogen ist, einem anderen zur Sorgfalt verpflichtet ist, hat für die Sorgfalt eines ordentlichen Unternehmers einzustehen.

(BGBl I 2005/120)

Haftung als Gesamtschuldner

§ 348. Verpflichten sich mehrere Unternehmer gemeinschaftlich zu einer teilbaren Leistung, so haften sie im Zweifel als Gesamtschuldner.

(BGBl I 2005/120)

Schadenersatz

§ 349. Unter Unternehmern umfasst der zu ersetzende Schaden auch den entgangenen Gewinn.

(BGBl I 2005/120)

§ 350. *(aufgehoben, BGBl I 2005/120)*

Verkürzung über die Hälfte

§ 351. Zulasten eines Unternehmers kann die Anwendung des § 934 ABGB vertraglich ausgeschlossen werden.

(BGBl I 2005/120)

§ 352. *(aufgehoben, BGBl I 2013/50, ab 16. 3. 2013)*

Unanwendbarkeit von § 1335 ABGB

§ 353. § 1335 ABGB ist auf Geldforderungen gegen einen Unternehmer nicht anzuwenden.

(BGBl I 2005/120)

Entgeltlichkeit

§ 354. (1) Ist in einem Geschäft kein Entgelt bestimmt und auch nicht Unentgeltlichkeit vereinbart, so gilt ein angemessenes Entgelt als bedungen.

(2) Für Darlehen, Vorschüsse, Auslagen und andere Verwendungen können vom Tag der Leistung an Zinsen berechnet werden.

(BGBl I 2005/120)

Kontokorrent

§ 355. (1) Vereinbart jemand mit einem Unternehmer, mit dem er in Geschäftsverbindung steht, dass die aus der Verbindung entspringenden beiderseitigen Ansprüche und Leistungen nebst Zinsen in Rechnung gestellt und in regelmäßigen Zeitabschnitten durch Verrechnung und Feststellung des für den einen oder anderen Teil sich ergebenden Überschusses ausgeglichen werden (laufende Rechnung, Kontokorrent), so treten, soweit nicht ein anderes vereinbart ist, die in den folgenden Bestimmungen geregelten Rechtswirkungen ein.

(2) Die Rechnungsperiode beträgt ein Jahr.

(3) [1]Zum Ende der Rechnungsperiode kommt es zur Verrechnung der beiderseitigen Ansprüche und Leistungen nebst Zinsen. [2]Die §§ 1415 und 1416 ABGB sind anzuwenden.

(4) [1]Jeder Teil hat gegen den anderen einen Anspruch auf Feststellung des Rechnungsabschlusses. [2]Liegt ein festgestellter Rechnungsabschluss vor, so kann derjenige, dem daraus ein Überschuss zusteht, sich zur Begründung seines Anspruchs auch auf diesen berufen. [3]Die Einwendung des anderen Teils, der Gläubiger werde dadurch ungerechtfertigt bereichert, bleibt unberührt. [4]Derjenige, dem beim Rechnungsabschluss ein Überschuss gebührt, kann vom Tag des Abschlusses an Zinsen vom Überschuss verlangen, auch soweit in der Rechnung Zinsen enthalten sind.

(5) Die laufende Rechnung kann im Zweifel auch während der Dauer einer Rechnungsperiode jederzeit mit der Wirkung gekündigt werden, dass derjenige, dem nach der Rechnung ein Überschuss gebührt, dessen Zahlung beanspruchen kann.

(6) Das Sich-Berufen auf einen Rechnungsabschluss, der unter Verwendung einer gegen ein gesetzliches Verbot oder gegen die guten Sitten verstoßenden Bedingung in Allgemeinen Geschäftsbedingungen oder Formblättern für Verträge aufgestellt wurde, steht einem Sich-Berufen auf eine solche Bedingung im Sinn des § 28 Abs. 1 letzter Satz KSchG gleich.

(BGBl I 2005/120)

Sicherheiten

§ 356. (1) Wird eine Forderung, die durch Pfand, Bürgschaft oder in anderer Weise gesichert ist, in die laufende Rechnung aufgenommen, so wird der Gläubiger durch die Anerkennung des Rechnungsabschlusses nicht gehindert, aus der Sicherheit insoweit Befriedigung zu suchen, „soweit die gesicherte Forderung nach § 355 Abs. 3 fortbesteht". *(BGBl I 2005/120)*

(2) Haftet ein Dritter für eine in die laufende Rechnung aufgenommene Forderung als Gesamtschuldner, so findet auf die Geltendmachung der Forderung gegen ihn die Vorschrift des Abs. 1 entsprechende Anwendung.

Pfändung des Saldos

§ 357. [1]Hat der Gläubiger eines Beteiligten die Pfändung und Überweisung des Anspruchs auf dasjenige erwirkt, was seinem Schuldner als

Überschuß aus der laufenden Rechnung zukommt, so können dem Gläubiger gegenüber Schuldposten, die nach der Pfändung durch neue Geschäfte entstehen, nicht in Rechnung gestellt werden. [2]Geschäfte, die auf Grund eines schon vor der Pfändung bestehenden Rechtes oder einer schon vor diesem Zeitpunkte bestehenden Verpflichtung des Drittschuldners vorgenommen werden, gelten nicht als neue Geschäfte im Sinne dieser Vorschrift.

§§ 358 bis 362. *(aufgehoben, BGBl I 2005/120)*

Unternehmerische Wertpapiere

§ 363. (1) [1]Anweisungen, die auf einen „Unternehmer" über die Leistung von Geld, Wertpapieren oder anderen vertretbaren Sachen ausgestellt sind, ohne daß darin die Leistung von einer Gegenleistung abhängig gemacht ist, können durch Indossament übertragen werden, wenn sie an Order lauten. [2]Dasselbe gilt von Verpflichtungsscheinen, die von einem „Unternehmer" über Gegenstände der bezeichneten Art an Order ausgestellt sind, ohne daß darin die Leistung von einer Gegenleistung abhängig gemacht ist. *(BGBl I 2005/120)*

(2) Ferner können Konnossemente der „Verfrachter"*, Ladescheine der Frachtführer, Lagerscheine der staatlich zur Ausstellung solcher Urkunden ermächtigten Anstalten sowie „Transportversicherungspolizzen"** durch Indossament übertragen werden, wenn sie an Order lauten. *(*DRGBl 1937 I S 891; **BGBl I 2005/120)*

Indossament

§ 364. (1) Durch das Indossament gehen alle Rechte aus dem indossierten Papier auf den Indossatar über.

(2) Dem legitimierten „Inhaber" der Urkunde kann der Schuldner nur solche Einwendungen entgegensetzen, welche die Gültigkeit seiner Erklärung in der Urkunde betreffen oder sich aus dem Inhalte der Urkunde ergeben oder ihm unmittelbar gegen den „Inhaber" zustehen. *(BGBl I 2005/120)*

(3) Der Schuldner ist nur gegen Aushändigung der quittierten Urkunde zur Leistung verpflichtet.

Anwendung des Wechselrechts; Aufgebotsverfahren; Kraftloserklärung

§ 365. (1) Hinsichtlich der Form des Indossaments, der Legitimation des Inhabers und der Prüfung der Legitimation sowie der Verpflichtung des Inhabers zur Herausgabe finden die Vorschriften der Art. 13, 14, 16 und 40 des Wechselgesetzes entsprechende Anwendung.

(2) [1]Ist die Urkunde vernichtet oder abhanden gekommen, so unterliegt sie der Kraftloserklärung im Wege des Aufgebotsverfahrens. [2]Ist das Aufgebotsverfahren eingeleitet, so kann der Berechtigte, wenn er bis zur Kraftloserklärung eine Sicherheit bestellt, vom Schuldner Leistung nach Maßgabe der Urkunde verlangen.

(3) Das Aufgebotsverfahren und die Aufgebotsfrist richten sich nach den für Wechsel geltenden Vorschriften, soweit nicht für einzelne Arten der in § 363 bezeichneten Urkunden Sondervorschriften bestehen.

(BGBl I 2005/120)

§ 366. *(aufgehoben, BGBl I 2005/120)*

Gutgläubiger Erwerb gesetzlicher Pfandrechte

§ 367. Das gesetzliche Pfandrecht des Kommissionärs, des Spediteurs, des Lagerhalters und des Frachtführers steht hinsichtlich des Schutzes des guten Glaubens einem gemäß § 456 ABGB durch Vertrag erworbenen Pfandrecht gleich.

(BGBl I 2005/120)

Pfandverwertung

§ 368. (1) Ist eine Verpfändung auf der Seite des Pfandgläubigers und des Pfandbestellers ein unternehmensbezogenes Geschäft, so tritt an die Stelle der in § 466b Abs. 1 ABGB bestimmten Frist von einem Monat eine solche von einer Woche.

(2) Diese Vorschrift findet auf das gesetzliche Pfandrecht des Kommissionärs, des Spediteurs, des Lagerhalters und des Frachtführers entsprechende Anwendung, auf das Pfandrecht des Spediteurs und des Frachtführers auch dann, wenn der Speditions- oder Frachtvertrag nur auf ihrer Seite ein unternehmensbezogenes Geschäft ist.

(BGBl I 2005/120)

Zurückbehaltungsrecht

§ 369. (1) [1]Ein Unternehmer hat für die fälligen Forderungen, die ihm gegen einen anderen Unternehmer aus den zwischen ihnen geschlossenen unternehmensbezogenen Geschäften zustehen, ein Zurückbehaltungsrecht an den beweglichen Sachen und Wertpapieren des Schuldners, die mit dessen Willen auf Grund von unternehmensbezogenen Geschäften in seine Innehabung gelangt sind, sofern er sie noch innehat, insbesondere mittels Konnossements, Ladescheins oder Lagerscheins darüber verfügen kann. [2]Das Zurückbehaltungsrecht ist auch dann begründet, wenn das Eigentum an dem Gegenstand vom Schuldner auf den Gläubiger übergegangen ist oder von einem Dritten für den Schuldner auf den Gläubiger übertragen wurde, aber auf den Schuldner zurückzuübertragen ist. *(BGBl I 2005/120)*

(2) Einem dinglich berechtigten Dritten gegenüber besteht das Zurückbehaltungsrecht nicht. *(DRGBl 1938 I S 1999)*

(3) Das Zurückbehaltungsrecht ist ausgeschlossen, wenn die Zurückbehaltung des Gegenstandes der von dem Schuldner vor oder bei der Übergabe erteilten Anweisung oder der von dem Gläubiger übernommenen Verpflichtung, in einer bestimmten Weise mit dem Gegenstande zu verfahren, widerstreitet.

(4) [1]Der Schuldner kann die Ausübung des Zurückbehaltungsrechts durch Sicherheitsleistung abwenden. [2]Die Sicherheitsleistung durch Bürgen ist ausgeschlossen.

Außerordentliches Zurückbehaltungsrecht

§ 370. (1) Das Zurückbehaltungsrecht kann auch wegen nicht fälliger Forderungen geltend gemacht werden:

1. wenn über das Vermögen des Schuldners „das Konkursverfahren" eröffnet ist oder der Schuldner seine Zahlungen eingestellt hat; *(BGBl I 2010/58, ab 1. 8. 2010)*

2. wenn eine Zwangsvollstreckung in das Vermögen des Schuldners ohne Erfolg versucht ist.

(2) Der Geltendmachung des Zurückbehaltungsrechts steht die Anweisung des Schuldners oder die Übernahme der Verpflichtung, in einer bestimmten Weise mit dem Gegenstande zu verfahren, nicht entgegen, sofern die im Abs. 1, Nr. 1, 2, bezeichneten Tatsachen erst nach der Übergabe des Gegenstandes oder nach der Übernahme der Verpflichtung dem Gläubiger bekannt werden.

Befriedigungsrecht

§ 371. (1) [1]Der Gläubiger ist kraft des Zurückbehaltungsrechts befugt, sich aus dem zurückbehaltenen Gegenstande für seine Forderung zu befriedigen. [2]„Der Gläubiger hat gegenüber einem an dem Gegenstand nach der Entstehung des Zurückbehaltungsrechts durch Pfändung entstandenen Pfandrecht in Ansehung der Befriedigung aus dem Gegenstand den Vorrang." *(DRGBl 1938 I S 1999)*

(2) [1]Die Befriedigung erfolgt nach den für das Pfandrecht geltenden Vorschriften. [2]An die Stelle der in § 466b Abs. 1 ABGB bestimmten Frist von einem Monat tritt eine solche von einer Woche. *(BGBl I 2005/120)*

(3) [1]Sofern die Befriedigung nicht im Wege der Zwangsvollstreckung stattfindet, ist sie erst zulässig, nachdem der Gläubiger einen vollstreckbaren Titel für sein Recht auf Befriedigung gegen den Eigentümer oder, wenn der Gegenstand ihm selbst gehört, gegen den Schuldner erlangt hat; in dem letzteren Falle finden die den Eigentümer betreffenden Vorschriften des „ABGB" über die Befriedigung auf den Schuldner entsprechende Anwendung. [2]In Ermangelung des vollstreckbaren Titels ist der Verkauf des Gegenstandes nicht rechtmäßig. *(BGBl I 2005/120)*

(4) *(aufgehoben, BGBl I 2005/120)*

Eigentumsfiktion und Rechtskraftwirkung bei Befriedigungsrecht

§ 372. „" In Ansehung der Befriedigung aus dem zurückbehaltenen Gegenstande gilt zugunsten des Gläubigers der Schuldner, sofern er „beim Erwerb der Innehabung" des Gläubigers der Eigentümer des Gegenstandes war, auch weiter als Eigentümer, sofern nicht der Gläubiger weiß, daß der Schuldner nicht mehr Eigentümer ist. *(BGBl I 2005/120)*

(2) *(aufgehoben, DRGBl 1938 I S 1999)*

Zweiter Abschnitt
Warenkauf

Annahmeverzug

§ 373. (1) Ist der Käufer mit der Annahme der Ware im Verzuge, so kann der Verkäufer die Ware auf Gefahr und Kosten des Käufers in einem öffentlichen Lagerhaus oder sonst in sicherer Weise hinterlegen.

(2) [1]„Er ist ferner befugt, nach vorgängiger Androhung die Ware durch einen dazu befugten Unternehmer öffentlich versteigern zu lassen; er kann, wenn die Ware einen Börsen- oder Marktpreis hat, nach vorgängiger Androhung den Verkauf auch aus freier Hand durch einen dazu befugten Unternehmer zum laufenden Preis bewirken." [2]Ist die Ware dem Verderb ausgesetzt und Gefahr im Verzuge, so bedarf es der vorgängigen Androhung nicht; dasselbe gilt, wenn die Androhung aus anderen Gründen untunlich ist. *(BGBl I 2005/120)*

(3) Der Selbsthilfeverkauf erfolgt für Rechnung des säumigen Käufers.

(4) Der Verkäufer und der Käufer können bei der öffentlichen Versteigerung mitbieten.

(5) [1]Im Falle der öffentlichen Versteigerung hat der Verkäufer den Käufer von der Zeit und dem Orte der Versteigerung vorher zu benachrichtigen; von dem vollzogenen Verkaufe hat er bei jeder Art des Verkaufs dem Käufer unverzüglich Nachricht zu geben. [2]Im Falle der Unterlassung ist er zum Schadensersatze verpflichtet. [3]Die Benachrichtigungen dürfen unterbleiben, wenn sie untunlich sind.

Anwendbarkeit der bürgerlich-rechtlichen Bestimmungen

§ 374. Durch die Vorschriften des § 373 werden die Befugnisse nicht berührt, welche dem Verkäufer nach „anderen Bestimmungen" zustehen, wenn der Käufer im Verzuge der Annahme ist. *(BGBl I 2005/120)*

§ 375. *(aufgehoben, BGBl I 2005/120)*

Schadenersatz wegen Nichterfüllung

§ 376. „(1)" Wird „Schadenersatz" wegen Nichterfüllung verlangt und hat die Ware einen Börsen- oder Marktpreis, so kann der Unterschied des Kaufpreises und des Börsen- oder Marktpreises zur Zeit und am Orte der geschuldeten Leistung gefordert werden. *(BGBl I 2005/120)*

„(2)" [1]Das Ergebnis eines anderweit vorgenommenen Verkaufs oder Kaufes kann, falls die Ware einen Börsen- oder Marktpreis hat, dem Ersatzanspruche nur zugrunde gelegt werden, wenn der Verkauf oder Kauf sofort nach dem Ablaufe der bedungenen Leistungszeit oder Leistungsfrist bewirkt ist. [2]Der Verkauf oder Kauf muß, wenn er nicht in öffentlicher Versteigerung geschieht, durch einen zu solchen Verkäufen oder Käufen „oder zu einer öffentlichen Versteigerung befugten Unternehmer" zum laufenden Preise erfolgen. *(BGBl I 2005/120)*

„(3)" [1]Auf den Verkauf „durch öffentliche" Versteigerung findet die Vorschrift des § 373, Abs. 4, Anwendung. [2]Von dem Verkauf oder Kaufe hat der Gläubiger den Schuldner unverzüglich zu benachrichtigen; im Falle der Unterlassung ist er zum „Schadenersatz" verpflichtet. *(BGBl I 2005/120)*

Mängelrüge

§ 377. (1) Ist der Kauf für beide Teile ein unternehmensbezogenes Geschäft, so hat der Käufer dem Verkäufer Mängel der Ware, die er bei ordnungsgemäßem Geschäftsgang nach Ablieferung durch Untersuchung festgestellt hat oder feststellen hätte müssen, binnen angemessener Frist anzuzeigen.

(2) Unterlässt der Käufer die Anzeige, so kann er Ansprüche auf Gewährleistung (§§ 922 ff. ABGB), auf Schadenersatz wegen des Mangels selbst (§ 933a Abs. 2 ABGB) sowie aus einem Irrtum über die Mangelfreiheit der Sache (§§ 871 f. ABGB) nicht mehr geltend machen.

(3) Zeigt sich später ein solcher Mangel, so muss er ebenfalls in angemessener Frist angezeigt werden; andernfalls kann der Käufer auch in Ansehung dieses Mangels die in Abs. 2 bezeichneten Ansprüche nicht mehr geltend machen.

(4) Zur Erhaltung der Rechte des Käufers genügt die rechtzeitige Absendung der Anzeige; dies gilt auch dann, wenn die Anzeige dem Verkäufer nicht zugeht.

(5) Der Verkäufer kann sich auf diese Vorschrift nicht berufen, wenn der Käufer beweist, dass der Verkäufer den Mangel vorsätzlich oder grob fahrlässig verursacht oder verschwiegen hat, oder wenn es sich um einen Viehmangel handelt, für den eine Vermutungsfrist (§ 925 ABGB) besteht.

(BGBl I 2005/120)

Rügeobliegenheit bei Falschlieferung oder Mengenfehlern

§ 378. Die Vorschriften des § 377 finden auch dann Anwendung, wenn eine andere als die bedungene Ware oder eine andere als die bedungene Menge von Waren geliefert ist, sofern die gelieferte Ware nicht offensichtlich von der Bestellung so erheblich abweicht, daß der Verkäufer die Genehmigung des Käufers als ausgeschlossen betrachten mußte.

Aufbewahrungspflicht

§ 379. (1) Ist der Kauf für beide Teile ein „unternehmensbezogenes Geschäft", so ist der Käufer, wenn er die ihm von einem anderen Orte übersendete Ware beanstandet, verpflichtet, für ihre einstweilige Aufbewahrung zu sorgen. *(BGBl I 2005/120)*

(2) Er kann die Ware, wenn sie dem Verderb ausgesetzt und Gefahr im Verzuge ist, unter Beobachtung der Vorschriften des § 373 verkaufen lassen.

§ 380. *(aufgehoben, BGBl I 2005/120)*

Anwendungsbereich

§ 381. (1) Die in diesem Abschnitte für den Kauf von Waren getroffenen Vorschriften gelten auch für den Kauf von Wertpapieren.

(2) Sie finden auch auf Werkverträge über die Herstellung körperlicher beweglicher Sachen und Tauschverträge über körperliche bewegliche Sachen Anwendung. *(BGBl I 2005/120)*

§ 382. *(aufgehoben, BGBl I 2005/120)*

Dritter Abschnitt
Kommissionsgeschäft

Kommissionär, Kommissionsvertrag

§ 383. (1) [1]Kommissionär ist, wer es übernimmt, Waren oder Wertpapiere für Rechnung eines anderen (des Kommittenten) in eigenem Namen zu kaufen oder zu verkaufen. [2]Die Vorschriften dieses Abschnitts gelten auch für andere Geschäfte, insbesondere Werklieferungen, die ein Unternehmer für Rechnung eines anderen im eigenen Namen zu schließen übernimmt.

(2) [1]Kommissionsagent ist, wer von einem Kommittenten ständig mit Kommissionsgeschäften betraut ist. [2]Die Vorschriften über das Kommissionsgeschäft finden auf das Verhältnis des Kommissionsagenten zu den Kunden Anwendung. [3]Auf das Verhältnis zwischen Kommissionsagenten und Kommittenten sind die Vorschriften des Handelsvertretergesetzes anzuwenden.

(BGBl I 2005/120)

Pflichten des Kommissionärs

§ 384. (1) Der Kommissionär ist verpflichtet, das übernommene Geschäft mit der Sorgfalt eines ordentlichen „Unternehmers" auszuführen; er hat hierbei das Interesse des Kommittenten wahrzunehmen und dessen Weisungen zu befolgen. *(BGBl I 2005/120)*

(2) Er hat dem Kommittenten die erforderlichen Nachrichten zu geben, insbesondere von der Ausführung der Kommission unverzüglich Anzeige zu machen; er ist verpflichtet, dem Kommittenten über das Geschäft Rechenschaft abzulegen und ihm dasjenige herauszugeben, was er aus der Geschäftsbesorgung erlangt hat.

(3) Der Kommissionär haftet dem Kommittenten für die Erfüllung des Geschäfts, wenn er ihm nicht zugleich mit der Anzeige von der Ausführung der Kommission den Dritten namhaft macht, mit dem er das Geschäft abgeschlossen hat.

Weisungen des Kommittenten

§ 385. (1) Handelt der Kommissionär nicht gemäß den Weisungen des Kommittenten, so ist er diesem zum Ersatze des Schadens verpflichtet; der Kommittent braucht das Geschäft nicht für seine Rechnung gelten zu lassen.

(2) [1]Der Kommissionär ist berechtigt, von den Weisungen des Kommittenten abzuweichen, wenn er den Umständen nach annehmen darf, daß dieser bei Kenntnis der Sachlage die Abweichung billigen würde. [2]Der Kommissionär hat vor der Abweichung dem Kommittenten Anzeige zu machen und seine Entschließung abzuwarten, wenn nicht mit dem Aufschub Gefahr verbunden ist. *(DRGBl 1938 I S 1999)*

Preisgrenzen

§ 386. (1) Hat der Kommissionär unter dem ihm gesetzten Preise verkauft oder hat er den ihm für den Einkauf gesetzten Preis überschritten, so muß der Kommittent, falls er das Geschäft als nicht für seine Rechnung abgeschlossen zurückweisen will, dies unverzüglich auf die Anzeige von der Ausführung des Geschäfts erklären; andernfalls gilt die Abweichung von der Preisbestimmung als genehmigt.

(2) [1]Erbietet sich der Kommissionär zugleich mit der Anzeige von der Ausführung des Geschäfts zur Deckung des Preisunterschieds, so ist der Kommittent zur Zurückweisung nicht berechtigt. [2]Der Anspruch des Kommittenten auf den Ersatz eines den Preisunterschied übersteigenden Schadens bleibt unberührt.

Vorteilhafterer Abschluss

§ 387. (1) Schließt der Kommissionär zu vorteilhafteren Bedingungen ab, als sie ihm von dem Kommittenten gesetzt worden sind, so kommt dies dem Kommittenten zustatten.

(2) Dies gilt insbesondere, wenn der Preis, für welchen der Kommissionär verkauft, den von dem Kommittenten bestimmten niedrigsten Preis übersteigt oder wenn der Preis, für welchen er einkauft, den von dem Kommittenten bestimmten höchsten Preis nicht erreicht.

Beschädigtes oder mangelhaftes Kommissionsgut

§ 388. (1) Befindet sich das Gut, welches dem Kommissionär zugesendet ist, bei der Ablieferung in einem beschädigten oder mangelhaften Zustande, der äußerlich erkennbar ist, so hat der Kommissionär die Rechte gegen den Frachtführer oder Schiffer zu wahren, für den Beweis des Zustandes zu sorgen und dem Kommittenten unverzüglich Nachricht zu geben; im Falle der Unterlassung ist er zum Schadensersatze verpflichtet.

(2) Ist das Gut dem Verderb ausgesetzt oder treten später Veränderungen an dem Gute ein, die dessen Entwertung befürchten lassen, und ist keine Zeit vorhanden, die Verfügung des Kommittenten einzuholen, oder ist der Kommittent in der Erteilung der Verfügung säumig, so kann der Kommissionär den Verkauf des Gutes nach Maßgabe der Vorschriften des § 373 bewirken.

Hinterlegung, Selbsthilfeverkauf

§ 389. Unterläßt der Kommittent, über das Gut zu verfügen, obwohl er dazu nach Lage der Sache verpflichtet ist, so hat der Kommissionär die nach § 373 dem Verkäufer zustehenden Rechte.

Haftung des Kommissionärs für das Gut

§ 390. (1) Der Kommissionär ist für den Verlust und die Beschädigung des in seiner Verwahrung befindlichen Gutes verantwortlich, es sei denn, daß der Verlust oder die Beschädigung auf

Umständen beruht, die durch die Sorgfalt eines ordentlichen „Unternehmers“ nicht abgewendet werden konnten. *(BGBl I 2005/120)*

(2) Der Kommissionär ist wegen der Unterlassung der Versicherung des Gutes nur verantwortlich, wenn er von dem Kommittenten angewiesen war, die Versicherung zu bewirken.

Untersuchungs- und Rügepflicht; Aufbewahrung, Notverkauf

§ 391. [1]Ist eine Einkaufskommission erteilt, die für beide Teile ein „unternehmensbezogenes Geschäft“ ist, so finden in bezug auf die Verpflichtung des Kommittenten, das Gut zu untersuchen und dem Kommissionär von den entdeckten Mängeln Anzeige zu machen, sowie in bezug auf die Sorge für die Aufbewahrung des beanstandeten Gutes und auf den Verkauf bei drohendem Verderbe die für den Käufer geltenden Vorschriften der §§ 377 bis 379 entsprechende Anwendung. [2]Der Anspruch des Kommittenten auf Abtretung der Rechte, die dem Kommissionär gegen den Dritten zustehen, von welchem er das Gut für Rechnung des Kommittenten gekauft hat, wird durch eine verspätete Anzeige des Mangels nicht berührt. *(BGBl I 2005/120)*

Forderungen aus dem Ausführungsgeschäft

§ 392. (1) Forderungen aus einem Geschäfte, das der Kommissionär abgeschlossen hat, kann der Kommittent dem Schuldner gegenüber erst nach der Abtretung geltend machen.

(2) Jedoch gelten solche Forderungen, auch wenn sie nicht abgetreten sind, im Verhältnisse zwischen dem Kommittenten und dem Kommissionär oder dessen Gläubigern als Forderungen des Kommittenten.

Vorschuss oder Kredite an Dritte

§ 393. (1) Wird von dem Kommissionär ohne Zustimmung des Kommittenten einem Dritten ein Vorschuß geleistet oder Kredit gewährt, so handelt der Kommissionär auf eigene Gefahr.

(2) Soweit am Ort des Geschäfts nach den im Geschäftsverkehr geltenden Gewohnheiten und Gebräuchen die Stundung des Kaufpreises üblich ist, ist mangels einer anderen Bestimmung des Kommittenten auch der Kommissionär dazu berechtigt. *(BGBl I 2005/120)*

(3) [1]Verkauft der Kommissionär unbefugt auf Kredit, so ist er verpflichtet, dem Kommittenten sofort als Schuldner des Kaufpreises die Zahlung zu leisten. [2]Wäre beim Verkaufe gegen bar der Preis geringer gewesen, so hat der Kommissionär nur den geringeren Preis und, wenn dieser niedriger ist als der ihm gesetzte Preis, auch den Unterschied nach § 386 zu vergüten.

Delkredere

§ 394. (1) Der Kommissionär hat für die Erfüllung der Verbindlichkeit des Dritten, mit dem er das Geschäft für Rechnung des Kommittenten abschließt, einzustehen, wenn dies von ihm übernommen oder am Orte seiner Niederlassung „üblich“ ist. *(BGBl I 2005/120)*

(2) [1]Der Kommissionär, der für den Dritten einzustehen hat, ist dem Kommittenten für die Erfüllung im Zeitpunkte des Verfalls unmittelbar insoweit verhaftet, als die Erfüllung aus dem Vertragsverhältnisse gefordert werden kann. [2]Er kann eine besondere Vergütung (Delkredereprovision) beanspruchen.

Wechselindossament

§ 395. Ein Kommissionär, der den Ankauf eines Wechsels übernimmt, ist verpflichtet, den Wechsel, wenn er ihn indossiert, in üblicher Weise und ohne Vorbehalt zu indossieren.

Provision des Kommissionärs; Ersatz von Aufwendungen

§ 396. (1) [1]Der Kommissionär kann die Provision fordern, wenn das Geschäft zur Ausführung gekommen ist. [2]Ist das Geschäft nicht zur Ausführung gekommen, so hat er gleichwohl den Anspruch auf die Auslieferungsprovision, sofern eine solche ortsgebräuchlich ist; auch kann er die Provision verlangen, wenn die Ausführung des von ihm abgeschlossenen Geschäfts nur aus einem in der Person des Kommittenten liegenden Grunde unterblieben ist.

(2) [1]Der Kommittent ist zum Ersatz der Aufwendungen verpflichtet, die der Kommissionär zum Zweck der Ausführung des Auftrags gemacht hat und den Umständen nach für erforderlich halten durfte. [2]Zu diesem Ersatz gehört auch die Vergütung für die Benutzung der Lagerräume und der Beförderungsmittel des Kommissionärs. *(DRGBl 1938 I S 1999)*

Gesetzliches Pfandrecht

§ 397. Der Kommissionär hat an dem Kommissionsgute, sofern er es im Besitze hat, insbesondere mittels Konnossements, Ladescheins oder Lagerscheins darüber verfügen kann, ein Pfandrecht wegen der auf das Gut verwendeten Kosten, der Provision, der auf das Gut gegebenen Vorschüsse und Darlehen, der mit Rücksicht auf das Gut gezeichneten Wechsel oder in anderer Weise eingegangenen Verbindlichkeiten sowie wegen aller Forderungen aus laufender Rechnung in Kommissionsgeschäften.

Befriedigung aus eigenem Kommissionsgut

§ 398. Der Kommissionär kann sich, auch wenn er Eigentümer des Kommissionsguts ist, für die im § 397 bezeichneten Ansprüche nach Maßgabe der für das Pfandrecht geltenden Vorschriften aus dem Gute befriedigen.

Befriedigung aus Forderungen

§ 399. Aus den Forderungen, welche durch das für Rechnung des Kommittenten geschlossene Geschäft begründet sind, kann sich der Kommissionär für die im § 397 bezeichneten Ansprüche vor dem Kommittenten und dessen Gläubigern befriedigen.

Selbsteintritt des Kommissionärs

§ 400. (1) Die Kommission zum Einkauf oder zum Verkaufe von Waren, die einen Börsen- oder Marktpreis haben, sowie von Wertpapieren, bei denen ein Börsen- oder Marktpreis amtlich festgestellt wird, kann, wenn der Kommittent nicht ein anderes bestimmt hat, von dem Kommissionär dadurch ausgeführt werden, daß er das Gut, welches er einkaufen soll, selbst als Verkäufer liefert oder das Gut, welches er verkaufen soll, selbst als Käufer übernimmt.

(2) [1]Im Falle einer solchen Ausführung der Kommission beschränkt sich die Pflicht des Kommissionärs, Rechenschaft über die Abschließung des Kaufes oder Verkaufs abzulegen, auf den Nachweis, daß bei dem berechneten Preise der zur Zeit der Ausführung der Kommission bestehende Börsen- oder Marktpreis eingehalten ist. [2]Als Zeit der Ausführung gilt der Zeitpunkt, in welchem der Kommissionär die Anzeige von der Ausführung zur Absendung an den Kommittenten abgegeben hat.

(3) Ist bei einer Kommission, die während der Börsen- oder Marktzeit auszuführen war, die Ausführungsanzeige erst nach dem Schlusse der Börse oder des Marktes zur Absendung abgegeben, so darf der berechnete Preis für den Kommittenten nicht ungünstiger sein als der Preis, der am Schlusse der Börse oder des Marktes bestand.

(4) Bei einer Kommission, die zu einem bestimmten Kurse (erster Kurs, Mittelkurs, letzter Kurs) ausgeführt werden soll, ist der Kommissionär ohne Rücksicht auf den Zeitpunkt der Absendung der Ausführungsanzeige berechtigt und verpflichtet, diesen Kurs dem Kommittenten in Rechnung zu stellen.

(5) Bei Wertpapieren und Waren, für welche der Börsen- oder Marktpreis amtlich festgestellt wird, kann der Kommissionär im Falle der Ausführung der Kommission durch Selbsteintritt dem Kommittenten keinen ungünstigeren Preis als den amtlich festgestellten in Rechnung stellen.

Deckungsgeschäft bei Selbsteintritt

§ 401. (1) Auch im Falle der Ausführung der Kommission durch Selbsteintritt hat der Kommissionär, wenn er bei Anwendung pflichtmäßiger Sorgfalt die Kommission zu einem günstigeren als dem nach § 400 sich ergebenden Preise ausführen konnte, dem Kommittenten den günstigeren Preis zu berechnen.

(2) Hat der Kommissionär vor der Absendung der Ausführungsanzeige aus Anlaß der erteilten Kommission an der Börse oder am Markte ein Geschäft mit einem Dritten abgeschlossen, so darf er dem Kommittenten keinen ungünstigeren als den hierbei vereinbarten Preis berechnen.

Unabdingbarkeit

§ 402. Die Vorschriften des § 400, Abs. 2 bis 5, und des § 401 können nicht durch Vertrag zum Nachteile des Kommittenten abgeändert werden.

Provision und Kosten bei Selbsteintritt

§ 403. Der Kommissionär, der das Gut selbst als Verkäufer liefert oder als Käufer übernimmt, ist zu der gewöhnlichen Provision berechtigt und kann die bei Kommissionsgeschäften sonst regelmäßig vorkommenden Kosten berechnen.

Gesetzliches Pfandrecht bei Selbsteintritt

§ 404. Die Vorschriften der §§ 397, 398 finden auch im Falle der Ausführung der Kommission durch Selbsteintritt Anwendung.

Ausführungsanzeige und Selbsteintritt; Widerruf der Kommission

§ 405. (1) Zeigt der Kommissionär die Ausführung der Kommission an, ohne ausdrücklich zu bemerken, daß er selbst eintreten wolle, so gilt dies als Erklärung, daß die Ausführung durch Abschluß des Geschäfts mit einem Dritten für Rechnung des Kommittenten erfolgt sei.

(2) Eine Vereinbarung zwischen dem Kommittenten und dem Kommissionär, daß die Erklärung darüber, ob die Kommission durch Selbsteintritt oder durch Abschluß mit einem Dritten ausgeführt sei, später als am Tage der Ausführungsanzeige abgegeben werden dürfe, ist nichtig.

(3) Widerruft der Kommittent die Kommission und geht der Widerruf dem Kommissionär zu, bevor die Ausführungsanzeige zur Absendung abgegeben ist, so steht dem Kommissionär das Recht des Selbsteintritts nicht mehr zu.

§ 406. *(aufgehoben, BGBl I 2005/120)*

Vierter Abschnitt
Speditionsgeschäft

Spediteur, Anwendung des 3. Abschnitts

§ 407. (1) Spediteur ist, wer es „ “ übernimmt, Güterversendungen durch Frachtführer oder durch Verfrachter von Seeschiffen für Rechnung eines anderen (des Versenders) im eigenen Namen zu besorgen. *(BGBl I 2005/120)*

(2) Auf die Rechte und Pflichten des Spediteurs finden, soweit dieser Abschnitt keine Vorschriften enthält, die für den Kommissionär geltenden Vorschriften, insbesondere die Vorschriften der §§ 388 bis 390 über die Empfangnahme, die Aufbewahrung und Versicherung des Gutes, Anwendung.

Pflichten des Spediteurs

§ 408. (1) Der Spediteur hat die Versendung, insbesondere die Wahl der Frachtführer, Verfrachter und Zwischenspediteure, mit der Sorgfalt eines ordentlichen „Unternehmers“ auszuführen; er hat hierbei das Interesse des Versenders wahrzunehmen und dessen Weisungen zu befolgen. *(BGBl I 2005/120)*

(2) Der Spediteur ist nicht berechtigt, dem Versender eine höhere als die mit dem Frachtführer oder dem Verfrachter bedungene Fracht zu berechnen.

Fälligkeit der Provision

§ 409. Der Spediteur hat die Provision zu fordern, wenn das Gut dem Frachtführer oder dem Verfrachter zur Beförderung übergeben ist.

Gesetzliches Pfandrecht

§ 410. Der Spediteur hat wegen der Fracht, der Provision, der Auslagen und Verwendungen sowie wegen der auf das Gut gegebenen Vorschüsse ein Pfandrecht an dem Gute, sofern er es noch im Besitze hat, insbesondere mittels Konnossements, Ladescheins oder Lagerscheins darüber verfügen kann.

Zwischenspediteur

§ 411. (1) Bedient sich der Spediteur eines Zwischenspediteurs, so hat dieser zugleich die seinem Vormanne zustehenden Rechte, insbesondere dessen Pfandrecht, auszuüben.

(2) [1]Soweit der Vormann wegen seiner Forderung von dem Nachmanne befriedigt wird, geht die Forderung und das Pfandrecht des Vormannes auf den Nachmann über. [2]Dasselbe gilt von der Forderung und dem Pfandrechte des Frachtführers, soweit der Zwischenspediteur ihn befriedigt.

Selbsteintritt des Spediteurs

§ 412. (1) Der Spediteur ist, wenn nicht ein anderes bestimmt ist, befugt, die Beförderung des Gutes selbst auszuführen.

(2) Macht er von dieser Befugnis Gebrauch, so hat er zugleich die Rechte und Pflichten eines Frachtführers oder Verfrachters; er kann die Provision, die bei Speditionsgeschäften sonst regelmäßig vorkommenden Kosten sowie die gewöhnliche Fracht verlangen.

Spedition zu festen Spesen; Sammelladung

§ 413. (1) [1]Hat sich der Spediteur mit dem Versender über einen bestimmten Satz der Beförderungskosten geeinigt, so hat er ausschließlich die Rechte und Pflichten eines Frachtführers. [2]Er kann in einem solchen Falle Provision nur verlangen, wenn es besonders vereinbart ist.

(2) [1]Bewirkt der Spediteur die Versendung des Gutes zusammen mit den Gütern anderer Versender auf Grund eines für seine Rechnung über eine Sammelladung geschlossenen Frachtvertrags, so finden die Vorschriften des Abs. 1 Anwendung, auch wenn eine Einigung über einen bestimmten Satz der Beförderungskosten nicht stattgefunden hat. [2]Der Spediteur kann in diesem Falle eine den Umständen nach angemessene Fracht, höchstens aber die für die Beförderung des einzelnen Gutes gewöhnliche Fracht verlangen.

Verjährung

§ 414. (1) [1]Die Ansprüche gegen den Spediteur wegen Verlustes, Minderung, Beschädigung oder verspäteter Ablieferung des Gutes verjähren in einem Jahre. [2]Die Verjährungsfrist kann durch Vertrag verlängert werden.

(2) Die Verjährung beginnt im Falle der Beschädigung oder Minderung mit dem Ablaufe des Tages, an welchem die Ablieferung stattgefunden hat, im Falle des Verlustes oder der verspäteten Ablieferung mit dem Ablaufe des Tages, an welchem die Ablieferung hätte bewirkt sein müssen.

(3) [1]Die im Abs. 1 bezeichneten Ansprüche können nach der Vollendung der Verjährung nur aufgerechnet werden, wenn vorher der Verlust, die Minderung, die Beschädigung oder die verspätete Ablieferung dem Spediteur angezeigt oder die Anzeige an ihn abgesendet worden ist. [2]Der Anzeige an den Spediteur steht es gleich, wenn gerichtliche Beweisaufnahme zur Sicherung des Beweises beantragt oder in einem zwischen dem Versender und dem Empfänger oder einem späteren Erwerber des Gutes wegen des Verlustes, der Minderung, der Beschädigung oder der verspäteten Ablieferung anhängigen Rechtsstreite dem Spediteur der Streit verkündet wird.

(4) Diese Vorschriften finden keine Anwendung, wenn der Spediteur den Verlust, die Minderung, die Beschädigung oder die verspätete Ablieferung des Gutes vorsätzlich herbeigeführt hat.

§ 415. *(aufgehoben, BGBl I 2005/120)*

Fünfter Abschnitt
Lagergeschäft

Lagerhalter

§ 416. Lagerhalter ist, wer „ “ die Lagerung und Aufbewahrung von Gütern übernimmt. *(BGBl I 2005/120)*

(DRGBl 1938 I S 1428)

Rechte und Pflichten des Lagerhalters

§ 417. (1) Auf die Rechte und Pflichten des Lagerhalters in Ansehung der Empfangnahme, Aufbewahrung und Versicherung des Gutes finden die für den Kommissionär geltenden Vorschriften der §§ 388 bis 390 Anwendung.

(2) [1]Treten Veränderungen an dem Gute ein, welche dessen Entwertung befürchten lassen, so hat der Lagerhalter den Einlagerer hiervon unverzüglich zu benachrichtigen. [2]Versäumt er dies, so hat er den daraus entstehenden Schaden zu ersetzen.

(DRGBl 1938 I S 1428)

Besichtigung während der Geschäftszeit

§ 418. Der Lagerhalter hat dem Einlagerer die Besichtigung des Gutes, die Entnahme von Proben und die zur Erhaltung des Gutes notwendigen Handlungen während der Geschäftsstunden zu gestatten.

(DRGBl 1938 I S 1428)

Sammellagerung

§ 419. (1) Im Falle der Lagerung vertretbarer Sachen ist der Lagerhalter zu ihrer Vermischung mit anderen Sachen von gleicher Art und Güte nur befugt, wenn ihm dies ausdrücklich gestattet ist.

(2) Der Lagerhalter erwirbt auch in diesem Falle nicht das Eigentum des Gutes; aus dem durch die Vermischung entstandenen Gesamtvorrate kann er jedem Einlagerer den ihm gebührenden Anteil ausliefern, ohne daß er hierzu der Genehmigung der übrigen Beteiligten bedarf.

(3) Ist das Gut in der Art hinterlegt, daß das Eigentum auf den Lagerhalter übergehen und dieser verpflichtet sein soll, Sachen von gleicher Art, Güte und Menge zurückzugewähren, so finden die Vorschriften dieses Abschnitts keine Anwendung.

(DRGBl 1938 I S 1428)

Lagerkosten

§ 420. (1) Der Lagerhalter hat Anspruch auf das bedungene oder ortsübliche Lagergeld sowie auf Erstattung der Auslagen für Fracht und Zölle und der sonst für das Gut gemachten Aufwendungen, soweit er sie den Umständen nach für erforderlich halten durfte.

(2) [1]Von den hiernach dem Lagerhalter zukommenden Beträgen (Lagerkosten) sind die baren Auslagen sofort zu erstatten. [2]Die sonstigen Lagerkosten sind nach dem Ablaufe von je drei Monaten seit der Einlieferung oder, wenn das Gut in der Zwischenzeit zurückgenommen wird, bei der Rücknahme zu erstatten; wird das Gut teilweise zurückgenommen, so ist nur ein entsprechender Teil zu berichtigen, es sei denn, daß das auf dem Lager verbleibende Gut zur Sicherung des Lagerhalters nicht ausreicht.

(DRGBl 1938 I S 1428)

Gesetzliches Pfandrecht

§ 421. Der Lagerhalter hat wegen der Lagerkosten ein Pfandrecht an dem Gute, solange er es im Besitze hat, insbesondere mittels Konnossements, Ladescheins oder Lagerscheins darüber verfügen kann.

(DRGBl 1938 I S 1428)

Rücknahme des Gutes

§ 422. (1) [1]Der Lagerhalter kann nicht verlangen, daß der Einlagerer das Gut vor dem Ablaufe der bedungenen Lagerzeit und, falls eine solche nicht bedungen ist, daß er es vor dem Ablaufe von drei Monaten nach der Einlieferung zurücknehme. [2]Ist eine Lagerzeit nicht bedungen oder behält der Lagerhalter nach dem Ablaufe der bedungenen Lagerzeit das Gut auf dem Lager, so kann er die Rücknahme nur nach vorgängiger Kündigung unter Einhaltung einer Kündigungsfrist von einem Monate verlangen.

(2) Der Lagerhalter ist berechtigt, die Rücknahme des Gutes vor dem Ablaufe der Lagerzeit und ohne Einhaltung einer Kündigungsfrist zu verlangen, wenn ein wichtiger Grund vorliegt.

(DRGBl 1938 I S 1428)

Verjährung

§ 423. [1]Auf die Verjährung der Ansprüche gegen den Lagerhalter wegen Verlustes, Minderung, Beschädigung oder verspäteter Ablieferung des Gutes finden die Vorschriften des § 414 entsprechende Anwendung. [2]Im Falle des gänzlichen Verlustes beginnt die Verjährung mit dem Ablaufe des Tages, an welchem der Lagerhalter dem Einlagerer Anzeige von dem Verluste macht.

(DRGBl 1938 I S 1428)

Übergabe des Lagerscheins

§ 424. Ist von dem Lagerhalter ein Lagerschein ausgestellt, der durch Indossament übertragen werden kann, so hat, wenn das Gut von dem Lagerhalter übernommen ist, die Übergabe des Lagerscheins an denjenigen, welcher durch den Schein zur Empfangnahme des Gutes legitimiert wird, für den Erwerb von Rechten an dem Gute dieselben Wirkungen wie die Übergabe des Gutes.

(DRGBl 1938 I S 1428)

Sechster Abschnitt
Frachtgeschäft

Frachtführer

§ 425. Frachtführer ist, wer es „ “ übernimmt, die Beförderung von Gütern zu Lande oder auf Flüssen oder sonstigen Binnengewässern auszuführen. *(BGBl I 2005/120)*

Frachtbrief

§ 426. (1) Der Frachtführer kann die Ausstellung eines Frachtbriefs verlangen.

(2) Der Frachtbrief soll enthalten:

1. den Ort und den Tag der Ausstellung;
2. den Namen und den Wohnort des Frachtführers;
3. den Namen dessen, an welchen das Gut abgeliefert werden soll (des Empfängers);
4. den Ort der Ablieferung;
5. die Bezeichnung des Gutes nach Beschaffenheit, Menge und Merkzeichen;
6. die Bezeichnung der für eine zoll- oder steueramtliche Behandlung oder polizeiliche Prüfung nötigen Begleitpapiere;
7. die Bestimmung über die Fracht sowie im Falle ihrer Vorausbezahlung einen Vermerk über die Vorausbezahlung;
8. die besonderen Vereinbarungen, welche die Beteiligten über andere Punkte, namentlich über die Zeit, innerhalb welcher die Beförderung bewirkt werden soll, über die Entschädigung wegen verspäteter Ablieferung und über die auf dem Gute haftenden Nachnahmen, getroffen haben;
9. die Unterschrift des Absenders; eine im Wege der mechanischen Vervielfältigung hergestellte Unterschrift ist genügend.

(3) Der Absender haftet dem Frachtführer für die Richtigkeit und die Vollständigkeit der in den Frachtbrief aufgenommenen Angaben.

Begleitpapiere

§ 427. [1]Der Absender ist verpflichtet, dem Frachtführer die Begleitpapiere zu übergeben, welche zur Erfüllung der Zoll-, Steuer- oder Polizeivorschriften vor der Ablieferung an den Empfänger erforderlich sind. [2]Er haftet dem Frachtführer, sofern nicht diesem ein Verschulden zur Last fällt, für alle Folgen, die aus dem Mangel, der Unzulänglichkeit oder der Unrichtigkeit der Papiere entstehen.

Lieferfrist; Verhinderung der Beförderung

§ 428. (1) [1]Ist über die Zeit, binnen welcher der Frachtführer die Beförderung bewirken soll, nichts bedungen, so bestimmt sich die Frist, innerhalb deren er die Reise anzutreten und zu vollenden hat, nach dem Ortsgebrauche. [2]Besteht ein Ortsgebrauch nicht, so ist die Beförderung binnen einer den Umständen nach angemessenen Frist zu bewirken.

(2) [1]Wird der Antritt oder die Fortsetzung der Reise ohne Verschulden des Absenders zeitweilig verhindert, so kann der Absender von dem Vertrage zurücktreten; er hat jedoch den Frachtführer, wenn diesem kein Verschulden zur Last fällt, für die Vorbereitung der Reise, die Wiederausladung und den zurückgelegten Teil der Reise zu entschädigen. [2]Über die Höhe der Entschädigung entscheidet der Ortsgebrauch; besteht ein Ortsgebrauch nicht, so ist eine den Umständen nach angemessene Entschädigung zu gewähren.

Haftung des Frachtführers

§ 429. (1) Der Frachtführer haftet für den Schaden, der durch Verlust oder Beschädigung des Gutes in der Zeit von der Annahme bis zur Ablieferung oder durch Versäumung der Lieferzeit entsteht, es sei denn, daß der Verlust, die Beschädigung oder die Verspätung auf Umständen beruht, die durch die Sorgfalt eines ordentlichen Frachtführers nicht abgewendet werden konnten.

(2) Für den Verlust oder die Beschädigung von Kostbarkeiten, Kunstgegenständen, Geld und Wertpapieren haftet der Frachtführer nur, wenn ihm diese Beschaffenheit oder der Wert des Gutes bei der Übergabe zur Beförderung angegeben worden ist.

(3) Sondergesetzliche Haftungsansprüche bleiben unberührt. *(BGBl I 2005/120)*

Umfang des Ersatzes

§ 430. (1) Muß auf Grund des Frachtvertrags von dem Frachtführer für gänzlichen oder teilweisen Verlust des Gutes Ersatz geleistet werden, so ist der gemeine Handelswert und in dessen Ermangelung der gemeine Wert zu ersetzen, welchen Gut derselben Art und Beschaffenheit am Orte der Ablieferung in dem Zeitpunkte hatte, in welchem die Ablieferung zu bewirken war; hiervon kommt in Abzug, was infolge des Verlustes an Zöllen und sonstigen Kosten sowie an Fracht erspart ist.

(2) Im Falle der Beschädigung ist der Unterschied zwischen dem Verkaufswerte des Gutes im beschädigten Zustand und dem gemeinen Handelswert oder dem gemeinen Wert zu ersetzen, welchen das Gut ohne die Beschädigung am Orte und zur Zeit der Ablieferung gehabt haben würde; hiervon kommt in Abzug, was infolge der Beschädigung an Zöllen und sonstigen Kosten erspart ist.

(3) Ist der Schaden durch Vorsatz oder grobe Fahrlässigkeit des Frachtführers herbeigeführt, so kann Ersatz des vollen Schadens gefordert werden.

Haftung für Gehilfen

§ 431. Der Frachtführer hat ein Verschulden seiner Leute und ein Verschulden anderer Personen, deren er sich bei der Ausführung der Beförderung bedient, in gleichem Umfange zu vertreten wie eigenes Verschulden.

Mehrere aufeinanderfolgende Frachtführer

§ 432. (1) Übergibt der Frachtführer zur Ausführung der von ihm übernommenen Beförderung das Gut einem anderen Frachtführer, so haftet er für die Ausführung der Beförderung bis zur Ablieferung des Gutes an den Empfänger.

(2) Der nachfolgende Frachtführer tritt dadurch, daß er das Gut mit dem ursprünglichen Frachtbrief annimmt, diesem gemäß in den Frachtvertrag ein und übernimmt die selbständige Verpflichtung, die Beförderung nach dem Inhalte des Frachtbriefs auszuführen.

(3) [1]Hat auf Grund dieser Vorschriften einer der beteiligten Frachtführer Schadensersatz geleistet, so steht ihm der Rückgriff gegen denjenigen zu, welcher den Schaden verschuldet hat. [2]Kann dieser nicht ermittelt werden, so haben die beteiligten Frachtführer den Schaden nach dem Verhältnis ihrer Anteile an der Fracht gemeinsam zu tragen, soweit nicht festgestellt wird, daß der Schaden nicht auf ihrer Beförderungsstrecke entstanden ist.

Verfügungsrecht des Absenders

§ 433. (1) [1]Der Absender kann den Frachtführer anweisen, das Gut anzuhalten, zurückzugeben oder an einen anderen als den im Frachtbriefe bezeichneten Empfänger auszuliefern. [2]Die Mehrkosten, die durch eine solche Verfügung entstehen, sind dem Frachtführer zu erstatten.

(2) [1]Das Verfügungsrecht des Absenders erlischt, wenn nach der Ankunft des Gutes am Orte der Ablieferung der Frachtbrief dem Empfänger übergeben oder von dem Empfänger Klage gemäß § 435 gegen den Frachtführer erhoben wird. [2]Der Frachtführer hat in einem solchen Falle nur die Anweisungen des Empfängers zu beachten; verletzt er diese Verpflichtung, so ist er dem Empfänger für das Gut verhaftet.

Rechte des Empfängers vor der Ankunft des Gutes

§ 434. [1]Der Empfänger ist vor der Ankunft des Gutes am Orte der Ablieferung dem Frachtführer gegenüber berechtigt, alle zur Sicherstellung des Gutes erforderlichen Maßregeln zu ergreifen und dem Frachtführer die zu diesem Zwecke notwendigen Anweisungen zu erteilen. [2]Die Auslieferung des Gutes kann er vor dessen Ankunft am Orte der Ablieferung nur fordern, wenn der Absender den Frachtführer dazu ermächtigt hat.

Rechte des Empfängers nach der Ankunft des Gutes

§ 435. [1]Nach der Ankunft des Gutes am Orte der Ablieferung ist der Empfänger berechtigt, die durch den Frachtvertrag begründeten Rechte gegen Erfüllung der sich daraus ergebenden Verpflichtungen in eigenem Namen gegen den Frachtführer geltend zu machen, ohne Unterschied, ob er hierbei in eigenem oder in fremdem Interesse handelt. [2]Er ist insbesondere berechtigt, von dem Frachtführer die Übergabe des Frachtbriefs und die Auslieferung des Gutes zu verlangen. [3]Dieses Recht erlischt, wenn der Absender dem Frachtführer eine nach § 433 noch zulässige entgegenstehende Anweisung erteilt.

Zahlungspflicht des Empfängers

§ 436. Durch Annahme des Gutes und des Frachtbriefs wird der Empfänger verpflichtet, dem Frachtführer nach Maßgabe des Frachtbriefs Zahlung zu leisten.

Ablieferungshindernisse

§ 437. (1) Ist der Empfänger des Gutes nicht zu ermitteln oder verweigert er die Annahme oder ergibt sich ein sonstiges Ablieferungshindernis, so hat der Frachtführer den Absender unverzüglich hiervon in Kenntnis zu setzen und dessen Anweisung einzuholen.

(2) [1]Ist dies den Umständen nach nicht tunlich oder der Absender mit der Erteilung der Anweisung säumig oder die Anweisung nicht ausführbar, so ist der Frachtführer befugt, das Gut in einem öffentlichen Lagerhaus oder sonst in sicherer Weise zu hinterlegen. [2]Er kann, falls das Gut dem Verderben ausgesetzt und Gefahr im Verzug ist, das Gut auch gemäß § 373, Abs. 2 bis 4, verkaufen lassen.

(3) Von der Hinterlegung und dem Verkaufe des Gutes hat der Frachtführer den Absender und den Empfänger unverzüglich zu benachrichtigen, es sei denn, daß dies untunlich ist; im Falle der Unterlassung ist er zum Schadensersatze verpflichtet.

Erlöschen der Ansprüche gegen den Frachtführer

§ 438. (1) Ist die Fracht nebst den sonst auf dem Gute haftenden Forderungen bezahlt und das Gut angenommen, so sind alle Ansprüche gegen den Frachtführer aus dem Frachtvertrag erloschen.

(2) Diese Vorschrift findet keine Anwendung, soweit die Beschädigung oder Minderung des Gutes vor dessen Annahme durch amtlich bestellte Sachverständige festgestellt ist.

(3) [1]Wegen einer Beschädigung oder Minderung des Gutes, die bei der Annahme äußerlich nicht erkennbar ist, kann der Frachtführer auch nach der Annahme des Gutes und der Bezahlung der Fracht in Anspruch genommen werden, wenn der Mangel in der Zeit zwischen der Übernahme des Gutes durch den Frachtführer und der Ablieferung entstanden ist und die Feststellung des Mangels durch amtlich bestellte Sachverständige unverzüglich nach der Entdeckung und spätestens binnen einer Woche nach der Annahme beantragt wird. [2]Ist dem Frachtführer der Mangel unverzüglich nach der Entdeckung und binnen der bezeichneten Frist angezeigt, so genügt es, wenn die Feststellung unverzüglich nach dem Zeitpunkte beantragt wird, bis zu welchem der Eingang einer Antwort des Frachtführers unter regelmäßigen Umständen erwartet werden darf.

(4) Die Kosten einer von dem Empfangsberechtigten beantragten Feststellung sind von dem Frachtführer zu tragen, wenn ein Verlust oder eine Beschädigung ermittelt wird, für welche der Frachtführer Ersatz leisten muß.

(5) Der Frachtführer kann sich auf diese Vorschriften nicht berufen, wenn er den Schaden durch Vorsatz oder grobe Fahrlässigkeit herbeigeführt hat.

Verjährung

§ 439. [1]Auf die Verjährung der Ansprüche gegen den Frachtführer wegen Verlustes, Minderung, Beschädigung oder verspäteter Ablieferung des Gutes finden die Vorschriften des § 414 entsprechende Anwendung. [2]Dies gilt nicht für die im § 432, Abs. 3, bezeichneten Ansprüche.

Anwendung des Beförderungsvertrages im internationalen Straßengüterverkehr (CMR)

§ 439a. (1) Auf den Abschluß und die Ausführung des Vertrages über die entgeltliche Beförderung von Gütern auf der Straße - ausgenommen Umzugsgut – mittels Fahrzeugen, die Haftung des Frachtführers, Reklamationen und das Rechtsverhältnis zwischen aufeinanderfolgenden Frachtführern sind die Art. 2 bis 30 und 32 bis 41 des Übereinkommens vom 19. Mai 1956, BGBl. Nr. 138/1961, über den Beförderungsvertrag im internationalen Straßengüterverkehr (CMR) in der Fassung des Protokolls vom 5. Juli 1978, BGBl. Nr. 192/1981, in der für Österreich jeweils geltenden Fassung auch dann anzuwenden, wenn der vertragliche Ort der Übernahme und der vertragliche Ort der Ablieferung des Gutes im Inland liegen.

(2) Im Sinne des Abs. 1 sind unter Fahrzeugen Kraftfahrzeuge, Sattelkraftfahrzeuge, Anhänger und Sattelanhänger gemäß Art. I lit. p, q, r und u des Übereinkommens über den Straßenverkehr, BGBl. Nr. 289/1982, zu verstehen.

(BGBl 1990/459)

Gesetzliches Pfandrecht

§ 440. (1) Der Frachtführer hat wegen aller durch den Frachtvertrag begründeten Forderungen, insbesondere der Fracht- und Liegegelder, der Zollgelder und anderer Auslagen, sowie wegen der auf das Gut geleisteten Vorschüsse ein Pfandrecht an dem Gute.

(2) Das Pfandrecht besteht, solange der Frachtführer das Gut noch im Besitze hat, insbesondere mittels Konnossements, Ladescheins oder Lagerscheins darüber verfügen kann.

(3) Auch nach der Ablieferung dauert das Pfandrecht fort, sofern der Frachtführer es binnen drei Tagen nach der Ablieferung gerichtlich geltend macht und das Gut noch im Besitze des Empfängers ist.

(4) [1]„Die Androhung des Pfandverkaufs und die übrigen in § 466b ABGB genannten Benachrichtigungen sind an den Empfänger zu richten.“ [2]Ist dieser nicht zu ermitteln oder verweigert er die Annahme des Gutes, so hat die Androhung und Benachrichtigung gegenüber dem Absender zu erfolgen. *(BGBl I 2005/120)*

Rechte und Pflichten des letzten Frachtführers

§ 441. (1) [1]Der letzte Frachtführer hat, falls nicht im Frachtbrief ein anderes bestimmt ist, bei der Ablieferung auch die Forderungen der Vormänner sowie die auf dem Gute haftenden Nachnahmen einzuziehen und die Rechte der Vormänner, insbesondere auch das Pfandrecht, auszuüben. [2]Das Pfandrecht der Vormänner besteht solange als das Pfandrecht des letzten Frachtführers.

(2) Wird der vorhergehende Frachtführer von dem nachfolgenden befriedigt, so gehen seine Forderung und sein Pfandrecht auf den letzteren über.

(3) In gleicher Art gehen die Forderung und das Pfandrecht des Spediteurs auf den nachfolgenden Spediteur und den nachfolgenden Frachtführer über.

Haftung des abliefernden Frachtführers

§ 442. [1]Der Frachtführer, welcher das Gut ohne Bezahlung abliefert und das Pfandrecht nicht binnen drei Tagen nach der Ablieferung gerichtlich geltend macht, ist den Vormännern verantwortlich. [2]Er wird, ebenso wie die vorhergehenden Frachtführer und Spediteure des Rückgriffs gegen die Vormänner verlustig. [3]Der Anspruch gegen den Empfänger bleibt in Kraft.

Rang mehrerer Pfänder

§ 443. (1) Bestehen an demselben Gute mehrere nach den §§ 397, 410, 421, 440 begründete Pfandrechte, so geht unter denjenigen Pfandrechten, welche durch die Versendung oder durch die Beförderung des Gutes entstanden sind, das später entstandene dem früher entstandenen vor.

(2) Diese Pfandrechte haben sämtlich den Vorrang vor dem nicht aus der Versendung entstandenen Pfandrechte des Kommissionärs und des Lagerhalters sowie vor dem Pfandrechte des Spediteurs und des Frachtführers für Vorschüsse.

Ladeschein

§ 444. Über die Verpflichtung zur Auslieferung des Gutes kann von dem Frachtführer ein Ladeschein ausgestellt werden.

Inhalt des Ladescheins

§ 445. (1) Der Ladeschein soll enthalten:

1. den Ort und den Tag der Ausstellung;

2. den Namen und den Wohnort des Frachtführers;

3. den Namen des Absenders;

4. den Namen desjenigen, an welchen oder an dessen Order das Gut abgeliefert werden soll; als solcher gilt der Absender, wenn der Ladeschein nur an Order gestellt ist;

5. den Ort der Ablieferung;

6. die Bezeichnung des Gutes nach Beschaffenheit, Menge und Merkzeichen;

7. die Bestimmung über die Fracht und über die auf dem Gute haftenden Nachnahmen sowie im Falle der Vorausbezahlung der Fracht einen Vermerk über die Vorausbezahlung.

(2) Der Ladeschein muß von dem Frachtführer unterzeichnet sein.

(3) Der Absender hat dem Frachtführer auf Verlangen eine von ihm unterschriebene Abschrift des Ladescheins auszuhändigen.

Ladeschein und Frachtvertrag

§ 446. (1) Der Ladeschein entscheidet für das Rechtsverhältnis zwischen dem Frachtführer und dem Empfänger des Gutes; die nicht in den Ladeschein aufgenommenen Bestimmungen des Frachtvertrags sind dem Empfänger gegenüber unwirksam, sofern nicht der Ladeschein ausdrücklich auf sie Bezug nimmt.

(2) Für das Rechtsverhältnis zwischen dem Frachtführer und dem Absender bleiben die Bestimmungen des Frachtvertrags maßgebend.

Legitimation durch Ladeschein

§ 447. (1) Zum Empfange des Gutes legitimiert ist derjenige, an welchen das Gut nach dem Ladeschein abgeliefert werden soll oder auf welchen der Ladeschein, wenn er an Order lautet, durch Indossament übertragen ist.

(2) Der zum Empfange Legitimierte hat schon vor der Ankunft des Gutes am Ablieferungsorte die Rechte, welche dem Absender in Ansehung der Verfügung über das Gut zustehen, wenn ein Ladeschein nicht ausgestellt ist.

(3) Der Frachtführer darf einer Anweisung des Absenders, das Gut anzuhalten, zurückzugeben oder an einen anderen als den durch den Ladeschein legitimierten Empfänger auszuliefern, nur Folge leisten, wenn ihm der Ladeschein zurückgegeben wird; verletzt er diese Verpflichtung, so ist er dem rechtmäßigen Besitzer des Ladescheins für das Gut verhaftet.

Frachtgut gegen Ladeschein

§ 448. Der Frachtführer ist zur Ablieferung des Gutes nur gegen Rückgabe des Ladescheins, auf dem die Ablieferung des Gutes bescheinigt ist, verpflichtet.

Ladeschein und nachfolgende Frachtführer

§ 449. Im Falle des § 432, Abs. 1, wird der nachfolgende Frachtführer, der das Gut auf Grund des Ladescheins übernimmt, nach Maßgabe des Scheines verpflichtet.

Wirkungen der Übergabe des Ladescheins

§ 450. Die Übergabe des Ladescheins an denjenigen, welcher durch den Schein zur Empfangnahme des Gutes legitimiert wird, hat, wenn das Gut von dem Frachtführer übernommen ist, für den Erwerb von Rechten an dem Gute dieselben Wirkungen wie die Übergabe des Gutes.

§ 451. Auf die Beförderung von Briefen und briefähnlichen Sendungen sind nicht die Bestimmungen des sechsten Abschnitts (Frachtgeschäft), sondern jene des allgemeinen Zivil- und Unternehmensrechts anzuwenden.

(BGBl I 2008/70, auf danach geschlossene Verträge anzuwenden)

§ 452. *(aufgehoben, BGBl I 2005/120)*

§ 453. *(aufgehoben samt Überschrift, BGBl I 2008/70)*

Siebenter Abschnitt
(BGBl I 2013/50)
Investitionsersatz

§ 454. (1) Ein Unternehmer, der an einem vertikalen Vertriebsbindungssystem als gebundener Unternehmer „ “ oder als selbständiger Handelsvertreter (§ 1 HVertrG) teilnimmt, hat bei Beendigung des Vertragsverhältnisses mit dem bindenden Unternehmer Anspruch auf Ersatz von Investitionen, die er nach dem Vertriebsbindungsvertrag für einen einheitlichen Vertrieb zu tätigen verpflichtet war, soweit sie bei der Vertragsbeendigung weder amortisiert noch angemessen verwertbar sind. *(BGBl I 2014/83, ab 1. 1. 2015)*

(2) Der Anspruch besteht nicht, wenn

a) der gebundene Unternehmer das Vertragsverhältnis gekündigt oder vorzeitig aufgelöst hat, es sei denn, dass dafür ein dem bindenden Unternehmer zurechenbarer wichtiger Grund vorlag,

b) der bindende Unternehmer das Vertragsverhältnis aus einem dem gebundenen Unternehmer zurechenbaren wichtigen Grund gekündigt oder vorzeitig aufgelöst hat oder

c) der gebundene Unternehmer gemäß einer Vereinbarung mit dem bindenden Unternehmer die Rechte und Pflichten, die er nach dem Vertrag hat, einem Dritten überbindet.

(3) Der gebundene Unternehmer verliert den Anspruch, wenn er dem bindenden Unternehmer nicht innerhalb eines Jahres nach Beendigung des Vertragsverhältnisses mitgeteilt hat, dass er seine Rechte geltend macht.

(4) Ansprüche nach Abs. 1 können zum Nachteil des gebundenen Unternehmers im Voraus durch Vereinbarung weder aufgehoben noch beschränkt werden.

(5) Der Ausgleichsanspruch nach § 24 HVertrG bleibt von dieser Bestimmung unberührt.

(BGBl I 2003/71)

Achter Abschnitt
Zahlungsverzug
(BGBl I 2013/50)

Anwendungsbereich

§ 455. Dieser Abschnitt gilt für Rechtsgeschäfte zwischen Unternehmern sowie für Rechtsgeschäfte zwischen einem Unternehmer und einer juristischen Person des öffentlichen Rechts.

(BGBl I 2013/50, ab 16. 3. 2013, nach § 906 Abs 25 auf Verträge anzuwenden, die ab dem 16. 3. 2013 geschlossen werden. Auf Verträge, die vor dem 16. 3. 2013 geschlossen wurden, sind die bisherigen Bestimmungen weiter anzuwenden)

Verzugszinsen

§ 456. [1]Bei der Verzögerung der Zahlung von Geldforderungen beträgt der gesetzliche Zinssatz 9,2 Prozentpunkte über dem Basiszinssatz. [2]Dabei ist der Basiszinssatz, der am ersten Kalendertag eines Halbjahres gilt, für das jeweilige Halbjahr maßgebend. [3]Soweit der Schuldner für die Verzögerung aber nicht verantwortlich ist, hat er nur die in § 1000 Abs. 1 ABGB bestimmten Zinsen zu entrichten.

(BGBl I 2013/50, ab 16. 3. 2013, s auch Anm zu § 455)

Dauer von Abnahme- oder Überprüfungsverfahren

§ 457. [1]Die Dauer eines gesetzlich oder vertraglich vorgesehenen Abnahme- oder Überprüfungsverfahrens zur Feststellung der vertragsgemäßen Leistungserbringung darf höchstens 30 Tage ab dem Empfang der Ware oder der Erbringung der Dienstleistung betragen. [2]Die Vereinbarung einer längeren Frist kann nur ausdrücklich getroffen werden und ist nur zulässig, soweit dies für den Gläubiger nicht grob nachteilig ist.

(BGBl I 2013/50, ab 16. 3. 2013, s auch Anm zu § 455)

Entschädigung für Betreibungskosten

§ 458. Bei der Verzögerung der Zahlung von Geldforderungen ist der Gläubiger berechtigt, als Entschädigung für etwaige Betreibungskosten vom Schuldner einen Pauschalbetrag von 40 Euro zu fordern. Für den Ersatz von Betreibungskosten, die diesen Pauschalbetrag übersteigen, ist § 1333 Abs. 2 ABGB anzuwenden.

(BGBl I 2013/50, ab 16. 3. 2013, s auch Anm zu § 455)

Grob nachteilige Vertragsbestimmungen oder Geschäftspraktiken

§ 459. (1) [1]Eine Vertragsbestimmung über den Zahlungstermin, die Zahlungsfrist, den Verzugszinssatz oder die Entschädigung für Betreibungskosten ist nichtig, wenn sie für den Gläubiger grob nachteilig ist. [2]Ebenso wenig können aus einer diese Fragen betreffenden Geschäftspraktik rechtliche Wirkungen abgeleitet werden, wenn sie für den Gläubiger grob nachteilig ist.

(2) [1]Für die Beurteilung der groben Nachteiligkeit einer Vertragsbestimmung oder Geschäftspraktik ist insbesondere zu berücksichtigen, inwieweit diese von der Übung des redlichen Verkehrs abweicht, ob es einen sachlichen Grund für diese Abweichung gibt und um welche Vertragsleistung es sich handelt. [2]Bei einer zu Lasten des Gläubigers vereinbarten Vertragsbestimmung über eine von § 456 abweichende Höhe der Verzugszinsen oder über eine von § 458 erster Satz abweichende Höhe des pauschalen Entschädigungsbetrags ist auch zu berücksichtigen, ob es einen sachlichen Grund für diese Abweichung gibt.

(3) Die Vereinbarung einer Zahlungsfrist von bis zu 60 Tagen ist keinesfalls grob nachteilig.

(4) Der Ausschluss von Verzugszinsen ist jedenfalls grob nachteilig.

(5) Der Ausschluss der Entschädigung für Betreibungskosten nach § 458 gilt als grob nachteilig, sofern er nicht ausnahmsweise nach den Umständen des jeweiligen Rechtsgeschäfts sachlich gerechtfertigt ist.

(BGBl I 2013/50, ab 16. 3. 2013, s auch Anm zu § 455)

Verbandsklage

§ 460. (1) [1]Ein Unternehmer, der im geschäftlichen Verkehr ohne sachliche Rechtfertigung grob nachteilige Vertragsbestimmungen im Sinn des § 459 verwendet oder grob nachteilige Geschäftspraktiken in diesem Sinn ausübt, kann von Vereinigungen zur Förderung wirtschaftlicher Interessen von Unternehmern auf Unterlassung geklagt werden, soweit diese Vereinigungen Interessen vertreten, die durch die Handlung berührt werden. [2]Der Unterlassungsanspruch kann auch von der Wirtschaftskammer Österreich und der Präsidentenkonferenz der Landwirtschaftskammern Österreichs geltend gemacht werden. [3]Die §§ 24, 25 Abs. 3 bis 7 und 26 UWG 1984 sind sinngemäß anzuwenden.

(2) Die Gefahr einer Verwendung derartiger Vertragsbestimmungen oder einer Ausübung derartiger Geschäftspraktiken besteht nicht mehr, wenn der Unternehmer nach Abmahnung durch eine nach Abs. 1 klagebefugte Vereinigung binnen angemessener Frist eine mit angemessener Konventionalstrafe (§ 1336 ABGB) besicherte Unterlassungserklärung abgibt.

(BGBl I 2013/50, ab 16. 3. 2013, s auch Anm zu § 455)

KODEX-Bestellformular

Titel	Preis im Abo EUR	Einzelpreis EUR
Verfassungsrecht 2024/25, inkl. App	35,-	43,80
Europarecht (EU-Verfassungsrecht) 2024/25, inkl. App	34,40	43,-
Völkerrecht 2023, inkl. App	32,-	40,-
Basisgesetze ABGB und B-VG 2023, inkl. App		15,-
Bürgerliches Recht 2024/25, inkl. App	32,-	40,-
Taschen-Kodex ABGB 2024, inkl. App		22,-
Unternehmensrecht 2024/25, inkl. App	34,-	42,50
Zivilgerichtliches Verfahren 2024/25, inkl. App	36,-	45,-
Internationales Privatrecht 2023, inkl. App	29,60	37,-
Taschen-Kodex Strafgesetzbuch 2024 inkl. App		22,-
Strafrecht 2024/25, inkl. App	40,-	32,-
Gerichtsorganisation 2024, inkl. App	65,60	82,-
Anwalts- und Gerichtstarife 1/2024, inkl. App	27,20	34,-
Notariatsrecht 2023, inkl. App	38,40	48,-
Justizgesetze 2023/24, inkl. App	27,20	34,-
Wohnungsgesetze 2023/24, inkl. App	47,20	59,-
Finanzmarktrecht Band Ia+Ib (Bankenaufsicht), inkl. App	82,40	103,-
Finanzmarktrecht Band II (Zahlungsverkehr), inkl. App	72,-	90,-
Finanzmarktrecht Band III (Wertpapierrecht, Börse), inkl. App	72,-	90,-
Finanzmarktrecht Band IV (Kapitalmarkt, Prospektrecht), inkl. App	72,-	90,-
Finanzmarktrecht Band V (Geldwäsche), inkl. App	52,-	65,-
Versicherungsrecht Band I 2024, inkl. App	64,-	80,-
Versicherungsrecht Band II 2023, inkl. App	49,60	62,-
Compliance für Unternehmen 2023, inkl. App	63,20	79,-
IP-/IT-Recht 2023, inkl. App	55,20	69,-
Mediation 2023, inkl. App	25,60	32,-
Schiedsverfahren 2020, inkl. App	36,-	45,-
Wirtschaftsprivatrecht 2022/23, inkl. App	23,80	29,80
WirtschaftsG I (Öffentliches Wirtschaftsrecht) 2023/24, inkl. App	49,60	62,-
WirtschaftsG II (Wettbewerb, Gew. Rechtsschutz) 2022/23, inkl. App	48,80	61,-
WirtschaftsG III (UWG) 2019/20, inkl. App	31,20	39,-
WirtschaftsG IV (Telekommunikation) 2022	66,40	83,-
WirtschaftsG V (Wettbewerbs- und Kartellrecht) 2022, inkl. App	53,60	67,-
WirtschaftsG VI (Datenschutz) 2023, inkl. App	54,40	68,-
WirtschaftsG VII (Energierecht) 2023/24, inkl. App	55,20	69-
Vergabegesetze 2023/24, inkl App	44,-	55,-
Arbeitsrecht 2024, inkl. App	29,60	37,-
EU-Arbeitsrecht 2023/24, inkl. App	57,60	72,-
Arbeitnehmerschutz 2023, inkl App	32,80	41,-
Sozialversicherung (Bd. I) 2024, inkl. App	36,80	46,-
Sozialversicherung (Bd. II) 2024, inkl. App	34,40	43,-
Sozialversicherung (Bd. III) 2023 inkl. App	29,60	37,-
Personalverrechnung 2024/25	36,-	45,-
Steuergesetze 2024, inkl. App	34,40	43,-
Steuer-Erlässe (Bd. I) 2023, inkl. App	49,60	62,-
Steuer-Erlässe (Bd. II) 2024, inkl. App	30,40	38,-
Steuer-Erlässe (Bd. III) 2024, inkl. App	51,20	64,-
Steuer-Erlässe (Bd. IV) 2024, inkl. App	52,80	66,-
EStG - Richtlinienkommentar 2023, inkl. App	57,60	72,-
LStG - Richtlinienkommentar 2024	50,40	63,-
KStG - Richtlinienkommentar 2022	40,70	51,-
UmgrStG - Richtlinienkommentar 2023	48,80	61,-
UStG - Richtlinienkommentar 2024	44,80	56,-
Doppelbesteuerungsabkommen 2022, inkl. App	55,20	69,-
Zollrecht 2024, inkl. App	95,20	119,-
Finanzpolizei 2020, inkl. App	39,20	49,-
Rechnungslegung- und Prüfung 2023, inkl. App	47,20	59,-
Internationale Rechnungslegung IAS/IFRS 2024, inkl. App	27,20	34,-
Verkehrsrecht 2023/24, inkl. App	76,-	95,-
Wehrrecht 2020, inkl. App	44,80	56,-
Ärzterecht 2023/24, inkl. App	79,20	99,-
Krankenanstaltengesetze 2023/24	59,20	74,-
Veterinärrecht 2022	76,80	96,-
Umweltrecht 2024, inkl. App	87,20	109,-
EU-Umweltrecht 2023/24, inkl. App	82,40	103,-
Wasserrecht 2023/24, inkl. App	77,60	97,-
Abfallrecht mit ÖKO-Audit 2023/24, inkl. App	83,20	104,-
Chemikalienrecht 2023, inkl. App	68,-	85,-
EU-Chemikalienrecht 2023, inkl. App	79,20	99,-
Lebensmittelrecht 2024, inkl. App	76,-	95,-
Schulgesetze 2023/24	60,-	75,-
Universitätsrecht 2022, inkl. App	47,20	59,-
Besonderes Verwaltungsrecht 2024, inkl. App	56,00	70,-
Innere Verwaltung 2024, inkl. App	82,40	103,-
Asyl- und Fremdenrecht 2023/24 inkl. App	40,80	51,-
Polizeirecht 2024, inkl. App	48,-	60,-
Verwaltungsverfahrensgesetze (AVG) 2024, inkl. App	22,40	28,-
Landesrecht Vorarlberg 2023	92,-	115,-
Landesrecht Tirol 2024	108,-	135,-

Die Preise beziehen sich auf die angegebene Auflage, zzgl. Porto und Versandspesen. Satz- und Druckfehler vorbehalten.

Für Ihre Bestellung einfach Seite kopieren, gewünschte Anzahl eintragen, Bestellabschnitt ausfüllen und an Ihren Buchhändler oder an den Verlag LexisNexis ARD Orac übermitteln.

Fax: +43-1-534 52-141 | E-Mail: kundenservice@lexisnexis.at | **shop.lexisnexis.at/kodex** (versandkostenfrei ab 40 Euro innerhalb von Österreich)

Der KODEX ist unter www.kodex.at als Mobile App und als Desktop-Version für den PC verfügbar!

Firma/Name: .... Kundennr.: ....

Straße: ....

PLZ/Ort: .... Datum/Unterschrift: ....